ÖSTERREICH
LEXIKON

ÖSTERREICH LEXIKON

IN DREI BÄNDEN

Herausgegeben
von
Ernst Bruckmüller

BAND I

VERLAGSGEMEINSCHAFT ÖSTERREICH-LEXIKON

Begründet von
Prof. Dr. Richard und Maria Bamberger sowie Dr. Franz Maier-Bruck
(Österreich-Lexikon in zwei Bänden, hg. von Richard Bamberger und
Franz Maier-Bruck, Österreichischer Bundesverlag: Wien, München, 1966)

**Fortgeführt und erweitert von Prof. Dr. Richard und Maria Bamberger,
Univ.-Prof. Dr. Ernst Bruckmüller und Univ.-Prof. Dr. Karl Gutkas**
(Österreich-Lexikon in zwei Bänden, hg. von Richard und Maria Bamberger, Ernst
Bruckmüller und Karl Gutkas, Verlagsgemeinschaft Österreich-Lexikon: Wien, 1995)

Redaktion:
Leitung: Mag. Johann Lehner
Mitarbeit:
Andreas Deppe
Mag. Thomas Geldmacher
Mag. Else Rieger

Bildredaktion:
Nikolaus Brandstätter, Imagno
(www.imagno.com)
Helmut Maurer

Koordination:
Josef Lukes

ISBN 3-85498-385-9
© 2004 by Verlagsgemeinschaft Österreich-Lexikon
Christian Brandstätter Verlagsgesellschaft, Wien
Ed. Hölzel, Wien
Österreichischer Bundesverlag, Wien
Umschlaggestaltung: Peter Manfredini
Graphische Betreuung: Franz Hanns
Graphische Gestaltung: Josef Embacher, Mag. Thomas Geldmacher, Mag. Johann Lehner

Alle Rechte, auch die des auszugsweisen Abdrucks oder
der Reproduktion einer Abbildung, sind vorbehalten.

Mit Unterstützung des
Jubiläumsfonds der Oesterreichischen Nationalbank, Projekt Nr. 9907

WISSENSCHAFTLICHE MITARBEITER

Wissenschaftliche Mitarbeiter der Neuausgabe 2004:
Botanik: Univ.-Prof. Dr. Manfred A. FISCHER, Univ.-Prof. Mag. Dr. Irmgard GREILHUBER (Mykologie), Ass.-Prof. Univ.-Doz. Mag. Dr. Marianne KLEMUN (Stichwort „Botanik und Botanische Institute")
Geographie: MMag. DDr. Josef KOHLBACHER, Mag. Dr. Ursula REEGER, Institut für Stadt- und Regionalforschung der Österreichischen Akademie der Wissenschaften
Geschichte: Univ.-Prof. Dr. Ernst BRUCKMÜLLER
Jurisprudenz: Mag. Petra BAND, Mag. Karin BRUCKMÜLLER, Min.-Rat Dr. Friedrich FAULHAMMER, Univ.-Ass. Mag. Dr. Kathrin-Caroline GRAF, Mag. Dr. Konrad LACHMAYER, Univ.-Prof. Mag. Dr. Thomas OLECHOWSKI (Koordination), Ass.-Prof. Dr. Bettina PERTHOLD, Univ.-Prof. Mag. Dr. Christian PISKA, Mag. Ingrid PUCHER, Mag. Olaf RISS, Dr. Gabriele SCHNEIDER, Univ.-Prof. Mag. Dr. Eva SCHULEV-STEINDL, Dr. Martin SPITZER, Univ.-Ass. Dr. Karl STÖGER, Univ.-Prof. DDr. Arthur WEILINGER, Mag. Monika ZWERENZ

Die Neuausgabe 2004 erfolgte auf der Grundlage der Beiträge folgender wissenschaftlicher Fachbeiräte und Mitarbeiter der Ausgabe 1995:

Fachbeiräte: Univ.-Prof. Dr. Theophil ANTONICEK und Dr. Elisabeth HILSCHER, Musik – Univ.-Prof. Dr. Alois BRUSATTI, Wirtschaft – Univ.-Prof. Dr. Herbert DACHS, Politik – Univ.-Prof. Dr. Johannes DIVJAK, Geschichte, Römerzeit – Hon.-Prof. Dr. Helmut ENGELBRECHT, Unterricht und Erziehung – Univ.-Doz. Dr. Heinz FASSMANN, Geographie – Prof. Dr. Walter FRITZ, Film – Univ.-Doz. Dipl.-Ing. Dr. Ralph GRETZMACHER, Biologie – Univ.-Prof. Dr. Karl GUTKAS, Geschichte – Univ.-Prof. Dr. Maria HORNUNG, Sprachwissenschaft – Univ.-Prof. Dr. Walter KRAUSE, Kunstgeschichte – Dr. Helmut LACKNER, Technik – Univ.-Prof. Dr. Maximilian LIEBMANN, Kirchengeschichte – Mag. Herbert NIKITSCH, Volkskunde – Dr. Otto OBENDORFER, Verkehr – Univ.-Prof. DDr. Werner OGRIS, Rechtswesen – Dr. Christian SCHICKLGRUBER, Völkerkunde – Univ.-Prof. Dr. Wendelin SCHMIDT-DENGLER und Dr. Johannes SACHSLEHNER, neuere Literatur – Univ.-Prof. Dr. Michael SCHMOLKE, Publizistik – Univ.-Doz. Dr. Manfred SKOPEC, Medizin – Dr. Andrea SOMMER-MATHIS, Theater – Dr. Franz STOJASPAL, Geowissenschaften – Univ.-Prof. Mag. Dr. Johannes STROHMEYER, Sport – Univ.-Doz. Dr. Klaus ZATLOUKAL, mittelalterliche Literatur

Mitarbeiter: Dr. Franz ANDRAE, Biologie – Dr. Claudia ANNACKER, Jurisprudenz – Dr. Heinz ARNBERGER, Geschichte – Dr. Ferdinand BAUMGARTNER, Bibliothekswesen – Christoph BENDA, Theaterwissenschaft – Mag. Andreas BESOLD, Kunstgeschichte – Mag. Gabriele BIRÓ, Kunstgeschichte – Dr. Elisabeth BOCKHORN, Volkskunde – Univ.-Doz. Dr. Olaf BOCKHORN, Volkskunde – Dr. Matthias BOECKL, Architektur – Mag. Wilhelm BRANDSTÄTTER, Jurisprudenz – Univ.-Prof. Dr. Ernst BRUCKMÜLLER, Geschichte – Univ.-Prof. Dr. Alois BRUSATTI, Wirtschaft – Univ.-Doz. DDr. Karl-Heinz BURMEISTER, Landesgeschichte Vorarlbergs – Dipl.-Ing. Dr. Alfons BURTSCHER, Physik – Dr. Tillfried CERNAJSEK, Geowissenschaften – Univ.-Prof. Dr. Falko DAIM, Ur- und Frühgeschichte – Mag. Andreas DEMEL, Jurisprudenz – P. Dr. Bernhard DEMEL, Deutscher Orden – Dr. Peter DIEM, Wappenkunde – Univ.-Prof. Dr. Heinz DOPSCH, Landesgeschichte Salzburgs – Stud.-Ass. Mag. Robert DORNEGER, Kirchengeschichte – Dr. Ilse DRAXLER, Geowissenschaften – Univ.-Doz. Dr. Herwig EGERT, Medizin – Mag. Jürgen EHRMANN, Geschichte und Germanistik – Hon.-Prof. Dr. Helmut ENGELBRECHT, Unterricht und Erziehung – Oskar ERMANN, Wirtschaft – Dipl.-Ing. Dr. Gerold ESTERMANN, Verkehr – Dr. Wolfgang ETSCHMANN, Militärwesen – Dr. Reinhard EXEL, Mineralogie – Mag. Franz FALLEND, Politikwissenschaft – Dr. Gerhard FASCHING, Kartographie – Univ.-Doz. Dr. Heinz FASSMANN, Geographie – Mag. Friedrich FAULHAMMER, Jurisprudenz – Klaus FERENTSCHIK, Wissenschaftsgeschichte, Medizin – Dr. Werner FILEK-WITTINGHAUSEN, Wirtschaft – Univ.-Prof. Dr. Maria Gertrude FIRNEIS, Astronomie – Dr. Robert FISCHER, Zahnheilkunde – Dr. Josef FONTANA, Südtirol – Dr. Andreas FRAUENBERGER, Jurisprudenz – Prof. Dkfm. Dr. Erwin FRÖHLICH, Wirtschaft, Gewerbeforschung – Mag. Michael FRUHMANN, Jurisprudenz – Ulrich FRYSAK, Jurisprudenz – Mag. Petra GÖLLNER, Germanistik (neuere Abt.) – DDr. Christoph GRABENWARTER, Jurisprudenz – Univ.-Doz. Dipl.-Ing. Dr. Ralph GRETZMACHER, Biologie – Dr. Franz GRIESHOFER, Volkskunde – Mag. Sandra GRILLITSCH, Politikwissenschaft – Dr. Elisabeth GROSSEGGER, Theaterwissenschaft – Clemens M. GRUBER, Operngeschichte – Dr. Helene GRÜNN, Volkskunde – Univ.-Prof. Dr. Karl GUTKAS, Geschichte, Landesgeschichte Niederösterreichs – Dr. Monika HABERSOHN, Volkskunde – Univ.-Prof. Dr. Siegfried HAIDER, Landesgeschichte Oberösterreichs – Dr. Geza HAJOS, Kunstgeschichte (Gärten) – Dr. Reinhard HARREITHER, Archäologie, Geschichte – Univ.-Prof. Dr. Friedrich HARTL, Jurisprudenz – Dipl.-Ing. Günther HATTINGER, Salz – Univ.-Prof. Dr. Michael P. HIGATSBERGER, Kernphysik – Mag. Dr. Elisabeth HILSCHER, Musik – Mag. Dr. Rudolf Karl HÖFER, Kirchengeschichte – Mag. Dr. Ralf A. HÖFER, Kirchengeschichte – Martin HOFFMANN, Wirtschaft – Mag. Thomas HOFMANN, Geowissenschaften – Univ.-Prof. Dr. Herbert HOFMEISTER, Jurisprudenz – Univ.-Prof. Dr. Wolfram HÖRANDNER, Byzantinistik und Neogräzistik – Univ.-Prof. Dr. Maria HORNUNG, Sprachwissenschaft – Univ.-Doz. Dr. Franz Heinz HYE, Landesgeschichte Tirols – Dipl.-Ing. Caroline JÄGER, Architektur – Univ.-Prof. Dr. Gerhard JAGSCHITZ, Zeitgeschichte – Dr. Reinhard JOHLER, Volkskunde – Univ.-Prof. Dr. Günther JONTES, Landesgeschichte der Steiermark – Dr. Helmut JUNGWIRTH, Numismatik – Birgit KACEROVSKY, Architektur – Prof. Franz KAINDL, Kunstgeschichte – Dr. Gertrud KAINZ, Germanistik (neuere Abt.) – Univ.-Prof. Dr. Hans K.

Kaiser, Mathematik – Mag. Martha Keil, Geschichte des Judentums – Mag. Manfred Kern, Germanistik (ältere Abt.) – Univ.-Doz. Dr. Alois Kernbauer, Chemie – Mag. Franz Kirchweger, Kunstgeschichte – Mag. Ursula Klingenböck, Germanistik (ältere Abt.) – Univ.-Prof. Dr. Alfred Klose, Wirtschaft, Politik, Sozialwesen – MMag. DDr. Josef Kohlbacher, Geographie – Mag. Inge Korneck, Wissenschaftsgeschichte – Dr. Ferdinand Krause, Geschichte des Studentenwesens – Univ.-Prof. Dr. Walter Krause, Kunstgeschichte – Dr. Günter Krenn, Film – Mag. Dr. Michaela Kronthaler, Kirchengeschichte – Mag. Wolfgang Krug, Kunstgeschichte – Dr. Georg Kugler, Kunstgeschichte – Dr. Walter Kutscher, Weinbau – Dr. Helmut Lackner, Technikgeschichte – Dipl.-Ing. Dr. Erich Lehner, Kunstgeschichte – Dr. Friedrich Wilhelm Leitner, Landesgeschichte Kärntens – Univ.-Prof. Dr. Norbert Leser, Politikwissenschaft – Martin Liebscher, Theaterwissenschaft – Dr. Gertraud Liesenfeld, Volkskunde – Univ.-Prof. Dr. Andreas Lippert, Ur- und Frühgeschichte – Dr. Klaus Lohrmann, Geschichte des Judentums – Mag. Dr. Oskar Maleczky, Jurisprudenz – P. Ulrich Thomas Mauterer, Geschichte – Dr. Vera Mayer, Geographie – Dr. Martin Mayr, Wirtschaft – Univ.-Prof. Dr. Wolfgang Mazal, Jurisprudenz und Sozialwesen – Mag. Dr. Josef Mentschl, Wirtschaft – Mag. Stephan Messner, Jurisprudenz – Dr. Lydia Miklautsch, Germanistik (ältere Abt.) – Prof. Mag. Hermann Möcker, Eisenbahnwesen – Dr. Tobias Natter, Kunstgeschichte – Mag. Herbert Nikitsch, Volkskunde – Dr. Christiana Nöstlinger, Medizin – Univ.-Prof. DDr. Werner Ogris, Jurisprudenz – Univ.-Doz. Dr. Ferdinand Opll, Geschichte Wiens – Werner Osvald, Wirtschaft – Dr. Bettina Perthold, Jurisprudenz – Dr. Matthias Pfaffenbichler, Kunstgeschichte – Mag. Ulrike Pfeiler, Jurisprudenz – Univ.-Ass. Dr. Burkhard Pöttler, Volkskunde – Dr. Karl Prenner, Kirchengeschichte – Mag. Constanze Proksch, Jurisprudenz – Mag. Bernhard Purin, Geschichte des Judentums – Univ.-Prof. Dr. Bernhard Raschauer, Jurisprudenz – Univ.-Doz. Dr. Manfried Rauchensteiner, Militärgeschichte – Univ.-Prof. Dr. Hans Christian Reichel, Mathematik – Dr. Herbert Reiger, Wirtschaft – Univ.-Prof. Dr. Gustav Reingrabner, Kirchengeschichte – Dr. Mara Reissberger, Architektur – Dr. Walter Resl, Wirtschaft, Außenhandel, Integration – Mag. Kurt Retter, Jurisprudenz – Mag. Thomas Ries, Germanistik (neuere Abt.) – Dr. Walter Rohn, Geographie – Dr. Wolfgang Rohrbach, Versicherungswesen – Dr. Ernst Rudel, Meteorologie – Dr. Franz Rudorfer, Wirtschaft und Geldwesen – Dr. Johannes Sachslehner, Germanistik (neuere Abt.) – Dr. Wolfgang Schaller, Wissenschaftsgeschichte, Medizin, Sport – Dr. Christian Schicklgruber, Völkerkunde – Mag. Dr. Bettina Schiefer, Kunstgeschichte – Dr. Klaus Schierhackl, Verkehrswirtschaft – Dr. Gerald Schlag, Landesgeschichte des Burgenlandes – Mag. Girid Schlögl, Theaterwissenschaft – Dr. Manfred Schmid, Geowissenschaften – Dr. Erwin A. Schmidl, Militärwesen – Günter Erik Schmidt, Orden und Ehrenzeichen – Univ.-Prof. Dr. Michael Schmolke, Publizistik – Dr. Elisabeth Schmuttermeier, Kunstgeschichte – Dr. Wolfgang Schnabel, Geowissenschaften – Dr. Gabriele Schneider-Reichl, Jurisprudenz – Mag. Dr. Eva Schulev-Steindl, Jurisprudenz – Dr. Karl Schulz, Numismatik – Prof. Mag. Dr. Karl Schütz, Orgeln – Dr. Robert Sedlaczek, österreichische Küche – Dr. Hannelore Sexl, Physik – Erwin Sieche, Marinewesen – Bartel F. Sinhuber, Viennensia – Univ.-Doz. Dr. Manfred Skopec, Geschichte der Medizin – Univ.-Ass. Mag. Claudia Soher, Jurisprudenz – Dr. Andrea Sommer-Mathis, Theaterwissenschaft – Univ.-Doz. Dr. Friedrich Stadler, Philosophie – Univ.-Prof. Dr. Justin Stagl, Soziologie – Dr. Michael Stampfer, Jurisprudenz – Mag. Thomas Steinmaurer, Publizistik – Dr. Franz Stojaspal, Geowissenschaften – Mag. Edith Stranig, Geographie – Mag. Dagmar Stranzinger, Politikwissenschaft – Dr. Gerhard Strejcek, Jurisprudenz – Univ.-Prof. Mag. Dr. Johannes Strohmeyer, Sport – Dr. Wolfgang Tiefenbrunner, Biologie – Mag. Astrid Tiefenbrunner, Biologie – Mag. Bernhard Tschofen, Volkskunde – Dipl.-Ing. Margit Ulama, Architektur – Ass.-Prof. Dr. Otto H. Urban, Ur- und Frühgeschichte – Dr. Peter Urbanitsch, Geschichte – Dipl.-Ing. Christian Vogl, Biologie – Christoph Wagner, österreichische Küche – Mag. Karin Walzel, Wissenschaftsgeschichte – DDr. Arthur Weilinger, Jurisprudenz – Univ.-Prof. Dr. Erika Weinzierl, Zeitgeschichte – Dipl.-Ing. Mag. Alfred Weiss, Geowissenschaften – Mag. Dr. Michael Wenusch, Wissenschaftsgeschichte – Dr. Michaela Windisch-Graetz, Jurisprudenz – Mag. Elisabeth Wolfgruber, Politikwissenschaft – Mag. Klaudia Würdinger, Wirtschaft – Dr. Anton Würzl, Wirtschaft, Fremdenverkehr – Dr. Alexander Zartl, Physik – Dr. Hans Zeinhofer, Elektrizitätswirtschaft – Univ.-Prof. Dr. Heinz Zemanek, Informatik – Mag. Petra Zudrell, Geschichte des Judentums

Vorwort

Die dreibändige Neuauflage 2004 des Österreich-Lexikons musste ohne die enorme Arbeitskraft von Univ.-Prof. Dr. Karl Gutkas erfolgen, der uns viel zu früh, im Sommer 1997, verlassen hat. Die Auflage von 1995 wäre ohne seine Begeisterung und ohne seinen fast übermenschlichen Einsatz wohl nicht zustande gekommen. Er hat das Lexikon entscheidend geprägt.
Eine Neuauflage des Österreich-Lexikons wurde aus mehreren Gründen notwendig. Der erfreulichste: Die Ausgabe von 1995 ist vergriffen. Im Einzelnen sind – abgesehen vom Umfang – folgende Veränderungen hervorzuheben:
– Bei der Aufnahme von Gemeinden wurde nicht mehr nach einem bestimmten Zentralitätsgrad gefragt, vielmehr wurden prinzipiell *alle Gemeinden* Österreichs aufgenommen.
– Die Zahl der verzeichneten Personen wurde stark vermehrt auf ca. 7500 *bedeutende Persönlichkeiten*, die aus Österreich stamm(t)en oder hier eine wesentliche Wirkungsstätte fanden.
– Jene Artikel, die die *Beziehungen zwischen Österreich und seinen Nachbarländern* bzw. anderen wichtigen europäischen Staaten behandeln, wurden überprüft und oft erweitert.
– Die historischen *Epochenartikel* wurden ebenfalls gründlich revidiert.
– Besonders wichtig erscheint die Revision des gesamten Bereichs der *Botanik*, die Univ.-Prof. Dr. Manfred A. Fischer freundlicherweise vorgenommen hat.
– Die übrigen Stichwörter wurden überprüft und aktualisiert.
– Bildmaterial wurde in bedeutend verstärktem Umfang eingefügt.
Herausgeber und Redaktion danken an dieser Stelle allen Mitarbeitern, die diese Verbesserungen möglich machten, besonders Herrn Univ.-Prof. Dr. Manfred A. Fischer (Botanik), den Geographen DDr. Josef Kohlbacher und Dr. Ursula Reeger für die Bearbeitung der zusätzlichen Gemeindebeschreibungen sowie dem Juristenteam, koordiniert von Univ.-Prof. Dr. Thomas Olechowski, Univ.-Prof. DDr. Werner Ogris und Dr. Gabriele Schneider. Für die redaktionelle Arbeit hat Herr Mag. Johann Lehner, unterstützt von seinen Mitarbeitern Andreas Deppe, Mag. Thomas Geldmacher und Mag. Else Rieger, seine enorme Routine und Arbeitskraft voll eingesetzt. Wie in der Ausgabe von 1995 danken wir all jenen Stellen, die uns durch Auskünfte oder durch Überlassung von Bildmaterial geholfen haben, auf das herzlichste. Dem Institut für Österreichkunde danken wir für die wichtige Unterstützung, dass es ein Jubiläumsfondsprojekt der Oesterreichischen Nationalbank, für das wir ebenfalls sehr zu Dank verpflichtet sind, beantragt und für das Lexikon getragen hat. Abschließend danken wir den Verlagen der Arbeitsgemeinschaft Österreich-Lexikon, dass sie das verlegerische Risiko auf sich genommen haben, mit dieser dreibändigen Neuauflage des Österreich-Lexikons den Buchmarkt um ein gewichtiges Stück Wissen über Österreich zu bereichern.

Wien, im Juli 2004   Univ.-Prof. Dr. Ernst Bruckmüller

Vorwort der Ausgabe 1995

Das Wissen der Zeit in möglichst übersichtlicher, systematischer und prägnanter Form zusammenzufassen war ein Anliegen der Aufklärung im 18. Jahrhundert und führte zur Entstehung der ersten Enzyklopädien. Die Konzeption mit alphabetischer Reihenfolge und einheitlicher Darstellungsweise bewährte sich so gut, daß Lexika bis zum heutigen Tag einen nicht mehr wegzudenkenden Bestandteil unseres Bildungs- und Informationswesens darstellen; ihre Bedeutung wird in Zukunft aufgrund neuer Formen des Zugriffs vermutlich weiter zunehmen.
Neben allgemeinen Lexika wurden bald auch Nationalenzyklopädien erstellt, die sich auf einzelne Kulturkreise beschränkten oder diese in den Vordergrund stellten. In Österreich entstand sehr früh als erstes Werk dieser Art die von Franz Gräffer und Johann Jakob Czikann erarbeitete und 1835–1837 in 6 Bänden einschließlich Supplementband herausgegebene „Österreichische National-Encyclopädie oder alphabetische Darlegung der wissenswürdigen Eigenthümlichkeiten des österreichischen Kaiserthumes". Ein weiteres Nachschlagewerk beachtlichen Ausmaßes war das 60bändige „Biographische Lexikon des Kaiserthums Österreich, enthaltend die Lebensskizzen der denkwürdigen Personen, welche 1750 bis 1850 im Kaiserstaate und in seinen Kronländern gelebt haben", das Constant von Wurzbach ab 1856 auf biographischer Basis aufbaute und bis 1891 vollendete. Es ist noch immer in vielerlei Hinsicht unentbehrlich.
In den folgenden Jahrzehnten wurde auf biographischem Gebiet weitergearbeitet, es entstanden nach dem ersten Weltkrieg die „Neue Österreichische Bibliographie" und nach 1945 das „Österreichische Biographische Lexikon", an dessen Fertigstellung noch immer gearbeitet wird.
Umfassende Konversationslexika aus der ersten Hälfte des 19. Jahrhunderts, wie die „Allgemeine deutsche Realenzyklopädie für die gebildeten Stände – Conversationslexikon", seit 1819/20 durch Fachgelehrte bearbeitet, später als „Brockhaus" bekanntgeworden, das „Große Conversations-Lexicon für die gebildeten Stände", in 46 Bänden und 6 Supplementbänden, 1840–1845 erstmals publiziert und nach dem Herausgeber J. Meyer benannt, sowie „Herders Conversations Lexikon" in 5 Bänden (1854–1857), fanden auch in Österreich allgemeine Verbreitung und beherrschten in ihrer vielfältigen Form den Markt. In diesen immer wieder neu aufgelegten und erweiterten Lexika war und ist Österreich zwar meist ausführlich berücksichtigt, auf besondere Probleme ging man aber kaum ein.

Ein auf Österreichs Wesen und Problematik bezogenes Lexikon wurde erst am Beginn der sechziger Jahre des 20. Jahrhunderts durch Richard und Maria Bamberger sowie Franz Maier-Bruck erarbeitet und als zweibändiges Werk im Jahr 1966 mit einem 1968 erschienenen Supplementheft herausgegeben. Dieses bildet die Grundlage für die nunmehr vorliegende Neuausgabe.

Das Österreich-Lexikon der Ausgabe von 1966 stellte die Zeit nach dem Wiederaufbau und dem Abzug der Besatzungsmächte dar, als das Land vor einem neuen Aufbruch stand. Seither konnten sich Staat und Volk im Rahmen einer freien und demokratischen Gesellschaftsordnung weiterentwickeln und in die europäische Situation einordnen. Auch die innere Struktur des Landes hat sich in den letzten Jahrzehnten auf allen Lebensgebieten verändert, aus einem armen Volk wurde eine in relativem Wohlstand lebende Gesellschaft, die sich aber daraus ergebenden neuen Problemen gegenübersieht. Die unterdessen herangewachsene Generation sieht vieles anders als ihre Eltern, sie besitzt auch keine Erinnerung an die politischen und wirtschaftlichen Wirrnisse der ersten Hälfte des 20. Jahrhunderts, vielfach auch erschreckend wenig Wissen darüber. Diese Ereignisse wirken aber vielfach weiter, daher wird nach ihren Hintergründen gefragt; sie können also nicht vergessen werden und sollen entsprechend im Bewußtsein bleiben.

Es war daher eine der Aufgaben des vorliegenden Lexikons, das 20. Jahrhundert, das Österreich in vielfacher Weise sowohl positiv als auch negativ stark verändert hat, besonders in den Vordergrund zu stellen, zu zeigen, welche Personen im politischen, kulturellen, gesellschaftlichen und wirtschaftlichen Bereich die Entwicklung getragen haben, inwiefern sie erfolgreich waren, wie Österreich nach 1945 wiedererstand und wie es sich in der modernen Welt darstellt. Das Werk ist daher eine Beschreibung Österreichs, seiner Geschichte und seiner Gegenwartsprobleme im letzten Jahrzehnt des 20. Jahrhunderts. Es galt also, diese zu erfassen, zu dokumentieren und aus dem Blickwinkel der letzten Jahre darzustellen.

Dieses Lexikon legt großen Wert auf die wirtschaftliche Entwicklung, schildert Geschichte und Stand der großen Betriebe, der Persönlichkeiten, die sie schufen, und der hergestellten Produkte. Obwohl auf diesem Gebiet ein ständiger rascher Wandel erfolgt und ein Zustandsbericht nicht leicht zu erstellen ist, weil er schon am nächsten Tag überholt sein kann, wollten wir doch den Versuch wagen, die Problematik von Wirtschaft und Umwelt einzubeziehen.

Ein wesentlicher Teil sind die Biographien, die prägnant und nach Möglichkeit aussagekräftig sein, sich aber nicht in Einzelheiten verlieren sollten. Es wurden Personen aufgenommen, deren Schwerpunkt in der Gegenwart liegt, aber auch solche, von denen man sich für die Zukunft noch Leistungen erhoffen darf. Andererseits mußte aus Raumgründen auf die Biographie mancher historischer Persönlichkeit verzichtet werden, obwohl die Stärke des Österreich-Lexikons auch weiterhin in der Erfassung von weniger bekannten Persönlichkeiten liegt. Hier wird man doch auf das vielbändige „Österreichische Biographische Lexikon" verweisen müssen. Wir haben uns bemüht, alle Bundesländer entsprechend zu berücksichtigen. Der Anteil der Frauen ist größer geworden.

Ebenso wurden Problemperioden und weniger erfreuliche Episoden unserer Geschichte sowie Personen, die damals wirkten, in das Lexikon aufgenommen, weil es notwendig ist, auch solche Daten festzuhalten.

Die Ausgewogenheit zwischen Geschichte und Gegenwart herzustellen war eines der vordringlichsten Ziele unserer Bemühungen, ebenso die möglichst gleichwertige Behandlung aller Wissensgebiete. Wir hoffen, dies mit Hilfe des wissenschaftlichen Fachbeirats und durch die intensive Arbeit der vielen wissenschaftlichen Mitarbeiter erreicht zu haben.

Denn für das Ziel des Lexikons, Österreich in allen Aspekten darzustellen, über die ein Benützer Aufschluß erwartet, mußten etwa 13.000 Stichwörter beschrieben werden, der Umfang sollte aber nicht zu groß werden, das Werk für möglichst viele Interessenten erschwinglich bleiben. Es blieb also bei der zweibändigen Form, die Artikel mußten daher verhältnismäßig gestrafft werden. So finden sich viele knappe Vierzeiler, manches konnte aber doch nur in mehrspaltigen Großartikeln dargestellt werden. Die Bebilderung sollte zeitgemäß sein und das Land, seine Menschen, seine Probleme in Vergangenheit und Gegenwart in möglichst großer Vielfalt illustrieren.

Eine eigene Schwierigkeit stellte die Abgrenzung des Österreichbezugs dar, besonders in jenen Bereichen, die weitgehend das moderne Leben bestimmen. Heute ist es nicht einfach, Gegenstände des täglichen Lebens eindeutig einem Herkunftsland oder einem Erfinder zuzuordnen. Meist können Fortschritte nur in kleinen Schritten oder mit gigantischem Forschungsaufwand erzielt werden, wobei der Anteil einzelner Persönlichkeiten, selbst einzelner Länder, nicht leicht feststellbar ist. Wir versuchten aber doch, eindeutige Fakten herauszugreifen, denn sollte unser Land im letzten halben Jahrhundert ohne Erfinder gewesen sein, wenn allein im Jahr 1993 2034 Patente von Österreichern angemeldet wurden? Auf manche Stichwörter mußten wir aber doch verzichten, wenn es sich um europa- oder weltweite Entwicklungen handelte.

Die Fülle neuer Fachliteratur konnte nur in Auswahl herangezogen werden, nach Möglichkeit wurde nur das jeweils jüngste Werk zitiert, aus dem eine Weiterführung erfolgen kann. Eine derartige Beschränkung war nötig, um den Apparat nicht zu sehr anschwellen zu lassen.

Die Herstellung dieses Lexikons stand, nicht zuletzt wegen des Beitritts Österreichs zur Europäischen Union und der damit verbundenen Auswirkungen, unter gewaltigem Zeitdruck und konnte nur durch besondere Anstrengungen des kleinen damit befaßten Teams bewältigt werden, dem wir hier besonders danken wollen.

Umfassenden Dank zu sagen ist bei solch einem großen Unternehmen eine dringende Aufgabe, aber auch ein besonderes Anliegen, denn die Zahl derer, die Beiträge lieferten, ist, wie aus dem Verzeichnis

zu ersehen ist, sehr groß. In erster Linie gebührt der Dank den Verlagen, die nicht nur das wirtschaftliche Risiko eingingen, sondern uns auch das Vertrauen schenkten, ein Produkt nach ihren Vorstellungen zu gestalten. Dank gebührt den Mitherausgebern Dr. Richard und Frau Maria Bamberger sowie Herrn Univ.-Prof. Dr. Ernst Bruckmüller, der unmittelbaren Redaktion, hier besonders Herrn Mag. Johann Lehner, Herrn Dr. Herbert Schillinger, Frau Irmtraud Weishaupt sowie allen anderen Helfern. Frau Dr. Brigitte Werner bewältigte die Koordination aller Probleme inhaltlicher und technischer Natur, am Lektorat arbeitete Frau Dr. Brigitte Stammler mit; die Bildredaktion lag in den Händen von Frau Dr. Katja Erlach und Herrn Helmut Maurer; weiters ist den Inhabern und Mitarbeitern des Druckhauses Grasl sowie vielen anderen Personen zu danken, die aus Platzgründen nicht alle genannt werden können. In den Dank einschließen wollen wir auch alle Dienststellen von Bund, Ländern, Gemeinden und Interessenvertretungen, alle Mitarbeiter von Archiven, Bibliotheken, Museen und Universitätsinstituten sowie die zahlreichen Privatpersonen, die uns mit Auskünften bei der Arbeit unterstützten. Gleiches gilt für alle Stellen und Personen, die Bilder zur Verfügung stellten.
Herr Schulrat Hellmut Riedling, der den gesamten Umbruch vom Standpunkt des Benützers aus las, verdient ebenfalls unseren besonderen Dank.
In dieses Lexikon ging viel Wissen aus allen Gebieten ein, und es ist entsprechend dargeboten. Wir hoffen, daß möglichst viele Benützer jene Daten, Hinweise und Beschreibungen finden, die sie sich erwarten.

Wien, im Juni 1995   Univ.-Prof. Hofrat Dr. Karl Gutkas

Hinweise für den Benützer

Im Text ist *Österreich* mit Ö. und *österreichisch* mit ö. abgekürzt.
Bei *Wiederholung* des Stichworts im gleichen Artikel wird in der Regel nur der Anfangsbuchstabe geschrieben, dies gilt auch für Wörter, die mit Sch oder Ch beginnen (also C. für Chemie und S. für Schnellbahn). Bei mehrteiligen Begriffen wird jedes Wort durch den Anfangsbuchstaben abgekürzt (z. B. für Burgen und Schlösser B. u. S.).
Bei *abgekürzten Wörtern* bleiben eventuelle *Endungen* (v. a. Genetivendungen) unberücksichtigt; es steht also ö. für österreichisch, österreichische, -er, -es, -em, -en, Ö. für Österreich und Österreichs.
Bei *Wörtern mit verschiedenen Schreibweisen* ist zu beachten, dass Wörter mit c eventuell auch unter k, tsch oder z zu finden sind und umgekehrt; ähnliches gilt für die Buchstaben f und v, i. j und y sowie v und w. Wenn ein Begriff zwei oder mehrere Bezeichnungen besitzt, wurde er unter der gebräuchlichsten in das Lexikon aufgenommen, Verweise bei den sonstigen Bezeichnungen erleichtern das Auffinden.
Die *Reihung* der fett gedruckten Stichwörter richtet sich nach dem Alphabet; die Umlaute ä, ö, ü werden im Alphabet wie a, o, u behandelt (z. B. Altmelon, Altmünster, Altmutter); ae, oe, ue stehen unabhängig von ihrer Aussprache nach ad, od, ud. Bei Reihung gleich lautender Stichwörter steht das Wort mit reinem Vokal vor dem mit Umlaut (z. B. Altmutter, Altmütter). Für die alphabetische Reihung ist die ganze fett gedruckte Wortfolge des Stichworts ausschlaggebend (z. B. steht „Alma mater Rudolphina" zwischen „Almajura" und „Almanach"); Wortgrenzen oder Satzzeichen werden bei der Reihung nicht berücksichtigt, außer bei Satzzeichen, die sich aufgrund einer Wortumstellung ergeben (z. B. Augustin; Augustin, Lieber; Augustiner-Chorherren). Bei Namen, die aus mehreren Wörtern bestehen, wurde in der Regel das wichtigste Wort an die Spitze gestellt (z. B. Donau, Allgemeine Versicherungs AG). Bei gleich lautenden Personennamen bestimmen die Vornamen die alphabetische Reihung; sind auch die Vornamen gleich, richtet sich die Reihenfolge nach dem Geburtsjahr.
Bei *naturgeographischen Begriffen* (Bergen, Seen usw.) folgt auf den Namen das Bundesland (in Abkürzung) und die Seehöhe (nach der amtlichen Österreich-Karte 1 : 50.000).
Bei *Ortsstichwörtern* ist folgende Reihenfolge eingehalten: Ortsname, Bundesland (in Abkürzung), politischer Bezirk (Abkürzung entsprechend den Bezirkskennzeichen nach der Kraftfahrgesetz-Novelle 1988), Status (Stadt, Markt, Gemeinde usw.), Seehöhe, Einwohnerzahl (nach der Volkszählung 2001, bei starker Veränderung in Klammer die Einwohnerzahl nach der Volkszählung 1981), Fläche und topographische Lage. Bei Fremdenverkehrsorten sind die offiziellen Übernachtungsziffern von 2002 angegeben. Die Schreibung der Ortsnamen richtet sich nach dem Österreichischen Amtskalender 2003/04. Bei Orten in zweisprachigen Gebieten ist der deutschsprachigen Bezeichnung die slowenische, kroatische oder ungarische hinzugefügt, wenn diese in der offziellen Ortsnamenliste (BGBl. Nr. 308/1977) verzeichnet ist.
Bei *Biographien* ist folgende Reihenfolge eingehalten: Familienname, Vorname, Geburtsdatum (* = geboren), Geburtsort, Sterbedatum († = gestorben), Sterbeort, Beruf, Funktion, Tätigkeit, Laufbahn usw. Bei Geburts- oder Sterbeorten in Österreich ist das Bundesland in Klammer angegeben, im Ausland das Land. Bei Orten der ehemaligen österreichisch-ungarischen Monarchie wurde nach Möglichkeit der zeitgenössischen Ortsbezeichnung die heutige in Klammer hinzugefügt. In kleinerer Schrift folgen am Ende der Kurzbiographien die wichtigsten Werke und eventuelle Literaturangaben, wobei bei Werkangaben in der Regel eine Auswahl getroffen wurde; bei Literaturangaben wurde auf Kriterien wie Aktualität, umfassende Darstellung und weiterführender Charakter geachtet; die Zitierweise beschränkt sich auf die Nennung von Autor (Vorname abgekürzt), Haupttitel und Erscheinungsjahr; eine eventuelle Auflage wird durch hochgestellte Ziffer beim Erscheinungsjahr angegeben. Personen, zu denen sich ausführliche Darstellungen im Österreichischen Biographischen Lexikon 1815–1950, 1957 ff., in der Neuen Österreichischen Biographie 1815–1918, 1923 ff., in der Allgemeinen Deutschen Biographie, 1875–1910, 1953 ff., oder in der Neuen Deutschen Biographie finden, wurden mit den entsprechenden Abkürzungen (ÖBL, NÖB, ADB, NDB) gekennzeichnet. Die Abkürzung „Verf.-Lex." verweist auf das Werk von Wolfgang Stammler und Karl Langosch, Die deutsche Literatur des Mittelalters. Verfasserlexikon, Berlin, New York 1978 ff.
Personen, die meist unter ihrem Vornamen genannt werden, vor allem Angehörige von Herrschergeschlechtern, wurden unter diesem eingereiht (z. B. Rudolf von Habsburg, Ulrich von Liechtenstein). Persönlichkeiten, die in erster Linie unter einem Pseudonym bekannt sind, erscheinen unter diesem; bei ihrem richtigen Namen steht ein Hinweis (→). Sonst wurde das Pseudonym in Klammer gesetzt oder im Text angegeben. Akademische Titel und Ehrentitel (Dr., Hofrat, Prof. usw.) werden nicht angeführt, Adelstitel (hinter dem Namen) nur für die Zeit vor 1919, in der sie rechtlich gültig waren.
In manchen Fällen geht den Einzelbiographien eine Beschreibung der Familie voraus (insbesondere bei Adelsgeschlechtern und Künstlerfamilien); manchmal werden in derartigen Familiendarstellungen die Einzelbiographien zusammengefasst, die Namen der Familienmitglieder sind dann in Kursivschrift hervorgehoben.
Für die Auswahl der Stichwörter war in erster Linie der Österreichbezug entscheidend. Dabei wurde im allgemeinen von den heutigen Staatsgrenzen ausgegangen, für die Zeit der Habsburgermonarchie wurden insbesondere deutschsprachige Persönlichkeiten auch aus anderen Teilen der Monarchie berücksichtigt. Auch Österreicher, die erst im Ausland bekannt wurden oder eine andere Staatsbürgerschaft angenommen haben, finden sich im Österreich-Lexikon. Weiters scheinen Persönlichkeiten aus dem Ausland auf, die in Österreich eine bedeutende Wirkung entfaltet haben. In Einzelfällen wurden

auch ausländische Städte, Orte, Landschaften usw., sofern sie für Österreich von besonderer Wichtigkeit waren oder sind, aufgenommen.

Die Großartikel über historische Epochen, Bundesländer, Beziehungen zu Nachbarländern und anderen Staaten Europas sowie über zentrale Einzelthemen sind durch rote Schrift hervorgehoben.

Das Zeichen → vor einem Wort weist auf ein anderes Stichwort hin, das entweder eine Worterklärung, eine Ergänzung oder weiterführende Informationen bringt. Die Gesamtbibliographie befindet sich am Anfang von Band I, die Stammtafeln der Herrschergeschlechter und die Regententafeln am Ende von Band III.

Abkürzungen

Allgemein übliche Abkürzungen sowie Abkürzungen von Endungen wie -lich, -ig und -isch wurden in die Abkürzungsliste nicht aufgenommen.

A. B.	Augsburgisches Bekenntnis	Erzhzg.	Erzherzog
Abg.	Abgeordneter	evtl.	eventuell
ABGB	Allgemeines Bürgerliches Gesetzbuch	Ew.	Einwohner
		f.	folgende, für
Abg. z. NR	Abgeordneter zum Nationalrat	FachS	Fachschule
ADB	Allgemeine Deutsche Biographie	ff.	folgende (Mehrzahl)
AG	Aktiengesellschaft	fl.	Gulden
agg.	(Klein-)Artengruppe	fm	Festmeter
ahd.	althochdeutsch	Forstw.	Forstwirtschaft
AHS	allgemein bildende höhere Schule	franz.	französisch
AK	Arbeiterkammer	Frh.	Freiherr
Akad.	Akademie	G	Gesetz
akad.	akademisch	gegr.	gegründet
allg.	allgemein	Gem.	Gemeinde
Art.	Artikel	gem.	gemeinsam
Ausst.-Kat.	Ausstellungskatalog	Gen.	General
b.	bei	Gen.-Sekr.	Generalsekretär
BA	Bundesanstalt	Gf.	Graf
Bd., Bde.	Band, Bände	Ges.	Gesellschaft
bed.	bedeutend	ges.	gesamt, gesellschaftlich
begr.	begründet	got.	gotisch
BerS	Berufsschule	Gymn.	Gymnasium
bes.	besonders, besondere	habsb.	habsburgisch
Bev.	Bevölkerung	HAK	Handelsakademie
Bez.	Bezirk	HAS	Handelsschule
Bez.-Ger.	Bezirksgericht	H. B.	Helvetisches Bekenntnis
BG	Bundesgymnasium	HBLA	höhere Bundeslehranstalt
BGBl.	Bundesgesetzblatt	Hb.	Handbuch
Bgld.	Burgenland	Hg.	Herausgeber
bgld.	burgenländisch	hg.	herausgegeben
BH	Bezirkshauptmannschaft	hist.	historisch
BHS	berufsbildende höhere Schule	hl.	heilig
Bibl.	Bibliothek	HLA	höhere Lehranstalt
bild.	bildende	HTL	höhere technische Lehranstalt
BLA	Bundeslehranstalt	Hzg.	Herzog
BM	Bundesministerium	Ind.	Industrie
BMin.	Bundesminister(in)	insges.	insgesamt
BMS	berufsbildende mittlere Schule	Inst.	Institut
BORG	Bundesoberstufenrealgymnasium	ital.	italienisch
BR	Bundesrat	Jb.	Jahrbuch
BRG	Bundesrealgymnasium	Jg.	Jahrgang
BVerf.	Bundesverfassung	Jh.	Jahrhundert
Christl.-Soz.	Christlichsoziale	jun.	junior
christl.-soz.	christlichsozial	Kä.	Kärnten, Kärntner
CS	Christlichsoziale Partei	kä.	kärntnerisch
d.	der, die, das	Kat.	Katalog
darst.	darstellende	kath.	katholisch
d. Ä.	der Ältere	kfm.	kaufmännisch
ders.	derselbe	Kg.	König
dies.	dieselbe	Ks.	Kaiser
Dipl.-Arb.	Diplomarbeit	LB	Landbund
Dir.	Direktor	Landw.	Landwirtschaft
Diss.	Dissertation	landw.	landwirtschaftlich
d. J.	der Jüngere	lat.	lateinisch
dt.	deutsch	li.	linke
dzt.	derzeit	m.	mit
ebd.	ebenda	MA	Mittelalter
ehem.	ehemalig, ehemals	ma.	mittelalterlich
eig.	eigen	mhd.	mittelhochdeutsch
engl.	englisch	Mrd.	Milliarde
evang.	evangelisch	Min.	Minister, Ministerium
erw.	erwähnt	Min.-Präs.	Ministerpräsident

mind.	mindestens	sen.	senior
Mio.	Million	s. lat.	sensu lato (im weiteren Sinn)
MIÖG	Mitteilungen des Instituts für Österreichische Geschichtsforschung	Smlg.	Sammlung
		sog.	so genannte
Mitgl.	Mitglied	soz.	sozial
Mttlg.	Mitteilung(en)	Soz.-Dem.	Sozialdemokraten
Mus.	Museum	soz.-dem.	sozialdemokratisch
N	Nord(en)	spp.	species (Art, Arten)
Nat.-Bibl.	Nationalbibliothek	s. str.	sensu stricto (im engeren Sinn)
Nat.-Soz.	Nationalsozialismus, Nationalsozialisten	steir.	steirisch
		Stellv.	Stellvertreter(in)
nat.-soz.	nationalsozialistisch	stellv.	stellvertretende(r)
n. Chr.	nach Christi Geburt	StGB	Strafgesetzbuch
NDB	Neue Deutsche Biographie	S-Ti.	Südtirol
NÖ.	Niederösterreich	Stmk.	Steiermark
nö.	niederösterreichisch	stmk.	steiermärkisch
NÖB	Neue Österreichische Biographie	subsp.	subspecies (Unterart, Unterarten)
NR	Nationalrat	teilw.	teilweise
O	Ost(en)	Ti.	Tirol, Tiroler
Ö.	Österreich	ti.	tirolerisch
ö.	österreichisch	Tl., Tle.	Teil, Teile
ÖBL	Österreichisches Biographisches Lexikon	Übern.	Übernachtungen 2002
		ungar.	ungarisch
o. J.	ohne Jahresangabe	Univ.	Universität
OÖ.	Oberösterreich	Univ.-Prof.	Universitätsprofessor
oö.	oberösterreichisch	urk.	urkundlich
PädAk	Pädagogische Akademie	urspr.	ursprünglich
Präs.	Präsident	var.	varietas (Varietät)
Prof.	Professor	Vbg.	Vorarlberg, Vorarlberger
Pseud.	Pseudonym	vbg.	vorarlbergisch
Publ.	Publikation	v. Chr.	vor Christi Geburt
rd.	rund	VF	Vaterländische Front
re.	rechte	VHS	Volkshochschule
Red.	Redakteur, Redaktion	W	West(en)
Renaiss.	Renaissance	Werkverz.	Werkverzeichnis
RG	Realgymnasium	Wirt.	Wirtschaft
röm.	römisch	wirt.	wirtschaftlich
roman.	romanisch	Wiss.	Wissenschaft
russ.	russisch	wiss.	wissenschaftlich
S	Schilling	WK	Wirtschaftskammer
S	Schule	Wr.	Wiener
S	Süd(en)	z.	zu, zum, zur
S.	Seite	zahlr.	zahlreich
Sbg.	Salzburg	Ztg.	Zeitung
sbg.	salzburgisch	Ztschr.	Zeitschrift
SDAP	Sozialdemokratische Arbeiterpartei	zw.	zwischen
sect.	sectio (Sektion, Unterteilung einer Gattung)		

BEZIRKSKENNZEICHEN

nach der Kraftfahrgesetz-Novelle 1988 (Expositen nicht berücksichtigt)

AM	Amstetten	FK	Feldkirch
B	Bregenz	FR	Freistadt
BL	Bruck an der Leitha	G	Graz (Stadt)
BM	Bruck an der Mur	GD	Gmünd
BN	Baden	GF	Gänserndorf
BR	Braunau	GM	Gmunden
BZ	Bludenz	GR	Grieskirchen
DL	Deutschlandsberg	GS	Güssing
DO	Dornbirn	GU	Graz-Umgebung
E	Eisenstadt (Stadt)	HA	Hallein
EF	Eferding	HB	Hartberg
EU	Eisenstadt-Umgebung	HE	Hermagor
FB	Feldbach	HL	Hollabrunn
FE	Feldkirchen	HO	Horn
FF	Fürstenfeld	I	Innsbruck (Stadt)

IL	Innsbruck-Land	PL	St. Pölten (Bezirk)
IM	Imst	RA	Radkersburg
JE	Jennersdorf	RE	Reutte
JO	St. Johann	RI	Ried im Innkreis
JU	Judenburg	RO	Rohrbach im Mühlkreis
K	Klagenfurt	S	Salzburg (Stadt)
KB	Kitzbühel	SB	Scheibbs
KF	Knittelfeld	SD	Schärding
KI	Kirchdorf an der Krems	SE	Steyr-Land
KL	Klagenfurt	SL	Salzburg-Umgebung
KO	Korneuburg	SP	Spittal an der Drau
KR	Krems an der Donau (Bezirk)	SR	Steyr (Stadt)
KS	Krems an der Donau (Stadt)	SV	St. Veit an der Glan
KU	Kufstein	SW	Schwechat (Stadt)
L	Linz (Stadt)	SZ	Schwaz
LA	Landeck	TA	Tamsweg
LB	Leibnitz	TU	Tulln
LE	Leoben (Stadt)	UU	Urfahr-Umgebung
LF	Lilienfeld	VB	Vöcklabruck
LI	Liezen	VI	Villach (Stadt)
LL	Linz-Land	VK	Völkermarkt
LN	Leoben (Bezirk)	VL	Villach-Land
LZ	Lienz	VO	Voitsberg
MA	Mattersburg	W	Wien
MD	Mödling	WB	Wiener Neustadt (Bezirk)
ME	Melk	WE	Wels (Stadt)
MI	Mistelbach	WL	Wels-Land
MU	Murau	WN	Wiener Neustadt (Stadt)
MZ	Mürzzuschlag	WO	Wolfsberg
ND	Neusiedl am See	WT	Waidhofen an der Thaya
NK	Neunkirchen	WU	Wien-Umgebung
OP	Oberpullendorf	WY	Waidhofen an der Ybbs (Stadt)
OW	Oberwart	WZ	Weiz
P	St. Pölten (Stadt)	ZE	Zell am See
PE	Perg	ZT	Zwettl

Nationalitätenkennzeichen

B	Belgien	IS	Island
BG	Bulgarien	J	Japan
BR	Brasilien	L	Luxemburg
BY	Weißrussland	MC	Monaco
CDN	Kanada	N	Norwegen
CH	Schweiz	NL	Niederlande
CZ	Tschechische Republik	P	Portugal
D	Deutschland	PL	Polen
DK	Dänemark	RO	Rumänien
E	Spanien	RUS	Russische Föderation
F	Frankreich	S	Schweden
FL	Liechtenstein	SF	Finnland
GB	Großbritannien	SK	Slowakische Republik
GE	Georgien	SLO	Slowenien
GR	Griechenland	TR	Türkei
H	Ungarn	UA	Ukraine
HR	Kroatien	USA	Vereinigte Staaten von Amerika
I	Italien	YU	Jugoslawien (Serbien und Montenegro)
IRL	Irland		

Bibliographie

Allgemeines

Österreichische Bibliographie, Verzeichnis der österreichischen Neuerscheinungen, bearb. v. d. Österreichischen Nationalbibliothek, Jahresverzeichnisse seit 1945 (mit Ergänzungen aus 1944), Wien, 1946 ff.

Biographische Nachschlagewerke

Isabella Ackerl u. Friedrich Weissensteiner, Österreichisches Personenlexikon der 1. und 2. Republik, Wien 1992.

Allgemeine Deutsche Biographie, hg. v. d. Bayerischen Akademie der Wissenschaften, 56 Bde., Leipzig 1875–1912.

Biographisches Handbuch der deutschsprachigen Emigration nach 1933, hg. v. Institut für Zeitgeschichte München, 3 Bde., München 1980–1983.

Deutsche biographische Enzyklopädie, hg. v. Walther Killy, 10 Bde., München 1995–1999.

Oswald Knauer, Österreichs Männer des öffentlichen Lebens von 1848 bis heute, Wien 1960.

Wilhelm Kosch, Biographisches Staatshandbuch, Lexikon der Politik, Presse und Publizistik, 2 Bde., Bern, München 1963.

Kürschners Deutscher Gelehrten-Kalender, 19. Ausg., 3 Bde., München 2003.

Neue Deutsche Biographie, hg. v. d. Historischen Kommission bei der Bayerischen Akademie der Wissenschaften, Berlin 1953 ff.

Neue Österreichische Biographie (ab 1815), 22 Bde., Wien 1923–1987 (ab Bd. 10 unter dem Titel „Große Österreicher").

Österreichisches Biographisches Lexikon, hg. v. d. Österreichischen Akademie der Wissenschaften, Wien 1957 ff.

Karl F. Stock, Rudolf Heilinger u. Marylène Stock, Personalbibliographien österreichischer Persönlichkeiten, Pullach 1987 ff.

Constant von Wurzbach, Biographisches Lexikon des Kaiserthums Österreich 1750–1850, 60 Bde., Wien 1856–1891.

Statistik und Atlanten

Atlas der Donauländer, hg. v. Österreichischen Ost- und Südosteuropa-Institut, Wien 1989.

Atlas der Republik Österreich, hg. v. d. Kommission für Raumforschung der Österreichischen Akademie der Wissenschaften, Wien 1961 ff.

Lothar Beckel (Hg.), Österreich. Ein Porträt in Luft- und Satellitenbildern, Salzburg 1996.

Kirchenhistorischer Atlas von Österreich, hg. v. Ernst Bernleithner, Wien 1966.

Österreichischer Amtskalender 2003/04, 71. Jahrgang, Wien 2003 (früher Hof- und Staatshandbuch bzw. Niederösterreichischer Amtskalender).

Österreichischer Städteatlas, hg. v. Ludwig-Boltzmann-Institut für Stadtgeschichtsforschung, Wien 1982 ff.

Österreichischer Volkskundeatlas, hg. v. Richard Wolfram, Egon Lendl u. Ingrid Kretschmer, Linz, Graz, Köln 1959–1979.

Manfred Scheuch, Historischer Atlas Österreichs, Wien ^{5}2000.

Statistik-Atlas Österreich, hg. v. Statistischen Zentralamt, Wien 1987–1988.

Statistisches Jahrbuch Österreichs, hg. v. d. Statistik Austria, Neue Folge, 54. Jg., Wien 2003.

Volkszählung 2001, Hauptergebnisse, hg. v. d Statistik Austria, Wien 2002.

Bundesländer

August Ernst, Geschichte des Burgenlandes Wien, München ^{2}1991.

Karl Gutkas, Geschichte Niederösterreichs Wien, München 1984.

Karl Gutkas (Hg.), Landeschronik Niederösterreich, Wien ^{2}1994.

Siegfried Haider, Geschichte Oberösterreichs Wien, München 1987.

Rudolf Lehr (Hg.), Landeschronik Oberösterreich, Wien ^{2}2004.

Heinz Dopsch u. Hans Spatzenegger (Hg.), Geschichte Salzburgs, Stadt und Land. 2 Bde., Salzburg, Regensburg 1980–1991.

Walter Zitzenbacher (Hg.), Landeschronik Steiermark, Wien 1988.

Josef Fontana, Peter W. Haider, Walter Leitner, Georg Mühlberger, Rudolf Palme, Othmar Parteli u. Josef Riedmann, Geschichte des Landes Tirol, 4 Bde., Bozen 1985–1988.

Josef Riedmann, Geschichte Tirols, Wien ^{3}2001.

Karl Heinz Burmeister, Geschichte Vorarlbergs, Wien ^{4}1998.

Peter Czendes, Geschichte Wiens, Wien ^{2}1990.

Bundesländeratlanten

Burgenland, hg. v. Hugo Hassinger u. Fritz Bodo, Wien 1941.

Atlas von Niederösterreich, hg. v. d. Österreichischen Akademie der Wissenschaften u. d. Verein für Landeskunde von Niederösterreich (Redaktion Erik Arnberger), Wien 1951–1958.

Atlas von Oberösterreich, hg. v. Institut für Landeskunde von Oberösterreich, Linz 1958–60.

Salzburg-Atlas, hg. v. Egon Lendl, Salzburg 1955.

Atlas der Steiermark, redigiert von Manfred Straka, Graz 1953–1970.

Tirol-Atlas, hg. im Auftrag der Tiroler Landesregierung von A. Leidlmair, Innsbruck 1969–1999.

Historischer Atlas von Wien, hg. v. Felix Czeike u. Renate Banik-Schweitzer, Wien 1981 ff.

Zeitschriften und Reihen

Archaeologia Austriaca, Wien 1948 ff. (1914–1943 Wiener prähistorische Zeitschrift).

Archiv für österreichische Geschichte, hg. v. d. Österreichischen Akademie der Wissenschaften, Wien 1848 ff.

Blätter für Technikgeschichte, Wien 1932 ff.

Jahrbuch des österreichischen Volksliedwerkes, Wien 1952 ff.

Mitteilungen der Geographischen Gesellschaft, Wien 1868 ff.

Mitteilungen des Instituts für Österreichische Geschichtsforschung (MIÖG), Wien 1880 ff.

Mitteilungen des Österreichischen Staatsarchivs (MÖSTA), hg. v. d. Generaldirektion des Österreichischen Staatsarchivs, Wien 1948 ff.

Österreich in Geschichte und Literatur (ÖGL), hg. v. Institut für Österreichkunde, Wien 1957 ff.

Österreichisches Jahrbuch für Politik, hg. v. d. Politischen Akademie der ÖVP, Wien 1977 ff.
Österreichische Zeitschrift für Soziologie, hg. v. d. Österreichischen Gesellschaft für Soziologie, Opladen 1976 ff.
Österreichisches Jahrbuch, nach amtlichen Quellen hg. v. Bundespressedienst, Wien 1918–2001.
Österreichisches Sportjahrbuch, hg. v. d. Bundes-Sportorganisation, Wien 1962 ff.
Österreichisches Städtebuch, hg. v. d. Österreichischen Akademie der Wissenschaften, Wien 1968 ff.
Österreichische Zeitschrift für Volkskunde, Wien 1947 ff. (1895–1918 Zeitschrift für österreichische Volkskunde, 1919–1944 Wiener Zeitschrift für Volkskunde).
Relation. Interdisziplinäre Zeitschrift für Medien, Gesellschaft, Geschichte, hg. v. d. Österreichischen Akademie der Wissenschaften, Wien 1994–2000.
Schriften des Instituts für Österreichkunde, Wien 1960 ff.
Wiener Jahrbuch für Philosophie, begründet von Erich Heintel, Wien 1968 ff.
Zeitgeschichte, hg. v. Verein zur wissenschaftlichen Aufarbeitung der Zeitgeschichte, Salzburg, Wien (bzw. Innsbruck) 1973 ff.

Erziehung, Unterricht

Helmut Engelbrecht, Geschichte des österreichischen Bildungswesens, 5 Bde., Wien 1982–1988, Bildband Wien 1995.
Felix Jonak u. Leo Kövesi, Das österreichische Schulrecht, Wien ^{9}2003.
Josef Scheipl u. Helmut Seel, Die Entwicklung des österreichischen Schulwesens, 2 Bde., Graz 1987/88.
Josef Schermaier, Geschichte des allgemeinbildenden Schulwesens in Österreich unter besonderer Berücksichtigung der AHS, Wien 1990.

Geologie, Geographie, Raumordnung

Bibliographie geowissenschaftlicher Literatur über Österreich, hg. v. d. Geologischen Bundesanstalt, Wien 1979–1995.
Hans Bobek u. Maria Fesl, Das System der zentralen Orte Österreichs. Eine empirische Untersuchung, Wien 1978.
Erich Bodzenta, Hans Seidel u. Karl Stiglbauer, Österreich im Wandel. Gesellschaft, Wirtschaft, Raum, Wien 1985.
Reinhard Exel, Die Mineralien und Erzlagerstätten Österreichs, Wien 1993.
Ernst Höhne, Die Alpen, 3 Bde., München 1986–1987.
Adolf Leidlmair, Österreich. Landesnatur, Kulturlandschaft, Bevölkerung, Wirtschaft, die Bundesländer, München 1986.
Elisabeth Lichtenberger (Hg.), Österreich, Raum und Gesellschaft zu Beginn des 3. Jahrtausends, Wien 1989.
Elisabeth Lichtenberger, Österreich. Geographie, Geschichte, Wirtschaft, Politik, ^{2}2002.
Alexander Tollmann, Geologie von Österreich, 3 Bde., Wien, New York 1977–1986.

Geschichte

Ernst Bruckmüller, Sozialgeschichte Österreichs, Wien ^{2}2001.
Felix Czeike, Historisches Lexikon Wien, 5 Bde., Wien 1992–1997.
Johanna Domandl, Kulturgeschichte Österreichs. Von den Anfängen bis 1938, Wien 1992.
Brigitte Hamann (Hg.), Die Habsburger. Ein biographisches Lexikon, Wien ^{3}1989.
Handbuch der historischen Stätten Österreichs, 2 Bde., Bd. 1: Donauländer und Burgenland, hg. v. Karl Lechner, Stuttgart 1970 (Nachdruck 1985), Bd. 2: Alpenländer mit Südtirol, hg. v. Franz Huter, Stuttgart 1978.
Walter Kleindel, Österreich. Daten zur Geschichte und Kultur, bearbeitet von Isabella Ackerl u. Günther K. Kodek, Wien ^{4}1995.
Johannes W. Neugebauer, Österreichs Urzeit, Wien 1990.
Wilhelm Rausch (Hg.), Bibliographie zur Geschichte der Städte Österreichs, Linz 1984.
Karl u. Mathilde Uhlirz, Handbuch der Geschichte Österreichs und seiner Nachbarländer Böhmen und Ungarn, 4 Bde., 1927–1944, Bd. 1, Graz, Wien, Köln 1963.
Adam Wandruszka u. Peter Urbanitsch (Hg.), Die Habsburgermonarchie 1848–1918, 7 Bde., Wien 1973–2000.
Herwig Wolfram (Hg.), Österreichische Geschichte, 10 Bde. u. 3 Erg.-Bde., Wien 1994–2003.
Erich Zöllner, Geschichte Österreichs. Von den Anfängen bis zur Gegenwart, Wien, München 81990.

Kirchengeschichte

Peter Barton, Die Geschichte der Evangelischen in Österreich und Südostmitteleuropa, Wien 1985.
Biographisch-Bibliographisches Kirchenlexikon, hg. v. Friedrich Wilhelm u. Traugott Bautz, 14 Bde., Herzberg 1975–1998, Erg.-Bde. 1999 ff.
Anna Drabek, Wolfgang Häusler, Kurt Schubert, Karl Stuhlpfarrer u. Nikolaus Vielmetti, Das österreichische Judentum. Voraussetzungen und Geschichte, Wien, München 1974.
Erwin Gratz (Hg.), Die Bischöfe des Heiligen Römischen Reiches 1785/1803–1945. Ein biographisches Lexikon, Berlin 1983.
Erwin Gratz u. Stephan M. Janker (Hg.), Die Bischöfe des Heiligen Römischen Reiches 1648–1803. Ein biographisches Lexikon, Berlin 1990.
Ferdinand Klostermann u. a. (Hg.), Kirche in Österreich 1918–1965, 2 Bde., Wien, München 1966–1967.
Josef Lenzenweger u. a. (Hg.), Geschichte der Katholischen Kirche, Wien, Köln, Graz 31995.
Grete Mecenseffy, Geschichte des Protestantismus in Österreich, Graz 1956.
Gustav Reingrabner, Protestanten in Österreich. Geschichte und Dokumentation, Wien, Köln, Graz 1981.
Ernst Tomek, Kirchengeschichte Österreichs, 3 Bde., Innsbruck, Wien, München 1935–1959.
Josef Wodka, Kirche in Österreich. Wegweiser durch ihre Geschichte, Wien 1959.

Kunst, Architektur

Friedrich Achleitner, Österreichische Architektur im 20. Jahrhundert, 4 Bde., Salzburg, Wien 1980–1995.

Baujahre. Österreichs Architektur 1967–1991, Ausstellungskatalog, Wien, Köln, Weimar 1992.

Bibliographie zur Kunstgeschichte Österreichs, Beiheft der Österreichischen Zeitschrift für Kunst- und Denkmalpflege, Wien 1966–1995.

Rupert Feuchtmüller, Kunst in Österreich, 2 Bde., Wien 1972–1973.

Hermann Fillitz (Hg.), Geschichte der bildenen Kunst in Österreich, 6 Bde., München 1998–2003.

Heinrich Fuchs, Die österreichischen Maler der Geburtsjahrgänge 1881–1900, 2 Bde., Wien 1976–1977.

Heinrich Fuchs, Die österreichischen Maler des 19. Jh., 4 Bde., Wien, 1972–1974, 2 Ergänzungsbde., Wien 1978–1979.

Heinrich Fuchs, Die österreichischen Maler des 20. Jahrhunderts, 4 Bde., Wien 1985/86, Registerband 1988.

Die Kunstdenkmäler Österreichs (Dehio-Handbücher): Burgenland, Wien ^{2}1980; Graz, Wien 1979; Kärnten, Wien ^{2}2001; Niederösterreich nördlich der Donau, Wien 1990; Niederösterreich südlich der Donau, 2 Bde., Wien 2003; Oberösterreich, Wien ^{6}1977; Oberösterreich, Mühlviertel, Wien 2003; Salzburg (Stadt und Land), Wien 1986; Steiermark (ohne Graz), Wien 1982; Tirol, Wien 1980; Vorarlberg, Wien 1983; Wien, 3 Bde., Wien 1993–2003.

Günther Meißner (Hg.), Allgemeines Künstlerlexikon, München 1992 ff.

Ingo Nebehay u. Robert Wagner, Bibliographie altösterreichischer Ansichtswerke, 5 Bde., Graz 1980–1984.

Österreichische Kunsttopographie, hg. v. Bundesdenkmalamt, Wien 1907 ff.

Ulrich Thieme u. Felix Becker, Allgemeines Lexikon der bildenden Künstler von der Antike bis zur Gegenwart, 37 Bde., 1907–1950, Neudruck München 1992.

Hans Vollmer, Allgemeines Lexikon der bildenden Kunst des 20. Jahrhunderts, 6 Bde., München 1992.

LITERATUR, SPRACHE

Bibliographie der deutschen Sprach- und Literaturwissenschaft, hg. v. Hanns W. Eppelsheimer u. Clemens Köttelwelsch, Frankfurt a. Main 1957 ff.

Hans Giebisch u. Gustav Gugitz, Bio-bibliographisches Literaturlexikon Österreichs von den Anfängen bis zur Gegenwart, Wien 21985.

Murray G. Hall u. Gerhard Renner, Handbuch der Nachlässe und Sammlungen österreichischer Autoren, Wien ^{2}1995.

Maria Hornung, Das österreichische Deutsch in Vergangenheit und Gegenwart, Kopenhagen 1987.

Walther Killy (Hg.), Literatur Lexikon, Autoren und Werke deutscher Sprache, 15 Bde., München 1988–1993.

Kürschners Deutscher Literatur-Kalender, hg. v. Werner Schuder, 60. Jg., Berlin 1988.

Lexikon deutsch-jüdischer Autoren, hg. v. Archiv Bibliographia Judaica, München 1992 ff.

Johann Willibald Nagl, Jakob Zeidler u. Edmund Castle, Deutsch-österreichische Literaturgeschichte, 4 Bde., Wien 1899–1937.

Gerhard Ruiss u. Johannes A. Vyoral, Literarisches Leben in Österreich, Handbuch, Wien 2001.

Klaus Schachner, Zur österreichischen Literatur nach 1945. Eine kommentierte Auswahlbibliographie, Wien 1995.

Adalbert Schmidt, Dichtung und Dichter Österreichs im 19. und 20. Jahrhundert, 2 Bde., Salzburg, Stuttgart 1964.

Wolfgang Stammler u. Karl Langosch, Die deutsche Literatur des Mittelalters. Verfasserlexikon. 5 Bde., 1933–1955, 2. Auflage, hg. v. Kurt Ruh, 10 Bde., Berlin, New York 1978–1999.

Herbert Zeman (Hg.), Geschichte der Literatur in Österreich, Graz 1994 ff.

MEDIZIN, SPORT

Gerhard S. Barolin, Unser Gesundheitswesen auf dem Prüfstand, 1991.

Isidor Fischer, Biographisches Lexikon der hervorragenden Ärzte der letzten 50 Jahre, 2 Bde. München, Berlin ^{3}1962, Nachträge und Ergänzungen, München 2002 ff.

Josef Huber, 100 Jahre Fußball, 90 Jahre Österreichischer Fußballbund, Wien 1993.

Erna Lesky, Die Wiener Medizinische Schule im 19. Jahrhundert, Graz, Köln ^{2}1978.

Erna Lesky, Meilensteine der Wiener Medizin. Große Ärzte Österreichs in drei Jahrzehnten. Wien, München, Bern 1981.

Paul Nittnaus u. Michael Zink, Sport ist unser Leben. 100 Jahre Arbeitersport in Österreich, Wien 1992.

Peter Röthig (Hg.), Sportwissenschaftliches Lexikon, Schorndorf 61992.

Karl H. Spitzy u. Inge Lau, Van Swietens Erbe. Die Wiener Medizinische Schule heute in Selbstdarstellungen, Wien, München, Bern 1982.

Sport, Sinn und Wahn, Steirische Landesausstellung 1992, Mürzzuschlag 1991.

Hannes Strohmeyer u. Ernst Bruckmüller (Hg.). Turnen und Sport in der Geschichte Österreichs. Wien 1998.

Hannes Strohmeyer, Beiträge zur Geschichte des Sports in Österreich, Wien 1999.

NATURKUNDE

Manfred A. Fischer (Hg.), Exkursionsflora von Österreich, Stuttgart 1994.

Franz Höpflinger u. Herbert Schliefsteiner, Naturführer Österreichs, Flora und Fauna, Graz ^{2}1983.

Naturgeschichte Österreichs, hg. v. Ferdinand Starmühlner, Wien, New York 1976.

Helmuth Zapfe, Index Palaeontologorum Austriae, Wien, New York 1971 u. 1987.

PUBLIZISTIK

Johanna Dorer, Politische Öffentlichkeitsarbeit in Österreich, Wien 1995.

Kurt Paupié, Handbuch der österreichischen Pressegeschichte 1848–1959, 2 Bde., Wien 1960–1966.

Michael Schmolke (Hg.), Wegbereiter der Publizistik in Österreich, Wien 1992.

RECHTSWISSENSCHAFT

Bernhard Raschauer, Allgemeines Verwaltungsrecht, Wien ^{2}2003.

Hermann Baltl u. Gernot Kocher, Österreichische Rechtsgeschichte, Graz ^{10}2004.

Wilhelm Brauneder (Hg.), Juristen in Österreich, Wien 1987.

Wilhelm Brauneder, Österreichische Verfassungsgeschichte, Wien ^{9}2003.

Diethelm Kienapfel, Grundriss des österreichischen Strafrechts. Allgemeiner Teil, Wien ^{10}2003.

Helmut Koziol u. Rudolf Welser, Grundriss des bürgerlichen Rechts, 2 Bde., Wien ^{12}2001–2002.

Hanspeter Neuhold, Waldemar Hummer u. Christoph Schreuer (Hg.), Österreichisches Handbuch des Völkerrechts, Bd. 1, Wien ^{3}1997.

Bernhard Raschauer, Allgemeines Verwaltungsrecht, Wien ^{2}2003.

Walter Rechberger und Daphne-Ariane Simotta, Grundriss des österreichischen Zivilprozessrechts, Wien ^{6}2003.

Herbert Schambeck (Hg.), Das österreichische Bundesverfassungsrecht und seine Entwicklung, Berlin 1980.

Michael Schweitzer u. Waldemar Hummer, Europarecht, Neuwied ^{6}2002.

Theodor Tomandl, Arbeitsrecht, 2 Bde., ^{4}1999.

Theodor Tomandl, Grundriß des österreichischen Sozialrechts, Wien ^{5}2002.

Robert Walter u. Heinz Mayer, Grundriß des österreichischen Bundesverfassungsrechts, Wien ^{9}2000.

Robert Walter u. Heinz Mayer, Grundriss des Verwaltungsverfahrensrechts, Wien ^{8}2003.

Theater, Musik, Film

Ludwig Finscher (Hg.), Die Musik in Geschichte und Gegenwart. Allgemeine Enzyklopädie der Musik, 26 Bde., Kassel, Basel ^{2}1994 ff.

Rudolf Flotzinger u. Gernot Gruber (Hg.), Musikgeschichte Österreichs, 3 Bde., Wien ^{2}1995.

Rudolf Flotzinger (Hg.), Oesterreichisches Musiklexikon, Wien 2002 ff.

Walter Fritz, Kino in Österreich, 3 Bde., Wien 1981–1990.

Bernhard Günther (Hg.), Lexikon zeitgenössischer Musik aus Österreich, Wien 1997.

Franz Hadamowsky, Theatergeschichte Wien. Von den Anfängen bis zum Ende des 1. Weltkriegs, Wien, München, 1988.

Wilhelm Kosch, Deutsches Theaterlexikon. Biographisches und bibliographisches Handbuch, Bern, München 1953 ff.

Theatergeschichte Österreichs, hg. v. d. Kommission für Theatergeschichte der Österreichischen Akademie der Wissenschaften, Graz, Wien, Köln 1964 ff.

Technik

Peter Fleissner (Hg.), Technologie und Arbeitswelt in Österreich, Trends bis zur Jahrtausendwende, 4 Bde., Wien 1987.

Helmut Lackner, Günther Luxbacher u. Christian Hannesschläger, Technikgeschichte in Österreich. Eine bibliografische und museale Bestandsaufnahme, Wien, München 1996.

Harald Sterk, Industriekultur in Österreich 1750–1950, 4 Bde., Wien, München 1984–1987.

Manfred Wehdorn u. Ute Georgeacopol-Winischhofer, Baudenkmäler der Technik und Industrie in Österreich, 2 Bde., Wien, Köln, Weimar 1984–1991.

Wirtschaft

Günther Chaloupek (Hg.), Österreichische Industriegeschichte, 3 Bde., 2003 ff.

Anton Kausel, Vier Erfolgsdezennien. Der ökonomische Aufstieg Österreichs im OECD-Raum 1950–1991, Wien 1992.

Franz Mathis, Big Business in Österreich, Österreichische Großunternehmen in Kurzdarstellungen, 2 Bde., Wien 1987–1990.

Herbert Matis, Österreichs Wirtschaft 1848–1913, 1972.

Roman Sandgruber, Ökonomie und Politik. Österreichische Wirtschaftsgeschichte vom Mittelalter bis zur Gegenwart, Wien 1995.

Österreichs 10.000 größte Unternehmen, hg. v. Dun & Bradstreet – Schimmelpfeng GmbH, Wien, Ausgabe 1999/2000.

Volkskunde

Klaus Beitl (Hg.), Volkskunde. Institutionen in Österreich, Veröffentlichungen des Österreichischen Museums für Volkskunde 26, Wien 1992.

Wolfgang Jakobeit, Hannjost Lixfeld u. Olaf Bockhorn (Hg.), Völkische Wissenschaft. Gestalten und Tendenzen der deutschen und österreichischen Volkskunde in der 1. Hälfte des 20. Jahrhunderts, Wien, Köln, Weimar 1994.

Österreichische volkskundliche Bibliographie, Wien 1969 ff.

Zeitgeschichte, Politik

Biographisches Handbuch der Österreichischen Parlamentarier 1918–1998, Wien 1998.

Peter Diem, Die Symbole und Zeichen Österreichs, Wien 1995.

Michael Gehler, Manfred Rathkolb u. Rolf Steiniger (Hg.), Österreich und die europäische Integration 1945–1993. Aspekte einer wechselvollen Entwicklung, Wien 1993.

Walter Goldinger u. Dieter A. Binder, Geschichte der Republik Österreich 1918–1938, Wien, München 1992.

Karl Gutkas, Die 2. Republik, Österreich 1945–1985, Wien 1985.

Robert Kriechbaumer, Parteiprogramme im Widerstreit der Interessen (Programme der SPÖ und ÖVP), Wien, München 1990.

Peter Malina u. Gustav Spann, Bibliographie zur österreichischen Zeitgeschichte, Wien 21985.

Wolfgang Mantl, (Hg.), Politik in Österreich. Die Zweite Republik. Bestand und Wandel, Wien, Graz 1992.

Anton Pelinka u. Fritz Plasser, Das österreichische Parteiensystem, Wien 1988.

Anton Pelinka u. Sieglinde Rosenberger, Österreichische Politik. Grundlagen, Strukturen, Trends, Wien ^{2}2003.

Hugo Portisch u. Sepp Riff, Österreich I. Die unterschätzte Republik, Wien 1989.

Hugo Portisch u. Sepp Riff, Österreich II., Bd. 1, Die Wiedergeburt unseres Staates, Wien 1985, Bd. 2, Der lange Weg zur Freiheit, Wien 1986.

Manfried Rauchensteiner, Der Tod des Doppeladlers. Österreich-Ungarn und der 1. Weltkrieg, Graz 21994.

Peter Schubert, Schauplatz Ö., Topographisches Lexikon zur Zeitgeschichte, 3 Bde., Wien 1976–1980.

Emmerich Tálos, Herbert Dachs, Ernst Hanisch u. Anton Staudinger (Hg.), Handbuch des politischen Systems Österreichs, 2 Bde., Wien 1995–1997.

Erika Weinzierl u. Kurt Skalnik (Hg.), Österreich. Die Zweite Republik, 2 Bde., 1972.

Erika Weinzierl u. Kurt Skalnik, Das neue Österreich. Geschichte der 2. Republik, Graz, Wien, Köln 1975.

Erika Weinzierl u. Kurt Skalnik (Hg.), Österreich 1918–1938, 2 Bde., Graz 1983.

ÖSTERREICH LEXIKON A-G

A

A, internat. Abkürzung für „Austria" = Ö., verwendet für Kraftfahrzeuge, Postleitzahlen und Normen.

A1-Ring (früher Österreich-Ring), Rennstrecke in der Gem. Spielberg bei Knittelfeld (Stmk.), errichtet 1969 mit einer Länge von 6 km, bis 1987 für Formel-1-Rennen verwendet. 1995/96 umgebaut und auf 4318 m verkürzt, dient der A1-R. neben Motorsportveranstaltungen (1997–2003 wieder Formel-1-Rennen) auch als Veranstaltungszentrum für Konzerte, Messen, Experimente im Technologiebereich u. Ä. Die zweite vergleichbare Rennstrecke in Ö. ist der → Salzburgring.

Aachener Frieden, 18. 10. 1748 (Vorfriede 30. 4.), beendete den → Österreichischen Erbfolgekrieg. Ö. verlor Schlesien endgültig an Preußen, Parma, Piacenza und Guastalla an eine Tertiogenitur der spanischen Bourbonen und Gebiete der Lombardei an Sardinien. Alle Beteiligten erkannten aber die → Pragmatische Sanktion und die Kaiserwürde von Franz I. an.

Abbado, Claudio, * 26. 6. 1933 Mailand (I), Dirigent. 1968–86 Musikdirektor der Mailänder Scala; 1984 erstmals an der Wr. → Staatsoper mit Verdis „Simone Boccanegra", 1986–91 deren künstlerischer Direktor, seit 1987 Generalmusikdirektor der Stadt Wien; 1989–2002 ständiger Dirigent und künstler. Leiter des Berliner Philharmon. Orchesters, seit 2003 Leiter des Luzern Festival Orchesters; 1994–2002 künstler. Leitung der Salzburger → Osterfestspiele. Engagiert sich bes. für moderne Musik (begründete 1988 das Festival „Wien modern") und Nachwuchsmusiker (Gründer des Jugendorchesters der Europ. Gemeinschaft 1978, Gründer und Musikdirektor des G.-Mahler-Jugendorchesters, künstler. Berater des Chamber Orchestra of Europe).
Literatur: C. Försch, C. A., 2001.

ABB AG, 1988 durch Fusion von Asea (gegr. 1930) und BBC (gegr. 1910) entstandener Elektrokonzern mit Schwerpunkt Energie- und Automatisierungstechnik; bis 2000 unter dem Namen Asea Brown Boveri AG. In rd. 100 Ländern beschäftigt der Konzern weltweit insges. 133.000 Mitarbeiter; in Ö. wurde 2002 mit 900 Beschäftigten ein Umsatz von 220 Mio. Euro erzielt.

Abel, Heinrich, * 15. 12. 1843 Passau (D), † 23. 11. 1926 Wien, Jesuit, ab 1891 volkstümlicher Prediger und „Männerapostel von Wien". Arbeitete mit der → christlichsozialen Bewegung gegen den Liberalismus. Gründer von Kongregationen, Mitbegründer der kath. Studentenverbindung Austria. Regte die Männerwallfahrten nach Klosterneuburg und Mariazell (Denkmal 1932) an.
Literatur: M. Richer, Pater H. A., Diss., Wien 1947.

Abel, Othenio, * 20. 6. 1875 Wien, † 4. 7. 1946 Mondsee (OÖ.), gilt gemeinsam mit Louis Dollo als Begründer der Paläobiologie, indem sie Lebensweise und Umwelt der fossilen Organismen rekonstruierten. 1917–34 Univ.-Prof. in Wien, danach Dir. des Paläontolog. Inst. der Univ. Göttingen; erforschte die → Drachenhöhle bei Mixnitz.
Werke: Grundzüge der Paläobiologie der Wirbeltiere, 1912; Lehrbuch der Paläozoologie, 1920; Die Drachenhöhle bei Mixnitz, 1931; Vorzeitliche Lebensspuren, 1935; Das Reich der Tiere, 1939.
Literatur: K. Ehrenberg, O. A. Lebensweg, 1975.

Abend, Der, 1915 als Pendant zum „Morgen" gegr. Zeitung, nach 1918 aggressiv und polemisch, im Gedankengut zw. soz.-dem. und kommunist. Am 16. 2. 1934 eingestellt; Nachfolgerin war die KP-Zeitung „Der Telegraph" (1948–57).

Abendschulen, Möglichkeit zur Weiterbildung neben dem Beruf (urspr. am Sonntag), seit der 2. Hälfte des 19. Jh. in den Abendstunden der Wochentage. Gegenwärtig werden folgende Schulformen bzw. Lehrgänge als A. geführt: Handelsschulen, Handelsakademien und Kollegs; Höhere techn. Lehranstalten, Kollegs und Werkmeisterschulen; Akademien für Sozialarbeit und Fachschulen für Sozialberufe, Kollegs für Kindergarten- und Sozialpädagogik; landw. Fachschulen sowie (Religions-)Pädagogische Akademien; Gymnasium und Wirtschaftskundl. Realgymnasium für Berufstätige.
Literatur: J. Sonnberger, Die Entwicklung der A. in Ö., Diss., Salzburg 1979; H. Engelbrecht, Geschichte des ö. Bildungswesens, Bd. 3–5, 1984–88.

Abensberg-Traun (Abensperg-Traun), bis heute existierende Adelsfamilie aus OÖ., heutiger Sitz in Petronell bzw. Maissau (NÖ.). Die Traun waren im 13. Jh. Ministerialen und ab 1653 Grafen von Abensberg und Traun. Neben Otto Ferdinand Gf. v. → Abensberg-Traun verdient Ernst Gf. v. A.-T. (* 26. 3. 1608, † 8. 11. 1668 Wien) bes. Hervorhebung; er war im 30-jähr. Krieg kaiserl. General und später Vizehofkriegspräs. und Stadtkommandant von Wien. Otto Ehrenreich Gf. v. A.-T. (* 13. 3. 1644, † 8. 9. 1715) war während des Türkenjahrs 1683 Landmarschall in NÖ.

Abensberg-Traun, Otto Ferdinand Graf von, * 27. 8. 1677 Ödenburg (Sopron, H), † 10. 2. 1748 Hermannstadt (Sibiu, RO), General. Befehligte im Span. Erbfolgekrieg als Generaladjutant von Feldmarschall Guido Gf. Starhemberg ö. Truppen in Italien; nach 1725 Inte-

Claudio Abbado.
Foto.

Abensberg-Traun: Festsaal im Schloss Petronell, NÖ.

rimsstatthalter des Herzogtums Mailand, 1737 Gouverneur von Mantua, Parma und Vicenza. Im Österr. Erbfolgekrieg erhielt er 1742 das Kommando über die österr. und sardin. Truppen, zwang die preuß. Truppen zum Rückzug aus Böhmen und die franz. Truppen über den Rhein. 1747 Generalkommandant von Siebenbürgen. Familie → Abensberg-Traun.

ABERSEE, siehe → Wolfgangsee.

ABFAHRTSLAUF, siehe → Skisport.

ABFALL, GEFÄHRLICHER, darf nicht in die Sammlung von Haus- und Sperrmüll einbezogen werden; zu seiner Entsorgung sind eigene Anlagen eingerichtet; Art, Menge, Herkunft und Verbleib von g. A. müssen mit Begleitscheinen nachgewiesen werden (Abfallwirtschaftsgesetz 2002); zum g. A. zählen Öle und Lacke, mit Chemikalien behandeltes Holz (z. B. Eisenbahnschwellen), Säuren, schwermetallhaltige Stoffe, Chemikalien, Batterien, Quecksilberthermometer, Pflanzenschutzmittel, Medikamente, bestimmte mit schädl. Stoffen belastete ind. Schlämme u. Ä. Jährl. fallen in Ö. rd. 1 Mio. t g. A.an.

ABFALLWIRTSCHAFT: Die Bewältigung des Abfallproblems stellt eine vorrangige Aufgabe des → Umweltschutzes dar. In den Jahrzehnten seit 1950 stiegen die Abfallmengen stetig. Daher wurde aus der Müllabfuhr eine integrierte und flächendeckende A. entwickelt. Oberstes Ziel der A. ist die quantitative und qualitative Abfallreduzierung, d. h. möglichst wenig Abfall entstehen zu lassen bzw. Schadstoffe nicht einzusetzen. Abfälle sind stofflich zu verwerten (→ Recycling; in weiterer Folge Energiegewinnung). Alle Reststoffe dürfen nur noch in vorbehandeltem Zustand abgelagert werden. Durch die getroffenen Maßnahmen konnte 1993 erstmals eine Reduktion der Abfälle erreicht werden. Fielen 1991 noch über 2 Mio. Tonnen Restmüll aus Haushalten an, so betrug der Restmüllmenge 1996 weniger als 1,4 Mio. Tonnen. Gleichzeitig konnte die Anzahl der Deponien von 145 auf 60 reduziert werden. Maßgebl. dafür waren die getrennte Sammlung von Papier, Pappe und Karton, Glas, Metallen und Kunststoffen (Verpackungen) sowie des Bio-Abfalls. Insges. fielen 1996 in Ö. 46,5 Mio. Tonnen Abfall an, wobei mehr als die Hälfte davon Baurestmassen (Bodenaushub und Abbruchmaterial) sowie Baustellenabfälle waren. Die gefährl. Abfälle machten 1,6 Mio. Tonnen und die sonstigen nichtgefährl. Abfälle 14,5 Mio. Tonnen aus.

Die A. wurde auch ein wirt. Faktor. 1993 betrug der Umsatz der A. 12 Mrd. S; nach Inkrafttreten der Verpackungsverordnung 1994 stieg er auf 14,5 Mrd. S an. Im Entsorgungsbereich sind in Ö. (einschließl. Gemeinden) 20.000 Personen beschäftigt, die Hälfte davon in Gewerbebetrieben.

Literatur: BM f. Umwelt, Jugend und Familie (Hg.), Bundesabfallwirtschaftsplan 1998 (hg. alle 3 Jahre, auf der Basis des A.-Gesetzes 1990).

ABFALLWIRTSCHAFTSRECHT: Der Umgang mit allen Arten von – gefährlichen und nicht gefährlichen – Abfällen sowie die Errichtung und der Betrieb von Abfallbehandlungsanlagen werden primär durch das Abfallwirtschaftsgesetz (AWG 2002) geregelt. Daneben bestehen Landesgesetze, die jedoch nach Erlassung des AWG 2002 nur noch eingeschränkte Bedeutung besitzen und vorwiegend die kommunale Abfallsammlung zum Gegenstand haben. Auch das Europarecht enthält eine große Anzahl von abfallrechtl. Normen, wie insbes. die Abfallrichtlinie, das Abfallverzeichnis, die Verbrennungsrichtlinie und die unmittelbar anwendbare Verbringungsverordnung (über den Transport von Abfällen).

Heute spricht man von „Abfallbewirtschaftung" oder von „Abfallmanagement", das – dominiert durch das im Interesse des Umweltschutzes stehende Nachhaltigkeitsprinzip – schon mit der Abfallvermeidung beginnt und das Recycling in den Vordergrund stellt; die – früher im Mittelpunkt stehende – bloße Abfallbeseitigung (z. B. Deponierung) wurde dadurch mehr und mehr zurückgedrängt.

Im Zentrum der Diskussion und der Rechtsprechung der Höchstgerichte stehen zur Zeit immer wieder Fragen der Abgrenzung zwischen Abfall und marktfähigem Produkt, der Abfallverbrennung und der Zulässigkeit von Abfallimport- und -exportverboten. → Abfallbegriff.

Literatur: C. Piska, Der Abfallbegriff des AWG 2002, in: Juristische Ausbildung und Praxisvorbereitung 6, 2003/04; ders., Abfallexportverbote – Umweltschutz oder versteckter Konkurrenzschutz, in: ecolex 620, 2002; ders., Das Recht des Abfallmanagements, 2004; W. List u. a., Abfallwirt.-G, 2004.

ABFALTERSBACH, Ti., LZ, Gem., 983 m, 616 Ew., 10,27 km^2, Gem. mit wirt. Mischstruktur am Erlbach im Pustertal südwestl. von Lienz. Forstwirt., Metallwareind., etwas Tourismus. – Urk. 974; got.-barockisierte Andreaskirche (Weihe 1441, Umbau 1765) mit Gewölbefresken von J. A. Zoller (1768–70) und Rokokodekorationsmalereien, barocke Weihnachtskrippe (spätes 18. Jh.); Friedhofskapelle (15. Jh.); Barockkirche Mariä Heimsuchung; Ansitz Oberhaus; intakter bäuerl. Dorfcharakter in heitl. Bauweise, Einhöfe mit alten Kornkästen, Hafnerei (1887) mit wasserbetriebener Glasurmühle (1991 wiederhergestellt); original erhaltenes „Aigner Badl" (Biedermeier-Bauernbad, Schwefelquelle).

Literatur: K. Walde, A. Die Gem. Ti., Bd. 2, 1956.

ABFERTIGUNG, wurde durch das mit 1. 1. 2003 in Kraft getretene Mitarbeitervorsorgegesetz (BMVG) für alle Arbeitsverhältnisse, die nach dem 31. 12. 2002 begründet wurden, grundlegend geändert. Ziel war es, eine 3. Säule zur Alterspensionssicherung zu errichten. Jeder Arbeitgeber muss eine Mitarbeitervorsorgekasse (MV-Kasse) auswählen, in die er ab dem 2. Monat des Arbeitsverhältnisses 1,53 % des monatl. Entgelts einzahlen muss. Ein Arbeitnehmer nimmt sodann alle eingezahlten Beiträge bei jedem Arbeitswechsel rucksackartig mit, unabhängig von der Art der Beendigung des Arbeitsverhältnisses. Er kann dabei die MV-Kasse auffordern, die eingezahlten Beiträge weiter zu verwalten oder an die MV-Kasse seines neuen Arbeitgebers zu überweisen oder an ihn auszuzahlen. Letzteres allerdings nur, wenn seit mindestens 3 Jahren Beiträge entrichtet wurden und das letzte Arbeitsverhältnis durch Arbeitgeber-Kündigung, ungerechtfertigte Entlassung, berechtigten Austritt oder einvernehmliche Lösung beendet wurde.

Für vor dem 1. 1. 2003 begründete Arbeitsverhältnisse bleibt es grundsätzlich bei den alten Abfertigungsbestimmungen. D. h., ein Arbeitnehmer hat nach mindestens 3-jähriger Dauer des Arbeitsverhältnisses einen Anspruch auf A., deren Höhe sich nach der Dauer des Arbeitsverhältnisses und der Höhe des Gehalts abhängt (2faches Monatsgehalt nach 3 Jahren, 3faches nach 5 Jahren, 4faches nach 10 Jahren usw.). Endet das Arbeitsverhältnis allerdings durch Kündigung des Arbeitnehmers, gerechtfertigte Entlassung und unberechtigten Austritt, so verliert der Arbeitnehmer die A. zur Gänze, eine Mitnahme des Anspruches wie nach dem neuen Recht ist nicht möglich.

Das neue BMVG beinhaltet jedoch auch die Möglichkeit, dass vor dem 1. 1. 2003 begründete Arbeitsverhältnisse durch Vereinbarung zwischen Arbeitgeber und Arbeitnehmer in das BMVG und somit in das neue System wechseln.

Literatur: G. Löschnigg, Arbeitsrecht, [10]2003.

ABGASE, aus Feuerungen, Gasheizungen oder Wärmekraftmaschinen abziehendes Verbrennungsgas. Bestandteile von A. sind bei vollständiger Verbrennung Kohlendioxyd, Wasserdampf und evtl. Schwefeldioxyd, bei unvollständiger Verbrennung Kohlenmonoxyd, Wasserstoff, Sauerstoff, Kohlenwasserstoffe und evtl. Ruß. Gesetzl. Bestimmungen über A. enthalten u. a. das LuftreinhalteG für Kesselanlagen BGBl. 380/1988 (letzte Novelle BGBl. I 65/2002), die Luftreinhalteverordnung für Kesselanlagen 1989 BGBl. 19/1989 (letzte Novelle BGBl. II 389/2002), das Abfallwirt.-G 2002 BGBl. I 102/2002 (letzte Novelle BGBl. I 43/2004), die Gewerbeordnung 1994, BGBl. I 194/1994 (letzte Novelle BGBl. I 49/2004), die Abfallverbrennungsverordnung BGBl. II 389/2002, die VOC-Anlagen-Verordnung BGBl. II 301/2002, das Immissionsschutzgesetz – Luft BGBl. I 115/1997 (letzte Novelle BGBl. I 34/2003) und landesgesetzl. Bestimmungen. Grenzwerte und Überprüfung der A.-Emissionen bei Autos sind in der KraftfahrG-Durchführungsverordnung 1967 (KDV) BGBl. 399/1967 (letzte Novelle BGBl. II 129/2004) geregelt.

ABGB, siehe → Allgemeines Bürgerliches Gesetzbuch.

ABGEORDNETENHAUS: Nach der Märzrevolution 1848 übertrug die → pillersdorfsche Verfassung die Gesetzgebung einem Reichstag aus 2 Kammern (A. und Senat). Das A. wurde durch Wahl (unter Ausschluss der Arbeiter und aller unterstützungsbedürftigen Personen) gebildet. Das eigentliche Zweikammersystem (A. und → Herrenhaus) wurde erst 1861 durch das sog. → Februarpatent eingeführt: Das A., das mit dem Herrenhaus den → Reichsrat bildete, bestand zunächst aus 343 von den Landtagen bestellten Abgeordneten (davon 120 aus der ungar. Reichshälfte). Seit der Wahlreform von 1873 wurden die Abgeordneten (der westl. Reichshälfte) durch direkte Wahlen ermittelt, jedoch innerhalb von 4 Kurien; wahlberechtigt waren nur jene Personen, die jährl. mindestens 10 Gulden direkte Steuern entrichteten (= 6 % der erwachsenen Bevölkerung); die Zahl der Abgeordneten wurde auf 353 erhöht. Durch die Wahlreform von K. Gf. Badeni (1896) erfuhr das A. eine Vergrößerung und eine weitgehende polit. Umschichtung. Nach dem Wahlrechtsgesetz von 1906 wurden die 516 Mitglieder des A. nach dem allg., gleichen, geheimen und direkten Wahlrecht (der Männer) gewählt. Die Regierung musste Finanzvorlagen, Vorlagen über Veräußerung von Staatseigentum, über Aufnahme von Staatsschulden und über Rekrutenkontingente zuerst dem A. vorlegen, alle anderen Angelegenheiten konnte sie nach Gutdünken einer der beiden Kammern zuerst unterbreiten. Seit dem Zusammenbruch der ö.-ungar. Monarchie 1918 heißt das A. → Nationalrat (bis 1920 → Nationalversammlung).

Abgeordnetenhaus: Die Reichstagskammer in Wien. Farblithographie von J. F. Sandmann, um 1850.

Das Gebäude des A. in Wien war urspr. ein hölzerner Behelfsbau (1861 erbaut) in der Währinger Straße beim Schottentor; die Übersiedlung in das neu gebaute → Parlament erfolgte 1883.

Literatur: G. Kolmer, Parlament und Verfassung in Ö., 8 Bde., 1902–14 (Nachdruck 1972–80); H. Schambeck, Ö. Parlamentarismus, 1986.

ABGEORDNETER (Mandatar), das gewählte Mitglied einer öffentl.-rechtl. Körperschaft, insbes. der Volksvertreter im Abgeordnetenhaus. In Ö. unterscheidet man Abgeordnete zu → Nationalrat, → Bundesrat und den → Landtagen. Anzahl und rechtl. Stellung sind verfassungsmäßig bzw. gesetzlich festgelegt (u. a. Abstimmungs-, Antrags- und Immunitätsrecht, Unvereinbarkeitsbestimmungen, Bezügegesetz).

ABITURIENTENLEHRGÄNGE (-KURSE) wurden in der 2. Hälfte des 19. Jh. für Absolventen allg.-bild. → Mittelschulen eingeführt, um ihnen in verkürzter Form auch einen Abschluss an einer → berufsbildenden Schule zu ermöglichen. In der 1. Republik hatten die einjährigen A. an den Handelsakademien den größeren Zulauf, nach 1945 diejenigen an den Lehrer- und Lehrerinnenbildungsanstalten. Mit der Einrichtung der → Pädagogischen Akademien (ab 1966) und der → Kollegs (ab 1983) wurden diese Kurzformen einer berufl. Ausbildung hinfällig.

ABLINGER, Peter, * 15. 3. 1959 Schwanenstadt (OÖ.), Komponist. Studierte Klavier und Tonsatz in Graz und Wien, 1982 Übersiedlung nach Berlin, bis 1990 Lehrtätigkeit an der Musikschule Berlin-Kreuzberg, seither freischaffender Komponist. 1988 Gründung des Ensembles Zwischentöne, 1990–92 Leiter des Festivals Klangwerkstatt in Berlin, ab 1993 Gastprofessuren u. a. in Graz, Hamburg, Darmstadt und Prag, 2002 Gastkomponist des Inst. f. Elektron. Musik und Akustik Graz. Konzentrierte sich bis 1994 auf kammermusikal. Besetzungen, seither auch Beschäftigung mit Elektroakustik; seit 1980 Arbeit am Werkkomplex „Weiss/Weisslich".

Weitere Werke: Traktat, 1985 (Flöte); Drei Minuten für Berenice I, 1988 (Sopran, Tänzer); Verkündigung, 1991 (Flöte, Saxophon, Klavier); Der Regen, das Glas, das Lachen, 1994 (Bläser, Keyboard, Percussion); Instrumente und ElektroAkustisch Ortsbezogene Verdichtung, 1995 ff. (variable Besetzungen); Stühle, Bambus, Sonnenaufgang, Sonnenuntergang, 1997 (Stühle, Bambuspflanzen).

ABRAHAM, Paul, * 2. 11. 1892 Apatin (H), † 6. 5. 1960 Hamburg (D), Komponist. Feierte ab 1928 und in den 30er Jahren mit Operetten, Film- und Schauspielmusik große Erfolge. Zusammenarbeit mit F. → Lehár („Friederike", „Land des Lächelns") und den Librettisten F. → Beda-Löhner und A. → Grünwald. 1933–58 in Emigration in den USA.

Werke: Viktoria und ihr Husar, 1930; Die Blume von Hawaii, 1932; Ball im Savoy, 1934; Märchen im Grand-Hotel, 1934; Dschainah, 1935; Roxy und ihr Wunderteam, 1937.

ABRAHAM, Raimund, * 23. 7. 1933 Lienz (Ti.), Architekt und Prof. für Architektur. Stud. an der Techn. Univ. Graz. Seit 1964 in den USA, seit 1971 Prof. an der Cooper Union und am Pratt Institute in New York; 1967 gem. Ausstellung im Museum of Modern Art, New York, mit H. → Hollein und W. → Pichler als Vertreter ö. Avantgardekunst. Zahlr. internat. Preise und Auszeichnungen.

Werke: IBA-Wohn- und Geschäftsgebäude, Berlin, 1980–85; Siedlung Traviatagasse, Wien, 1987–91; Wohn- und Geschäftshaus, Graz, 1990–93; Bankgebäude (Ti. Landeshypothekenbank), Lienz, 1993–96; Ö. Kulturinstitut, New York, 1998–2001. – Ausstellungen u. a.: Museum of Modern Art, New York; Centre Georges Pompidou, Paris; Dt. Architekturmuseum, Frankfurt a. Main. – Publikationen: Elementare Architektur, 1963; Ungebaut/Unbuilt, Ausst.-Kat., Innsbruck 1986; Grenzlinien, Graz 1989.

Literatur: B. Groihofer (Hg.), R. A. [Un]built, 1996.

Raimund Abraham: Modell für den Neubau des Österreichischen Kulturinstituts in New York, 1994.

Abraham a Sancta Clara. Anonymes Gemälde, Ende 17. Jh. (Wien Museum).

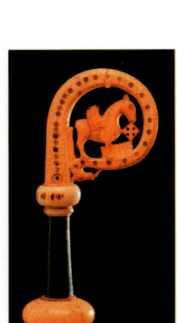

Abt: Elfenbeinkrümme des „Gebhard-Stabes", nach 1200 (Stift Admont, Stmk.).

Kurt Absolon. Foto.

Abraham a Sancta Clara (eigentl. Johann Ulrich Megerle, Pseud.: Gautentius Hilarion, Hilarius von Freudberg, Theophilus Mariophilus), * 2. 7. 1644 Kreenheinstetten bei Meßkirch (D), † 1. 12. 1709 Wien, Volksschriftsteller und berühmter Prediger zur Zeit der → Türkenkriege. 1662 wurde er Augustiner-Barfüßer, 1677 Hofprediger in Wien und 1690 Ordensprovinzial. Seine Kanzelreden kursierten als Flugschriften, berühmt wurden „Mercks, Wienn!" (1680) und „Auff, auff, Ihr Christen" (1683). Die anthologische Gesamtausgabe „Reimb Dich, Oder, Ich Liß dich" diente F. Schiller als Vorlage für die Kapuzinerpredigt in „Wallensteins Lager". Thema ist immer das Anprangern der Laster und die Hervorhebung der Tugend mit derb-wuchtiger Sprachgewalt und satirischen Wortspielen (Metaphern, Vereinlagen, Kalauern) nach Vorbild von jesuit. Traktatliteratur, Chroniken und Schwänken.
Weitere Werke: Lösch Wienn, 1680; Judas Der Ertz-Schelm, 4 Bde., 1686–95; Etwas fuer Alle, 3 Bde., 1699; Huy! und Pfuy! der Welt, 1707. – Ausgabe: Werke, hg. v. K. Bertsche, 3 Bde., 1943–45.
Literatur: F. M. Eybl, A. a. S. C., 1992; J.-M. Schillinger, A. a. S. C., 1993.

Abrogans, siehe → Arbeo.

Absam, Ti., IL, Gem., 632 m, 6362 Ew., 51,92 km², stark frequentierter Wallfahrtsort auf dem Mittelgebirge des Unterinntals, nördl. von Hall i. Ti. – Landesgendarmerie S, Garnison, Missionshaus St. Josef, BerS f. Tourismus, Holztechnik, Bautechnik und Malerei; Werkmeisterschule für Holztechnik der AK; Holzverarbeitung, optische (Firma Swarovski), chem.-pharmazeut., Kunststoff- und Maschinen-Ind.; etwas Fremdenverkehr. – Urk. 990 „Abazanes"; spätgot. Wallfahrtskirche (1420/40), um 1770 barockisiert, mit Deckengemälde von J. A. Zoller (1780) und Altarbild von F. S. Unterberger, spätgot. Kruzifix (1492) und got. Madonnenfresko (1470); Heimat des Geigenbauers J. Stainer (ca. 1617–83). In A. Edelsitz Krippach (barocke Form seit 1711) und Ansitz Melans. Im Halltal Verwaltungsgebäude (Museum) des 1967 stillgelegten Salzbergwerks, Matschgerer Museum (Fastnachtsbrauchtum).
Literatur: R. Schober, A. Ein Dorf im Wandel, 1988.

Abschreibung, Herabsetzung des in der Unternehmensbilanz angeführten Wertes einzelner Vermögensteile (z. B. Anlagen). Die gesetzlich festzulegende Höhe der A. ist ein Mittel der Wirtschaftspolitik, etwa in Krisenzeiten zur Belebung der Investitionstätigkeit. In Ö. erstmals 1954 durch R. → Kamitz angewendet.

Absdorf, NÖ., TU, Markt, 182 m, 1605 Ew., 15,98 km², Wohngem. mit Gewerbe nahe der Fladnitz nordwestl. von Herzogenburg. – Heimatmuseum; Schotterwerk. – Urk. 1125 „Abbatesdorf", Kapelle hl. Helena (17. Jh.) mit Hochaltar von 1700, Meierhof (19. Jh.).
Literatur: H. Schützner, Geschichte von A. und Absberg. Ein Heimatbuch, 1959.

Absolon, Kurt, * 28. 2. 1925 Wien, † 26. 4. 1958 Wulkaprodersdorf (Bgld.; Autounfall), Maler und Graphiker. Mitgl. des Wr. → Art-Clubs. Seine hochsensitiven Zeichnungen erscheinen vielfach wie Traumvisionen; A. hatte die wohl bedeutendste graph. Begabung der Zeit nach dem 2. Weltkrieg.
Werke: Graphikzyklen: Sodom, Angst, 1950; Don Quichote, 1951; Passionszyklus, 1957.
Literatur: O. Breicha (Hg.), K. A. 1925–58, 1989.

Absolutismus, durch Konzentration der Herrschaftsrechte beim Herrscher („princeps legibus solutus") fürstl. dominierte Form der Staatsbildung der frühen Neuzeit. Die Habsburger entwickelten A. durch Überwindung der Reformation, der ständischen Revolten (Wr. Neustädter Blutgericht 1522, Schlacht am Weißen Berg 1620) und der Bauernaufstände. 1635 „Verstaatlichung" der Armee – alleiniges „ius belli ac armorum" des Herrschers. Der Adel wurde zum Hofadel („höfischer Adel") bei bleibender feudaler Basis. Hof und kath. Kirche förderten als 2. Stütze des A. die eindrucksvolle Kultur höfischer und kirchl. Repräsentation (→ Barock). Mit der „maria-theresianischen Staatsreform" 1749 wurde Ö. zu einem bürokrat. organisierten böhm.-ö. Kernstaat, um den die anderen habsb. Gebiete gruppiert waren; das Steuerbewilligungsrecht der Landstände wurde beendet, es wurden staatl. Gubernien bzw. Statthaltereien für Länder sowie Kreisämter für Landesviertel geschaffen. Im Reform-A. („aufgeklärter A.") unter Maria Theresia und Joseph II. wurde die Staatstätigkeit zur Steigerung der wirt. Leistungsfähigkeit und des allg. Wohlstands (neue Legitimation des Herrschers als „erster Diener des Staates") intensiviert. Die Institutionen des Reform-A. blieben im „bürokrat. A." 1792–1848 ohne weitere Reformimpulse (bzw. wieder reformistisch als Neo-A. 1851–1906) bestehen.
Literatur: H. Matis (Hg.), Von der Glückseligkeit des Staates, 1981; R. G. Plaschka, G. Klingenstein u. a. (Hg.), Ö. im Europa der Aufklärung, 2 Bde., 1985; K. Gutkas, Ks. Joseph II., 1989.

Abstimmungsgebiete, die nach dem 1. Weltkrieg umstrittenen Grenzgebiete von S-Kä. und um → Ödenburg, in denen durch Abstimmung die staatliche Zugehörigkeit entschieden werden sollte. Für Kä. unterblieb die Abstimmung in der nördl. Zone B (mit überwiegend dt.-sprach. Bevölkerung), nachdem sich am 10. 10. 1920 die südl. Zone A in ihrer Mehrheit (59 %) für den Verbleib bei Ö. entschieden hatte (→ Kärntner Volksabstimmung). Die unter ital. Aufsicht (nicht anfechtbar) durchgeführte Abstimmung im Gebiet um Ödenburg brachte am 14. 12. 1921 eine 64-prozentige Mehrheit für den Verbleib bei Ungarn.

Abt, in kath. Orden (Benediktiner, Zisterzienser, Prämonstratenser) der Klostervorsteher. Auch den Pröpsten der Augustiner-Chorherren sind Äbte. Der vom Konvent in der Regel auf Lebenszeit gewählte A. hat Jurisdiktion über die Angehörigen des Klosters, das Recht der Pontifikalien und ist exemt (keinem Bischof unterstellt).

Abtenau, Sbg., HA, Markt, 714 m, 5671 Ew., 186,96 km², Sommerfrische und Wintersportort (250.677 Übern.) im Lammertal, am N-Fuß des Tennengebirges. – Pflegeanstalt für chronisch Kranke, 2 Heilquellen (seit Mitte der 60er Jahre nicht mehr genützt); Forstbetrieb der Ö. Bundesforste AG; Holzver-

Abtenau.

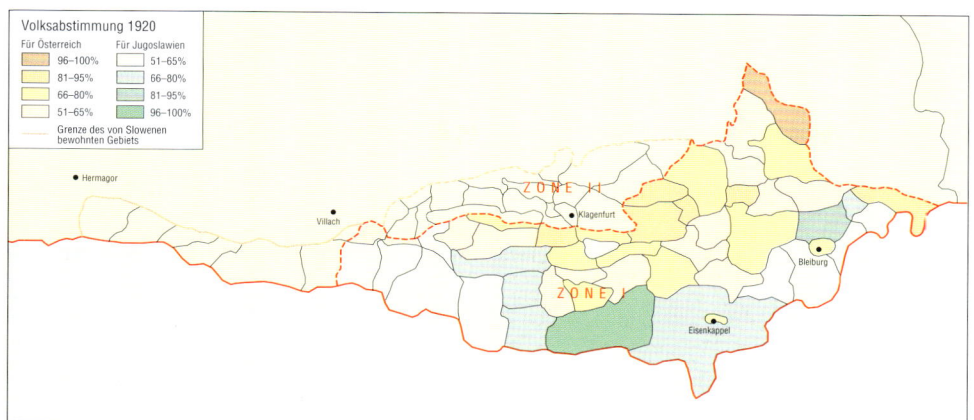

Kärntner Volksabstimmung 1920.

arbeitung. – Urk. 977, spätgot. Kirche mit Barockaltar (um 1675). In der Nähe Aubach-, Trickl- und Dachserfall.
Literatur: H. Gfrerer, A., 2 Bde., 1982.

Abtreibung: In Ö. ist eine A. nicht strafbar, wenn sie durch einen Arzt innerhalb der ersten 3 Schwangerschaftsmonate nach vorhergehender ärztl. Beratung vorgenommen wird (→ Fristenregelung). Außerhalb dieser Frist ist die A. nur dann straffrei, wenn sie von einem Arzt durchgeführt wird und bestimmte Umstände vorliegen (nicht anders abzuwendende Gefahr für das Leben oder eines schweren Schadens für die körperl. oder seel. Gesundheit der Schwangeren, ernste Gefahr einer schweren geistigen oder körperl. Schädigung des Kindes, Schwängerung einer Unmündigen unter 14 Jahren). Nur wenn unmittelbare, nicht anders abwendbare Lebensgefahr für die Schwangere besteht und ärztl. Hilfe nicht rechtzeitig zu erlangen ist (§ 97 StGB), ist auch die A. durch einen Nichtarzt straflos. In allen anderen Fällen ist vorsätzl. Schwangerschaftsabbruch in Ö. nach § 96 bzw. § 98 StGB strafbar. Eine A. wird strenger bestraft, wenn sie gewerbsmäßig, ohne den Willen der Schwangeren oder von einem Nichtarzt vorgenommen wird oder den Tod der Schwangeren zur Folge hat.
Literatur: M. Mesner, Die Auseinandersetzung um den Schwangerschaftsabbruch in Ö., Diss., Wien 1993; M. Eder-Rieder, §§ 96–98, in: F. Höpfel u. E. Ratz (Hg.), Wr. Kommentar zum StGB, ²1999 ff.

Accordino (ital. = „kleines Abkommen"), 1949 geschlossenes Regionalabkommen zwischen Ö. und Italien auf der Grundlage des Gruber-De-Gasperi-Abkommens (= Pariser Abkommen) zur Erleichterung des Warenaustauschs zwischen den Bundesländern Ti. und Vbg. einerseits und der Region Trentino/S-Ti. andererseits. Damit sollten die pol. Nachteile der polit. Trennung von 1918 für die Bewohner gemildert und traditionelle Handelsströme erhalten werden. Es beinhaltet die unbeschränkte Ein- und Ausfuhr von landwirt. Produkten; verarbeitete Waren sind von Zollabgaben befreit. Durch die Gewerberechtsnovelle 1992 wurden darüber hinaus Erleichterungen bei der Erbringung gewerblicher Dienstleistungen geschaffen.

Acham, Karl, * 15. 11. 1939 Leoben (Stmk.), Sozialwissenschaftler, Historiker. Seit 1974 Univ.-Prof. am Inst. f. Soziologie der Univ. Graz. Zahlr. Gastprofessuren (Deutschland, Kanada, China, Brasilien u. a.). 1982–94 Hg. der „Klassischen Studien zur soz.-wiss. Theorie, Weltanschauungslehre und Wissenschaftsforschung". Ehrenzeichen f. Wiss. u. Kunst 2000.

Werke: Analyt. Geschichtsphilosophie, 1974; Philosophie der Sozialwissenschaften, 1983; Geschichte und Sozialtheorie, 1995; Geschichte der ö. Humanwissenschaften, 5 Bde., 1999–2003 (Hg.).

Achamer (Aichhammer), Johann, * 27. 12. 1650 Innsbruck (Ti.), † 9. 12. 1712 Wien, Glockengießer. Errichtete 1678 in Wien eine Stuck-(= Kanonen-) und Glockengießerei, in der er 1711 die → Pummerin für den Stephansdom schuf.

Achau, NÖ., MD, Gem., 172 m, 1153 Ew., 11,88 km², Wohngem. mit Gewerbe im Wr. Becken östl. von Mödling. Maschinenbau. – Urk. 1170, barocke Pfarrkirche (1660 wieder err.) mit spätbarockem Turm (Ende 18. Jh.), Renaiss.-Epitaph (1582) und modernem Volksaltar (1968), Schlossruine (ehem. Wasserschloss, frühes 17. Jh.), Dreifaltigkeitssäule (1747).

Ache (Ach, Aach, ahd. aha, lat. aqua = Wasser), Bezeichnung vieler Flüsse und Bäche im Hochgebirge (z. B. Bregenzerach, Salzach).

Achenkirch, Ti., SZ, Gem., 916 m, 2065 Ew., 113,95 km², Kur- und Fremdenverkehrsort (363.732 Übern.) im → Achental zw. → Achensee und → Achenpass, nahe der dt. Grenze. – Sommerrodelbahn, Golfplatz, Wildpark, Hochalmlifte Christlum; Forstbetrieb der Ö. Bundesforste AG; Möbelfabrik. – Pfarrkirche (1748); Kirche St. Anna (1666/67); Heimatmuseum im Erbhof Sixen; in A. um 1850 Anfänge des Ti. Fremdenverkehrs.
Literatur: K. Staudigl-Jaud, Achentaler Heimatbuch, 1980.

Achenpass, 941 m, Grenzpass zwischen Ti. und Bayern (früher befestigt), mit Alpenstraße vom Achensee her.

Achensee, Ti., 929 m, 6,8 km², 9 km lang, 1 km breit, bis 133 m tief, größter See Ti., durch Moränen des Inngletschers gestaut, nördl. von Jenbach, zw. Karwendel im S und W sowie Rofangebirge im O. Der A. wurde urspr. durch die Ache zur Isar entwässert. Seit

Achensee: Erfurter Hütte.

1927 Stausee für das A.-Wasserkraftwerk in Jenbach; nutzt ein Gefälle von 380 m vom A. zum Inntal. Erzherzog → Ferdinand II. (1529–95) ließ für den Hof venezianische Schiffe auf den A. bringen. Mit Entwicklung des Fremdenverkehrs fuhr 1887 das erste Dampfschiff auf dem See; 1889 wurde die erste Dampfzahnradbahn Europas auf der Strecke Jenbach und Seespitz (7 km) errichtet. A.-Schifffahrt; Uferorte: Seespitz, Pertisau, Scholastika, Seehof, Buchau.
Literatur: F. Wachter, Der A., 1933; Kraftwerk A., 1956.

ACHENTAL, Ti., urk. 1120, erstreckt sich vom Achensee nach N zum Achenpass, mit der Gemeinde Achenkirch; bis ins 19. Jh. Handelsroute für Haller Salz; heute zweisaisonaler Fremdenverkehr.
Literatur: L. Sölder, Das A., 1959.

ACHLEITNER, Friedrich, * 23. 5. 1930 Schalchen (OÖ.), Architekt, Schriftsteller, Architekturhistoriker. Architekturstudium bei C. → Holzmeister, danach vorwiegend literar. Tätigkeit, 1955–64 Mitgl. der → Wiener Gruppe, Gemeinschaftsarbeiten mit H. C. → Artmann, K. → Bayer, G. → Rühm und O. → Wiener; ab 1962 Architekturjournalist bei der „Presse"; 1983–98 Inhaber des Lehrstuhls für Architekturgeschichte an der Hochschule f. angew. Kunst in Wien. Vertreter der Konkreten Poesie und modernen Dialektdichtung. Ö. Staatspreis für Kulturpublizistik 1984.
Werke: literar. Werke: prosa, konstellationen, montagen, dialektgedichte, studien, 1970; quadratroman, 1973; kaaas, Dialektgedichte, 1991; Einschlafgeschichten, 2003. – Über Architektur: Ö. Architektur im 20. Jh., 4 Bde., 1980–95; Nieder mit Fischer von Erlach, 1986; Aufforderung zum Vertrauen, 1987; Wr. Architektur, 1996.

Friedrich Achleitner. Foto.

ACHLEITNER, Hubert, siehe → Hubert von Goisern.

ACHT, im MA Ausschluss eines Rechtsbrechers aus der Gemeinschaft (jeder konnte ihn bußlos töten). Sie erstreckte sich auf den Bezirk eines Gerichts, auf ein Territorium oder auf das Reich. Für Ö. war die Ächtung Heinrichs des Löwen 1180, durch die die Stmk. zum Herzogtum wurde, wichtig. Karl VI. musste sich 1711 verpflichten, zur Reichs-A. die Genehmigung des Reichstags einzuholen, wodurch diese praktisch abgeschafft wurde. So scheiterte auch ein 1756 von Maria Theresia gegen Friedrich II. von Preußen beantragtes A.-Verfahren.

ACKER, altes Feldmaß, zw. 22 und 65 Ar.

ACKERBAUGESELLSCHAFTEN, siehe → Landwirtschaftsgesellschaften.

ACKERBAUSCHULEN, siehe → land- und forstwirtschaftliches Schulwesen.

ACKERBEIKRÄUTER, siehe → Segetalflora.

ACKERBÜRGER, Stadtbürger mit Landbesitz im Gem.-Bereich, den sie selbst wirt. nutzten. In den Kleinstädten Ö. war dies bis ins 19. Jh. eine weit verbreitete Besitzform.

ACKERUNKRÄUTER, siehe → Segetalfluren.

ACTION 365, von P. Johannes Leppich SJ (1915–92) zw. 1955 und 1960 aufgebaute ökumen. Laienbewegung. In Ö. Gemeinschaft von ca. 400 aktiven Christen (2003).

ADALBERO, (Hl.), Fest 6. (Okt.), * um 1010, † 9. 10. 1090 Lambach (OÖ.), ab 1045 Bischof von Würzburg. Letzter aus dem Geschlecht der Grafen von Lambach. 1056 wandelte A. das Kanonikerstift Lambach in ein Benediktinerkloster um (Grab in der Stiftskirche). Im Investiturstreit war er ab 1076 ein Anhänger des Papstes und wurde deshalb 1085 aus Würzburg vertrieben. Seine Vita entstand um 1200.
Literatur: A. Wendehorst, in: 900 Jahre Klosterkirche Lambach, Ausst.-Kat., Lambach 1989.

Hl. Adalbero. Epitaph, 1659, in der Stiftskirche Lambach, OÖ.

ADALBERO I. VON EPPENSTEIN, † 1039, regierte um ca. 995–1035, Sohn → Markwarts von Eppenstein; Markgraf der „Kärntner Mark" (Stmk.), 1012–35 Hzg. von Kä.

ADALBERT (der Siegreiche), † 26. 5. 1055 Melk (NÖ.), Babenberger-Markgraf. Sohn → Leopolds I., Graf im Schweinach- und Künzinggau (westl. und südwestl. von Passau); nach dem Tod seines Bruders → Heinrich I. 1018–55 Markgraf von Ö. Erschloss das Weinviertel für die Mark Ö. Zu seiner Zeit wurde im Osten eine Ungarnmark und im Pulkautal eine Böhmische Mark errichtet. Er litt im Alter an Arthrose (Skelett in Melk erhalten). Seine erste Gemahlin Glismod war die Schwester des Bischofs Meinwerk von Paderborn, die zweite, Froiza, war Tochter des Dogen Otto Orseolo von Venedig und Schwester Kg. Peters von Ungarn.
Literatur: E. Zöllner u. a. (Hg.), 1000 Jahre Babenberger, Ausst.-Kat., Wien 1976; K. Lechner, Die Babenberger, ⁶1996.

Adalbert der Siegreiche. Glasmalerei, Ende 13. Jh., im Brunnenhaus des Stiftes Heiligenkreuz, NÖ.

ADAM, Theo, * 1. 8. 1926 Dresden (D), dt. Bassbariton. Zahlr. Konzerte und Opernauftritte in Wien und Salzburg, u. a. Zusammenarbeit mit K. → Böhm; v. a. als Wagner-Interpret bekannt, daneben breites Repertoire vom Barock bis zur Gegenwart.
Werk: Vom „Sachs" zum „Ochs". Meine Festspieljahre, 2001.

ADAM, Walter, * 6. 1. 1886 Klagenfurt (Kä.), † 26. 2. 1947 Innsbruck (Ti.), Politiker und Journalist, Generalstabsoberst. 1934 Bundeskommissär für Heimatdienst, 1934–36 Gen.-Sekr. der Vaterländischen Front, 1936 Leiter des Bundespressedienstes im Bundeskanzleramt; 1938–43 im KZ.
Werk: Nacht über Deutschland, 1947.
Literatur: ÖBL.

ADAMBERGER, Antonie („Toni"), * 31. 12. 1790 Wien, † 25. 12. 1867 ebd., Schauspielerin. 1807–17 am Hofburgtheater, 1812 mit dem Dichter T. Körner (1813 gefallen) verlobt, 1817 Ehefrau von J. v. Arneth, Mutter von A. v. → Arneth, gehörte zum Freundeskreis von K. → Pichler.
Literatur: H. Zimmer, T. Körners Braut, 1918; G. Hartl, Arabesken des Lebens, 1963.

ADAMETZ, Leopold, * 11. 11. 1861 Feldsberg (Valtice, CZ), † 27. 1. 1941 Wien, Tierzucht- und Vererbungsforscher. Begründete (neben C. Kronacher) die moderne Tierzuchtlehre; 1898–1932 Prof. an der Hochschule für Bodenkultur in Wien.
Werk: Lehrbuch der allg. Tierzucht, 1926.
Literatur: ÖBL.

ADAMOVICH, Ludwig sen., * 30. 4. 1890 Esseg (Osijek, HR), † 23. 9. 1955 Wien, Jurist; Vater von L. → Adamovich jun. Univ.-Prof. in Prag, Graz und Wien; 1938 Justizmin., 1945–47 Rektor der Univ. Wien, 1946–55 Präs. des Verfassungsgerichtshofes.
Werke: Die ö. Verfassungsgesetze des Bundes und der Länder, 1925; Grundriß des ö. Verfassungsrechtes, 1947.

ADAMOVICH, Ludwig jun., * 24. 8. 1932 Innsbruck (Ti.), Jurist; Sohn von L. → Adamovich sen.; Univ.-Doz. für ö. Verfassungsrecht und Verfassungspolitik in Wien, Hon.-Prof. der Univ. Graz 1984–2002 Präs. des Verfassungsgerichtshofes.
Werke: Hb. d. Verfassungsrechts, ⁶1971; Ö. Verfassungsrecht, ³1985; Ö. Staatsrecht, 2 Bde., 1997/98 (mit B.-C. Funk u. a.).
Literatur: Festschrift zum 60. Geburtstag, 1992.

ADEG, siehe → Genossenschaften.

ADEL, privilegierte Bevölkerungsgruppe, besaß in der frühen Neuzeit das Recht der Landstandschaft (Indigenat, Inkolat), zugleich das Recht zum Besitz landtäflicher Güter und auf privilegierten Gerichtsstand

(Landschranne, landmarschallisches Gericht). Nach 1848/67 Recht auf Titelführung und Recht auf Nutzung für Adelige reservierter Stiftungen; einige Hochadelsfamilien hatten das Recht auf erbliche Mitgliedschaft im Herrenhaus des ö. Reichsrats. Alle Vorrechte, auch die Führung von A.-Bezeichnungen, wurden 1919 abgeschafft (StGBl. Nr. 211, 3. 4. 1919).

A. entstand aus (meist kriegerischem) Fürstendienst, in den ö. Ländern des MA zumeist aus (freier oder unfreier = ministerialischer) Gefolgschaft der Babenberger, Otakare, Sponheimer usw., dann der Habsburger. A. konnte zunächst Reichs-A. (dem Röm. Kaiser unterstehend) oder Landes-A. (unter dem Landesherrn) sein; Letzterer war in den ö. Ländern zumeist gegliedert in Herren und Ritter. Dazu gab es seit dem Spät-MA Brief-A. aus A.-Verleihung (Nobilitierung) für bes. Verdienste. In der Neuzeit entstand „erbländischer" A. durch gegenseitige Anerkennung des A. der verschiedenen Länder und gemeinsame Verleihung der ö. (später böhmisch-ö.) Hofkanzlei. Im ö. A. werden „hoher A." (Fürsten- und Grafengeschlechter) und „niederer A." differenziert; Letzterer ist fast zur Gänze aus Nobilitierungen des 18. und 19. Jh. entstanden. A.-Stufen: 1) einfacher A. (mit oder ohne „Edler v."), 2) Ritterstand, 3) Freiherrenstand, 4) Grafenstand, 5) Fürstenstand.

Im → Absolutismus wandelte sich der ständische A. zum Hof-A. Der Fürstendienst blieb bis zuletzt das verbindliche Ideal des A., das auch seine Erziehung und seine Wirtschaftsprinzipien bestimmte. Die „100 Familien" verstanden sich als „erste Gesellschaft" mit sehr großem Grundbesitz, Einfluss bei Hof und bedeutender Rolle in Politik und Diplomatie.

Literatur: Allg. Adels-Lexikon der Ö. Monarchie, 1784; P. Frank-Döfering (Hg.), Adelslexikon des ö. Kaisertums 1804–1918, 1989.

ADERKLAA, NÖ., GF, Gem., 157 m, 233 Ew. (1981: 155 Ew.), 8,63 km², am nordöstl. Stadtrand von Wien im Marchfeld. – Erdgasförderbetrieb (OMV). – Moderne Kirche (1963–65) von K. Eckel und S. Stein mit Glasfenstern von J. Mikl.

ADIUVENSE, in der Notitia Dignitatum erwähntes spätantikes Kastell, Standort und Abteilung einer Legion (Praefectus und Liburnarii der legio I Noricorum); vielleicht das heutige → Wallsee.

ADLER IN ÖSTERREICH, siehe → Steinadler, → Seeadler. Heraldisch: → Wappen.

ADLER, Alfred, * 7. 2. 1870 Wien, † 28. 5. 1937 Aberdeen (Schottland), Psychologe, Begründer der Individualpsychologie, Nervenarzt. Bis 1912 Anhänger von S. → Freud; 1929 am Wr. Pädagog. Inst., von 1932 an halbjährl. auch in New York tätig. A. erklärte im Gegensatz zu Freud seelische Störungen (Psychoneurosen) nicht aus den Reaktionen auf verdrängte sexuelle Komplexe, sondern aus Minderwertigkeitskomplexen (Begriff von A.) bzw. übersteigertem Geltungstrieb infolge missglückter Anpassung an die Gemeinschaft.

Werke: Studie über Minderwertigkeit von Organen, 1907; Praxis und Theorie der Individualpsychologie, 1920; Liebeserziehung und deren Störungen, 1926; Menschenkenntnis, 1927; Schwer erziehbare Kinder, 1927; Heilen und Bilden, ³1928; Problem of Neurosis, 1929; Die Technik der Individualpsychologie, 1930; Der Sinn des Lebens, 1932; Religion und Individualpsychologie, 1933. – Internat. Ztschr. f. Individualpsychologie, 1914 ff. (ab 1935 International Journal of Individual Psychology).

Literatur: E. Ringel u. G. Brandl, Ein Österreicher namens A. A., 1977; D. Horster, A. A. zur Einführung, 1984; E. Hoffman, A. A., ein Leben für die Individualpsychologie, 1997.

ADLER, Friedrich, * 9. 7. 1879 Wien, † 2. 1. 1960 Zürich (CH), soz.-dem. Politiker; Sohn von Victor → Adler. Zunächst Redakteur und Hochschullehrer in Zürich, 1911–14 Parteisekretär der ö. Soz.-Dem. Als Führer der „Linken" bekämpfte er im theoretischen Organ der Sozialdemokratie „Der Kampf" die Kriegspolitik seiner Partei. Er erschoss aus Protest gegen den Ausnahmezustand zur Aufrüttelung der Arbeiterschaft am 21. 10. 1916 den Min.-Präs. Karl Gf. → Stürgkh, wurde zum Tod verurteilt, aber zu Kerkerstrafe begnadigt und 1918 amnestiert. 1918–23 war er Vorsitzender der Wr. Arbeiterräte, in denen er dem kommunist. Einfluss entgegentrat. 1923–40 Sekretär der Internationale der Sozialist. Arbeiterparteien (II. Internationale) in Zürich, ab 1935 in Brüssel; löste 1939 das Auslandsbüro der ö. Sozialdemokraten auf. 1940 emigrierte er nach Amerika, kehrte 1946 nach Europa zurück und lebte in Zürich. Im Gegensatz zur SPÖ blieb er bis zu seinem Tod der großdeutschen Idee im Rahmen der Sozialdemokratie verbunden.

Werke: Die Erneuerung der Internationale, 1918; Vor dem Ausnahmegericht, 1923; Das Stalin'sche Experiment und der Sozialismus, 1932.

Literatur: R. Ardelt, F. A., 1984; J. Zimmermann, „Von der Bluttat eines Unseligen". Das Attentat F. A. und seine Rezeption in der soz.-dem. Presse, 2000.

ADLER, Guido, * 1. 11. 1855 Eibenschitz (Ivančice, CZ), † 15. 2. 1941 Wien, Musikwissenschaftler. 1898–1927 Prof. in Wien (Nachfolger E. → Hanslicks), begründete die „Wiener Schule" der Musikwissenschaft, gab 1894–1938 die → „Denkmäler der Tonkunst in Ö." heraus. Lehrer von E. → Wellesz und A. → Webern.

Werke: Der Stil in der Musik, 1912; Handbuch der Musikgeschichte, 1924 (Hg.); Wollen und Wirken, 1935 (Autobiographie).

Literatur: V. Kalisch, Entwurf einer Wiss. von der Musik: G. A., 1988; G. J. Eder (Hg.), A. Meinong und G. A. Eine Freundschaft in Briefen, 1995.

ADLER, Hans, * 13. 4. 1880 Wien, † 11. 11. 1957 ebd., Beamter und Dichter.

Werke: Lyrik: Affentheater, 1920. – Roman: Das Städtchen, 1926. – Lustspiele: Die Nacht vom Ultimo, 1933 (mit R. Lothar); Reise nach Preßburg, 1934 (mit L. Perutz); Morgen ist Feiertag, 1935.

Literatur: H. H. Hahnl, Vergessene Literaten, 1984.

ADLER, Max, * 5. 1. 1873 Wien, † 28. 6. 1937 ebd., Soziologe und sozialist. Theoretiker. Univ.-Prof. in Wien. Wie O. → Bauer einer der Theoretiker des → Austromarxismus. Er suchte in seiner Schule des Neukantianismus die Lehren von K. Marx mit den Ideen I. Kants zu verbinden und baute eine sozialist. Lebens- und Kulturlehre auf, in der er den Begriff des „Neuen Menschen" prägte.

Werke: Die Staatsauffassung des Marxismus, 1922; Kant und

Alfred Adler. Foto, um 1935.

Friedrich Adler erschießt Karl Graf Stürgkh. Titelseite der Kronen-Zeitung.

der Marxismus, 1925; Lehrbuch der materialistischen Geschichtsauffassung, 1930.
Literatur: ÖBL.

ADLER, Victor, * 24. 6. 1852 Prag (CZ), † 11. 11. 1918 Wien, Arzt und soz.-dem. Politiker. A. war Einiger und Führer der ö. Sozialdemokratie, Haupt der → Arbeiterbewegung und Mitbegründer der 1. Republik; gehörte zunächst der dt.-nat. Bewegung an. Er gründete 1886 die sozialist. Wochenschrift → „Gleichheit", 1889 die → „Arbeiterzeitung", vereinigte auf dem → Hainfelder Parteitag 1888/89 die soz.-dem. Gruppen und war maßgeblich an der Abfassung des → Brünner Programms 1899 beteiligt. Als Abgeordneter (ab 1905) setzte er sich entschieden für das allg. Wahlrecht ein, als Staatssekretär des Äußern in der Provisorischen Regierung Renner 1918 für den Anschluss von „Deutsch-Ö." an das Dt. Reich. Büste von A. → Hanak am Republik-Denkmal in Wien.
Werke: Aufsätze, Reden und Briefe, 5 Bde., 1922–29.
Literatur: M. Ermers, V. A., 1932; R. Charmatz, Lebensbilder aus der Geschichte Ö., 1947; F. Kreuzer, Was wir ersehen von der Zukunft Fernen, 1988; L. O. Meysels, V. A. – Die Biographie, 1997; ÖBL; NÖB; NDB.

Victor Adler. Bildpostkarte anlässlich seiner Wahl in den Nö. Landtag, 1901.

ADLER, HERALDISCH-GENEALOGISCHE GESELLSCHAFT, 1870 in Wien gegr., betreibt Familien- und Wappenforschung. Ztschr. und Jb. „A."

ADLERSRUHE, Kä./O.-Ti., 3454 m, Gipfel in der Glocknergruppe, von Kals aus erreichbar; ein Ausgangspunkt zur Großglocknerbesteigung. Die Erzhzg.-Johann-Hütte auf der A. ist die höchstgelegene Schutzhütte in Ö.

ADLHART, Jakob, * 1. 4. 1898 München (D), † 12. 8. 1985 Hallein (Sbg.), Bildhauer. Ausbildung in der Werkstatt seines Vaters im Grödner Tal (S-Ti.) bzw. ab 1918 in Hallein, 1921–23 Studium bei A. → Hanak an der Wr. Kunstgewerbeschule. Schuf v. a. Holzplastiken für Kirchenausstattungen in Sbg., OÖ. und S-Deutschland; nach anfängl. historist. Tendenzen überwiegen expressionist. Stilmerkmale, die A. mit der alpenländ. Schnitztradition verbindet. Am Höhepunkt seines Schaffens in den 20er und 30er Jahren schuf A. seine monumentalen Arbeiten für St. Peter in Salzburg (Kruzifix, 1925) und für das Sbg. Festspielhaus (marmorne Mimenmaske über dem Haupteingang, 1926; Steinreliefs mit Masken tragenden Genien und figuraler Schmuck der Mönchsbergstiege, 1936/37).
Literatur: A. Hahnl, Der Bildhauer J. A., 1980 (mit Werkverzeichnis); F. Achleitner, Ö. Architekten im 20. Jh., Bd. 1, 1980.

ADLMÜLLER, Fred, * 16. 3. 1909 Nürnberg (D), † 26. 9. 1989 Wien, international bekannter Modeschöpfer. 1973–80 Lehrtätigkeit an der Hochschule f. angewandte Kunst in Wien.
Literatur: H. Schill, F. A., 1990.

ADLWANG, OÖ., SE, Gem., 422 m, 1576 Ew., 17,21 km², zwischen Steyr- und Kremstal. – Holzverarbeitung, Mühlen. Ältester Wallfahrtsort in OÖ (bes. im 17. und 18. Jh.), Pfarrkirche mit barockem Hochaltar (1663).
Literatur: E. Friess u. G. Gugitz, Die Wallfahrten nach A., 1951.

AD MAUROS, in der Notitia Dignitatum erwähntes spätantikes Kastell, Standort einer Reitereinheit (Equites promoti); vielleicht das heutige → Eferding.

ADMINISTRATION, siehe → Behörde, → Behördenorganisation.

ADMIRAL, oberster Dienstgrad der ehem. ö. Marine, der dem eines Generals der Infanterie entsprach; wurde in Ö. 1875 zum ersten Mal verliehen. 1916 wurde der Rang Groß-A. eingeführt.
Literatur: H. Bayer v. Bayersburg, Ö. Admirale und bed.Persönlichkeiten der k. u. k. Kriegsmarine, 2 Bände, 1960/62.

ADMIRA-WACKER, 1905 in Wien als „Admira" gegr. Fußballverein, nachdem es schon 1897 einen gleichnamigen Klub gegeben hatte. Die Mannschaft stieg 1919 in die oberste Spielklasse auf; sie stellte mit A. Schall und A. Vogl das berühmte linke Flügelpaar des → „Wunderteams". Ö. Fußballmeister 1927, 1928, 1932, 1934, 1936, 1937, 1939 und 1966; Cupsieger 1928, 1932, 1934, 1965 und 1966; seit 1967 in Maria Enzersdorf-Südstadt. 1971 Fusion mit → Wacker Wien und 1997 mit dem VfB Mödling; seit 2003 Vereinsname Herold Admira.

ADMONT, Stmk., LI, Markt, 640 m, 2775 Ew., 75,98 km²; zweisaisonaler Fremdenverkehrsort (36.452 Übern.) im Talbecken an der mittleren Enns als westl. Tor zum Nationalpark Gesäuse. – Stiftsgymn.; Forstw. und Holzbearbeitung (Sägewerk), Kultursommer. – Eine der ältesten Siedlungen der Stmk. (urk. 859, Ademundi vallis); 1074 Gründung des Benediktinerstifts (ältestes Männerkloster der Stmk.) durch Erzbischof Gebhard von Salzburg. Roman. Basilika (1121), 1276–86 got. Chor, Barockisierung 1615–26 und 1742–76, infolge Brandes Neubau der Kirche (1869) mit zwei 72 m hohen Türmen; Aufhebung des Klosters 1939–45. Die barocke Stiftsbibliothek wurde um 1774 von J. Hueber nach Entwurf von J. G. Hayberger erbaut; Deckenfresken von B. Altomonte 1776, Lindenholzfiguren von J. T. Stammel, u. a. „Die vier letzten Dinge" (1760); die Stiftsbibliothek umfasst 200.000 Bde., 1400 Handschriften und 530 Frühdrucke; damit ist sie die größte Stiftsbibliothek der Welt. Schatz- und Paramentenkammer. Kunsthist. und naturwiss. Stiftssammlungen; Museum für zeitgenöss. Kunst, Smlg. H. Schwarz; alte Stiftsschmiede (1764) mit Schmiedekunstsammlung. Im Markt alte Häuser („Hühnerspital", „Lürzerhaus", „Hofrichterhaus"), evang. Kirche (1929/30), Rathaus (1736). Schloss Röthelstein (1655–57) am Hang des Klosterkogels ist Jugendherberge. Wallfahrtskirche Frauenberg (1683–87) von C. A. Carlone; reicher figürlicher Schmuck von J. T. Stammel; Kalvarienberg; Zen-Garten.
Literatur: R. List, Stift A. 1074–1974, 1974; J. Tomaschek, Benediktinerstift A., 1988; R. Scheb, A., eine Regionalgeographie, Dipl.-Arb., Graz 1990.

Admont: Ansicht des Stiftes im Ennstal. Gemälde von F. Barberino, 19. Jh. (Stiftssammlungen).

Fred Adlmüller mit der thailändischen Königin Sirikit bei einer Modeschau. Foto, 1964.

Adnet, Sbg., HA, Gem., 484 m, 3324 Ew. (1981: 2598 Ew.), 30,00 km², im Almbachtal im Tennengau bei Hallein. – Marmorwerk (Wimbergbruch, Abbau des roten „Adneter Marmors" seit dem MA), Holzverarbeitung, Zahnbürstenfabrik. – Spätgot. Kirche mit Marmorportal.
Literatur: F. Kretschmer, Marmor aus A., 1992.

Adneter Kalk, vielfach auch als „Adneter Marmor" bezeichnet, Gesteinsformation der Nördl. Kalkalpen, sehr fossilreich (u. a. Ammoniten), gebildet im älteren Jura vor rd. 200 Mio. Jahren, benannt nach Adnet (Sbg.), wird in mehreren Steinbrüchen seit dem MA abgebaut und hat in zahlr. sakralen und weltl. Bauten, bes. in Sbg., als Zierstein Verwendung gefunden.
Literatur: A. Kieslinger, Die nutzbaren Gesteine Sbg., 1964.

Adolf-Schärf-Kuratorium, siehe → Kuratorium für die Errichtung von Adolf-Schärf-Studentenheimen.

Adolph, Johann Baptist, * 25. 3. 1657 Liegnitz (Legnica, PL), † 14. 9. 1708 Wien, Jesuit, Bühnendichter des Wr. Jesuitentheaters (→ Ordensdrama).
Werke: religiöse Schau- und Lustspiele (5 Bde., handschriftl.).
Literatur: F. G. Sieveke, J. B. A., Diss., Köln 1966.

Adoption (Annahme an Kindes Statt) verleiht einem Wahlkind die Rechtsstellung eines ehel. Kindes. Schriftl. Vertrag zw. Annehmendem und Wahlkind, der der gerichtl. Bewilligung bedarf. Voraussetzung ist neben allg. Geschäftsfähigkeit der Wahleltern das Erreichen bestimmter Altersgrenzen: der Wahlvater muss das 30., die Wahlmutter das 28. Lebensjahr vollendet haben; zw. Wahlkind und Wahleltern muss ein Altersunterschied von mindestens 18 Jahren bestehen; eine Unterschreitung von Mindestalter und Altersunterschied ist in bestimmten Fällen möglich. Auf Antrag der Beteiligten ist eine Inkognito-A. möglich, d. h., dass Name und Wohnort der Wahleltern geheim gehalten werden.
Literatur: H. Koziol u. R. Welser, Grundriss des bürgerl. Rechts, Bd. 1, ¹²2002.

Adresse, Antwort des Reichsrats auf die Thronrede des Kaisers in der 2. Hälfte des 19. Jh. Es konnten darin Wünsche, Vorstellungen und Beschwerden in Bezug auf einzelne Punkte oder auf die Gesamtsituation des Staates ausgesprochen werden. Eine A. war beiden Häusern des Reichsrats getrennt möglich.

Adria. Nachdem Ö. 1382 mit der Erwerbung von Triest an der A. Fuß gefasst hatte, baute es seine Stellung in Istrien aus (1466 Rijeka = Fiume, 1719 Freihafen), erhielt 1797 im Frieden von Campoformido die dalmatin. Küste und so ab 1870 in Konflikt mit Italien um die Vorherrschaft in der A. Im Londoner Vertrag von 1915 erhielt Italien von den Westmächten weit gehende Zusicherungen und trat in der Folge auf deren Seite in den 1. Weltkrieg ein. Italiens Wünsche wurden aber nur teilw. erfüllt, daher kam es in der Zwischenkriegszeit zur Rivalität mit Jugoslawien, das 1946 einen erhebl. Teil der ehemals ö. Besitzungen an der A. erhielt (mit Ausnahme von Triest). Heute sind die Küstenbereiche weitgehend Teil Kroatiens, Slowenien besitzt nur einen kurzen Küstenstreifen mit dem Hafen von Koper.

Adrian, Karl, * 17. 2. 1861 Salzburg, † 14. 10. 1949 ebd., Lehrer und Volkskundler. Wirkte im Rahmen der Brauchtums- und Trachtenerneuerung sowie im Bereich des volkskulturellen Lebens in Sbg.
Werke: Kleine Heimatkunde von Sbg., 1907; Unser Sbg., 1916; Sbg. Sagen, 1924; Geistl. Volks-Schauspiel im Lande Sbg., 1936.
Literatur: F. Prodinger, K. A., 1950.

Adrian, Marc, * 4. 12. 1930 Wien, Avantgardekünstler in den Bereichen Film, bildende Kunst und Literatur. Studierte Bildhauerei an der Akad. d. bild. Künste in Wien und beschäftigt sich seither u. a. mit Fragen der Bewegung in den verschiedensten Kunstmedien; Pionier des → Avantgardefilms in Ö. (vorwiegend Kurzfilme); 1970–73 Prof. an der Hochschule f. bild. Künste in Hamburg, danach Lehraufträge in Deutschland, Großbritannien und den USA.
Literatur: O. Mörth (Hg.), M. A. Das filmische Werk, 1999.

Adrian, Robert, siehe → X, Robert Adrian.

Aduatz, Friedrich, * 1. 7. 1907 Pola (Pula, HR), † 22. 12. 1994 Voitsberg (Stmk.), Maler und Graphiker, Mitgl. des → Hagenbunds, der Grazer und der Wr. → Secession. Seine Malerei umfasste ein breites Spektrum von realist. bis informeller Malerei und war ab 1930 von der Tendenz zur Abstraktion bestimmt.
Literatur: F. A., Ausst.-Kat., Graz 1987; M. Boeckl, F. A. (1907–1994), 1997.

Advent, kirchl. Vorbereitungszeit auf das Fest der Geburt Christi (lat. adventus = Ankunft); Beginn des Kirchenjahres mit den 4 Sonntagen vor Weihnachten. Zu den im engeren Sinn kirchl. Bräuchen zählen die Rorate-Ämter (nach dem Liedanfang „Rorate coeli …" = Tauet Himmel den Gerechten …), Frühmessen, die bis zum 16. Dez. an Werktagen als Votivmessen zu Ehren der Gottesmutter Maria gehalten werden (Engelamt). V. a. in Sbg. und Ti. war das Frauentragen verbreitet, bei dem ein Marienbild von Haus zu Haus getragen und verehrt wurde; in der Ober-Stmk. war ein Standbild des hl. Josef Objekt der Andacht (Joseftragen). Beim Herbergsuchen ziehen als Maria und Josef verkleidete Jugendliche durch das Dorf und erbitten Gaben für die Armen. In Steyr hat sich mit dem → Steyrer Kripperl, einem barocken mechan. Krippenspiel, die Erinnerung an die Adventspiele (→ Volksschauspiel) erhalten. Das Adventsingen ist v. a in Form der Sbg. Adventfeiern bekannt, die 1946 von T. Reiser gegr. und in einen immer größeren musikalisch-künstler. Rahmen gestellt wurden („Salzburger A.-Singen" im Großen Festspielhaus). Die Adventsänger („Anklöckler") in Oberndorf (Sbg.), 1925 von einem ortsansässigen Lehrer wieder eingeführt, stehen mit dem älteren Klöckeln in Zusammenhang, einem regional in Sbg. und Kä. verbreiteten Heischebrauch der Ortsburschen an den Donnerstagen vor Weihnachten. Allgemeingut ist der A.-Kranz, ein Brauch, der 1839 von J. Wichern, einem evang. Theologen und Dir. einer Hamburger Erziehungsanstalt, erfunden wurde und v. a. über die Vermittlung der dt. Jugendbewegung nach dem 1. Weltkrieg in den kath. Süden kam. Der erste gedruckte A.-Kalender erschien 1903 in München; nach dem 2. Weltkrieg wurde er v. a. durch die Kinderzeitschrift „Wunderwelt" popularisiert. Die Institution des → Christkindlmarkts und der Adventmärkte weist auf das kommerzielle Moment des A., wie es sich etwa in den Geschäfts- und Straßendekorationen und in der Einführung der 4 Einkaufssamstage vor Weihnachten dokumentiert; durch diese wurden 1960/61 der 3. und 4. Adventsonntag („Silberner und Goldener Sonntag") als frühere Haupteinkaufstage mit ganztägigen Öffnungszeiten der Geschäfte ersetzt. Meist karitativen Zwecken dienen die in vielen Schulen und Pfarren abgehaltenen A.- und Weihnachtsbasare.

Kirchl. wie außerkirchl. Bräuche mit innerem Bezug zum A.) dieses Zeitraums sind (ohne inneren Bezug zum A.) → Barbara, Lucia, → Nikolausbräuche, → Lostage, → Perchten und → Rauhnächte.
Literatur: R. Wolfram, Das Anklöckeln im Salzburgischen, in: Mittlg. d. Ges. f. Sbg. Landeskunde 95, 1955; ders., Herbergsuchen (Frauentragen), in: Ö. Volkskundeatlas, 4. Lfg., 1971; H. Bausinger, Adventskranz, 1977.

Adventsingen in Salzburg.

Aehrenthal, Aloys Graf Lexa von, * 27. 9. 1854 Groß-Skal (Hrubá Skála, CZ), † 17. 2. 1912 Wien, Diplomat. 1906–12 Außenmin., setzte 1908 die Annexion von Bosnien-Herzegowina durch und löste damit eine schwere internationale Krise aus. Später vertrat A. eine friedenssichernde Politik.
Literatur: ÖBL.

AEIOU: Buchmalerei in der Handregistratur König Friedrichs IV., 1446.

AEIOU, Vokalreihe, die Ks. Friedrich III. (1440–93) auf vielen repräsentativen Bauten (z. B. Ruprechtskirche in Wien, Burg in Wr. Neustadt, W-Portal des Grazer Doms), auf seinem Prunkwagen usw. anbringen ließ. Zeitgenossen und Nachwelt gaben verschiedene Deutungen: „Austriae est imperare orbi universo" (lat. = Es ist Ö. Bestimmung, die Welt zu beherrschen), „Austria erit in orbe ultima" (lat. = Ö. wird ewig sein) oder „Alles Erdreich ist Ö. untertan". Die Vokalreihe ist vielleicht ein Ausdruck des magisch-mystischen Formelglaubens des Kaisers, v. a. aber bezeugt sie seinen Glauben an die Sendung des Hauses Ö.
Literatur: A. Lhotsky, A.E.I.O.U. Die „Devise" Ks. Friedrichs III., in: MIÖG 60, 1952.

Aelium Cetium, röm. Siedlung, die unter Ks. Hadrian (117–138 n. Chr.) zur autonomen Stadt, zum Municipium A. C., erhoben wurde. Im Itinerarium Antonini und in der Leidensgeschichte des hl. Florian erwähnt; das heutige → St. Pölten.

Aequinoctium, in der peutingerschen Tafel, dem Itinerarium Antonini und der Notitia Dignitatum erwähnte röm. Siedlung, in der Spätantike Standort einer Reitereinheit (Equites Dalmatae); das heutige → Fischamend.

Aero-Club, Österreichischer, ÖAeC, Fachverband für Ballonfahrt, Fallschirmsprung, Hängegleiten, Modellflug, Motorflug, Paragleiten und Segelflug; gegr. 1901, neu 1950. 2002: 17.299 Mitgl. in 451 Vereinen.
Publikationen: Aeroclub-Info, 1986–95; Neue Flieger Revue, 1995–97, Sky Revue, 1998 ff.
Literatur: I. Schafferhaus (Red.), 80 Jahre Ö. A.-C., 1981.

Afiesl, OÖ., RO, Gem., 714 m, 424 Ew., 13,55 km², landw. Gem. im Sternwald an der Grenze zu Tschechien. – Spätbarocke Salmesmühle (um 1770), ehem. Forsthaus (18. Jh.) von Schloss Helfenberg, Giebelkapelle (1872) bei Neuschlag, Passionskreuz (19. Jh.).

Aflenzer Becken, Talweitung entlang des Stübming-Flusses an der Grenze der Nördl. Kalkalpen und der Grauwackenzone, geolog. Teil der Norischen Senke mit kohleführenden Sedimenten aus dem Jungtertiär.

Aflenz Kurort, Stmk., BM, Markt, 763 m, 1039 Ew., 16,09 km², heilklimatischer Luftkur- und Wintersportort (63.726 Übern.) an der Mariazeller Wallfahrerstraße, am S-Fuß des Hochschwab. – Rehabilitationszentrum (Verdauungs- und Stoffwechselerkrankungen), Kneippkuranstalt, Sesselbahnen auf Bürgeralm und Schönleitenspitze. Erdefunkstelle (1980). – Spätgot. Kirche (1471–1510), roman. Kruzifix (12. Jh.), Altäre um 1770, Gemälde von J. A. Mölk (1774); spätgot. Karner (1517), Bildstock (um 1650), Propstei (um 1600–93), hist. Häuser (16.–19. Jh.), Gewerkenhaus (1800).
Literatur: J. Riegler, A. K., Geschichte eines Marktes und Kurortes, 1990.

Aflenz: Erdefunkstelle.

Aflenz Land, Stmk., BM, Gem., 726 m, 1656 Ew., 39 km², Gem. mit vielfältiger Wirt.-Struktur am S-Fuß des Hochschwabmassivs; Heilklima. – Erdefunkstelle, Lebenshilfe-, Flüchtlings- und Seniorenheim, Campingplatz. – Metallind., Nachrichtenübermittlung, Gesundheitswesen, Erdbau, Beherbergung. Landw. – Josephsstatue (18. Jh.) in Dörflach, Kleindenkmäler. – Unweit Bürgeralm und Schönleitenspitze, zahlreiche Teiche.
Literatur: J. Riegler, A. L. – Geschichte des Raumes, der Gem. und ihrer Bewohner, 1996.

Afritsch, Anton, * 8. 12. 1873 Klagenfurt (Kä.), † 7. 7. 1924 Graz (Stmk.), zunächst Tischlergehilfe, dann Redakteur des „Arbeiterwillen"; Vater von Josef → Afritsch. Gründete 1908 in Graz die Österreichischen → Kinderfreunde.

Afritsch, Josef, * 13. 3. 1901 Graz (Stmk.), † 25. 8. 1964 Wien, Gartentechniker und Politiker (SPÖ); Sohn von Anton → Afritsch. Organisierte bis zu seiner Verhaftung 1942 den amtl. Pflanzenschutzdienst in Wien. Ab 1945 Gemeinderat und amtsführender Stadtrat (für allg. Verwaltung) von Wien, 1951 Stadtgarten-Dir. (gleichzeitig beurlaubt), 1959–63 Innenmin., dann Regierungskommissär für die Wr. Internationale Gartenschau 1964.

Afritz am See, Kä., VL, Gem., 711 m, 1519 Ew., 28,02 km², Tourismusgem. am gleichnamigen See in den Nockbergen. Gem.-Zentrum (err. 1993/95). – Urk. 1450, got. Pfarrkirche mit Passionsfresko (um 1500), Barockhochaltar, got. Vortragkreuz und Schnitzfiguren aus der Villacher Schule (1508/09), Glocke von 1506, barockes Mesnerhaus, moderne evang. Kirche (1980/81), Kalvarienbergkapelle, Afritzer Kreuz (16. Jh.). – 1. permanente Downhillstrecke für Mountainbikes in Ö.
Literatur: M. Maierbrugger, Feld am See – A., 1988.

Afritzer See, Kä., 750 m, Alpensee nördl. von Villach, zw. Wöllaner Nock (2145 m) und Palnock (1896 m), wird durch Afritzer und Treffner Bach in die Drau entwässert; Badesee mit guter Wasserqualität.

Afro-Asiatisches Institut in Wien, kirchl. Stiftung und Körperschaft öffentl. Rechts, 1959 von Kardinal F. → König gegründet. Förderung von Studenten aus Afrika, Asien und Lateinamerika; Stipendien, Studentenheime, internat. Bildungs- und Begegnungszentrum, Galerie, Mensa, Informationszentrum, christl. Gemeindezentrum, Moschee, Hindutempel. In Dachverbänden für Entwicklungszusammenarbeit tätig.

Agatha, Hl., Fest 5. Feb., † um 250 in Sizilien. Patronin der Malteserritter, Glockengießer und Hirten. Das „Agathenbrot" deutet auf die Umstände ihres Martyriums. Brauchtum: Striezelwerfen in Stein im Jauntal (Kä.).

Ager, OÖ., Abfluss des Attersees, zw. Kammer und Seewalchen, durchfließt den Attergau und mündet bei Stadl-Paura in die Traun. Nebenflüsse: links Dürre A. und Vöckla, rechts Aurach.

Ager, Klaus, * 10. 5. 1946 Salzburg, Komponist. Seit 1979 Prof. für Musikanalyse am Mozarteum Salzburg, 1995–2000 dessen Rektor; beschäftigt sich v. a. mit elektron. und Computermusik (zahlr. Schallplattenaufnahmen), daneben auch Orchester- und Vokalwerke.
Werke: silences VI, 1973 (Harfe); sondern die sterne sinds, 1974 (Tonband); La regle du jeu, 1978 (Sopran u. Kammerensemble); Duette für 2 Violinen, 1980; Fades the light from the sea, 1981 (Orchester); CLB 512, 1983 (Klarinette u. Tonband); Sole Shadow Shows, 1990 (Kontrabass u. Tonband); Modos 3, 1995 (Bläserseptett).
Literatur: G. Brosche (Red.), Musikal. Dokumentation K. A., Ausst.-Kat., Wien 1991.

Aggsbach, NÖ., KR, Markt (seit 1447), 214 m, 719 Ew., 13,72 km², am nördl. Donauufer in der Wachau, an der Mündung des Endlingbachs. – Wachauer Feuerwerksfabrik. – 830 urk. als „Acussabah"; barockisierte spätroman. Pfarrkirche (erbaut Ende 13. Jh., barockisiert 1779), alte Wohnhäuser (16. Jh.). Im Gebiet der Marktgemeinde Aggsbach liegt die Fundstelle der → „Venus von Willendorf"; weiters wurden altsteinzeitl. Herdstellen, Steingeräte und ein menschl. Backenzahn aus der Zeit um 25.000 v. Chr. gefunden.

Aggsbach Dorf, siehe → Schönbühel-Aggsbach.

Aggstein, NÖ, ME, Gem. Schönbühel-Aggsbach, Burgruine auf steilem Felsen am re. Donauufer in der Wachau. Nach 1100 von Manegold von A. erbaut, ab 1181 Besitz der Kuenringer, mehrmals (1231, 1296) zerstört, 1429–36 von Jörg Scheck von Wald zu einer lang gestreckten Anlage ausgebaut, nach 1606 mit Kanzleibauten der Mittelburg versehen, ab 1685 Besitz der Starhemberg (jetzt Aspang-Seilern) und Verfall. Von der Hochburg sind Reste des dreistöckigen Frauenturms und des Palas erhalten; got. Kapelle (15. Jh.). Das „Rosengärtlein", ein 4 m breiter und 10 m langer Felsvorsprung, diente der Sage nach im 15. Jh. Jörg Scheck zur Aussetzung von Gefangenen (Ballade von Scheffel, Druck 16. Jh.).
Literatur: W. Häusler, Melk und der Dunkelsteinerwald, 1978.

Burgruine Aggstein.

Agip Austria GmbH, seit 1959 bestehendes Unternehmen für Handel mit Mineralölprodukten. Sitz in Wien, Tanklager in Fürnitz bei Villach und Zirl bei Innsbruck. Umsatz 2002: 760 Mio. Euro bei 91 Mitarbeitern.

AGMÖ, Arbeitsgemeinschaft der Musikerzieher Ö., gegr. 1947, gesamt-ö. Interessenvertretung für Musikpädagogen an Schulen, Konservatorien und ähnl. Einrichtungen. Gibt fünfmal jährlich die Ztschr. „Musikerziehung" heraus.

Agnes, Markgräfin von Ö., * 1075, † 1143, Tochter von Ks. Heinrich IV., 1106 in zweiter Ehe mit Markgraf → Leopold III. von Ö. verheiratet, dem sie angebl. 18 Kinder gebar, von denen 6 Söhne (u. a. → Leopold IV., → Heinrich II. Jasomirgott, Bischof → Otto von Freising) und 5 Töchter überlebten. Nach anderen Forschungen stammen wahrscheinlich einige dieser Kinder aus der 1. Ehe mit Friedrich v. Staufen, Hzg. v. Schwaben. Bei einer Öffnung der Klosterneuburger Babenbergergräber konnten allerdings die Gebeine von 6 bis 7 Kindern bis zu 3 Jahren festgestellt werden. Der Legende nach hat Leopold III. das Stift → Klosterneuburg an jener Stelle erbauen lassen, an der der verlorene Schleier seiner Gattin A. auf der Jagd gefunden wurde.
Literatur: H. Dienst, A., 1985.

Agnes von Andechs-Meranien, † 1263, Tochter und Erbin Hzg. Ottos I. (VI.) von Meranien (→ Andechs-Meranien). In erster Ehe 1229 mit Hzg. → Friedrich II. von Ö. vermählt (davon leitete sich dessen Titel „Dominus Carniolae" ab), 1243 durch die Synode in Friesach kinderlos geschieden. Ihr zweiter Gatte (1248), der spätere Hzg. → Ulrich III. von Kä., wurde durch diese Ehe Herr von Krain; der Sohn aus dieser Ehe starb jung. A. ist in Sittich (Slowenien) begraben.

Agnes von Ö., * 1280, † 11. 6. 1364 Königsfelden (CH), Tochter Kg. → Albrechts I., 1296 Gattin von Kg. Andreas III. von Ungarn. Nach dessen Tod 1301 verließ sie Ungarn und vertrat die habsb. Politik in den Vorlanden. In ihrem Gebetbuch wurde die älteste Mariensequenz in dt. Sprache gefunden.
Literatur: B. Hamann (Hg.), Die Habsburger, ⁴1993.

Agnesschwestern, relig. Schwesternvereinigung von der hl. Agnes, 1919 von B. → Heiß gegr., bestand bis 1990, war sozialkaritativ in der Kinder- und Jugendfürsorge tätig.

Agrana Beteiligungs-AG, einzige ö. Unternehmensgruppe im Bereich Zucker- und Stärkeind. (→ Zuckerindustrie), gegr. 1988; Zuckerfabriken in Hohenau, Leopoldsdorf und Tulln (alle NÖ.), Stärkefabriken in Gmünd (NÖ., errichtet 1940–42), Aschach (OÖ., gegr. 1936) und Hörbranz (Vbg., gegr. 1918). Die A. B.-AG konnte auch in Tschechien, der Slowakei, Ungarn und Rumänien eine führende Stellung in der Zuckerind. erreichen. 2002/03 erwirtschaftete die A. B.-AG mit ihren Tochterunternehmen einen Umsatz von 876 Mio. Euro, die Zahl der Mitarbeiter betrug rd. 3900.

Agrarmarkt Austria, AMA, 1993 geschaffene Körperschaft des öffentl. Rechts, fungiert als Marktordnungs- und Interventionsstelle für die ö. → Agrarpolitik. Zu ihren Aufgaben gehören der Vollzug der Agrarmarktordnungen und das Agrarmarketing (Forcierung heimischer Lebensmittel über Marketingbeiträge). Weiters werden von der AMA Prämien-, Förderungs- und Ausgleichszahlungen abgewickelt.

Agrarpolitik: Die Land- und Forstw. erfüllt eine Erzeugungs-, eine Infrastruktur- und eine Ökologiefunktion und hat große Bedeutung für den ländl. Raum. Daraus ergeben sich als Ziele der A.: wirt. Existenzsicherung, ökolog. Orientierung und soz. Ausgewogenheit. Die Ziele der ö. A. sind im Landw.-Gesetz 1992 (Novellen 1995 und 1996) zusammengefasst: Erhaltung einer bäuerlich strukturierten Landw. in einem funktionsfähigen ländl. Raum, Ausbau der Beschäftigungskombinationen zw. Landw. und anderen Bereichen, Marktorientierung in Produktion, Verarbeitung und Verkauf, Förderung der Landw. als Ausgleich für naturbedingte Benachteiligungen, Sicherung der Versorgung mit hochqualitativen Produkten und Lebensmitteln, Reinerhaltung von Boden, Wasser und Luft, Bewahrung der Landschaft, Schutz vor Naturgewalten u. a. Der Beitritt Ö. zur → Europäischen Union 1995 hatte gravierende Auswirkungen auf die ö. A.: Das bisherige System von Marktpreisstützungen wurde durch direkte Ausgleichszahlungen ersetzt, die Gemeinsame Agrarpolitik der EU (GAP) wurde auch in Ö. wirksam; ihre Grundprinzipien sind einheitl. Markt mit freiem Warenverkehr ohne wettbewerbsbeeinflussende Subventionen; Vorrang für innergemeinschaftl. Produkte gegenüber Produkten aus Drittländern; gemeinsame Finanzierung der GAP durch die EU-Mitgliedsländer. Für Planung, Durchführung und Kontrolle der GAP sind verschiedene EU-Institutionen und die Mitgliedsländer zuständig. Innerhalb Ö. wird die A. auch von folgenden Institutionen mitbestimmt: BM f. Land- und Forstw., Umwelt und Wasserwirt. (→ Landwirtschaftsministerium), Ämter der Landesregierungen der Bundesländer, → Agrarmarkt Austria, → Landwirtschaftskammern und andere Sozialpartner sowie landw. Genossenschaften (Ö. → Raiffeisenverband).
Literatur: M. F. Hofreither, Landwirtschaftspolitik, in: Handbuch des polit. Systems Ö., 1991; BM f. Land- und Forstw., Umwelt und Wasserwirt. (Hg.), Grüner Bericht 2002, 2003.

Markgräfing Agnes. Glasmalerei, Ende 13. Jh., im Brunnenhaus des Stiftes Heiligenkreuz, NÖ.

Carl Agricola: Amor und Psyche. Gemälde.

Agricola, Carl, * 18. 10. 1779 Säckingen (D), † 15. 5. 1852 Wien, Maler allegor. und mythol. Themen, Miniaturporträtist und Kupferstecher. Ausgebildet in Karlsruhe und bei F. H. → Füger an der Wr. Akademie, arbeitete für die Wr. Porzellanmanufaktur.
Literatur: G. Frodl, Wr. Malerei der Biedermeierzeit, 1987.

Agrolinz Melamin GmbH, seit 1994 nach mehreren Umstrukturierungen in der heutigen Form bestehendes Unternehmen mit Sitz in Linz, zu 100 % Tochterges. der → OMV AG, aus einem Teil der Ö. Stickstoffwerke (ab 1973 → Chemie Linz AG) hervorgegangen. Das Unternehmen produziert und vertreibt Pflanzennährstoffe, Melamin/Harnstoff sowie Futterstoffe und handelt mit Pflanzenschutzmitteln. Die A. M. GmbH ist weltweit der zweitgrößte Melaminproduzent und in Ö. Marktführer bei Pflanzennährstoffen und -schutzmitteln. 1997 betrug der Umsatz ca. 4,2 Mrd. S, die Mitarbeiterzahl lag bei 1130.

Aguntum, ca. 4 km östl. von Lienz in O-Ti. gelegene bedeutende röm. Siedlung, die unter Ks. Claudius (41–54 n. Chr.) zur autonomen Stadt, zum Municipium Claudium Aguntum, erhoben wurde. Ihre Blütezeit war im 1. und 2. Jh. n. Chr., in der Spätantike mehrmals zerstört; im 5. Jh. war A. Bischofssitz (→ Lavant). Um 610 wurde bei A. der Baiernhzg. Garibald II. von den Slawen besiegt. Ausgegraben wurden eine Stadtmauer mit monumentaler Toranlage, ein nach italischem Vorbild gebautes Atriumhaus, eine Badeanstalt sowie Handwerker- und Geschäftsviertel. Zeugnisse des frühen Christentums sind eine Grabkapelle und eine Friedhofskirche. Noch im 16. Jh. waren antike Ruinen sichtbar; seit dem 18. Jh. finden Ausgrabungen statt.
Literatur: W. Alzinger, A. und Lavant, ⁴1985.

Ahlgrimm, Isolde, * 31. 7. 1914 Wien, † 11. 10. 1995 ebd., Pianistin, Cembalistin und Lehrerin (Sbg., Wien). Zählte zu den frühesten Vertretern hist. Aufführungspraxis; beispielhaft war v. a. ihre Einspielung des gesamten Klavierwerks von J. S. Bach auf dem Cembalo.

Ahnen, Personen, von denen ein Mensch abstammt (in aufsteigender Linie). Die A.-Verehrung wurde bes. von Maximilian I. gepflegt (Grabmal in der Hofkirche Innsbruck), später bei vielen adeligen Familien üblich (A.-Galerien in Schlössern). In der Aristokratie (bes. bei den Habsb.) war A.-Verlust wegen Eheschließung mit Blutsverwandten relativ häufig. Während der NS-Zeit wurde von jedermann eine A.-Tafel verlangt, aus der die „arische" bzw. jüdische Herkunft der Großeltern ersichtlich war.

Ahorn, OÖ., RO, Gem., 828 m, 492 Ew., 13,04 km², landw. Gem. an Steinerner Mühl und Bummermühlbach im nördl. Mühlviertel. Kulturzentrum (in der Burg), Schmiede (19. Jh., ältester Schwanzhammer) im Hammergraben als lebendiges Museum. Holzverarbeitung, „Naturfabrik". – Urk. um 1430, Ruine → Piberstein.

Ahornboden, Großer und Kleiner A., Gebiet im Karwendel, am Rißbach westl. des Achensees, 1200–1400 m hoch gelegen; Teil eines grenzüberschreitenden Landschafts- u. Naturschutzgebiets (Ti./Bayern, seit 1928, davon ca. 720 km² in N-Ti.). Dieses dünnst besiedelte und geschlossenste Waldgebiet der N-Alpen ist durch alte Ahornbestände gekennzeichnet.

Ahrer, Jakob, * 28. 11. 1888 St. Stefan ob Leoben (Stmk.), † 31. 3. 1962 Wien, Rechtsanwalt und Politiker (CS). 1919–24 stellv. Landeshauptmann der Stmk., 1924–26 Finanzmin.P>
Werk: Erlebte Zeitgeschichte, 1930.

Aibl, Stmk., DL, Gem., 470 m, 1521 Ew., 40,72 km², landw. Gem. mit etwas Sommertourismus westl. von Eibiswald am Fuß der Koralpe nahe der Grenze zu Slowenien. Schotterabbau. – In St. Lorenzen barocke Pfarrkirche (um 1670) mit Barockhochaltar (spätes 17. Jh.); roman.-spätgot. Wallfahrtskirche hl. Leonhard (urk. 1545) mit got. Malereien, Christophorusfresko (um 1500) und Barockaltären mit spätgot. Leonhardsfigur (15. Jh.). Sobother Stausee.

Aich, Stmk., LI, Gem., 694 m, 816 Ew., 24,68 km², Tourismusgem. mit Landw. im Ennstal an der Einmündung des Seewigtals. Freizeitseeanlage. – Urk. 805, Pfarrkirche hl. Nikolaus mit spätgot. Chor, barockem Langhaus, großem Schutzmantelmarienbild (um 1720–30) und Gemälde „Feuersbrunst in Assach" (1749); Dorfkapelle Maria im Dorn (1717) mit Barockaltar; neue Ennsbrücke.
Literatur: W. Stipperger, A.-Assach. Heimatkundliches über ein Dorf im oberen Ennstal, 1960.

Aicher, Anton, * 16. 8. 1859 Oedt (Stmk.), † 5. 2. 1930 Salzburg, Bildhauer. Gründete 1913 das Salzburger Marionetten-Theater (→ Marionettenbühnen).

Anton Aicher: Das Salzburger Marionetten-Theater unter Leitung seines Sohnes Hermann Aicher auf einem Gastspiel in Paris, 1933.

Aichern, Maximilian, * 26. 12. 1932 Wien, gelernter Fleischhauer, Benediktiner, Geistlicher. 1959 Priesterweihe, 1977–82 Abt von St. Lambrecht, 1978–81 Abtpräses der ö. Benediktinerkongregation, seit 1982 Bischof von Linz.
Literatur: P. Hofer (Hg.), Aufmerksame Solidarität. Festschrift, 2002.

Aichfeld, Ober-Stmk., nördl. Teil des Judenburger Beckens an der Mur; Orte: Fohnsdorf, Zeltweg, Knittelfeld.
Literatur: M.-L. Mitter, Entwicklungsprogramm A.-Murboden, Dipl.-Arb., Wien 1981.

Aichholzer, Gerhard, * 19. 6. 1921 Judenburg (Stmk.), Elektrotechniker. Nach Elektrotechnikstudium in Graz 1950–60 bei der Siemens AG in Wien und Berlin tätig, 1960–63 in der Maschinenfabrik Oerlikon in Zürich. 1963–86 Prof. und Vorstand des Inst. f. Elektromagnet. Energieumwandlung an der Techn. Univ. Graz; 1977–87 auch Leiter der Anstalt f. Tieftemperaturforschung Joanneum in Graz. Inhaber zahlr. Patente.
Werk: Elektromagnet. Energieumwandlung, 1975.

Aichinger, Ilse, * 1. 11. 1921 Wien, Schriftstellerin. Bekam als Tochter einer jüd. Ärztin bis 1945 keinen Studienplatz und begann erst nach Kriegsende ein Medizinstudium, das sie jedoch bald abbrach, um den autobiograph. Roman „Die größere Hoffnung" (1948) abzuschließen, nachdem sie mit ihrem Essay „Aufruf zum Misstrauen" (in „Plan" 1946) erstmals Aufsehen erregt hatte. 1949/50 arbeitete sie als Verlagslektorin, ab 1951 stand sie in Verbindung mit der „Gruppe 47" und lernte dort ihren späteren Ehemann, den Schriftsteller G. Eich (1907–1972), kennen. Auch als Hörspielautorin machte sich A. einen Namen. Ihr Werk ist von

Ilse Aichinger. Foto.

Sprachskepsis und Vorbehalten gegenüber normativer Realitäts- und individueller Wirklichkeitserfahrung geprägt. Mehrere internat. Literaturpreise, Großer Ö. Staatspreis 1995.

Weitere Werke: Rede unter dem Galgen, 1952 (Erzählungen); Knöpfe, 1953 (Hörspiel); Zu keiner Stunde, 1957 (Szenen und Dialoge); Wo ich wohne, 1963 (Erzählungen); Eliza, Eliza, 1965 (Erzählungen); Auckland, 1969 (4 Hörspiele); Verschenkter Rat, 1978 (Gedichte); Kleist, Moos, Fasane, 1987 (Kurzprosa, Erzählungen, Erinnerungen); Film und Verhängnis. Blitzlichter auf ein Leben, 2001. – Ausgabe: Werke in 8 Bden., hg. von R. Reichensperger, 1991.

Literatur: K. Bartsch (Hg.), I. A., 1993; S. Moser, I. A. Leben und Werk, ²1995.

AICHKIRCHEN, OÖ., WL, Gem., 448 m, 500 Ew., 6,5 km², landw. Kleingem. nordwestl. von Lambach im Hausruckviertel. – Spätgot. Kirche (urk. um 1136) mit barocker und neugot. Einrichtung, got. Madonna (Ende 15. Jh.) auf dem Altar (1866), barocke Schnitzfiguren, got. Marienfigur im Pfarrhof.

AICHWALDSEE, Kä., kleiner Bergsee am Fuß des Mittagskogels, südöstl. vom Faaker See, mit dem Dorf Aichwald (640 m).

AIDS (Acquired Immune Deficiency Syndrome = erworbene Immunschwächekrankheit), schwere Form der körpereigenen Abwehrschwäche, verursacht durch ein Virus (HIV), das Abwehrzellen zerstört. In der Folge kann es zu schweren Infektionen und Tumoren kommen. HIV wird durch Blut und bestimmte Körperflüssigkeiten (v. a. beim ungeschützten Geschlechtsverkehr) übertragen. AIDS ist erst seit Beginn der 80er Jahre bekannt, die Erkrankungszahlen nahmen bald auch in Ö. zu. In den 90er Jahren wurden Medikamentenkombinationen entwickelt, welche die HIV-Vermehrung in den befallenen Zellen blockieren und damit den weiteren Verlust von Abwehrzellen und -funktionen des Körpers verhindern können. Seit 1994 und verstärkt seit Mitte 1996 macht sich der Rückgang der AIDS-Todesfälle aufgrund der breiten Verfügbarkeit der neuen Medikamente auch in der Statistik bemerkbar. Das ö. AIDS-Gesetz (1986) regelt Aspekte des öffentl. Umgangs mit AIDS, so z. B. die Meldepflicht der Erkrankungsfälle oder die Förderung geeigneter Vorbeugungsmaßnahmen. Beratungsstellen der AIDS-Hilfe gibt es in allen Landeshauptstädten außer Eisenstadt und St. Pölten.

Literatur: P. Kenis u. C. Nöstlinger, Handbuch AIDS, 1993.

Todesfälle durch AIDS in Österreich			
1983	9	1993	174
1984	8	1994	108
1985	26	1995	91
1986	24	1996	38
1987	76	1997	34
1988	93	1998	27
1989	122	1999	22
1990	129	2000	25
1991	155	2001	13
1992	143	2002	4

AIGEN, Sbg., südöstl. Vorort von Salzburg, Schloss (urk. 1402, gestaltet 17.–19. Jh.) mit Parkanlage (18.–19. Jh.) am Hang des Gaisbergs (737 m), Pfarrkirche (urk. 1411, Umbau 1689).

AIGEN IM ENNSTAL, Stmk., LI, Gem., 652 m, 2566 Ew., 86,40 km², Fremdenverkehrsort (70.185 Übern.) bei Liezen, nahe dem Putterersee (wärmster Badesee der Stmk., bis 28°). – Fliegerhorst Fiala Fernbrugg und Garnison des Bundesheers, Golfplatz, BerS f. Gastgewerbe. – In Hohenberg roman.-got. Kirche mit got. Flügelaltar (1520); moderne Pfarrkirche zum hl. Florian (Weihe 1992); Putterschloss (15. Jh., Umbau im 19. und 20. Jh., heute Jugendherberge), Renaiss.-Schloss Pichlarn (1592, jetzt Hotel).

AIGEN IM MÜHLKREIS, OÖ., RO, Markt, 600 m, 1925 Ew., 17,47 km², an der Großen Mühl, nahe dem Kloster → Schlägl. – Holzverarbeitung, Hoch- und Tiefbau, Seifen-, Kerzen- und Etikettenerzeugung, elektrotechn. Ind., Automatenweberei, Fremdenverkehr (77.536 Übern.). – Urk. 1314, Filialkirche St. Martin (1644), Mariensäule (1722). Brunnen (17. Jh.) aus Stift Schlägl, Statue von J. Spaz.

Literatur: I. Pichler (Hg.), A.-Schlägl, 1979.

AIGNER, Carl, * 12. 9. 1954 Ried i. Innkreis (OÖ.), Kunsthistoriker mit Schwerpunkt Fotografie. Ab 1989 Univ.-Lektor, Gründer (1991) und Mit-Hg. der Foto-, Medien- und Kunstzeitschrift „Eikon". Ab 1995 Kurator für Fotografie und neue Medien an der Kunsthalle Krems, ab 1997 deren künstlerischer Leiter; 2000/01 Projektleiter der Abt. f. Kulturwissenschaften an der Donau-Univ. Krems; seit 2001 Dir. des Nö. Landesmuseums in St. Pölten.

Werke: Aktuelle Photographie aus NÖ., Ausst.-Kat., Baden 1990; Fisch & Fleisch, Ausst.-Kat., Krems 1995; Kunst nach 1945, 2002. – Hg.: Kunst und ihre Diskurse, 1999; Harry Weber, 2001.

AIGNER, Franz, * 13. 5. 1882 St. Pölten (NÖ.), † 19. 7. 1945 Wien, Physiker. Ab 1925 Prof. an der Techn. Hochschule Wien, wirkte an der Entwicklung des Radiowesens mit.

Literatur: ÖBL; NDB.

AINET, Ti., LZ, Gem., 747 m, 1018 Ew., 40,43 km², landw.-gewerbl. Gem. mit etwas Tourismus im vorderen Iseltal auf dem Schwemmkegel des Taberbachs nordwestl. von Lienz. Holzverarbeitung. – Urk. 1277; barocke Pfarrkirche (1778/79); klassizist. Wallfahrtskirche Mariä Heimsuchung in Gwabl (1807); Weiherburg (17. Jh., Umbau 1832).

AIST, Fluss im Mühlviertel, gebildet aus der Wald-A. und der Feld-A., mündet östl. von Mauthausen in die Donau.

Literatur: M. Grünsteidl, Wasserkraftnutzung im Einzugsgebiet der A., Dipl.-Arb., Wien 1986.

AISTERSHEIM, OÖ., GR, Gem., 437 m, 786 Ew., 11,12 km²; Autobahnstation. – Barocke Pfarrkirche (1699/1700), eines der schönsten Wasserschlösser der Spätrenaiss. in Ö. (urk. 12. Jh., Umbau 1520–1600).

Wasserschloss Aistersheim, OÖ.

AKADEMIE DER BILDENDEN KÜNSTE IN WIEN, 1688 (1692 Nachweis staatlicher Unterstützung) als erste allg. Ausbildungsstätte für Künstler außerhalb der Zunftordnungen von Peter Strudel gegr. und bald als „Kayserl. Academie" unter den Schutz der habsb. Herrscher gestellt; erlosch bereits mit dem Tod des Gründers (1714). Sie wurde von J. van Schuppen 1726 als staatl.

Akademie der bildenden Künste in Wien. Foto, um 1910.

Anstalt für Malerei, Bildhauerei und Baukunst wiedereröffnet und erhielt 1751 eine hochschulähnliche Rektoratsverfassung. 1772 wurden J. M. Schmutzers Kupferstecher-Akademie (gegr. 1766) und A. Domanecks Bossier-, Verschneid- und Graveur-Akademie (gegr. 1767), 1786 die Kommerzial-Zeichnungs-Akademie (gegr. 1758) eingegliedert. Diese „Vereinigte Akademie der bildenden Künste" (ab 1812 „Akademie der vereinigten bildenden Künste") wirkte zw. 1812 und 1850 auch als „Kunstbehörde der Nation". 1872 wurde sie zur Kunsthochschule mit dem heutigen Titel erhoben und bald in dem 1872–77 von T. Hansen errichteten Gebäude untergebracht, 1998 wurde sie unter Beibehaltung ihres Namens zur Universität.
Die A. d. b. K. i. W. bietet (2003) folgende Studienrichtungen: Bildende Kunst, Architektur, Bühnengestaltung, Konservierung und Restaurierung sowie Lehramts- und Doktoratsstudien, ergänzt durch das Lehrangebot der Kunst- und Kulturwiss. Abt. Sie führt eine Bibl. (1997 rd. 115.000 Bde.), eine Gemäldegalerie und das Otto-Wagner-Archiv. Das Kupferstichkabinett ist nach der → Albertina die bedeutendste ö. Graphiksmlg. und wird im „Akademiehof" neben der A. d. b. K. i. W. präsentiert.

Literatur: W. Wagner, Die Geschichte der A. d. b. K. i. W., 1967.

Akademie der Wissenschaften, Österreichische, selbständige Körperschaft, großteils vom Bund, aber auch durch Stiftungen und Subventionen finanziert, gilt als ranghöchste Repräsentanz der Wissenschaftskommunität und führende Forschungsinstitution in Ö. Sie verfügt über eine bed. wiss. Bibl. und seit 1973 über einen eigenen Verlag.
Die zahlr. Anregungen zur Errichtung einer A. d. W. in Wien (1712–16 durch G. W. Leibniz, 1718, 1721, 1749 durch J. C. Gottsched, 1750 usw.) wurden lange Zeit von den jeweiligen Herrschern hauptsächl. aus Rücksicht auf den Staatshaushalt nicht verwirklicht, erst eine Bittschrift 12 namhafter ö. Gelehrter (J. v. Hammer-Purgstall, A. v. Arneth, N. J. v. Jacquin, J. J. v. Littrow, J. J. v. Prechtl u. a.) im Jahr 1837 führte unter Mitwirkung Metternichs zum Gründungspatent vom 14. 5. 1847. Die „Ksl. A. d. W. in Wien" verstand sich als Gelehrtenges. und Hort wiss. Freiheit. Auch in der Republik wurde die A. d. W. durch Bundesgesetz 1921 als „A. d. W. in Wien", 1947 als „Ö. A. d. W." rechtl. und finanziell abgesichert und ihre Aufgabe bestätigt, die Wiss. „in jeder Hinsicht zu fördern".
Die A. d. W. gliedert sich in eine mathemat.-naturwiss. Klasse (Mathematik, Naturwiss., Medizin, Techn. Wiss.) und eine philosoph.-hist. Klasse (Geistes-, Rechts-, Staats-, Wirtschaftswiss.) und umfasst bis zu 90 wirkl. inländ. Mitgl., bis zu 250 korrespond. Mitgl. (bei den wirkl. und korrespond. Mitgl. werden über 70-Jährige bei voller Wahrung ihrer Rechte nicht in die Höchstzahl eingerechnet) und bis zu 24 Ehrenmitgl. Die wirkl. Mitgl. wählen den Präs. und Vizepräs. (für 3 Jahre) und 2 Sekr. (für 4 Jahre), die durch den Bundespräs. bestätigt werden müssen, sowie neue Mitgl. aus den namhaftesten Persönlichkeiten in Wiss. und Forschung.
Von Anfang an übte die A. d. W. eine rege Gründer- und Förderungstätigkeit auf allen Gebieten der Wiss. aus, auf die nur beispielhaft hingewiesen werden kann. So ließ sie das Archiv für ö. Geschichte (ab Jg. 34, vorher Archiv für Kunde ö. Geschichtsquellen), die Quellenedition „Fontes rerum Austriacarum" (ab 1849) erscheinen, unterstützte die Herausgabe des „Biograph. Lexicon des Kaisertums Ö." von C. Wurzbach, veranlasste die Gründung der → Zentralanstalt für Meteorologie und Geodynamik (1851), beteiligte sich an der Erdumseglung der → „Novara" (1857–59), unterstützte und veranlasste zahlr. ö. Expeditionen (z. B. → Nordpolexpedition) und archäolog. Ausgrabungen (→ Ephesos, → Limes u. a.), gründete 1899 das erste Phonogrammarchiv Europas, gibt seit 1875 gem. mit den Akademien von München und Berlin die „Monumenta Germaniae Historica" heraus und führt zahlr. langfristige Publikations- und Editionsvorhaben durch (Ö. Biograph. Lexikon 1815–1950, Die Habsburgermonarchie 1848–1918, Ö. Städtebuch, A.-Schnitzler-Tagebuch usw.). Die Forschungen der A. d. W. auf den Gebieten der Sozial- und Geisteswiss. lieferten und liefern nicht nur internat. beachtete Beiträge zur Wissenschaftsentwicklung (z. B. in Byzantinistik, Iranistik, Numismatik, Sprach- und Literaturwiss.), sondern auch wichtige Grundlagen für Regionalpolitik und Raumordnung bzw. zur Bewertung gesundheits-, familien- und sozialpolit. Maßnahmen der öffentl. Hand (z. B. durch die Inst. für Demographie bzw. für Stadt- und Regionalforschung). Die systemat. Erfassung des Alltagslebens und der materiellen Kultur des MA und der frühen Neuzeit durch das Inst. für Realienkunde (Krems) eröffnet neue Perspektiven der Geschichtsbetrachtung. Die Forschungsschwerpunkte der A. d. W. in der mathemat.-naturwiss. Klasse werden im 20. Jh. verstärkt bei den physikal., biolog., medizin. und umweltbezogenen Wiss. Die Inst. der A. d. W. arbeiten dabei mit großen internat. Forschungseinrichtungen (CERN, Paul-Scherrer-Institut u. a.) zusammen. Von den herausragenden Leistungen sind bes. zu erwähnen: die Mitarbeit am UA-1-Experiment (Nachweis der W- und Z-Bosonen, 1984 mit dem Nobelpreis ausgezeichnet), am DELPHI-Experiment (Detektor für Lepton-, Photon- und Hadron-Identifizierung), am Bau von Magnetometern für Weltraumflüge (Venus, Mars, Projekt VEGA), die Beiträge zur Aufklärung der

Genstruktur, Genregulation u. ä., der Alzheimer-Krankheit, der Denkvorgänge beim Menschen mittels EEG (Elektroenzephalogramm), schwerer Blutkrankheiten usw. In der Vergleichenden Verhaltensforschung werden die Ideen von K. Lorenz weiterverfolgt (Verhalten von Tieren unter bes. Beachtung der Anpassung an die Umwelt). Von der umweltbezogenen Forschung werden u. a. Ökosystemanalysen der Fließgewässer vorgenommen und Grenzwerte für luftverunreinigende Substanzen erstellt, durch interdisziplinäre Zusammenarbeit von Technikern, Natur-, Sozial- und Wirtschaftswissenschaftlern soziöökonom.-ökolog. Entwicklungen sowie deren Prognosen mit Hilfe von Computermodellen festgestellt. Auch die Fragen der Auswirkung neuer Technologien auf den Menschen, auf die wirt. und soz. Entwicklung werden untersucht. Die A. d. W. reagiert auf für die Zukunft relevante Themen durch ständige Umstellungen in Organisation und Mittelverteilung.

Die Forschungsarbeit der A. d. W. wird gegenwärtig (Stand 2004) geleistet: in den *Instituten* (Biomedizin. Alternsforschung, Biophysik und Röntgenstrukturforschung, Demographie, europ. Integrationsforschung, Hochenergiephysik, Iranistik, Kultur- und Geistesgeschichte Asiens, Kulturgeschichte der Antike, Limnologie, MA-Forschung, Mittelenergiephysik, Ö. Dialekt- und Namenlexika, Quantenoptik und Quanteninformation, Realienkunde des MA und der frühen Neuzeit, Schallforschung, Stadt- und Regionalforschung, Technikfolgen-Abschätzung, Weltraumforschung, Materialwiss., Molekulare Pflanzenbiologie, Hist. Inst. beim Ö. Kulturinst. in Rom, Molekulare Biotechnologie, Computational and Applied Mathematics, Vergleichende Verhaltensforschung), *Forschungsstellen und Einrichtungen* (AAC – Austrian Academy Corpus, CeMM – Forschungszentrum für Molekulare Medizin GmbH, Forschungsstelle für Europ. Schadenersatzrecht, Forschungsstelle für Integrierte Sensorsysteme, Ortsnamenbuch des Landes OÖ., Ö. Biograph. Lexikon und biographische Dokumentation, Ö. Fusionsforschungs-Programm, Phonogrammarchiv, Spezialforschungsbereich SCIEM2000, Wr. Arbeitsstelle der Neuen Schubert-Ausgabe, Wittgensteinpreis 2000 – Lokale Identitäten und überlokale Einflüsse) sowie 35 *Kommissionen*. Die A. d. W. erstellt auch Behörden auf Verlangen Gutachten in wiss. Fragen. Jährl. werden Tätigkeitsberichte vorgelegt und Preise verliehen. Sitz der A. d. W. ist seit 1857 das alte Gebäude der Wr. Universität (→ Aula).

Präsidenten der A. d. W. (ph. = philosoph.-hist. Kl., m. = mathemat.-naturwiss. Kl.): Josef Frh. v. Hammer-Purgstall (ph.), 1847–49; Andreas Frh. v. Baumgartner (m.), (1849) 1851–65; Theodor Ritter v. Karajan (ph.), 1866–69; Carl Ritter v. Rokitansky (m.), 1869–78; Alfred Ritter v. Arneth (ph.), 1879–97; Eduard Suess (m.), 1898–1911; Eugen Ritter v. Böhm-Bawerk (ph.), 1911–14; Viktor Edler v. Lang (m.), 1915–19; Oswald Redlich (ph.), 1919–38; Heinrich Srbik (ph.), 1938–45; Ernst Späth (m.), 1945/46; Heinrich Ficker (m.), 1946–51; Richard Meister (ph.), 1951–63; Erich Schmid (m.), 1963–69; Albin Lesky (ph.), 1969–70; Erich Schmid (m.), 1970–73; Herbert Hunger (ph.), 1973–82; Erwin Plöckinger (m.), 1982–85; Hans Tuppy (m.), 1985–87; Otto Hittmair (m.), 1987–91; Werner Welzig (ph.), seit 1991.

Publikationen: Almanach (seit 1951), Denkschriften, Sitzungsberichte, Anzeiger; Arbeiten der einzelnen Kommissionen und Inst. sowie Einzelwerke und Reihen.

Literatur: R. Meister, Geschichte der A. d. W. in Wien 1847–1947, 1947. Ö. A. d. W. (Hg.), Die Ö. A. d. W., 1994.

Akademie für angewandte Kunst in Wien, siehe → Kunstuniversitäten.

Akademie für Musik und darstellende Kunst in Graz, siehe → Kunstuniversitäten.

Akademie für Musik und darstellende Kunst in Wien, siehe → Kunstuniversitäten.

Akademie für Musik und darstellende Kunst „Mozarteum" in Salzburg, siehe → Kunstuniversitäten.

Akademie für Sozialarbeit, siehe → Lehranstalten für Sozialberufe.

Akademietheater, 1911–14 nach Plänen von L. Baumann, F. Fellner und H. Helmer in Wien 3 errichtetes Theater, urspr. Übungsbühne für die im Nachbarhaus befindliche Akademie (Hochschule bzw. Univ.) für Musik und darstellende Kunst (→ Kunstuniversitäten), seit 1922 Kammerspielbühne („Kleines Haus") des → Burgtheaters.

Akademische Druck- und Verlagsanstalt Graz, ADEVA, 1949 in Graz gegr. mit dem Ziel, Reprints und Faksimileausgaben herzustellen; 1960 wurde die Editionsreihe Codices selecti begonnen, in der bis 2003 108 Editionen erschienen sind und die damit die größte Faksimilereihe der Welt darstellt. Weiters wurden im Kunst-, Wissenschafts- und Kulturprogramm der ADEVA mehr als 2000 Titel veröffentlicht (Bildbände, Fachbücher, Lexika, Musikalia, Reprints, Zeitschriften usw.).

Akademische Grade, werden von den ö. Universitäten (einschließl. Univ. künstler. Richtung) und Fachhochschulen verliehen. Als jüngster a. G. wurde 1999 der Bakkalaureatsgrad durch Gesetz eingeführt. Siehe Tabelle auf Seite 16.

Akademische Legion, 1) Studentenfreikorps der Wr. → Revolution 1848; 2) Studentenorganisationen der Zwischenkriegszeit (Heimwehr, Republikan. Schutzbund, Ostmärk. Sturmscharen u. a.).

Akademischer Senat, siehe → Universitätsorganisation.

Akademisches Gymnasium, urspr. mit einer Univ. verbundenes Gymn.; heute Ehrentitel für Nachfolgeschulen. Das Wr. A. G. wurde 1552 von den Jesuiten gegr. und befand sich ursprünglich im Dominikanerkloster. 1802 wurde es von den Piaristen übernommen, seither unterrichten weltl. Lehrer. Das heutige historist. Gebäude wurde 1863–66 von F. v. → Schmidt erbaut. Weitere A. G. bestehen in Linz (gegr. 1542 bzw. 1608), Innsbruck (1562), Graz (1573) und Salzburg (1617).
Literatur: R. Winter, Das A. G. Wien, 1996.

Akademisches Gymnasium in Wien. Foto, 1867.

Akazie, in Ö. übl. Bezeichnung für die Falsche A. oder Schein-A., die botanisch richtig Robinie/Robinia pseudacacia heißt (→ Baumarten).

AKG Akustische und Kino-Geräte Ges. m. b. H., 1947 gegr. Unternehmen für Entwicklung, Herstellung und Vertrieb von drahtgebundenen und drahtlosen elektroakust. Geräten (Mikrophonen, Kopfhörern, Telekommunikationsgeräten) mit Sitz in Wien. Umsatz 2002 85 Mio. Euro bei 576 Mitarbeitern; Exportanteil rd. 98 %. Vertretungen in 140 Ländern.

AKM, „Staatlich genehmigte Gesellschaft der Autoren, Komponisten und Musikverleger reg. Gen. m. b. H.", 1897 in Wien gegr. Sie verwaltet treuhändisch die Urheberrechte ihrer Mitgl. an Werken der Tonkunst, indem sie ein Entgelt für öffentl. Aufführungen und

Akademische Grade in Österreich

Bakkalaureatsgrade

Bakkalaureus/Bakkalaurea der Biologie	Bakk. Biol.
Bakkalaureus/Bakkalaurea der Kommunikationswissenschaft	Bakk. Komm.
Bakkalaureus/Bakkalaurea der Künste	Bakk. art.
Bakkalaureus/Bakkalaurea der Naturwissenschaften	Bakk. rer. nat.
Bakkalaureus/Bakkalaurea der Philosophie	Bakk. phil.
Bakkalaureus/Bakkalaurea der Sozial- und Wirtschaftswissenschaften	Bakk. rer. soc. oec.
Bakkalaureus/Bakkalaurea der Soziologie	Bakk. Soz.
Bakkalaureus/Bakkalaurea der Sportwissenschaften	Bakk. Sport
Bakkalaureus/Bakkalaurea der Technik	Bakk. techn.
Bakkalaureus/Bakkalaurea der technischen Wissenschaften	Bakk. techn.

Diplom- und Magistergrade

Diplom-Ingenieur/Diplom-Ingenieurin	DI oder Dipl.-Ing.
Diplom-Tierarzt/Diplom-Tierärztin	Mag. med. vet.
Doktor/Doktorin der gesamten Heilkunde	Dr. med. univ.
Doktor/Doktorin der Zahnheilkunde	Dr. med. dent.
Magister/Magistra der Architektur	Mag. arch.
Magister/Magistra der Biologie	Mag. Biol.
Magister/Magistra der Künste	Mag. art.
Magister/Magistra der Kommunikationswissenschaft	Mag. Komm.
Magister/Magistra der Naturwissenschaften	Mag. rer. nat.
Magister/Magistra der Pharmazie	Mag. pharm.
Magister/Magistra der Philosophie	Mag. phil.
Magister/Magistra der Philosophie der Theologischen Fakultät	Mag. phil. fac. theol.
Magister/Magistra der Rechtswissenschaften	Mag. iur.
Magister/Magistra der Sozial- und Wirtschaftswissenschaften	Mag. rer. soc. oec.
Magister/Magistra der Soziologie	Mag. Soz.
Magister/Magistra der Sportwissenschaften	Mag. Sport
Magister/Magistra der Theologie	Mag. theol.
Magister/Magistra des Industrial Design	Mag. des. ind.
Magister/Magistra des Rechts der Wirtschaft	Mag. iur. rer. oec.

Mastergrade

Master in/of European Studies	M.E.S.
Master of Advanced Studies	MAS
Master of Arts	MA
Master of Business Administration	MBA
Master of Business Law	M.B.L.
Master of International Business	MIB
Master of Laws	LL.M.
Master of Public Health	MPH
Master of Science	MSc.

Doktorgrade

Doktor/Doktorin der Bodenkultur	Dr. nat. techn.
Doktor/Doktorin der gesamten Heilkunde und der medizinischen Wissenschaft	Dr. med. univ. et scient. med.
Doktor/Doktorin der medizinischen Wissenschaft	Dr. scient. med.
Doktor/Doktorin der montanistischen Wissenschaften	Dr. mont.
Doktor/Doktorin der Naturwissenschaften	Dr. rer. nat.
Doktor/Doktorin der Philosophie	Dr. phil.
Doktor/Doktorin der Philosophie einer Katholisch-Theologischen Fakultät	Dr. phil. fac. theol.
Doktor/Doktorin der Rechtswissenschaften	Dr. iur.
Doktor/Doktorin der Sozial- und Wirtschaftswissenschaften	Dr. rer. soc. oec.
Doktor/Doktorin der technischen Wissenschaften	Dr. techn.
Doktor/Doktorin der Theologie	Dr. theol.
Doktor/Doktorin der Veterinärmedizin	Dr. med. vet.
Doktor/Doktorin der Zahnmedizin und der medizinischen Wissenschaft	Dr. med. dent.et scient. med.

Akademische Grade in Fachhochschul-Studiengängen

Bakkalaureus (FH) / Bakkalaurea (FH)	Bakk. (FH)
Diplom-Ingenieur (FH) / Diplom-Ingenieurin (FH)	Dipl.-Ing. (FH)
Magister (FH) / Magistra (FH)	Mag. (FH)

Akademische Grade an Theologischen Hochschulen

Doktor/Doktorin der Theologie	Dr. theol.
Lizentiat/Lizentiatin der Theologie	Lic. theol.
Magister/Magistra der Theologie	Mag. theol.

Akademische Grade an Privatuniversitäten

Advanced Master of Arts	MA
Bachelor of Arts	BA
Bachelor of Arts	B.A.
Bachelor of Business Administration	BBA
Bachelor of Business Administration	B.B.A.
Bachelor of Science	B.S.
Bachelor of Science	BSc
Doctor of Philosophy	Ph.D.
Doktor/Doktorin der gesamten Heilkunde	Dr. med. univ.
Doktor/Doktorin der Medizin-Informatik	Dr. Med.-Inf.
Doktor/Doktorin der Theologie	Dr. theol.
Executive MBA	Exec. MBA
International Master of Laws	LL. M.
International MLE	Int. MLE
Lizentiat/Lizentiatin der Theologie	Lic. theol.
Magister/Magistra der Theologie	Mag. theol.
Master of Arts	MA
Master of Arts	M.A.
Master of Business Administration	MBA
Master of Business Administration	M.B.A.
Master of International Business	MIB
Master of Science	MSc

Sendungen der Werke einhebt. Die Einnahmen werden nach Abzug der Selbstkosten an Komponisten, Textdichter und Musikverleger verteilt. Vorbild der anderen → Verwertungsgesellschaften (z. B. Austro-Mechana, → Literar-Mechana, Verwertungsgesellschaft bildender Künstler).
Präsidenten der AKM seit 1945: B. → Herzmansky (1945–50), J. → Marx (1950–64), G. v. → Einem (1965–70), A. → Uhl (1970–75), M. → Rubin (1975–84), H. → Gattermeyer (1984–90), G. → Wimberger (1990–98), P. W. → Fürst (seit 1998).
Literatur: R. Dittrich, Urheberrecht, 1988.

Akó, ungar. Hohlmaß für Wein (Eimer), im Bgld. bekannt.

Aktie, 1) Ges.-Anteil an einer → Aktiengesellschaft; 2) Wertpapier, das den Ges.-Anteil verbrieft. – Bei Inhaber-A. (im Börsenhandel, → Börse) wird das verbriefte Recht durch Übereignung der Urkunde übertragen; bei Namens-A. erfolgt die Übertragung durch Indossament. Während Stamm-A. dem Besitzer ein Stimmrecht pro A. zusichern, verbriefen Vorzugs-A. kein Stimmrecht; bei Zahlung einer Dividende sind Letztere jedoch bevorzugt.

Aktiengesellschaft, AG, Kapitalges. mit eigener

Rechtspersönlichkeit (juristische Person), deren Gesellschafter mit ihrer Einlage am in Aktien zerlegten Grundkapital (mind. 70.000 Euro beteiligt sind, ohne persönl. für die Verbindlichkeiten der A. zu haften. → Aktien können als Namens- oder Inhaberaktien ausgegeben werden. A. kommen in der Praxis in unterschiedlichen Strukturen vor: als personalist. bzw. familienbezogene A. oder mit vielen Aktionären als Publikums-A. Auch bei A., die an der → Börse notieren, gibt es meist einen oder mehrere Großaktionäre oder Aktionärssyndikate, die die A. beherrschen.
Geregelt ist die A. im Aktiengesetz 1965. Ihre gesetzl. Ausgestaltung basiert auf Schutzgedanken zugunsten der Aktionäre, der Gläubiger und der Öffentlichkeit. Die A. entsteht als solche durch die (konstitutive) Eintragung in das Firmenbuch. Die Versammlung der Aktionäre (Hauptversammlung) wählt auf eine im Gesetz bestimmte Höchstfrist einen Aufsichtsrat (verpflichtendes Kontrollorgan), der seinerseits den Vorstand (Geschäftsführer) auf jeweils höchstens 5 Jahre bestellt. Zudem stimmen die Aktionäre bei Hauptversammlungen über relevante Unternehmensentscheidungen ab, wie Gewinnverwendung, Entlastung von Aufsichtsrat und Vorstand sowie über etwaige Kapitalerhöhungen, Fusionen usw. Meist wird eine A. gewählt, wenn zur Finanzierung von Großprojekten eine größere Anzahl von Kapitalgebern (Aktionären) notwendig ist. Zur Gründung einer A. sind mindestens 2 Personen notwendig. Wegen ihrer guten rechtl. Organisation bedient sich auch die öffentl. Hand gerne dieser Gesellschaftsform.
2000 gab es in Ö. 862 A. (davon 149 Banken und 54 Versicherungen) mit einem Grundkapital von 15,5 Mrd. Euro (davon Banken mit 4 Mrd. Euro und Versicherungen mit 713 Mio. Euro. Die ö. A. ohne Banken und Versicherungen beschäftigten 2000 280.025 Mitarbeiter und erwirtschafteten einen Umsatz von 62,9 Mrd. Euro. Im Oktober 2003 waren an der Wr. Börse 113 Aktientitel gelistet.
Literatur: K. Schiemer, P. Jabornegg u. R. Strasser, Kommentar zum AktG, ³1993; M. Eiselsberg, AktG und Nebenbestimmungen, 2001.

Aktionismus, siehe → Wiener Aktionismus.

Akupunktur, aus China kommende medizin. Behandlungsmethode unter Verwendung von Metallnadeln. 1954 wurde eine „Ö. Ges. für A." durch J. Bischko gegr. 1958 richtete Bischko an der HNO-Abteilung der Wr. Poliklinik eine A.-Ambulanz ein. 1972 wurde ein L.-Boltzmann-Inst. für A. gegr. Seit 1992 ist das Wr. Kaiserin-Elisabeth-Spital Sitz von Ges. und Inst. Die A. wurde 1986 vom Obersten Sanitätsrat als wiss. Heilmethode teilw. anerkannt. Seit 1991 verleiht die Ö. Ärztekammer ein offizielles Diplom für A.

AKV, siehe → Arbeitsgemeinschaft Katholischer Verbände.

Akzent, Theatersaal in Wien, 1989 als Teil des von der Arbeiterkammer initiierten A.-Czettel-Bildungszentrums eröffnet; Veranstaltungsort u. a. des → „Theaters in den Bezirken".

Ala Nova, im Itinerarium Antonini und in der Notitia Dignitatum erwähnte röm. Siedlung, in der Spätantike Standort einer Reitereinheit (Equites Dalmatae); das heutige → Schwechat.

Albach-Retty, Rosa, * 26. 12. 1874 Hanau (D), † 26. 8. 1980 Baden (NÖ.), Schauspielerin; Mutter von Wolf → Albach-Retty. 1895–1903 am Dt.Volkstheater in Wien, 1903–58 am Wr. Burgtheater, bes. im charakterkom. Fach; Filmtätigkeit; 1. Trägerin der J.-Kainz-Medaille 1958.
Literatur: So kurz sind 100 Jahre. Erinnerungen, aufgezeichnet von G. Svoboda-Srncik, 1978; R. Kittler, R. A.-R., Diss., Wien 1958.

Wolf Albach-Retty (2. v. r.) mit Magda Schneider, Carola Höhn und Ernst Weiser beim Berliner Filmball, 1939.

Albach-Retty, Wolf (Wolfgang Albach), * 28. 5. 1906 Wien, † 21. 2. 1967 ebd., Schauspieler; Sohn von Rosa → Albach-Retty und Vater von Romy → Schneider. 1926–32 und 1959–67 am Wr. Burgtheater (Schnitzler- und Molnár-Rollen), daneben hauptsächl. beim Film tätig.
Literatur: H. Trunk, W. A.-R., Diss., Wien 1974.

Alban-Berg-Quartett, siehe → Kammermusik.

Albani (Albanus), Matthias, * 28. 3. 1621 St. Nikolaus b. Kaltern (S-Ti.), † 7. 2. 1712 Bozen (S-Ti.), Geigenbauer. Seine Geigen wurden bes. geschätzt, 1640–90 gab es zahlreiche Fälschungen. Seine Instrumente haben bautechn. kaum etwas mit jenen → Stainers gemein, weisen eher nach Italien. A. beeinflusste die dt. und Ti. Instrumentenbauer des 18. Jh. Das Gewerbe wurde durch seine Söhne Michael (1677–1730) und Joseph (1680–1722) fortgesetzt.

Albeck, Kä., FE, Gem., 837 m, 1118 Ew., 99,32 km², Fremdenverkehrsgem. mit Landw. östl. des Nockgebiets im Sirnitzbachtal. – Sirnitz: urk. 1157, frühgot. (um 1300), im 18. Jh. barockisierte Pfarrkirche hl. Nikolaus mit barockem Christophorusfresko und Wandmalerei (um 1310), Barockaltäre (1690) mit reichem Bild- und Figurenschmuck, spätgot. Taufbecken, Karner mit spätgot. Fresken, evang. Kirche (1860), Paarhöfe, Tschrieter Mühle; Neualbeck: Schloss (um 1700, spätbarocke Ausstattung), Ruine Alt-Albeck (urk. 1155, ab 18. Jh. unbewohnt), barockes ehem. Pfleghaus (heute Nutzung für Galerie und Handwerk).
Literatur: W. Wadl u. G. Wurmitzer (Red.), 1000 Jahre Sirnitz. Eine Reise durch die Zeit, 1993.

Alberndorf im Pulkautal, NÖ., HL, Gem., 197 m, 738 Ew., 9,88 km², landw. Gem. an der Pulkau nahe der Grenze zu Tschechien. – Pfarrkirche (erb. 1786) mit klassizist. Kanzel, Hochaltar (spätes 18. Jh.), Tabernakelpfeiler (1694 und 2. Hälfte 17. Jh.).
Literatur: W. Seidl, A. i. P. von der Urzeit bis zur Gegenwart, 1999; ders., Sehenswertes in Dorf und Flur von A., Hadres, Obritz und Untermarkersdorf, 2002.

Alberndorf in der Riedmark, OÖ., UU, Gem., 570 m, 3584 Ew., 40,46 km², Wohn- und Auspendlergem. mit etwas Tourismus am Scheitel über dem Tal der Großen Gusen. – Urk. 1417, neuklassizist. Pfarrkirche (erb. 1843–45) mit Turm von 1895, Hochaltar mit spätgot. Madonna (um 1520), 4 Glocken (1845), Ruine und Schloss Riedegg (Mariannhiller Missionare, Afrikamuseum) mit Reiterssuite.

Alberschwende, Vbg., B, Gem., 722 m, 3021 Ew (1981: 2504 Ew.), 21,15 km², Wintersportort am Fuß des Brüggelkopfs im Bregenzerwald. – Fremdenverkehr (22.433 Übern.), Kraftwerke A. (err. 1992, 97.600 MWh) und Langenegg (err. 1979, 227.500 MWh); Holzverarbeitung. – Urk. 1227, Wahrzeichen 800-jährige Linde bei der Pfarrkirche; Kapelle (Märtyrertod Merbods 1120).

Albersdorf-Prebuch, Stmk., WZ, Gem., 366 m, 1691 Ew., 14,16 km², Gem. mit vielfältiger Wirt.-Struktu-

Rosa Albach-Retty als Rachel in „Die Jüdin von Toledo" von F. Grillparzer. Burgtheater, Wien, 1908.

Albertina. Kolorierter Stich von T. Mollo, 1825.

Herzog Albert Kasimir von Sachsen-Teschen mit Erzherzogin Marie Christine. Ausschnitt aus „Kaiserin Maria Theresia im Kreise ihrer Kinder", Gemälde von F. H. Füger, 1776 (Österreichische Galerie Belvedere, Wien).

zw. Raab und Ilzbach. Ind.-und Gew.-Park; Maschinen- und Werkzeugbau, Presswerk für Kfz-Teile. – Kapellen und Bildstöcke.

ALBERT III., Graf von Tirol, * um 1180, † 22. 7. 1253, der Letzte aus dem Geschlecht der → Tiroler Grafen, Vogt von Trient und ab 1210 auch von Brixen. Er erwarb 1248 den Ti. Besitz der Grafen von → Andechs-Meranien und der Grafen von → Eppan und setzte die Vereinigung der Grafschaften im Gebirge zum Land Ti. fort. 1254 wurde dieses als „dominium" oder „comecia Tyrolis" bezeichnet. Durch die Ehe seiner Tochter Adelheid mit Meinhard III. von Görz (→ Meinhard I. von Tirol) ging das Erbe der Tiroler Grafen letztlich an die → Görzer Grafen über.
Literatur: J. Riedmann, in: Geschichte Ti., Bd. 1, 1985.

ALBERT KASIMIR, Hzg. von Sachsen-Teschen, * 11. 7. 1738 Moritzburg bei Dresden (D), † 10. 2. 1822 Wien, Sohn Kurfürst Friedrich Augusts II. von Sachsen (als August III. Kg. v. Polen), heiratete → Marie Christine, Tochter Maria Theresias. 1765–80 Statthalter in Ungarn, dann bis 1792 Gen.-Gouverneur der Niederlande. In Wien bewohnte er ab 1795 das Palais, in dem sich die durch seine Sammeltätigkeit entstandene → Albertina befindet. A. stiftete 1805 eine Wasserleitung in Wien. Für seine Gattin ließ er von A. → Canova ein Grabmal in der Augustinerkirche bauen.
Literatur: W. Koschatzky, Hzg. A. v. Sachsen-Teschen, in: Veröffentlichung der Albertina 18, 1982.

ALBERT, Barbara, * 22. 9. 1970 Wien, Regisseurin, Produzentin. Studierte 1989–91 Theaterwiss., Publizistik und Germanistik in Wien und danach an der Wr. Filmakad. Gründete 1999 die Firma Coop 99, seither selbständige Filmproduzentin. Ihr Film „Nordrand" (1999) wurde mehrfach ausgezeichnet (u. a. Best First Feature Award); weitere Auszeichnungen beim Kraków International Short Film Festival 1997 (für „Die Frucht deines Leibes") und beim Film Festival Los Angeles 1999 (für „Sonnenflecken").
Weitere Werke: Nachtschwalben, 1993; Somewhere Else, 1997; Slidin' – Alles bunt und wunderbar, 1998; Böse Zellen, 2003.

ALBERT, Eduard, * 20. 1. 1841 Senftenberg (Zamberk, CZ), † 25. 9. 1900 ebd., Chirurg. Schüler von J. → Hyrtl, Prof. in Innsbruck und Wien; schuf die Heilstätten San Pellagio bei Rovinj (Kroatien) und in Lauffen (OÖ.), führte in Ö. als erster die Antiseptik ein. Sein „Lehrbuch der Chirurgie" (4 Bde., 1877–80) fußt bereits auf der antiseptischen Wundbehandlung.

ALBERTINA, Wien 1, *Gebäude:* 1742–45 als Palais Taroucca erbaut, 1801–04 unter Einbeziehung von Teilen des Augustinerklosters im Auftrag des Hzg. Albert von Sachsen-Teschen durch L. Montoyer erweitert. Die Fassade wurde 1867 und, gem. mit der Albrechts- rampe, nach den schweren Bombenschäden des 2. Weltkriegs verändert. Den Großen Studiensaal und die ovale Minervahalle entwarf J. → Kornhäusel. Das Palais beherbergt heute die Graph. Sammlung A., die Musikaliensammlung der Ö. → Nationalbibliothek und das Ö. Filmmuseum (→ Filminstitutionen).

Graphische Sammlung: Diese gehört weltweit zu den führenden ihrer Art und umfasst rund 44.000 Zeichnungen und 1,5 Mio. druckgraph. Blätter aus allen Regionen und Zeiten der europ. Zeichenkunst, z. T. von außerordentl. Qualität. Von den frühesten Anfängen der europ. Graphik um 1400 bis heute sind alle großen Meister hervorragend vertreten. Neben Werken ital. Künstler der Hochrenaissance (Leonardo da Vinci, Michelangelo, Raffael), von P. P. Rubens und Rembrandt besitzt die A. einen einzigartigen Bestand von Graphiken A. Dürers. In der Kunst des 20. Jh. sind bes. G. Klimt und E. Schiele vertreten. Zu den verschiedenen Spezialsammlungen gehören auch Architekturzeichnungen (etwa von Borromini und Bernini).

Die A. trägt den Namen ihres Begründers, des Hzg. → Albert Kasimir von Sachsen-Teschen. Er machte seine Sammlung, die bis zum Ende der ö.-ungar. Monarchie im Privateigentum seiner Erben (Erzhzg. Karl) stand, 1822 der Öffentlichkeit zugänglich. Nach 1918 ging die Sammlung im Zuge der Rechtsnachfolge an die Republik Ö. über. Zugleich wurde die wertvolle Kupferstichsammlung der kaiserl. Hofbibl. mit der A. vereinigt.

1994–2003 war die Graph. Smlg. A. wegen Renovierung, Um- und Ausbau des Gebäudes geschlossen; Ausstellungen fanden im nahegelegenen „Akademiehof" statt.
Literatur: W. Koschatzky u. A. Strobl, Die A. in Wien, 1969; V. Birke u. J. Kertész, Die italien. Zeichnungen der A., 4 Bde., 1992–97; M. Gröning u. M. L. Sternath, Die dt. und Schweizer

Albertina: Hauptsaal mit Apollo und den neun Musen.

Zeichnungen des späten 18. Jh., 1997; B. Dossi, A. – Sammlungsgeschichte und Meisterwerke, 1998.

ALBERTINISCHE HAUSORDNUNG: In dieser bestimmte Hzg. → Albrecht II. 1355, dass nach seinem Tod die habsb. Länder von seinen 4 Söhnen, Rudolf IV., Friedrich III., Albrecht III. und Leopold III., gem. regiert werden sollten. Sie wurde 1364 durch die → Rudolfinische Hausordnung ersetzt.

ALBERTINISCHE LINIE DES HAUSES HABSBURG, entstand 1379 nach der Teilung der Besitzungen im → Neuberger Teilungsvertrag, bestand aus Albrecht III., Albrecht IV. und Albrecht V.; erlosch 1457 mit Ladislaus Postumus.

ALBERTINISCHER PLAN, kolorierte Federzeichnung im Hist. Museum der Stadt Wien, einer der ältesten erhaltenen Stadtpläne, eine Kopie aus der 2. Hälfte des 15. Jh. nach einer vermutlich 1421/22 angefertigten Vorlage. Die Zeichnung gibt einen Überblick über die mauerumschlossene Stadt Wien und ihre nächste Umgebung und zeigt in der linken oberen Ecke auch Pressburg. Es sind Donau, Wienfluss und Alserbach eingetragen, weiters Kirchen, Klöster, Hofburg und Universität.
Literatur: R. Härtel, Inhalt und Bedeutung des A. P., in: MIÖG 87, 1979.

ALBING, NÖ., AM, Dorf in der Gem. St. Pantaleon-Erla. Um 170 n. Chr. größtes röm. Legionslager in Ö. (568 x 412 m). Sein antiker Name ist unbekannt. Vielleicht nie ganz fertig gestellt, wurde es aus unbekannten Gründen verlassen; das neue Legionslager in Enns (→ Lauriacum) war um 205 n. Chr. fertig.

ALBOIN, König der → Langobarden 560/561–568/572. Unter seiner Herrschaft kam es 568 zum Abzug der Langobarden aus ihrem im pannon.-ostnorischen Raum gelegenen Einflussbereich nach Oberitalien.

ALBRECHT I., * 1255, † 1. 5. 1308 bei Brugg an der Aare (CH; ermordet nach dem Übergang über die Reuss von seinem Neffen → Johann Parricida), ältester Sohn → Rudolfs I. v. Habsburg; ab 1281 Reichsverweser, 1282 Hzg. von Ö. und Stmk. (bis 1283 gem. mit seinem Bruder → Rudolf II.). Musste Aufstände in Ö. und der Stmk. bekämpfen, führte Krieg gegen Sbg. Er gab Wien ein neues Stadtrecht; seinen Sohn → Rudolf III. machte er zum Kg. von Böhmen. 1298 dt. Kg. und Sieg über Adolf von Nassau bei Göllheim in Hessen.
Literatur: B. Hamann (Hg.), Die Habsburger, ⁴1993.

Albrecht I. Glasfenster aus dem Stephansdom, um 1390 (Wien Museum).

ALBRECHT II., * 1298 auf der Habsburg (CH), † 20. 7. 1358 Wien, Sohn von → Albrecht I.; Vater von → Rudolf IV., → Albrecht III. und → Leopold III.; Hzg. von Ö. und Stmk. Regierte ab 1326 die Vorlande, nach dem Tod seines Bruders → Friedrich I. 1330–39 gem. mit seinem Bruder → Otto dem Fröhlichen, dann allein Ö. Erwerbung von Kä. und Krain 1335. A. gab Wien 1340 ein neues Stadtrecht und machte es zur eigentl. Residenz. Er erließ 1355 die → Albertinische Hausordnung. Aufgrund seiner Erkrankung an Polyarthritis trug er den Beinamen „der Lahme" (auch „der Weise"). Begraben in seiner Gründung Kartause Gaming.
Literatur: B. Hamann (Hg.), Die Habsburger, ⁴1993.

ALBRECHT III., * 1349/50 Wien, † 29. 8. 1395 Laxenburg (NÖ.), Sohn von → Albrecht II.; Hzg. von Ö. (bis 1379 gem. mit seinem Bruder → Leopold III.). Im → Neuberger Teilungsvertrag behielt er Ö. (mit dem Salzkammergut) und begründete die → albertinische Linie. 1386 übernahm er die Verwaltung der → leopoldinischen Länder; er unterlag 1388 bei Näfels den Schweizern. A. stärkte die Stellung des Landesfürsten im Innern (Schaunberger Fehde), förderte den Weiterbau des Stephansdoms und den Ausbau der Univ. (Theol. Fakultät), war gebildet und veranlasste die Landeschronik des Leopold → Stainreuter. 1394 wollte er dt. König werden. Den Beinamen „mit dem Zopf" trug er wegen der Zugehörigkeit zu einer ritterl. Ges.
Literatur: B. Hamann (Hg.), Die Habsburger, ⁴1993.

ALBRECHT IV., * 19. 9. 1377 Wien, † 14. 9. 1404 Klosterneuburg (NÖ.), Sohn von → Albrecht III.; Hzg. von Ö. (1395–1404). In Auseinandersetzungen mit seinen Verwandten der → leopoldinischen Linie und den Luxemburgern Wenzel und Siegmund verwickelt, beeinträchtigt durch das Fehdewesen im Land.
Literatur: B. Hamann (Hg.), Die Habsburger, ⁴1993.

ALBRECHT V. (als dt. Kg. A. II.), * 10. 8. 1397 Wien, † 27. 10. 1439 Neszmély bei Esztergom (H), Sohn von → Albrecht IV.; Hzg. von Ö., Kg. von Ungarn und Böhmen sowie dt. Kg. 1411 von den Ständen für großjährig erklärt, vermählte sich 1422 mit Elisabeth, Tochter von Ks. Siegmund (auch Kg. von Böhmen und Ungarn), wurde 1437 Kg. von Ungarn, 1438 von Böhmen und 1438 dt. Kg. Mit ihm begann die Reihe der habsb. Könige und Kaiser (bis 1740) im Reich. Er förderte die Melker Reform, vertrieb 1421 die Juden aus Wien, kämpfte gegen die Hussiten und Türken. Sein Sohn → Ladislaus Postumus wurde erst nach seinem Tod geboren.
Literatur: G. Hödl, A. II., Königtum, Reichsregierung und Reichsreform 1438–39, 1978.

Herzog Albrecht III. mit den Insignien des Zopfordens. Anonymes Gemälde, 16. Jh. (Kunsthistorisches Museum, Wien).

Herzog Albrecht V. (König Albrecht II.). Anonymes Gemälde, 16. Jh. (Kunsthistorisches Museum, Wien).

ALBRECHT VI., * 18. 12. 1418 Wien, † 2. 12. 1463 ebd., Sohn von Hzg. → Ernst (dem Eisernen) von Inner-Ö., Erzhzg. von Ö. 1446 Regent der Vorlande, stellte sich gegen seinen Bruder → Friedrich III., regierte 1458–63 das Land ob der Enns, erhielt nach der Belagerung Friedrichs in der Wr. Burg 1462 auch die Regentschaft von Ö. unter der Enns zugesprochen.
Literatur: B. Hamann (Hg.), Die Habsburger, ⁴1993.

ALBRECHT VII., * 13. 11. 1559 Wr. Neustadt (NÖ.), † 15. 11. 1621 Brüssel (B), zweitjüngster Sohn Ks. → Maximilians II. Wurde 1577 Kardinal-Erzbischof von Toledo, 1583 Vizekönig von Portugal und 1595 Gen.-Gouverneur der südl. Niederlande. Nach seiner Heirat mit Isabella Klara Eugenia, der Tochter Philipps II von Spanien, wurde er 1599 Landesfürst der Niederlande. Das Herrscherpaar war sehr kunstsinnig. Da das Paar kinderlos blieb, fiel das Land nach A. Tod

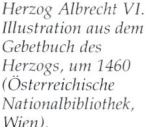

Herzog Albrecht VI. Illustration aus dem Gebetbuch des Herzogs, um 1460 (Österreichische Nationalbibliothek, Wien).

Erzherzog Albrecht VII. Gemälde von P. P. Rubens, 1613–15 (Kunsthistorisches Museum, Wien).

wieder an Spanien zurück; Isabella Klara Eugenia blieb Statthalterin.
Literatur: B. Hamann (Hg.), Die Habsburger, ⁴1993.

ALBRECHT, Erzhzg. von Ö., * 3. 8. 1817 Wien, † 18. 2. 1895 Arco (I), Feldherr; ältester Sohn von Erzhzg. → Karl. Ab 1845 Kommandierender General in NÖ., OÖ. und Sbg., trat 1848 gegen die Revolution auf, war 1851–60 Gen.-Gouverneur in Ungarn, siegte 1866 über die Italiener bei Custozza, war dann Gen.-Inspektor des Heeres und „graue Eminenz". Reiterdenkmal auf der Albrechtsrampe in Wien von C. v. Zumbusch 1899.
Literatur: B. Hamann, Erzhzg. A., in: Politik und Ges. im alten Ö., Bd. 1, 1981; J. C. Allmayer-Beck, Der stumme Reiter. Erzhzg. A., der Feldherr „Gesamt-Ö.", 1997; ÖBL.

ALBRECHTSBERG AN DER GROSSEN KREMS, NÖ., KR, Markt, 686 m, 1100 Ew., 28,73 km². Geprägt von stattl. Burg um 3 Höfe; 3 Geschosse vorwiegend aus dem 16. Jh.; Hochburg mit Arkadengang, Ringmauer und Turmbastionen. Altsteinzeitl. Funde → Gudenushöhle.

ALBRECHTSBERGER, Johann Georg, * 3. 2. 1736 Klosterneuburg (NÖ.), † 7. 3. 1809 Wien, Musiktheoretiker und Komponist. Hoforganist (ab 1772) und Kapellmeister am Wr. Stephansdom, Freund von J. → Haydn, Lehrer von L. van → Beethoven; als Kirchenkomponist Vertreter der polyphonen Tradition.
Werke: Messen, Symphonien, Kammermusik, Auswahl in: Denkmäler der Tonkunst in Ö., Bd. 16/2; Schriften zur Kompositionslehre.
Literatur: E. Paul, J. G. A., 1976; A. Weinmann, J. G. A., Themat. Kat., 1987.

ALBRECHTSMEISTER, siehe → Meister des Albrechtsaltars.

ALBUIN, Hl., Fest 5. Feb., um 975–1006 Bischof von Säben. Verlegte den Bischofssitz nach Brixen, im dortigen Dom begraben. Stammte aus dem Geschlecht des → Aribo.

ALCALAY, Luna, * 21. 10. 1928 Zagreb (HR), Komponistin. Lebt seit 1950 in Wien, 1951–57 Studium an der Wr. Musikhochschule. Ab 1959 pädagog. Tätigkeit mit den Wr. Sängerknaben, bis 1994 Lehrtätigkeit für Klavier an der Wr. Musikhochschule. Bereits früh Kontakte zur internat. Avantgarde, Entwicklung einer eig. kompositor. Systematik, die von der Skepsis gegenüber Musik und Tradition gekennzeichnet ist.
Werke: antigonenmodell, 1958 (Studienoper); aspekte (2 Klaviere, Schlagzeug), 1962; night-club pieces, 1966 (Jazzquintett); Allg. Erklärung der Menschenrechte, 1968 (Kantate); platitudes en occasion, 1973 (Vokalisten, Streichquintett, Schlagzeug); homo sapiens, 1977 (radiophones Stück); ich bin in sehnsucht eingehüllt, 1984 (szenische Reflexionen); der übergangene mensch, 1996 (szenisches Werk); touches for piano and orchestra, 1996.
Literatur: L. Theiner (Red.), Musikal. Dokumentation L. A., Ausst.-Kat., Wien 2000.

ALCATEL AUSTRIA AG, Wien, aus der 1884 in Wien gegr. Telefon- und Telegraphenfabrik Czeija, Nissel & Co. hervorgegangen; seit 1987 Mitgl. des internat. Telekommunikationskonzerns Alcatel mit Sitz in Paris. A. ist spezialisiert auf Lösungen und Services in den Bereichen Internet, Telekommunikation und Transportautomatik. 2002 wurden mit 600 Mitarbeitern 176 Mio. Euro Umsatz erzielt.

ALDIS, Austrian Lightning Detection & Information System, das ö. Blitzortungssystem wird in Kooperation von der Verbundges., der Siemens Austria AG und dem Ö. Verband für Elektrotechnik (ÖVE) betrieben. Die 8 in Ö. aufgestellten Blitzsensoren erfassen in einem Umkreis von jeweils 400 km alle Blitze, die auf dem Erdboden einschlagen. Die Blitzdaten werden in die ALDIS-Zentrale nach Wien 19 übertragen. Neben Energieversorgungsunternehmen treten als Nutzer der Blitzregistrierung die Wetterdienste, die Luftfahrt, die Betreiber ausgedehnter „blitzsensibler" Netze (Post, ÖBB usw.), Ind.-Betriebe sowie Versicherungsges. auf.

ALDRANS, Ti., IL, Gem., 760 m, 1944 Ew., 8,89 km², Wohngem. mit wirt. Mischstruktur auf einer Sonnenterrasse südl. von Innsbruck. Wohn- und Pflegezentrum Haus St. Martin. – Langobardischer Münzfund; urk. um 995; Pfarrkirche (urspr. got., dann barockisiert, Umbauten 1893 und 1966/67) mit Chororgel und spätgot. Reliefplatte (1520), alte Weihnachtskrippe (1910); Ansitz Brandthausen (urk. 1312), Gloriette (um 1780–90); klassizist. Zephyris-Schlössl; spätbiedermeierl. Villa Roseneck.

ALDRINGEN, siehe → Clary-Aldringen.

ALEMANNEN, westgerman. Stamm, im 2.–3. Jh. am röm. Limes zw. Rhein und Donau ansässig, breiteten sich um 500 nach S (Schweiz, Vbg.) aus, wurden seit 600 unter fränk. Einfluss christianisiert und bildeten seit 10. Jh. das Herzogtum Schwaben. In Vbg. und im Ti. Lechtal sprechen die Bewohner alemann. Dialekt.
Literatur: R. Christlein, Die A., 1978; W. Hartung, Süddeutschland in der frühen Karolingerzeit, 1983; K. Fuchs, Die A. Ausst.-Kat., Stuttgart 1997; D. Euenich, Geschichte der A., 1997; F. Siegmund, A. und Franken, 2000.

ALEMANNISCHES BAUERNHAUS, siehe → Hofformen.

ALEXANDER, Peter (eigentl. P. A. Neumayer), * 30. 6. 1926 Wien, Schauspieler, Sänger und Entertainer. Studierte am Reinhardt-Seminar, spielte dann am Wr. Bürgertheater, am Theater in der Josefstadt sowie am Kabarett Simplicissimus in Wien; 1952–72 44 Kinofilme („Im Weißen Rößl", 1960; „Die Abenteuer des Grafen Bobby", 1961; „Saison in Salzburg", 1961; „Die Fledermaus", 1962; „Charleys Tante", 1963); Schallplatten (über 120 LPs), ab 1952 regelmäßige Fernsehauftritte, ab 1969 eig. Fernsehshows; Mitte der 90er Jahre Rückzug aus dem Showgeschäft.

Peter Alexander. Foto.

Literatur: P. Lanz, P. A. Ein Leben für die Musik, 1986.

ALKOHOLBLUTPROBE, Feststellung des Alkoholgehalts im Blut; bei Verkehrsunfällen mit erhebl. Personenschaden kann sie erzwungen werden. In Ö. muss der Alkoholgehalt im Blut seit 1998 unter 0,5 Promille bzw. unter 0,1 Promille für Fahranfänger oder Lenker von Fahrzeugen über 7,5 t liegen (vorher 0,8 Promille). Bei höheren Werten können Krankenkassen und Versicherungen die Kosten regressieren.

ALKOHOLISMUS: Ö. weist eine hohe Quote an Alkoholabhängigen auf, also an „Süchtigen" im medizinischen Sinn; um ein Vielfaches größer ist die Zahl derer, die zwar keine Alkoholiker sind, aber Alkohol in sol-

Erzherzog Albrecht. Foto, um 1890.

Johann Georg Albrechtsberger. Anonymes Gemälde, 1809 (Gesellschaft der Musikfreunde in Wien).

Alkoholismus: „Wer sagt Ihnen denn, dass i z' Haus geh, i geh' in's Branntweinhäusl". Kolorierte Lithographie von V. Katzler, 1878.

chen Mengen konsumieren, dass man von Missbrauch sprechen muss. Rd. 5 % der erwachsenen Österreicher gelten als Alkoholiker. Weitere 13 % trinken in gesundheitsbedrohlichem Ausmaß (Missbrauch). Im Lauf des Lebens erkranken 10 % der Ö. an A. (5 % der Frauen und 15 % der Männer). Mit einem durchschnittl. Konsum von 11,02 l reinem Alkohol pro Kopf und Jahr liegt Ö. im vorderen Mittelfeld der europ. Länder. 1955 betrug der Jahreskonsum noch 4,5 l; bis in die 70er Jahre war ein Anstieg zu verzeichnen, seither ist der Konsum um knapp 10 % zurückgegangen. – Für Alkoholkranke besteht u. a. ein Genesungsheim in Wien-Kalksburg (gegr. 1961).

ALKOHOLMONOPOL: Die wirt. Nutzung von Spiritus (auch Branntwein oder Alkohol) begann in Ö. bereits vor dem 1. Weltkrieg. 1939 wurde im Zuge des Anschlusses Ö. an das Dt. Reich das Branntweinmonopol eingeführt. Dieses umfasste die Übernahme, Herstellung, Reinigung und Verwertung sowie den Handel und die Einfuhr von Branntwein. Auch nach 1945 behielt dieses → Monopol bis zum EU-Beitritt Ö. seine Gültigkeit. Die Neuregelung der Vorschriften im Alkohol-Steuer- und Monopolgesetz 1995 brachte zunächst einen Abbau des Großhandels- und Einfuhrmonopols; 1996 wurde das A. auf ein Produktionsmonopol reduziert, das nur noch die Produktion von hochprozentigem Alkohol aus bestimmten landw. Rohstoffen umfasst. Bis zum endgültigen Auslaufen des A. im Jahr 2000 wurde durch degressive Stützungszahlungen den betroffenen Betrieben die Strukturumwandlung erleichtert.

ALKOVEN, OÖ., EF, Gem., 268 m, 5191 Ew., 42,58 km², Lage zw. Linz und Eferding, an der Mündung des Innbachs in die Donau. – Erzeugung von Kunststoffprofilen und Polyesteraufbauten; Metallverarbeitung, Verzinkerei, Holzverarbeitung, Kältetechnik; Kulturzentrum, Behinderteninst. – 777 urk. „Allinchofa", spätgot. Staffelkirche (um 1470, Erneuerung im 19. Jh.), Wallfahrtsort im 17. Jh. (Annaberg), Renaiss.-Schloss Hartheim (vollendet 1610, 1940–44 Euthanasie- und Vernichtungsanstalt; Bauernkriegsdenkmal im Emlingerholz (1626 fielen hier 3000 Bauern).

ALLAND, NÖ., BN, Gem., 331 m, 2409 Ew., 68,71 km², Fremdenverkehrsgm. (27.604 Übern.) im südl. Wienerwald. – Autobahnraststelle an der A 21; Rehabilitationszentrum für Diabetiker; Dienstleistungssektor dominiert. – Durch die Türken (1683) und im 2. Weltkrieg stark zerstört. Got. Hallenkirche 1617 barock umgebaut. Im Gem.-Gebiet liegt Schloss → Mayerling; Tropfsteinhöhle; Wallfahrtskirche Maria Raisenmarkt.
Literatur: E. u. C. Dorffner, Das Buch von A., 2002.

ALLDEUTSCHE, Bezeichnung der Mitgl. des von G. v. Schönerer 1891 gegr. Deutschnationalen Vereines. → Deutschnationale Bewegung.

ALLENTSTEIG, NÖ., ZT, Stadt, 550 m, 2163 Ew., 71,65 km², im Quellgebiet der Kleinen Thaya. – Bezirksbauernkammer, Krankenhaus, Liechtensteinkaserne, Lager Kaufholz, Truppenübungsplatz, Heeresforstverwaltung, Waldviertler Jugenddorf A., Nö. Landesjugendheim; wirt. durch die Garnison dominiert. – Urk. 1150; Kirche und ehem. Kuenringerburg (um 1150, Wiederaufbau mit Arkadenhof ab 1660) mit Bergfried; Schüttkasten (entstanden aus ma. Anlage des 11./12. Jh., Aussiedlermuseum); Stadtsee mit Seebühne und Aussiedlermahnmal von V. Export; Stadttheater; Kulturzentrum Avalon; Heimat- und Eulenmuseum im Wolfganghof. Absiedlung von Dörfern (→ Döllersheim) zur Errichtung des Truppenübungsplatzes (1938), der seit 1957 vom ö. Bundesheer genutzt wird.
Literatur: Ö. Städtebuch, Bd. IV, Die Städte NÖ., 1988.

ALLERHEILIGEN, 1. Nov. Obwohl als Fest der unbekannten Heiligen im Sinne der röm.-kath. Kirche kein Tag des Totengedächtnisses, ist A. zusammen mit Allerseelen (2. Nov.) der bevorzugte Termin für Friedhofsbesuche (mit Gräberschmuck, Prozessionen, Segnungen, Andachten). Öffentl. Formen des Totengedenkens sind z. B. das Versenken von Kränzen für Ertrunkene. An beiden Tagen wurden früher spezielle Gebäcke („Gebildbrote") an Kinder und Arme als Vertreter der „Armen Seelen" verteilt. In Zusammenhang mit den Glaubensvorstellungen um die „Armen Seelen" stand auch das heute von Kinderbrauch ausgeübte „Krapfenschnappern", ein regional in O-Ti. zu A. geübter Heischebrauch. Nur noch vereinzelt, da seiner soz. und wirt. Basis weitgehend entzogen, findet sich Raum Sulz im Weinviertel ein burschenschaftl. geübter Rügebrauch, bei dem in der Nacht vor A. Strohzöpfe auf die Hausdächer heiratsfähiger Mädchen geworfen werden.
Literatur: H. Koren, Die Spende, 1954; E. Burgstaller, Das Allerseelenbrot, 1970.

ALLERHEILIGEN BEI WILDON, Stmk., LB, Gem., 407 m, 1330 Ew., 20,34 km². Der Ort ist um die Pfarrkirche (urk. 1218, spätgot. Chor von 1448, barockes Langhaus 1717–20) gruppiert. Grabdenkmäler aus dem 16. Jh. Schloss Herbersdorf (urk. 1147), urspr. ein ritterl. Ansitz, kam 1640 an die Jesuiten, die es um 1660 von D. Rossi um einen rechteckigen Arkadenhof neu errichten ließen; Denkmal für den hier verstorbenen J. → Krainer sen.

ALLERHEILIGEN IM MÜHLKREIS, OÖ., PE, Gem., 570 m, 1099 Ew., 20,22 km², landw. Wohngem. zw. Naarn und Kettenbach. Bergbau. – Spätgot. Marienwallfahrtskirche (urk. 1454) mit 5-eckigem „Schneckenturm", freischwebender Wendeltreppe und einer der ältesten Orgeln Ö. (um 1620), reliefartig gearbeitetes Zellengewölbe in der Sakristei, ma. Glocke (15. Jh.); Pechölstein bei Hennberg. – Allerheiligener Orgeltag, Gesundheitslehrpfad.
Literatur: M. Lehner (Hg.), A. i. M. Ein Heimatbuch für Pfarre und Gem. A. i. M., 1992.

ALLERHEILIGEN IM MÜRZTAL, Stmk., MZ, Gem., 551 m, 1942 Ew., 47,17 km², land- und forstw. Wohngem. im Mürztal an der Einmündung des Jasnitzbachs. Sauerbrunnen mit Thermalwasser. – Urk. 1154, kunsthist. bemerkenswerte spätgot. Pfarrkirche, umgeben von Kirchhofmauer mit 4 Kapellen (urk. um 1154), ornamentale Gewölbefresken (1499), got. Fenster mit gemalten Friesen, Barockhochaltar (1787), got. Taufstein und Glocke (1515).

ALLERSEELEN, siehe → Allerheiligen.

ALLGÄUER ALPEN, Gebirgskette der Nördl. Kalkalpen, bildet die NW-Grenze von Ti. (→ Außerfern) gegen das Allgäu (Bayern) und erstreckt sich vom Kleinwalsertal (SW) bis zum oberen Vilstal (NO). Gipfel: Mädelegabel (2644 m), Großer Krottenkopf (2657 m), Hochvogel (2593 m).

ALLGEMEIN BILDENDE SCHULEN, durch die Schulgesetze von 1962 eingeführte Bezeichnung für allg. bild. Pflichtschulen (→ Volksschule, → Hauptschule, → Sonderschule, → Polytechn. Schule) und allg.-bild. höhere

Schulen (→ Gymnasium, → Realgymnasium, Wirtschaftskundl. Realgymnasium, → Oberstufenrealgymnasium, Höhere → Internatsschule; → Aufbaugymnasium und Aufbaurealgymnasium; → Gymnasium, Realgymnasium und Wirtschaftskundliches Realgymnasium für Berufstätige).

Literatur: J. Schermaier, Geschichte und Gegenwart des allg.-bild. Schulwesens in Ö., 1990.

ALLGEMEINE MITTELSCHULE, Hauptforderung O. → Glöckels in seinen „Leitsätzen für den allg. Aufbau der Schule" (1920), zw. 1922 und 1927 Erprobung der Organisation und des Lehrplans dieses Schultyps in Wien. Die Schüler wurden von der 5. bis 8. Schulstufe je nach Begabungshöhe in einen Klassenzug I oder II mit unterschiedl. Anspruchsniveau eingestuft, im Klassenzug I waren in der 7. und 8. Schulstufe noch Differenzierungsmaßnahmen nach der Begabungsrichtung vorgesehen. Die Struktur der A. M. wurde großteils von der 1927 geschaffenen → Hauptschule übernommen. → Einheitsschule, → Gesamtschule.

ALLGEMEINER SPORTVERBAND ÖSTERREICHS, ASVÖ, 1949 aus der Tradition des Hauptverbandes für Körpersport (aufgelöst 1949) hervorgegangen; betont überparteil. Dachverband für fast alle Arten von Leibesübungen mit 1 Mio. Mitgl. (2003) in ca. 4500 Vereinen; sowohl Freizeit- als auch Leistungssport aller Altersgruppen; neben Arbeitsgemeinschaft für Sport und Körperkultur in Ö. (→ ASKÖ) und → Turn- und Sportunion Ö. 3. Dachverband.

ALLGEMEINES BÜRGERLICHES GESETZBUCH, ABGB, ö. Privatrechtskodifikation, die am 1. 6. 1811 verkündet und am 1. 1. 1812 für die gesamten dt. Erbländer der ö. Monarchie in Kraft gesetzt wurde; es wurde 1918 von der Republik Ö. übernommen und gilt seit 1922 auch im Bgld. Vorarbeiten zu einem Codex universalis begannen bereits 1753 unter Maria Theresia (→ Codex Theresianus), dann führten als Zwischenstationen das → Josephinische Gesetzbuch und das Westgalizische Gesetzbuch zum ABGB, als dessen wichtigster Redaktor F. v. → Zeiller anzusehen ist. Das ABGB entspringt den Ideen der Aufklärung und des Naturrechts, es postuliert grundsätzl. die Gleichheit und Freiheit des Individuums, ohne die altständisch-feudale Ordnung völlig zu beseitigen. Im Lauf seiner langen Geltungsdauer wurde es des Öfteren novelliert (z. B. 1914–16 durch 3 Teilnovellen; in den 70er Jahren im Zuge der Familienrechtsreform). Obgleich wichtige Materien außerhalb des ABGB durch Sondergesetze geregelt sind (z. B. Wohnrecht, Arbeitsrecht, Teile des Eherechts), stellt es weiterhin den Kristallisationspunkt des ö. Privatrechts und seiner Wiss. dar.

Ausgabe: R. Dittrich u. a. (Hg.), Das ABGB, Manzscher Taschenkommentar, [20]2002.

Allgemeines Bürgerliches Gesetzbuch. Titelblatt der Erstausgabe, 1811.

ALLGEMEINE SCHULORDNUNG für „die deutschen Normal-, Haupt- und Trivialschulen in sämmtlichen Kayserl. Königl. Erbländern" (1774), im Wesentl. von J. I. → Felbiger formuliertes Schulgesetz. Das ö. Volksschulwesen erhielt dadurch unter Maria Theresia eine einheitl. organisator. Ordnung. Die Einführung der → Unterrichtspflicht (6.–12. Lebensjahr) schuf die Voraussetzung für eine rasche Alphabetisierung auch der bildungsferneren Schichten. Der Kirche wurde nur noch eine subsidiäre Rolle zugewiesen.

Literatur: H. Engelbrecht, J. I. Felbiger und die Vereinheitlichung des Primarschulwesens in Ö., [2]1981.

ALLGEMEINES KRANKENHAUS, siehe → Krankenhäuser.

ALLGEMEINES SOZIALVERSICHERUNGSGESETZ, ASVG, 1955 (in Kraft getreten am 1. 1. 1956), regelt die Pflichtversicherung unselbständig Erwerbstätiger in Kranken-, Unfall- und Pensionsversicherung sowie deren freiwillige Versicherungen (außer Unfallversicherung); 61 Novellen bis 2004 zur Anpassung an die aktuellen Verhältnisse. Eig. Sozialversicherungsgesetze bestehen für die Gewerblich-Selbständigen (GSVG), Bauern (BSVG), Beamten (B-KUVG) sowie Freiberufler und Notare (FSVG und NVG). Nach dem Versicherungsprinzip sind von Arbeitgeber und Arbeitnehmer Sozialversicherungsbeiträge zu bezahlen, die in Prozentsätzen des Gehalts bemessen werden (→ Unfallversicherung nur Arbeitgeberbeitrag). Da die Beiträge nicht ausreichen, die Leistungen zu finanzieren, sind bes. in der Pensionsversicherung Staatszuschüsse („Bundesbeiträge") notwendig.

Die Krankenversicherung deckt die Versicherungsfälle der Krankheit (Krankenbehandlung, medizin. Hauskrankenpflege, Anstaltspflege), der Arbeitsunfähigkeit infolge von Krankheit (Krankengeld), der Mutterschaft (Beistand durch Ärzte, Hebammen, diplomierte Kinderkranken- und Säuglingsschwestern, Heilmittel, Heilbehelfe, Anstaltspflege, Wochengeld) und der Gesundheitsbedrohung (Vorsorgeuntersuchungen, Krankheitsverhütung, sonstige Maßnahmen zur Erhaltung der Volksgesundheit) ab. Durch die Unfallversicherung sollen Arbeitsunfälle und Berufskrankheiten (v. a. Unfallheilbehandlung, Familien- und Taggeld, berufl. und soz. Rehabilitation, Beistellung von Hilfsmitteln, Versehrtenrente, Integritätsabgeltung) kompensiert sowie Hinterbliebene (Witwen-, Witwer- und Waisenrenten, Bestattungskostenersatz) versorgt werden. Die Pensionsversicherung gewährt Alterspensionen, im Fall der Minderung der Erwerbsfähigkeit Berufsunfähigkeits- bzw. Invaliditätspensionen sowie Rehabilitationsmaßnahmen.

Die Verfahrenszuständigkeit liegt zunächst bei den Sozialversicherungsträgern (Sozialversicherung), gegen einen Bescheid in Leistungssachen (Fragen über Bestand, Umfang und Ruhen) kann Klage bei den Arbeits- und Sozialgerichten erhoben werden (sukzessive Kompetenz), in Verwaltungssachen (Feststellung der Beitragspflicht und Beitragsangelegenheiten) bleibt es beim öffentl.-rechtl. Instanzenzug bis zu den Höchstgerichten (Verfassungsgerichtshof und Verwaltungsgerichtshof).

Literatur: T. Tomandl, Grundriß des ö. Sozialrechts, [5]2002.

ALLGEMEINE UNFALLVERSICHERUNGSANSTALT, AUVA, Träger der soz. Unfallversicherung für Erwerbstätige, Schüler, Studenten und Hilfsorganisationen; betreibt 7 Unfallkrankenhäuser und 4 Rehabilitationszentren für Unfallverletzungen und Berufskrankheiten; als Sozialversicherungszweig seit 1889 etabliert. → Allgemeines Sozialversicherungsgesetz.

ALLHAMING, OÖ., LL, Gem., 341 m, 1027 Ew., 14,24 km², gewerbl.-landw. Gem zw. Traun- und Kremstal. Verlagswesen, Kunststoffwarenerzeugung. – Spätgot. Georgskirche (erb. 1488) mit Turm von 1902 und neugot. Einrichtung, seit 1855 2. Orgel, got. Tafelgemälde (jetzt in Kremsmünster), Sakristeianbau 1998/99.

ALLHARTSBERG, NÖ., AM, Markt, 395 m, 1758 Ew., 21,34 km², Gem. mit wirt. Mischstruktur am re. Ufer der Ybbs am Fuß des Sonntagbergs. Tagesheimstätte für Behinderte; Fruchtsaftind., Metallerzeugnisse. – Sog. „Türkenhügel" (frühbronzezeitl. Befestigung), urk. 1116 „Adelhartesperge", 3-schiffige spätgot. Pfarrkirche hl. Katharina mit frühbarockem Hochaltar (Aufstellung 1677), spätgot. Mondsichelmadonna (um

1470) und Taufstein, Pfarrhof (18. Jh.); Schloss Kröllendorf (Kern 16. Jh., Barockbau 18. Jh.) mit Meierhof und Getreidespeicher, 2 Landschaftsgärten (um 1830); in Wallmersdorf spätgot. Kirche hl. Sebastian (nach 1478) mit neugot. Hochaltar.

Alliierter Rat, siehe → Besatzung 1945–55.

Allio, Donato Felice d', * um 1677, † 6. 5. 1761 Wien, Architekt der Barockzeit; Schüler von J. B. → Fischer von Erlach. Hauptwerke sind die Salesianerkirche in Wien (1717–30) und der Neubau des Stifts Klosterneuburg (1730 begonnen, bis 1755 fortgeführt, aber nicht vollendet).
Literatur: G. Brucher, Barockarchitektur in Ö., 1983; F. Röhrig, Stift Klosterneuburg, 1984; H. Lorenz (Hg.), Barock, Geschichte der bildenden Kunst in Ö., hg. von H. Fillitz, Bd. 4, 1999.

Allmayer-Beck, Johann Christoph, * 19. 8. 1918 Baden (NÖ.), Historiker. 1964–83 Dir. des → Heeresgeschichtlichen Museums.
Werke: Min.-Präs. Baron Beck, 1956; Spectrum Austriae (Hg.), 1957; Imago Austriae (Hg.), 1963; Das Heer unter dem Doppeladler, 1982; Der stumme Reiter. Erzhzg. Albrecht, der Feldherr „Gesamt-Ö.", 1997; Modelle der Welt. Erd- und Himmelsgloben, 1997 (Hg.).

Allram, Josef, * 22. 11. 1860 Schrems (NÖ.), † 29. 12. 1941 Mödling (NÖ.), Lehrer und Heimatdichter („Waldviertler Sepp"). Regte die Errichtung mehrerer R.-Hamerling-Denkmäler an.
Werke: Waldviertler Geschichten, 1900; Der 1000. Patient, 1903; Hamerling und seine Heimat, 1905; Der letzte Trieb, 1911.

Alm, OÖ., rechter Nebenfluss der Traun, 50 km lang, aus dem Almsee an der N-Seite des Toten Gebirges entspringend, mündet unterhalb von Lambach. – Orte im A.-Tal: Grünau, Scharnstein, Vorchdorf.
Literatur: J. Sperrer, Flußbauliche und energiewasserwirt. Betrachtung der A., Dipl.-Arb., Wien 1989.

Alm (in Vbg. auch „Alpe", in NÖ. und der Stmk. „Schwaige" genannt), in Hochlagen oberhalb der Ackerbaugrenze, innerhalb oder oberhalb der Waldgrenze gelegene Weidefläche (mit Hütten und Ställen), die nur im Sommer rd. 3–5 Monate bewirtschaftet wird. Die Besitzverhältnisse sind etwa im Verhältnis 7 : 3 : 1 auf Einzelbesitz, Gemeinschaft und Servitutsalmen aufgeteilt; Voralmen (in Vbg. „Maiensäß") liegen auf bis zu 1750 m Seehöhe, Mittelalmen auf bis zu 2500 m, Hochalmen darüber. Alpung ist für die Gesundheit der Tiere (ca. 15 % der Rinder, zumeist Jungtiere) wichtig. Der Rückgang der A.-Bewirtschaftung soll durch Förderungsmaßnahmen für Bergbauern aufgehalten werden, um nicht durch unbeweidetes langes Gras Lawinenabgänge zu fördern. → Almwirtschaft.
In botan. Sicht sind A. subalpine Weiderasen (→ Gebirgsvegetation und -flora). Sie entstanden durch Rodung (Schwenden) der Krummholzvegetation, das sind im Wesentlichen Latschen- und Grünerlengebüsche. Einige typische Pflanzenarten der A.-Böden sind die → Gräser Bürstling/Nardus stricta, Alpenrispe/Poa alpina und Alpen-Lieschgras-Gruppe/Phleum alpinum agg., die Kräuter Gold-Fingerkraut/Potentilla aurea, Gold-Pippau/Crepis aurea, Alpen-Mutterwurz/Ligusticum mutellina, Braun-Klee/Trifolium badium, Frauenmantel-Arten/Alchemilla spp., Berg-Nelkenwurz/Geum montanum. Als „Weideunkräuter", d. h. beweidungsresistente Arten, sind sehr markant z. B. Weiß-Germer/Veratrum album (giftig!), Hochstauden-Enziane (→ Enzian), Alpen-Kratzdistel/Cirsium spinosissimum und Groß-Eisenhut/Aconitum napellus s. lat. (stark giftig!). In der Nähe der A.-Hütten, wo sich die Tiere längere Zeit aufhalten, kommt es zu enormer Überdüngung, der nur wenige spezialisierte Arten standhalten. An solchen „Geilstellen" entwickelt sich die Alpenampferflur (Rumicetum alpini), wo der großblättrige Alpen-Ampfer/Rumex alpinus den Ton angibt. Er schmeckt zwar nicht angenehm säuerlich wie der Sauerampfer, wurde aber doch auch als Gemüse und als Futter verwendet, ferner zum Einwickeln von Butter usw., nicht zuletzt als „nachwachsendes" Toilettenpapier, wovon entsprechende Volksnamen zeugen („Scheißplotschen").
Literatur: F. Zwittkowits, Die Almen Ö., 1974; H. u. W. Senft, Unsere Almen: erleben, verstehen, bewahren, 1986.

Almabtrieb am Achensee, Ti.

Almabtrieb, Abschluss der Almweidezeit und Beginn der Winterstallung, meist um Michaeli (29. Sept.) bis Mitte Okt. Für den Heimweg von der Alm wird das Vieh mit Zweigen, Bändern, Flittern und Spiegeln festlich geschmückt („Aufkranzen") und mit den großen Abfahrtsglocken behängt; bei einem Todesfall in der Familie oder Unglück auf der Alm bekommt der „Kranz" einen Trauerflor („Klagbüsche"). Mancherorts anschließend Musik und Bewirtung, Viehmarkt und Tanzveranstaltungen. Im Zuge landw. Mechanisierung und Rationalisierung als festl. Abschlusstermin des Almlebens weitgehend abgekommen; verschiedentlich Schaubrauch und Touristenattraktion.
Literatur: R. Wolfram, Almbrauchtum, in: Ö. Volkskundeatlas, 6. Lfg., 1979.

Almajura, Ti., Name eines Hochtals, Jochs, Bachs und einer Alpe in den westl. Lechtaler Alpen. Das A.-Tal beginnt an der Grenze zu Vbg., nördl. der Valluga, vereinigt sich bei Kaisers mit dem Kaisertal und mündet bei Steeg in das obere Lechtal. Die A.-Alpe (1810 m) befindet sich an einem südl. Seitenarm des A.-Tals; A.-Joch auf 2237 m.

Alma mater Rudolphina, lat. Bezeichnung der Univ. Wien (nach ihrem Begründer Hzg. Rudolf IV.).

Almanach, Jahrbuch, urspr. ein astronom. Kalender. Jährliche A. mit Texten aus verschiedenen Sachgebieten erscheinen seit dem 16. Jh. Im 18. Jh. entstanden nach franz. Vorbild die Musen-A. mit hauptsächl. unveröffentlichten Dichtungen (vorwiegend Lyrik und erzählerische Kleinformen). Ab 1777 erschien u. a. der Wr. Musen-A., hg. von J. F. → Ratschky und G. v. → Leon. Aufgrund seiner meist anspruchslosen, kurzen und unterhaltenden Texte war der A. bes. im Biedermeier sehr beliebt. Im 19. Jh. wurde der Theater-A. populär, das 20. Jh. brachte als neuesten Typus den Verlags-A. hervor, einen zu bes. Anlässen oder aus Wer-

Alm am Felber Tauern, O-Ti.

Wiener Musen-Almanach. Titelblatt, 1796.

begründen veröffentl. Querschnitt aus der Jahresproduktion eines Verlags.

ALMÁSSY, Susanne, * 15. 6. 1916 Wien, Kammerschauspielerin; Ehefrau von Rolf → Kutschera. Zunächst Engagements an dt. Bühnen und Filmtätigkeit, dann an verschiedenen Wr. Theatern tätig, seit 1949 Mitgl. des Theaters in der Josefstadt. Rollen in Boulevardstücken, Klassikern und Musicals; Film- und Fernsehtätigkeit. 1970 J.-Kainz-Medaille.
Literatur: G. H. Steier, Kammerschauspielerin S. v. A. Salondame wider Willen?, Dipl.-Arb., Wien 1994.

ALMER (lat. armarium = Schrank), Bezeichnung eines Bauernkastens zur Aufbewahrung von Speisevorräten; meist eintürig, fallweise auch zusätzl. mit Laden, in der Regel unverziert, häufig versperrbar; ältere Formen mit Giebel. U. a. Tisch-A. (Stubenkasten in Vbg.), Speis-A. (Pustertal), Wand- und Winkel-A., in Kä. auch „Ganter" (ital. „cantero" = Esskasten) genannt.
Literatur: O. Moser: Kä. Bauernmöbel, in: Carinthia I, Bd. 134–140, 1949.

ALMRAUSCH, siehe → Alpenrose.

ALMSEE, OÖ., 589 m, 0,9 km², 2,3 km lang, 700 m breit, bis 9 m tief, an den N-Ausläufern des Toten Gebirges; wird von der Alm zur Traun entwässert; fischreich. Der A. und der östl. gelegene Große und Kleine Ödsee sind Naturschutzgebiete.

Almsee.

ALMWIRTSCHAFT wird in den Alpen seit der La-Tène-Zeit (Kelten) betrieben. Zuerst wurden die hohen Lagen genutzt (Bronzezeitfunde), später auch die Täler. Die ältesten Almgebiete tragen kelt., später rätorom., dann dt.-spr. Flurnamen.
Wo die Dauersiedlungen hoch gelegen sind, z. B. Lech (Vbg.) oder Obergurgl (Ti.), gibt es keine eigenen Almen. Wo sich die Höfe in Tallage befinden, wird die A. 2- bzw. 3-stufig betrieben. 2–3 Wochen vor und nach der eigentl. Almzeit kommen die Tiere auf die so gen. Maiensäß (= Vorsäß, Rodungsinseln im Bereich des Waldgürtels). Die eigentl. Alm liegt im Bereich der Waldgrenze oder darüber.
Um 1900 setzte mit der Pionierarbeit von P. Schuppli eine amtl. Almförderung ein. Seit 1907 gibt es Gesetze zum Schutz und zur Förderung der A.
Im Rahmen des gesamtwirt. Strukturwandels verlor die A. nach dem 2. Weltkrieg bis Mitte der 70er Jahre stark an Bedeutung. V. a. in ostösterr. Almgebieten wurde die Bewirtschaftung vieler Almen aufgegeben. Ab diesem Zeitpunkt bewirkten die Einführung der A.-Förderung sowie die Almmilchregelung im Marktordnungsgesetz eine gewisse Konsolidierung der A. Seit 1995 kommt die Bergbauernförderung der Europ. Union auch der ö. A. zugute. In W- und S-Ö. hat die traditionelle, auf Milchproduktion und Käseerzeugung ausgerichtete A. noch große Bedeutung, im O dominiert die extensive Galtviehhaltung.
Zw. 1952 und 1986 haben bei einem Rückgang der Gesamtalmfläche die Almwaldfläche um 27 %, die unproduktive Almfläche um 28 % und die Almweidefläche (rd. die Hälfte der Gesamtalmfläche) um 16 % abgenommen, wodurch der A. in diesem Zeitraum ca. 142.000 ha Weidefläche verlorengingen. 2002 betrug die Almfutterfläche in Ö. 530.992 ha (rd. 15 % der landw. Nutzfläche). Mit mehr als 9100 bewirtschafteten Almen, 428.000 Stück Almvieh und 47.000 Almbauern liegt Ö. bei der A. an der Spitze der EU-Länder. → Alm.
Volkssprache, Sage, Brauchtum, Volkstracht und -kunst lassen deutlich erkennen, welche Bedeutung die A. als Lebenskreis für die Volkskultur besitzt.
Literatur: O. Brugger u. R. Wohlfarter, Alpwirtschaft heute, 1983; BM f. Land- u. Forstw., Umwelt und Wasserwirt. (Hg.), Grüner Bericht 2002, 2003.

ALP, Alpe, in Vbg. Name für → Alm.

Alpbach.

ALPBACH, Ti., KU, Gem., 974 m, 2489 Ew., 58,38 km², Gebirgsdorf im Tal der Alpbacher Ache, vom Galtenberg (2424 m) überragt. – Zweisaisonaler Fremdenverkehrsort (271.198 Übern.); Kongresszentrum; seit 1945 jährl. im August Veranstaltungsort für das 2-wöchige → „Europäische Forum Alpbach"; Bergbauernmuseum in hist. Bauernhof (1638); Gondelbahn auf das Wiedersberger Horn (1827 m). – Urk. 1240, Bergbau im 16.–17. Jh.; got.-barocke Kirche (1369) mit Deckenbildern von C. A. Mayr, barockem Hochaltar und Schnitzstatuen; alte Bauernhäuser (Einhöfe). Wintersportort mit zahlr. Bahnen und Liften.
Literatur: W. Pfaundler, A.-Buch, 1994.

ALPEN (kelt. „alb" = hoch, „alpa" = Gebirge), ziehen sich in einem Bogen (1200 km lang, 150–250 km breit) vom Golf von Genua bis zur Donau (Fläche 220.000 km²).

Der Ö. Anteil an den A., die rd. 2 Drittel der Fläche Ö. einnehmen, umfasst den größten Teil der Ostalpen, in den Karnischen A. und Südkarawanken auch nördl. Teile der Südalpen, deren geolog. Grenze zu den Ostalpen entlang des Gailtals und durch die Karawanken verläuft. Die Ostalpen werden in Ö. in die Nordalpen und die Zentralalpen gegliedert, deren Grenze durch die Linie Klostertal–Arlberg–Inntal–Salzachtal bis Zeller See–Wagrainer Höhe–oberes Ennstal–Schoberpass–Mürztaler Alpen–Semmering–südl. Wr. Becken gegeben ist.

Am Aufbau der Ostalpen sind, wie in den gesamten A., Gesteine aller Art aus allen Erdzeitaltern enthalten, die in komplizierten Prozessen während der alpinen Gebirgsbildung von Jura bis in die jüngere Tertiärzeit hauptsächlich durch Deckentektonik zu einem Hochgebirge wurden. Dabei erfolgte eine Einengung der geolog. Räume um viele 100 km im Zuge plattentekton. Prozesse. In jüngerer geolog. Zeit führte die Erosion im N den Abtragungsschutt dem Meer der Molassezone im Alpenvorland zu, im O und S dem Wr. Becken und dem pannon. Becken. Schließlich gab die Eiszeit den A. ihr heutiges Aussehen.

Die vorherrschenden Gesteinsarten bestimmen das Landschaftsbild. In den aus kristallinen Gesteinen bestehenden Zentralalpen mit den höchsten, im W meist vergletscherten Gipfeln bilden Granit und Gneis geradlinige Kämme, Schiefer gezackte Grate, Glimmerschiefer und Quarzphyllit sanftere Formen. In den Nordalpen fallen – von S nach N – die paläozoischen Schiefer der Grauwackenzone durch die Alm- und Waldböden auf, denen sich gegen N die Nördl. Kalkalpen mit ihren Kalkhochplateaus und den im NO allmählich waldreichen Mittelgebirgscharakter annehmenden Kalkvoralpen anschließen. Die sandsteinreiche Flyschzone schließlich bildet den Abschluss gegen das → Alpenvorland.

Der Großglockner (3798 m), Ö. höchster Berg, und der ca. 19 km² große Pasterzengletscher liegen in den Hohen Tauern. Daneben gibt es in den ö. A. fast 1000 Gletscher und rd. 860 „Dreitausender" (davon rd. die Hälfte in den Ötztaler und Stubaier A. (z. B. Wildspitze 3768 m, Zuckerhütl 3507 m).

Die A. sind eine wichtige Klima- und Wasserscheide. Die westl. und nördl. Ränder werden durch W-Winde stärker vom atlant. Klima mit reichen Niederschlägen, der östl. Teil durch das trockene pannon. Binnenklima Ungarns und der S-Abfall vom milden Mittelmeerklima geprägt. In den Randzonen und den Höhen fallen mehr Niederschläge (2000–3000 mm) als im Inneren und im O. Manche Täler und Becken sind ausgesprochen trocken. Bis zur Höhe von etwa 2400–2800 m nehmen Häufigkeit und Menge der Niederschläge zu, dann wieder ab. In abgeschlossenen inneralpinen Becken treten „Kaltluftseen" mit → Inversion auf.

Die höchste Getreidegrenze findet sich in den Hohen Tauern auf 1500 m, Weinbau wird am → Alpenostrand betrieben, in Föhngebieten wachsen Mais und Edelobst. An die Kulturzone schließt die Laub- und Mischwaldzone an (Buche, Schwarzföhre u. a.), ihr folgen die Nadelwaldzone (Fichte, Tanne, Lärche, Zirbelkiefer), der 200–300 m breite Krummholzgürtel (Legföhre oder Latsche, Grünerle) und die Almregion. Die Waldgrenze liegt bei 1400–1970 m, die Baumgrenze bei 1500–2100 m Seehöhe. Zw. 2700 und 2900 m beginnen die → Gletscher.

Die A. sind reich an Pässen und Übergängen. Die Längstäler sind meist breit und offen, siedlungs-, wirtschafts- und verkehrsbegünstigt (Salzach-Ennstal-Furche, Drautal), während die Quertäler enger und schwerer besiedelbar sind. Eine wichtige Verkehrsleitlinie ist die Mur-Mürz-Furche mit der Verbindung Wien–Semmering–Mürz–Mur–Klagenfurter Becken nach Oberitalien.

Alpen: Blick auf das Dachsteinmassiv.

Während im westl. Teil der Fremdenverkehr wirt. dominiert, wurde im östl. Teil die ostwärts gegen den Semmering ziehende eisenerzhältige Grauwackenzone für Eisen- und Stahlind. genutzt. In den Hochtälern überwiegen Holzverarbeitung und Viehhaltung.

Die Wahrnehmung der Schönheit der A. und deren touristische Erschließung setzten im 19. Jh. mit den Anfängen von → Bergsteigen und → Skisport ein. Der Fremdenverkehr (zweisaisonal, aber v. a. im Winter) entwickelte sich zum wichtigsten Wirtschaftszweig der A.-Region.

Literatur: W. Bätzing (Hg.), Die A. im Europa der 90er Jahre, 1991; R. Oberhauser (Red.), Der geolog. Aufbau Ö., 1980; A. Tollmann, Geologie von Ö., 3 Bde., 1977–86; D. Bartsch, A. und A.-Vorland, 1988.

ALPENBUND, Ti. Widerstandsbewegung 1812/13, geleitet von J. v. Hormayr, angeregt von Erzhg. → Johann, um einen Aufstand gegen Napoleon zu organisieren. Als → Metternich davon erfuhr, wurden Hormayr und sein Mitarbeiter A. Schneider 1813 verhaftet, Erzhg. Johann durfte Ti. nicht betreten. Der A. hatte keine prakt. Auswirkung.

Literatur: H. Klier, Der A., Diss., Innsbruck 1950.

ALPENDOHLE, Hochgebirgsvogel; charakterist. Vogel von der Krummholzzone bis zum ewigen Schnee. Brütet in oft jahrhundertelang benützten Kolonien, selten unter 2000 m, häufig noch über 3000 m.

ALPENFLORA, im weitesten Sinn alle rd. 4500 Gefäßpflanzenarten (d. h. Pilze, Algen und Moose nicht mitgezählt), die von den tiefsten Tälern bis zu den höchsten Gipfeln in den Alpen wild wachsen (fachsprachl.: alpische Arten). Von ihnen sind rd. 450 (10 %) endemisch (ausschließl. in den Alpen vorkommend) oder subendemisch (nur geringfügig über das Alpengebiet

Alpenflora: Polster-Segge.

hinaus verbreitet). Meist meint man mit A. jedoch nur die Arten der alpinen Vegetationsstufe, also jene Arten, die oberhalb der Baumgrenze wachsen; in Ö. sind das rd. 600. Manche Familien und Gattungen sind bes. reich an alpinen Arten (im Folgenden sind jene mitgezählt, die zusätzlich auch in tieferen Lagen vorkommen).

Von den 220 in Ö. wild wachsenden Arten der Süßgräser/Poaceae kommen 54 in der alpinen Stufe vor. Weitere Familien mit relativ vielen alpinen Arten sind z. B. die Nelkengewächse/Caryophyllaceae: 40 alpine Arten, darunter 10 Hornkraut-/Cerastium-, 7 Mieren-/Minuartia- und 6 Leimkraut-/Silene-Arten; die Primelgewächse/Primulaceae: 24, davon 11 Primel-Arten (welche von ihnen auf den ö. 5-Cent-Münzen dargestellt werden sollte, bleibt unklar), 9 Mannsschild-/Androsace- und 4 Soldanella-Arten; Enziangewächse/Gentianaceae: 25, darunter 16 → Enzian-/Gentiana-Arten; Glockenblumengewächse/Campanulaceae: 14, davon 7 Glockenblumen-/Campanula-Arten und 6 Teufelskrallen-/Phyteuma-Arten. Von den 107 in Ö. vorkommenden Seggen-/Carex-Arten sind 38 (auch) alpin. Die Gattung Steinbrech/Saxifraga ist in Ö. mit 36 Arten vertreten, von ihnen sind 28 alpin. Weitere Gattungen, die alpine Arten enthalten, sind z. B. Habichtskraut/Hieracium, Hahnenfuß/Ranunculus, Felsenblümchen/Draba, Läusekraut/Pedicularis, Fingerkraut/Potentilla. Unter den 33 ö. Arten der Gattung Weide/Salix sind 7 baumförmige Arten (in niederen Lagen) und 6 zwergstrauchige subalpin-alpine Arten (die restl. sind Sträucher).

Ökologie der Alpenpflanzen: Die wichtigsten alpinen Standortsfaktoren und damit im Zusammenhang stehende charakterist. Lebensformen: 1) Kurze Vegetationszeit (lang andauernde kalte Zeit): viele Ausdauernde und Zwergsträucher, viele Polsterpflanzen (z. B. Stängellos-Leimkraut/Silene acaulis), fast keine Einjährigen (nur einige wenige Enziangewächse und Augentrost-Arten sind einjährig). 2) Hohe Strahlungsintensität (Licht hemmt das Längenwastum): niedriger Wuchs. 3) Trockenstress an vielen Standorten (bes. bei gefrorenem Boden): kleine derbe Laubblätter, oft dichte Behaarung als Verdunstungsschutz (z. B. Laubblattunterseite der Silberwurz). 4) Die wenigen alpinen Insekten werden durch große, auffällige Blüten angelockt; nicht selten Einrichtungen zur asexuellen, z. B. vegetativen Fortpflanzung (Brutknöllchen beim Knöllchen-Knöterich/Persicaria vivipara).

Manche Gattungen und Arten der alpinen Flora sind weithin bekannt, so z. B. (zusätzlich zu den bereits genannten) Alpen-Küchenschelle/Pulsatilla alpina, mit 5 Unterarten in je verschiedenen Alpenteilen; Alpen-Mohn/Papaver alpinum, mit 4 Unterarten in je verschiedenen Alpenteilen; Alpen-Grasnelke/Armeria alpina; Hauswurz/Sempervivum (4 Arten); Silberwurz/Dryas octopetala; Petersbart oder Kriech-Nelkenwurz/Geum reptans; O-Alpen-, W-Alpen- und Karawanken-Stiefmütterchen/Viola alpina, Viola calcarata, Viola zoysii; Steinschmückel/Petrocallis pyrenaica; Himmelsherold/Eritrichium nanum; Alpen-Vergissmeinnicht/Myosotis alpestris; Alpen-Leinkraut/Linaria alpina; → Edelweiß/Leontopodium alpinum; Alpen-Aster/Aster alpinus; Krainer Greiskraut/Senecio incanus subsp. carniolicus; Alpenmargerite/Leucanthemopsis alpina; Edelrauten (4 Artemisia-Arten); Allermannsharnisch/Allium victoralis; Alpen-Krokus/Crocus albiflorus; Kohlröschen/Nigritella (7 Arten). Eine berühmte, v. a. früher wichtige Nutzpflanze ist der → Speik/Valeriana celtica subsp. norica.

Zu den am höchsten steigenden Arten in Ö. zählt der Gletscher-Hahnenfuß/Ranunculus glacialis. Viele alpine Arten, bes. die auffälligen und die als → Arzneipflanzen begehrten, mussten unter Naturschutz gestellt werden, um sie vor der Ausrottung zu bewahren (→ Artenschutz, → Rote Listen gefährdeter Pflanzen).

Entstehung der A.: Einige Arten haben sich im Spättertiär mit der Hebung der Alpen zu einem Hochgebirge allmählich an Ort und Stelle herausgebildet, durch Anpassung an die extremen ökolog. Bedingungen der Hochlagen; andere sind erst während der Eiszeiten aus anderen Gebirgsräumen eingewandert. Nicht wenige unserer alpinen Arten haben in der nordeurop. Tundra ihre Hauptverbreitung, sie sind arktisch-alpin verbreitet. Andere, wie das Edelweiß, sind Angehörige der zentralasiat. Gebirgsflora und erst während der letzten Eiszeit in die europ. Gebirge eingewandert (→ alpine Vegetation, → Alpengarten, → Endemiten und Subendemiten, → Gebirgsvegetation und -flora).

Literatur: G. Hegi u. a., A. Die wichtigeren Alpenpflanzen Bayerns, Ö. und der Schweiz, [25]1977; H. Reisigl, Alpenblumen, 1980; W. Lippert, Fotoatlas der Alpenblumen, 1981; D. Ernet (Hg.), Gebirgsflora der Stmk., 1985; H. Reisigl, Blumenwelt der Alpen, 1987; M. A. Fischer (Hg.), Exkursionsflora von Ö., 1994; W. Langer u. H. Sauerbier, Endemische Pflanzen der Alpen und angrenzender Gebiete, 1997; E. Wendelberger, Alpenblumen. Die häufigsten Arten erkennen und bestimmen, [7]1998; H. Sauerbier u. W. Langer, Alpenpflanzen. Endemiten von Nizza bis Wien, 2000; K. Lauber u. G. Wagner, Flora der Schweiz, 2 Bde., [3]2001; C. Grey-Wilson u. M. Blamey, Pareys Bergblumenbuch. Blütenpflanzen der europ. Gebirge, [2]2001; D. Aeschimann u. a., Flora alpina, 3 Bde., 2004.

ALPENGARTEN: Den ersten Alpenpflanzengarten in Ö. legten C. l'Ecluse (Clusius) und J. Eichholz 1573 in Wien an. Heute bestehen folgende A.: Wien, Belvedere (der älteste in Europa: 1803 gegr., seit 1865 auf dem jetzigen Platz; es werden ca. 4000 Pflanzenarten – vornehmlich Gebirgspflanzen – aus allen Kontinenten kultiviert); Bad Aussee; Graz (A. Rannach); Frohnleiten (privat); Schönbühel a. d. Donau (Wachauer A.); Alpinum beim Ottohaus (Rax); in den Botan. Gärten von Wien, Graz, Linz, Innsbruck (Hötting) und Klagenfurt; Alpinum Dortmunder Hütte (Kühtai), A. am Hahnenkamm (Reutte), A. bei der Lindauer Hütte (Tschagguns/Montafon), A. Villacher Alpe (am Dobratsch), A. Vorderkaiserfelden (Zahmer Kaiser, Ti.), A. am Kitzbüheler Horn; A. auf dem Freschen (bei Laterns, Vbg.); A. im Oberen Raintal (Tannheimer Berge, Ti., zw. Füssener und Otto-Mayr-Hütte).

Der A. der Univ. Innsbruck auf dem Patscherkofel (in 1905–1945 m Höhe) entstand 1930–35 unter A. Sperlich und A. Pisek, nachdem 1875 der 1. hochalpine Garten in Ö. nahe dem Gipfel des Blaser (2195 m) bei Matrei angelegt worden war (1898 aufgelassen).

Literatur: A. Pisek, Sonderheft der Schlern-Schriften, 1964; R. Erlach, Führer durch den A. Villacher Alpe, 1993.

ALPENKLUB, ÖSTERREICHISCHER, ÖAK, 1878 in Wien gegr. Vereinigung von Leistungsbergsteigern. → alpine Vereine.

Publikationen: Ö. Alpenzeitung, 1879 ff.
Literatur: Bergsteigen. Festschrift des ÖAK zu seiner Hundert-Jahr-Feier 1878–1978, 1979.

ALPENKRÄHE, seltener Alpenvogel, brütet in z. T. uralten Brutkolonien an Felswänden, wo sie ihr Nest in Felsspalten oder -höhlen anlegt.

ALPEN-NATIONALPARK HOHE TAUERN, siehe Nationalparks.

ALPENOSTRAND, Sammelbezeichnung für die Landschaften in Ost-Ö. mit Übergang von den Alpen zu den Ebenen des → Wiener Beckens im N und des → Grazer Beckens im S. Dazwischen springt der A. im Bereich der → Bucklingen Welt, des → Rosaliengebirges und des → Wechsels gegen O vor und bildet in den Ödenburger Bergen (Brennberg, 517 m) und Günser Bergland (Geschriebenstein, 884 m) den Übergang in die ungar. Tiefebene.

Alpenflora: Gämsheide.

Alpenflora: Salzburger Alpen-Mohn.

ALPENPFLANZEN, siehe → Alpenflora.
ALPENRHEIN, Bezeichnung für den Oberlauf des Rheins von Reichenau (Schweiz) bis zur Mündung in den Bodensee, trennt W- und O-Alpen, ö. Anteil 23 km, z. T. als Grenze zur Schweiz.
Literatur: W. Stuhler, Der junge Rhein, 1968.

Rost-Alpenrose.

ALPENROSE: In Ö. gibt es 3 wild wachsende Arten der Gattung Rhododendron (weltweit rd. 850 Arten; zur Familie Heidekrautgewächse/Ericaceae), die beiden häufigsten heißen in Ö. mundartl. „Almrausch", haben leuchtend purpurrote Blüten und sind Elemente der subalpinen bis unteralpinen Zwergstrauchheide (→ alpine Vegetation). Die 3. Art hat nicht miteinander verwachsene Kronblätter und wurde daher (früher) als zu einer eig. Gattung (Ledum) gehörend angesehen: Porst/Rhododendron tomentosum (Blüten weiß, in → Hochmooren, sehr selten). Eine 4. Art, die Gelbe Alpenrose/Rhododendron luteum, ein 1–2 m hoher Strauch mit großen, leuchtend gelben, stark duftenden und im Mai erscheinenden Blüten kommt isoliert an einer Stelle in Kä. vor (1934 erstmals erwähnt; volkstüml. „Wunderblume von Lendorf"). Dieses punktförmige spontane Vorkommen dieser sonst in N-Anatolien und im Kaukasus verbreiteten Art wird als Tertiärrelikt gedeutet (die Möglichkeit, dass es sich um eine Verwilderung der häufig als Zierstrauch kultivierten Art handelt, ist allerdings nicht ganz auszuschließen).

ALPENSALAMANDER, lebt zw. 800 und 3000 m Seehöhe (z. T. ab 400 m), ist 16 cm lang, meist schwarz, selten dunkelbraun; außer bei Regenwetter und im Frühling nachtaktiv. Nach einer Tragzeit von 2–3 Jahren werden 2 Jungtiere lebend geboren.

ALPENSCHNEEHUHN, lebt in den Alpen vom Latschengürtel aufwärts bis zur Grenze des ewigen Schnees. Flügel stets weiß, im Winter sind beide Geschlechter bis auf die Schwanzseiten schneeweiß; beim Männchen ein schwarzer Streifen um das Auge.

Alpenschneehuhn.

ALPEN STRASSEN AG, ASG, durch Verschmelzung von Arlberg Straßentunnel AG (→ Arlbergstraßentunnel) und Brenner Autobahn AG (→ Brenner) 1993 entstandene Kapitalges. (damalige Abkürzung ASTAG), deren Aktionäre die → ASFINAG und die Länder Ti. und Vbg. sind; ihr Grundkapital beträgt 43,6 Mio. Euro, ca. 250 Beschäftigte. Zu ihren Kernaufgaben gehören Erhaltung und Betrieb der Brenner-Autobahn (A 13) und der Arlberg-Schnellstraße (S 16) sowie die Einhebung der → Maut.

ALPENTIERE, siehe → alpine Fauna.
ALPENTRANSVERSALEN, Bezeichnung für die Straßenrouten Inntal–Brenner, Tauern, Ennstal und Innkreis–Pyhrn sowie die Schienenverkehrswege Inntal–Brenner, Tauern, Ennstal, Donau, Pyhrn, Lundenburg–Tarvis und Hegyeshalom–Buchs. Da aufgrund der engen wirt. Verflechtung und des großräumigen Freizeitverkehrs das Verkehrsaufkommen auf den A. stark ansteigt, wurde durch den → Transitvertrag zw. der EU und Ö. vereinbart, umweltschonende Verkehrskonzepte zu fördern.

Verkehrsbelastung der Alpentransversalen (durchschnittl. tägl. Verkehr 2001)			
Strecke	*Zählstelle*	*Lkw*	*gesamt*
Pyhrn (A9)	Schoberpass	4.286	15.418
Tauern (A10)	Niedernfritz	4.873	30.603
Inntal (A12)	Vomp	8.725	50.076
Brenner (A13)	Matrei	5.601	28.728

ALPENVEREIN, ÖSTERREICHISCHER, ÖAV, 1862 in Wien als erster → alpiner Verein auf dem europ. Festland gegr. (heutige Sektion Austria), 5 Jahre nach dem engl. Alpine Club; sein Ziel ist die theoret. und prakt. Förderung des Bergsteigens (Vorträge, Publikationen, Kartographie, Hütten- und Wegebau, Führerwesen, Bibl., museale Sammlungen, Ausbildung der Mitgl.), gemeinschaftl. Pflege). 1873 Zusammenschluss mit dem u. a. von F. → Senn mitgegr. Dt. A. zum „Dt. und Ö. A." (DuÖAV). Seither föderalist. Gliederung in Sektionen. 1918/19 Verlust von Hüttenbesitz (S-Ti.); „völkische" Tendenzen in der Zwischenkriegszeit (Anschlussfrage, Antisemitismus; E. Pichl). 1938 Gleichschaltung im Dt. A.; nach 1945 ÖAV als Rechtsnachfolger. 2003 insges. 287.000 Mitgl. in 197 Sektionen (einschließlich 1 engl., 1 flämische und 1 holländ. Sektion), Besitz von 270 Hütten und Biwakschachteln. → Verband alpiner Vereine Ö.
Publikationen: Mittlg., 1863 ff.; Jb. (mit Kartenbeilage), 1865 ff.; Wiss. A.-Hefte (fallweise).
Literatur: H. Hanke, 100 Jahre Ö. A. 1862–1962, 1962; A. M. Müller, Geschichte des Dt. und Ö. A., Diss., Münster 1979.

Alpenverein: Mitgliedsausweis, 1938.

ALPENVORLAND, 300–500 m, das in Ö. 10–50 km breite, nach O hin schmäler werdende 260 km lange Flach- und Hügelland zw. Alpennordrand und Böhm. Massiv reicht von der unteren Salzach bis zum → Tullnerfeld und umfasst Teile von Sbg., OÖ. und NÖ. Geolog. ist das A. ein randlicher Meerestrog der Alpen (→ Molassezone), in dem in der Tertiärzeit bis zu 5000 m mächtige Sedimente aus Ton („Schlier", eine schiefrige, blaugraue Gesteinsart), Sand und Geröll abgelagert wurden. Die nach N sanft abfallende Ebene wird von Inn, Traun, Enns, Ybbs, Erlauf und Traisen durchzogen, zw. denen sich so gen. Schotterplatten erstrecken, deren größte die Traun-Enns-Platte ist. Entlang der Flüsse entstanden in der Eiszeit Terrassen. Die höchsten Erhebungen liegen im Hausruck (Göbelsberg, 804 m) und im Kobernaußerwald (752 m). Das A. ist vorwiegend fruchtbares Feld- und Wiesenland, Heimat der „Körndl-" und der „Mostbauern"; es entstanden hier wegen der Wasserkräfte und Bodenschätze der nahen Alpen viele Ind.-Betriebe, so in der Räumen von St. Pölten, Pöchlarn, Ybbs, Amstetten, Steyr, Linz, Stadl-Paura, Lenzing und Ransbofen. Bad Schallerbach und Bad Hall sind Kurorte, bei Wels wird Erdgas, bei Ried i. I., Sattledt und Voitsdorf Erdöl gewonnen, Braunkohle-Bergbau gab es früher am Hausruck. Östl. der Pielach herrschen Sammelsiedlungen vor, westl. von ihr Streusiedlungen mit Vierkanthöfen im Traunviertel und Vierseithöfen im Innviertel. Mehrere nö. und die meisten oö. Städte liegen im A.

Literatur: L.-W. Hrdina, Die Wirt. des westl. A. OÖ., Diss., Wien 1966; R. Litschel, Zw. Hausruck und Enns, 1970; H. Traindl, Hydrologie der Kalkvoralpen im Raum Waidhofen/Ybbs – Weyer, Diss., Wien 1982.

Alpenzoo Innsbruck-Tirol, am Fuß der Nordkette, noch im Stadtbereich von Innsbruck gelegen. Mehr als 2000 Alpentiere, darunter seltene und vom Aussterben bedrohte Tierarten. Im weltweit größten Kaltwasseraquarium wird die Vielfalt der alpinen Fischwelt präsentiert. Naturgetreue Terrarien geben einen Einblick in die Welt der heimischen Reptilien und Amphibien.

Alpine Bau Ges. m. b. H., 1965 gegr. Bauunternehmen mit Hauptsitz in Salzburg und Niederlassungen in allen ö. Bundesländern sowie Deutschland, Italien und weiteren Staaten in Mittel- und Osteuropa, größte private Baufirma in Ö. In allen wichtigen Bereichen des Bauens tätig: Hochbau, Revitalisierung, Industrie-, Kraftwerks-, Straßen- und Tunnelbau, Elektroanlagenbau usw. Das Unternehmen ist u. a. an Großprojekten wie dem neuen Hauptstadtzentrum in Berlin und dem Wohnpark Neue Donau in Wien beteiligt. 1997 wurde die → Mayreder, Kraus & Co. Bauholdingges. m. b. H. und 2001 die → Universale Baugesellschaft AG von der A. B. Ges. m. b. H. übernommen. Mit 8328 Mitarbeitern (davon 6687 in Ö.) wurde 2002 ein Gesamtumsatz von 1,65 Mrd. Euro erwirtschaftet.

Alpine Fauna: Murmeltier, Gämsen.

Alpine Fauna, Teil der ö. → Faunengebiete. Die O-Alpen werden bevölkert von: Hirsch, → Gämse, Murmeltier (im Raxgebiet ausgesetzt), → Steinbock (in den Karawanken ausgesetzt), → Braunbär, Schneehase, → Alpenschneehuhn, Alpenfledermaus, Alpenspitzmaus, Alpensegler, → Bartgeier (= Lämmergeier), → Steinadler, → Alpendohle und → Alpenkrähe, Schneefink, Alpenbraunelle, Steinhuhn, Steinmauerläufer, → Alpensalamander, Alpenapollofalter und Gletscherfloh. In den Alpenflüssen gibt es Forellen, Saiblinge, Äschen und Schleien.
Literatur: Naturgeschichte Ö., 1976.

Alpine Montangesellschaft, siehe → Oesterreichisch-Alpine Montangesellschaft.

alpines Notsignal, ein Laut-, Licht- oder Winkzeichen, 6-mal in der Minute, nach einer Minute Wiederholung der gleichen Folge; wurde 1894 auf Vorschlag des Engländers C. Dent eingeführt.

alpine Vegetation, Pflanzendecke oberhalb der Baumgrenze. Je nach Höhenlage und Standortsverhältnissen (Mächtigkeit, Nährstoffreichtum, Feuchtigkeit, Kalk- oder Säuregehalt des Bodens, Windausgesetztheit, winterl. Schneeverhältnisse usw.) herrschen hier recht verschiedene → Pflanzengesellschaften, die alle reich an jeweils verschiedenen (meist vielen Dutzenden) Pflanzenarten sind: Zwergstrauchheiden (in der Unteren Alpinstufe) und Rasengesellschaften (in der Oberen Alpinstufe) auf den günstigeren Standorten, hingegen Schuttfluren, Felsfluren, Schneeböden und Quellfluren auf den Sonderstandorten. Charakterist. Arten der Zwergstrauchheiden sind u. a. Rost-Alpenrose/Rhododendron ferrugineum (auf sauren Böden), Wimper-Alpenrose/Rhododendron hirsutum (über Kalk), Alpen-Nebelbeere (-Rauschbeere)/Vaccinium gaultherioides, Krähenbeere/Empetrum hermaphroditum, Stumpfblatt-Weide/Salix retusa. Über kalkr. Gesteinen finden sich Polsterseggenrasen (z. B. mit Silberwurz/Dryas octopetala), Blaugras-Horstseggen-Rasen (z. B. mit Alpen-Aster/Aster alpinus und Clusius-Enzian/Gentiana clusii; auf sauren Böden (z. B. über Silikatgesteinen) dominieren Krummseggnrasen (z. B. mit Zwerg-Primel/Primula minima und Koch-Enzian/Gentiana acaulis); in stark windexponierten Stellen ist (über saurem Substrat) eine dem Boden angepresste Zwergstrauchheide ausgebildet, in der die Gämsheide (Alpenazalee)/Loiseleuria procumbens neben verschiedenen Strauchflechten vorherrscht („Gämsheide-Windheide"); in Gratlagen sind Nacktriedrasen (z. B. mit Zart-Haarschlund/Comastoma tenellum und Tauernblümchen/Lomatogonium carinthiacum) ausgebildet. Arten der Schuttfluren sind u. a. Rundblatt-Täschelkraut/Noccaea (Thlaspi) rotundifolia, Kriech-Nelkenwurz/Geum reptans und Alpen-Leinkraut/Linaria alpina. Zahlr. sind auch die Felsspaltenbewohner, z. B. Rispen-Steinbrech/Saxifraga paniculata, Immergrün-Felsblümchen/Draba aizoides (auf Kalk), Gegenblatt-Steinbrech/Saxifraga oppositifolia und Westliche Rotdrüsen-Primel/Primula hirsuta. Auf Schneeböden (in Mulden, wo sich der Schnee lange hält und die Vegetationszeit dementsprechend kurz ist) wachsen u. a. Kraut-Weide/Salix herbacea und Alpenglöckchen-Arten/Soldanella spp. An Quellbächlein findet man z. B. den Stern-Steinbrech/Saxifraga stellaris, im Verlandungsgürtel alpiner Seen Alpen-Wollgras/Eriophorum scheuchzeri.
→ Alpenflora, → Alm, → Gebirgsvegetation und -flora, → Endemiten und Subendemiten, → Pflanzenwelt.
Literatur: H. W. Smettan, Die Pflanzengesellschaften des Kaisergebirges/Ti., 1981; P. Ozenda, Die Vegetation der Alpen im europ. Gebirgsraum; 1988; L. Mucina u. a. (Hg.), Die Pflanzengesellschaften Ö., 3 Bde., 1993; B. Ruttner, Die Vegetation des Höllengebirges, 1994; H. Reisigl u. R. Keller, Alpenpflanzen im Lebensraum. Alpine Rasen, Schutt- und Felsvegetation, 1994; T. Dirnböck u. M. Krause, Die Tier- und Pflanzenwelt von Rax und Schneeberg, 1998; C. Körner, Alpine Plant Life, 1999.

alpine Vereine: Dem 1949 gegr. Verband alpiner Vereine Ö. gehören an: Ö. → Alpenverein, Naturfreunde Ö. (gegr. 1895) Ö. Touristenklub (gegr. 1869), Ö. Alpenklub (gegr. 1878), Ö. Bergsteigervereinigung (gegr. 1907) und eine Reihe kleiner Vereine und alpiner Gesellschaften.

Alpine Vereine: Lienzer Hütte (O-Ti.) des Österreichischen Alpenvereins.

Alpinismus, siehe → Bergsteigen.
Alpl, siehe → Waldheimat (Stmk.).
Alpsegen, uralter litaneiartiger Betruf, wurde früher von Sennern bei einbrechender Dämmerung gesungen (→ Jodler), um Dämonen abzuwehren.
Literatur: H. J. Moser, Tönende Volksaltertümer, 1935.

ALSERBACH (Alsbach, Als), entspringt in den Wienerwaldbergen bei Dornbach (Wien 17) und mündet auf dem Alsergrund (Wien 9) in den Donaukanal; 1459 aus der Stadt abgeleitet, 1732 in die Hernalser Wasserleitung einbezogen (versorgte von 1829 an das Allg. Krankenhaus und das Militärspital mit Wasser); 1840–46 von der „Linie" (Gürtel) bis zur Mündung überwölbt, 1878 auch im Bereich von Hernals („Herren-Als"). – Zuflüsse: Dornbach, Eckbach.

Jakob Alt: Ausblick vom Fenster. Aquarell, 1836 (Wien Museum).

Alsergrund: Karte mit 14 Gebäudeansichten. Kolorierte Lithographie, 1827.

ALSERGRUND, 9. Gem.-Bez. von Wien, 2,96 km², 37.813 Ew. (2001), an der unteren Als (→ Alserbach), zw. Alserstraße und Donaukanal. 1862 erfolgte die Vereinigung der Alservorstadt und anderer Vorstädte (Roßau, Althangrund, Thury, Lichtenthal, Himmelpfortgrund, Michelbeuern) zum 9. Wr. Bez. Zahlr. öffentl. Einrichtungen v. a. im Spitals- und Univ.-Viertel. Allg. Krankenhaus (Altes Allg. Krankenhaus, 1784 von Joseph II. eröffnet, seit 1997 Universitätscampus; Neues Allg. Krankenhaus, seit 1904; Neues AKH, im Vollbetrieb seit 1992/93, Josephinum (1783–85, heute Inst. f. Geschichte d. Medizin), Inst.-Gebäude der Univ. Wien; Nationalbank (1913–25); Servitenkirche (err. 1651–77) mit Peregrini-Kapelle (Fresken von J. A. Mölk), Lichtentaler Pfarrkirche („Schubertkirche", err. ab 1712); Votivkirche (1856–79 von H. Ferstel erbaut), Canisiuskirche (1899–1903); Geburtshaus von F. Schubert (Schubertmus.), Roßauer Kaserne (1865–70, Verkehrsleitzentrale der Polizei und andere Dienststellen von Polizei und Bundesheer), → Liechtenstein Museum im Palais Liechtenstein (1691–1711), Volksoper (1898), Franz-Josefs-Bahnhof, Biologiezentrum der Univ. Wien und Wirt.-Univ. (seit 1982), Bundesamtsgebäude (Verkehrsamt), Müllverbrennungsanlage und Fernheizwerk Spittelau (1969 eröffnet, nach Brand seit 1990 wieder in Betrieb, 460 MW, künstler. Gestaltung durch F. Hundertwasser).
Breitgefächerte Branchenstruktur auf der Basis gewerbl. und ind. Kleinbetriebe.
Literatur: F. Czeike, Hist. Lexikon Wien, 5 Bde., 1992–97.

ALT, Franz, * 16.8. 1821 Wien, † 13. 2. 1914 ebd., Maler und Aquarellist; Sohn von Jakob → Alt und Bruder von Rudolf v. → Alt. Studium an der Wr. Akademie bei L. → Kupelwieser und J. → Danhauser; Reisen nach Italien, Holland und Russland; malte Landschaftsserien und Stadtansichten als Vorlagen für Lithographien.
Literatur: M.-L. Schuppanz, F. A., Diss., Wien 1980.

ALT, Jakob, * 27. 9. 1789 Frankfurt a. M. (D), † 30. 9. 1872 Wien, Maler und Lithograph; Vater von Franz → Alt und Rudolf v. → Alt. Studierte an der Wr. Akademie bei F. A. → Brand und M. v. → Molitor; schuf lithograph. Serienwerke über die ö. Alpen und die Donau. Umfangreiches Herbarium (heute im Nö. Landesmus.).
Literatur: W. Koschatzky, R. v. A., 1975; G. Gmeiner-Hübel, J. A., Diss., Graz 1990.

ALT, Rudolf von, * 28.8. 1812 Wien, † 12. 3. 1905 ebd., Maler und bedeutendster ö. Aquarellist; Sohn von Jakob → Alt, Bruder von Franz → Alt. Kolorierte schon früh Lithographien seines Vaters. Studierte an

Rudolf von Alt: Der Stephansdom vom Stock-im-Eisen-Platz gesehen. Aquarell, um 1897.

Rudolf von Alt: Selbstporträt. Aquarell, 1890 (Wien Museum).

der Wr. Akad. bei J. → Mössmer, oft Begleiter und Mitarbeiter seines Vaters. Nach 1830 Reisen durch die ö. Monarchie, Bayern, die Schweiz, Italien sowie die Halbinsel Krim; schuf dabei Landschaftsserien und Stadtansichten, widmete sich auch dem Interieur. 1867 lehnte er eine Professur an der Wr. Akad. ab; in seinen späten Jahren wieder vorwiegend Darstellung des Wr. Stadtbildes; zahlreiche Ehrungen und Preise, Gründungsmitgl. des Wr. Künstlerhauses, 1897 Ehrenpräs. der Wr. Secession. In den ersten Jahren detailgetreue Wiedergabe der Natur, später freier und malerischer, versuchte z. T. durch lasierende Malweise Licht, Farbe und Stimmung einzufangen, näherte sich dadurch dem Impressionismus.
Literatur: W. Koschatzky, R. v. A., 1975.

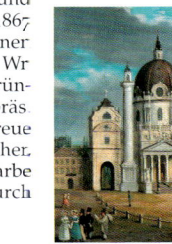

Franz Alt: Blick auf die Karlskirche. Gemälde.

Alt (ab 1600 von Altenau), Salome, * 21. 9. 1568 Salzburg, † 27. 6. 1633 Wels (OÖ.), Kaufmannstochter, die als Lebensgefährtin des Sbg. Erzbischofs → Wolf Dietrich von Raitenau 15 Kinder gebar. Er ließ für sie das Schloss Altenau erbauen, jetzt Mirabell genannt.
Literatur: E. Stahl, Wolf Dietrich v. Sbg., 1980.

Altach, Vbg., FK, Gem., 412 m, 5704 Ew. (1981: 4430 Ew.), 5,36 km², Ort im Rheintal bei Götzis. – Erholungszentrum Rheinauen; Einzelstickereien, Baugewerbe; Obstbau. – Urk. 1249, seit 1630 Tagungsort der Vbg. Landstände, Pfarrkirche (urk. 1403) mit Glasmalereien.
Literatur: E. Längle, A. Chronik, 1983.

Altaussee, Stmk., LI, Gem., 719 m, 1883 Ew., 92,57 km², Luftkurort (Sole, Gradieranlage) und zweisaisonaler Fremdenverkehrsort (116.862 Übern.) am Altausseer See (Steir. Salzkammergut); Ausgangspunkt der „Salzkammergut-Panoramastraße" auf den Loser (1838 m). – Kureinrichtungen, Salzbergbau, Holzverarbeitung, chem. Werk. Schausalzbergwerk im Sandling; urspr. Sitz des landesfürstl. Salzsudwerkes. – Spätgot. Kirche und spätgot. Sakramentshäuschen (1520); Ruine Pflindsberg. – In der Nähe von A. Trattenbach-Wasserfall.
Literatur: A. Auerböck, Die Wandlungen im Ausseer Land in sozialgeograph. Sicht, Diss., Graz 1980.

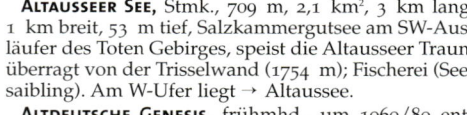

Altausseer See.

Altausseer See, Stmk., 709 m, 2,1 km², 3 km lang, 1 km breit, 53 m tief, Salzkammergutsee am SW-Ausläufer des Toten Gebirges, speist die Altausseer Traun; überragt von der Trisselwand (1754 m); Fischerei (Seesaibling). Am W-Ufer liegt → Altaussee.

Altdeutsche Genesis, frühmhd., um 1060/80 entstandene anonyme Bibeldichtung von rd. 6000 metrisch noch relativ freien Reimpaarversen; berichtet von der Schöpfung bis zu Josef in Ägypten, gem. mit dem → Altdeutschen Exodus überliefert.
Ausgabe: K. Smits, 1972.
Literatur: D. Kartschoke, Geschichte der dt. Literatur im frühen MA, 1990.

Altdeutscher Exodus, frühmhd., entstanden in den ersten Jahrzehnten des 12. Jh. in Ö. (Kä.) oder im schwäbisch-alemann. Sprachraum; selbständig erweiterte Erzählung auf der Grundlage des 2. Buches Mose, gem. mit der → Altdeutschen Genesis überliefert in der → Millstätter und → Wiener Handschrift.
Ausgabe: E. Papp (Hg.), Der a. E., 1968; ders. (Hg.), Codex Vindobonensis 2721. Genesis, Physiologus, Exodus, 1980.
Literatur: Verf.-Lex.

Altdorfer, Albrecht, * um 1480 Regensburg (D), † 12. 2. 1538 ebd., Maler, Baumeister, Zeichner, Kupferstecher. Einer der bedeutendsten Künstler seiner Zeit, Hauptmeister der → Donauschule. Von seinen 55 Tafelbildern sind mehrere im Kunsthist. Mus. in Wien. Umfangreichstes und bedeutendstes Werk ist der 1509–18 entstandene Sebastiansaltar von St. Florian mit seinen dramat.-manierist. Szenenbildern. Unter den 124 Zeichnungen Entwürfe zum Triumphzug Ma-

Albrecht Altdorfer: Kreuzigung Christi. Tafel des Sebastiansaltars, 1509–1518 (Stift St. Florian, OÖ.).

ximilians I., 24 Randzeichnungen für das Gebetbuch Maximilians I. 1535 Gesandter von Regensburg bei König Ferdinand I.
Literatur: C. S. Wood, A. A. and the Origin of Landscape, 1993.

Alte Donau, der größte noch erhaltene linke Arm der Donau nach der Regulierung 1868–81 im Wr. Gemeindegebiet (21. und 22. Bez.), heute ca. 1,6 km² großes, lang gestrecktes Gewässer (durchschnittl. Tiefe 2,5 m), über das Grundwasser mit der Neuen Donau verbunden, beliebtes Wr. Erholungsgebiet mit rd. 10 km Badestrand, Wassersportanlagen und gastronomischen Einrichtungen; Wasserpark im W, Donaupark am S-Ufer sowie der größten Insel („Gänsehäufel") mit städt. Strandbad.

Segelschule an der Alten Donau.

Peter Altenberg im Café Central in Wien. Foto, 1907.

Altenberg, Peter (eigentl. Richard Engländer), * 9. 3. 1859 Wien, † 8. 1. 1919 ebd., Schriftsteller und Lebenskünstler. Als Sohn eines Wr. Kaufmanns erhielt A. eine gehobene Erziehung. Nach 2 abgebrochenen Studien (Jus und Medizin) sowie einer begonnenen Buchhändlerlehre attestierte ihm ein Arzt „Überempfindlichkeit des Nervensystems" und daher die Unfähigkeit, einen Beruf auszuüben. Das Pseudonym A. lieh er vom gleichnamigen Ort an der Donau. Andauernde Depressionen und Nervenkrisen belasteten A., einen der wichtigsten Autoren der Gruppe → Jung-Wien, bis zum Tod. Einer gesunden vegetar. Lebensweise stand ein exzessiver Alkohol- und Tablettenkonsum gegenüber. A. Texte entsprechen inhaltlich wie formal den Empfindungen des „nervösen Bohemiens" der Jahrhundertwende. K. → Kraus trat entschieden für Werk und Person A. ein.
Werke: Wie ich es sehe, 1896; Ashantee, 1897; Was der Tag mir zuträgt, 1900; Prodromos, 1905; Märchen des Lebens, 1908; Neues Altes, 1911; Vita ipsa, 1918. – Ausgabe: Gesammelte Werke, 5 Bde. (nur 2 erschienen), hg. v. W. Schweiger, 1987.
Literatur: H. C. Kosler (Hg.), P. A., Leben und Werk in Texten und Bildern, 1981; A. Barker, Telegrammstil der Seele. P. A. – eine Biographie, 1998.

ALTENBERG AN DER RAX, Stmk., MZ, Gem., 782 m, 346 Ew., 57,65 km², touristisch-landw. Gem. am Fuß der Schneealpe unweit der Grenze zu NÖ. im Mürzer Oberland. Kultursaal. – Urk. 1327, Grubenhaus, Dorfbrunnen, alte Mühle, ehem. Eisenerzbergwerk, Erzbrocken beim Kriegerdenkmal als Zeugnis der einstigen Eisengewinnung, hist. Häuserensembles. Landschaftsschutzgebiet, Kaiserstein.

ALTENBERG BEI LINZ, OÖ., UU, Gem., 592 m, 4075 Ew., 36,2 km², gewerbl.-landw. Wohngem. und beliebter Ausflugsort nordöstl. von Linz. – Spätgot. Kirche mit reich verzierten spätgot. Toren, 42 m hoher Kirchturm (am 18. Juli 1866 von Blitz getroffen, seither geneigt), re. Seitenaltar mit Figurengruppe von Schwanthaler.
Literatur: J. Brandl (Red.), A. b. L. Ein Heimatbuch anläßlich 750 Jahre A., 1995.

Stift Altenburg.

ALTENBURG, NÖ., HO, Gem., 388 m, 814 Ew., 28,13 km², über dem Kamptal südwestl. von Horn. – V. a. Ausflugsfremdenverkehr. – Der Ort wird durch das 1144 von den Grafen von Poigen-Rebgau gegr. Benediktinerkloster geprägt. Die urspr. roman., 1265 gotisierte Stiftskirche wurde 1730–33 von J. Munggenast barockisiert. Fresken von P. Troger 1732/33, Altarbilder von P. Troger (1734) und J. G. Schmidt (1735). Im Klosterbau sind die Kaiserstiege (Fresko von Troger), der Marmor- oder Kaisertrakt, die Bibl. mit Fresken von P. Troger und die darunterliegende Krypta mit grotesken Totentanz-Fresken hervorzuheben. Das Kloster war 1940–47 aufgehoben. Die schweren Gebäudeschäden aus Kriegs- und Nachkriegszeit (sowjet. Besatzung) wurden bis 1962 beseitigt, seit 1983 werden die ma. Teile systematisch freigelegt („Kloster unter dem Kloster"). Viele kulturelle Veranstaltungen im Sommer (Altenburger Sängerknaben, Sommertheater, Musikakad., Kammermusikfestival).
Literatur: Festschrift 850 Jahre A., 1994; B. Reichenauer, P. Troger in der Stiftskirche A., 1997.

ALTENBURGER, Erwin, * 3. 11. 1903 Mautern (Stmk.), † 7. 2. 1984 Wien, Schuhmacher und Politiker (ÖVP). Ab 1927 Gewerkschaftsbediensteter, 1948–75 Vizepräs. des ÖGB, 1952–75 Vorsitzender der Fraktion Christl. Gewerkschafter. 1945–70 Abg. z. NR, 1947–49 BMin. ohne Portefeuille.

ALTENDORF, NÖ., NK, Gem., 680 m, 332 Ew., 7,19 km², landw. Kleingem. südöstl. von Gloggnitz. – Wegkapellen (um 1800, 19. Jh.) in Schönstadl und Tachenberg-Syhrn.

ALTENFELDEN, OÖ., RO, Markt, 598 m, 2233 Ew., 26,33 km², Wohngem. mit wirt. Mischstruktur zw. Kleiner und Großer Mühl. – Wildpark (mit Greifvogelschau), höchste Bogenbrücke OÖ. (100 m) über die Große Mühl. – Kfz- und Großhandel, neues Gewerbegebiet. – Spätgot.-barocke Pfarrkirche mit neugot. Hochaltar (1859) sowie barocken Seitenaltären (1719) und Kanzel, Kreuzigungsgruppe (frühes 18. Jh.), Grabdenkmäler (15.–18. Jh.), Wallfahrtskapelle Maria Pötsch (erb. 1873/75) mit neuroman. Altar (1886) und Gnadenbild von 1793, Kreuzweg (seit 1969).
Literatur: W. Katzinger (Red.), A. Rückblick – Rundblick, 1978.

ALTENHILFE, bes. Fürsorgemaßnahmen für Senioren, die in den letzten Jahrzehnten in Ö. durch Gemeinden oder Vereine entwickelt wurden. Dazu gehören Seniorenklubs, Erholungs- und Ferienaktionen, Nachbarschaftshilfe, Hilfsdienste wie „Essen auf Rädern" usw.

ALTENMARKT, Kä., SV, 762 m, Dorf im Gurktal, Teil der Marktgem. → Weitensfeld im Gurktal. – Befestigte spätgot. Kirche (15. Jh., roman. Mauerreste) mit Glasgemälden (15. Jh.) und Fresken, got. Rundkarner.

ALTENMARKT AN DER TRIESTING, NÖ., BN, Markt, 390 m, 2052 Ew., 63,51 km², im Triestingtal östl. von Kaumberg; die aus Mödling kommende Straße (ehem. Wallfahrerweg „Via sacra") trifft hier auf die Triestingtal-Straße. – Forstgüter, Seniorenzentrum, früher Industrieort; 1945 schwere Kämpfe. – Pfarrkirche mit spätgot. Chor, Langhaus 1785/86; barocke Kuppelkirche Thenneberg (1764) mit Fresken von J. Bergl und J. I. Mildorfer. Im Gemeindegebiet liegen → Klein-Mariazell und die Wallfahrtskirche → Hafnerberg.

ALTENMARKT BEI FÜRSTENFELD, Stmk., FF, Gem., 260 m, 1223 Ew., 19,98 km², Wohngem. mit Gewerbe und etwas Tourismus im Feistritztal. Großhandel, Metallwarenerzeugung. – Ehem. Römersiedlung, 30 röm. Hügelgräber im Wald „In der Schrötten", erneute Ortsgründung im 12. Jh., urk. 1233; got.-barocke Pfarrkirche hl. Donatus (ehem. Marienwallfahrtskirche) mit wertvollen frühgot. Fresken (um 1300) und spätbarockem Hochaltar (1797); alte Kirchhofmauer mit Schießscharten (2. Hälfte 17. Jh.); Pfarrhof (18. Jh.); Mariensäule (17. Jh.) auf dem Kirchplatz.

ALTENMARKT BEI SANKT GALLEN, Stmk., LI, Markt, 467 m, 941 Ew., 43,27 km², Gewerbeort im Ennstal. – Holzverarbeitung, Druckgusswerk, Laufkraftwerk A. (140.000 MWh). – Urk. 1335, Lage an der alten Eisenstraße; Hammerwerke (14.–15. Jh.); Bürger- und Hammerherrenhäuser (16.–17. Jh.); got.-barocke Pfarrkirche (1793); Flößerkapelle (1763–64).
Literatur: W. Grabensberger, A. an der Enns, 1984.

ALTENMARKT IM PONGAU, Sbg., JO, Markt, 842 m, 3486 Ew., 48,64 km², Wintersportzentrum im oberen Ennstal. – Landesjugendheim, Tagesklinik, Heimatmuseum und Museum für landw. Geräte; zweisaisonaler Fremdenverkehr (529.111 Übern., v. a. Wintertourismus), Holzverarbeitung, Skifabrik, Textilind. – A.

Altenmarkt im Pongau.

gilt als älteste Siedlung des Ennstals, urspr. röm. („Ani"), bis ins 13. Jh. Name „Rastat"; Dekanatskirche (Ende 14. Jh.) mit Madonna (Kalkstein, 1393) und Pietà (1394); alte alpine Paar- und Haufenhöfe. In A. liegt einer der wenigen Sbg. Karner („Annakapelle", 1395). – Skischaukel A./Radstatt (mehr als 20 Lifte und 90 km Piste), in der Nähe Skigebiet Zauchensee–Flachauwinkel–Kleinarl; Tauernloipe.
Literatur: J. Brettenthaler (Hg.), A. Chronik zur 900-Jahrfeier der Pfarre A. i. P., 1974.

ALTENMARKT IM YSPERTAL, NÖ., ME, Dorf, 498 m, im südl. Waldviertel am Fuß des Peilsteins (1060 m); Teil der Marktgem. Yspertal. – Urk. 1389, got.-barocke Pfarrkirche; Ysperklamm.

ALTERLAA, Wohnpark, 1968–85 am S-Rand von Wien (23. Bez.) mit groß dimensionierten Terrassenwohnblöcken nach Plänen der Arbeitsgemeinschaft H. Glück & Partner, K. Hlaweniczka, Requat & Reinthaller mit rd. 2900 Wohnungen und vielen Gemeinschaftseinrichtungen erbaut. Typisches Beispiel für die Wohnbauplanung Ende der 60er Jahre.

Wohnpark Alterlaa.

ALTERNATIVBEWEGUNGEN, siehe → neue soziale Bewegungen.

ALTERNATIVE, siehe → grüne Parteien.

ALTERNATIVENERGIE, siehe → Biomasse, → Geothermie, → Photovoltaik (Solarstrom), → Windenergie.

ALTERNATIVSCHULEN, Privatschulen mit eig. Organisationsstatut und von den öffentl. Schulen abweichendem pädagog. Konzept, etwa in Bezug auf Aufnahmevoraussetzungen, Anzahl der Schulstufen, Bildungsziele, Lehr- und Lernziele, Lehrstoff, Unterrichtsgegenstände und Stundenausmaß. Sie versuchen u. a. den Noten- und Leistungsdruck auf die Schüler zu verringern. In einigen von ihnen werden Fremdsprachen stärker gefördert oder Ergebnisse neuer techn. und wirt. Entwicklungen bes. berücksichtigt. Zeugnisse von A. sind rechtlich nicht mit denen öffentl. Schulen gleichwertig.

ALTERSSTRUKTUR, Bevölkerung nach Altersjahrgängen. Die A. gehört zu den wichtigsten Kennzeichen einer Bevölkerung. Sie wird durch die Zahl der Geburten (→ Geburtenentwicklung), Zahl und Alter der Gestorbenen (Mortalität) und die internat. Zu- und Abwanderung (→ Migration) bestimmt. Anhand der A. können Aussagen über die Anteile der sich im Pensionsalter befindenden Menschen, der schulpflichtigen Kinder, der Kinder im Kindergartenalter, der Frauen im gebärfähigen Alter und des Arbeitskräftepotentials gewonnen werden. Derzeit (Volkszählung 2001) sind 16,8 % der ö. Bevölkerung zw. 0 und 15, 62,1 % zw. 15 und 60 und 21,1 % über 60 Jahre. Der Anteil der über Sechzigjährigen wird in den nächsten Jahren stark steigen, die Altersgruppe der 0–15jährigen dagegen schrumpfen.

ALTERSSTUFEN, rechtserhebliche, siehe → rechtserhebliche Altersstufen.

ALTERTUMSVEREINE, im 19. Jh. regional oder lokal zur Sicherung und Beschreibung von Denkmälern und Errichtung von Museen gegr. Bald widmeten sie sich der Heimat- und Landeskunde und sorgten für Publikationen. Vereine entstanden 1811 in Graz zur Erhaltung der Sammlungen des Erzhzg. → Johann (Joanneum), 1823 in Innsbruck, 1833 in Linz und 1834 in Salzburg zur Gründung eines Museums. Die Geschichtsvereine für Kä. und die Stmk. entstanden 1849/50 aus einem seit 1843 bestehenden „Hist. Verein für Innerösterreich". In Wien erlangte der 1853 gegr. „A. zu Wien" die größte Bedeutung (seit 1920 „Verein für Geschichte der Stadt Wien"). Für NÖ. wurde 1864 ein Verein für Landeskunde gegr. Wichtigkeit erlangten die „Numismatische Ges. in Wien" (1869), die „K. k. Heraldische Ges. → Adler" (1870), die „Anthropologische Ges. in Wien" (1870), die „Ges. für die Geschichte des Protestantismus in Ö." (1879) und der „Verein Carnuntum" (1884).
Literatur: J. Schwerdfeger, Die hist. Vereine Wiens, 1908; K. Lechner, 100 Jahre Verein für Landeskunde von NÖ. und Wien, 1964.

ALTHAN(N), aus Bayern bzw. OÖ. stammendes Adelsgeschlecht (Altheim), seit 1531 in Ö. sesshaft. Die A. zerfielen in mehrere Linien (Frain, Murstetten), erhielten 1609 den böhm. und 1610 den erblichen Reichsgrafentitel, sie stellten im 17./18. Jh. bedeutende Mitgl. des Hofadels. Persönlichkeiten aus der bis heute bestehenden Familie: Michael Adolf Gf. → Althan(n), Michael Johann Gf. → Althan(n) und Gundacker Ludwig Gf. → Althan(n).
Literatur: W. Hauser, Das Geschlecht derer von A., Diss., Wien 1949.

ALTHAN(N), Gundacker Ludwig Graf, * 15. 5. 1665 Zwentendorf (NÖ.), † 28. 12. 1747 Wien, General, Diplomat, Hofbaudirektor. A. wurde im Span. Erbfolgekrieg und im Türkenkrieg 1716/17 als Offizier eingesetzt, 1716 wurde er zum Hofbaudir. ernannt, dem alle Bauämter der Erblande unterstellt waren. Er organisierte den Wiederaufbau der Festung Raab (Györ), den Bau des Invalidenhauses in Budapest sowie der Hofbibl. und der Karlskirche in Wien, weiters den Ausbau von Stift Klosterneuburg und die Renovierung von Schloss Laxenburg. Er brachte die kaiserl. Gemäldegalerie in der Stallburg unter und richtete die von J. van Schuppen geleitete Maleraka-

Altersstruktur der österreichischen Bevölkerung.

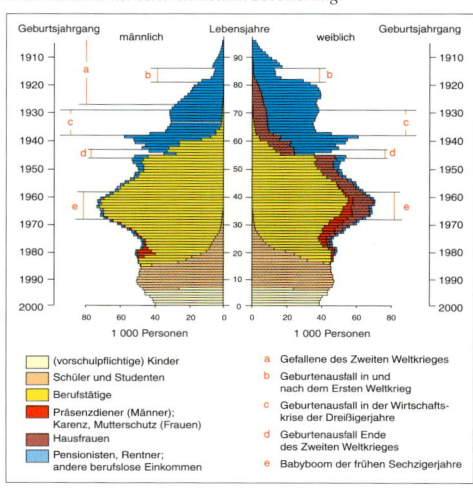

Gundacker Ludwig Graf Althan präsentiert Karl VI. die neue Gemäldegalerie in der Stallburg. Gemälde von F. Solimena, 1728 (Kunsthistorisches Museum, Wien).

demie in seinem Haus ein. Adelsgeschlecht → Althan(n).
Literatur: Prinz Eugen, Ausst.-Kat., Schloßhof 1986.

ALTHAN(N), Michael Adolf Graf (1609), * 1574 Murstetten (Gem. Weißkirchen an der Perschling, NÖ.), † 7. 5. 1636 Wien, General, Diplomat, Vertrauter von Erzhzg. → Matthias. Bes. Kenner der Verhältnisse in der Türkei; gründete 1625 den kurzlebigen Ritterorden „Christianae Militiae" und das Jesuitenkolleg Krems. Adelsgeschlecht → Althan(n).

ALTHAN(N), Michael Johann Graf, * 8. 10. 1679 Joslowitz (Jaroslavice, CZ), † 26. 3. 1722 Wien, Diplomat, Begleiter Karls VI. in Spanien, dann Hauptvertreter der „span. Partei" am Hof. Ließ das Schloss Frain (Vranov, CZ) durch J. B. Fischer von Erlach ausbauen. Seine Gattin Maria Anna, geb. Marchesa Pignatelli (* 26. 7. 1689 Alcudia, † 1. 3. 1755 Wien), war mit Karl VI. befreundet, verwendete ihren großen Einfluss zur Förderung italien. Künstler (A. → Zeno, P. A. → Metastasio) und der Barockhistoriker B. → Pez und J. G. → Bessel. Adelsgeschlecht → Althan(n).

ALTHEIM, OÖ., BR, Stadt, 367 m, 4875 Ew., 22,62 km², im Tal der A. Ache. – Heißwasserquelle; Einpendlerzentrum; Wirt.-Struktur durch Fa. Wiesner-Hager (Möbel GmbH und Baugruppe) geprägt, Maschinen- und metallverarb. Ind.; Brauereien. – Urk. 903, Marktkirche hl. Sebastian (erbaut als Pestkapelle 1634) und barockisierte Pfarrkirche hl. Laurentius (1516–39) mit barocker Innenausstattung von J. M. Vierthaler (1734); Dreiecksplatz.
Literatur: L. Bodingbauer u. I. Saufer, A. Heimatbuch, 1975.

ALTHOFEN, Kä., SV, Stadt, 714 m, 4732 Ew., 12,29 km², am N-Rand des Krappfelds. – Kurzentrum mit Moor-Schlammheilbad, Sanatorium; Kurtourismus (159.139 Übern.), chem. (→ Treibacher Industrie AG) u. elektrotechn. Ind.; HAK, BORG. – Urk. 1050, als Markt 1268, im MA Niederlagsrecht für das Hüttenberger Eisen; Oberer Markt früher ummauert; Burg mit roman. Bergfried; got. Pfarrkirche (um 1400, Erneuerung 1910), barocke Kalvarienbergkapelle (17. Jh.), got. und Renaiss.-Bürgerhäuser (Riederhaus 1590, mit Sgraffitomalereien), Pestsäule. Im Unteren Markt spätrom. Filialkirche (Christophorus-Fresko 1524) und spätgot. Flügelaltar (um 1510); frühgot. Karner (13. Jh.). – Westl. von A. an der Gurk in Treibach 1606 erbauter Hochofen, Eisenwerk vom 18. Jh. bis 1891, 1897 von C. → Auer v. Welsbach zu elektrochem. Versuchsanstalt (Auer-Glühlicht) und 1907 in Treibacher Chem. Werke umfunktioniert (Ursprung der Feuerzeugproduktion).
Literatur: Festschrift zur Stadterhebung, 1993.

ALTKATHOLISCHE KIRCHE IN ÖSTERREICH, Trennung von der röm.-kath. Kirche infolge des Dogmas von der Unfehlbarkeit des Papstes auf dem 1. Vatikanischen Konzil 1870. Entstand aus dem 1871 in Wien von K. Lindner gebildeten Aktionskomitee und einer Gemeinde in Ried i. I. (OÖ.), 1877 vom Staat anerkannt. Auf der 1. Synode 1879 wurde die Beicht-, Fasten- und Zölibatsverpflichtung aufgehoben und die dt. Sprache als liturgische Sprache eingeführt, 1883 die Spendung des hl. Abendmahls in beiden Gestalten. 1896 wurde der Sitz des Bistums von Wien nach Warnsdorf (Böhmen) verlegt. 1918 übernahm A. Schindelar die Leitung in Wien. Er wurde 1925 zum 1. altkath. Bischof in Ö. geweiht. Die Zahl der Altkatholiken in Ö. (1881: 6000) wuchs durch die → Los-von-Rom-Bewegung nach 1898 stark an. Nach der dt. Besetzung erreichte sie 1939 ihren Höhepunkt (45.000). 2003 umfasste sie rd. 18.000 Gläubige in 11 Kirchengem. (6 in Wien, 2 in OÖ., je 1 in NÖ., Sbg., Stmk., Ti. und Kä.). 1980 gab sich die Kirche eine neue Verfassung, nach der die Kirche durch Bischof (dzt. B. Heitz), Synodalrat und Synode geleitet wird. Seit 1992 sind Frauen zum Diakonat zugelassen, seit 1997 auch zum Priesteramt (erste Priesterweihe 1998).
Literatur: S. Zankl, Geschichte der A. K. Ö., Ö. Archiv f. Kirchenrecht 31, 1980.

ALTLASTEN SIND ABFÄLLE, die befugt oder unbefugt abgelagert wurden, oder Standorte von Anlagen, in denen mit umweltgefährdenden Stoffen umgegangen wurde, von denen Gefahren für die Gesundheit des Menschen oder die Umwelt ausgehen (§ 2 Altlastensanierungsgesetz). Nicht unter diesen Begriff fallen großflächige und diffuse Belastungen, wie z. B. Depositionen von Luftverunreinigungen oder Einträge aus landw. Nutzung.
Literatur: L. Schimmelpfeng (Hg.), A., Deponietechnik, Kompostierung, 1993.

ALTLENGBACH, NÖ., PL, Markt, 302 m, 2791 Ew. (1981: 2108 Ew.), 35,59 km², im südwestl. Wienerwald, Aufsichtsstelle der 2. Wr. Hochquellenleitung. – Holz- und Kunststoffverarbeitung, Leuchtreklameerzeugung. – Got. Staffelkirche mit roman. Steinrelief, Pfarrhof (entstanden aus hoch-ma. Wehranlage), Burgruine (erbaut um 1400, zerstört 1683).
Literatur: L. Sackmauer (Hg.), Altlengbacher Chronik, 1998.

ALTLENGBACHER SCHICHTEN, bedeutendste Gesteinsformation der Flyschzone im Wienerwald, bes. Sandstein, früher als Baustein in zahlr. Steinbrüchen abgebaut, gebildet in der jüngsten Kreide und im ältesten Tertiär vor rd. 60–70 Mio. Jahren.
Literatur: B. Plöchinger u. S. Prey, Der Wienerwald, ²1993.

Althofen.

Altlerchenfelder Kirche (Zu den 7 Zuflüchten), Wien 7, ein Hauptwerk des romant. → Historismus nach oberital. Vorbild. Reich gegliederte Basilika in Rohziegelbauweise, 1848 von P. → Sprenger, J. G. Müller und E. van der → Null begonnen, 1850 unter F. Sitte vollendet, 1861 geweiht. Reichhaltige Wandmalereiausstattung im Stil der → Nazarener: christologisches Programm von J. v. → Führich, ausgeführt von C. v. → Blaas, E. v. → Engerth, L. → Kupelwieser u. a.; Ornamentikentwürfe von E. van der Null.
Literatur: N. Nemetschke u. G. Kugler, Lexikon der Wr. Kunst und Kultur, 1990.

Altlerchenfelder Kirche. Kolorierte Lithographie von R. v. Alt, 1849.

Altlichtenwarth, NÖ., MI, Gem., 231 m, 783 Ew., 20,46 km², Weinbaugem. mit Gewerbe am S-Hang des Hutsaulbergs im nordöstl. Weinviertel nahe dem Dreiländereck Ö.–Tschechien–Slowakei. Gasstation der OMV. – Urk. 1232, spätroman.-frühgot. Kirche mit spätgot. Turm und reichen ma. Fresken (1300/10, um 1470), Barockaltäre, Statue Maria mit Kind (um 1500), Kriegerdenkmal, alte Kellergassen.
Literatur: R. Edl (Hg.), A., Pfarr- und Alltagsgeschichte, 1994.

Altmann, Hl., Fest 8. Aug., * um 1015 Westfalen (D), † 8. 8. 1091 Zeiselmauer (NÖ.), ab 1065 Bischof von Passau. War im Investiturstreit Anhänger von Papst Gregor VII., gründete vor 1083 → Göttweig als Augustiner-Chorherrenstift, reformierte St. Florian und St. Pölten, unterstützte Lambach und andere Benediktinerklöster. Ließ viele „steinerne" Kirchen bauen.
Literatur: C. Tropper, in: 900 Jahre Göttweig, Ausst.-Kat., Göttweig 1983.

Altmann, Karl, * 8. 1. 1904 Wien, † 29. 12. 1960 ebd., Beamter und Politiker (KPÖ); Ehemann von Helene → Postranecky. Obersenatsrat der Gem. Wien; 1945 Unterstaatssekr. für Justiz, 1945–47 BMin. für Elektrifizierung und Energiewirt.

Altmann, René, * 9. 7. 1929 Luzern (CH), † 3. 4. 1978 Wien, Schriftsteller, Autor von Kurzprosa und Lyrik. Studierte Staatswiss., ab 1949 Kontakt zu H. C. → Artmann und zur Gruppe um die Ztschr. „Neue Wege". In der Nachkriegszeit Vertreter der „Trümmerlyrik"; die späteren Werke werden von absurd-grotesken Elementen beherrscht.
Werke: Unsinnige Welt. Literar. Texte 1949–75, in: Protokolle 1979, Heft 4, hg. v. O. Breicha; Wir werden uns kaum mehr kennen, hg. v. M. Blaeulich, 1993.

Altmannsdorf, ehem. Dorf, seit 1891 Teil des 12. Wr. Bezirks, Dorfplatz heute Khleslplatz; ehem. Wirtschaftshof der Augustiner-Eremiten (18. Jh.), jetzt K.-Renner-Inst. der SPÖ. – Pfarrkirche (1838/39) mit Ausstattung aus der Bauzeit, Hochaltarbild von J. M. Ranftl, Glasgemälde über diesem von L. Kupelwieser,

Seitenaltarbilder von J. Führich und E. Steinle; Pfarrhof (um 1840).
Literatur: P. Haldovsky, A. Das Werden einer Vorstadtgem., 2 Bde., 1983/89.

Altmelon, NÖ., ZT, Markt, 880 m, 922 Ew., 38,34 km², landw. Gem. mit etwas Fremdenverkehr im Quellgebiet des Kleinen Kamps am Rand des Weinsberger Walds; Heilmoor. – Bauernmuseum (priv.); Nahrungsmittelerzeugung. – Urk. 1259, ma. Pfarrkirche (13. u. 15. Jh., 1783 barockisiert) mit spätgot. Chor und neubarockem Altar. – Klausteich, Meloner Au (Hochmoor).
Literatur: Marktgem. A. (Hg.), Marktgem. A. 1259–1985, Festschrift, 1985.

Altmünster, OÖ., GM, Markt, 442 m, 9445 Ew., 79,01 km², Seebadeort am W-Ufer des Traunsees, Schiffsstation. – Krankenhaus, SOS-Kinderdorf, Erholungszentrum, gastgew. BerS, land- u. forstw. BerS und FachS, Höhere Internatsschule des Bundes (Schloss Traunsee), Kultursommer; Fremdenverkehr (101.864 Übern.), Holzverarbeitung, Metallbearbeitung, Maschinenerzeugung. – Älteste Siedlung am W-Ufer des Traunsees; spätgot. Hallenkirche (1470–80; vor 1600 als „Münster" bezeichnet; Hochaltarbild von J. Sandrart, 1636) mit Altarplastik in der Allerheiligenkapelle (1518), Grabmal von A. Gf. → Herberstorff, in der Beichtkapelle 6-teilige barocke Weihnachtskrippe aus der Werkstatt von J. G. Schwanthaler (18. Jh.); Kalvarienbergkirche (1844–46); Schloss Ebenzweier (17. Jh., 1842 umgebaut); Viechtauer Heimathaus; Eggerhaus (hist. Bauernhaus, 1503); Oldtimermuseum. – 6 km von A. Höhenwildpark Hochkreut; Skigebiet am Fuß des Hochlecken.
Literatur: E. Moser, A. 25 Jahre Marktgem., 1977.

Altmünster: Westufer des Traunsees, rechts hinten der Traunstein.

Altmutter, Franz, * 1746 Wien, † 21. 1. 1817 Innsbruck (Ti.), Maler; Vater von Jakob Placidus → Altmutter. Lebte ab 1771 in Innsbruck, schloss sich stilist. an die spätbarocke Troger-Nachfolge an.
Werke: Fresken in vielen Ti. Kirchen; Wandgemälde in der Innsbrucker Hofburg (mit J. P. Altmutter), 1815.
Literatur: E. Egg, Kunst in Ti., Bd. II, 1972.

Altmütter, Georg, * 6. 10. 1787 Wien, † 2. 1. 1858 ebd., Technologe. Ab 1816 Prof. für mechan. Technologie am Polytechn. Inst. in Wien; Begründer der systemat. Werkzeuglehre. Seine umfangreiche Werkzeugsammlung befindet sich im Techn. Mus. Wien.
Werk: Beschreibung der Werkzeug-Smlg. des k. k. polytechn. Inst., 1825.
Literatur: ÖBL.

Altmutter, Jakob Placidus, * 25. 7. 1780 Innsbruck (Ti.), † 22. 11. 1820 Schwaz (Ti.), Maler; Sohn von Franz → Altmutter. Begründete das alpine Sittenbild in Ti.
Werke: Bilder des Ti. Volkslebens und Freiheitskampfes von 1809; Trachten; bäuerl. Genrebilder.
Literatur: E. Egg, Kunst in Ti., Bd. II, 1972.

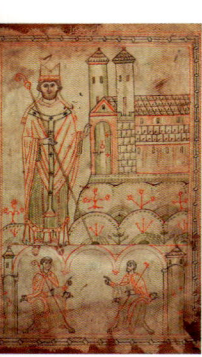

Hl. Altmann. Illustration aus dem Codex „Explicatio symboli", um 1180 (Stiftsbibliothek Göttweig, NÖ.).

ALTO ADIGE (= Oberetsch), ital. Bezeichnung für das dt.-sprach. → Südtirol zw. Brenner und Salurn, heute „Autonome Provinz Bozen".

Bartolomeo Altomonte: Verbindung der Tugend mit der Wissenschaft. Deckenfresko, 1747, im Bibliothekssaal des Stiftes St. Florian, OÖ.

ALTOMONTE (auch Hohenberg), Bartolomeo, * 24. 2. 1701 Warschau (PL), † 11. 11. 1783 St. Florian (OÖ.), Maler; Sohn von Martino → Altomonte. Schüler seines Vaters und D. → Grans. Namhafter Vertreter der barocken Freskenmalerei; lebte vorwiegend in Linz.
Werke: Fresken und Altarbilder in: OÖ.: Engelszell, Hellmonsödt, Kremsmünster (Kalvarienbergkirche), Linz (Elisabethinenkirche, Landhauskirche, Ursulinenkirche), Neunkirchen am Walde, Offenhausen, St. Florian, St. Georgen im Attergau, Spital am Pyhrn, Vöcklabruck (Schloss Neuwartenburg), Wilhering (mit seinem Bruder Andrea A.), Wolfsegg am Hausruck (Schlosskapelle); NÖ.: Grein, Herzogenburg, Kollerschlag, St. Pölten (Inst. der Engl. Fräulein), Seitenstetten, Zistersdorf; Stmk.: Admont.
Literatur: B. Heinzl, B. A., 1964; H. Lorenz (Hg.), Barock, Geschichte der bildenden Kunst in Ö., hg. von H. Fillitz, Bd. 4, 1999.

ALTOMONTE, Martino, * 8. 5. 1657 Neapel (I), † 14. 9. 1745 Heiligenkreuz (NÖ.), Maler; Vater von Bartolomeo → Altomonte. Wichtiger Vermittler zw. der ital. und der ö. Kunst. Ab 1684 Hofmaler bei Kg. Johann Sobieski in Warschau, ab 1707 Mitgl. der Akad. der bild. Künste in Wien, ab Anfang des 18. Jh. in Sbg., Wien, OÖ. und NÖ. sowie in der Stmk. und im Bgld. tätig; ab 1738 Familiaris und Stiftsmaler in Heiligenkreuz.
Werke: Deckengemälde und Altarbilder: Wien (Stephansdom, Peterskirche, Karlskirche, Unteres Belvedere); NÖ.: Krems a. d. Donau, Retz, Wr. Neustadt, Zwettl; OÖ.: Linz (Karmeliterkirche, Ursulinenkirche, Seminarkirche), St. Florian (Hauskapelle und Marmorsaal), Stadl-Paura, Timelkam, Wilhering; Salzburg (Residenz); Stmk.: Pöllau; Bgld.: Mönchhof; Hauptwerke auch in der Ö. Galerie Belvedere (Barockmuseum), Wien.
Literatur: H. Aurenhammer, M. A., 1965; H. Lorenz (Hg.), Barock, Geschichte der bildenden Kunst in Ö., hg. von H. Fillitz, Bd. 4, 1999.

ALTPERNSTEIN, OÖ., Kl, siehe → Micheldorf in Oberösterreich.

ALTRHEIN, Vbg., altes Rheinbett, aus dem der Rhein 1900 durch einen Durchstich zum Bodensee abgeleitet wurde; bildet die Staatsgrenze zur Schweiz. In der anschließenden Bucht und dem Schilfgürtel am Mündungstrichter befindet sich das Naturschutzgebiet „Rheindelta" (Vogelzugstraße).

ALTSCHWENDT, OÖ., SD, Gem., 432 m, 678 Ew., 12,76 km², landw.-gewerbl. Gem. nordöstl. von Zell a. d. Pram. Windparks Oberrödham und Steindlberg.– Pfarrkirche (1848/49) mit 43 m hohem Turm, Hochaltar von Josef Furthner (1932) und Glasfenstern von 1914, Missionskreuz, Kriegerdenkmal.

ALTSTADTERHALTUNGSFONDS, WIENER, gegr. 1972, vergibt auf Antrag Subventionen für Mehrkosten, die aus stilist. Gründen bei Instandsetzungen in Schutzzonen erwachsen.
Literatur: M. Schwarz u. M. Wehdorfn, 101 Restaurierungen in Wien. Arbeiten des W. A. 1990–1999, 2000.

ALTSTEINZEIT (Paläolithikum), älteste frühgeschichtl. Epoche (in Ö. 300.000–8000 v. Chr.); die folgende Epoche der → Urgeschichte ist die → Mittelsteinzeit. Die A. ist charakterisiert durch die aneignende Wirt.-Form mit Jäger- und Sammlertum in unsteter Lebensweise. Die ältesten Spuren des Menschen in Ö. mit einem Alter von ca. 300.000 Jahren wurden in der → Repolusthöhle bei Peggau in der Stmk. gefunden: mehrere Feuerstellen und Steingeräte von Höhlenbärenjägern. Die Neandertaler dürften als Bevölkerung im ö. Raum zw. 40.000 und 35.000 v. Chr. von Vorfahren des heutigen Menschen abgelöst worden sein, die bereits auf die Jagd von Steppentieren (Mammut, Wollnashorn, Ren, Wisent, Wildpferd) spezialisiert waren. Beeindruckende Zeugnisse altsteinzeitlicher Kunst in Ö. sind 2 Frauenstatuetten: die erst 1988 entdeckte → Venus vom Galgenberg bei Stratzing (ca. 30.000 v. Chr.) und die → Venus von Willendorf (ca. 25.000 v. Chr.). Weitere altsteinzeitliche Fundstellen sind: Aggsbach, → Gudenuhöhle bei Hartenstein, → Herdengelhöhle bei Lunz am See, → Teufelsrast-Felsdach bei Albrechtsberg, Krems-Hundssteig, Langenlois, Langmannersdorf (alle NÖ.), Ramesch-Knochenhöhle bei Spital am Pyhrn (OÖ.), → Salzofenhöhle bei Bad Aussee, → Drachenhöhle bei Mixnitz (beide Stmk.), → Tischoferhöhle bei Kufstein (Ti.), Unken (Sbg.).
Literatur: O. H. Urban, Wegweiser in die Urgeschichte Ö., 1989; J.-W. Neugebauer, Ö. Urzeit, 1990; C. Neugebauer-Maresch, A. im Osten Ö., 1993.

ALTSTOFF RECYCLING AUSTRIA AG, ARA, 1993 auf Initiative der ö. Wirtschaft gegr. Non-Profit-Unternehmen mit dem Ziel, Verpackungsabfälle zu sammeln und zu verwerten sowie Deponien und Umwelt zu entlasten (→ Abfallwirtschaft). Die ARA beauftragt Sammel- und Verwertungsunternehmen in ganz Ö. mit der Durchführung von Sammlung, Sortierung und Verwertung einzelner Packstoffe. Für ihre Lizenzpartner übernimmt die ARA die Verpflichtungen aus der → Verpackungsverordnung. Bis 1998 hatte die ARA in Ö. eine monopolartige Stellung, die durch Zulassung weiterer Abfallwirt.-Unternehmen für den gewerbl. Sektor eingeschränkt wurde.

Altstoffsammlung (in Tonnen)				
	1990	1993	1996	1999
Altpapier	208.600	348.900	439.900	539.800
Altglas	121.900	168.900	185.800	179.800
sonstige*	66.100	122.300	249.700	268.300
Summe	396.600	640.100	875.400	987.900
* Altmetalle, Verpackungskunststoffe, Altkleider etc.				

Bartolomeo Altomonte: Selbstbildnis. 2. Hälfte 18. Jh. (Stift St. Florian, OÖ.).

ALTVÄTER, Bezeichnung der ehem. Originalgewichte und Mustermaße, zunächst im Zimentamt, nach dessen Aufhebung im Salzamtsgebäude; seit 1787 im Besitz der Gem. Wien, dzt. im Hist. Museum der Stadt Wien aufbewahrt.

ALUMINIUM: Neben einer seit 1897 bestehenden Fabrik in Lend (Sbg.) wurde 1938 ein großes Werk in Ranshofen (OÖ.) errichtet, das 1946 verstaatlicht wurde (→ verstaatlichte Industrie). Aufgrund des hohen Bedarfs expandierte die Produktion von Roh-A., wovon 2 Drittel exportiert wurden. Der Verfall der Weltmarktpreise (ab 1982) führte zur allmählichen Einstellung der Rohaluminiumproduktion und zum Aufbau einer Halbfertigerzeugung. Der Versuch, mit Hilfe eines weltweiten Engagements (AMAG) die Krise zu überwinden, scheiterte nach 1990 und führte zur Schließung der Elektrolyse in Ranshofen, wo allerdings weiterhin Halbzeugwerke und Gießereien in Betrieb sind. 1996 erfolgte die Privatisierung des Unternehmens (→ Austria Metall AG). Weitere bed. ö. Unternehmen zur Verarbeitung von A. sind die Hydro Aluminium Nenzing und die → Salzburger Aluminium AG (SAG).

Literatur: M. König, Die Geschichte der Aluminiumind. in Ö. unter bes. Berücksichtigung des Werkes Ranshofen, 1994.

ALUMNAT, kirchl. Erziehungseinrichtung im MA, die den Zöglingen freie Wohnung, Kost und Unterricht gewährte. Seit dem 18. Jh. heißen die Anstalten für Priesterausbildung A. und sind in der Regel mit einer theolog. Hochschule oder Fakultät verbunden.

ALXINGER, Johann Baptist Edler von (Pseud.: Johannes Xilanger), * 24. 1. 1755 Wien, † 1. 5. 1797 ebd., Schriftsteller und Jurist. 1796 Sekr. des Hofburgtheaters. Verbreitete in seinen Schriften, u. a. der „Ö. Monathsschrift" (gem. mit J. → Schreyvogel), die Ideen der Aufklärung und schrieb, von C. M. Wieland beeinflusst, die Ritterepen „Doolin von Maynz" (1787) und „Bliomberis" (1791).

Weitere Werke: Oden, Lieder, Gedichte.

Literatur: H. Zeman (Hg.), Die ö. Literatur. Ihr Profil an der Wende vom 18. zum 19. Jh., Bd. 2, 1979.

ALZINGER, Wilhelm, * 11. 8. 1928 Wien, † 2. 1. 1998 ebd., Archäologe. 1978–93 Univ.-Prof. in Wien, leitete Ausgrabungen in → Aguntum, Agrigento (Sizilien), → Ephesos (Türkei) und Aigeira (Griechenland).

Werke: Die Ruinen von Ephesos, 1974; Aguntum und Lavant, ⁴1985; Grundzüge der Röm. Architektur, 1985.

AMADEUS-DIER, Erhard (eigentl. E. A. Dier), * 8. 2. 1893 Wien, † 25. 9. 1969 Klosterneuburg (NÖ.), Maler und Graphiker. Mehrfach preisgekrönt; war während des Nat.-Soz. in der ö. Widerstandsbewegung tätig.

Werke: Turm von Babel, 1929–32; Entwürfe für ö. Banknoten, Gobelins, Tapeten, Kirchenfenster; Zeichenfilme; Porzellanmalereien; Illustrationen; Radierungen; Porträts; Tierbilder.

AMAG, siehe → Austria Metall AG, → verstaatlichte Industrie.

AMALIENDORF-AALFANG, NÖ., GD, Markt, 568 m, 1158 Ew., 8,04 km², Auspendlergem. mit Gewerbe nördl. von Schrems. – Amaliendorf gegr. 1799, Ortskapelle (1818); Tourismusprojekt Schienenhochrad; leicht beweglicher Wackelstein (seit 1927 Naturdenkmal, 3,5 × 5 m, 105 t), „Käs-im-Laib-Stein" (seit 1927 Naturdenkmal).

Literatur: A.-A. (Hg.), Geschichte der Marktgem. A.-A., hg. anläßlich der 200-Jahr-Feier der Gründung von Amaliendorf, 1999.

AMALTHEA-VERLAG, 1917 von dem Schweizer H. Studer gegr., 1962 von Herbert → Fleissner übernommen. Schwerpunkt des Verlagsprogramms sind neben Austriaca v. a. zeitgeschichtl. und hist. Themen.

AMANSHAUSER, Gerhard, * 2. 1. 1928 Salzburg, Essayist, Erzähler und Lyriker. Studierte an der Techn. Univ. Graz, dann Germanistik und Anglistik, arbeitete kurze Zeit als Englischlehrer. Kultur- und gesellschaftskrit. Autor von ironisch-satir. Erzähltexten und Essays mit vielschichtiger Struktur.

Werke: Aus dem Leben der Quaden, 1968; Grenzen, 1977; Der Ohne-Namen-See, 1988; Moloch Horridus, 1989; Lektüre, 1991; Das Erschlagen von Stechmücken, 1993; Tische, Stühle & Bierseidel, 1997; Schloß mit späten Gästen, 1997; Aufzeichnungen einer Sonde, 1998; Terrassenbuch, 1999; Mansardenbuch, 1999; Als Barbar im Prater. Biographie einer Jugend, 2001.

Literatur: C. Reichholf, G. A. Ironie und Satire, 1986; J. Donnenberg (Hg.), Gegen-Sätze, 1993.

Johann Baptist Edler von Alxinger.

AMATEURFILM, seit den Anfängen des → Films gebräuchliche Form des nichtberufl. Filmschaffens. Der 1. A.-Klub in Ö. wurde 1927 als „Klub der Kinoamateure Ö." (KdKÖ) gegr. Während der NS-Zeit waren die Amateurfilmer im „Bund Dt. Film-Amateure" (BDFA) zusammengeschlossen. Nach 1945 entstanden neben dem KdKÖ zahlr. weitere Vereine, die sich in den 60er Jahren teilw. unter dem „Dachverband ö. A.-Vereine" (seit 1964 Verband ö. Film- und Videoamateure, VÖFA) vereinigten. Nach dem Material wurden in der Anfangszeit Schmal- und Kleinbildformate unterschieden, während durch neuere Entwicklungen neben dem Film auch Video- (MAZ) und Computertechniken in den Bereich des A. fallen.

Literatur: F. Schlager, A. in Ö., 1992.

AMAZONENTHEATER, Theater, das ausschließl. von weibl. Mitwirkenden betrieben wurde, im 16. Jh. in Ti. Nonnenklöstern nachweisbar. Vergleichbar waren auch die Veranstaltungen der Weiberfastnacht im Fasching, z. B. in Wilten (Ti.), und im 19. Jh. das weibl. Volkstheater Büchsenhausen bei Innsbruck.

AMBRAS, Schloss südöstl. von Innsbruck, entstanden aus einer Burg der Andechser, nach 1288 erbaut; davon sind Bergfried und Palas erhalten. Erzhzg. → Ferdinand II. machte A. zu seinem Sommersitz. Das Hochschloss wurde mit Einbeziehung von Vorgängerbauten bis 1566 erbaut, 1572–83 das Unterschloss für Waffensammlung und Kunstkammer errichtet, der Renaiss.-Park wurde vor 1574 gestaltet. Das Hochschloss ist eine 4-geschossige Anlage von unregelmäßigem Grundriss um einen längsrechteckigen Hof; im Innenhof Grisaillemalerei (um 1567). Der 1570–72 von G. Lucchese erbaute lang gestreckte Span. Saal hat eine Kassettendecke und Intarsientüren von K. Gottlieb, ist durch Architekturmalerei in Grisaille gegliedert und reich ausgestaltet. Östlich schließen Kaiserzimmer an. Das Unterschloss beherbergte in der Kornschütt Stallungen und Bibl. und in weiteren Gebäuden Waffensäle, die Kunst- und Wunderkammer (Malerei, Plastik, Kunstgewerbe des 16./17. Jh.) und das Antiquarium zur Aufstellung von

Schloss Ambras, im Vordergrund Spanischer Saal.

Schloss Ambras: Spanischer Saal.

85 Plastiken. Die von Ferdinand II. ab etwa 1580 im Unterschloss aufgestellte „Ambraser Sammlung" war das 1. Museum der Neuzeit. Nach seinem Tod wurde sie von seinem Sohn Karl von Burgau an Ks. Rudolf II. verkauft, aber erst 1805 – nach der Besetzung Ti. durch Bayern – nach Wien gebracht. A. ist Eigentum der Republik Ö. und wird als Expositur des Kunsthist. Museums genutzt.

Literatur: Hispania – Austria, Kunst um 1492, Ausst.-Kat., Ambras 1992.

AMBRASER HELDENBUCH, berühmte Sammelhandschrift, die H. Ried 1504–16 im Auftrag Maximilians I. anfertigte; auf Schloss Ambras untergebracht, seit 1806 in Wien; vereint 25 mhd. Werke verschiedener Gattung, höfische Romane wie „Erec" und „Iwein" von Hartmann v. Aue, didaktische Verserzählungen wie „Meier Helmbrecht" von → Wernher der Gartenaere und → Heldenepen (dafür diente wohl ein verlorenes „Heldenbuch an der Etsch" als Quelle). 15 der 25 Werke sind nur hier überliefert, so der Ritterroman „Moriz von Craun", Hartmanns „Klage" und „Büchlein" (sein „Erec" nur hier fast vollständig), das Heldenepos „ → Kudrun" und das „Frauenbuch" von Ulrich v. Liechtenstein.

Ausg.: F. Unterkircher (Hg.), 1973.

AMBROS, August Wilhelm, * 17. 11. 1816 Mauth b. Prag (CZ), † 28. 6. 1876 Wien, Jurist, Musikhistoriker, Kritiker, romant. Komponist. Vertrat als einer der ersten den Cäcilianismus in Ö. Lehrer für Kunstgeschichte des Kronprinzen Rudolf.

Werke: 1 Oper, Lieder; Geschichte der Musik, 5 Bde., 1862–82.

AMBROS, Otto, * 15. 5. 1910 Klosterneuburg (NÖ.), † 21. 2. 1979 Wien, Schauspieler und Regisseur, Verfasser von Hörspielen und Libretti („Deutschmeistermarsch", 1951).

Wolfgang Ambros. Foto.

AMBROS, Wolfgang, * 19. 3. 1952 Wolfsgraben (NÖ.), Liedermacher. Ausbildung zum Siebdrucker; Durchbruch 1971 mit der Single „Da Hofa", 1972 erste LP, seither insgesamt 22 Alben; Freundschaft und Zusammenarbeit mit J. → Prokopetz, R. → Fendrich, G. → Danzer und C. → Kolonovits. Größte Erfolge mit „Der Watzmann ruft" (1974), „Es lebe der Zentralfriedhof" (1975), „Schifoan" (1976), „Für immer jung" (1982).

Literatur: W. A., Worte, Bilder, Dokumente, 1984.

AMBROSI, Gustinus, * 24. 2. 1893 Eisenstadt (Bgld.), † 1. 7. 1975 Wien (Selbstmord), Bildhauer und Dichter, seit seinem 7. Lebensjahr taub. Erfolgreicher Porträtist, stilist. der Rodin-Nachfolge verpflichtet und monumental-klass. Ideale verfolgend, die teilweise pathet. überzogen wirken.

Werke: rd. 2500 Skulpturen: Kolossalplastiken und Gruppen, mehr als 600 Porträtbüsten (S. Zweig, R. M. Rilke, A. Wildgans, F. Nietzsche, A. Strindberg, G. Hauptmann, K. Renner, T. Körner, A. Schärf, J. Raab, L. Figl, O. Helmer, Pius XII.). – Lyrik: Die Sonette an Gott, 1923; Einer Toten, 1937; Das Buch der Einschau, 1960.

Literatur: F. Renisch, G. A., 2 Bde., 1990.

AMBROZY, Peter, * 20. 8. 1946 Villach (Kä.), Jurist und Politiker (SPÖ). 1973–80 Sekr. des Kä. Landeshauptmanns L. Wagner, 1980–83 Dir. des Kä. Landtagsamtes, 1983–88 Landesparteisekr. der SPÖ Kä., 1983/84 Mitgl. d. BR, 1984–88 und seit 1994 Abg. z. Kä. Landtag, 1988/89 Landeshauptmann-Stellv. von Kä., 1989–94 Landeshauptmann-Stellv. von Kä., seit 2000 Landesparteivorsitzender der SPÖ Kä.

AMERING, Stmk., JU, Gem., 900 m, 1047 Ew., 48,74 km², land- und forstw. Gem. mit etwas Tourismus am Lauslingbach in den Ausläufern der Packalpe. Holzverarbeitung, Metallerzeugnisse. – Pfarrkirche von St. Georgen in Obdachegg (urk. um 1420, urspr. Wehrkirche 14./15. Jh., erneuert nach Brand 1867) mit Renaiss.-Portal (um 1600), got. Freskenzyklus (spätes 14. Jh.) und Hochaltar (1670–80) mit Bild des hl. Georg (1841), Barockstatuen. Ameringkogel (2187 m); lokale Spezialität: Zirbenschnaps.

AMERLING, Friedrich von, * 14. 4. 1803 Wien, † 14. 1. 1887 ebd., Porträt-, Genre- und Historienmaler. Studium an der Wr. Akad. und in Prag, widmete sich nach Aufenthalten in London und Paris v. a. der Porträtmalerei, stark beeinflusst durch T. Lawrence und J. Reynolds, zw. 1830 und 1850 fruchtbarste Schaffenszeit, gefeierter Porträtist der Aristokratie und des Bürgertums.

Literatur: G. Probszt, F. v. A., 1927.

Friedrich von Amerling. Foto, um 1876.

AMERTAL, Sbg., Tal in den Hohen Tauern, mündet in das Felbertal, im S abgeschlossen vom Amertaler See (2279 m). Durch das A. führt die Felbertauernstraße.

AMÉRY, Jean (eigentl. Hans Mayer), * 31. 10. 1912 Wien, † 17. 10. 1978 Salzburg (Selbstmord), Schriftsteller. Emigrierte 1938 nach Belgien, 1941–43 Mitgl. der belg. Widerstandsbewegung; Verhaftung durch die Gestapo und bis 1945 in verschiedenen KZ inhaftiert, dann als Schriftsteller in Brüssel. Mehrere internat. Literaturpreise für sein gesellschaftskritisches Werk, in dem er sich mit der Stellung des Intellektuellen nach dem Holocaust beschäftigte. Seit 2000 wird der J.-A.-Preis für Essayistik verliehen.

Werke: Karrieren und Köpfe, 1954; Jenseits von Schuld und Sühne, 1966; Über das Altern, 1968; Unmeisterliche Wanderjahre, 1971; Widersprüche, 1971; Hand an sich legen, 1976; Charles Bovary, Landarzt, 1978.

Literatur: I. Heidelberger-Leonhard (Hg.), Über J. A., 1990; I. Hermann, J. A., der Grenzgänger, 1992; S. Steiner (Hg.), J. A., 1996; P. S. Fiero, Schreiben gegen Schweigen. Grenzerfahrungen in J. A. autobiographischem Werk, 1997.

Jean Améry. Foto.

AMF AUSTRIA MILCH- UND FLEISCHVERMARKTUNG REG. GEN. M. B. H., 1990 gegr. Genossenschaft, die ursprüngl. folgende Geschäftsfelder wahrnahm: Vermarktung von Milch- und Molkereiprodukten, Vieh und Fleisch. Standorte in Pasching (OÖ.), Wien u. a. Mit 4200 Mitarbeitern erwirtschaftete die AMF-Grup-

Gustinus Ambrosi. Foto, um 1925.

pe 1993 einen Umsatz von 27,5 Mrd. S. Aufgrund des Beitritts Ö. zur Europ. Union 1995 und der damit verbundenen Liberalisierung des Agrarmarktes in Ö. erfolgte die Umstrukturierung der AMF zu einer Holdingges., die selbst nur noch die verbliebenen Vermögenswerte verwaltete; die operativen Tätigkeiten wurden an die → Vivatis Holding AG und deren Tochtergesellschaften übertragen.

Amlach, Ti., LZ, Gem., 689 m, 324 Ew., 22,49 km^2, Fremdenverkehrsgem. mit Landw. südl. von Lienz am Fuß der Lienzer Dolomiten. Kraftwerk. – Urk. 1169; Kirche St. Ottilia (urk. 1382, im 17. Jh. erweitert) mit got. Chor; Wallfahrtskapelle hl. Ulrich (1570, 1780 Neubau) auf dem Ulrichsbichl mit spätklassizist. Altar und Gnadenbild; Gehöfte mit Fresken.

Ammersattel, 1115 m, ö.-bayr. Grenzpass in den Ammergauer Alpen auf ö. Gebiet, Straße vom Plansee nach Ettal.

Amnestie, Erlass von gerichtl. Strafen (ausnahmsweise auch Finanzstrafen) für Gruppen von Straffälligen oder Verurteilten aufgrund eines Gesetzes des Nationalrats. Hingegen erfolgt die individuelle → Begnadigung durch den Bundespräs. Außer den üblichen Weihnachts-A. kam es in der 2. Republik zu A. aufgrund der bes. polit. Verhältnisse: z. B. Befreiungs-A. 1946/47, Plünderer-A. 1950, Staatsvertrags-A. 1955, NS-A. 1957, 30-Jahre-Staatsvertrag-A. 1985, Steuer-A. durch Steuerreform 1992 u. a.
Literatur: L. K. Adamovich u. B. Funk, Ö. Verfassungsrecht, 1984; J. Pröll, Gnade und A. im Strafrecht, Diss., Innsbruck 2002.

Amnesty International Österreich, ö. Teilorganisation der 1961 gegr. Menschenrechtsorganisation amnesty international (ai), die sich ausschließlich mit privaten Spendengeldern für Opfer von Menschenrechtsverletzungen und v. a. für polit. Gefangene einsetzt. ai ist Trägerin des Friedensnobelpreises und hat beratenden Status bei der → UNO, beim → Europarat und einigen anderen internat. Gremien. Die Arbeit von a. i. Ö. wird von rd. 100.000 Menschen durch Spenden und unentgeltl. Leistungen unterstützt. In Ö. sind fast 4000 ehrenamtl. Mitarbeiter im urgent-action-Netzwerk und in ca. 60 lokalen sowie 70 young-amnesty-Gruppen tätig.

Amon (Ammon), Blasius, * um 1560 Imst (Ti.), † 1590 Wien, Sänger der Hofkapelle von Erzherzog Ferdinand II. in Innsbruck, später in Heiligenkreuz; ab 1587 Franziskanermönch in Wien. Schrieb vorwiegend Kirchenmusik und übernahm als einer der ersten nördl. der Alpen Elemente des venezianischen Musikstils.

Amon, Franz (Klostername: Placidus), * 10. 12. 1700 Waldhausen (OÖ.), † 16. 1. 1759 Traiskirchen (NÖ.), Lexikograph, Benediktiner in Melk. Beschäftigte sich mit der dt. Sprachgeschichte und der mhd. Literatur; stand mit J. C. Gottsched in Verbindung.

Ampass, Ti., IL, Gem., 736 m, 1303 Ew., 7,90 km^2, östl. von Innsbruck am S-Ufer des Inn. – Urk. 1145, spätgot.-barocke Pfarrkirche mit Glockenturm (1739), Filialkirche St. Veit (1521). 1985 wurde in der Pfarrkirche unter dem Hochaltar ein Reliquienbehälter aus Marmor (um 450 n. Chr.) in Form eines spätröm. Sarkophags mit Reliquien, Stoff- und Holzresten gefunden.
Literatur: F. Steinegger, Chronik von A., 1974; R. Pillinger, Frühes Christentum in Ö., in: Mitteilungen zur frühchristl. Archäologie in Ö. 5, 1993.

Ampferer, Otto, * 1. 12. 1875 Hötting b. Innsbruck (Ti.), † 9. 7. 1947 Innsbruck (Ti.), Geologe und Alpinist. Bekannter Bergsteiger seiner Zeit (Erstbesteigung der Guglia di Brenta). 1935–37 Dir. der → Geologischen Bundesanstalt. Widmete sich u. a. der geolog. Erforschung und Kartierung der kalkalpinen Anteile von Ti. und Vbg. Als Schöpfer der Gebirgsbildungstheorie durch Unterströmung gilt A. als Wegbereiter der neuen globalen Gebirgsbildungstheorie, der Plattentektonik.
Literatur: E. Thenius, O. A., Begründer der Theorie der Ozeanbodenspreizung, in: Geowiss. 6, 1988; M. Leutner, Wissenschaftstheoret. Fallstudien zur Entwicklung der erdwiss. Forschung in Österreich. W. Haidinger – F. v. Hauer – O. A., 1999.

Ampflwang im Hausruckwald, OÖ., VB, Markt, 566 m, 3611 Ew., 20,58 km^2, Fremdenverkehrszentrum (99.892 Übern.) des Hausrucks zw. Vöcklabruck und Ried im Innkreis. – Reitsportzentrum (Beiname „Reiterdorf"); Braunkohlebergbau (Wolfsegg-Traunthaler Kohlenwerks GmbH.) 1995 eingestellt, Aluminiumverarbeitung, Maschinen-, Möbel- und Wäscheproduktion. – Pfarrkirche (Neubau 1897/98).
Literatur: M. Glück, Die Bergbaugemeinde A., Dipl.-Arb., Wien 1992.

Amphibien in Österreich: Feuer- und → Alpensalamander, Teich-, Kamm- und Bergmolch, Erd-, Wechsel-, Kreuz- und Knoblauchkröte, Gelbbauch- und Rotbauchunke, Laub-, Gras-, Moor-, Spring-, See-, Teich- und Wasserfrosch.
Literatur: A. Cabela u. a., Atlas zur Verbreitung und Ökologie der A. und Reptilien in Ö., 2001.

Amphitheater, römerzeitl. Theater mit ellipt. Arena und ansteigenden Sitzreihen, für Tierhetzen, Gladiatorenkämpfe oder Schaugefechte verwendet. A. gab es in → Carnuntum und → Flavia Solva (Leibnitz, Stmk.).

Amplatz, Luis, * 28. 8. 1926 Bozen (S-Ti.), † 7. 9. 1964 bei Saltaus im Passeier (S-Ti.; ermordet). Ab 1957 aktiver Kämpfer für die Autonomie von S-Ti. An mehreren Sprengstoffanschlägen beteiligt. Mitgl. des Befreiungsausschusses für S-Ti.

Amras, Stadtteil von Innsbruck, siehe → Ambras.

AMS, siehe → Austria Mikro Systeme International AG.

Amsterdam, Vertrag von, unterzeichnet in Amsterdam am 2. 10. 1997, in Kraft getreten am 1. 5. 1999 als Revision der grundlegenden Verträge der → Europäischen Union auf verschiedenen Gebieten: Im Bereich Freiheit, Sicherheit und Recht soll größerer Wert auf die persönl. Grundrechte des Menschen und den Schutz personenbezogener Daten gelegt werden; das → Schengener Übereinkommen wird in den V. v. A. eingebunden; innere Sicherheit und Kriminalitätsbekämpfung sollen durch intensive Zusammenarbeit der Behörden der Mitgliedstaaten und erweiterte Rechte des Europ. Polizeiamts (Europol) verbessert werden. Die Europ. Union soll durch verschiedene Maßnahmen bürgernäher gestaltet werden: Dazu gehören eine koordinierte Beschäftigungsstrategie der Mitgliedsländer zur Förderung eines hohen Beschäftigungsniveaus (Strategie von Lissabon, 2000), Bekämpfung sozialer Ausgrenzung und Anwendung der Grundsätze von Chancengleichheit und Gleichbehandlung, Berücksichtigung von Umweltschutzerfordernissen bei allen polit. Maßnahmen der EU, Verbesserung der Volksgesundheit und verstärkter Kampf gegen den Drogenkonsum, Wahrung und Förderung der Vielfalt der Kulturen, besserer Tierschutz und transparente Gestaltung der Einrichtungen der EU. Änderungen in der Gemeinsamen Außen- und Sicherheitspolitik (GASP) betreffen nicht nur institutionelle Maßnahmen (Schaffung der Position des Hohen Vertreters für die GASP zur Unterstützung von Europ. Rat und EU-Vorsitzenden, Verbesserung der Beschlussfassungsverfahren), sondern v. a. die verstärkte Zusammenarbeit zw. EU und Westeuropäischer Union (WEU) sowie ein erhöhtes Engagement bei humanitären und friedenserhaltenden Maßnahmen sowie Krisenmanagement. Folgende institutionelle Änderungen sind vorgesehen: die Ausdehnung der Kompetenzen des Europ. Parlaments, die Erweiterung der Befugnisse des Kommissionsvorsitzenden, des Europ. Gerichtshofs und des Europ. Rechnungshofs sowie vor der geplanten EU-Erweiterung eine Anpassung und Demokratisierung der Organe (u. a. Mehrheitsbeschlüsse).

Amstetten, NÖ., AM, Stadt, 281 m, 22.595 Ew. (1981: 21.989 Ew.), 52,17 km², Ind.-Stadt im Ybbstal, im Alpenvorland. – Wichtigste Bezirksstadt im südwestl. NÖ., Schulzentrum, Bahnknotenpunkt (seit 1872), Ostarrichi-Kaserne, BH, Bez.-Ger., Finanzamt, Eichamt, Arbeitsmarktservice, Bez.-Bauernkammer, WK, AK und Landarbeiterkammer, Krankenhaus (Klinikum Mostviertel-A.), Ambulatorium, Jugendzentrum der Salesianer Don Boscos, J.-Pölz-Halle (u. a. Kultur- und Sportveranstaltungen), Elektrizitätswerk (Allersdorf), BG, HAK, HBLA für wirt. Berufe, Bildungsanstalt für Kindergartenpädagogik, FachS, BerS f. metallbearb. Gewerbe; Musicalsommer (seit 1982); mehr als 50 % der rd. 14.000 Beschäftigten (2001) im Dienstleistungssektor (bes. Handel, öffentl. Dienst, Gesundheitswesen), Holz- und Metallverarbeitung (Umdasch AG, Baumetall Amstetten Ges. m. b. H.), Chemie-, Beton- und Kunststein-, Papier-, glastechnische, Bekleidungs- und Nahrungsmittelind. – 1897 Stadt; linsenförmiger Marktplatz; Rathaus (1898), Ackerbürgerhäuser mit historist. und secessionist. Fassaden; Pfarrkirche St. Stephan: got. Staffelkirche (14.–15. Jh.), Netzrippengewölbe (um 1500), Taufkapelle mit unregelmäßigem Sterngewölbe, Freskenresten und Epitaphien aus dem 16. Jh.; Herz-Jesu-Kirche (1899) in neoroman. Form, 1931 vollendet; evang. Heilandskirche (1955–57); Filialkirche St. Agatha in Dornach, urk. 1275, got. Wehrkirche, im Kern roman., mit hohem, abgesetztem spätgot. Chor (1513). Bedeutendster röm. Schatzfund Ö. in Katastralgem. → Mauer bei Amstetten, röm. Grabungsfunde in Hausmening. Schloss Ulmerfeld (14.–15. Jh.) mit Bergfried, got. Schlosskapelle (Fresken „Marienleben", um 1360), ortsgeschichtl. Mus. und Waffen-Smlg.; Schloss Edla.
Literatur: Ö. Städtebuch, Bd. IV, Teil 1, Die Städte NÖ., 1988; L. Pelzl, Heimatgeschichte A. von der Urzeit bis 1683, 1991; Stadtgem. A. (Hg.), A. 100 Jahre Stadt, 1997.

Amstetten.

Amtmann (bzw. Ober-A.), Amtsbezeichnung im Bgld. für den Gem.-Sekr.P>

Amtsarzt, zur Erfüllung behördl. Aufgaben tätiger Arzt (§ 41 Abs. 1 des Ö. Ärztegesetzes). A. sind bei Magistraten von Städten mit eig. Stadtrecht, BH, in den Sanitätsdirektionen der Bundesländer und im BM für Gesundheit und Konsumentenschutz tätig. Insges. sind ca. 300 A. bestellt. Anstellungserfordernis ist seit 1873 die Physikatsprüfung.

Amtsblatt, Veröffentlichung von amtl. Nachrichten in Zeitungsform. Das A. zur „Wr. Zeitung" enthält die bundesweiten Veröffentlichungen aus dem → Firmenbuch, gerichtl. Verfügungen, die der amtl. Kundmachung bedürfen (Edikte), Ausschreibungen usw. Die in den Bundesländern herausgegebenen A. haben überwiegend regionale Bedeutung. Die A. der BM f. Justiz, f. Finanzen u. a. enthalten Erlässe, Dienstanweisungen und Standesnachrichten, die über den internen Dienstbereich hinaus von Bedeutung sind. Das A. der EU enthält auch für Ö. wichtige Veröffentlichungen.

Amtshaftung, Haftung des Bundes, der Länder, der Bezirke, der Gemeinden, der sonstigen öffentl.-rechtl. Körperschaften und der Träger der Sozialversicherung (ausgenommen Verfassungs-, Oberster und Verwaltungsgerichtshof) für den Schaden, der durch rechtswidriges, schuldhaftes Verhalten ihrer Organe in Vollziehung der Gesetze entsteht (Art. 23 BVerf.-G). Die A. ist im A.-Gesetz von 1948 geregelt (zahlr. Novellen). Nach dem Polizeibefugnis-Entschädigungsgesetz 1988 besteht darüber hinaus eine verschuldensunabhängige Haftung des Bundes für bestimmte Schäden, die (auch für rechtmäßige Akte) durch Organe des öffentl. Sicherheitsdienstes verursacht wurden.
Literatur: W. Schragel, Kommentar zum A.-Gesetz, ³2003.

Amtskalender, Österreichischer, umfangreiches amtl. Nachschlagewerk über alle Ämter, Behörden und Institutionen, jährl. hg. vom Verlag Österreich der Österreichischen → Staatsdruckerei, zusammengestellt aus amtl. und offiziellen Quellen. Der A. enthält u. a. alle Dienststellen der Ministerien und die Ämter der Landesregierungen, Verzeichnisse der Gem., Schulen, Interessenvertretungen, Banken und Kreditinstitute, Genossenschaften, Versicherungsunternehmungen und öffentl.-rechtl. Körperschaften sowie einen hist. Teil. Der A. (2002/03: 70. Jg.) ist die Fortsetzung des Nö. A. (2002/03: 126. Jg.) bzw. des Hof- und Staatshandbuchs (2002/03: 114. Jg.). Als Vorbild diente der → Krakauer Kalender. Die Ausgabe von 1997/98 erschien erstmals auch auf CD-ROM, seit 2001 ist der Ö. A. auch in einer Internetdatenbank abrufbar.

Amtssprache: Die A. in Ö. ist Deutsch, doch lässt das Volksgruppengesetz vom 7. 7. 1976 auch die Sprache einer in Ö. beheimateten und anerkannten Volksgruppe im Verkehr mit Behörden zu. In den Verwaltungs- und Gerichtsbezirken Kä., des Bgld. und der Stmk. mit slowen., kroat. oder gemischter Bevölkerung ist zusätzl. die slowen. oder kroat. Sprache als A. zugelassen.

Amtstitel, der mit der Bekleidung eines öffentl. Amts untrennbar verbundene Titel des Beamten. Die Zahl der durch die Verfassung (auch in weiblicher Form) geschützten A. wurde 1978 von 600 auf rd. 100 gesenkt, der Ersatz durch Verwendungsbezeichnungen ist geplant (→ Berufstitel).
Literatur: A. Heindl u. J. Stierschneider, Dienstrecht der Bundesbeamten, 1986; J. Tschandl, Funktion, Legitimation und Entwicklung der ö. A., Dipl.-Arb., Graz 1996.

Amtsverschwiegenheit, besteht für alle Personen, die mit den Aufgaben der Bundes-, Landes- und Gemeindeverwaltung betraut sind. Der A. unterliegen nur Fakten der amtl. Tätigkeit, an denen Geheimhaltung entweder ein öffentl. Interesse oder ein wichtiges Interesse anderer Personen besteht. Unter bestimmten Voraussetzungen ist eine Entbindung von der A. zulässig.

Andau, Bgld., ND, Markt, 120 m, 2514 Ew., 47,31 km², Angerdorf im Seewinkel (Nationalpark Neusiedlersee–Seewinkel), nahe der ungar. Grenze; südöstl. von A. liegt der tiefste geograph. Punkt von Ö. (112 m). – Beim Ungarnaufstand 1956 Auffangstelle für Flüchtlinge (Brücke von A. 1996 wieder errichtet, Freilichtgalerie). – Weinbau.
Literatur: Chronik der Marktgemeinde A., 1992.

Amstetten.

ANDAY, Rosette (verehel. Bünsdorf), * 22. 12. 1903 Budapest (H), † 18. 9. 1977 Wien, Kammersängerin (Alt, Mezzosopran). 1921–61 an der Wr. Staatsoper (Ehrenmitgl.); zahlreiche Auftritte bei den Sbg. Festspielen und an ausländ. Opernhäusern.

ANDECHS-MERANIEN: Die Grafen von Andechs aus Bayern bauten im 11. Jh. im mittleren Inntal mit der Burg Ambras als Sitz einen Herrschaftsbereich auf. Ihre Grafenrechte waren Lehen von Brixen. Sie gründeten → Innsbruck (Marktrecht 1180, Stadt um 1200). Um 1170 wurden sie Vögte von Brixen, Grafen im Eisack- und Pustertal und 1173 mit Krain und Istrien belehnt. 1180 erhielten sie wegen ihrer Positionen bei Rijeka den Titel Herzoge von Meranien, doch wurde Hzg. Heinrich 1209 wegen angebl. Mitwirkung an der Ermordung des dt. Kg. Philipp von Schwaben geächtet, die Vogtei Brixen, die Grafenrechte im Inn-, Eisack- und Pustertal und die Reichslehen wurden ihm entzogen. Um 1230 erhielt sein Bruder Otto I. die Lehen in Ti. zurück, dessen Sohn Otto II. starb als Letzter des Geschlechts 1248. Sein Ti. Besitz fiel an die → Tiroler Grafen. → Agnes von Andechs-Meranien.
Literatur: J. Riedmann, in: J. Fontana, Geschichte Ti., Bd. 1, 1985; J. Kirmeier u. E. Brockhoff, Herzöge und Heilige, 1993.

ANDELSBUCH, Vbg., B, Gem., 613 m, 2287 Ew. (1981: 1904 Ew.), 19,57 km², Wintersportort im Bregenzerwald, an der Bregenzer Ache; Museumsbahn Bezau–Bersbuch. – Inst. für Sozialdienste, Kraftwerk A. (err. 1908, Ind.-Denkmal); Fremdenverkehr (35.676 Übern.), Holzverarbeitung, Schotterwerk. – Urk. 1080 als „Andoltisbuoc", Pfarrkirche (1710), Heimat des christl.-soz. Politikers J. → Fink; Wasserfälle am Brühlbach.
Literatur: E. Vonbank, 900 Jahre A., 1980.

ANDERGASSEN, Günther, * 17. 4. 1930 Margreid (S-Ti.), Komponist und Musikwissenschaftler. Schüler von C. → Bresgen; 1964–70 in den S-Ti.-Konflikt verwickelt, 1990–95 Direktor des Konservatoriums Feldkirch (Vbg.); komponiert vorwiegend Vokalmusik.
Werke: Bläserquintett, 1964; Te Deum, 1975; 3 Lieder auf Gedichte von P. Celan, 1980; Kleiner Zyklus für Streichorchester, 1982; Lob und Leid der Schöpfung, 1992 (Kantate); Herz-Jesu-Kantate, 1996.

ANDERGAST, Maria, * 4. 6. 1912 Brunnthal (Bayern), † 14. 2. 1995 Wien, Schauspielerin, Tänzerin. Ab 1914 in Wien; 1945 am Theater in der Josefstadt; ab 1934 Filmrollen in rd. 50 Filmen.

ANDERLUH, Anton, * 11. 3. 1896 Klagenfurt (Kä.), † 5. 1. 1977 ebd., Musiklehrer in Klagenfurt und Volksmusiksammler. Veranstaltete ab 1952 die Turnersee-Singwochen, die zu einer wichtigen Keimzelle der Volksmusikpflege in Ö. wurden. Sein Lebenswerk, die Edition „Kä. Volksliedschatz" (12 Bde., 1960–75), wurde von Walter → Deutsch abgeschlossen.

ANDERS, Günther (eigentl. G. Stern), * 12. 7. 1902 Breslau (Wroclaw, PL), † 17. 12. 1992 Wien, Philosoph, Schriftsteller; Ehemann von Elisabeth → Freundlich. Studierte bei M. Heidegger und E. Husserl und promovierte 1923 in Freiburg. 1933 Emigration nach Paris, 1936 in die USA; ab 1950 wieder in Wien. Bekannt wurde A. mit der literar.-philosoph. Essaysammlung „Die Antiquiertheit des Menschen" (2 Bde., 1956/80), er vertrat darin die These, dass der Mensch den von ihm selbst geschaffenen Techniken nicht gewachsen sei. Mitbegründer und führende Persönlichkeit der internationalen Antiatombewegung.
Weitere Werke: Die molussische Katakombe, 1935 (Roman); Visit Beautiful Vietnam, ABC der Aggression heute, 1968; Hiroshima ist überall, 1982; Ketzereien, 1991.
Literatur: J. Langenbach, G. A., 1988.

Günther Anders. Foto.

ANDERSEN, Robin Christian, * 17. 7. 1890 Wien, † 23. 1. 1969 ebd., Maler. Stellte als Mitgl. der „Neukunstgruppe" in Wien 1911 mit E. → Schiele und O. → Kokoschka aus. 1921 Mitbegründer der Wiener → Gobelinmanufaktur; Prof. der Wr. Akad. der bild. Künste. In seinen Arbeiten entwickelte er ein konstruktives Darstellungsprinzip, das kühle Farbigkeit mit linearer Struktur verbindet.
Werke: Bildnisse, Landschaften, Stillleben, Gobelins (Sbg. Festspielhaus), Glasfenster und Fresken.
Literatur: J. Muschik, R. C. A., Ausst.-Kat., Wien 1967.

ANDICS, Hellmut, * 25. 8. 1922 Wien, † 19. 8. 1998 ebd., Journalist, Publizist, Drehbuchautor. Redakteur u. a. beim „Neuen Ö." und der „Presse", 1982–86 Intendant des ORF-Landesstudios Bgld.; Spezialist für zeitgeschichtl. Reportagen und Fernsehdokumentationen; schuf das Drehbuch zur TV-Serie „Ringstraßenpalais" (1980–83).
Weitere Werke: Der Staat, den keiner wollte, 1962; 50 Jahre unseres Lebens, 1968; Die Frauen der Habsburger, 1969; Das ö. Jh., 1974; Ende und Anfang, 1975 (mit E. Haas); Luegerzeit, 1984; Die Juden in Wien, 1988.
Literatur: I. Dunkl, Ein pannonischer Mensch, Dipl.-Arb., Wien 1995.

ANDLERSDORF, NÖ., GF, Gem., 152 m, 118 Ew., 5,9 km², landw. Kleingem. im südl. Marchfeld. – Urk. 1324, spätbarocke Kirche Mariae Geburt, Gutshof (frühes 19. Jh.).

ANDORF, OÖ., SD, Markt, 346 m, 4848 Ew., 37,67 km², im nördl. Innviertel, an der Pram. – Betonwerk, Holzverarbeitung, Erzeugung von Kunststofffenstern. – Got.-barocke Pfarrkirche hl. Stephan (1760–62); Filialkirche hl. Sebastian im Ried (1635–38) mit Hochaltargruppe (um 1672, T. Schwanthaler zugeschrieben), im Seitenschiff 14-Nothelfer-Altar (um 1650); Freilichtmuseum Brunnbauerhof; Innviertler Kräutergarten; Öko-Lehrpfad.
Literatur: M. Hofinger, Heimat A., 1984.

ANDORFER, Josef, * 16. 9. 1956 Oepping (OÖ.), Redakteur und Manager. Studium der Theaterwiss.; 1980–90 Redakteur für Synchronisationen und Lizenzserien beim ORF, 1990–94 Leiter der Programmplanung beim dt. Sender SAT 1 und Geschäftsführer der SAT-1-Tochter GBV; 1994–97 Programmmanager des ORF, seit 1997 Geschäftsführer des dt. Fernsehsenders RTL 2.

ANDRÁSSY, Julius (Gyula) d. Ä. Graf, * 3. 3. 1823 Kaschau (Košice, SK), † 18. 2. 1890 Volosca (Volosko, HR), Politiker; Vater von J. Gf. → Andrássy d. J. 1848/49 führend in der ungar. Revolution, 1851 in Abwesenheit zum Tod verurteilt, 1857 amnestiert; setzte sich neben F. Deák bes. für den → Ausgleich ein und wurde 1867 1. ungar. Min.-Präs.; 1871–79 k. u. k. Außenmin.; vereinbarte 1872 das Dreikaiserbündnis; er-

Julius Graf Andrássy d. Ä. (Mitte) und die ungarischen Minister nach dem österreichisch-ungarischen Ausgleich 1867. Foto-Medaillons.

reichte 1878 die Besetzung Bosniens und der Herzegowina für Ö. und 1879 den Abschluss des Zweibunds mit Bismarck.
Literatur: T. Simany, J. Gf. A., 1990; R. F. Schmidt, Gf. J. A. Vom Revolutionär zum Außenminister, 1995; I. Diószegi u. H. Haselsteiner, Bismarck und A., 1999.

Andrássy, Julius (Gyula) d. J. Graf, * 30. 6. 1860 Töketerebes (H), † 11. 6. 1929 Budapest (H), Politiker; Sohn von J. Gf. → Andrássy d. Ä. 24. 10.–1. 11. 1918 letzter ö.-ungar. Außenmin.; 1921 am Restaurationsversuch von Kg. (Ks.) Karl beteiligt.
Literatur: E. Hochenbichler, Republik im Schatten der Monarchie, 1971.

Andre, Hans, * 21. 1. 1902 Innsbruck (Ti.), † 15. 5. 1991 ebd., Bildhauer und Maler. Mitarbeiter von C. → Holzmeister, 1954–67 Prof. an der Akad. der bild. Künste in Wien. Arbeitete in einer vereinfachten Gegenständlichkeit.
Werke: Plastiken und Fresken: Bronze-Brunnen „Goldenes Dachl" in Innsbruck, Kriegerdenkmal im Wr. Zentralfriedhof, Statuen von Erzbischöfen im Wr. Stephansdom (1957), Erzhzg.-Eugen-Denkmal in Innsbruck (1957), Hannes-Schneider-Denkmal in St. Anton am Arlberg (1957).
Literatur: J. Ringler, in: Schlern 1973.

Andreae, Clemens August, * 5. 3. 1929 Graz (Stmk.), † 26. 5. 1991 Thailand (Flugzeugabsturz), Nationalökonom. Univ.-Prof. in Innsbruck, Experte auf dem Gebiet der Geld- und Finanzpolitik, als Finanzwissenschaftler Berater ö. und dt. Minister.
Werke: Finanztheorie, 1969; Ökonomik der Freizeit, 1970; Finanzpolitik, 1975.

Andres, Leopold, * 14. 11. 1866 Linz (OÖ.), † 20. 5. 1950 Kainbach (Stmk.), General, Kartograph, führender Geodät. Organisierte 1914–18 die Kriegsvermessungen, erneuerte die Balkan-Kartographie, schuf grundlegende geodät. Methoden, betrieb Schweremessungen in den Tauern; 1937–46 Präs. der Ö. Kommission für internationale Erdmessung.
Literatur: ÖBL.

Andri, Ferdinand, * 1. 3. 1871 Waidhofen a. d. Ybbs (NÖ.), † 19. 5. 1956 Wien, Maler, Graphiker und Bildhauer. Studierte an der Wr. Akad., 1905–1909 Mitgl. (1905/06 Präs.) der Wr. Secession, Gründungsmitgl. des Ö. Werkbunds, 1920–38 Prof. an der Wr. Akad.; Vorliebe für Landschaft und bäuerl. Genre, Wiedererwecker des Freskos.
Literatur: F. A. 1871–1956, Ausst.-Kat., Wien 1982; C. Jesina, F. A., Dipl.-Arb., Wien 1993.

Ferdinand Andri: Salzburger Butterbäuerin. Gemälde, 1902 (Niederösterreichisches Landesmuseum, St. Pölten).

Andrian-Werburg, Ferdinand Frh. von, * 20. 9. 1835 Vornbach am Inn (D), † 10. 4. 1914 Nizza (F), Geologe und Anthropologe; Vater von Leopold → Andrian-Werburg. Gründer der Anthropolog. Ges. in Wien (1870), die er 1882–1902 leitete; naturwiss. und ethnolog. Forschungen u. a. in Bosnien, Herzegowina, Ausseer Land („Die Altausseer", 1905).

Andrian-Werburg, Leopold, * 9. 5. 1875 Berlin (sic!, D), † 19. 11. 1951 Fribourg (CH), Erzähler, impressionist. Lyriker, Literaturhistoriker, Diplomat; Sohn von Ferdinand → Andrian-Werburg. 1918 Generalintendant der Wr. Hoftheater, Freund von H. → Bahr, H. v. → Hofmannsthal und A. → Schnitzler. Emigrierte 1938.
Werke: Der Garten der Erkenntnis, 1895 (Erzählung); Ö. im Prisma der Idee, 1937; Gedichte, Novellen.
Literatur: H. Schumacher, Das Weltbild L. A.-W., Diss., Innsbruck 1958.

Andrian-Werburg, Viktor Franz Frh. von, * 17. 9. 1813 Görz (Gorizia, I), † 25. 11. 1858 Wien, liberaler Politiker. 1848/49 Abg. z. Frankfurter Nationalversammlung; übte in seinem anonym erschienenen Werk „Ö. und dessen Zukunft" scharfe Kritik am polit. System Ö.
Literatur: F. Glanner, V. F. v. A.-W., Diss., Wien 1961.

Andrichsfurt, OÖ., RI, Gem., 440 m, 724 Ew., 12,35 km², landw. Kleingem. zw. Stelzerberg und Sachsberg nordöstl. von Ried i. Innkreis. – Got. Pfarrkirche (urk. 1219, Bau 2. Hälfte 15. Jh.) mit originellem Spätbarockaltar, Seitenaltäre (1771), Kreuzwegbilder (1770), Krucifix mit Schmerzhafter Muttergottes (ca. 1715/20) von J. F. Schwanthaler, barocke Bründlkapelle (17. Jh.) mit schönem Altar (um 1730) von J. F. Schwanthaler und feinen Fresken, got. Lichtsäule (1606).

Andritz, Stmk., 12. Bezirk von Graz, umfasst den N der Stadt, das Becken des Andritz- und des Schöckelbachs; bis 1938 eigene Gem.; Wohngebiet, Ind.-Betriebe (Maschinen-, Turbinen-, Ziegelfabrikation) und Landw. (Klein- und Mittelbetriebe); Schloss St. Gotthard mit Gartenpavillon „Pfefferbüchsl".

Andritz AG, traditionsreiches Unternehmen des Maschinen- und Anlagenbaus, das u. a. Maschinen zur Papier- und Zellstofferzeugung und Klärschlammbehandlung sowie Wasserturbinen, Pumpen, Walzwerke und Anlagen zur Oberflächenbehandlung von Stahl erzeugt. Gegr. 1852 mit Sitz in Graz. Umsatz 2002 ca. 1,1 Mrd. Euro, rd. 4500 Beschäftigte (davon rd. 1200 in Ö.).

Andritzbach, Stmk., linker Zufluss der Mur, im Grazer Bergland, mündet in Graz-Andritz. Der A.-Ursprung in Stattegg ist die größte ö. Karstquelle.

Androsch, Hannes, * 18. 4. 1938 Wien, Politiker (SPÖ), Steuerberater und Unternehmer. 1967–81 Abg. z. NR, 1970–81 BMin. f. Finanzen, 1976–81 Vizekanzler; in seiner Zeit als Finanzmin. wurde die Umsatzsteuer auf das Mehrwertsteuersystem umgestellt. Verfechter der Hartwährungspolitik, auch über Parteigrenzen hinweg als Wirtschaftsexperte anerkannt. Galt lange als mögl. Nachfolger von Bundeskanzler B. → Kreisky. Wegen Unvereinbarkeit von polit. Amt und berufl. Tätigkeit im Rahmen seiner Steuerberatungskanzlei auf Druck Kreiskys aus der Regierung ausgeschieden. 1981–88 Gen.-Dir. der CA; verließ wegen gerichtl. Verfahren diese Position. 1989 Gründung der AIC Androsch International Management Consulting GmbH (vorwiegend Unternehmensberatung in O-Europa), seit 1994 Industrieller (→ Austria Technologie & Systemtechnik AG, Österreichische → Salinen AG).
Werke: Die polit. Ökonomie der ö. Währung, 1985; Investitionsleitfaden O-Europa, 1996; Der Stand der Dinge, 2000; Warum Ö. so ist, wie es ist, 2003.
Literatur: L. Palme, A., 1999.

Androsch, Peter, * 12. 1. 1963 Wels (OÖ.), Komponist. Ausbildung u. a. am Bruckner-Konservatorium in Linz und ab 1984 an der Wr. Musikhochschule bei M. → Rüegg. 1982–91 Leiter des Ensembles Camorra, ab 1986 Mitarbeit bei Monochrome Bleu, 1987 Mitbegründer des Ensembles Soundso, 1987–90 Zusammenarbeit mit Joseph K. Noyce.
Werke: Kopfstich, 1987 (Lautsprecherensemble, Rockband);

Julius Graf Andrássy d. J. Foto, um 1890.

Hannes Androsch. Foto.

Ferdinand Freiherr von Andrian-Werburg. Foto, 1911.

Stahl, 1990 (Liederzyklus); Hasenjagd, 1994 (Filmmusik); Die Achse des Ofens. Das Projekt Sankt Peter, 1995 (theatralisches Projekt); Putzlieder, 1996 (Blechbläserensemble); 12 Hefte für 10 Streicher, 2002. – Opern: komplizierte tiere, 1993; Geschnitzte Heiligkeit, 1996; Schreber, 1999; Zeichner im Schnee, 2001.

Anegenge, frühmhd. anonyme geistl. Dichtung (3242 Reimpaarverse), um 1173 verfasst, nur in der Wr. Sammelhandschrift 2696 überliefert (→ Handschrift). Theologische Reflexion über den Schöpfungs- und Heilsplan Gottes (mhd. „anegenge" = Anfang) im Licht der scholast. Tradition, mit dem Ziel, ein theolog. ungeschultes Publikum heilsgeschichtl. zu unterweisen.
Ausg.: D. Neuschäfer, Medium Aevum 8, 1966.

Anerbenrecht, Bezeichnung der Gesamtheit der gesetzl. Bestimmungen, die den ungeteilten Übergang eines Bauernguts (Erbhofs) auf einen Anerben gewährleisten. Dieser „kauft" gleichsam den Erbhof aus der Verlassenschaft und ist durch einen niedrigen „Übernahmspreis" begünstigt. Das A. ist im Anerbengesetz geregelt, bes. Rechte bestehen für Ti. und Kä. (Ti. Höfegesetz; Kä. Anerbengesetz). Das A. ist fakultativ, d. h. der Erblasser kann sich über die gesetzl. Regelung hinwegsetzen, eine Teilung von Erbhöfen ist in Ti. aber jedenfalls unzulässig.
Literatur: G. Kathrein, A., 1990; H. Koziol u. R. Welser, Grundriss des bürgerl. Rechts, Bd. 2, ^{12}2001.

Anesus, im Zusammenhang mit der Leidensgeschichte des hl. Florian wird der Ennsfluss (fluvius A.) erstmals erwähnt. Im 8. Jh. bereits als Enisa genannt, ins Ahd. direkt aus der Sprache der Romanen übernommen.

Angath, Ti., KU, Gem., 500 m, 841 Ew., 3,5 km², Wohngem. mit Fremdenverkehr im Unterinntal nördl. von Wörgl. – Barocke Pfarrkirche hl. Geist (1746/47); barocke Firstkapelle, alte Volksschule (1780), Einhöfe.
Literatur: H. Bramböck (Hg.), Angather Dorfbuch, 1991.

Angeli, Heinrich von, * 8. 7. 1840 Ödenburg (Sopron, H), † 21. 10. 1925 Wien, Porträtmaler und Graphiker. Studien an den Akad. in Wien, Düsseldorf und München, 1862 Rückkehr nach Wien, ab 1876 Prof. an der Wr. Akad. Zahlreiche Auslandsaufträge, beliebter Porträtist der europ. Königshäuser.
Literatur: R. Schoch, Das Herrscherbild in der Malerei des 19. Jh., 1975; E. Newzella, Nicht so ernst, Majestät!, 1990.

Angeli, Theodor, * 5. 4. 1847 Ewolzheim (D), † 28. 7. 1926 Linz (OÖ.), naturwiss. Pionier in OÖ. Trug 1895–1925 die Sammlung der Greifvögel und Eulen für das OÖ. Landesmuseum zusammen (die einheitlichste und drittgrößte dieser Art: 432 Spezies oder 85 % der Greifvogelarten der Welt, 91 % der Taggreifvögel; insges. 2846 Bestandsnummern).

Angelobung, förml. Verpflichtungserklärung bei Antritt eines öffentl. Amts oder einer Funktion. Der Bundespräs. wird von der Bundesversammlung, BMin., Staatssekr. und Landeshauptleute von dem Bundespräs., die Mitgl. der Landesregierung und Bürgermeister der Statutarstädte vom Landeshauptmann, Bürgermeister vom Bezirkshauptmann angelobt. Weiters werden Mitglieder gesetzgebender Körperschaften oder von Gemeinderäten angelobt. Auch die Vereidigung von Rekruten, Beamten, Lehrern und Richtern wird als A. bezeichnet.

Anger, Stmk., WZ, Markt, 479 m, 918 Ew., 1,98 km², an der Feistritz südl. von Birkfeld. – Etwas Fremdenverkehr (25.496 Übern.). – Pfarrkirche (1708–11); Bürgerhäuser (17.–19. Jh.); Ruine Waxenegg (zerstört 1551). In der Nähe Feistritzklamm.
Literatur: J. Riegler, O. Schmölzer u. E. Reiter, 600 Jahre Markt A., 1964.

Angerberg, Ti., KU, Gem., 650 m, 1664 Ew., 19,53 km², Wohngem. mit Fremdenverkehr und Landw. über dem Inn nordwestl. von Wörgl auf dem gleichnamigen Mittelgebirgsrücken von der Kramsacher Ache bis Niederbreitenbach. – Urk. 1190; Gem.-Name A. erst seit 1981.
Literatur: F. Dörrer, A. Varianten und Wandlungen eines Begriffes seit dem 12. Jahrhundert, 1989.

Angerer, Carl, * 13. 6. 1838 Wien, † 24. 2. 1916 ebd., Photochemigraph und Reproduktionstechniker. Erfand eine neue Zinkätzmethode; erneuerte die Buchillustration und die Autotypie, führte mit seinem Schwager die Klischeeanstalt „C. A. & Göschl".
Literatur: O. Hochreiter u. T. Starl (Red.), Geschichte der Fotografie in Ö., 2 Bde., 1983.

Angerer, Hans, * 9. 11. 1871 Teichl (Kä.), † 20. 4. 1944 Klagenfurt (Kä.), Geograph, Politiker (groß-dt.), Mittelschullehrer, bed. Gletscherforscher (Hohe Tauern). 1907–33 Abg. z. Kä. Landtag, 1918–19 Mitgl. d. Prov. Kä. Landesausschusses; 1927–1931 Landesrat von Kä.; 1919–20 Mitgl. der Konstituierenden Nationalversammlung, 1920–27 Abg. z. NR.P>
Literatur: ÖBL.

Angerer, Paul, * 16. 5. 1927 Wien, Dirigent und Komponist. 1952–56 Solobratschist der Wr. Symphoniker, anschließend Kapellmeister in Bonn, Ulm und Salzburg (1968–72 Opernchef des Sbg. Landestheaters), 1971–81 Leiter des Südwestdeutschen Kammerorchesters, ab 1982 Leiter des „Concilium Musicum" in Wien. 1982–92 Prof. an der Musikhochschule in Wien, gestaltet zahlr. Sendungen für den Rundfunk. Vom Kompositionsstil P. Hindemiths beeinflusst. Ö. Staatspreis für Musik 1953.
Werke: Agamemnon muß sterben, 1954 (dramat. Kantate); Die Paßkontrolle, 1958 (Fernsehoper); Missa Seitenstettensis, 1987; Konzerte, Kammermusikwerke, Bearbeitungen.

Angerer, Rudolf, * 24. 11. 1923 Großraming (OÖ.), † 18. 5. 1996 Wien, Graphiker. Illustrator und polit. Karikaturist bei der Tageszeitung „Kurier"; Illustrationen für Bücher („Kishons buntes Bilderbuch", 1971; „Angerers Nibelungenlied", 1972).

Angerer, Victor, * 1839 Malacka (Malacky, SK), † 10. 4. 1894 Wien, Fotograf, Fotohändler und -verleger. Ateliers in Wien, Budapest und Bad Ischl, arbeitete mit seinem Bruder Ludwig A., gründete um 1880 eine lithograph. Anstalt und einen Fotoverlag; bekannter Porträtfotograf des ö. Kaiserhauses.
Literatur: O. Hochreiter u. T. Starl (Red.), Geschichte der Fotografie in Ö., 2 Bde., 1983.

Angern an der March, NÖ., GF, Markt, 154 m, 3176 Ew., 38,16 km², an der Grenze zur Slowakei (Autofähre nach Zahorska Ves); Landw., kleinere Handels- und Gewerbebetriebe. – Schloss nach 1945 vollständig zerstört, in → Stillfried jungsteinzeitl. Burg (Museum), in Mannersdorf Rochuskapelle (Wutzelburg), Rundbau 1637–57.

Angestellte, gemäß A.-Gesetz 1921 unselbständig Werktätige im privaten Dienstverhältnis, die kaufmänn. Dienste (Verkäufer, Kundenwerber und -berater, Buchhalter), höhere nichtkaufmänn. Dienste (z. B. techn. Dir. und Abteilungsleiter, Fahrlehrer, Orchestermusiker) oder Kanzleidienste ausführen. A.-Stellung kann statt Arbeiterstellung auch vertragl. vereinbart werden. Im öffentl. Dienst Vertragsbedienstete im Unterschied zu Beamten.

Anguissola, Leander, * 10. 5. 1653 Piacenza (I), † 30. 8. 1720 Wien, Kartograph, Ingenieur-Offizier. Schuf Pläne von Wien (1683, 1704–06) und den 1. Plan zur Donauregulierung (1688); Mitbegründer und Dir. der Militär-Ingenieur-Akad. (1717).
Literatur: I. Pick, Die Türkengefahr als Motiv für die Entstehung kartograph. Werke über Wien, Diss., Wien 1980.

Anhaltelager, Internierungslager für illegal tätige Nationalsozialisten, Sozialdemokraten, Kommunisten und andere „staatsfeindliche" Personen in Wöllersdorf und Kaiersteinbruch (NÖ.) 1933–38. Die Einweisung wurde von den Polizeibehörden ohne Gerichtsverhandlung und -urteil bei „Verdacht illegaler Betätigung" verfügt.

Anhydrit, siehe → Gips.

Anich, Peter, * 22. 2. 1723 Oberperfuss (Ti.), † 1. 9. 1766 ebd., Kartograph und Bauer. Fertigte einen Himmels- und einen Erdglobus (heute im Ti. Landesmus.) sowie eine Karte der Umgebung von Innsbruck an und schuf gem. mit B. → Hueber das 20-blättrige Kartenwerk von Ti.; Pionier der Hochgebirgskartographie.
Literatur: M. Edlinger (Hg.), P. A.: Atlas Tyrolensis, 1986.

Schloss Anif.

Anif, Sbg., SL, Gem., 439 m, 4048 Ew., 7,61 km², Fremdenverkehrsort (118.947 Übern.) im Einzugsgebiet von Salzburg. – Vielfältige Wirt.-Struktur (rd. 2 Drittel der Beschäftigten im Dienstleistungssektor), daneben Erzeugung von Zement, Betonfertigteilen, Blumenerde, Werkstätteneinrichtungen und Werkzeugmaschinen; Pressegroßvertrieb, Druckerei. – Wasserschloss (16. Jh., 1838–48 neugot. romantisierend umgebaut) mit bes. schönem Landschaftsgarten.
Literatur: S. Hiller, Festschrift 1200 Jahre A.-Niederalm, 1988.

Animationsfilm, umfasst alle Filmtechniken, in denen mit medialen Mitteln (z. B. Trickfilm, Video, Computergraphik) und anderen Technologien auf der Basis von Einzelbildern („Multiplikation" starrer Phasen von Bewegungen durch Einzelschaltung der Kamera) gearbeitet wird. Pioniere in Ö. waren: L. Tuszinsky, der im eig. Atelier zahlr. Trickfilme (u. a. „Kalif Storch", 1922) herstellte, F. Bresnikar, P. Eng und T. Zasche. Seit 1982 wird nach einer Idee der Malerin M. → Lassnig an der Hochschule bzw. Univ. für angew. Kunst in Wien A. als Erweiterung des graphischen Spektrums unterrichtet.
Literatur: A. in Ö., in: Filmkunst 139, 1993.

Anker, Mathias Josef, * 6. 5. 1771 Graz (Stmk.), † 3. 4. 1843 ebd., Mineraloge und Wundarzt. Ab 1817 Kustos und Prof. am Joanneum in Graz. Führte die 1. geolog. Landesaufnahme der Stmk. durch und veröffentlichte die 1. geolog. Karte der Stmk. Nach ihm ist das Mineral Ankerit (ein Eisenkarbonat) benannt.
Werke: Kurze Darstellung der mineralog.-geognost. Gebirgsverhältnisse der Stmk., 1835 (mit geolog. Karte der Stmk.).
Literatur: ÖBL.

Anker, Der, Allgemeine Versicherungs AG, Wien; gegr. 1858 als Lebens- und Rentenversicherungsanstalt. Nach Gründung der Republik Ö. Beteiligungen und Tochterges. im osteurop. Raum. Heute Teil der Helvetia-Patria-Gruppe, St. Gallen (CH). Betreibt Lebens-, Unfall- und Sachversicherungen. Prämiensumme 2002: 204,1 Mio. Euro.

Ankerbrot AG, Backwarengroßunternehmen, 1891 durch die Brüder Heinrich und Fritz Mendl in Wien-Favoriten gegr.; 1914 beschäftigte das erfolgreiche Unternehmen bereits fast 1300 Mitarbeiter, 1922 wurde es in eine Familien-AG umgewandelt, 1938 arisiert. Nach 1945 erfolgte die Rückgabe des Unternehmens an die früheren Eigentümer, 1969 ging es an den Schoeller-Konzern über, der 1970 die Fusionierung der A. AG mit den Hammerbrotwerken in Wien-Floridsdorf durchführte. 1981 erwarben Helmut A. → Schuster und sein Bruder Gerhard Schuster die Firma, seit 1997 ist die dt. Müllerbrot GmbH Mehrheitseigentümer. Rd. 1700 Mitarbeiter.

Ankershofen, Gottlieb Frh. von, * 22. 8. 1795 Klagenfurt (Kä.), † 6. 3. 1860 ebd., Historiker, Landeskonservator. 1844–60 Dir. des Geschichtsvereins für Kä., leitete 1849–60 das auf seine Anregung hin geschaffene „Archiv für vaterländ. Geschichte und Topographie"; begann das Handbuch der Geschichte Kä. (2 Bde., 1841/59).

Ankeruhr, große Spieluhr beim Haus der Anker-Versicherung am Hohen Markt in Wien 1, 1913 von F. → Matsch geschaffen, zeigt 12 „Stundenregenten" aus der ö. Geschichte.

Ankogelgruppe, Sbg./Kä., Bergzug der Hohen Tauern, umfasst den Ankogel (3246 m) und die Hochalmspitzgruppe (Hochalmspitze, 3360 m, Groß-Elend-Kees als größter Gletscher); Erschließung mit der Ersteigung des Ankogels (1762) und der Hochalmspitze (1859); Ankogelseilbahn von Mallnitz.
Literatur: F. Angel, Gesteinswelt und Bau der Hochalm-A.-Gruppe, 1952.

Ankwicz-Kleehoven, Hans, * 29. 9. 1883 Böheimkirchen (NÖ.), † 1. 10. 1962 Wien, Kunsthistoriker, Generalstaatsbibliothekar.
Werke: Hist. und kunsthist. Arbeiten, u. a. Cuspinians Briefwechsel, 1933; Hodler und Wien, 1950; Documenta Cuspiniana, 1957; J. Hoffmann, 1957.

Anlauftal, Sbg., Hochgebirgstal des Anlaufbachs in den Hohen Tauern, mit Tauernfall und Radeckalmen, vom Ankogel bis Böckstein (1131 m).

Anna, Hl., Fest 26. Juli. Die Gestalt der Mutter Mariens erfreut sich in Ö. großer Beliebtheit. Der Annentag war bis in die maria-theresianische Zeit ein offizieller Feiertag, der Name A. noch um 1900 der häufigste von allen Frauennamen. In Ö. sind der hl. A. 63 Wallfahrtskirchen geweiht, die bedeutendste ist → Annaberg in NÖ., in der eine Reliquie der Heiligen aufbewahrt wird. – Im 18. und 19. Jh. wurde das Annenfest, v. a. in Wien, mit Theateraufführungen, Serenaden, Feuerwerken, galanten Geschenken (Strumpfbändern, Fächern u. Ä.) gefeiert. Musiker wie J. Strauß Vater, J. Strauß Sohn und J. Lanner schrieben Annen-Polkas und -Quadrillen.

Annaberg, NÖ., LF, Gem., 976 m, 687 Ew., 63,50 km², zweisaisonaler Fremdenverkehrsort (60.815 Übern.), Holzverarbeitung. Hist. Bedeutung durch die Lage an der Wallfahrtsstraße nach Mariazell, im 18. Jh. Eisen-, Silber- und Bleibergbau (bis 1813). – Pfarrkirche (15.–17. Jh.), mit Schnitzgruppe hl. Anna Selbdritt (1440) von J. Kaschauer (?) und Barock-Hochaltar (1686); Kapelle Joachimsberg (1690); Lassingfall (90 m), Kraftwerk, Naturpark Ötscher–Tormäuer.
Literatur: W. Redl, Wallfahrtsvolkskunde von A. in NÖ., Diss., Wien 1954.

Annaberg-Lungötz, Sbg., HA, Gem., 778 m, 2296 Ew., 61,00 km², zweisaisonaler Fremdenverkehrsort (72.227 Übern.) im Tennengau am Fuß des Gosaukamms; Skiregion Dachstein West. – Holzverarbeitung. – Barockkirche (1750–52).
Literatur: A. Hahnl, A., Land Sbg., 1972.

Peter Anich. Punktierstich von Weiß.

Ankeruhr in Wien.

ANNABICHL, Vorort von Klagenfurt; Renaiss.-Schloss, um 1580 unter Georg v. Khevenhüller erbaut, barock verändert, Inneres neu adaptiert (Europahaus); bemerkenswerte 5-achsige Gartenfassade mit Renaiss.-Arkadengang und -Garten (ehem. Terrassenanlage); spätbarocke Annakapelle vor dem Schloss. Pfarrkirche 1964/65; in A. Flughafen Klagenfurt-Wörthersee.

ANNABRÜCKE, siehe → Mieger.

ANNALEN (Jahrbücher), chronolog. Darstellung zeitgenöss. Ereignisse (im Unterschied zu → Chroniken, die in zusammenhängender Darstellung abgefasst sind). Die ältesten A. Ö. wurden in Salzburg (8.–10. Jh.) geführt und sind nur teilw. überliefert. Die A. von Niederaltaich (Bayern) sind eine wichtige Quelle aus dem 11. Jh.; die A. von Göttweig (um 1115) sind verloren. Als Stamm der ö. A. gelten die 1123 begonnenen A. von Melk (bis 1564), von denen andere Klöster Nachrichten übernahmen und selbständige A. weiterführten: Klosterneuburg, Heiligenkreuz, Lilienfeld, Zwettl, Schotten in Wien, Dominikaner (oder Minoriten) in Wien, Kremsmünster-Lambach, Reichersberg. Eine eigenständige Gruppe stellen die Salzburg-Admont-Garstener A. dar. Die ö. A. sind bis 1200 knapp und bieten meist nur ein Ereignis pro Jahr. Gegen Ende des 12. Jh. werden sie ausführlicher und bringen vorwiegend Landesgeschichte. Die meisten Kloster-A. enden im 13. Jh., nur einige reichen weiter. Manchmal sind auch ausführliche Darstellungen eingebaut, wie in Heiligenkreuz die „Historia annorum 1264–1279" des Mönchs Gutolf.

Manche barocke Historiographen nannten ihre Werke ebenfalls A., z. B. Hieronymus Megiser, „Annales Carinthiae", 1610; Valentin Preuenhuber, „Annales Styrenses", 1625–30; F. C. Khevenhüller, „Annales Ferdinandei", 12 Bde., 1640–1726; Abt Bernhard Linck von Zwettl, „Annales Austro-Claravallenses", 1723–25.

Ausgabe: Monumenta Germaniae Historica, Scriptorum IX, hg. v. G. H. Pertz, 1851, BM, Tl. 1, 1925.
Literatur: A. Lhotsky, Quellenkunde zur ma. Geschichte Ö., 1963; S. Haider, Ein neuentdecktes Lilienfelder A.-Fragment, MIÖG 82, 1972.

ANNENHEIM, siehe → Treffen.

ANNINGER, NÖ., 674 m, markanter Aussichtsberg südwestl. von Wien zw. Mödling und Baden.

ANRAS, O-Ti., LZ, Gem., 1262 m, 1337 Ew., 62,06 km², im Pustertal. – Urk. 769; alte Kirche (13. Jh., Flügelaltar 1513), jetzt Kriegergedächtniskapelle; neue Pfarrkirche (1753–55) mit Fresken von M. Knoller und Rokoko-Hochaltar (um 1756); ehem. bischöfl. Pfleghaus (altes Gerichtsgebäude, darin frühchristl. Kirche aus dem 5. Jh. freigelegt) und Sommersitz der Bischöfe von Brixen. Oberhalb des Ortes in 2538 m Höhe Anraser See.
Literatur: P. Mulser, Die Grenzgerichte des Hochstiftes Brixen, Diss., Innsbruck 1985.

Anschluss: Aufhebung der Grenzschranken am 12. März 1938. Foto.

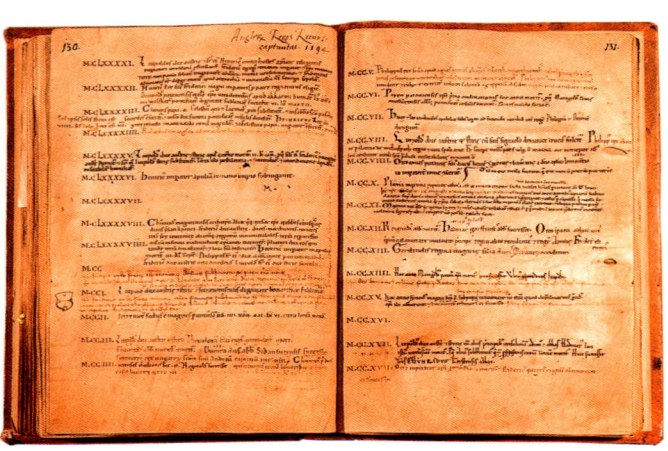

Melker Annalen, 1123–1564 (Stiftsbibliothek Melk, NÖ.).

ANSCHLUSS, geläufiger Begriff für die Bestrebungen zur Vereinigung Ö. mit Deutschland und für die tatsächl. Annexion Ö. im März 1938. Grundlagen der A.-Bewegung waren die jahrhundertelange Verbindung innerhalb des Hl. Röm. Reichs, das fälschlich als dt. Nationalstaat interpretiert wurde, die Stellung der Habsburger als röm. Kaiser bis zur Niederlegung der Kaiserkrone 1806 und der Vorsitz Ö. im 1815 gegr. → Deutschen Bund. Der wachsende Gegensatz zu Preußen (→ Deutschland – Österreich) in der Frage der Vorherrschaft führte in der Frankfurter Nationalversammlung 1848/49 zur Auseinandersetzung zw. „Großdeutschen", die eine Aufnahme des Kaisertums Ö. unter Einschluss der slawischen Gebiete in den geplanten Nationalstaat anstrebten, und „Kleindeutschen", die eine Einigung Deutschlands unter preußischer Führung ohne Ö. wollten. Mit der ö. Niederlage im → preußisch-österreichischen Krieg 1866 und der Gründung des Dt. Reichs 1871 war der Ausschluss Ö. aus der dt. Einigungsbewegung entschieden.

In der 2. Hälfte des 19. Jh. bildeten sich in Ö. alldeutsche Gruppen und Parteien (v. a. unter G. v. → Schönerer), die eine Auflösung der ö.-ung. Monarchie und eine Angliederung der dt.-sprachigen Gebiete Ö.-Ungarns an das Dt. Reich forderten. Polit. Bedeutung erhielt die A.-Bewegung mit der Auflösung der ö.-ung. Monarchie und der Schaffung von Nachfolgestaaten 1918, da nur wenig Glaube an die Lebensfähigkeit von Rest-Ö. vorhanden war. Die Nationalversammlung von Dt.-Ö. erklärte am 12. 11. 1918 Ö. als Bestandteil der Dt. Republik. Unter maßgebl. Beteiligung O. → Bauers erfolgte am 12. 3. 1919 neuerlich eine A.-Erklärung. Im Artikel 88 des Staatsvertrags von → Saint-Germain wurde das Verbot des A. ohne Zustimmung des Völkerbundrats festgelegt. A.-Abstimmungen fanden im April 1921 in Ti. (145.302 für, 1805 gegen) und im Mai 1921 in Sbg. (98.546 für, 877 gegen) mit finanzieller Unterstützung aus Deutschland statt, weitere wurden auf internat. Druck eingestellt. 1922 verzichtete Ö. im Genfer Protokoll auf den A. Wirtschafts-, innen- und kulturpolitisch spielte die A.-Bewegung jedoch in Ö. weiter eine große Rolle; Großdeutsche und Soz.-Dem. traten ebenso dafür ein wie Teile der Christl.-Soz., außerdem bildeten sich zahlr. private, meist von Deutschland finanzierte A.-Vereinigungen (etwa der „Ö.-Dt. Volksbund", die „Ö.-Dt. Arbeitsgemeinschaft", der „Dt. Klub" oder die „Dt. Gemeinschaft"). Die ö. Politik verfolgte in dieser Zeit eine klare Angleichungsstrategie. Die am 19. 3. 1931 vereinbarte Zollunion zw. Deutschland und Ö. wurde vom Internat. Gerichtshof im Haag untersagt. Im Juli 1932 verzichtete Ö. im Protokoll von Lausanne neuerlich auf den A.

Mit der Machtübernahme Hitlers in Deutschland 1933 wurden die A.-Bestrebungen von dt. Seite forciert, beruhten jedoch größtenteils auf alten Konzepten des wilhelmin. Imperialismus und der Weimarer Republik. Mit Wirt.-Boykott, Terror und außenpolit. Druck gegen die Regierung → Dollfuß sollte eine dt.-freundliche Politik erzwungen werden. Träger des A.-Gedankens wurde in Ö. die NSDAP, in der allmählich das ges. nationale Lager aufging, während die Soz.-Dem. und die Christl.-Soz. die A.-Forderung aufgaben. Durch das Verbot der NSDAP in Ö. und die Ermordung Dollfuß' im Juli 1934 mit starker dt. Beteiligung kam es zu einem Stillstand der A.-Bemühungen. Das Juliabkommen 1936 zw. Deutschland und Ö. und die Politik des „dt. Weges" brachten nicht die erhoffte Normalisierung, sondern führten zur Unterwanderung des wirt., polit. und militär. Ö. Nach dem Scheitern einer evolutionären Lösung verstärkte ab Sommer 1937 Deutschland seine offensive A.-Politik, die schließlich am 12. 3. 1938 zum Einmarsch dt. Truppen in Ö. und einen Tag später zur Vollziehung des A. mit dem „Gesetz über die Wiedervereinigung Ö. mit dem Dt. Reich" führte. → Österreich 1938–1945.

Auf der Grundlage der → Moskauer Deklaration von 1943, der Kriegsauswirkungen und der Abwendung weiter Kreise der Bevölkerung vom A.-Gedanken wurde am 27. 4. 1945 in der Unabhängigkeitserklärung der A. für null und nichtig erklärt. Ein neuerl. Verbot des A. erfolgte durch Artikel 4 des → Staatsvertrags von 1955.
Literatur: F. Kleinwaechter u. H. Paller, Die A.-Frage, 1930; N. Schausberger, Der Griff nach Ö., ²1979; A. 1938, 1981; E. Schmidl, März 38, 1987; H. Arnberger (Hg.), A. 1938, 1988; G. Stourzh (Hg.), Ö., Deutschland und die Mächte, 1990.

Anschütz, Auguste, * 7.7. 1819 Breslau (Wroclaw, PL), † 31. 3. 1895 Wien, Schauspielerin; Tochter von Heinrich → Anschütz. 1831–36 Kinderrollen am Wr. Burgtheater, 1841–71 Mitgl. des Wr. Burgtheaters, tragische und sentimentale Rollen.

Anschütz, Heinrich, * 8. 2. 1785 Luckau (D), † 29. 12. 1865 Wien, Schauspieler, Regisseur, Bühnenschriftsteller, Übersetzer; Vater von Auguste → Anschütz. 1821–64 Mitgl. des Wr. Burgtheaters, Helden- und Väterrollen; in enger Verbindung mit den „Schubertianern", Freund L. van Beethovens.
Literatur: G. Reitter, Der Burgschauspieler H. A., Diss., Wien 1969.

Ansfelden, OÖ., LL, Stadt, 277 m, 14.789 Ew., 31,41 km², an der Traun und der Krems südl. von Linz, Autobahnknotenpunkt an der W-Autobahn. – Landw. BerS; starke wirt. Bindung an Linz (mehr als 5300 Beschäftigte, davon rd. 1 Drittel in verarb. Gewerbe und Ind.: Papierfabrik in Nettingsdorf, Holzverarb., Leichtmetallbau, Fertighausbau und -vertrieb, Schmuckerzeugung, Stahlbearb., Fensterproduktion, Maschinenrecycling), Handel, Einkaufszentrum Haid. – Urk. 777, Geburtshaus A. → Bruckners (Gedächtnisstätte, Sinfonienwanderweg), Bruckner-Center (1996); got.-barocke Kirche (urk. 1113), Pfarrhof von C. A. Carlone (1690–1707); Reste von Burg Ziehberg (archäolog. Ausgrabungen aus Jungsteinzeit und Hallstattzeit).
Literatur: J. Fuchshuber, A. einst und jetzt, 2 Bde., 1987.

Antau, Bgld., MA, Gem., 189 m, 753 Ew., 8,75 km², landw. Wohngem. an der Wulka mit dt.- und kroatischsprachiger Bevölkerung, letzte Mühle an der Wulka. – Urk. 1245, hist. Ortsbild (Streck- und Hakenhöfe), klassizist. Pfarrkirche (1809/10) mit Volksaltar und Glocke von 1779, Pestkapelle hl. Anna (18. Jh.), Kapelle hl. Maria Lourdes (18. Jh.), Bildstöcke (teilw. 18. Jh.), Pringer-Mühle mit hist. Taubenschlag.

Antel, Franz (Josef), * 28.6. 1913 Wien, Filmregisseur, Produzent, Drehbuchautor. Begann als Regieassistent, Regie erstmals beim Kurztonfilm „Vagabunden" (1933). Regisseur von über 70 ö. und dt. Unterhaltungsfilmen (v. a. → Heimatfilme und → K. u. k.-Filme).
Weitere Filme: Der alte Sünder, 1951; Hallo Dienstmann, 1952; Kaiserwalzer, 1953; Spionage, 1955; Lumpazivagabundus, 1957; Ruf der Wälder, 1965; Susanne, die Wirtin an der Lahn, 1967; Casanova & Co., 1977; Der Bockerer I, 1981; Der Bockerer II, 1996; Der Bockerer III, 2000; Der Bockerer IV, 2003.
Literatur: F. A. u. C. F. Winkler, Hollywood an der Donau, 1991; Alles Leinwand, Ausst.-Kat., Wien 2001; Verdreht, verliebt, mein Leben. Nach Aufzeichnungen bearbeitet v. P. Orthofer, 2001.

Antesperg, Johann Balthasar von, * 1682 Wiesing (D), † 31. 8. 1765 Wien, einer der ersten ö. Grammatiker. Verfasste zur Unterweisung des späteren Ks. Joseph II. „Das Josephinische Erzherzogliche A. B. C. oder Namenbüchlein" (1741, Nachdruck hg. v. G. Mraz 1980), ferner die „Kayserliche Deutsche Grammatik" (1747, vor J. C. Gottscheds „Sprachkunst"), berücksichtigte bereits Besonderheiten der ö. Volkssprache.

Anthering, Sbg., SL, Gem., 423 m, 3108 Ew., 25,26 km², wirt. dynamische Gem. mit Fremdenverkehr am Antheringer Bach im Flachgau nördl. der Stadt Salzburg. Breit gefächerte Wirt.-Struktur. – Spätgot. Pfarrkirche mit roman. Kern (urk. 790, got. und barocke Zubauten), frühgot. Krypta, spätgot. Langhaus mit Rankenmalerei, barocke Kreuzigungsgruppe (17. Jh.); neugot. Kapellen in der Umgebung, Flachgauer Mittertennhöfe.
Literatur: F. Aigner, Heimat A. Aus der Geschichte einer Flachgauer Landgem., 1990.

Anthropologische Gesellschaft in Wien, 1870 von F. → Andrian-Werburg gegr.

Franz Antel. Foto.

Johann Balthasar von Antesperg: Doppelseite aus dem ABC-Büchlein Josephs II., 1741.

Ansfelden: Geburtshaus A. Bruckners.

Antifaschismus: Plakat zur Wiener Ausstellung, 1945.

Publikationen: Mittlg. der A. G. in Wien; Sonderschriften über anthropol., volkskundl., völkerkundl. und prähist. Forschungen.
Literatur: K. Pusmann, Die Wr. A. G. in der 1. Hälfte des 20. Jh., Diss., Wien 1991.

Antiesenhofen, OÖ., RI, Gem., 346 m, 1105 Ew., 8,58 km², Wohngem. mit Kleinind. nahe der Antiesenmündung in den Inn. Skifabrik. – Roman.-got. Kirche (urk. 1084, Bau 15. Jh.) mit Barockeinrichtung und Reliefgrabstein (16. Jh.). – Naturschutzgebiet „Unterer Inn".

Antifaschismus, polit. Gegnerschaft zum Faschismus, v. a. nach Auflösung des Parlaments 1933–38 (→ Ständestaat), während Ö. Besetzung 1938–45 und seit 1945 gegen das Wiedererwachen von nat.-soz. Bestrebungen (Verfassungsgesetz über das Verbot der NSDAP usw.). Im → Staatsvertrag 1955 verpflichtet sich die Republik Ö., faschist. Tendenzen entgegenzutreten.

Antisemitismus, Feindschaft gegen Juden. In der ö. Geschichte hat der A. eine lange Tradition. Schon Ende des 13. Jh. wird von Ausschreitungen gegen Juden berichtet, 1420/21 kam es unter Hzg. Albrecht V. zu einer großen Ausweisung und zur Verbrennung von Juden aus Wien. Unter Ferdinand I. wurde 1551 Juden das Tragen eines gelben Rings auf der Kleidung befohlen. 1670 vertrieb Leopold I. alle Juden aus NÖ., das Wr. Ghetto auf dem Gebiet der späteren → Leopoldstadt wurde aufgelöst, aber bald kamen wieder Mitgl. reicher jüd. Familien nach Wien. Eine Phase der Toleranz erlebten Juden unter Joseph II. (→ Toleranzpatent), gleichzeitig setzte eine starke Zuwanderung aus Böhmen, Mähren und Galizien nach Wien ein. Die Zeit des Liberalismus ermöglichte Juden freie Entfaltung. Nach 1867 konnten sie in freien Berufen, als Ärzte, Rechtsanwälte, in Presse, Literatur, Kunst, Handel, Bankwesen und Ind., aber auch an den Univ. wirken. Als Reaktion darauf entstand in weiten Kreisen der Bevölkerung ein wirt. A., den verschiedene Richtungen politisch nützten. Während die Christl.-Soz. unter K. → Lueger seit ca. 1885 vorwiegend die wirt. Probleme hervorhoben, vertrat G. Ritter v. → Schönerer zur gleichen Zeit einen Rassen-A., dessen Ziel die völlige Ausschaltung der Juden war. Beide Formen fanden viele Anhänger, jedoch war 1897–1914 zumindest ein Rückgang des A. zu verzeichnen. Bei den Soz.-Dem. waren Juden in führenden Positionen tätig, ebenso bei manchen liberalen Gruppierungen. Während des 1. Weltkriegs fand ein weiterer starker Zustrom von Juden aus Galizien nach Wien statt, wodurch sich der A. in Wien, v. a. an den Univ. und unter Akademikern, beträchtlich verstärkte. Bis 1938 konnte er sich in den meisten polit. Gruppierungen entfalten, insbes. auch in der Christl.-soz. Partei, wo er nun ebenfalls rassist. Formen annahm. Trotz zahlr. jüd. Persönlichkeiten in der Parteiführung war er auch in Kreisen der Soz.-Dem. vorhanden; er lebte in verschiedenen Formen bei den Großdeutschen fort und wurde bes. von den Nat.-Soz. propagandistisch benutzt. Nach dem nat.-soz. Herrschaftsantritt erfolgte ab 1938 eine planmäßige Verfolgung der Juden, die zunächst zu einer starken Auswanderungsbewegung in die USA und nach Palästina führte, später die systematische Vernichtung der → Juden. 1938 lebten in Ö. 185.250 Juden, im Sept. 1939 noch 66.000, 1947 nur noch 8552. Nach 1945 wurde der A. in der Öffentlichkeit bekämpft. Wie stark er dennoch latent in der Bevölkerung vorhanden ist, kann nur durch Meinungsumfragen ermittelt werden. Wiederholt kam es auch in der 2. Republik zu antisemit. Ausschreitungen (Friedhofsschändungen u. Ä.).
Literatur: B. F. Pauley, Eine Geschichte des ö. A., 1993 (engl. 1992); A. Rotter, Der A. der Christl.-Soz. in Ö., Dipl.-Arb., Wien 1994; H. P. Wassermann (Hg.), A. in Ö. nach 1945, 2002.

Antlassritt, siehe → Fronleichnam.

Antoine, Tassilo, * 25. 10. 1895 Wien, † 23. 4. 1980 ebd., Gynäkologe. Univ.-Prof. in Innsbruck und Wien (ab 1943); 1959/60 Rektor.
Werke: Neubearbeitung von Weibels Lehrbuch der Frauenheilkunde, 1949; Atlas der Kolpomikroskopie, 1956 (mit V. Grünberger).

Antonicek, Theophil, * 22. 11. 1937 Wien, Musikwissenschaftler. Univ.-Prof. in Wien, Mitbegründer der „Ö. Ges. für Musikwiss.", 1991–96 deren Präs.; Arbeiten zur ö. Musikgeschichte (v. a. Wr. Kaiserhof, Barock und Biedermeier).
Werke: Ignaz v. Mosel (1772–1844). Biographie und Beziehungen zu den Zeitgenossen, 2 Tle., Diss., Wien 1962; A. Bruckner und die Wr. Hofmusikkapelle, 1979; Vivaldi, 1997 (mit E. Hilscher); Die Wr. Hofmusikkapelle, Bd. 1, 1999 (Hg.).
Literatur: E. Hilscher (Hg.), Ö. Musik – Musik in Ö., Festschrift, 1998.

Antoniolli, Walter, * 30. 12. 1907 Mistelbach (NÖ.), Jurist. Univ.-Prof. für Staatslehre und Verfassungsrecht in Innsbruck, dann in Wien. 1958–77 Präs. des Verfassungsgerichtshofs. Mitgl. der Ö. Akad. der Wiss.
Werk: Allg. Verwaltungsrecht, 1954.

Antonius, Helmut Otto, * 21. 5. 1885 Wien, † 9. 4. 1945 ebd., Zoologe. Leitete 1924–45 den → Schönbrunner Tiergarten, den er zu einem Forschungsinst. und Zentrum für Pferdezucht und Pferdekunde machte.

Antonius der Grosse, Hl., Fest 17. Jan., * 251/252 Kome (Ägypten), † 356, Einsiedler, „Vater der Mönche". Die A.-Verehrung kam über Konstantinopel nach Europa. In Ö. wurde A. als Viehheiliger und Patron gegen Seuchen verehrt. Kennzeichen: T-förmiges A.-Kreuz, Buch, Schwein, Glocke.
Literatur: O. Wimmer u. H. Melzer, Lexikon der Namen und Heiligen, ⁶1988.

Antonius von Padua, Hl., Fest 13. Juni, * 1195 Lissabon (P), † 13. 6. 1231 bei Padua (I), Franziskaner, Theologe und Prediger. 1946 zum Kirchenlehrer ernannt („Doctor evangelicus"). Wird mit Jesuskind, Buch und Lilie dargestellt. Als Patron der Reisenden, Liebenden und Eheleute beliebt; gilt als Wiederbringer verlorener Gegenstände. Verehrung in Ö. seit dem 17. Jh., viele Kultstätten (bes. in Ti.), deren bedeutendste die Wr. Minoritenkirche mit über 100 marmornen Votivtafeln ist.
Literatur: O. Wimmer u. H. Melzer, Lexikon der Namen und Heiligen, ⁶1988.

Anwaltspflicht: Bei absoluter A. muss die Partei vor Gericht unbedingt durch einen Anwalt vertreten sein, bei relativer A. kann die Partei auch selbst handeln, Vertretung ist aber nur durch einen Anwalt möglich.

Antisemitische Krawalle auf der Hauptstiege der Wiener Universität. Foto, um 1933.

Absolute A. besteht im Rechtsmittelverfahren und im erstinstanzl. Verfahren vor den Landesgerichten, und auch vor den Bezirksgerichten, wenn der Streitwert 4000 Euro übersteigt. Relative A. herrscht z. B. in Ehesachen. Im Strafprozess herrscht Vertretungsfreiheit mit einigen Ausnahmen (Hauptverhandlung vor dem Geschworenen- oder Schöffengericht, vor dem Einzelrichter bei angedrohter Freiheitsstrafe über 3 Jahren usw.).
Literatur: W. H. Rechberger u. D.-A. Simotta, Zivilprozessrecht, ⁶2003.

Anzeigepflicht: 1) Nach § 84 der Strafprozessordnung haben Behörden oder öffentl. Dienststellen strafbare Handlungen, von denen sie im Zuge ihrer amtl. Tätigkeit Kenntnis erlangen und die ihren gesetzl. Wirkungsbereich betreffen, der Staatsanwaltschaft oder der Sicherheitsbehörde anzuzeigen. Ausnahmen bestehen v. a. für Bewährungshelfer und Sozialarbeiter. Ärzte haben grundsätzlich schwere Körperverletzungen oder Kindesmisshandlungen anzuzeigen.
2) In zahlr. Fällen besteht gegenüber Verwaltungsbehörden A., z. B. bezüglich Geburts- und Todesfälle, Funde, Baumaßnahmen, öffentl. Veranstaltungen, bestimmter Krankheiten, Tierseuchen.

Anzengruber, Ludwig (auch L. Gruber), * 29. 11. 1839 Wien, † 10. 12. 1889 ebd., Schriftsteller. Begann 1853 zunächst eine Lehre als Buchhändler und wurde 1860 Schauspieler einer Wandertruppe. 1869/70 arbeitete er in einer Wr. Polizeikanzlei. Ab 1871 war er freier Schriftsteller. In seinen 19 Volksstücken sowie seinen Romanen und Erzählungen aus dem Leben der Alpenbauern und der städtischen Kleinbürger übt er scharfe Ges.-Kritik und bekämpft sittl. Engherzigkeit und relig. Intoleranz. Seine realist. Kunst ist der Tradition des Wr. Lokalstücks und des Volkstheaters eines F. → Raimund, J. → Nestroy und F. → Kaiser verpflichtet, nimmt aber ebenso naturalist. Stilelemente vorweg („Das 4. Gebot", 1877). Die Sprache in seinen Dramen ist eine stilisierte Mundart. 1882–84/85 leitete er die Ztschr. „Die Heimat" und 1884–89 das Witzblatt „Figaro".
Weitere Werke: Volksstücke: Der Pfarrer von Kirchfeld, 1870; Der Meineidbauer, 1871; Die Kreuzelschreiber, 1872; Der G'wissenswurm, 1874; Doppelselbstmord, 1876. – Erzählungen: Die Märchen des Steinklopferhannes, 1874/75; Kalendergeschichten, ab 1876. – Romane: Der Schandfleck, 1876; Der Sternsteinhof, 1885 (Erstdruck 1883/84 in „Die Heimat"). – Krit. Gesamtausgabe in 17 Bden., hg. v. R. Latzke u. O. Rommel, 1920–22 (Neudruck 1976).
Literatur: K. Rossbacher, Literatur und Liberalismus, 1992.

Anzinger, Siegfried, * 25. 2. 1953 Weyer (OÖ.), Maler, Graphiker und Plastiker. Lebt seit 1982 in Köln. Setzt die impulsive Malweise seines Akad.-Prof. M. → Melcher konsequent fort und näherte sich dem abstrakten Expressionismus und den Tendenzen der informellen Malerei der 50er Jahre. 1988 Vertreter Ö. bei der Biennale von Venedig; seit 1997 Prof. für Malerei an der Kunstakad. in Düsseldorf. Großer Ö. Staatspreis 2003.
Literatur: D. Koepplin, Kat. Biennale Venedig, Klagenfurt 1988; W. Drechsler (Hg.), S. A., Ausst.-Kat., Wien 1998; Anzinger – Lebschik, Ausst.-Kat., Klosterneuburg 2002.

APA, siehe → Austria Presse Agentur.

Aperschnalzen (aper = schneefrei), rhythm. Schnalzen und Knallen mit einer bis zu 4 m langen Peitsche („Goaßl"); Ende Jänner, Anfang Februar jedes 3. Jahr zu festgesetztem Termin in einer Ortschaft des Sbg. Flachgaus, dazw. im benachbarten bayr. Rupertiwinkel. Geschnalzt wird in kleinen Gruppen („Passen") zu je 9 Personen; an den (erstmals 1936 in Maxglan durchgeführten) Preisschnalz-Wettbewerben wie an den Auftritten bei Trachtenfesten und anderen öffentl. Veranstaltungen (z. B. Eröffnung der Olymp. Spiele 1972) nehmen meist 60–70 Passen teil. Das A. wurde Anfang des 20. Jh. wiederbelebt und wird heute von der 1957 in Saaldorf bei Freilassing gegr. bayr.-sbg. Schnalzervereinigung „Rupertiwinkel" veranstaltet. Frühere, über die sportl.-demonstrative Funktion hinausgehende Deutungen im Sinne eines glaubensgebundenen Lärmbrauchs (Winteraustreiben) sind ungewiss. In Linz 1925 nach bayr. Vorbild von Trachtenvereinen eingeführt.
Literatur: E. Müller, Der Brauch des A., in: Sbg. Volkskultur 15, 1991.

Apetlon, Bgld., ND, Markt (1991), 120 m, 1888 Ew., 82,21 km², im Seewinkel, östl. des Neusiedler Sees. – Weinbau, Fremdenverkehr (20.344 Übern.). – Urk. 1318, Pfarrkirche (1702), Nationalparkgebiet Lange Lacke (Vogelparadies und → Salzflora).
Literatur: Festschrift Marktgem. A., 1991.

Apetlon: Winzerhaus.

Apfalter, Heribert, * 22. 9. 1925 Pregarten (OÖ.), † 26. 8. 1987 Weistrach (NÖ.), Manager. Ab 1950 bei der VOEST, ab 1976 Leiter des Finanzwesens, 1977–85 Gen.-Dir. des VOEST-Alpine-Konzerns (→ VOEST, Vereinigte Österreichische Eisen- und Stahlwerke AG). Konnte trotz bed. Innovationen die krisenhafte Entwicklung des Unternehmens nicht aufhalten.

Apfelberg, Stmk., KF, Gem., 625 m, 1086 Ew., 9,29 km², Wohngem. mit Gewerbe im Murtal nahe Knittelfeld. Ziegelwerk, eine der größten Mühlen der Stmk. – Schlossruine Einödhof (Mitte 16. Jh. Umbau zum Schloss) mit Stuckdecken; Straßenkapelle mit spätgot. Kruzifix (um 1500). „Amphibienwiege A." (3 ha großes Feuchtgebiet).

Apold, Anton, * 23. 6. 1877 Groß-Jedlersdorf (NÖ.), † 25. 9. 1950 Velden (Kä.), Hüttentechniker. Mit H. → Fleissner an der Entwicklung der Kohletrocknung beteiligt. 1922–34 Gen.-Dir. der → Oesterreichisch-Alpine Montangesellschaft; wegen Beteiligung am Juli-Putsch 1934 verhaftet.
Literatur: B. Schleicher, Heißes Eisen, 1999.

Siegfried Anzinger: Bildnis J. A. (Vater des Künstlers), Leimfarbe, 1994 (Sammlungen der Stadt Wien).

Ludwig Anzengruber. Foto, 1878.

APOLLO-KERZENFABRIK, eine Vorläuferin der Ö. → Unilever GmbH, 1839 im ehem. Apollosaal (Tanzsaal) in Wien 7 gegr., erzeugte Stearinkerzen und ab 1875 Margarine in dem 1846 in Wien-Penzing eröffneten Filialbetrieb; 1911 Fusion mit der Firma Schicht, nach 1918 Toiletteseifenerzeugung. Das Gebäude in Wien 14 wurde 1939 verkauft und später abgebrochen.

Literatur: F. Czeike, Hist. Lexikon Wien, 5 Bde., 1992–97.

Etikett der Apollo-Kerzenfabrik. Lithographie, um 1840.

APOSTEL, Hans Erich, * 22. 1. 1901 Karlsruhe (D), † 30. 11. 1972 Wien, Komponist. Ab 1921 in Ö., Schüler von A. → Schönberg und A. → Berg, gehört stilistisch zur 2. Generation der „2. Wr. Schule", blieb sein Leben lang der Zwölftonmusik verbunden. Großer Ö. Staatspreis 1956.

Werke: Orchester- und Kammermusik, Klavier- und Vokalwerke.

Literatur: H. Kaufmann, H. E. A., 1965.

Hans Erich Apostel. Foto, um 1970.

APOTHEKEN: Die Herstellung und Abgabe von Heilmitteln war seit dem MA in Klöstern und Städten üblich und ein oft von Ärzten ausgeübter Beruf (z. B. Wolfgang Kappler in Krems 1527–67). Im 16. Jh. errichteten die Stände von NÖ. in jedem Landesviertel eine Landschaftsapotheke. Alte A. existieren in Klosterspitälern, z. B. bei den Elisabethinen in Klagenfurt. Im 18. Jh. wurde das Betreiben von A. durch Patente, seit dem Aufkommen der → Pharmaindustrie durch Gesetze geregelt. Nach dem A.-Gesetz vom 18. 12. 1906 (letzte Novelle 2002) ist für den Betrieb einer A. die Konzession des Bezirkshauptmanns erforderlich, der bei Neueinrichtung eine Prüfung des Bedarfs vorauszugehen hat. Betreiber muss ein Pharmazeut sein, der 5 Jahre Praxis nachweisen muss.

Literatur: D. Mohr, Alte A. und pharmazie-hist. Smlg. in Deutschland und Ö., 2000.

APOTHEKERKAMMER, ÖSTERREICHISCHE, Interessenvertretung der Apotheker, 1906 geplant, aber erst aufgrund des A.-Gesetzes von 1947 (BGBl. Nr. 152) eingerichtet. Ihr Wirkungsbereich erstreckt sich auf das ges. Bundesgebiet.

Publikationen: Ö. Apotheker-Zeitung.

APPEL, Carl, * 18. 4. 1911 Wien, † 13. 2. 1997 ebd., Architekt. Studium an der Hochschule für angew. Kunst und der Akad. der bild. Künste in Wien bei C. → Holzmeister; 1936 Meisterschulpreis. Zunächst vorwiegend Wohnhausbau, dann Ind.-, Verwaltungs-, Hotel- und Wohnhausanlagen. Leitete den Wiederaufbau des Opernringhofs (ehem. Heinrichhof) und der Nationalbank.

APPEL, Josef Franz, * 18. 5. 1767 Wien, † 5. 12. 1834 ebd., Numismatiker. Besaß eine große Münzensammlung.

Werke: Münz- und Medaillen-Smlg., 2 Bde., 1805–08; Repertorium der Münzkunde des MA und der neueren Zeit, 4 Bde., 1820–29.

APPELT, Heinrich, * 25. 6. 1910 Wien, † 16. 9. 1998 ebd., Historiker. Ab 1959 Univ.-Prof. in Graz, 1963–80 an der Univ. Wien.

Werke: Die Urkunden der Brixner Hochstiftsarchive, 1940; Privilegium minus. Das staufische Kaisertum und die Babenberger in Ö., 1973; Die Urkunden Friedrichs I., 5 Bde., 1975–90.

APPELT, Ingo, * 11. 12. 1961 Innsbruck (Ti.), Bobfahrer, Schmuckdesigner und Politiker (FPÖ). 9facher ö. Meister, 3facher Europameister und Weltcupsieger, Goldmedaille bei den Olymp. Spielen 1992 in Albertville im Viererbob (mit Harald Winkler, Gerhard Haidacher und Thomas Schroll), danach Rücktritt vom aktiven Sport. Seit 1993 Mitgl. der FPÖ, seit 1994 Abg. z. Ti. Landtag.

APPENZELLER KRIEG, 1404–08 geführter Bauernkrieg der Appenzeller gegen den Abt von St. Gallen. Durch das Bündnis von Hzg. Friedrich IV. von Ti. mit dem Abt griff der Krieg auf Vbg. und Ti. über. Am 14. 6. 1405 unterlag der Hzg. am Stoos bei Altstätten, worauf sich Feldkirch, Bludenz, Rankweil und Götzis, 1406 auch der Bregenzerwald, dem „Bund ob dem See" anschlossen. Die Burgen Jagdberg, Tosters, Ramschwag, Bürs und Alt-Montfort wurden zerstört, die Appenzeller drangen bis Landeck vor. Sie belagerten Bregenz, konnten es aber nicht einnehmen und wurden am 13. 1. 1408 durch Truppen des Schwäbischen Bundes besiegt. 1408 wurde in Konstanz Frieden geschlossen: Der „Bund ob dem See" musste sich auflösen, den Mitgl. wurden aber die alten Freiheiten und Privilegien bestätigt. Vbg. kehrte unter die habsb. Herrschaft zurück.

Literatur: B. Bilgeri, Der Bund ob dem See, 1968.

AQUAE, im Itinerarium Antonini erwähnte röm. Siedlung; das heutige → Baden.

AQUILEIA, kleine Stadt im Isonzo-Delta in Friaul (I). Die 181 v. Chr. gegr. röm. Kolonie wurde Stützpunkt zur Erschließung des Donauraums. Seit dem 3. Jh. Sitz eines Bischofs, dann des Patriarchen mit großer Diözese. Als Grenze zum Erzbistum Sbg. wurde 811 die Drau festgelegt. A. kam 976 zu Kä., dann zu Görz; es war 1500–1809 und 1814–1918 Teil von Ö.

ARA, siehe → Altstoff Recycling Austria AG.

ARABURG, siehe → Kaumberg.

ÄRAR (von lat. „aerarium") bzw. Fiskus, alte Bezeichnung der Staatskassa und des Staatsvermögens im weitesten Sinn, z. B. Monopole.

ARATYM, Hubert (eigentl. H. Pelikan), * 22. 1. 1926 Gutenstein (NÖ.), † 22. 2. 2000 Wien, Maler, Bildhauer, Bühnenbildner. Beschäftigte sich v. a. mit der räuml. Dimension der Kunst in Formen wie Wandmalerei, Relief und Tapisserie in ausdrucksvoller Farbigkeit. Der Mensch und sein schicksalhaftes Verhängnis waren A. Hauptthemen.

Werke: Bühnenbilder zu: J. Genet, Der Balkon (Volkstheater Wien, 1961); K. Kraus, Die letzten Tage der Menschheit (Theater an der Wien, 1964); J. Giraudoux, Sodom und Gomorrha (Schlossparktheater Berlin, 1964); W. Shakespeare, Ein Sommernachtstraum (Volkstheater Wien, 1965); I. Strawinsky, Die Geschichte vom Soldaten (Dt. Oper Berlin, 1971); M. Maeterlinck, Der blaue Vogel (Volkstheater Wien, 1995). – Bücher: Von der Erkenntnis des Leides, 1988; Prozession der Mitvergangenheit, 1992.

Literatur: H. A. u. F. Mayröcker, Configurationen, 1985.

ARBEITER, im engeren Sinn Lohn-A., der seine Arbeitskraft einem Arbeitgeber gegen Bezahlung zur Verfügung stellt. Man unterscheidet Fach-A. und Hilfs-A. Seit dem 19. Jh. wurde A. zur Standesbezeichnung des Lohn-A. in Ind., Gewerbe und Landw. Arbeiter gehörten zur soz. Unterschicht. Die organisierte → Arbeiterbewegung des 19. und frühen 20. Jh. konnte polit. und soz. Rechte erkämpfen und die Lage der A. vollständig verändern. Jetzt sind die soz. Klassenunterschiede weitgehend aufgehoben. Die Arbeitsnormen werden durch § 1151 ABGB, die Gewerbeordnung sowie durch Kollektivverträge und Spezialgesetze geregelt.

ARBEITERBEWEGUNG: Gleichzeitig mit der bürgerl. Ges. entstand beim Übergang von der Manufaktur- zur Fabriksproduktion am Beginn des 19. Jh. eine neue verarmte Unterschicht, die man als „arbeitende Classe" bezeichnete und die aus Taglöhnern, Handlangern usw. bestand. Die Konzentration der Erzeugung in Fabriken entzog vielen ländl. Heimarbeitern den Lebensunterhalt und zwang sie, in Ind.-Orte zu übersiedeln. Dadurch wurden dort die Löhne gedrückt, große Armut entstand. Diese Verarmung führte zum Widerstand der Betroffenen, der einerseits in Unruhen, andererseits in Solidaritätsaktionen zum Ausdruck kam. So entstanden Hilfskassen aus der Tradition von Gesellenladen (z. B. 1842 in Linz), aus denen später Kranken- und Arbeitslosenunterstützung sowie Konsum- und Vorschussvereine hervorgingen. Zur ersten Organisation der Arbeiter kam es während der → Revolution 1848, als sich in Wien ein „Arbeiterkomitee" bildete, das den 10-stündigen Arbeitstag und Lohnerhöhungen durchsetzte. Am 24. 6. 1848 wurde vom Schustergesellen F. Sander der „Erste Ö. christl. Arbeiterverein" vorwiegend aus Gesellen des Kleingewerbes gegr., später entstand ein „Radikaler liberaler Verein". Am 23. 8. 1848 kam es auf der Jägerzeile (heute Praterstraße) zum Zusammenstoß von Arbeitern mit der Nationalgarde. Nach 1848 verbot die Regierung alle derartigen Vereine, als einzige Form gestattete man die kath. Gesellenvereine nach dem Muster von A. Kolping, die ab 1852 eingerichtet wurden (→ Gesellenbetreuung).
Im Neoabsolutismus nahmen Industrialisierung und Verstädterung zu, so dass immer mehr Arbeiter in Großbetrieben beschäftigt waren, wo die Organisierung der Arbeiterschaft und v. a. der Kampfform des Streiks leichter und wirkungsvoller einzusetzen waren. Gleichzeitig erfolgte der Zusammenschluss in Fachvereinen, wobei nicht nur höhere Löhne, sondern auch das Berufsethos der Qualifikation eine Rolle spielten. Daher waren die Fachvereine etwa bei den Buchdruckern bes. stark.
Ab 1861 wurden neue Arbeitervereine, meist auf zünftischer Basis nach Bruderladenvorbild, gegr. Branchenübergreifend war der 1867 gegr. Wr. Arbeiterverein. Weiters entstanden in Wien wie auch in kleineren Städten → Arbeiterbildungsvereine. 1872 gab es 59 Arbeiterbildungsvereine und 78 Gewerkschaftsvereine mit zusammen 80.000 Mitgl. Der Arbeiterbildungsverein von Wien hatte 1879 35.000 Mitgl. Ideologisch orientierten sich diese Vereine an der dt. Soz.-Dem., sympathisierten mit der 1. Arbeiter-Internat. von 1864 und boten so den Behörden den Vorwand zum Verbot. 1870 wurde gegen Exponenten des Wr. Vereins ein Hochverratsprozess angestrengt, was zu stürmischen Straßenkundgebungen führte. Im gleichen Jahr beschloss der Reichsrat jedoch ein Koalitionsgesetz, das den Arbeitern die Bildung von polit. Vereinen ermöglichte.
Seither ist die A. weitgehend an die Soz.-Dem. Partei gebunden. In den Jahren 1871–88 gab es interne Kämpfe zw. Gemäßigten (H. → Oberwinder) und Radikalen (A. → Scheu). Als Folge des Sozialistengesetzes von 1886 wurde der Ausnahmezustand über verschiedene Regionen verhängt, es fanden 13 Prozesse statt, 379 Personen wurden ausgewiesen. In diesen Jahren trat V. → Adler hervor, der sich als Gewerbeinspektor für die Verbesserung der Lage der Wienerberger Ziegelarbeiter einsetzte und 1886 die Zeitung → „Gleichheit"

gründete. Auf dem → Hainfelder Parteitag konnte er 1888/89 die verschiedenen Gruppen einigen und die Soz.-dem. Partei (→ Sozialdemokratische Partei Österreichs) gründen. Am 12. 7. 1889 erschien die erste → „Arbeiterzeitung". In der Folge kam es zur Gründung einer Organisation und ab 1890 zu den ersten Mai-Kundgebungen (→ Erster Mai) in der ganzen Monarchie. Bald setzte eine neue Vereinsgründungswelle ein mit dem Ziel, das → Wahlrecht zu erkämpfen. Die Soz.-Dem. konnten sich in bestimmten Berufsgruppen, wie den Fabriksarbeitern oder den Eisenbahnern, bes. stark durchsetzen; unter dem Eindruck dieser Bewegung wurden auch weit tragende Sozialgesetze erlassen (Gewerbeinspektorate, 1883; → Unfallversicherung, 1887; → Krankenversicherung, 1888), die dem Arbeiterschutz dienten. Dabei gewannen die → Gewerkschaften als 2. Säule der A. steigende Bedeutung.
Durch die Sozialenzyklika „Rerum novarum" Papst Leos XIII. von 1891 wurde auch eine christl. A. (→ christlichsoziale Bewegung) angeregt. In der Folge entstanden christl. Arbeitervereine, die sich 1902 zu einem „Reichsverband der nichtpolit. Vereinigungen christl. Arbeiter Ö." zusammenschlossen; Organisator war L. → Kunschak. 1907 hielten sie in Wien ihre 1. Konferenz ab, waren aber wesentlich schwächer als die soz.-dem. Organisationen.
Einen wichtigen polit. Erfolg erzielte die soz.-dem. A. nach großen Demonstrationen mit dem allgemeinen Wahlrecht (der Männer); damit wurde 1907 erstmals das Abgeordnetenhaus gewählt, und die Soz.-Dem. erlangten 87 von 516 Mandaten. Machtvolle Demonstrationen fanden 1911 wegen der Teuerung der Lebensmittel statt.
In den letzten Jahren des 1. Weltkriegs formierte sich die A. neu, im Jänner 1918 kam es zu ausgedehnten Streiks, den Arbeitern wurden Vertrauenspersonen zur Sicherung der Versorgung zugestanden. Im Okt./Nov. 1918 spielte die soz.-dem. A. bei der Gründung der → Ersten Republik eine bes. Rolle, nahm bis 1920 an der Regierung teil und konnte bedeutende Gesetze im Sozial- und im Schulwesen durchsetzen. Nach dem Austritt aus der Regierung setzten die Soz.-Dem. das Programm der A. bes. in Wien und in einigen anderen Städten, in denen sie die polit. Mehrheit innehatten, um. Bes. Bedeutung kam dabei den „freien Gewerkschaften" zu. Die soz.-dem. A. erhielt allerdings in der aufkommenden Kommunist. Partei (→ Kommunistische Partei Österreichs) eine Konkurrenz, die aber in Ö. keine wesentliche Rolle spielte. Während der 1. Republik stand die soz.-dem. A. völlig im Zeichen des → Austromarxismus, versuchte neue Kultur- und Lebensformen (der „Neue Mensch") aufzubauen, förderte Sport, Wohnkultur und Bildung, allerdings streng getrennt von den bürgerl. Gruppierungen. Einen sportl. Höhepunkt bildete die Arbeiterolympiade von 1931 in Wien. Im Verhältnis dazu blieb die christl. A., die sich auf die christlichen Gewerkschaften stützte, schwach. Erst mit dem Verbot

Arbeiterbewegung: Umschlag der Zeitschrift „Neue Glühlichter" zum 1. Mai 1904.

Arbeiterbewegung: Umschlag der Maifestschrift der österreichischen Sozialdemokratie, 1897.

der soz.-dem. Organisationen im Ständestaat erhielten christl. Gewerkschafter Führungspositionen. Ziel war die Schaffung eines einheitl. Gewerkschaftsbundes, was aber zu keiner Aussöhnung mit den Soz.-Dem. führte. Ebenso versuchte der → Nationalsozialismus auf die A. Einfluss zu nehmen; es wurden einige weit reichende Sozialgesetze geschaffen, die „Dt. Arbeitsfront" und die „Kraft durch Freude"-Bewegung wurden errichtet.

Nach 1945 entstand die A., dem soz. Wandel entsprechend, in veränderter Form. Die überwiegende Mehrheit entschied sich für demokratische Formen, alle Diktaturen (Faschismus, Kommunismus) wurden abgelehnt. Alle polit. Parteien versuchten nun, die Arbeitnehmer zu organisieren (→ Arbeiter- und Angestelltenbund), doch wurde der Ö. → Gewerkschaftsbund als eine gem. überparteil. Institution gegr. Durch den soz. Aufstieg der Arbeiterschaft erlangte die A. eine veränderte Position, zumal die soz. Rechte durch eine Fülle von Gesetzen gesichert und ausgebaut wurden. Eine soz. Besserstellung war nun leichter möglich, soz. Abstieg als Gruppenerscheinung selten. Innerhalb der Arbeitnehmer nahmen die Arbeiter gegenüber den Angestellten zahlenmäßig ab. Neue soz. Probleme entstanden seit den 60er Jahren durch den Zustrom ausländ. Arbeitskräfte (→ Ausländerbeschäftigung) sowie durch konjunkturbedingte → Arbeitslosigkeit, wenn auch die Arbeitslosigkeit insges. in Ö. im Unterschied zu vielen anderen europ. Ländern relativ niedrig blieb.

Der seit 1959 bestehende „Verein zur Geschichte der A." führt regelmäßig Tagungen durch und gibt Publikationen heraus.

Literatur: H. Steiner, Bibliographie zur Geschichte der ö. A., 3 Bde., 1962–70; H. Hautmann u. R. Kropf, Die ö. A. vom Vormärz bis 1945, 1977; W. Häusler, Von der Massenarmut zur A., 1979; E. Bruckmüller, Sozialgeschichte Ö., 1985; W. Maderthaner, Die A. in Ö. und Ungarn bis 1914, 1986.

ARBEITERBILDUNGSVEREINE, standen am Anfang der organisierten → Arbeiterbewegung in Ö. und verbanden Bildungsabsichten (Vorträge, Unterricht, Bibl.) mit geselligen (Gesang, Turnen u. Ä.), wirt. (Kranken- und Invaliden-Unterstützungskasse) und auch – obwohl vereinsrechtl. zunächst verboten – mit polit. Zielen. Die seit 1867 verbreitet entstehenden A. verdankten Gründung und materielle Förderung zunächst meist den Liberalen, doch bald entwickelten sie sich häufig zu Basisorganisationen der Soz.-Dem. Nach dem → Hainfelder Parteitag 1888/89 wurden die A. von den gewerkschaftl. Zusammenschlüssen der einzelnen Berufsgruppen zurückgedrängt, die ebenfalls „Vermittlung von Wissen, Aufklärung und Bildung" als eine ihrer Aufgaben erklärten. Die 1908 begonnene Zusammenarbeit der beiden konkurrierenden Organisationen im „Unterrichtsausschuss der Wr. Arbeiterorganisationen" leitete die volle Eingliederung der A. in die Soz.-dem. Arbeiterpartei (SDAP) ein. → Zentralstelle für das Bildungswesen.

Literatur: P.-H. Kucher, in: Die Schul- und Bildungspolitik der ö. Soz.-Dem. in der 1. Republik, 1983.

ARBEITERBILDUNGSWESEN, siehe → Arbeiterbewegung, → Arbeiterbildungsvereine.

ARBEITERKAMMERN, siehe → Kammern für Arbeiter und Angestellte.

ARBEITERMITTELSCHULEN, siehe → Gymnasium, Realgymnasium und Wirtschaftskundl. Realgymnasium für Berufstätige.

ARBEITER-SAMARITER-BUND ÖSTERREICHS, 1927 Ausschuss des → ASKÖ, 1932 eig. Verein, 1934 aufgelöst, 1947 erneuert; gemeinnütziger Verein für Erste Hilfe, Krankentransport, soz. Dienste, Katastrophenhilfe usw. Rd. 12.500 Mitgl. und 90.000 Förderer (2003).

Literatur: P. Meihsl, Von der Selbsthilfe zur Einsatzorganisation, 1992.

ARBEITER-SÄNGERBUND, ÖSTERREICHISCHER, 1892 gegr. Verband von Chören, die ihr Programm den Themen „Frieden, Arbeitswelt und Umwelt" widmen. 1934 aufgelöst, 1946 erneuert. 2003: 106 Vereine mit 2460 Sängern.

Arbeitersportbewegung: Plakat für das Turn- und Sportfest in Wien, 1926.

Vorstand des Arbeiterbildungsvereins Wien. Foto, um 1870.

ARBEITERSPORTBEWEGUNG, entstand in Ö. nach der Gründung der Soz.-Dem. Partei (1888/89), als einige Soz.-Dem. aus der dt.-nat. Turnerbewegung austraten und im Arbeiterbildungsverein Wien-Mariahilf die Arbeiterturnerbewegung gründeten (1890–92 Bildung einer Turnersektion). 1893 entstanden Arbeiter-Radfahrer, 1895 wurde der Touristenverein → „Naturfreunde" gegr.

1919 sammelten sich die Arbeitersportvereine, die Arbeiterradfahrer und die „Naturfreunde" im Verband der Arbeiter- und Soldatensportvereine (VAS), der sich 1924 zum „Arbeiterbund für Sport und Körperkultur in Ö." (ASKÖ) umbildete. Seit 1913 hatte die ö. A. auch Anschluss an die internat. A., der 1919 gegr. Wr. Arbeiter-Turner- und Sportverband (WAT) war als einzige Sportorganisation Mitgl. der Sozialist. Internationale. 1931 fand in Wien die 2. Arbeiterolympiade statt. 1934 wurde die A. in Ö. verboten, 1945 wurde sie reaktiviert und hat seither im → ASKÖ ihre zentrale Vertretung.

ARBEITERTHEATER: 1908 wurde unter der Patronanz von E. → Pernerstorfer und S. → Grossmann die Wr.

„Freie Volksbühne" gegr., ein Theaterverein ohne festes Haus, der einem Arbeiterpublikum den Zugang zu Werken der dt. Klassik und der zeitgenöss. Moderne erschließen sollte, was nur bedingt gelang; in der Zwischenkriegszeit Kleinkunst- und Agit-Prop-Theater der „Roten Spieler" (Mitgl. der sozialist. Arbeiterjugend), zu deren Autoren u. a. J. → Soyfer gehörte.
Literatur: A. Pfoser, Literatur und Austromarxismus, 1981.

ARBEITER- UND ANGESTELLTENBUND, ÖSTERREICHISCHER, ÖAAB, 1945 von L. → Kunschak, L. → Weinberger u. a. gegr. Arbeitnehmerorganisation der ÖVP, einer der 3 Bünde, aus denen sich neben anderen Teilorganisationen die ÖVP zusammensetzt. Mitgl.: rd. 200.000 (2003), Bundesobmann F. Neugebauer.
Publikationen: Monatszeitung „Freiheit" (gegr. 1946).
Literatur: W. Schwimmer u. E. Klinger, Die christl. Gewerkschaften, 1975; J. Kunz u. R. Prantner, L. Kunschak, 1993.

ARBEITERZEITUNG, AZ, 1889 von V. → Adler als Nachfolgerin der verbotenen → „Gleichheit" gegr. Zentralorgan der ö. Soz.-Dem. Erschien in Wien ab 12. 7. 1889 14-tägig, ab 18. 10. 1889 wöchentlich, ab 1. 1. 1895 als Tageszeitung bis zum Verbot am 12. 2. 1934. Von 25. 2. 1934 bis 15. 3. 1938 wurde im Exil in Brünn eine wöchentl. Ausgabe produziert und nach Ö. eingeschmuggelt. Nach dem 2. Weltkrieg wurde die AZ als Parteizeitung der SPÖ wiedergegr. Als solche erschien sie von 5. 8. 1945 bis 14. 9. 1989, danach als parteiunabhängige Zeitung bis zu ihrer Einstellung aus wirt. Gründen am 31. 10. 1991. Bedeutende Chefredakteure (F. Austerlitz, 1895–1931; O. Pollak, 1931–34 und 1946–61; F. Kreuzer, 1962–67; P. Blau, 1967–70; M. Scheuch 1970–89) und prominente Mitarbeiter aus der Führungsschicht der Partei machten die Zeitung zu einer wichtigen Stimme in der polit. Diskussion: vor dem 1. Weltkrieg klassenkämpferisch, in den 20er Jahren „Linienorgan" der Partei, in der Besatzungszeit für die Rechte der Österreicher und seit Ende der 60er Jahre für eine Öffnung der Partei eintretend.
Auflagen: 1900: 24.000; 1914: 54.000; 1930: 100.000; 1948: 245.000; 1990: 100.000.
Literatur: G. Melischek u. J. Seethaler, Die Wr. Tageszeitungen, Bd. 3, 1992; P. Pelinka u. M. Scheuch, 100 Jahre AZ, 1989.

Arbeiterzeitung: Ausschnitt aus der Titelseite der ersten Ausgabe vom 12. Juli 1889.

ARBEITGEBERVERBÄNDE, freiwillige fachl. und regionale Interessenvereinigungen der Arbeitgeber in Form privatrechtl. Vereine. Sie stehen neben den → Wirtschaftskammern als Verhandlungs- und Vertragspartner den → Gewerkschaften gegenüber.
In Ö. bestehen insbes. folgende A.:
A. ohne Kollektivvertragsfähigkeit: Ö. Wirtschaftsbund, Freier Wirtschaftsverband Ö., Ring freiheitl. Wirtschaftstreibender, Ö. Gewerbeverein, Handelsverband.

A. mit Kollektivvertragsfähigkeit: → Vereinigung der Österreichischen Industrie; Pharmazeutischer Reichsverband für Ö.; Theatererhalterverband ö. Bundesländer und Städte; Wr. Theater-Direktoren-Verband; Landesverbände der Kinobesitzer; Verband der Konzertlokalbesitzer und aller Veranstalter Ö.; verschiedene Verbände von Geldinst. und Versicherungsanstalten, wie Verband ö. Banken und Bankiers und Verband der Versicherungsunternehmen Ö.; Landesverbände der land- und forstw. Arbeitgeber; Ö. → Raiffeisenverband; Landesverbände der Haus- und Grundbesitzer; Verband der Elektrizitätswerke Ö.; → Verband Österreichischer Zeitungen; Ö. → Genossenschaftsverband; Ö. Apothekerverband; Hauptverband der graph. Unternehmungen Ö. u. a.
Nur wenige Verbände, wie etwa der Bankenverband oder der Hauptverband der graph. Unternehmungen, machen von der Kollektivvertragsfähigkeit Gebrauch. In der Regel schließen die gesetzl. Interessenvertretungen, also die Wirtschaftskammern, die Kollektivverträge ab.

ARBEITNEHMERSCHUTZRECHT, siehe → Arbeitsschutz.
Literatur: J. Berger, Einführung in das ö. Arbeits- und Sozialrecht, 1981; Arbeitsrecht, bearb. v. W. Mazal, ^{24}2000; A. Heider u. H. Schramhauser, ArbeitnehmerInnenschutzgesetz, ^{4}2002.

ARBEITNEHMERVERTRETUNGEN: In Ö. existieren unternehmensinterne (→ Betriebsrat) und unternehmensexterne A. Gewerkschaften als freiwillige und Kammern für Arbeiter und Angestellte als gesetzl. Interessenvertretungen besitzen eine Fülle rechtl. und ges.-polit. Mitwirkungsmöglichkeiten.
Die → Gewerkschaften sind in Ö. als überparteiliche und überkonfessionelle Einheitsgewerkschaft in Form eines privatrechtl. Vereins (Ö. Gewerkschaftsbund) organisiert; neben einer einheitl. Angestelltengewerkschaft sind die Arbeitergewerkschaften nach dem Industriegruppenprinzip strukturiert; die Mitgliedschaft ist freiwillig. Die → Kammern für Arbeiter und Angestellte sind als gesetzl. Interessenvertretungen mit Pflichtmitgliedschaft und Umlagerecht ausgestattet.

ARBEITSÄMTER, siehe → Arbeitsmarktservice Österreich, → Berufsberatung und Arbeitsvermittlung.

ARBEITSDIENST, im August 1932 als „Freiwilliger Ö. A." von der Regierung in Anlehnung an den Freiwill. Arbeitsdienst im Dt. Reich zur Bekämpfung der Jugendarbeitslosigkeit beschlossen. Im Okt. 1933 leisteten 20.000 Personen in 240 Lagern A., die Hälfte davon lebte in den A.-Lagern. Sie wurden bei Großprojekten (Höhenstraße auf den Kahlenberg, Reichsbrücke, Hochwasserdämme) eingesetzt und trugen graue Uniformen. Im Ständestaat wurde der A. bis 1935 weiter ausgebaut, dann aber stark reduziert (1937: 4500 Personen).
Nach dem Anschluss Ö. an das Dt. Reich wurde der 1935 mit 6-monatiger Dienstzeit eingeführte Reichs-A. auch in Ö. Pflicht; nach 1939 erfüllte er vorwiegend militär. Hilfsdienste; ab 1944 wurde der A. auch bei der Luftabwehr eingesetzt.
Literatur: V. Pawlowsky, Werksoldaten, Graue Mandln, in Zeitgeschichte 17, 1990; S. Trybek, Der Reichsarbeitsdienst in Ö 1938–45, Diss., Wien 1992.

ARBEITSGEMEINSCHAFT FÜR SPORT UND KÖRPERKULTUR IN ÖSTERREICH, siehe → ASKÖ.

„Der Österreichische Arbeitsdienst". Umschlag, 1935.

Arbeitsgemeinschaft Katholischer Verbände Österreichs, AKV, kath. Laienorganisation, 1954 gegr., umfasst 20 Mitgliedsverbände, die vorwiegend im Jugendbereich engagiert sind (u. a. Ö. → Kolpingwerk, studentische Verbände, Lehrerverbände und Freizeitorganisationen). Die insges. rd. 1 Mio. Mitgl. der AKV wirken laienapostolisch in Ges., Beruf, Familie und Kirche im Sinne des 2. Vatikan. Konzils. Die AKV verleiht die „Kardinal Opilio Rossi-Medaille" für Verdienste um das Laienapostolat und vergibt den „Bischof DDr. Stefan László-Preis".

Arbeitsgruppe 4, Architektengruppe, gegr. 1950 von Schülern C. → Holzmeisters an der Wr. Akad. d. bild. Künste. Mitgl. waren W. → Holzbauer (bis 1964), F. → Kurrent und J. → Spalt. Bis 1953 war auch Otto Leitner Mitgl. Die A. trat mit innovativen Bauten und Entwürfen im Sakral-, Wohn-, Städte- und Schulbau hervor und begann mit der Aufarbeitung der ö. Moderne in der Architektur.
Werke: Bauten: Pfarrkirche Salzburg-Parsch, 1953–56; Seelsorgezentrum Ennsleiten (mit J. G. Gsteu), 1958–61, 1970/71; Kolleg St. Josef, Salzburg-Aigen, 1961–64. – Ausstellungen: Wien um 1900, 1964; Internat. Kirchenbauausstellung, 1966.

Arbeitsinspektorate überwachen die Arbeitnehmerschutzgesetze (→ Arbeitsrecht) und werden durch das Arbeitsinspektionsgesetz 1993 geregelt. Die A. sind Behörden der unmittelbaren Bundesverwaltung, die dem BM für Wirt. und Arbeit (Zentralarbeitsinspektorat) unterstellt sind. Sie sind befugt, jederzeit die Betriebe zu betreten und zu kontrollieren. Bei Gesetzesübertretungen haben sie den Arbeitgeber aufzufordern, den gesetzmäßigen Zustand herzustellen, oder sie erstatten Strafanzeige. Darüber hinaus wirken sie beratend und unterstützend im Bereich des Arbeitnehmerschutzes. Eigene A. bestehen im Bereich der Land- und Forstw., weiters die Verkehrsarbeitsinspektion. Vorläufer der A. waren die 1883 errichteten Gewerbeinspektorate, die die vielfältigen Missstände in der gewerbl. und industriellen Arbeitswelt bekämpften. In deren Rahmen erkannte V. → Adler (bei den Wienerberger Ziegelarbeitern) die Notwendigkeit von soz. Maßnahmen.

Arbeitslosenversicherung, staatl. Pflichtversicherung zur finanziellen Risikoabdeckung im Fall der → Arbeitslosigkeit. Rechtl. Grundlage: A.-Gesetz 1977 (letzte Novelle BGBl I 179/99, 1999). Träger: Arbeitsmarktservice Ö. Der Beitrag wird je zur Hälfte von Arbeitnehmer und -geber geleistet. Anspruchsberechtigt ist, wer arbeitsfähig und -willig ist, der Arbeitsvermittlung zur Verfügung steht, die Anwartschaft erfüllt und dessen Arbeitslosengeld noch nicht erschöpft ist.

Arbeitslosigkeit, Fehlen von Erwerbsmöglichkeiten für arbeitswillige und -fähige Personen. Hinsichtlich der Ursachen sind zu unterscheiden: 1) saisonal bedingte A. in einzelnen Branchen (z. B. Baugewerbe, Fremdenverkehr); 2) konjunkturelle A.; 3) strukturelle A. als Folge von Veränderungen der Wirt.-Struktur (z. B. Betriebsschließungen, techn. Veränderungen usw.); 4) friktionelle A. als Folge der Fluktuation auf dem Arbeitsmarkt. In Ö. waren 2002 (Jahresdurchschnitt) 232.418 Personen arbeitslos (Arbeitslosenrate: 6,9 bzw. 4,7 %). Die saisonale und die strukturelle Komponente der A. sind in Ö. sehr wichtig. Darin liegen auch die Ursachen für das O-W-Gefälle der A. Sie ist in W-Ö. vergleichsweise gering, im O dagegen hoch.
Die Erhaltung der Vollbeschäftigung besaß in der ö. Wirt.-Politik der 70er Jahre einen bes. Stellenwert, während nach 1973 (1. Erdölpreisschock) in den Nachbarstaaten im Zuge der nachlassenden Konjunktur die A. stark anstieg. Erst ab 1982 setzte in Ö. eine Angleichung an die internat. Entwicklung ein. Innerhalb der EU ist Ö. nach Luxemburg und den Niederlanden das

Arbeitslosigkeit. Lithographie, 1903.

Land mit der drittniedrigsten Arbeitslosenrate. Finanziell sind Arbeitslose durch die → Arbeitslosenversicherung abgesichert; Strategien zur Bekämpfung der A. werden in der → Arbeitsmarktpolitik entwickelt. Schon im 19. Jh. bewirkte die A. in Ö. eine starke Binnen- bzw. Auswanderung. Nach 1918 (→ Erste Republik) stieg sie stark an und betrug 1919 bereits 185.000 Personen; 1926 überstieg sie 244.000 (11 %) und erreichte 1933 mit 557.000 (21,7 %) Jahresdurchschnitt den Höhepunkt. Davon waren über 100.000 Ausgesteuerte (ohne weiteren Anspruch auf Unterstützung). Obwohl man Maßnahmen gegen Doppelverdiener ergriff, Kurzarbeit einführte und Beschäftigungsprogramme (Arbeitsdienst, produktive Arbeitslosenfürsorge) entwarf, konnte die A. bis 1937 (464.000) nicht wesentlich verringert werden und war eine der Ursachen für den Erfolg des → Nationalsozialismus.
Literatur: D. Stiefel, A., 1979; R. Buchegger, A. Ökonom. u. soziolog. Perspektiven, 1990; C. Stelzer-Orthofer (Hg.), Strategien gegen A., 1998.

Arbeitslosigkeit in Österreich (Jahresdurchschnitt)			
	Arbeitslose	in Prozent der Beschäftigten	
		nationale Methode	OECD-Methode
1970	59.313	1,8	–
1980	53.161	1,9	–
1990	165.795	5,4	3,2
1993	222.265	6,8	4,2
1994	214.941	6,5	4,4
1995	215.716	6,6	3,9
1996	230.507	7,0	4,4
1997	233.348	7,1	4,4
1998	237.794	7,2	4,5
1999	221.743	6,7	3,9
2000	194.315	5,8	3,7
2001	203.883	6,1	3,6
2002	232.418	6,9	4,7

Arbeitsmarktpolitik, umfasst im engeren Sinn gezielte und selektiv eingesetzte Maßnahmen, um die konkrete Lage von einzelnen Arbeitskräften oder Gruppen auf dem Arbeitsmarkt abzusichern oder zu verbessern und damit auch das Verhältnis von Angebot und Nachfrage auf dem Arbeitsmarkt zu verbessern. Insbes. zählen dazu Maßnahmen der materiellen Existenzsicherung (z. B. Unterstützungsleistungen durch die → Arbeitslosenversicherung) sowie Maßnahmen, die eine (Wieder-)Eingliederung in den Arbeitsmarkt aktiv fördern (Unterstützung bei der Suche nach Arbeitsplätzen, gezielte Förderung durch Qualifizierung, Lohnsubvention usw.).

Arbeitsmarktservice Österreich, AMS, mit dem Arbeitsmarktservicegesetz 1994 durch Ausgliederung aus dem BM f. Arbeit und Soziales geschaffenes öffentlich-rechtl. Unternehmen für Dienstleistungen auf dem Arbeitsmarkt (→ Berufsberatung und Arbeitsvermittlung). Die Aufgaben des AMS umfassen die Durchführung von Maßnahmen der aktiven Arbeitsmarktpolitik (Beratung, Vermittlung und arbeitsmarktpolit. Förderung), die Prüfung und Auszahlung von Lohnersatzleistungen bei → Arbeitslosigkeit und ordnungspolit. Aufgaben im Rahmen des Ausländerbeschäftigungsgesetzes. Das AMS ist in 1 Bundes-, 9 Landes- und 98 regionale Geschäftsstellen organisiert, mit (2002) rd. 4500 Mitarbeitern. Die Finanzierung des AMS erfolgt im Wesentl. aus den Beiträgen zur → Arbeitslosenversicherung.

ARBEITSRECHT, Sonderrecht des unselbständig Beschäftigten, das seine soziolog. Wurzel in der Schutzbedürftigkeit gegenüber dem wirt. überlegenen Arbeitgeber hat. Das A. gliedert sich in das Individualarbeitsrecht, das das Arbeitsvertragsrecht und das Arbeitnehmerschutzrecht zusammenfasst, und das kollektive Arbeitsrecht.
Das Arbeitsvertragsrecht bildet die Gesamtheit jener Normen, die die Vertragsbeziehungen zw. Arbeitnehmer und Arbeitgeber regeln. Diesbezügl. finden sich die wesentl. Bestimmungen für Angestellte im Angestelltengesetz 1921, für Arbeiter in der Gewerbeordnung 1859, für Vertragsbedienstete im Vertragsbedienstetengesetz 1948, des weiteren gibt es Spezialgesetze für Journalisten, Schauspieler, Gutsangestellte, Landarbeiter u. a. Subsidiäre Rechtsquelle ist das ABGB.
Durch das Arbeitnehmerschutzrecht werden dem Arbeitgeber öffentl.-rechtl. Pflichten im Interesse der Arbeitnehmer auferlegt. Es gliedert sich in den techn. Arbeitnehmerschutz (v. a. ArbeitnehmerInnenschutzgesetz), den Arbeitszeitschutz (Arbeitszeitgesetz und Arbeitsruhegesetz sowie Sondervorschriften im Bundesgesetz über die Beschäftigung von Kindern und Jugendlichen) und den Verwendungsschutz (v. a. für Kinder und Jugendliche, Frauen, Mütter und Väter).
Das kollektive Arbeitsrecht regelt die betriebl. Mitbestimmung (durch Betriebsrat und Betriebsvereinbarungen) und überbetriebl. Rechtsgestaltung (durch Kollektivverträge, Satzungen und Mindestlohntarife). Diesbezügl. Bestimmungen finden sich im Arbeitsverfassungsgesetz.
Der Inhalt des einzelnen Arbeitsvertrages hat sich daher in dem durch Gesetze, Kollektivverträge und Betriebsvereinbarungen abgesteckten Rahmen zu halten.
Literatur: T. Tomandl, Arbeitsrecht, Bd. 1, [4]1999; G. Löschnigg, Arbeitsrecht, [10]2003.

ARBEITSSCHUTZ, summarischer Begriff für alle öffent.-rechtl. Rechtsvorschriften, die dem Schutz des Lebens, der Gesundheit und Sittlichkeit der Arbeitnehmer im Zusammenhang mit der Erbringung ihrer Arbeitsleistung dienen. Urspr. im Rahmen des Gewerberechts; 1972 im Arbeitnehmerschutzgesetz (ASchG) neu geregelt. Es enthält u. a. nähere Anforderungen an Betriebsgebäude, -räumlichkeiten, -einrichtungen und -mittel sowie über die Gestaltung der Arbeitsbedingungen. Das neue ASchG (1994) sieht eine flächendeckende arbeitsmedizin. Betreuung vor.
Bes. Schutzbestimmungen gelten für:
Kinder und Jugendliche (Bundesgesetz über die Beschäftigung von Kindern und Jugendlichen 1987 und die hierzu ergangene Verordnung über Beschäftigungsverbote und -beschränkungen für Jugendliche 1998): Nachtruhe (20 bis 6 Uhr), Sonn- und Feiertagsruhe, Verbot der Akkordarbeit bzw. von Arbeiten unter Zeit- oder Leistungsdruck, Gesundheits- und Sittlichkeitsschutz, Aufzählung der für Kinder und Jugendliche verbotenen Betriebe und Arbeiten mit bestimmten Stoffen, besonderer phys. Belastung u. a.
Mütter (Mutterschutzgesetz 1979): Beschäftigungsverbot für Schwangere und Mütter, Verbot der Nachtarbeit (20 bis 6 Uhr) sowie Sonn- und Feiertagsarbeit für werdende und stillende Mütter, Kündigungs- und Entlassungsschutz, Karenzurlaub, Teilzeitbeschäftigung; zahlr. Sonderbestimmungen.
Väter, die Betreuungs- und Erziehungsaufgaben übernehmen, sind durch Sonderbestimmungen im Väterkarenzgesetz (VKG 1989) ebenfalls geschützt.
Frauen (Verordnung über die Beschäftigungsverbote und -beschränkungen für Arbeitnehmerinnen 2001): Verbot der Arbeit im untertägigen Bergbau oder der Arbeiten unter Einwirkung von Blei; Einschränkung von Arbeiten mit besonderer phys. Belastung; das Bundesgesetz über die Nachtarbeit von Frauen 1969 wurde 2002 wegen Verstoß gegen EU-Recht aufgehoben. Diesbezügl. Schutzbestimmungen bestehen daher nur noch für Hausgehilfen und Hausangestellte, für Heimarbeiterinnen, Bäckerinnen und Landarbeiterinnen.
Nachtschicht-Schwerarbeiter (Bundesgesetz 1981): Zusatzurlaub, Ruhepausen, Sonderruhegeld u. a.
Schutzbestimmungen enthalten ferner das Hausgehilfen- und Hausangestelltengesetz, das Heimarbeitsgesetz, das Bäckereiarbeitergesetz usw. Die Überwachung des A. obliegt den Arbeitsinspektoren als staatl. Aufsichtsorgane gemäß Arbeitsinspektionsgesetz 1974.
Literatur: G. Löschnigg, Arbeitsrecht, [10]2003.

ARBEITS- UND SOZIALGERICHTE: Aus den Arbeitsgerichten, Schiedsgerichten der Sozialversicherung und den Einigungsämtern entstanden 1987 die A. u. S., die über Arbeitsrechtssachen (Streitigkeiten aus dem Arbeitsverhältnis) und Sozialrechtssachen (Streitigkeiten aus dem Sozialversicherungsverhältnis usw.) entscheiden. Das A. u. S. erkennt durch Senate, die sich aus Richtern und fachkundigen Laienrichtern zusammensetzen, wobei ein Berufsrichter den Vorsitz zu führen hat. Die jeweiligen Landesgerichte, in Wien das Arbeits- und Sozialgericht Wien, sind in 1. Instanz zur Entscheidung zuständig. → Arbeitsrecht, → Sozialversicherung.
Literatur: G. Löschnigg, Arbeitsrecht, [10]2003.

ARBEITSVERTRAG, privatrechtl. Vereinbarung zw. Arbeitgeber und Arbeitnehmer zur Regelung des Arbeitsverhältnisses (→ Arbeitsrecht).

ARBEITSZEIT: Die wöchentl. A. der unselbständig Beschäftigten wird in Ö. durch das A.-Gesetz grundsätzl. mit 40 Stunden begrenzt. Durch → Kollektivvertrag können für den Arbeitnehmer günstigere Regelungen der A. getroffen werden. Die Leistung von Überstunden ist in beschränktem Ausmaß vorgesehen, für sie gebührt ein Zuschlag. Zeitausgleich kann vereinbart werden, ebenso Gleitzeit. Für einige Berufsgruppen (Spitalsärzte usw.) gelten Sonderregelungen. Für selbständig Berufstätige gibt es keine gesetzl. Regelung der A.

ARBEO, † 4. 5. 783 (784?), Geistlicher, stammte aus der Gegend um Meran (S-Ti.), ab 765 Bischof in Freising (Bayern), ebd. begraben. Der Verfasser von Lebensbeschreibungen der bayer. Gründerheiligen Corbinian und Emmeram gilt als erster Schriftsteller dt. Herkunft. Die ältere Forschung schrieb ihm deshalb die Veranlassung des ersten dt. Buchs, des in mehreren Fassungen verbreiteten „Abrogans" (nach dem 1. Stichwort „abrogans" = bescheiden), eines lat.-ahd. Glossars (Wörterbuch), zu.
Ausgabe: B. Bischoff u. a. (Hg.), Die Abrogans-Handschrift der Stiftsbibl. St. Gallen, 2 Bde., 1977.
Literatur: L. Vogel, Vom Werden eines Heiligen. Eine Untersuchung der Vita Corbiniani des Bischofs A. von Freising, 2000; Verf.-Lex.

ARBESBACH, NÖ., ZT, Markt, 849 m, 1785 Ew., 55,03 km², am Oberlauf des Großen Kamp. – Kleinere Gewerbe- und Dienstleistungsbetriebe, etwas Fremdenverkehr. – Urk. 1246 „Arwaizpach"; barocke Pfarrkirche (1761–72); Pranger (1615); südwestl. von A. einer der wenigen erhaltenen Galgen des Waldviertels; Burgruine („Stockzahn des Waldviertels", 12. Jh., wahrscheinlich Kuenringergründung); Schloss (1593); Museum Hammerschmiede; Bärenschutzzentrum Bärenwald.

Literatur: M. Mauritz, A., 1983.

Arbing, OÖ., PE, Gem., 278 m, 1284 Ew., 12,03 km^2, landw.-gewerbl. Wohngem. am Übergang vom Mühlviertel zum Machland östl. von Perg. – Pfarrkirche (Umbau um 1480) mit lebensgroßer Mutergottesstatue (um 1510) auf Mondsichel, 28 m hoher Kirchturm (ehem. Wehrturm, um 1510) ohne Spitze, Schloss (urk. 1137, Bau um 1600).

Literatur: A. Kranzl (Red.), 850 Jahre A. 1137–1987, 1987.

Arbö, Auto-, Motor- und Radfahrerbund Ö., 1899 in Wien als „Verband der Arbeiter-Radfahrer-Vereine Ö." gegr. Heute eine österreichweit tätige Dienstleistungsorganisation für techn., rechtl. und tourist. Belange. 94 Prüfzentren, 200 Pannen- und Abschleppfahrzeuge, 687 Mitarbeiter; Aufgaben des ARBÖ sind Konsumentenschutz, Versicherungsberatung, Fahrsicherheitstrainings- und Verkehrssicherheitsarbeit sowie Organisation von nat. und internat. Rad- und Motorsportveranstaltungen.

Arbogast, Hl.), Fest 27. Juli, † um 550 Straßburg (Strasbourg, F), christl. Glaubensbote aus dem kelt. Westen. Soll zuerst als Einsiedler bei Götzis (Vbg.) gelebt haben, seinem heute einzigen Kultort in Ö. (Wallfahrtskirche St. A. bei Götzis).

Archäologie: Im eigentl. Sinn ist A. die Lehre von den Altertümern. Urspr. auf die Kunstgeschichte der Antike beschränkt, wurde der Begriff auch auf die nicht unbedingt kunsthist.-ästhetisch bedeutsamen Bodenfunde und auf nicht unmittelbar der Antike angehörende Kulturen ausgedehnt. So spricht man heute von urgeschichtl. oder prähist., klass., provinzialröm., christl., ma. und Stadt-A. Gemeinsam ist allen Richtungen dieser Disziplin, dass ihre Quellen vorwiegend durch Ausgrabungen gehobene Sachgüter eines bestimmten Kulturraums oder einer Epoche mit Einbeziehung zur Verfügung stehender Texte sind. Bei wiss. Ausgrabungen werden nicht nur die Gegenstände freigelegt, sondern auch die Befunde, d. h. die Fundumstände, fotograf. und zeichnerisch dokumentiert. Bes. Bedeutung kommt der Stratigraphie, der exakten Beobachtung der Kulturschichten, deren Ablagerung auf menschl. Wirken zurückgeht, und ihrer Abfolge zu. Trotz ihrer geisteswiss. Herkunft und Methodik bedient sich die A. in zunehmendem Maß naturwiss. Hilfsmittel.

Die älteste Nachricht über archäolog. Funde in Ö. findet sich in den Annalen des Stifts St. Florian, die von einem Schatzfund röm. Goldmünzen 1297 in Steyr berichten. Um 1300 überliefert der Kremsmünsterer Mönch Berchtold (Bernardus Noricus) die 1. Abschrift einer röm. Inschrift auf ö. Boden, die beim Umbau der Laurentiuskirche in Lorch gefunden wurde. Im 15. Jh. werden die antiken Überreste vermehrt gewürdigt, das Interesse an den Funden ist geweckt. Zu Beginn des 19. Jh. werden die Bodendenkmale als Bestandteile der Landesgeschichte nicht nur bewertet, man besinnt sich auf die eig. Geschichte. In der Folge entstehen hist. Vereine und die Landesmuseen in Graz, Innsbruck, Linz und Salzburg. 1853 wurde die k. k. Centralcommission zur Erforschung und Erhaltung der Kunst und Hist. Denkmale gegr., die Vorläuferin des heutigen Bundesdenkmalamts. 1869 wurde an der Univ. Wien die Lehrkanzel für Klassische A. eingerichtet, 1876 die für Röm. Geschichte, Altertumskunde und Epigraphik, 1892 ein Lehrstuhl für Prähist. A., der erste seiner Art auf der ganzen Welt, der Vorläufer des heutigen Inst. für Ur- und Frühgeschichte. 1898 wurde das Ö. Archäolog. Inst. gegr.

Ausgrabungen werden heute von der Abteilung für Bodendenkmale des Bundesdenkmalamts, dem Ö. Archäolog. Inst., Universitätsinst. sowie Landes- und Fachmuseen durchgeführt. Aufgrund der akuten Gefährdung und Zerstörung archäolog. Fundstellen sind der Großteil Rettungs- und Notgrabungen. Grabungen ö. Archäologen im Ausland gibt es in → Ephesos (Türkei), Veglia (Italien), Giseh und Tell el-Dab'a (Ägypten).

Literatur: A. Lippert (Hg.), Reclams A.-Führer Ö. und S-Ti., 1985; M. Kandler u. H. Vetters (Hg.), Der röm. Limes in Ö., 1986; J.-W. Neugebauer, Ö. Urzeit, 1990. Berichte über archäolog. Forschungen finden sich in: Archaeologia Austriaca, A. Ö., Fundberichte aus Ö. und Pro Austria Romana.

Archäologisches Institut, Österreichisches, siehe → Österreichisches Archäologisches Institut.

Architekten- und Ingenieurkonsulentenkammern, gesetzl. → Interessenvertretung aller freiberuflich tätigen, staatlich befugten und beeideten Architekten und Ingenieurkonsulenten (→ Ziviltechniker), 1913 als Standesvertretung der „behördlich autorisierten Privattechniker und Bergbauingenieure" gegr. Heutige Rechtsgrundlage: Ziviltechnikerkammergesetz 1993. Mitgl. der A. u. I. sind (2003) rd. 6500 Ziviltechniker (Architekten und Ingenieurkonsulenten aus mehr als 40 ingenieur- und naturwiss. Fachgebieten). Es bestehen 1 Bundeskammer mit Sitz in Wien und 4 Länderkammern: für Wien, NÖ. und Bgld. in Wien, für OÖ. und Sbg. in Linz, für Stmk. und Kä. in Graz, für Ti. und Vbg. in Innsbruck. Als Aufsichtsbehörde fungiert das → Wirtschaftsministerium.

Archive, Aufbewahrungsorte von Schriftstücken, vorwiegend Urkunden, Akten, Bildern und Plänen. Seit dem Hoch-MA besaßen die Klöster A., die Landesfürsten waren lange Zeit weniger auf A. bedacht. Das habsb. A. befand sich in der Sakristei der Burgkapelle, Maximilian I. ließ die Urkunden neu ordnen. Die meisten A. sind aus Registraturen der Verwaltung entstanden. Man unterscheidet öffentl. A. und Privat-A. Öffentl. A. sind die im Ö. Staats-A. zusammengefassten A. des Bundes, der einzelnen Länder und der Gem. Privat-A. sind kirchl. A. (Diözesen und Klöster), A. von Familien, Einzelpersonen, Betrieben, Zeitungen, Verlagen oder des ORF.

Das Ö. Staats-A. (dem Bundeskanzleramt zugeordnet) wurde 1945 aus dem 1939 geschaffenen Reichs-A. Wien, dem Kriegs-A. und dem Verkehrs-A. gebildet. Es besteht a) aus Generaldirektion, b) Haus-, Hof- und Staats-A. (HHStA), c) Allg. Verwaltungs-A. (AVA), dem auch das Verkehrs-A. eingegliedert ist, d) Finanz- und Hofkammer-A. (FHKA), e) Kriegs-A. (KA) und f) A. der Republik (AdR). Die Generaldirektion, das A.-Amt und die Abteilungen c, e und f befinden sich im 1988 eröffneten A.-Gebäude Wien 3, Nottendorfergasse 2. Das HHStA wurde 1749 von Maria Theresia zur Erfassung aller für das Herrscherhaus und den Staat wichtigen Dokumente gegr., 1762 der Staatskanzlei angeschlossen und dadurch zum A. des Herrscherhauses, der Hofverwaltung und der Außenpolitik. Joseph II. wies ihm die Bestände aufgehobener Klöster zu. 1840 wurde es zur wiss. Anstalt erklärt und 1868 für die Benützung freigegeben. Es befindet sich im 1902/03 erbauten Gebäude am Minoritenplatz 1.

Das Allg. Verwaltungs-A. entstand aus dem 1820 gebildeten Hofkanzlei-A., übernahm 1918 die Bestände

Archäologie: Ausgrabung eines keltischen Skeletts in Eferding, OÖ., 1997.

Hofkammerarchiv in Wien.

der Justizverwaltung, 1933 das 1828 errichtete Adels-A. und 1945 das A. der Unterrichtsverwaltung. Das ihm angeschlossene A. für Verkehrswesen wurde 1897 als A. der Eisenbahn-Hoheitsverwaltung gegr. und verwaltet die Bestände der Eisenbahnen, der obersten Post- und Telegraphenverwaltungen seit 1826 bzw. 1846, der Zentralstelle für das Schifffahrtswesen seit 1865. Das Hofkammer-A. umfasst Archivalien aus dem Geschäftsgang der Hofkammer seit dem 16. Jh. und übersiedelte 1848 (1832–56 war F. → Grillparzer Dir.) in das Gebäude Johannesgasse 6 in Wien 1. Das Finanz-A. wurde 1892 als A. des k. u. k. Finanzministeriums gegr., übernahm Bestände der Allg. Hofkammer ab ca. 1814 und blieb bis 1938 im Verband des Finanzministeriums, während das Hofkammer-A. (1868–1918 k. u. k. Reichs-Finanz-A.) dem Bundeskanzleramt unterstand. Seit 1945 bilden beide eine Abteilung. Das Kriegs-A. wurde 1801 von Erzherzog → Karl als kriegswiss. Inst. gegr., neben dem das Hofkriegsrätliche A. weiterbestand. 1848 wurden beide ein A. im Bereich des Kriegsministeriums; alles Schriftgut des Heeres- und Kriegswesens seit 1546 wurde dort vereinigt (Hofkriegsrätliches Kanzlei-A., Registratur des Hofkriegsrates und des Kriegsministeriums, Aktenbestände des Bundesheeres der 1. Republik und Personalakten der dt. Wehrmacht). In dem 1983 gegr. A. der Republik wurden die Bestände der übrigen Abteilungen seit 1918 bzw. 1945 zusammengeführt.

Der Zeitpunkt der Freigabe für die Forschung wird durch das Bundesarchivgesetz bestimmt (derzeit 30 Jahre generelle A.-Sperre, nach 20 Jahren Sonderregelungen möglich).

Jedes Bundesland besitzt ein Landes-A., das in den meisten Fällen aus einem Regierungs-A. und einem ständischen A. besteht. In Wien ist das Stadt-A. auch Landes-A. Auch die meisten größeren Städte besitzen organisierte und mit Fachbeamten besetzte A. Landes-A. und einzelne Stadt-A. (Linz) betreuen regionale Urkundenbücher und Regestenwerke.

Privat-A. sind u. a. die Diözesan-A. in Wien, St. Pölten und Klagenfurt sowie die meist mit älteren Beständen reich ausgestatteten Kloster-A. Wertvolle Archivalien besitzen einzelne Adelsfamilien, manche übertrugen die Betreuung ihrer Bestände öffentl. A. Interessensvertretungen, Parteien und Großbetriebe verfügen in der Regel über nicht öffentl. zugängl. A. Sonder-A. sind Dokumentationsstellen von Zeitungen, des ORF, des ö. Widerstands oder das Ö. Film-A.

Für Archivalien gilt das Denkmalschutzgesetz 1999 (zuständig ist das Ö.) Staats-A. Archivare des Bundes und der Länder werden in der Regel am Inst. für Ö. Geschichtsforschung ausgebildet und sind im „Verband ö. Archivare" organisiert (Ztschr. „Scrinium" seit 1969).

Literatur: L. Bittner, Gesamtinventar des Wr. Haus-, Hof- und Staats-A., 5 Bde., 1936–40; Inventar des Hofkammer-A., 1951; Inventar der Innsbrucker staatl. A., 1938; Inventar des Stmk. Landes-A., 1959; Das ö. Staatsarchiv. Geschichte, Leistung, Aufgabe, 1988; Mittlg. des Ö. Staats-A. seit 1948, 42 Bde. und 11 Sonderbde. (1992); E. Springer u. L. Kammerhofer, A. und Forschung, 1993.

ARDAGGER, NÖ., AM, Markt, 274 m, 3286 Ew., 47,20 km², umfasst die Orte A. Markt u. A. Stift nördl. von Amstetten, am Eingang in den Strudengau. – Pumpwerk der Ö. Donaukraftwerke AG. – In A. Markt got.-barocke Pfarrkirche hl. Nikolaus. – A. Stift: Das 1049 gegr. Kollegiatstift mit Bauten des 17. Jh. wurde 1784 aufgehoben und 1813 in ein Schloss umgewandelt. Frühere Stiftskirche hl. Margareta, spätroman. Basilika (1063 geweiht, im 2. Viertel des 13. Jh. umgebaut) mit erhöhtem Chor und darunterliegender Krypta; barocke Stuckausstattung (1678). Das Margaretenfenster (1230–40) ist die älteste figürl. Glasmalerei Ö.

ARDNING, Stmk., LI, Gem., 696 m, 1251 Ew., 34,03 km², gewerbl.-landw. Wohngem. nahe der Einmündung des Ardningbachs in die Enns. Gesundheitswesen, Großhandel. – Urk. 1077, Pfarrkirche (13. Jh., Umbau 1661–66), ma. Glocken (13. Jh. und vor 1460); Kriegergedächtniskapelle mit Barockpietà, Wallfahrtskirche → Frauenberg; Wagnerhaus (1594) mit Tierfries; Stiftisches Badehaus (Schränke 1696); alpine Paar- und Haufenhöfe. Pürgschachner Hochmoor.

ARELAPE, beim griech. Geographen Ptolemaios (ca. 90–168 n. Chr.), in der Tabula Peutingeriana, im Itinerarium Antonini und in der Notitia Dignitatum erwähnte röm. Siedlung, in der Spätantike Standort eines Flottenkommandanten (Praefectus classis Arlapensis) und einer Reitereinheit (Equites Dalmatae); das heutige → Pöchlarn. Der Name A. wurde vom Fluss (der heutigen Erlauf) auf die Siedlung übertragen.

ARIBO, 876–909 genannter letzter Markgraf der karoling. Mark im Donaugebiet, zuletzt des Traungaus. Unter ihm wurde zw. 903 und 905 die → Raffelstettener Zollordnung erlassen. Seine Nachkommen, die Aribonen, bestanden als weit verzweigte Sippe bis in das 12. Jh. in Kä. und Bayern (Gründer von Göß, Millstatt; → Albuin).

Literatur: H. Dopsch, Die Aribonen, Prüf.-Arb. am Inst. f. Ö. Geschichtsforschung, Wien 1968.

ARISIERUNG, nat.-soz. Begriff für die Ausschaltung der Juden aus dem Berufs- und Wirtschaftsleben in Form von Enteignung von Besitztümern sowie dem Entzug von Ansprüchen und Rechten (z. B. Pensionen, Mietverhältnisse). Der willkürlich festgesetzte Kaufpreis arisierten Eigentums wurde meist auf Sperrkonten gelegt, die nach 1941 vom Staat eingezogen wurden. Durch die 1946–49 beschlossenen Rückstellungs-

Arisierung: Handzettel des Wiener Kaufhauses Herzmansky, 1938.

gesetze wurde versucht, die Folgen der in Ö. durchgeführten A. zu mildern oder zu beseitigen. 1995 wurde ein Nationalfonds geschaffen, aus dem Opfern des Nat.-Soz. eine einmalige Entschädigung gezahlt wurde. 1998 wurde ein Gesetz über die Rückgabe von Kunstgegenständen aus den Ö. Bundesmuseen und Sammlungen erlassen sowie beim Bundesdenkmalamt eine Kommission zur Provenienzforschung eingerichtet, die die Rückgabe arisierter Kunstgegenstände bearbeitet. Zur umfassenden hist. Aufarbeitung des Komplexes „Vermögensentzug auf dem Gebiet der Republik Ö. während der NS-Zeit sowie Rückstellungen bzw. Entschädigungen ..." wurde 1998 von der ö. Bundesregierung eine Historikerkommission unter dem Vorsitz von C. → Jabloner eingesetzt, die 2003 ihren Abschlussbericht vorlegte.

Literatur: I. Etzersdorfer, Arisiert, 1995; Veröffentlichungen der Ö. Historikerkommission, 2003 ff.

ARLBERG, 1793 m, Alpenpass zw. Stanzer (Ti.) und Klostertal (Vbg.), Wasserscheide zw. Donau und Rhein, Gesteinsgrenze zw. Nördl. Kalkalpen und Zentralalpen. Die 76 km lange A.-Straße von Landeck über St. Anton nach Bludenz ist eine der höchsten Passstraßen Ö., 1786 Fahrweg, 1822–25 ausgebaut. Der → Arlbergstraßentunnel verringert die Strecke um 3,7 km und 475 Höhenmeter. Die A.-Bahn (von J. Lott 1880–84 erbaut, 1925 elektrifiziert) unterfährt den Pass in einem 10,3 km langen Tunnel zw. St. Anton und Langen. Der A. ist ein internat. Wintersportgebiet (→ Arlbergschule) mit den Skizentren St. Anton, St. Christoph, Zürs, Lech, Stuben und Langen (Skiweltmeisterschaft 2001). Pässe im A.-Gebiet: Flexenpass und Hochtannberg. → Spullersee mit Kraftwerk. Der A. stellt die Mundart- und Besiedlungsgrenze zw. Baiern und Alemannen dar. Das Land Vbg. leitet seinen Namen von A. („Arlen" = Legföhren) ab.

Literatur: I. Zimmermann, Der A., 1989.

Arlberg: Panorama bei Lech.

ARLBERGBAHN, Gebirgsbahn zwischen Landeck (Ti.) und Bludenz (Vbg.), 64 km lang, erbaut 1880–84 zur Verbindung Tirols mit Vorarlberg und der Schweiz unter der Leitung von Julius Lott. Durchstößt den Arlberg im 10,3 km langen Arlbergtunnel zwischen St. Anton (Ti.) und Langen (Vbg.), seit 1925 elektrifiziert. Die A. war ursprünglich, mit Ausnahme des Arlbergtunnels, nur eingleisig angelegt und ist seit Anfang der 90er Jahre abschnittsweise in zweigleisigem Ausbau (Abschnitt Schnann–St. Jakob a. Arlberg 1997, St. Jakob a. Arlberg–St. Anton 2001 fertig gestellt). Die Höchstneigung der Ostrampe beträgt 26 Promille, die der Westrampe 31 Promille. Auf der Strecke befinden sich eine Vielzahl von Tunnels und Lawinenschutzdächern sowie größeren Brücken und Viadukten, am bekanntesten davon ist die eindrucksvolle → Trisannabrücke.

ARLBERGSCHULE, Bezeichnung für die bes. von H. → Schneider vertretene Skifahrtechnik und -schulungsmethode in den 20er Jahren.

ARLBERGSTRASSENTUNNEL, mit einer Länge von 13.972 m längster Tunnel Ö., Teil der von der → Alpen Straßen AG (im Konzern der ASFINAG) betriebenen Mautstrecke zw. Langen (Vbg.) und St. Anton (Ti.) der Arlberg-Schnellstraße (S 16). Der Tunnel wurde zw. Juli 1974 und Dez. 1978 errichtet und kostete 4 Mrd. Schilling. Er ist für 1800 Kraftfahrzeuge pro Stunde ausgelegt und mit 4 Lüftungszentralen – ein Schacht mit 736 m ist der tiefste Europas –, 12 Ventilatoren, einem durchgehenden schaltbaren Lichtband, 43 TV-Kameras zur Verkehrsüberwachung, Notruftelefonen mit Frischluftversorgung, 144 Abluftjalousieklappen und 16 Abstellnischen ausgestattet. 2002 benützten 2,21 Mio. Kraftfahrzeuge die mautpflichtige Tunnelstrecke, davon entfielen 17 % auf den Wirt.-Verkehr.

ARLT, Ferdinand von, * 18. 4. 1812 Ober-Graupen (Krupka, CZ), † 7. 3. 1887 Wien, Augenarzt. Lehrte in Prag, 1858–83 Prof. in Wien, bedeutender Reformer der Augenheilkunde, erkannte als erster die Ursache der Kurzsichtigkeit.

Werke: Die Krankheiten des Auges, 3 Bde., 1851; Die Kurzsichtigkeit, Entstehung und Ursachen, 1878.

Literatur: ÖBL.

ARMENIER IN WIEN: Nachdem sich ein Teil des armen. Ordens der → Mechitaristen unter dem Schutz Maria Theresias 1773 in Triest niedergelassen hatte, entstand 1810 auch in Wien eine Zweigniederlassung und damit ein Kulturzentrum des Armeniertums. Die Mönche pflegten hier v. a. die armen. Sprache, Geschichte und Literatur und gaben unter dem Titel „Nationalbibliothek" alle alten armen. Schriftsteller mit Kommentaren heraus. Der Wiener Aydinian verfasste 1866 die grundlegende moderne armen. Grammatik; Tschamtschian (1738–1823) veröffentlichte in dem damals ö. Venedig eine 3-bändige und Garagaschian (1818–1903) in Wien eine 4-bändige Geschichte Armeniens. Die Wr. Niederlassung gibt seit 1887 das Organ der armen. Sprachwiss. „Handes Amsorya" heraus. Die Bibl. der Mechitaristen-Kongregation, 1773 gegr., hat eine Spezial-Smlg. armen. bzw. oriental. Handschriften (rd. 153.000 Bde., 2000 Handschriften, Münzen-Smlg.).

Literatur: M. K. Arat, Die Wr. Mechitaristen, 1990.

ARMENISCH-APOSTOLISCHE KIRCHE, siehe → orthodoxe und altorientalische Kirchen.

ARNBERGER, Erik, * 22. 4. 1917 Wien, † 25. 8. 1987 ebd., Geograph. 1968–83 Univ.-Prof. am Geograph. Inst. der Univ. Wien, 1969–85 Dir. des Inst. für Kartographie der Ö. Akad. d. Wiss. Publikationen u. a. zur Agrargeographie, Geomorphologie, Kartographie und Länderkunde.

Werke: Atlas von NÖ. und Wien, 1951–58; Handbuch der Thematischen Kartographie, 1966; Die trop. Inseln des Indischen und Pazifischen Ozeans, 1988 (mit Hertha A.).

ARNETH, Alfred von, * 10. 7. 1819 Wien, † 30. 7. 1897 ebd., Historiker; Sohn von A. → Adamberger. 1848 Abg. z. Frankfurter Nationalversammlung; als Dir. des Staatsarchivs veranlasste er 1868 die Freigabe des Archivs für die Forschung; ab 1861 im Nö. Landtag; ab 1869 im Herrenhaus; 1879–97 Präs. der Akad. d. Wiss.

Werke: Prinz Eugen von Savoyen, 3 Bde., 1858; Geschichte Maria Theresias, 10 Bde., 1863–79; Biographien.

Literatur: ÖBL.

ARNFELS, Stmk., LB, Markt, 314 m, 1100 Ew., 4,21 km², im Pößnitztal an der slowen. Grenze. – KFZ-Technikzentrum; BerS f. KFZ-Mechanik und Elektrotechnik; etwas Weinbau. – Pfarrkirche (1734) mit Kreuzaltar und Resten eines Marmorgrabs (1583); Schloss A. (12. Jh., Neubau, 17. Jh.) mit Schlossspielen.

Literatur: H. Kniely, 800 Jahre Markt A., 1952; I. Mirsch (Hg.), A., 2002.

ARNO (Arn), * 740/41, † 24. 1. 821, ab 785 Bischof, ab 798 (erster) Erzbischof von Sbg. und Metropolit von

Bayern. Als Vertrauensmann Karls des Großen wirkte er bei diplomat. Missionen mit, er betrieb die Bekehrung der Karantanen und Awaren. A. ließ die sbg. Besitzungen aufzeichnen („Notitia Arnonis" und „Breves Notitiae") und veranlasste die „Sbg. Annalen"; er legte eine Bibl. von 150 Handschriften an, baute die Schule von St. Peter aus und ließ den Dom ausgestalten.
Literatur: H. Dopsch, in: Geschichte Salzburgs, Bd. 1, ²1983.

Arnold, Ernst (Pseud. für E. Jeschke), * 12. 2. 1890 Wien, † 5. 1. 1962 ebd., Komponist, Textdichter und Interpret von Wienerliedern; Bruder von Fritz → Imhoff. Schrieb ca. 800 Lieder.
Werke: Wann der Herrgott net will; Du, nur du; Da draußen in der Wachau.

Arnold, Martin, * 4. 7. 1959 Wien, Regisseur. Studierte Psychologie und Kunstgeschichte in Wien, seit 1988 freischaffender Filmemacher, Gründungsmitgl. von Sixpack Film, Organisator zahlr. Avantgardefilm-Festivals in Ö. und den USA. Lehrbeauftragter für Filmproduktion in den USA, Deutschland und Ö. (1999/2000 an der Univ. für Gestaltung in Linz). Internat. Auszeichnungen für seine eig. Werke (experimentelle, collagenhafte Kurzfilme).
Werke: Filme: Pièce touchée, 1989; Passage à l'acte, 1993; Kunstraum Remise, 1994; Don't – The Austrian Film, 1996; Alone. Life Wastes Andy Hardy, 1998; Deanimated – The Invisible Ghost, 2002.
Literatur: G. Matt (Hg.); M. A. – Deanimated, 2002.

Arnold, Robert, * 27. 11. 1872 Wien, † 24. 1. 1938 ebd., Literaturhistoriker. Univ.-Prof. für dt. Literaturgeschichte in Wien.
Werke: Das moderne Drama, ²1908; Bibliographie der dt. Bühnen seit 1830, 1900; Allg. Bücherkunde, ³1931.

Arnold Schoenberg Chor, siehe → Chorwesen.

Arnoldstein, Kä., VL, Markt (1922), 578 m, 6832 Ew., 67,40 km², Gewerbe- und Grenzort im unteren Gailtal an der Bahnstrecke Villach–Tarvisio (err. 1873); zu A. gehört der Grenzübergang Thörl-Maglern. – Laufkraftwerk Schütt-Neuhaus (err. 1961; 64.000 MWh), Bergbahn Dreiländereck (Seltschacher Alpe, 1469 m); Verkehrs- und Transportwesen (Speditionen, LKW-Warenverkehr nach Italien), Industriepark (Nachfolgebetriebe der Bleiberger Bergwerksunion) und Holzind. (Sägewerke), daneben Fremdenverkehr (21.056 Übern., Region Dreiländereck). – Got. Pfarrkirche (15. Jh.); Kreuzkapelle (1529) über einem Bach; Ruine eines Benediktinerklosters (1107 gegr., 1782 aufgehoben, Brand 1883). Nördl. von A. Naturpark Dobratsch.
Literatur: H. Wurzer, Die Marktgem. A. als Teil der „Dreiländer-Grenzregion", Dipl.-Arb., Klagenfurt 1990.

Arnreit, OÖ., RO, Gem., 604 m, 1104 Ew., 20,37 km², landw. Wohngem. zw. Kleiner und Großer Mühl. Holz- und Metallverarbeitung, Kühltechnik. – Urk. 1518, historist. Kirche (1896–1900) mit Turm von 1953–55, figuralen Glasfenstern (1948–50) und alten Glocken (1682, 1762); Burg Alt-Liebenstein (erb. nach 1162); Drei- und Vierseithöfe (v. a. 19. Jh.), viele Tabernakelsäulen (17./18. Jh.).
Literatur: I. H. Pichler (Red.) u. W. Katzinger, Heimatbuch der Gem. und Pfarre A., 1986.

Arnsdorf, NÖ., KR, 4 Dörfer (Ober-, Mitter-, Bachund Hofarnsdorf), zur Marktgem. Rossatz gehörend, am re. Donauufer gegenüber von Spitz in der Wachau; Donauschifffahrtsstation. – Spätgot. Pfarrkirche mit Chorfresko von J. A. Mölk und Seitenaltarbildern des Kremser Schmidt (1773); in Hofarnsdorf befand sich ein Hof der Erzbischöfe von Sbg., 1829 in ein Schloss umgebaut.

Arnstein, Stmk., VO, Streusiedlung, 531 m, südöstl. von Voitsberg (seit 1. 1. 1968 Katastralgem. der Stadtgem. Voitsberg) an der Einmündung der Teigitsch in die Kainach. – Speicherkraftwerk A. (err. 1925, 50.000 MWh) mit 2 Talsperren und Stausee.

Arnstein, Benedikt, * 15. 10. 1761 (?) Wien, † 6. 1. 1841 ebd., Kaufmann und Dramatiker. Erster dt.-sprach. Schriftsteller jüd. Herkunft in Ö.
Werke: Dramen: Die Nachschrift, 1785; Die Maske, 1788; Die Pflegetochter, 1790; Das Billett, 1800.

Arnstein, Franziska (Fanny) Freifrau von, * 29. 11. 1758 Berlin (D), † 8. 6. 1818 Wien, Philanthropin. Ihr Salon bildete einen geistigen und ges. Mittelpunkt, bes. zur Zeit des Wr. Kongresses. Mitbegründerin der Gesellschaft der → Musikfreunde in Wien.
Literatur: H. Spiel, Fanny v. A. oder Die Emanzipation, 1962.

Arnulf von Kärnten, * um 850, † 8. 12. 899 Regensburg (D), ostfränk. Kg. und dt. Ks.; unehel. Sohn des ostfränk. Kg. Karlmann. 876 Präfekt Pannoniens und Karantaniens, hatte dort die Pfalz → Karnburg („Curtis Carantana"). A. wurde 887 ostfränk. Kg., 896 letzter Ks. aus karoling. Hause. Er konnte den Zerfall des ostfränk. Reichs in Teilgebiete nicht verhindern, kämpfte erfolglos gegen den Mährerfürsten → Swatopluk I. im Donauraum. Schwerpunkt seiner Herrschaft war Regensburg.
Literatur: H. Appelt, A. v. Kä. und das Karolingerreich, in: Kä. in europ. Schau, 1961.

Arpaden, ungar. Königshaus, begründet von Fürst Arpad (ca. 886–907), der die 7 magyar. Stämme führte. Seine Nachkommen regierten das Königreich Ungarn bis 1301. Mit Ö., bes. zur Zeit der Babenberger und des Habsburgers Albrecht I. (Güssinger Fehde), führten die A. viele Kriege; der letzte Arpade, Andreas III., war mit → Agnes von Ö., einer Tochter Albrechts I., verheiratet.
Literatur: G. Kristó u. F. Makk, Die ersten Könige Ungarns. Die Herrscher der A.-Dynastie, 1999.

Arriach, Kä., VL, Gem., 876 m, 1554 Ew., 70,77 km², Fremdenverkehrsgem. mit Landw. und Gewerbe an der Mündung des Mühlbachs in den A.-Bach nordwestl. des Ossiacher Sees. – A.: urk. 1202, got.-barockisierte ehem. Wehrkirche mit prächtigem Barockhochaltar (1700), evang. Kirche (1903–07); Innerteuchen: ehem. Hospiz (gegr. 1754), Pfarrkirche (ehem. Klosterkirche) mit spätbarockem Inventar, zweiflügelige Klosteranlage; Oberwöllan: roman.-got. Kirche mit got. Fresken und Kassettendecken, Sonnenuhren (1755), Barockaltar mit Teilen eines got. Flügelaltars, Betstühle (16. Jh.); ehem. bäuerl. Ringhöfe.
Literatur: A. Berchtold, Entwicklungsmöglichkeiten für den Fremdenverkehr in der Gem. A., 1990.

Ars Electronica, Festival für elektron. Musik, Computermusik und Multimedia-Animation im Rahmen des Brucknerfestes Linz, seit 1979 von der Linzer Veranstaltungsges. bzw. seit 1996 vom A. E. Center OÖ. veranstaltet; Präsentation der Linzer → Klangwolke und Verleihung des Prix A. E. (höchstdotierter Preis für

Franziska Freifrau von Arnstein. Schabblatt von V. K. Kininger.

Ars Electronica (Klangwolke) in Linz, 1998.

Computerkunst); A. E. Center als „Museum der Zukunft" seit 1996.
Publikationen: A. E., 1979 ff.
Literatur: G. Hattinger u. C. Schöpf, A. E., 1984; H. Leopoldseder, Linzer Klangwolke, 1988.

Arsenal, in Wien 3 gelegene militär. Anlage, die als Folge der → Revolution 1848 in den Jahren 1849–56 errichtet wurde. Der in Formen des romant. → Historismus errichtete Rohziegelbau entstand nach Entwürfen von L. Förster, T. Hansen, E. van der Nüll, C. Rösner und A. Sicard v. Sicardsburg. Die Anlage von insges. 72 Gebäuden ist rechteckig. Das jetzige → Heeresgeschichtliche Museum war bereits im urspr. Konzept enthalten. Die Begrenzung bilden hohe, turmartige Kasernen und niedere Depots. Während der beiden Weltkriege diente das A. als Kaserne und Waffenfabrik. Nach Ende des 2. Weltkriegs wurden zivile Einrichtungen, wie etwa das Fernmeldezentralamt, die Bundesversuchsanstalt (heute → arsenal research), Werkstätten des Denkmalamts und der Bundestheater, das Ö. Inst. für Wirt.-Forschung und Probebühnen des Burgtheaters, darin untergebracht.

Arsenal: Kavallerie-Übung vor dem Arsenal. Anonymes Gemälde, um 1870.

arsenal research, Österreichisches Forschungs- und Prüfzentrum Arsenal Ges. m. b. H., urspr. Bundesversuchs- und Forschungsanstalt Arsenal, dann als Bundesforschungs- und Prüfzentrum Arsenal dem Wiss.-Min. unterstellt, 1997 durch Ausgliederung aus der Bundesverwaltung geschaffenes Unternehmen, das sich auf anwendungsorientierte Forschung und Entwicklung in den Bereichen Verkehrs- und Infrastrukturtechnologien sowie Umwelt und Leben konzentriert. a. r. ist eine 100-prozentige Tochterges. der Austrian Research Centers Seibersdorf und gehört mit rd. 200 Mitarbeitern zu den größten außeruniversitären wirtschaftsbezogenen Forschungszentren Ö. Seine wichtigste Einrichtung ist die nach dem 2. Weltkrieg aufgebaute Fahrzeugversuchsanlage mit dem weltweit einzigartigen Klima-Windkanal für Schienenfahrzeuge, aber auch für Skirennläufer u. a.

Artaria, ehem. Wr. Kunst- und Musikalienverlag, kartograph. Teil 1920 mit Freytag & Berndt (→ Freytag-Berndt und Artaria KG) verschmolzen, ein Nachfolgeunternehmen der Restfirma besteht bis heute. 1765 in Mainz gegr., übersiedelte das Unternehmen bereits 1766 nach Wien (dort seit 1771 als A. & Comp.). Unter Domenico A. wurde das Unternehmen durch den Verlag der Wr. Klassiker (insbes. von J. → Haydn und L. v. → Beethoven) zu einer der wichtigsten Musikalienhandlungen Wiens. Seit 1789 befindet sich der Firmenstandort am Kohlmarkt (Wien 1). Ab der Mitte des 19. Jh. wurde das Unternehmen immer stärker zum Kartenverlag. Aus Freundschaft zu Guido → Adler wurde gegen Ende des Jh. wieder der Notenverlag aufgenommen; 1894–1918 erschienen die → „Denkmäler der Tonkunst in Ö." in diesem Verlag. Die berühmte Autographensmlg. des Verlagshauses, die bis in die Frühzeit des Unternehmens zurückreichte, wurde 1897 nach Bonn verkauft.
Literatur: A. Weinmann, Geschichte der Firmen A. & Compagnie und Freytag-Berndt und A., 1970; R. Hilmar, Der Musikverlag A. & Comp., 1977.

Art-Club (Art Club), Wr. Künstlervereinigung der Nachkriegszeit, 1947 gegr., eine der fortschrittlichsten Plattformen für junge Maler, Bildhauer, Autoren und Musiker im Kampf um die Autonomie der mod. Kunst. Präs. und prominenter Mentor der Gruppe war A. P. → Gütersloh. Ausstellungen des A.-C. fanden meist in der Zedlitzhalle oder in der Secession statt. Lange Zeit war das künstlerische Erscheinungsbild des A.-C. von einem friedlichen Nebeneinander von Surrealisten (→ Wiener Schule des Phantastischen Realismus) und Abstrakten geprägt. Der A.-C. löste sich 1959 auf.
Literatur: O. Breicha, Der A. C. in Ö., 1981; W. Denk u. a., Mythos A. C., Ausst.-Kat., Krems 2003.

Artenschutz, Bestandteil des Naturschutzes, in Gesetzgebung und Vollziehung Ländersache. Den internat. A. hat das Washingtoner A.-Abkommen zum Inhalt, das den zwischenstaatl. Handel mit gefährdeten Tieren und Pflanzen regelt. Zu erwähnen ist auch die Alpenkonvention mit dem „Protokoll Naturschutz und Landschaftspflege" BGBl. III 236/2002, in dem sich Ö. völkerrechtlich zum Artenschutz verpflichtet. → Tierschutz, → gefährdete Tierarten, → ausgestorbene Tiere, → Rote Liste gefährdeter Pflanzen.
Literatur: F. Spitzenberger (Hg.), A. in Ö., 1988; E. Weigand (Hg.), Datenbank gefährdeter und geschützter Tier- und Pflanzenarten, 1997; Ö. Strategie zur Umsetzung des Übereinkommens über die biolog. Vielfalt, 1998; V. Graf (Red.), Buch der Arten, 1999; U. Dostalek, A. in Ö., Diss., Wien 2002.

Arthaber, Rudolf von, * 4. 9. 1795 Wien, † 9. 12. 1867 ebd., Fabrikant, Großhändler und Kunstsammler. 1819 Übernahme der väterl. Handlung in Wien, gründete Zweigniederlassungen in Pest, Mailand und Rom, 1826 ein Handelshaus in Leipzig. 1837 Mitbegründer des Nö. Gewerbevereins. Förderte die Entwicklung einer eigenständigen Wr. Dessin-Kunst. Als Kunstsammler regte er 1850 die Gründung des Ö. Kunstvereins an. Seine Gemäldesmlg. wurde nach seinem Tod versteigert.
Literatur: ÖBL.

Rudolf von Arthaber mit seinen Kindern. Gemälde von F. Amerling, 1837 (Österreichische Galerie Belvedere, Wien).

Artmann, Ferdinand, * 27. 11. 1830 Prag (CZ), † 15. 4. 1883 Wien, Techniker, Offizier. Errichtete die erste Konservenfabrik in Wien; Plan der Wr. Stadtbahn als Gürtellinie; Vizepräs. der von ihm projektierten → Aspangbahn.

Artmann, H(ans) C(arl), * 12. 6. 1921 Wien-Breitensee, † 4. 12. 2000 Wien, Schriftsteller und Übersetzer. 1952 kam es unter seinem Einfluss zur Bildung der → Wiener Gruppe, aus der er 1958 ausschied; ab 1954 rege Reisetätigkeit. Er verband in seinen Werken Trivialmythen, Schwank und Posse mit Erzählformen (Montage, Reisebericht, Aufzählung). Ab dem Gedichtband „med ana schwoazzn dintn" (1958) galt er als innovativer Dialektdichter. 1973–78 erster Präs. der → Grazer Autorenversammlung. 1974 Großer Ö. Staatspreis, 1991 Dr. h. c. der Univ. Salzburg und Ö. Ehrenzeichen f. Wiss. u. Kunst, 1997 Ehrenpreis des ö. Buchhandels und G.-Büchner-Preis.

Weitere Werke: hosn rosn baa, 1959 (mit F. Achleitner und G. Rühm); Dracula, Dracula, 1966; The Best of H. C. A., hg. v. K. Reichert, 1970; How much schatzi?, 1971; Gedichte über die Liebe und die Lasterhaftigkeit, 1975; Gedichte von der Wollust des Dichtens in Worte gefaßt, 1989; Wr. Vorstadtballade, 1991. – Ausgabe: Das poetische Werk, 10 Bde., hg. v. K. Reichert, 1994; Gesammelte Prosa, 4 Bde., hg. v. K. Reichert, 1997.
Literatur: G. Bisinger (Hg.), Über H. C. A., 1972; H. Schneider, Aufgelesen, Diss., Wien 1986; M. Bauer, Verzeichnis der Schriften H. C. A. von 1950 bis 1996, 1997.

Artstetten-Pöbring, NÖ., ME, Markt, 395 m, 1178 Ew., 27,31 km², nördl. von Pöchlarn. – Das Schloss Artstetten mit 5 großen Renaiss.-Türmen wurde 1823 von Ks. Franz I. erworben und kam 1889 in den Besitz von Erzherzog → Franz Ferdinand. In der 1909 gestalteten Gruft der Schlosspfarrkirche (mit Gemälde von M. J. Schmidt und Gegenständen aus dem Besitz von Franz Ferdinand) wurden er und seine Gattin Sophie im Juli 1914 bestattet. In das im Besitz der Nachkommen befindl. Schloss ist jetzt das Erzherzog-Franz-Ferdinand-Museum integriert.
Literatur: W. Aichelburg, Erzhzg. Franz Ferdinand von Ö.-Este und Artstetten, 2000; ders., Der Thronfolger und die Architektur, 2003.

Schloss Artstetten.

Arzberg, Stmk., WZ, Gem., 579 m, 596 Ew., 15,89 km², landw. Gem. im oberen Raabtal. Schaubergwerk, Montanhist. Lehrpfad, Heimatmuseum. Maschinenbau. – Alte Bergwerkssiedlung (Erzabbau vom MA bis 1927); Pfarrkirche (Neubau 1786–89) mit Fresken und neubarockem Hochaltar (1906), barocke Heiligenfiguren; Pfarrhof von 1789; Brunnen mit Johann-Nepomuk-Statue von Veit Königer (um 1780–90). Raabklamm.

Arzberger, Johann, * 10. 4. 1778 Arzberg (D), † 28. 12. 1835 Wien, Techniker. Prof. für Maschinenlehre und Mechanik am Polytechn. Inst. in Wien; richtete gem. mit J. J. v. → Prechtl eine Gaserzeugungsanlage am Inst. ein; konstruierte 1820 einen Dampfstraßenwagen; Begründer der Wr. Schule des Maschinenbaus; unterrichtete kostenlos an Sonn- und Feiertagen (Vorläufer der Fortbildungsschulen).

Arzl im Pitztal, Ti., IM, Gem., 880 m, 2783 Ew., 29,37 km², zweisaisonaler Fremdenverkehrsort (136.480 Übern.). – Spätgot. Pfarrkirche (urk. 1358, Umbau 1750–58), Totenkapelle (1670); Pitzenklammbrücke (92 m hoch).

Arzneipflanzen: Zahlr. A. wachsen in Ö. wild. Die offizinellen unter ihnen sind im (im Vergleich etwa zu Deutschland sehr restriktiven) offiziellen „Ö. Arzneibuch (Pharmacopoea austriaca)" (ÖAB) verzeichnet. Alle sind auch Volks-A. mit meist sehr langer Tradition. Darüber hinaus gibt es sehr viele weitere traditionelle Volks-A. (fast alle von ihnen werden auch homöopathisch verwendet), von ihnen können hier nur einige bes. wichtige erwähnt werden. Die Nichtberücksichtigung im ÖAB besagt keineswegs, dass sie unwirksam seien, vielmehr sind sie bloß nicht ausreichend chemisch und pharmakologisch untersucht. Viele A. sind zugleich → Giftpflanzen; die Heilwirkung hängt u. a. vom Pflanzenteil, von der Art der Anwendung und von der Dosis ab. Jede Pflanze enthält viele Dutzende bis Hunderte verschiedene sog. sekundäre Pflanzenstoffe, die erst z. T. erforscht sind. Diese chem. Substanzen dienen in erster Linie der Pflanze selbst in ihrem ständigen Verteidigungskampf gegen das Gefressenwerden durch Tiere; denn da die Pflanzen nicht davonlaufen können, müssen sie sich v. a. mit chem. Mitteln zur Wehr setzen. Die spezif. Wirkung auf bestimmte Krankheiten des Menschen beruht meist auf einer Kombination verschiedener Stoffe. Die wichtigsten pharmazeutisch relevanten Stoffgruppen sind äther. Öle, Alkaloide, Anthranoide, Bitterstoffe, Cumarine, fette Öle, Flavonoide, Gerbstoffe, herzwirksame Glykoside, Saponine, Pflanzenschleime u. a. Die meisten in Ö. wild wachsenden A. werden auch kultiviert, was sowohl aus Gründen des Naturschutzes als auch aufgrund der Standardisierung ihrer Wirkstoffe wichtig ist.

Die Drogen laut Ö. Arzneibuch (ÖAB, 1990; offizielle offizinelle dt. und lat. Bezeichnung, in Klammern dt. und botan.-lat. Pflanzennamen): Andornkraut/Herba Marrubii (Echter Andorn/Marrubium vulgare); in Ö. vom Aussterben bedroht – Arnikablüte, -wurzel, -tinktur/Flos et radix et tinctura Arnicae (Echte Arnika/Arnica montana) – Baldrianwurzel, -tinktur/Radix et tinctura Valerianae (Arznei-Baldrian/Valeriana officinalis s. lat.) – Bärentraubenblatt/Folium Uvae-ursi (Echte Bärentraube/Arctostaphylos alpinus) – Birkenblatt/Folium Betulae (Hänge- und Moor-Birke/Betula pendula und Betula pubescens) – Bitterkleeblatt/Folium Menyanthis (Bitterklee, Fieberklee/Menyanthes trifoliata) – Bruchkraut/Herba Herniariae (Kraut) (Kahl- und Behaart-Bruchkraut/Herniaria glabra und Herniaria hirsuta) – Buchenteer/Pix Fagi (aus Trockendestillation von Holz der Rot-Buche/Fagus sylvatica) – Eibischblatt, -wurzel, -(wurzel-)sirup/Folium et radix Althaeae (Echter Eibisch/Althaea officinalis) – Eichenrinde/Cortex Quercus (Stiel- und Trauben-Eiche/Quercus robur und Quercus petraea) – Enzianwurzelextrakt, Enzian-(wurzel-)tinktur/Extractum Gentianae (Gelb-Enzian/Gentiana lutea) – Faulbaumrinde und Faulbaumrindenextrakt/Extractum Frangulae (Echter Faulbaum/Frangula alnus) – Gamanderkraut/Herba Teucrii (Berg-Gamander/Teucrium montanum); der Edel-Gamander/Teucrium chamaedrys ist eine traditionelle Volksarzneipflanze (auch homöopathisch) – Hauhechelwurzel/Radix Ononidis (Dorn-Hauhechel/Ononis spinosa) – Heidelbeere/Fructus Myrtilli (Beere) (Heidelbeere/Vaccinium myrtillus) – Himbeersirup/Sirupus Rubi idaei (Himbeere/Rubus idaeus) – Holunderblüte/Flos Sambuci (Schwarz-Holunder/Sambucus nigra) – Hopfendrüse/Glandula Lupuli (Drüsen auf den Fruchtständen) (Hopfen/Humulus lupulus) – Huflattichblatt/Folium Tussilaginis (Huflattich/Tussilago farfara) – Kalmuswurzel, Kal-

Hans Carl Artmann. Foto.

Arzneipflanzen: Echte Bärentraube.

mus-(wurzel-)tinktur/Radix et tinctura Calami (Kalmus/Acorus calamus) – Kamillenblüte, Kamillen-(blüten-)tinktur, Kamillenfluidextrakt/Extractum Chamomillae fluidum et tinctura Chamomillae (Echte/Kleine Kamille/Matricaria recutita) – Königskerzenblüte/Flos Verbasci (Großblüten- und Gewöhnliche Königskerze/Verbascum densiflorum und Verbascum phlomoides) – Kümmelfrucht/Fructus Carvi (Echter Wiesenkümmel/Carum carvi) – Lindenblüten/Flos Tiliae (Sommer- und Winter-Linde/Tilia platyphyllos und Tilia cordata) – Löwenzahnwurzel/Radix Taraxaci (Artengruppe Echter Löwenzahn/Taraxacum sect. Ruderalia) – Maiglöckchenkraut, Maiglöckchentinktur/Herba et tinctura Convallariae (Echtes Maiglöckchen/Convallaria majalis) – Malvenblüte, Malvenblatt/Flos et folium Malvae (Groß- und Klein-Käsepappel/Malva sylvestris und Malva neglecta) – Manna/Manna (an der Luft getrockneter Saft der Stämme und Zweige der Blumen-Esche/Fraxinus ornus) – Minzengeist/Spiritus Menthae (Pfeffer-Minze/Mentha piperita) – Nadelholzteer/Pix Pinaceae (aus Fichten-/Picea-, Föhren/Pinus- und Lärchen-/Larix-Arten gewonnen) – Odermennigkraut/Herba Agrimoniae (Echter Odermennig/Agrimonia eupatoria) – Preiselbeerblatt/Folium Vitis-idaeae (Preiselbeere/Vaccinium vitis-idaea) – Primelwurzel, -extrakt, -tinktur, -sirup/Radix et extractum et tinctura et sirupus Primulae (Frühlings- und Hochstiel-Schlüsselblume/Primula veris und Primula elatior) – Schachtelhalmkraut/Herba Equiseti (Acker-Schachtelhalm/Equisetum arvense) – Schafgarbenkraut/Herba Millefolii (Artengruppe Echte Schafgarbe/Achillea millefolium agg.) – Spitzwegerichblatt, -sirup/Folium Plantaginis (Spitz-Wegerich/Plantago lanceolata); der Groß-Wegerich/Plantago major wird volksarzneilich und homöopathisch verwendet – Stiefmütterchenkraut/Herba Violae tricoloris (Echtes Stiefmütterchen/Viola tricolor) – Tausendguldenkraut/Herba Centaurii (Kraut) (Echtes Tausendguldenkraut/Centaurium erythraea) – Tollkirschenblattextrakt, Tollkirschenwurzel, Tollkirschentinktur/Extractum et tinctura Belladonnae (Echte Tollkirsche/Atropa belladonna) – Tormentillwurzel, -tinktur/Radix Tormentillae (Blutwurz/Potentilla erecta) – Vogelknöterichkraut/Herba Polygoni (Artengruppe Gewöhnlicher Vogelknöterich/Polygonum aviculare agg.) – Wacholderbeere/Fructus Juniperi (Echter Wacholder/Juniperus communis) – Weißdornblatt und -blüte/Folium Crataegi cum flore (Ein- und Mehrgriffel-Weißdorn/Crataegus monogyna, Crataegus laevigata) – Wermutkraut/herba Absinthii (Echter Wermut/Artemisia absinthium).
Einige der wichtigsten in Ö. wild wachsenden Volksarzneipflanzen: Beinwell, Echter/Symphytum officinale (Wurzelstock und Wurzeln) – Bibernelle (Pimpinelle), Kleine und Große/Pimpinella saxifraga und Pimpinella major (Wurzel); auch der Kleine Wiesenknopf wird oft „Bibernelle" oder „Pimpinelle" genannt, obwohl er weder ähnlich noch verwandt ist, auch wird er ganz anders verwendet – Dost (Echter)/Origanum vulgare – Ehrenpreis, Echter/Veronica officinalis – Eisenkraut/Verbena officinalis – Frauenmantel/Alchemilla spp. – Gänse-Fingerkraut, Anserine/Potentilla anserina – Goldrute/Solidago virgaurea, Solidago canadensis, Solidago gigantea – Herzgespann/Leonurus cardiaca – Hirtentäschel/Capsella bursa-pastoris – Johanniskraut, Echtes/Hypericum perforatum – → Käsepappel – Latsche, Leg-Föhre/Pinus mugo – Meisterwurz/Peucedanum ostruthium – Mistel/Viscum album (s. lat.) – Rainfarn/Tanacetum vulgare – Sanikel/Sanicula europaea; mundartl. werden auch einige ganz andere Arten „Sanikel" („Saunigl") genannt – Scharbockskraut/Ficaria verna (Ranunculus ficaria) – Süßdolde/Myrrhis odorata – Waldmeister/Galium odoratum – Wiesenknopf, „Bibernelle", „Pimpinelle"/Sanguisorba minor; wird oft verwechselt mit der ganz andersartigen Bibernelle.
→ Gewürzpflanzen, → Wildgemüse und -salate.
Literatur: O. Gessner u. G. Orzechowski, Gift- und Arzneipflanzen von Mitteleuropa, ³1974; L. Langhammer, Grundlagen der Pharmazeut. Biologie, 1980; W. Holzner (Hg.), Das krit. Heilpflanzen-Hb., 1985; Ö. Arzneibuch, 1990; W. Kubelka u. R. Länger, Phytokodex, 1996; M. Wichtl, Teedrogen und Phytopharmaka, ³1997; M.-E. Lange-Ernst u. S. Ernst, Lexikon der Heilpflanzen, 1997; K. Hiller u. M. F. Melzig, Lexikon der Arzneipflanzen und Drogen, 2 Bde., 2000; I. Schönfelder u. P. Schönfelder, Der neue Kosmos-Heilpflanzenführer, 2001.

ARZT, Leopold, * 16. 3. 1883 Wien, † 20. 5. 1955 ebd., Mediziner. Vorstand der Univ.-Klinik für Haut- und Geschlechtskrankheiten in Wien.
Werke: Die Haut- und Geschlechtskrankheiten, 1934; Allg. Dermatologie, 1934.

ÄRZTEFLUGAMBULANZ, ÖAFA VERSICHERUNG AG, 1976 in Wien gegr.; bietet medizin. Organisation, Versicherungs- und Dienstleistungen im Bereich Reisevorsorge und Reiseschutz bis hin zu ärztlich begleiteten Heimholungen (Ambulanzjet).

ÄRZTEKAMMERN, 1891 als Standesvertretung der Ärzte gesetzlich eingerichtet. Aufgrund des Ärztegesetzes 1998 bestehen Ä. in den Bundesländern sowie die Ö. Ä. in Wien, deren Vollversammlung sich aus den Präs., den Vizepräs. und den Kurienobleuten für angestellte und niedergelassene Ärzte, Zahnärzte aller Landes-Ä sowie den Bundeskurienobleuten und ihren Stellvertretern zusammensetzt. Die Ä sind berufen, die gem. beruft., soz. und wirt. Belange der Ärzte wahrzunehmen und zu fördern sowie für die Wahrung des Berufsansehens und der Berufspflichten der Ärzte zu sorgen. Ihr finanzieller Aufwand wird durch Umlagen der Mitgl. gedeckt, sie unterliegen der Aufsicht des → Sozialministeriums.
Literatur: G. Aigner (Hg.), Das Ärztegesetz 1998, 1999.

ARZ VON STRAUSSENBURG, Arthur Frh. von, * 16. 6. 1857 Hermannstadt (Sibiu, RO), † 1. 7. 1935 Budapest (H), General. 1878 Eintritt in die ö.-ungar. Armee; 1914 Sektionschef im Kriegsministerium; 1916 Kommandant der 1. Armee im Rumänien-Feldzug; löste 1917 F. → Conrad von Hötzendorf als Generalstabschef ab.
Werke: Zur Geschichte des großen Krieges 1914–18, 1924; Kampf und Sturz der Kaiserreiche, 1935.
Literatur: ÖBL.

ASBEST, Sammelbezeichnung für verschiedene natürl. faserförmige Silikatmineralien. Von wirt. Bedeutung waren v. a. Chrysotil (Weiß-A.) und Krokydolith (Blau-A.). Diese wurden wegen Unbrennbarkeit, guter Isolationsfähigkeit und hoher chem. Beständigkeit für Asbestzement (Eternit) bei Dachverkleidungen und Rohren mit einem Anteil von ca. 70 %, bei Fußbodenbelägen mit ca. 8 %, bei Schutzkleidungen mit ca. 3 % und bei Reibbelägen mit ca. 5 % eingesetzt. Da A. Krebserkrankungen des Atmungstrakts und Asbestose (Staublunge) auslöst, ist in Ö. aufgrund der A.-Verordnung 1990 das Herstellen und Inverkehrsetzen der wichtigsten A.-Produkte (Faserzementprodukte für Hoch- und Tiefbau, Reibbeläge und schwach gebundene A.-Produkte) verboten. Umfangreiche A.-Sanierungsarbeiten sind seit einigen Jahren v. a. für Spritzasbestisolierungen im Gang.

Aschach an der Donau, OÖ., EF, Markt, 268 m, 2146 Ew., 6,02 km², am rechten Donauufer und N-Rand des Eferdinger Beckens; Donauschifffahrtsstation, Wasserstraßenverwaltung West. – Donaukraftwerk (err. 1963; 1,648.000 MWh); Ziegel-, Futtermittel-, Konserven-, Stärkeerzeugung, chem. Werk; Donaubrücke (1962). – Urk. 777, Schifffahrtsmautstelle (bis 1775) mit Giebelbürgerhäusern (16.–18. Jh.), Laubenhöfe); spätgot., barockisierte Pfarrkirche (um 1490) mit klassizist. Hochaltar; got. Friedhofskirche (1371); Schloss Harrach (16. Jh.).
Literatur: I. Hänsel, Die Entwicklung der Siedlung in den Gem. Haibach, Hartkirchen und A. a. d. D., Diss., Wien 1968.

Aschach an der Steyr, OÖ., SE, Gem., 435 m, 2129 Ew., 21,91 km², gewerbl.-landw. Wohngem. im Steyrtal westl. der Stadt Steyr. Metallerzeugnisse. – Got. Kirche (urk. 1108, Zubau 1892, Turm 1906) mit got. Halbfigur der Muttergottes (Anfang 16. Jh.).

Aschau im Zillertal, Ti., SZ, Gem., 567 m, 1533 Ew., 20,27 km², zweisaisonale Fremdenverkehrsgem. (253.676 Übern.) im Zillertal in den Ausläufern der Tuxer Alpen. – Urk. 1309; spätklassizist. Kirche Maria zum Siege (1848–59); in Thurmbach got. Leonhardskirche (err. 1495–1500) mit Barockaltar (um 1700) und Leonhardsfigur (um 1460), ma. Turm; alte bäuerl. Gehöfte in Blockbauweise mit Kornkästen; 2 Mühlen (1706) in Mühlfeld; in Distelberg original erhaltene Einzelhofsiedlung.

Aschbach-Markt, NÖ., AM, Markt, 310 m, 3563 Ew., 37,21 km², an der Url. Brückenmeisterei; Kongregation der Schulschwestern; Betonwerk, Molkerei. – Urk. 1116; im MA Bedeutung durch Eisenwaren- und Salzhandel („Salzstraße"). Spätgot. Pfarrkirche hl. Martin, Rokoko-Orgel (1753).
Literatur: G. Ebner, Beiträge zur Geschichte des Marktes A., Diss., Wien 1973.

Aschbrenner, Thomas, * 24. 7. 1712 Wolkersdorf (NÖ.), † 9. 12. 1789 Tulln (NÖ.), Spitalsschreiber in Wien, Gelegenheitsdichter. Seine Smlg. „Wienerische Beleuchtungen" (1761) ist kulturhist. von Interesse.

Ascher, Leo, * 17. 8. 1880 Wien, † 25. 2. 1942 New York (USA), Jurist und Operettenkomponist. Von seinen 32 Operetten wurde „Hoheit tanzt Walzer" (1912) am bekanntesten.

Aschermittwoch, erster Tag der 40-tägigen österl. Fastenzeit. Im kath.-kirchl. Ritus Weihe der aus den Palmzweigen des vorjährigen Palmsonntags gewonnenen Asche und Spende des Aschenkreuzes als Zeichen der Vergänglichkeit. Aus Frankreich stammt der durch Fernsehübertragungen populär gewordene „A. der Künstler", ein von Rezitationen und musikal. Darbietungen umrahmter Gottesdienst (Wien, Michaelerkirche; Innsbruck). Außerkirchl. wird der A. als Ausklang des → Faschings betont: Heringsschmaus, dessen gastronom. Verfeinerung kaum mehr an seinen urspr. Sinngehalt (Fisch als Fastenspeise) erinnert; „Faschingbegraben", wobei der Fasching symbolisch zu Grab getragen oder ertränkt wird; seit 1922 „Geldbeutelwaschen" in der Bregenzer Altstadt (aus dem südwestdt. Raum übernommen).
Literatur: K. Gaál, Fasching-Begraben, 1969 (wiss. Film des ÖWF); H. Gehrer-Schwarz, Gealtbittelwäsch, 1986; H. M. Wolf, Das Brauchbuch, 1992.

Asea Brown Boveri AG, siehe → ABB AG.

ASFINAG, Autobahnen- und Schnellstrassen-Finanzierungs-Aktiengesellschaft, im Eigentum der Republik Ö. stehende Ges. für Bau, Betrieb und Erhaltung des hochrangigen Straßennetzes in Ö. 1982 gegr. zur Finanzierung der ö. Straßenbausondergesellschaften und ab 1987 auch für die Finanzierung von Hochbauprojekten sowie ab 1989 von Eisenbahn-Hochleistungsstrecken zuständig. 1997 wurde die ASFINAG aus dem Staatsbudget ausgegliedert („ASFINAG-Neu") und übernahm einen Schuldenstand von rd. 76 Mrd. Schilling. Gleichzeitig wurde sie mit rd. 8 Mrd. S Grundkapital ausgestattet und besitzt seit diesem Zeitpunkt das Fruchtnutzungsrecht für das ö. hochrangige Straßennetz und somit das Recht, → Mauten einzuheben. Demgegenüber hat die ASFINAG die Verpflichtung, den Bau- und betriebl. Erhaltung des Netzes sowie den geplanten Lückenschluss im Netz der Autobahnen und Schnellstraßen zu gewährleisten.
Die Einhebung der Mauten an den → Mautstraßen erfolgt im Auftrag der ASFINAG durch → Alpen Straßen AG (ASG) und → ÖSAG. Die Ausgaben der ASFINAG für Neubau, Ausbau und Erweiterungen von Autobahnen und Schnellstraßen betrugen 2002 rd. 700 Mio. Euro, für Erneuerung und Instandsetzung wurden rd. 300 Mio. Euro ausgegeben.

ASG, siehe → Alpen Straßen AG.

Askin, Leon (eigentl. L. Aschkenasy), * 18. 9. 1907 Wien, Schauspieler und Regisseur. Studierte an der Wr. Akad. f. Musik und darst. Kunst und trat bereits in den 30er Jahren international (Wien, Düsseldorf, Paris) als polit. Kabarettist hervor. Lebte ab 1938 in Paris und ab 1940 in den USA, wo er zunächst am Theater beachtliche Erfolge erzielte (Inszenierung von Goethes „Faust" am Broadway 1949) und ab 1952 als Filmschauspieler in Hollywood Karriere machte; er spielte u. a. 1960 unter der Regie von Billy Wilder in dem Film „One, Two, Three" und 1972 mit Peter Ustinov in „Hammersmith Is Out". 1994 kehrte A. nach Wien zurück.
Werk: Der Mann mit den 99 Gesichtern, 1997 (Autobiographie).

ASKÖ, Arbeitsgemeinschaft für Sport und Körperkultur in Österreich, Sportdachverband innerhalb der Österreichischen → Bundes-Sportorganisation. 1924 aus dem Verband der Arbeiter- und Soldatensportvereinigungen (VAS) entstanden. Sie entwickelte sich rasch zur stärksten ö. Sportorganisation, wurde 1934 verboten und 1945 (mit rd. 20.000 Mitgl.) reaktiviert. 2003 rd. 1,2 Mio. Mitgl. in ca. 4200 Vereinen.
Die ASKÖ ist in 9 Landesverbände gegliedert, in denen dzt. 50 Sportarten ausgeübt werden. Sie führt Sportveranstaltungen für alle Altersgruppen sowie jährl. Bundesmeisterschaften in den einzelnen Sportzweigen durch. Die ASKÖ bildet ehrenamtl. Mitarbeiter aus und ist Interessenvertretung für die Mitgl.-Vereine.

Aslan, Raoul, * 16. 10. 1886 Saloniki (GR), † 17. 6. 1958 Litzlberg (Gem. Seewalchen a. Attersee, OÖ.), Kammerschauspieler armenisch-ital. Herkunft. Ab 1897 in Wien; ab 1917 am Dt. Volkstheater in Wien, 1920–58 am Wr. → Burgtheater, an dem er als Darsteller klass. Helden- und Charakterrollen (Hamlet, Mephisto, Marquis Posa, Nathan), Regisseur und 1945–48 auch als Dir. tätig war; zahlreiche Gastspiele im Ausland, Rundfunk- und Filmtätigkeit; 1929 als erster zum Kammerschauspieler ernannt.
Literatur: E. Buschbeck, R. A. und das Burgtheater, 1946; H. David, A. Direktionszeit am Burgtheater, Diss., Wien 1966.

Aspach, OÖ., BR, Markt, 443 m, 2339 Ew., 31,45 km², Kneippkurort im oberen Innviertel am N-Rand des Kobernaußerwalds. – Kur- und Erholungsheim der Marienschwestern, Inst. für Rehabilitation und Sportmedizin; Kurtourismus (15.956 Übern.), kleinere Gewerbebetriebe, Brauerei. – Urspr. roman. Pfarrkirche

Raoul Aslan als König Philipp II. in „Don Karlos" von Friedrich Schiller. Burgtheater, Wien. Foto, 1938.

(urk. 1047) got. umgebaut (15./16. Jh.) mit qualitätsvoller Barockausstattung (1676–89) der Zürn-Werkstätte und der Fam. Schwanthaler. Hochgrab des Hans v. Dachsberg (1513) von Jörg Gartner. E. S. → Piccolomini (Papst Pius II.) wirkte hier 1444–47 als Pfarrer, mutmaßl. Stifter des Zwölf-Apostel-Altars.
Literatur: G. F. Koller, A. und Umgebung, 1985.

Aspangbahn (Eisenbahn Wien–Aspang), projektiert von F. → Artmann, ehem. Privatbahn, ursprüngl. bis Saloniki geplant (Grenzsteine mit „W. S. B." = Wien-Saloniki-Bahn erhalten), 1881 bis Aspang gebaut, erst 1910 durch den Wechseltunnel in die O-Stmk. fortgesetzt. 1937 gem. mit Schneebergbahnen verstaatlicht (BBÖ). Der Aspangbahnhof in Wien 3 wurde 1977 abgetragen.
Literatur: P., F. u. J. O. Slezak, Vom Schiffskanal zur Eisenbahn, 1981.

Aspangberg-Sankt Peter, NÖ., NK, Gem., 490 m, 2015 Ew., 81,43 km², Gem. mit wirt. Mischstruktur in der Buckligen Welt, den Bezirkshauptort Aspang-Markt umschließend. – Pfarrkirche hl. Petrus (Kern um 1500, Vorhalle 1882, Barockaltar) in St. Peter am Wechsel.

Aspang-Markt, NÖ., NK, Markt, 498 m, 1981 Ew., 5,19 km², in der Buckligen Welt am Zusammenfluss der Quellbäche der Pitten. – Bez.-Bauernkammer, Automobilmuseum; Dienstleistungssektor dominiert (v. a. Handel), daneben Holzverarbeitung (Möbel), Industrieelektronik. – Urk. 1220, aber wesentlich älter; spätgot. Pfarrkirche hl. Florian (um 1503) in Ober-Aspang, Pfarrkirche hl. Johannes der Täufer (9. Jh.?) in Unter-Aspang; Karner (13. Jh.); Schloss (12. Jh., im 16. und 19. Jh. umgestaltet); Bürgerhäuser (18. Jh.). – Nordwestl. von A.-M. Skigebiet Hochwechsel.

Asparn an der Zaya, NÖ., MI, Markt, 222 m, 1814 Ew., 40,49 km², westl. von Mistelbach. – Im Schloss A. (ehem. Wasserburg, Ausbau 1421, Umgestaltung im 17. Jh.) Museum für Urgeschichte des Landes NÖ., im Schlosspark Nachbauten von urzeitl. Behausungen, Werkstätten u. ä.; Weinlandmuseum im Minoritenkloster (1735). Wehrkirche und Nö. Schulmuseum in Michelstetten. – Südwestl. von A. Naturpark Leiser Berge.
Literatur: J. Bernold u. a., A. Geschichtsbuch, 1992.

Asparn an der Zaya: Nachbauten von urzeitlichen Behausungen im Schlosspark.

Asperger, Hans, * 18. 2. 1906 Wien, † 21. 10. 1980 ebd., Kinderarzt. Ab 1934 an der Psychiatr. Klinik Leipzig, 1944 Habilitation, ab 1957 Univ.-Prof. (Kinderklinik Innsbruck), ab 1962 in Wien; ab 1964 Leiter der heilpädagog. Station der SOS-Kinderdörfer in Hinterbrühl.
Werk: Heilpädagogik. Einführung in die Psychopathologie des Kindes, 1952.

Asperhofen, NÖ., PL, Markt, 212 m, 1795 Ew., 28,88 km², Wohngem. mit Landw. an der Großen Tulln. – Urk. 1037, spätgot. Pfarrkirche mit zahlr. Zubauten (17.–20. Jh.) und Altarbild von J. A. Mölk, Türkenkreuz (1577); Johannesberg: urzeitl. Ringwallanlage auf dem Buchberg, im Kern roman. Kirche (Veränderungen 17. und 19. Jh.) mit barocker und neubarocker Einrichtung; Dornberg: röm. Hügelgräber.
Literatur: Marktgem. A. (Hg.), A. 1900–1999. Pressespiegel des 20. Jh., 2000.

Aspern, Teil des 22. Wr. Gem.-Bez. (1904 nach Wien eingemeindet, 1904–38 Teil des 21. Wr. Gem.-Bez.). – Ehem. Flughafen (bis nach 1938 Wr. Hauptflughafen, nach dem 2. Weltkrieg für Flugsport und Autorennen), Motorenwerk, err. 1980–82 (General Motors, seit 1994 OPEL Austria GmbH). – Urk. 11. Jh.; A. war Schauplatz der Schlacht bei A. und Eßling (21./22. Mai 1809), der 1. Niederlage Napoleons durch Erzherzog Karl und die ö. Armee; vor der Kirche Denkmal (steinerner „Löwe v. A." von A. D. v. → Fernkorn, 1858 aufgestellt). Zu A. gehört das Aunaturschutzgebiet → Lobau.
Literatur: Von der Steinzeit zum Motorenwerk, Ausst.-Kat., Wien 1981; F. Wöber, 1809 Schlacht bei A. u. Eßling, 1992.

Aspern: Erzherzog Karls Sieg über Napoleon I. in der Schlacht bei Aspern am 21./22. Mai 1809. Gemälde von J. P. Krafft (Heeresgeschichtliches Museum, Wien).

Aspersdorf, siehe → Hollabrunn.

Assling, Ti., LZ, Gem., 1126 m, 2084 Ew., 98,94 km², im Drautal westl. von Lienz. Holz- und Bauwirt., Elektrowerk, etwas Fremdenverkehr, Erste Ti. Latschenbrennerei; Wildpark. – Got. Pfarrkirche St. Justina in Burg-Vergein, barock umgestaltet mit Flügelaltar von F. Pacher (Ende 15. Jh.); in Unterassling spätgot. Wallfahrtskirche St. Korbinian (Weihe 1468) mit Malereien und 2 got. Flügelaltären (Ende 15. Jh.) von F. Pacher, Passionsaltar vom sog. „Meister von St. Sigmund" (um 1430), Barockhochaltar (1660) mit figuralem Schmuck, Freskenzyklus (1579/80) von A. Peurweg, got. Madonnenstatue (spätes 15. Jh.); in Mittewald „Alte Kirche" mit Renaiss.-Flügelaltar (1603); in Oberthal got. Kirche (15. Jh., 1550 erweitert) mit Altarbild von J. A. Mölk (1762), Empore (1553) und Bilderzyklus (um 1580).

Assmayer, Ignaz (auch I. Assmayr), * 11. 2. 1790 Salzburg, † 31. 8. 1862 Wien, Kirchenkomponist. Organist zu St. Peter in Salzburg, ab 1815 in Wien, 1846 Hofkapellmeister; Schüler von M. → Haydn, Freund von F. → Schubert.
Werke: Messen, Oratorien (Saul und David, Sauls Tod).
Literatur: S. Antonicek, I. Assmayr (1790–1862), 2 Bde., Diss., Wien 2001.

ASTAG, siehe → Alpen Straßen AG.

Asten, OÖ., LL, Markt, 255 m, 6025 Ew. (1981: 3431 Ew.), 8,49 km², südöstl. von Linz. – Ind.-Montagen, Getränkeind., Großbäckerei, Donaukraftwerk Abwinden-A. (err. 1979, 1,028.000 MWh). – Pfarrkirche (1724–92).

Ausee bei Asten, im Hintergrund das Donaukraftwerk.

Literatur: Marktgem. A. (Hg.), Marktgem. A. Vergangenheit und Gegenwart, 2002.

ASTL (Astel), Lienhard(t), spätgot. Bildschnitzer und Fassmaler. Leitete vermutlich zw. 1505 und 1523 eine Werkstatt in Gmunden, urk. nicht nachweisbar, sein Name findet sich am Flügelaltar von Hallstatt (um 1515) und wurde zum Synonym für eine Gruppe stilistisch zusammengehöriger Werke in OÖ. und der Stmk., zu der auch die Flügelaltäre von Gampern und Gröbming sowie mehrere Einzelfiguren zählen.
Literatur: E. M. Tironiek, Studien zu L. A., Diss., Wien 1976.

ASTRA, „Adaptierte Schwimmbecken-Typ-Reaktor Austria", Forschungsreaktor, 1960 bei Seibersdorf (NÖ.) zu Forschungs- und Materialtestzwecken errichtet. Seine Neutronen- und Gammastrahlung wurde für diverse Untersuchungen und zur Erzeugung von Radioisotopen herangezogen, 1999 stillgelegt. → Atomenergie.
Literatur: A.-Reaktor, Forschungszentrum Seibersdorf, 1990.

ASTROLOGIE, Sterndeutekunst, der Versuch, das Schicksal des Einzelnen, aber auch Ereignisse (Katastrophen, glückbringende Zeiten) aus der Stellung der Gestirne vorauszusagen. Hist. Persönlichkeiten (z. B. A. Wallenstein) waren astrologiegläubig, auch J. → Kepler war Astrologe. Seit dem 17. Jh. verlor die A. die im Weltbild verankerten Grundlagen.

ASTRONOMIE: Die 1. Pflegestätte der A. in Ö. war die 1365 gegr. Univ. in Wien. Der Ruhm der 1. Wr. astronom. Schule 100 Jahre später ist mit den Namen → Johannes von Gmunden, → Georg von Peuerbach und → Regiomontanus verbunden. Auch Propst Georg I. Muestinger von Klosterneuburg förderte die A. Gegen Ende des 16. Jh. wirkte sich für ihre Entwicklung bes. das Mäzenatentum von Ks. Rudolf II. aus, der den Dänen Tycho de Brahe (1546–1601) ins Land rief. Auch J. → Kepler stand die längste Zeit seines Wirkens in ö. Diensten. Anfang des 18. Jh. errichtete der Hofmathematiker J. J. → Marinoni auf dem Dach seines Hauses in Wien einen astronom. Turm, den er hauptsächlich mit selbst gefertigten Instrumenten einrichtete. Von ihm angeregt und angeleitet, folgten die Jesuiten 1733 mit einer eig. Sternwarte auf ihrem Kollegiumsgebäude.

1755 kam die Univ.-Sternwarte im damals neu errichteten Univ.-Gebäude hinzu, die mit den Instrumenten Marinonis ausgestattet und von Maximilian → Hell geleitet wurde. Die Univ.-Sternwarte Wien schuf im Anhang zu den seit 1757 (10 Jahre vor den Engländern und fast 20 Jahre vor der Berliner Akad.) herausgegebenen Ephemeriden (bis 1807) das 1. regelmäßig erscheinende Publikationsorgan. Hells Schüler und Gehilfen A. → Pilgram, F. Triesnecker und J. T. → Bürg, führten seine Arbeiten weiter. Hochwertige Ergebnisse liefernd, trat neben die Wr. Sternwarte der von den Äbten A. → Fixlmüller und A. → Desing 1748–59 errichtete „Mathematische Turm" mit der Sternwarte des Stifts Kremsmünster (OÖ). Der 1908 dort aufgestellte Meridiankreis ist der einzige in Ö., der seither kontinuierlich in Verwendung steht und Ergebnisse liefert.

An der Univ. Wien wurden von 1391 bis 1882 ständig Vorlesungen „Über Himmel und Erde" gehalten. Im 19. Jh. scheinen hervorragende Namen in der Geschichte der ö. A. auf: J. J. und K. L. v. → Littrow, C. → Doppler, der Wegbereiter der neuen, die Physik miteinbeziehenden A., und T. v. → Oppolzer, ein Meister der algorithmisierten astronom. Berechnung. Große Verdienste erwarb sich K. L. v. Littrow um die Erbauung der neuen Wr. Univ.-Sternwarte auf der Türkenschanze. Allerdings war eine Ausstattung mit modernen Geräten und Apparaten damals unmittelbar nicht möglich.

Dennoch gingen in den weiteren Jahren von der Wr. Univ.-Sternwarte zahlr. Anregungen aus, so unter ihren Leitern E. → Weiß und K. → Graff. Während Weiß, sein Nachfolger und seine Schüler weiterhin der klassischen A. verbunden blieben, schufen R. Spitaler (Astrophotographie), J. → Palisa (Planetoidenforschung) und J. → Holetschek (Kometen und Nebelflecke) die Verbindung zur modernen physikal. A. Um 1900 war für kurze Zeit die von dem Brauereibesitzer M. → Kuffner gegr. private Sternwarte in Ottakring in der Öffentlichkeit besser bekannt als die Univ.-Sternwarte, dies v. a. durch die Tätigkeit von L. de Ball und S. Oppenheim. Weitere Vertreter der A. vor und während des 2. Weltkriegs, vorwiegend auf theoret. Gebiet, waren J. → Hepperger, K. → Hillebrand, A. Prey und K. Schütte. Nach 1955 waren in Wien die Doppelstern- und Mondforschung (J. Hopmann) ebenso wie die Sonnenphysik (Sonnenobservatorium Kanzelhöhe der Univ. Graz, H. Haupt) mit Beobachtungen stark vertreten. 1965 wurde das Leopold-Figl-Observatorium für Astrophysik am Schöpfl gegr. (Übergabe am 25. 9. 1969). A. Purgathofer und R. Rakos waren neben ihrer internat. Forschung dort tätig. Der Bereich der theoret. A. und A.-Geschichte wurde von K. → Ferrari d'Occhieppo, der der klassischen beobachtenden A. von P. Jackson in Wien, der Bereich der Radio-A. in Innsbruck von J. Pfleiderer vertreten. Kleinplaneten wurden in Graz erforscht. Über die Zugehörigkeit zur ESA (European Space Agency) ist den ö. Astronomen in mehrfacher

Astronomie: Das 1,5-m-Spiegelteleskop im Leopold-Figl-Observatorium am Schöpfl, NÖ.

Weise der Zugang zu astronom. Experimenten von Raumplattformen möglich.

Asturis, in der Notitia Dignitatum als Standort eines Truppenkommandanten (Tribunus cohortis) und in der Vita Severini erwähnt; die Identifizierung mit Zwentendorf oder Zeiselmauer ist unsicher.

ASVG, siehe → Allgemeines Sozialversicherungsgesetz.

ASVÖ, siehe → Allgemeiner Sportverband Österreichs.

Asylrecht, geregelt im Asylgesetz 1997. Danach haben Flüchtlinge einen Anspruch auf Gewährung von Asyl und sind bis zum Abschluss des Verfahrens in Ö. aufenthaltsberechtigt. Dieser Anspruch ist in bestimmten Fällen (z. B. im Fall bereits vor der Einreise nach Ö. erlangter Sicherheit vor Verfolgung) ausgeschlossen. Asylwerber, die direkt aus dem Staat kommen, in dem sie behaupten, Verfolgung befürchten zu müssen, sind im Fall rechtzeitiger Asylantragstellung bis zum Abschluss des Verfahrens zum Aufenthalt in Ö. berechtigt. Eine eig. Behörde, die Bundesasylamt, hat bei eindeutigen Fällen nach einem verkürzten Verfahren zu entscheiden. Bes. Verfahrensvorschriften des Asylgesetzes sollen eine erhöhte Richtigkeitsgewähr der Entscheidung bewirken. Der BMin. f. Inneres ist Berufungsbehörde und kann überdies Flüchtlingsberater zur Unterstützung von Flüchtlingen bestellen. Anerkannten Flüchtlingen kann Integrationshilfe gewährt werden, hilfsbedürftige Asylbewerber können während ihres Verfahrens in Bundesbetreuung genommen werden.
Literatur: A. Jelinek (Hg.), Asylgesetz 1997, 2004.

Ateliertheater, 1960 von Burgschauspieler V. → Relin in den Räumen des ehem. Kaleidoskop-Theaters und früheren Kabaretts → Literatur am Naschmarkt in Wien 6 gegr. („A. am Naschmarkt"), 1967 von P. Janisch übernommen; vorübergehend Spielstätte in Wien 7, Lerchenfelder Straße, seit 1999 in Wien 7, Burggasse. Grundanliegen: Verbindung von Theater und bildender Kunst (ö. Erstaufführungen von Stücken O. → Kokoschkas und P. Picassos) sowie Aufführungen der Klassiker in Originalversionen.

Athenäum, eine Art Frauenakademie, die von der Vereinigung der Wr. Hochschuldozenten 1900 ins Leben gerufen wurde und an der wiss. Lehrkurse – hauptsächlich in den mathemat. und naturwiss. Fächern – für Frauen und Mädchen abgehalten wurden (bis 1918 insges. 443 Kurse mit 14.463 Besucherinnen).
Literatur: G. Fellner, A., die Geschichte einer Frauenhochschule in Wien, in: Zeitgeschichte 14, 1986.

Atlanten, siehe → Kartographie.

Atomenergie: Nachdem Ö. bis zum Staatsvertrag 1955 jede Tätigkeit auf dem Gebiet der A. untersagt gewesen war, wurde 1956 von der Bundesregierung gem. mit 52 staatl. und privaten Unternehmungen die „Ö. Studienges. f. A. GmbH" gegr. und mit dem Bau eines „Leistungsreaktors als Lernmodell" beauftragt (Forschungszentrum → Seibersdorf GmbH). Mit Unterstützung der A.-Kommission der USA wurde bis 1960 das Atomreaktorzentrum bei Seibersdorf südöstl. von Wien errichtet. Es umfasste ursprüngl. den Atomreaktor → ASTRA, Institute für Elektrotechnik, Physik, Chemie, Metallurgie, Biologie und Landw., ein Strahlenschutzinst. und ein Laboratorium der → Internationalen Atomenergie-Organisation (IAEO). 1962 ging ein Versuchsreaktor des Atominst. für Hochschulen bei der Stadionbrücke im Wr. Prater und 1963 ein weiterer Studienreaktor in Graz in Betrieb.
1972–77 erfolgte der Bau des Atomkraftwerks Zwentendorf (NÖ.) mit einer geplanten Leistung von 730 MW durch die „Gemeinschaftskraftwerk Tullnerfeld GmbH" (gegr. 1970). Der Energieplan des Jahres 1976 sah den Bau von insges. 3 Atomkraftwerken in Ö. vor. Eine am 5. 11. 1978 abgehaltene Volksabstimmung verhinderte mit 50,4 % der Stimmen die Inbetriebnahme des fertig gestellten Atomkraftwerks Zwentendorf. Seit dem 5. 12. 1978 schließt das „Atomsperrgesetz" die Nutzung der Kernenergie in Ö. aus. Die Bemühungen zur Inbetriebnahme von Zwentendorf wurden nach der Reaktorkatastrophe von Tschernobyl (26. 4. 1986) eingestellt.
Ö. ist Mitgl. der CERN (Europ. Organisation für Kernforschung) und der IAEO (gegr. 1958), deren Sitz in Wien ist. Bereits vor der prakt. Anwendung der A. hatten ö. Forscher und Techniker, wie L. → Boltzmann, W. → Pauli, V. F. → Hess, E. → Schrödinger und L. → Meitner, entscheidenden Anteil an der atomaren Forschung.
Literatur: Ö. Dokumentationen. Kernenergie, 4 Bde., 1977; E. Kitzmüller, Ö. – Verspäteter Atomzwerg oder nicht-atomarer Anfänger, in: L. Mez (Hg.), Der Atomkonflikt, 1979.

Atomic Austria GmbH, Sportartikelhersteller mit Schwerpunkt Wintersport; 1955 als Wagnereibetrieb von A. → Rohrmoser in Wagrain (Sbg.) gegr. Mit A.-Skiern wurden zahlr. Weltcup- und Olympiasiege errungen. 2002 betrug der Konzernumsatz 201,6 Mio. Euro bei einem Beschäftigungsstand von 820 Mitarbeitern. 1994 vom finn. Konzern AMER Group LTD übernommen.

ATS, internat. genormte Währungsbezeichnung für den ö. Schilling.

AT & S, siehe → Austria Technologie & Systemtechnik AG.

Attems, Adelsgeschlecht aus Görz, eine Linie seit dem 17. Jh. in der Stmk. ansässig. Das Palais A. in Graz wurde 1702–16 erbaut; am Ende des 2. Weltkriegs ging ein Großteil der reichen Ausstattung (u. a. größte private Gemäldegalerie der Stmk.) verloren; 1962 wurde das Palais vom Land Stmk. erworben und instand gesetzt. Bed. Persönlichkeiten aus der Familie: Edmund Gf. → Attems, Ferdinand Gf. → Attems, Heinrich Gf. → Attems, Ignaz Maria Gf. → Attems.

Attems, Edmund Graf, * 17. 8. 1847 Linz (OÖ.), † 26. 5. 1929 Bad Hofgastein (Sbg.), 1893–96 und 1897–1918 Landeshauptmann der Stmk. Adelsgeschlecht → Attems.

Attems, Ferdinand Graf, * 22. 1. 1746 Graz (Stmk.), † 23. 5. 1820 ebd., Verwaltungsjurist; Vater von Ignaz Maria → Attems. 1801–20 Landeshauptmann der Stmk.; Mitbegründer und 1. Kurator des Joanneums. Adelsgeschlecht → Attems.
Literatur: NDB.

Attems, Heinrich Graf, * 28. 11. 1834 Görz (Gorizia I), † 11. 8. 1909 Graz (Stmk.), Offizier und Pomologe. Förderte die steir. Obstzucht und das Mus. Joanneum. Adelsgeschlecht → Attems.
Werk: Österreichs Obstbau, 1899.

Attems, Ignaz Maria Graf, * 24. 2. 1774 Graz (Stmk.), † 17. 12. 1861 ebd., Verwaltungsjurist; Sohn von Ferdinand → Attems. 1820–52 Landeshauptmann der Stmk.; setzte sich für eine konstitutionelle Monarchie ein, förderte den Neubau des Theaters in Graz und die Umwandlung des Grazer Lyzeums in die Univ. Adelsgeschlecht → Attems.
Literatur: NDB.

Attems-Petzenstein, Carl August, * 13. 10. 1868 Graz (Stmk.), † 19. 4. 1952 Wien, Zoologe. 1905–38 am Naturhist. Mus. in Wien; hatte Weltruf auf dem Gebiet der Myriopodenkunde (Tausendfüßer).
Werke: über 110 Publikationen; Myriopoden, in: Handbuch der Zoologie, hg. v. W. Kitzenthal u. T. Krumbach, IV/1, 1926–30.
Literatur: Jb. d. Wr. Ges., 1929; NDB.

Attendorf, Stmk., GU, Gem., 354 m, 1677 Ew., 15,66 km², Wohngem. mit Landw. im Tal des Liebochbachs westl. von Graz im Weststeir. Hügelland. – Kleindenkmäler.

Attentate: 9. 8. 1832: Hauptmann F. Reindl verübt in Baden ein missglücktes A. auf Erzherzog Ferdinand, den späteren Ks. → Ferdinand I.; 18. 2. 1853: Mordversuch Johann Libényis an Ks. → Franz Joseph I. in Wien; 10. 9. 1898: Kaiserin → Elisabeth in Genf von dem italien. Anarchisten Luigi Luccheni ermordet; 11. 2. 1913: Tod des soz.-dem. Arbeiterführers F. → Schuhmeier durch ein A. von Paul Kunschak; 28. 6. 1914: Ermordung des Thronfolgers Erzherzog → Franz Ferdinand und seiner Gattin Sophie Hzgin. v. Hohenberg durch den bosn. Studenten G. Princip in Sarajewo (löste den 1. Weltkrieg aus); 21. 10. 1916: Min.-Präs. K. Gf. → Stürgkh von F. → Adler erschossen; 17. 2. 1923: Erschießung des Semperit-Betriebsrats F. Birnecker durch Monarchisten (1. Todesopfer einer polit. Gewalttat in der 1. Republik); 1. 6. 1924: A.-Versuch auf Bundeskanzler I. → Seipel am Wr. Südbahnhof durch Karl Jaworek; 10. 3. 1925: A. durch den Nat.-Soz. O. Rothstock auf den Schriftsteller H. → Bettauer, der am 26. 3. seinen Verletzungen erlag; 25. 7. 1934: Ermordung von Bundeskanzler E. → Dollfuß durch O. Planetta bei dem nat.-soz. Putschversuch im Bundeskanzleramt, nachdem schon am 3. 10. 1933 der Nat.-Soz. R. Drtil ein Revolver-A. verübt hatte; 22. 6. 1936: Ermordung des Philosophieprofessors M. → Schlick in der Univ. Wien; 1. 5. 1981: Ermordung des Wr.

Das Attentat auf Kaiser Franz Joseph am 18. Februar 1853. Gemälde von J. J. Reiner, 1853 (Wien Museum).

amtsführenden Stadtrats H. → Nittel; 19. 11. 1984: Ermordung des türk. Diplomaten Erner Ergun in Wien; 13. 7. 1989: Ermordung des Führers der iran. Kurden Abdulrahman Ghassemlou, seines Stellvertreters Abdullah Ghaderi und des ö. Vermittlers Fadil Rasoul in Wien. Ab Dez. 1993 wurden mehrere Serien von Briefbomben-A. auf versch. Persönlichkeiten mit Engagement für Ausländer und ethn. Minderheiten, u. a. auf den damaligen Wr. Bürgermeister H. Zilk, verübt. Als allein Schuldiger dafür sowie für das schwerste A. in der 2. Republik, bei dem am 4. 2. 1995 in Oberwart (Bgld.) vier Roma ums Leben kamen, wurde 1999 F. Fuchs verurteilt.
Literatur: L. Spira (Hg.), A., die Ö. erschütterten, 1981; G. Botz, Gewalt in der Politik, 1983; P. Pilz, Eskorte nach Teheran, ²1997; R. Pohanka, A. in Ö., 2001.

Attergau, OÖ., Landschaft um den nördl. Attersee, in 500 bis 600 m Seehöhe gelegenes, flachwelliges Moränenland des ehem. Traungletschers im → Alpenvorland, im N von Hausruck, im S von den Flyschbergen des Salzkammerguts begrenzt, von Vöckla, Ager und Dürrer Ager entwässert. Dicht besiedelte Agrar- und Ind.-Landschaft. Orte: St. Georgen, Frankenmarkt, Vöcklamarkt, Zipf, Vöcklabruck, Attnang-Puchheim, Lenzing.

Attersee, Christian Ludwig (eigentl. C. Ludwig), * 28. 8. 1940 Pressburg (Bratislava, SK), Maler, daneben Musiker und Schriftsteller sowie erfolgreicher Segelsportler (3-mal ö. Staatsmeister). Studierte an der Hochschule f. angew. Kunst in Wien bei E. Bäumer, ab 1966 enge Kontakte zum → Wiener Aktionismus. Stand anfangs der Objekt- und Aktionskunst („Objekterfindungen") nahe, wobei A. durch die Einbindung von Musik, Sprache, Fotografie, Film usw. eine neue Form des Gesamtkunstwerks schuf. In der Folge traten Zeichnung und Tafelbild immer stärker in das Zentrum; bes. Bedeutung kam dabei den Themen Sexualität und Naturerfahrung zu. Für die meist in Acrylmalerei ausgeführten Werke sind der figural-symbol. Stil, die Verwendung leuchtender Farben und der dynam. Pinselstrich, durch den über die Bildfläche hinaus der Rahmen in das Werk einbezogen wird, kennzeichnend. Als Sprachkünstler verwendet A. in seinen Bildern häufig Textelemente. Im Rahmen von Ausstellungen gestaltet und Inszenierungen mit Musik und Literatur teilweise gem. mit Künstlerfreunden. A. vertrat Ö. 1984 bei der Biennale in Venedig, ist seit 1992 Prof. an der Univ. f. angew. Kunst in Wien und gehört zu den international meistbeachteten ö. Künstlern. Großer Ö. Staatspreis 1997.
Literatur: A. – Die gemalte Reise, Ausst.-Kat., Wien 1990; C. L. A., Werkkatalog, 1994; C. L. A. u. P. Baum, A. Das druckgraph. Werk 1966–1997, 1997 (mit Werkverz.); C. Kintisch (Red.), A. – Der geschmiedete Garten, Ausst.-Kat., Wien 1999.

Christian Ludwig Attersee. Foto, 1968.

Attersee (auch Kammersee), OÖ., 467 m, 45,9 km², 20 km lang, 4 km breit, 171 m tief, größter See des Salzkammerguts und der ö. Alpen, fischreich (Reinanken), im SW erhebt sich der Schafberg (1782 m), im SO das Höllengebirge (1862 m). Im SW des Sees mündet als größter Zufluss die Seeache (aus dem Mondsee). Abfluss ist die Ager bei Kammer. An den Ufern Reste jungsteinzeitl. Pfahlbauten und Bronzefunde (→ Mondseekultur). Schiffsverkehr, wichtiges Fremdenverkehrsgebiet. – Uferorte: Seewalchen, Schörfling, Weyregg, Steinbach, Weißenbach, Unterach, Nussdorf und Attersee.

Attersee: Wallfahrtskirche Maria Attersee.

Attersee, OÖ., VB, Gem., 496 m, 1495 Ew., 14,67 km², Seebad und Wassersportzentrum am W-Ufer des Attersees; Schiffsstation (Attersee-Schifffahrt). – Fremdenverkehr, Maschinenbau- und Achsenfabrik. – 885 urk. als „Atarnhova", im 9. Jh. Kaiserpfalz, im 13. Jh.

Burg; Wallfahrtskirche, ehem. Schlosskapelle, urspr. got., Umbau (1721–28) von J. Pawanger mit spätbarockem Hochaltar; alte Pfarrkirche seit 1813 evang. Kirche. Got. Kirche hl. Laurentius in Abtsdorf.
Literatur: A. Zauner, Vöcklabruck und der Attergau, 1971; F. A. Göschl, A. Wasser und Geschichte, 1996.

ATTILA, † 453, ab 445 alleiniger Herrscher der Hunnen. Das Zentrum seines Reichs lag zw. Donau und Theiß im heutigen Ungarn. Er erpresste vom Oström. Reich hohe Tributzahlungen. Mit einem aus unterworfenen und verbündeten german. Stämmen bestehenden hunn. Heer zog A. im Frühjahr 451 auf der Donaustraße nach Gallien, unterlag aber den Westgoten unter Aetius in der Schlacht auf den Katalaunischen Feldern. Nach seinem Tod 453 zerfiel sein riesiges Reich. Er erscheint im → Nibelungenlied als Hunnenkönig → Etzel.
Literatur: G. Wirth, A. Das Hunnenreich und Europa, 1999.

ATTNANG-PUCHHEIM, OÖ., VB, Stadt, 416 m, 8757 Ew., 12,32 km², an der Einmündung der Aurach in die Ager, nördl. von Gmunden; Bahnknotenpunkt. – BerS für metallbearb. Gewerbe; wirt. Bedeutung durch günstige Verkehrslage (mehr als 3500 Beschäftigte 2001), davon fast 2 Drittel in Ind. und Gewerbe (Apparate- und Anlagenbau, Fassadenbau, Fertigungstechnik, Landmaschinenfabrik, Nahrungsmittelind., Polstermöbelerzeugung, Baustoffvertrieb; Techhnologiezentrum; Dienstleistungsunternehmen. – Pfarrkirche (1953), barockisierte Filialkirche hl. Martin, Redemptoristenkirche und -kloster (1890) sowie Schloss (16.–17. Jh.) mit Arkadenhof im Wallfahrtsort Puchheim; A. wurde am Ende des 2. Weltkriegs stark zerstört.
Literatur: S. Traxler u. H. Böhm, 25 Jahre Marktgem. A., 1980; dies., 750 Jahre Attnang, 1992.

Attnang-Puchheim.

ATZBACH, OÖ., VB, Gem., 464 m, 1153 Ew., 14,11 km², gewerbl.-landw. Gem. nördl. von Vöcklabruck. Stahlbau. – Urk. 1120, urspr. got. Pfarrkirche (1697–1700 nach Plänen von C. A. Carlone barockisiert) mit Turmausbau von 1958, schönen Barockstatuen, klassizist. Kanzel (1790), got. Taufstein und Grabinschriften (16.–18. Jh.), Pfarrhof (spätgot. Kern); in Aigen: Schloss (um 1600) mit Park.

ATZENBRUGG, NÖ., TU, Markt, 186 m, 2497 Ew., 25,95 km², zw. Herzogenburg und Tulln, an der Perschling. – Bez.-Stelle des Roten Kreuzes; Metallverarbeitung, Ärztezentrum. – Urk. 2. Hälfte des 12. Jh.; Schloss, aus Wirtschaftshof im 14. Jh. gestaltet, 2-flügelige Anlage des 16./17. Jh., seit 1978 zu Schubert-Mus. und Kulturzentrum ausgebaut (Schubertiaden), nach Renovierung seit 1998 auch Zentrum für Volkskultur des Landes NÖ.; im Schlosspark aufgeschütteter Erdhügel (Waasen) mit kleinem barocken Pavillon (Schubert-Häuschen), in der Nähe Aumühle, im 17.–19. Jh. zum Schlösschen ausgebaut; in Kat.-Gem. Heiligeneich barocke Pfarrkirche.
Literatur: O. Sodomka, Schloß A., Dipl.-Arb., Wien 1982.

ATZESBERG, OÖ., RO, Gem., 610 m, 521 Ew., 12,73 km², landw. Gem. westl. von Sarleinsbach im südwestl. Mühlviertel. – In Hohenschlag Ameisbergwarte (26 m) und Kapelle mit barocker Christusfigur; Tabernakelpfeiler (1664).
Literatur: V. Ecker u. J. Ecker, Ameisberg, 90 Jahre Ameisbergwarte 1902–1992, 1992; H. Aumüller u. F. Höfler, Heimatbuch der Gem. A. im Mühlviertel, 2000.

ATZGERSDORFER STEIN, früher wichtiger Stein für Wr. Bauten (z. B. Karlskirche), abgelagert in einem Randbereich des Wr. Becken-Meeres im Jungtertiär (Sarmat) vor etwa 6 Mio. Jahren.
Literatur: H. Küpper, Wien, 1968 (Hg.: Geolog. Bundesanstalt Wien); F. Starmühlner u. F. Ehrendorfer (Hg.), Naturgeschichte Wiens, 4 Bde., 1970–74.

Au im Bregenzerwald.

AU, Vbg., B, Gem., 800 m, 1643 Ew., 44,91 km², zweisaisonaler Fremdenverkehrsort (191.173 Übern.) im Bregenzerwald, an der Einmündung des Argenbachs in die Bregenzerach. – Krankenhaus und Altersheim St. Josef; Holzverarbeitung, Möbelerzeugung; Naturerlebnispark Holdamoos. – Urspr. got. Pfarrkirche (Ende 18. Jh. barockisiert) mit Fresken und reichem Stuck (1778), bäuerl. Einhöfe (18. Jh.).
Literatur: J. Hiller, Au im Bregenzerwald 1390–1890, 1894 (Neudruck 1981); H. Gsteu, Unsere Heimat A. im Bregenzerwald, 1972.

AUA, siehe → Austrian Airlines.

AU AM LEITHABERGE, NÖ., BL, Markt, 211 m, 909 Ew., 16,71 km², gewerblich-landw. Gem. am östl. Abhang des Leithagebirges nahe der Grenze zum Bgld. Kunststoffwarenerzeugung. – Urk. 1465, 1554 urk. Markt, neuroman.-neugot. Nikolauskirche (erb. 1876/77) mit Taufkapelle und got. Malereien, modernem Volksaltar (1992) und spätgot. Statue Maria mit Kind (um 1500), Pfarrhof (ma. Kern); sog. „Gradina" (nach 1529 angelegte Kroatensiedlung), barocke Edelmühle, sog. Pestsäule (1829), barocke Bildsäule „Zum Guten Hirten" (1754).
Literatur: R. Krauscher, A. a. L., 2002.

AUBERG, OÖ., RO, Gem., 595 m, 535 Ew., 12,52 km², landw. Gem. an der Großen Mühl, „Hopfenmetropole des Mühlviertels". – Urk. 13. Jh., Denkmalhof „Unterkagerer" (Freilichtmuseum), Ruine Schönberg; in Hollerberg spätgot. Georgskirche (1378) mit Barockeinrichtung (um 1730). Gattersteine.

AUBÖCK, Carl, * 6. 1. 1924 Wien, † 3. 2. 1993 ebd., Architekt und Designer. 1977–93 Prof. an der Hochschule f. angewandte Kunst in Wien.
Werke: Musterhaussiedlung Wien 13, Veitingergasse (mit R. Rainer); Siedlung Wien 23, Lindauergasse; Wohnhausanlage Per-Albin-Hansson-Siedlung-Ost (mit W. Kleyhons u. a.); Design von Bestecken, Geschirr, Möbel u. a.

AUBRY, Blanche, * 24. 2. 1921 Basel (CH), † 9. 3. 1986 Wien, Kammerschauspielerin. Ab 1959 Mitgl. des Wr. Burgtheaters, erfolgreiches Debüt in F. → Hochwälders „Donnerstag"; J.-Kainz-Medaille 1968.

AUDIOVISUELLE UNTERRICHTSMITTEL, techn. Lehr- und Lernmittel zur Veranschaulichung und Optimierung von Lehr- und Lernprozessen sowie zur Steigerung von Behaltensleistungen (z. B. Overhead, Film). Neben den a. U. nehmen heute Informations- und Kommunikationstechnologien einen immer größeren Stellenwert im Unterricht ein, wobei die Grenzen zu den a. U. fließend sind.

AUENBRUGGER, Leopold von, * 19. 11. 1722 Graz (Stmk.), † 18. 5. 1809 Wien, Arzt. Erfinder der Perkussion (Feststellen innerer Erkrankungen aus dem Schallunterschied beim Beklopfen des Brustkorbs), in seiner Schrift „Inventum novum" (1761) dargelegt. Erst durch den franz. Kliniker J. N. Corvisart (Leibarzt Napoleons) wurde seine Methode gewürdigt und verbreitet.
Literatur: J. Dueret, A. als Psychiater, Diss., Zürich 1956.

Leopold von Auenbrugger. Gemälde von P. Künl, 1867 (Gesellschaft der Ärzte, Wien).

AUEN UND AUWÄLDER: Auen sind Vegetationskomplexe, die durch Fließgewässer geprägt sind. Die entscheidenden Variablen sind Größe (Wasserführung), Gefälle und Natur des Einzugsgebietes (Gesteinsarten, Höhe und Vegetation der Gebirge: Waldberge oder Gletscher), wovon etwa auch Häufigkeit und Jahreszeit der Hochwässer abhängen. Bäche und Flüsse erodieren (tragen das Ufer am Prallhang ab) und sedimentieren (häufen Schotterfächer und Inseln auf: Anlandung); abgeschnürte Flussarme hingegen verlanden. Auf neu entstandenem Land (Schotter-, Sand- und Schluff-Inseln) läuft eine Sukzession (→ Vegetation) ab, die mit Einjährigen beginnt und mit Auwald endet; ein typischer strauchiger Pionier an größeren Flüssen ist z. B. die Purpur-Weide/Salix purpurea. In Verlandungsgesellschaften („Röhricht") spielen etwa Schilf/Phragmites australis, Rohrkolben/Typha und verschiedene Seggen-Arten/Carex spp. eine wichtige Rolle. Auch der Verlandungsprozess ist eine Sukzession, die letztlich zum Auwald hinführt.

Die Auwälder sind recht verschieden, entsprechend der unterschiedl. Natur der Gewässer, wobei insbes. die Korngröße des Sediments eine Rolle spielt (von Schotter über Kies, Sand und Schluff bis zum Aulehm). Je größer die Fließgeschwindigkeit, umso grobkörniger ist das Sediment.

Die wichtigsten Ökofaktoren der Auen sind: Überschwemmung, mangelhafte Bodendurchlüftung (Sauerstoffversorgung), Nährstoffanreicherung (durch die von den Hochwässern abgelagerten Schwemm- und Sinkstoffe) und die Dynamik (oftmalige Standorts- und Vegetationsveränderungen, Sukzessionen).

Auwaldgesellschaften in Gewässernähe mit hohem Grundwasserstand und häufiger Überschwemmung fasst man als „Weiche Au", die vom Gerinne weiter entfernten, höher liegenden und seltener überschwemmten als „Harte Au" zusammen. Typische → Baumarten der Weichen Au sind Silber-Weide (Weiß-Weide)/Salix alba, Bruch-Weide/Salix fragilis, Schwarz-Pappel/Populus nigra und Silber-Pappel (Weiß-Pappel)/Populus alba. Im Übergangsbereich zw. Weicher und Harter Au sind Edel-Esche/Fraxinus excelsior und Traubenkirsche/Prunus padus typisch. In der Harten Au herrschen etwa Flatter-Ulme/Ulmus laevis, Feld-Ulme/Ulmus minor, Hainbuche/Carpinus betulus und Stiel-Eiche/Quercus robur u. a., das sind Arten, die mit Ausnahme der zuerst genannten auch außerhalb der Au in bestimmten Waldgesellschaften vorkommen. Für rasch fließende Gebirgsflüsse mit grobkörnigem und daher gut durchlüftetem Boden charakteristisch ist die Grau-Erle (Weiß-Erle)/Alnus incana, für langsam fließende mit lehmigen, schlecht durchlüfteten Böden die Schwarz-Erle/Alnus glutinosa. Typische Auwaldarten der Krautschicht sind z. B. gewisse im Vorfrühling, vor der Belaubung blühende Geophyten (Pflanzen mit unterird. Speicherorganen) wie Schneeglöckchen/Galanthus nivalis (im Tiefland), Frühlings-Knotenblume/Leucojum vernum (im Gebirge), Wald-Gelbstern/Gagea lutea, Blaustern-Arten/Scilla spp. und Gelbes Windröschen/Anemone ranunculoides. Bezeichnend für Auwälder sind Kletterpflanzen wie Hopfen/Humulus lupulus und Waldrebe/Clematis vitalba, eine → Liane. Einige nährstoffliebende (d. h. düngerertragende) Arten der Auvegetation sind in anthropogenen Vegetationstypen häufig geworden, wie z. B. Schwarz-Holunder/Sambucus nigra, Groß-Brennnessel/Urtica dioica, Geißfuß/Aegopodium podagraria, Hühnerdarm/Stellaria media und Klett-Labkraut/Galium aparine.

Naturnahe Auen sind als Folge der Bach- und Flussregulierungen, der Flusskraftwerke und der Aufforstung mit standortsfremden Holzarten (z. B. Hybrid-Pappeln = „Kanadapappeln") in Ö. selten geworden und daher wichtige Objekte des Naturschutzes. Größere Schotteralluvionen mit ihrer charakterist. Vegetation (u. a. mit der vom Aussterben bedrohten Ufertamariske/Myricaria germanica) gibt es nur noch am oberen Lech (westl. N-Ti.), größere naturnahe, regelmäßig überschwemmte Auwälder nur noch im → Nationalpark Donauauen zw. Wien und Hainburg.

Literatur: H. Margl, Die Ökologie der Donauauen und ihre naturnahen Waldgesellschaften, 1972; R. Gayl u. I. Erkyn, Auenblicke, 1984; H. P. Graner, Nationalpark Donau-March-Thaya-Auen, 1991; W. Lazowski, Auen in Ö. Vegetation, Landschaft und Naturschutz, 1997; E. Wendelberger, Grüne Wildnis am großen Strom. Die Donauauen, ³1998; J. Kelemen u. I. Oberleitner (Red.), Fließende Grenzen. Lebensraum March-Thaya-Auen, 1999; R. Golebiowski u. G. Navara, Naturerlebnis Donau-Auen, 2000.

Silber-Pappel-Auwald in den March-Auen, NÖ.

Auer, Erich, * 14. 4. 1923 Innsbruck (Ti.), Kammerschauspieler. 1946 am Landestheater Linz, 1948 am Wr. Volkstheater tätig, 1950–89 Mitgl. des Wr. Burgtheaters (seit 1986 Ehrenmitgl.); Film- (u. a. in „Die Försterbuben", 1955) und Fernsehtätigkeit.

Auer, Leopold, * 7. 6. 1845 Veszprém (H), † 15. 7. 1930 Loschwitz bei Dresden (D), berühmter Geigenvirtuose und Lehrer. Verbrachte lange Zeit in Russland und den USA. Als Vertreter der klass. Geigenschule lehrte er eine Mischung zw. Wr. und russ. Geigenschule.
Werke: Violin Playing as I teach it, 1921; My Long Life in Music, 1923 (Autobiographie).

Auer, Martin, * 14. 1. 1951 Wien, Schriftsteller, Musiker, Schauspieler, Journalist. Tritt v. a. als Autor von phantasievollen Kinderbüchern hervor.
Werke: Was niemand wissen kann, 1986; Der Sommer des Zauberers, 1988; Zum Mars und zurück, 1988; Bimbo und sein Vogel, 1988; Von Pechvögeln und Unglücksraben, 1989; Und wir flogen 1000 Jahre, 1990; Die Jagd nach dem Zauberstab, 1991; Der wunderbare Zauberer von Oz, 1992; Als Viktoria allein zu Hause war, 1993; Joscha unterm Baum, 1994; Der bunte Himmel, 1995; Ich aber erforsche das Leben, 1995; Küß' die Hand, gute Nacht, die Mutter soll gut schlafen!, 1996; Der dreckige Prinz, 1997; Deutsch für Außerirdische, 1997; Die Erbsenprinzessin, 1998; Warum der Hase lange Ohren hat, 1999; Lieblich klingt der Gartenschlauch, 1999; Frau Maikäfer flieg, 2001; Herr Balaban und seine Tochter Selda, 2002.

Auer, Maximilian, * 6. 5. 1880 Vöcklabruck (OÖ.), † 24. 9. 1962 ebd., Musikschriftsteller, Lehrer, Bruckner-Forscher. Ab 1915 pensioniert, beschäftigte sich A. fast ausschließlich mit A. → Bruckner: 1924 Ausgabe der Briefe Bruckners, 1927 Gründung der Internationalen Bruckner-Ges., Initiierung der Gesamtausgabe, Überarbeitung der Bruckner-Monographie von A. Göllerich (1937, zahlreiche Neuaufl.).

Auerbach, OÖ, BR, Gem., 488 m, 504 Ew., 10,77 km², landw. Gem. westl. des Oberlaufs der Mattig im Innviertel. Asphaltschützenhalle. – Got. Pfarrkirche hl. Remigius mit spätroman. Kern (urk. 868), Barockhochaltar (1729), got. Schnitzfiguren und frühbarocker Kanzel (um 1630), Glocke (1609). – Unweit Trumer Seen.

Auerbach, Johann Gottfried, * 28. 10. 1679 Mühlhausen (D), † 5. 8. 1743 Wien, erfolgreicher Porträtist des Wr. Hofs (Porträts Ks. Karls VI., des Prinzen Eugen, Maria Theresias). 1735 kaiserl. Hofmaler, 1741 „Kammermaler".

Raoul Auernheimer. Foto, um 1925.

Werke: u. a. im Kunsthist. Mus. und in der Ö. Galerie Belvedere in Wien.

Auernheimer, Raoul (Pseud.: R. Heimern, R. Othmar), * 15. 4. 1876 Wien, † 7. 1. 1948 Oakland (USA), Erzähler und Bühnenschriftsteller. Studium der Rechte in Wien; Journalist, Feuilletonist und Redakteur, 1923–27 1. Präs. des Ö. → P. E. N.-Clubs; 1939 Emigration in die USA. Seine Ges.-Komödien spielen im bürgerl. Milieu und weisen Einflüsse von A. → Schnitzler und G. de Maupassant auf.

Werke: Casanova in Wien, 1924 (Lustspiel); Wien. Bild und Schicksal, 1938. – Romane: Das Kapital, 1923; Die linke und die rechte Hand, 1927; Metternich, 1947; Grillparzer, 1948. – Autobiographie: Das Wirtshaus zur verlorenen Zeit, 1948.

Auersbach, Stmk., FB, Gem., 301 m, 871 Ew., 12,59 km², landw. Wohngem. am gleichnamigen Bach nördl. von Feldbach im steir. Thermenland. – Moderner Kreuzweg (err. 1998 von 12 Künstlern aus der Region) Wetzelsdorf–Edelsbach.

Auersperg, Krainer Adelsgeschlecht; 1220 erstmals erwähnt; im 15. Jh. Teilung in zwei Linien: ältere 1530 in Freiherren-, 1630 in Grafenstand, jüngere 1653 in Reichsfürstenstand erhoben. Palais A. (ehem. Rofrano) in Wien, ab 1781 im Besitz der Familie; 1945 Sitz der ö. Widerstandsbewegung; nach grundlegenden Restaurationsarbeiten seit 1954 Veranstaltungs- und Ausstellungsgebäude.

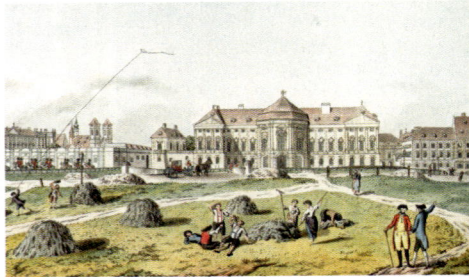

Palais Auersperg in Wien. Ausschnitt aus einem kolorierten Stich von J. Ziegler, um 1790.

Bed. Persönlichkeiten aus der Familie: Adolf Carl Daniel Fürst von → Auersperg, Herbard VIII. Frh. von → Auersperg, Johann Weikhard Fürst → Auersperg, Joseph Franz Gf. → Auersperg, Karl (Carlos) Wilhelm Philipp Fürst → Auersperg, Anastasius → Grün.

Auersperg, Adolf Carl Daniel Fürst von, * 21. 7. 1821 Prag (CZ), † 5. 1. 1885 Schloss Goldegg (Gem. Neidling, NÖ.), Politiker; Bruder von K. W. P. Fürst → Auersperg. 1871–79 letzter altliberaler Min.-Präs.; führte 1873 eine Wahlreform durch, die die direkte Wahl des Reichsrats vorsah; 1879–85 Präs. des Obersten Rechnungshofs. Adelsgeschlecht → Auersperg.

Literatur: ÖBL.

Auersperg, Anton Alexander Graf, der Dichter Anastasius → Grün.

Auersperg, Herbard VIII. Frh. von, * 15. 6. 1528 Wien, † 22. 9. 1575 bei Budatsky (SLO; gefallen), General. 1566–75 Landeshauptmann von Krain; Anhänger des Protestantismus und Förderer der Reformation. Adelsgeschlecht → Auersperg.

Auersperg, Johann Weikhard Fürst (ab 1653), * 11. 3. 1615 Schloss Seisenberg (Žužemberk, SLO), † 13. 11. 1677 Laibach (Ljubljana, SLO), Staatsmann. Erster Min. und Geheimer Rat der Ks. Ferdinand III. und Leopold I.; 1669 wegen Hochverrats zum Tod verurteilt, später begnadigt. Adelsgeschlecht → Auersperg.

Literatur: G. Mecenseffy, Im Dienste dreier Habsburger, 1938.

Auersperg, Joseph Franz Graf, * 31. 1. 1734 Wien, † 21. 8. 1795 Passau (D), geistl. Würdenträger. 1760–72 Bischof von Lavant, 1772–83 Bischof von Gurk, 1783 Bischof von Passau, 1789 Kardinal; Anhänger des Bildungsideals der kath. Aufklärung und Philanthrop. Musste der Abtrennung des ö. Anteils der Diözese Passau (Neugründung der Diözesen Linz und St. Pölten sowie Vergrößerung des Erzbistums Wien) zustimmen. Adelsgeschlecht → Auersperg.

Literatur: E. Gatz (Hg.), Die Bischöfe des Hl. Röm. Reiches 1648–1803, 1990.

Auersperg, Karl (Carlos) Wilhelm Philipp Fürst, * 1. 5. 1814 Prag (CZ), † 4. 1. 1890 ebd., Politiker; Bruder von A. C. D. Fürst → Auersperg. Im Vormärz als Mitgl. des böhm. Landtags in Opposition zu Metternich; 1861–67 Präs. des Herrenhauses, 1867/68 Min.-Präs. des sog. Bürgerministeriums, Mitwirkung am → Februarpatent. Adelsgeschlecht → Auersperg.

Literatur: ÖBL.

Karl Wilhelm Philipp Fürst Auersperg. Foto.

Auersperg15-Theater, 1979–2002 bestehendes Kleintheater in Wien 8, bis 1995 „Theater beim Auersperg". Auf dem Spielplan standen v. a. Ur- und Erstaufführungen (nur Eigenproduktionen) sowie Gastspiele von → freien Gruppen und ausländischen Bühnen.

Auersthal, NÖ., GF, Markt, 178 m, 1869 Ew., 15,19 km², am Rand des Weinviertels gegen das Marchfeld. – Schotter- und Betonwerk, Erdöl- und Erdgasbetrieb der OMV, Weinbau. Pfarrkirche (14. Jh.).

Auer von Welsbach, Alois Ritter, * 11. 5. 1813 Wels (OÖ.), † 10. 7. 1869 Wien, Buchdrucker; Vater von Carl → Auer von Welsbach. Ab 1841 Dir. der Hof- und Staatsdruckerei; zahlreiche typograph. Erfindungen (selbsttätige Schnellpresse, Kupferdruckpresse).

Werk: Geschichte und Beschreibung der k. k. Hof- und Staatsdruckerei, 1851.

Auer von Welsbach, Carl Frh., * 1. 9. 1858 Wien, † 4. 8. 1929 Schloss Welsbach (Gem. Mölbling, Kä.), Chemiker; Sohn von Alois → Auer von Welsbach. Entdeckte 1885 durch die Zerlegung des Didyms 2 neue Elemente: Praseodym und Neodym. Durch die Tränkung eines Baumwollstrumpfs mit den Salzen dieser „seltenen Erden" gelang ihm die Entwicklung des „Gasglühlichts", das durch die Verwendung von Thorium und Cer verbessert und als „Auer-Glühstrumpf" 1891 patentiert wurde. Diese erfolgreichen Gasglühlichter wurden in Atzgersdorf (NÖ., heute Wien 23) hergestellt. A. v. W. befasste sich auch mit der Verbesserung der elektr. Glühlampe und entwickelte durch

Carl Auer Freiherr von Welsbach. Foto.

Carl Auer Freiherr von Welsbach: Werbemittel für die Osram-Metallfaden-Glühlampe.

den Einsatz von Osmium und Wolfram die (Osram-)Metallfaden-Glühlampe. Seine dritte wichtige Erfindung war die Verwendung des Cer-Eisens für die Herstellung künstl. Feuersteine in Feuerzeugen. 1898 gründete er für die Verarbeitung von Thorium und Cer die Treibacher Chem. Werke (→ Treibacher Industrie AG).

Literatur: F. Sedlacek, A. v. W., 1934; Treibacher Chem. Werke, 1980; H. Auer-Welsbach, Die Erfindungen des Dr. C. A. v. W., Dipl.-Arb., Graz 1992; NDB; NÖB; ÖBL.

Auer-Welsbach, siehe Alois → Auer von Welsbach, Carl → Auer von Welsbach.

Aufbaugymnasium und Aufbaurealgymnasium, 1927 als 5-jährige „Aufbauschule" versuchsweise für Schüler mit Pflichtschulabschluss, die Univ.-Berechtigung anstreben, eingerichtet; bereits 1934 als „besondere Form" in das Schulsystem eingegliedert und 1962 trotz geringer Frequenz als Sonderform der AHS verankert. Aufnahmevoraussetzungen in den seit Ende der 60er Jahre 4-jährigen Bildungsgang wie für das → Oberstufenrealgymnasium.

Standorte: Horn, Unter-Waltersdorf, Hollabrunn, Lambach, Stift Stams („Meinhardinum"), Jennersdorf.

Aufbaulehrgänge führen Absolventen berufsbild. mittlerer Schulen in 4–6 Semestern zur Reifeprüfung an einer berufsbild. höheren Schule (seit 1986).

Aufenstein, Ti., ehem. Burg bei Matrei am Brenner am Eingang zum Navistal. Verfiel seit 1430, die Burgkapelle mit Fresken (14. Jh.) ist erhalten. An der Stelle der Burg wurde in der 2. Hälfte des 15. Jh. die St. Kathreinskirche (Schiff 1718 barockisiert) erbaut.

Auferstehung, Mittelpunkt der christl. Glaubenslehre und Praxis. Im Anschluss an die Osternachtfeier oder am Ostersonntag werden Nacht- und Lichterprozessionen abgehalten.

Auffenberg, Moritz, * 22. 5. 1852 Troppau (Opava, CZ), † 18. 5. 1928 Wien, General. Schuf als Kriegsmin. 1911/12 ein neues Wehrgesetz; 1914 befehligte er die 4. Armee und errang den Sieg von Komarów über die russ. Truppen; wurde 1915 abgesetzt.

Werke: Aus Ö.-Ungarns Teilnahme am Weltkrieg, 1920; Aus Ö.-Ungarns Höhe und Niedergang, 1921.

Literatur: ÖBL.

Aufgebot, die öffentl. gerichtl. Aufforderung an unbekannte Beteiligte zur Anmeldung von Rechten, wobei ein Rechtsnachteil für den entsteht, der sein Recht nicht fristgerecht anmeldet. Im Eherecht verstand man darunter die öffentl. Bekanntmachung (Dauer: 1 Woche) einer beabsichtigten Eheschließung zu dem Zweck, dem Standesamt bislang unbekannt gebliebene Ehehindernisse zur Kenntnis zu bringen (galt bis 31. 12. 1983, → Eheschließung).

Aufklärung, geistesgeschichtl. Erscheinung, die im 17. Jh. in Europa aufkam, im 18. Jh. in Ö. praktisch wirksam wurde und bis in das 19. Jh. fortwirkte. Grundlage war die Ansicht, man könne die Menschen durch die Vernunft zu besserem Handeln bewegen. Die A. geht von der Vorstellung aus, alle Menschen seien gleich, sie müssten sich aber aus Abhängigkeiten lösen. In Ö. wurden die Ideen der A. weniger über die Philosophie als über Kameralistik, Jurisprudenz, Medizin und Naturwiss. verbreitet; sie wurden v. a. von Beamten und im höheren Bürgerstand aufgenommen. Bes. prakt. Auswirkungen hatte die A. in der Rechts- und Staatslehre, wo K. → Martini und J. v. → Sonnenfels Hauptvertreter waren und die nachkommende Beamtengeneration in diesem Sinn prägten. Mit diesen Rechtsprinzipien wurden Reformen der Zeit Maria Theresias und Josephs II. begründet. Maria Theresia war von der A. wenig berührt, ihr Sohn Joseph II. und einige ihrer Berater, wie W. Gf. → Kaunitz, F. W. Gf. → Haugwitz oder G. van → Swieten, standen jedoch im Bann der A., beträchtl. Einfluss hatte auch der Kirchenrechtler P. J. → Riegger. Sie vertraten die Ansicht, der Staat müsse religiöse Toleranz üben, Hexenprozesse, Folter und Todesstrafe seien abzuschaffen. Joseph II. übertrug diese Ideen auf viele Bereiche des Staates (aufgeklärter Absolutismus). Die A. hat mit dem → Allgemeinen Bürgerlichen Gesetzbuch bis zur Gegenwart gültige Nachwirkungen.

Das Erziehungswesen stellte ein Hauptanliegen der A. dar, die Reform der Volksschule 1774 war von ihrem Geist getragen. Großen Einfluss hatte die A. auf die Literatur, die vornehmlich erzieherisch und lehrhaft, aber auch kritisch wirken wollte. Autoren wie C. v. → Ayrenhoff, A. → Blumauer, J. B. → Alxinger oder L. L. → Haschka waren in diesem Sinne tätig. Die → Freimaurerei, der viele Vertreter der Führungsschicht angehörten, trug wesentlich zur Verbreitung aufklärerischer Ideen bei. Die A. formte den Staat der 2. Hälfte des 18. Jh. in vielen Bereichen, wurde aber aufgrund der Auswirkungen der Französ. Revolution in Ö. wieder zurückgedrängt.

Literatur: E. Winter, Barock, Absolutismus und A. in der Donaumonarchie, 1971; L. Bodi, Tauwetter in Wien, Zur Prosa der ö. A. 1781–95, 1977 (²1995); E. Kovacs, Kath. A. und Josephinismus, 1979; Ö. im Europa der A., internat. Symposium 1980, 2 Bde., 1985.

Aufklärung: Kaiser Joseph II. beim Pflügen im mährischen Dorf Slavikowitz. Anonymes Gemälde, 18. Jh.

Augarten, Parkanlage mit Palais in Wien 2. Das unter Ks. Matthias 1614 erbaute Jagdschlösschen auf der Donauinsel Wolfsau ließ Ferdinand III. 1649 ausbauen und mit einem Park versehen. Leopold I. kaufte um 1677 das nach 1654 erbaute Palais Trautson und vergrößerte den Park. 1683 wurden alle Anlagen von den Türken zerstört. Ende 17. Jh. entstand das heutige Schloss („Alte Favorita" genannt zum Unterschied von der → Favorita auf der Wieden); das Saalgebäude, in dem sich jetzt die → Porzellanmanufaktur Augarten („A.-Porzellan") befindet, wurde unter Joseph I. 1704 erbaut. Joseph II. errichtete das Kaiser-Joseph-Stöckl (1781 von I. Canevale erbaut), vergrößerte den Park und machte ihn 1775 allg. zugänglich. 1873 und 1897 erfolgten noch Zubauten. Der A. war bis ins 19. Jh. Vergnügungsort. Während des 2. Weltkriegs wurden zwei 50 m hohe Flaktürme errichtet. Seit 1948 ist

Palais Augarten in Wien: Gartenfront.

im Palais das Internat der Wr. Sängerknaben untergebracht.

Augensteinlandschaft (auch „Raxlandschaft"), Reste einer alten Landoberfläche, bes. auffallend in den Nördl. Kalkalpen; noch vor der Auffaltung der Alpen zu einem Hochgebirge im mittleren Tertiär vor rd. 25 Mio. Jahren entstanden, charakterisiert durch das Vorkommen ortsfremder Gesteine („Augensteine") auf Hochplateaus und in Höhlen (z. B. Schafberg, OÖ.; Dachsteinhöhlen).

Aug-Radisch, Stmk., FB, Gem., 300 m, 308 Ew., 4,46 km², kleine Wohngem. im Auersbachtal.

Augustianis, in der Notitia Dignitatum erwähntes spätantikes Kastell, Standort einer röm. Reitereinheit (Equites Dalmatae); das heutige → Traismauer.

Augustin, Ferdinand Frh. von (Pseud. Friedrich Aarau), * 31. 1. 1807 Wr. Neustadt (NÖ.), † 22. 6. 1861 Baden (NÖ.), Berufsoffizier; Sohn von Vinzenz Frh. v. → Augustin. Bereiste und beschrieb Marokko, Spanien, Malta.
Werke: Emmerberg, 3 Bde., 1848 (Roman); Reisebeschreibungen.

Augustin, Vinzenz Frh. von, * 27. 3. 1780 Pest (H), † 6. 3. 1859 Wien, Kartograph und General; Vater von Ferdinand Frh. v. → Augustin. Entwarf die Triangulierungs- und Mappierungs-Instruktionen für die → franzisceische Landesaufnahme, verfasste das Lehrbuch „Elementare Geometrie" und konstruierte mehrere geodät. Apparate. Bis 1838 Kommandant des von ihm gegr. Raketenkorps; leitete den Bau des Wr. → Arsenals.
Literatur: H. Neuhold, Der Raketenmacher. V. Frh. v. A. und der techn. Fortschritt in der k. k. Armee, Dipl.-Arb., Wien 1998.

Augustin, Lieber, * 1645, † 11. 3. 1685 Wien, legendärer Wr. Straßensänger, Sackpfeifer und Stegreifdichter. Soll im Pestjahr 1679 betrunken in eine Pestgrube gefallen sein, ohne zu erkranken. Das bekannte Lied „Oh du lieber A." ist erst später entstanden.

Augustin, Lieber, polit. Kabarett; 1931–38 im Keller des Café Prückel in Wien 1 von S. → Kadmon und P. → Hammerschlag geführt; 1945–47 wieder bespielt.
Literatur: H. Veigl, Lachen im Keller, 1986.

Augustiner-Chorherren (CRSA = Ordo Canonicorum Regularium Sancti Augustini), kath. Männerorden nach der Regel des hl. Augustinus; nicht wie andere Orden von einer Einzelperson oder Gruppe gegr., sondern aus alten Traditionen (seit dem 4. Jh.) und der gregorian. Reform (11. und 12. Jh.) erwachsene Form priesterl. Gemeinschaftslebens mit Ordensgelübden. Jedes Kloster ist eine selbständige Einheit mit einem gewählten Abt (Propst) an der Spitze. Blütezeit der A.-C. im 12. Jh., noch einmal im 18. Jh. Unter Ks. Joseph II. wurden im Gebiet des heutigen Ö. 10 Klöster (St. Andrä a. d. Traisen, St. Dorothea in Wien, Gurk, Pöllau, St. Pölten, Rottenmann, Seckau, Stainz, Suben und Waldhausen) aufgehoben, Anfang des 19. Jh. 2 weitere (St. Andrä im Lavanttal, Ranshofen).
Die Tätigkeit der A.-C. besteht insbes. in der Pfarr- und Sonderseelsorge, dazu kommen erzieherische Aufgaben sowie Wiss. und Kunst.
Die Klöster der A.-C. sind zu Kongregationen (seit 1959 zur Konföderation der Regularkanoniker vom hl. Augustinus unter einem Abtprimas vereint) zusammengeschlossen: so 1907 die damals in Ö. bestehenden A.-C.-Klöster St. Florian (1071 gegr.), Reichersberg (1084), Herzogenburg (1112), Klosterneuburg (1133), Neustift b. Brixen (1142) und Vorau (1163) zur Congregatio Austriaca Can. Reg. Lateranensium, die unter einem auf Zeit gewählten Generalabt (1987–2002 Propst von St. Florian, seit 2002 Propst von Klosterneuburg) steht.
Die A.-C. der ö. Kongregation (einschließlich Neustift b. Brixen) betreuten 2001 mit 163 Ordenspriestern 121 Pfarren mit ca. 280.000 Katholiken.
Literatur: M. Schmid u. S. Diermeier, Kurzgefaßte Geschichte der A.-C., 1961/62; F. Röhrig (Hg.), Die bestehenden Stifte der A.-C. in Ö., S-Ti. und Polen, 1997.

Augustiner-Eremiten (OESA = Ordo Eremitorum Sancti Augustini; seit 1963 OSA = Ordo Sancti Augustini, Augustiner), 1256 durch den Zusammenschluss von Eremitenverbänden entstandener Bettelorden nach der Regel des hl. Augustinus, der sich rasch im ganzen christl. Abendland verbreitete (1. Kloster in Ö.: Völkermarkt 1256). Die Blütezeiten des Ordens lagen im 14. und 18. Jh.
Zunächst gehörten die Niederlassungen im böhm.-ö. Raum zur bayer. Provinz. Endgültig 1653 wurden die Klöster in NÖ., OÖ., der Stmk. und Kä., 1679 die in Ti. und Sbg. zu selbständigen Provinzen zusammengeschlossen. Mitte des 18. Jh. zählte die ö.-ungar. Ordensprovinz 290 Mitgl. in 14 Niederlassungen. Die josephin. Klosteraufhebung und die Säkularisationsbestrebungen in der 1. Hälfte des 19. Jh. führten zur Aufhebung sämtl. Klöster in Ö. 1951 übernahmen die sudeten-dt. A.-E. die Augustinerkirche in Wien 1, bei der sich heute das einzige Kloster des Ordens in Ö. befindet (2003: 6 Konventualen; Sitz des Regionalvikariats mit 2 weiteren Niederlassungen in Deutschland). Das Wr. Hofkloster (1327–1812) bei der Burg mit der noch bestehenden got. Kirche war einer der bedeutendsten Konvente, dessen Mönche zahlr. Lehrstühle an der Univ. innehatten und der eine der größten Klosterbibl. Wiens besaß. An die Niederlassung in Salzburg-Mülln (1605–1855) erinnern noch die prachtvolle Kirche und das „Augustiner-Bräu".
Weitere Niederlassungen bestanden im 18. Jh.: in NÖ. (Baden, Bruck a. d. L., Korneuburg), im Bgld. (Lockenhaus), in der Stmk. (Fürstenfeld, Graz, Hohenmauten, St. Leonhard), in Sbg. (Dürrnberg, Hallein, Salzburghofen) und in Ti. (Kufstein, Rattenberg, Seefeld).
Literatur: F. Rennhofer, Augustiner-Klöster in Ö., 1956.

Augustus, * 23. 9. 63 v. Chr. Rom (?, I), † 19. 8. 14 n. Chr. Nola bei Neapel (I), röm. Kaiser. Hieß urspr. Gaius Octavianus, vom Senat wurde ihm der Ehrenname A. verliehen. Durch seine Stiefsöhne Drusus und Tiberius ließ er 15 v. Chr. das ö. Gebiet (→ Regnum Noricum) in das röm. Imperium einbeziehen. Der Titel A. wurde in der Folge von allen Kaisern, auch des MA und der Neuzeit, geführt.

Aula (Universitäts-A.), 1753–55 von J. N. Jadot de Ville-Issey im Stil des französ. Frühklassizismus für das alte Univ.-Gebäude in Wien 1 erbaut, bis 1848 ausschließlich für Univ.-Zwecke benützt. 1848 Zentrum der Studentenunruhen. 1848–56 teilw. Kaserne; seit 1857 Sitz der Akad. d. Wiss.

Aumaier, Reinhold, * 12. 5. 1953 Linz (OÖ.), Schriftsteller. Studierte Germanistik und Musik in Wien, seit 1976 freier Schriftsteller. Das musikal. Element spielt in seinem Werk eine bes. Rolle.
Werke: Briefe an Adalbert Stifter, 1982; ZwischenLÖSUNG, 1984 (Kurzprosa); ein bedROHlicheES, 1988 (Gedichte); Frau Zacherl, Witwe, 1988 (Hörspiel); All blues, alles Walzer, 1995; Fahren Sie fort! 49 Romananfänge, 1995; Liebesgedichte, 1996; Rapid, Rapid. Mein grün-weißes Matchtagebuch, 1999; So gengan de Gang. Gedichte in Mühlviertler Mundart, 1999; Knusper, knusper, 2001 (Kurzprosa).

Aumann (Aumon), Franz Joseph, * 24. 2. 1728, Traismauer (NÖ.), † 30. 3. 1797 St. Florian (OÖ.), Augustiner-Chorherr, Komponist. Als Hofsängerknabe mit M. → Haydn und J. G. → Albrechtsberger befreundet; trat 1753 in das Kloster St. Florian ein. Seine Kirchenmusik weist Elemente der venezian. und neapolitan. Schule sowie der Wr. Klassik auf. Starker Einfluss auf den jungen A. → Bruckner.

Augustiner-Chorherr: Illustration aus dem Codex 420a, 1577, der Stiftsbibliothek Zwettl, NÖ.

AUNJETITZ-KULTUR, nach dem Gräberfeld von Unetice bei Prag benannte Kultur der frühen → Bronzezeit im nördl. NÖ.

AURACH, OÖ., kleiner Gebirgsfluss zw. Attersee und Traunsee, entspringt in der A.-Klamm im Höllengebirge und mündet bei Attnang-Puchheim in die Ager.
Literatur: F. Dollinger, Das Naturraumrisiko im oberen A.-Tal (OÖ.), 1985.

AURACH AM HONGAR, OÖ., VB, Gem., 488 m, 1584 Ew., 24,77 km², landw. Wohngem. am Fuße des Hongar (943 m) zw. Attersee und Traunsee an der Dürren Aurach. Heimatmuseum. – In Hainbach spätgot. Kirche mit barockem Chor (1684), Knorpelwerkaltar und Kreuzigungsgruppe (17. Jh.), alte Glocken (1489, 1599), Hongarkreuz (err. 1980 zum Gedenken an die in der Landw. Verunglückten).
Literatur: 850 Jahre A., 1981.

AURACH BEI KITZBÜHEL, Ti., KB, Gem., 846 m, 1203 Ew., 54,24 km², zweisaisonale Fremdenverkehrsgem. (71.211 Übern., v. a. im Winter) südl. von Kitzbühel in den Kitzbüheler Alpen. – Bis 1926 Kupferbergbau; got.-barockisierte Pfarrkirche mit got. Freskenresten und reichem Rokokostuck, barock-klassizist. Altar; barocke Friedhofskapelle; alte Hofensembles mit original erhaltenen Nebengebäuden, Schnitzereien und Fassadenmalerei.

AURACHKIRCHEN, OÖ., GM, Dorf, Gem. Ohlsdorf; Kirche mit roman. Langhaus (12. Jh.), got. Chor, spätgot. Triumphkreuz (1510); auf barockem Altar got. Figurengruppe Anna Selbdritt; 2 Glocken um 1280.

AURENHAMMER, Hans, * 29. 5. 1920 Wien, † 4. 7. 1995 ebd., Kunsthistoriker. 1969–82 Dir. der Ö. Galerie. Befasste sich insbes. mit der Kunst des Barock (Anlage des Belvedere, J. B. Fischer von Erlach, M. Altomonte) und mit der Kunst des 19. Jh. (A. D. Fernkorn); zahlreiche Publikationen.

AURICON BETEILIGUNGS AG, Sitz: Wien, 1989 von H. → Liaunig gegr. Unternehmensgruppe, mit Beteiligungen an der → Jenbacher AG und der → Austria Email AG sowie Alleineigentümer der Auricon Immobilien GmbH und der → Waagner-Biro Binder AG. 2001 aufgelöst.

AURIKEL, Primula auricula, eine Primel- (Schlüsselblumen-)Art; charakterisiert durch breit-elliptische bis verkehrt-eiförmige, derbe, weißlich bereifte Laubblätter, die mit Ohren verglichen werden (lat. auricula = Öhrchen), und zwar urspr. mit Bärenohren („auricula ursi" der ältesten Botaniker). Die Blüten sind groß, leuchtend gelb und duftend. Die A. wächst in Kalkfelsfluren der montanen, subalpinen und unteralpinen Stufe (→ Vegetation, Höhenstufen). Mit Ausnahme von Bgld. und Wien ist sie in allen Bundesländern verbreitet.

Diese früh blühende, auffallende Art hat viele mundartl. Namen, die wichtigsten in Ö. sind: Bergnagerl (d. h. Bergnelke) und Gelber Speik (beide wegen der duftenden Blüten), Klapfbleamle und Schrofenbleamle (das ist „Felsblümchen"), Stoanbleaml, Gamsbleaml, Gamsveigal („Gämsenblümchen", „Gämsenveilchen"); die Namen Kraftkraut, Kraftblume ebenso wie Gelber Scharniggl (das ist Sanikel) und Schwindelkraut deuten daraufhin, dass die A. einst in manchen Gegenden auch als Volksheilpflanze betrachtet und verwendet wurde. Auch heute noch weit verbreitet sind die Bezeichnungen Platénigl (in Ti.) und Petergstamm, hingegen wohl im Aussterben begriffen sind Solanotsch und Zolidsch (beide in NÖ., etymologisch vermutl. aus friaulisch gialùt = gelb, vgl. ital. giallo).

Aus der Hybride der A. mit der verwandten, aber purpurn blühenden Primula hirsuta (Primula pubescens) entstanden die Garten-A., die züchter. Bearbeitung hat eine große Fülle von Ziersorten hervorgebracht, viele mit mehrfarbigen Blüten. Die dt. Bezeichnung A. wurde zunächst auf diese gärtnerisch bearbeiteten Rassen angewendet, später auch auf die Wildart. Vom Namen A. leiten sich wahrscheinlich die mundartl. Bezeichnungen Rickerl, Ruckerl und Rockerl für verschiedene andere Gartenblumen, wie z. B. Gartensorten des Gänseblümchens, ab. → Alpenflora, → Gebirgsvegetation und -flora.

AUROLZMÜNSTER, OÖ., RI, Markt, 407 m, 2851 Ew., 15,96 km²; Metallverarbeitung, Kunstmühle, lufttechn. Anlagen, Druckerei, Landtechnik. – Spätgot. Kirche (innen barock) mit Hochaltar (um 1680). Das 1691–1711 erbaute Schloss (Renovierung bis 2004) ist ein bed. Beispiel der Münchner Hofkunst; Festsaal mit Plänen von J. K. Zuccalli mit Deckenfresko und Stuck; die Inneneinrichtung wurde 1926 nach St. Martin gebracht.
Literatur: S. Nadler, A., Schloß der Grafen Wahl, Diss., Salzburg 1987; F. Reindl (Red.), A., 2000.

AUSCH, Karl, * 8. 12. 1893 Wien, † 20. 6. 1976 ebd., Nationalökonom, Journalist. 1927–34 beim „Kleinen Blatt", 1937–46 als Emigrant in England, 1946–59 Wirt.-Redakteur der „Arbeiterzeitung". 1960–63 im Vorstand der Girozentrale der ö. Sparkassen, ab 1952 Mitgl. des Generalrats der Oesterr. Nationalbank.
Werke: Erlebte Wirtschaftsgeschichte, 1963; Als die Banken fielen, 1968.

AUSCHWITZ (Oswiecim), Stadt in Polen, 50 km westl. von Krakau, kam 1772 zu Ö. (Hzg. von A. und Zator im Großen Titel der Habsburger), 1918 zu Polen. 1940 wurde in A. ein KZ errichtet und 1941/42 zum Vernichtungslager für Juden und „Zigeuner" erweitert. Bis zur Besetzung durch Sowjettruppen am 27. 1. 1945 starben dort 1,5 Mio. Menschen, darunter Zehntausende ö. Juden.

AUSGEDINGE (Auszug, Altenteil, Ausnahme), Gesamtheit der Rechte eines abtretenden Bauern (Altenteiler, Auszügler), der seinen Hof einem Nachfolger übergibt, sich aber auf Lebenszeit ein Wohnrecht, Naturalleistungen, Nutzungsrechte, Geldrenten usw. aufgrund eines Übergabevertrags vorbehält. Das A. stellt eine Mischform zw. bloßen Forderungsrechten, persönl. Dienstbarkeiten und Reallasten dar.

AUSGESTEUERTE, Bezeichnung für Arbeitslose (in der 1. Republik), deren befristetes Arbeitslosengeld abgelaufen war und die Notstandshilfe bezogen (→ Arbeitslosigkeit).

AUSGESTORBENE TIERE: Durch Einwirken des Menschen sind in Ö. in hist. Zeit u. a. ausgestorben: → Braunbär, Wolf, Luchs, Wildkatze, → Seeadler (als Brutvogel; der Letzte wurde 1960 aus seinem Horst geschossen), Fischadler, Schreiadler, Kaiseradler, Schlangenadler, Zwergadler, → Bartgeier, Mönchsgeier, Waldrapp, Biber (das letzte Tier wurde 1863 in Fischamend

Aurikel.

In Österreich beschäftigte Ausländer	
1992	273.884
1993	277.511
1994	290.288
1995	300.328
1996	300.271
1997	298.797
1998	298.566
1999	305.783
2000	319.394
2001	329.261
2002	334.132

erlegt). Wiederansiedelungsprojekte: Braunbär (WWF, seit 1989, Ötschergebiet); Luchs (A. Festetics, seit 1975, Gebiet: Forstverwaltung Murau), Bartgeier (WWF, seit 1986, Hohe Tauern, Sbg., Rauris), Biber (O. Koenig, 1976–81, Donauauen, Wien bis Eckartsau, auch Marchauen und Inn).

Literatur: Artenschutz in Ö., Grüne Reihe des BM f. Land- und Forstw., Umwelt und Wasserwirt.

Ausgleich, gerichtl. Verfahren zur Abwendung eines Konkurses. Der Schuldner hat den Gläubigern eine Quote von mindestens 40 % des Forderungsbetrags anzubieten, welche innerhalb von 2 Jahren (in Raten) zu bezahlen ist. Bei Erfüllung des A. kommt es zu einer endgültigen Restschuldbefreiung.

Literatur: W. H. Rechberger u. M. Thurner, Insolvenzrecht, 2001; M. Dellinger u. P. Oberhammer, Insolvenzrecht, 2002.

Ausgleich, österreichisch-ungarischer, am 15. 3. 1867 abgeschlossener Vertrag über das staatsrechtl. Verhältnis zw. Ö. und Ungarn. Das bisherige Kaisertum Ö. wurde dadurch in die sog. Doppelmonarchie (bis 1918) umgewandelt. Nach der Bildung eines konstituierenden ungar. Ministeriums (Febr. 1867) führte die Verhandlungen für Ö. F. Gf. → Beust mit den ungar. Vertretern J. Gf. → Andrássy d. Ä. und F. v. Deák. Auswärtiges, Heeres- und Finanzwesen, ab 1878 auch die Verwaltung von Bosnien und Herzegowina wurden gem. Ministerien unterstellt (pragmatische Angelegenheiten). Die Beitragsquote zu den gem. Ausgaben betrug für Ö. 70 %, für Ungarn 30 %, seit 1907 63,4 : 36,6 %. Die gem. Staatsschuld, Handels- und Zollpolitik, das Notenbank- und Münzwesen sowie das Eisenbahnwesen wurden getrennt behandelt (dualistische Angelegenheiten).

Die gem. Behörden und Angelegenheiten der beiden Reichshälften der ö.-ungar. Monarchie wurden als „kaiserlich und königlich" („k. u. k.") bezeichnet, die der ö. Reichshälfte als „kaiserlich-königlich" („k. k."), dem in Ungarn die Bezeichnung „königlich ungarisch" („k. ung.") entspracht. Gesetzgebungsorgan für die k. u. k. Angelegenheiten waren 2 auf 1 Jahr gewählte Delegationen von je 60 Mitgl., die abwechselnd nach Wien und Budapest einberufen wurden. Der A. brachte keineswegs die beabsichtigte Lösung der → Nationalitätenfrage und Sicherung der Integrität der Gesamtmonarchie. V. a. die Slawen, aber auch die ungar. Unabhängigkeitspartei waren mit dieser Lösung unzufrieden.

Literatur: Der ö.-ungar. A. von 1867, hg. vom Forschungsinst. für den Donauraum, 1967; Der ö.-ungar. Ausgleich von 1867, Buchreihe d. Südostdt. Hist. Kommission 20, 1968; Hist. Geschehen im Spiegel der Gegenwart, Ö.-Ungarn 1867–1967, Inst. f. Ö.-Kunde, 1970.

Österreichisch-ungarischer Ausgleich: Kaiser Franz Joseph I. bei der Eidesleistung in Pest am 8. Juni 1867 anlässlich seiner Krönung zum König von Ungarn. Kolorierte Lithographie von V. Katzler, 1867.

Auskunftspflicht, Pflicht der Organe des Bundes, der Länder, der Gem. und Körperschaften der Selbstverwaltung gegenüber jedermann Auskunft zu geben, soweit keine Verschwiegenheitspflicht vorliegt.

Literatur: B. Perthold-Stoitzner, Die A. der Verwaltungsorgane, ²1998.

Ausländerbeschäftigung, in Ö. vorwiegend im A.-Gesetz 1975 geregelt. Ziel des Gesetzes ist, die Beschäftigung von Ausländern auf dem ö. Arbeitsmarkt zu reglementieren. Dies soll zum einen durch die Festlegung von Höchstzahlen beschäftigter Ausländer erreicht werden, zum anderen ist die Beschäftigung von Ausländern an das Vorliegen einer behördl. Bewilligung gebunden (keine Bewilligungspflicht besteht jedoch abgesehen von den bei Neubeitritten zur EU festgelegten Übergangsregelungen für EU-Bürger).

Literatur: G. Biffl, Ökonom. und strukturelle Aspekte der A. in Ö., 1997; D. Scherff (Red.), Ausländerbeschäftigungsgesetz, 2000.

Auslandsbüro der Österreichischen Sozialdemokraten in Brünn, 1934–39 Sitz der Leitung der emigrierten ö. Soz.-Dem. und Auslandsstützpunkt der illegalen Soz.-Dem. in Ö., von O. → Bauer geleitet; hier erschien die illegal in Ö. vertriebene „Arbeiterzeitung". Nach Auflösung als „Auslandsvertretung der ö. Sozialisten" in Paris bzw. in London weitergeführt; von F. Adler aufgelöst.

Auslandsösterreicher: Außerhalb von Ö. leben ständig rd. 400.000 Inhaber der ö. Staatsbürgerschaft; dazu kommen noch einige 100.000 gebürtige Österreicher, die bereits die Staatsbürgerschaft ihrer neuen Heimat angenommen haben. Die A. werden manchmal als das „10. Bundesland" bezeichnet. Die Mehrzahl der A. lebt und arbeitet in Deutschland (2003: 192.000) und in der Schweiz (65.000). Dazu kommen 36.000 A. in Mittel- und S-Amerika, 30.000 in Australien, 28.500 in den USA und 22.500 in Afrika (v. a. in S-Afrika). Weitere 57.730 Österreicher (Volkszählung 2001) haben zwar ihren ordentl. Wohnsitz im Inland, arbeiten aber als Tages- oder Wochenpendler im Ausland (ebenfalls überwiegend in Deutschland und in der Schweiz).

Die meisten ö. Auswanderer der Nachkriegszeit verließen Ö. aus wirt. Gründen. Bekannte ö. Auswanderergem. befinden sich in S-Amerika (→ Dreizehnlinden in Brasilien, → Pozuzo in Peru, Independencia in Paraguay).

1955 wurde als offizielle Interessenvertretung aller A. das „A.-Werk" in Wien gegr. und gleichzeitig im Außenmin. eine Abteilung für A. eingerichtet. 2003 wurde das A.-Werk mit dem A.-Weltbund (AÖWB) vereinigt, der nun als Dachverband, Interessenvertretung und Serviceeinrichtung fungiert.

Publikationen: Rot-Weiß-Rot. Das Magazin für A., hg. vom A.-Werk.

Auslieferung, Übergabe von Personen an einen fremden Staat auf dessen Ersuchen zur strafgerichtl. Verfolgung und Vollstreckung. Rechtsquellen sind das Auslieferungs- und Rechtshilfegesetz sowie internat. Übereinkommen. Ö. werden grundsätzl. nicht ausgeliefert, ebenso Personen, denen im ersuchenden Staat die Todesstrafe oder rassische, relig. oder polit. Verfolgung drohen bzw. wenn das ausländ. Strafverfahren nicht der Europ. Menschenrechtskonvention entspricht. Im Bereich der EU löst die Einführung des Europäischen → Haftbefehls die klassische Auslieferung ab.

Literatur: R. Linke, Grundriß des A.-Rechts, 1983.

Auspitz, Heinrich, * 2. (oder 3.) 9. 1835 Nikolsburg (Mikulov, CZ), † 23. 5. 1886 Wien, Dermatologe. Ab 1872 Dir. der Poliklinik in Wien; Hg. des Archivs für Dermatologie.

Werk: System der Hautkrankheiten, 1881.

Auspitz, Rudolf, * 7. 7. 1837 Wien, † 10. 3. 1906 ebd., Nationalökonom, Politiker. 1873 liberaler Abg. z. Reichsrat; schrieb gem. mit R. Lieben „Über die Theorie des Preises" (1889), ein Hauptwerk der mathemat. Schule der Nationalökonomie in Ö.

Ausseer Land, Stmk., der steir. Teil des Salzkammerguts mit Hauptort → Bad Aussee; umfasst das Quellgebiet der Traun und das Gebiet um Bad Mitterndorf zw. Totem Gebirge, Grimming, Kemetgebirge und dem O-Teil der Dachsteingruppe. Im A. L. liegen Altausseer-, Grundl-, Toplitz- und Kammersee mit dem Traunfall. Von 1938 bis 1. 7. 1948 gehörte das A. L. (= Gerichtsbez. Bad Aussee) zu OÖ. Fremdenverkehr als Hauptwirtschaftszweig, daneben Holzwirt.; Salzabbau im Sandling (seit 1147). Ein Großteil des A. L. (370 km²) ist Naturschutzgebiet.
Literatur: F. Hollwöger, Das A. L., 1956; M. Pollner, Grundzüge einer allg. Geschichte des Salzkammergutes unter bes. Berücksichtigung des A. L., 1992.

Ausseer Land.

Aussenhandel: Die im 19. Jh. einsetzende internat. Arbeitsteilung zeigte insbes. nach dem Zerfall der ö.-ungar. Monarchie die Abhängigkeit Ö. vom A., wie sie für kleine Volkswirtschaften in der neueren europ. Industriegs. typisch ist. Die Friedensverträge nach dem 1. Weltkrieg ließen eine engere wirt. Integration Ö. mit Deutschland und Italien nicht zu. Die Haupthandelspartner waren 1927 Deutschland, ČSR, Ungarn, Italien, Jugoslawien und die Schweiz. Bereits im Zuge der Weltwirtschaftskrise 1929–31 sank der sich bis dahin positiv entwickelnde Ö. A. um 30 %.

Während der 1. Republik war der A. von einem regelmäßig hohen Einfuhrüberschuss (u. a. wegen der Importe von Nahrungsmitteln, Schlachtvieh und Kohle) gekennzeichnet, so dass den Einkommen aus Tourismusdienstleistungen und Transit eine bedeutende Rolle zukam.

In den ersten Jahren nach dem Ende des 2. Weltkriegs kam der A. praktisch zum Erliegen. Die Einfuhr bestand zu fast 90 % aus Hilfslieferungen der UNRRA (United Nations Relief and Rehabilitation Administration), die zw. 1945 und Mitte 1948 einen Wert von 500 Mio. US-$ ausmachten. Erst der Marshallplan für den Wiederaufbau Europas (ERP – European Recovery Program), der 1948 mit Geschenken in Form von Sachlieferungen (Nahrungsmittel, Rohstoffe), techn. Hilfe und Krediten auch Ö. als polit. westl. orientiertem Staat zugute kam, leitete eine Epoche des exportgestützten Wachstums ein. Im Rahmen des Marshallplans erhielt Ö. bis 1955 958 Mio. US-$.

Eine langfristige Entwicklung des westl. Handels gewährleistete die Gründung der OEEC (Organization for European Economic Cooperation) 1948, ab 1961 OECD (Organization for Economic Cooperation and Development) mit Sitz in Paris, der Ö. als Gründungsmitgl. angehört. Mit dem Beitritt zum Internat. Währungsfonds und zur Weltbank (1948) wurde Ö. intensiv in den Welthandel eingebunden. Ein bedeutender Schritt zur Multilateralisierung des A. war 1951 der Beitritt zum GATT (General Agreement on Tariffs and Trade = Allg. Zoll- und Handelsabkommen, seit 1994 WTO = World Trade Organization).

Für seine heutige Stellung als internat. bedeutender Handelspartner waren die ö. Integrationsbemühungen auf europ. Ebene ausschlaggebend. 1956 erklärte die Bundesregierung, dass ein Beitritt zur EGKS (Europ. Gemeinschaft für Kohle und Stahl) erwogen werde, was angesichts der Niederschlagung des Aufstands in Ungarn durch sowjet. Truppen nicht weiterverfolgt wurde. Ö. beteiligte sich mit den neutralen Staaten Schweiz und Schweden am Aufbau einer Freihandelszone ohne supranat. Charakter. 1958 wurde die EFTA (→ Europäische Freihandels-Assoziation) von den westeurop. Staaten außerhalb der „Sechser EWG" gegr. und 1972 eine Freihandelszone zw. den EFTA-Ländern und der EWG geschaffen (ausgenommen landw. Produkte). Seit 1. 1. 1994 bilden EU und EFTA den Europ. Wirtschaftsraum (EWR), seit 1995 ist Ö. EU-Mitglied.

Die *Länderstruktur* des ö. A.: Der ö. A. ist traditionell europazentriert. Die Hauptursachen liegen zum einen darin, dass Ö. ein Binnenland ist und nie Kolonialmacht war, zum anderen im relativ hohen Anteil von Rohstoffen, Halbfertigwaren und Zulieferprodukten für die europ. Ind. mit hoher Transportkostenintensität; weitere Gründe sind die ö. Exportstruktur und der Mangel an heimischen Markenartikeln.

Mit dem Ende der kommunist. Planwirt. in O-Europa und der Auflösung des RGW wurden die natürl. Handelsströme der „Region Mitteleuropa" reaktiviert. Die Öffnung der Märkte und niedrige Lohnkosten ziehen vielfältige Investitionen von ö. Unternehmen an, die somit langfristig eine lebhafte Entwicklung des A. absichern. Hinsichtlich der Marktanteilsentwicklung in Mittel- und O-Europa hat diese Entwicklung der ö.

Entwicklung des österreichischen Außenhandels (in Mio. Euro)

	Import	Export	Handelsbilanz
1937	106	88	– 18
1950	669	473	– 196
1955	1.676	1.320	– 356
1960	2.675	2.117	– 588
1970	6.705	5.398	– 1.307
1980	22.953	16.436	– 6.517
1990	40.421	33.873	– 6.548
2002	77.104	77.400	+ 296

Warenstruktur des österreichischen Außenhandels (2002, in 1000 Euro)

	Einfuhr absolut	in %	Ausfuhr absolut	in %
Ernährung	4,029.452	5,2	3,074.494	4,0
Getränke und Tabak	496.779	0,6	975.185	1,3
Rohstoffe	2,959.743	3,8	2,511.249	3,2
Brennstoffe, Energie	5,730.743	7,4	1,840.003	2,4
Tierische und pflanzl. Öle und Fette	126.005	0,2	65.744	0,1
chem. Erzeugnisse	8,683.210	11,3	7,928.902	10,2
bearbeitete Waren	12,506.733	16,2	17309.381	22,4
Maschinen und Fahrzeuge	30,019.840	38,9	33,068.869	42,7
sonstige Fertigwaren	12,184.253	15,8	10,091.579	13,0
anderweitige Waren	367.656	0,5	535.000	0,7
Summe	77,104.414	100,0	77,400.405	100,0

Wirt. unter den OECD-Ländern den größten Nutzen gebracht.

AUSSENHANDELSSTELLEN, Büros der → Wirtschaftskammer Österreich im Ausland zur Förderung des weltweiten Außenhandels Ö. Sie dienen der Unterstützung ö. Unternehmen bei der Erschließung und Bearbeitung ausländ. Märkte. 2003 umfasste das A.-Netz 70 Stützpunkte in 59 Ländern (Europa: 35, Asien: 18, Afrika: 6, Amerika: 10, Australien: 1).

AUSSENMINISTERIUM, BM f. auswärtige Angelegenheiten: Im Rahmen der maria-theresian. Reformen wurde 1742 in Wien die Geheime Haus-, Hof- und Staatskanzlei für die Angelegenheiten der → Außenpolitik gegr.; an ihrer Spitze stand der Staatskanzler. 1867–1918 gab es das mit Ungarn gem. (k. u. k.) Ministerium des Äußern in Wien, das nach dem Ende der ö.-ungar. Monarchie in ein Staatsamt des Äußern umgewandelt wurde. 1919–20 als Staatsamt f. Äußeres, 1920–23 als BM f. Äußeres bezeichnet, wurde das A. ab 1923 als Sektion in das → Bundeskanzleramt eingegliedert. 1959 wurde wieder ein eigenes A. unter der Bezeichnung BM f. auswärtige Angelegenheiten errichtet und im Gebäude des Bundeskanzleramts am Ballhausplatz untergebracht.

Das A. nimmt in 7 Sektionen bes. folgende Aufgaben wahr: Angelegenheiten der Außen- und Sicherheitspolitik, des Völkerrechts und des zwischenstaatl. Zeremoniells, Schutz ö. Staatsbürger und ihres Vermögens im Ausland, wirt.- und integrationspolit. Angelegenheiten sowie kulturelle Auslandsbeziehungen, Entwicklungszusammenarbeit, Verwaltung aller Bauten und Liegenschaften der ö. Vertretungsbehörden. Dem A. unterstellt sind die diplomat. Missionen, konsular. Vertretungsbehörden und → Kulturforen.

Literatur: F. Engel-Jánosi, Geschichte auf dem Ballhausplatz, 1963.

AUSSENPOLITIK: Träger der ö. A. sind das BM f. auswärtige Angelegenheiten (→ Außenministerium) mit den ö. Vertretungsbehörden im Ausland, die zuständigen Abteilungen anderer BM, das → Bundeskanzleramt und der → Bundespräsident. Die A. der 2. Republik lässt sich in 5 Hauptperioden gliedern: 1) Phase vom Ende des 2. Weltkriegs bis zur Erlangung voller staatl. Souveränität durch den → Staatsvertrag und das Gesetz über die → Neutralität (1945–55): Die ö. A. wurde wesentlich von den Besatzungsmächten mitbestimmt. 2) Integrations- und Emanzipationsphase (1955–68/70): Ö. integrierte sich in die internat. Gemeinschaft, wurde Mitgl. in → UNO, → Europarat und der Europ. Menschenrechtskonvention sowie Schauplatz wichtiger internat. Begegnungen („aktive Neutralitätspolitik"). In diese Periode fällt auch die aktive S-Tirol-Politik Ö. 3) Phase global ausgerichteter Außen- und Neutralitätspolitik (1968/70–83/84): Die „Ära → Kreisky" war durch steigende Aktivität (v. a. Nahostpolitik) gekennzeichnet; Wien wurde zum Sitz von internat. Organisationen (UNO-City); ö. Kontingente bei UN-Truppen auf Zypern und dem Golan. 4) Phase der „realist. Außen- und Neutralitätspolitik" (1983/84–94): Es kam zu einer Umorientierung auf EG-Europa und Nachbarschaftspolitik, die einerseits den Beitritt Ö. zur → Europäischen Union vorbereitete und andererseits dem Systemwandel in Ostmitteleuropa und der ehem. UdSSR Rechnung zu tragen hatte. Eine bes. Herausforderung stellten in diesem Zusammenhang die Kriege im zerfallenden Jugoslawien dar. 5) Phase der Mitgliedschaft in der Europ. Union (seit 1995): Weitere Konzentration auf Europa, auch im Zusammenhang mit der Osterweiterung der EU; die die Union überschreitende A. wird zunehmend Aufgabe der EU. Wichtige Herausforderungen liegen weiterhin u. a. im über Europa hinausgehenden Bereich des internationalen Umweltschutzes, der Außenwirtschafts- und der → Sicherheitspolitik.

Literatur: E. Zöllner (Hg.), Diplomatie und Außenpolitik Ö., 1977; H. Kramer, Strukturentwicklung der A., in: H. Dachs u. a., Handbuch der polit. Systems Ö., 1991; A. Pelinka u. S. Rosenberger, Ö. Politik, ²2003.

AUSSERFERN, auch Außfern, Ti., unteres Lechtal und Quellgebiet der Loisach (Talkessel von Ehrwald, vom Inntal aus „außerhalb des Fernpasses"), deckt sich weitgehend mit dem polit. Bez. → Reutte. Vom übrigen Ti. ist das A. nur über den Fernpass oder dt. Gebiet (Mittenwaldbahn) erreichbar. Die seenreiche Hochgebirgslandschaft (Plan-, Heiterwanger, Fernstein-, Blind-, Weißen-, Halden- und Vilsalpsee) ist zweisaisonales Fremdenverkehrsgebiet. Wie das ganze Lechtal von Alemannen besiedelt, kam es

Außerfern: Pfarrkirche in Hinterhornbach.

Die Außenminister der Republik Österreich	
Victor Adler (SDAP)	30. 10. 1918 – 11. 11. 1918
Otto Bauer (SDAP)	21. 11. 1918 – 26. 7. 1919
Karl Renner* (SDAP)	26. 7. 1919 – 22. 10. 1920
Michael Mayr* (CS)	22. 10. 1920 – 21. 6. 1921
Johann Schober* (Beamter)	21. 6. 1921 – 26. 1. 1922
Walter Breisky* (Beamter)	26. 1. 1922 – 27. 1. 1922
Leopold Hennet (Beamter)	27. 1. 1922 – 31. 5. 1922
Alfred Grünberger (CS)	31. 5. 1922 – 20. 11. 1924
Heinrich Mataja (CS)	20. 11. 1924 – 15. 1. 1926
Rudolf Ramek** (CS)	15. 1. 1926 – 20. 10. 1926
Ignaz Seipel** (CS)	20. 10. 1926 – 4. 5. 1929
Ernst Streeruwitz** (CS)	4. 5. 1929 – 26. 9. 1929
Johann Schober** (Beamter)	26. 9. 1929 – 30. 9. 1930
Ignaz Seipel (CS)	30. 9. 1930 – 4. 12. 1930
Johann Schober (Beamter)	4. 12. 1930 – 29. 1. 1932
Karl Buresch** (CS)	29. 1. 1932 – 20. 5. 1932
Engelbert Dollfuß** (CS, VF)	20. 5. 1932 – 10. 7. 1934
Stephan Tauschitz (Landbund, VF)	10. 7. 1934 – 3. 8. 1934
Egon Berger-Waldenegg (VF)	3. 8. 1934 – 14. 5. 1936
Kurt Schuschnigg** (VF)	14. 5. 1936 – 11. 7. 1936
Guido Schmidt (VF)	11. 7. 1936 – 11. 3. 1938
Wilhelm Wolf (NS)	11. 3. 1938 – 13. 3. 1938
Karl Gruber (ÖVP)	26. 9. 1945 – 26. 11. 1953
Leopold Figl (ÖVP)	26. 11. 1953 – 10. 6. 1959
Julius Raab* (ÖVP)	10. 6. 1959 – 16. 7. 1959
Bruno Kreisky (SPÖ)	16. 7. 1959 – 19. 4. 1966
Lujo Tončić-Sorinj (ÖVP)	19. 4. 1966 – 19. 1. 1968
Kurt Waldheim (ÖVP)	19. 1. 1968 – 21. 4. 1970
Rudolf Kirchschläger (parteilos)	21. 4. 1970 – 23. 6. 1974
Erich Bielka (parteilos)	23. 6. 1974 – 30. 9. 1976
Willibald Pahr (parteilos)	1. 10. 1976 – 24. 5. 1983
Erwin Lanc (SPÖ)	24. 5. 1983 – 10. 9. 1984
Leopold Gratz (SPÖ)	10. 9. 1984 – 16. 6. 1986
Peter Jankowitsch (SPÖ)	16. 6. 1986 – 21. 1. 1987
Peter Jankowitsch (SPÖ)	16. 6. 1986 – 21. 1. 1987
Alois Mock (ÖVP)	21. 1. 1987 – 4. 5. 1995
Wolfgang Schüssel (ÖVP)	4. 5. 1995 – 4. 2. 2000
Benita M. Ferrero-Waldner (ÖVP)	4. 2. 2000 –
* auch Staats- bzw. Bundeskanzler ** als Bundeskanzler	

Ende des 13. Jh. zur Grafschaft Ti., die wirt. und kulturellen Beziehungen zum Alpenvorland blieben aber immer sehr eng.

Literatur: F. Fuchs, Heimat A., 1984.

Ausserfratte (lat. „frangere" = brechen), Tallandschaft des äußeren Montafons in Vbg., zur A. gehört das Gebiet vom Frattner Tobel talauswärts bis Lorüns bei Bludenz.

Ausserstreitverfahren, Verfahren vor den Zivilgerichten, in denen über Rechtssachen verhandelt wird, die das Gesetz den A. zuweist, z. B. Abstammung, Adoption, Eheangelegenheiten, Unterhalt, Obsorge und Verlassenschaften.

Literatur: T. Klicka u. P. Oberhammer, A., ³2000; P. G. Mayr u. R. Fucik, Verfahren außer Streitsachen, ²2000.

Ausservillgraten, Ti., LZ, Gem. 1287 m, 977 Ew., 79,1 km², Tourismusgem. im Villgratental an der Vereinigung von Winkeltalbach und Villgrater Bach nördl. von Sillian. Bergbahn. Beherbergung, Bekleidungserzeugung. – Urk. 788; Pfarrkirche hl. Getraud (1795–97) mit Monumentalfresko (1800), klassizist. Altäre mit got. Pietà, bäuerliche barocke Kreuzigungsgruppe; alte Einzelhöfe in Blockbauweise.

Literatur: A. Draxl, Natur-, Kulturführer Villgraten, Ahornberg, Versellerberg, A., Innervillgraten, 1999.

Ausserwinkler, Michael, * 15. 1. 1957 Klagenfurt (Kä.), Facharzt für Innere Medizin und Politiker (SPÖ). 1990 Klubobmann der SPÖ-Fraktion der Stadt Klagenfurt, 1992–94 BMin. f. Gesundheit, Sport und Konsumentenschutz, 1994–99 Landesparteiobmann der Kä. SPÖ. Zog sich 1999 aus der Politik zurück und ist wieder als Mediziner tätig, seit 2001 Leiter der Außenstelle des L.-Boltzmann-Inst. f. Rheumatologie in Althofen (Kä.).

Aussiedlung: a) Bezeichnung für die 1945 im Potsdamer Abkommen beschlossene Vertreibung dt. Volksangehöriger aus den Nachfolgestaaten der Monarchie. Sie setzte bereits im Mai 1945 ein, nach Ö. kamen v. a. Menschen aus Böhmen und Mähren, der Slowakei, Ungarn und Jugoslawien. Ein Großteil wurde nach Deutschland abgeschoben, rd. 240.000 in Ö. eingebürgert.

b) A. von Betrieben aus dicht verbauten Kernzonen der Städte in Randgebiete oder neu angelegte Gewerbe- und Industriezonen. Ursachen sind meist Umweltauflagen und schwierige Verkehrsanbindungen.

Aussteuer, spezielle Form der Ausstattung an Töchter. Die Ausstattungspflicht kann bei Töchtern auch durch Beistellung eines Heiratsgutes erfüllt werden. Unter Ausstattung versteht man allg. die Zuwendungen der unterhaltspflichtigen Eltern oder Großeltern an ein Kind bei dessen Verehelichung. Ein Anspruch auf Ausstattung besteht nur, wenn das Kind selbst kein ausreichendes Vermögen besitzt. Die A. umfasst die Einrichtung eines Haushalts oder den Barbetrag zu deren Anschaffung. Die A. wird auf den → Pflichtteil angerechnet.

Austerlitz, Friedrich, * 26. 4. 1862 Hoch-Lieben (Vysoká Libeň, CZ), † 5. 7. 1931 Wien, Journalist und soz.-dem. Politiker. 1895–1931 Chefredakteur der → „Arbeiterzeitung"; 1920–31 Abg. z. NR.

Werke: Preßfreiheit und Preßrecht, 1902; Das neue Wahlrecht, 1907; A. spricht, 1931.

Literatur: M. Schmolke (Hg.), Wegbereiter der Publizistik in Ö., 1992.

Austerlitz, Schlacht von: Am 2. 12. 1805 besiegte Napoleon I. bei A. (heute Slavkov u Brna, CZ) östl. von Brünn das ö.-russ. Heer („Dreikaiserschlacht"). Der Niederlage der Alliierten folgten der Waffenstillstand von Znaim (6. 12. 1805) und der Frieden von Pressburg (26. 12. 1805).

Napoleon am Vorabend der Schlacht von Austerlitz. Ausschnitt aus einem anonymen Gemälde, 19. Jh.

Austria, seit 1147 regelmäßig verwendete offizielle Bezeichnung für Ö., zuerst im Titel des Markgrafen bzw. (seit 1156) Herzogs. Frühere Nennungen (1136, Heiligenkreuzer Stiftungsurkunde, höchstwahrscheinl. unecht) sind fragwürdig. A. bezeichnet bei Franken und Langobarden einen östl. gelegenen Reichs- oder Landesteil. Hybride Wortbildung – der german. Stamm „austar", ahd. „ostar", wird analog zu Francia, Gotia usw. mit einer latinisierten Endung verbunden. Das fränk. A. bezeichnete im 6. und 7. Jh. ein Gebiet mit den Zentren Reims und Metz, in der 1. Hälfte des 8. Jh. das langobard. Gebiet. Der fränk. Name A. wanderte später ins Mainfränkische, aus dem die Babenberger ihre Herkunft ableiteten. Der (vielleicht als nobler angesehene) latein. Landesname könnte während der Korrespondenz zur Vorbereitung der Heirat Heinrichs II. Jasomirgott mit der byzantin. Prinzessin Theodora (Nichte Manuel Komnenos') in Gebrauch gekommen sein. Er verdrängte die älteren latein. Landesnamen Ö. und wurde in der Folge auch zur ital., span. und engl. Bezeichnung für Ö. Voraussetzung dafür war die Ausweitung der Namensbedeutung auf „dominium Austriae" (Herrschaft zu Ö.) und „domus Austriae" (Haus Ö.), beide seit dem frühen 14. Jh. belegt, als Sammelbezeichnung der von den Habsb. beherrschten Gebiete sowie als Bezeichnung für die Familie der Habsb. Von daher leiten sich die späteren Bezeichnungen Casa d'Austria, Casa de Austria und Maison d'Autriche ab.

Literatur: E. Zöllner, Der Ö.-Begriff, 1988.

Austria Center Vienna, internat. Amtssitz- und Konferenzzentrum in Wien 22, wurde nach Plänen von J. → Staber ab 1982 neben der → UNO-City erbaut und am 22. 4. 1987 eröffnet. Das Haus bietet Platz für rd. 9.500 Personen und verfügt über eine Ausstellungsfläche von 19.000 m².

Austria Center Vienna.

Austria-Collegialität, Österreichische Versicherung AG, Wien: 1991–97 bestehendes Versicherungsunternehmen; aus dem Zusammengehen von „Austria" (mit Vorläufern bis 1860 zurückreichend) und „Collegialität" (gegr. 1899) entstanden, mit zahlr. Beteiligungen und Tochterges. im In- und Ausland. Betrieb alle Versicherungssparten, bildete 1997–99 mit der → Versicherungsanstalt der österreichischen Bundesländer die → BARC Versicherungs-Holding AG und ging 1999 in die → UNIQA Versicherungen AG ein.

Austria Email AG, Hersteller und Anbieter von Warmwasserbereitern, Heizungen, Gas- und Solaranlagen mit Sitz in Knittelfeld (Stmk.); hervorgegangen aus einer 1874 in Knittelfeld gegr. Emailgeschirrfabrik, die Ende des 19. Jh. mit einer Gruppe von Wr. Fabriken der Länderbank fusioniert wurde; 1972 erhielt das Unternehmen seinen heutigen Namen, 1992 erfolgte die Verselbständigung der Geschäftsfelder in A. E. Wärmetechnik GmbH und A. E. Licht- und Umwelttechnik GmbH; letztere wurde 1995 verkauft, seither Konzentration auf die Sparte Wärmetechnik. 2003 wurden mehr als 100.000 Wärmespeicher erzeugt, der Umsatz betrug 41,5 Mio. Euro.

Austria Film und Video GmbH, 1949 als „Austria Wochenschau GmbH" gegr., produzierte monatlich „Hallo Kino" für die ö. Kinos sowie Dokumentar- und Informationsfilme über populäre Themen, wie z. B. „Die Spanische Reitschule in Wien", für ausländ. TV-Stationen. Ein Filmarchiv mit 35-mm-Tonfilmen, von dem alle anderen Formate und Video-Systeme überspielt werden können, steht Film- und Fernsehproduzenten zur Verfügung. 1997 Übersiedlung in das Filmarchiv Austria, seither Aufarbeitung, Digitalisierung und Erfassung des 35-mm-Archivs in Datenbanken sowie Produktion von „Austria-Wochenschau"-Jahresvideos.

Austria Metall AG, AMAG, größter ö. Aluminiumkonzern (→ Aluminium) mit Standort in Ranshofen (OÖ.); die 1938 errichtete und 1946 verstaatl. Elektrolyse (→ verstaatlichte Industrie) zur Aluminiumherstellung wurde 1992 geschlossen, 1996 wurde das Unternehmen im Zuge eines Management-Buy-outs durch K. Hammerer mit Beteiligung der → Constantia-Iso Holding AG privatisiert. Die AMAG betreibt in Ranshofen ein Walz- und ein Presswerk sowie eine Hütten- und eine Sekundärgießerei; ein Presswerk für Aluminiumrohre besteht in Unna (D). Die Rohstoffbasis ist durch Beteiligung an je einer Elektrolyse in Kanada und Deutschland gesichert. Mit 1500 Mitarbeitern erwirtschaftete die AMAG 2002 einen Konzernumsatz von rd. 600 Mio. Euro.

Austria Mikro Systeme International AG, AMS, internat. Elektronikunternehmen mit Zentrale in Unterpremstätten bei Graz; zählt weltweit zu den führenden Entwicklungs- und Produktionsunternehmen von integrierten Schaltkreisen (Mikrochips) mit Standardprodukten und Lösungen für Kraftfahrzeuge, Ind., Medizintechnik und Kommunikation. Umsatz 2003: 134,4 Mio. Euro, mehr als 800 Mitarbeiter.

Austrian Airlines Österreichische Luftverkehrs AG, 1957 gegr., je ein Drittel der Anteile wurden urspr. vom Bund, von Ländern und Gemeinden sowie von Privataktionären gehalten; 1998 übertrug die Republik Ö. ihre Aktienmehrheit über 51,9 % an die → Österreichische Industrieholding AG, die seit der Kapitalerhöhung 1999 mit 39,7 % der Hauptaktionär ist. Der Flugbetrieb wurde am 31. 3. 1958 auf der Strecke Wien-London aufgenommen, 1969 wurde der erste Transatlantikflug nach New York durchgeführt. Insges. beschäftigte die Austrian Airlines Group zum 31. 12. 2002 7358 Mitarbeiter; die → Tyrolean Airways und die → Lauda Air sind zu 100 % im Besitz der Austrian Airlines. Die Betriebsleistung der Gruppe betrug 2002 2,4 Mrd. Euro; 2002 wurden insges. mehr als 8,8 Mio. Passagiere befördert, davon 7,2 Mio. im Linienverkehr. Die 92 eingesetzten Verkehrsflugzeuge gehören mit einem Durchschnittsalter von 6,2 Jahren (2002) zu den jüngsten der Welt. Die Luftfrachtbeförderung erreichte 2002 mehr als 125.000 t. Die Austrian Airlines Group fliegt (2003) 124 Städte in 64 Ländern auf allen fünf Kontinenten an. Die Austrian Airlines sind seit 2000 Mitgl. des weltweiten Flugverbunds Star Alliance (gem. mit Lufthansa, SAS, Air Canada, United Airlines u. a.). → Luftfahrt.

Austria Tabak: Klebeetikett einer Zigarrenkiste, 1908.

Literatur: H. Halbmayer, Die Geschichte der A. A., Dipl.-Arb., Wien 1993.

Austrian arrows, siehe → Tyrolean Airways.

Austrian Industries AG, 1989 gegr. 100-prozentige Tochterges. der → Österreichischen Industrieholding AG (ÖIAG), in die die wichtigsten Beteiligungen der ÖIAG an den verstaatlichten Unternehmen eingebracht wurden: → Austria Metall AG, Chemie Holding AG, Elektro- und Elektronik-Industrieholding AG, Maschinen- und Anlagenbauholding AG, → OMV AG und VOEST-ALPINE STAHL AG. Das Ziel war, die A. I. AG mittelfristig mehrheitlich zu privatisieren. Die Tochterges. der A. I. AG wurden mit dieser verschmolzen und neue Unternehmen ausgegründet: → Böhler-Uddeholm AG, → VOEST-ALPINE STAHL AG und → VA Technologie AG. Die A. I. AG wurde 1994 mit der ÖIAG als aufnehmender Ges. verschmolzen (→ verstaatlichte Industrie).

Austrian Research Centers GmbH, ARC, Holdingges. von außeruniversitär. nutzungsorientierten Forschungseinrichtungen in den Bereichen Technik, Natur-, Wirt.- und Soz.-Wiss. Die größten Tochterges. sind das ehem. Forschungszentrum → Seibersdorf und → arsenal research. 2003 waren in den ARC insges. 850 Mitarbeiter beschäftigt.

Austrian Space Agency, ASA, gegr. 1972, nationale, mehrheitlich staatl. Weltraumorganisation, Servicestelle für das BM f. Verkehr, Innovation und Technologie zur Beratung in Fragen der Weltraumforschung und -technologie sowie zur Koordination der ö. Weltraumaktivitäten.

Austria Presse Agentur, APA, Wien, am 1. 9. 1946 gegr. als genossenschaftl. Einrichtung der ö. Tageszeitungen durch Übernahme der Amtl. Nachrichtenstelle (ANA, 1922 gegr. als Nachfolgerin des 1859 geschaffenen k. k. Telegraphen-Korrespondenz-Bureaus). Im Unterschied zu ihren Vorgängern ist die APA ein vom Staat unabhängiges, privatwirt. Unternehmen. Mitgl. der APA sind 14 ö. Tageszeitungen sowie der ORF; Organe sind der Vorstand, der Aufsichtsrat sowie die Generalversammlung. 2000–02 erfolgte eine Umstrukturierung der APA zu einer genossenschaftl. organisierten Nachrichtenagentur mit den Geschäftsfeldern Nachrichtenagentur, Informationsmanagement und -technologie. Die Redaktionen der APA bieten Echtzeitnachrichtendienste in Wort, Bild und Schrift. eig. Tochterunternehmen gibt es für Verbreitungs-, Recherche- und Wissensmanagementinstrumente sowie Informationstechnologielösungen.

Literatur: C. Enichlmayr, Nachrichtenagenturen – Nachrichtendienste, in: Massenmedien in Ö., Medienbericht 4, 1993; E. Dörfler u. W. Pensold, Die Macht der Nachricht. Die Geschichte der Nachrichtenagenturen in Ö., 2001.

Austria Salzburg, Fußballverein, 1933 als SV Austria Salzburg gegr., 1953 Aufstieg in die oberste ö. Spielklasse; ab 1978 SV Casino Salzburg, seit 1997 SV Wüstenrot Salzburg. Eine der besten ö. Fußballmannschaften; 1994 im UEFA-Cup-Finale; 1994, 1995 und 1997 ö. Meister.

Literatur: H. Krawagna, Tor um Tor, ²1993.

Austria-Sund, Meeresstraße im → Franz-Joseph-Land, von den Entdeckern J. v. → Payer und K. → Weyprecht benannt (österreichisch-ungarische → Nordpolexpedition).

Austria Tabak, 1784 durch das Tabakpatent von Joseph II. gegr., bis 1938 „Ö.Tabakregie", nach dem 2. Weltkrieg bis 1997 als AG zu 100 % im Besitz der Republik Ö. Als staatl. Monopolbetrieb oblag der A. T. die Wahrnehmung der Aufgaben aus dem Tabakmonopol. Zu Beginn der 90er Jahre erfolgte – als Vorbereitung auf den EU-Binnenmarkt und den damit verbundenen Wegfall des Monopols – die Entwicklung

vom Monopol- zum Ind.- und Dienstleistungsunternehmen mit internat. Ausrichtung. Von 1993 bis 1995 gehörte auch die HTM-Gruppe mit Head, Tyrolia, Mares, Brixia zur A. T. AG. 1997 erfolgte die Teilprivatisierung über die Wr. Börse und 2001 der Verkauf an die Gallaher Group Plc.
Innerhalb des Gallaher-Konzerns repräsentiert A. T. die Continental Europe-Division (CED) und ist in rd. 35 Ländern Europas vertreten; CED ist Marktführer bei Zigaretten in Ö. und Schweden, ihre wichtigsten Marken sind Benson & Hedges, Memphis, Blend, Silk Cut sowie Ronson. Die Tochterges. tobaccoland ist auf den Großhandel mit Tabakwaren spezialisiert. 2002 beschäftigte die CED rd. 3700 Mitarbeiter und verkaufte 45,7 Mrd. Zigaretten.

AUSTRIA TECHNOLOGIE & SYSTEMTECHNIK AG, AT & S, Unternehmen für Leiterplattenerzeugung mit Hauptsitz in Leoben und Produktionsstätten in Fehring und Fohnsdorf (alle Stmk.), in Klagenfurt (Kä.), Balatonlelle (Ungarn), Shanghai (China) und in Nanjangud (Indien); die 3 steir. Werke stammen aus verschiedenen Unternehmen (Werk der Körting Elektronik GmbH & Co. KG in Fehring ab 1973, Eumig-Zweigwerk in Fohnsdorf ab 1978 und Leiterplattenwerk in Leoben-Hinterberg in Kooperation der VOEST-Alpine mit IBM Sindelfingen) und wurden 1990 zur E + E Leiterplatten Holding zusammengeschlossen; diese wurde 1994 privatisiert und von der Bietergruppe Androsch–Dörflinger–Zoidl übernommen; Umsatz 2002/03 278 Mio. Euro, 1600 Beschäftigte; Exportquote über 90 %. Hauptgeschäftsfelder sind Telekommunikation, Automobilind. sowie Ind.- und Medizinelektronik.

AUSTRIA WIEN, Fußballverein, hervorgegangen aus der Fußballsektion der → Cricketer, seit 1911 eig. Verein (bis 1926 „Wr. Amateur-Sportverein", 1973 mit WAC fusioniert); oftmaliger ö. Meister, gewann 1933 und 1936 den Mitropacup, 1978 Europacup-Finalist; v. a. in den 80er und den frühen 90er Jahren mit Spielern wie H. → Prohaska und A. → Polster eine der stärksten ö. Mannschaften (ö. Meister 1978–81, 1984–86, 1991–93 und 2003). Seit 1977 Austria Memphis, heute Austria Memphis Magna.
Literatur: D. Chmelar, Ballett in Violett, ²1986; F. R. Billisich, 80 violette Jahre, 1991.

AUSTRIA WOCHENSCHAU, siehe → Austria Film und Video GmbH, → Wochenschauen.

AUSTRIAZISMEN, meist im Plural verwendete (gelegentlich fälschlich abgewertet), für Besonderheiten der ö. Umgangssprache, die auch vielen ö. Dichtern (u. a. F. Grillparzer, H. v. Hofmannsthal, A. Wildgans, J. Weinheber, H. v. Doderer) eigen, aber der allg. dt. Standardsprache fremd sind und deren Verwendung in Ö. auch in der Hoch- und Schriftsprache richtig ist. → Sprache des Österreichers.

AUSTRO CONTROL, Ö. Ges. f. Zivilluftfahrt m. b. H., seit 1994 tätiges, aus dem Bundesamt für Zivilluftfahrt hervorgegangenes Unternehmen, das für die Flugsicherheit in Ö. verantwortlich ist. Von den rd. 1000 Mitarbeitern der A. C. sind 300 vollausgebildete Fluglotsen, die die Luftverkehrsströme über Ö. (2002 815.000 Flugbewegungen) leiten; weiters überwacht die A. C. die Sicherheit der Flugzeuge und die Pilotenausbildung und liefert Luftfahrtinformationen und Wetterdaten für den Flugverkehr.

AUSTROFASCHISMUS, Bezeichnung für das 1933/34 in Ö. etablierte Herrschaftssystem, entwickelt und getragen von Kreisen der → Heimwehr und jüngeren christl.-soz. Politikern. Beeinflusst vom italien. Faschismus Mussolinis, untermauert vom polit. Katholizismus und den Theorien von O. → Spann, ersetzte der A. die demokrat. Verfassung und den Parlamentarismus durch ein autoritäres System. Das → Korneuburger Programm vom 18. 5. 1930 formulierte erstmals den A., von März 1933 bis Februar 1934 setzte Bundeskanzler E. → Dollfuß den autoritären Kurs gegen die Soz.-Dem. durch und vollendete ihn mit der Verfassung vom 1. 5. 1934. Bis 1938 wurde der → Ständestaat weitgehend durch den A. geprägt.
Literatur: E. Tálos u. W. Neugebauer (Hg.), A., Beiträge über Politik, Ökonomie und Kultur 1934–38, ⁴1988; L. O. Meysels, Der A., 1992.

AUSTROMARXISMUS, Bezeichnung der ö. Schule des (Neu-)Marxismus, die – nach 1900 entstanden und vertreten durch die Theoretiker M. → Adler, R. → Hilferding und O. → Bauer – den äußersten linken Flügel in der Sozialist. Internationale darstellte. Der A. war mehr eine polit.-philosoph. Bewegung und stand vielfach im Gegensatz zur polit. Praxis der Soz.-dem. Partei, die stärker mit den Gewerkschaften zusammenarbeitete. Seine Vertreter verfochten den Standpunkt der proletar. Revolution und wollten die Ideen von Marx auf alle polit. und wirt. Erscheinungen anwenden. Die Entwicklung des A. hing mit dem 1904 erschienenen 1. Band der „Blätter zur Theorie und Politik des wiss. Sozialismus", den von M. Adler und R. Hilferding hg. „Marxstudien" und der Monatsschrift „Der Kampf" (1907 ff.) zusammen. Nach 1917 (russ. Revolution) suchte der A. zwischen der II. (Sozialist.) und der III. (Kommunist.) Internationale zu vermitteln, rückte aber später angesichts der Erfahrungen in der Sowjetunion vom Bolschewismus ab. Im → Linzer Programm, das O. Bauer entworfen hatte, fanden sich der linke und der rechte Flügel der ö. Soz.-Dem. in der Ablehnung des Bolschewismus. In der Illegalität der Jahre 1934–45 erlosch der A.
Literatur: A. Pfabigan, Illusion und Wirklichkeit, 1989; Zw. A. und Katholizismus, Festschrift für N. Leser, 1993.

AUSTROMIR, 1. bemannte Weltraummission Ö. mit einwöchigem Aufenthalt des Kosmonauten F. → Viehböck in der russ. Raumstation MIR. Start am 2. 10. 1991 in Kasachstan, Landung am 10. 10. 1991 ebd. Durchführung von 15 wiss. Experimenten aus den Gebieten Weltraummedizin, Physik und Weltraumtechnologie.
Literatur: F. Viehböck u. C. Lothaller, A., 1991; W. Riedler (Red.), A. Handbuch, 1991; ders. (Red.), Projekt A. 91, 1992; B. Josseck u. C. Feichtinger, Ö. Kosmonaut auf der Raumstation MIR, 1996.

AUSTROSLAWISMUS, polit. Richtung der Slawen (bes. Tschechen) in der 2. Hälfte des 19. Jh. Strebte die Umformung der ö.-ungar. Monarchie in einen trialistischen Staat an. Hauptvertreter waren F. Palacky und F. L. Rieger. Um 1890 lösten die polit. Ideen der radikalen Jungtschechen den A. ab.
Literatur: H. u. S. Lehmann (Hg.), Das Nationalitätenproblem in Ö. 1848–1918, 1973.

AUSWANDERUNG: Größere A. aus Ö. gab es zur Zeit der Gegenreformation seit etwa 1580, als viele Protestanten vertrieben wurden. Ein Höhepunkt war die Ausweisung von 23.000 Menschen aus dem Land Sbg. in den Jahren 1731/32. Im 19. Jh. war die ö.-ungar. Monarchie neben Italien und Russland das bedeutendste Auswandererland Europas. Nach dem Staatsgrundgesetz von 1867 war die A. nur durch die Wehrpflicht beschränkt. Auf die vorwiegd. polit. Gründe bis 1949 folgten danach insbes. wirt. Motive. Neben der Saisonwanderung mit weitgehender Rückkehr gab es eine große überseeische A. Diese betrug 1876–1910 4,3 Mio. Menschen, wovon 2,9 Mio. aus der westl. Reichshälfte stammten. Hauptziel waren die USA (über 50 % der Auswanderer). Die A. verteilte sich auf alle Bundesländer, bes. stark betroffen war das südliche Bgld., wo in einigen Orten mehr als 20 % der Einwohner die Heimat verließen. Bis 1900 betrug die A. jährlich weniger als 50.000 Menschen, bis 1907 stieg sie auf

Austrofaschismus: E. Dollfuß, G. Gömbös und B. Mussolini in Rom. Foto, 1934.

170.000 an. Etwa die Hälfte stammte aus der Landw., ein erhebl. Teil aus handwerkl. Berufen. Ca. 11 % gehörten der dt.-sprach., ca. 7 % der jüd. Bevölkerungsgruppe an. Ein Gegengewicht zur A. bildete eine starke Rückwanderung (1911: 86.000 Personen, 1912: 88.000).

Nach dem 1. Weltkrieg erreichte die A. aus der Republik 1922 (10.579) und 1923 (15.497) den Höhepunkt. Die A. aus polit. Gründen setzte 1934 ein, als vorwiegend ehem. Schutzbündler in die ČSR, dann in die Sowjetunion auswanderten, wo viele dem stalinist. „Säuberungen" zum Opfer fielen. Andere beteiligten sich am Span. Bürgerkrieg auf Seiten der Republikaner. Nach dem Anschluss emigrierten v. a. Juden und politisch aktive Personen vorwiegend nach Frankreich, Großbritannien, USA und Palästina, von denen nur ein geringer Teil nach 1945 zurückkehrte. Nach dem 2. Weltkrieg war die A. 1955 (5109) und 1956 (5600) am stärksten. Auswanderungsziele waren nunmehr Australien, gefolgt von Kanada und den USA.

Literatur: E. Deak, Die A. aus Ö. im 19. und 20. Jh., in: Siedlungs- und Bevölkerungsgeschichte Ö., 1974; ders., Die A., eine Massenbewegung, in: Inst. für Ö.-Kunde (Hg.), Das Zeitalter Franz Josephs, Ausst.-Kat., Grafenegg 1987; W. Dujmovits, Die Amerikawanderung der Burgenländer, Diss., Wien 1980; T. Horvath (Hg.), Auswanderungen aus Ö., 1996.

Ausweisung, behördlich angeordnetes Verbot, sich in Ö. aufzuhalten, verbunden mit der Verpflichtung, das Staatsgebiet zu verlassen. In Ö. sind Fremde von den Polizeibehörden bei nicht rechtmäßigem Aufenthalt aus dem Bundesgebiet mit → Bescheid auszuweisen. Im Interesse der öffentl. Ordnung kann auch bei rechtmäßigem Aufenthalt ein Aufenthaltsverbot gegen Fremde erlassen bzw. die A. verfügt werden. Dabei ist auf den Schutz des Privat- und Familienlebens Bedacht zu nehmen (→ Fremdenrecht).

Literatur: E. Wiederin, Aufenthaltsbeendende Maßnahmen im Fremdenpolizeirecht, 1993.

Autobahnen, Bundesstraßen ohne höhengleiche Überschneidung mit anderen Verkehrswegen, die sich für den Schnellverkehr im Sinn der straßenpolizeil. Vorschriften eignen und bei welchen bes. Anschlussstellen für Zu- und Abfahrt vorhanden sind (Bundesstraßengesetz 1971).

Mit Stand 2002 sind in Ö. 1669 km A. in Betrieb. Die bereits 1938-40 geplante und im Raum Sbg. errichtete W-A. A 1 Wien–Linz–Salzburg wurde ab 1954 ausgebaut und bis 1968 fertig gestellt. Die S-A. A 2 Wien–Graz–Klagenfurt–Thörl/Maglern–Italien wurde 1959 begonnen und 1999 fertig gestellt; weiters gehören zum ö. A.-Netz die O-A. A 4 Wien–Nickelsdorf, die Wr. Außenring-A. A 21, die SO-Tangente Wien A 23, die Strecken Guntramsdorf–Eisenstadt A 3 und Wien–Stockerau A 22, die Inntal-A. A 12, die Brenner-A. A 13, die Rheintal-A. A 14, die Innkreis-A. A 8, die Mühlkreis-A. A 7, die Tauern-A. A 10 (Scheitelstrecke 1974), die Karawanken-A. A 11 und die Pyhrn-A. A 9.

Das ö. A.-Netz ist der wichtigste Verkehrsträger für den inner-ö. Verkehr. Einige A. sind außerdem wichtige Verkehrsachsen zu den und zw. den angrenzenden Wirt.-Räumen der Nachbarländer. Ö. ist daher aufgrund seiner verkehrsgeographisch zentralen Binnenlage eine verkehrspolitisch wichtige Drehscheibe in Europa und hat nach Luxemburg das dichteste A.- und Schnellstraßennetz aller EU-Staaten (rd. 247 km pro Mio. Einwohner).

Auf A. und Schnellstraßen entfielen 2002 rd. die Hälfte des Gesamtverkehrs (ca. 22,5 Mrd. Fahrzeugkilometer) und 2 Drittel des Schwerverkehrs.

Planung, Bau, Erhaltung und Betrieb des A.-Netzes erfolgen durch die → ASFINAG. Während in Zeiten des intensiven Ausbaus des Straßennetzes (Mitte der 70er bis 80er Jahre) der Großteil der Finanzmittel in den Neubau von A.-Strecken floss, werden nun mehr Mittel für die Erhaltung und Sanierung der A. verwendet. Weiters muss ein beträchtl. Teil der Geldmittel für Kreditrückzahlungen aufgewendet werden. Die Kreditfinanzierung musste deswegen erfolgen, weil der Ausbau der alpenquerenden A.-Übergänge urspr. nicht aus dem Bundesbudget finanziert werden konnte.

Mit 1. 1. 1997 wurde die Mautvignette (→ Maut) für A. und andere hochrangige Straßen eingeführt. Zusätzlich sind rd. 140 km des A.-Netzes (große alpenquerende Übergänge) bemautet. Diese → Mautstraßen werden von → Alpen Straßen AG (ASG) und → ÖSAG im Auftrag der ASFINAG betrieben.

Autobahnen- und Schnellstraßen-Finanzierungs-Aktiengesellschaft, siehe → ASFINAG.

Autobus- und Kraftfahrlinienverkehr: Die Entwicklung des A. u. K. in Ö. beginnt mit den ersten Postautobussen 1907, sein Ausbau wurde v. a. in der Zwischenkriegszeit durch Post und kommunale Unternehmen durchgeführt; 1938 wurde er bei der Post konzentriert, nach dem 2. Weltkrieg vorwiegend durch Post und Bundesbahn (Bahnbegleitstrecken), im Lokalverkehr durch Stadtwerke und im Gelegenheitsverkehr (Schulbusse) durch private Unternehmen betrieben. Das Netz des A. u. K. erschließt Ö. bis in entlegene Ortschaften. 2002 waren im Linienverkehr rd. 2700 private und ÖBB-Busse sowie 1400 Postbusse eingesetzt. Entwicklungstendenzen bestehen in Richtung Verwendung von Niederflur-Stadtbussen (für niveaugleiches Einsteigen vom Gehsteig), Abstimmung der Fahrpläne öffentl. Verkehrsmittel, Förderung des Umweltverbundes (z. B. Mitnahme von Fahrrädern auf Bussen) und Errichtung eines flexiblen Bussystems (Rufbussystem).

Autographen (Urschriften) werden seit Anfang des 16. Jh. gesammelt. Die erste öffentl. Versteigerung von Urschriften in dt. Sprache fand 1838 in Wien durch den Buchhändler F. Gräffer statt. Die meisten Bibl. und Archive besitzen heute A.-Sammlungen, voran die Ö. Nat.-Bibl. mit ca. 278.000 A. und ca. 60.000 Blatt Fotokopien im Photogrammarchiv musikal. Meisterhandschriften der Musik-Smlg. (Widmung A. van Hoboken) sowie ca. 50.000 Musikhandschriften; die Wr. Stadtbibl. besitzt rd. 230.000 katalogisierte A. und moderne Handschriften sowie 17.000 Musikhandschriften.

Auto-, Motor- und Radfahrerbund Österreichs, siehe → ARBÖ.

Autoren-Gesellschaft, siehe → AKM.

Auto- und Motorradindustrie: Erste fahrbereite Autos entstanden als Prototypen durch S. → Marcus zwischen 1864 und 1888; die hölzernen Wagen mit eingebautem Motor besaßen schon alle techn. Merkmale eines Pkw. Marcus verwendete als Erster Benzin als Treibstoff.

F. → Porsche verbesserte in den → Lohner-Werken die Autoherstellung in die industrielle Fertigung. 1898 erfand er ein Elektromobil mit Radnabenmotor, weiters zählen Vierradantrieb und elektr. Zündung des Benzinmotors zu seinen Erfindungen. Neben den Lohner-Werken begann um 1900 die Firma → Gräf & Stift mit der Autoherstellung, ebenso Daimler in Wr. Neustadt und Puch in Graz. Während des 1. Weltkriegs wurde v. a. die Lkw-Produktion durch das Militär vorangetrieben.

Ab 1899 konstruierte J. → Puch die ersten Motorräder, die ab 1903 industriell produziert wurden. Sie dienten zunächst sportl. und militär. Zwecken. Nach 1918 wurden dank der hohen Kapazität der bestehenden Firmen viele Marken produziert, dem Bedarf entsprechend zunächst sog. Cyclecars und andere Kleinräder, oftmals in handwerkl. Fertigung.

Autobahnen: Eröffnung des Teilstücks Salzburg–Mondsee. Foto, 1958.

Daneben gab es eine Reihe von größeren Firmen (Saurer, gegr. 1906, Austro-Fiat, gegr. 1907, Fross-Büssing, gegr. 1908), die Lkws und Kleinwagen produzierten. Die Ö. Daimler-Motoren AG (1928 mit Puch vereinigt) und die Steyr-Werke (1934 mit Austro-Daimler-Puchwerke AG zur → Steyr-Daimler-Puch AG zusammengeschlossen) erzeugten Pkws, Lkws und Autobusse. Der von Porsche entwickelte Steyr XII galt als einer der besten Bergwagen seiner Zeit und wurde in großer Zahl exportiert. Der Steyr 50 (Steyr-Baby) war Vorläufer des dt. Volkswagens. Mehrere Firmen erzeugten Motorräder; dabei waren die Maschinen von Puch (mit der legendären Puch 250) ein bes. Erfolg.

Im 2. Weltkrieg wurden die gut eingerichteten ö. Betriebe für Rüstungszwecke benützt und erlitten viele, manchmal nicht wieder gutzumachende Schäden.

Einzelne Firmen blieben bis 1955 durch die sowjet. Besatzungsmacht beschlagnahmt (→ USIA), dennoch wurden dem Bedarf entsprechend v. a. Lkws, Traktoren und andere Nutzfahrzeuge produziert. Vereinzelt versuchte man eine Produktion von Kleinwagen, auch in Assemblingverkehr mit ausländ. Firmen (Steyr-Puch 500). Der vielversprechende Ansatz der Sportwagenerzeugung, der durch Porsche in Gmünd (Kä.) begonnen wurde, konnte nicht aufrechterhalten werden.

Mit der zunehmenden Verflechtung im Welthandel konnte sich die Kfz-Ind. in Ö. gegen die ausländ. Großkonzerne nicht halten und stellte weitgehend die eig. Produktion (mit wenigen Ausnahmen) ein, Fahrzeugteile wurden jedoch weiterhin für ö. und andere Firmen erzeugt. Seinen internat. Rang bei Geländefahrzeugen (Haflinger, Pinzgauer, Puch G) konnte Ö. jedoch jahrzehntelang behaupten. Weiters kam es zu Niederlassungen von ausländ. Großkonzernen (→ BMW Motoren GmbH in Steyr, → Opel Austria GmbH in Wien-Aspern), zum Jointventure → Eurostar Automobilwerk Ges. m. b. H. und Co. KG in Graz, das 2002 von → Magna Steyr AG & Co KG übernommen wurde. Lkws und Sonderfahrzeuge werden in Ö. von der MAN Sonderfahrzeuge AG, die aus der ehem. → Österreichischen Automobilfabrik ÖAF–Gräf & Stift AG hervorgegangen ist, und von der MAN Steyr AG & Co KG (vormals → Steyr Nutzfahrzeuge AG) produziert; als Zulieferbetrieb und Produzent von Autos und Geländefahrzeugen arbeitet die → Magna Steyr AG & Co KG überwiegend für ausländ. Auftraggeber. In der Motorenentwicklung ist die von Hans → List aufgebaute → AVL LIST GmbH weltweit erfolgreich tätig. Gegenwärtig umfasst die Fahrzeugind. neben der Sparte Automobilbau auch die Produktionssektoren Zweirad, Aufbauten, Anhänger und Karosserien, landw. Fahrzeuge sowie Kfz-Teile und Flugzeugbau. Der Export von Zulieferungen deckt weitgehend den Wert der Importe ab.

Nach 1945 kam es zu einer starken Nachfrage an einspurigen Kraftfahrzeugen (Motorroller, Mofas usw.), abgelöst nach 1960 durch die Autowelle. Neben Puch konnten sich Lohner und KTM behaupten, von denen aber nur KTM (→ KTM Sportmotorcycle AG) die neue Welle des Motorradbooms (nach 1990) erreichte.

Autoindustrie: Montage des Steyr-Puch 500, der 1957–1968 mit komplett österreichischer Antriebsgruppe hergestellt wurde.

Literatur: H. Seper, H. Krackowizer, A. Brusatti, Ö. Kraftfahrzeuge vom Anbeginn bis heute, 1982.

Ava, Frau, † 7. 2. 1127 (Eintrag in den Nekrologien von Melk, Göttweig, St. Lambrecht u. a.), Klausnerin („inclusa") im Umkreis des Klosters Melk; die erste mit Namen bekannte Dichterin in dt. Sprache; verfasste 4 schlichte Gedichte biblischen (v. a. neutestamentlichen) Inhalts: „Johannes", „Leben Jesu" mit einem abschließenden Teil über „Die 7 Gaben des Hl. Geistes", „Antichrist" und „Das Jüngste Gericht"; mit Ausnahme des „Johannes" überliefert in der → Vorauer Handschrift. Der Überlieferung nach soll sie in Kleinwein bei Göttweig (NÖ.) verstorben sein („A.-Turm", Rest eines ma. Frauenklosters).

Ausgabe: F. Maurer (Hg.), Die Dichtungen der F. A., 1966.
Literatur: F. Maurer, Die relig. Dichtungen des 11. und 12. Jh., 3 Bde.1964–70; Verf.-Lex.

Avancini, Nikolaus (auch Avancinus), * 1. 12. 1611 Brez bei Trient (I), † 6. 12. 1686 Rom (I), Jesuit, Dramatiker, Lyriker, Theologe. Ordensgeistlicher, 1664 Rektor in Passau, dann in Wien und Graz; 1676–80 Ordensprovinzial für Ö., 1682 „Assistens Germaniae". Berühmt wurde A. durch prunkvolle Bühnenstücke (sog. „Ludi Caesarei"), die er für Ks. Leopold I. verfasste. Anhand biblisch-hist. Stoffe (Pietas Victrix, 1659) werden Herrscherhaus und kath. Kirche verherrlicht. Große Verbreitung erlangten seine theolog. Werke (Vita et doctrina Jesu Christi, 1665).

Weitere Werke: Lyrik: Poesis Lyrica …, 1659; Psalterium lyricum …, 1696. – Dramen: Poesis Dramatica N. Avancini E Societate Jesu. Pars I und II 1675, Pars III 1680, Pars IV 1679, Pars V 1686. – Rhetorik: Nucleus rhetoricus …, 1666.
Literatur: A. Kabiersch, N. A. SJ und das Wr. Jesuitentheater, Diss., Wien 1972; F. G. Sieveke, Actio scaenica und persuasorischer Perfektionismus, in: H. Zeman (Hg.), Die ö. Literatur. Ihr Profil an der Wende vom 18. zum 19. Jh. (1705–1830), 1986.

Avantgardefilm, nicht kommerziell orientiertes Filmgenre, das filmische Mittel abseits gängiger Traditionen einsetzt und sehr oft Themen behandelt, die entweder als „anstößig" oder als „nicht kunsttauglich" angesehen werden. Charakteristisch für den A. ist mehr die offene experimentelle Form als formale oder erzählerische Geschlossenheit. Zunächst wurden in Ö. literar. Vorlagen experimentell aufgearbeitet, z. B. 1951 „Der Rabe" von K. Steinwendner (C. Stenvert) nach E. A. Poe, davon setzten sich P. → Kubelka („Mosaik im Vertrauen", 1954/55) und F. → Radax mit handlungsarmem Montagestil (u. a. „Sonne halt!", 1962) ab; die weitere Entwicklung v. a. im Bereich des → Videofilms (u. a. M. → Adrian, V. → Export, K. → Kren, E. Schmidt jr. und P. → Weibel) korrespondiert mit der neueren ö. Literatur und bildenden Kunst. 1968 wurde die „Austrian Filmmakers Cooperative" als Organisation der unabhängigen ö. Filmemacher gegr.

Autoindustrie: Steyr 8-Zylinder „Austria". Foto, um 1930.

Literatur: H. Scheugl u. E. Schmidt jr., Eine Subgeschichte des Films, 2 Bde., 1974.

Avanti International AG, 1964 gegr. Mineralölhandelsunternehmen mit Sitz in Wien und Tanklagern in Korneuburg (NÖ.) und Lobau (Wien). 2003 wurde das Tankstellennetz mit 141 Tankstellen in Ö., Tschechien, der Slowakei und Bulgarien an die OMV abgegeben.

Aviano, Marco d', siehe → Marco d'Aviano.

AVL List GmbH, Hochtechnologieunternehmen, 1948 von Hans → List als Konstruktionsbüro in Graz gegr. Weltgrößtes priv. und unabhängiges Unternehmen für die Entwicklung von Antriebssystemen mit Verbrennungsmotoren und zugehöriger Mess- und Prüftechnik. Intensive Forschungstätigkeit in Zusammenarbeit mit vielen Universitäten. 2002 beschäftigte das Unternehmen allein in Graz 1400 Mitarbeiter; die Exportquote betrug 96 %; zum Gesamtumsatz von 461 Mio. Euro trugen auch die 1450 Mitarbeiter in den 45 AVL-Niederlassungen weltweit bei.

Avramidis, Joannis, * 26. 9. 1922 Batum (Georgien), Bildhauer griech. Abstammung. Seit 1943 in Wien, Schüler von R. C. → Andersen und F. → Wotruba, 1968–92 Prof. an der Akad. d. bild. Künste in Wien. Abstrakte Figuren, ausgehend vom menschl. Körper. Vertrat Ö. u. a. bei der Biennale von Venedig 1962. Großer Ö. Staatspreis 1973; Ö. Ehrenzeichen f. Wiss. u. Kunst 1985.

Literatur: D. Brusberg (Hg.), Agora. Skulpturen und Zeichnungen 1953–1988, 1989; P. Prange u. R. Wünsche, Grieche unter Griechen. J. A. in der Glyptothek, Ausst.-Kat., München 1999.

Joannis Avramidis zwischen seinen Skulpturen im Atelier der Akademie der bildenden Künste in Wien. Foto, 1989.

Awaren, früh-ma. Reitervolk; besetzten 568 das Karpatenbecken und hatten bis Anfang des 7. Jh. auch die Oberherrschaft über weite Bereiche Mittel- und O-Europas inne. Ihre reiche archäol. Hinterlassenschaft findet sich im Karpatenbecken und seinen Randbereichen, in Ö. vornehmlich im Wr. Becken und im N-Bgld. Die Funde zeigen zwar starke reiternomadische Traditionen, jedoch auch german. und bes. byzantin. Komponenten. Mit der starken awar. Macht im Hintergrund erfolgte die slaw. Besiedlung des heutigen Kä., der Stmk. und NÖ. Nach der erfolglosen Belagerung von Konstantinopel 626 büßten die A. ihre Vormachtstellung ein. In dieser Schwächeperiode gründete der fränk. Kaufmann → Samo ein Slawenreich, wohl in Böhmen und Mähren, vielleicht reichte es auch noch in das heutige Ö. Auch die Alpenslawen, im 8. Jh. → Karantaner genannt, dürften sich zu dieser Zeit von den awar. Ansprüchen frei gemacht haben.

Im 8. Jh. kam es offenbar zu einem Versuch, die awar. Oberherrschaft über den Alpenraum wiederzuerrichten. Die Karantaner unterwarfen sich daher dem Baiernherzog und akzeptierten auch die nun einsetzende Missionierung.

Hzg. Tassilo III. suchte bei den A. Rückhalt gegen Karl den Großen. Nach seiner Niederlage kam es zu den A.-Kriegen (791–96), die mit der Zerstörung des A.-Reichs endeten. Zumindest bis 728 bestand ein abhängiges, von den Karolingern eingerichtetes Fürstentum der A. „zw. Steinamanger und Carnuntum" unter getauften Khaganen.

Literatur: F. Daim, Das awar. Gräberfeld von Leobersdorf, 1987; Reitervölker aus dem Osten. Hunnen u. A., Ausst.-Kat., Halbturn, 1996; F. Daim (Hg.), Die A. am Rand der byzantin. Welt, 2000; W. Pohl, Die A., ²2002;

Axams, Ti., IL, Gem., 874 m, 5294 Ew. (1981: 3676 Ew.), 22,16 km², Wintersportort südwestl. von Innsbruck (120.351 Übern.), bes. seit den Olymp. Spielen 1964 und 1976; Olympiaseilbahn, Elisabethinum (Förderzentrum für Behinderte). – Seit 1683 Aufführung von Passionsspielen; Pfarrkirche (Umbau 1732/34), reich an Inventar und Stukkatur; alte Gehöfte im Oberinntaler Stil; Friedhof mit unterirdischer Kapelle der Wilgefortis (Kummernus, 1666); Geburtsort von K. → Schönherr. Ausgrabung einer kelt. Siedlung im benachbarten Birgitz.

Literatur: H. Leitner, Heimatbuch der Gem. A., 1984.

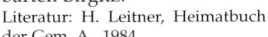
Axams.

Axmann, Ferdinand, * 3. 11. 1838 Wien, † 15. 3. 1910 ebd., Maler und Porträtist.
Werke: Altarbilder, Porträts (A. Stifter, F. Grillparzer, F. Stelzhamer).

Axmann, Julius, * 12. 4. 1858 Wien, † 12. 12. 1929 ebd., Politiker (CS). Anhänger K. → Luegers; 1897–1907 Abg. z. Reichsrat, 1898 im Nö. Landtag, 1900–12 im Wr. Gemeinderat. Gründete die Produktionsgemeinschaft der Waldviertler Weber und 1899 (gem. mit Fraß) die Angestelltenkrankenkasse „Collegialität".
Literatur: ÖBL.

Ayrenhoff, Cornelius von, * 28. 5. 1733 Wien, † 15. 8. 1819 ebd., Offizier und Dramatiker. Begründete eine ö. klassizist. Dramatik nach dem Vorbild der Franzosen und J. C. Gottscheds und bekämpfte den Wr. Hanswurst; Vorläufer der patriotisch-ö. Dichtung von H. v. → Collin und F. → Grillparzer.
Werke: Tragödien: Aurelius, 1766; Hermanns Tod, 1768; Alceste, 1782. – Lustspiele: Der Postzug, 1769; Die große Batterie, 1770; Die gelehrte Frau, 1775. – Ausgabe: Sämtl. Werke, 6 Bde., 1789, ³1814.
Literatur: ÖBL.

A. Z., siehe → Arbeiterzeitung.

Azesberger, Kurt, * 8. 4. 1960 Arnreit (OÖ.), Sänger (Tenor). Studierte Musikpädagogik an der Wr Musikhochschule und Gesang bei H. → Rössel-Majdan und K. → Equiluz. International erfolgreich als Interpret geistl. Musik (Bach-Passionen, Messen) sowie als Opern- (W. A. Mozart, R. Strauss) und Liedsänger (F. Schubert, A. Schönberg); Auftritte bei internat. Festspielen (u. a. Sbg. Festspiele).

B

BAAR-BAARENFELS, Eduard, * 3. 11. 1885 Laibach (Ljubljana, SLO), † 14. 3. 1967 Saalfelden (Sbg.), Heimwehrpolitiker und Offizier. 1929 Landesführer des nö. Heimatschutzes, 1934/35 geschäftsführender Landeshauptmann von NÖ., 1935/36 BMin. f. Sicherheitswesen und Inneres, 1936 Vizekanzler, dann Gesandter in Budapest.

Literatur: W. Wiltschegg, Die Heimwehr, 1985; A. Korp, Der Aufstieg vom Soldaten zum Vizekanzler im Dienste der Heimwehr. E. B. v. B., Dipl.-Arb., Wien 1998.

BABENBERGER, ö. Herrscherfamilie 976–1246. → Otto von Freising, der selbst aus der Familie der B. stammte, leitete das Geschlecht von dem 906 hingerichteten Adalbert von Bamberg ab; danach fand die Bezeichnung „B." Ende des 15. Jh. Eingang in die Literatur. Der Zusammenhang mit den „älteren" B. ist unklar; wahrscheinlich stammen sie eher von der Familie des 907 gefallenen Markgrafen Liutpold ab. Sicher ist die Herkunft aus dem bair. Hochadel, bis zur Mitte des 11. Jh. hatten die B. als Grafen mehrerer Gaue auch in Bayern Herrschaftsfunktionen inne. Später waren sie nur noch in Ö. verankert. Alle B. tragen Beinamen, die von Ladislaus → Sunthaym Ende des 15. Jh. erfunden oder zugeordnet wurden.

In den 270 Jahren ihrer Herrschaft wurde aus der Mark ein Herzogtum und Land im rechtl. Sinn. Mit der Entwicklung des Landes stieg auch das Ansehen der B., wozu familiäre Verbindungen mit beitrugen. Während die ersten Generationen in gleichgestellten Familien ihre Partner suchten, brachte die Heirat → Leopolds III. mit der salischen Königstochter → Agnes einen Aufstieg, der durch die Verwandtschaft mit den Staufern (Halbbrüder in der folgenden Generation) noch verstärkt wurde. In den nächsten Generationen gab es nicht nur Verbindungen mit benachbarten Herrschergeschlechtern, sondern auch zu Byzanz (→ Heinrich II., → Leopold VI.) und zu Ungarn (→ Leopold V.). Durch die Familienbeziehungen von Vater und Großvater weist die Ahnentafel Hzg. Leopolds VI. eine starke Orientierung nach O- und SO-Europa auf. Wegen der nicht bekannten Familie seiner byzantin. Mutter ist für Hzg. → Friedrich II. die Erstellung der Ahnentafel nur teilweise möglich. Die Untersuchung der Skelette ergab, dass die B. bis Leopold VI. für ihre Zeit relativ große Menschen (1,80 m) waren. In den letzten Generationen der B. fällt die Häufung von Problemen auf: Friedrich II. war zweimal verheiratet, doch wurden beide Ehen kinderlos geschieden; sein Bruder Heinrich von Mödling hatte den Beinamen der Grausame.

Mit dem Tod Friedrichs II. starb die Familie nicht aus. Friedrichs Schwester → Margarete hatte 2 Söhne (Heinrich und Friedrich) vom Staufer-Kg. Heinrich (VII.), die aber 1250/51 starben; seine Nichte → Gertrud (Tochter seines Bruders Heinrich) hatte aus der Ehe mit Markgraf Hermann von Baden einen Sohn Friedrich, der 1268 in Neapel gem. mit dem Staufer Konradin hingerichtet wurde, und eine Tochter Agnes († 1295), die in 1. Ehe mit Hzg. → Ulrich III. von Kä., in 2. Ehe mit Graf Ulrich (III.) von Heunburg verheiratet war. (Stammtafel siehe Bd. 3, S. 566 f.)

Literatur: J. Jungwirth, Die B.-Skelette in Stift Melk, Annalen d. Naturhist. Museums in Wien 75, 1971; E. Zöllner u. a., 1000 Jahre B. in Ö., Ausst.-Kat., Lilienfeld 1976; K. Brunner, Herzogtümer und Marken, 1994 (= Bd. 2 der Ö. Geschichte, hg. v. H. Wolfram); B. Vacha u. W. Pohl, Die Welt der B., 1995; K. Lechner, Die B., Markgrafen und Herzoge von Ö., 976–1246, ⁶1996.

BABENBERGER-STAMMBAUM, aus 3 Teilen bestehendes Gemälde (Mittelteil 344 x 405 cm, 2 Seitenflügel je 344 x 202 cm), 1489–92 von Hans Part u. a. im Auftrag des Stifts Klosterneuburg gemalt. Der Mittelteil enthält Rundbilder aller Babenberger in Szenen aus

Eduard Baar-Baarenfels. Foto.

Die Beinamen der Babenberger	
Leopold I. (der Erlauchte)	976 – 994
Heinrich I. (der Starke)	994 –1018
Adalbert (der Siegreiche)	1018 – 1055
Ernst (der Tapfere)	1055 – 1075
Leopold II. (der Schöne)	1075 – 1095
Leopold III. (der Heilige)	1095 – 1136
Leopold IV. (der Freigebige)	1136 – 1141
Heinrich II. (Jasomirgott)	1141 – 1177
Leopold V. (der Tugendhafte)	1177 – 1194
Friedrich I. (der Katholische)	1194 – 1198
Leopold VI. (der Glorreiche)	1198 – 1230
Friedrich II. (der Streitbare)	1230 – 1246

Österreich unter den Babenbergern 976–1246

Babenberger-Stammbaum: rechter Flügel mit Porträts der Frauen der Babenberger. In der linken Bildhälfte: Markgräfin Agnes mit einem Modell der Stiftskirche Klosterneuburg (Stift Klosterneuburg, NÖ.).

ihrem Leben, auf den Seitenflügeln sind die Frauen dargestellt.

Literatur: F. Röhrig, Der B.-S. im Stift Klosterneuburg, ²1977.

Babenbergerzeit, Periode der Geschichte von NÖ. zw. 976 und 1246, in der die Landwerdung erfolgte. In folgende Abschnitte gegliedert:

1) Die Zeit der Kolonisation 976–1100: In dieser Zeit erreichte die Mark ihre Grenzen im N und O, die meisten Orte erhielten ihren bleibenden Standort, die Altsiedelgebiete des Alpenvorlands und des Weinviertels wurden neu erschlossen und dichter bevölkert, in den Voralpen und im Waldviertel wurden die Rodungen eingeleitet, ein Pfarrnetz wurde aufgebaut.

2) Von der Mark zum Herzogtum: Diese Periode war durch weiträumigere Kontakte der Herrscherfamilie, bes. durch die Verbindung zum Geschlecht der Staufer, die Teilnahme an Kreuzzügen, die Erhebung zum Herzogtum, die Gründung von Klöstern und Städten, den Bau von Burgen und die Ausbildung der Grundherrschaften sowie durch eigenständige kulturelle Leistungen (bes. im Bauwesen) und den Abschluss der Rodungen gekennzeichnet.

3) Die Ausbildung des Landes: Diese erfolgte durch die rechtl. Abkoppelung von Bayern (ö. Landrecht), die Gründung und Erweiterung von Städten, die Verleihung von Stadtrechten, eine eigenständige Kirchenpolitik (Versuch einer Bistumsgründung, neue Orden), die Übernahme neuer Baumethoden (Frühgotik) und vielfache kulturelle Leistungen (→ Nibelungenlied, Minnesang). Mit der Ausdehnung des Herrschaftsbereichs verlagerten sich auch die Schwerpunkte. Waren bis Ende des 11. Jh. Pöchlarn, Melk und Gars Sitze der Markgrafen, so errichtete Leopold III. eine Pfalz in

Babenberger-Stammbaum mit Szenen aus dem Leben aller männlichen Babenberger, 1489–1492.

Klosterneuburg (die auch Leopold VI. kurzzeitig verwendete), Heinrich II. wählte Wien als Mittelpunkt. Seither wurde diese Stadt zum Zentrum des Landes aufgebaut.
Literatur: H. Dienst, Werden und Entwicklung der babenbergischen Mark; H. Appelt, Das Herzogtum Ö.; beide in: Ö. im Hoch-MA 907–1246, Geschichte Ö., Bd. 2, hg. von der Ö. Akad. d. Wiss., 1991.

Bach, Ti., RE, Gem., 1070 m, 688 Ew., 56,86 km^2, zweisaisonale Tourismusgem. (104.517 Übern.) im Lechtal am Fuß der Rothornspitze. – Urk. 1427; klassizist. Pfarrkirche mit neugot. Hochaltar; barocke Josefskirche (Weihe 1782) mit Rokokoaltären und reich geschmückter Kanzel; Häuser mit Fassadenmalereien.

Bach, Alexander Frh. v., * 4. 1. 1813 Loosdorf (Gem. Fallbach, NÖ.), † 12. 11. 1893 Unterwaltersdorf (Gem. Ebreichsdorf, NÖ.), Politiker; Bruder von Otto → Bach. 1848 Justiz-, 1849–59 Innenmin. Zuerst liberal, vertrat er später den klerikal-absolutist. Richtung, die im → Konkordat von 1855 gipfelte, und war der eigtl. Träger des → Neoabsolutismus. Er war für eine Neugestaltung Ö. in konservativem Sinn verantwortlich; ab 1852 eigentlicher Leiter der Regierung („Ministerium B."). Nach der Niederlage von 1859 musste B. zurücktreten; 1849–59 Kurator der Akad. der Wiss.; 1859–67 Botschafter beim Vatikan. 1852 gründete B. die „Ö. Bibliographie".
Literatur: H. Hantsch, Gestalter der Geschicke Ö., 1962; ÖBL.

Bach, David Josef, * 13. 8. 1874 Lemberg (Lwíw, UA), † 30. 1. 1947 London (GB), Musikschriftsteller, Kritiker. Gründete 1906 in Wien die Arbeiter-Symphoniekonzerte und gab 1918–22 mit J. → Bittner den „Merker" heraus. 1919–33 Gründer und Leiter der soz.-dem. Kunststelle. Er lebte ab 1938 in London.
Werk: Der Kugelmensch, 1938.
Literatur: H. Kotlan-Werner, Kunst und Volk, D. J. B., 1977.

Bach, Otto, * 9. 2. 1833 Wien, † 3. 7. 1893 Unterwaltersdorf (Gem. Ebreichsdorf, NÖ.), Kirchenmusiker, Opernkapellmeister; Bruder von Alexander v. → Bach. 1868 Dir. des Mozarteums und Domkapellmeister in Salzburg, 1880 Kirchenkapellmeister in Wien.
Werke: geistl. Musik, Opern, Symphonien, Bühnenmusik (zu Hebbels „Nibelungen").

Bacharnsdorf, NÖ., KR, Teil der Gem. Rossatz-Arnsdorf, Reste eines quadrat. (12,2 x 12,2 m) röm. Wachtturms aus der Spätantike, bis in eine Höhe von 7,5 m erhalten.

Bächental, Ti., entlegenes Tal in den N-Ti. Kalkalpen, erstreckt sich nordwestl. vom Achensee bis zur bayer. Grenze, wird von der Dürrach durchflossen.

Bacher, Ernst, * 14. 11. 1935 St. Veit a. d. Glan (Kä.), Kunsthistoriker. Ab 1962 im Bundesdenkmalamt, 1982–2000 dort Generalkonservator (wiss. Leiter der Denkmalpflege). Seit 1978 Lehrtätigkeit an der Univ. Wien.
Werke: Hg.: Corpus der ma. Wandmalereien Ö., 1983; Arbeitshefte zur ö. Kunsttopographie, 1987. – Aufsätze zu ma. und ö. Kunstgeschichte, Denkmalschutz und Denkmalpflege.

Bacher, Gerd (Gerhardt), * 18. 11. 1925 Salzburg, Journalist („Sbg. Volkszeitung", „Sbg. Nachrichten", „Bild-Telegraf", „Express"), Verlagsleiter (F. Molden, Wien; R. Kiesel, Sbg.), 1974–78 Medienberater des dt. Bundeskanzlers H. Kohl; Generalintendant des → ORF 1967–74, 1978–86 und 1990–94. B. trug wesentlich zur Reform und Modernisierung des Ö. Rundfunks auf der Basis des Rundfunkgesetzes von 1966 sowie im Rahmen der Rundfunkreform von 1974 bei. Er machte den ORF zu einer international renommierten Rundfunk- und Fernsehanstalt.
Literatur: G. B. zu Ehren, hg. v. ORF, 1985; M. Schmolke (Hg.), Der Generalintendant. G. B. Reden, Vorträge, Stellungnahmen aus den Jahren 1967 bis 1994, 2000.

Bacher, Rudolf, * 20. 1. 1862 Wien, † 16. 4. 1945 ebd., Maler und Bildhauer, Mitbegründer der Wr. Secession (1897). 1903–39 Prof. an der Wr. Akad. der bild. Künste, Lehrer von J. → Dobrowsky und R. H. → Eisenmenger.
Werke: v. a. Porträt- und Landschaftsmalerei, relig. Themen.

Bachinger, Franz, * 31. 10. 1892 Gaspoltshofen (OÖ.), † 7. 7. 1938 ebd., Landwirt und Politiker (LB). 1932 BMin. f. öffentl. Sicherheit, 1932/33 BMin. f. innere Verwaltung, 1933 Staatssekr. f. Forstwesen und Holzbewirtschaftung.
Literatur: H. Wagner, F. B. und seine Zeit, Diss., Innsbruck 1990.

Bachler, Klaus, * 29. 3. 1951 Fohnsdorf (Stmk.), Schauspieler, Kulturmanager und Theaterdirektor. Studium am Reinhardt-Seminar, dann Schauspieler am Sbg. Landestheater und an verschiedenen Bühnen in Deutschland, ab 1987 künstlerischer Dir. an den Staatl. Bühnen Berlin, ab 1990 in Paris, 1992–96 Intendant der → Wiener Festwochen, 1996–99 Dir. der Wr. → Volksoper; seit 1999 Dir. des Wr. → Burgtheaters.
Werk: Die Volksoper, 1998.
Literatur: M. Awecker (Red.), Wr. Festwochen 1992–1996, 1996.

Bachler, Reinhold, * 26. 12. 1944 Eisenerz (Stmk.), Bergmann, Skispringer, Sprungtrainer. 1967 Weltrekord im Skifliegen (Vikersund, 154 m), 1968 Silbermedaille auf der Normalschanze bei den Olymp. Spielen in Grenoble. 1982–2000 Trainer im Nordischen Ausbildungszentrum Eisenerz.

Bachmann, Adolf, * 27. 1. 1849 Kulsam (Odrava, CZ), † 31. 10. 1914 Prag (CZ), Historiker und Politiker. Univ.-Prof. für ö. Geschichte, 1901 Abg. z. böhm. Landtag, 1907 Abg. z. Reichsrat, 1911 Obmann der dt. Fortschrittspartei in Böhmen; verhandelte über den dt.-tschech. Ausgleich.
Werke: Geschichte Böhmens bis 1526, 2 Bde., 1899/1905; Lehrbuch der ö. Reichsgeschichte, ^{2}1904.
Literatur: H. Bachmann, A. B., ein ö. Historiker und Politiker, 1962.

Bachmann, Ingeborg (Pseud.: Ruth Keller), * 25. 6. 1926 Klagenfurt (Kä.), † 17. 10. 1973 Rom (I; an den Folgen eines Brandunfalls), Lyrikerin, Erzählerin, Hörspielautorin. Studierte Philosophie, Psychologie und Germanistik in Wien; Promotion 1950 mit der Diss. über „Die kritische Aufnahme der Existentialphilosophie M. Heideggers". Bekannt wurde sie 1952 durch eine Lesung bei einer Tagung der „Gruppe 47"; ab 1953 lebte sie in Zürich und Rom, wo sie sich 1965 endgültig niederließ. B. gilt v. a. als große Lyrikerin; in ihrem Gedichtband „Die gestundete Zeit" (1953) verurteilte sie die restaurativen gesellschaftl. Kräfte der Nachkriegszeit, die Thematik von „Anrufung des großen Bären" (1956) kreist in Rückgriff auf Mythologisches um die Zerstörung und die Utopie des menschl. Lebens. In den „Frankfurter Vorlesungen", gehalten 1959/60 im Rahmen einer Gastdozentur für Poetik, erörtert B. Fragen des schreibenden Ich und der Literatur als Medium der Weltveränderung. 1961 veröffentlichte sie den Erzählband „Das dreißigste Jahr", in dem sie sich mit Formen des Zusammenlebens und der Aufarbeitung des Faschismus befasste. 1965 entwarf sie den Plan zum sog. „Todesarten-Zyklus", der aufzeigt, wie Frauen durch ihre Partner in die Isolation getrieben und zum Verstummen gebracht werden. Vollendet wurde nur der Roman „Malina" (1971), „Der Fall Franza" und „Requiem für Fanny Goldmann" blieben Fragmente (1979 publiziert). Das Spätwerk B. wird in der Frauenforschung als „Paradigma weibl. Schreibens" angesehen. 1964 wurde B. mit dem G.-Büchner-Preis, 1968 mit dem Großen Ö. Staatspreis und 1972 mit dem A.-Wildgans-Preis ausgezeichnet.
Weitere Werke: Ein Ort für Zufälle, 1965; Simultan, 1972 (Er-

Ingeborg Bachmann. Foto.

Gerd Bacher. Foto, um 1975.

zählungen); Gier, 1982 (Erzählung, postum in: Der dunkle Schatten, dem ich schon seit Anfang folge. I. B. – Vorschläge zu einer neuen Lektüre des Werks, hg. v. H. Höller); Letzte, unveröffentl. Gedichte, Entwürfe und Fassungen, hg. von H. Höller, 1998; Röm. Reportagen, hg. v. J.-D. Kogel, 1998. – Hörspiele: Ein Geschäft mit Träumen, 1952; Die Zikaden, 1955; Der gute Gott von Manhattan, 1958. – Ausgaben: Werke, hg. v. C. Koschel u. a., 4 Bde., 1978; Sämtl. Erzählungen, 1980; „Todesarten"-Projekt, hg. v. M. Albrecht, 4 Bde., 1995.

Literatur: H. Höller, I. B. – Das Werk, 1987; A. Stoll (Hg.), I. B. „Malina", 1992; E. Demski, I. B., ⁵1995; K. Bartsch, I. B., ²1997; S. Weigel, I. B., 1999.

Bachmanning, OÖ., WL, Gem., 435 m, 637 Ew., 7,21 km², landw.-gewerbl. Wohngem. nordwestl. von Lambach im SO des Hausruck. Nahrungsmittelerzeugung. – Ur- und römerzeitl. Funde, spätgot. Kirche (urk. 927) mit Fresken des 15. Jh., Barockkanzel, spätgot. Vesperbild.

Bachmayer, Friedrich, * 10. 9. 1913 Kamegg (Gem. Gars am Kamp, NÖ.), † 25. 7. 1989 Wien, Paläontologe. 1949–79 am Naturhist. Museum in Wien, ab 1966 Dir. der Geologisch-Paläontolog. Abteilung, ab 1972 erster Dir.; Leiter zahlr.Fossiliengrabungen im In- (bes. NÖ.) und Ausland.

Werke: Das Naturhist. Museum in Wien, 1979 (mit O. Schulze); Erdöl und Erdgas in Ö., 1980; Fossile Schildkröten aus dem Pliozän von Megalo Emvolo bei Saloniki, 1980 (mit M. Meynarski u. N. Symeonidis); Die Ausgrabungen in Pikermi-Chomateri bei Athen, 1982 (mit N. Symeonidis u. H. Zapfe).

Bäcker, Heimrad, * 9. 5. 1925 Wien, † 8. 5. 2003 Linz (OÖ.), Schriftsteller. Autor von Lyrik, Hörspielen und dokumentar. Dichtung. Gab 1968–91 die Ztschr. „neue texte" und 1976–92 die „edition neue texte" heraus (danach vom → Droschl Literaturverlag übernommen); 1987–89 Präs. der → Grazer Autorenversammlung.

Werke: seestück, 1985; nachschrift, 1986; referendum, 1988; epitaph, 1988; Gehen wir wirklich in den Tod? 1989 (Hörspiel); SGRA, 1990; Gedichte und Texte. Eine Auswahl aus dem Werk, 1993; Beschrifteter Raum (Installation), 1993; epitaph (Bühnenfassung), 1993; nachschrift 2, 1997.

Literatur: T. Eder (Red.), H. B., in: Die Rampe: Porträt, 2001; ders. (Hg.), H. B., 2003.

Backhausen, Joh. & Söhne, 1849 gegr. Unternehmen zur Herstellung von Wohntextilien, 1888 k. u. k. Hoflieferant, 1903 Mitbegründer der Wr. Werkstätte; weltweit größtes Archiv von Originalentwürfen des Wr. Jugendstils, Fabrik in Hoheneich (NÖ.), Export in 40 Länder.

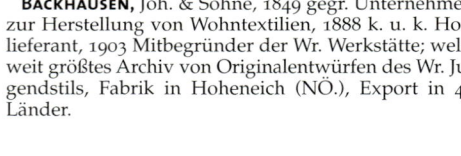

Backhausen: Briefkopf von K. Moser für Johann Backhausen & Söhne, 1900.

Backhausen: Knüpfteppichmuster-Entwurf von K. Moser für Backhausen & Söhne, 1902.

Bacquehem, Olivier Marquis de, * 25. 8. 1847 Troppau (Opava, CZ), † 22. 4. 1917 Wien, Verwaltungsjurist. 1886 Handels-, 1893 Innenmin., 1895–98 Statthalter der Stmk., 1908–17 Präs. des Verwaltungsgerichtshofs; förderte die Verstaatlichung und den Ausbau der Eisenbahnen, den Schiffsverkehr und die Wr. Verkehrsanlagen (Stadtbahn, Donaukanal- und Wienfluss-Regulierung).

Literatur: E. Kielmannsegg, Kaiserhaus, Staatsmänner und Politiker, hg. von W. Goldinger, 1966.

Bad Aussee: Hoher Sarstein.

Bad Aussee, Stmk., LI, Stadt, 659 m, 5086 Ew., 82,04 km², Kurort am Zusammenfluss der 3 Traun-Quellflüsse im Ausseer Land, wirt. und kulturelles Zentrum des Steir. Salzkammerguts. – Expositur der BH, Arbeitsmarktservice, Gebietskrankenkasse, Landeskrankenhaus, Sonderkrankenanstalt der Pensionsversicherungsanstalt, Thermalbad und Kurzentrum (Sole, Sole-Schlamm, Glaubersalzsulfatquelle u. a.), BORG, HLA f. wirt. Berufe, HAK; v. a. Fremdenverkehr (157.618 Übern.), Sportzentrum, Golfplatz; Gipsplatten- und Maschinenerzeugung, Handdruckereien, Fischereibetriebe der Ö. Bundesforste AG. – Urgeschichtl. Funde in der → Salzofenhöhle; im MA Aufstieg durch Errichtung von Salzpfannen (vor 1300); 1295 Marktrecht.

Roman.-spätgot. Pfarrkirche St. Paul (13. Jh.) mit got. Marienstatue (um 1420) und Sakramentshäuschen (1523); Spitalskirche (vor 1395) mit 2 got. Flügelaltären (15. Jh.) und Fresken; Kammerhof (Baubeginn vor 1200, bis 1926 Salzamtsgebäude), heute Kulturinsel mit Museum, Stadtbücherei und Ludothek; harmon. Häuserensemble aus dem 15. Jh. (Geburtshaus von A. Plochl, der Gattin von Erzhzg. → Johann); Musikfestwochen, alljährl. im Frühling Narzissenfest. – Westl. von B. A. Zinkenkogel (1830 m) und Hoher Sarstein (1975 m).

Literatur: M. Pollner, Das Salz-Kammergut, 1993; ders., Hist. Strukturen der Stadtgem. B. A., 1999.

Bad Bleiberg, Kä., VL, Markt, 902 m, 2753 Ew., 44,80 km², Kur- und Bergwerksort westl. von Villach, im Hochtal zw. Dobratsch und Erzberg mit Blei-Zinkerz-Bergwerken (Abbau 1992 eingestellt); umfasst die Orte Kadutschen, Hüttendorf, B. B., Bleiberg-Nötsch und Bleiberg-Kreuth. – Thermalhallenbad („Kristallbad", Akratotherme, max. 30° C, 1951 erschlossen); Erlebnisbergwerk im Erzberg („Terra Mystica"), Kulturveranstaltungen in der Perschazeche; Heilklimastollen „Friedrich" („Terra Medica", Behandlung von Atemwegserkrankungen); Kurfremdenverkehr (40.125 Übern.). Erzlagerstätte im Wettersteinkalk und in den Raibler Schichten der Triaszeit, Erzabbau seit 1333 quellenmäßig gesichert, Blüte im 15./16. Jh.; barocke Pfarrkirche (um 1663); Gewerkenhäuser (18. und

19. Jh.); spätgot. Pfarrkirche in Bleiberg-Kreuth; Wallfahrtskirche Maria am Stein (ab 1692) am Dobratsch.
Literatur: H. Stauder, Die Thermalquellen zu B. B., 1964; A. Hoisl, Die Geschichte der Bleiberger Bergwerksunion, Dipl.-Arb., Klagenfurt 1981.

Bad Blumau: Thermenanlage nach einem Entwurf von F. Hundertwasser.

Bad Blumau, Stmk., FF, Gem., 284 m, 1526 Ew., 37,31 km², Kurort (214.358 Übern.) im Safental nördl. von Fürstenfeld. Thermalbad (Areal 40 ha, gestaltet von F. Hundertwasser). Älteste Eiche Europas (1000 Jahre); Storchenwiese (Nahrungsbiotop für Weißstörche, seit 1989).

Bad Deutsch-Altenburg, NÖ., BL, Markt, 148 m, 1375 Ew., 12,57 km², Kurort am S-Ufer der Donau, am Fuß des Hundsheimer Bergs (480 m). – Wasserstraßenverwaltung Ost, Kurzentrum (Rheumabehandlung, stärkste Jodschwefeltherme Mitteleuropas, max. 28° C, bereits in röm. Zeit genutzt) und Kurpark, Museum Carnuntinum (1904) mit röm. Funden aus der Grabungsstätte → Carnuntum (zw. B. D.-A. und Petronell), Amphitheater; Donaubrücke; Tages- und Kurfremdenverkehr (64.909 Übern.), Baustoffwerk (Schotterabbau). – Bedeutende roman. Pfeilerbasilika (13. Jh.) mit got. Chor (14. Jh.) und W-Turm; spätroman. Rundkarner (13. Jh.); Wasserschloss Ludwigstorff (17. Jh.); Biedermeierhäuser.
Literatur: G. Sesztak, Studien zur Ortsgeschichte von B. D.-A., Diss., Wien 1974; F. Müllner, Aus der Geschichte des Kurortes B. D.-A., 1979.

Bad Deutsch-Altenburg: Romanische Pfeilerbasilika.

Bad Dürrnberg, Sbg., HA, Teil der Stadtgem. → Hallein, 772 m, Kur- (seit 1954) und alter Marienwallfahrtsort. – Kurhaus St. Josef (Natrium-Calcium-Chlorid-Sulfat-Quelle), Bergbaumuseum, Kelten-Freilichtschau (Rekonstruktionen eines Gehöfts und einer Grabkammer); Schaubergwerk, Fremdenverkehr. – Die Siedlung auf dem Dürrnberg (vom Moserstein über das Gebiet des heutigen Ortskerns bis zum Ramsaukopf) zählte zu den bedeutendsten Zentren kelt. Kultur in Europa; bergmännischer Salzabbau ab der älteren → Eisenzeit, zahlr. prähist. Gräberfunde, darunter Bronzeschnabelkanne um 400 v. Chr. (heute im Sbg. Museum Carolino Augusteum; → Urgeschichte); Renaiss.-Wallfahrtskirche (1594–1612) aus rötlichen Marmorquadern mit hölzernem Gnadenbild (1612); Tennengauer Einhöfe; Skigebiet am Zinkenkogel.
Literatur: Die Kelten in Mitteleuropa, Ausst.-Kat., Hallein 1980; J. W. Neugebauer, Ö. Urzeit, 1990; Salz, Ausst.-Kat., Hallein 1994; C. Brand, Zur eisenzeitl. Besiedlung des Dürrnberges bei Hallein, 1995; U. Kammerhofer-Aggermann, Bergbau. Alltag und Identität der Dürrnberger Bergleute und Halleiner Salinenarbeiter in Geschichte und Gegenwart, 1998; G. Steiner, Salz als Attraktion. Der Dürrnberg in seiner Geschichte, 1998.

Badelt, Christoph, * 26. 2. 1951 Wien, Sozialwissenschaftler. Studierte Volkswirt. an der Univ. Wien, 1984 Habilitation für Wirt.- und Sozialpolitik. Seit 1989 Univ.-Prof. und Leiter der Abt. f. Sozialpolitik an der Wirt.-Univ. Wien, ab 1998 Vizerektor, seit 2002 Rektor. Wissenschaftler des Jahres 1999; Forschungsschwerpunkte: Familienpolitik, Non-Profit-Organisationen, Sozialmanagement, Sozialpolitik und Wohlfahrtsstaat.
Werke: Sozioökonomie der Selbstorganisation, 1980; Familienpolitik auf dem Prüfstand, 1989; Kosten der Pflegesicherung, 1995; Zur Lebenssituation behinderter Menschen in Ö., 1997; Grundzüge der Sozialpolitik, 4 Bde., 1998–2001 (mit A. Österle); Aphorismen für den sozioökonom. Fortschritt, 2001 (Hg.).

Baden, NÖ., BN, Stadt, 230 m, 24.502 Ew., 26,89 km², Heilbad mit Schwefelquellen an der Thermenlinie, am Ausgang des Schwechattals ins Wr. Becken. – BH, Bez.-Ger., Bez.-Bauernkammer, nö. Agrarbez.-Behörde, Finanzamt, Arbeitsmarktservice, Vermessungsamt, Garnison (Martinek-Kaserne), AK, WK, Kurhaus (1969–74; Römertherme (unter Einbeziehung des 1847 von A. Sicard v. Sicardsburg und E. van der Nüll errichteten Mineralschwimmbads), Thermalstrandbad (1926), Kurpark, zahlr. Kurhäuser und Erholungsheime, Landeskrankenhaus, Thermenklinikum, Stadttheater (1908–10), Ks.-Franz-Joseph-Museum (1905, Handwerk, Volkskunst), Museum der Stadt B. (Rollett-Museum, Stadtarchiv 1905), Puppen- und Spielzeugmuseum, Kongresshaus (1906), Arena (1906), Spielcasino der Casinos Austria AG (1934–44 im ehem. Kurhaus von 1884, 1969–91 in ehem. Trinkhalle, Umbau von Kurhaus und Trinkhalle 1995 zu einem Großcasino). Schulstadt: 2 BG und BRG, HLA f. wirt. Berufe, f. Mode und Bekleidungstechnik sowie f. Tourismus/Kultur, HAK, PädAk, Bundesinst. f. Sozialpädagogik, Bundesfortbildungsinst. f. Zahntechniker, mehrere BerS, MeisterS für Maler und Bäcker, VHS. Trabrennplatz, Sport- und Veranstaltungshalle (1978–80). Dienstleistungsstadt (rd. 80 % der 11.746 Beschäftigten 2001) mit Vorrang des Fremdenverkehrs (408.045 Übern.), Hotellerie und Gastgewerbe, Handel, dane-

Baden.

Baden: Hauptplatz. Aquarell von E. Gurk, 1830 (Graphische Sammlung Albertina, Wien).

ben persönl., soz. und öffentl. Dienste (bes. Krankenhaus, Sonderheilanstalten), Geld- und Kreditwesen; keine bedeutenden Produktionsbetriebe, Weinbau (Flaschenweinproduktion).
Ort von den Römern „Aquae" genannt, 869 als karoling. Pfalz „palatium ad Padun" erstmals urk. genannt, 1125 Burg urk. erwähnt, 1480 Stadterhebung, von Türken und Ungarn mehrmals zerstört. Durch die Thermalquellen und die Sommeraufenthalte (1811–34) Franz' I. Entwicklung zur Biedermeier-Bäderstadt, in der zahlr. Künstler (W. A. Mozart, L. van Beethoven, F. Schubert, J. Strauß Vater, J. Lanner, F. Grillparzer, J. Schreyvogel, I. F. Castelli, F. Dingelstedt, F. Raimund) weilten; Glanzzeit in der 1. Hälfte des 19. Jh. (zahlr. klassizist. Bauten erhalten, davon viele von J. → Kornhäusel).
B. ist reich an älteren Sakralbauten: Stadtpfarrkirche St. Stephan (1477, spätgot. mit roman. Kern) mit Altarbild von P. Troger, neugot. Einrichtung; spätgot. Kirche St. Helena mit „Töpfer-Altar" (frühes 16. Jh.); Frauenkirche; ehem. Augustiner-Eremiten-Kloster (13. Jh.); Dreifaltigkeitssäule; Kapellen St. Anna (16.–17. Jh.) und St. Antonius (1708); Johannes- (19. Jh.), Theresien- (1758) Josefs- (1804), Leopolds- (1812), Frauen- und Karolinenbad (1821–23) sowie Franzensbad (1827), Rathaus (1812–15). Ausstellungen im Frauenbad, Beethoven-Haus, Beethoven-Tage, Operettensommer, Rosarium.
In der Umgebung von B.: Ruinen Rauhenstein (roman.) und Rauheneck (12. Jh.) am Ausgang des Helenentals, Schloss Weikersdorf (urk. 1233, mit Resten eines roman. Burgfrieds), Schloss Leesdorf (urk. 1114, urspr. Wasserburg) und Schloss Braiten (1809); westl. von B. Königshöhle (→ Badener Kultur).
Literatur: Ö. Städtebuch, Bd. IV, Teil 1, Die Städte NÖ., 1988.

BADENER KULTUR: In der westl. von Baden gelegenen Königshöhle wurden 1892 zahlr. Keramikbruchstücke, Stein- und Knochengeräte sowie ein Ösenhalsreif aus Kupfer freigelegt. Diese Funde wurden für die spätjungsteinzeitl. B. K. zw. 3300 und 2800 v. Chr. im Osten Ö. namensgebend. Charakteristisch ist die Verzierung der Gefäßoberflächen mit Reihen unterschiedl. breiter Rillen (Kannelur) in verschiedenen Mustern. Metall hatte für die Erzeugung von Werkzeugen noch keine Bedeutung, aus Kupfer wurde Schmuck hergestellt. Die Siedlungen waren meist unbefestigt, bevorzugt wurden Hänge und Höhenlagen u. a. im südl. Wienerwald. Einflüsse aus dem südosteurop. Raum sind nachweisbar (→ Urgeschichte).

BADENER TEGEL, bedeutende marine Ablagerung des Wr. Becken-Meeres (typische Lokalität: Ziegelgrube Baden). Wegen seines Reichtums an Groß- und Kleinfossilien und seiner guten Einstufbarkeit ist der B. T. namensgebend für die geolog. Stufe „Badenien", einen geolog. Altersbegriff, der im ges. nördl. Raum des alten europ. Mittelmeeres (Paratethys), Vortiefe der Alpen von der Schweiz bis zum Aralsee) für die Zeit vor 16,5 bis vor 13,3 Mio. Jahren angewendet wird. Im Untergrund des Wr. Beckens weist dieses bis 1500 m mächtige Sediment zahlr. Sandlagen auf, die die wichtigsten Erdölspeichergesteine des Wr. Beckens darstellen (→ Matzener Sand).
Literatur: E. Thenius, Geologie der ö. Bundesländer, Bd. NÖ., ²1974.

BADENI, Kasimir Felix Graf, * 14. 10. 1846 Surochów (PL), † 9. 7. 1909 Krasne (PL), Politiker. 1888 Statthalter von Galizien; führte als Min.-Präs. und Innenmin. (1895–97) 1896 eine Wahlrechtsreform durch (Schaffung der allg. Wählerkurie für alle über 24 Jahre alten Staatsbürger mit 72 von 425 Mandaten) und erließ 1897 die b.schen Sprachenverordnungen, welche die doppelsprachige Amtsführung in Böhmen und Mähren (auch in den dt.-sprach. Gebieten) bestimm-

ten. Amtl. Eingaben sollten demnach in der von der Partei verwendeten Sprache eingebracht und behandelt werden. Aufgrund der verschärften Verordnungen kam es zu Parlaments- und Straßenkrawallen in Wien, Graz und Böhmen, die zu seinem Sturz führten.
Literatur: F. Kornauth, B. als Min.-Präs., Diss., Wien 1949; B. Sutter, Die Badenischen Sprachenverordnungen von 1897, 2 Bde., 1960/65.

Bäder: Thermalbad in Bad Loipersdorf.

BÄDER: Die lange Tradition des Badens lebte mit dem Zeitalter der modernen Körperpflege, der Hygiene und des Massensports im 19. und 20. Jh. bes. auf. Neben den → Heilbädern und den Strand-B. an den vielen zum Baden geeigneten Seen entstanden in den großen Städten viele B.-Bauten und in den meisten Sommerfrischen künstl. Freibäder, die insbes. von den Gem. angelegt wurden. So begann die Wr. Stadtverwaltung schon in den 60er Jahren des 19. Jh. mit der Anlage von „Volks-B." (billige Reinigungs-B., im Volksmund „Tröpferl-B.") in allen Bezirken. Daneben wurden große B.-Komplexe mit Schwimmhallen, Dampf-B., Kurabteilungen u. a. errichtet, denen Freiluft-B. in den Donau-Auen (→ Gänsehäufel) und in betonierten Becken am Rand des Wienerwalds folgten. Für Schulkinder wurden zur Zeit der 1. Republik Planschbecken in Parkanlagen im Stadtgebiet angelegt. Die größeren Sommer-B. sind zu ganzen Ortschaften (mit Saisonkabinen, Weekendhäuschen, Restaurants, Geschäften, Vergnügungsstätten usw.) geworden. Seit den 60er Jahren wurden viele B. modernisiert, die Sauna fand weite Verbreitung, durch Wellen-B., Rutschen u. Ä. wurden Hallen- wie Frei-B. attraktiver. Ab den 1980er Jahren erlangte die sog. Wellness-Bewegung zunehmend an Bedeutung, deren Zentren u. a. die Thermal-B. im Bgld. und in der O-Stmk. sind. In Wien bieten sich zusätzlich zahlr. „Wildbadeplätze" (→ Lobau) sowie v. a. die Neue Donau und die → Alte Donau zum Baden an.
Literatur: W. Seledec (Red.), Baden u. B. in Wien, 1987.

BADERSDORF, Bgld., OW, Gem., 268 m, 325 Ew., 8,64 km², Auspendelgem. an der Pinka am Fuße des Eisenbergs. Steinbruch. – Urk. 1221, hallstattzeitl. Funde, erst seit 1993 wieder selbständige Gem.; spätklassizist. Pfarrkirche (err. 1852), Hochaltar mit reich ausgestattetem Tabernakel im Stil des „verspäteten Barock", Cholerakreuz (1873), Häuser mit Laubengängen (19. Jh.).

BAD FISCHAU-BRUNN, NÖ., WB, Markt, 288 m, 2688 Ew., 20,61 km², Heilbad am W-Rand des Steinfeldes, an der → Thermenlinie. – Thermalbad (18° C), Tagesfremdenverkehr, Schottergewinnung, Getränkeerzeugung. – Urk. 1130; Errichtung der 1. Badeanstalt 1871–73 (Kurbetrieb bis Mitte 20. Jh.). Pfarrkirche (1798 umgebaut) und Schloss (12. Jh., Erneuerung 1728 und

Kasimir Felix Graf Badeni. Foto, um 1890.

Bad Fischau-Brunn: Schwimmbadanlage aus dem 19. Jh.

1830, heute Kulturwerkstätte, Dorferneuerungsverein); Eisensteinhöhle und Höhlenmuseum.
Literatur: C. Hasenbichler, Vergleichende Strukturanalyse der Kurorte an der nö. Thermenlinie: Baden, Bad Vöslau, B. F.-B., Dipl.-Arb., Wien 1979.

Bad Gams, Stmk., DL, Markt, 406 m, 2300 Ew., 48,71 km², Kurort und Heilbad am Fuß der Koralpe im Weststeir. Hügelland an der Schilcherweinstraße. – 1952 Entdeckung der Heilquelle, 1968 Entstehung der Großgem. Gams, seit 1978 Marktgem., seit 1980 Kurort „Bad Gams"; Eisenheilquelle „Michelquelle" (Calcium-Hydrogencarbonat-Trinksäuerling akratischer Konzentration) und eisen-magnesiumhältiger Mineralsäuerling („Aktivquelle"), Tafelwasser aus der „Gudrunquelle". – Urk. 1100 Ortsteil „Hohenvelt".
Literatur: A. Seebacher-Mesaritsch u. A. A. Osterider, B. G. Geschichte und Landschaft, 1989.

Badgastein, siehe → Bad Gastein.

Bad Gastein (bis 1996 Badgastein), Sbg., JO, Gem., 1000 m, 5838 Ew., 170,60 km², Kur- und Wintersportort im Tal der Gasteiner Ache, am Fuß des Graukogels (2492 m); bedeutendstes Heilbad in Ö.; radonhältige Thermalquellen (47° C, Trink- und Badekuren, Therapie rheumat. Erkrankungen) entspringen am Fuß des Graukogels und werden zum Kurgebrauch in die Bäder geleitet. – Kurmittelhaus mit Thermalhallenbad, Felsenbad, Kuranstalt-Badehospiz, Heilstollen → Böckstein (2600 m langer ehem. Bergwerksstollen mit Therapiestation, 37–42° C), zahlr. Kurheime, Kongresszentrum, Gasteiner Museum (Regionalgeschichte, Geologie, Volkskultur), Montanmuseum Altböckstein, Forschungsinst. Gastein der Ö. Akad. d. Wiss., Spielkasino, Golfplatz, Speicherkraftwerke Böckstein (err. 1981, 106.840 MWh) und Naßfeld-Böckstein (err. 1982, 12.940 MWh), Wasserfall der Gasteiner Ache mitten im Ort, Gondelbahn auf den Stubnerkogel (2246 m), Sessellifte auf den Graukogel (2492 m). Skigebiet Sportgastein im Naßfeldtal; Fremdenverkehr (1,103.631 Übern.). – Badebetrieb urk. Mitte des 14. Jh., erster Aufschwung nach dem Bau des Badeschlosses (1791–93), ab der 2. Hälfte des 19. Jh. Entwicklung zum Weltbad, hist. Hotelbauten (Ende 19./Anfang 29. Jh.). Pfarrkirche (1866–76); got. Nikolauskirche (1389) mit spätgot. Fresken (1480), evang. Kirche (1868–72); Haus Meran (1830, Villa von Erzhzg. Johann); Villa Solitude (1838).

Bad Gastein. Gemälde von T. Ender, 19. Jh.

Literatur: H. von Zimburg, Geschichte Gasteins und des Gasteiner Tales, 1948; W. Schaup-Weinberg, Badgastein. Die Geographie eines Weltkurortes, Diss., Sbg. 1968; 500 Jahre Badehospiz Badgastein, 1989.

Bad Gleichenberg, Stmk., FB, Gem., 317 m, 2163 Ew., 13,70 km², wichtigster steir. Kurort (244.679 Übern.), am Fuß des Gleichenberger Kogels (598 m). – Kurzentrum mit Thermalhallenbad (30° C, Kuren und physikal. Therapien zur Behandlung von Atemwegs-, Haut- und Herz-Kreislauferkrankungen sowie des Bewegungs- und Stützapparats), Sonderkrankenanstalt für interne Rehabilitation der Sozialversicherungsanstalt der Bauern, Kurpark (20 ha, Anlage der Biedermeierzeit), HotelfachS, HLA für Tourismus, Kolleg für Tourismus und Freizeitwirt., BerufsS für Tourismus, Fachhochschule. – Die Kohlensäureheilquellen waren bereits den Römern bekannt; 1834 Gründung des Heilbades (Konstantin-Quelle); Kirche (1845) mit Hochaltar von J. Tunner, Ruine Gleichenberg (14. Jh., 1945 zerstört), Spätbiedermeierhäuser, Villa Wickenburg (klassizist.); 10 km östl. Burg Kapfenstein.
Literatur: A. Fuksas, B. G. Geschichte eines steir. Heilbades, 1979; ders., B. G. Skizzen der Zeit, 1988.

Bad Goisern, OÖ., GM, Markt, 502 m, 7602 Ew., 112,49 km², Heilbad und Wintersportort im Trauntal, im Salzkammergut. – Jodschwefelquelle (1874 zufällig entdeckt, Bade- und Trinkkuren gegen Haut- und Gelenksleiden), Kurhallenbad und -park, Kuranstalt der Oö. Gebietskrankenkasse, evang. Schülerheim und Bildungshaus, kath. Pflegeheim, Stephaneum-HeimS der Schulbrüder, Heimathaus mit Landlermuseum, Konrad-Deubler-Zimmer, Salzkammergut-Holzknechtmuseum; zweisaisonaler Fremdenverkehr (192.342 Übern.), Schotterabbau, Elektroden-, Kleinkohle-, Brillenerzeugung, kleingewerbl. Bergschuhherstellung („Goiserer"), Speicherkraftwerk Steeg (err. 1910, 42,0 MW) der Energie AG OÖ.; Chorinsky-Klause mit Staumauer (1814). – Seit dem 16. Jh. hoher Anteil evang. Bevölkerung; seit 1955 Bezeichnung „Bad". Spätgot. Pfarrkirche (1487, erweitert 1835–37) mit spätgot. Statuen und neugot. Hauptaltarbild von L. Kupelwieser; in St. Agatha spätgot. Kalvarienbergkirche mit barockem Hochaltar (Kalvarienberggruppe, 1715); Kreuzwegstationen von B. G. nach St. Agatha mit spätbarocken Figurengruppen; evang. Kirche (1813–16); hist. Anzenaumühle (um 1600, Freilichtmuseum).
Literatur: Marktgem. B. G. (Hg.), B. G. in Vergangenheit und Gegenwart, 1990.

Bad Grosspertholz, NÖ., GD, Markt, 714 m, 1526 Ew., 82,4 km², Heilmoorbad im oberen Lainsitztal an den Ausläufern des Böhmerwalds. – Großpertolz: urk. 1351, Markterhebung 17. Jh., barockisierte roman. Pfarrkirche (um 1200, Umbau 1691, 1776/79) mit barockem W-Turm, Barockschloss (im 19. Jh. verändert) mit Arkaden, Schlosskapelle (Weihe 1758) mit Rokokoeinrichtung, „Wurzmühle" (letzte noch in Betrieb befindliche Papiermühle im Waldviertel); Karlstift: barocke Kirche (erb. 1772–75) mit Neorenaiss.-Altar. – Naturpark Nordwald.

Bad Hall, OÖ., SE, Stadt, 380 m, 4752 Ew., 13,38 km² Kurort (Name von kelt. „hal" = Salz) im nördl. Traunviertel. – Heilquelle (stärkste Jod-Brom-Sole-Quelle Mitteleuropas, 32° C, Behandlung von Augenerkrankungen, Gefäß- und Atemwegsleiden), Kurzentrum mit 2 Kurmittelhäusern (seit 1975: Thermalmineralhallenbad, Gästezentrum mit Trinkhalle), Kuranstalten und -heime, Kurpark (340.000 m², 1852 als Naturpark angelegt) und -theater, Paracelsus-Inst. f. Jodforschung (1950), Kurfremdenverkehr (202.705 Übern.) als

Bad Gastein.

Bad Hall: Trinkhalle. Foto, um 1910.

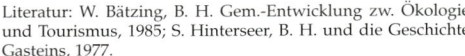

Bad Ischl.

Bad Hofgastein: Prozession zur Kirche. Gemälde von A. Hertel, 1885.

Bad Ischl: Kaiservilla.

Hauptwirtschaftsfaktor. – Urk. 777 (Salzpfanne), 1378 erste Erwähnung einer Badeanstalt; um 1820 Wiederaufnahme des Badebetriebs, ab 1852 Aufschwung als Kurort. Schloss (1645), zahlr. Jugendstilbauten (1895–1910); spätklassizist. Rathaus; in der Nähe Barockschloss Feyregg (urk. 1170, Gem. Pfarrkirchen).

BAD HÄRING, Ti., KU, Gem., 590 m, 2265 Ew., 9,28 km², zweisaisonaler Fremdenverkehrsort (168.087 Übern., v. a. im Sommer) am rechten Hang über dem Unterinntal; „Bad" seit 1964, Kurort seit 1996; Berufsvorbereitungswerkstätte (Aufbauwerk der Jugend), Kurzentrum (seit 1558 erwärmen Gase eines unterird. Grubenbrandes im aufgelassenen Braunkohlenbergwerk die Schwefelquelle), Rehabilitationszentrum der Allg. Unfallversicherungsanstalt, Forstgarten des Landes Ti.; Metallgießerei, Maschinenbau, Kalkmergelabbau zur Zementerzeugung. – Im Kern spätgot., 1732 barockisierte Pfarrkirche (urk. 1397); Antoniuskapelle (1708).

BAD HOFGASTEIN, Sbg., JO, Markt, 859 m, 6727 Ew., 103,73 km², Kur-, Wintersport- und alter Hauptort im Gasteinertal. – Kurzentrum (1970–74) mit Alpenthermalhallenbad (Um- und Neubau als Alpentherme Gastein 2003, Radonquellen, seit 1828–30 Zuleitung des Wassers aus Bad Gastein und Entwicklung zum Kurort, seit 1936 „Bad"), Therapiezentrum bes. für rheumat. Erkrankungen, Kur- und Kongresshaus, Alpenkurpark, BORG, Tourismusschulen; Skigebiet Schlossalm: Standseilbahn auf die Kitzsteinalm und Kabinenseilbahn Kitzsteinalm–Kleine Scharte (2051 m). Kur- und Winterfremdenverkehr (1,071.255 Übern.) dominiert die Wirt. – Erste Blütezeit B. H. im 15. und 16. Jh. durch Goldbergbau, einer der reichsten Orte des Landes und Gerichtssitz („Hof in der Gastein"); Gewerkenhäuser und Weitmoserschlössl (1560; ehem. Sitz der gleichnamigen Bergbaufamilie); spätgot. Liebfrauenkirche (1498) mit Barockaltar (1738) und got. Muttergottesstatue (um 1560); evang. Heilskirche, Denkmal von Ks. Franz I. (1847).

Literatur: W. Bätzing, B. H. Gem.-Entwicklung zw. Ökologie und Tourismus, 1985; S. Hinterseer, B. H. und die Geschichte Gasteins, 1977.

BADIA, Carlo Agostino, * 1672 Venedig (?, I), † 23. 9. 1738 Wien, Komponist. Ab 1692 in habsb. Diensten (ab 1694 als Hof-Kompositor), zählt zu den Hauptkomponisten des ö. Hochbarock (neben J. J. → Fux, A. → Caldara u. a.). Komponierte v. a. Oratorien und Opern, größte Produktivität in der Regierungszeit der Ks. Leopold I. und Joseph I. Heiratete nach 1700 die Sopranistin A. M. E. (Lisi) Nonetti, die bis zu ihrem Tod 1726 die Primadonna am Wr. Hof war.

Literatur: J. Steinecker, Die Opern und Serenate von C. A. B., Diss., Wien 1993.

BAD ISCHL, OÖ., GM, Stadt (1940), 469 m, 14.081 Ew., 162,78 km², von kelt. „Iscla", Kurort (350.420 Übern.) im Herzen des Salzkammerguts an der Einmündung der Ischl in die Traun; bedeutendstes Solebad (27 % Kochsalz) in Ö. – Bez.- und Arbeitsgericht, WK, AK, Arbeitsmarktservice, Krankenhaus, Kurzentrum (Landeskuranstalten) mit Sole-Hallenwarmbad (30° C, gegen rheumat., Atemwegs-, Gallen- und Leberleiden), Kongress- und Theaterhaus, Kurpark, Kurheime, Jugendgästehaus; Museum der Stadt B. I., Lehár-Villa mit Museum und Haenel-Pancera-Museum (Pianistin), Fotomuseum des Landes OÖ. im „Marmorschlössl", Museum für Fahrzeuge, Technik und Luftfahrt, Operettenfestspiele von Juli bis September; Seilbahn auf die Katrinalm (1542 m, Skigebiet), Golfplatz; BG und BRG, 2 HLA für wirt. Berufe (öffentl. und priv.), HAK, HLA f. Fremdenverkehrsberufe; klein- und mittelbetriebl. Wirt.-Struktur, starkes Übergewicht des Dienstleistungssektors (bes. Hotellerie, Gastgewerbe und Handel), daneben einige Produktionsbetriebe: Erzeugung von Duschkabinen, chem.-kosmet. Werk, Metallbau; Forstbetrieb und Tourismusbetrieb Dachsteinhöhlen der Ö. Bundesforste AG. – 1442 urk. als Markt erwähnt; Salzabbau ab dem MA, Aufschwung in der Biedermeierzeit (um 1823 Errichtung eines Solebades), langjähriger (1854–1914) Sommeraufenthaltsort Ks. → Franz Josephs I., daher viel Bausubstanz aus der Zeit der Monarchie: Lehár-Theater (1827, heute Kino), Trinkhalle (1829–31), Kaiservilla (1853 erneuert) mit Landschaftsgarten; im 19. Jh. Mittelpunkt der Musik- und Theaterwelt (J. Brahms, J. Strauß Sohn, A. Bruckner, A. Girardi, E. Kálmán, F. → Lehár); spätklassizist. Rathaus, Postamtsgebäude (1893), Kurhaus (err. 1873–75, Wiederaufbau nach Brand 1965/66, Generalsanierung 1998–99, jetzt Kongress- und Theaterhaus), Kran-

Bad Ischl: Lehár-Villa.

kenhaus (1908–10, später erweitert), Neues Kurhaus (1932, von C. Holzmeister); Pfarrkirche hl. Nikolaus (1769–80) mit got. Turm und Altarbildern von L. Kupelwieser (1847); evang. Kirche (1881); Kalvarienbergkapelle (18. Jh.); Wallfahrtskirche Lauffen (heutiger Bau Mitte 15. Jh.); in Pfandl Kirche „Maria an der Straße" (1956/57). Ischler Salzberg (680 m) mit Schau-Salzbergwerk bei Perneck.

Literatur: Ö. Städtebuch, Bd. I, OÖ., 1968.

BAD KLEINKIRCHHEIM, Kä., SP, Gem., 1087 m, 1863 Ew., 74,01 km², Luftkur- und Wintersportort; Heilbad am Fuß der Nockberge zw. Millstätter See und Turracher Höhe. – Kuranstalt-Thermalhallenbad (Akratotherme, 22,5° C), Römerbad, Golfplatz, Seilbahnen; Fremdenverkehr (864.964 Übern.), Holzverarbeitung. – Spätgot. Wallfahrtskirche St. Katharina (um 1492) mit got. Flügelaltar (1510) über der Heilquelle (Quellfassung in der Unterkirche); got.-frühgot. Pfarrkirche (urk. 1166, 1734 erneuert), Monumentalgemälde; in St. Oswald spätgot. Kirche (um 1510) mit Fresken (1514) über dem Portal sowie verstreut alte Gehöfte vom Typ des Kä. Ringhofs.

Literatur: W. Binder, B. K. in den Gurktaler Alpen, Diss., Graz 1971; M. Maierbrugger, Kurgem. B. K., ³1998.

BAD KREUZEN, OÖ., PE, Markt, 474 m, 2331 Ew., 39,90 km², Kneippkurort im östl. Mühlviertel. – Flüchtlingsbetreuungsstelle, Bundesausbildungszentrum für Diensthundeführer, Kneipp-Kurhaus (Marienschwestern vom Karmel) mit Hallenbad; Kurfremdenverkehr (37.846 Übern.). – Urk. 1147, spätgot. Pfarrkirche, ehem. Burg (2. Hälfte 14. Jh., 1783 bis Ende des 19. Jh. zerstört, Teile erhalten, Nutzung als Herberge und Kulturzentrum); Wallfahrtskapelle Aigner Kreuz; Natur- und Kulturpfad Wolfsschlucht.

BAD LEONFELDEN, OÖ., UU, Stadt, 750 m, 3847 Ew. (1981: 3048 Ew.), 40,31 km², Hauptort des mittl. Mühlviertels am Rand des Böhmerwalds, nahe der tschech. Grenze, Moorbad- und Kneippkurort. – Bez.-Ger., Gebietskrankenkasse, Zollamt, Ö. Arbeitsgemeinschaft für eigenständige Regionalentwicklung, Kurhaus (Behandlung von Herz- und Kreislauferkrankungen) und -heim, Kultur- und Freizeitzentrum, BORG, HLA f. Fremdenverkehrsberufe, Internat des oö. Studentenwerks; Fremdenverkehr (53.886 Übern.), Textil- und Lebkuchenerzeugung; ehem. Bürgerspitalskirche heute Heimatmuseum und Oö. Schulmuseum; Waldlehr-

Bad Leonfelden.

pfad. – Got. Bartholomäuskirche (spätgot. Ölbergstatuen, 1877 verändert), Rathaus (1608), Wallfahrtskirche Maria Schutz in Bründl (1761, Rokokoinventar) mit Quelle unter dem Hochaltar; Reste der ma. Befestigung (Schwedenschanze).

Literatur: B. Hofer, Die Geschichte des Marktes B. L., Diss., Wien 1954.

BADMINTON, ein Rückschlagspiel mit tennisartigem Schläger; wurde in Ö. schon seit der frühen Neuzeit bes. vom Adel gespielt; Entwicklung zum modernen Wettkampfsport in England; als Freizeitspiel „Federball"; der 1957 gegr. Ö. B.-Verband (ÖBV) umfasst (2003) 140 Vereine mit 6074 Mitgl. Den größten ö. Erfolg erreichte 1991 Jürgen Koch als Jugendeuropameister im Herreneinzel.

Literatur: R. Fabig u. a., Richtig B., ⁶2003.

BAD MITTERNDORF, Stmk., LI, Markt, 809 m, 3218 Ew., 112,38 km², südl. des Toten Gebirges zw. Bad Aussee und Liezen am Fuß des Grimming (2351 m) an der Salza gelegen. – Bundesheer-Ausbildungszentrum, Kurzentrum Heilbrunn (Heilquelle, Kurverwaltung), Skiflugschanze (seit 1919); Fremdenverkehr (238.809 Übern.), Museum, Masken-Smlg., Weberei. – Urk. 1147; seit der Jh.-Wende steir. Skizentren, nach dem 2. Weltkrieg Fremdenverkehrsort und Heilbad; seit 1972 „Bad". Pfarrkirche (14./15. Jh.) mit barocker Ausstattung und Altarbild (1782) von M. J. Schmidt, Schlösschen Grubegg (um 1591), Gewerkensitz, Wallfahrtskirche in Kumitzberg (1766–73).

Bad Mitterndorf.

BAD MÜHLLACKEN, siehe → Feldkirchen an der Donau.

BAD PIRAWARTH, NÖ., GF, Markt, 177 m, 1541 Ew., 25,42 km², am Weidenbach im Weinviertel. – Archivdepot des Amtes der Nö. Landesregierung, Kur- und Rehabilitationszentrum mit Heilbad (neue Gebäude seit 1998); Bauunternehmen. – Urk. seit Anfang des 14. Jh. Bad; mächtige barocke Pfarrkirche (urspr. Wehrkirche, 1739–56) mit prächtiger Barockeinrichtung und Altarblättern (1752) von B. Altomonte, Rokokokanzel; Knesl-Park mit Plastiken von H. → Knesl.

BAD RADKERSBURG, Stmk., RA, Stadt (1299), 209 m, 1599 Ew., 2,17 km², am linken Murufer an der Einmündung des Sulzbachs, Grenzstadt gegen Slowenien. – Bez.-Ger., BH, Bez.-Jagdamt, Finanzamt, Bez.-Kammer für Land- und Forstw., Zollamt, Mickl-Kaserne, WK, Krankenhaus, Kurzentrum mit Thermalbad (36–38° C, Thermalquelle tritt aus einer Tiefe von 1900 m mit 80° C zu Tage, Behandlung von rheumat. Erkrankungen; sog. „Stadtquelle" aus 200 m Tiefe mit 16° C, Trink- und Badekurer gegen Nierenleiden, Mineralwasserabfüllung, BORG Technikum, BerS f. Handel. – Dienstleistungsgem. (Handel, Gastgewerbe) v. a. infolge des Kurfremdenverkehrs (97.189 Übernachtungen), daneben öffentl. Dienst vor. Bedeutung, gewerbl. Klein- und Mittelbetriebe, Aluminiumgeschirr- und Metallwarenfabrik, Mineralwasserabfüllung. – Entstehung 1261–65 als Grenzfestung gegen Ungarn, gegr. von → Ottokar II.; 1546–91 Errichtung der Befestigungen unter D. dell'Allio (großteils erhalten); nach dem 1. Weltkrieg vorübergehende Besetzung durch Jugoslawien; Schloss Oberradkersburg und ehem. Vorstadt seit 1918 abgetrennt; 1945 stark zerstört; hist. Altstadt mit Palais und Bürgerhäusern, „Bad" seit 1978. Spätgot. Pfarrkirche (urk. 1402) mit Wehrturm, Hochaltar (1906); Filialkirche Mariahilf (err. 1496, Halle 1643;

Bad Radkersburg.

Bad Radkersburg.

Bad Schallerbach: Freibadeteich der Schwefeltherme. Foto, 1921.

Rathaus (15.–17. Jh., Fassade spätes 19. Jh.) mit 8-eckigem Uhrturm; Palais Herberstorff (1583); Häuser und Palais (16.–18. Jh.) mit Arkadenhöfen; Pistorhaus mit ältesten Profanfresken Ö. (um 1400); Proviantkaus (1588, heute Museum); Altes Rathaus (erbaut 1607–12 von D. Gallo); Pestsäule (1680).
Literatur: G. Dirnberger, Geschichte der landesfürstl. Stadt R. (1500–1740), Diss., Graz 1973; B. Gollenz, Tourismus im Bezirk R., Dipl.-Arb., Graz 1989.

BAD SANKT LEONHARD IM LAVANTTAL, Kä., WO, Stadt (1325), 721 m, 4816 Ew., 112,00 km², Kurort im oberen Lavanttal am Fuß der Packalpe, nördl. von Wolfsberg. – Kuranstalt mit Heilbad (radioaktive Schwefelquelle, Behandlung von Rheuma und Ischias), Preblauer Sauerbrunnen (gegen Blasen- und Nierenleiden, → Prebl) 7 km südl.; Holzverarbeitung, Schleifmittel- und Containererzeugung, Kupplungstechnik, Fremdenverkehr (37.288 Übern.). – Vom 14.–16. Jh. Blütezeit durch Edelmetallbergbau; Eisenbergbau wurde 1876 eingestellt; got. Pfarrkirche (1320–80), umschlungen von eiserner Leonhardskette (1910–12), mit mehr als 130 Glasmalereien (1340–50), Flügelaltar (1513), Fastentuch (um 1520), geschnitzter Muttergottesstatue (um 1330), Fresko (16. Jh.), Hochaltar (um 1640) und Rokokokanzel (1779); frühgot. Karner (um 1400); Reste der Stadtmauer (14. Jh.); Mariensäule (1732); Burgruine Gomarn (um 1300, mit Bergfried und Palas); Renaiss.-Schloss Ehrenfels (14. Jh., Umbau 16. Jh., nach Bombenschaden 1945 renoviert). Geschlossener Häuserbestand 16./17. Jh. am Hauptplatz.
Literatur: H. Prieberg, Kur- und Erholungszentrum B. S. L., Kä., Dipl.-Arb., Wien 1983.

BAD SAUERBRUNN, Bgld., MA, Gem., 280 m, 1914 Ew., 2,35 km², Kurort (70.743 Übern.) am N-Fuß des Rosaliengebirges nahe der Grenze zu NÖ. – Heilquelle S. (seit 1967, mit Magnesium, Eisen und Kohlensäure, gegen rheumat. Leiden) mit Kurzentrum. – Kurfremdenverkehr, Strickwaren-Fbk., Transportwesen. – Die „Paulquelle" war bereits in röm. Zeit bekannt, Kurbetrieb ab 1847. B. S. war provisor. Sitz von Landesregierung und -verwaltung des Bgld. (1921–25) vor deren Verlegung nach Eisenstadt. Moderne Pfarrkirche (1967–70), Gründerzeitvillen.

BAD SCHALLERBACH, OÖ., GR, Markt, 312 m, 3275 Ew., 8,51 km², Kurort zw. Wels und Grieskirchen im Trattnachtal. – Kurhaus bzw. Kurmittelhaus, Thermalhallenbad (Schwefeltherme, 37° C, zur Rheumabehandlung, 1918 bei Erdölbohrung zufällig entdeckt, seit 1921 Kuranlagen), Kurpark und -heime, Eurotherme, Rehabilitationszentren, Sportpark; Fremdenverkehr (334.077 Übern.), Polstermöbelwerk. – Pfarrkirche (1958, Lourdes-Jubiläumskirche); frühere Pfarrkirche Schönau (urk. 1142); Kirche am Magdalenaberg (spätgot. Chor, barockisiert).
Literatur: A. Rockenschaub (Red.), B. S., 1991.

BAD SCHÖNAU, NÖ., WB, Gem., 490 m, 725 Ew., 13,59 km², Heilbad im SO der Buckligen Welt. – Kurzentrum (Calcium-Magnesium-Hydrogencarbonat-Sulfat-Eisensäuerling, gegen Durchblutungsstörungen und Gefäßerkrankungen); Kurfremdenverkehr (161.367 Übern.), Holzverarbeitung. – „Bad" seit 1954; Wehrkirche (14. Jh.), beherrschende Hochanlage, Christophorusfresko (Anfang 15. Jh.), Hochaltar (1689).

BAD TATZMANNSDORF, Bgld., OW, Gem., 345 m, 1316 Ew., 11,62 km², Kurort nördl. von Oberwart mit alkalisch-eisenhaltigen Heilquellen und Moorbädern zur Therapie von Herz-, Kreislauf- und Gefäßerkrankungen. – Freizeit-, Kur- (Bgld.-Therme, Kurmittelhaus) und Rehabilitationszentrum, Lauf- und Walkungarena, Golfplatz, Bgld. Freilichtmuseum mit Bauten aus dem 17.–20. Jh., Brotmuseum; Kurmuseum; Kurfremdenverkehr (473.073 Übern.), Mineralwasserabfüllung. Kath. Pfarrkirche (1966–68), evang. Kirche (1968).
Literatur: H. Berger, Die wirt. Entwicklung des Kurbades B. T. von seinen Anfängen bis in die Gegenwart, Dipl.-Arb., Wien 1981; R. Luipersbeck, Das Heilbad B. T., 1982.

BADURA-SKODA, Paul, * 6. 10. 1927 Wien, Konzertpianist. Begann 1947 seine Karriere, internat. Durchbruch 1950 bei den Sbg. Festspielen; Konzerttourneen nach Amerika, Japan und Russland; zahlr. Platteneinspielungen (über 200 LPs, ca. 100 CDs), sammelt hist. Klaviere, publiziert auch Bücher über Interpretation und hist. Aufführungspraxis; internat. Preise; verheiratet mit der Musikwissenschaftlerin Eva B.-S. (Opern- und Haydn-Forscherin).
Werke: Mozart-Interpretation, 1957 (mit Eva B.-S.); Die Klaviersonaten von L. van Beethoven, 1970 (mit J. Demus); Bach-Interpretation, 1990.

BAD VELLACH, Kä., VK, 844 m, Katastralgem. der Gem. → Eisenkappel-Vellach, im südlichsten Kä., in waldreichem Hochtal unweit des Seebergsattels (1215 m). – Schloss Hagenegg (15./16. bzw. 2. Hälfte des 17. Jh.) mit Holzkassetten- und Stuckdecke, Schlosskapelle mit spätgot. Leonhardfigur, ehem. Kuranstalt (19. Jh., 1945 stillgelegt).

BAD VIGAUN, Sbg., HA, Gem., 469 m, 1885 Ew., 17,55 km², Kur- und Fremdenverkehrsort (122.608 Übern., v. a. im Sommer) im Salzachtal, nahe Hallein. – Thermalbad (34° C), Kuranstalt St. Barbara (priv.); Kurfremdenverkehr. – Spätgot. Pfarrkirche (urk. 790, Neubau 1488–1516); spätgot. Filialkirche St. Margarethen (urk. 1437, erweitert 1597); alte Tennengauer Einhöfe; am Schlenken statt der übl. Holzzäune Steinhage zur Abgrenzung. Höhle im Riedl (Bruderloch) mit Kapelle (zurückgehend bis in die späte Römerzeit); Schlenkendurchgangshöhle mit menschl. Spuren aus der Altsteinzeit um 40.000 v. Chr. Brauchtum: Prangschützenumzug zu Fronleichnam.
Literatur: K. Conrad u. a., V. Von Natur, Kultur und Kur, 1990.

BAD VÖSLAU, NÖ., BN, Stadt, 276 m, 10.998 Ew., 38,74 km², Kurbadeort an der → Thermenlinie am Abfall des südl. Wienerwalds. – Thermalbad (Akrato-

Bad Vöslau: Thermalbad.

Bad Vöslau.

therme 24° C), Kurmittelhaus, Kursalon und -park, Lehr- und Forschungsgut Merkenstein der Veterinärmedizin. Univ., Stadtmuseum, HLA f. Forstw.; Dienstleistungssektor mit rd. 2 Drittel der Beschäftigten 2001 (bes. Handel, persönl., soz. und öffentl. Dienste), Großdruckerei, Tafelwasserabfüllung (Vöslauer Mineralwasser AG), Fremdenverkehr (32.247 Übern.), Weinbau (bes. Rotwein, seit Anfang des 13. Jh.), Badebetrieb verstärkt ab Mitte des 18. Jh., 1904 zum Kurort ernannt, seit 1928 „Bad"; Pfarrkirche (err. 1860–68 von F. Sitte); ehem. Schloss, Fries durch J. F. Hetzendorf v. Hohenberg nach 1753 umgestaltet (urk. 12. Jh., seit 1974 Rathaus); Schloss und Pfarrkirche Gainfarn (18. Jh.), Schloss Großau (12. Jh.), Burg Merkenstein (12. Jh.), seit 1683 Ruine (von den Türken zerstört).

Literatur: Ö. Städtebuch, Bd. IV, Teil 1, Die Städte NÖ., 1988.

Bad Waltersdorf, Stmk., HB, Markt, 291 m, 2023 Ew., 31,84 km², Kurort im Safental nördl. von Fürstenfeld. Heiltherme (seit 1984), Hotels und Fremdenverkehrsbetriebe, Weinbau. – Besiedlung schon zur Römerzeit; Ort um 1130 von Walter von Traisen neu gegr. Barocke Pfarrkirche hl. Margarethe (1689–97) mit barocker Inneneinrichtung; neben dem Pfarrhof (1773/74) römerzeitl. Mus. mit bed. spätröm. Grabplastiken.

Bad Wimsbach-Neydharting, OÖ., WL, Markt, 387 m, 2360 Ew., 24,31 km², Moorbad und Luftkurort auf einer Terrasse der Alm bei Lambach in deren Mündungsgebiet in die Traun. – Kurhaus (1948) mit Moorhallenbad, Sauna und Wellnessbereich, Kurfremdenverkehr (34.930 Übern.), OÖ. Moorforschungsinst., Moormuseum im Paracelsushaus, Heimat-, Verkehrs- und Jungschützenmuseum; Budweisermuseum; eine der ältesten erhaltenen Hammerschmieden Europas; Stahlbau, Holzverarbeitung, Bauwirt. – Urk. 1103, nach 1940 Entwicklung zum Kurort; barocke Pfarrkirche (Umbau 1688–91 von C. A. Carlone, got. Baureste); got. Filialkirche hl. Thomas in der Wim (16. Jh.); Schloss Wimsbach (13. Jh., heutige Form um 1730, alte Kastanienallee); Ruine des Wasserschlosses Neydharting (um 1525); röm. „Villa rustica" (um 100 n. Chr., 1951 freigelegt) im „Totenhölzl"; Naturschutzgebiet Neydhartinger Moor.

Literatur: O. Stöber, Ewiges Moor von N., 1970.

Bad Zell, OÖ., FR, Markt, 515 m, 2716 Ew., 45,49 km², Kur- und Erholungsort im unteren Mühlviertel, im Tal des Kettenbachs. – Kurhaus (radioaktive kalte akratische Quelle Lebensquell, Rheumabehandlung), Kurfremdenverkehr (69.270 Übern.), Holzverarbeitung. – Urk. 1208; spätgot. Pfarrkirche mit Fresken (Inventar barock, 1746); Pranger (1574); Bürgerhäuser; Schloss Zellhof (urk. 13. Jh.); Burg Prandegg (15. Jh., Ruine); Burg Reichenstein und Burg Rutenstein (ebenfalls Ruinen).

Wackelstein bei Bad Zell.

Baernreither, Josef Maria, * 12. 4. 1845 Prag (CZ), † 18. 9. 1925 Teplitz (Teplice, CZ), Richter und Politiker. Ab 1878 im böhm. Landtag, ab 1883 auch im Reichsrat. 1898 kurzzeitig Handelsmin., 1916 Min. ohne Portefeuille. Begründer des Industrierates. Engagierte sich in der Jugendfürsorge.

Werke: Jugendfrage und Strafrecht in den Vereinigten Staaten von Amerika, 1905; Grundfragen der soz. Versicherung in Ö., 1908; Der Verfall des Habsburgerreiches und die Deutschen, 1939 (hg. von O. Mitis).

Bahn, siehe → Eisenbahn, → Bundesbahnen.

Bahr, Hermann, * 19. 7. 1863 Linz (OÖ.), † 15. 1. 1934 München (D), Dichter, glänzender Essayist und Kritiker, anregender Interpret literar. Strömungen vom Naturalismus bis zum Expressionismus, einer der bedeutendsten Lustspieldichter seiner Zeit, führender Theoretiker des Impressionismus und Wortführer von → Jung-Wien; ab 1909 verheiratet mit Anna → Bahr-Mildenburg. Er studierte in Wien, Czernowitz und Berlin (Freundschaft mit A. Holz). 1890 Mitarbeiter der „Freien Bühne" in Berlin, ab 1894 freier Schriftsteller und Hg. der liberalen Wochenschrift „Die → Zeit". 1906/07 Regisseur bei M. → Reinhardt in Berlin, lebte 1912–18 in Salzburg, 1918 l. Dramaturg am Wr. Burgtheater, 1922 ging er nach München. Seine programmat. Essays leiteten z. T. neue Stilrichtungen ein. Als Schriftsteller befasste er sich mit vielen literar. Strömungen um 1900 und wirkte als ihr Anreger und Förderer; seine Werke sind bedeutende Dokumente ö. Geistesgeschichte.

Werke: Prosa: Die gute Schule. Seelenstände, 1890; Fin de siècle, 1891; Theater, 1897; Die Rahl, 1908; Drut, 1909; O Mensch, 1910; Himmelfahrt, 1916; Die Rotte Korahs, 1919; Ö. in Ewigkeit, 1929. – Dramen: Die neuen Menschen, 1887; Die Mutter, 1891; Das Tschaperl, 1897; Der Querulant, 1914. – Lustspiele: Wienerinnen, 1900; Der Krampus, 1902; Der Meister, 1904; Ringelspiel, 1907; Das Konzert, 1909; Die Kinder, 1911; Das Prinzip, 1912. – Essays: Zur Kritik der Moderne, 1890; Die Überwindung des Naturalismus, 1891; Expressionismus, 1916; Tagebücher, Skizzenbücher und Notizhefte, 5 Bde., hg. v. M. Csáky, 1994 ff.

Literatur: D. G. Daviau, Der Mann von Übermorgen, 1984; R. Farkas, H. B., 1989; M. Meier, Prometheus und Pandora. „Persönlicher Mythos" als Schlüssel zum Werk von H. B. (1863–1934), 1997.

Bahr-Mildenburg, Anna, * 29. 11. 1872 Wien, † 28. 1. 1947 ebd., Kammersängerin (Sopran), bedeutende Wagner-Interpretin; Ehefrau von Hermann → Bahr (1909). Schülerin von R. → Papier-Paumgartner, Debüt 1895 in Hamburg als Brünnhilde, durch G. → Mahler 1898 an die Wr. Hofoper geholt, wo sie in zahlr. dramat. Rollen brillierte (1928 Ehrenmitgl.); zuletzt Lehrtätigkeit.

Werk: Erinnerungen, 1921.

Literatur: P. Stefan, A. B.-M., 1922; H. Steinmüller, Ein Sommermorgentraum. A. v. Mildenburg und G. Mahler – eine Künstlerliebe, 1998.

Baierdorf bei Anger, Stmk., WZ, Gem., 663 m, 1720 Ew., 16,31 km², Gem. mit vielfältiger Wirt.-Struktur am Rabenwald östl. des Feistritztals. Matratzen- und Polstermöbelind., Talkabbau, Tourismus, Landw. – Urk. 1265.

Baiern, Bajuwaren, lat. Baiovarii, german. Stamm, der sich im 5. und 6 Jh. zw. Donau und Alpen aus verschiedenen Stammesgruppen bildete. Während des 4. und 5. Jh. waren Germanen als röm. Söldner an der Donau angesiedelt worden, aus Böhmen kamen größere Gruppen von Markomannen und Elbgermanen. Von durchziehenden oder sich auflösenden ostgerman. Stämmen (Skiren, Heruler) blieben Reste zurück. Nach der Auflösung der röm. Herrschaft Ende des 5. Jh. breiteten sich die vorwiegend in Weilern oder kleinen Dörfern lebenden B. nach S bis in die Alpentäler und entlang der Donau aus, vermischten sich

Hermann Bahr. Foto, um 1909.

Hermann Bahr: „Die schöne Frau". Buchumschlag von K. Moser, 1899.

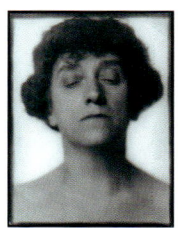

Anna Bahr-Mildenburg. Foto, um 1925.

mit Romanen und Resten der Langobarden und besiedelten das heutige OÖ., Sbg. und Ti. bis Säben und in das Pustertal. Um 550 wird der Stamm erstmals als Einheit genannt, stand aber schon unter fränkischer Oberhoheit. Er gliederte sich in Gaue, 6 Familien bildeten die adelige Oberschicht, die in der „lex Baiuvariorum" genannt ist. Zum führenden Geschlecht wurden Mitte des 6. Jh. die burgundischen Agilolfinger (bis 788). Um 600 setzte die christl. Mission ein, um 700 unter fränkischer Oberhoheit, getragen von Emmeram, Rupert und Corbinian.

Von den B. wurde vor und in der Karolingerzeit die Kolonisation Ostösterreichs und Karantaniens getragen. Nach 955 wurde eine Mark im Verband des Herzogtums Bayern erschlossen und besiedelt. Seit dem 10. Jh. wuchsen aus Bayern die ö. Länder, zuerst 976 das Herzogtum Kä., 1156 Ö. und 1180 die Stmk., dann auch das Erzbistum Sbg. und die Grafschaft Ti. als eig. Länder heraus.

Literatur: K. Reindel, Die Bajuwaren, 1981; H. Wolfram, Die Geburt Mitteleuropas, 1987; Die Bajuwaren, Ausst.-Kat., Mattsee u.Rosenheim 1988.

Bailer-Galanda, Brigitte, * 5. 3. 1952 Wien, Historikerin. Studierte Soz.- und Wirt.-Wiss. sowie Geschichte in Wien; seit 1979 am Dokumentationsarchiv des ö. Widerstandes; seit 1998 stellv. Vorsitzende der ö. Historikerkommission, die den Fragenkomplex Vermögensentzug auf dem Gebiet der Republik Ö. während der NS-Zeit sowie Rückstellungen und Entschädigungen ab 1945 erforscht. Seit 1993 Lehrbeauftragte an der Univ. Wien, 2003 Habilitation. Käthe-Leichter-Staatspreis 1992.

Werke: Wiedergutmachung – kein Thema, 1993; Wahrheit und „Auschwitzlüge", 1995 (Mit-Hg.); „... ihrer Überzeugung treu geblieben", 1996 (mit W. Neugebauer); Das Netz des Hasses, 1997 (Red.); Die Entstehung der Rückstellungs- und Entschädigungsgesetzgebung, 2003.

Baillet-Latour, Theodor Graf, siehe → Latour.

Bairisch Kölldorf, Stmk., FB, Gem., 280 m, 971 Ew., 6,34 km², gewerbl.-landw. Gem. mit Fremdenverkehr südöstl. von Bad Gleichenberg. Seniorenpflegezentrum. Metall- und Elektroerzeugnisse, Kunststoffwaren.

Bajuwaren, siehe → Baiern.

Bakalowits & Söhne, E., Wr. Handelsunternehmen für Glaswaren, gegr. 1845, Vertrieb von Jugendstilgläsern und -kristallleuchtern nach Entwürfen von K. → Moser und J. M. → Olbrich. Bronzemedaille bei der Pariser Weltausstellung 1900, auch danach an Ausstellungen im In- und Ausland beteiligt. Lieferte Ende des 19. Jh. alle Luster für die Neue Hofburg in Wien; stattete nach dem 2. Weltkrieg u. a. das Parlament, das Burgtheater und die Staatsoper aus sowie 1995 die Redoutensäle nach ihrer Wiederherstellung. Heute (B. Licht Design GmbH) stark exportorientiert.

Literatur: W. Neuwirth, Das Glas des Jugendstils, 1973.

Bakkalaureat, 1999 gesetzl. geschaffener und 2000 eingeführter Studiumsabschluss. Das B.-Studium umfasst 6 oder 8 Semester und bildet die niederste Stufe bei der Umstellung des ö. Studiensystems von 2 (Diplom- und Doktoratsstudium) auf 3 Stufen (B.-, Magister- und Doktoratstudium) im Zuge der Angleichung an das europ. Hochschulsystem.

Balatsch, Norbert, * 10. 3. 1928 Wien, Chorleiter und -sänger. 1938–44 Mitgl. der Wr. Sängerknaben, ab 1952 Chorsänger an der Wr. Staatsoper, 1953–83 Leiter des Wr. → Männergesang-Vereins, 1968–83 Chordirektor der Wr. Staatsoper, 1972–99 Chordirektor der Bayreuther Festspiele, ab 1983 Leiter des Chores Santa Cecilia di Roma und Dirigent zahlreicher internat. Orchester, 1999–2001 künstlerischer Leiter der → Wiener Sängerknaben.

Baldacci, Anton Frh. von, * 14. 10. 1762 Wien, † 9. 7. 1841 ebd., Politiker. 1813 Armee-Min., begründete die offizielle Statistik in Ö.; war einer der geistigen Urheber des kaiserl. Manifests von 1806.

Literatur: H. Sturmberger, A. v. B. 1809, Diss., Wien 1937.

Baldass, Ludwig, * 8. 2. 1887 Wien, † 20. 11. 1963 ebd., Kunsthistoriker. Univ.-Prof., Dir. der Gemäldegalerie des Kunsthist. Mus. in Wien; Chevalier der Ehrenlegion (1927).

Werke: Die Wr. Gobelinsammlung, 1920; Ö. Tafelmalerei der Spätgotik, 1934; A. Altdorfer, 1941; H. Bosch, 1946; C. Laib und die beiden Rueland Frueauf, 1946; J. van Eyck, 1952; Giorgione, 1964 (mit G. Heinz).

Baldauf (Paltauff, Baldtauf), Adam, * um 1570 Meran (S-Ti.), † 1631 Wien; bedeutender Ti. Bildhauer des Frühbarock. 1615–28 in Brixen tätig, 1628 nach Wien berufen.

Werke: Altäre für den Dom zu Brixen, die Pfarrkirche von Rodeneck (fragmentarisch erhalten) und die Jesuitenkirche in Wien (nicht mehr erhalten).

Baldessarini, Werner, * 23. 1. 1945 Kufstein (Ti.), Textilkaufmann, Designer, Manager. Sohn eines Textilgroßhändlers, begann seine Karriere beim Münchner Herrenausstatter Wagenheimer, zuletzt Chefeinkäufer. 1975 Wechsel zur Hugo Boss AG nach Metzingen, dort Chefdesigner und für die Kollektionserstellung verantwortlich, 1988–2002 Vorstandsmitgl. (ab 1998 Vorstandsvorsitzender); danach Gründung eines eig. Modelabels.

Baldramsdorf, Kä., SP, Gem., 584 m, 1819 Ew., 37,95 km², am S-Rand des Lurnfeldes südl. der Drau. – Handwerksmuseum (im ehem. Kloster „Paternischloss"), Holzverarbeitung, etwas Fremdenverkehr (16.875 Übern.). – Urk. 1166, spätgot. Kirche mit Wandgemälden, Fastentuch (1555) und frei stehendem W-Turm; Ruine Ortenburg (teilw. saniert).

Ballett: Wurden im MA Tanz, Pantomime, Schauspiel und Musik weitgehend durch bunt gemischte Truppen von Schauspielern und Vaganten ausgeführt, so erfolgte in der frühen Neuzeit eine rasche Spezialisierung. Das B. als die spezielle Form des Bühnentanzes wurde in Frankreich bereits im 16. Jh. selbständig (Ballet de cour), blieb aber im Einflussbereich der italien. Musiker bis ins 18. Jh. mit der Oper verbunden, wenn auch sehr bald eine Trennung in Sänger und Tänzer erfolgte (pantomimische Tanzszenen, wie sie v. a. von den italien. Renaiss.-Höfen bekannt sind, sind auch vom Hof Rudolfs II. überliefert). Das 1. Wr. B. tanzten 1622 die Hofdamen der Kaiserin Eleonore, Gattin Ferdinands II. Einen 1. Höhepunkt erlebte das höfische B. unter Ks. → Leo-

Glaswarenhandlung E. Bakalowits & Söhne auf dem Hohen Markt in Wien. Farblithographie, 1845.

Ballett in der Wiener Staatsoper. Foto, 1968.

pold I. B.-Komponisten dieser Zeit waren J. W. Ebner, J. H. → Schmelzer, J. J. Hoffer und N. Matteis; die oft erwähnten Ross-B. (das berühmteste, „La contesa dell'aria e dell'aqua", wurde anlässlich der 1. Hochzeit Leopolds I. 1667 aufgeführt) sind eine manieristische Weiterentwicklung der ritterl. Turniers. Unter Maria Theresia und Joseph II. kam es zu einem deutlichen Einfluss französ. B.-Tradition in Wien, v. a. unter den B.-Meistern A. Philibois, F. → Hilverding, J. G. Noverre und G. Angiolini; die beiden Letzteren entwickelten gem. mit C. W. → Gluck und dem damaligen Direktor des Hofburgtheaters G. → Durazzo das „Handlungs-B." (Ballet en action), welches stark von der französ. Tanzsprache beeinflusst ist und eine der Grundlagen der heutigen B.-Tradition bildet.

Im 19. Jh. traten einzelne Tänzerpersönlichkeiten, wie Maria und Salvatore Viganò (für die L. van → Beethoven die B.-Musik „Die Geschöpfe des Prometheus" schrieb), Maria → Taglioni und Fanny → Elßler, hervor; J. → Bayer schrieb die Musik zur „Puppenfee" (Uraufführung 1888 in der Choreographie von J. → Hassreiter). Den Übergang vom romantischen B. zu den freieren Formen des 20. Jh. und zum Ausdruckstanz prägten G. → Wiesenthal und ihre Schwestern Elsa und Berta.

Höhepunkte der B.-Kunst in der Zwischenkriegszeit waren die Choreographien von H. Kröller zu den B. „Josephs Legende" (mit W. → Fränzl als Joseph) und „Schlagobers" (u. a. mit R. → Raab) von R. → Strauss sowie G. Wiesenthal mit „Der Taugenichts in Wien". Mit M. → Wallmann übernahm 1934 erstmals eine Vertreterin des modernen Tanzes die Leitung des Staatsopern-B. Herausragende Persönlichkeiten des B. in der 2. Hälfte des 20. Jh. waren L. → Hanka und R. → Nurejew. Seit 1995 ist der gebürtige Italiener R. Zanella Leiter des Wr. Staatsopernballetts.

Literatur: F. Ruziczka, Das Wr. Opern-B., Diss., Wien 1948; P. Keuschnig, N. Matteis junior als B.-Komponist, Diss., Wien 1968; A. Oberzaucher (Zusammenstellung), Wr. Staatsopernballett. 1622–1997, 1997; A. Amort (Hg.), Ö. tanzt, 2001.

Ballhausplatz: Geheime Hofkanzlei. Kolorierter Kupferstich.

BALLHAUSPLATZ (Wien 1), benannt nach dem früher dort stehenden Ballhaus (1741 errichtet, 1903 abgebrochen). Dieses und frühere Ballhäuser dienten dem Ballspiel, das 1521 in Wien eingeführt wurde (→ Badminton). Heute befindet sich am B. das Bundeskanzleramt; dessen Gebäude wurde 1717–19 von J. L. von Hildebrandt als „Geheime Hofkanzlei" erbaut und diente bis 1918 als k. u. k. Außenmin. Auch die Präsidentschaftskanzlei befindet sich in einem Teil der Hofburg am Ballhausplatz.

Literatur: F. Engel-Jánosi, Geschichte auf dem B., 1963 (Essays); A. Wandruszka u. M. Reininghaus, Der B., 1984.

BALLONFAHREN: Den ersten Heißluftballonstart in Ö. führte J. G. → Stuwer am 6. 7. 1784 im Wr. Prater durch. V. → Silberer gründete 1885 die „Wr. Aeronautische Anstalt", um die Ballonfahrt dem Sport und der Wiss. zugänglich zu machen. 1849 wurden über Venedig erstmals Bomben aus Ballons abgeworfen, im 1. Weltkrieg wurden Gasballons zur Artilleriebeobachtung eingesetzt. Nach 1945 diente B. nur noch zu tourist. und sportl. Zwecken.

Ballonfahren: M. Blanchards Landung in Groß-Enzersdorf am 6. Juli 1791. Kolorierter Stich von H. Löschenkohl.

Seit 1980 verzeichnet das B. einen starken Aufschwung, seit 1987 besteht der Ö. Ballonfahrer-Club. 2003 gab es beim Ö. Aero-Club rd. 330 registrierte Ballons (hauptsächl. Heißluftballons) und 250 Piloten. Traditionsreiche Zentren des B. sind Filzmoos (Sbg.), Kirchberg i. Ti. sowie in der Stmk. Puch b. Weiz, Bad Waltersdorf und Stubenberg. Der bekannteste ö. Pilot, J. → Starkbaum, stellte mehrere Höhenweltrekorde auf und errang zahlr. internat. Titel.

Literatur: I. Trifonov, Ballooning Extrem, 1994; H. Kronberger, Das ö. Ballonbuch, 1995; W. Nairz, B., 1997; ders., B. zw. Alpen und Himalaya, 2001; J. Kusternigg, B. in Ö., Dipl.-Arb., Graz 2002.

BALSER, Ewald, * 5. 10. 1898 Elberfeld (Wuppertal, D), † 17. 4. 1978 Wien, Kammerschauspieler; Ehemann von Vera → Balser-Eberle. Nach Engagements in Basel und Düsseldorf ab 1928 Mitgl. des Wr. Burgtheaters, wo er als „Faust" debütierte und zahlr. Heldengestalten verkörperte; Gastspiele in München, Berlin und bei den Sbg. Festspielen; daneben auch in Filmen und als Regisseur tätig; zahlr. Ehrungen, u. a. 1963 Ehrenmitgl. des Burgtheaters, 1967 Grillparzer-Ring, 1968 J.-Kainz-Medaille.

Literatur: Ö. Bundestheaterverband u. a. (Hg.), E. B. und das Burgtheater, Ausst.-Kat., Wien 1979.

Ewald Balser. Foto.

BALSER-EBERLE, Vera, * 21. 10. 1897 Augsburg (D), † 23. 3. 1982 Wien, Schauspielerin; Ehefrau von Ewald → Balser. 1931–64 am Wr. Burgtheater, unterrichtete ab 1940 Sprechtechnik am Reinhardt-Seminar, ab 1973 Konsulentin für Sprechtechnik am Burgtheater.

Werke: Hast du dir schon überlegt?, 1983; Sprechtechn. Übungsbuch, ²⁶1998.

BALTL, Hermann, * 2. 2. 1918 Graz (Stmk.), Jurist. Ab 1961 Univ.-Prof. für Ö. und Dt. Rechtsgeschichte in Graz (Dekan 1961/62); seit 1974 Mitgl. der Ö. Akad. der Wiss.

Werke: Rechtsarchäologie des Landes Stmk., 1957; Ö. Rechtsgeschichte, ⁶1986 (fortgeführt als Baltl/Kocher, ⁷1997).

Literatur: K. Ebert (Hg.), Festschrift zum 80. Geburtstag von H. B., 1998 (mit Schriftenverz.).

BALTSA, Agnes, * 19. 11. 1944 Lefkas (GR), Sängerin (Mezzo-Sopran). Débüt in Wien 1970 als Oktavian im „Rosenkavalier", bekannt u. a. für ihre Interpretation der Titelpartie in „Carmen", Repertoire vom 18. bis zum frühen 20. Jh. Seit 1980 Kammersängerin, seit 1988 Ehrenmitgl. der Wr. Staatsoper. Regelmäßige Auftritte bei den Sbg. Festspielen unter H. v. Karajan. Auch als Interpretin griech. Lieder erfolgreich. Zahlr. Schallplatten- und CD-Aufnahmen.

Literatur: C. Baumann, A. B., 1986.

BALZAREK, Mauriz, * 21. 10. 1872 Thürnau (Trnava, CZ), † 17. 2. 1945 Linz (OÖ.), Architekt. 1899–1902 Schüler von O. → Wagner, 1902–33 an der Staatsgewerbeschule Linz, trug wesentl. zur Verbreitung der Moderne in OÖ. bei; entwarf zahlr. Villen in eine-

Mauriz Balzarek: Entwurfzeichung der Landesvilla in Bad Hall, 1912–14.

romantisierenden Variante des Jugendstils, aber auch techn. Bauwerke und Siedlungen.
Werke: Kraftwerk Steyrdurchbruch, 1908; Mädchenvolksschule Wels, 1912; Landesvilla Bad Hall, 1912–14; Kraftwerk Partenstein, 1919–24; Bauten im Kurpark Bad Schallerbach, 1925–37.
Literatur: Der Architekt M. B. 1872–1945, Ausst.-Kat., Linz 1972; M. Pozzetto, Die Schule O. Wagners, 1980.

Bamberger, Heinrich von, * 27. 12. 1822 Zwornarka b. Prag (CZ), † 9. 11. 1888 Wien, Arzt, bed. Diagnostiker. 1872 Univ.-Prof. in Wien; setzte die Schule Rokitansky-Skoda-Oppolzer fort und gründete 1887 mit E. → Fuchs die „Wr. klinische Wochenschrift".

Bamberger, Max, * 7. 10. 1861 Kirchbichl (Ti.), † 28. 10. 1927 Wien, Chemiker. Prof. an der Techn. Hochschule in Wien, deren chem. Fakultät er vergrößerte; erforschte u. a. Harze, Explosivstoffe sowie die Radioaktivität ö. Flüsse und Gesteine; 26 Patente von Gastauchgeräten (mit F. Böcke).

Bamberger, Richard, * 22. 2. 1911 Paudorf (NÖ.), Fachmann für Jugendliteratur, Schriftsteller. 1948–81 Gen.-Sekr. des Ö. Buchklubs der Jugend; Präs. des Internat. Kuratoriums für das Jugendbuch; leitete das Internat. Inst. f. Jugendliteratur und Leseforschung, gründete 1988 das Inst. f. Schulbuchforschung (seit 1991 Inst. f. Schulbuchforschung und Lernförderung).
Werke: Lehrbuch der russ. Sprache, 1946; Jugendlektüre, 1955; Mein erstes großes Märchenbuch, 1960; Buchpädagogik, 1972; Erfolgreiche Leseerziehung in Theorie und Praxis, 2000. – Hg.: Die Welt von A bis Z, 1952; Die Kinderwelt von A bis Z, 1954; Ö.-Lexikon, 2 Bde., 1966 (mit F. Maier-Bruck); 25 Jahre Ö. Buchklub der Jugend, 1974; Jugendschriftsteller dt. Sprache, 1980.

Bammer, Herbert, * 16. 7. 1940 Laakirchen (OÖ.), Jurist und Manager. 1963–65 im Bundeskanzleramt, seit 1965 bei der AUA (→ Austrian Airlines Österreichische Luftverkehrs AG); ab 1970 Gen.-Sekr., ab 1975 stellv. Vorstandsdir. für verschiedene Abt., 1993–2001 gem. mit Mario → Rehulka Vorstandsdir. der AUA.

Bancozettel, gemäß Patent vom 1. 7. 1762 von der Wr. Stadtbanco ausgegebenes Papiergeld zu 5, 10, 25, 50 und 100 Gulden, 1771 und 1785 erneuert und um Scheine zu 500 und 1000 Gulden erweitert. Öffentl. Kassen mussten B. als Zahlungsmittel annehmen und in Münzgeld umwechseln. Während der napoleon. Kriege wurde die Ausgabe drastisch erhöht (Ende der Gültigkeit: 31. 5. 1812).
Literatur: W. Kranister, Die Geldmacher, 1985.

Bandkeramische Kultur, die älteste Kultur der → Jungsteinzeit zw. 6000/5000 und 4800/4700 v. Chr., benannt nach der charakterist. Verzierung der Keramikgefäße mit Linien in Band-, Spiral- und Mäanderform. Im jüngeren Entwicklungsabschnitt spaltete sie sich auf in verschiedene lokale Gruppen, wie die Notenkopfkeramik mit musiknotenähnl. Verzierungen oder die Stichbandkeramik mit aus Einstichen gebildeten Ornamenten (→ Urgeschichte). Es wurde gemischte Landw. mit Ackerbau und Viehzucht betrieben. Das Verbreitungsgebiet in Ö. umfasst das oö. und nö. Alpenvorland und das Bgld., der Siedlungsschwerpunkt ist aber das Lößgebiet des Weinviertels. Fast vollständige Grundrisse älterer bandkeram. Häuser wurden in Neckenmarkt (Bgld.), Strögen und Rosenburg (NÖ.) freigelegt. In Kleinhadersdorf bei Poysdorf wurde ein Gräberfeld kultisch untersucht. Wohl kultisch verwendet wurden Kleinplastiken in Menschengestalt.

Bandkeramische Kultur: Keramikgefäß.

Bandlkramerlandl, hist. Landschaftsbezeichnung für die Textilregion um Waidhofen a. d. Thaya und Groß-Siegharts (→ Waldviertel); dort ab dem 18. Jh. hausindustrielle Weberei von Bändern für Wäsche, Kleidung und zu Gebrauchszwecken (Gurten, Schnüre) vorwiegend aus heimischem Leinengarn, z. T. auch aus Schafwolle. Produzenten waren von Verlegern abhängige Kleinbauern, Häusler und Inwohner, deren Familienmitgl. in den Produktionsprozess eingebunden waren. Die Verleger („Bandlkramer") sicherten sich ihre Position durch Bereitstellung der notwendigen Produktionsmittel (Rohstoffe, Webstühle) und durch Monopolisierung des Warenvertriebs (Beschäftigung von eigenständigen Hausierern als „Bandlträger"). Die Industrialisierung der Textilbranche brachte das Ende des Verlagssystems; ab Mitte des 19. Jh. erfolgte die Bandfertigung in größeren Textilfabriken. Der Niedergang des ges. Produktionszweigs in der Region setzte in der 2. Hälfte des 20. Jh. ein.
Literatur: dies., Waldviertler Textilstraße – Reiseführer durch Geschichte und Gegenwart einer Region, 1990; A. Komlosy (Hg.), Spinnen, Spulen, Weben – Leben und Arbeiten im Waldviertel und anderen ländl. Textilregionen, 1991.

Banfield, Gottfried Frh. von, * 6. 2. 1890 Castelnuovo (I), † 23. 9. 1986 Triest (I), Offizier. 1916 Kommandant der Seeflugstation Triest; 1917 Ernennung zum Maria-Theresien-Ritter und Erhebung in den Freiherrenstand; ab 1920 Unternehmer und Berge-Reeder; B. räumte 1957 nach der Suezkrise den Suezkanal.

Banhans, Anton Frh. von, * 8. 11. 1825 Michelob (Miecholoup, CZ), † 26. 5. 1902 Wien, Politiker; Vater von Karl → Banhans. 1870 Ackerbau-, 1871–75 Handelsmin.; führte in Ö. das metrische System und ein einheitl. Betriebsreglement für die Eisenbahnen ein und sorgte für deren Schienennetzerweiterung. Ab 1890 Präs. der DDSG.

Banhans, Karl, * 12. 6. 1861 Kloster (Kláster, CZ), † 15. 7. 1942 Wien, Eisenbahnfachmann; Sohn von Anton v. → Banhans. 1917/18 Eisenbahnmin., reorganisierte 1922 den Rechnungshof; 1930 Präs. der Verwaltungskammer der Ö. Bundesbahnen.
Literatur: ÖBL.

Bank Austria Creditanstalt AG, BA-CA, 2002 hervorgegangen aus der Fusion von Bank Austria AG und → Creditanstalt AG. Die Bank Austria AG war 1991 durch die Vereinigung von Zentralsparkasse und Kommerzialbank AG (Wien) und Ö. Länderbank AG entstanden. Erstere basierte auf einem Gründungsbeschluss des Wr. Gemeinderats von 1905. Den ordentl. Geschäftsbetrieb nahm das Institut am 2. 1. 1907 auf. Es entwickelte sich im Lauf der Jahre zur größten ö. Sparkasse (→ Sparkassen).
Die Ö. Länderbank AG wurde 1880 zunächst als Wr. Tochter eines Pariser Geldinst. gegr. Bereits 2 Jahre später löste sich die Bank von ihrem Pariser Stammhaus und wurde zu einem rein ö. Unternehmen.
Die Bank Austria AG war an allen wichtigen Finanzplätzen Europas vertreten; bereits schon vor Übernahme der → Creditanstalt-Bankverein AG zu den 50 größten Banken des Kontinents und rangierte weltweit unter den 130 größten Kreditinst. (1996 rd. 300 inländ. Geschäftsstellen mit 8700 Mitarbeitern und einer Bilanzsumme von 742,35 Mrd. S). 1997 übernahm die Bank Austria von der Republik Ö. die Aktienmehrheit (51 %) der Creditanstalt-Bankverein AG

und wurde bis 1998 zu deren Alleineigentümerin. Seit der folgenden Umstrukturierung bestand die Bank-Austria-Gruppe aus Bank Austria und deren 100%igen Töchtern Creditanstalt AG (CA) und der neu gegr. Bank Austria Creditanstalt International AG, in der das Auslandsgeschäft konzentriert war. Letztere war in 33 Ländern tätig mit Schwerpunkt Mittel- und Osteuropa, auch an den Finanzplätzen der Europ. Union, der Schweiz, der USA sowie in Lateinamerika und in Asien war sie vertreten. 2000 erfolte der Zusammenschluss mit der Bayer. Hypo- und Vereinsbank AG.

Am 1. 8. 2002 fusionierten die Bank Austria AG und die Creditanstalt AG zur Bank Austria Creditanstalt AG (BA-CA), diese zählt zu den größten Banken Europas. In Ö. verfügt sie über 449 Filialen mit 11.961 Mitarbeitern; Bilanzsumme 2002: 148 Mrd. Euro.

Aufgrund ihrer Konzernstruktur besitzt die BA-CA ein über den Finanzdienstleistungssektor hinausgehendes Know-how. Sie hat zahlr. Tochterfirmen und Beteiligungen vorwiegend in den Bereichen Ind., Handel und Tourismus. Gen.-Dir. der BA-CA ist seit 2004 E. Hampel.

BÄNKELSÄNGER, Spielleute von niedrigem soz. Rang, die neben instrumentaler Musik (z. B. Tänze in Wirtshäusern) Lieder histor. oder aktuellen Inhalts mit lehrhaftem Inhalt vortrugen; größter Beliebtheit erfreuten sich neben den Heldenliedern die sog. „Moritaten", die meist aktuelle Verbrechen zum Anlass nahmen. Hauptinstrumente der B. waren Geige und Harfe, aber auch alte, in der Kunstmusik schon längst vergessene Instrumente wie Dudelsack (Lieber → Augustin) oder Drehleier. Sesshafte Liederhändler und die „Fratschlerinnen" verkauften solche Lieder im Straßenhandel. Aus der langen Reihe der anonymen Dichter des Bänkelgesangs (Lehrer, Mesner, Handwerksburschen, Wirte) sind einige namentlich bekannt. Der staatl. und städt. Ordnungsmacht wegen ihres unsteten Lebenswandels und der Massen, die sie anzulocken und zu motivieren imstande waren, immer schon ein Dorn ins Auge, konnten sie nicht einmal im Vormärz diszipliniert werden; in Wien wurde der Bänkelgesang in der 2. Hälfte des 19. Jh. großteils von den Wienerliedsängern bzw. Volkssängern übernommen; ein letztes Mal lebte diese Art der Straßenmusik in der Not der Zwischenkriegszeit auf.

Literatur: G. Gugitz, Lieder der Straße, 1954.

BANKEN, Unternehmen, die aufgrund bes. bundesgesetzl. Regelungen berechtigt sind, Bankgeschäfte zu betreiben. Dazu gehören neben den klassischen Bankgeschäften wie dem Einlagen- und Kreditgeschäft das Girogeschäft, das Devisen- und Valutengeschäft, das Wertpapieremissionsgeschäft und zahlr. weitere Tätigkeiten, sofern sie gewerblich durchgeführt werden. Die Interessen der Kreditinst. Ö. werden von der Sektion Geld-, Kredit- und Versicherungswesen der WK Ö. und je nach Sektorzugehörigkeit von den Verbänden der Kreditwirt., dem Verband ö. Banken und Bankiers, dem Ö. Sparkassenverband, dem Ö. Genossenschaftsverband, dem Ö. Raiffeisenverband sowie dem Verband der ö. Landes-Hypothekenbanken, die gleichzeitig die Funktion der Fachverbände erfüllen, vertreten. Der Regelungsrahmen für die Kreditinst. findet sich im Bankwesengesetz. Für gewisse Geschäftsbereiche sind überdies das Investmentfondsgesetz, das Kapitalmarktgesetz und das Pfandbriefgesetz von Bedeutung, u. a. gilt für Sparkassen über das Bankwesengesetz hinaus das Sparkassengesetz, für Bausparkassen das Bausparkassengesetz. Über eine bes. Rechtsgrundlage verfügt überdies die → Postsparkasse, deren Geschäftsbereich im Wesentl. im Postsparkassengesetz geregelt ist.

Die Anfänge des ö. B.-Wesens gehen in das 18. Jh. zurück. Der Wr. Stadtbank wurde 1762 das Recht zur Ausgabe der ersten Banknoten in Ö. verliehen. Nach dem Staatsbankrott von 1811 wurde 1816 die „Privileg. Oesterr. National-Bank" als privates Inst. zur Verwaltung der Staatsschulden geschaffen. Im 19. Jh. entwickelten sich aufgrund unterschiedl. wirt. und regionaler Erfordernisse differenzierte Formen des Geld- und Kreditgeschäfts (Aktien-B., Bodenkredit- und Hypothekenanstalten sowie Kreditgenossenschaften). Zu Beginn des 19. Jh. erfolgten auch zahlr. Gründungen von Privat-B. sowie die ersten Sparkassengründungen (z. B. → Erste österreichische Spar-Casse, 1819). 1855 wurde die Ö. Credit-Anstalt für Handel und Gewerbe (→ Creditanstalt-Bankverein AG) gegr., 1880 die K. k. privilegierte Ö. Länderbank, 1883 das K. k. Postsparkassenamt. Gegen Ende des 19. Jh. entstanden verschiedene Hypothekeninst. Gegen Ende des 19. Jh. bildeten die → landwirtschaftlichen Genossenschaften, später die → Konsumgenossenschaften eigene Verbände aus.

Durch den Zerfall der Donaumonarchie kam es nach dem 1. Weltkrieg zu einem B.-Sterben (Allgem. Ö. → Bodencreditanstalt, 1929), so dass sich bis 1938 die Zahl der Aktien-B. und Bankiers auf knapp 70 verminderte.

In die Zwischenkriegszeit fällt die Gründung der heutigen Spitzeninst. der mehrstufigen Sektoren, wie die Zentralkasse der Volksbanken (heute → Österreichische Volksbanken-AG), die Girozentrale der ö. Genossenschaften (heute → Raiffeisen Zentralbank Österreich AG) sowie die Girozentrale und Bank der ö. Sparkassen AG (1992–97: → GiroCredit Bank AG, seither → Erste Bank der oesterreichischen Sparkassen AG). Nach der dt. Besetzung Ö. 1938 wurden ö. Groß-B. der Dt. und der Dresdner Bank unterstellt.

Nach dem Ende des 2. Weltkriegs wurden durch das 1. Verstaatlichungsgesetz vom 26. 7. 1946 (→ Verstaatlichung) die 3 größten ö. Kreditinst. Creditanstalt-Bankverein, Ö. Länderbank und Ö. Credit-Institut verstaatlicht und als Aktienges. geführt. 1955 ermöglichte das Rekonstruktionsgesetz es den B., eine bilanzmäßige Bereinigung bis Ende des Wirt.-Jahres 1954 durchzuführen. Damit war die bilanzlose Periode ab 1945 abgeschlossen und die Publizität der Kreditinst. im vollen Umfang wiederhergestellt. 1956/57 erfolgte eine Teilprivatisierung der damals 2 größten ö. B. durch Ausgabe von Stamm- und stimmrechtslosen Vorzugsaktien über 40 % des Grundkapitals der Creditanstalt-Bankverein und der Ö. Länderbank auf Initiative von Finanzmin. R. → Kamitz. Auch Spezial-B. wurden nach dem Krieg gegr.: Oesterreichische → Kontrollbank AG, 1946; Österreichische → Investitionskredit AG, 1957; Österreichische → Kommunalkredit AG, 1958. In den 60er und 70er Jahren errichteten auch zahlr. Auslands-B. Niederlassungen (City Bank Austria, Bank of America, Chase-Manhattan, Centro Internationale Handelsbank AG u. a.).

Die hist. Unterschiede und Eigenheiten der verschiedenen Kreditinstitutstypen verloren zugunsten des Universalbankgeschäfts an Bedeutung. Dieses wurde mit dem Kreditwesengesetz 1979 gesetzlich verankert. Damit wurde außerdem das Betreiben von Bankgeschäften an eine Konzession gebunden. Zahlr. ordnungspolit. Bestimmungen gewährleisten seither die Sicherheit der den Kreditinst. anvertrauten Gelder (z. B. Bestimmungen über ausreichende Eigenmittel, über das Kreditgeschäft und eine Aufsicht). Im Bereich des Konsumentenschutzes wurden überdies Einlagensicherungseinrichtungen geschaffen.

Nach dem Beitritt Ö. zum → Europäischen Wirtschaftsraum bzw. zur → Europäischen Union wurde durch das Bankwesengesetz der EU-Rechtsstandard in das ö. Recht übernommen. Damit wurde Kreditinst. aus EWR- und EU-Staaten Dienstleistungs- und Nie-

derlassungsfreiheit eingeräumt. Die größten Umstellungen finden sich jedoch im Bereich der Ordnungsnormen. Hinsichtlich der Eigenmittel etwa ist eine sog. Eigenmittelunterlegung nach dem Risiko des Schuldners eingeführt. Eigenmittel sind in Kernkapital und ergänzendes Kapital unterteilt. Seit Mitte der 90er Jahre engagieren sich ö. B. zunehmend in den Ländern Ost- und Mitteleuropas.
→ Bank Austria AG, → Bank für Arbeit und Wirtschaft AG, → Bank für Kärnten und Steiermark AG, → Bank für Tirol und Vorarlberg AG, → Landes-Hypothekenbanken, → Oberbank AG, → Raiffeisenkassen, → Sparkassen.

Literatur: K. Ausch, Als die Banken fielen, 1968; K. Socher u. a. (Hg.), Finanzplatz Ö., 1990; H. Kernbauer, Währungspolitik in der Zwischenkriegszeit, 1991; S. Augustin (Bearb.), Bankwesengesetz, 1994; H. Lexa u. a. (Hg.), Die Herausforderung der Kreditinst. in einem großen europ. Markt, 1994; M. Eiselsberg (Hg.), Bundesgesetz über das Bankwesen, ²1997; R. Borns, Das ö. Bankrecht, 1999; G. Weilinger (Bearb.), Banken- u. Börsenrecht, ⁴1999.

Bank für Arbeit und Wirtschaft AG, BAWAG, siehe → BAWAG P.S.K. Gruppe.

Bank für Kärnten und Steiermark AG, BKS, wichtige börsenotierte Regionalbank im Süden Ö., die das gesamte Spektrum von Bankdienstleistungen anbietet. Trotz ihres regionalen Charakters ist die Bank auch im internat. Bankgeschäft tätig (insbes. Alpen-Adria-Raum). 1922 traten die Bayer. Hypotheken- und Wechsel-Bank München und das Bankhaus A. v. Ehrfeld in ein Kommanditverhältnis ein. 1928 erfolgte die Gründung der „Bank für Kä." als Aktienges. In den 50er und 60er Jahren wirkte die Bank am Wiederaufbau der regionalen Wirt. mit und baute in den 70er und 80er Jahren kontinuierlich Geschäftsstellennetz und Kundenservice aus. 1983 erweiterte sie ihren Firmennamen auf „B. f. K. u. S. AG" und gründete eine Filiale in Graz. 1992 folgte eine Filiale in Wien; seit 1998 bestehen eine Repräsentanz in Zagreb (HR) und eine Leasingtochter in Laibach (SLO). Seit 1997 wird die Zusammenarbeit mit der → Bank für Tirol und Vorarlberg AG sowie der → Oberbank AG intensiv ausgebaut. 2003 erwarb die BKS die Mehrheit an der Bgld. Anlage- und Kreditbank AG. 2002 beschäftigte sie 662 Mitarbeiter in 39 Filialen, Bilanzsumme: 3,73 Mrd. Euro.

Bank für Tirol und Vorarlberg AG, BTV, 1904 als Aktienges. von der K.k. privileg. Allg. Verkehrsbank, Wien, in Innsbruck gegr. Dabei nahm sie die alteingesessenen Privatbanken Payr & Sonvico in Innsbruck und Ludwig Brettauer sel. Erben in Bregenz auf, wodurch sie von Beginn an in Wirt. und Ges. Ti. und Vbg. entsprechend stark verankert war.
In den 20er und 30er Jahren nahm die BTV 3 weitere Ti. Inst. auf und konnte mit den neu dazugekommenen Kunden und Filialen ihre Marktposition in Ti. weiter festigen. In den späten 60er und 70er Jahren folgte ein sukzessiver Ausbau des Geschäftsstellennetzes in den beiden westl. Bundesländern, im Herbst 1989 die Eröffnung einer Niederlassung in Wien.
Die BTV verfügt (2002) über 36 Filialen, davon 26 in Ti., 8 in Vbg. und 2 in Wien, außerdem über Beratungsbüros in Bozen und Trient (beide I). Die Bilanzsumme betrug 2002 5,65 Mrd. Euro, die Zahl der Mitarbeiter 804. Die börsenotierte unabhängige und eigenständige Regionalbank ist als Universalbank in W-Ö. führend bei Veranlagungen für in- und ausländ. Privatkunden sowie im Kommerzgeschäft. Seit 1997 wird die Zusammenarbeit mit der → Oberbank AG und der → Bank für Kärnten und Steiermark AG intensiv ausgebaut.

Bankl, Hans, * 9. 4. 1940 St. Pölten (NÖ.), Prosektor. Univ.-Prof. für Patholog. Anatomie, seit 1977 Vorstand des Inst. f. Klin. Pathologie in St. Pölten.

Werke: Viele Wege führen in die Ewigkeit, 1990; Der Rest ist nicht Schweigen, 1992; Im Zeichen des Äskulap, 1993 (mit F. Stöckl); Der Pathologe weiß alles ... aber zu spät, 1997; Die kranken Habsburger, ⁴1998; Woran sie wirklich starben, ⁴1999; Im Rücken steckt das Messer, 2001; Kolumbus brachte nicht nur die Tomaten, 2002. – Lehrbücher.

Bannwald, Wald, dessen Nutzung zum Schutz vor Elementargefahren (Lawinen, Wind) oder wegen positiver Umweltwirkungen (Klima, Wasserhaushalt) behördlich beschränkt ist (§§ 27 ff. ForstG 1975).
Literatur: H. Schmiderer, Die B.-Politik in Ö., 1999.

Baptisten, siehe → Bund der Baptistengemeinden in Österreich.

Bär, Ernst, * 6. 3. 1919 Meran (S-Ti.), † 7. 6. 1985 Hannover-Herrenhausen (D), Kulturjournalist, Festspieldirektor. 1937–45 Dir. einer Schule für Dolmetscher, dann Leiter der Presseabteilung der → Bregenzer Festspiele, 1952–82 deren Intendant (1980 Eröffnung des neuen Festspielhauses samt integrierter neuer Seebühne); ab 1982 Leiter der Schlossfestspiele in Herrenhausen.
Werk: Spiel auf dem See. Die Bregenzer Festspiele von der Gründung bis zur Gegenwart, 1982.

Bárány, Robert, * 22. 4. 1876 Wien, † 8. 4. 1936 Uppsala (S), Physiologe, Ohrenarzt, Nobelpreisträger. 1909 Privatdozent f. Ohrenheilkunde in Wien. Erhielt 1914 den Nobelpreis für seine Arbeit über die Physiologie des menschl. Vestibular-(Bogengang-)Apparats, mit der er die Grundlage für die Labyrinth-Chirurgie schuf; durch diese sank die Sterblichkeit an Gehirnhautentzündung als Folge von Innenohreiterung (otitische Meningitis) praktisch auf null. 1917 Univ.-Prof. in Uppsala; 1936 stiftete die Univ. Uppsala einen „B.-Preis".
Werke: Physiologie und Pathologie des Bogengangapparates beim Menschen, 1907; Die Seekrankheit, 1911; Die Radikaloperation des Ohres ohne Gehörgangplastik bei chron. Mittelohreiterung, 1923.

Robert Bárány. Foto.

Barazon, Ronald, * 21. 2. 1944 Tel Aviv (Israel), Journalist. 1961–77 Pressereferent der Wr. Symphoniker, 1965–95 Redakteur der → „Salzburger Nachrichten", seit 1995 deren Chefredakteur; seit 1972 auch Chefredakteur der Fach-Ztschr. „Der ö. Journalist". 1997–2000 Moderator der Fernsehserie „Zur Sache" und seit 2002 der Diskussionssendung „Offen gesagt".
Werke: Wr. Symphoniker, 1970; Pensionsfonds, 1988 (Hg.).

Barbara, Hl., Fest 4. Dez., † um 306, Märtyrerin, Attribute: Hostienkelch, Turm; eine der 14 Nothelfer. Schutzfrau der Berg- und Hüttenarbeiter, Architekten, Bauarbeiter, Artilleristen. Zahlr. volkstüml. Bräuche, u. a. der „B.-Zweig", die „B.-Feiern", das „B.-Brot" und das „B.-Licht".

BARC Versicherungs-Holding AG, Wien; 1997–99 bestehende größte ö. Versicherungsgruppe, an welcher der Raiffeisen-Sektor (→ Versicherungsanstalt der österreichischen Bundesländer und Raiffeisen-Versicherung) mit 51 % beteiligt war, → Austria-Collegialität mit 49 %; 1999 in die → UNIQA Versicherungen AG umgewandelt. Gesamtprämien 1998: 30,2 Mrd. S (davon jeweils rd. 1 Drittel in Kranken-, Lebens- und Sachversicherungen). Gen.-Dir. war H. → Schimetschek.

Bardolff, Carl Frh. von, * 3. 9. 1865 Graz (Stmk.), † 17. 5. 1953 ebd., Offizier. Feldmarschallleutnant und Generalstabschef der 2. Armee im 1. Weltkrieg; 1932–37 Vorsitzender des Dt. Klubs in Wien; ab 1938 Mitgl. des dt. Reichstags und SA-Oberführer; wurde 1945 verhaftet und bekam Schreibverbot.
Werk: Soldat im alten Ö., 1938.

Bären, siehe → Braunbär, → Höhlenbär.

Bärenschützklamm, Stmk., Felsenklamm mit 24 Wasserfällen des Mixnitzbachs, erreichbar von → Mixnitz aus, am Fuß des Hochlantsch (1720 m). Ein 1400 m

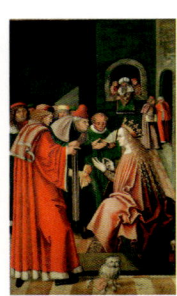

Die hl. Barbara diskutiert mit den Philosophen. Meister des Fridolfinger Altars, 15. Jh. (Museum Carolino Augusteum, Sbg.).

langer Steig führt durch die 350 m hohe B. zur → Teichalm. Am Fuß der Roten Wand die Bärenschützhöhle.

Bärental, Kä., 6,5 km langes Tal in den Karawanken, südl. von Feistritz im Rosental, umgeben von Hochstuhl (2237 m), Kosiak (2024 m) und Kotschna (1944 m); der Name B. weist auf die frühere Bärenpopulation in diesem Gebiet hin.

Barényi, Béla, * 1. 3. 1907 Hirtenberg (NÖ.), † 30. 5. 1997 Böblingen (D), Techniker. 1939–73 Leiter der Vorentwicklung bei Daimler-Benz, entwickelte die „passive Sicherheit" im Automobilbau mit Sicherheitslenkrad und Passagiersicherheitszelle, erwarb über 2500 Patente.
Literatur: H. Niemann, B. B. Nestor der passiven Sicherheit, 1994.

Bareuther, Ernst, * 19. 1. 1838 Asch (Aš, CZ), † 17. 8. 1905 Freiburg i. B. (D), Jurist, Politiker. Ab 1871 Abg. z. böhm. Landtag; 1873–1905 Abg. z. Reichsrat; Mitbegründer des „Dt. Vereins für Böhmen"; 1882–85 Mitgl. d. Wr. Gemeinderats; zunächst Anhänger der Liberalen, dann Führer der → Los-von-Rom-Bewegung; trat 1898 dem „Alldt. Verband" unter G. v. → Schönerer bei.
Literatur: ÖBL.

Otto Baric. Foto.

Baric, Otto, * 19. 6. 1933 Eisenkappel (Kä.), Fußballspieler und neben E. → Happel einer der erfolgreichsten ö. Fußballtrainer. Bis 1969 in Zagreb (HR), dann v. a. in Ö. als Trainer tätig. Mit Rapid Wien wurde B. mehrmals ö. Meister und Cupsieger, 1985 erreichte er mit Rapid Wien und 1993 mit Austria Salzburg das Europacupfinale. Nach 2 ö. Meistertiteln mit Austria Salzburg zog er sich 1995 vorübergehend von der Trainertätigkeit zurück. 1999–2002 war er als Nachfolger von H. → Prohaska Trainer der ö. Fußballnationalmannschaft; danach für kurze Zeit Sportdirektor beim SV Wüstenrot Salzburg.

Barmherzige Brüder, mehrere kath. Krankenpflegeorden. Bedeutendster Männerorden für die Krankenpflege ist der vom hl. Johannes v. Gott 1537 zu Granada gegr. Verein von Weltleuten zur männl. Krankenpflege (Ordo S. Joannis de Deo = OSJdD); 1572 zu einem Orden mit Augustinus-Regel umgebildet, seit 1624 Bettelorden. Die B. B., zum größten Teil Laienbrüder, legen außer den 3 gewöhnl. Gelübden als 4. das Gelübde der Hospitalität ab. Krankenhäuser der B. B. in Eisenstadt, Graz (2), Linz, Salzburg, St. Veit a. d. Glan, Wien, Kneippkuranstalt in Schärding, Sonderanstalten in Kainbach bei Graz und in Schenkenfelden sowie ein Pflegeheim in Kritzendorf. Das Provinzialat befindet sich in Wien.
Literatur: M. Sajovitz, Die B. B. in Ö., 1999.

Barmherzige Schwestern, volkstüml. Bezeichnung der weibl. Kongregationen für Armen- oder Krankenpflege; im eigentl. Sinn nur jene Vereinigungen, die Liebe oder Barmherzigkeit im Namen tragen: vom hl. Vinzenz v. Paul (Mutterhäuser in Wien, Graz, Innsbruck); vom hl. Kreuz (Provinzialat in Graz, Linz, Hall i. Ti., Laxenburg); vom hl. Karl Borromäus (auch Borromäerinnen, Mutterhaus Wien); B. S. des Dt. Ordens (Mutterhaus in Friesach); B. S. aus dem Mutterhaus Zams in Ti.; Genossenschaft der Franziskanerinnen (Missionärinnen Mariens, Provinzialat in Wien). Krankenhäuser der B. S. vom hl. Vinzenz v. Paul bestehen in Linz, Ried i. Innkreis und Wien; Altenheime in Wien, Baden und Maria Anzbach; Schulen mit Hort in Wien und Steyr; Kindergärten in Wien, Edlach und Gars.

Barnabiten, Kongregation der Regularkleriker des hl. Paulus, 1530 gegr. kath. Genossenschaft für Seelsorge und Unterricht; kamen 1626 nach Wien; 1923 verließen sie Ö. Die 4 ö. B.-Kollegien wurden bis 1973 von den → Salvatorianern in Wien verwaltet und gingen anschließend in deren Besitz über.

Bärnbach, Stmk., VO, Stadt, 424 m, 4917 Ew., 17,15 km², im Kainachtal im Braunkohlerevier Köflach-Voitsberg. – Burgenkundl. Museum im Schloss Alt-Kainach, ausgedehnte Freibadanlage („Schlossbad"), Glaskunstzentrum und Glasmuseum, Sporthalle mit Kletterwand; „Telepark B." (regionales Impuls- und Kompetenzzentrum, v. a. für Informationstechnologie und Telekommunikation); Glas- und KFZ-Katalysatorenerzeugung, Wärmekraftwerk Voitsberg 3 (err. 1982, teilw. in der Gem. B.); moderne Pfarrkirche von F. Hundertwasser (1988); auf dem Hl. Berg römerzeitl. Funde, Filialkirche hll. Joachim und Anna (1660–66), Kalvarienberg (1730–40, Passionsgruppen von P. J. Straub), Karmelitinnenkloster; „Storchenschlössl" in Afling (Zehenthof aus dem 17. Jh.); Mosesbrunnen (1992) von E. Fuchs (1992) im Stadtpark; Hauptschulzubau (1992) künstlerisch gestaltet von R. Zeppel-Sperl; Lehrpfad zum ehem. Kohletagbau Oberdorf.
Literatur: A. Seebacher-Mesaritsch, B. Das Werden einer Stadt, 1978.

Bärnkopf, NÖ., ZT, Gem., 968 m, 378 Ew., 47,62 km², landw.-gewerbl. Gem. mit Tourismus im Weinsberger Wald, höchstgelegene Gem. des Waldviertels. – Gegr. um 1770 als Holzfällersiedlung, Pfarrkirche (erb. 1854) mit späthistorist. Einrichtung (um 1903).

Barock:

Urspr. kunsthist., heute allg. kulturhist. Bezeichnung für die europ. Stilepoche im 17. und 18. Jh. mit ausgeprägtem Repräsentationsanspruch. *Politische Entwicklung:* Die Epoche nach dem → Dreißigjährigen Krieg war durch die Schwächung des Kaisertums im Hl. Röm. Reich und die Stärkung der Reichsfürsten gekennzeichnet. Auch für die Habsburger-Kaiser standen in dieser Epoche weniger die Interessen des Reichs im Vordergrund, als vielmehr die innere Konsolidierung der eig. Erbländer. Dennoch gelang unter Ks. → Leopold I. eine gewisse Renaissance der kaiserl. Stellung im Reich, wo die Habsburger das mächtigste Geschlecht geblieben waren und sich v. a. die Reichskirche und die kleineren Reichsstände an sie anschlossen. Durch den Bedeutungsverlust Spaniens, der im Pyrenäenfrieden von 1659 sichtbar geworden war, und die zunehmende polit. Trennung von dieser Macht, die durch das Aussterben der span. Linie der „casa de Austria" endgültig wurde, waren die Inhaber der „Monarchia austriaca" zunehmend auf sich gestellt. Neben kleineren kath. Mächten zählte der Papst in der Regel zu den Verbündeten des Kaisers, zuweilen (wenn es gegen Frankreich ging) auch die Seemächte England und Holland. Zw. etwa 1670 und 1720 stan-

Barock: Kuppel der Karlskirche in Wien mit einem Fresko von J. M. Rottmayr.

Barock: Hofmarstallschwemme in Salzburg von J. B. Fischer von Erlach.

den die Habsburger 2 Hauptkontrahenten gegenüber: Frankreich und den Türken.

Nach wie vor war das Osman. Reich der mächtigste Nachbar. In den 30-jährigen Krieg hatte es nicht eingegriffen. Die Bedrohung wurde wieder akut, als sich das Osman. Reich um 1660 Siebenbürgen untertänig machen wollte. 1663 brach daher ein neuer Krieg aus, 1664 gelang einem christl. Heer (an dem u. a. auch ein franz. Détachement beteiligt war) unter R. Fürst → Montecuccoli ein eindrucksvoller Sieg bei Mogersdorf/St. Gotthard (Szentgotthárd), doch konnte der Sieg nicht in einen ebensolchen Erfolg bei den Friedensverhandlungen umgemünzt werden, der Friede von Vasvár brachte im Gegenteil den Verlust einiger wichtiger Festungen (etwa von Neuhäusl/Nove Zamky in der Slowakei). Damit und mit den Methoden und Fortschritten der Gegenreformation unzufrieden, bildete sich unter führenden Adeligen Ungarns und Kroatiens eine Verschwörung (→ Magnatenverschwörung), die vom Kaiserhof durch Hinrichtung führender Männer 1671 unterdrückt wurde. Die Unruhen in Ungarn hielten bis zum großen Türkenkrieg von 1683–99 an (→ Türkenkriege), eigentlich bildeten sie den Hintergrund der großen türk. Aktion von 1683. Unter dem Befehl des Großwesirs → Kara Mustafa kam es ab dem 14. Juli zur 2. → Türkenbelagerung Wiens, die umliegenden Regionen wurden durch die Tataren verwüstet. Während Wien von den Verteidigern gehalten werden konnte, gelang einem unter dem Oberbefehl des Polenkönigs → Johann III. Sobieski stehenden Heer am 12. Sept. eine vom Kahlenberg ausgehende Entsatzschlacht, die zur Vernichtung der osman. Verbände führte und die Rückeroberung Ungarns einleitete.

Noch 1683 begann der Feldzug in Ungarn, der in den darauf folgenden Jahren zahlr. Erfolge brachte. Am 3. 9. 1686 wurde Buda erobert, Siebenbürgen konnte besetzt werden und musste die Herrschaft Leopolds I. anerkennen. Unter Ludwig v. Baden drangen die Kaiserlichen bis S-Serbien vor, wo man 1689 Belgrad eroberte und bei Niš siegte. Nach einer vorübergehenden Phase von Rückschlägen konnte der neue kaiserl. Feldherr Prinz → Eugen am 11. 9. 1697 bei → Zenta den entscheidenden Sieg erringen. Im folgenden Frieden von → Karlowitz (Sremski Karlovci, 1699) wurde ganz Ungarn mit Ausnahme des Banats habsburgisch. Eine 2. Front kennzeichnet die Epoche: die Auseinandersetzung mit Frankreich. Zu Frankreich waren die Beziehungen nach 1648 zunächst relativ stabil, der Wr. Hof betrieb eine frankreichfreundl. Politik. Das änderte sich, als die Expansionspolitik Ludwigs XIV. nicht nur die span. Niederlande und die Franche Comté, sondern auch engeres Reichsgebiet betraf. Nun war der Kaiser gefordert, er trat 1673 in den bis 1678 andauernden Krieg, verbündet mit Spanien, Holland und anderen Mächten, erst 1679 wurde ein besonders für Spanien verlustreicher Frieden geschlossen. 1688 begann mit dem Einfall franz. Truppen der sog. Pfälzer Krieg, der schließlich bis 1697 dauerte. Man hatte also an 2 Fronten zu kämpfen. Mit dem Friedensschluss von Rijswijk 1697 gelang es erstmals, den franz. Expansionismus einzudämmen. Damit stieg auch das Prestige des Kaisers im Reich. Als im Jahr 1700 die span. Linie der Habsburger ausstarb, beanspruchte Ks. Leopold I. die Erbschaft für seinen 2. Sohn Karl, obwohl der letzte span. König, Karl II., das Erbe den mit ihm näher verwandten Bourbonen zugedacht hatte – Ludwig XIV. war der Sohn der spanischen Habsburgerin Anna ebenso wie seine erste Frau Maria Teresa eine solche war. Die beiden Seemächte, England und die Niederlande, wollten jedenfalls eine Verbindung von Spanien und Frankreich verhindern und unterstützten Karl (als span. König Karl III.) bei seinem Versuch, in Spanien Fuß zu fassen, während sein älterer Bruder → Joseph I. den Krieg in Italien, Deutschland und den Niederlanden führte. Den Verbündeten gelangen hier mehrere Siege, aber keine Entscheidung. Als Joseph I. 1711 starb und → Karl VI. auch die Kaiserwürde und die ö. Länder erben sollte, verlor er die Unterstützung der Westmächte, die sich nunmehr gegen eine Verbindung Spaniens mit dem östl. Habsburgerreich wandten, und musste sich zum Frieden bequemen, der in Rastatt und Baden (für das Reich) 1714 zustande kam.

Vom span. Erbe erhielt Karl VI. die Niederlande (Belgien und Luxemburg, ohne Lüttich), Neapel und Sardinien (1720 getauscht gegen Sizilien) sowie Mailand und Mantua. Als Prinz Eugen in einem neuerl. Türkenkrieg 1717 Belgrad eroberte, erreichten die habsb. Länder nach dem Frieden von → Passarowitz 1718 ihre größte Ausdehnung: Das Osman. Reich musste das Banat, die Kleine Walachei und das nördl. Serbien abtreten. Freilich blieb es nicht lange bei dieser territorialen Konstellation, die v. a. den enormen Nachteil hatte, dass sich die habsb. Herrschaftsgebiete zw. Brüssel und Neapel, zw. Sizilien und Siebenbürgen, Freiburg i. Breisgau und Belgrad ausdehnten und aus mehreren miteinander nicht zusammenhängenden Gebieten (Belgien/Luxemburg, die Vorlande mit Freiburg i. Breisgau, Mailand/Mantua, Neapel/Sizilien, Böhmen/Österreich/Ungarn) bestanden. Im Poln. Erbfolgekrieg 1733–35 (Friedensschluss 1738) gingen Neapel und Sizilien verloren, außerdem der westl. Teil des Herzogtums Mailand, dafür erhielt man Parma und Piacenza. Die Toskana kam als selbständiger Staat an den Gemahl Maria Theresias, Franz Stephan v. Lothringen; Lothringen wurde 1766 französisch. Ein ungünstig verlaufender neuerl. Türkenkrieg (1737–39) führte zum Verlust Serbiens und der Kleinen Walachei (in Rumänien).

Ist es unter diesen Umständen gerechtfertigt, von der „Großmacht Ö." in der B.-Zeit zu sprechen? Tatsächlich erreichte das Herrschaftsgebiet der Habsburger in

Barock: Stiftsbibliothek Vorau, Stmk.

Barock: Kaiserstiege von F. A. Pilgram im Stift Göttweig, NÖ.

(Mittel-)Europa seine größte Ausdehnung. Hatten sie 1683 über etwas mehr als 300.000 km² geherrscht, so waren es 1740 etwa 615.000 km². Die Bevölkerungszahl war um die Mitte des 17. Jh. sehr nieder: Die böhm. und ö. Länder hatten um 1700 vielleicht etwa 6 Mio. Einwohner, mit Ungarn sollen es um 1720 etwa 10 Mio. gewesen sein (aber ohne die ital. Besitzungen mit etwa 5 Mio. und ohne die ö. Niederlande). Zwar wurde die Einwanderung insbes. nach Ungarn sehr gefördert, doch kam es im Türkenkrieg von 1737/39 wieder zu Rückschlägen. Weite Gebiete v. a. Ungarns waren noch sehr dünn besiedelt, entwickelten keine bed. Kaufkraft und wiesen nur eine geringe Steuerleistung auf. Das ist auch der Grund, warum die Einkünfte Karls VI. auf – je nach Schätzung – 1 Fünftel bis 1 Drittel der Einkünfte des franz. Königs geschätzt wurden. Anders ausgedrückt bedeutete dies, dass ein Krieg gegen Frankreich ohne Alliierte nicht zu gewinnen war (was sich ja 1712/13 gezeigt hatte).

Ö. war also der wichtigsten „Großmacht" auf dem Kontinent keineswegs gewachsen – und, wie sich nach 1740 zeigen sollte, konnte auch die neue Militärmacht Preußen nicht besiegt werden. Neben der ungenügenden ökonom. Leistungsfähigkeit hatte die „Monarchia Austriaca" mit dem Problem zu kämpfen, dass sie eben ein „zusammengesetzter Staat" war, bestehend aus traditionsreichen Königreichen wie Ungarn-Kroatien und Böhmen (oder zeitweilig Neapel-Sizilien), seit alters zusammenhängenden Ländergruppen wie Belgien und Luxemburg, aber auch die ö. Länder, und zahlr. kleineren und größeren Herrschaftsgebieten unterschiedlichster Rechtsstellung. Der Hof verkehrte mit allen diesen Gebieten über eig. → Hofkanzleien (böhm., ungar., illyr., span. bzw. ital. Kanzlei usw.), wobei die ö. Hofkanzlei zunehmend nicht nur zu einer Art Innenministerium für alle (alt-)ö. Länder wurde, sondern immer mehr auch für die Außenpolitik zuständig wurde. Sie wurde daher ab 1705 von 2 Kanzlern geleitet, ab 1720 in 2 Sektionen unterteilt. Ein 2. Zentrum für die Entfaltung zentralist. Ideen war die → Hofkammer, faktisch eine Art Finanzministerium. Aber diesen wenigen Tendenzen zu einer stärker zentralisierten Verwaltung stand die nach wie vor starke Stellung der Landstände aller dieser Königreiche und Länder entgegen, die nach wie vor über das Steuerbewilligungsrecht verfügten.

Im Inneren war das 17. Jh. durch den Abschluss der → Gegenreformation geprägt. Alle erkennbaren Reste des Protestantismus wurden beseitigt und viele Menschen zur Auswanderung gezwungen. Die Gründung neuer Wallfahrtsorte sollte den kath. Glauben fördern und festigen. → Mariazell wurde zum führenden Wallfahrtsort ausgebaut, neue Wallfahrerzentren erstanden in NÖ. in Maria Taferl, auf dem Sonntagberg, bei Gutenstein und in Maria Dreieichen bei Horn, in OÖ. auf dem Pöstlingberg bei Linz, in der Stmk. in Föllau. Die polit. Macht konzentrierte sich bei wenigen adeligen Familien, die auch über entsprechende Einnahmen verfügten und so prunkvolle Palastbauten finanzieren konnten. Diese hochadeligen Geschlechter bildeten mit ihren vielfachen Verwandtschaftszusammenhängen gut funktionierende Netzwerke, in die Familien aus den ö. Ländern, aus dem Reich, aus Italien und Belgien ebenso eingebunden waren wie solche aus Böhmen und Ungarn. Sie hatten die wichtigsten Funktionen als Räte, aber auch als Feldherren der Habsburger inne. Regionale oder „nationale" Verankerungen (in Böhmen, Ungarn usw.) spielten zwar eine Rolle, doch bildete sich ab dem späten 16. Jh. zunehmend eine übernationale, höf. Adelskonstellation heraus, die vielfach auch in mehreren habsb. Ländern begütert waren.

Auch wirt. Impulse, wie die Gründung von Fabriken oder die Umformung von Besitzungen in Wirtschaftsherrschaften, gingen nicht selten vom Adel aus. Manche hatten Erfolg, wie F. S. Gf. → Kurtz in Horn, andere erlitten Schiffbruch oder wurden in Korruptionsfälle verwickelt, wie Georg Ludwig Gf. → Sinzendorf in Walpersdorf. Im Sinne des → Merkantilismus stand die Wirt. nun im Zentrum des Interesses. Johann Joachim → Becher oder Wilhelm v. Schröder entwickelten zu deren Ausbau umfangr. Theorien, die Umsetzung in die Praxis gelang allerdings nicht auf Anhieb. Als 3. Persönlichkeit in dieser Reihe verlieh P. W. v. → Hörnigk dem wirtschaftspolit. Optimismus der Epoche mit dem Titel „Ö. über alles, wann es nur will" (1684) Ausdruck. Die Vertreibung der Juden aus Wien unter Ks. Leopold I. 1669/70 (Umgestaltung des Ghettos in der Leopoldstadt) hat der Intensivierung des Wirtschaftslebens wohl kaum genützt, die Pestepidemie von 1679 brachte einen schweren Rückschlag. Dem wirt. Aufschwung dienten die wichtigen Kaiserstraßen, auf denen auch der Postverkehr abgewickelt wurde, sowie Fabriken und → Manufakturen wie die spätere Wr. → Porzellanmanufaktur Augarten. Im Waldviertel versuchte Johann Christoph Ferdinand Gf. Mallenthein eine Textilproduktion aufzubauen, scheiterte aber, als der Kaiser aus Rücksicht auf England die Ostind. Handelskompagnie in Ostende (→ Handelskompagnien) auflassen musste.

Barock: Detail des Andromedabrunnens von G. R. Donner im Hof des Alten Rathauses in Wien.

Deckenfresko von B. Altomonte in der Stiftsbibliothek St. Florian, OÖ.

Karl VI. wollte die erreichte Machtfülle in seiner Familie weitergeben, auch wenn er keine männl. Erben besaß. Mit der 1714 verkündeten → Pragmatischen Sanktion, die bis 1723 von allen Landtagen anerkannt wurde, wurde erstens die Nicht-Teilbarkeit der habsb. Länder, erst in zweiter Linie die weibl. Erbfolge geregelt. Besonders wichtig war dabei die Anerkennung der Pragmat. Sanktion durch den ungar. Landtag 1722. Außenpolit. musste dieser Erfolg durch Zugeständnisse erkauft werden, die insbes. jede maritime Expansion von Belgien aus ausschlossen.

Der Einfluss aus Italien, Spanien und Belgien war unter Ks. Karl VI. besonders stark. Mit dem Tod dieses Kaisers am 20.10.1740 endete diese Periode; die darauf folgende 4 Jahrzehnte dauernde Regentschaft von → Maria Theresia markierte eine neue Phase in der ö. Geschichte. (→ Maria-Theresianische Epoche).

Kunst- und kulturhistorische Entwicklung: Für die bildende Kunst ist die anfängl. Dominanz der Architektur bezeichnend, mit der Malerei und Bildhauerei später zu einem vielfach theatral. Gesamtkunstwerk verschmelzen. Nach der Gegenreformation erreichte in Ö. unter den musikbegabten und kunstbegeisterten Kaisern Leopold I., Joseph I. und Karl VI. die Entfaltung der höfischen Kultur in allen künstlerischen Sparten einen Höhepunkt. Die ö. Barockarchitektur des 17. Jh., die sich v. a. in kirchl. Bauwerken manifestiert, ist von Künstlern ital. Ursprungs geprägt. Hauptwerke dieses Abschnitts sind der Salzburger Dom von S. → Solari, das Mausoleum Ferdinands II. in Graz von G. P. de → Pomis, Bauten von F. Lucchese (Fassade der Kirche Am Hof, Leopoldinischer Trakt der Hofburg), C. A. → Carlone (St. Florian) und D. → Martinelli (Gartenpalais Liechtenstein). Eine Sonderstellung nahm die Vbg. Schule des barocken Kirchenbaus mit den Baumeisterfamilien → Beer, Kuen, → Thumb und Moosbrugger ein, die in Vorder-Ö., der Schweiz und Süddeutschland bis ins 18. Jh. hinein wirkten. Zur Ausstattung aller dieser Bauten wurden neben ausländ. Wanderkünstlern ö. Künstler herangezogen, die aber in ihren Leistungen noch nicht an ihre ital. und niederländ. Vorbilder heranreichten. Für die ö. Kunsttopographie, und ganz bes. für die kaiserl. Residenzstadt Wien, war die rege Bautätigkeit nach der 2. Wr. Türkenbelagerung 1683 mit dem Ende einer jahrhundertelangen Schicksalsfeindschaft und der Eroberung riesiger neuer Gebiete kennzeichnend. In den folgenden Jahrzehnten beherrschten J. B. → Fischer von Erlach und J. L. von → Hildebrandt die hochbarocke Baukunst. Vor dem Hintergrund der polit. Rivalität zu Frankreich und seinem Sonnenkönig Ludwig XIV. entstanden im gegenseitigen Wettbewerb europ. Höchstleistungen, wie Fischers Idealplanung für Schloss → Schönbrunn oder Hildebrandts Bauten für Prinz Eugen. Durch ihre Schüler und Mitarbeiter prägten sie bis in die Mitte des 18. Jh. nicht nur die Bautätigkeit des Adels, sondern auch jene von Kirche, Stadt und Bürgertum. J. → Prandtauer ragt als Architekt der großen ö. Klosterbauten (Melk u. a.) heraus, nach ihm dann J. → Munggenast und J. M. → Prunner. Die 2. Hälfte des Jh. war oft vom einem klassizist. Grundzug geprägt und zeigte in der baul. Modifikation älterer Bauten bezeichnenderweise einen gewissen Stillstand der Bautätigkeit. Die Ära Maria Theresias gilt als Spätbarock, das zu Rokoko und Klassizismus bzw. Historismus überleitet (N. Jadot und N. Pacassi).

Das auffälligste Charakteristikum barocker Malerei ist die monumentale Wand- und Deckendekoration. Ausgehend von Andrea Pozzo entwickelte sich über J. M. Rottmayr, D. Gran zu B. Altomonte und zahllosen Nachfolgern in allen Teilen Ö. eine spezifisch ö. Freskantentradition. Sie fand ihre Aufgaben sowohl im kirchl. Raum zur Propagierung und Verherrlichung gegenreformator. Anliegen als auch in der adeligen Schlossarchitektur, wo sie der Welt der Herrschenden allegorisch-mythologisch huldigt. F. A. → Maulbertsch führte als wichtigster Maler in der 2. Hälfte des 18. Jh. diese Tradition fort, die mit der unmittelbar an der Natur orientierten Landschaftsmalerei eines J. C. → Brand bereits ins 19. Jahrhundert weist.

Barock: Kuppel des Salzburger Doms.

Mit G. R. → Donner erreichte die Barockplastik im 18. Jh. ihren Höhepunkt. Sie teilte sich wiederholt in mehr höfische (M. → Zürn d. J.) und mehr alpenländische (T. → Schwanthaler) Strömungen. Bezeichnenderweise erfasste der barocke Gestaltungswille sämtl. Bereiche und Gebiete Ö., vom kaiserl. Repräsentationsschloss bis zur ländl. Nutzarchitektur, von der hochbarocken Festdekoration bis zum bäuerl. Kunstgewerbe. Damit prägt das B. die Kunst- und Kulturlandschaft Ö. wie kein anderer Stil.

Literatur: Literatur: O. Redlich, Weltmacht des B., ⁴1961; ders., Ö. Aufstieg zur Großmacht, ⁴1962 (beide erstmals als Bd. 6, 1921, und Bd. 7, 1938, der Geschichte Ö. von A. Huber); K. Gutkas (Hg.), Prinz Eugen und das barocke Ö., 1985; E. Zöllner u. K. Gutkas (Hg.), Ö. und die Osmanen – Prinz Eugen und seine Zeit, 1988; K. Vocelka, Glanz und Untergang der höf. Welt, 2001; T. Winkelbauer, Ständefreiheit und Fürstenmacht. Länder und Untertanen des Hauses Habsburg im konfessionellen Zeitalter, 2 Bde., 2003. – O. Redlich, Kunst und Kultur des B. in Ö., Archiv f. ö. Geschichte 115, 1943; K. Garzarolli-Thurnlack, Ö. B.-Malerei, 1949; B. Grimschitz, R. Feuchtmüller u. W. Mrazek, B. in Ö., 1965; Das barocke Wien, Ausst.-Kat., Wien 1966; E. Neubauer, Lustgärten des B., 1966; Groteskes B., Ausst.-Kat., Altenburg 1975; F. Endler, Wien im B., 1979; G. Brucher, B.-Architektur in Ö., 1983; K. Gutkas (Hg.), Prinz Eugen und das barocke Ö. 1985 (mit Bibliographie von H. Leitgeb); Welt des B., Ausst.-Kat., St. Florian 1986; G. Brucher (Hg.), Die Kunst des B. in Ö., 1994.

BAROCKDICHTUNG, in Ö. im 17. und in der 1. Hälfte des 18. Jh., bildete keine einheitl. Tradition aus, sondern zerfiel in 3 Richtungen, die sich durch ihren programmat. Anspruch und ihre poetolog. Ausgangsbasis deutlich voneinander unterschieden: Die gelehrte, in neulatein. Sprache verfasste und noch ganz im Bann antiker Überlieferung stehende Dichtung, wie sie meist von Ordensleuten gepflegt wurde (→ Ordensdrama), empfing ihre Impulse aus Italien und Spanien, trat das Erbe der Humanismus- und Renaissancedichtung an und diente in erster Linie der Verherrlichung des Herrscherhauses und der Kirche. Bedeutende Vertreter waren V. Gleissenberger und S. → Rettenbacher. Beim Lesepublikum wesentlich erfolgreicher war dagegen die spezifisch oberdt.-kathol. Dichtung, die sich durch ihre Volksverbundenheit, das Eingehen auf heimatl. Stoffe und eine schwungvoll-bewegte, bilderreiche Sprache auszeichnete. Große Popularität erlangten v. a. die sprachgewaltigen Predigten des aus dem Elsass stammenden, ab 1633 in Wien tätigen Barnabiten F. → Schilling (1602–70), eines Sebastian Felsenegger oder → Abraham a Sancta Clara, aber auch die nur auf Unterhaltung zielende Prosa des Matthias Abele von und zu Lichtenberg (1616/18–77) aus Steyr. Beliebt waren auch komische, manchmal sogar in Mundart verfasste Volksschauspiele, wie sie J. B. → Adolph und später M. → Lindemayr schrieben. In Konkurrenz zu diesen beiden ersten Traditionslinien standen jene aus protestant. Adelsfamilien stammenden Autoren, die sich in der Nachfolge von M. Opitz und J. J. Grimmelshausen sahen. Zu ihnen zählte die bed. Lyrikerin C. R. v. → Greiffenberg, ihr Lehrer und Mentor J. W. → Stubenberg, der als Übersetzer von italien. und französ. Romanen hervortrat, sowie der Epiker und Fachschriftsteller W. H. v. → Hohberg, beide Mitgl. der „Fruchtbringenden Ges.". Einer der bedeutendsten Barockdichter überhaupt war der aus einer oö. Protestantenfamilie stammende Erzähler J. → Beer, der in der Nachfolge Grimmelshausens den Schelmenroman zu einer neuen Blüte führte. Von großer Wichtigkeit ist auch die reiche Fachliteratur des Barocks, hier v. a. die volkswirt. bzw. historiograph. Werke von P. W. v. → Hörnigk, F. A. → Brandis und H. → Guarinonius.

Literatur: H. Pyritz u. I. Pyritz, Bibliographie zur dt. Literaturgeschichte des Barockzeitalters, 3 Bde., 1985–94; H. Zeman (Hg.), Die ö. Literatur. Ihr Profil von den Anfängen im MA bis ins 18. Jh. (1050–1750), 1986; G. Dünnhaupt, Personalbibliographien zu den Drucken des Barock, 6 Bde., 1990–93.

BAROCKHISTORIOGRAPHIE: Im 17. und 18. Jh. erlebte die Geschichtsforschung und -schreibung einen Höhepunkt, der auf 3 Zweigen beruhte: einem höfischen, der zu zeitgenöss. Kaiserbiographien führte (G. G. Priorato über Ferdinand III. und Leopold I., G. P. Spannagel über Joseph I. und Karl VI.), einem ständischen, der Autoren wie G. A. v. Hoheneck, J. W. Valvasor, F. A. v. → Brandis und V. Preuenhuber hervorbrachte, bes. aber einem kirchl. in einigen Klöstern. In Melk wirkten A. Schramb, P. Hueber, J. und B. Pez, in St. Pölten R. Duellius, in Göttweig G. Bessel, in Lilienfeld C. Hanthaler, in Vorder-Ö. M. Herrgott; Letztere leisteten bis zur Gegenwart gültige Quellenarbeit.

Literatur: A. Lhotsky, Ö. Historiographie, 1962.

BAROCKMUSEUM, ÖSTERREICHISCHES (Unteres Belvedere, Wien 3). Das Ö. B. wurde 1923 als erste Teil-Smlg. der → Österreichischen Galerie eröffnet. In der Verbindung des relativ intakten eugenian. Wohnschlosses mit einer barocken Kunst-Smlg. zählt das B. zu den bedeutendsten „Gesamtkunstwerken" dieser Art in Mitteleuropa. Es konzentriert sich auf die Blütezeit des ö. Barocks rund um die Maler J. M. → Rottmayr, P. → Troger, M. Altomonte, F. A. → Maulbertsch, M. J. → Schmidt sowie die zentralen Bildhauer G. R. → Donner und F. X. → Messerschmidt.

Literatur: E. Baum, Kat. des Ö. B. im Unteren Belvedere in Wien, 2 Bde., 1980.

BAROCKTHEATER, siehe → Theater.

BARON, ehem. Adelsprädikat (→ Adel), war als Anrede für alle Angehörigen des niederen Adels (→ Freiherr, Ritter, Edler von) in Ö. üblich.

BARTENSTEIN, Johann Christoph Frh. von, * 23. 10. 1689 Straßburg (Strasbourg, F), † 6. 8. 1767 Wien, Staatsmann. Trat die Nachfolge von K. Buol-Schauenstein als Geheimer Staatssekr. an; als Mitgl. der sog. Geheimen Konferenz war er einer der wichtigsten Ratgeber von Ks. Karl VI. und Leiter der ö. Außenpolitik. B. war sowohl maßgebl. am Ausbruch des 2. Türkenkriegs wie auch des Ö. Erbfolgekriegs beteiligt. 1753 wurde er durch Maria Theresia von W. A. → Kaunitz als Leiter der Außenpolitik abgelöst; B. war auch Geheimer Rat und Vizekanzler des Directoriums in publicis et cameralibus, 1. Direktor des Staatsarchivs, dessen Gründung er angeregt hatte, und Erzieher des späteren Ks. Joseph II.

Literatur: J. Hrazky, J. C. B., der Staatsmann und Erzieher, in: Mttlg. d. Ö. Staatsarchivs 11, 1958.

BARTENSTEIN, Martin, * 3. 6. 1953 Graz (Stmk.), Chemiker und Politiker (ÖVP). 1980–95 Geschäftsführer der Lannacher Heilmittel GmbH. 1991–94, 1996 und 1999/2000 Abg. z. NR; 1994/95 Staatssekr. im BM f. öffentl. Wirt. und Verkehr, 1995/96 BMin. f. Umwelt, 1996–2000 BMin. f. Umwelt, Jugend und Familie, seit 2000 BMin. f. Wirt. und Arbeit. Seit 1993 Präs. der Ö. Kinderkrebshilfe.

BARTGEIER, vor ca. 100 Jahren in den Alpen ausgestorben; seit 1986 Wiedereinbürgerungsversuch in den Hohen Tauern; dabei werden Jungvögel in künstl. Horsten die letzte Zeit vor dem Flüggewerden versorgt, so dass sie sich bereits an ihre Umgebung gewöhnen können. Bis 2003 wurden in Ö. 349 B. freigesetzt. Der B. lebt oberhalb der Baumgrenze und ernährt sich hauptsächlich von Kadavern, wobei Knochen (80 % der Nahrung) eine wichtige Rolle spielen. Im Unterschied zu Italien und Frankreich waren Brutversuche in den Ö. Alpen bisher erfolglos.

BARTH, Josef, * 18. 10. 1745 La Valetta (Malta), † 7. 4. 1818 Wien, Anatom, Augenarzt. Univ.-Prof. in Wien, wo er eine private Augenheilanstalt und eine anatom. Bibl. errichtete.

BARTH, Walter, * 16. 3. 1921 Graz (Stmk.), † 7. 4. 1945 Wien (erschossen), bis 1944 Soldat, Widerstandskämpfer. Stellte Verbindungen zw. militär. und zivilen Widerstandsgruppen her; aufgrund eines Irrtums von einem anderen Widerstandskämpfer erschossen.

BARTH-BARTHENHEIM, Johann Baptist Graf, * 5. 3. 1784 Hagenau (Haguenau, F), † 22. 6. 1846 Wien, Wirtschaftsbeamter. 1817 Gewerbereferent bei der Stadthauptmannschaft von Wien.

Werke: Das polit. Verhältniß der verschiedenen Gattungen von Obrigkeiten zum Bauernstande im Erzherzogthum Oesterr. unter der Enns, 5 Bde., 1818–20; System der ö. administrativen Polizei …, 4 Bde., 1829–30, Die polit. Rechtsverhältniß der Staatsbewohner, 1838; Das Ganze der oesterr. polit. Administration …, 4 Bde., 1838–43.

BARTHOLOMÄBERG, Vbg., B, Gem., 1087 m, 2233 Ew., 27,28 km², zweisaisonaler Fremdenverkehrsort (91.979 Übern.) am Eingang des Silbertals, südöstl. von Bludenz. – Mechan. Ind. – Älteste Siedlung im Montafon (urk. 1383) inmitten alten Bergbaugebiets (Eisen, Silber, Kupfer); barocke Pfarrkirche (1732) mit got. Knappenaltar (um 1525) und Glasgemälden (um 1575), Hochaltar (1740), bed. Orgel (1792), roman. Vortragekreuz (12. Jh.).

Literatur: G. Walch, B. Bevölkerung und Wirt. einer Berggem., 1971.

BARTHOLOMÄUS, Hl., Fest 24. Aug., Attribute: Haut, Messer; Apostel, Bauernheiliger, Vieh- und Weinpatron. B.-Tag war Markttag und Beginn der Schweinemast („Saubartl"). In Wien und NÖ. wurde zu B. die Güte des Weins geprüft.

BARTH ZU BARTHENAU, Ludwig, * 17. 1. 1839 Rovereto (I), † 3. 8. 1890 Wien, Chemiker. Univ.-Prof. in Innsbruck und Wien. Förderte das ö. amtliche Arzneibuch, entdeckte das Resorzin und gründete 1885 mit A. → Lieben die „Monatshefte für Chemie".

BARTMEISE, gehört trotz ihres Namens nicht zu den Meisen, sondern zu den Papageienschnabeltimalien. Sie ist auf großflächige Schilfwälder (Neusiedler See) beschränkt; das Männchen ist durch einen schwarzen Bartstreif gekennzeichnet; die B. lebt zeitlebens in Paaren. Standvogel.

BARTSCH, Adam Johann von, * 17. 8. 1757 Wien, † 20. 8. 1821 ebd., Kunstschriftsteller und Kupferstecher. Ordnete als Kustos die Kupferstich-Smlg. der k. k. Hofbibl., begründete die neuere krit. Kupferstichwiss.; zu seinen wichtigsten Veröffentlichungen zählen „Le peintre graveur" (21 Bde., 1803–21) und „Anleitung zur Kupferstichkunde" (2 Bde., 1821).

Literatur: R. Rieger, A. v. B., Dipl.-Arb., Bonn 1992.

BARTSCH, Rudolf Hans, * 11. 2. 1873 Graz (Stmk.), † 7. 2. 1952 St. Peter bei Graz (Stmk.), Offizier und Schriftsteller. Schrieb ab 1908 Romane und Novellen,

die das alte Ö. oft sentimental verklären. Sein Schubert-Roman „Schwammerl" (1912), eines der erfolgreichsten Bücher vor dem 2. Weltkrieg, wurde 1916 von H. Berté zur Operette „Dreimäderlhaus" verarbeitet und verfilmt. T. Lessing veröffentlichte 1927 das Buch „R. H. B. Ein letztes dt. Naturdenkmal".
Weitere Werke: Zwölf aus der Stmk., 1908; Vom sterbenden Rokoko, 1909; Meisternovellen, 1923; Lumpazivagabundus, 1936; Wenn Majestäten lieben, 1949.
Literatur: H. Dolf, Bruder des großen Pan, 1964.

Barwig, Franz d. Ä., * 19. 4. 1868 Schönau bei Neutitschein (Šenov, CZ), † 15. 5. 1931 Wien (Selbstmord), Bildhauer; Vater des Bildhauers Franz B. d. J. Lehrer in Villach und 1908–24 an der Wr. Kunstgewerbeschule. Spezialist für Holzskulpturen, bes. Tierdarstellungen, in denen er lebensvolle Erscheinung mit stereometr. Disziplin vereinte und moderne Tendenzen mit der Tradition verschmolz.
Literatur: G. Kala, Die Tierplastiken F. B. d. Ä. 1868–1931, Diss., Wien 1978.

Barylli, Gabriel, * 31. 5. 1957 Wien, Schauspieler, Bühnenautor; Sohn von Walter → Barylli. Noch während seines Studiums am Reinhardt-Seminar an das Wr. Burgtheater geholt, wo er in Stücken von F. Wedekind, A. Schnitzler und W. Shakespeare spielte; ging dann zu B. Gobert nach Hamburg; von W. → Glück für den Film entdeckt (Hauptrolle in der Torberg-Verfilmung „Der Schüler Gerber", 1981), seit 1990 („Butterbrot") auch als Filmregisseur tätig; erfolgreicher Bühnen- und Romanautor.
Werke: Abendrot, 1985; Butterbrot, 1986; What a wonderful world, 1991; Honigmond, 1992; Abendwind, 1993; Nachmittag am Meer, 1997; Denn sie wissen, was sie tun, 1998; Wer liebt, dem wachsen Flügel, 1999; Alles, was du suchst, 2001; Wo beginnt der Himmel, 2002.
Literatur: S. Kiesling, Das Theater des G. B., Dipl.-Arb., Wien 1995.

Gabriel Barylli. Foto.

Barylli, Walter, * 16. 6. 1921 Wien, Geiger; Vater von Gabriel → Barylli. Ausbildung bei F. Mairecker in Wien und F. v. Reuter in München, erstes Konzert 1936, ab 1938 Mitgl. des Wr. Staatsopernorchesters und der Wr. Philharmoniker, ab 1939 Erster Konzertmeister, gründete 1945 das B.-Quartett; mit diesem Konzertreisen in Europa und Übersee; auch als Solist tätig, zahlr. Schallplattenaufnahmen (u. a. mit J. → Demus).

BASF Österreich Ges. m. b. H., 1947 gegr. Chemie-Unternehmen mit Sitz in Wien und 4 Ges. in Ö.; tätig in den Bereichen Chemikalien, Kunststoffe, Farbmittel, Pflanzenschutzmittel, Veredelungsprodukte und Ernährung. Umsatz 259 Mio. Euro (2002) und 154 Mitarbeiter.

Basil, Otto (Pseud.: Markus Hörmann, Camill Schmall), * 24. 12. 1901 Wien, † 19. 2. 1983 ebd., Lyriker, Erzähler, Feuilletonist und Redakteur, Journalist. Tätigkeit für die Ztschr. „Das Wort" und das „Prager Abendblatt" (1923–25), erhielt 1938 Schreibverbot. 1945–48 Hg. der avantgardist. Literatur- und Kunst-Ztschr. „Plan" (gegr. 1937). Ö. Staatspreis für Kulturpublizistik 1981.
Werke: Sternbild der Waage, 1945; Apokalypt. Vers, 1947; Monographien über G. Trakl (1965) und J. Nestroy (1967); Wenn das der Führer wüßte, 1966 (Roman); Künstler- und Dichterporträts über E. A. Poe, K. Kraus, P. Altenberg, A. Loos und F. Werfel, 1968–71; Lob und Tadel, 1981 (Smlg. von Theaterkritiken).
Literatur: V. Kaukoreit u. W. Schmidt-Dengler (Hg.), O. B. und die Literatur um 1945, 1998.

Basketball, in den USA entstandenes Ballspiel, bürgerte sich ab 1936, zunächst als Ergänzungssport bei Handballern, langsam ein; Konkurrenz durch das ältere Korbballspiel; der 1948 gegr. Ö. B.-Verband (ÖBV) umfasst (2003) 185 Vereine mit 14.687 Mitgl.
Publikationen: B. in Ö., 2000 ff. (Ztschr.).
Literatur: N. Adam (Red.), Faszination eines Spiels, 1988; G. Wasshuber, Die Entwicklung des ö. Profibasketballsports ..., Dipl.-Arb., Graz 2003.

Batka, Richard, * 14. 12. 1868 Prag (CZ), † 24. 4. 1922 Wien, Musikkritiker, Librettist (u. a. für L. → Blech) und Übersetzer zahlr. fremdsprachiger Opernlibretti. 1909–14 Lehrer an der Wr. Musikakad.; mit R. → Specht Hg. des „Merker".
Werke: Libretti: Das war ich, 1902; Alpenkönig und Menschenfeind, 1903; Der Kuhreigen, 1911. – Aus der Opernwelt: Prager Kritiken und Skizzen, 1907; Allg. Geschichte der Musik, 3 Bde., 1909–15.

Batsányi, Gabriele (auch G. Bacsányi, geb. von Baumberg), * 24. 3. 1766 Wien, † 24. 7. 1839 Linz (OÖ.), Lyrikerin. Bekannt als „Sappho Wiens", verheiratet mit dem ungar. Autor János Batsányi, galt als die bedeutendste ö. Lyrikerin ihrer Zeit. 1785–96 publizierte sie im „Wr. Musen-Almanach". Themen ihrer Lyrik sind Liebe, Freundschaft, Natur und hist. Ereignisse. Befreundet mit T. v. Artner und K. → Pichler.
Werke: Sämmtliche Gedichte, 1800; Gedichte, 1805; Amor und Hymen, 1807.
Literatur: M. Farkas, G. B., geb. Baumberg, Diss., Wien 1949.

Batthyány, ungar. Magnatengeschlecht, 1398 erstmals urk. erwähnt; seit 1522 Stammsitz in Güssing; 1628 ungar. Barone; 1630 ungar. Grafen; 1645 nö. Herrenstand; jüngere Linie B.-Strattmann seit 1764 im Reichsfürstenstand. Das Palais B.(-Schönborn) in Wien 1, früher Palais Orsini-Rosenberg, wurde 1699 von J. B. Fischer v. Erlach erbaut. Bed. Familienmitglieder: Carl Joseph Gf. → Batthyány, Franziska Gräfin → Batthyány, sel. Ladislaus → Batthyány-Strattmann.

Palais Batthyány-Schönborn in Wien. Stich nach S. Kleiner, 1733.

Batthyány, Carl Joseph Graf, * 28. 4. 1698 Rechnitz (Bgld.), † 15. 4. 1772 Wien, Feldmarschall. 1763 in den Fürstenstand erhoben; ab 1748 Erzieher des späteren Ks. Joseph II., dann (bis 1763) dessen Obersthofmeister. Magnatengeschlecht → Batthyány.
Literatur: S. Binder, C. J. B., 1968.

Batthyány, Franziska Gräfin, geb. Széchényi, * 1802 Wien, † 10. 10. 1861 Pinkafeld (Bgld.). Geistiger Mittelpunkt des Romantiker-Kreises um C. M. → Hofbauer in Pinkafeld, zu dem Z. Werner, J. E. → Veith und E. J. v. → Steinle gehörten; gründete 1851 in Pinkafeld ein Nonnenkloster mit Schule, Waisenhaus und Spital. Magnatengeschlecht → Batthyány.

Batthyány-Strattmann, Ladislaus (László), Sel., Fest 22. Jän., * 28. 10. 1870 Frauendorf (Dunakiliti, H), † 22. 1. 1931 Wien, Arzt. Armenarzt, stiftete um 1900 in Kittsee (Bgld., damals Ungarn) ein Spital, wo er als Chirurg und Augenarzt tätig war; 1920 Übersiedlung nach Körmend. 2003 selig gesprochen.

Battista, Ludwig, * 12. 7. 1880 Wien, † 25. 5. 1951 ebd., Pädagoge und Schulreformer. Als Leiter der Abt. für pädagog. Angelegenheiten des Volksschulwesens im Unterrichtsmin. (ab 1923) wesentlich an Gründung

und Ausbau der Hauptschule (1927) und an der Reform der Lehrerbildung beteiligt.
Werke: Großstadtheimat, 1918 (³1951); Der Sachunterricht in der Volksschule, 1928; Die ö. Volksschule, 1937 (²1948).
Literatur: R. Hufnagl, L. B., Diss., Salzburg 1978.

BATTISTI, Cesare, * 4. 2. 1875 Trient (I), † 13. 7. 1916 ebd., Politiker. 1911–14 Abg. z. Reichsrat; floh bei Ausbruch des 1. Weltkriegs nach Italien; als ital. Offizier gefangen und von Ö. wegen Hochverrats hingerichtet.
Literatur: G. Galvano, C. B. in F. Tumlers „Aufschreibung aus Trient", 1989; C. Gatterer, Unter seinem Galgen stand Ö., 1997.

BAUCHINGER, Matthäus, * 3. 9. 1851 Frankenburg (OÖ.), † 9. 4. 1934 Pöchlarn (NÖ.), Geistlicher und Politiker (CS). Pfarrer in Pöchlarn, Prälat; 1907–18 Abg. z. Reichsrat, machte sich um die Organisierung der nö. Landw. verdient; gründete 1898 die Landw. Genossenschafts-Zentralkasse (heute Raiffeisen Landesbank NÖ.-Wien), 1927 die Girozentrale der ö. Genossenschaften (heute → Raiffeisen Zentralbank Österreich AG). 1920–31 Generalanwalt des Ö. → Raiffeisenverbands.
Literatur: E. Rabl, M. B., Diss., Wien 1974; ÖBL.

BAUDISCH, Gudrun (verehel. B.-Teltscher bzw. B.-Wittke), * 17. 3. 1907 Pöls (Stmk.), † 16. 10. 1982 Salzburg, Bildhauerin, Keramikerin. Studierte u. a. bei J. → Hoffmann an der Wr. Kunstgewerbeschule, 1926–30 als Designerin der Wr. Werkstätte tätig; 1936–42 in Berlin, ab 1946 eig. Keramikwerkstätte in Hallstatt (OÖ.) und ab 1968 Zusammenarbeit mit Gmundner Keramik. Schuf Bauplastiken und Dekorationen für viele öffentl. und private Gebäude (u. a. Stadttheater Gmunden, 1949; Festspielhaus Salzburg 1959/60; Bruckner-Konservatorium Linz, 1970; Ursulinenhof Linz, 1975/76; Krematorium Wien-Simmering, 1967–77).
Literatur: O. Wutzel, G. B., Keramik, 1980 (mit Werkverzeichnis).

BAUDISS, Leo, * 21. 11. 1861 Prag (CZ), † 13. 9. 1914 Wien, Maschinenbauer. Prof. an der Techn. Hochschule Wien; erfand eine nach ihm benannte Lenksteuerung für Dampfmaschinen.

BAUER, Alexander, * 16. 2. 1836 Altenburg (Magyaróvár, H), † 12. 4. 1921 Wien, Chemiker. Prof. am Wr. Polytechn. Inst., das dank seiner Bemühungen 1872 zur Techn. Hochschule ausgebaut wurde. Entwickelte mit J. Schuler 1877 die Synthese der Primelinsäure.
Werke: Chemie und Alchemie in Ö., 1885; Die ersten Versuche zur Einführung der Gasbeleuchtung in Ö., 1891.

BAUER, Ferdinand Frh. von, * 7. 3. 1825 Lemberg (Lwíw, UA), † 26. 7. 1893 Wien, Feldzeugmeister. Setzte zahlreiche Neuerungen in der k. u. k. Armee durch; 1888–93 Reichskriegsmin. Er führte das 8-mm-Repetiergewehr und das rauchlose Pulver ein, schuf die Einheits-Pioniertruppe und reorganisierte die Artillerie.

BAUER, Ferdinand Lucas, * 20. 1. 1760 Feldsberg (Valtice, CZ), † 17. 3. 1826 Hietzing b. Wien, Botaniker, Forschungsreisender, Pflanzenmaler. Nahm an einer Weltumsegelung (1800) und an M. Flinders Erforschung der austral. Küste (Botany Bay) teil; nach ihm ist das Kap B. im W der Eyre-Halbinsel benannt. Seine reichhaltige Smlg. befindet sich im Naturhist. Museum in Wien. Tier- und Landschaftsbilder.
Literatur: D. J. Mabberley, F. B., The Nature of Discovery, 1999.

BAUER, Günther Ernst, * 29. 9. 1942 Znaim (Znojmo, CZ), Physiker. Studierte Physik, Mathematik und Chemie an der Univ. Wien, ab 1977 Dozent an der Univ. Ulm, 1979–90 Prof. an der Montanuniv. Leoben, seit 1990 Prof. und Leiter des Inst. f. Halbleiterphysik an der Univ. Linz.
Werke: über 300 Beiträge in wiss. Fach-Ztschr.

BAUER, Josef, * 1. 12. 1934 Wels (OÖ.), Bildhauer. 1956–64 Studium der Malerei an der Kunstschule der Stadt Linz, seit 1965 plastische Arbeiten. 2001 Teilnahme an der Ausstellung „Objekte. Skulptur in Ö. nach 45". Oö. Landeskulturpreis 1995.

Literatur: J. B. Taktile Poesie, Ausst.-Kat., Graz 1974; P. Assmann (Hg.), J. B., Ausst.-Kat., Linz 1992.

BAUER, Julius, * 15. 10. 1853 Raab (Győr, H), † 11. 6. 1941 Wien, Schriftsteller, Redakteur des „Wr. Extrablattes".
Werke: Operetten-Libretti: Der arme Jonathan, 1890; Das Sonntagskind, 1892 (beide für K. Millöcker); Fürstin Ninetta, 1893 (für J. Strauß). – Zeitgedichte.

BAUER, Karl, * 14. 2. 1905 Graz (Stmk.), † 21. 4. 1993 Klagenfurt (Kä.), Maler und Graphiker. Studierte an der Akad. d. bild. Künste in Wien. Malte vorwiegend in Öl malerisch-lyrische Landschaften, statisch gereihte und bewegt gruppierte oder als Akte im farbigen Raum stehende Figuren. Charakteristisch für seine Malweise ist ein kräftiges Rot in nuancenreich abgestimmter Farbpalette. Relig. Themen und Landschaftsbilder dominieren sein Werk.
Werke: Ölgemälde; Gouachen; Glasfenster und Mosaiken für mehrere Kirchen in Kä. – Hauptwerk: Entwurf und die Mosaiken für den Kreuzweg der Landesgedächtnisstätte am Kreuzbergl in Klagenfurt, 1959.
Literatur: R. Bauer u. G. Frodl (Hg.), K. B., 1995.

BAUER, Leopold, * 1. 9. 1872 Jägerndorf (Krnov CZ), † 7. 10. 1938 Wien, Architekt. Schüler und später Antipode von O. → Wagner, dessen Nachfolger er an der Wr. Akad. d. bild. Künste (1913–19) wurde. Tätigkeitsschwerpunkte: Wien, Schlesien und Mähren.
Werke: Villa Dr. R. in Brünn, 1901; in Wien: Villa des Architekten, 1907; Ö.-ungar. Bank (heute Oesterreichische Nationalbank), 1911–19; Vogelweid-Hof, 1926; Villa V. von Joly, 1928/29. – L. B. Seine Anschauung in Wort und Werk, 1931.
Literatur: U. Hieke, Studien zu L. B., Diss., Wien 1976.

BAUER, Otto, * 5. 9. 1881 Wien, † 4. 7. 1938 Paris (F), soz.-dem. Politiker. Theoretiker und Wortführer des → Austromarxismus, 1918–19 Unter-, nach dem Tod V. → Adlers Staatssekr. des Äußern; er war an der Schaffung der ö. Verfassung von 1920 wesentlich beteiligt. B. führte den linken, radikalen Flügel der Soz.-dem. Partei und war einer der Vorkämpfer der Anschlussbewegung an Deutschland. Er war ab 1907 Redakteur der → „Arbeiterzeitung" und verfasste 1926 das → Linzer Programm. 1934 war er maßgeblich an den → Februarkämpfen beteiligt und floh dann nach Brünn, wo er das Auslandsbüro der ö. Sozialisten gründete und leitete. Beim dt. Einmarsch in die ČSR emigrierte er nach Paris.
Werke: Die Nationalitätenfrage und die Soz.-Dem., 1907; Der Weg zum Sozialismus, 1919; Bolschewismus oder Soz.-Dem., 1920; Die ö. Revolution, 1923; Soz.-dem. Agrarpolitik, 1926; Soz.-Dem., Religion und Kirche, 1927; Kapitalismus und Sozialismus nach dem Weltkrieg, 1931; Zw. zwei Weltkriegen, 1937. – Hg.: Der Kampf, 1907 ff.
Literatur: J. Braunthal, O. B., 1961; G. Kaltenbrunner, Die polit. Theorie O. B. und ihre Umsetzung in die Praxis anhand von Beispielen, 1992; ÖBL; NDB.

BAUER, Ramon, * 5. 7. 1969 Wien, Musiker, Verleger. Mitgl. der Band Slim Jim. 1988 Gründung des Labels mainframe mit Peter Meininger (eines der ersten ö. Techno-Labels); 1994 mit Meininger und Andreas Pieper Gründung des internat. angesehenen Labels für elektron. Musik mego (u. a. Arbeiten von C. → Fennesz, Fritz Ostermayer, Fuckhead, Potuznik, Noriko Tujiko und Tina Frank; 1999 Prix Ars Electronica Award of Distinction for Digital Music); seit 1999 zusätzlich Internet-only-Label fals.ch).
Werke: CDs: Lisa 94, 1998; The Cheap Allstars, 1999.

BAUER, Siegfried Josef, * 13. 9. 1930 Klagenfurt (Kä.), Geophysiker. 1953–60 wiss. Mitarbeiter in den U. S. Army Signal Research and Development Laboratories, 1961–81 Mitarbeiter im Goddard Space Flight Center der NASA, ab 1975 Associate Director of Sciences. Ab 1981 Vorstand des Inst. f. Geophysik, Astrophysik und Meteorologie an der Univ. Graz, 1998 emeritiert. Ö. Ehrenzeichen f. Wiss. u. Kunst 1996.

Cesare Battisti nach der Hinrichtung (in der Mitte oben der Henker). Foto.

Otto Bauer. Foto, um 1930.

Werke: Physics of Planetary Ionospheres, 1973; Planetary Radio-Emissions, 1985 (Hg.); Theoretical Problems in Space and Fusion Plasmas, 1991 (Mit-Hg.); Die Abhängigkeit der Nachrichtenübertragung ..., 2002.

Bauer, Wilhelm, * 31. 5. 1877 Wien, † 23. 11. 1953 Linz (OÖ.), Historiker. Univ.-Prof. in Wien, 1920–45 Redakteur der „Mttlg. des Inst. f. Ö. Geschichtsforschung".

Werke: Die Anfänge Ferdinands I., 1907; Die öffentl. Meinung und ihre hist. Grundlagen, 1914; Einführung in das Studium der Geschichte, ²1928.

Bauer, Wolfgang, * 18. 3. 1941 Graz (Stmk.), Dramatiker, Verfasser von Hör- und Fernsehspielen sowie Gedichten und Erzählungen. Mitgl. der Grazer Autorenversammlung und des Forums Stadtpark; Zusammenarbeit mit G. → Falk. In seiner Frühzeit stark von der Kultur der Pop- und Rockmusik geprägt, erzielte B. mit „Magic Afternoon" (1968) als Provokateur der bürgerl. Ges. seinen Durchbruch. Mit teils ironischem Einsatz dramaturg. Mittel und Sprachgebung werden ges.-krit. Inhalte vermittelt, teilweise auch mit Elementen des absurden Theaters. Großer Ö. Staatspreis 1994.

Weitere Werke: Dramen: Mikrodramen, 1964; Magic Afternoon. Change. Party for Six, 1969; Katharina Doppelkopf und andere Eisenbahnstücke, 1973; Gespenster. Silvester oder Das Massaker im Hotel Sacher. Film und Frau, 1974; Pfnacht, 1980; Das kurze Leben der Schneewolken, 1983; Ach armer Orpheus, 1991; Kantine, 1993. – Roman: Der Fieberkopf, 1967. – Lyrik: Das Herz, 1981; Das stille Schilf, 1985; Das Skizzenbuch, 1996. – Ausgabe: Werke, hg. v. G. Melzer, 8 Bde., 1989–96.

Literatur: G. Melzer, W. B. Eine Einführung in das Gesamtwerk, 1981; J. Landa, Bürgerliches Schocktheater, 1988; W. Grond u. G. Melzer (Hg.), W. B., 1994; D. Wenk, Postmodernes Konversationstheater. W. B., 1995.

Wolfgang Bauer. Foto, 1994.

Bäuerle, Adolf (eigentl. Johann Andreas, Pseud.: Friedrich zur Linde, Otto Horn, J. H. Fels), * 9. 4. 1786 Wien, † 20. 9. 1859 Basel (CH), Schriftsteller. Meister des Wr. Volksstücks und der Lokalposse (gehörte mit J. A. → Gleich und K. → Meisl zu den „großen Drei" des Altwiener → Volkstheaters vor F. → Raimund), Begründer des Wr. Lokalromans. Er schuf 1813 in „Die Bürger in Wien" die beliebte Figur des Parapluiemachers → Staberl, der die bis dahin aktuellen Figuren → Hanswurst und → Kasperl ablöste. Hg. der Wr. „Theaterzeitung" (1806–59).

Weitere Werke: Komisches Theater, 6 Bde., 1820–26; F. Raimund, 3 Bde., 1853; T. Krones, 1854; Aus den Geheimnissen eines Wr. Advocaten, 1854; Memoiren, 1858. – Ausgabe: Werke, 2 Bde., 1909/11.

Literatur: O. Rommel, Die Alt-Wr. Volkskomödie, 1952; R. Reutner, Lexikal. Studien zum Dialekt im Wr. Volksstück vor Nestroy, 1998; ÖBL.

Adolf Bäuerle. Lithographie von J. Kriehuber, 1845.

Bäuerliche Fortbildung, siehe → land- und forstwirtschaftliches Schulwesen.

Bauern, traditionelle Bezeichnung für landwirt. tätige Selbständige und deren Angehörige. B. gibt es als abgrenzbaren soz. Typus, der durch regelmäßigen Feldbau, Viehzucht und Sesshaftigkeit gekennzeichnet wird, seit der Jungsteinzeit. Die Donauländ. Kultur (ca. 3500–2400 v. Chr.) und die ihr folgenden Kulturen waren hauptsächlich B.-Kulturen. Die Naturlandschaft wurde allmählich in Kulturland umgewandelt. In der Römerzeit Einführung des Weinbaus. Für das 5. Jh. betont der Verfasser der „Vita Severini", dass es in Noricum üblich sei, das Land selbst zu bebauen, weder durch Sklaven noch durch Kolonen – Zeichen für eine quasi-bäuerl. Betriebsstruktur. In der baier. Stammesges. nach der Völkerwanderung dominierte zunächst der Typ des Krieger-B. (wehrhaft und „frei") mit mehrteiligem Gehöft und entwickelter Viehzucht. Mit der Entstehung von geistl. und weltl. Grundherrschaften entwickelte sich aus den „Freien" und aus auf eigenen „Huben" verselbständigten „Unfreien" (servi, mancipia) der Grundherren die vielfach abgestufte feudal-abhängige Bauernschaft des MA. Dabei ging das ökonom. Schwergewicht von der Viehzucht auf den Getreidebau in Form der Dreifelderwirtschaft über. Die B. hatten Arbeits-, Produkt- oder Geldrente in verschiedensten Formen zu leisten, wobei die Geldrente als hist. jüngere Form gilt, ohne deshalb überall die dominante Abschöpfungsform gewesen zu sein. Vielfach waren Produktrenten (Zehent- und Dienstgetreide bzw. -wein) die wichtigsten Abgabeformen. Im 13. Jh. verschwand die Erinnerung an die pers. persönl. Abhängigkeitsformen, für die bäuerl. Position zentral wurde nun das Besitzrecht – das schlechteste war die „Freistift" (mit theoret. jederzeitiger „Abstiftung" des B. durch den Grundherrn), das beste das „Erb-" oder „Kaufrecht" (mit Vererbungsmöglichkeit der bäuerl. Wirt.). Trotz feudaler Abhängigkeit errang die Bauernschaft eine gewisse Selbstorganisation, ja vereinzelt Autonomie in ihren Gem. (Pfarrgem., Dorfgem.). Bis ins 13. und 14. Jh. dehnte sich die bäuerl. Wirt.-Weise durch Neubesiedlung und Rodung rasch aus. Im 14. und 15. Jh. folgten auf eine krisenhafte Entwicklung (spät-ma. Agrarkrise, Verfall der Getreidepreise) partielle oder totale Wüstungen. Während der Krise stabilisierte sich die Bauernschaft – der Mangel an abhängigen Leuten brachte Erleichterungen bei den feudalen Lasten. Wahrscheinlich wurden nun auch die bäuerl. Behausungen verbessert und vergrößert. Die Größe der (verbliebenen) Siedlungen wuchs. Aus der Krise des Spät-MA mit ihrem Rückgang (oder jedenfalls Stagnation) der bäuerl. Bevölkerung entwickelten sich durch die Kluft zw. dem neuen bäuerl. Selbstbewusstsein und den seit etwa 1490 (wieder) steigenden Forderungen der Grundherren und des entstehenden Staates Auseinandersetzungen zw. B. und Herrschaften (→ Bauernkriege). Nach deren Niederschlagung stiegen insbes. die staatl. Anforderungen („Steuern"), verschiedentlich auch jene der Grundherren (oft in Form von „Robot"). Unter Maria Theresia begann sich die Lage zu stabilisieren, Robotaufstände führten zu ersten Robotbegrenzungen, der maria-theresian. Kataster verzeichnete erstmals alle Herren- („Dominical-") und B.-Güter („Rustikalland"), was die Einziehung bäuerl. Güter („Bauernlegen") erschwerte und 1775 sogar unmöglich machte. Staatsgüter, Meierhöfe und Gemeindeweiden (Allmenden) wurden vielfach aufgeteilt. Joseph II. hob 1781 die Leibeigenschaft (wo sie noch – sehr vereinzelt – bestand) auf. Durch seine „Steuer- und Urbarial-Regulierung" 1785 wurden Grundsteuer, Feudalzins und Frondienste neu festgesetzt. Grundherren widersetzten sich zwar mit Erfolg diesen Reformen, es blieb aber die Umwandlung von Arbeits- in Geldrente (Robot-Relution) bzw. freiwillige Ablöse der Feudallasten (Abolition) seit Joseph II. möglich.

Ab etwa 1770 begann die „Agrarrevolution" (Sommerstallfütterung, Anbau von Hackfrüchten und Klee auf der Brache), die zunächst einen erhöhten Arbeitskräftebedarf und eine Vermehrung der Zahl von Dienstboten nach sich zog; dadurch mussten auch die bäuerl. Häuser erneuert und vergrößert werden. Das stärkte vorübergehend die soz. Position des bäuerl. Hausvaters und war eine wichtige Voraussetzung für die polit. Mobilisierung der B. unter konservativen Vorzeichen. Um 1800 verbesserte sich die ökonom. Lage der B. deutlich (teils infolge der Kriegskonjunktur). Nach einer schweren Krise zw. etwa 1815 und 1835 stabilisierte sich die Lage der B., freilich begannen die tradit. gewerbl. Zuerwerbsmöglichkeiten (Textilprodukte, Verkehrswesen) im Zuge der industriellen Revolution zu verschwinden. Der B. wurde jetzt immer ausschließlicher agrar. Produzent. Die Revolution von 1848 brachte die völlige Beseitigung der Untertanenlasten (→ Bauernbefreiung); der B. wurde nun gleichberechtigter Staatsbürger, konnte Grund und Boden

Bauern: Mähender Bauer. Glasfenster, 1477 (Stift Seitenstetten, NÖ.).

als sein persönl. Eigentum verkaufen (vor 1848 gab es 2,6 Mio. Untertanen auf 54.000 Grundherrschaften), verpachten, vererben und verschulden. Das B.-Haus erhielt nun das späterhin als „traditionell" und „alt" interpretierte Aussehen; es gab Um- und Neubauten sowie Aufstockungen. 1853 wurden durch die so gen. Servitutenregulierung traditionelle Nutzungsrechte von (meist) bäuerl. Berechtigten im Herrenwald oder auf der Weide (Almen) abgelöst oder reguliert, was für viele „Wald-B." ökonom. das Ende bedeutete; auch die Jagdgesetze bevorzugten die ehem. Grundherren gegenüber der B.-Jagd. Der Liberalismus brachte für die B. die Freiheit der Verschuldung (1868). Das führte zu oft unüberlegter Kreditaufnahme (vielfach für Erbenauszahlungen), die Folgen waren seit den 1880er Jahren sprunghaft steigende Überschuldung und Zwangsversteigerungen von B.-Gütern. Als Selbsthilfeeinrichtungen der B. entstanden Genossenschaften, die für den Klein- und Mittelbetrieb gerechte Erzeugerpreise gewährleisten sollten; → Raiffeisenkassen sicherten Kredite für verschuldete ländl. Betriebe. Landw. Fortbildungsschulen wurden geschaffen, Grundzusammenlegungen, Bodenentwässerungen und Verbesserungen der Bewirtschaftungsformen vorgenommen, freilich zunächst nur in sehr geringem Ausmaß. Neben dem Großgrundbesitz dominierten → Landwirtschaftsgesellschaften (die erste nach Vorläufern im 18. Jh. 1807 in Wien gegr.) entstanden seit etwa 1870 bäuerl. Fach- und polit. Vereine als Ausgangspunkte einer breiteren bäuerl. Interessenorganisation. In Abwehr gegen den Liberalismus formte sich aus konservativen, aber auch nationalist. Ideen das Bild des konservativen, seinen „Werten" und der „Heimat" treuen, unveränderl. B. auf seiner „Scholle", als Kern des als ebenso unveränderlich gedachten „Volkstums" (→ Volkskunde als Wiss. von der bäuerl. Kultur). 1896 fand der 1. (antiliberale) Bauerntag für NÖ. in Wien statt, dem bald Gründungen von Bauernvereinen folgten (Österreichischer → Bauernbund, Ti. 1904, NÖ. 1906). 1897 wurde der erste allg. ö. Bauerntag abgehalten. Nach dem 1. Weltkrieg entstanden die → Landwirtschaftskammern als öffentl.-rechtl., obligatorische bäuerl. Interessenvertretungen.

Seit der industriellen Revolution sinkt der Anteil der B. an der Gesamtbevölkerung (um 1900 ca. 45 %, 1934 etwa 30 %, 2000 5,6 %). Im Gegensatz zur traditionellen B.-Wirt. mit ihrem hohen Selbstversorgungsgrad (auch an nicht agrar. Produkten wie Kleidung oder Werkzeugen) ist die heutige fast ausschließlich marktbezogen. B. leiden seit den späten 20. Jh. unter einer säkularen Agrarkrise und den gegenüber der gewerbl. Produkten seit dem 2. Weltkrieg tendenziell fallenden agrar. Produktpreisen (Preisschere). Daher ist seit den 1960er Jahren eine rasche Strukturveränderung (Ende der tradit. Dienstbotenhaltung, Betriebsstilllegungen, Zunahme von Neben- und Zuerwerb, Konzentration und dadurch Vergrößerung der bäuerl. Betriebe, Umstellung auf rentable Produktionszweige, nicht selten für Marktnischen - → biologische Landwirtschaft) zu beobachten, die insges. zu einem sehr weitreichenden Wandel in der Bauernschaft geführt hat, deren Bevölkerungsanteil in Zukunft noch weiter schrumpfen wird. Diese Entwicklung wird durch die marktwirt. ausgerichtete → Agrarpolitik der Europäischen Union zusätzlich beschleunigt.

Literatur: E. Bruckmüller, Landw. Organisationen und ges. Modernisierung, 1977; ders., Sozialgeschichte Ö., 1985; ders. (Hg.), Raiffeisen in Ö., 1998.

BAUERNBEFREIUNG: Die Lockerung der persönl. und wirt. Abhängigkeit der Bauern von einer Grundherrschaft erfolgte seit der Mitte des 18. Jh., die Beseitigung 1848. Obwohl es in den ö. Ländern große regionale Unterschiede (in N-Ti. und in den gebirgigen Gegenden Vbg. hatten die Bauern viele Freiheiten) und fast keine Leibeigenschaft gab, milderte Maria Theresia 1778 generell die Robotleistungen. Joseph II. führte 1781 durch das Untertansstrafpatent, die Festlegung des Beschwerderechts und die Robotablöse wesentl. Erleichterungen ein. Er ordnete 1789 eine Steuerreform zugunsten der Bauern an, die aber nach seinem Tod nicht durchgeführt wurde. Das Feudalsystem wurde erst abgeschafft, als im Reichstag von 1848 der aus Schlesien stammende Abgeordnete H. → Kudlich den Antrag auf Aufhebung der „Untertänigkeit mit allen daraus entsprungenen Rechten und Pflichten" stellte. Mit einem am 7. 9. 1848 von Ks. Ferdinand unterzeichneten Patent wurden die Untertänigkeit und das „schutzobrigkeitliche Verhältnis" aufgehoben und die Entlastung von Grund und Boden durch eine Entschädigung der Vorbesitzer angeordnet. In den Folgejahren stellten Kommissionen diese Entschädigung für die bisherigen Grundherren (2 Drittel des Schätzwerts) und die im Lauf von 40 Jahren abzugeltenden Verpflichtungen der nun Eigentümer gewordenen Bauern fest. Anstelle der Herrschaften musste der Staat Gem., Bezirksverwaltungen und Gerichte gründen.

Die Folgen der Befreiung waren für die Bauern nicht nur positiv, denn an die Stelle der grundherrl. Abgaben traten Steuern des Staates, der Länder und Gem. Die 1. Generation kannte auch die marktwirt. Bedingungen nicht, nach 1868 entstanden durch Teilungen viele kleine, kaum lebensfähige Betriebe, so dass die Verschuldung wuchs. Erst die darauf folgenden Generationen konnten den Niedergang des Bauernstands abwenden und durch Genossenschaften neue Marktorganisationen schaffen.

Bauern: Steyr-Traktor (Typ 180), der 1947–64 hergestellt wurde.

Bauernbefreiung: Flugblatt zur Grundentlastung der Bauern, 1848.

Literatur: F. Posch (Hg.), Der steir. Bauer, Ausst.-Kat., Graz 1966; G. Stangler (Hg.), Hans Kudlich und die Bauernbefreiung in NÖ., Ausst.-Kat., Wien 1983.

BAUERNBUND, ÖSTERREICHISCHER, ÖBB: Die Anfänge des ÖBB stellen die seit 1899 in einzelnen Ländern entstandenen polit. Bauernvereinigungen dar. 1899 wurde der Kath.-konservative Verein in der Stmk. gegr., der sich ab 1934 „B." nannte, ähnl. Vereinigungen bildeten sich 1904 in Ti., 1906 in NÖ. und Sbg., 1919 in OÖ. und Vbg. sowie 1921 im Bgld. 1919 entstand aus ihnen der „Ö. Reichs-B.", der bis 1938 bestand. 1945 wurde der ÖBB, zusammengesetzt aus 9 Landesorganisationen, im Rahmen der → Österreichischen Volkspartei neu gebildet. Der ÖBB stellt neben Österreichischem → Wirtschaftsbund und Österreichischem → Arbeiter- und Angestelltenbund die bedeutendste Teilorganisation der ÖVP dar. Seine organisator. Stärke (2003: bundesweit rd. 295.000 Mitgl.) und die Dominanz der → Landwirtschaftskammern sichern dem ÖBB einen überproportionalen Einfluss auf die Politik der ÖVP. Trotz stetigen Rückgangs des Anteils der → Bauern in Bevölkerung und Wählerschaft ist der ÖBB kraft Bündeproporz in den ÖVP-Führungsgremien stark vertreten.

BAUERNDICHTUNG, seit dem 19. Jh. insbes. im Bereich der → Heimatliteratur vertreten.

BAUERNFEIND, Hans, * 1. 9. 1908 Klein-Stetteldorf (NÖ.), † 19. 3. 1985 Wien, Komponist, Organist und Musikerzieher. Als Schüler von J. → Marx der spätromant. Richtung verbunden; komponierte zahlr. Vokalwerke (v. a. Kirchenmusik).

BAUERNFELD, Eduard von (Pseud.: Rusticocampus, Feld), * 13. 1. 1802 Wien, † 9. 8. 1890 ebd., Lustspieldichter. Gilt als Meister des Konversationsstücks mit Wr. Lokalkolorit, Hausdichter des Burgtheaters in Wien (rd. 1100 Aufführungen bis 1902), hatte engen Kontakt zu F. → Grillparzer, N. → Lenau, F. → Schubert und M. v. → Schwind. Als Vertreter des großdeutschliberalen Bürgertums kritisierte B. 1846 mit dem Lustspiel „Großjährig" die Zustände des Vormärz. 1872 Ehrenbürger der Stadt Wien, 1883 Ehrendoktorat der Univ. Wien.

Eduard von Bauernfeld. Lithographie von J. Kriehuber, 1845.

Weitere Werke: Leichtsinn aus Liebe, 1831; Das Liebesprotokoll, 1831; Bürgerlich und romantisch, 1835; Aus der Gesellschaft, 1867; Aus Alt- und Neu-Wien, 1872. – Ausgaben: Gesammelte Schriften, 12 Bde., 1871–73; Dramat. Nachlaß, hg. v. F. v. Saar, 1893; Aus B. Tagebüchern 1819–79, hg. v. K. Glossy, 1895; Werke, hg. v. E. Horner, 1905.
Literatur: E. Horner, E. B., 1900; C. Jaschek, E. v. B. als Literaturrezipient, Diss., Wien 1979.

BAUERNHAUS, siehe → Hofformen.

BAUERNKRIEGE: Die Veränderungen der soz., rechtl. und wirt. Stellung der Bauern am Ende des MA durch gesteigerte Abgaben an die Grundherren und die Stände (Rüststeuern für die Türkenabwehr bei ungenügendem Schutz) und durch die Rezeption des röm. Rechts, die zur Beschneidung der Gemeinrechte führte, lösten ab der 2. Hälfte des 15. Jh. in mehreren ö. Ländern Aufstände der bäuerl. Untertanen aus. Diese wurden meist durch lokale Beschwerden veranlasst und richteten sich gegen den Grundherrn, niemals gegen Kaiser und Reich. Manchmal war nur die Veränderung bestehender Zustände die Ursache, wie 1462 eine hohe Weihsteuer in OÖ., 1478 der ungenügende Schutz vor den Türken in Kä., 1515 die Anwendung neuer Rechtsgrundsätze in der slowen. Unter-Stmk.

Größeren Umfang erhielt die Bewegung durch die religiösen Lehren Luthers und anderer Reformatoren v. a. im Anschluss an den großen dt. Bauernkrieg von 1525; sie erfasste Ti. und Sbg. sowie Teile der Stmk., von NÖ., OÖ. und Kä. Höhepunkte waren die Aktionen M. → Gaismairs in Ti., die Belagerung des Erzbi-

Bauernkriege: Waffen aus dem oberösterreichischen Bauernkrieg 1526.

Bauernkriege: Bestrafung der aufständischen Bauern Niederösterreichs, 1597. Kolorierter Holzschnitt (Heimathaus Freistadt, OÖ.).

schofs M. Lang auf Hohensalzburg und die Kämpfe um Schladming. Diese Aufstände wurden 1526 durch das Eingreifen des Schwäbischen Bundes und ö. Truppen unter N. Salm beendet. In den folgenden Jahren kam es bes. in der Stmk. und in Sbg. zu einer Anzahl von Krawallen. Ein größerer Aufstand ging 1594/95 von OÖ. aus und dehnte sich 1596 wegen der Belastungen durch einen → Türkenkrieg und Maßnahmen der → Gegenreformation auch auf Teile des westl. NÖ. aus. Im Waldviertel waren G. Prunner und A. Schrembser Anführer, im Viertel ob dem Wienerwald G. Markgraber und C. Haller. Die Bauernarmeen wurden im März/April 1597 durch Truppen der Stände bei Hadersdorf und St. Pölten zerschlagen, 60 Anführer hingerichtet und über 100 weitere hart bestraft.

Der oö. B. von 1626 richtete sich gegen die Durchführung der Gegenreformation und die bayer. Pfandherrschaft. Nachdem das → Frankenburger Würfelspiel 1625 bereits die Stimmung aufgeheizt hatte, erhoben sich im Mai 1626 unter der Führung von S. → Fadinger und C. → Zeller 40.000 Bauern des Landes ob der Enns, eroberten Wels, Steyr, Kremsmünster und Freistadt und belagerten Linz. Nachdem Zeller und Fadinger dort gefallen waren, wurde der Aufstand im November 1626 durch den bayer. General H. G. von Pappenheim niedergeschlagen, die führenden Teilnehmer wurden schwer bestraft. Dieser B. fand mehrfachen Niederschlag in der Literatur.

Die B. brachten für die Unterlegenen neue Bedrückungen und harte Strafen, in allen Fällen hielten Landesfürst und Ks. zu den adeligen und kirchl. Grundherren, auch siegten die Standesinteressen über die relig. Solidarität. Die Bauern hatten, von M. Gaismair abgesehen, keine polit. und militärisch-strateg. Ziele, ihre Anführer stammten meist aus anderen Berufsständen (Wirte, Handwerker, Lehrer, Beamte).
Literatur: Die Bauernkriege in Ö., Ausst.-Kat., Pottenbrunn 1974; Der oö. Bauernkrieg, Ausst.-Kat., Linz–Scharnstein 1976; H. Feigl, Der Bauernaufstand 1596/97, ²1978.

BAUERNMÖBEL, verbreitete Bezeichnung für ländl. Möbel der vorindustr. Zeit; B. sind weder einer bäuerl. Laienkunst zuzurechnen, noch beschränkte sich ihre Verbreitung auf das bäuerl. Milieu.

Die frühesten Sachzeugnisse – technisch durchwegs Zimmermannsarbeiten – entstammen dem späten MA. Dabei handelt es sich v. a. um eng an das häusliche Wirtschaften gebundene sog. Verwahrmöbel (Truhen, → Almer). Erst die Differenzierung der Wohnkultur im Zuge der Schaffung rauchfrei beheizbarer Räume

(Stube) öffnete das ländl. Wohnhaus für feinere Arbeiten des Tischlerhandwerks mit Schnitzereien und zunächst noch zurückhaltender Färbelung.

Die Abhängigkeit vom sog. Stilmöbel zeigt sich allein schon in der Übernahme von Möbeltypen, wie Schrank, Kredenz, Himmelbett oder Sessel, mehr noch in der Übernahme hochkultureller Dekorformen, die in der Folge wirkt. Hochkonjunkturen in manchen Gegenden lange nachwirkende Regionalstile nach sich zogen. Ihre enge Bindung an einzelne Werkstätten und deren Traditionen konnte bes. für Ti. (z. B. Alpbach- und Zillertal), den Pinzgau und OÖ. nachgewiesen werden. Die gerade bei den späteren, in Barock-, Rokoko- und Empiretradition stehenden bemalten Möbeln des 18. und frühen 19. Jh. (doppeltürige Schränke mit Vierfeldergliederung, Aufsatzbetten) gängigen Besitzerbezeichnungen und Datierungen weisen auf die meist anlassgebundene Anschaffung als Heiratsausstattung hin. In der starken Farbigkeit wie auch in der Kombination unterschiedl. Stil- und Motivtraditionen der B. – etwa des Ti. Unterinntals und der Donauländer – lassen sich typische Gestaltungsmerkmale und Repräsentationsformen der populären Künste (→ Volkskunst) in der ausgehenden ständischen Kultur erkennen.

Die bedeutendsten ö. Sammlungen von B. beherbergen das Ti. Volkskunstmuseum in Innsbruck, das OÖ. Landesmuseum in Linz und das Ö. Museum für Volkskunde in Wien mit seiner Außenstelle Schlossmuseum Gobelsburg (Weinviertel, NÖ.).

Literatur: O. Moser, Kä. B. (= Carinthia I, Bd. 134–140), 1949; B. Deneke, B. Ein Handbuch für Sammler und Liebhaber, 1969; K. Beitl, Landmöbel, 1976; L. Schmidt, B. aus Süddeutschland, Ö. und der Schweiz, 1977; F. Lipp, Oö. B., 1986.

BAUERNREGELN, siehe → Lostage.

BAUERNSTAND: 1) Sammelbegriff für → Bauern; 2) umgangssprachl. Bezeichnung für die Vertretung der

Bauernstand: Der Bauernstand (Die Großmutter). Farblithographie von Trentsensky, um 1850.

landesfürstl. „Täler und Gerichte" auf den → Landtagen Ti. und Vbg., zeitweise auch in Sbg. Der 4. Stand (in Ti.) „vertrat" aber nicht die Bauern als soz. Gruppierung, sondern den Landesfürsten unterstehende Gerichtsgem. Gerichte unter adeliger oder geistl. Herrschaft wie Matsch oder die Brixener Gerichte waren daher nicht an den Landtagen vertreten. 3) In konservativen Gesellschaftsanalysen verwendete Begrifflichkeit, die die Stabilität und Unveränderlichkeit der bäuerl. Lebensform andeuten soll.

BAUERNTHEATER, siehe → Volkstheater (Deutsches).

BAU HOLDING STRABAG AG, börsenotiertes Mutterunternehmen der größten ö. Baugruppe STRABAG Bau Holding AG, die mit ihren Tochterunternehmen in allen Sparten der Bauwirt. tätig ist. Der Unternehmenssitz war bis 2003 in Spittal a. d. Drau (Kä.), seither in Wien. Das wichtigste Unternehmen der Gruppe ist die Strabag GmbH, in der ILBAU Ges. m. b. H., F. Lang und K. Menhofer Bauges. m. b. H. & Co. KG, → ERA-Bau AG, → STRABAG Österreich AG und → STUAG Bau-AG aufgegangen sind. Die Bau Holding STRABAG AG engagierte sich in den letzten Jahren bes. in Osteuropa und in Asien. Zusammen mit dem Schwesterkonzern, der STRABAG AG, Köln, entstand unter der gem. Holding BIBAG Bauindustrie-, Beteiligungs- und Verwaltungs-AG der sechstgrößte europ. Baukonzern mit rd. 30.000 Mitarbeitern und über 5 Mrd. Euro Bauleistung. Vorstandsvorsitzender ist H. P. → Haselsteiner.

Literatur: A. Polz, Die Expansion eines internat. Baukonzerns in den GUS-Staaten, Dipl.-Arb., Wien 2002.

BAUHÜTTE, ma. Werkstattverband der an einem größeren Kirchenbau tätigen Steinmetzen, Bildhauer und Bautechniker; straff organisiert mit eigenen Hüttenordnungen. Hochblüte im 13./14. Jh., Reorganisationsversuche auf dem Regensburger Hüttentag von 1459; 1731 Auflösung als privilegierte Korporation (ihre Bräuche und Symbole übernahmen z. T. die Freimaurer). Von großer Bedeutung für die ö. Baukunst des 14. und 15. Jh. war die Dombauhütte von St. Stephan in Wien mit ihrem Einfluss auf weitere untergeordnete B. in Ö. (Admont, Salzburg, Hall i. Ti., Lienz), Ober- und Niederbayern, Böhmen, Mähren sowie donauabwärts. Mitgl. und Werkmeister der Wr. B. (u. a. M. Chnab, H. Puchspaum) errichteten zahlr. Kirchenbauten, u. a. in Pulkau, Eggenburg, Baden, Deutsch-Altenburg, Perchtoldsdorf, Mödling und Steyr.

Literatur: G. Binding, B., Lexikon des MA, Bd. 1, 1980; G. Brucher, Got. Baukunst in Ö., 1990.

BAUKUNST (ARCHITEKTUR):

Die Entwicklung der B. in Ö. war durch die kulturgeograph. Lage des Landes wesentl. mitbedingt. So wurden hier architekton. Ideen aus dem ital. und dt. Sprachraum, aber auch aus Frankreich aufgenommen und verarbeitet, wobei es in den verschiedenen Landesteilen Ö. zu spezif. Lösungen kam und in manchen Epochen Werke von Weltrang entstanden. Ein Charakteristikum der B. in Ö. ist die Synthese architekton. Ideen, die sich bes. darin ausdrückt, dass die „Zwischenepochen" der europ. B. länger dauern als in anderen Ländern und zu eigenständiger Bedeutung gelangen, ein Phänomen, das v. a. in der 1. Hälfte des 16. Jh. und in der Zeit um und nach 1800 deutl. wird. An der Entstehung wichtiger architekton. Werke und Bautypen waren alle ges. Klassen beteiligt: Klerus (Kirchen, Klöster), Adel (Burgen, Schlösser, Stadtpaläste), Bürger (Stadthäuser und Landvillen), Bauern (zahlr. regional unterschiedl. Hoftypen) und letztl. auch die Arbeiter (Wr. Gemeindebauten der Zwischenkriegszeit).

Aus der Zeit vor dem 2. Jh. n. Chr. sind nur wenige Baureste erhalten (röm. Stadtanlagen Carnuntum und Magdalensberg; aus vorroman. Zeit sind mit Ausnahme einiger kleiner Sakralbauten kaum überragende Werke erhalten, da der Holzbau dominierte und etwa der alte Salzburger Dom mehrfach Nachfolgebauten weichen musste).

In der → Romanik (seit dem 11. Jh.) begann in Ö. eine rege Bautätigkeit, ausgelöst durch die wachsende Bedeutung des Landes unter den Babenbergern. Hauptsächl. Bauaufgaben waren Burgen, Klöster und Kirchen. So entstanden die meisten heute noch existierenden Burgen während der Romanik; trotz spät-ma. und neuzeitl. Umbauten sind aus dieser Zeit oft noch Bergfried, Palas und Kapelle erhalten. Die Klöster wurden entweder nach den Baugewohnheiten der Benediktiner errichtet, oder sie folgten dem Bauschema

Bauernmöbel: Hirschbacher Schrank, um 1800, aus der Werkstatt von F. Pauckner in Reichenau, OÖ.

der Zisterzienser. Der Kirchenbau ging häufig vom Typ der 3-schiffigen, meist ungewölbten Pfeilerbasilika mit Apsiden aus. Großbauten sind nur wenige erhalten (Gurk), dagegen sehr viele (meist einschiffige) Dorfkirchen mit Chorquadrat und dominantem Turm. Eine Sonderform bildeten die Wehrkirchen mit Verteidigungsanlagen zum Schutz des Landvolks. Einen für Ö. charakterist. Bautyp stellen die Karner mit ihrem runden oder polygonalen Grundriss dar (Tulln, Hartberg).
Im 13. Jh. setzte zögernd die → Gotik ein, zuerst in der von den Babenbergern beherrschten Mark, wobei neben der direkten Übernahme franz. Vorbilder (Capella speciosa in Klosterneuburg) wieder die Zisterzienser eine wichtige Rolle spielten (Hallenchor in Heiligenkreuz und Lilienfeld). Die übrigen Landesteile nahmen die Gotik erst später auf, v. a. durch die Vermittlung der Bettelorden. Hauptsächl. aber geschah die Verbreitung architekton. Ideen durch die → Bauhütten, Vereinigungen von Handwerkern und Baumeistern. Die Bauhütte von St. Stephan in Wien war die bedeutendste in Ö., im Zusammenhang damit stehen Kirchenbauten in NÖ., OÖ. und der Stmk.
Im 14. Jh. war die Entwicklung vom schweren Massenbau zum fragilen Skelettbau abgeschlossen. Es entstanden die charakterist. Steilräume des hochgot. Sakralbaus mit überschlanken Stütz- und Traggliedern, reichen Profilierungen und beinahe „entmaterialisierten" Wandaufbauten, wobei das Tragen der Gewölbelast vom Strebewerk als außen liegendem Stützsystem übernommen wurde. Die Entwicklung der Bautypen ging von der Basilika über die Staffelkirche zur Hallenkirche, zeigte also starke Tendenzen zum Einheitsraum. Dementsprechend wurden im 15. Jh. (Spätgotik) die extremen Vertikalitendenzen von breiter proportionierten Räumen abgelöst. Der ausufernde Reichtum der architekton. Formensprache zeigt sich in Fenstern, Portalen und in den komplizierten Formen von Stern-, Netz- und Schlingrippengewölben. Im Turmbau der Gotik nahm Ö. eine wichtige Stellung ein. Der Südturm des Wr. Stephansdoms zählt zu den markantesten Beispielen in Europa; interessante Turmhelme weisen auch Maria am Gestade in Wien, die Wallfahrtskirche in Judendorf-Straßengel und die Pfarrkirche von Steyr auf.
Während im Spät-MA die Adeligen ihre Burgen zu komplexen Anlagen ausbauten, schlug sich das Erstarken des Bürgertums im Städtebau nieder; viele ö. Städte enthalten im Kern gotische Bausubstanz, die an einzelnen Häusern noch deutlich sichtbar ist (Steyr, Krems, Bruck a. d. Mur, Innsbruck, Feldkirch).
Für die → Renaissance gibt es im Sakralbau Ö. kaum Beispiele. Dieser Baustil wurde v. a. vom kath. Kaiserhof und seinen Anhängern propagiert, während die Protestanten der neuen Mode reserviert gegenüberstanden. Ab dem 16. Jh. drangen die architekton. Ideen der Renaiss. aus Italien in die südl. Landesteile ein (Schloss Porcia in Spittal a. d. Drau, Landhaus in Graz) und danach auch im Norden, unter bed. stilist. Einfluss aus den dt. Ländern. Bes. bei bürgerl. Bauten beschränkte sich die Übernahme des neuen Baustils aber oft auf bestimmte architekton. Elemente, v. a. auf Säule und Arkade (Arkadenhöfe in der Wachau und südl. von Wien), und es kam zu eigenständigen architekton. Interpretationen. Durch die Neugestaltung der Fassaden veränderte sich das Stadtbild, das bis dahin von den giebelständigen Bürgerhäusern geprägt war. Große Bedeutung erlangte die Renaiss. im Festungs-, Burgen- und Schlossbau sowohl bei Neubauten als auch beim Umbau bestehender ma. Anlagen.
Im Zuge der Gegenreformation erlangte das → Barock in Ö. landesweite Verbreitung. Wenn auch als Vorläufer Salzburg mit seinem unter direktem ital. Einfluss errichteten Dom (ab 1614) als frühestem bed. Barockbau nördl. der Alpen angesehen werden kann, so wurde die Verbreitung der Barockarchitektur im 17. Jh. v. a. durch die Wandpfeilerkirchen der Jesuiten (Innsbruck, Wien, Leoben, Linz) und ital. Gastarchitekten unterstützt.
Nach dem Sieg über die Türken bei Wien (1683) erfuhr das Baugeschehen in Ö. beträchtl. Aufschwung, was sich in zahlr. Kirchen-, Repräsentations- und Wohnbauten niederschlug, die auch heute noch das Erscheinungsbild vieler ö. Städte und Dörfer bestimmen. Durch einen glücklichen Umstand verfügte Ö. in der Zeit seiner neu gewonnenen Position als europ. Großmacht und in einer wirt. Blüte über eine Anzahl hochrangiger Architektenpersönlichkeiten, welche die B. in Ö. nachhaltig prägten: J. B. Fischer v. Erlach, dessen architekton. Schaffen starken ital. Einfluss aufweist und der in Salzburg und Wien wirkte (Dreifaltigkeitskirche und Kollegienkirche in Salzburg, Palais Schwarzenberg und Karlskirche in Wien); J. L. von Hildebrandt, der in Rom ausgebildet wurde und dem mit dem Belvedere in Wien eine der großartigsten Schlossanlagen gelang; J. Prandtauer, der hauptsächl. im Klosterbau beschäftigt war (Melk, St. Florian); M. Steinl, der, in mehreren künstlerischen Disziplinen tätig, als akadem. Lehrer die Folgegeneration beeinflusste (Dürnstein und Zwettl) und später auch J. Munggenast (Stift Altenburg). In OÖ. wirkte J. M. Prunner (Stadl-Paura), die Barockarchitektur in Ti. wurde von der Baumeisterfamilie Gumpp wesentlich geprägt, und in der Stmk. erlebte die B. noch um die Mitte des 18. Jh. mit J. G. Stengg und J. Hueber einen späten Höhepunkt.
Für die ö. → Aufklärung und Romantik waren zunächst franz. geschulte Künstler (I. Canevale, C. v. Moreau, L. Montoyer) maßgebl. In der Folge entwickelten sich teilw. betont bürgerl. Varianten, wobei v. a. der entsprechende Interieurstil (→ Biedermeier) für lange Zeit als vorbildl. galt. Wichtigster Vertreter der B. des Biedermeier war J. Kornhäusel, der bes. bei ärarischen Verwaltungsbauten der franziszeischen Epoche betont nüchterne zweckhafte Spätklassizismus wurde um die Mitte des 19. Jh. zunehmend mit aus dem hist. Formenrepertoire entwickelten kleinteiligen Ornamentformen aufgelockert (Romant. → Historismus). Gleichzeitig wurden heterogene Motive frei kombiniert (Wr. Oper von A. Sicard v. Sicardsburg und E. van der Nüll), später (Strenger Historismus) strebte man Stilreinheit an. Mit der Wr. Ringstraße schufen bed. ausländ. (T. v. Hansen, G. Semper, F. v. Schmidt) und heimische (H. v. Ferstel, C. v. Hasenauer) Architekten ein städtebaul. Gesamtkunstwerk. Für die Ablöse des Historismus durch einen von Funktion und neuen Materialien bestimmten Stil leistete O. Wagner einen maßgebl. Beitrag. Nach Experimenten mit dem → Jugendstil fand er zu einer klaren modernen Formensprache (Wr. Postsparkasse) und prägte als Lehrerpersönlichkeit zahlr. bedeutende Architekten (J. M. Olbrich, J. Hoffmann, J. Plečnik). Nach 1900 entstand ein spezif. wienerischer, sparsam-geometr. Dekorstil. Die Generation der Wagner-Schüler bestimmte im Wesentl. die vielfältige, teils regionalist. gefärbte, teils pathet. gesteigerte Architektur der Wr. Gemeindebauten der Zwischenkriegszeit, die auch wegen der integrierten Folgeeinrichtungen (Wäschereien, Kindergärten, Bibl. usw.) internat. vorbildl. waren. A. Loos wurde durch sein architekton. Werk, nicht mehr aber durch seine Schriften weltbekannt. Er verstand Bauen wesentl. als kulturhist. determinierte Tätigkeit (Ende des Ornaments durch Fortschritt der Kultur bedingt). Von seinen Ideen beeinflusste Architekten leisteten im Ausland einen wesentl. Beitrag zur Entwicklung des Internationalen Stils (J. Frank, R. Neutra, E. A. Plischke), während man sich im Inland eher um eine Integration

alpiner Bautraditionen bemühte (C. Holzmeister, L. Welzenbacher). Nach dem 2. Weltkrieg strebte man nach einem Anschluss an das internat. Bauen (R. Rainer, K. Schwanzer). In jüngerer Zeit hat sich neben Wien (H. Hollein, W. Holzbauer, G. Peichl, Coop Himmelblau) in Graz ein 2. Zentrum gebildet (G. Domenig, M. Szyszkowitz, K. Kowalski). In Vbg. entstand eine eigenständige Richtung, die sich vorwiegend mit kostengünstigen Holzkonstruktionen im Wohnbau beschäftigt.
Literatur: Ö. Kunsttopographie, 1907 ff.; Dehio-Handbuch Kunstdenkmäler Ö., 1933 ff.; W. Buchowiecki, Die gotischen Kirchen Ö., 1952; R. Wagner-Rieger (Hg.), Die Wr. Ringstraße, 11 Bde., 1967–1981; R. Wagner-Rieger, Wiens Architektur im 19. Jh., 1970; F. Achleitner, Ö. Architektur im 20. Jh., 4 Bde., 1980 ff.; G. Brucher, Barockarchitektur in Ö., 1983; ders., Got. B. in Ö., 1990.

Baum, Vicki, * 24. 1. 1888 Wien, † 29. 8. 1960 Hollywood (USA), Schriftstellerin. Zunächst Musikerin (Harfenistin), ab 1926 Redakteurin in Berlin; ab 1931 in den USA; verheiratet mit dem Dirigenten R. Lert. Populäre Unterhaltungsromane mit dokumentarisch-genauen und spannenden Milieuschilderungen; in zahlr. Sprachen übersetzt und teilw. verfilmt. 1933–45 waren ihre Bücher in Deutschland verboten.
Werke: Ulle der Zwerg, 1924; Menschen im Hotel, 1929 (1932 und 1959 verfilmt); Hotel Shanghai, 1937; Vor Rehen wird gewarnt, 1953; Leben ohne Geheimnisse, 1953; Es war alles ganz anders (Memoiren), 1962.
Literatur: K. v. Ankum, Apropos V. B., 1998.

Bauma, Herma, * 23. 1. 1915 Wien, † 9. 2. 2003 ebd., Sportlerin (Speerwurf). 1934 Silbermedaille bei den Frauenweltspielen in London, 1948 Goldmedaille (45,57 m) bei den Olymp. Spielen in London; stellte 2 Welt- (48,63 m) und 3 Europarekorde auf und war 1931–52 15-mal ö. Staatsmeisterin; auch als Handballerin international erfolgreich. 1967–77 Leiterin des Sportzentrums Südstadt.

Baumann, Franz, * 19. 3. 1892 Innsbruck (Ti.), † 28. 8. 1974 ebd., Architekt. Vertreter regionalen modernen Bauens in den Alpen ohne folkloristische Nachahmung bäuerl. Typen. B. war in Ti. richtungsweisend für den Bau von modernen Hotels, Gaststätten, Stadthäusern, kleineren Sakralbauten und v. a. für techn. Bauten in extremer alpiner Lage.
Werke: Stationsgebäude der Nordkettenbahn, 1927/28; Haus Ortner, Haydnplatz, Innsbruck, 1930–32; Landhaus Zach, Reith, 1932; Haus Mittermayr, Kössen, 1933/34 (alle Ti.).
Literatur: H. Mackowitz, F. B., in: Beiträge zur Technikgeschichte Ti. 3, 1971; J. Marte, F. B., Diss., Innsbruck 1978.

Baumann, Friedrich, * 1763 Wien, † 12. 4. 1841 ebd., Schauspieler. Beliebter Komiker, 1787 am Leopoldstädter Theater, 1795–1821 am Burgtheater in Wien.

Baumann, Ludwig, * 11. 5. 1853 Seibersdorf b. Troppau (Krapovec, CZ), † 6. 2. 1936 Wien, Architekt. Mitbegründer der Zentralvereinigung der Architekten. Vertreter des Neobarock mit teilw. spätsecessionist. Anklängen.
Werke: städtebaulich-architekton. Prägung von Berndorf (NÖ.), ab 1888; in Wien: Nö. Handels- und Gewerbekammer (heute Wirtschaftskammer Wien), 1905–07; Ausbau der Neuen Hofburg, 1907–14; Kriegsministerium (heute Regierungsgebäude), 1909–13; Wohn- und Geschäftshäuser.
Literatur: R. Kolowrath, L. B., 1985.

Baumann, Oskar, * 25. 6. 1864 Wien, † 12. 10. 1899 ebd., Geograph und Afrikaforscher. 1885 Kongoexpedition; 1886 Fernando Poo; 1888 Usambara (mit H. Mayer, Kartierung bis 1890); 1892–93 im Gebiet südl. des Victoriasees, entdeckte die Quelle des Kagera und damit die lang gesuchte eigentl. Nilquelle; 1896 ö. Konsul in Sansibar. Seine umfangreichen Sammlungen befinden sich im Museum für Völkerkunde und im Naturhist. Museum in Wien.
Werke: Afrikan. Skizzen, 1890; Usambara und seine Nachbargebiete, 1891; Durch Massailand zur Nilquelle, 1894; Der Sansibar-Archipel, 3 Tle., 1896–99.

Baumarten: Die in Ö. heim. B. gliedern sich in 1) Nadelhölzer und 2) Laubhölzer, hinzu kommen 3) einige wichtigere kultivierte (und verwildernde) B. in Ö.
1) Nadelhölzer/Coniferopsida:
Föhrengewächse/Pinaceae: Gewöhnliche Fichte (Rottanne)/Picea abies: anspruchsloser Gebirgsbaum (→ Gebirgsvegetation und -flora, → Vegetation), seit dem 16. Jh. in weiten Gebieten Ö. in großem Ausmaß forstl. kultiviert, seit dem 19. Jh. zunehmend in Monokulturen in Herrschafts- und Bauernwäldern gepflanzt, wichtigster Forstbaum und Holzlieferant Ö.; gut verarbeitbares, leichtes, tragfähiges Weichholz und daher in der Bauwirt. und Papierind. bevorzugt. – Edel-Tanne (Weißtanne)/Abies alba: anspruchsvoller als die Fichte, seltener, durch die Forstw. zurückgedrängt (kann sich im Wirtschaftswald nicht gut verjüngen), empfindlich gegen Luftverunreinigung und gegen Wildverbiss; die Holzqualität ist prinzipiell gleich der Fichte, erfordert jedoch eine andere Einstellung der Sägewerke. → Föhre (Kiefer), → Latsche, → Schwarz-Föhre, → Zirbe. – Europa-Lärche/Larix decidua: sommergrüner Gebirgsbaum, auch forstl. kultiviert; Holz sehr dauerhaft gegen Wasser.
Zypressengewächse/Cupressaceae: Edel-Wacholder (Echter Wacholder)/Juniperus communis. → Arzneipflanzen, → Gewürzpflanzen, → Gebirgsvegetation und -flora, → Straucharten.
Eibengewächse/Taxaceae: Europa-Eibe/Taxus baccata: Bergwälder, langsamwüchsig, selten, vor der Erfindung der Feuerwaffen für die Herstellung von Armbrüsten kriegswichtig aufgrund des harten und elast. Holzes, durch ehem. Raubbau selten geworden. → Giftpflanzen.
2) Laubhölzer (Bedecktsamer/Angiospermae):
Rosengewächse/Rosaceae, Gattung Sorbus: Mehlbeere/Sorbus aria: anspruchslos, oft in Föhrenwäldern, oft strauchig, Laubblätter ungeteilt, unterseits weißfilzig, Früchte leuchtend rot. – Eberesche, Vogelbeerbaum/Sorbus aucuparia: anspruchsloser Pionierbaum im Gebirge, auf Waldschlägen, bis zur oberen Baumgrenze, Laubblätter gefiedert; Früchte leuchtend rot, die der Wildrasse sehr herb (gerbstoffreich), auch häufig kultiviert, Früchte werden für Obstschnaps verwendet. – Elsbeere („Odlasbir")/Sorbus torminalis: sommerwarme Wälder, Laubblätter ahornähnl. handförmig gespalten; Früchte braun, werden für kostbaren (teuren!) Obstschnaps verwendet. – Speierling („Arschitzen")/Sorbus domestica: submediterran, in Ö. wahrscheinlich nicht heim., mit dem Weinbau aus dem S nach Mitteleuropa gebracht, Laubblätter gefiedert; Früchte groß, birnenähnlich, grünlich-gelblich-rötlich, süß, essbar, früher als Klärmittel für die Weinbereitung wichtig. – Wild-Birne/Pyrus pyraster – Wild-Apfel/Malus sylvestris. → Wildobst, → Straucharten.
Rosengewächse/Rosaceae, Gattung Prunus: Traubenkirsche („Ölexn", „Elsn")/Prunus padus: an Bächen, in Auwäldern; Früchte schwarz, nicht wohlschmeckend. – Wild-Kirsche, Vogel-Kirsche/Prunus avium. → Wildobst, → Straucharten.
Birkengewächse/Betulaceae: Birke/Betula: 2 baumförmige Arten in Ö.: a) Hänge-Birke, Gewöhnliche Birke/Betula pendula: Pionierbaum, „Vorgehölz" auf Waldschlägen; in Mitteleuropa nicht waldbildend; b) Moor-Birke/Betula pubescens (→ Arzneipflanzen); → Straucharten. – Erle/Alnus: 2 baumförmige Arten in Ö.: a) Schwarz-Erle (Rot-Erle)/Alnus glutinosa: Bachauen auf lehmigen, schlecht durchlüfteten Böden, in Bruchwäldern (Sumpfwäldern, → Vegetation); b) Grau-Erle (Weiß-Erle)/Alnus incana: an Gebirgsflüs-

Vicki Baum. Foto.

Franz Baumann: Station Seegrube der Nordkettenbahn auf das Hafelekar, Ti. Foto, 1928.

Oskar Baumann. Foto, um 1896.

sen; → Straucharten. – Hainbuche (Weißbuche, Hagebuche)/Carpinus betulus: wichtige waldbildende Art; Eichen-Hainbuchen-Wald in warmen, trockenen, niederen Lagen; Holz sehr hart; ausschlagfreudig (früher Brennholzgewinnung im Niederwaldbetrieb). – Hopfenbuche/Ostrya carpinifolia: submediterran, fast nur in Kä. (→ Vegetation, ö. Naturräume).
Buchengewächse/Fagaceae: Buche (Rot-Buche)/Fagus sylvatica: anspruchsvolle wichtige waldbildende Art Mitteleuropas, bes. der Randalpen (→ Vegetation, → Gebirgsvegetation und -flora), subozean., empfindl. gegen Trockenheit und starke Fröste sowie Staunässe; Früchte (Bucheckern) ölreich. – Eiche/Quercus: 4 Arten in Ö.: a) Stiel-Eiche/Quercus robur: relativ anspruchslos, in verschiedenen Waldgesellschaften, auch in Harten Auwäldern (→ Auen und Auwälder); Laubblätter fast sitzend; Fruchtstände gestielt; b) Trauben-Eiche/Quercus petraea: in niederen Lagen, zusammen mit Hainbuche im Eichen-Hainbuchen-Wald; Laubblätter 1–2 cm lang gestielt; Fruchtstände sitzend; c) Flaum-Eiche/Quercus pubescens: nur in trocken-warmen Lagen über Kalk (in der → pannonischen Vegetation und Flora), submediterran; junge Laubblätter beidseitig, alte unterseits flaumhaarig; die bisher genannten 3 Arten hybridisieren untereinander; d) Zerr-Eiche/Quercus cerris: nur in trocken-warmen Lagen, bes. im pannon. Gebiet (Hauptverbreitung südöstl.); Laubblätter mit spitzen Lappen, unterseits dünn sternhaarfilzig.
Ulmengewächse/Ulmaceae: Ulme (Rüster, „Rusten")/Ulmus: 3 Arten in Ö.: a) Feld-Ulme (Rot-Rüster)/Ulmus minor: in niederen Lagen, auch Harten Auwäldern (→ Auen und Auwälder); durch die „Holländische Ulmenkrankheit" (Pilzinfektionskrankheit) stark geschädigt; b) Flatter-Ulme (Bast-Rüster)/Ulmus laevis: nur in Harten Auwäldern niederer Lagen; c) Berg-Ulme (Weiß-Rüster)/Ulmus glabra: in Bergwäldern, bes. Schluchtwäldern (→ Vegetation).
Ahorngewächse/Aceraceae: Ahorn/Acer: 4 in Ö. heim. Arten: a) Feld-Ahorn (Maßholder, „Spindel-Ahorn")/Acer campestre: nur in niederen, trocken-warmen Lagen (collin bis submontan), fehlt in W-Ö.; b) Spitz-Ahorn/Acer platanoides: in niederen Lagen (bes. submontan), auf trockenen Böden; c) Berg-Ahorn (Trauben-Ahorn, „Ahorn" schlechthin/Acer pseudoplatanus: in Bergwäldern, Bergschluchten, in günstigen Lagen bis zur oberen Waldgrenze; d) Tataren-Ahorn/Acer tataricum: erreicht Ö. nur randlich im N-Bgld. (Leitha-Auen), verbreitet in SO-Europa.
Lindengewächse/Tiliaceae: Linde/Tilia: 2 Arten in Ö.: a) Sommer-Linde/Tilia platyphyllos und b) Winter-Linde/Tilia cordata in verschiedenen anspruchsvolleren Waldgesellschaften, oft beide Arten zusammen, dann auch miteinander hybridisierend; diese Hybride („Holland-Linde") wird häufig als Alleebaum kultiviert. → Arzneipflanzen.
Ölbaumgewächse/Oleaceae: Esche/Fraxinus: a) Edel-Esche (Gewöhnliche Esche)/Fraxinus excelsior: Licht- und Pionierbaumart in verschiedenen Pflanzengesellschaften, häufig, z. B. im Frischen Auwald (→ Auen und Auwälder); Windbestäuber, Blüten im Vorfrühling, nackt (ohne Blütenhülle), mehr oder weniger triözisch verteilt (männl., weibl. und zwitterblütige Individuen); b) Quirl-Esche/Fraxinus angustifolia: in den March-Auen (östl. NÖ.), Hauptverbreitung in SO-Europa; c) Blumen-Esche (Manna-Esche, Schmuck-Esche)/Fraxinus ornus: autochthon (fast) nur in S-Kä. (→ Vegetation, ö. Naturräume); auch als Ziergehölz kultiviert, selten forstl.; von Insekten bestäubt, Blüten im Mai, Blumenkrone vorhanden, weiß.
Stechpalmengewächse/Aquifoliaceae: Stechpalme („Stechlaub", „Schradllaub")/Ilex aquifolium: nur in subozean. Lagen: Buchenwälder der Randalpen, Vbg.; immergrün, zweihäusig, Früchte rot; alter Kult- und Zauberbaum, auch Ziergehölz.
Weidengewächse/Salicaceae: Pappel/Populus: 3 in Ö. heim. Arten: Schwarz-Pappel/Populus nigra (in Auwäldern), Silber-Pappel/Populus alba (in Auwäldern), Aspe (Espe, Zitter-Pappel)/Populus tremula (Pionier auf Waldschlägen); die bekannte und häufig kultivierte Spitz- oder Pyramiden-Pappel ist eine Mutante (Erbkrankheit) der Schwarz-Pappel, alle Individuen sind männl., sie bilden einen Klon, d. h. sie sind völlig erbgleich, weil sie alle von einem einzigen Individuum aufgrund vegetativer (d. h. ungeschlechtlicher) Fortpflanzung abstammen. – Weide/Salix: 5 in Ö. heim. Arten wachsen baumförmig, die wichtigsten sind: Silber- (Weiß-)Weide/Salix alba (in den Weichen Auen des Tieflands), Bruch-Weide/Salix fragilis (Flussauen des Berglandes), Sal-Weide/Salix caprea (die häufigste Weiden-Art, oft auch strauchförmig, Pioniergehölz auf Waldschlägen, als Palmkätzchenlieferantin meist geschändet), Lavendel-Weide/Salix eleagnos (Gebirgsflussauen); die meisten übrigen heim. Weiden-Arten sind → Straucharten.

3) Einige wichtigere kultivierte (und verwildernde) B. in Ö.: Douglasie/Pseudotsuga menziesii (Föhrengewächse/Pinaceae): aus N-Amerika stammend, forstl. kultiviert. – Baum-Hasel/Corylus avellana: neuerdings in niederen und klimawarmen Lagen gern gepflanzt, Früchte essbar, aus SW-Asien stammend. → Edelkastanie/Castanea sativa. – Rot-Eiche/Quercus ruber: stellenweise forstl. eingebracht, aus N-Amerika stammend. – Eschen-Ahorn/Acer negundo: aus N-Amerika stammend, als Zierbaum eingeführt, in Auen verwildert (→ Neophyten). – Hybrid-Pappel („Kanadapappel"): Kreuzungsprodukte (Hybriden, Bastarde) zw. der heim. Schwarz-Pappel/Populus nigra und nordamerikan. Verwandten; früher in Auwäldern zur raschen Holzgewinnung geforstet. – Ölweide/Elaeagnus angustifolia: weil salzresistent im Seewinkel (Bgld.) aufgeforstet, heute verwildernder → Neophyt. – Götterbaum/Ailanthus altissima (Bitterholzgewächse/Simaroubaceae), → Neophyten. – Robinie („Akazie")/Robinia pseudacacia. – → Rosskastanie/Aesculus hippocastanum.

Literatur: F. Wolkinger, Bäume und Sträucher Ö., 1993; C. Eichberger u. P. Heiselmayer, Die Eibe (Taxus baccata) in Sbg., 1995; W. R. Franz, Die Hopfenbuche in Ö. und N-Slowenien, Carinthia II, 2002; E. Hörandl u. a., Weiden in Ö. und angrenzenden Gebieten, 2002.

BAUMAX AG, größte Baumarktkette Ö. (26 % Marktanteil), gegr. 1976 von K. → Essl. 70 Filialen in Ö. und 52 Filialen im Ausland; 5369 Mitarbeiter und 880 Mio. Euro Umsatz (2002). Seit 1992 ist die börsenotierte B. AG in Ungarn und Tschechien, seit 1993 in Slowenien, seit 1994 in der Slowakei und seit 2001 in Kroatien tätig. Sie ist ebenso wie die Schömer HG (Baustoffhandlung) Teil einer Holding, die auf eine 1923 von F. Schömer in Klosterneuburg gegr. Kohlenhandlung zurückgeht.

Baumarten: Hopfenbuche.

Baumarten: Schwarz-Pappel.

Baumarten: Elsbeere.

BAUMBERG, Gabriele, siehe → Batsányi, Gabriele.

BAUMEISTER, Bernhard (eigentl. B. Baumüller, * 28. 9. 1827 Posen (Poznań, PL), † 26. 10. 1917 Baden (NÖ.), Schauspieler. Nach Engagements an dt. Bühnen 1852 ans Wr. → Burgtheater verpflichtet, wo er bis 1915 Naturburschen und Bonvivants, später ältere humorist. und trag. Rollen spielte; 1857 zum Hofschauspieler ernannt, 1892 auf Lebenszeit engagiert; auch als Regisseur und ab 1874 als Lehrer am Wr. Konservatorium tätig.
Literatur: M. Köck, B. B., 65 Jahre Burgtheater, Diss., Wien 1960.

BÄUMER, Eduard, * 13. 5. 1892 Kastellaun i. Hunsrück (D), † 21. 1. 1977 München (D), Maler und Graphiker. Studierte an der Städelschen Kunstinst. in Frankfurt a. M. und knüpfte dann Kontakte zu Expressionisten (M. Beckmann u. a.), zu W. Kandinsky, M. → Buber und P. Hindemith. Sein frühes Werk ist beeinflusst von der franz. Moderne und von der Farbenlehre J. Ittens und weist kubist. und neusachl. Elemente auf. Die Bekanntschaft mit P. Picasso, G. Braque und H. Matisse in Paris 1930/31 beeindruckte ihn zutiefst, führte aber bei ihm zu einer stärker konservativ ausgerichteten Malweise. Ab 1933 lebte B. in Salzburg, ab 1948 in Wien, wo er Prof. an der Akad. f. angewandte Kunst wurde, 1964 übersiedelte er nach Tropea in den Abruzzen.
Werke: im Besitz der Sbg. Landesgalerie, des Museums f. angewandte Kunst in Wien und der Albertina in Wien.
Literatur: W. Mrazek, E. B., 1977; H. Strnath, in: Weltkunst 52 (1982).

BAUMGARTEN, Bgld., MA, Gem., 255 m, 880 Ew., 6,96 km², Schmalangerdorf unweit der Grenze zu Ungarn mit zum Teil kroat. Bevölkerung. – Urk. um 1267, barocke Pfarrkirche mit Hochaltar (Ende 18. Jh.), Friedhof mit ehem. Wehrmauer, westl. des Ortes „Ödes Kloster": ehem. Klosteranlage (18. Jh.), Kirche (15. Jh.), 1782 aufgehoben.

BAUMGARTEN, Teil des 14. Wr. Bezirks; bis 1891 selbständige Gemeinde (urk. 1195), dann bis 1938 beim 13. Bez., früher zahlr. Fabriken, heute vorwiegend Wohngebiet. General A. → Hadik errichtete 1779 im oberen B. ein Schloss, das im 19. Jh. ein bekanntes Vergnügungsetablissement war. Auf der Baumgartner Höhe oberhalb von B. Sozialmedizin. Zentrum Otto Wagner-Spital mit Pflegezentrum, (1905–07 erbaut); die Anstaltskirche von O. → Wagner ist das bedeutendste Sakralbauwerk des Jugendstils. Müllverbrennungsanlage am Flötzersteig. Neuroman. Pfarrkirche (1906–08).

BAUMGARTEN BEI GNAS, Stmk., FB, Gem., 330 m, 641 Ew., 8,97 km², landw. Gem. am Oberlauf des Gnasbachs. – Urk. 1308.
Literatur: F. Wohlgemuth, Geschichte der Ortsgem. B., 1938.

BAUMGARTENBERG, OÖ., PE, Markt, 237 m, 1399 Ew., 15,74 km², im Machland nördl. der Donau. – Kloster und Mädchenwohnheim sowie Gymn. und FachS f. wirt. Berufe der Schwestern vom Guten Hirten; Erzeugung von Alu-Folien. – Zisterzienserstift 1141–1784; ehem. Stiftskirche spätroman.-frühgot. Anlage mit reicher barocker Innenausstattung in 4 Bauphasen: roman. Pfeilerbasilika (1243) in Langhaus, Vierung und den Mauern des Chors erhalten; Paradiesvorhalle frühgot. (1301–06), 3. Bauphase 1436–46 mit Chorneubau und einheitl. Dachstuhl; Barockisierung (1660–97) unter A. Carlone (Stuck B. Carlone), Fresken (1698) von G. A. Mazza. Qualitätsvolle barocke Ausstattung: Hochaltar (Ende 17. Jh.), Bild 1694 von J. C. v. Reslfeld), Kanzel (um 1670) mit dem hl. Bernhard als Kanzelfußträger; Grabsteine aus dem 16./17. Jh.

BAUMGARTNER, Andreas Frh. von, * 23. 11.1793 Friedberg (Frymburk, CZ), † 30. 7. 1865 Wien, Physiker, Politiker. 1823 Prof. für Physik und angewandte Mathematik an der Univ. Wien, 1833 Dir. der staatl. Porzellanfabriken, 1842–48 der Tabakfabriken, Leiter des neu entstandenen Telegraphenwesens; 1848 A-beitsmin., 1851–55 Handels- und Finanzmin., zuständig für den Bau der → Semmeringbahn; 1851–65 Präs. der Akad. der Wiss., Stifter des „B.-Preises".
Literatur: G. Bauer, A. v. B. (1793–1865), Dipl.-Arb., Wien 1991.

BAUMGARTNER, Franz, * 27. 6. 1876 Wien, † 14. 10. 1946 Velden (Kä.), Architekt. Führender Repräsentant des regionalen „Wörther-See-Stils", zahlr. Villen und Hotels.
Werke: in Velden: Hotel Kointsch, 1909; in Pörtschach: Villa Edelweiß, 1910; Villa Almrausch, 1913; Villa W. Turkovic, 1913; in Klagenfurt: Künstlerhaus, 1911, 1913/14.
Literatur: U. Harb, F. B., 1986.

BAUMGARTNER, Johann Baptist, * 1710 Wien, † 29. 9. 1773 ebd., Kapuziner, Maler. Ab 1739 Schüler an der Wr. Akad., ab 1772 Mitgl. der Akad. Malte verschiedene Altarblätter für ö. und ungar. Kirchen. Mehrere Werke aus seiner Hand im Wr. Kapuzinerkloster, dem er als Pater Norbert angehörte.

BAUMGARTNER, Roland, * 18. 2. 1955 St. Pölten (NÖ.), Komponist. Nach Studium am Konservatorium Wien (Trompete, Klavier und Komposition) und an amerikan. Musikhochschulen (Cleveland und Boston) seit 1979 freischaffender Komponist.
Werke: Musik zu Fernsehserien: The Secret of the Black Dragon; Tatort; Eurocops; Peter Strohm; Mit Leib und Seele. – Musik zu Kinofilmen: Deadly Game; Bomarzo; Die Nacht der vier Monde; Zirkus der gefallenen Engel; Herzklopfen. – Ballettmusik, Musicals, Kantaten, Symphonien, Orgelmusik.

BAUMGARTNER, Ulrich, * 20. 3. 1918 Berlin (D), † 18. 8. 1984 Graz (Stmk.), Kulturmanager, Regisseur. Mit 17 Jahren Werbefilmassistent bei der UFA, nach 1945 Kulturredakteur und Theaterregisseur in Graz, Organisator der Kapfenberger Kulturtage. 1964–77 Intendant der → Wiener Festwochen, integrierte das Ballett als Bestandteil der Festwochen. Begründete die „Arena" als Gegenfestival zur Hochkultur und arbeitete beim Grazer Avantgardefestival steirischer herbst.

BAUMKIRCHEN, Ti., IL, Gem., 593 m, 1085 Ew., 4,03 km², landw. Wohngem. mit Gewerbebetrieben im mittleren Inntal am Ausgang des Baumkircher Tals östl. von Hall in Ti. – Urk. 1040; spätgot. Pfarrkirche mit Barockturm und barocken Deckenfresken, Totenkapelle (spätes 19. Jh.), Annakapelle (1645/50) mit frühbarockem Hochaltar; Ansitz Wohlgemutsheim (erb. 1474) mit Dreifaltigkeitskapelle (Weihe 1517, Barockfresken); gut erhaltenes altes Ortsbild (teilw. 16. Jh.: Müllerhaus, Pernegger Thurn, Badgasthaus, Frühmesserhaus).
Literatur: F. Fliri, B. Heimatkunde eines Dorfes in Ti., 1999; ders., Familienbuch der Gem. B., Fritzens, Gnadenwald und Terfens im Unterinntal/Ti. von 1636 bis 1946 mit Ergänzungen, 1999.

BAUMKIRCHER, Andreas, Frh. von Schlaining, * um 1420 vermutl. Wippach (Vipava, SLO), † 23. 4. 1471 Graz (Stmk.; enthauptet), Söldnerführer. Verteidigte 1452 Wr. Neustadt gegen das ständische Heer; organisierte aber 1468 mit Unterstützung des Ungarnkönigs → Matthias Corvinus einen Aufstand des steir. Adels gegen Ks. → Friedrich III.
Literatur: E. Simon, Grundlagen, Möglichkeiten, Grenzen soz. Aufstiegs im Spät-MA am Beispiel A. B., Dipl.-Arb., Wien 2000.

BAURECHT: 1) öffentliches: betrifft die Errichtung und Überwachung des Zustandes von Bauwerken; ist Allg. in Bauordnungen der Bundesländer geregelt und von den Gem. im eig. Wirkungsbereich vollzogen. Davon ausgenommen sind bestimmte Zweckbauten, z. B. Eisenbahnbauten, Straßenbauten und militär. Anlagen. Sie unterliegen eige. bundesgesetzl. Regelungen. Die Bauordnungen enthalten Vorschriften über die Be-

Bernhard Baumeister als Richter von Zalamea im gleichnamigen Stück von Calderon. Gemälde von J. Fust, 1883 (Ehrengalerie des Burgtheaters, Wien).

schaffenheit von Baugrundstücken, Bestimmungen über die Errichtung und Beschaffenheit von Gebäuden und sonstigen baul. Anlagen, insbes. über deren Höhe, den Abstand zum Nachbarn usw. Über ein Bauansuchen ist in der Regel vom Bürgermeister eine mündl. Verhandlung mit dem Bauwerber, den Nachbarn und Sachverständigen durchzuführen; bei kleineren Vorhaben sind vereinfachte Verfahren (z. B. Anzeigeverfahren) vorgesehen. Nach Erteilung der Baubewilligung durch den Bürgermeister darf das Gebäude errichtet werden. Nach Fertigstellung wird in manchen Fällen noch die Übereinstimmung mit der Baubewilligung geprüft („Schlusskollaudierung") und eine Benützungsbewilligung erteilt. In Städten mit eig. Statut und in Wien wird die Baubewilligung vom Magistrat erteilt, sonst grundsätzlich vom Bürgermeister.

2) privatrechtlich: das dingliche, veräußerliche und vererbliche, zeitl. begrenzte (10–100 Jahre) Recht, auf oder unter einem fremden Grundstück ein Bauwerk zu haben. Seit der Novellierung des B.-G 1990 ist jeder private Grundeigentümer berechtigt, ein B. zu bestellen.

Literatur: S. Bachmann u. a. (Hg.), Besonderes Verwaltungsrecht, ⁴2002; H. Koziol u. R. Welser, Grundriss des bürgerl. Rechts, Bd. 1, ¹²2002.

BAUSPAREN, kombinierte Spar- und Finanzierungsform zur Vermögensbildung und Schaffung von Wohnraum in Ö. Bis 1999 wurden rd. 1,030.000 Wohneinheiten durch die Bausparkassen finanziert. Das B. basiert auf einem geschlossenen Spar- und Finanzierungskreislauf, bei dem die Sparer mit ihren Einzahlungen die finanzielle Basis für die Vergabe von Bauspardarlehen schaffen. Wegen des volkswirt. Nutzens leistet der Staat einen Beitrag in Form von öffentl. Bausparförderung. Folgende Bausparkassen sind in Ö. tätig: Raiffeisen Bausparkasse, s-Bausparkasse, Bausparkasse Wüstenrot AG, ABV-Allg. Bausparkasse, LBA Landesbausparkasse AG.

BAUTENMINISTERIUM, siehe → Wirtschaftsministerium.

BAUWIRTSCHAFT (Bauindustrie, Baugewerbe, Bauhilfs- und -nebengewerbe): Bis in das 19. Jh. waren die Baugewerbetreibenden (Baumeister, Maurermeister, Zimmerleute usw.) die Träger des Bauwesens. Nur vereinzelt gab es größere Baufirmen. Oft wurde das Militär zu Straßen-, Festungsbau und dgl. eingesetzt. Erst mit dem Bahnbau und der Errichtung industrieller Anlagen entstanden Großbauunternehmen. Der Hausbau blieb vorwiegend dem Gewerbe vorbehalten.

In der Zwischenkriegszeit stagnierte der Straßen- und Bahnbau. Die wenigen Ausnahmen (etwa Glocknerstraße, Höhenstraße, Reichsbrücke) dienten auch der Arbeitsbeschaffung. Bedeutende Kommunalbauten entstanden in Wien und anderen Städten. Nach dem Anschluss 1938 wurden Großprojekte (Wasserkraftanlagen, Autobahnbau, Ind.-Anlagen) begonnen, die erst nach dem 2. Weltkrieg fertig gestellt wurden.

Die Notwendigkeit eines schnellen Wiederaufbaus führte zu Zweckbauten, ohne viel auf Umwelt, Einbindung in die Natur oder Architektur zu achten. Mitte der 70er Jahre vollzog sich ein Bewusstseinswandel: Man nahm mehr Rücksicht auf Umwelt und architekton. Qualität und setzte gezielt Materialien wie Holz, Ziegel und Naturstein ein. Die ö. B. erlebte mit Hilfe neuer Methoden (Spannbeton, Verwendung von Fertigteilen u. a.) und dank weltweit anerkannter Innovationen (z. B. Neue Österreichische → Tunnelbauweise) Mitte der 90er Jahre einen Höhepunkt.

Der private Hausbau wurde auch durch das Kapital aus Bausparverträgen gefördert. Das ö. Bauwesen besitzt internat. einen ausgezeichneten Ruf, so dass es im Ausland expandieren konnte.

2002 beschäftige die ö. B. rd. 87.000 Mitarbeiter und erreichte eine Bauproduktion von 9,9 Mrd. Euro.
→ ALPINE Bau Ges. m. b. H., → Bau Holding STRABAG AG, → Porr, Allgemeine Baugesellschaft A. Porr AG, → TEERAG ASDAG, → Universale Baugesellschaft AG, → Wiener Betriebs- und Baugesellschaft m. b. H., WIBEBA.

BAWAG P.S.K. GRUPPE, entstand 2000 durch die Vereinigung der → Postsparkasse AG (P.S.K.) mit der Bank für Arbeit und Wirtschaft AG (BAWAG, Hauptaktionäre Ö. Gewerkschaftsbund und Bayerische Landesbank, die nach der Insolvenz des Konsum Österreich 1995 dessen Aktienpaket übernahm), 2002 mit einer Bilanzsumme von 48,84 Mrd. Euro, rd. 5800 Beschäftigten und 203 Geschäftsstellen die drittgrößte Bankengruppe Ö.

1922 von K. → Renner als „Arbeiterbank" gegr., war es anfangs Aufgabe dieser Bank, die finanziellen Mittel der Gewerkschaften und der → Konsumgenossenschaften zusammenzufassen und zu verwalten. Nach einer gesunden Aufwärtsentwicklung auch während der Weltwirtschaftskrise wurde sie schließlich 1934 aus polit. Gründen liquidiert.

1947 zum zweiten Mal gegr., begann die Arbeiterbank neben ihrer urspr. Aufgabe allmählich mit der Erschließung neuer Geschäftsbereiche. Mit der Namensänderung in „Bank für Arbeit und Wirtschaft" 1963 sollte die Neuorientierung der Geschäftspolitik auch nach außen hin dokumentiert werden. Traditioneller Schwerpunkt der Geschäftspolitik war weiterhin die umfassende finanzielle Betreuung der Arbeitnehmer, für die bes. Produkte geschaffen wurden, wie etwa der Barzustellungskredit (BZK), der über den Betriebsrat abgewickelt wird. Auf dem Sparsektor wurde das sog. „Kapitalsparbuch" zu einem bes. Erfolg. Die Entwicklung der BAWAG war bis 1979 durch das alte Kreditwesengesetz eingeschränkt, die Eröffnung jeder einzelnen Außenstelle an eine eigene Konzession band. So besaß die BAWAG 1977 nur 26 Außenstellen in ganz Ö. Seit 1979 wurden mehr als 130 neue Geschäftsstellen eröffnet und neben dem Privatkundengeschäft auch das Kommerzbereich und das internat. Geschäft deutlich forciert. Die starke Primärmittelbasis ermöglichte der BAWAG eine bed. Ausweitung des Kreditgeschäfts mit der Wirt. Durch die Partnerschaft mit der Bayerischen Landesbank wurde das internat. Geschäft v. a. in den Nachbarländern in Mittel- und Osteuropa sowie in Hongkong intensiviert. 2002 erwarb die BAWAG P.S.K. Gruppe die slowakische Istrobanka, 2003 die tschechische Interbanka. 2001 kaufte sie die Klavierfabrik Bösendorfer.

BAXA, Jakob, * 15. 2. 1895 Wien, † 10. 11. 1979 Mödling (NÖ.), Soziologe, Kultur- und Wirtschaftshistoriker. War in der Zuckerind. tätig und lehrte 1923–28 an der Univ. Wien.

Werke: Ges. und Staat im Spiegel dt. Romantik, 1924; Ges.-Lehre von Platon bis Nietzsche, 1927; Studien zur Geschichte der Zuckerind. in den Ländern des ehem. Ö., 1950.

BAXTER AG, seit 1999 bestehendes forschendes Pharma-Unternehmen mit Hauptsitz in Wien, entstanden durch die Fusion von → Immuno AG (gegr. 1960) und Ö. Inst. für Haemoderivate (gegr. 1953). Hersteller biolog. Arzneimittel (Blutgerinnungspräparate, Albumine, Immunglobuline, Impfstoffe, Diagnostika). Am bekanntesten ist der Impfstoff gegen die von Zecken übertragene virale Meningoenzephalitis. Biomedizin. Forschungszentrum in Orth a. d. Donau (seit 1983). 2002 wurde mit ca. 2400 Mitarbeitern ein Umsatz von 208,56 Mio. Euro erwirtschaftet; die Ausgaben für Forschung und Entwicklung betrugen 2002 53,74 Mio. Euro; Exportanteil 95 %.

Literatur: G. Gasser, Die Position des Wirt.-Standortes Ö. im internat. Standortwettbewerb untersucht am Beispiel der B. AG, Dipl.-Arb., Wien 2003.

Bayer, Hans, * 3. 2. 1903 Wien, † 5. 5. 1965 Rom (I), Volkswirtschaftler. 1937/38 und 1945–56 Univ.-Prof. in Innsbruck, danach in Deutschland.
Werke: Strukturwandlungen der ö. Volkswirt., 1929; Ö. Arbeitsrecht, 1937; Sozialisierung und Planwirt., 1947; Technik und Gemeinwirt., 1956; Wirt.-Gestaltung, 1958; Das mittlere personengeprägte Unternehmen als Wirt.-Stabilisator, 1963.

Bayer, Herbert, * 5. 4. 1900 Haag a. Hausruck (OÖ.), † 30. 9. 1985 Montecito (USA), Graphik-Designer, Maler und Fotograf. Studierte am Bauhaus in Weimar, verwendete frühzeitig die Fotografie in seiner Arbeit, 1925–28 Leiter der Werkstatt für Reklame und Typographie am Bauhaus in Dessau, danach in Berlin für Werbeagenturen und im Ausstellungswesen tätig; emigrierte in die USA, dort vielseitige Beschäftigung mit Graphik-Design, Malerei, Architektur und Landschaftsgestaltung.
Literatur: A. A. Cohen, H. B. – The Complete Work, 1984; B. Widder, H. B. Architektur, Skulptur, Landschaftsgestaltung, 2000.

Herbert Bayer: Exlibris, um 1935.

Herbert Bayer: The Monument. Fotoplastik, 1932.

Bayer, Josef, * 6. 3. 1852 Wien, † 12. 3. 1913 ebd., Komponist. 1883–1913 Hofopernkapellmeister, ab 1885 auch Ballettkapellmeister an der Wr. Hofoper; sein erfolgreichstes Werk ist das Ballett „Die Puppenfee" (1888).

Bayer, Josef, * 10. 7. 1882 Hollabrunn (NÖ.), † 23. 7. 1931 Wien, Prähistoriker. Dir. der Urgeschichtl. Sammlungen des Naturhist. Museums in Wien; gründete das Inst. für Eiszeitforschung. War an der Auffindung der → Venus von Willendorf beteiligt.
Werk: Der Mensch im Eiszeitalter, 1927.

Bayer, Karl-Josef, * 4. 3. 1847 Bielitz (Bielsko, PL), † 4. 10. 1904 Rietzdorf b. Cilli (Celje, SLO), Chemiker. Entdeckte den Aufschluss von Bauxit mit Natronlauge und erfand die Methode des Ausrührens von Tonerdehydrat. Errichtete Fabriken in Rietzdorf (heute SLO), Russland und Amerika.
Literatur: ÖBL.

Bayer, Konrad, * 17. 12. 1932 Wien, † 10. 10. 1964 ebd. (Selbstmord), avantgardist. Schriftsteller. Von Beruf Bankangestellter (bis 1957), wurde B. 1951 Mitgl. im „Art-Club", aus dem später die → Wiener Gruppe hervorging. Zu gem. Auftritten kam es in Simultanlesungen, „literarischen cabarets" (1958/59) und Theateraufführungen. B. versuchte in Experimenten mit serieller Texthervorbringung, mit Montagetechniken und Wortspielen das der Sprache innewohnende Täuschungsmoment („es gibt nichts gemeinsames. nur die sprache schafft gemeinsamkeiten") zu zertrümmern. Sein provokatives Werk stieß zu Lebzeiten meist auf Unverständnis und Ablehnung, heute gilt er als einer der Wegbereiter der Avantgarde nach 1945.
Werke: Prosa: starker toback, 1962 (mit O. Wiener); der stein der weisen, 1963; montagen 1956, 1964 (mit H. C. Artmann u. G. Rühm); Der Kopf des Vitus Bering, 1965; der sechste sinn, 1966 (hg. v. G. Rühm). – Dramen: bräutigall & anonymphe, 1963; kinderoper, 1964; kasperl am elektrischen stuhl, 1968; der analfabet, 1969; die boxer, 1971; idiot, 1972. – Hörspiele: der kopf des vitus bering, 1964; der berg, 1966; der schweißfuß, 1971. – Ausgaben: Das Gesamtwerk, hg. v. G. Rühm, 1977; Sämtliche Werke, hg. v. G. Rühm 2 Bde., 1985; K. B., Theatertexte, hg. v. G. Rühm, 1992.
Literatur: U. Janetzki, Alphabet und Welt. Über K. B., 1982; ders. u. W. Ihrig (Hg.), „Die Welt bin ich". Materialien zu K. B., in: protokolle 1983, Bd. 1; F. Achleitner u. P. Weibel (Hg.), Wr. Gruppe, 1997; F. Achleitner u. W. Fetz (Hg.), Wr. Gruppe, Ausst.-Kat., Wien, 1998.

Bayer Austria Ges. m. b. H., 1970 aus der 1946 gegr. Chemia Ges. m. b. H. hervorgegangenes Großhandelsunternehmen für Chemikalien und Pharmazeutika mit Sitz in Wien; Ö.-Repräsentanz der Bayer AG Leverkusen. 2002: 198 Mitarbeiter, 210,8 Mio. Euro Umsatz.

Bayerischer Erbfolgekrieg: 1) B. (Landshuter) E. 1504/05: Im Krieg um das Erbe Hzg. Georgs von Bayern-Landshut stand Maximilian I. seinem Schwager Hzg. Albrecht IV. von Bayern-München bei, besiegte ein Söldnerheer zu Schönberg (bei Regensburg), eroberte am 17. 10. 1504 Kufstein und gewann nach seinem Kölner Schiedsspruch vom 30. 7. 1505 Kitzbühel, Kufstein, Rattenberg (mit Ti. vereinigt), das Mondseeland mit St. Wolfgang sowie Neuburg am Inn, Rannariedl und Neuhaus an der Mühl, die zu OÖ. kamen.
2) B. E. 1778/79: Nach dem Erlöschen der älteren Linie der Wittelsbacher (30. 12. 1777) schloss Ö. über Betreiben von Joseph II. mit Karl Theodor von der Pfalz eine Konvention, die einen Tausch Bayerns gegen die Niederlande vorsah. Dessen Erbe Karl von Zweibrücken wandte sich jedoch an Preußen, das einen Krieg gegen Ö. eröffnete. Da keine Partei in Böhmen Erfolge erringen konnte, kam über Vermittlung von Frankreich und Russland am 13. 5. 1779 der von Maria Theresia gewünschte Friede von Teschen zustande. Ö. verzichtete auf Bayern, erhielt aber das Innviertel.
Literatur: P. P. Bernard, Joseph II. and Bavaria, 1965; Hist. Dokumentation der Eingliederung des Innviertels im Jahre 1779, Ausst.-Kat., Ried. i. I. 1979; K. Gutkas, Ks. Joseph II., 1989.

Bayr, Rudolf, * 22. 5. 1919 Linz (OÖ.), † 17. 10. 1990 Salzburg, Dramatiker, Lyriker, Essayist, Kritiker und Übersetzer. 1948–51 Hg. der Ztschr. „Wr. literarisches Echo", Leiter der Abteilung Kultur und Wiss. beim ORF, 1975–84 Intendant des Landesstudios Sbg.; Grillparzer-Preis 1953, Ö. Staatspreis 1960.
Werke: Lyrik: Der Wolkenfisch, 1965; Flugsand und Schlaf, 1988. – Dramen: Sappho und Alkaios, 1952; Die Liebe der Andrea, 1954; Agamemnon muß sterben, 1965. – Prosa: Die Schattenuhr, 1976; Ein Loch im Lehm, 1981; Die Eiben von Sammezzano, 1984. – Nachdichtungen aus dem Altgriechischen (Sophokles): Antigone, 1961; Elektra, 1963.
Literatur: R. B., Ich habe nichts als mich, hg. von B. Stenwendtner, 1999.

BBU, siehe → Bleiberger Bergwerks-Union.

Beamte, Personen, die in einem öffentl.-rechtl. Dienstverhältnis zu einer → Gebietskörperschaft (Bund, Land, Gem.) stehen; dieses wird nicht durch einen Dienstvertrag, sondern durch einen einseitigen Hoheitsakt (Bescheid) begründet. Die zunächst provisor. ernannten B. werden mit der Definitivstellung unkündbar. Das Dienstverhältnis wird abschließend durch das Dienstrecht geregelt; abweichende Vereinbarungen sind unzulässig.
Für alle B. gelten folgende Grundsätze: bes. Treuepflicht, Gehorsamspflicht, Pflicht zur Amtsverschwiegenheit, Haftung bei Schäden durch Ausübung der Amtstätigkeit, strafrechtl. Verantwortlichkeit für die Amtsführung, eigenständiges Disziplinarrecht und Pensionssystem. Die B. werden auf Lebenszeit ernannt; der Übertritt in den Ruhestand bedeutet keine Beendigung, sondern eine Umgestaltung des Dienstverhältnisses.
Die ö. Staatsbürgerschaft ist seit dem Beitritt Ö. zur Europ. Union (EU) nur noch für B., die im Kernbereich der hoheitl. Verwaltung tätig sind, zwingendes Ernennungserfordernis.
Als B. werden häufig auch Angehörige von Berufsgruppen bezeichnet, die in einem Vertragsverhältnis stehen, das sich ebenfalls durch bes. hohe Arbeitsplatzsicherheit auszeichnet (z. B. „Bank-B.", „Bahn-B.").
Geschichte: Ab Ende des 15. Jh. beschäftigten sowohl die Landesfürsten als auch die Stände B. zur Besor-

Josef Bayer (1852–1913). Foto.

Rudolf Bayr. Foto.

Konrad Bayer im Café Hawelka. Foto, 1962.

gung der Verwaltungsgeschäfte, später auch die großen Grundherrschaften. Unter Ks. Joseph II. und Ks. Franz I. erhielten die Staats-B. neue Rechte (Unkündbarkeit, Pensionen), gleichzeitig wurden auch die Pflichten umfangreicher. Seither entwickelte sich ein B.-Stand, der nach 1850 wesentlich vergrößert wurde (untere Instanzen, Gerichte) und die öffentl. Verwaltung prägte. Im letzten Drittel des 19. Jh. kam dem B.-Stand im Vielvölkerstaat eine integrative Funktion gegen die nationalist. Bestrebungen zu. In der 1. Republik wurde das Beamtentum (mit Beibehaltung bisheriger Titel) übernommen, weitere Bereiche (Bahn, Post) erhielten B.-Status; bis in die 1990er Jahre vergrößerten neue Aufgaben der öffentl. Verwaltung die Zahl der B. in Bund, Ländern und Gemeinden stark (bis zu 700.000), aufgrund von Privatisierungen und Ausgliederungen ist die Zahl in den letzten Jahren aber gesunken (2002: 503.000).

Literatur: H. Kocian und G. Schubert, B.-Dienstrechtsgesetz 1979, Loseblattsammlung, 1980 ff.; B. Schimetschek, Der ö. Beamte, 1984; B. Weichselbaum, Berufsbeamtentum und Verfassung, 2003.

BEAMTENDIENSTRECHT, generelle Normen, die seit 1979 das öffentl.-rechtl. Dienstverhältnis zw. den Gebietskörperschaften und ihren Beamten regeln. Dieses Dienstverhältnis besteht dzt. beim Bund, bei den Ländern, Gem. und Gem.-Verbänden sowie bei den von diesen verwalteten Anstalten und Fonds. Das B. setzt den Grundgedanken der → Dienstpragmatik fort und normiert alle Rechte und Pflichten der Beamten gegenüber dem Dienstgeber.

BEAMTEN-MATURA, gebräuchliche Bezeichnung für eine Externistenprüfung (→ Reifeprüfung) über den Lehrstoff einzelner Unterrichtsgegenstände; sollte nach 1945 v. a. dem durch die Entnazifizierung aufgetretenen Mangel an Beamten für den gehobenen Dienst abhelfen und gleichzeitig eine Wiedergutmachung an Opfern des Nat.-Soz. erleichtern, weil die Ablegung dieser „Mittelschulprüfung" (amtl. Bezeichnung) im öffentl. Dienst die Einstufung als Maturant möglich machte. Seit 1979 als „Beamten-Aufstiegsprüfung" mit größeren Anforderungen weitergeführt: Ablegung der Prüfungen erst nach 8-jährigem Dienstverhältnis möglich, Kenntnisse in Deutsch, Geschichte und Sozialkunde, Geographie und Wirtschaftskunde (im vollen Umfang des Lehrplans eines Realgymn.) sowie – nach Wahl, eingeschränkt auf den Lehrstoff bis zur 6. Klasse eines Realgymn. – in 2 der folgenden Fächer: Fremdsprache, weitere Fremdsprache, Mathematik, Physik, Biologie und Umweltkunde, wobei eine Fremdsprache oder Mathematik gewählt werden müssen.

BECHELAREN, mhd. Name für → Pöchlarn.

BECHER, Alfred Julius, * 27. 4. 1803 Manchester (GB), † 23. 11. 1848 Wien (standrechtl. erschossen), Politiker und Musikkritiker. Kam 1845 nach Wien und wurde hier einer der Führer der → Revolution 1848 (→ Oktoberrevolution). Redakteur des Blattes „Der Radikale".

Literatur: H. Ullrich, A. J. B. und sein Wr. Kreis, in: Jb. des Vereins für Geschichte der Stadt Wien (1967/69); ders., A. J. B., 1974.

BECHER, Johann Joachim, * 6. 5. 1635 Speyer (D), † Okt. 1682 London (GB), Kameralist, Arzt und Chemiker. Nach Studien- und Wanderjahren in Deutschland, Schweden, Italien und Holland wurde er Leibarzt in Mainz, kam 1666 an den Wr. Kaiserhof, wo er die Schaffung eines Kommerzkollegs als Wirtschaftsbehörde anregte, verließ Ö. wieder, kehrte aber 1670 als alchimist. und wirt. Berater Ks. Leopolds I. zurück. Sein Projekt einer Seidenmanufaktur war unterdessen in Walpersdorf (NÖ., 1666–78) verwirklicht, die 1. Oriental. Handelskompagnie war 1667 gegr. worden; nun schuf er in Wien ein Kunst- und Warenhaus als Musterwerkstätte (1676–83). Ab 1679 nahm er sein Wanderleben wieder auf, bereiste Holland und England. B. war ein seiner Zeit vorauseilender Theoretiker des Merkantilismus, der viele Anregungen gab, deren Verwirklichung er aber selten durchstand. Er gewann erstmals Leuchtgas aus Steinkohle; in seinen Schriften befasste er sich mit Theologie, Philosophie, Chemie und Wirtschaft.

Werke: Physica subterranea, 1669, dt. 1680 und 1703 (Naturlehre); Moral Discurs, 1669; Methodus didactica, ²1674 (philosoph.-pädagog. Schrift); Polit. Discurs von den eigentl. Ursachen des Auf- und Abnehmens der Städte, Länder und Republiken, ²1673; Psychosophia, 1674 (Summe seiner Welterfahrung); Närrische Weisheit, 1682 (Erfindungen); Chym. Glückshafen, 1682.

Literatur: H. Hassinger, J. J. B. Ein Beitrag zur Geschichte des Merkantilismus, 1951 (mit Werkverzeichnis); G. Frühsorge u. G. F. Strasser, J. J. B. (1635–1682), 1993; NDB.

BECHER, Ulrich, * 2. 1. 1910 Berlin (D), † 15. 4. 1990 Basel (CH), Dramatiker und Romancier. Kam kurz vor dem Machtantritt Hitlers in Deutschland nach Wien, heiratete die Tochter des Satirikers A. → Roda Roda. Nach 1938 emigrierte er in die Schweiz, 1941 nach Brasilien, 1944 nach New York; 1948 kehrte er nach Wien zurück. Bekannt wurde B. durch die Posse „Der Bockerer" (1946, gem. mit P. Preses; 1981 verfilmt von F. → Antel), in der er seine Erfahrungen mit dem Nat.-Soz. thematisiert.

Werke: Männer machen Fehler, 1932; Das Märchen vom Räuber, der Schutzmann wurde, 1943; Nachtigall will zum Vater fliegen, 1950; Feuerwasser, 1951; Murmeljagd, 1977; U. B. – G. Grosz, Flaschenpost, hg. v. U. Naumann u. M. Töteberg, 1989 (Briefwechsel).

BECHTOLD, Gottfried, * 1. 8. 1947 Bregenz (Vbg.), Multimediakünstler. Arbeitet konzeptionell mit Film, Video, Fotografie und elektron. Medien und setzt sich mit Fragen von Authentizität und Fiktion auseinander; Großprojekte im öffentl. Raum.

Literatur: O. Sandner, G. B., 1978; Dokumentation künstlerischer Projekte von G. B. 1965–1996, 1996 (Video).

BECK, Karl, * 1814 Wien, † 4. 3. 1879 ebd., Sänger (Tenor). Urspr. Zuckerbäcker, debütierte er 1838 in Prag; weitere Sängerlaufbahn außerhalb Ö., setzte sich sehr für das Werk R. Wagners ein (1850 erster „Lohengrin").

BECK, Karl Isidor, * 1. 5. 1817 Baja (H), † 9. 4. 1879 Währing b. Wien, Lyriker und Epiker des Vormärz. Von N. → Lenau und L. Börne beeinflusst; kritisierte die soz. Not des Proletariats („Lieder vom armen Manne", 1846). Von ihm stammt der heutige Titel zum Donauwalzer von J. Strauß (in: Gesammelte Gedichte, 1844, ⁴1846).

Weitere Werke: Jankó, der ungar. Roßhirt, 1841; Nächte. Gepanzerte Lieder, 1848.

Literatur: E. Thiel, K. B. literar. Entwicklung, Diss., Wien 1938.

Max Wladimir Freiherr von Beck (links) mit dem ungarischen Ministerpräsidenten S. Wekerle. Foto, 1907.

Beck, Max Wladimir Frh. von, * 6. 9. 1854 Wien, † 20. 1. 1943 ebd., Beamter, Staatsmann. Lehrer für Rechts- und Staatswiss., dann Vertrauter von Erzhg. → Franz Ferdinand, 1880–1906 Beamter im Ackerbaumin., 1906–08 Min.-Präs. Setzte die Wahlrechtsreform 1907 (allg. Wahlrecht der Männer) durch. 1907 Mitgl. d. Herrenhauses, 1915–34 Präs. des Obersten Rechnungshofs, 1919–38 Präs. der Ö. Ges. vom Roten Kreuz.
Literatur: J. C. Allmayer-Beck, Min.-Präs. Baron B., 1956.

Becke, Friedrich Johann Karl, * 31. 12. 1855 Prag (CZ), † 18. 6. 1931 Wien, Mineraloge und Petrograph. 1882–90 Univ.-Prof. in Czernowitz, dann in Prag, ab 1898 in Wien; 1911–29 Gen.-Sekr. der Ö. Akad. d. Wiss.; Erfinder einer Bestimmungsmethode für Mineralien aufgrund ihrer optischen Eigenschaften, Namengeber für die „b.sche Linie".
Literatur: ÖBL.

Becker, Anton, * 8. 11. 1868 Budkau (Budkov, CZ), † 7. 1. 1955 Wien, Geograph, Lehrerbildner. 1913–22 Landesschulinspektor (Wien, NÖ.), 1930–55 Präs. des Vereins f. Landeskunde von NÖ.; verdient um die Methodik des Geographieunterrichts, landeskundl. Arbeiten v. a. über NÖ.
Werke: Studien zur Heimatkunde von NÖ., 1910; Heimatkunde von NÖ., 1921 ff. (Hg.); Ausgewählte Schriften, 1948.

Becker, Erich, * 5. 10. 1941 Wien, Manager. Studierte an der Hochschule f. Welthandel in Wien. Bis 1989 für die Simmering-Graz-Pauker-AG tätig, 1989–91 Vorstandsmitgl. der M + A Holding AG, 1991/92 der Austrian Industries Technologies AG, 1993 der Austrian Industries AG und 1994–99 der ÖIAG. Seit 1999 Gen.-Dir. und Vorstandssprecher der → VA Technologie AG.

Becker-Donner, Etta (Violetta), * 5. 12. 1911 Wien, † 24. 9. 1975 ebd., Ethnologin. Direktorin des Museums für Völkerkunde in Wien; Forschungsreisen nach Liberia (1934/35 und 1954) und mehrmals nach Süd- und Zentralamerika; Mitbegründerin und 1965–75 Präsidentin des Lateinamerika-Inst. in Wien.
Werke: Hinterland Liberia, 1939; Zentralamerikanische Studien, 1963; Brasiliens Indianer (mit C. F. Feest und P. Kann), 1971; Notizen über die Huanyam, 1974.

Beckermann, Ruth, * 27. 11. 1952 Wien, Regisseurin, Autorin. Studierte Publizistik, Kunstgeschichte und Politikwiss. in Wien. Seit 1977 als Journalistin und Filmemacherin tätig. Für „Jenseits des Krieges" (1996) Dokumentarfilm zur sog. Wehrmachtsausstellung) erhielt sie 1997 den Spezialpreis der Jury und den Prix des Bibliothèques am Festival Cinema du Réel in Paris; M.-Sperber-Preis 2000.
Weitere Werke: Filme: Wien retour, 1980–83; Die papierene Brücke, 1987; Nach Jerusalem, 1990; Ein flüchtiger Zug nach dem Orient, 1999; Homemad(e), 2000. – Schriften: Die Mazzesinsel, 1984; Unzugehörig, 1989; Europamemoria, 2003 (Hg. mit S. Grissemann).

Beckmann, Friedrich, * 13. 1. 1803 Breslau (Wroclaw, PL), † 7. 9. 1866 Wien, Schauspieler. 1841 Gastspiel, 1845 Engagement am Theater an der Wien, 1846 am Wr. Burgtheater, Charakterkomiker und Regisseur. „F.-B.-Stiftung" zur Unterstützung hilfsbedürftiger dt. Schauspieler.

Beck-Mannagetta-Lerchenau, Günther, * 25. 8. 1856 Pressburg (Bratislava, SK), † 23. 6. 1931 Prag (CZ), Botaniker. 1885–99 Leiter der Botan. Abt. des Naturhist. Museums in Wien, Univ.-Prof. in Wien, 1899–1921 in Prag; Redakteur der „Wr. Illustrierten Gartenzeitung".
Werke: Flora von NÖ., 1890–93; Hilfsbuch für Pflanzensammler, 1902; Flora Bosne, Hercegovine i Novipazarskog Sandzaka, Bd. 1–3, 1903–27; Grundriß der Naturgeschichte des Pflanzenreiches, 1908.

Beck-Rzikowsky, Friedrich, * 21. 3. 1830 Freiburg i. B. (D), † 9. 2. 1920 Wien, Kartograph, General. 1881–1906 Chef des Generalstabs. Er veranlasste die Einführung der Photogrammetrie als Aufnahmeverfahren und regte 1885 die neue Generalkarte von Mitteleuropa (1 : 200.000) an. B.-R. wurde im Volksmund „Vizekaiser" genannt.
Literatur: E. Glaise-Horstenau, Franz Josephs Weggefährte, 1930.

Beda-Löhner, Fritz (auch Löhner-Beda, eigentl. Löhner), * 24. 6. 1883 Wildenschwert (Ústí nad Orlicí, CZ), † 4. 12. 1942 KZ Auschwitz (PL), Schriftsteller und Mitarbeiter von Ztschr. und Zeitungen. Während seine dramat. Werke eher unbedeutend blieben, war er als Verfasser von Libretti zu den Operetten F. → Lehárs und P. → Abrahams sowie als Schlagertexter in den 20er Jahren in Ö. äußerst erfolgreich.
Werke: Gedichte, Chansons. – Libretti: Friederike, 1928; Das Land des Lächelns, 1929; Schön ist die Welt, 1930; Viktoria und ihr Husar, 1930; Blume von Hawaii, 1931; Ball im Savoy, 1933; Giuditta, 1933; Ich hab mein Herz in Heidelberg verloren, 1934.
Literatur: G. Schwarberg, Dein ist mein ganzes Herz. Die Geschichte von F. L.-B., 2000.

Bednarik, Karl, * 18. 7. 1915 Wien, † 14. 1. 2001 ebd., Schriftsteller und Maler. Nach einer Ausbildung als Buchdrucker in unterschiedl. Berufen tätig. Setzte sich in Romanen und Essays soz.-krit. mit den Veränderungen in der Arbeitswelt auseinander.
Werke: Zwischenfall in Wien, 1951; Der Tugendfall, 1953; Der junge Arbeiter von heute, 1953; Omega Fleischwolf, 1954; Die Programmierer – ein neuer Typ, 1965; Die unheimliche Jugend, 1969.

Beduzzi, Antonio Maria Niccolò, * 1675 Bologna (I), † 4. 3. 1735 Wien, Theateringenieur, Dekorationsmaler, Architekt. Nach Tätigkeit in Melk (1703) „Castra doloris" für die Ks. Leopold I. (1705) und Joseph I. (1711); 1708 Nachfolger von L. O. → Burnacini als Theateringenieur am Wr. Hof, baute das Kärntnertortheater und stattete bis 1710 vier Hofopern mit Dekorationen aus; Hauptwerk: Fresken im Großen Saal des Nö. Landhauses in Wien (1710). Nach 1711 als Maler in NÖ. (Melk, Maria Taferl), OÖ. (Stift Lambach, Linz) und Sbg. (Maria Bühel b. Salzburg) tätig.

Beer, Adolf, * 27. 2. 1831 Proßnitz (Prostějov, CZ), † 7. 5. 1902 Wien, Historiker, liberaler Politiker. 1868 Prof. an der Techn. Hochschule in Wien. 1868 leitete B. im Unterrichtsrat der Ausrichtung der → Realschule zu einer allg. bild. Schule ein und war als Ministerialbeamter an der Ausarbeitung des Entwurfs zum Reichsvolksschulgesetz wesentl. beteiligt. 1873–97 Abg. z. Reichsrat. Als Historiker widmete er sich bes. der Zeit Maria Theresias und Josephs II.
Werke: Allg. Geschichte des Welthandels, Bd. I– III/2, 1860–84; Die Fortschritte des Unterrichtswesens in den Culturstaaten Europas, 1867/68 (mit F. Hochegger).
Literatur: F. Stransky, A. B. als Politiker und Historiker, Diss., Wien 1948; ÖBL.

Beer, Baumeisterfamilie des 17. und 18. Jh. aus Au im Bregenzerwald stammend, bedeutende Vertreter der Vbg. Bauschule: Franz (II.) → Beer von Blaichten, Franz Anton → Beer, Johann Ferdinand → Beer, Michael → Beer.
Literatur: H. Swozilek (Hg.): Vbg. Barockbaumeister, Ausst.-Kat., Au 1990.

Beer, Franz (II.), von Blaichten, * 1. 4. 1660 Au (Vbg.), † 21. 1. 1726 Bezau (Vbg.), Baumeister; Sohn

Liedflugblatt mit Schlagertext von Fritz Beda-Löhner, um 1915.

Anton Becker. Foto.

von Michael → Beer, 1722 geadelt. Baumeisterfamilie → Beer.
Werke: zahlr. Stiftsbauten in SW-Deutschland (Weingarten, St. Katharinental, Oberschönefeld u. a.) und in der Schweiz (Solothurn, Rheingau u. a.).

Beer, Franz Anton, * 3. 11. 1688 Bregenz (Vbg.), † 1749 ebd., Baumeister. Schuf Sakral- und Profanbauten in Bregenz. Baumeisterfamilie → Beer.
Werke: Stadtpfarrkirche St. Gallus (Umbau 1737), Klosterkirche Bregenz-Mehrerau (1740–43 abgeändert, ausgeführt durch Johann Michael B., 1808 abgebrochen).

Beer, Georg Josef, * 23. 12. 1763 Wien, † 21. 4. 1821 ebd., Augenarzt. Für ihn wurde 1812 an der Univ. Wien ein Lehrstuhl für Ophthalmologie (mit Klinik) gegr.
Werk: Lehre von den Augenkrankheiten, 2 Bde., 1792.

Beer, Hermann, * 6. 9. 1905 Graz (Stmk.), † 20. 7. 1972, ebd., Techniker. 1932 Leiter der Abt. für Stahlbrückenbau der Fa. Humboldt-Deutz Motorenwerke in Köln, Chefingenieur des Stahlbauwerks J. Gollnow & Sohn Stettin (D); 1940 Univ.-Prof. in Graz für Statik und Stahlkonstruktion, 1949–52 Prof. an der Univ. Tucuman in Argentinien, 1953 für Baustatik und Stahlbau an der Techn. Univ. Graz.
Werke: Stahlkonstruktionen in Ö. und im Ausland (2 Brücken über die Weichsel und die Elbe, Autobahnbrücke mit 540 m Länge, Theater für 20.000 Besucher auf Rügen). – Publikationen: 55 wiss. Abhandlungen, u. a. über Konstruktion und Montage von Hängebrücken.

Beer, Johann, * 28. 2. 1655 St. Georgen (OÖ.), † 6. 8. 1700 Weißenfels (D), Dichter und Musiker am Übergang vom Barock zur Aufklärung. Ging 1677 zum Theologiestudium nach Leipzig; wurde 1680 Hofmusikus und Bibliothekar in Weißenfels (Sachsen); verfasste neben Kompositionen und musiktheoret. Schriften Ritter- und Schelmenromane in der Art von Grimmelshausen. Sein umfangreiches literar. Werk erschien unter verschiedenen Pseudonymen und wurde erst 1931/32 zusammengestellt und als seine Arbeit erkannt.
Werke: Der Simplicianische Welt-Kucker, 4 Bde., 1677–79; Die vollkommene Comische Geschicht Des Corylo, 2 Bde., 1679/80; Jucundus Jucundissimus, 1680; Zendorii a Zendoriis Teutsche Winternächte, 1682; Musikal. Discurse, 1719.
Literatur: J. Hardin (Hg.), J. B. Eine beschreibende Bibliographie, 1983.

Beer, Johann Ferdinand, * 19. 10. 1731 Au (Vbg.), † 16. 1. 1789 ebd., Baumeister des Stifts St. Gallen in der Schweiz („Neue Pfalz", 1767–71) und mehrerer Pfarrkirchen des Stifts. Neubau der Konventgebäude des Stifts Bregenz-Mehrerau (1779–81). Baumeisterfamilie → Beer.

Beer, Michael, * um 1605 Au (Vbg.), † 30. 5. 1666 (ertrunken in der Bregenzerach), Baumeister; Vater von Franz (II.) → Beer v. Blaichten. Lehrzeit in NÖ., Begründer der Auer Zunft (1657). Baumeisterfamilie → Beer.
Werke: Pfarrkirche Bludesch (1651/52), Stiftskirche Kempten (1651–53), Loretokapelle in Rankweil (1657/58), Sakralbauten in SW-Deutschland.

Beer, Natalie (Pseud.: Ursula Berngath), * 17. 6. 1903 Au (Vbg.), † 31.10. 1987 Rankweil (Vbg.), Schriftstellerin. Verfasserin meist heimatgebundener Romane, Erzählungen und Lyrik; umstritten wegen ihrer Einstellung zum Nat.-Soz. (Lebenserinnerungen „Der brennende Rosenbusch", 1983).
Weitere Werke: Romane: Schicksal auf Vögin, 1942; Wanderer durch das eigene Herz, 1951; Jubel der Steine, 1964. – Lyrik: Frühlicht, 1933; Traum des Weibes, 1948; An die Großen der Welt, 1955. – Halb Kinderspiele. Erinnerungen, 1986.
Literatur: H. Nägele, N. B., in: Morgen, 22–35, 1973.

Beer, Otto F(ritz) (Pseud.: Erik Ronnert), * 8. 9. 1910 Wien, † 22. 4. 2002 ebd., Erzähler, Dramatiker, Musik-

Richard Beer-Hofmann. Foto, um 1925.

Johann Beer. Gemälde von P. Schenk, 1700.

kritiker, Journalist, Übersetzer. Ö. Staatspreis für Kulturpublizistik 1989.
Werke: Romane: Kulissen der Welt, 1938; Hotel Zugvogel, 1948; Wiedersehen in Meran, 1952; Zehnte Symphonie, 1952; Ich – Rodolfo – Magier, 1965. – Drama: Don Juan ist nicht gestorben, 1954. (Einige Komödien dienten als Vorlagen für Operetten.)

Beer, Rudolf, * 22. 8. 1885 Graz (Stmk.), † 9. 5. 1938 Wien (Selbstmord), Schauspieler, Regisseur, Theaterdirektor. 1912–18 Dir.-Stellvertreter der Jarno-Bühnen, 1918–21 Leiter des Stadttheaters in Brünn, 1921–24 des Raimundtheaters, 1924–32 des Dt. Volkstheaters in Wien (Aufführungen zeitgenöss. Werke von F. → Bruckner, F. T. → Csokor, F. Wedekind u. a.); 1932/33 als Nachfolger M. Reinhardts Dir. des Dt. Theaters in Berlin; 1933–38 Dir. der Scala in Wien; neben M. → Reinhardt bedeutendster Theatermann seiner Zeit in Wien; Lehrer von P. → Wessely, H. → Jaray, L. → Ullrich, H. → Holt u. a.

Beer-Hofmann, Richard, * 11. 7. 1866 Wien, † 26. 9. 1945 New York (USA), Erzähler, Dramatiker, Lyriker. Aufgewachsen in Brünn, Jusstudium in Wien, für M. → Reinhardt 1924–32 als Regisseur tätig, emigrierte 1938 in die Schweiz und von dort in die USA. War mit A. → Schnitzler, H. v. → Hofmannsthal und H. → Bahr befreundet. Er verwendete eine stark ornamentale, rhythmisierte Sprache (Jugendstil). Seine Erzählung „Der Tod Georgs" (1900) gilt als frühes Beispiel des inneren Monologs. 1946 Gründung der B.-H.-Ges. in New York.
Werke: Novellen, 1923. – Dramen: Der Graf von Charolais, 1905; unvollendete Trilogie „Die Historie von König David" (Jaákobs Traum, 1918; Der junge David, 1933; Das Vorspiel auf dem Theater zu König David, 1936; Schlussteile nicht vollendet). – Lyrik: Schlaflied für Mirjam, 1919; Verse, 1941. – Ausgaben: Gesammelte Werke, 1963, Große R. B.-H.-Ausgabe, hg. von G. Helmes u. a., 1993 ff.
Literatur: E. N. Elstun, R. B.-H. – His Life and Work, 1983; R. Hank, Mortifikation und Beschwörung, 1984; R. B.-H. – A. Schnitzler. Briefwechsel 1891–1931, hg. v. K. Fliedl, 1992; S. Scherer, R. B.-H. und die Wr. Moderne, 1993; D. Borchmeyer, R. B.-H. – „Zw. Ästhetizismus und Judentum", 1996; S. Eberhardt (Hg.), Über R. B.-H., 1996.

Richard Beer-Hofmann: Bibliothek seiner von J. Hoffmann entworfenen Villa auf der Hohen Warte in Wien. Foto, um 1925.

Beethoven, Ludwig van, getauft 17. 12. 1770 Bonn (D), † 26. 3. 1827 Wien, Komponist, Vollender der → Wiener Klassik und Wegbereiter der Romantik. Stammte aus einer Musikerfamilie, wurde durch seinen Vater (Tenorist der Bonner Hofkapelle), einige Bekannte der Familie B. und ab ca. 1780 durch den Hoforganisten C. G. Neefe unterrichtet. Ab 1784 wurde L. van B. in den Besoldungslisten der Bonner Hofkapelle geführt (hatte aber schon ab 1783 zeitweise seinen Lehrer vertreten); erste Veröffentlichungen erschienen bereits in Bonn; enge Kontakte pflegte B. mit der Familie Breuning, die auch für seine Wr. Jahre von Wichtigkeit war. 1787 besuchte B. erstmals Wien, um bei W. A. → Mozart zu studieren, musste jedoch nach 14 Tagen wegen einer schweren Erkrankung der Mutter

BEGABTENSTIPENDIUM

Ludwig van Beethoven. Gemälde von F. G. Waldmüller, 1823 (Kunsthistorisches Museum, Wien).

Beethovenhaus in Wien 19, Heiligenstadt, Pfarrplatz.

zurückreisen. Im Dez. 1790 traf J. Haydn in Bonn mit B. zusammen; erst im Nov. 1792 konnte B. seinen 2. Wienaufenthalt beginnen, um bei J. → Haydn seine Studien abzuschließen. (B. Gönner F. Gf. Waldstein schrieb dazu: „Durch ununterbrochenen Fleiß erhalten Sie: Mozarts Geist aus Haydns Händen.") B. lernte bei Haydn bis zu dessen 2. Englandreise 1794, dann bei J. G. → Albrechtsberger und A. → Salieri. Die Empfehlungsschreiben seiner Bonner Gönner und Freunde, allen voran Gf. Waldstein, öffneten B. die Türen der Wr. Gesellschaft, wo er trotz seines bisweilen als exzentrisch empfundenen Auftretens bald als Pianist und Improvisator sehr geschätzt war; 1795 gab er im Burgtheater sein erstes öffentl. Konzert in Wien. Die enge Verbindung mit dem Adel und der Wr. Ges. drückte sich auch in den zahlr. Widmungen aus (z. B. an Breuning, Brunsvik, Kinsky, Lichnowsky, Lobkowitz, Rasumowsky, Erzhzg. Rudolf), die B. seinen Werken voransetzte. Viele dieser Widmungsträger sind Gönner, die B. durch Unterstützung bzw. eine liberal gehandhabte Anstellung ein Leben als freier Künstler ermöglichten (z. B. Lobkowitz und Lichnowsky; bes. hervorzuheben ist auch Erzhzg. → Rudolf, der ab 1803 nicht nur B. Schüler, sondern auch einer seiner großzügigsten Gönner wurde (die „Missa solemnis" wurde zu seiner Weihe zum Bischof von Olmütz geschrieben).

Ein Gehörleiden, dessen erste Anzeichen 1794 zu bemerken waren, verschlimmerte sich ab 1801 zusehends (das Heiligenstädter Testament von 1802 ist in diesem Zusammenhang zu sehen) und führte schließlich zur völligen Ertaubung B. um ca. 1818 (bereits 1815 hatte B. sein letztes öffentl. Konzert gegeben); die ab dieser Zeit geführten „Konversationshefte" sind heute eine bed. Quelle der B.-Forschung. 1815 übernahm B. die Vormundschaft über seinen Neffen Karl, welche ihn, da übertrieben gewissenhaft ausgeführt, sehr belastete. Als B. nach längerer schwerer Krankheit starb, wurden für sein Begräbnis alle künstler. Kräfte Wiens mobilisiert: Zahlr. Berühmtheiten (u. a. auch F. → Schubert) begleiteten den Trauerzug, und der Schauspieler H. → Anschütz verlas die von F. → Grillparzer verfasste Grabrede. 1888 wurde B. Leichnam vom Währinger Ortsfriedhof in ein Ehrengrab auf dem Zentralfriedhof überführt.

B. ging mit seinen Symphonien, aber auch mit den letzten Streichquartetten neue Wege, die deutlich in die Romantik weisen: Gerade auf dem Gebiet der Symphonie wurde er zum bewunderten wie auch belastenden Vorbild der Musikergenerationen nach ihm (z. B. für J. → Brahms); B. Symphonien spannen den Bogen von der klassischen Form zur großen Symphonie der Romantik (mit Ersetzung des Menuetts durch das Scherzo) bis hin zur Sprengung der bisher rein instrumentalen Gattung durch Einsatz des Chors in der 9. Symphonie. In der thematischen Arbeit ging B. über die bis dahin gehandhabten Konventionen hinaus – oft werden die Themen mottoartig verkürzt (z. B. zu Beginn der 3. und der 5. Symphonie); die Vorliebe zu einem großen Klangapparat übernahm B. von den franz. Revolutionskomponisten, verfeinerte aber deren plakative Technik, wobei ihm „mehr Ausdruck der Empfindung als Malerei" vorschwebte.

Denkmäler: Wien 1: B.-Platz (von C. v. Zumbusch); Wien 19: B.-Gang (von A. D. v. Fernkorn) und Heiligenstädter Park; Grabstein: Wien 18, Schubertpark; Ehrengrab: Zentralfriedhof. B.-Gedenkstätten: Wien 1: Mölkerbastei; Wien 19: Heiligenstadt. Werke: 9 Symphonien, Oper „Fidelio" (1804/05, 1806 und 1814), 2 Messen; Ouvertüren und Bühnenmusik (Leonoren, Coriolan, Die Weihe des Hauses, Die Ruinen von Athen, Egmont); Konzerte: 1 Violinkonzert, 5 Klavierkonzerte, 32 Klaviersonaten, 91 Klavierlieder, 10 Violinsonaten, 16 Streichquartette; Konzertarien, Lieder, Tänze, Rondos, Menuette, Ländler („Mödlinger Tänze") und andere Instrumentalkompositionen (G. Kinsky u. H. Halm, Das Werk B., Werkverzeichnis. 1958). – Ausgaben: Gesamtausgabe, 38 Bde., 1862– 65; Neue Gesamtausgabe, 1961 ff.; Briefwechsel, Gesamtausgabe, hg. v S. Brandenburg u. a., 1996 ff.

Literatur: B.-Jahrbuch, 1953/54 ff.; J. Schmid-Görg u. H. Schmid, L. van B., 1969; S. Kunze, L. van B., 1987; B. Cooper (Hg.), The B. Compendium, 1991; E. Bauer, Wie B. auf den Sockel kam, 1992.

BEFREIUNGSAUSSCHUSS SÜDTIROL, BAS, Organisation zur Durchsetzung der Autonomie S-Ti.; aus seinen Reihen wurden ab 1960 Sprengstoffanschläge organisiert (ab 29. 1. 1960 in Waidbruck, 17. 3 in Bozen, 12. 6. 1961 Feuernacht). Im Mai 1960 erfolgten viele Verhaftungen.

BEFREIUNGSSCHEIN, Dokument, das es Ausländern, die dem Ausländerbeschäftigungsgesetz (AuslBG 1975) unterliegen, ermöglicht, wie Inländer in Ö. beschäftigt zu werden. Der B. wird auf Antrag auf 5 Jahre befristet ausgestellt, wenn der Ausländer entweder eine nach dem AuslBG erlaubte Beschäftigung in Ö. von mindestens 5 Jahren innerhalb der letzten 8 Jahre nachweisen kann oder wenn er mindestens 5 Jahre mit einem ö. Ehepartner verheiratet ist und seinen Wohnsitz im Bundesgebiet hat. Erleichterungen bestehen für Jugendliche.

Literatur: G. Löschnigg, Arbeitsrecht, [10]2003.

BEGABTENPRÜFUNG, öffnete erstmals den Zugang zum Hochschulstudium ohne Reifezeugnis einer höheren Schule und wurde 1938 von den Nat.-Soz. für Personen zw. 25 und 40 Jahren mit „deutlich erkennbarer Begabung für das gewählte Studiengebiet" eingeführt. Bewerber mussten auch „deutschblütige" Abstammung und nat.-soz. Parteitätigkeit nachweisen und konnten sich an den Univ. Wien, Graz und Innsbruck zur Prüfung stellen. → Berufsreifeprüfung, → Studienberechtigungsprüfung.

BEGABTENSTIPENDIUM, siehe → Studienförderung.

BEGNADIGUNG, Gnadenakt des Bundespräs. in Einzelfällen zur Erlassung, Milderung und Umwandlung von gerichtl. Strafen, Nachsicht von Rechtsfolgen, Tilgung von Verurteilungen, Niederschlagung von strafgerichtl. Verfahren bei Offizialdelikten. Vgl. die gnadenweise Strafnachsicht im Finanzstrafverfahren durch den Finanzmin. (→ Amnestie).
Literatur: H. Klecatsky, Die staatsrechtl. Wurzeln des Gnadenrechts, in: Jurist. Blätter, 1967; B. Haindl, Amnestiegesetzgebung und Gnadenpraxis in Ö., in: Ö. Juristen-Zeitung 416, 2000.

BEHAIM (auch Behem, Pehen, Böhm), Jörg, der erste namentlich bekannte Orgelbauer des ö. Raums (O. Eberstaller). Baute zw. 1391 und 1412 in St. Stephan in Wien eine 2. Orgel zu der bereits 1334 erwähnten hinzu; 1430 verbesserte er die größere dieser beiden Orgeln (wahrscheinlich seine).

BEHALTEPFLICHT: § 18 des Berufsausbildungsgesetzes (BAG 1969) verpflichtet den Lehrberechtigten, den Lehrling durch 3 Monate im erlernten Beruf weiterzubeschäftigen, wenn das Lehrverhältnis entweder mit der vereinbarten Lehrzeit oder nach Ablegung der Lehrabschlussprüfung endet. Die Judikatur sieht darin einen Fall des Kontrahierungszwangs, also eine Beschränkung der privatautonomen Abschlussfreiheit des Arbeitgebers.

BEHAMBERG, NÖ., AM, Gem., 519 m, 3151 Ew., 20,33 km^2, Wohngem. mit Gewerbe an der Grenze zu OÖ. östl. von Steyr. Seniorenwohnheim; Metallerzeugnisse, Leder- und Holzverarbeitung. – Urk. 1082, spätgot. Pfarrkirche (im 17. Jh. erweitert) mit neugot. Altären, 1999 spätgot. Speicher als Foyer in den Kirchenbau integriert, Grabdenkmäler (17./18. Jh.), Pfarrhof (Kern nach 1634), Schloss Ramingdorf (urk. 1296) mit Meierhof und ehem. Brauerei, bäuerl. Vierkanthöfe (Kern meist 19. Jh.).

BEHEIM, Michel, * 27. 9. 1416 Sülzbach (D), † ca. 1474 ebd. (ermordet), Wanderdichter und -sänger. Verfasser zahlr. Lieder, v. a. aber Berichterstatter über die polit. Ereignisse seiner Zeit; in seinem „Buch von den Wienern" berichtet er über die Ereignisse von der Belagerung Wiens durch Hzg. → Albrecht VI. bis zur Aussöhnung zw. Ks. → Friedrich III. und der Stadt Wien.
Ausgaben: T. v. Karajan, M. B. „Buch von den Wienern", 1843; H. Gille u. I. Spriewald, Die Gedichte des M. B. (Dt. Texte des MA 60, 64, 65).

BEHINDERTENSPORT: Sport als Therapie bzw. als Freizeit- oder Leistungssport wird heute praktisch für alle Arten der Behinderung angeboten; der 1958 gegr. Ö. Versehrtensportverband (ÖVSV; seit 1983 Ö. B.-Verband, ÖBSV) umfasst (2003) 97 Vereine mit 6313 Mitgl. 1984 und 1988 fanden Weltwinterspiele für Behinderte in Innsbruck statt; 1998 erfolgte die Gründung des Ö. Paralympischen Committees (ÖPC). Bis 2003 gewannen ö. Behindertensportler insges. 25 Medaillen bei Europa- und 14 Medaillen bei Weltmeisterschaften.
Publikation: Sport aktiv.
Literatur: 30 Jahre Ö. Versehrtensportverband, 1988.

BEHINDERTENUNTERRICHT für Kinder, die aus körperl., geistigen oder seelischen Gründen nur erschwert erzieherisch ansprechbar sind, wurde erst unter dem Einfluss der Aufklärung schrittweise im ö. Schulwesen institutionalisiert. Ab Ende des 18. Jh. konnten seh-, sprach- und hörbehinderte Kinder Zugang zu Bildungsinhalten und Arbeitstechniken finden, die einen Übertritt in das Erwerbsleben möglich machten (→ Blindenunterricht, → Taubstummenunterricht). In der 2. Hälfte des 19. Jh. zwang die rigorose Durchsetzung der allg. Schulpflicht zur Schaffung von Einrichtungen, die Lernbehinderte, die dem Normalunterricht nicht zu folgen vermochten und deswegen ausgesondert wurden, ebenfalls zu einem schulischen Abschluss führten (→ Sonderschulen, → Heilpädagogik). Anfang der 1990er Jahre wurde wieder die Integration behinderter Kinder in das Normalschulwesen angestrebt, um negative Folgen der Separation – v. a. das gesellschaftl. Ausgeschlossensein – hintanzuhalten. Die Möglichkeit zum gem. Unterricht von behinderten und nicht behinderten Kinder und Jugendlicher wurde aufgrund gesetzl. Regelungen in sog. Integrationsklassen der Volksschule, ab dem Schuljahr 1997/98 in der Hauptschule sowie in der Unterstufe allg. bildender höherer Schulen geschaffen. Die adäquate sonderpädagog. Förderung der Schüler erfolgt durch die Anwendung spezif. Lehrpläne sowie erforderlichenfalls durch den Einsatz einer zusätzlichen qualifizierten Lehrkraft.

BEHINDERTENWESEN: Die rechtl. Stellung Behinderter ist in der ö. Rechtsordnung in einer Vielzahl von gesetzl. Bestimmungen sowohl auf Landes- als auch auf Bundesebene geregelt. Die Zersplitterung dieses Rechtsgebiets hat ihre Ursache darin, dass ein einheitl. Kompetenztatbestand für die Belange Behinderter in der Verfassung nicht vorgesehen ist. Nicht zuletzt dieser Umstand hat die Bildung eines einheitl. Begriffs für Behinderung, der als Anknüpfungspunkt für Rechte, Pflichten und Leistungen dienen kann, verhindert.
Sozialrechtl. Fragen Behinderter werden von den Ländern im Rahmen der allg. Sozialhilfe oder in eigenen Behinderten- bzw. Blindenhilfengesetzen geregelt. Behinderte haben nach diesen Bestimmungen in der Regel Anspruch auf Sachleistungen, wie ärztl. Hilfe, Anstaltspflege, orthopädische Versorgung, Beschäftigungstherapie und Unterbringung in → Integrativen Betrieben. Zu beachten ist, dass der Anspruch auf die genannten Leistungen nur subsidiär besteht: Der Behinderte kann Leistungen nur insoweit in Anspruch nehmen, als er nicht aufgrund anderer Rechtsvorschriften oder im Einzelfall sogar durch zumutbare Eigenversorgung eine entsprechende Hilfe erlangen kann.
Bundesweit einheitl. wurde durch das am 1. 7. 1993 in Kraft getretene Bundespflegegesetz (BPGG, BGBl. 1993/110) die Gewährung von Pflegegeld an pflegebedürftige Personen geregelt: Die bis dahin in unterschiedl. Rechtsquellen vorgesehenen Direktzahlungen auf Bundes- und Landesebene wurden vereinheitlicht und sollen effektiv sicherstellen, dass die notwendige Betreuung und Hilfe möglich ist, wenn ein ständiger Betreuungs- und Hilfsbedarf besteht.
Das ö. Arbeitsrecht fördert die Eingliederung des behinderten Menschen in das Erwerbsleben und versucht bestehende Wettbewerbsnachteile am Arbeitsmarkt auszugleichen. Das Behinderteneinstellungsgesetz (BEinstG, BGBl. 1970/22) verpflichtet zum einen Dienstgeber, die 25 oder mehr Dienstnehmer beschäftigen, Behinderte einzustellen. Daraus erwächst den einzelnen Behinderten zwar kein individueller Einstellungsanspruch, doch muss der Dienstgeber, der die Beschäftigungspflicht nicht erfüllt, eine Ausgleichstaxe (dzt. 196,22 Euro pro Monat) an den sog. Ausgleichstaxenfonds bezahlen. Die Mittel dieses Fonds sind primär der Förderung der Beschäftigung behinderter Menschen gewidmet: Konkret werden etwa geschützte Werkstätten und die behindertengerechte Arbeitsplatzgestaltung finanziell unterstützt. Um einer Verdrängung durch gesunde Menschen vom Arbeitsmarkt vorzubeugen, stellt das Behinderteneinstellungsgesetz behinderte Menschen zum anderen unter bes. Kündigungsschutz. Ein Behinderter darf nur gekündigt werden, wenn der bei jedem Landesinvalidenamt eingerichtete Behindertenausschuss zugestimmt hat und das für die Vollziehung des jeweiligen Landesbehindertengesetzes zuständige Amt der Landesregierung angehört wurde. Liegt eine Zustimmung nicht vor, ist die Kündigung rechtsunwirksam.

Literatur: Fingerzeige für behinderte Menschen, hg. vom BM für Arbeit u. Soziales; C. Badelt und A. Österle, Zur Lebenssituation behinderter Menschen in Ö., 1993.

BEHÖRDE, Organ, das von der Rechtsordnung ermächtigt ist, einseitig verbindl. Rechtsnormen (insbes. Verordnungen, Bescheide, Urteile) oder Zwangsakte zu setzen (insbes. aufgrund von Gesetzen). Eine B. kann aus einer einzelnen Person (z. B. BMin., Landeshauptmann, Bezirkshauptmann) – man sprich von monokrat. Organ – oder einem Kollegium von Personen bestehen (z. B. Bundesregierung, Landesregierung) – man spricht von Kollegialorgan. Den B. stehen Dienststellen (auch: Ämter) zur Verfügung (z. B. Bundesmin., Amt der Landesregierung). Nach den Organen unterscheidet man auch Verwaltungs- und Gerichts-B.; nach der Gebietskörperschaft, die die B. einrichtet, Bundes-, Landes- und Gem.-Behörden (→ Behördenorganisation).

BEHÖRDENORGANISATION: Die BVerf. sieht 2 Arten der Vollziehung vor: → Gerichtsbarkeit und → Verwaltung; dementsprechend kann man zw. Verwaltungs- und Gerichtsbehörden (→ Behörden) unterscheiden. Der wesentl. Unterschied besteht darin, dass Verwaltungsbehörden weitgehend weisungsgebunden sind, die Gerichtsbarkeit aber durch unabhängige Organe (Richter) erfolgt. Während die Gerichtsbarkeit dem Bund obliegt, ist die Verwaltung zw. Bund und Ländern geteilt, wobei ein Teil der Verwaltung auch von sog. Selbstverwaltungskörperschaften (insbes. Gem., Kammern) z. T. weisungsfrei besorgt wird.
Die Vollziehung der Verwaltung erfolgt zumeist in mehreren Instanzen. Die obersten Organe des Bundes sind neben dem Bundespräs. die Bundesregierung und die Bundesmin. Als Unterinstanz sind entweder eig. Bundesbehörden eingerichtet (unmittelbare Bundesverwaltung, etwa Sicherheitsdirektion, Finanzlandesdirektion), oder – und das ist der häufigere Fall – die Aufgaben der Bundesverwaltung werden von Landesbehörden besorgt (mittelbare Bundesverwaltung: Landeshauptmann und die ihm unterstellten Landesbehörden, das ist in der untersten oder 1. Instanz in der Regel der Bezirkshauptmann).
Die obersten Organe der Länder sind die → Landesregierungen, an deren Spitze jeweils der Landeshauptmann steht; die Landesregierung wird vom → Landtag gewählt. Ihr unterstehen die → Bezirkshauptmannschaften, an deren Spitze jeweils der Bezirkshauptmann steht.
Sowohl Aufgaben der Bundes- als auch der Landesverwaltung werden z. T. von den Gem. besorgt (entweder weisungsfrei im sog. eig. Wirkungsbereich oder weisungsgebunden im sog. übertragenen Wirkungsbereich). Organe der Gem. sind der → Bürgermeister, der Gem.-Rat und der Gem.-Vorstand. Die → Städte mit eig. Statut haben die Stellung einer Gem. und einer Bezirkshauptmannschaft.

BEHRENS, Peter, * 14. 4. 1868 Hamburg (D), † 27. 2. 1940 Berlin (D), Architekt. Gilt als Pionier des modernen Ind.-Baus, wirkte in Ö. v. a. als Prof. an der Wr. Akad. d. bild. Künste 1922–37. Unter seinen Schülern befanden sich wichtige Repräsentanten der 2. Wr. Moderne (u. a. O. → Niedermoser und E. A. → Plischke). Werke: AEG-Fabrik, Berlin, 1910; Verwaltungsgebäude der Hoechst AG, Frankfurt, 1920–25; Winarsky-Hof (mit J. Frank, J. Hoffmann, O. Strnad, O. Wlach), Wien, 1924; Franz-Domes-Hof, Wien, 1928; Tabakfabrik Linz, 1929–35 (mit A. Popp).
Literatur: K. M. Grimme, P. B. und seine Wr. akad. Meisterschule, 1930; T. Buddensieg u. a., P. B. und die AEG 1907–14, 1979.

BEISER-JOCHUM, Trude, siehe → Jochum-Beiser, Trude.

BÉKESSY, Imre (Emmerich), * 13. 11. 1887 Budapest (H), † vor dem 17. 3. 1951 ebd., Verleger und Journalist; Vater von H. → Habe. Arbeitete in Budapest und Wien; Hg. der Tageszeitung „Die Stunde" (ab 1923) sowie mehrerer Ztschr. Nach Angriffen von K. → Kraus sowie der Ztschr. „Der ö. Volkswirt" und der „Arbeiterzeitung" verließ er, wegen Erpressung angeklagt, 1926 Wien.

BÉKESSY, János, siehe → Habe, Hans.

BELAGERUNGSMÜNZEN, Notmünzen, die während eines Belagerungszustands eines Orts oder einer Stadt das fehlende normale Münzgeld ersetzten. Zumeist waren die B. aus minderwertigeren Metallegierungen. Hingegen waren die „Notklippen" („Klippen" = eckige Münzen), die zur Zeit der Türkenbelagerung Wiens von 1529 geprägt wurden, aus Gold und Silber.

BÉLA IV., * Nov. 1206, † 3. 5. 1270 bei Buda (Budapest, H), Kg. von Ungarn 1235–70. Als Ungarn 1241 vom Mongolenfürsten Batu Khan erobert wurde, flüchtete B. nach Ö. und trat gegen Hilfeversprechen 3 westl. Grenzkomitate (Ödenburg, Wieselburg, Raab) an Hzg Friedrich II. ab. Nach dem Abzug der Mongolen forderte er diese zurück, im Krieg gegen ihn fiel Hzg. → Friedrich II. am 15. 6. 1246. Nach dessen Tod beanspruchte B. Ö. und die Stmk., unternahm 1253 auch einen Angriff auf Ö. und Mähren. Im Frieden von Buda vom 3. 4. 1254 wurde ihm die Stmk. (ohne das Gebiet von Wr. Neustadt und den Traungau) mit der jetzigen nördl. Landesgrenze überlassen. Diese musste er aber nach der Niederlage von Groissenbrunn im Frieden von Wien am 31. 3. 1261 an → Ottokar II. von Böhmen abtreten.
Literatur: K. Lechner, Die Babenberger, ⁴1992.

BELCREDI, Richard Graf, * 12. 2. 1823 Ingrowitz b. Zwittau (Jimramov, CZ), † 2. 12. 1902 Gmunden (OÖ.), Beamter, Politiker. Als Staatsmin. und Vorsitzender der Regierung (1865–67) hob er 1865 das → Februarpatent von 1861 auf; trat 1867 zurück; 1881–95 Präs. des Verwaltungsgerichtshofs.
Literatur: ÖBL.

BELLEGARDE, Heinrich Graf, * 29. 8. 1756 Dresden (D), † 22. 6. 1845 Wien, General und Staatsmann. 1799–1800 Generalstabschef in Italien; 1809–13 und 1820 Präs. des Hofkriegsrats; Generalgouverneur der Lombardei und Venetiens; ab 1820 Staats- und Konferenzmin.
Literatur: ÖBL.

BELLOTTO, Bernardo, siehe → Canaletto.

BELRUPT-TISSAC, Karl Graf, * 14. 12. 1826 Pleternica (HR), † 31. 5. 1903 Bregenz (Vbg.), Gendarmerieoffizier, Gutsbesitzer, Politiker. Gründete 1861 die Landw.-Ges. von Vbg.; 1878–90 Landeshauptmann von Vbg., ab 1871 Mitgl. d. Herrenhauses.
Literatur: ÖBL.

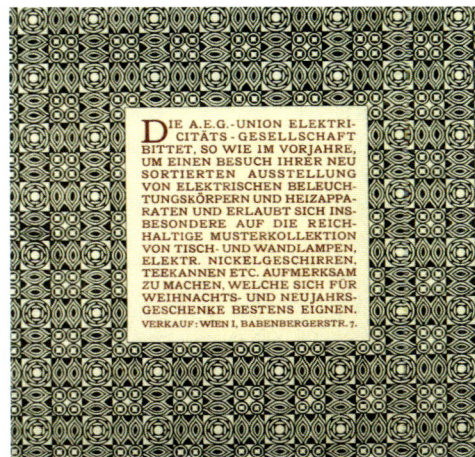

Peter Behrens: Einladungskarte für AEG, Farblithographie, um 1910.

Unteres und Oberes Belvedere in Wien.

Oberes Belvedere in Wien: Sala terrena.

BELVEDERE (Wien 3), Bezeichnung für das Sommerschloss, das sich Prinz → Eugen von Savoyen zw. Rennweg und Schweizergarten errichten ließ. Die Bezeichnung, die auf die einmalige Aussicht über Wien Bezug nimmt, stammt erst aus der Zeit Maria Theresias.

Prinz Eugen kaufte 1697 ein Grundstück am Rennweg, das er bis 1721 in 4 Etappen auf das heutige Areal erweiterte. Zw. 1714 und 1716 entstand das Untere Belvedere. Es ist ein lang gestreckter Erdgeschossbau, aus einem 7-achsigen Mittelrisalit, 2 Flügelbauten und 2 Eckpavillons gestaltet. Der 3-achsige Mittelpavillon beherbergt den Marmorsaal. Das Schloss diente dem nur selten in Wien weilenden Bauherrn während der Sommermonate als Lustschloss. Erst 1720 begannen die Bauarbeiten für das Obere B. Erste Pläne dafür gab es schon 1717. Das in seiner Ausdehnung und Formensprache im Vergleich zum Unteren B. bes. prachtvolle Obere B. diente v. a. als repräsentativer Ort für glanzvolle Empfänge und Festlichkeiten. Die Baugeschichte des B. ist durch den Verlust des eugenianischen Bauarchivs im Detail nicht lückenlos zu erforschen. 1723 (nach Rizzi 1721/22) gilt das Obere B. als vollendet. Der Architekt J. L. v. → Hildebrandt, der wiederholt für den Prinzen Eugen tätig war, hat mit dem Bau des B. sein Hauptwerk geschaffen. Es zählt in seiner vielgestaltigen architekton. wie bauplast. Gliederung zu den bedeutendsten Barockbauten des 18. Jh. Die zum Ensemble gehörige, zw. Oberem und Unterem B. liegende Gartenanlage wurde vom bayer. Gartenbauingenieur D. Girard gestaltet und ist heute nur noch in groben Zügen original. Die Entwürfe für die Innenausstattung des Schlosses stammen von C. le Fort du Plessy. Nach dem Tod des Prinzen ging das B. in den Besitz von Eugens Universalerbin Viktoria Herzogin von Sachsen-Hildburghausen über. Sie verkaufte das B. 1752 an Maria Theresia. Auf Geheiß von Joseph II. wurde ab 1775 die kaiserl. Gemäldegalerie hierher übertragen, die hier 1781 erstmals der Öffentlichkeit zugängl. war. Ab 1806 befand sich im Unteren B. die Ambraser Sammlung. Beide Sammlungen wurden 1890 in das Kunsthist. Museum überführt. 1894 wurde das Schloss Residenz für den Thronfolger Erzhzg. → Franz Ferdinand. Nach dem 1. Weltkrieg installierte die Republik Ö. im B. die → Österreichische Galerie. 1945 erlitt das B. schwere Kriegsschäden. 1950 wurde das „Goldkabinett" im nordöstl. Eckpavillon des Oberen B. durch Brand zerstört und durch eine Kopie ersetzt.

BEM, Josef, * 1795 Tarnow (PL), † 10. 12. 1850 Aleppo (Halab, Syrien), poln. General. War führend an der → Revolution 1848 beteiligt, bes. an der Verteidigung Wiens im Oktober, in Ungarn 1849, war dann in türkischem Dienst (Amurat Pascha).
Literatur: ÖBL.

BEMALTKERAMISCHE KULTUR, eine Kultur der mittleren → Jungsteinzeit zw. 4800/4700 und 4000/3900 v. Chr.; → Lengyel-Kultur, → Urgeschichte.

BENATZKY, Ralph, * 5. 6. 1884 Mährisch-Budwitz (Moravské Budějovice, CZ), † 16. 10. 1957 Zürich (CH), erfolgreicher Komponist der „silbernen Operettenära". Begann als Lieder- und Schlagerkomponist und wechselte Ende der 20er Jahre nach der Übersiedlung nach Berlin zur → Operette; größter Erfolg: „Im weißen Rößl" (Berlin 1930). B. musste 1933 Berlin verlassen und über Paris und Wien nach Amerika emigrieren, ab 1948 in Zürich.
Weitere Werke: Operetten: Casanova, 1928; Die drei Musketiere, 1929; Meine Schwester und ich, 1930; Bezauberndes Fräulein, 1933; Axel an der Himmelstür 1936. – Zahlr. Chansons und Schlager, Filmmusik.
Literatur: F. Hennenberg, Es muß was Wunderbares sein ... R. B., 1998.

Ralph Benatzky: „Im weißen Rößl". Dekoration anlässlich der Berliner Uraufführung 1930.

BENDA, Arthur, * 23. 3. 1885 Berlin (D), † 7. 9. 1969 Wien, Fotograf. Ausbildung in Berlin, Schüler von N. Perscheid, ging 1907 nach Wien, Atelierleiter und Fototechniker in dem von D. → Kallmus gegr. Atelier „d'Ora", ab 1921/22 Teilhaber, ab 1927 dessen Inhaber, das er unter Atelier „d'Ora–Benda" weiterführte. Arbeitete 1945–65 unter eig. Namen; gefragter Porträtfotograf, Beschäftigung mit verschiedenen Farbdrucktechniken.
Literatur: F. Kempe u. N. Perscheid, A. B. – Madame d'Ora, 1980.

BENDER + CO GESMBH, siehe → Boehringer Ingelheim Austria GesmbH.

BENE BÜROMÖBEL GMBH, ö. Marktführer für Büromöbel mit Zentralverwaltung und Produktion in Waidhofen a. d. Ybbs (NÖ.). Hervorgegangen aus einer seit 200 Jahren bestehenden Tischlerei, die nach 1945 zu einem modernen Ind.-Betrieb umgestaltet wurde. Individuelle Bürogestaltung, modernes Design (zahlr. ö. und internat. Preise) und Umweltschutz sind vorrangige Unternehmensziele. Der Jahresumsatz 2002/03 betrug 94 Mio. Euro, die Zahl der Mitarbeiter 1100. Zur internat. Bene-Gruppe (174 Mio. Euro Gesamtumsatz 2002/03) gehören Tochterunternehmen in der Schweiz, in Großbritannien und in den Reformländern Mittel- und O-Europas sowie seit 1998 die dt. Handelsges. Objektform; 1996 erfolgte die Eingliederung in den internat. Konzern Esselte, 2002 die Übernahme durch ein amerikan. Investmentunternehmen.

BENEDEK (Benedec), Ludwig von, * 14. 7. 1804 Ödenburg (Sopron, H), † 27. 4. 1881 Graz (Stmk.), General. Kämpfte 1848/49 in Oberitalien und Ungarn, zeichnete sich 1859 in der Schlacht von → Solferino aus (Kommandeur des Maria-Theresien-Ordens), Feldzeugmeister; 1860 Chef des Generalstabs und Oberkommandant in Venetien. Verlor im → preußisch-österreichischen Krieg 1866 als Kommandant der Nordarmee gegen H. v. Moltke die entscheidende Schlacht bei → Königgrätz (3. 7. 1866) und wurde daraufhin seines Amts enthoben; die kriegsgericht. Untersuchung schlug Ks. → Franz Joseph I. nieder.
Literatur: O. Regele, Feldzeugmeister B., 1960; ÖBL.

BENEDIKT, Edmund, * 10. 6. 1851 Wien, † 1. 2. 1929 ebd., bedeutender Jurist. Schriftsteller und Advokat. Mitarbeiter an der Reform des Strafrechts und des Strafprozessrechts; Bahnbrecher der Rechtsvergleichung; Hg. der „Juristischen Blätter" (1890–1904); Liberaler, Mitgl. des Wr. Gemeinderats und des Nö. Landtags.

BENEDIKT, Heinrich, * 30. 12. 1886 Wien, † 26. 12. 1981 ebd., Historiker; Sohn von Rudolf → Benedikt. 1946–59 Univ.-Prof. in Wien, 1958–62 Vorstand des Inst. für Zeitungswiss. d. Univ. Wien.
Werke: Geschichte der 1. Republik 1954 (Hg.); Kaiseradler über dem Apennin, 1964; Als Belgien ö. war, 1965; Damals im alten Ö., 1979.
Literatur: Festschrift für H. B., 1957.

BENEDIKT, Michael, * 17. 11. 1928 Wien, Philosoph. Nach Studium an der Univ. Wien zunächst als Lehrer und in der Erwachsenenbildung tätig sowie Leiter eines Kulturzentrums. 1972 Habilitation und 1976–98 Prof. an der Univ. Wien. Beschäftigte sich v. a. mit Fragen der Gesellschaftsethik, der Ontologie und einer transzendentalen Anthropologie.
Werke: Der philosoph. Empirismus, 1977; Bewußtsein, Sprache und die Kunst, 1988; Heideggers Halbwelt, 1991; Verdrängter Humanismus – verzögerte Aufklärung, 1992 (Hg.); Philosoph. Politik, 1992; Kunst und Würde, 1994; Anthropodizee, 1995; Kein Ende der Zukunft, 1997; Freie Erkenntnis und Philosophie der Befreiung, 1997; Der philosoph. Empirismus, 1998 ff.; Brennpunkte – Splitter und Balken, 2 Bde., 1998/2000; Über Gesellschaft hinaus, 2000 (Hg.).

BENEDIKT, Moriz, * 27. 5. 1849 Kwassitz (Krasice, CZ), † 18. 3. 1920 Wien, Publizist. War ab 1872 Redakteur, ab 1880 Mit-Hg., ab 1908 bis zu seinem Tod Chefredakteur der → „Neuen Freien Presse".
Literatur: W. R. Langenbucher (Hg.), Sensationen des Alltags, 1992.

BENEDIKT, Rudolf, * 12. 7. 1852 Wien, † 7. 2. 1896 ebd., Chemiker; Vater von Heinrich → Benedikt. Prof. an der Techn. Hochschule in Wien; als Fachmann für Chemie der Fette nach Schweden und England berufen.

BENEDIKTINER (OSB = Ordo Sancti Benedicti), im 6. Jh. vom hl. Benedikt v. Nursia gegr. kath. Orden. Die ersten Niederlassungen in Ö. zw. 7. und 10. Jh. leisteten einen Großteil der Rodung, Kultivierung und Christianisierung des Landes. Die Arbeit wurde durch die Ungarneinfälle (10. Jh.) wieder zerstört. In der darauffolgenden Blütezeit des B.-Ordens (1060–1230) entstanden die meisten ö. B.-Stifte; von den 22 benediktin. Männerklöstern im 12. Jh. existieren noch 13. Die → Melker Reform im 15. Jh. brachte neuen benediktin. Geist in die Abteien. Die Glanzzeit der B. in Ö. aber wurde das Barock im 17. und 18. Jh. Die bekanntesten Künstler arbeiteten für die neu errichteten „Kloster-Schlösser", die zu Zentren des Barocktheaters, des Ordensdramas, der Künste und Wiss. wurden. Berühmtheit erlangte die benediktin. Univ. in Salzburg (1623–1810). Heute gehören neben der Seelsorge Erziehung und Wiss. zu den wichtigsten Aufgaben. Die meisten B.-Stifte besitzen Gymn. und Erziehungseinrichtungen. 1930 wurde die ö. Kongregation gegr., die aber die Selbständigkeit der einzelnen Stifte unangetastet lässt. Folgende in Ö. bestehende benedikt. Niederlassungen sind nach ihrem Gründungsjahr zu nennen: → Sankt Peter, Sbg. (ca. 700); → Kremsmünster, OÖ. (777); → Michaelbeuern, Sbg. (ca. 785); → Sankt Gerold (Priorat von Einsiedeln, Schweiz), Vbg. (um 1000); → Lambach, OÖ. (1056); → Admont, Stmk. (1074); → Melk, NÖ. (1089); → Sankt Paul im Lavanttal, Kä. (1092); → Göttweig, NÖ. (1094); → Sankt Lambrecht, Stmk. (1096); → Seitenstetten, NÖ. (1112); → Sankt Georgenberg-Fiecht, Ti. (1138); → Altenburg, NÖ. (1144); → Schotten, Wien (1155); → Seckau, Stmk. (1883); → Mariazell, Stmk. (1956).
Von den ehem. 14 Klöstern der Benediktinerinnen existiert nur noch → Nonnberg in Salzburg. 1918 entstand in Bertholdstein (Stmk.) eine neue Benediktinerinnenabtei (St. Gabriel).
Literatur: M. Heimbucher, Die Orden und Kongregationen der kath. Kirche, Bd. 1, 1933; H. Tausch (Hg.), Benediktin. Mönchtum in Ö., 1949; U. Faust u. F. Quarthal, Germania Benedictina, Bde. 3/1 u. 3/2, 2000/01.

BENESCH, Fritz (eigentl. Friedrich), * 12. 4. 1868 Misslitz (Miroslav, CZ), † 29. 6. 1949 Wien, Jurist, Alpinist, Schriftsteller und Fotograf. Veröffentlichte zahlr. Text- und Bildbeiträge über die ö. Hochgebirgslandschaft, führte als Erster die Landschaftsfotografie in die Fremdenverkehrswerbung ein.
Werke: Bergfahrten in den Grödner Dolomiten, 1899; Verkehrsbuch ö. Eisenbahnen, 8 Bde., 1910; Wie man Bergsteiger wird, 1924; Zauber der Bergheimat, 1935; Gewalten der Berge, 1943.
Literatur: O. Hochreiter u. T. Starl (Red.), Geschichte der Fotografie in Ö., 2 Bde., 1983.

BENESCH, Kurt, * 17. 5. 1926 Wien, Dramatiker und Erzähler, Verfasser von Reiseberichten und Sachbüchern über Archäologie.
Werke: Romane: Die Flucht vor dem Engel, 1955; Der Maßlose, 1956; Die Frau mit den 100 Schicksalen, 1966 (biograph. Roman über M. v. Ebner-Eschenbach); Die Spur in der Wüste (biograph. Roman über Charles de Foucauld), 1985; Fabrizio Alberti, 1987; Zw. damals und Jericho, 1990; Die Suche nach Jägerstätter, 1993. – Dramen: Im Namen der Menschheit, 1949; Ein Boot will nach Abaluna, 1953; Akt mit Pause, 1961. – Jugendbücher: Der Tribun des Herrschers, 1956; Die einsamen Wölfe, 1964. – Sachbücher: Archäologie, 1986; Der Jakobsweg nach Santiago de Compostela, 1991 (mit R. Tießler).

BENESCH, Otto, * 29. 6. 1896 Ebenfurth (NÖ.), † 16. 11. 1964 Wien, Kunsthistoriker. 1923–38 Beamter der Albertina, 1938 Emigration, 1938–47 Lehrtätigkeit an brit. und US-Univ., 1947–61 Dir. der → Albertina und Univ.-Prof. in Wien; spezialisiert auf Rembrandt sowie Geschichte der Malerei und Graphik von 1400 bis zur Gegenwart.
Werke: Ö. Handzeichnungen des 15. und 16. Jh., 1936; Rembrandt, Werk und Forschung, 1935; The Art of the Renaissance in Northern Europe, 1945; Rembrandt, Selected Drawings, 1948; Kleine Geschichte der Kunst in Ö., 1950; E. Schiele als Zeichner, 1951; Meisterzeichnungen der Albertina, 1963; Krit. Gesamtverzeichnis der Zeichnungen Rembrandts, 6 Bde., 1964.
Literatur: Biograph. Handbuch der dt.-sprach. Emigration nach 1933, Bd. 2, 1983.

BENK, Johannes, * 27. 7. 1844 Wien, † 12. 3. 1914 ebd., Bildhauer. Wichtiger Vertreter der Ringstraßenkunst mit teilw. neobarockem Einschlag; tätig v. a. als Bauplastiker und Schöpfer von Denkmälern und Grabmonumenten.
Werke: Mitarbeit in Wien an Arsenal, Votivkirche, Hofmuseen, Parlament, Rathaus, Burgtheater usw.; Grabmal J. Strauß Sohn u. E. Strauß (Zentralfriedhof Wien), beide um 1900; Deutschmeister-Denkmal (Wien), 1906.
Literatur: G. Kapner u. a., Ringstraßendenkmäler. 1973; M. Pötzl-Malikova, Die Plastik der Ringstraße 1890–1918, 1976; W. Krause, Die Plastik der Wr. Ringstraße. Von der Spätromantik bis zur Wende um 1900, 1980.

Ludwig von Benedek. Lithographie von E. Kaiser, 1860.

BENNDORF, Friedrich August Otto, * 13. 9. 1838 Greiz (D), † 2. 1. 1907 Wien, Archäologe; Vater von Hans → Benndorf. 1877–98 Univ.-Prof. in Wien, gründete 1898 das → Österreichische Archäologische Institut und war bis 1907 dessen Dir. Begann die Ausgrabungen in → Ephesos, brachte die Skulpturen des Fürstengrabs von Gölbaschi nach Wien, regte die Erforschung von → Carnuntum und Split an; einer der angesehensten Archäologen seiner Zeit.
Literatur: ÖBL; NDB.

BENNDORF, Hans, * 13. 12. 1870 Zürich (CH), † 11. 2. 1953 Graz (Stmk.), Physiker; Sohn von Friedrich August Otto → Benndorf. 1904–36 Univ.-Prof. in Graz. Forschungsgebiete Luftelektrizität u. Erdbebenkunde („b.scher Satz").

Achim Benning. Foto.

BENNING, Achim, * 20. 1. 1935 Magdeburg (D), Kammerschauspieler, Regisseur, Theaterdirektor. Seit 1959 Schauspieler, seit 1971 Regisseur, 1976–86 Dir. des Wr. → Burgtheaters; zahlr. Auslandsgastspiele mit dem Burgtheater-Ensemble (u. a. erstmals im Kabuki-Theater in Tokio); maßgeblich an der Gründung der Ensemblevertretung des Burgtheaters beteiligt. 1986–92 Dir. des Zürcher Schauspielhauses; J.-Kainz-Medaille 1981.
Literatur: K. Fundulus, Die Direktionszeit von A. B. am Schauspielhaus Zürich, Diss., Wien 1995; O. Salih, A. B. als Dir. und Regisseur am Burgtheater, Dipl.-Arb., Wien 1996.

BENNO VON MÖNICHKIRCHEN (eigent. Mathias Koglbaur), * 29. 6. 1862 Mönichkirchen (NÖ.), † 13. 12. 1925 Bregenz (Vbg.), Kapuziner-Laienbruder in Innsbruck, Brixen und Bregenz. Seligsprechungsprozess 1955 begonnen.
Literatur: Fr. S. v. Kufstein, Der Pförtner am Bodensee, 1934.

BENSA, Alexander Ritter von, d. J., * 15. 7. 1820 Wien, † 1. 1. 1902 ebd., Maler; Sohn und Schüler von Alexander (Franz) v. → Bensa d. Ä. Studierte an der Wr. Akad., beeinflusst von A. v. → Pettenkofen; stellte insbes. das ungar. Volksleben sowie Leben und Milieu der vornehmen Ges. dar; bekannter Schlachtenmaler.

Alexander Bensa d. Ä.: Die Fiaker. Kolorierte Lithographie.

BENSA, Alexander (Franz) Ritter von, d. Ä., * 5. 6. 1794 Lemberg (Lwiw, UA), † nach 1861 Wien, Pferde- und Kutschenmaler, Zeichner und Lithograph; Vater von Alexander v. → Bensa d. J. Autodidakt, schuf mehrere lithograph. Szenen zu Wr. Themen, darunter „Wr. Ansichten" und „Wr. Fahrzeuge und Fuhrwerke".

BENYA, Anton, * 8. 10. 1912 Wien, † 5. 12. 2001 ebd., Elektromechaniker, Gewerkschafter und Politiker (SPÖ). Wegen verbotener Tätigkeit für die freien Gewerkschaften 1934 und 1937 in polit. Haft. 1963–87 Präs. des Ö. → Gewerkschaftsbunds; 1956–86 Abg. z. NR, 1971–86 1. Präs. d. NR. Während der SPÖ-Alleinregierung unter B. → Kreisky (1970–83) einer der einflussreichsten Politiker; gem. mit dem Präs. der Bundeswirtschaftskammer R. → Sallinger wesentl. Garant der ö. → Sozialpartnerschaft.
Werk: Mein Weg – Lebenserinnerungen, 1992.
Literatur: J. Kunz (Hg.), A. B., Ansichten eines NR- und Gewerkschaftspräs., 1992.

Anton Benya. Foto.

BERCHTESGADENER ALPEN, ö.-bayer. Grenzgebirgszug zw. Salzach und Saalach, Teil der Nördl. Kalkalpen; mit Watzmann (2713 m), Reiter Alpe, Steinernem Meer und Untersberg (1972 m).

BERCHTESGADENER LAND, kleine Hochgebirgslandschaft in den Sbg. Kalkalpen, um die alte Salzstadt Berchtesgaden und den Königssee, ehem. reichsunmittelbare Propstei in Abhängigkeit von dem sie fast ringsum umgebenden Erzbistum Sbg.; kam 1803 an Sbg. und 1805 mit diesem zu Ö., von dem beide 1809 an Bayern abgetreten werden mussten. Bei der Grenzfestlegung 1814–16 wurde es von Sbg. getrennt und verblieb bei Bayern. Der „Berghof" im B. L. war nach Besprechungen zw. K. Schuschnigg und Hitler am 12. 2. 1938 Schauplatz des Abkommens, das den → Anschluss Ö. an Deutschland einleitete. Aufgrund der Keilsituation des B. L. in das Land Sbg. („kleines dt. Eck") trat 1957 ein dt.-ö. Abkommen in Kraft, das den Straßendurchfahrtsverkehr zw. Salzburg und Lofer erleichterte; durch das In-Kraft-Treten des → Schengener Übereinkommens wurden die Grenzkontrollen abgeschafft.

BERCHTOLD, Hubert, * 2. 4. 1922 Andelsbuch (Vbg.), † 1. 12. 1983 Bregenz (Vbg.), Maler und Graphiker. Studierte in Antwerpen bei I. Opsomer und C. Permeke, anschließend an der Akad. d. bild. Künste bei J. → Dobrowsky. Starke Farbigkeit und Auseinandersetzung mit abstrakter Komposition kennzeichnen sein Werk.
Werke: Glasmalereien in St. Gebhard (Bregenz), 1955; Gläser und Äpfel, Zeichnungen, 1968; Höhlenbilder, 1973.
Literatur: H. B. 1922–1983, 1988.

BERCHTOLD, Leopold Graf, * 18. 4. 1863 Wien, † 21. 11. 1942 Peresznye b. Ödenburg (Sopron, H), Politiker. 1906–11 Botschafter in St. Petersburg, 1912–15 Außenmin. Unterstützte nach den Balkankriegen von 1912 und 1913 die Schaffung des neuen Staates Albanien, um Serbien von der Adria fern zu halten, und formulierte nach der Ermordung des ö. Thronfolgers Franz Ferdinand 1914 das Ultimatum an Serbien. Als Italien und Rumänien zu Beginn des 1. Weltkriegs vorerst neutral blieben, trat B. als Außenmin. zurück. Danach Obersthofmeister und polit. Berater des Thronfolgers Erzhzg. Karl.
Literatur: H. Hantsch, L. Gf. B., 2 Bde., 1963.

Leopold Graf Berchtold. Foto, 1916.

BERCZELLER, Richard, * 4. 2. 1902 Ödenburg (Sopron, H), † 3. 1. 1994 New York (USA), Arzt und Schriftsteller. 1920–26 Medizinstudium in Wien; nach 1934 wegen Zugehörigkeit zum illegalen Republikan. Schutzbund mehrmals verhaftet; 1938–41 auf der Flucht vor NS-Verfolgung; 1941 Ausreise in die USA; seine literar. Arbeiten wurden hauptsächl. im „New Yorker" veröffentlicht.
Werke: Die sieben Leben des Doktor B. (dt. 1965); Mit Ö. verbunden. Burgenlandschicksale 1918–45, 1975 (mit N. Leser); Verweht (dt. 1983).
Literatur: A. Wimmer, Die Heimat wurde ihnen fremd, die Fremde nicht zur Heimat, 1993; T. Horvath (Hg.), R. B., 1902–1994, 1996.

BERG, NÖ., BL, Gem., 154 m, 674 Ew., 9,46 km², Hauptgrenzübergang von Ö. in die Slowakei im Zuge der Bundesstraße 9. – Landw. und Weinbau. Zollamt und Niederlassungen von Speditionen an der Grenze; Handel (Obst und Gemüse, chem. Produkte). Freizeitzentrum. – Bildete bis 1996 mit Wolfsthal die Gem. Wolfsthal-Berg. – Pfarrkirche hl. Anna (1789); Ödes Schloss (Ruine der Pottenburg, urk. 1240); Aussichtsturm auf der Königswarte (344 m).

Berg, Alban, * 9. 2. 1885 Wien, † 24. 12. 1935 ebd., Komponist, mit A. → Schönberg und A. → Webern Hauptvertreter der sog. Wr. Schule (→ Zwölftontechnik). Wuchs in der kunstfreundl. Atmosphäre des gehobenen Wr. Bürgertums der Jahrhundertwende auf, beschäftigte sich zuerst mit Literatur und Dichtung. 1904–10 Unterricht bei Schönberg, mit dem ihn eine lebenslange Freundschaft verband (ebenso mit Webern). B. führte die Zwölftontechnik wieder der Kontrolle durch den Klang zu („letzter Romantiker"). Er setzte sich auch mit der übrigen zeitgenöss. Produktion auseinander (z. B. A. → Zemlinsky, E. → Wellesz). Als gründlicher Arbeiter zwang er jedes seiner wenigen Werke zu einem ausgeprägten Formtypus. Bekannt wurde v. a. seine Oper „Wozzeck" (nach G. Büchner), in die er auch seine Erlebnisse aus dem 1. Weltkrieg einflocht (Uraufführung 1925 in Berlin). Seine 2. Oper „Lulu" (nach 2 Stücken von F. Wedekind) konnte B. nicht mehr vollenden (das Particell wurde noch fertig gestellt, Orchestrierung des 3. Akts 1962–78 durch F. → Cerha). Sein Violinkonzert, komponiert in Erinnerung an die Tochter Alma Mahlers, Manon Gropius, gilt als vollendete Synthese von Tradition und Zwölftonmusik. B. betätigte sich auch als Musikschriftsteller und gründete mit Willi → Reich die Ztschr. „23". In der NS-Zeit galten die Werke B. als „entartete Kunst". Die 1955 gegr. A.-B.-Stiftung dient v. a. der Förderung junger Komponisten.
Weitere Werke: Lieder; Orchesterstücke; Kammerkonzert, 1923–25; Lyrische Suite für Streichquartett, 1925/26, daraus 3 Sätze, 1928; Violinkonzert, 1935. – Musikwiss. Arbeiten: Smlg. von 18 Schriften in der Biographie von W. Reich, 1937. – Ausgabe: Sämtl. Werke, hg. von der A.-B.-Stiftung, 1994 ff.
Literatur: H. F. Redlich, A. B., 1957; T. W. Adorno, A. B. Der Meister des kleinen Übergangs, 1968; V. Scherliess, A. B., 1975.

Berg, Karl, * 27. 12. 1908 Radstadt (Sbg.), † 1. 9. 1997 Mattsee (Sbg.), 1933 Priester. Generalvikar; 1973–88 Erzbischof von Sbg.; trat für eine Liturgiereform im Sinne des 2. Vatikan. Konzils ein.

Berg, O. F. (eigentl. Ottokar Franz Ebersberg), * 10. 10. 1833 Wien, † 16. 1. 1886 ebd., Dramatiker und Journalist. Bis 1860 im Staatsdienst, ab 1861 Dramatiker am Theater an der Wien und am Carltheater; gründete und redigierte 1861–67 das humorist. Blatt „Kikeriki". Verfasste über 120 Dramen für den laufenden Bedarf der Vorstadttheater.
Werke: Dramen: Ein Rekrut von 1859; Die alte Schachtel, 1865; Ein Wr. Dienstbote, 1868; Einer von unsere Leut, 1869; Isaak Stern, 1872; Dr. Haslinger, 1876; Ein Stündchen auf dem Comptoir, 1877.
Literatur: E. Gampe, O. F. Ebersberg und seine Stellung im Wr. Volksstück, Diss., Wien 1951.

Berg, Werner, * 11. 4. 1904 Elberfeld (D), † 7. 9. 1981 bei Gallizien (Kä.), Maler und Graphiker. Sein Werk ist von E. Nolde und E. Munch beeinflusst und kreist thematisch um Landschaft und Bevölkerung Unter-Kä.; klare Konturen bestimmen seine flächige Formensprache.
Werke: Ölbilder, rd. 400 Holzschnitte.
Literatur: K. Sotriffer, W. B. Die Holzschnitte, Wien 1973; H. Kuchling, W. B. Die späten Holzschnitte, 1982; H. Scheicher (Hg.), W. B., 1984; W. B., Gemälde, 1994.

Bergakademie, siehe → Montanuniversität Leoben.

Bergammer, Friedrich (eigentl. F. Glueckselig), * 18. 12. 1909 Wien, † 9. 10. 1981 New York (USA), Lyriker. In Wien als Kunsthändler tätig, flüchtete 1938 nach kurzer Inhaftierung durch die Nat.-Soz. in die USA und etablierte sich dort als Museumsexperte. 1935 Mitbegründer der Literatur-Ztschr. „das silberboot"; verfasste formal konventionelle Gedankenlyrik. Themen des Alterswerks sind Exil und jüdische Identität.
Werke: Aus meiner Einsamkeit, 1926; Von Mensch zu Mensch, 1955; Die Fahrt der Blätter, 1959; Flügelschläge, 1971; Momentaufnahme, 1981; Die vorletzte Stummheit, 1984.

Bergauer, Josef, * 26. 1. 1880 Laa a. d. Thaya (NÖ.), † 20. 7. 1947 Wien, Schauspieler, Vortragskünstler, Schriftsteller. Spielte an fast allen Wr. Bühnen (außer dem Burgtheater); Nestroy-, Raimund- und Anzengruber-Interpret; verfasste auch Wienerlieder.
Werke: Wienerlieder; Das klingende Wien, 1941; Auf den Spuren berühmter Menschen in Wien, 1948.

Bergbahnen, lokal eingerichtete Zahnrad-, Standseil- oder Seilschwebebahnen (→ Seilbahnen) zur Personen- und Güterbeförderung auf hoch gelegene Punkte, ohne Einbindung in ein Verkehrsnetz (im Gegensatz zu → Gebirgsbahnen), häufig mit bes. starker Steigung. Die Achensee-Bahn (1889) ist die älteste Zahnradbahn Europas. Weitere Zahnradbahnen führen von Puchberg zum Berghaus auf dem Hochschneeberg (NÖ.) und von St. Wolfgang auf die Schafbergspitze (OÖ.). 2003 wurden von diesen beiden B. insges. 386.000 Personen befördert. Anstelle der früher mit Kohlen befeuerten Lokomotiven werden heute z. T. ölgefeuerte Dampflokomotiven bzw. Dieseltriebwagen eingesetzt. Von Linz-Urfahr führt die steilste Adhäsionsbahn der Welt auf den Pöstlingberg. Die ältesten ö. Standseilbahnen führen auf die Festung Hohensalzburg (1892), auf den Grazer Schlossberg und auf die Hungerburg in Innsbruck. Moderne Standseilbahnen mit hoher Transportkapazität wurden in vielen großen ö. Skigebieten errichtet.

Bergbau: Schon in frühgeschichtl. Zeit wurden Kupfer in Sbg. und Ti., → Salz bei Hallstatt und Hallein, Blei in Kä. und Eisen bei Hüttenberg und vielen anderen Orten gewonnen. Bedeutende Untertagbetriebe der Hallstattzeit mit Zimmerungen, Förder- und Steiganlagen wurden in OÖ., Sbg. und Ti. festgestellt (in den Salzbergwerken bis in 300 m Tiefe). Die Römer suchten in den Hohen Tauern nach Gold, Silber, Blei und Eisenerz. Das norische Eisen war wegen seiner Härte und Güte bes. geschätzt. Der B. des frühen MA musste die lang dauernde Unterbrechung während der Völkerwanderung überwinden, es blieb anfangs bei kaum, primitiven Abbaumöglichkeiten. Erst im Hoch- und Spät-MA erlebten Salz- und Eisenerz-B. einen starken Aufschwung und erreichten um die Wende zur Neuzeit ihre höchste Blüte. Der B. auf → Gold und → Silber stand im 15. und 16. Jh. an vorderster Stelle.
Der Salz-B. wurde von den Landesfürsten (als „Kammergut") betrieben; unter Ks. Friedrich III. und Ks. Maximilian I. kam die Salzgewinnung ganz in staatl. Verwaltung. Den Erzabbau führten dagegen hauptsächl. Genossenschaften persönlich freier Bergleute durch. Gegen Ende des 15. Jh. kamen immer mehr auch große private Geldgeber hinzu, dafür bildete sich die Rechtsform der bergmännischen Gewerkschaft, deren Teilhaber, die Gewerken, Miteigentümer des Bergwerks waren und persönlich hafteten.
Im Zeitalter des Merkantilismus wurden die während Reformation und Bauernkriegen aufgelassenen Gruben wieder in Angriff genommen. Im Neoabsolutis-

Alban Berg. Foto, 1909.

Bergbau: Stolleneingang. Aus einem Tafelbild, 1514 (Flitschl, Kä.).

mus nahm der Staat zunehmend Einfluss auf den B.; er schuf eigene Ausbildungsstätten für Bergbeamte (→ Montanuniversität Leoben, Berg- u. Hüttenschulen). Die Bergknappen waren schon im MA als „ehrbare Leute" hoch angesehen und als Spezialisten überall sehr begehrt. Ihre Privilegien wurden früh im → Bergrecht festgelegt, in dessen Entwicklung Ti., Sbg. und Stmk. führend waren. In den Kämpfen der Reformation und Gegenreformation spielten die Bergleute eine bedeutende Rolle, in den Bauernkriegen vereinten sie sich mancherorts mit den Bauern, um ihre Freiheiten zu verteidigen. Noch heute sind sie Träger eines eig. traditionellen Brauchtums (Barbarafeiern, Ledersprung, Reiftanz usw.).

Der Aufschwung des B. führte zu einer Reihe wichtiger Erfindungen auf dem Gebiet der B.-Technik in Ö.: Um 1515 wurde in Ti. Bergwerken der pferdegetriebene Göpel zur Schachtförderung eingeführt, Wasserhaltungsanlagen wurden verbessert, der erste „Grubenhunt" tauchte auf. Zur Obertagförderung wurde der Sackzug eingeführt, zur Goldgewinnung wurden Nasspochwerk und Amalgamierung entwickelt, bei der Silbergewinnung der Seigerhüttenprozess eingeführt. Die Einführung des Floßofens in Kä. schuf die Grundlage für die Schwerind. (→ Eisen; Zentren wurden Eisenerz, Leoben und Steyr). Eine bes. Entwicklung erfuhr in Ö. die bergmännische Vermessungstechnik, das so gen. Markscheidewesen, mit Einführung des Alpenkompasses und der Schinzeuge. Die Einführung des Sprengbetriebs in den B. schließlich führte zu Beginn des 18. Jh. zur starken Erhöhung der Produktionsziffern.

Der B. auf Gold und Silber, der bis Ende des 16. Jh. lokal eine große Rolle gespielt hatte, musste infolge des starken Abbaus bzw. Vergletscherung der Lagerstätten eingestellt werden. Bis zum 19. Jh. hatte hauptsächlich der Bedarf des Inlands, oft auch nur der Lokalmarkt das Ausmaß des ö. B. bestimmt; durch Eisenbahn und Dampfschifffahrt kamen die reichen überseeischen Bodenschätze auf den Weltmarkt und erschwerten den Konkurrenzkampf. Im Vormärz setzte der systematische Abbau der → Kohle ein; neue Ind.-Zweige förderten den B. auf Buntmetalle und andere mineralische Rohstoffe. Wichtig wurde für Ö. die 2. Hälfte des 19. Jh. der B. auf → Graphit und die Förderung von → Magnesit in der Veitsch (ab 1881) und bei Radenthein in Kä. (ab 1908); mit beiden stand Ö. an erster Stelle in der Weltproduktion an Feuerfestprodukten. Einschneidend wirkte sich auf den ö. B. die Umwandlung der großräumigen Monarchie in die Republik aus. Die Produktionsziffern der Vorkriegszeit konnten nicht mehr erreicht werden, Ö. verlor das Monopol auf Magnesit und Graphit. Neben der Gewinnung von Eisenerz traten der Blei- und der Kupfererz-B. stark zurück; vorübergehend war die Gewinnung dieser Erze in den Krisenzeiten der 1. Republik eingestellt. Die Kohlenförderung wurde erst in der 2. Republik stark ausgebaut. Nach 1930 begann die Förderung von → Erdöl. Damit zusammen wird in vielen Sonden auch → Erdgas gewonnen. 1946 wurde ein Teil des ö. B. verstaatlicht (→ Verstaatlichung). 2003 produzierten in Ö. rd. 1500 unter behördl. Aufsicht stehende Betriebe sowie 2 Erdöl- und Erdgasunternehmungen. Von den Bergbauen werden lediglich 3 % als Grubenbaue, 2 % als Gruben- und Tagbaue, 95 % jedoch als reine Tagbaue geführt. Die Entwicklung ist nach wie vor leicht rezessiv.

Die dzt. gewonnenen mineralischen Rohstoffe werden in 3 Gruppen zusammengefasst: bergfreie mineralische Rohstoffe (Eisenerze, Bleierze, Zinkerze, Wolframerze, Gips, Anhydrit, Graphit, Talk, Kaolin, Kalkstein, Magnesit, Diabas, Ölschiefer); bundeseigene mineralische Rohstoffe (Steinsalz, Erdöl und Erdgas) sowie grundeigene mineralische Rohstoffe (Quarz, Ziegeltone, Dolomit, Mergel, Feldspat, Trass, basaltische Gesteine u. a.).

Literatur: G. B. Fettweis u. a., B. im Wandel, 1988; BM f. Wirt. u. Arbeit (Hg.), Ö. Montan-Hb., 2001; K. Biedermann, Das Bergbuch, Diss., Graz 2001.

BERGBAUERN: Die B. nehmen in Ö., das in seiner ganzen O-W-Erstreckung von den Alpen durchzogen wird, eine bedeutende Stellung innerhalb der ländl. Wirt.-Formen ein. Sie haben gegenüber den Flachlandbauern mit härteren Lebens- und Arbeitsbedingungen, die sich aus der Kürze der Vegetationszeit, den Unbilden des Klimas, der Hanglage der Grundstücke und der ungünstigen Verkehrslage ergeben, zu kämpfen. Die Einteilung der 99.000 B.-Betriebe (2003) erfolgt in 4 Erschwerniszonen, deren Einteilung sich nach dem Anteil der bewirtschafteten Fläche mit einer Hangneigung von mehr als 25 bzw. 50 % richtet. Ca. 6800 Bauernhöfe befinden sich in Erschwerniszone 4, in der mindestens 40 % der Fläche eine Hangneigung von 50 % aufweisen.

Durch Direktzahlungen des Staates erfolgt eine Abgeltung der natürl. Erschwernisse und ein Beitrag zur Erhaltung der Besiedelung und kulturellen Funktionsfähigkeit der Berggebiete. Haupteinnahmequellen sind Milchwirt., Rinderzucht und Forstwirt. sowie Fremdenverkehr.

Die höchsten Dauersiedlungen finden sich in den Zentralalpen, sie liegen oberhalb der Baumgrenze, so Obergurgl im Ötztal auf 1927 m (höchste: die Rofenhöfe, 2014 m). Die großen Höhen wurden v. a. im Zeitraum des 12./13. Jh. erreicht, aber später vielfach aufgegeben und nur noch als Almen (so gen. Schwaighöfe; Schwaige = Herde) benutzt; ihre Existenz fußt auf der Viehwirt. Das B.-Gebiet war immer Rückzugsgebiet und durch ein starkes Festhalten an Tradition in Wirt., Kleidung, Sitte und Brauchtum gekennzeichnet.

Literatur: E. Hubatschek, Bauernwerk in den Bergen: Arbeit und Leben der B. in Bilddokumenten aus einem halben Jahrhundert, 1992.

BERGBEHÖRDEN, siehe → Bergbau, → Bergrecht.

BERG BEI ROHRBACH, OÖ., RO, Gem., 630 m, 2681 Ew., 31,46 km², den Bezirkshauptort Rohrbach in OÖ. umschließende landw. Wohngem. mit Gewerbe. Mühlkreisbahnmuseum (im ehem. Bahnhof, hist. Dampflokomotive); neues Betriebsgebäude. – Urk. 1253, got.-barockisierte Wallfahrtskirche Maria Trost (Umbau 1645/55) mit mächtigem Barockaltar und lebensgroßem Gnadenbild Maria mit Kind (1656), schöne Barockstatuen, Maria-Hilf-Kapelle (1764) mit Fresken, ehem. Renaiss.-Schloss Berg (17. Jh.) mit Meierhof (17. Jh.).

Literatur: E. E. Uhl, Rohrbach-Berg. Beiträge und Vorarbeiten zu einem Heimatbuch, 1989.

BERGE, die bekanntesten Gipfel in Ö.: Großglockner (→ Glockner), O-Ti., Kä., Hohe Tauern, 3798 m; → Wildspitze, Ti., Ötztaler Alpen, 3768 m; → Großvenediger, O-Ti., Sbg., Hohe Tauern, 3666 m; → Hochfeiler, Ti., Ital., Zillertaler Alpen, 3509 m; → Zuckerhütl, Ti., Stubaier Alpen, 3507 m; → Olperer, Ti., Tuxer Alpen, 3476 m; → Piz Buin, Vbg., Silvretta, 3312 m; → Parseierspitze, Ti., Lechtaler Alpen, 3036 m; Hoher → Dachstein, OÖ., Stmk., Nördl. Kalkalpen, 2995 m; → Schesaplana, Vbg., Schweiz, Rätikon, 2965 m; → Hochkönig, Sbg., Nördl. Kalkalpen, 2941 m; → Hochgolling, Sbg., Stmk., Niedere Tauern, 2862 m; Großer → Priel, OÖ., Totes Gebirge, Nördl. Kalkalpen, 2515 m; Rosennock, Kä., → Nockgebiet, Norische Alpen, 2440 m; → Zirbitzkogel, Stmk., Seetaler Alpen, 2396 m; → Hochtor, Stmk., Ennstaler

Alpen, Nördl. Kalkalpen, 2369 m; → Ellmauer Halt, Ti., Kaisergebirge, Nördl. Kalkalpen, 2344 m; → Hochschwab, Stmk., Nördl. Kalkalpen, 2277 m; → Hoher Ifen, Vbg., Deutschland, Bregenzerwald, 2230 m; → Dobratsch, Kä., Gailtaler Alpen, 2166 m; Großer → Speikkogel, Kä., Koralpe, 2140 m; → Schneeberg, NÖ., Nördl. Kalkalpen, 2076 m; Heukuppe, Stmk., → Rax, NÖ., Nördl. Kalkalpen, 2007 m; → Ötscher, NÖ., Nördl. Kalkalpen, 1893 m; → Schafberg, Sbg., OÖ., Nördl. Kalkalpen, 1782 m; → Hochwechsel, Stmk., NÖ., Steirische Randgebirge, 1743 m; → Traunstein, OÖ., Nördl. Kalkalpen, 1691 m.

Bergenstamm, Alois von, siehe → Groppenberger von Bergenstamm, Alois.

Berger, Alfred Frh. von, * 30. 4. 1853 Wien, † 24. 8. 1912 ebd., Theaterdirektor und Schriftsteller; Ehemann von Stella v. → Hohenfels-Berger. 1887 Privatdozent für Philosophie und Ästhetik in Wien (1896 Prof.), 1899–1909 Dir. des neu gegr. Dt. Schauspielhauses in Hamburg, 1910–12 Dir. des Wr. → Burgtheaters. Während sein eigenes Schaffenswerk eher unbedeutend blieb, ist seine Wirksamkeit als Theaterdir. unumstritten. Neben der als Vorbild empfundenen Weimarer Klassik setzte er auch H. Ibsen, G. Hauptmann, F. → Hebbel, O. Wilde, H. v. Kleist, A. → Schnitzler, A. Frh. v. B., G. B. Shaw auf den Spielplan des Burgtheaters.

Alfred Freiherr von Berger. Foto, um 1912.

Werke: Novellen, Gedichte. – Ausgaben: Ges. Schriften, hg. v. A. Bettelheim u. K. Glossy, 3 Bde., 1913; Theater und Literatur. Ausgewählte dramaturg. und literaturkrit. Schriften, 1992.
Literatur: P. Schmidsberger, A. Frh. v. B., Diss., Wien 1960; R. Mühlher, Ö. Dichter seit Grillparzer, 1973; R. Blahout, Baron B. und die Krise des Burgtheaters, Diss., Wien 1975.

Berger, Franz, * 30. 10. 1841 Wien, † 24. 4. 1919 ebd., Leiter des Wr. Stadtbauamts. Veranlasste die Wienflussregulierung, den Bau der 2. Wr. → Hochquellenleitung, den Ausbau des Wr. Straßennetzes (Auflassung der Linienwälle), die Einwölbung der Bäche und die Neukanalisierung.
Werke: Wilhelminenspital, Wien, 1900–02; Univ.-Frauenklinik, Wien, 1904–08.

Berger, Gerhard, * 27. 8. 1959 Wörgl (Ti.), Motorsportler. Ab seinem 18. Lebensjahr Autorennfahrer, 1984–97 in der Formel 1 (1984 ATS BMW, 1985 Arrows BMW, 1986 Benetton BMW, 1987–89 und 1993–95 Ferrari, 1990–92 McLaren Honda, 1996/97 Benetton Renault); startete in mehr als 200 Formel-1-Rennen, von denen er 10 gewann. 1988 und 1994 war B. Dritter in der Formel-1-Weltmeisterschaft. 1998–2003 Motorsportdir. von BMW in München.
Publikationen: Grenzbereich, 1989; Zielgerade, 1997.
Literatur: C. P. Andorka, Die großen Formel-1-Stars, 1992; C. Hilton, G. B., 1993.

Berger, Johann Nepomuk (Pseud.: Sternau), * 16. 9. 1816 Proßnitz (Prostějov, CZ), † 9. 12. 1870 Wien, Politiker, Schriftsteller, Rechtsanwalt. 1848 Abg. der demokrat. Linken in Frankfurt a. M.; 1861 Min. ohne Portefeuille im „Bürgermin."; trat 1870 zurück, als sein „Minoritäts-Memorandum" abgelehnt wurde.

Berger, Peter Ludwig, * 17. 3. 1929 Wien, Soziologe. Emigrierte kurz nach Ende des 2. Weltkriegs in die USA, wo er seine soz.-wiss. Studien absolvierte. 1956–58 Assistenzprof. an der University of North Carolina und 1958–63 am Hartford Theological Seminary. Danach Prof. an der New School for Social Research, an der Rutgers University, New Jersey, und am Boston College. Seit 1981 Prof. f. Soziologie u. Theologie an der Boston University, seit 1985 Dir. des Institute for the Study of Economic Culture. Beschäftigt sich u. a. mit der Sinn stiftenden Rolle des Protestantismus in modernen, ökonomisch orientierten Gesellschaften. Träger vieler internat. wiss. Auszeichnungen; Wittgenstein-Preis 2000.
Werke: Invitation to Sociology, 1963 (Einladung zur Soziologie, 1966); The Social Construction of Reality, 1966 (Die soz. Konstruktion der Realität, 1969); The Sacred Canopy, 1967 (Zur Dialektik von Religion und Ges., 1973); A Rumor of Angels, 1969 (Auf den Spuren der Engel, 1970); Sociology – A Biographical Approach, 1972 (Wir und die Ges., 1976); The Capitalist Revolution, 1986 (Die kapitalistische Revolution, 1991); A Far Glory, 1993 (Sehnsucht nach Sinn, 1994); Redeeming Laughter, 1997 (Erlösendes Lachen, 1998).
Literatur: M. Prisching (Hg.), Gesellschaft verstehen. P. L. B. und die Soziologie der Gegenwart, 2001.

Berger, Raimund, * 31. 3. 1917 Hall i. Ti., † 21. 1. 1954 Innsbruck (Ti.), Dramatiker. Seit seinem 17. Lebensjahr durch einen Skiunfall gelähmt, ab 1952 Hörspiellektor bei dem Sender Ti. In seinen Dramen propagierte er ein „Theater der Menschlichkeit".
Werke: Papierblumenfrühling, 1949; Der verwundete Engel, 1951; Zeitgenossen, 1951; Die Helden von Albeville, 1951; Ballade vom nackten Mann, 1953; Haben Sie Herrn Ellert gesehen?, 1953; Das Reich der Melonen, 1955. – Märchen, Erzählungen.
Literatur: Ti. Drama und Dramatiker des 20. Jh., hg. von H. Kuprian, 1983.

Berger, Rudolf (Pseud.: Maurus Atzenbrugg), * 1. 9. 1914 Wien, † 19. 2. 1959 Bad Ischl (OÖ.), Schriftsteller und Journalist. War bei der → RAVAG tätig; lebte in Fuschl am See.
Werke: Dramen: Der weiße Vogel, 1939; Der volle Mond nimmt ab, 1947. – Hörspiele: Die Wunderschule; Die Narren und der Tor. – Novellen, Übersetzungen (aus dem Persischen).

Berger, Senta, * 13. 5. 1941 Wien, Schauspielerin, Produzentin. Ballettunterricht an der Akad. f. darst. Kunst in Wien, Reinhardt-Seminar, Theaterarbeit in Wien (später Sbg. Festspiele und Deutschland), Filmarbeit (erstmals 1957 in W. Forsts „Die unentschuldigte Stunde") in Ö. und Deutschland, danach internat. Film- und Fernsehkarriere. Verheiratet mit dem dt. Regisseur M. Verhoeven (gem. Filmproduktionen: „Die weiße Rose", 1982; „Das schreckliche Mädchen", 1989; „Schlaraffenland", 1990); seit den 90er Jahren intensive Fernsehtätigkeit.
Weitere Filme: The Journey, 1958; Ich heirate Herrn Direktor, 1960; Es muß nicht immer Kaviar sein, 1961; Schüsse im Dreivierteltakt, 1965; Sierra Charriba, 1965; Das Quiller-Memorandum, 1966; Der scharlachrote Buchstabe, 1971.

Berger, Thaddäus von, * 18. 8. 1774 Wien, † 27. 6. 1842 ebd., Industrieller. Errichtete gem. mit Baron G. S. → Sina in Pottendorf 1838 die erste bed. heimische maschinelle Hanf- und Flachsspinnerei und machte sich um die Errichtung der Nationalbank verdient, deren Dir. er 23 Jahre lang war.
Literatur: ÖBL.

Berger, Theodor, * 18. 5. 1905 Traismauer (NÖ.), † 21. 8. 1992 Wien, Komponist. Musikpreis der Stadt Wien 1949, Großer Ö. Staatspreis 1959.
Werke: vorwiegend für großes Orchester; Legende vom Prinzen Eugen, 1941; Homerische Symphonie, 1948; Forofolium, 1986.
Literatur: G. Brosche (Red.), Musikal. Dokumentation T. B., Ausst.-Kat., Wien 1998 (mit Werkverzeichnis).

Bergern im Dunkelsteinerwald, NÖ., KR. Gem., 305 m, 1268 Ew., 36,53 km², land- u. forstw. Wohngem. zw. Wachau und nordwestl. Dunkelsteinerwald; Auszeichnung mit dem europ. Naturschutzdiplom. Modellbahnanlage „Dürnstein"; Weinbau. Wallfahrtsort → Maria Langegg; Geyersberg: Nachbau eines kelt.-megalith. Steinkreises; Oberbergern: Ortskapelle

Senta Berger. Foto.

Gerhard Berger. Foto.

Egon Berger-Waldenegg. Foto, um 1935.

(1763); Unterbergern: josephin. Pfarrkirche (1784/85 vergrößert) mit historist. Altar, Zubau (1972), moderne Orgel (1974), Ferdinandswarte.

Berger-Waldenegg, Egon, * 14. 2. 1880 Wien, † 12. 9. 1960 Graz (Stmk.), Jurist, Politiker (Heimwehr), Gutsbesitzer. Ab 1902 bei der Nö. Statthalterei, 1907–18 (mit Kriegsunterbrechung 1914–16) im Außenmin. beschäftigt, trat 1929 dem Steir. Heimatschutz bei, wurde 1931 in den → Pfrimer-Putsch hineingezogen, schloss sich dann E. R. → Starhemberg an. 1934 Landeshauptmann-Stellv. d. Stmk., am 10. 7. 1934 von E. Dollfuß zum Justizmin. ernannt (bis Okt. 1935), setzte am 25. 7. 1934 den Heimatschutz in ganz Ö. gegen die Nat.-Soz. in Bereitschaft; von 3. 8. 1934 bis 14. 5. 1936 Außenminister. 1936–38 ö. Gesandter in Rom, blieb nach dem → Anschluss in Italien, wurde ital. Staatsbürger, gründete 1944 in Rom ein „Ö.-Büro". Kehrte 1948 als Privatmann nach Ö. zurück.

Literatur: W. Wiltschek, Die Heimwehr, 1985; E. u. H. Berger von Waldenegg, Biographie im Spiegel – Die Memoiren zweier Generationen, 1998.

Bergführer, seit 1862 aus dem alpinen Vereinswesen entstandener Beruf; haupt- oder nebenberuflich, meist in Verbindung mit der Skiführerqualifikation; Bezeichnung, Ausübung usw. landesgesetzl. geregelt; Ausbildung durch die Bundesanstalt f. Leibeserziehung Innsbruck in Zusammenarbeit mit dem „Verband der ö. Berg- und Skiführer".

Literatur: E. Rabofsky, B. u. Rechtsordnung, 1988; C. Walser, Das Berufsrecht der B. in Ö., Deutschland und der Schweiz, Diss., Innsbruck 2002.

Berghauptmannschaft, siehe → Bergrecht.

Berghausen, Stmk., LB, Gem., 381 m, 598 Ew., 5,63 km², Weinbaugem. an der Südsteir. Weinstraße nahe der Grenze zu Slowenien. Bärengehege. – Schreiner-Kapelle, Karmeliter-Kapelle (erb. 17. Jh.) in Zieregg.

Bergheim, Sbg., SL, Gem., 441 m, 4839 Ew. (1981: 3326 Ew.), 15,20 km², Handels- und Ind.-Ort am Abhang des Plainbergs nördl. von Salzburg. – Missionshaus Maria Sorg, Seniorenheim St. Georgsheim; v. a. Großhandel (rd. 3 Viertel der Beschäftigten 2001 im Dienstleistungssektor) mit Textilien (Mode, Arbeitskleidung), Geschirr, Sanitärartikeln, Hard- und Software; große Speditionen, Versandhaus; Asphaltmisch-, Kies- und Betonfertigteilwerk (Baustoffrecycling), Verzinkerei, Erzeugung von Sicherheitssystemen (u. a. -gurten) für die Autoind.; etwas Fremdenverkehr (42.564 Übern.). – Dekanatskirche (urk. 927, Neubau 1695 von W. Hagenauer), Wallfahrtskirche → Maria Plain.

Berg im Attergau, OÖ., VB, Gem., 654 m, 987 Ew., 20,48 km², Sommerfremdenverkehrsgem. (60.155 Übern.) im N. des Attersees. – Peter-und-Paul-Kirche (18. Jh.) mit Stuckdekor und spätgot. Kruzifix (um 1520).

Berg im Drautal, Kä., SP, Gem., 692 m, 1373 Ew., 54,27 km², Sommerfremdenverkehrsort (105.590 Übern.) in Oberdrautal. – Holzverarbeitung, Betonwarenerzeugung. – Urk. 1267, spätroman.-spätgot. Pfarrkirche (Wehrkirche), Fresken (14./15. Jh.), Karner (13. Jh.) mit Weltgerichtsfresken, spätgot. Wallfahrtskirche hl. Athanasius (Weihe 1485) mit Fresken (15. Jh.); hist. Kalkofen, Waldschule Arche Noah, Gaisloch- und Ochsenschluchtklamm.

Bergisel, Ti., 746 m, im Innsbrucker Stadtteil Wilten, von der zum Brenner führenden Eisenbahn und von der Brennerautobahn untertunnelt. Auf dem Berg befindet sich die Skisprungschanze (Olymp. Spiele 1964 und 1976; Anlage 2001 erneuert). – 1809 Schauplatz von 4 Kämpfen der Ti. Bauern unter A. → Hofer gegen Franzosen und Bayern (Siege der Ti. am 25. Mai, 29. Mai und 13. August, Niederlage der Ti. am 1. November); 1817 Schießstätte der Ti. Kaiserjäger, 1845 Schützenhaus, 1880 zum Kaiserjäger-Museum umgebaut, Andreas-Hofer-Galerie mit Werken von F. → Defregger und A. → Egger-Lienz. 1959 Kapelle mit Ehrenbüchern der gefallenen Ti. im 1. und 2. Weltkrieg. A.-Hofer-Denkmal von H. Natter 1892.

Bergisel: Tiroler Landsturm 1809. Gemälde von J. A. Koch, 1819 (Tiroler Landesmuseum Ferdinandeum, Innsbruck).

Bergknappen, siehe → Bergbau.

Bergl, Johann Baptist Wenzel, * 23. 9. 1718 Königinhof (Dvůr Králové, CZ), † 15. 1. 1789 Wien, Maler. Schüler von P. → Troger, eng befreundet mit F. A. → Maulbertsch. Berühmt geworden durch die originelle Ausmalung ebenerdiger Gartenappartements, wo die Garten und Raum malerisch durchdringen. In seinen Fresken stellte B. idyll. Landschaften voller exot. Pflanzen und romant. Versatzstücke dar und schuf damit eine neuartige Variation der barocken Illusionsmalerei. Neben dem kaiserl. Hof, für den er um 1770 die sog. B.-Zimmer in Schloss → Schönbrunn schuf, arbeitete B. auch im kirchl. Auftrag. Als Hauptwerk gilt die malerische Ausstattung der ehem. Stiftskirche → Klein-Mariazell (1764/65).

Weitere Werke: Baden (Dreieichen); Melk (Gartenpavillon, 1763); Schönbühel (Peregrinikapelle); Seitenstetten; Wr. Neustadt (Neukloster).

Literatur: P. Otto, J. B., Diss., Wien 1964.

Bergland, NÖ., ME, Gem., 252 m, 1747 Ew., 33,93 km², landw. Wohngem. mit Gewerbe an der Erlauf südl. von Wieselburg, das Gem.-Gebiet Petzenkirchen umschließend, ohne hist. Zentrum. Holzverarbeitung; neues Ind.-Gebiet Bergland-Center. – In Plaika ehem. Poststation (spätgot. Kern); im gesamten Gem.-Gebiet zahlr. Kapellen und Bildstöcke (18. bis frühes 20. Jh.).

Literatur: G. Flossmann u. J. Fitzthum (Mitarb.), Häuserbuch B., 2002.

Berglandmilch reg. Gen. m. b. H., größtes ö. Molkereiunternehmen, mit Sitz in Linz; gegr. 1995 durch Zusammenschluss von 6 → landwirtschaftlichen Genossenschaften: Schärdinger Landmolkerei, Linzer Molkerei, Milchunion Alpenvorland, Bäuerliche Milchunion, Molkerei im Mostviertel, Milchverarbeitung Desserta. Ziel des Zusammenschlusses war es, sich den neuen Entwicklungen der ö. → Milchwirtschaft aufgrund des Beitritts Ö. zur EU anzupassen. Seit 1999 gehört mit Rottaler Milchwerk auch ein bayr. Unternehmen zu B. Die Tradition des Unternehmens geht auf die 1900 gegr. Schärdinger Teebutter-Zentrale zurück. Mit insges. rd. 1000 Mitarbeitern wurde 2002 ein Umsatz von 505,5 Mio. Euro erwirtschaftet, der Exportanteil betrug 33,2 %.

Literatur: A. Dreißiger, Die Entwicklung der ö. Milchwirt., Dipl.-Arb., Graz 2002.

Turm der neuen Sprungschanze am Bergisel.

Bergler, Hans (Pseud.: Ottokar Tann-Bergler), * 15. 6. 1859 Wien, † 29. 7. 1912 ebd., Volks- und Bühnenschriftsteller. Wr. Sittenschilderer, schuf die Figur des „Herrn von Pomeisl".

Werke: Skizzen und Humoresken: Wr. Guckkastenbilder, 1888; Altwiener Ränke und Schwänke, 1894; Pomeisl und Ko, 1900; Im Dreivierteltakt, 1902; O du lieber Augustin, 1903; Wr. Spassettln, 1909.

Bergmann, Josef von, * 13. 11. 1796 Hittisau (Vbg.), † 29. 7. 1872 Graz (Stmk.), Historiker und Philologe. 1863 Dir. des Münz- und Antikenkabinetts der Ambraser Smlg.

Werke: Übersicht der k. k. Ambraser Smlg., 1846; Medaillen auf berühmte und ausgezeichnete Männer des ö. Kaiserstaates vom 16.–19. Jh., 2 Bde., 1858.

Bergmann, Kurt, * 11. 5. 1935 Ebersberg b. Neulengbach (NÖ.), Journalist und Politiker (ÖVP). 1973–75 Intendant des ORF-Landesstudios NÖ., 1976–80 Bundesgeschäftsführer der ÖVP, 1979–90 Abg. z. NR, 1980–87 polit. Dir. des ÖVP-Parlamentsklubs, 1990–94 Gen.-Sekr. des ORF, 1994–98 Intendant des ORF-Landesstudios Stmk., 1998–2003 Leiter des Büros für humanitäre Angelegenheiten des ORF („Licht ins Dunkel", „Nachbar in Not")

Werk: Nachbar in Not, 1994; Mein Licht-ins-Dunkel-Buch, 2002.

Bergner, Elisabeth (eigentl. E. Ettel), * 22. 8. 1897 Drohobycz, Galizien (Drogobyč, UA), † 12. 5. 1986 London (GB), (Film-)Schauspielerin. Nach Debüt in Innsbruck Engagements in Zürich, Berlin, Wien und München; v. a. in den 20er Jahren sehr erfolgreich; 1933 Heirat mit dem Filmregisseur P. Czinner († 1972) und Emigration nach England, 1940 in die USA, 1950 Rückkehr nach London; Gastspiele in Deutschland, Ö. und der Schweiz; 1970 Regiedebüt; 1973 letzte Bühnenrolle, danach in Film und Fernsehen tätig.

Werk: Bewundert viel und viel gescholten, 1978.

Literatur: K. Völker, E. B. Das Leben einer Schauspielerin, 1990; Unsere schwarze Rose: E. B., Ausst.-Kat., Wien 1993; B. B. Reiterer, Die Urenkelinnen des Proteus, Diss., Wien 1996; B. Hochholdinger-Reiterer, Vom Erschaffen der Kindfrau. E. B. – ein Image, 1999.

Bergrecht: Die Rechtsstellung des → Bergbaus in Ö. reicht bis in die Frühgeschichte zurück. Das königl. B. des frühen MA bezog sich auf den Bergzehent, die Abgabe des 10. Teils der geförderten Metalle an den König, woraus im Lauf des MA der königl. (regale) Anspruch auf die eigentl. Nutzung der Bergwerke entstand. Später entwickelte sich der Rechtsgrundsatz der Bergfreiheit, der heute noch in Geltung ist. Das älteste überlieferte B. ist der Schladminger Bergbrief (1308), der für NÖ., OÖ., Stmk., Kä. und Teile von Sbg. galt. Schwaz und Rattenberg (Ti.), Gmünd (Kä.) und Murau (Stmk., 1449) besitzen ebenfalls alte B.-Urkunden. Für zahlr. Bergbaubetriebe (Bleiberg, Hüttenberg u. a.) galt bis 1954 die aus dem Jahr 1550 stammende Bamberger Bergordnung. Umfangreiche bergrechtl. Verordnungen erließen Maximilian I. und Ferdinand I. Das allg. ö. Berggesetz entstand 1854, es wurde vom Berggesetz 1954 abgelöst, auf das das Berggesetz 1975 folgte. Dieses regelte das Aufsuchen und Gewinnen von bergfreien, bundeseigenen und grundeigenen mineral. Rohstoffen sowie teilw. deren Aufbereitung, soweit sie in betriebl. Zusammenhang damit erfolgt. Die Bergbehörden 1. Instanz waren die Berghauptmannschaften, sie übten die öffentl. Verwaltung in Angelegenheiten des Bergbaus aus; ihr Sitz befand sich in Wien, Graz, Leoben, Klagenfurt, Salzburg und Innsbruck.

Heute ist die Grundlage des ö. B. das Mineralrohstoffgesetz von 1999, das im Gefolge des Grubenunglücks von Lassing erlassen wurde. Es gilt nunmehr für das Aufsuchen und Gewinnen sämtlicher mineral. Rohstoffe und enthält Regelungen hinsichtl. der Bergbauberechtigungen, Gewinnungsbetriebspläne, Bergbauanlagen, Aufsicht usw. Für den Arbeitnehmerschutz ist seit 1999 die Arbeitsinspektion zuständig. Die Behördenstruktur wurde durch das Mineralrohstoffgesetz 1999 völlig verändert. Für die obertägige Gewinnung grundeigener mineral. Rohstoffe ist in 1. Instanz die Bez.-Verwaltungsbehörde zuständig. Alle anderen Formen der Gewinnung mineral. Rohstoffe unterstehen der Kompetenz des BMin. f. Wirt. und Arbeit (Montanbehörde). Im Gewinnungsbewilligungsverfahren erhalten Anrainer, Gem. und Land eine umfassende Parteienstellung und können auch die Gerichtshöfe des öffentl. Rechts anrufen. Weiters wurden Abbauverbotsgebiete und Schutzzonen detailliert geregelt. Das B. regelt auch das Suchen und Erforschen geolog. Strukturen, die zum Speichern flüssiger oder gasförmiger Kohlenwasserstoffe (Erdöl und Erdgas) verwendet werden sollen. Es gilt weiters auch für die bergbautechn. Aspekte der Gewinnung von Erdwärme, soweit hiezu Stollen, Schächte oder mehr als 300 m tiefe Bohrlöcher benützt werden. Auch das Einbringen und Lagern von Materialien in unterird. Hohlräumen sowie die Benützung von Grubenbauen stillgelegter Bergwerke sind im B. gesetzl. geregelt.

Literatur: R. Winkler, Mineralrohstoffrecht, in: M. Holoubek u. M. Potacs (Hg.), Hb. des öffentl. Wirt.-Rechts, Bd. 1, 2002; R. Winkler, Bergbauanlagenrecht, in: M. Holoubek u. Potacs (Hg.), Hb. des öffentl. Wirt.-Rechts, Bd. 2, 2002.

Bergrettungsdienst, Österreichischer, gegr. 1896 in Wien, nachdem es am 22. 3. 1896 auf der steir. Seite der Rax zu einem schweren Lawinenunglück gekommen war (Reißthalerunfall); gemeinnützige vereinsrechtl. Organisation (Bundesverband, Landesstellen, Ortsstellen) für Bergung, Hilfeleistung und Transport von in Bergnot geratenen Personen; Mitgliedschaft freiwillig und ehrenamtl.; rd. 10.000 Mitgl.; Sitz der Bundesleitung in Klagenfurt; Symbol: Edelweiß im grünen Kreuz; → alpines Notsignal, Flugrettung.

Publikation: Alpinratgeber, ³1999.

Literatur: A. Frölich, Die Männer mit dem Edelweiß im grünen Kreuz, ⁶1990; W. Ladenbauer (Hg.), Kongreßband „Psyche und Berg", 2002.

Bergsteigen: Die → Alpen wurden seit der Altsteinzeit bis über 2000 m Seehöhe begangen; das sportl. Motiv dazu hat (neben dem wiss.) erst seit Beginn der Neuzeit und verstärkt seit dem 18. Jh. Bedeutung. Seit 1862 organisieren sich Bergsteiger in Vereinen (Ö. → Alpenverein, Ö. → Touristen-Klub, Ö. → Alpenklub, Ö. → Gebirgsverein, Ö. → Naturfreunde, Touristenverein), durch die eine rege Erschließungstätigkeit (Wege, Hütten, Landkarten, → Bergführer, Publikationen) begonnen wurde. Das B. erfolgte bis in das 19. Jh.

Elisabeth Bergner. Plakat für den Film „Ariane", 1931.

Bergsteigen: Auf dem Gipfel des Hohen Dachstein. Foto, 1906.

meist mit Führern. Der alpine → Skisport gab ab etwa 1890 auch dem B. neue Impulse. In der Zwischenkriegszeit stand das B. oft unter dem Einfluss polit., teilw. antisemitischer Ideologien.
In der sportl. Ausübung des B. wurde in den letzten Jahrzehnten der Gipfel- vom Schwierigkeitsalpinismus abgelöst, dabei nahm der Einsatz von techn. Mitteln (Haken, Bohrhaken u. a.) beim Klettern zu. Seit den 70er Jahren besteht ein Trend zum „Freiklettern" („Sportklettern", T. → Bubendorfer), auch Wettklettern etablierte sich als Sportart.
Der Massentourismus und das „Massen-B." nach dem 2. Weltkrieg bewirkten – über den älteren Naturschutzgedanken hinaus – die Forderung nach einem umweltverträgl., „sanften Tourismus" und einem Ende der Erschließung durch Aufstiegshilfen usw.; in Vereinsbestimmungen (Hütten-Entsorgung, Solarenergie u. a.) und durch internat. gesetzl. Regelungen (Rahmenkonvention zum Schutz der Alpen) werden diese Forderungen zunehmend berücksichtigt.
In der Geschichte des B. wurden durch Österreicher bedeutende Leistungen erbracht: 1800 wurde erstmals der Großglockner bestiegen, 1804 der Ortler. Ein beträchtlicher Anteil an Erstbesteigungen der 14 Achttausender im Himalaya erfolgte zw. 1950 und 1964 durch ö. Bergsteiger (H. → Buhl, K. → Diemberger, F. → Moravec, M. Schmuck, H. → Tichy). Der 1949 gegr. Verband alpiner Vereine Ö. (VAVÖ) umfasst ca. 430.000 Mitgl. (Stand 2003).
Publikationen: Vereinsorgane; Land der Berge, 1991 ff.
Literatur: K. Ziak, Der Mensch und die Berge, ⁶1983; D. Kramer, Der sanfte Tourismus, 1983; R. Amstädter, Der Alpinismus, 1996; G. Auferbauer, Bergtourenparadies Ö., 2001.

BERGWACHT, 1927 gegr. Körperschaft öffentl. Rechts, ehrenamtlich ausgeführte Wache zum Schutz von Personen, Natur und Umwelt. Seit 1932 werden Kurse für den Dienst in der B. abgehalten. Nach 1945 wurde die B. erneut aufgebaut, seit 1991 gibt es auch weibl. Mitgl.

BERLINER KONGRESS, von Ö. und England angeregte und von O. v. Bismarck einberufene Versammlung der führenden Staatsmänner der europ. Großmächte und der Türkei zur Friedensvermittlung nach dem russisch-türkischen Krieg von 1877/78; fand vom 13. 6. bis 13. 7. 1878 in Berlin statt. Ö.-Ungarn, durch Außenmin. J. Gf. Andrássy vertreten, erhielt das Mandat, die türk. Provinzen Bosnien und Herzegowina sowie den Sandschak Novipazar zu besetzen und zu verwalten. Dies sollte das russ. Übergewicht auf dem Balkan zugunsten Ö.-Ungarns ausgleichen, vertiefte jedoch den Gegensatz zw. den beiden Mächten, der 1879 zum dt.-ö. Zweibund führte und eine der Ursachen des 1. Weltkriegs war.
Literatur: R. Melville (Hg.), Der B. K. von 1878, 1982.

Exlibris für Emmy und Hugo Bernatzik von D. Peche, um 1920.

Berliner Kongress 1878. Anonymes Gemälde.

BERMANN, Moritz (Pseud.: Berthold Mormann, Moritz B. Zimmermann, Louis Mühlfeld, Julius Marlott), * 16. 3. 1823 Wien, † 11. 6. 1895 ebd., Schriftsteller, Kunst- und Autographenhändler. Gab 1853 das „Ö. Biograph. Lexikon" (nur 1 Bd. erschienen) und 1863 die erste populäre Geschichte Wiens heraus.
Weitere Werke: Alt-Wien in Geschichten und Sagen für die reifere Jugend, 1865; Die Geheimnisse des Praters, 1874; Alt- und Neu-Wien, 1880. – Zeitromane, Novellen und Sittenbilder.

BERMANN, Richard Arnold (Pseud.: Arnold Höllriegel), * 27. 4. 1883 Wien, † 31. 8. 1939 Saratoga Springs (USA), Erzähler und Journalist. 1914–18 Kriegsberichterstatter, danach Korrespondent des „Berliner Tagblatts" und Mitarbeiter bei Wr. Zeitungen. Emigrierte 1938 in die USA (Künstlerkolonie Yaddo). Wurde mit Büchern über die Filmwelt Hollywoods und mit hist. Romanen bekannt; am erfolgreichsten wurde „Das Urwaldschiff" (1927), eine Verbindung von Reisebericht und Fiktion.
Weitere Werke: Romane: Der Hofmeister, 1911; Die Erben Timurs, 1928; Du sollst Dir kein Bildnis machen, 1929; Die Derwischtrommel, 1931. – Filmbuch: Lichter der Großstadt, 1931. – Essay: Hollywood-Bilderbuch, 1927.
Literatur: E. Koch (Hg.), Exil, Forschung, Erkenntnisse, Ergebnisse 2, 1984; H.-H. Müller u. B. Eckert, R. A. B. alias A. Höllriegel, 1995.

BERNARDIS, Robert, * 7. 8. 1908 Innsbruck (Ti.), † 8. 8. 1944 Berlin-Plötzensee (D; hingerichtet), Offizier. Ab 1932 im ö. Bundesheer, war ab Frühjahr 1944 in die Widerstandspläne des Kreises um C. Schenk v. Stauffenberg eingeweiht und gab am 20. 7. 1944 die Weisung „Walküre", die den Aufstand des Ersatzheeres einleiten sollte.
Literatur: F. Vogl, Widerstand im Waffenrock, 1977; K. Glaubauf, R. B., 1994.

BERNARDON, siehe → Kurz, Josef Felix von.

BERNASCHEK, Richard, * 12. 6. 1888 Budweis (České Budějovice, CZ), † 18. 4. 1945 KZ Mauthausen (OÖ.), soz.-dem. Landespolitiker und Schutzbundführer in OÖ. Löste am 12. 2. 1934 die → Februarkämpfe in Linz aus.
Literatur: K. R. Stadler, R. B., Odyssee eines Rebellen, 1976; H. Halbrainer u. T. Karny, Gegen Bewegung. Skizzen aus dem oö. Widerstand gegen den Nat.-Soz., 1995.

BERNATZIK, Edmund, * 28. 9. 1854 Mistelbach (NÖ.), † 30. 3. 1919 Wien, Staatsrechtler, Vater von Hugo → Bernatzik. Staatsrechtl. Prof. in Basel, Graz, Wien (ab 1894), (Mit-)Begründer der jurist. Methode in der ö. Verwaltungswiss., führend am Ausbau des Rechtsstaates beteiligt. Mitgl. des k. k. Reichsgerichts.

BERNATZIK, Emmy, * 3. 4. 1904 Wien, † 27. 7. 1977 Einsiedeln (CH), Ethnologin. Mitarbeiterin ihres Mannes Hugo → Bernatzik; gem. Forschungsreisen.
Werk: Afrikafahrt, 1936.

BERNATZIK, Hugo, * 26. 3. 1897 Wien, † 9. 3. 1953 ebd., Ethnologe; Sohn von Edmund → Bernatzik, Ehemann von Emmy → Bernatzik. Ab 1939 Univ.-Prof. in Graz, Begründer der angewandten Völkerkunde. Untersuchte in zahlr. Forschungsreisen die Ursachen des rapiden Bevölkerungsrückgangs der kolonisierten Naturvölker und riet zu einer Verwaltungspolitik, die die Eigenart der Eingeborenen stärker berücksichtigt.
Werke: Albanien, 1930; Die Geister der gelben Blätter, 1938; Die große Völkerkunde 1939 (Hg.); Zw. Weißem Nil und Kongo, 1943; Afrika, Hb. der angewandten Völkerkunde, 2 Bde., 1947.
Literatur: D. Byer, Der Fall H. A. B. Ein Leben zw. Ethnologie und Öffentlichkeit, ²1999.

BERNATZIK, Wilhelm, * 18. 5. 1853 Mistelbach (NÖ.), † 26. 11. 1906 Hinterbrühl b. Mödling (NÖ.), Landschafts- und Genremaler. Studierte an der Wr. Akad. und in Düsseldorf, längerer Aufenthalt in Paris; Anhänger des Pleinairismus und Symbolismus, Gründungsmitgl. der Wr. Secession, schuf zahlr. Land-

schaftsbilder von Wien und NÖ., Gemälde im Naturhist. Museum.
Literatur: W. B., Ausst. der Hauptwerke und des künstlerischen Nachlasses, Galerie Miethke, Wien 1907.

Bernau, Alfred (eigentl. A. Breidbach), * 6. 3. 1879 Engers b. Neuwied (D), † 20. 8. 1950 St. Wolfgang i. Salzkammergut (OÖ.), Schauspieler, Regisseur, Theaterleiter. Ab 1916 Dir. der Wr. Kammerspiele, 1918–24 des Dt. → Volkstheaters in Wien. Setzte sich für Naturalismus, Neuromantik und Expressionismus ein; engagierte u. a. A. → Moissi.

Berndl, Florian, * 10. 5. 1858 Großhaselbach (NÖ.), † 30. 11. 1934 Wien, Naturheilkundler. Trat für eine natürl. Lebensweise ein und lebte in einer Hütte am Bisamberg; gründete das Bad am → Gänsehäufel (damals scherzhaft „B.-Kolonie" genannt).
Literatur: R. Freund, Land der Träumer, 1996.

Berndorf: Ägyptisches Klassenzimmer der Hauptschule. Foto, um 1930.

Berndorf, NÖ., BN, Stadt, 312 m, 8642 Ew., 17,57 km², Hauptort des Triestingtals. – Stadttheater, BG, HAK; 2001 rd. die Hälfte der Beschäftigten in Gewerbe und bes. Metall verarbeitender Ind. (→ Berndorf AG, zuvor Vereinigte Metallwerke Ranshofen-Berndorf bzw. ehem. Krupp-Metallwarenfabrik, gegr. 1843), daneben auch Handel. – Urk. 1133, 1900 Stadt, Finanzierung von Arbeitersiedlungen und öffentl. Bauten durch die Fam. Krupp (u. a. Stadttheater, 1897–99 als Ks.-Franz-Joseph-Jubiläums-Theater err.; 2 Schulen mit Klassen in 12 verschiedenen Kunststilen, 1909), neubarocke Margarethenkirche (1910–17), Rathaus (1882/83); starke Zerstörungen im 2. Weltkrieg. Im Stadtteil St. Veit a. d. Triesting barocke Pfarrkirche (Ende 17. Jh.) mit Seitenaltarbildern von J. Bergl (um 1770).
Literatur: Ö. Städtebuch, Bd. IV, Teil 1, Die Städte NÖ., 1988.

Berndorf AG, Technologie- und Metallwarenunternehmen in Berndorf (NÖ.), Holding von 53 Tochter- und Beteiligungsges. in 20 Ländern. Das vormals verstaatlichte Unternehmen (→ verstaatlichte Industrie) wurde 1988 durch ein Management-Buy-out (N. → Zimmermann) privatisiert. Die Geschäftsbereiche sind: Prozess- und Transportbänder aus Edelstahl sowie strukturierte Pressbleche, Freileitungen und Aluminiumsonderprodukte, Metall- und Bäderbau, Chem. Verfahrenstechnik, Industrieofenbau Aichelin, Erdölbohrausrüster Schoeller-Bleckmann Oilfield Equipment AG, Joh. Pengg AG, Spezialdrahtprodukte sowie PC Electric, Industriesteckvorrichtungen und Kleinverteiler. Das Unternehmen setzt die Tradition der Kruppwerke (A. → Krupp) in Berndorf fort. Rd. 1700 Mitarbeiter (2004).
Literatur: M. Repnik, Turnaround und Management Buyout der B. AG, Dipl.-Arb., Wien 2001.

Berndorf bei Salzburg, Sbg., SL, Gem., 550 m, 1578 Ew., 14,46 km², ehem. Wallfahrtsort mit breit gefächerter Wirt.-Struktur nordwestl. des Obertrumer Sees. Nahrungsmittelerzeugung. – Urk. 8. Jh., Kirche urk. 1130, spätgot. Pfarrkirche mit roman. Kern und barocken Zubauten (1696–1700), Hochaltar mit spätgot. Madonna, spätgot. Grabplatten (15.–16. Jh.), Mauracher-Orgel (1892); Bärenbrunnen (1698); spätgot. Kapelle Hll. Sebastian und Anna mit Altar von 1656 und barockem Inventar; Flachgauer Einhöfe.
Literatur: G. Stadler, 1200 Jahre Heimat B., 1989.

Bernecker, Bildhauerfamilie, siehe → Pernegger.

Berner, Dieter, * 31. 8. 1944 Wien, Regisseur, Autor. Studien an der Akad. f. Musik und darst. Kunst und am Reinhardt-Seminar in Wien; ab 1968 kollektive Theaterarbeit, Zusammenarbeit u. a. mit Peter Stein an der Schaubühne Berlin und am Theater am Neumarkt, Zürich. Seit Mitte der 70er Jahre als Film- und Fernsehregisseur tätig. Zahlr. Auszeichnungen für seine Fernsehserie „Alpensaga" (1976–80, Buch von W. → Pevny und P. → Turrini).
Weitere Werke: Filme: Arbeitersaga, 1988–91; Joint Venture, 1995; Die Verhaftung des Johann Nepomuk Nestroy, 1999.

Berner, Felix, * 9. 9. 1738 Wien, † 26. 4. 1787 ebd., Schauspieldirektor. Gründete 1758 in Vorderösterreich eine Kindertruppe, mit der er in Ö. (1770 erstmals in Wien), Deutschland und der Schweiz auftrat; die Truppe zerfiel nach seinem Tod.

Berner, Peter, * 15. 11. 1924 Karlsbad (Karlovy Vary, CZ), Facharzt für Psychiatrie und Neurologie. 1971–91 Univ.-Prof. und Vorstand der Univ.-Klinik f. Psychiatrie in Wien.
Werke: Das paranoische Syndrom, 1965; Psychiatr. Systematik, ³1982; zahlr. Beiträge in Fach-Ztschr. und Sammelwerken.

Bernfeld, Siegfried, * 7. 5. 1892 Lemberg (Lwiw, UA), † 2. 4. 1953 San Francisco (USA), Pädagoge, Psychoanalytiker. Versuchte die Lehren S. → Freuds natur- und sozialwiss. zu untermauern, um eine marxistisch-psychoanalyt. Erziehungswiss. zu entwickeln; er organisierte den Zentralverband jüd. Jugendgruppen in Ö. und das Jüd. Pädagogikum in Wien; Begründer des Kinderheims Baumgarten in Wien; 1937 Emigration nach San Francisco.
Ausgabe: Sämtl. Werke, 1992 ff.
Literatur: K. Fallend (Hg.), S. B. oder Die Grenzen der Psychoanalyse, 1992.

Bernhard, Thomas, * 9. 2. 1931 Kloster Heerlen (NL), † 12. 2. 1989 Gmunden (OÖ.), Dramatiker, Erzähler und Lyriker. Seine Kindheit verlebte B. hauptsächlich bei den Großeltern mütterlicherseits (sein Großvater war der Schriftsteller J. → Freumbichler) in Wien und Seekirchen am Wallersee (Sbg.). Nach der Heirat seiner Mutter wohnte B. zuerst in Traunstein (Bayern), dann in Salzburg. 1949 erkrankte B. an einer unheilbaren Lungenkrankheit, 1949–51 Aufenthalt in der Lungenheilstätte Grafenhof (autobiograph. Werke: „Ein Kind", 1982; „Die Ursache", 1975; „Der Keller", 1976; „Der Atem", 1978; „Die Kälte", 1981). Während seines Musikstudiums in Wien und Salzburg (Abschluss 1957 am Mozarteum) arbeitete B. als Gerichtsreporter beim „Demokrat. Volksblatt". 1957 veröffentlichte er den Gedichtband „Auf der Erde und in der Hölle"; weitere Gedichtbände folgten. 1963 erschien sein erster Roman „Frost", in dem er ein düsteres Bild der Lebensverhältnisse in der ö. Provinz entwarf. Ab 1965 lebte B. hauptsächlich auf einem Bauernhof in Ohlsdorf (OÖ.). Neben seiner tragikom. Perspektive auf Krankheit und Schmerz, Leben und Tod steht die Kritik an Ö. auch in seinen nachfolgenden Arbeiten, wie etwa den autobiograph. Schriften sowie in Romanen, Erzählungen und Bühnenarbeiten, im Mittelpunkt. V. a. mit seinem Drama „Heldenplatz" (1988), in dem er den Antisemitismus in Ö. thematisiert, bestätigte B. seinen Ruf als „negativer Staatsdichter". Ö. Staatspreis 1967, G.-Büchner-Preis 1970.

Florian Berndl. Foto, um 1930.

Berndorf.

Werbemarke für die Berndorfer Metallwarenfabrik Arthur Krupp, um 1905.

Thomas Bernhard. Foto, 1988.

Eine testamentar. Verfügung des Autors verbietet zwar sämtl. Aufführungen (außer laufende Inszenierungen, v. a. von C. → Peymann am Burgtheater), Drucklegungen und Rezitationen seiner Werke in Ö., seit Gründung der T.-B.-Stiftung 1998 wird diese Bestimmung von den Erben B. aber nicht mehr aufrecht erhalten.

Weitere Werke: Lyrik: Unter dem Eisen des Mondes, 1958; In hora mortis, 1958. – Prosa: Amras, 1964; Verstörung, 1967; Das Kalkwerk, 1970; Beton, 1982; Alte Meister, 1985; Auslöschung, 1986. – Dramen: Ein Fest für Boris, 1970; Der Präsident, 1975; Minetti, 1976; Über allen Gipfeln ist Ruh, 1981; Ritter, Dene, Voss, 1984; Der Theatermacher, 1985. – Ausgaben: Die Erzählungen, 1979; Die Stücke, 1983; Gesammelte Gedichte, hg. v. V. Bohn, 1991.

Literatur: W. Schmidt-Dengler, Der Übertreibungskünstler, [2]1989; B. Sorg, T. B., [2]1992; H. Höller, T. B. in Selbstzeugnissen und Bilddokumenten, 1993; W. Schmidt-Dengler (Hg.), T. B., 1997; A. Pfabigan, T. B., 1999; J. Hoell, T. B., 2000.

BERNHARDSTHAL, NÖ., MI, Markt, 166 m, 1685 Ew., 51,90 km². 1878 wurden die 3 Grabhügel der → Hallstattkultur mit einem Durchmesser von 20, 23 und 30 m und einer Höhe von 3,5 bis 4 m ausgegraben. Archäologisch untersucht wurden ein german. Gehöft des 1.–3. Jh. n. Chr. und ein röm. Marschlager aus den 70er Jahren des 2. Jh. Zeugnis für die Tätigkeit eines bair. Missionars ist ein als Taufgeschenk gedeutetes gleicharmiges Bleikreuzchen der Zeit um 850 n. Chr. aus einem Grab.

BERNHARD VON SPONHEIM, * zw. 1176 und 1181, † 4. 1. 1256 Völkermarkt (Kä.; ?), Hzg. von Kä., aus der Familie der → Sponheimer. Nannte sich als Hzg. (ab 1202) Landesherr, war anfangs Anhänger des Staufers Philipp, dann Ottos IV., ab 1213 Friedrichs II. Konnte das herzogl. Städtedreieck St. Veit–Klagenfurt–Völkermarkt bilden, baute eine starke Dienstmannschaft auf und förderte Handel und Verkehr; erfolglos im Konflikt mit dem Bistum Bamberg; strebte den Erwerb Krains an (Gründung von Mariabrunn bei Landstraße).

BERNSTEIN, Bgld., OW, Markt, 617 m, 2441 Ew., 38,99 km², nördl. von Oberwart im Tauchental, am S-Hang des Bernsteiner Gebirges. – Felsenmuseum, Planetenwanderweg, Edelserpentinabbau und -verarbeitung, Fremdenverkehr. – Urk. 1249, Burg (13., 16. und 17. Jh., heute Hotel), Rittersaal mit Renaiss.-Gewölbe und Stuckdecke; Prangersäule.

Literatur: H. Prickler, Geschichte der Herrschaft B., 1960.

BERNSTEINER GEBIRGE, Bgld., Berggruppe aus Tonschiefern, gehört zur Zentralalpenzone und bildet den SO-Rand der → Buckligen Welt von der bgld.-nö. Grenze an. Die durch tief eingeschnittene Täler unterbrochene bewaldete Hochfläche zw. Zöbernbach und Tauchenbach erreicht im Hutwisch 896 m; raues, niederschlagsreiches Klima und magere Böden; das B. G. trennt – zus. mit seiner östl. Fortsetzung, dem → Günser Gebirge – das mittl. vom südl. Bgld. Hier findet sich das einzige Vorkommen von Edelserpentin in Europa. Bei Tauchen liegt das größte bgld. Braunkohlelager. Bei Stuben und in Rettenbach sind Säuerling-Heilquellen. Hauptort: → Bernstein.

BERNSTEINSTRASSE: Der röm. Gelehrte Plinius d. Ä. (23/24–79 n. Chr.) berichtet, dass auf diesem Handelsweg Bernstein von der Ostseeküste nach Aquileia gebracht worden sei. Die bereits in urgeschichtl. Zeit bedeutsame B. folgt in Ö. der March, überquert bei Carnuntum die Donau und führt über Ödenburg und Laibach an die Adria. Südl. der Donau wurde sie als wichtige Verkehrsroute schon im frühen 1. Jh. n. Chr. von den Römern ausgebaut.

BERRY, Walter, * 8. 4. 1929 Wien, † 27. 10. 2000 ebd., Kammersänger (Bass-Bariton). Ab 1950 Mitgl. der Wr. Staatsoper, ab 1952 bei den Sbg. Festspielen, internationale Engagements und Gastspiele; ab 1989 Prof. für Lied und Oratorium an der Wr. Musikhochschule. Trat in den letzten Jahren gem. mit H. → Zednik auch als Wienerlied-Interpret auf; zahlr. Aufnahmen (Oper, Lied, Oratorium, Wienerlied). 1957–71 verheiratet mit C. → Ludwig.

BERTALANFFY, Ludwig von, * 19. 9. 1901 Atzgersdorf b. Wien, † 12. 6. 1972 Buffalo (USA), Biologe. Habilitierte sich 1934 in Wien für theoret. Biologie, wurde nach 1945 Vorstand des Zoolog. Inst. in Wien und war ab 1949 an verschiedenen Univ. in den USA und Kanada tätig, wo er sich auch bes. mit Fragen der Psychosomatik befasste. Begründer der Systemanalyse.

Literatur: K. Edlinger (Hg.), Systemtheoret. Perspektiven, 2000.

BERTALI, Antonio, * März 1605 Verona (I), † 17. 4. 1669 Wien, Komponist und Musiker. Ab 1622 in habsb. Diensten, ab 1624 am Wr. Hof unter Ferdinand II. als Komponist und Violinist tätig. Ab 1649 Hofkapellmeister Ferdinands III. Brachte die italien. Oper nach Wien und komponierte mehr als 10 Opern für den Kaiserhof; auch die Musik zu „La contesa dell'aria e dell'acqua" (anlässlich der 1. Hochzeit Ks. Leopolds I.) zählt zu seinen Werken.

Literatur: H. Seifert, Die Oper am Wr. Kaiserhof im 17. Jh., 1985.

BERTÉ, Heinrich, * 8. 5. 1858 Galgócz (H), † 23. 8. 1924 Wien, Komponist von Operetten und Balletten. Wurde durch das Singspiel „Das Dreimäderlhaus" (1916) bekannt.

BERTHOLD, Hl., Fest 27. Juli, † 27. 7. 1142 Garsten (OÖ), Benediktiner; stammte aus dem Geschlecht der Domvögte von Regensburg. Prior in St. Blasien (Schwarzwald) und Göttweig (1107), um 1111 erster Abt von Garsten, das er zu einem Reformzentrum machte. B. brachte die Hirsauer Reformidee nach Ö.

Literatur: J. Lenzenweger, B. v. Garsten, 1958 (mit Vita Bertholdi).

BERTHOLD VON ZÄHRINGEN, * um 1022, † 6. 11. 1078 Limburg b. Weilheim (D), schwäb. Adeliger (Name nach Burg bei Freiburg i. Breisgau). 1061 zum Hzg. von Kä. ernannt, stellte er sich im Investiturstreit gegen Heinrich IV. und trat für Rudolf von Rheinfelden ein; er konnte Kä., das von den → Eppensteinern beherrscht wurde, nicht betreten und wurde 1077 abgesetzt.

BERTOLI, Antonio Daniele, Conte, * 12. 6. 1677 S. Daniele di Friuli (I), † 27. 12. 1743 Wien, Maler, Kostümbildner. 1707–43 am Wr. Hof tätig, ab 1731 auch Galerie- und Kunstkammerinspektor; Zeichenlehrer Maria Theresias; etwa 300 kolorierte Kostümzeichnungen im Besitz des Ö. Theatermuseums in Wien.

Literatur: A. M. Ebersberger, Das Kostümwerk A. D. B., Diss., Wien 1961.

Antonio Daniele Conte Bertoli: Kostümzeichnungen.

BERTONI, Wander, * 11. 10. 1925 Codisotto (I), Bildhauer. 1943 als Fremdarbeiter nach Wien deportiert; 1947 Gründungsmitgl. des → Art-Clubs. Studierte an der Akad. d. bild. Künste in Wien bei F. → Wotruba. Ab 1965 Prof. an der Hochschule f. angew. Kunst in Wien. Ausgehend von der archaischen Figur entwickelte B. abstrakte, später symbolisch-figurale Werke mit betont organischen Formen.

Werke: Bewegung, vor der Wr. Stadthalle; Ikarus, Flughafen Schwechat; Reliefs in der Wr. Staatsoper; 2 Figuren für das Festspielhaus Salzburg; Werke in Deutschland, Italien, Holland, USA. – Publikation: Meine Aufträge, 1995.
Literatur: K. Sotriffer, Das plastische Werk W. B., 1981.

Wander Bertoni. Foto, 1951.

BERUFSBERATUNG UND ARBEITSVERMITTLUNG zählen in Ö. zu den Hauptaufgaben des → Arbeitsmarktservice Österreich (AMS), das 1994 die staatl. Arbeitsmarktverwaltung abgelöst hat. Seine Kompetenzen sind im Arbeitsmarktförderungsgesetz (1968) und im Arbeitsmarktservicegesetz (1994) geregelt.

Unter Berufsberatung versteht man die Hilfe, die Personen durch Berufsaufklärung und individuelle Beratung im Hinblick auf ihre Berufswahl und ihr berufl. Fortkommen unter angemessener Berücksichtigung ihrer Fähigkeiten und ihrer Verwendungsmöglichkeiten auf dem Arbeitsmarkt geleistet wird. Die Dienste der Berufsberatung sind vom AMS jedem zur Verfügung zu stellen, der sie in Anspruch nehmen will. Das AMS hat den Ratsuchenden u. a. über Berufsbilder, Ausbildungsrichtlinien, Berufsaussichten in ihrer langfristigen volkswirt. Entwicklung sowie die Verdienstmöglichkeiten zu informieren.

Arbeitsvermittlung ist jede Tätigkeit, die darauf ausgerichtet ist, Arbeitsuchende mit Arbeitgebern zur Begründung von Arbeitsverhältnissen zusammenzuführen.

Für die Arbeitsvermittlung besteht dzt. (2003) noch weitgehend ein Monopol des AMS. Die gewerbl. Vermittlung von Arbeitskräften durch Private war lange Zeit fast gänzlich ausgeschlossen. Eine Ausnahme davon bildete die Vermittlungstätigkeit karitativer Einrichtungen von maßgebl. Bedeutung sowie der gesetzl. Interessenvertretungen und kollektivvertragsfähigen Berufsvereinigungen hinsichtlich ihrer Mitgl.

1991 wurde erstmals die gesetzl. Möglichkeit der Arbeitsvermittlung durch Gewerbetreibende geschaffen, zugleich auch neue gewerberechtl. Bestimmungen, die das an eine Konzession gebundene Gewerbe der Arbeitsvermittler regeln. Bislang sind diese Bestimmungen allerdings nur hinsichtlich der Vermittlung von Führungskräften in Kraft getreten.
Literatur: T. M. Cselko, Private versus staatl. Arbeitsvermittlung, Diss., Wien 2001.

BERUFSBILDENDE SCHULEN, seit den Schulgesetzen 1962 zusammenfassende Bezeichnung für:
1) berufsbildende Pflichtschulen → Berufsschulen;
2) berufsbildende mittlere Schulen: schließen an die 8. Schulstufe an (in der Regel standardisierte Eignungsfeststellung), vermitteln neben einer fundierten Allgemeinbildung die Ausbildung zu bestimmten Berufen und ersetzen bei mindestens 3-jähriger Dauer die Lehrabschlussprüfung. Zu ihnen zählen v. a. die techn., gewerbl. und kunstgewerbl. Lehranstalten (meist 4-jährig, Ausbildung u. a. in den Fachbereichen Bautechnik, Innenraumgestaltung und Holztechnik, Chemie, Chemieingenieurwesen, Elektrotechnik, Elektronik, Elektron. Datenverarbeitung und Organisation, Maschineningenieurwesen, Mechatronik, Werkstoffingenieurwesen, Medientechnik und Medienmanagement, Wirtschaftsingenieurwesen, Kunst und Gestaltung), Handelsschulen (3-jährig, Ausbildung in den kaufmänn. Berufen), Fachschulen für wirt. Berufe (3-jährig, Ausbildung in hauswirt. und kaufmänn. Berufen sowie in Teilbereichen des Hotel- und Gastgewerbes), Fachschulen für Mode und Bekleidungstechnik (4-jährig), Hotel- bzw. Tourismusfachschulen (3-jährig, Ausbildung zur Fachkraft im Hotel- und Gastgewerbe bzw. in der Fremdenverkehrsverwaltung), Fachschulen für Sozialberufe (2- oder 3-jährig, → Lehranstalten für Sozialberufe und -dienste), landw. und forstl. Fachschulen (von 2 Wintersemestern bis zu 4 Schuljahren, → land- und forstwirtschaftliches Schulwesen), Büro- und Verwaltungsschulen (2-jährig), Hauswirtschaftsschulen (2-jährig), Haushaltungsschulen (1-jährig);
3) berufsbildende höhere Schulen: schließen an die 8. Schulstufe an (standardisierte Eignungsfeststellung) und vermitteln in 5 Jahren neben einer fundierten Allgemeinbildung eine höhere berufl. Ausbildung, die Lehrabschlussprüfungen ersetzt. Die Reifeprüfung berechtigt zum Studium an Univ. (u. U. Ablegung von Zusatzprüfungen notwendig) und Akad. Absolventen der Höheren techn. Lehranstalten, der Höheren landw. Lehranstalten (ausgenommen: Höhere Lehranstalt für Land- und Hauswirt.) und der Höheren Lehranstalt für Forstwirt. dürfen nach mindestens 3-jähriger Berufspraxis die Standesbezeichnung „Ingenieur" führen. Zu den berufsbild. höheren Schulen zählen die Höheren techn. und gewerbl. Lehranstalten (Fachrichtungen, die in der Regel in unterschiedl. Ausbildungszweige oder Fachrichtungen, innerhalb deren Spezialisierungen möglich sind, aufgegliedert sind: Bautechnik, Betriebsmanagement, Chemie, Chemieingenieurwesen, Lebensmitteltechnologie, Elektronik, Elektrotechnik, Elektron. Datenverarbeitung und Organisation, Informationstechnologie, Innenraumgestaltung und Holztechnik, Kunst und Design, Lebensmitteltechnologie, Maschineningenieurwesen, Mechatronik, Medientechnik und Medienmanagement, Werkstoffingenieurwesen, Wirtschaftsingenieurwesen), die Höheren Lehranstalten für Mode und Bekleidungstechnik, die Höheren Lehranstalten für Tourismus, die Handelsakad. (Ausbildung in den kaufmänn. Bereichen der Wirt. und der Verwaltung), Höheren Lehranstalten für wirt. Berufe (Ausbildung zur qualifizierten Fachkraft in der Betriebs-, Ernährungs- und Hauswirt., im Sozial- und Gesundheitswesen sowie in der Verwaltung), die Bildungsanstalten für Kindergarten- und Sozialpädagogik sowie die Höheren land- und forstw. Lehranstalten (→ land- und forstw. Schulwesen);
4) berufsbildende Schulen, die nach einer Reifeprüfung besucht werden können: Akad. für Sozialarbeit (6-semestrig → Lehranstalten für Sozialberufe und -dienste), → Kollegs (4- bis 6-semestrig), Speziallehrgänge (1- bis 4-semestrig, Lehrgänge zur Spezialausbildung oder zur Ergänzung der Fachausbildung von Maturanten bzw. von Personen mit abgeschlossener Berufsausbildung);
5) berufsbildende Schulen, die nach abgeschlossener einschlägiger Berufsausbildung besucht werden können (2- bis 4-semestrig: Bauhandwerkerschulen, Meisterschulen bzw. -klassen, Werkmeisterschulen, Speziallehrgänge.

Einige berufsbild. mittlere Schulen und berufsbild. höhere Schulen führen auch Formen des Abendunterrichts für Berufstätige (→ Abendschule) bzw. berücksichtigen Behinderungen bei der Berufsausbildung (z. B. Berufliche Lehranstalt für Sehbehinderte und Blinde in Graz, Sonderlehranstalt für die Berufsausbildung Behinderter in Wien → Behindertenunterricht).
Literatur: ABC des berufsbildenden Schulwesens, hg. v. BM f. Unterricht u. Kunst, ²³1994; H. Skala u. H. Schwarzer (Hg.), Den Herausforderungen gewachsen, 1986; M. Krainz-Dürr u. a. (Hg.), Schulprogramme entwickeln, 2002.

BERUFSFÖRDERUNGSINSTITUT ÖSTERREICH, BFI, gegr. 1959 als Bildungseinrichtung des Österreichischen → Gewerkschaftsbundes und der → Arbeiterkammern als gemeinnütziger Verein mit Sitz in Wien; in den Landesvereinen werden vorwiegend Lehrgänge für berufl. Um- und Weiterschulung für Arbeitnehmer sowie Beratungs- und Fortbildungsmaßnahmen für Arbeitslose angeboten. Die öffentl. Schulen und Akademien des BFI führen zu einem berufl. Abschluss. 2002 bundesweit über 140 Bildungszentren und Regionalstellen, rd. 14.000 Bildungsveranstaltungen, 1619 Mitarbeiter.
Literatur: B. Ingrisch (Hg.), Bildung baut auf. 35 Jahre BFI, 1995.

BERUFSPÄDAGOGISCHE AKADEMIE, Einrichtung für die nicht universitäre Lehrerausbildung im berufsbildenden Bereich, 1962 als Berufspädagog. Lehranstalt eingeführt, ab 1975 ähnlich den → Pädagogischen Akademien organisiert (Standorte: Graz, Innsbruck, Linz und Wien). Die 6-semestrige Ausbildung der Berufsschullehrer und der Lehrer für den techn. und gewerbl. Fachunterricht wird mit Lehramtsprüfungen abgeschlossen.

BERUFSPÄDAGOGISCHES INSTITUT, Einrichtung für die Fortbildung der Lehrer an berufsbild. Schulen (bis 1975 auch für die Vorbereitung auf Lehramtsprüfungen) und für pädagog. Tatsachenforschung. Sie wurden ab 1966 in den Bundesländern eingerichtet, 1982 als solche aufgelöst und fortan nur noch als eig. Abteilung in den → Pädagogischen Instituten geführt.

BERUFSREIFEPRÜFUNG, ermöglichte, ähnlich wie die 1938 eingeführte → Begabtenprüfung, seit 1945 mindestens 25 Jahre alten Personen, die sich beruflich bewährt oder ernste Studien in einem Fachgebiet betrieben hatten, die Zulassung zum Hochschulstudium. Sie wurde wegen geringer Akzeptanz 1985 durch die → Studienberechtigungsprüfung ersetzt.

BERUFSSCHULEN, bieten Teilzeitunterricht zur berufl. Aus- und Fortbildung; ihre Vorläufer waren Sonntags- und Abendkurse („Wiederholungsschule", „Handwerker-Sonntagsschule", „Abend- und Sonntags-Zeichenkurse" u. Ä.), die „Gewerbeschule" Wien-Gumpendorf (1858) stellte ihre erste zukunftsweisende Ausformung dar. NÖ. regelte bereits 1868 gesetzl. die Errichtung und Erhaltung der 2- bis 3-jährigen „gewerbl. Fortbildungsschulen", wie fortan diese Teilzeitschulen genannt wurden, und verlegte 1907 die Unterrichtszeit auf Werktage. Die Gewerbeordnungsnovelle 1897 machte Lehrlingen ihren Besuch zur Pflicht. Außer allg. gewerbl. und fachlich-gewerbl. entstanden auch kaufmänn. (→ kaufmännisches Schulwesen) und landw. Fortbildungsschulen (→ land- und forstw. Schulwesen). In der 1. Republik wurde das Fortbildungsschulwesen ausgebaut (ansatzweise Einbeziehung der Ungelernten in die Fortbildung; z. B. Errichtung hauswirt. Fortbildungsschulen in Vbg. 1929) und verstärkt seine Verfachlichung angestrebt (Ausbildung für ein bestimmtes Gewerbe statt Beschränkung auf allg. gewerbl. Kenntnisse), in der 2. Republik wurde dieses Ziel auch außerhalb der Ballungsgebiete mit Hilfe von mehrwöchigen Lehrgängen in Internaten („Waldegger Typ") weitgehend durchgesetzt. Die 1938 erzwungene Umbenennung der Fortbildungsschulen in B. wird seit 1947 beibehalten, das Schulorganisationsgesetz 1962 ordnete sie in den Grundstrukturen einheitlich (→ berufsbildende Schulen). Die B. vermitteln Lehrlingen während ihrer Ausbildung in einem fachlich einschlägigen Unterricht die grundlegenden theoretischen Kenntnisse, ergänzen die betriebl. Ausbildung und erweitern die Allgemeinbildung (duales System). Seit 1984 wird der betriebswirt. und fachtheoret. Unterricht in 2 Leistungsgruppen gehalten. Die B. werden als Jahrgangsschulen mit mindestens einem vollen oder zwei halben Schultagen pro Woche, im Blockunterricht (mit mindestens 8-wöchigen Lehrgängen je Schuljahr) oder saisonmäßig (mit einem auf eine bestimmte Jahreszeit zusammengezogenen Unterricht) geführt. 1- bis 2-semestrige „Vorbereitungslehrgänge" ermöglichen seit 1986 Lehrlingen den Aufstieg zu höheren Bildungsstufen.
Literatur: J. Schermaier, Die ö. B. der Gegenwart, 1981.

BERUFSSTRUKTUR, die Gliederung der Erwerbstätigen nach einem systematischen Verzeichnis der Berufe. Erfasst durch die Volkszählung, liefert sie wichtige Hinweise auf die gesellschaftl. Struktur und deren Veränderungen. Aus der Stellung im Beruf (Selbständige, mithelfende Familienangehörige, Beamte, Angestellte, Arbeiter) wird die soziale Struktur beschrieben. Von rd. 3,93 Mio. Berufstätigen in Ö. (Jahresdurchschnitt 2002) sind 3,43 Mio. unselbständig Erwerbstätige. Rd. 60 % sind Beamte oder Angestellte, der Rest sind Arbeiter. Langfristig geht der Anteil der Selbständigen zurück, hauptsächlich verursacht durch den Rückgang der Landw., der Anteil der Unselbständigen steigt dagegen an. In dieser Gruppe wiederum sinkt die Zahl der Arbeiter, während die Anzahl an Angestellten und Beamten zunimmt.

BERUFSTITEL, Titel, die zur Auszeichnung für bes. berufl. Leistungen vom Bundespräs. verliehen werden, z. B.: Hofrat, Reg.-Rat, Prof., (Ober-)Medizinalrat, Baurat, Bergrat, (Ober-)Schulrat, (Ober-)Studienrat, Ao. (O.) Univ.-Prof., Kammersänger, Kammerschauspieler.
Literatur: M. Welan, Der Bundespräs., 1992.

BERUFSWETTBEWERBE für Lehrlinge werden jährl. von den Fachausschüssen der AK im Einvernehmen mit den Fachgewerkschaften und den Berufsschulen sowie von Fachorganisationen der WK durchgeführt. 2002 beteiligten sich allein aus Wien 16.125 Lehrlinge aus 55 Berufsgruppen an den B. der AK. Der Internat. B. (Facharbeiterolympiade) wird alle 2 Jahre in dzt. mehr als 40 Berufen unter Beteiligung von rd. 30 Ländern aus allen Kontinenten abgehalten.

BERUFUNG, ordentl. Rechtsmittel gegen 1) Strafurteile und 2) zivilrechtl. Urteile sowie gegen 3) Bescheide (→ Bescheide) im Verwaltungsverfahren. Sie hat prinzipiell aufschiebende Wirkung und muss eine Begründung enthalten.
1) Mit der B. kann im schöffen- und geschworenengerichtl. Verfahren nur die Höhe der Strafe bekämpft werden („Straf-B."), im bezirksgerichtl. und im Verfahren vor dem Einzelrichter des Landesgerichts hingegen auch Verfahrensfehler, die Nichtigkeit begründen, und die Schuldfrage überhaupt („volle B."). Die B. ist innerhalb von 3 Tagen ab Urteilsverkündung anzumelden und binnen 4 Wochen ab der Urteilszustellung schriftlich auszuführen. Über B. entscheidet ein 3-Richter-Senat des übergeordneten Gerichtshofs endgültig.
2) Über die B. gegen erstinstanzl. Urteile entscheidet ein Senat des übergeordneten Gerichts. Die B. ist 4 Wochen ab Urteilszustellung einzulegen.
3) Die übergeordnete Behörde entscheidet über die B. Gegen erstinstanzl. Bescheide kann die Behörde 1. Instanz die B. durch B.-Vorentscheidung erledigen. Die B.-Frist beträgt 2 Wochen ab Bescheidzustellung.

BERWANG, Ti., RE, 1342 m, 638 Ew., 42,72 km^2, Höhenluftkurort und Wintersportort im Außerfern („Zugspitzarena"). – Spätgot. Pfarrkirche (um 1420) mit modernem Hochaltar (1945), Altarbild von Oberleitner.

BERWERTH, Friedrich Martin, * 16. 11. 1850 Schäßburg (Sighișoara, RO), † 22. 9. 1918 Wien, Mineraloge und Petrograph. 1874–1907 am Naturhist. Museum in Wien, ab 1907 Univ.-Prof. in Wien; Forschungsschwerpunkt: Meteoriten.
Literatur: ÖBL.

BERZEVICZY-PALLAVICINI, Federico, * 12. 4. 1909 Lausanne (CH), † 11. 11. 1989 New York (USA), Maler und Graphiker, Innenarchitekt und Bühnenbildner. Studierte ab 1926 an der Wr. Kunstgewerbeschule. Schuf 1933–38 Auslagengestaltungen für die Konditorei → Demel, Bühnenbilder und Entwürfe für die → Porzellanmanufaktur Augarten. Heiratete 1936 die Nichte Anna Demels, emigrierte 1938 nach Italien und arbeitete für verschiedene Zeitschriften u. a. mit L. Visconti, G. de Chirico und V. de Sica. Lebte ab 1945 als Art Director und Innenarchitekt in den USA; gestaltete 1956 das Demel neu, dessen Besitzer er 1965 wurde und das er bis 1972 leitete. Auch die bekannten Schaufenster wurden wieder von ihm gestaltet.
Werk: Die k. k. Hofzuckerbäckerei Demel, 1976.

Federico Berzeviczy-Pallavicini (stehend) und E. J. Wimmer-Wisgrill an der Wiener Kunstgewerbeschule. Foto, um 1935.

Besatzung: „Die Vier im Jeep", Patrouille der vier Alliierten in Wien. Foto, September 1945.

BESATZUNG 1945–1955: Während der letzten Wochen des Zweiten → Weltkriegs besetzten alliierte Truppen ganz Ö.: die Sowjets NÖ. und Wien, das Bgld. und große Teile der Stmk., die Amerikaner OÖ., Sbg. und Ti., die Franzosen Vbg., die Briten Teile von Kä., der Stmk. und O-Ti., die Jugoslawen S-Kä. Am 4. 7. 1945 einigte man sich über das 1. Kontrollabkommen und die Besatzungszonen. Die Sowjetzone bestand aus NÖ. in den Grenzen von 1937, dem Bgld. und dem Mühlviertel (nördl. OÖ.), die USA erhielten das südl. OÖ. und Sbg., die Briten die Stmk., Kä. und O-Ti., die Franzosen N-Ti. und Vbg. In Wien wurde die Innere Stadt gem. verwaltet, die übrigen „alten" Bezirke auf die 4 Mächte aufgeteilt: sowjet.: 2, 4, 10, 20, 21; amerikan.: 7, 8, 9, 17, 18, 19; brit.: 3, 5, 11, 12, 13; französ.: 6, 14, 15, 16. Diese Einteilung galt bis zum In-Kraft-Treten des → Staatsvertrags am 27. 7. 1955 und kennzeichnete die Rahmenbedingungen des 1. Jahrzehnts der → Zweiten Republik. Im August 1945 besetzten die Westmächte ihre Wr. Zonen, am 11. 9. konstituierte sich der Alliierte Rat, den die 4 Oberbefehlshaber (später die Botschafter) als Hochkommissare bildeten. Dieser hatte höchste Entscheidungsbefugnis inne und trat monatlich in Wien unter wechselndem Vorsitz zusammen. Das 2. Kontrollabkommen vom 28. 6. 1946 vergrößerte die Kompetenzen der ö. Regierung.
Die urspr. 700.000 Mann starken Besatzungstruppen wurden bis 1955 auf ca. 20.000 der 3 Westmächte und 40.000 der Sowjetunion reduziert. Für die Kosten musste Ö. aufkommen (zunächst 35 % des Budgets, ab 3. 12. 1946 15 %). 1947 verzichteten die USA auf ihren Anteil, 1953 die 3 anderen Mächte.
In ihren Zonen griffen die Besatzungsmächte auch in lokale Angelegenheiten ein, die Sowjetunion beschlagnahmte 1946 das → deutsche Eigentum in ihrer Zone.
Literatur: Die Stunde Null in NÖ., Ausst.-Kat., Wien 1975; M. Rauchensteiner, Der Sonderfall. Die Besatzungszeit in Ö. 1945–55, 1979; E. M. Czáky, Der Weg zu Freiheit und Neutralität, 1980; A. Schilcher, Ö. und die Großmächte, 1980; H. Portisch u. S. Riff, Ö. II, Bd. 1: Die Wiedergeburt unseres Staates, 1985, Bd. 2: Der lange Weg zur Freiheit, 1986; G. Stourzh, Um Einheit und Freiheit: Staatsvertrag, Neutralität und das Ende der O-W-Besetzung Ö. 1945–1955, ⁴1998.

BESCHEID, hoheitlicher, an individuell bestimmte Personen (Rechtsunterworfene) gerichteter förml. Verwaltungsakt, mit welchem Verpflichtungen auferlegt, Rechtsverhältnisse gestaltet oder verbindlich festgestellt werden.
Literatur: R. Walter u. H. Mayer, Grundriss des ö. Verwaltungsverfahrensrechts, ⁸2003.

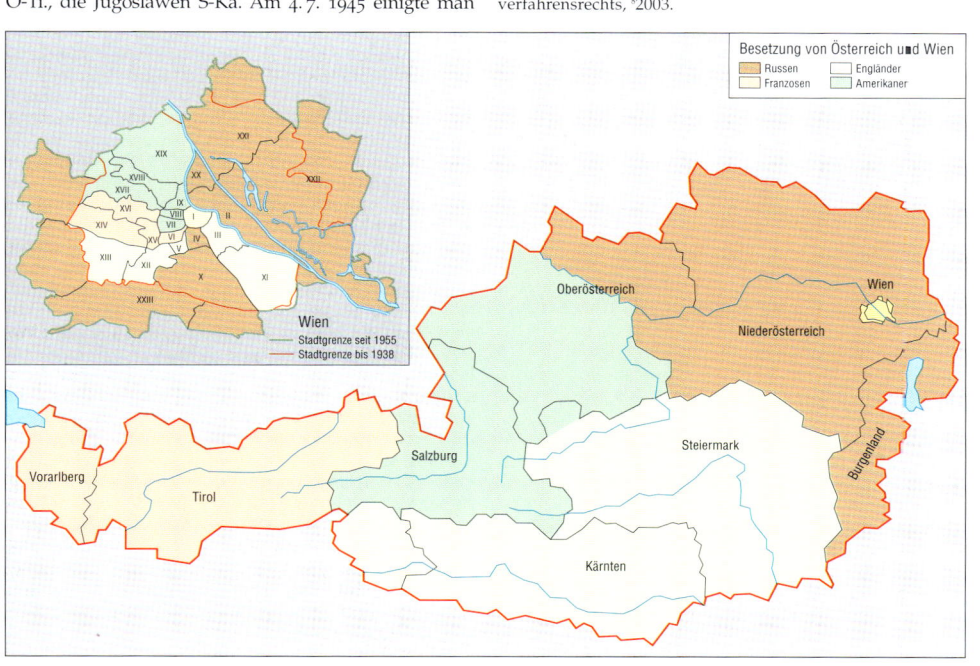

Beschlagnahme, vorläufige behördl. Verwahrung von Beweismitteln, gefährl. Sachen (z. B. Drogen) und Zuwendungen für die Begehung von Strafhandlungen. Das Beschlagnahmte wird nicht mehr zurückgegeben, wenn es dem Verfall oder der Einziehung unterliegt. Nach Urheberrecht beschlagnahmte Gegenstände, die für die unbefugte Benutzung, Verbreitung und Wiedergabe von Werken dienen, können vernichtet oder unbrauchbar gemacht werden.

Beschorner, Alexander Markus, * Juni 1823 Léva (Levice, SK), † 31. 10. 1896 Wien, Fabrikant. Ließ sich als Spenglermeister in Brünn nieder und gründete 1860 in Wien eine Metallwarenfabrik, später auch in Berlin und Budapest; stellte erstmals Metallsärge aus Zinkblech her.

Bessel, Gottfried (Johann), * 5. 9. 1672 Buchen (D), † 22. 1. 1749 Göttweig (NÖ.), Benediktiner, Geistlicher, Historiker. Ab 1714 Abt von Göttweig, begann nach Brand 1718 dessen Neubau; zweimal Rektor der Wr. Univ., betrieb Geschichtsforschung auf der Basis von Urkundenkritik. Sein Werk „Chronicon Gottwicense" (1732) gilt als Beginn der Urkundenforschung in Ö.
Literatur: E. Ritter, Gedächtnisausst. zur Wiederkehr des 300. Geburtstages von Abt G. B., 1972; 900 Jahre Stift Göttweig, Ausst.-Kat., Göttweig 1983; G. M. Lechner u. M. Grünwald, G. B. (1672–1749) und das barocke Göttweig, 1999.

Bestattungsmuseum, von der Städt. Bestattung 1967 in Wien 4 eingerichtet, zeigt mit rd. 450 Objekten die Geschichte des Bestattungswesens, hist. Begräbnisse, Totenbrauchtum und Totengedenken; Bibliothek (rd. 3000 Bde.) und umfangreiches Archiv.
B. Werner (Red.), B. Wien, 1997.

Bestattungswesen, ist in Ö. durch Landesgesetze geregelt. Bei einem Todesfall besteht unverzügl. Anzeigepflicht beim Gemeindeamt oder Magistrat (Standesamt), obligatorisch ist die Totenbeschau durch den Gem.-Arzt bzw. in Krankenhäusern durch den Prosektor, darüber ist ein Totenbeschaubefund auszustellen. Bei Verdacht eines unnatürl. Todes oder wenn dies zur Feststellung der Todesursache erforderlich ist, wird eine gerichtl. oder von der Verwaltungsbehörde angeordnete Obduktion durchgeführt. Die Leichenbesorgung muss durch Bestattungsunternehmen (gemeinwirt. oder privat) durchgeführt werden. Als Bestattungsarten sind die Beerdigung, die Beisetzung in einer Gruft oder die Feuerbestattung (Beisetzung der Aschenreste nach Einäscherung in einem Krematorium) möglich. Grundsätzlich hat die Bestattung auf Friedhöfen zu erfolgen (Ausnahmen unter bestimmten Voraussetzungen). Grabstellen werden für 10 Jahre, Grüfte (bei Erstvergabe) für 30 Jahre vergeben, die Benützungsrechte können verlängert werden. Für die Verfügung über den Leichnam (z. B. Einwilligung in Organtransplantationen) oder die Beisetzungsform ist der Wille des Verstorbenen oder der Hinterbliebenen maßgeblich. Bei Überführungen (im In- oder aus dem Ausland) gelten bes. Vorschriften. In Wien besteht ein → Bestattungsmuseum.

Béthouart, Marie Emile, * 17. 12. 1889 Dole (F), † 17. 10. 1982 Fréjus (F), französ. General. Erhielt 1945 den Oberbefehl über die franz. Besatzungstruppen in Ö. mit Sitz in Innsbruck. Später wurde er Hoher Kommissar für Ö. in Wien. Im Juni 1950 durch Jean Payart abgelöst. B. setzte sich für eine europ. Einigung ein.

Betriebsrat, kann in Betrieben, in denen mindestens 5 stimmberechtigte Arbeitnehmer beschäftigt sind, als Vertretungsorgan der Belegschaft gewählt werden. Ausgenommen sind Betriebe der Land- und Forstw., Behörden, Ämter und sonstige Verwaltungsstellen der Gebietskörperschaften, Post und Eisenbahnen, öffentl. Unterrichtsanstalten sowie private Haushalte. Arbeiter- und Angestelltenbetriebsräte werden grundsätzlich getrennt gewählt. Die Zahl der B.-Mitgl. wächst mit der Anzahl der Arbeitnehmer im Betrieb. Wahlberechtigt sind alle Arbeitnehmer ab vollendetem 18. Lebensjahr, ohne Unterschied der Staatsbürgerschaft, ausgenommen sind nicht regelmäßig beschäftigte Heimarbeiter. Die Funktionsperiode des B. beträgt 4 Jahre.
Der B. hat die Aufgabe, die wirt., soz., gesundheitl. und kulturellen Interessen der Arbeitnehmer im Betrieb wahrzunehmen und zu fördern. Ziel dieser Interessenvertretung ist es, einen Interessenausgleich zum Wohl der Arbeitnehmer und des Betriebs zu schaffen. Der B. hat u. a. die Aufgabe, die Einhaltung der die Arbeitnehmer im Betrieb betreffenden Rechtsvorschriften zu überwachen und Einsicht in diesbezügl. Akten zu nehmen, teils jedoch nur mit Zustimmung des betroffenen Arbeitnehmers; er wirkt an betriebl. Wohlfahrtseinrichtungen mit und schließt gem. mit dem Arbeitgeber → Betriebsvereinbarungen ab. Von personellen Maßnahmen ist er rechtzeitig zu unterrichten, Kündigungen, von denen der B. nicht verständigt worden ist, sind unwirksam. Er wirkt bei Betriebsänderungen mit (z. B. Sozialplan), ist im Aufsichtsrat von Aktiengesellschaften (Arbeitnehmervertreter bilden 1 Drittel der Aufsichtsratsmitgl.) vertreten und kann in Betrieben mit mehr als 200 Arbeitnehmern Einspruch gegen die Wirt.-Führung erheben.
Die B.-Mitgl. sind weisungsfrei, zur Verschwiegenheit in Hinblick auf Geschäfts- und Betriebsgeheimnisse verpflichtet, haben Anspruch auf Freistellung von der Arbeitsleistung unter Fortzahlung des Entgelts zur Erfüllung ihrer Betriebsratsfunktion oder zur Teilnahme an Schulungs- und Bildungsveranstaltungen und können während der Funktionsperiode nur mit Zustimmung des Gerichts und nur aufgrund eines im Gesetz taxativ aufgezählten Grundes gekündigt oder entlassen werden.
Literatur: G. Löschnigg, Arbeitsrecht, [10]2003.

Betriebssport: Der Freizeit- und Leistungssport innerhalb größerer Betriebe sowie zw. Betrieben wird aus verschiedenen Motiven (Gesundheit, Gesellschaft, Leistungsfähigkeit u. a.) betrieben. Er steht nicht nur aktiven Betriebsangehörigen offen. Neben diesem eigentl. B. tragen große Firmen auch aus Werbegründen einen Kostenteil bekannter Wettkampfmannschaften. Die B.-Gemeinschaften sind im Ö. Betriebssportverband zusammengeschlossen.
Publikation: B.-News.
Literatur: G. Mitterbauer, Neue Wege für den B., 1994.

Betriebsvereinbarung, schriftl. Vereinbarung, die von Betriebsinhaber und → Betriebsrat in Angelegenheiten abgeschlossen wird, deren Regelung durch Gesetz oder → Kollektivvertrag der B. vorbehalten ist. Die B. ist primär ein Instrument der Arbeitnehmermitbestimmung im Betrieb. Für bestimmte Maßnahmen, wie betriebl. Disziplinarordnungen, Kontrollmaßnahmen für Arbeitnehmer, die die Menschenwürde berühren, oder leistungsbezogene Entgelte und Prämien, bedarf es zwingend einer B.; d. h. es muss eine Einigung zw. Betriebsinhaber und Betriebsrat zustande kommen (notwendige, nicht erzwingbare B.). In anderen Angelegenheiten (z. B. allg. Ordnungsvorschriften, Aufteilung der tägl. Arbeitszeit, Sozialpläne u. a.) kann die Zustimmung einer Partei von der Schlichtungsstelle ersetzt werden, der Betriebsinhaber könnte die Maßnahme allerdings auch ohne den Abschluss einer B. durchführen (fakultative, erzwingbare B.). Der Betriebsinhaber kann Arbeitsbedingungen, den Urlaubsverbrauch oder Kündigungsfristen u. a. durch einzelvertragl. Einigung mit dem Arbeitnehmer festlegen, allerdings können B. über diese Angelegenheiten abgeschlossen werden, eine erzwingbare Entscheidung

der Schlichtungsstelle ist jedoch nicht möglich. (fakultative B.).
Literatur: G. Löschnigg, Arbeitsrecht, ¹⁰2003.

BETRIEBSVERSAMMLUNG, besteht aus der Gesamtheit der Arbeitnehmer des Betriebs und hat mindestens einmal im Kalenderhalbjahr stattzufinden. Die B. behandelt die Berichte des → Betriebsrats und der Rechnungsprüfer, wählt die Rechnungsprüfer und den Wahlvorstand für die Betriebsratswahl, fasst Beschlüsse über die Betriebsratsumlage sowie über die Enthebung des Betriebsrats, des Wahlvorstands und der Rechnungsprüfer.

BETTAC, Ulrich, * 2. 5. 1897 Stettin (Szczecin, PL), † 20. 4. 1959 Wien, Kammerschauspieler, Regisseur, Schriftsteller. 1927–59 Ensemblemitgl. des Wr. Burgtheaters, zahlr. Rollen in modernen Konversationsstücken, ab 1936 auch Regisseur; Filmtätigkeit; Präs. der Aktion „Künstler helfen Künstlern" und Vorsitzender der Bühnengewerkschaft; 1934 Ehrenring des Burgtheaters.

BETTAUER, Hugo Maximilian, * 18. 8. 1872 Baden (NÖ.), † 26. 3. 1925 Wien (ermordet), Schriftsteller und Journalist. Übersiedelte 1899 nach New York und wurde amerikan. Staatsbürger, Korrespondent und Redakteur bei verschiedenen Tageszeitungen (Fortsetzungsromane); kehrte 1910 nach Ö. zurück; 1914–18 Redakteur bei der „Neuen Freien Presse"; 1924 gem. mit R. Olden Hg. der Ztschr. „Er und Sie. Wochenschrift für Lebenskultur und Erotik", die nach 5 Nummern eingestellt wurde; sein Roman „Die freudlose Gasse" (1924) wurde 1925 von G. W. Pabst mit G. Garbo verfilmt. B. wurde von einem nat.-soz. Fanatiker ermordet.
Weitere Werke: Die Stadt ohne Juden, 1922; Der Kampf um Wien, 1923; Das entfesselte Wien, 1924. – Ausgabe: Gesammelte Werke, 6 Bde., 1980.
Literatur: M. G. Hall, Der Fall B., 1978.

Hugo Bettauer: H. Moser als Volbert in der Verfilmung von „Die Stadt ohne Juden", 1924.

BETTELHEIM, Bruno, * 25. 8. 1903 Wien, † 13. 3. 1990 Silver Spring (USA; Selbstmord), Kinderpsychologe, Schüler S. → Freuds. Wurde 1938 in die KZ Dachau und Buchenwald deportiert, 1939 gelang ihm die Flucht in die USA, 1944–73 Prof. für Kinder- und Jugendpsychologie an der Univ. Chicago. Forderte Erziehung ohne Strafe und Gewalt, entwickelte Methoden zur Therapie autistisch gestörter Kinder.
Werke: Liebe allein genügt nicht, 1950; Kinder brauchen Märchen, 1976 (dt. 1977); Kinder brauchen Bücher, 1982; Leben für Kinder, 1987.
Literatur: J. Mehlhausen, Leben lernen. Gedenken an B. B., 1991; O. Bernd, B. B. Milieutherapie, 1993; N. Sutton, B. B., 1996; F.-J. Krumenacker, B. B., 1998.

BETTELORDEN, entstanden Anfang des 13. Jh.: → Franziskaner (später auch → Kapuziner), → Dominikaner, → Karmeliter und → Augustiner-Eremiten. Ihre Tätigkeit erstreckte sich bes. auf die aufblühenden Städte mit ihren neuen soz. Problemen. Die B. wurden auch in Ö. bald von Landesfürsten, Adel und Bürgerschaft gefördert und lebten in ständiger Rivalität mit dem Weltklerus und der Jurisdiktion der Bischöfe. Kunstgeschichtl. waren sie als Träger einer ital. beeinflussten frühen Gotik in Ö. von größter Bedeutung. Bei ihren Kirchenbauten übernahmen sie zwar oft die Zisterzienser-Bauregeln, aber weitgehend reduziert und vereinfacht (Wegfall der Türme, der reichen Bauglietderung und plast. Ausschmückung).
Literatur: R. Donin, Die B.-Kirchen in Ö., 1935; W. Schenkluhn, Architektur der B., 2000.

BETTELWURF, siehe → Karwendel.

BETZ, Artur, * 14. 3. 1905 Sächs. Regen (Reghin, RO), † 27. 12. 1985 Wien, Archäologe, Fachmann für römerzeitl. Inschriften. 1948–75 Prof. für röm. Geschichte an der Univ. Wien.
Werk: Aus Ö. röm. Vergangenheit, ²1990.

BEURLE, Christian, * 12. 4. 1928 Wien, Rechtsanwalt und Unternehmer. Ab 1961 im Vorstand der Ö. Brau-AG, ab 1971 Gen.-Dir., 1988–93 Gen.-Dir. der Österreichischen → Brau-Beteiligungs-Aktiengesellschaft. Er baute den Konzern durch Einbeziehung der Schwechater Brauerei und der Steirerbrau aus. 1980–88 Präs. der Ö. Industriellenvereinigung (→ Vereinigung der Österreichischen Industrie).

BEUST, Friedrich Ferdinand Graf (ab 1868), * 13. 1. 1809 Dresden (D), † 23. 10. 1886 Schloss Altenberg (NÖ.), sächsischer bzw. ö. Staatsmann. Gegner O. v. Bismarcks, 1866–71 ö. Außenmin.; ab 1867 auch Min.-Präs. (ab 1868 mit dem Titel Reichskanzler). Führte 1867 den → Ausgleich mit Ungarn durch und leitete die konstitutionelle Verfassung ein. 1871 seines Amts enthoben, wurde er Botschafter in London und 1878–82 in Paris.
Literatur: H. Rumpler, Die dt. Politik des Frh. v. B. 1848–50, 1973; ÖBL.

BEUTELBÜCHER, „Taschenbücher" des 15./16. Jh., deren Einbände zum Tragen am Gürtel beutelartig verlängert waren; von 17 erhaltenen B. befindet sich eines in Kremsmünster. 7 bildnerische Darstellungen in Ö. (u. a. Apostel Matthias, Wr. Neustädter Dom, und hl. Johannes, Pfarrkirche Pöggstall).
Literatur: L. u. H. Alker, Das B. in der bildenden Kunst, 1966.

BEVÖLKERUNG, die Gesamtheit der in Ö. dauernd wohnhaften Personen. Die Bevölkerungszahl wird durch eine Volkszählung festgestellt, die alle 10 Jahre stattfindet (zuletzt im Mai 2001). In den Jahren zw. den Volkszählungen wird die B.-Zahl unter Berücksichtigung der Geburten, der Sterbefälle und der Ein- und Auswanderung fortgeschrieben. In Ö. leben (Volkszählung 2001) 8,031.600 Menschen. 10 Jahre zuvor waren es 7,795.800. Die → Bevölkerungsentwicklung war im 20. Jh. durch ein mäßiges und langfristiges Wachstum gekennzeichnet, in den nächsten 40 Jahren ist jedoch in Ö. mit einem B.-Rückgang zu rechnen. Zur ö. B zählen auch die anerkannten nat. Minderheiten (Kroaten, Slowenen, Tschechen, Slowaken, Ungarn sowie Roma und Sinti) und rd. 707.000 ausländ. Staatsbürger (8,8 % der Wohn-B.). Die B. wird nach demograph. (→ Altersstruktur, → Familienstand, Geschlechterproportion) und soz. Merkmalen (→ Berufsstruktur, → Erwerbsquote) gegliedert.

BEVÖLKERUNGSDICHTE, die durchschnittl. Zahl von Menschen je Flächeneinheit. In Ö. beträgt die B. (Einwohner je km²) rd. 96 und ist damit im westeurop. Vergleich sehr gering (Niederlande 334, Belgien 320, Deutschland 250). Bezieht man die Einwohner nicht auf die administrative Staatsfläche, sondern auf den Dauersiedlungsraum, beträgt die B. 240. Bes. hohe B.

Hugo Bettauer. Foto, 1920.

Friedrich Ferdinand Graf Beust. Foto, um 1860.

weisen das Wr. Becken, der Raum Linz–Wels, das Vbg. Rheintal, die Beckenlandschaften am Alpenrand (Grazer Bucht, Klagenfurter Becken, Sbg. Flachgau) und die breiten Längstäler (Mur-Mürz-Furche, Inntal) auf.

Bevölkerungsentwicklung, Veränderung der Anzahl und Zusammensetzung der Bevölkerung im zeitl. Vergleich. Die B. wird durch Geburtenentwicklung, Sterbeentwicklung, Zu- und Abwanderung geprägt. Seit 1869 (1. Volkszählung in Ö.) nahm die Bevölkerung von 4,9 Mio. auf über 8 Mio. zu. Hauptverantwortlich waren die starke Zuwanderung nach Wien im 19. Jh. bzw. bis 1914 sowie ab den 60er Jahren des letzten Jh. hohe Geburtenzahlen, die aber in der Zwischenkriegszeit und ab der 2. Hälfte der 60er Jahre sanken, sowie die steigende Lebenserwartung der Bevölkerung.

Bezau.

Bevölkerung auf dem Gebiet der Republik Österreich			
1869	4,498.985	1934	6,760.233
1880	4,963.142	1951	6,933.905
1890	5,417.352	1961	7,073.807
1900	6,003.777	1971	7,491.526
1910	6,648.311	1981	7,555.338
1920	6,426.294	1991	7,795.786
1923	6,534.742	2001	8,032.926

BEWAG, Burgenländische Elektrizitätswirtschafts-AG, gegr. 1958, übernahm 1959 die Stromversorgung des Bgld. von NEWAG (heute → EVN AG) und → STEWEAG. 1990 im Rahmen der börsenotierten Burgenland-Holding AG zu 49 % privatisiert; 51 % hält weiterhin das Land Bgld. 2001 Beitritt zur 1999 entstandenen Energieallianz Austria. Die BEWAG besitzt keine eig. Kraftwerke, sie bezieht den Strom zur Gänze vom → Verbundkonzern. Über ein Leitungsnetz von 8738 km wurden 2002/03 139.196 Kunden mit Strom versorgt. Zusätzlich verfügt die BEWAG über Firmenbeteiligungen, bes. in der Elektronik- und Telekommunikationsbranche. Verstärkte Forschungs-, Entwicklungs- und Förderungsarbeit wird auf dem Gebiet alternativer Energiequellen, wie Photovoltaikanlagen, Sonnenkollektoren, Windenergie und Biomasse, geleistet; Umsatz 2002/03 111,9 Mio. Euro.

Bewährungshilfe, gerichtlich angeordnete Betreuung Straffälliger nach bedingter Verurteilung oder Entlassung. Während der damit verbundenen Probezeit werden die Probanden durch Sozialarbeiter unterstützt (Einzelfallhilfe), um ihre Resozialisierung zu fördern und Rückfälle zu verhindern; B. heißt daher auch die darauf spezialisierte Methode der Sozialarbeit. Das Justizministerium hat die Durchführung der B. einem privaten Träger, dem Verein „NEUSTART – Bewährungshilfe, Konfliktregelung, Soziale Arbeit", übertragen. Dieser bietet Dienstleistungen in den Bereichen B., außergerichtl. Tatausgleich und Haftentlassenenhilfe an und betreut Dienste und Einrichtungen. Jährlich werden ca. 30.000 Personen betreut.
Literatur: A. Mirecki u. K. Preiß, Grundriß des ö. B.-Rechts, 1985.

Beyschlag, Otto, * 24. 1. 1869 Nördlingen (D), † 24. 4. 1945 Kaumberg (NÖ.), Pionier des Radsports und des Automobilismus in Ö. Gründete 1893 mit H. Opel in Wien eine erste Radfahrschule und die Fa. Opel & B.; gewann zahlr. Rennen auf dem Hochrad und stellte mehrere Rekorde auf.

Bezau, Vbg., B., Markt (1962), 650 m, 1878 Ew., 34,42 km², Hauptort des Bregenzerwalds, Endstation der Bregenzerwald-Museumsbahn. – Bez.-Ger., Bildungshaus, HAK, HAS, FachS f. wirt. Berufe und Tourismus, hauswirt. BerS, Bezauer Seilbahnen auf Sonderdach (1208 m) und Baumgarten (1624 m); kleinbetriebl. Struktur (v. a. Gewerbe), Holzverarbeitung, Spinnerei; zweisaisonaler Fremdenverkehr (113.997 Übern.). – Pfarrkirche St. Jodok (1907/08) mit Architekturmalerei, Hochaltar (17. Jh.), 1925 umgearbeitet; Franziskanerkirche und -kloster (1904 und 1980); typ. Bregenzerwald-Einhöfe (19. Jh.); in einem Hof des 18. Jh. Heimatmuseum; Schubertiade-Veranstaltungen.
Literatur: W. Meusburger, B. Geschichte, Ges., Kultur, 1995.

Bezegg, Vbg., Paßhöhe im Bregenzerwald, 900 m, zw. Bezau und Andelsbuch, einer der denkwürdigsten Plätze von Vbg., mit der „B.-Sul", die 1871 von F. v. Schmidt zur Erinnerung an das 1807 abgetragene hölzerne Rathaus errichtet wurde. In diesem haben der frei gewählte Landammann und Rat ab 1400 die Angelegenheiten der Gem. des Hinteren Bregenzerwalds geregelt. Das Rathaus, Sitz des „Wäldergensparlaments", ruhte auf 4 stockwerkhohen Steinsäulen und war nur durch eine Falltür über eine Leiter zugänglich, die erst wieder angesetzt wurde, wenn alle nötigen Beschlüsse gefasst waren.

Bezirke, die räuml. Verwaltungseinheiten, die zw. dem Bundesland und den Gem. stehen. Im Gegensatz zu diesen sind sie keine Körperschaften und haben an ihrer Spitze keine demokrat. gewählten, sondern ernannte berufsmäßige Organe.
1) Die *politischen B.*: Ö. ist in 15 Stadt-B. und 84 Land-B. eingeteilt. Die Stadt-B. (Städte mit eig. Statut) werden von einem gewählten Bürgermeister mit dem Magistrat geleitet. Die Land-B. bilden die Sprengel der → Bezirkshauptmannschaften, an deren Spitze der Bezirkshauptmann steht.
2) Die *Gerichts-B.*: Die meisten polit. B. sind in Gerichts-B. unterteilt. Sie bilden den Sprengel der B.-Gerichte. Ö. zählt 200 Gerichts-B.
3) Der *Gemeinde-B.*: Wien, das als Gem. ein Bundesland ist und gleichzeitig einen polit. B. umfasst, setzt sich aus 23 B. zusammen, an deren Spitze gewählte B.-Vorstehungen mit geringen Kompetenzen stehen. In den B. sind rechtl. unselbständige, ausgegliederte Dienststellen des Magistrats, die Magistrat. B.-Ämter, eingerichtet. Sie besorgen ausgewählte Angelegenheiten des Magistrats. Diese B. sind traditionsreiche hist. Gebilde und – im Gegensatz zu den B. in anderen Großstädten Ö. – außergewöhnl. stark individualisiert und im Bewusstsein der Bevölkerung verankert.

Bezirksgericht, ordentl. Gericht 1. Instanz, das die Gerichtsbarkeit in Zivil- und Strafsachen (durch Einzelrichter) ausübt. Vor die B. gehören im streitigen Zivilverfahren: Streitigkeiten über vermögensrechtl. Ansprüche bis zu einem Streitwert von 10.000 Euro, Unterhalt zw. Ehegatten, Besitzstörung, Bestandsachen, Grenzstreitigkeiten u. a.; der wesentl. Teil der Außerstreitverfahren (Verlassenschaftsabhandlungen, Abstammung, Unterhalt zw. Eltern und Kindern, Vor-

mundbestellung, Pflegschaftssachen, Grundbuchführung, u. v. a. m.); im Strafverfahren: Vergehen, für die nur eine Geldstrafe oder eine Freiheitsstrafe bis zu 1 Jahr angedroht ist.
Literatur: W. H. Rechberger u. D.-A. Simotta, Zivilprozessrecht, °2003.

Bezirkshauptmannschaft, unterste Verwaltungsbehörde der allg. staatl. Verwaltung. 1. Instanz in zahlr. Angelegenheiten des Bundes- und Landesverwaltung in den polit. Bezirken, die nicht im Bereich einer Stadt mit eig. Statut liegen. In ihr sind Beamte mit verschiedener fachl. Qualifikation tätig (Juristen, Amtsarzt, Amtstierarzt, sonstige Sachverständige usw.). Die B. besorgt hauptsächl. Aufgaben der „klass. Hoheitsverwaltung" wie Gewerbe-, Wasser- und Verkehrsrecht und ist in der Gem.-Aufsicht, Veterinär-, Forstverwaltung u. Ä. tätig. Weiters zählen zu den Agenden der B. z. T. die Besorgung der erstinstanzl. Sicherheitsverwaltung (Aufrechterhaltung der öffentl. Ruhe, Ordnung und Sicherheit, Fremdenpolizei, Passwesen, Versammlungspolizei u. a.). An der Spitze der B. steht der dem Landeshauptmann unterstellte Bezirkshauptmann.
Geschichte: Nach der Aufhebung des Feudalstaates wurden 1850 in allen Kronländern B. als Verwaltungsorgane errichtet, 1854 aber in der „gemischten Bezirksämtern" (in Größe der Gerichtsbezirke mit Vereinigung von polit. Verwaltung und Justiz) abgelöst. 1868 erfolgte endgültig die Trennung der Justiz von der Verwaltung und die Errichtung von B. als staatl. Behörden 1. Instanz mit umfangr. Aufgaben. Die B. wurden 1918 von der Republik übernommen, 1925 aber in die Kompetenz der Länder übertragen.
Literatur: H. Stolzlechner, Zur Organisation der B., in: Ztschr. für Verwaltung 1976; K. Gutkas u. J. Demmelbauer, Die B. gestern und heute, 1994.

BFI, siehe → Berufsförderungsinstitut Österreich.

BGBl, siehe → Bundesgesetzblatt.

BHS, Kurzbezeichnung für berufsbildende höhere Schule. Siehe → berufsbildende Schulen.

Bianca Maria Sforza, * 5. 4. 1472 Mailand (I), † 31. 12. 1510 Innsbruck (Ti.), Tochter des Galeazzo Maria Sforza von Mailand, wurde 1493 2. Gemahlin von Ks. → Maximilian I. Von diesem wurde sie wegen angebl. Verschwendungssucht äußerst rücksichtslos behandelt. Sie erhielt eine reiche Mitgift, die Maximilian für Feldzüge verwendete. B. erließ 1499 während des Schweizer Kriegs im Namen ihres Gemahls ein Landesaufgebot in Ti., intervenierte zugunsten ihres Oheims Ludovico, wurde deshalb von Maximilian 1500 mit ihrem Gefolge aus Augsburg verwiesen und lebte fortan in Innsbruck.
Literatur: T. Leitner, Habsburgs goldene Bräute, 2000.

Biba, Otto, * 9. 8. 1946 Wien, Musikhistoriker. Seit 1973 in Bibl., Smlg. und Archiv der Ges. der Musikfreunde in Wien, seit 1979 Archivdir.; Lehrbeauftragter an der Univ. Wien.
Werke: Der Piaristenorden in Ö., 1975; Die Wr. Philharmoniker 1976; F. Schubert und seine Zeit, 1978; J. Brahms in Wien 1983; „Eben komme ich von Haydn …", 1987; A. Zemlinsky, 1992; Die Programm-Smlg. im Archiv der Ges. der Musikfreunde, 2001 (Hg.). – Über 120 Editionen von Kompositionen v. a. des 18. und 19. Jh.

BIBAG Bauindustrie-, Beteiligungs- und Verwaltungs-AG, siehe → Bau Holding STRABAG AG.

Biber, Heinrich Ignaz Franz (von Bibern), getauft 12. 8. 1644 Wartenberg (Sedmihorki, CZ), † 3. 5. 1704 Salzburg, Komponist und einer der berühmtesten Geigenvirtuosen seiner Zeit. 1668–70 in der fürsterzbischöfl. Kapelle in Kremsier (Mähren), ab 1670/71 am Sbg. Hof, wo er 1679 Vizekapellmeister und 1684 Kapellmeister der fürsterzbischöfl. Kapelle wurde. B. wurde v. a. durch seine Violinsonaten bekannt, von denen zahlreiche im Druck erschienen. Unter seinen Kirchenwerken sind bes. die groß besetzten, kontrapunkt. Messen („Heinrichsmesse", 53-stimmige „Missa Salisburgensis") hervorzuheben.
Ausgabe: Instrumentalwerke handschriftl. Überlieferung, hg. v. J. Sehnal, 1997 (Denkmäler der Tonkunst in Ö., 151).
Literatur: R. Aschmann, Das dt. polyphone Violinspiel im 17. Jh., 1962; E. T. Chafe, The Church Music of H. B., 1987; G. Walterskirchen (Hg.), H. F. Biber, 1997.

Biberbach, NÖ, AM, Gem., 355 m, 2101 Ew., 28,41 km², landw.-gewerbl. Gem. zw. dem Mittellauf der Ybbs und der Url. Maschinenbau, Großhande., Geflügelhof, Eierverarbeitung. – Urk. 1116, Pfarrkirche hl. Stephanus (um 1400) mit frühklassizist. Altar und Hochaltarbild (1792) von M. J. Schmidt, reichhaltigem Netzrippengewölbe und prächtiger Glasmalerei (um 1400), Mostpresse und Mostfass südl. des Gem.-Amts, altes Presshaus mit Geräten; in der Nähe der Oismühle „Golden-Gate-Brücke" des Mostviertels über die Ybbs; Energieerlebnisweg (seit 2002/03).

Biberg, Berg bei Saalfelden (Sbg.) mit einer zerstörten befestigten kelt. Höhensiedlung. Die dort gefundene Bronzefigur eines kauernden Hirschen aus dem 1. Jh. v. Chr. ist ein hervorragendes Beispiel für die Kunst der späten → La-Tène-Kultur in Ö.

Biberwier, Ti., RE, Gem., 989 m, 589 Ew., 29,42 km², zweisaisonale Fremdenverkehrsgem. (60.395 Übern., v. a. im Winter) am S-Rand des Ehrwalder Beckens am Fuß des Fernpasses. – Am Verlauf der röm. Claudia Augusta (Grabung 1999); ehem. größtes Bergbaugebiet des Außerfern (Abbau 16. Jh. bis 1921); klassizist. Pfarrkirche; Kapelle Hll. Rochus und Sebastian mit Hochaltar von 1618.
Literatur: M. Wandinger, Die Kirchen zu B. (Ti.) und ihr Bezug zum Bergbau, Res montanarum 29, 2002.

Bibiena, siehe → Galli-Bibiena.

Bibl, Andreas, * 8. 4. 1797 Wien, † 30. 9. 1878 ebd., Organist; Vater von Rudolf → Bibl. Erste musikal. Ausbildung als Hofsängerknabe bei J. G. → Albrechtsberger, ab 1816 Organist in der Leopoldstädter Pfarrkirche, ab 1818 in St. Stephan und St. Peter; Freund F. → Schuberts.

Bibl, Rudolf, * 6. 1. 1832 Wien, † 2. 8. 1902 ebd., Organist; Sohn von Andreas → Bibl, Vater von Viktor → Bibl, Großvater des Dirigenten Rudolf → Bibl. Ausbildung durch seinen Vater und S. → Sechter; ab 1850 Organist in St. Peter, ab 1859 in St. Stephan; ab 1863 Organist und Kapellmeister an der Hofburgkapelle.

Bibl, Rudolf, * 4. 5. 1929 Wien, Dirigent; Enkel des Organisten Rudolf → Bibl, Neffe von Viktor → Bibl. Studium an der Wr. Musikhochschule; Engagements in Graz, Innsbruck und Wien; 1969–73 Musikdirektor in Trier, seit 1973 Dirigent an der Wr. Volksoper, 1999 Debüt an der Wr. Staatsoper; widmet sich bes. der klass. Operette.

Bibl, Viktor, * 20. 10. 1870 Wien, † 15. 7. 1947 Attersee (OÖ.), Historiker; Sohn des Organisten Rudolf → Bibl, Onkel des Dirigenten Rudolf → Bibl. Seine Werke zeigen dt.-nat., nach 1938 nat.-soz. Tendenz.
Werke: Der Zerfall Ö., 2 Bde., 1924; Metternich in neuer Beleuchtung, 1928; Ks. Franz II., 1938; Erzhzg. Carl, 1941; Prinz Eugen, 1942; Ks. Josef II., 1943.
Literatur: S. Nasko, V. B., Diss., Wien 1970.

Bibliotheken: Ö. hat rd. 100 selbständige öffentl. zugängl. wiss. B. des Bundes, der Länder, Kammern und Religionsgemeinschaften, dazu mehrere 100 Fach-B. an Univ.-Inst. (ebenfalls öffentl. zugängl.) als Abteilungen der Univ.-B. Der Buchbestand beträgt (2002) mehr als 20 Mio. Bde. Die wichtigsten sind die Ö. → Nationalbibliothek mit rd. 3,2 Mio. Bdn. und über 3 Mio sonstigen Objekten; die Univ.-B. (v. a. Wien mit rd. 5,9

Biberwier: Pestkapelle Hll. Rochus und Sebastian.

Bianca Maria Sforza. Buchillustration, um 1580 (Kunsthistorisches Museum, Wien).

Heinrich Ignaz Franz Biber. Stich von P. Seel, um 1680.

Lesesaal der Wiener Universitätsbibliothek.

Bibliothek des Stiftes St. Florian, OÖ.

Mio., Graz mit rd. 3 Mio., Innsbruck mit ebenfalls rd. 3 Mio. Bdn.); die Hochschul-B., die B. der Pädagog. Akad., der Ämter und Behörden, wiss. Anstalten, Museen und Länder. An ihnen sind rd. 1500 hauptamtl. Bibliothekare beschäftigt, die hauptsächl. durch Kurse unter Leitung des BM f. Bildung, Wiss. und Kultur an der Ö. Nat.-Bibl. und bestimmten Univ.-B. ausgebildet werden. An Gemeinschaftsunternehmungen bestehen insbes. der ö. und internat. Leihverkehr, Online-Zentralkataloge (vielfach nach einheitl., internat. kompatiblen Regeln) sowie die zentral an der Ö. Nat.-Bibl. und regional an anderen B. organisierten Sammlungen der ö. Buchproduktion („Pflichtexemplare" bzw. B.-Stücke). Jährl. werden mehrere Mio. Bde. entlehnt bzw. in den B. benützt.

Die ersten B. legten die ma. Klöster an (in Ö. erstmals Erzbischof Arno von Salzburg Ende des 8. Jh.); ihnen folgten Fürsten, Landesherren, Universitäten und kommunale Behörden. Die von Maria Theresia geschaffenen staatl. B. (in jedem Kronland eine Studien-B., soweit keine Univ.-B. eingerichtet wurde) wuchsen durch die Klosteraufhebungen stark an. Ö. hat als erster Staat der Welt 1883 den direkten Leihverkehr zw. den ö. B. eingeführt. Die Univ.-B. Wien schuf 1898 das erste gedruckte Gesamtverzeichnis von Ztschr. auf dt. Sprachgebiet; seit 1920 besteht an der Ö. Nat.-Bibl. eine zentrale Büchernachweisstelle. Seit 1975 sind auch die Fach-B. an den Univ.-Inst. allg. zugängl.

Literatur: Mttlg. der Vereinigung ö. Bibliothekarinnen und Bibliothekare, 1948 ff.; Biblos, Ö. Ztschr. f. Buch- und B.-Wesen, 1952 ff.; Biblos-Schriften, 1952 ff.; Handbuch Ö. B., 3 Bde., 1961 ff.; Ö. B.-Bau, 2 Bde., 1986/92. – Vereinigungen: Vereinigung ö. Bibliothekarinnen und Bibliothekare, 1946 gegr., als Nachfolgerin des 1896 gegr. „Ö. Vereins f. B.-Wesen"; Ö. Ges. für Dokumentation und Information, 1951 gegr.; Ges. der Freunde der Ö. Nat.-Bibl., gegr. 1912.

Bibliothekstantieme, auch „Bibliotheksgroschen", auf der Grundlage der Urheberrechtsnovelle 1993 seit 1996 bestehende Vergütung von Autorenhonoraren durch die Bibliotheken. In einem Pauschalvertrag zw. Bund, Ländern und Verwertungsgesellschaften wurde die B. auf ca. 580.000 Euro jährlich festgesetzt, davon werden 20 % vom Bund und 80 % von den Ländern aufgebracht. Die Einnahmen werden zw. den beteiligten Verwertungsgesellschaften aufgeteilt.

BibliotheksWerk, Österreichisches, siehe Österreichisches → Borromäuswerk.

Bichlbach, Ti., RE, Gem., 1079 m, 851 Ew., 30,64 km², Tourismusgem. (68.057 Übern., v. a. im Winter) am Fuß der Lechtaler Alpen südöstl. von Reutte. – Urk. um 1300; barocke Pfarrkirche mit got. N-Turm, Barockaltäre mit prächtiger Bild- und Figurenausstattung; barocke Zunftkirche mit Fresken von Paul Zeiller (um 1710); Pfarrkirche von Lähn mit klassizist. Hochaltar und got. Pietà (um 1420–30). Unweit Heiterwanger See und Plansee.

Bick, Josef, * 22. 5. 1880 Wildeck am Neckar (D), † 5. 4. 1952 Wien, Bibliothekar. Ab 1926 Gen.-Dir. der Ö. → Nationalbibliothek, Univ.-Prof. in Wien, 1934 Dir. der Albertina. Wandelte die ehem. Hofbibl. in eine wiss. Gebrauchsbibl. um und schloss sie dem internationalen Leihverkehr an, ließ moderne Kataloge anlegen und richtete den Ztschr.-Lesesaal ein; reorganisierte als Generalinspektor das ö. Bibl.-Wesen.

Bidermann, Hermann Ignaz, * 3. 8. 1831 Wien, † 15. 4. 1892 Graz (Stmk.), Rechtshistoriker. 1861 Univ.-Prof. in Innsbruck, 1871 in Graz.
Werke: Geschichte der ö. Gesamtstaatsidee (1526–1804), 1867 (Nachdruck 1972); Der ö. Staatsrath (1760–1848), 1879.

Bieber, Friedrich Julius, * 24. 2. 1873 Wien, † 3. 3. 1924 ebd., Afrikaforscher, zunächst Schuster und Buchhändlerlehrling. Autodidakt; erforschte als Erster das Kaffa-Reich (1905 und 1909). Seine reichhaltige Smlg. befindet sich im Völkerkundemuseum in Wien.
Werk: Kaffa, 2 Bde., 1920–23.
Literatur: O. Stradal, Der Weg zum letzten Pharao, 1954; A. Herrmann, Afrikaforscher F. J. B., 1976.

Biechteler von Greiffenthal, Matthias Sigmund, * um 1668 Leibnitz (Stmk.), † 27. 8. 1743 Salzburg, Komponist. Studierte ab 1684 in Graz; begann 1687 als Hofmusiker von Fürsterzbischof Johann Ernst von Thun in Salzburg, wurde 1703 Vizekapellmeister und 1706 Kapellmeister; 1723 in den Adelsstand erhoben.
Werke: 19 Messen, 4 Requien und verschiedene Vokalmusikwerke sowie Kirchensonaten und Musik zu Schuldramen.

Biedermann, Karl, * 11. 8. 1890 Miskolc (H), † 8. 4. 1945 Wien (hingerichtet), Widerstandskämpfer. In den Februarkämpfen 1934 Heimwehrkommandant, im 2. Weltkrieg als Major Kommandeur der Wehrmachtsordnungstruppe Wien. Gem. mit Oberleutnant R. → Raschke und Hauptmann A. → Huth als Mitgl. einer weit verzweigten ö. Widerstandsgruppe, die eine kampflose Übergabe Wiens an die Rote Armee vorbereitete. Nach Verrat wurden die 3 Widerstandskämpfer am 6. bzw. 8. April von Standgerichten zum Tod verurteilt und am 8. April in Floridsdorf Am Spitz (Wien 21) öffentlich gehängt. Biedermann-Huth-Raschke-Kaserne in Wien 14.

Biedermann, Michael Lazar, * 13. 8. 1769 Pressburg (Bratislava, SK), † 31. 8. 1843 Baden (NÖ.), Großhändler und Fabrikant. Kam als Graveur und Juwelier 1784 nach Wien, gründete die erste Wollsortierungsfabrik, die 3000 Personen beschäftigte. Er hinterließ ein Vermögen von 16 Mio. Gulden.

Biedermannsdorf, NÖ., MD, Markt, 185 m, 2904 Ew., 8,95 km², Wohngem. mit Dienstleistungs- und Ind.-Betrieben zw. der Wr. Stadtgrenze und Mödling. Jubiläums- und Tennishalle, Erziehungsanstalt, HBLA für wirt. Berufe, Klosterbad, Sozialstation, Heimatmuseum, *private FachS für Altendienste und Pflegehilfe.* Ind.-Zentrum Süd: Groß- und Kfz-Handel, Papier- und Nahrungsmittelerzeugung. – Barockkirche (erb. 1727/28) mit spätbarocken Altären und schönen Kreuzwegbildern (um 1900), Barockschloss Wasenhof (erb. um 1731, heute Erziehungsheim der Gem. Wien), ehem. Borromäum (Barockbau, Umbau 1897, heute HBLA).

Biedermeier: Der Name B. – urspr. eine Spottbezeichnung für einen braven, spießigen, biederen Menschen – wurde von A. Kußmaul und L. Eichrodt 1855–57 erstmals für die Lebenshaltung der Epoche des Vormärz verwendet. Sowohl Lebens- und Geistesart als auch Kunst und Kultur der Zeit 1815–48 werden durch diesen Namen charakterisiert. In der Kunstgeschichte hat sich die Bedeutung des Begriffs mehr auf die Innenraumgestaltung eingeengt.

BIEDERMEIER

Die Merkmale des B. sind vielfach „allg. europ., aber doch v. a. im Ö. des Vormärz (Metternich-Zeit) zu finden" (W. Kayser). Hier hielt das B. in allen Ges.-Schichten Einzug, was zu einer sonst kaum erreichten Hochblüte und Stilreinheit führte.

Wichtig für das Entstehen des B. war die Enttäuschung nach der polit. Restauration 1815 und die beinahe völlige Abkehr vom öffentl.-polit. Leben. Nach der Epoche des feierl. Barock und des gezierten (Quasi-)Rokoko stellt das B. eine Flucht in das behagl. Genussfreudigkeit, in eine „heimliche" Weltgeborgenheit, dar. Da das Bürgertum, das zu Geld und Ansehen gelangt war, im metternichschen Polizeistaat von jeder Einflussnahme auf die Staatsgeschäfte fern gehalten wurde, traten die persönl., rein privaten Interessen in den Vordergrund. Wichtiges Anliegen wurde die Gestaltung der Freizeit. Man suchte Vergnügen und Unterhaltung auf der Landpartie, beim Heurigen, im Prater, in Tanzlokalen, im Kaffeehaus und im Theater – nicht zuletzt als Ablenkung vom harten Alltag, der tristen soz. Lage und der unsicheren polit. Situation.

Große Bedeutung wurde der Pflege von Kunst und Kultur beigemessen, wobei sich das wohlhabende Bürgertum zum wichtigsten Förderer entwickelte. Die Häuser der kunstinteressierten und einflussreichen Mäzene wurden oft zum Treffpunkt von Literaten, Komponisten, Malern und Bildhauern sowie Vertretern aus anderen Bereichen des kulturellen Lebens. Man veranstaltete literar. Zirkel, Konzertabende, Diskussionsrunden u. a. Zu einem solchen Anlass eingeladen zu werden konnte für einen jungen Künstler das Sprungbrett zum Erfolg bedeuten.

Die Dichtung des ö. B., die Elemente der Klassik und der Romantik aufnahm, war – dem polit. „Jungen Deutschland" bewusst entgegengesetzt – weitgehend unpolit. und vertrat die Ideale behutsamer Innigkeit, Selbsteinschränkung und Resignation. Das „sanfte Gesetz" der Natur war die Kunstmaxime. Dem B. verpflichtet waren A. → Stifter (theoret. Abhandlung in der Vorrede zu „Bunte Steine": „Das sanfte Gesetz"; „Der Nachsommer"), F. → Raimund, F. → Grillparzer, E. v. → Bauernfeld, F. → Halm, I. F. → Castelli, E. v. → Feuchtersleben, J. G. → Seidl u. a.

Obwohl v. a. die epische Kunst dem B. wesensgemäß war, erlebte auch das Wr. Theater, das wie ein Ventil für unterdrückte Gedanken wirkte, trotz der strengen Zensur eine neue Blütezeit, die in den Volksstücken von F. Raimund und J. → Nestroy ihre Krönung fand. Die Lyrik war durch N. → Lenau, A. → Grün, J. G. Seidl und F. → Stelzhamer vertreten.

Biedermeier: Ansicht des Dachsteins mit dem Hallstätter See von der Hütteneckalpe bei Ischl. Gemälde von F. G. Waldmüller, 1838 (Wien Museum).

Auch im Bereich der Musik ging die Rolle des interessierten und fördernden Publikums vom Adel auf das Bürgertum über. 1812 wurde die „Ges. der Musikfreunde" gegr., später der „Singverein" und die „Singakad.", 1842 die „Wr. Philharmoniker". Die Hausmusik erlebte einen großen Aufschwung, in bürgerl. Häusern entstanden Quartette und musikal. Zirkel (Schubertiaden). Auch die heitere Musik (Wr. Walzer) strebte einem Höhepunkt zu. Wien entwickelte sich in diesen Jahrzehnten zur klass. Weltstadt der Musik

Die Malerei des B. brachte eine Abkehr vom Historienbild des Klassizismus. Man wandte sich stattdessen verstärkt den realen Dingen des tägl. Lebens und der nächsten Umgebung zu. Zentrale Werte der Malerei wurden die Neigung zum Beschaulicher, das „Getreue" und „Sorgfältige", das „Feine" und „Liebliche". Trotz dieser Grundstimmungen kann man – insbes. in der Genremalerei – bisweilen aber auch soz.-krit. Momente erkennen. Die teilw. durch das niederländ. Sittenbild des 17. Jh. beeinflusste Genremalerei fand im B. ihren Höhepunkt. Zu ihren bedeutendsten Vertretern zählten J. → Danhauser, P. → Fendi, C. → Schindler, F. G. → Waldmüller (eingeschränkt), J. M. → Neder, E. → Ritter, F. → Gauermann, J. B. → Reiter, J. M. → Ranftl und J. F. → Treml.

Neben der Genremalerei erlebte auch die Landschaftsdarstellung einen starken Aufschwung. Wanderungen durch die Alpenregionen, die Länder der k. k. Monarchie und nach Italien erfreuten sich bei den Künstlern steigender Beliebtheit. Hierbei entstanden vielfach vor der Natur gemalte realist. Landschaftsporträts, die oft sehr persönl. Blickpunkte zeigen, so z. B. den stillen unberührten Winkel oder die wildromant., abenteuerl. Stimmung. Die Darstellung von Naturgewalten, von Gewitter und Sturm, Überschwemmungen, Vulkanausbrüchen oder einer Sonnenfinsternis entsprach ebenfalls der romantisierend-naturalist. Grundhaltung. Die bedeutendsten Landschaftsmaler des B. waren F. G. Waldmüller, F. Gauermann, J. → Höger, F. → Steinfeld d. J., M. R. → Toma, R. v. → Alt, T. → Ender und A. Stifter.

Die Vorliebe für getreue Naturdarstellung zeigt sich auch in den zahllosen Blumenstillleben (z. B. J. Lauer, J. → Nigg , J. → Knapp, S. Wegmayr, F. X. → Petter) und Herbarien (z. B. M. M. → Daffinger, J. → Alt) sowie in umfangreichen Serien etwa mit Insektendarstellungen.

Eine bes. Blüte erlebte die Miniaturmalerei auch im Bereich des Porträts (z. B. M. M. Daffinger), das zu einem der wichtigsten Aufgabenbereiche der bildenden Kunst geworden war. Die gestiegene Bedeutung des Bürgertums hatte ein breites Kundenfeld mit großem Nachholbedarf eröffnet. Beliebt waren Einzel- und Gruppen- bzw. Familienbildnisse von F. G. Waldmüller, F. v. → Amerling, J. N. → Ender, A. → Einsle, M. M. Daffinger, F. → Eybl, L. → Kupelwieser, J. P. → Krafft und J. → Kriehuber. Das Aufkommen der Fotografie um die Mitte des 19. Jh. schränkte die Auftrags-

Biedermeier: Speisezimmer.

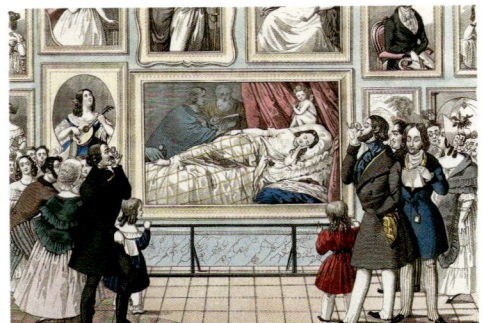

Biedermeier: Kunstausstellung in Wien. Satirischer Stich von A. Geiger, um 1840.

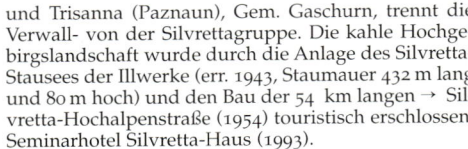

Biedermeier: Kommodenuhr.

Biedermeier: Glas mit dem Wiener Stephansdom von Alfred Kothgasser (Glasgalerie Kovacek).

lage für Porträts stark ein. Große Bedeutung für die Vervielfältigung von Bildvorlagen hatte die Entwicklung der Lithographie. In Wien wurden innerhalb weniger Jahre mehrere bedeutende Kunstdruck- und -verlagsanstalten gegr., die sich v. a. der Herausgabe von dokumentar. Serien widmeten, wie z. B. topograph. Landschaftsreihen, naturkundl. Mappenwerken, Berufsdarstellungen, humorist. Szenen sowie Mode- und Porträtserien.

Die Bildhauerei des B. spielte eine eher untergeordnete Rolle. Die wenigen entstandenen Großplastiken verraten meist weiche, mitunter auch trockene Modellierung. Nennenswert ist die Kleinplastik in Form von Nipp- und bemalten Porzellanfiguren.

Das kunstgewerbl. Schaffen dieser Zeit besitzt auch in der Gestaltung von Glas größte Bedeutung. Bemalte, geätzte und geschliffene Gläser, Becher mit Perlenstickerei und Widmungssprüchen waren beliebte Geschenke, Andenken und Souvenirs. Zu den bedeutendsten Glaskünstlern des B. zählten G. S. → Mohn, A. → Kothgasser und J. J. → Mildner.

In der Baukunst hatte bereits das späte 18. Jh. die geschmackvolle Schlichtheit des B.-Wohnhauses vorbereitet. Die Wohnung war der wichtigste Bereich der B.-Kultur. Möbel und Einrichtungsgegenstände wurden praktisch, schlicht und formschön gestaltet. Die klare, sanft geschwungene Linie des Möbels wurde durch geblümte und gestreifte Stoffe und Tapeten weiter akzentuiert. Vereinzelt wurden Möbel, z. B. Bugholzmöbel von M. → Thonet, schon für die Massenproduktion entwickelt.

Diese spezifisch ö. Wohnkultur wurde um die Jahrhundertwende wieder entdeckt. Insbes. im Bereich der Architektur und des Kunstgewerbes ist daher parallel zum Jugendstil und der Wr. Secession eine Periode des Neobiedermeier festzustellen, die bis ca. 1918 andauerte und deren Ziele z. T. durch den Ö. Werkbund weiterverfolgt wurden.

Eine Rückbesinnung auf die persönl. Werte (etwa der Familie oder des gemütl. Heims) und eine „neue Bescheidenheit", haben die B.-Zeit auch in den letzten Jahrzehnten wieder zur „guten, alten Zeit" schlechthin werden lassen.

Literatur: Bürgersinn und Aufbegehren – B. und Vormärz in Wien 1815–48, Ausst.-Kat., Wien 1988; G. Frodl, Wr. Malerei der Biedermeierzeit, 1987; Wr. B.-Malerei zw. Wr. Kongreß und Revolution, Ausst.-Kat., Wien 1993.

BIEGELEBEN, Ludwig Frh. von, * 14. 1. 1812 Darmstadt (D), † 6. 8. 1892 Rohitsch-Sauerbrunn (Rogaška, SLO), hessischer und ö. Diplomat und Staatsmann. Ab 1850 Leiter des Departements für dt. Angelegenheiten im ö. Min. d. Äußern; vertrat als Gegner Bismarcks die ö. Führungsposition im Dt. Bund.
Literatur: ÖBL.

BIELERHÖHE, Vbg./Ti., 2037 m, Pass zw. Groß- und Kleinvermunt, d. h. zw. den Tälern von Ill (Montafon) und Trisanna (Paznaun), Gem. Gaschurn, trennt die Verwall- von der Silvrettagruppe. Die kahle Hochgebirgslandschaft wurde durch die Anlage des Silvretta-Stausees der Illwerke (err. 1943, Staumauer 432 m lang und 80 m hoch) und den Bau der 54 km langen → Silvretta-Hochalpenstraße (1954) touristisch erschlossen. Seminarhotel Silvretta-Haus (1993).

BIELKA, Erich, * 15. 5. 1908 Wien, † 1. 9. 1992 Bad Aussee (Stmk.), Diplomat. Ab 1946 Botschafter in Bern, Kairo, Ankara und Paris. 1974–76 BMin. f. Auswärtige Angelegenheiten.

BIELOHLAWEK, Hermann, * 2. 8. 1861 Wien, † 30. 6. 1918 ebd., Politiker (CS). Ab 1889 Vizepräs. des Vereins der ö. Handelsangestellten; 1890 Vorstand der Gremialkasse; 1900–18 Gem.- und 1901–05 Stadtrat in Wien. 1905–18 Leiter der Landeshumanitätsanstalten im nö. Landesausschuss; 1908–11 Abg. z. Reichsrat.
Literatur: ÖBL.

BIENENZUCHT (Imkerei) besitzt in Ö. eine lange Tradition, wie manche Flurnamen zeigen. Maria Theresia erließ 1775 erstmals ein eigenes Gesetz: Die B. wurde von Zehent und landesfürstl. Abgaben befreit, für Bienenstöcke durfte keine Maut eingehoben werden. Im Belvedere (Wien) wurde eine Schule für B. eingerichtet, der ähnliche an anderen Orten folgten. 1851 errichtete die Landw.-Ges. in Wien eine „Sektion der B.", 1900 hatte der B.-Verein bereits 164 Zweigvereine. 1923 wurde die Ö. Imkergenossenschaft gegr. Bes. verdient machten sich J. M. v. Ehrenfels, Pater C. Schachinger († 1923) aus Purgstall, der jahrelang die „Bienenzeitung" leitete, sowie Guido Sklenar aus Mistelbach und der Kä. Karl Pechitz aus St. Walburgen durch ihre weltbekannte Königinnenzucht. E. Hruscha erfand die Honigschleuder. Eine B.-Schule besteht in Imst (Ti.), ein Inst. für Bienenkunde in Hirschstetten bei Wien. Die Erlassung von B.-Gesetzen ist Ländersache. § 384 des ABGB bestimmt, dass ein Bienenschwarm herrenlos wird, wenn der Eigentümer nicht unverzügl. die Verfolgung aufnimmt oder wenn er sie aufgibt.

Seit Anfang der 80er Jahre tritt ein neuer Bienenparasit, die Varroamilbe, in Ö. auf. Den größten Schaden verursachte sie 1986. 1992 wurde nach wiss. Vorarbeit an der Univ. für Bodenkultur in Wien ein spezielles Selektionsprogramm für die Carnica-Bienenrasse durch den Ö. Imkerbund gestartet. Leistung und Toleranz gegen die Varroamilbe werden dabei bewertet.

In Ö. wurden 2003 von 24196 Imkern 291.426 Bienenvölker gehalten, die etwa 4500 t Honig erzeugten. Die Tendenz ist rückläufig (1961: rd. 37.000 Imker und 448.700 Bienenvölker). 2003 wurden ca. 5000 t Honig importiert.
Publikationen: Der Bienenvater, Fachblatt des Ö. Imkerbundes (monatl.), Wien; Alpenländ. Bienen-Ztg., hg. für Ti., Vbg. und Sbg. (monatl.), Innsbruck; Bienenwelt, Graz (monatl.).

Bienenzucht: Imkergerätschaften (Sammlung Piaty, Waidhofen a. d. Ybbs, NÖ.).

BIENER (Bienner), Wilhelm, * vor 1590 Laupheim (Oberpfalz, D), † 17. 7. 1651 Rattenberg (Ti.; enthauptet), Jurist. Stand ab 1620 im Dienst des Markgrafen Karl v. Burgau, 1625–30 des bayer. Kurfürsten, wurde dann von Ks. Ferdinand II. in den Reichshofrat berufen und Erzhg. Leopold V. v. Ti. als Berater zugeteilt. 1638–50 vorder-ö. Hofkanzler bei Erzherzogin → Claudia († 1648) und Erzhg. → Ferdinand Karl; B. stärkte gegen den Widerstand der Stände die landesfürstl. Stellung, wurde 1650 gestürzt und wegen Hochverrats und Unterschlagung zum Tod verurteilt. Seine Begnadigung traf zu spät ein.
Literatur: NDB.

BIENERTH-SCHMERLING, Richard Graf, * 2. 3. 1863 Verona (I), † 3. 6. 1918 Wien, Staatsmann. 1905 Unterrichts-, 1906 Innenmin., 1908–11 Min.-Präs.; scheiterte an seiner dt.-betonten Sprach- und Schulpolitik, 1911–15 Statthalter von NÖ.
Literatur: ÖBL.

Bierwagen vor der Karlskirche in Wien. Kolorierter Stich von E. Gurk, um 1830.

BIER, ein aus Gerste (vermälzt oder unvermälzt), Weizen und anderen Getreidearten sowie Hopfen und Wasser durch Maischen und Kochen hergestelltes, alkohol- und kohlensäurehältiges Getränk. B. ist in Ö. bereits im 9. Jh. im Bodenseeraum bezeugt, in der Stmk. um 1200. Im 14. Jh. war das Brauen auf Bauernhöfen verbreitet; später wurde es herzogl. Regal und die Herstellung v. a. in Städte und Klöster verlagert.
In der heutigen ö. Bierproduktion werden folgende Sorten unterschieden: Lager- oder Märzen-B. (ausgewogen malzig, mild-hopfig, untergärig); Pils-B. (stärker gehopft), Weizen-B. (obergäriges B.), alkoholfreies B. (weniger als 1,9 Vol.-% Alkohol).
2001 produzierten in Ö. insges. 115 Brauereibetriebe B. Der Pro-Kopf-Verbrauch stieg von 85 l (1962) auf 107 l (2001), die Bierproduktion erhöhte sich 1963–2001 von 6,3 Mio. hl auf 8,6 Mio. hl. Seit 1980 vollzieht sich in der Brauind. eine starke Konzentration. 2003 wurde die ö. Brau Beteiligungs AG vom niederländ. Heineken-Konzern übernommen.
Österreichische → Brau AG, → Brau Union Österreich AG, Fritz → Egger GmbH, → Ottakringer Brauerei AG, → Steirerbrau AG, → Stieglbrauerei.

BIERBAUM AM AUERSBACH, Stmk., RA, Gem., 296 m, 508 Ew., 5,17 km², landw. Wohngem. im Tal des Auersbachs. Kulturhalle.

BIETAK, Manfred, * 6. 10. 1940 Wien, Archäologe. Studierte in Wien, 1961–65 Teilnahme an der UNESCO-Aktion zur Rettung der nubischen Altertümer in Sayala, ab 1965 Aktionsleiter; 1966–69 und seit 1975 Leiter der Ausgrabungen der Univ. Wien in Tell el-Dab'a, 1969–78 Grabungsleiter in Theben-West. 1966–81 Sekr. und Wiss. Rat der ö. Botschaft in Kairo, ab 1973 Leiter des Ö. Archäolog. Inst. in Kairo. Seit 1986 Vorstand des Inst. f. Ägyptologie an der Univ. Wien; Mitgl. der Ö. Akad. d. Wiss. und anderer internat. wiss. Organisationen. Identifizierte u. a. die Hyksos-Hauptstadt Avaris und die Ramses-Stadt und entdeckte dort einen Palast mit minoischen Wandmalereien.
Werke: Studien zur Chronologie der nubischen C-Gruppe, 1968; Tell el-Dab'a, 1991. – Hg.: Zw. den beiden Ewigkeiten. Festschrift für G. Thausing, 1994; Archaische griech. Tempel und Altägypten, 2001; Krieg und Sieg, 2002; The Middle Bronze Age in the Lavant, 2002.

BIFFL, Werner, * 30. 10. 1939 Wien, Kulturtechniker. 1974–2000 Univ.-Prof. für Siedlungswasserbau, Ind.-Wasserwirt. und Gewässerschutz an der Univ. f. Bodenkultur in Wien. 1981–85 und 1989–91 deren Rektor, 1989–91 Vorsitzender der Ö. Rektorenkonferenz. Setzte sich in seiner Tätigkeit und in Publikationen mit grundlegenden Fragen der Wasserwirt. und -vorkommen in Ö. auseinander.

BILDEIN, Bgld., GS, Gem., 227 m, 373 Ew., 16,02 km², Weinbaugem. im Pinkaboden im unteren Pinkatal. – Unterbildein urk. 1221, Pfarrkirche mit spätgot. Chor (um 1500) und barockem Schiff (1745), spätgot. Sakristeitür, barocker Hochaltar und Figurenschmuck, Schnitzmadonna (17. Jh.), Mariensäule (um 1700), Dreifaltigkeitssäule (1735). – 1. bäuerl. Biodieseltankstelle Österreichs, größte Biomasse-Solarwärmeanlage Europas.

BILDHAUERKUNST (Plastik, Skulptur):
Das ausgezeichnete einheim. Material – Marmor aus S.-Ti. (Laas, Sterzing) und Sbg. sowie Kalk- und Sandstein – bildeten die Grundlage für eine frühe Blüte der Steinbildhauerei in Ö. Urspr. trat sie bes. in Verbindung mit der Architektur als Bauplastik in Erscheinung, während für bewegliche Bildwerke und Ausstattungsstücke Holz bevorzugt wurde.
Die vorroman. und roman. B. in Ö. stand in enger Beziehung zu außerösterr. Meistern und Schulen. So sind Einflüsse aus S-Deutschland, insbes. aus Bayern, vereinzelt aber auch aus Italien, Frankreich und Spanien nachzuweisen. Übermittelt wurden diese Einflüsse meist durch wandernde Künstler. Die hoch einzuschätzende Produktion an Bau- und Kultplastik dieser Zeit, die vorwiegend im Dienst der Kirche stand, ging mit den Bauten zum größten Teil zugrunde.
Trotzdem gibt es in Ö. noch eine ganze Reihe künstlerisch hochwertiger Bildwerke aus der Romanik; zu den bedeutendsten zählen das Sbg. Marienrelief, die Kruzifixe aus Ludesch, Gaal und Göß, die Lettnergruppe in Seckau, der Sbg. Salvator mundi sowie die Gurker Türreliefs und die Grabplatte des letzten Babenbergers Friedrich II. in Stift Heiligenkreuz.
Im 13. Jh. nahm neben Salzburg der Wr. Raum eine Sonderstellung ein. Hier entwickelte sich aus der Tradition des 12. Jh. eine Bauhüttenschule, deren große Bedeutung sich in der Bauplastik der Stephanskirche ausdrückt. Die großen und reichhaltigen Portalgestaltungen gehören in Ö. vorwiegend der Spätromanik des 13. Jh. an (u. a. das Riesentor des Wr. Stephansdoms, die Portale der Franziskanerkirche in Salzburg, der Stiftskirchen St. Paul i. Lavanttal und Heiligenkreuz sowie der Tullner Pfarrkirche). Der reiche plast. Schmuck an der Apsis der Kirche von Schöngrabern (um 1240/50) ist in Ö. eine singuläre Erscheinung, vergleichbare Gegenstücke gibt es nur in Frankreich und in Italien. Relativ zahlreich sind spätroman. Einzelwerke, wie Marienstatuen, Heiligenfiguren, Kruzifixe und Grabsteine (Viktring, Gurk, Heiligenkreuz, Wilhering).

Bieretikett von U. Janke, um 1908.

Bildhauerkunst: „Steinerne Bibel" an der Apsis der spätromanischen Pfarrkirche in Schöngrabern, NÖ.

Viele Werke aus der in Ö. um 1250 einsetzenden Gotik gehören mit zu dem Bedeutendsten, was an europ. got. B. erhalten ist. Allerdings sind Hinweise auf Ort und Zeitpunkt der Entstehung, bes. aber auf die Herkunft der Künstler spärlich. In der frühgot. Phase des 14. Jh. lag der Schwerpunkt der ö. B. im Wr. Raum um den Herzogshof. Charakterist. ö. Züge traten bes. an den Marienstatuen hervor, zu deren nennenswertesten Beispielen die Wr. Dienstbotenmadonna sowie die Muttergottesstatuen aus Klosterneuburg, St. Florian und Admont zählen. In der 2. Hälfte des 14. Jh. fungierte der Hof Karls IV. in Prag als wichtiges Vorbild, was einen regen künstlerischen Austausch sowie die Aufnahme auch internat. Einflüsse zur Folge hatte.

Um 1400 setzte mit dem „weichen Stil" eine Blütezeit der ö. Plastik ein, die in Vesperbildern (auch Pietà genannt; insbes. aus den Wr., nö., steir. und Kä. Bildhauerschulen) und den durch Böhmen geprägten „Schönen Madonnen" (bes. in Sbg. und in der Ober-Stmk.) beredtesten Ausdruck fand.

Im 15. Jh. herrschte bereits in allen Ländern eine reiche künstlerische Tätigkeit, wobei Graz, Innsbruck und Wr. Neustadt zeitweise Wien den Rang abliefen. Von den vielen lokalen Kunstschulen erlangten jene von Großlobming und Salzburg größere Bedeutung. Um 1430 kam ein realist. Stil (auch „schwerer Stil" genannt) auf, der sich bes. in Wien aber auch in den Alpenländern reich entfaltete; zu seinen Hauptvertretern zählten J. Kaschauer und der Meister des Znaimer Altars. Zum bedeutendsten Aufgabenbereich der B. wurde zu dieser Zeit die Altarschnitzkunst (Flügelaltäre). Die B., die bislang fast ausschließlich im Dienst von Adel und Kirche stand, fand im Lauf des 15. Jh. zunehmend auch Auftraggeber im Bürgertum. Zu den namhaften Bildhauern der Spät- und Renaiss.-Gotik in Ö. gehörten N. Gerhaert van Leyden, J. Kaschauer, M. Pacher, L. Astl, L. Luchsperger, H. Valkenauer, A. Pilgram sowie die Meister der Flügelaltäre in Kefermarkt und Mauer bei Melk.

Formensprache und Ausdrucksformen der Spätgotik konnten bis weit ins 16. Jh. fortleben. Parallel dazu kam es ab 1500 auch in der B. zu einer Änderung der Auffassung von Körper und Natur, zur Stilphase der Donauschule, als deren Vertreter in Ö. a. Lackner, der Meister des Pulkauer Altars sowie der Meister I. P. zu nennen sind. Werke wie der plast. Schmuck am „Goldenen Dachl" oder die Bronzestatuen des Maximilian-Grabmals in Innsbruck bezeichnen die Überleitung zur B. der Renaiss. Der Metallguss, der früher fast nur für kunstgewerbl. Arbeiten genutzt worden war, wurde im 16. Jh. zu einer der wichtigsten Techniken der B. Die Renaiss. verselbständigte die plast. Figur. Großartige Leistungen lieferte die monumentale Grabplastik um die Wende zum 17. Jh. (Mausoleum Hzg. Karls II. in Seckau, Grabkapelle von Erzhzg. Ferdinand II. und Philippine Welser in der Innsbrucker Hofkirche, Mausoleum Ks. Ferdinands II. in Graz). Bedeutende Bildhauer dieser Zeit waren A. Colin und H. Saphoy.

Das Barock brachte in Ö. wieder namhafte bodenständige Bildhauer und -schnitzer hervor. Die aus Italien eingewanderten Künstler traten bald in rege Auseinandersetzung mit dem herrschenden Stilgut. Aber auch die Zahl der heimischen Meister stieg, begünstigt durch die polit. Ereignisse (M. Guggenbichler, M. B. Mandl, Fam. Schwanthaler, Paul und Peter Strudel, Fam. Zürn). Diese Bildhauer entwickelten ihren eig. Charakter aus lokalen Verhältnissen, bes. in Gebieten, in denen die aus dem Spät-MA fortwirkende Tradition gepflegt wurde. Die B. folgte vielfach der Inszenierungskunst des barocken Gesamtkunstwerks; war das Einzelne anfangs nur ein Teil, so fanden sich die Figuren und Gruppen bald zu epischen Zyklen, deren Inhalte aus der geistigen und hist. Situation des damaligen Ö. zu erklären sind. Das Barock bot den Bildhauern vielfältige Aufträge (Bildstöcke, Pestsäulen, Gartenskulpturen) und stellte die B. wieder überwiegend in den Dienst der Architektur. Der anmutig erzählende Stil, dessen Geburtsland der östl. Donauraum war (z. B. M. Steinls architekton. Werke in Dürnstein, Melk und Zwettl), schuf eine einmalige, fast „musikalische" Stimmung des Farbraums, der für die ö. Barockplastik ebenfalls charakteristisch ist.

Die B. des frühen 18. Jh. wurde von Künstlern wie G. Giuliani und G. R. Donner geprägt. Ihr großer Einfluss auf die ö. Bildhauertradition lässt sich am Werk ihrer Schüler und Nachfolger ermessen. Zu den bedeutenden Bildhauern des Spätbarock und Rokoko in Ö. zählen F. X. Messerschmidt, J. Schletterer, J. T. Stammel, B. Moll und J. G. Dorfmeister.

Im Rokoko drang die Kunst plastischer intimer Genreszenen bis in die kleinsten Dorfkirchen vor. Gleichzeitig erlebte die figurale Porzellanplastik in der Wr. Porzellanmanufaktur ihre erste Blüte.

Als Lehrstätten der Bildhauer entstanden im Barock die Akademien, von denen die Wr. → Akad. d. bild. Künste als die bedeutendste großen Zulauf fand. M. Donner, B. Moll und J. Schletterer gehörten zu ihren Professoren. In den 70er Jahren des 18. Jh. wurde die Freisprechung des Meisters – bislang die Bedingung für die berufl. Betätigung als akad. Bildhauer – abgeschafft. Die barocke Formensprache wurde vielfach bis in das 19. Jh. überliefert (J. B. Hagenauer, A. Grassi).

Eine Erneuerung der B. brachte in Ö. erst die Romantik, die sich an antiken und franz. Vorbildern orientierte (A. Canova, F. A. Zauner, J. Klieber). Im Vormärz spielte die B. eine untergeordnete Rolle; nur in der Kleinplastik, insbes. in der Porzellanplastik, kam es zu nennenswerten Leistungen. Erst die 2. Hälfte des 19. Jh. brachte für die Bildhauer wieder neue, repräsentative Aufgaben, v. a. mit der Ausgestaltung der Wr. Ringstraße. Neben der Bauplastik war ein wichtiger Bereich der B. die Gestaltung von Denkmälern sowie die Porträtplastik, die sich einer neuen äußeren Vollkommenheit näherte. Namhafte Bildhauer der Gründerzeit waren A. D. Fernkorn, C. v. Zumbusch, V. Tilgner, C. Kundmann und H. Gasser.

Um die Wende zum 20. Jh. setzte eine neue Emanzipation der B. ein. Die Loslösung von der beherrschenden Architektur bzw. die Suche nach eigenständiger Ausdrucksform wurde das erklärte Ziel. In Ö. wurde diese Bewegung theoretisch von E. Hellmer und der Wr. → Secession vorbereitet. Den Durchbruch schaffte aber erst A. Hanak, der selbst noch stark der Produktionsweise der Gründerzeit verhaftet war. Hanak warf auch die Frage nach der Sprache des Materials und materialgerechter Bearbeitung erneut auf. Seine Schüler wurden nach dem 2. Weltkrieg vielfach zu Leitfiguren der ö. B. (F. Wotruba, H. Leinfellner, S. Charoux). Die menschl. Figur wurde auch zum zentralen Thema b. Bildhauer wie A. Urteil, H. Knesl, W. Bertoni, R. Hoflehner, O. Bottoli, J. Avramidis, J. Pillhofer, M. Bilger-Biljan und A. Hrdlička. Daneben entwickelten sich zahlr. unterschiedl. künstlerische Ausdrucksformen, oft verbunden mit neuartigen Materialien und Techniken sowie neuen Definitionsversuchen. Charakteristisch ist auch der vielfach unternommene Versuch einer Grenzüberschreitung und Verschmelzung zw. den versch. Bereichen der bildenden Kunst.

Zu den internat. renommiertesten ö. Bildhauern zählen heute u. a. A. Hrdlička, J. Pillhofer, W. Götzinger, K. Prantl, W. Pichler, E. Wurm, H. Kupelwieser, F. X. Ölzant, I. Kienast, J. Schagerl, B. Gironcoli, F. West, M. Wakolbinger, L. Weinberger, W. Würtinger, M. Maderna und G. Moswitzer.

Bildhauerkunst: Plastik von F. Wotruba im Wiener Museum des 20. Jahrhunderts. Foto, um 1965.

Literatur: E. Tietze-Conrat, Ö. Barockplastik, 1926; F. Novotny, Roman. Bauplastik in Ö., 1930; H. Decker, Barockplastik in den Alpenländern, 1944; G. von der Osten, Plastik des 19. Jh. in Deutschland, Ö. und der Schweiz, 1961; J. Muschik, Ö. Plastik seit 1945, 1966; Gotik in Ö., Ausst.-Kat., Krems 1967; R. Wagner-Rieger (Hg.), Die Wr. Ringstraße, Bd. IX, 3 Teile, 1973–80; R. Feuchtmüller u. G. Winkler (Hg.), Die Renaiss. in Ö., Ausst.-Kat., Schallaburg 1974; Neue Wege des plast. Gestaltens in Ö., Ausst.-Kat., Graz 1984; I. Dolinschek, Die Bildhauerwerke in den Ausstellungen der Wr. Secession von 1898 bis 1910, 1989.

BILDHAUERSYMPOSION, INTERNATIONALES, LINDABRUNN, NÖ., seit seiner Gründung 1966 durch M. Hietz jährl. veranstaltetes Symposium, das bes. durch das „Kommunikationszentrum" internat. Aufmerksamkeit erfuhr.
Literatur: M. Hietz u. H. Vogel, Gespräch im Steinbruch, 1976; M. Hietz, Das Tor der Erkenntnis, 1988.

BILDHAUERSYMPOSION, INTERNATIONALES, ST. MARGARETHEN, Bgld., 1959 von K. → Prantl gegr. und bis Anfang der 70er Jahre jährl. im dortigen Steinbruch veranstaltet, meist mit anschließender Ausstellung; fand weltweites Echo und wurde Vorbild für ähnl. Veranstaltungen u. a. im ehemaligen Jugoslawien, in Berlin, Israel, Italien und Japan.
Literatur: E. Enzinger, Das B. von St. Margarethen, Dipl.-Arb., Graz 1995.

BILDSCHNITZEREI: In einigen Gegenden von Ö., insbes. in Ti., Sbg., OÖ. und der Stmk., wird die Tradition dieses Handwerkszweigs noch bis heute als Nebenerwerbstätigkeit betrieben. Zum bevorzugten Material zählen Linden- und Zirbenholz (in Ti.). Das Hauptgebiet der B. war seit dem 17. Jh. das Grödnertal in S-Ti. Erzeugt wurden Altäre, Statuen, Krippen, Tierfiguren, Uhrenständer, Bilderrahmen, Schlittenköpfe, Spielzeug u. a. Noch heute gilt Ti. als das Zentrum der Krippenschnitzkunst in Ö. Daneben liegt der Schwerpunkt in der Erzeugung von Figuren, Spielzeug und Souvenirartikeln aller Art. Einen wichtigen Arbeitsbereich stellt für zahlr. Schnitzer nach wie vor das reiche Maskenbrauchtum der Gebirgsländer dar.

BILDSTEIN, Vbg., B, Gem., 659 m, 732 Ew., 9,14 km², landw. und Tourismusgem. über dem Rheintal, südöstl. von Bregenz zw. Bregenzerach und Schwarzachtobel, benannt nach dem 1379 urk. erwähnten Bildstein. – Alter Wallfahrtsort mit frühbarocker Wallfahrtskirche (Plan von M. Kuen, Weihe 1676, Türme von 1838), Seitenaltar mit Gnadenbild um 1390, um 1690 Sitz kath. Bruderschaften. Naturschutzgebiet Farnacher Moos.
Literatur: A. Hinteregger u. G. Ammann, Pfarr- u. Wallfahrtskirche Maria Heimsuchung, B., 1987; dies., B., Vbg., 2000.

BILDSTÖCKE, im engeren Sinn Bezeichnung für im Freien (auf Anhöhen, an Wegkreuzungen, Ortsenden, Wallfahrtswegen usw.) errichtete Stein- oder Holzmale mit gemalten, reliefierten oder (seit dem 17. Jh.) plastischen relig. Darstellungen, häufig mit Inschriften versehen; im weiteren Sinn auch Kreuze, Bildbäume, Marterln, Maueraufsätze (bzw. -einsätze), Statuen, gemauerte Breitpfeiler oder Feldkapellen. Das Anbringen von Andachtsbildern an Bäumen war im ö. Raum schon im MA üblich; aus dem 14. Jh. sind erste bildl. Zeugnisse von Stein-B. überliefert. Ihre Gestaltung zeigt Stileinflüsse der Gotik und bes. des Barock und des Rokoko. Die Ableitung der B. von Totenleuchten im Friedhofsbereich (hohe Steinpfeiler mit Tabernakelaufsatz für das Arme-Seelen-Licht) ist umstritten. In Kä. gibt es bes. reich bemalte B. mit steilem Zeltdach.
Literatur: F. Hula, Die Totenleuchten u. B. Ö., 1948; J. Weingartner, Ti. B., 1948; E. Skudnigg, B. u. Totenleuchten in Kä., 1967; E. Schneeweis, B. in NÖ., 1981; A. Leeb, Die Flurdenkmale im Straßertal, 2000.

BILDTELEGRAF, am 3. 4. 1954 von G. A. → Canaval, H. Behrmann, J. Moser und A. Leithner gegr. Wr. Tageszeitung im Boulevardstil. Von G. → Bacher als Chefredakteur geleitet, sollte sie dem damals noch amerikan. „Wr. → Kurier" Konkurrenz machen, ging jedoch nach Übernahme durch den Kurier-Hg. L. → Polsterer am 23. 7. 1958 im → „Wiener Zeitungskrieg" unter. Letzter Chefredakteur war K. H. → Ritschel.

BILDUNGSBERATUNG, in den letzten Jahrzehnten zur Unterstützung bei der Wahl mögl. Bildungslaufbahnen und bei Schulproblemen ausgebaut. Der Schulpsycholog. Dienst (ab 1974/75 unter der Bezeichnung Schulpsychologie-Bildungsberatung) erfuhr eine Erweiterung auf über 70 Beratungsstellen. → Schulservice.
Literatur: F. Sedlak (Hg.), Schulpsychologie-Bildungsberatung, 2000; Innovative Projekte der Schulpsychologie-Bildungsberatung, 2003.

BILDUNGSHEIME (früher Volksbildungsheime), Einrichtungen der außerschul. Jugend- und Erwachsenenbildung. Ein pädagog. Team betreut die Kurse in den B., ihre Bildungsangebote sind durch lokalen Charakter und die Kombination von Freizeit und Bildung geprägt. In Ö. wurden Volks-B. zuerst in der bäuerl. Weiterbildung geschaffen; 1922 erfolgte die Gründung des steir. Volks-B. St. Martin bei Graz. Die 1945 gegr. Arbeitsgemeinschaft der B. Ö. ist die Dachorganisation der B. Von den darin vertretenen 18 B. gehören 9 der kath. Kirche, 4 den Ländern, 2 dem landw. Bereich und je eines dem Bund, der evang. Kirche und einem eigenständigen Trägerverein.
Literatur: F. Riebenbauer (Hg.), Persönlichkeiten prägen. 40 Jahre Arbeitsgemeinschaft der B. Ö., 1994.

BILDUNGSMINISTERIUM, BM f. Bildung, Wiss. und Kultur, 2000 durch Zusammenlegung von BM f. Unterricht und kulturelle Angelegenheiten (→ Unterrichtsministerium) und den Wiss.-Kompetenzen des BM f. Wiss. und Verkehr (→ Wissenschaftsministerium) geschaffen. Das B. nimmt in 10 Sektionen folgende Aufgaben wahr: Schulwesen einschließl. der Schulerrichtung, -erhaltung und -auflassung, Aus- und Weiterbildung der Lehrer, Kindergarten- und Hortwesen, Angelegenheiten der wiss. Sammlungen und Einrichtungen, Denkmalschutz, Kultusangelegenheiten, Volksbildung, Angelegenheiten der Schul- und Kulturfilme; Koordination der Forschungsvorhaben des Bundes, Angelegenheiten der wiss. Lehre und Forschung, bes. Angelegenheiten der wiss. und künstler. → Universitäten, anderer wiss. Anstalten und Forschungseinrichtungen, einschließl. der Österreichischen → Akademie der Wissenschaften, wiss. Berufsvorbildung, Berufsausbildung und Berufsfortbildung, wiss. Bibliotheks- (Österreichische → Nationalbibliothek), Dokumentations- und Informations-

Bildstock am Faaker See, Kä.

Georg Bilgeri beim Telemark. Foto, 1908.

Die Bildungsminister der Republik Österreich
Elisabeth Gehrer (ÖVP) 1. 4. 2000 –

wesen, studentische Interessenvertretung, Studienbeihilfen und Stipendien sowie Förderung des Baus von Studentenheimen. Teil des B. ist das Kultusamt zur Wahrnehmung der Beziehungen zw. der Republik Ö. und den Kirchen und Religionsgesellschaften.
Dem B. sind folgende Institutionen unterstellt: Landes- und Bezirksschulräte, Pädagog. Akad., allg. bild. und berufsbild. Schulen des Bundes, → Bundesmuseen und → Hofmusikkapelle, 12 Universitäten und 6 Universitäten künstler. Richtung, Fachhochschul-Studiengänge (→ Fachhochschulen), Studienbeihilfenbehörde, Psycholog. Studentenberatung, Univ.-Zentrum für Weiterbildung, Donau-Universität Krems, Ö. Akad. d. Wiss., → Geologische Bundesanstalt, → Zentralanstalt für Meteorologie und Geodynamik, Bundesforschungs- und Prüfzentrum Arsenal, → Institut für Österreichische Geschichtsforschung, → Österreichisches Archäologisches Institut.
Die Schulreformkommission mit ihren Untergliederungen, die Jugendfilmkommission und die Kommission f. Kinder- und Jugendliteratur sind Beratungseinrichtungen im B.
Das B. befindet sich im ehem. Palais Starhemberg am Minoritenplatz in Wien 1.
BILDUNGSPOLITIK: Schul- und Hochschulpolitik sowie Erwachsenenbildung sind die Säulen der ö. B. Um 1960 setzte im Zuge des wirt. Aufschwungs eine Bildungsexpansion ein, die ungebrochen anhält. Bei Schulgesetzen ist eine Zweidrittelmehrheit im NR notwendig. Der grundlegende schulpolit. Konflikt zw. ÖVP und SPÖ lag nach 1945 darin, dass für die ÖVP die Schulpolitik ein Instrument zur Förderung unterschiedl. Begabter in einem differenzierten Schulsystem war, für die SPÖ hingegen ein Instrument zur Verwirklichung von Chancengleichheit. Mit Konfliktbeilegung zw. SPÖ und Kirche (Konkordat 1960/61) gelang 1962 eine teilw. Einigung. Der Hochschulbereich ist in Gesetzgebung und Vollziehung Bundessache. Das Hochschulorganisationsgesetz von 1955 (HOG) schuf eine einheitl. gesetzl. Grundlage für die Univ.; es wurde 1975 vom Universitätsorganisationsgesetz (UOG) abgelöst, dieses wiederum 1993 und 2002 grundlegend reformiert. Das UOG 1975 initiierte die Öffnung und Demokratisierung der Univ., die Reform 1993 zielte u. a. auf höhere Effizienz. Mit dem Universitätsgesetz 2002 (UG) wurden die Univ. in die Vollrechtsfähigkeit entlassen. Die Erwachsenen- bzw. Volksbildung wird vom Volkshochschulverband, den Arbeitgeber- und Arbeitnehmerorganisationen (WIFI, BFI), den Religionsgemeinschaften (Kath. Bildungswerk) und Parteien (Polit. Akademien) betrieben.
BILDUNGSVEREINE, siehe → Erwachsenenbildung, → Arbeiterbildungsvereine.
BILDUNGSWERKE, siehe → Erwachsenenbildung.
BILDUNGSZIEL DER Ö. SCHULEN, im § 2 des Schulorganisationsgesetzes 1962 zum ersten Mal für das gesamte ö. Schulwesen – mit Ausnahme der Univ. und Hochschulen – festgelegt. → Zielparagraph.
BILGER-BILJAN, Maria, * 21. 1. 1912 Radstadt (Sbg.), † 1. 5. 1997 München (D), Keramikerin, Bildhauerin und Textilkünstlerin. Mitbegründerin des Wr. → Art-Clubs; 1978–82 Prof. für Keramik an der Hochschule f. angewandte Kunst in Wien. Elemente der Volkskulturen S- und O-Europas spielen in ihrem Werk eine bes. Rolle.
Werke: Brunnen und Reliefs für städt. Bauten, Mosaike für die Wr. Stadthalle.
Literatur: M. B.-B., Bildwerke aus gebranntem Ton, Terrakotta und Wandteppiche aus 40 Jahren, 1987.

BILGER-BREUSTEDT, Margret, * 12. 8. 1904 Graz (Stmk.), † 24. 7. 1971 Schärding (OÖ.), Graphikerin, Kunstgewerblerin. Entwickelte die Technik des Holzrisses.
Werke: Holzschnitte; Holzrisse; Bibel-, Legenden- und Volksliedillustrationen; Entwürfe für Glasfenster.
Literatur: M. B.-B., Die Holzrisse im Besitz der Albertina, 1984.
BILGERI, Benedikt, * 28. 6. 1906 Hard (Vbg.), † 14. 1. 1993 ebd., Historiker. Gymn.-Prof., 1964 Oberarchivrat am Vbg. Landesarchiv.
Werk: Geschichte Vbg., 5 Bde., 1971–87.
BILGERI, Georg, * 11. 10. 1873 Bregenz (Vbg.), † 4. 12. 1934 Patscherkofel (bei Innsbruck, Ti.), Offizier, Bergsteiger, Skipionier. Bis 1918 maßgeblich an der Ski- und Alpinausbildung der Armee beteiligt; danach als Skipädagoge im In- und Ausland (Schweden, Schweiz, Türkei) tätig; B. überwand den um 1900 bestehenden Gegensatz zw. Lilienfelder und „Norweger" Skifahrtechnik (Christiania, Telemark) und verhalf Zweistocktechnik und Stemmfahrweise zum Durchbruch; entwickelte und verbesserte auch Ski- und Alpinausrüstung.
Werk: Der alpine Skilauf, 1910.
Literatur: 100 Jahre Skilauf in Vbg., 1986; G. Kirnbauer, G. B. (1873–1934). Persönlichkeit – Berufsoffizier – Skipionier, Diss., Wien 1997.
BILGERI, Reinhold Maria, * 26. 3. 1950 Hohenems (Vbg.), Popsänger, urspr. Lehrer. Begann seine Karriere gem. mit dem Schriftsteller M. → Köhlmeier; wurde mit Schlagern wie „Video-Life" (1981), „In the Night" (1981), „Nothing but a Heartache" (1982) international bekannt. Schreibt auch Hörspiele, Drehbücher und Kabarettprogramme.
Werke: Schallplatten und CDs: Bilgeri, 1982; Alaska, 1984; Lonely Fighter, 1991; Heaven on Earth, 1994; Oho, 2001.
BILLA-KONZERN, Lebensmittel-Einzelhandelsunternehmen, 1953 von K. → Wlaschek in Wien als Diskont-Parfümerie gegründet und zum größten ö. Handelsunternehmen ausgebaut. Zum B.-K. kamen 1969 Merkur (Verbrauchermärkte) und J. Andert (Fleischwaren), 1979 Librodisk (Bücher und Schallplatten, → Libro AG), 1981 Bipa (Parfümerien), 1983 Mondo (Diskontmärkte), 1988 Tante Emma (Nahversorgungsgeschäfte) und 1999 fast die Hälfte der Filialen der Julius → Meinl AG (Umwandlung in Billa und Bipa); 1990 wurde Eurobilla für die internat. Geschäftstätigkeit gegründet. 1996 ging der B.-K. (ohne Libro) von der Wlaschek-Stiftung an die dt. Rewe-Handelsgruppe, im darauf folgenden Jahr wurde auch Libro veräußert; 1998 erfolgte der Einstieg in das Reisegeschäft (ITS Billa Reisen). 2003 erzielte die Billa AG mit 15.000 Mitarbeitern in 956 Filialen einen Umsatz von rd. 2 Mrd. Euro. Der Anteil der Billa AG am ö. Lebensmittelhandel betrug 2002 35,8 %. Sitz des Konzerns (Rewe Austria-Vermögensverwaltungs AG) ist Wr. Neudorf (NÖ.); Generalbevollmächtigter des B.-K. ist seit 1988 V. → Schalle.
BILLINGER, Richard, * 20. 7. 1890 St. Marienkirchen (OÖ.), † 7. 6. 1965 Linz (OÖ.), Dichter. Lebte in München und Berlin. Die Darstellung der im Wandel befindl. bäuerl. Welt seiner Heimat kennzeichnet seine Werke, in denen er eine mystisch-dämon. Weltsicht mit christl. Gedankengut konfrontiert.
Werke: Lyrik: Über die Äcker, 1923; Sichel am Himmel, 1931; Die Nachtwache, 1935; Holder Morgen, 1942. – Dramen: Knecht, 1924; Das Perchtenspiel, 1928; Rauhnacht, 1931; Rosse, 1931; Die Hexe von Passau, 1935; Melusine, 1941; Das Augsburger Jahrtausendspiel, 1955; Die Bauernpassion, 1960. – Romane, Prosa: Das Schutzengelhaus, 1934; Das verschenkte Leben, 1937; Palast der Jugend, 1951 (Autobiographie). – Ausgaben: Gesammelte Werke, 12 Bde., 1955–60; Gesammelte Werke, 7 Bde., 1972–83.
Literatur: E. Rabenstein, Dichtung zw. Tradition und Moderne, 1988.

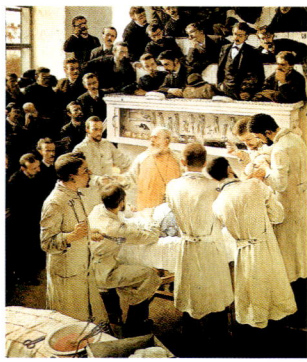

Theodor Billroth im Hörsaal. Gemälde von A. F. Seligmann, um 1880.

BILLROTH, Theodor, * 26. 4. 1829 Bergen (Rügen, D), † 6. 2. 1894 Abbazia (Opatija, HR), bed. Chirurg der → Wiener Medizinischen Schule. Ab 1867 Univ.-Prof. in Wien; leitete wichtige Entwicklungen auf dem Gebiet der Eingeweidechirurgie ein, 1874 erste vollständige Kehlkopfexstirpation, 1881 erste Magenresektion. B. führte die Mischnarkose (Äther und Chloroform) und den wasserdichten Verbandstoff „B.-Batist" ein, veranlasste den Bau des Hauses der Ges. der Ärzte (1893) und des Rudolfinerhauses zur Heranbildung von Krankenpflegerinnen und förderte die Einrichtung der Freiwilligen Rettungsges. in Wien. War auch Musiker und mit J. → Brahms eng befreundet.

Werke: Allg. chirurg. Pathologie und Therapie, 1863; Hb. d. allg. und speciellen Chirurgie, 4 Bde., 1880; Wer ist musikalisch, 1895.

Literatur: G. Fischer (Hg.), Briefe von T. B., 1895; I. Fischer, T. B. und seine Zeitgenossen, 1929; B. und Brahms im Briefwechsel, 1935 (Nachdruck 1991); H. Wyklicky, Unbekanntes von T. B., 1993; E. Kern, T. B., 1994; M. Nagel u. a., T. B. Chirurg und Musiker, 1994.

BINDENSCHILD: Schilder mit horizontalem Streifen sind in der Chronik des Petrus von Ebulo 1194/97 dargestellt; dort tragen die Ritter, die → Richard Löwenherz gefangen nehmen, B. Als → Wappen des ö. Hzg. kommt der B. erstmals auf dem Siegel von Hzg. Friedrich II. an einer Urkunde vom 30. 11. 1230 für Lilienfeld vor. Seither wurde er von den ö. Herzögen (auch von Přemysl → Ottokar II.) anstelle des einköpfigen Adlers als Wappen verwendet (seit Rudolf IV. als „Neu-Ö." bezeichnet, neben dem „Alt-Ö." genannten 5-Adler-Wappen). Auch die Stände von NÖ. verwendeten beide Wappen. 1804 wurde der B. Herzschild des Wappens des Hauses Ö., 1919 wurden die Farben → Rot-Weiß-Rot auch für die Flagge der Republik Ö. übernommen und im Staatswappen mit dem einköpfigen Adler vereinigt.

Die Herkunft des B. ist unklar, die Legende von der Entstehung während der Belagerung von Akkon wird erstmals in L. Stainreuters „Ö. Chronik von den 95 Herrschaften" Ende des 14. Jh. erzählt.

Literatur: F. Gall, Ö. Wappenkunde, 1977.

BINDER, Franz („Bimbo"), * 1. 12. 1911 St Pölten (NÖ.), † 24. 4. 1989 Wien, Fußballspieler. 1930–49 bei → Rapid Wien; bekannt für seine Schusskraft, oftmals in der Nationalmannschaft. Trainer in Holland und Deutschland.

BINDER, Heinrich Wilhelm Karl Maria, * 3. 12. 1947 Wien, Neurologe. Seit 1988 Univ.-Prof. in Wien. Am Aufbau der neurolog. Abt. an der Univ.-Klinik Wien beteiligt, seit 1989 Primarius und ärztl. Dir. des Neurolog. Krankenhauses der Gem. Wien Maria-Theresien-Schlössl. Pionier auf dem Gebiet der restaurativen Neurologie; 2000 erfolgreiche Implantation einer direkt das Gehzentrum stimulierenden Elektrode ins Rückenmark eines querschnittgelähmten Patienten.

BINDER, Herbert, * 30. 5. 1937 St. Pölten (NÖ.), Verleger. Ab 1964 Geschäftsführer der Nö. Zeitungs GmbH, 1970–2002 Geschäftsführer des Nö. Pressehauses.

BINDER, Joseph, * 3. 3. 1898 Wien, † 26. 6. 1972 ebd., Graphiker und Maler. Studierte bei B. → Löffler an der Wr. Kunstgewerbeschule und führte ab 1924 ein eig. Graphikatelier. Gestaltete als Gebrauchsgraphiker Konzepte und Plakate für Firmen (u. a. „Meinl-Mohr"), Verpackungen und Geschäftseinrichtungen. Setzte 1935 seine Tätigkeit erfolgreich in New York fort und beschäftigte sich ab 1965 mit abstrakter Malerei.

Joseph Binder: Plakat zur Werbekunst-Ausstellung in Wien, 1929.

BINDER, Karl, * 29. 11. 1816 Wien, † 5. 11. 1860 ebd., Komponist. Arbeitete v. a. als Kapellmeister an Wr. Vorstadtbühnen, bes. für das Josefstädter Theater; 1851–59 schrieb er die Musikparts für Stücke von J. → Nestroy (z. B. „Kampl") und dessen Wagner-Parodie „Tannhäuser".

BINDER, Markus, * 9. 4. 1963 Enns (OÖ.), Musiker, Produzent. Ab 1983 in Linz als Programmgestalter der Stadtwerkstatt und Performancekünstler tätig, 1987 Kontrabassist beim Volksmusik-Duo Fritz & Fritz, 1989 Gründer der Gruppe „Urfahraner Durchbruch", 1991 Gründung der Gruppen „Attwenger" und „die goas" mit H. P. → Falkner. Attwenger gelten als eine der innovativsten Bands Ö. und verschmelzen Volksmusik mit Punkrock, Hip-Hop und Drum & Bass; Zusammenarbeit u. a. mit E. → Jandl.

Werke (Schallplatten und CDs): most, 1991; pflug, 1992; luft, 1993, song, 1997; ring, 2001; sun, 2002. – Film: attwengerfilm, 1995.

Literatur: G. Hohl, Die neue ö. Volksmusik, Dipl.-Arb., Graz 1997.

BING, Rudolf, Sir, * 9. 1. 1902 Wien, † 2. 9. 1997 New York (USA), Operndirektor; Sohn eines St. Stahlmagnaten. Begann seine Karriere als Opernmanager in den 20er Jahren in Deutschland und wirkte ab 1933 in England (Glyndebourne Opera); ab 1946 brit. Staatsbürger, 1950–72 Direktor der Metropolitan Opera in New York; 1971 in den Adelsstand erhoben.

Werk: 5000 Abende in der Oper, 1973.

BINNENSCHIFFFAHRT, siehe → Donauschifffahrt, → Seeschifffahrt, → Schifffahrt.

BIOCHEMIE GMBH, Biotechnologie-Unternehmen mit Sitz in Kundl (Ti.); 1946 von der ö. Brau AG gegr. und 1964 von der schweizer. Sandoz AG übernommen; firmiert seit 2003 unter Sandoz GmbH. Das Unternehmen erzeugt pharmazeut. Wirkstoffe und Arzneimittel, u. a. ein Drittel des Weltbedarfs an oralem Penicillin. 2002 erzielte die B. GmbH mit 2502 Mitar-

Bindenschild: Gefangennahme des englischen Königs Richard Löwenherz in Erdberg am 21./22. Dezember 1192. Chronik des P. von Ebulo, um 1197 (Burgerbibliothek, Bern).

beitern einen Umsatz von über 1 Mrd. Euro; Exportquote 98 %.

BIODIESEL, Rapsmethylester, aus Raps gewonnener Treibstoff für Dieselfahrzeuge. Wurde in Ö. erstmals 1990 in Gablitz (NÖ.) verkauft. Im Vergleich zu herkömmlichem Diesel ist B. deutlich umweltverträglicher, kann aber bestimmte Kunststoffteile angreifen; teilw. ist auch ein häufigerer Ölwechsel erforderlich.

BIODIVERSITÄTSZENTREN IN ÖSTERREICH: Im Rahmen einer Studie des World Wildlife Fund (WWF) wurden insges. 367 Gebiete in Ö. ausgemacht, die sich durch bes. Artenreichtum sowie durch das Vorkommen von gefährdeten oder vom Aussterben bedrohten Tier- und Pflanzenarten auszeichnen. Diese Gebiete wurden zu 14 regionalen B. zusammengefasst: Neusiedler See und Umgebung; Südburgenland; Region Donau-March-Leitha im O Ö.; Leithagebirge und Arbesthaler Hügelland; Alpenostrand (Thermenlinie) und südliches Wr. Becken (Steinfeld und Feuchte Ebene); östl. Rand des Waldviertels sowie westl. Tullnerfeld und Pulkautal; unteres Murtal; Klagenfurter Becken; Weinsberger Wald und Freiwald an der Grenze zwischen OÖ. und NÖ.; Salzkammergut mit Totem Gebirge und Teilen des Dachsteins; östl. Lungau; oö. Seengebiet und Sbg. Flachgau; oberes und mittleres Inntal; Bregenzerwald.

Von aktueller Bedeutung ist in diesem Zusammenhang vor allem das „Natura 2000"-Programm der EU, mit dem die Flora-Fauna-Habitat- und die Vogelschutzrichtlinie europaweit umgesetzt werden sollen. Über 140 Regionen in Ö. gelten zurzeit als Natura-2000-Gebiete.

BIOGRAPHIEN, Lebensdarstellungen von Persönlichkeiten der Vergangenheit und der Gegenwart. Die Grabinschriften und Heiligenviten der Antike (Vita Severini, Passio Floriani) wurden im MA als Hagiographie weiterentwickelt (Altmann v. Passau, Sbg. Erzbischöfe). In der frühen Neuzeit enthielten Leichenpredigten und ausführl. Grabinschriften biograph. Angaben, dann wurden von Machthabern Lobpreisungen in Buchform bestellt (Maximilian I.); seit der Aufklärung werden zunehmend kritische Lebensbeschreibungen verfasst. Ab dem 19. Jh. entstanden häufiger Autobiographien, in denen die Verfasser das eig. Leben darstellen und ihr Wirken rechtfertigen.

Biograph. Sammellexika: C. v. Wurzbach, Biogr. Lexikon des Kaiserthums Ö., 61 Bde., 1856–1923; Große Österreicher. Neue Ö. B., 21 Bde., seit 1957; Who is Who in Austria (auf Selbstangaben beruhend), mehrere Auflagen seit 1955; Ö. Biograph. Lexikon 1815–1950, 1957 ff.; W. Kleindel, Das große Buch der Österreicher, 1987; I. Ackerl u. F. Weissensteiner, Ö. Personenlexikon der 1. u. 2. Republik, 1992; Spezialleixika für die Wiss.: Kürschners Dt. Gelehrtenkalender, [19]2003. Kunst: U. Thieme u. F. Becker, Allg. Lexikon der bildenden Künstler von der Antike bis zur Gegenwart, 37 Bde., Orig.-Ausgabe 1900–50, Neudruck 1992; H. Fuchs, Die ö. Maler des 19. Jh., 6 Bde., 1972–79; ders., Die ö. Maler der Geburtsjahrgänge 1881–1900, 2 Bde., 1976/77; ders., Die ö. Maler des 20. Jh., 7 Bde. 1985–92; H. Vollmer, Allg. Lexikon der bildenden Künstler des 20. Jh., 6 Bde., 1992; Riemann Musiklexikon, 3 Bde., [12]1959/61, Erg.-Bd. 1973. Literatur: Einzelne Dokumentationsstellen (ORF, Zeitungen u. a.) besitzen biograph. Datenbanken auf EDV-Basis. Auch dt. biograph. Sammelwerke sind für Ö. bedeutsam; Allg. Dt. B., 56 Bde., 1875–1912, Nachdruck 1967; Neue Dt. B., 1953 ff.; H. Giebisch u. G. Gugitz, Bio-bibliograph. Literaturlexikon Ö., 1963; Kindlers Neues Literaturlexikon, 20 Bde., 1988–92; W. Killy, Literaturlexikon, 15 Bde., 1988–93.

Literatur: E. Zöllner, Bemerkungen zu ö. hist. B. 1945–91, MIÖG 100, 1992.

BIOLOGISCHE LANDWIRTSCHAFT: Unter b. (oder ökolog.) L. werden Landbewirtschaftungsformen zusammengefasst, die in Ö. anfangs auf bäuerl. Initiative durch die Ernte-, Demeter- und andere Verbandsrichtlinien geregelt und seit 1983 durch den Ö. Lebensmittelcodex bzw. seit 1. 7. 1994 durch EU-Verordnung 2092/91 gesetzl. definiert sind sowie folgende gem. Hauptmerkmale besitzen: Optimierung der Nutzung des betriebseig. Stoffkreislaufs (u. a. über Feldfutter- bzw. Leguminosenanbau und Einsatz von hofeigenen Wirt.-Düngern), Nutzung natürl. Regelmechanismen (z. B. im vorbeugenden Pflanzenschutz: vielfältige Agrarlandschafts- und Fruchtfolgegestaltung) unter klar geregeltem weitestgehendem Verzicht auf chem.-synthet. Pflanzenschutzmittel und leicht lösl. Mineraldünger, Verwendung von Pflegemitteln natürl. Ursprungs für Boden, Pflanze und Tier sowie artgerechte Tierhaltung. B. L. gilt als Landbewirtschaftungsform mit dem höchsten Ökologisierungsgrad und wird daher von EU, Bund und Ländern mit finanziellen Förderungen unterstützt. In Ö. bewirtschafteten 2002 rd. 18.500 Biobauern eine Fläche von 296.150 ha. Das entspricht rd. 8,5 % der landw. Betriebe und bedeutet die größte Biobauerndichte in Europa.

Literatur: G. Herrmann u. G. Plakolm, Ökolog. Landbau – Grundwissen für die Praxis, 1991.

BIOLOGISCHE STATIONEN, naturwiss. Forschungsanstalten: Linz: Naturkundl. Station der Stadt Linz; Grünau (OÖ.): K.-Lorenz-Inst. der Univ. Wien; Molln (OÖ.): Forschungsstelle des Nationalparks Kalkalpen; Mondsee (Sbg.): Inst. f. Limnologie der Akad. d. Wiss.; Wilhelminenberg (Wien): K.-Lorenz-Inst. für vergl. Verhaltensforschung der Akad. d. Wiss.; Forschungsgemeinschaft Wilhelminenberg mit Abteilungen in Staning, Greifenstein und Marchfeld; Bgld.: B. S. in Illmitz (Neusiedler See); Sbg.: Haus der Natur; Sbg., Kä.: Nationalpark Hohe Tauern.

BIOMASSE, regenerierbare CO_2-neutrale Energieträger, die aus biolog. Vorgängen gewonnen werden (Holz, Stroh usw.), u. a. zur Gewinnung von → Alternativenergie. Der Anteil der B. am Primärenergieverbrauch wuchs seit den 1970er Jahren von 3,4 % auf 12 % (2003) und ist weiter im Ansteigen. Bioenergie wird zu 99 % aus B. gewonnen: 70 % aus Brennholz, 14 % aus Sägespänen, Rinden- und Hackschnitzeln, 14 % aus Ablaugen in der Papierind. und 1 % aus Stroh; 1 % stammt aus Deponie-, Klär- und Biogas. Der Anteil der B. an der Stromerzeugung liegt noch knapp unter 1 % und soll in nächster Zukunft erhöht werden. Unter den ö. Bundesländern nimmt OÖ. die führende Rolle bei der Energiegewinnung aus B. ein.

BIRGITZ, Ti., IL, Gem., 859 m, 1209 Ew., 4,78 km²; bei Innsbruck; kelt. Höhensiedlung 3./2. Jh. v. Chr. bis 1. Jh. n. Chr.

BIRGITZKÖPFL, Ti., 1982 m, Berggipfel der → Kalkkögel mit Birgitzalm (1808 m) u. B.-Bahn (Sessellift) von der Axamer Lizum zum B.-Haus (2098 m), von deren Terrasse man die Olympia-Abfahrtsstrecken (1964 u. 1976) in der Lizum verfolgen kann. Skilifte.

BIRKENSTOCK, Johann Melchior von, * 11. 5. 1738 Heiligenstadt im Eichsfelde (D), † 30. 10. 1809 Wien, Schulmann, Mitgl. der Studien- und Zensur-Hofkommission. In der Staatskanzlei für Maria Theresia und Joseph II. tätig, Verdienste um die Neuordnung des Schulwesens unter Einbeziehung der Leibeserziehung. Mittelpunkt eines kulturellen Kreises (L. van → Beethoven, B. Brentano u. a.).

Literatur: H. Weitensfelder, Studium und Staat, 1996.

BIRKFELD, Stmk., WZ, Markt, 623 m, 1704 Ew., 4,26 km², im oberen Feistritztal. – BH, Bez.-Kammer für Land- und Forstw., Gebietskrankenkasse, BORG, ländl. HhS; Werkzeug- und Futtermittelerzeugung, Handel. – Pfarrkirche (urk. 1295), mit Tabor befestigt, Neubau 1709–15 von R. Horner; got. Turm der ehem. Wehranlage; got. Karner, jetzt Kapelle; Schloss Birkenstein (um 1555 aus mehreren Bürgerhäusern erbaut); Galgen (17. Jh.); Ringhöfe mit ehem. Rauchstuben.

Birkfeld.

Literatur: R. Puschnig (Red.), 700 Jahre Markt B., 1965; G. Heiling, Die Marktgem. B. im oberen Feistritztal, Dipl.-Arb., Graz 1993.

BIRKLE, Albert, * 21. 4. 1900 Berlin-Charlottenburg (D), † 5. 2. 1986 Salzburg, Maler. Studierte an der Berliner Akad., Mitgl. der Berliner Secession, malte in den 20er Jahren expressionist. Straßenbilder, die Großstadt und ihre Menschen; Reisen durch Europa, übersiedelte 1933 nach Salzburg und wurde dort zu einem der bedeutendsten Glasmaler Ö.

Literatur: S. Kraker, A. B. – 1900–1986, Diss., Innsbruck 1992.

BIRKMAYER, Walther, * 15. 5. 1910 Wien, † 10. 12. 1996 ebd., Neurologe. Univ.-Prof., Leiter des L.-Boltzmann-Inst. f. Neurochemie, Vorstand der Neurol. Abt. des Krankenhauses Wien-Lainz; erzielte Fortschritte in der Behandlung des Morbus Parkinson durch Entdeckung der L-Dopa-Therapie (1961).

Werke: Klinik und Therapie der vegetativen Funktionsstörungen, 1952 (mit W. Winkler); Anstaltsneurologie, 1965; Der Mensch zw. Harmonie und Chaos, 1975; Die Parkinson-Krankheit, ⁷1996 (mit W. Danielczyk).

BIRKMEYER, Michael, * 20. 10. 1943 Wien, Tänzer. Ausbildung an der Wr. Staatsoper und in Paris bei Victor Gsovsky. 1964–87 Solotänzer der Wr. Staatsoper (ab 1972 Erster Solotänzer), Auftritte mit R. → Nurejew und M. Fonteyn. 1985–2002 Direktor der Ballettschule der ö. Bundestheater bzw. der Ballettschule der Wr. Staatsoper; seit 2002 Intendant des Festspielhauses St. Pölten.

BIRNBAUM, Ferdinand, * 16. 5. 1892 Wien, † 16. 12. 1947 ebd., Schulmann und Psychologe aus dem Kreis um A. → Adler. War einer der Ersten, der dessen Lehren in Didaktik und prakt. Erziehung einführte; arbeitete mit O. → Spiel zusammen.

Werke: Versuch einer Systematisierung der Erziehungsmittel, 1950; Reise ins Leben. Eine Anleitung zu seel. Hygiene für junge Menschen, 1954 (mit O. Spiel).

Literatur: K. J. Parisot, Erziehung als Weg von Nachahmung zur Selbsteinschätzung, Diss., Wien 1966 (1973); L. Wittenberg, Geschichte der individualpsycholog. Versuchsschule in Wien, Diss., Wien 2000.

BIRNBAUM, Nathan, * 16. 5. 1864 Wien, † 2. 4. 1937 Amsterdam (NL), jüd. Philosoph. Kulturzionist, Führer der Weltorganisation der relig. Judenschaft; später Atheist.

Werke: Ausgewählte Schriften zur jüd. Frage, 2 Bde., 1910.

Literatur: M. Kühntopf-Gentz, N. B., Diss., Tübingen 1990.

BIRNLÜCKE (volkstüml. „Birnluckn"), 2665 m, Pass über das W-Ende der Hohen Tauern, verbindet das Krimmler Tal (Sbg.) mit dem Ahrntal (S-Ti.) und dadurch das Salzach- mit dem Pustertal durch einen Fußweg. Über die B. verläuft seit 1919 die Grenze Ö.-Italien.

BIRÓ, Josef, * 1858 Wien, † 26. 12. 1925 ebd., Industrieller. Übernahm mit seinem Bruder Ludwig B. 1882 die vom Vater Anton B. aus der 1854 gegr. Bauschlosserei aufgebaute Eisenkonstruktions- und Brückenbauanstalt. 1904 Fusion mit R. P. Waagner, ab 1924 Waagner-B. AG, seit 1999 → Waagner-Biro Binder AG.

BISAMBERG, NÖ., 358 m, Berg an der N-Grenze von Wien mit Steilabfall nach S zur Donau, deren Durchbruch durch die Wr. Pforte der B. mit dem gegenüberliegenden Leopoldsberg flankiert. Geolog. Fortsetzung der Flyschzone des Wienerwalds nördl. der Donau. Sein Plateau ist mit Eichenbuschwald und trockenheitsliebender Kleinflora mit pannon. Einschlag bestanden. Seine lößbedeckten Hänge tragen Weingärten. Mittelwellensendeanlage (Sendemasthöhe 265 m, bis 1995 ORF, seit 1997 das ebenfalls vom ORF betriebene Radio 1476); Umspannwerk; Wasserbehälter (61.730 m³) der Wr. Wasserwerke. – Archäolog. Funde aus Mittel- und Jungsteinzeit (früher Beleg für Kupferverarbeitung in Ö.). Am Ende der jüngeren Eisenzeit bestand auf dem B. eine kelt. Siedlung.

BISAMBERG, NÖ., KO, Markt, 192 m, 4001 Ew. (1981: 2934 Ew.), 10,73 km², am NW-Fuß des Bisambergs. – Veranstaltungshalle im Schlosspark; Erzeugung von Büro- und Gartenmöbeln; Großhandelsfirmen für Baustoffe und pharmazeut. Produkte, Weinbau. – Barockisierte Pfarrkirche (urk. 1342) mit Kreuzweggruppen (Weihe 1691); Renaiss.-Schloss (nach 1568) mit Kapelle.

Literatur: R. Maier, Marktgem. B., 1982.

BISCHKO, Johannes, * 5. 8. 1922 Wien, Chirurg, Pionier der Akupunktur in Europa. 1954 Gründer und bis 1989 Präs. der Ö. Ges. f. Akupunktur, Leiter des L.-Boltzmann-Inst. f. Akupunktur in Wien (gegr. 1972), Univ.-Lektor f. Akupunktur an der Univ. Wien. Setzt sich für die Integration der aus China überlieferten Methode ein.

Werke: Einführung in die Akupunktur, 1970; Akupunktur für Fortgeschrittene, 1985; Praxis der Akupunktur, 4 Bde., ¹⁶1994–99.

BISCHOF, Peter, * 20. 12. 1934 Wien, Maler und Graphiker. Studierte an der Akad. d. bild. Künste in Wien bei H. → Boeckl und A. P. → Gütersloh; beschäftigt sich v. a. mit der menschl. Figur als Träger geistiger und relig. Inhalte.

Werke: Graphikserien (Läuferin von einem Körper in den anderen Körper, 1968; Pietà, 1976). – Glasfenster: Dom. von Wr. Neustadt, Stiftskirche Klosterneuburg, Stift Heiligenkreuz, Stift Göttweig, Karner von Margarethen am Moos, Pfarrkirche Mautern (alle NÖ.).

Literatur: P. B., Ölbilder, Aquarelle, Zeichnungen und Druckgraphik 1957–77, 1977; P. B., „in Bewegung" – Malerei und Grafik von 1955 bis 1995, Ausst.-Kat., Wien 1995; G. Spindler (Red.), P. B. – Graphiken, Ausst.-Kat., Linz 2001.

BISCHOF, Rainer, * 20. 6. 1947 Wien, Komponist. Steht als Schüler von H. E. → Apostel in der Tradition der Wr. Schule (→ Zwölftontechnik), wobei sowohl formale Strenge als auch expressive Ausdruckskraft eine wichtige Rolle in seinen Kompositionen spielen. 1984–86 Präs. des Österreichischen → Komponistenbundes, seit 1987 Lehrauftrag an der Hochschule bzw. Univ. f. Musik u. darst. Kunst in Wien, seit 1988 Gen.-Sekr. der → Wiener Symphoniker.

Werke: Orchesterwerke: Orchesterstücke op. 10 (1978); Flötenkonzert, 1979; Doppelkonzert für Violine, Violoncello und Orchester, 1980; Orgelkonzert, 1985; Largo desolato für Streichorchester, 1985; Das Donauergeschenk, 1990 (Kammeroper); „Stracci II", 1992 (Kammersymphonie); Gesänge zur Kunst (Chor), 1997; Streichquartett Nr. 2, 2001. – Schriften: Die Aporie von ontologisch schön und transzendental schön, Diss., Wien 1973; Vom europ. Geist, 2000; Wr. Symphoniker, 2000 (Hg.).

Literatur: Z. Kokitz, Musikal. Dokumentation R. B., Ausst.-Kat., Wien 1999.

BISCHOFF, Norbert, * 26. 11. 1894 Wien, † 30. 6. 1960 ebd., Diplomat. 1919–38 und 1945–60 im Auswärtigen Dienst, u. a. in den Gesandtschaften in der Türkei

Bischofshofen.

(1930–33) und in Paris (1933–38); ab 1953 ö. Botschafter in Moskau zur Zeit der Staatsvertragsverhandlungen.

Bischoff-Altenstern, Ignaz Edler von, * 14. 8. 1784 Kremsmünster (OÖ.), † 15. 7. 1850 Wien. Arzt. Univ.-Prof. in Prag und Wien, Generalstabsarzt der ö. Armee; verbreitete die Kuhpockenimpfung in Ö.

Bischofshofen, Sbg., JO, Stadt, 549 m, 10.087 Ew., 49,60 km², Bahnknotenpunkt im mittleren Salzachtal am Fuß des Hochkönigs (2491 m) im Pongau. – Arbeitsmarktservice, Bundesanstalt für alpenländ. Landw., Heeresmunitionsanstalt Buchberg, AK, Missionshaus St. Rupert, Umwelt-Technologiezentrum, LA f. Fremdenverkehrsberufe, Bildungsanstalt f. Kindergartenpädagogik, Privatgymn. St. Rupert, VHS; rd. 2 Drittel der Beschäftigten (2001) im Dienstleistungssektor (v. a. Verkehr, Handel, persönl., soz. u. öffentl. Dienste); auf dem Produktionssektor Metallverarbeitung (bes. Baumaschinenerzeugung, daneben Metall-, Maschinen- und Kesselbau, Gießerei), Isolierglasherstellung, Holzverarbeitung (die meisten Werke in Mitterberghütten); Laufkraftwerk B. (err. 1984, 73.200 MWh), Fremdenverkehr (32.564 Übern.). Eiskogelhöhle (Gesamtlänge 6500 m), Skisprungschanzen (Abschlussspringen der jährl. 4-Schanzen-Tournee, größte Mattenschanze der Welt).

Altes Siedlungsgebiet am Götschenberg, Kupferverarbeitung im Raum B. bereits in der 2. Hälfte des 4. Jt. v. Chr. nachweisbar. Kupferbergbau unter Tag (17. Jh. v. Chr., Reste von Stollen) am Buch- und Mitterberg. Verehrung des hl. Maximilian vermutl. seit der Spätantike; Maximilianszelle 711/712 von → Rupert gegr. (820 zerstört und 822 wieder aufgebaut); um 700 urk. als „Pongo" erwähnt, seit 1217 „B."; Aufschwung seit 1829 infolge Wiederaufnahme des Kupferbergbaus und Eisenbahnbau (1875). – Roman.-got. Pfarrkirche (14.–15. Jh.) mit Fresken (um 1500), Marmorhochgrab (1453) des Chiemseer Bischofs Pflieger, got. Fresken und Skulpturen, Rupertikreuz (7.–8. Jh., irisch) im Pfarrhof; got. Liebfrauenkirche (1457) mit roman. Fundamenten (um 1000), Fresken (um 1420) und ältestem

Bischofshofen.

erhaltenen Tabernakel des Landes (1618); roman. Georgikirche mit Freskenzyklus (um 1230); roman. Kastenhof (im 13. Jh. Wohnturm der Bischöfe von Chiemsee); roman. Filialkirche auf Buchberg mit Fresken (um 1330).

Literatur: S. Biechl, Die Chronik von B., 1971; H. Koller u. a., Beiträge zur Geschichte B., 1977; J. Apfelthaler u. a., B. 5000 Jahre Geschichte und Kultur, 1984.

Bischofskonferenz, Österreichische: Die Ö. B., erstmals von Innenmin. F. Gf. Stadion einberufen, besteht seit 1849 (zur Zeit der ö.-ungar. Monarchie für die ö. Reichshälfte, seit 1918 für das Gebiet der Republik Ö.). Im 19. Jh. bildeten sich solche Bischofskonferenzen in verschiedenen Ländern. Seit dem 2. Vatikanischen Konzil (1962–65) sind Bischofskonferenzen eine Einrichtung allg. Rechts mit jurisdiktioneller Kompetenz. Die Ö. B. ist eine Körperschaft öffentl. Rechts, ihre Kompetenz beruht auf dem Codex von 1983. Ihr gehören alle Diözesanbischöfe, der Militärbischof, der Abt von Wettingen-Mehrerau, die Koadjutoren, die Apostol. Administratoren und Diözesanadministratoren sowie Auxiliarbischöfe und Titularbischöfe mit einer bes. Aufgabe im Gebiet der Ö. B. an. Die Ö. B. hat ein Generalsekretariat in Wien, den Vorsitz führt üblicherweise der Erzbischof von Wien (seit 1998 C. → Schönborn).

Publikationen: Amtsblatt der Ö. B., 1984 ff.
Literatur: W. Lukaseder (Red.), 150 Jahre Ö. B. 1849–1999, 1999.

Bischofsmütze: Blick von Filzmoos.

Bischofsmütze, Grosse, Sbg., 2458 m, der höchste Gipfel im → Gosaukamm, 1993 Bergsturz.

Bischofstetten, NÖ., ME, Markt, 274 m, 1186 Ew., 19 km², landw.-gewerbl. Wohngem. südöstl. von Melk am Sierningbach am Übergang zum Alpenvorland. – Urk. 1164, seit 1990 Markt, Pfarrkirche (erb. 1743–46) mit got. Bauelementen und reicher Barockeinrichtung.

Bisinger, Gerald, * 8. 6. 1936 Wien, † 20. 2. 1999 ebd., Schriftsteller, daneben Hörfunkredakteur und Übersetzer (Übertragung der Werke H. C. → Artmanns ins Italienische). Lebte lange Zeit in Berlin, 1986 Rückkehr nach Ö. Galt aufgrund der Lakonie seiner Gedichte und seiner strikten Ablehnung der Prosa als „der letzte Poet Ö."

Werke: Gedichte auf Leben und Tod, 1982; Mein Ort bleibt nur das Gedicht, 1989; Ein alter Dichter, 1998; Dieser Tratsch, 1999.

Bistümer, siehe → Diözese.

Bitttage, Tage, an denen kirchl. Bittprozessionen für gute Ernte und gegen Unwetter, sog. Flurumgänge, abgehalten werden; vorwiegend die 3 Tage vor Christi Himmelfahrt (zurückgehend auf die Synode von Orléans 511) und der Markustag (25. April, „Großer B."). Schon in vorchristl. Zeit war es üblich, zu diesem Zweck Götterbilder durch die Felder zu tragen. Flurumgänge hatten früher oft die zusätzl. Funktion einer Grenzbegehung.

Literatur: H. Koren, Volksbrauch im Kirchenjahr, 1934; R. Fochler, Von Neujahr bis Silvester, 1971.

Bitterlich, Eduard, * 17. 8. 1833 Dubljani (UA), † 20. 5. 1872 Pfalzau (Gem. Pressbaum, NÖ.), Maler und Bildhauer; Vater von Hans → Bitterlich. Schüler von F. G. → Waldmüller an der Wr. Akad., war als Gehilfe von C. → Rahl mit der Ausschmückung der Wr. Oper und der Bauten von T. Hansen sowie mehrerer Wr. Privatpalais beschäftigt.

Literatur: ÖBL.

Bitterlich, Hans, * 28. 4. 1860 Wien, † 5. 8. 1949 ebd., Bildhauer; Sohn von Eduard → Bitterlich. Studierte an der Wr. Akad. und war Schüler von C. v. → Zumbusch, Studienaufenthalt in Italien, ab 1901 Prof. an der Wr. Akad.; schuf u. a. das Gutenberg-Denkmal (1900) und gem. mit dem Architekten F. → Ohmann das Kaiserin-Elisabeth-Denkmal (1904–07) in Wien.

Hans Bitterlich in seinem Atelier. Foto, 1937.

BITTNER, Alexander, * 16. 3. 1850 Friedland (Frydlant, CZ), † 31. 3. 1902 Wien, Paläontologe und Geologe. 1877–1902 an der Geolog. Reichsanstalt. Vielseitige stratigraph. und paläontolog. Arbeiten, u. a. über Krebse, Seeigel und v. a. weltweit grundlegende Studien über Brachiopoden der alpinen Trias.
Werke: Brachiopoden der alpinen Trias, Abhandlungen der Geolog. Reichsanstalt 14, 1890; Nachtrag ebd. 17, 1892.

BITTNER, Franz, * 7. 9. 1867 Wien, † 14. 1. 1926 ebd., Priester und Politiker, Pionier der → christlichsozialen Bewegung. 1900–18 Redakteur der „Freiheit", regte die „sozialen Klerusskonferenzen" an, Begründer der Ö. Arbeiter-Kreditkasse.

BITTNER, Julius, * 9. 4. 1874 Wien, † 9. 1. 1939 ebd., Opernkomponist, hauptberuflich Jurist (Richter und 1920–22 Beamter im Justizmin.). Vertreter der spätromant. Oper nach R. Wagner, verarbeitete ö.-alpenländ. Themen für seine Werke, vielfach auch selbst Textautor. Zahlr. Preise und Ehrungen, u. a. 1918 Raimund-Preis und 1925 Preis der Stadt Wien; gehörte zu den erfolgreichsten ö. Opernkomponisten der 1. Hälfte des 20. Jh., geriet aber nach 1945 in Vergessenheit.
Werke: Die rote Gred, 1907; Der Musikant, 1909; Der Bergsee, 1911; Der liebe Augustin, 1917; Die Kohlhaymerin, 1921; Das Rosengärtlein, 1923; Das Veilchen, 1934.
Literatur: ÖBL; NDB.

BITTNER, Ludwig, * 19. 2. 1877 Wien, † 2./3. 4. 1945 ebd. (Selbstmord), Archivar. Ab 1926 Dir. des Haus-, Hof- und Staatsarchivs, ab 1941 des Reichsarchivs Wien. Leitete nach 1918 die Verhandlungen über Archivalien mit den Nachfolgestaaten der ö.-ungar. Monarchie.
Werke: Chronolog. Verzeichnis der ö. Staatsverträge 1526–1914, 4 Bde., 1903–17; Ö.-Ungarns Außenpolitik 1908–14, 9 Bde., 1930 (Mit-Hg.); Gesamtinventare des Haus-, Hof- und Staatsarchivs, 5 Bde., 1936–40.
Literatur: ÖBL; NDB.

BIZAU, Vbg., B, Gem., 681 m, 960 Ew., 21,08 km², Gem. mit wirt. Mischstruktur im Bregenzerwald, im Tal des Bizauer Bachs am Fußealer Kanisfluh. Sommerrodelbahn; Holzbe- und -verarbeitung. – Im 14. Jh. urk. erwähnt; Pfarrkirche mit Langhaus, Hochaltar und Kanzel von ca. 1760, frühbarocker Seitenaltar (um 1700) und Marienfigur (um 1650); Bregenzerwälder Höfe. Seit 1866 Theaterverein.
Literatur: A. Niederstätter, Dokumente zur Bizauer Geschichte, 1997.

BLAAS, Carl von, * 28. 4. 1815 Nauders (Ti.), † 19. 3. 1894 Wien, Historienmaler, Nazarener; Vater von Eugen B. (1843–1931) und Julius v. B. (1845–1922), die ebenfalls bekannte Maler waren. Studierte in Venedig und bei F. Overbeck in Rom; Vorliebe für relig. Themen, 1851 Rückkehr nach Wien, Akad.-Prof. in Wien und Venedig; zahlr. öffentl. Aufträge.
Werke: 45 Bilder mit Szenen aus der Geschichte Ö. für die Ruhmeshalle im k. k. Waffenmuseum (Heeresgeschichtl. Museum), Fresken in der Altlerchenfelder Kirche in Wien 7 und der Kirche in Fót (H).

Literatur: A. Wolf (Hg.), Selbstbiographie, 1876; Aus Ö. Vergangenheit. Entwürfe von C. v. B., Ausst.-Kat., Halbturn 1991; C. Ham (Red.), „Welch' elendes Zeug ..." C. v. B. – Skizzen zu einem Meisterwerk, Ausst.-Kat., Wien 1998.

BLAHA, Paul, * 17. 4. 1925 Maribor (SLO), † 1. 10. 2002 Wien, Journalist, Theaterdir. Ab 1946 Journalist in Linz, Mitbegründer eines Linzer Kellertheaters; 1961–79 Theaterkritiker beim „Kurier"; 1979–87 Dir. des Wr. → Volkstheaters (Generalsanierung des Haupthauses, Einrichtung einer eig. Schauspielschule, Gründung des VT-Studios als Experimentalbühne 1981–86). Stieß mit seinem progressiven, polit. Gesinnungstheater bei Kritik und Publikum z. T. auf Unverständnis.
Werke: Romane: Schöne freie Welt, 1991; Die Hinterbliebenen, 1994; Recherche, 1996.
Literatur: G. Schlögl, Der Theaterkritiker P. B. als Dir des Wr. Volkstheaters 1979/80–1987, 4 Bde., Diss., Wien 1994–95.

BLAINDORF, Stmk., HB, Gem., 358 m, 680 Ew., 10,55 km², landw. Wohngem. mit Gewerbe im Feistritztal. Großhandel, Nahrungsmittelerzeugung. – Spätgot.-barocke Kirche mit got. Portalen, Hoch- und ein Seitenaltar aus dem 17. Jh., barocke Kanzel (um 1730) und Orgel (um 1750), großes Apostelbild (spätes 16. Jh.) im Chor, Votivbild (1704), barocke Konsolfiguren.
Literatur: G. Allmer, Hofing, Illensdorf, B. Geschichte einer oststeir. Gem., 1985.

BLASCHKE, Hanns, * 1. 4. 1896 Wien, † 25. 10. 1971 Salzburg, Patentanwalt und Politiker (NS). Illegaler nat.-soz. Funktionär, nach 1938 Beigeordneter und Ratsherr in Wien (3., dann 1. Vizebürgermeister, verantwortlich für das Kulturamt), 30. 12. 1943–6. 4. 1945 Bürgermeister von Wien. 1948 zu 6 Jahren Haft verurteilt.

BLASEL, Karl, * 16. 10. 1831 Wien, † 16. 6. 1922 ebd., Schauspieler, Theaterleiter. Sängerknabe an der Wr. Hofoper; ab 1863 am Theater an der Wien, ab 1869 am Carltheater, wo er mit W. → Knaack und J. → Matras ein in Operetten und Lokalpossen sehr erfolgreiches Komikertrio bildete; 1885-1900 nacheinander Dir. des → Theaters in der Josefstadt, des → Carltheaters, des Wiedner Theaters und des Kolosseums in Wien; noch im hohen Alter als Schauspieler tätig.
Literatur: P. Müller, K. B., der letzte Wr. Komiker Prehauserschen Geistes, Diss., Wien 1948.

BLASER, Ti., 2241 m, Berg der Stubaier Alpen bei Matrei am Brenner; knapp unter seinem Gipfel (in 2195 m Höhe) legte A. Kerner 1875 den ersten Hochalpengarten der Welt an (1898 aufgelassen), der Vorbild für die Alpengärten am Montblanc und andernorts wurde.

BLASIUS, Hl., Fest 3. Feb. (bis zum 11. Jh. 15. Feb.), † um 316, Bischof von Sebaste (Armenien), Märtyrer, einer der 14 Nothelfer. Seit dem Spät-MA ist der B.-Segen (gegen Halsleiden) mit 2 Kerzen in Form des Andreaskreuzes bekannt.

BLASMUSIK: Zu unterscheiden sind 3 Gruppen: B. im Kunstmusikbereich (einschließlich Jazz), Militärmusik und volkstüml. B.-Kapellen. Die ältesten Bereiche der B. sind in der Kirche (trotz wiederholten Verbots) und an den Herrscherhöfen (Trompeter und Pauker als Zeichen imperialer Macht) zu finden; vom MA bis in das 19. Jh. gab es zunftisch organisierte städt. Musiker, die sog. „Turner" (abgeleitet von „Turm", da das Signalblasen vom Stadtturm auch zu den Aufgaben dieser Musiker gehörte), die für das Musikleben in den Städten allg. von großer Bedeutung waren. Die Entstehung der Militärbanda geht in die Zeit Maria Theresias zurück und wird dem legendären Frh. Franz von der → Trenck zugeschrieben; die Wurzeln reichen aber bis in den Landsknechtformen zurück. Bereits gegen Ende des 18. Jh. bezahlten die reicheren Regimentsinhaber eine „Harmoniemusik", die aber vorwiegend der außermusikal. Unterhaltung

Julius Bittner. Foto, um 1920.

Tiroler Blasmusikant. Foto, um 1935.

diente; die große Zeit der Marschkapellen begann im 19. Jh., wobei als Militärkapellmeister bes. C. M. → Ziehrer, K. → Komzák sen. und K. → Komzák jun., P. → Fahrbach und F. → Lehár jun. und sen. hervorzuheben sind. Diese Musiktradition lebt, wenn auch in stark reduzierter Form, in der Gardemusik des ö. Bundesheers weiter. Was heute vorwiegend mit B. in Ö. assoziiert wird, sind die meist folklorist. Marschkapellen städt. wie dörfl. Musiziergemeinschaften und Berufsverbände (z. B. Eisenbahner, Knappen); 2003 waren rd. 2400 B.-Kapellen und über 100.000 Mitgl. im 1958 gegr. „Ö. B.-Verband" zusammengefasst, der sich um das künstler. Niveau und um die Nachwuchsförderung bemüht. Ö. B.-Museum in Oberwölz (Stmk.), seit 1980 jährl. Ö. B.-Fest, seit 2002 B.-Zentrum in Schloss Zeillern (NÖ.).

Literatur: W. Suppan, Lexikon des B.-Wesens, 1973; E. Rameis, Die ö. Militärmusik von ihren Anfängen bis zum Jahre 1918, 1976; A. Hofer, B.-Forschung. Eine krit. Einführung, 1992; W. Suppan, B.-Forschung seit 1966. Eine Bibliographie, 2003.

Tina Blau: Sandgrube bei Wien. Gemälde, um 1900 (Niederösterreichisches Landesmuseum, St. Pölten).

Blasmusik: Bundeskapelle Schattwald, Ti. Foto, um 1978.

BLASSENSTEIN, 844 m; Hausberg von Scheibbs in den nö. Voralpen, höchster Berg der → Klippenzone in Ö.

BLAU, Luigi, * 3. 1. 1945 Mistelbach a. d. Zaya (NÖ.), Architekt. Schüler von E. A. → Plischke an der Akad. d. bild. Künste in Wien. Bauten in der Wr. Tradition der Moderne (A. Loos, J. Frank, E. A. Plischke). Differenzierte Umsetzungen des „Raumplans".

Werke: Möbelentwürfe und Geschäftsumbauten; Wohnturm in 4 Ebenen, Wien 1974; Zweifamilienhaus in Zell am See, 1977–80; Demmers Teehaus, Wien 1981; Straßenbahnwartehäuschen für Wien, 1992; Renovierung des Theaters „Ronacher", Wien 1992/93; Telefonzellen und Mistkübel für Wien, 1995; Restaurant im Burgtheater, 2000. – Ausstellungsgestaltungen: 1945 – davor/danach, Wien 1984; Zauber der Medusa, Wien 1985; Die Eroberung der Landschaft, Gloggnitz 1991; Der Traum vom Glück, Wien 1996; Die Wr. Gruppe, Wien 1998.

BLAU, Marietta, * 29. 4. 1894 Wien, † 27. 1. 1970 ebd., Kernphysikerin. Entwickelte fotograf. Platten zum Nachweis von Korpuskularstrahlen, entdeckte „Zertrümmerungssterne" (Explosionen von Atomkernen durch Höhenstrahlung). 1933 Gastsemester bei M. Curie in Paris, 1938 Emigration, 1939 Professur an der Techn. Hochschule in Mexico City (durch Vermittlung von A. Einstein). 1950 Arbeiten am Beschleuniger des National Laboratory Brookhaven, ab 1955 Prof. in Miami, 1960 Rückkehr an das Radiuminst. in Wien.

Literatur: W. Reiter, M. B., in: F. Stadler (Hg.), Vertriebene Vernunft 2, 1988.

Karl Blecha. Foto.

BLAU, Paul, * 28. 4. 1915 Wien, Journalist; Ehemann von Freda → Meissner-Blau. 1956–67 im ÖGB, 1962–67 Chefredakteur der Monatszeitschrift „Arbeit und Wirtschaft", 1967–70 Chefredakteur der → „Arbeiterzeitung", danach bis 1972 Presse- und Kulturattaché in Paris. 1972–79 wiss. Leiter des Inst. für Gesellschaftspolitik und Leiter des Referats für Umweltpolitik in der Arbeiterkammer.

Werke: Strahlengefahr und Strahlenschutz, 1961; Die zerstörte Arbeitsfreude, 1962; Das Erbe verschleudert, die Zukunft verspielt. Ein Jh. Arbeiterbewegung, 1999.

BLAU(-LANG), Tina, * 15. 11. 1845 Wien, † 31. 10. 1916 ebd., Landschaftsmalerin. Studierte an der Wr. Akad. bei A. Schaeffer v. Wienwald und in München, unternahm unter Einfluss von A. Pettenkofen zahlr. Studienreisen nach Ungarn, Italien und Holland. Zeitweise enger Kontakt zu E. J. → Schindler. Bed. Vertreterin des ö. „Stimmungsimpressionismus".

Literatur: A. Roser-De Palma, Die Landschaftsmalerin T. B., Diss., Wien 1971; G. T. Natter (Hg.), Pleinair. Die Landschaftsmalerin T. B., 1845–1916, Ausst.-Kat., Wien 1996.

BLAUENSTEINER, Leopold, * 16. 1. 1880 Wien, † 19. 2. 1947 ebd., Maler. Studierte an der Wr. Akad. bei C. → Griepenkerl; zahlr. Studienreisen, Mitgl. der Wr. Secession, 1911–20 Mitgl. des Hagenbunds, 1938/39 Präs. des Wr. Künstlerhauses; beschäftigte sich v. a. mit Landschafts-, Architektur- und Porträtmalerei.

Literatur: Die verlorene Moderne – Der Künstlerbund Hagen 1900–38, Ausst.-Kat., Halbturn 1993.

BLAUKOPF, Kurt, * 15. 2. 1914 Czernowitz (Chernovtsy, UA), † 14. 6. 1999 Wien, Musiksoziologe. Führte das Fach Musiksoziologie 1962 an der Wr. Musikhochschule ein (ab 1963 Professor; 1965 Gründung des Inst. f. Musiksoziologie und des Inst. „Mediacult"). Mitgl. der UNESCO. Verheiratet mit der Mahler-Forscherin H. Singer, zahlr. gem. Veröffentlichungen.

BLECH, Leo, * 21. 4. 1871 Aachen (D), † 24. 8. 1958 Berlin (D), Dirigent und Komponist. Wirkte 1899–1906 in Prag, 1925 an der Wr. Volksoper; wichtig war seine Zusammenarbeit mit R. → Batka, der zahlr. Opern- und Operettenlibretti zu verdanken sind.

Werke (mit Batka): Das war ich, 1902; Alpenkönig und Menschenfeind, 1903; Aschenbrödel, 1905; Versiegelt, 1908.

BLECHA, Karl, * 16. 4. 1933 Wien, Soziologe und Politiker (SPÖ). Obmann von SPÖ-Jugend- und -Studentenorganisationen (JG, VSStÖ), 1963–75 Dir. des Inst. f. empir. Sozialforschung (IFES), 1976–81 Zentralsekr. der SPÖ. 1970–83 und 1989 Abg. z. NR, 1983–89 BMin. f. Inneres. 1989 Zurücklegung aller Ämter wegen des Verdachts der Verwicklung in illegale Waffengeschäfte („Noricum-Skandal"), 1993 freigesprochen. Seit 1999 Präs. des Pensionistenverbands der SPÖ.

BLECKMANN, Johann Heinrich August, * 16. 2. 1826 Solingen (D), † 27. 1. 1910 Mürzzuschlag (Stmk.), Industrieller. Gründete 1862 in Mürzzuschlag die Phönix-Stahlwerke für Klingen- und Werkzeugstahl mit den ersten Tiegelgussstahlöfen (1864) und den ersten Siemens-Martin-Öfen (1874) in Ö. mit saurer Auskleidung. 1920 wurde das Unternehmen in B.-Stahlwerke

AG umbenannt, 1924 mit der Schoeller-Stahlwerke AG in Ternitz fusioniert (→ Schoeller-Bleckmann) und 1975 in die neu gegr. → Vereinigten Edelstahlwerke (VEW) eingebracht.
Literatur: H. Brenner u. a., Im Schatten des Phönix, 1993.

BLEI, siehe → Bleierze, → Bergbau.

BLEI, Franz (Pseud.: Medardus, Dr. Peregrinus Steinhövel), * 18. 1. 1871 Wien, † 10. 7. 1942 Westbury (USA), Erzähler, Dramatiker, Essayist. Hg. literar. Ztschr., zahlr. Übersetzungen aus dem Franz. (Stendhal, C. Baudelaire, P. Claudel, A. Gide), lebte in München, Wien und Berlin, ging 1931 nach Mallorca, dann in die USA. B., der sich als Entdecker und Förderer großer Autoren (F. → Kafka, R. → Musil, H. → Broch) Verdienste erwarb, trat durch Essayistik hervor, am bekanntesten sind seine satir. Schriftstellerporträts.
Werke: Essays: Bestiarium literaricum, 1920 (erweiterte Aufl. unter dem Titel „Das große Bestiarium der modernen Literatur", 1922); Geist des Rokoko, 1923; Glanz und Elend berühmter Frauen, 1927; Männer und Masken, 1930; Zeitgenössische Bildnisse, 1940. – Ausgaben: Vermischte Schriften, 6 Bde., 1911–12; Schriften in Auswahl, Nachwort von A. P. Gütersloh, 1962; Porträts, hg. von A. Gabrisch, 1986; F. B.–A. Gide, Briefwechsel (1904–1933), hg. von R. Theis, 1997.
Literatur: D. Harth (Hg.), F. B., Mittler der Literaturen, 1997.

BLEIBERGER BERGWERKS-UNION, **BBU**, gegr. 1867 als Zusammenschluss von 6 Groß- und 80 Kleingewerken am Kä. Bleiberg unter Führung von P. Mühlbacher. Durch Erwerb weiterer Betriebe in Mittel- und Unter-Kä. sowie den Kauf des Bleibergbaus und der Bleiweißfabrik des Mitkonkurrenten V. v. Rainer (1893) und die Übernahme der beiden Bleiweißfabriken von Frh. v. Herbert expandierte das Unternehmen rasch. Im 2. Weltkrieg ging die Aktienmehrheit an die Preußag über, 1946 kam die BBU gemäß 1. Verstaatlichungsgesetz (→ verstaatlichte Industrie) an die Republik Ö., 1970 wurde sie der ÖIAG unterstellt. Wegen Unrentabilität wurde die Produktion 1993 eingestellt; aufgrund der Umweltschäden mussten die Gebäude und das bleiverseuchte Erdreich abgetragen werden.

BLEIBTREU, Amalie (geb. Hybl), * 2. 1. 1835 Troppau (Opava, CZ), † 26. 8. 1917 Wien, Schauspielerin; Ehefrau von Sigmund → Bleibtreu, Mutter von Hedwig → Bleibtreu und Maximiliane → Bleibtreu. Zunächst an größeren Provinzbühnen Ö.-Ungarns, dann bis 1890 an Theater a. d. Wien und Theater in der Josefstadt.

BLEIBTREU, Hedwig, * 23. 12. 1868 Linz (OÖ.), † 24. 1. 1958 Wien, Kammerschauspielerin; Tochter von Sigmund → Bleibtreu und Amalie → Bleibtreu, Schwester von Maximiliane → Bleibtreu, Ehefrau von Max → Paulsen. Große Tragödin; nach Engagements in Deutschland 1892 am Carltheater in Wien, ab 1893 Mitgl. des Wr. → Burgtheaters, 1898 Hofschauspielerin,

1906 lebenslängl. Vertrag; zunächst Rollen der Sentimentalen, später der Heroinen, Mütter und Greisinnen; ab 1923 auch Filmtätigkeit; zahlr. Ehrungen: 1924 Ehrenmitgl. des Burgtheaters, 1930 Burgtheater-Ring.
Literatur: G. Doublier u. W. Zeleny, H. B. Wesen und Welt einer großen Burgschauspielerin, 1948.

BLEIBTREU, Maximiliane, * 1. 8. 1870 Pressburg (Bratislava, SK), † 18. 4. 1923 Dresden (D), Schauspielerin; Tochter von Sigmund → Bleibtreu und Amalie → Bleibtreu, Schwester von Hedwig → Bleibtreu. Wirkte in Graz und Wien, Meisterin der Masken.

BLEIBTREU, Sigmund, * 12. 2. 1819 Friesach (Kä.), † 18. 2. 1894 Wien, Schauspieler, Aquarellmaler, Offizier; Ehemann von Amalie → Bleibtreu, Vater von Hedwig → Bleibtreu und Maximiliane → Bleibtreu. Nach Offizierskarriere und Engagements an Provinztheatern 1871 Regisseur am Theater in der Josefstadt, später Mitgl. des Carl- und des Ringtheaters in Wien, ab 1882 Hofburgschauspieler.

BLEIBURG, Kä., VK, Stadt (1370), 479 m, 4033 Ew., 69,72 km², alte Grenzstadt im mittleren Feistritztal nördl. des Hochpetzen (2113 m). – Bez.-Ger., Goiginger-Kaserne, Pflegeheim der Schulschwestern; überwiegend Dienstleistungssektor (v. a. Handel, Spedition), in der Produktion Metall- und Holzverarbeitung (Möbel, Parketten). – Urk. 1228, Name „B." geht auf den Bleibergbau am Petzen zurück. Spätgot. Pfarrkirche (1512) mit Fresken und spätgot. Taufstein, Altäre (18. Jh.); ehem. Bürgerspitalkapelle (1766) mit Fresken; barocke Pestsäule (1724); auf einem Hügel östl. von B. Schloss Thurn (Umbau nach 1600) mit Renaiss.-Portal und Arkaden, Säle mit Stuckdecken, Kapelle mit Fresken (15. Jh.), Werner-Berg-Galerie. In Einersdorf got. Kirche mit Wandmalereien (um 1400–80) und Madonna (1340–50); Wallfahrtskirche Heiligengrab (1761–72); spätgot. Pfarrkirche (urk. 1251) mit Fresken in Rinkenberg; im Kern roman. Filialkirche in Rinkolach mit Wandmalereien (15. Jh.); Hist. Museum Loibach; ehem. Sudhaus (im Sommer Ausstellungen zeitgenöss. Kunst); Freyungsbrunnen von K. Kogelnik (1954); Wiesenmarkt (jährl. am 1. Sept.) seit 1428 nachweisbar; 1918–20 Besetzung durch Jugoslawien.
Literatur: E. Oberthaler-Krutner, B., aktuelle zentralörtl. Probleme einer Kleinstadt an der Grenze, Dipl.-Arb., Klagenfurt 1991; H. Wießner, Stadt im Grenzland, 1960.

BLEIERZE: Der Blei-Zink-Erzbergbau Bleiberg-Kreuth (Kä.) wurde 1993 eingestellt; die Fördermenge betrug 253.822 t Blei-Zink-Roherze.

BLETSCHACHER, Richard, * 23. 10. 1936 Füssen (D), Dramaturg, Autor, Übersetzer. Studierte Jus, Philosophie sowie Theater- und Musikwiss. in München, Heidelberg, Paris und Wien. Danach Regieassistent und Regisseur, 1982–96 Chefdramaturg an der Wr. Staatsoper. Übersetzer von Opernlibretti und Lyrik (u. a. Shakespeares Sonette); Autor von Romanen, Dramen und Gedichten, auch für Kinder- und Jugendliche.
Werke: Apollons Vermächtnis, 1994; Der Grasel, 1995; Die Verbannung oder Die Reise nach Brindisi, 1998; Das Schloß an der Thaya, 2000; An der Grenze, 2000; Zirkus Malfatti, 2003.

BLEYLEBEN-KOREN, Elisabeth, * 9. 10. 1948 Mödling (NÖ.), Bankdirektorin; Tochter von Stephan → Koren. Studierte Jus in Wien. 1973–77 in der Creditanstalt, seit 1977 bei der Erste Bank. 1989 Direktorin mit Generalvollmacht, 1997–99 Vorstandsmitgl. der → Erste Bank der oesterreichischen Sparkassen AG, seit 1999 deren stellv. Vorstandsvorsitzende. 1997 Veuve Cliquot Business Woman of the Year.

BLINDENFÜRSORGE erfolgt im Rahmen der allg. Fürsorge. Träger der B. in Ö. sind v. a. die Länder, daneben der Bund, die Pensionsversicherungsträger u. a. Gesetzl. Grundlagen sind die Sozialhilfegesetze der Länder, die Landespflegegeldgesetze, das Bundespfle-

Franz Blei. Zeichnung von E. Schiele, 1918.

Bleiburg.

Hedwig Bleibtreu (hinter ihr: M. Hainisch, T. F. Schneiderhan und A. Wildgans). Foto, 1923.

gegeldgesetz, das Bundesbehindertengesetz und das Familienlastenausgleichsgesetz.
Auf privater Ebene bemühen sich Vereine, Interessen- und Arbeitsgemeinschaften um verstärkte Integration, Rehabilitation und Akzeptanz gegenüber sehbehinderten und blinden Menschen in allen Lebensbereichen. Dzt. bestehen dazu folgende Vereine: Verein Blickkontakt (Interessengemeinschaft sehender, sehbehinderter und blinder Menschen), Elternselbsthilfe sehgeschädigter Kinder Ö., Förderverein Odilieninstitut Graz, Verein für Frühförderung, Hilfsgemeinschaft der Blinden und Sehschwachen Ö., Ö. Blindenverband, Ö. Retinitis-Pigmentosa-Forschungsprojekt, Verein Vision.

BLINDENMARKT, NÖ., ME, Markt, 246 m, 2373 Ew., 17,05 km², im unteren Ybbstal. Erholungszentrum, 3 Badeseen; Herstellung von Betonbauteilen und Dachziegeln. – Urk. um 1220; barocke Pfarrkirche (1750), Schlösser Hubertendorf (17.–19. Jh.; 1930–38 Volksbildungsheim, 1938–45 „Nationalpolit. Erziehungsanstalt") und Auhof (16. Jh., seit 1994 Kloster des Ordens Servi Jesu et Mariae); Kulturfestival im Herbst; Bauernmuseum Hahn.
Literatur: I. Illibauer, Ortsgeschichte von B. (NÖ.), Diss., Wien 1967; F. Haberfellner, Heimatbuch Marktgem. B., 1996.

BLINDENUNTERRICHT: Angeregt von F. → Gaheis, gründete J.W. → Klein 1804 eine Blindenanstalt in Wien, die Vorbild für weitere Gründungen in Ö. und im mitteleurop. Raum wurde. In ihnen wurden die verbliebenen Sinne der blinden Kinder systematisch geschult, wurde manuelle Tätigkeit gefördert und das Gedächtnis gestärkt. In Wien wurden nach 1920 Sonderklassen für blinde und sehschwache Kinder geführt, deren Lehrverfahren („Wr. Methode") internat. Anerkennung fanden. Die Betreuung sehgestörter Kinder ist heute → Sonderschulen überantwortet.

BLIZZARD SPORT GMBH, Skihersteller mit Sitz in Mittersill (Sbg.), 1946 von A. Arnsteiner gegr. und bis 1995 mehrheitlich im Besitz der Familie Schenner-Arnsteiner, seit 1998 im Besitz des Raiffeisenverbandes Sbg. B. zählt zu den 5 größten Alpinskimarken der Welt und erzielte viele Erfolge im alpinen Skirennsport, 1996 Präsentation des ersten Skis mit Carving-Radius. Der Umsatz 2002/03 betrug rd. 34 Mio. Euro, das Unternehmen beschäftigt ca. 340 Mitarbeiter.

BLÖCHL, Johann, * 12. 7. 1895 Siegelsdorf (Gem. Lasberg, OÖ.), † 4. 4. 1987 ebd., Landwirt und Politiker (CS, VF, ÖVP). 1931–34 Abg. z. NR. Nach Kontakten mit Widerstandsgruppen 1941–43 wegen Hochverrats in Haft. 1945 Staatsbeauftragter für das Mühlviertel, 1945–66 Abg. z. Oö. Landtag, 1945–55 Landesrat, 1955–66 Landeshauptmann-Stellv. von OÖ.
Werk: Meine Lebenserinnerungen, ²1980.

Blochziehen in Fiss, Ti.

BLOCHZIEHEN, ein v. a. im südöstl. Ö., aber auch in Ti. (Ötztal) geübter Brauch zu Ende des → Faschings. Ein geschmückter und entasteter Nadelholzstamm („Bloch") wird festlich eingebracht, einst gezogen von ledigen bzw. „sitzen gebliebenen" Mädchen. Auf dem Stamm sitzt zumeist ein mit Frack und Zylinder kostümierter „Hochzeiter", dem das als „Ersatzhochzeit" interpretierte B. gilt. Veranstalter war die → Burschenschaft, heute sind es meist Vereine, die von der abschließenden Versteigerung des Baums profitieren.
Literatur: S. Walter, Bloch- und Pflugziehen, in: Ö. Volkskundeatlas, 4. Lfg. 1971.

BLOCKFLUR, siehe → Flurformen.
BLONDVIEH, siehe → Rinderrassen.
BLONS, Vbg., BZ, Gem., 903 m, 335 Ew., 14,88 km², agrarisch geprägte Streusiedlung am N-Hang des Großen Walsertals; etwas Fremdenverkehr. – Urk. vor 1374, barocke Pfarrkirche (1684, Einrichtung 18. Jh.). – Große Lawinenkatastrophe (10./11. 1. 1954) mit 57 Todesopfern und immensen Sachschäden (Denkmal E. Jussel, W. Oberhammer).

Bludenz: Turm der Pfarrkirche.

BLUDENZ, Vbg., BZ, Stadt, 588 m, 13.701 Ew., 29,97 km², Verkehrsknoten an der Ill, am östl. Ende des Walgaus (Vereinigung von Klostertal, Brandner Tal und Montafon. B. ist als Standort zahlr. Institutionen, Dienstleistungs- und Produktionsbetriebe zentraler Ort für das Montafon, den inneren Walgau bis Nenzing, das Kloster-, Brandner- und Große Walsertal. – BH, Bez.-Ger., Bez.-Gendarmeriekommando, Arbeitsmarktservice, Verkehrs- und Vermessungsamt, Stadtmuseum und -archiv, Krankenhaus, Vbg. Medienhaus, Wirtschaftsförderungsinst. der WK, AK, Konsulat (NL), Jugendhaus, Stadion (1975), Golfplatz B.-Braz, Erlebnisbad; BG und BRG, HAK, BerS (kaufm., gewerbl., hauswirt.), HLA f. Tourismus (mit FachS), VHS, Gondelbahn auf den Muttersberg (1402 m), Montafonerbahn B.–Schruns. Rd. 56 % der Beschäftigten im Dienstleistungssektor (v. a. persönl., soz. und öffentl. Dienste, Verkehr), Holz- und Metallverarbeitung (Kessel-, Maschinen- und Metallbau), Fenstererzeugung, Textil-, Kunststoff-, Schokolade- und Süßwarenind. (Suchard), Bierbrauerei (Fohrenburg), Fremdenverkehr (55.886 Übern.).
Altes Siedlungsgebiet (bronze-, latène- und römerzeitl. Funde), urk. um 842 als „Pludeno", 1296 als Stadt erwähnt; 1394 durch Kauf an Ö., Industrialisierung ab 1817 (Textilfabrik). Reste der ma. Stadtbefestigung: 2 Tore (1491, ältester Bau der Stadt, Heimatmuseum), Teile der Stadtmauer, Pulverturm. Der Turm (1670) der (alten) Pfarrkirche (um 1514) überragt B.; Dominikanerinnenkloster St. Peter (1286, Bau 1707–09), Kirche (1721–30); Kapuzinerkloster (1645–51); Spitalskirche (Neubau 1682–86); Stadtpfarrkirche Heiligkreuz (1932–34); Kapelle St. Anton in Rungelin (1668). Die heutige Altstadt mit ihren alten Bürgerhäusern geht auf den Wiederaufbau nach dem Stadtbrand von 1682 zurück. Barockschloss Gayenhofen (1228, Neubau 1745–52, Sitz der BH).
Literatur: Ö. Städtebuch, Bd. III, Vbg., 1973; K. Kist, Stadtgeographie von B., Diss., Graz 1977.

BLUDESCH, Vbg., BZ, Gem., 533 m, 2158 Ew. (1981: 1236 Ew.), 7,57 km², Ort im Walgau. – Walgau-Kaserne, Schwesternhaus der Barmherzigen Schwestern, Unterstufe Lutz (err. 1959, 38.200 MWh) der Vbg. Kraftwerke AG; Stahlbau, Verzinkerei, Textilveredelung, Transportwesen. – Urk. um 842, barocke Pfarrkirche (1650/51) von M. Beer, Filialkirche in Zitz mit ältesten

Fresken von Vbg. (um 1330), Ansitze Unter- und Oberhalden (17. Jh.), Ruine des Ansitzes Jordan (1653–55).
Literatur: F. H. Erne, Der obere Walgau, 1959.

BLÜHNBACHTAL, Sbg., westl. Seitental der Salzach, zw. Hagengebirge und Hochkönig, mündet nördl. von Werfen. Über die Torscharte am Talschluss gelangt man in das Hintertal. Schloss Blühnbach, erbaut 1603–07 unter Erzbischof → Wolf Dietrich. 1908–14 Jagdgebiet des Thronfolgers → Franz Ferdinand.

BLUM, Robert, * 10. 11. 1804 Köln (D), † 9. 11. 1848 Wien (hingerichtet), dt. Politiker. Kam im Auftrag der liberalen Partei 1848 nach Wien; wurde nach der Einnahme Wiens im Zuge der → Oktoberrevolution durch A. (I.) Fürst zu → Windisch-Graetz zum Tod verurteilt und erschossen.
Literatur: H. Hirsch (Hg.), Dokumente, Referate, Diskussionen – R. B.-Symposion Berlin 1982, 1987.

Blumencorso im Prater zu Wien. Gemälde von W. Gause, 1886 (Wien Museum).

Robert Blum vor seiner Hinrichtung. Kolorierte Lithographie, 1848.

BLUMAUER, Aloys (auch: A. Obermayer), * 22. 12. 1755 Steyr (OÖ.), † 16. 3. 1798 Wien, Schriftsteller. Ab 1780 Mitarbeiter der Hofbibl.; gab ab 1781 gem. mit J. F. v. → Ratschky (1793/94 allein) den „Wiener Musen-Almanach" heraus; redigierte 1782–84 die „Realzeitung", bedeutendster Autor der josephin. Aufklärung; 1784–86 Redakteur des „Journals für Freymaurer"; 1787 in Berlin und Weimar, 1794 als Jakobiner verfolgt; schrieb v. a. satir. Gedichte auf Zeitereignisse, antiklerikale Gedichte, Travestien und Freimaurerlyrik.
Werke: Beobachtungen über Ö. Aufklärung und Litteratur, 1782; Die Abentheuer des frommen Helden Aeneas, 1786. – Ausgabe: Sämmtliche Werke, 9 Bde., 1809.
Literatur: E. Rosenstrauch-Königsberg, Freimaurerei im josephin. Wien, 1974; L. Bodi, Tauwetter in Wien, ²1995.

BLUMAU-NEURISSHOF, NÖ., BN, Gem., 240 m, 1657 Ew., 4,33 km², Wohngem. mit Gewerbe südöstl. von Bad Vöslau. – Der Ort entstand im Zuge der Errichtung einer k. k. Pulverfabrik (1891) und der Kaserne, Pfarrkirche und Schule als ein Baukörper (erb. 1897), Kirche hl. Josef (erb. 1917 als Verkaufslokal, seit 1935 Kirche), Arbeiterwohnsiedlungen und Fabriksruinen (erb. 1890er Jahre und 1914–18), ehem. Kasernengebäude (err. 1915) und villenartige Offizierswohnhäuser.

BLÜMELHUBER, Michael, * 23. 9. 1865 Unterhimmel-Christkindl (OÖ.), † 20. 1. 1936 Steyr (OÖ.), Stahlschneider. Gründete 1910 in Steyr ein Meisteratelier für Stahlschnitt (aufgelöst 1942), brachte den Stahlschnitt durch den „Ajourschnitt" auf künstlerische Höhe, wurde durch die Weltausstellungen 1900 in Paris und 1902 in London international bekannt.
Werke: Kalksburger Kreuz, 1911; Schlüssel für den neuen Linzer Dom, 1924; Reliquienkreuz für St. Stephan, 1927; liturg. Geräte.
Literatur: ÖBL; NDB.

BLUMENCORSO, bis 1914 jährlich im Mai durchgeführte Auffahrt geschmückter Pferdewagen in der Wr. Prater-Hauptallee; erstmals 1886 im Rahmen eines von Pauline → Metternich arrangierten Frühlingsfestes. Heute in lokalem Rahmen auch in anderen Orten (Narzissenfeste in Mariazell und Bad Aussee).

BLUMENTRITT, Ferdinand, * 10. 9. 1853 Prag (CZ), † 20. 9. 1913 Leitmeritz (Litoměřice, CZ), Lehrer und Gymnasialdir. in Leitmeritz. Gehörte zu seinen Lebzeiten zu den besten Kennern der Philippinen, obwohl er diese nie betrat. Befreundet mit dem philippin. Nationalhelden José Rizal (Briefwechsel).
Werk: Versuch einer Ethnographie der Philippinen, 1882.
Literatur: H. Sichrovsky, Der Revolutionär von Leitmeritz, 1983; ders., F. B. – An Austrian Life for the Philippines, 1987.

BLUM, JULIUS, GMBH, 1952 gegr. Metallwarenunternehmen mit Sitz in Höchst (Vbg.); Hersteller von Möbelscharnier- und Schubkastensystemen. Ab 1967 erste Auslandsvertretungen, danach Expansion in Europa, Übersee und Asien (2002 Repräsentanzbüro in China). 2003 ging in Ö. das 5. Werk in Betrieb (Fußach, Vbg.). Weitere Produktionsstandorte in den USA und Brasilien. Der Umsatz 2002/03 betrug für die Blum-Gruppe 590,7 Mio. Euro, die Zahl der Mitarbeiter weltweit über 3400.

BLÜMML, Emil, * 25. 10. 1881 Wien, † 26. 4. 1925 ebd., Musikschriftsteller. Arbeiten über das Volkslied und zur lokalen Wr. Musikforschung.
Werke: Die Volksliedbewegung in Dt.-Ö., 1910; Aus Mozarts Freundes- und Familienkreis, 1923.

BLUNTAUTAL, Sbg., westl. Seitental des Salzachtals, bewaldet, steilwandig, trennt den Göllstock (Hoher Göll) vom Hagengebirge, wird vom Torrener Bach durchflossen und mündet bei Golling; führt zum Torrener Joch, einem Übergang ins bayer. Berchtesgadener Land.

BLUTSPENDEWESEN: In Ö. wurden 2003 über 500.000 Blutkonserven zur Erythrozyten- und Plasmasubstitution abgenommen. Über 95 % davon stellte das Österreichische → Rote Kreuz zur Verfügung. Die Blutabnahme beim Ö. Roten Kreuz ist freiwillig und unentgeltlich. Jede Blutkonserve durchläuft eine Vielzahl an Tests (u. a. HIV, Hepatitis B und C). Zur Herstellung und Aufbewahrung von labilen Blutderivaten wurden Blutbanken eingerichtet.

BMW MOTOREN GMBH, 1979 als 100-prozentige Tochter der BMW AG München in Steyr (OÖ.) gegr.; Entwicklung von Dieselmotoren, Produktion von Benzin- und Dieselmotoren, führt das Einkaufsbüro für den BMW-Konzern in Ö. und vertreibt BMW-Motoren weltweit. 2003 wurden mit rd. 2600 Mitarbeitern knapp 600.000 Motoren produziert, der Umsatz betrug 1,86 Mrd. Euro.

BOBEK, Hans, * 17. 5. 1903 Klagenfurt (Kä.), † 15. 2. 1990 Wien, Geograph. 1954–83 Obmann der Kommission für Raumforschung der Akad. d. Wiss. Unternahm zahlr. Forschungsreisen (bes. in den Iran) für sozialgeogr. und morpholog. Studien. Er schuf die Kon-

Aloys Blumauer. Stich, um 1780.

zeption eines „logischen Systems der Geographie" und die Zentrale-Orte-Theorie.
Werke: Gedanken über das logische System der Geographie, 1957; Atlas der Republik Ö. (Hg.), 1960–80; Das System der zentralen Orte Ö., 2 Bde., 1978/83.

BOBLETER, Carl H., * 5. 7. 1912 Feldkirch (Vbg.), † 24. 10. 1984 ebd., Diplomat und Politiker. 1938 Diplomatenprüfung; im 2. Weltkrieg in der Widerstandsbewegung, 1948–50 ö. Konsul in Hamburg und Düsseldorf; ab 1960 bei der OECD in Paris; 1964–68 Staatssekr. im Außenministerium.

BOBSPORT: Der 2-teilige Schlitten mit Steuerung (Bob) und der in Bauchlage gefahrene Spezialschlitten (Skeleton) wurden aus dem Ursprungsland Schweiz ab 1905/06 nach Ö. (Mürzzuschlag) übernommen; der exklusive Sport wird zunehmend ausschließlich auf Kunsteisbahnen (in Ö. nur Innsbruck-Igls) ausgeübt; der 1922 gegr. Ö. Bob- und Skeletonverband (ÖBSV) umfasst (2003) 26 Vereine mit 770 Mitgl. Erfolgreichster ö. Bobfahrer war I. → Appelt; im Skeleton war Andreas Schmid Gesamtweltcupsieger 1986–88 und Weltmeister 1993.

BOCK, Fritz, * 26. 2. 1911 Wien, † 12. 12. 1993 ebd., Wirtschaftstreuhänder und Politiker (ÖVP). 1935–38 stellvertr. Bundeswerbeleiter der Vaterländ. Front. 1938/39 im KZ Dachau, setzte sich nach 1945 für polit. Verfolgte ein. 1945 Mitbegründer der ÖVP, 1947–53 Gen.-Sekr. des ÖAAB, 1949–53 und 1956–62 Abg. z. NR, 1952–55 Staatssekr. im BM f. Handel und Wiederaufbau, 1956 im BM f. Finanzen, 1956–68 Handelsmin., 1966–68 Vizekanzler. 1969–89 CA-Aufsichtsratspräs. Trat für die große Koalition, für die Sozialpartnerschaft und die wirt. Integration Ö. in Europa ein.
Literatur: M. Sporrer u. H. Steiner (Hg.), F. B. – Zeitzeuge, 1984.

Fritz Bock. Foto, um 1960.

BÖCK, Josef, * 13. 10. 1901 St. Pölten (NÖ.), † 5. 6. 1985 Wien, Augenarzt. Ab 1947 Univ.-Prof. in Graz, 1955–71 in Wien.
Werke: Augenärztl. Eingriffe, °1950 (mit J. Meller); Glaukom bei thyreogenem Exophthalmus, 1961 (mit J. Stepanik); rd. 145 Fachartikel.

BÖCK, Wolfgang, * 14. 1. 1953 Linz (OÖ.), Schauspieler. Studierte an der Hochschule f. Musik und darst. Kunst in Graz, seither als Film- und Theaterschauspieler tätig. Engagements u. a. am Landestheater in Linz, am Wr. Volkstheater, am Renaissancetheater Berlin und am Schauspielhaus Zürich; zahlr. Film- und TV-Auftritte. Seit 1995 große Popularität durch die TV-Serie „Kaisermühlen-Blues" (Rolle des Trautmann).
Weitere Filme: Indien, 1994; Hinterholz 8, 1998; Geboren in Absurdistan, 1998; Wanted, 1999; Trautmann, 2000–03 (bisher 7 Tle.); MA 2412 – Die Staatsdiener, 2003.

BOCKFLIESS, NÖ., MI, Markt, 168 m, 1264 Ew., 22,87 km², gewerbl. Gem. mit Weinbau am S-Rand des Hochleithenwalds am Übergang zw. Marchfeld und Weinviertel. – Urk. 1163, Markt urk. 1362, neugot. Pfarrkirche (Weihe 1876), Schloss (Mitte 16. Jh., Zubau 18. Jh.), ehem. Falknerhaus mit Rauchküche, barocke Dreifaltigkeitssäule (1729), Johannesstatue (1737) mit Schindeldach, Pranger (um 1500) mit ehem. Arrestzelle, „Brezerlbua" (2. Hälfte 17. Jh.), Pestsäule, Kriegerdenkmal (1956), Kellergasse (19./20. Jh.).
Literatur: A. Esberger, B. Chronik 1970–2000, 2001.

BÖCK-GREISSAU, Josef, * 5. 4. 1893 St. Michael (Stmk.), † 21. 4. 1953 Wien, Industrieller und Politiker (ÖVP). 1947 Vizepräs. der Vereinigung Ö. Industrieller und der Handelskammer NÖ., 1949–53 Abg. z. NR, 1952–53 BMin. f. Handel u. Wiederaufbau.

BOCKSBERGER, Johann d. Ä., * zw. 1500 und 1515, † zw. 1562 und 1569, Maler; Vater von Johann Melchior → Bocksberger. In den 40er und 50er Jahren des 16. Jh. nachweislich in Salzburg, Landshut (Residenz), München und Prag tätig. Schuf auch Fresken und Zeichnungen. Sein Stil weist sowohl dt. (A. Dürer) als auch ital. Elemente (Renaissance und Manierismus) auf.
Literatur: NDB.

BOCKSBERGER, Johann Melchior, * zw. 1525 und 1535 Salzburg, † 1587 Regensburg, Maler; Sohn von Johann → Bocksberger d. Ä. Ab 1560 in Salzburg und S-Deutschland tätig (Augsburg, München, Ingolstadt, Passau, Landshut, Regensburg). In Burg Trausnitz (Landshut) schuf er Wand- und Deckenmalereien (1579). Sein Fresko „David und Goliath" am Goliath-Haus in Regensburg wurde später teilw. verändert.
Weitere Werke: Jagd- und Schlachtengemälde; Bibel- und Livius-Illustrationen als Vorlagen für Holzschnitte von J. Ammann, 1564–70.

BOCKSDORF, Bgld., GS, Gem., 244 m, 791 Ew., 9,99 km², Wohngem. am Strembach im Zickengraben südl. von Stegersbach. Bäckerei. – Spätbarocke Pfarrkirche hl. Anna (err. 1777–79) mit W-Turm, großteils modernes Inventar, barocke Figurengruppen.

BÖCKSTEIN, Sbg., Kurort an der Vereinigung von Naßfelder Ache und Anlauftal, südl. von Bad Gastein, Katastralgem. der Gem. Bad Gastein. – Stollenkurhaus, Verladestation für den Tauerntunnel B.–Mallnitz (Kä.), Speicherkraftwerke B. (err. 1981, 106.840 MWh) und Naßfeld-B. (err. 1982, 12.940 MWh). War Zentrum des Goldbergbaus in den Tauern, 1342 1. Gasteiner Bergordnung, mit Unterbrechungen Abbau bis 1951. Heilstollen B. (2600 m langer ehem. Goldbergwerksstollen, seit 1952 Therapiestation, 37–42° C, Heilgas Radon zur Therapie rheumat. Beschwerden und entzündl. Gewebserkrankungen). – Frühklassizist. Pfarrkirche (1764–67), Jagdschlössl Czernin (1902), hist. Bergwerkssiedlung (urspr. barock, Umbau 19./20. Jh.), Montanmuseum Alt-Böckstein.

BODEN, siehe → Bodentypen.

BODENCREDITANSTALT, ALLGEMEINE ÖSTERREICHISCHE, als „Allgem. k. k. priv. Boden-Credit Anstalt" 1863 gegr. Bank, verwaltete das Vermögen von Mitgliedern des Kaiserhauses und des Hochadels, Eigentümerin eines großen Industrie-Konzerns. Ihr Zusammenbruch im November 1929 löste eine schwere Wirt.-Krise aus (→ Creditanstalt-Bankverein AG). Das Bankgebäude (Wien, Teinfaltstraße 8–8a) wurde 1884–87 durch E. v. Förster errichtet, es war 1938 Kaserne des Wr. Schutzkorps, dann NS-Kaserne, wurde nach 1945 von der NEWAG (EVN), ab 1962 von der Nö. Landesregierung und später vom Wiss.- bzw. Bildungsmin. verwendet.
Literatur: C. Klamert, Die B. – Zur Geschichte einer Wr. Großbank, Dipl.-Arb., Wien 1990.

BODENSCHÄTZE, siehe → Bergbau.

BODENSEE, Vbg., 396 m, 538 km², 63 km lang und 15 km breit, bis 252 m tief; gehört als Kondominiumsgebiet zu Deutschland, der Schweiz und Ö.; ö. Uferanteil 28 km. Der B. weist an den ö. Prüfstellen gute bis mittlere Gewässergüte auf. Eine frühe kelt. Fischereisied-

Bodensee: Festspielbühne in Bregenz.

Der Bodensee mit der Stadt Bregenz.
Aquarell von K. L. F. Viehbeck, um 1820 (Albertina, Wien).

lung befand sich bei Bregenz; bis zum 10. Jh. nannten die Römer den See Lacus Brigantinus (erstmals durch Plinius d. Ä. belegt) oder Lacus Venetus, namensgebend war die karoling. Königspfalz Bodama („Bodman"). Südwestl. von Bregenz führen die großen Zuflüsse Bregenzerach und Rhein gewaltige Geschiebemengen in den B. Nach Mündungsregulierungen (1900 und 1923) mündet der Rhein in die Fußacher Bucht, deren Verlandung durch eine Rheinvorstreckung verhindert werden soll. Im W hat das alte Rheindelta die versumpften Landzungen Rheinspitz (Schweizer Grenze; Vogelschutzgebiet) und Rohrspitz weit in den See geschoben; dazwischen liegt die flache Bucht des Wetterwinkel. In der Bregenzer Bucht erheben sich die Ausläufer der Voralpen noch bis 60 m über das Seeniveau. Der B. gilt mit rd. 30 Arten (z. B. Felchen, Seeforelle, Barsch) als fischreicher See, die Hauptfangzeit im sich rascher erwärmenden Untersee beginnt bereits im Mai. Der See ist auch ein Vogelparadies (rd. 340 Arten allein in der Rheindelta). Weitere Besonderheiten des B. sind der „Rheinbrech" (die manchmal auftretenden „brecherartigen" Turbulenzen im Zusammenhang mit dem unvermittelten Absinken des trüben Rheinwassers im klaren Seewasser), die bei starkem W-Wind auftretenden, meterhohen Wellenstaus am O-Ufer und die mit Blaualgen überzogenen gefurchten Gerölltsteine („Furchen-" oder „Hirnsteine"). Eine ungeklärte Erscheinung ist das „Seeschießen", ein donnerartiges Rollen aus der Tiefe. Einen herrlichen Anblick bietet der mit Blütenstaub bedeckte See im Frühjahr. Die → Bregenzer Festspiele bieten als Besonderheit die größte Seebühne der Welt. Der ö. Hafen ist → Bregenz. Die Länge der ö. Schiffswege beträgt von Bregenz nach Lindau 7 km, von Lindau nach Konstanz 55 km. Die Ö. Bundesbahnen verfügen über 6 Motorschiffe. Damit wurden 2002 rd. 620.000 Personen befördert sowie 10,2 Mio. Personen-Kilometer an 582 Fahrtagen (alle Schiffe) absolviert. Insges. besteht der Schiffspark der „Vereinigten Schifffahrtsunternehmen" (Deutschland, Schweiz, Ö.) aus 33 Schiffen mit einem Fassungsvermögen von rd. 20.000 Personen (jährl. rd. 4,4 Mio. Passagiere). 1972 wurde die „Internat. Bodenseekonferenz" eingerichtet, an der die Länder Vbg., Baden-Württemberg und Bayern, das Fürstentum Liechtenstein sowie die Schweizer Kantone Schaffhausen, Zürich, Appenzell, St. Gallen und Thurgau teilnehmen. Der staatl., grenzüberschreitenden Zusammenarbeit dienen die Internat. Gewässerschutzkommission für den B., die Internat. Schifffahrtskommission für den B. und die Internat. Bevollmächtigtenkonferenz für die B.-Fischerei.

Literatur: E. u. O. Danesch, Ö. – Ein Land der Seen, 1979; E. Held, Vbg. und Liechtenstein, 1988; Eugen-Ruß-Verlag (Hg.), Land Vbg., 1988; Ö. Raumordnungskonferenz (Hg.), 7. Raumordnungsbericht, 1993.

BODENTAL, Kä., Karawankental am Fuß der steilen Wertatscha (2180 m) im Gem.-Geb. Ferlach, mit Ortschaft Bodental/Poden (hoher slowenischsprach. Bevölkerungsanteil). Skigebiet beim Bodenbauer (1060 m).

BODENTYPEN: Boden ist der oberste Bereich der Erdkruste, der durch Verwitterung, Um- u. Neubildung (natürlich oder anthropogen verändert) entstanden ist und weiter verändert wird; er besteht zu ca. 50 % aus festen anorgan. (Mineral-) und organ. Teilen (Lebewesen und Humus) und 50 % aus Poren, die mit Wasser, den darin gelösten Stoffen und mit Luft gefüllt sind, und steht in Wechselwirkung mit Lebewesen.
Unter B. als Oberbegriff werden Böden zusammengefasst, die durch die am jeweiligen Standort wirksamen Bodenbildungsfaktoren entstanden und durch charakterist. Bodenhorizonte und deren Abfolge sowie spezif. Merkmale und Eigenschaften gekennzeichnet sind. Der B. ist der zentrale Begriff der Bodensystematik. Zu den bodenbildenden Faktoren zählen Gestein, Relief, Klima, Pflanzenwelt, Tierwelt, Menschen und Zeit.
Die Böden in Ö. weisen ein Alter von rd. 6000 Jahren auf, daher muss der Bodenerhaltung bes. Beachtung geschenkt werden, da einerseits verunreinigte Böden nach dem derzeitigen Wissensstand nicht in ihren ursprüngl. Zustand zurückgeführt werden können und andererseits erodierte oder abgeschobene Böden sehr lange Zeit benötigen, um sich zu regenerieren (falls dies überhaupt möglich ist). Dem Bodenschutz kommt deshalb im Sinne der Erhaltung der Fruchtbarkeit und der Landschaft eine steigende Bedeutung zu. Die Hauptfunktionen des Bodens sind Produktion, Filter und Infrastruktur. Für die Landw. stellt der Boden einen kurzfristig nicht erneuerbaren Rohstoff dar.
Bedingt durch den sehr heterogenen lithologischen Aufbau Ö., die starken Reliefgegensätze und das unterschiedl. Klima wechseln auch die B. sehr kleinräumig. Stark verallgemeinernd findet man im Wald- und Mühlviertel überwiegend silikatische Braunerden, podsolige Braunerden und Podsole, im nördl. Alpenvorland Parabraunerden, vergleyte Parabraunerden und Pseudogleye und im südöstl. Alpenvorland Pseudogleye. Hochwertige Tschernoseme (Steppenschwarzerden) finden sich im Wr. Becken, südl. und nördlich der Donau, im südl. Teil überwiegen Feuchtschwarzerden und Rendsinen auf Schotter. Rendsinen bedecken auch weite Flächen der Nördl. und der Südl. Kalkalpen, während die Zentralalpen meist von podsoligen Braunerden und Semipodsolen bedeckt sind. In den breiten Tallandschaften finden sich großflächig Auböden. Im Bereich des Seewinkels, des tiefsten Gebiets Ö., finden sich Salzböden.
Siehe Karte auf der folgenden Seite.

BODMERSHOF, Imma von, * 10. 8. 1895 Graz (Stmk.), † 26. 8. 1982 Gut Rastbach (Gem. Gföhl, NÖ.), Schriftstellerin; Tochter von Christian Frh. v. → Ehrenfels. Gehörte zeitweise dem Kreis von N. v. Hellingrath und S. George; schrieb v. a. Romane und Erzählungen mit starker Traditions- und Heimatverbundenheit. Großer Ö. Staatspreis 1958.
Werke: Romane: Die Rosse des Urban Roithner, 1950; 7 Handvoll Salz, 1958; Die Bartabnahme, 1982. – Erzählungen: Die Stadt in Flandern, 1939; Solange es Tag ist, 1953. – Lyrik: Haiku, 1962; Sonnenuhr, 1973.

BODNER, Ernst, * 31. 10. 1933 Innsbruck (Ti.), Chirurg. Studierte in Innsbruck und Würzburg. Seit 1979 Univ.-Prof. in Innsbruck; 1979–96 Vorstand der II. Univ.-Klinik f. Chirurgie, seit 1996 Leiter der Klinischen Abt. f. Allg. Chirurgie und seit 1997 Vorstand der Univ.-Klinik f. Chirurgie der Univ. Innsbruck.

BODYBUILDING, Modellierung des Körpers durch Muskelaufbautraining und zweckmäßige Ernährung,

Imma von Bodmershof. Foto, 1981.

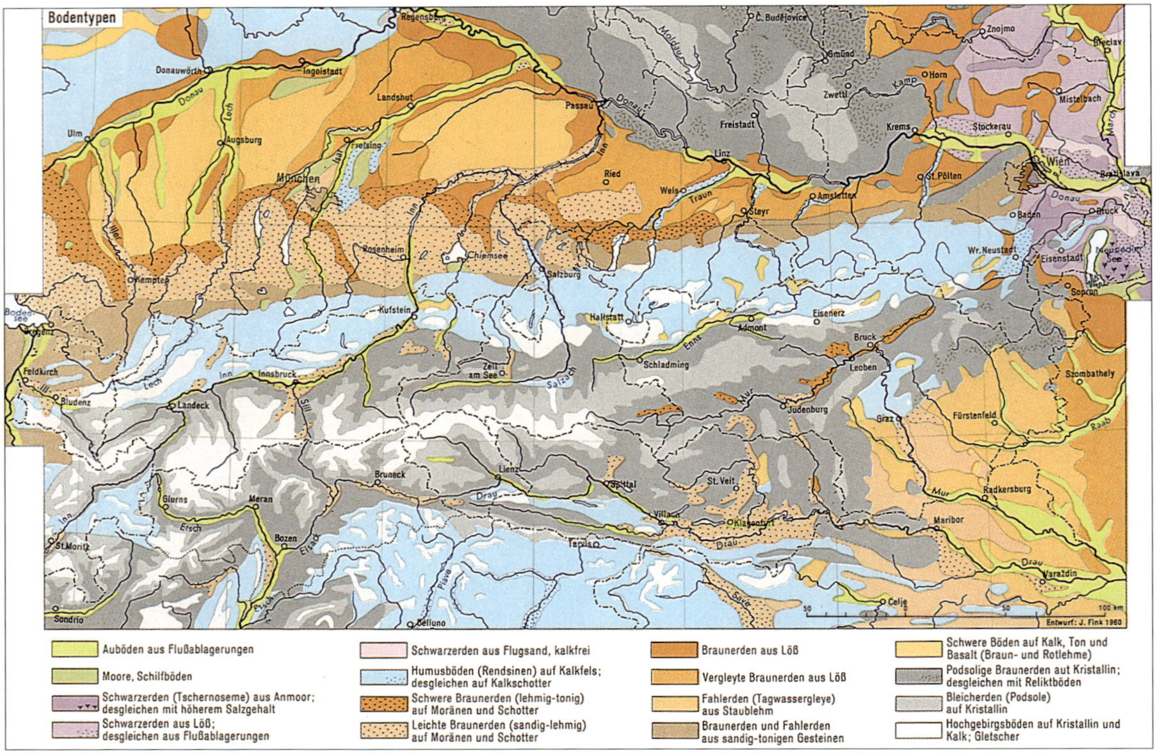

Bodentypen

Auböden aus Flußablagerungen	Schwarzerden aus Flugsand, kalkfrei	Braunerden aus Löß	Schwere Böden auf Kalk, Ton und Basalt (Braun- und Rotlehme)
Moore, Schilfböden	Humusböden (Rendsinen) auf Kalkfels; desgleichen auf Kalkschotter	Vergleyte Braunerden aus Löß	Podsolige Braunerden auf Kristallin; desgleichen mit Reliktböden
Schwarzerden (Tschernoseme) aus Anmoor; desgleichen mit höherem Salzgehalt	Schwere Braunerden (lehmig-tonig) auf Moränen und Schotter	Fahlerden (Tagwassergleye) aus Staublehm	Bleicherden (Podsole) auf Kristallin
Schwarzerden aus Löß; desgleichen aus Flußablagerungen	Leichte Braunerden (sandig-lehmig) auf Moränen und Schotter	Braunerden und Fahlerden aus sandig-tonigen Gesteinen	Hochgebirgsböden auf Kristallin und Kalk; Gletscher

aus ästhet. Motiven und auch wettkampfmäßig, meist in kommerziellen Studios; der Ö. Amateur-B.-Verband (ÖABBV) wurde 1976 gegründet. Als erfolgreichster ö. Bodybuilder wurde A. → Schwarzenegger 1967 Mr. Universum und 7-mal Mr. Olympia.
Publikation: Rundschreiben des ÖABBV.
Literatur: V. Leimlehner, Entwicklung des B. unter bes. Berücksichtigung Ö., Dipl.-Arb., Wien 1995.

Boeck, Rudolf J., * 10. 1. 1907 Wien, † 16. 9. 1964 ebd., Architekt, Stadtplaner. Leitete 1946–64 die Abteilung f. Sonderaufgaben des Wr. Stadtbauamts, war am Aufbau des Inst. f. Raumplanung beteiligt und Konsulent des Ö. Städtebunds für Planungs- und Baufragen. B. förderte die Siedlungsbewegung, setzte sich für Altstadtsanierung ein und entwickelte zukunftsweisende Konzepte für die städtebaul. Entwicklung Wiens.

Herbert Boeckl. Foto, um 1960.

Boeckl, Herbert, * 3. 6. 1894 Klagenfurt (Kä.), † 20. 1. 1966 Wien, Maler. Als Maler Autodidakt, ab 1935 Prof. an der Akad. d. bild. Künste in Wien und Lehrer bed. ö. Maler. Er erarbeitete in seinem Frühwerk einen eigenständigen, stark expressiven Stil mit pastosem Farbauftrag; für die mittlere Werkperiode ist die Auseinandersetzung mit dem Realismusbegriff auf der Basis einer spezif. Auffassung von der Funktion der Farbe und anhand von figuralen und landschaftl. Themen charakteristisch. B. Malerei nach 1945 bildete eine eigenständige Antwort auf die internationale abstrakte Malerei; auch die bereits längerfristige Auseinandersetzung mit den Werken P. Cézannes wurde in dieser Phase deutlich. Großer Ö. Staatspreis 1954, Ö. Ehrenzeichen f. Wiss. u. Kunst 1964.
Werke: Ölbilder: Liegender Akt, 1919; Gruppe am Waldrand, 1920; Große sizilian. Landschaft, 1924; Die Anatomie, 1931; Erzberg I, 1942; Das Leben des hl. Joseph von Copertino, 1950–58. – Nach 1945 abstrakte Aquarelle (Metamorphose, 1945). – Relig. Fresken in Maria Saal, 1925; Mogersdorfer Altar, Triptychon, 1934–45; Fresken in der Seckauer Engelkapelle, 1952–60. – Gobelins in der Wr. Stadthalle, 1957, und im Sbg. Festspielhaus, 1959.
Literatur: G. Frodl, H. B., 1976; I. Brugger u. K. A. Schröder (Hg.), H. B., Ausst.-Kat., Wien 1994.

Boehm, Adolf, * 25. 2. 1861 Wien, † 20. 2. 1927 Klosterneuburg (NÖ.), Graphiker und Maler. Studierte an der Akad. d. bild. Künste in Wien, war Gründungsmitglied der Wr. → Secession. Entwickelte einen stark ausgeprägten floral-ornamentalen Stil; neben der Malerei versuchte er sich im Kunstgewerbe. 1910–25 Prof. an der Wr. Kunstgewerbeschule.
Werke: dekorativ-abstrakte Graphiken; Glasfenster für die Villa O. Wagners in Wien-Hütteldorf (1899); Keramik; Möbel.

Boehringer Ingelheim Austria GmbH, 1948 gegr. Arzneimittelunternehmen (bis 1998 unter dem Namen Bender + Co GesmbH) mit Sitz in Wien, Tochterfirma des internat. Unternehmensverbandes Boehringer Ingelheim. Tätigkeitsbereiche sind einerseits Forschung und Entwicklung mit Schwerpunkt Onkologie, biotechn. Entwicklung und Produktion von Arzneimitteln sowie der Vertrieb von Boehringer-Ingelheim-Präparaten in Ö., andererseits Human-Pharma und Tiergesundheit sowie Pharmamarkterschließung in Mittel- und Osteuropa für den gesamten Unternehmensverband. Umsatz 229,5 Mio. Euro (2002), rd. 700 Mitarbeiter.

Boer, Johann Lukas (urspr. J. L. Bogers), * 12. 4. 1751 Uffenheim b. Ansbach (D), † 19. 1. 1835 Wien, Geburtshelfer. Begründete die Geburtshilfe in Ö. als selbständiges Fach, lehnte die übertriebene Anwendung der Kunsthilfe bei der Geburt ab und verwies auf die Naturkräfte des Körpers.
Werke: 7 Bücher über natürl. Geburtshilfe, 1834.

Boesch, Christian, * 27. 7. 1941 Wien, Sänger (Bariton); Sohn der Sopranistin und Gesangspädagogin Ruthilde B. (* 9. 1. 1918, Lehrerin von E. Gruberova), Bruder von Wolfgang → Boesch. 1966–68 am Stadttheater Bern, ab 1977 in Wien (Volksoper und Staatsoper), Mitwirkung bei den Sbg. Festspielen; v. a. als Papageno in Mozarts „Zauberflöte" bekannt; beendete Anfang der 90er Jahre seine Sängerlaufbahn und lebt seither in Südamerika als Landwirt.

Boesch, Wolfgang, * 26. 9. 1939 Wien, Jurist und Schriftsteller; Bruder von Christian → Boesch. Verfasser satirischer Zeitromane und humorist. Jugendbücher. Die Familie und ihre komplizierten Beziehungsgeflechte sind Themen seiner Werke mit z. T. autobiograph. Elementen.
Werke: Fernsehspiele: Rücksichtslos dankbar, 1978; Die Explosion, 1979. – Romane: Nicht einmal Klavier, 1981; Umsteigen in Liliput, 1982; Flegeljahre der Muse, 1985; Das Riesenspiel, 1995. – Jugendbücher: Hilfe, wir gründen eine Familie, 1985; Hilfe, ein Vater zuviel, 1986; Hilfe, meine Schwester dreht durch, 1987; 10 Käfige für Omas Vogel, 1991.

Bogdandy, Ludwig von, * 10. 2. 1930 Berlin (D), † 5. 5. 1996 Linz (OÖ.), Ind.-Manager. 1986–88 Vorstandsmitgl. der VOEST-Alpine AG, 1988–92 Vorsitzender des Vorstands der VOEST-Alpine Stahl AG (→ verstaatlichte Industrie), maßgeblich an der Entwicklung des → Corex®-Verfahrens beteiligt. 1990–92 Vorstandsmitgl. der → Austrian Industries AG, ab 12. 11. 1993 ungar. Honorarkonsul in Linz.

Bogner, Dieter, * 4. 9. 1942 Wien, Kunsthistoriker, Museologe, Ausstellungskurator und Konsulent. Inhaber von bogner.cultural consulting (Wien, Toronto, London), 1979 Gründer und seither Leiter des „Kunstraums Buchberg" (Schloss Buchberg, Gars am Kamp, NÖ.). 1990–94 Geschäftsführer der Museumsquartier Errichtungs- u. Betriebsges. 1990 Gründer und bis 2001 Leiter (mit R. Goebl) des Inst. f. Kulturwiss. in Wien sowie Vorsitzender der Ö. F. u. L. Kiesler Privatstiftung; Gastprofessuren in Wien und Moskau. Ö. K.-Lorenz-Staatspreis f. Umweltschutz 1985.
Werke: F. Kiesler, 1988; J. Itten, Ausst.-Kat., 1988; Haus-Rucker-Co, Ausst.-Kat., 1992; F. Kiesler – Inside the Endless House, Ausst.-Kat., 1997; Raumkunst.Kunstraum, 2000 (Hg.); F. J. Kiesler – Endless Space, 2001 (Hg.).

Bohatta, Hans, * 2. 12. 1864 Wien, † 30. 10. 1947 ebd., Bibliothekar. Dir. der liechtensteinischen Bibl.; schuf den ersten Schlagwortkatalog im dt. Sprachgebiet (1906–13); gab mit M. Holzmann das „Dt. Anonymen-Lexikon" (7 Bde., 1902–28; Nachdruck 1984) und das „Dt. Pseudonymen-Lexikon" (1906) heraus.
Literatur: G. Winter, H. B., 1988.

Böhm, Franz (eigentl. F. Böhm), * 24. 6. 1909 Wien, † 24. 3. 1963 ebd., Schauspieler; Bruder von Alfred → Böhm und Carlo → Böhm. 1928–34 am Volkstheater, 1938–53 am Theater in der Josefstadt, 1953 an der Volksoper, ab 1955 am Burgtheater, ab 1959 neuerlich an der Volksoper im Volksoper; Komiker und Darsteller skurriler Charaktere; Film- und Rundfunkschauspieler und -sprecher.

Böheim, Wendelin, * 17. 9. 1832 Wr. Neustadt (NÖ.), † 1. 11. 1900 Wien, Waffentechniker, Offizier, Journalist, Museumsbeamter. 1859–65 Prof. an der Theresian. → Militärakademie, 1878 Kustos der kaiserl. Waffen-Smlg.; übertrug 1880 die Ambraser Smlg. nach Wien, wirkte bei der Einrichtung des Kunsthist. Museums und des Heeresgeschichtl. Museums in Wien mit; begründete in Ö. die hist. Waffenkunde und method. Waffenforschung.
Werk: Hb. der Waffenkunde, 1890.
Literatur: G. Buttlar, Wr. Neustadt, ²1993.

Böheimkirchen, NÖ., PL, Markt, 247 m, 4506 Ew., 45,55 km², im oberen Perschlingtal am Rand der Voralpen, östl. von St. Pölten. – Flussbauhof; Holz- (2 Großtischlereien) und Metallverarbeitung (Großschlossereien). – Abschnittsbefestigung aus der frühen Bronzezeit auf dem Hochfeld von B. mit Bronzeverarbeitung; durch reiche Keramikfunde (mehrere Tonnen) auf 17.–16. Jh. v. Chr. datiert. Pfarrkirche (1731–34) mit got. Chor und spätgot. W-Turm, in der Umgebung: roman. Filialkirche Lanzendorf mit schiefem got. W-Turm; Kirche St. Peter am Anger in Außerkasten (frühbarocker Hochaltar), Karmeliterinnenkloster Maria Jeutendorf, Schloss Neutenstein in Untergrafendorf.
Literatur: W. Häusler, Geschichte von B., 1985.

Böhlau, Verlag Ges. m. b. H. & Co. KG, 1947 von K. Rauch gegr. Mit den Themenschwerpunkten Geschichte, Sozialwiss., Kunst, Architektur, Philosophie, Sprach- und Literaturwiss., Politikwiss. und Rechtsgeschichte baute B. ein bed. kulturwiss. Verlagsprogramm auf. Seit 1987 durch Partnerschaft mit der Buchhandlung Minerva in das weltweite Vertriebsnetz des wiss. Springer-Verlags eingebunden. Jährlich erscheinen etwa 100 neue Titel; enge Verbindung besteht zum Böhlau-Verlag Köln/Weimar.

Böhler, Albert, * 28. 8. 1845 Frankfurt a. M. (D), † 10. 10. 1899 Wien, Industrieller. Kam 1870 nach Wien und übernahm 1894 mit seinen 3 Brüdern die → Böhler-Werke in Kapfenberg. Die Händlermarke „B.-Stahl" stand für höchste Qualität.
Literatur: O. Böhler, Wolfram- und Rapidstahl, 1904.

Böhler, Hans, * 11. 9. 1884 Wien, † 17. 9. 1961 ebd., Maler. Hielt sich nach mehreren Weltreisen 1936–50 in den USA auf; wurde durch farbintensive figurative Ölbilder und präzis konturierte Aktzeichnungen bekannt.
Werke: Kreolin, 1913; In der Loge, 1927.
Literatur: M. Suppan, H. B., 1990.

Böhler, Jörg, * 15. 12. 1917 Gries b. Bozen (S-Ti.), Unfallchirurg; Sohn von Lorenz → Böhler; ab 1964 a.o. Prof., 1971–83 Primar des L.-Böhler-Unfallkrankenhauses in Wien 20.

Böhler, Lorenz, * 15. 1. 1885 Wolfurt (Vbg.), † 20. 1. 1973 Wien, Chirurg; Vater von Jörg → Böhler. Univ.-Prof., Schöpfer der modernen Unfallchirurgie; Leiter des Unfallkrankenhauses in Wien 20, das er zu einem Muster für ähnl. Anstalten in der ganzen Welt machte. B. entwickelte die Technik der Knochenbruchbehandlung durch fachgemäße Ruhigstellung. Er gründete und leitete das Rehabilitationszentrum Stollhof in Klosterneuburg.
Werk: Die Technik der Knochenbruchbehandlung, 3 Bde., 1951–63 (in viele Sprachen übersetzt).
Literatur: I. Lehner, L. B. Die Geschichte eines Erfolges, 1991.

Böhler-Uddeholm AG, 1991 durch Fusion der zur staatl. → Austrian Industries AG gehörenden Böhler Ges. m. b. H. in Kapfenberg (→ Böhler-Werke) mit der schwed. Uddeholm AB entstandenes internat. Unternehmen für Edelstahlerzeugung; Produktionsgesellschaften befinden sich in Ö., Deutschland, N- und S-Amerika, Vertriebsniederlassungen auf allen 5 Kontinenten. 1996 wurde das Unternehmen mehrheitlich und 2003 vollständig über die Börse privatisiert. Es war bis 1999 in die 4 Kernbereiche Langprodukte, Bandprodukte, Schweißtechnik und Schmiedetechnik strukturiert, 1999 wurde der Bereich Schweißtechnik verkauft. Die B.-U. AG gilt weltweit als der führende Anbieter von Werkzeugstahl. 2002 betrug der Umsatz 1,44 Mrd. Euro, weltweit wurden rd. 9300 Mitarbeiter beschäftigt, davon 3870 in Ö. Vorstandsvorsitzender ist seit 1991 Claus J. → Raidl.
Literatur: D. Valenti, Eine Betriebsanalyse der B.-U. AG mit hist. Rückblick auf die B. Edelstahl Kapfenberg, Dipl.-Arb., Graz 2003.

Lorenz Böhler. Foto.

Böhler-Werke: Dampfhammerwerk Erlachhammer. Postkarte, 1910.

BÖHLER-WERKE, eines der ältesten Edelstahlunternehmen Mitteleuropas; die Geschichte der Produktionsstätten geht bis in das 15. Jh. zurück. 1894 übernahmen die 4 aus Deutschland eingewanderten Brüder Böhler von der → Oesterreichisch-Alpine Montangesellschaft das Gussstahlwerk Kapfenberg samt den dazugehörigen Hammerwerken; nach dem Tod des Letzten der Brüder bestand das Unternehmen als AG weiter. Das von Anfang an exportorientierte Unternehmen, das schon vor dem 1. Weltkrieg eine Reihe von Handelsniederlassungen in aller Welt unterhielt, errichtete 1914 ein Tochterunternehmen in Düsseldorf und beteiligte sich 1926 an einem Stahlwerk in Ravne (SLO). Im 1. und 2. Weltkrieg wurden die Produktionskapazitäten in der Stmk. beträchtlich erweitert. Nach Demontagen 1945 wurde das Unternehmen 1946 verstaatlicht (→ verstaatlichte Industrie), darauf wurde der Betrieb ständig erweitert und modernisiert und erreichte 1975, als die B.-W. mit → Schoeller-Bleckmann und den Steir. Gussstahlwerken zur → Vereinigten Edelstahlwerke AG (VEW) zusammengeschlossen wurden, einen Mitarbeiterstand von fast 8000.

1980 geriet die Edelstahlind. weltweit in eine Krise; 1988 wurden die VEW aufgelöst und die ehem. B.-W. als Böhler Ges. m. b. H. in die → Austrian Industries AG eingebracht. 1991 erfolgte die Fusion mit der schwedischen Firma Uddeholm AB zur → Böhler-Uddeholm AG und damit zum weltweit größten Werkzeugstahl-Hersteller.

BÖHM, Alfred, * 23. 3. 1920 Wien, † 22. 9. 1995 Wieselburg (NÖ.), Schauspieler; Bruder von F. → Böheim und Carlo → Böhm. Charakterkomiker in Innsbruck, Linz und am Wr. Theater in der Josefstadt; Gastspiele bei K. → Farkas im Wr. Kabarett „Simpl"; Schwerpunkt seiner Tätigkeit in Film und Fernsehen (u. a. in F. Antels Film „Der Bockerer", 1. Tl., 1981; in den Fernsehserien „Familie Leitner" und „Der Leihopa", Ober Alfred im „Seniorenclub").
Werk: Mit besten Empfehlungen Ihr A. B. Erinnerungen & Anekdoten, aufgezeichnet von D. Lindner, 1988.

BÖHM, Anton, * 6. 3. 1904 Wien, † 8. 1. 1998 Salzburg, kath.-groß-dt. orientierter Publizist. 1928–41 Mitarbeiter und Redakteur der → „Schöneren Zukunft", 1938 von den Nat.-Soz. beauftragter kommissarischer Leiter der → „Reichspost". 1947 Mit-Hg. der Ztschr. → „Wort und Wahrheit", 1963–73 Chefredakteur der kath.-konservativen Wochenzeitung „Rheinischer Merkur" (Köln, Bonn).

BÖHM, Carlo, * 18. 4. 1917 Wien, † 2. 4. 1997 ebd., Schauspieler; Bruder von Alfred → Böhm und Franz → Böheim. Spielte 1945–50 am Theater in der Josefstadt, 1950–79 am Volkstheater, ab den Volksoper und weiterhin am Theater in der Josefstadt in Wien. Daneben Gastspiele und Arbeiten für Rundfunk und Fernsehen.

BÖHM, Johann, * 26. 1. 1886 Stögersbach (NÖ.), † 13. 5. 1959 Wien, Bauarbeiter, Gewerkschafter und Politiker (SPÖ). 1930–34 und 1945–59 Abg. z. NR, 1945–59 Zweiter Präs. d. NR. B. war 1945 einer der Gründer des überparteil. Ö. → Gewerkschaftsbunds (ÖGB) und bis 1959 dessen Präs. Er war neben J. → Raab einer der Hauptinitiatoren der → Sozialpartnerschaft.
Werk: Erinnerungen aus meinem Leben, 1954.
Literatur: K. Holzer, J. B., eine Biographie, ²1998.

BÖHM, Joseph, * 4. 4. 1795 Pest (Budapest, H), † 28. 3. 1876 Wien, Geiger. 1819–48 Lehrer am Wr. Konservatorium, begründete den Ruf der „Wr. Geigenschule" (Lehrer von J. → Joachim und G. → Hellmesberger sen.); gelangte auch als Solist und Quartettspieler zu großer Berühmtheit (Uraufführung von Beethoven- und Schubertwerken); Mitgl. der Hofmusikkapelle 1821–68.

BÖHM, Joseph, * 17. 5. 1833 Groß-Gerungs (NÖ.), † 2. 12. 1893 Wien, Pflanzenphysiologe. Univ.-Prof. in Wien, Pionier der Erforschung des Saftsteigens und der Wasserversorgung in den Pflanzen.
Werke: mehr als 50 grundlegende Arbeiten.

BÖHM, Joseph Daniel, * 15. 3. 1794 Wallendorf, Zips (Spišske Vlachy, Spiš, SK), † 15. 8. 1865 Wien, Medailleur, Bildhauer, Kunstsammler und -gelehrter. Ab 1836 Dir. der Graveurakad. am Hauptmünzamt, als Haupt eines privaten Diskussionskreises aus Künstlern, Kennern und Fachleuten (Vorläufer der Wr. Kunsthist. Schule) maßgebl. Schlüsselfigur des Wr. Kunstwesens der Jh.-Mitte und Mentor der Ringstraßengeneration. Sein Sohn Joseph Edgar B. (1834–1890) wurde in London einer der bedeutendsten Bildhauer der viktorian. Ära.
Werke: Porträtmedaillen und Münzstempel; Plastiken im Brandhof Erzhzg. Johanns, 1822/25.

Karl Böhm. Foto, 1955.

BÖHM, Karl, * 28. 8. 1894 Graz (Stmk.), † 14. 8. 1981 Salzburg, Dirigent, Jurist; Vater von Karlheinz → Böhm. Nach einem ersten Engagement in Graz (während seines Jusstudiums) kam er 1921 an die Wr. Staatsoper. In den 20er und 30er Jahren schnelle internat. Karriere (dirigierte u. a. 1935 die Uraufführung von R. Strauss' „Die schweigsame Frau" in London). 1943–45 und 1954–56 Direktor der Wr. Staatsoper (dirigierte 1955 Beethovens „Fidelio" zur Wiedereröffnung der Staatsoper); erwarb sich in den 50er und 60er Jahren zusammen mit dem „Wr. Mozartensemble" einen bes. Ruf als Mozartinterpret. Sein Stil war durch eine sehr gleichmäßige, ruhige und sehr genau der Anweisungen des Komponisten folgende Art des Dirigierens geprägt. Zahlr. Ehrungen, 1964 erster Ö. Generalmusikdirektor, Ö. Ehrenzeichen f. Wiss. u. Kunst 1970.
Literatur: K. B., Ich erinnere mich ganz genau, 1968 (Autobiographie); F. Endler, K. B. Ein Dirigentenleben, 1981.

Karlheinz Böhm. Foto.

BÖHM, Karlheinz, * 16. 3. 1928 Darmstadt (D), (Film-)Schauspieler; Sohn des Dirigenten Karl → Böhm. 1949–53 Schauspieler am Theater in der Josefstadt; 1948 Filmdebüt, ab 1954 Darsteller des jungen Ks. Franz Joseph in den Sissi-Filmen von E. → Marischka; in über 80 Film- und Fernsehproduktionen tätig (u. a. in „Peeping Tom", 1959, und in einigen Filmen von R. W. Fassbinder), 1964 erste Opernregie; 1975–79 Ensemblemitgl. des Düsseldorfer Schauspielhauses; 1981 gründete er die Hilfsorganisation „Menschen für Menschen" für die Hungernden in Äthiopien und gab dafür seine Tätigkeit als Schauspieler fast gänzlich auf.
Werk: Mein Weg, 1991.
Literatur: F. Beyer, K.B. Seine Filme – sein Leben, 1992; F. Wolke, K. B. – wie ein Star zum Helfer wurde, 1997; S. Strieder, K. B. Was Menschen für Menschen geschaffen haben, 2002.

BÖHM, Max („Maxi"), * 23. 8. 1916 Wien, † 26. 12. 1982 ebd., Kabarettist, Conférencier, Schauspieler. Nach schauspielerischer Tätigkeit an Provinzbühnen 1945 Kabarettist, Autor und Regisseur an der Kleinkunstbühne „Eulenspiegel" in Linz und Conférencier

beim Sender „Rot-Weiß-Rot"; 1957–74 einer der Hauptdarsteller und engster Mitarbeiter von K. → Farkas im Kabarett „Simpl" in Wien; ab 1974 Schauspieler an Volks- und Raimundtheater sowie am Theater an der Wien; ab 1976 Mitgl. des Theaters in der Josefstadt in Wien; Radio- und Fernsehtätigkeit („Die Bilanz der Saison", „Hallo Hotel Sacher Portier").
Werk: Bei uns in Reichenberg, ²1983.

BOHMANN DRUCK- UND VERLAG GES. M. B. H. & CO. KG, 1936 gegr. Verlag für Schul- und Fachbücher, Zeitschriften und andere Druckwerke, heute auch im Bereich Electronic Publishing (CD-ROMs, Online-Dienste) tätig; führend auf dem Gebiet branchenbezogener Fachpublikationen mit starker Ausstrahlung auch auf die Reformländer Mittel- und Osteuropas. Seit 1994 Partnerschaft mit dem internat. Verlagskonzern Wolters Kluwer; seit 1995 gehört → Jugend und Volk zur B.-Gruppe.

BÖHM-BAWERK, Eugen von, * 12. 2. 1851 Brünn (Brno, CZ), † 27. 8. 1914 Kramsach (Ti.), bed. Nationalökonom. Univ.-Prof. in Innsbruck und Wien, 1911–14 Präs. der Ö. Akad. d. Wiss. Begründete mit K. → Menger v. Wolfensgrün und F. Wieser die Ö. Schule der Nationalökonomie (→ Grenznutzentheorie), stellte die Agiotheorie des Zinses auf. Als Finanzmin. führte er die progressive Einkommensteuer ein.
Werke: Kapital und Kapitalzins, 2 Bde., 1889; Ges. Schriften, hg. von F. X. Weiß, 2 Bde., 1926.
Literatur: S. Tomo, E. v. B.-B., 1994; B. Schefold, E. v. B.-B. Entdeckungen und Irrtümer in der Geschichte der Zinstheorien, 1994; ÖBL.

BÖHM-BÖHMERSHEIM, Karl von, * 26. 10. 1827 Horowic (CZ), † 27. 5. 1902 Wien, Arzt und Univ.-Prof. in Wien. 1870 Dir. des Allg. Krankenhauses; entwarf die hygien. Anlagen der damaligen Großbauten.
Werk: Therapie der Knochenbrüche, 1868.

BÖHMDORFER, Dieter, * 11. 5. 1943 Trautenau (Trutnov, CZ), Jurist und Politiker (parteilos). 1973–2000 als Rechtsanwalt in Wien tätig (in vielen Causen Vertreter der FPÖ und von Jörg → Haider); 1987–89 Aufsichtsratsmitgl. der AUA und 1991–98 der Flughafen Wien AG; 2000–2004 BMin. f. Justiz.

BÖHMEN, bis 1918 Kronland (Königreich) der ö.-ungar. Monarchie mit 51.948 km² (1910) und 6.774.309 Ew., davon 62,9 % Tschechen, 37,1 % Deutschsprachige; wichtiges Agrar- und Ind.-Land der Monarchie (Erzeugung von Textilien, Glas, Eisen, Lebensmitteln). Der Landtag von B. bestand aus 242 Mitgl., in das Abgeordnetenhaus nach Wien entsandte B. (1900) 110 Mitgl.
Der Name kommt von den keltischen → Boiern, die das Land bereits um 60 v. Chr. räumten. Im 9./10. Jh. gewann der um Prag siedelnde Stamm der Tschechen die Führung und gab später dem Land den Namen (Tschechien). Die Herrschaft lag bei den Přemysliden. Hzg. Wenzel († 935) wurde als Heiliger verehrt und Landespatron. B. wurde im 11. Jh. Teil des dt. Reichs, seit 1114 hatte der Hzg. ein Reichserzamt (seit dem 13. Jh. die Kurfürstenwürde) inne. Bereits im 11. Jh. siedelten viele Deutschsprachige in B., im 13. Jh. wanderten dt. Bürger, Handwerker und Bauern in die Städte und Randgebiete ein. Seit 1182 gehörte auch die Markgrafschaft → Mähren zu Böhmen. 1198 erhielten die Herzöge von B. endgültig den Königsrang, Přemysl → Ottokar II. dehnte seine Herrschaft von Schlesien bis zur Adria aus, unterlag aber 1278 gegen → Rudolf I. von Habsburg. Nach dem Aussterben der Přemysliden 1306 wurden die Luxemburger Könige von B. (bis 1437). Unter ihrer Herrschaft wurden Schlesien und die Lausitz Teile von B. Unter Karl IV. erlebte Prag einen kulturellen Höhepunkt (1344 Erzbistum, 1348 Univ., Veitsdom). 1419–33 überzog die nationale Bewegung der Hussiten das Land, das schwer verwüstet wurde. Nach der Herrschaft von Georg von Poděbrad stellten die poln. Jagellonen 1471–1526 die Könige. Ihnen folgte der Habsb. Ferdinand I., der Böhmen 1547 zum Erbreich erklärte. Ks. Rudolf II. (1576–1612) regierte von Prag aus das Hl. Röm. Reich. 1618 begann mit dem Prager Fenstersturz der 30-jährige Krieg, nach der Schlacht am Weißen Berg 1620 erfolgte eine Auswechslung der Führungsschicht, und mit der Landesordnung von 1627 wurde der Absolutismus eingeführt, der eine lang andauernde antihabsb. Haltung der Tschechen zur Folge hatte.
Im 18. Jh. erlebte B. eine kulturelle Blütezeit mit vielen aufwendigen Bauten bei gleichzeitiger schlechter soz. Lage der unteren Volksschichten; durch seine zentraleurop. Lage war das Land v. a. durch den österr.-preuß. Antagonismus einer ständigen Bedrohung ausgesetzt. Joseph II. hob 1781 die Leibeigenschaft auf, mit der Romantik erlebte das tschech. Nationalbewusstsein eine Renaiss., das sich im 19. Jh. steigerte und zu einem starken Gegensatz zur deutschsprach. Bevölkerung führte. Die nationalen Konflikte brachten die Trennung vieler Einrichtungen (1864–68 Großbanken, 1869 Techn. Hochschule, 1882 Univ. in Prag), ab 1867 boykottierten die Tschechen den böhm. Landtag (bis 1874/78) und den Reichsrat (bis 1879), ab 1897 verschärfte sich der Nationalitätenkonflikt erheblich, es erfolgte die Abwendung der ö.-ungar. Monarchie. Während des 1. Weltkriegs wurde über B. der Ausnahmezustand verhängt, beträchtl. Truppenkörper desertierten, in den USA bildete T. G. Masaryk eine Exilregierung. Am 28. 10. 1918 wurde die Tschechoslowakische Republik (ČSR) ausgerufen.
Literatur: K. Bosl (Hg.), Handbuch der Geschichte der böhm. Länder, 4 Bde., 1967–74; Biograph. Lexikon der böhm. Länder, 1986 ff.; F. Prinz (Hg.), Dt. Geschichte im Osten Europas, B. u. Mähren, 1993.

BÖHM-ERMOLLI, Eduard, * 12. 2. 1856 Ancona (I), † 9. 12. 1941 Troppau (Opava, CZ), Feldmarschall (1918). Im 1. Weltkrieg Armee- und Heeresgruppenkommandant an der russ. Front, entsetzte 1915 Lemberg und leitete 1917 die Sommeroffensive gegen Russland.
Literatur: ÖBL; NDB.

BÖHMERWALD, Mittelgebirge des → Böhmischen Massivs, reicht mit seinen SO-Ausläufern nach Ö., bildet im nordwestl. Mühlviertel (OÖ.) das Dreiländereck Ö.–Deutschland–Tschechien und den westl.

Böhmen: Iglauerinnen, Hanake und Jazek aus Jablunkau. Farbholzschnitt von H. Charlemont, 1897.

Eugen von Böhm-Bawerk. Ausschnitt aus der 100-Schilling-Note von 1984.

Böhmen: Wappen von Böhmen, Mähren und Schlesien. Balleinladungskarte, 1913.

Böhmen: Prag. Kolorierter Stich, um 1590.

Ludwig Boltzmann. Lithographie von R. Fenzl, 1898.

Teil der oö. N-Grenze (gegen Tschechien). An der Grenze erreicht der bewaldete, siedlungsarme Höhenrücken im Plöckenstein eine Höhe von 1379 m und im Hochficht von 1338 m, auf ö. Boden im Zwieselberg 1163 m und im Bärenstein (Schindlauer Berg) 1077 m. Heimat A. → Stifters.

Böhmisches Massiv (auch Böhmische Masse), geolog. Bezeichnung für den Teil des alten mitteleurop. Grundgebirges aus Granit (Weinsberger, Mauthausener, Eisgarner Granit), Gneis und kristallinen Schiefern, der S-Böhmen, W-Mähren und den nördl. Teil Ö. umfasst. Zum B. M. gehören in Ö. zur Gänze das Mühl- und das Waldviertel. Es reicht aber an mehreren Stellen auch über die Donau nach S, wobei das Donautal zu malerischen Durchbruchsstrecken eingeengt wird: Sauwald, Kürnberger Wald, Neustadtler Platte, Strudengau-Berge, Hiesberg und Dunkelsteiner Wald. Das B. M. ist zu einer welligen Rumpffläche abgetragen, die ihre Umgebung um einige 100 m überragt. Auf ihm verläuft die mitteleurop. Hauptwasserscheide, es umfasst die einzigen Gegenden Ö. (außer dem rheinzugewandten Vbg.), die nicht zur Donau entwässert werden. Gegen S und O taucht das B. M. flach unter die jüngeren Gesteine der → Molassezone und weiter tief unter die Nördl. Kalkalpen, wo es in der Bohrung Berndorf 1 in 5945 m unter der Oberfläche angetroffen wurde.

Literatur: G. Fuchs u. A. Matura, Die Böhmische Masse in Ö., in: R. Oberhauser (Red.), Der geolog. Aufbau Ö., 1980.

Böhmisches Massiv: Granitformation in der Pesenbachklamm bei Bad Mühllacken, OÖ.

Boier, kelt. Stamm, der seit etwa 100 v. Chr. den Siedlungsschwerpunkt in den Bereich westl. Slowakei, Weinviertel, Wr. Becken bis in den Raum Sopron verlagerte. Nach dem Scheitern eines Angriffs auf das Regnum Noricum wanderte ein Teil des Stamms nach Gallien ab, wo er von Caesar besiegt wurde. Um 50 v. Chr. wurden die B. vom Dakerkönig Burebista vernichtend geschlagen und als polit. Machtfaktor ausgeschaltet.

Bolla-Kotek, Sibylle, * 8. 6. 1913 Pressburg (Bratislava, SK), † 23. 2. 1969 Wien, Juristin. 1. weibl. ordentl. Professorin der Jurid. Fakultät in Wien (1952); 1944 außerplanmäßige Prof. in Prag, 1945 Emigration nach Wien, Lehrtätigkeit an der Univ. Wien, 1952 Univ.-Prof. für Röm. Recht, Papyrologie und vorderasiat. Rechte, Bürgerl. Recht und internat. Privatrecht.

Boltenstern, Erich, * 21. 6. 1896 Wien, † 9. 6. 1991 ebd., Architekt. Ab 1934 Assistent von C. → Holzmeister an der Akad. d. bild. Künste in Wien, 1952–67 Akad.-Prof. Schuf v. a. Wohn- und Ind.-Bauten sowie Innengestaltungen. Großer Ö. Staatspreis 1958.

Werke: Krematorium in Graz, 1931–32, 1961–67; Krematorium in Villach, 1952–53; in Wien: Kahlenberg-Restaurant, 1934–35; Ringturm, 1953–55; Wiederaufbau der Staatsoper, 1947–55, und der Börse, 1956–59; Innengestaltung der Aufbahrungshallen auf dem Wr. Zentralfriedhof, 1966–83; Wohnbauten (mit E. Wachberger).

Boltzmann, Ludwig, * 20. 2. 1844 Wien, † 5. 9. 1906 Duino b. Triest (I; Selbstmord), einer der bedeutendsten ö. Physiker. Univ.-Prof. in Graz, Leipzig und Wien; bestätigte erstmals experimentell die maxwellsche elektromagnet. Lichttheorie (15 Jahre vor H. Hertz) und begründete das von J. → Stefan gefundene Strahlungsgesetz. Er klärte mit Hilfe der Wahrscheinlichkeitsrechnung den Zusammenhang zw. Thermodynamik und Mechanik und wendete als Erster die Gesetze der Statistik auf Gasmoleküle an.

Werke: Vorlesungen über Maxwells Theorie der Elektrizität und des Lichts, 2 Bde., 1891/93; Vorlesungen über Gastheorie, 2 Bde., 1896/98; Vorlesungen über Prinzipien der Mechanik, 2 Bde., 1897/1904; Wiss. Abhandlungen, 3 Bde., 1909.
Literatur: E. Broda, L. B. Mensch, Physiker, Philosoph, 1955; W. Höflechner, L. B., sein akad. Werdegang in Ö., 1982; J. Blackmore (Hg.), L. B., 2 Bde., 1995; T. Leiber, Vom mechanist. Weltbild zur Selbstorganisation des Lebens, 2000.

Bolzano, Bernard, * 5. 10. 1781 Prag (CZ), † 18. 12. 1848 ebd., Logiker, Mathematiker, Philosoph und Theologe. 1805–19 Prof. in Prag (Amtsenthebung, Veröffentlichungs- sowie Beichtverbot wegen seiner liberalen und aufklärerischen Ideen). Nahm viele Aspekte der sprachanalyt. Philosophie des 20. Jh. vorweg, Wegbereiter des Logizismus.

Ausgabe: Gesamtausgabe, 1969 ff.

Boltzmann-Institute: Die 1960 gegr. L.-Boltzmann-Ges. ist Trägerorganisation von (2003) 130 Instituten und 7 Forschungsstellen (Humanmedizin, Naturwiss., techn. Wiss., Sozial- und Geisteswiss. u. a.). Die Gründung und der Betrieb der B.-I. erfolgt in Zusammenarbeit mit universitären und sonstigen wiss. Einrichtungen, in der Medizin insbes. mit Krankenhäusern. Das erste B.-I. (Festkörperphysik) wurde 1965 gegr.

Bombardier-Rotax GmbH & Co. KG, 1920 in Dresden gegr. Motorenfabrik (2- und 4-Takt-Motoren), seit 1947 Sitz in Gunskirchen (OÖ., → Lohner-Werke), seit 1970 Teil des kanad. Konzerns Bombardier Inc., seit 2003 Tochterges. des kanad. Unternehmens Bombardier Recreational Products Inc. Schwerpunkt ist die Motorenentwicklung und -erzeugung für Motorschlitten, Boote, Geländefahrzeuge, Motorräder, Karts und Leichtflugzeuge. Umsatz (2002/03) 317 Mio. Euro, rd. 1250 Beschäftigte; Exportanteil: 98 %.
Literatur: M. C. Dinböck, Vom Fahrradteilerzeuger zum modernen Ind.-Betrieb, Dipl.-Arb., Wien 1989.

Bombardier Transportation Austria GmbH & Co KG, Kompetenzzentrum für leichte Schienenfahrzeuge innerhalb des Bombardier-Konzerns mit Sitz in Wien-Floridsdorf; hervorgegangen aus den ehem. → Lohner-Werken. Spezialisiert auf die Entwicklung und Fertigung von Straßen- und Stadtbahnen. Umsatz (2003) rd. 160 Mio. Euro, 690 Mitarbeiter.

Bombastus von Hohenheim, Theophrastus, siehe → Paracelsus.

Bombenkrieg: Erste Versuche, Bomben von Ballons abzuwerfen, gab es bereits während der Belagerung Venedigs durch ö. Truppen 1849. Im 1. Weltkrieg kam es schon zu einem regelrechten Bombenkrieg, wobei 1914 noch Bomben mit der Hand aus Flugzeugen und Luftschiffen abgeworfen wurden, bei Kriegsende schon 2- bis 4-motorige Bomber Bombenlasten bis zu 2000 kg tragen und abwerfen konnten; im Februar 1918 wurde beispielsweise Innsbruck von italien. Bombern angegriffen. Im 2. Weltkrieg blieb das heutige ö. Staatsgebiet bis zum Sommer 1943 vom B. verschont, mit Ausnahme eines Angriffs jugoslaw. Flugzeuge auf Graz (10. 4. 1941). Der strateg. B. gegen Ö. wurde von amerikan. Verbänden mit einem Angriff am 13. 8. 1943 auf Wr. Neustadt begonnen. Bis 1945 bombardierte die am 1. 11. 1943 aufgestellte 15. US-Luftflotte zusammen mit der 205. brit. Geschwader

Bombenkrieg: Zerstörungen in Wien. Foto, um 1945.

von Italien aus Ö. Die schwersten Angriffe fanden im Februar und März 1945 statt. 1943–45 wurden von den Alliierten über Ö. 80.000 t Bomben abgeworfen und rd. 30.000 Menschen getötet, 12.000 Gebäude und viele andere Bauwerke wurden zerstört.

Literatur: J. Ulrich, Der Luftkrieg über Ö. 1939–45, Militärhist. Schriftenreihe 5/6, 1967; G. Holzmann, Der Einsatz der Flakbatterien im Wr. Raum 1940–45, ebd. 14, 1970; M. Rauchensteiner, Der Luftangriff auf Wr. Neustadt …, ebd. 49, 1983; L. Banny, Krieg im Bgld., Bd. 1 (Warten auf den Feuersturm), 1983; M. Rauchensteiner, Krieg in Ö. 1945, ³1985.

BONANI, Josef, * 1685 Nonsberg (S-Ti.), † unbekannt, Jesuit, Indienmissionar. Ab 1718 auf den Marianen, später Rektor des Seminars in Manila; beschrieb Kalifornien, Mexiko, die Marianen und die Insel Rota.

BONDY, Ottilie (geb. Jeitteles), * 26. 7. 1832 Brünn (Brno, CZ), † 5. 12. 1921 München (D), Bahnbrecherin der ö. Frauenbewegung. Gründete und leitete 1879–1909 den Wr. Hausfrauenverein, der eine Stellenvermittlung für Hausbedienstete sowie eine Koch- und Haushaltungsschule mit Gaststätte betrieb. Vertreterin des Wr. Vereins für Kindergartenwesen auf der Weltausstellung in Chikago 1893, übersiedelte 1909 nach München.

Literatur: ÖBL.

BONIFATIUS, Hl., Fest 5. Juni, * 672/675 Königreich Wessex (GB), † 5. 6. 754 bei Dokkum (NL; Märtyrertod), beigesetzt in Fulda, „Apostel Deutschlands", angelsächs. Benediktiner. Schuf im Zuge seiner Neuorganisierung der bayer. Kirche 739 die Bistümer Salzburg und Passau, die wichtigsten Ausgangspunkte für die Missionierung Ö.

Literatur: K. U. Jäschke, B., in: Theolog. Real-Enzyklopädie, Bd. 7, 1981.

BONITZ, Hermann, * 29. 7. 1814 Langensalza (D), † 25. 7. 1888 Berlin (D), klass. Philologe. 1849–67 Univ.-Prof. in Wien, errichtete hier das Philolog. Seminar; arbeitete mit F.S. → Exner, dem das Grundkonzept zu danken ist, den „Entwurf der Organisation der Gymn. und Realschulen in Ö." (→ Organisationsentwurf 1849) aus und ließ sich von diesem – nach seiner Rückkehr nach Berlin – bei der Reform des preuß. höheren Schulwesens (1882) leiten.

Literatur: G. Mecenseffy, Evang. Lehrer an der Univ. Wien, 1967.

BONNO, Joseph, * 29. 1. 1711 Wien, † 15. 4. 1788 ebd., Komponist. Ausgebildet in Neapel, ab 1737 am Wr. Kaiserhof, ab 1774 Hofkapellmeister. Schrieb vorwiegend Opern und Oratorien und wandte sich erst 1763 der Kirchenmusik zu. Er verband in seinen Werken den neapolitan. Stil mit dem venezian. seiner frühen Wr. Tage und folgte auch in den späteren Opern nicht der gluckschen Reform.

Werke: 23 Opern, 4 Oratorien, 30 Messen.

Literatur: K. Breitner, G. B. und sein Oratorienwerk, 1961.

BORN, Ignaz Edler von (Pseud.: Johannes Physiophilus), * 26. 12. 1742 Karlsburg (Alba Iulia, RO), † 24. 7. 1791 Wien, Mineraloge und Paläontologe. Ab 1776 Kustos am kaiserl. Naturalienkabinett, trat aus dem Jesuitenorden aus und leitete ab 1782 als Meister vom Stuhl die Freimaurerloge „Zur wahren Eintracht"; Hg. des „Journals für Freymaurer"; war wohl Vorbild für den Sarastro in Mozarts „Zauberflöte"; zum Kreis um B. gehörten u. a. J. B. → Alxinger, A. → Blumauer, G. v. → Leon, J. → Pezzl, J. F. v. → Ratschky und J. → Richter.

Literatur: H. Reinalter (Hg.), Die Aufklärung in Ö. I. B. und seine Zeit, 1991.

BÖRNER, Wilhelm, * 26. 6. 1882 Laa a. d. Thaya (NÖ), † 17. 12. 1951 Wien, Schriftsteller, Arzt, Pädagoge. Übernahm 1919 die Leitung der von F. → Jodl gegr. „Ethischen Gem." in Wien. 1938–48 in den USA; Hauptvertreter der freirelig. Moralpädagogik und Vorkämpfer der → Friedensbewegung in Ö.

Werke: Die ethische Bewegung, 1912; Charakterbildung der Kinder, 1914; Antisemitismus – Rassenfrage – Menschlichkeit, 1936.

BORODAJKEWYCZ, Taras von, * 1. 10. 1902 Baden (NÖ), † 10. 1. 1984 Wien, Historiker. 1943–45 Univ.-Prof. in Prag, 1955–65 an der Hochschule für Welthandel in Wien. Löste 1965 wegen antisemit. und neonazist. Äußerungen Demonstrationen und polit. Unruhen aus, die mit einem Todesopfer (E. Kirchweger) forderten.

Literatur: H. Fischer (Hg.), Einer im Vordergrund. T. B. Eine Dokumentation, 1966; G. E. Kasemir, Die B.-Affäre 1965: spätes Ende für „wiss." vorgetragenen Rassismus, Dipl.-Arb., Wien 1994.

BOROEVIC VON BOJNA, Svetozar, * 13. 12. 1856 Umetić (HR), † 23. 5. 1920 Klagenfurt (Kä.), Feldmarschall im 1. Weltkrieg. Nach der Befreiung von Przemyśl Armee- und Heeresgruppenkommandant der Italienfront, leitete erfolgreich 12 Isonzoschlachten; wollte im November 1918 Wien besetzen, um die monarchische Staatsform zu erhalten.

Literatur: E. Hoffmann, Feldmarschall B. v. B. Ö.-Ungarns Kriegsfront an den Flüssen Isonzo und Piave, Diss., Wien 1985; E. Bauer, Der Löwe vom Isonzo, B. v. B., 1985.

BORROMÄERINNEN, 1652 gegr. Kongregation der Barmherzigen Schwestern vom hl. Karl Borromäus, seit 1837 in Ö. in der Kinder- und Jugenderziehung, Kranken- und Altenpflege tätig. Niederlassungen in Wien und Grieskirchen, Missionskrankenhaus in Mexiko; ca. 100 Schwestern (2004).

BORROMÄUSWERK, ÖSTERREICHISCHES, Verband der öffentl. Büchereien in kath. Trägerschaft, 1928 gegr. als Ö. Borromäusverein, 1947 Neugründung als Ö. B., seit 1996 Ö. BibliotheksWerk; mit der Intention zur Bildung in christl. Weltverantwortung, ca. 1000 Büchereien als ordentl. Mitgl.

Publikation: Bibliotheksnachrichten, 1996 ff.

BÖRSE, WIENER: Ein öffentl. Wertpapiermarkt wurde 1771 durch das B.-Patent Maria Theresias errichtet. Der durch hemmungslose Spekulationen ausgelöste Börsenkrach vom 8. 5. 1873 hatte eine schwere Rezession zur Folge. Durch das B.-Gesetz vom 1. 4. 1875 wurde von da an die B. durch einen B.-Kommissär überwacht. Die B.-Kammer garantierte aber deren Unabhängigkeit.

Nach wiederholtem Ortswechsel (u. a. Palais Ferstel) bezog die W. B. das von T. Hansen 1874–77 erbaute Gebäude am Ring. 1938–45 unterstand die W. B. dem dt. Börsenrecht. 1945–48 war die W. B. geschlossen; 1956 brannte der prachtvolle B.-Saal aus und wurde dann

Ignaz Edler von Born. Gemälde von J. B. Lampi d. Ä., um 1790 (Wien Museum).

Taras von Borodajkewycz. Foto.

Das Börsegebäude von T. Hansen an der Wr. Ringstraße.

durch E. → Boltenstern modern erneuert (1959 eröffnet); 1998 übersiedelte die W. B. in die Strauchgasse, seit 2001 hat sie ihren Sitz in der Wallnerstraße (beide Wien 1).

Seit November 1999 werden alle Wertpapiere am Kassamarkt der W. B. über das elektron. Handelssystem Xetra® gehandelt. Der Wertpapierhandel erfolgt seit 2002 in den Marktsegmenten equity market (Aktien), bond market (Anleihen), otob market (Terminmarkt), warrants (Optionsscheine) und other listings.

Das B.-Gesetz 1989 regelt die W. B.; seit dem Beitritt Ö. zur EU wurden bereits mehrere EU-Richtlinien das B.-Gesetz betreffend umgesetzt. 1997 wurde die W. B. in eine Aktienges. umgewandelt und gleichzeitig mit der 1991 gegr. Ö. Termin- und Optionen-B. (ÖTOB) verschmolzen (seit 1999 zu 100 % privatisiert). Weiters wurde 1999 ein Kooperationsvertrag mit der Frankfurter Börse abgeschlossen. Als gemeinsame Tochterges. betrieb die neu gegründete New Europe Exchange (NEWEX®) von Nov. 2000 bis Mitte 2002 den Handel mit → Aktien aus Mittel- und Osteuropa in Wien. 2002 wurde mit dem Energiehandel der ersten ö. Strombörse EXAA der elektron. Handel mit Energieprodukten aufgenommen.

Borsody, Julius von, * 8. 4. 1892 Wien, † 14. 1. 1960 ebd., Filmarchitekt; Bruder des Kameramanns und Regisseurs Eduard v. B. Ausstatter von ca. 150 Filmen ab der frühen Stummfilmzeit; fertigte für die Sascha-Film A. → Kolowrat-Krakowskys legendäre Monumentalbauten auf dem Wr. Laaerberg an. Arbeiten auch als Bühnenbildner und Innenarchitekt in Berlin, München und Wien.

Filme: Sodom und Gomorrha, 1922; Der junge Medardus, 1923; Die Stadt ohne Juden, 1924; Leise flehen meine Lieder, 1933; Nur ein Komödiant, 1935; Der Mann, von dem man spricht, 1937; Arlberg-Expreß, 1948.

Bösendorfer, Ignaz, * 27. 7. 1796 (?) Wien, † 14. 4. 1859 ebd., Klavierbauer; Vater von Ludwig → Bösendorfer. Gründete 1828 die Wr. Klavierfabrik in der Josefstadt, die er seinem Sohn vererbte.

Bösendorfer, Ludwig, * 10. 4. 1835 Wien, † 8. 5. 1919 ebd., Klavierbauer; Sohn von Ignaz → Bösendorfer. Begründete den Weltruf der Bösendorfer-Klaviere. Wichtige Persönlichkeit und Mäzen des Wr. Musiklebens; Erbauer des → Bösendorfer-Saals; ab 1878 Mitglied des Direktoriums der Gesellschaft der → Musikfreunde in Wien. Verkaufte die Klavierfabrik 1909 an C. → Hutterstrasser.

Literatur: ÖBL.

Bösendorfer-Saal, auf Veranlassung von L. → Bösendorfer durch den Umbau der ehem. liechtensteinschen Reitschule (Herrengasse 6, heute Hochhaus) entstanden, 1872 eröffnet; wegen seiner damals unerreichten Akustik von allen Pianisten der Welt hoch geschätzt; u. a. konzertierten hier F. Liszt, A. Rubinstein, J. Hellmesberger, H. Bülow und J. Epstein; 1913 wurde das Gebäude demoliert.

Bösenstein, Grosser, Ober-Stmk., 2448 m höchster Berg der → Rottenmanner Tauern, überragt das oberste Pölstal.

Boskovsky, Wilhelm („Willi"), * 16. 6. 1909 Wien, † 21. 4. 1991 Visp (CH), Geiger, Kapellmeister und Dirigent. Ab 1933 Mitgl. der → Wiener Philharmoniker, 1939–69 deren Konzertmeister; leitete viele Jahre das Orchester der Wr. Staatsoper und die Geigenklasse an der Hochschule für Musik; weltberühmt wurde er als Dirigent des Neujahrskonzerts der Wr. Philharmoniker, das er 1955–79 in alter Wr. Tradition mit der Geige in der Hand dirigierte.

Bosnien-Herzegowina: Im 7. Jh. Siedlungsgebiet slaw. Stämme, die sich mit den romanisierten Illyrern vermischten; im 12. Jh. beanspruchte Ungarn die Oberhoheit, im 15. Jh. hatten die einheim. Fürsten bedeutende Macht, doch wurde Bosnien 1463, Herzegowina 1482 Teil des Osman. Reichs; seit 1580 war B.-H. ein Paschalik. Ein Teil der Bevölkerung wurde moslemisch. Ein Aufstand von 1875 führte zur Intervention Russlands, der Berliner Kongress von 1878 stellte B.-H. aber (bei nomineller Oberhoheit des Osman. Reichs) unter ö. Verwaltung. Gegen beträchtl. Widerstand von Partisanen, v. a. der Muslime unter Hadschi Loja, wurde B.-H. besetzt. In der Folge schuf Ö. ein leistungsfähiges Schul- und Sanitätswesen, ermöglichte eine gute wirt. Entwicklung und konnte so die Sympathie der Bevölkerungsmehrheit gewinnen. Die formelle Annexion von B.-H. durch Ö.-Ungarn 1908 löste eine europ. Krise aus. B.-H. wurde keiner Reichshälfte zugeteilt, sondern als „Reichsland" vom gem. Finanzministerium verwaltet. Nach der Verfassung von 1910 erhielt B.-H. eine eig. Landesregierung mit Landeschef und Landtag. Aus der Opposition in Teilen der Bevölkerung entstand die Organisation „Junges Bosnien", die 1914 am Attentat auf Erzhzg. → Franz Ferdinand beteiligt war. 1918 wurde B.-H. ein Teil von Jugoslawien, 1992 wurde es zu einer selbständigen Republik.

Literatur: F. Schmid, B. und H. unter der Verwaltung Ö.-Ungarns, 1914; E. Bauer, Zw. Halbmond und Doppeladler, 1971.

Bosnien-Herzegowina: „Bleiben's nur da, meine Damen, Ihnen thuen wir nix". Lithographie, 1878.

Bosruck, OÖ./Stmk., 1992 m, Kalkberg, westlichster Teil der → Ennstaler Alpen, ragt über das obere Ennstal, flankiert von Pyhrnpass (954 m) und Pyhrgasgatterl (1508 m). Durch das Massiv führt zw. Spital a. Pyhrn und Ardning ein Eisenbahn- (Pyhrnbahn) und ein 5500 m langer Autobahntunnel, der OÖ. mit der Stmk. verbindet.

Bosse, Carl, * 30. 6. 1907 Wien, † 8. 9. 1981 ebd., Schauspieler. Debüt als Partner von H. → Niese am Renaissancetheater in Wien, Engagements in Graz und Brünn, nach dem 2. Weltkrieg am Bürger-, dann am

Volkstheater und schließl. am Theater in der Josefstadt sowie an den Kammerspielen in Wien; Filmtätigkeit.

Bosse, Lothar, * 10. 6. 1914 Küstrin (Kostrzyn, PL), † 29. 8. 1996 Böheimkirchen (NÖ.), Wirtschafts- und Sozialstatistiker. Ab 1945 an der Univ. Wien, ab 1949 am Ö. Inst. f. Wirtschaftsforschung, 1971–81 Präs. des Ö. → Statistischen Zentralamts. Unter ihm wurde am Statist. Zentralamt das Integrierte Statist. Informationssystem (ISIS) geschaffen.
Werke: Der Index der Lebenshaltungskosten, 1956; Schlüsselzahlen der ö. Wirt., 1961–68; Verfahren stochast. Wissenschaften, 1981.

Botanik und Botanische Institute: Botanik ist die Wiss. von den Pflanzen, somit ein Teilgebiet der Biologie, der Wiss. von den Organismen. Die Botanik besteht aus zahlr. Teilbereichen: Taxonomie (Systematik, Diversitätsforschung), Anatomie, Morphologie, Palynologie (Pollenforschung), Pflanzenphysiologie, Pflanzenökologie, Vegetationsökologie (Pflanzensoziologie), Chorologie (Arealkunde) u. a. Mit der „reinen" Botanik eng zusammenhängend sind die angewandten Forschungsrichtungen wie landw., forstw., pharmazeut., veterinärmedizin., naturschutzfachl. Botanik usw.

Botan. Forschung wird in Ö. hauptsächlich an folgenden Univ. betrieben: Univ. Wien (Inst. f. Botanik, Inst. f. Ökologie und Naturschutzforschung, Inst. f. Pharmakognosie), Univ. f. Bodenkultur Wien (Inst. f. Botanik sowie mehrere Institute für angewandte Botanik), Univ. f. Veterinärmedizin Wien, Techn. Univ. Wien; Univ. Graz (Inst. f. Pflanzenwiss.), Univ. Innsbruck; Univ. Salzburg; ferner an naturwiss. Museen, insbes. am Naturhist. Museum Wien, Stmk. Landesmuseum Joanneum in Graz, Biologiezentrum des Oö. Landesmuseums in Linz-Dornach, Botanikzentrum des Kä. Landesmuseums in Klagenfurt. Darüber hinaus gibt es Botaniker in den Umwelt-Abt. der einzelnen Landesregierungen bzw. diesen zugehörigen Inst. sowie eine größere Zahl von privaten Inst., die botan. Forschung im Zusammenhang mit umweltökol. und naturschutzfachl. Problemstellungen betreiben.

Geschichte der Botanik in Ö.: Botanik ist die Wiss. von den Pflanzen. Ständig sich verändernde Forschungslandschaften charakterisieren ihren hist. Verlauf. Bis ins 18. Jh. waren Botaniker wie Pietro Andrea Matt(h)iol(i) und Carolus → Clusius (Charles de l'Escluse) entweder in den habsb. Hofstaat eingebunden und von Patronagebeziehungen abhängig. Viele Forscher wirkten hingegen innerhalb eines Ordens, bes. der Jesuitenkongregation (→ Jesuiten). In die Periode der endgültigen Ablösung der Pflanzenkunde von einer an antiken Autoritäten orientierten Textwiss. fällt auch die Publikation der ersten Flora eines Teiles des heutigen Ö., die von Clusius für NÖ. und angrenzende Gebiete (1583) erstellt wurde. Der erste nicht privat, sondern institutionell bestehende botan. Garten (in Wien) wurde nicht wie in Italien an einer Univ., sondern 1665 von den nö. Ständen für die Heilpflanzenkenntnis eingerichtet. Obwohl erste Univ.-Lehrstühle samt eig. Gärten (wie in Wien 1749) bereits ab der Mitte des 18. Jh. zur Verselbstständigung der Botanik als wiss. Disziplin beitrugen, waren diese bis 1848 an der Medizin. Fakultät angesiedelt. Nicht akademisch ausgebildete Botaniker stellten bis zum Ende des 19. Jh. die Mehrheit jener Sammler, die eine systemat. Erschließung aller in den Provinzen wachsenden Pflanzen vornahmen. In den sich in den verschiedenen habsb. Ländern formierenden eig. landeskundl. bzw. musealen Vereinen und Museen (1811 das → Joanneum in Graz, 1817 in Brünn, 1823 das → Ferdinandeum in Innsbruck, 1848 das Naturhist. Museum in Klagenfurt usw.) engagierten sich bürgerliche Interessierte (Mittelschullehrer, Priester und Unternehmer), um die heim. Pflanzen zu registrieren. Dieses lokal erstellte Wissen fand schon im 18. Jh. in Pionierarbeiten seinen Ausdruck, Johann Scopoli wirkte in Krain (Slowenien), Franz Xaver → Wulfen in Kä., Franz Anton Braune in Sbg., Willibald Besser in Galizien (heute Ukraine). Darauf bauten die Florenautoren in der Mitte des 19. Jh. auf, Joseph Karl Maly in der Stmk., Alexander Zawadzki in der Bukowina (Ukraine), Franz Ser. Sailer in OÖ., Julius Hinterhuber und Fr. M. Pichlmayr in Sbg. 1851 sowie Franz Frh. v. → Hausmann zu Stetten in Ti.

Unzählige Botaniker, die hauptsächlich in Ö. wirkten, haben durch Forschungsreisen auch an der Erschließung der weltweiten Flora mitgewirkt, so Georg Joseph → Kamel in seiner Funktion als Jesuitenmissionar in Manila (Philippinen), Nikolaus Frh. v. → Jacquin in einer vom Kaiserhaus finanzierten Expedition in die Karibik (1755–59), Heinrich Wilhelm → Schott mit der Expedition nach Brasilien (1817–21), Theodor Kotschy mit unzähligen Aufenthalten in Zypern und Ägypten (1837–43, 1855, 1862), Friedrich → Welwitsch im Auftrag der portugies. Kolonialregierung in Angola (1853–60), Julius → Wiesner mit seinen Reisen nach Indien, Java und Sumatra sowie Heinrich → Handel-Mazzetti in SW-China (1914–19). Die Ausbeute gelangte meist an das kaiserl. Naturmuseum, den Vorläufer des heutigen → Naturhistorischen Museums in Wien.

Seit den Reformen des schwed. Botanikers Carl v. Linné genoss die Systematik weltweit innerhalb der Botanik hohes Ansehen, in Ö. seit den prominenten Arbeiten Nikolaus Jacquins. Einen wesentl. Schritt zu einer Neukonzeption der international betriebenen Systematik lieferte der Wr. Professor und Kustos Stephan → Endlicher mit dem Werk „Genera plantarum" (1836–50). Daneben konnte sich eine weitaus jüngere Forschungsrichtung wie die Pflanzenphysiologie erst nach der Mitte des 19. Jh. langsam etablieren. Sie begann mit Franz → Unger in Wien, wo 1873 Julius Wiesner ein eig. Inst. begründete, das erste seiner Art in Europa.

In den Vormärz fällt mit der Paläobotanik eine weitere Ausdifferenzierung der Botanik: Der in Prag wirkende Caspar Gf. → Sternberg, ein Vertreter des Hochadels, widmete sich einer ersten Darstellung der fossilen Flora (1820–32), Franz Unger bearbeitete die tertiären Pflanzen.

Ein Spezifikum der ö. Flora, die Alpenpflanzen, fand bei vielen Reisenden aus N-Deutschland Interesse, wie bei David Heinrich Hoppe, dem Begründer der ersten botan. Gesellschaft im dt.-sprach. Raum in Regensburg (1790). Der Innsbrucker Professor Anton → Kerner verschrieb sich der Pflanzengeographie, unter deren Obhut sich das Interesse für „Pflanzengesellschaften" langsam als eig. Forschungsrichtung durchsetzte. Sein innovatives Konzept der alpinen Versuchsgärten brachte ihn zur neuen geograph.-morpholog. Methode, die ihn, vom Studium enger Formenkreise ausgehend, zu allg. Resultaten führte. Auf Kerner geht die pflanzengeograph. Einteilung „Ö." in 4 Florengebiete (baltisch, pontisch, alpin und mediterran) zurück, während ein späterer Vertreter dieses Lehrstuhls, Helmut → Gams, der Alpenbotanik ebenfalls einen internat. Ruf angedeihen ließ.

→ Alpenflora, → alpine Vegetation, → Flora, → Gebirgsvegetation und -flora, → Vegetation.
Literatur: V. H. Heywood (Hg.), Blütenpflanzen der Welt, 1982; L. Kutschera u. a., Wurzelatlas mitteleurop. Grünlandpflanzen, Bd. 1, 1982; Bd. 2, 1992; Bd. 6, 2002; K. P. Buttler, Mein Hobby: Pflanzen kennenlernen. Botanisieren und Geländebeobachtungen, 1983; F. Weberling u. T. Stützel, Biolog. Systematik. Grundlagen und Methoden, 1993; W. Licht, Einführung in

die Pflanzenbestimmung. Die wichtigsten Familien und ihre Merkmale, 1995; H. Ellenberg, Vegetation Mitteleuropas mit den Alpen in ökolog., dynam. und hist. Sicht, ⁵1996; O. Wilmanns, Ökolog. Pflanzensoziologie, ⁶1998; R. Schubert u. G. Wagner, Botan. Wörterbuch, ¹²2000; M. Klemun u. M. A. Fischer, Von der „Seltenheit" zur gefährdeten Biodiversität. Aspekte zur Geschichte der Erforschung der Flora Ö., in: Neilreichia 1, 2001; E. Strasburger u. a., Lehrbuch der Botanik für Hochschulen, ³⁵2002; G. Wagenitz, Wörterbuch der Botanik. Die Termini in ihrem hist. Zusammenhang, ²2003.

Botanische Gärten: Einen B. G. führen u. a. die Universitäten in Wien, Graz, Innsbruck und Salzburg sowie das Kä. Botanikzentrum (Kreuzbergl) und die Stadt Linz; weiters ist im Schönbrunner Schlosspark ein B. G. (Arboretum).

Botstiber, Hugo, * 21. 4. 1875 Wien, † 15. 1. 1941 Shrewsbury (GB), Musikwissenschaftler. Studierte bei R. → Fuchs und G. → Adler, 1905 Sekr. und Kanzleidir. der Ges. der Musikfreunde, von der Saison 1912/13 bis 1938 Gen.-Sekr. des Wr. Konzerthauses, 1938 emigriert.
Werke: Beethoven im Alltag, 1927; J. Haydn, 3 Bde., 1927; 1904–11 Redaktion des „Musikbuchs aus Ö.".
Literatur: ÖBL.

Bottoli, Oskar, * 16. 11. 1921 Wien, † 19. 9. 1995 ebd., Bildhauer. 1945–53 erster Schüler von F. → Wotruba an der Akad. d. bild. Künste in Wien. Schloss an roman. Grotesken an und erfüllte seine Werke mit intensiver Sinnlichkeit.
Werke: Weiblicher Torso, 1964; Dicke Margot (nach F. Villon), 1965; Relieffolge zu Don Quichote und Sancho Pansa.
Literatur: O. Breicha, O. B., Don Quijote, 1993.

Botz, Gerhard, * 14. 3. 1941 Schärding (OÖ.), Historiker. 1980–97 Univ.-Prof. in Salzburg, seit 1982 Leiter des L.-Boltzmann-Inst. f. Hist. Sozialwissenschaft, seit 1997 am Inst. f. Zeitgeschichte der Univ. Wien. Gastprofessuren im Ausland (Berlin, San Francisco, Paris u. a.). Renommierter Experte für die Geschichte des Nat.-Soz. in Ö.
Werke: Die Eingliederung Ö. in das Dt. Reich, 1972; Wohnungspolitik und Judendeportation in Wien 1938 bis 1945, 1975; Gewalt in der Politik, 1976; Wien vom „Anschluß" zum Krieg, ²1980; Krisenzonen einer Demokratie, 1987; Kontroversen um Ö. Zeitgeschichte, 1994 (Mit-Hg.); Eine zerstörte Kultur. Jüd. Leben und Antisemitismus in Wien seit dem 19. Jh., ²2002 (Hg.).

Boulevardpresse, Zeitungen mit sensationsheischend aufgemachten Berichten oft negativer Ereignisse. In der Zwischenkriegszeit in Wien vorwiegend Mittags- oder Abendausgaben, v. a. durch den ungar. Journalisten Imre → Békessy getragen. 1945–55 zählten Blätter der Besatzungsmächte zur B., nach 1955 von „Neuer Kurier", „Bildtelegraf", „Express", „(Neue) Kronen Zeitung" und „täglich Alles" fortgesetzt.

Bourgoing, Jean (de), * 30. 12. 1877 Budapest (H), † 24. 12. 1968 Wien, Schriftsteller und populärwiss. Historiker. Publizierte ab 1928 zu Themen der Geschichte Ö. des 19. Jh.
Werke: Vom Wr. Kongreß, 1943, ⁸1964; Maria Louise v. Ö., 1949; Briefe Ks. Franz Josephs an K. Schratt, 1949.

Bourguignon, Anton, Frh. von Baumberg, * 8. 6. 1808 Hermannstec (CZ), † 28. 5. 1879 Pola (Pula, HR), Admiral (1875, als 1. Offizier der ö.-ungar. Kriegsmarine). 1864–79 Hafen- und Festungskommandant von Pola. Er schuf die Grundlage der neuen Seetaktik für Schraubenschiffe und hatte indirekt Anteil am Seesieg bei → Lissa (Vis, HR, 20. 7. 1866).

Boxsport: Die Anfänge des nach engl. Vorbild eingeführten, in Amateur- und Berufs-B. getrennt organisierten Sports gehen in Ö. auf die Zeit kurz vor 1900 zurück; Schaukämpfe waren bis nach dem 1. Weltkrieg zeitweise mit behördl. Verboten belegt; der 1921 gegr. Ö. Amateurboxverband (ÖABV) umfasst (2003) 56 Vereine mit 3005 Mitgl. Bed. ö. Boxer: J. → Weidinger, H. → Orsolics.
Publikation: 50 Jahre ÖABV, 1971.
Literatur: K. Schneider, Zur soziokulturellen Entwicklung des B. in Ö., Dipl.-Arb., Wien 1998.

Boykow, Johann Maria, * 1. 2. 1878 St. Wolfgang (OÖ.), † 22. 7. 1935 Berlin (D), Ingenieur und Erfinder. Konstruierte 1914 ein selbsttätiges Bombenabwurfgerät mit Zielvorrichtung für Flugzeuge, entwickelte 1919 die b.sche Messbildapparatur, 1923 den Sonnenkompass (für R. Amundsen), konstruierte den „Autopilot" (zur automat. Steuerung von Flugzeugen).

Bozen (Bolzano, S-Ti., I), Stadt, 262 m, 94.989 Ew., 26,29 % Deutschsprachige, 73,00 % Italiener, 0,71 % Ladiner (2001), Hauptstadt der Autonomen Provinz B., Wirt.-, Verwaltungs- und Kulturzentrum. B. kam mit S-Ti. 1919/20 an Italien, es hatte 1910 24.362 Ew. und war Stadt mit eigenem Statut, mit Kreis- und Bez.-Gericht, Handels- und Gewerbekammer, Filiale der Ö.-ungar. Bank, Merkantilgebäude für Ausstellungen heimischer Kunst- und Hausind., Museum, Obergymn. (Franziskaner), Unterrealschule, Lehrerbildungsanstalt, Fachschule für Holzverarbeitung, Erziehungsanstalten Rainerum und Elisabetinum.
Röm. Siedlung, 680 urk. „Bauzanum", Innenstadt mit ma. Gepräge (Laubenhäuser, Obstmarkt); Turm (1500–19) der got. Pfarrkirche (roman.-got. Fresken) ist Wahrzeichen; Dominikanerkirche mit spätgot. Wandgemälden und Kreuzgang; Franziskanerkloster mit Bibl.; Vogelweidendenkmal; Stadtpalais (Menz, Pock). Im Vorort Gries Pfarrkirche (1414–1540) mit got. Schnitzaltar von M. → Pacher; Benediktinerkloster. Burgen und Schlösser in der Umgebung: Sigmundskron, Gerstburg, Hörtenberg, Haselburg, Klebenstein, Maretsch, Rendelstein, Runkelstein, Ried, Greifenstein und Treuenstein.
Literatur: J. Rampold, B., Mittelpunkt des Landes an der Etsch und im Gebirge (Südt. Landeskunde VII), 1984; O. Trapp, M. Hörmann-Weingartner, Ti. Burgenbuch, Bd. VIII, 1989; R. Lunz (Red.), B. von den Anfängen bis zur Schleifung der Stadtmauer, 1991.

Brabeck-Letmathe, Peter, * 13. 11. 1944 Villach (Kä.), Manager. Studierte an der Hochschule f. Welthandel in Wien, danach Managementkurs an der Business School Imede in Lausanne. Seit 1968 für die Schweizer Nestlé AG tätig, 1981 Gen.-Dir. von Nestlé Ecuador, seit 1992 Gen.-Dir. und Vizepräs. der Nestlé AG.

Bradl, Josef („Sepp"), * 8. 1. 1918 Wasserburg a. Inn (D), † 3. 3. 1982 Mühlbach am Hochkönig (Sbg.), Skispringer, Sprungtrainer. Übersprang als Erster die 100-m-Marke (Planica 1936) und wurde 1939 Weltmeister (Zakopane); bis in die 50er Jahre aktiv (u. a. 1953 Sieger der dt.-ö. Springertournee), ab 1958 Trainer.
Werk: Mein Weg zum Weltmeister, 1948.

Brahms, Johannes, * 7. 5. 1833 Hamburg (D), † 3. 4. 1897 Wien, Komponist. Stammte aus kleinbürgerl. Verhältnissen (der Vater war Musiker), galt als pianist. Wunderkind. 1853 Zusammentreffen mit C. und R. Schumann (mit C. Schumann verband B. zeitlebens eine innige Freundschaft). Nach einigen Wanderjahren zog B. 1862 erstmals (vorübergehend), 1878 endgültig nach Wien, das mit anderen ö. Orten (Bad Ischl, Pörtschach und Mürzzuschlag) zu seiner 2. Heimat wurde. B. übernahm 1862 die Leitung der Wr. Singakad. und dirigierte 1872–75 die Konzerte der Ges. der → Musikfreunde in Wien. Obwohl er mehrmals eine gesicherte Stellung anstrebte, war ihm letztlich seine Unabhängigkeit so wertvoll, dass er Letztere vorzog. B. bezog sich stark auf die → Wiener Klassik; nach Jahrzehnten des Suchens gelang es ihm, wieder bei L. van → Beethoven, dem Vorbild vieler Komponisten des 19. Jh., anzuknüpfen; bes. Bedeutung kommt auch seinen Kammermusik- und Liedkompositionen

Johannes Brahms. Foto, 1864.

Johannes-Brahms-Denkmal auf dem Karlsplatz in Wien.

zu. Freundschaft verband ihn mit T. → Billroth, E. → Hanslick und M. → Kalbeck.
Werke: 4 Symphonien, 2 Serenaden, 4 Konzerte, Gesangswerke mit Orchester, Klaviermusik, Orgelmusik, Chorwerke, Lieder, Kammermusik.
Literatur: M. Kalbeck, J. B., 4 Bde., 1915; B. Briefwechsel, 16 Bde., 1907–22, hg. von der B.-Ges.; W. Rehberg, J. B., 1948; F. Grasberger, J. B., 1952; H. Becker, B., 1993; C. M. Schmidt, Reclams Musikführer J. B., 1994.

BRAMAC DACHSYSTEME INTERNATIONAL GMBH, Dachziegelhersteller, 1966 von Braas & Co und Hofman & Maculan gegr., Beteiligung zu 50 % von → Wienerberger seit 1969. Produktionsstätten in Pöchlarn (NÖ.), 1973 in Gaspoltshofen (OÖ.), 1990 in Gleisdorf (Stmk.), seit 1985 Jointventure in Ungarn, seit den 90er Jahren Gründung weiterer Werke und Vertriebsges. in O- und SO-Europa (Slowenien, Tschechien, Kroatien u. a.). Umsatz 2003: 141 Mio. Euro, rd. 1155 Beschäftigte, Firmensitz in Pöchlarn (NÖ.).

Bei Bramberg am Wildkogel.

BRAMBERG AM WILDKOGEL, Sbg., ZE, Gem., 819 m, 3895 Ew., 117,19 km², Fremdenverkehrsort (155.223 Übern.) im oberen Salzachtal am Fuß des Wildkogels (2225 m), westl. von Mittersill im Pinzgau. – Mehrzweckgebäude „Felberhaus", ehem. Smaragdbergwerk, FachS für wirt. Berufe; Holz- (Sägewerk, Fertigteilhäuser) und Metallverarbeitung (Kessel-, Portal-, Fenster- und Geländerbau), E-Werk, Hackschnitzel-Heizkraftwerk. – Spätgot. Pfarrkirche (1505–11, 1887–89 verlängert), barocke Altäre mit got. Steinguss-Pietà (1400) und Kruzifix (1646); Ruine Weyer, (12. Jh., 1490 zerstört). Museum Wilhelmgut.

BRAND, Vbg., BZ, Gem., 1037 m, 709 Ew., 40,19 km², zweisaisonaler Fremdenverkehrsort (212.248 Übern.) im Brandner Tal am Fuß der Schesaplana (2965 m) im Rätikon. – Urk. 1347, von 12 Walser Familien gegr.; teilw. got. Pfarrkirche (urk. 1510) mit Fresken und modernem Zubau (1961–66), alte Walser Paarhöfe. Gondelbahn zum Lünersee (1970 m).

BRAND, Christian Hilfgott, * 16. 3. 1693 Frankfurt a. d. Oder (D), † 22. 7. 1756 Wien, bedeutender Landschaftsmaler; Vater von Johann Christian → Brand und Friedrich August → Brand, die seine Kunst weiterentwickelten. Kam um 1720 nach Wien, wo sich seine Bildauffassung, allmählich vom Vorbild der Niederländer abgehend, zu einer fein abgestuften Buntheit entwickelte.

BRAND, Friedrich August, * 20. 12. 1735 Wien, † 9. 10. 1806 ebd., Landschafts- und Historienmaler, Kupferstecher; Sohn von Christian Hilfgott → Brand, Bruder von Johann Christian → Brand. Ab 1783 Prof. an der Wr. Akad.
Werke: viele Kupferstiche nach eig. und fremden Entwürfen; Altarbilder in Weitersfeld, NÖ.

Johann Christian Brand: Niederösterreichische Landschaft südlich von Wien. Gemälde, 1790 (Niederösterreichisches Landesmuseum, St. Pölten).

BRAND, Johann Christian, * 6. 3. 1722 Wien, † 12. 6. 1795 ebd., Maler; Sohn von Christian Hilfgott → Brand, Bruder von Friedrich August → Brand. Studierte ab 1736 an der Wr. Akad., wo er 1766 zum Kammermaler, 1772 zum Prof. für Landschaftszeichnen ernannt wurde. Als Landschaftsmaler führte seine Kunst vom Barock zur Landschaftsauffassung des 19. Jh.
Werke in: Schloss Laxenburg, Ö. Galerie Belvedere, Hist. Mus. d. Stadt Wien, Heeresgeschichtl. Mus., Nationalgalerie Prag, Göttweig, Klosterneuburg, Museum im Schottenstift, Galerien Liechtenstein und Harrach.
Literatur: S. Hofstätter, J. C. B. 1722–95, Diss., Wien 1973; P. Pötschner, Wien und die Wr. Landschaft, 1978; NDB.

BRAND, Max, * 26. 4. 1896 Lemberg (Lwiw, UA), † 5. 4. 1980 Langenzersdorf (NÖ.), Komponist. Kompositionsstudium bei F. → Schreker in Wien; Beschäftigung mit moderner Oper („Der Maschinist Hopkins", 1929). 1937 Emigration über Prag in die Schweiz, 1939 über Brasilien nach New York ausgewandert, ab 1946 amerikan. Staatsbürger. Ab 1959 zunehmende Beschäftigung mit elektron. Musik; Robert Moog baute für B. einen Prototyp seiner später berühmten Synthesizer. 1975 Rückkehr nach Ö.; zerstörte kurz vor seinem Tod den Großteil seiner Aufzeichnungen und Tonbänder.
Weitere Werke: Notturno brasileiro, 1959; Die Astronauten, 1962; Ilian 4, 1974.

BRANDAUER, Karin Katharina (geb. Müller), * 14. 10. 1945 Altaussee (Stmk.), † 13. 11. 1992 Wien, Drehbuchautorin, Regisseurin; Ehefrau von Klaus Maria → Brandauer. Regiearbeit (und oft auch Drehbuch) bei mehr als 40 TV-Produktionen im In- und Ausland.
Regie: Der Weg ins Freie, 1982; Erdsegen, 1986; Einstweilen wird es Mittag, 1988; Verkaufte Heimat, 1989; Abschied von Sidonie, 1991.

Klaus Maria Brandauer als Jedermann bei den Salzburger Festspielen. Foto, 1984.

Brandauer, Klaus Maria (eigentl. K. Steng), * 22. 6. 1943 Altaussee (Stmk.), Schauspieler, Regisseur; Ehemann von Karin K. → Brandauer. Engagements in Tübingen, Salzburg, Düsseldorf, Wien (Theater in der Josefstadt) und München. Seit 1971 mit Unterbrechungen Ensemblemitgl. des Wr. Burgtheaters. Höhepunkte seiner Bühnenkarriere waren „Jedermann" bei den Sbg. Festspielen (1983–89) und „Hamlet". Als Filmschauspieler internat. Durchbruch mit der Verfilmung des Romans „Mephisto" von K. Mann (1981, Regie: I. Szabó, mit dem Oscar für den besten ausländ. Film ausgezeichnet). Regietätigkeit für Bühne und Film („Georg Elser, einer aus Deutschland", 1989; „Die Wand", 1999).
Weitere Filmrollen: Never Say Never Again, 1983; Oberst Redl, 1985; Out of Africa, 1985; Hanussen, 1988; Das Spinnennetz, 1989; White Fang, 1991; Becoming Colette, 1991; Mario und der Zauberer, 1994; Rembrandt, 1999; Jedermanns Fest, 2002.
Literatur: P. Lanz, K. M. B., 1986; H. R. Blum, K. M. B., 1996; C. Dössel, Die Kunst der Verführung, 2003.

Brandberg, Ti., SZ, Gem., 1082 m, 349 Ew., 156,48 km², touristisch.-landw. Gem. im hintersten Zillertal. – Urk. 1350; klassizist. Pfarrkirche, Pfarrhof (um 1800).
Literatur: S. Hölzl, B. Eine Gem. im hintersten Zillertal, 1984.

Brände: Fast jeder ö. Ort weist in seiner Geschichte einen vernichtenden Großbrand auf; nahezu gänzlich zerstört wurden Lienz 1444, Gmunden 1450, St. Pölten 1474, Judenburg 1504, Linz 1542 und 1800, Grein 1642 und Vöcklabruck 1793. 1809 ereigneten sich Stadtbrände in Schwaz und Schärding, 1812 in Baden, 1822 in Imst, 1829 in Leibnitz, 1834 in Wr. Neustadt, 1842 in Knittelfeld und 1873 in Waidhofen a. d. Thaya. Erst im 20. Jh. wurden B. durch erhöhte Vorsorge bei Bauten seltener. Die schwersten Brandkatastrophen der letzten Jahre ereigneten sich in Ö. bei einem Unfall im Tauerntunnel am 25. 5. 1999 (12 Tote) und beim Brand einer Gondel der Standseilbahn auf das → Kitzsteinhorn am 11. 11. 2000 (155 Tote).
Die größten Brände in Wien seit 1880 waren: 8. 12. 1881 → Ringtheater (386 Tote); 15. 7. 1927 Justizpalast durch Brandlegung während einer Kundgebung (→ Julirevolte); 17. 9. 1937 → Rotunde (Weltausstellungsgebäude im Prater); 31. 3. 1950 Goldkabinett im Belvedere; 14. 4. 1956 Börse; 8. 2. 1961 Festsaal der Akad. d. Wiss.; 7. 1. 1963 zwei Stockwerke des Parkhotels Hietzing; 29. 9. 1977 Hotel am Parkring; 8. 2. 1979 Kaufhaus Gerngross; 29./30. 8. 1979 Nationalbank; 29. 9. 1979 Hotel am Augarten (25 Tote, der größte Hotelbrand in Ö.); 12. 9. 1987 Steyr-Haus am Kärntner Ring; 15. 5. 1987 Fernheizwerk Spittelau; 13. 4. 1990 Hauptgebäude der Zentralsparkasse; 27. 11. 1992 Hofburg (Zerstörung der Redoutensäle); 16. 8. 2001 Sofiensäle.

Brandenberg, Ti., KU, Gem., 919 m, 1523 Ew., 130,18 km², Gem. mit Tourismus und Landw. im Tal der Brandenberger Ache. – Urk. 1140, etruskische Inschriften am Schneidjoch, barocke Pfarrkirche hl. Georg (1678–80) mit Barockinventar und -kanzel (um 1680); Friedhofskapelle (1678–80); Barockkirche in Aschau (1707) mit Deckenfresken von J. G. Lackner (1852), zahlr. Kapellen (18. Jh.); Erzhzg.-Johann-Haus (neu err. 1934); Gehöfte mit Fresken. Unweit Tiefenbach- und Kaiserklamm.
Literatur: L. Rupprechter, Chronik B.-Tal, 1985; L. Rupprechter u. H. Hintner, B.-Tal einst und jetzt. Seine Höfegeschichte, Ahnen, Jagd- und Almwesen, 1996.

Brandenberger Tal, Ti., wild zerklüftetes, nördl. Seitental des Unterinntals, verläuft zw. Sonnwendgebirge und Hinterem Sonnwendjoch in N-S-Richtung nach der bayer. Grenze nach Kramsach. Das waldreiche Hochtal wird von der Brandenberger Ache durchflossen und weist Klammen mit Triftsteig auf. Hauptort: Brandenberg (919 m, 1523 Ew.).

Brandhof, Stmk., BM, Gem. Gußwerk. Das 1080 m hoch gelegene Jagdschloss am Aflenzer Seeberg ging aus einem Bauernhof hervor, den Erzhzg. → Johann 1818 erwarb und zu einem Mustergut für alpenländ. Viehzucht ausgestalten ließ. Der B. wurde nach Plänen des Erzhzg. von L. → Schnorr von Carolsfeld 1822–28 künstlerisch gestaltet und ist jetzt Gedenkstätte für Erzhzg. Johann.

Brandhof. Aquarell von M. Loder, 1822.

Brandis, Clemens Franz Graf, * 4. 2. 1798 Graz (Stmk.), † 27. 5. 1863 Schleinitz (Stmk.), Historiker. 1841–48 Gouverneur und Landeshauptmann von Ti.
Werke: Ti. und Friedrich IV. von Ö., 1823; Der Staat auf christl. Grundlage, 1860.

Brandis, Franz Adam Graf, * 18. 7. 1639 Fahlburg b. Lana (S-Ti.), † 7. 9. 1695, Ti. Historiker und Dichter. Verfasste die Vers-Chronik „Des tirolischen Adlers immergrünendes Ehren-Kränzl" (1678) und die erste Landesgeschichte Ti.

Brandl, Herbert, * 17. 1. 1959 Graz (Stmk.), Maler. Ab 1978 Studium an der Hochschule für angew. Kunst bei P. → Weibel und H. Tasquil. Zählt mit S. → Anzinger und E. Bohatsch zu den Vertretern der „Neuen Malerei", bewegte sich aber immer im abstrakten Bereich. Aufsehen erregte er erstmals 1986 mit der Ausstellung „Hacken im Eis" (Wien und Bern).
Literatur: P. Pakesch, H. B., Ausst.-Kat., Wien 1998; P. Weibel (Hg.), H. B., Ausst.-Kat., Graz 2002.

Brandl, Rudolf, * 1. 7. 1943 Stockerau (NÖ.), Komponist, Musikwissenschafter. Studierte Afrikanistik, Ethnologie, Philosophie und Musikwiss. in Wien, ab 1962 auch Zwölftonspiel am Konservatorium sowie elektron. Musik und Komposition an der Wr. Musikhochschule. 1967–75 Leiter des Ensembles „Die Kontraste", 1968–75 wiss. Angestellter am Phonogrammarchiv der Ö. Akad. d. Wiss., seit 1981 Univ.-Prof. f. Systematische Musikwiss. und -ethnologie in Göttingen.
Werke: Stalagtiten, 1969 (Tonband); Portrait eines Patriarchen, 1974 (Bläser, Streicher, Keyboard); Portrait eines unwirklichen Hofrats, 1986 (Klavier, Orchester); Elegerl für einen verlorenen Flötisten, 1993 (Flöte, Tonband). – Schriften: Märchenlieder im Ituri-Wald, Diss., Wien 1970; Die Volksmusik der Insel Karpathos, 1981 (mit D. Reinsch); Griechische Musik und Europa, 1988 (Hg.); Huang Mei Xi, 1989; Nuo – Tänze der Geistermasken im Erdgottkult in Anhui, 3 Bde., 2001 (mit W. Zhaoqian).

Brand-Laaben, NÖ., PL, Gem., 347 m, 1155 Ew., 34,58 km², landw. Gem. mit Fremdenverkehr und Gewerbe im Tal der Großen Tulln am Fuß des Schöpfl. – Brand: urk. 1248, Barockkirche mit got. Chor und spätbarocker Einrichtung; Laaben: urk. 1334; Stollberg: Schloss (erb. 1560/70).
Literatur: M. Stadlmann (Hg.), B.-L. einst und jetzt, 2000.

BRAND-NAGELBERG, NÖ., GD, Markt, 508 m, 1820 Ew., 36,64 km², Glaskunstdorf im nordwestl. Waldviertel nahe der Grenze zu Tschechien. Glas- und Nahrungsmittelerzeugung; H.-Czettel-Jugendherberge, einzige gläserne Ortstafeln Ö. – Brand: urk. 1686, josephin. Pfarrkirche mit Altargemälde von M. J. Schmidt (1780) und klassizist. Kanzel; Nagelberg: urk. 1635 eine Glashütte, Pfarrkirche hl. Josef (erb. 1959/60). – Waldviertler Schmalspurbahn, Brandteich, Hinterpocher (Felsformation), alter Wacholderbaum in Finsternau.

BRANDNER TAL, Vbg., romant. Hochtal, mündet bei Bludenz ins Illtal, vom Alvier durchflossen und von der Schesaplana (2965 m) gekrönt. Das B. T. wurde im 14. Jh. von Walsern (früher schon Almgebiet der Rätoromanen) besiedelt. Im oberen B. T. liegt Brand, im unteren liegen Bürs und Bürserberg mit dem Schesatobel, dem größten Murbruch Europas. Sommer- und Winterfremdenverkehr. Seilbahn Lünersee, zahlr. Liftanlagen.

BRANDSCHADEN: Bis ins 19. Jh. gab es hauptsächl. nachbarliche Hilfe gegen B. durch Materialleistung und Robot sowie den so gen. „Brandbettel" (behördl. erlaubtes Sammeln für Betroffene). 1710 entstand in Kremsmünster die älteste ö. „Bauern-Assekuranz". Mitte des 18. Jh. schufen die Kä. Stände einen „Elementarschaden-Vergütungs-Fonds", 1752 regte Graf Trapp die Bildung einer Konkurrenzkassa für Feuer- und Wasserschäden in Ti. an. 1764 schuf Maria Theresia eine Feuer-Societäts-Ordnung, der 1787 die vorbildl. Polizeiordnung von Ks. Joseph II. folgte. Anfang des 19. Jh. wurde die B.-Versicherung auf eine breite Grundlage gestellt, in den Kronländern wurden Versicherungsanstalten geschaffen (bis 1918 rd. 60 in- und ausländ. Anstalten, 1938 45 Anstalten). 2002 betrieben 129 Versicherungsanstalten das B.-Versicherungsgeschäft. Die in der 1. Republik bei den Landesregierungen eingerichteten Landeskommissionen für Brandverhütung wurden nach 1945 in erweiterter Form wiederhergestellt und arbeiten eng mit den Landesfeuerwehrkommanden zusammen. Von den 85.130 Fällen von B. (2002) entfielen ca. 79.000 auf Landw. und Ziviles, etwas mehr als 6000 auf Ind. und Gewerbe.

BRANDSTÄTTER, CHRISTIAN, VERLAG GES. M. B. H., entwickelte sich seit seiner Gründung 1982 zu einem der führenden ö. Kunstbuchverlage. Sein Programm umfasst Bücher mit kunst- bzw. kulturhist. Themen, Fotodokumentationen und Fotobände, Architekturbücher, Austriaca sowie Kulinaria und Lifestyle-Bücher. Die ästhet. ansprechenden Publikationen werden immer wieder mit ö. und internat. Preisen ausgezeichnet. Seit 1991 gehört der Verlag dem Konzern des Österreichischen → Bundesverlags an.

BRANDSTETTER, Alois, * 5. 12. 1938 Aichmühl (Gem. Pichl b. Wels, OÖ.), Germanist und Schriftsteller. Seit 1974 Prof. für Dt. Philologie an der Univ. Klagenfurt. Seine pointierte Kurzprosa und Romane sind ironisch-krit. sche Bestandsaufnahmen provinzieller Lebenskultur.
Werke: Prosaauflösung. Studien zur Rezeption der höfischen Epik im frühneuhochdeutschen Prosaroman, 1971 (Habil.-Schrift); Die Überwindung der Blitzangst, 1971; Zu Lasten der Briefträger, 1974; Die Abtei, 1977; Von den Halbschuhen der Flachländer und der Majestät der Alpen, 1980; Landessäure, 1986; Vom Manne aus Eicha, 1991; Vom HörenSagen, 1992; Almträume, 1993; Hier kocht der Wirt, 1995; Schönschreiben, 1997; Groß in Fahrt, 1998; Die Zärtlichkeit des Eisenkeils, 2000.
Literatur: S. Geisler, Der Erzähler A. B., 1992; E. Gstättner (Hg.), Vom Manne aus Pichl, 1998.

BRANDSTETTER, Hans, * 23. 1. 1854 Michlbach (Gem. Hitzendorf, Stmk.), † 4. 1. 1925 Graz (Stmk.), Bildhauer und Holzschnitzer. Schüler von E. v. → Hellmer und C. → Kundmann an der Wr. Akad., Studien in Rom und Paris, Prof. an der Staatsgewerbeschule in Graz.
Werke: Skulpturengruppen und Denkmäler in Graz (, Waldlilie" im Stadtpark, Hamerling- und Morré-Denkmal), Rosegger-Brunnen in Kapfenberg (Stmk.).
Literatur: I. Wilding, Der Bildhauer H. B. (1854–1925), Diss., Graz 1988.

BRANDWEINER, Heinrich, * 20. 3. 1910 Wien, † 22. 4. 1997 Waidhofen a. d. Thaya (NÖ.), Kirchen- und Völkerrechtler. Ab 1948 Univ.-Prof. in Graz, zeitweise vom Dienst suspendiert, 1967 vorzeitig pensioniert. Wegen Engagement für den KPÖ-nahen ö. Friedensrat (Vorsitzender 1953–60) während des Kalten Kriegs in Disziplinar- und Strafverfahren involviert.
Werke: Die christl. Kirchen als souveräne Rechtsgemeinschaft, 1948; The Internat. Status of Austria, 1951; Der ö. Staatsvertrag, 1955; Die Pariser Verträge, 1956.
Literatur: C. Fleck, Der Fall B., 1987.

BRANNTWEINERZEUGUNG, siehe → Alkoholmonopol.

BRANTL, Heinz, * 27. 1. 1924 Graz (Stmk.), † 13. 6. 1977 Wien (Selbstmord), Journalist. 1946–54 „Neue Zeit" Graz, 1954–58 Klagenfurt; 1958–61 Chefredakteur von „Heute", ab 1963 von „Wien aktuell".
Werk: Moderne Ges. – moderner Sozialismus, 1958.

BRASSART, Johannes, * um 1420 Lüttich (B; ?), † um 1445, Komponist, Vertreter der Vokalpolyphonie der Niederländer. Ab 1434 „rector capellae" unter Ks. Sigismund und nach dessen Tod unter Albrecht II. und Friedrich III. B. gilt als der erste namentlich bekannte Hofkapellmeister der Habsburger.

BRASSICANUS, Johannes Alexander, * 1500 Tübingen (D), † 25. 11. 1539 Wien, Humanist, neulatein. Dichter; Sohn des Grammatikers Johannes B. und Bruder von Johannes Ludwig → Brassicanus. Ab 1518 Univ.-Prof. für Rhetorik in Wien, Hg. von Schriften der Kirchenväter. Seine Dichtung umfasst sowohl Preisgedichte auf das habsb. Herrscherhaus als auch ironisch-satir. Lyrik (Pan-Omnis, 1519).
Weitere Werke: Idillion, 1519 (Preisgedicht auf Karl V.); Epinikion, um 1525; Proverbiorum Symmicta, quibus addicta sunt Pythagorae Symbola, 1529 (Sprichwortsammlung); Geoponica, 1539.

BRASSICANUS, Johannes Ludwig, * 1509 Tübingen (D), † 3. 6. 1549 Wien, Humanist, neulatein. Dichter; Sohn des Grammatikers Johannes B. und Bruder von Johannes Alexander → Brassicanus, mit dem er 1524 nach Wien kam. 1537 Prof. der Pandekten, 1538 des kanon. Rechts an der Univ. Wien, 1548 Rat der Königin Maria von Ungarn. Verfasste wie sein Bruder Gelegenheitsgedichte für die Habsburger, z. B. ein Triumphlied auf den Sieg Karls V. über den Schmalkaldischen Bund (Paean lyricus de victoria Caroli Augusti, in: Delitiae Poetarum Germanorum, Bd. 1, 1612).
Weiteres Werk: Phoenix sive luctus Austriae ob mortem incomparabilis heroinae d. Anna (…) reginae, 1547 (Trauergedicht).
Literatur: H. Wiegand, Hodoeporica, 1984.

BRAU AG, ÖSTERREICHISCHE, bis 1997 bestehendes größtes ö. Bierunternehmen mit Sitz in Linz, dann mit → Steirerbrau AG zur → Brau Union Österreich AG fusioniert. 1921 als Braubank AG gegr., ab 1925 Ö. B. AG. Mit rd. 2000 Mitarbeitern wurden 1997 rd. 4 Mio. hl Bier (inkl. Lizenzproduktion) im In- und Ausland erzeugt, der Jahresumsatz betrug ca. 4,7 Mrd. S. Etwa die Hälfte aller ö. Bierexporte stammte von der Ö. B. AG. Die Produktion umfasste 11 Biermarken (und 31 Sorten): Zipfer, Kaiser, Edelweiss, Steffl, Schwechater, Wieselburger, Warsteiner, Mövon, Adam, Guinness und Schlossgold (alkoholfrei). Die Brauereien befanden sich in Schwechat, Wieselburg, Zipf, Hallein und Innsbruck. In der Mälzerei Liesing wurde das für die Bierproduktion nötige Malz hergestellt.

Alois Brandstetter. Foto.

*Arik Brauer.
Foto, 1959.*

BRAU-BETEILIGUNGS-AKTIENGESELLSCHAFT, ÖSTERREICHISCHE, BBAG, börsenotierter internat. Getränkekonzern mit Produktionsstandorten in Ö., Ungarn, Tschechien, Rumänien und Polen. 2002 erzielte das Unternehmen mit über 7600 Mitarbeitern einen Umsatz von 1,1 Mrd. Euro. Der ö. Bierbereich der BBAG ist in der → Brau Union Österreich AG zusammengefasst. Die weiteren Geschäftsbereiche sind alkoholfreie Getränke (Fruchtsaftmarke Pago) und Liegenschaften. Vorstandsvorsitzender ist seit 1999 K. → Büche. 2004 erfolgte die Übernahme der BBAG durch den Heineken-Konzern.

BRAUCH: Frühere volkskundl. B.-Forschungen legten dem B. mytholog., bis in die Gegenwart als Relikt weiterwirkende Bedeutungen zugrunde, die eine german. oder noch ältere (etwa kelt.) Herkunft behaupteten und die Fruchtbarkeitssymbolik bzw. Dämonenabwehr in den Vordergrund rückten. Neuere Forschungen haben die Alters- und Herkunftsfrage modifiziert, die Einführung vieler B. konnte zeitl. genauer festgelegt werden. Untersucht werden weiters funktionale und kulturelle Fragen sowie der Zusammenhang mit anderen Festformen. B. werden gegenwärtig als kulturelle Verhaltensforderung für wiederkehrende Situationen verstanden, denen ein soz. Verpflichtungscharakter zugrunde liegt. Betont werden dabei sowohl die soz. sanktionierenden Funktionen von B. (etwa Rüge-B.) als auch ihre identitätsstiftende Bedeutung für Gruppen, Gemeinden oder Stadtteile. Von bes. Interesse für die Volkskunde sind gegenwärtige Ritualisierungen des Alltags.

Wurden früher Veränderungen der B. als Schwund ehem. kult. Bedeutungen (Relikte) und als Ausdruck einer vom Untergang bedrohten alteurop. Ges. gesehen, so zeigen heutige Forschungen ein differenzierteres Bild. Fremdenverkehr und Kulturind. haben rasch die ökonom. Verwertbarkeit der B. erkannt und zu ihrer Weiterführung beigetragen. Ebenso förderte die Brauchtumspflege seit Anfang des 20. Jh. bestimmte Festformen. Diese Suche nach dem angebl. „Echten" führte die Forschung zum Problem des „Folklorismus".

Folgende Entwicklungstendenzen sind heute zu erkennen: Bestehende B. fanden eine bes. Ausstaffierung, andere wurden binnen kurzer Zeit neu eingeführt und populär; zudem entstanden neue Trägergruppen (z. B. Vereine). Gleichzeitig wurden B. in regionaltypische, meist auf Täler bzw. Bundesländer bezogene Kulturmerkmale umgewandelt, etwa in Vbg. der Funken-B. (→ Feuerbräuche), in Ti. das → Schemenlaufen, in Sbg. das → Ranggeln. B. werden aber auch gerne zur medialen Selbstdarstellung Ö. und als Fremdenverkehrsattraktion („Festland Ö.") verwendet. Der Trend zu einer Wiederkehr der B. ist gegenwärtig europaweit feststellbar. Auffallend ist darüber hinaus der zunehmende Import US-amerikan. B. (Santa Claus, Halloween u. a.)

Literatur: G. Kapfhammer, Brauchtum in den Alpenländern, 1977; I. Weber-Kellermann, Saure Wochen, frohe Feste, 1985; M. Scharfe, Brauchforschung, 1991; H. M. Wolf, Das Brauchbuch, 1992; dies., Ö. Feste und B. im Jahreskreis, 2003.

Brauch: „Schiachperchten" im Salzburger Pinzgau. Foto, um 1910.

BRAUER, Arik (Erich), * 4. 1. 1929 Wien, Maler, Graphiker, Bühnenbildner, Sänger und Dichter. Studierte 1945–51 an der Akad. d. bild. Künste in Wien bei R. C. → Andersen und A. P. → Gütersloh. Auf jahrelangen Reisen (bes. im Orient) und Auslandsaufenthalten (Paris, Israel) lebte B. zunächst vorwiegend von Auftritten als Sänger, erst um 1960 wurde die Malerei zur Haupttätigkeit. Mit den Künstlern der → Wiener Schule des Phantastischen Realismus war B. schon in den Akademiejahren befreundet, im Art-Club und in der „Hundsgruppe" festigten sich die künstlerischen Gemeinsamkeiten. Durch seine Lieder im Wr. Dialekt (erste Schallplatte 1967) wurde B. zu einem der Väter des Austropop. Kennzeichnend für das künstlerische Werk B. ist die detaillierte Kleinarbeit („Schichtenmalerei") und die Einbindung aktueller polit. Ereignisse in Bilder mit traum- und märchenhafter Atmosphäre, wobei Einflüsse von P. Bruegel d. Ä. (Kunsthist. Museum) sowie oriental. Miniaturmalerei ausgingen. 1985–97 Prof. an der Akad. d. bild. Künste in Wien.

Werke: Die Verfolgung des jüdischen Volks, Zyklus, ab 1973; Menschenrechte, 1975 (Zyklus von Farbradierungen); Bühnenbilder u. Kostüme zur „Zauberflöte" von W. A. Mozart an der Pariser Oper, 1975; Die Ritter von der Reuthenstopf, 1986 (Kinderbuch); Sesam öffne ebd., 1989 (Fernsehspiel mit Tochter Timna B.); A.-B.-Haus in Wien 6, Gumpendorfer Straße, fertig gestellt 1993. – LPs und CDs: A. B., 1971; Poesie mit Krallen, 1984; Geburn für die Gruam, 1988; Mozart „Anders", 1992.

Literatur: T. Flemming (Hg.), A. B., Werkverz., 3 Bde., 1984; A. B., 1998; A. B. – Schieß nicht auf die blaue Blume!, Ausst.-Kat., Wien 2003.

Arik-Brauer-Haus in der Gumpendorfer Straße in Wien.

BRAUER, Friedrich Moritz, * 12. 5. 1832 Wien, † 29. 12. 1904 ebd., Zoologe. Bed. Vertreter der ö. Entomologie, ab 1884 Univ.-Prof. in Wien.

Werke: Beschreibung und Beobachtung der ö. Arten der Gattung Chrysopa, 1850; Monographie der Oestriden, 1863; Die Neuropteren Europas, 1876.

BRAUEREIEN, siehe → Bier.

BRAUMÜLLER, Hermann, * 25. 6. 1886 Klagenfurt (Kä.), † 17. 7. 1977 ebd., Lehrer, Beamter, Landeshistoriker in Kä., Dir. des Kä. Geschichtsvereins.

Werke: Geschichte Kä., 1949; Artikel in Carinthia I.

Literatur: Carinthia I 168, 1978 (Nachruf).

BRAUMÜLLER, Wilhelm von, * 19. 3. 1807 Zillbach (D), † 25. 7. 1884 Wien, Buchhändler. Ab 1831 in Wien, ab 1848 selbständiger Buchhändler, der sich v. a. dem Verkauf wiss. Bücher widmete (Medizin, Rechtswiss., Landw.). Hofbuchhändler mit weltweitem Ansehen.

Literatur: ÖBL.

BRAUN, Anton d. J., * 1708 Möhringen (D), † 23. 10. 1776 Wien, Optiker und Uhrmacher. Vollendete die von seinem Vater begonnene und 1766 dem Hof übergebene erste funktionsfähige Sprossenrad-Rechenmaschine für die 4 Grundrechenarten (im Techn. Museum Wien).

BRAUN, Felix, * 4. 11. 1885 Wien, † 29. 11. 1973 Klosterneuburg (NÖ.), Lyriker, Dramatiker, Erzähler und Essayist; Bruder von Käthe → Braun-Prager. In der Tradition der ö. Literatur der Jh.-Wende, Werke stark von relig. und symbol. Elementen geprägt. Freund von H. v. → Hofmannsthal; 1928–38 Prof. f. dt. Literatur in Italien; 1939–51 Emigrant in England, ab 1951 Dozent am Reinhardt-Seminar in Wien; Großer Ö. Staatspreis 1951, Grillparzer-Preis 1965, Ö. Ehrenzeichen f. Wiss. u. Kunst 1966.

Werke: Dramen: Tantalos, 1917; Esther, 1926. – Romane: Agnes Altkirchner, 1927 (Neuauflage unter dem Titel „Herbst des Rei-

ches", 1957); Der Stachel in der Seele, 1948; Rudolf der Stifter, 1955. – Lyrik: Der tausendjährige Rosenstrauch (Hg.), 1949; Die Lyra des Orpheus, 1952. – Das weltliche Kloster, 1967 (Kurzgeschichte). – Ausgabe: Ausgewählte Dramen, 2 Bde., 1963.
Literatur: K. P. Dencker, Jugendstil im Drama. Studien zu F. B., 1971.

Braun, Gustav, * 28. 6. 1829 Zistersdorf (NÖ.), † 2. 2. 1911 Wien, Gynäkologe. Univ.-Prof. der Josefsakad., 1873 Vorstand der Hebammenklinik, förderte die Hebammenausbildung.
Werke: Compendium der Frauenkrankheiten, 1863; Compendium der Geburtshilfe, 1864; Compendium der Kinderkrankheiten, 1870.

Braun, Karl Johann, Ritter von Braunthal (Pseud.: Jean Charles), * 6. 6. 1802 Eger (Cheb, CZ), † 26. 11. 1866 Wien, Schriftsteller. Zunächst Erzieher, Archivar, Bibliothekar, ab 1855 freier Schriftsteller. Als Dramatiker wenig erfolgreich (Faust, 1835), lyr. Werk in der Tradition der romant. Dichtung, Autor von ges.-krit. Zeitromanen und hist. Romanen.
Weitere Werke: Lyrik: Die Himmelsharfe, 1826; Gedichte, 1836; Morgen, Tag und Nacht aus dem Leben eines Dichters, 1843. – Dramen: Loda, 1826; Graf Julian, 1831; Ritter Shakespeare, 1836. – Prosa: Antithesen oder Herrn Humors Wanderungen durch Wien und Berlin, 1834; Donna Quixote oder Leben und Meinungen eines scharfsinnigen Edlen aus Jungdeutschland, 2 Bde., 1844; Die Ritter vom Geiste, 1860.
Literatur: A. Gauby, K. J. B. v. B., Diss., Wien 1950.

Braunarlspitze, Vbg., 2649 m, höchster Gipfel des Bregenzerwalds, verkarsteter Kalkberg an der Wasserscheide Rhein/Donau, überragt das obere Lechtal und das Quellgebiet des Großen Walsertals. Erstbesteigung 1877. Göppinger Hütte auf 2245 m.

Braunau am Inn, OÖ., BR, Stadt, 351 m, 16.337 Ew., 24,83 km², Festungsstadt an der Grenze zu Bayern und Straßenknoten an der Einmündung der Enknach in den Inn im oö. Innviertel. – BH, Bez.-Ger., Arbeitsmarktservice, Finanz-, Eich-, Vermessungs- und Zollamt, Krankenhaus, AK, WK, Bez.-Bauernkammer, Bez.-Abfallverband, Gebietskrankenkasse, Sport-, Fest-, Messehalle, Stadion, Jugendzentrum, BG und BRG, HAK, HTL, HLA für wirt. Berufe, kfm. und gewerbl. BerS, HTL und Werkmeisterschule für Berufstätige des BFI, VHS, BFI, Ind.- und Gewerbestadt (rd. 40 % der 10.542 Beschäftigten 2001 im Produktionssektor): Holz- und Metallverarbeitung (→ Austria Metall AG im Stadtteil → Ranshofen), Erzeugung von Kabelbäumen für Autoind., Waagen, Betteinsätzen, Schuhen und Bekleidung; Glas- und Elektronikind., Glasveredelung, Wassertechnik. Laufkraftwerk B.-Simbach (err. 1953, 271.100 MWh).
Urk. 1110, Gründungsstadt um 1260–90, Blütezeit im 15. und 16. Jh. durch Innschifffahrt, Salzhandel und Tuchmacherei. 1779 kam B. mit dem Innviertel an Ö. (1809–16 wieder bayerisch), Geburtsort von A. → Hitler. – Spätgot. Stadtpfarrkirche (1439–66) mit 99 m hohem Turm (1492) als Wahrzeichen der Stadt und neugot. Einrichtung, got. Bürgerspitalkirche (um 1430, „Sechseckkirche"), Bürgerspital vorgebaut; ehem. St. Martinskirche (1457, seit 1957 Kriegergedenkstätte); ehem. Kapuzinerkloster (1621–24, Kirche ist heute Theater); Reste der Festungsmauer des Salzburger Tors; ehem. Zeughaus; alte Dreieckgiebelhäuser (15.–19. Jh.). Bezirks- und Heimatmuseum in Herzogsburg und Glockengießerei.
Literatur: Ö. Städtebuch, Bd. I, OÖ., 1968; F. Gallnbrunner u. a., Der Bez. B., 1974.

Braunbär, benützte in der Eiszeit Höhlen als Schlaf- und Sterbeplätze und wurde bereits damals vom Menschen gejagt. Von seinem häufigen Vorkommen im MA und bis in das 18. Jh. zeugen Ortsnamen in NÖ., der Stmk. und Kä. Der letzte B. in NÖ. wurde 1842 bei Lackenhof (Bez. Scheibbs) erlegt. In den Zentralalpen wurde 1904 der letzte B. in N-Ti. erlegt. Eine neue Population entwickelt sich seit den 70er Jahren: 1972 wurde im Ötschergebiet ein B. festgestellt, 1989–92 wurden vom WWF drei Tiere freigesetzt. Weitere B. wanderten aus Slowenien nach Ö. Die Anzahl der B. in Ö. wird dzt. (2004) auf 25–30 geschätzt. Ihr Lebensraum reicht von Kä. über die Stmk. bis in das Gebiet von Ötscher und Hochschwab. Der B. ist das größte Landraubtier in Ö. Er ist Allesfresser, das Männchen ist wesentl. größer als das Weibchen. B. können etwa 25 Jahre alt werden.

Braun-Fernwald, Karl von, * 22. 3. 1822 Zistersdorf (NÖ.), † 28. 3. 1891 Wien, Gynäkologe. Ab 1856 Univ.-Prof. in Wien; führte neue Operationsinstrumente und -methoden ein, löste die Gynäkologie von der Chirurgie und machte sie zu einem selbständigen Studienfach.
Werke: Klinik der Geburtshilfe und Gynäkologie, 1855 (mit J. Chiari); Lehrbuch der Geburtshilfe, 1857.

Braunkohle, wurde bis 2004 als lignitische B. im Raum Köflach–Voitsberg (Stmk.) und bis 1995 im Hausruck (OÖ.) gewonnen. Auch das früher bed. Salzach-Kohlenrevier wurde Mitte der 1990er Jahre stillgelegt. Die B. fand vorwiegend für kalor. Kraftwerke (Voitsberg, Timelkam, Riedersbach) sowie als Ind.-Kohle und in geringem Maß als Hausbrandkohle Verwendung. 2002 betrug die Fördermenge noch 1.411.819 t.

Braun-Prager, Käthe (auch: Anna Maria Erandt), * 12. 2. 1888 Wien, † 18. 6. 1967 ebd., Lyrikerin, Erzählerin und Essayistin, Malerin; Schwester von Felix → Braun und Frau des Philosophen Hans Prager. Begründete 1928 die „Literar. Frauenstunde" von Radio Wien, 1939–51 im Exil in England.
Werke: Lyrik: Stern im Schnee, 1949; Verwandelte Welt, 1956. – Aphorismen: Ahnung und Einblick, 1937; Reise in die Nähe, 1954. – Erzählungen: Heimkehr, 1958; Visionen aus dem Alltag, 1958; Heimat in der Fremde, 1968.
Literatur: S. Bolbecher u. K. Kaiser (Hg.), Lexikon der ö. Exilliteratur, 2000.

Braunsteiner, Herbert, * 10. 3. 1923 Wien, Internist. Ab 1964 Univ.-Prof. in Innsbruck; untersuchte als Erster Blutzellen unter dem Elektronenmikroskop, errichtete ein hämatolog. Forschungszentrum an der Innsbrucker Klinik (Vorstand 1964–93); Ordinarius für Innere Medizin, 1979–81 Rektor der Univ. Innsbruck.
Werke: über 400 Fachpublikationen.

Braunvieh, siehe → Rinderrassen.

Brau Union Österreich AG, 1998 durch Fusion der Österreichischen → Brau AG mit der → Steirerbrau AG entstandenes größtes ö. Bierunternehmen, Tochterges. der Österreichischen → Brau-Beteiligungs-Aktien-

Felix Braun. Foto, um 1970.

Braunau am Inn.

Braunau am Inn: Turm der Stadtpfarrkirche, im Vordergrund Bürgerhausfassaden auf dem Stadtplatz.

Bregenz.

gesellschaft; Brauereien in Schwechat, Wieselburg, Zipf, Hallein, Graz (Puntigam), Leoben (Göß) und Falkenstein; die Mälzereien befinden sich in Wien (Liesing) und Steinfeld, der Firmensitz ist Linz. 2002 rd. 2400 Mitarbeiter und ca. 570 Mio. Euro Umsatz.

BREGENZ, Vbg., B, Stadt, 431 m, 26.752 Ew. (1981: 24.561 Ew.), 29,50 km², Landeshauptstadt von Vbg., am O-Ende des Bodensees, auf einem in Terrassen zum See abfallenden Plateau am Fuß des Pfänders. Bündelung der Verkehrsadern vom Rheintal ins dt. Alpenvorland, Bodenseeschifffahrt. – Sitz der Landesregierung, des Landtags sowie von Landes- (-schulrat, -gendarmeriekommando usw.) und Bez.-Behörden, Bez.-Ger., Arbeitsmarktservice, Sicherheitsdirektion, Umweltinst., Konsulate, AK, Landw.- und Apothekerkammer, Militärkommando, Garnison, Landeskrankenhaus und Sanatorium, Bauernkrankenkasse, 4 Gymn., HAK, HTL, Höhere LA für wirt. Berufe, 3 BerS, Studienzentrum, Lehranstalt für Soz.-Berufe, KrankenpflegeS, VHS, Schülerheime, Landesarchiv, -bibl. und -mus., Kunsthaus B., Künstlerhaus (Palais Thurn und Taxis), 5 Klöster, Heimatwerk, Festspiel- und Kongresshaus, Theater am Kornmarkt, Spielcasino, Segel- und Jachthafen, Pfänderbahn; Wirtschaftsstruktur (mehr als 15.000 Beschäftigte 2001) vorwiegend durch Kleinbetriebe in Dienstleistung, Handel, Gewerbe und Ind. geprägt: Textilind. (→ Wolford AG), Beschlägefabrik Julius → Blum GmbH, Glasverarbeitung und Maschinenbau; zweisaisonaler Fremdenverkehr (248.338 Übern.), bes. durch → Bregenzer Festspiele (seit 1946, Seebühne 1949 bzw. 1979, Festspiel- und Kongresshaus 1980), Wintersport am Pfänder.

Geschichte: Ab 15 v. Chr. röm. Garnisonsort, erhielt wahrscheinlich um 50 n. Chr. röm. Stadtrecht (Brigantium), Alemanneneinfälle im 3. und 5. Jh., frühestens ab 500 von diesen besiedelt. 610–12 waren die Heiligen → Kolumban und → Gallus als Missionare in B. tätig. 802 erste urk. Erwähnung, ab 920 Burg als Residenz der → Udalrichinger, nannten sich Grafen von B. und starben um 1150 aus. Um 1250 gründete Hugo II. von Montfort eine Stadtsiedlung (urk. 1260), im 13. und 14. Jh. wesentlich erweitert (Maurachgasse, Kaiserstraße, Rathausstraße, Anton-Schneiderstraße, Kornmarktplatz). Zur Hälfte 1451, ganz 1523 durch Kauf habsb., 1805–14 bayer.; 1842–50 Anlegung des Schiffshafens (1883 und 1889–91 Hafenerweiterung, 1884 ö. Dampfschifffahrt), Bahnverbindung seit 1872 (1884 über den Arlberg); die Stadt dehnt sich seither in das Umland aus. Seit 1726 Zentralfunktion im Land (Obervogtei, 1786 Kreisamt, 1861 Sitz des Landtags, seit 1918 des Landeshauptmanns), 1919 Eingemeindung von Rieden-Vorkloster und 1946 von Fluh. 1945 wurden im Zuge der Kriegsereignisse 72 Häuser zerstört.

Bregenz.

Bauten: Oberstadt (ältester Teil, Stadtmauer aus dem 13./16. Jh. weitgehend erhalten); sog. Altes Rathaus (1662); Wahrzeichen ist der Martinsturm (1362 Kapelle mit Fresken, 1599–1601 aufgestockt und mit größter Turmzwiebel Mitteleuropas versehen, Militärhist. Mus.); Pfarrkirche St. Gallus (auf röm.-roman. Grundlagen vor 1380 und um 1480 neu erbaut, 1737/38 von F. A. Beer barock umgestaltet); Pfarrkirche zum Heiligsten Herzen Jesu (1905–08). In der Unterstadt das 1686 erbaute Rathaus (Fassade 1898) und die Seekapelle, Landhaus (1973–82 von W. → Holzbauer), Kornhaus (1838–40, 1951–55 Umbau in Theater), Evang. Kirche Hl. Kreuz (1862–64), Pfarrkirche St. Kolumban (1962–66), Kunsthaus B. (1991–97), Tourismushaus (1994–98). Im Stadtteil Vorkloster Pfarrkirche Maria Hilf (1925–31 von C. → Holzmeister, 1980 innen umgestaltet) und Zisterzienserkloster → Mehrerau. Auf dem → Gebhardsberg Reste der Burg Hohenbregenz (1647 von den Schweden geschleift).

Bregenz: Martinsturm in der Oberstadt.

Literatur: Ö. Städtebuch, Bd. III, Vbg., 1973; B. Bilgeri, Geschichte der Stadt B., 1980; O. Sandner, B., 1983; A. Paul, B., Stadt an der Grenze, 1987.

BREGENZERACH, Vbg., 65 km langer Gebirgsfluss am Bregenzerwald südl. von Schröcken und einem Einzugsgebiet von 830 km² (davon 212 km² bayer. Allgäu). Die Durchflussmenge (Stadtgrenze von Bregenz) betrug im Jahr 2000 56 m³/Sek. Die B. weist im Oberlauf Gewässergüteklasse I–II, im Unterlauf II auf (Stand 2001). Der Fluss bildet zahlr. Tobel, in einem tief eingeschnittenen Engtal fließt er vom Hochtannberg an den Vorderwald, bildet im Unterlauf die südl. und westl. Stadtgrenze von Bregenz und mündet unweit des Klosters Mehrerau in den → Bodensee, in den jährl. Zehntausende Kubikmeter Schotter angeschwemmt werden, wodurch sich in der Bregenzer Bucht ein Landvorsprung gebildet hat.

Bregenz: Pfarrkirche zum Heiligsten Herzen Jesu.

BREGENZER BUCHT, siehe → Bodensee.

BREGENZER FESTSPIELE, 1946 erstes „Spiel auf dem See", seither sind die → Wiener Symphoniker das Festspielorchester. In den ersten Jahren wurden v. a. Operetten aufgeführt. 1949 wurde die Seebühne eröffnet, die den Einsatz von modernster Bühnenmaschinerie und Spezialeffekten ermöglichte (S. → Nordegg); die Eröffnung des Neuen Festspielhauses erfolgte 1980. Bereits in den 70er Jahren wechselte man von der Operette zur Oper („Der fliegende Holländer", 1973; „Carmen", 1974; „Turandot", 1979); berühmt wurden die Inszenierungen von J. Savary („Les contes d'Hoffmann", 1987; „Zauberflöte", 1985; „Carmen", 1991), durch die sich die Festspiele einen Platz unter den internat. bed. Sommerfestivals sichern konnten. Neben der klass. Opernliteratur (u. a. „Ein Maskenball", 1999; „La Bohème", 2001) werden auch zeitgenöss. Werke aufgeführt (u. a. von G. F. → Haas, B. Martinu und L. Bernstein).
Literatur: S. Fritsch, Die Situation des professionellen Theaters der Nachkriegszeit in Vbg. mit bes. Berücksichtigung der B. F. (1945–74), Diss., Wien 1975; E. Bär, Spiel auf dem See. Die B. F. von der Gründung bis zur Gegenwart, 1984; A. Meuli (Hg.), Die B. F., 1995; W. Willaschek (Hg.), Bühnenwelten, 2003.

Bregenzer Festspiele: Aufführung von „Fidelio" von L. van Beethoven, 1995/96.

BREGENZER GRAFEN, schwäb. Adelsfamilie, die ca. 920–1150 von → Bregenz aus Teile von Vbg. beherrschte und deren Vertreter meist den Namen Ulrich (→ Udalrichinger) trugen. Ulrich X. gründete um 1090 das Kloster Andelsbuch-Mehrerau. Nachfolger wurde Pfalzgraf Hugo von Tübingen († 1182), dessen Sohn Hugo sich nach → Montfort nannte.
Literatur: B. Bilgeri, Geschichte Vbg., Bd. 1, 1971.

BREGENZERWALD, Vbg., Bergland zw. Bodensee und Hochtannberg, wird von der Bregenzerach entwässert. Als westlichster Teil der ö. N-Alpen gehört der B. geolog. noch dem Ostschweizer Gebirgstypus an, charakterisiert durch die breite und über 1000 m reichende Molassezone mit Konglomerat (Nagelfluh) im N, die Helvetische Zone mit gefaltetem Kalk und Mergel in der Mitte (Hoher Freschen, Hoher Ifen, Winterstaude, Kanisfluh) und die → Flyschzone mit Sandstein, die durch die hochalpinen Kalkstöcke der Nördl. Kalkalpen im SO begrenzt wird (Zitterklapfen, Widderstein). Die Subersach, ein östl. Nebenfluss der Bregenzerach, teilt ihn in den Vorder- und den Hinterwald. Der Vorderwald im NW ist ein Mittelgebirge und fast ganz von Grasland bedeckt, in dem Streusiedlung mit Viehwirt. vorherrscht. Die 1902 erbaute schmalspurige „Wälderbahn" Bregenz– Bezau (36 km lang) wird als Museumsbahn zw. Schwarzenberg und Bezau geführt.

Bregenzerwald: Landschaft bei Schröcken.

Der Hinterwald im SO hat Hochgebirgscharakter (Braunarlspitze 2649 m, Hoher Ifen 2230 m, Kanisfluh 2044 m) mit teilw. urspr. Waldbedeckung, in der Reihenhofsiedlung vorherrscht. Der B. kam mit der Grafschaft Feldkirch Ende des 14. Jh. an die Habsburger, doch genossen die Bauern bis zur Bayernherrschaft (1805–14) große Freiheiten („Wälderparlament" in → Bezegg). *Wirtschaft:* Textilind., Energiewirt., Fremdenverkehr, Landw. (Viehzucht, Milchwirt., Obst- und Weinbau). *Kultur:* Der B. ist die Heimat der Vbg. Schule von Barockbaumeistern und der Malerin A. → Kauffmann. Trachten und Brauchtum sind noch lebendig. Typisch für den B. ist das Bregenzerwälderhaus. Wichtige Orte: Hittisau, Alberschwende, Egg, Andelsbuch, Bezau, Mellau, Au, Damüls, Reuthe.

BREGENZERWÄLDERHAUS, siehe → Hofformen.

BREHM, Bruno (Pseud.: Bruno Clemens), * 23. 7. 1892 Laibach (Ljubljana, SLO), † 5. 6. 1974 Altaussee (Stmk.), Schriftsteller. 1938–42 Hg. der Ztschr. „Der getreue Eckart"; schrieb v. a. hist. Romane, z. T. aktuell-politisch aus nat.-soz. Perspektive. Rosegger-Preis 1962.
Werke: Hist. Romane: Trilogie vom Untergang der Donaumonarchie: Apis und Este, 1931; Das war das Ende, 1932; Weder Kaiser noch König, 1933 (1951 als 1 Band: Die Throne stürzen); Zu früh und zu spät, 1936; Auf Wiedersehen, Susanne, 1939 (Erstfassung 1929 unter dem Titel „Susanne und Marie"); Die sanfte Gewalt, 1941; Der fremde Gott, 1948; Der Lügner, 1949; Aus der Reitschuln, 1951; Das zwölfjährige Reich (Trilogie: Der Trommler, Der böhm. Gefreite, Wehe den Besiegten allen) 1960/61; Warum wir sie lieben, 1963; Am Ende stand Königgrätz, 1965; Der Weg zum roten Oktober, 1968.
Literatur: G. Schattner, Der Traum vom Reich in der Mitte: B. B., 1996.

BREICHA, Otto, * 26. 7. 1932 Wien, † 28. 12. 2003 ebd., Kunsthistoriker, Publizist, Kulturmanager. 1969–74 Direktionsmitgl. des Avantgardefestivals „steirischer herbst"; gründete 1966 mit Gerhard → Fritsch die Ztschr. für Literatur und Kunst „protokolle", die er bis zu ihrer Einstellung 1997 herausgab; 1980–97 Dir. der Sbg. Landessammlungen Rupertinum. Autor u. Hg. zahlr. Publikationen zur ö. Kunst und Literatur des 20. Jh.
Werke: W. Hutter. Essay und Werkkatalog, 1969; G. Eisler. Monographie und Werkkatalog, 1970; A. Urteil, 1970; A. Rainer. Überdeckungen, 1972; Ö. Plastik seit 1945, 1994; Wotruba und die Folgen, 1994. – Hg.: Finale und Auftakt, 1964 (mit G. Fritsch); Aufforderung zum Mißtrauen, 1967 (mit G. Fritsch); Um Wotruba, 1967; P. Pongratz, 1975; O. Kokoschka: vom Erlebnis im Leben, 1976; A. Kubin, 1977; Wotruba, 1977; C. Klimt, 1978; Der Art Club in Ö. 1981; Ö. zum Beispiel, 1982 (mit R. Urbach); Wirklichkeiten, 1988; H. Boeckl. Das Spätwerk, 1988; Weiler: die innere Figur, 1989; G. Klimt. Die Bilder und Zeichnungen der Smlg. Leopold, 1990; Miteinander, zueinander, gegeneinander, 1992; Gut zum Druck, 1997 (mit D. Grimmer); Anfänge des Informel in Ö., 1997.

BREISACH, Emil, * 21. 3. 1923 Stockerau (NÖ.), Schriftsteller, Publizist und Kulturmanager. Ab 1945 im

Walter Breisky. Foto, 1931.

Rundfunk tätig, 1967–88 Intendant des ORF-Landesstudios Stmk.; 1958–67 Präs. des „Forum Stadtpark", Mitbegr. und 1968–85 Direktoriumsmitgl. des → steirischen herbsts.

Werke: Die Angst vor den Medien, 1978; Am seidenen Faden der Freiheit, 1983; Wider den Strich, 1993; Klangstaub, 2001.

Breisky, Walter, * 8. 7. 1871 Bern (CH), † 25. 9. 1944 Klosterneuburg (NÖ.), Beamter und Politiker (CS). 1920 Staatssekr. für Inneres und Unterricht, 1920–22 Vizekanzler und mit der Leitung von Innen- und Unterrichtsmin. betraut, einen Tag lang (26./27. 1. 1922) auch mit der Leitung des Bundeskanzleramts; 1923–31 Präs. des Bundesamts f. Statistik.

Literatur: ÖBL.

Breit, Bert, * 25. 7. 1927 Innsbruck (Ti.), Komponist. Studien in Innsbruck und am Mozarteum Salzburg, Privatunterricht bei C. Orff; 1951/52 Studien bei Pierre Schaeffer in Paris, Begegnung mit Musique concrète; 1961–67 Abteilungsleiter bei Radio Ti., seither freischaffender Komponist, daneben auch graph. Arbeiten. Schuf u. a. die Signation für die Hörfunksendung „Der Schalldämpfer" und Filmmusiken („Franza", „Der stille Ozean", „Heidenlöcher", „Dorf ohne Männer" und „Zug um Zug").

Weitere Werke: Des Lebens Vergänglichkeit, 1960 (Kantate); Hirtenmusik zur Weihnacht, 1964 (Kammermusik); Memento viva et mors, 1987 (Radiophonie); Als ich an einem Sonntagmorgen Frau Müller traf, 1990 (Blechbläserquintett); Spuren, 1995 (Klarinette, Streichquartett); Konzert für Bratsche und Streichorchester, 1996; 3 Stücke für gemischten Chor nach Gedichten von N. C. Kaser, 2000.

Literatur: O. Costa (Hg.), Dokumentation und Hommage für B. B. zum 75er, 2002.

Breitenau, NÖ., NK, Gem., 343 m, 1228 Ew., 9,56 km², Ind.- und Gewerbegem. im Steinfeld östl. von Neunkirchen. Steinfeldzentrum B. (Veranstaltungszentrum); Kfz- und Papierind., Entsorgung. – Neugot. Kirche hl. Veit (1908/09) mit monumentaler Wandmalerei (1934). Unweit „Föhrenwald" (größter Schwarzföhrenwald Mitteleuropas).

Literatur: M. Bock, B. im Wandel der Zeit, mit besonderer Berücksichtigung des 20. Jh., Dipl.-Arb., Wien 2002.

Breitenau am Hochlantsch, Stmk., BM, Markt, 607 m, 2100 Ew., 62,43 km², im Tal des Breitenauer Baches, der zw. Pernegg und Mixnitz in die Mur mündet. – Wirt. dominiert durch die → Veitsch-Radex GmbH (Magnesitbergbau). – Got.-barocke Pfarrkirche St. Jakob (Hochaltar 1769). In → Sankt Erhard früh- bzw. hochgot. Wallfahrtskirche (13.–14. Jh.) mit got. Glasmalereien. Südlich von B. a. L. liegen Sommeralm und → Teichalm (Skigebiet, Ferienregion).

Literatur: G. Christian, Die Breitenau, 1989.

Breitenbach am Inn, Ti., KU, Gem., 510 m, 3152 Ew., 37,99 km², Wohngem. mit wirt. Mischstruktur (Gewerbe, Tourismus) im Inntal westl. von Wörgl. Maschinenbau, Holzverarbeitung. – Barocke Pfarrkirche (1737–39) mit prächtigem Hochaltar, Mondsichelmadonna (um 1670) und großem Gemälde von 1638; barocker Pfarrhof; Johanneskirche in Kleinsöll (roman. Kern, Umbau 1638) mit Barockfresken; Kapelle in Ramsau (17. Jh.), Antoniuskapelle (1707); Burgruine Schintelberg (urk. 1194). Unweit Naturschutzgebiet „Berglstein", Puppenmuseum auf dem Asperhof.

Literatur: S. Hölzl, B. a. I., 1980.

Breitenbrunn, Bgld., EU, Markt, 136 m, 1702 Ew., 25,75 km², am Rand des Leithagebirges nördl. des Neusiedler Sees. – Erholungszentrum, Sommerfremdenverkehr (19.778 Übern.), Süßwaren- und Getränkeerzeugung, Wein- und Obstbau. 36 m hoher Wehrturm, Rest der Befestigung, Museum; Wehrkirche im Kern got., 1675 barock umgebaut; Winzerhäuser, sehenswerte Kellergasse.

Breitenfeld am Tannenriegel, Stmk., LB, Gem., 310 m, 203 Ew., 4,41 km², landw. Gem. im Tal des Schwarzaubachs.

Breitenfeld an der Rittschein, Stmk., FB, Gem., 281 m, 815 Ew., 13,22 km², Gem. mit vielfältiger Wirt.-Struktur unweit der Einmündung des Krennachbachs ins Rittscheintal westl. von Fürstenfeld. Textilind., Holzverarbeitung, Wein- und Obstbau. – Urk. 1160, hochbarocke Pfarrkirche (seit 1865) an der Stelle einer Kapelle, 1681–98 als Pestwallfahrtskirche erb., wertvolle Einrichtung durch den Riegersburger Pfarrer Gundacker v. Stubenberg (1707–29): mächtiger Hochaltar mit Bild Christus Salvator (1645), reicher Figurenschmuck, schöner Tabernakel, Buchsbaumkruzifix nach Art Veit Königers (18. Jh.), fein gearbeitete Kanzel (1733), Hl. Grab mit Perspektivkulissen und Flachfiguren.

Breitenfurt bei Wien, NÖ., MD, Markt, 295 m, 5323 Ew. (1981: 3641 Ew.), 27,00 km², im obersten Tal der Reichen Liesing, im östl. Wienerwald. Rasch wachsende Marktgem. im Einzugsbereich von Wien (1938–54 eingemeindet). Ausflugsziel der Wiener. – Forstbetrieb der Ö. Bundesforste AG und Forstverwaltung der Stadt Wien, Mehrzweckhalle, mittel- und kleinbetriebl. strukturiert, da nur Betriebs- und kein Ind.-Gebiet: Handel (Lampen, Fotozubehör usw.), Stahlbau, Werkzeugmaschinenbau, Druckerei. – Das 1714–32 von Frh. Gregor Wilhelm von Kirchner erbaute Barockschloss ging 1735 in ksl. Besitz über und wurde 1796 großteils abgebrochen, die Kapelle (Zentralbau von E. A. Martinelli 1714–32) wurde Pfarrkirche, Kuppelfresko nach Art J. M. Rottmayrs, Stuckfiguren von G. Giuliani.

Literatur: Marktgem. B. (Hg.), B. und seine Geschichte, 1980.

Breitenlee, Ort im westl. Marchfeld, gehört seit 1938 zum 22. Wr. Bezirk. Um 1700 (Kirche 1699) entstanden; Stiftsgut der Schotten, 1529 zerstört, erst nach 1694 wieder besiedelt, Friedhof der Schotten nach 1784, durch die Schlacht bei Aspern (1806) betroffen.

Breitensee, Wien, 1892–1938 Teil des 13., seither des 14. Wr. Bezirks (Name von ehem. kleinen Tümpeln), früher bevorzugter Aufenthaltsort der aus Wien „Abgeschafften" (Ortsverwiesenen).

Breitenstein, NÖ., NK, Gem., 779 m, 371 Ew., 20,28 km², Fremdenverkehrsgem. im nördl. Semmeringgebiet westl. von Gloggnitz. Kindererholungsheim der Nö. Gebietskrankenkasse, Diätgenesungsheim „Karl Hiesmayr". – Um 1900 beliebte Sommerfrische, späthistorist. Villen (um 1880/1910), Pfarrkirche hl. Martin (roman., got. und barocke Bauteile) mit Barockaltären und schöner barocker Hängekanzel (Mitte 18. Jh.), Burgruine Klamm (Baubestand 12.–16. Jh.) mit mächtigen Umfassungsmauern, 1805 von den Franzosen zerstört, erhalten sind Bergfried und Bauten aus dem 16. Jh., nach 1830 teilw. wiederhergestellt (spätgot. Holztüren, Smlg. von Rüstungen und Bildern, spätgot.

Breitenbrunn, im Hintergrund das Leithagebirge.

Burgkapelle, Chorgestühl 1830), Tunnels und Viadukte der Semmeringbahn.

BREITENWANG, Ti., RE, Gem., 850 m, 1578 Ew., 18,94 km², östl. von Reutte, nahe dem Plansee. – Landw. HaushaltungsS; Metallwerk, Speicherkraftwerk Planseewerk (err. 1987, 48.000 KWh). – Urk. 1094, barocke Pfarrkirche (1685–91 umgebaut) mit Fresken von J. J. Zeiller (um 1755) und got. Turm, Totenkapelle (umgebaut 1724, Totentanzdarstellungen), got. Kriegergedächtniskapelle (1526, 1954 umgestaltet), Bad Kreckelmoos (urk. 1450, um 1600 erbaut). Am 3. 12. 1137 starb Ks. Lothar III. auf der Heimreise von Italien in B. Denkmal für Kg. Ludwig II. von Bayern.

BREITNER, Burghard, * 10. 6. 1884 Mattsee (Sbg.), † 28. 3. 1956 Innsbruck (Ti.), Chirurg. Univ.-Prof. in Innsbruck, betreute bis 1920 ö. Kriegsgefangene in Russland, 1950–56 Präs. d. Ö. Roten Kreuzes, 1951 VdU-Kandidat bei der Bundespräsidentenwahl.
Literatur: L. Höbelt (Hg.), Festschrift für B. B., 1994; M. Handler, Der Teilnachlaß von Univ.-Prof. Dr. med. B. B. (1884–1956), Hausarbeit, Wien 1999.

BREITNER, Hugo, * 9. 11. 1873 Wien, † 5. 3. 1946 Clairemont (USA), soz.-dem. Finanzpolitiker. 1918–33 Mitgl. d. Wr. Gem.-Rats; führte als Stadtrat f. Finanzwesen (1919–32) der Gem. Wien 1923 die „Wohnbausteuer" ein und schuf damit die Grundlage für den soz. Wohnbau in Wien. In den Februarkämpfen 1934 verhaftet, emigrierte B. 1938 nach Italien und Paris, von dort in die USA.
Literatur: H. Kaudelka, H. B., in: Wr. Schriften 4, 1956.

Alfred Brendel. Foto.

BRENDEL, Alfred, * 5. 1. 1931 Wiesenberg (Loučna, CZ), Pianist. Studierte Klavier, Komposition und Dirigieren in Zagreb und Graz; lebte ab 1943 mehr als 2 Jahrzehnte lang in Ö., seit 1979 in London. Begann seine Karriere in den 50er Jahren mit der Interpretation von Werken von F. Liszt, A. Schönberg, W. A. Mozart und v. a. L. v. Beethoven (erste Gesamteinspielung); spätestens seit seiner Amerikatournee 1963 wird er zu den weltbesten Pianisten gezählt; zahlr. Auftritte bei den Sbg. Festspielen. Siemens-Musikpreis 2004.
Werke: Nachdenken über Musik, 1977 (¹²1992); Musik beim Wort genommen, 1992; Fingerzeig, 1996; Störendes Lachen während des Jaworts, 1997; Kleine Teufel, 1999 (Gedichte); Ausgerechnet ich, 2001 (Gespräche).

BRENNER, ital. Brennero, 1371 m, seit 1919 Grenzpass zw. Ö. (Ti.) und Italien (S-Ti.), niedrigster, ganzjährig benutzbarer Alpenübergang der O-Alpen. Wichtigste Verkehrsverbindung zw. Deutschland und Italien, die vom Inntal durch das Wipptal bergan über die Wasserscheide Adria/Schwarzes Meer ins S-Ti. Etschtal führt. Im MA war der B. der wichtigste Pass zw. dem N- und dem S-Teil des dt. Reichs. Seit 1867 gibt es die Brennerbahn (Innsbruck– Bozen; erste Anwendung von Kehrtunnels, 1928 elektrifiziert), 1974 wurde die B.-Autobahn A 13 als wichtiger Bestandteil der ö. → Alpentransversalen fertig gestellt, die seit 1993 von der → Alpen Straßen AG (ASG) verwaltet wird. Das Verkehrsaufkommen auf der B.-Autobahn betrug 1991 27.000 Kraftfahrzeuge pro Tag, davon 5000 Lkws, 2002 durchschnittl. 47.664 Kraftfahrzeuge pro Tag, davon 6154 Lkws und Busse.
Auf ö. Seite der Passhöhe liegt der Brennersee. Am B. entdeckte D. Dolomieu 1789 das nach ihm benannte Gestein → Dolomit.

BRENNER, Martin, * 11. 11. 1548 Dietenheim (D), † 14. 10. 1616 Retzhof (Stmk.), Reformbischof in Seckau nach dem Trienter Konzil. Leitete die meisten Reformationskommissionen Ferdinands II. 1599–1600/04 in der Stmk. und in Kä. Sein Wirken (Predigt, Klerusreform) brachte ihm den Titel „Apostel der Stmk." ein.
Literatur: K. Amon, M. B., in: Die Bischöfe von Graz-Seckau 1218–1968, 1969.

BRENNER, DER, von L. v. → Ficker gegr. Ztschr. für Kunst und Kultur, 1910–14 Halbmonatsschrift, ab 1919 Jahrbuch, 1954 eingestellt. Bis zum Beginn der 20er Jahre war der B. ein Sprachrohr des Expressionismus, dann erfolgte unter Einfluss von F. Ebner und H.-J. Haecker eine Umorientierung zugunsten sprachphilosoph. und theolog. Essays und Lyrik. Der

Der Brenner: Umschlag, 1910.

„B.-Kreis" um Ficker vertrat in der Folge eine radikale christl. Innerlichkeit. – Seit 1964 Forschungsinst. B.-Archiv an der Univ. Innsbruck.
Literatur: G. Stieg, Der „Brenner" und die „Fackel", 1976; S. Klettenhammer (Hg.), Aufbruch in die Moderne. Die Ztschr. B. 1910–15, 1990; R. R. Geher, Der B.-Kreis, Diss., Wien 1990.

BRENNSEE, Feldsee, Kä., 756 m, 1,3 km lang und 0,5 km breit, kleiner Alpensee nördl. von Villach mit guter Wasserqualität, zw. Mirnock (2110 m) und Wöllaner Nock (2145 m); durch einen flachen Sattel vom Afritzer See getrennt; nach NW zum Millstätter See entwässert.

BRENTANO, Franz, * 16. 1. 1838 Marienberg (D), † 17. 3. 1917 Zürich (CH), Philosoph, Priester; Neffe des dt. Romantikers Clemens B. 1873–80 Prof., bis 1894 Privatdozent in Wien; zog 1895 nach Florenz, 1915 nach Zürich. Von Aristoteles ausgehend, verband B. die Philosophie eng mit der Psychologie, die für ihn die Grundwiss. schlechthin war. Seine Lehre beeinflusste die → Grazer Schule und die Phänomenologie.
Werke: Psychologie vom empir. Standpunkte, 3 Bde., 1874–1928; Vom Ursprung sittl. Erkenntnis, 1889; Untersuchungen zur Sinnespsychologie, 1907; Von der Klassifikation der psychischen Phänomene, 1911. – Gesamtausgabe, hg. v. F. Mayer-Hillebrand, 1952 ff.
Literatur: J. M. Werle, F. B. und die Zukunft der Philosophie, 1989; E. Tiefensee, Philosophie und Religion bei F. B. (1838–1917), 1998.

Hugo Breitner. Foto.

Franz Brentano. Foto.

BRESGEN, Cesar, * 16. 10. 1913 Florenz (I), † 7. 4. 1988 Salzburg, Komponist. Ab 1939 in Salzburg, Prof. am Mozarteum; arbeitete ähnlich wie C. Orff mit starkem pädagog. Engagement. In seinen vorwiegend musikdramat. Werken gestaltete er häufig hist. Themen (Der

Engel von Prag, 1978 bzw. 1985) und Märchen (Der Igel als Bräutigam, 1948; Der Mann im Mond, 1960). 1976 Großer Ö. Staatspreis.
Weitere Werke: zahlr. musikdramat. Werke, daneben Vokalwerke, Kammermusik, konzertante Werke und theoret. Schriften.
Literatur: R. Lück, C. B., 1974; I. Schmid-Reiter, Das musikdramat. Werk C. B., Diss., Wien 1989.

Brestel, Rudolf, * 16. 5. 1816 Wien, † 3. 3. 1881 ebd., Politiker. 1844 Univ.-Prof. für Mathematik, 1848 liberaler Abgeordneter, 1868–70 Finanzmin., 1869–81 Mitgl. d. Reichsrats.
Literatur: S. Gold, R. B. als Finanzmin., Diss., Wien 1936; ÖBL.

Brest-Litowsk, Frieden von, zw. Ö.-Ungarn, Deutschland, Bulgarien und der Türkei einerseits und der jungen Räterepublik Russland andererseits am 3. 3. 1918 unterzeichnet. Er beendete den 1. Weltkrieg in O-Europa und ermöglichte den Mittelmächten die Fortführung des Kriegs an den übrigen Fronten, wurde aber nach deren Niederlage im November 1918 hinfällig.
Literatur: S. Horak, The First Treaty of World War 1, 1988.

Schlusssitzung der Friedensverhandlungen von Brest-Litowsk. Foto, 9. Februar 1918.

Bretstein, Stmk., JU, Gem., 1036 m, 347 Ew., 91,28 km², land- und forstw. Gem. im B.-Graben des oberen Pölstals im Niederen Tauern.

Brettauer, Josef, * 8. 12. 1835 Ancona (I), † 11. 7. 1905 Triest (I), Numismatiker, Augenarzt. Seine Smlg. von medizin. Münzen und Medaillen („Medicina in nummis") war eine der größten Privatsammlungen dieser Art; bis 1988 im Kunsthist. Museum, heute im Inst. für Numismatik der Univ. Wien.
Literatur: E. Holzmair, Medicina in nummis. Smlg. Dr. J. B., ²1989.

Brettlfenster (nach Ortschaft Brettl südl. von Gresten, NÖ.), geolog. Struktur, in der 1 km südl. des Nordrands der Kalkalpen Gesteine der darunter liegenden Flyschzone auf einer Fläche von rd. 2 km² an die Oberfläche treten. Das B. beweist u. a. die Überschiebung der Nördl. Kalkalpen auf das Vorland.

Breu (Preu), Jörg d. Ä., * um 1475 Augsburg (D), † 1536 ebd., Maler, Zeichner und Illuminator. Meister der Donauschule; hielt sich auf seiner Wanderschaft längere Zeit im Donauraum auf, wurde hier durch R. → Frueauf d. Ä. beeinflusst, arbeitete um 1500 in einer Malerwerkstatt in Krems; aus dieser Zeit stammen der Bernhardi-Altar in Zwettl (1500), der Hochaltar der Kartäuserkirche in Aggsbach (1501, jetzt Teile im Stift Herzogenburg und im German. Nat.-Museum in Nürnberg) sowie der ehem. Hochaltar in Melk (1502, jetzt in der Melker Stifts-Smlg.). Ab 1502 als Maler in Augsburg ansässig, um 1515 Italienreise, 1522 kurzer Aufenthalt in Straßburg.
Literatur: 1000 Jahre Kunst in Krems, Ausst.-Kat., Krems 1971; P. F. Cuneo, Art and Politics in Early Modern Germany, 1998.

Jörg Breu d. Ä.: Szene aus dem Leben des hl. Bernhard. Tafelbild, 1500 (Siftskirche Zwettl, NÖ.).

Breu, Josef, * 5. 1. 1914 Triest (I), † 26. 4. 1998 Wien, Geograph. Ab 1979 Univ.-Prof., 1981–84 Präs. der Geograph. Ges. Spezialgebiete: SO-Europa, geograph. Namenforschung.
Werke: Atlas der Donauländer, 1970; Geograph. Namenbuch Ö., 1975.

Breu, Niclas, siehe → Meister der Historia Friderici et Maximiliani.

Breuer, Josef, * 15. 1. 1842 Wien, † 20. 6. 1925 ebd., Internist, Physiologe. Entdeckte die Selbststeuerung der Atmung durch den Nervus vagus. Seine „kathartische (reinigende) Methode" zur Behandlung neurot. und hyster. Störungen stellte den Ausgangspunkt der psychoanalyt. Lehre von S. → Freud dar.
Werk: Studien über Hysterie, 1895 (mit S. Freud).
Literatur: A. Hirschmüller, Physiologie und Psychoanalyse in Leben und Werk J. B., 1978.

Breuer, Robert, * 3. 10. 1909 Wien, † 24. 6. 1996 Forest Hills (USA), Schriftsteller. Bis 1938 Journalist in Wien (u. a. für das „Neue Wr. Tagblatt", die „Neue Freie Presse" und das „Neue Wr. Journal"); 1938 Emigration über Großbritannien nach New York, wo er ab 1940 als Theaterkritiker für europ. Tageszeitungen und den Berliner Sender RIAS arbeitete. 1962–91 Musikreferent für den „Aufbau" in New York, Musikkritiker u. a. für die „New York Times".
Werke: Gedichte vom Leben, Lieben und Lachen, 1935; Nacht über Wien. Ein Erlebnisbericht aus den Tagen des Anschlusses im März 1938, 1988 (engl. 1938); New Yorker Musik-Kaleidoskop 1962–90, 1994.

Breuner, ö.-steir. Hochadelsgeschlecht des 15.–19. Jh. Die Gründer Conrad und Andreas B. kamen 1385 aus Utrecht oder Köln in die Stmk., sie und ihre Nachfahren waren landesfürstl. Beamte (Ritter). Die steir. Linie wurde 1666 in den Grafenstand erhoben und starb 1827 aus. Philipp B. († 23. 4. 1556), Präs. der Hofkammer und seit 1550 im Freiherrenstand, gründete die ö. Linien. Sein Sohn Seyfried war 1587–91 Statthalter von NÖ., dessen Frau erbte die Güter der → Eyczing. Eine ältere Linie zu Asparn (1624 Grafen) starb 1716 aus, die jüngere Linie von Asparn erlosch 1894, die von Nußdorf 1862. Bischof Philipp Friedrich → Breuner stammt aus der jüngeren Asparner Linie.
Literatur: U. Walter, Die B., Genealogie und Besitzgeschichte einer steir. Adelsfamilie, Diss., Graz 1985.

Breuner, Philipp Friedrich Graf, * 6. 9. 1597 St. Margareten am Moos (NÖ.), † 22. 5. 1669 Wien, Geistlicher. 1630–39 Weihbischof in Olmütz; 1639–69 Fürstbischof von Wien.
Literatur: E. Gatz (Hg.), Die Bischöfe des Hl. Röm. Reiches 1648–1803, 1990.

Brevillier, Ludwig, * 15. 11. 1800 Wien, † 12. 2. 1855 ebd., Fabrikant. 1819–30 in Manchester, wurde dann Gesellschafter der 1823 von seinem Bruder Karl Wilhelm B. gegr. Holz- und Metallschraubenfabrik in Neunkirchen (NÖ.) und baute diese zu einem Musterbetrieb mit internat. Ruf aus.
Literatur: ÖBL.

Brezina, Thomas, * 30. 1. 1963 Wien, Kinder- und Jugendbuchautor. Studierte Publizistik und Theaterwiss. V. a. durch seine Buchreihen „Die Knickerbocker-Bande" (ab 1990), „Tom Turbo" (ab 1993) und „Bronti Super-Saurier" (ab 1991) international bekannt geworden. Bes. die erstgenannte Krimiserie (verfilmt) bescherte B. den Ruf des dzt. erfolgreichsten ö. Kinder- und Jugendschriftstellers (Übersetzungen seiner Werke in rd. 30 Sprachen). B. moderiert seit 1989 auch Kinder- und Jugendsendungen im ORF, schreibt Lieder und Drehbücher. 1978 Großer Ö. Jugendpreis für seine Drehbücher zur Puppenfernsehserie „Tim, Tom und Dominik".

Brezinka, Wolfgang, * 9. 6. 1928 Berlin (D), Erziehungswissenschaftler. Habilitierte sich 1954 an der Univ. Innsbruck und lebt seither in Ti.; lehrte an den Univ. Würzburg (1958–60), Innsbruck (1960–67) und Konstanz (1967–96); vertritt ein empirisch-analyt. Wiss.-Konzept. Seine Schriften, v. a. zur Pädagogik der Neuen Linken sowie zur Orientierungs-, Wertungs- und Erziehungskrise unserer Zeit, sind weltweit verbreitet (Übersetzungen in zahlr. Sprachen). Zählt zu den bedeutendsten Erziehungstheoretikern der Gegenwart; zahlr. Auszeichnungen.
Werke: Erziehung als Lebenshilfe, 1957; Erziehung – Kunst des Möglichen, 1960; Von der Pädagogik zur Erziehungswiss.,

1971; Die Pädagogik der Neuen Linken, 1972; Grundbegriffe der Erziehungswiss., 1974; Erziehung in einer wertunsicheren Gesellschaft, 1986; Pädagogik in Ö., Bd. 1, 2000. – Ausgabe: Gesammelte Schriften, 1978 ff.
Literatur: S. Uhl, W. B. – 50 Jahre erlebte Pädagogik, 1997.

Briefmarken, amtl. Postwertzeichen: Ab 1. 6. 1850 wurden B. in Ö. eingeführt. Der erste amtl. ö. B.-Satz wurde 1850 (mit Wappenzeichnung) ausgegeben. 1851 folgten die ersten Zeitungsmarken der Welt. Von diesen Marken mit Merkurkopf ohne Wertangabe gilt die zinnoberrote Ausgabe von 1856 als die seltenste und wertvollste ö. B. Die B. der Serie aus 1858 mit dem Porträt Ks. Franz Josephs (Prägedruck) waren die ersten gezähnten ö. Marken. Durch mehr als 50 Jahre hindurch blieben Wappen, Kaiserkopf und Merkurkopf die einzigen Motive ö. B. Sie wurden meist im Buchdruck, später auch im Tiefdruck hergestellt. Zum Schutz vor Fälschungen wurde bis 1890 Wasserzeichen, dann Faserpapier verwendet, 1901–04 ein Überzug von schrägen Lackstreifen, 1908–13 glänzendes Kreidepapier und 1920–36 Papier mit einem chem. Zusatz, das sich bei Behandlung mit einer alkalischen Flüssigkeit rot verfärbt. Später wurde der Markenstich eingeführt.
Bis zum ö.-ungar. Ausgleich 1867 galten die ö. B. ebenso für Ungarn, wo sie auch nach Aufrichtung einer eig. Posthoheit bis 1871 verwendet wurden, weshalb sie damals ohne Beschriftung gehalten wurden. Für die Lombardei (bis 1859) und Venetien (bis 1866) wurden die ö. B. in gleicher Zeichnung, aber mit Wertangabe in ital. gedruckt; Ähnl. galt für die ö. Postämter im türk. Reich ("Levante"), die bis 1914 bestanden, zuletzt waren es 79. Die ö. B. hatten auch Geltung in Liechtenstein, wo sie 1912 durch ähnl. B. mit der Inschrift „K. k. ö. Post im Fürstentum Liechtenstein" abgelöst wurden, die bis 1918 in Kurs waren. Eig. B. gab Ö. schließlich seit 1879 für das Okkupationsgebiet Bosnien-Herzegowina heraus (Militärpost). Diese führten zu einer Revolutionierung des Markenbildes; mit dem von K. → Moser entworfenen Landschaftsserie beschritt Ö. 1906 einen neuen Weg in der B.-Gestaltung als Kleinkunstwerk, der seither in der ganzen Welt nachgeahmt wurde. Von Moser stammt auch der Kaiser-Jubiläums-Satz von 1908 (Herrscherporträts). Die letzte alt-ö. Markenserie entstand 1916 (Kaiserkrone, Ks. Karl, Wappenschild); sie wurde 1918/19 mit dem schwarzen Aufdruck „Deutschösterreich" versehen. Die B.-Ausgabe 1922–24, die Inflationswerte bis zu 10.000 Kronen enthält, zeigt Motive mit stilisierten Sinnbildern (Kornähre, Zange und Hammer, Frauenbildnis) nach Entwürfen von W. → Dachauer; ein Wert seines Nibelungen-Satzes (1926) erhielt in New York den Preis für die schönste B. der Welt. Weitere Entwürfe, u. a. die so gen. Wohltätigkeitsmarken, lieferten bis 1938 R. Junk, G. Jung und H. → Ranzoni d. J., von dem auch der erste B.-Satz der 2. Republik stammt. Von der Provisor. Regierung in Wien hg., hatte diese Ausgabe nur in der sowjet. besetzten Zone Geltung, während die Zonen der Westmächte B. benützten, die in den USA hergestellt und von den amerikan. Truppen (wie analog nach Italien, Frankreich und Deutschland) mitgebracht wurden. Diese wurden später mit Überdruck „Porto" im ganzen Land als Nachportomarken aufgebraucht. In ganz Ö. verwendete man daneben die Restbestände der dt. B. (mit „Österreich" überdruckt). Die erste Dauerserie der 2. Republik war die Ausgabe 1945/46 mit Landschaften nach Entwürfen von A. Chmielowski. Ende 1947 machte die Währungsreform den Druck dieses Satzes in veränderten (für alle Groschen- bzw. Schillingwerte gleichen) Farben nötig. Alle danach erschienenen B. waren bis zur Einführung des Euro frankaturgültig. Seit 1948 folgten eine Dauerserie mit Volkstrachten (Zeichnungen von J. Seger), ab 1957 ein Bautensatz (Entwürfe von A. → Pilch, H. Strohofer, O. Zeiller), ab 1973 eine Landschaftsserie „Schönes Ö." (O. Zeiller), ab 1984 eine Serie „Stifte und Klöster in Ö." (O. Zeiller, W. Pfeiler) und ab 1997 die Serie „Sagen und Legenden aus Ö." (A. Tuma, W. Pfeiler). Die erste Euro-Dauermarkenserie trägt den Titel „Ferienland Ö." (A. Tuma).
1853–1900 gab es eig. Zeitungsstempel-, 1973–83 Telegraphen-, im 1. Weltkrieg Feldpost- und 1916–21 Eilmarken. 1894 erschien die erste Nachportomarke (gewöhnl. „Strafmarke" genannt), 1918 die erste Flugpostausgabe (als Überdruck für die Strecke Wien–Krakau–Lemberg–Kiew). Die Ausgabe gesonderter Flugpostmarken wurde 1953 eingestellt; die letzten Zeitungsmarken waren 1922 herausgekommen.
Alle ö. B. werden in der Staatsdruckerei hergestellt, die auch für viele andere Staaten B. erzeugt. Die ö. B. bewahrten bis heute ihre Eigenständigkeit gegenüber allen künstlerischen Richtungen und Bestrebungen des internat. B.-Schaffens durch ausgezeichnete B.-Entwerfer und -Stecher. Neben der hohen künstlerischen Qualität sind vor allem eine wohl dosierte Ausgabepolitik und eine vorsorgl. Betreuung durch den Sammlerservice der ö. Post Kriterien für die Beliebtheit der ö. B.

Briegniel (Brigniel), Josef, * 24. 3. 1699 Klagenfurt (Kä.), † um 1770 Wr. Neustadt (NÖ.), Jesuit. Ab 1740 Missionar in Paraguay; verfasste Wörterbuch und Grammatik der Abipon-Indianer und zeichnete eine Karte ihres Landes.

Brigantium, das heutige → Bregenz. Beim Geographen Strabon (64/63 v. Chr. – 23/26 n. Chr.) und Astronomen Ptolemaios (ca. 90–168 n. Chr.), in der Tabula Peutingeriana und im Itinerarium Antonini erwähnt; in der Notitia Dignitatum ist es als Standort eines Flottenkommandanten (Praefectus numeri barcariorum) verzeichnet.

Brigittenau, 20. Gem.-Bez. von Wien (seit 1900), 4,77 km², 76.268 Ew. (2001), war 1850–1900 Teil des 2. Bez.; frühere Gebietsteile wurden „Schottenau", „Wolfsau", „Taborau" und „Zwischenbrücken" genannt, heutiger Name nach der Brigittakapelle (1645–51 nach Abwehr der Schweden im 30-jähr. Krieg errichtet). Bis zur Donauregulierung (1869–75) hauptsächl. Augebiet mit Fasangarten, wurde von Joseph II. mit dem → Augarten der Öffentlichkeit zugänglich gemacht; seit 1840 vom S her rasche Besiedlung, früher Ind.-Viertel, heute vorwiegend Wohnbezirk. – Ein bes. Volksfest war bis 1847 der Brigittakirtag, beschrieben in F. → Grillparzers „Der arme Spielmann".
Brigittakirche (1867–73) von F. v. Schmidt; Kirche zum Göttl. Erlöser (1982/83). Große Gem.-Wohnhausanlagen: Winarsky-Hof (1924) und Otto-Haas-Hof (1925), Janecek-Hof (1925/26), Beer-Hof (1926), Friedrich-En-

Brigitta-Kapelle in der Brigittenau.
Kolorierter Stich von J. Ziegler, um 1790.

Älteste österreichische Briefmarke, geschnitten, 1850.

Briefmarke aus dem Satz zum 60-jährigen Regierungsjubiläum Kaiser Franz Josephs I., 1908.

Entwurf zur Kaiser-Jubiläums-Briefmarkenserie von K. Moser, 1908.

Briefmarke aus der Ersten Republik, 1934.

Briefmarke anlässlich des Beitritts Österreichs zur Europäischen Union, 1995.

gels-Hof (1930–33), kommunale Wohnhausanlagen vorwiegend aus den 60er und 70er Jahren beiderseits der Adalbert-Stifter-Straße, Wohnhaus Dresdner Straße (1980), Vollwertwohnen Hartlgasse (1989) u. a. Mit dem Millenniums-Tower (202 m) besitzt B. seit 1999 das höchste Gebäude Ö. – Technolog. Gewerbemuseum (1980), Allg. Unfallversicherungsanstalt (1972–77), Lorenz-Böhler-Unfallkrankenhaus, VHS, Bezirksmuseum; Verkehrsanlagen: Frachten-Bhf., ehem. NW-Bhf.; N-Brücke, Floridsdorfer Brücke, N-Bahnbrücke, Brigittenauer Brücke; U-Bahn-Linie U6 (seit 1996).
Literatur: F. Czeike, B., Wr. Bezirkskulturführer, 1981; ders., Hist. Lexikon Wien, 5 Bde., 1992–97.

BRINKMANN, Ruth, * 22. 7. 1934 Berlin (D), † 18. 1. 1997 Wien, Schauspielerin. Studierte Schauspiel an der Yale University; nach ersten Auftritten in den USA lernte sie 1958 den ö. Regisseur F. → Schafranek kennen, heiratete diesen und übersiedelte nach Wien. 1963 gründete sie mit Schafranek → Vienna's English Theatre und spielte dort viele Hauptrollen; nach dem Tod ihres Mannes übernahm sie auch die Leitung des Theaters. Zahlr. Auszeichnungen.

BRIOSCHI, Theatermalerdynastie; Entwürfe im Besitz des Ö. Theatermuseums in Wien. Mitglieder der Familie: Giuseppe → Brioschi, Carlo Giovanni Aristide → Brioschi, Othmar → Brioschi, Antonio → Brioschi.
Literatur: E. Greisenegger-Georgila, Naturmotive im Angebot eines Theaterdekorationsateliers im 19. Jh. Das Atelier B. und seine Tradition in der k. u. k. Hofoper in Wien, Diss., Wien 1987.

BRIOSCHI, Antonio, * 30. 11. 1855 Wien, † 31. 8. 1920 ebd., Hoftheater- und Dekorationsmaler; Sohn von Carlo Giovanni Aristide → Brioschi, Bruder von Othmar → Brioschi. Übernahm 1886 als Ausstatter der Wr. Hofoper das Atelier seines Vaters und schuf auch Entwürfe für das Wr. Burgtheater.

BRIOSCHI, Carlo Giovanni Aristide, * 24. 6. 1826 Mailand (I), † 12. 11. 1895 Wien, Hoftheatermaler; Sohn von Giuseppe → Brioschi, Vater von Othmar → Brioschi und Antonio → Brioschi. Leitete 1854–86 das Atelier seines Vaters, übernahm 1869 die Leitung bei der Einrichtung der Bühnenmaschinerie der neuen Wr. Oper. Begründete den Ruf der neueren Wr. Dekorationsmalerei.

BRIOSCHI, Giuseppe, * 1801 Mailand (I), † 24. 11. 1858 Wien, Dekorationsmaler; Vater von Carlo Giovanni Aristide → Brioschi. Richtete sich in Wien ein Atelier für die Hofoper im Kärntnertortheater ein.

BRIOSCHI, Othmar, * 17. 9. 1854 Wien, † 7. 7. 1912 Rom (I), Maler; Sohn von Carlo Giovanni Aristide → Brioschi, Bruder von Antonio → Brioschi. War Gehilfe in dessen Atelier, ging ab 1885 für ständig nach Rom, wo er 1905 Prof. an der Accademia di S. Luca wurde.

BRIXEN, Bistum, folgte ab dem 10. Jh. dem Bistum Säben, das angeblich bereits im 4. Jh. durch den hl. Kassian gegr. worden war; erster hist. nachgewiesener Bischof von Säben war der 588/89 genannte hl. Ingenuin. Säben war Suffragan von Aquileia, seit 798 von Salzburg. Ludwig der Deutsche verlieh 845 dem Besitz Immunität. Der hl. Albuin verlegte den Bischofssitz nach B. Durch die Ks. Otto II., Heinrich II., Konrad II. (1027 Grafschaften im Inn- und Eisacktal), Heinrich III. und Heinrich IV. (1091 Grafschaften im Pustertal) wurde der Besitz erweitert. Bischof Poppo (1039–44) war 23 Tage lang Papst (Damasus II.). 1179 erhielt der Bischof von B. von Friedrich Barbarossa das Zoll- und Münzrecht. Nutznießer dieser Rechte wurden aber die Vögte (Grafen von Andechs, nach 1241 Grafen von Ti.). Im 15. Jh. gab es wiederholt Konflikte mit den Landesfürsten von Ti. wegen verschiedener Hoheitsrechte (Nikolaus von Cues 1450–64). Als Folge des Friedens von Lunéville kam das weltliche Gebiet 1803 an die ö. Monarchie.

Die Diözese umfasste ganz N-, O- und S-Ti. sowie Vbg.; 1902 gehörten 422.000 Katholiken, 1362 Welt- und Ordenspriester, 502 Seelsorgestellen (davon 377 in Ti. und 125 in Vbg.) sowie die theolog. Fakultät der Univ. Innsbruck zu ihr. Der Bischof wurde vom Kaiser ernannt.
Nach 1919 wurde für die Gebiete in Ti. ein Administrator bestellt, 1964 kam es zur Errichtung der Diözese Innsbruck, das Bistum B. wurde nach Bozen verlegt. Vbg. hatte seit 1818 einen Generalvikar in Feldkirch, der Weihbischof von B. war, 1968 wurde Feldkirch zum Bistum.

BRIXEN (Bressanone, S-Ti., I), Stadt, 559 m, 18.030 Ew., 73,13 % Deutschsprachige, 25,65 % Italiener, 1,24 % Ladiner. B. hatte 1910 als ö. Bezirkshauptstadt 6551 Ew. (einschließl. Garnison), war kath. Bistum und Dekanat, besaß Theolog. Hauslehranstalt, Seminar Vinzentinum, k. k Obergymn. der Augustiner-Chorherren mit Internat sowie Niederlassungen von Englischen Fräulein, Klarissinnen und Kreuzschwestern. Bronzezeitl. Siedlung auf dem Plabacher Bühel, 827 urk. „Pressena", seit dem MA geistl. Fürstentum, 1803 säkularisiert und Ti. einverleibt. Barocker Dom (1745–55) mit roman. Bauteilen und Deckenfresko von P. → Troger, got. Wandgemälde im roman. Kreuzgang (um 1200); Stadtpfarrkirche mit „Weißem Turm" (um 1459); Franziskanerkloster (heutige Form um 1683) mit Wandmalereien der B. Schule; bischöfl. Burg (seit ca. 1265 bischöfl. Residenz) um 1600 in Renaiss.-Hofburg umgebaut (Diözesanmuseum); Sonnentor; Säbentor.
Literatur: A. Sparber, Die Bischofstadt B. in ihrer geschichtl. Entwicklung, ³1979.

BRIXEN IM THALE, Ti., KB, Gem., 794 m, 2574 Ew., 31,38 km², zweisaisonaler Fremdenverkehrsort (252.291 Übern.) und Hauptort des oberen → Brixentals. – Jugendhaus, Einseilumlaufbahn Hochbrixen (Filzalm 1319 m), Schotterwerk, alte Bergwerksanlagen (Silber, Kupfer). – Spätbarock-klassizist. Pfarrkirche (urk. 788, Neubau 1789–95) mit Stuckmarmor-Hochaltar und Kuppelfresken von J. Schöpf und A. Nesselthaler, Friedhofskapelle (1734). Zu Fronleichnam „Antlassritt".
Literatur: S. Posch, B. i. T. 788–1988, 1988.

BRIXENTAL, Ti., südöstl. Seitental des Inntals in den Kitzbüheler Alpen, von Kitzbühel gegen Wörgl; wird von der Brixentaler Ache durchflossen und von der W-Bahn durchfahren, im N von der Hohen Salve (1828 m) überragt. Das B. war von 1312 an salzburgisch und kam 1816 zu Ti. – Hauptort: Hopfgarten (5266 Ew.).

BRIXLEGG, Ti., KU, Markt, 534 m, 2776 Ew., 9,10 km², alter Bergbauort an der Mündung des Alpbachs in den Inn, nordöstl. des Karwendels. – Kupferhütte der Montanwerke B., Erzeugung von Walkwaren, Tafelwasser und alkoholfreien Getränken, Fremdenverkehr (41.664 Übern.). – Prähist. Funde aus der Jungsteinzeit, urk. 788 „Prisslech", im 15.–17. Jh. Mittelpunkt des Ti. Silber- und Kupferbergbaus, 1867–1913 Passionsspielort, 1944/45 weitgehend zerstört. Spätgot. Pfarrkirche (1508) mit Fresken und Altarbildern (1768, C. A. Mayr); got. Kirche St. Bartholomäus in Mehrn (urk. 1357, 1661–68 erweitert); Kupferschmiedhaus (17. Jh.); Ruine Mehrenstein; Ansitze Lanegg (2. Hälfte 16. Jh.) und Grasegg (17./18. Jh.); Burg Lichtenwerth, einst auf Insel gelegen, Ruine Kropfsberg, Ti. Bergbau- und Hüttenmuseum; Schloss Neu-Matzen (Gem. Münster). Skigebiet Alpbachtal.
Literatur: S. Landmann (Red.), B., eine Ti. Gem. im Wandel der Zeiten, 1988.

BROCH, Hermann, * 1. 11. 1886 Wien, † 30. 5. 1951 New Haven (USA), Dichter und Kulturphilosoph. 1907 Textilingenieur; 1916–27 Dir. eines Textilunternehmens in Wien, studierte Philosophie und Mathematik, emigrierte 1938 nach kurzer Inhaftierung in die USA, 1950

Hermann Broch. Foto, um 1935.

Honorary Lecturer an der Yale University. B. entwickelte durch seine philosoph. Überlegungen in der Romantrilogie „Die Schlafwandler" (1932) eine neue Erzählform, in der er seine Theorie vom Wertezerfall entwickelte. Er setzte sich mit Massenpsychologie („Massenwahntheorie", postum 1979) und der Verantwortung des Dichters in Krisenzeiten („Der Tod des Vergil", 1945) auseinander und engagierte sich kurzzeitig im Rahmen des Völkerbunds. In seinen kulturphilosoph. Essays verband B. soz. und polit. Phänomene mit ethischen Fragen („Das Böse im Wertsystem der Kunst", 1933).

Weitere Werke: Romane: Die Schuldlosen, 1950; Der Versucher, 1954 (neu unter dem Titel „Die Verzauberung"). – Drama: Die Entsühnung (Denn wir wissen nicht, was sie tun), 1933. – Essays: Das Weltbild des Romans, 1930; J. Joyce und die Gegenwart, 1936; Geist und Zeitgeist, 1943; Hofmannsthal und seine Zeit, 1955 (postum). – Gedichte, Novellen. – Ausgabe: Gesammelte Werke, 10 Bde., 1951–61; Kommentierte Werkausgabe, hg. v. P. M. Lützeler, 13 Bde., 1974–81.

Literatur: P. M. Lützeler, H. B. Eine Biographie, ³1987; M. Kessler u. P. M. Lützeler (Hg.), H. B. Das dichterische Werk, 1987; dies. (Hg.), B. theoretisches Werk, 1988; P. M. Lützeler, Die Entropie des Menschen. Studien zum Werk H. B., 2000.

BROCKMANN, Johann Franz Hieronymus (auch Franz Carl Johann Hieronymus), * 30. 9. 1745 Graz (Stmk.), † 12. 4. 1812 Wien, Schauspieler. Durch seine Natürlichkeit im Ausdruck berühmt; erster dt.-sprachiger Hamlet; kam 1778 an das Hofburgtheater in Wien, das er 1789–91 auch leitete.

Literatur: W. M. Kienreich, J. F. H. B., Diss., Wien 1978.

BROD, Max, * 27. 5. 1884 Prag (CZ), † 20. 12. 1968 Tel Aviv (Israel), Erzähler, Dramatiker, Philosoph, auch Musik- und Theaterkritiker und Komponist. Emigrierte 1939 nach Israel, Dramaturg der „Habimah" in Tel Aviv. Entdecker und Freund F. → Kafkas, dessen Interpret und Nachlass-Hg. er wurde. In seinem umfangreichen erzählerischen Werk thematisiert B. das Ringen um jüdische Identität.

Werke: Romane: Schloß Nornepygge, 1908; Trilogie „Kampf um Wahrheit" (Tycho Brahes Weg zu Gott, 1915; Reubeni, Fürst der Juden, 1925; Galilei in Gefangenschaft, 1948); Die Frau, nach der man sich sehnt, 1927; Stefan Rott oder Das Jahr der Entscheidung, 1931; Annerl, 1936; Der Meister, 1951; Armer Cicero, 1955; Mira, 1958. – Streitbares Leben, 1960 (Autobiographie). – Abhandlungen: Heidentum, Christentum, Judentum, 2 Bde., 1921; F. Kafka, 1937; Diesseits und Jenseits, 3 Bde., 1947–48; F. K. Glauben und Lehre, 1948; Der Prager Kreis, 1966. – M. B. – F. Kafka – eine Freundschaft, Briefwechsel, 1989.

Literatur: M. B. 1884–1984, hg. v. M. Pazi, 1987; C. E. Börsch, M. B. im Kampf um das Judentum, 1992.

BRODA, Christian, * 12. 3. 1916 Wien, † 1. 2. 1987 ebd., Rechtsanwalt und Politiker (SPÖ); Bruder von Engelbert → Broda. 1957–59 Mitgl. d. BR; 1962–83 Abg. z. NR, führte als Justizmin. 1960–66 und 1970–83 bed. Reformen im Familien- und Strafrecht durch; 1987 erhielt B. den Menschenrechtspreis des Europarats.

Werke: Die ö. Strafrechtsreform, 1965; Rechtspolitik, Rechtsreform, 1986.

Literatur: M. Neider (Hg.), C. B., Festschrift zum 70. Geburtstag, 1986.

BRODA, Engelbert, * 29. 8. 1910 Wien, † 26. 10. 1983 Hainburg (NÖ), Physiker, Chemiker; Bruder von Christian → Broda. Assistent bei H. Mack, Patentanwalt; emigrierte 1938 nach Großbritannien und kehrte 1947 nach Wien zurück. 1955–80 Prof. für physikal. Chemie an der Univ. Wien.

Werke: Kräfte des Weltalls, 1954; L. Boltzmann, 1955; Atomkraft – Furcht und Hoffnung, 1956; Radioaktive Isotope in der Biochemie, 1958; The Evolution of the Bioenergetic Processes, 1975; Wiss. Verantwortung, Frieden, 1985.

Literatur: E. B. (1910–1983), Wiss. und Ges., 1993.

BRODINGBERG, Stmk., GU, Gem., 390 m, 1250 Ew.,

12,84 km², landw. Auspendelgem. im Rabnitztal nordwestl. von Gleisdorf. – Urk. 1190, Schafzahl-Kapelle in Haselbach, Dorfkapelle in Brodersdorf, zahlr. moderne Bildstöcke und Wegkreuze.

BROESIGKE, Tassilo, * 8. 6. 1919 Meierhöfen b Karlsbad (Karlovy Vary, CZ), † 9. 9. 2003 Hollabrunn (NÖ), Rechtsanwalt und Politiker (FPÖ). 1956–77 Landesparteiobmann der Wr. FPÖ, 1959–63 Abg. z. Wr. Landtag und Mitgl. des Wr. Gemeinderats, 1963–66 und 1970–80 Abg. z. NR; 1980–92 Präs. des → Rechnungshofs.

BROMBERG, NÖ, WB, Markt, 487 m, 1193 Ew., 30,89 km². – Pfarrkirche (1470–96), ehem. Wehrkirche mit älterem Chorturm, Christophorusfresko (Ende des 14. Jh.) und Steinkruzifix (1681). Barocker Pfarrhof; in der Florianikapelle barocker Altar mit einem Gemälde von C. Rahl (1829).

BRONNEN, Arnolt (eigentl. Arnold Bronner; Pseud.: A. H. Schelle-Noetzel), * 19. 8. 1895 Wien, † 12. 10. 1959 O-Berlin (D), Dramatiker, Erzähler und Essayist; Sohn von Ferdinand → Bronner. Verfasste spätexpressionist. Stücke, geprägt von einem dynamisch-anarchist. Lebensgefühl; arbeitete 1922–26 mit B. Brecht zusammen. Ab 1943 in der ö. Widerstandsbewegung aktiv, 1945 Dramaturg der Reichsfunkges., für kurze Zeit Dramaturg der Wr. Scala; ging 1955 nach O-Berlin. Übernahm als einer der Ersten Gestaltungsmittel von Film und Hörfunk in seine Stücke.

Werke: Dramen: Exzesse, 1921 (Urauff. 1973); Vatermord, 1922 (Urauff. 1920); Geburt der Jugend, 1924; Michael Kohlhaas, 1929; Kette Kolin, 1950. – Roman: Film und Leben. Barbara La Marr, 1928. – A. B. gibt zu Protokoll (Autobiographie 1954). – Essay: Deutschland. Kein Wintermärchen, 1956. – Ausgabe: Werke in 5 Bden., hg. v. F. Aspetsberger, 1989.

Literatur: E. Klingner, A. B. Werk u. Wirkung, 1974; M. Krüger, Vom ordnenden Subjekt zur subjektgemäßen Ordnung, 1989; F. Aspetsberger, A. B., 1995; G. Schneider-Nehls, Grenzgänger in Deutschland, 1997.

Arnolt Bronnen, Foto, 1928.

BRONNER, Ferdinand (Pseud.: Franz Adamus), * 15. 10. 1867 Auschwitz (Oświecim, PL), † 8. 6. 1948 Bad Ischl (OÖ), Schriftsteller, Dramatiker; Vater von Arnolt → Bronnen. Brachte als einer der Ersten Arbeiterdramen auf die Bühne.

Werke: Dramen: Jahrhundertwende (Trilogie), 1899, 1902, 1905; Vaterland, 1910. – Roman: Kinder des Volkes, 1929.

BRONNER, Gerhard, * 23. 10. 1922 Wien, Komponist und Kabarettist; Vater von Oscar → Bronner. Emigrierte 1938 nach Palästina und kehrte nach dem 2. Weltkrieg nach Wien zurück. 1950–61 Kabarettprogramme („Blattl vorm Mund", „Glasl vorm Aug", „Dachl überm Kopf", „Hackl im Kreuz") mit M. → Kehlmann, H. → Qualtinger, C. → Merz, G. → Kreisler, L. → Martini und P. → Wehle. Führte 1959–66 das „Neue Theater am Kärntnertor". 1979–88 Leiter des Kabaretts „Fledermaus" und des Hörfunkkabaretts „Der Guglhupf".

Max Brod. Foto.

Werke: Lieder: Der Wilde mit seiner Maschin'; Der g'schupfte Ferdl; Der Papa wird's schon richten u. v. a. – Wr. Fassung der Musicals „My Fair Lady" (1969) und „Anatevka". – Übersetzung von E. Kishons „Abraham kann nichts dafür", 1984. – Kein Blattl vor'm Mund, 1992; Die goldene Zeit des Wr. Cabaretts. Anekdoten, Texte, Erinnerungen, 1995; Tränen gelacht. Der jüdische Humor, 1999; Meine Jahre mit Qualtinger, 2003. – Über 60 LPs und mehr als 120 Programme für das Fernsehen.

Literatur: G. Promitzer, Das Kabarett im Spiegel einer Dekade 1951–61, Dipl.-Arb., Graz 1991; W. Kulischek, Kabarett und Zeitgeschichte, Dipl.-Arb., Wien 1998.

Gerhard Bronner. Foto, um 1965.

BRONNER, Oscar, * 14. 1. 1943 Haifa (Israel), Publizist und Verleger; Sohn von Gerhard → Bronner. Gründete 1970 das Wirtschaftsmagazin → „trend" und das Nachrichtenmagazin → „profil" sowie 1988 die Wr. Tageszeitung „Der → Standard", deren Verleger, Hg. und Chefredakteur er ist.

BRONZEZEIT

Klemens Brosch: Die Landschaft mit zwei kreisenden Adlern. Pinsel, Tusche laviert, 1922 (Lentos Kunstmuseum Linz, OÖ.).

BRONZEZEIT (2300/2200–800/750 v. Chr.): Der → Kupferzeit mit reiner Kupferverarbeitung folgte in Ö. um 2300 v. Chr. die B. Ihr Beginn wird durch die voll beherrschte Metallurgie der Bronze, einer Kupfer-Zinn-Legierung, gekennzeichnet, sie endet mit dem Einsetzen der → Eisenzeit. Durch die Bronzeverarbeitung kam es zu großen Umwälzungen auf technolog., wirt. und soz. Gebiet: Bergbau mit Gewinnung und Aufbereitung des Erzes, Verhüttung und Weiterverarbeitung waren ohne Organisation nicht möglich. Arbeitsteilung und Spezialisierung führten zur Herausbildung handwerkl. und gewerbl. Berufsgruppen; damit setzte eine stärkere soz. Differenzierung ein. Die Hortung von Metallgegenständen führte zu größerem Schutz- und Sicherheitsbedürfnis, zur Entstehung pol. Institutionen und einer Führungsschicht sowie zur Errichtung von Befestigungsanlagen. Verbindungen zur Ägäis, zum östl. Mittelmeerraum und den dortigen Kulturen sind nachweisbar. Aufgrund der Bestattungsformen wird die B. in frühe, mittlere und späte B. eingeteilt, eine weitere Untergliederung in nach bed. Fundorten benannte Kulturgruppen erfolgt anhand von typischen Gefäß-, Gerät-, Schmuck- und Waffenformen und deren Entwicklung (→ Urgeschichte).

Frühe B. (2300/2200–1600 v. Chr.): Die Gehöfte liegen meist in der Niederung, die Häuser haben eine Länge von bis zu 20 m. In zunehmendem Maß treten natürlich und künstlich bewehrte Siedlungen auf, die wohl Zentren des Handels und der Metallverarbeitung waren. Die Beisetzung der Toten in seitlich liegender Position mit angewinkelten Extremitäten führte zu der Bezeichnung „Hockergräberkultur". Allmählicher Übergang zur mittleren B. (1600–1250 v. Chr.): Die Toten wurden unter Grabhügeln bestattet, deshalb spricht man von „Hügelgräberkultur". Körper- und Brandbestattungen kommen nebeneinander vor. Die Bronzegegenstände treten in immer differenzierteren Formen und Verzierungen auf, bes. erwähnenswert sind die reichen Funde des Gräberfelds von → Pitten. Trotz spezif. Unterschiede bilden frühe und mittlere B. eine Einheit. Späte B., „Urnenfelderkultur" (1250–800/750 v. Chr.): Im 13. Jh. v. Chr. bildete sich in Mitteleuropa ein neuer Kulturkreis heraus, in dem als Bestattungsform die Leichenverbrennung mit Beisetzung in Urnen- oder Brandschüttungsgräbern vorherrschte. Diese Sitte wird als sichtbarer Ausdruck eines Wandels geistig-relig. Vorstellungen gedeutet. Neben dörfl. Freilandsiedlungen entstanden vermehrt oft auf Höhen gelegene Befestigungen, die vielleicht Zentralorte waren. Eine größere Zahl von Wehranlagen, zahlr. Waffenbeigaben in Gräbern und Verwahrfunde lassen auf eine unruhige, kriegerische Epoche schließen. Zuerst vereinzelt, dann immer häufiger treten Eisengegenstände auf: Schmuckstücke, Messer, aber auch Lanzenspitzen und Beile. Im Lauf des 8. Jh. fließender Übergang zur → Hallstattkultur.

Wichtige Fundorte der B. sind: → Böheimkirchen, Fels am Wagram, → Franzhausen (Gem. Nußdorf ob der Traisen), → Gemeinlebarn, → Herzogenburg, Inzersdorf ob der Traisen, St. Andrä vor dem Hagentale (Gem. → Sankt Andrä-Wördern), Schleinbach, → Stillfried, Unterwölbling (→ Unterwölblinger Kultur) (alle NÖ.); → Siegendorf (Bgld.); → Mitterberg (Gem. → Mühlbach am Hochkönig) und → Götschenberg (beide Sbg.); Tillmitsch (Stmk.); → Kitzbühel (Ti.).

Literatur: J.-W. Neugebauer, Ö. Urzeit, 1990; C. Eibner, Der Kupferbergbau in den ö. Alpen in der Urzeit, 1992; J.-W. Neugebauer, Archäologie in NÖ., 1993; ders., B. in Ost-Ö., 1994.

Bronzezeit: Schwert vom Typ Boiu, vermutlich Ost-Stmk.

Bronzezeit: Schlüssel, Schmuckreif und Beil aus dem Depotfund Schönberg, Stmk.

BROOK-SHEPHERD, Gordon, * 24. 3. 1918 Nottingham (GB), † 24. 1. 2004 London (GB), engl. Journalist und Historiker. Südost-Experte von „Daily Telegraph" und „Sunday Telegraph"; Autor von Werken zur Geschichte Ö.

Werke: Die ö. Odyssee, 1958; E. Dollfuß, 1961; Der Anschluß, 1963; Um Krone und Reich, 1968; Monarchien im Abendrot, 1988; Die Opfer von Sarajewo, 1988; Zita, 1993; Ö. Eine tausendjährige Geschichte, 1998; Otto v. Habsburg, 2002.

BROSCH, Klemens, * 21. 10. 1894 Linz (OÖ.), † 17. 12. 1926 ebd. (Selbstmord), Graphiker. Studierte 1913–14 an der Akad. d. bild. Künste in Wien. Basierend auf präzisem Naturstudium, verbinden sich in seinem Stil Symbolismus und Elemente japan. Holzschnitte. Die Erfahrung des 1. Weltkriegs, die B. in die Drogenabhängigkeit trieb, kommt in seinem Werk deutlich zum Ausdruck. Seine 1919 geschaffenen Notgeldentwürfe sind künstlerisch interessante Beispiele dieses kleingraphischen Genres.

Werke: Zeichnungen: Fahrt am Morgen, 1912; Der Invaliden Dank, 1915. – Aquarelle: Spazierweg am Eisenbahndamm, 1926. – Exlibris.

E. Nowak-Thaller, K. B. 1894–1926, 1991; H.-G. Sehrt (Hg.), K. B. 1894–1926, Ausst.-Kat., Halle a. d. Saale 1994.

BROT, Grundnahrungsmittel, dessen bes. Stellenwert in sakralen Vorstellungen und einer lange Zeit bestehenden agrarromantischen Ideologie (K. H. → Waggerls Roman „Brot") zum Ausdruck kommt. In der Volkskunde steht neben dem arbeitskundl. Aspekt der Herstellung des früher auf jedem größeren Bauernhof selbst gebackenen Bauern-B. auch der brauchtüml. im Vordergrund. So werden zu bes. Anlässen so gen. „Gebildbrote" mit unterschiedl. Verzierungen und Formgebungen hergestellt („Allerseelen-B." und „Himmelsleiter" in OÖ., Kletzen-B. und Peregrinikipferl in Wien, Agathenstriezel in Kä., → Krapfen).

Neben dem gewerbl. bzw. industriell produzierten B. ist eine Renaissance des selbst gebackenen B. im Zuge eines ökolog. Trends zu beobachten, dem auch Gewerbe und Ind. durch die Produktion verschiedenartiger Bauern- oder biolog. B.-Sorten nachkommen. Eine bereits abgekommene Übergangsform von der Eigen- zur gewerbl. Produktion stellte das regional und zeitl. unterschiedl. gepflegte „Störbacken" dar, bei dem der im Haus hergestellte Teig vom Bäcker gebacken wurde. Insges. erzeugte die ö. Brotind. 2003 115.000 t B., Gebäck und Feinbackwaren. Die 14 größten Betriebe beschäftigen zusammen rd. 2800 Mitarbeiter. In den 2400 gewerbl. Bäckereien erzeugen 20.000 Beschäftigte 80 % aller B.- und Backwaren.

Literatur: A. Gamerith, Herkunft und Herstellung des bäuerl. Haus-B., in: Ö. Volkskundeatlas, 2. Lfg., 1965; E. Burgstaller, Brauchtumsgebäck und Weihnachtsspeisen, 1957; ders., Das Allerseelen-B., 1970; F. Binder u. a., Die B.-Nahrung. Auswahlbibliographie zu ihrer Geschichte und Bedeutung, 3 Teile, 1973–86; U. S. de Rachewiltz, Ti. B. mit Rezepten zum Selberbacken, ²1984.

BROWN (Browne), Maximilian Ulysses Graf, * 23. 10. 1705 Basel (CH), † 26. 6. 1757 Prag (CZ), Feldherr. Sein aus Irland stammender Vater stand ab 1690 in kaiserl. Diensten. B. wurde als Offizier im poln. Thronfolgekrieg 1733–36, im Türkenkrieg 1737–39, im 1. Schles.

Krieg 1741/42 und im Ö. Erbfolgekrieg 1743 in Bayern eingesetzt; 1746–48 war er Kommandierender General in Italien. 1753 Feldmarschall, wurde er in der Schlacht bei Prag am 6. 5. 1757 schwer verwundet und starb in der belagerten Stadt.
Literatur: NDB.

Bruchwälder, Sumpfwälder, unterscheiden sich von den Auwäldern (→ Auen und Auwälder) durch die fehlenden Überschwemmungen, daher geringere Nährstoffversorgung und mangelnde Bodendurchlüftung; typische Baumart ist die Schwarz-Erle/Alnus glutinosa. B. stehen meist in Kontakt mit → Niedermooren und wurden vielfach durch Entwässerung und Düngung zerstört, z. B. in Niedermoorwiesen umgewandelt; B. sind in Ö. daher selten geworden, gefährdet und schützenswert.

Bruck, Arnold von, * um 1490 Brügge (B), † 6. 2. 1554 Linz (OÖ.), Komponist. Vertreter der Vokalpolyphonie, 1527–45 Kapellmeister von Ferdinand I. in Wien, einer der bedeutendsten Komponisten des dt. Gesellschaftsliedes im 16. Jh.
Werke: geistl. u. weltl. Lieder, Motetten und Hymnen. – Ausgabe: Denkmäler der Tonkunst 34, 1908; ebd. 37, 1930.

Bruck, Karl Ludwig Frh. von, * 8. 10. 1798 Elberfeld (D), † 23. 4. 1860 Wien (Selbstmord), Staatsmann. Gründer der Triester Börse und des Ö. → Lloyd; 1848–51 Handels-, 1855–60 Finanzmin.; schuf Handelsgerichte und -kammern.
Literatur: R. Charmatz, Min. Frh. v. B., 1916.

Bruck am Ziller, Ti., SZ, Gem., 579 m, 912 Ew., 6,01 km², touristisch.-landw. Gem. unweit des Einganges ins Zillertal am Fuß des Reither Kogels (1336 m). – Urk. 1187; barocke Leonhardskirche mit got. Kern und Barockaltar sowie got. Apostelrelief (um 1500); Gehöfte in Blockbauweise (teilw. 17./18. Jh.).

Bruck an der Grossglocknerstrasse, Sbg., ZE, Gem., 755 m, 4430 Ew., 45,76 km², zweisaisonaler Fremdenverkehrsort (257.423 Übern.) an der Einmündung des Fuscher Tals in das Salzachtal im Pinzgau. – Caritas-Kinderdorf St. Anton, Werk der Geschützten Werkstätten, Landw. FachS, Flussbauhof; Holzverarbeitung (Säge- und Hobelwerk), Hackschnitzelwerk (Fernwärme), Lüftungsbau, Niederlassung der Sbg. AG (E-Leitungswartung und -instandsetzung), Handel. – Pfarrkirche (Neubau 1868/69 durch F. Schmidt); spätgot. Altarbild. Kirche in St. Georgen mit Fresken und got. Marienaltar (um 1520, 1885 regotisiert, Wandmalerei und Altar 1518); Kirche in Hundsdorf (1736–41). Schloss Fischhorn (13. Jh., neugot. Umbau 1863–67, nach Brand 1921 teilw. wiederhergestellt).

Bruck an der Leitha, NÖ., BL, Stadt, 157 m, 7311 Ew., 23,69 km², im Leithatal an der Brucker Pforte. – BH, Bez.-Ger., Finanzamt, Arbeitsmarktservice, Bez.-Bauernkammer, Gendarmeriebezirkskommando, WK, Boden-

schutzfachabteilung der Nö. Agrarbezirksbehörde, Gebietskrankenkasse, BG und BRG, HAK, VHS, Freizeitzentrum mit Freibad; Stadttheater; Kongregation der Schwestern von der schmerzhaften Mutter (Seniorenheim); Dominanz des Dienstleistungssektors (bes. Handel, soz., persönl. und öffentl. Dienste), Hunde- und Katzenfutterfabrik, Ölmühle (anstelle der geschlossenen Zuckerfabrik), Werk für Fotoalben und Schularitkel, Windparkanlage, Fernheizwerk, Biogasanlage.
Planmäßige Gründung (13. Jh.) mit Rechteckplatz, ma. Befestigung teilw. erhalten, Ungerturm, Wienerturm, Pulverturm, Stadtmauer); 1239 urk. als Stadt erwähnt; barocke Pfarrkirche (1696–1702) mit Hochaltarbild aus der Schule D. Grans; Bürgerspitalskapelle (1746); Renaiss.-Rathaus mit Arkaden und Rokokobalkon, Bez.-Ger. (Renaiss.-Erker, spätes 16. Jh.); Bürgerhäuser (v. a. 18. Jh.); Bildsäulen (17.–18. Jh.); Schloss Prugg (Römerturm urk. 1242, ehem. ma. Wasserburg, barocker Umbau nach 1706 durch J. L. v. Hildebrandt, Fassaden 1854–58 im Tudorstil), Gobelins, Ahnensaal, großzügiger Harrach-Park (Schlosspark und Leithaauen, rd. 60 ha).
Literatur: Ö. Städtebuch, Bd. V, Teil 1, Die Städte NÖ., 1988.

Bruck an der Leitha:
Der Garten des Grafen J. N. E. Harrach in Bruck an der Leitha. Auqarell von L. Janscha, um 1800/10 (Albertina, Wien).

Bruck an der Mur: Kornmesserhaus.

Bruck an der Mur, Stmk., BM, Stadt (1277), 491 m, 13.439 Ew. (1981: 15.068 Ew.), 38,40 km², Verkehrsknoten an der Einmündung der Mürz in die Mur, an der alten Salz- und Eisenstraße. – BH, Bez.-Ger., Finanzamt, Arbeitsmarktservice, Bez.-Forstinspektion, Baubez.-Leitung, WK, AK, Bez.- und Landeskammer für Land- und Forstw., Gebietskrankenkasse, Beratungszentrum f. angewandte Stadtökologie, Krankenhaus, Behindertentherapiestelle Pöglhof, Stadtmuseum, Sporthalle, BG und BRG, HAK, priv. Bildungsanstalt für Kindergartenpädagogik (Kreuzschwestern), HBLA für Forstw.; Dienstleistungssektor (bes. Handel) überwiegt mit rd. 64 % der 6700 Beschäftigten (2001); Papierind., Draht- und Kabelerzeugung, Großschlosserei, Reifenrunderneuerungswerk, Abfallrecycling; breit gestreute gewerbl. Struktur. – Urk. 860, 1263 Neuanlage durch Přemysl → Ottokar II., im MA wirt. Blüte durch Getreide-, Eisen- und Salzhandel. Heutiges Stadtbild entstand nach Großbrand von 1792, Reste der Befestigungsanlagen (Ringmauer, Burgtor und Turm) erhalten. In der Altstadt Stadtpfarrkirche (um 1272) mit got. Chor, spätgot. Langhaus und schmiedeeiserner Sakristeitür (um 1500), klassizist. Hochaltar; ehem. Minoritenklosterkirche (1272–95, aufgehoben 1782) mit Fresken (um 1380; im Kreuzgang 15. Jh.); roman.-got. Ruprechtskirche (urk. vor 1195, bis 1545 Pfarrkirche) mit got. Chor (1415/16) und Weltgerichtsfresko (um 1416); roman. Rundkarner (seit 1931 Kriegergedächtniskapelle) im Friedhof; Kornmesserhaus (1495–1505, eines der schönsten got. Bürgerhäuser in Ö., errichtet für den Hammergewerken P. Kornmess) am Hauptplatz, gegenüber schmiedeeiserner Brunnen (1626); Mariensäule (1710); Rathaus (spätgot. Kern, Fassade nach

Bruck an der Mur.

Bruck an der Leitha.

1792). Museum, Apothekerhaus und Arkadenhof (frühes 16. Jh.); Ruine Landskron (urk. 1265 „castrum prukke", 1792 zerstört; Burgtor und Uhrturm erhalten).
Literatur: W. Strahalm, B. von den Anfängen bis zur Gegenwart, 1987; ders., B. a. d. M. Eine Stadtgeschichte, 1997.

BRÜCKE, Ernst Theodor, * 8. 10. 1880 Wien, † 12. 6. 1941 Boston (USA), Physiologe; Enkel von Ernst Wilhelm v. → Brücke, Vater von Franz Theodor v. → Brücke. 1916–38 Univ.-Prof. in Innsbruck; Emigration, Prof. in Cambridge (USA); erfand das Untersuchungsverfahren der „schwebenden Reizung"; bed. Arbeiten auf dem Gebiet der Nerven- und Muskelphysiologie, der zentralen Nervenorgane und der physiolog. Optik.

BRÜCKE, Ernst Wilhelm von, * 6. 6. 1819 Berlin (D), † 7. 1. 1892 Wien, Physiologe; Großvater von Ernst Theodor v. → Brücke. Ab 1849 Univ.-Prof. in Wien und Leiter des Physiolog. Inst.; einer der Schöpfer der neuzeitl. Phonetik, erfand eine Lautschrift; beschäftigte sich mit Optik und Farbenlehre.
Werke: Neue Methode der phonet. Transkription, 1863; Über Ergänzungsfarben und Kontrastfarben, 1865.
Literatur: G. Schmid, E. W. v. B. (1819–1892) als Wegbereiter der experimentellen Physiologie in Wien (Wr. klin. Wochenschriften 104), 1992.

BRÜCKE, Franz Theodor von, * 15. 1. 1908 Leipzig (D), † 24. 3. 1970 Wien, Pharmakologe; Sohn von Ernst Theodor v. → Brücke. Leitete ab 1946 das Pharmakolog. Inst. der Univ. Wien (Ordinarius 1948). Publizierte über 100 Arbeiten, bes. über die Pharmakologie der Übertragersubstanzen des vegetativen Nervensystems und über die Untersuchung der Wirkung von Muskelrelaxantien.

BRÜCKEN: Eine römerzeitl. Stein-B. steht in Lanzing bei Melk. Eine der ältesten steinernen Bogen-B. aus dem 12. Jh. führt bei Stift Zwettl über den Kamp. Seit dem Spät-MA überquerten 3 Holz-B. bei Wien (1439), Krems-Stein (1463) und Linz (1497) die Donau. Im 19. Jh. wurde der Eisenbahnbau zur neuen Herausforderung für den B.-Bau. Die erste Eisenbahn-B. aus Holz führte ab 1837 für die Nordbahn über die Donau. Neben Holz war lange Zeit Stein das bevorzugte Baumaterial. Davon zeugen bis heute zahlr. gewölbte B. und 16 große Viadukte der → Semmeringbahn. Eisen und Stahl fanden seit den 1860er Jahren für den B.-Bau Verwendung, anfänglich als Fachwerk- und Ketten-B. Internat. bekannt wurde die 1882–84 im Zuge der Arlbergbahn errichtete → Trisannabrücke mit einem Halbparabelträger von 120 m Spannweite. 1964 musste die alte Konstruktion dieser längsten ö. Eisenbahn-B. durch einen langerschen Balken ersetzt werden. Die ersten Stahlbeton-B. entstanden 1900 an der Bahnlinie Gmünd–Litschau (NÖ.) und 1903 entlang der Karawankenbahn.
Bes. bekannt wurden die 1937 errichtete und am 1. 8. 1976 eingestürzte Reichs-B. über die Donau in Wien und die 1963 errichtete → Europabrücke der Brennerautobahn.

BRUCKER PFORTE, Senkungsfeld zw. dem Leithagebirge und den Hundsheimer Bergen an der nö.-bgld. Grenze, durchflossen von der Leitha, Hauptverkehrswege Wien– Budapest. Geolog. stellt die B. P. eine Verbindung zw. dem Wr. Becken und dem Pannon. Becken (Kleine Ungar. Tiefebene) her.

BRÜCKL, Kä., SV, Markt, 510 m, 3110 Ew., 46,62 km², Gem. mit Gewerbe und Ind. am Zusammenfluss von Gurk und Görtschitz. Metall- und chem. Ind., Landw. – Spätgot. Pfarrkirche mit Fresken (frühes 16. Jh.), mächtiger Säulenhochaltar mit Opferganzportalen von J. Pacher (1758) und barocken Schnitzgruppen, Seitenaltäre mit reichem Rankenwerk und Figuren, got. Triumphbogenkreuz (um 1520), spätgot. Kirche hl. Maria Magdalena mit röm. Grabstele, Kirche St. Lorenzen am Johannserberg mit Wandmalereien (12.–14. Jh.), altes Eisenwerk (bis 1886), Paarhöfe (19. Jh.).
Literatur: K. Dinklage (Hg.), B. Ein neuer Markt in Kä., 1963; R. Leitner, B. – seine Wege, Straßen und Gassen, 2002.

BRUCKMANN, Gerhart, * 9. 1. 1932 Wien, Statistiker und Politiker (ÖVP). 1968–92 Univ.-Prof. f. Statistik an der Univ. Wien, Mitgl. der Ö. Akad. d. Wiss.; 1968–73 Dir. des → Instituts für Höhere Studien, 1986–94 Abg. z. NR und Umweltsprecher der ÖVP, 1999–2002 wieder Abg. z. NR. Entwickelte eine Methode zur Hochrechnung von Wahlergebnissen.
Werke: Contributions to the Von Neumann Growth Model, 1971 (Hg.); Langfristige Prognosen, 1977 (Hg.); Sonnenkraft statt Atomenergie, 1978; Am Steuerrad der Wirt., 1989 (mit P. Fleissner); Österreicher – Wer bist du?, 1989.

BRUCKMAYER, Friedrich, * 17. 5. 1909 Wien, † 17. 3. 1990 ebd., Bauphysiker. Prof. am Technolog. Gewerbemuseum in Wien; Patente u. a. für Leichtskelettbau; bauphysikal. Beratung (gem. mit Judith Lang) für die Akustik des Burgtheaters, des Großen Festsaals der Univ. Wien und des Brucknerhauses in Linz.
Werk: Hb. der Schalltechnik im Hochbau, 1962.

BRUCKMÜLLER, Ernst,* 23. 4. 1945 St. Leonhard a. Forst (NÖ.), Historiker. Seit 1977 Prof. für Wirt.- und Sozialgeschichte an der Univ. Wien, seit 1991 Vorsitzender des Inst. f. Ö.-Kunde.
Werke: Landw. Organisationen und ges. Modernisierung, 1977; 900 Jahre Benediktiner in Melk, Ausst.-Kat., Melk 1989 (Gesamtredaktion); Ö.-Bewußtsein im Wandel, 1994; Industrielle und andere Revolutionen, ²1994; Nation Ö., ²1996; Sozialgeschichte Ö., ²2001; Europäische Dimensionen ö. Geschichte, 2002 (Hg.); Putzger – Atlas und Chronik zur Weltgeschichte, 2002 (Hg.).

BRUCKMÜLLER, Maria, * 29. 1. 1926 Klosterneuburg (NÖ.), Heilpädagogin. 1965 Beginn der Tätigkeit bei der → Lebenshilfe (zunächst Kä., dann Wien), 1989–96 Präs. der Lebenshilfe Ö., seither Ehrenpräs. Initiatorin der internat. Zusammenarbeit mit nahestehenden Organisationen, v. a. aus Ungarn.

BRUCKNER, Anton, * 4. 9. 1824 Ansfelden (OÖ.), † 11. 10. 1896 Wien, Komponist, Organist, einer der größten Symphoniker Ö. im 19. Jh. Aus einer oö. Lehrerfamilie stammend, wirkte er zunächst als Schulgehilfe in Windhaag b. Freistadt und Kronstorf a. d. Enns, 1845–55 als Lehrer und ab 1848 als Stiftsorganist in St. Florian, 1855–68 als Domorganist in Linz (in dieser Zeit wurde er auch Mitgl. des Linzer Sängerbundes „Frohsinn", dessen Chorleiter er ab 1860 war). Daneben studierte er bei S. → Sechter in Wien Theorie und wurde 1868 als dessen Nachfolger Prof. am Wr. Konservatorium und Hofkapellorganist, 1875–92 Lektor für Harmonielehre und Kontrapunkt an der Univ. Wien. Konzert-

Anton-Bruckner-Zimmer im Stift St. Florian, OÖ.

Anton Bruckner. Gemälde von A. Miksch, 1893 (Gemäldegalerie Stift St. Florian, OÖ.).

reisen führten ihn nach Paris und London (1871), wo er als Organist und v. a. als Improvisator gefeiert wurde. Obwohl B. auch auf ein großes kirchenmusikal. Werk verweisen kann, gilt er insbes. als Symphoniker; anders als J. → Brahms, der auf musikal. Feinarbeit setzte, arbeitete B. flächig, in einem Stil, der oft als „orgelhaft" bezeichnet wurde, und gab seinen Symphonien epische Länge (E. → Hanslick: „Symphon. Riesenschlangen"); ein krankhafter Perfektionismus trieb B. dazu, von den meisten seiner Symphonien mehrere Fassungen zu erstellen. Wie kaum ein anderer Komponist ist B. schon zeitlebens durch seinen Apologetenkreis zu einem Mythos stilisiert worden, wodurch das bis heute verfälschende Bild zw. „Provinz-Parsifal", „Dt. Michel" und „Musikanten Gottes" geprägt wurde, zu dem auch zahlr. Anekdoten beigetragen haben. B. liegt auf eig. Wunsch unter der Orgel des Stifts St. Florian („B.-Orgel") begraben. Die Originalpartituren seiner wichtigsten Werke hat er der Ö. Nat.-Bibl. vermacht.

Werke: 9 bzw. 11 Symphonien, 3 große Messen, Tedeum, 150. Psalm, Requiem, geistl. und weltl. Chöre, Motetten, Psalmen, Hymnen, Klavier-, Kammer- u. Orgelmusik. – Gesamtausgabe, hg. von R. Haas u. A. Orel, 1930 ff.; Krit. Gesamtausgabe, hg. von der Gen.-Direktion der Ö. Nationalbibl. und der Internationalen Bruckner-Ges., 1951 ff.
Literatur: A. Göllerich u. M. Auer, A. B., 4 Bde., 1922–36; L. Nowak, A. B., 1964; M. Wagner, B., 1983; R. Grasberger, B. skizziert, 1991 (B.-Anekdoten); dies. (Red.), A. B. – Persönlichkeit und Werk, 1995; M. Wagner, A. B. Sein Werk – sein Leben, 1995; U. Harten (Hg.), A. B., 1996; H. Litschel (Red.), Vom Ruf zum Nachruf, Ausst.-Kat., St. Florian/Mondsee 1996; E. Maier, A. B. Stationen eines Lebens, 1996; F. Scheder, A. B. Chronologie, 2 Bde., 1996; R. Ulm (Hg.), Die Symphonien B., 1998.

Brückner, Eduard, * 29. 7. 1862 Jena (D), † 20. 5. 1927 Wien, Geograph und Glaziologe. 1906–27 Univ.-Prof. in Wien, betrieb Gletscher-, Eiszeit- und Klimaforschung und wies eine 35-jährige Klimaperiode, die b.sche Periode, nach.
Werk: Die Alpen im Eiszeitalter, 3 Bde., 1909 (mit A. Penck).

Bruckner, Ferdinand (eigentl. Theodor Tagger), * 26. 8. 1891 Wien, † 5. 12. 1958 Berlin (D), Dramatiker und Lyriker. Gründete 1923 das Renaiss.-Theater in Berlin, das er bis 1927 leitete, kehrte 1933 nach Ö. zurück; emigrierte 1936 in die USA, ab 1951 in Berlin. B. begann als radikaler Expressionist, wandte sich aber später unter dem Pseudonym „F. B." dem betont realist. psycholog. Drama zu und wurde zu einem Vertreter der Neuen Sachlichkeit. In der letzten Schaffensphase Dramen in Versform.
Werke: Dramen: Krankheit der Jugend, 1926; Die Verbrecher, 1928; Elisabeth von England, 1930; Timon, 1932; Die Rassen, 1933; Napoleon I., 1937; Simon Bolivar, 1945; Die Befreiten, 1945; Denn seine Zeit ist kurz, 1945; Fährten, 1948; Pyrrhus und Andromache, 1952; Der Tod einer Puppe, 1956; Der Kampf mit dem Engel, 1956; Das irdene Wägelchen, 1957. – Lyrik, Übersetzungen.
Literatur: C. Lehfeldt, Der Dramatiker F. B., 1975; D. Engelhardt, F. B. als Kritiker seiner Zeit, Diss., Aachen 1984.

Bruckner, Karl, * 9. 1. 1906 Wien, † 25. 10. 1982 ebd., Jugendbuchautor, ab 1949 freischaffend. Seine für Frieden und soz. Gerechtigkeit eintretenden Jugendbücher wurden in viele Sprachen übersetzt. Ö. Staatspreis 1956 und 1961.
Werke: Der Diamant des Tobias Amberger, 1949; Die Spatzenelf, 1949; Pablo, der Indio, 1949; Die große Elf, 1951; Mein Bruder Ahual, 1952; Olympiade der Lausbuben, 1953; Die Strolche von Neapel, 1955; Lale, die Türkin, 1958; Viva Mexiko, 1959; Sadako will leben, 1961; Nur zwei Roboter, 1963; Mann ohne Waffe, 1968; Der Sieger, 1973; Yossi und Assad, 1985.
Literatur: R. Bamberger (Hg.), K. B. Leben und Werk, 1966; ders. (Hg.), Jugendschriftsteller dt. Sprache, 1980.

Bruckner, Winfried, * 15. 7. 1937 Krems (NÖ.), † 27. 6. 2003 Leopoldsdorf (NÖ.), Journalist und Schriftsteller. 1953 Redaktionsmitgl. der dt. Ztschr. „Simplicissimus"; 1955–66 Chefredakteur der gewerkschaftl. Jugend-Ztschr. „Hallo"; 1966–1997 Chefredakteur der Gewerkschafts-Ztschr. „Solidarität" und 1993–97 Leiter des Pressereferats des ÖGB. Ö. Staatspreis f. Jugendliteratur 1966.
Werke: Die toten Engel, 1963 (⁴1993); Die Pfoten des Feuers 1965; Tötet ihn!, 1967; Räubergold, 1979; Nach der Arbeit, 1987; Teufel, Tod und Hexenbrut. Wr. Sagen für Erwachsene, 2001.

Bruckneudorf, Bgld., ND, Gem., 150 m, 2609 Ew. 36,70 km², verbunden mit Bruck a. d. Leitha in der Brucker Pforte. – Benedek-Kaserne und Truppenübungsplatz des ö. Bundesheeres, Bundesbaudirektion, Bundesversuchswirtschaft Königshof, Meierhof (17. Jh., 18./20. Jh. umgebaut), Dienstleistungsbetr.: Handel, Verkehr, persönl. Dienste), Walzmühle. – Gründung des Orts im Zuge der Errichtung des „Brucker Lagers" (1867). Pfarrkirche (1652, 1745 umgebaut, nach 1945 erneuert); Reste einer röm. Villenanlage (um 100 n. Chr. mit späteren Umbauten), prächtige Bodenmosaiken (nach 350 n. Chr., 320 m² abgenommen und in das → Burgenländische Landesmuseum transferiert); Kirchenruine „Chunnigesbrunn" (1236/09). Kriegerdenkmal (22 m hoch), Denkmal Ks. Franz Josephs als Kg. v. Ungarn.

Bruck-Waasen, OÖ., GR, Gem., 377 m, 2306 Ew., 28,39 km², Gem. mit Gewerbe und Kleinind. am Feichtberg im Tal der Faulen Aschach. Ziegelwerk, Maschinen- und Kesselfabrik, Holzverarbeitung. – Bauernkriegdenkmal in der Lederwiese, Kapelle in Oberndorf, ehem. Schloss Bruck. – Mammutbaum im Garten der Villa Sassi.

Brügel, Fritz (auch: Wenzel Sladek, Dr. Dubski), * 13. 2. 1897 Wien, † 4. 7. 1955 London (GB), Lyriker und Essayist: Sohn von Ludwig → Brügel. Leiter der soz.-wiss. Studienbibl. der Wr. Arbeiterkammer; verfasste Gedichte, Songs und polit. Schriften, Autor des Liedes „Die Arbeiter von Wien"; nach den Februarkämpfen 1934 auf der Flucht, 1941 Emigration nach England, ab 1945 in der ČSSR, ab 1948 wieder in England.
Werke: Klage um Adonis, 1931 (Lyrik); Der dt. Sozialismus von L. Gall bis K. Marx, 1931; Die Hauptsache ist ..., 1932 (Songs); Februar-Ballade, 1935; Gedichte aus Europa, 1937; Verschwörer, 1948 (Roman).
Literatur: J. Stieber, F. B. im Exil 1934–1955, Diss., Wien 1998.

Brügel, Ludwig, * 6. 2. 1866 Großmeseritsch (Velke Meziříčí, CZ), † 30. 8. 1942 KZ Theresienstadt (Terezín, CZ), sozialist. Geschichtsschreiber der ö. Arbeiterbewegung; Vater von Fritz → Brügel. Am 13. 8. 1942 nach Theresienstadt deportiert.
Werke: Soz. Gesetzgebung in Ö. von 1848 bis 1918, 1919; Geschichte der ö. Soz.-Dem., 5 Bde., 1922–25.

Brühl, siehe → Mödling, → Hinterbrühl.

Brüll, Ignaz, * 7. 11. 1846 Proßnitz (Prostejov, CZ), † 17. 9. 1907 Wien, Pianist und Komponist. Seine Werke erfreuten sich zu seinen Lebzeiten großer Beliebtheit, gerieten nach seinem Tod jedoch rasch in Vergessenheit. Mitgl. des Kreises um J. → Brahms.
Werke: Opern: Der Bettler von Samarkand, 1864; Das goldene Kreuz, 1875. – Orchesterwerke (3 Orchesterserenaden), Kammer- und Klaviermusik.
Literatur: H. Wecker, Der Epigone. I. B., ein jüd. Komponist im Wr. Brahms-Kreis, 1994.

Brunn am Gebirge, NÖ., MD, Markt, 221 m, 9422 Ew., 7,26 km², am Rand des südl. Wienerwalds, zw. Wien und Mödling. – Kloster und Kongregation der Schulschwestern, Mädchenwohnheim, Golfplatz, Heimatmuseum mit R.-Steiner-Gedenkstätte, Heeresbekleidungsanstalt, Seminarhotel; rd. 2 Drittel der mehr als 5000 Beschäftigten (2001) im Dienstleistungssektor, bes. Handel sehr expansiv; zahlr. Produktionsbetriebe:

Ferdinand Bruckner. Foto, 1958.

Brunn am Gebirge.

Glasind., Verzinkerei, Erzeugung von Isoliermaterialien, Gittern, Pumpen, Kunststoff und feinmechan. Geräten; Werkzeug- und Elektromaschinenbau, Betonwerk; Weinbau. – Jungsteinzeitl. Siedlung (6000 v. Chr.); röm. Grabporträt (Frau in norisch-pannon. Tracht, ca. 100 n. Chr., einziges Beispiel in Ö. für in Malerei ausgeführtes Grabporträt, Heimatmus. B.); spätgot. Wallfahrtskirche (15.–16. Jh.) mit Maßwerkfenstern und Barockaltar (17. Jh.), regotisiert.
Literatur: F. Opll, Perchtoldsdorf, B., Maria Enzersdorf am Gebirge, 1984; M. Car, G. Radschiner u. a., Brunner Geschichte und Geschichten, 3 Bde., 2001–03.

Brunn an der Wild, NÖ, HO, Gem., 442 m, 866 Ew., 32,02 km², landw.-gewerbl. Gem. zw. Großer und Kleiner Taffa. Dietmannsdorf a. d. Wild: roman.-got., 1666 barockisierte Pfarrkirche; Neukirchen a. d. Wild: roman. Pfarrkirche hl. Martin mit frühgot. Chor und roman. Turm, Ausstattung teilw. barock, teilw. um 1900, Pfarrhof (Kern 16. Jh.).
Literatur: B. Pommerenke, Gem. B. a. d. W., Entwicklung und aktuelle Situation im Waldviertler Grenzraum, Dipl.-Arb., Wien 2002.

Brunnenthal, OÖ, SD, Gem., 383 m, 1923 Ew., 14,96 km², alter Wallfahrtsort („Maria B.") im Innviertel, nördl. von Schärding. – Geflügelzucht, Maschinenfabrik und Eisengießerei, Waschbeton- und Getränkeerzeugung. – Pfarrkirche (1668), Brunnenkapelle (1718–20), Badhaus (1680/81).

Brünner, Christian, * 12. 2. 1942 Mürzzuschlag (Stmk.), Jurist. Seit 1968 an der Univ. Graz, seit 1978 Univ.-Prof. und 1985–89 Rektor, 1986/87 Vorsitzender der Ö. Rektorenkonferenz. 1990–94 Abg. z. NR und Wiss.-Sprecher der ÖVP; 1995–2000 Abg. z. Stmk. Landtag und Klubobmann des Liberalen Forums.
Werke: Polit. Planung im parlamentar. Regierungssystem, 1978; Korruption und Kontrolle, 1981 (Hg.); Die Rechtsstellung des Rektors, 1988; Bildung ohne Schule?, 1992 (Hg.); Untersuchungen zum UOG 1993, 1995. – Mit-Hg.: Grundriß der Verwaltungslehre, 1983.

Brunner, Ferdinand, * 1. 5. 1870 Wien, † 30. 11. 1945 ebd., Landschaftsmaler. Studierte an der Wr. Akad. bei E. Peithner v. Lichtenfels; zahlr. Stipendien und Preise; malte mit Vorliebe nö. Motive, insbes. Gegenden aus dem Waldviertel.
Literatur: H. Fuchs, F. B., 1979.

Brunner, Gerhard, * 23. 3. 1939 Villach (Kä.), Jurist. Studierte 1956–61 Rechtswiss., Staatswiss. und Theaterwiss. in Wien und war dann als Journalist und Publizist tätig. 1968–70 Lehrbeauftragter an der Akad. für Musik und darst. Kunst in Wien (Tanz- und Kulturgeschichte) und 1981–87 an der Univ. Wien (Theorie und Praxis des Tanztheaters), 1976–90 Ballettdirektor der Wr. → Staatsoper, 1990–2001 Intendant der Vereinigten Bühnen Graz, seit 2001 Ballettkoordinator der 3 großen Berliner Opernhäuser. Begründer und Leiter mehrerer Tanzfestivals.
Literatur: I. Kubu, Die Ballettdirektion unter G. B. an der Wr. Staatsoper ..., Dipl.-Arb., Wien 1991.

Brunner, Otto, * 21. 4. 1898 Mödling (NÖ), † 12. 6. 1982 Hamburg (D), Historiker von internat. Rang. Mitgl. mehrerer Akad. der Wiss., Univ.-Prof. in Wien, 1940–45 Vorstand des → Instituts für Österreichische Geschichtsforschung, dann Univ.-Prof. in Hamburg.
Werke: Land und Herrschaft, 1938, ⁵1965; Adeliges Landleben und europ. Geist, 1949.
Literatur: E. Zöllner, Nachruf in: MIÖG 90, 1982; Mttlg. des Ö. Staatsarchivs 36, 1983.

Brunner, Richard, * 5. 1. 1900 Wien, † 15. 7. 1990 ebd., Chemiker. Ab 1929 in der Brauind. tätig, 1962–72 Prof. an der Techn. Hochschule Wien. 1952 wiss. Leiter der → Biochemie GmbH. (Kundl); Entwicklung des ersten oral zu verabreichenden Penicillins (gem. mit E. Brandl, H. Margreiter u. K. Schröder). 15 Patente auf dem Gebiet der Brauwiss. und der Antibiotika, insbes. des Penicillins.
Werk: Die Antibiotica, 1962 (Hg. mit G. Machek).

Brunner, Sebastian, * 10. 12. 1814 Wien, † 26. 11. 1893 ebd., Geistlicher, Schriftsteller, Historiker, Publizist. Gründer und 1848–65 Leiter der „Wr. Kirchenzeitung"; schloss sich der konservativen Bewegung der Erneuerung des kath. Lebens an; Gegner des Josephinismus.
Ausgabe: Smlg. der Erzählungen und poet. Schriften, 18 Bde., 1864–77.
Literatur: I. Treimer, S. B. als Historiker, Diss., Wien 1948; H. Novogoratz, S. B. und der frühe Antisemitismus, Diss., Wien 1979.

Brünner Programm: Auf ihrem Parteitag 1899 in Brünn beschlossen die Soz.-Dem. Grundsätze zur Lösung der Nationalitäten- und Sprachenfrage der Monarchie im Sinn der Gleichberechtigung. Im sog. B. P. forderten sie „die Umbildung Ö. in einen demokrat. Nationalitäten-Bundesstaat, die Errichtung von national abgegrenzten Selbstverwaltungskörpern mit völliger Autonomie in nationalen Angelegenheiten, gesetzl. Regelung der Minderheitenfrage" (H. Hantsch).

Brunner-Lehenstein, Karl Heinrich, * 31. 10. 1887 Perchtoldsdorf b. Wien, † 15. 6. 1960 Wien, Architekt und Stadtplaner. Ab 1929 als Univ.-Prof. und Stadtplaner in Südamerika tätig, entwarf mehr als 30 Stadtregulierungspläne (Santiago de Chile, Bogotá u. a.). 1948–52 Stadtplaner von Wien und Prof. an der Techn. Hochschule.
Werk: Städtebau und Schnellverkehr, 1955.

Brunner von Wattenwyl, Karl, Ritter, * 13. 6. 1823 Bern (CH), † 24. 8. 1914 Wien, Physiker und Entomologe. Führte 1851 die Telegraphie in der Schweiz ein, wurde 1857 Dir. des Telegraphenwesens in Ö., später richtete er auch den Telegraphendienst in Griechenland und der Türkei ein. Seine Orthopteren-Smlg. war eine der bedeutendsten der Welt (heute im Naturhist. Museum in Wien).
Literatur: NDB.

Brunngraber, Rudolf, * 20. 9. 1901 Wien, † 5. 4. 1960 ebd., Schriftsteller, zuvor Lehrer und Gebrauchsgraphiker, nach 1945 auch Filmautor. Mitbegründer der „Vereinigung sozialist. Schriftsteller"; schrieb vorwiegend Sachromane, die in viele Sprachen übersetzt wurden. In seinem Roman „Karl und das 20. Jh." (1933) verarbeitete B. die Erkenntnisse des Philosophen Otto → Neurath. 1932 J.-Reich-Preis der Univ. Wien und 1950 Preis der Stadt Wien.
Weitere Werke: Radium, 1936; Opiumkrieg, 1939; Der Weg durch das Labyrinth, 1949; Der tönende Erdkreis, 1951; Heroin, 1951; Der liebe Augustin, 1958. – Film-Drehbücher: Der Prozeß, 1948; April 2000 (mit E. Marboe).
Literatur: U. Schneider, R. B., Diss., Wien 1990.

Bruno von Kärnten, siehe → Gregor V.

Brunsvick, Therese Gräfin, * 27. 7. 1775 Pressburg (Bratislava, SK), † 23. 9. 1861 Pest (Budapest, H), Schwester des Grafen B., Widmungsträgerin von L. van Beethovens Klaviersonate op. 57 (Appassionata). Wird von manchen Forschern für die „unsterbliche Geliebte" L. van → Beethovens gehalten.

Brus, Günter, * 27. 9. 1938 Ardning (Stmk.), Maler, Graphiker und Schriftsteller. Mit O. → Muehl, H. → Nitsch und R. → Schwarzkogler Mitbegründer des → Wiener Aktionismus, wurde 1968 nach der Aktion „Kunst und Revolution" an der Wr. Univ. zu 6 Monaten Arrest verurteilt, floh mit seiner Familie nach Berlin und kehrte 1976 nach Ö. zurück. Seine aggressiv vorgetragene Aktionskunst verstieß bewusst gegen Konventionen und Tabus. Hg. der „Schastrommel" im Selbstverlag ab 1969. In seinen „Bild-Dich-

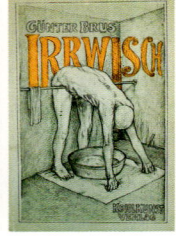

Günter Brus: Umschlagillustration, 1971.

tungen" schafft er eine Synthese von Dichtung und Malerei. Großer Ö. Staatspreis 1996, O.-Kokoschka-Preis 2004.
Werke: Zerreißprobe, 1970 (Aktion); Irrwisch, 1971 (Roman); Die Geheimnisträger, 1984 (Roman); Bühnenbild und Kostüme zu „Erinnerungen an die Menschheit" von G. Roth, Schauspielhaus Graz, 1985; Nachtquartett, Radierungsmappe, 1982; Weißer Wind, 80er Jahre (72 Teile, literarisches bzw. bimediales Hauptwerk); Die gute alte Zeit, 2002 (Autobiographie).
Literatur: H. Amanshauser u. D. Ronte, G. B., 1986; H. Klocker (Hg.), Der zertrümmerte Spiegel, Wr. Aktionismus, 1989; G. B. – Werke aus der Smlg. Essl, Ausst.-Kat., Klosterneuburg 1998; J. Schwanberg, G. B.: Bild-Dichtungen, 2003 (mit Werkverz.).

Brusatti, Alois, * 4. 3. 1919 Wien, Wirtschaftshistoriker. 1965–89 Prof. f. Wirt.- u. Sozialgeschichte an der Wirt.-Univ. Wien, 1975–81 Rektor. Maßgebend an der Studienreform und am Neubau der Wirt.-Univ. beteiligt.
Werke: Ö. Wirtschaftspolitik vom Josephinismus bis zum Ständestaat, 1965; Wirtschafts- und Sozialgeschichte des industriellen Zeitalters, 1967; 100 Jahre ö. Fremdenverkehr, 1984; J. Raab, eine Biographie, 1986 (Hg.). – Firmengeschichten.

Bruttonationaleinkommen: Das B. (zu Marktpreisen) ist gleich dem von den inländischen Einheiten per Saldo empfangenen Primäreinkommen (empfangene Arbeitnehmerentgelte, empfangne abzüglich geleistete Vermögenseinkommen, Betriebsüberschuss und Bruttoselbständigeneinkommen sowie Produktions- und Importabgaben abzüglich der Subventionen). Nach Abzug der Abschreibungen ergeben sich die entsprechenden Nettoeinkommensgrößen. Das B. ist gleich dem Bruttoinlandsprodukt abzüglich der an die übrige Welt geleisteten Primäreinkommen zuzüglich der aus der übrigen Welt empfangenen Primäreinkommen, wobei zu beachten ist, dass gemäß dem Europäischen System Volkswirtschaftlicher Gesamtrechnungen (ESVG) 1995 auch die an die EU geleisteten Produktions- und Importabgaben sowie die von dort empfangenen Subventionen zu den Primäreinkommen aus der übrigen Welt bzw. an die übrige Welt zählen. Das B. dient als Bemessungsgrundlage für die Beitragszahlungen der Mitgliedsländer an die EU.

BSA, Bund sozialdemokratischer Akademiker, siehe → Sozialdemokratische Partei Österreichs.

Bschlaber Tal, Ti., südöstl. Seitental des oberen Lechtals, vom Streimbach durchflossen, erschließt die mittleren Lechtaler Alpen; beginnt oberhalb Bschlabs; gebildet durch die Vereinigung von Plötzig-, Pfafflar- und Angerletal; mündet zw. Häselgehr und Elmen.

BTV, siehe → Bank für Tirol und Vorarlberg.

Bubendorfer, Thomas, * 14. 5. 1962 Salzburg, Bergsteiger, Alpinschriftsteller, Managementtrainer. Aufgewachsen in St. Johann i. Pongau, bewältigt seit 1977 extrem schwierige Kletterrouten, Spezialist für Freiklettern und Alleinbegehungen, teilw. in extrem kurzer Zeit: Civetta-NW-Wand, Eiger-N-Wand, Mount Fitz Roy u. a., lebt seit 1985 in Monaco. Setzte seinen Sport trotz eines lebensgefährl. Absturzes 1988 fort.
Publikationen: Der Alleingänger, 1984; Mount Fitz Roy, 1986; Solo, 1987; Senkrecht gegen die Zeit, 1995; ZauberWorte vom Berg, 2002.
Literatur: ÖAV-Mttlg. 38/108, Heft 1, 1983.

Buber, Martin, * 8. 2. 1878 Wien, † 13. 6. 1965 Jerusalem (Israel), Schriftsteller und Philosoph. Lehrte an den Univ. Frankfurt a. M. und Jerusalem, erschloss das chassidische Gedankengut und übersetzte (bis 1929 gem. mit F. Rosenzweig) die Bibel (15 Bde., 1925–61). Vertrat eine Philosophie der Begegnung und ein „neues dialog. Denken"; Zionist und Pazifist. Tätigkeit als Erwachsenenbildner in Deutschland und Israel. Friedenspreis des dt. Buchhandels 1953, Sonderpreis des Ö. Staatspreises 1960, niederländ. Erasmus-Preis 1963.
Weitere Werke: Die jüd. Mystik, 1909; Ich und Du, 1923; Königtum Gottes, 1932; Die Erwählung Israels, 1938; Die Erzählungen der Chassidim, 1939; Gottesfinsternis, 1952; Schriften zur Philosophie, 1962; Schriften zur Bibel, 1964.
Literatur: G. Wehr, M. B., 1991; J. Israel, M. B. Dialogphilosophie in Theorie und Praxis, 1995; P. Stöger, M. B., der Pädagoge des Dialogs, 1996; E. Brinkschmidt, M. B. und K. Barth, 2000.

Bubl, Josef, * 18. 6. 1899 Wien, † 27. 6. 1967 Klosterneuburg (NÖ.), Lyriker, Erzähler, ö. Widerstandskämpfer in der NS-Zeit.
Werke: Noch nicht General Gottes, 1948; Hofoper, 1957. – Lyrik: Zw. Gestern und Morgen, 1946; Passion des Geistes, 1947.

Buch, Vbg., B, Gem., 725 m, 558 Ew., 6,5 km², landw. Gem. der Schneider Spitze mit weit verstreuten Häusergruppen. – Urk. 1335; klassizist. Pfarrkirche; Kapelle (1794) mit Fresken von Andreas Brugger (1794) und Anton Marte (1920).

Buchau, Ober-Stmk., 850 m, Talsenke zw. den Haller Mauern und dem Großen und Kleinen Buchstein in den Ennstaler Alpen, mit der Grabner Alm (1391 m) oberhalb des Buchauer Sattels. Durch die B. führt die Straße vom mittleren (Admont) ins untere Ennstal (St. Gallen, Altenmarkt), die die Enge des Gesäuses umgeht und das Ennsknie von Hieflau abschneidet.

Buchbach, NÖ., NK, Gem., 485 m, 357 Ew., 2,99 km², landw. Kleingem. nordöstl. von Gloggnitz. Wegkapelle (1901).

Buch bei Jenbach, Ti., SZ, Gem., 545 m, 2426 Ew., 9,49 km², Wohngem. mit Gewerbe und etwas Tourismus am S-Ufer des Inn nahe Jenbach. Holzverarbeitung. – Urk. 1120; im Kern got., 1811 erneuerte Pfarrkirche mit spätklassizist. Altar; Totenkapelle (1825) mit reichem Freskendekor; Burgruine Rottenburg (urk. 1149); alte Bauern- und Bergknappenhäuser. Unweit Erholungslandschaft Rottenburg.

Buchberger, Bruno, * 22. 10. 1942 Innsbruck (Ti.), Mathematiker und Informatiker. Seit 1974 Univ.-Prof. in Linz, 1987–2000 Leiter des Univ.-Forschungsinst. RISC auf Schloss Hagenberg (OÖ.), 1989 Gründer und seither Leiter des Software-Parks in → Hagenberg im Mühlkreis.
Werke: Mathemat. Grundlagen der Informatik I, 1980. – Hg. und Autor zahlr. Fachpublikationen.

Buchbinder, Rudolf, * 1. 12. 1946 Leitmeritz (Litoměřice, CZ), Konzertpianist. Als 5-Jähriger jüngster Student an der Hochschule für Musik in Wien, erster öffentl. Auftritt mit 9 Jahren; seither zahlr. internat. Konzertreisen und Schallplattenaufnahmen, gewann zahlr. Preise (u. a. 1967 den 1. Preis beim Beethoven-Klavierwettbewerb, 1976 Grand Prix du Disque für die Aufnahme sämtl. Klavierwerke von J. Haydn); weitere bed. Aufnahmen: sämtl. Klaviersonaten von L. van Beethoven, Klavierkonzerte von J. Brahms; Walzer von J. Strauß in Klavierbearbeitung. Regelmäßige Auftritte bei den Sbg. Festspielen.

Buchdenkmal, Granitblock (Naturdenkmal) im Pechgraben bei Großraming (OÖ.) mit Inschrift zu Ehren des dt. Geologen Leopold v. Buch (1774–1853). Geologisch ist das Granitvorkommen hier in den Voralpen an der Grenze zw. Kalkalpen und Flyschzone eine Besonderheit. Der B.-Granit wurde früher als Aufragung der Böhmischen Masse gedeutet, heute ist seine Zugehörigkeit zur Klippenzone erwiesen.
Literatur: R. W. Widder, Neuinterpretation des B.-Granites, 1988.

Buchdruck: 1482 arbeitete der erste Drucker in Wien (S. Koblinger oder Koglinger); 1559–65 hatten auch die Jesuiten in Wien eine eig. Druckerei, 1555 wurden die ersten Punzen und der erste Schriftenguss in Wien angefertigt. Einer der ältesten Musikdrucke Ö. wurde 1509 von J. Winterburger hergestellt. Die erste auf Musikdruck spezialisierte Druckerei in Wien wurde 1791

Martin Buber. Foto, 1928.

eröffnet. In der Reformationszeit hatten die nö. Landstände eig. Druckereien (1570 im so gen. Scheibenhof bei Stein und 1580–1618 im Landhaus in Wien). Die steir. Landstände schlossen mit einem Buchdrucker in Graz einen Vertrag ab. G. Widmanstetter richtete 1585 in Graz eine bed. Druckerei ein, die 1806 an A. → Leykam überging.

Die Buchdruckerkunst gehörte zu den freien Künsten; die Buchdrucker unterstanden dem Kaiser und – bis 1767 – der Univ. und waren meist auch Buchhändler (→ Buchhandel).

Die bedeutendsten Buchdrucker Ö. im 17. und 18. Jh. waren M. Cosmerovius, J. van Ghelen, J. Gerold und J. T. v. → Trattner; Letzterer beherrschte beinahe 50 Jahre lang das ö. Buchwesen. Er eröffnete Filialdruckereien und -buchhandlungen in allen größeren Städten der Monarchie, in Wien auch eine eig. Schriftgießerei. Im 19. und 20. Jh. leisteten viele ö. Drucker wesentl. Beiträge zur techn. Verbesserung des B..

Der Vorarlberger L. Müller (1799–1844) war ein Pionier des maschinellen B., er vollendete 1833 die erste Schnelldruckpresse Ö. und gründete die erste Druckmaschinenfabrik Ö., das zweite derartige Unternehmen auf dem europ. Festland. A. Strauß (1775–1827) verbesserte Stempelschnitt und Schriftgießerei, führte schon um 1800 mehrere Versuche im Stereotypendruck nach Didots Manier durch und erfand 1815 eine Schnellpresse. F. Raffelsberger stellte erstmals in Ö. 1835/36 mehrfärbige Landkarten auf der Buchdruckerpresse her. C. → Gerold führte 1816 die Lithographie in die ö. Druckpraxis ein. C. → Angerer erfand den sog. Wr. Ätzprozess, führte die Kreide- und Schabmanier ein und erfand 1882 gleichzeitig mit G. Meisenbach in München die Autotypie. A. Angerer entwickelte das Farbreproduktionsverfahren. A. Hübl erfand das Dunkelkammer- und das drehbare Atelier, er führte auch Neuerungen und Verbesserungen des galvanoplast. Verfahrens ein. E. Tschulik baute für die Staatsdruckerei eine Setzmaschine. J. Löwy erfand die Erzeugung vielfärbiger Bilder durch Kombination von Stein- und Lichtdruck und die Gelatine-Emulsionsplatte und errichtete 1872 die erste Anstalt für Lichtdrucke in Wien. C. Reißer verwendete 1866 statt des unmittelbaren Typendrucks den Druck von Stereotypplatten nach Papiermatrizen, 1873 ließ er erstmals auf einer Rotationsmaschine drucken, die er gem. mit G. Sigl konstruiert hatte. J. V. → Degen, der erste Dir. der Österreichischen → Staatsdruckerei, erfand das Mehrfarbendruckverfahren (seit 1821) und den Druck von mit Guillochen versehenen mehrfärbigen Geldzeichen, der für viele Staaten die Grundlage des Banknoten- und Wertpapierdrucks wurde. Voll verschaffte der Staatsdruckerei dann A. → Auer von Welsbach mit zahlr. typograph. Erfindungen. Ö. hatte bis zum Beginn des 1. Weltkriegs in der Herstellung von Guillochiermaschinen eine Weltstellung. Bes. Verdienste um den Ruf des ö. B. erwarb sich das → Militärgeographische Institut in Wien, v. a. in der Herstellung von Kartenwerken. Führend ist Ö. auch in der Erzeugung von Spielkarten.

Intensiv wurde seit jeher der Druck fremdsprachiger, bes. orientalischer Werke in Ö. betrieben, so z. B. in der Ö. Staatsdruckerei und der Druckerei der → Mechitaristen. 1675 wurde die erste arabische Druckerei in Wien eingerichtet.

Bis zu A. → Senefelders Erfindung der Lithographie (vor 1800) behaupteten Holzschnitt und (bes. seit Mitte des 16. Jh.) Kupferstich das Feld der Buchillustration (→ Graphik).

An Buchbinderarbeiten sind in Ö. zu Anfang des 19. Jh. Leistungen im Empirestil hervorzuheben. Anfang des 20. Jh. machten sich Künstler aus der Wr.

Der Buchdrucker. Lithographie, um 1837.

Buchdruckerpresse. Stich, 17. Jh.

Buchdruck: Titelseite aus dem medizinischen Lehrbuch „Liber de modo studendi seu legendi in medicina" von M. Steinpeiss. Holzschnitt, 1558.

Werkstätte, bes. J. → Hoffmann und K. → Moser, durch ihre künstlerischen Einbandentwürfen einen Namen.

Bis zum Ende der 60er Jahre des 20. Jh. beherrschten der Handsatz und die Bleisetzmaschinen (Linotype, Monotype) die Satzherstellung. Anfang der 70er Jahre begannen der Fotosatz und die EDV ihren Siegeszug im Satz, so dass heute Bleisatz nur noch als Liebhaberei existiert. Ein Jahrzehnt später setzte sich die Elektronik auch in den einstufigen Reproduktionsbetrieben durch. Die Reproduktionstechnik mit Kameras und Farbauszugsgeräten wurde durch Trommelscanner und elektron. Bildverarbeitungssysteme abgelöst. Ab Mitte der 90er Jahre begannen durch leistungsfähige Personalcomputer Satz und Bildverarbeitung zu verschmelzen. Durch die PC-Anwendung hat sich die Texterfassung aus den Setzereien zu den Autoren und Verlagen verschoben. Mit dem Siegeszug des Fotosatzes, des Desktop-Publishings und der elektron. Reproduktion wurde der Hochdruck durch den Offsetdruck (Flachdruck) abgelöst. Neuere Entwicklungen auf der Grundlage elektron. Datenverarbeitung sind Digitaldruck (für „Drucken nach Bedarf"), Druckplattenherstellung direkt vom Datenträger (ohne Belichtung von Offsetfilmen) und Cross-Media-Publishing (Produktion von Büchern und elektron. Medien aus einer gemeinsamen Datenquelle).

Literatur: M. Denis, Wiens Buchdruckergeschichte bis 1560, 1782–93; A. Mayer, Wiens Buchdruckergeschichte 1482–1822, 1883–87; Bibliographie der ö. Drucke des 15./16. Jh., 1913; G. Fritz, Geschichte der Wr. Schriftgießereien, 1924; A. Durstmüller, 500 Jahre Druck in Ö., 3 Bde., 1982.

Büche, Karl, * 1. 9. 1946 St. Veit a. d. Glan (Kä.), Jurist. Ab 1972 in der Österreichischen → Brau AG tätig, 1993–97 deren Gen.-Dir. und Vorstandsvorsitzender; ab 1998 (Fusion von Ö. Brau AG und Steirerbrau AG) Gen.-Dir. und Vorstandsvorsitzender der → Brau Union Österreich AG, seit 1999 Vorstandsvorsitzender der Österreichischen → Brau-Beteiligungs-Aktiengesellschaft.

Buchenauer, Liselotte, * 20. 12. 1922 Graz (Stmk.), † 25. 4. 2003 ebd., produktivste dt.-sprachige Bergschriftstellerin.

Werke: Hochschwab, 1960; Ankogel- und Goldberggruppe, 1975 (mit P. Holl); Hohe Tauern, 2 Bde., 1980/81; Karnische Alpen, 1986; Höhenwege in den Niederen Tauern, 1987; Ein Leben mit den Bergen, 1992. – Beiträge in Büchern, Ztschr. und Ztg.

Buchenwäldchen, ehem. Gehölz im heutigen 8. Wr. Bezirk, war rd. 150 Jahre lang der Wr. Duellplatz.

Büchereien: Im 19. Jh. entstanden im Zusammenhang mit der Entwicklung der Volksbildung (→ Erwachsenenbildung) die öffentl. B., früher Volks-B. genannt. Ö. hat (2002) rd. 2300 B. der Gemeinden, Schulen, Pfarren, Arbeiterkammern und des ÖGB. Der Buchbestand beträgt rd. 12 Mio. Bde., 1,08 Mio. Leser werden betreut, jährlich werden 17 Mio. Entlehnungen durchgeführt. Die meisten der knapp 10.000 Bibliothekare sind ehrenamtlich oder nebenberuflich tätig; die rd. 860 hauptamtl. Bibliothekare sind in den B. der Gemeinden tätig. Sie werden vom Büchereiverband Ö. ausgebildet. Diesem obliegt auch die Unterstützung und Beratung der Büchereiträger.

1897 wurde der Verein Zentralbibl., 1904 die erste Arbeiterbücherei in Wien-Gumpendorf und 1909 als Nachfolger des Vereins Volkslesehalle der Kath. Bibliotheks- und Leseverein gegr.; 1948 wurde der Verband Ö. Volks-B. geschaffen, aus dem 1988 der Büchereiverband Ö. hervorging.

Literatur: Öffentliche B. in Ö., 1988 ff.; Handbuch Schulbibliotheken, 1994; Büchereiperspektiven, 1984 ff. – Vereinigungen: Büchereiverband Ö.; Ö. Borromäuswerk (gegr. 1948).

Buch-Geiseldorf, Stmk., HB, Gem., 314 m, 1010 Ew., 14,59 km², gewerbl.-landw. Gem. im oberen Safental südl. von Hartberg. Metallerzeugnisse, Obstbau. – Straßenkapelle (1806) mit Barockaltar, steinerne Marienstatue (1670).

Buchgemeinschaften bieten ihren Mitgliedern, die sich zum regelmäßigen Kauf verpflichten, Bücher zu einem billigeren Preis an. Von den 4 B. in Ö., Donauland, Buchklub der Jugend, Herder Buchgemeinde und Büchergilde Gutenberg, ist Donauland, im mehrheitl. Besitz der dt. Bertelsmann AG, die mit Abstand größte: 2000 ca. 700.000 Mitgl.

Buchhandel ist in Wien seit dem Ende des 15. Jh. nachweisbar. 1522 wurde die 1. Zensurverordnung für den B., 1578 die 1. Buchhändlerverordnung erlassen. Nach den Türkenkriegen erfuhr der B. in Ö., in weiten Teilen des Landes von der Wr. Univ. kontrolliert, einen großen Aufschwung. Seine hervorragendste Persönlichkeit im 18. Jh. war J. T. → Trattner. 1807 wurden im "Gremium der bürgerl. Buchhändler in Wien" und eine ähnl. Einrichtung in Graz gegründet. 1855 erfolgte die Regelung des staatl. Schulbücherverlags. Die Gewerbeordnung von 1859 erklärte den B. als konzessionspflichtig. Im gleichen Jahr entstand der "Verein der ö. Buchhändler"; er gab von 1860 an die "Ö. Buchhändler-Correspondenz" als Vereinsorgan und ab 1861 die "Ö. Bibliographie" heraus; daneben erschien bis 1871 jährl. der "Ö. Catalog", ein Verzeichnis über ö. Neuerscheinungen. 1873 beteiligte sich der ö. B. mit einer ersten geschlossenen Bücherschau an der Weltausstellung in Wien. 1889 wurde obiger Verein sowie jeder ö. Buchhändler Mitgl. des Börsenvereins. 1897 ließ dieser einen "Catalogus librorum in Austria prohibitorum" (Verzeichnis der in Ö. verbotenen Bücher) zusammenstellen.

Nach dem 1. Weltkrieg nannte sich die Organisation "Verein ö. Buchhändler". Als unterstützende Interessenvertretung wurde der "Verband der ö. Buch-, Kunst- und Musikalienverleger", Wien, gegr. 1929 wurde das Palais Fürstenberg in Wien als "Ö. Buchgewerbehaus" eingerichtet.

Am 1.8. 1945 erschien die erste Nachkriegsnummer des "Anzeigers", am 31.3. 1946 die der "Ö. Bibliographie", und 1946 die der "Ö. Nat.-Bibl." und seit 1. 1. 1992 wird diese von der Nat.-Bibl. allein hg (seit 2004 nur noch in einer Internet-Version). 1946 wurde der "Verein der ö. Buch-, Kunst- und Musikalienhändler" erneuert (umfasste nun auch die Zeitungs- und Zeitschriftenhändler) und 1959 zum "Hauptverband der ö. Buchhändler" erklärt; 1965 erhielt dieser seine heutige Bezeichnung "Hauptverband des ö. Buchhandels".

Seit 1948 findet alljährlich im Herbst die "Ö. Buchwoche" statt. 1949–2000 erschien das "Adressbuch des ö. Buchhandels". Das von R. Lechner geplante "Buchhändler-Archiv" wurde eingerichtet. 1957 trat Ö. dem Welturheberrechtsabkommen bei, nachdem es sich 1920 der Berner Konvention über das Urheberrecht angeschlossen hatte.

Literatur: N. Bachleitner u. a., Geschichte des B. in Ö., 2000.

Buchinger, Rudolf, * 3. 3. 1879 Staasdorf (Gem. Tulln a. d. Donau, NÖ.), † 20. 2. 1950 Tulln a. d. Donau (NÖ.), Landwirt und Politiker (CS, ÖVP). Pionier des landw. Genossenschaftswesens, 1931–38 Generalanwalt des Ö. → Raiffeisenverbands; 1922–26 BMin. und 1945 Staatssekr. f. Land- und Forstw., dann im Generalrat der Oesterr. Nationalbank.

Buchkirchen, OÖ., WL, Markt, 345 m, 3630 Ew., 32,17 km², Wohngem. mit vielfältiger Wirt.-Struktur nördl. von Wels am N-Rand der Welser Heide. ÖKO Wirtschaft & Design-FachS (in Mistelbach). Gewerbepark in Oberperwend; Torsysteme, Alu-, Rohrleitungs- und Kunststoffkomponenten-Technik, Holzverarbeitung, Großhandel. – Kirche mit spätgot. Kern (c.889/90 erneuert) und klassizist. Einrichtung, schlossartiger Barockpfarrhof mit schönen Stuckdecken und Türstöcken (17. Jh.), Apostelsaal; Mistelbach bei Wels: Schloss (ab 1866 HauswirtschaftsS). – Europäischer Geo-Trail.

Buchklub der Jugend, Österreichischer, gemeinnütziger Verein zur Förderung des Lesens und der Kinder- und Jugendliteratur; 1948 von R. → Bamberger gegr. Der B. d. J. beschäftigt sich mit Lesemotivation und Medienerziehung, er unterstützt den Auf- und Ausbau von Schulbibl.

Die Mitgl. (Kinder und Jugendliche zw. 3 und 18 Jahren, mit Stand 2003 rd. 400.000) erhalten ein Abonnement des altersentsprechenden Jugendmediums (dzt. 8 vom Ö. B. d. J. produzierte Magazine). Angeboten werden weiters Lese- und Literaturberatung für Eltern sowie Begleit- und Unterrichtsmaterialien für Lehrer.

Buchmalerei (Miniaturmalerei, von lat. minium = Bleirot). Wie schon antike Rollen und Bücher wurden im MA die Handschriften vielfach mit malerischen und zeichnerischen Illustrationen (Randleisten, Initialen, Ornamenten) in verschiedenen Techniken (Wasser-, Deck-, Temperafarben, Goldgrund, Federzeichnungen) ausgeschmückt. Im frühen MA beschäftigten sich ausschließlich Mönche mit der B., später auch Berufsmaler. Zwei der ältesten Werke der B. in Ö. (beide in der Nat.-Bibl. in Wien aufbewahrt) sind der "Wr. Dioskurides" (um 512 in Konstantinopel entstanden) und die "Wr. Genesis" (um die Mitte des 6. Jh. in Antiochia oder Konstantinopel entstanden).

Die ersten einheim. Erzeugnisse entstanden in Salzburg und in Mondsee. Hier schufen irische und angelsächs. Mönche eine frühkaroling. Mal- und Schreibschule, aus der als die bedeutendsten Werke das nach seinem Schreiber benannte "Cutbercht-Evangeliar" (vor 800, Nat.-Bibl.) und der "Codex Millenarius Maior" (Ende 8. Jh. in Mondsee entstanden, jetzt in Kremsmünster) hervorgegangen sind. Im 11. Jh. begann eine neue Epoche der B., in der sich einheim. Überlieferungen mit westl. und byzantin. Formelementen trafen. Ein Hauptwerk dieser Zeit ist das "Perikopenbuch des Custos Perthold" (entstanden in Salzburg in der 2. Hälfte des 11. Jh., jetzt in New

Buchmalerei: Gebetbuch Albrechts V. (Stift Melk, NÖ.).

Buchmalerei: "Bärenhaut", 1308. Stiftsbibliothek Zwettl, NÖ.

York). In der 1. Hälfte des 12. Jh. stand die Sbg. Malerschule mit an der Spitze der mitteleurop. roman. Malerei. Neben der "Admonter Riesenbibel" (um 1140, Nat.-Bibl.), der "Walther-Bibel" (2. Viertel 12. Jh., im Kloster Michaelbeuern bei Salzburg, Miniaturen zum Großteil verschollen) und einem Perikopenbuch aus dem Nonnbergkloster in Salzburg (vor 1150, jetzt in München) ist das schönste erhaltene Werk dieser Epoche das mit rund 400 Initialen und 50 Federzeichnungen geschmückte "Antiphonar von St. Peter" (um 1160, Nat.-Bibl.), welches neben starker Ausdruckskraft bereits eine erstaunlich große Naturnähe aufweist. Im Kloster Mondsee arbeitete der Mönch Liuthold (1145–70 nachweisbar), von dem ein Evangeliar (2. Viertel 12. Jh., Nat.-Bibl.), eine Kirchenrechtssammlung (um 1140, jetzt in München) und das "Ranshofener Evangeliar" (1178, jetzt in Oxford) stammen. Auch die Klöster Admont, Seckau, St. Lambrecht, Rein, Heiligenkreuz, Klosterneuburg, Zwettl, Kremsmünster, St. Florian und Lambach besaßen Schreib- und Malateliers. In Kä. Klöstern entstanden die "Millstätter Genesis" und Physiologus-Handschriften (um 1160).

Mit dem Beginn der Gotik übernahmen die Donauländer mit Wien die Führung in der ö. B. Es sind hier 2 Perioden zu unterscheiden, zum einen die frühgotische (bis zur Einführung des Papiers, Ende 14. Jh.) mit den Klosterzentren in OÖ. (St. Florian) und NÖ. (Klosterneuburg), zum anderen die hoch- bzw. spätgotische (bis zur Einführung des Holzschnitts, Ende 15. Jh.) mit dem Hofatelier in Wien. Dazw. übte die böhm.-luxemburg. Schule von Prag, deren Hauptreiz in der Farbenpracht liegt, ihren Einfluss aus. Aus Böhmen stammt u. a. die mit 651 Miniaturen geschmückte 6-bändige "Wenzels-Bibel" (um 1390, Nat.-Bibl.). Um 1380 entstand unter Albrecht III. die Wr. Hofminiaturschule, deren Berufsmaler neben dem böhm. Erbe auch niederländ., franz. und ital. Einflüsse verarbeiteten. Ihr bedeutendstes Werk ist das "Rationale des Duranti" (1385–1406, Nat.-Bibl.).

Nach dem Aufkommen des Buchdrucks bzw. des Holzschnitts wurde die B. nur noch selten und für aufwendige und entsprechend kostspielige Prunkhandschriften verwendet. Einer der letzten großen Auftraggeber war Maximilian I., der für seine Bibl. von renommierten Künstlern u. a. das "Ti. Fischereibuch" (1504) und das "Ambraser Heldenbuch" gestalten ließ. In der Mitte des 19. Jh. kam es zu einer kurzen Wiederbelebung der B. (Gebetbuch der Kaiserin Elisabeth, Papstmissale), die sich dann in der Schmückung von Diplomen u. dgl. fortsetzte.

Zu Beginn des 20. Jh. fand die B. einen Höhepunkt in den Buchgestaltungen und -illustrationen der Wr. Werkstätte und der Wr. Kunstgewerbeschule. Die damals begründete Tradition des Künstlerbuchs lässt sich bis in die Gegenwart verfolgen.

Literatur: F. Wickhoff (Hg.), Beschreibendes Verzeichnis der illuminierten Handschriften in Ö., 7 Bde., 1905–38; E. Frisch, Ma. B. – Kleinodien aus Salzburg, 1949; O. Mazal, Buchkunst der Romanik, 1978; A. Haidinger, Studien zur B. in Klosterneuburg und Wien vom späten 14. Jh. bis um 1450, Diss., Wien 1980; A. Fingernagel, Die Heiligenkreuzer B. von den Anfängen bis in die Zeit um 1200, Diss., Wien 1985; O. Pächt, Buchmalerei des MA, 1985.

Buchowiecki, Walther E., * 1. 6. 1908 Wien, † 31. 12. 1990 Brixen (S-Ti.), Bibliothekar. 1936–53 Rat der Städt. Sammlungen Wien; 1955–62 Oberstaatsbibliothekar an der Ö. Nat.-Bibl.; 1962–73 Bibl.-Dir. des Finanzministeriums.

Buchproduktion: An der ö. Buchproduktion sind etwa 800 Verlage beteiligt. Das Auslieferungsverzeichnis nennt 2500 Verlagsanstalten, die durch ö. Auslieferfirmen bzw. Bezugsstellen vertreten sind; im Adressbuch des ö. Buchhandels sind 1840 Buchhandlungen verzeichnet. Die Buchproduktion wies 2002 7809 Titel auf, 4914 im Buchhandel; davon waren 4762 Einzelwerke, 80 Periodika sowie 72 "Non-Book-Materials" (CD-ROMs, CDs, Disketten, Video- und Audiokassetten, Plakate, Mikrofiches, Kunstpostkarten), weiters 317 Übersetzungen.

Ausfuhrländer sind v. a. Deutschland, das übrige dt.sprachige Ausland (rund 80 % der Gesamtausfuhr), gefolgt von Polen, Ungarn, Italien und Tschechien. Ö. beteiligt sich auch an internat. Buchmessen und Ausstellungen. Das Wirtschaftsmin. verleiht jährl. den Staatspreis "Die schönsten Bücher Ö.".

Buchstein, Stmk., 2 Gipfel der → Ennstaler Alpen, nördl. des → Gesäuses: Großer B., 2224 m, Kleiner B., 1990 m; B.-Haus, 1571 m.

Buchta, Richard, * 19. 1. 1845 Radlow (PL), † 29. 7. 1894 Wien, Forschungsreisender, Maler und Fotograf. Bereiste den ägypt. Sudan und die Libysche Wüste, machte die ersten Fotografien dieser Gebiete.
Werke: Die oberen Nilländer, 1881; Der Sudan unter ägypt. Herrschaft, 1888 (Hg.).

Bucklige Welt, Hügelland am → Alpenostrand, bewaldetes Mittelgebirge im SO von NÖ., 400–900 m hoch; zw. Semmering (W), Rosaliengebirge und Oberpullendorfer Becken (O) und Wechselgebiet (S), geolog. den Zentralalpen zugehörig. Die Landschaft weist breite Täler und zahlr. "Riegel" (Bergkuppen, die aus dem so gen. Grobgneis gebildet werden) auf und wird von der Pitten nach N und von Rabnitz und Zöbernbach nach SO entwässert. Hauptorte: → Aspang-Markt im Pittental und → Kirchschlag in der Buckligen Welt im Zöberntal.

Bucklige Welt bei Gehring.

Bucquoi von Longueval, aus Belgien (Wallonien) stammendes Adelsgeschlecht, ab 1620 in Böhmen begütert. Bed. Mitgl. der Familie: Johann Nepomuk Graf → Bucquoi von Longueval, Karl (Charles) Bonaventura Graf v. → Bucquoi.

Bucquoi von Longueval, Johann Nepomuk Graf, * 28. 6. 1741 Prag (CZ), † 11. 4. 1803 Gratzen (Nove Hrady, CZ), 1672–70 im Staatsdienst, widmete sich in seinen südböhm. Gütern dem Schulwesen und der Armenpflege. Gründete als Majoratsherr 1771 in Kaplitz eine Versuchsschule vor der maria-theresian. Schulre-

form und in Gratzen ein Armeninst., das → Joseph II. als Vorbild für ähnl. Einrichtungen in allen Provinzen übernahm. 1782 Leiter der Stiftungskommission, 1784–87 Oberdir. aller Stiftungssachen.
Literatur: K. Gutkas, Ks. Joseph II., 1989.

Bucquoi von Longueval, Karl (Charles) Bonaventura, Freiherr von Vaux, Graf von B., * 9. 1. 1571 Arras (F), † 21. 7. 1621 Neuhäusel (Nove Zamky, SK), Feldmarschall. Zuerst in span. Diensten, 1618 kaiserl. Heerführer im Böhm. Krieg; siegte am 10. 6. 1619 über E. v. Mansfeld, verteidigte im Okt. 1619 Wien, arbeitete nur ungern mit dem Heer der Liga zusammen, nahm nach der Schlacht am Weißen Berg Mähren ein; eroberte im Mai 1621 im Feldzug gegen Bethlen Gábor Pressburg und die Bergstädte der Slowakei, fiel aber in einem Gefecht bei Neuhäusel.
Literatur: Um Glauben und Reich, Kurfürst Maximilian I., Ausst.-Kat., München 1980; NDB.

Buczolich, Rudolf, * 15. 5. 1934 Wien, Schauspieler und Regisseur. Erstes Engagement in Basel, 1958–68 in Graz (Kammerspiele, Schauspielhaus), Engagements in Hannover und Zürich, seit 1977 Ensemblemitgl. des Wr. Burgtheaters. 1989–92 Intendant der Seefestspiele Mörbisch; 1988–2003 Intendant der Kobersdorfer Schlossspiele; Fernsehtätigkeit.

Buddhismus, siehe → Österreichische Religionsgemeinschaft.

Budget, siehe → Bundesbudget.

Buhl, Hermann, * 21. 9. 1924 Innsbruck (Ti.), † 27. 6. 1957 Chogolisa (Pakistan), bed. Bergsteiger. Erstbesteiger (3. 7. 1953) des Nanga Parbat (8125 m, Himalaja) im Alleingang und des Broad Peak (8047 m, Karakorum) gem. mit K. → Diemberger u. a.; tödlich verunglückt auf der Chogolisa (7654 m).
Werk: Achttausend drüber und drunter, 1954.
Literatur: R. Messner (Hg.), H. B. – kompromißlos nach oben, 1997.

Bühler, Charlotte, * 20. 12. 1893 Berlin (D), † 3. 2. 1974 Stuttgart (D), Psychologin. 1927–38 Univ.-Prof. in Wien; 1939 Emigration in die USA; 1945 Prof. für Psychiatrie in Los Angeles. Leitete gem. mit ihrem Mann Karl → Bühler einen Forschungskreis zur Kinder- und Jugendpsychologie (Wr. Schule); in den USA entwickelte sie mit V. → Frankl und C. Rogers die humanist. Psychologie, die sich bes. mit der Biographie und den Zielvorstellungen des Individuums befasst.
Werke: Kindheit und Jugend, 1928; Der menschl. Lebenslauf als psycholog. Problem, 1933; Psycholog. Forschungen über den Lebenslauf, 1937 (Hg.); Psychologie im Leben unserer Zeit, 1962; Einführung in die Humanist. Psychologie, 1972 (mit W. Allen).

Bühler, Karl, * 27. 5. 1879 Meckesheim (D), † 24. 10. 1963 Los Angeles (USA), Psychologe. 1922–38 Univ.-Prof. in Wien, leitete mit seiner Frau Charlotte → Bühler einen Wr. psycholog. Forschungskreis, 1939 Emigration in die USA. B. forschte auf dem Gebiet der Denk-, Urteils- und Willensprozesse. In seiner Sprachtheorie gliederte er Sprache in die Funktionen Ausdruck, Appell und Darstellung.
Werke: Die geistige Entwicklung des Kindes, 1918; Ausdruckstheorie, 1933; Sprachtheorie, 1934.

Bühne, Neue Wiener, 1908 im ehem. → Harmonietheater in Wien 9 als Sprechbühne eröffnet; unter der Direktion von Emil Geyer (1913–22) erlangte das Theater den Ruf einer fortschrittl. literar. Bühne, die sich für das expressionist. Drama einsetzte; 1925 Wechsel in Richtung Unterhaltungstheater, 1928 geschlossen; zu den Schauspielern der N. W. B. zählten u. a. A. → Moissi, O. → Tressler und P. Wegener.
Literatur: G. Böhm, Geschichte der N. W. B., Diss., Wien 1965.

Bujatti, Georg, * 30. 6. 1778 bei Görz (Gorizia, I), † 2. 3. 1842 Wien, Seidenfabrikant. Einer der Begründer der Wr. Seidenind.; errichtete 1826 auf dem Schottenfeld seine erste Fabrik.

Bukarest, Frieden von, nach dem Vorfrieden von Buftea (3. 3.) am 7. 5. 1918 zw. Ö.-Ungarn, Deutschland, Bulgarien und der Türkei einerseits sowie Rumänien andererseits abgeschlossen. Der Vertrag wurde nach der Niederlage der Mittelmächte im November 1918 hinfällig.
Literatur: E. Bornemann, Der F. v. B. 1918, 1978.

Bukovics, Karl, * 6. 9. 1835 Wien, † 3. 4. 1888 ebd., Komiker, Sänger. Debüt in Graz, ging 1859 an die Wr. Hofoper, danach Theaterdir. in Wr. Neustadt und Teplitz; 1865 am Theater in der Josefstadt in Wien, das er 1868–70 mit H. Börnstein leitete; 1875 Ensemblemitgl., ab 1883/84 auch Leiter des Wr. Stadttheaters; ab 1884 Ensemblemitgl. des Burgtheaters.
Literatur: ÖBL.

Bukowina (Buchenland), bis 1918 Kronland der ö.-ungar. Monarchie mit 10.440 km² im Quellgebiet von Pruth und Sereth, jetzt Teil der Ukraine (N-Teil) bzw. Rumäniens (S-Teil). Nach dem Erwerb von Galizien 1772 bemühte sich Joseph II., eine Verbindung zu Siebenbürgen herzustellen, und besetzte 1774 das zur Türkei gehörige Gebiet der B. Mit Zustimmung Russlands trat die Türkei 1775 das Land ab. Vorerst ein Kreis von Galizien, wurde die B. 1850 Kronland und gehörte ab 1867 zur westl. Reichshälfte. 1910 hatte sie 801.364 Ew., davon waren 40,8 % Ruthenen, 31,4 % Rumänen, 3,7 % Polen, 21,8 % bekannten sich zur dt. Umgangssprache, wovon 96.000 Juden und 72.000 Christen waren. Der Landtag bestand aus 31 Mitgl., in den Reichsrat wurden (1900) 11 Abgeordnete entsandt. Die Hauptstadt Czernowitz galt als Außenposten der Monarchie, hatte ab 1875 eine dt.-sprach. Univ. und ein dt.-sprach. Theater. Die B. war wirt. ein Entwicklungsgebiet, der Handel lag vorwiegend bei Juden und Armeniern. 1918 wurde die B. an Rumänien angeschlossen.
Literatur: R. F. Kaindl, Geschichte d. B., 3 Bde., 1896–1903; H. Hofbauer, B., Bessarabien, Moldawien, 1993.

Bukowina: Markt vor der Dominikanerkirche in Czortkow. Foto, um 1900.

Bukowina: Postkarte mit Darstellung der Nationalitäten aus der Bukowina (Ruthenen, Huzulen, Rumänen), 1902.

Bulla, Max, * 26. 9. 1905 Wien, † 1. 3. 1990 Pitten (NÖ.), Radrennfahrer, später Geschäftsmann. Erreichte 1929 den 7. Platz bei der Straßenweltmeisterschaft, gewann 1931 die Touristenfahrerwertung der Tour de France und wurde 4. bei der Weltmeisterschaft; einer der besten Profiradrennfahrer seiner Zeit.

Bumballa, Raoul, * 10. 9. 1895 Troppau (Opava, CZ), † 25. 7. 1947 Wien, Journalist und Politiker (ÖVP). Während der NS-Herrschaft in der Widerstandsbewegung O5; 1945 Unterstaatssekr. für Inneres in der Provisor. Regierung Renner.

Bund der Baptistengemeinden in Österreich, 1953 gegr., umfasst 22 Gem. in Wien, NÖ., OÖ., Sbg., Stmk., Bgld. und Ti. (2003 ca. 1250 Mitgl., Sitz in Wien). 1869 erste formelle Gem.-Gründung in Wien.

Bund Deutscher Mädel, BDM, siehe → Hitlerjugend.
Bundesanstalten (z. B. → Lehr- und Versuchsanstalten), seit 1920 offizielle Bezeichnung aller dem Gesamtstaat (nicht den Bundesländern, Städten oder Privaten) direkt unterstehenden Einrichtungen (vorher Staatsanstalten).
Bundesanstalten für Leibeserziehung, BAFL, mittlere Schulen des Bundes, errichtet 1946 (Graz, Innsbruck, Wien) bzw. 1980 (Linz) zur Ausbildung von Sportlehrern (darunter auch Leibeserzieher für Schulen), Trainern und Lehrwarten aller Sportarten und weiterer Bereiche (z. B. allg. Körperausbildung und Fitness); dem BM für Bildung, Wiss. und Kultur unterstellt.
Literatur: Sportbericht, 1969 ff.
Bundesarbeitskammer, siehe → Kammer für Arbeiter und Angestellte.
Bundesbahnen, Österreichische, ÖBB: Der größte Teil der ö. → Eisenbahnen untersteht der staatl. Verwaltung durch die ÖBB. Die ÖBB sind seit 1993 ein selbständiges Unternehmen, in dem organisator. und rechnerisch die Bereiche „Infrastruktur" und „Absatz" unterschieden werden; die beiden Teile bilden ein gem. Unternehmen. Der Bund trägt die Kosten für den Infrastrukturbereich, für dessen Benützung Entgelt eingehoben wird. Neben dieser organisator. Zweiteilung der ÖBB besteht eine weitere Gliederung in die Geschäftsbereiche Personenverkehr, Güterverkehr, Management Services, Infrastruktur Services sowie Planung und Engineering.
Das ö. Schienennetz entstand aufgrund der wirt. Struktur der ö.-ungar. Monarchie teils aus Privat-, teils aus Staatsbahnen. 1882 ging man zum Staatsbahnsystem über, doch konnte aus finanziellen Gründen die Verstaatlichung nur schrittweise durchgeführt werden. Die ÖBB (damals BBÖ) wurden 1922/23 als Wirtschaftskörper organisiert, dem Staat verblieb das Hoheits- und Aufsichtsrecht. 1938–45 waren die ÖBB Teil der Dt. Reichsbahn. Das Behörden-Überleitungsgesetz von 1945 bildete die Grundlage für die Führung der ÖBB als Staatsbetrieb (seit 1947 mit heutiger Bezeichnung). In rechtl. Hinsicht bilden die ÖBB seit 1. 1. 1993 gemäß Bundesbahn-Gesetz 1992 einen Sonderrechtsträger.
Nach dem Ende des 2. Weltkriegs waren 41 % des Bahnnetzes der ÖBB unbefahrbar, 381 Brücken waren zerstört, 2 Drittel des Fahrparks unbrauchbar. Neben dem Wiederaufbau wurde die Elektrifizierung des Bahnnetzes fortgesetzt; 1945 waren 1001 km elektrifiziert (1937: 918 km), 1963 über 2000 km, Anfang 2002 3512 km. Der Strombedarf (Einphasen-Wechselstrom mit der Sonderfrequenz 16,66 Hertz) betrug 2002 rd. 1,9 Mrd. kWh; er wird aus 14 Wasserkraftwerken (davon 7 im Eigentum der ÖBB) gedeckt. Weiters wurden 2002 rd. 49.000 t Dieseltreibstoff verbraucht.
Die ÖBB sind an folgenden Unternehmen beteiligt: Anlagen-, Bau- und Service GmbH, BD Gastservice GmbH, Bureau central de clearing s. c. r. l., CRL Car Rail Logistic GmbH, CI & M Werbeagentur GmbH, EC Logistik GmbH, EURATEL – European Railway Telecommunications EWIV, „EUROFIMA" Europäische Gesellschaft für die Finanzierung von Eisenbahnmaterial AG, HIT RAIL B. V., Intercontainer Austria GmbH, Intercontainer Interfrigo GenmbH, „KÖB" Kraftwagenbetrieb der Ö. Bundesbahnen GmbH, Nö. Schneebergbahn GmbH, ÖBB Telekom Service GmbH, ÖKOMBI – Ö. Gesellschaft für den Kombinierten Verkehr GmbH & Co KG, ÖKOMBI – Ö. Gesellschaft für den Kombinierten Verkehr GmbH, ÖKOMBI – Waggonbetriebsgesellschaft m. b. H., „Rail Cargo Austria S. r. l.", Rail Tours Touristik GmbH, STEEL – Logistik GmbH, tele.ring Telekom Service GmbH & Co KG, tele.ring Telekom Service GmbH, WELLCON Gesellschaft für Prävention und Arbeitsmedizin GmbH. Die ÖBB betreiben Schifffahrtslinien auf dem Bodensee und auf dem Wolfgangsee und gehören dem 1922 gegr. Internat. Eisenbahnverband (UIC) an.
Die ÖBB sind das größte ö. Unternehmen für Güterverkehr, internat. Verkehrsverbindungen und inner-ö. Fernverkehr. Sie beschäftigten 2002 47.009 Mitarbeiter und verfügen über eine eig. Unfall- und Krankenversicherung.
Fachwiss. Einrichtung: Archiv für Verkehrswesen Wien (1897 als „Ö. Eisenbahnarchiv" errichtet, seit 1947 Teil des Ö. Staatsarchivs).
Statist. Angaben 2002:
Betriebslänge: 5616 km
Fahrpark: 751 Elektro-, 430 Diesel-, 17 Dampflokomotiven, 314 Triebwagen, 3253 Personen-, 18.520 Güterwagen
beförderte Personen: 184,8 Mio.
beförderte Güter: 87,2 Mio. Tonnen
Autobusverkehr der ÖBB:
beförderte Personen: 93,9 Mio.
Bundesbudget (Bundeshaushalt), Haushaltsplan des Bundes, Gegenüberstellung der für ein Finanzjahr (Kalenderjahr) vorgesehenen Ausgaben und erwarteten Einnahmen des Bundes. Der Gesamthaushalt setzt sich aus einem allg. Haushalt und einem Ausgleichshaushalt zusammen. Im Ausgleichshaushalt werden u. a. die Einnahmen aus der Aufnahme und die Ausgaben für die Rückzahlung von Finanzschulden, die Einnahmen und Ausgaben im Zusammenhang mit den Währungstauschverträgen sowie die Gebarung der Kassenstärker veranschlagt und verrechnet. Das B. ist somit die zahlenmäßige Abbildung der beabsichtigten finanzwirt. Aktivitäten des Bundes. Das B. wird jährl. vom Nationalrat durch das Bundesfinanzgesetz beschlossen und ist die bindende Grundlage für die Haushaltsführung des Bundes im Bereich der Hoheits- und der Privatwirtschaftsverwaltung. Von der Budgetpolitik, die eng mit der Steuerpolitik verknüpft ist, wird die Wirt. des Landes maßgebl. beeinflusst. Der überwiegende Teil der Ausgaben ist jedoch durch gesetzl. und vertragl. Verpflichtungen gebunden, lediglich der Rest steht für Schwerpunktsetzungen zur Verfügung. Für einige wichtige Bereiche (z. B. Hochbau, Straßenbau, Schienenbau) bestehen eig. Gesellschaften, denen aufgrund gesetzl. Anordnung die Finanzierung und Durchführung von Baumaßnahmen übertragen wurden.
Das Bundeshaushaltsgesetz 1986 enthält die gesetzl. Grundlagen für die Erstellung und den Vollzug des B. Dem BM f. Finanzen wurde eine bes. Koordinationskompetenz übertragen.
Ausgangspunkt für die Erstellung des B. sind die Budgetrichtlinien des BM f. Finanzen (→ Finanzministerium), mit denen den einzelnen → Bundesministerien bestimmte Eckdaten (jedenfalls: Ausgaben, Einnahmen und Saldo daraus) bekannt gegeben werden. Darauf aufbauend werden die zu veranschlagenden Beträge von den einzelnen Bundesministern für ihre Ressortbereiche zusammengestellt. Der BMin. f. Finanzen erstellt daraus den Entwurf für das Bundesfinanzgesetz. Dieser wird von der Bundesregierung beschlossen und dem Nationalrat spätestens 10 Wochen vor Ablauf des Finanzjahres, das dem Kalenderjahr entspricht, als Regierungsvorlage übermittelt. Nach der Beratung im Budgetausschuss wird das B. vom Plenum des Nationalrats beschlossen.
Bei der Erstellung und beim Vollzug des B. sind die Grundsätze der Sparsamkeit, Zweckmäßigkeit und Wirtschaftlichkeit zu beachten. Die Einhaltung dieser Grundsätze wird hinsichtlich der Erstellung vom Nationalrat selbst bei der Beschlussfassung kontrolliert.

Für die Kontrolle des Vollzugs des B. steht dem Nationalrat der → Rechnungshof als Hilfsorgan zur Verfügung.
Literatur: F. Rödler, Bundeshaushaltsrecht, 1992.

BUNDESDENKMALAMT, mit den Agenden des Denkmalschutzes beauftragte Bundesbehörde. Das B. besteht aus dem Präsidium (Präsident, Generalkonservator, Architekturdirektor), 9 Landeskonservatoraten in den jeweiligen Landeshauptstädten (NÖ. und Bgld. in Wien) und folgenden Abteilungen: Architektur und Bautechnik, Archiv, Ausfuhrangelegenheiten, Bibl., Bodendenkmale, Denkmalverzeichnis, Finanzreferat, Gartenarchitektur, Inventarisation und Denkmalforschung, Klangdenkmale, Museen und Bibl., Personalreferat, Rechtsangelegenheiten, Restaurierwerkstätten, Baudenkmalpflege (Mauerbach) und Kunstdenkmale (Wr. Arsenal) sowie Techn. Denkmale. Im Rahmen des B. werden u. a. die Ö. Kunsttopographie und die Dehio-Handbücher bearbeitet sowie die Ö. Ztschr. für Kunst und Denkmalpflege herausgegeben. Zusammenarbeit mit ORF (Serie „Schatzhaus Ö."), International Council On Monuments and Sites (ICOMOS) und UNESCO (→ Welterbe-Liste).

BUNDESERZIEHUNGSANSTALTEN, siehe → Internatsschulen, höhere.

BUNDESFORSCHUNGS- UND PRÜFZENTRUM ARSENAL, siehe → arsenal research, Österreichisches Forschungs- und Prüfzentrum Arsenal Ges. m. b. H.

BUNDESFORSTE, ÖSTERREICHISCHE, ÖBf AG, größter ö. Forstbetrieb, 1925 vom Eigentümer Republik Ö. als selbständiger Wirtschaftskörper gegr., 1997 nach Ausgliederung aus der öffentl. Verwaltung in eine Aktienges. umgewandelt. Das Unternehmen verfügt über eine Gesamtfläche von rd. 856.000 ha mit einem Waldanteil von 523.600 ha (das sind rd. 15 % der Waldfläche Ö.; Verhältnis zw. Nadel- und Laubholz 80 : 20); der jährl. Holzeinschlag beträgt durchschnittlich rd. 2 Mio. Festmeter. Die ÖBf AG ist in 12 Forstbetriebe mit 121 Forstrevieren sowie in 2 Nationalpark-Betriebe gegliedert. Weiters zählen 2 techn. Betriebe, die auf Holzschlägerung und Straßenerhaltung (14.000 km Forststraßennetz) spezialisiert sind, sowie 2 Profit-Center zum Unternehmen. In den Alpengebieten verfügen ortsansässige Bauern über Wald- und Weidenutzungsrecht auf rd. 70 % der Flächen der ÖBf AG. 2002 beschäftigte die ÖBf AG 1285 Mitarbeiter und erzielte einen Umsatz von rd. 161 Mio. Euro; Unternehmensleitung in Purkersdorf (NÖ.).
Publikation: Wood.stock, 2003 ff. (Ztschr.).
Literatur: M. Fischer, Der Staatswald im Wandel der Zeit, Diss., Wien 1988.

BUNDESGERICHTSHOF, Bezeichnung des im Ständestaat 1934 durch Vereinigung des Verfassungs- mit dem Verwaltungsgerichtshof errichteten obersten Gerichtshofs in Wien; bestand bis 1941 und wurde bis 1945 als „Außenamt Wien" des Reichsgerichtshofs Berlin geführt. Die beiden Gerichte sind seit 1945 wieder getrennt.

BUNDESGESETZBLATT, Verlautbarung v. a. von Gesetzesbeschlüssen des Nationalrats, Verordnungen der Bundesregierung und der Bundesminister, Staatsverträgen, supranationalem Recht; seit 2004 nur mehr im Internet veröffentlicht. Das B. hieß 1849–1918 Reichsgesetzblatt, 1918–20 Staatsgesetzblatt; 1938–45 galt das Dt. Reichsgesetzblatt.

BUNDESGESETZGEBUNG, siehe → Gesetzgebung.

BUNDESHEER: Nach dem Ende des ö. → Heerwesens der Monarchie bestand von Nov. 1918 bis Ende 1919 als bewaffnete Macht der jungen Republik die Volkswehr, deren Formationen (1 Bataillon pro polit. Bezirk) neben Wach- und Sicherungsaufgaben auch Kampfeinsätze im → Kärntner Abwehrkampf durchführten. Im Staatsvertrag von → Saint-Germain-en-Laye 1919 wurde Ö. nur ein Berufsheer in der Stärke von 30.000 Mann mit stark eingeschränkter Bewaffnung erlaubt. Bis 1935 war das B. in 6 Infanteriebrigaden gegliedert. 1936 wurde mit stiller Duldung der Westmächte die allg. Wehrpflicht wieder eingeführt und eine Neuor-

Bundesheer: Dienstgradabzeichen. Die Farbe bezeichnet die Waffengattung (hier: Grün für Jägertruppe).

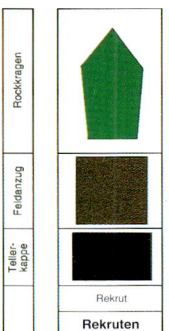
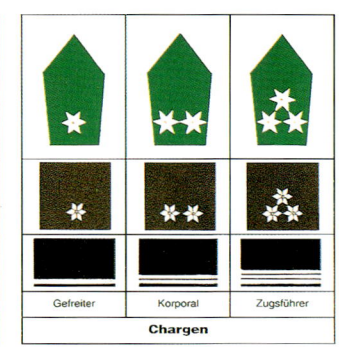
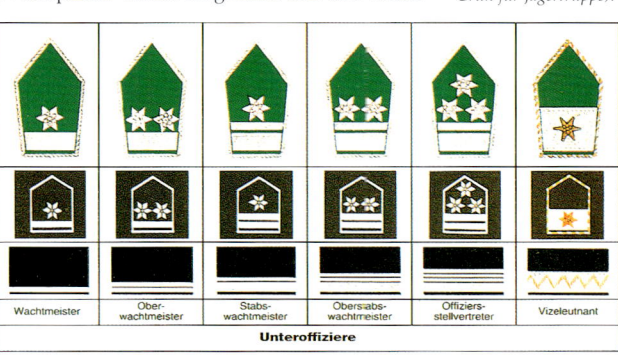
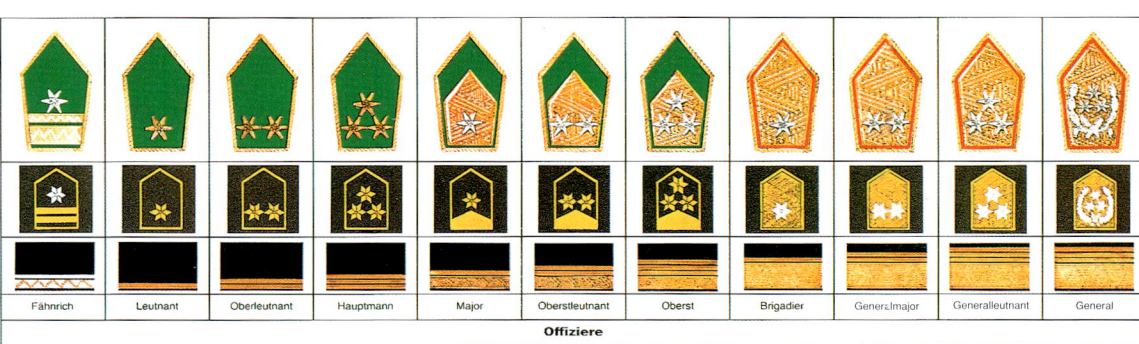

ganisation beschlossen, die 1938 aus 7 Infanteriedivisionen, einer Schnellen Division, einer Brigade sowie schwachen Luftstreitkräften bestand.

Das B. war in der 1. Republik auch ein innenpolit. Instrument und wurde von der Regierung in den bewaffneten Auseinandersetzungen des Jahres 1934 gegen die paramilitär. Formationen von Soz.-Dem. und Nat.-Soz. eingesetzt (→ Februarkämpfe 1934, → Juliputsch 1934). Auf Befehl der Regierung leistete das B. beim Einmarsch der dt. Wehrmacht in Ö. im März 1938 keinen Widerstand (→ Anschluss). Bis Herbst 1938 wurde der Großteil der Offiziere und Soldaten in die dt. Wehrmacht übernommen, 2 Wehrkreise (XVII, Wien, und XVIII, Salzburg) wurden auf ehemals ö. Gebiet gebildet.

Wenn auch einige Divisionen der dt. Wehrmacht einen hohen Prozentsatz an Österreichern aufwiesen, so gab es doch keine rein ö. Truppenkörper. Von den mehr als 1,25 Mio. Österreichern, die im Zweiten → Weltkrieg in der dt. Wehrmacht oder anderen militär. Formationen dienten, ist ein Fünftel (247.000 Soldaten) nicht aus dem Krieg zurückgekehrt.

Trotz einiger Planungen in der Provisor. Regierung Renner (Heeresamt) gab es zw. 1945 und 1955 kein B. Jedoch kann die B-Gendarmerie (ab August 1952 in den Besatzungszonen der westl. Alliierten) als personelle Keimzelle des späteren B. angesehen werden. Wenige Wochen nach Abschluss des → Staatsvertrags von Wien wurden Ende 1955 die Gendarmerieschulen in den westl. Besatzungszonen in Provisor. Grenzschutzabteilungen umbenannt. Sie unterstanden dem 1955 geschaffenen Amt für Landesverteidigung, einer Sektion des Bundeskanzleramts, bzw. seit 15. 7. 1956 dem → Verteidigungsministerium. Das Wehrgesetz vom 7. 9. 1955 regelt den Oberbefehl und die Aufgaben des B. und legt die Ergänzung durch die allg. Wehrpflicht fest (ursprüngl. Dauer des Präsenzdienstes 9 Monate). Die erste Einberufung von Wehrpflichtigen erfolgte am 15. 10. 1956. Seit 1975 besteht die Möglichkeit zur alternativen Ableistung eines → Zivildienstes (bis 1991 mit Gewissensprüfung). Die Kompetenzen dazu liegen beim BM f. Inneres.

Das B. hat, der Bundesverfassung und dem Wehrgesetz entsprechend, die Aufgabe der militär. Landesverteidigung, daneben dient es dem Schutz der verfassungsmäßigen Einrichtungen, der Aufrechterhaltung von Ordnung und Sicherheit im Inneren und wird zur Hilfeleistung bei Elementarereignissen und Katastrophen herangezogen. Die militär. Angelegenheiten in Gesetzgebung und Vollziehung sind Bundessache. Den Oberbefehl über das B. führt der → Bundespräsident; das Verfügungsrecht und die Geschäfte der obersten Bundesverwaltung sind dem BM f. Landesverteidigung und der Bundesregierung übertragen. Die Befehlsgewalt über die Kommandos, Truppen, Behörden, militär. Dienststellen und Heeresanstalten übt der BMin. f. Landesverteidigung durch die Kommandanten und Leiter aus. Der dem Bundeskanzleramt beigeordnete Landesverteidigungsrat besteht aus Mitgl. der Bundesregierung, der militär. Führung und aus Vertretern der polit. Parteien; er ist in Verteidigungsfragen zu hören und hat grundsätzl. Bedeutung zu hören und hat Besuchsrecht bei allen militär. Einrichtungen. Der Generaltruppeninspektor ist engster militär. Berater des Ministers.

Das Bundesgebiet war bis 1974 in 3 Gruppenbereiche (Wien, Graz, Salzburg) mit 7 Einsatzbrigaden (bis 1962: 9) eingeteilt (Kommanden in Eisenstadt, Krems, Hörsching, Graz, Innsbruck, Klagenfurt, Götzendorf). Gruppe I befehligte 3 Brigaden, Gruppe II und III je 2 Brigaden. Jede Gruppe verfügte außerdem über ein Ausbildungsregiment, ein Telegraphenbataillon, ein Panzer- und ein Pionierbataillon sowie ein Versorgungsregiment. Bei jeder Brigade bestand ein Ausbildungsbataillon. Innerhalb der 7 Brigaden waren Einsatz- und Ausbildungstruppen getrennt, so dass die Jungmänner zunächst in Ausbildungsbataillonen ihre dreimonatige Grundausbildung erhielten und anschließend in den Einsatzbataillonen der Verbandsausbildung unterzogen wurden. In jedem Bundesland wurden seit 1963 selbständige Militärkommanden für die territoriale Verteidigung einschließlich Grenzschutz eingerichtet. Die Luftstreitkräfte unterstanden einem eig. Kommando.

Engpässe bei der personellen Struktur und materiellen Ausstattung führten neben soz. und polit. Veränderungen in Ö. ab 1970 zu einer weiteren Reform des B., das nach den Vorschlägen der B.-Reformkommission ab Sommer 1971 neu organisiert wurde. Im Juli 1971 wurde die Dauer des Wehrdienstes auf 6 Monate und 60 Tage Truppenübungen geändert.

Die Änderung des Konzepts von der Grenzverteidigung zur Raumverteidigung bedingte eine Neugliederung des B.: Die Bereitschaftstruppe (30 Bataillone) sollte im Einsatz sofort zur Verfügung stehen; die Milizstruktur des B. wurde ausgebaut (mobile Landwehr mit 8 Jägerbrigaden, raumgebundene Landwehr mit 30 Landwehrregimentern sowie zahlr. Wach- und Sicherungskompanien). 1986 betrug der Mobilmachungsrahmen 186.000 Mann, Mitte der 90er Jahre 300.000 Mann. Am 1. 7. 1973 wurde das Armeekommando als eine dem Verteidigungsministerium nachgeordnete Führungsebene geschaffen (ab Juni 1978 als Sektion III der Zentralstelle eingegliedert; mit 1. 7. 1991 aufgelöst). Aus den bisherigen 3 Gruppenkommanden und dem Kommando der Luftstreitkräfte entstanden die Korpskommanden I und II (1. 1. 1974), die (1.) Panzergrenadier- und die Fliegerdivision.

Die massiven polit. Veränderungen in Europa nach 1989 führten neben budgetären und personellen Überlegungen zu einer neuerl. Heeresreform ab 1991 („Heeresgliederung neu 1992"). Das Armeekommando wurde 1991 aufgelöst, dafür aus dem Kommando der 1. Panzergrenadierdivision ein III. Korps gebildet. Die neue Struktur des Heeres umfasste in der Friedensorganisation 3 Panzergrenadierbrigaden und 13 aus den 30 Landwehrstammregimentern gebildete Jägerregimenter. Die Einsatzorganisation sah damit 15 Brigaden mit einem Mobilmachungsstand von 150.000 Mann (einschließl. Reserven) vor. Damit verbunden war das Abgehen vom Konzept der Raumverteidigung und der Übergang zu einer grenznahen Einsatzdisposition. Für 1998 wurde vom Ministerrat eine neue Heeresstruktur beschlossen: Das Korpskommando III wurde ersatzlos aufgelöst, das B. ist (ähnlich wie 1973–95) wieder in 2 Korps gegliedert: Dem I. Korps (Kommando in Graz für Stmk., NÖ., Bgld. und Kä.) unterstehen die 1. und 7. Jägerbrigade (bei der 1. ein Bataillon mit Pandurpanzern, bei der 7. ein Bataillon luftbeweglich) sowie die 3. Panzergrenadierbrigade, dem II. Korps (Kommando in Salzburg für OÖ., Sbg., Ti. und Vbg.) die 4. Panzergrenadierbrigade und die 6. Jägerbrigade (gebirgsbeweglich); dazu kamen jeweils Korpstruppen und andere Verbände. Dem Verteidigungsministerium unmittelbar nachgeordnet sind die Fliegerdivision, das Militärkommando Wien sowie Ämter, Akademien und Schulen. Der Mobilmachungsstand wurde auf 120.000 Mann reduziert.

Seit 1998 besteht die Möglichkeit eines freiwilligen Wehrdienstes für Frauen (Laufbahn als Berufsoffizier bzw. Berufsunteroffizier); im Rahmen von Auslandseinsätzen waren Frauen schon früher als Vertragsbedienstete eingesetzt. 2002 wurde die Zentralstelle neu strukturiert (Zentralsektion, Kontrollsektion, Generalstab mit Generalstabsdirektion, Planungs-, Führungs- und Rüstungsstab). Die beiden Korpskommanden wurden aufgelöst. Zusätzlich wurden die Kommanden Führungsunterstützung, Einsatzunterstützung, Internat. Einsätze, Spezialeinsatzkräfte, Landstreitkräfte und Luftstreitkräfte geschaffen.

Seit 1960 haben sich über 60.000 Angehörige des B. an friedenserhaltenden Operationen der Vereinten Nationen beteiligt (→ UN-Einsätze). Aufgrund der erhöhten Beteiligung an internat. Friedensoperationen und humanitären Einsätzen kommt dem Kaderpersonal größere Bedeutung zu, als dies im traditionellen Milizsystem der Fall war. Im Rahmen eines Assistenzeinsatzes überwacht das B. zur Unterstützung der Gendarmerie seit 1990 die ö. Grenze zu Ungarn. Bis 2000 haben rd. 1,8 Mio. Österreicher im B. gedient.

Literatur: L. Jedlicka, Ein Heer im Schatten der Parteien, 1955; M. Rauchensteiner, Das B. der 2. Republik, 1980; E. A. Schmidl, März 1938. Der dt. Einmarsch in Ö., 1987; M. Rauchensteiner u. W. Etschmann (Hg.), Schild ohne Schwert. Forschungen zur Militärgeschichte 2, 1991; M. Rauchensteiner, W. Etschmann u. J. Rausch, 1000 Nadelstiche, Forschungen zur Militärgeschichte 3, 1994; F. Hessel, Die neue Heeresstruktur, Truppendienst 3/1998.

BUNDESHYMNE, ÖSTERREICHISCHE, nach der staatl. Wiedergeburt Ö. 1946 durch einen Wettbewerb geschaffen. Der Text stammt von P. v. → Preradović, die Melodie wurde dem Freimaurer-Bundeslied „Brüder, reicht die Hand zum Bunde", das lange Zeit W. A. Mozart zugeschrieben wurde, entnommen; die B. wurde mit 25. 2. 1947 offiziell eingeführt (Melodie und Text siehe S. 192). Vorläuferin der B. war die Kaiserhymne, die aus patriotischen Gründen in der Krisensituation der Franz. Revolution und der Koalitionskriege angeregt worden war; diese Hymne, komponiert von J. → Haydn auf einen Text von L. L. → Haschka, wurde am 12. 2. 1797 erstmals abgesungen; die Melodie blieb nach dem Tod von Kaiser Franz I. gleich, der Text wurde variiert (1835–48 wurde ein Text von J. C. → Zedlitz verwendet, 1848 wieder der alte Text eingeführt). 1854 wurde der bis zum Ende der Monarchie gültige Text von J. G. → Seidl („Gott erhalte, Gott beschütze") eingeführt, der den Kaiser nicht mehr namentlich nannte. Die von W. → Kienzl und K. → Renner 1920 verfasste Hymne der 1. Republik („Deutschösterreich, du herrliches Land") konnte sich wegen der unsanglichen Melodie nicht durchsetzen; außerdem erwuchs ihr in der Kernstock-Dichtung („Sei gesegnet ohne Ende"), die auf der Melodie der alten Haydn-Hymne gesungen wurde, sehr bald Konkurrenz (1929 wurde Letztere zur offiziellen B. erklärt).

Literatur: F. Grasberger, Die Hymnen Ö., 1968.

BUNDESJUGENDRING, ÖSTERREICHISCHER, siehe Österreichische → Bundesjugendvertretung.

Literatur: G. Netzl, 40 Jahre Ö. Bundesjugendring, 1993.

BUNDESJUGENDVERTRETUNG, ÖSTERREICHISCHE, 2001 hervorgegangen aus dem 1953 gegr. Ö. Bundesjugendring, Vereinigung von 40 demokrat. Kinder- und Jugendverbänden (2004), Interessenvertretung der Kinder und Jugendlichen sowie deren Organisationen gegenüber dem Parlament, der Bundesregierung und der Öffentlichkeit (u. a. zu Themen wie Kinderstimmrecht, Lehrlingsausbildung).

Literatur: G. Netzl, 40 Jahre Ö. Bundesjugendring, 1993.

BUNDESKAMMER DER GEWERBLICHEN WIRTSCHAFT, siehe → Wirtschaftskammer Österreich.

BUNDESKANZLER, bildet gem. mit dem → Vizekanzler und den übrigen → Bundesministern die → Bundesregierung und ist deren Vorsitzender. Als „primus inter pares" (Erster unter Ranggleichen) leitet er die Sitzungen der Bundesregierung, hat aber weder Weisungs- noch Richtlinienkompetenz; aus seiner Koordinations- und Kontrolltätigkeit, seinem meist gegebe-

Die Bundeskanzler der Republik Österreich	
Karl Renner* (SDAP)	30. 10. 1918 – 7. 7. 1920
Michael Mayr** (CS)	7. 7. 1920 – 21. 6. 1921
Johann Schober (Beamter)	21. 6. 1921 – 26. 1. 1922
Walter Breisky (Beamter)	26. 1. 1922 – 27. 1. 1922
Johann Schober (Beamter)	27. 1. 1922 – 31. 5. 1922
Ignaz Seipel (CS)	31. 5. 1922 – 20. 11. 1924
Rudolf Ramek (CS)	20. 11. 1924 – 20. 10. 1926
Ignaz Seipel (CS)	20. 10. 1926 – 4. 5. 1929
Ernst Streeruwitz (CS)	4. 5. 1929 – 26. 9. 1929
Johann Schober (Beamter)	26. 9. 1929 – 30. 9. 1930
Carl Vaugoin (CS)	30. 9. 1930 – 4. 12. 1930
Otto Ender (CS)	4. 12. 1930 – 20. 6. 1931
Karl Buresch (CS)	20. 6. 1931 – 20. 5. 1932
Engelbert Dollfuß (CS, VF)	20. 5. 1932 – 25. 7. 1934
Kurt Schuschnigg (VF)	29. 7. 1934 – 11. 3. 1938
Arthur Seyß-Inquart (NS)	11. 3. 1938 – 13. 3. 1938
—	
Karl Renner* (SPÖ)	27. 4. 1945 – 20. 12. 1945
Leopold Figl (ÖVP)	20. 12. 1945 – 2. 4. 1953
Julius Raab (ÖVP)	2. 4. 1953 – 11. 4. 1961
Alfons Gorbach (ÖVP)	11. 4. 1961 – 2. 4. 1964
Josef Klaus (ÖVP)	2. 4. 1964 – 21. 4. 1970
Bruno Kreisky (SPÖ)	21. 4. 1970 – 24. 5. 1983
Fred Sinowatz (SPÖ)	24. 5. 1983 – 16. 6. 1986
Franz Vranitzky (SPÖ)	16. 6. 1986 – 28. 1. 1997
Viktor Klima (SPÖ)	29. 1. 1997 – 4. 2. 2000
Wolfgang Schüssel (ÖVP)	4. 2. 2000 –

* Staatskanzler
** bis 20. 11. 1920 Staatskanzler

nen parteipolit. Gewicht und schließlich seiner starken medialen Präsenz erwächst ihm dennoch eine bes. Stellung. Der B. wird in Ö. seit 1929 vom → Bundespräsidenten ernannt (bis dahin vom NR gewählt) und steht dem → Bundeskanzleramt vor. Aufgrund des Vorschlags des B. ernennt der Bundespräs. die Bundesminister. Ist der Bundespräs. höchstens 20 Tage verhindert, gehen dessen Funktionen vorübergehend auf den B. über.

In der Monarchie führte der Vorsitzende der Regierung den Titel „Ministerpräsident" (bzw. zum Teil die Titel „Staatskanzler", „Reichskanzler"). Mit Errichtung der 1. Republik wurde 1918 nach dt. Vorbild der Titel „Kanzler" eingeführt: 1918–20 und von April bis Dez. 1945 „Staatskanzler", 1920–38 und seit Dez. 1945 „B.".

Literatur: F. Weissensteiner u. E. Weinzierl, Die ö. B. 1983; P. Pelinka, Österreichs B. Von L. Figl bis W. Schüssel, 2000.

BUNDESKANZLERAMT (1918–20 und April bis Dez. 1945 „Staatskanzlei"), wird vom → Bundeskanzler geleitet und besorgt gem. mit den anderen → Bundesministerien die Geschäfte der obersten Bundesverwaltung. Es besteht aus 6 Sektionen, die insbes. mit folgenden Agenden befasst sind: zentrales Auszeichnungs- und Titelwesen, Personal- und Organisationsangelegenheiten, Dokumentation und Fachinformation (Administrative Bibliothek), Bundespressedienst, Bürgerservice, Aufsicht über die Statistik Austria und das Ö. Staatsarchiv; Abwicklung des gesamten Kunst- und Kulturförderungsprogramms (Kunstsektion); öffentl. Dienst und Verwaltungsreform; Angelegenheiten der allg. Regierungspolitik und wirt. Koordination bei ressortübergreifenden wirt.-polit. Fragen, OECD-Angelegenheiten (Sektion für Koordination); Angelegenheiten der staatl. Verfassung (Verfassungsdienst); Sportangelegenheiten. Die Agenden der Bundesministerin für → Frauenangelegenheiten gingen 2000 vom E. an das BM f. soz. Sicherheit und Generationen (→ Sozialministerium) und 2003 an das BM f. Gesundheit und Frauen (→ Gesundheitsministerium) über. Im B. fin-

den auch die wöchentl. Sitzungen der Bundesregierung (→ Ministerrat) statt.

Das Gebäude des B. am → Ballhausplatz gegenüber dem Amalientrakt der Wr. Hofburg diente bis 1918 dem k. u. k. Ministerium des Äußern. Es wurde 1717–19 nach einem Entwurf von J. L. von Hildebrandt als Geheime Hofkanzlei errichtet, 1764–67 von N. Pacassi erweitert, 1902/03 wurde das Staatsarchiv am Minoritenplatz angebaut, 1944 durch Bomben beschädigt, dann wiederhergestellt. Hier wohnte viele Jahre der Staatskanzler Fürst → Kaunitz; während des Wr. Kongresses (1814/15) fanden hier die meisten Beratungen statt. 1934 wurde E. → Dollfuß im B. ermordet.

Literatur: Bundespressedienst (Hg.), Wien – Ballhausplatz 2. Ein Haus und seine Geschichte, 2001.

BUNDESKONVIKTE, staatl. Erziehungsheime für Knaben oder Mädchen (Vollinternat) in Verbindung mit weiterführenden Schulen; sie verlieren seit Einführung der Schülerfreifahrt und der Verdichtung des Schulnetzes stark an Bedeutung (2004 8, davon 4 in NÖ., 2 im Bgld. und je eines in Ti. und Wien).

BUNDESLÄNDER: Die hist. Entwicklung Ö. ist durch die Ausbildung einzelner Territorien (Marken, Herzogtümer, Grafschaften) und deren Zusammenführung unter einem gem. Landesfürsten gekennzeichnet. Jedes dieser „Länder" entwickelte ein Landrecht und hatte seit dem Spät-MA verschieden zusammengesetzte Stände, die dem Fürsten „raten und helfen" und die Interessen der Landesbewohner vertreten sollten. Seit dem 17. Jh. verloren diese im Rahmen des Absolutismus an Einfluss, bekannten sich aber durch Zustimmung zur → Pragmatischen Sanktion zum Gesamtstaat. In diesem Rahmen erfolgte eine verfassungsmäßige Anpassung an die jeweilige Situation seit 1848 (Oktoberdiplom 1860, Februarpatent 1861) mit Landtagen, begrenztem Gesetzgebungsrecht und autonomer Verwaltung. Parallel dazu kam es zur Ausgestaltung einer landesfürstl. Verwaltung (Gubernien, Ländergruppen mit Statthaltern, Kronländer). Diese Zweigleisigkeit führte während der Monarchie öfters zu Konflikten, zumal den Landtagen 1873 die Entsendung der Abgeordneten in den Reichsrat entzogen wurde. Die Provisor. Nationalversammlung schuf am 30. 10. 1918 in einem revolutionären Akt den neuen Staat. Die Länder konstituierten sich ebenfalls zu staatsartigen Gebilden und beanspruchten eine eig. Gesetzgebung. Die von den Ländern abgegebene feierl. Beitrittserklärung zur neu geschaffenen Republik nahm die Provisor. Nationalversammlung am 12. 11. 1918 zur Kenntnis und verankerte sie zunächst im Gesetz vom 14. 11. 1918. Auf den Länderkonferenzen in Linz und Salzburg wurde die → Bundesverfassung von 1920 ausgearbeitet, die den föderalist., autonomen Charakter der B. weitgehend berücksichtigte und die Republik als → Bundesstaat einrichtete. Problemat. wurde der bundesstaatl. Charakter Ö. durch die autoritäre Verfassung von 1934, als aus der „Republik" der „Bundesstaat Ö." wurde. Zur Zeit des Anschlusses unterstanden die ö. B. als „Reichsgaue" unmittelbar den Zentralbehörden in Berlin (1939/40–45). Mit der Wiederherstellung der Republik 1945 erhielten die B. wieder ihre alten Rechte.

Artikel 2 Bundes-Verfassungsgesetz lautet: „Ö. ist ein Bundesstaat. Der Bundesstaat wird gebildet aus den selbständigen Ländern: Bgld., Kä., NÖ., OÖ., Sbg., Stmk., Ti., Vbg., Wien." Das Bundesstaatsprinzip findet darin seinen Ausdruck, dass den B. eig. Kompetenzen in der Gesetzgebung (durch die → Landtage) und Verwaltung (unter der → Landesregierung als oberstes Organ) zukommen und sie durch den → Bundesrat Anteil an der Gesetzgebung des Bundes haben.

Die Zahl der Landes- und der Bundesräte richtet sich nach der Größe der einzelnen Länder. Neben der einheitl. → Staatsbürgerschaft bestehen Landesbürgerschaften für all jene, die in einem Land einen ordentl. Wohnsitz haben.

Die Länder dürfen eig. → Landesverfassungen erlassen, die jedoch die Bundesverfassung nicht berühren dürfen (relative Landesverfassungsautonomie); der → Verfassungsgerichtshof kann Vorschriften der Landesverfassungen wegen Widerspruchs zum Bundesverfassungsrecht aufheben. Während die Bundesverfassung die Gerichtsbarkeit ausschließlich dem Bund überträgt, teilt sie die Zuständigkeiten zur Gesetzgebung und zur Verwaltung zw. Bund und Ländern auf. In Streitfällen über die Kompetenzverteilung entscheidet der Verfassungsgerichtshof.

Angelegenheiten, die durch die Bundesverfassung nicht ausdrücklich dem Bund übertragen sind fallen in Gesetzgebung und Vollziehung in die Zuständigkeit der Länder (selbständiger Wirkungsbereich). Da die Bundesverfassung jedoch die wesentlichsten Kompetenzen zur Gesetzgebung und Vollziehung dem Bund zuweist, fallen nicht viele Zuständigkeiten in den selbständigen Wirkungsbereich der B., wie z. B. die örtliche Sicherheitspolizei, Gem.-Angelegenheiten, Bauwesen, Feuerpolizei, Landeskulturangelegenheiten (Theater, Kino), Jagd- und Fischereirecht, Feld-, Tier- und Naturschutz, Sport- und Fremdenverkehrsangelegenheiten sowie das Dienstrecht der Landes- und Gem.-Angestellten. In Angelegenheiten des selbständigen Wirkungsbereichs können die Länder Staatsverträge mit an Ö. angrenzenden Staaten oder deren Teilstaaten abschließen. Darüber hinaus weist die Bundesverfassung einige Materien hinsichtl. der Grundsatzgesetzgebung dem Bund, hinsichtlich der Ausführungsgesetzgebung und Vollziehung den B. zu (z. B. Armenwesen, Jugendfürsorge, Heil- u. Pflegeanstalten, Elektrizitätswesen, Arbeiterrecht sowie Arbeiter- und Angestelltenschutz betreffend der Land- und Forstw.); andere sind in Gesetzgebung Bundessache, in der Vollziehung jedoch Landessache (z. B. Staatsbürgerschaft, Straßenpolizei, berufl. Vertretungen mit Ausnahme jener, die durch den Bund zu regeln sind). Die Bundesgesetzgebung regelt aufgrund bundesverfassungsrechtl. Ermächtigung die Verteilung der Besteuerungsrechte und der Abgabenerträge zw. dem Bund und den Ländern.

Durch diese Kompetenzverteilung zw. Bund und Ländern bleibt deren Stellung als Träger von Privatrechten unberührt, sie können also wie jeder Staatsbürger am rechtsgeschäftl. Verkehr teilnehmen (z. B. durch Beteiligung an Unternehmen oder die Vergabe von Förderungen). Bund und Länder sowie die Länder untereinander können über die Angelegenheiten ihres jeweiligen Wirkungsbereichs Vereinbarungen abschließen.

Gesetzgebungsorgane der B. sind die Landtage, die nach dem Einkammernsystem eingerichtet sind. Oberstes Verwaltungsorgan der B. sind die Landesregierungen, deren Mitglieder ebenso wie ihr Vorsitzender, der → Landeshauptmann, vom Landtag gewählt werden und diesem verantwortlich sind. An der Spitze des B. steht der Landeshauptmann, er vertritt das B. Wien hat insofern eine Sonderstellung, als es nach der Bundesverfassung zwar primär Stadtgem., aber gleichzeitig auch B. ist. Die Organe der Stadt Wien haben demnach eine Doppelfunktion inne: der Gem.-Rat ist zugleich Landtag, der Stadtsenat ist Landesregierung, der Bürgermeister ist Landeshauptmann. → Behördenorganisation, → Bevölkerung.

Literatur: F. Koja, Das Verfassungsrecht der ö. B., 1967.

BUNDESLÄNDER-VERSICHERUNG, siehe → Versicherungsanstalt der österreichischen Bundesländer.

BUNDES-LEHR- UND VERSUCHSANSTALTEN, organische Verbindung von berufsbildenden höheren Schulen mit → Versuchsanstalten.

BUNDESMINISTER, neben dem → Bundespräsidenten, dem → Bundeskanzler, dem → Vizekanzler und der → Bundesregierung oberste Organe der Vollziehung des Bundes. Die B. werden auf Vorschlag des Bundeskanzlers vom Bundespräsidenten ernannt bzw. entlassen, sie bilden gem. mit dem Bundeskanzler und dem Vizekanzler die → Bundesregierung. Nach einem Misstrauensvotum des → Nationalrats gegen einen B. hat der Bundespräsident diesen zu entlassen (polit. Verantwortlichkeit); im Falle schuldhafter Rechtsverletzungen durch ihre Amtstätigkeit kann der Nationalrat Klage vor dem → Verfassungsgerichtshof führen, dessen verurteilendes Erkenntnis hat auf Verlust des Amtes zu lauten (rechtl. Verantwortlichkeit). Die B. sind zur Führung von obersten Geschäften der Bundesverwaltung berufen, ihnen stehen die → Bundesministerien als administrative Hilfsapparate zur Verfügung (ausgenommen B. „ohne Portefeuille"). Hinsichtlich ihrer Geschäftsführung sind sie dem Nationalrat auskunftspflichtig (→ parlamentarische Kontrolle).
Literatur: K. Korinek, Ministerverantwortlichkeit, 1986.

BUNDESMINISTERIEN, unterstützen den ihnen vorstehenden → Bundesminister bei der Führung der in seine Zuständigkeit fallenden Verwaltungsgeschäfte (vgl. → Bundeskanzleramt). Zahl, Wirkungsbereich und Einrichtung der B. werden durch das B.-Gesetz (in der jeweils geltenden Fassung) bestimmt. Jedes B. ist in Sektionen unterteilt, diese wiederum in Abteilungen. Mehrere Abteilungen können zu Gruppen zusammengefasst werden. Außerdem gehören ihnen Hilfsstellen an (z. B. Behördenbibl., Eingangs- und Abgangs-, Kanzlei- und Schreibstellen, Buchhaltung), die Einrichtung von „Ministersekretariaten" zur zusammenfassenden Behandlung von Angelegenheiten verschiedener Sektionen ist zulässig. Seit 1. 5. 2003 gibt es folgende B.: B. f. auswärtige Angelegenheiten (→ Außenministerium), B. f. Bildung, Wiss. und Kultur (→ Bildungsministerium), B. für Finanzen (→ Finanzministerium), B. für Gesundheit und Frauen (→ Gesundheitsministerium), B. für Inneres (→ Innenministerium), B. f. Justiz (→ Justizministerium), B. f. Landesverteidigung (→ Verteidigungsministerium), B. f. Land- und Forstw., Umwelt und Wasserwirt. (→ Landwirtschaftsministerium), B. f. soz. Sicherheit, Generationen und Konsumentenschutz (→ Sozialministerium), B. f. Verkehr, Innovation und Technologie (→ Verkehrsministerium), B. f. Wirt. und Arbeit (→ Wirtschaftsministerium). Auch das → Bundeskanzleramt ist formell ein Ministerium.
Die B. hatten früher teilweise andere Wirkungsbereiche und trugen andere Bezeichnungen: → Familienministerium, → Handelsministerium, → Umweltministerium, → Unterrichtsministerium, → Verwaltungsministerium, → Wissenschaftsministerium.
Literatur: W. Barfuß, Ressortzuständigkeit und Vollzugsklausel (Forschungen aus Staat und Recht 7), 1968.

BUNDESMOBILIENSAMMLUNG, Teil der Bundesmobilienverwaltung (nachgeordnete Dienststelle des BM f. Wirt. und Arbeit); verwaltet alle hist. Einrichtungsgegenstände und Tafelgeräte des Bundes, die u. a. für die Ausstattung diplomat. Niederlassungen, für Staatsbesuche und für die Ausstattung des Schlosses Schönbrunn, der Innsbrucker Hofburg und des Schlosses Ambras verwendet werden. Der Betrieb der → Hofsilber- und Tafelkammer wurde 1996, der des Kaiserlichen → Hofmobiliendepots 1998 an die Schloss Schönbrunn Kultur- und Betriebsges. m. b. H. abgegeben.

BUNDESMUSEEN, wissenschaftl. Anstalten öffentl. Rechts, bis 2002 in der Verwaltung des Bundes stehende Museen. In den Kompetenzbereich des BM f. Bildung, Wiss. und Kultur gehören das → Kunsthistorische Museum mit → Museum für Völkerkunde und Österreichischem → Theatermuseum, das → Naturhistorische Museum, die → Österreichische Galerie Belvedere, die → Albertina, das → MAK – Österreichisches Museum f. angewandte Kunst, das → Museum moderner Kunst Stiftung Ludwig Wien, das → Technische Museum Wien mit der Österreichischen Mediathek sowie das → Pathologisch-anatomische Bundesmuseum. Das → Heeresgeschichtliche Museum untersteht dem BM f. Landesverteidigung. Das Ö. → Museum für Volkskunde, das Ethnographische Museum Schloss Kittsee und das Ö. → Gesellschafts- und Wirtschaftsmuseum unterstehen Vereinen, die teilw. eine Bundesförderung erhalten. Das Kunsthist. Mus. mit seinen Sammlungen in Wien und → Ambras erlangte mit 1. 1. 1999 die Vollrechtsfähigkeit; 2000 erlangten auch die Albertina, die Ö. Galerie Belvedere, das MAK – Ö. Museum für angewandte Kunst und das Technische Museum Wien die Vollrechtsfähigkeit, in den letzten Jahren alle übrigen B. mit Ausnahme des Patholog.-anatom. B. (Bundesmuseums-Gesetz 1998, Novelle 2002). Die Schausammlungen → Hofsilber- und Tafelkammer sowie Kaiserliches → Hofmobiliendepot werden seit 1996 bzw. 1998 von der Schloss Schönbrunn Kultur- und Betriebsges. m. b. H. betrieben. Zu einem erhebl. Teil wurzeln die B. in den einstigen ksl. Sammlungen, die nach 1918 von der Republik Ö. übernommen wurden. Einige wurden zur Zeit der Monarchie als staatl. Museen gegr., andere sind Gründungen der 2. Republik. Weitere wichtige Rechtsträger von Museen sind die Bundesländer (→ Landesmuseen), die Gem. und zahlr. private Vereine.

BUNDESPRÄSIDENT, das Staatsoberhaupt der Republik Ö., neben → Bundeskanzler, → Vizekanzler und den → Bundesministern oberstes Organ der Vollziehung. Das Amt des B. wurde durch die → Bundesverfassung vom 1. 10. 1920 geschaffen. Nach der Verfassungsnovelle von 1929 wird der B. unmittelbar vom Volk gewählt und stellt somit ein polit. Gegengewicht zum Parlament dar (erstmals 1951).
Wählbar ist jede Person, die zum Nationalrat wahlberechtigt ist und vor dem 1. 1. des Wahljahres das 35. Lebensjahr überschritten hat. Ausgenommen sind Mitgl. regierender oder ehem. regierender Häuser (insbes. Habsburger). Gewählt ist der Kandidat, der mehr als die Hälfte aller gültigen Stimmen erhalten hat. Erreicht dies im 1. Wahlgang kein Kandidat, erfolgt eine Stichwahl zw. den beiden stimmenstärksten Kandidaten. Der B. wird von der → Bundesversammlung angelobt. Der B. genießt weitgehende → Immunität vor behördl. Verfolgung. Er darf während seiner Amtstätigkeit keinen anderen Beruf ausüben und keinem allg. Vertretungskörper angehören. Die Amtsperiode des B. dauert 6 Jahre. Eine einmalige unmittelbar an-

Bundesmobiliensammlung.

Die Bundespräsidenten der Republik Österreich	
Karl Seitz*	30. 10. 1918 – 9. 12. 1920
Michael Hainisch	9. 12. 1920 – 10. 12. 1928
Wilhelm Miklas	10. 12. 1928 – 13. 3. 1938
—	
Karl Renner**	27. 4. 1945 – 20. 12. 1945
Karl Renner	20. 12. 1945 – 31. 12. 1950
Theodor Körner	21. 6. 1951 – 4. 1. 1957
Adolf Schärf	22. 5. 1957 – 28. 2. 1965
Franz Jonas	9. 6. 1965 – 24. 4. 1974
Rudolf Kirchschläger	8. 7. 1974 – 8. 7. 1986
Kurt Waldheim	8. 7. 1986 – 8. 7. 1992
Thomas Klestil	8. 7. 1992 – 6. 7. 2004
Heinz Fischer	8. 7. 2004 –

* als Präsident des Staatsratsdirektoriums
** als Staatskanzler

schließende Wiederwahl ist zulässig. Eine vorzeitige Absetzung ist nur aufgrund einer → Volksabstimmung, eines Erkenntnisses des → Verfassungsgerichtshofs oder einer strafgerichtl. Verurteilung (setzt die Aufhebung der Immunität voraus) möglich. Im Fall einer Verhinderung wird der B. zunächst (für die Dauer von höchstens 20 Tagen) durch den Bundeskanzler vertreten, bei längerer Verhinderung gem. durch die 3 Präsidenten des Nationalrats. Ist die Stelle dauernd erledigt, übt bis zur unverzüglich auszuschreibenden Wahl und der darauf folgenden Angelobung ebenfalls das Präsidium des Nationalrats die Funktion des B. aus.

Die Aufgaben des B. sind in den Artikeln 60–68 der Bundesverfassung festgelegt. Die meisten Akte des B. (so gen. „Entschließungen") bedürfen eines Vorschlags der → Bundesregierung oder eines Bundesministers und überdies der Gegenzeichnung des Bundeskanzlers oder eines Bundesministers. Insbes. bei der Ernennung des Bundeskanzlers ist der B. rechtl. frei, aber faktisch an die Mehrheitsverhältnisse im Nationalrat gebunden.

Die wichtigsten Kompetenzen sind: Ernennung und Entlassung des Bundeskanzlers, der Bundesminister und der Staatssekretäre; Angelobung der Landeshauptmänner; Beurkundung des verfassungsmäßigen Zustandekommens von Bundesgesetzen; Einberufung und Auflösung des Nationalrats; Auflösung der Landtage; Oberbefehl über das Bundesheer; Vertretung der Republik nach außen, Abschluss von Staatsverträgen für Bund und Länder; Empfang und Beglaubigung der ausländ. diplomat. Vertreter; Ernennung der Beamten des Bundes sowie der Mitgl. des Verfassungsgerichtshofs und des Verwaltungsgerichtshofs; Schaffung und Verleihung von Berufstiteln; Niederschlagung von Strafverfahren und Verfügung von Begnadigungen; Ehelicherklärung von Kindern. Unter bestimmten Voraussetzungen kann der B. Notverordnungen erlassen.
Literatur: M. Welan, Das ö. Staatsoberhaupt, ³1997; C. Dickinger, Ö. Präsidenten, 2000.

Bundesrat, die zweite Kammer des Parlaments neben dem → Nationalrat, mit dem er gem. die Gesetzgebung des Bundes ausübt und die → Bundesversammlung bildet. Der B. soll die Interessen der Länder bei der Gesetzgebung des Bundes vertreten. Seine Mitgl. werden von den → Landtagen entsprechend dem polit. Kräfteverhältnis nach jeder Landtagswahl für die Dauer ihrer Gesetzgebungsperiode gewählt, sind diesen aber nicht verantwortlich. Die Mitgliederzahl wird nach dem Ergebnis jeder Volkszählung (zuletzt 2001) vom Bundespräsidenten ermittelt. Das größte Bundesland entsendet 12 Mitgl., die anderen Bundesländer je nach Einwohnerzahl entsprechend weniger, mindestens aber 3 Mitgl. 2003 hatte der B. 62 Mitgl. (NÖ.: 12, Wien: 11, OÖ.: 11, Stmk.: 9, Ti.: 5, Kä.: 4, Sbg.: 4, Vbg.: 3, Bgld.: 3). Der B. kennt keine Gesetzgebungsperiode und besteht daher ohne Unterbrechung (Grundsatz der „Partialerneuerung"). Sitzverteilung nach Parteien und Bundesländern, siehe Tabellen: → Freiheitliche Partei Österreichs, Die → Grünen, → Österreichische Volkspartei, → Sozialdemokratische Partei Österreichs.

Der Präs. des B. wird von den Ländern in alphabet. Reihenfolge im Halbjahresturnus gestellt. Tagungsort ist der Sitz des Nationalrats in Wien. Die Mitgl. des B. genießen → Immunität gleich den Abgeordneten zum Nationalrat. Ein Mitgl. des B. kann nicht gleichzeitig Abgeordneter zum Nationalrat sein. Die Sitzungen des B. sind öffentlich, Mitgl. der Bundesregierung können sich zu Wort melden. Der B. ist bei Anwesenheit von einem Drittel seiner Mitgl. beschlussfähig. Zur Vorberatung werden Ausschüsse gebildet.

Der B. kann Gesetzesbeschlüsse des Nationalrats beeinspruchen. Dieser Einspruch hat nur aufschiebende Wirkung, da der Nationalrat einen Beharrungsbeschluss fassen kann. Gesetzesbeschlüsse, die die Organisation des B. betreffen oder die Kompetenzen der Länder beschneiden, bedürfen jedoch der Zustimmung des B. Gesetzesbeschlüsse, gegen die der B. keinen Einspruch erheben darf (z. B. Bundesbudget), werden dem B. lediglich zur Kenntnis gebracht.

Der B. hat überdies u. a. folgende Rechte: Formulierung von Anfragen an die Bundesregierung; Einbringung von Gesetzesvorschlägen an den Nationalrat und Forderung einer Volksabstimmung, sofern ein Gesetzesbeschluss des Nationalrats die Bundesverfassung teilweise ändert; Mitwirkung an der Genehmigung von Staatsverträgen und bei der Auflösung von Landtagen.

Die vergleichsweise geringe polit. Bedeutung des B. führt zu regelmäßigen Forderungen der Länder nach einer Reform und Stärkung des B.
Literatur: H. Schambeck (Hg.), Ö. Parlamentarismus, 1986; ders. (Hg.), Bundesstaat und B. in Ö., 1997; J. Rauchenberger (Hg.), Stichwort Bundesländer – B., 2000.

Bundesregierung, neben → Bundespräsident, → Bundeskanzler, → Vizekanzler und → Bundesministern eines der obersten Organe der Vollziehung des Bundes. Die B. besteht aus dem Bundeskanzler, dem Vizekanzler und den Bundesministern. Den Vorsitz in der B. führt der Bundeskanzler, ihre Beschlüsse bedürfen der Einstimmigkeit. Die B. wurde 1918–29 durch den Nationalrat gewählt, seither werden der Bundeskanzler und auf dessen Vorschlag die Bundesminister durch den Bundespräsidenten ernannt und von ihm angelobt. Der Bundespräsident kann die B. entlassen, bei einem Misstrauensvotum des Nationalrats ist er dazu verpflichtet. Die B. hat Anteil an der Führung der obersten Verwaltungsgeschäfte des Bundes, Akte des Bundespräsidenten bedürfen in der Regel ihres Vorschlags, sie kann Gesetzesvorschläge in Form von Regierungsvorlagen an den Nationalrat richten.

Tabellen der ö. Bundesregierungen bzw. Staatsregierungen seit 1918 siehe S. 557–568.
Literatur: H. Pfeiffer, Die Beschlußfassung der B. und die Verantwortlichkeit ihrer Mitgl., Jurist. Blätter 1964, Heft 19/20.

Bundessport- und -freizeitzentren (früher Bundessportschulen und -heime), 1999 aus der Bundesverwaltung ausgegliedert und in die Bundessporteinrichtungen Ges. m. b. H. (BSPEG) eingebracht. Die Bundessport- und -freizeitzentren Blattgasse (Wien), Faaker See (Kä.), Obertraun (OÖ.), Maria Alm/Hintermoos (Sbg.), Schielleiten (Stmk.) und Südstadt (NÖ.) werden von der BSPEG operativ geführt, die Bundessporteinrichtungen Kitzsteinhorn und St. Christoph wurden auf Basis eines Leihvertrages an den Ö. Skiverband, das Flugsportzentrum Spitzerberg an den Ö. Aero-Club übergeben.

Bundes-Sportorganisation, Österreichische, BSO, staatsunabhängige Organisation und Repräsentanz des Sportvereinswesens der 2. Republik (Verein seit 1969); bestehend (2004) aus 3 Dachverbänden (→ ASKÖ, → Allgemeiner Sportverband Österreichs, Österreichische → Turn- und Sportunion), 53 Fachverbänden, dem Ö. Behindertensportverband sowie außerordentl. Mitgliedsverbänden (u. a. Österreichisches → Olympisches Comité). Die BSO vertritt die gesamt-ö. Anliegen des Sports im In- und Ausland.
Publikationen: Ö.-Sport (5-mal jährl. mit ö. Sport-Terminkalender); Das ö. Sportjahrbuch.
Literatur: F. Holzweber, Die ö. Bundessportorganisation, 2002.

Bundesstaat: Ö. ist ein B. (vgl. Art. 2 Bundes-Verfassungsgesetz) und wird nach dem Prinzip des → Föderalismus aus 9 selbständigen → Bundesländern gebildet. Die Staatsgewalten Gesetzgebung und Vollziehung sind zw. den Körperschaften Bund und Bundesländer aufgeteilt, Gerichtsbarkeit ist ausschließlich Bundessache.

Bundesstrassen, Straßen, für die der Bund zuständig ist; gem. B.-Übertragungsgesetz 2002 Straßen, die für den Durchzugsverkehr Bedeutung haben; sie umfassen Autobahnen (A) und Schnellstraßen (S). Für Planung, Bau und Erhaltung der B. ist die Autobahnen- und Schnellstraßen-Finanzierungs-AG (ASFINAG) zuständig.
Das gesamte B.-Netz umfasst (2004) 2029 km (davon 1670 km Autobahnen und 359 km Schnellstraßen). Auf diesem Netz werden rd. 49 % der gesamten Fahrleistung in Ö. abgewickelt.
Neben dem Ausbau der internat. Durchzugs- und Verbindungsstraßen wurde auch bes. Wert auf eine gute Anbindung und Erschließung von strukturschwachen Regionen sowie auf eine gute Erreichbarkeit von und zw. den einzelnen Siedlungs- und Wirtschaftsräumen gelegt. Auch viele hochrangige Straßen in Städten sind B.
Mit dem verstärkten Bau von Radwegen, Park-and-Ride-Anlagen und dem fußgängerfreundl. Rückbau von Ortsdurchfahrten (bei gleichzeitigem Bau von Umfahrungen) wird eine verkehrsträgerübergreifende Straßenplanung und eine umweltorientierte Straßenverkehrspolitik betrieben.
Auf dem Gebiet der Straßenbautechnik stehen ö. Ingenieure im internat. Spitzenfeld. Der Bau von vielen großen Brücken und Tunnels war und ist aufgrund der schwierigen topograph. Situation Ö. notwendig. Im B.-Netz gibt es dzt. mehr als 3000 Brücken sowie 150 Tunnels mit einer Summe von fast 240 km Tunnelröhrenlänge.

Bundestheater (Staatstheater), die ehem. Hoftheater, die 1918 dem BM für Unterricht unterstellt und bis 1999 durch die B.-Verwaltung geleitet wurden. Vorläufer dieser Dienststelle war die Generalintendanz der Hoftheater. B. sind: → Burgtheater (mit → Akademietheater), → Staatsoper und → Volksoper; 1999 wurden diese 3 B. in Gesellschaften mit beschränkter Haftung umgewandelt und in der B.-Holding Ges. m. b. H. zusammengefasst, dazu kommt die Service-GmbH, zu der u. a. die Werkstätten gehören. Die Bestände des 1929 gegr. B.-Museums befinden sich heute im Österreichischen → Theatermuseum in Wien. Geschäftsführer der B.-Holding ist seit 1999 G. → Springer.
Literatur: H. Abele u. H. Bauer, Die B. in der ö. Wirt., 1984; A. Bammer, B. und Verfassung, 1992.

Bundesverband Österreichischer Widerstandskämpfer und Opfer des Faschismus, → KZ-Verband.

Bundesverfassung: Mit dem Begriff „B." meint man in der Regel das „Bundes-Verfassungsgesetz (B-VG)" Sie enthält insbes. Regeln über die Rechtserzeugung (Gesetzgebung und Vollziehung), die Stellung der obersten Organe, über Rechtsschutz und Kontrolle und beruht auf folgenden Prinzipien: demokrat. (Rechtserzeugung durch das Volk), bundesstaatl. (→ Bundesstaat), rechtsstaatl. (insbes. Gesetzesgebundenheit aller Staatsfunktionen; Rechtsschutzeinrichtungen), republikan. (Bundespräs. als verantwortl. Staatsoberhaupt mit begrenzter Amtsdauer), gewaltentrennendes (Trennung der Staatsfunktionen Gesetzgebung, Verwaltung, Gerichtsbarkeit; wechselseitige Kontrolle) und liberales (Freiheit vom Staat, → Grundrechte) Prinzip. Daneben gibt es andere B.-Gesetze (z. B. Staatsgrundgesetz über die allg. Rechte der Staatsbürger, Europ. Menschenrechtskonvention) sowie Verfassungsbestimmungen in Bundesgesetzen.
Literatur: L. K. Adamovich u. a., Ö. Staatsrecht, 3 Bde., 1997–2003; R. Walter u. H. Mayer, Grundriß des ö. B.-Rechts, ⁹2000; B. C. Funk, Einführung in das ö. V.-Recht, ¹¹2003; T. Öhlinger, V.-Recht, ⁵2003.

Bundesverlag, Österreichischer, ÖBV, Wien, 1772 von Maria Theresia gegr. Schulbuchverlag, wird seit 1979 in der Rechtsform einer GmbH und seit 1993 als Holding geführt. Der → ÖBV Pädagogische Verlag bestand ab 1993 als eigenständ. Unternehmen und wurde 1998 mit den Verlagen → Hölder–Pichler–Tempsky und Ö. Gewerbeverlag (Wien, gegr. 1946 von E. Strauß, ab 1983 im ÖBV) zur → öbv & hpt Verlagsges. m. b. H. & Co. KG zusammengeschlossen. Zu weiteren Tochterges. zählen das ÖBV Buchzentrum (ÖBZ) firmierende Buchauslieferungsges. m. b. H. & Co. KG in Wr. Neudorf, die ÖBV Handelsges. m. b. H. (Buchhandel und Lehrmittelvertrieb), die Franz → Deuticke Verlag Ges. m. b. H., Wien (gegr. 1878 von F. Deuticke, seit 1980 im ÖBV), die Perlenreihe (gegr. 1950 von A. Pechan, seit 1997 bei Deuticke) und die Christian → Brandstätter Verlag Ges. m. b. H., Wien (gegr. 1982 von C. Brandstätter, seit 1991 im ÖBV). Außerdem hält der ÖBV eine Beteiligung von 50 % am Kinderbuchverlag Esslinger J. F. Schreiber, Esslingen und Wien, sowie eine Beteiligung von 40 % am C. J. Bucher Verlag, München. Im Zuge der Privatisierung wurde der ÖBV 2002 an die dt. Klett-Gruppe verkauft, die die bis 2003 zur ÖBV-Gruppe zählende → Residenz Verlag Ges. m. b. H., Salzburg (gegr. 1956 von Wolfgang → Schaffler, ab 1984 im ÖBV) an das Niederösterreichische Pressehaus weiterverkaufte.

Bundesversammlung, wird aus → Nationalrat und → Bundesrat gebildet. Kompetenzen: Angelegenheiten betreffend den → Bundespräsidenten (dessen Angelobung; Anordnung einer Volksabstimmung zur vorzeitigen Absetzung; Zustimmung zur behördl. Verfolgung; Anklageerhebung beim Verfassungsgerichtshof wegen Verletzung der Bundesverfassung), Kriegserklärung. 1920–31 und 1945 wählte die B. den Bundespräsidenten.
Literatur: H. Schambeck (Hg.), Ö. Parlamentarismus, 1986.

Bundesversuchsanstalten: Die älteste Versuchsanstalt wurde 1866 von W. → Exner für die Papierprüfung gegr. Zum frühen Zentrum des Prüfungswesens entwickelte sich unter Exner das 1879 gegr. Technolog. Gewerbemuseum, dem Versuchsanstalten bzw. Fachbereiche angeschlossen sind. Die 1866 gegr. Forstakad. Mariabrunn wurde 1875 in die Hochschule für Bodenkultur eingegliedert, in Hadersdorf-Weidlingau verblieb die Forstliche B. Seit 1950 sind B. im → Arsenal untergebracht. Das Ö. Forschungs- und Prüfzentrum Arsenal besteht aus den Geschäftsbereichen Verkehrstechnik, Verkehrswege, Monitoring, Energie- und Antriebstechnik sowie erneuerbare Energien. Versuchs-

anstalten gibt es auch an zahlr. Höheren Lehranstalten und beim Techn. Überwachungsverein in Wien.
Literatur: E. Schroll (Hg.), Arsenal 2000, Bundesversuchs- und Forschungsanstalt Arsenal, 1990.

Bundesverwaltung, setzt sich aus unmittelbarer und mittelbarer B. zusammen. → Behördenorganisation.

Bundes-Wertpapieraufsicht, BWA, aufgrund des Wertpapieraufsichtsgesetzes 1996 errichtete öffentl.-rechtl. Anstalt zur Beaufsichtigung des Wertpapiermarkts (→ Börse) und des Finanzdienstleistungsgeschäfts; tätig ab 1998, 2002 in die Finanzmarktaufsicht eingegliedert. Zu den Aufgaben der BWA gehörten u. a. die Unterbindung illegaler Geschäftspraktiken, die Überwachung der Publizitätspflichten, die Konzessionierung der Wertpapierdienstleistungsunternehmen und der internat. Informations- und Erfahrungsaustausch.

Bündner Schiefer (nach Graubünden, Schweiz), bed. Gesteinsformation der zentralen Ostalpen im Engadiner Fenster und Tauernfenster. Ihr geolog. Alter ist umstritten, sie sind aber jünger als alle anderen Gesteine der Zentralalpen, weshalb ihnen eine Schlüsselstellung im Gebirgsbau der Alpen zukommt.

Bundschuh, Sbg., Hochgebirgstal im Lungauer Nockgebiet mit Ortschaft B. am B.-Bach in der Gem. Thomatal; Ruine Edenfest, Skigebiet.

Bund Sozialdemokratischer Akademiker, Intellektueller und Künstler (BSA), siehe → Sozialdemokratische Partei Österreichs.

Bünker, Johann Reinhold, * 25. 4. 1863 Seebach (Gem. Spittal a. d. Drau, Kä.), † 13. 11. 1914 Ödenburg (Sopron, H), Volkskundler. Kustos des Ödenburger Stadtmuseums, sammelte Volksdichtung des heutigen Bgld., insbes. der → Heanzen; Forschungen zu Haus- und Flurformen.
Werke: Schwänke, Sagen u. Märchen in heanzischer Mundart, 1906; Was mir der alte Mann erzählte, 1929 (Märchen aus dem Bgld.).
Literatur: L. Schmidt, Die J. R. B.-Smlg. zur Sachvolkskunde des mittleren Bgld., 1955; ders., J. R. B. und die Erforschung des Volkszählgutes im Bgld., 1979; O. Bünker, J. R. B. – Sein Leben für die Volkskunde, 1982.

Bunzl, Hugo, * 2. 10. 1883 Pressburg (Bratislava, SK), † 2. 1. 1961 London (GB), Industrieller. Studierte in Manchester, trat 1905 in das Familienunternehmen → Bunzl & Biach, Textil-, Pappe- und Papierfabrik, Wien, ein; 1938 als Jude enteignet, emigrierte nach England, dort 1948 Gen.-Dir. der Bunzl Pulp & Paper Ltd.

Bunzl von Biach, Walter, * 16. 6. 1913 Wien, † 21. 7. 1988 Atlanta (USA), Industrieller. 1967–81 Honorarkonsul am Ö. Konsulat Atlanta, bis 1988 Honorarkonsul ad personam in Atlanta.

Bunzl & Biach, internat. bed. Familienkonzern auf dem Textil-, Papier- und Zellulosesektor; 1854 von Moritz Bunzl als Nürnberger- und Galanteriewarengeschäft gegr. Sein Sohn Max verlegte die Firma 1883 von Pressburg nach Wien und leitete den Aufstieg des Unternehmens zur Weltfirma ein. 1888 wurde die Papierfabrik Ortmann erworben, später die Papierfabrik Wattens und die Lenzinger Zellulose- und Papierfabrik. 1936 wurde die ö. Firma in eine AG umgewandelt und mit den Werken in England und der Schweiz zur Bunzl-Konzern-Holding mit Sitz in der Schweiz vereinigt. Während die ö. Betriebe unter den Nat.-Soz. „arisiert" wurden, wurden gleichzeitig Werke in den USA und in Südafrika aufgebaut; nach Kriegsende an die Eigentümer zurückgestellt, wurden die Fabriken zw. 1969 und 1980 schrittweise verkauft. Heute verfügt das Unternehmen in Ö. nur mehr über eine Handelsges. mit Standorten in Wien und Linz (rd. 150 Mitarbeiter, marktführend im Bereich Altpapierentsorgung).

Buol-Schauenstein, Adelsfamilie mit Abstammung aus Graubünden. Bed. Mitgl. der Familie: Karl Ferdinand Gf. → Buol-Schauenstein, Rudolf Gf. → Buol-Schauenstein.

Buol-Schauenstein, Karl Ferdinand Graf, * 17. 5. 1797 Wien, † 28. 10. 1865 ebd., Politiker; Sohn von Rudolf Gf. → Buol-Schauenstein. Gesandter in St. Petersburg und London, 1852–59 Außenmin. Seine schwankende Haltung im → Krimkrieg führte zur Feindschaft mit Russland und zur Isolierung Ö. in Europa, seine Fehler als Diplomat führten zum 2. → sardinischen Krieg (1859).
Literatur: W. Heindl, C. F. Gf. B.-S., 1968; dies. (Bearb.), Die Protokolle des Ö. Ministerrates 1848–1867, Bd. 3, 1984.

Buol-Schauenstein, Rudolf Graf, * 21. 11. 1763 Innsbruck (Ti.), † 12. 2. 1834 Wien, Diplomat; Vater von Karl Ferdinand Gf. → Buol-Schauenstein. Gesandter im Haag, in München, Florenz und Dresden sowie beim Bundestag in Frankfurt, 1823 Staatsmin. und Präs. der Hofkammer.
Literatur: ÖBL.

Bürckel, Josef, * 30. 3. 1895 Lingenfeld (D), † 28. 9. 1944 Neustadt a. d. Hardt (D; Selbstmord), nat.-soz. Politiker, Gauleiter der NSDAP, Mitgl. des Reichstags. Am 13. 3. 1938 als kommissar. Leiter der NSDAP in Ö. zur Durchführung der Volksabstimmung über den Anschluss Ö. an das Dt. Reich eingesetzt, vor 23. 4. 1938 bis 31. 3. 1940 „Reichskommissar für die Wiedervereinigung Ö. mit dem Dt. Reich" mit der Aufgabe, die „Ostmark" politisch, wirt. und kulturell völlig in das Dt. Reich einzugliedern; von 30. 1. 1939 bis 7. 8. 1940 Gauleiter von Wien. Danach Chef der Zivilverwaltung in Lothringen und ab 1941 Reichsstatthalter in der Westmark; ab 30. 1. 1942 auch SS-Oberführer im Stab des Reichsführers-SS.
Literatur: P. Hüttenberg, Die Gauleiter, 1968; G. Botz, B. und die Wr. Stadtverwaltung, Wr. Geschichtsblätter 30, 1975.

Josef Bürckel (rechts) und W. Frick. Foto, um 1940.

Burckhard, Max, * 14. 7. 1854 Korneuburg (NÖ.), † 16. 3. 1912 Wien, Schriftsteller, Jurist. 1890–98 künstlerischer Sekr. und anschließend Dir. des Wr. Burgtheaters; pflegte das zeitgenöss. Drama (H. Ibsen, G. Hauptmann, A. → Schnitzler, H. v. → Hofmannsthal), führte volkstüml. Klassiker (L. → Anzengruber, F. → Raimund) in das Repertoire des Burgtheaters ein und engagierte u. a. F. → Mitterwurzer, A. → Sandrock, L. → Medelsky, O. → Tressler, H. → Bleibtreu und J. → Kainz.
Werke: Romane: Gottfried Wunderlich, 1906; Die Insel der Seligen, 1908; Quer durch das Leben, 1908. – Dramen: Die Bürgermeisterwahl, 1898; 's Katherl, 1898. – Theater, 2 Bde., 1905 (Kritiken, Vorträge und Aufsätze). – Jurist. Schriften.
Literatur: D. Dey, Die Wr. Moderne und M. B., Diss., Wien 1989.

Buresch, Karl, * 12. 10. 1878 Groß-Enzersdorf (NÖ.), † 16. 9. 1936 Wien (Selbstmord), Rechtsanwalt und Politiker (CS). 1922–31, 1932 Außenmin. und 1932/33 Landeshauptmann von NÖ., 1931/32 Bundeskanzler,

Karl Buresch. Foto, um 1930.

1933–35 Finanzmin., 1935/36 Min. ohne Portefeuille, 1936 Gouverneur der Postsparkasse.
Literatur: ÖBL; NDB.

Burg, volkstüml. Name sowohl für die → Hofburg als auch für das → Burgtheater in Wien.

Burg, Adam Frh. von, * 28. 1. 1797 Wien, † 1. 2. 1882 ebd., Mathematiker, Techniker. Prof. an der Techn. Hochschule in Wien. Verdienste um Wasserversorgung, Feuerlöschwesen und Gasbeleuchtung in Wien, um die Einführung des metrischen Maß- und Gewichtssystems und die Industrialisierung in Ö., 1879–82 Vizepräs. der Akad. d. Wiss. Sein Vater Anton B. begründete 1798 in Wien die erste Fabrik für landw. Maschinen.
Literatur: ÖBL.

Burg, Ferdinand (seit 1911 Name von Erzhzg. Ferdinand Karl), * 27. 12. 1868 Wien, † 12. 3. 1915 München (D), Bruder des Thronfolgers Erzhzg. → Franz Ferdinand und Neffe von Ks. → Franz Joseph I. Sein Interesse galt v. a. dem Theater, doch war er bis 1904 Offizier. Wegen eines Verhältnisses mit Berta Czuber (Tochter von Emanuel → Czuber), die er 1909 heimlich heiratete, veranlasste Ks. Franz Joseph 1904 sein Ausscheiden aus dem Heeresdienst und 1911 seinen Austritt aus dem Haus Habsburg. Nach dem Reisepseudonym seines Vaters nannte er sich seither Burg und lebte auf ererbten Gütern in S-Ti.
Literatur: B. Hamann, Die Habsburger, ⁴1992.

Bürg, Johann Tobias, * 24. 12. 1766 Wien, † 15. 11. 1835 Wiesenau (Kä.), Astronom. 1792–1813 Univ.-Prof. in Wien; für seine Berechnungen von Mondtafeln durch die franz. Akad. d. Wiss. ausgezeichnet.

Burgau, Stmk., FF, Markt, 303 m, 1046 Ew., 19,99 km², am Ausgang des Lafnitztals, nördl. von Fürstenfeld; besteht aus den Ortsteilen Kirchegg und Markt. – Holz- und Metallverarbeitung, Kfz-Betriebe, Fremdenverkehr. – Mariensäule (1775); Schloss (urk. 1367) im 17./18. Jh. erneuert; Pfarrkirche mit spätgot. Chor, Langhaus (17./18. Jh.), Madonna (um 1420); älteste Baumwollspinnerei von Ö. (1789, heute aufgelassen).
Literatur: H. Pirchegger, Geschichte der Stadt und des Bez. Fürstenfeld, 1952.

Burgauberg-Neudauberg, Bgld., GS, Gem., 350 m, 1319 Ew., 10,91 km², Wohngem. mit Weinbau und Gewerbe in den Ausläufern des Oststeir. Hügellandes östl. des Lafnitztals unweit der steir. Grenze. Betonwerk, Weinbau (Uhudler). – Urk. 1691, Marienkapelle mit spätbarocker Muttergottesfigur.
Literatur: Marktgemeinde Burgau (Hg.), Labonča – Lafnitz. Leben an einer der ältesten Grenzen Europas. Burgau, B.-N., 1995.

Burgenland:

Fläche: 3965,46 km²; Einwohner: 277.569 (2001); Bevölkerungsdichte: 70 pro km²; Hauptstadt: Eisenstadt; Gebäude: 117.886; 2 Freistädte (Statutarstädte), 7 Verwaltungsbezirke, 7 Gerichtsbezirke, 171 Gem. (davon 13 Städte und 58 Marktgem.), Oberlandesgericht in Wien, Landesgericht in Eisenstadt.

Lage: Das B. ist das östlichste, der Fläche nach das dritt-, der Einwohnerzahl nach das zweitkleinste Bundesland von Ö. und grenzt im W an NÖ. und Stmk., im O an Ungarn sowie auf kurzen Strecken im N an die Slowakische Republik und im S an Slowenien. Das B. ist hist. und geograph. ein Grenzland; es ist lang gestreckt und in der Mitte abgeschnürt (bei Sieggraben nur ca. 4 km breit).

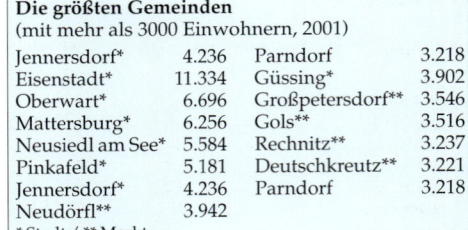

Die größten Gemeinden
(mit mehr als 3000 Einwohnern, 2001)

Jennersdorf*	4.236	Parndorf	3.218
Eisenstadt*	11.334	Güssing*	3.902
Oberwart*	6.696	Großpetersdorf**	3.546
Mattersburg*	6.256	Gols**	3.516
Neusiedl am See*	5.584	Rechnitz**	3.237
Pinkafeld*	5.181	Deutschkreutz**	3.221
Jennersdorf*	4.236	Parndorf	3.218
Neudörfl**	3.942		

* Stadt / ** Markt

Landschaft: Geographisch umfasst das B. Ausläufer der Zentralalpen (Hundsheimer Berge, Leithagebirge, Ruster Hügelland, Rosaliengebirge, Ödenburger Bergland, Landseer Bergland, Bernsteiner Gebirge, Günser Gebirge), Randflächen des Pannon. Tieflands (Heidboden und Parndorfer Platte als Aufschüttungsraum der alten Donau und der Leitha im N und von Pinka und Lafnitz im S, → Neusiedler See mit dem → Seewinkel, Wulkaebene als Kornkammer des B.) und Riedellandschaften als geomorpholog. Verbindungsstück zw. den alpinen Beckenlandschaften des Wr. Beckens im N und des Grazer Beckens im S sowie dem Pannon. Raum (im Mittel-B. als Fortsetzung der Buckligen Welt, im S-B. als solche des Oststeir. Hügellands). Hainburger, Brucker und Wr. Neustädter Pforte verbinden das Land mit dem Wr. Becken. Der Neusiedler See mit dem Seewinkel gehört faunistisch zu den interessantesten Steppengebieten Mitteleuropas. Die relativ reichen Bodenschätze werden nur z. T. genutzt: Kalksteinbrüche am Rand des Leithagebirges und des Ruster Hügellands (bes. bei St. Margarethen), Braunkohlelager bei Tauchen, Kreide bei Müllendorf, außerdem Kupferkies, Antimonerze und Schwefelkies sowie der einmalig in Ö. vorkommende Edelserpentin bei Bernstein. Heilquellen und Mineralwässer weisen u. a. Bad Tatzmannsdorf, Bad Sauerbrunn, Deutschkreutz und Sulz bei Güssing auf.

Burgenland: Ziehbrunnen.

Burgenland.

Das B. wird von Leitha, Wulka, Aubach, Stoober Bach, Rabnitz, Zöbernbach, Güns, Tauchenbach, Pinka, Strembach, Lafnitz und Raab nach O zur Donau hin entwässert und zerfällt deutlich in 3 Teile: nördl. des Ödenburger Berglands das vorwiegend ebene N-B. um Eisenstadt, Neusiedl und Mattersburg, zw. Ödenburger und Günser Gebirge das hügelige Mittel-B. mit dem Zentrum Oberpullendorf und südl. des Bernsteiner und Günser Gebirges das ebenfalls hügelige S-B. um Oberwart und Güssing.

Klima: Als Teil des alpin-pannon. Grenzsaums liegt das B. im Übergangsgebiet zum pannon. Klima (→ pannonisches Klimagebiet).

Bevölkerung: Das B. ist dicht besiedelt. Von der Gesamtbevölkerung sind 90,6 % dt.-sprechend, 6,5 % (1934:

Die Bezirke (2001)

politischer Bezirk	Gemeinden	Fläche in km²	Bevölkerung insgesamt	Bevölkerung pro km²	Bevölkerungszu- (+) bzw. -abnahme (–) 1991–2001 in %
Eisenstadt (Stadt)	1	42,91	11.334	264	+ 9,5
Rust (Stadt)	1	20,01	1.714	86	+ 1,1
Eisenstadt-Umgebung	23	453,14	38.752	86	+ 7,4
Güssing	28	485,44	27.199	56	– 2,8
Jennersdorf	12	253,35	17.933	71	– 0,6
Mattersburg	19	237,84	37.446	157	+ 6,8
Neusiedl am See	27	1.038,65	51.730	50	+ 4,7
Oberpullendorf	28	701,49	38.096	54	– 1,0
Oberwart	32	732,62	53.365	73	– 0,8
Burgenland	171	3.965,46	277.569	70	+ 2,5

13,5 %) Kroaten, 1,2 % (1934: 3,5 %) Ungarn und 1,1 % sonstige. Auch → Roma und Sinti sind seit Jahrhunderten im B. beheimatet. Als ein Erbe der ehem. Zugehörigkeit zu Ungarn ist im B. der Anteil der Protestanten höher als in jedem anderen Bundesland

Burgenland: Eissurfen auf dem Neusiedler See.

(13,3 % gegenüber 4,7 % im ö. Durchschnitt). Von den früher relativ zahlr. und auch in Dörfern siedelnden Juden sind nach der nat.-soz. Ausrottungspolitik nur wenige zurückgekehrt. – Die Burgenländer sprechen eine ö. Mundart (im Gebiet der → Heanzen die so gen. ui-Mundart).
Die vorherrschenden Gehöfttypen sind Streck- und Hakenhof, im S auch Drei- und Vierseithof. Um den Neusiedler See und im Lafnitz- und Raabtal überwiegen die geschlossenen Straßen- und Angerdörfer; im südl. B. sind es die Reihendörfer und Streusiedlungen. Das B. hat keine größere Stadt. Die Einwohnerzahlen der Städte liegen zw. 1714 und 11.334.
7,3 % der erwerbstätigen Bevölkerung sind in der Land- und Forstw. (1966: 33,6 %) und 17,6 % in Ind. und Gewerbe tätig. Ind.- und Bauarbeiter finden im B. nicht genug Arbeitsplätze; sie müssen nach Wien, NÖ. und in die Stmk. pendeln (1971: 47.140, 1981: 63.039, 1991: 73.580, 2001: 41.680 Auspendler). Die wirt. Verhältnisse (Vorherrschen des Großgrundbesitzes und Fehlen von Ind.) zwangen zahlr. Burgenländer auszuwandern; ca. 25 % kehrten wieder in ihre Heimat zurück.

Bevölkerung (gemäß Volkszählungen)

1869	254.301	1951	276.136
1880	270.090	1961	271.001
1890	282.225	1971	272.319
1900	292.426	1981	269.771
1910	292.007	1991	270.880
1923	285.698	2001	277.569
1934	299.447		

Landwirtschaft: Trotz der in den letzten Jahrzehnten zunehmenden Struktur- und Absatzprobleme (Abbau der Vollerwerbsbetriebe und der Beschäftigten sowie der Fläche) spielt die Landw. weiterhin eine bed. Rolle. Der Beitrag der bgld. Land- und Forstw. zum Bruttoinlandsprodukt betrug 2000 4,2 Mrd. Euro. Damit lag das B. über dem Wert der Bundesländer Ti., Sbg., Wien und Vbg. Einen hohen Anteil im gesamt-ö. Durchschnitt verzeichnet das B. im → Weinbau. 2001 betrug die ertragsfähige Weingartenfläche im B. 13.485 ha (Anteil von 29,2 % der Weingartenfläche Ö.). Den größten Anteil an der land- und forstw. Gesamtfläche bildete 1999 mit 51,5 % das Ackerland (Wald 28,8 %, Weingärten 5,0 %).
Wirtschaft: Die Lage des B. als Grenzland prägte auch die Entwicklung der Wirt. Der rückläufige bgld. Produktionsbereich war lange auf die Verarbeitung vorhandener Bodenschätze und landw. Produkte ausgerichtet und hatte 1999 einen Anteil von etwas mehr als 32 % der gesamten Wertschöpfung; fast zwei Drittel wurden im Dienstleistungsbereich erwirtschaftet. Dagegen ist der Anteil der Wertschöpfung in der Land- und Forstw. auf 5 % gesunken. Aufgrund der strukturellen Schwächen der Wirt. blieb das B. deutlich unter dem ö. Durchschnitt, wie ein erheblich geringerer Anteil der Bruttowertschöpfung, eine hohe Auspendlerrate sowie eine überdurchschnittlich hohe Arbeitslosenquote (2001: 8,2 %) zeigen.
Fremdenverkehr: Diesem kommt seit den 70er Jahren immer größere Bedeutung zu. Von 1970 bis 2001 hat sich die Zahl der Übernachtungen von rund 1 Mio. auf 2,4 Mio. mehr als verdoppelt, ebenso die Zahl der Betten von 10.600 auf 21.700. Auf die Region Neusiedler See entfallen 57,5 % aller Übernachtungen, auf die Region Oberwart 22,1 %, Jennersdorf 6,9 %, Mittel-B. 5,6 %, Güssing 4,5 % und Rosalia 3,3 %. Nach wie vor sind Podersdorf am See (398.042 Übernachtungen) und Bad Tatzmannsdorf (478.014 Übernachtungen) die bei weitem wichtigsten Tourismusgem. des B., sie verzeichnen 35,9 % aller Nächtigungen. Im B. überwiegt der Sommertourismus, die Saison dauert von Mai bis Oktober. In jüngster Zeit werden allerdings qualitätsvoller Individual-, Kur- und Gesundheitstourismus bes. gefördert, was auch eine gewisse Belebung des Wintertourismus im B. bedeutet. Dies zeigt sich auch in den hohen Steigerungsraten in den bestehenden Thermenregionen rund um Bad Tatzmannsdorf und Jennersdorf (Therme Loipersdorf) sowie in den neu geschaffenen Thermen in Lutzmannsburg und Stegersbach. Im Rahmen der EU-Förderungen zum Abbau von Entwicklungsrückständen wurde das B. zum Ziel-1-Gebiet.

Burgenland: Strohgedeckter Kitting im Südburgenland.

Verkehr: Zur Zeit des Eisenbahnbaus gehörte das B. noch zu Ungarn; das Bahnnetz war daher dorthin ausgerichtet, wurde durch die Grenzziehung nach dem 1. Weltkrieg zerrissen und durch die Grenzsperre nach 1945 teilw. zerstört. Zur Behebung wurde 1925 die Strecke Pinkafeld–Friedberg gebaut und dadurch das Pinkatal mit der Aspangbahn verbunden; heute Verlängerung der Strecke über Oberwart und Großpetersdorf bis Rechnitz. Das Eisenbahnnetz in B. ist durch Nebenbahnen (Strecken ohne Schnellzugverkehr) gekennzeichnet. Lediglich das N-B. ist durch die Schnellbahn 60 nach Neusiedl am See und durch 2 Strecken der Regionalbahn von Neusiedl am See nach Nickelsdorf und Wulkaprodersdorf in den Verkehrsverbund O-Region eingebunden. Die Straße ist der Haupträger des Verkehrs im B. Das B. verfügt über ein modernes Netz von Autobahnen (A 2, A 3 und A 4), Schnellstraßen (S 4, S 31) und Bundesstraßen, die die einzelnen Landesteile miteinander und mit dem übrigen Ö. verbinden. Die A 2 (S-Autobahn) verbindet das früher verkehrsmäßig in N-S-Richtung benachteiligte S-B. mit Wien und Graz und wird von vielen S-B.-Pendlern und Zweitwohnungsbesitzern frequentiert. Im N wurde 1991 die A 4 (O-Autobahn) bis Parndorf dem Verkehr übergeben; 1994 erfolgte die Verkehrsfreigabe bis Nickelsdorf (Grenzübergang). Die A 3 wird parallel zur so gen. Ödenburger Straße (B 16) ausgebaut und führt bis zum Knoten Eisenstadt. Durch die Schaffung von Verkehrsverbünden (B.-N und B.-Mitte) sichert ein attraktives Tarifangebot die Inanspruchnahme des öffentl. Verkehrs (Autobus und Bahn) durch die Pendler. O-Öffnung und Jugoslawienkrise führten zu einem enormen Anstieg des grenzüberschreitenden Personenverkehrs (1985: 1,8 Mio., 1991: 18,7 Mio., 2001: 57 Mio. Grenzübertritte) und damit zu einer großen Verkehrsbelastung für die ansässige Bevölkerung.

Kunst, Kultur: Die Türkeneinfälle in das Grenzgebiet haben viele ma. Bau- und Kunstdenkmäler zerstört. Dennoch besitzt das Land verhältnismäßig viele Burgen und Schlösser, Wehrtürme und -kirchen aus der Zeit der Gotik (Baumgarten, Gaas, Güssing, Rust, St. Margarethen, Stadtschlaining, Breitenbrunn, Marz) und des Barock (Eberau, Eisenstadt, Frauenkirchen, Halbturn, Kittsee, Loretto, Bernstein, Forchtenau). Die barocke Erneuerungswelle erstreckte sich v. a. auf das N-B., wo 1683 fast alle Dörfer zerstört worden waren. In der Zeit des Klassizismus arbeiteten in Eisenstadt u. a. Canova und Moreau. Die traditionelle Kulturpflege

Burgenland: Bauernhaus in Illmitz.

Burgenland: Ausfahrt zur Weinlese in Mörbisch. Foto, um 1910.

in → Eisenstadt, wo J. → Haydn viele Jahre wirkte, hat heute das ganze Land erfasst, wovon die Tätigkeit der Musikschulen des Bgld. Musikschulwerks ebenso zeugt wie die Tätigkeit des Volksbildungswerks. Ein internat. → Bildhauersymposion wurde im Steinbruch von St. Margarethen veranstaltet, auf dessen Naturbühne auch Passionsspiele gezeigt werden sowie Opernfestspiele stattfinden. Die → Seefestspiele Mörbisch präsentieren Operettenaufführungen. Bes. Förderung erfreut sich auch die Volkskunst, u. a. bei den bgld. Kroaten (Tamburizza). Die Besinnung auf die Tradition führte zur Einrichtung von Museen und auch zu Bestrebungen zum Schutz alter Ortsbilder, Baudenkmäler und Hausformen; auch der Naturschutzgedanke breitet sich aus.

Auf dem Gebiet des Schulwesens wurden höhere und mittlere Schulen errichtet. Das Minderheitenschulwesen wurde im Bgld. Landesschulgesetz 1937 geregelt. Es sah je nach dem Anteil der Minderheitenangehörigen an der Gesamtbevölkerung im autochthonen Siedlungsgebiet Volksschulen mit kroat. oder ungar. Unterrichtssprache sowie gemischtsprachige Volksschulen vor. Seit 1. 9. 1994 gilt das Minderheiten-Schulgesetz für das B. 2002/03 gab es 29 zweisprachige Volksschulen mit dt. und kroat. Unterrichtssprache und 2 zweisprachige Volksschulen mit dt. und ungar. Unterrichtssprache, 2 zweisprachige Hauptschulen sowie 9 Hauptschulen mit Kroatisch und 5 mit Ungarisch als Sprachenangebot. Im Schuljahr 2002/03 besuchten

Bildungswesen (2001/2002)

Schulart	Schulen	Klassen	Schüler bzw. Studierende
Kindertagesheime	240	455	8.431
allgemein bildende Pflichtschulen	267	1.119	21.108
allgemein bildende höhere Schulen	11	246	5.488
sonstige allgemein bildende Schulen	1	1	11
berufsbildende Pflichtschulen	4	116	2.561
berufsbildende mittlere Schulen	27	91	2.173
berufsbildende höhere Schulen	16	238	5.827
lehrerbildende mittlere und höhere Schulen	1	15	340
berufsbildende Akademien	–	–	–
lehrerbildende Akademien	1	–	331
wissenschaftliche Universitäten	–	–	–
Universitäten der Künste	–	–	–
Fachhochschul-Studiengänge	4	–	848

Die Landeshauptleute des Burgenlands

Robert Davy*	10. 3. 1921 – 5. 3. 1922
Alfred Rausnitz*	5. 3. 1922 – 19. 7. 1922
Alfred Rausnitz (Landeshauptmann)	19. 7. 1922 – 14. 7. 1923
Alfred Walheim (großdt.)	14. 7. 1923 – 4. 1. 1924
Josef Rauhofer (CS)	4. 1. 1924 – 10. 1. 1928
Anton Schreiner (CS)	10. 1. 1928 – 24. 7. 1929
Johann Thullner (CS)	24. 7. 1929 – 10. 12. 1930
Anton Schreiner (CS)	10. 12. 1930 – 25. 11. 1931
Alfred Walheim (LB)	25. 11. 1931 – 22. 2. 1934
Hans Sylvester (VF)	22. 2. 1934 – 11. 3. 1938
Tobias Portschy (NS)	11. 3. 1938 – 15. 10. 1938
Burgenland aufgelöst	15. 10. 1938 – 30. 9. 1945
Ludwig Leser (SPÖ)	1. 10. 1945 – 4. 1. 1946
Lorenz Karall (ÖVP)	4. 1. 1946 – 22. 6. 1956
Johann Wagner (ÖVP)	22. 6. 1956 – 8. 8. 1961
Josef Lentsch (ÖVP)	8. 8. 1961 – 12. 6. 1964
Hans Bögl (SPÖ)	12. 6. 1964 – 28. 6. 1966
Theodor Kery (SPÖ)	28. 6. 1966 – 30. 10. 1987
Hans Sipötz (SPÖ)	30. 10. 1987 – 18. 7. 1991
Karl Stix (SPÖ)	18. 7. 1991 – 27. 12. 2000
Hans Niessl (SPÖ)	28. 12. 2000 –
* Landesverwalter	

Landtagsabgeordnete														
Partei	1945	1949	1953	1956	1960	1964	1968	1972	1977	1982	1987	1991	1996	2000
ÖVP	17	18	16	16	16	15	15	15	16	16	16	15	14	13
SPÖ	14	13	14	15	15	16	17	16	20	20	17	17	17	17
FPÖ (WdU)	–	1	1	1	1	1	–	1	–	–	3	4	5	4
KPÖ	1	–	1	–	–	–	–	–	–	–	–	–	–	–
Die Grünen	–	–	–	–	–	–	–	–	–	–	–	–	–	2

1428 von insges. 11.274 Volksschülern im B. zweisprachige Volksschulen. Bes. Formen weist das B. – v. a. durch seine kroat. und ungar. Bewohner – in den Trachten, in Volkslied, Volksschauspiel und Volkstanz auf.

Geschichte: Das B. ist das jüngste ö. Bundesland. Seinen Namen erhielt es 1919 nach der Endsilbe der dt.-sprach. Namen für die seinerzeitigen westungar. Komitate Pressburg, Wieselburg, Ödenburg und Eisenburg (urspr. Vorschlag: „Vierburgenland"). Die älteste

Burgenland: Burg Forchtenstein.

Besiedelung des Landes ist für das späte Mesolithikum (Mittelsteinzeit, 10.000–5000 v. Chr.) nachgewiesen. Seit der frühen Jungsteinzeit (um 5000 v. Chr.) waren die Ebenen um den Neusiedler See und das Pullendorfer Becken von bäuerl. Bevölkerung dicht bewohnt. Ab der Kupfer- und Bronzezeit erfolgte der Bergbau (Kupfer und Antimon) im Rechnitzer und Bernsteiner Bergland. Weinbau ist seit Beginn der älteren Eisenzeit um 700 v. Chr. nachgewiesen. Um 450 v. Chr. war das Land von Kelten besiedelt, um 15 v. Chr. wurde das B. als Teil Pannoniens dem röm. Weltreich einverleibt. Der frühgeschichtl. Verkehrsweg Bernsteinstraße, später eine röm. Reichsstraße von Aquileia nach Carnuntum, durchquerte das Land. In der Völkerwanderungszeit siedelten hier Hunnen, Goten, Langobarden und Awaren. Um 800 wurden die Awaren von Karl d. Gr. besiegt, und das Land kam bis zur ungar. Landnahme um 907 unter fränkisch-bair. Oberherrschaft. Leitha und Lafnitz, heute die Landesgrenze gegen NÖ. und Stmk., bildeten ab dem 11. Jh. die Grenze zw. Ö. und Ungarn. Zw. den magyar. Grenzwächterdörfern siedelten sich dt.-sprach. Bauern und Handwerker an, Benediktiner und Zisterzienser wirkten entscheidend für die Kultivierung des Landes.

Im Hoch-MA waren die mächtigsten Grafen im S die Güssinger, im N die Mattersdorfer-Forchtensteiner. Das Landeswappen (1922 festgelegt) stellt eine Kombination der Geschlechterwappen der Forchtensteiner (Mattersdorfer) und Güssinger dar. In den Friedensverträgen von Ödenburg (1463) und Pressburg (1491) kamen einige westungar. Herrschaften an die Habsb., die sie meist an ö. Herren verpfändeten; erst 1647 wurden diese Gebiete wieder an Ungarn reinkorporiert. Ab diesem Zeitpunkt galten auch hier bis 1918 für alle Bereiche des zivilen und kirchl. Lebens (insbes. in Verwaltung, Rechtspflege, Schule und Bildung) einheitl. die Normen des Königreichs Ungarn. Im 16. Jh. wurden in dem von den spät-ma. Grenzkämpfen und Türkenkriegen (1529 und 1532) schwer verwüsteten Land → Kroaten angesiedelt.

Im 17. Jh. wurden die → Esterházy die mächtigsten Herren im N- und Mittel-B., sie schufen in Eisenstadt

Burgenland: Keramik aus Stoob.

Erwerbspersonen nach wirt. Zugehörigkeit (2001)	
Land- und Forstwirtschaft	6.426
Fischerei und Fischzucht	5
Bergbau und Gewinnung von Steinen und Erden	304
Sachgütererzeugung	22.234
Energie- und Wasserversorgung	1.114
Bauwesen	16.366
Handel; Reparatur von Kfz und Gebrauchsgütern	20.446
Beherbergungs- und Gaststättenwesen	7.086
Verkehr und Nachrichtenübermittlung	8.616
Kredit- und Versicherungswesen	4.493
Realitätenwesen, Unternehmensdienstleistungen	8.623
öffentl. Verwaltung, Sozialversicherung	12.702
Unterrichtswesen	8.294
Gesundheits-, Veterinär- und Sozialwesen	9.062
Erbringung von sonstigen öffentl. und persönl. Dienstleistungen	5.965
private Haushalte	130
exterritoriale Organisationen	39
erstmals Arbeit suchend	856
gesamt	132.761

Wirtschaftsflächen (1999)		
Kulturarten	Fläche in ha	in %
Ackerland	157.246	51,51
Hausgärten	535	0,18
Obstanlagen einschließl. Beerenobst (ohne Erdbeeren)	1.270	0,42
Weingärten	15.386	5,04
Reb- und Baumschulen	80	0,03
Forstbaumschulen	30	0,01
einmähdige Wiesen	2.538	0,83
mehrmähdige Wiesen	10.763	3,53
Kulturweiden	290	0,09
Hutweiden	1.924	0,63
Almen und Bergmähder	–	–
Streuwiesen	7.781	2,55
Wald	88.035	28,84
Energieholzflächen (Kurzumtriebsflächen)	51	0,02
Christbaumkulturen	124	0,04
Forstgärten	7	0,00
nicht mehr genutztes Grünland	1.028	0,34
fließende und stehende Gewässer	10.588	3,47
andere unproduktive Flächen	7.601	2,49
Gesamtfläche	305.275	100,00

Burgenland: Schloss Esterhazy in Eisenstadt.

ein über die Grenzen des Landes wirkendes Kulturzentrum der Musik und der Baukunst. Im S des Landes besaßen die → Batthyány den größten Besitz. Ab 1526 unter einem gem. Herrscherhaus stehend, verdichteten sich in den folgenden Jh. die wirt. und kulturellen Bindungen an das benachbarte ö. Gebiet, insbes. zur Residenzstadt Wien. Im 19. Jh. lieferten die Bauern ihre Produkte in hohem Maße nach Wien und in die Ind.-Gebiete Ö., viele Menschen fanden dort als Wanderarbeiter ihren Broterwerb. Dies war der Hauptgrund, dass beim Zerfall der Donaumonarchie im Herbst 1918 die Bewohner „Deutsch-Westungarns" in großer Zahl den Anschluss des Landes an Ö. forderten.

Im Friedensvertrag von Saint-Germain (1919) wurde das Land (mit Hauptstadt Ödenburg) Ö. zugesprochen, das es aber nach bewaffnetem Widerstand ungar. Freischärler erst 1921 mit Hilfe von Gendarmerie und Heer übernehmen konnte. Allerdings musste Ö. durch das Ergebnis einer Volksabstimmung im Raum Ödenburg diese Stadt mit weiteren 8 Gem. an Ungarn abtreten (→ Abstimmungsgebiete). Das B. verlor dadurch seinen natürl. Mittelpunkt. Den Wettstreit um eine neue Hauptstadt gewann 1925 Eisenstadt, das seither durch Verwaltungsbauten stark vergrößert wurde.

1926 gab sich das neue Land seine Verfassung, die in Fragen des Kirchenrechts, des Eherechts und des Pflichtschulwesens (→ burgenländisches Schulwesen) im Wesentl. die ungar. Verhältnisse übernahm und so Ausnahmen gegenüber dem übrigen Bundesgebiet vorsah. Das Land, das nie eine geschichtl. Einheit gebildet hatte, entwickelte überraschend schnell eine Identität und wuchs mit Ö. zusammen. Gleichzeitig hat die Bezeichnung „Burgenländer" den alten Namen „Heanzen" schnell weitgehend verdrängt. 1938–45 war das B. auf „Niederdonau" (N- und Mittel-B.) und Stmk. (S-B.) aufgeteilt. 1945 erhielt es seinen Namen und die Stellung eines selbständigen Bundeslands zurück.

Im B. gilt die *Landesverfassung* nach dem am 14. 9. 1981 beschlossenen und am 4. 10. 1982 in Kraft getretenen „Landes- und Verfassungsgesetz über die Verfassung des B." (LGBl. Nr. 42/1981, in der Fassung LGBl. Nr. 22/2002). Im Bundesrat hat das B. 3 Vertreter, im Nationalrat 5; der Bgld. Landtag wird aus 36 Abgeordneten gebildet. Den Landeshauptmann stellte 1945/46 die SPÖ, 1946–64 die ÖVP und seit 1964 wieder die SPÖ; die Landesregierung setzt sich aus 4 Vertretern der SPÖ und 3 Vertretern der ÖVP zusammen. Der so gen. Amtmann, eine Einrichtung aus der ungar. Zeit, führt im Auftrag des Bürgermeisters die Verwaltungsgeschäfte für die Gem. 1922–60 war das B. eine Apostol. Administratur, seither ist es selbständiges Bistum (Diözese Eisenstadt).

Literatur: Allg. Bibliographie des B., 1. Tl., Geowissenschaften, 1987, 3. Tl., Geographie, 1964, 4. Tl., Geschichte, 1959, 5. Tl., Volkskunde, 1965, 7. Tl., Topobibliographie, 4 Bde., 1987–91, 8. Tl., Karten und Pläne, 1970–72; Bgld. Heimatblätter 1–7, 1932–38; Wiss. Arbeiten aus dem B., 1954 ff.; B. Forschungen, 1977 ff.; Urkundenbuch des B., 4 Bde., 1955–85; R. Zimmerl, Die Inschriften des B., 1953; B.-Atlas, hg. v. H. Hassinger u. F. Bodo, 1941; Hist. Atlas der ö. Alpenländer: Landgerichtskarte B., 1958, Kirchen- und Grafschaftskarte, 1951 (mit Erläuterungen); Allg. Landestopographie des B., Bd. 1, Bez. Neusiedl am See, 1954, Bd. 2, Bez. Eisenstadt und die Freistädte Eisenstadt und Rust, 1963, Bd. 3, Bez. Mattersburg, 3 Teil-Bde., 1981–93; L. Schmidt, Bgld. Volkskunde 1951–55, 1956; A. Ernst, Geschichte des B., ²1991; R. Widder (Hg.), B. Vom Grenzland im O zum Tor in den W, 2000; E. Zimmermann, B. Bilder aus der Vergangenheit und Gegenwart eines ö. Grenzlandes, 1985; Ö. Städtebuch, Bd. II, B., hg. v. d. Ö. Akad. d. Wiss., ²1996; Ö. Städteatlas, hg. v. L.-Boltzmann-Inst. f. Stadtgeschichtsforschung (Eisenstadt und Rust), 1988; Ö. Kunsttopographie, Bd. 24, Eisenstadt und Rust, 1932, Bd. 40, Bez. Oberwart, 1974, Bd. 49, Bez. Mattersburg, 1993; Dehio-Handbuch B., 1980; A. Schmeller, Das B. Seine Kunstwerke, hist. Lebens- und Siedlungsformen, 1965; V. Mayer, B., Bau- und Wohnkultur im Wandel, 1993; H. Prickler, Burgen und Schlösser, Ruinen und Wehrkirchen im B., 1980; H. Lajta, B. Ein Kunst- und Kulturlexikon, 1983; M. Dietrich (Hg.), Theatergesch. des B. von 1921 bis zur Gegenwart, 1995; G. Schlag, B., in: E. Weinzierl u. K. Skalnik, Ö. 1918–38, Bd. 2, 1983; E. Deinhofer u. T. Horvath (Hg.), Grenzfall B. 1921–91, 1991; B., Geschichte, Kultur und Wirt. in Biographien, Bd. 1, 20. Jh., 1991, Bd. 2, Gemeinden, Bürgermeister, 1993; A. Berger u. A. Lang (Hg.), Landw. im B. Strukturen, Probleme, Perspektiven, 1995; B. Schreiner, Das Schicksal der bgld. Kroaten durch 450 Jahre, 1983; F. Robak, Kroaten im B., 1985; S. Geosits, Die bgld. Kroaten im Wandel der Zeit, 1986; K. J. Homma, Die magyar. Minderheit im B., Europa Ethnica 24, 1967; C. Mayerhofer, Dorfzigeuner. Kultur und Geschichte der B.-Roma von der 1. Republik bis zur Gegenwart, 1989; Statist. Handbuch des B., hg. vom Amt d. Bgld. Landesregierung; G. Baumgartner u. a. (Hg.), Identität und Lebenswelt, 1989; H. Faßmann u. U. Pröll (Hg.), Standort B., 1990; Polit. Hb. d. B., Bd. 2, 1945–1995, 1996.

BURGENLÄNDISCHES LANDESMUSEUM, siehe → Landesmuseum Burgenland.

BURGENLÄNDISCHES SCHULWESEN, konnte wegen seiner langen Zugehörigkeit zu Ungarn (bis 1921) nur schrittweise in die ö. Schulverhältnisse eingebunden werden: Umstellung des Unterrichts auf die dt. Unterrichtssprache in den dt.-sprach. Gem. (1921), Ausdehnung der Schulpflicht von 6 auf 8 Jahre (1923, 1929), Errichtung von Hauptschulen, Gründung eines staatl. Realgymn. in Eisenstadt, Einrichtung einer staatl. Schulaufsicht, Renovierungen bzw. Neubau von Schulgebäuden u. Ä. Abweichend vom übrigen Bundesgebiet blieb aber der konfessionelle Charakter des Schulwesens infolge der weiteren Geltung des ungar. Gesetzes von 1868 über den Volksschulunterricht erhalten (1937 standen 23 allgemein öffentliche 342 konfessionellen Volksschulen gegenüber). Im Bgld. Landesschulgesetz von 1937 übernahm der Staat die Finanzierung der konfessionellen Schulen, band diese aber auch fest an die staatl. Normen. Die Nat.-Soz. beendeten 1938 diese Sonderentwicklung. Trotz Bemühungen von Kirche und Eltern wurde das konfessionelle Schulwesen nach 1945 nicht wiederhergestellt.

BURGEN UND SCHLÖSSER: Schon in der Jungsteinzeit gab es im ö. Raum Wehranlagen (Wallburg Schanzboden bei Falkenstein, NÖ., 4500 v. Chr.). Bekannt sind die „oppida" der Kelten (Leopoldsberg bei Wien, Braunsberg bei Hainburg). Burgsiedlungen waren in der Karolingerzeit Schwerpunkte (Ennsburg). Wallburgen der Slawen gab es im nördl. NÖ. (Thunau bei Gars), in Kä. (Karnburg) oder der Stmk. (Graz). Neben größeren Anlagen wurden auch kleine Hügel künstlich aufgeworfen und mit Burgställen besetzt. Auch in der Babenbergerzeit wurde ein System von Burgbezirken aufgebaut. Ein Beispiel des 10. Jh. ist der Kirchenberg von Wieselburg (NÖ.), der rekonstruiert wurde. Mit Burgen als Schwerpunkte entstanden Marken (Hengistburg in der Stmk.). Im 11. Jh. entstanden große und kleine Höhenburgen, deren Namen auf -burg, -stein, -berg, -fels oder -egg enden. Der Idealtyp einer Burg um 1100 war ein turmartig überhöhtes „festes Haus" und eine Kapelle, beides mit einer Mauer (Bering) umgeben. Großburgen dieser Art waren die Schallaburg, Raabs usw. Seit dem 12. Jh. wurden Burgen als Mittelpunkt einer weltl. Grundherrschaft errichtet und waren bis 1848 Stütze der lokalen Verwaltung, Schutz und Schirm für die Untertanen und wirt. Grundlage des Inhabers oder Lehensträgers. Je nach Stand und Rang wurden Burgen ausgebaut, bes. häufig wurden sie in Grenzräumen errichtet. Dort gab es auch in Dörfern befestigte Türme oder Höfe. Burgen dienten nun vorwiegend der lokalen Verteidigung oder der Beherrschung eines Raumes bzw. der Sperre von Tälern oder Pässen. Typisch war die Anlage von Großburgen durch die Erzbischöfe von Salzburg im 11. Jh. (Hohensalzburg, Hohenwerfen, Friesach, Leibnitz). Neben Höhenburgen gab es im Flachland auch Wasserburgen, die später meist 4 Flügel oder 3 Flügel und eine Mauer sowie Ecktürme aufwiesen (Orth, Ebenfurth, Pottendorf).

Burg Kreuzenstein, NÖ.

Auch die Herrschersitze des MA waren Burgen, manche wurden auch in befestigte Städte einbezogen (Wien, Wr. Neustadt). Solche Burgen zählen qualitativ zu den besten des europ. Raumes. Burgstädte entstanden im Grenzbereich NÖ. und Stmk. Seit dem 13. Jh. wurden Stadtburgen häufig, die an der Ecke der Stadtbefestigung lagen.

Die Burgkapellen wurden bereits zur Zeit der Romanik mit Fresken geschmückt (Ottenstein am Kamp, Petersberg in Friesach).

Die große Zeit des Burgenbaus war das 13. Jh., als sich die Grundherrschaften und der Ministerialenstand entwickelten. Nun entstanden meist mächtige Türme (Bergfriede), die auch zur Machtdemonstration dienten. Im Spät-MA wurde der Burgenbau auch zu einem landesfürstl. Machtinstrument. Einerseits versuchte der Landesfürst, Burgen unter seine Kontrolle zu bringen und durch Burggrafen verwalten zu lassen, andererseits wurden Burgen, die Widerstand leisteten, gebrochen. So entstanden die ersten Ruinen. Zur Zeit der Gotik wurde bereits nach mehr Wohnlichkeit verlangt, des Öfteren wurden auch baul. Ausgestaltungen zur Verstärkung (Vorburgen, Zwinger, Basteien) oder zur Repräsentation (Friedrichstor in Linz) vorgenommen. Nach 1500 vollzog sich der Wandel von der Verteidigungsburg zum Herrschaftssitz, nicht mehr benötigte

Schloss Schönbrunn, Wien.

BURGEN UND SCHLÖSSER

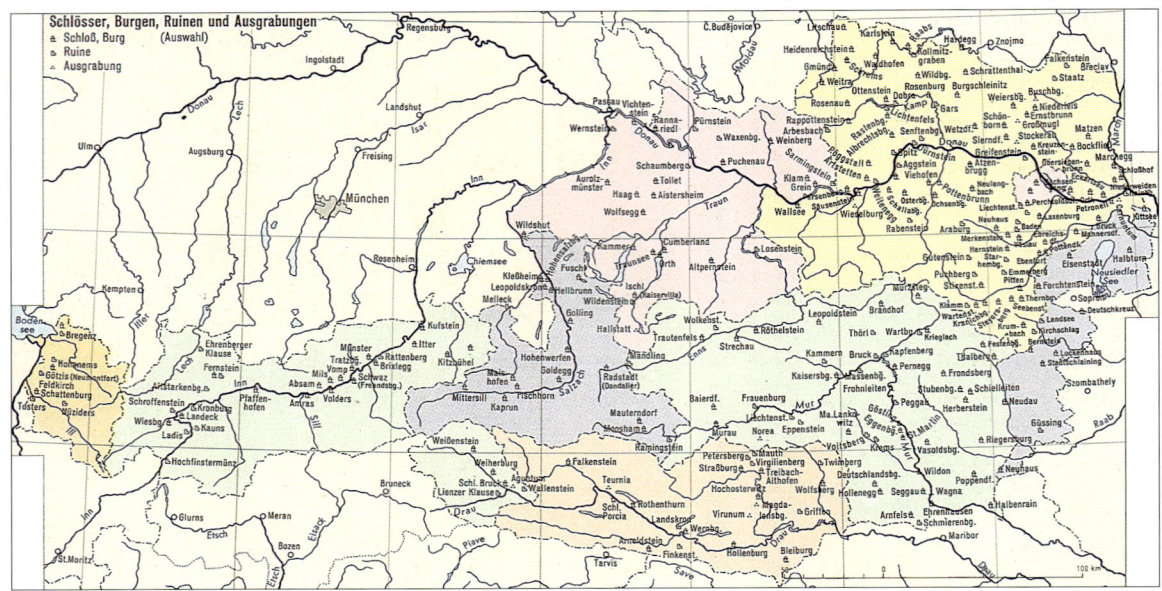

Wasserschloss Schwertberg, OÖ.

Burgen wurden vernachlässigt. Auch die Erfindung der Kanonen (Belagerung von Kufstein 1503) machte eine Änderung der Bautechnik notwendig. Neben der Verstärkung der Anlagen war nun auch die Schaffung eines Freiraums um die Burg wichtig. Wirt.-Aufgaben erforderten zusätzl. Gebäudetypen. Vielfach wurden ital. Festungsbaumeister herangezogen, die repräsentative Tore, Arkadenhöfe, besser beheizbare Wohnräume, Bibliotheken und Säle schufen. So wurde die Burg zum Schloss. Der ital. Einfluss blieb bis ins Spätbarock bestehen. Von 1500 bis 1620 übernahm man Renaiss.-Formen, 1620–80 frühbarocke, 1680–1740 hoch- und spätbarocke Formen mit entsprechenden Merkmalen und Raumgestaltung. Dem Hauptanliegen, der Umformung in bequemere, ansehnlichere Komplexe unter Beibehaltung der Wehrfunktionen, wurde durch Um- oder Zubauten entsprochen (Hochosterwitz, Riegersburg/Stmk., Herberstein). Die meisten Burgen wurden so im 16. und 17. Jh. den wechselnden Bedürfnissen angepasst, manche entscheidend verändert, wie die Schallaburg und die Rosenburg. In Clam wurde 1636 ein 6-geschossiger Wohnturm angebaut, in Weitra wurde um 1590 der alte Bau abgebrochen und eine Vierflügelanlage mit Arkadenhof erbaut.

Im Bereich der Burgen entstanden Turnierplätze, die oft auch als Glacis verwendbar waren. Die Burgen wurden im 16. Jh. zunehmend zu Zufluchtsorten, bes. in den von Osmanen bedrohten Gebieten, mit dem Ziel, die Bevölkerung des Umlands längere Zeit aufnehmen zu können.

In der Barockzeit wurde die Burg endgültig zum Schloss, war meist unbefestigt, wurde stattlich erbaut, oft auch kostspielig als Herrschaftssitz eingerichtet, war von Parkanlagen umgeben, wurde häufig aber nur zeitweise genutzt. Beispiele sind Schönbrunn, Eggenberg in Graz, Mirabell in Salzburg, die Hofburg in Innsbruck, aber auch Laxenburg, Schloßhof und das Belvedere in Wien. Nun hatten die Inhaber meist Stadthäuser, von denen manche zu Stadtschlössern umgestaltet wurden, bes. vom Hofadel in Wien. Bedeutsam wurden auch die Wirtschaftsgebäude, wie der Meierhof. Unwohnliche Anlagen wurden meist aufgegeben und verfielen, manchmal wurde daneben ein Neubau errichtet. Zu einem großen Burgensterben führte die Einführung der Gebäudesteuer am Ende des 18. Jh.; damals wurden viele Burgen abgedeckt und zu Ruinen gemacht. Vielfach verwendete man sie im 19. Jh. als Kasernen.

Im Zeitalter des Biedermeier entstanden historisierende Burgen (Franzensburg, Grafenegg), nicht selten unter Nachahmung des englischen Tudorstils; Kreuzenstein ist ein bes. Beispiel. Auch Großbürger (Fabrikanten, Inhaber von Bergwerken) errichteten nun v. a. im ländl. Raum burgähnliche Ansitze.

In der 2. Hälfte des 19. Jh. büßten die B. u. S. vielfach ihre wirt. Bedeutung ein, bes. im 20. Jh. wurden manche herrenlos oder enteignet und gingen in öffentl. Besitz über. Auch in der Besatzungszeit kam es teilw. zu Zerstörungen an B. u. S.

Nach 1950 erfolgte vielfach eine Revitalisierung von Schlössern, meist mit öffentl. Mitteln, wobei die kulturelle Nutzung bevorzugt wurde (Museen in Salzburg, Innsbruck, Linz, Graz-Eggenberg, Schallaburg, Regierungssitze in Graz und Wien, Rathäuser in Salzburg u. a., Kulturzentren in Eisenstadt u. a.), oft findet man gemischte Nutzung.

Die ö. Burgen wurden seit dem 19. Jh. wiss. erforscht (A. Piper, Ö. B.-Kunde, 8 Bde., 1902–10), fortgesetzt wurde die Burgenkunde in der Zwischenkriegszeit (R. Baravalle u. W. Knapp, Steir. B., 3 Bde., 1936–41; G. Binder, B. u. S. in NÖ., 2 Bde., 1925; B.-Archiv und Karte der Wehr- und Schlossbauten in Nö. von F. Halmer, Planaufnahmen durch A. Klaar, W. Götting u. W. Knapp; 1950 wurde die Burgenkunde durch eine Kommission der Ö. Akad. d. Wiss. belebt (Verzeichnis ö. B. u. S. 1955). Viele Forscher wirken regional und lokal; auch Rekonstruktionen zur Herstellung von Modellen werden angefertigt.

Literatur: M. Mitterauer, Burg und Adel in den ö. Ländern, in: H. Patze, Die B. im dt. Sprachraum 2, 1976; Burgenbuchreihe des Birken-Verlags; G. Stenzel, Österreichs B., 1989; E. Berger, in: H. Feigl (Hg.), Adel im Wandel, Ausst.-Kat., 1990; G. Clam-Martinic, Ö. B.-Lexikon, 1992.

BURGER, Johann, * 5. 8. 1773 Wolfsberg (Kä.), † 28. 1. 1842 Wien, Volkswirtschaftler, Arzt. Schlug 1815/16 als Erster in Ö. eine wechselseitige Hagel- und Brandschadenversicherung vor, bemühte sich um Grundsteuerreform.
Werk: Lehrbuch der Landw., 2 Bde., 1819/20 (übersetzt in mehrere Sprachen).

BURGER, Norbert, * 13. 4. 1929 Kirchberg a. Wechsel (NÖ.), † 27. 9. 1992 ebd., Diplomvolkswirt. Bundesvorsitzender des Rings Freiheitl. Studenten, Gründungsmitgl. u. Bundesvorsitzender der 1988 verbotenen rechtsextremen Nationaldemokratischen Partei. Er kandidierte bei der Bundespräs.-Wahl 1980 und erhielt 140.741 Stimmen.
Literatur: Dokumentationsarchiv des ö. Widerstandes (Hg.), Hb. des ö. Rechtsextremismus, 1994.

BURGER, Rudolf, * 8. 12. 1938 Wien, Philosoph. Seit 1991 Prof. für Philosophie an der Hochschule bzw. Univ. für angew. Kunst in Wien, 1995–99 deren Rektor. Zahlr. Publikationen zur Erkenntnistheorie und Geschichtsphilosophie. Ö. Staatspreis für Kulturpublizistik 2000.
Werke: Vermessungen, 1989; Abstriche, 1991; Überfälle, 1993; In der Zwischenzeit. Adnoten zu Politik und Philosophie, 1995; Ptolemäische Vermutungen, 2001.

Wilhelm Burger: Lackwarenhändler in Yokohama, Japan. Foto, 1869.

BURGER, Wilhelm J., * 15. 3. 1844 Wien, † 7. 3. 1920 ebd., Maler und Fotograf. Studierte 1855–60 an der Akad. d. bild. Künste in Wien, lernte die Fotografie bei seinem Onkel A. v. → Ettingshausen. Führender ö. Expeditionsfotograf des 19. Jh. (u. a. Arktis-Expedition 1872).
Literatur: G. Rosenberg, W. B., Ein Welt- und Forschungsreisender mit der Kamera, 1844–1920, 1984.

BÜRGERALPE, Stmk., 1270 m, bewaldeter Aussichtsberg der steir.-nö. Kalkalpen, nördl. gelegener „Hausberg" von Mariazell, von wo eine Seilbahn auf die B. führt. Dort Berghotel, Edelweißhütte und Erzhzg.-Johann-Warte (1908 als „Franz-Karl-Warte" erbaut, 1959 umbenannt).

BÜRGERBLOCK, Bezeichnung für die nach der Nationalratswahl von 1920 geschaffene Regierungskoalition zw. Christl.-Soz. und den beiden dt.-nat. Parteien (Großdeutsche u. Landbund), später auch mit den Heimwehren. Mit dem B. sind die Namen I. → Seipel und J. → Schober eng verbunden.

BÜRGERINITIATIVEN, siehe → neue soziale Bewegungen.

BÜRGERKRIEG, siehe → Februarkämpfe 1934.

BÜRGERMEISTER, Vorsitzender des Gem.-Rats und des Gem.-Vorstands, wird vom Gem.-Rat gewählt und ist diesem für die Erfüllung seiner Aufgaben aus dem eig. Wirkungsbereich der → Gemeinde verantwortlich. In der Landesverfassung (außer in Wien) kann die direkte Wahl durch die Gemeindebürger vorgesehen werden. Beschlüsse des Gem.-Rats sind von B. durchzuführen. Er besorgt ferner weitere der Gem. übertragene Angelegenheiten der Bundes- und Landesvollziehung und ist hiebei an die Weisungen der zuständigen Organe des Bundes bzw. des Landes gebunden. Der B. vertritt die Gem. nach außen. Er ist Vorstand des Gem.-Amts (in Städten des Stadtamts, in Statutarstädten des Magistrats) und Vorgesetzter der Gem.-Bediensteten. Diese sind an seine Weisungen gebunden. Vielfach ist der B. als Behörde zur Entscheidung in erster Instanz berufen, insbes. in Bauangelegenheiten. In Städten mit eig. Statut ist der B. gleichzeitig Leiter der Bezirksverwaltungsbehörde, in Wien ist er zugleich Landeshauptmann.
Literatur: H. Neuhofer, Handbuch des Gem.-Rechts, 1972; G. Trauner, Der direkt gewählte B., 2001.

BÜRGERMINISTERIUM (1868–70), das erste Ministerium nach Verabschiedung der „Dezemberverfassung". Es stand unter dem Vorsitz des Fürsten Karl Auersperg (bis Juni 1868), ihm folgten E. Taaffe und von Jänner bis April 1870 J. W. Berger; neben den Grafen E. Taaffe und A. Potocki gehörten dem B. die wichtigsten Exponenten der bürgerl. dt.-liberalen Verfassungspartei (J. W. Berger, R. Brestel, K. Giskra, L. Hasner, G. Herbst und I. Plener) an; die Öffentlichkeit erwartete von diesem Kabinett die Umsetzung der wichtigsten Forderungen des Bürgertums in Kultur-, Wirt.- und Innenpolitik. In die Zeit des B. fiel der Kampf gegen das Konkordat, um das Reichsvolksschulgesetz, das Wehrgesetz mit der Einführung der allg. Wehrpflicht und eine Verbesserung des Staatsbudgets.
Literatur: W. Rudolf, Karl Fürst Auersperg als Min.-Präs. (1868), in: MIÖG 85, 1977.

BÜRGERSCHULE, siehe → Hauptschule.

BÜRGERSCHULE ZU ST. STEPHAN IN WIEN, ursprünglich Pfarrschule unter landesfürstl. Patronat, seit 1296 von der Stadt ein städt. Bürgerschule (Lateinschule) eingerichtet, hatte – v. a. bis zur Gründung der W. Univ. – größte Bedeutung (Pflege auch von Quadrivialfächern), die sie erst im 16. Jh. einbüßte. Ihre Schulordnung von 1446 gibt einen guten Einblick in das ma. Schulbetrieb.
Literatur: A. Mayer, Die B. z. S. S. in Wien, 1880.

BÜRGERSPITÄLER entstanden aus den im MA von den Klöstern ausgehenden und zunächst auch nach klösterl. Prinzipien organisierten Spitälern. Zunächst wurden Spitäler infolge ihrer Verbindung von Herberge, Armen-, Alten- und Krankenversorgung außerhalb der Stadtmauern angelegt, ab dem 14. Jh. wurde das Spital zunehmend zur bürgerl. Stiftung. Ein Recht auf Aufnahme in das B. hatten nur Personen und deren Angehörige, die das Bürgerrecht in der Stadt hatten. Das Wr. B. wurde kurz vor 1257 gegr. und lag vor dem Kärntnertor am Wienfluss. Im 16. Jh. wurden in einigen Städten NÖ. B. gegr., in St. Pölten, Wr. Neustadt, Stockerau, 1550 in Drosendorf, 1560 in Gmünd. Aus dieser Form des ma. Hospitals entwickelten sich die Kranken-, Armen- und Waisenhäuser.

BURGERSTEIN, Leo, * 13. 6. 1853 Wien, † 12. 5. 1928 ebd., Realschulprofessor. Begann die Faktoren der Ermüdung der Schüler bei geistigen Arbeiten (Beleuchtung, Lüftung und Beheizung der Schulzimmer, Form der Schulbänke usw.) kritisch zu untersuchen und bahnte der Schulhygiene den Weg in das öffentl. Bewusstsein.
Werke: Hb. der Schulhygiene, 1895 (mit A. Netolitzky); Zur häusl. Gesundheitspflege der Schuljugend, 1904; Gesundheitsregeln für Schüler und Schülerinnen, 1904; Schulhygiene, 1906.
Literatur: R. Meister, L. B., in: Die Feierliche Inauguration des Rektors der Wr. Univ. für das Studienjahr 1928/29, 1928.

BÜRGERTHEATER, 1905 als Schauspielhaus in Wien 3 eröffnet, 1910 in eine Operettenbühne umgewandelt (Hauskomponist E. → Eysler, ab 1926 Revue-Operetten), während des 2. Weltkriegs teilw. geschlossen, 1945 unter der Direktion von F. → Stoß volkstüml. Zweigstelle des Theaters in der Josefstadt; 1953 missglückter Versuch, dem B. unter dem Namen „Broadwaybühne" eine neue Richtung zu geben; 1960 abgebrochen, an seiner Stelle entstand die neue Hauptanstalt der Zentralsparkasse der Gem. Wien.

BÜRGERTUM, urspr. Bezeichnung für die in einer Stadt ansässige und mit Hausbesitz ausgestattete Bevölkerung; das Bürgerrecht wurde verliehen. Im 19. Jh. wurde der Begriff auch auf Beamte, Lehrer, Unternehmer, Bankiers usw. ausgedehnt und bezeichnete eine ökonomisch bestimmte Klasse. Ein erhebl. Teil des B. war liberal gesinnt, die Revolution von 1848 und die folgende Entwicklung wurden weitgehend vom B. getragen. Durch die industrielle Revolution entwickelte sich das B. zum Gegenpol der sozialistisch ausgerichteten Arbeiterbewegung. Im 20. Jh. galt das B. politisch als konservativ oder rechtsgerichtet, kulturell als Wahrer überkommener Werte. Seit der Mitte des 20. Jh. breiten sich (klein-)bürgerl. Lebensformen auch auf die bisherige Arbeiterschaft aus.
Literatur: H. Stekl, P. Urbanitsch u. a. (Hg.), B. in der Habsburgermonarchie, 9 Bde., 1990 ff.

BURGGRAFENAMT, S-Ti. (Italien), das Etschtal zw. Naturns und Bozen, mit Meran und Schloss Ti. das hist. Herzgebiet Ti., reiches Obst- und Weinbauland mit vielen Burgen und altem Brauchtum (Burggräfler Trachten).

BURGKIRCHEN, OÖ., BR, Gem., 393 m, 2546 Ew., 45,86 km², landw.-gewerbl. Gem. am Unterlauf der Mattig unweit des Lachforsts. Landw. Fach- und BerufsS; Bauwesen, Landtechnik, Fenster- und Türenerzeugung. – Urk. um 1180, urspr. got. Pfarrkirche hl. Maximilian (1742 barockisiert) mit Stuckaturen von J. M. Vierthaler, prächtigem Hoch- und Seitenaltären mit Bildwerken von Martin Zürn (1645), Kreuzigungsgruppe aus der Zürn-Werkstatt; Schlösser Forstern (16. Jh.) und Geretsdorf (1983 abgebrannt).

BURGKLECHNER, Matthias d. J., * 1573 Innsbruck (Ti.), † 1642 ebd., Regimentsrat, Vizekanzler und Kammerpräs. von Ti. Als Kartograph schuf er 1611 eine Karte der Grafschaft Ti. in Holzschnitt, 1629 weitere 12 Blätter in Kupferstich (1 : 160.000). Sein „Ti. Adler", eine 12-bändige, reich illustrierte Geschichte und Beschreibung von Ti., durfte nicht gedruckt werden und ist nur im Manuskript erhalten. Sie bildete die Grundlage für den 2. Teil des Werks von F. A. Gf. → Brandis „Des tirolischen Adlers Immergrünendes Ehrenkränzel" (1678). B. war Begründer der Historiographie Ti. sowie Kirchenbauer und Schulgründer.
Literatur: A. Hochenegg, Die B. zu Thierburg und Vollandsegg, Festschrift N. Grass 2, 1975.

BURGSCHLEINITZ-KÜHNRING, NÖ., HO, Markt, 376 m, 1419 Ew., 41,85 km², am O-Rand des Waldviertels, südl. von Eggenburg. – Schloss Burgschleinitz, um 1589 erbaute Dreiflügelanlage; im Kern roman. Pfarrkirche 1728 barockisiert, Wandmalereien und Rundkarner 15. Jh.; Burg Kühnring (Stammsitz der Kuenringer) ist Ruine, die roman. Schlosskapelle ist jetzt Pfarrkirche von Kühnring, 1594 und 1660 umgebaut; Rundkarner aus dem 14. Jh. Das Wasserschloss Harmannsdorf wurde im 16. Jh. um einen m. Turm erbaut und um 1866 ausgestaltet; Park um 1760.
Literatur: B. Gaspar, Aus der Vergangenheit unserer Gem., 1988.

BURGSTALLER, Ernst, * 29. 5. 1906 Ried i. Innkreis (OÖ.), † 22. 1. 2000 Leonding (OÖ.), Volkskundler. Ab 1964 an der Univ. Graz, ab 1968 in Linz. Mitbegründer des Österreichischen → Volkskundeatlas und Schriftleiter des „Atlas von OÖ."; 1966–71 Leiter des Inst. für Landeskunde von OÖ., gründete 1939 das Ö. Gebäckmuseum in Ried i. I. (seit 1984 im Burgmuseum Wels) und 1979 das Ö. Felsbildermuseum in Spital a. Pyhrn.
Werke: Lebendiges Jahresbrauchtum in OÖ., 1948; Brauchtumsgebäck und Weihnachtsspeisen, 1957; Das Allerseelenbrot, 1970; Felsbilder in Ö., 1972; Ö. Festtagsgebäck, 1983.
Literatur: Festgabe für E. B. (= Mannus 42. Jg.), 1976; J. Burgstaller (Red.), In memoriam E. B. Bio- und Bibliographie, 2001.

BURGSTALLER, Gabriele, * 23. 5. 1963 Penetzdorf (Gem. Niederthalheim, OÖ.), Politikerin (SPÖ). Ab 1994 Abg. zum Sbg. Landtag und Vorsitzende des SPÖ-Landtagsklubs; ab 1999 Landesrätin, seit 2001 Landesparteivorsitzende der SPÖ. 2001–04 Landeshauptmann-Stellv., seit 2004 Landeshauptfrau von Salzburg.

BURGTHEATER, → Bundestheater in Wien, von den Wienern kurz „die Burg" genannt, gehört zu den ältesten und traditionsreichsten Bühnen der Welt. Ein stetig ergänztes Ensemble von Schauspielern entwickelte in jahrelangem Zusammenspiel den spezif. B.-Stil, die B.-Sprache. Das Publikum des B. war immer entscheidend in die Beurteilung eines Schauspielers miteingebunden.

Theatergebäude: 1741 gestattete Maria Theresia dem Theaterunternehmer Joseph Selliers, den an der NO.-Ecke der Hofburg angebauten Ballsaal zu einem Theater zu adaptieren. 1748 erfolgte die Eröffnung des neu gestalteten „Theaters nächst der Burg". 1756 wurde die gegen den Michaelerplatz verschobene Bühnenrückwand des Theaters errichtet. Der Zuschauerraum des alten B. war eine Holzkonstruktion mit intimer Bühnenwirkung und ausgezeichneter Akustik. Die Bindung des B. an das Kaiserhaus war stets sehr eng; die Hofloge war mit der kaiserl. Gemächern direkt zu erreichen. Nachdem am 12. 10. 1888 die letzte Vorstellung in diesem Haus stattgefunden hatte, übersiedelte das B.-Ensemble in den von G. → Semper und C. v. → Hasenauer errichteten Neubau auf der Ringstraße. Dem neuen B. und seinem Repräsentationsanspruch widersetzten sich Publikum wie Schauspieler v. a. wegen der schlechten Akustik; 1897 erfolgte der entsprechende Umbau des Zuschauerraums. Nachdem 1919 schon das Schönbrunner Schlosstheater kurzfristig angegliedert worden war, wurde in der Spielzeit 1922/23 das → Akademietheater als Kammerspielbühne angeschlossen. Am 12. 3. 1945 (Bombentreffer) und am 12. 4. 1945 (Brand aus unbekannter Ursache) wurde der Zuschauerraum des B. weitgehend zerstört. Das B.-Ensemble fand im Varieté → Ronacher eine provisor. Spielstätte. 1953–55 erfolgte der Wiederaufbau des B. Die Neugestaltung des Zuschauerraums übernahm

Zuschauerraum im alten Burgtheater. Gouache von G. Klimt, 1888/89.

M. Engelhart, die der Bühne erfolgte nach Plänen von O. → Niedermoser und dem techn. Dir. des B., S. → Nordegg. Eröffnet wurde es am 15. 10. 1955.

Künstlerische Leitung und Verwaltung: 1741–52 war das B. verpachtet, dem Hof standen aber Logen zur Verfügung, und die Theaterunternehmer gestalteten Festvorstellungen für das Kaiserhaus. Die Pächter nützten das B. sowohl für die Oper als auch für das Sprechstück; als Bühnensprachen galten Italienisch und Französisch, dt.-sprachige Aufführungen waren seltener. 1752 unterstellte Maria Theresia das Theater der Hofverwaltung. Damals kamen die Reformopern von C. W. → Gluck zur Uraufführung. Nach 1756 wurde das B. wieder verpachtet. Mehrere Unternehmer gingen finanziell zugrunde, ehe 1776 Joseph II. das B. zum „Nationaltheater nächst der Burg" erklärte und die Leitung einem Schauspieler-Regiekollegium, später dem Schauspieler J. F. H. → Brockmann überantwortete; 1776 gilt allg. als Gründungsjahr des B. nach heutigem Verständnis. Unter der kaiserl. Patronanz wurden die Schauspieler „Diener des Staates" (Hofbeamte) und erhielten nach ihrem Abgang Alterspensionen. Kostspielige Opern und Ballette kamen neben „wohlgeratenen" Übersetzungen und dt.-sprach. Originalwerken zur Aufführung. Verwaltung und Leitung des B. wurde abermals Pächtern überlassen (1794–1817). Der Letzte dieser Pächter, Ferdinand Gf. Pálffy, berief 1814 J. → Schreyvogel (1814–32) als Theatersekr. an das B., der nachhaltige Veränderungen durchführte: Der bewusste Aufbau eines Spielplans (Weimarer Klassiker ebenso wie Uraufführungen von Dramen F. → Grillparzers), die Erweiterung des Ensembles sowie die Erarbeitung einer Bühnensprache waren seine größten Verdienste. – Unter H. → Laube (1849–67) erreichte das B. seine führende Stellung im dt.-sprach. Raum. Sein umfangreiches Repertoire (164 Stücke) setzte sich sowohl aus beispielgebenden Klassikeraufführungen als auch aus Konversationsstücken zusammen. – Lobte man Laube für seine Wortregie, so kommt seinem Nachfolger F. → Dingelstedt (1870–81) das Verdienst der Bildregie (Schaugepränge in einem prunkvollen Inszenierungsstil) zu. Sein Repertoire umfasste 109 Stücke. – Unter der Direktion von M. → Burckhard (1890–98) fanden die Zeitgenossen Einlass in das B., darunter naturalist. Dramatiker (H. Ibsen, G. Hauptmann) ebenso wie A. → Schnitzler. – Dir. P. → Schlenther (1898–1910) setzte vermehrt ö. Dramatiker, u. a. F. → Raimund und J. → Nestroy, auf den Spielplan. – Unter der Direktion A. → Bergers (1910–12), der als krasser Gegner des Naturalismus psycholog.-moderne Akzente setzte, zeichnete sich eine Wandlung des Darstellungsstils durch die Rollengestaltungen von Stars wie F. → Mitterwurzer und J. → Kainz ab. – Dir. A. → Heine (1918–21) versuchte vergebens, M. → Reinhardt und sein Ensemble an das B. zu binden. – Zweimal (1921/22 und 1930/31) war der Dichter A. → Wildgans Dir. des B. – Dir. H. → Röbbeling (1932–38) gliederte seine Inszenierungen in Zyklen, um einen Welttheaterspielplan (ö. Dramatiker im Gleichgewicht mit den Dramatikern der anderen Nationen) zu realisieren. M. → Eis und F. → Liewehr waren seine wichtigsten Ensembleergänzungen. – Dir. L. → Müthel (1939–45), dem der seit vielen Jahren am B. tätige Dramaturg Erhard → Buschbeck zur Seite stand, bemühte sich um einen klass. Spielplan jenseits der nat.-soz. Tagesparolen. – Dir. des B. im Asylquartier Ronacher waren der Schauspieler R. → Aslan (1945–48), E. Buschbeck (provisor. Leiter März bis Okt. 1948) und J. → Gielen (1948–54). In A. → Rotts Direktionszeit (1954–59) fiel die Wiedereröffnung des Hauses am Ring. Er wusste die damals hochmoderne Bühnentechnik perfekt für turbulente Inszenierungen einzusetzen. Der neue Spielplan des B. enthielt die von den Nat.-Soz. verbotenen Schriftsteller ebenso wie den jungen ö. Dramatiker F. → Hochwälder und die Klassiker. – E. → Haeusserman (1959–68) verpflichtete bed. Regisseure an das B. und profilierte den Spielplan durch die Gliederung in Zyklen. 60 Neuengagements zur Generationsablöse ermöglichten auch die Welttournee des B. (1968) – Der Schauspieler-Dir. P. → Hoffmann (1968–71) gewann H. → Reincke und K. → Wussow für das Ensemble. – G. → Klingenberg (1971–76) versuchte, das B. mehr für das zeitgenöss. Theater zu öffnen. – A. → Benning, der erste Ensemblevertreter des B. (1971), bekannte sich während seiner Direktionszeit (1976–86) zum Repertoiretheater (ca. 50 Stücke pro Spielzeit) und nahm Rücksicht auf den Publikumsgeschmack. – Sein Nachfolger C. → Peymann (1986–99) konnte durch Änderung des Abonnementsystems und Neustaffelung der Eintrittspreise neue, jüngere Publikumsschichten für das B. gewinnen; seine Modernisierung des Spielplans (u. a. Uraufführungen von T. → Bernhard, P. → Handke, E. → Jelinek, P. → Turrini) und des Inszenierungsstils (u. a. Zusammenarbeit mit G. → Tabori) stieß beim traditioneller. B.-Publikum auf weitgehende Ablehnung. 1993 konnte die von G. → Peichl entworfene Probebühne des B. im Arsenal eröffnet werden. Auf Peymann folgte 1999 K. → Bachler als Dir. des B. Seit der Umwandlung der ö. Bundestheater in eine Holding 1999 hat das B. die Betriebsform einer Ges. m. b. H.

B.-Galerie: Sammlung von Künstlerporträts, die im Laufe von 2 Jh. eine „Ehrengalerie" gebildet haben.

B.-Ring: Ein von Jakob Lippowitz, dem Hg. des „Neuen Wr. Journals", gestifteter Ring, der 1926–34 jährl. verliehen wurde, abwechselnd an ein Mitgl. des B. (für bes. Verdienste) und an einen Dramatiker.

Doyenne, Doyen des B. zu sein, bedeutet, der Bühne lebenslänglich verbunden zu bleiben, unter Verzicht des Dienstgebers, die Geehrte bzw. den Geehrten in den Ruhestand zu versetzen, sowie eine den B.-Gepflogenheiten entsprechende Bestattung.

Der *Ehrenring* des B. wird seit 1. 10. 1955 in unregelmäßigen Abständen von der Kollegenschaft des B. nach Vorschlag des Betriebsrats an Mitgl. des B. verliehen, die sich der allg. kollegialen, menschl. und künstler. Wertschätzung des Ensembles erfreuen.

Ensemblevertreter: 1971 traten die Richtlinien für eine Ensemblevertretung des B. in Kraft, ein Mitspracherecht des Ensembles zu Reformvorschlägen bei Besetzungen und Spielplangestaltung.

Vorhangverbot: Nach einem fast 200 Jahre lang vollzogenen, ungeschriebenen Gesetz, das auf eine polizeil. Theaterordnung vom 19. 8. 1798 zurückging, durften einem Hervorruf vor den Vorhang nur Gäste, nicht Ensemblemitgl. folgen; es wurde 1979 aufgehoben.

Literatur: M. Dietrich, Das B. und sein Publikum, Bd. 1, 1976;

Burgtheater: Blick vom Rathausturm.

Burgtheater: Blick in das Stiegenhaus.

M. v. Alth, B. 1776–1976. Aufführungen und Besetzungen, 2 Bde., 1979; R. Urbach u. a. Benning, B. 1776–1986, 1986; F. Hadamowsky, Wien. Theatergeschichte. Von den Anfängen bis zum Ende des Ersten Weltkriegs, 1988; E. Großegger, Das B. und sein Publikum, Bd. 2: Pächter und Publikum (1794–1817), 1989; H. Beil (Hg.), Weltkomödie Ö. 13 Jahre B., 1986–1999, 1999; G. Klingenberg, Das gefesselte B. Von 1776 bis in unsere Tage, 2003.

Burg-Vergein, Ti., LZ, siehe → Assling.

Bürg-Vöstenhof, NÖ., NK, Gem., 570 m, 176 Ew., 25,13 km², landw. Kleingem. nördl. von Gloggnitz. Bürg: Bürschhofkapelle (Weihe 1759); Vöstenhof: Renaiss.-Schloss (erb. Ende 16. Jh., im 19. Jh. umgestaltet) mit Bergfried, Kapelle mit reichen Schnitzereien, ehem. Meierhof (19. Jh.).

Burián-Rajecz, Stephan Graf, * 16. 1. 1852 Stampfen bei Pressburg (Bratislava, SK), † 20. 10. 1922 Wien, Politiker. 1893–1912 und 1916–18 Finanz-, 1915/16 und 1918 Außenminister.

Burjan, Hildegard (geb. Freund), * 30. 1. 1883 Görlitz (D), † 11. 6. 1933 Wien, christl. Sozialreformerin und -politikerin. 1919/20 erste christl.-soz. Abgeordnete in der Konstituierenden Nationalversammlung; Gründerin der Schwesternschaft → Caritas Socialis, Organisatorin der christl. Heimarbeiterinnen; Wiederaufbau der Bahnhofsmission, Initiatorin der St.-Elisabeth-Tische und der Seipel-Dollfuß-Gedächtnis-Kirche in Wien 15.
Literatur: I. Schödl, Männerwelten – Frauenwerke, 1991; M. Kronthaler, Die Frauenfrage als treibende Kraft, 1994; I. Schödl (Hg.), Hoffnung hat einen Namen. H. B. und die Caritas Socialis, 1995; dies., Zw. Politik und Kirche – H. B., 2000.

Burkhard (Burchard), † um 980, erster Markgraf der bairischen Ostmark (960/62–976), um 953 Burggraf von Regensburg und Vogt von St. Emmeram, vermutl. 976 abgesetzt. Verwandt mit den Liutpoldingern.
Literatur: K. Lechner, Die Babenberger, ⁵1994.

Bürkle, Hans, * 16. 8. 1919 Bürs (Vbg.), † 9. 8. 1993 Bad Aussee (Stmk.), Landesbeamter und Politiker (ÖVP). Obmann des ÖAAB Vbg., 1959–79 Mitgl. d. BR, viermal dessen Vorsitzender; 1968–70 Staatssekr. im BM f. soz. Verwaltung.

Burmeister, Karl Heinz, * 21. 11. 1936 Krefeld (D), Historiker. 1970–2001 Dir. des Vbg. Landesarchivs, ab 1995 Univ.-Prof. in St. Gallen (CH).
Werke: Sebastian Münster. Eine Bibliographie, 1964; Sebastian Münster, ²1969; Vbg. Weistümer, 1973; Die Grafen von Montfort, 1996; Geschichte Vbg., ⁴1998; Olympe de Gouges. Die Rechte der Frau, 1999; Geschichte der Juden im Kanton St. Gallen bis zum Jahre 1918, 2001.

Bürmoos, Sbg., SL, Gem., 439 m, 4418 Ew. (1981: 3028 Ew.), 6,95 km², kleiner Ind.- und Gewerbeort im nördl. Flachgau in der Nähe der oö. und bayer. Grenze. – Erzeugung zahntechn. Geräte und Elektrogeräte, Verzinkerei, Gießerei. In der Nähe Sumpfgebiet B. (Torfabbau 1862–2000).
Literatur: F. Lepperdinger, B. Die Ind.-Gem., 1975.

Burnacini, Giovanni, * 1610 Cesena (?, I), † 21. 7. 1655 Wien, Theaterarchitekt und Bühnenbildner; Vater von Lodovico Ottavio Frh. v. → Burnacini. Nach Tätigkeit in Italien 1651 an den Wr. Kaiserhof engagiert, wo er gem. mit seinem Sohn für alle Opern- und Festdekorationen verantwortlich war.
Literatur: F. Biach-Schiffmann, G. u. L. B., Theater u. Feste am Wr. Hofe, 1931.

Burnacini, Lodovico Ottavio Frh. von, * 1636 Mantua (?; I), † 12. 12. 1707 Wien, ital. Theaterarchitekt und Bühnenbildner; Nachfolger seines Vaters Giovanni → Burnacini als Bühnenbildner am Wr. Kaiserhof. Entwarf fast 50 Jahre lang nicht nur Dekorationen, Bühnenmaschinen und Kostüme für alle theatral. Aufführungen bei Hof, sondern war auch der führende Architekt Ks. Leopolds I.; er baute einen Flügel der Hofburg, restaurierte die Favorita, schuf 1666–68 an der Stelle der späteren Hofbibl. das Theater auf der Cortina, nahm 1676/77 Umbauten in Schloss Laxenburg vor, leitete 1683 die Wiederherstellung von Schloss Ebersdorf, plante 1687 die Pestsäule am Graben in Wien und entwarf zahlr. Monumente; Figurinen und Skizzen im Ö. Theatermuseum in Wien erhalten.
Literatur: F. Biach-Schiffmann, G. u. L. B., Theater u. Feste am Wr. Hofe, 1931; F. Hadamowsky, Das Hoftheater Leopolds I. und das Kostümwerk des L. O. B., 1948; S. Solf, Festdekoration und Groteske. Der Wr. Bühnenbildner L. O. B., 1975.

Bürs, Vbg., BZ, Gem., 570 m, 3115 Ew., 24,62 km², an der Mündung der Alvier (Brandner Tal) in die Ill, in unmittelbarer Nachbarschaft zu Bludenz; in B. liegt der → Schesatobel (größter Murbruch der O-Alpen). Handel, Gewerbe und Ind.: Textil-, Kunststoff- und Metallwarenerzeugung, Spinnerei und Weberei Lünersee 1836 errichtet (bemerkenswert früher Industriehochbau, seit 2000 genutzt als Einkaufs- und Wirt.-Zentrum „Vbg. Wirt.-Park"), Stahl- und Maschinenbau, Erzeugung von Seilbahnkabinen, etwas Fremdenverkehr. – Urk. 802, klassizist. Pfarrkirche hl. Martin (1843–72) mit spätgot. Chor; und neue „Friedens"-Pfarrkirche (1968–73); Schloss Rosenegg, entstanden aus alter Burg mit Ringmauer, 1898–1900 neugot. Bergfried, 1939 Umbau; alte Bergbauern-Einhöfe; in der Nähe die Bürser Schlucht des Alvierbachs.

Burschenschaft: 1) Bäuerliche, strengen Gesetzen unterworfene Gemeinschaft von Unverheirateten. Fast alle großen Brauchtumsgruppen, wie etwa das Maskentreiben, werden von der B. (auch „die Bursch" „Zechen", „Irten", „Ruden" und „Passen" genannt) getragen. Stark säkularisiert und zivilisatorischen Einflüssen unterworfen, stellen auch heute noch Sport-, kirchl. und polit. Jugendvereine auf dem Land eine Form der B. dar. 2) Farben tragende, z. T. Mensuren schlagende Studentenverbindungen mit betont dt.-nat. Einstellung, urspr. 1814 in Jena gegr.; in Ö. unter → Metternich wiederholt polizeilich aufgelöst, seit 1859 zugelassen (älteste: Olympia Wien 1859); 2003 bestanden etwa 30 B. in Ö., die großteils dem Dachverband Deutsche B. (DB) angehören.
Literatur: W. Galler, Die B. des östl. und mittl. Weinviertels, Diss., Wien 1971; R. Wolfram, B.-Brauchtum, in: Ö. Volkskundeatlas, 3. Lfg. 1968.

Bürserberg, Vbg., BZ, Gem., 871 m, 544 Ew., 13,73 km², Tourismusgem. (v. a. Winter) mit weit verstreuten Häusergruppen im SW von Bludenz auf der Terrasse über der Bürser Schlucht. Ortsgeschichtl. Museum. – Seit 1474 bei Ö., barocke Pfarrkirche (Weihe 1730); alte Paarhöfe.

Lodovico Ottavio Freiherr von Burnacini: Feuerwerk am 8. Dezember 1666 anlässlich der Hochzeit Leopolds I. mit Margarita Teresa von Spanien. Stich.

Stephan Graf Burián-Rajecz. Foto, um 1915.

Literatur: C. Fingerhuth, Ortsplanung B. Örtl. Raumplanung in einer Fremdenverkehrsgem., 1976; G. Flaig, Brandnertal. Gebietsführer für Wanderer; Spaziergänge, Wanderungen u. Touren um Brand u. B., 1996.

Burstyn, Gunther, * 6. 7. 1879 Bad Aussee (Stmk.), † 15. 4. 1945 Korneuburg (NÖ.), Techniker, Offizier. Erfand 1911 den ersten geländegängigen Panzerwagen („Tank") mit drehbarem Geschützturm.

Burt, Francis, * 28. 4. 1926 London (GB), Komponist. Ab 1948 Kompositionsstudium an der Royal Academy of Music in London und an der Musikhochschule Berlin. Lebt seit 1956 in Wien; 1973–92 Prof. f. Komposition an der Wr. Musikhochschule, 1989–91 Leiter des Inst. f. Elektroakustik; 1987 Organisator der ersten „Langen Nacht der neuen Klänge" im Wr. Konzerthaus. Zunächst eher an den gestisch-tänzerischen Elementen der Musik interessiert, später stärkere Zuwendung zu polyphon konzipierten Klangflächenelementen.
Werke: Streichquartett, 1953; The Skull, 1956 (Kantate); Volpone oder Der Fuchs, 1960 (Oper); Der Golem, 1965 (Ballett); Barnstable oder Jemand auf dem Dachboden, 1969 (Oper); Unter der blanken Hacke des Monds, 1976 (Bariton, Orchester); Und GOtt der HErr sprach, 1984 (Stimmen, Orchester); Für AlFrED SCHlEE, 1991 (Streichquartett); Blind Visions, 1995 (Oboe, kleines Orchester); Bavarian Gentians, 2002 (Kammerchor, 6 Instrumente).
Literatur: G. Brosche (Red.), Musikal. Dokumentation F. B., Ausst.-Kat., Wien 1990.

Buschbeck, Erhard, * 6. 1. 1889 Salzburg, † 2. 9. 1960 Wien, Schriftsteller. Von H. → Bahr 1918 ans Wr. Burgtheater berufen und dort bis 1960 in verschiedensten Funktionen tätig: 1922 Dramaturg, 1926 literar.-artist. Sekr., dann erster Dramaturg, 1945 interimist. dann stellv. Dir., 1949 Ehrenmitgl.; 1929–31 Prof. am Wr. Reinhardt-Seminar.
Werke: G. Trakl, 1917; Die Sendung T. Däublers, 1918; Die Medelsky, 1922; Der Thespiskarren, 1943; R. Aslan und das Burgtheater, 1946; Die Dampftramway, 1946; Wr. Notizbuch, 1947; Mimus Austriacus, 1962. – Hg.: Blätter des Burgtheaters, 1918; Gedichte G. Trakls, 1939.
Literatur: E. B. Der heiml. Burgherr, 1979.

Buschbeck, Ernst, * 7. 1. 1889 Wien, † 13. 5. 1963 Lissabon (P; Unfall), Kunsthistoriker. 1921–24 mit der Neuorganisation der ö. Museen betraut; setzte gegenüber den anderen Nachfolgestaaten der ö.-ungar. Monarchie den Verbleib der Museumsbestände in Ö. durch. 1939–46 als Emigrant in England, 1949–55 Dir. der Gemäldegalerie des Kunsthist. Museums in Wien.
Werke: Früh-ma. Kunst in Spanien, 1923; G. Merkel, 1927; Primitifs autrichiens, 1937; Wiss. der letzten 150 Jahre in Ö., 1947; Meisterwerke aus Ö., 1949 (mit A. Stix).

Buschenschank, das aus der Zeit Josephs II. (17. 8. 1784) stammende Recht, Wein (→ Heuriger), Sturm und Most aus eig. Fechsung sowie alkoholfreie Getränke auszuschenken und kalte Speisen zu verkaufen. Die B. besteht in Wien, NÖ., Bgld., Stmk., Kä. und Ti. als Ausnahme von der Gewerbeordnung mit verschiedener Regelung (Anmeldeverfahren, Dauer, Sperrstunde, Ausstecken eines B.-Zeichens, wie Buschen, Kranz oder Strohgebinde).
Literatur: N. Massauer, Die Land- und Forstw. in der Gewerbeordnung, 1978; W. Siebeck, Die Heurigen von Wien,1997; M. Strobl, Weinbau und Heurigenkultur in Wien, Dipl.-Arb., Wien 2002; Steir. B., Vinotheken und Weinbauern, 2003.

Buschmann, Alfred, * 21. 7. 1846 Graz (Stmk.), † 18. 8. 1932 Wien, Eisenbahnfachmann. Gründete 1891 das Eisenbahnmuseum und 1897 das Eisenbahnarchiv (seit 1918 im Techn. Museum Wien und diesem 1980 rechtlich angegliedert).
Literatur: ÖBL.

Busek, Erhard, * 25. 3. 1941 Wien, Jurist und Politiker (ÖVP). 1964–68 Zweiter ÖVP-Klubsekr. im Parlament, 1969–72 stellv. Gen.-Sekr. und 1972–76 Gen.-Sekr. des Ö. Wirtschaftsbundes, 1975/76 ÖVP-Gen.-Sekr.; 1976–82 Landesparteiobmann der Wr. ÖVP; 1991–95 Bundesparteiobmann der → Österreichischen Volkspartei; 1976–78 und 1987–89 Mitgl. der Wr. Landesregierung, 1978–83 Wr. Gemeinderatsmitgl. und Abg. z. Wr. Landtag, 1978–87 Vizebürgermeister und Landeshauptmann-Stellv. von Wien; 1975–78 Abg. z. NR; 1989–94 BMin. f. Wiss. u. Forschung, 1995 BMin. f. Unterricht u. kulturelle Angelegenheiten; 1991–95 Vizekanzler. Seit 1995 Vorsitzender des Inst. für den Donauraum und Mitteleuropa, seit 1996 Koordinator der Southeast European Cooperative Initiative, 2000/01 Regierungsbeauftragter für die EU-Osterweiterung, seit 2002 Sonderkoordinator des Stabilitätspaktes für SO-Europa. B. wird zum kath.-liberalen Flügel der ÖVP gezählt. In seinen Publikationen spielen Fragen der Internationalisierung Ö. sowie der Mitteleuropa-Gedanke eine große Rolle.
Werke: Auf dem Weg zur qualitativen Marktwirt., 1975 (mit C. Festa u. J. Görner); Wien. Ein bürgerl. Credo, 1978; Mut zum aufrechten Gang, 1983 (Hg.); Projekt Mitteleuropa, 1986 (mit E. Brix); Aufbruch nach Mitteleuropa, 1986 (Hg. mit G. Wilflinger); Wiss., Ethik, Politik, 1987 (Hg. mit M. Peterlik); Mensch in Wort. Reden und Aufsätze, hg. v. R. Bretschneider, 1994; Mitteleuropa. Eine Spurensicherung, 1997; Ö. und der Balkan, 1999; Eine Reise ins Innere Europas, 2001; Offenes Tor nach Osten, 2003.
Literatur: E. Welzig (Hg.), E. B. – Ein Porträt, 1992.

Erhard Busek. Foto.

Busson, Paul, * 9. 7. 1873 Innsbruck (Ti.), † 5. 7. 1924 Wien, Schriftsteller. Vertreter des ö. Geschichtsromans, in den er phantastisch-myst. Elemente einband.
Werke: Ruhmlose Helden (Einakter-Zyklus), 1904; Seltsame Geschichten, 3 Bde., 1919. – Romane: Die Wiedergeburt des Melchior Dronte, 1921; Die Feuerbutze, 1923; Vitus Venloo, 1930. – Ausgabe: Gespenstergeschichten aus Ö., hg. v. F. Rottensteiner, 1979.

Busta, Christine (eigentl. C. Dimt), * 23. 4. 1914 Wien, † 3. 12. 1987 ebd., Lyrikerin, Kinderbuchautorin. 1950–75 Bibliothekarin in Wien. Ihre Gedichte zeichnen sich durch schlichte lyr. Formen aus. B. vertrat einen undogmat. Katholizismus und stellte die Bewältigung von Leid in das Zentrum ihres Werks. Großer Ö. Staatspreis 1969, Ö. Ehrenzeichen f. Wiss. u Kunst 1981.
Werke: Lyrik: Jahr um Jahr, 1950; Der Regenbaum, 1951; Lampe und Delphin, 1955; Das andere Schaf, 1959; Unterwegs zu älteren Feuern, 1965; Salzgärten, 1975; Wenn du das Wappen der Liebe malst, 1981; Inmitten aller Vergänglichkeit, 1981; Der Atem des Wortes, 1985. – Kinderbücher: Die Sternenmühle, 1959; Die Zauberin Frau Zappelzeh, 1979; Der Himmel im Kastanienbaum, hg. v. F. P. Künzel, 1989. – Prosa: Bethlehemitische Legende, 1954; Der Regenengel, 1988 (Legenden).
Literatur: I. Hatzenbichler, Motive und Themen in der Lyrik C. B., 1979; C. Bader (Hg.), C. B. (1915–1987), Ausst.-Kat., Wien 1990.

Butler, Walter Graf, * um 1600 Irland, † 25. 12. 1635 Schorndorf (D), kaiserl. Offizier (ab 1631). Organisierte mit W. Graf Leslie und J. Gordon am 25. 2. 1634 die Ermordung A. v. → Wallensteins in Eger.
Literatur: H. v. Srbik, Wallensteins Ende, ²1952; J. Janaček, Valdstejn a jeho doba, 1978.

Buttinger, Joseph, * 30. 4. 1906 Reichersbeuren (D), † 4. 3. 1992 New York (USA), Schriftsteller und Politiker. 1924–26 Tätigkeit für die Soz.-Dem., 1935–38 für die Revolutionären Sozialisten in Wien. 1938 Emigration nach Paris, 1939 in die USA. 1945–47 Europa-Dir. des International Rescue Committee in Paris und Genf. Baute eine ca. 50.000 Bände umfassende soz.-polit. Studienbibl. („B.-Library") auf, die 1971 größtenteils an die Univ. Klagenfurt kam. Nach Aufenthalt in Südvietnam 1954 Aufbau einer Vietnam-Studienbibl. an der Harvard University (USA).
Werke: Am Beispiel Ö., 1953 (Neuausgabe: Das Ende der Massenpartei, 1972); Rückblick auf Vietnam, 1976.

Christine Busta. Foto, 1957.

Buschenschank: Die Rückkehr vom Heurigen. Farblithographie, 1873.

Buttlar-Moscon, Alfred Frh. von, * 8. 12. 1898 Schloss Zigguln (Klagenfurt, Kä.), † 24. 9. 1972 Wien, Schriftsteller, Lyriker und Übersetzer (südslaw. Sprachen). 1961 Lenau-Preis.
Werke: Gedichte: Im Kreis der Gestalten, 1936; Wanderer zw. Tag und Traum, 1945; Mariä Glockenspiel, 1947; Es pocht an deiner Tür, 1957. – Roman: Kronprinz Rudolf, 1960.

BWT AG (Best Water Technology), führendes europ. Wasseraufbereitungsunternehmen mit Sitz in Ö. (Zentrale in Mondsee, OÖ.), 1990 durch Management-Buyout vom Benckiser-Konzern erworben. Die Geschäftsbereiche umfassen Wasseraufbereitung für Privathaushalte, Trink-, Prozess- und Abwasseraufbereitung für Gewerbe, Kommunen und Krankenhäuser sowie Schwimmbad- und Whirlpooltechnik usw. Der Jahresumsatz betrug 2002 mehr als 430 Mio. Euro, die Zahl der Beschäftigten 2466.

Bylandt-Rheidt, Artur Graf, * 3. 2. 1854 Prag (CZ), † 6. 7. 1915 Baden (NÖ.), feudalkonservativer Politiker; Sohn von Artur M. Gf. → Bylandt-Rheidt. 1897/98 Ackerbau-, 1898/99 Unterrichtsmin., 1902–04 Statthalter von OÖ., 1905/06 Innenmin.; trat für die Einführung des allg. Wahlrechts ein.

Bylandt-Rheidt, Artur Maximilian Graf, * 3. 5. 1831 Wien, † 21. 2. 1891 ebd., konservativer Politiker, Feldzeugmeister; Vater von Artur Gf. → Bylandt-Rheidt. 1876–88 Reichskriegsmin., reorganisierte u. a. die Artillerie und führte das Mannlicher-Gewehr ein.

Byzantinische Einflüsse: Die ältesten im späteren ö. Raum spürbaren Einflüsse aus dem Oström. Reich waren religiöser Art. Die Predigt der sog. Slawenapostel Konstantinos (Kyrillos) und Methodios, die aus der Umgebung von Saloniki stammten, fand 863–66 im Mährerreich statt, aber auch im Bereich des Plattensees. Sie entwickelten eine eig. Schrift (Glagolica) für die Liturgie in slaw. Sprache. 867 gingen die Brüder nach Rom, wo die slaw. Liturgie die Genehmigung durch Papst Hadrian II. fand. Dort starb Konstantin unter dem Mönchsnamen Kyrillos. Methodios wurde 869 als päpstl. Legat und Erzbischof von Sirmium (Sremska Mitrovica) nach Pannonien entsandt, geriet aber 870 in die Gefangenschaft bayr. Bischöfe, aus der ihn die Intervention Papst Johannes VIII. 873 befreite. Methodios ging wieder nach Pannonien an den Hof des slaw. Fürsten Chozil (am Plattensee), 880–85 weilte er wieder im Mährerreich, als Erzbischof der „Mährischen Kirche". Er entfaltete eine reiche Übersetzungstätigkeit und starb 885, begraben ist er wohl in Staré Město bei Ungarisch Hradisch (Uherské Hradiště, Mähren) oder in Mikulčice a. d. March (beide CZ). Seine Gegnerschaft zu den bayr. Bischöfen hatte weder ethnische noch sprachl. Gründe, sondern theologische, da damals die Franken (und Bayern) die aus Spanien gekommene Formulierung der Herkunft des Hl. Geistes vom Vater und vom Sohne (filioque) übernommen hatten, während man in Rom ebenso wie in Konstantinopel die Lehre vertrat, der Geist habe nur vom Vater seinen Ausgang genommen. Da das Mährerreich damals auch das Weinviertel mitumfasste, galt die Tätigkeit der Slawenapostel auch für dieses Gebiet.
Byzantin. Vorbilder wirkten bei der Gestaltung der Wandmalerei in der Johannes-Kapelle von Pürgg (Stmk.), allerdings wohl indirekt über Italien vermittelt (12. Jh.). Ähnliches gilt auch für die Wandmalereien in Friesach (Kä.), Wieselburg (NÖ.) und Lambach (OÖ.). Pürgg war eines der Herrschaftszentren der steir. Markgrafen, der Traungauer. Es befindet sich aber auch in der Nähe von Admont und im sbg. Einflussbereich. Erzbischof Gebhard v. Salzburg war um 1074 Gesandter der Kaiserin Agnes in Byzanz gewesen, der genaue Zweck der Reise ist nicht bekannt. Die im 11. und 12. Jh. ziemlich intensiven Beziehungen zw. den Kaisern des Westens und des Ostens – Kaiser Manuel I. Komnenos war durch seine Frau Berta v. Sulzbach Schwager der Frau König Konrads III. – stehen wohl hinter der Verdichtung der Beziehungen zw. Byzanz und den Babenbergern, wobei auch die Verbindungen zw. Ungarn und Ostrom als Motiv für die byzantin. Orientierung mitzubedenken sind. Der Babenberger Heinrich II. (1141–77), im Gefolge König Konrads III. Teilnehmer am 2. Kreuzzug, heiratete in zweiter Ehe Theodora Komnena, eine Nichte des byzantin. Kaisers Manuel – wahrscheinlich 1148/49, auf dem Rückweg vom gescheiterten Kreuzzug. 1203 heiratete Herzog Leopold VI. (1189–1230) die Enkelin eines oström. Kaisers, wahrscheinlich Alexios' III. Auch mit den Nachfolgern der Angeloi im Kaiserreich von Nikaia knüpften die Babenberger wieder familiäre Bande: Der letzte Babenberger, Friedrich II. (1230–46), heiratete 1226 eine namentlich nicht bekannte Prinzessin aus dem Geschlecht der Laskariden in Nikaia (die Ehe wurde 1229 aufgelöst). Diese Verbindungen dürften eine gewisse Verfeinerung der höf. Kultur im letzten Jh. der babenberg. Herrschaft zur Folge gehabt haben. Sie schlugen sich auch in der höf. Dichtung (bei Walther von der Vogelweide, bei Neidhart, beim Tannhäuser) nieder und führten in Byzanz selbst zur besseren Kenntnis des Alpenraumes. Schon ein Hofdichter des 12. Jh. (vielleicht Theodoros Prodromos) zählte in einem Gedicht sechs „Könige" (freilich im Sinne von „reguli", rangmäßig tiefer stehende Regionalkönige oder Stammesfürsten) in Nord- und Mitteleuropa auf, darunter den der Karantanen (damals der Kä. Hzg. Heinrich v. Spanheim, 1122–24). Auch die Vorliebe für gewisse Patrozinien, wie St. Georg, St. Andreas oder hl. Kreuz, wird mit den intensiveren Verbindungen mit Byzanz begründet. Dass der wienerische Dialektausdruck „heiderln" für das Schlafen (bes. der Kinder) aus dem griechischen ευδειν (heudein) stamme, wird hingegen in der neueren Forschung als ebenso wenig wahrscheinlich angesehen wie die Erklärung, dass ein griech. Einschlaflied „heude mou paidi" (Schlafe mein Kind) zu „Heidschi bum beidschi" geworden sei.
Literatur: O. Demus, Byzantine Art and the West, 1970; P. Csendes, Wien, Byzanz und die islam. Welt. Die internat. Politik der Babenberger, in: G. Heiss (Hg.), Das Millennium. Essays zu 1000 Jahren Ö., 1996; J. Koder, Byzanz und Europa, in: Historicum, 2001/02; A. Bayer, Die Byzanzreise des Erzbischofs Gebhard v. Salzburg, in: Byzantin. Ztschr. 96, 2003.

Byzantinistik: Nachdem schon im 19. und frühen 20. Jh. ö. Gelehrte wichtige Beiträge zur Erforschung der Geschichte und Kultur des byzantin. Reichs geleistet hatten (F. Miklosich, K. Horna, E. Stein, O. Schissel u. a.), etablierte sich die B. durch Lehrstühle in Wien (1962–85 H. Hunger, seit 1985 J. Koder) und zeitweise in Graz (1961–69 E. v. Ivanka) als eigenständige akad. Disziplin. Das Inst. für B. und Neogräzistik der Univ. Wien bildet in Verbindung mit 2 Kommissionen der Ö. Akad. d. Wiss. ein Forschungszentrum, dessen mittel- und langfristige Projekte sich u. a. mit Bereichen wie hist. Geographie (Tabula Imperii Byzantini), Paläographie (Repertorium der griech. Kopisten), Urkundenedition (Register des Patriarchats von Konstantinopel) und Lexikographie (Lexikon zur byzantin. Gräzität) beschäftigen. Das Publikationsprogramm umfasst ein internat. Fachorgan (Jb. d. ö. B.), eine Reihe mit byzantin. Geschichtsquellen in dt. Übersetzung (byzantin. Geschichtsschreiber) und mehrere Monographienreihen. Die byzantin. Kunstgeschichte hatte ihren profiliertesten Vertreter in O. → Demus († 1990).
Literatur: H. Hunger, Byzantin. Philologie in Ö. seit 1990, in: La Filologia Medievale e Umanistica Greca e Latina nel secolo XX, 1993.

CÄCILIANISMUS, siehe → Musik.

CAFÉ, siehe → Kaffeehaus.

CAGNACCI, Guido (eigentl. G. Canlassi), * 1601 Sant'Arcangelo bei Rimini (I), † 1681 Wien, Maler. Schüler von Guido Reni in Bologna. In Wien Hofmaler Ks. Leopolds I.; schuf hier größtenteils Werke biblischen und mytholog. Inhalts. Werke im Kunsthist. Museum in Wien.
Literatur: P. C. Pasini, G. C., 1986.

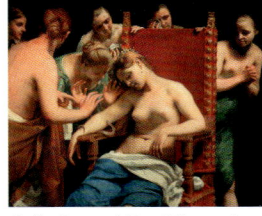

Guido Cagnacci: Der Selbstmord Cleopatras. Gemälde, 1657/58.

CALAFATI, Basilio, * 1. 1. 1800 Triest (I), † 27. 5. 1878 Wien, Zauberkünstler, Karussell- und Gasthausbesitzer im Wr. Prater.

CALAMINUS (eigentl. Georg Roericht), * 23. 4. 1547 Silberberg (Srebrnik, PL), † 11. 12. 1595 Linz (OÖ.), Dramatiker, Schulmann. Errichtete 1578 in Linz an der landständ. Schule ein Theater. Am 8. 3. 1595 in Wien zum Dichter gekrönt. Formbegabter Lyriker und anregender Lehrer.
Werke: Lat. Weihnachtsspiel, 1578; Übersetzung der „Phönissen" des Euripides; Helis, 1591; Rudolphus und Ottokarus, 1594 (dramat. Dichtung); Lyrik. – Ausgabe: Sämtl. Werke, hg. von R. Hinterndorfer, 1995 ff.
Literatur: H. Slaby, G. C., Diss., Wien 1955; NDB.

CALDARA, Antonio, * um 1670 Venedig (I), † 28. 12. 1736 Wien, Musiker, ital. Komponist des Spätbarock. Ausbildung in Venedig, erste Dienste in Mantua und Rom; ab 1. 1. 1715 Vizehofkapellmeister (neben J. J. → Fux); wurde von Karl VI. wahrscheinlich mehr geschätzt als der Hofkapellmeister Fux. Komponierte v. a. Opern und Oratorien; sein großes Lebenswerk ist erst teilw. erforscht.
Werke: ca. 90 Opern (Daphne, La Clemenza di Tito), 43 Oratorien, zahlr. weltl. und kirchl. Kantaten, Triosonaten und Messen.
Literatur: B. Pritchard, A. C., 1987.

CALLES, Sigismund, * 12. 3. 1695 Aggsbach (NÖ.), † 3. 1. 1767 Wien, Jesuit, Historiker. Seine „Annales Austriae" (2 Bde., 1750/51) sind die erste wiss. Darstellung der Geschichte Ö. (Babenbergerzeit und Beginn der Habsb.).
Weiteres Werk: Annales ecclesiastici Germaniae, 6 Bde., 1756–69.
Literatur: W. F. Czerny, S. C., Diss., Wien 1948.

CAMERATA ACADEMICA SALZBURG, 1952 von B. → Paumgartner gegr. Kammerorchester. 1978 übernahm S. → Végh die künstlerische Leitung und prägte den Stil des Orchesters. Seit 1997 ist Sir Roger Norington Chefdirigent. Die C. A. S. tritt regelmäßig bei der Sbg. Mozartwoche und bei den Sbg. Festspielen als Konzert- und Opernorchester auf. Rege Konzerttätigkeit im In- und Ausland; Europ. Kulturpreis 1999.

CAMESINA, Albert, * 15. 2. 1675 San Vittore (CH), † 19. 10. 1756 Wien (?), Stuckateur. Ab 1714 als Hofstuckateur in Wien tätig, wo sich seine Hauptwerke befinden: Belvedere, Altes Rathaus, Deutschordenshaus und -kirche, ebenso in der Peters- und Karlskirche. Am bekanntesten ist die prachtvolle Raumverzierung in C. Wohnhaus, Wien 1, Schulerstraße, dem sog. Figarohaus, wo auch W. A. Mozart wohnte.

CAMPAGNEREITER-GESELLSCHAFT, ÖSTERREICHISCHE, 1872 als „Ges. zur Prämiierung guter Campagne-Reiter in Wien" gegr. Erstes Preisreiten 1873 in Pressburg, seit 1874 ausschließlich in Wien-Freudenau. 1930 mit dem Ö. Herrenreitverein und dem Ö. Amateurreitverein vereinigt, woraus sich 1931 die Ö. Renn- und C.-G. bildete. Mitgl. des Bundesfachverbands für Reiten und Fahren. → Pferdesport.
Publikationen: Mttlg. der Ö. C.-G., 1948–65; Jubiläums-Jb. der Ö. C.-G., 1952.

CAMPING: Für das freie C. mit Zelt oder Wohnwagen auf privatem Grund ist die Erlaubnis des Grundbesitzers einzuholen; in Naturschutzgebieten, entlang der Großglockner-Hochalpenstraße und in Wildgehegen ist das freie C. grundsätzlich verboten. Die ö. C.-Plätze (in dem vom ÖAMTC hg. Reiseatlas Ö. 1 : 150.000 eingezeichnet) sind an landschaftl. schönen und kulturell interessanten Ausflugspunkten angelegt und verfügen meist über moderne sanitäre Anlagen. Benutzer eines C.-Platzes müssen polizeilich gemeldet sein. 2003 gab es in Ö. 445 C.-Plätze.
Publikation: C.-Revue.
Literatur: ADAC-Camp, internat. C.-Führer, 1994.

CAMPOFORMIDO (im einheim. Dialekt Campoformio), Gem. und Schloss in der Provinz Udine. Der dort am 17. 10. 1797 zw. Ö. und Frankreich geschlossene Frieden beendete den 1. Koalitionskrieg. Ö. verlor die Niederlande (Belgien), Mailand, Modena und Mantua, erhielt dafür Teile der Republik Venedig (Venetien links der Etsch, Istrien, Dalmatien). In Geheimartikeln stimmte Franz II. der Abtretung des linker Rheinufers von Basel bis Andernach bei einem Frieden mit dem Reich (Rastatt) zu.

CANALETTO (eigentl. Bernardo Bellotto), * 30. 1. 1721 Venedig (I), † 17. 10. 1780 Warschau (PL), ital. Maler. Schüler seines berühmten Onkels Antonio Canal, dessen Namen er übernahm. Nach verschiedenen ital. Stationen übersiedelte C. 1745 nach München, 1746/47 nach Dresden und kam 1759/60 nach Wien. Hier malte er im Auftrag von Maria Theresia einen Zyklus von 13 großformatigen Veduten mit Ansichten prominenter

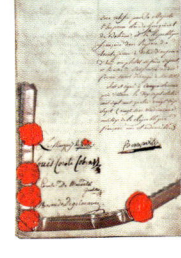

Campoformido: Urkunde mit den Siegeln und Unterschriften der österreichischen Unterhändler und Napoleon Bonapartes (Haus-, Hof- und Staatsarchiv, Wien).

Canaletto: Wien vom Belvedere aus gesehen. Gemälde, 1758–61 (Kunsthistorisches Museum, Wien).

Canaletto: Ehrenhofseite des Schlosses Schönbrunn. Gemälde, um 1760 (Kunsthistorisches Museum, Wien).

Wr. Plätze und kaiserl. Sommerschlösser. Sie verbinden in typ. Weise malerische Atmosphäre mit genauer Detailschilderung von hohem dokumentarischem Wert. 1770 wurde C. Hofmaler von Kg. Stanislaus II. in Warschau. C. übertrug die hoch entwickelte Vedutenmalerei Venedigs in die Länder Mitteleuropas.
Literatur: S. Kozakiewicz, B. Bellotto, 2 Bde., 1972.

Canaval, Gustav Adolf, * 5. 8. 1898 Linz (OÖ.), † 26. 11. 1959 Salzburg, Publizist. 1934–36 Redakteur der Ztschr. „Sturm über Ö.", 1936–38 Chefredakteur des „Telegraf", 1938–45 KZ-Häftling in Flossenbürg und Dachau; Okt. 1945 mit M. → Dasch Lizenzträger und Chefredakteur (bis 1959) der → „Salzburger Nachrichten".
Literatur: R. Prandtstetten, G. A. C., Diss., Wien 1971.

Canaval, Josef Leodegar, * 5. 10. 1820 Linz (OÖ.), † 21. 4. 1898 Klagenfurt (Kä.), Naturforscher; Vater von Richard → Canaval. Machte sich um die mineralog. Erforschung Kä. verdient, Kustos am Kä. Landesmuseum.
Literatur: F. Seeland, Nachruf in: Carinthia II, Bd. 88, 1898.

Canaval, Richard, * 25. 3. 1855 Klagenfurt (Kä.), † 31. 7. 1939 ebd., Montanist und Geologe; Sohn von Josef L. → Canaval. Hervorragender Fachmann des ö. und speziell des Kä. Bergbauwesens; ihm ist die Erhaltung der Archive der Berghauptmannschaft zu verdanken.

Canetti, Elias, * 25. 7. 1905 Rustschuk (Ruse, BG), † 14. 8. 1994 Zürich (CH), Erzähler, Dramatiker, Essayist, Aphoristiker, Nobelpreisträger für Literatur 1981; ab 1934 verheiratet mit Veza → Canetti. Der Sohn eines jüd. Kaufmanns sephardischer Herkunft kam 1913 nach Wien; weitere Stationen seiner Jugend waren Zürich und Frankfurt a. M.; 1929 Dr. phil. nat. (Chemie). Literar. Vorbild und sprachkrit. Autorität wird K. → Kraus. Im Herbst 1938 Emigration, ab 1939 lebte C. in London. 2. Hauptwohnsitz wurde Zürich. C. Erstlingswerk, der Roman „Die Blendung" (1935), gestaltet in grotesker Überzeichnung den Zusammenprall von Geisteswelt und Instinkten der Masse. Die Dramen „Hochzeit" (1932), „Komödie der Eitelkeit" (1950) und „Die Befristeten" (1964) enthüllen anhand bizarrer Gedankenexperimente das Antlitz einer zutiefst korrumpierten Ges. Die theoret. Grundlage zu seinem Werk schuf C. mit dem großen Essay „Masse und Macht" (1960), der die fundamentale Bedeutung dieses Phänomens für die polit. Realität aufzeigt. Sein autobiograph. Spätwerk („Die gerettete Zunge", 1977; „Die Fackel im Ohr", 1980; „Das Augenspiel", 1985; „Party in Blitz", 2003) kommentiert und interpretiert eine singuläre Lebens- und Werkgeschichte. Großer Ö. Staatspreis 1967, G.-Büchner-Preis und Ö. Ehrenzeichen f. Wiss. u. Kunst 1972.
Weitere Werke: Essays, Aufzeichnungen, Aphorismen: Die Stimmen von Marrakesch, 1968; Der andere Prozeß, 1969; Die Provinz des Menschen, 1973; Der Ohrenzeuge, 1974; Das Gewissen der Worte, 1975; Das Geheimherz der Uhr, 1987; Unruhe der Gezeiten, 1989; Die Fliegenpein, 1992. – Ausgabe: Werke, 14 Bde., 1995.
Literatur: F. Aspetsberger u. G. Stieg (Hg.), E. C. Blendung als Lebensform, 1985; dies., E. C., 1986; C. Geoffroy, E. C., 1995; M. Krüger (Hg.), Einladung zur Verwandlung, 1995; D. Barnouw, E. C. zur Einführung, 1996.

Elias Canetti. Foto, um 1985.

Canetti, Veza (geb. Taubner-Calderon), * 21. 11. 1897 Wien, † 1. 5. 1963 London (GB), Publizistin, Erzählerin; 1934 Heirat mit Elias → Canetti. Redakteurin der „Arbeiterzeitung", in der sie Geschichten aus dem Wr. Alltagsleben veröffentlichte.
Werke: Die Gelbe Straße, 1990 (Roman); Der Oger, 1991 (Drama); Die Schildkröten, 1999 (Roman).
Literatur: U. Gelbenegger, V. C. Die Gelbe Straße, Dipl.-Arb., Wien 1993; G. Laher, V. C., Dipl.-Arb., Wien 1993; E. M. Meidl, V. C. Sozialkritik in der revolutionären Nachkriegszeit, 1998.

Canevale, Baumeisterfamilie aus Como, die im 17./18. Jh. in Ö. wirkte. Die bedeutendsten Mitgl. der Familie waren: Antonio → Canevale, Carlo → Canevale und Isidore → Canevale.

Canevale, Antonio, * Como (I), Baumeister. Um 1600 Baumeister in Linz, 1631–34 Bauführer beim Bau der Dominikanerkirche in Wien.

Canevale, Carlo, † um 1690, Baumeister. War 1650 Bauführer der ehem. Stiftskirche Waldhausen und baute anschließend in Wien Servitenkirche (1651), Deutschordenshaus und -kirche, Mariensäule am Hof und Stiftskaserne (1666–68).

Canevale, Isidore, * 1730 Vincennes (F), † 2. 11. 1786 Wien, Architekt. Wurde 1776 wirkl. Hofarchitekt und war im Auftrag Josephs II. tätig (Umbau des Allg. Krankenhauses, Narrenturm, Bau des Josephsstöckls im Augarten 1780–83, des Josephinums, des Lusthauses im Prater) sowie für Kardinal C. A. → Migazzi (Triumphbogen und Dom in Vác, H), für die Schönborn (Sommerpalais in der Laudongasse) und die Liechtenstein in Mähren und Schlesien. Hauptvermittler des Revolutionsklassizismus.
Literatur: R. Wagner-Rieger, Vom Klassizismus bis zur Secession, in: Geschichte der Stadt Wien, Neue Reihe, Bd. VII/3, 1973.

Canisius, Petrus (eigentl. Kanijs oder Kanis), Hl., Fest 27. April, * 8. 5. 1521 Nijmwegen (NL), † 21. 12. 1597 Fribourg (Freiburg, CH), bedeutender Jesuit und Theologe. Drängte den Protestantismus auf dem Boden des heutigen Ö. zurück (Wirken als Univ.-Lehrer, Hofprediger in Wien und Innsbruck, Provinzial). Schuf einprägsame Leitfäden der kath. Glaubenslehre: Großer (Catechismus maior, 1555), Kleiner (Cat. minimus, 1556) und Mittlerer Katechismus (Cat. minor, 1558), die zu seinen Lebzeiten im dt. Sprachraum in mehr als 200 Auflagen verbreitet wurden. Heiligsprechung und Ernennung zum Kirchenlehrer 1925.
Das C.-Werk unterstützt die Heranbildung kath. Priester (Interdiözesanes Seminar in Horn).
Literatur: J. Brodrick, P. C. 1521–97, 2 Bde., 1935 (dt. 1950); A. Rohrbasser, P. C., 1954; R. Berndt (Hg.), P. C. SJ, 2000.

Cankar, Ivan, * 10. 5. 1876 Oberlaibach (Vrhnika, SLO), † 11. 12. 1918 Laibach (Ljubljana, SLO), einer der bedeutendsten slowen. Schriftsteller, Sozialist. Lebte von 1898 bis 1909 in Wien (ab 1899 Wien 16, Lindauergasse 26). Hier entstanden zahlr. Werke, u. a. der Roman „Hiša Marije Pomočnice" (1904, „Das Haus zur barmherzigen Mutter Gottes").

Weitere Werke: Gedichte: Erotika, 1899. – Romane: Tujci (Fremde), 1901; Na klancu (Auf dem Hang), 1902; Gospa Judit (Frau Judith), 1904; Potepuh Marko in Kralj Matjaž (Der Landstreicher Marko und König Matthias), 1905; Nina, 1906; Hlapec Jernej in njegova pravica (Der Knecht Bartholomeus und sein Recht), 1907; Novo življenje (Neues Leben), 1908. – Dramen: Jakob Ruda, 1901, Kralj na Betajnovi, 1902; Hlapci (Knechte), 1910.

Canlassi, Guido, siehe → Cagnacci, Guido.

Canon, Hans (Pseud. für Johann von Straširipka), * 15. 3. 1829 Wien, † 12. 9. 1885 ebd., Porträt-, Historien- und Genremaler. Betrieb Studien nach P. P. Rubens und den Venezianern; dadurch beeinflusste charakteristische Farbgebung. Schuf u. a. Deckengemälde für das Naturhist. Museum in Wien. Bed. Porträtist.
Literatur: F. J. Drewes, H. C., 2 Bde., 1994.

Canova, Antonio, * 1. 11. 1757 Possagno (I), † 13. 10. 1822 Venedig (I), ital. romant.-klassizist. Bildhauer und Vorbild des Wr. Klassizismus. Schöpfer des Grabdenkmals für Erzherzogin → Marie Christine in der Wr. Augustinerkirche (1805) und der von Napoleon in Auftrag gegebenen und später von Ks. Franz I. erworbenen Gruppe „Theseus im Kampf mit dem Kentauren" (Stiegenhaus des Kunsthist. Museums).

Antonio Canova. Biskuitporzellanbüste, um 1805 (Museum für angewandte Kunst, Wien).

Literatur: A. C., Ausst.-Kat., Venedig 1992.

Cap, Ferdinand, * 25. 6. 1924 Payerbach (NÖ.), Physiker. Studierte Mathematik, Physik und Chemie an der Univ. Wien. Lehrte ab 1949 an der Univ. Innsbruck, ab 1960 Univ.-Prof., 1988 emeritiert; USA-Aufenthalte als Gastprof. und für die NASA. Spezialisiert auf Weltraumwiss. und Atomphysik.
Werke: Physik und Technik der Atomreaktoren, 1957 (auch russ.); Einführung in die Plasmaphysik, Bd. 3, 1970; Handbook on Plasma Instabilities, 3 Bde., 1976–82; Energieversorgung – Problem und Ressourcen, 1981; Wie löst man Randwertprobleme in Physik und Technik?, 1993; Lehrbuch der Plasmaphysik und Magnetohydrodynamik, 1994.

Cap, Josef, * 4. 1. 1952 Wien, Politiker (SPÖ) und Politologe. 1978–84 Vorsitzender der Sozialist. Jugend, seit 1983 Abg. z. NR, 1988–95 Bundesgeschäftsführer der SPÖ. 1983 als erster Abgeordneter mit Vorzugsstimmen (62.457) in den NR gewählt; seit 2001 Klubobmann der SPÖ.
Werke: Sozialdemokratie im Wandel, ²1994; Rote Markierungen für das 21. Jh., 1998 (Hg.).

Capistran (Capestranus), Johannes von, Hl., Fest 28. März, * 24. 6. 1386 Capestrano (I), † 23. 10. 1456 Ujlak-Ilok b. Belgrad (YU), Franziskanermönch, Wanderprediger. Kam 1451 nach Wien, wo er bei St. Theobald auf der Laimgrube das erste Kloster der → Franziskaner in Ö. gründete; wirkte in Mähren bei der Bekehrung der Hussiten mit und predigte 1454 in Wien für einen Kreuzzug gegen die Türken; 1690 Heiligsprechung. An C. erinnert die C.-Kanzel am Wr. Stephansdom; sie stand ab etwa 1430 im Stephansfreithof, war aus Holz und wurde, in Stein nachgebildet, 1752 an den Dom gerückt (Ecke des N-Chors).
Werke: J. v. C., Reden und Traktate, hg. von E. Jacob, 1905.
Literatur: J. Hofer, J. v. C., 1964; S. Andrić, The Miracles of St. John Capistran.

Cappi, berühmter Wr. Musikverlag in der 1. Hälfte des 19. Jh.; 1801 durch Giovanni Cappi gegr. (als Abspaltung von Artaria & Comp.), konnte der Verlag bald auf ein repräsentatives Programm (u. a. mit Beethoven-Werken) blicken; nach dem Tod von G. Cappi änderte die Firma mehrmals ihren Namen, bis schließlich 1837 Eduardo Mollo Teilhaber wurde; 1868 ging die Firma in jener Eduard Siegers auf.

Capra, Fritjof, * 1. 2. 1939 Wien, Physiker (Hochenergiephysik); Sohn von Ingeborg → Capra-Teuffenbach. 1971–74 in London, seither an der University of California in Berkeley (USA). Arbeiten über den Zusammenhang des naturwiss. Weltbilds mit Kultur und Ges., speziell auch mit fernöstl. Philosophie und Mystik.
Werke: Der kosmische Reigen, 1977; Wendezeit, 1982; Das neue Denken, 1987; Das systemisch evolutionäre Management, 1990; Das Tao der Physik, 1991; Wendezeit im Christentum, 1991; Die Capra-Synthese, 1998; Das neue Denken, 1998; Verborgene Zusammenhänge, 2002.

Caprara, Enea Silvio Graf, * 1631, † 3. 2. 1701 Bologna (I), kaiserl. Feldmarschall, Vizepräs. des Hofkriegsrats. Nahm an 44 Feldzügen teil und war auch Diplomat. Er ließ sich 1698 von Domenico E. Rossi in Wien 1 (Wallnerstr. 8) ein Palais erbauen, das später an die Familie Geymüller überging und 1798 Schauplatz des Trikolore-Skandals mit dem franz. Gesandten Bernadotte war.

Capra-Teuffenbach, Ingeborg, * 1. 10. 1914 Wolfsberg (Kä.), † 16. 9. 1992 Innsbruck (Ti.), Lyrikerin, ab 1945 auch Hörspielautorin; Mutter von Fritjof → Capra.
Werke: Saat und Reife, 1938; Kä. Heimat, 1938; Verpflichtung. Gedichte zum Krieg, 1940; Du Kind, 1941; Verborgenes Bildnis, 1943; Der große Gesang, 1953; Maskali, 1990 (Hörspiel).

Carabelli-Lunkaszprie, Georg von, * 11. 12. 1787 Pest (Budapest, H), † 24. 10. 1842 Wien, erster bed. Wr. Zahnarzt. Verfasste das erste brauchbare Lehrbuch auf diesem Gebiet (Systemat. Hb. der Zahnheilkunde, 2 Bde., 1831/42).

Caramelle, Ernst, * 15. 3. 1952 Hall i. Ti., Maler und Grafiker. Studierte an der Hochschule f. angew. Kunst in Wien, 1986–91 Prof. an dieser, 1991/92 an der Tudor Jan van Eyck Academie in Maastricht, 1992/93 an der Gesamthochschule Kassel, seit 1994 an der Staatl. Akad. d. Bild. Künste in Karlsruhe.
Literatur: E. C., Ausst.-Kat., Krefeld 1990; E. C., Ausst.-Kat., Nordhorn 1998.

CARE Österreich, 1986 gegr. Organisation mit dem Ziel, Menschen, die von Hunger und Not bedroht sind, zu helfen. Projektgebiete sind SO-Europa, Afrika, Mittelamerika und SO-Asien. Vorbild ist die CARE-Aktion der USA in Ö. nach 1946 zur Unterstützung von Einzelpersonen, Kinder- und Lehrlingsheimen, Schulen und Spitälern (CARE-Pakete). Die Spenden betrugen bis 1957 rd. 875 Mio. Euro (Wert 2004). Präs. ist seit 1998 G. → Reisch.
Publikationen: Tätigkeitsbericht, 1988 ff.; CARE Insider, 2002 ff.

Carinthia: 1) Seit 1811 als „Wochenblatt für Vaterlandskunde" bestehende wiss. Ztschr. Kä.; seit 1891 erscheint C. in 2 Teilen: I: Ztschr. für geschichtl. Landeskunde von Kä.; II: Naturwiss. Beiträge zur Heimatkunde Kä. bzw. Mttlg. des Naturwiss. Vereines von Kä. 2) Pressvereinsdruckerei Klagenfurt (gegr. 1893).

Carinthischer Sommer, jährlich stattfindendes Musikfestival, mit einem Klavierabend von W. Backhaus am 25. 6. 1969 im Stift Ossiach begr. Bis 1980 prägte H. → Wobisch das Programm, bis 2003 Gerda → Fröhlich, seither ist T. D. → Schlee Intendant des C. S. Seit 1974 Zusammenarbeit mit dem Kongresshaus in Villach; jährl. Aufführung einer „Kirchenoper" in der Stiftskirche (1982–2003 13 Uraufführungen, u. a. „Das Spiel vom Menschen" von C. → Bresgen, „Bruder Boleslaw" von D. → Kaufmann und „Hochzeit in Kana" von P. → Planyavsky) sowie von Kinderopern unter der Leitung von K. → Pahlen (1983–2003 21 Uraufführungen).
Literatur: C. Kapsamer, C. S., künstlerisches Profil und wirt.

Hans Canon: Die Loge Johannis (Die Vereinigung der kirchlichen Sekten). Gemälde, 1873 (Österreichische Galerie Belvedere).

Capistran-Kanzel und Apotheose des hl. Capistran im Wiener Stephansdom.

Carinthischer Sommer: Aufführung von Benjamin Brittens „Der verlorene Sohn" in der Stiftskirche Ossiach. Foto 1979.

Entwicklung 1969–1990, Diss., Wien 1991; U. Lass, Musiktheater für Kinder und mit Kindern im Rahmen des CS., Dipl.-Arb., Wien 1994.

Caritas, unabhängige Wohlfahrtsorganisation der → katholischen Kirche im Dienst der Nächstenliebe. In Ö. gibt es 9 selbständige Diözesan-C.-Organisationen, die dem jeweiligen Diözesanbischof unterstehen. Gemäß der föderalist. Struktur ist jede Diözese finanziell und personell eigenständig. Die Ö. C.-Zentrale ist ein Inst. kirchl. Rechts mit eig. Rechtspersönlichkeit. Die Organe des Inst. sind die C.-Direktorenkonferenz, der Präs. (seit 1995 F. → Küberl als Nachfolger von H. → Schüller, davor Prälat L. → Ungar) und der Gen.-Sekr. Im Ausland leistet die C. Katastrophen- und Entwicklungshilfe in enger Zusammenarbeit mit Partnerorganisationen in aller Welt und mit der C. Internationalis. Im Inland führt die C. Einrichtungen für Behinderte, mobile Pflegedienste, Pensionisten- bzw. Pflegeheime sowie mobile und stationäre Hospizeinrichtungen. Sie bietet Beratung und Hilfe für bes. benachteiligte Gruppen, wie Obdachlose, Ausländer, Verschuldete und Suchtkranke, und führt Ausbildungsstätten, wie Schulen für soziale Dienste, sowie Lehrgänge für Behindertenarbeit. Die C. beschäftigt (2003) rd. 7400 hauptamtl. und über 20.000 ehrenamtl. Mitarbeiter.

Publikationen: C. Ztschr., Spenderinformation u. a.
Literatur: P. Ganter, Die verbandl. C. in Ö., 1998.

Caritas Socialis, von H. → Burjan gegr. geistl.-charismatische Schwesternschaft, die 1919 aus dem gleichnamigen Verein hervorgegangen ist, 1960 päpstl. anerkannt; Zentrale in Wien. Tätig in der Familienpflege, Altenhilfe, Jugendarbeit, Kinderbetreuung und Lebensberatung. 2003 ca. 110 Schwestern, v. a. in Wien und NÖ. sowie in Italien, Deutschland und Brasilien.

Publikationen: C. S. Mttlg. der Schwesternschaft an ihren Freundeskreis, 1952 ff.
Literatur: I. Schödl (Hg.), Hoffnung hat einen Namen. H. Burjan und die C., 1995.

Carl Carl als „Staberl". Kolorierter Kupferstich von A. Geiger, 1838.

Carl, Carl (eigentl. C. Bernbrunn), * 7. 11. 1787 Krakau (Kraków, PL), † 14. 8. 1854 Bad Ischl (OÖ.), Schauspieler, Regisseur, Theaterdir. Pachtete 1827 das → Theater an der Wien, das er bis 1845 leitete, und schloss einen Gesellschaftsvertrag mit dem Josefstädter Theater. C. engagierte W. → Scholz und J. → Nestroy für sein Ensemble; 1838 erwarb er das Leopoldstädter Theater, das er 1847 als → Carltheater eröffnete; als Schauspieler verkörperte er den zur Volksfigur gewordenen „Staberl".

Literatur: A. Bäuerle, Dir. C., 1836; F. Kaiser, Theaterdir. C., 1854; H. Schenker, Theaterdir. C. und die Staberl-Figur, 1986.

Carl, Rudolf, * 19. 6. 1899 Lundenburg (Břeclav, CZ), † 15. 1. 1987 Graz (Stmk.), Schauspieler. Nach seinem Engagement am Dt. Theater in Brünn (1918–34) kam C. durch Vermittlung von Dir. R. Beer nach Wien (u. a. Theater a. d. Wien, Volksoper). 1934 Beginn seiner Filmtätigkeit (über 200 Filme, oft gem. mit P. → Hörbiger, H. → Moser, L. → Slezak, L. → Englisch), einer der bekanntesten Komiker seiner Zeit.

Carlone, Künstlerfamilie aus dem ital.-schweizer. Grenzgebiet um Como- und Lugano-See (Scaria, I; Rovio, CH). Neben den beiden bedeutendsten Künstlern der Familie, Carlo → Carlone und Carlo Antonio → Carlone, wirkten noch folgende Familienmitglieder in Ö.: Sebastian C. gestaltete das Mausoleum von Erzhzg. Karl II. in Seckau (1589–1612) nach Entwurf von A. de Verda und ist bis 1614 in Graz nachweisbar. Carlo Martino C. leitete als Baumeister 1663–72 den Umbau des Schlosses Esterházy in Eisenstadt. Pietro Francesco C. († um 1681) war Baumeister in Kä. und der Stmk. Bartolomeo C. war als Stuckateur 1690–1707 in OÖ. tätig. Joachim C. wirkte als Baumeister in Graz. Giovanni Battista C. war ein Meister des prunkvollen, stark plastischen, weißen Stuckwerks, mit dem er die Bauten seines Bruders Carlo Antonio ausstattete (Stift Schlierbach, 1684/85).

Literatur: M. Bartoletti u. L. Damiani Cabrini, I C. di Rovio, 1997; S. A. Colombo u. S. Coppa, I Carloni di Scaria, 1997.

Giovanni Battista Carlone: Stuckdekorationen in der Seitenkapelle der ehemaligen Stiftskirche Garsten, OÖ.

Carlone, Carlo, * 1686 Scaria (CH), † 17. 5. 1775 Como (I), Maler. Schuf Fresken in der Pfarrkirche Stadl-Paura (OÖ., 1722/23), Altarbilder in der Karmeliterkirche in Linz (1712) und in der ehem. Waisenhauskirche in Wien (um 1727), Deckengemälde im Palais Daun-Kinsky, im Oberen Belvedere in Wien und in Schlosshof (NÖ., 1725).

Literatur: P. O. Krückmann, C. C., 1990.

Carlone, Carlo Antonio, * um 1635 Scaria (CH), † 3. 5. 1708 Passau (D), Baumeister. War der bevorzugte Baumeister der oö. Stifte im 17. Jh. Er schuf die Stifte St. Florian (1668–1708) und Schlierbach (1680–83),

Carlo Antonio Carlone: Gesamtanlage des Neubaues von Stift St. Florian, OÖ. Aquarell der „Topographia Florianensis", 1741/42.

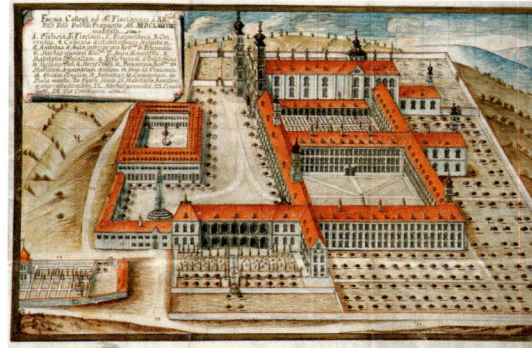

die Wallfahrtskirchen Heiligenkreuz bei Kremsmünster (1687–90) und Christkindl (1706), die Ägidiuskirche in Vöcklabruck (1688), die Pfarrkirche Rohrbach (1696–1700), das Sommerrefektorium des Stifts Reichersberg (1691–95); Umbauten der Kirchen Baumgartenberg (um 1697), Freistadt (um 1690), des Stifts Kremsmünster (ab 1669) und des ehem. Stifts Garsten (1677–87).

Carltheater, ehem. → Leopoldstädter Theater in Wien 2; 1838 von C. → Carl erworben, der es durch A. Sicard v. Sicardsburg und E. van der Nüll umbauen ließ und 1847 als C. eröffnete; Uraufführungsstätte vieler Stücke von J. → Nestroy, der das C. 1854–60 leitete; 1929 geschlossen, 1944 zerbombt und nach dem 2. Weltkrieg abgerissen.

Carmina Burana, Smlg. von 318 meist anonymen lat. und dt. Dichtungen; entstanden um 1225–30 im Raum Ti., Stmk., Kä. (vielleicht am Hof des Bischofs von Seckau). Vollständig überliefert im Codex Buranus, einem teilw. mit Neumen und Miniaturen versehenen Liederbuch, das bei der Säkularisation des Stifts Benediktbeuern 1803 entdeckt und an die Bayerische Staatsbibl. übergeben wurde. Enthält in bunter Smlg. Lieder und Gedichte meist weltl. Inhalts (moral.-satir. Dichtungen, Frühlings- und Liebeslieder, Trink- und Spielerlieder) und 6 geistl. Spiele; die C. B. stellen die größte Smlg. ma. Lyrik dar. Vertonung durch C. Orff (Urauff. 1937).

Ausg.: A. Hilka u. O. Schulmann, C. B., 2 Bde., 1930; B. K. Vollmann, C. B., Texte u. Übersetzungen, 1987.

Literatur: Verf.-Lex.

Carnap, Rudolf, * 18. 5. 1891 Ronsdorf b. Wuppertal (D), † 14. 9. 1970 Santa Monica (USA), Philosoph. 1926–35 Univ.-Prof. in Wien und Prag, ab 1936 in den USA, war mit M. → Schlick führend im → Wiener Kreis. Baute die Logik auf einer umfassenden Semantik auf (Lehre von den Beziehungen zw. den Zeichen), stellte 1928 als erster eine Konstitutionstheorie der Begriffe auf und setzte E. → Machs Empiriokritizismus fort.

Werke: Der log. Aufbau der Welt, 1928; Einführung in die symbol. Logik, 1954; Einführung in die Philosophie der Naturwiss., 1966 (dt. 1969).

Literatur: R. Cirera, C. and the Vienna Circle, 1994; L. Krauth, Die Philosophie C., 1997; T. Mormann, R. C., 2000.

Carnuntum, die bedeutendste röm. Siedlung in Ö. Sie liegt im Bereich der heutigen Gemeinden → Petronell-Carnuntum und → Bad Deutsch-Altenburg (NÖ). Der Name C. wurde von einer vorröm. Siedlung übernommen. C. wird bei Velleius Paterculus, Plinius d. Ä., beim Astronomen Ptolemaios, in den „Selbstbetrachtungen" des Ks. → Mark Aurel (deren 3. Buch er hier geschrieben hat), in der Vita des Septimius Severus, bei Ammianus Marcellinus und in vielen anderen spätantiken Texten, in der Tabula Peutingeriana, im Itinerarium Antonini und in der Notitia Dignitatum erwähnt. Die ältesten archäolog. Zeugnisse aus dem Bereich

Heidentor bei Petronell-Carnuntum.

des Legionslagers stammen aus der Mitte des 1. Jh. n. Chr. Die Zivilstadt C. wurde unter Ks. Traian (98–117 n. Chr.) Provinzhauptstadt (→ Pannonien) und Sitz des Statthalters, von Ks. Hadrian (117–138 n. Chr.) zur selbständigen Stadt, zum Municipium Aelium C., und von Ks. Septimius Severus (193–211 n. Chr., er wurde hier zum Kaiser ausgerufen) in den Rang einer Colonia erhoben. In der Spätantike war C. Standort einer Legion und einer Donauflotte. 307 oder 308 n. Chr. fand in C. eine Kaiserkonferenz statt. Um 350 n. Chr. richtete ein Erdbeben großen Schaden an, der Niedergang setzte ein. Unter Ks. Valentinian I. war C. 375 im Krieg gegen Quaden und Sarmaten Operationsbasis.

Militärischer Bereich: Zw. Petronell und Bad Deutsch-Altenburg befindet sich das Legionslager, ein unregelmäßiges Vieleck mit einer Länge von 490 m und einer Breite zw. 334 und 391 m, die Front zur Donau wurde vom Fluss weggerissen. Westlich davon liegt ein kleineres Hilfstruppenlager. Die Lagervorstadt (canabae legionis) hatte ein eig. Forum, eine Thermenanlage und ein Amphitheater für 8000 Personen; auch ein Tempelbezirk für oriental. Gottheiten wurde ausgegraben.

Ziviler Bereich: Die sog. Palastruine ist eine große Thermenanlage. Um 300 wurde sie als Repräsentationsbau adaptiert. Das Amphitheater in der Nähe des → Heidentors fasste etwa 13.000 Personen. Ob die Einbauten im Südtor eine frühchristl. Kirche mit Baptisterium sind, erscheint zweifelhaft. 2 gemauerte, begehbare röm. Wasserleitungen führen noch heute Wasser. Auf der Kuppe des Pfaffenbergs befanden sich ein Tempelbezirk für den Staatskult, Denkmäler für den Kaiserkult (Hadrian und Mark Aurel) und ein Kulttheater sowie zahlr. Altäre und Weiheinschriften. Funde im neu gestalteten Museum Carnuntinum, Archäologischer Park; Festival Art C.

Literatur: W. Jobst, Provinzhauptstadt C., 1983; M. Kandler u. H. Vetters (Hg.), Der röm. Limes in Ö., 1986; K. Genser, Der ö. Donaulimes in der Römerzeit, 1986; W. Jobst (Hg.), C. Das Erbe Roms an der Donau, 1992. – Laufende Berichte im C.-Jahrbuch.

Carolino Augusteum, Salzburger Museum: Das C. A. besitzt eine umfangreiche Smlg. zur Geschichte und Kunst von Stadt und Land Sbg. Es wurde unter patriot. Vorzeichen 1834 durch Maria Vinzenz Süß gegr., 1850 von Carolina Augusta, der Witwe nach Ks. Franz I., unter ihr Protektorat übernommen und 2 Jahre später als Teil der städt. Verwaltung anerkannt. 1922 Gründung des Sbg. Museumsvereins, 1923 Ausgliederung der naturkundl. Smlg. in das → Haus der Natur; 1924 Eröffnung der volkskundl. Außenstelle im Monatsschlössel im Hellbrunner Schlosspark; 1952 Eröffnung des Festungsmuseums (2000 neu gestaltet); im Organisationsstatut von 1966 beteiligt sich das Land Sbg. gleichwertig neben der Stadt; 1967 Eröffnung des Neubaus, 1974 des Domgrabungsmuseums und 1978 des Spielzeugmuseums im hist. Bürgerspital.

Literatur: Caroline Auguste (1792–1873), Ausst.-Kat., Salzburg 1993; H. Katschthaler, Die Odyssee des S. M. C. A. 1984–1997, 1998.

Carrichter, Bartholomäus, * um 1510 Rekingen (CH), † 2. 11. 1567 Wien, Arzt, Verfasser medizin. Fachschriften. Ab 1556 Hofarzt von Ks. Ferdinand I. in Wien, 1564 von Ks. Maximilian II. zum „Hofgesindedoktor" ernannt. C. war als „Kräuteldoktor" bekannt, übernahm in

Carltheater in Wien. Foto, um 1870.

Carnuntum: Kaiserloge im Amphitheater des Militärlagers.

Ignaz Franz Castelli. Lithographie von J. Kriehuber, 1827.

seiner Lehre Elemente des → Paracelsus, verfasste eine medizin. „Practica" (postum 1575) und 2 weit verbreitete astromedizin. Werke: „Kräuterbuch" (1575) und „Von der Heilung zauberischer Schäden" (1608).
Weiteres Werk: Liber iudiciorum urinarum, 1563 (handschriftlich überliefert).
Literatur: S. Walther, Der medizin. Fachschriftsteller B. C., Magisterarbeit, Heidelberg 1987.

Carro, Carl von, * 21. 3. 1846 Wien, † 22. 3. 1896 ebd., Schauspieler am Wr. Burgtheater (1874) und Schriftsteller, einer der bekanntesten Rezitatoren seiner Zeit (Volksstücke L. Anzengrubers und L. A. Ganghofers), Verfasser von Dramen und Dialektdichtungen.

Carro, Johann von, * 8. 8. 1770 Genf (CH), † 12. 3. 1857 Karlsbad (Karlovy Vary, CZ), Arzt. Führte zusammen mit E. Jenner die Kuhpockenimpfung in Ö. ein.

Cartellverband der kath. Ö. Studentenverbindungen (meist CV abgekürzt, richtig ÖCV), umfasst 46 farbentragende Verbindungen (davon eine in Bozen), die sich zu den Prinzipien „religio" (kath. Glaube), „scientia" (Pflege der Wiss.), „patria" (Vaterlandsliebe) und „amicitia" (Lebensfreundschaft) bekennen und das Schlagen von Mensuren ablehnen. Die ö. Verbindungen (älteste: Austria Innsbruck 1864) gehörten bis 1933 (gem. mit Verbindungen aus dem Dt. Reich, der Schweiz, der Tschechoslowakei, aus Rumänien und Danzig) zum C. Als dieser unter nat.-soz. Einfluss geriet, machten sie sich selbständig. Der C. umfasst insges. ca. 12.000 Mitgl. (2000 Studenten, 10.000 Akademiker); der einst bed. polit. Einfluss ist seit 1970 zurückgegangen; zahlr. prominente Mitgl.
Literatur: G. Hartmann, Der C. in Ö., ²2001.

Die ÖVP-Politiker Josef Klaus und Hermann Withalm als Cartellbrüder. Foto, um 1968.

Caruso, Igor Alexander, * 4. 2. 1914 Tiraspol (UA), † 28. 6. 1981 Salzburg, Psychoanalytiker. Gründete 1947 den Arbeitskreis für Tiefenpsychologie, 1972 Univ.-Prof. für Psychologie in Salzburg; Studienreisen und Gastprofessuren in Lateinamerika; betonte bes. die sozialpsycholog. Aspekte der Psychoanalyse.
Werke: Religion und Psychoanalyse, 1946; Soz. Aspekte der Psychoanalyse, 1962; Die Trennung der Liebenden, 1974.

Casa, Lisa della, siehe → Della Casa, Lisa.

Casa de Austria (Domus Austriae, Casa d'Austria, Maison d'Autriche): seit dem 15. Jh. übl. Bezeichnung (1306 erstmals nachweisbar) des gesamten Herrschaftsbereichs und der Gesamtdynastie der Habsb., wurde auch als Ersatz für einen Gesamttitel gebraucht (noch 1804 bei der Proklamation des Kaisertums Ö.), verlor dann die geschichtl. Bedeutung.
Literatur: A. Lhotsky, Was heißt Haus Ö.?, Gesammelte Aufsätze, Bd. 1, 1970.

Cäsar, Aquilin Julius, * 1. 1. 1720 Graz (Stmk.), † 2. 6. 1792 Weizberg (Stmk.), Augustiner-Chorherr in Vorau, Landeshistoriker. Schrieb eine erste umfassende Geschichte der Stmk.
Werke: Beschreibung des Herzogtums Stmk. und der k. k. Hauptstadt Graetz, 2 Bde., 1773; Annales ducatus Styriae, 3 Bde., 1768–79 (4. Bd. als Manuskript in der nö. Nat.-Bibl.); Staats- und Kirchengeschichte des Herzogtums Stmk., 7 Bde., 1785–88; Nationalkirchenrecht Ö., 6 Bde., 1788–90.
Literatur: F. Reithofer, Der Vorauer Chorherr A. J. C., Diss., Graz 1951; H. List, Kunst und Künstler der Stmk., Bd. 1, 1967.

Casinos Austria AG, ö. Glücksspielbetrieb, besteht 2003 aus 10 ganzjährig geöffneten Betrieben in Baden, Bregenz, Graz, Innsbruck, Kleinwalsertal, Linz, Salzburg, Seefeld, Velden und Wien sowie Saisonbetrieben in Bad Gastein und Kitzbühel. Seit 1962 dürfen auch Ortsansässige das jeweilige Casino besuchen; Voraussetzung ist die Volljährigkeit (Vollendung des 18. Lebensjahrs), jeder Gast wird beim Entree registriert; 2002 besuchten ca. 2,6 Mio. Gäste die ö. Casinos, davon rd. 900.000 aus dem Ausland; der Bruttospielertrag lag bei 227,8 Mio. Euro, das Gesamtsteueraufkommen bei 152,5 Mio. Euro. Internat. Engagement (68 Casinos auf allen Kontinenten und auf Schiffen). Gen.-Dir. ist seit 1968 L. → Wallner.
Literatur: P. Stojanoff, Aspekte der Casinoind., Dipl.-Arb., Krems 1999.

Castelli, Ignaz Franz (Pseud.: Bruder Fatalis, Kosmas, Rosenfeld, C. A. Stille), * 6. 3. 1781 Wien, † 5. 2. 1862 ebd., Schriftsteller. Als populärer und vielseitiger Dichter des Wr. Biedermeier verfasste er ab 1811 für das Wr. Kärntnertortheater rd. 200 Stücke, die zum Großteil in dem von ihm hg. Almanach „Dramat. Sträußchen" (1809, 1817–35) erschienen. C. war Hg. der Ztschr. „Der Sammler" (ab 1808) und der „Wr. Modezeitung" (1815–48) sowie Begründer der → Ludlamshöhle" (1819) und des Wr. Tierschutzvereins (1847).
Werke: Poetische Kleinigkeiten, 5 Bde., 1816–26; Wr. Lebensbilder, 1828 (Skizzendichtung); Gedichte in nö. Mundart, 1828; Erzählungen von allen Farben, 6 Bde., 1839–40; Sämmtl. Werke, 15 Bde., 1844–46; Wörterbuch der Mundart in Ö. unter der Enns, 1847; Memoiren meines Lebens, 4 Bde., 1861.
Literatur: W. Martinez, I. F. C. als Dramatiker, Diss., Wien 1932.

Castiglioni, Camillo, * 22. 10. 1879 Triest (I), † 18. 12. 1957 Rom (I), Bankier. Vor dem 1. Weltkrieg Dir. des Gummiwerks Semperit, kaufte 1921 die Aktienmehrheit der Alpine Montan AG, die später an den Stinnes-Konzern abgetreten wurde; gründete auch die Ö. Luftfahrtsges. Durch Spekulationen während der Inflationszeit reich geworden, legte er eine große Kunst-Smlg. an und stellte M. → Reinhardt 1923 in Wien ein Theater zur Verfügung.
Literatur: Smlg. C. C., 1923.

Castle, Eduard, * 7. 11. 1875 Wien, † 8. 6. 1959 ebd., Literaturwissenschaftler. Univ.-Prof. in Wien; führte die von J. W. → Nagl und J. → Zeidler begonnene „Dt.-Ö. Literaturgeschichte" zu Ende (2. Bd. 1914; 3. u. 4. Bd. 1935 und 1937); Präs. des Wr. Goethe-Vereins und der A.-Stifter-Ges.
Weitere Werke: Die Isolierten, 1899; N. Lenau, 1902; F. Fürst Schwarzenberg, 1925; Der große Unbekannte. Das Leben von C. Sealsfield, 1943; Dichter und Dichtung aus Ö., 1952. – Hg. der Werke von A. Grün (3 Bde., 1909), N. Lenau (6 Bde., 1910–13), L. Anzengruber (3 Bde., 1921), F. Grillparzer (6 Bde., 1923–24) und F. Raimund (6 Bde., 1924–34); Chronik des Wr. Goethe-Vereins (ab 1933).
Literatur: M. Bauer, E. C. als akad. Lehrer, Diss., Wien 1982; H. Würtz (Hg.), E. C. Sein Beitrag zur Erforschung der ö. Literatur, 1995.

Caucig, Franz, * 4. 12. 1755 Görz (Gorizia, I), † 17. 11. 1828 Wien, Maler. Studierte in Wien und Bologna, längerer Aufenthalt in Rom, Mitgl. der Akad. von Venedig, 1797–1828 Akad.-Prof. in Wien. Ab 1808 Leiter der Wr. Porzellanmanufaktur; tätig in der Ankaufskommission für die kaiserl. Galerie. Bearbeitete mit Vorliebe Themen aus der antiken Mythologie.
Literatur: F. Kavcic, F. C., Ausst.-Kat., Laibach 1978; ÖBL; NDB.

Cavalieri, Katharina, * 19. 2. 1760 Wien, † 30. 6. 1801 ebd., Primadonna der Wr. Hoftheater zur Zeit Maria Theresias und Josephs II. Gerühmt wegen der Vielseitigkeit und Beweglichkeit ihrer Stimme; zahlr. Komponisten schrieben eig. (Einlage-)Arien speziell für ihre Stimme (z. B. W. A. Mozart für die Rolle der Constanze in „Die Entführung aus dem Serail").

Cebotari, Maria (eigentl. M. Cebotaru), * 10. 2. 1910 Kischinjow (RO), † 9. 6. 1949 Wien, Sängerin (Sopran). Ab 1931 im Ensemble der Sbg. Festspiele; 1934 Kammersängerin, 1935–45 in Berlin, 1947–49 an der Wr. Staatsoper. Gastspiele in aller Welt, auch Filmrollen. Ehefrau (1938) des Filmschauspielers G. Dießl. Ihre beiden Söhne wurden 1954 vom engl. Pianisten Curzon adoptiert.
Literatur: A. Mingotti, M. C. Das Leben einer Sängerin, 1950.

Camillo Castiglioni. Foto, 1932.

Cech, Christoph, * 29. 6. 1960 Wien, Komponist. 1967–83 Ausbildung am Konservatorium der Stadt Wien; seit 1977 Mitbegründer, Pianist und Komponist in mehreren Jazz- und Kammermusikensembles (u. a. Nouvelle Cuisine, Jubilo Elf, Striped Roses, Camerata obscura, Janus Ensemble Wien). Seit 1990 vermehrt Kompositionstätigkeit im klassischen Bereich, seit 1999 Leiter der Abt. f. Jazz und Popularmusik am Bruckner-Konservatorium Linz.
Werke: Die F. F. Company und Co. KG, 1987 (Jazzmärchen); Die Befreiung des Modulors, 1988 (Kammeroper); Barock it, 1992 (Zyklus); Leos, 1994 (Violine, Klarinette, Klavier, Keyboard, Percussion); Aus allen Blüten Bitternis, 1996 (Oper); Nachtklang – Nachklang, 2000 (Cellokonzert); Linea Nova, 2002 (Stimme, Ensemble).

Cech, Franz, * 9. 6. 1898 Wien, † 30. 9. 1975 ebd., Pädagoge. Organisator wichtiger Veränderungen des techn., gewerbl., frauenberufl. und berufsbild. Schulwesens nach 1945 (→ Ischler Programm, → Schulgesetzwerk 1962).

Celan, Paul (eigentl. P. Antschel), * 23. 11. 1920 Czernowitz (Chernovtsy, UA), † 20. 4. 1970 Paris (F; Selbstmord), dt.-sprachiger Lyriker und Übersetzer jüd. Abstammung. Während des Kriegs in einem rumän. Arbeitslager interniert, 1945–47 Übersetzer und Verlagslektor in Bukarest, wo er erstmals unter dem Namen C. Gedichte veröffentlichte. Von Dez. 1947 bis Juli 1948 in Wien; hier entstand sein erster Gedichtband „Sand aus den Urnen" (1948). Übersiedlung nach Paris, wo er als Lehrer und Übersetzer wirkte. Sein Werk ist von den traumat. Erfahrungen des Holocaust geprägt, dem 1942 auch seine Eltern zum Opfer fielen; dagegen schrieb er in einer neuen, verschlüsselten Sprache an. Lebenslange Themen blieben die Ablehnung des Nat.-Soz., die Erinnerung an zerstörte Länder und verletzte Menschen und die Ablehnung einer korrumpierten Sprache. G.-Büchner-Preis 1960.
Weitere Werke: Mohn und Gedächtnis, 1952; Von Schwelle zu Schwelle, 1955; Sprachgitter, 1959; Die Niemandsrose, 1963; Atemwende, 1967; Fadensonnen, 1968; Lichtzwang, 1970; Schneepart, 1971. – Ausgaben: Gesammelte Werke, 5 Bde., hg. v. B. Allemann u. S. Reichert, 1983; Werke, hist.-krit. Ausg., hg. v. B. Allemann, 1990 ff.
Literatur: P. Szondi, C.-Studien, 1972; M. Blanchot, Der als letzter spricht. Über P. C., 1993; J. Felstiner, P. C., eine Biographie, 1997; W. Emmerich, P. C., 1999.

Cellini-Salzfass, die einzige sicher von Benvenuto Cellini (* 1500 Florenz, † 1571 ebd.) stammende, erhalten gebliebene Goldschmiedearbeit im Stil der Spätrenaiss.; für Franz I. von Frankreich 1540–43 angefertigt, gelangte als Geschenk Karls IX. an Erzhzg. → Ferdinand II. (von Tirol) in habsb. Besitz und später in das Kunsthist. Museum in Wien. Am 11. Mai 2003 wurde es aus diesem gestohlen (größter Kunstdiebstahl in Ö. seit 1945).
Literatur: A. Prater, C. Salzfaß für Franz I., 1988.

Celtis (Celtes), Konrad (eigentl. K. Pickel oder Bickel), * 1. 2. 1459 Wipfeld (D), † 4. 2. 1508 Wien, Gelehrter, lat. Dichter, Bahnbrecher des Humanismus in Deutschland und Ö. Er wurde 1487 von Ks. Friedrich III. zum Dichter („poeta laureatus") gekrönt und folgte 1497 dem Ruf → Maximilians I. nach Wien. Hier lehrte er an der Univ. nicht nur Metrik und Rhetorik, sondern behandelte u. a. erstmals die dt. Vorgeschichte anhand der „Germania" des Tacitus, erhob damit die Geschichtswiss. zu einer akad. Disziplin und interpretierte die 8 Bücher der Kosmographie des Klaudios Ptolemaios. Durch Heranziehung von Globen und Karten entwickelte er die Geographie zu einer Erfahrungswiss. Von großer Breitenwirkung waren die von ihm gegr. wiss. Ges., so in Heidelberg die „Sodalitas litteraria Rhenana", in Krakau die „Sodalitas Vistulana", in Pressburg die „Sodalitas litteraria Hungarorum" und in Wien die → „Sodalitas litteraria Danubiana" (1497). Die von C. veranlasste Errichtung des → Collegium poetarum et mathematicorum (1501) durch Maximilian I. sicherte ihm weiteren Einfluss. Auch bereicherte er das Theater in Ö. durch Aufführung lat. Dramen und eig. Stücke (z. B. „Ludus Dianae", 1501) und zeigt in seinen Dichtungen (u. a. „Quatuor libri amorum", 1502; Oden, 1513) trotz lat. Sprache und Anlehnung an Horaz und Vergil unmittelbares Erleben und weltanschaul. Weite. Seine editor. Tätigkeit galt antiken wie ma. Autoren (u. a. Apuleius, Tacitus, Hrotsvith von Gandersheim).
Weitere Werke: Der Briefwechsel des K. C., hg. v. H. Rupprich, 1934; K. Adel, K. C. – Poeta laureatus, 1960 (Ausgewählte Werke, lat.-dt.).
Literatur: L. W. Spitz, C. C., The German Arch-Humanist, 1957; D. Wuttke, Humanismus als integrative Kraft, 1985.

Cerha, Friedrich, * 17. 2. 1926 Wien, Komponist und Dirigent. Studierte 1946–60 Germanistik, Musikwiss., Philosophie, Musikerziehung und Komposition in Wien. Gründete 1958 gem. mit K. → Schwertsik das Ensemble „die → reihe", das zu einem der wichtigsten Träger der Avantgardemusik in Ö. wurde; komponiert v. a. orchestrale Werke und Opern (zahlr. Auftragswerke, u. a. für die Sbg. Festspiele). Großer Ö. Staatspreis 1986 sowie weitere Ehrungen und Auszeichnungen.
Werke: Spiegel I–VII, 1960–72. – Opern: Baal, 1974/81; Der Rattenfänger, 1987; Fertigstellung von A. Bergs „Lulu" 1962–78; Der Riese vom Steinfeld, 2002. – Requiem für Hollensteiner, 1982/83; Baal-Gesänge, 1983; „Keintaten", 1983 ff. – Schriften: Der Turandotstoff in der dt. Literatur, Diss., Wien 1950; Schriften – ein Netzwerk, 2001.
Literatur: G. Brosche (Red.), Musikal. Dokumentation F. C., Ausst.-Kat., Wien 1986; N. Urbanek, Spiegel des Neuen, Dipl.-Arb., Wien 2002.

Ceska, Franz, * 31. 1. 1936 Wien, Diplomat. Studierte Rechts- und Staatswiss. in Wien. U. a. 1982–88 ö. Botschafter in Brüssel; 1992–97 Gen.-Sekr. der Vereinigung Ö. Industrieller, 1997–2001 ö. Botschafter in Paris; seit 2003 Leiter der Stabsstelle für strateg. Außenwirt.

Cesti, Antonio (früher fälschlich Marc'Antonio C.), * 5. 8. 1623 Arezzo (I), † 14. 10. 1669 Florenz (I), ital. Opernkomponist. 1652–57 Kapellmeister von Erzhzg. → Ferdinand Karl in Innsbruck, komponierte dort „Orontea" (1656) und „La Dori" (1657), zwei der berühmtesten Opern des 17. Jh.; 1666–69 Vize-Hofkapellmeister von → Leopold I. in Wien, zu dessen 1. Hochzeit er die Oper „Il pomo d'oro" („Der goldene Apfel") komponierte, die jedoch erst eineinhalb Jahre später

Konrad Celtis. Epitaph im Wiener Stephansdom, nach 1508.

Paul Celan. Foto, um 1965.

Friedrich Cerha. Foto.

Cellini-Salzfass.

aufgeführt wurde. C. prägte nachhaltig den Stil der barocken Repräsentationsoper in Ö.
Literatur: H. Seifert, A. C. in Innsbruck und Wien, 1999.

CETISCHE ALPEN, zusammenfassende, wenig gebräuchl. Bezeichnung für den östlichsten Teil der Zentralalpen in der Stmk. Sie reichen vom Hirschegger Gatterl (1553 m, auch „Salzstiegl") bis zum Semmering und umfassen → Stubalpe, → Gleinalpe, → Floningzug, → Fischbacher Alpen, → Waldheimat, → Joglland und → Wechsel. Sie sind hauptsächl. aus Gneis aufgebaut und weisen almenreiche, gerundete Rücken und bewaldete Täler auf.

CETIUM, siehe → Aelium Cetium.

CHAIMOWICZ, Georg, * 3. 6. 1929 Wien, † 5. 6. 2003 ebd., Maler und Graphiker. 1939 Flucht mit seinen Eltern nach Kolumbien, 1948–56 Studium an der Akad. d. bild. Künste in Wien bei S. → Pauser. Neben satirisch-polit. Zeichnungen entwickelte er eine zeichenhafte, auf wenige Spuren reduzierte Formensprache.
Werke: Surface, 1974; Wandlungen zu einem Bildnis des R. Henz, 1982.
Literatur: G. C., Lieber Papa, Ausst.-Kat., Wien 1992; R. Geir (Hg.), G. C. Wege im Weg zum Bildlosen, Ausst.-Kat., Wien 1999.

CHAJES-REALGYMNASIUM, siehe → jüdisches Schulwesen.

CHALOUPKA, Eduard, * 11. 8. 1902 Wien, † 5. 9. 1967 ebd., Beamter und Jurist. 1927–35 im Dienst der Nö. Landesregierung, danach im Bundeskanzleramt; 1938 Entlassung, 1945 Wiedereintritt, ab 1947 Sektionschef und Leiter der Präsidialsektion des Bundeskanzleramts.

CHARGAFF, Erwin, * 11. 8. 1905 Czernowitz (Chernovtsy, UA), † 20. 6. 2002 New York (USA), Chemiker, Schriftsteller. Studierte in Wien, 1928–30 Stipendiat an der Yale University, ab 1930 Assistent f. Chemie an der Univ. Berlin. 1933 Emigration nach Paris, 1935 nach New York, wo er ab 1952 Prof. und 1970–74 Leiter des Department of Biochemistry an der Columbia University war; ab 1977 Publikation zahlr. Essaybände. Galt neben J. D. Watson und F. Crick als einer der Pioniere auf dem Gebiet der Erforschung der Struktur der DNS; er zeigte, dass der genetische Code aus einer Folge komplementärer Nukleinsäuren besteht. Ö. Ehrenzeichen f. Wiss. u. Kunst 1994.
Werke: The Nucleic Acids, 3 Bde., 1955–60 (Hg.); Essays on Nucleic Acids, 1963; Heraclitean Fire, 1978 (Das Feuer des Heraklit, 1979; Autobiographie); Kritik der Zukunft, 1983; Abscheu vor der Weltgeschichte, 1984; Armes Amerika – arme Welt, 1994; Die Aussicht vom 13. Stock, 1998; Ernste Fragen, 2000; Stimmen im Labyrinth, 2003.
Literatur: D. Weber, Wider den Genrausch, 1999.

CHARISMATISCHE GEMEINDEERNEUERUNG, von der Pfingstbewegung Amerikas stammende geistl. Bewegung in der kath. Kirche. Gebetskreise, regionale und ö.-weite Treffen; bewusste Erneuerung der Taufe durch Lebenshingabe an Gott.

CHARLEMONT, Eduard, * 2. 8. 1842 Wien, † 7. 2. 1906 ebd., Porträt- und Genremaler; Sohn von Matthias A. → Charlemont. Ab 1870 Mitarbeiter im Atelier von H. → Makart, mehrjähriger Parisaufenthalt und Einfluss von E. Meissonier. Schuf u. a. für das Foyer des Wr. Burgtheaters 3 je 18 m lange Deckenbilder.
Literatur: W. Kitlitschka, Die Malerei der Wr. Ringstraße, 1981.

CHARLEMONT, Hugo, * 18. 3. 1850 Jamnitz (Jemnice, CZ), † 18. 3. 1939 Wien, Maler und Radierer; Sohn von Matthias A. → Charlemont. Studierte bei E. Peithner v. Lichtenfels an der Wr. Akad., bei seinem Bruder Eduard und bei H. Makart; Reisen nach Holland und Venedig, Vorliebe für Genre, Stillleben, Interieur und Landschaft.
Werke: Illustrationen zum „Kronprinzenwerk" (Die Ö.-ungar. Monarchie in Wort und Bild, 24 Bde., 1885–1902).

CHARLEMONT, Matthias Adolf, * 23. 11. 1820 Brünn (Brno, CZ), † 20. 4. 1871 (?) Wien, Miniaturmaler; Vater von Eduard → Charlemont, Hugo → Charlemont und Theodor → Charlemont. Studierte an der Akad. d. bild. Künste in Wien und war ab 1865 in Wien tätig.

CHARLEMONT, Theodor, * 1. 1. 1859 Znaim (Znojmo, CZ), † 13. 10. 1938 Wien, Bildhauer; Sohn von Matthias A. → Charlemont, Schüler von C. v. → Zumbusch.
Werke: Skulpturen für die Dr.-K.-Lueger-Gedächtniskirche auf dem Wr. Zentralfriedhof.

CHARLOTTE, Kaiserin von Mexiko, * 7. 6. 1840 Schloss Laeken b. Brüssel (B), † 19. 1. 1927 Schloss Bouchoute b. Brüssel (B), Tochter des belg. Kg. Leopold I. Heiratete 1857 Erzhzg. → Maximilian, den jüngeren Bruder von Ks. Franz Joseph und späteren Ks. von Mexiko. Fiel nach dessen Hinrichtung 1867 in geistige Umnachtung und lebte dann in Belgien.
Literatur: E. C. Corti, Maximilian und C. von Mexiko, 1924; M. L. Bibesco, Princesse Carlota, 1956.

Kaiserin Charlotte von Mexiko. Foto, um 1865.

CHARMATZ, Richard, * 1. 2. 1879 Schlaining (Bgld.), † 15. 2. 1965 Wien, Historiker, Journalist und wiss. Schriftsteller. Gehörte zum Kreis um H. → Friedjung; ab 1922 Redakteur der „Neuen Freien Presse".
Werke: Dt.-ö. Politik, 5 Bde., 1907; Ö. innere Geschichte von 1848 bis 1907, 2 Bde., 1909; Ö. als Völkerstaat, 1918; Vom Kaiserreich zur Republik, 1946; Lebensbilder aus der Geschichte Ö., 1947.
Literatur: P. Wildner, Der Historiograph und Journalist R. C., 1972.

CHAROUX, Siegfried, * 15. 11. 1896 Wien, † 26. 4. 1967 London (GB), Bildhauer, Zeichner und Karikaturist. Studierte bei A. → Hanak und H. → Bitterlich; in den 20er Jahren polit. Karikaturist, danach erste öffentl. Bildhauerarbeiten, wie das Lessing-Denkmal am Judenplatz in Wien; emigrierte 1935 nach London; betrieb Experimente mit neuen Techniken (u. a. mit Kunstharz). Seit 1982 befindet sich sein künstlerischer Nachlass im C.-Museum in Langenzersdorf.
Literatur: Kat. C.-Museum Langenzersdorf, 1982; H. K. Groß, Die Wr. Jahre des Karikaturisten und Bildhauers S. C., 1997.

CHELIDONIUS, Benedictus (auch Hirundo, Beiname: Musophilus, eigentl. Benedikt Schwalbe), * um 1460 Nürnberg (D), † 8. 9. 1521 Wien, Dichter, Humanist. 1518–21 Abt des Wr. Schottenstifts; schrieb neulat. Schulkomödien, u. a. das Fest- und Huldigungsspiel „Streit der Wollust mit der Tugend" (Voluptatis cum virtute disceptatio), 1515 von dem Wiener Jacob Diamond vertont und aufgeführt.
Weiteres Werk: De Sanctosancta Trinitate, 1519.
Literatur: M. Dietrich, C. Spiel „Voluptatis cum virtute disceptatio", in: Maske und Kothurn 5, 1959; B. G. Winkler, Die Sonette des B. C. zu A. Dürers Marienleben und ihr Verhältnis zum Marienleben des Kartäusers Philipp, Diss., Wien 1960.

CHEMIE LINZ AG, 1973–90 in dieser Form bestehendes Chemikalienunternehmen mit Sitz in Linz. Hervorge-

Hugo Charlemont: Park einer vornehmen Wiener Villa. Gemälde, 1902.

gangen aus der 1939 gegr. Stickstoffwerke Ostmark AG, 1946 verstaatlicht (→ verstaatlichte Industrie) und 1946–73 als Ö. Stickstoffwerke AG geführtes Unternehmen. Die Ö. Stickstoffwerke AG bzw. die C. L. AG war das größte ö. Chemieunternehmen und verfügte über zahlr. Beteiligungen und Tochterges. im In- und Ausland. Das Hauptgewicht der Produktion lag auf landw. Düngemitteln, dazu kamen Pflanzenschutzmittel, anorgan. und organ. Chemikalien, pharmazeut. Stoffe und verschied. Kunststoffprodukte. 1964 erzielte die Ö. Stickstoffwerke AG mit 5800 Mitarbeitern einen Umsatz von 1,7 Mrd. S; der Umsatz der C. L. AG betrug 1983 14 Mrd. S (7151 Mitarbeiter). Im Zuge der völligen Neustrukturierung der verstaatlichten Ind. wurde die C. L. AG 1990 von der ÖMV AG (→ OMV AG) übernommen, die Teile davon weiterverkaufte. Nachfolgeunternehmen der C. L. AG sind heute u. a. die → Agrolinz Melamin GmbH in Linz (zu 100 % Tochter der OMV AG) und die → DSM Fine Chemicals Austria GmbH, die sich im Mehrheitsbesitz des niederländ. Chemiekonzerns DSM N. V. befindet.

CHEMIKER: Die Entwicklung der Chemie in Ö. setzte, abgesehen von der Alchimie des MA und der frühen Neuzeit, mit den Erfahrungen im Bergbau und der Beschreibung von Heilquellen ein. Mit G. van → Swieten begann die wiss. Chemie in Ö. (1749 erstmals Lehrkanzel an der Wr. Univ.). 1777 gab J. H. → Cranz das erste ö. Bäderbuch heraus. L. S. Romer erfand 1830 die Herstellung von Phosphorzündhölzern.

Um 1840 erfolgte ein Paradigmenwechsel in der ö. Chemie, als Schüler J. Liebigs (J. Redtenbacher, A. Schrötter u. a.) den Chemieunterricht reorganisierten; in der Folge beschäftigte man sich in Ö. lange Zeit nahezu ausschließlich mit organ. Chemie. A. Lieben begründete in Ö. eine neue, auf der Theorie der Atomverkettung fußende Richtung der organ. Chemie. E. Ludwig erhob die gerichtl. Medizin zur Wissenschaft. C. Auer v. Welsbach entdeckte die „Seltenen Erden". Z. H. Skraup beschäftigte sich mit der Chemie der Pflanzenstoffe, den Chinarinden-Alkaloiden und fand die Chinolinsynthese. L. Barth war mit der Erforschung der Naturstoffe beschäftigt, H. Weidel vornehmlich mit der Erforschung der Alkaloide. E. Späth setzte die Tradition der Naturstoffchemie fort, die mit F. Rochleder, H. Hlasiwetz, J. Redtenbacher, J. Gottlieb begonnen hatte und von Skraup und G. Goldschmiedt fortgeführt worden war. Rochleder und Hlasiwetz begründeten die lange Zeit für die ö. Chemie typische phytochem. Forschungsrichtung. J. Herzig beschäftigte sich mit den Gerb- und Pflanzenfarbstoffen, R. Wegscheider, Pionier der physikal. Chemie und Organisator dieser Studien in Ö., mit der chem. Thermodynamik und den Reaktionsgleichgewichten. F. Reinitzer entdeckte die Flüssigkristalle. J. M. Eder gilt als Bahnbrecher der Photochemie, er schuf 1888 die Graph. Lehr- und Versuchsanstalt in Wien. C. Doelter begründete die physikalisch-chem. Mineralogie in Ö. K. Kellner, ein Pionier der Zellstoffherstellung, entwickelte ein Verfahren der Alkali-Chlor-Elektrolyse. Auf dem Gebiet der anorgan. Chemie erzielten J. Natterer, J. Loschmidt und M. Margulies wichtige Ergebnisse. Die Methoden zur Gehaltsbestimmung von radioaktiven Stoffen stammen von S. Meyer, V. Heß, L. Flamm und H. Mache. Ein namhafter Atomgewichtsforscher war O. Hönigschmid.

Der Nobelpreisträger R. Zsigmondy, Mitbegründer der Kolloidforschung, erfand das Ultramikroskop. F. Pregl, der erste ö. Nobelpreisträger für Chemie, begründete die organ. Mikroelementaranalyse. F. Emich, Pregl und H. Molisch machten Ö. zu einem weltbekannten Zentrum der mikrochem. Forschung (ab 1923 Ztschr. „Mikrochemie"). W. Pauli führte Untersuchungen über die Elektrochemie der Eiweißstoffe durch, E. Abel über die Katalyse. A. Skrabal stellte die Theorie der Simultanreaktion auf. A. Smekal sagte in den 1920er Jahren die von C. Raman experimentell nachgewiesenen Streulinien voraus (Raman-Effekt). R. Kuhn war auf dem Gebiet der Biochemie tätig, F. Feigl auf dem der anorgan. Mikroanalytik. H. Mark erforschte zahlr. anorgan. Verbindungen komplizierter Zusammensetzungen. R. Wasicky machte die mikrochem. Methoden der Drogenanalyse dienstbar. A. Mayrhofer behandelte histochem. Methoden, L. Kofler die Analyse organ. Arzneimittel und Arzneimittelgemische. K. J. Bayer entwickelte ein Verfahren zur Tonerdeerzeugung und erwarb sich dadurch um die Aluminiumind. bes. Verdienste. O. Kratky entwickelte in den 1930er Jahren das Röntgenkleinwinkelverfahren.

Literatur: W. Oberhummer, Die Chemie an der Univ. Wien in der Zeit von 1740–1848, in: Studien zur Geschichte der Univ. Wien 3, 1965; G. Machek, Die Lehrkanzeln und Institute für Chemie in Innsbruck, in: F. Huter, Die Fächer Mathematik, Physik und Chemie an der Phil. Fakultät zu Innsbruck bis 1945, 1971; J. Schurz, Von der Röntgenkleinwinkelstreuung zum Small Angle X-Ray Scattering, Graz 1987; A. Kernbauer, Das Fach Chemie an der Phil. Fakultät der Univ. Graz, 1985.

CHEMISCHE INDUSTRIE, mit einer abgesetzten Produktion im Wert von rd. 9,1 Mrd. Euro (2002, davon 1 Drittel Kunststoffwaren) zweitgrößte Branche der ö. → Industrie (hinter → Elektro- und Elektronikindustrie); 2002 gehörten 330 Unternehmen mit 41.812 Beschäftigten in Ö. zur c. I. Die c. I. verzeichnete in den 90er Jahren einen starken Produktionsaufschwung und deutliche Veränderungen, die u. a. mit der Umstrukturierung der → Chemie Linz AG zusammenhingen; sie ist eng mit dem Ausland verflochten: rd. 70 % des Umsatzes wurden 2002 aus dem Export erwirtschaftet; Haupthandelspartner sind die anderen EU-Staaten (48,9 % der Exporte); auch der Großteil der Chemie-Importe (78,3 %) stammen von dort; zweitgrößter Exportmarkt ist O-Europa (22,9 % der Exporte). Bes. Wichtigkeit kommt in der c. I. dem Umweltschutz zu: im Jahr 2000 hat die c. I. rd. 233 Mio. Euro in diesen Bereich investiert (rd. 23 % der Umweltschutzaufwendungen der ö. Ind.), davon entfielen ca. 60 % auf Maßnahmen zur Abfallbehandlung.

Produktionswert der chemischen Industrie (in Mio. Euro)				
	1999	2000	2001	2002
Kunststoffwaren	2.568	2.921	2.998	3.024
Pharmazeutika	1.306	1.412	1.076	1.344
Kunststofferzeugung	1.046	1.289	1.343	1.317
organische Chemikalien	655	726	801	863
Kautschukwaren	553	567	596	490
Chemiefasern	334	386	409	454
Lacke, Druckfarben	385	418	427	409
Waschmittel, Kosmetika	230	245	267	282
sonstige	884	982	978	898
gesamt	7.961	8.946	8.895	9.081

Wichtige Unternehmen der c. I. bzw. im Handel mit chem. Produkten in Ö.: → Agrolinz Melamin GmbH, → Biochemie GmbH, → Donau Chemie AG, → DSM Fine Chemicals Austria GmbH, → Herba Chemosan Apotheker-AG, → Krems Chemie AG, F. Joh. → Kwizda Ges. m. b. H., Neuber GmbH und → OMV AG u. a.

CHIARI, Hermann, * 6. 12. 1897 Wien, † 24. 10. 1969 ebd., Pathologe. 1936 Dir. des Pathologisch-Anatom. Inst., Vizepräs. der Ö. Akad. der Wiss.
Werk: Patholog. Anatomie des akuten Gelenksrheumatismus, 1936.

CHIARI, Johann Baptist, * 15. 6. 1817 Salzburg, † 11. 12. 1854 Wien, Geburtshelfer; Vater von Ottokar

Johann Freiherr von Chlumetzky. Foto, um 1870.

Vinzenz Chiavacci: Frau Sopherl vom Naschmarkt. Umschlag, 1910.

Christoph Chorherr. Foto.

Rosalia Chladek. Foto, um 1930.

Frh. v. → Chiari. Prof. in Prag und Wien; unterstützte als Einziger seiner Zeit die Theorien von I. P. → Semmelweis.

Chiari, Karl, * 9. 6. 1912 Wien, † 18. 1. 1982 ebd., Orthopäde; Enkel von Ottokar Frh. v. → Chiari. Univ.-Prof. in Wien.

Chiari, Ottokar Frh. von, * 1. 2. 1853 Prag (CZ), † 12. 5. 1918 Puchberg a. Schneeberg (NÖ), Laryngologe; Sohn von Johann B. → Chiari, Großvater von Karl → Chiari. Univ.-Prof. in Wien; entwickelte die wichtigsten Operationsmethoden auf seinem Fachgebiet und setzte den Neubau der Laryngolog. Klinik in Wien durch.
Werke: Lehrbuch der Nasen-, Rachen- und Kehlkopfkrankheiten, 3 Bde., 1902–05; Chirurgie des Kehlkopfs und der Luftröhre, 1916.
Literatur: NDB.

Chiavacci, Vinzenz, * 15. 6. 1847 Wien, † 2. 2. 1916 ebd., Schriftsteller, Bühnendichter und Hg. von Almanachen und der Wochen-Ztschr. „Wr. Bilder" (1896–1911), Lokal- und Sittenschilderer Alt-Wiens. Er schuf die populären Figuren der „Frau Sopherl vom Naschmarkt" (mit der gleichnamigen Posse, 1890 und 1911) und des „Herrn Adabei" („Seltsame Reisen des Herrn Adabei", 1908); gab die Werke von J. → Nestroy und von L. → Anzengruber heraus, dessen Freund er war.
Werke: Aus dem Kleinleben der Großstadt, 1884; Wiener vom Grund, 1887; Kleinbürger von Groß-Wien, 1893; Wiener vom alten Schlag, 1895; Wr. Bilder, 1900; Aus der stillen Zeit, 1916.
Literatur: E. Pokorny, Die mundartl. Elemente in den Prosawerken V. C., Diss., Wien 1958.

Chimani, Leopold, * 20. 2. 1774 Langenzersdorf (NÖ), † 21. 4. 1844 Wien, Pädagoge und Verfasser von mehr als 100 Kinder- und Jugendbüchern. Folgte F. → Gaheis in der Leitung der Haupt- und Industrieschule in Korneuburg (1798). Ab 1807 in der Administration des Normal-Schulbücher-Verschleißes tätig, ab 1817 auch als Bücherzensor.
Werke: Vaterländ. Unterhaltungen für die Jugend, 1815; Ferienreise von Wien nach Ischl, 1829; Biographien berühmter und verdienter Männer, 1832; Biographien berühmter Frauen, 1832; Der hist. Bildersaal, 1837; Das Kleine Belvedere, 1840.
Literatur: L. Holzer, L. C. (der Jüngere), in: Rund um den Bisamberg, ⁴1974.

Chirurg: Der für operative Eingriffe ausgebildete Facharzt galt urspr. als Handwerker, die Aufwertung erfolgte in Ö. durch die Errichtung der „k. k. chirurg. Militärakad." (Josephinum), wodurch die Chirurgie 1786 als gleichwertiger Wissenschaftszweig der Heilkunde anerkannt wurde. Im 19. Jh. erhielt sie an der Univ. Wien Weltrang, einer der Bahnbrecher war F. Schuh (1804–1903).

Chladek, Rosalia, * 21. 5. 1905 Brünn (Brno, CZ), † 3. 7. 1995 Wien, Solotänzerin, Tanzpädagogin und Choreographin. Ab 1952 Leiterin der Tanzklasse an der Akad. f. Musik u. darst. Kunst in Wien; entwickelte eine eig. Schule für Bewegung, Tanz und Tanzpädagogik.
Literatur: G. Alexander (Hg.), Tänzerin, Choreographin, Pädagogin R. C., ⁴1995.

Chlumetzky (Chlumecky), Johann Frh. von, * 23. 3. 1834 Zara (Zadar, HR), † 11. 12. 1924 Bad Aussee (Stmk.), Politiker der „Gemäßigten Linken". 1871 Ackerbaumin., 1875–79 Handelsmin., 1893–97 Präs. des Abgeordnetenhauses. Er gründete die Hochschule f. Bodenkultur in Wien, machte sich um den Ausbau der Staatsbahnen verdient, war Wegbereiter zur Verstaatlichung der Privatbahnen und wandelte die Südbahn-Ges. in ein rein inländ. Unternehmen um. 1905 trug er zum Mährischen Ausgleich und 1906 zum allg. gleichen Wahlrecht entscheidend bei.
Literatur: ÖBL; NDB.

Chmel, Joseph, * 18. 3. 1798 Olmütz (Olomouc, CZ), † 28. 11. 1858 Wien, Augustiner-Chorherr, Historiker. 1826 Stiftsbibliothekar von St. Florian, 1834 Archivar (1846 Vizedir.) des Haus-, Hof- und Staatsarchivs. Gehörte zu den ersten Mitgl. der Akad. d. Wiss. und leitete deren Hist. Kommission. Unermüdlicher Quellensammler, Darstellungstalent und kritischer Sinn fehlten ihm aber.
Werke: Beiträge zur Geschichte Kg. Friedrichs IV., 2 Bde., 1837/40; Regesta Friderici III. Imp., 1840; Geschichte Friedrichs IV. und seines Sohnes Maximilian, 2 Bde., 1840/42; mehrere Quelleneditionen.
Literatur: A. Lhotsky, J. C. zum 100. Geburtstag, 1959; NDB.

Chobot, Manfred, * 3. 5. 1947 Wien, Schriftsteller und Galerist. 1971/72 Hg. der Ztschr. „Astma"; seit 1972 Mitgl. des Literaturkreises „podium"; seit 1975 Mitgl. der Grazer Autorenversammlung; schreibt satir. Prosa und Dialektgedichte mit soz.-krit. Inhalten.
Werke: Waunst in Wean, 1978; Die Briefe der Hausmeisterin Leopoldine Kolecek, 1978; Getrennte Eintragungen, 1980; Krokodile haben keine Tränen, 1985; Spreng-Sätze. Satiren und Gegen-Sätze, 1987; Dorfgeschichten, 1992; Die Nähe der Engel, 1994; Ziegelschupfen, 1994; Der Hof, 1995; Der ertrunkene Fisch, 1997; Ansichtskarten, 1997; Stadtgeschichten, 1999; Römische Elegien, 2000; Maui fängt die Sonne, 2001.

Cholera: Gegen diese meist aus Asien eingeschleppte Krankheit sowie die Pest wurden seit dem 15. Jh. Quarantänekordone an der türk. Grenze errichtet. 1830 wurde die C. aus Russland über Galizien nach NÖ. übertragen und erreichte im Herbst 1831 in Wien ihren Höhepunkt. Bis zu ihrem Ende 1832 fielen ihr in Wien 2000 Menschen zum Opfer. Ti. konnte durch einen Sanitätskordon davor bewahrt werden, in Wien wurde als Gegenmaßnahme die Kanalisation verbessert. Im Gefolge der preuß. Truppen traten 1866 im nördl. NÖ., Böhmen und Mähren viele C.-Fälle bei der Zivilbevölkerung auf.

Cholera: „Portrait eines cholera präservativ Mannes". Farblithographie, um 1832.

Chorherr, Christoph, * 9. 12. 1960 Wien, Wirt.-Wissenschaftler und Politiker (Grüne); Sohn von Thomas → Chorherr. Lehrbeauftragter an der Wr. Wirt.-Univ. und der Techn. Univ. Wien. 1991–97 Geschäftsführer eines Unternehmens für ökolog. Bauprojekte; 1991–96 nicht-amtsführender Stadtrat der Grünen in Wien, 1996/97 Bundessprecher der → Grünen und seit 1997 deren Klubobmann in Wien.

Chorherr, Thomas, * 27. 11. 1932 Wien, Jurist und Publizist; Vater von Christoph → Chorherr. Ab 1955 bei der Wr. Tageszeitung „Die → Presse", 1976–95 deren Chefredakteur, 1995–2000 Mit-Hg.; 1973–88 auch Univ.-Lektor in Wien. Vizepräs. des Presseclubs „Concordia", Mitgl. des Ö. Presserats.
Werke: Große Österreicher, 1985 (Hg.); Wien – Eine Geschich-

te, 1987; 1938 – Anatomie eines Jahres, 1987 (Hg.); Heiliger Zorn, 1989 (Hg.); Was ich davon halte, ²1997; Die roten Bürger, 2000; Wir Täterkinder, 2001 (Autobiographie); Eine kurze Geschichte Ö., 2003.

CHORINSKY, aus Polen stammendes, im 15. Jh. in Mähren ansässiges Adelsgeschlecht, aus dem mehrere hohe Beamte hervorgingen, Freiherren von Ledske. Bed. Persönlichkeiten aus der Familie: Ignaz Karl Gf. → Chorinsky, Gustav Ignaz Gf. → Chorinsky; Karl Gf. → Chorinsky.

CHORINSKY, Gustav Ignaz Graf, * 27. 1. 1806 Wien, † 15. 10. 1873 ebd., Beamter; Sohn von Ignaz Karl Gf. → Chorinsky, Vater von Karl Gf. → Chorinsky. 1850–60 Statthalter in Krain, 1860–62 in Mähren und Schlesien, 1849 und 1862–68 in NÖ. Hier führte er den Amtskalender (damals nur für NÖ.) ein. 1867 Mitgl. des Herrenhauses.

CHORINSKY, Ignaz Karl Graf, * 24. 3. 1770 Brünn (Brno, CZ), † 14. 4. 1823 Wien, Beamter; Vater von Gustav Ignaz Gf. → Chorinsky. Leitete 1805 während der franz. Besatzung die Nö. Landesregierung, später Vizepräs. der allg. Hofkammer und Vizekanzler der Vereinigten Hofkanzlei.

CHORINSKY, Karl Graf, * 18. 10. 1838 Linz (OÖ.), † 10. 7. 1897 Mödling (NÖ.), Jurist; Sohn von Ignaz Karl → Chorinsky. 1880–90 Landeshauptmann von Sbg., 1890 Präs. des Oberlandesgerichts Wien, Mitgl. des Herrenhauses.

CHORWESEN: Abgesehen von der Kirchenmusik, in der der Choralgesang zu den grundlegenden Traditionen gehört, und den (bis in das 19. Jh. allerdings sehr klein besetzten) Opernchören entwickelte sich ein eigenständiges Chorwesen erst im Zusammenhang mit der Institutionalisierung des bürgerl. Musiklebens – zu den neu gegr. Musikvereinen gehörte neben einer Musikschule meist auch eine Chorvereinigung (eine der bekanntesten ist der „Singverein" der Ges. der Musikfreunde); neben diesen bürgerl. Chorvereinigungen entstanden v. a. in der 2. Hälfte des 19. Jh. die oftmals national ausgerichteten Sängerbünde. Heute gibt es in Ö. zahlr. Chöre unterschiedlichster Größen und musikal. Zielsetzungen; die bekanntesten Amateurvereinigungen sind: Singverein, Singakad., A. Schoenberg Chor, Concentus vocalis. Der bekannteste ö. Berufschor ist die Konzertvereinigung Wr. Staatsopernchor, Weltruf genießen die Wr. Sängerknaben. → Sängerbund.

CHOTEK, Sophie Reichsgräfin (ab 1909 Herzogin von Hohenberg), * 1. 3. 1868 Stuttgart (D), † 28. 6. 1914 Sarajewo (BIH; ermordet). Aus böhm. Adelsfamilie (seit 1745 Reichsgrafen) stammend, Hofdame der Erzherzogin Isabella, ab 1900 in nicht ebenbürtiger (morganati-

Sophie Herzogin von Hohenberg mit Erzherzog Franz Ferdinand und ihren Kindern Ernst, Maximilian und Sophie. Foto, um 1910.

scher) Ehe mit Erzhzg. → Franz Ferdinand verheiratet. Fiel mit ihrem Ehemann in Sarajewo einem Attentat zum Opfer, das den Ersten → Weltkrieg auslöste.
Literatur: G. Brook-Shepherd, Die Opfer von Sarajewo, 1988 (engl. 1984).

CHRISMANN (auch Krismann, Crismann u. a.), Franz Xaver, * 22. 10. 1726 Reifenberg (Rihenberg, SLO), † 20. 5. 1795 Rottenmann (Stmk.), der bedeutendste Orgelbauer des 18. Jh. in Ö., zunächst Priester. Baute u. a. die Orgeln in der Linzer Jesuitenkirche, St. Florian (1774), Rottenmann (1795), Admont (1782, 1855 verbrannt) und der Schottenfelder Kirche in Wien (1790).
Literatur: ADB.

CHRISTALNICK, Michael Gotthard, * 1530/40 Kä., † 1595 St. Veit a. d. Glan (Kä.), protest. Prediger auf mehreren Schlössern, Kä. Landeshistoriker. Verfasste 1588 im Auftrag der Stände von Kä. nach dem Vorbild von W. Lazius eine Chronik, die H. Megiser als „Annales Carinthiae …" (2 Bde.) 1612 edierte.
Literatur: K. Großmann, C., Megiser und die Annales Carinthiae, MIÖG 57, 1949; W. Neumann, M. G. C., Kä. Beitrag zur Geschichtsschreibung des Humanismus, 1956.

CHRISTBAUM, zu Weihnachten aufgestellter Nadelbaum, geschmückt mit Lichtern, Kugeln und Naschwerk. Größere Verbreitung fand der C. erst um die Mitte des 19. Jh., Vorläufer finden sich in der Reformationszeit bei Zünften und Handwerkern bzw. später an protestant. Fürstenhöfen (Kerzenschmuck erstmals um 1660 in einer Jugenderinnerung von Liselotte von der Pfalz für den Hannoverschen Hof bezeugt). Zur Zeit des Wr. Kongresses 1814/15 wurden von protest. Adeligen, die von Deutschland nach Wien gekommen waren, sowie im zumeist jüd. Großbürgertum die ersten C. in Wien aufgestellt. Der älteste Beleg über ein von Baron Nathan von Arnstein nach „Berliner Sitte" gefeiertes Weihnachtsfest stammt aus dem Jahr 1814; 1816 beging die Gemahlin Erzhzg. Karls, Henriette von Nassau, das Fest mit einem Lichterbaum. Obwohl bereits 1829 am Schottentor die ersten C. gewerbsmäßig verkauft wurden, schlossen sich kath. Kreise nur zögernd dem neuen Brauch an, der die bis dahin übliche Krippe zurückdrängte. Während der C. um 1850 im bürgerl. Mittelstand fester Bestandteil der weihnachtl. Familienfeier wurde, war er den anderen Gesellschaftsschichten, z. T. bis zum Ende des 19. Jh., weitgehend unbekannt. Im ländl. Raum spielte der C. noch länger keine bedeutende Rolle in der weihnachtl. Festgestaltung.

Die Aufstellung von C. im Freien, v. a. vor Schulen und Kirchen, wurde bereits 1871 in der „Gartenlaube" propagiert („C. für alle") und im 20. Jh. zusehends populär (erstmals 1912 in New York). In Ö. standen in der Zwischenkriegszeit die ersten elektrisch beleuchteten C. vor der Wr. Oper, 1955 fanden sie sich bereits in über 600 Orten. Seit 1959 wird jährlich ein Baum als Geschenk eines Bundeslandes an die Bundeshauptstadt vor dem Wr. Rathaus aufgestellt.
Literatur: R. Wolfram, C. und Weihnachtsgrün, in: Ö. Volkskundeatlas, 2. Lfg., 1965; H. P. Fielhauer, C.-Nachlese, in: Ö. Ztschr. f. Volkskunde 82/33, 1979; H. M. Wolf, Das Brauchbuch, 1992; dies., Ö. Feste und Bräuche im Jahreskreis, 2003.

CHRISTEN, Ada (geb. Christine Rosalia Frideriks, in 2. Ehe verheiratet mit Adelmar v. Breden), * 6. 3. 1839 Wien, † 23. 5. 1901 ebd., Dramatikerin, Erzählerin und Lyrikerin. Die aus ärml. Verhältnissen stammende Autorin gehörte zum Schriftstellerkreis um L. → Anzengruber, F. → Hebbel und F. v. → Saar. Beeinflusste mit ges.-krit. Werken die frühen Naturalisten.
Werke: Dramen: Die Häuslerin, 1867; Faustina, 1871. – Lyrik: Lieder einer Verlorenen, 1868; Aus der Asche, 1870; Aus der Tiefe, 1878. – Roman: Ella, 1869. – Novellen: Aus dem Leben, 1878; Jungfer Mutter, 1892. – Ausgabe: Ausgew. Werke, hg. v. W. A. Hammer, 1911.

Franz Xaver Chrismann: Bruckner-Orgel in der Stiftskirche St. Florian, OÖ.

Ada Christen. Foto.

CHRISTIANISIERUNG

Literatur: J. Pattiss, Die Prosa A. C., Dipl.-Arb., Innsbruck 1991; J. Rathner, Zw. Provokation und Resignation, Dipl.-Arb., Salzburg 1992; K. H. Rossbacher, Literatur und Liberalismus, 1992.

CHRISTIANISIERUNG: Nach dem Zerfall der röm. Herrschaft im ö. Bereich zerbrach auch die kirchl. Organisation. Trotzdem dürfte der christl. Glaube bei der Restbevölkerung fortbestanden haben. Die ostgermanischen Stämme der Völkerwanderung waren in der Mehrzahl Arianer, die Hunnen, Bajern, Slawen und Awaren Heiden. Die neue C., die sich in mehreren Wellen vollzog, wurde politisch durch die Franken eingeleitet und v. a. im 8. Jh. durch die Karolinger gefördert.

Die ersten Versuche erfolgten nach 600 durch iroschottische Mönche. Deren Hauptvertreter → Kolumban der Jüngere errichtete um 610 bei Bregenz ein Kloster und eine Kirche, musste aber 2 Jahre später nach Italien abziehen († 615 in Bobbio). Sein Schüler Eustasius bekehrte in Bayern und wirkte in Lorch, doch kehrte er 629 nach Irland zurück. Für Ö. wurde auch → Gallus († um 645) wichtig, der die Mission der Alemannen des Bodenseeraums vollendete und Vbg. auf die Bistümer Chur und Konstanz aufteilte. Darüber hinaus erreichte die von einzelnen Mönchen getragene iro-schottische Mission nur punktuelle Wirkung; ihr letzter Vertreter im 8. Jh. war Bischof → Virgil von Salzburg.

Neue Wirkungsstätten wurden um 700 Klosterbischöfen aus dem fränkischen Bereich vom bairischen Herzog zugewiesen: Emmeram aus dem südwestl. Gallien wirkte in Regensburg, Corbinian aus dem gallofränkischen Seinegebiet in Freising, → Rupert aus der Gegend um Worms in Salzburg. Letzterer traf auf einen Grundstock christl. Bevölkerung, das Kloster St. Peter in Salzburg besaß noch eine iro-schottische Mönchsgemeinschaft. Noch im 8. Jh. wurden von Salzburg aus die Maximilianzelle in Bischofshofen und 731 ein Bistum in Passau gegründet, dessen erster Bischof Vivilo hieß. Diesen Bischöfen und ihren Helfern gelang die weitgehende C. der Baiern.

Als dritter Faktor der C. wirkte die angelsächsische Mission, deren Hauptvertreter → Bonifatius 739 die bairische Kirche auf päpstl. Weisung und mit Zustimmung des Baiernherzogs ordnete und das Stammesgebiet in 4 Bistümer gliederte, die künftig auch die kirchl. Struktur Ö. bestimmten. Das iro-schottische Gepräge verschwand, obwohl es Virgil in Salzburg erhalten wollte. Die weiteren Fortschritte der C. waren an den Aufstieg des karolingischen Reichs gebunden. Dieses garantierte den Bestand des Christentums sowie Neugründungen und den Ausbau der kirchl. Einrichtungen (Erzbistum Salzburg 798).

Von den Bistümern wurde die Mission in die slawischen Gebiete getragen. Bischof Virgil von Salzburg († 784) baute bis 774 eine ansehnliche Kirche an der Stelle des jetzigen Doms und begann die Missionierung der Slawen in Karantanien. In Maria Saal errichtete der ihm unterstellte Chorbischof Modestus eine Kirche (geweiht 767). 833 wurde Fürst Priwina im sbg. Stützpunkt Traismauer getauft. Durch diese Aktivitäten erwarb Salzburg einen großen Sprengel, der im 11. und 12. Jh. durch die Eigenbistümer Gurk, Seckau und Lavant zusätzlich erweitert wurde.

Passau wurde die Missionierung des Donautals übertragen, die im 9. Jh. große Fortschritte machte und auch die Slawen in Mähren einbezog. In der karolingischen Mark wurden Klöster (St. Florian, St. Pölten) gegründet und Kirchen errichtet, es wurde aber noch keine Pfarrorganisation geschaffen. In der 2. Hälfte des 9. Jh. entstand durch die Slawenbischöfe Kyrill und Method eine Konkurrenz, gegen die sich die bairischen Bischöfe zur Wehr setzten und auf ihre eig. Missionserfolge verwiesen.

Die C. der einheimischen Bevölkerung (die Zuwanderer waren durchwegs christlich) erlitt durch den Ungarnvorstoß des 10. Jh. im östl. Ö. Rückschläge und wurde erst im ausgehenden 10. Jh. vollendet. Dies beweisen Friedhöfe dieser Zeit, auf denen christl. und heidnische Bewohner nebeneinander begraben wurden. Die Errichtung von Marken um 970 und deren Kolonisation geschah im Zeichen des Christentums, führte zur planmäßigen Errichtung von Pfarren, zur Gründung neuer Klöster und zum Aufbau einer Kultur, die völlig vom Geist des Christentums getragen war.

Literatur: H. Koller, Die C. des Ostalpenraumes, in: Religion und Kirche in Ö., Schriften des Inst. f. Österreichkunde, 1972; H. Ubl, Frühchristl. Ö., in: Severin. Zw. Römerzeit und Völkerwanderung, Ausst.-Kat., Enns 1982 (mit Verz. der römerzeitl. christl. Kirchen in Ö.); St. Peter in Salzburg, Ausst.-Kat., Salzburg 1982.

Christkindl bei Steyr. Aquarell, um 1830.

CHRISTKINDL, OÖ., Wallfahrtskirche in der Gem. Steyr. Die zweitürmige Kirche wurde 1706 von C. A. Carlone begonnen und von J. Prandtauer vollendet. Kuppelfresko und Seitenaltarbilder von C. v. Reslfeld. Im Hochaltar Teil jenes Baums, auf den die Wallfahrt zurückgeht. Durch das Weihnachtspostamt (seit 1950) wurde der Ort weltbekannt.

CHRISTKINDLMARKT, Markt in der Vorweihnachtszeit in verschiedenen Städten Ö. In Wien ist der Budenverkauf von Süßigkeiten zur Weihnachtszeit bereits um 1600 als „Thomasmarkt" auf dem Graben und auf der Brandstätte nachweisbar; später (ab 1772) auf der Freyung und (seit 1842) auf dem Platz Am Hof. Zw. 1920 und 1975 wechselten die Standorte mehrmals (Freyung, Stephansplatz, Neubaugürtel, Kalvarienberggasse in Hernals und Messepalast), seither findet der große Wr. C. auf dem Rathausplatz statt. Ende der 80er Jahre entwickelten sich weitere kleinere C. (Spittelberg, „Alt-Wr. C." auf der Freyung) als Gegentrend zu den immer stärker kommerzialisierten Märkten. Daneben

Christianisierung: Hl. Rupertus. Romanisches Fresko (Mitte 12. Jh.) in der Benediktinerinnenabtei Nonnberg in Salzburg.

Christkindlmarkt in St. Pölten, NÖ.

gibt es zahlr. Pfarr-C. (Weihnachtsbasare) zu karitativen Zwecken.
Literatur: F. Czeike, Advent- und Weihnachtsbräuche im alten Wien, in: Wr. Geschichtsblätter, 45. Jg., 1990; H. M. Wolf, Das Brauchbuch, 1992; dies., Ö. Feste und Bräuche im Jahreskreis, 2003.

CHRISTLICHE GEWERKSCHAFTEN: Im letzten Jahrzehnt des 19. Jh. entstanden innerhalb der → christlichsozialen Bewegung Gewerkschaften, die 1906 eine Reichskommission und 1909 eine Zentralkommission bildeten. Sie hatten 1913 37.000 Mitglieder (10 % gegenüber den soz.-dem. Gewerkschaften). Nach dem 1. Weltkrieg wurden sie als Folge der veränderten polit. Kräfteverhältnisse stärker (1932: 100.606 Mitgl.). Es gehörten ihnen v. a. Staatsbedienstete, Angestellte, Landarbeiter, Hausbedienstete, Portiere und kleingewerbl. Arbeiter an. In der Ind. verfügten sie nur im Tabak- und Textilbereich über eine größere Anhängerschaft. Bei den c. G. war der Anteil der Frauen stärker als bei den freien Gewerkschaften (1920: 50 % zu 23,9 %; 1932: 31,6 % zu 22,1 %). Die c. G. waren 1934–38 Kern des Gewerkschaftsbundes.
Literatur: L. Reichhold, Geschichte der c. G. Ö., 1987.

CHRISTLICHE SOZIALLEHRE: Im 19. Jh. kam im Zusammenhang mit der soz. Frage die Forderung nach einer Sozialreform auf, die zu einem Hauptziel der erneuerten kath. Soziallehre und der → christlichsozialen Bewegung wurde. Die christl. Sozialreformer übten Kritik an der liberal-kapitalist. Wirt.- und Gesellschaftsordnung und forderten den strukturellen Umbau sowie die Wiedervereinigung von Arbeit und Kapital. Die c. S. wurde zu einem eigenständigen Weg zw. individualist. Liberalismus und kollektivist. Sozialismus.
Literatur: A. Rauscher, Sozialreform, in: Kath. Soziallexikon, ²1980.

CHRISTLICHSOZIALE BEWEGUNG: Anfang des 19. Jh. zeigten sich in Ö., v. a. in Wien, erste Ansätze einer c. B., so im romant. „Wr. Zirkel" um Clemens Maria → Hofbauer. Im Revolutionsjahr 1848 schufen S. Brunner (mit seiner „Wr. Kirchenzeitung" Vorläufer des kath. Pressewesens), A. Günther, J. E. Veith, C. v. Hock, W. Gärtner und J. M. Häusle einen christl.-demokrat. „Katholikenverein", der von Laien geleitet wurde. Diese jungen Kräfte mussten nach der Niederwerfung der Revolution bzw. nach dem Konkordat 1855 wieder dem kath. Konservativismus des Adels- und Kirchenkreise weichen, aus denen aber dann die eigentlichen führenden Männer der c. B. kamen.
Der Wr. Kardinal A. → Gruscha schuf 1852 Gesellenvereine nach dem Vorbild der dt. Kolping-Vereine. Kosegarten plante kath. Arbeitervertretungen und -krankenkassen. L. Psenner und A. Latschka gründeten 1887 den Christl.-soz. Verein, kurz vorher war die Zweckgemeinschaft der Vereinigten Christen entstanden, in deren Reihen neben F. Piffl, F. Stauracz, Ä. Schöpfer, A. Opitz auch K. Lueger und Prinz A. → Liechtenstein für die Ideen einer christl. Sozialreform eintraten. Die ideolog. Richtlinien der Bewegung gab K. Frh. v. → Vogelsang vor, der „Altvater" der Bewegung. Seinen Ideen schlossen sich R. Mayer, R. Graf Belcredi, A. Geßmann, Prinz A. v. Liechtenstein und K. Lueger an, der aus dem von A. Schneider und Zerboni gegr. Ö. Reformverein kam. Der Tätigkeit dieser Männer sind zahlr. Sozialgesetze der 80er Jahre des 19. Jh. (z. B. Arbeiterschutzgesetze, Gewerbeinspektorate) zu verdanken. Vogelsang und Liechtenstein wurden Gründer und geistige Führer der „Freien Vereinigung kath. Sozialpolitiker", einer Keimzelle der christl. Sozialreform.
Die Bewegung erhielt durch den Allg. Ö. Katholikentag in Wien (1889) und durch die Sozialenzyklika „Rerum novarum" (1891) von Papst Leo XIII. ihre Vertiefung. Pater H. → Abel kämpfte im Verein bundesgenossenschaftl. Handwerker und Arbeiter für die Zusammenarbeit von Meistern und Gesellen. In diesen Jahren kamen sich die einzelnen Gruppen der c. B., die Vereinigten Christen, die Demokraten, die gewerbl. Reformer, die Christl.-Soz., die Katholisch-Konservativen, immer näher. Das letzte Jahrzehnt des 19. Jh. brachte der c. B. den polit. Sieg. 1892 gründete L. → Kunschak den Christl.-soz. Arbeiterverein, ein Jahr später wurden die verschiedenen Gruppen in der → Christlichsozialen Partei unter Führung K. → Luegers vereinigt. 1894 wurde auf Initiative von F. M. Schindler der erste sozialpolit. Kurs im Rahmen der Leo-Ges. in Wien abgehalten. Diese Kurse wurden, wie die in die Geschichte der Partei eingegangenen Enten-Abende, Pflanzstätten der neuen c. B., deren weitere Entwicklung allerdings immer enger mit der Parteipolitik verschmolz, in der die Konservativ-Klerikalen und Bürgerlichen, das Bauerntum und die Wirtschaftskreise die Führung an sich rissen. So musste Anton → Orel, der 1905 mit dem Bund der Arbeiterjugend Ö. (seit 1901 Verband der christl. Jugend Ö.) im Sinn K. v. Vogelsangs eine christl.-antikapitalist. Jugendbewegung ins Leben gerufen hatte, mit seinen Anhängern aus der Partei austreten, auch weil L. Kunschak mit dem Reichsbund der christl. Arbeiterjugend bereits eine Gegenorganisation geschaffen hatte.
Die neue „Wr. Richtung" A. Orels nach dem 1. Weltkrieg zielte, wie zu Beginn der c. B., auf eine „Entbürgerlichung" des kirchl. und polit. Lebens ab. Neben A. Orel waren E. K. Winter, K. Lugmayer, J. Eberle und z. T. auch O. Spann in dieser Richtung führend. Die vielfältig verzweigte Wr. Richtung führte 1925 zum Manifest „Lehren und Weisungen der Kirche über soz. Fragen der Gegenwart", vorbereitet durch S. Waitz und Johannes Messner, ergänzt durch die Wr. kath. soziale Tagung 1929. Der Ständestaat 1934–38 erweiterte den Abstand zw. den „Bürgerlichen" und der christl.-soz. Arbeiterschaft erneut.
Die Grundlage der c. B. nach 1945 bildet der Sozialhirtenbrief der ö. Bischöfe von 1957. Das Inst. für Sozialpolitik und Sozialreform hielt seit 1954 „Wr. Soziale Wochen" ab. Zentrum der c. B. ist gegenwärtig die Kath. Sozialakad., die Konzepte erarbeitet und Veranstaltungen organisiert.
Literatur: Das christl.-soz. Programm. Mit Erläuterungen von R. Schmitz, 1932; A. Fuchs, Geistige Strömungen in Ö. 1867–1918, 1919; L. Kunschak, 45 Jahre Christl.-soz. Arbeiterverein, 1937; G. Schmitz, Die Entwicklungsgeschichte der christl.-soz. Volksbewegung in OÖ. (1875–91), Diss., Wien 1938; H. Müller, Sozialpolitik und christl.-soz. Bewegung, Diss., Wien 1947; F. Funder, Vom Gestern ins Heute, 1952; Aufbruch zur christl. Sozialreform, 1953; W. Bredendieck, Christl. Sozialreformer des 19. Jh., 1953; A. Diamant, Die ö. Katholiken und die 1. Republik, 1960; E. Weinzierl, Die kath. Kirche, in: dies. und K. Skalnik, Die 2. Republik, Bd. 2, 1972; J. W. Boyer, Political Radicalism in Late Imperial Vienna, 1981; E. Weinzierl, Kirche seit 1980, in: E. Fröschl, 15 Jahre, die Ö. verändert haben, 1986; dies., Prüfstand. Ö. Katholiken und der Nat.-Soz., 1988.

Christlichsoziale Partei: Karl Lueger (rechts) im Kreis von Anhängern in einem Gasthausgarten. Foto, um 1905.

Hl. Christophorus. Gotische Statue aus der Pfarrkirche Hallstatt, OÖ.

CHRISTLICHSOZIALE PARTEI, 1893 von K. → Lueger als demokrat. Partei gegr. Die Keimzelle der C. P. waren die „Vereinigten Christen", der „Christl.-soz. Verein" (1887 gegr.) und der „Christl.-soz. Arbeiterverein" aus den Reihen der → christlichsozialen Bewegung. Die Partei bekämpfte aus einer Position des Antisemitismus den Liberalismus und die Deutschliberale Partei. Lueger zur Seite standen K. v. → Vogelsang und Prinz Aloys → Liechtenstein. Da hinter Lueger das kleine und mittlere Bürgertum von Wien stand, erhielt seine Partei 1895 im Wr. Gemeinderat die Zweidrittelmehrheit. Durch ihre großösterr.-föderalist. Politik gewann die Partei schließlich die Sympathie von Hof und Adel, die ihr anfangs ablehnend gegenüberstanden; durch die Vereinigung mit den altklerikalen, konservativen Gruppen die der bäuerlichen Massen.

Aus den Reichsratswahlen 1907 ging die C. P. („Dt. Christl.-Soz." und Altklerikale) als stärkste Partei im Abgeordnetenhaus hervor, erlitt aber nach dem Tod Luegers (1910) bei den Wahlen 1911 eine Niederlage. Seit dieser Niederlage, durch die sie ihre Stimmenmehrheit in Wien an die Soz.-Dem. verlor, erhielt die Partei ihre Wählerstimmen hauptsächl. von der kath. Landbevölkerung und vom Bürgertum. Während des 1. Weltkriegs stand die C. P. auf der Seite der Staatsautorität; nach dem Umsturz 1918 stimmte sie für die Errichtung der Republik und zunächst auch für einen Anschluss an Deutschland.

1918–20 bildete sie mit der Soz.-dem. Partei eine Koalitionsregierung, übernahm aber 1920 als stärkste Partei in Koalition mit der → Großdeutschen Volkspartei (bis 1932) und dem → Landbund (1927–34) die Regierungsgeschäfte. Sie stellte ab 1920 – mit Ausnahme von 1921/22 und 1929/30 (J. → Schober) – den Bundeskanzler, 1928–38 auch den Bundespräs. (W. → Miklas). Nach dem Rücktritt von I. → Seipel (1929) als Parteiobmann übernahm C. → Vaugoin die Führung der C. P., der eine Annäherung an die → Heimwehr anstrebte. Da sich das Bündnis mit dieser nicht bewährte, kehrte die C. P. wieder zur Koalitionspolitik mit Großdeutschen und Landbund zurück (ab 1932 mit den Landbündlern allein). Nach dem Ende der parlamentar. Demokratie (1933/34), der Gründung der → Vaterländischen Front und der Verkündigung der Maiverfassung löste sich die C. P. im September 1934 auf und ging in der Vaterländischen Front auf.

Nach 1945 übernahm die hauptsächlich von ehem. christl.-soz. Politikern neu geschaffene → Österreichische Volkspartei die Tradition der C. P.

Literatur: F. Stauracz, Eine wahre Volkspartei …, 1904; R. Kralik, K. Lueger und der christl. Sozialismus, 1923; A. Ernst, Die C. P. und die ö. Sozialpolitik bis 1918. Diss., Wien 1948; F. Funder, Vom Gestern ins Heute, 1952; Protokolle des Klubvorstandes der C. P. 1932–34, 1980.

CHRISTOFBERG, Kä., 957 m, Aussichtsberg nördl. von Pischeldorf im Klagenfurter Becken; St. Christof (904 m), mit got.-barocker Wallfahrtskirche (Roggenopfer zum Erntesegen).

CHRISTOPHORUS, Hl., Fest 25. Juli; hist. Gestalt. Der Legende nach ein Heide von riesiger Gestalt, der Pilger über einen Fluss brachte, das Jesuskind trug und dabei getauft wurde. Oft an Haus- und Kirchenfassaden dargestellt, wo das Jesuskind von weitem sichtbar war. Patron der Schiffer, Fährleute, Autofahrer, gegen unvorhergesehenen Tod.

Literatur: G. Benker, C., 1975; Die 14 Nothelfer, so zu Anger und in den Alpenländern, 1993.

CHROBAK, Rudolf, * 8. 7. 1843 Troppau (Opava, CZ), † 1. 10. 1910 Wien, Gynäkologe. Prof. in Prag und Wien, Mitbegründer der modernen Gynäkologie, guter Operateur; entwarf und leitete mit F. → Schauta den Neubau der Wr. Frauenkliniken.

Werk: Allg. gynäkolog. Therapie und Untersuchungsmethode, in: Hb. der Frauenkrankheiten, 1879.

Literatur: ÖBL; NDB.

Chroniken: Aus dem Fürstenbuch von Jans Enikel, um 1280.

CHRONIKEN, Geschichtswerke, die entweder die Weltgeschichte von Anbeginn bis in die Zeit des Autors oder die Geschichte eines Reiches, Landes oder einer Familie schildern, wobei im Unterschied zu den → Annalen weniger die chronolog. Abfolge im Vordergrund steht, sondern auch Zusammenhänge hergestellt werden. Zur heilsgeschichtl. Gruppe zählt in Ö. das „Chronicon seu historia de duabus civitatibus" des → Otto von Freising, worin in 7 Büchern (bis 1146) die Weltgeschichte, in einem 8. Buch die Vision vom Weltuntergang und Jüngsten Gericht dargestellt wird. Die 2. Gruppe beginnt mit dem „Breve Chronicon Austriae Mellicense", in dem der Melker Abt Konrad I. (1177–1203) die Geschichte der Babenberger, ausgeschmückt mit vielen Sagen, darstellt. In dt. Sprache und in Versform schrieb der Wr. Bürger Jans → Enikel um 1280 sowohl eine „Weltchronik" als auch ein „Fürstenbuch von Ö. und Steier" mit einer Darstellung der Geschichte seit der heidnischen Zeit. In derselben Form wurde um 1318 die „Steir. Reimchronik" von Ottokar aus der Gael verfasst. Im Auftrag Hzg. Albrechts III. schrieb der Augustinermönch Leopold → Stainreuter die „Chronik von den 95 Herrschaften", worin er die Geschichte des Landes seit der Sintflut erzählt. Diese wurde von späteren Autoren übernommen, auch von Thomas → Ebendorfer in seiner „Chronica Austriae". Daneben gibt es seit dem 14. Jh. regionale Chronisten wie Johann von Viktring („Liber certarum historiarum") oder Jakob Unrest, der neben einer ö. auch eine Chronik Kä. verfasste. Für NÖ. ist die „Kleine Klosterneuburger Chronik" zu erwähnen. In der Neuzeit trat in der Historiographie der Chronikstil zugunsten einer Schilderung nach sachl. Zusammenhängen in den Hintergrund. Im Bereich der Landesgeschichte sowie bei Gem., Vereinen und Institutionen erlebt die Form der Chronik in neuerer Zeit eine Renaissance.

Literatur: A. Lhotsky, Quellenkunde zur ma. Geschichte Ö., 1963.

CHVOSTEK, Franz sen., * 21. 5. 1835 Mistek (CZ), † 16. 11. 1884 Wien, Internist; Vater von Franz → Chvostek jun. Prof. am Josephinum (Militärärzte-Akad.) in Wien. Nach ihm ist das c.sche Zeichen benannt: Übererregbarkeit motorischer Nerven, bes. im Gesicht, bei Spasmophilie und Tetanie, so dass Beklopfen des Gesichts Muskelzuckungen auslöst.
Literatur: ÖBL; NDB.

CHVOSTEK, Franz jun., * 3. 10. 1864 Wien, † 17. 4. 1944 Burg Groppenstein (Kä.), Internist; Sohn von Franz → Chvostek sen. Prof. in Wien, begründete die moderne Erbbiologie und -pathologie. Nach ihm ist die c.sche Anämie benannt, eine mit Bauchspeicheldysfunktion verbundene Anämie.
Literatur: ÖBL; NDB.

CHYTRÄUS, David (eigentl. D. Kochhafe), * 26. 2. 1531 Ingelfingen (D), † 25. 6. 1600 Rostock (D), evangel. Theologe und Schulorganisator. Nahm durch seine Kirchenordnungen für NÖ., Stmk., Kä., Krain und Görz starken Einfluss auf die Entwicklung des Luthertums in diesen Ländern und schuf mit der Schulordnung für die protestant. Landschaftsschule in Graz einen Schultyp, der vom Elementarunterricht bis zu einer rhetorisch-jurist. Ausbildung führte.
Literatur: P. F. Barton, Um Luthers Erbe, in: Untersuchungen zur Kirchengeschichte 6, 1972.

CIBULKA, Heinz, * 16. 1. 1943 Wien, Künstler und Fotograf. Studierte 1957–61 an der Graph. Lehr- und Versuchsanstalt in Wien, Bekanntschaft mit R. → Schwarzkogler und H. → Nitsch. Ab 1972 Fotozyklen und Bildgedichte (v. a. zum Thema „Land") sowie Objekte und Objektbilder, später auch Stadtzyklen. Seit 1993 digitale Bildcollagen und -zyklen. Mitbegründer des Ö. Fotoarchivs und der nö. Fotoinitiative „FLUSS".
Literatur: K. Kaindl, H. C. Arbeiten 1965–2000, 2001.

CIESLAR, Adolf, * 25. 9. 1858 Blogotitz (Cieszyn, PL), † 14. 7. 1934 Wien, Forstwissenschaftler. Studium und wiss. Laufbahn in Wien, ab 1905 Prof. für forstl. Produktionsweise an der Hochschule f. Bodenkultur. Beschäftigte sich v. a. mit Fragen der Vererbung bei Waldbäumen.

CILLI, Grafengeschlecht in der damaligen S-Stmk. (heute Slowenien). Die Freien von Soune (Souneck) beerbten die Grafen von Heunburg u. Ortenburg und wurden 1341 von Ks. Ludwig IV. als Grafen von Cilli anerkannt; durch Heiraten mit hochrangigen Familien (u. a. Luxemburger) stiegen sie weiter auf. Die Grafen wurden 1436 durch Ks. Sigismund endgültig zu Reichsgrafen erhoben und besaßen viele Herrschaften, Gülten und Rechte in den habsb. Erbländern (Stmk., Kä., Krain, Ö.) und in den Ländern der Stephanskrone (Kroatien, Slawonien). Während Friedrich III. die Entstehung eines eig. Territoriums der Grafen von C. verhindern wollte, genoss Graf Ulrich II. am ungar. Hof sehr hohen Einfluss, bes. während der Minderjährigkeit des → Ladislaus Postumus. Am 9. 11. 1456 wurde Graf Ulrich von C. in Belgrad durch Ladislaus Hunyádi, den Sohn des ungar. Reichsverwesers und Bruder von → Matthias Corvinus, ermordet. Seine ungar. Besitzungen fielen an die Stephanskrone, die in den habsb. Ländern bis 1460 (Friede von Pusarnitz) an Friedrich III.
Literatur: H. Pirchegger, Die Grafen v. C., 1955.

CIMBURGIS (Cymbarka, Cymburga) von Masowien, * 1394/97 Warschau (PL), † 28. 9. 1429 Türnitz (NÖ.), ab 1412 verheiratet mit Hzg. → Ernst (dem Eisernen) von Inner-Ö. (Stmk.). Stammte aus einer Nebenlinie der Piasten, brachte 9 Kinder zur Welt, darunter den späteren Ks. → Friedrich III., somit Stammmutter der späteren → Habsburger. Begraben in Lilienfeld (NÖ.).
Literatur: M. Schellmann, Zur Geschichte Hzg. Ernsts des Eisernen, Diss., Wien 1966.

CISLEITHANIEN (lat., Land diesseits der Leitha im Gegensatz zu Transleithanien = Ungarn), in der Umgangssprache übl. Bezeichnung der westl. Reichshälfte (offiziell „die im Reichsrat vertretenen Königreiche und Länder") der ö.-ungar. Monarchie nach 1867.

CIZEK, Franz, * 12. 6. 1865 Leitmeritz (Litoměřice, CZ), † 17. 12. 1946 Wien, Maler und Kunstpädagoge. Förderte in seiner Mal- und Zeichenschule als erster die freie Entfaltung der spontanen künstlerischen Aktivität der Kinder. Seine Schule wurde 1897 staatlich anerkannt, 1906 als Versuchsschule in die Kunstgewerbeschule eingegliedert (Ernennung zum Prof.), ab 1910 als Sonderkurs für Jugendkunst geführt. C. nahm starken Einfluss auf die Entwicklung der Kunsterziehung und gewann bes. in England und Amerika viele Anhänger. 1914 gründete er die Vereinigung „Kunst und Schule" sowie die gleichnamige Ztschr., die 1922 in der Ztschr. „Die Quelle" aufging.
Werke: Papier-, Schneide- und Klebearbeiten, 1914; Weihnacht, 1922; Triebhaft bildendes Schaffen der Jugend (Nachlass).
Literatur: L. W. Rochowanski, Die Wr. Jugendkunst, ²1946; F. C., Pionier der Kunsterziehung, hg. vom Hist. Mus. der Stadt Wien, Ausst.-Kat., 1985.

CLAIRMONT (Klarberg), Paul, * 10. 1. 1875 Wien, † 1. 1. 1942 St. Prex (CH), Chirurg. Prof. in Wien und Zürich, namhafter Operateur der Magen-Darm-Chirurgie.
Literatur: NDB.

CLAM-GALLAS, Eduard Graf, * 11. 3. 1805 Prag (CZ), † 17. 3. 1891 Wien, General. Wurde 1846 Generalmajor, 1861 General der Kavallerie und Mitgl. des Herrenhauses; 1865 Oberstofmeister Ks. Franz Josephs; 1866 Kommandant des 1. Armeekorps im preuß.-ö. Krieg.
Literatur: ÖBL.

Cimburgis-Statue am Maximiliansgrab in der Hofkirche in Innsbruck, Ti.

Franz Cizek. Foto, 1931.

Vorlage für ein Kasperlpuppentheater aus der Kinderklasse von Franz Cizek, um 1910.

CLAM-GALLAS-PALAIS, Wien 9, mit klassizist. Fassade, 1834 als dietrichsteinsches Sommerpalais erbaut. Seit 1954 Gebäude des → Lycée Français.
Literatur: NDB.

CLAM-MARTINIC, Heinrich Graf, * 1. 1. 1863 Wien, † 7. 3. 1932 Burg Clam (Gem. Klam, OÖ.), Staatsmann und Offizier. Vertrauter des Thronfolgers → Franz Ferdinand, ab Okt. 1916 Ackerbaumin., Dez. 1916 bis Juni 1917 auch Min.-Präs.; bemühte sich um einen Ausgleich in der Nationalitätenfrage; 1917–18 Militärgouverneur in Montenegro.
Literatur: F. Höglinger, Min.-Präs. H. Gf. C.-M., 1964.

CLARE, Georg (eigentl. Georg Klaar), * 20. 12. 1920 Wien, Schriftsteller, Verlagsleiter. Emigrierte 1938 über Irland nach Großbritannien; seine Eltern wurden in Auschwitz getötet. Ab 1941 als Freiwilliger in der brit. Armee, 1946–54 in der Control Commission for Germany tätig, seit 1947 brit. Staatsbürger. 1954–83 Verlagsdirektor im Axel-Springer-Verlag in London. W. H. Smith Literary Award für sein Buch „Last Waltz in Vienna" (1981; Letzter Walzer in Wien, 1984; Neuausgabe 2001), das als Grundlage von Fernsehdokumentationen von ORF und BBC diente.
Weiteres Werk: Berlin Days 1946–47, 1989.

CLARY-ALDRINGEN, aus Florenz stammendes Adelsgeschlecht; Aufstieg im 17. Jh., 1659 Freiherren, 1666 Grafen, 1757 Fürsten. Güter in Teplitz (Böhmen) bis 1945. Wr. Palais in der Herrengasse 9 (1924–97 Nö. Landesmuseum). Manfred Gf. v. → Clary-Aldringen.

CLARY-ALDRINGEN, Manfred Graf von, * 30. 5. 1862 Wien, † 12. 2. 1928 Schloss Hernau bei Salzburg, Staatsmann. 1898–1918 Statthalter der Stmk., 1899 für 10 Wochen Min.-Präs., hob die badenischen Sprachverordnungen auf.
Literatur: A. C.-A., Geschichten eines alten Österreichers, 1977.

CLAUDIA VON MEDICI, * 4. 6. 1604 Florenz (I), † 25. 12. 1648 Innsbruck (Ti.), Erzherzogin von Ö., 1632 Landesfürstin von Ti.; Tochter von Groß-Hzg. Ferdinand I. von Toskana, 1626 Gemahlin von Erzhzg. → Leopold V. († 1632). 1632–46 regierte sie mit einem 5-köpfigen Ratskollegium (darunter W. → Biener) anstelle ihres unmündigen Sohnes Ferdinand Karl (* 1628). Sie ließ im 30-jähr. Krieg in der Scharnitzer Klause an der bayr. Grenze die Festung „Porta Claudia" errichten (1805 gesprengt) und förderte tatkräftig Kunst (Einführung des Barocktheaters), Handel (neue Verfassung der Bozener Messe, 1635) und Handwerk in Ti.
Literatur: F. H. Hyein: Die Habsburger, hg. von B. Hamann, ⁴1993; NDB.

CLEMENCIC, René, * 27. 2. 1928 Wien, Komponist, Instrumentalist (Blockflöte), Ensembleleiter. Studierte Philosophie und Musikwiss. in Paris und Wien. Wurde mit seinen Ensembles „Musica Antiqua" (1958–68) und „Clemencic Consort" (seit 1969) einer der wichtigsten Wegbereiter für die hist. Aufführungspraxis, wobei er sich bes. der Musik des MA und der Renaiss. widmete. Zahlr. Plattenaufnahmen und Publikationen.
Literatur: G. Brosche (Red.), Musikal. Dokumentation R. C., Ausst.-Kat., Wien 1999.

CLEMENTSCHITSCH, Arnold Jakob, * 18. 6. 1887 Villach (Kä.), † 11. 12. 1970 ebd., Maler, Graphiker und Schriftsteller. Ab 1908 Studium in Wien und München. Seiner ersten nachimpressionist. Phase folgte eine Phase mit reduzierender expressiver Ausdrucksweise. Großer Ö. Staatspreis 1963.
Werke: Publikationen: Wege und Irrwege eines Malers, 1947; Rhythmen und Reime, 1947. – Gemälde: Tanzpaare auf dem Eis, 1918; Porträt H. Boeckl, 1925; Am Lido, 1941; Früher Abend in der Kärntnerstraße, 1957.
Literatur: L. Springschitz, A. C., 1957.

CLERFAYT, Charles de Croix Graf, * 14. 10. 1733 Schloss Bruille (B), † 21. 7. 1798 Wien, ö. Feldmarschall. Offizier im 7-jähr. Krieg, Feldherr im Türkenkrieg 1789–91 und im 1. Koalitionskrieg bis 1795. Bei den Soldaten beliebter Heerführer.
Literatur: NDB.

CLUSIUS, Carolus (Charles de l'Ecluse), * 18. 2. 1526 Arras (F), † 4. 4. 1609 Leiden (NL), Botaniker. 1573–88 Hofbotaniker Maximilians II. in Wien, wo er einen Medizinalkräutergarten und das erste Alpinum anlegte. 1593 Prof. in Leiden; Verfasser der ersten ö. Pflanzenkunde. Seine Arbeiten über die Flora von Ö. und Ungarn blieben durch mehr als 100 Jahre maßgebend. Wien verdankt ihm die Einführung der Rosskastanie (1576), der Tulpe und der Erdäpfel (1588) sowie den Rang als ein Zentrum der Blumenzucht. Durch botan. Exkursionen auf Ötscher und Schneeberg wurde C. der erste Erschließer der ö. Alpenflora.
Werk: Historia stirpium rariorum per Pannoniam, Austriam … observatorum, 1583.
Literatur: F. W. T. Hunger, C. de l'Ecluse, 2 Bde., 1927/43; Festschrift anläßlich der 400-jähr. Wiederkehr der wiss. Tätigkeit von C. C. im pannon. Raum, 1973; J. Theunisz, C. C., 1993 (mit Bibliographie).

Cobenzl: Der ehemalige Garten des Grafen Johann Philipp Cobenzl auf dem Reisenberg (heute Cobenzl).
Kolorierter Kupferstich von C. P. Schallhas, um 1790.

COBENZL (früher Latisberg, im südöstl. Teil Reisenberg), 377 m, Aussichtsberg am Rand des nördl. Wienerwalds, in Wien 19, benannt nach J. P. → Cobenzl, der hier Ende des 18. Jh. ein Schloss mit großem Landschaftspark anlegte, in dem später K. Reichenbach Kreosot und Paraffin erfand. 1907 kaufte die Gem. das zu einem Hotel umgebaute Schloss (im 2. Weltkrieg zerstört) und die dazugehörige Meierei; 1910 bzw. 1912 wurden ein Cafépavillon (Umgestaltung nach

Arnold Jakob Clementschitsch: Ossiacher See.
Gemälde, um 1935/40.

dem 2. Weltkrieg) und ein Restaurant errichtet. Lueger-Denkmal. Ausgangspunkt sehr schöner Rundwanderwege und Waldspaziergänge.

Cobenzl, aus Krain stammendes Adelsgeschlecht, 1564 Freiherren, 1675 Grafen. Bed. Mitgl. der Familie: Johann Ludwig Gf. → Cobenzl, Johann Philipp Gf. → Cobenzl.

Cobenzl, Johann Ludwig Graf, * 21. 11. 1753 Brüssel (B), † 22. 2. 1809 Wien, Staatsmann; Cousin von Johann Philipp Gf. → Cobenzl. 1779 Gesandter in St. Petersburg; schloss die Frieden von → Campoformido 1797 und → Lunéville 1801; 1800–05 Hof- und Staatsvizekanzler sowie Außenmin.
Literatur: H. Rössler, Ö. Kampf um Deutschlands Befreiung, ²1945; NDB.

Cobenzl, Johann Philipp Graf, * 28. 5. 1741 Laibach (Ljubljana, SLO), † 30. 8. 1810 Wien, Staatsmann; Cousin von Johann Ludwig Gf. → Cobenzl. Begleiter Josephs II. in Frankreich; 1779 Staatsvizekanzler, als Nachfolger von W. Kaunitz 1792 Hof- und Vizekanzler sowie Außenmin., 1793 wegen Misserfolgen bei der 2. Teilung Polens abgesetzt, 1802–05 Gesandter in Frankreich.
Literatur: NDB.

Cobra (Gendarmerie-Einsatzkommando), Spezialeinheit für Antiterror-Einsätze, in den 70er Jahren aus der Verkehrsabteilung des Landesgendarmeriekommandos NÖ. (Schutz der Emigrantenzüge aus der UdSSR über Marchegg nach Wien) hervorgegangen. Am 30. 4. 1973 wurde eine eig. Dienststelle in Bad Vöslau errichtet (offiziell installiert am 1. 1. 1978), 1992 folgte die neue Ausbildungs- und Einsatzzentrale in Wr. Neustadt. Seit 2002 hat das „Einsatzkommando C." die 4 Standorte Wr. Neustadt (Zentrale), Innsbruck, Linz und Graz.
Literatur: J. Pechter u. a., 20 Jahre Gendarmerieeinsatzkommando, 1997.

Coburg-Saalfeld, Josias Friedrich Prinz, * 26. 12. 1737 Coburg (D), † 28. 2. 1815 ebd., General in ö. Diensten. Besiegte die Türken 1789 bei Focsani und gem. mit dem russ. Marschall A. W. Suworow bei Martinesti; gewann 1793 gegen die Franzosen durch die Siege von Aldenhoven und Neerwinden die Ö. Niederlande zurück.

Coch, Georg, * 11. 2. 1842 Hesserode (D), † 8. 1. 1890 Istanbul (TR), Nationalökonom. Lebte 1869–88 in Ö., schuf das Postsparkassengesetz (1882), gründete das Postsparkassenamt (Dir. 1883–86) und entwickelte das Postscheckwesen.
Literatur: ÖBL; NDB.

Codex Alimentarius Austriacus, vorbildl. ö. Lebensmittelbuch, Standardwerk der Lebensmittelüberwachung, geht auf die 1891 gegr. wiss. Kommission (bis 1898) zurück. Das Werk wurde von O. Dafert in 3 Bänden 1910–17 vollendet (²1936). 1975 wurde die Codexkommission in das Lebensmittelgesetz aufgenommen und dort ihre Funktion und personelle Zusammensetzung festgelegt. Seither wurden zahlr. Kapitel im Rahmen der 3. Aufl. (1954 ff.) überarbeitet bzw. neu erstellt. Die Codexkommission ist beim Gesundheitsmin. eingerichtet.

Codex Austriacus, 1704 von Franz Anton v. Quarient u. Raal angelegte und publizierte Sammlung von Generalmandaten, Patenten und Ordnungen, die zur Zeit Leopolds I. erlassen oder von früher her gültig waren. Wurde 1748–52 von S. G. Herrenleben und 1777 von T. I. v. Böck mit je 2 Bänden bis 1770 fortgesetzt.
Literatur: M. Breiter, Der C. A. als Spiegel landesfürstl. Wirtschaftspolitik im 16. u. 17. Jh., Dipl.-Arb., Wien 1989.

Codex Theresianus, Entwurf eines Zivilgesetzbuchs unter Maria Theresia, 1753–66 von der „Compilationskommission" ausgearbeitet; wichtige Vorarbeit für das → Allgemeine Bürgerliche Gesetzbuch.
Literatur: P. Harras, C. T., 1883.

Cohrssen, Hans, * 19. 9. 1905 Neustadt a. d. Weinstraße (D), † 10. 1. 1997 Frankfurt a. M. (D), Volkswirt. Emigrierte 1926 in die USA; 1945 als Radio Officer der amerikan. Besatzungsmacht Gründer und (bis März 1946) Leiter des US-Besatzungssenders → Rot-Weiß-Rot in Salzburg, ab 1947 mit dem Aufbau des Hessischen Rundfunks in Frankfurt a. M. befasst.

Cokor (auch Csokor), Istvan, * 4. 4. 1849 Wien, † 7. 1. 1911 Mödling (NÖ.), Arzt, Tierarzt. Prof. an der Tierärztl. Hochschule in Wien; führte die bakteriolog. Diagnostik in der Tierheilkunde ein.

Colerus, Egmont, * 12. 5. 1888 Linz (OÖ.), † 8. 4. 1939 Wien, Schriftsteller und Beamter. Verfasste histor.-biograph. und zivilisationskrit. Romane, daneben auch allgemein verständl. Darstellungen mathemat. Probleme.
Werke: Antarktis, 1920; Sodom, 1920; Pythagoras, 1924; Zwei Welten. Ein Marco-Polo-Roman, 1926; Die neue Rasse, 1928; Leibniz, 1934; Vom Einmaleins zum Integral, 1934; Vom Punkt zur vierten Dimension, 1935; Von Pythagoras bis Hilbert, 1937.
Literatur: ÖBL.

Alexander Colin: Maximiliansgrab mit der Figur des knienden Kaisers in der Hofkirche in Innsbruck, Ti.

Colin, Alexander, * 1527 oder 1529 Mecheln (B), † 17. 8. 1612 Innsbruck (Ti.), Bildhauer. Kam 1562 als Gehilfe der Kölner Bildhauer B. und A. Abel nach Innsbruck und schuf hier seine Hauptwerke für die Hofkirche: am → Maximiliansgrab die Figur des knienden Kaisers (1582/83), die 4 Kardinalstugenden (1569) und die Mehrzahl der Alabasterreliefs; Marmorgrabmäler für Erzhzg. Ferdinand II. (1588–96) und dessen Gemahlin Philippine Welser (1581) in der Silbernen Kapelle; Grabmal der Katharina von Loxan (um 1580). Weitere Grabdenkmäler und Epitaphe werden ihm in Hall und Schwaz in Ti., Meran, Murstetten (NÖ.) und Maria Laach (NÖ.) zugeschrieben.
Literatur: H. Dressler, A. C., 1973.

Collalto, Reinholt Graf, * 1575 Mantua (I), † 18. 11. 1630 Chur (CH), General. Ab 1599 in kaiserl. Diensten; ab 1613 im diplomat. Dienst; 1624 Präs. des Hofkriegsrats, 1625 Feldmarschall; 1630 Generalleutnant und Kommandant des kaiserl. Heeres im mantuanischen Erbfolgekrieg.

Collegium ducale, erster nur schulischen Zwecken dienender Gebäudekomplex in Ö., von Albrecht III. der Wr. Univ. übergeben (1385), die darin ihren Repräsentationsraum („magna stuba"), Hörsä-

Collegium ducale: Ehemalige Universitätsbibliothek an der Stelle des Collegium ducale. Foto, um 1895.

le (außer für die Juristen), Wohnräume für die Magister der Artistenfakultät, Bibl. und Kapelle einrichtete.
Literatur: G. Hamann, K. Mühlberger u. F. Skacel (Hg.), Das alte Univ.-Viertel in Wien, 1385–1985, 1985.

Collegium poetarum et mathematicorum (in zeitgenöss. Quellen „Collegium poetarum", 1501 von Ks. Maximilian I. für K. → Celtis gestiftete selbständige Korporation, die nur dem Rektor unterstand und um 1537 in der Artistenfakultät aufging. Das C. p. e. m. verfügte über 2 Lehrkanzeln für Rhetorik und Poesie sowie 2 für Mathematik, Physik und Astronomie, verfolgte humanist. Zielsetzungen und hatte das Recht, Dichterkrönungen vorzunehmen.

Collimitius (Tannstetter), Georgius, * 1482 Rain a. Lech (D), † 26. 3. 1535 Innsbruck (Ti.), humanist. Gelehrter. 1503–28 Lehrer an der Wr. Univ. (zuerst Mathematik, dann Medizin), gründete die „Sodalitas Collimitiana", betätigte sich auch als Kartograph (Karte Ungarns und mit Stabius Ö. für Lazius). C. war Leibarzt von Ks. Maximilian I. sowie von Kg. Ferdinand I. und dessen Kindern. Anlässlich der Pestepidemie 1521 verfasste er eine Schrift zu deren Bekämpfung. Mit seiner Darstellung der Mathematiker an der Wr. Universität vom Ende des 14. Jh. bis Anfang des 16. Jh. („Viri Mathematici") wurde er zu einem Pionier auf dem Gebiet der Wissenschaftsgeschichte.
Literatur: F. Graf-Stuhlhofer, Humanismus zw. Hof und Universität, 1996.

Collin, Heinrich Joseph von, * 26. 12. 1771 Wien, † 28. 7. 1811 ebd., Dramatiker, Lyriker, Publizist; Bruder von Matthäus v. → Collin. Entwickelte seine Tragödienkonzeption unter dem Einfluss von P. Metastasio, F. G. Klopstock und Goethes „Iphigenie"; verfasste vaterländ. Lyrik wie die „Lieder ö. Wehrmänner" (1809) sowie theoret. Aufsätze zur Ästhetik. Grabmal in der Wr. Karlskirche.
Weitere Werke: Dramen: Regulus, 1802; Coriolan, 1805; Biancadella Porta, 1808. – Ausgabe: Sämmtliche Werke, hg. v. M. v. Collin, 6 Bde., 1812–14.
Literatur: G. Jungmayer, H. C., Diss., Wien 1981.

Matthäus von Collin. Stich nach einem Gemälde von L. Kupelwieser.

Collin, Matthäus von, * 3. 3. 1779 Wien, † 23. 11. 1824 ebd., Dramatiker und Lyriker; Bruder von Heinrich Joseph v. → Collin. Prof. für Ästhetik und Philosophiegeschichte in Krakau und Wien, Erzieher des Herzogs von Reichstadt (1816), 1816–18 Hg. der „Wr. Allg. Literaturzeitung" und der „Jahrbücher der Litteratur" (1818–21). Seine Aufsätze zur Literatur („Über das hist. Schauspiel", 1812) werden als Beginn der ö. Germanistik angesehen.
Ausgaben: Dramat. Dichtungen, 4 Bde., 1813–17 (meist Stoffe aus der ö Geschichte, Babenbergerzyklus); Nachgelassene Gedichte, hg. v. J. v. Hammer, 2 Bde., 1827.

Collmann, Alfred, * 17. 4. 1851 Wien, † 7. 4. 1937 ebd., Maschinenbau-Ingenieur, Industrieller. Erfand 1878 die „alte" und 1891 die „neue" zwangsläufige Steuerung für Kolbendampfmaschinen („C.-Steuerung").
Literatur: ÖBL; NDB.

Colloredo, aus Friaul stammendes Adelsgeschlecht, in mehrere Linien gespalten (C.-Mels und Wallsee in Böhmen, fürstl. Familie C.-Mannsfeld in Ö. noch bestehend). 1588 Freiherren-, 1624 Reichsgrafen-, 1763 Reichsfürstenstand. 1780 beerbten die C. die ausgestorbene Familie → Mansfeld. Bed. Persönlichkeiten aus dem Geschlecht waren u. a.: Ferdinand Gf. → Colloredo-Mannsfeld, Hieronymus Gf. → Colloredo(-Mannsfeld) und Rudolf Joseph Gf. → Colloredo-Mels und Wallsee.

Colloredo-Mannsfeld, Ferdinand Graf, * 30. 7. 1777 Wien, † 10. 12. 1848 Gresten (NÖ.), Diplomat, später in Wirt. und Verwaltung tätig. 1838 Generalhofbaudir., 1840 Gründer des Nö. Gewerbevereins, 1848 kurze Zeit Kommandant der Akad. Legion.
Literatur: ÖBL; NDB.

Colloredo(-Mannsfeld), Hieronymus Graf, * 31. 5. 1732 Wien, † 20. 5. 1812 ebd., Fürsterzbischof von Salzburg. 1762 Bischof von Gurk, 1772–1803 letzter souveräner Erzbischof von Sbg. War sparsam, führte Reformen ähnlich denen Josephs II. durch, floh 1800 vor den Franzosen, legte 1803 die weltl. Herrschaft nieder, rettete aber 1807 noch den Bestand des Erzbistums. In die Musikgeschichte ging er durch die Entlassung W. A. → Mozarts aus seiner Musikkapelle ein.
Literatur: F. Martin, Sbg. Fürsten in der Barockzeit, 1949.

Hieronymus Graf Colloredo. Gemälde von J. M. Greiter, um 1780.

Colloredo-Mels und Wallsee, Rudolf Joseph Graf, * 6. 7. 1706 Prag (CZ), † 1. 1. 1788 Wien, Staatsmann. 1735 Geheimer Rat; 1743 ö. Konferenzmin.; 1745 Abschluss des Friedens von → Füssen; verlor später gegenüber W. → Kaunitz zunehmend an Einfluss.
Literatur: NDB.

Comagena, in der Tabula Peutingeriana, im Itinerarium Antonini, in der Notitia Dignitatum und in der Vita Severini erwähnte röm. Siedlung. In der Spätantike war C. Flottenstützpunkt (Classis Comaginensis) und Standort einer Reitereinheit (Equites Promoti); das heutige → Tulln an der Donau.

Commedia dell'Arte (ital.), Stegreifkomödie des 16. und 17. Jh. mit bestimmten Charaktermasken, feststehender Szenenfolge, aber improvisiertem Dialog; von Berufsschauspielern gespielt, die immer in gleicher Maske (Arlecchino, Pantalone, Dottore, Pulcinella, Colombina u. a.) auftraten; ital. C.-d.-A.-Wandertruppen kamen etwa gleichzeitig mit den → englischen Komödianten in der 2. Hälfte des 16. Jh. erstmals nach Ö.; Spuren ihres Einflusses finden sich im Altwiener

Volksschauspiel bei J. A. → Stranitzky, G. → Prehauser, F. → Raimund und J. → Nestroy.
Literatur: H. Kindermann u. M. Dietrich, Die C. d. a. und die Entwicklung des Altwiener Volkstheaters, 1966; K. Riha, Die C. d. a., 1980; G. Hansen, Formen der C. d. a. in Dtl., 1984.

Commenda, Hans, * 5. 2. 1889 Linz (OÖ.), † 25. 1. 1971 ebd., Volkskundler, Lehrer. 1946–54 Volksbildungsreferent für OÖ., 1945–50 Obmann des Stelzhamer-Bundes.
Werke: Von der Eisenstraße, Volkslieder aus dem oö. Ennstale gesammelt, 1926; Geschichten um A. Bruckner, 1946; Geschichten aus Ö., 1947; F. Stelzhamer, 1953; Volkskunde der Stadt Linz, 2 Bde., 1958/59; Festtage und Feierstunden, 1959; Alois Greil, 1961; Erinnerungen eines Linzer Volksbildners, 1961. – Hörspiele.
Literatur: E. Burgstaller, H. C., 1959.

Compass-Verlag, 1867 in Wien gegr. Verlag mit Schwerpunkt im Bereich Wirtschaftsinformation; produziert auch elektronische Nachschlagewerke auf CD-ROM und im Internet (größter kommerzieller Informationsanbieter in Ö.); 8 Mio. Euro Umsatz und 42 Mitarbeiter (2003).

Concentus musicus Wien, 1953 von Nikolaus → Harnoncourt gegr. Ensemble für Alte Musik, spielt auf Originalinstrumenten, wurde v. a. durch zahlr. Platteneinspielungen sowie internat. Tourneen zu einem wichtigen Faktor für die Verbreitung der hist. Aufführungspraxis; das Repertoire umfasst Werke von der Renaiss.-Musik bis zu J. Haydn und W. A. Mozart.
Literatur: M. Mertl u. M. Turković, Die seltsamsten Wiener der Welt, 2003.

Concordia, 1859 in Wien gegr. Journalisten- und Schriftstellerverein mit dem ursprüngl. Zweck der „Unterstützung hilfsbedürftiger Mitglieder" (Pensionsfonds, Alters- und Invalidenkasse, Krankenkasse, Witwenkasse), später Zentrum der Geselligkeit (C.-Bälle seit 1863) und Standesvertretung. 1938 aufgelöst, 1946 wieder gegr. und 1958 mit dem 1946 gegr. „Ö. Presseclub" zum „Presseclub Concordia" vereinigt; 2002 Gründungsmitgl. der Internat. Vereinigung der Presseclubs.
Literatur: P. Eppel, C. soll ihr Name sein …, 1984.

Concordia: Ballspende, 1899.

Conn, Leopold, * 28. 10. 1820 Eidlitz b. Komotau (Udlice, CZ), † 31. 8. 1876 Baden (NÖ.), Leiter des Stenographenbüros des Reichsrats. Gründete die „Stenographen-Korrespondenz", aus der die Parlamentskorrespondenz hervorging. Er vertrat die „Wr. Schule" der Gabelsberger-Kurzschrift.
Literatur: ÖBL; ADB.

Conrad, Siegmund, Frh. von Eybesfeld, * 11. 8. 1821 Kainberg (Stmk.), † 9. 7. 1898 Graz (Stmk.), Verwaltungsjurist. Chef der Landesverwaltung in Krain, OÖ., NÖ.; 1880–85 Min. f. Kultus u. Unterr., Mitgl. des Herrenhauses.
Literatur: ÖBL.

Conrads, Heinz, * 21. 12. 1913 Wien, † 9. 4. 1986 ebd., Schauspieler, Conférencier, Wienerlied-Interpret. 1945–48 und 1950–55 Auftritte im Wr. Kabarett „Simpl"; ab 1946 Tätigkeit für den Rundfunk („Was gibt es Neues?"); ab 1953 neben Filmtätigkeit Schauspieler am Wr. Theater in der Josefstadt; ab 1955 Fernsehtätigkeit („Guten Abend am Samstag"); ab 1973 spielte er in der Wr. Volksoper oft den „Frosch" in der „Fledermaus".
Werke: Vergessene Neuigkeiten, 1959 (Zusammenfassung von 10 Jahren Radio-Sonntagsmorgen-Sendung „Was gibt es Neues"); „Was gibt es Neues": Meine ersten 60 Jahre (Autobiographie), 1974. – Lieder, Feuilletons.
Literatur: M. Schenz, H. C. Erinnerungen an einen Volksliebling, 1987; W. Huber, Das Phänomen H. C., 1996.

Franz Conrad von Hötzendorf. Gemälde, um 1910 (Heeresgeschichtliches Museum, Wien).

Conrad von Hötzendorf, Franz (Frh., ab 1918 Graf), * 11. 11. 1852 Penzing b. Wien, † 25. 8. 1925 Bad Mergentheim (D), bedeutender ö.-ungar. General und Heerführer im Ersten → Weltkrieg. 1906–11 und 1912–17 Chef des Generalstabs der k. u. k. Armee, 1917 Heeresgruppenkommandant und Feldmarschall. C. reformierte die takt. Ausbildung und v. a. die Offiziersausbildung der k. u. k. Armee und machte sie kriegsbereit. Nach den sehr verlustreichen Sommer- und Winterkämpfen in Galizien 1914 hatte C. maßgebl. Anteil an der Durchbruchsschlacht von Tarnów-Gorlice und der Stabilisierung der Front im Osten. Rückschläge, wie das Scheitern der Südtirol-Offensive 1916 und der russ. Durchbruch bei Luck, sind ihm zumindest teilw. anzulasten. Er wehrte sich gegen die immer stärker werdende dt. Dominanz auf allen Kriegsschauplätzen der Mittelmächte. C. wurde 1917 von Ks. Karl als Chef des Generalstabs enthoben und war bis Juli 1918 als Feldmarschall Kommandant einer nach ihm benannten Heeresgruppe in Italien, danach Oberst sämtl. Garden. C. verfasste mehrere Werke über Taktik, das Fragment einer Autobiographie „Mein Anfang" (1925) sowie v. a. das groß angelegte und zusammen mit Beamten des Kriegsarchivs gearbeitete teilw. autobiograph. Werk „Aus meiner Dienstzeit 1906–18" (5 Bde., 1921–25).
Literatur: A. Urbanski, C. v. H., ²1938; O. Regele, Feldmarschall C., 1955; C. v. H., Private Aufzeichnungen, erste Veröffentlichung aus den Papieren des k. u. k. Generalstabs-Chefs, hg. v. K. Peball, 1977.

Conried, Heinrich (eigentl. H. Cohn), * 3. 9. 1855 Bielitz (Bielsko-Biala, PL), † 27. 4. 1909 Meran (S-Ti.), Schauspieler, Regisseur, Theaterdirektor. 1873/74 Schauspieler am Wr. Burgtheater, 1892–1903 Dir. des Irving-Place-Theaters in New York, wohin er F. → Mitterwurzer, P. Barnay, A. v. → Sonnenthal u. a. zu Gastspielen verpflichtete; 1903–07 Dir. der Metropolitan Opera in New York.
Literatur: NDB.

Constantia-Iso Holding AG, 1980 gegr. Ind.-Holding mit Sitz in Wien; erreichte 1993 durch Spaltung der Constantia Industrieholding AG von Herbert → Turnauer ihren heutigen Umfang. Beteiligungen bestehen über die Iso Holding GmbH u. a. an folgenden Unternehmen: → Isovolta, Österreichische Isolierstoffwerke AG, Ö. Homogenholz GmbH, Funder Holding AG (→ Funder Industrie GmbH), Isosport Verbundbauteile GmbH und Letron GmbH. 2002 waren in der Unternehmensgruppe ca. 4000 Opertnpersonen beschäftigt, der Umsatz betrug 651,5 Mio. Euro.

Constitutio Criminalis Theresiana (Nemesis Theresiana), maria-theresian. Strafgesetzbuch von 1768–87; begründete ein einheitl. Straf- und Strafprozessrecht in Ö.
Literatur: E. Kwiatkowski, Die C. C. T., 1903.

Containerverkehr, siehe → kombinierter Ladungsverkehr.

Conti, Francesco, * 20. 1. 1681 Florenz (I), † 20. 7. 1732 Wien, Musiker und Komponist. Ab ca. 1701 in Wien tätig (ab 1708 erster Theorbist in der Hofmusikkapelle), 1713 Hofkomponist. Verband den neuen neapolitan. Stil mit der Wr. Operntradition; komponierte v. a. Faschingsopern und Intermezzi.
Literatur: L. H. Williams, F. C., Diss., Columbia 1964.

Conze, Alexander, * 10. 12. 1831 Hannover (D), † 19. 7. 1914 Berlin (D), Archäologe. Leitete 1869–77 die neu geschaffene archäolog. Lehrkanzel der Univ. Wien, errichtete 1876 gem. mit O. Hirschfeld das Archäolog.-epigraph. Seminar.
Werke: Die attischen Grabreliefs, 1893–1911; Röm. Bildwerke einheim. Fundorts in Ö., 1872–77 (Hg.).

Coop Himmelb(l)au, Architektengruppe, 1968 gegr.: Wolf D. Prix, * 13. 12. 1942 Wien, Prof. an der Wr. Univ. für angew. Kunst, und Helmut Swiczinsky, * 13. 1. 1944 Poznan (PL). Büros in Wien, Los Angeles und Guadalajara (Mexiko); experimentelle Architektur (zunächst im aktionist. Kontext), spätere Bauten und Projekte in starker Annäherung an dekonstruktivist. Entwurfsmethoden. C. H. arbeiten mit zahlr. einander überlagernden und durchdringenden Teilen („abgestürzte Dächer", „gefrorene Flügel"). Dt. Architekturpreis 1999; Großer Ö. Staatspreis 1999.
Werke: Wien: Reiß-Bar, 1977; Atelier Baumann, 1984/85; Wahliss-Passage, 1985/86; Dachaufbau Falkestr., 1987/88; Projekt zur Revitalisierung des Theaters Ronacher, 1987; SEG-Tower, 1994–98; Wohnblock Remise, 1994–2000; Wohnbebauung Gasometer B, 1995–2001. – Melun-Sénart, Städteplanung, Frankreich 1987; Funderwerk 3, St. Veit a. d. Glan 1988; Construire le Ciel, Ausstellung Centre Pompidou, Paris 1992; Museum in Groningen, Niederlande, 1994; Bürogebäude Forschungszentrum Seibersdorf, 1995; Haus Rehak, Los Angeles, 1995; UFA-Kino-Center, Dresden, 1998; Expo.02 – Forum Arteplage, Biel, Schweiz, 1999–2002.
Literatur: K. Feireiss (Hg.), Die Wr. Trilogie + ein Kino, 1998; A. Betsky, C. H., 1999.

Corex®, von der VOEST-Alpine AG (→ VOEST, Vereinigte Österreichische Eisen- und Stahlwerke AG) entwickeltes neues Verfahren zur kostengünstigen und umweltschonenden Erzeugung von Roheisen direkt aus Kohle und Eisenerz. Im C.-Verfahren ersetzt ein Einschmelzvergaser den konventionellen Hochofen, das Erz wird in einem Reduktionsschacht aufbereitet, Sinteranlage und Kokerei werden hinfällig. Die erste C.-Anlage ging 1989 in Pretoria (Südafrika) in Betrieb.

Cori, Carl Ferdinand, * 5. 12. 1896 Prag (CZ), † 20. 10. 1984 Cambridge (USA), Arzt und Physiologe; Nobelpreisträger für Medizin 1947 (gem. mit seiner Frau Gerty Theresa → Cori). Assistent von O. → Loewi in den pharmakolog. Laboratorien der Univ. Wien und Graz. Ab 1922 in den USA, 1931 Prof. der Washington University in St. Louis, 1967 Prof. in Boston. Erhielt 1947 gem. mit seiner Frau den Nobelpreis für die Entdeckung des Verlaufs des katalyt. Glykogen-Stoffwechsels. 1936 entdeckten sie mit dem C.-Ester das erste Zwischenprodukt beim Aufbau des Glykogens.

Cori, Gerty Theresa (geb. Radnitz), * 15. 8. 1896 Prag (CZ), † 26. 10. 1957 St. Louis (USA), Ärztin und Physiologin; Nobelpreisträgerin für Medizin 1947 (gem. mit ihrem Mann Carl Ferdinand → Cori); ab 1922 in den USA, 1931 Prof. d. Washington Univ. in St. Louis.

Cornelius, Hans Peter, * 29. 9. 1888 München (D), † 2. 4. 1950 Naßwald (NÖ.), Geologe an der Geolog. Bundesanstalt mit bes. Schwerpunkt auf der Alpengeologie. Mitgl. d. Akad. d. Wiss.
Werke: zahlr. geolog. Karten.
Literatur: Mttlg. d. Geolog. Bundesanstalt 42/43, 1952.

Corner, David Gregor, * 1587 Hirschberg (Hyršperk, CZ), † 9. 1. 1648 Stift Göttweig (Gem. Furth b. Göttweig, NÖ.), Pfarrer in Retz (NÖ.), 1631 Abt von Göttweig, 1638 Rektor der Univ. Wien. Sein „Groß Catholisch Gesangbuch" (1625, ab der 3. Auflage: „Geistliche Nachtigal der Catholischen Teutschen") ist die wichtigste Kirchenlieder-Smlg. des frühen 17. Jh. C. versuchte den Kirchengesang auf der Grundlage des Volksgesangs zu erneuern.

Cornides, Karl, * 17. 2. 1911 München (D), † 16. 3. 1989 Rekawinkel (NÖ.), Verleger; Sohn von Wilhelm v. → Cornides. 1936–41 Leiter des Berliner Büros von R. Oldenbourg, München. 1945–47 Chefredakteur der „Ti. Nachrichten"; 1947 Mitbegründer des Verlags für Geschichte und Politik, 1957 gem. mit R. Oldenbourg Gründung des R. Oldenbourg Verlags, Wien; Verleger wichtiger Werke zur ö. und europ. Geschichte.

Cornides, Wilhelm von, * 10. 1. 1886 St. Veit a. d. Triesting (NÖ.), † 23. 11. 1964 Rieden (Gem. Ehenbichl, Ti.), Verleger; Vater von Karl → Cornides. Heiratete 1910 Cäcilie Oldenbourg, Tochter des Verlegers A. v. Oldenbourg. 1912–42 Gesellschafter des Druck- und Verlagsunternehmens R. Oldenbourg, München; 1949–56 Verwaltungsrat dieser Firma. Mitbegründer des Verlags für Geschichte und Politik, Wien (1947).

Corona, Hl., Fest 14. Mai u. a., Patronin der Fleischhauer, gilt in Ö. auch als „Erzschatzmeisterin" (C. = Geldzeichen für Krone). Ihr sind Kirchen und Altäre in NÖ. geweiht (St. C. am Wechsel, St. C. am Schöpfl).

Coop Himmelb(l)au: Gasometer B in Wien-Simmering.

Corti, Axel, * 7. 5. 1933 Paris (F), † 29. 12. 1993 Salzburg, Regisseur. Ab 1953 für den ORF (ab 1969 Radiosendung „Der Schalldämpfer") tätig; ab 1959 Inszenierungen für Theater und Oper, ab 1963 Regisseur bei Film und Fernsehen (u. a. „Filmgeschichte(n) aus Ö.", 1970–72); ab 1972 Lehrer an der Wr. Filmakad.; mehrere Auszeichnungen, darunter zweimal die „Goldene Kamera".
Weitere Werke: Regie: Ks. Joseph und die Bahnwärterstochter, 1963; Der Fall Jägerstätter, 1971; Totstellen, 1975; Eine blaßblaue Frauenschrift, 1984; Wohin und zurück, Teil 1–3, 1982–85; Radetzkymarsch, 1994 (postum fertig gestellt). – Publikation: Der Schalldämpfer, 2 Bde., 1994/95.

Corti, Egon Caesar (Conte), * 2. 4. 1886 Agram (Zagreb, HR), † 17. 9. 1953 Klagenfurt (Kä.), Offizier und Historiker aus lombard. Adelsgeschlecht, Schriftsteller. Verfasste Biographien zur Geschichte des 19. Jh.
Werke: Maximilian und Charlotte von Mexiko, 1924; Elisabeth, die seltsame Frau, 1934; Trilogie über Ks. Franz Joseph, 1950–53.
Literatur: NDB.

Pietro Corti: Soirée im Volksgarten Wien mit einem Strauß-Konzert. Kolorierte Lithographie von A. Zampis, um 1845.

Corti, Pietro, * 9. 2. 1781 Bergamo (I), † 4. 8. 1833 Wien, Kaffeehausbesitzer. Neben verschiedenen anderen Kaffeehäusern besaß C. die berühmten Lokale im sog. Paradeisgartel (ab 1818) und im Volksgarten (ab 1823, bis heute erhalten). Die „c.schen Kaffeehäuser" entwickelten sich in der Biedermeierzeit zu den beliebtesten und elegantesten von Wien.

Cosmerovius von Lorentzberg, Buchdruckerfamilie in Wien. Die bedeutendsten Persönlichkeiten aus der Familie waren Stanislaus Matthäus → Cosmerovius von Lorentzberg und dessen Sohn Johann Christoph → Cosmerovius von Lorentzberg.

Cosmerovius von Lorentzberg, Johann Christoph, † 21. 6. 1685, Buchdrucker; Sohn von Stanislaus Matthäus → Cosmerovius von Lorentzberg. Führte die von seinem Vater übernommene Druckerei in Wien weiter; von seinen Erben wurde sie 1715 an J. B. A. Schönwetter verkauft und ging später an J. T. v. → Trattner und 1805 an G. Ueberreuter über.

Cosmerovius von Lorentzberg, Stanislaus Matthäus, * Lorentzberg (PL), † 1674 Wien, Buchdrucker; Vater von Johann Christoph → Cosmerovius von Lorentzberg. Ab 1641 Hofbuchdrucker in Wien.

Cossmann, Alfred, * 2. 10. 1870 Graz (Stmk.), † 31. 3. 1951 Wien, Graphiker. Erneuerer des künstlerischen Kupferstichs und Verfasser der „Magie des Kupferstiches" (1947); 1920–30 Prof. an der Graph. Lehr- u. Versuchsanstalt in Wien.
Weitere Werke: 205 Blätter Exlibris und Gebrauchsgraphik, Briefmarken, Illustrationen zu G. Kellers Dichtungen.
Literatur: A. C., Ein Wr. Künstlerleben, 1945; J. Reisinger, Die Kupferstecher der C.-Schule, 1950; ders., Werkverzeichnis A. C., 1954; F. Kaindl (Hg.), A. C., Ausst.-Kat., St. Pölten, 1995.

Costa, Karl (eigentl. K. Kostia), * 2. 2. 1832 Wien, † 11. 10. 1907 ebd., Volksschriftsteller, Beamter. Redigierte das polit. Witzblatt „Hans Jörgel von Gumpoldskirchen", 1882–85 Dir. des Theaters in der Josefstadt.
Werke: erfolgreiche Volksstücke (Bruder Martin, 1895), Parodien, Lokalpossen und Libretti (u. a. für „Leichte Kavallerie" (1866) von F. v. Suppé).
Literatur: ÖBL.

Costa, Martin (eigentl. M. Kostia), * 12. 10. 1895 Wien, † 17. 1. 1974 ebd., Schauspieler, Regisseur, Schriftsteller. Verfasste zahlr. Volksstücke, wie etwa „Der Hofrat Geiger" (1943), „Die Fiakermilli" (1945) oder „Der alte Sünder" (1948), die z. T. auch verfilmt wurden.

Costenoble, Karl Ludwig, * 25. 12. 1769 Herford (D), † 28. 8. 1837 Prag (CZ), Schauspieler, Regisseur, Schriftsteller. Zunächst an Wanderbühnen, dann in Deutschland und Sbg. tätig; ab 1818 Charakterdarsteller und Komiker am Wr. Burgtheater, später auch Regisseur. Berühmt als Shylock in Shakespeares „Kaufmann von Venedig" und als Klosterbruder in Lessings „Nathan der Weise".
Werke: Almanach dramat. Spiele, 1810–16; Lustspiele, 1830; Aus dem Burgtheater 1818–37, 2 Bde., 1889.
Literatur: E. Schneck, K. L. C., Diss., Wien 1935.

Cottage, Name für ein vornehmes Villenviertel, urspr. im 18. und 19. Wr. Bezirk, später auch im 13. und anderen Wr. Außenbezirken. Die Bezeichnung stammt von E. Kral bzw. von dem auf Anregung von H. Ferstel 1872 gegr. Wr. C.-Verein.

Cottage. Farblithographie von A. Hlavacek, um 1875.

Coudenhove-Kalergi, Richard Nikolaus, * 16. 11. 1894 Tokio (Japan), † 27. 7. 1972 Schruns (Vbg.), Schriftsteller; Ehemann von Ida → Roland. Gründete 1923 in Wien die → Paneuropa-Bewegung und gab ab 1924 eine gleichnamige Ztschr. heraus. C.-K. emigrierte 1938 in die Schweiz, dann in die USA. 1940 Prof. in New York; 1923–72 Präs. der Paneuropa-Union, ab 1947 Gen.-Sekr. der Europ. Parlamentarier-Union.
Werke: Paneuropa, 1923; Kampf um Paneuropa, 3 Bde., 1925–28; Eine Idee erobert Europa. Meine Lebenserinnerungen, 1958.

Axel Corti bei einer Probe zu Elias Canettis „Hochzeit" bei den Salzburger Festspielen. Foto, 1988.

Richard Nikolaus Coudenhove-Kalergi auf dem Paneuropäischen Kongress 1929 in Berlin. Foto.

Courage, siehe → Theater der Courage.

Craigher de Jachelutta, Jakob Nikolaus, * 11. 12. 1797 Lipossullo (Friaul, I), † 17. 5. 1855 Cormons bei Görz (Gorizia, I), Lyriker und Übersetzer. Von Beruf Kaufmann, kam C. um 1820 nach Wien und veröffentlichte in Wr. Zeitschriften seine empfindsame Lyrik; er war Mitgl. des Kreises um C. M. → Hofbauer und verkehrte im Künstlerzirkel um F. → Schubert, der einige seiner Gedichte vertonte. Ab 1843 belg. Konsul in Triest.
Werke: Poetische Betrachtungen in freyen Stunden, 1828 (Lyrik); Erinnerungen an den Orient, 1847 (Reisebericht).
Literatur: H. Zeman, Die ö. Literatur. Ihr Profil im 19. Jh., 1982.

Cranz (Crantz), Johann Heinrich von, * 25. 11. 1722 Roodt (L), † 18. 1. 1797 Judenburg (Stmk.), Geburtshelfer. Führte 1754 in Wien den Unterricht in Geburtshilfe ein; schrieb 1777 „Die Gesundbrunnen der ö. Monarchie", das erste ö. Bäderbuch.

Creditanstalt AG, CA, seit 1998 100%iges Tochterunternehmen der → Bank Austria AG. Nach der 1997 erfolgten Übernahme der → Creditanstalt-Bankverein AG durch die Bank Austria AG wurden 1998 beide Banken umstrukturiert und neu geordnet. Innerhalb der nunmehrigen Bank-Austria-Gruppe führte die CA als Universalbank die ö. Filialen der Creditanstalt-Bankverein AG fort und verwaltete auch deren Beteiligungen an den Konzernunternehmen weiter. Am 12. 8. 2002 fusionierten Bank Austria und CA zur Bank Austria Creditanstalt. Das Unternehmen verfügt (2003) in Ö. über ca. 400 Geschäftsstellen und beschäftigt etwa 11.400 Mitarbeiter.

Creditanstalt-Bankverein AG, CA, 1855 als K. k. priv. Ö. Credit-Anstalt für Handel und Gewerbe unter Führung des Hauses → Rothschild gegr., wurde sie zur größten Bank der ö.-ungar. Monarchie. 1926 erfolgte die Übernahme der Anglo-ö. Bank, 1929 der Allg. Ö. → Bodencreditanstalt. Diese Transaktionen und die einsetzende Weltwirtschaftskrise überforderten die Kräfte der CA. 1931 wurde sie mit Hilfe der Republik, der Oesterreichischen → Nationalbank und des Hauses Rothschild saniert und 1934 mit dem Wr. Bankverein fusioniert. Die Bank erhielt den Namen „Ö. Creditanstalt-Wiener Bankverein". 1938 ging die Aktienmehrheit zunächst an eine Holdingges. des Dt. Reichs, dann an die Dt. Bank; zahlr. Industriebeteiligungen mussten abgegeben werden, 1939 erfolgte die Umbenennung in Creditanstalt-Bankverein.
1946 gingen aufgrund des 1. Verstaatlichungsgesetzes (→ Verstaatlichung) die Anteilsrechte an der CA in das Eigentum der Republik Ö. über, 1956–57 wurden 40 % des Kapitals durch Ausgabe von Stamm- und stimmrechtslosen Vorzugsaktien an private Investoren veräußert. Ab 1964 erfolgte eine verstärkte Hinwendung zum Privatkundengeschäft (Privat-Klein-Kredit). Mitte der 70er Jahre rangierte die CA erstmals unter den 100 größten Banken der Welt; 1980 eröffnete sie ihr Techn. Zentrum in Wien. In den 80er Jahren folgte auch die Eröffnung der Filialen in London, New York und Hongkong. 1987 sank der Staatsanteil auf 51 %. Ab Anfang der 90er Jahre erfolgte als ein bes. Schwerpunkt der Auslandsaktivitäten der Aufbau der Präsenz in den Reformstaaten Mittel- und Osteuropas. Die CA verfügte 1996 neben 81 Auslandsfilialen über 255 Zweigstellen in Ö. sowie zahlr. Repräsentanzen und Tochterbanken. Die Bilanzsumme 1996 betrug 687,6 Mrd. S, beschäftigt wurden 9845 Mitarbeiter.
Der Ind.-Konzern der CA, der nach 1945 zu den größten in Ö. gezählt hatte, wurde ab den 70er Jahren stark umgestaltet und redimensioniert. Die CA hielt (1996) Beteiligungen im Ind.-, Handels- und Dienstleistungsbereich, wie etwa → Semperit AG Holding, → Steyr-Daimler-Puch AG, → Universale Baugesellschaft

Hauptgebäude des Wiener Bankvereins (heute Bank Austria Creditanstalt) in Wien. Foto, 1914.

AG, → Wienerberger Baustoffindustrie AG, → Donau Chemie AG u. a.
1991 wurde die gesetzl. Ermächtigung an den Finanzmin. zum Verkauf der Anteile der Republik Ö. erteilt; 1997 übernahm die → Bank Austria AG diese Anteile, erwarb bis 1998 weitere Aktien und wandelte alle restl. in Bank-Austria-Aktien um. 1998 erfolgte die Umstrukturierung zur Bank-Austria-Gruppe mit → Creditanstalt AG und Bank Austria Creditanstalt International AG als 100-prozentige Töchter der Bank Austria AG. Die Konzernunternehmungen der früheren CA blieben bei der Creditanstalt AG.

Credit-Institut AG, Österreichisches, ÖCI, 1896 unter dem Namen „K. k. privilegiertes Österr. Credit-Institut für Verkehrsunternehmungen und öffentliche Arbeiten" gegründet. Hauptaufgabe war die Beschaffung der Mittel für den Ausbau der Verkehrswege und der Infrastruktur. 1918 in „Österr. Credit-Institut für Verkehrsunternehmungen und öffentliche Arbeiten" umbenannt. Durch das 1. Verstaatlichungsgesetz vom 26. 7. 1946 wurde das ÖCI verstaatlicht (→ Verstaatlichung).
Zw. 1972 und 1975 erwarb die Ö. Länderbank sukzessive sämtl. Anteilsrechte am ÖCI. Durch die Fusion der Länderbank mit der Zentralsparkasse und Kommerzialbank Wien zur → Bank Austria AG ging das ÖCI an deren Mutter Anteilsverwaltung Zentralsparkasse (AVZ) über. Ende 1991 wurde das ÖCI von der Girozentrale gekauft, 1992 wurde die Girozentrale mit dem ÖCI fusioniert und in → GiroCredit Bank AG der Sparkassen umbenannt; die GiroCredit wiederum wurde 1997 mit der Ersten ö. Spar-Casse-Bank AG zur → Erste Bank der oesterreichischen Sparkassen AG fusioniert.

Cricketer (eigentl. „Vienna Cricket and Football-Club"), vereinsrechtl. Gründung 1894 (Anfänge 1892) durch beruflich in Wien tätige Engländer; nach → Vienna zweitältester ö. Fußballverein. Widmete sich auch anderen Sportarten, wie Kricket und Leichtathletik. Aus der Fußballsektion der C. ging 1911 → Austria Wien hervor.

Croll, Gerhard, * 25. 5. 1927 Düsseldorf (D), Musikwissenschaftler. 1966–93 Ordinarius für Musikwiss. in Salzburg; Forschungsschwerpunkt: C. W. → Gluck, seit 1960 Hg. der Gluck-Gesamtausgabe (seit 1991 im Hg.-Gremium); seit 1987 Präs. der Internat. Gluck-Ges.

Cronbach, Else, * 1879 Berlin (D), † 13. 4. 1913 Wien, Juristin. Erwarb als erste Frau in Ö. den Titel einer Doktorin der Staatswissenschaft.

Crophius, Ludwig, Edler von Kaisersieg, * 14. 9. 1792 Graz (Stmk.), † 24. 4. 1861 ebd., Zisterzienser, Abt von Stift Rein (1823–61). Enger Freund und Mitarbeiter Erzhzg. → Johanns, bekleidete zahlr. theolog., akad. und öffentl. Funktionen, lehrte als Prof. in Salzburg und Graz, war Kurator des ständischen Joanneums, Studiendir. der techn. Lehranstalten und über 30 Jahre lang Verordneter des Prälatenstandes im Stmk. Landtag.

CRUSIUS, Christian, * 14. 5. 1758 Wien, † 26. 5. 1831 ebd., Topograph. Gab 1789–1828 ein „Topographisches Postlexikon aller Ortschaften der k. k. Erbländer" (25 Bde.) heraus, in dem alle Orte mit den damals in den verschiedenen Sprachen üblichen Namen verzeichnet sind.

CSÁKY, Moritz, * 3. 4. 1936 Levoca (SK), Historiker. Seit 1945 in Ö., studierte auch Theologie und Kirchengeschichte. Seit 1984 Univ.-Prof. in Graz, 1997–2001 Inst.-Vorstand; Gründer und 1982–90 Präs. der Ö. Ges. zur Erforschung des 18. Jh.; seit 1998 Obmann der Kommission für Kulturwiss. und Theatergeschichte der Ö. Akad. d. Wiss. Beschäftigt sich v. a. mit der Geschichte Ö. und Ungarns innerhalb des Diskurses der Moderne. Zahlr. Preise.
Werke: Der Kulturkampf in Ungarn, 1967; Ideologie der Operette und Wr. Moderne, 1996. – Mit-Hg.: Europa im Zeitalter Mozarts, 1995; Inszenierungen des kollektiven Gedächtnisses, 2002; Mehrdeutigkeit. Die Ambivalenz von Gedächtnis und Erinnerung, 2003.

CSOKLICH, Fritz, * 5. 5. 1929 Wien, Journalist und Publizist. 1953 Mitarbeiter, 1959–94 Chefredakteur der → „Kleinen Zeitung" (Graz/Klagenfurt).
Werk: Der Fall Ö. Selbstverstümmelung auf katholisch, 2000; Karl Maria Stepan, 2001 (Hg.).

CSOKOR, Franz Theodor, * 6. 9. 1885 Wien, † 5. 1. 1969 ebd., Dramatiker, bed. Lyriker und Romancier, Vertreter des expressionist. Dramas („Die rote Straße", 1918). 1922–28 Dramaturg am Raimundtheater und am Dt. Volkstheater in Wien. 1938 Emigration, ab 1944 in Rom und Arbeit für die BBC, 1946 Rückkehr nach Wien. 1947–69 Präs. des Ö. → P. E. N.-Clubs, ab 1967 Vizepräs. des Internat. P. E. N.-Clubs. C. trat als überzeugter Humanist in seinen Dramen für Frieden, Freiheit und Menschenrechte ein. 1937 Grillparzer-Preis und Burgtheater-Ring, 1955 Großer Ö. Staatspreis.
Weitere Werke: Dramen: Die Sünde wider den Geist, 1918; Gesellschaft der Menschenrechte, 1929; Besetztes Gebiet, 1930; 3. Nov. 1918, 1936; Der verlorene Sohn, 1947. – Prosa: Über die Schwelle, 1937 (Novellen); Auf fremden Straßen 1939–45, 1955 (Autobiographie); Zeuge einer Zeit, 1964; Auch heute noch nicht an Land. Briefe und Gedichte aus dem Exil, 1993. – Lyrik: Der Dolch und die Wunde, 1918; Ewiger Aufbruch, 1926; Das schwarze Schiff, 1945.
Literatur: P. Wimmer, Der Dramatiker F. T. C., Diss., Wien 1981; B. Brandys, C. Identität von Leben und Werk, 1988; J. P. Strelka (Hg.), Immer ist Anfang. Der Dichter F. T. C., 1990; U. N. Schulenburg, Lebensbilder eines Humanisten. Ein F.-T.-C.-Buch, 1992.

Franz Theodor Csokor. Foto, 1964.

CUCULLIS, in der Tabula Peutingeriana erwähnte röm. Siedlung, das heutige → Kuchl.

CURSILLO-BEWEGUNG, 1949 in Spanien gegr., seit 1960 in Ö., kath. Bewegung zur Förderung vertieften christl. Lebens durch dreitägige Kurse (Cursillo = kleiner Kurs) und Pflege der Gemeinschaft. In Ö. ca. 100.000 Mitgl. (2003).
Publikation: C. – Was ist das?, 2000.

CUSANUS, siehe → Nikolaus von Cues.

Johannes Cuspinianus. Gemälde von L. Cranach d. Ä., 1502 (Kunsthistorisches Museum, Wien).

CUSPINIANUS, Johannes (eigentl. J. Spießheimer), * Ende Dez. 1473 Schweinfurth (D), † 19. 4. 1529 Wien, Humanist, Arzt, Diplomat, Historiker, Dichter. Kam nach Studien in Leipzig und Würzburg 1492 nach Wien, wo ihn Maximilian I. 1493 zum Dichter krönte. Als Studierender an der Univ. und Lehrer an der → Bürgerschule zu St. Stephan kam er mit den Humanisten in Kontakt, wurde 1499 Dr. der Medizin und Prof. an der Univ. Nach dem Tod von K. → Celtis 1508 Prof. der Dichtkunst, galt als bedeutendster Humanist Wiens. Ab 1510 mehrmals Gesandter (Orator) des Hofes in Ungarn und Polen, brachte C. den Wr. Fürstentag von 1515 zustande; danach Stadtsyndikus von Wien. Große Verdienste erwarb sich C. als Entdecker und Editor klass. und ma. Geschichtsquellen (Chronik Ottos v. Freising). Bes. wichtig ist seine 1527/28 begonnene „Austria", eine kritische hist.-geograph. Landeskunde von NÖ., die aber Fragment blieb. Sein Grab befindet sich im Wr. Stephansdom.
Weitere Werke: De Caesaribus atque imperatoribus romanis, 1540 (dt. 1541); De consulibus Romanorum commentarii, 1553; Austria, 1553.
Literatur: H. Ankwicz-Kleehoven, Der Wr. Humanist J. C., 1959.

CUSTOZZA (Custoza), ital. Dorf südwestl. von Verona, Stätte von 2 ö. Siegen: Am 25. 7. 1848 schlug hier J. → Radetzky entscheidend das sardinische Heer unter Kg. Albert; am 24. 6. 1866 besiegte Erzhzg. → Albrecht das bedeutend größere ital. Heer unter La Marmora. → Sardinischer Krieg.

CV, siehe → Cartellverband.

CYMBURGA VON MASOWIEN, siehe → Cimburgis von Masowien.

CYSARZ, Herbert, * 29. 1. 1896 Oderberg (Bohumin, CZ), † 1. 1. 1985 München (D), Literaturhistoriker. 1922–28 Univ.-Prof. in Wien; beschäftigte sich bes. mit der Literatur des Barock; Vertreter einer national orientierten Literaturgeschichtsschreibung.
Werke: Erfahrung und Idee, 1921; Dt. Barockdichtung, 1924; Literaturgeschichte als Geisteswiss., 1926; Von Schiller bis Nietzsche, 1926.

Czant, Hermann, * 7. 4. 1876 Leschkirch (Nocrich, RO), † 15. 11. 1937 Budapest (H), Alpinist, Offizier. Konstruierte alpine Geräte, organisierte 1912 die 1. internat. Wintersportausstellung in Wien und verfasste die ersten militär. alpinen Bücher.
Literatur: ÖBL.

Czapka (von Winstetten), Ignaz, * 24. 2. 1792 Liebau (Libava, CZ), † 5. 6. 1881 Wien, Jurist. 1838–48 Bürgermeister von Wien, Verdienste um Versorgungswesen und Infrastruktur (Kanäle, Gasbeleuchtung, Wasserleitung). 1856 Polizeidir. von Wien.
Literatur: R. Till, I. C., 1958; ÖBL.

Hermann Czech: Stadtparksteg in Wien.

Johann Nepomuk Czermak. Foto.

Czech, Hermann, * 10. 11. 1936 Wien, Architekt. Studierte bei K. Wachsmann und E. A. → Plischke. Theoret. Publikationen und Forschungen (O. Wagner, A. Loos, J. Frank). In den 70er Jahren Protagonist einer neuen „stillen" Architektur, die „nur spricht, wenn sie gefragt wird"; Realisierung zunächst nur von kleinen Bauten. Die Auffassung von „Architektur als Hintergrund" kennzeichnet auch C. urbanist. Projekte.
Werke: Wien: Lokale, Wohnhäuser und Ausstellungsgestaltungen; Mitwirkung an der U-Bahn-Planung; Kleines Café, 1970/74; Souterrainumbau im Palais Schwarzenberg, 1982–84; Stadtparksteg, 1985–87; Wohnbebauung in Perchtoldsdorf, 1989–94; Volksschule in Simmering, 1991–94; Hauptgebäude der Bank Austria, 1997 (Umbau). – Schriften: Das Looshaus, 1976 (mit W. Mistelbauer); Zur Abwechslung. Ausgewählte Schriften zur Architektur, 1978; J. Frank 1885–1967, 1981 (mit J. Spalt); Zur Abwechslung, 1996.

Czeija, Karl August, * 20. 2. 1843 Wien, † 14. 2. 1909 ebd., Ingenieur, Pionier des Telegraphen- und Fernsprechwesens; Vater von Oskar → Czeija. Gründete 1880 in Wien eine Werkstätte für Mechanik und Telegraphenbau, aus der unter anderem 1884 durch die Beteiligung von F. → Nissl die „Telephon- und Telegraphenfabrik Czeija, Nissl & Co." hervorging; das Unternehmen hatte wesentl. Anteil am Aufbau des Telefonnetzes der ö.-ungar. Monarchie.
Literatur: P. Kudlicza, ITT Austria 1884–1984, 1984.

Czeija, Oskar, * 5. 9. 1887 Wien, † 7. 3. 1958 ebd., Sohn von Karl August → Czeija. Mitbegründer und erster Gen.-Dir. (1924–38) der ö. Rundfunkges. → RA-VAG. Von 8. 8. bis 12. 11. 1945 öffentl. Verwalter des „ö. Rundspruchwesens" mit Sitz bei Radio Wien.
Literatur: P. Kudlicza, ITT Austria 1884–1984, 1984; M. Schmolke (Hg.), Wegbereiter der Publizistik in Ö., 1992.

Czeike, Felix, * 21. 8. 1926 Wien, Historiker. Ab 1954 im Wr. Stadt- und Landesarchiv, dessen Leitung er 1976–89 innehatte und das er wesentlich ausbaute. Seit 1977 Leiter des L.-Boltzmann-Inst. f. Stadtgeschichtsforschung. Hg. des 1992–97 in 5 Bden. erschienenen „Hist. Lexikons Wien".
Weitere Werke: Das große Groner-Wien-Lexikon, 1974; Wien und seine Bürgermeister, 1974; Hist. Atlas von Wien, 8 Lieferungen, 1981–2002 (Hg.); Geschichte der Stadt Wien, 1981; Wien, 1999.
Literatur: Festschrift für F. C., 1997.

Czermak, Emmerich, * 14. 3. 1885 Datschitz (Dačice, CZ), † 18. 4. 1965 Wien, Gymn.-Dir. und Politiker CS. 1929–32 BMin. f. Unterr., dann bis 1938 Präs. des Landesschulrates für NÖ. Letzter Obmann der → Christlichsozialen Partei (bis 27. 9. 1934).

Czermak, Hans, * 18. 7. 1913 Krems (NÖ.), † 12. 12. 1989 Wien, Kinderarzt, Sozialmediziner. Univ.-Prof. und Primar in Wien.
Werke: Gesundheitspolitik, 1969; Gesundheitsverhältnisse der Kinder in Ö., 1970. – Mitautor: Säuglings- und Kleinkinderfürsorge, 1953; Kinderheilkunde, 1958; Gesundheitsprobleme der Jugend, 1963; Psychohygiene und Mutterberatung, 1972. – Über 100 wiss. Publikationen in Ztschr.

Czermak, Johann Nepomuk, * 17. 6. 1828 Prag (CZ), † 17. 9. 1873 Leipzig (D), Physiologe. Prof. in Graz, Krakau, Prag und Leipzig; entwickelte den von L. Tuerk konstruierten Kehlkopfspiegel (Laryngoskop) weiter und führte Laryngoskopie und Rhinoskopie (Nasenspiegelung) in die Praxis ein.
Literatur: ÖBL.

Czermak, Wilhelm, * 10. 9. 1889 Prag (CZ), † 13. 3. 1953 Wien, Ägyptologe. Ab 1925 Univ.-Prof. für Ägyptologie und Afrikanistik in Wien.
Werk: Die Laute der ägypt. Sprache, 2 Bde., 1931/34.

Czernetz, Karl, * 12. 2. 1910 Wien, † 3. 8. 1978 ebd., Fotograf und Politiker (SPÖ). Seit 1924 polit. aktiv, während des Ständestaats illegaler Sozialist; 1938 Emigration. 1956–78 ö. Delegierter und 1975–78 Präs. der Parlamentar. Versammlung des Europarats; 1949–78 Abg. z. NR und 1963–78 Chefredakteur der „Zukunft". C. galt als „Parteiideologe" und trat für ein geeintes Europa ein.
Werke: Die sozialist. Internationale, 1972; Europäer und Sozialist. Reden und Aufsätze, hg. v. H. Waschek, 1980.

Czernin, Franz Josef, * 7. 1. 1952 Wien, Schriftsteller. Vertreter der ö. Avantgarde, experimentierte mit der Sprache unter Einbeziehung traditioneller Formen (z. B. Sonett) sowie mit Computeranwendungen in Zusammenhang mit Poesie. Wildgans-Preis 1999.
Werke: ossa und pelion, 1979; anna und franz, 1982; glück? ein fragment der maschine, 1984; die kunst des sonetts, 1985 (2. teil, 3. teil, 1993); Die Reisen. In 80 Gedichten um die ganze Welt, 1987 (mit F. Schmatz); das stück. ein theater, 1991; die aphorismen, 1992; Sechs tote Dichter, 1992; gedichte, 1992; M. Reich-Ranicki, 1995; natur-gedichte, 1996; Die Schreibhand, 1997; Anna und Franz, 1998; Kühlschrankpoesie, 1998; Dichtung als Erkenntnis, 1999; Apfelessen mit Swedenborg, 2000; Elemente, 2002 (Sonette); Voraussetzungen. 4 Dialoge, 2002.

Czernin, Johann Rudolf, Graf von und zu Chudenitz, * 9. 6. 1757 Wien, † 23. 4. 1845 ebd., Beamter. 1823–27 Präs. der Akad. d. bild. Künste in Wien. Als kaiserl. Oberstkämmerer (ab 1824) unterstanden ihm die Sammlungen des Hofes und das Burgtheater, das damals eine Blütezeit erlebte. Seine ab ca. 1800 zusammengetragene Gemälde-Smlg. wurde mit dem angeschlossenen Kupferstichkabinett zum Grundstock der c.schen Kunst-Smlg. Reste der bed. Privat-Smlg. befinden sich heute als Leihgabe in der Residenz-Galerie in Salzburg.

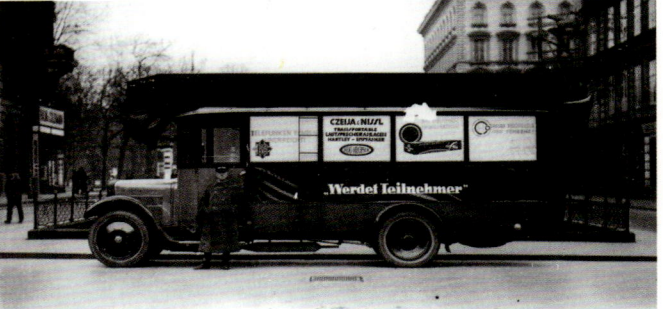

Oskar Czeija: Propaganda-Wagen von Czeija & Nissl zur Werbung neuer Radioteilnehmer. Foto, 1928.

Czernin, Ottokar Graf, * 26. 9. 1872 Dimokur (Dymokury, CZ), † 4. 4. 1932 Wien, Staatsmann. Berater von Erzhzg. → Franz Ferdinand; 1916–18 ö.-ungar. Außenmin., maßgebend an den Friedensverträgen von Bukarest und Brest-Litowsk beteiligt; löste die → Sixtus-Affäre aus und musste zurücktreten. 1920–23 als einziger Abg. der „Bürgerl. Arbeiterpartei" Mitgl. d. NR.
Literatur: L. Singer, O. Gf. C., 1965; ÖBL; NDB.

Czernin, Peter, * 17. 7. 1932 Wien (Stmk.), Architekt. 1965 Mitgl. der ö. UNESCO-Kommission für architekton. und bausoziolog. Fragen; seit 1970 eig. Atelier, führte zahlr. Nutz- und Verwaltungsbauten für die Republik Ö. sowie das Hotel Marriott an der Wr. Ringstraße aus. Univ.-Prof. an der Technischen Univ. und an der Wirt.-Univ. Wien, befasst sich mit bauhist. und bausoziolog. Fragen.

Czerny, Carl, * 21. 2. 1791 Wien, † 15. 7. 1857 ebd., Pianist und berühmter Klavierpädagoge. Schüler von L. van → Beethoven, Lehrer von F. → Liszt. Schrieb über 1000 Kompositionen, von denen die klavierpädagog. Werke „Schule der Geläufigkeit" und „Schule der linken Hand" sowie zahlr. Etüden auch heute noch im Unterricht verwendet werden; zählte zu den wichtigsten Mitgliedern des Wr. Musiklebens seiner Zeit.
Literatur: G. Schünemann, Geschichte der Klaviermusik, 1953; G. Wehmeyer, C. C. und die Einzelhaft am Klavier oder Die Kunst der Fingerfertigkeit und die industrielle Arbeitsideologie, 1983.

Carl Czerny. Gemälde, 1857 (Gesellschaft der Musikfreunde in Wien).

Czerny, Franz, * 4. 10. 1859 Möderitz (Modřice, CZ), † 22. 11. 1944 Kremsmünster (OÖ.), Benediktiner. Abt von Kremsmünster (1905), Fachmann auf dem Gebiet der Insektenkunde, stellte 15 neue Gattungen auf und beschrieb 25 neue Arten.

Czerny, Karl, * 5. 11. 1877 Wien, † 25. 10. 1940 ebd., Pionier der Stenographie in Ö. War an der Einführung der Dt. Einheitskurzschrift in Ö. (1925) maßgeblich beteiligt und erreichte, dass Stenographie an den Mittelschulen unterrichtet wurde (1926); verfasste Lehrbücher für die Einheitskurzschrift.

Czerwenka, Oskar, * 5. 7. 1924 Vöcklabruck (OÖ.), † 1. 6. 2000 ebd., Sänger (Bass). Ab 1951 an der Wr. Staatsoper, 1961 Kammersänger; zahlr. Rollen bei den Sbg. und Bregenzer Festspielen sowie an anderen internat. Häusern (New York, Hamburg usw.); legendär wurde seine Gestaltung des Ochs von Lerchenau im „Rosenkavalier" von R. → Strauss. C. war auch ein anerkannter Maler.
Werk: Jenseits vom Prater. Erlebtes – Erlittenes – Empfundenes, 1998.

Czerweny, Viktor, Edler von Arland, * 14. 3. 1877 Deutschlandsberg (Stmk.), † 27. 9. 1956 Graz (Stmk.), Fabrikant. Entwickelte gem. mit seinem Bruder Robert C. 1898 den 1. Zündholzautomaten (Techn. Museum Wien), der ab 1908 von der Maschinenfabrik Voith in St. Pölten in großer Stückzahl produziert wurde; 1912–38 Zentraldir. der Solo Zündwaren- und Wichsefabriken AG.

Czeschka, Carl Otto, * 22. 10. 1878 Wien, † 10. 7. 1960 Hamburg (D), Graphiker und Designer. Studierte 1894–99 an der Akad. d. bild. Künste in Wien und war danach Lehrer an der Wr. und an der Hamburger Kunstgewerbeschule; ab 1905 Mitarbeiter der → Wiener Werkstätte. Zu seinem vielfältigen Schaffen gehören Graphiken, Zinkographien, Holzschnitte, Glasfenster (Gnadenkirche in München), Kalender, Theaterausstattungen (für M. Reinhardt), buchkünstlerische Arbeiten, Schmuck, Postkarten, Möbel usw.
Literatur: W. J. Schweiger, Wr. Werkstätte, 1982.

Ottokar Czernin vor dem Hotel Adlon in Berlin. Foto, 1930.

Carl Otto Czeschka: Illustration zum Buch „Die Nibelungen" aus der Reihe "Gerlachs Jugendbücherei". Farblithographie, 1909.

Czettel, Adolf, * 26. 10. 1924 Wien, † 27. 9. 1988 ebd., Maschinenschlosser und Politiker (SPÖ). 1969–76 Abg. z. Wr. Landtag und Mitgl. d. Wr. Gemeinderats, 1976–79 Mitgl. d. BR, 1979–84 und 1986–87 Abg. z. NR, 1976–88 Präs. der AK Wien und des Ö. Arbeiterkammertags.
Literatur: W. Göhring, A. C., 2000.

Czettel, Hans, * 20. 4. 1923 Wien, † 27. 9. 1980 Ternitz (NÖ.), Schlosser und Politiker (SPÖ). 1953–69 Abg. z. NR, 1964–66 BMin. f. Inneres, 1969–80 Landeshauptmann-Stellv. von NÖ.

Czibulka, Alfons, * 14. 5. 1842 Széges-Véralja (H), † 27. 10. 1894 Wien, Militär- und Theaterkapellmeister, Komponist. Veranstaltete spektakulär groß besetzte Konzerte in der Wr. Rotunde; erhielt 1880 den 1. Preis der internat. Musikkapellenkonkurrenz in Brüssel.
Werke: mehr als 300 Orchesterwerke; 6 Operetten (Pfingsten in Florenz, 1884); Stephanie-Gavotte; Liebestraum nach dem Ball.
Literatur: F. Anzenberger, A. C., 2000; ÖBL.

Czibulka, Alfons Frh. von (Pseud.: A. v. Birnitz), * 28. 6. 1888 Schloss Radboř bei Korschenitz (Kořenice, CZ), † 22. 10. 1969 München (D), Offizier und Schriftsteller. Lebte ab 1918 in München; verfasste v. a. hist. Romane und Erzählungen aus dem alten Ö.
Werke: Die Handschuhe der Kaiserin, 1931; Der Henker von Bernau, 1937; Das Abschiedskonzert, 1944 (Roman um J. Haydn); Die Brautfahrt nach Ungarn, 1953; Reich mir die Hand, mein Leben, 1956 (Roman um W. A. Mozart); Der Tanz ums Leben, 1958; Prinz Eugen, Retter des Abendlandes, 1958.

Cziffra, Géza von, * 19. 12. 1900 Arad (H, heute RO), † 28. 4. 1989 Dießen (D), Drehbuchautor und Filmregisseur. Gründete 1945 die C.-Film GmbH in Wien, verfasste über 130 Drehbücher, führte in zahlr. Filmen (bes. Lustspiele und Revuen) Regie.
Werk: Kauf dir einen bunten Luftballon, 1970 (Autobiographie).

Czigan, France, * 18. 9. 1908 Zizke (SLO), † 23. 2. 1971 Laibach (Ljubljana, SLO), slowen. Volksmusikforscher, Lehrer und Geistlicher. Ab 1957 Lehrer am slowen. Gymn. in Klagenfurt, Sammler und Hg. slowen. Volkslieder, Sagen und Gebräuche in Kä.; zahlr. Publikationen.

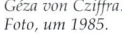

Géza von Cziffra. Foto, um 1985.

Czikann, Johann Jakob, * 10. 7. 1789 Brünn (Brno, CZ), † 10. 6. 1855 ebd., Redakteur, Jurist, Hofsekretär in Wien. Gab mit F. → Gräffer 1835–37 auf eig. Kosten das erste ö. Lexikon, die 6-bändige „Ö. National-Encyklopädie", heraus.
Literatur: ÖBL.

Czjzek, Johann Baptist, * 25. 5. 1806 Groß-Jirna b. Brandeis (Veliké Jirny, CZ), † 17. 7. 1855 Atzgersdorf b. Wien, Geologe. Oberster Geologe an der k. k. Geolog. Reichsanstalt und Bergrat. Ab 1835 führend in der geolog. Landesaufnahme Ö. beteiligt.
Werke: Geognost. Karte der Umgebung Wiens mit Erläuterungen, 1847; Geolog. Karte der Umgebungen von Krems; zahlr. Veröffentlichungen in den Jahrbüchern der Geolog. Reichsanstalt sowie zahlr. Manuskriptkarten.
Literatur: ÖBL; ADB.

Czjzek, Johann Baptist, Edler von Smidaich, * 20. 3. 1841 Wien, † 6. 2. 1925 ebd., Industrieller, Porzellanfabrikant. Stellte viele Gebrauchsgüter aus Porzellan her, wurde einer der Wegbereiter der modernen Marktwirt. Später an der Waggonbauind. beteiligt und Mitbegründer des Wr. Bankvereins.
Literatur: ÖBL; ADB.

Czoernig, Karl, Freiherr von Czernhausen, * 5. 5. 1804 Tschernhausen (Černousy, CZ), † 5. 10. 1889 Görz (Gorizia, I), vielseitiger Beamter, Statistiker; Großvater von Walter → Czoernig. Machte sich bes. um den Ausbau der Donauschifffahrt und der Eisenbahnen verdient, war bis 1865 Präs. der Statist. Verwaltungskommission, 1852–63 auch der Zentralkommission zur Erhaltung der Kunst- und hist. Denkmäler.
Werke: Ethnographie der ö. Monarchie, 3 Bde., 1855–57; Ö. Neugestaltung 1848–58, 1858. – Tafeln zur Statistik der ö. Monarchie seit 1848.
Literatur: ÖBL.

Czoernig, Walter, Freiherr von Czernhausen, * 16. 2. 1883 Triest (I), † 28. 12. 1945 Großgmain (Sbg.), Höhlenforscher und Oberbaurat bei den Ö. Bundesbahnen; Enkel von Karl → Czoernig.
Werk: Die Eishöhlen des Landes Sbg. und seiner bayr. Grenzgebirge, 1924.
Literatur: ÖBL.

Czuber, Emanuel, * 19. 1. 1851 Prag (CZ), † 22. 8. 1925 Gnigl b. Salzburg, Mathematiker. 1891–1919 Prof. an der Techn. Hochschule in Wien; führte 1894 den versicherungstechn. Kurs ein und erforschte die Wahrscheinlichkeitsrechnung und ihre Anwendung im Versicherungswesen.
Werke: Geometr. Wahrscheinlichkeiten, 1884; Mathemat. Bevölkerungstheorie, 1923.
Literatur: ÖBL; NDB.

Czurda, Elfriede, * 25. 4. 1946 Wels (OÖ.), Schriftstellerin und Hörspielautorin. Studierte Kunstgeschichte und Archäologie in Salzburg; lebt seit 1980 in Berlin und Wien. C. übt in ihren Texten feminist. Sprach- und Sozialkritik und sucht nach Bildern einer positiven weibl. Utopie.
Werke: Ein Griff = eingriff inbegriffen, 1978; Diotima oder Die Differenz des Glücks, 1982 (Prosa); Signora Julia, 1985 (Prosa); Die Giftmörderinnen, 1991 (Roman); Voik. Gehirn, Stockung, Notat, Stürme, 1993 (Gedichte); Buchstäblich: Unmenschen, 1995 (Essays); Die Schläferin, 1997 (Roman); Wo bin ich – wo ist es, 2002 (Gedichte). – Hörspiele, Übersetzungen.

Czyhlarz, Karl von, * 17. 8. 1833 Lobositz (Lovosice, CZ), † 21. 7. 1914 Wien, Jurist. Prof. für Röm. Recht an den Univ. Prag und Wien (1892–1905), Mitgl. des Herrenhauses.
Werk: Lehrbuch der Institutionen des röm. Rechts, 1889.
Literatur: ÖBL.

D

Dachauer, Wilhelm, * 5. 4. 1881 Ried i. Innkreis (OÖ.), † 26. 2. 1951 Wien, Maler. Studium 1899–1907 an der Akad. d. bild. Künste Wien, 1927–45 Prof. an dieser. Werke: Briefmarkenserien (u. a. Nibelungen, Erfinder, Stille Nacht, J. Strauß); Porträts (J. Wagner-Jauregg, V. Kaplan); 10 Glasfenster und Altarbild in der Krankenhauskapelle Ried, 1928. Literatur: W. D., Gemälde u. Briefmarken, 1963.

Dachstein, stark verkarsteter Hochgebirgsstock der Nördl. Kalkalpen (→ Dachsteinkalk), im Grenzgebiet von OÖ., Sbg. und der Stmk., schließt das Salzkammergut nach S ab und erreicht im Hohen D., dem höchsten Gipfel von OÖ. und der Stmk., 2995 m (Torstein 2948 m, Niederer D. 2934 m, Mitterspitz 2925 m und Großer Koppenkarstein 2863 m). Der D. fällt im N zum Hallstätter See, im S zum Ennstal ab, im NW ist das trogförmige Gosautal tief eingesenkt. Die Gipfel tragen die östlichsten und nördlichsten Gletscher der Alpen: Gr. Gosau-, Hallstätter, Schladminger, Torstein-, Kl. Gosau-, Schneeloch- und Edelgriesgletscher. Sie haben nur unterirdische Abflüsse. Am N-Rand, in OÖ., liegen die durch eine Seilbahn erreichbaren → Dachsteinhöhlen, Talstation: Obertraun, Mittelstation:

Dachstein.

D.-Höhlen-Schönberghaus, Bergstation: Krippenstein (2074 m); die Gjaidalm (1788 m) wird zusätzlich durch eine Seilbahn über Krippenbrunn erschlossen. Am S-Rand, Stmk., führt die D.-Südwandbahn (Gletscherbahn Ramsau) vom Hotel Türlwandhütte zum Hunerkogel (2687 m); Gletscherskilifte. Die steilabfallende D.-Südwand bietet große Kletterschwierigkeiten (1901 erste vollständige Durchkletterung). 1832 erfolgte die Erstbesteigung des Hohen D. durch P. Gappmayr aus Filzmoos (von der Gosauer Seite), 1847 die erste Winterbesteigung durch F. Simony (von der Hallstätter Seite). Talorte: Gosau, Obertraun (OÖ.), Ramsau, Schladming (Stmk.). Schutzhütten: Austriahütte (1638 m), Adamekhütte (2196 m), Wiesberghaus (1872 m), Simonyhütte (2205 m), Seethalerhütte (ehemals Dachsteinwartehütte, 2741 m), Gablonzer Hütte (1522 m), Dachsteinsüdwandhütte (1871 m).

Dachsteinhöhlen, Höhlensystem am N-Rand des Dachsteins, erreichbar mit der Seilbahn von Obertraun zur Schönbergalm (1338 m). Sie bestehen aus der Rieseneishöhle (2000 m, seit 1928 elektr. beleuchtet), einer der größten unterirdischen Eislandschaften Mitteleuropas mit jährl. rd. 200.000 Besuchern, und der Mammuthöhle (47.978 m, imposante Gänge mit Tropfsteinen), einer der größten europ. Kalksteinhöhlen, deren Gänge durch einen ehem. unterirdischen Fluss gebildet wurden. 1981 Entdeckung einer vertikalen Ausdehnung von 1180 m. Die D. wurden 1909/10 erstmals durchforscht, vermessen und dann zugängl. gemacht, 1928 unter Naturschutz gestellt.

Dachsteinhöhlen.

Dachsteinkalk, weit verbreitete Gesteinsformation der Nördl. Kalkalpen, hellgrau-weißliches, meist gut geschichtetes Gestein mit Fossilien („Kuhtritte" = Muschelreste), entstanden in der jüngeren Trias vor rd. 220 Mio. Jahren; verkarstete Hochflächen und Höhlen. Neben dem Dachstein bestehen Tennengebirge, Hagengebirge, Totes Gebirge, Hochschwab, Schneeberg und viele andere Gebirgsmassive größtenteils aus D. Der massigere Dachstein-Riffkalk baut u. a. den markanten Gosaukamm auf.

Dachs-Verlag, 1984 als Kinder- und Jugendbuchverlag innerhalb der Bohmann-Gruppe (→ Bohmann Druck und Verlag Ges. m. b. H. & Co. KG) gegr., 1987 durch Management-Buy-out zur Ges. m. b. H. verselbständigt, 1992–95 mit dem Verlag → Jugend und Volk zur „J&V Edition Wien Dachs-Verlag Ges. m. b. H." fusioniert, danach wieder selbständig, 2001 vom dt. Patmos-Verlagshaus übernommen. Zahlr. Auszeichnungen; internat. Erfolge v. a. durch Lizenzausgaben (bis 2003 ca. 400) und Bücher von C. → Nöstlinger.

Daffinger, Moritz Michael, * 24. 1. 1790 Wien, † 21. 8. 1849 ebd., Porträt- und Blumenmaler des Biedermeier; Sohn des Porzellanmalers Johann Leopold D.; Studium an der Wr. Akademie bei F. H. → Füger, bis 1812 als Maler für die Wr. Porzellanmanufaktur tätig, anschließend erlangte er als Porträtminiaturist der vornehmen Ges. Berühmtheit; beeinflusst durch den engl. Porträtmaler T. Lawrence, schuf er mehr als 1000 Miniaturporträts. Ab 1841 widmete er sich fast ausschließlich der Blumenmalerei, bis zu seinem Tod malte er über 500 Blumenaquarelle, die sich bes. durch naturgetreue und feine Wiedergabe auszeichnen. Literatur: Die Blumenaquarelle des M. M. D., Ausst.-Kat., Wien, 1986; G. Kugler, Staatskanzler Metternich und seine Gäste – Die wiedergefundenen Miniaturen von M. M. D., 1991.

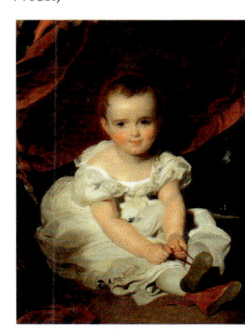

Moritz Michael Daffinger: Erzherzogin Maria Theresia. Gemälde, 1819.

Daim, Falko, * 28. 2. 1953 Wien, Archäologe, Historiker. Studierte in Wien, seit 2000 Univ.-Prof. am Inst. f. Ur- und Frühgeschichte der Univ. Wien, seit 2003 Gen.-Dir. des Römisch-German. Zentralmuseums in Mainz. Bed. Forschungen über Ö. im Früh-MA sowie Grabungen und Studien zur awar. Besiedelung im O-Teil Ö. Werke: Die Awaren in NÖ., 1977; Das awar. Gräberfeld von Leobersdorf, NÖ., 2 Bde., 1987; Die Awaren am Rand der byzantin. Welt, 2000 (Hg.); Sein & Sinn, Burg & Mensch, Ausst.-Kat., Ottenstein 2001 (Hg.).

DAIM, Wilfried, * 21. 7. 1923 Wien, Psychologe, Psychotherapeut und Schriftsteller. 1940–45 in der kath. Widerstandsbewegung; gründete 1956 das private Inst. f. polit. Psychologie. Auch Kunstsammler (bes. Werke von O. R. → Schatz).
Werke: Umwertung der Psychoanalyse, 1951; Tiefenpsychologie und Erlösung, 1954; Der Mann, der Hitler die Ideen gab, ²1994; Die kastenlose Ges., 1960; Kirche und Zukunft, 1963 (Hg. mit F. Heer u. A. M. Knoll); Progressiver Katholizismus I und II, 1967; Die Chinesen in Europa, 1973; Meine Kunstabenteuer, 1997.

DAIMLER-MOTOREN-GESELLSCHAFT, ÖSTERREICHISCHE, 1899 in Wr. Neustadt als Tochterges. der Stuttgarter Daimler-Motoren gegr. Automobilfabrik. 1906–23 war F. → Porsche bei „Austro-Daimler" als Konstrukteur tätig (ab 1917 Gen.-Dir.); 1928 Fusionierung zu „Austro-Daimler-Puch AG", 1934 „Steyr-Daimler-Puch AG". Die Produktion in Wr. Neustadt wurde 1933 eingestellt.

DALAAS, Vbg., BZ, Gem., 835 m, 1549 Ew., 94,30 km², Wintersportort (84.949 Übern.) im Klostertal am Fuß der Roten Wand (2704 m). – Jugend- und Ferienheim. – Urk. 1303 als Bergwerkssiedlung „Zu Talaus" (Silberabbau und -schmelzöfen); im 14. Jh. Ansiedlung von Walsern; got., barockisierte (1792) Pfarrkirche mit Barockaltären und Rokokokanzel; Heiligkreuzkirche (1748) mit reich geschnitztem Hochaltar; in der Nähe Formarinsee; Spullersee mit Speicherkraftwerk der ÖBB (err. 1925, 47.000 MWh).

DALCROZE, Emile, siehe → Jaques-Dalcroze, Emile.

DALLAGO, Carl, * 14. 1. 1869 Borgo (S-Ti.), † 18. 1. 1949 Innsbruck (Ti.), Lyriker, Essayist, Dramatiker und zivilisationskrit. Kulturphilosoph. Gehörte bis in die 20er Jahre zum „Brenner-Kreis" und war von K. → Kraus beeinflusst.
Werke: Lyrik: Gedichte, 1900; Mensch und Dasein, 1930. – Künstlerdrama: Die Musik der Berge, 1906. – Essays: O. Weininger und sein Werk, 1912; K. Kraus der Mensch, 1913; Laotse, 1921; Nach 30 Jahren. Rückblick des Nicht-Schriftstellers, 1929 (Vers-Essay).
Literatur: ÖBL.

DALLANSKY, Bruno, * 19. 9. 1928 Wien, Schauspieler; Ehemann der Schauspielerin Judith → Holzmeister. 1955–61 Engagement am Wr. Theater in der Josefstadt, danach an dt. Bühnen und Wr. Burgtheater; 1965–90 Lehrtätigkeit am Reinhardt-Seminar; Film- und Fernsehtätigkeit.

DALLAPOZZA, Adolf, * 14. 3. 1940 Bozen (S-Ti.), Kammersänger (Tenor). Seit 1962 an der Wr. Volksoper, 1968 Debut an der Staatsoper. Interpret lyrischer Opernpartien (Tamino, Werther, Wilhelm Meister) und im Operettenfach.

DALLA ROSA, Heinrich, * 16. 2. 1909 Lassa bei Meran (S-Ti.), † 24. 1. 1945 Wien, Priester. 1935 Priesterweihe in Graz, ab 1939 Pfarrer von St. Georgen bei Obdach, wegen „Wehrkraftzersetzung" hingerichtet.

DALLA TORRE, Karl Wilhelm, * 14. 7. 1850 Kitzbühel (Ti.), † 6. 4. 1928 Innsbruck (Ti.), Naturwissenschaftler. Univ.-Prof. in Innsbruck.
Werke: Die Alpenflora der ö. Alpenländer, Südbayerns und der Schweiz, 1899; Flora der gefürsteten Grafschaft Ti., des Landes Vbg. und des Fürstentums Liechtenstein, 9 Bde., 1900–13 (mit L. v. Sarnthein).
Literatur: ÖBL.

DALLINGER, Alfred, * 7. 11. 1926 Wien, † 23. 2. 1989 Bodensee (Flugzeugabsturz), Drogist und Politiker (SPÖ). 1974–89 Vorsitzender und Geschäftsführer der Gewerkschaft der Privatangestellten, 1974–83 Abg. z. NR, 1980–89 Sozialmin. D. versuchte die Wirtschaftskrise der 8oer Jahre durch eine aktive Arbeitsmarktpolitik zu bewältigen. Er war ein Verfechter der generellen Arbeitszeitverkürzung (35-Stunden-Woche) und galt als Vordenker der SPÖ in Sozialfragen.

DALLINGER, Fridolin, * 16. 2. 1933 Eferding (OÖ.), Komponist. Ausbildung in Linz (H. → Eder), Wien und Salzburg; seine Werke sind von J. N. → David und R. → Schollum beeinflusst; Ö. Staatspreis für Musik 1965.
Werke: 3 Symphonien, 1 Konzert, zahlr. Kammermusik- und Vokalwerke. – Bühnenwerke: Die 7 Todsünden, 1968; The Roaring Twenties, 1988.
Literatur: G. Brosche (Red.), Musikal. Dokumentation F. D., Ausst.-Kat., Wien 1997.

DALMA, Alfons (eigentl. Stjepan Tomičić), * 26. 5. 1919 Otočac (HR), † 28. 7. 1999 Wien, Journalist. 1945–54 bei den „Salzburger Nachrichten", 1954–66 beim „Münchner Merkur" und bei der „Presse". 1967–74 ORF-Chefredakteur, dann bis 1986 ORF-Korrespondent in Rom.

DALMATIEN, Küstenstreifen der Balkanhalbinsel an der Adria mit zahlr. vorgelagerten Inseln, 11.770 km² (davon 2100 km² Inseln); zur Zeit der ö.-ungar. Monarchie vorwiegend kroat. (1910 96,6 %) mit ital. (2,6 %) Bevölkerung (insges. 646.062). Ab dem 10. Jh. wurde D. weitgehend von den Kroaten erobert, ab dem 11. Jh. besetzte Venedig die Städte (Spalato/Split, Zara/Zadar, Ragusa/Dubrovnik), im 15. Jh. eroberten die Osmanen Teile D. Erst in den Friedensschlüssen von Karlowitz 1699 und Passarowitz 1718 wurde der Anteil Venedigs fixiert. Im Frieden von Campoformido 1797 wurde D. der ö. Monarchie zugeteilt; war 1805–10 Teil des ital. Königreichs, 1810–14 Teil Frankreichs, kam 1815 wieder zu Ö. und wurde 1816 zum Königreich erhoben. In der Revolution 1848/49 war D. eine Stütze der Wr. Regierung gegen Ungarn. 1867 wurde es ein Teil der westl. Reichshälfte. 1869/70 und 1881 löste die Anwendung der ö. Militärgesetze Aufstände aus. 1918 war der Status ungeklärt; durch den Vertrag von Rapallo fiel D. 1920 an Jugoslawien, jedoch kamen Zadar, Rijeka und einige Inseln zu Italien.
Literatur: E. Bauer, Drei Löwenköpfe, Ö. in D., 1973.

DAMISCH, Gunter, * 20. 5. 1958 Steyr (OÖ.), Maler und Graphiker. Studierte an der Akad. d. bild. Künste in Wien, seit 1992 Lehrauftrag und seit 1998 Prof. an dieser. Beschäftigte sich zunächst auch mit graph. Techniken und Plastiken, später v. a. mit Malerei unter intensivem Einsatz starker Farben mit Bezugnahme auf Pointillismus und Jugendstil.

Gunter Damisch: Fluss. Gemälde, 1986 (Sammlungen der Stadt Wien).

DAMM, Helene von, * 4. 5. 1938 Linz (OÖ.), Diplomatin. Wuchs in Ulmerfeld-Hausmening auf, 1955 in die USA ausgewandert, arbeitete ab 1966 für den späteren US-Präsidenten R. Reagan; 1983–85 US-Botschafterin in Ö.
Werke: Wirf die Angst weg, Helene. Die Erinnerungen der H. v. D., 1987.

Dampftramway: In Wien eröffnete die Firma Krauß & Co. 1883 die Linie Hietzing–Perchtoldsdorf, 1886 Gaudenzdorf–Hietzing, Stephaniebrücke (= Salztorbrücke)–Stammersdorf und Groß-Enzersdorf, 1887 Perchtoldsdorf–Mödling und Hietzing–Ober-St.-Veit. 1907 übernahm die Gem. Wien diese Linien, bezog sie in das städt. Straßenbahnnetz ein und elektrifizierte 1908–12 die meisten, Mauer–Mödling und Kagran–Groß-Enzersdorf jedoch erst 1921/22. – Daneben eröffnete die Neue Wr. Tramway-Ges. (ein Pferdebahnunternehmen) 1884–86 drei D.-Linien. Aus der Linie Gaudenzdorf–Wr. Neudorf entwickelte sich die bereits 1907 elektrifizierte Lokalbahn Wien–Baden.
Außer in Wien wurden noch in Salzburg (1886–1909) und Innsbruck (1891–1936) Lokalbahnen in der Art von Dampftramways betrieben.
Literatur: A. Laula u. H. Sternhart, Dampftramway Krauss & Comp. in Wien, 1974.

Dampierre, Henri Duval Graf von, * 1580 bei Metz (F), † 8. 10. 1620 bei Pressburg (Bratislava, SK; gefallen), General. Diente als kaiserl. Offizier 1604/05 in Ungarn und Siebenbürgen, kommandierte 1616/17 in einem Krieg gegen Venedig und 1619 gegen die „Böhmischen Rebellen"; fiel im Kampf gegen den ungar. Gegenkönig Bethlen Gábor. Am 5. 6. 1619 retteten die D.-Kürassiere → Ferdinand II. bei harten Verhandlungen mit den protestant. Ständen in der Hofburg. Deshalb hatte der jeweilige Regimentsinhaber jederzeit Zutritt beim Kaiser, sein Regiment durfte die Hofburg passieren.

Damtschach, siehe → Wernberg.

Damüls: Pfarrkirche.

Damüls, Vbg., B, Gem., 1425 m, 326 Ew., 20,91 km², Wintersportort (170.223 Übern.) im Tal des Argenbachs zw. Bregenzerwald und Großem Walsertal. – Eine der ältesten Walsersiedlungen (um 1300); spätgot. Pfarrkirche (1484) mit bemalter Holzkassettendecke und Fresken (1490–1500), Sakramentshäuschen (1487); Naturschutzgebiet um das Furkajoch (1759 m).

Dandalier, Schloss, siehe → Radstadt.

Danegger, Josef, * 15. 11. 1866 Bodenbach (Podmokly, CZ), † 1. 1. 1933 Wien, Schauspieler und Regisseur; Vater von Theodor → Danegger. Charakterdarsteller an Burgtheater, Josefstädter und Volkstheater in Wien, in Berlin (bei M. Reinhardt und V. Barnowsky), in Köln und New York; Regisseur in Zürich und Wien, Leiter des Neuen Wr. Konservatoriums.

Danegger, Theodor, * 31. 8. 1891 Lienz (Ti.), † 11. 10. 1959 Wien, (Film-)Schauspieler; Sohn von Josef → Danegger. Engagements in Wien am Burgtheater (1905–13), Volkstheater, an der Neuen Wr. Bühne und am Frankfurter Schauspielhaus, 1934–39 an den Münchner Kammerspielen; ab 1939 Filmtätigkeit.

Josef Danhauser: Der Augenarzt. Gemälde, 1837 (Wien Museum).

Danhauser, Josef, * 18. 8. 1805 Wien, † 4. 5. 1845 ebd., Genre-, Porträt- und Historienmaler; Sohn des Wr. Möbelfabrikanten Joseph Ulrich → Danhauser. Studium an der Wr. Akad. bei J. P. → Krafft. Übernahm 1829–31 die Leitung der väterl. Möbelfabrik, übergab diese 1831 seinen Brüdern, blieb als Möbelentwerfer tätig; trug mit seiner Arbeit wesentlich zum Wr. Möbelstil des Vormärz bei, beschäftigte sich ab den 30er Jahren mit der Darstellung naturalist. Genreszenen aus dem vornehm-bürgerl. Milieu. 1841/42 Prof. an der Wr. Akad., bekannt durch moralisierende und verschlüsselt soz.-krit. „Sittenbilder" sowie durch mehrere Künstlerporträts.
Literatur: J. D., Ausst.-Kat., Wien 1983; ÖBL; NDB.

Danhauser, Joseph Ulrich, * 14. 3. 1780 Wien, † 9. 1. 1829 ebd., Möbelfabrikant; Vater von Josef → Danhauser. Gründete 1804 eine Möbelfabrik, die im Wien der Biedermeierzeit große Bedeutung besaß.

Joseph Ulrich Danhauser: Salon, Originalentwurf der Danhauserschen Möbelfabrik. Kolorierter Stich von A. Geiger, 1834.

Danhelovsky, Konstantin, * 14. 2. 1857 Dolnji-Miholjac (HR), † 30. 9. 1939 Wien, Theaterforscher und Kunstsammler. Seine theater- und kulturhist. wertvolle Smlg. von über 50.000 Lichtbildern, Stichen und Zeichnungen aus den letzten Jahrzehnten des 19. Jh. befindet sich im Ö. → Theatermuseum in Wien.

Danielsberg, Kä., 966 m, steiler Bergkegel im unteren Mölltal bei Kolbnitz, alter Kultberg mit ehem. kelt. Heiligtum. Dem späteren röm. Herkulestempel folgte die heutige roman.-got., barockisierte Kirche mit Freskenresten in der Apsis, Barockaltären und Pietà aus dem 15. Jh.; Aussichtsberg.

Dankl von Krasnik, Viktor (ab 1917 Frh., 1918 Graf), * 18. 9. 1854 Udine (I), † 8. 1. 1941 Innsbruck (Ti.), bed. ö.-ungar. General und Heerführer im Ersten

Viktor Dankl von Krasnik. Foto, 1914.

→ Weltkrieg. Siegte 1914 mit der k. u. k. 1. Armee bei Krasnik (PL) über die russ. 4. Armee; 1915 Landesverteidigungskommandant von Ti. und 1916 während der Südtiroloffensive Kommandant der 11. Armee. Im Juni 1916 des Kommandos enthoben, 1918 zum Feldmarschall ernannt. Nach dem Krieg Protektor des Baues des Heldendenkmals im Äußeren Burgtor in Wien.
Literatur: L. Pastor, Gen.-Oberst v. D., 1916; Ö. Wehrzeitung Nr. 37, 1934; ÖBL; NDB.

Robert Danneberg. Foto, um 1930.

DANNEBERG, Robert, * 23. 7. 1885 Wien, † Dez. 1942 KZ Auschwitz (PL), Jurist und soz.-dem. Politiker. 1919–20 Mitgl. d. Konstituierenden Nationalversammlung, 1920–34 Abg. z. NR, 1918–27 Mitgl. d. Wr. Gemeinderats, 1932–34 Finanzreferent der Stadt Wien. Machte sich um das Arbeiterbildungswesen, die Jugendbewegung und das Wohnungswesen verdient. Hatte großen Anteil an der Verfassungsgesetznovelle 1931. 1938 verhaftet und bis zu seinem Tod in den KZ Dachau, Buchenwald und Auschwitz interniert.
Werke: Das soz.-dem. Programm, 1910 (³⁰1926); K. Marx, 1913; Die Rekrutenschulen der internat. Soz.-Dem., 1914; Die soz.-dem. Gem.-Verwaltung in Wien, 1925 (⁵1930, erschien 1929–31 unter dem Titel „10 Jahre neues Wien").
Literatur: L. Kane, R. D. Ein pragmat. Idealist, 1980; J. Hindels, R. D. Gelebt für den Sozialismus, ermordet in Auschwitz, 1985.

DANREITER, Franz Anton, † 17. 2. 1760 Salzburg, Zeichner und Architekt. Beaufsichtigte ab 1728 alle Schloßgärten Salzburgs und veröffentlichte mehrere Stichserien von diesen. D. plante den Mirabellgarten und leitete ab 1749 den Bau der Sebastianskirche in Salzburg.

DANTINE, Wilhelm, * 6. 11. 1911 Wien, † 21. 5. 1981 ebd., Theologe. Univ.-Prof. für evang. Systematische Theologie in Wien, Befürworter der Ökumene.
Werke: Die Gerechtmachung des Gottlosen, 1959; Der heilige und der unheilige Geist, 1973.

DANZER, Emmerich, * 15. 3. 1944 Wien, Eiskunstläufer. 1965–68 Europameister, 1966–68 Weltmeister; dann Berufsläufer, Fernsehkommentator, Trainer und Sportreferent in einer Versicherung. 1996/97 Präs. des Ö. Eiskunstlaufverbands; Präs. des Wr. Eislauf-Vereins.
Literatur: H. Prüller, Traumnote 6 für E. D., 1968.

DANZER, Georg, * 7. 10. 1946 Wien, Popsänger, Komponist, Texter. Studierte 1966–69 Psychologie und Philosophie in Wien; 1972 erste Schallplattenveröffentlichung („Der Tschik"). Durchbruch 1976 mit „Jö schau" (Goldene Schallplatte, „Star of the Year" der Fach-Ztschr. „Music Week"). Comeback seit 1998 mit dem Projekt Austria 3 (mit R. → Fendrich und W. → Ambros). 2000–02 Obmann von SOS Mitmensch.
Weitere Schallplatten und CDs: Du mi a, 1976; Unter die Haut, 1977; Danzer Live, 1980; Weiße Pferde, 1984; Keine Angst, 1991; Austria 3, Vol. 1–3, 1998–2000; 13 schmutzige Lieder, 2001; Sonne & Mond, 2002. – Autobiographie: Auf und davon, 1993.

Georg Danzer. Foto, um 1990.

DA PONTE, Lorenzo (eigentl. Emanuele Conegliano), * 10. 3. 1749 Ceneda (Vittorio Veneto, I), † 17. 8. 1838 New York (USA), Dichter und Librettist. Musste 1779 Venetien verlassen und kam über Dresden (Bekanntschaft mit C. Mazzolà) 1781 nach Wien, wo er, durch Joseph II. favorisiert, mit A. → Salieri, J. Martin y Soler und schließlich W. A. → Mozart zusammenarbeitete; 1791 wurde er durch Leopold II. entlassen und ging über Paris nach London, 1805 folgte er seiner Frau nach New York, wo er seine Memoiren verfasste.
Werke: 46 Libretti: u. a. Le nozze di Figaro, Così fan tutte, Don Giovanni (alle für W. A. Mozart), Una cosa rara (für J. Martin y Soler), Axur, La cifra, Il pastor fido (für A. Salieri).
Literatur: S. Hodges, L. D. P., the Life and Times of Mozart's Librettist, 1985; A. Lanapoppi, L. D. P., 1997.

Lorenzo Da Ponte. Punktierstich von M. Pekino.

DARIO, Giovanni Antonio, * 8. 3. 1702 St. Florian (OÖ.), Salzburger Hofbaumeister, auch Bildhauer. Erbaute die Stiftskirche in Seekirchen (1670) und die Wallfahrtskirche Maria-Plain (1671–74).

Giovanni Antonio Dario: Wallfahrtskirche Maria-Plain in Salzburg.

Weitere Werke: in Sbg.: Verbindung der Domfassade mit der Residenz (1660), Kapellenaltäre im Dom (um 1670), Umbau des Klosters von St. Peter (1680); Seitenaltäre in St. Florian (um 1700).

DARNAUT, Hugo, * 28. 11. 1851 Dessau (D), † 9. 1. 1937 Wien, Landschaftsmaler. Studium an der Wr. Akad. sowie ab 1876 in Düsseldorf und Karlsruhe; ab 1876 in Wien tätig, Kontakte zum Künstlerkreis um E. J. → Schindler, bekannt durch Landschaftsbilder.
Literatur: H. Mlnarik, H. D., Dipl.-Arb., Wien 1994.

Hugo Darnaut: Die Laurenzkirche in Markersdorf. Gemälde, um 1912/15.

DASCH, Maximilian, * 13. 9. 1903 Mondsee (OÖ.), † 22. 9. 1977 Salzburg, 1937/38 Dir. der zaunrithschen Buchdruckerei (ab 1939 „Salzburger Druckerei und Verlag"). 1937 Dir. des Sbg. Preßvereins. Zusammen mit G. A. → Canaval Lizenzträger, Gründer und Geschäftsführer der → „Salzburger Nachrichten" sowie deren Hg. von 23. 10. 1945 bis zu seinem Tod.

DASSANOWSKY, Elfriede („Elfi"), * 2. 2. 1924 Wien, Musikerin. Studierte Klavier und Gesang an der Wr. Musikhochschule, gründete 1946 das Theater „Das Podium" und mit E. Hanus die Belvedere-Filmproduktion und trat in zwei Filmen dieser Gesellschaft als Schauspielerin auf (Die Glücksmühle, 1947; Der Leberfleck, 1948). In der Folge wirkte sie als Konzertpianistin, Sängerin, Kabarettistin und Musikprofessorin. Seit 1955 in den USA, wirkte sie als Stimmtrainerin, Filmproduzentin und Geschäftsfrau und machte sich um die Förderung ö. Kultur verdient; seit 1999 Co-Produzentin der in Los Angeles wiedergegr. Belvedere Film.

DATENBANKEN, elektron. Form der Datenverwaltung, bestehend aus einem oft komplexen, umfangreichen und logisch integrierten Datenbestand (Datenbasis) und einer entsprechenden Software zu deren Verwaltung. Seit Mitte der 80er Jahre sind relationale D. (be-

ruhend auf dem bahnbrechenden Datenmodell von E. Codd 1970) in der ö. Wirt. und Verwaltung die am häufigsten eingesetzten elektron. Systeme. Die Weiterentwicklung erfolgte seither in Richtung objektorientierter und objektrelationaler D.
Literatur: R. Elmasri u. S. B. Navathe, Fundamentals of Database Systems, ²1993.

DATENSCHUTZ, Schutz personenbezogener Daten vor Missbrauch bei deren Verarbeitung und Verwendung, um Eingriffe in schutzwürdige Interessen betroffener Personen zu verhindern. Aufgrund der techn. Entwicklung in der elektron. Datenverarbeitung bes. wichtig, da in erhebl. Umfang Informationen verschiedener Art und Herkunft gespeichert und verknüpft werden können und in kurzer Zeit verfügbar sind. Das D.-Gesetz 2000 enthält ein Grundrecht auf D., regelt Zulässigkeit und Modalitäten der Datenverarbeitung und räumt dem Betroffenen Rechtsschutzmöglichkeiten ein.
Literatur: R. Knyrim, D.-Recht, 2003.

DATENVERARBEITUNG, siehe → elektronische Datenverarbeitung (EDV), → Datenbanken.

DAUBLEBSKY VON STERNECK, Maximilian Frh. von, * 14. 2. 1829 Klagenfurt (Kä.), † 5. 12. 1897 Wien, Admiral. 1866 in der Seeschlacht bei → Lissa Kommandant der „Erzhzg. Ferdinand Max", des Flaggschiffs von W. → Tegetthoff, das das ital. Flaggschiff „Re d'Italia" versenkte; bereitete gem. mit Gf. H. → Wilczek durch eine Erkundungsfahrt ins Nördl. Eismeer (1872) die ö.-ungar. → Nordpolexpedition vor.
Werk: Erinnerungen 1847–97, hg. v. J. Benko, 1900.
Literatur: ÖBL; NDB.

DAUBLEBSKY VON STERNECK, Robert Frh. von, * 7. 2. 1839 Prag (CZ), † 2. 11. 1910 Wien, Generalmajor, Physiker, Astronom. Nach 2 Jahren Studium an der Techn. Hochschule in Prag Eintritt in die k. k. Armee und Teilnahme an den Kriegen 1859 und 1866; 1862–1902 am Militärgeograph. Inst. in Wien und schließlich Leiter der astronom.-geodät. Gruppe und der Sternwarte. Er führte kartograph. Arbeiten in der Türkei, in Bulgarien und Serbien durch, begann mit den relativen Schweremessungen und erfand einen Flutmesser.
Werke: Die Polhöhe und ihre Schwankungen, 1894; Die Ergebnisse der neuesten Schwerebestimmungen, 1895; Das Fortschreiten der Flutwelle im Adriat. Meer, 1908.
Literatur: Almanach der Akad. d. Wiss. Wien, 1911; ÖBL; NDB.

DAUN, Leopold Josef Graf, Fürst von Thiano, * 24. 9. 1705 Wien, † 5. 2. 1766 ebd., Feldmarschall. Hofkriegsrats-Präs., hervorragender ö. Feldherr, erfolgreicher Gegner des Preußenkönigs Friedrich II. im → Siebenjährigen Krieg. D. wurde von seinem Vater Wirich Philipp Gf. → Daun zunächst für den geistl. Beruf, dann aber für das Militär bestimmt. Im Ö. Erbfolgekrieg 1742 vertrieb er die Franzosen aus Böhmen, begann 1748 mit der Reorganisation des k. k. Heeres, gründete (1752) und leitete die Theresian. → Militärakademie und wurde 1754 Feldmarschall. Im Siebenjähr. Krieg besiegte er Kg. Friedrich II. von Preußen in der Schlacht von → Kolin 1757, wofür er den neu gestifteten → Maria-Theresien-Orden erhielt; nochmals siegte er über Friedrich II. in der Schlacht bei → Hochkirch 1758 sowie über ein preußisches Korps bei Maxen 1759. 1760 verlor er die Schlacht bei Torgau. D. wurde wegen seines systemat. Vorgehens und seiner der Manöverstrategie verpflichteten Kriegführung „Zauderer" genannt, hatte aber vielleicht gerade deswegen Erfolg. Wandgrab in der Georgskapelle der Wr. Augustinerkirche.
Literatur: F. Walter, Männer um Maria Theresia, 1951; F. L. Thadden, Feldmarschall D., 1967; NDB.

DAUN, Wirich Philipp Graf, Fürst von Thiano (ab 1710), * 19. 10. 1669 Wien, † 30. 7. 1741 ebd., Feldmarschall; Vater von Leopold Josef Gf. → Daun. Zeichnete sich v. a. im Span. Erbfolgekrieg aus, verteidigte 1706 Turin; 1713 Vizekönig von Neapel, ab 1725 Statthalter der Niederlande, 1728–33 Gouverneur von Mailand. Wandgrab in der Georgskapelle der Wr. Augustinerkirche.
Literatur: NDB.

DAUTHAGE, Adolf, * 20. 2. 1825 Rustendorf b. Wien, † 3. 6. 1883 Wien, Lithograph und Maler. Betätigte sich vorwiegend als Porträtlithograph (4 Jahre im Atelier J. → Kriehubers), schuf Porträts der Mitglieder der Akad. d. Wiss., der Medizin. Fakultät der Univ. Wien, von Schauspielern u. a. sowie Lithographien von Gemälden anderer Maler (F. G. Waldmüller, J. M. Ranftl, F. Mallitsch und A. Schönn); umfangreiches Werk im Bildarchiv der Ö. Nat.-Bibl. in Wien.

DAVID, Jakob Julius, * 6. 2. 1859 Mährisch-Weißkirchen (Hranice, CZ), † 20. 11. 1906 Wien, Schriftsteller und Journalist („Neues Wr. Journal", „Wr. Zeitung"). Zunächst von C. F. Meyer beeinflusst, dann zw. Naturalismus und Dekadenz; übte bittere Sozialkritik; viele seiner Dorfgeschichten und Gesellschaftsromane handeln in Mähren und Wien.
Werke: Das Blut, 1891; Hagars Sohn, 1891; Am Wege sterben, 1900; Der Übergang, 1902; Die Hanna. Erzählungen aus Mähren, 1904. – Ausgaben: Gesammelte Werke, 7 Bde., 1907–09; Verstörte Zeit, Erzählungen, hg. v. F. Krobb, 1990.
Literatur: G. Schruf, J. J. D. als Novellist, Diss., Wien 1952; P. Goldammer, J. J. D. – Ein vergessener Dichter, in: Weimarer Beiträge 5, 1959; L. Pouh, Wr. Literatur und Psychoanalyse, 1997; A. Tröbinger, J. J. D., Dipl.-Arb., Wien 1999.

DAVID, Johann Nepomuk, * 30. 11. 1895 Eferding (OÖ.), † 22. 12. 1977 Stuttgart (D), Komponist; Vater von Thomas Christian → David. Studierte 1920–23 in Wien bei J. → Marx, 1924–34 Volksschullehrer und Organist in Wels; 1934 Prof. am Konservatorium in Leipzig, 1945 am Mozarteum in Salzburg, 1943–63 in Stuttgart. Gilt als Traditionalist und Polyphoniker (v. a. in der Kirchenmusik). Großer Ö. Staatspreis 1953, Ö. Ehrenzeichen f. Wiss. u. Kunst 1966.
Werke: zahlr. Konzerte und Symphonien, Orgelwerke, großes geistl. Vokalwerk (Choralvertonungen in der Nachfolge von J. S. Bach), Kammermusik.
Literatur: R. Klein, J. N. D., 1964; W. Dallmann, J. N. D. – Das Choralwerk für Orgel, 1993.

DAVID, Thomas Christian, * 22. 12. 1925 Wels (OÖ.), Komponist und Interpret (Flöte, Cembalo); Sohn von Johann Nepomuk → David. Ausbildung in Leipzig, Salzburg und Tübingen, 1958–87 Lehrer an der Wr. Musikhochschule (1967–73 in Teheran), gründete das „Süddeutsche Kammerorchester" und den „Süddeutschen Madrigal-Chor". 1986–88 Präs. des Österreichischen → Komponistenbunds.
Werke: Konzerte, 5 Streichquartette, Madrigale und Motetten, 1 Oratorium, 2 Opern.
Literatur: G. Brosche (Red.), Musikal. Dokumentation T. C. D., Ausst.-Kat., Wien 1984.

DAVIS, Gustav (Pseud.: G. Tannhofer), * 3. 3. 1856 Pressburg (Bratislava, SK), † 21. 8. 1951 Waidhofen a. d. Ybbs (NÖ.), Theaterschriftsteller, Journalist, Verleger. Gründete 1900 die „Ö. Kronen-Zeitung" (ab 1. 6. 1905 „Illustrierte Kronen-Zeitung"), Vorläuferin der „Neuen → Kronen-Zeitung".
Werke: Das Heiratsnest, 1893; Libretto zur Operette „Waldmeister" von J. Strauß Sohn, 1896.

DAVY, Walter, * 20. 12. 1924 Wien, † 15. 9. 2003 ebd., Regisseur, Schauspieler, Autor. Studierte am Reinhardt-Seminar in Wien, danach Regieassistent und Regisseur am Burgtheater; 1950–55 Produzent beim Sender Rot-Weiß-Rot, 1955–68 Bühnenregie u. a. in Göttingen, Berlin, Düsseldorf und Wien. Seit 1968 Fernseh- und Hörspielregisseur beim ORF. Erlangte als Darsteller des einbeinigen Kriminalbeamten Schremser in der

TV-Serie „Kottan ermittelt" (ab 1976) von P. → Patzak Popularität. Zahlr. Auszeichnungen.
Werke: Fernsehregie: Stationschef Fallmerayer, 1975; Familie Merian, ab 1978; Die Geschichte einer Vielgeliebten, 1983; Der Vorhang fällt, 1988. – Weitere Filmrollen: Jakob der Letzte, 1976; Kassbach, 1979; Glück auf Raten, 1995.

Dax, Paul, * um 1503 Sterzing (S-Ti.; ?), † 1561, Soldat, Kartograph und Glasmaler. Machte die erste Türkenbelagerung Wiens mit und beteiligte sich im Rahmen eines Bürgeraufgebots bei der Verteidigung der Ehrenberger Klause gegen protestant. Truppen. Als Künstler v. a. im Auftrag des Hofs von Innsbruck tätig, fertigte Fahnenbilder und Glasgemälde.

DDSG, siehe → Donau-Dampfschifffahrts-Gesellschaft.

Debanttal, O-Ti., nördl. Nebental des Drautals; nimmt Ausgang von der Schobergruppe und führt bis östl. von Lienz; wird vom Debantbach durchflossen. Im Ort Debant (Gem.-Geb. Nußdorf-Debant) arbeiten mehrere kleinere Wasserkraftwerke.

Dechantskirchen, Stmk., HB, Gem., 531 m, 1694 Ew., 23,95 km², landw.-gewerbl. Wohngem. mit etwas Tourismus nahe dem Stögersbach südwestl. von Friedberg, Möbelerzeugung, Maschinenbau. – An alter Römerstraße über den Wechsel gelegen, spätgot.-barocke Pfarrkirche hl. Stefan (um 1500), 1748 Anbau der Loretokapelle, Hochaltar (18. Jh.) und Kanzel nach Entwurf von Remigius Horner, Seitenaltäre (17. Jh.), Barockbilder und Heiligenfiguren, Glocke von 1511; zahlr. Kapellen (19. und 20. Jh.).

Decker, Karl, * 5. 9. 1921 Wien, Fußballspieler und -trainer. 1938–52 bei → Vienna; 1942 mehrmals in der dt. Nationalmannschaft, insges. 25-mal im ö. Nationalteam; 1960–66 ö. Bundestrainer.
Werk: Mein Leben für den Fußball, 1998.

Deckert, Joseph, * 1843 Drösing (NÖ.), † 23. 3. 1901 Wien, kath. Geistlicher. 1874 Pfarrer in Weinhaus (Wien-Währing); einer der radikalsten Antisemiten in der christl.-soz. Bewegung sowie Anreger einer Arbeitergruppe dieser Partei.

Decleva, Mario, * 14. 2. 1930 Lussingrande (Veli Lošinj, HR), † 9. 8. 1979 Wien, Maler und Graphiker. Entwickelte eine stark farbige, zum Abstrakten tendierende Malweise. Ab 1960 Mitgl. des Forums Stadtpark in Graz.
Werke: Glasfenster in der Kirche am Schirmitzbühel in Kapfenberg (Stmk.), 1957; Holzintarsien im Redoutensaal im Schauspielhaus Graz, 1963; Glasfenster im Meditationsraum der UNO-City Wien, 1979.
Literatur: K. Sotriffer, M. D., 1930–79, 1981.

Decsey, Ernst (Pseud.: Franz Heinrich), * 13. 4. 1870 Hamburg (D), † 12. 3. 1941 Wien, Jurist, Musikschriftsteller und -kritiker in Graz und Wien; Schüler von A. → Bruckner. Schrieb zahlr. Musikerbiographien (A. Bruckner, H. Wolf, J. Strauß usw.), Theaterstücke (Der Musikant Gottes, 1926) und 2 Opernlibretti; propagierte in seinen Schriften das „Musikland Ö."

Defant, Albert, * 12. 7. 1884 Trient (I), † 24. 12. 1974 Innsbruck (Ti.), Meteorologe, Geophysiker und Ozeanograph. Ab 1919 Univ.-Prof. in Innsbruck, 1927–45 Dir. des Inst. und Museums für Meereskunde in Berlin, 1945–55 Univ.-Prof. in Innsbruck. Leitete zahlr. ozeanograph. Expeditionen (Meteorexpedition 1925–27) und entwickelte die Meereskunde zu einer exakten Wissenschaft.
Werke: Wetter und Wettervorhersage, 1914; Dynam. Ozeanographie, 1929; Die Gezeiten und inneren Gezeitenwellen des Atlant. Ozeans, 1932; Die Troposphäre des Atlant. Ozeans, 1936; Physical Oceanography, 1940; Physikal. Dynamik der Atmosphäre, 1958 (mit Friedrich D.).

Defereggental, etwa 40 km langes westl. Seitental des Iseltals; durchflossen von der Schwarzach. Diese

Bauernhof im Defereggental.

entspringt nahe der Affentalspitzgruppe und mündet in die Isel. Das D., nördl. des → Deferegger Gebirges gelegen, gilt als eines der schönsten Alpentäler Ö.; die bekannteste Fremdenverkehrsgem. ist St. Jakob in Defereggen (1389 m); weitere Gem.: St. Veit, Hopfgarten.

Deferegger Exulanten, 1684 aus dem Defereggental in O-Ti. durch den Grafen Kuenburg vertriebene Protestanten, die nach Preußen auswanderten und nach Intervention des Kurfürsten Friedrich Wilhelm ihre unter Zwang zurückgelassenen Kinder und ihre Habe nachholen durften. → Exulanten.

Deferegger Gebirge, Teil der Zentralalpen in O-Ti., besteht aus dem nördl. Kamm, auch Panargenkamm genannt, zw. Virgen- und Defereggental, mit zahlr. Dreitausendern (Panargenspitze 3117 m, Keesegg 3173 m, Lasörling 3098 m, Großschober 3054 m, Seespitze 3021 m), und dem südl. Kamm, auch Villgrater Berge genannt, zw. dem Defereggen- und dem Drautal, mit Weißer Spitze (2962 m), Großem Degenhorn (2946 m) und Hochgrabe (2951 m).

Defner, Adalbert, * 19. 1. 1884 Millstatt (Kä.), † 15. 12. 1969 Innsbruck-Igls (Ti.), Verleger. Gründete 1934 in Innsbruck eine Werkstätte für künstlerische Fotografie und einen Verlag. Veröffentlichte hochwertige Ansichtskarten zahlr. Orte und Objekte, Bildbände (u. a. „Bäume", „Blumen", „Kinder", „Die Burgen Kä.") und Kalender.
R. Larl (Hg.), A. D. Lichte Landschaft. Photographien von 1919–1969, 1999.

Defregger, Franz, * 30. 4. 1835 Ederhof b. Stronach (O-Ti.), † 2. 1. 1921 München (D), Genre- und Historienmaler. Ti. Bauernsohn, Ausbildung in Innsbruck und an der Akad. in München, Parisaufenthalt, ab 1867 Mitarbeiter im Atelier des Historienmalers K. T. Piloty in München, 1878–1910 Prof. an der Münchener Akad. Malte mit Vorliebe sentimental-idealisierte Motive aus dem bäuerl. Alltagsleben sowie dramat. Szenen aus dem Ti. Freiheitskampf; wurde dadurch im Münchner Salon zum Publikumsliebling.
Literatur: H. P. Defregger, D. 1835–1921, 1983 (Ergänzungsband 1991).

De Gasperi, Alcide, * 3. 4. 1881 Pieve Tesino (I), † 19. 8. 1954 Sella di Valsugana (I), ital. Politiker. Studierte in Wien, trat als Chefredakteur von „Il Trentino" ab 1906 für die ital. Volksgruppe in der ö.-ungar. Monarchie ein, 1911–18 Abg. z. ö. Reichsrat. Nach dem 2. Weltkrieg ital. Min.-Präs. und Außenmin.; schloss am 5. 9. 1946 mit Außenmin. K. → Gruber in Paris das Gruber-De-Gasperi-Abkommen über die Autonomie S-Ti. ab.
Literatur: A. Canavero, A. D. G., 1997.

Degen, Jakob, * 27. 2. 1760 Liedertswil (CH), † 28. 8. 1848 Wien, Pionier der Luftfahrt, Erfinder. Flog 1810 mit seinem durch Muskelkraft angetriebenen Schwingenflieger, der an einem Luftballon hing, von Laxen-

Franz Defregger. Foto, um 1880.

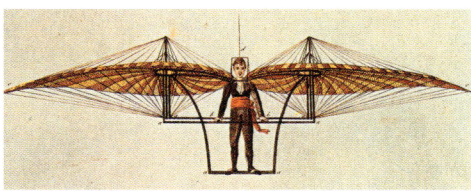

Jakob Degen mit seiner Flugmaschine. Kupferstich, um 1815.

burg nach Vösendorf; baute ein flugfähiges Hubschraubermodell mit Uhrwerkantrieb. Seine Erfindung des fälschungssicheren Banknotendoppeldrucks mit einer Guillochiermaschine (1821) wurde von vielen europ. Notenbanken übernommen.
Literatur: ÖBL; NDB.

DEGEN, Josef Vinzenz, * 23. 1. 1763 Graz (Stmk.), † 5. 6. 1827 Wien, Buchdrucker. Stellte ab 1803 in Wien Meisterwerke des Buchdrucks mit eig. Antiqua- und Kursivschriften her, wurde 1804 Dir. der neu gegr. k. k. Hof- und Staatsärarialdruckerei (Ö. → Staatsdruckerei).
Literatur: ÖBL.

DEGENFELD-SCHONBURG, Ferdinand, * 1. 3. 1882 Wien, † 11. 3. 1952 ebd., Jurist und Nationalökonom. 1927–38 und ab 1945 Univ.-Prof. in Wien.
Werke: Die Lohntheorien von A. Smith, D. Ricardo, J. S. Mill und Marx, 1914; Die Motive des volkswirt. Handelns und der dt. Marxismus, 1920; Geist und Wirt., 1927; Der Mensch und die wirt. Entwicklung, 1949.

DEGISCHER, Vilma, * 17. 11. 1911 Wien, † 3. 5. 1992 Baden (NÖ.), Kammerschauspielerin; Ehefrau von Hermann → Thimig. Nach Engagements an den Reinhardt-Bühnen in Berlin und Wien sowie Tätigkeit bei den Sbg. Festspielen 1935–39 Engagement am Volkstheater in Wien, ab 1939 Ensemblemitgl. des Wr. Theaters in der Josefstadt (u. a. Ges.-Komödien, klass. und moderne Stücke; Inbegriff der „Salondame"). Trägerin zahlr. Auszeichnungen (J.-Kainz-Medaille, erhielt als erste nicht am Burgtheater tätige Schauspielerin den Titel Kammerschauspielerin); Film- und Fernsehtätigkeit.
Literatur: H. Möckli, Das Theater in der Josefstadt 1945–1955 und das Lebenswerk V. D. 1911–1922, Dipl.-Arb., Wien 1996.

DEGLER, Marion, * 17. 9. 1929 Berlin (D), Schauspielerin; Ehefrau von Leopold → Rudolf. Erstes Engagement am Kurfürstendammtheater in Berlin; ging nach Erfolgen in Berlin nach Hamburg; Gastspiele in England und Holland; ab Beginn der 80er Jahre Ensemblemitgl. des Theaters in der Josefstadt in Wien.

DEGN, Johann B., * 14. 11. 1848 St. Georgen i. A. (OÖ.), † 27. 6. 1929 Salzburg, Pädagoge. War maßgeblich an der Einführung des 6-klassigen „Mädchenlyceums" 1900 beteiligt und arbeitete dafür den Lehrplan aus. Als Leiter des Lyzeums des Wr. Frauen-Erwerb-Vereins (1900–15) war er um den weiteren Ausbau der Bildungsmöglichkeiten für Mädchen bemüht.

DEGNER, Erich Wolfgang, * 8. 4. 1858 Hohenstein-Ernstthal (D), † 18. 11. 1908 Berka b. Weimar (D), Komponist. Lehrte an der Musikschule in Graz, 1891–1902 Dir. des Musikvereins für Stmk. in Graz.

DEHIO, Georg, * 22. 11. 1850 Reval (Tallin, Estland), † 19. 3. 1932 Tübingen (D), dt. Kunsthistoriker. Sein Handbuch der dt. Kunstdenkmäler (5 Bde., 1905–12) wurde Vorbild für die Beschreibung der ö. Kunstdenkmäler (nach Bundesländern). Diese werden laufend neu bearbeitet (Bgld. 1976, ²1980; Kä. 1976, ²1981; Graz 1979; Ti. 1980; Stmk. 1982; Vbg. 1983; Sbg. 1986; NÖ.-Nord 1990; Wien 2.–9. und 20. Bez., 1993; Wien 10.–19. u. 21.–23. Bez., 1996).
Literatur: G. D. (1850–1932). 100 Jahre Hb. der dt. Kunstdenkmäler, 2000.

DEINHARD-DEINHARDSTEIN, Johann Ludwig (Pseud.: Dr. Römer), * 21. 6. 1790 Wien, † 12. 7. 1859 ebd., Dramatiker, Lyriker, Erzähler, Kritiker, Hofbeamter. Ab 1827 Prof. für Ästhetik am Wr. Theresianum; 1829–49 verantwortl. Redakteur der Wr. „Jahrbücher der Litteratur"; 1832–41 Dramaturg bzw. Vizedir. (nach J. → Schreyvogel) des Hofburgtheaters (Engagement von C. Laroche, C. Enghaus); 1841–48 Zensor der Polizei- und Zensurhofstelle; Verfasser von Charakterlustspielen und Künstlerdramen.
Werke: Dramen: Boccaccio, 1816; Hans Sachs, 1829; Garrick in Bristol, 1834. – Gedichte, 1844.– Ausgaben: Gesammelte dramat. Werke, 7 Bde., 1848–57; Ausgewählte Werke, 2 Bde., 1922.
Literatur: W. Treichlinger, J. L. D.-D., Diss., Wien 1926; L. Leithner, D.-D. als Kritiker, Diss., Wien 1929; S. Lechner, Eine Ästhetik der Zensur, in: A. Martino u. a. (Hg.), Lit. in der soz. Bewegung, 1977.

Johann Ludwig Deinhard-Deinhardstein. Lithographie von J. Kriehuber, 1833.

DEININGER, Wunibald, * 5. 3. 1879 Wien, † 28. 3. 1963 Salzburg, Architekt; Sohn des Architekten Julius D. Wichtiger Vertreter der O.-Wagner-Schule (1899–1902 Ausbildung bei O. → Wagner an der Akad. d. bild. Künste in Wien); in der Zwischenkriegszeit einer der führenden Architekten Salzburgs.
Werke: in Zusammenarbeit mit seinem Vater: Neue Wr. Handelsakad., 1906–08; Staatsgewerbeschule chem.-techn. Richtung in Wien, 1906–16. – Wohn- und Geschäftshäuser in Sbg.: Wohnhausanlage Hirschenwiese, 1920–22; Verlagshaus R. Kiesel, 1923–27; Sanatorium Wehrle, 1926, 1931; Haus D. 1926/27.
Literatur: S. Greger, W. D., Diss., Salzburg 1989.

DEINSBERG, siehe → Guttaring.

DEISSINGER, Hans, * 19. 7. 1890 Mies (Stříbro, CZ), † 28. 2. 1986 Salzburg, Schriftsteller und Lehrer. 1920–36 Prof. an der Staatsgewerbeschule Salzburg; Autor von Heimatromanen.
Werke: Lyrik: Erde, wir lassen dich nicht!, 1932; Zeichen im Abend, 1961. – Alpennovellen, 1939. – Romane: Das ewige Antlitz, 1937; Der Menschenhai, 1939; Das Zaubermal, 1952. – Dramen: Geschwister, 1938; Der 3. Weg, 1951.

DEIX, Manfred, * 22. 2. 1949 Böheimkirchen (NÖ.), Karikaturist. Studierte 1965–68 an der Graph. Lehr- und Versuchsanstalt und 1968–75 an der Akad. d. bild. Künste in Wien. 1972 erste Veröffentlichungen in den Magazinen „profil", „trend" und „economy", seit 1977 Titelblätter und Zeichnungen für „Stern", „Spiegel", „Playboy" u. a.; seit 1990 große Ausstellungen (u. a. in Paris, Tokio und New York).
Werke: Bühnenbild für B. Brechts „Arturo Ui" am Wr. Akademietheater, 1987. – Buchpublikationen: Cartoons von M. D., 1980; Cartoons de luxe, 1983; Satiren aus Wien, 1985; D – Mein Tagebuch, 1986; Der Männer-Report, 1991; D. am Sonntag, 1995; Das neue D.-Buch, 1998; D. – Good Vibrations, 2000; Illustrierte Gedichte, 2002.
Literatur: S. Heinisch (Hg.), Alles Karikatur, 2001.

DEKANAT, Organisationseinheit zw. Pfarre und → Diözese zur Förderung der Seelsorge durch gem. Aktionen. Der Dechant als Vorsteher des D. ist jeweils einer der Pfarrer, dem mehrere Pfarren im Umkreis unterstehen. Historisch gesehen standen Verwaltungsaufgaben und die Betreuung der Priester des D. durch den Dechanten im Vordergrund. Die 228 D. der → katholischen Kirche in Ö. verteilten sich 1999 folgendermaßen: Wien-Stadt 20, Wien-Nord 17, Wien-Süd 17, St. Pölten 25, Linz 39, Eisenstadt 12, Salzburg 20, Graz-Seckau 26, Gurk-Klagenfurt 24, Innsbruck 19, Feldkirch 9.
Literatur: H. Schwendenwein, Das neue Kirchenrecht, 1983; Schematismen der Diözesen Ö. 1991-93.

DELAVILLA, Franz Karl, * 6. 12. 1884 Wien, † 2. 8. 1967 Frankfurt a. M. (D), Graphiker, Illustrator und Designer. Studierte an der Wr., der Magdeburger und der Hamburger Kunstgewerbeschule, war 1913–50 Lehrer an verschiedenen graphischen Schulen in Frankfurt a. M. Schuf Holzschnitte und Illustrationen und gestalte-

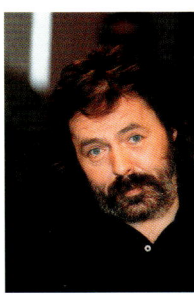

Manfred Deix. Foto, 1995.

Franz Karl Delavilla: „Ein trauriges Stücklein". Farbholzschnitt, 1906.

te Plakate und Glückwunschkarten für die → Wiener Werkstätte sowie Bühnenbilder.
Werk: Tierbilderbuch, 1906 (Holzschnitt).
Literatur: W. J. Schweiger, Wr. Werkstätte, 1982.

Delegationen, gemäß dem ö.-ungar. Ausgleich von 1867 aus je 60 Mitgl. beider Parlamente (ö. Reichsrat, ungar. Reichstag) gebildete Vertretungskörper, die ab Jänner 1868 jährlich einmal (abwechselnd in Wien und Budapest) zusammentraten und über die Finanzierung der gem. Angelegenheiten nach getrennter Beratung Beschlüsse fassten, aber keine Gesetze erlassen konnten. Die 3 k. u. k. Ministerien waren den D. verantwortlich. Zusammensetzung und Art der Abwicklung der Tagungen sollten jeden Anschein vermeiden, die D. wären ein gem. Parlament der Monarchie.
Literatur: H. Lutz, Ö.-Ungarn und die Gründung des Dt. Reiches, 1979.

Della Casa, Lisa (eigentl. L. Debeljevic), * 2. 2. 1919 Burgdorf (CH), Kammersängerin (Sopran) mit internat. Karriere. Ab 1947 bei den Sbg. Festspielen, 1947–73 Mitgl. der Wr. Staatsoper. Namentlich Mozart- und R.-Strauss-Interpretin.
Literatur: D. Debeljevic, Ein Leben mit L. D. C., 1975.

Dellach, Kä., HE, Gem., 672 m, 1373 Ew., 36,17 km², Sommerfremdenverkehrsort (37.633 Übern.) im Gailtal. – Kleine E-Werke, Pumpstation der Adria-Wien-Pipeline; „Bio-Pension" (Kurbad) St. Daniel. – Urk. 1553, nordöstl. von D. urgeschichtl. und römerzeitl. Siedlung → Gurina (u. a. Reste eines röm. Tempels); hallstattzeitl. Königsgrab (6.–4. Jh. v. Chr.) am Wieserberg; spätgot. Pfarrkirche hl. Daniel (1475–1500 mit roman. und got. Vorgängerbauten); Ruine Goldenstein, Wasserfall am Nölblingbach.

Dellach im Drautal, Kä., SP, Gem., 614 m, 1769 Ew., 76,10 km², Sommerfremdenverkehrsort (43.667 Übern.) an der Mündung des Draßnitzbachs in die Drau. – Forstaufsichtsstation, E-Werke Dielenbach I und II, Forstwirt. und Holzverarbeitung, Betonwerk, Teppichweberei. – Urk. 1267, spätbarocke Pfarrkirche (Ende 18. Jh.) mit Wandgemälde (1829), Schloss Stein (12. Jh., z. T. roman.) auf steilem Felsen 200 m über dem Tal.

Demel, Anna, * 4. 3. 1872 Wien, † 8. 11. 1956 ebd., Besitzerin der gleichnamigen Hofkonditorei. 1917 übernahm sie die Geschäftsführung, 1952 erhielt sie als eine der ersten Frauen in Ö. den Titel Kommerzialrat.

Demel, Emilie, siehe → Fiakermilli.

Demel, Herbert, * 14. 10. 1953 Wien, Techniker. Studierte Maschinenbau an der Techn. Univ. Wien; ab 1985 bei Bosch in Stuttgart für ABS/ASR-Technik verantwortlich, 1989 auch Übernahme der Abteilung für Getriebesteuerung. Ab 1990 bei Audi in Ingolstadt, zunächst als Leiter der Motorenentwicklung, 1995/96 Vorstandsvorsitzender, ab 1997 Leiter von VW do Brasil; 2002/03 Vorstandsvorsitzender der Magna Steyr AG & Co KG und seit 2003 des Fiat-Automobilkonzerns.

Demelius, Ernst, * 10. 7. 1859 Krakau (Krakow, PL), † 28. 7. 1904 am Gabelhorn (CH; Bergunfall), Jurist; Sohn von Gustav → Demelius, Vater von Heinrich → Demelius. Ab 1895 Univ.-Doz. in Wien, ab 1897 Univ.-Prof. für Zivilrecht in Innsbruck (dort zuletzt auch Rektor).
Werk: Das Pfandrecht an bewegl. Sachen, 1897.
Literatur: ÖBL.

Demelius, Gustav, * 31. 1. 1831 Allstedt (D), † 7. 11. 1891 Wien, Jurist; Vater von Ernst → Demelius. Im Zuge der Studien- und Unterrichtsreform des Min. Leo Graf Thun-Hohenstein in Prag habilitiert, dann Prof. in Krakau, Graz und ab 1881 in Wien (Röm. Recht).
Werk: Schiedeid und Beweiseid im röm. Zivilprozeß, 1887.
Literatur: ÖBL.

Demelius, Heinrich, * 2. 11. 1893 Mödling (NÖ.), † 6. 2. 1987 Wien, Jurist; Sohn von Ernst → Demelius. 1935 Prof. an der Hochschule für Welthandel, ab 1939 an der Univ. Wien (Handels- und Wechselrecht sowie Bürgerl. Recht).
Werke: Das kaufmänn. Nachlaßverfahren in Ö., 1931; Ö. Grundbuchsrecht, 1948; Handelsgesetzbuch, ⁶1958; Wr. Ratsurteile des Spät-MA, 1980 (Hg.).
Literatur: Festschrift für H. D., 1980.

Demelmayer, Alfred, * 15. 9. 1898 Mödling (NÖ.), † 27. 1. 1961 Natters (Ti.), Manager. Gen.-Dir. der ö. Brown-Boveri, Präs. der Wr. Urania, Mitgl. des Statist. Zentralamts; leitete 1944/45 eine Widerstandsbewegung in Wien.

Demel's Söhne GmbH, 1786 von Ludwig Dehne am Michaelerplatz, Wien 1, gegr. Zuckerbäckerei, die dessen Sohn August 1857 an Christoph Demel weitergab, der sie auf den Kohlmarkt verlegte. Der Ehemann von Klara Demel, Federico → Berzeviczy-Pallavicini, führte das Haus bis 1972; dann erwarb eine Schweizer Ges. (U. Proksch) das Demel; 1989–93 waren Haus und Konditorei im Eigentum von G. Wichmann; ab 1994 war die Raiffeisenbank Wien bzw. die Raiffeisen-Landesbank NÖ.-Wien Eigentümer, seit 2002 gehört es A. → Dogudan.
Literatur: F. Berzeviczy-Pallavicini, Die k. k. Hofzuckerbäckerei D., 1976.

Demel: Etiketten von Bonbon-Verpackungen, um 1895.

Demmer, Fritz, * 6. 4. 1884 Wien, † 17. 6. 1967 ebd., Chirurg. Ab 1932 Univ.-Prof. in Wien; schuf im 1. Weltkrieg die erste mobile Feldchirurgie, führte die vereinfachte Asepsis der Hände mit desinfizierten Gummihandschuhen ein.
Werke: zahlr. Publikationen in Fach-Ztschr.

Demner, Mariusz Jan, * 23. 9. 1945, Werbefachmann. Gründete 1969 die Werbeagentur Demner & Merlicek (heute Demner, Merlicek & Bergmann), eines der bedeutendsten ö. Werbeunternehmen. Arbeiten u. a. für die Bank Austria, „News", „profil" sowie Gestaltung der EU-Beitrittswerbekampagne 1993/94.
Literatur: W. Lürzer (Hg.), Schlagobers. 30 Jahre Werbung von D., Merlicek & Bergmann, 2000.

Demokratie, eine vom Volk getragene Gesellschafts- und Regierungsform sowie eine in dessen Namen ausgeübte Souveränität. Sie kann sich auf verschiedene Ebenen erstrecken, im dörfl. Rahmen, in der Gem., in der Region, in einem Staat oder über einen Kontinent. Nach dem Vorbild der Vereinigten Staaten von Ameri-

Demokratie: Statue der Pallas Athene vor dem Parlament in Wien.

ka und der Franz. Revolution wurde sie im 20. Jh. die überwiegende Gesellschaftsform der westl. Welt.

Die einfachste Form der D., die in kleinen Gemeinschaften, bestand in Ö. seit dem MA, wie etwa die → Weistümer bezeugen. Schwieriger war ihre Handhabung bereits in regionaler Form, wo sie als repräsentative D. erfolgen musste, durch von Gremien gewählte Personen zur Durchsetzung der Interessen der entsendenden Gemeinschaft. Solche waren auch die Vertreter der bäuerl. Gerichte und der Täler in den Landtagen von Ti. und Vbg., die Räte und Bürgermeister der Städte in MA und früher Neuzeit. Innerhalb der Städte hatten auch die Zechen eine demokrat. Organisationsform.

Auf Landes- und Staatsebene wurden die demokrat. Bestrebungen seit dem 17. Jh. durch den aufkommenden → Absolutismus zurückgedrängt und schließlich ausgeschaltet. Der Wille des Herrschers war allein maßgebend und Gesetz. Erst die polit. Entwicklung seit der Revolution 1848 brachte eine demokrat. geprägte Verfassung. Der Reichstag von 1848/49 war ein Instrument der repräsentativen D., doch trat sein Verfassungsentwurf nicht in Kraft. Die Folge der Revolution waren aber die 1850 gebildeten Ortsgemeinden und die seit 1861 arbeitenden Landtage, in denen Vertretungen der Bürger (nach dem Kurienprinzip) bestanden. Auch die Parlamente der Monarchie, deren Abgeordnete ab 1873 direkt nach dem Mehrheitsprinzip gewählt wurden, waren nur von einem Teil der Bevölkerung getragen, selbst das allg. Wahlrecht von 1907 war auf Männer beschränkt. Ein wesentl. Faktor der Demokratisierung war aber seit 1867 die Versammlungsfreiheit und die Möglichkeit, Vereine, Parteien, versch. Interessenvertretungen (Gewerkschaften, Handelskammern) zu bilden, in deren Rahmen Mitglieder der unteren Volksschichten den Umgang mit demokrat. Verhaltensformen lernten.

Die Republik Ö. wurde 1918 auf der Basis der Volkssouveränität als demokrat. Staat gegr. und erhielt mit der → Bundesverfassung von 1920, den Parteien, Kammern und ges. Organisationen verschiedene Organe zur Verwirklichung des demokrat. Lebens. In der Praxis wurde diese Herrschaft des Volks durch Wahlen in das Parlament, die Landtage und Gemeinderäte nach dem Verhältniswahlrecht verwirklicht, das allerdings den polit. Parteien den größten Einfluss zusprach. Ab den 1920er Jahren kam es zur Verstärkung der antidemokrat. Kräfte, nach der Ausschaltung des Parlaments im März 1933 wurde die D. in Ö. bis zur → Maiverfassung 1934 allmählich außer Kraft gesetzt. Die antidemokrat. Regierungsform konnte allerdings auf der unteren Ebene nicht ganz verwirklicht werden. Erst der Nat.-Soz. erreichte die Ausschaltung aller demokrat. Formen und deren Ersatz durch das Führerprinzip.

Die Republik Ö. wurde 1945 wieder auf der Grundlage der repräsentativen D. errichtet; bei den Nationalrats- und Landtagswahlen vom 25. 11. 1945 wurden erstmals wieder Volksvertreter gewählt. Auch die Interessenvertretungen entstanden auf demokrat. Basis. Neben den gewählten Organen kommen seit den 1960er Jahren Elemente der direkten D. stärker zur Geltung, durch Bürgerinitiativen, Volksbefragungen, Volksbegehren (seit 1963) und Volksabstimmungen getragen. Deren Ergebnisse führten bundesweit oder auf Landes- und Gemeindeebene des Öfteren zu entsprechenden Entscheidungen der gewählten Organe (Rundfunkvolksbegehren 1964, Zwentendorf-Volksabstimmung 1978, EU-Volksabstimmung 1994).

DEMUS, Jörg, * 2. 12. 1928 St. Pölten (NÖ.), Pianist; Sohn von Otto → Demus. Ausbildung bei W. Gieseking, Y. Nat, A. Benedetti-Michelangeli und W. Kempff; erster öffentl. Auftritt in Wien 1942; zählt zu den erfolgreichsten ö. Pianisten nach 1945; auch gefragter Kammermusikpartner; rd. 350 Schallplatten und 150 CDs, zahlr. internat. Tourneen.
Werke: Abenteuer der Interpretation, 1967; Die Klaviersonaten von L. van Beethoven, 1970 (mit P. Badura-Skoda).

Jörg Demus. Foto.

DEMUS, Otto, * 4. 11. 1902 Harland b. St. Pölten (NÖ.), † 17. 11. 1990 Wien, Kunsthistoriker; Vater von Jörg → Demus. 1929–39 Landeskonservator in Kä., emigrierte 1939, 1946–64 Präs. des Bundesdenkmalamts. Internat. angesehener Spezialist für ma. und byzantin. Monumentalkunst; 1963–73 Univ.-Prof. in Wien (ö. Kunst des MA, byzantin. Kunst).
Werke: Byzantine Mosaic Decoration, 1947; The Mosaics of Norman Sicily, 1949; The Church of San Marco in Venice, 1960; Roman. Wandmalerei, 1968; Byzantine Art and the West, 1970; The Mosaics of San Marco in Venice, 2 Bde., 1984.
Literatur: Festschrift für O. D., 1972.

DENE, Kirsten, * 16. 3. 1943 Hamburg (D), Kammerschauspielerin. Nach Ausbildung in Hamburg 1961–86 Engagements in Essen, Frankfurt a. Main, Berlin, Stuttgart und Bochum, wo sie mit C. → Peymann zusammenarbeitete, mit dem sie 1986 an das Wr. Burgtheater kam; 2000 Debüt an der Wr. Staatsoper in „Die Jakobsleiter" von A. Schönberg; Film- und Fernsehtätigkeit.

DENGEL, Anna, * 16. 3. 1892 Steeg (Ti.), † 17. 4. 1980 Rom (I), Ärztin, Gründerin der Missionsärztlichen Schwestern (relig. Kongregation mit Schwestern aus allen Kontinenten außer Australien), mit denen sie 48 Spitäler aufbaute.

DENIFLE, Heinrich Suso, * 16. 1. 1844 Imst (Ti.), † 10. 6. 1905 München (D), Dominikaner, Historiker. Bed. Luther-Forscher; 1870 Lektor in Graz, 1883 Archivar am

Kirsten Dene bei der Probe zu „Die Unsichtbare" von C. Ransmayr bei den Salzburger Festspielen. Foto, 2001.

Vatikanischen Archiv; erforschte die Mystik sowie die Kultur- und Kirchengeschichte des MA.
Werke: Das geistl. Leben, 1873; Die Universitäten im MA bis 1400, 1885; Archiv f. Literatur und Kirchengeschichte des MA, 7 Bde., 1885–1900 (Hg. mit F. Ehrle); Luther und Luthertum in der ersten Entwicklung, 6 Bde., 1904–06.
Literatur: A. Redigonda, H. S. D., 1953.

Michael Denis. Stich von J. Blaschke.

Denis, Michael (auch: Sined der Barde), * 27. 9. 1729 Schärding (OÖ.), † 29. 9. 1800 Wien, Jesuit, Schriftsteller, Übersetzer und Bibliothekar. 1759 Prof. am Wr. Theresianum; 1784 Kustos der Wr. Hofbibliothek; verfasste zunächst neulatein. Schuldramen, dann v. a. Lyrik, die in der Tradition der dt. Aufklärung (F. G. Klopstock, C. F. Gellert) stand; schrieb auch bibliothekswiss. und bibliograph. Werke sowie Kirchenlieder; Verfasser des ersten Lesebuchs in Ö. (1762). D. übertrug erstmals den „Ossian" ins Deutsche (1768/69).
Weitere Werke: Die Lieder Sineds des Barden, 1772; Wiens Buchdruckergeschichte von Anbeginn bis 1560, 1782; Ossian und Sineds Lieder, 5 Bde., 1784; Carmina quaedam, 1794.
Literatur: E. Ehrmann, M. D., Diss., Innsbruck 1948; L. Bodi, Tauwetter in Wien, ²1995; G. Herbeck, Studien zur ö. Empfindsamkeit des 18. Jh., Diss., Wien 1980.

Denk, Helmut, * 5. 3. 1940 Scheibbs (NÖ.), Mediziner. Studierte in Wien, 1969–71 Research Fellow an der Mount Sinai School of Medicine in New York, 1971–77 am Inst. f. Patholog. Anatomie der Univ. Wien; seit 1983 Univ.-Prof. und Vorstand des Inst. f. Patholog. Anatomie der Univ. Graz. Ehrenzeichen f. Wiss. und Kunst 1998.
Werke: über 300 Fachpublikationen.

Denk, Wolfgang, * 21. 3. 1882 Linz (OÖ.), † 4. 2. 1970 Wien, Chirurg. 1928–31 Univ.-Prof. in Graz, danach in Wien; namhafter Krebsforscher. 1957 unterlag er als gemeinsamer Kandidat von ÖVP und FPÖ in der Bundespräsidentenwahl gegen A. → Schärf.

Denkmäler der Tonkunst in Österreich (Gesellschaft zur Herausgabe von), gegr. 1893, gibt seit 1894 für das ö. Musikleben bed. Werke der Vergangenheit heraus (2000 152 Bände). Vorgängerunternehmungen von J. → Sonnleithner und ab 1888 von E. → Hanslick und G. → Adler (1892 Edition der „Kaiserwerke" – Werke der Ks. Ferdinand II., Leopold I. und Joseph I.), gibt seit 1913 Beihefte zu den Notenbänden („Studien zur Musikwiss.") heraus.
Literatur: E. Hilscher, Denkmalpflege und Musikwiss. 100 Jahre Ges. zur Herausgabe der Tonkunst in Ö., 1995.

Denkmalpflege, die Erhaltung oder Wiederherstellung von Denkmälern und Objekten von hist. oder künstler. Bedeutung. Diese obliegt dem Eigentümer, wird aber von öffentlichen Stellen (Bund, Ländern, Gemeinden) durch Subventionen ohne rechtliche Verpflichtung unterstützt. In den letzten Jahrzehnten wurde ein wesentlicher Teil des ö. Denkmalbestands saniert und oftmals neuer Verwendung zugeführt. Darüber hinaus bemüht man sich auch um die Erhaltung bzw. Sanierung von Ortsbildern und städtischen Ensembles.

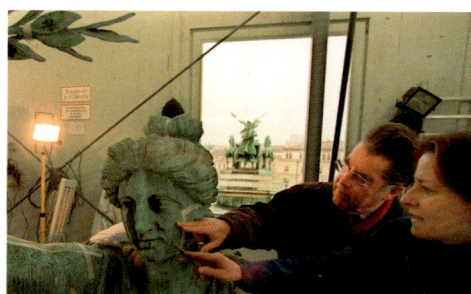

Denkmalpflege: Restaurierung der Bronzestatuen des Wiener Parlamentsgebäudes in Anwesenheit des damaligen Nationalratspräsidenten H. Fischer. Foto, 2001.

Denkmalschutz, gesetzl. geregelte und kulturell begründete Erhaltung von hist. bedeutenden Gegenständen, an denen öffentl. Interesse besteht (Denkmäler). Der D. ist Bundesangelegenheit und wird durch das mehrfach novellierte D.-Gesetz vom 25. 9. 1923 geregelt. Denkmäler im Besitz öffentl. Körperschaften stehen so lange unter D., als die Behörde nicht anders verfügt. Private Denkmäler müssen durch Bescheid unter D. gestellt werden. Auch die Ausfuhr von Kulturgütern ist gesetzl. geregelt. Die Vollziehung obliegt dem → Bundesdenkmalamt, das in den Ländern ihm unterstehende Landeskonservatorate besitzt.
Literatur: W. Fürnsinn, D.-Recht, 2002; W. Wieshaider, D.-Recht, 2002.

Dentist, Beruf der Zahnheilkunde, der gemäß Gesetz vom 23. 2. 1949 nur nach Ablegung der staatlichen D.-Prüfung und Befugniserteilung durch den Landeshauptmann ausgeübt werden darf. Eine Ausbildung erfolgt seit 1949 nicht mehr.

Dentistenkammer, Österreichische, auf der Grundlage des Dentistengesetzes bestehende Standesvertretung der zur selbständigen Ausübung des Dentistenberufs befugten Personen. Hauptaufgabe der D. ist die Vertretung der Interessen der Mitglieder. Ihre Organe werden demokrat. bestellt; ihr finanzieller Aufwand wird durch Umlagen der Mitgl. gedeckt, sie unterliegt der staatl. Aufsicht durch das Gesundheitsministerium.

Denzel, Wolfgang, * 11. 1. 1908 Graz (Stmk.), † 15. 4. 1990 Berg a. Starnberger See (D), Unternehmer und Amateurrennfahrer. Baute 1949–59 in Wien selbstkonstruierte Rennwagen in 4 Typen; insges. wurden rd. 350 „WD-Wagen" hergestellt. 1945–78 BMW-Generalimporteur für Ö. Unter Mitarbeit D. wurde Ende der 50er Jahre der BMW 700 entwickelt, der BMW aus der Krise führte. D. war außerdem ein erfolgreicher Hochseesegler (Weltmeister 1978).

Deportation, zwangsweise Verschickung von Menschen aus ihren Wohnsitzen in vorbestimmte Aufenthaltsorte. D. gab es in Ö. zur Zeit Maria Theresias aus Glaubensgründen (Protestanten nach Siebenbürgen oder in das Banat), während des 1. Weltkriegs aus den Frontgebieten in Italien und Galizien sowie während der NS-Zeit in Konzentrationslager und Ghettos oder zur Arbeitsleistung aus besetzten Gebieten nach Deutschland und Ö.

Derbolav, Josef, * 24. 3. 1912 Wien, † 14. 7. 1987 Bremen (D), Pädagoge, Philosoph. Univ.-Prof. in Bonn; nahm mit seiner Bildungstheorie und seinen Analysen des mittleren und höheren Schulwesens starken Einfluss auf die Pädagogik im dt.-sprach. Raum.
Werke: Erkenntnis und Entscheidung, 1954; Wesen und Formen der Gymnasialbildung, 1957; Das Exemplarische im Bildungsraum des Gymnasiums, 1957; Frage und Anspruch, 1970; Pädagogik und Politik, 1975; Grundriß europ. Ethik, 1995.
Literatur: M. Müller, Pädagogik u. Erziehungswiss. – der praxeolog. Übergang bei D., 1995.

Dermota, Anton, * 4. 6. 1910 Kropa (SLO), † 22. 6. 1989 Wien, Kammersänger (lyr. Tenor), Ehemann der Pianistin Hilda Berger-Weyerwald. Ab 1936 an der Wr. Staatsoper, zahlr. Rollen im dt., ital., franz. und slaw. Repertoire; Mitwirkung u. a. bei den Bregenzer und den Sbg. Festspielen; gefeierter Mozart-Sänger, Florestan („Fidelio") zur Wiedereröffnung der Wr. Staatsoper 1955; hervorragender Konzertsänger (Oratorien und Lieder); zahlr. Gastspiele in ganz Europa und bes. S-Amerika (Buenos Aires); ab 1966 Prof. für Lied und Oratorium an der Wr. Musikhochschule; zahlr. Schallplattenaufnahmen.
Werk: Tausendundein Abend. Mein Sängerleben, 1978.
Literatur: H. Zeman (Hg.), Musik und Dichtung. A. D. zum 70 Geburtstag, Festschrift 1980; M. Mrak u. F. Slivnik, A. D., 1988.

Anton Dermota als De Grieux in der Oper „Manon Lescaut" von J. Massenet.

Design: Entwurf und Formgebung von Gebrauchsgegenständen nach ästhet. und funktionalen Kriterien. D. umfasst alle Gestaltungsfragen in unserer Umwelt, bezogen auf Gegenstände, Produkte, temporäre Ereignisse, auf Architektur usw. Zentren in Ö. sind die Univ. f. angewandte Kunst in Wien und die Univ. für künstlerische und industrielle Gestaltung in Linz. Interessenvertretung: Design Austria, Berufsverband der Grafik-Designer, Illustratoren und Produkt-Designer. → Österreichisches Institut für Formgebung.

Desing, Anselm, * 15. 3. 1699 Amberg (D), † 17. 12. 1772 Ensdorf (D), Benediktiner. Prof. für Poesie und Mathematik an der Univ. Salzburg, 1741–45 in Kremsmünster, wo unter seiner Leitung 1744 die Ritterakademie errichtet und nach seinen Plänen ab 1749 die Sternwarte (→ Mathematischer Turm) erbaut wurde; ab 1761 Abt des Klosters Ensdorf.
Literatur: 1200 Jahre Benediktinerstift Kremsmünster, 1976; M. Knedlik (Hg.), A. D. (1699–1772), 1999.

Dessauer, Josef, * 28. 5. 1798 Prag (CZ), † 8. 7. 1876 Mödling (NÖ.), Komponist. Begann als Liederkomponist, später erfolgreicher Opernkomponist.
Werke: Lieder, Opern (Lidwina, Dominga, Paquita).
Literatur: O. Sertl, J. D., Diss., Innsbruck 1951.

Desselbrunn, OÖ., VB, Gem., 421 m, 1532 Ew., 17,35 km², landw.-gewerbl. Wohngem. zw. Traun und Ager. – Spätgot. Leonhardskirche (erb. spätes 15. Jh. und um 1520) mit Hochaltar von 1802; in Windern Schloss (16./17. Jh., erneuert nach Brand 1817), Schlosskapelle mit Rokokoaltären, Altargemälde und Deckenfresko von B. Altomonte (1769), Gasthaus (19. Jh.) mit Fassadenstuck. – Traunfall, Traunfallbrücke, Kraftwerke. – Brauchtum: Leonhardiritt.
Literatur: J. Landertshamer, D. Eine Gem. lebt, 2001.

Dessoff, Felix Otto, * 14. 1. 1835 Leipzig (D), † 28. 10. 1892 Frankfurt a. M. (D), Dirigent der Wr. Hofoper (1860–75) und der Wr. Philharmoniker, deren Weltruf er mitbegründete; Lehrer am Konservatorium der Ges. der Musikfreunde in Wien.
Literatur: ÖBL.

Dessyllas, Pantelis, * 6. 3. 1936 Nikaia (GR), Bühnenbildner. Studium der Malerei in Athen, Bühnenbild und Filmarchitektur an der Akad. für angew. Kunst in Wien. Seit 1965 an der Wr. Staatsoper tätig; 1971–97 Leiter des Dekorationswesens der ö. Bundestheater; schuf Bühnenbilder für Staatsoper, Volksoper, Burgtheater („Jim Knopf und Lukas, der Lokomotivführer", J.-Kainz-Medaille 1981) sowie für Festivals im In- und Ausland.
Literatur: P. Jungmayer, Der Bühnenbildner P. D., Dipl.-Arb., Wien 1999.

Deubler, Konrad, * 26. 11. 1814 Bad Goisern (OÖ.), † 31. 3. 1884 ebd., freidenkerischer Müller, Bauer und Wirt. Der „Bauernphilosoph von Primesberg" wurde 1853 als Anhänger der Revolution zu 2 Jahren Gefängnis in Brünn verurteilt, dann bis 1857 in Olmütz interniert und 1862–64 nach Iglau verbannt. 1870/71 Bürgermeister von Bad Goisern. Sein Haus in Bad Goisern war Treffpunkt von Schriftstellern und Philosophen. K.-D.-Smlg. im Heimatmuseum und Denkmal in Bad Goisern.
Ausgabe: Tagebücher und Briefe, 2 Bde., hg. von A. Dodel, 1886.
Literatur: W. Mueller, K. D. Fackelträger in die Freiheit aus Metternichs Zeit, 1944; R. Rauscher, K. D. „Der Bauernphilosoph", 1990; A. Mensdorff-Pouilly, K. D., der „Bauernphilosoph", Dipl.-Arb., Wien 1996.

Deutelmoser, Ferdinand, * 6. 3. 1875 Pilsen (Plzen, CZ), † 14. 1. 1941 Wien, General, Luftfahrtexperte. War nach 1912 einer der besten Militärpiloten, führte 1914–18 Fliegertruppen, wurde nach 1918 Leiter des Luftverkehrsamtes, begründete die zivile Luftfahrt in Ö.; Gen.-Dir. der Ö. Luftverkehrsges.
Literatur: ÖBL.

Deuticke, Franz, Verlag Ges. m. b. H., 1878 von Franz Deuticke (1850–1919) und Stanislaus Toeplitz gegr. Verlagsbuchhandlung zur Publikation von vorwiegend wiss. Werken (1899 „Traumdeutung" von S. Freud) und Schulbüchern. Der Verlag ist seit 1980 eine Tochterges. des Österreichischen → Bundesverlags mit den Programmschwerpunkten zeitgenöss. Literatur und populärwiss. Sachbuch. Zu den Veröffentlichungen der letzten Jahre zählen u. a. Werkausgaben der Schriften H. → Qualtingers und J. → Soyfers sowie hist.-krit. Gesamtausgaben der Werke N. → Lenaus und J. → Nestroys. Seit 1997 ist die Perlenreihe (1950 gegr. von Adalbert Pechan, spezialisiert auf kleinformatige Ratgeber und Geschenkbücher) ein eigenständiger Programmteil des Verlags.

Deutsch, Ernst, * 16. 9. 1890 Prag (CZ), † 22. 3. 1969 Berlin (D), Kammerschauspieler. Spielte expressionist. Rollen unter M. → Reinhardt in Berlin; ab 1924 Filmtätigkeit; 1931/32 in Wien an Burgtheater und Theater in der Josefstadt; 1933 Emigration in die USA, Filmtätigkeit in Hollywood; 1947 Rückkehr nach Europa, Charakterrollen (u. a. Nathan der Weise, Shylock, Prof. Bernhardi) zunächst am Renaissance-, dann am Burgtheater in Wien, ab 1951 Mitgl. des Schillertheaters in Berlin. 1948 Preis der Biennale Venedig für den Film „Der Prozess" (von G. W. → Pabst).
Literatur: G. Zivier, E. D. und das dt. Theater, 1964.

Deutsch, Erwin, * 12. 4. 1917 Klagenfurt (Kä.), † 15. 7. 1992 Wien, Arzt. 1964 Univ.-Prof. und Vorstand der I. Medizin. Universitätsklinik in Wien; bekannt geworden durch seine Arbeiten über die Blutgerinnung, insbes. durch die Forschungen zur Erkennung der Hemmkörperhämophilie.
Werke: Die Hemmkörperhämophilie, 1948; Blutgerinnungsfaktoren, 1955; Blutgerinnung und Operation, 1973; Laboratoriumsdiagnostik, 1990; über 400 wiss. Artikel.

Deutsch, Gustav, * 19. 5. 1952 Wien, Filmregisseur und Performancekünstler. Studierte an der Techn. Univ. Wien, seit 1977 Video- und seit 1981 Kurzfilmregisseur; seit 1983 Performancekünstler mit Auftritten in ganz Europa. Sein Tableau-Film „Film ist." (1–6, 1998; 7–12, 2002) erhielt mehrere hohe internat. Auszeichnungen.
Weitere Filme: Non, je ne regrette rien, 1988; Kristallnacht-Maingas, 1989; Fenster nach Mekka, 1990/91; Augenzeugen der Fremde, 1993; Taschenkino, 1995/96; Mariage blanc, 1996; Tradition ist die Weitergabe des Feuers und nicht die Anbetung der Asche, 1999. – Schrift: Film ist – Recherche, 2002 (mit H. Schimek).

Deutsch, Helene, * 9. 10. 1884 Przemyśl (PL), † 29. 4. 1982 Cambridge (USA), Ärztin, Psychoanalytikerin. Unterzog sich einer Analyse bei S. → Freud und trat 1918 der Wr. Psychoanalyt. Vereinigung bei, deren neu gegr. Ausbildungsinstitut sie von 1924 bis zu ihrer Emigration in die USA 1935 leitete. Danach lebte und arbeitete sie in Boston. D. wurde durch ihre Arbeiten zur Psychologie der Frau bekannt.
Werke: Zur Psychologie der weibl. Sexualitätsfunktion, 1925; Psychoanalyse der Neurosen, 1930; The Psychology of Women, 1945 (Psychologie der Frau, ³1995); Confrontation with Myself, 1973 (Selbstkonfrontation, 1975).
Literatur: P. Roazen, Freuds Liebling H. D., 1989.

Deutsch, Julius, * 2. 2. 1884 Lackenbach (Bgld.), † 17. 1. 1968 Wien, soz.-dem. Politiker. 1920–33 Abg. z. NR, 1920–32 Parlamentskommissär für das Heerwesen. D. organisierte 1918–19 als Unterstaatssekretär die Deutschösterr. → Volkswehr, war 1919–20 Staatssekretär für Heereswesen und stellte 1923/24 großteils aus Volkswehrleuten den → Republikanischen Schutz-

Felix Otto Dessoff. Foto, um 1875.

Julius Deutsch. Foto.

bund auf, dessen Obmann er bis 1934 war. Während der → Februarkämpfe 1934 floh er nach Brünn, war 1936–39 General der republikan. Truppen im Spanischen Bürgerkrieg, ging dann nach Frankreich und 1940 in die USA. D. kehrte 1946 nach Ö. zurück, wo er bis 1951 Leiter der Sozialist. Verlagsanstalten war, konnte aber in der Politik nicht mehr Fuß fassen.
Werke: Geschichte der ö. Gewerkschaftsbewegung, 1908; Ein weiter Weg – Lebenserinnerungen, 1960.
Literatur: NÖB.

Deutsch, Leopold, * 11. 11. 1853 Wien, † 5. 2. 1930 ebd., Schauspieler. Engagements an ö. und dt. Bühnen, in St. Petersburg und am Wr. Stadttheater; Charakterkomiker der Wr. Operette; rief 1880 die Wr. „Schlaraffia" ins Leben; arbeitete auch als Feuilletonist.
Literatur: ÖBL.

Deutsch, Otto Erich, * 5. 9. 1883 Wien, † 23. 11. 1967 ebd., Musikwissenschaftler. 1928 Prof. (Emigration 1939–53 in England); seine Quellenforschungen zu Mozart und Schubert sind auch heute noch von großer Bedeutung für die Wiss.; schuf das Verzeichnis der Werke F. → Schuberts (D.-Verzeichnis; engl. 1951, dt. 1978).
Weitere Werke: Arbeiten über Mozart und Schubert (Brief- und Quellenedition), zu Beethoven, Brahms und Haydn.

Deutsch, Walter, * 29. 4. 1923 Bozen (S.-Ti.), Volksmusikforscher. 1965–91 Leiter des Inst. f. Volksmusikforschung der Hochschule für Musik in Wien, ab 1992 Präs. des Ö. Volksliedwerks, seit 1999 dessen Ehrenpräs.; Begründer der Reihe „Schriften zur Volksmusik" (1969 ff.), Hg. des „Corpus musicae popularis Austriacae" (Denkmäler der Volksmusik, 1993ff.) sowie einer 4-bändigen Smlg. nö. Volkslieder (Lieder aus dem Waldviertel, 1986; Lieder aus dem Weinviertel, 1990; Lieder aus dem Mostviertel, 1993; Lieder aus dem Industrieviertel, 1998).
Literatur: Festschrift für W. D. Ein Musiker in Praxis und Forschung, 1983; G. Haid (Hg.), Volksmusik – Wandel und Deutung, 2000 (Festschrift).

Deutsch, Werner A., * 31. 12. 1942 Wien, Psychoakustiker. Studium in Wien u. a. bei H. Rohracher und W. Graf, seit 1974 Mitarbeiter der Ö. Akad. der Wiss. (Phonogrammarchiv), seit 1994 Leiter der Forschungsstelle und seit 2000 Dir. des Inst. für Schallforschung; zahlr. Arbeiten zur psychoakust. Komponente des Musik-Erlebens, zur Spracherkennung, digitalen Signalverarbeitung, Lärmforschung u. Ä.
Werk: Angewandte Aspekte der Psychoakustik, Habil.-Schrift, Wien 1999.

Deutsch-Altenburg, siehe → Bad Deutsch-Altenburg.

Deutsch-Dänischer Krieg, 16. 1.–30. 10. 1864, vom preuß. Min.-Präs. O. v. Bismarck herbeigeführt, entbrannte um den Besitz der Herzogtümer Schleswig, Holstein und Lauenburg, die bis dahin unter der Herrschaft des dän. Königs standen. Der ö. Ks. Franz Joseph und sein Außenmin. J. B. → Rechberg ließen sich durch Bismarcks geschicktes Vorgehen vom → Deutschen Bund abtrennen und zu einer gem. Sonderaktion mit Preußen gegen Dänemark verleiten. Dänemark, das vergeblich auf engl. Hilfe gehofft hatte, erlag bald der großen Übermacht von Preußen und Ö.
Im Frieden von Wien musste Dänemark die 3 Herzogtümer an die beiden Großmächte abtreten, die sich in der Gasteiner Konvention (14. 8. 1865) über deren Teilung einigten. Als Preußen schon im Jahr darauf unter Bruch dieses Vertrags in das von Ö. besetzte Holstein einmarschierte, brach 1866 der → preußisch-österreichische Krieg aus. Nach seiner Niederlage musste Ö. der Annexion von Holstein durch Preußen zustimmen, während Preußen das – nie eingehaltene – vertragl. Versprechen gab, die dän. Bevölkerung von N-Schles-

Deutsch-Dänischer Krieg: Seegefecht vor Helgoland. Gemälde von J. Neumann, Ende 19. Jh.

wig durch eine Volksabstimmung über ihre Zugehörigkeit zu Preußen oder zu Dänemark entscheiden zu lassen.
Literatur: A. Kaernbach, Bismarcks Konzepte um eine Reform des Dt. Bundes, 1991; K. Müller, Tegetthoffs Marsch in die Nordsee, Oeversee, Düppler Schanzen, 1991.

Deutsche Arbeiterpartei Österreichs: Die 1904 in Trautenau gegr. Partei nannte sich 1918 „Deutsche Nationalsozialistische Arbeiterpartei" und spaltete sich 1923 in den „Deutschsozialen Verein" unter Dr. Walter Riehl und die „Schulz-Gruppe". Nach 1926 schlossen sich die meisten Anhänger der NSDAP an.

Deutsche Besetzung Österreichs, siehe → Anschluss.

Deutsche Gemeinschaft, 1919 gegr., entwickelte trotz offizieller Anmeldung eine weitgehend geheime Tätigkeit für den Anschluss Ö. an Deutschland. Zu ihren Mitgl. zählten Spitzenvertreter von Politik, Kirche und Wirt.; 1930 aufgelöst.

Deutsche Nationalversammlung 1848, siehe → Frankfurter Nationalversammlung.

Deutscher Bund: Ein auf dem Wr. Kongress 1815 durch die „Bundesakte" gegr. Staatenbund der dt. souveränen Fürsten sowie freien Städte, der bis 1866 bestand. Er umfasste zunächst 41, zum Schluss 33 Mitglieder, die nach innen zwar eigene Entscheidungsgewalt hatten, nach außen jedoch die Mehrheitsbeschlüsse der D. B. zu befolgen hatten. Vom ö. Gebiet waren die Länder der ungar. Krone sowie Galizien und Bukowina, Istrien, Dalmatien, Venetien und die Lombardei ausgeschlossen. Dem D. B. gehörten jedoch die Könige von Dänemark (für Holstein), England (für Hannover) und der Niederlande (für Luxemburg) an. Bundesorgan war die in Frankfurt a. Main unter ö. Vorsitz tagende Bundesversammlung aller Gesandten, deren Arbeitsfähigkeit in hohem Maß

Deutscher Bund: Karikatur auf die Hegemoniebestrebungen in der „deutschen Frage". Kolorierte Lithographie von J. Lanzedelli, um 1850.

von der Beziehung zw. Preußen und Ö. abhängig war. Insbes. unter dem Einfluss von → Metternich wurde der D. B. v. a. ab den 1830er Jahren ein Instrument zur Unterdrückung der dt. Einheits- und Verfassungsbewegung. Nach der Revolution von 1848 – an die Stelle des D. B. war zwischenzeitlich die Dt. Nationalversammlung getreten – wurde der D. B. durch Felix Fürst Schwarzenberg 1850 zunächst ohne die Beteiligung Preußens wiederhergestellt. In der sog. → Olmützer Punktation beschloss aber Preußen dennoch, dem Staatenbund wieder beizutreten. Der sich anlässlich der Frage nach einer groß- oder kleindeutschen Lösung verschärfende Gegensatz zwischen Ö. und Preußen führte nach dem → preußisch-österreichischen Krieg von 1866 zu einem Ende des D. B. Ö. musste im Frieden von Prag die Auflösung des D. B. anerkennen.
Literatur: K. O. Frh. v. Aretin, Vom Dt. Reich zum D. B., 1980; L. Benfeldt, Der D. B. als nationales Band, 1985; H. Rumpler (Hg.), D. B. und dt. Frage 1815–66, 1990; A. Kaernbach, Bismarcks Konzepte zur Reform des D. B., 1991.

Deutscher Klub, 1908 in Wien gegr. Verein, der in der 1. Republik ein Zentrum der dt.-nat. Bewegung war und unter seinem Präsidenten C. → Bardolff als Verbindung zwischen Deutschland und den ö. „Betont-Nationalen" diente.

Deutscher Krieg 1866, siehe → preußisch-österreichischer Krieg 1866.

Deutscher Leseverein, das Zentrum der radikalen Gruppe der → deutschnationalen Bewegung um → Schönerer, auch „Dt. Klub" genannt. Dieser Kreis gründete 1880 auch den → Deutschen Schulverein.

Deutscher Nationalverband, loser Dachverband und Bündnis der sich auf verschiedene Parteien und Gruppierungen verteilenden 104 deutschnationalen und deutschliberalen Abgeordneten des Reichsrats nach dessen letzter Wahl 1911. Sie bildeten die stärkste polit. Gruppe, verteilten sich aber 1917 auf 17 Parteien.

Deutscher Orden (Dt. Ritterorden, Deutschherren), neben den Ritterorden der Johanniter und der Templer eine der 3 großen Vereinigungen, die zur Zeit der Kreuzzüge urspr. als karitative Ges. gegr. wurden, später aber für Verbreitung und Verteidigung des Christentums zuständig waren (seit 1198 geistl. Ritterorden). Hzg. Leopold VI. rief den 1190 in Akkon gegr. Orden zu Beginn des 13. Jh. nach Wien; weitere Niederlassungen (sog. Kommenden) folgten in Wr. Neustadt, Linz, Graz, Friesach, Bozen und Sterzing. Nach der Auflösung des D. O. außerhalb des Kaisertums Ö. durch Napoleon (1809) erneuerte ihn Franz I. 1834 in Ö. als kath. Adelsgemeinschaft. 1780–1923 war stets ein ö. Erzhzg. „Hoch- und Deutschmeister" des D. O. (zuletzt Erzhzg. → Eugen). 1929 wurde der Orden in einen geistlichen umgewandelt und seine Tätigkeit auf karitative und religiöse Aufgaben beschränkt. 1938 von den Nat.-Soz. aufgehoben, erhielt er in der 2. Republik wieder alle alten Rechte. An die einst großen Besitzungen des D. O. und seine kulturelle Bedeutung in Ö. erinnern noch die Deutschordenskirchen in Wien, Wr. Neustadt und Friesach sowie das Deutschordenshaus in Wien. Die *Deutschordensschwestern* unterhalten heute noch ihre fürsorglichen Einrichtungen in Friesach (Mutterhaus), Klagenfurt, Thurn, Spittal a. d. Drau (alle Kä.).
Literatur: U. Arnold (Red.), 800 Jahre D. O., Ausst.-Kat., Nürnberg 1990; M. Tumler u. U. Arnold, Der D. O. Von seinem Ursprung bis zur Gegenwart, ⁵1992; P. Stenitzer, Die Deutschordensprovinz Ö. unter dem Deutschmeister J. J. P. Harrach, Diss., Wien 1992; B. Demel u. W. Krones, Das Deutschordens-Haus zu Wien, 1993; F. Kurowski, Der D. O., 1997; B. Demel, Der D. O. einst und jetzt, 1999.

Haus des Deutschen Ordens in Wien. Kolorierter Stich von S. Kleiner, 1733.

Deutscher Schulverein, 1880 auf Anregung von E. → Pernerstorfer gegründeter Verein mit dem Ziel, die Errichtung und Erhaltung von deutschsprachiger Schulen im Bereich der Sprachgrenzen zu fördern. Der D. S. wurde zu einem Instrument der Deutschnationalen, spaltete sich aber ab 1886 in mehrere Richtungen (Schulverein Südmark in Graz 1889 für die Unter-Stmk., Bund der Deutschen in NÖ. 1903). Nach dem 1. Weltkrieg erlebten diese Vereine einen starken Zulauf, hatten Verbindung mit ähnl. Organisationen in Deutschland und wurden nach 1938 mit diesen vereinigt. Die Nachfolgeorganisationen nach 1945 hatten keine Bedeutung mehr.
Literatur: M. Streitmann, Der D. S. vor dem Hintergrund der ö. Innenpolitik, Diss., Wien 1984; Festschrift 110 Jahre Dt. Schutzarbeit, 1990.

Deutscher Schulverein: Urkunde für die Teilnahme an einer Maiversammlung, um 1910.

Deutscher Schutzbund für die Grenz- und Auslandsdeutschen, 1919 gegr. Organisation mit Sitz in Berlin, primär für Zwecke der verschiedenen Volksabstimmungen (Oberschlesien, Ostpreußen); in Bezug auf Ö. war die Organisation im Rahmen der Kä. Volksabstimmung durch Organisierung und Mobilisierung der Dt.-Kärntner in Deutschland tätig.
Literatur: Kä. Volksabstimmung 1920, Wien 1981.

Deutscher Turnerbund, 1889 gegr. Organisation aus dem Zusammenschluss der seit 1861 bestehenden Turnvereine mit dt.-nat. Zielen und antisemit. Ausrichtung. Angeschlossene Vereine (1918: 800) errichteten in mehreren Städten Turnhallen. Der D. T. wurde 1938 in den Dt. Reichsbund für Leibesübungen einbezogen und 1945 aufgelöst. Besitznachfolger wurden die seit 1947 entstandenen Allg. Turnvereine, die sich zum Allg. Sportverband zusammenschlossen.
Literatur: R. Schmidl, Der D. T. (1919) und seine polit. Relevanz in der 1. Republik Ö., Diss., Wien 1979.

Deutsche Schule (teutsche schuel), ein sich in Ö. im 15. Jh. entwickelnder Schultyp, der auf die Bedürfnisse der in Gewerbe und Handel tätigen Bürger abgestimmt war (Lesen und Schreiben in dt. Sprache, Rechnen, Kenntnis der Maß-, Münz- und Gewichtsarten). Die D. S. wurde von Schulhaltern wie ein Gewerbe gegen Entgelt geführt und gilt als weltliche Vorläuferin der → Volksschule.

Deutsches Eigentum: Gemäß einem Beschluss der Potsdamer Konferenz vom 1. 8. 1945 konnten die Besatzungsmächte (→ Besatzung 1945–55) das in ihren Zonen befindliche Eigentum des ehem. Dt. Reichs oder dt. Staatsbürger beanspruchen. Während die Westmächte dieses der Republik Ö. überließen, nahm es die Sowjetunion voll in Anspruch. Davon waren nicht nur die gesamte Erdölindustrie und die DDSG, sondern auch 10 % der Industriekapazität, mehr als 150.000 ha Grundbesitz sowie Gewerbe- und Handelsbetriebe betroffen. Diese Vermögenswerte wurden von der sog. → USIA verwaltet, waren lange Zeit ein Hindernis für den Abschluss des → Staatsvertrags und wurden 1955 nach Vereinbarung von Ablösen im Wert von 150 Mio. Dollar an Ö. übergeben. Zahlr. USIA-Betriebe wurden 1955 aufgrund des 1. und 2. Verstaatlichungsgesetzes (1946 bzw. 1947) nachträglich verstaatlicht (→ Verstaatlichung). Mit der Bundesrepublik Deutschland wurde 1957 ein Vermögensvertrag zur Regelung des Problems des d. E. abgeschlossen.
Literatur: G. Plöchl, Die Rechtsvorschriften über das d. E. in Ö. samt den einschlägigen Nebenbestimmungen, 1959.

Deutsches Reich, offizielle Bezeichnung des dt. Staates 1871–1945. Das 1871 mit Einbeziehung der Mitgliedstaaten des → Deutschen Bundes gegründete D. R. war ab 1879 mit Ö. verbündet (Zweibund) und führte gem. mit der ö.-ung. Monarchie den 1. Weltkrieg. Seit 1918 (Weimarer) Republik, wurde es 1933 in den nat.-soz. Führerstaat umgewandelt und nach dem Anschluss von Ö. 1938 auch „Großdeutsches Reich" genannt. Die aus den 3 westlichen Besatzungszonen von 1945 am 24. 5. 1949 entstandene Bundesrepublik Deutschland setzte die Tradition des D. R. teilw. fort, während die am 7. 10. 1949 aus der sowjet. Besatzungszone entstandene Deutsche Demokratische Republik (bis 1990) als Neuschöpfung betrachtete, aber zunehmend preußische Traditionen übernahm.

Deutsches Volkstheater, siehe → Volkstheater.

Deutschfeistritz, Stmk., GU, Markt, 413 m, 3843 Ew., 39,20 km², nördl. von Graz an der Einmündung des Übelbachs in die Mur. – Bildungshaus, Freizeitzentrum, Forstaufsichtsstation, SOS-Kinderdorf Stübing, Laufkraftwerk Peggau-Deutschfeistritz (err. 1908, 79.500 MWh, altes Kraftwerksgebäude gut erhalten), Schartnerkogeltunnel der Pyhrn-Autobahn; Holzverarbeitung, Maschinen- und Stahlbau, Edelobstbau. Ö. Freilichtmuseum Stübing (alte Bauern- und Handwerkerhäuser, Wirtschaftsgebäude, Kapellen usw. aus ganz Ö.). – Ehem. röm. Siedlung auf dem Kugelstein, Reste der alten Römerstraße, Erzabbau (bes. im 18. Jh.); got. Pfarrkirche (urk. 1297), Kalvarienberg (1695) mit Kreuzigungsgruppe (nach 1714), Rokokoschloss Thinnfeld (1761–64) mit Fresken von J. A. Mölk, Schloss Waldstein, Schloss Stübing (1863 im Tudorstil erbaut).
Literatur: S. Thaller, Die Marktgem. D.: eine stadtgeograph. Untersuchung, Dipl.-Arb., Graz 1989.

Deutsch Goritz, Stmk., RA, Gem., 244 m, 1340 Ew., 23,26 km², gewerbl.-landw. Gem. am Gnasbach. Mineralwassererzeugung (Peterquelle), Metallerzeugung. – Kapelle (1880) und Pfarrkirche (1902) mit Fresken von Pater Reicht; mehrere Kapellen (18. und 19. Jh.). Unweit Röcksee.

Deutsch-Griffen, Kä., SV, Gem., 847 m, 1023 Ew., 71,41 km², Fremdenverkehrsort (vorwiegend im Sommer) in einem Nebental (Griffenbach) des Gurktals am Fuß der Gurktaler Alpen. Die Pfarrkirche (urk. 1157) mit roman. Langhaus, got. Chor, Fresken aus der Mitte des 15. Jh. sowie der frühgot. Karner sind von einer 3,80 m hohen spätgot. Wehrmauer umgeben.

Deutsch Jahrndorf, Bgld., ND, Gem., 133 m, 557 Ew., 27,43 km², Grenzgem. östl. des Leithakanals an der Grenze zu Ungarn. Grenzüberwachungsposten, etwas Gewerbe. – Antike Bodenfunde, urk. 1208, nach Zerstörung 1529 Neubesiedlung mit Kroaten, kath. Pfarrkirche (1738) mit got. und roman. Bauteilen, barocker Säulenhochaltar mit Bild- und Figurenschmuck, Grabsteine (18. Jh.), evang. Pfarrkirche (Weihe 1838), Bildstöcke (u. a. Weißes Kreuz, 1672), barocke Wallfahrtskapelle Hl. Kreuz, hist. Streck- und Hakenhöfe.

Deutsch Kaltenbrunn, Bgld., JE, Markt, 262 m, 1825 Ew., 24,19 km², gewerblich-landw. Wohngem. in der Niederung der Lafnitz. Obstbau. – Röm. Funde, urk. 1281, Markterhebung 1647, neuroman. Pfarrkirche (um 1900) mit neuroman. Altären, schöne Pietàstatuengruppe (frühes 18. Jh.), barocke Bischofsfiguren, historist. evang. Pfarrkirche (1861, evang. Pfarre A. B. seit 1618), Friedhofskapelle (1883), Kapelle im Ort (1868), Wegkreuz (1860); nachklassizist. Kirche in Rohrbrunn, Ruine eines Kastells.

Deutschkreutz, Bgld., OP, Markt, 192 m, 3221 Ew., 34,11 km², alte Marktsiedlung in der Ebene zwischen Ödenburger Gebirge und Kreutzer Wald unweit der ungar. Grenze. – Zollamt. Mineralwasserabfüllung und -vertrieb (kohlensäurehaltige Quelle), Gewerbepark, Sägewerk, Getreidemühle, Weinbau. – Bronze-, hallstatt- und römerzeitl. Besiedlung (röm. Villa in Girm), urk. 1245, Kirche 18. Jh., 1973/74 erweitert, Mosaik und Glasfenster von A. Lehmden. Schloss (urk. 1492) der Nádasdy, Neubau 1625, Besitz des Malers A. → Lehmden. Heimat der Eltern von K. → Goldmark. Streckhöfe.
Literatur: A. Putz, Lebens-, Jahres- und Arbeitsbrauchtum in Deutschkreutz, Diss., Wien 1970.

Deutschland – Österreich:

Das Verhältnis Ö. zu Deutschland gehört zu den sensibelsten Themen der jüngeren ö. Geschichte. Es wird in der Gegenwart durch die gemeinsame Zugehörigkeit der Bundesrepublik Deutschland und Ö. zur → Europäischen Union und die daraus resultierenden Fakten (gemeinsamer Markt, Transitproblematik, führende Teilnahme der Bundesrepublik Deutschland an den gegen Ö. gerichteten Maßnahmen des Jahres 2000) bestimmt. In der Vergangenheit haben zahlr. Faktoren auf dieses Verhältnis Einfluss genommen: die Entwicklung von Staatlichkeit, Kultur, Politik, Wirtschaft, Literatur, Nationalbewusstsein usw.

1. Die Entstehung des dt. Königreiches, des Hl. Röm. Reiches und der ö. Länder bis zur habsb. Herrschaft: Vorerst ist die Frage zu klären, von welchem Zeitpunkt an von „Deutschland" und von „Österreich" sinnvoll gesprochen werden kann. Die Bezeichnung der „Volkssprache" der german. Stämme des fränk. Reiches (thiutisca lingua) wurde erst in einem langen Prozess zu einer politisch-ethn. Bezeichnung. Die Führungsschichten der Stammesgebiete („regna") des ostfränk. Königreiches entwickelten auf der Basis eines durch Jahrhunderte wirkenden gemeinsamen polit. Rahmens erst langsam ein über jene „regna" hinausreichendes Gemeinsamkeitsbewusstsein. Frühestens im 11. Jh. begannen sie sich nicht nur als Baiern, Franken, Schwaben oder Sachsen, sondern daneben auch als „Deutsche" zu verstehen. Dabei dürften neben dem gemeinsamen Königtum der Ottonen und Salier auch die gemeinsamen Erfahrungen der Italienzüge bzw. die in Italien für die Fremden aus dem Norden schon seit dem 10. Jh. üblich gewordene Fremdbezeichnung „teutonici" (Latinisierung von „theotisc", mit Anklang an den längst verschwundenen german. Stamm der Teutonen) wichtig geworden sein. Als „Deutsche" dürften in der Sicht aus Italien zunächst vor allem die → Baiern gegolten haben. Als offizielle Herrschaftsbezeichnung erscheint ein „deutsches Königtum" („rex Teutonicorum") jedoch sehr selten, da es hinter dem Titel eines „Römischen Königs" („rex Romanorum") als Anspruchstitel für das westl. röm. Kaisertum, das seit Otto I. (962) kontinuierlich in der Hand der ostfränk. bzw. dt. Könige blieb, zurücktrat. Dabei blieb die Herrschaftsideologie der Ottonen (919–1024) fränkisch: Otto I. nannte sich wie Karl d. Große „rex Francorum et Langobardorum", Heinrich II. zielte auf die der „renovatio regni Francorum" ab. Erstmals begegnet „rex Teutonicorum" als Bezeichnung für den ostfränk. König 1074, Papst Gregor VII. verwendet diesen Titel in abwertender Absicht 1080 (Heinrich IV. sollte eben nichts anderes als irgendein europ. König sein, nicht aber der rechtmäßige Kaiser). Um 1080 begegnet im Annolied auch die Bezeichnung „in diutischem land". Da der Frankenname zunehmend das Westfrankenreich bezeichnete („Frankreich"), war ein neuer Sammelbegriff über den Stämmen unter der Herrschaft des „rex Romanorum" notwendig. Die alte Bezeichnung für die Volkssprache trat in diese Funktion ein. „Deutsch" wurde für eine politische und langsam auch für eine (davon abgeleitete) als ethnisch verstandene Einheit („die Deutschen") gebraucht. Ein Reflex dieser langsam wachsenden und zunehmend bewussten Gemeinsamkeit, ein frühes „dt." Bewusstsein äußert sich etwa in der Dichtung Walthers von der Vogelweide. Die „dt. Lande" begegnen durch Jahrhunderte fast ausschließlich im Plural, was noch lange die Herkunft des Begriffes als Sammelbezeichnung für mehrere Stammes- bzw. Sprachgebiete andeutet. Die dt. Geschichte des Hoch-MA ist daher nicht als Geschichte des Zerfalls einer nirgends nachweisbaren ursprünglichen Einheit eines dt. „Volkes" zu interpretieren, sondern als langsamer Integrationsvorgang, in dem aus den Führungsschichten der älteren, ostfränk. Reich vereinigten „regna" (oder „Stämme") durch die gemeinsame Teilnahme an Königsgefolge und Reichskirche ein neuer, „dt." Reichsadel entstand, dessen Führungsschicht die Reichsfürsten des 12./13. Jh. wurden. Er sollte durch Jahrhunderte, gemeinsam mit dem Königtum, Kern und Trägerschicht des Reiches bleiben.

Das Hoch-MA war eine Phase des Bevölkerungswachstums und der Kolonisation in den alpinen wie in den Grenzgebieten, getragen von Adel, Geistlichkeit und Bauern aus dem baier. Stammesgebiet. Die Basis dafür lag vielfach in Schenkungen von Königsgut. Dadurch ergab sich ein Bajuwarisierungs-(„Germanisierungs"-)Prozess gegenüber der sprachlich alpenroman. und alpenslaw. Population, durch den die Länder → Oberösterreich, → Niederösterreich und → Salzburg zur Gänze, → Steiermark, → Kärnten, → Tirol und das spätere → Vorarlberg sowie weite Gebiete des späteren → Burgenlandes überwiegend zu Ländern „deutscher Zunge" (so der Wiener Chronist Jans der Jansin Enenkel) wurden. Die damals ausgebildeten Sprachgrenzen sind teilweise bis ins 16. Jh. (→ Montafon), teilweise viel länger erhalten geblieben. Im Zuge dieser Kolonisationsbewegung, der Entstehung neuer adeliger und geistlicher Herrschaftsgebiete (u. a. durch Königsschenkungen, Immunität und Vogtei) und der Veränderung in Gerichts- und Aufgebotsordnung lösten sich die alten Stammesherzogtümer der Baiern,

Schwaben, Sachsen und Franken auf. Im 12. Jh. begann auf ganz verschiedenen rechtl. Grundlagen (→ Markgrafschaften im Falle → Österreichs und der → Steiermark, → Vogteirechte im Falle → Tirol, weltl. Bischofsherrschaft im Falle → Salzburgs, das alte Stammesfürstentum bzw. Herzogtum Karantanien im Falle → Kärntens) ein Konzentrationsprozess, der zur Ausbildung neuer regionaler Herrschaftsbildungen unter „Landesfürsten" führte, die gleichzeitig als „Reichsfürsten" galten – zuerst wohl in der Stmk. (12. Jh., 1180 Herzogtum), in Ö. (frühes 13. Jh., Herzogtum 1156), später in Ti. (2. Hälfte 13. Jh.), Sbg. (14. Jh.), Kä. (15. Jh.) oder Vbg. (16. Jh.). Analog zu bewerten ist die Landesbildung in Bayern (13. Jh.), Württemberg (13./14. Jh.) oder Sachsen. Folgen dieser Landesentstehung waren je eigene Landstände (mit den landesfürstl. Ministerialen bzw. Rittern als Kern), ein je eigenes Landrecht und ein bes. Landesbewusstsein. Nachdem das Königsgut bis zum 12. Jh. zur Gänze zu Lehen oder Eigen vergeben war, sank die Bedeutung des Königtums in den neuen Territorien. Die Durchsetzung des

Leihzwanges (an den König heimgefallene Reichslehen mussten jedenfalls wieder ausgegeben werden) und der Verlagerung des Schwerpunktes der stauf. Herrschaft nach Italien, v. a. unter Heinrich VI. (1190–97) und Friedrich II. (1212–50), bedeutete für die neuen Landesfürstentümer einen weiteren Zuwachs an Macht nach innen, aber auch erhöhte reichsrechtl. Selbständigkeit. Den geistl. Fürsten wurde diese durch die „confoederatio cum principibus ecclesiasticis" 1220, den weltl. Landesfürsten durch das „statutum in favorem principum" 1231/32 bestätigt.

Unter den neuen Ländern im Südosten des Reiches war die Mark Ö. (seit 1156 Herzogtum) um 1200 besonders bedeutend. Der Hzg. v. Ö. galt als einer der wohlhabendsten Fürsten des Reiches. Durch die Übernahme der Herrschaft in der Stmk. nach dem Aussterben der Traungauer 1192 wurden die → Babenberger zu einem der mächtigsten fürstl. Geschlechter, was sich in der bed. Position Hzg. → Leopolds VI. (1176–1230) in der Reichspolitik äußerte. Unter seinem Nachfolger → Friedrich II. (1210–46) wurde – nach einem Konflikt mit dem kaiserl. Namensvetter – ein Projekt erwogen, das Herzogtum Ö. gemeinsam mit der Stmk. zu einem „Königreich Österreich" zu erheben. Dazu kam es nicht, da sich die Babenbergerin → Gertrud weigerte, Ks. Friedrich II. zu ehelichen. Nach dem Tod des Babenbergers ließ der Kaiser Ö. und Stmk. als Reichsländer von Generalkapitänen verwalten. Diese Phase der Reichsunmittelbarkeit blieb jedoch Episode, da mit dem Tod des Kaisers 1250 die Macht der Staufer zusammenbrach.

In kultureller Hinsicht waren in dieser Phase (um 800/900–1250) die Einflüsse aus verschiedenen bayr. Regionen sehr stark: → Regensburg, → Passau und v. a. → Salzburg waren die wichtigsten kulturellen

Deutschland – Österreich: Der deutsche Kaiser Friedrich I. Barbarossa in Wien. Aus der Chronik von P. de Ebulo, um 1200.

Zentren für das spätere Ö. Nicht nur wegen der Bistumsverhältnisse blieb eine enge Verbindung mit dem bayr. Raum bestehen, sondern auch durch zahlr. Besitzungen bayr. Bistümer und Klöster (Salzburg, Passau, Freising, Regensburg, Niederaltaich, Tegernsee usw.) in den ö. Ländern.

2. „Haus Österreich" als Dynastie und als territorialer Begriff – die Hausmacht der habsburg. Kaiser: Nach der Herrschaft des böhm. Kg. → Ottokar II. Pfiemysl (bis 1276, † 1278) verlieh der „röm. König" → Rudolf I. v. Habsburg die beiden an das Reich heimgefallenen Lehen Ö. und Steier 1282 an seine Söhne → Rudolf (II.) und → Albrecht I. († 1308), der seine Herrschaft in Ö. und Stmk. gegen Aufstände des Adels und der Städte durchsetzte. Er wurde 1298 König, auch dessen Sohn → Friedrich der Schöne († 1330) konnte einen Teil der Stimmen der Kurfürsten auf sich vereinen, doch unterlag er seinem Konkurrenten Ludwig dem Bayern. Erst → Albrecht V. erwarb 1437 wieder die röm. Königswürde als Schwiegersohn und Erbe des letzten Luxemburgers, Ks. Sigismund.

Für die Entstehung Ö. als Kombination zahlr. Länder wichtig erscheint die ab 1330 durch die Herzöge → Albrecht II., → Leopold, I., → Otto, → Rudolf IV., Leopold III. sowie → Albrecht III. betriebene Akkumulations- und Arrondierungspolitik der → Habsburger in den Regionen zw. ihrem alten Hausbesitz in der heutigen Schweiz, im Elsass, im Breisgau und im Schwarzwald sowie ihrem neuen Schwerpunkt im Südosten. Sukzessive wurden Kä., Krain, Ti., Triest und weitere Gebiete im Südosten, aber auch am Rhein und im heutigen Vbg., habsburgisch. Diese weitläufigen Territorien zw. Vogesen und Adria bzw. Leitha werden im 15. und frühen 16. Jh. ebenso wie die Herrscherfamilie selbst „Herrschaft zu Ö." bzw. bald auch „Haus Ö." genannt – erstmals ein gemeinsamer Name für diese Gebiete, die aber mit dem heutigen Ö. nur teilweise deckungsgleich sind. Im 16. Jh. wurde neuerlich ein Plan für die Erhebung dieser Gebiete zu einem Königreich ventiliert, aber ebenso wenig durchgeführt wie ein analoger Plan im 17. Jh. Die Stellung dieser Ländergruppe zum Reich wurde durch einen Rechtsakt → Friedrichs III. entscheidend verändert: Er bestätigte nämlich 1442 und 1453 das → Privilegium maius, eine Fälschung Rudolfs IV., des Stifters (1358–65), durch welche der Hzg. v. Ö. besondere Rechte erhalten sollte, die die privilegierte Position der Kurfürsten, zu denen die Habsburger nicht gezählt wurden, auch ihrem Haus sichern sollte.

Durch die Reichsreformbewegung um 1500 wurden Reichskreise geschaffen, wobei die habsb. Länder zum „ö. Kreis" erklärt wurden (→ Österreichbegriff). Die ständ. Reichsreformbewegung des späten 15. Jh. führte zur Herausbildung des für die nächsten Jh. kennzeichnenden Dualismus von „Kaiser und Reich". Das „Reich" erscheint repräsentiert durch die Reichsstände, die sich auf dem Reichstag gegenüber dem Kaiser artikulieren, mit den Kurfürsten als einer Art Oberhaus. Der Reichstag gilt im 16. Jh. als die „dt. Nation", welche als Trägerin des Sacrum Imperium, des „Hl. Röm. Reiches" erscheint – daher die Bezeichnung „Heiliges Römisches Reich Deutscher Nation". Ferdinand I. erreichte im 16. Jh., dass auch die habsb. Lande, die als Länder des Kaisers auf dem Reichstag nicht vertreten waren, doch eine (gemeinsame) Stimme auf den seit etwa 1500 in ihrer Zusammensetzung fixierten Reichstagen erhielten. Jene → Erblande machten – neben → Böhmen und → Ungarn sowie seit 1714 Mailand und Belgien – die „Hausmacht" der Habsburger aus, erst sie ermöglichte eine erfolgreiche kaiserl. Herrschaft. Die kaiserl. Rolle der Habsburger führte dazu, dass sich an den Höfen der Kaiser (im 16. Jh. an wechselnden Orten, u. a. → Innsbruck und Augsburg, unter → Ferdinand I., → Maximilian II. und → Rudolf II. meist in Prag, ab 1612 ständig in Wien) immer wieder dt. Fürsten aufhielten. Zwei für die Verwaltung des Hl. Röm. Reiches wichtige Institutionen entstanden ebenfalls am habsb. Hof: das ab 1620 von der ö. Hofkanzlei getrennte Reichskanzlei (→ Hofburg, Reichskanzleitrakt, erbaut unter dem Reichsvizekanzler F. K. Gf. → Schönborn durch J. L. v. → Hildebrandt und J. E. → Fischer von Erlach) und der Reichshofrat – eines der beiden höchsten Reichsgerichte (das andere war das Reichskammergericht). Die → Reformation führte zur religiösen Spaltung des Reiches, wobei die Habsburger neben den Wittelsbachern die führende kath. Macht blieben. Wie groß das Ansehen der Habsburger im Reich trotz der religiösen Gegensätze war, zeigt die einstimmige Wahl des als Gegenreformator bekannten → Ferdinand II. im Sommer 1619 zum Kaiser – zur gleichen Zeit, als die aufständ. Stände Böhmens ihm die böhm. Königswürde aberkannten. Nach dieser Krisenphase führten die Siege → Tillys und → Wallensteins über die dt. Protestanten und Dänen zu einer enormen Machtsteigerung des Kaisers im Reich (→ Restitutionsedikt 1629), die auch den kath. Fürsten zu weit ging. Sie forderten die – 1630 wirklich erfolgte – Abberufung Wallensteins. Dennoch bedeutete der Prager Friede von 1635 die Anerkennung einer starken Position des Kaisers im Reich, die aber durch das Eingreifen Frankreichs in den Krieg wieder geschmälert wurde. Das Ende des 30-jährigen Krieges 1648 sah ein weithin zerstörtes Reich, eine Schwächung der kaiserl. Stellung und die Aufwertung der fürstl. „Libertät" zu einer Beinahe-Souveränität. Dennoch kam es im späten 17. Jh. zu einer neuerl. Kräftigung der kaiserl. Stellung ebenso wie der kath. Konfession im Reich. Die Einrichtung des ständigen Reichstages in Regensburg als Gesandtenversammlung der politisch berechtigten Reichsstände (1663) begünstigte eine Intensivierung der polit. Diskussion zwischen „Kaiser und Reich". Prominente Reichsfürsten (Max Emanuel v. Bayern, Ludwig und Hermann v. Baden, → Karl V., Hzg. v. Lothringen) wirkten in kaiserl. Ämtern bzw. als Heerführer in der kaiserl. Armee. Reichstruppen trugen auch wesentlich zum Entsatz von Wien am 12. 9. 1683 bei, wie insgesamt das Reich im 16. und 17. Jh. nicht unerhebliche finanzielle Leistungen für die militär. Auseinandersetzungen mit den Osmanen erbracht hatte.

3. Das Hl. Röm. Reich und die Monarchia Austriaca bis 1806: Während in den Beratungsgremien → Leopolds I. (1658–1704) Fachleute für das Reich bzw. für die habsb. Erblande noch ungetrennt zusammenarbeiteten, verstärkte sich unter → Joseph I. (1704–11) die v. a. von Prinz → Eugen von Savoyen vertretene Tendenz, dass sich neben einem weiteren Rat ein engerer bildete, aus dem insbesondere der Reichsvizekanzler Schönborn (als Vertreter des Erzkanzlers und der Reichsstände) ausgeschlossen blieb – die „arcana" des Hauses Ö. sollten den Amtsträgern des Reiches verschlossen bleiben, dafür die Staatsbildung der ö. Monarchie („Monarchia Austriaca") vorangetrieben werden. Dieser Prozess der Staatsbildung – mit dem Höhepunkt der maria-theresian. Staatsreform 1749 – führte nicht nur zur Herausbildung einer von den Reichsagenden völlig getrennten staatl. Struktur Ö., sondern auch eines einheitl. ö. Wirtschaftsgebietes, mit wachsender Abgrenzung von den angrenzenden dt. Gebieten.

Gleichzeitig verbreitete sich die seit dem Spät-MA entstandene und durch Martin Luther vervollkommnete hoch-dt. Schriftsprache und erwarb im 17. und 18. Jh. die Fähigkeit, alle philosophischen und wissenschaftl. Probleme angemessen auszudrücken. „Deutschland" als Region dieser Sprache, die sich in der Neuzeit auch über das Niederdeutsche zu erstrecken begann, und das „Hl. Röm. Reich", an dem auch „welsche Fürsten" bzw. Fürstentümer (Lothringen, Savoyen, Mailand, Burgund = Belgien und Luxemburg) beteiligt blieben, waren jedoch niemals deckungsgleiche Größen. Am Aufschwung der dt. Literatur (Sturm und Drang, Weimarer Klassik) nahm Ö. kaum teil. Die insbesondere in Wien florierende josephin. Literatur bevorzugte andere Gegenstände und andere literarische Formen, vor allem Satire und Travestie (J. B. → Alxinger, J. → Richter u. a.). Sie war außerdem stark politisch orientiert und verstand sich größtenteils als Verbreiterin von → Aufklärung und → Josephinismus. Diese heute wenig bekannte, zu ihrer Zeit aber sehr verbreitete Literatur fand durch die französische Reaktion ab etwa 1792 ihr Ende.

Als unter → Maria Theresia das Kaisertum (durch die Wahl Karl Albrechts v. Bayern zum Ks. Karl VII., 1741–45) für einige Jahre bayerisch wurde, verlor die alte „kaiserlichen" Armee diese Bezeichnung und wurde zu einer „österreichischen". Es ist dies ein zwar symbolischer, aber dennoch wichtiger Akt in der Entwicklung spezifisch ö. Institutionen. Maria Theresia, deren Ehemann → Franz Stephan v. Lothringen nach Karl VII. zum Kaiser gewählt wurde (Franz I., 1745–65), versuchte nicht ohne Erfolg, die Reichsstände im → Siebenjährigen Krieg (1756–63) gegen Friedrich II. von Preußen zu mobilisieren, doch besiegte dieser die Reichsarmee (bei Roßbach) vernichtend, während die Ö. trotz einiger Niederlagen (Leuthen) auch Siege (→ Kolín, → Kunersdorf) verzeichneten. Die Rolle des habsb. Kaisers als Verteidiger der Rechte der kleinen Reichsstände wurde jedoch durch → Joseph II. (Kaiser von 1765–90) selbst in Frage gestellt, als er versuchte, nach dem Aussterben der Münchener Linie der Wittelsbacher Bayern gegen Belgien zu tauschen (1778). Als Joseph diesen Versuch wiederholte, gelang es Friedrich II., als Beschützer der Rechte der Reichsstände gegen Joseph aufzutreten („dt. Fürstenbund" 1785) und die Habsburger historisch wohl erstmals im Reich entscheidend zu isolieren. Im seit 1740 offen zu Tage getretenen Dualismus Preußen – Ö. konnte sich Preußen nicht nur als militär. Macht behaupten, sondern gewann auch an Prestige im Reich. Der Begriff des „Reiches" wurde übrigens zunehmend auf die Gebiete außerhalb der Großterritorien Preußen, Sachsen, Bayern, Ö. eingeengt und primär für die durch eine enorme Herrschaftszersplitterung gekennzeichneten rheinischen und schwäb. Gebiete verwendet.

Durch sein vorzeitiges Ausscheiden aus dem Krieg gegen Frankreich 1795 und die 2. bzw. 3. Teilung Polens (1793, 1795) vergrößerte Preußen seine Machtstellung, während Ö. – gemeinsam mit dem Reich! – den Krieg gegen Frankreich fortführte. Die Niederlage von 1797 und die Abtretung des linken Rheinufers an das revolutionäre Frankreich führten zu einem totalen Umsturz der Reichsverfassung. Die geistl. Fürstentümer und die meisten kleinen reichsunmittelbaren Territorien wurden den größeren Reichsständen als Ersatz für die linksrhein. Verluste einverleibt, wodurch das Haus Ö. seine wichtigsten Verbündeten im Reich verlor (Reichsdeputationshauptschluss 1803). Damals wurde auch der alte habsb. Besitz im Breisgau abgetreten, während die übrigen habsb. Gebiete am Oberrhein, am Bodensee und in Schwaben (→ Vorderösterreich) 1805 dauernd verloren gingen. Nach der entscheidenden Niederlage gegen → Napoleon bei → Austerlitz (2. 12. 1805) und der Gründung des Rheinbundes musste Ks. → Franz II. (1792–1806, als Ks. von Ö. Franz I. 1804–35) unter massivem Druck Napoleons 1806 die Würde eines röm.-dt. Kaisers niederlegen. Das Reich existierte nicht mehr.

4. Kaisertum Ö. und „dt. Frage", 1806–66: Wien wurde im Zeitalter Napoleons eines der Zentren der dt. Romantik, hier nahmen für kürzere oder längere Zeit F. Schlegel, F. v. → Gentz, J. v. Eichendorf, T. Körner und A. Müller Aufenthalt. Ö. entwickelte eine frühe „deutschnationale" Propaganda gegen Napoleon, doch erwies sich deren Zugkraft im Krieg von 1809 als sehr begrenzt (etwa im gescheiterten Aufstand des preußischen Majors Schill). In den sog. Befreiungskriegen gegen Napoleon (1813–15) spielte Ö. nach seinem Kriegseintritt im August 1813 eine wesentl. Rolle. Nach der Niederlage Napoleons wurde auf dem → Wiener Kongress 1815 dem → Deutschen Bund eine Nachfolgefunktion für das alte Reich zugedacht, in dem 41 (zuletzt 33) souveräne Staaten unter Vorsitz Ö., bei faktischem Kondominium mit Preußen, vereinigt wurden. Eine Wiederbelebung des „dt." Kaisertums lehnte Franz I. ab. Ö. und Preußen waren nur mit jenen Gebieten Bundesmitglieder, die innerhalb der alten Reichsgrenzen lagen – Ungarn, Dalmatien, Lombardei-Venezien und Galizien gehörten also nicht zum Dt. Bund. Die Bundesakte sahen gewisse Gemeinsamkeiten vor, u. a. im militär. Bereich. → Metternich – als ö. Außenminister für den Dt. Bund zuständig – gelang es mit den → Karlsbader Beschlüssen (1819), nach dem Mord an A. Kotzebue, die dt. Staaten auf einen antiliberalen Kurs einzuschwören. Doch konnte dies weder den Beginn einer wirtschaftl. Einigung des nicht-ö. Deutschland durch Preußen (1834 Dt. Zollverein) noch das Entstehen einer emotional. Nationalbewegung (Hambacher Fest 1832, Rheinkrise 1840, Grundsteinlegung zum Kölner Dombau 1842) verhindern, die auf einen dt. Nationalstaat abzielte. Überregionale gemeinsame Tagungen von Gelehrten (z. B. 1843 die 21. Versammlung der Naturforscher und Ärzte in Graz) förderten die Vertiefung eines gemeinsamen, kulturellen „dt." Bewusstseins in den Eliten des Dt. Bundes.

Die → Revolution von 1848 führte zu Wahlen für einen gemeinsamen konstituierenden Reichstag im gesamten dt. Bundesgebiet, doch blieben die → Tschechen (zur Gänze) und die → Slowenen (weithin) den Wahlen fern. Diese im Mai zusammengetretene Frankfurter Nationalversammlung wählte Erzhzg. → Johann von Österreich zum „Reichsverweser". A. v. → Schmerling wurde zur Zentralfigur der Ende Juni 1848 geschaffenen ersten Regierung des Dt. Reiches. Die im Herbst 1848 diskutierte Reichsverfassung forderte jedoch, dass zwischen dem neuen Dt. Reich und jenen Gebieten von Mitgliedsstaaten, die außerhalb des Reiches lagen, nur das Prinzip der Personalunion herrschen dürfte. Das hätte das Ende der staatl. Einheit des ö. Kaisertumes bedeutet. Die neue ö. Regierung unter Felix Fürst zu → Schwarzenberg lehnte daher diese Verfassung und damit das neue Dt. Reich ab. Schmerling trat im Dezember als dt. Min.-Präs. zurück. Schwarzenberg berief im Frühjahr 1849 die ö. Abgeordneten aus Frankfurt ab. Damit war zunächst der Weg für die klein-dt. Lösung und die Wahl Friedrich Wilhelms IV. zum dt. Kaiser (28. 3. 1849) frei. Doch lehnte der preußische König die Kaiserkrone aus der Hand einer gewählten Volksvertretung ab. Schließlich erreichte Ö. 1850 in der → Olmützer Punktation die vorläufige Aufgabe aller dt. Unionspläne unter preuß. Führung und die Wiederherstellung des Dt. Bundes. Preußen behielt aber seine unangreifbare Stellung im

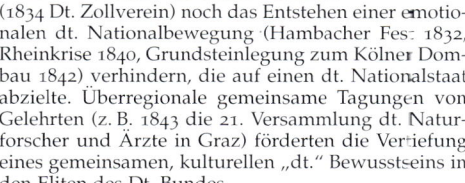

Deutschland – Österreich: Karikatur auf die Frankfurter Nationalversammlung. Kolorierte Lithographie von G. Fischer, 1849.

Zollverein und verhinderte den Eintritt Ö., das 1853 einen Handelsvertrag mit dem Zollverein schloss. Nach der großen Enttäuschung wegen der Nichtteilnahme der dt. Verbündeten am Krieg gegen Frankreich und Sardinien 1859 aktivierte Ks. → Franz Joseph I. die dt. Politik Ö. – das gemeinsame Handelsgesetzbuch (1863) ist eine Folge. Die letzte bedeutende deutschlandpolit. Aktivität Franz Josephs war der von ihm initiierte Fürstentag zu Frankfurt 1863. Der in Ö. wie in Deutschland hoch geachtete Schmerling war damals ö. „Staatsminister" (faktisch erster Minister im Kabinett). Ö. legte ein Reformprojekt mit dem Ziel einer föderalen, quasistaatlichen Struktur des Bundes vor. Der neue preuß. Min.-Präs. O. v. Bismarck bewog jedoch seinen König, Wilhelm I., dem Tag fernzubleiben, weshalb das Unternehmen scheiterte. Jetzt ging Bismarck daran, Ö. zuerst im Bund zu isolieren (in der Krise um Schleswig-Holstein 1864) und schließlich 1866 militärisch aus Deutschland zu verdrängen. Die meisten Bundesstaaten kämpften und verloren im → preußisch-österreichischen Krieg 1866 gemeinsam mit den Österreichern. Der entthronte König von Hannover ging nach Ö. ins Exil, die Reste der geschlagenen sächsischen Armee kampierten in der Wr. → Brigittenau (Sachsenplatz, Dresdener Straße, Leipziger Platz). Nach → Königgrätz wurde der Dt. Bund aufgelöst. Das Bismarck-Reich von 1871 war zwar eine Folge militär. Siege (1866, 1870/71), entsprach aber durchaus den Wünschen der Mehrheit des nationalliberalen, „klein-dt." Bürgertums in Deutschland nach einem machtvollen dt. Nationalstaat ohne Ö.

Sowohl während der Zeit des alten Reiches als auch während der Zeit des Dt. Bundes waren die ökonom. Beziehungen zwischen den ö. Ländern und v. a. Oberdeutschlands sehr eng. „Oberdeutsche" Unternehmer wie die → Fugger, die Welser oder die Hochstätter fungierten im 16. Jh. als Geldgeber der Habsburger und als Großhändler und Verleger-Unternehmer im florierenden Bergbau Ti., Kä. oder Oberungarns. Nürnberger Plattner verarbeiteten steirisches und oö. Eisen. Frankfurt war lange Zeit hindurch ein zentraler Finanzplatz für die ö. Länder. Eine stete Migrationsbewegung führte zahlr. Handwerksburschen aus verschiedenen Gegenden Deutschlands durch Jahrhunderte in die Kaiserstadt an der Donau, aber auch aus Ö. nach Deutschland. Neben dieser massenhaften Zuwanderung kamen im 19. Jh. auch bed. Unternehmerfamilien aus Deutschland (etwa die → Schöller, → Bleckmann, → Böhler u. a.). Diese Bewegung verlor erst ab etwa 1870 an Bedeutung. Die schwäb. Gebiete wurden – ausgehend von den dortigen Besitzungen der Habsburger – zu wichtigen Rekrutierungsgebieten für die Kolonisation Ungarns im 18. Jh. („Schwäb. Türkei", Banat, Batschka, Teile Slawoniens). Während der → napoleonischen Kriege suchten viele patriot. Deutsche in Wien Zuflucht (u. a. F. Schlegel, F. → Gentz, T. Körner, W. v. Humboldt, A. H. Müller). Andererseits wurde die regimekritische ö. Literatur in Leipziger und Hamburger Verlagshäusern verlegt. Nach 1848 und 1866 übersiedelten nicht wenige kath. Adelige, Intellektuelle und Diplomaten aus Deutschland (insbes. Preußen) nach Ö. (G. v. Blome, M. v. → Gagern, K. v. → Vogelsang, O. Klopp). Umgekehrt waren aus den ö. Ländern vertriebene Protestanten im 17. Jh. meist in die Gegend von Nürnberg ausgewandert, die Sbg. Protestanten fanden 1723 zumeist in Ostpreußen eine neue Heimat.

Die industrielle Revolution setzte in einigen Gebieten Mitteleuropas etwa gleichzeitig ein, besonders früh in Sachsen, sodann im preuß. Rheinland (Ruhrgebiet), später in Baden, in Hamburg usw. (ab etwa 1825/30). Ziemlich gleichzeitig damit begann die moderne industrielle Entwicklung in Vbg., in den Randgebieten Böhmens und in den Gegenden südl. von Wien. Stand das Gebiet des heutigen Ö. um etwa 1830/40 wirtschaftlich mit Deutschland auf einer vergleichbaren Stufe, so begann mit den 1850er Jahren eine markant unterschiedl. Entwicklung: Die preuß.-dt. Wirtschaft zeigte jetzt als Folge des Dt. Zollvereins und anderer günstiger Voraussetzungen (Getreideexporte aus Preußen nach Großbritannien, Vielzahl städt. Gewerbe- und Konsumzentren) hohe Wachstumsraten, die das Dt. Reich bis um 1880 zur stärksten Wirtschaftsmacht Europas aufsteigen ließen. Zugleich damit entfaltete sich ein starkes Unternehmerbürgertum, aber auch eine neue Arbeiterklasse, die sich größtenteils in der mächtigen dt. Sozialdemokratie organisierte, an der sich die ö. Arbeiterbewegung orientierte. Demgegenüber zeigt das Kaisertum Ö. (und die ö.-ungar. Monarchie ab 1867) gerade in den 1850er Jahren nur geringe Wachstumsneigungen; erst 1867 kam es zu einem neuen Aufschwung, doch blieb die Habsburgermonarchie immer nur ein Agrar-Industriestaat, in dem bis zum Ersten Weltkrieg die agrar. Landbevölkerung die Mehrheit stellte (55 %) und trotz fortschreitender Industrialisierung die gewerblich-industriellen Bevölkerungselemente in der Minderheit bleiben. Allerdings erlebte insbesondere der Osten des heutigen Ö. doch eine so starke Industrialisierung, dass das Gebiet der späteren Republik Ö. schon vor 1914 nur noch etwa 35 % Agrarbevölkerung aufwies und sich dadurch strukturell nur wenig von Deutschland unterschied.

5. Das Problem kultureller, staatlicher und nationaler Einheit zwischen Deutschland und Ö.: Im 17. und 18. Jh. entstand zwischen den protestant. Gebieten mit ihrer hoch entwickelten Schriftkultur und den kath. mit ihrer Bevorzugung von Architektur, Malerei und Musik eine deutliche kulturelle Differenz. Dabei scheint eine süddeutsch-ö. Barockkultur zu entstehen, die sich bei näherer Betrachtung freilich in eine stark vom ital. (römischen) Barock beeinflusste Kunstregion der meisten ö. Gebiete und einen süddeutsch-böhm. Kreis, der in seinem blühenden Rokoko-Ende stärkere franz. Einflüsse zeigt, unterscheiden lässt. Ö. ist mit dem schwäbisch-bayr. Barock v. a. über die Vbg. Münsterbauschule (Baumeisterfamilien → Beer und → Thumb) verbunden. Eine „dt. Kulturnation" wird sich auf dieser Basis nur schwer feststellen lassen. Dagegen wurde der dt. Sprachraum seit dem 18. Jh. zunehmend zu einem gemeinsamen Markt für die Produkte von Schriftlichkeit und Schriftkultur mit dem wichtigsten Zentrum Leipzig. Entsprach dieser wachsenden Vereinheitlichung des Sprachgebietes ein gemeinsames, zu gemeinsamer Staatlichkeit drängendes politisch-kulturelles Bewusstsein? Für die ganze Weite des Sprach-

Deutschland – Österreich: „Ein einiges Deutschland bewundert die Welt. Nur Schad, dass den Deutschen Einiges fehlt." Kolorierte Lithographie von V. Katzler, 1871.

gebietes ist das zu verneinen (etwa für die Deutsch-Schweizer, aber auch für die Deutsch-Ungarn, Deutsch-Balten usw.). Mitglieder der dt.-ö. literarischen Eliten haben jedoch im Vormärz einem solchen Gemeinsamkeitsbewusstsein kräftig Ausdruck verliehen (etwa A. → Grün, F. → Schuselka). Die häufig unter Pseudonymen oder anonym in Leipzig (bei Reclam) oder Hamburg (Hoffmann & Campe) erscheinenden ö.-kritischen Bücher standen meist in dieser Linie. Im Jahre 1848 war der engste Anschluss an Deutschland die Forderung von Wr. Studenten und Intellektuellen und fand in der schwarz-rot-goldenen Fahne am Stephansturm sein sichtbares Symbol. Ö. sollte in einem neuen Dt. Reich eine zentrale Rolle spielen. Andererseits entwickelte sich früh ein Minderwertigkeitsgefühl gegenüber den wissenschaftlichen und literarischen Fortschritten vor allem in Preußen. Hingegen wünschten die meisten Mitglieder der liberalen intellektuellen und unternehmer. Eliten in Deutschland eine engere Einbeziehung und schon gar keine Dominanz Ö. im neu zu errichtenden Deutschland. Da in den Augen dieser „klein-dt." Gruppen das neue Deutschland ein moderner Einheitsstaat sein sollte, nach den Wünschen der Ö. aber bestenfalls nach einem föderalen Modell organisiert sein konnte, waren die Zielvorstellungen zwischen → Großdeutschen (Deutschland mit Ö.) und → Kleindeutschen (Deutschland ohne Ö.) kaum vereinbar.

Die dt.-ö. Eliten sahen ab 1848 in den Bindungen mit Deutschland auch einen gewissen Rückhalt der Deutschösterreicher (etwa ein Viertel der Gesamtbevölkerung Ö.) gegenüber den Nichtdeutschen in der Habsburgermonarchie – ein Gedanke, der den „Reichsdeutschen" notwendig fremd blieb. Der Nationsbildungsprozess des 19. Jh. führte daher letztlich zu zwei dt. Nationsbildungen – zu jener der „Reichsdeutschen" im Bismarckreich und zu jener der Deutschösterreicher in der Habsburgermonarchie. Auch wenn die staatl. Vorstellung der Letzteren immer dominant an der Monarchie orientiert blieb, suchte dieses dt.-ö. Nationalbewusstsein nicht nur in den radikalen Ausformungen eines G. v. → Schönerer eine gewisse Stütze im Dt. Reich.

Die schien auch insofern gewährleistet, als Bismarck bald nach der Reichsgründung (1871) daran ging, die → österreichisch-ungarische Monarchie stärker an Deutschland zu binden (Dreikaiserbündnis 1873, Zweibund 1879, Dreibund 1882) und durch Unterstützung der Okkupation Bosniens 1879 dem Ks. → Franz Joseph einen Erfolg zu verschaffen. Obgleich Bismarck mit den Ö. dabei nicht ganz offen spielte (1887 Rückversicherungsvertrag mit Russland – im Falle eines ö. Angriffs auf Russland bleibt Deutschland neutral), hat Franz Joseph fortan im Bündnis mit Deutschland eine absolute Konstante der ö.-ungar. Außenpolitik gesehen. In der → Annexionskrise von 1908 unterstützte Deutschland seinen Verbündeten bedingungslos.

6. Deutschland und Ö. in der europäischen Krise 1914–45:
Die gegenseitige „Nibelungentreue" führte zum gemeinsamen Kriegseintritt 1914 und zu einer zunehmend vom dt. Generalstab geplanten gemeinsamen Kriegsführung im Ersten → Weltkrieg. Die militär. Schwäche Österreich-Ungarns führte dazu, dass wichtige Offensiven nur mit dt. Unterstützung erfolgreich durchgeführt werden konnten (→ Gorlice 1915, Offensive gegen Serbien 1915, gegen → Rumänien 1916, am → Isonzo 1917). Der Versuch Ks. → Karls, zu einem Sonderfrieden mit den Westmächten zu gelangen, belastete das Bündnis. Kriegsverluste, Not und Hunger reduzierten die Widerstandsfähigkeit der Monarchie ebenso wie die des Dt. Reiches. Die besonders dt.-orientierte Politik der letzten kaiserlich-ö. Regierungen ebenso wie der intransingente magyarische Nationalismus der königlich-ungarischen bestärkte die slaw. Eliten in ihrem Wunsch nach voller staatl. Unabhängigkeit. In den letzten Oktobertagen 1918 zerfiel die Habsburgermonarchie, nur wenige Tage, nachdem Ks. Karl I. am 26. 10. den Zweibund gekündigt hatte und kurz vor dem Ausbruch der Revolution in Deutschland (Aufstand der Matrosen in Kiel am 3./4. 11. 1918). Am 9. 11. dankte Ks. Wilhelm II. als dt. Kaiser ab, am 11. verzichtete Ks. Karl auf jeden Anteil an den Regierungsgeschäften.

Die neue Republik Deutsch-Ö. definierte sich am 12. 11. als Teil der Dt. Republik, doch gelangte diese Deklaration infolge der Friedensverträge von Versailles und → Saint-Germain-en-Laye 1919 nicht zur Durchführung. In Ö. war insbes. der Führer der Sozialdemokratie, Otto → Bauer, ein entschiedener Anschlussbefürworter. Die damit angesprochene → „Anschluss"-Problematik blieb für das Verhältnis der beiden Staaten von 1918 bis 1945 zentral. Der ö. Wunsch nach einem Anschluss an das Dt. Reich resultiert aus dem Zerfall der Monarchie, der Machtlosigkeit des neuen Kleinstaates und wirtschaftl. Nöten (Debatte über die Lebensfähigkeit). Den Ersten Weltkrieg hatte man „Schulter an Schulter" geführt und verloren. Das deutsch-österreichische habsb. Identitätsbewusstsein hatte seine ö. Komponente verloren. Diese „dt." Orientierung Österreichs und der Österreicher war aber niemals problemlos, sie war nicht selten mit Distanz- und Unterlegenheitsempfindungen gegenüber dem mächtigen Nachbarn verbunden. Wie auch immer – die ersten Anschlussbemühungen gingen von Ö. aus, 1918/19 unter sozialdemokratischer und 1921 mit Volksabstimmungen für den Anschluss in Ti. und Sbg. unter bürgerl. Führung. Nach der Währungsstabilisierung (→ Genfer Protokolle 1922) rückte die Anschlussfrage etwas in den Hintergrund. Außenpolit. Maxime Ö. war und blieb es jedoch, keiner Staatenkonstellation „gegen oder ohne Deutschland" anzugehören.

Während die erste dt. Nachkriegsregierung dem ö. Drängen eher distanziert gegenüberstand, sah G. Stresemann (dt. Außenmin. 1923–29) den „Anschluss" als Teil einer größeren Lösung der dt. Frage. Zwischen der dt. und der ö. Regierung wurden Schritte eines verdeckten Anschlusses vereinbart, etwa im Bereich der Rechtsvereinheitlichung (Strafrechtsgesetz 1927). Unterhalb der Ebene der Regierungen war schon 1919 in Wien die → Österreichisch-Deutsche Arbeitsgemeinschaft gegründet worden, in deren Leitungsgremium alle parlamentar. Parteien vertreten waren. Eine viel breiter wirkende Organisation war der 1925 geschaffene → Österreichisch-Deutsche Volksbund, dem 1930 320 Körperschaften aller Berufe und Parteirichtungen angehörten, u. a. der Nö. Bauernbund und der (soz.-dem.) Metallarbeiterverband. Als geheimbundartige Elitenorganisationen wirkten der „Dt. Klub" und die „Dt. Gemeinschaft" für den Anschluss. Wirtschaftlich war Deutschland zwar ein wichtiger Handelspartner für Ö., bis um 1930 blieben aber die Kontakte in den Raum der ehemaligen Habsburgermonarchie mit dem Export bedeutender. Einige Wirtschaftssparten, etwa die Schwerindustrie (repräsentiert v. a. durch die → Österreichisch-Alpine Montangesellschaft) sowie die Elektro- und die Papierindustrie, befanden sich jedoch größtenteils in dt. Hand. Eine zur Erleichterung der Weltwirtschaftskrise 1931 projektierte Zollunion der beiden Staaten (→ Zollunions-Plan) stieß auf heftigsten franz. Widerstand und musste nach einem Spruch des Haager Internat. Gerichtshofes zurückgenommen werden.

Als Folge der Machtergreifung A. → Hitlers in Deutschland (Jänner 1933) wurden die Anschlusspläne von ö. Seite (von der → Sozialdemokratischen Arbeiterpartei ebenso wie vom Regierungslager) fallen gelassen. Das Anschlussprojekt wurde nun zum wichtigsten Propagandafaktor der Nat.-Soz. – sie konnten die in vielen gesellschaftl. Schichten virulenten Anschlusswünsche für sich nutzbar machen, wobei sich der Verweis auf den machtpolit. und wirtschaftl. Aufstieg Deutschlands unter Hitler als wirkungsvoll erwies. Andererseits versuchte die seit 1933 diktatorisch herrschende Regierung E. → Dollfuß ein neues Ö.-Bewusstsein zu erwecken, das sich auf die seit Jahrhunderten entwickelte Sonderstellung Ö. gegenüber Deutschland, jedoch unter Bejahung einer gemeinsamen dt. Nation, berief. Der Höhepunkt einer von Deutschland aus dirigierten Terrorwelle gegen Ö. war der Putschversuch vom 25. 7. 1934, der aber trotz der Ermordung des Bundeskanzlers Dollfuß durch nat.-soz. Putschisten scheiterte. Nach einer Änderung der ital. und der dt. Politik (Botschafter F. v. Papen; evolutionärer Kurs, mit gezielter Unterwanderung ö. Institutionen) musste Bundeskanzler K. → Schuschnigg 1936 das → Juliabkommen unterzeichnen, in dem sich Ö. verpflichtete, eine „dt." Außenpolitik zu führen. Mit dem Treffen von Berchtesgaden (12. 2. 1938) steigerte sich der dt. Druck auf Ö. Den verzweifelten Versuch des Bundeskanzlers, durch eine Volksbefragung am 13. 3. 1938 die Unabhängigkeit Ö. zu sichern, beantwortete Hitler mit Ultimatum, Einmarschdrohung und – nach dem Rücktritt Schuschniggs am Nachmittag des 11. und der Einsetzung einer nat.-soz. Regierung am Abend dieses Tages – dem am 12. 3. morgens erfolgten Einmarsch. Ein bed. Teil der ö. Bevölkerung begrüßte den auf diese Weise erfolgten Anschluss, wobei neben den häufig genannten materiellen Motiven wohl auch die Tatsache zu berücksichtigen ist, dass sich die Ö. seit 1918 mehrheitlich als Deutsche zu sehen gelernt hatten. Gleichzeitig wurden Exponenten des ständestaatl. Regimes, der Arbeiterbewegung und prominente Juden verhaftet, viele von ihnen am 1. 4. 1938 ins KZ Dachau abtransportiert: F. → Bock, L. → Figl, F. → Olah u. v. a. m. Mit einer am 10. 4. 1938 abgehaltenen Volksabstimmung, bei der mehr als 99 % Ja-Stimmen abgegeben wurden, erschien die Eingliederung Ö. in das Dt. Reich legitimiert. Die Auflösung des „Landes Ö." (1939) und die direkte Unterstellung der zu „Reichgauen" gewordenen Bundesländer unter Berlin setzten diese Eingliederung bis zur Auslöschung jeglicher ö. Tradition fort, der Name „Österreich" verschwand, selbst „Ostmark" war nicht mehr erwünscht. Nach einer Phase der Begeisterung über die rasche Bewältigung der Arbeitslosigkeit erfolgte in Wien, aber auch bei vielen Bauern, wo die Arbeitskräfte zu fehlen begannen, eine gewisse Abkühlung. Die Demonstration der Wr. Kath. Jugend beim Rosenkranzfest am 7. 10. 1938 in und vor dem Stephansdom zeigte, dass auch zw. der Kirche und dem nat.-soz. Regime keine dauerhafte Kooperation möglich war. Ein populärer „Antigermanismus" entwickelte sich aus der Ablehnung der aus Deutschland gekommenen Beamten und Parteifunktionäre, die sich zuweilen in emotionalen Ausbrüchen äußerte (etwa bei Fußballspielen zwischen dt. und Wr. Vereinen). Die allg. Zustimmung zum „Anschluss" nahm wohl ab, doch blieb der größte Teil der ö. Nat.-Soz., aber auch der aus Ö. rekrutierten (dt.) Soldaten bis zum Ende von Krieg und Nat.-Soz. dem Regime treu. Auch unter den prominenten „Tätern" des Nat.-Soz. waren aus Ö. stammende stark vertreten (A. → Seyß-Inquart, E. → Kaltenbrunner, O. → Globocnik). Ansätze einer → Widerstandsbewegung, die sich im konservativen ebenso wie im linken, v. a. im kommunist. Bereich regten, wurden durchwegs aufgedeckt und ihre Protagonisten verhaftet, fast alle hingerichtet. Bei Kontakten mit dem dt. Widerstand (Goerdeler, Jakob Kaiser) im Jahre 1943 wiesen sowohl der Sozialdemokrat A. → Schärf wie der Christgewerkschaftler L. Weinberger die Annahme zurück, Ö. würde nach einem erfolgr. Putsch gegen Hitler weiter bei Deutschland bleiben. Nach dem gescheiterten Putsch gegen Hitler (20. 7. 1944) wurden u. a. F. → Hurdes, K. → Seitz, L. → Weinberger und L. Figl (neuerdings) verhaftet und blieben bis Kriegsende im Gefängnis.

Auf wirtschaftl. Gebiet erfolgte 1938 zunächst eine breite „Germanisierung". Dt. Großunternehmen und Banken übernahmen die Industriekonzerne ö. Banken, v. a. den Konzern der im ö. Staatsbesitz befindlichen → Creditanstalt-Bankverein. Über die sog. → Arisierungen bereicherten sich ö. Nat.-Soz. ebenso wie dt. Unternehmen. Neugründungen (Hermann-Göring-Werke in Linz, → VOEST) und Betriebsausweitungen im Dienste der Kriegswirtschaft führten zur raschen Belebung der Industriekonjunktur und zum Ende der verbreiteten Arbeitslosigkeit. Es ist aber strittig, ob diese Maßnahmen die Industrialisierung Ö. entscheidend vorangetrieben haben. Wirtschaftshistoriker weisen darauf hin, dass viele dieser Betriebe ohne Rücksicht auf ökonom. Rentabilitätserwägungen gegründet wurden, durch Bombardierungen vielfach stark beschädigt oder noch gar nicht fertig gestellt waren und ohne Entschuldung durch die Nachkriegsinflation und die besonders in OÖ. reichlich geflossenen ERP-Mittel (→ Marshall-Plan) kaum Teil einer international konkurrenzfähigen Industrie geworden wären. Als Bestätigung dieser Beurteilung kann gelten, dass die Investitionen der NS-Zeit östl. der Enns (wohin viel weniger ERP-Mittel flossen) langfristig nicht wirksam geworden sind.

7. Deutschland und Ö. seit 1945: Der militär. Zusammenbruch Hitlerdeutschlands ermöglichte die neuerliche staatl. Verselbständigung Ö., die nunmehr auch von den Österreichern selbst gewünscht wurde. Die durch die Unabhängigkeitserklärung vom 27. 4. 1945 proklamierte und durch die provisor. Regierung K. → Renner repräsentierte → Unabhängigkeit Österreichs von Deutschland war zunächst nur eine nur beschränkt wirksamer Staatsgewalt gekennzeichnet, da die Westalliierten diese Regierung erst im Herbst anerkannten und die Besatzungsmächte (Frankreich, USA, UK, Sowjetunion) die oberste Herrschaftsgewalt bzw. -kontrolle ausübten (1. Kontrollabkommen, Juli 1945, → Besatzung 1945–1955). Aber immerhin besaß Ö. eine Regierung, deren Handlungsfähigkeit durch das 2. Kontrollabkommen (28. 6. 1946) im Inneren deutlich erweitert wurde; auch diplomat. Beziehungen zu den Mitgliedsstaaten der UNO wurden jetzt möglich, eine sehr eigenständige Außenpolitik war jedoch noch kaum möglich. Die Bundesrepublik Deutschland entstand hingegen als Staat erst im September 1949. Die Trennung Ö. von Deutschland bedeutete auch, dass dt. Staatsbürger (nach dem Stand vom März 1938) aus Ö. abgeschoben wurden. Die Frage des → deutschen Eigentums blieb eine der schwierigen Erbschaften der NS-Zeit. Dieses wurde nach den Beschlüssen der Potsdamer Konferenz von den Siegermächten beansprucht. Die westl. Besatzungsmächte übertrugen ihre Rechte daran der Republik Ö. Um den Zugriff der Sowjetunion zu verhindern, verabschiedete Ö. 1946 und 1947 zwei Verstaatlichungsgesetze (→ verstaatlichte Industrie), durch welche die – bis 1938 in ö. Staats- oder Privatbesitz, seit 1938 überwiegend in dt. Eigentum stehenden – Großbanken sowie die Unternehmungen der Schwerindustrie und der Energiegewinnung in das Eigentum des ö. Staates übergeführt wurden. Die Sowjets bildeten aber aus dem in ihrem Sektor befindlichen „Dt. Eigentum" einen eig. Wirtschaftskörper, die → USIA-Betriebe.

Immer wieder wird die Frage gestellt, ob die Distanzierung Ö. und der ö. Bevölkerung von Deutschland seit 1945 primär opportunist. Natur war. Von dt. Seite wurde Ö. insbes. vorgeworfen, dass es sich jetzt als „Opfer" des Nat.-Soz. stilisierte, während es nicht nur 1938 zu den bekannten Jubelszenen gekommen sei, sondern auch während der NS-Herrschaft zahlreiche Ö. eine prominente Rolle in der Verbrechenspolitik des 3. Reiches gespielt hätten. Die ö. Regierungen beharrten hingegen auf der → Okkupationstheorie: Ein Einverständnis der ö. Regierung mit der Besetzung Ö. am 12. 3. 1938 habe es nie gegeben. Der Anschluss kam nicht nur durch die Mobilisierung der ö. NSDAP, sondern v. a. auch durch den massiven Druck des Dt. Reiches zustande. Tatsächlich waren die ö. Staatsgründer von 1945 zu einem erheblichen Teil direkte Opfer des Nat.-Soz.: Der Bundeskanzler von 1945 bis 1953, L. Figl, war von 1938 bis 1943 KZ-Häftling gewesen und wurde 1944 neuerdings inhaftiert. Er wurde (gemeinsam mit F. Hurdes, L. Weinberger u. a.) erst am 6. 4. 1945 aus dem Gefängnis entlassen. Ähnliches gilt für zahlr. Minister und hohe polit. Amtsträger. Viele Ö. sahen den (in den Augen der meisten Menschen) verlorenen Krieg sowie die Verluste an Menschenleben und Vermögenswerten als ausreichende „Bestrafung" für das Verhalten von 1938 an. Dass der sog. Anschluss dem ö. Antisemitismus die erwünschte Gelegenheit bot, jüd. Mitbürger zu demütigen, auszuplündern, zu vertreiben oder letztlich sogar in den Tod zu schicken, darf nicht übersehen werden und stellt einen „Haftungszusammenhang" (G. Stourzh) zwischen Ö. und Deutschland her, der auch durch die Verfolgung eines Teiles der traditionellen ö. Eliten durch die nat.-soz. Machthaber (die als realer Kern der sog. Opferthese gelten darf) nicht aufgehoben werden kann.

Dass die dt. Gemeinsamkeit von 1938–45 die grundlegenden, in Jahrhunderten gewachsenen Unterschiede der polit. Sozialisation und der damit verbundenen Kultur zwischen „Altreichsdeutschen" und „Ostmärkern" nachhaltig an den Tag brachte und die dt. Sehnsucht der Ö. seit 1945 nie mehr politisch wirksam wurde, ist wohl als anhaltende Folge dieser 7 gemeinsamen Jahre zu sehen.

Zu den 1949 entstandenen dt. Staaten, zur Bundesrepublik Deutschlen (BRD) und zur Deutschen Demokratischen Republik (DDR), existierten zunächst keine offiziellen Kontakte. Sie waren vor Abschluss des Staatsvertrages bzw. eines Friedensvertrages mit Deutschland auch nur mit Einverständnis der Alliierten möglich. Da Ö. mit der BRD nicht nur gemeinsame Grenzen hat, sondern auch der Waren- und Personenverkehr rasch anwuchs, erwiesen sich zumindest halboffizielle diplomat. Verbindungen als unumgänglich. Schon 1950 wurde ein erstes Handelsabkommen abgeschlossen. Im selben Jahr übernahm der spätere Spitzendiplomat J. Schöner die Leitung einer ö. „Verbindungsstelle" in Düsseldorf, aus der 1951 eine „Österreichische Vertretung" in Bonn wurde. Nach einem Besuch des ö. Außenmin. K. → Gruber und des Staatssekretärs B. → Kreisky in Bonn im Mai 1953 wurde eine dt. Handelsvertretung („Dt. Wirtschaftsdelegation") in Wien eingerichtet. Durch den „Generalvertrag" mit den Westmächten (1952) war inzwischen der polit. Bewegungsspielraum der BRD erweitert worden. Im Herbst 1954 wurde der BRD zugleich mit der Aussicht eines Beitrittes zur NATO von den Westmächten ihre Souveränität zugestanden. Im Sommer 1955 erhielt Ö. mit dem → Staatsvertrag von Wien seine volle Souveränität zurück. Die im Wr. Staatsvertrag enthaltenen Bestimmungen über das dt. Eigentum, wonach dieses – nach erhebl. Ablösezahlungen an die Sowjetunion – in das Eigentum der Republik Ö. übergingen, wurden in der BRD heftig kritisiert. Die Kritik übersah freilich, dass jenes „deutsche Eigentum" zu einem nicht geringen Teil früher Besitz des ö. Staates bzw. ö. Eigentümer gewesen war. Am Vorabend der Vertragsunterzeichnung, am 14. 5. 1955, intervenierte der dt. Geschäftsträger bei Bundeskanzler J. → Raab, der ihn auf eine spätere Gelegenheit vertröstete. Das Klima besserte sich nach einem Besuch des dt. Außenmin. Brentano in Wien im Herbst 1955. Beide Vertretungen wurden in Botschaften umgewandelt. 1957 kam es zu einem Vermögensvertrag. Danach wurde das „dt. Eigentum" aus der Zeit vor 1938 seinen dt. Voreigentümern zurückgestellt. Das Kreuznacher Abkommen von 1961 (in Kraft seit 1962) beendete mit einer Zahlung von 321 Mio. DM seitens der BRD an Ö. (für die Entschädigung von rassisch und politisch von 1938–45 Verfolgten, aber auch für die von „volks-dt." Flüchtlingen und Umsiedlern, die in Ö. geblieben waren) alle vermögensrechtl. Auseinandersetzungen. Dt. Kapital hat inzwischen eine überaus starke Stellung in Ö. erlangt (1993 38 % aller ausländ. Direktinvestitionen in Ö.): Es beherrscht in Form der WAZ die wichtigsten Printmedien (→ Kurier, → Kronen-Zeitung), über die Beteiligung der Bayer. Hypo-Vereinsbank an der → Bank Austria Creditanstalt AG einen erhebl. Teil des Bankensektors, über die REWE-Handelsgruppe seit dem Erwerb des → Billa-Konzerns (1996) einen wichtigen Teil des Einzelhandels usw. Davon abgesehen besteht ein wichtiger Teil der ö. Industrie aus Zulieferbetrieben für die dt. (meist) Automobilindustrie. Umgekehrt sind dt. Urlaubsgäste seit den frühen 1950er Jahren die hauptsächl. Träger des ö. Tourismuserfolges.

Die Frage der wirtschaftl. Integration Europas und der Teilnahme an dieser Integration betraf das Verhältnis zu Deutschland aufgrund der engen ökonom. Verflechtung beider Staaten in besonderer Weise. An der Europ. Wirtschaftsgemeinschaft von 1958 (→ Europäische Union) glaubte Ö. wegen des Anschlussverbotes im Staatsvertrag nicht voll teilnehmen zu können, und trat daher der → Europäischen Freihandelsassoziation (1960) unter brit. Führung bei. Da diese Integration den ö. Wirtschaftsinteressen nur zum Teil entsprach, bemühte man sich um ein Freihandelsabkommen mit der EWG (1972). Etwa zur gleichen Zeit wurde der „Austro-Keynesianismus" durch die enge Bindung des Schillings an die D-Mark („Import von Stabilität") abgesichert. Bundeskanzler Kreisky (1970–83) stand mit dem Vorsitzenden der dt. Sozialdemokratie, dem zeitweiligen Bundeskanzler W. Brandt, in gutem Einvernehmen. Der Beitritt Ö. zur EU am 1. 1. 1995 wurde von der dt. Regierung unter Bundeskanzler H. Kohl deutlich unterstützt, doch wandte sich Kohl gleichzeitig gegen gewisse ö. Mitteleuropa-Tendenzen (unter Ausschluss Deutschlands), wie sie etwa E. → Busek förderte.

Im Verhältnis zum zweiten dt. Staat, der „Deutschen Demokratischen Republik" auf dem Boden der sowjet. Besatzungszone (1949–90), akzeptierte Ö. den Alleinvertretungsanspruch der Bundesrepublik (Hallstein-Doktrin) und unterhielt bloß Beziehungen auf wenig formeller Ebene. Erst der Grundlagenvertrag zwischen Bonn und Ost-Berlin 1972 führte (zeitgleich mit der Schweiz) zur formalen Anerkennung und zur Aufnahme diplomat. Beziehungen mit der DDR. Die erste offizielle Reise des ost-dt. Min.-Präs. E. Honecker in den Westen führte 1980 nach Wien. Der intensivierte Handel zwischen Ö. und der DDR erlangte allerdings keine besondere wirtschaftl. Bedeutung.

Inzwischen hatte sich ein besonderes ö. Nationalbewusstsein (→ Nation) herausgebildet und verfestigt. Dieser Bewusstseinswandel wurde auch in Deutschland anerkannt, wenngleich aufgrund des Größen- und Machtunterschiedes zw. den beiden Staaten gewisse latente Überlegenheitsposen auf dt. und leichte Minderwertigkeitsgefühle auf ö. Seite bestehen blieben. Die Ersteren schienen sich im bes. Engagement der dt. Bundesregierung Schröder/Fischer (SPD/Grüne) in den Maßnahmen der EU-14 im Jahre 2000 („Sanktionen") erneut zu bestätigen, was zu einer deutl. Abkühlung der traditionell sehr positiven Einschätzung der Deutschen durch die Ö. führte.

8. Zwischen gemeinsamer „Hochkultur" und getrennter „Alltagskultur": Die Gemeinsamkeit der dt. Hochsprache führte zu einem etwa seit dem Vormärz zunehmend „gemeinsamen Markt" von Literatur und Wiss., der im Wesentlichen bruchlos bis heute fortbesteht. Allerdings gibt es auch in diesen Bereichen gewisse Distanzen, so wurde in Ö. der dt. Idealismus (Schelling, Hegel) kaum rezipiert, was in vielen Kultur- und Geisteswiss. als ö. Tradition eines nicht selten theoriefernen Positivismus erscheint. Ob sich ö. von dt. Literatur unterscheidet, ist eine oft gestellte, doch kaum sinnvoll beantwortbare Frage, die dadurch nicht leichter wird, dass fast alle bed. ö. Schriftsteller in Deutschland ihre Verleger hatten und haben. Immerhin hat schon M. v. → Ebner-Eschenbach die Missachtung der „ö. Muse" durch „Gott Gervinus", den bekannten dt. Literaturhistoriker G. Gervinus, satirisch beklagt. An gewissen – wienerischen, alpinen – Sujets der ö. Schriftsteller ist wohl ebenso ein ö. Spezifikum auszumachen wie an bestimmten (meist aus der Bürokratie oder dem Militär stammenden) Sprachfärbungen, die etwa die Prager Schriftsteller F. → Kafka und F. → Werfel als „österreichisch" erscheinen lassen.

Die grundlegende Veränderung von 1918 führte auch zu einer radikalen Verschiebung im Bereich der Kultur. Traditionell war das nördl. Deutschland das Land der Schriftkultur gewesen, mit einer blühenden Verlagslandschaft, S-Deutschland und Ö. galten als Gebiete mit hoch entwickelter Bild- und Musikkultur, als deren Erbe man häufig die große Bedeutung von Musik und Theater insbes. in Wien interpretierte. Jedenfalls übte Wien, bis um 1860 die größte dt.-sprach. Stadt Europas, durch seine – wohl durch das höf. Erbe bedingte – bed. Musik- und Theaterszene eine große Anziehungskraft aus: L. van → Beethoven kam 1792 auf Dauer nach Wien, F. → Hebbel 1845, J. → Brahms 1878. In den letzten Jahrzehnten der Donaumonarchie entwickelten sich Wien zu einem wichtigen Zentrum nicht nur der Musik (nach und neben Brahms u. a. A. → Bruckner, G. → Mahler, H. → Wolf, A. → Schönberg u. a.), sondern auch der Literatur (A. → Schnitzler, R. → Beer-Hoffmann, S. → Zweig, H. v. → Hofmannsthal u. a.), der bildenden Künste (G. → Klimt, E. → Schiele u. a.) und der Architektur (O. → Wagner, A. → Loos u. a.). Nach dem Zusammenbruch der Donaumonarchie wanderten nicht wenige schöpfer. Geister aus Wien nach Deutschland, insbesondere Berlin ab (J. → Roth, F. → Grünbaum, A. Schönberg u. a.). In der Wiss. trifft dies etwa für E. → Schrödinger, J. → Schumpeter oder den Wirt.-Historiker und Soz.-Wiss. Karl Grünberg zu. Die Machtergreifung Hitlers 1933 führte allerdings nicht nur einige dieser Persönlichkeiten zur Remigration nach Ö., sondern auch darüber hinaus zur vorübergehenden Ansiedlung anderer bed. Persönlichkeiten.

In jenen Bereichen, die man nur unscharf als „Alltagskultur" zusammenfassen kann, erscheinen hingegen zuweilen erhebl. Differenzen und Distanzempfindungen, die sich zunächst in den bekannten unterschiedl. Benennungen für gewisse Nahrungsmittel äußern (Brötchen – Semmel, Aprikosen – Marillen, Kartoffel – Erdäpfel, Eisbein – Stelze usw.). Es existieren auch diffuse Vorurteile gegenüber den überhebl. „Piefkes" einerseits, den etwas dümmlichen „Ösis" andererseits.

9. Versuch eines Resümees: Das Verhältnis D. – Ö. wird seit Jahrzehnten unter verschiedenen Prämissen diskutiert: unter dem Postulat einer völligen Identität von Deutschen und Ö., unter dem einer Quasi-Verwandtschaft („dt. Brüder"), unter dem einer weitgehenden, ja totalen Differenz. Wie gezeigt wurde, ist in der hist. Entwicklung weder das Bild einer völlig getrennten noch das einer völlig ident. Entwicklung wirklich entsprechend. „Ö." hat sich nicht aus „Deutschland" herausentwickelt, sondern beide – historisch relativ jungen – Einheiten entwickelten sich bis 1806, ja bis 1866 in enger Beziehung zueinander. Die Entwicklung des „Hl. Röm. Reiches Dt. Nation" ließ in der frühen Neuzeit eine Situation entstehen, in der die politisch weitgehend, aber niemals ganz verselbständigten Reichsfürsten, organisiert im Reichstag, dem Kaiser, der sich auf seine Erblande stützte, gegenübertraten. Etwas vereinfacht ließe sich feststellen: Aus den Erblanden des Kaisers wurde im Zuge der neuzeitl. Staats- (und Nations-)Bildung „Österreich", aus dem nach verschiedenen Verlusten (Schweiz, Niederlande) verbleibenden Kern des Reiches wurde „Deutschland". In der populären Wortbildung des „Reichsdeutschen" lebte in der ö. Bevölkerung dieser Unterschied, verstärkt und am Leben gehalten durch den Staatsnamen „Dt. Reich" (1871–1945), weiter. Ö. und Deutschland blieben bis 1806 und 1815–66 über die Institutionen des Kaisers bzw. des Dt. Bundes miteinander in polit. Beziehung (Verpflichtungen des „Reiches" gegenüber dem Kaiser und umgekehrt bis 1806, Verpflichtungen der dt. Bundesstaaten gegeneinander 1815–66), ohne dass dies die Eigenstaatlichkeit Ö., aber auch Preußens (oder auch jene Bayerns, Württembergs oder Sachsens) entscheidend eingeschränkt hätte. Entscheidend für die Staats- und Nationsbildung Deutschlands unter preuß. Führung wurde neben der militär. Komponente wohl die wirtschaftl. Einigung im Dt. Zollverein. Spätestens durch die bismarcksche Reichsgründung wurde Ö.-Ungarn zu einer europ. Mittelmacht, die ihre Position nur mehr durch die Anlehnung an das neue Dt. Reich bewahren konnte. Nach dem Zusammenbruch von 1918 blieb das Dt. Reich eine bed. Macht, während Ö.-Ungarn von der Landkarte verschwand. Darin dürfte wohl der Hauptgrund für das ö. Identitätsproblem von 1918 bis 1938 zu sehen sein.

Dieses Problem stellt sich nach 1945 praktisch nicht mehr, trotz der überaus engen wirtschaftl. Verflechtung Ö. mit Deutschland. Um die Jahrtausendwende lebten etwa 63.000 Deutsche in Ö. und etwa 180.000 Ö. in Deutschland. Jährlich besuchen etwa 10 Mio. Deutsche Ö. Im Jahre 2002 hatten die dt. Exporte nach Ö. einen Wert von 33,27 Mrd. Euro, die dt. Exporte nach Deutschland einen von 20,97 Mrd. Euro; 4 % der dt. Importe kamen aus Ö., wohin 5 % der dt. Exporte gingen. Für Österreich ist Deutschland der weitaus wichtigste Handelspartner, von wo mehr als 40 % aller ö. Importe kommen und wohin etwa 32 % aller ö. Exporte gehen. Dieses Defizit wird zum Teil durch die Einnahmen aus dem Tourismus (insgesamt etwa 8,5 % des BIP, davon entfallen etwa 60 % auf dt. Gäste) ausgeglichen. Dt. Direktinvestitionen in Ö. erreichten 1999 ein Ausmaß von 9,1 Mrd. Euro, ihnen stehen ö. Investitionen in Deutschland im Ausmaß von 2,7 Mrd. Euro gegenüber.

Literatur: P. J. Katzenstein, Disjoined Partners. Austria and Germany since 1815, 1976; R. A. Kann u. F. E. Prinz (Hg.),

Deutschland und Ö. Ein bilaterales Geschichtsbuch, 1980; H. Lutz u. H. Rumpler (Hg.), Ö. und die dt. Frage im 19. und 20. Jh., 1982; H. Rumpler (Hg.), Dt. Bund und dt. Frage 1815–1866, 1990; J. Kořalka, Deutschland und die Habsburgermonarchie 1848–1918, in: Die Habsburgermonarchie 1848–1918, hg. v. A. Wandruszka u. P. Urbanitsch, Bd. VI/2, 1993; G. Holzer, Verfreundete Nachbarn: Ö. – Deutschland. Ein Verhältnis, 1995; M. Gehler u. a. (Hg.), Ungleiche Partner? Ö. und Deutschland in ihrer gegenseitigen Wahrnehmung, 1996; M. Pape, Ungleiche Brüder. Ö. und Deutschland 1945–1965, 2000.

Deutschlandsberg, Stmk., DL, Stadt, 368 m, 7983 Ew., 24,46 km^2, an der Laßnitz, am Fuß der Koralpe, südwestl. von Graz, an der sog. „Schilcherweinstraße" von Ligist nach Eibiswald. – BH, Bez.-Ger., Finanz- und Vermessungsamt, Arbeitsmarktservice, Amt der Stmk. Landesregierung (Fachabt. Agrartechnik), Straßenmeisterei, AK, WK, Bez.-Kammer f. Land- und Forstw., BFI, Gebietskrankenkasse, Krankenhaus, Tageswerkstätte f. Behinderte, Koralmhalle und -stadion, Sportpark, Golfanlage, BORG, HAK, HBLA f. wirt. Berufe, Werkmeisterschule der AK, ländl. HaushaltungsS (Schloss Frauenthal, erbaut 1675); Produktions- und Dienstleistungssektor mit je rd. 50 % der Beschäftigten: Elektronikindustrie, Holzverarbeitung (Sägeind.), 2 Ölmühlen, Druckerei und Verlag („Weststeir. Rundschau"), Weststeir. Verkaufsmesse, Weinbau in der Umgebung. – Seit 1918 Stadt; Pfarrkirche (1688/1701), klassizist. Rathaus; die Burg Landsberg (urk. 1153, zum Teil renoviert) war Zentrum der weststeir. Besitzungen der Sbg. Erzbischöfe, heute Museum für Ur- und Frühgeschichte.

Burg Deutschlandsberg.

Deutschliberale Partei, bürgerliche politische Kraft des ö. Liberalismus, getragen von Persönlichkeiten, die sich an der Revolution 1848 beteiligt hatten oder durch diese politisch geprägt worden waren. Sie besaß 1867–79 die Mehrheit im Abgeordnetenhaus des Reichsrats und stellte die Regierungen der Ministerpräsidenten Karl → Auersperg (Bürgerministerium) und Adolf → Auersperg (Doktorenministerium). Hervorragende Minister waren L. → Hasner, E. → Herbst und I. → Plener. Die D. P. setzte die → Dezemberverfassung durch (daher auch „Verfassungspartei" genannt), kündigte das → Konkordat von 1855, beschloss das Reichsvolksschulgesetz von 1869 und setzte weitere Modernisierungen in Ö. und bes. in Wien durch. Ihre Gegnerschaft zum Klerus (ö. Kulturkampf) und zu den slawischen Nationalitäten (nationaler Besitzstand) sowie die Wirtschaftskrise nach 1873 führten zum Niedergang und zur Zersplitterung in mehrere Fraktionen, aus denen später neue Parteien hervorgingen. Schließlich verlor die D. P. die Regierungsgewalt, blieb jedoch in Ländern und Gemeinden noch länger bestimmend. Die verbliebenen Anhänger wurden später „Altliberale" genannt.
Literatur: L. Kammerhofer (Hg.), Studien zum Deutschliberalismus in Zisleithanien 1873–79, 1992.

Deutschmeister, volkstüml. Name für das ehem. Wr. Hausregiment, das Infanterieregiment „Hoch- und Deutschmeister" Nr. 4 (eingeführt 1696), Egalisierung himmelblau (dunkelblauer Rock, blaue Hose – ab 1908 nur noch bei Paraden). Regimentsinhaber (zuletzt nur noch Ehrentitel) war der jeweilige Hoch- und Deutschmeister. Traditionstruppenkörper im Bundesheer der 1. und der 2. Republik (dzt. Jägerregiment 2). Traditionstag 18. 6. 1757 (Schlacht bei Kolin). In der dt. Wehrmacht trug die 44. Infanterie-Division den Namen „Hoch- und D." (in Stalingrad vernichtet, dann wieder neu aufgestellt). Bekannt ist heute noch die D.-Musikkapelle und der 1893 von W. A. → Jurek komponierte D.-Regimentsmarsch. D.-Denkmäler an verschiedenen Orten, u. a. von A. Weber und J. Benk neben der Roßauer Kaserne in Wien.
Literatur: E. Finke, K.(u.)K. Hoch- und Deutschmeister, 1978; M. Senekowitsch (Red.), 300 Jahre Regiment Hoch- und Deutschmeister, ^{2}1999.

Deutschmeister: Regiment der Hoch- und Deutschmeister Nr. 4. Gemälde, um 1870 (Heeresgeschichtliches Museum, Wien).

Deutschlandsberg.

Deutschmeister: Spieler der Piccoloflöte in Deutschmeisteruniform.

DEUTSCHNATIONALE BEWEGUNG, zur Zeit der ö.-ungar. Monarchie eine bedeutende polit. Kraft mit Nachwirkungen in der 1. Republik und im Nat.-Soz. Nationales Bewusstsein war im Vormärz in Ö. von verschiedenen Völkerschaften entwickelt worden, darunter auch von den Dt.-Sprachigen in den Alpenländern und in den Ländern der böhm. Krone. Durch die Teilnahme am → Deutschen Bund ab 1815 und an der → Frankfurter Nationalversammlung 1848/49 wurden weite Kreise der Intelligenz zu Anhängern einer großdeutschen Lösung, durch die das Kaisertum Ö. zur Führungsmacht in Deutschland werden sollte. Aufgrund der Erfolge Preußens, die 1866 zum Ausscheiden Ö. aus dem Dt. Bund und 1871 zur Bildung des Dt. Reichs führten, wurde in den 70er Jahren durch jüngere und entschiedenere polit. Kräfte nach neuen Ideen und Organisationsformen gesucht. Die machtvolle Stellung des Dt. Reichs, die sich auf dem Berliner Kongress 1878 zeigte, machte besonders bei der studentischen Jugend der dt.-sprachigen Länder Eindruck. Sie wandte sich von den alten großdeutschen Ideen ab und radikaleren Anschauungen zu. Eine erste politische Demonstration war das Ausseer Programm der „Deutschen Autonomisten" 1867, in dem die Abtrennung Galiziens, der Bukowina und Dalmatiens von der westl. Reichshälfte gefordert wurde, um die dt.-sprachige Mehrheit und Vorherrschaft in dem verkleinerten Staat zu sichern. Aus dieser Variante des dt.-national eingestellten Liberalismus entwickelte sich eine anfangs auf Kleinbürgern und Intelligenz der Provinzstädte beruhende Bewegung, an deren Spitze sich G. v. → Schönerer stellte. Unter dem Eindruck der Oppositionsrolle der Liberalen seit 1879 erarbeitete er mit H. → Friedjung, E. → Pernerstorfer und V. → Adler das → Linzer Programm vom 1. 9. 1882. Neben sozialen und wirtschaftl. Forderungen wurde darin auch die Erhebung des Deutschen zur Staatssprache und die Wahrung des dt. Charakters der ehemals zum Dt. Bund gehörigen Länder verlangt. Das Linzer Programm fand zwar in verschiedenen dt.-nationalen und radikalen Gruppen seine Fortsetzung, es wurde aber nicht zur Grundlage einer großen nationaldemokratischen Partei, teils wegen der Eigenwilligkeit Schönerers, der 3 Jahre später einen antisemitischen Paragraphen in das Programm einfügte, teils wegen der auf anderen Grundlagen entstehenden Massenparteien der Sozialdemokraten und der Christlichsozialen.
Die größere Gruppe der d. B. erkannte den Staat Ö. und die habsburgische Dynastie an und schloss sich 1885 im Abgeordnetenhaus zum „Dt. Klub" zusammen, der mit anderen Gruppierungen als „Vereinigte Dt. Linke" die Opposition zur Regierung („Eiserner Ring") bildete. Die „Vereinigte Dt. Linke" bildete sich 1891 zur „Dt. Nationalpartei" und 1896 zur „Dt. Volkspartei" um, während die Anhänger Schönerers 1901 die „Alldeutsche Vereinigung" gründeten. Bei den Wahlen 1907 bildeten diese Gruppen zunächst einen losen Verband, 1910 den „Dt. Nationalverband", der 1911 mit 104 Abgeordneten zur stärksten Fraktion im Parlament wurde. Bis 1917 zerfiel er aber in 17 Gruppierungen, aus denen nach 1919 die → Großdeutsche Volkspartei hervorging.
Literatur: P. Molisch, Geschichte der d. B. in Ö. von ihren Anfängen bis zum Zerfall der Monarchie, 1926; A. Fuchs, Geistige Strömungen in Ö., 1949 (Neudruck 1984); F. Wolfram, Die d. B. in der Monarchie, in: Freiheitl. Argumente 1, 1974; A. G. Whiteside, G. R. v. Schönerer, Alldeutschland und sein Prophet, 1981; L. Kammerhofer (Hg.), Studien zum Deutschliberalismus in Zisleithanien 1873–79, 1992.

DEUTSCHÖSTERREICH: Bezeichnung für die Gesamtheit der dt.-sprachigen Länder und Regionen der ö.-ungar. Monarchie. Nach deren Ende bezeichnete sich die Nationalversammlung vom 21. 10. 1918 als „deutschös-

Deutschösterreich: Sozialdemokratische Bildpostkarte, um 1919.

terreichisch", und auch die am 12. 11. 1918 ausgerufene Republik gab sich diesen Namen. Der Wille zum Anschluss an Deutschland sollte dadurch zum Ausdruck kommen. Im Friedensvertrag von Saint-Germain von 1919 wurde der Republik die Führung dieses Namens untersagt.

DEUTSCHÖSTERREICHISCHER KLUB, liberale Parteigruppierung, während der Regierung → Taaffe in Opposition, betonte aber stets den Standpunkt einer Staatspartei; 1888 Zusammenschluss mit dem „Dt. Klub" zur „Vereinigten Dt. Linken".
Literatur: D. Harrington-Müller, Der Fortschrittsklub im Abgeordnetenhaus des ö. Reichsrates 1873–1910, 1972.

DEUTSCH SCHÜTZEN-EISENBERG, Bgld., OW, Gem., 227 m, 1189 Ew., 28,47 km², Weinbau- und Auspendlergem. in der Pinkaebene zw. Pinka und Rodlingbach. – Deutsch Schützen: urk. 1221, historisierende Pfarrkirche (err. 1933–38 von Kopfensteiner), ehem. kath. Pfarrkirche (1400, mit roman. Bauelementen, 1751 barockisiert, Verfall ab 1945), Wegkapelle (1903); Eisenberg: urk. 1157, barocke Filialkirche (1750/51) mit Barockhochaltar, Familienkapelle; alte Streck- und Hakenhöfe.

DEUTSCH-WAGRAM, NÖ., GF, Stadt, 159 m, 6808 Ew. (1981: 5021 Ew.), 30,61 km², Zentrum des nordwestl. Marchfelds an Rußbach; infolge günstiger Verkehrsverbindungen (Schnellbahn, N-Bahn) Entwicklung zu einem Wr. Wohnvorort. – Betriebsges. Marchfeldkanal, Regionaldirektion der EVN AG; ind.-gewerbl. dominierte Wirtschaftsstruktur: Erzeugung von Baustoffen und Metallmöbeln; daneben Handel. – Urk. um 1258 als „Wachrain", Schauplatz der Schlacht von Erzhzg. Karl gegen Napoleon (5. und 6. Juli 1809), Endstation der 1. ö. Dampfbahnlinie von Floridsdorf nach D.-W. 1838; ältestes Bahnhofsgebäude in Ö. (1847); älteste Wasserstation (1852); Stadterhebung 1984; Pfarrkirche (1956–58) mit spätgot. Chor (15. Jh.) und roman. Turm.
Literatur: O. Schilder, D.-W. Vom Angerdorf zur Stadtgem. 1258–1984, 1985; Ö. Städtebuch, Bd. IV, Teil 1, Die Städte NÖ., 1988.

DEUTSCH-WESTUNGARN, 1918–21 provisorische Bezeichnung für das → Burgenland.

DEVISENRECHT: Nach dem Devisengesetz (DevG) 1946 sollen die vorhandenen und anfallenden Devisen erfasst und der Wirt. nach Maßgabe der Dringlichkeit des Bedarfs zur Verfügung gestellt werden. Die Oesterreichische Nationalbank hat als Devisenbehörde für die Aufrechterhaltung und Sicherung der Währung zu sorgen.
Seit dem 4. 11. 1991 hat die Nationalbank die volle Liberalisierung der ö. devisenrechtl. Bestimmungen verwirklicht und damit den 1986 begonnenen Totalabbau der über Jahrzehnte bestehenden devisenrechtl. Be-

schränkungen beendet. Allenfalls erforderl. Meldungen, die auch nach dem Eintritt in die 3. Stufe der europ. Wirt. und Währungsunion noch zulässig sind, dienen nur devisenstatist. Zwecken. Damit entspricht Ö. zumindest materiell den Bestimmungen des IWF, der OECD und der EG. Oesterreichische → Nationalbank.
Literatur: M. Potacs, Währungs und Devisenrecht, in: M. Holoubek u. Potacs (Hg.), Hb. des öffentl. Wirt.-Rechts, Bd. 2, 2002.

Devrient, Max, * 12. 12. 1857 Hannover (D), † 14. 6. 1929 Chur (CH), Schauspieler und Regisseur; Ehemann von Babette → Devrient-Reinhold. Ab 1882 am Wr. Burgtheater (1910 Mitgl. auf Lebenszeit, 1922 Ehrenmitgl.), Rollen u. a.: Wallenstein, Mephisto und Caesar. Ab 1920 auch als Regisseur und Filmschauspieler tätig.
Literatur: F. Schmuck, M. D. Leben und Kunst eines Burgschauspielers, o. J.; A. Graf, M. D., Leben und Leistung, Diss., Wien 1950.

Devrient-Reinhold, Babette, * 30. 10. 1863 Hannover (D), † 13. 6. 1940 Wien, Schauspielerin; Ehefrau von Max → Devrient. 1883 Debüt in Hamburg, 1889–1932 Mitgl. des Wr. Burgtheaters (1926 Ehrenmitgl.).
Literatur: ÖBL.

Dezemberverfassung, die vom zisleithanischen Reichsrat beschlossenen 5 liberalen Staatsgrundgesetze. Sie ergänzten den ö.-ungar. Ausgleich von 1867 und wurden am 21. 12. 1867 von Ks. Franz Joseph sanktioniert. Ihr Inhalt erstreckt sich auf: a) Festlegung des Wirkungskreises des Reichsrats, b) allg. Rechte der Staatsbürger, c) die Ausübung der Regierungs- und Vollzugsgewalt, d) die richterl. Gewalt und die Errichtung eines Reichsgerichts. Mit der D. wurde in der ö. Reichshälfte die konstitutionelle Regierungsform endgültig eingeführt bzw. das → Februarpatent von 1861 als „Gesetz über die Reichsvertretung" wieder in Kraft gesetzt. Auf Artikel 19 (später 21) der D. beruhen die Gleichheitsgrundsätze des heutigen Grundgesetzes der Republik Ö.
Texte: Die neue Gesetzgebung Ö., Bd. 1, 1868.
Literatur: F. Walter, Die Geschichte der Ministerien 1852–67, 1970.

Dezimalsystem, siehe → Maße und Gewichte.

DFC Austria, siehe → DSM Fine Chemicals Austria GmbH.

D'Hondt'sches Verfahren, von Victor d'Hondt (1841–1901), Univ.-Prof. in Gent, ausgearbeitetes System für die Verteilung von Sitzen in Vertretungskörpern bei der Verhältniswahl (Parlament, Gemeinderat usw.). In Ö. gilt das D. V. bei den Nationalratswahlen im 2. Ermittlungsverfahren, sonst das → Hagenbach-Bischoff'sche Verfahren.

Diabelli, Antonio, * 6. 9. 1781 Mattsee (Sbg.), † 7. 4. 1858 Wien, Komponist und Musikverleger in Wien; Schüler von Michael → Haydn in Salzburg. Gründete 1818 mit P. Cappi einen Musikverlag, 1824 eine eigene Firma, die bald zu einem Zentrum des Wr. Musiklebens wurde (verlegte u. a. Werke von L. van Beethoven, war Hauptverleger F. Schuberts). 1851 verkaufte D. den Verlag. Seine eig. Kompositionen sind dem Zeitgeschmack verbunden – überlebt hat nur ein Walzer, über den Beethoven die 33 „D.-Variationen" schrieb (op. 120).
Werke: ca. 200 Kompositionen: Singspiele, Klaviersonaten und -sonatinen, Pastoralmesse.
Literatur: L. Kanter, Leben und Kirchenkompositionen von A. D., Diss., Wien 1957.

Dialektdichtung, siehe → Mundartdichtung.

Dialekte (Mundarten): Infolge der Stabilität der hist. Länder Ö. decken sich die ö. D. im Wesentl. mit den Bundesländern und tragen auch deren Namen (Wienerisch, Steirisch, Tirolerisch usw.; das Burgenländische wurde früher zum Teil als Heanzisch bezeichnet). Sie gehen ohne scharfe Grenzen ineinander über, stehen seit alters in enger Wechselwirkung und sind so nah miteinander verwandt, dass sie eine gem. Umgangs- und Hochsprache (→ Sprache des Österreichers) herausgebildet haben. Nur das alemann. Vorarlbergische ist von den anderen ö. D. bair. Herkunft stärker verschieden und dem Schweizerischen und Schwäbischen ähnlich.
Die ö. D. haben sich hist. aus dem Mittelhochdeutschen entwickelt. Schon im Hoch-MA waren deutl. ausgeprägte Einzel-D. in Ö. vorhanden (→ Mundartdichtung), deren Ausbildung mit der dauerhaften weltl. und kirchl. Herrschaftsgebieten zusammenhing. Dem Mittelbairischen gehören die D. von Wien, NÖ., Bgld., OÖ., des größten Teils von Sbg. und eines kleinen Teils der Stmk. an. Die charakterist. Merkmale dieser ö. D. der Donauländer und Ebenen sind: Mitlaut-Schwächung (p zu b; t zu d; k vor l, n, r zu g); Vokalisierung des l und r in gewissen Stellungen; nebentonige Vokale schwinden, so in der Vorsilbe ge- und das -e am Ende; Erhaltung uralter Wucherlaute (aus dem Althochdeutschen), bes. in der konservativen ui-Mundart von NÖ. und Bgld.
Die ö. D., die dem Südbairischen zuzurechnen sind, werden in den Gebirgsländern, den größten Teilen der Stmk., in Kä., Ti., in Teilen von Sbg. und in der S-Spitze des Bgld. gesprochen. Sie stehen der Schriftsprache etwas näher als die erstgenannten, vor allem durch die Beibehaltung der Starklaute (k, p, t) und der Nebentonsilben (ge-).
Die D. des *Bgld* gelten als relativ altertüml. und „singend". Altertüml. ist auch das *Kärntnerische*, das bes. melodisch und weich klingt, nicht zuletzt bestimmt durch das jahrhundertelange Zusammenwohnen mit den Slowenen. Sein charakterist. Merkmal ist die „Kärntner Dehnung": „losn" = lassen, „ofn" = offen, „Krahale" = Kracherl. Jede Talschaft weist reiche Varianten auf. Merkmale der Kä. D. sind die Verkleinerungssilbe -le und das häufig verwendete Füllwort „lai" mit der Bedeutung „nur". Das *Niederösterreichische* ist bereits ein moderner gearteter D., bes. in den Ebenen rund um Wien, wesentl. beeinflusst durch die Wr. Verkehrs- und Umgangssprache. Altertüml. geblieben sind die Gebiete mit ui-D. Die D. von OÖ. sind echte Bauern-D., nur der O des Landes zeigt ein moderneres mundartl. Gepräge. In allen Landesvierteln herrscht eine große Vielfalt in der Aussprache. Das *Salzburgische* ist als Pinzgauerisch-Pongauerisch ein „Gebirgler-D." und weist im Flachgau eigenartige Formen auf. Beim *Steirischen* wird zwischen dem Hochland- oder Obersteirischen und dem Mittelsteirischen unterschieden. Im NO reicht sein Gebiet nach NÖ. hinein, während sich über die bgld. Grenze das Heanzische in die O-Stmk. zieht. Am konservativsten verhält

Antonio Diabelli. Lithographie von J. Kriehuber, 1841.

sich das *Tirolerische*, seine auffallendsten Merkmale sind die sch-artige Aussprache des s (in sp, st, rs usw.) und das angeriebene (affrizierte) k als kch. Noch konservativer sind die zahlr. bereits im MA von Ö. ausgegangenen Sprachinselmundarten (→ Sprachinseln). Das *Alt-Wienerische*, das noch am Hof von Maria Theresia gesprochen wurde, hat sich seither merkl. geändert und ist seit langem im Rückzug begriffen. Ihm stehen das Neuwienerische seit 1918 und das Jungwienerische seit 1945 gegenüber. Dagegen entwickelte sich zw. dem alten D. und der Hochsprache eine Umgangs- und Verkehrssprache, die von Wien aus in weite Teile Ö., bes. in die Landeshaupt- und Provinzstädte gedrungen ist und auch das Bauern-D. zunehmend „verwienert". Das *Vorarlbergische* umfasst auch noch Teile des Ti. Lechtals. Innerhalb des Landes gibt es wieder eine Fülle von Eigenheiten und Eigenentwicklungen. Seit Einführung der Schul- und der Militärdienstpflicht, bes. aber seit der Massenverbreitung von Radio und Fernsehen werden die D. mit zunehmender Schnelligkeit durch die Schriftsprache verdrängt. → Dialektwörterbücher.

Literatur: M. Hornung u. F. Roitinger, Unsere Mundarten, 1950; E. Kranzmayer, Hist. Lautgeographie des gesamtbairischen Dialektraumes, 1956; M. Hornung, Mundartkunde O-Ti., 1964; dies. u. a., Die ö. Mundarten. Eine Einführung, 2000; dies., Wörterbuch der Wr. Mundart, ²2002.

Dialektforscher. Wiener-Werkstätte-Postkarte Nr. 504 von M. Jung, um 1911.

DIALEKTFORSCHUNG: Nach Vorläufern im Humanismus („De Marcomannis" von W. Lazius) und ersten Ansätzen im 18. Jh. (C. A. Heumann, Opuscula 1747, L. Hübner, B. Moll-Schrank, C. F. Nicolai, B. Hermann, D. Denis) erlebte die wiss. sprachhist. Untersuchung der Dialekte in Ö. in der 1. Hälfte des 19. Jh. (M. Höfer, F. Tschischka, K. Prugger v. Pruggenheim, J. Bergmann, E. Winder, P. Lessiak) einen Höhepunkt. Das von A. Schmeller 1827–37 hg. „Bayrische Wörterbuch" verarbeitete auch viel Sammelgut aus Ö. und wirkte anregend für ö. → Dialektwörterbücher. Die ersten Universitätsvorlesungen zur D. hielt J. Schatz um 1900 in Innsbruck; in Wien folgten ihm J. Seemüller und A. Pfalz, in Graz L. Jutz. W. Steinhauser verband die Mundartkunde mit der Ortsnamenkunde. Unter A. Pfalz, W. Steinhauser, E. Kranzmayer, P. Wiesinger und M. Hornung gewann neben der lexikograph. Arbeit die Dialektgeographie zunehmendes Gewicht. Die 1911 von J. Seemüller im Rahmen der Akad. d. Wiss. in Wien gegr. Wörterbuchkanzlei (seit 1994: Inst. für Dialekt- und Namenlexika) ist die Zentralstelle der modernen D. in Ö.; sie veröffentlicht das „Wörterbuch der bairischen Mundarten in Ö." (1. Lieferung 1963). Um die Sammlung und Erforschung ö. Mundarten machten sich außerdem verdient: K. Weinhold, A. Hartmann, W. Pailler, J. Schlossar, O. Moro, J. R. Bünker, A. Jeitteles, J. V. Vogl, J. Wirth, M. S. Süß, M. Dengg, M. Schuster, H. Schikola, J. Neubauer und F. Roitinger.

Literatur: Die Wr. dialektolog. Schule, hg. von P. Wiesinger, 1983.

DIALEKTWÖRTERBÜCHER (früher auch Idiotika genannt): Mundart der Österreicher oder Kern aller ö. Phrasen, 1800; M. Höfer, Etymolog. Wörterbuch der in Oberdeutschland vorzüglich aber in Ö. üblichen Mundart, 1815; Wr. Idioticon, in: Hormayrs Archiv, 1825; C. Loritza, Neues Idioticon Viennense, 1847; I. Castelli, Wörterbuch der Mundart in Ö. unter d. Enns, 1847; H. Nareta, Proben zu einem Wörterbuch der ö. Volkssprache, 1861; M. Lexer, Kärntisches Wörterbuch, 1862; A. Überfelder, S. M. Mayer, Kärntnerisches Idiotikon, 1862; J. Schöpf, Tirolisches Idiotikon, 1866; F. Hügel, Der Wr. Dialekt (Lexikon d. Wr. Volkssprache), 1873; T. Unger u. F. Khull, Steirischer Wortschatz, 1903; E. M. Schranka, Wr. Dialekt-Lexikon, 1905; J. Jakob, Wörterbuch des Wr. Dialekts, 1929 (photomechan. Nachdruck 1961); M. Schuster, Alt-Wienerisch, 1950, 1984; L. Jutz, Vorarlbergisches Wörterbuch, 1955 ff.; J. Schatz, Wörterbuch der Ti. Mundarten, hg. v. K. Finsterwalder, 1955/56; Pinzgauer Mundartlexikon, zusammengestellt v. K. Nusko, in: Unser Pinzgau, 1956, Nr. 5 ff.; Wörterbuch der bairischen Mundarten in Ö., 1963 ff.; W. Teuschl, Wr. Dialektlexikon, 1990; M. Hornung, Wörterbuch der Wr. Mundart, ²2002; B. Rettenbacher-Höllwerth, Unsere Mundart zwischen „Gråsberg und Tauern", ²2002; H. Bruckner, Das Original Mostviertler Mundartbuch, 2003..

Dianabad. Kolorierter Stich von T. Mollo, 1825.

DIANABAD, 1808 durch K. v. Moreau errichtet, Schwimmhalle 1841–43, Erweiterung durch O. Wagner 1878. Während des Winters diente es als Ball- und Konzertsaal (Uraufführung des Walzers „An der schönen blauen Donau" in einer Vokalfassung am 15. 2. 1867). Das 1913–17 nach Plänen von P. P. Brang neu errichtete Bad wurde 1945 schwer beschädigt und 1963–67 abgerissen. Der 1969–74 nach Plänen von F. Grünberger und G. Lippert errichtete dritte Neubau des D. fiel in den 90er Jahren einem Großbrand zum Opfer; nach dem Abbruch 1998–2000 Bau eines Bürohochhauses und eines modernen Erlebnisbads (seit 2002 vom Ö. Verkehrsbüro betrieben).

Literatur: W. Seledec (Red.), Baden und Bäder in Wien, 1987; E. G. Eder, Bade- und Schwimmkultur in Wien, 1995.

DICHAND, Hans, * 29. 1. 1921 Graz (Stmk.), Zeitungsherausgeber und Journalist. Zunächst tätig für den brit. Nachrichtendienst, das „Steirerblatt" und die „Wr. Tageszeitung", dann Chefredakteur („Murtaler Zeitung" 1946; „Kleine Zeitung" 1949–54; „Kurier" 1954–59); Gründer, Miteigentümer und Hg. der „Neuen → Kronen-Zeitung" (gegr. 11. 4. 1959). Bed. Kunstsammler.

Werke: Kronen Zeitung, 1977; Begegnung in Paris, 1981.
Literatur: H. Janitschek, Nur ein Journalist, 1992; L. Jarosch, H. D., 2000.

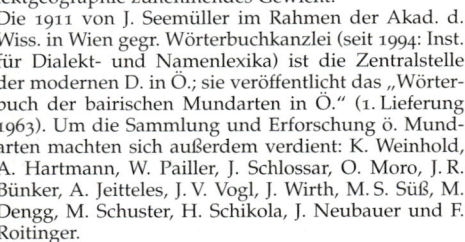
Hans Dichand. Foto, 2003.

DICHTER, Ernest, * 14. 8. 1907 Wien, † 22. 11. 1991 Peaksville (USA), Psychologe, Pionier der Marktpsychologie. Studierte in Wien und Paris, 1938 Emigration in die USA, 1946 Begründer des Institute of Motivational Research in New York mit Filialen in vielen Ländern. D. gilt als Vater der Motivforschung.

Werke: Strategie im Reich der Wünsche, 1960; Handbook of Consumer Motivations, 1964; Why Not, 1973; The Naked Manager, 1974; Motivforschung. Mein Leben, 1977; Neues Denken bringt neue Märkte, 1991.

Literatur: T. Cudlik, E. D., Depth Boy, Dipl.-Arb., Wien 1999.

Dick, Inge, * 15. 1. 1941 Wien, Fotografin und Malerin. Begann als Autodidaktin, ab 1962 Studium an der Hochschule f. angew. Kunst in Wien. Schuf konzeptionelle Malerei in der Tradition der klassischen Moderne; in den 80er Jahren wurden Polaroidbilder zu zentralen Elementen ihrer Werke. Für ein Ausst.-Projekt in Halle entwickelte sie 2000 die größte Polaroidkamera der Welt.
Literatur: C. Aigner (Hg.), I. D., 1998; M. Hochleitner (Red.), I. D., Ausst.-Kat., Linz 2001.

Dick, Rudolf, * 7. 4. 1860 Wien, † 9. 2. 1910 ebd., Architekt. Rothschild-Villen auf der Hohen Warte (Wien) und in Reichenau (NÖ.); erhielt zahlr. Preise (u. a. für die Fertigstellung des Mailänder Doms).

Diemberger, Kurt, * 16. 3. 1932 Villach (Kä.), Bergsteiger, -filmer und -schriftsteller. Neben schwierigsten Alpentouren Besteigung mehrerer Achttausender, darunter Teilnahme an 2 Erstbesteigungen (9. 6. 1957 Broad Peak im Karakorum, 8057 m, gem. mit H. → Buhl; 13. 5. 1960 Dhaulagiri im Himalaja, 8167 m).
Werke: Gipfel und Gefährten, 1974; K 2. Traum und Schicksal, 1989; Gipfel und Geheimnisse, 1991.
Literatur: Bergwelt Alpin 30, Heft 3, 1992.

Diener, Carl, * 11. 12. 1862 Wien, † 6. 1. 1928 ebd., Alpinist, Geograph, Geologe und Paläontologe. Ab 1897 Univ.-Prof. in Wien; verfasste grundlegende Arbeiten über Biostratigraphie, bes. der triadischen Ammoniten. Forschungsreisen u. a. in den Himalaja. Hg. des Fossilium Catalogus I, Animalia (1913 ff.).
Werke: Die triadischen Cephalopoden – Fauna der Schiechlinghöhe bei Hallstatt, 1900; Grundzüge der Biostratigraphie, 1925.
Literatur: ÖBL.

Dienersdorf, Stmk., HB, Gem., 355 m, 648 Ew., 7,06 km², landw. Gem. am Pöllauer Safen. – Urk. 1396, Nischenbildstock (1711) mit reichen Stuckverzierungen am alten Wallfahrtsweg nach Pöllauberg.

Dienstadel, siehe → Adel.

Dienstag (früher auch Aftermontag, Erchtag, Eritag, im Alemann. Zistag), ehemals der für Rechtshandlungen und Hochzeiten vorgesehene Wochentag; während der Barockzeit auch für volkstüml. Andachten (Anna, Josef und Antonius v. Padua).

Dienstbarkeit (Servitut): Die Verpflichtung eines Eigentümers, zum Vorteil eines anderen etwas zu dulden oder zu unterlassen (§ 472 ABGB). Die D. kann mit einem Grundstück verknüpft oder an eine Person (Fruchtgenuss, Wohnung) gebunden sein.

Dienstgeber (Arbeitgeber), derjenige, der einen → Dienstnehmer beschäftigt, ohne Rücksicht darauf, ob das Dienstverhältnis auf öffentl. oder privatem Recht beruht.

Dienstgrade, persönlich verliehene Rangbezeichnungen. Beim Militär werden Dienstränge von Mannschaften, Unteroffizieren und Offizieren unterschieden und durch D.-Abzeichen an den Uniformen kenntlich gemacht; ähnlich bei Polizei und Gendarmerie; bei den ÖBB wurden sie abgeschafft. Im Beamtenschema existieren Dienstklassen für Verwendungszwecke und Entlohnung.

Dienstleder, Alois, * 17. 6. 1885 Graz (Stmk.), † 31. 1. 1946 Wien, Jurist und Politiker (CS, VF, ÖVP). Zuerst Sparkassenangestellter, ab 1920 steir. Landesbeamter. 1933–34 Landeshauptmann der Stmk., 1934–38 Mitgl. des Staatsrates. Ab 1934 auch Prof. für Kirchenrecht an der Jurid. Fakultät der Univ. Graz, 1939 zwangspensioniert. 1945 Landeshauptmann-Stellv. der Stmk. und Gründungsobmann der steir. ÖVP, 1945–46 Mitgl. d. BR.
Werke: Die Kultbaulast mit bes. Berücksichtigung des Partikularrechtes in Ö., 1934; Das neue groß-dt. Eherecht, 1938; Die Kirchenbeitragsordnung im Lande Ö., 1941.
Literatur: G. Enderle-Burcel, Mandatare im Ständestaat, 1991.

Dienstleistungen, wirtschaftliche Tätigkeiten, die nicht in der Erzeugung von Sachgütern bestehen. Sie werden in den Wirtschaftssparten Handel und Lagerung, Beherbergungs- und Gaststättenwesen, Verkehr und Nachrichtenübermittlung, Geld- und Kreditwesen, Privatversicherung und Wirtschaftsdienste sowie persönliche, soziale und öffentliche Dienste erbracht. Nach der rechtlichen Stellung der Dienstleistungsproduzenten unterscheidet man zwischen öffentl. und privaten D., nach der Zielgruppe zwischen persönl. und produktionsorientierten (wirtschaftsnahen oder unternehmensorientierten) D.
Dem Sektor der D. kommt im Rahmen von Modernisierungstheorien eine wichtige Indikatorfunktion zu. Der hohe Anteil der D. an der gesamten Wertschöpfung oder an allen Beschäftigten gilt als Zeichen einer fortgeschrittenen nachindustriellen Gesellschaft. In Ö. waren 2003 64,8 % der Erwerbsbevölkerung im Sektor der D. tätig, rd. 29,6 % im sekundären Sektor (Ind. und produzierendes Gewerbe) und 5,6 % im primären Sektor (Landwirtschaft). 1951 waren noch 32,6 % im primären Sektor, 37,8 % im sekundären und lediglich 29,6 % im tertiären Sektor (D.) beschäftigt. In den letzten 50 Jahren fanden massive Umschichtungen statt, die auch aufgrund einer ausgewogenen Wirtschafts- und Sozialpolitik ohne tief greifende gesellschaftl. Spannungen abliefen.
Literatur: M. Mesch (Hg.), Neue Arbeitsplätze in Ö. Die Beschäftigungsentwicklung im ö. Dienstleistungssektor, 1998.

Dienstnehmer: Person, die sich für gewisse Zeit zur Dienstleistung für einen anderen verpflichtet hat (§ 1151 ABGB). Zu den D. zählen Beamte, Arbeiter und Angestellte. Im öffentl. Dienst wird auch der Begriff „Bediensteter" verwendet.

Dienstnehmerhaftung, geregelt durch das Dienstnehmerhaftpflichtgesetz 1965, modifiziert die zivilrechtl. Haftung des Dienstnehmers für Schäden, die dieser dem Dienstgeber bei Erbringung seiner Dienstleistung zufügt.

Dienstpragmatik, regelte von 1914 bis 1979 das öffentl.-rechtl. Dienstverhältnis zwischen Gebietskörperschaften und ihren Arbeitnehmern (öffentl. Bedienstete); → Beamtendienstrecht.

Dienstunfähigkeit, durch ein körperliches Gebrechen bzw. durch körperliche oder geistige Schwäche bedingte Unfähigkeit eines Beamten, seine Berufspflichten zu erfüllen. Bei Eintritt der D. wird ein Beamter in den Ruhestand versetzt. Bei D. nach Dienstunfällen gelten besondere Bestimmungen für den Beamten und seine Familie.

Dienstvertrag: Durch Abschluss des D. verpflichtet sich der Arbeitnehmer gegenüber dem Arbeitgeber, seine Arbeitskraft für eine bestimmte Zeit zur Verfügung zu stellen. Das → Arbeitsrecht enthält weitgehende Beschränkungen der Vertragsfreiheit; in der Regel darf der D. nicht gegen gesetzl. Normen, Kollektivverträge und Betriebsvereinbarungen verstoßen.

Dienstzweige, altertüml. Bezeichnung für die Einteilung von Beamtendienstposten nach Art der Vorbildung und Verwendung; das Beamten-Dienstrechtsgesetz 1979 spricht nunmehr von Verwendungsgruppen.

Dienten am Hochkönig, Sbg., ZE, Gem., 1077 m, 800 Ew., 49,74 km², Wintersportort (146.192 Übernachtungen) südwestl. des Hochkönigs (2941 m) zwischen Saalfelden und Bischofshofen. – Holzverarbeitung. – Vom MA bis 1864 Eisenbergbau, 2-schiffige got. Pfarrkirche (1505) mit Hochaltar (1660), einige ma. Skulpturen; vor der Kirche 1506 gepflanzte Linde; ehem. Knappenhäuser.
Literatur: F. Portenkirchner, Heimatbuch D. a. H., 1988.

Dientener Berge, siehe → Salzburger Schieferalpen.

Dier, Erhard, siehe → Amadeus-Dier.

Diersbach, OÖ., SD, Gem., 359 m, 1693 Ew., 28,15 km², landw. Wohngem. zw. Sauwald sowie Pram- und Pfudabachtal östl. von Schärding. – Urk. 1125 „Tirespach", got. Pfarrkirche (Weihe 1432, Umbau nach Brand 1716) mit „schiefem Turm des Innviertels" (Sanierung 1988–91), Altarbild von 1862.

Dieselmotor: 6 Jahre nach dem Patent von Rudolf Diesel (1892) baute die Firma Langen & Wolf in Wien 1898/99 den ersten D. in Ö. Der D. findet seit damals sowohl als stationäre Kraftmaschine als auch als Fahrzeugmotor Verwendung.

Diesner, Gerhild, * 4. 8. 1915 Innsbruck (Ti.), † 5. 9. 1995 Hall i. Ti., Malerin. Studierte in London, Paris und München. Expressive, dekorative Malweise.
Werke: Wandteppiche in der Karmeliterkirche Innsbruck.
Literatur: W. Kirschl, G. D., 1979; G. Dankl (Hg.), G. D., Ausst.-Kat., Innsbruck 1995.

Dietach, OÖ., SE, Gem., 312 m, 2432 Ew., 20,64 km², Gem. mit vielfältiger Wirt.-Struktur nördl. von Steyr. Landtechnik-Museum „Gallhuberhof". – Automatisierungstechnik, Metallerzeugnisse, Maschinenbau. – Moderne Pfarrkirche mit altem Turm, Filialkirche Stadlkirchen mit Renaiss.-Fresken; in Dietachdorf Straßenkapelle (1752) mit got. Schmerzensmann.
Literatur: A. Mohr, Stadlkirchen. Kulturgüter in der Gem. D. in OÖ., 1993.

Dietersdorf am Gnasbach, Stmk., RA, Gem., 273 m, 383 Ew., 6,58 km², landw. Kleingem. im Tal des Gnasbachs. Motorradmuseum. – Kameraden-Friedenskapelle (ehem. Weindlkapelle).
Literatur: Gem. D. (Hg.), D. von 1220 bis 2002, 2001.

Dietl, Gottlieb, * 19. 10. 1862 Kezmarok (SK), † 25. 5. 1946 Wien, Techniker. Leiter des techn. Versuchswesens. Erfand ein automat. System für Telefonzentralen mit dem nach ihm benannten Hebdrehwähler und dem Gesellschaftsapparat.

Dietmanns, NÖ., WT, Markt, 622 m, 1243 Ew., 6,87 km², Wohngem. mit Gewerbe am S-Hang des Buchbergs westl. von Groß-Siegharts. – Textilerzeugung. – Kronentor (1802), neugot. Bründlkapelle, Alte Schmiede, Schloss (nach 1760, 1865 Textilfabrik und Zubau), Ortskapellen in Alt- und Neu-D.
Literatur: F. Rubik, Heimatbuch der Gem. D., 1994; Festschrift anläßlich der Feier der Markterhebung von D. und der Feier des 150-jährigen Bestandsjubiläums der Volksschule D., 1988.

Dietmar der Anhanger, nach einer im Volksbuch von Friedrich Barbarossa 1519 gedruckten Sage ein aus Ried i. Innkreis stammender Müllerbursch, der sich während des 3. Kreuzzugs 1189/91 auszeichnete, zum Ritter geschlagen wurde und auf seinem Grund die Stadt Ried erbaute; er ist im Wappen der Stadt von 1435 verankert, Brunnenfigur vor dem Rathaus in Ried.
Literatur: F. Berger, Ried, 1948.

Dietmar von Aist, Minnesänger im Umkreis der Herren von Aist (OÖ.); ein ab 1139 urk. bezeugter Ditmarus de Agasta († um 1171) ist nicht identisch mit dem Dichter; D. ist ein Vertreter des frühen donauländischen → Minnesangs; er gilt als Verfasser des ersten dt. Tageliedes (Trennung der Liebenden am Morgen).
Ausgabe: H. Moser u. H. Tervooren (Hg.), Des Minnesangs Frühling, ³⁸1988.
Literatur: R. Grimminger, Poetik des frühen Minnesangs, 1969; H. Fromm, Der dt. Minnesang, ⁴1972; A. Hensel, Vom frühen Minnesang zur Lyrik der Hohen Minne, 1997; Verf.-Lex.

Dietmayr, Berthold (eigentl. Karl Josef D.), * 15. 3. 1670 Scheibbs (NÖ.), † 25. 1. 1739 Wien, Benediktiner. Ab 1700 Abt von Melk, 1706 Rektor der Wr. Univ., Verordneter des Prälatenstandes von NÖ., Ratgeber der Ks. Leopold I., Joseph I. und Karl VI. D. ließ ab 1702 das barocke Stift Melk durch J. → Prandtauer, später durch J. → Munggenast (teils gegen den Widerstand des Konvents) erbauen und wandelte 1707 das 4-klassige Gymnasium in ein 6-klassiges um.
Literatur: F. Holly, Abt B. D. von Melk, Diss., Wien 1949; J. Prandtauer und sein Kunstkreis, Ausst.-Kat., Melk, 1960.

Dietrich, Josef, Frh. von Dietrichsberg, * 1780 Wien, † 21. 7. 1855 ebd., Fuhrwerksgroßunternehmer, Theaterliebhaber und Wohltäter. Für seine Verdienste als Armeelieferant in den Napoleon. Kriegen in den Adelsstand erhoben. Betrieb ab 1837 ein Haustheater in Wien-Wieden und förderte die Wr. Vorstadttheater.

Dietrich, Margret, * 19. 2. 1920 Lippstadt (D), † 20. 1. 2004 Wien, Theaterwissenschaftlerin. Univ.-Prof., 1966–83 Vorstand des Inst. für Theaterwiss. an der Univ. Wien; 1973–85 Dir. des Inst. für Publikumsforschung an der Ö. Akad. der Wiss., 1985 emeritiert; ab 1981 wirkl. Mitgl. der Ö. Akad. der Wiss.
Werke: Europäische Dramaturgie, 1951; Europäische Dramaturgie im 19. Jh., 1961; Das moderne Drama, 1961; Hanswurst lebt noch, 1965; Die Wr. Polizeiakten von 1854–1867, 1967; Jupiter in Wien, 1967; Goldene-Vlies-Opern der Barockzeit, 1974; Zur Humanisierung des Lebens, 2000 (ausgewählte Vorträge). – Hg.: Ztschr. „Maske und Kothurn", 1955 ff.; Der Schauspielführer, 1964 ff.; Regie in Dokumentation, Forschung und Lehre, 1974; Das Burgtheater und sein Publikum, 1976; Max Mell als Theaterkritiker, 1983; Der Herr aus Linz, 1987.
Literatur: E. Grossegger, Gluck und d'Afflisio. Festschrift für M. D., 1995.

Dietrich-Epen: Der Ostgotenkönig Theoderich der Große († 526) ist als Dietrich von Bern (= Verona) die wohl berühmteste Heldengestalt des dt.-sprachigen MA. Frühestes schriftl. Zeugnis der v. a. mündl. tradierten Dietrichsage ist das „Hildebrandslied" (9. Jh.). In mhd. Zeit ist Dietrich zuerst im → „Nibelungenlied" greifbar. Mit den im bayerisch-ö. Raum entstandenen, meist anonym überlieferten D.-E. setzt die literar. Gestaltung der Dietrichsage erst im 13. Jh. intensiv ein. Sie werden in hist. und aventürehafte D.-E. geschieden. Zu Ersteren zählen „Dietrichs Flucht", „Die Rabenschlacht" (= Ravenna) und „Alpharts Tod", sie handeln von Dietrichs Vertreibung aus Italien durch Ermenrich (Ermanerich, † 375), seiner Flucht an → Etzels (Attila, † 453) Hunnenhof und seinen Rückkehrversuchen. Nicht nur diese Lebensdaten zeigen die für → Heldenepen typische hist. Inkorrektheit: Theoderich wurde nicht vertrieben, sondern ermordete seinen hist. Gegner Odoaker. Die im Aufbau vom höfischen Roman (→ höfische Epik) beeinflussten aventürehaften D.-E. weisen märchenhafte Züge auf. Dietrich kämpft gegen Riesen („Eckenlied" und „Sigenot"), Zwerge („Goldemar", „Virginal", „Laurin", Letzterer eine Ti. Märchengestalt) und die Helden der

Dietmar der Anhanger. Brunnenfigur in Ried, OÖ.

Dietmar von Aist. Miniatur aus der Manessischen Handschrift, 1300/40 (Universitätsbibliothek Heidelberg).

Nibelungensage („Rosengarten", „Biterolf und Dietleib"). Im Umfeld der D.-E. stehen im Übrigen auch die Ortnit- und die Wolfdietrichsage.
Literatur: J. Heinzle, Mhd. Dietrichepik, 1978; J. Bumke, Geschichte der dt. Lit. im hohen MA, 1990.

DIETRICHS FLUCHT, siehe → Heinrich der Vogler.

DIETRICHSTEIN, Kä., siehe → Feldkirchen in Kärnten.

DIETRICHSTEIN, weit verzweigte aus Kä. stammende adelige Familie, 1506 Erbmundschenken in Kä., 1631 Reichsgrafen, 1684 Reichsfürstenstand. Die fürstl. Linie nahm 1769 Namen und Wappen der Grafen Proskau und 1802 die der Grafen Leslie an. Die D. sind im Mannesstamm 1864 ausgestorben, bestehen aber noch in der weibl. Linie Mensdorff-Pouilly-D. Eine im 30-jährigen Krieg nach Schweden ausgewanderte evang. Linie kam über Russland 1917 nach Frankreich und besteht ebenfalls noch. Bed. Mitgl. der Familie waren u. a.: Adam Gf. → Dietrichstein, Franz Gf. → Dietrichstein, Karl Johann Fürst → Dietrichstein, Moritz Joseph Johann Fürst → Dietrichstein, Siegmund von → Dietrichstein.

DIETRICHSTEIN, Adam Graf (seit 1587), * 17. 10. 1527 Graz (Stmk.), † 15. 1. 1590 Nikolsburg (Mikulov, CZ), kaiserl. Diplomat im Dienst → Ferdinands I., → Maximilians II. und → Rudolfs II. Erhielt die Herrschaft Nikolsburg (bis 1945 im Besitz der Familie Mensdorff-Pouilly-D.).
Literatur: F. Edelmayer (Hg.), Der Briefwechsel zw. Ferdinand I., Maximilian II. und A. v. D., 1997.

DIETRICHSTEIN, Franz Graf (seit 1624 Fürst), * 22. 8. 1570 Madrid (E), † 19. 9. 1636 Brünn (CZ), Kardinal; Sohn von Adam Gf. → Dietrichstein. Ab 1599 Bischof von Olmütz und Kardinal, 1607 Präs. des Geheimen Rates Rudolfs II., Vermittler im Bruderzwist der Habsburger, 1620 Landeshauptmann von Mähren.

DIETRICHSTEIN, Karl Johann Fürst, * 27. 6. 1728, † 25. 5. 1808 Wien, 1756–63 Gesandter am dänischen Hof, 1764 Oberst-Stallmeister. Begleitete Ks. → Joseph II. auf mehreren Reisen und zählte zu dessen privatem Zirkel. Er erhielt Proskau, Leslie und Neu-Ravensburg in Oberschwaben.

DIETRICHSTEIN, Moritz Joseph Johann Fürst, * 19. 2. 1775 Wien, † 27. 8. 1864 ebd., Musiker und wichtige Persönlichkeit des Wr. Kulturlebens; Sohn von Karl Johann Fürst → Dietrichstein. In jungen Jahren Offizier, beschäftigte sich nach franz. Gefangenschaft ab 1800 mit der Wissenschaft; 1815 Oberstkofmeister und Erzieher des Hzg. von → Reichstadt, 1819–26 Hofmusikgraf und 1821–26 Hofburgtheater-Direktor, 1826–45 Präfekt der Hofbibliothek, 1833–48 Dir. der Münz- und Antikensammlungen, 1845–48 Oberstkämmerer und Intendant des Hofburgtheaters. D. komponierte Lieder, Tänze und Menuette.
Literatur: W. Nemecek, M. D., Diss., Wien 1953; ÖBL.

DIETRICHSTEIN, Siegmund von (ab 1514 Freiherr), * 1484 Burg Hartnidstein bei Wolfsberg (Kä.), † 19. 5. 1563 Finkenstein (Kä.), Gefolgsmann Ks. Maximilians I. und Ks. Ferdinands I. Kämpfte 1514 gegen Venedig und 1515 gegen aufständ. Bauern bei Rann; 1525 in der Stmk. (Schladming) von diesen gefangen, wurde wegen Bemühungen um Frieden wieder freigelassen.

DIETRICHSTEIN-PROSKAU-LESLIE, Moritz Joseph Johann Fürst, → Dietrichstein, Moritz Joseph Johann Fürst.

DIEX, Kä., VK, Gem., 1153 m, 863 Ew. (1981: 1101 Ew.), 54,94 km², kleiner Erholungsort am S-Fuß der Saualpe. Urk. 895 „mons Diehse", hochgelegene spätgot. Kirchenfestung mit Wehrmauern und Wehrgängen (um 1500), im 17. Jh. barockisiert. Im Gemeindegebiet liegen auch die got. Wehrkirchen Grafenbach (um 1520) und Greutschach (14./15. Jh.).

DIMBACH, OÖ., PE, Markt, 680 m, 1103 Ew., 31,4 km², landw. Wohngem. im unteren Mühlviertel nordöstl. von Grein. – Urk. 1140 „Dinninpach", seit 1511 Markt, roman.-spätgot. Wallfahrtskirche „Maria am grünen Anger", Barockaltar (17. Jh.) mit lebensgroßer Marienstatue (frühes 16. Jh.), frühbarocke Orgel.

DIMITZ, Ludwig (Pseud.: Waldeck), * 9. 9. 1842 Laibach (Ljubljana, SLO), † 22. 4. 1912 Wien, Jagdschriftsteller, Forstmann. Ab 1887 Leiter der forstl. Versuchsanstalt Mariabrunn; Vorkämpfer des Naturschutzgedankens.
Werke: Liedermappe eines Grünrocks, 1889; Feierabend im Forsthaus, 1891; Edelholz, 1904 (Epos).

DIMMER, Friedrich, * 7. 11. 1858 Prag (CZ), † 7. 3. 1926 Wien, Augenarzt. Führend auf dem Gebiet der Ophthalmoskopie und Fotografie des Augenhintergrunds; Univ.-Prof. in Innsbruck, Graz und Wien, Vorstand der I. und II. Augenklinik, die er modernisierte. Er wies als Erster die gelbe Farbe des Grundes der Fovea nach.
Werke: Der Augenspiegel und die ophthalmolog. Diagnose, ³1921; Atlas photograph. Bilder des menschl. Augenhintergrundes, 1927 (mit A. Pillat).
Literatur: ÖBL.

DINGELSTEDT, Franz Frh. von, * 30. 6. 1814 Halsdorf b. Marburg (D), † 15. 5. 1881 Wien, Schriftsteller, Dramaturg und Theaterleiter. Nach Berufstätigkeit als Gymnasiallehrer, Journalist und Schriftsteller („Lieder eines kosmopolit. Nachtwächters", 1842) 1851–56 Theaterintendant in München, 1857 in Weimar; 1867–70 Direktor der Hofoper in Wien; in seine Ära fällt die Eröffnung des neuen Opernhauses am Ring (→ Staatsoper) am 25. 5. 1869; 1870–81 Direktor des alten Burgtheaters am Michaelerplatz, das er einer neuen Glanzzeit entgegenführte. Sein reichhaltiger Spielplan umfasste moderne Dramen (F. Hebbel), Klassiker und einen Shakespeare-Zyklus (1875).
Weitere Werke: Dramen, Übersetzung der Shakespeare-Historien, Romane, Novellen, polit. und formgewandte Lyrik, dramaturg. Studien und autobiograph. Darstellungen. – Ausgabe: Sämtl. Werke, 12 Bde., 1877–78.
Literatur: A. Stiepka, F. D. als Dir. des Hofburgtheaters, Diss., Wien 1949; C. Chalaupka, F. D. als Regisseur, Diss., Wien 1957.

Franz Freiherr von Dingelstedt. Lithographie.

DINGHOFER, Franz, * 6. 4. 1873 Ottensheim (OÖ.), † 12. 1. 1956 Wien, Jurist und dt.-nat. Politiker. 1907–18 Bürgermeister von Linz, 1911–18 Reichsratsabgeordneter, 1918 Präs. der Provis. Nationalversammlung. D. gründete 1919 die Großdeutsche Vereinigung im Parlament und wurde 1920 Obmann der → Großdeutschen Volkspartei; 1920–28 Abg. z. NR, 1926/27 Vizekanzler, 1927/28 Justizmin., 1928–38 Präs. des Obersten Gerichtshofs.
Literatur: NÖB.

DINKEL, siehe → Getreide.

DINKLAGE, Karl, * 10. 10. 1907 Dresden (D), † 28. 8. 1987 Klagenfurt (Kä.), Historiker. Ab 1958 Kä. Landesarchivar, ab 1975 Univ.-Prof. an der Wirt.-Univ. Wien; Mitbegründer des R.-Musil-Archivs in Klagenfurt.
Werke: Kä. gewerbl. Wirt. von der Vorzeit bis zur Gegenwart, 1953; Geschichte der Kä. Landw., 1966 (Mitautor); Kä. um 1620, 1980; Geschichte der Kä. Arbeiterschaft, 2 Bde., 1976/82. – Firmengeschichten, Jubiläumsschriften von Gewerbe- und Ind.-Betrieben, zahlr. wiss. Aufsätze zur Wirt.- und Sozialgeschichte.

DINOSAURIERFUND IN ÖSTERREICH: 1871 wurden von E. Bunzel in der → Neuen Welt nahe Muthmannsdorf in einem Kohlebergwerk (inzwischen aufgelassen) fossile Reste des Struthiosaurus entdeckt. Erhalten sind Stacheln, Platten sowie Bruchstücke von Extremitäten und Schädel. Dies sind die einzigen in Ö. nachgewiesenen Dinosaurierfossilien. Der Struthiosaurus gehörte zu den Ankylosauriern, zu einer Gruppe schwer gepanzerter, vierbeiniger pflanzenfressender Vogelbeckendinosaurier. Er hatte 6 Typen von Panzerplatten und große Stacheln, die die Schultern schützten, sowie

Siegmund von Dietrichstein. Medaille.

Platten mit einem scharfen Kiel zum Schutz von Hüften und Schwanz. Nur 1,8 m lang, war er der kleinste bekannte Ankylosaurier. Er lebte in der späten Kreidezeit.

Diözesanrat, auch Pastoralrat genannt, seine Errichtung in den → Diözesen hängt von den Umständen der Seelsorge ab. Der D. besteht aus Klerikern, Mitgliedern von relig. Instituten und v. a. aus Laien; er hat beratende Funktion und wird auf Zeit nach den vom Bischof gegebenen Vorschriften konstituiert.

Literatur: H. Schwendenwein, Das neue Kirchenrecht, 1983; Schematismen der Diözesen Ö. 1991–93.

Diözese, kirchl. Amtsbezirk eines Bischofs, auch Bistum genannt. In Ö. bestehen 9 D. (davon 2 Erz-D.), die in 228 → Dekanate unterteilt sind (2004). Die Wr. Kirchenprovinz besteht aus der Erz-D. Wien (die Stadt Wien und die östl. Teile des Landes NÖ., die Viertel unter dem Manhartsberg und unter dem Wienerwald) und den D. Linz (OÖ.), St. Pölten (die westl. Teile des Landes NÖ., die Viertel ober dem Manhartsberg und ober dem Wienerwald) und Eisenstadt (Bgld.). Die Sbg. Kirchenprovinz besteht aus der Erz-D. Salzburg (das Bundesland Sbg. und N-Ti. östl. des Ziller) und den D. Gurk-Klagenfurt (Kä.), Graz-Seckau (Stmk.), Innsbruck (N-Ti. westl. des Ziller und O-Ti.) sowie Feldkirch (Vbg.). Die zur Römerzeit errichtete kirchl. Organisation (→ Frühchristentum) wurde durch der Völkerwanderung und den Einbruch der Slawen (6. Jh.) zerstört. In den folgenden Jh. (→ Christianisierung) übernahm Sbg. (im 7. Jh. Bistum, 798 Erzbistum) mit dem Suffraganbistum Passau die kirchl. Verwaltung des ö. Raums, in dem es bis Mitte des 15. Jh. (mit Ausnahme Ti.) kein landeseigenes Bistum gab. Die ersten selbständigen ö. D. entstanden 1469 mit Wien und Wr. Neustadt. Wien wurde 1722 Erzbistum. Durch die Reform unter → Joseph II., deren Konzept vom Laibacher Bischof J. K. Graf → Herberstein stammte, wurde das kirchl. Gefüge in Ö. neu geordnet und an die staatl. Ordnung angepasst. 1784 wurden OÖ. und NÖ. von Passau abgetrennt, 1785 die D. Linz und St. Pölten errichtet und als Suffragane Wien unterstellt. Wien selbst erhielt die beiden östl. Viertel von NÖ. mit dem Pittener Gebiet, das 1782 von Sbg. an das Wr. Neustädter Bistum (1785 aufgelöst) abgetreten worden war. In der Stmk. und in Kä., wo die Sbg. Erzbischöfe ihre Suffraganbistümer Gurk (1072, erst 1131 mit Territorium versehen), Seckau (1218) und Lavant (1228, Sitz St. Andrä) errichtet hatten, verzichtete 1786 Sbg. auf seine Diözesanrechte. Die Stmk. wurde in die Bistümer Seckau-Graz (für Mittel- und Unter-Stmk.) und Leoben (für die Ober-Stmk., 1859 mit Seckau vereinigt) geteilt, Kä. in die Bistümer Lavant (für die Kreise Völkermarkt und Cilli – 1859 kam der Kä. Anteil zu Gurk, der Rest zu Marburg) und Gurk-Klagenfurt (für das übrige Kä.). Dabei kam auch der südl. der Drau liegende Landesteil, bis dahin dem Patriarchen von Aquileia unterstellt, zur Kä. D. Die kirchl. Verhältnisse im westl. Ö. blieben von der Josephin. Reform unberührt. Ti. gehörte seit den ältesten Zeiten zum Bistum Brixen (S-Ti.), nur der kleinere Landesteil östl. des Ziller unterstand Sbg., Vbg. war auf die Bistümer Chur, Konstanz und Augsburg aufgeteilt. Nach dem Ende der ö.-ungar. Monarchie 1918 und der Abtretung S-Ti. an Italien wurde im April 1921 das Bistum Brixen aus dem Metropolitanverband Salzburgs losgelöst und damit die kirchl. Trennung von N- und S-Ti. vollzogen. N-Ti. (bis zum Ziller) und O-Ti. wurden mit Vbg. zur Apostol. Administratur Innsbruck-Feldkirch vereinigt (ab 1925 mit den Rechten eines Residentialbistums) und unmittelbar dem Hl. Stuhl unterstellt, blieben aber in vielerlei Hinsicht weiterhin dem Erzbistum Sbg. untergeordnet. 1964 entstand daraus das Bistum Innsbruck mit dem „Generalvikariat für Vbg. in Feldkirch". 1968 wurde der Vbg. Anteil von der D. Innsbruck-Feldkirch abgetrennt und für das Bundesland Vbg. eine eigene D. Feldkirch errichtet. Das neu zu Ö. gekommene Bgld. wurde 1922 zur Apostol. Administratur und 1960 zum Bistum Eisenstadt erhoben. Außerdem besteht in Ö. noch die unmittelbar Rom unterstellte „Abtei nullius" Mehrerau (Vbg.).

Das Militärvikariat mit seinem Sitz in Wr. Neustadt wurde 1987 in „Militärordinariat" umbenannt.

Die → Evangelische Kirche A. B. verfügt über 7 Superintendenzen (Diözesen) in Ö.: Bgld., Kä. und O-Ti., NÖ., OÖ., Sbg. und Ti., Stmk., Wien. Der Sitz ist jeweils die Landeshauptstadt, mit Ausnahme von Kä. (Villach).

Dipauli, Andreas Frh. von, * 14. 11. 1761 Aldein bei Bozen (S-Ti.), † 25. 2. 1839 Innsbruck (Ti.), Jurist. Nach dem Rechtsstudium in Brixen, Innsbruck und Pavia Laufbahn als Jurist im Staatsdienst. Er beteiligte sich maßgebl. an der Errichtung des Ti. Landesmuseums → Ferdinandeum, dem er seine für die Geschichte Ti. überaus wertvolle Handschriften-Smlg. als „Dipauliana" vermachte.

Literatur: ÖBL.

Diplomatische Akademie Wien, DA, 1964 errichtet, setzt die Tradition der 1754 gegr. „Orientalischen Akademie" (1898–1938 Konsularakademie) fort, unterstand bis 1996 dem Außenministerium; dient der Ausbildung von Univ.-Absolventen unterschiedlichster Studienrichtungen für internat. Berufe, z. B. für eine Verwendung in der Diplomatie und in internat. Organisationen sowie im internat. Wirtschafts- und Finanzwesen. Mehr als die Hälfte der Studierenden sind nicht aus Ö. Dauer des Diplomlehrgangs: 12 Monate. Seit 1997 auch 2-semestriger Lehrgang zum Erwerb eines „Master of Advanced International Studies". Aufnahmebedingungen für ordentl. Hörer: abgeschlossenes Hochschulstudium, gute Sprachenkenntnisse (v. a. Englisch), Aufnahmeprüfung bzw. Nachweis über die Qualifikation. Die DA hat ihren Sitz im → Theresianum.

Dirkens, Annie, * 25. 9. 1869 Berlin (D), † 11. 11. 1942 Wien, Sängerin (Sopran), die bekannteste Operettendiva Wiens. Trat 1896 erstmals am Theater an der Wien auf, ab 1899 am Theater in der Josefstadt, dann am Carltheater und 1905 wieder am Josefstädter Theater.

Dirndl, aus der → Tracht entlehntes Kleid, bestehend aus Oberteil („Leibl") mit Bluse, weitem Rock und bunter Schürze; urspr. Arbeitsgewand des weibl. Gesindes, „Dirn" genannt, wovon sich die Bezeich-

Dirndl: Leibkittel und Brustfleckdirndl.

nung „D." als Abkürzung für „Dirndlgewand" herleiten lässt. Unter diesem Namen setzte sich ab etwa 1870/80 das D. in der Oberschicht des Sommerfrischepublikums als modernes Kleid durch. Das D. gilt als Zeichen von Heimatverbundenheit; hinsichtlich Material, Farbe und Schnitt ist es mod. Einflüssen unterworfen.

Literatur: F. Lipp, Frauentrachten I und II, in: Ö. Volkskundeatlas, 4. Lfg., 1971; F. Lipp u. a. (Hg.), Tracht in Ö., 1984; T. Weissengruber, Zwischen Pflege und Kommerz, Diss., Wien 2001.

Dirndlstrauch.

DIRNDLSTRAUCH, ost-ö. Bezeichnung für den Gelben Hartriegel (Kornelkirsche)/Cornus mas, der in O-Ö. (→ pannonische Vegetation und Flora) heimisch ist, darüber hinaus aber wegen der schwarzroten, wohlschmeckenden und verwertbaren Steinfrüchte kultiviert wird (z. B. Erzeugung von Marmelade, insbes. aber von „Dirndlschnaps").

DIRTL, Willi, * 4. 3. 1931 Hennersdorf (NÖ.), Ballettänzer. 1950–70 Erster Solotänzer an der Wr. Staatsoper; daneben auch als Tänzer für Film- und Fernsehproduktionen sowie als Choreograph tätig.

DISTELN, verschiedene krautige Pflanzen mit dornigen Laubblättern und/oder Stängeln. Die meisten gehören zur Tribus Distelförmige/Cardueae innerhalb der Familie der Korbblütler/Asteraceae, so z. B. die Gattungen Ringdistel/Carduus, Kratzdistel/Cirsium, Gold- und Silberdistel/Carlina, Eselsdistel/Onopordum, Kugeldistel/Echinops; Nutzpflanzen sind die nichtheim. Öldistel (Saflor, Färberdistel)/Carthamus tinctorius, eine alte Kulturpflanze, und die mediterrane Mariendistel/Silybum marianum (→ Arzneipflanzen). Unter den zu anderen Familien gehörenden „Disteln" ist die Gattung Eryngium/Donardistel, ein Doldenblütler, die wichtigste, zu der u. a. die unter gesetzl. Naturschutz stehende „Blaue Distel" (= Alpen-Mannstreu)/Eryngium alpinum gehört, die in Ö. nur sehr selten in den Karnischen Alpen (SW-Kä.) und im Rätikon (Brandner Tal) in Vbg. (wo sie fast ausgerottet worden ist) vorkommt.

DISTLER, Johann Georg, * 1765 in oder bei Wien, † 28. 7. 1799 Wien, Geiger und Komponist. Lieblingsschüler von J. → Haydn, 1781–96 in der Hofkapelle Stuttgart (zuletzt Kapelldirektor), lebte dann in Wien als bekannter Komponist für Kammermusik, widmete seine Werke Prinzessin Sophie und Prinz Carl von Württemberg sowie Großfürst Paul von Russland.

Werke: 6 Quartette, 1791; 6 Quartette für Violinen und Violoncelli, 1791; 6 Quintette, 1799 (verschollen).

Literatur: F. Blume (Hg.), Die Musik in Geschichte und Gegenwart, Bd. 3, 1984.

DITÉ, Louis, * 26. 3. 1891 Wien, † 18. 11. 1969 ebd., Organist, Komponist und Musikpädagoge. 1917 in der Hofmusikkapelle, 1933 Akad.-Prof.; Staatspreis für Komposition.

Werke: Orgel-, Klavier-, Chor- und Kammermusik; Messen, Symphonien, viele Lieder und Chöre. – Hg. der „Meisterwerke kirchl. Tonkunst", 1946 ff.

DITMAR, Karl Rudolf, * 3. 5. 1818 Prenzlau b. Stettin (PL), † 22. 3. 1895 Wien, Industrieller. Kam 1839 nach Wien, gründete hier 1841 die erste Lampenfabrik in Ö. (Gebrüder D., 1895 rd. 700 Beschäftigte), konstruierte um 1860 Petroleumlampen (D.-Lampen).

Literatur: ÖBL.

DITSCHEINER, Leander, * 4. 1. 1839 Wien, † 1. 2. 1905 ebd., Physiker. Prof. an der Techn. Hochschule in Wien; Arbeiten auf dem Gebiet der Optik und der Elektrizität.

Literatur: ÖBL.

DITTEL, Leopold von, * 29. 5. 1815 Fulnek (CZ), † 28. 7. 1898 Wien, Urologe. Bed. Vertreter der Wr. Medizin. Schule, begründete die Urologie als selbständiges medizin. Fach und führte die Zystoskopie ein.

Literatur: ÖBL.

DITTERS VON DITTERSDORF, Carl (bis 1773 C. Ditters), * 2. 11. 1739 Wien, † 24. 10. 1799 ebd., Violinvirtuose und Komponist. Als Mitgl. der Kapelle des Prinzen von Sachsen-Hildburghausen in enger Verbindung zur Wr. → Hofmusikkapelle (Freundschaft mit C. W. → Gluck und G. → Durazzo), ab 1765 Kapellmeister beim Fürstbischof von Großwardein. Wichtiger Vertreter der komischen Oper (in dt. und ital. Sprache) und des Wr. Singspiels.

Werke: Komische Opern und Singspiele: Doctor und Apotheker, 1786; Die Liebe im Narrenhaus, 1786; Die Hochzeit des Figaro, 1789. – Oratorien: Esther; Isaac; Hiob. – Symphonien, Messen, Streichquartette, Sonaten. – Lebensbeschreibung (Autobiographie), 1799 (verschiedene Neudrucke).

Literatur: H. Unverricht (Hg.), C. D. v. D. 1739–1799, Ausst.-Kat., Würzburg 1997; S.-C. Yeon, C. D. v. D.: Die Kammermusik für Streichinstrumente, 1999; NDB.

DITTES, Friedrich, * 23. 9. 1829 Irfersgrün (D), † 15. 5. 1896 Wien, Pädagoge; Vater von Paul → Dittes. 1868–81 erster Dir. des „Pädagogiums", einer vom liberalen Gemeinderat Wiens geschaffenen Fortbildungseinrichtung für Lehrer. D. wünschte eine Schulorganisation, die von äußeren Bindungen (Kirchen, Bürokratie, polit. Parteien) weitgehend frei sein sollte. Mit seiner schroff antikonfessionellen Haltung nahm er starken Einfluss auf die Wr. Lehrerschaft.

Werke: Schule der Pädagogik, 1875 (³1880); Hg. der Ztschr. „Paedagogium", 1879–96.

Literatur: T. Ballauff u. K. Schaller, Pädagogik, Bd. III, 1973.

DITTES, Paul, * 16. 7. 1871 Wien, † 4. 3. 1940 ebd., Techniker; Sohn von Friedrich → Dittes. Initiator der Elektrifizierung der Eisenbahnen in West-Ö. nach 1918. 1931–33 Präs. des Ingenieur- und Architekten-Vereins.

Literatur: ÖBL; NDB.

DITTRICH, Karl, * 18. 1. 1928 Kufstein (Ti.), † 30. 11. 1995 Tulbing (NÖ.), Unternehmer und Politiker (ÖVP). 1970–75 Vizepräs. und 1975 Präs. der WK f. Wien, 1975–78 Mitgl. d. BR und 1978–92 Abg. z. NR.

DITTRICH, Rudolf, * 25. 4. 1861 Bielitz (Bielsko-Biala, PL), † 16. 2. 1919 Wien, Musiker. 1888–94 Dir. der japan. Musikakademie in Tokio, 1901 Hoforganist und ab 1906 Akad.-Prof. in Wien.

Literatur: I. Suchy, Dt.-sprach. Musiker in Japan vor 1945, Diss., Wien 1992; H. Hirasawa, R. D. Leben und Werk, Diss., Wien 1996.

DITZ, Johannes, * 22. 6. 1951 Kirchberg a. Wechsel (NÖ.), Volkswirt und Politiker (ÖVP). 1983–87 Leiter der Abt. f. Wirt.-Politik in der ÖVP, 1989–93 Abg. z. NR, 1987/88 und 1991–1995 Staatssekr. im BM f. Finanzen, 1995/96 BMin. f. wirtschaftl. Angelegenheiten; 1996–99 Vorstandsmitglied und danach bis 2001 im

Carl Ditters von Dittersdorf. Lithographie von H. E. v. Winter, 1816.

Aufsichtsrat der → Post und Telekom Austria AG, 1999–2001 Finanzvorstand der → Österreichischen Industrieholding AG, 2001/02 Aufsichtsratsvorsitzender der Austrian Airlines, seit 2004 Vorstandsvorsitzender der ESTAG.

Diversion: Möglichkeit, bei leichten und mittelschweren Straftaten auf ein förml. Strafverfahren zu verzichten und stattdessen mit anderen Mitteln (Zahlung einer Geldbuße, Erbringung gemeinnütziger Leistungen, Verhängung einer Probezeit, Außergerichtl. Tatausgleich) auf das strafbare Verhalten zu reagieren. Der Verdächtige gilt weiterhin als unschuldig, es erfolgt keine Eintragung ins Strafregister.
Literatur: H. Hinterhofer, D. statt Strafe, 2001; H. Schütz, D.-Entscheidungen im Strafrecht, 2003.

Djerassi, Carl, * 23. 10. 1923 Wien, Chemiker und Literat. Emigrierte 1938 nach Bulgarien, 1939 in die USA (2004 Wiederverleihung der ö. Staatsbürgerschaft). 1952–59 Prof. an der Wayne State University, 1959–2002 in Stanford. D. gelang als Erstem die Synthese oraler Empfängnisverhütung auf Basis der Steroid-Hormone („Vater der Anti-Baby-Pille"), er ist auch einer der Entdecker der synthet. Herstellung von Cortison. Verfasser zahlr. Bücher und Theaterstücke zu Wissenschaft, Sexualität und Fortpflanzung sowie anerkannter Kunstsammler. Zahlr. wiss. Auszeichnungen.
Werke: Romane: Cantors Dilemma, 1991; Das Bourbaki Gambit, 1993; Menachems Same, 1996; NO, 1998. – Theaterstücke: Unbefleckt, 1998; Oxygen, 2001; Ego, 2004. – Autobiographie: Die Mutter der Pille, 1992.

DM – Drogerie Markt GmbH, 1976 gegr. Handelskette für Drogerie- und Parfümeriewaren, Friseur- und Gastgewerbe u. a.; rd. 400 Filialen in Ö., Umsatz 2002/03 481 Mio. Euro, 4000 Mitarbeiter; Zentrale in Salzburg; seit 1992 auch Filialen in Tschechien, Ungarn und Slowenien.

Dobersberg, NÖ., WT, Markt, 465 m, 1743 Ew. (1981: 1897 Ew.), 47,60 km², an der Thaya, in der Nähe der Grenze zu Tschechien im nördl. Waldviertel. – Zivilflugplatz, Landschaftsschutzgebiet (umfasst die Katastralgem. D., Riegers und Merkengersch), Naturpark; Holzverarbeitung. – Urk. 1112, Pfarrkirche mit got. Chor, barockem Langhaus und spätgot. Sakramentshäuschen, Schloss D. (um 1570, 1805 umgebaut, Restaurierung 1972) mit Insekten- und Mineraliensammlung sowie Park, heute Gem.-Amt; Feuerwehrmuseum im ehem. Feuerwehrhaus.
Literatur: Naturparkverein D. (Hg.), Thayatal Naturpark D., 1982.

Dobiaschofsky (Dobyaschofsky), Franz Josef, * 23. 11. 1818 Wien, † 7. 12. 1867 ebd., Maler religiöser Themen, Genre- und Historienmaler, Nazarener. 1850/51 Prof. an der Wr. Akad., 1854–56 Rom-Aufenthalt, Mitarbeiter J. v. → Führichs bei der Freskierung der → Altlerchenfelder Kirche in Wien.
Werke: Altarbilder in Göhl, Mühlbach a. Manhartsberg, Obergrafendorf, Purk (Bez. Zwettl).
Literatur: G. Frodl, Wr. Malerei der Biedermeierzeit, 1987.

Dobl, Stmk., GU, Markt, 349 m, 1449 Ew. (1981: 1106 Ew.), 13,67 km², am Doblbach südl. von Graz, zwischen dem Kaiserwald und der Kainach. Gewerbl. Wirtschaftsstruktur (Containerbau, Schafwollweberei); Sendeanlage mit 156 m hohem Turm, 1942 errichtet und 1995 revitalisiert (erstes ö. Privatradio „Antenne Stmk."). Im Kern spätroman. Pfarrkirche (urk. 1219, ehem. Schlosskapelle) mit barocken und neoroman. An- und Umbauten und Rokokoinventar (1760 von Maria Theresia gestiftet). Der „Gjaidhof", im 13. Jh. von den Babenbergern erbaut, war später kaiserl. Jagdschloss, Renaissanceumbau 1568–70, neuerl. Umgestaltung im 19. Jh.
Literatur: J. Spann, Geschichte der Pfarre D. bei Graz, 1978.

Doblhoff-Dier, Anton Frh. von, * 10. 11. 1800 Görz (Gorizia, I), † 16. 4. 1872 Wien, Politiker; Onkel von Josef → Doblhoff-Dier. 1848 Handels-, Innen- und Kultusminister (Rücktritt 12. 10. 1848); 1849–58 Gesandter in Den Haag; ab 1867 Mitgl. d. Herrenhauses, dessen Vizepräs. er 1869 wurde.
Literatur: K. Fink, A. v. D.-D., Diss., Wien 1948; ÖBL; NDB.

Doblhoff-Dier, Josef, (Pseud.: Paul Deviloff, Chillonius), * 24. 10. 1844 Wien, † 9. 3. 1928 ebd., Pionier des Denkmalschutzes, Schriftsteller und Diplomat; Neffe von Anton Frh. v. → Doblhoff-Dier. Gründer des Vereins „Carnuntum" und des „Wiss. Klubs".
Werke: Kunstpflege und Vandalismus, 1894; Erzählungen aus Salzburg, 1894. – Lustspiele, Reiseschilderungen und Gedichte.
Literatur: M. Ortmayr, J. Frh. v. D.-D., Diss., Wien 1950.

Döbling, 19. Gem.-Bez. von Wien, 24,26 km², 64.030 Ew. (2001), um 1114 als Tobilic (Töblich) erwähnt, bis 1891 zwei selbständige Gem. (Ober- und Unter-D.), durch den Krottenbach voneinander getrennt; 1892 mit Sievering, Grinzing, Heiligenstadt, Nußdorf, Kahlenbergerdorf und Josefsdorf zum 19. Bez. vereinigt; Salmannsdorf und Neustift kamen 1938 vom 18. Bez. hinzu. D. reicht von der Donau und dem oberen Donaukanal über die Aussichtshöhen von Nußberg, Krapfenwaldl, Cobenzl und Himmel (Bellevue) bis auf die randl. Bergkette des Wienerwalds, die sich vom Dreimarkstein über Hermannskogel und Kahlenberg hinzieht und mit dem Leopoldsberg steil zur Donau abfällt. Charakteristisch für D. sind die alten Ortsbilder (Winzer- und Heurigendörfer in den Tälern der Wienerwaldbäche) mit ausgedehnten Weinbauten (das größte Weinbaugebiet von Wien) und Wäldern, aber auch der Villenbezirk im Cottageviertel. D. entwickelte sich im 19. Jh. zu einem noblen Sommerfrischeort, zahlr. Komponisten, Dichter und Schriftsteller wohnten hier. D. hat mehr als die anderen Wr. Bezirke sein urspr. Siedlungsbild bewahrt, zu den Bauten des 20. Jh. gehören u. a. die Höhenstraße, der Fernsehmast auf dem Kahlenberg, die Rudersportplätze in der Kuchelau und der Fußballplatz Hohe Warte. In D. liegen mehrere Spitäler und Heilanstalten, Parkanlagen (japan. Setagaya-Park u. a.), Freibäder und alte Friedhöfe. Die Vorortelinie (Schnellbahn) durchquert den Bezirk, an dessen Rand fahren die Franz-Josefs-Bahn und die U-Bahn-Linie U6; die U-Bahn-Linie U4 hat ihre Endstation in Heiligenstadt; Kreuzfahrtschiffe auf der Donau legen in Nußdorf an.
Wichtige Bauten: mehrere Kirchen (u. a. in Grinzing, Heiligenstadt, Neustift, auf dem Kahlenberg und auf dem Leopoldsberg; einziger erhaltener Karner Wiens (bei der Heiligenstädter St.-Michaels-Kirche); Kleiner Zwettlerhof (1731); ehem. Hochschule f. Welthandel (Archäolog. Institute), Schikaneder-Lehár-Schlössel (1737); Maria-Theresien-Schlössel (Neurolog. Krankenhaus der Stadt Wien); 5 Beethovenwohnungen (Gedenkstätten), u. a. Eroicahaus (L. v. Beethoven wohnte hier 1803/04 und arbeitete an seiner „Eroica"); Beethoven-Grillparzer-Haus (Ende d. 18. Jh.; 1808 wohnten hier zur gleichen Zeit L. van Beethoven und der damals 17-jährige F. Grillparzer); Villa Hainisch (Musikschule der Stadt Wien), Wertheimstein-Villa (1834–36, mit Fresken von M. v. Schwind; Bez.-Mus. und Weinbaumus.), Villen von J. Hoffmann; Nußdorfer Wehr (Absperrvorrichtung des Donaukanals von O. Wagner, 1894–98); Zentralanstalt für Meteorologie und Geodynamik auf der Hohen Warte; Internat. Pressezentrum (1970), Pressehaus (1963); Gemeindebauten (Karl-Marx-Hof, 1926–30; Klosehof, 1924; Pestalozzihof, 1925; Rebechof, 1929; Schnitzlerhof, 1960); spätröm. Baureste bei der Heiligenstädter St.-Jakobs-Kirche.
Literatur: F. Czeike, Hist. Lexikon Wien, 5 Bde., 1992–97; H. Kretschmer, D., Wr. Bezirkskulturführer, 1982.

DOBLINGER, Wr. Musikverlag, 1816 als Leihanstalt von Musikalien gegr., um 1840 durch die Musikalienhandlung vergrößert, 1857 von Ludwig D. (1816–76) und 1876 von Bernhard → Herzmansky sen. übernommen, dem 1921 sein Sohn nachfolgte. Der Verlag brachte zunächst Salon- und Tanzmusik, nach 1890 auch Werke von I. Brüll, J. N. Fuchs und K. Goldmark sowie Operetten heraus und wurde der zweitgrößte ö. Musikverlag. Das Verlagshaus fördert in den letzten Jahrzehnten die zeitgenöss. ö. Musik (P. Angerer, H. Eder, M. Rubin, R. Schollum, A. Uhl, O. M. Zykan, H. Willi u. a.); der Bereich der Alten Musik wird durch die Reihe Diletto musicale (seit 1957) abgedeckt, weiters erscheint eine J.-Strauß-Gesamtausgabe. Der mit dem Verlagshaus verbundene musikwiss. Verlag gibt die A.-Bruckner- und die H.-Wolf-Gesamtausgabe heraus.
Literatur: H. Vogg, 1876–1976. 100 Jahre Musikverlag D., 1976; C. Heindl (Red.), 125 Jahre Musikverlag D., 2001.

DOBRATSCH, Kä., auch Villacher Alpe genannt, 2166 m hohes Bergmassiv am W-Ende der Gailtaler Alpen, aus Wettersteinkalk und Riffkalk, westl. von Villach, fällt steil nach S, W und N ab. 1348 verschüttete ein Bergsturz am SO-Hang 17 Dörfer. Aussichtsberg und Skigebiet. Wallfahrtskirche Maria am Hl. Stein. Panoramastraße von Villach zur Rosstratte (1733 m), Fernsehsendeanlage, Schutzhütten: Ludwig-Walter-Haus (2143 m), Aichingerhütte (1700 m).

DOBRETSBERGER, Josef, * 28. 2. 1903 Linz (OÖ.), † 23. 5. 1970 Graz (Stmk.), Jurist, Nationalökonom und Politiker. Als Vertreter des „christl. Solidarismus" befürwortete D. während des Ständestaates eine Versöhnung mit den Sozialdemokraten und musste daher als Sozialmin. (1935–36) zurücktreten. 1938–46 Emigration (Prof. in Istanbul und Kairo). Mitbegründer und 1949 Bundesobmann der „Demokratischen Union", die sich 1953 mit der KPÖ und den Linkssozialisten zur „Volksopposition" vereinigte.
Werke: Vom Sinn und Werden des neuen Staates, 1934; Kath. Sozialpolitik am Scheideweg, 1947.
Literatur: D. A. Binder, J. D., 1903–1970, in: H. Ebner, H. Haselsteiner u. I. Wiesflecker, Geschichtsforschung in Graz, 1990.

DÖBRIACH, siehe → Radenthein.

DOBRIZHOFFER, Martin, * 7. 9. 1717 Friedberg (Frymburk, CZ), † 17. 7. 1791 Wien, Völkerkundler, Jesuit, Pionier der Ethnographie Südamerikas. 1748–67 in Paraguay, ab 1773 Hofprediger in Wien. Sein lat. Werk „Historia de Abiponibus equestris bellicosque Paraguariae nationae" (3 Bde., 1784) wurde ins Dt. und Engl. übersetzt. Außerdem verfasste D. Wörterbücher und sprachwiss. Abhandlungen über Indianerdialekte.

DOBROVSKY, Joseph, * 17. 8. 1753 Györmet (H), † 6. 1. 1829 Brünn (CZ), Jesuit, Historiker und Slawist. Gemeinsam mit B. → Kopitar Begründer der Slawistik an der Wr. Univ.
Literatur: ÖBL.

DOBROWSKY, Josef, * 22. 9. 1889 Karlsbad (Karlovy Vary, CZ), † 9. 1. 1964 Tullnerbach (NÖ.), Maler. Studierte 1906–10 an der Akad. d. bild. Künste in Wien, 1946–63 Prof. an dieser und Lehrer von Künstlern wie G. → Hoke, A. → Hrdlička, J. → Mikl und A. → Rainer. Expressive Helldunkelmalerei mit starker Farbigkeit, bed. Aquarellist. Großer Ö. Staatspreis 1962
Literatur: J. D., Ölbilder, Aquarelle, Zeichnungen, Ausst.-Kat., Wien 1979.

DODERER, Heimito von (Pseud.: René Stangeler), * 5. 9. 1896 Hadersdorf-Weidlingau b. Wien, † 23. 12. 1966 Wien, Schriftsteller. Ab 1915 Militärdienst, 1916–20 russ. Kriegsgefangenschaft in Sibirien; Studium der Geschichte und Philosophie in Wien (Dr. phil. 1925). 1933 Mitglied der NSDAP, von der er sich bald wieder abwandte (Konversion zum Katholizismus 1940); ab 1937 Verlagslektor in München, wo 1938 sein Roman „Ein Mord, den jeder begeht" erschien. 1940 abermals Militärdienst, bis 1946 in britischer Kriegsgefangenschaft. 1951 erschien der Roman „Die Strudlhofstiege", der seinen Erfolg als Schriftsteller begründete. Romane wie „Die Dämonen" (1956) oder „Die Wasserfälle von Slunj" (1963) sicherten ihm den Ruf eines der wichtigsten ö. Romanciers der Nachkriegszeit. D. starb während seiner Arbeit am Roman „Der Grenzwald" (postum 1967) an Krebs. 1957 Großer Ö. Staatspreis, 1964 Großer Preis der Bayerischen Akademie der Schönen Künste.
Seine Romane und Erzählungen, die z. T. streng nach musikalischen Gesichtspunkten aufgebaut sind, zeigen eine kritische Sicht v. a. der Wr. Gesellschaft. Grundlage und Ausgangspunkt für seine Prosa bilden die in seinen Tagebüchern „Tangenten", 1964) geschilderten Eindrücke und Erlebnisse des Alltags. Aufgrund seiner souveränen Sprachbeherrschung und virtuosen Erzähltechnik gehört D. zu den herausragenden ö. Romanciers.
Weitere Werke: Romane: Das Geheimnis des Reichs, 1930; Die erleuchteten Fenster, 1951; Die Merowinger, 1962; Roman Nr. 7 (1. Teil: Die Wasserfälle von Slunj, 1963). – Erzählungen: Die Bresche, 1924; Das letzte Abenteuer, 1954; Die Posaunen von Jericho, 1958; Die Peinigung der Lederbeutelchen, 1959; Frühe Prosa, hg. v. H. Flesch-Brunningen, 1968. – Gedichte: Ein Weg im Dunklen, 1957. – Essays: Der Fall Gütersloh, 1930; Grundlagen und Funktion des Romans, 1959. – Ausgaben: W. Schmidt-Dengler (Hg.), Die Wiederkehr der Drachen. Aufsätze, Traktate, Reden, 1970; ders., Commentarii 1951–1966, 2 Bde., 1976/85; Tagebücher aus dem Nachlaß, 2 Bde., 1976/86; Das erzählerische Werk, 9 Bde., 1995.
Literatur: H. v. D. 1896–1966, Symposion anläßlich des 80. Geburtstages in Wien 1976, 1978; Internat. Symposion H. v. D. am 4./5. 10. 1986, 1986; D. Weber, H. v. D., 1986; L.-W. Wolff, H. v. D., 1996; W. Fleischer, Das verleugnete Leben, 1996; K. Luehrs (Hg.), „Excentrische Einsätze". Studien und Essays zum Werk H. v. D., 1998; H. Löffler, Doderer-ABC. Ein Lexikon für Heimitisten, 2000.

DOELTER Y CISTERICH, Cornelius, * 16. 9. 1850 Arroya (Puerto Rico), † 8. 8. 1930 Kolbnitz (Kä.), Mineraloge und Petrologe. Studium in Freiburg i. Breisgau und Heidelberg, ab 1875 Privatdozent in Wien, ab 1876 Univ.-Prof. in Graz und ab 1907 in Wien. Mineralog. Untersuchungen in der Stmk., auf Sardinien, den Kapverdischen Inseln und im ehem. Portug.-Guinea. Betrieb auch experimentelle Mineralogie.
Werke: Allgem. chem. Mineralogie, 1890; Edelsteinkunde, 1893; Physikalisch-chem. Mineralogie, 1905; Petrogenesis, 1906; Hg. des Hb. der Mineralchemie, 1900 ff.
Literatur: ÖBL.

DOGANA, erstes Innsbrucker Hoftheater, das 1629/30 durch C. Gumpp über Betreiben des Landesfürsten Erzhzg. Leopold V. und v. a. durch die Initiative seiner aus Florenz stammenden Gattin → Claudia von Medici erbaut, jedoch bereits 1653/55 durch ein kleineres Hoftheater an der Stelle des 1844/46 erbauten bestehenden Landestheaters ersetzt worden ist. Das erste Hoftheater wurde in der Folge verschiedentlich ver-

Heimito von Doderer. Foto, um 1960.

Josef Dobrowsky: Weinlese. Gemälde, 1927.

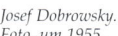

Josef Dobrowsky. Foto, um 1955.

wendet, so in der 1. Hälfte des 19. Jh. als Zollamt bzw. „D.". 1943–45 schwer beschädigt, heute Teil des Kongresshauses.

Dogudan, Attila, * 27. 8. 1959 Istanbul (TR), Gastronom. Übersiedelte mit 10 Jahren nach Wien, gründete 1981 den Gastronomiebetrieb Do & Co, Aufbau von mehreren Feinschmeckerrestaurants und eines Partyservices. Seit 1987 Catering für die → Lauda Air, seit 1992 im Event-Catering (u. a. für Formel-1-Rennen) tätig. 1998 Börsengang; 1999 Eröffnung eines Logistikzentrums in New York, 2000 in Miami. 2002 Übernahme der Konditorei Demel (→ Demel's Söhne GmbH), seit 2003 Catering für die British Airways.

Dohnal, Johanna, * 14. 2. 1939 Wien, Politikerin (SPÖ). 1972–79 Frauensekr. der SPÖ Wien, 1973–79 Abg. z. Wr. Landtag und Mitgl. d. Wr. Gemeinderats, 1987–95 Bundesfrauenvorsitzende der SPÖ, 1979–90 Staatssekr. für allgem. Frauenfragen im Bundeskanzleramt, 1990–95 BMin. f. Frauenangelegenheiten. D. versuchte v. a. durch Gesetze und staatl. Förderungsmaßnahmen die Gleichbehandlung der Frau in der Praxis durchzusetzen.
Literatur: E. Kreisky u. a. (Hg.), J. D., 1998; S. Feigl, J. D., 2002.

Doktor (lat. = Lehrer), höchster akad. Grad (→ Promotion), im MA gleichwertig mit Magister. Der Grad wurde zunächst wegen der kostspieligen Verleihungszeremonien nur selten an den oberen Fakultäten (Theologie, Jurisprudenz, Medizin) erworben. Als seit dem 16. Jh. der Magistertitel immer geringer geachtet wurde (Aufhebung 1786), konnte man auch an der artist. (philosoph.) Fakultät zum D. promoviert werden. Im 20. Jh. wurde schrittweise das bislang den Univ. vorbehaltene Recht der Verleihung der D.-Titels auch den anderen wiss. Hochschulen (seit 1975 ebenfalls als Univ. bezeichnet) gestattet. Die Zulassung zu den Prüfungen zur Erlangung des Doktorats war und ist – im Lauf der Jh. sich wandelnd – an persönl. und fachl. Voraussetzungen gebunden.
Seit 1966 ist im Verkehr mit den staatl. Behörden die Führung eines erworbenen D.-Titels (unter Beifügung der bes. Fachrichtung) nicht mehr verpflichtend, seine Ersichtlichmachung in amtlichen Ausfertigungen kann aber verlangt werden.

Dokumentarfilm, Filmgenre, in dem tatsächl. Geschehnisse und Ereignisse (meist ohne Spielhandlung oder semidramatisch) wiedergegeben werden. Die Anfänge des → Films bestanden zum überwiegenden Teil aus Dokumentaraufnahmen, später entstanden daraus eigene Filmarten, wie etwa Wochenschauen, wiss. Filme, Lehr- und Kulturfilme.
Erste Versuche erfolgten 1904–08: R. Pöch drehte in Neuguinea und in der Kalahari, J. Halbritter dokumentierte Tagesaktualitäten (Blumenkorso, Autorennen am Semmering), H. Theyer drehte Kulturfilme über Glasbläser, Färber und Tischler; seine Arbeiten führten 1912 zur Gründung der „Zentralstelle der wiss. und Schulkinematographie". 1909 erschien der 1. ö. Dokumentarfilm in den Wr. Kinos: „Die Kaisermanöver in Mähren". Filmpioniere wie das Ehepaar → Kolm („Der Faschingszug in Ober-St. Veit", „Der Trauerzug Sr. Exzellenz des Bürgermeisters Dr. Karl Lueger", 1910) oder S. Kolowrat („Die Gewinnung des Erzes am steir. Erzberg in Eisenerz", 1912; Alexander → Kolowrat-Krakowsky) stellten neben Spielfilmen auch regelmäßig Dokumentarfilme her.
1918 begann die UFA in Berlin mit der Herstellung von Kulturfilmen mit popularwiss. Inhalten, die in Ö. Nachahmung fanden, etwa in den Fremdenverkehrsfilmen K. Köfingers (1920er Jahre) und später in den propagandalenkten Kulturfilmen der → Wien-Film 1938–45. In den Nachkriegsjahren wandelten sich die Kulturfilme zu Fremdenverkehrs- und Werbefilmen,

Dokumentarfilm: Plakat zu S. Kolowrats erstem Dokumentarfilm über den steirischen Erzberg, 1912.

verloren aber mit der Verbreitung des Fernsehens ständig an Bedeutung.
Chronikartigen Dokumentar- und Nachrichtencharakter hatte in ihrer Mischung aus Politik, Sport und Kultur die Wochenschau, die man zeitweise sogar in eigenen Wochenschau-Kinos vorführte (in Wien ab 1936 als Non-Stop-Kinos, außerdem in Linz, Salzburg, Innsbruck). Erstmalig 1914 als „Kriegs-Journal" der Wr. Kunstfilm vorgeführt, folgten ihr die „Sascha-Meßter-Wochenschau", 1931–33 eine internat. Wochenschau nach dem ö. Selenophonverfahren und 1934–38 „Ö. in Bild und Ton, Ö. Wochenschau". In der Nachkriegszeit: 1946–49 „Welt im Film" (alliierte Wochenschau), ab Nov. 1949 „Austria-Wochenschau" und „Weltjournal", produziert von der Austria Wochenschau, die heute unter dem Namen „Austria Film & Video" produziert wird.
Literatur: W. Fritz, Dokumentarfilme aus Ö. 1909–1914, 1980; H. Petschar u. G. Schmid, Erinnerung und Vision, 1990.

Dokumentarfilm: Der Wiener Stadtrat J. Tandler bei einer Rede für die Wochenschau. Foto, vor 1934.

Dolch, Moritz, * 8. 6. 1887 Linz (OÖ.), † 6. 9. 1931 Engelhartszell (OÖ.), namhafter Brennstoffchemiker. Prof. an der Techn. Hochschule in Wien und an der Univ. Halle.
Werke: Der Drehrohofen, 1926; Die Chemie der Braunkohle, ²1927; Die Untersuchung der Brennstoffe und ihre rechnerische Auswertung, 1932.

Dolezal, Eduard, * 2. 3. 1862 Mähr.-Budwitz (Moravské Budečovice, CZ), † 7. 7. 1955 Baden (NÖ.), Geodät. Begründete das moderne ö. Vermessungswesen, dessen Zentralisierung und Neuorganisierung er durchsetzte. 1899–1905 Prof. an der Bergakad. Leoben, 1905–30 an der Techn. Hochschule in Wien. Gründete 1907 die Ö., 1910 die Internat. Ges. f. Photogrammetrie und war Gründer und Hg. des „Archivs f. Photogrammetrie" (1908 ff.).

Dolezal, Erich, * 22. 11. 1902 Villach (Kä.), † 17. 7. 1990 Wien, Schriftsteller, Astronom und Volksbildner. Hielt ab 1929 mehr als 1000 Vorträge über Raumfahrt und gründete 1945 die Volkssternwarte Wien-Ottakring. Er verfasste auch zahlreiche utopische Jugendromane und Novellen („Weltraum-Karl-May").
Werke: Ruf der Sterne, 1930; Mond in Flammen, 1954; Alarm aus Atomville, 1956; Neues Land im Weltall, 1958; Festung Sonnensystem, 1960; Raumfahrt – Traumfahrt, 1961; Flucht in die Weltraum-City, 1964.

Döllach im Mölltal, Kä., SP, Dorf, 1013 m, kleiner Fremdenverkehrsort an der Großglockner-Hochalpenstraße, Katastralgem. der Gem. Großkirchheim. – Priv. FachS für wirt. Berufe der Schulschwestern, Geschäftsstelle des Nationalparks Hohe Tauern. – Im MA Zentrum des Gold- und Silberbergbaus in den Hohen Tauern. Spätgot.-bar. Andreaskirche (1536), Schloss

Döllach im Mölltal: Goldbergbaumuseum.

Großkirchheim (urk. 1140, Neubau 1561) mit Museum; in der Nähe Zirknitzgrotte mit 60 m hohem Wasserfall „9 Brunnen".

DÖLLERSHEIM, ehem. Markt in NÖ., ZT, 1934: 754 Ew., 173 Häuser, 13,97 km². Das ges. Gebiet zw. Allentsteig und Kamp, Stift Zwettl und Neupölla (42 Orte, 6 Gehöfte, 10 Mühlen, 1389 Gebäude, 6800 Bewohner, Seehöhe 470–630 m) wurde ab 1938 entsiedelt und als → Truppenübungsplatz der dt. Wehrmacht eingerichtet. 1941/42 wurde die Gem. aufgelöst und ein Heeresgutsbezirk geschaffen. 1945–55 wurde der Truppenübungsplatz von der Sowjetarmee, seit 1957 vom ö. Bundesheer benutzt, auf 157 km² verkleinert und nach → Allentsteig benannt. In D. wurden Kirche und Friedhof restauriert, die Ruine des Bürgerspitals konserviert.
Literatur: M. Schindler, Wegmüssen. Die Entsiedelung des Raumes Döllersheim, 1988; Der Truppenübungsplatz Allentsteig, Studien und Forschungen des Nö. Inst. f. Landeskunde 17, 1991; J. Müllner, Die entweihte Heimat, 1998.

DOLLFUSS, Engelbert, * 4. 10. 1892 Texing (Gem. Texingtal, NÖ.), † 25. 7. 1934 Wien (im Bundeskanzleramt ermordet), Politiker (CS). Nach Teilnahme am 1. Weltkrieg Sekr. des Nö. Bauernbundes, 1927 Dir. der Nö. Landwirtschaftskammer, 1931 Min. f. Landund Forstw., 1932–34 Bundeskanzler und Außenminister. D. schaltete im März 1933 das Parlament aus, verbot 1933 die NSDAP, die Kommunist. Partei und den Republikan. Schutzbund, 1934 nach den → Februarkämpfen auch die Soz.-dem. Partei und ließ als einzige polit. Willensträger die Vaterländische Front zu. Er regierte mit Notverordnungen und führte das Standrecht und die Todesstrafe wegen des nat.-soz. Terrors ein. Er schuf mit der Maiverfassung 1934 einen autoritären → Ständestaat und stützte sich v. a. auf die kath. Kirche, die Heimwehr und die Bauern. 1934 schloss er mit dem Hl. Stuhl ein → Konkordat und räumte durch die „Röm. Protokolle" mit Italien und Ungarn Mussolini bed. Einfluss auf die ö. Innen- und Außenpolitik ein. Er wurde beim nat.-soz. Juliputsch ermordet, nachdem schon im Okt. 1933 ein Attentat auf ihn verübt worden war.
Werk: Die Sozialversicherung in der Landw. Ö., 1931 (mit R. Mertha).
Literatur: G. Jagschitz, Der Putsch, 1976; G. Enderle-Burcel (Hg.), Protokolle des Ministerrates der 1. Republik. Kabinett Dr. E. D., 7 Bde., 1980–86; G. Jagschitz, E. D., in: Die ö. Bundeskanzler, 1983; J. W. Miller, E. D. als Agrarfachmann, 1989; F. Schausberger, Letzte Chance für die Demokratie, 1993; Eva Dollfuß, Mein Vater, Hitlers erstes Opfer, 1994.

DOLLMAYR, Viktor, * 26. 9. 1878 Wien, † 3. 12. 1964 ebd., Sprachforscher. Mitarbeiter am Dt. Wörterbuch von J. u. W. Grimm, 1912–39 Univ.-Prof. in Lemberg (Lwíw, UA), danach Leiter der Mundart-Wörterbuchkanzlei der Ö. Akad. der Wiss.
Werke: Die Sprache der Wr. Genesis, 1903; Die Geschichte des Pfarrers vom Kahlenberg, 1906; Die altdt. Genesis, 1932.

DOLOMIT, gesteinsbildendes Mineral, wird zur Herstellung von Feuerfestprodukten, Baustoffen, hochwertigen Splitten, Schottern usw. verwendet. 2002 förderten in Ö. 93 Gewinnungsbetriebe mit 255 Mitarbeitern 5,839.000 Tonnen Roh-D.

DÖLSACH, Ti., LZ, Gem., 731 m, 2189 Ew., 24,16 km², Sommerfremdenverkehrsort (30.160 Übernachtungen) im Drautal östl. von Lienz. – Ausgrabung der röm. Stadt → Aguntum (1. Jh. v. Chr. bis 5. Jh. n. Chr.), Mus. Aguntinum (Altäre, Grabreliefs) im Schutzbau über dem Atriumhaus; neuroman. Pfarrkirche (1857) mit Altarbild (1872) von F. von Defregger; roman. Filialkirche (um 1200); in Gödnach Georgskirche mit got. Turm.

DOMANIG, Karl, * 3. 4. 1851 Sterzing (S-Ti.), † 9. 12. 1913 St. Michael b. Bozen (S-Ti.), Numismatiker, Dir. des k. k. Münz- und Antikenkabinetts. Als Ti. Heimatdichter gehörte er dem „Gral"-Kreis um R. → Kralik an, schrieb Heimatromane und Ti. Volksstücke.
Ausgabe: Gesammelte Werke, 5 Bde., 1914.
Literatur: A. Dörrer, K. D., 1914; ÖBL.

DOMANIG-ROLL, Roman Cornelius, * 9. 5. 1882 Wien, † 16. 3. 1938 ebd., Textdichter vieler Wienerlieder, u. a. für die Komponisten R. Kronegger, K. → Föderl und L. → Gruber. Mitarbeiter des Werkes „Wiener Lieder und Tänze".
Werke: Liedertexte: Am Bankerl beim Nußbaum; Sechts Leutln, so war's anno dreißig in Wien; Wann mi der Herrgott fragert.
Literatur: ÖBL.

DOMBAUHÜTTE VON ST. STEPHAN (Wien), siehe → Bauhütte.

DOMBROWSKI, Ernst von, * 12. 9. 1896 Emmersdorf (NÖ.), † 14. 7. 1985 Siegsdorf (D), Xylograph und Illustrator. Studierte an der Landeskunstschule Graz bei A. v. Schrötter. 1938–45 Prof. an der Akad. f. angew. Kunst München.
Werke: Holzstichzyklen: Der Bauernkrieg, 1935; Troubadourgeschichten, 1940; Und es begab sich, 1953.
Literatur: H. Riehl, E. D., Holzschnitte, 1949; E.-u.-R.-v.-D.-Stiftung (Hg.), E. v. D. Werk und Wirkung, 1996.

DOMENEGO, Hans (eigentl. Helmut Leiter), * 17. 6. 1926 Wien, † 6. 12. 1990 ebd., Kinderbuchautor, Verlagslektor und Produktionsleiter. Für seine Kinderbücher oftmals ausgezeichnet, gab mit seiner Frau Hilde Leiter das Kinderlexikon „Werwiewas" (1980) heraus und wirkte mit dieser auch als Hg. von Gemeinschaftswerken („Sprachbastelbuch", 1975 u. a.)
Weitere Werke: Martin gegen Martin, 1960; Das Buch vom Winter, 1984 (Hg. mit H. Leiter); Das Buch vom Sommer, 1985 (Hg. mit H. Leiter); H. C. Andersen und sein Dreivierteljahrhundert, 1985 (Hg.); Der Lachdrach vom Spranzenberg …, 1986; Die Zeiger standen auf halb vier, 1987.

DOMENIG, Günther, * 6. 7. 1934 Klagenfurt (Kä.), Architekt. Seit 1973 eig. Architekturbüros in Graz, Klagenfurt und Wien; seit 1980 Prof. an der Techn. Univ. Graz. D. ist einer der Begründer der „Grazer Schule". 1963–75 Partnerschaft mit E. → Huth. Seine Arbeiten

Engelbert Dollfuß spricht auf dem Wiener Trabrennplatz vor Anhängern der Vaterländischen Front. Foto, September 1933.

Günther Domenig: Steinhaus.

umfassen ein breites ästhet. Spektrum, von plast. Sichtbetonarchitektur (Pädagog. Akad. Graz, 1963–69) bis zu organ. Expressivität (Z-Filiale Wien-Favoriten, 1975–79; „Steinhaus", Steindorf 1986).

Weitere Werke: Kath. Kirchenzentrum, Oberwart 1965–69; Forschungs- und Rechenzentrum, Leoben, 1969–74; Pavillon Schwimmhalle, Olympiade München, 1970–72; Schifffahrtsanlage Wörther See, Klagenfurt, 1979–82 (mit V. Giencke); Humanic-Filialen, 1979–83; Erweiterung der Techn. Univ. Graz, 1983–93; Rechts-, Sozial- und Wirt.-wiss. Fakultät der Univ. Graz, 1986–96 (mit H. Eisenköck); Kraftwerk Unzmarkt, 1988 (mit P. Hellweger); Hauptanstalt Z (Bank Austria), Wien, 1990–92; Landeskrankenhaus Bruck a. d. M., 1991–94; Mursteg, Graz, 1992; Hauptschule Wien-Essling, 1994–96; Stadttheater Klagenfurt, 1995–98 (Zubau); Augartenhotel Graz, 1998–2000; Kunstakad. Münster, 1998–2000; Dokumentationszentrum Reichsparteitagsgelände Nürnberg, 1999–2001. – Publikation: G. D., Werkbuch, 1991.

Literatur: Architektur-Investitionen – Grazer „Schule" – 13 Standpunkte, Ausst.-Kat., Graz 1984; D. Hezel (Red.), Architekten – G. D., ³1997.

Domes, Franz, * 25. 6. 1863 Wien, † 11. 7. 1930 ebd., soz.-dem. Politiker und Gewerkschafter, von Beruf Schlosser. 1906–20 Mitgl. d. Wr. Gemeinderats, ab 1911 Mitgl. des ö. Reichsrats. Mitbegr. des Metallarbeiter-Verbands und 1898 dessen Sekretär, 1918 Obmann; 1920 Präs. des Ö. Arbeiterkammertags. Ein 1928 errichteter Gemeindebau in Wien 5 und ein 1952 erbautes Lehrlingsheim in Wien 4 wurden nach ihm benannt.

Werk: Denkt an gestern, denkt an morgen, 1930.
Literatur: ÖBL.

Dominikaner, auch Predigerorden (OP = Ordo fratrum praedicatorum). 1216 wurde der vom hl. Dominikus gegr. Priesterorden kirchl. bestätigt, 1232 mit der Durchführung der Inquisition betraut; im Hoch- und Spät-MA der einflussreichste der 4 → Bettelorden. Die 3 Hauptanliegen der D. sind Studium und wiss. Ausbildung, Förderung des geistl.-relig. Lebens sowie Missionstätigkeit. Die erste ö. Niederlassung erfolgte 1217 in Friesach. 1232 entstand ein weibl. Zweig der D. mit beschaul. Lebensform und strenger Klausur. Der D.-Orden gehörte, im Gegensatz zu den älteren Orden, der Welt des städt. Bürgertums an und spielte in der Entwicklung der Gotik eine bes. Rolle („Bettelordenskirche"). Er errichtete in Ö. die ältesten Hallenkirchen (2-schiffig 1269 in Imbach im Kremstal und 3-schiffig in Retz). Unter Joseph II. wurden alle D.-Klöster aufgehoben. Im 19. Jh. wurde der D.-Orden reorganisiert. Die noch heute bestehenden Niederlassungen (Friesach, Wien, Retz, Graz) wurden 1939 der neu gegr. ober-dt. Ordensprovinz (Germania superior) eingegliedert, die seit 1966 süddeutsch-ö. Provinz des hl. Albert in S-Deutschland und Ö. heißt.

Niederlassungen der *Dominikanerinnen* bestehen in Wien, Salzburg, Friesach, Graz, Nestelbach b. Graz, Kramsach, Kirchberg a. Wechsel, Lienz, Altenstadt, Bludenz und Bregenz (Marienberg) (Dominikanerinnen von Bethanien).

Literatur: F. S. Berger, Kämpfer, Ketzer, Heilige – die D., 2000.

Dominikanerkirche in Wien. Kupferstich von S. Kleiner, 1724.

Domitian, Hl., Fest 5. Feb., legendärer erster christl. Hzg. von Kä. Neue archäolog. und hist. Hinweise auf Kult als Kirchengründer um 800. Kapelle mit Reliquien in Millstatt.

Literatur: H.-D. Kahl, Der Millstätter D., 1999.

Domschule (Kathedralschule), Bezeichnung für eine schulische Einrichtung an Bischofssitzen, die eine höhere Bildung vermittelte; hatte im Früh- und Hoch-MA ihre Blütezeit. Die älteste und bedeutendste D. in Ö. wurde um 774 in Sbg. gegründet.

Donau, mit 2850 km Gesamtlänge nach der Wolga der zweitlängste Fluss Europas. Die D. entspringt den Quellbächen Brigach und Breg im Schwarzwald und mündet mit einem fünfarmigen Delta ins Schwarze Meer (im Unterschied zu allen anderen Flüssen der Welt werden bei der D. die Stromkilometer von der Mündung zur Quelle gezählt). Der Name D. ist kelt. Ursprungs (indoeurop.: danu = Fluss). Als einzige europ. Wasserstraße nimmt die D. ihren Weg von W nach O; die obere D. geht auf sie so gen. Urdonau zurück, die im Miozän (Tertiär) entstanden sein dürfte. Gem. mit den Ostalpen (→ Alpen) stellt die D. das prägende naturräuml. Element Ö. dar. Das Charakteristische der D.-Landschaften ist der häufige Wechsel

Donau bei Aggsbach, NÖ.

zw. engen und weiten Tallandschaften, wobei sich von W nach O folgender Ablauf ergibt: Passauer Tal, → Eferdinger Becken, Linzer Pforte, Linz-Ardagger-Becken, → Machland, → Strudengau, → Nibelungengau, → Wachau, Tullner Becken (→ Tullnerfeld), → Wiener Pforte, → Wiener Becken, → Marchfeld und Ungar. Pforte. Zwischen den Hundsheimer Bergen und den Kleinen Karpaten (Thebner Kogel) verlässt die D. das ö. Staatsgebiet. Die Durchflussmenge betrug 2000 in Wien 2160 m³/Sek., das Gefälle der D. auf ö. Territorium 156 m. Die Gewässergüte des Stroms entspricht bis vor Wien der Güteklasse II, unterhalb Wiens streckenweise der Güteklasse II–III von 4 Stufen (Stand 2001).

Der Hauptstrom Ö. hat im Hochsommer den höchsten, im Jänner den niedrigsten Wasserstand. Hydrographisch gehören 96 % des ö. Staatsgebiets zum Einzugsgebiet der D. (auch die Drau fließt in die D.). Die wichtigsten Nebenflüsse (→ Flüsse) der D. in Ö. sind südl.: → Traun, → Enns, → Ybbs, → Erlauf, → Pielach, → Traisen, → Schwechat, → Fischa und → Leitha (mündet in Ungarn); nördl.: Große → Mühl, → Aist, → Krems und → Kamp.

Die D. nimmt bezügl. ihrer Fauna (ca. 70 Arten) eine Sonderstellung unter den mitteleurop. Flüssen ein, da einige Arten nur in ihrem Flusssystem vorkommen. Bedrohte Fischarten sind u. a. Zingel, Steingreßling und Huchen; es überwiegen Aale, Weißfische, Karpfen, Schleien, Barben, Brachsen, Hundsfische, Hechte und Welse.

Die D. ist für Ö. ein wirt. äußerst bed. Handelsweg. Schon im 13. Jh. zählte der obere Flusslauf etwa 80 Zoll- und Mautstellen. Pferdegespanne mit bis zu 40 Zugtieren zogen die Schiffe auf dem „Treppelweg" („Treidelweg" oder „Hufschlag") flussaufwärts, wobei tägl. bis zu 20 km zurückgelegt werden konnten. Zusätzlich verkehrten Zillen und Plätten, so die „Trauner" aus der Traun, die Haller und Ti. Plätten sowie die „Inngamsen" vom Inn her. Die Nutzungsrechte für die D. wurden von den Anrainern bereits seit 1616 durch Abkommen festgelegt (→ Donaukommission). 1948 beschloss die Belgrader Konferenz, allen donaufremden Staaten das Mitspracherecht zu entziehen. Ö. trat der Konvention 1960 bei.

1696 wurden bereits Personen und Waren regelmäßig von Regensburg nach Wien befördert, u. a. durch die so gen. „Ordinarischiffe" (von Ulm). Aufgrund der zunehmenden Bedeutung als Wasserstraße (→ Donauschifffahrt) wurden zahlr. Flussregulierungen vorgenommen. So begann man bereits um 1770/80 die gefährlichen Felsen an der „Bösen Beuge" (Persenbeug), die Greiner Strudel und die Wirbel im Strudengau zu beseitigen; Mitte des 19. Jh. folgten weitere Sprengungen; dabei wurde auch noch das gefürchtete „Schwalleck" des Greiner „Struden" gesprengt. In OÖ. erfolgte die Regulierung 1830–70 (Eferdinger Becken), in NÖ. ab 1870 von der Ysper bis Wien; in Wien 1870–75 und 1882–1905. 1829 wurde die Erste → Donau-Dampfschiffahrts-Gesellschaft (DDSG) gegr., bereits 1830 fuhr das erste Dampfschiff die Strecke Wien–Pest, 1837 bis Linz, 1838 bis Passau.

Für Wien stellte die D. stets eine Fernverkehrsverbindung und einen Zubringer dar. Nach der Enge zw. Wienerwald und Bisamberg (Wr. Pforte) bildete sie in der anschließenden Ebene mehrere Seitenarme, durch die es zu häufigen Überschwemmungen kam. 1439 wurde die D. hier erstmals überbrückt (weitere Brücken entstanden in Krems 1463 und in Linz 1497); die Regulierung vom Kahlenberg bis Fischamend erfolgte 1869–75. Die D.-Arme wurden zur geradlinigen „Großen D." zusammengefasst und 7 Brücken errichtet, am li. Ufer wurde ein breites Überschwemmungsgebiet (Inundationsgebiet) geschaffen. Der heute → Donaukanal genannte südl. D.-Arm wurde ausgebaut, die

Donauschlinge bei Schlögen, OÖ.

Reste eines Seitenarms blieben als → Alte Donau auf der N-Seite des Stroms erhalten. In den 80er Jahren des 20. Jh. wurde in Wien mit der nördl. des Hauptstroms (teilweise anstelle des Inundationsgebiets) angelegten Neuen D. ein Wassersport-, Radsport- und Freizeitareal geschaffen, das v. a. der Naherholung der Wiener dient (→ Donauinsel). Bezügl. des Hochwasserschutzes erfüllt die Neue D. nun die Funktion des früheren Überschwemmungsgebiets. 1992–98 wurde im südl. Wr. D.-Abschnitt, in der Freudenau, die Staustufe Wien als letztes ö. Großkraftwerk an der D. errichtet. Umstritten war lange Zeit der Bau einer Staustufe zw. Wien und der Staatsgrenze (→ Hainburger-Au-Besetzung). Weitere Kraftwerke an der D.: → Donaukraft.

Im Personenverkehr wurden 2001 auf der D. von ö. Schiffen 523.826 Reisende befördert. Der Handelsverkehr auf der D. befördert heute hauptsächl. Massengüter (siehe Tabelle). Durch den → Rhein-Main-Donau-Kanal kommt es zu einem längerfristigen Ansteigen des Frachtverkehrs. Die größten → Donauhäfen befinden sich in Linz und Wien, weitere bestehen bei Enns und bei Krems. An der Einmündung des Wr. D.-Kanals entstand der Winterhafen, dem am re. Ufer weitere Hafenanlagen folgten (→ Kuchelau, Stromhafen, → Freudenau, Albern). An der bereits errichteten Einmündung des → Donau-Oder-Kanals in die D. wurde der Ölhafen → Lobau angelegt. Rohrleitungen befördern Erdgas von den nördl. Erdgasfeldern in Hängebrücken („Barbara-Brücken") über den Strom zur Raffinerie Schwechat. Die Schiffswerften in Linz und Korneuburg erzeugten neben D.-Schiffen und Schleppern auch kleinere Hochseeschiffe. Seit 1994 ist, nach der Schließung der Korneuburger Anlagen, nur noch die Linzer Werft im → Schiffbau tätig.

Die 9 D.-Kraftwerke lieferten 2003 rd. 12,4 Mrd. kWh in das ö. Stromnetz. D.-Brücken: Niederranna– Wesenufer (Straßenbrücke, 1980), Aschach– Oberlandshaag (Straßenbrücke, 1964), Linz (2 Straßenbrücken, 1941, 1972, 1 Bahnbrücke, 1900), Steyregg (1 Straßenbrücke, 1979, 1 Bahnbrücke, 1873), Mauthausen (1 Straßenbrücke, 1962, 1 Bahnbrücke, 1872), Wallsee (Staudamm, 1968), Grein– Tiefenbach (Straßenbrücke, 1968), Ybbs-Persenbeug (Staudamm, 1959), Pöchlarn (Straßenbrücke, 2002), Melk (Straßenbrücke, 1972), Mautern (Straßenbrücke, 1950), Krems (1 Straßenbrücke, 1969, 1 Bahnbrücke, 1889), Tulln (2 Straßenbrücken, 1950, 1995, 1 Bahnbrücke, 1875), Wien (6 Straßenbrücken, 1872/1964, 1970, 1979, 1980, 1982, 1997, 2 Bahnbrücken, 1838/74, 1870, 1 U-Bahn-Brücke, 1995, 1 Fußgänger- u. Radfahrerbrücke, 1996) und Bad

Donau in Wien.

Beförderte Güter der Donauschifffahrt (2002)	
beförderte Güter	in Tonnen
Getreide	174.451
Frischobst und Gemüse	2.329
andere Nahrungsmittel, Getränke, Tabak	60.209
Samen, Ölnüsse, Öle, Fette	186.279
Holz, Kork	221.105
Düngemittel	475.549
mineralische Rohstoffe, ausgenommen Erze	365.316
Eisenerze, Schrott	2.773.949
Erze der Nichteisenmetalle	1.583
andere Rohstoffe (Rohmaterialien)	4.280
feste Brennstoffe	88.868
Erdöl und Erdölprodukte, Gas	1.793.974
Teer aus Kohle und Naturgas	–
Chemikalien	91.053
Kalk, Zement und andere mineralische Waren	399.085
Metalle	457.908
Metallwaren	1.956
Maschinen, Transporteinrichtungen	71.173
fertige Erzeugnisse verschiedener Art	27.014
sonstige Waren	–
gesamt	7.196.078

Deutsch-Altenburg (Straßenbrücke, 1972). Mehrere Fähren.
Literatur: Der D.-Raum, Vierteljahresschrift, 1956 ff.; E. Neweklowsky, Schiffahrt und Flößerei im Raum der oberen D., 2 Bde., 1952–54; H. Lajta, Land an der D. zw. Passau und Preßburg, 1986; Die D. Facetten eines Stromes, Ausst.-Kat., Engelhartszell 1994; D.-Atlas Wien, 1996.

Donau, Allgemeine Versicherungs AG, Wien, gegr. 1867 als Nachfolgerin der „Ersten Ö. Versicherungs-Ges." (gegr. 1824), zahlr. Bestandsübernahmen. Betreibt Lebens-, Unfall- und Sachversicherungen. Konzerntochter der → Wiener Städtischen Allgemeinen Versicherung AG. Prämieneinnahmen 2002: 496 Mio. Euro, 1404 Mitarbeiter.
Literatur: M. Leimdörfer, 100 Jahre Donau-Versicherung 1867–1967, 1967.

Donau-March-Auen.

Donau-Auen, Wien, NÖ., größte geschlossene Aulandschaft Mitteleuropas, seit 1996 Nationalpark, von der Wr. → Lobau bis zur Staatsgrenze, neben der → Wachau letzte freie Fließstrecke der → Donau in Ö., Flusslänge 47 km. Lebensraum für mehr als 5000 Tierarten, rd. 100 Brutvogelarten, ca. 60 Fischarten sowie 13 Amphibientaxa und 8 Reptilienarten (darunter die vom Aussterben bedrohte Europ. Sumpfschildkröte); von den mehr als 200 Wirbeltierarten ist ein Teil akut vom Aussterben bedroht. Das 9300 ha große Gebiet ist reich gegliedert in Auwälder, Wiesen, hochaufgeschüttete Schotterkörper („Heißländs"), Donau und ihre Altarme, Tümpel, Schotter- und Sandbänke sowie Inseln. Das Ökosystem ist von periodischen Hochwässern, zyklisch steigendem und fallendem Grundwasserspiegel sowie stetem und ungestörtem Wasseraustausch zw. Strom und Grundwasserkörper abhängig. Die ausgeprägte Wasserdynamik bedingt Üppigkeit der Vegetation.
Ein geplanter Kraftwerksbau bei Hainburg führte im Dezember 1984 zur → Hainburger-Au-Besetzung. Die in der Folge eingesetzte „Ökologiekommission" forderte die Errichtung eines Nationalparks. 1991 beauftragten der Bund sowie die Länder NÖ. und Wien die Betriebsgesellschaft Marchfeldkanal mit der Nationalparkplanung. Vorschläge zur Realisierung wurden ausgearbeitet und die Folgewirkungen von Kraftwerksvarianten dargestellt. Ein interdisziplinäres Wissenschaftlerkollegium erklärte, dass ein Kraftwerk mit der Erhaltung und dem Schutz der natürlichen Aulandschaft durch einen Nationalpark unvereinbar sei.
Literatur: E. Wendelberger, Grüne Wildnis am großen Strom, 1982; H. P. Graner, Nationalpark Donau-March-Thaya-Auen, 1991; Nationalpark Donau-Auen/Betriebsges. Marchfeldkanal (Hg.), Endbericht, 1994; W. Gamerith, D.-A. – Naturreichtum im Nationalpark, 1999.

Donau Chemie AG, Chemieunternehmen, seit 1997 zu 99 % im Besitz der de-Krassny-Privatstiftung, 1 % gehört Alain de Krassny; bis 1997 war die D. C. AG mehrheitl. im Besitz der franz. Chemiegruppe Rhone Poulenc S. A., Paris, sowie zu 1 Drittel der Creditanstalt. Die D. C. ist als Ind.- und Handelsunternehmen in Ö. und in benachbarten Ausland tätig, ca. 1 Drittel der Produktion wird exportiert. Erzeugt werden hauptsächl. Grundchemikalien (wie Schwefelsäure, Salzsäure, Natronlauge, Eisen-III-Chlorid), Donau-Gips-Dielen, Düngemittel und Kalziumkarbid. Bis 1997 war die Gerot Pharmazeutika GesmbH, einer der führenden Arzneimittelhersteller in Ö., eine Tochterfirma der D. C. AG. Die D. C. erzielte im Geschäftsjahr 2002/03 zusammen mit ihren Tochterunternehmen einen Umsatz von 147 Mio. Euro und beschäftigte ca. 600 Mitarbeiter. Firmenstandorte: Werk Pischelsdorf (NÖ.), Werk Brückl (Kä.), Werk Landeck (Ti.); Zentrale in Wien. Die Tochterfirma Donauchem Handelsges. m. b. H. ist für den Vertrieb sämtl. Chemikalien zuständig.

Donau-Dampfschifffahrts-Gesellschaft, Erste, DDSG, 1829 gegr., diente der Schifffahrt auf der Donau und ihren Nebenflüssen, begann 1834 auch mit Meeresschifffahrt (Triest–Konstantinopel als erste Dampferlinie auf dem Mittelmeer). Sie verfügte vor dem 1. Weltkrieg über eine der größten Binnenflotten Europas (1914: 142 Dampfer, 860 Schlepper mit 470.000 t Tragfähigkeit) und war auch nach 1918 das führende Unternehmen auf der Donau (1937: 22 Personendampfer, 25 Zug- und Frachtdampfer, 394 Schlepper, 29 Erdöltanker). Im 2. Weltkrieg wurde der Schiffsbestand stark vermindert. Während der Besatzungszeit 1945–55 stand die DDSG als sog. dt. Eigentum unter sowjet. Verwaltung und kam gemäß dem Staatsvertrag 1955 nach Zahlung einer Ablöse wieder in ö. Besitz, und zwar als staatl. Betrieb. 1991 wurde die DDSG in die Unternehmen DDSG-Cargo GmbH (Fracht) und DDSG-Donaureisen GmbH (Personenschifffahrt) geteilt. Die DDSG-Cargo GmbH wurde 1994 an die dt. Stinnes AG verkauft, von der sie 1997 die dt. Unternehmensgruppe Gerhard Meier erwarb. Die DDSG-Cargo GmbH verfügte 2003 über eine Flotte mit einer Gesamttragfähigkeit von 230.000 t und beschäftigte in Ö. rd. 50 Mitarbeiter. Die DDSG-Donaureisen GmbH stellte 1995 die Personenschifffahrt ein. Im selben Jahr wurde vom Ö. Verkehrsbüro und dem Wr. Hafen die DDSG-Blue Danube Schifffahrt GmbH gegründet, die mit 5 Schiffen und 5 Tragflügelbooten v. a. Ausflugsstrecken in Wien und in der Wachau sowie nach Bratislava und Budapest befährt. → Donauschifffahrt; → Donauhäfen.
Literatur: H. Grössing u. a., Rot-Weiß-Rot auf blauen Wellen. 150 Jahre DDSG, 1979; W. F. Königshofer, Die Geschichte der DDSG nach dem 2. Weltkrieg, Diss., Wien 1986.

Plakat der „Ersten k. k. priv. Donaudampfschifffahrts-Gesellschaft", 1899.

DONAUFELD, Ortschaft an der Alten Donau, 1860–63 als Neu-Leopoldau gegr., 1885 „D." benannt; seit 1904 Teil des 21. Wr. Bezirks.

DONAUFESTIVAL, seit 1988 vom Land NÖ. getragene, jährl. von April bis Mai durchgeführte Veranstaltungsserie zeitgenöss. Kunst und Kultur (Theater, Musik, Tanz, Ausstellungen u. a., seit 2001 verstärkt Crossover-Projekte) in mehreren nö. Orten. Sitz der NÖ Festival-Ges. m. b. H. ist Krems.
Literatur: A. Krauliz u. a., Räume in Bewegung. 10 Jahre D., 2002.

DONAUFÖDERATION, geplante bzw. versuchte polit. und wirtschaftl. Zusammenschlüsse der Staaten des Donauraums und des Balkans. Nach ersten Ansätzen im 19. Jh. (L. Kossuth) wurde unter franz. Einfluss 1920/21 von den Ländern Tschechoslowakei, Rumänien und Jugoslawien die Kleine Entente verwirklicht, die sich gegen Ungarn richtete und bis 1938 bestand. Nach dem 2. Weltkrieg wurden unrealist. Pläne von polit. Emigranten entworfen. Seit 1990 gibt es eine Arbeitsgemeinschaft von Regionen mehrerer an der Donau gelegener Länder.
Literatur: J. Kühl, Föderationspläne im Donauraum, 1958.

DONAUGESELLSCHAFT, siehe → Sodalitas litteraria Danubiana.

DONAUHÄFEN, Verkehrsschnittpunkte für den Güterumschlag zwischen Schiff, Bahn und Lkw. Neben Werks- und Industriehäfen nehmen die D. wichtige Funktionen als Lagerplätze, für verwaltungstechn. Aufgaben, z. B. Zollabfertigung, und oft als Ansiedlungsort für produzierende Unternehmen wahr. → Wiener Hafen.

DONAUINSEL, Wien, von Donau und Neuer Donau eingeschlossenes Freizeitgelände (Schwimmen, Surfen, Rudern, Radfahren, Ballsportarten usw.), 21 km lang und bis zu 250 m breit; reicht in südöstl. Richtung vom Einlaufbauwerk Langenzersdorf (NÖ.) bis zur Einmündung der Neuen Donau in den Hauptstrom beim Ölhafen Lobau. 1972 wurde auf dem Gelände des früheren Inundationsgebiets mit den Aushubar-

Güterumschlag in österreichischen Donauhäfen (2003, inkl. Rhein-Main-Donau-Kanal, in t)

	Wien			Linz		
	ein	aus	gesamt	ein	aus	gesamt
land- und forstw. Erzeugnisse und lebende Tiere	71.713	2.231	73.944	–	1.641	1.641
andere Nahrungs- und Futtermittel	29.552	16.093	45.646	3.660	653	4.314
feste mineral. Brennstoffe	–	4.624	4.624	–	21.282	21.282
Erdöl, Erdölerzeugnisse	568.589	379.064	947.653	–	1.000.630	1.000.630
Erze und Metallabfälle	747	2.227	2.974	–	2.577.517	2.577.517
Eisen, Stahl und Nichteisen-Metalle	655	31.308	31.963	348.730	2.705	351.435
Steine, Erden, Baustoffe	8.341	135.892	144.234	130.344	31.595	161.939
Düngemittel	–	–	–	513.563	10.042	523.605
chem. Erzeugnisse	8.279	1.631	9.910	6.416	3.386	9.802
Fahrzeuge, Maschinen, Halb- und Fertigwaren, bes. Transportgüter	4.728	18.122	22.849	8.079	6.316	14.396
gesamt	692.603	591.194	1,283.797	1,010.792	3,655.768	4,666.559
	Krems			Enns		
	ein	aus	gesamt	ein	aus	gesamt
land- und forstw. Erzeugnisse und lebende Tiere	30.345	5.897	36.242	58.190	158.497	216.686
andere Nahrungs- und Futtermittel	1.000	26.004	27.005	5.456	198.054	203.510
feste mineral. Brennstoffe	–	1.693	1.693	–	23.536	23.536
Erdöl, Erdölerzeugnisse	–	–	–	–	3.460	3.460
Erze und Metallabfälle	–	4.435	4.435	–	913	913
Eisen, Stahl und Nichteisen-Metalle	2.249	194.599	196.849	–	18.552	18.552
Steine, Erden, Baustoffe	–	301.480	301.480	–	388.864	388.864
Düngemittel	–	113.441	113.441	–	1.116	1.116
chem. Erzeugnisse	–	3.194	3.194	3.059	880	3.939
Fahrzeuge, Maschinen, Halb- und Fertigwaren, bes. Transportgüter	9.700	3.990	13.690	5.212	89	5.301
gesamt	43.294	654.734	698.028	71.916	793.961	865.876
	sonstige			gesamt		
	ein	aus	gesamt	ein	aus	gesamt
land- und forstw. Erzeugnisse und lebende Tiere	34.891	177.836	212.727	195.138	346.102	541.240
andere Nahrungs- und Futtermittel	4.182	120.845	125.027	43.851	361.650	405.501
feste mineral. Brennstoffe	–	5.338	5.338	–	56.474	56.474
Erdöl, Erdölerzeugnisse	–	–	–	568.589	1,383.153	1,951.742
Erze und Metallabfälle	967	860	1.826	1.713	2,585.952	2,587.665
Eisen, Stahl und Nichteisen-Metalle	–	2.687	2.687	351.634	249.852	601.485
Steine, Erden, Baustoffe	572.012	22.204	594.216	710.697	880.036	1,590.733
Düngemittel	56.521	113.999	170.520	570.084	238.598	808.682
chem. Erzeugnisse	–	4.319	4.319	17.753	13.411	31.164
Fahrzeuge, Maschinen, Halb- und Fertigwaren, bes. Transportgüter	266	1.561	1.827	27.985	30.078	58.063
gesamt	668.839	449.650	1,118.488	2,487.444	6,145.305	8,632.749

Donauinsel: Copa Kagrana.

beiten für die heute etwa 200 m breite Neue Donau begonnen (Hochwasserschutz); 1987 wurden die Arbeiten an der D. selbst abgeschlossen. An der vor der UNO-City gelegenen „Copa Kagrana" und in der dieser gegenüberliegenden „Sunken City" befinden sich zahlr. gastronomische Einrichtungen.

Literatur: ; B. Domany, O. Schwetz und G. Seidel, Planung und Gestaltung des Donaubereiches, 1981; Magistrat der Stadt Wien (Hg.), Schwerpunkte der Stadtentwicklung Wiens seit 1945, 1991.

DONAUKANAL, seit 1686 Name für den südl. Donauarm in Wien, urspr. ein natürl. Seitenarm der → Donau, erstmals 1598–1600 durch Frh. v. Hoyos reguliert, im 19. Jh. gegen Hochwasser und Treibeis ausgebaut; 17,3 km lang. Der frühere Donauarm zweigt bei Nußdorf vom Hauptstrom ab (Schleusenanlage) und mündet vor dem so gen. Praterspitz. Der D. ist wesentlich enger mit dem Wr. Stadtbild verbunden als der Hauptstrom; über den D. führen 15 Straßen-, 1 Fußgänger- und Radfahrer- sowie 5 Bahnbrücken. Seit den 1990er Jahren wird in dem vom 2. und 3. Bezirk begrenzten südlichen Abschnitt des D. die stärkere Nutzung des Uferbereichs als zentrumsnahe Freizeitlandschaft forciert.

Donaukanal in Wien.

DONAUKOMMISSION, 1) *Europäische D.*, 1856 durch den Pariser Friedensvertrag gegr.; ab 1865 war sie permanentes Organ zur Kontrolle der Schifffahrt mit supranationalen Zügen; sie stand unter westeurop. bzw. ö. Kontrolle. 2) *Internationale D.*, 1921 neben 1) mit Sitz in Wien gegr.; ihr Zweck bestand in der Internationalisierung des Donau-Schifffahrtswegs. 1940 wurden diese beiden Kommissionen aufgelöst. 3) *Donaukommission 1948:* auf der Belgrader Donaukonferenz 1948 aufgrund sowjetischer Vorschlags gegr., Sitz ist seit 1954 Budapest; Ö. ist seit 1960 Mitgl.. Die D. ist für das Flussgebiet zw. Kehlheim (D) und dem Schwarzen Meer (über den Arm von Sulima mit Zugang zum Meer durch den Sulima-Kanal) zuständig; ihre Kompetenzen werden in der Donaukonvention vom 18. 8. 1948 geregelt; sie arbeitet im Einvernehmen mit dem Binnenverkehrsausschuss der Europ. Wirt.-Kommission der Vereinten Nationen (ECE), behandelt vorwiegend nautische und techn. Fragen und erstellt Pläne zur Verbesserung der Schifffahrtsbedingungen.

Literatur: F. Pichler, Die D. und die Donaustaaten: Kooperation und Integration, 1973.

DONAUKRAFT, ÖSTERREICHISCHE DONAUKRAFTWERKE AG, vom 2. Verstaatlichungsgesetz 1947 bis 1999 bestehende Sonderges. im → Verbundkonzern für Planung, Errichtung und Betrieb von Donaukraftwerken in Ö. Das Unternehmen betrieb 1998 9 Wasserkraftwerke an der Donau: Aschach (err. 1959–64, 287 MW), Ottensheim-Wilhering (1970–74, 179 MW), Abwinden-Asten (1976–79, 168 MW), Wallsee-Mitterkirchen (1965–68, 210 MW), Ybbs-Persenbeug (1954–59, 236,5 MW), Melk (1979–82, 187 MW), Altenwörth (1973–76, 328 MW), Greifenstein (1981–85, 293 MW) und Wien-Freudenau (1992–98, 172 MW). Insgesamt erzeugte die D. im Durchschnitt jährlich 12,4 Mrd. kWh Strom (rd. 25 % der öffentl. Elektrizitätsgewinnung in Ö.). Hauptaktionär der D. war die Verbundges. mit einer Beteiligung von mehr als 95 %. 1999 ging die D. durch Fusion mit → Tauernkraftwerke AG, → Verbundkraft Elektrizitätswerke GmbH und VEG in die neu gegr. Verbund – Austrian Hydro Power AG ein, die ebenfalls zum Verbundkonzern gehört.

Das ö.-bayer. Kraftwerk Jochenstein (1952–56, 132 MW) wird von der Donaukraftwerk → Jochenstein AG betrieben.

DONAULAND, BUCHGEMEINSCHAFT, 1950 von R. Kremayr und W. Scheriau (→ Kremayr & Scheriau) gegr., 1955 bereits 378.000 Mitgl.; seit 1956 werden auch Tonträger, seit 1992 Videos und seit 1999 DVDs angeboten. 1966 Beteiligung von Bertelsmann, 1989 Eingliederung der Dt. Buchgemeinschaft Alpenland und 1990 des Dt. Bücherbundes Ö. Rd. 650.000 Mitgl. (2003).

DONAUMONARCHIE, Name für die ehemalige → österreichisch-ungarische Monarchie.

DONAU-ODER-KANAL, bereits aus dem 14. Jh. stammendes Projekt einer ca. 3000 km langen künstl. Wasserstraße von Wien-Lobau entlang der March nach Hodonin (SK) mit weiterem Anschluss an Oder bzw. Elbe. Der ö. Abschnitt von Wien bis Angern beträgt ca. 40 km. Realisiert wurden davon nur einige Kilometer Kanalbett in der Lobau (im südwestl. Teil des Marchfelds 1939–43. Die im Gem.-Gebiet von Groß-Enzersdorf liegenden Abschnitte des D.-O.-K. dienen seit 1960 als Badegewässer und wurden teilw. an den Ufern verbaut (Mariensee).

DONAURAUM, umfasst Ö., Ungarn, die ehem. Tschechoslowakei, große Teile des ehem. Jugoslawien, Rumänien und Bulgarien, im weiteren Sinn auch S-Deutschland. Durch Jh. hindurch lag der Schwerpunkt des D. im natürlichen Wirtschaftsgebiet der ö.-ungar. Monarchie. Nach 1918 entwickelten sich die Donauländer zu selbständigen Staats-, Wirtschafts- und Kulturgebieten. 1938–45 beherrschte das Dt. Reich den D.; zwischen 1945 und 1989 unterlag dessen östl. Teil dem Einfluss der Sowjetunion. Seit 1989 orientieren sich die Reformstaaten des ehem. O-Blocks an den westl. Demokratien.

DONAUSCHIFFFAHRT: 350 km der schiffbaren Länge der Donau (Kehlheim– Sulina, 2415 km) liegen in Ö. Da die D. zeitweise durch Hoch- bzw. Niederwasser sowie Eisbildung beeinträchtigt ist, nahm der Gütertransport auf der Donau kontinuierlich ab und stagnierte zw. 1970 und 1990 bei einer Verkehrsleistung zw. 7,5 und 8,1 Mio. Tonnen beförderte Güter auf der ö. Donau. Seither erlebt die D. in Ö. einen Aufschwung durch den → kombinierten Ladungsverkehr, den → Rhein-Main-Donau-Kanal, der eine Verbindung zu Seehäfen an der Nordsee herstellt, sowie die Beförderung von Massengütern, Halbfabrikaten und gefährlichen Gütern. Zw. 1997 und 2002 stieg die Verkehrsleistung von 9,2 auf 12,3 Mio. Tonnen beförderte Güter. → Donauhäfen, → Donau-Dampfschifffahrts-Gesellschaft.

DONAUSCHULE: Stilbewegung, die im ö. Donauraum Ende des 15. Jh. ihren Ursprung hatte, die bayer. Donaulandschaft und einen großen Teil der Alpenländer erfasste und als „Donaustil" auch in entfernteren Gebieten Verbreitung fand. Sie ist keine einheitl. Schule, die von einem Meister ihren Ausgang nahm, sondern bestand aus einer Fülle von Werkstätten und Künstlern. Sie fand ihren Ausdruck v. a. in der Malerei und Graphik, in der weiteren Entwicklung auch in der Skulptur. Das charakterist. Stilmerkmal der D. ist das enge Verhältnis zur Natur, welches sich insbes. in der Vorliebe für die oft dynam. gesteigerte Naturdarstellung ausdrückt. Religiöse und profane Geschehnisse werden in das Erlebnis der Landschaft eingebettet, wobei die Landschaft ausdrucksvoll hervorgehoben wird, was der Kunst der D. einen Hauch des Poetischen und Visionären verleiht. Reichtum der Erfindung, Glanz der Farbe und nicht zuletzt die Eigenwilligkeit der Linie zeichnen die Werke der D. aus.
Früheste Zeugnisse sind Altäre, die R. Frueauf d. J. (Flügelbilder des Johannes-Altars um 1498/99 und des Leopold-Altars 1505 in Klosterneuburg), L. Cranach und J. Breu d. Ä. (Bernhardi-Altar in Zwettl, 1500; ehem. Aggsbacher Altar, 1501; ehem. Melker Hochaltar, 1502) für nö. Klöster und für Wien Ende des 15. und Anfang des 16. Jh. schufen. Bald folgten weitere namentl. oft unbekannte Künstler wie der Meister des Pulkauer Altars (Pulkauer Hochaltar, um 1520) oder der „Meister der Historia", der nach einer für Ks. Maximilian illustrierten Lebensgeschichte seines Vaters Friedrich III. und seiner eigenen Kindheit benannt wird. In der jüngsten Forschung wird der „Meister der Historia" wieder mit A. Altdorfer identifiziert, zumindest war er jedoch ein Weggenosse oder Schüler der beiden Regensburger Albrecht und Erhard Altdorfer; der Erstere hielt sich wiederholt in Ö. auf und führte Altaraufträge für St. Florian (Sebastiansaltar mit 8 Passionsdarstellungen, 1509–18) durch, der Letztere war mehrere Jahre in Ö. ansässig. A. Altdorfer bildete als Maler und Zeichner den Höhepunkt der D. Der bedeutendste ö. Künstler war der Vorarlberger W. Huber (Feldkircher Annenaltar, 1521), zuletzt Hofmaler des Bischofs von Passau. Von ihm stammen die ersten reinen Landschaftszeichnungen der mitteleurop. Kunstgeschichte. Der Hochblüte der D. gehören auch die Werke des „Meisters der Wunder von Mariazell" (Kleiner Mariazeller Wunderaltar mit 6 Szenen, 1512, und Großer Mariazeller Wunderaltar mit 47 Darstellungen, 1519, beide heute im Joanneum, Graz) an sowie zahlr. Plastiken und Reliefs.
Zu den bedeutendsten in dieser Zeit in Ö. tätigen Bildhauern zählen u. a. H. Leinberger, A. Lackner (ehem.

Donauschule: Pulkauer Hochaltar, um 1520.

Abtenauer Hochaltar, 1518, Teile davon heute in der Ö. Galerie in Wien und in St. Peter, Sbg.) und der „Meister I. P.".
Um die Mitte des 16. Jh. erlosch die Stilbewegung der D., als die ital. und niederländ. geprägte Renaissance allg. stilbildend wurde.

Literatur: A. Stange, Malerei in der D., 1964; Die Kunst der D., Ausst.-Kat., St. Florian/Linz 1965; W. Lipp, Natur in der Zeichnung A. Altdorfers, Diss., Salzburg 1970; K. Packpfeiffer (geb. Hauser), Studien zu E. Altdorfer, Diss., Wien 1974; R. A. Locicnik, Die D., Diss., Salzburg 1990; R. Froeis-Schuler, Gedanken zum Stilbegriff „Donauschule" in der Plastik, Dipl.-Arb., Innsbruck 1993.

Donauschule: Der hl. Bernhard heilt einen lahmen und einen blinden Knaben. Bernhardi-Altar von J. Breu d. Ä., 1500 (Stift Zwettl, NÖ.).

DONAUSTADT, 22. Gem.-Bez. von Wien, 103,24 km², 136.444 Ew. (2001), flächenmäßig der größte Bez., früher der am dünnsten besiedelte Wr. Bez., in den letzten Jahrzehnten aufgrund einer intensiven Urbanisierung stark steigende Wohnbevölkerungszahlen (1961: 57.268). D. besteht seit 1954 aus den von Floridsdorf 1938 abgetretenen Gebieten (Stadlau, Kagran, Hirschstetten, Aspern und Lobau), den ehem. nö. Gemeinden Süßenbrunn, Breitenlee und Eßling und dem vom 2. Bez. abgetrennten Kaisermühlen mit der Alten Donau. Der 22. Bez. wurde 1938 als Bez. Groß-Enzersdorf gebildet und umschloss noch 15 Marchfeldgemeinden; er wurde 1954 gegen den 21. Bez. und gegen NÖ. neu abgegrenzt und D. genannt.
Der Bez. war früher vorwiegend ländl. (außer Stadlau), die ehem. Dorfkerne sind heute noch sichtbar. Es bestehen weiterhin Gebiete, die gärtnerisch oder landw. genutzt werden, gemischt mit Stadtrandsiedlungen und großen Wohnhausanlagen der Gem. Wien (Aspern, Hirschstetten, Kagran und Kaisermühlen – Goethehof, 1930; Marschallhof, 1959). Der Knotenpunkt der D. ist Kagran. In der modernen D. befinden sich die UNO-City (1979), ergänzt durch das Austria-Center (1987), Donaupark und Donauturm (252 m hoch, 1964 anlässlich d. Wr. Internationalen Gartenschau errichtet), das Sozialmedizin. Zentrum Ost, Vienna International School (1984), das Donauzentrum (1975, Wiens größtes Einkaufszentrum), die OMV (Ölmischanlage samt dem Öllager Lobau), Opel Austria Ges. m. b. H. (auf dem Areal des ehem. Flugplatzes Aspern), ein Abwasserpumpwerk, das Donaukraftwerk → Freudenau, das Dampfkraftwerk Donaustadt und ein städt. Reservegarten. Einen völlig neuen Charakter erhielt der Bez. durch die Überplattung der Donauuferautobahn (A 22) und die Errichtung von Büro- und Wohntürmen (Andromeda-Tower und Wohnpark Alte Donau, 1998; Internat. Zentrum D.,

Donaustadt.

1999 u. a.). Neben den Strandbädern an der Alten Donau (→ Gänsehäufel) wurde die Neue Donau (mit der → Donauinsel bedeckt sie 700 ha Fläche) zur beliebten Erholungsstätte der Wiener. Seit 1977 Naturschutzgebiet Donau-Auen (Lobau), seit 1996 Nationalpark.

DONAU-UNIVERSITÄT KREMS, 1995 als universitäres Zentrum für postgraduale Aus- und Weiterbildung eingerichtet. Sie hat ihren Sitz in der ehem. Tabakfabrik Krems-Stein. Abteilungen: Telekommunikation, Information und Medien; Europ. Integration; Umwelt- und Medizinische Wiss.; Wirtschafts- und Managementwiss.; Kulturwiss. Seit 1997 können Absolventen des interdisziplinären Europastudiums (Euras) den Titel M. A. S. (Master of Advanced Studies) erwerben (seit 2003 Master of Science bzw. Master of Arts); seit 2002 können auch die Titel LL. M (Master of Laws) sowie M. E. S. (Master in Europaen Studies) erworben werden. 2003 rd. 2800 Studenten, bis 2005 Erweiterung und Umbau zum „Campus Krems".

DONAUWALZER (op. 314) von Johann → Strauß Sohn, als Chorwalzer für eine Faschingsliedertafel des Wiener → Männergesang-Vereins geschrieben und erstmals am 15. 2. 1867 im Wr. Dianasaal gesungen. Der ursprüngliche Text „Wiener seid froh! Oho! Wieso?" von J. Weyl war als Parodie auf die Stimmung in einer an (militärischen) Niederlagen reichen Zeit gedacht; die Umtextierung „Donau, so blau …", die auch zum Titel „An der schönen blauen Donau" führte, erfolgte erst 1890 durch F. v. Gernerth. Weltberühmt wurde aber auch nicht diese, sondern die rein instrumentale Fassung, wobei die Auftritte der Strauß-Kapelle bei der Weltausstellung in Paris maßgeblich für den Erfolg des Werkes wurden; der D. gilt als heimliche Hymne Ö. → Walzer.

DONAWITZ, Ober-Stmk., 540 m, Stadtteil von Leoben, Ind.-Siedlung im Vordernberger Tal, Zentrum der → voestalpine (ehem. Oesterr.-Alpine Montanges.) mit den Werken voestalpine Schienen GmbH, voestalpine Stahl Donawitz GmbH und voestalpine Draht-Austria. – Der 1155 als „Tumoiz" erwähnte Ort war schon zur Römerzeit besiedelt (röm. Grabkapelle, 3. Jh., heute im Museum Joanneum in Graz) und entwickelte sich im 19. Jh. zum Mittelpunkt der steir. Schwerind. – Pfarrkirche (1954).

DÖNCH, Karl, * 8. 1. 1915 Hagen (D), † 16. 9. 1994 Wien, vielseitiger Schauspieler-Sänger (Bass-Bariton). Kammersänger, ab 1947 an der Wr. Staatsoper und bei den Sbg. Festspielen, Dir. der Wr. → Volksoper 1973–87.

DONIN, Richard Kurt, * 4. 6. 1881 Wien, † 1. 5. 1963 ebd., Jurist und Kunsthistoriker. Gründer des Nö. Landesjugendamtes (1915); bed. Verdienste um die kunstwiss. Forschung und Denkmalpflege.

Werke: Die Bettelordenskirchen in Ö., 1935; Der Wr. Stephansdom und seine Geschichte, 1946; Zur Kunstgeschichte Ö., 1951 (gesammelte Aufsätze).

DONNER, Georg Raphael, * 24. 5. 1693 Eßling im Marchfeld (heute Wien), † 15. 2. 1741 Wien, Bildhauer. D. zählt neben B. Permoser in Dresden und A. Schlüter in Berlin zu den herausragendsten Meistern der Bildhauerkunst seines Jh. im dt.-sprach. Raum. Sohn eines Zimmermanns, begann zunächst eine Goldschmiedelehre, bis er um 1706 beim Bildhauer G. Giuliani als Lehrling eintrat. Nach 1713 absolvierte er gem. mit seinem Bruder M. → Donner eine Medailleurausbildung. 1715 Heirat mit Eva Elisabeth Prechtl aus Preisfeld. Seit einer Reise nach Dresden 1721, wo er sich eingehend mit dem Werk von B. Permoser beschäftigte, verwendete der auf den Namen Georg Getaufte konsequent den zusätzl. Vornamen Raphael. 1725 Übersiedlung nach Sbg., wo er für das Stiegenhaus von Schloss Mirabell mytholog. Figuren und die Balustrade meißelte. Ab 1729 in Pressburg ansässig, fand er in Emmerich Gf. Esterházy, Erzbischof von Gran, seinen ersten wichtigen Auftraggeber, für den er insbes. die Elemosynariuskapelle des Pressburger Doms ausstattete. Für den Hochaltar der Kirche schuf er den nicht mehr vollständig erhaltenen Altar mit der monumentalen Reiterstatue des hl. Martin, geweiht 1735. Parallel dazu arbeitete D. von Pressburg aus an zahlr. Aufträgen für Wien. Zwischen 1737 und 1739 entstand im Auftrag der Stadt Wien als sein Hauptwerk der sog. Providentiabrunnen am Mehlmarkt (Neuer Markt). Mit dem aus Blei gegossenen Brunnen trat der Wr. Magistrat erstmals seit dem MA wieder als künstlerischer Auftraggeber hervor. Der Brunnen ist eine Allegorie auf die Fürsorge und Umsicht (lat. providentia) des Stadtregiments mit den vier Allegorien auf Ybbs, Enns, March und Traun als Nebenflüsse der Donau. Die Originale der Brunnenfiguren stehen seit 1921 im Barockmuseum der Ö. Galerie Belvedere, am urspr. Standort verblieben witterungsbeständige Bronzekopien. Hingegen befinden sich der Kreuzaltar im Dom zu Gurk (1740/41)

Georg Raphael Donner. Stich von J. Schmutzer nach einem verschollenen Gemälde von P. Troger.

Georg Raphael Donner: Originalfigur des Providentia-Brunnens (Österreichisches Barockmuseum).

Georg Raphael Donner: Kreuzaltar im Dom von Gurk, Kä.

wie der Andromedabrunnen für das Alte Wr. Rathaus als seine beiden letzten Hauptwerke noch heute unverändert an Ort und Stelle. Durch seine Schüler Matthäus D. (sein Bruder), J. C. → Schletterer und indirekt durch B. F. → Moll und J. G. Mollinarolo hat D. die ö. Bildhauerkunst bis zum Klassizismus eines F. A. v. → Zauner nachhaltig beeinflusst.

Literatur: G. R. D., 1693–1741, Ausst.-Kat., Wien 1993.

Donner, Matthäus, * 29. 8. 1704 Eßling im Marchfeld (heute Wien), † 26. 8. 1756 Wien, Bildhauer und Medailleur; Schüler seines Bruders Georg Raphael → Donner. Besuchte 1726–32 die Akad. der bild. Künste in Wien, anschließend Ernennung zum kaiserl. Kammermedailleur. Wahrscheinlich von 1743 bis zu seinem Tod Akad.-Prof. für Bildhauerei, ab 1749 Obermünzeisenschneider am Wr. Münzamt, um das er sich bes. verdient machte. Gerade in seinen zahlr. offiziellen Funktionen hat D. wesentlich zur Verbreitung des Formenkanons von G. R. D. beigetragen.

Donnersbach, Stmk., LI, Gem., 713 m, 1131 Ew., 63,37 km^2, Wintersportort in einem südl. Seitental (Irdningbach bzw. D.) der Enns; an dessen Ursprung Übergang über das Glattjoch (1988 m) ins Murtal. – Biomasse-Heizwerk, Kleingewerbe, Universitätsheim Planneralpe, mehrere Kleinkraftwerke; Fremdenverkehr (81.289 Übernachtungen). – Barocke Pfarrkirche (1756), Schloss (16. Jh.), Hammergewerkenschlösschen (1768); Kirchenruine (14. Jh.) auf dem Ilgenberg; Wintersportgebiet Planneralm mit Plannersee.

Literatur: H. Czimeg, Geschichte von D., 1980.

Donnersbachwald, Stmk., LI, Gem., 960 m, 365 Ew., 114,29 km^2, Fremdenverkehrsgem. (75.537 Übern., v. a. im Winter) im Donnersbachtal in den Niederen Tauern. – Pfarrkirche (erb. 1754), Hochaltar mit Himmelfahrtsgemälde, barockes Gnadenbild und Statuen aus dem 18. Jh., alpine Paar- und Haufenhöfe.

Donnerskirchen, Bgld., EU, Markt, 193 m, 1649 Ew., 33,87 km^2, kleiner Sommerfremdenverkehrsort (16.568 Übernachtungen) zw. Leithagebirge und Neusiedler See. – Golfplatz; Obst- und Weinbau. – Urk. 1285 erwähnt, hochgelegene barocke Pfarrkirche (1676–80), mehrere Kapellen und Bildstöcke, Pranger (1666). Ehem. Schloss, dann Zehenthof (1611 erbaut), ist jetzt Vinarium und Rotisserie. In der Nähe von D. archäolog. Funde in 5 Grabhügeln der Hallstattkultur. Die in einer röm. Villa gefundene Marmortischplatte gehörte zu einem profanen spätantiken Tisch.

Literatur: G. Auer u. G. Maar (Red.), Heimatbuch der Marktgem. D., 1985.

Donnerstag (früher auch „Phincztag"), durch kirchl. Feste (Gründonnerstag, Christi Himmelfahrt, Fron-

leichnam) bedeutsam; war an den ma. Univ. vorlesungsfrei.

Doping, Anwendung verbotener leistungssteigernder Wirkstoffe (Stimulantien, Narkotika, anabole Steroide, Beta-Blocker u. a.) im Sport sowie Überdosierung begrenzt zugelassener Wirkstoffe (Alkohol, Marihuana u. a.); verboten aus gesundheitl., sportseth. und rechtl. Gründen; in Ö. auch schon vor dem modernen Leistungssport („Arsenik-Esser", um 1910 im Pferdesport) bekannt. Die gegenwärtig für Ö. geltenden Bestimmungen sind in Anlehnung an Vorgaben des Internat. Olymp. Komitees, der internat. Fachverbände, des Europarats, der World Anti-Doping Agency (WADA) u. a. festgelegt und werden seit 1994 vom Ö. Anti-Doping-Comité bei Training und Wettkampf überwacht.

Literatur: Inst. für medizin. und sportwiss. Beratung, Antidoping 94; A. Dosch, Die Kriminalisierung des D., Diss., Salzburg 2001.

Doppeladler, Herrschaftssymbol und Wappentier. In Byzanz wurde der doppelköpfige Adler bei Kaisern aus der Familie der Paläologen, in Mitteleuropa von Staufern, Luxemburgern und Wittelsbachern, auch von Richard von Cornwall in England (als gewählter dt. König 1257–72) und von den Zaren Russlands verwendet. Bei den Habsburgern ist er seit Friedrich III. üblich, von diesem wurde er auch den Städten Wien und Krems verliehen; 1804–1918 Reichswappen des Kaisertums Ö., 1934–38 Wappen des Ständestaates.

Literatur: N. Weyss, Der Doppeladler, 1993.

Doppelbauer, Franz Maria, * 21. 1. 1845 Waizenkirchen (OÖ.), † 2. 12. 1908 Linz (OÖ.), Bischof von Linz (ab 1889). Gründete dort 1891 das Kath. Lehrerseminar und 1895 das Knabenseminar Petrinum; betrieb den Ausbau des Neuen Doms und des Pressevereinshauses in Linz. Förderte das kath. Vereinswesen.

Literatur: R. Zinnhobler, F. M. D., in: E. Gatz (Hg.), Die Bischöfe der dt.-sprach. Länder 1785/1803 bis 1945, 1983; ÖBL.

Doppelbauer, Josef Friedrich, * 5. 8. 1918 Wels (OÖ.), † 16. 1. 1989 Salzburg, Komponist, Organist und Chorleiter. Lehrer (später Prof.) am Mozarteum in Salzburg und am Linzer Brucknerkonservatorium. Ö. Staatspreis 1967 und Ehrendoktorat des Pontificio instituto di musica sacra Rom 1986.

Werke: Messen, Oratorium, Chorwerke, Orgelstücke, Klavier- und Kammermusik, Orchesterwerke, Schriften.

Literatur: M. Tunger, J. F. D. Leben und Werk, 1994.

Doppelmayr, Unternehmen für Produktion und Vertrieb von Seilbahnen, Liften und Bahnsystemen, Konzepten zur Nutzung alpiner Gelände sowie Lager-

Doppeladler: Mittleres Reichswappen.

Franz Maria Doppelbauer. Stich.

Donnerskirchen: Pfarrkirche.

und Parkgaragentechnik, 1892 gegr., Stammsitz in Wolfurt (Vbg.). Die im Familienbesitz befindliche Gruppe beschäftigt (2004) in Ö. rd. 800 Mitarbeiter (weltweit rd. 2200) und ist Weltmarktführer bei Seilbahnanlagen. Vertriebs- und Produktionsniederlassungen in rd. 30 Ländern, Export in 71 Staaten; Umsatz im Geschäftsjahr 2002/03 rd. 418 Mio. Euro.

Doppelschilling, Silbermünze (64 % Silber, 36 % Kupfer) der Schilling-Währung, wurde 1928–37 als Gedenkmünze geprägt, die jedes Jahr auf der Vorderseite ein anderes Bild zeigte: F. Schubert, T. Billroth, Walther v. d. Vogelweide, W. A. Mozart, J. Haydn, I. Seipel, E. Dollfuß, K. Lueger, Prinz Eugen und die Wr. Karlskirche. Die D.-Münzen waren beliebte Sammelobjekte und nur wenig im Umlauf.
Literatur: K. Bachinger u. H. Matis, Der ö. Schilling, Geschichte einer Währung, 1974.

Doppler, Adolf, * 6. 6. 1840 Prag (CZ), † 24. 7. 1916 Kitzbühel (Ti.), Eisenbahntechniker; Sohn von Christian → Doppler. In führenden Funktionen am Aufbau der Eisenbahnen in Ö. beteiligt, Bauleiter der → Arlbergbahn mit dem Arlbergtunnel und der → Trisannabrücke sowie die Brennerbahn.
Literatur: ÖBL.

Doppler, Christian, * 29. 11. 1803 Salzburg, † 17. 3. 1853 Venedig (I), bed. Mathematiker und Physiker; Vater von Adolf → Doppler. Nach Lehrtätigkeit in Prag, Chemnitz und Wien 1850 Univ.-Prof. für Experimentalphysik in Wien sowie Begründer und Leiter des Physikal. Inst. der Univ. Wien. Er entdeckte den nach ihm benannten „D.-Effekt" in der Akustik und Optik (den Einfluss des Bewegungszustands einer Schall- oder Lichtquelle bzw. ihres Beobachters, z. B. das scheinbare Tieferwerden des Pfeiftons einer vorüberfahrenden Lokomotive), den er in seinem wichtigsten Werk „Über das farbige Licht der Doppelsterne und einiger anderer Gestirne des Himmels" (1842) beschrieb; damit zeigte er den Weg zur Bestimmung der Radialgeschwindigkeit der Sterne.
Literatur: H. Grössing u. K. Kadletz, C. D., 2 Bde., 1992; ÖBL; NDB.

Christian Doppler. Lithographie.

Dopsch, Alfons, * 14. 6. 1868 Lobositz (Lovosice, CZ), † 1. 9. 1953 Wien, Historiker; Großvater von Heinz → Dopsch. 1900–36 Univ.-Prof. in Wien. Revidierte die Lehrmeinung vom Übergang der Antike zum MA (Evolutions- statt Katastrophentheorie).
Werke: Die Wirtschaftsentwicklung der Karolingerzeit vornehml. in Deutschland, 2 Bde., 1912/13; Wirtschaftl. und soz. Grundlagen der europ. Kulturentwicklung aus der Zeit von Cäsar bis auf Karl den Grossen, 2 Bde., 1918/20.
Literatur: NÖB.

Dopsch, Heinz, * 1. 11. 1942 Wien, Historiker; Enkel von Alfons → Dopsch. Seit 1984 Prof. für Vergl. Landesgeschichte der Univ. Salzburg. Herausgeber der „Geschichte Salzburgs – Stadt und Land" (2 Bde. in 8 Tln., 1981–91); Autor zahlr. Bücher zur Geschichte von Salzburg sowie des Bandes „Die Länder und das Reich. 1122–1278" (1999) aus der 12-bändigen Ö. Geschichte (hg. von H. Wolfram, 1994–2002).
Weitere Werke: Kleine Geschichte Salzburgs, 2001; Anif, 2003 (Hg.).

Dor, Milo (eigentl. Milutin Doroslovac, Pseud.: Alex Lutin, Alexander Dormann), * 7. 3. 1923 Budapest (H), Erzähler und Übersetzer serb. und kroat. Literatur. Ab 1933 in Belgrad aufgewachsen, wurde er 1942 als kommunist. Widerstandskämpfer verhaftet und zur Zwangsarbeit nach Wien deportiert. Seit 1945 schreibt D. in dt. Sprache v. a. Romane und Novellen, die zeitkritische und hist. Themen aufgreifen, sowie Drehbücher und Feuilletons. A.-Gryphius-Preis 1998.
Werke: Romane und Prosa: Tote auf Urlaub, 1952, Nichts als Erinnerung, 1959, Die weiße Stadt, 1969 (1979 als Trilogie „Die Raikow-Saga"); Meine Reisen nach Wien, 1974; Auf dem falschen Dampfer, 1988 (Autobiographie); Mit dem Kopf durch die Wand. Serbische Aphorismen, 1988; Wien, Juli 1999, 1997. – Essays: Schriftsteller und Potentaten, 1991; Mitteleuropa: Mythos oder Wirklichkeit, 1996; Grenzüberschreitungen, 2003. – Drama: Der vergessene Bahnhof, 1948. – Hör- und Fernsehspiele. – Hg. von Anthologien zur serb. Literatur.
Literatur: H. A. Niederle (Hg.), M. D. Beiträge und Materialien, 1988; D. Bugarcić (Hg.), Roman über M. D., 2003.

Milo Dor. Foto, 1992.

D'Ora, Atelier, siehe Dora → Kallmus und Arthur → Benda.

Dorcsi, Mathias, * 19. 1. 1923 Wien, † 27. 5. 2001 München (D), Arzt. Bed. Homöopath und Begründer der homöopathischen Schule in Wien. 1978 Vorstand des Inst. für physikal. Medizin der Person am Krankenhaus Lainz, 1980 Lehrauftrag an der Medizin. Fakultät der Univ. Wien. Vorsitzender der Ö. Gesellschaft für Homöopathische Medizin.
Werke: Medizin der Person, 1973. – Lehrbücher der Homöopathie.
Literatur: R. G. Appell (Hg.), Homöopathie – Medizin der Person, 1993 (Festschrift).

Doren, Vbg., B, Gem., 709 m, 1002 Ew., 14,17 km², gewerbl.-landw. Gem. im Vorderen Bregenzerwald am Sulzbergstock; zw. Weißach, Bregenzerach und Rotach; Maschinenbau, Dorfsennerei. – Pfarrkirche (1823–26) mit Kreuzigungsgruppe (um 1830), reich gestalteter Luster. Naturdenkmäler und Biotope.
Literatur: G. Blank, Sulzberg u. D. Eine länderkundl. Darstellung, 1957; Alte Bregenzerwälder Ansichten, Bd. 2. Vom Sulzberg bis zur Subersach, 2002.

Dorf, ländl. strukturierte Siedlung, die durch eine früher vorherrschende, heute nur noch z. T. agrar. geprägte Siedlungs-, Wirtschafts- und Sozialstruktur gekennzeichnet ist. In der Neuzeit entwickelte sich die urspr. Wirtschaftsgemeinde (genossenschaftl. Verband mit Selbstverwaltung und teilw. eigener Gerichtsbarkeit, eine rechtl. und wirt. Organisationsform des Grundherrn) zur polit. Gemeinde.
Für die Typologie traditioneller ländl. Siedlungen sind die Haus- und → Hofformen, die → Flurformen und die → Siedlungsformen von Bedeutung. D. ist eine Gruppensiedlung (im Gegensatz zur Einzelsiedlung), wobei sich typ. traditionelle Ortsformengruppen und -typen feststellen lassen: Streusiedlungen und lockere Ortsformen werden der Gruppe der geschlossenen D. gegenübergestellt. Unter den geschlossenen D. weist das Haufen-D. eine unregelmäßige Form auf; linear ausgerichtet sind die Reihen- (u. a. Marsch- und Waldhufen-D.), Straßen- und Zeilen-D. Zwischen den geschlossenen und linearen Ortsformen sind Anger-D. und Platz-D. (Rundformen, Rundling und Rechteckformen) angesiedelt. Unter dem Einfluss urbaner Lebensweisen und industrieller Wirtschaft haben die ländl. Siedlungsformen Veränderungen erfahren (Ortserweiterung durch Erschließung neuer Wohnstraßen bzw. -gebiete). Das Wachstum der D.-Siedlungen beruht weitgehend auf der Ausweitung der Pendelwanderung und meist auf der Entstehung von Ortsteilen mit reinem Wohncharakter; oft geschieht die Ausweitung durch Errichtung von Zweitwohnsitzen. Die D.-Siedlungen werden auch zunehmend durch neue Ind.-Standorte erweitert.
Das D. stellte in der Vergangenheit eine wirt. Einheit dar (die Hausgemeinschaft bildete die Grundlage der Arbeitsorganisation), bei der die landw. Produktion einen wichtigen Teil des Erwerbs bildete (ergänzt durch Hausgewerbe, Handwerk und Dienstleistungsberufe). Die soz. Struktur der dörfl. Gemeinschaft umfasste die Vollbauern (coloni), die Kleinstellenbesitzer ohne Grundbesitz (Häusler, Hofstätter – inquilini) sowie die Inwohner (subinquilini, pauperes) und landw. Gesinde. Als Resultat sozioökonom. Veränderungen der

letzten 50 Jahre überwiegt heute in den meisten D. die hauptberufl. nichtlandw. Bevölkerung, die Landw. fungiert oft als Nebenerwerb.

Die spezif. Merkmale einer traditionellen bäuerl. D.-Gemeinschaft waren die stark ausgeprägten soz. Beziehungen (Nachbarschaftsbeziehungen, soz. Kontrolle), starre ges. Strukturen, wirt. sowie soz., kulturell und religiös verankerte Normensysteme (Bräuche, Sitten, Feste, Vereinswesen, Familienleben) und weitere Phänomene der Alltagskultur (Architektur und Wohnweise, Bekleidung, Nahrung usw.). Im Lauf der letzten Jh. wurden die dörfl. Gemeinschaft und ihre Merkmale (in Abhängigkeit von den polit., wirt., soz. und kulturellen Strukturen) in mehreren Entwicklungsperioden einem Wandel unterworfen. Mit dem aufkommenden Tourismus (bereits im 19. Jh.) und der Heimatschutzbewegung, in den letzten Jahrzehnten v. a. durch die Fremdenverkehrsentwicklung, haben Brauchtum, Trachten und Volkskunst im D. eine Wiederbelebung und Kommerzialisierung erfahren (Folklorismus).

Der dörfl. Charakter wird im Gegensatz zur städt. Ges. gesehen, wobei sich bereits seit dem 19. Jh. eine Überlagerung ruraler und urbaner Kulturmuster (etwa in Architektur, Wohnkultur und Bekleidung) feststellen lässt. Durch die Industrialisierung und Urbanisierung des ländl. Raums und mit der zunehmenden Mobilität der Bevölkerung sowie der Entwicklung des Fremdenverkehrs, der Zunahme der Zweitwohnsitze städt. Bevölkerungsgruppen im ländl. Raum und einer kulturellen Integration durch übergeordnete Medien- und Kommunikationssysteme entsteht eine Angleichung städt. und dörfl. Ges.-Strukturen.

Aufgrund dieser grundlegenden Umgestaltungen, die zu einer Vielfalt regionaler und lokaler Differenzierungen beigetragen haben, ist es schwierig, das D. heute einheitlich zu definieren; in der Raumplanung wird statt dessen der Begriff „ländl. strukturierte Gemeinde" verwendet. Aufgrund des Fehlens einer einheitl. Definition kann daher die dörfl. Bevölkerung nur geschätzt werden. In Ö. leben 375.358 Personen in Gem., die weniger als 1000 Einwohner umfassen, 2,194.973 in Gem. bis 2500 Einwohner (Volkszählung 2001). 1961 waren es noch 1,152.005 in Gem. bis 1000 Einwohner und 2,689.384 Personen in Gem. bis 2500 Einwohner.

Dorf an der Pram, OÖ., SD, Gem., 395 m, 1016 Ew., 12,66 km², landw.-gewerbl. Gem. im Pramtal. Maschinenbau. – Urk. 1371, Pfarrkirche (Neubau 1901/02) mit Barockhochaltar (frühes 18. Jh.), Schutzengelkapelle (1891), Kirche St. Nikola (1702) mit Barockaltar und „Augenbründl".

Dorfbeuern, Sbg., SL, Gem., 471 m, 1392 Ew., 14,56 km², landw. Wohngem. an der Landesgrenze zu OÖ. nordöstl. von Lamprechtshausen. – Benediktinerabtei → Michaelbeuern; spätgot. Pfarrkirche mit roman. Kern (urk. 790, Weihe 1506) sowie spätgot. Chor, Figuren und Taufbecken, alte Glocke (1500); Mischgebiet bäuerl. Hofformen. Musterbeispiel der Dorferneuerung.

Literatur: G. Immerschitt (Red.), Dorferneuerungsmodell D., 1989; G. Immerschitt (Red.) u. F. Lauterbacher, D. 2000. Eine Gem. stellt sich vor! 1997.

Dorfer, Alfred, * 11. 10. 1961 Wien, Kabarettist. Nach Abschluss des Schauspielstudiums in Wien 1984 Gründung der Kabarettgruppe „Schlabarett". Produktionen mit J. → Hader, seit 1993 auch Soloprogramme. Film- und Fernsehrollen. 1992 Ö. Kleinkunstpreis für das Kabarettprogramm „Indien" (1993 verfilmt).

Weitere Werke: Soloprogramme: Alles Gute, 1993; Ohne Netz, 1994; Badeschluß, 1996; heim.at, 2000. – Filme: Hinterholz 8, 1998; Ravioli, 2003.

Dorferneuerung, Sammelbegriff für raumplanerische Maßnahmen, die zum Ziel haben, Dörfer so umzugestalten, dass sie den heutigen gesellschaftlichen Anforderungen entsprechen; ein Pendant zur Stadterneuerung. Anfang der 1980er Jahre wurden unter D. v. a. die ortsbildpflegerischen Aktivitäten (Orts- und Fassadengestaltung, Sanierung und Pflege des urspr. dörflichen Ensembles) verstanden, seit Ende der 1980er Jahre wird eine umfassende geistig-kulturelle D. angestrebt, die die Verbesserung der Lebensqualität im ländlichen Raum zum Inhalt hat. Die D.-Projekte umfassen das Ortsbild, die Nachbarschaftshilfe, Kultur im Dorf, Verkehrsberuhigung, die wirtschaftliche Stärkung der Dörfer usw. In Ö. entwickelte v. a. das Bundesland NÖ. umfassende D.-Aktivitäten.

Literatur: Schriftenreihe des Club NÖ., 1981 ff.; Amt der Nö. Landesregierung (Hg.), NÖ. schön erhalten – schöner gestalten, 1982 ff.; dass., Wir erneuern unser Dorf, 1986 ff.; C. Kirlinger, D. in Ö., 1986; Erhaltung – Erneuerung, Ztschr. f. Stadt- und Dorferneuerung, 1989 ff.; Amt der Bgld. Landesregierung (Hg.), Unser Dorf, 1991 ff.; B. Gawlik und O. Wawschinek (Bearb.), 2. Europäischer D.-Kongreß, hg. v. d. Ö. Ges. für Land- und Forstwirtschaftspolitik, 1991; M. ., 1998.

Dorfgastein, Sbg., JO, Gem., 830 m, 1649 Ew., 54,07 km², Sommer- und Winterfremdenverkehrsort (218.731 Übernachtungen) im unteren Gasteiner Tal südl. der Gasteiner Klamm. – Festsaal, solarbeheiztes Freibad, Schauhöhle („Entrische Kirche", jetzt Protestantengedenkstätte), Einseilumlaufbahn auf das Fulseck (2035 m m m m m); Beherbergungs- und Gastgewerbe, Burgruine Klammstein, seit 1973 teilw. revitalisiert. Frühgot. Pfarrkirche (urk. 1350), alte Gehöfte (18.–19. Jh.).

Literatur: S. Hinterseer, Heimatbuch D., 1981.

Dorfmeister, Johann Georg, * 22. 9. 1736 Wien, † 21. 9. 1786 Saska (RO), Bildhauer. 1757–60 Schüler von B. F. → Moll an der Wr. Akademie, ab 1765 Mitglied der Akademie. Einer der bedeutendsten Plastiker in der 2. Hälfte des 18. Jh.; anfänglich stark von G. R → Donner beeinflusst, später unter dem Konkurrenzdruck von F. A. v. → Zauner und J. M. → Fischer immer mehr dem Klassizismus zugewandt, ohne das Spätbarock ganz zu verlassen. Arbeitete v. a. für Kirchen in Wien und NÖ.

Literatur: I. Goritschnig, J. G. D. (1736–1786), ein Beitrag zur Biographie, Dipl.-Arb., Wien 1995; ADB.

Dorfmeister, Michaela, * 25. 3. 1973 Wien, Skirennläuferin. Seit 1994 im ö. Weltcupteam, bei den Olymp. Spielen 1998 in Nagano (J) Silbermedaille im Super-G, bei den Weltmeisterschaften 1999 in Vail (USA) Silbermedaille im Abfahrtslauf und Bronzemedaille im Super-G; 1999/2000 Weltcupsiegerin im Riesentorlauf; 2001 Goldmedaille bei den Weltmeisterschaften in St. Anton (Ti.) im Abfahrtslauf; 2001/02 Gesamtweltcupsiegerin; 2002/03 Weltcupsiegerin im Abfahrtslauf; 2003 Goldmedaille im Super-G bei den Weltmeisterschaften in St. Moritz (CH).

Dorfstetten, NÖ., ME, Gem., 740 m, 632 Ew., 33,12 km², landw. Gem. am S-Rand des Weinsbergforsts im oberen Tal der Kleinen Ysper. Holzverarbeitung. – In Forstamt barockisierte Pfarrkirche mit got. Chor, spätbarockem Turm und neugot. Einrichtung, Kriegerdenkmal (um 1920), Mahnmal (1981), Gewölbte Brücke (18./19. Jh.), Geringkapelle (19. Jh.). Passionsspiele.

Literatur: Arbeitskreis 1000 Jahre Nochilinga, Über die Gem. D., Nöchling, St. Oswald und Yspertal, 1998.

Dorfwirth, Josef Raimund, * 6. 4. 1926 St. Georgen a. d. Gusen (OÖ.), † 9. 12. 1983 Wien, Fachmann für Verkehrstechnik, Verkehrsplanung und Straßenbau. 1964 Univ.-Prof. an der Techn. Univ. Graz, ab 1975 an der Techn. Univ. Wien.

Werke: mehr als 50 wiss. Veröffentlichungen, Verkehrsstudien und Prognosen.

Michaela Dorfmeister.
Foto, 2002.

Alfred Dorfer.
Foto, 2000.

Felix Dörmann. Foto.

DÖRMANN, Felix (eigentl. F. Biedermann), * 29. 5. 1870 Wien, † 26. 10. 1928 ebd., vielseitiger Schriftsteller, Lyriker und Filmproduzent. Mitglied der Tischges. von H. → Bahr. Sein umfangreiches Werk umfasst Romane, Novellen, Libretti, (erot.) Theaterstücke und Gedichtbände. 1912 gründete er die „Vindobona-Film" und war bis 1914 als Fimproduzent tätig.
Werke: Lyrik: Neurotica, 1891; Sensationen, 1892; Gelächter, 1896. – Dramen: Ledige Leute, 1897; Zimmerherren, 1900. – Libretto: Ein Walzertraum, 1907 (zur Operette von O. Straus, größter Erfolg). – Romane: Jazz, 1925; Herbst in Europa, 1937.
Literatur: H. Schneider, F. D., Diss., Wien 1991; L. Pouh, Wr. Literatur und Psychoanalyse. F. D., J. J. David und F. Salten, 1997.

DORN, Eduard (Pseud.: E. Kaan), * 30. 8. 1826 Wien, † 14. 7. 1908 ebd., Schauspieler und Bühnenschriftsteller. Ab 1867 Dir. des Theaters in der Josefstadt.
Werke: Dramen: Anno damals, 1858; Vater Radetzky, 1874; Das letzte Aufgebot, 1875.
Literatur: ÖBL.

DORNBACH, bis 1891 selbständige Gem. am Rand des Wienerwalds (Heuberg, Schafberg), seither Teil des 17. Wr. Bezirks Hernals; um 1115 als „Doringinpach" erwähnt.

DORNBACH, Kä., siehe → Malta.

Blick auf Dornbirn.

Dornbirn.

DORNBIRN, Vbg., DO, Stadt (1901), 437 m, 42.301 Ew., 120,93 km², größte Stadt in Vbg., „Garten- und Messestadt" und bed. Wirtschaftszentrum im Rheintal, an der Bündelung der N-S-Verkehrslinien. – BH, Bez.-Ger., Arbeitsmarktservice, Eichamt, Gefangenenhaus, Krankenhaus, AK, Ärztekammer f. Vbg., Pensionsversicherungsanstalt der Angestellten, Gebietskrankenkasse, Kultur- und Kongresshaus, Stadthalle, Stadion Vbg.; Medienhaus Schwarzach („Vbg. Nachrichten"), Studiogebäude des ORF, Segel- und Sportflugplatz Hohenems-D., Inst. für Textilchemie und -physik der Univ. Innsbruck, Konsulate, Neuapostol. Kirche, SOS-Kinderdorf, Gehörlosenheim, Kolpinghaus, Eissportzentrum Eishalle, Dorotheum, Stadtmus., Naturkundemus. → inatura (ehem. Vbg. Naturschau), geolog., botan. und zoolog. Sammlungen, Vbg. Siedlungsmuster), FachhochS, BG, BRG, BORG, 3 BerufsS, Haushaltungs, Bundeslehr- und -versuchsanstalt für Textilind., HTL d. Vereins Technikum Vbg., Werkmeisterschule d. WIFI, Vbg. LandessportS; Seilbahn auf den Karren (971 m).
Wirtschaftszentrum mit fortgeschrittenem Dienstleistungsbereich (rd. 2 Drittel der mehr als 20.000 Beschäftigten 2001, bes. in Handel sowie in persönl., soz. und öffentl. Diensten), trotz Krise und Personalabbau nach wie vor Schwerpunkt der ö. Textilind., Elektro- und metallverarbeitende Ind. (Leuchten, Maschinenbau, Kräne, Gusswaren), Nahrungsmittel- (Ölz-Backwaren) und Keramikind., Wachswaren, Brauereien; alljährlich im September D. Herbstmesse und im April Frühjahrsmesse auf dem Messegelände (Messepark).
Urk. 895 als „Torrinpuiron" (ahd. bur = Siedlung; „Siedlung des Torro") erw., wuchs aus mehreren Dörfern zusammen; Entwicklung der Textilind. seit Ende des 18. Jh. (1773 erste Spinnerei). Klassizist. Stadtpfarrkirche (1840), daneben das „Rote Haus" (1639, Holzbau mit Kreuzgiebel) als typ. Rheintaler Haus; Ind.-Denkmäler: 2 schindelgedeckte Fabriksgebäude (um 1830) mit Trockenturm (1894) in Wallenmahd. In der Umgebung Rappenloch-, Schaufel- und Alplochschlucht (Wasserfall) sowie Staufensee.
Literatur: Ö. Städtebuch, Bd. III, Vbg., 1973; W. Hämmerle, Beiträge zur Geographie der Stadt D., Diss., Innsbruck 1974; W. Bundschuh, Bestandsaufnahme Heimat D. 1850–1950, 1990.

DORNBIRNER ACHE, Dornbirnerach, Vbg., Gebirgsfluss mit Quellbächen im Bregenzerwald, durchfließt die Alploch- und Rappenlochschlucht (hoher Wasserfall) und mündet in der Fußacher Bucht parallel zum Rhein in den Bodensee; Unterlauf Gewässergüteklasse II–III, Oberlauf Güteklasse I–II. Die Durchflussmenge (Lauterach) betrug im Jahr 2000 8,3 m³/Sek.

DORNER, Johann Konrad, * 15. 8.1809 Egg (Vbg.), † 30. 6. 1866 Rom (I), Maler. Ab 1828 Studium in München bei J. Schnorr von Carolsfeld und P. Cornelius. Lebte ab 1835 in Mitau, ab 1839 in Wilna, 1841–53 in St. Petersburg und danach in Rom. Schuf Historien- und Genrebilder, Altarbilder für Kirchen in Russland und Porträts der Zarenfamilie. Ab 1853 widmete er sich ausschließlich der relig. Kunst.
Literatur: Drei Künstlerleben aus dem Bregenzerwald, Ausst.-Kat., Bregenz 1995.

DORNHELM, Robert, * 17. 12. 1947 Timisoara (RO), Regisseur. 1960 Immigration nach Ö., 1965–67 Studium an der Wr. Filmakademie. 1967–75 als Dokumentarfilmregisseur für den ORF tätig; 1977 Oscar-Nominierung für „Kinder der Theaterstraße" und Übersiedlung in die USA, wo er seither lebt. Sein Spielfilm „Requiem für Dominic" (1990) wurde für den Golden Globe nominiert und war offizieller Beitrag beim Filmfestival in Venedig. „The Venice Project" (1999) wurde in Venedig für den Goldenen Löwen nominiert. D. arbeitete u. a. mit Grace Kelly, James Coburn, Jeff Bridges und Helena Bonham-Carter.
Weitere Filme: Rearranged, 1980; Echo Park, 1984; Cold Feet, 1988; Marina's Story, 1991; A Further Gesture, 1995; Der Unfisch, 1996; Anne Frank – The Whole Story, 2001 (TV); Sins of the Father, 2002 (TV); RFK, 2002 (TV); Rudy: The Rudy Giuliani Story, 2003 (TV).

DOROTHEUM, „Auktions-, Versatz- und Bank-Gesellschaft m. b. H.", größtes Auktionshaus im dt.-sprach. Raum, deren alleiniger Gesellschafter bis 2001 die Republik Ö. war; veranstaltet Versteigerungen, betreibt Handelsgeschäfte, gewährt im Sinne einer Wohlfahrtseinrichtung günstigen Pfandkredit, übernimmt die Verwahrung von Wertgegenständen. Sachverständige des D. führen auf Wunsch Schätzungen von Kunst- und Wertgegenständen durch.
1707 wurde in Wien das sog. „Versatz- und Frag-Ambt" errichtet, um billige Kredite gegen Verpfändung von Wertgegenständen zu gewähren, es richtete sich hauptsächl. gegen das Wuchergeschäft. 1785 erfolgte die Öffnung des Inst. für alle Bevölkerungsschichten, 1787 wurde es an die jetzige Stelle in der Dorotheergasse ver-

Dornbirn: Das Rote Haus.

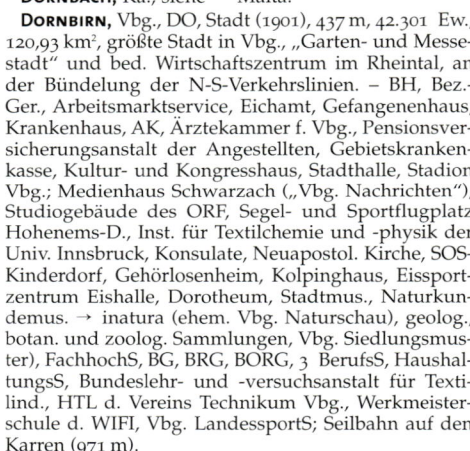

legt (ehem. Dorotheerkloster, daher der Name; 1901 neues Gebäude). Seit der Jh.-Wende hat der Auktionsbetrieb zunehmende Bedeutung. In den 20er Jahren Gründung von Zweiganstalten in den Bundesländern. 1923 wurde das D. in einen eig. Wirtschaftskörper umgewandelt. Im Zuge der Privatisierung wurde es im Herbst 2001 an die One Two Beteiligungs G. m. b. H. verkauft. Das D. verfügt heute (2004) über 24 Unternehmensstandorte in Wien und in den Bundesländern sowie über Repräsentationen in Deutschland, Belgien und Japan; seit 1992 besteht eine Tochterges. in Prag. Jährl. veranstaltet das D. rd. 600 Auktionen.
Literatur: F. Czeike, Das D., 1982.

DORSCH, Käthe, * 29. 12. 1890 Neumarkt i. d. Oberpfalz (D), † 25. 12. 1957 Wien, Kammerschauspielerin; Ehefrau des Schauspielers Harry Liedtke (1882–1945). Zuerst Operettensoubrette, ab 1927 als Schauspielerin in Wien, 1936–39 am Volkstheater, danach am Burgtheater (Elisabeth in „Maria Stuart", Marguerite Gautier in „Die Kameliendame", Frau Alving in „Die Gespenster"); Filmtätigkeit. Großes Aufsehen erregte sie, als sie 1956 den Kritiker H. → Weigel öffentl. ohrfeigte.
Literatur: L. Berger, K. D., 1957.

DOSTAL, Nico, * 27. 11. 1895 Korneuburg (NÖ.), † 25. 10. 1981 Salzburg, erfolgreicher Operettenkomponist. Schrieb zunächst Kirchenmusik; Theaterkapellmeister in Innsbruck, Salzburg und Wien, wo er 1933 mit „Clivia" seinen ersten Operettenerfolg errang. Ab 1946 in Wien und Salzburg. – Sein Onkel, der Militärkapellmeister Hermann D. (1874–1930), hat vorwiegend Kurzoperetten komponiert.
Weitere Werke: Operetten: Monika, 1937; Ungar. Hochzeit, 1939; Flucht ins Glück, 1941; Manina, 1942; Zirkusblut, 1951; Doktor Eisenbart, 1952; Der dritte Wunsch, 1954. – Filmmusik: Fiakerlied, 1936; Heimatland, 1939.
Literatur: 100 Jahre N. D., 1995.

DRACH, Albert, * 17. 12. 1902 Wien, † 27. 3. 1995 Mödling (NÖ.), Erzähler, Lyriker und Hörspielautor. Von Beruf Rechtsanwalt, wurde er erst im Alter als Schriftsteller bekannt, obwohl viele seiner Werke bereits vor 1938 entstanden waren. Verwendete die Kanzleisprache als humoristisch-verfremdendes Kunstmittel. G.-Büchner-Preis 1988, Ö. Ehrenzeichen f. Wiss. u. Kunst 1990, Grillparzer-Preis 1993.
Werke: Romane und Erzählungen: Das große Protokoll gegen Zwetschkenbaum, 1964; Die kleinen Protokolle und das Goggelbuch, 1965; Untersuchung an Mädeln, 1968; Ja und Nein, 1992. – Autobiographie: Unsentimentale Reise, 1966; „Z. Z." das ist die Zwischenzeit, 1968; Das Beileid, 1993. – Dramen: Marquis de Sade, 1929; Das Spiel vom Meister Siebentot, 1965; Das Aneinandervorbeispiel und die inneren Verkleidungen, 1966. – Ausgabe: Gesammelte Werke, 8 Bde., 1964–72.
Literatur: M. Settele, Der Protokollstil des A. D., 1992; B. Fetz (Hg.), In Sachen A. D., 1995; G. Fuchs (Hg.), A. D., 1995.

DRACHENGASSE, Theater (in der): 1981 gründete E. → Werner in der D., Wien 1, ein Zentrum für Frauenkultur, dessen Programm neben Workshops, Weiterbildungskursen u. a. auch eine Theatergruppe umfasste, die im „Kleinen Raum i. d. D." frauenspezif. Theaterstücke aufführte; 1984 adaptierte Werner einen weiteren Raum in der D. für das von S. → Kadmon übernommene → „Theater der Courage". 1987 übernahmen Johanna Franz und Eva Langheiter die Leitung des Theaters, das seit seiner Renovierung und techn. Adaptierung 1993 als „Theater D." Eigenproduktionen und Gastspiele mit Schwerpunkt auf zeitgenöss. Theater bringt. In Bezug auf Inhalte, Stückwahl und Regie gilt das bes. Interesse des Theaters den Frauen.

Drachenhöhle: Schädel eines Höhlenbären.

DRACHENHÖHLE BEI MIXNITZ (Stmk.), südöstl. von Bruck a. d. Mur, liegt in 950 m Seehöhe. Nach dem 1. Weltkrieg wurde aus Mangel an Düngemitteln mit dem Abbau der bis zu 12 m dicken Ablagerungen begonnen. Die hochwertige Phosphaterde (über 3 Mio. Kilogramm) war die Hauptquelle der „ö. Höhlendünger-Aktion". Dabei wurden zahlr. Knochen von Höhlenbären, die man für die von Drachen hielt, Reste von Feuerstellen und altsteinzeitl. Steingeräte aus der Warmphase zw. 65.000 und 31.000 v. Chr. (→ Altsteinzeit) gefunden. Diese Funde gehören zu den ältesten menschlichen Spuren in Ö.

DRAGHI, Antonio, * um 1634 Rimini (I), † 16. 1. 1700 Wien, Komponist. Ab 1657 oder 1658 Sänger in der Kapelle der Kaiserinwitwe Eleonora in Wien, 1666 erste Opernkompositionen, 1669 „maestro di capella", 1673 von → Leopold I. zum „intendente delle musiche teatrali" (ein Titel, den man für A. Cesti geschaffen hatte) ernannt, 1682 Hofkapellmeister. Einer der Hauptvertreter der Barockoper und des Oratoriums in Wien.
Werke: 118 Opern, 43 Oratorien (sepolcri).
Literatur: H. Seifert, Die Oper am Wr. Kaiserhof im 17. Jh., 1985.

DRAGONER, im 17. Jh. berittene Fußsoldaten, wurden im 18. Jh. zur Kavallerie, nachdem sich ihre bewegl. Kampfweise in den Türkenkriegen 1683–1718 bewährt hatte.

DRAPAL, Julia, * 28. 2. 1917 Wien, † 19. 12. 1988 ebd., Tänzerin. Als 12-Jährige im Staatsopernballett, 1935 Solotänzerin, 1949 Primaballerina. Tanzte alle Rollen des klass. Repertoires. War auch beim Film und als Choreographin tätig.

DRASCHE-WARTINBERG, aus Mähren stammende Industriellenfamilie. Zu den bedeutendsten Persönlichkeiten aus der Familie zählten Heinrich v. → Drasche-Wartinberg und Richard v. → Drasche-Wartinberg.

DRASCHE-WARTINBERG, Heinrich von, * 19. 4. 1811 Brünn (CZ), † 24. 7. 1880 Inzersdorf b. Wien, Industrieller; Vater von Richard v. → Drasche-Wartinberg. Baute die von seinem Onkel Alois → Miesbach geerbte Ziegelfabrikation im S Wiens aus (→ Wienerberger Baustoffindustrie AG) und ließ 1861/62 durch T. → Hansen den 1945 zerstörten Heinrichhof gegen-

Albert Drach. Foto, 1988.

Dragoner: O. Kokoschka als Kriegsfreiwilliger im Dragoner-Regiment Nr. 15. Foto, 1915.

Heinrich von Drasche-Wartinberg. Foto, um 1875.

über der Wr. Staatsoper erbauen (Neubau: Opernringhof).
Literatur: J. Mentschl u. G. Otruba, Ö. Industrielle und Bankiers, 1965.

DRASCHE-WARTINBERG, Richard von, * 18. 3. 1850 Wien, † 4. 7. 1923 ebd., Ziegelindustrieller und Maler; Sohn von Heinrich v. → Drasche-Wartinberg. Stiftete einen Park in Wien 4 (Drasche-Park).

DRASENHOFEN, NÖ., MI, Gem., 224 m, 1143 Ew., 35,2 km², gewerblich-landw. Gem. mit Weinbau am NO-Rand der Laaer Ebene an der Grenze zu Tschechien. Grenzübergang, Zollamt; Maschinenbau. – Urk. 1190 „Drahsenhoven", frühbarocke Pfarrkirche (Umbau 1928) mit klassizist. Altar, spätgot. Tabernakelpfeiler, Pestkreuz (1669); Fünfkirchen: Schloss (Neubau 1602) mit Wirtschaftsgebäuden (16. Jh.); Kleinschweinbarth: neugot. Pfarrkirche (erb. 1870–74) mit Schnitzaltar; Steinebrunn: urk. 1258, Annakirche (erb. 1954–58), Barockschloss (frühes 17. Jh.) mit großer Parkanlage.

DRASSBURG, Bgld., MA, Gem., 234 m, 1055 Ew., 9,68 km², östl. von Mattersburg in der Nähe der ungar. Grenze. – Urk. 1327; teilweise got. Pfarrkirche (Umbau 1701), hufeisenförmiges Schloss (17. Jh.) in franz. Garten mit Barockstatuen (J. C. → Schletterer); frühgeschichtl. Funde („Venus von D.", 4. Jahrtausend v. Chr.).
Literatur: F. Tobler, Studien zur Ortsgeschichte von D. 1403–1848, Diss., Wien 1974.

DRASSMARKT, Bgld., OP, Markt, 341 m, 1411 Ew., 36,23 km², Wohngem. mit gemischter Wirt.-Struktur an der Straße von Neutal nach Kirchschlag im Mittel-Bgld. Holzverarbeitung. – Urk. 1263, Marktrecht 1614, kath. Pfarrkirche (ehem. Wehrkirche, err. 16. Jh., barock erweitert) mit modernem Volksaltar, Inventar teilw. 18. Jh., Pranger (17. Jh.), Barockkapellen, Fluchtgänge aus der Türkenzeit, im Ortskern Häuser mit Stuckdekor. – Schnupferclub „Ozona" in Karl; Brauchtum: Fußwallfahrt nach Maria Hasel in Pinggau seit 13. Juli 1771, Draßmarkter Fasching.

Drau bei Rosegg, Kä.

DRAU, O.-Ti., Kä., westl. Nebenfluss der Donau, 749 km lang, davon 261 km in Ö., mit 11.828 km² drittgrößtes Einzugsgebiet in Ö. nach Donau und Inn. Der Jahresmitteldurchfluss der Drau betrug 2000 bei Amlach 152 m³/Sek.; bis zur Einmündung der Gailitz (Arnoldstein) sehr gute bis gute Wasserqualität. Die D. entspringt nahe der Toblacher Heide (S-Ti.) im Pustertal; ab Oberdrauburg fließt die D. durch Kä., bis sie vor Unterdrauburg (Dravograd) das Staatsgebiet Sloweniens erreicht, dann die Niederung der Podravina in Kroatien durchquert und unterhalb der Stadt Osijek als Drava in die Donau mündet. Wichtigste Nebenflüsse der D. in Ö. sind südl. Weißenbach, Gail und Vellach sowie nördl. Isel, Möll, Lieser, Afritzer Bach, Gurk und Lavant. Die Verbund – Austrian Hydro Power AG betreibt an der Drau 10 Wasserkraftwerke (bis 2001: Draukraftwerke AG). Bis 1785 bildete die D. auch die Diözesangrenze (→ Diözesen) zwischen Salzburg und Aquileia.

Das D.-Tal weist einen U-förmigen Querschnitt auf und gliedert sich in mehrere Tallandschaften: Pustertal (oberhalb der Lienzer Klause), Oberdrautal (vom „Tiroler Tor" bis zur Enge von Sachsenburg), → Lurnfeld (zwischen den Mündungen von Möll und Lieser), Unterdrautal (von Spittal bis Villach), → Rosental (zwischen Rosegg und der Vellachmündung) und → Jauntal (zwischen Vellach und Schwabegg). Das D.-Tal ist eine wichtige O-W-Verkehrsverbindung (Straße, Bahn). Hauptorte in Ö.: Lienz, Spittal a. d. Drau und Villach; wichtigste Wirtschaftszweige des D.-Tals: Bauwirt., Kunststoffind., Lebensmittelerzeugung, Holzverarbeitung, Fremdenverkehr, Maschinenbau, Schuherzeugung, elektrotechn. Ind., Elektrizitätsversorgung und Landwirtschaft.

DRAUKRAFT, ÖSTERREICHISCHE DRAUKRAFTWERKE AG, 1947 gegr. und bis 2000 bestehende Sonderges. im → Verbundkonzern, Stammsitz in Klagenfurt (Kä.); übernahm den Betrieb der Kraftwerke Schwabeck und Lavamünd sowie des kalor. Kraftwerks Voitsberg, mit Bau und Betrieb von Großkraftwerken beauftragt. An der D. waren die Verbundges. zu 51 % und die → KELAG zu 49 % beteiligt. Die D. betrieb Dampfkraftwerke in St. Andrä i. Lavanttal (Kä.), Voitsberg und Zeltweg (beide Stmk.), 10 Laufkraftwerke an der Drau und die Speicherkraftwerke Reißeck/Kreuzeck und Malta mit einer Gesamtleistung von 2,2 GW und war damit das leistungsstärkste Elektrizitätsversorgungsunternehmen Ö. Innovativ war die D. beim Einsatz von Biomasse in St. Andrä und Zeltweg (erstmals Vergasungstechnik). Auf der Kanzelhöhe wurde ein Solarprojekt betrieben, bei der Malta-Hauptstufe (Rottau) ein Windkraftwerk erprobt. 2000 wurde die D. von der Verbund – Austrian Hydro Power AG übernommen.

DRAUZUG, siehe → Gailtaler Alpen, → Alpen.

DRAWE, Hermann, * 26. 2. 1867 Wien, † 26. 7. 1925 ebd., Richter und Amateurfotograf. 1897–1913 Gerichtslaufbahn. Schuf gem. mit dem Journalisten E. Kläger Fotodokumentationen von Wr. Elends- und Massenquartieren. Bed. Vertreter engagierter Sozialdokumentation in der ö. Fotografie.
Werk: Durch die Wr. Quartiere des Elends und Verbrechens, 1908.
Literatur: M. Szeless, Armuts- und Elendsphotographien von H. D., Dipl.-Arb., Wien 1997.

Hermann Drawe: Selbstporträt. Foto, um 1905.

DRAXLER, Helmut, * 25. 4. 1950 Linz (OÖ.), Techniker. Studierte techn. Chemie an der Techn. Univ. Wien, ab 1980 Mitarbeiter der Energieverwertungsagentur Wien, ab 1986 in der Geschäftsführung. 1984–89 Geschäftsführer der Krankenhausberatungsagentur, ab 1989 Gen.-Dir. der ESG Linz, 1993–2001 Gen.-Dir. der Ö. Bundesbahnen, seit 2001 Gen.-Dir. der → RHI AG.

DRAXLER, Ludwig, * 18. 5. 1896 Wien, † 28. 11. 1972 ebd., Jurist und Politiker. Als Rechtsanwalt 1928 Konsulent der Bundesführung der Heimwehr, 1935/36 Finanzminister. Im März 1938 mit dem ersten Transport in das KZ Dachau deportiert; später Anwalt, zuletzt Rechtsvertreter der Fam. Habsburg-Lothringen.

DRECHSLER (Traxler), Josef, * 26. 5. 1782 Wällisch-Birken (Vlachovo Březí, CZ), † 27. 2. 1852 Wien, Komponist, Dirigent und Organist. Ab 1807 in Wien am Theater in der Josefstadt (1824–30 Hauskomponist dieses Theaters, Bühnenmusik zu Werken von F. → Raimund), ab 1810 an der Hofoper, ab 1815 vorwiegend Organist und Kirchenkapellmeister, ab 1844 Kapellmeister an St. Stephan; eröffnete um 1815 eine Musikschule (u. a. Lehrer von J. → Strauß Sohn); Kapellmeister am Leopoldstädter Theater.
Werke: kirchenmusikal. und theoret. Werke; Opern, Singspiele und Bühnenmusik (Der Diamant des Geisterkönigs, 1824; Das Mädchen aus der Feenwelt, 1826).
Literatur: K. Preiss, J. D., 1910; ÖBL.

Anton Dreher d. Ä. Gemälde von F. v. Amerling (Ausschnitt), 1854.

DREHER, Anton d. Ä., * 7. 6. 1810 Klein-Schwechat (Gem. Schwechat, NÖ.), † 27. 12. 1863 ebd., Großindustrieller; Vater von Anton → Dreher d. J. Lernte bei Braumeister Meichl, übernahm 1836 die väterl. Brauerei in Klein-Schwechat, wo er untergäriges Bier braute und in Großkellern lagerte ("Schwechater Lagerbier"). Ab 1861 Landtags- und Reichsratsabgeordneter.
Literatur: ÖBL; NDB.

DREHER, Anton d. J., * 21. 3. 1849 Wien, † 7. 8. 1921 Kettenhof b. Schwechat (NÖ.), Industrieller; Sohn von Anton → Dreher d. Ä. Übernahm 1870 das väterl. Unternehmen und baute es wesentlich aus; exportierte auch Bier nach Übersee; seine Brauereien wurden 1913 mit der Fa. Mautner Markhof sowie der seines Schwiegervaters vereinigt ("Vereinigte Brauereien Schwechat, St. Marx, Simmering – Dreher, Mautner, Meichl AG"); ab 1884 Landtagsabgeordneter; Mitgl. des Herrenhauses.
Literatur: ÖBL.

DREHORGEL (auch "Leierkasten"), mechanisches Musikinstrument; die Tongebung erfolgt über eine Stiftwalze bzw. bei den neueren Instrumenten durch einen Lochstreifen. Die Drehorgel als Bettelinstrument verbreitete sich im 19. Jh. in den Städten und verdrängte die Harfe bzw. die Drehleier. → Werkelmänner, → Bänkelsänger.

DREIBUND, ein den → Zweibund erweiterndes geheimes Verteidigungsbündnis zwischen Ö.-Ungarn, dem Dt. Reich und Italien, das 1882 für 5 Jahre abgeschlossen und bis 1914 alle 5 Jahre erneuert wurde. Dem Bündnis gehörte bis 1883 auch Rumänien an; 1887 schloss Bismarck mit Russland den sog. Rückversicherungsvertrag, der Russland bei einem ö.-ungar. Angriff Neutralität zusicherte. Der D. wurde 1908 durch die ö. Annexion von Bosnien und Herzegowina und 1914 durch das ö. Ultimatum an Serbien (von dem Italien und Rumänien nicht verständigt waren) erschüttert und zerfiel 1915 durch die Kriegserklärung Italiens an Ö.-Ungarn.
Literatur: F. Fellner, Der D., 1960; F. Fellner u. H. Granfeldt, Der D. nach dem Sturze Bismarcks, in: Mitteilungen des ö. Staatsarchivs, 19, 1966; M. Behnen, Rüstung, Bündnis, Sicherheit, 1985.

DREIFALTIGKEITSFEST, 1334 allgemein eingeführtes kath. Hochfest (erster Sonntag nach Pfingsten). Das D. hat als Ideenguts das Dogma von der Dreifaltigkeit Gottes zum Inhalt. In Ö. gibt es mehr als 30 Wallfahrtskirchen (u. a. → Sonntagberg, NÖ.) und zahlr. Gedenksäulen zu Ehren der Dreifaltigkeit (→ Pestsäulen).
Literatur: A. Adam u. R. Berger, Pastoralliturgisches Handlexikon, 1980.

DREIGRAFENMINISTERIUM, das am 27. 5. 1865 gebildete Ministerium mit R. Gf. → Belcredi als Min.-Präs. und Staatsmin. (als Nachfolger A. v. Schmerlings), J. Gf. Larisch, einem reichen Grund- und Kohlenbergwerksbesitzer als Finanzmin. und A. Gf. → Mensdorff-Pouilly als Außenmin. Das D. stützte sich auf die Landtage, sistierte am 20. 9. 1865 den Reichsrat und war die letzte absolutistische Regierung der ö.-ungar. Monarchie. Das D. war bis 3. 2. 1867 im Amt.

DREI GRAFSCHAFTEN: → Otto von Freising berichtet in den „Gesta Friderici imperatoris", Kaiser Friedrich Barbarossa habe 1156 die Mark Ö. „mit den seit altersher dazugehörigen Grafschaften, die man die drei nennt", zum Herzogtum erhoben. Über die Auslegung dieser Notiz entbrannte ein Historikerstreit mit vielen Theorien, eine neuere Meinung besagt, man habe darunter die Mark Ostarrichi, die Ungarnmark und die Böhmische Mark zu verstehen.
Literatur: M. Weltin, Die „tres comitatus", Otto von Freising und die Grafschaften der Mark Ö., MIÖG 74, 1976.

DREIHERRNSPITZE, 3499 m, stark vergletscherter Gipfel der Venedigergruppe, westl. vom Großvenediger auf der Wasserscheide zwischen Salzach, Drau und Eisack. Im MA Grenzpfeiler der Besitzungen der Grafen von Ti., der Grafen von Görz und der Sbg. Erzbischöfe (der „drei Herren"). Seit 1919 ist die D. Grenzberg zwischen Ö. und Italien (ital.: Picco dei Tre Signori).

DREIKAISERBÜNDNIS, 1881 auf Initiative Bismarcks zwischen Ö.-Ungarn, Russland und dem Dt. Reich abgeschlossen. Es sollte den Bündnispartnern Neutralität beim Angriff von Seiten einer vierten Macht sichern sowie die gegenseitigen Interessen auf dem Balkan anerkennen. Das D. scheiterte trotz einer Verlängerung des Abkommens 1884 an den Gegensätzen zwischen Ö.-Ungarn und Russland anlässlich der sog. Batterberg-Affäre (1885–87).
Literatur: S. Zulinski, Das D. von 1881, 1983.

DREIKAISERSCHLACHT, Bezeichnung für die Schlacht von → Austerlitz (1805).

DREIKANTHOF, siehe → Hofformen.

DREIKÖNIG (6. Jänner), Fest der Hl. Drei Könige, auch Fest der Erscheinung des Herrn; galt bis ins 4. Jh. als Tag der Taufe Christi (der eigentl. Geburt) und wurde als Jahresbeginn angesehen („Hochneujahr"). 1164 wurden die Gebeine der Hl. Drei Könige Kaspar, Melchior und Balthasar (urspr. Sterndeuter) von Mailand nach Köln überführt, seither werden sie bes. verehrt. Aus dem Nachspielen des Besuchs beim Jesuskind

Dreikönig: Glöcklerlaufen in Ebensee, OÖ.

entwickelten sich D.-Spiele, D.-Ritte und Heischeumzüge mit dem Stern (Sternsinger), die u. a. in Oberndorf, Gmunden, Heiligenblut, Bad Ischl, Scheibbs und St. Gilgen wiederbelebt wurden. Seit 1954 führt die kath. Jungschar österreichweit ein Sternsingen durch (Spendenaktion zur Förderung von Projekten in den Entwicklungsländern), womit ein neuer Aufschwung der Haussegnung (Räuchern mit Weihrauch, Anschreiben von „K + M + B" mit geweihter Kreide an Türen) verbunden ist.
Die Nacht vor D. ist die letzte Raunacht mit vielfältigem Maskentreiben, wie z. B. Perchtenumzügen im Pongau oder Glöcklerläufen im Salzkammergut (bes. in Ebensee), wo seit den 60er Jahren des 19. Jh. weiß gekleidete Burschen mit großen, von innen beleuchteten Kopfbedeckungen und umgegürteten Glocken von Haus zu Haus laufen. Der Name „Glöckler" leitet sich von „klocken" (anklopfen) ab und bezieht sich auf ältere Heischegänge mit Masken.

Literatur: R. Fochler, Von Neujahr bis Silvester, 1971; E. Hörandner und F. Jary, Mitfeiern! Festland Ö., 1983; H. M. Wolf, Das Brauchbuch, 1992; dies., Ö. Feste und Bräuche im Jahreskreis, 2003. – Wiss. Film des ÖWF: H. Fielhauer, „Maulgab", „Räuchern", „Sampermilch", 1969.

Dreikurs, Rudolf, * 8. 2. 1897 Wien, † 25. 5. 1972 Chikago (USA), Psychotherapeut, Dir. des Dept. of Psychiatry an der Chicago Medical School.

Werke: Über psychische Hygiene, 1927; Über die Verschlimmerung von alten Neurosen bei Kriegsbeschädigten aus soz. Gründen, 1929; R. D. 1897–1972, 1973 (Selbstdarstellung). – Bibliographie in: Individual Psychology 53, 1997.

Dreimäderlhaus, kleines Bürgerhaus in Wien 1, Schreyvogelgasse 10, auf der zur Mölkerbastei ansteigenden Straße, ein 1803 entstandenes Beispiel des josephin. Klassizismus. Trotz des Namens besitzt es kei-

Dreimäderlhaus.

nen hist. Bezug zu F. Schubert (Operette nach dem Roman „Schwammerl" von R. H. Bartsch, Musik nach F. Schubert von H. Berté, 1916).

Dreimarkstein, 454 m, Wienerwaldberg an der nö.-Wr. Grenze (Klosterneuburg/Wien 17), bewaldete Ausflugshöhe, seit 1935 von der Wr. Höhenstraße erschlossen; überragt Neustift a. W. und Salmannsdorf; Sicht auf Wien.

Dreipass, seit der Hochgotik verwendete zentrierte Figur, die aus 3 Zirkelschlägen geformt wird. Wird am got. Maßwerk verwendet (z. B. Glasfenster Hzg. Heinrichs II. Jasomirgott in der Leopoldskapelle des Stiftes Klosterneuburg).

Dreiseithof, siehe → Hofformen.

Dreisesselberg, OÖ., Höhenrücken (1332 m) am Dreiländereck von Ö. (Plöckenstein, 1379 m), Deutschland und Tschechien; Landschaft von A. → Stifters „Hochwald".

Dreissigjähriger Krieg, 1618–1648, ein Religions-, Stände- und Staatenkonflikt, der in Deutschland und Böhmen ausgetragen wurde. Ö. Gebiete waren 1618–20, 1645/46 und 1647 betroffen. Der Gegensatz zw. protestant. Union und kath. Liga seit 1608/09 war eine der Ursachen, der Aufstand der böhm. Stände gegen die Habsburger der Anlass. Man unterscheidet 4 Perioden:

a) *Böhmischer Krieg 1618–20:* Am 23. 5. 1618 warfen protestant. Ständemitgl. Böhmens zwei königl. Statthalter und einen Schreiber aus den Fenstern der Prager Burg und begannen im Herbst einen Feldzug gegen Ö., den sie im nächsten Jahr wiederholten. Nach dem Tod von Ks. Matthias am 20. 3. 1619 war Erzhg. Ferdinand von Stmk., seit 1617 auch König von Böhmen, dessen Nachfolger. Ein Teil der evang. Stände von OÖ. und NÖ. schlossen sich den böhm. Ständen an, obwohl diese Ferdinand II. absetzten und im August 1619 Kurfürst Friedrich V. von der Pfalz zum neuen König wählten. Mit Hilfe der kath. Liga siegten Ferdinands Truppen am 8. 11. 1620 am Weißen Berg vor Prag, damit wurde der Aufstand niedergeworfen. Auch die aus Siebenbürgen vorgedrungenen Truppen Bethlen Gábors konnten abgewehrt werden. Die Folge waren drast. Strafen, eine groß angelegte Enteignung in Böhmen, Mähren und teilw. auch in Ö., die Vergabe großer Besitzungen an kaisertreue Hochadelige, die Fortsetzung der Gegenreformation sowie die Einführung des Absolutismus.

b) *Niedersächsisch-dänischer Krieg 1625–29:* Nachdem das Heer der Liga unter J. T. Graf → Tilly die Pfalz verheert hatte und deren Kurwürde 1623 an Bayern übertragen worden war, drang dieses und ein in kaiserl. Diensten stehendes Söldnerheer unter A. von → Wallenstein nach N-Deutschland vor, worauf der Dänenkönig Christian IV. in den Krieg eingriff. Nach Niederlagen musste sich Dänemark im Frieden von Lübeck am 12. 5. 1629 zur Neutralität gegenüber den Vorgängen im Reich verpflichten. Nach dem Restitutionsedikt vom 6. 3. 1629 sollten die Protestanten alle seit 1552 angeeigneten geistl. Güter zurückgeben. Die Kurfürsten erzwangen 1630 die Entlassung Wallensteins durch Ferdinand II.

c) *Schwedischer Krieg 1630–35:* Um die kaiserl. Macht an der Ostsee zu brechen, landete König Gustav II. Adolf von Schweden 1630 in N-Deutschland, drang 1632 bis Augsburg und München vor und bedrohte die habsb. Länder. Nun erhielt Wallenstein neuerl. das Kommando über ein kaiserl. Heer. Er drängte die Schweden zurück, in der Schlacht bei Lützen fiel Gustav Adolf am 16. 11. 1632, doch wurde Wallenstein nach Verhandlungen mit den Feinden über Befehl des Kaisers am 25. 2. 1634 in Eger (Cheb, CZ) ermordet. Nach dem Sieg der Kaiserl. und der Spanier bei Nördlingen am 6. 9. 1634

Dreißigjähriger Krieg: Albrecht von Wallenstein. Anonymes Gemälde, 17. Jh. (Wallenstein-Palais, Prag).

wurde am 30. 5. 1635 in Prag Frieden geschlossen, der Kaiser verzichtete dabei auf das Restitutionsedikt.

d) *Schwedisch-französischer Krieg 1635–48:* In dieser Phase stand die Staatsräson über den konfessionellen Belangen, doch konnte keine Seite die Oberhand gewinnen. In den Jahren 1645/46 drangen die Schweden in das nördl. NÖ. bis in die Nähe von Wien vor, auch ein Teil von Vbg. wurde 1647 besetzt. Der Krieg endete in Böhmen, wo er begonnen hatte. Am 24. 10. 1648 schloss Ferdinand III. zu Münster mit Frankreich und in Osnabrück mit Schweden den Westfälischen Frieden.

Dreißigjähriger Krieg: Festbankett in Nürnberg anlässlich des Friedens von Münster und Osnabrück 1649. Gemälde von J. Sandrart.

Für die habsb. Länder südl. der Donau brachte der Krieg keine Verluste, sondern sogar wirt. Gewinne. Die Habsburger konzentrierten sich in der Folge auf die Entwicklung ihrer Länder, brachten die Gegenreformation zum Abschluss und legten die Grundlage für den Aufschwung des Barockzeitalters.

Literatur: G. Schormann, Der D. K., 1985; K. Gutkas, NÖ. im D. K., 1987; J.-P. Findeisen, Der D. K.. Eine Epoche in Lebensbildern, 1998.

Dreissigtalerfuss: Auf 1 Pfund (500 g Feinsilber) gingen 30 Taler (Stückgewicht 16,666 g Feinsilber): dieser nord-dt. Taler wurde die Hauptwährungsmünze des dt.-ö. Münzvertrags von 1857 (Vereinstaler). Dem Vereinstaler entsprachen 1,5 Gulden ö. Währung (= 1,75 süd-dt. Gulden).

Dreissinger, Sepp, * 25. 6. 1946 Feldkirch (Vbg.), Fotograf. Studierte 1971–76 Schulmusik am Mozarteum Salzburg, danach Beginn der Beschäftigung mit Fotografie, Spezialisierung auf Schwarzweiß-Porträtfotografie. 1981 Mitbegründer der Galerie Fotohof in Salzburg, seit 1983 als Musikerzieher in Wien tätig. Fotoserien u. a. über H. C. → Artmann, F. → Gulda, E. → Jelinek und T. → Bernhard („Thomas Bernhard. Portraits. Bilder & Texte", 1992).

Weitere Werke: Die Schwierigen, 1986; Hausmeister-Portraits, 1989; Hauptdarsteller – Selbstdarsteller, 1990; 66 Portraits aus der Vbg. Kultur, 1998; Alles Theater, 2000.

Dreizehnlinden (Treze Tilias), Stadt (2000 rd. 4840 Ew.) mit Häusern im Ti. Stil in S-Brasilien, im Staat Santa Catarina, 1933 vom ö. Landwirtschaftsmin. Thaler für verarmte Ti. Bergbauernfamilien gegr.; seit 1956 mit dem Wallfahrtsort Babenberg und der Zufahrtsstraße Rosengarten ein eigener Bez.; Milchwirtschaft, Handwerksbetriebe, in jüngster Zeit Entwicklung zum Höhenluftkurort (700 Fremdenbetten in 7 Hotels), Bustourismus; Regionalzentrum für Kultur und Sport (Kulturhaus, Sportstadion), Gymnasium; Pflege ö. Kultur und der dt. Sprache.

Drentwett, Jonas, * um 1650 Augsburg (D), † um 1720 Wien, Freskenmaler. Entstammte einer Augsburger Goldschmiedefamilie des 16.–18. Jh., arbeitete in Pressburg (Fresko im Rathaussaal, 1695) und Wien. Schuf Fresken im Winterpalais des Prinzen Eugen und im Unteren Belvedere (Groteskensaal).

Dreschen, landw. Arbeitsvorgang, bei dem die Körner aus den Ähren des Getreides bzw. aus den Schoten der Hülsenfrüchte gewonnen werden. Der zeit- und kraftraubende Handdrusch mit dem Flegel – von verschiedenen Arbeitsbräuchen wie Dreschersprüchen (zur Rhythmisierung der Schläge), Dreschermahl, Dreschertanz (bei Abschluss des Drusches, → Maschkerer) begleitet – wurde ab dem ausgehenden 19. Jh. allmählich von hand-, göpel- und motorbetriebenen Dreschmaschinen abgelöst. Seit den 50er Jahren setzte sich der Mähdrescher allg. durch.

Literatur: R. Wolfram, D. – Austreten durch Tiere, in: Ö. Volkskundeatlas, 6. Lfg., 1979; O. Bockhorn, D. – Formen des Dreschflegels, ebd.; H. Fielhauer, Maskenbräuche nach dem Drusch, in: ders., Volkskunde als demokrat. Kulturgeschichtsschreibung, 1987; W. Reichert, Geschichte der Bauernarbeit, 1990.

Drescher, Karl Wilhelm, * 12. 12. 1850 Wien, † 8. 12. 1925 ebd., Musiker. Epigone der Strauß-Dynastie. Spielte 1868/69 bei J. → Strauß Sohn, gründete 1874 eine eig. Kapelle. Ehrengrab auf dem Zentralfriedhof in Wien.

Werke: Märsche, Polkas, Lieder („Linzerische Buam", „Vindobona, gute Mutter").

Dresden, Frieden von, 25. 12. 1745, zwischen Maria Theresia und Kurfürst Friedrich August II. von Sachsen einerseits und Friedrich II. von Preußen andererseits geschlossen, beendete den 2. Schlesischen Krieg. Preußen behielt Schlesien (Frieden von Breslau 1742), erkannte dafür den Gemahl von Maria Theresia als Ks. Franz I. an.

Drese, Claus Helmut, * 25. 12. 1922 Aachen (D), dt. Regisseur, Theater- und Operndirektor. Ab 1946 Dramaturg, Regisseur und Intendant an verschiedenen Theatern in Deutschland, 1975–86 Direktor des Opernhauses Zürich, 1986–91 Direktor der Wr. Staatsoper (gem. mit C. → Abbado als künstlerischem Leiter); danach bis 1996 Berater und Regisseur am Athener Musikzentrum Megaron Musikis.

Werke: Im Palast der Gefühle, 1993; ... aus Vorsatz und durch Zufall ... Theater- und Operngeschichte(n) aus 50 Jahren, 1999.

Literatur: L. Knessl (Red.), Wr. Staatsoper. Die Direktion C. D., 1991.

Drexel, Gerhard, * 7. 8. 1955 Dornbirn (Vbg.), Manager. Studierte Betriebswirtschaftslehre an der Hochschule St. Gallen sowie Sozial- und Wirtschaftswiss. an der Univ. Innsbruck. Zunächst Unternehmensplaner in der Schweiz (Coop) und Strategieberater am Managementinst. St. Gallen. Seit 1990 Vorstandsmitgl. der → SPAR Österreichische Warenhandels-AG, seit 2001 Vorstandsvorsitzender.

Drimmel, Heinrich, * 16. 1. 1912 Wien, † 2. 11. 1991 ebd., Jurist und Politiker (ÖVP). Trat 1936 in den Staatsdienst ein; ab 1941 in Kriegsdienst, dann in amerikan. Kriegsgefangenschaft. Nach 1946 im Unterrichtsressort tätig, Sekr. von BMin. F. → Hurdes, 1952 Leiter der Hochschulsektion. 1954–64 BMin. für Unterricht; führte die Schulreform 1962 durch, ermöglichte den Abschluss des Konkordats 1962, gründete mehrere Hochschulen. 1964–69 amtsführender Wr. Stadtrat, Landeshauptmann-Stellv. und Vizebürgermeister von Wien. 1971 zog er sich aus dem polit. Leben zurück, verfasste mehrere populärhist. Werke.

Werke: Die Häuser meines Lebens, 1975; Ks. Franz – ein Wiener übersteht Napoleon, 1981; Franz von Ö., 1982; Franz Joseph, 1983; Die Antipoden, 1984; Trilogie Österreich 1918–38 (Vom Umsturz zum Bürgerkrieg, 1985; Vom Justizpalastbrand zum Februaraufstand, 1986; Vom Kanzlermord zum Anschluß, 1987); Vom Anschluß zum Krieg, 1989.

Heinrich Drimmel mit M. Schaumayer. Foto, um 1965.

Dritter Orden, religiöse Vereinigung, die sich einer bestehenden Ordensgemeinschaft anschließt. Man unterscheidet a) regulierte D. O. (z. B. → Elisabethinen) mit klösterlichem Charakter und b) „weltliche" D. O. (der Franziskaner, Dominikaner u. a."), deren Mitglieder verschiedenen Ständen und Berufen angehören, sich an der jeweiligen Ordensregel orientieren und nach einer Probezeit (Noviziat) ein Versprechen auf Lebenszeit ablegen.

Drittes Reich, vom Nationalsozialismus aufgenommenes Schlagwort nach dem 1923 erschienenen gleichnamigen Werk von A. Moeller, der nach dem Hl. Röm. Reich und dem Bismarck-Reich ein neues Dt. Reich prophezeite. Von A. Hitler zuerst übernommen, dann abgelehnt, wurde der Begriff zur Bezeichnung der NS-Herrschaft in Deutschland.

Drogen, Bezeichnung für Rausch- und Suchtmittel, im weiteren Sinn auch für bestimmte Gewürze und Arzneien. Bei D. im engeren Sinn werden legale (Alkohol, Medikamente usw.) und illegale unterschieden, bei Letzteren wiederum „weiche" (mit überwiegend psych. Abhängigkeit, Cannabis u. a.) und „harte" D. (lösen schwere körperl. Entzugserscheinungen aus: Heroin, Kokain usw.).

Die D.-Abhängigkeit hat in den letzten Jahrzehnten auch in Ö. zugenommen, ist aber nunmehr seit einigen Jahren stabil. Cannabis, Halluzinogene und Amphetamine führen v. a. zu psych. Abhängigkeit, Alkohol (→ Alkoholismus), Opiate, Barbiturate und Tranquilizer lösen zusätzlich schwere körperl. Entzugserscheinungen aus. Die Zahl der opiatabhängigen Personen wird in Ö. (2002) auf 25.000–30.000 geschätzt, wobei es starke regionale Unterschiede gibt. Die Zahl der D.-Opfer ist bis 1994 (250 Tote) stark gestiegen, seitdem aber rückläufig und lag 2002 bei 139 Todesfällen; davon entfielen die Hälfte auf Wien. Zu den dramatischen soz. Folgen der D.-Abhängigkeit zählen in vielen Fällen Kriminalität (Beschaffungskriminalität), Arbeits- und Obdachlosigkeit, Verlust der soz. Kontakte und gesundheitl. Probleme (→ AIDS, Infektion mit Hepatitis B und C).

Zu Entwöhnung und Behandlung von D.-Abhängigen wurden Entzugsstationen sowie Kurz- und Langzeitbehandlungen in therapeut. Gemeinschaften geschaffen. 2002 gab es in ganz Ö. über 150 Einrichtungen der D.-Hilfe, sie finden sich in allen Bundesländern. Auch wurden Fachstellen für Suchtprävention geschaffen. Der D.-Prävention dienen Aufklärungskampagnen und „niederschwellige" Angebote. Aufgrund des so gen. „Substitutionserlasses" können D.-Abhängige eine ärztlich verschriebene „Ersatz-D." erhalten, die mit psychosoz. Begleitmaßnahmen zur soz. Reintegration und Entkriminalisierung führen soll.

Im Rahmen des Suchtmittelgesetzes 1997 (in Kraft seit 1. 1. 1998, Novelle 2001), das u. a. strafrechtl. Sanktionen für D.-Delikte vorsieht, gilt im Hinblick auf D.-Missbrauch und D.-Abhängigkeit das Prinzip „Therapie statt Strafe" (Verfahrenseinstellung bzw. Strafaufschub zum Zweck der Durchführung gesundheitsbezogener Maßnahmen).

Literatur: R. Brosch u. G. Juhnke (Hg.), Sucht in Ö., 1993; D. Pfersman u. O. Presslich (Hg.), D.-Sucht und Therapie, 1994; BM f. Arbeit, Gesundheit u. Soziales (Hg.), Jahresstatistik der D.-Opfer 1998, 1999; Ö. Bundesinst. f. Gesundheitswesen, Bericht zur D.-Situation in Ö. 2003, 2003.

Drogenkriminalität, siehe → Suchtgift.

Droschl Literaturverlag, Sitz in Graz, 1980 aus einer Galerie (mit Katalogpublikationen) hervorgegangen. Das Verlagsprogramm umfasst anspruchsvolle Werke der Weltliteratur und die literar. Tradition Ö., die auf der Avantgarde und den experimentellen Strömungen der 50er und 60er Jahre aufbaut. Seit 1992 erscheint auch die von H. → Bäcker begründete „edition neue texte" bei D., daneben eine Reihe über Autoren (Dossier) und seit 1991 die Essay-Reihe.

Drosendorf-Zissersdorf, NÖ., HO, Stadt, 423 m, 1309 Ew., 53,46 km², an der Thaya, an der Grenze zu Tschechien im nördl. Waldviertel. – Grenzübergang (Oberthürnau). – Urk. 1188, als Burgstadt auf einer Felskuppe Ende des 12. Jh. planmäßig angelegt; Befestigungsanlagen noch teilweise erhalten: Ringmauer, östl. Horner Tor, westl. Raabser Tor (16.–17. Jh.), Stadtburg (12. Jh.) im 17.–18. Jh. zum Schloss umgebaut, spätgot. Pfarrkirche (im 17. Jh. teilweise erneuert), spätgot. (1461–63) barockisierte Martinskirche mit alten Wappengrabsteinen, Rathaus, Bürgerhäuser (16.–18. Jh.), Pranger, Dreifaltigkeitssäule.

Literatur: I. Franz, D. an der Thaya, 1959; Ö. Städtebuch, Bd. IV, Teil 1, Die Städte NÖ., 1988.

Drösing, NÖ., GF, Markt, 158 m, 1192 Ew., 29,51 km², Wohngem. mit Gewerbe im nordöstl. Weinviertel. – Ur- und römerzeitl. Besiedlung, urk. 1212, Pfarrkirche (barockes Langhaus von 1796 mit ausgem. Turm) mit prächtiger Barockeinrichtung aus aufgehobenen Klöstern, Altargemälde von M. J. Schmidt (1767), reich dekorierte Barockorgel (1729) und -kanzel, ehem. ma. Wasserburganlage, bemerkenswerter spätgot. Tabernakelbildstock („Pestsäule", 1486), Friedhofskapelle (1676), sog. Weißes Kreuz (1679).

Literatur: F. Dietzl, Die Geschichte der Marktgem. D., 1994.

Dross, NÖ., KR, Gem., 385 m, 778 Ew., 10,3 km², Weinbaugem. nördl. über dem unteren Kremstal. – Urk. 1135, Schloss (Vierflügelanlage des 16. Jh., Laubengänge, Brunnen, Saal mit Spiegeldecke und barocken Wandmalereien), Schäferhof (17. Jh.), Jägerhaus (1733), ehem. Bräuhaus (17./18. Jh.), Pfarr- und Wallfahrtskirche Maria Fatima (1949–53) im wuchtigen Heimatstil, roman.-barocke ehem. Schlosskapelle und Pfarrkirche hl. Georg (heute Aufbahrungshalle) mit reicher Freskenausstattung (um 1330), roman. Taufbecken (um 1300), Wappengrabsteine (16./17. Jh.).

Drucker, Peter F., * 19. 11. 1909 Wien, Unternehmensberater, „Vater des modernen Managements". Arbeitete ab Ende der 20er Jahre als Journalist und Völkerrechtler in Deutschland; emigrierte 1933 nach England, wo er die Seminare von J. M. Keynes besuchte, und 1939 in die USA, wo er als Berater von Großkonzernen (General Motors u. a.), Autor und Lehrer zu Weltruf gelangte. Er erkannte und prägte wichtige Entwicklungen der Unternehmensführung im 20. Jh. (u. a. Abkehr vom autoritären Führungsstil) und beschäftigte sich umfassend mit Fragen der gesellschaftl. Entwicklung. Ö. Ehrenzeichen f. Wiss. u. Kunst 1999.
Werke: The Practice of Management, 1954 (Die Praxis des Managements, 1970, 1998); The Landmarks of Tomorrow, o. J. (Das Fundament für morgen, 1958); The Effective Executive, 1967 (Die ideale Führungskraft, 1967); The Age of Discontinuity, 1969 (Die Zukunft bewältigen, 1969); Management: Tasks, Responsibilities, Practices, 1973 (Neue Management-Praxis, 2 Bde., 1974); Post-Capitalist Society, 1993 (Die postkapitalistische Gesellschaft, 1993); Management Challenges for the 21st Century, 1999 (Management im 21. Jh., 1999); Was ist Management? Das Beste aus 50 Jahren, 2002.
Literatur: J. Beatty, The World According to P. D., 1998 (Die Welt des P. D., 1998); J. Steinbicker, Zur Theorie der Informationsges., 2001.

DSM Fine Chemicals Austria GmbH, DFC Austria, vormals DSM Chemie Linz GmbH, aus einem Teil der → Chemie Linz AG hervorgegangenes Unternehmen mit Sitz in Linz, seit 1996 Teil des niederländ. Chemiekonzerns DSM N. V. Schwerpunkt des Unternehmens ist die Feinchemie (v. a. im Bereich der industriellen Biotechnologie) und die Lieferung von Standard-Intermediates. Neben Produkten für Pharmazie, Landw. und Lebensmittelind. beschäftigt sich die DFC Austria auch mit Prozess- und Produktentwicklung einschließlich Engineering zur Anlagenerneuerung und -errichtung. Mit über 1000 Mitarbeitern erzielte das Unternehmen 2002 einen Umsatz von 261 Mio. Euro, der Exportanteil betrug 83 %.

D. Swarovski & Co., siehe → Swarovski & Co.

Duales System, siehe → Berufsschule.

Dualismus, die durch den Ausgleich von 1867 mit Ungarn geschaffene staatsrechtl. Form der Habsburgermonarchie. Die beiden Reichshälften waren durch die Person des Herrschers und durch gemeinsame Angelegenheiten (Außenpolitik, Heer und Finanzen) verbunden, wurden aber sonst nach verschiedenen Prinzipien verwaltet. Der D. fußte auf der Hegemonie der beiden „führenden Nationen", die Festlegung der Rechte der in beiden Reichsteilen lebenden Nationalitäten gehörte in den Kompetenzen der beiden Regierungen bzw. Parlamente. Die Ungarn benützten die Vorherrschaft in Transleithanien zu starkem Druck auf die anderen Nationalitäten, in der westl. Reichshälfte entbrannte ein heftiger Nationalitätenkampf, weil sich die slaw. Bev.-Teile benachteiligt fühlten und eine Änderung zu ihren Gunsten anstrebten.
Literatur: J. Redlich, Das ö. Staats- und Reichsproblem, 2 Bde., 1920/26.

Dubrovic, Milan, * 26. 11. 1903 Wien, † 11. 9. 1994 ebd., Journalist und Publizist. U. a. für „Wr. Allg. Zeitung", „Neues Wr. Tagblatt" und „Mittag" tätig; leitete den Chronikteil der „Presse", 1953–61 deren Chefredakteur; 1961–70 ö. Presse- und Kulturattaché in Bonn; 1970–77 Hg. der „Wochenpresse".
Werk: Veruntreute Geschichte, 1985.

Duda, Herbert, * 18. 1. 1900 Linz (OÖ.), † 16. 2. 1975 Wien, Orientalist. Univ.-Prof. in Breslau, Sofia und ab 1943 Wien. Mitbegründer und Chefredakteur der „Ö. Hochschulzeitung", Hg. der „Wr. Ztschr. für die Kunde des Morgenlandes".

Duel, Kä., Felshügel bei Paternion, an der Mündung des Weißenbachs in das Drautal; mit spätantiken Befestigungsresten, von Goten und Langobarden im 6. Jh. benützt. 1928–31 wurden dort die Grundmauern einer frühchristl. Basilika mit Apsis und Priesterbank (um 400 und 6. Jh.) freigelegt, die vermutlich zu einem Kastell gehörte.

Duftschmid, Caspar, * 19. 11. 1767 Gmunden (OÖ.), † 17. 12. 1821 Linz (OÖ.), Arzt und Insektenforscher. Erwarb die Insektensammlung von Ignaz Schiffermüller für das Wr. Naturhist. Museum. Sein Herbarium befindet sich im Linzer Landesmuseum.
Werk: Fauna Austriae, 3 Bde., 1805–25.

Duhan, Hans, * 27. 1. 1890 Wien, † 6. 3. 1971 ebd., Kammersänger (Bariton). 1914–40 Mitgl. der Wr. Staatsoper; bes. als Mozart-Interpret bekannt (auch bei den Sbg. Festspielen); später vorwiegend Lied- und Oratoriensänger, daneben Regisseur und ab 1932 Lehrer an der Wr. Musikakad.

Duile, Josef, * 19. 3. 1776 Wien, † 3. 2. 1863 Innsbruck (Ti.), Techniker. Pionier der Wildbachverbauung, deren Theorie er begründete; am Ausbau von Brenner- und Arlbergstraße und an der Rheinregulierung beteiligt.

Dumba, Konstantin, * 17. 6. 1856 Wien, † 6. 1. 1947 Bodensdorf (Gem. Steindorf a. Ossiacher See, Kä.), Diplomat, Pazifist; Sohn von Nikolaus → Dumba. Gesandter in Belgrad und in Washington; Präs. der Ö. Völkerbundliga.
Werke: Zehn Jahre Völkerbund, 1930; Dreibund und Ententepolitik, 1931.

Nikolaus Dumba: Entwurf von G. Klimt für den Musiksalon im Palais Dumba. Zeichnung, um 1897.

Dumba, Nikolaus, * 24. 7. 1830 Wien, † 23. 3. 1900 Budapest (H), Industrieller, liberaler Politiker; Vater von Konstantin → Dumba. Eigentümer der k. k. priv. Baumwollgarn-Spinnerei in Tattendorf (NÖ.); erwarb sich Verdienste um die Organisation des gewerbl. Unterrichts. Bed. Kunstmäzen und -sammler sowie Förderer des Musiklebens in Wien (u. a. Vizepräs. der Ges. der → Musikfreunde in Wien). Das D.-Palais befindet sich in Wien 1, Parkring 4.
Literatur: E. Konecny, Die Familie D. und ihre Bedeutung für Wien und Ö., 1986; H. Würtz (Hg.), N. D. Portrait eines Mäzens, Ausst.-Kat., Wien 1997.

Dumreicher, Armand Frh. von, * 12. 6. 1845 Wien, † 2. 11. 1908 Meran (S-Ti.), Politiker der liberalen Epoche, Schulreformer. Reichsratsmitgl., bis 1895 Parteivorstand der Vereinigten Dt. Linken. Als Ministerialbeamter setzte er die Vereinheitlichung des berufsbildenden Schulwesens durch (Höhere Gewerbe-, Werkmeister-, Fach-, gewerbl. Fortbildungsschule), veranlasste Neugründungen und erreichte die Eingliederung der techn.-gewerbl. Schulen in die staatl. Bildungsverwaltung (ab 1882).

Milan Dubrovic. Foto, 1986.

Werke: Die Verwaltung der Universitäten, 1873; Exposé über die Organisation des gewerbl. Unterrichts in Ö., 1875; Über die Aufgaben der Unterrichtspolitik, 1881; Zur Lage des Deutschtums in Ö., 1888.
Literatur: ÖBL; NDB.

Dumreicher, Johann, * 13. 1. 1815 Triest (I), † 16. 1. 1880 Janušovec b. Zagreb (HR), Chirurg. Univ.-Prof. in Wien; reorganisierte das Militärsanitätswesen, beschäftigte sich als erster Kliniker in Wien mit orthopäd. Fragen. Begraben in Graz.

Dungl, Willi, * 17. 7. 1937 Wien, † 1. 5. 2002 Horn (NÖ.), Masseur und Gesundheitsexperte. Übernahm 1970 die Berufsausbildungskurse für Masseure am WIFI in Wien; gründete 1973 ein Gesundheitsinst. f. Spitzensportler in Bad Vöslau; 1986 Eröffnung des Bio-Trainingszentrums Gars am Kamp.
Werke: Schmerzfrei ohne Gift, 1981; Naturheilmittel Wasser, 1982; W. Dungls Gewürz- und Kräuterküche, 1983; Zerrung, Prellung, Tennisarm, 1984; Dungls Vollwertbackbuch, 1984; Top in Form, 1995; Fit nach Maß, 2001 (mit W. Exel).

Dunkelsteinerwald, NÖ., ME, Markt, 479 m, 2289 Ew., 54,18 km², Wohngem. mit Land- und Forstw. im Dunkelsteinerwald. – Gansbach: 1139 urk. Markt, Pfarrkirche (Umbau ab 1664) mit Barockfresken und Gemälde von M. J. Schmidt, Schloss Grabenhof (15./16. Jh.), Schloss Gurhof (erb. 1483/93); Gerolding: roman.-got. (ehem. Wehr-)Kirche mit hoch-ma. Grabplatte, spätgot. Kanzel und Barockeinrichtung; Lanzing: sog. „Römerbrücke" (ma.); bed. spätgot. Flügelaltar in → Mauer bei Melk.

Dunkelsteinerwald, NÖ., bewaldetes Hügelland, geolog. Teil des → Böhmischen Massivs südl. der Donau zw. Melk und Hollenburg; Mühlberg 725 m; am Rand des D. liegen die Stifte Melk und Göttweig.

Düns, Vbg., FK, Gem., 753 m, 385 Ew., 3,47 km², landw. Auspendlergem. auf einer Terrasse im mittleren Walgau. – Urk. ca. 842; klassizist. Pfarrkirche mit got. Chor (Weihe 1496, Umbau 1831) und Barockaltären (1682), Kanzel (um 1800), teilw. noch alte Walser und Walgauer Höfe.

Dünserberg, Vbg., FK, Gem., 1270 m, 147 Ew., 5,55 km², landw. Gem. am gleichnamigen Berg im Walgau. – Verstreute Rotten und Gehöftgruppen (Hausbestand teilw. 19. Jh.), alte Walser Höfe, Kapelle Hl. Benedikt (1886).

du Paquier, Claudius Innozenz, * um 1679, † 28. 12. 1751 Wien, Hofkriegsagent, Porzellanerzeuger. Erhielt 1718 ein kaiserl. Privilegium zur Herstellung von Porzellan und stellte in Wien-Roßau den ersten Brennofen auf. Damit begründete er die zweitälteste Porzellanmanufaktur Europas. 1744 verkaufte er den Betrieb an den Staat, behielt aber die Oberaufsicht. 1864 wurde der Betrieb aufgelassen und 1923 als Wr. → Porzellanmanufaktur Augarten wiederbegründet.
Literatur: E. Sturm-Bednarczyk (Hg.), C. I. d. P., 1994.

Durazzo, Giacomo, * 27. 4. 1717 Genua (I), † 15. 10. 1794 Venedig (I), italienischer Diplomat, Opernunternehmer und Dichter. 1754–64 Direktor der Wr. Hoftheater in enger Zusammenarbeit mit C. W. → Gluck und Ballettmeister G. Angiolini. Ab 1764 wieder in Italien, wo ihn W. A. Mozart 1771 besuchte.
Literatur: R. Haas, Gluck und D. im Burgtheater, 1925; B. A. Brown, Gluck and the French Theatre in Vienna, 1991.

Durig, Ernst, * 29. 6. 1870 Innsbruck (Ti.), † 4. 3. 1965 ebd., Jurist. 1930–34 und 1946 Präs. des Verfassungsgerichts-, 1934–38 des Bundesgerichtshofs. Große Verdienste beim (Wieder-)Aufbau des Ö. → Alpenvereins und des Ti. Landesmuseums → Ferdinandeum.
Werke: rechtswissenschaftl. Arbeiten, Gesetzesausgaben.

Düringer, Annemarie, * 26. 11. 1925 Basel (CH), Kammerschauspielerin. Seit 1949 Ensemblemitglied des Wr. Burgtheaters, Film- und Fernsehtätigkeit (u. a. in „Der Feldherrnhügel", 1953, und „Berlin Alexanderplatz", 1980), 1991 erste Regiearbeit am Theater in der Josefstadt („Bessere Zeiten" v. J. Saunders). Lehrtätigkeit am Reinhardt-Seminar in Wien. Seit 2000 Trägerin des Alma-Seidler-Rings; seit 2001 Doyenne des Burgtheaters.

Düringer, Roland, * 31. 10. 1963 Wien, Schauspieler, Kabarettist. 1984 Mitbegründer der Kabarettgruppe „Schlabarett", bis 1988 fünf Programme; 1993 Autor und Hauptdarsteller des Films „Muttertag". Einer der populärsten ö. Kabarettisten, mit A. → Dorfer und Regisseur H. → Sicheritz Schöpfer der TV-Serie „MA 2412" (1998). Ö. Kleinkunstpreis für sein erstes Soloprogramm „Hinterholz8" (1994), 1999 Goldene Romy als bester ö. Schauspieler, 2000 bronzener Leopard beim Filmfestival in Locarno.
Weitere Werke: Filme: Freispiel, 1995; Hinterholz 8, 1998; Der Überfall, 2000; Ternitz Tennessee, 2000; Poppitz, 2002. – Kabarettprogramme: Superbolic, 1995; Benzinbrüder, 1997; 250 ccm – Die Viertelliterklasse, 2001.
Literatur: F. Schindlecker, R. D. „Monsieur 100.000 PS", 1997.

Durlaßboden.

Durlassboden, Ti., Speichersee (1405 m) am Knie des Wildgerlos- zum Gerlostal an der sbg. Grenze; Inbetriebnahme 1987, Einzugsgebiet von 74,6 km², Nutzinhalt von 50,7 Mio. Kubikmeter, Stausee mit 83 m hohem Erddamm.

Dürmayer, Heinrich, * 10. 4. 1905 Wien, † 22. 9. 2000 ebd., Rechtsanwalt und Politiker (KPÖ). Teilnehmer am Span. Bürgerkrieg; in den KZ Auschwitz und Mauthausen inhaftiert. 1945–47 Leiter der Staatspolizei.

Dürnkrut, NÖ., GF, Markt, 161 m, 2207 Ew., 30,39 km², an der March an der Grenze zur Slowakei. – Grenzüberwachungsposten; älteste Zuckerfabrik Ö. (1844, 1977 geschlossen), Nahrungs- und Genussmittelind. (Süßstoffe, Instantgetränke usw.), Mühle. – Schauplatz der Schlacht von D. und Jedenspeigen (26. August 1278) zw. → Rudolf I. von Habsburg und Přemysl → Ottokar II. von Böhmen, bei der Ottokar unterlag und fiel. Barocke Pfarrkirche (Weihe 1698), Renaiss.-Schloss (Ende 16. Jh., Vorgängerbau urk. 12. Jh., 1529 zerstört).
Literatur: G. Holzmann, D. Die Entwicklung der Marktgem., 1968.

Dürnrohr, NÖ., TU, Katastralgem. der Marktgem. Zwentendorf a. d. D., westl. der Perschling am Rand des Tullnerfelds. – Wärmekraftwerk D.: Block 1 (Verbundges., err. 1986, 405 MW), Block 2 (EVN, err. 1986, 352 MW), Betrieb auf Kohle- und Gasbasis. Die Standortwahl erfolgte wegen der vorhandenen Infrastruktur des nicht in Betrieb gegangenen Atomkraftwerks Zwentendorf, der Nutzung des Geländes der ehem. Raffinerie Moosbierbaum, der Nähe der Donau (Kühlwasser), des Umspannwerks D. und der Gleisanlagen für die Kohlezubringung.

Dürnstein, NÖ., KR, Stadt, 209 m, 931 Ew., 16,81 km², einer der schönsten Orte („Perle") der Wachau und tourist. Anziehungspunkt westl. von Krems, von einer Burgruine überragt. – D.-Tunnel, Donauschifffahrtsstation, Fremdenverkehr (51.524 Übernachtungen), Wein- und Obstbau (bes. Marillen). – Im 12. Jh. Mautstelle, Bezeichnung als Stadt seit Anfang des 14. Jh., Umschließung der Stadt durch einen dreieckigen, zinnenbewehrten Mauerring; ursprüngl. got. Pfarr-(ehem. Stifts-)Kirche mit Stiftsgebäude des 1410 gegr. Augustiner-Chorherrenstifts (1788 aufgehoben; als Pfarre heute Stift Herzogenburg inkorporiert), Barockisierung 1715–33 durch J. Munggenast (z. T. nach Plänen von J. Prandtauer und M. Steinl), quadrat. W-Turm (1733 vollendet) mit Statuen und Reliefs von J. Schmidt, prächtiges in den äußersten Stiftshof mündendes Tor (wahrscheinl. von Steinl), Hochaltarbild von C. Haringer, Bilder der 2 Mittelkapellen und monumentales Deckenfresko (1775) im Saal des Stiftsgebäudes von M. J. Schmidt. Das ehem. Klarissinnenkloster (vor 1289–1573) ist heute z. T. verbaut; von der frühgot. Pfarrkirche (1803 zerstört) sind nur noch Turm und Grundmauern erhalten; spätgot. und Renaissancehäuser in der Stadt. Östl. von D. in den Weinbergen Kellerschlössl (vermutl. von J. Prandtauer); Burgruine auf felsigem Vorberg über dem Donautal, err. Mitte des 12. Jh. von den → Kuenringern, 1645 Zerstörung durch die Schweden und Verfall. Hier wurde 1192/93 der engl. König → Richard Löwenherz auf dem Rückweg vom Kreuzzug gefangengehalten. Der Sage nach forschte ihn sein Sänger Blondel durch ein Lied aus.
Literatur: Ö. Städtebuch, Bd. IV, Teil 1, Die Städte NÖ., 1988.

Dürnstein: Pferde ziehen ein Schiff vor Dürnstein. Aquarell von R. v. Alt, 1843.

Dürnstein: Kirche und Burgruine.

Dürnstein in der Steiermark, Stmk., MU, Gem., 676 m, 334 Ew., 14,21 km², Thermalbad (→ Wildbad Einöd) an der Olsa nahe der Grenze zu Kä. an den Abhängen des Grebenzenmassivs. – Burgruine D. (urk. 1144, seit 1973 Wiederaufbau, Veranstaltungszentrum). Naturpark Grebenzen.

Duropack Holding AG, Unternehmen zur Erzeugung von Verpackungen aus Wellpappe; Sitz in Wien. 1910 nahm die Erste Wr. Wellpappefabrik die Produktion auf, 1971 entstand daraus die Duropack, Neusiedler Wiener Wellpappe GmbH, der damals auch die Neusiedler Wellpappe angehörte. Produziert wird an Standorten in Wien-Liesing, Kalsdorf bei Graz und Ansbach bei Nürnberg (seit 1976); seit den 90er Jahren weitere Standorte in Ungarn, Slowenien, Tschechien und Kroatien. Die Jahreskapazität beträgt 260.000 t. 2002 beschäftigte die Gruppe 1582 Mitarbeiter und erzielte einen Außenumsatz von rd. 247 Mio. Euro

Dürrenstein, NÖ., 1878 m, Gipfel in den Nö. Kalkalpen südl. von Lunz, an der Grenze des → Rothwaldes.

Dürrnberg, siehe → Bad Dürrnberg.

Duschek, Adalbert, * 2. 10. 1895 Mödling (NÖ.), † 7. 6. 1957 Wien, Mathematiker. Studium und wiss. Laufbahn an der Univ. Wien und an der Techn. Hochschule in Wien, 1938 aus polit. Gründen aus dem wiss. Dienst entlassen. 1945–57 Vorstand des Inst. f. Mathematik an der Techn. Hochschule in Wien. Beschäftigte sich v. a. mit Fragen der Geometrie, der Tensorrechnung und der Algebra von Schaltungen. 1945–57 auch Mitgl. d. BR (SPÖ).
Werke: Grundzüge der Tensorrechnung in analyt. Darstellung, 1946 (mit A. Hochrainer); Vorlesungen über höhere Mathematik, 4 Bde., 1949–61.

Dusek (Duschek, geb. Hambacher), Josepha, getauft 6. 3. 1754 Prag (CZ), † 8. 1. 1824 ebd., Sängerin (Sopran); Schülerin und Ehefrau des Pianisten und Komponisten Franz X. D. (1731–1799). Wegen ihrer Ausdruckskraft und Musikalität u. a. von F. Schiller und L. Mozart gerühmte Konzert- und Oratoriensängerin. Für sie schrieb W. A. → Mozart 1787 die Konzertarie „Bella mia fiamma, addio" (KV 528); sie sang erstmals → Beethovens „Ah perfido" (wahrscheinl. für sie geschrieben) und war auch die erste Donna Anna in Mozarts „Don Giovanni" (1787).

Dusika, Franz („Ferry"), * 31. 3. 1908 Wien, † 12. 2. 1984 ebd., Radrennfahrer. Sieger bei nationalen u. internat. Rennen (u. a. Bronzemedaille der Bahn-WM 1932 in Paris); auch Organisator und Sponsor (u. a. Dusika-Jugendtour).
Werke: Der erfolgreiche Radrennfahrer, 1951 (mit M. Bulla); Radsporthandbuch, 1952.

Dvorak, Felix, * 4. 11. 1936 Wien, Schriftsteller, Schauspieler. Nach seiner Schauspielausbildung in Wien an fast allen Wr. Bühnen tätig; bekannt als Entertainer (Auftritte u. a. in Paris und Las Vegas) und Autor für Bühne und Fernsehen; zahlr. Plattenaufnahmen und Publikationen; seit 1989 Intendant des Stadttheaters Berndorf und seit 1993 der Komödienspiele Mödling.
Werke: Küß die Hand, Herr Hofrat, 1990; F. D. Witzekiste, 1992 Dworschak, heißt man nicht, 1994; Stadttheater Berndorf, 1998

Dvořák, Max, * 24. 6. 1874 Raudnitz (Roydnice nad Labem, CZ), † 8. 2. 1921 Grusbach b. Znaim (Znojmo, CZ), Kunsthistoriker. Ab 1909 Univ.-Prof. und Inst.-Vorstand in Wien. Hauptvertreter der „Wr. Schule der Kunstgeschichte". D. wirkte richtungsweisend, indem er die Rückbeziehung des Kunstwerks auf einen größeren geistesgeschichtl. Kontext zur Grundlage de-

Betrachtungsweise machte. Wesentlicher Anteil kommt ihm auch in der Organisation der Denkmalpflege in Ö. zu (Gen.-Konservator seit 1905).

Werke: Katechismus der Denkmalpflege, 1916; Idealismus und Realismus in der got. Skulptur und Malerei, 1918; Kunstgeschichte als Geistesgeschichte, 1924.

Literatur: ÖBL; NDB.

DWORAK, Franz Gustav, * 4. 6. 1902 Brünn (Brno, CZ), † 30. 3. 1979 Wien, Schlossermeister und Politiker (ÖVP). Inhaber einer Wr. Metall- und Schlosserwarenfabrik, 1948–51 Innungsmeister der Wr. Schlosser, 1950–53 Obmann der Sektion Gewerbe der Wr. Handelskammer, 1950–62 Abg. z. NR, 1952–75 Zensor der Oesterr. Nationalbank, 1953–61 Präs. der Bundeskammer der gewerbl. Wirt. (→ Wirtschaftskammer Österreich).

DWORSCHAK, Fritz, * 27. 2. 1890 Krems (NÖ.), † 10. 9. 1974 ebd., Numismatiker am Kunsthist. Museum in Wien, 1938–45 1. Dir. des Museums. Betreute den Orden vom Goldenen Vlies und Kunstschätze des Stiftes Klosterneuburg; leitete 1944 die Bergung des Kunsthist. Museums. 1947–58 Leiter des Kulturamts Krems; begründete die kulturhist. Großausstellungen in NÖ.; leitete 1965 die Ausst. „Kunst der Donauschule" in St. Florian.

Werk: Die Gotik in NÖ., 1963 (Hg.).

Literatur: H. Kühnel, F. D., in: Mttlg. des Kremser Stadtarchivs 23–25, 1985.

DYNEA AUSTRIA GMBH, Chemieunternehmen in Krems a. d. Donau, 2001 durch Umfirmierung aus der ehem. → Krems Chemie AG hervorgegangen, größter Standort des finn. Chemiekonzerns Dynea Oy. Hergestellt werden v. a. Kunstharze für Holz (auch Imprägnier- und Isolierlacke) sowie Leime und Härter für die Möbel-, Spanplatten- und Sperrholzind. Umsatz 2003: 93 Mio. Euro, 160 Mitarbeiter. Tochterunternehmen in Ungarn.

E

E, Münzbuchstabe, auf ö. Münzen für die Münzstätte Karlsburg (Alba Julia).

EA-GENERALI AG, Wien; 1990–98 unter diesem Namen bestehende Versicherungsges., zurückgehend auf die 1882 gegr. „Erste Ö. Allg. Unfall-Versicherungs AG" und die 1832 gegr. „Assicurazioni Generali"; seit 1998 → Generali Holding Vienna AG mit ihren Tochterges. (darunter Generali Versicherung AG).

EBBS, Ti., KU, Gem., 475 m, 4885 Ew. (1981: 3750 Ew.), 40,07 km², Fremdenverkehrsort (129.188 Übern.) im Inntal, nördl. von Kufstein, am Fuß des Zahmen Kaisers. – Bau- und Baunebengewerbe, Sägewerk, Druckerei, Möbelerzeugung, Steuerungstechnik- und Maschinenbauunternehmen, Spedition, Großgärtnerei, Beherbergungs- und Gaststättenwesen; Laufkraftwerk Oberaudorf-Ebbs der Ö.-Bayer. Kraftwerke AG (err. 1992, 134.000 MWh); „Fohlenhof" (größtes Haflingergestüt in Europa, Sitz des Welthaflingerverbands). – Barockkirche (1748–56) mit Deckenfresken von J. A. Mölk (1750) sowie Altären, Kanzel und Skulpturen von J. M. Lengauer; spätgot. Wallfahrtskirche St. Nikolausberg (urk. 1361) mit spätgot. Wandmalereien; Raritätenzoo, Naturschutzgebiet Kaisergebirge mit → Tischoferhöhle und Antonius-Kapelle; Schloss Wagrain (ehem. got. Ansitz, Umbau 1862).

Literatur: G. Anker, E. – Ti., 1988; R. Stadler, 700 Jahre Schloß Wagrain, 1993.

EBELSBERG, südl. Stadtteil von Linz, am re. Traunufer, Hiller-Kaserne; alter Markt mit Traunbrücke (1215 erwähnt), 1809 gegen die Franzosen verteidigt (Gedenksäule auf dem Marktplatz). 1626 starb S. → Fadinger in E. Schloss (16. Jh., urk. 1154; bis 1803 im Besitz der Passauer Bischöfe) auf dem zur Traun steil abfallenden Schiltenberg mit Park und Torturm mit eingemauertem Römerstein; urgeschichtl. Funde.

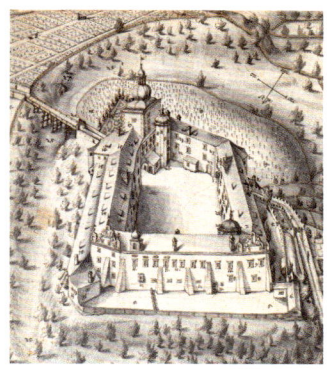

Schloss Ebelsberg. Stich, 17. Jh.

EBEN AM ACHENSEE, Ti., SZ, Gem., 970 m, 2653 Ew. (1981: 1752 Ew.), 196,59 km², zweisaisonales Tourismuszentrum (892.760 Übern.) zw. dem S-Ufer des Achensees und Jenbach. – Notburgaheim der Barmherzigen Schwestern, Rofanseilbahn zur Erfurter Hütte (1834 m); Beherbergungs- und Gaststättenwesen. Ölschieferabbau im Bächental zur Erzeugung des Ti.

Steinöls. – Wallfahrt seit dem 15. Jh. (Grab der hl. → Notburga). Barocke Pfarr- und Wallfahrtskirche (1736–38), prachtvolle Ausstattung, Fresken von J. G. Höttinger. In Pertisau moderne Kirche von C. Holzmeister.

EBENAU, Sbg., SL, Gem., 623 m, 1348 Ew., 17,15 km², Schul- und Wohngem. östl. der Stadt Salzburg und nördl. des Wiestal-Stausees. Werkschulheim Felbertal (AHS). Etwas Tourismus. – Urk. 1282, 1585–1875 Messinghütte; barocke Pfarrkirche (Weihe 1704) mit frühhistorist. Inventar (1857), barocke Totenkapelle; Pfarrhof (1701/02); Fürstenstöckl (ehem. Logierquartier der Landesfürsten, heute Museum); alte Mühlen (u. a. Waschlmühle), Tennengauer Einhöfe (teilw. frühes 18. Jh.).

Literatur: H. Bauer, Die Sbg. Messingind. in den Hämmern E. und Oberalm (1588–1844), Diss., Wien 1974; O. Zenker (Red.), E. 1182–1982, 1982.

EBENBAUER, Alfred, * 13. 10. 1945 St. Michael in Obersteiermark, Literaturwissenschaftler. Seit 1981 Univ.-Prof. für Ältere dt. Sprache und Literatur in Wien, 1987–90 Dekan der Geisteswissenschaftl. Fakultät; 1991–98 Rektor der Univ. Wien.

Werke: Die ma. Literatur in der Stmk., 1988; Die Juden in ihrer ma. Umwelt, 1991 (Hg. mit K. Zatloukal); Universitätscampus Wien, 2 Bde., 1998 (Hg.); Lexikon der antiken Gestalten in den dt. Texten des MA, 2003 (Hg. mit M. Kern).

EBENDORFER, Thomas (auch T. de Haselbach), * 10. 8. 1388 Haselbach b. Stockerau (NÖ.), † 12. 1. 1464 Wien, Theologe und Geschichtsschreiber. Studium an der artist. und theolog. Fakultät der Univ. Wien; Prof., Dekan und Rektor; wohl 1421 zum Priester geweiht (Pfarren Krems, Falkenstein, Perchtoldsdorf); Gesandter beim Basler Konzil, den Reichstagen in Mainz, Frankfurt a. Main und Nürnberg; verfasste Predigtzyklen, theolog.-philosoph. und hist. Werke (z. B. Cronica regum Romanorum 1451, Cronica Austriae bis 1463). Begraben in der Pfarrkirche von Perchtoldsdorf.

Literatur: A. Lhotsky, Cronica Austriae, in: Monumenta Germaniae Historica, Scriptorum, rer. Germ. NS 13, 1967; ders., T. E., 1957; P. Uiblein, Aus den letzten Jahren T. E., in: MIÖG 100, 1992.

EBENFURTH, NÖ., WB, Stadt, 230 m, 2609 Ew., 23,57 km², kleiner Verkehrsknoten an der Leitha, im südl Wr. Becken, an der nö.-bgld. Grenze. – Schöpfwerk der Badener Wasserleitung, Umspannwerk; Bauwesen Handel, Erzeugung von Polstermöbeln und Spezialmaschinen, Gewerbezone. – Grenzstadt, im 19. Jh. Bedeutung als Ind.-Ort. Barockisierte, im Kern got. Pfarrkirche hl. Ulrich, Hochaltarbild (1721) von J. G. Schmidt, got. Freskenreste (15. Jh.); Dreifaltigkeitsobelisk (1713); Schloss, ehem. Wasserburg (13. Jh.), im 17. Jh. zu einer Zweiturmanlage umgestaltet, Mitte 18. Jh. erneuert (franz. Park), Deckenfresken von F. A. Maulbertsch (1754).

Literatur: Ö. Städtebuch, Bd. IV, Teil 1, Die Städte NÖ., 1988.

EBENHOCH, Alfred, * 18. 5. 1855 Bregenz (Vbg.), † 30. 1. 1912 Wien, kath.-konservativer Politiker, Jurist und Dichter. 1888–1901 und 1903–12 Reichsratsabgeordneter; 1898 Landeshauptmann von OÖ., 1907/08 Ackerbaumin. Vereinigte die Kath. Volkspartei des

Thomas Ebendorfer. Ausschnitt aus dem Epitaph in der Kirche (heute im Stadtturm) von Perchtoldsdorf, NÖ.

Alfred Ebenhoch. Gemälde, 1959.

Hohenwart-Klubs mit der Christl.-soz. Partei K. → Luegers.
Werke: sozialpolit. Schriften. – Dramen: Querétaro, 1904; J. P. Palm, 1906; Anno Neun, 1908.
Literatur: S. Gipp, Dr. A. E., Diss., Wien 1974.

Ebenhöh, Horst, * 16. 5. 1930 Wien, Komponist und Musikerzieher (1953–90). Von seinen zahlr. Werken wurde bes. „Die Pfaffenberger Nacht" (1970) bekannt. Bestimmt werden seine Kompositionen v. a. von Rhythmus, Motivbildungen sowie Klang- und Geräuschfarben; Tonalität und rationale Überlegungen stehen eher im Hintergrund. Kulturpreis des Landes NÖ. 1980.
Weitere Werke: Konzerte, symphon. Werke, Kammermusik, Lieder, Messen, Kantate (Wenn ich betrübt bin, 1975), musikdramat. Werke, Ballette.
Literatur: Verz. aller musikal. Werke von H. E., ³2002.

Eben im Pongau, Sbg., JO, Gem., 862 m, 2005 Ew., 35,91 km², Wintersportort (116.344 Übern.) auf der Wasserscheide zw. Enns und Fritzbach am Fuß des Roßbrands (1770 m). – Tauernstraßenmuseum, Altstoffsammelhof der Gem. E. i. P., Hüttau und St. Martin am Tennengebirge; Holzverarbeitung (Massivholzplattenerzeugung, Säge-, Hobelwerk), Betonwerk, Sbg. Federkielstickerei (z. B. Bauchbinden für Lederhosen, Taschen) auf gewerbl. Basis. – Moderne Saalkirche (1948–51), Pongauer Paarhöfe.

Ebensee, OÖ., GM, Markt, 443 m, 8452 Ew., 194,55 km², Bade- und Wintersportort (54.894 Übern.) im Salzkammergut, an der Mündung der Traun in den Traunsee. – Schiffsstation (Traunseeschifffahrt), Forsttechnikbetrieb der Ö. Bundesforste AG, Bundesheer-Wetterstation, Gebietskrankenkasse, Arbeiterheim, Bildungszentrum Salzkammergut, Jugendzentrum, Autonom. Kulturzentrum, Feuerkogelseilbahn (seit 1927, 1592 m, Skigebiet) und -wetterstation, Höhere gewerbl. BLA für Mode und Bekleidungstechnik und FachS f. wirt. Berufe und FachS für Altendienste und Pflegehilfe der Caritas; Gewerbe und Ind. (Soda- und Baustofferzeugung, Zementwerk, Holzverarbeitung), Saline der Salinen Austria (Solezuleitung von Hallstatt und Altaussee); persönl., soz. und öffentl. Dienste, gewerbl. Bergschuherzeugung; Schiffswerft Rindbach. Krippenschnitzer, Volksbräuche (am 5. Jänner „Glöcklerlaufen", „Fetzenzug" im Fasching). – Pfarrkirche hl. Josef mit barockem Chor (1727–29 von M. Prunner) und Barockausstattung (1730–70), Bau 1911 erweitert, Fresken von Karl Reisenbichler (1932/33); Heimatmuseum dokumentiert Salzbergbau; KZ-Gedenkstollen, Zeitgeschichtemuseum. – In der Umgebung von E. liegen Vorderer und Hinterer Langbathsee, Offensee (Naturschutzgebiet), im NO → Gaßl-Tropfsteinhöhle.
Literatur: F. Loidl, Heimatbuch E., OÖ., 1972; I. M. Fürlinger, Die wirt. Entwicklung und Struktur der Marktgem. E., Dipl.-Arb., Wien 1983; F. Gillesberger, Brauchtum in E., 1987.

Ebenthal, NÖ., GF, Markt, 176 m, 813 Ew., 18,14 km², Weinbaugem. im nordöstl. Weinviertel unweit der Grenze zur Slowakei. Veranstaltungszentrum (im ehem. Schüttkasten). – Pfarrkirche hl. Koloman (roman. Kern, kleiner Bau des 17. Jh., 1831–40 erweitert) mit klassizist. Einrichtung, Pfarrhof (frühes 19. Jh.), im Barockschloss prächtiger Festsaal mit reicher Freskenausstattung und Spiegelgewölbe (18. Jh.), Schlosskapelle mit Gewölbefresken, Meierhof (18. Jh.).
Literatur: A. Böhm, E., Heimatchronik von den Anfängen des Ortes bis heute, 1999.

Ebenthal in Kärnten, Kä. KL, Markt, 428 m, 7427 Ew. (1981: 5674 Ew.), 54,98 km², südöstl. von Klagenfurt, an der Glan. – Gastgewerbe und Beherbergungswesen, Baugewerbe, Holz- und Metallverarbeitung (Schlossereien). E. i. K. befindet sich als Leichtind.-Gebiet in einer Phase wirt. Aufbaus infolge weiterer Betriebsansiedlungen. – Urk. 984 als „Schrelz" erwähnt; spätbarocke Pfarrkirche (vor 1767 erbaut), Gewölbemalerei (1766) von G. Lederwasch, Schloss Goëss (um 1566, Umbau 18. Jh.) mit mytholog. Fresken (1748) von J. F. Fromiller, Schlosspark mit Parkgitter (18. Jh.), Lindenallee, Obelisk (1801). In der Nähe Predigerstuhl (711 m) und Ebenthaler Wasserfall.

Eberau, Bgld., GS, Markt, 214 m, 1081 Ew., 30,75 km², in der Pinkaebene, zw. den Ausläufern des süd-bgld. Hügellandes und ungar. Grenze. – Grenzübergang; Holzverarbeitung (Tischlereien, Sägewerk), Weinbau. – Römerzeitl. Funde; Pfarrkirche mit spätgot. Chor, N-Turm und Schiff aus dem 18. Jh.; Schloss (Wasserburg) mit ma. Befestigungsring am S-Ende des Orts, Bau 17./18. Jh., Ecktürme (1909), eine der imposantesten Ringwallanlagen in Ö.; Angerplatz mit Pranger (17. Jh.) und Pestsäule als Vorhof zum Schloss. Bereits im 16. Jh. gab es eine Buchdruckerei; im 18. Jh. Freimaurerloge gegr.; Bildsäulen; barockisierte spätgot. Wallfahrtskirche → Maria Weinberg mit Karner.

Ebergassing, NÖ., WU, Gem., 180 m, 3449 Ew., 16,27 km², Ort an der Fischa im östl. Wr. Becken. – Ind.- und Gewerbeort (rd. 70 % der Beschäftigten 2001): Autozulieferbetrieb, Erzeugung von Gummiartikeln, Bandagen, Korrosionsschutz und Futtermitteln. – Uferzeilendorf; Pfarrkirche Mariä Himmelfahrt (1851–53), Hochaltarbild von J. Führich (1852); Schloss, ehem. Wasserburg (16. Jh.), Vierkanter mit Arkadenhof, Mitte 18. Jh. umgebaut.
Literatur: J. Steindl, Beiträge zur Heimatkunde von E. und der umliegenden Gem., 1965; W. Čech, Chronik von E., 1994.

Eberhard I. von Biburg und Hilpoltstein (D), * um 1085, † 21. 6. 1164 Rein (Gem. Eisbach, Stmk.), 1133 Benediktinerabt von Biburg, 1147 Erzbischof von Salzburg. Wirkte als Diplomat im Schisma, Hauptstütze von Papst Alexander III. gegen Friedrich Barbarossa. Begraben im Salzburger Dom; wurde als Heiliger verehrt, aber nicht kanonisiert.
Literatur: G. Hödl, Das Erzbistum Sbg. unter Friedrich Barbarossa, in: Mttlg. der Ges. für Sbg. Landeskunde 114, 1974.

Ebensee.

Eberhard II. von Regensberg (CH), * um 1170, † 30. 11. 1246 Friesach (Kä.), 1196 Bischof von Brixen, 1200 Erzbischof von Salzburg. Gründete die Sbg. Eigenbistümer Chiemsee (Bayern) 1215, Seckau 1218, Lavant 1228 sowie die Kollegiatsstifte Völkermarkt und Friesach, dort 1217 auch ein Prämonstenserkloster. Mit der Erwerbung der Grafschaften Pongau und Lungau schuf er ein geschlossenes Territorium und damit die Voraussetzung für die Landeshoheit des geistl. Fürstentums; er war einer der bedeutendsten Reichsfürsten seiner Zeit.
Literatur: C. Stöllinger, Erzbischof E. II. v. Salzburg, Diss., Wien 1972.

Eberhard III. von Neuhaus (Doberna, SLO), † 18. 1. 1427 Salzburg, ab 1403 Erzbischof von Salzburg. Verzichtete 1409 auf Berchtesgaden, konnte sich gegen Habsburger und Wittelsbacher und im Konflikt dreier Päpste behaupten, hatte aber Probleme mit den Ständen (Igelbund) und duldete 1404 eine Judenverfolgung.
Literatur: H. Klein, Salzburgs Domherren von 1300–1514, in: Mttlg. der Ges. für Sbg. Landeskunde 92, 1952.

Eberharter, Stephan, * 24. 3. 1969 Brixlegg (Ti.), Skirennläufer. Seit 1989 im Weltcup; 1991 in Saalbach Weltmeister im Super-G und in der Kombination, danach durch eine Serie von Verletzungen weit zurückgeworfen, 1997/98 erfolgreiches Comeback im Weltcup, Silbermedaillen bei den Olymp. Spielen in Nagano 1998 im Riesenslalom und bei der Weltmeisterschaft in St. Anton am Arlberg 2001 im Super-G; 2001/02 und 2002/03 Weltcupgesamtsieger,

Stephan Eberharter. Foto, 2002.

2003/04 Zweiter im Gesamtweltcup (hinter H. → Maier); Gold- (Riesenslalom), Silber- (Super-G) und Bronzemedaille (Abfahrtslauf) bei den Olymp. Spielen 2002 in Salt Lake City; Goldmedaille im Super-G bei den Weltmeisterschaften 2003 in St. Moritz.

Eberhartinger, Christoph, * 1. 6. 1925 Wien, Dermatologe. Zunächst Oberarzt an der II. Univ.-Hautklinik in Wien, danach Assistent an der Univ.-Hautklinik in Frankfurt a. Main; 1969–90 Vorstand der dermatolog. Abteilung des Allg. Krankenhauses Linz.

Eberl, Anton (Franz Josef), * 13. 6. 1765 Wien, † 11. 3. 1807 ebd., Pianist und Komponist; Bruder von Ferdinand → Eberl. War mit W. A. → Mozart befreundet (vielleicht sogar sein Schüler) und wurde von den Zeitgenossen v. a. nach der Aufführung seiner Instrumentalwerke als Genie (wie L. van Beethoven) betrachtet.
Werke: Singspiele (Die Marchande des Modes, 1783), Opern (Die Königin der schwarzen Inseln, 1801), Instrumental-, Chor- und Klavierwerke.
Literatur: A. D. White, The Piano Works of A. E. (1765–1807), 1971.

Eberl, Ferdinand, * 3. 5. 1762 Wien, † 27. 5. 1805 ebd., Schauspieler und Theaterdichter; Bruder von Anton F. J. → Eberl. Verfasste Stücke mit Motiven des bürgerl. Lebens mit der Figur des Kasperl und des Eipeldauer; 1795/96 pachtete er das Josefstädter Theater in Wien.
Literatur: ADB.

Eberle, Josef, * 24. 1. 1845 Falkenau a. d. Eger (Sokolov, CZ), † 15. 1. 1921 Wien, Industrieller. Gründete 1873 in Wien eine Lithographie. Unternehmen, in dem er verschiedene neue Druckverfahren einführte.
Literatur: ÖBL.

Eberle, Joseph, * 2. 8. 1884 Ailingen (D), † 12. 9. 1947 Salzburg, kath. Publizist. Ab 1913 in Wien, 1913–16 Redakteur der Tageszeitung → „Reichspost", 1918–25 der Wochenschrift „Das Neue Reich" (1918–32; gegr. als „Die Monarchie"). 1925–40 Eigentümer und Hg. der Wochenschrift → „Schönere Zukunft". E. vertrat kath.-antijüd., antikapitalist. und ständ. Ideen. Zum Nat.-Soz. nahm er eine zwiespältige Haltung ein, bis er 1940 zur Aufgabe der „Schöneren Zukunft" gezwungen und in Schutzhaft genommen wurde.
Werke: Großmacht Presse, 1912 (³1920); Die Überwindung der Plutokratie, 1918; Erlebnisse und Bekenntnisse, 1947.
Literatur: B. Hofer, Der Publizist J. E., Diss., Salzburg 1995.

Eberlin, Johann Ernst, * 27. 3. 1702 Jettingen (D), † 19. 6. 1762 Salzburg, Dom- und Hoforganist, Kapellmeister, Komponist zw. Spätbarock und Frühklassik. Gehörte zum Freundeskreis der Familie Mozart (Einfluss auf den jungen W. A. → Mozart).
Werke: zahlr. kirchenmusikal. Werke (davon ca. 70 Messen), 21 Oratorien, 61 Schuldramen, 3 Opern (nicht überliefert), Instrumentalmusik, Orgelwerke.
Literatur: E. Neumayr, Die Propriumsvertonungen J. E. E. (1702–1762), 2 Bde., Diss., Salzburg 1997.

Eberndorf, Kä., VK, Markt, 476 m, 6016 Ew., 67,64 km², Sommerfremdenverkehrsort (92.603 Übern.) und Hauptort des Jauntals, südöstl. des Klopeiner Sees. – Ferienheim, FachS f. ländl. Hauswirt.; infolge Tourismus Dienstleistungssektor dominant (rd. 2 Drittel der Beschäftigten 2001); daneben Erzeugung von Materialien und Teilen aus Holz und Naturfasern für die Automobilind. (→ Funder Isowood GmbH), Textilmaschinen und Trachtenbekleidung; Rohrverteilerbau. – Urk. 1106 als „Dobrendorf". Ehem. Augustiner-Chorherrenstift (1149/54–1604, seit 1809 im Besitz der Benediktiner von St. Paul, heute Kultur- und Verwaltungsgebäude); die spätgot. Stiftskirche (Pfarrkirche) mit freistehendem Turm (15. Jh.) besitzt Krypta (um 1390), Fresken (15. Jh.) und barocke Hochaltäre; am Holmberg spätgot. Friedhofskirche mit Schnitzhochaltar (1780) und Konsolstatuen (17. Jh.). – In der Nähe liegen Klopeiner, Gösselsdorfer und Sonnegger See, der Turnersee sowie das Laufkraftwerk Edling der Draukraftwerke (err. 1962, 405.000 KWh; je zur Hälfte Gem. E. und Völkermarkt).
Literatur: M. Siedler, Marktgem. E. einst und heute, 1992.

Ebersberg, Ottokar Franz, siehe → Berg, O. F.

Eberschwang, OÖ., RI, Markt, 529 m, 3373 Ew., 40,43 km², kleiner Ind.- und Gewerbeort im Antiesental südöstl. von Ried im Innkreis. Erzeugung von Fleischwaren, Kinderwägen und Holztrocknungsanlagen, Großtischlerei, Ziegelwerk, gewerbl. Kachelherstellung. – Got. Pfarrkirche hl. Michael mit neuen Bauteilen (nach 1951); Pfarrhof (17. Jh.).
Literatur: F. Buchinger, E., 1984.

Ebersdorf, Stmk., HB, Gem., 315 m, 1163 Ew., 17,19 km², gewerbl.-landw. Gem. im Safental. Kulturzentrum. Ind.-Gebiet (u. a. Maschinenbau). – Urk. 1170; Pfarrkirche hl. Andreas (Neubau 1756–58) mit spätbarocker Ausstattung (1767), Orgel und Taufbecken spätes 18. Jh., an der S-Wand röm. Grabstein, barocker Pfarrhof.
Literatur: F. Posch, Geschichte der Marktgem. und der Pfarre Waltersdorf, mit Beiträgen zur Geschichte von E. und Limbach, 1970.

Eberstalzell, OÖ., WL, Gem., 400 m, 2190 Ew., 27,59 km², landw.-gewerbl. Wohngem. westl. von Kremsmünster. Altenheim. – Urk. 777 „Eporestal", spätgot. Kirche (1448–50) mit barock ausgebautem Turm und neugot. Einrichtung, Kruzifix von 1643, frühbarocke Kreuzwegstationen.

Eberstein, Kä., SV, Markt, 580 m, 1505 Ew., 65,20 km², kleiner Sommertourismusort (10.295 Übern.) im

Görtschitztal am Fuß der Saualpe. – Außenstelle der BH St. Veit a. d. Glan (Jugendamt), Forstaufsichtsstation, Schotterwerk, gewerbl. Dachschindelerzeugung. – Seit dem 16. Jh. Eisenverarbeitung; Schloss E. (urk. 12. Jh.), 1851 neugot. umgebaut, got. Burgkapelle; römerzeitl. Funde auf dem Schlossberg. In Hochfeistritz bedeutende spätgot. Wehrkirchenanlage (1446–91), W-Portal mit Umrahmung aus gemalten Figürchen, an der S-Wand der Sakristei Malerei in Fastentuchform, barocker Hochaltar (um 1670), got. Schnitzfiguren. Spätgot. Pfarrkirche St. Walburgen. In St. Oswald got. Pfarrkirche (urk. 1369) mit Fresken (1514), Barockaltäre mit spätgot. Schnitzfiguren (Ende 15. Jh.); Burgruine Gillitzstein.

Ebner, Ferdinand, * 31. 1. 1882 Wr. Neustadt (NÖ.), † 17. 10. 1931 Gablitz (NÖ.), Philosoph und Pädagoge; Onkel von Jeannie → Ebner. 1902–23 Volksschullehrer in NÖ.; zählte zu den Wegbereitern des Existentialismus, Mitarbeiter im „Brenner"-Kreis; in seiner Lebensphilosophie, die unter dem Einfluss H. Bergsons und des Wieners H. Swoboda stand, stellte er die Erfülltheit und geniale Produktivität des Augenblicks als höchsten ethischen Wert des Lebens dar. Mit M. → Buber war E. Urheber der Philosophie des Ich-Du-Verhältnisses.
Werke: Das Wort und die geistigen Realitäten, 1921; Wort und Liebe, 1935; Das Wort ist der Weg, 1949. – Ausgabe: Schriften, 3 Bde., 1963–65.
Literatur: W. L. Hohmann, F. E., 1995; H. G. Hödl, Decodierungen der Metaphysik, 1998; ÖBL; NDB.

Ferdinand Ebner. Lithographie von H. Jone.

Ebner, Franz Anton, * um 1698 Salzburg, † 31. 8. 1756 ebd., Salzburger Hofmaler (ab 1727). Schüler von M. → Altomonte, F. → Solimena und S. Concha; schuf 1732 die dekorativen Pferdefresken der Hofmarstallschwemme in Salzburg (1916 vollständig erneuert).

Ebner, Herwig, * 4. 8. 1928 Niklasdorf (Stmk.), Historiker. 1969 Habilitation f. Allg. Geschichte des MA und hist. Hilfswissenschaften, 1972 Habilitation f. Wirt.- und Sozialgeschichte des MA und der Neuzeit, 1974–94 Univ.-Prof. in Graz. Experte für Burgen- und Residenzforschung in Ö.
Werke: Von den Edlingern in Inner-Ö., 1954; Burgen und Schlösser in der Stmk., 3 Bde., 1963–67; Stadt und Burg in Europa, Ausst.-Kat., Graz 1984 (wiss. Leitung); Geschichtsforschung in Graz, 1990 (Hg.).

Ebner, Jeannie (verh. Allinger), * 17. 11. 1918 Sydney (Australien), † 16. 3. 2004 Wien, Lyrikerin und Erzählerin; Nichte von Ferdinand → Ebner. Aufgewachsen in Wr. Neustadt, lebte ab 1946 in Wien. 1968–79 Mit-Hg. der Ztschr. „Literatur und Kritik". Religiös-metaphys. Bezüge, das Mann-Frau-Verhältnis und autobiograph. Zusammenhänge besitzen für ihr Werk bes. Bedeutung.
Werke: Gedichte: Gesang an das Heute, 1952; Gedichte und Meditationen, 2 Bde., 1978/87; Sämtl. Gedichte 1940–93, 1993. – Romane und Erzählungen: Sie warten auf Antwort, 1954; Die Wildnis früher Sommer, 1958 (überarbeitet 1978); Der Königstiger, 1959; Die Götter neigen sich, 1961; Figuren in Schwarz und Weiß, 1964; Drei Flötentöne, 1981; Zauberer und Verzauberte, 1992; Der Genauigkeit zuliebe, Tagebücher 1942–80, 1993. – Übersetzungen aus dem Englischen (D. Lessing). – Ausgabe: Ein J.-E.-Lesebuch, hg. von G. Trenkler, 1998.
Literatur: C. Kleiber, J. E., 1985.

Jeannie Ebner. Foto.

Ebner, Wolfgang, * 1612 Augsburg (D), † 11. 2. 1665 Wien, kaiserl. Kammerorganist und Hofkomposit. 1634 Organist bei St. Stephan, ab 1637 am Kaiserhof tätig; ein Hauptvertreter der Wr. Klavierschule des 17. Jh.; Musiklehrer von Leopold I. und Ballettkomponist der kaiserl. Oper. Seine Werke wurden großteils im 2. Weltkrieg vernichtet.
Literatur: NDB.

Marie Freifrau von Ebner-Eschenbach. Foto.

Ebner-Eschenbach, Marie Freifrau von (geb. Freiin von Dubsky, ab 1843 Gräfin von Dubsky), * 13. 9. 1830 Zdislawitz b. Kremsier (Zdislavice, CZ), † 12. 3. 1916 Wien, bed. ö. Erzählerin, Dramatikerin und Aphoristikerin des späten Realismus; ab 1848 Ehefrau ihres Cousins, des späteren Feldmarschallleutnants Moritz Frh. von → Ebner-Eschenbach; lebte abwechselnd auf ihrem Schloss und in Wien.
Bekanntschaft mit F. → Grillparzer, F. → Halm, F. → Hebbel und H. → Laube; versuchte sich anfangs als Dramatikerin, doch „Das Waldfräulein" (Urauff. 1873) stieß aufgrund der darin geübten Adelskritik auf Ablehnung. In der Folge wandte sie sich der Prosa zu. Bekannt wurde sie mit der Künstlernovelle „Ein Spätgeborener" (1875); es folgten die erste große Erzählung „Boňena" (1876) und „Dorf- und Schloßgeschichten" (1883), die ihre bekanntesten Erzählungen („Der Kreisphysikus", „Krambambuli") enthalten. In ihrer Geisteshaltung der ö. Spätaufklärung verpfichtet, schildert sie in ihren Erzählungen v. a. das Schicksal von Außenseitern und Angehörigen der soz. Unterschicht, gleichzeitig übt sie scharfe Kritik an der Adelsges. Bekannt wurde E.-E. auch durch ihre geistreichen Aphorismen (Weisheit des Herzens, 1948). 1898 erhielt sie das Ehrenkreuz für Kunst und Literatur und 1900 das Ehrendoktorat der Univ. Wien; ihr Denkmal steht als einziges einer Frau im Arkadenhof der Univ. Wien.
Weitere Werke: Zwei Komtessen, 1885; Das Gemeindekind, 2 Bde., 1887; Lotti, die Uhrmacherin, 1889 (Erstdruck in: „Dt. Rundschau", 1880); Unsühnbar, 2 Bde., 1890; Margarethe, 1891; Glaubenslos, 1893; Alte Schule, 1897; Aus Spätherbsttagen, 1901; Meine Kinderjahre, 1906 (Autobiographie). – Ausgaben: Sämtl. Werke, 12 Bde., 1928; Gesammelte Werke, 9 Bde., 1961.
Literatur: K. Fliedl, Auch ein Beruf, in: G. Brinker-Gabler (Hg.): Dt. Lit. von Frauen, Bd. 2, 1988; G. Gorla, M. v. E.-E., 1997; J. P. Strelka (Hg.), Des Mitleids tiefe Liebesfähigkeit, 1997; E. Toegel, M. v. E.-E Leben und Werk, 1997.

Ebner-Eschenbach, Moritz Frh. von, * 27. 11. 1815 Wien, † 28. 1. 1898 ebd., Erfinder, General, Militärschriftsteller; ab 1848 Ehemann von Marie v. → Ebner-Eschenbach. Erfindungen auf dem Gebiet der elektr. Zündung, des Torpedowesens und der Scheinwerfer.
Literatur: E. Polheim (Hg.), M. v. E.-E. Erinnerungen des k. k. Feldmarschall-Leutnants, 1994; ÖBL.

Ebner Industrieofenbau Ges. m. b. H., 1948 gegr. Unternehmen mit Sitz in Leonding bei Linz; entwickelt und erzeugt Ind.-Öfen für die Wärmebehandlung von Metallen. Seit 1987 Tochterges. in den USA und seit 2002 in Asien (China, Japan, Taiwan). Umsatz 2002 ca. 80 Mio. Euro, 750 Mitarbeiter; Exportanteil 98 %.

Ebner-Rofenstein, Viktor von, * 4. 2. 1842 Bregenz (Vbg.), † 20. 3. 1925 Wien, Histologe. Ab 1873 Prof. für Histologie und Entwicklungsgeschichte in Graz, 1888 Univ.-Prof. in Wien, 1907/08 Rektor; schuf den systemat. histolog. Unterricht in Ö. und machte sich um den Ausbau der modernen Histologie verdient.
Werke: Die acinösen Drüsen der Zunge, 1873; Über die Ursachen der Anisotropie organisierter Substanzen, 1882; Hb. der Gewebelehre, hg. v. A. v. Kölliker, Bd. 3, ⁶1889–92.
Literatur: NDB.

Ebreichsdorf, NÖ., BN, Stadt, 202 m, 8788 Ew. (1981: 5607 Ew.), 43,20 km², Straßenknoten, Ind.- und Gewerbeort im Piestingtal im südl. Wr. Becken. – Golfplatz, Pferdesportpark (Eröffnung 2004), Fürsorgestelle des Jugendamtes Baden, Kulturheim; 38 % der Beschäftigten (2001) im Produktionssektor: Metallverarbeitung dominiert (Nirosta-Waren, Spezialmaschinen, Apparatebau, Stahlkonstruktionen), Holzverarbeitung (Großtischlereien), Erzeugung von Futtermitteln, Buchdruckerei; auf dem Dienstleistungssektor bes. Handel, persönl., soz. und öffentl. Dienste. – Ehem. Tuchfabrik (18. Jh.); spätgot. Pfarrkirche hl. Andreas mit roman. Resten, 1705/06 barockisiert. Dreifaltigkeitsobelisk (Anfang 18. Jh.); Renaiss.-Schloss (1581–88), Zweiturmanlage mit Arkadenhof, 1704/05 und

Schloss Ebreichsdorf.

1890 historistisch umgebaut; got. Kapelle (um 1400); Altes Rathaus (Jugendstil), neues Gem.-Zentrum. In Weigelsdorf got. Pfarrkirche (urk. vor 1282) mit roman. Bauteilen und vermutl. vorroman. Steinrelief.
Literatur: O. Pasteka, Pfarrgeschichte von E., 1983.

Echsenbach, NÖ., ZT, Markt, 572 m, 1249 Ew., 23,15 km², gewerbl.-landw. Gem im Aubachtal. – Schnapsglasmuseum; Fertighausbau. – Urk. 1175, Markt seit 1934, roman. Pfarrkirche mit Erweiterungsbau von 1957 und großteils moderner Einrichtung. – Faschingsumzug.

Eckardt, Siegfried Gotthilf (genannt Koch), * 26. 10. 1754 Berlin (D), † 11. 6. 1831 Alland (NÖ.), Schauspieler und Regisseur. Ab 1798 Charakterdarsteller (Tragöde und Komiker) am Wr. Burgtheater; sein für die Theatergeschichte wertvolles Stammbuch (ab 1773) ist im Besitz des Ö. Theatermuseums in Wien.
Literatur: M. Baldamus, S. G. E., gen. Koch, 1828; K. Mras, Das Stammbuch des Hofschauspielers S. G. E., gen. Koch (1754–1831), 1959; ADB.

Schloss Eckartsau.

Eckartsau, NÖ., GF, Markt, 147 m, 1179 Ew., 48,98 km², im Marchfeld, am N-Rand der Donauauen. – Nationalparkforstverwaltung (Nationalpark Donau-Auen) der Ö. Bundesforste AG (im Schloss E.). – Urk. 1160; im Kern ma. Pfarrkirche (1703 barockisiert); Schloss (urk. 1180) mit großem Park, barocker Um- und Neubau 1722–32, 1760 Verkauf an Ks. Franz I., 1897/98 teilw. Wiederherstellung durch Erzhzg. Franz Ferdinand (Jagdtrophäen), Festsaal mit Fresko von D. Gran (1732), von Nov. 1918 bis März 1919 Aufenthaltsort von Ks. Karl I. vor dem Exil. Kammermusik.
Literatur: F. Ammerer, Festschrift 800 Jahre E., 1980.

„**Eckenlied**", siehe → Dietrich-Epen.

Eckert, Walter, * 8. 9. 1913 Leobersdorf (NÖ.), † 7. 1. 2001 Wien, Maler und Graphiker. Studierte 1935–39 bei H. → Boeckl; 1967–83 Prof. an der Akad. d. bild. Künste in Wien, 1965–67 Präs. der Wr. → Secession. Ausgehend von blockhafter Minimal Art, Entwicklung über gestische Kunst zu Psychogrammen.
Werke: Sitzende, 1963; Großer Kopf IV, 1988.
Literatur: W. E., Ausst.-Kat., Wien 1989.

Eckhardt, Ferdinand, * 28. 4. 1902 Wien, † 25. 12. 1995 Winnipeg (CDN), Kunsthistoriker. Ab 1932 am Kunsthist. Museum in Wien tätig, wo er sich 1945 um die Rückführung der Bestände verdient machte. Baute ab 1953 in Kanada mit der Winnipeg Art Gallery ein bed. Museum für moderne und Eskimokunst auf. Stiftete nach dem Tod seiner Frau, der Pianistin Sophie-Carmen (Sonia) E.-Gramatté, 1974 den E.-Gramatté-Musikwettbewerb.

Eckhardt, Fritz, * 30. 11. 1907 Linz (OÖ.), † 31. 12. 1995 Klosterneuburg (NÖ.), Schauspieler, Regisseur, Autor. Absolvent der Akad. f. Musik u. darst. Kunst in Wien; Theaterengagements in Deutschland und Ö., Kabarett „Lieber → Augustin", Wien; verfasste über 30 Theaterstücke, zahlr. Film- und über 200 Fernsehdrehbücher; Hauptdarsteller in Fernsehserien („Tatort" u. a.).
Werke: Drehbücher: Familie Leitner, ORF; Wenn der Vater mit dem Sohne, ARD; Hallo Hotel Sacher Portier, ZDF. – Filmrollen: Bruder Martin, 1954; Die letzte Brücke, 1954. – Autobiographie: Ich erinnere mich gern, 1989.
Literatur: F. E. Ein Schauspieler muß alles können, 1989.

Fritz Eckhardt. Foto, 1990.

Eckhel, Joseph Hilarius, * 13. 1. 1737 Enzesfeld (Gem. Enzesfeld-Lindabrunn, NÖ.), † 16. 5. 1798 Wien, Jesuit, Numismatiker. 1774 Dir. des antiken Münzkabinetts, 1775 auch Univ.-Prof., Begründer der wiss. Numismatik in Ö.
Werk: Doctrina nummorum veterum, 8 Bde., 1792–98.
Literatur: NDB.

Eckstein, Bertha (geb. Diener, Pseud.: Sir Galahad, Helen Diner), * 18. 3. 1874 Wien, † 20. 2. 1948 Genf (CH), Schriftstellerin und Übersetzerin; verheiratet mit dem Philosophen Friedrich E. Lebte ab 1920 in der Schweiz. Neben Romanen und Erzählungen schrieb sie auch kultur- und literaturhist. Werke; als ihr Hauptwerk gilt „Mütter und Amazonen" (1932), in dem sie die Überlegenheit des Matriarchats propagiert.
Weitere Werke: Die Kegelschnitte Gottes, 1920; Idiotenführer durch die russ. Literatur, 1925; Byzanz, 1936; Bohemund. Ein Kreuzfahrerroman, 1938; Der glückliche Hügel, 1943 (R.-Wagner-Roman).
Literatur: S. Mulot-Déri, Sir Galahad – Porträt einer Verschollenen, 1987; R. Freund, Land der Träumer, ²2000.

Eckstein, Percy, * 21. 5. 1899 Baden (NÖ.), † 19. 3. 1962 Rom (I), Journalist, Schriftsteller und Übersetzer; Sohn von Bertha → Eckstein. Lebte ab 1940 in Italien.
Werke: F. Lesseps Triumph, 1947; Tragödie eines Optimisten, 1947; Brutus in Paris, 1952.

Economo von San Serff, Constantin Alexander Frh von, * 21. 8. 1876 Braila (RO), † 21. 10. 1931 Wien, Neurologe und Hirnforscher. Lieblingsschüler J → Wagner-Jaureggs; ab 1913 Privatdoz., ab 1921 Univ.-Prof. für Psychiatrie und Neurologie. E. beschrieb 1917 die epidemische Gehirnentzündung, entdeckte die Kau-, Schluck- und Schlafsteuerzentren (Über den Schlaf, 1925) und schuf den „Atlas der Cytoarchitektonik der Hirnrinde" (1925), regte Sammlung und Studien von Elitegehirnen an und gründete 1931 das Hirnforschungsinst. E. war auch ein hervorragender Luftschiffer und einer der ersten Sportflieger Ö., ab 1910 Präs. des Ö. Aeroclubs.

Weiteres Werk: Die Encephalitis lethargica, ihre Nachkrankheiten und ihre Behandlung, 1929.

Literatur: I. Fischer (Hg.), Biograph. Lexikon der hervorrag. Ärzte der letzten 50 Jahre, Bd. 1, 1932; ÖBL.

ECU, franz. = Schild. War die 1. franz. Talermünze; Abkürzung für „European Currency Unit", Rechengeldeinheit der EU, 1981–98 in allen Bereichen der EU verwendet, mit Einführung des → Euro 1999 abgeschafft und durch diesen im Verhältnis 1:1 ersetzt.

EDELKASTANIE, Castanea sativa (Familie: Buchengewächse/Fagaceae), auch Echte Kastanie, Esskastanie, Maronibaum genannt, stammt aus südosteurop. und südwestasiat. Gebirgen, wird wegen der essbaren Nussfrüchte seit der Antike kultiviert. Die Vorkommen in Mitteleuropa gehen mit großer Wahrscheinlichkeit auf Anpflanzungen zurück. In manchen Gegenden hat sich die E. in naturnahen Wäldern eingebürgert, z. B. in der Mittel-Stmk. und im Bgld. Die E. ist kalkmeidend, sie wächst nur auf kalkfreien Böden. Die Laubblätter sind groß, länglich, grob spitz gezähnt. Blütezeit ist der Sommeranfang; männl. Kätzchen aufrecht, gelb, duftend, Blüten nektarproduzierend (Kastanienhonig!). Die weibl. Blüten sind unscheinbar, zu dritt in einer gem. Hülle, die zur Fruchtreife sehr stachelig wird; aus jeder weibl. Blüte entsteht eine Nuss („Marone"), die einen stärkereichen, essbaren, wohlschmeckenden Samen enthält, der gebraten oder gekocht oder in anderen Zubereitungen verzehrt wird. → Kastanie, → Rosskastanie.

EDELMANN, Otto, * 5. 2. 1917 Brunn a. Gebirge (NÖ.), † 14. 5. 2003 Wien, Kammersänger (Bass-Bariton). Ab 1947 Mitgl. der Wr. Staatsoper (1976 letzter Auftritt) und Rollen bei den Sbg. Festspielen, zahlr. Gastspiele (Europa und USA), großes Repertoire (von W. A. Mozart bis R. Wagner und R. Strauss).

Literatur: S.-M. Schlinke, O. E. Ein Meistersinger aus Wien, 1987.

Otto Edelmann. Foto, 1959.

EDELSBACH BEI FELDBACH, Stmk., FB, Gem., 328 m, 1371 Ew., 16,05 km², Gem. mit vielfältiger Wirt.-Struktur in einem Seitental des Raabtals nordwestl. von Feldbach. Ö. Brückenbaumuseum, „Weltmaschine" von Franz Gsellmann. Nahrungsmittelind., Großhandel, Bekleidung. – Got. Pfarrkirche (Umbau 2. Hälfte 17. Jh.) mit Resten got. Fresken, Barockkanzel von Veit Königer (1768), Taufbecken (17. Jh.); Dornhofer-Kapelle (1883) mit Barockaltar aus der Pfarrkirche; barocke Steinfiguren; moderner Kreuzweg Wetzelsdorf–Edelsbach (err. 1998 von 12 Künstlern aus der Region).

EDELSCHROTT, Stmk., VO, Markt, 793 m, 1735 Ew., 66,14 km², Sommerfrische im Teigitschtal südl. von Köflach. – Ferien- und Erholungsheime, Pumpstation, Diensthaus der STEWEAG (Kraftwerk St. Martin). Südöstl. von E. Hirzmann-Stausee und Langmannsperre der Teigitsch. Barockkirche mit roman. Turm, mit Stroh gedeckte Holzbrücke („Ströhberne Brücke") über den Teigitschbach; spätgot. Filialkirche hl. Hemma.

EDELSERPENTIN, siehe → Serpentin.

EDELSGRUB, Stmk., GU, Gem., 460 m, 637 Ew., 7,12 km², landw. Wohngem. im oberen Stiefingtal östl. von Graz. – Barocke Johann-Nepomuk-Kapelle (spätes 18. Jh.).

EDELSTAHL, durch Zumengungen von Stahlveredelungsmetallen mittel- und hochlegierter Sonderstahl mit geringem Schwefel- und Phosphorgehalt. In Ö. besitzt die E.-Erzeugung und -verarbeitung bedeutende Tradition (Böhlerwerke, Kapfenberg; Schoeller-Bleckmann, Ternitz; Steir. Gussstahlwerke, Judenburg). Die Betriebe wurden mit 1. 1. 1975 im Rahmen der ÖIAG zur VEW vereinigt, später wieder entflochten. Bedeutendster Betrieb ist die 1995 an die Börse gegangene Böhler-Uddeholm AG.

EDELSTAL, Bgld., ND, Gem., 183 m, 607 Ew., 5,89 km², seit 1. 1. 1992 wieder selbständige Gem., 1971–91 mit der Marktgem. Kittsee vereinigt. Weinbauort in einem Talkessel der Hundsheimer Berge, an der bgld.-nö. Grenze. – Heilwasserquelle und Mineralwasserabfüllung (Römerquelle). Pfarrkirche (1740), Teile eines Awarenfriedhofs und einer röm. Villa 1884 freigelegt.

EDELSTAUDEN, Stmk., FB, Gem., 367 m, 414 Ew., 6,75 km², landw. Wohngem. an einem Zufluss des Schwarzaubachs, im Steir. Thermenland südöstl. von Graz. – Buschenschenken.

EDELSTEINE: Mäßige Bedeutung erlangten der in Ö. vorkommende → Smaragd und Almandin. Bergkristall, Epidot, Diopsid, Peridot sind nur von lokaler Bedeutung (→ Mineralogie).

EDELWEISS, Leontopodium nivale subsp. alpinum (= Leontopodium alpinum) ist der botan.-lat. Name dieser Alpenpflanze, die – wenn auch zu Unrecht – als inoffizielle Nationalblume Ö. gilt. Diese Art ist nämlich keineswegs in Ö. endemisch, in keiner Weise für Ö. bezeichnend, auch nicht auf die Alpen beschränkt, sondern in europ. Gebirgen weit verbreitet: von den span. Pyrenäen im W bis zu den ukrain. Karpaten im O, vom Jura im N bis zum Apennin im S. Die Gattung Leontopodium („Löwenfüßchen") umfasst 58 Arten – 57 davon leben in Asien, die meisten in den zentralasiat. Gebirgen – und gehört verwandtschaftl. in die Nähe von Ruhrkraut/Gnaphalium und Katzenpfötchen/Antennaria, in der großen Familie der Korbblütler/Asteraceae. Von diesen und den meisten übrigen Korbblütlern unterscheidet sich das E. durch den Kranz weißfilziger Hochblätter, der eine dicht beieinander sitzende Gruppe von Körben umgibt. Diese Körbe sind, im Unterschied zu den typ. Korbblütlern, unauffällig, weil sie keine strahlenden Randblüten haben. Erst die Hochblätter machen den Gesamtblütenstand (einen Blütenstand 2. Ordnung) auffallend (botan. zu einem sog. Superpseudanthium). Die einzige europ. Art der Gattung ist wohl erst während der letzten Eiszeit aus ihrer asiat. Urheimat zu uns eingewandert. Durch den Alpentourismus seit dem 19. Jh. ist die Art populär geworden, und dies in ungeheurem Ausmaß. Von den Alpenbewohnern war sie vorher wenig beachtet worden, sie galt als Heilkraut minderer Güte und wurde gelegentlich gegen Verdauungsbeschwerden verwendet, wovon der alte volkstüml. Name

Edelweiß.

"Bauchwehbleaml" (aus Berchtesgaden, Salzburg und dem Pustertal) zeugt. Ob der Name E. eine Erfindung der Touristik des 19. Jh. ist oder doch auf ältere volkstüml. Benennungen (in Ti. und den Hohen Tauern) zurückgeht, ist strittig.
Die Art wächst in kalkreichen alpinen Rasen, wurde an solchen Standorten aber von Trophäenjägern stellenweise ausgerottet, so dass sie heute meist nur noch in weniger leicht zugänglichem felsigem Terrain zu finden ist, was aber ihren Sammlerwert steigert, denn das romant. E.-Räubern muss mit Gefahren an Leib und Seele verbunden sein. Das E. gehört deshalb zu den ersten Arten, die zu Beginn des 20. Jh. unter gesetzl. Schutz gestellt worden sind. Obwohl früher weit verbreitet und häufig, steht es heute sogar auf der → Roten Liste gefährdeter Pflanzen: es ist „regional gefährdet", und zwar in den östl. ö. Alpen.
Literatur: W. Till (Hg.), Dein E., das macht mich heiß. Souvenir und Modeblume der Alpen, 1997.

EDER, Georg, * 2. 2. 1523 bei Freising (D), † 19. 5. 1587 Wien, Historiker und Humanist. E. kam 1551 an die Univ. Wien, deren Rektor er ab 1557 11-mal war, und wirkte auch als Ratgeber der Ks. Ferdinand I., Maximilian II. und Rudolf II.
Werke: Catalogus Rectorum, 1559 (Geschichte der Univ. Wien); Evang. Inquisition, 1573 (Streitschrift); Das gülden Flüß christl. Gemain, 1579.
Literatur: W. Kasper (Hg.), Lexikon f. Theologie und Kirche, Bd. 3, 1995.

EDER, Georg, * 6. 3. 1928 Mattsee (Sbg.), Erzbischof von Sbg. (1989–2003). 1956 Priesterweihe, Sekr. von Erzbischof A. → Rohracher, Pfarrer und Dechant von Altenmarkt, Nachfolger von Erzbischof K. → Berg.

EDER, Gernot, * 9. 5. 1929 Wien, † 9. 11. 2000 ebd., Kernphysiker. 1957–63 Doz. für theoret. Physik in Wien, 1963–71 Univ.-Prof. für theoret. Physik in Gießen, 1971–97 Prof. für Kernphysik an der Techn. Univ. Wien und Vorstand des Atominstituts der ö. Universitäten.
Werke: Elektrodynamik, 1967; Quantenmechanik, 1968; Atomphysik, 1978.

EDER, Helmut, * 26. 12. 1916 Linz (OÖ.), Komponist. Studium bei C. Orff und J. N. → David, Lehrer am Bruckner-Konservatorium in Linz, 1967–87 Prof. am Mozarteum Salzburg; Ö. Staatspreis 1962.
Werke: Kammermusik, Symphonien, Kantaten, Volksliedsätze. – Musikal. Dramen und Opern: Oedipus, 1958; Der Kardinal, 1965; Der Aufstand, 1976; Mozart in New York, 1991.
Literatur: G. Brosche (Red.), Musikal. Dokumentation H. E., Ausst.-Kat., Wien 1985; G. Gruber u. G. Kraus, H. E., 1988.

EDER, Josef Maria, * 16. 3. 1855 Krems (NÖ.), † 18. 10. 1944 Kitzbühel (Ti.), Fotochemiker, Pionier der Fotografie. 1892–1924 Prof. an der Techn. Hochschule in Wien, Gründer und 1888–1923 Leiter der Lehranstalt für Fotografie und Reproduktionsverfahren (heute Höhere Graph. Bundes-Lehr- und Versuchsanstalt) in Wien. Führte Untersuchungen zur Fotometrie und Röntgenstrahlenfotografie durch.
Werk: Ausführl. Hb. der Photographie, 4 Tle., 1891–96.
Literatur: R. Zahlbrecht, J. M. E., 1955; F. Dworschak u. O. Krumpel, J. M. E., 1955.

EDER, Karl, * 10. 9. 1889 Lindach (OÖ.), † 1. 5. 1961 Graz (Stmk.), Historiker und Theologe. Univ.-Prof. in Graz.
Werke: Dt. Geisteswende zw. MA und Neuzeit, 1937; Die Geschichte der Kirche im Zeitalter des konfessionellen Absolutismus 1555–1648, 1949; Der Liberalismus in Alt-Ö., 1955.
Literatur: Festschrift zum 70. Geburtstag, 1959.

EDERER, Brigitte, * 27. 2. 1956 Wien, Volkswirtin und Politikerin (SPÖ). 1977–92 Mitarbeiterin der wirtschaftswiss. Abteilung der AK Wien, 1983–92 Abg. z. NR, 1992–95 Staatssekr. f. Integration und Entwicklungszusammenarbeit im Bundeskanzleramt, 1995–97 Bundesgeschäftsführerin der SPÖ, 1997–2000 Finanzstadträtin von Wien; seit 2001 Vorstandsmitgl. der Siemens AG Ö.

EDIKTALVERFAHREN, bei Todeserklärungen die Aufforderung des Gerichts (Gerichtstafel, Wr. Zeitung) an den Verschollenen, sich binnen einer bestimmten Frist zu melden. Vergleichbar mit dem E. beim Fund, im Konkurs- und Ausgleichsverfahren zur Feststellung der offenen Forderungen und zur Einberufung der Verlassenschaftsgläubiger.
Literatur: P. Rummel, Kommentar zum ABGB, 1984.

EDLBACH, OÖ., KI, Gem., 770 m, 680 Ew., 8,35 km², zweisaisonale Fremdenverkehrsgem. (92.201 Übern.) in Dambach in der Pyhrn-Priel-Region. – Alte Schaumühle; unweit Freitgraben.

EDLER (E. von), bis 1919 Prädikat des niederen Adels, meist Beamte und Militärs, Träger bestimmter Orden, die der „zweiten Gesellschaft" angehörten.
Literatur: H. Siegert (Hg.), Adel in Ö., 1971.

EDLING, (Wolfgang) Anselm von, * 1741 Maria Saal (Kä.), † 23. 4. 1794 Göß (Gem. Leoben, Stmk.), Benediktiner, Schriftsteller, Historiker, Volksaufklärer. Abt von Stift St. Paul, Pfarrer und Dechant in Wolfsberg, Domkustos in Leoben, Hofprediger in Klagenfurt. Er wirkte für Volkserziehung im Sinne der josephin. Aufklärung mit populären ges.-krit. Werken („Der Kornet, oder: So arg macht's die Eifersucht", Drama, 1787; „Blumauer bey den Göttern im Olympus über die Travestierung der Aeneis angeklagt", parodist. Verschichtung, 1792).
Weitere Werke: Geschichte des Herzogtums Kä. zum Gebrauch der studierenden Jugend, 1781; Die Begebenheiten auf der Jagd, 1789 (komische Oper); Der Priester, wie man ihn wünschen mag, und – wie er nicht alle Tage zu haben ist, 4 Bde., 1793 (volksaufklär. Erzählung).
Literatur: H. Menhardt, Zu A. E. Werken, in: Carinthia I, 1924; W. M. Bauer, Fiktion und Polemik. Studien zum ö. Roman der Aufklärung, 1977.

EDLINGER, Gruppe von freien und wehrhaften Personen, die im 8. Jh. in Kä. aufscheint. Ihre Herkunft ist ungeklärt und umstritten. Aus ihnen stammten jene Personen, die den von auswärts kommenden Hzg. in den Stammesverband aufnahmen. Ein aus der Gruppe hervorragender Adel wurde im 9./10. Jh dem aus Bayern zugewanderten gleichgestellt. Die Masse der E. wurde im 12. Jh. Bauern mit bes. Schutzvogtei des Hzg., manche zu Rittern. Der aus ihrer Mitte hervorgegangene → Herzogbauer hatte bis ins 15. Jh. eine Funktion bei den Zeremonien der → Herzogseinsetzung bei → Fürstenstein und → Herzogstuhl.
Literatur: H. Ebner, Von den E. in Inner-Ö., 1956.

EDLINGER, Rudolf, * 20. 2. 1940 Wien, Lithograph und Politiker (SPÖ). Begann seine polit. Laufbahn 1964 als Bezirkssekr. der SPÖ Wien-Währing; 1969–86 Abg. z. Wr. Landtag und Mitgl. d. Wr. Gemeinderats (1981–85 Klubobmann der SPÖ), 1986–94 amtsführender Stadtrat für Wohnbau und Stadterneuerung, 1994–97 für Finanzen und Wirtschaftspolitik; 1997–2000 BM. f. Finanzen; 1999–2002 Abg. z. NR.
Literatur: A. Höferl (Hg.), R. E. Über sein Leben, 2000.

EDLITZ, NÖ., NK, Markt, 454 m, 1002 Ew., 14,23 km², kleine Sommerfrische in der Bucklig en Welt. – Bez.-Leitung der EVN NÖ. – Spätgot. Wehrkirche hl. Veit (2. Hälfte 15. Jh.), im Inneren Wehrganggalerie, Freskenausstattung (16. und 17. Jh.); vor dem Pfarrhof Portal (1672).

EDOLANZ, nachklassischer Aventiure-Roman (→ höfische Epik) vermutlich eines ö. Dichters um 1250; überliefert in 2 Fragmenten (Seiterstetten, Wien); Ausschnitte (380 Verse) aus einem Roman des Ritters E., der sich in Schlachten, Städtebelagerungen

Erzbischof Georg Eder. Foto, 1996.

Josef Maria Eder. Foto, um 1910.

und im Kampf gegen Riesen und wilde Tiere bewährt.
Ausgabe: A. E. Schönbach (Hg.), E., Ztschr. f. dt. Altertum 25, 1881.
Literatur: Verf.-Lex.

EDT BEI LAMBACH, OÖ., WL, Gem., 330 m, 2081 Ew., 21,18 km², Wohngem. mit Gewerbe nördl. von Lambach. Umwelttechnik, Großhandel, Betonwerk. – Windbrunnen, „Rote Kapelle".

EDTHOFER, Anton, * 18. 9. 1883 Wien, † 25. 2. 1971 ebd., Kammerschauspieler; zweiter Ehemann von Helene → Thimig. 1908–20 am Wr. Volkstheater, 1921 Beginn seiner Filmtätigkeit und der Zusammenarbeit mit M. → Reinhardt am Dt. Theater in Berlin; ab 1923 auch Zusammenarbeit mit R. → Beer in Wien; 1929–71 Engagement am Theater in der Josefstadt in Wien; 1949 erhielt E. als erster Schauspieler (mit P. Wessely) den von dieser Bühne gestifteten M.-Reinhardt-Ring.

EDV, siehe → elektronische Datenverarbeitung.

Eferding.

Eferding: Pfarrkirche.

EFERDING, OÖ., EF, Stadt, 271 m, 3393 Ew., 2,81 km², Hauptort und wirt. Zentrum des Eferdinger Beckens. – BH, Bez.-Ger., -bauernkammer, -abfallverband, Gebietskrankenkasse, AK, WK, Sporthalle, HAK, Lehrgang für Pflegehilfe des BFI, Sportflugplatz, Marienschwestern vom Karmel, Klarissenkloster in Pupping. Wirt.-Struktur durch Gewerbe, Ind., Bauwesen, Handel und Dienstleistungen bestimmt: Büromöbelerzeugung, Kunststoffind., Bauzimmerei, Akustikbau (Innenwandausbau mit Gipsplatten), Transport- und Bauunternehmen, Obst- und Gemüseanbau und -großhandel (ca. 30 Händler). E. ist agrar. Ergänzungsgebiet der Ind.-Zentren Linz und Wels.
Römerzeitl. Siedlung (Funde aus der 2. Hälfte des 1. Jh. n. Chr.), im 12. Jh. passauischer Besitz, später Sitz der Grafen von → Schaunberg und der → Starhemberg (1559–1848). Von der Stadtbefestigung noch Burgtor und Stadtgraben erhalten. Spätgot. Pfarrkirche hl. Hippolyt, mächtige Staffelkirche (1451–97) mit markantem Turm, hochbarocke und neugot. Altäre, spätgot. Skulpturen und Grabdenkmäler aus Spätgotik, Renaiss. und Barock; Spitalskirche, im Kern got. Bau (14. Jh.), barockisiert, Hochaltar (1623); hochgot. Magdalenakapelle mit Fresken (um 1430); evang. Kirche (1831–34); Schloss (urk. 1255, jetzt Stadt- und Starhembergisches Familienmuseum), unregelmäßige Rechteckanlage, Teile der 1416 und im 16. Jh. erbauten Stadtburg erhalten, Gartenfront (1784); spätgot. Bürgerhäuser, barock und klassizistisch fassadiert.
Literatur: Ö. Städtebuch, Bd. I, OÖ., 1968.

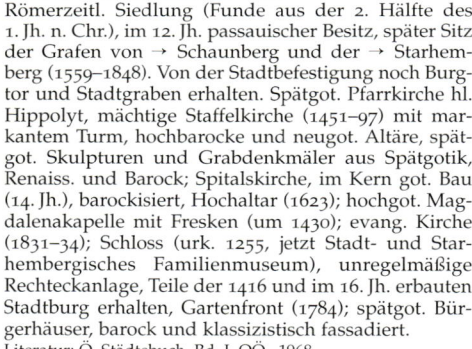

Eferding: Schloss Starhemberg.

EFERDINGER BECKEN, OÖ., auch Aschacher Becken, fruchtbare Aulandschaft, Schotterbecken beiderseits der Donau zw. Passauer Tal und Linzer Pforte, von Aschach bis Schönering; klimatisch überaus begünstigt: Die Sommer sind hier wärmer als anderswo in OÖ. Vom frühen MA bis ins 19. Jh. wurde hier Wein angebaut, heute Gemüse- und Obstbauland. Hauptort: → Eferding.

EFTA, siehe → Europäische Freihandelsassoziation.

EG, siehe → Europäische Union.

EGEDACHER, Orgelbauerfamilie aus Salzburg. Christoph E. († 5. 4. 1706 Salzburg) baute 1668 die Orgel in Kitzbühel, wurde 1673 Hoforgelmacher in Salzburg, wo er den Bau der Domorgel begann, die sein Sohn Johann Christoph E. (1664–1747) vollendete bzw. weiter ausbaute. Johann Ignaz E. (1675–1744) übernahm mit seinem Bruder Johann Georg E. die Orgelbaufirma der Familie Freundt und hatte zahlr. Schüler (unter ihnen A. Silbermann).
Literatur: O. Eberstaller, Orgeln und Orgelbauer in Ö., 1955.

EGG, Kä., HE, siehe → Hermagor-Pressegger See.

EGG, Vbg., B, Gem., 561 m, 3361 Ew., 65,37 km², zweisaisonaler Fremdenverkehrsort (63.377 Übern.) und Hauptort des Bregenzerwalds; Skigebiet E.-Schetteregg. – Regionalplanungsgemeinschaft des Tourismusverbands, Gebietskrankenkasse, BORG, Landammannsaal Großdorf; Holzverarbeitung, Elektronikind., Erzeugung von Hüten; Druckerei, Brauerei, Mühle, Kies- und Fertigbetonwerk; Impulszentrum Bregenzerwald (Dienstleistungszentrum). – Pfarrkirche (1890–92), Kapelle in Niederbuch (1676), Heimatmuseum, alte vbg. Einhöfe (17.–18. Jh.).
Literatur: A. Schwarz, Heimatbuch E., Bregenzerwald/Vbg., 1974.

EGG, Erich, * 1. 5. 1920 Hall i. Ti., Historiker und Volkskundler. 1956–85 Dir. des Ti. Landesmuseums → Ferdinandeum und 1963–86 auch des Kaiserschützen-Museums.
Werke: Aus der Geschichte des Bauhandwerks in Ti., 1957; Kunst in Ti., 2 Bde., 1970/72; Die Münzen Ks. Maximilians I., 1971; Die Hofkirche in Innsbruck, 1974; Das große Ti. Schützenbuch, 1976 (mit W. Pfaundler); Das große Ti. Blasmusikbuch, 1979 (mit W. Pfaundler); Das Ti. Krippenbuch, 1985 (mit H. Menardi, ²1996); Kunst in Schwaz, 2001.

EGG, Lois, * 11. 10. 1913 Innsbruck (Ti.), † 29. 5. 1999 Wien, Bühnenbildner. Studium in Prag und Wien (bei C. → Holzmeister). Nach Innsbruck, Koblenz, Reichenberg, Prag (Dt. Theater, 1941–45), Bern (1947–59) 1959–78 für das Wr. Burgtheater tätig, daneben auch für and. Wr. Bühnen und die Sbg. Festspiele. 1966–84 Prof. an der Akad. d. bild. Künste in Wien.
Literatur: L. E., Burgtheater 1959–1976, Ausst.-Kat., Wien 1976; L. E., Bühnenentwürfe, Skizzen, Aquarelle 1930–1985, Ausst.-Kat., Wien 1985 (mit Werkverzeichnis); L. E., Ausst.-Kat., Innsbruck 1988.

EGGELSBERG, OÖ., BR, Gem., 531 m, 2105 Ew., 24,15 km², kleiner Ind.- und Gewerbeort im Innviertel an der oö.-sbg. Grenze. – Zahlr. Produktions- und Handelsbetriebe: Elektronikind. (Schaltungen), Brauerei, Torfwerk, Sägewerk und Holzbau, Druckerei. Südwestl. von E. Bad Heratinger See und Seeleitensee sowie das Landschaftsschutzgebiet Ibmer Moos (Moorlehrpfad). – Got. Hallenkirche (um 1420–36), in dominierender Lage, prunkvolle barocke Ausstattung, Altäre im Knorpelwerkstil (um 1660), Kruzifix von Martin Zürn (1648).
Literatur: A. Zauner, E., 1962.

EGGENBERG, steir. Hochadelsfamilie, im 15. Jh. Kaufleute in Radkersburg und Graz; erwarben durch Handel, Münzpacht und Wechselgeschäft ein großes Vermögen, 1598 Freiherren. Das Geschlecht starb 1717 aus, die böhm. Besitzungen erbten die → Schwarzenberg. Zu den bedeutendsten Mitgl. der Familie zählten Johann Ulrich Frh. von → Eggenberg und Ruprecht Frh. von → Eggenberg.
Literatur: W. E. Heydendorff, Die Fürsten und Freiherren von E. und ihre Vorfahren, 1965; NDB.

EGGENBERG, Johann Ulrich Frh. von, Herzog von Krumau, * Juni 1568 vermutl. Graz (Stmk.), † 18. 10. 1634 Laibach (Ljubljana, SLO), 1598 Freiherr, 1623 Reichsfürst, 1628 Hzg. von Krumau (CZ). War Konvertit und Jugendfreund → Ferdinands II., wurde später dessen Berater und Kämmerer. Ab 1602 Landeshauptmann in Krain, Mitgl. des inner-ö. Geheimen Rates und Präs. der Hofkammer; 1615 Obersthofmeister Ferdinands II., Präs. des Geheimen Rates und Statthalter von Inner-Ö. Er sprach sich nach der Schlacht am Weißen Berg für Härte aus und erhielt 1622 Krumau und andere Herrschaften in Böhmen, wurde Reichsfürst und einer der reichsten Männer seiner Zeit (Herrschaften in Böhmen, NÖ., OÖ., Stmk., Krain). Da er mit A. → Wallenstein in Kontakt stand, zog er sich nach dessen Ermordung vom Hof zurück. Er baute bei Graz das Schloss → Eggenberg.
Literatur: NDB.

EGGENBERG, Ruprecht Frh. von, * 1545 Ehrenhausen (Stmk.), † 1611 Wien, kaiserl. General in den Türkenkriegen. Besaß das Renaiss.-Schloss → Ehrenhausen und begann dort 1609 mit dem Bau eines Mausoleums.

EGGENBERG, 14. Grazer Stadtbezirk (seit 1938), benannt nach Schloss → Eggenberg, heute vorw. Wohngebiet; im 19. Jh. aus Algersdorf und Baierdorf am Fuß von Gaisberg und Plabutsch entstanden; Fahrwerkfabrik, Brauerei.

Schloss Eggenberg: Großer Festsaal.

EGGENBERG, Schloss im Grazer Stadtbezirk → Eggenberg, wurde 1625–55 für Fürst Johann Ulrich Eggenberg von G. P. de Pomis erbaut, kam 1754 in Besitz der Grafen Herberstein, die es umbauten, 1939 an das Land Stmk. E. ist das größte Barockschloss der Stmk., 24 Prunkräume (17. und 18. Jh.), Wand- und Deckenbilder von H. A. Weißenkircher, 1684). Sammlungen des Landesmuseums → Joanneum (Ur- und Frühgeschichte; Münzen-Smlg.; Provinzialröm. Smlg.; Antikenkabinett); Schlosspark (zunächst franz. Anlage, seit 1853 engl. Landschaftspark), seit 1953 Wildpark mit Hoch- und Niederwild.

EGGENBURG, NÖ., HO, Stadt, 329 m, 3645 Ew., 23,53 km², an der Schmida, am NO-Rand des Manhartsbergs an der Grenze von Wald- und Weinviertel. – Bezirksfeuerwehrkommando, Eichamt, Sonderkrankenanstalt. Krahuletz-Museum (1902, Urgeschichte und Volkskunde des Raumes E., benannt nach Büchsenmacher J. Krahuletz), Motorrad- und Technikmuseum, Museum „RRRollipop" (Motorroller, Fahrzeuge und Objekte aus den 50er Jahren), Stadthalle, Lehrlingsheim „Lindenhof" der Stadt Wien, Mehrzweckhalle, Medien- und Kommunikationszentrum nördl. NÖ.; BerS f. KFZ-Mechaniker, VHS; Dienstleistungsbereich dominiert, v. a. persönl., soz. und öffentl. Dienste (Lehrlingsheim, Krankenhaus), Großspedition; daneben Metallverarbeitung (Spezialschlösser und Schlüssel, Drahtgitter), Elektronik- und Kunststoffind., großer Schlachtbetrieb, Sägewerk. Sehr alter Siedlungsraum (Paläolithikum, Hallstattkultur), urk. um 1125, Burgstadt; spätgot. Stadtpfarrkirche: dreischiffige Hallenkirche mit hochgot. Chor (um 1340), 2 roman. Türmen (12. Jh.), Flügelaltar (1521) und Steinkanzel (1515, ähnlich der Pilgramkanzel im Wr. Stephansdom); Franziskaner- (1460–1787), seit 1833 Redemptoristenkloster und -kirche (got. Kern), Bürgerspital mit got. Kapelle (Steinmuseum); weitgehend erhaltene ma. Stadtbefestigung (teilw. begehbar, bis 8 m hohe Mauern mit Türmen des 15. Jh. und ehem. Graben, Kanzlerturm revitalisiert); ehem. Burg; Hauptplatz mit ma. Bausubstanz („Bemaltes Haus" von 1547), barocke Bildsäulen (Zogelsdorfer Sandstein); Kalvarienberg östl. von E. am Vitusberg (Kreuzwegstationen von 1725–29).
Literatur: H. Brandstetter, E., Geschichte und Kultur, 1986; L. Brunner, E., Geschichte einer nö. Stadt, 2 Bde., 1933/39; Ö. Städtebuch, Bd. IV, Teil 1, Die Städte NÖ., 1988.

Eggenburg: Dreifaltigkeitssäule auf dem Hauptplatz, im Hintergrund die Pfarrkirche.

Eggenburg: Spätgotische Steinkanzel in der Pfarrkirche.

EGGENDORF, NÖ., WN, Gem., 241 m, 4085 Ew., 20,58 km², Ind.- und Gewerbegem. an der Warmen Fischa am O-Rand des Steinfelds. – Textilwarenerzeugung, Beton-, Kieswerk. – Urk. 1292, bereits 1650 Papierfabrik, ab 1838 Baumwollspinnerei, barockisierte Pfarrkirche mit roman. Kern und barockem Gnadenbild (18. Jh.), moderne Kirche „Auferstehung Christi" (erb. 1990–95) in der Gartensiedlung „Maria Theresia".

EGGENDORF AM WALDE, NÖ., HL, siehe → Maissau.

EGGENDORF IM TRAUNKREIS, OÖ., LL, Gem., 364 m, 698 Ew., 9,25 km², landw.-gewerbl. Wohngem. westl. von Wels am Sipbach. – Pfarrkirche (Weihe 1913) mit Altarbild von M. J. Schmidt (1799), Schloss E. (1580), Nebenflügel mit Lauben und Arkaden, Schlosskapelle mit Barockaltar (1741) und got. Madonna; Huet: Schloss (17. Jh.) nach Originalplänen renoviert.

EGGER, Béla, * 18. 5. 1831 Ofen (Budapest, H), † 5. 7. 1910 Wien, Industrieller, Pionier der Elektrotechnik in Ö.; Vater von Ernst → Egger. Errichtete 1880 auf der Wr. Gewerbeausstellung im Prater eine elektr. Bahn, baute Beleuchtungsanlagen und gründete 1897 die Vereinigte Elektrizitäts-AG in Wien.

EGGER, Berthold (Anton), * 15. 11. 1852 Frankenburg (OÖ.), † 13. 7. 1891 Wien, Augustiner-Chorherr, Publizist. Gründete 1882 das „Korrespondenzblatt für den kath. Klerus Ö." (von R. → Eichhorn weitergeführt), 1884 das Literaturblatt „Augustinus" und 1886/87 die christl.-sozialpolit. Ztschr. „Arbeiter".

Egger, Ernst, * 18. 11. 1866 Wien, † 1944 KZ Theresienstadt (Terezín, CZ), führender Industrieller in energiewirt. Unternehmen; Sohn von Béla → Egger. Gen.-Dir. der Vereinigten Elektrizitäts-AG, 1902 Gründer der ö. Brown-Boveri-Werke-AG; Verwaltungs-, Aufsichts- bzw. Direktionsratsmitgl. von 26 Konzernen und Aktienges.; erbaute das Murkraftwerk Lebring mit Fernleitung, erstmals in Ö. für 22.000 V Oberspannung.
Literatur: ÖBL.

Egger, Ferdinand Graf von, * 5. 10. 1802 Klagenfurt (Kä.), † 23. 10. 1860 ebd., Gewerke; Enkel von Max Thaddäus Gf. v. → Egger. Errichtete 1840 in Feistritz im Rosental (Kä.) das erste Drahtwalzwerk Ö. und nahm 1854 das Eisenwerk Freudenberg (Kä.) mit Torffeuerung in Betrieb.
Literatur: ÖBL.

Egger, Franz, * 25. 9. 1810 Laibach (Ljubljana, SLO), † 6. 2. 1877 Wien, Jurist. 1843–77 Advokat in Wien, 1848 Abg. der Frankfurter Nationalversammlung, Dir. der Ersten Ö. Sparkasse und der Nationalbank; daneben auch in musikal. Organisationen führend tätig (Ges. der Musikfreunde in Wien, Singakad.). Aus der Familie stammen mehrere Generationen Rechtsanwälte (Franz E. jun., † 1888; Gustav E., † 1926; Ernst E., † 1952).

Egger, Franz, * 26. 4. 1836 Rippach (Ti.), † 17. 5. 1918 Innsbruck (Ti.), 1912–18 Fürstbischof von Brixen. 1908–12 Weihbischof und Generalvikar in Feldkirch; brachte einen Kompromiss zw. den polit. Lagern der Katholiken Ti. (den Konservativen und den Christl.-Soz.) zustande und gründete 1899 das „Brixener Priesterkonferenzblatt".
Literatur: J. Gelmi, E. F., in: E. Gatz (Hg.), Die Bischöfe der dt.-sprach. Länder 1785/1803 bis 1945, 1983.

Egger, Franz Johann Nepomuk Graf von, * 16. 2. 1768 Klagenfurt (Kä.), † 24. 11. 1836 Schloss St. Georgen a. Längsee (Kä.), Gewerke; Sohn von Max Thaddäus Gf. v. → Egger. Begründer der Treibacher Linie der Grafen E. Baute in den Treibacher Hochofen 1820 das erste gusseiserne Zylindergebläse Ö. ein. Förderer der bäuerl. Schulbildung.
Literatur: ÖBL.

Egger, Gerhart, * 21. 7. 1916 Wien, † 21. 6. 1990 Dürnstein (NÖ.), Kunsthistoriker. Ab 1973 Prof. an der Hochschule für angew. Kunst in Wien; 1968–80 Leiter der Bibl. und Kunstblätter-Smlg. und 1981/82 Dir. des Ö. Museums für angew. Kunst in Wien.
Werke: Geschichte der Architektur in Wien von der Renaiss. zum Klassizismus, 1973; Beschläge und Schlösser an alten Möbeln, 1973; Kunst der Ostkirche, 1977; Ornamentale Vorlageblätter des 15.–19. Jh., 1981 (mit R. Berliner).

Egger, Jean (Hans), * 14. 5. 1897 Hüttenberg (Kä.), † 16. 10. 1934 Klagenfurt (Kä.), Maler. 1918–22 Studium an der Akad. in München; lebte 1925–32 in Paris. Schöpfer von ausdrucksstarken Landschaftsbildern.
Literatur: L. Springschitz, H. J. E., Zeichnungen – Skizzen, Ausst.-Kat., Klagenfurt 1975; J. E. 1897–1934, Ausst.-Kat., Wien 1995; M. Boeckl, J. E. 1897–1934, 2000.

Egger, Josef, * 16. 8. 1839 St. Pankraz b. Mitterbad (S-Ti.), † 20. 6. 1903 Innsbruck (Ti.), Historiker. Gymn.-Prof., Bibliothekar am Ti. Landesmus. Ferdinandeum; erforschte die Geschichte von Ti.
Werke: Geschichte Ti., 3 Bde., 1872–80; Tirolische Weistümer, 4. Teil, Bd. 1/2 des Gesamtwerkes, 1888–91.
Literatur: ÖBL.

Egger, Max Thaddäus Graf von, * 10. 2. 1734 Leoben (Stmk.), † 15. 5. 1805 Wien, Montanindustrieller; Vater von Franz J. N. Gf. v. → Egger, Großvater von Ferdinand Gf. v. → Egger. Übernahm die von seinem Großonkel 1698 erworbene Hütte Treibach (Kä.), deren Hochofen er nach 1766 zu einem der größten und leistungsfähigsten Europas ausbaute. Er errichtete 1793–95 in Lippitzbach (Unter-Kä.) das erste Tiegelstahl- und Blechwalzwerk Ö.

Egger, Rudolf, * 1. 4. 1882 Bruck a. d. Mur (Stmk.), † 7. 5. 1969 Wien, Archäologe. 1912–29 Sekr. des Ö. Archäolog. Inst.; 1929–45 Univ.-Prof. für röm. Geschichte und Epigraphik in Wien, leitete dann die Ausgrabungen auf dem → Magdalensberg (Kä.).
Werke: Teurnia, 1924; Kä. im Altertum, 1941; Der hl. Hermagoras, 1948; Der Ulrichsberg, 1949; Der Herr des Magdalensberges und sein Zeichen, 1952; Führer durch die Ausgrabungen und das Museum auf dem Magdalensberg, [13]1969; Röm. Antike und frühes Christentum. Ausgew. Schriften, hg. v. A. Betz, 2 Bde., 1962/63.
Literatur: Würdigungen in Carinthia I 160, 1970 (mit Bibliographie).

Eggerding, OÖ., SD, Gem., 382 m, 1314 Ew., 22,35 km², landw.-gewerbl. Gem. östl. des Antiesentals. Brambergersaal, Tagesheimstätte der Lebenshilfe, Stockschützenhalle, Modellflieger- und Golfanlage Schärding-Taufkirchen (teilweise Gem. E.); Maschinenbau. – Got. Kirche (Ende. 15. Jh.) mit Turm von 1900, Schloss Hackledt (17. Jh., heute Ausstellungen) mit Stuckdecken und Kapelle von 1664.
Literatur: J. Wimmer (Hg.), Flur- und Kleindenkmäler der Pfarre E. und der Gem. E. und Mayrhof, 2001.

Egger, Fritz, GmbH & Co, führender Spanplattenerzeuger Ö., gegr. 1961 von Fritz E. (1922–1982), mit insges. 14 Werken in St. Johann i. Ti. und Wörgl (Ti.), Unterradlberg (NÖ.), Leoben (Stmk.), Deutschland, Frankreich, Großbritannien und Russland. Seit 1981 50%ige Beteiligung an der Ö. Novopan Holzind. GmbH. in Leoben.
Die 1978 in Unterradlberg (St. Pölten) erbaute Brauerei erzeugte 2003 rd. 320.000 hl Bier. 1988 wurde die Radlberger Getränke GmbH mit eig. alkoholfreien Getränkemarken gegr.; die Produktion betrug 2003 rd. 150 Mio. Flaschenabfüllungen. Die 1987 gegr. Varioform PET Verpackungs GmbH erzeugte 2003 rd. 450 Mio. Stück Preform (Rohlinge zur Plastikflaschenerzeugung). Im Geschäftsjahr 2002/03 erwirtschaftete die E.-Gruppe einen Umsatz von rd. 1,57 Mrd. Euro und beschäftigte 4800 Mitarbeiter.

Egger-Lienz, Albin, * 29. 1. 1868 Stribach (Gem. Dölsach, Ti.), † 4. 11. 1926 St. Justina-Rentsch b. Bozen (S-Ti.), Maler. Erste Ausbildung bei seinem Vater, der Kirchenmaler war, Studium an der Münchner Akad., Einfluss von F. v. → Defregger und J.-F. Millet; 1899 Übersiedlung nach Wien; 1911/12 Prof. an der Weimarer Hochschule für bildende Kunst; im 1. Weltkrieg Kriegsmaler. Lehnte 1918 eine ihm angebotene Professur an der Wr. Akad. ab, danach ständiger Wohnsitz in

Albin Egger-Lienz. Foto, um 1910.

Albin Egger-Lienz. Mann und Weib (Das Menschenpaar). Gemälde, 1910 (Landesmuseum für Kärnten, Klagenfurt).

S-Ti.; Vorliebe für bäuerl. Genre- und Historienbilder, unter dem Einfluss F. Hodlers Vereinfachung seiner Formensprache zu monumentaler Expressivität. Der themat. Schwerpunkt seines Werks liegt auf dem 1. Weltkrieg.

Literatur: K. Sotriffer, A. E.-L., 1983; W. Kirschl, A. E.-L., 2 Bde., 1996.

Egger-Möllwald, Alois von, * 5. 1. 1829 Flattach (Kä.), † 16. 3. 1904 Lovrana (HR), Schulmann und Germanist. Lehrer des Kronprinzen → Rudolf, 1878–93 Dir. des Theresianums in Wien; wissenschaftlich und standespolitisch (Obmann des Vereins „Die Mittelschule") tätig, begründete die Smlg. „Volksbildung und Schulwesen".

Werke: Vorschule der Ästhetik, 1873; Ind. und Schule in Ö., 1874; Ein ö. Schulmuseum, 1874; Ö. Volks- und Mittelschulwesen 1867–77, 1878.

Eggern, NÖ., GD, Markt, 578 m, 777 Ew., 20,21 km², landw. Gem. am Romaubach an den Reinbergen im nördl. Waldviertel. – Urk. 1230, seit 1978 Markt, josephin. Pfarrkirche hl. Ägyd (Weihe 1792), Säulenbildstock (1713).

Eggersdorf bei Graz, Stmk., GU, Markt, 410 m, 1919 Ew., 9,91 km², Gem. mit Gewerbe- und Dienstleistungsbetrieben im Rabnitztal. PTS E (berufsvorbereitende Schule). – Lage an alter Römerstraße; urk. 12. Jh.; Markt seit 1928; Bartholomäuskirche (urk. 1441, Neubau 1852–55) mit historist. Einrichtung, Seitenaltar mit Kreuzigungsgruppe von Veit Königer (1770–80), Barockkruzifix mit trauernder Maria (18. Jh.) vor der Kirche, röm. Inschriftensteine. Naturlehrpfad.

Marie Egner: Herbstlicher Wald bei Purkersdorf. Gemälde, nach 1900.

Egner, Marie, * 25. 8. 1850 Radkersburg (Stmk.), † 31. 3. 1940 Wien, Landschaftsmalerin. Ausbildung zunächst in Graz und Düsseldorf, ab 1881 Schülerin von E. J. → Schindler, ab 1888 zahlr. Reisen (u. a. nach England, Italien, Griechenland, Frankreich und Holland). Malte v. a. Landschaften und Blumenbilder, bed. Vertreterin des ö. „Stimmungsimpressionismus".

Literatur: M. Suppan u. E. Tromayer, M. E. – eine ö. Stimmungsimpressionistin, 1981; A. Dahm-Rihs, Das Stillleben im Werk M. E., Dipl.-Arb., Wien 1995.

Ehenbichl, Ti., RE, Dorf, 862 m, 699 Ew., 7,29 km², touristisch-landw. Gem. zw. dem Lech und dem Schlossberg südwestl. von Reutte. Bez.-Krankenhaus (Neubau 1997). – Urk. 1016; barocke Magnuskapelle (1680), Haus mit got. Fresko (1470–80), Ruine Ehrenberg.

Ehepatent, 1783 von Ks. Joseph II. für die dt. Erblande erlassen. Die Ehe wurde dadurch zu einem bürgerl. Vertrag, obwohl die kirchl. Trauung obligat blieb; die Trennung von Tisch und Bett wurde normiert.

Literatur: W. May, Quellen zu den Reformen Josephs II., Diss., Wien 1981.

Eherecht: Das E. umfasst alle Rechtsnormen, die sich auf Inhalt, Abschluss und Auflösung der Ehe sowie das Verhältnis der Ehegatten zueinander beziehen (insbes. Namensregelung und Ehegüterrecht). Hauptquellen des staatl. E. sind das Ehe-G 1938 und das ABGB. Danach ist die Ehe ein Vertrag, in dem 2 Personen verschiedenen Geschlechts erklären, in unzertrennlicher Lebensgemeinschaft zu leben, Kinder zu zeugen, sie zu erziehen und sich gegenseitig Beistand zu leisten. Durch die → Eheschließung erwachsen beiden Ehegatten gleiche persönl. Rechte und Pflichten. Die Pflichten zur umfassenden Lebensgemeinschaft und zu immateriellem und materiellem gegenseitigem Beistand sind als Grundprinzipien der Ehe zwingendes Recht; die Regelung von Haushaltsführung, Berufstätigkeit und gem. Wohnsitz unterliegen der Disposition der Ehegatten. Die Ehegatten haben die Wahl zw. der Führung eines gem. Familiennamens (dieser hat der Familienname eines der Ehegatten zu sein; derjenige Gatte, dessen Familienname nicht als gemeinsamer gewählt wurde, hat das Recht, seinen bisherigen Familiennamen dem Ehenamen voran- oder nachzustellen) und der Beibehaltung ihres bisherigen Familiennamens. Die nach dispositivem ö. Ehegüterrecht vorgesehene Vermögensordnung während der Ehe ist die Gütertrennung, d. h. jeder Ehegatte behält das, was er in die Ehe eingebrachte, und wird Alleineigentümer des von ihm Erworbenen. Abweichungen vom gesetzl. Güterstand bedürfen eines notariatspflichtigen Ehepakts.

Die Auflösung der Ehe kann nur durch gerichtl. Ausspruch auf Antrag eines oder beider Ehegatten erfolgen (Nichtigerklärung, Aufhebung oder → Scheidung). Nichtigkeitsgründe sind Formmängel und mangelnde Geschäftsfähigkeit bei Eheschließung, Namens- und Staatsangehörigkeitsehen, Wiederverheiratung bei unzutreffender Todeserklärung und Bösgläubigkeit beider Ehegatten, Blutsverwandtschaft in gerader Linie und zwischen voll- und halbbürtigen Geschwistern sowie Doppelehe. Aufhebungsgründe sind mangelnde Einwilligung des gesetzl. Vertreters bei beschränkt geschäftsfähigen Brautleuten, Irrtum, arglistige Täuschung und Drohung, Wiederverheiratung bei unzutreffender Todeserklärung und Gutgläubigkeit eines Ehepartners. Bei der Ehescheidung werden die Scheidung aus Verschulden (Ehebruch, Verweigerung der Fortpflanzung, Eheverfehlungen), die Scheidung aus anderen Gründen (Auflösung der häusl. Gemeinschaft bzw. Zerrüttung, Geisteskrankheit, ansteckende oder ekelerregende Krankheit) und die einvernehml. Scheidung unterschieden.

Literatur: H. Koziol u. R. Welser, Grundriss des bürgerl. Rechts, Bd. 1, ¹²2002.

Eheschliessung, Abschluss des Ehevertrags (→ Eherecht) zw. Braut und Bräutigam. Der Ehevertrag kennt keine Bedingungen und Befristungen. Aus Ehegesetz und Personenstandsgesetz ergeben sich folgende Voraussetzungen für den gültigen Abschluss: fehlerfreie Einigung der Vertragspartner, Ehefähigkeit der Parteien, Mitwirkung eines Standesbeamten, Einhaltung einer bestimmten Form und Fehlen sonstiger Ehehindernisse (Eheverbote). Ehefähig ist, wer ehegeschäftsfähig und ehemündig ist. Die Ehegschäftsfähigkeit richtet sich nach den allg. Regeln der Geschäftsfähigkeit (volle Geschäftsfähigkeit ab vollendetem 18. Lebensjahr bei geistig Gesunden), völlig Geschäftsunfähige können keine Ehe schließen, beschränkt Geschäftsfähige nur mit Zustimmung ihres gesetzl. Vertreters und Erziehungsberechtigten. Ehemündig ist, wer das 18. Lebensjahr vollendet hat. Hat eine Person das 16. Lebensjahr vollendet, hat sie das Gericht auf ihren Antrag für ehemündig zu erklären, wenn sie für diese Ehe reif scheint und der künftige Ehegatte volljährig ist. Die E. hat bei persönl. und gleichzeitiger Anwesenheit der Brautleute vor einem Standesbeamten des Trauungsorts und 2 Zeugen zu erfolgen (obligator. Ziviltrauung). Ein → Aufgebot ist nicht mehr vorgesehen. Eheverbote im engeren Sinn sind Blutsverwandtschaft (in gerader Linie und zw. voll- und halbblütigen Geschwistern), → Adoption und Doppelehe, die Eheverbote im weiteren Sinn sind aus den Nichtigkeitsgründen (→ Eherecht) ableitbar.

Die Zahl der E. in Ö. ging in den letzten Jahrzehnten zurück (1960: 58.508; 1970: 52.773; 1980: 46.435; 1990: 45.212; 2002: 36.570).

Literatur: H. Koziol u. R. Welser, Grundriss des bürgerl. Rechts, Bd. 1, [12]2002.

Ehm, Anna, * 25. 4. 1903 Aderklaa (NÖ.), † 26. 12. 1963 Wien, Pädagogin. Errichtete mit einigen Mitarbeiterinnen aus dem Geist erneuerten Christentums und der Jugendbewegung (→ Neuland) die Neuland-Schulsiedlung in Grinzing (1926 Kindergarten, 1927 Volksschule, 1931 Realgymn.), 1947 eine weitere auf dem Laaerberg in Wien. Das Kind wurde als eigenständiges und gleichberechtigtes Wesen angenommen (Du-Wort zw. Lehrern und Schülern), Ziel war die harmonische Verknüpfung der Wissensvermittlung mit sportl. und musischen Aktivitäten.

Ehn, Karl, * 1. 11. 1884 Wien, † 26. 7. 1959 ebd., Architekt. Schüler von O. → Wagner; 1908–50 durchgehend in der Wr. Stadtverwaltung tätig. Entwarf alle Arten kommunaler Bauten, v. a. städt. Wohnhäuser mit insges. 2716 Wohnungen. Typisch sind plastisch durchgebildete Baukörper mit plakativen Details.

Werke: Wien: Siedlung Hermeswiese, 1923; Bebelhof, 1925–27; Karl-Marx-Hof, 1927–30.

Karl Ehn. Foto, um 1939.

Karl Ehn: Karl-Marx-Hof, 1927–30, in Wien 19.

Ehnn, Bertha, * 30. 11. 1847 Budapest (H), † 2. 3. 1932 Aschberg (Gem. Neustift-Innermanzing, NÖ.), Kammersängerin. 1868–85 an der Wr. Hofoper; verfügte über ungewöhnlich weiten Stimmumfang.

Ehrbar, Friedrich, * 26. 4. 1827 Hildesheim (D), † 23. 2. 1905 Hart b. Gloggnitz (NÖ.), Klavierfabrikant. Übernahm 1855 die Klavierfabrik Eduard Seuffert, die er bis 1898 unter seinem Namen leitete und die dann von Friedrich E. jun. weitergeführt wurde. Er verwendete als Erster in Ö. den Gussrahmen im Klavierbau.

Ehrenbeleidigung: Beschimpfungen, Verspottungen und körperl. Misshandlungen werden nach § 115 StGB in Ö. nur auf Verlangen des Verletzten (Frist 6 Wochen) verfolgt und sind mit gerichtl. Strafe bedroht, wenn die Tathandlung öffentlich oder vor mindestens 3 Personen begangen wird. Ohne diese Mindestpublizität erfüllt der Täter nach landesgesetzl. Vorschriften mancher Bundesländer den Tatbestand einer Verwaltungsübertretung (Ehrenkränkung). Erwächst dem Opfer aus der E. ein Vermögensschaden, so ist dieser im Wege des Schadenersatzrechts zu ersetzen. Eig. Entschädigungsansprüche sind im Mediengesetz vorgesehen.

Ehrenberger Klause, Ti., 945 m, 2 km langer Engpass der Lechtaler Alpen südl. von Reutte, durch den in röm. Zeit und im MA der bedeutende Handelsweg von Augsburg zum Fernpass und weiter nach S verlief. Um 1290 wurde von Meinhard II. eine Burg erbaut, die bis ins 17. Jh. zu einer Talsperre ausgestaltet wurde. Die Feste widerstand 1546 den Schmalkaldnern, 1552 Moritz von Sachsen, 1632 den Schweden, wurde aber 1703 von den Bayern und den Tirolern erobert. 1782 wurde sie aufgelassen und versteigert, die meisten Gebäude wurden abgerissen. Die Passenge verbindet Reutte mit Heiterwang, über sie verlaufen Bahnlinie und Straße Innsbruck–Reutte.

Ehrendorfer, Friedrich, * 26. 7. 1927 Wien, Biologe. 1970–95 Univ.-Prof. in Wien für Systematik und evolutionäre Botanik.

Werke: Liste der Gefäßpflanzen Mitteleuropas, 1967; Naturgeschichte Wiens, 4 Bde., 1970–74 (Hg. mit F. Starmühler u. L. Aschenbrenner); N. Frh. v. Jacquin, 1981.

Literatur: M. A. Fischer, 65 Jahre F. E., 1992.

Ehrenfels, Christian Frh. von, * 20. 6. 1869 Rodaun b. Wien, † 8. 9. 1932 Lichtenau (NÖ.), Psychologe und Philosoph, Dramatiker; Vater von Imma v. → Bodmershof. Univ.-Prof. in Graz, Wien (1888–96) und Prag (1896–1929); entdeckte die nach ihm benannten Gestaltqualitäten und begründete die Gestaltpsychologie. Theoret. Untersuchungen und prakt. Vorschläge zu Sexualmoral und Sexualreform; vertrat die Auffassung, dass das Ziel des menschl. Handelns durch seine Beziehung zum Wohl der Gesamtheit („größtmögliche Förderung des biologisch Wertvollen") bestimmt sei.

Christian Freiherr von Ehrenfels. Foto.

Werke: Grundbegriffe der Ethik, 1907; Sexualethik, 1907; Die Religion der Zukunft, 1929. – Dramen: Melusine, 1887; Der Kampf des Prometheus, 1895 (Chordrama); Die Stürmer, 1913 (3 Chordramen).

Literatur: NDB.

Ehrenfest, Paul, * 18. 1. 1880 Wien, † 25. 9. 1933 Leiden (NL), Physiker. Ab 1912 Prof. für theoret. Physik in Leiden, gehörte zum Freundeskreis A. Einsteins. Arbeiten über die einsteinsche Gravitationstheorie, die plancksche Quantentheorie und die Kapillaritätstheorie; war durch seine Hypothese von den „adiabatischen Invarianten" ein Wegbereiter der Atomphysik.

Werke: Einsteins theorie en het stationaire gravitatieveld, 1913; Welke rol speelt de drietalligheid der afmetingen van de ruimte in de hoofdwetten der physica, 1917.

Ehrenhaft, Felix, * 24. 4. 1879 Wien, † 4. 3. 1952 ebd., Physiker. 1911–38 Univ.-Prof. in Wien; 1938–45 in Emigration; ab 1946 Ordinarius und Vorstand des I. Physikal. Inst. an der Univ. Wien. Wertvolle Beiträge zur Atomphysik und zu experimentellen Ladungsmessungen; bahnbrechende Forschungen über das optische Verhalten der Metallkolloide.

Werke: Das optische Verhalten der Metallkolloide und deren Teilchengröße, 1903; Das mikromagnet. Feld, 1926.

Literatur: Biograph. Hb. der dt.-sprach. Emigration nach 1933, Bd. 2, 1983.

Ehrenhausen, Stmk., LB, Markt, 258 m, 1082 Ew., 3,03 km², an der Mündung des Gamlitzbachs in die Mur, nahe der slowen. Grenze; Ausgangspunkt der

Ehrenhausen: Wallfahrtskirche und Mausoleum.

„Südsteir. Weinstraße". – Sport- und Freizeitzentrum; Weinbau (Wein- und Sektkellereien, Weinbrandherstellung), Konservenerzeugung. – Spätbarocke Pfarrkirche (1752–55) mit Vesperbild (Anfang 15. Jh.), Renaiss.-Schloss (1240 erwähnt, 16./17. Jh. Eggenberger Besitz, um 1552 umgebaut) mit ma. Bergfried und Arkadenhof; historist. Georgi-Schlössl (Ende 19. Jh.); Mausoleum (1609 begonnen, 1680–93 vollendet) Ruprechts († 1611) und Wolffs von Eggenberg, Kuppelbau, Fassade mit 2 Kolossalstatuen, Stuckdekoration, Gruft mit Sarkophagen.
Literatur: P. Stauder, 750 Jahre E., 1988.

Ehrenrechte, bürgerliche: Aufgrund § 26 StG 1852 war bis 31. 12. 1974 mit jeder Verurteilung wegen eines Verbrechens die Aberkennung der E. verbunden. Das StGB 1974 enthält keine Vorschriften über den Verlust und über die mangelnde Fähigkeit zur Erlangung akad. Grade sowie öffentl. Würden und Ehrenzeichen. Hinsichtl. des Amtsverlusts und anderer Folgen einer Verurteilung → Rechtsfolgen.
Literatur: BM f. Justiz (Hg.), Dokumentation zum StGB, 1974.

Ehrenstein, Albert, * 23. 12. 1886 Wien, † 8. 4. 1950 New York (USA), Lyriker und Erzähler. Bed. Vertreter des Expressionismus, gefördert von K. → Kraus, den E. später heftig angriff. Verfasste sprachexperimentell anmutende Gedichte und übte scharfe Gesellschaftskritik. 1932 Emigration in die Schweiz, 1941 in die USA.
Werke: Lyrik: Die weiße Zeit, 1914; Der Mensch schreit, 1916; Die rote Zeit, 1917. – Erzählungen: Tubutsch, 1911 (mit Illustrationen von O. Kokoschka); Der Selbstmord eines Katers, 1912 (Neufassung unter dem Titel „Bericht aus einem Tollhaus", 1919); Ritter des Todes, 1926. – Essays: K. Kraus, 1920; Menschen und Affen, 1926. – Ausgabe: Werke, hg. v. H. Mittelmann, 2 Bde., 1989/91.
Literatur: J. Drews, Die Lyrik A. E., Diss., München 1969; U. Laugwitz, A. E. Studien zu Leben, Werk und Wirkung eines dt.-jüd. Schriftstellers, 1987; A. A. Wallas, A. E. Mythenzerstörer und Mythenschöpfer, 1994.

Ehrental, siehe → Klagenfurt.

Ehrentrudis (Erentrudis), Hl., Feste 30. Juni und 4. Sept., † 718 Salzburg, erste Äbtissin des Klosters auf dem Nonnberg in Salzburg (dort Reliquien); Nichte des hl. → Rupert. Die Landesmutter von Sbg. genannt.

Ehrenzeichen, siehe → Orden und Ehrenzeichen.

Ehrenzweig, Armin, * 15. 12. 1864 Budapest (H), † 29. 9. 1935 Graz (Stmk.), Jurist. Univ.-Prof. in Wien und Graz. Beeinflusste die ö. Rechtsprechung durch sein Zivilrechtssystem; seine „Gutachten" hatten maßgebl. Einfluss auf die Teilnovellen des ABGB.
Werke: Gutachten über den Entwurf eines Nachtragsgesetzes zum ABGB, 1908; System des ö. allg. Privatrechts, 2 Bde., ⁵1913/17 (⁶1920/25).
Literatur: NDB.

Ehrlich, Eugen, * 14. 9. 1862 Czernowitz (Chernovtsy, UA), † 2. 5. 1922 Wien, Rechtssoziologe. Univ.-Prof. in Czernowitz. Sein rechtssoziolog. Standpunkt gab der modernen Rechtswiss. starke Anregungen.
Werke: Die Aufgaben der Sozialpolitik im ö. Osten, 1908; Grundlegung der Soziologie des Rechtes, 1913.

Ehrlich, Franz Karl, * 5. 11. 1808 Wels (OÖ), † 23. 4. 1886 Linz (OÖ), Geologe. Studierte Naturwiss. und Pharmazie, 1841–79 Kustos am Oö. Landesmuseum, Pionier der geolog. Landesaufnahme von OÖ. und Sbg. Veröffentlichte grundlegende Werke zur Geologie und Paläontologie OÖ. und Sbg., Mitarbeiter der Geolog. Reichsanstalt.
Werke: Über die nordöstl. Alpen, 1850; Geolog. Geschichten, 1851; Geognost. Wanderungen im Gebiete der nordöstl. Alpen, 1852.
Literatur: ÖBL.

Ehrlich, Georg, * 22. 2. 1897 Wien, † 1. 7. 1966 Luzern (CH), Bildhauer, Maler und Graphiker. Studierte 1912–15 an der Wr. Kunstgewerbeschule bei F. → Cizek und O. → Strnad, emigrierte 1937 nach London, schuf formal reduzierte Bronzeplastiken.
Werke: Air raid victim, 1946; Head of a Horse, 1958; Little Boy on a Stool, 1962.
Literatur: G. E., 1897–1966, Ausst.-Kat., Bruton Gallery Somerset 1978; A. Hoerschelmann (Hg.), G. E. 1897–1966, Ausst.-Kat., Wien 1997.

Ehrmann, Camillo, * 3. 9. 1873 Pressburg (Bratislava, SK), † 9. 4. 1927 Wien, Apotheker und Chemiker. Baute als Beamter des Landwirtschaftsministeriums ab 1902 den Pflanzenschutzdienst und die landw.-chem. Versuchsstationen in Ö. aus.
Werke: Publikationen in Fachzeitschriften.
Literatur: ÖBL.

Ehrmann, Salomon, * 19. 12. 1854 Ostrowitz (Ostrovec, CZ), † 24. 10. 1926 Wien, Dermatologe. Ab 1908 Univ.-Prof. und Klinikvorstand in Wien. Arbeitete v. a. über dermatolog. Histologie und Therapie, Ausbreitungswege der Syphiliserreger im Körper und über die Farbstoffe der Haut; wies als Erster die Spirochaetae pallidae in der Nervensubstanz nach. E. war auch ein begabter Maler und Vorsteher der Wr. Israelit. Kultusgem.
Werke: Hb. der Geschlechtskrankheiten, 1910; Vergleichend-diagnost. Atlas der Hautkrankheiten und Syphilide, 1912; Beziehungen der ekzematösen Erkrankungen zu inneren Leiden, 1924.
Literatur: ÖBL.

Ehrwald, Ti., RE, Gem., 994 m, 2554 Ew., 49,44 km², zweisaisonaler Fremdenverkehrsort (391.254 Übern.) in Zwischentoren (zw. Fernpass und Katzenberg), am Fuß der Zugspitze, im Außerfern. – Grenzübergang E.-

Georg Ehrlich: Mutter mit totem Kind. Bronzeplastik.

Ehrwald, im Hintergrund die Zugspitze.

Schanz, Seilbahnen: Ti. Zugspitzbahn (seit 1926, 2. Seilschwebebahn in Ö.) zum W-Gipfel der Zugspitze (2961 m) und Ehrwalder Almbahn (1502 m). Wirt. dominieren Hotellerie und Gastgewerbe. Barocke Pfarrkirche (1728/29).
Literatur: O. Haudek, E. in Wort und Bild, 1991; P. Richter u. O. Haudeck, E. – Das Zugspitzdorf, 2003.

EIBENSCHÜTZ, Siegmund, * 19. 11. 1856 Budapest (H), † 19. 2. 1922 Wien, Dirigent. Unternahm mit seiner Schwester, der Klaviervirtuosin Ilona E., Konzertreisen durch ganz Europa, war dann Korrepetitor in Wien, später Dirigent an allen großen Bühnen in Ö. (u. a. am Theater an der Wien) und Deutschland. 1908–22 Direktor des Carltheaters in Wien.
Literatur: ÖBL.

EIBENSTEIN, 140 ha großer Naturpark (Blockheide-E.) bei Gmünd (NÖ.), wurde am 20. 6. 1964 eröffnet. Er vermittelt einen Einblick in die Urlandschaft des Waldviertels mit mehreren Wackelsteinen.

EIBISWALD, Stmk., DL, Markt, 361 m, 1476 Ew., 2,39 km², im Saggautal, am Fuß des Radlpasses (662 m), nahe der Grenze zu Slowenien; Endpunkt der so gen. „Schilcherweinstraße". – Straßenmeisterei, BerS f. Elektrotechnik. Eisenhammer und Stahlwerk (1818–1905) sowie Braunkohlenabbau (bis 1970) prägten den Ort. Erzeugung von Magneten, Drehstrombremsen und Limonaden, Druckerei, Beerenobstbau. Urspr. got., 1678 und 1748 barockisierte Pfarrkirche, Fragmente got. Fresken; Schloss (nach 1572); Arkadenhof. Geburtsort des Dichters Hans → Kloepfer; Kloepfer- und Heimatmuseum (heimatkundl.-kulturgeschichtl. Smlg., Objekte aus der Glashütte von E.), Kulturzentrum Lerchhaus. Südl. von E. auf dem Turmbauer Kogel frühgeschichtl. und röm. Ausgrabungen (Gem. Großradl).
Literatur: Marktgem. E. (Hg.), 800 Jahre E., 1954; I. Wippel, Erinnerungen an Alt-E., 1992.

EIBL-EIBESFELDT, Irenäus, * 15. 6. 1928 Wien, Verhaltensforscher. Schüler von K. → Lorenz; ab 1951 Mitarbeiter von Lorenz am Inst. für vergleichende Verhaltensphysiologie in Buldern (Westfalen) bzw. in Seewiesen (Bayern); 1970 Prof. für Zoologie in München, zahlr. Expeditionen in die Tropen; 1975–96 Leiter der Forschungsstelle für Humanethologie der M.-Planck-Ges. in Seewiesen bzw. Andechs, seit 1991 Leiter des L.-Boltzmann-Inst. für Stadtethologie in Wien; zahlr. internat. Auszeichnungen.
Werke: Grundriß der vergl. Verhaltensforschung, 1967; Liebe und Haß, 1970; Der vorprogrammierte Mensch, 1973; Das verbindende Erbe, 1991; Wider die Mißtrauensges., 1994; In der Falle des Kurzzeitdenkens, 1998.
Literatur: C. Sütterlin (Hg.), I. E.-E., 2001.

EICHBERG, Stmk., HB, Gem., 578 m, 1210 Ew., 18,47 km², landw. Gem. mit etwas Sommertourismus zw. Vorau und Lafnitz im Joglland. – Schloss (urk. 1250, Ausbau 17. Jh.) mit Arkadenhof und spätgot. Fenstern; Pfarrkirche (Weihe 1368, Zubau 17. Jh.), Hochaltar mit Beschlagwerkdekor, alte Grabsteine (17. Jh.); Mariensäule.

EICHBERG-TRAUTENBURG, Stmk., LB, Gem., 480 m, 884 Ew., 21,2 km², landw.-touristische Gem. über dem Pößnitzbach nördl. von Leutschach. Weinbau. – Röm. Hügelgräber; urk. 1295; Schloss (urk. 1243, bis 1535 Benennung als Schloss Leutschach) mit Kapelle hl. Antonius von Padua (15. Jh.), Rundturm (Zubau 1902), Burgtor (17. Jh.), Kaiserzimmer und Empireöfen.
Literatur: Rebenland-Chronik. E.-T., Glanz an der Weinstraße. Leutschach, Schlossberg, 2003.

EICHENBERG, Vbg., B, Gem., 793 m, 384 Ew., 11,59 km², Tourismus- und landw. Gem. am nördl. Ausläufer des Pfänders. – Urk. 1320; seit 1922 selbständ. Gem.; spätklassizist. Pfarrkirche (1836/37) mit Fresken von Anton Marte (1911); Kapelle hl. Michael in Trögen (1773); Burgruine Ruggburg (urk. 1245, 1452 zerstört, weitläufige 2-teilige Anlage, W-Teil abgestürzt).

EICHFELD, Stmk., RA, Gem., 238 m, 973 Ew., 17,98 km², landw.-gewerbl. Wohngem. im Murtal nahe der Grenze zu Slowenien. Ind.- und Gew.-Gebiet. – Vorröm. Gräberfunde; urk. 1265; Schloss Brunnsee (16. Jh., Umbau 17. Jh.) mit kostbarem Inventar, im Garten altes Glashaus (18. Jh.) mit reichem Stuck und Deckenfresko; ehem. Wasserschloss Oberrakitsch (heute bäuerl. Gehöft).

EICHGRABEN, NÖ., PL, Markt, 290 m, 3748 Ew. (1981: 2642 Ew.), 8,88 km², Erholungs- und Zweitwohnsitzgem. im westl. Wienerwald. – Kinderdorfhaus; Elektronikwerkstätte. Pfarrkirche 1948–51 erbaut, Kreuzigungsgruppe von A. Treberer.

EICHHORN, Rudolf (Franz), * 29. 11. 1853 Kleinpoppen (Gem. Echsenbach, NÖ.), † 7. 2. 1925 Wien, Geistlicher. Christl.-soz. Reformer aus dem Kreis um K. Frh. v. → Vogelsang; 1888–90 Reichsratsabgeordneter.
Literatur: E. Kuppe, Pfarrer E. zur Arbeiterfrage, 1925.

EICHKOGEL, NÖ., 367 m, Hügel südl. von Mödling, Vorberg des Anninger, in das Wr. Becken vorspringender östl. Ausläufer des Wienerwalds, bemerkenswert durch deutlich ausgebildete alte Meeresterrassen und interessante Vorkommen pannon. Flora, unter Naturschutz gestellt.

EICHKÖGL, Stmk., FB, Gem., 429 m, 1226 Ew., 14,89 km², landw. Wohngem. an einem Zufluss der Raab, südöstl. von Gleisdorf. – Team E (Verein für Aufwertung und Vermarktung der Gem. Eichkögl). – Wallfahrtskirche.

EICHMANN, Karl Adolf, * 19. 3. 1906 Solingen (D) † 1. 6. 1962 Ramlah b. Tel Aviv (Israel; hingerichtet), Handelsvertreter, SS-Obersturmbannführer. In Linz aufgewachsen, Mitgl. der illegalen NSDAP und SS, Mitarbeiter von R. Heydrich, war ab 1941 für die Judentransporte in die Vernichtungslager verantwortlich. Nach Kriegsende konnte er nach Argentinien flüchten, wurde am 11. 5. 1960 in Buenos Aires vom israelischen Geheimdienst verhaftet, 1961 in Jerusalem vor Gericht gestellt und zum Tod verurteilt.
Literatur: F. K. Kaul, Der Fall E., 1963; H. Arendt, E. in Jerusalem, 1964; H. Safrian, E. und seine Gehilfen, 1995.

Karl Adolf Eichmann im Gerichtssaal. Foto, 1961.

Irenäus Eibl-Eibesfeldt. Foto, 1988.

Eich- und Vermessungswesen: Der Kartograph G. M. Vischer bei Vermessungsarbeiten. Kupferstich von M. Küsell, 1670.

EICH- UND VERMESSUNGSWESEN, wahrgenommen im Bereich des BM für Wirt. und Arbeit. Das *Eichwesen* beruht auf dem Maß- u. Eichgesetz 1950. Die darin vorgeschriebenen Maßeinheiten sind u. a.: Meter, Kilogramm, Sekunde, Quadratmeter, Kubikmeter und Liter sowie deren Vielfaches und Teile. Auf die festgelegten Maßeinheiten sind die Messgeräte abzustimmen. Mit den Eichungen sind das Bundesamt für E. u. V. und die diesem nachgeordneten Eichämter beauftragt. Der Eichpflicht unterliegen alle Messgeräte, die im öffentl. Verkehr zur Maß- und Qualitätsbestimmung sowie zur Bestimmung des Leistungsumfangs verwendet werden (z. B. Waagen, Messwerkzeuge, Temperaturmessgeräte, Taxameter). Alle eichpflichtigen Gegenstände müssen regelmäßig nachgeeicht werden. Die Eichung besteht aus der eichtechn. Prüfung und der Stempelung der Geräte (die Bezeichnung „geeicht" ist gesetzl. geschützt).

Das *Vermessungswesen* wird durch das Vermessungsgesetz 1968 geregelt. Als Aufgaben der Landesvermessung werden insbes. festgelegt: Grundlagenvermessungen, Führung und Neuanlegung des Grenzkatasters, topograph. Landesaufnahme zur kartograph. Bearbeitung, Herstellung staatl. Landkarten sowie Vermessung und Vermarkung der Staatsgrenzen. Die Aufgaben werden vom Bundesamt für E. u. V. und den diesem nachgeordneten Vermessungsämtern wahrgenommen.
Literatur: F. Bernhardt u. H. W. Kaluza, Das ö. Maß- und Eichrecht, 1979; C. Twaroch u. G. Freistetter (Hg.), Maß- und Eichrecht, 1995; H. W. Kaluza u. a. (Hg.), Das ö. Vermessungsrecht, ²2002.

Eid, bes. Bekräftigung einer gerichtl. Aussage. Eine Falschaussage unter E. wird strenger bestraft, manche Personen können daher zu ihrem Schutz nicht beeidet werden.

Eidenberg, OÖ., UU, Gem., 685 m, 1811 Ew., 29,27 km², landw. Wohngem. über dem Tal der Großen Rodl. – Pfarrkirche Göttl. Heiland in der Wies (1740–80, Wallfahrtskirche zu Ehren des hl. Leonhard) mit Rokokoeinrichtung und schönen Schnitzstatuen; Untergeng: Jugendheim. – Brauchtum: Leonhardiritt.

Eidlitz, Walther, * 28. 8. 1892 Wien, † 28. 8. 1976 Vayholm (S), Lyriker, Erzähler und Dramatiker. Lebte 1938–46 und 1950/51 in Indien, wo er sich mit dem Hinduismus beschäftigte; ab 1952 in Schweden; im Zentrum seines Werks stehen ethisch-relig. Fragen; in seinem Spätwerk widmet er sich dem Studium der indischen Geistesgeschichte („Die indische Gottesliebe", 1955).
Werke: Lyrik: Der goldene Wind, 1918. – Romane: Zodiak, 1930; Das Licht der Welt, 1932. – Novellentrilogie: Die Gewaltigen, 1926. – Drama: Der Berg in der Wüste, 1923.

Eier, Richard, * 11. 6. 1935 Wien, Informatiker. Studierte Schwachstromtechnik an der Techn. Hochschule in Wien und wurde 1973 an dieser Prof. und Inst.-Vorstand des neu gegr. Inst. f. Datenverarbeitung (heute Inst. f. Computertechnik).

Eifler, Alexander, Edler von Lobenstedt, * 30. 5. 1890 Wien, † 2. 1. 1945 KZ Dachau (D), Offizier. Ab 1923 Stabschef des Republikan. → Schutzbunds. Er rief in den ersten Märztagen 1938 zum Kampf für Ö. auf und versuchte als Vertreter der illegalen Sozialisten Verbindungen mit offiziellen Regierungsstellen herzustellen. Am 16. 3. 1938 verhaftet und in das KZ Dachau gebracht.
Literatur: J. Deutsch, A. E., 1947; A. Magaziner, Die Wegbereiter, 1975.

Eigentum, laut § 354 ABGB die rechtl. „Befugnis, mit der Substanz und den Nutzungen einer Sache nach Willkür zu schalten und jeden andern davon auszuschließen". Die Einschränkungen des E.-Rechts können privatrechtl. Natur (Dienstbarkeiten, Pfandrecht, Reallasten, Nachbarrecht, Ausgedinge usw.) oder öffentl.-rechtl. Natur sein. So können Beschränkungen für den Verkehr mit Lebensmitteln, Arzneien, Giften, Edelmetallen, Waffen, Sprengmitteln usw. auferlegt werden. Für Grundstücke ergeben sich Einschränkungen hinsichtl. Bauordnungen (→ Baurecht) und Flächenwidmungsplänen (z. B. Bauverbote, Bewirtschaftungspflicht, Naturschutzgebiete). Kunstgegenstände und Altertümer stehen unter → Denkmalschutz. Bes. geregelt ist das → Wohnungseigentum. Den stärksten Eingriff in das E. stellt die → Enteignung dar.
Literatur: H. Koziol u. R. Welser, Grundriss des bürgerl. Rechts, Bd. 1, ¹²2002.

Eigruber, August, * 16. 4. 1907 Steyr (OÖ.), † 28. 5. 1946 Landsberg (D; hingerichtet), Dreher und NS-Politiker. Trat 1927 der NSDAP bei, wurde 1936 Gauleiter der verbot. NSDAP in OÖ., übernahm am 12. 3. 1938 das Amt des Landeshauptmanns von OÖ. Am 23. 5. 1938 zum Gauleiter für Oberdonau und am 15. 3. 1940 zum Reichsstatthalter bestellt, wurde er 1943 SA-Obergruppenführer (höchster Rang). E. verstand sich stets als Arbeiterführer. Seine Entscheidungen wurden gegen Kriegsende immer härter. Mitte April 1945 befahl er die Liquidierung aller in Mauthausen inhaftierten Oberösterreicher und wollte die im Salzbergwerk Altaussee gelagerten Kunstschätze vernichten. Am 10. 8. 1945 verhaftet, wurde er im Mauthausen-Prozess zum Tod verurteilt.
Literatur: H. Slapnicka, OÖ., als es Oberdonau hieß, 1978.

Eimer, mit Tragevorrichtung versehenes Gefäß. E. aus Leder dienten bis ins 19. Jh. als Feuerlöschgeräte. Als Hohlmaß hatte ein E. in Ö. 56,6 (auch 58 oder 60,1) Liter und wurde als Normmaß für Wein verwendet. Ein E. Wein bestand im 16. Jh. aus 32 Achtering (nach Einführung des Zapfenmaßes aus 35 und 38 Achtering).

Einantwortung, siehe → Erbrecht.

Einbürgerung, bescheidmäßige Verleihung der ö. → Staatsbürgerschaft an Fremde. Die Voraussetzungen für die E. sind im Staatsbürgerschaftsgesetz 1985 festgelegt. Unter bestimmten Voraussetzungen besteht ein Rechtsanspruch auf E. (z. B. Eheschließung mit einem ö. Staatsbürger). Im Übrigen können Fremde eingebürgert werden, wenn sie seit mindestens 10 Jahren ununterbrochen in Ö. wohnen. Eine Verkürzung der Frist ist möglich, insbes. wenn ein öffentl. Interesse an der E. besteht. Zuständig für die E. sind die Landesregierungen.
Literatur: M. Matzka u. J. Bezdeka, Staatsbürgerschaftsgesetz. Kurzkommentar, 1999.

Einem, Caspar, * 6. 5. 1948 Salzburg, Jurist und Politiker (SPÖ); Sohn von Gottfried v. → Einem und Lianne v. Bismarck. War 1972–77 in der Bewährungshilfe, 1980–91 in der Wr. Arbeiterkammer und 1991–94 in der ÖMV tätig. 1994/95 Beamtenstaatssekr. im Bundeskanzleramt, 1995–97 BMin. für Inneres, 1997–2000 BMin. für Wiss. und Verkehr, seit 1999 Abg. z. NR; seit 2000 Europasprecher der SPÖ, 2002/03 Mitgl. des EU-Konvents.
Werke: Gegenwind. Auf der Suche nach der soz.-dem. Identität, 1998; Ein neuer Staat befreiter Bürger, 1999; Weißbuch zur Förderung von Frauen in der Wiss., 1999.
Literatur: T. Rothschild, Von Einem, der auszog das Fürchten zu lehren, 2001.

Einem, Gottfried von, * 24. 1. 1918 Bern (CH), † 12. 7. 1996 Oberdürnbach (Gem. Maissau, NÖ.), Komponist; Vater von Caspar → Einem (aus erster Ehe mit Lianne von Bismarck), in zweiter Ehe verheiratet mit der Schriftstellerin L. → Ingrisch. Wuchs in Deutschland und England auf, Assistent der Bayreuther Festspiele, 1944 Hauskomponist der Dresdner Staatsoper, lebte ab 1946 in Ö.; Schüler von B. Blacher. 1948–51 Direktionsmitgl. und nach 1955 Vorsitzender des Kunstrats der Sbg. Festspiele. 1963–73 Prof. an der Wr. Musikakademie. 1965–70 Präs. der AKM. Zählte zu den bedeutendsten Komponisten Ö. im 20. Jh.; weltweites Anse-

August Eigruber (links) mit A. Hitler und dem Architekten H. Giesler in Linz. Foto, um 1941.

Walther Eidlitz. Foto, 1929.

Gottfried von Einem. Foto.

hen fanden insbes. seine Opern, die durch klaren Aufbau sowie ausdrucksstarke Instrumentation und Rhythmik gekennzeichnet sind. Gedenkstätte im Sterbehaus in Oberdürnbach. Großer Ö. Staatspreis 1965.
Werke: Orchester- und Chorwerke. – Opern: Dantons Tod, 1947; Der Prozeß, 1953; Der Zerrissene, 1964; Der Besuch der alten Dame, 1971; Kabale und Liebe, 1976; Jesu Hochzeit, 1980. – Ballette, Kammermusik, Lieder, Film- u. Bühnenmusik. – Autobiographie: Ich hab' unendlich viel erlebt, 1995.
Literatur: D. Hartmann, G. v. E., 1967; F. Saathen, E.-Chronik, 1982; V. Graßberger, g. v. E., 1997; T. Eickhoff, Polit. Dimensionen einer Komponisten-Biographie im 20. Jh., 1998; A. Bäumer (Hg.), G. v. E. und die Sbg. Festspiele, 1998.

EINFUHR, siehe → Außenhandel.

EINGEMEINDUNG, Eingliederung einer vorher selbständigen Gem. in eine meist größere Nachbargem. E. haben zum Ziel, durch Erreichung einer höheren Bevölkerungszahl eine verbesserte Infrastruktur anbieten und erhalten zu können oder das Wachstum von Städten zu ermöglichen. Nach Wien erfolgten 1891, 1905 und 1938 große E., 1934 auch in Linz, Salzburg, Innsbruck, Klagenfurt, St. Pölten u. a. Bes. in den 1960er und 1970er Jahren fanden in Ö. viele E. teilw. freiwillig, teilw. durch Verordnung statt. 1961–2001 verringerte sich die Zahl der Gem. von 3931 auf 2359.

EINHEITSGEWERKSCHAFT, siehe → Gewerkschaften.

EINHEITSSCHULE, seit der 2. Hälfte des 19. Jh. erhobene Forderung, um der aus vielerlei Gründen immer stärkeren Differenzierung des Bildungswesens Einhalt zu gebieten; zunächst als „partielle Einheitsmittelschule" (Real-Gymn., 1864) durch Zusammenlegung der Unterstufen von Gymn. und Realschule vereinzelt durchgeführt, dann als „Gesamt-Mittelschule" durch Koppelung der humanist. mit den realist. Lehrplananforderungen als zusätzl. Schultyp eingeführt (Realgymn., 1908), schließlich Kernstück des soz.-dem., von Ö. → Glöckel verkündeten Schulerneuerungsprogramms (Leitsätze, 1920), das eine gem. Schule für alle 10- bis 14-Jährigen vorsah (→ Allg. Mittelschule). Die E. ist bis heute einer der Hauptstreitpunkte in der Bildungspolitik zw. dem soz.-dem. und dem bürgerl. Lager (→ Gesamtschule).
Literatur: H. Engelbrecht, Der Einheitsschulgedanke in Ö. im 19. Jh., in: Ö. in Geschichte und Literatur 15 (1971); ders.: Die Diskussion um die Einheitsschule in Ö. zw. 1897 und 1919, ebd.

EINHEITSWERT, für bestimmte wirt. Einheiten (Betriebe, Grundstücke) vom Finanzamt als einheitl. Bemessungsgrundlage verschiedener Steuern (Bodenwertabgabe, → Grundsteuer, Erbschaftsteuer, Schenkungssteuer; bis 1993 insbes. Vermögensteuer) festgelegter Wert.
Literatur: W. Doralt u. H. G. Ruppe, Grundriß des ö. Steuerrechts, Bd. 2, 1988.

EINHOF, siehe → Hofformen.

EINIGUNGSÄMTER, vor der Erlassung des Arbeits- und Sozialgerichtsgesetzes für kollektivvertrags- und betriebsverfassungsrechtl. Angelegenheiten zuständig. Seit 1987 bestehen nur noch gewisse Kompetenzen des Bundeseinigungsamtes (früher Obereinigungsamt) beim BM f. Arbeit u. Soziales in kollektivvertragl. Angelegenheiten.

EINJÄHRIG-FREIWILLIGE, „Einjährige", 1868 eingerichtete Heeresinstitution, umfaßte alle Wehrpflichtigen, die die Abschlussprüfung einer Mittelschule nachweisen konnten bzw. (ab 1914) durch ihren Beruf und ihre soz. Stellung den Nachweis der geforderten Vorbildung erbrachten. Nach einem Jahr Präsenzdienst in der Armee und Absolvierung eines eig. Kurses wurde der E.-F. zum Reserveoffizier ernannt. Die „Einjährigen" galten bald als vollwertige Offiziersersatz, der alljährlich durch Waffenübungen (6–8 Wochen) weiter ausgebildet wurde. Das Wehrgesetz der 1. Republik kannte diese Einrichtung anfangs nicht; sie wurde jedoch 1935 wieder eingeführt und 1964 erneuert (bis dahin hatte das Heer der 2. Republik Maturantenkompanien). Für die Erlangung des Dienstgrades „Fähnrich" bzw. „Leutnant" sind mehrwöchige Waffenübungen und entsprechende Prüfungen in einem Zeitraum von mind. 5 Jahren nach Beginn der E.-F.-Ausbildung notwendig. Der höchste Dienstgrad, der als Reserveoffizier erreicht werden kann, ist „Oberst", in Einzelfällen „Brigadier".

EINKOMMEN, Geldbeträge und Naturalleistungen, die natürl. und jurist. Personen zufließen, bestehend aus Arbeits-E., Gewinn-E., Besitz-E. oder Transfer-E. (Pensionen). Das Brutto-E. ist die Gesamtsumme der E., das Netto-E. nach Abzug der Sozialabgaben und Steuern. Die Summe aller Wertschöpfungen aus dem Produktionsprozess und Transferleistungen ist das Volks-E. Alle E. unterliegen der → Einkommensteuer.

EINKOMMENSTEUER, eine Personensteuer, die nach dem → Einkommen bemessen wird. Das Einkommen ist nicht nur Grundlage der Bemessung, sondern auch Gegenstand und Quelle der Steuer. Die E. knüpft an die Einkommensentstehung an und richtet sich nach der Höhe des Gesamteinkommens. Sie berücksichtigt die Leistungsfähigkeit der Person und belässt ein Minimum an Einkommen steuerfrei. Der Berechnung der E. wird das Einkommen eines bestimmten Zeitabschnitts zugrunde gelegt. Die E. ist eine gem. Bundesabgabe, die zwar von Bundesbehörden eingehoben, aber zw. Bund, Ländern und Gem. aufgeteilt wird. Rechtsgrundlage für die Einhebung ist das E.-Gesetz 1988. Die Berechnung der E. geht von der Summe der Einkünfte in den 7 Einkunftsarten aus. Einnahmen, die keiner dieser Einkunftsarten zugeordnet werden können, sind für die E. irrelevant (z. B. Lotteriegewinne). Vom Gesamtbetrag der Einkünfte können Sonderausgaben und außergewöhnl. Belastungen abgezogen werden. Die Steuer wird nach einem progressiven Tarif berechnet und durch verschiedene Absetzbeträge reduziert. Die Festsetzung der E. erfolgt aufgrund einer Steuererklärung. Bis zur Erlassung des Bescheids sind Vorauszahlungen zu leisten. Ehegatten werden getrennt besteuert. Die Bundesabgabenordnung enthält das Verfahren zur Einhebung der E. Für Einkünfte aus nichtselbständiger Arbeit wird die E. im Abzugsweg durch den Dienstgeber einbehalten und an das Finanzamt abgeführt (→ Lohnsteuer).
Literatur: O. Ginthör, Geld zurück vom Finanzamt 2004, 2003.

EINLEGESYSTEM, seit 1863 Form des Fürsorgewesens in Dörfern. In Gem., die kein Altersheim besaßen, wurden arme Gem.-Angehörige abwechselnd in verschiedenen Häusern verpflegt und untergebracht. Meist waren es alte Dienstboten, etwa 95 % waren ledig. In NÖ. 1893 abgeschafft.
Literatur: K. Konrad (Hg.), Der alte Mensch in der Geschichte, 1982.

EINQUARTIERUNG, die Unterbringung von Soldaten in Privatunterkünften. Bis zur Anlage von Kasernen im 17./18. Jh. wurden Truppen auch in Friedenszeiten durch E. untergebracht, in Kriegszeiten war dies stets üblich. In Ö. bestand bis 1918 für auf dem Marsch befindl. Einheiten E.-Pflicht der Gemeinden. Um die Bürger zu verschonen, bauten im 19. Jh. manche Gemeinden E.-Häuser. Nach dem 2. Weltkrieg wurden von den Besatzungstruppen öffentl. und private Gebäude für E. beansprucht.

EINSER-KANAL (ungar.: Hanság föcsatorna), künstlicher Abfluss im SO des → Neusiedler Sees, bildet auf ca. 17 km die ö. Grenze gegen Ungarn. Er wurde von Ungarn zur Trockenlegung der Hanságsümpfe (→ Waasen) und zur Entwässerung des abflusslosen Neusiedler Sees angelegt (30 km lang, 4,8 m tief, 7–15 m breit; 1895 fertig gestellt). Sein Gefälle über die Raab zur Donau ist so gering, dass bei Hochwasserführung beider Flüsse ein Rückstau entsteht und Wasser in den See zurückgedrängt wird. Die Strömung im Kanal kommt nur bei NW-Winden zustande, dennoch büßt der See über den Kanal jährlich einige Mio. Kubikmeter Wasser ein. Bei der Abgrenzung des Bgld. nach 1918 verblieb der Austritt des E. bei Ungarn, während östl. von Pamhagen die neue Staatsgrenze an das N-Ufer des Kanals gelegt wurde.

EINSLE, Anton, * 30. 1. 1801 Wien, † 10. 3. 1871 ebd., Porträtmaler. Studium an der Wr. Akad., beliebter Porträtist beim Wr. Hochadel und bei Persönlichkeiten des öffentl. Lebens. Langjähriger Aufenthalt in Prag und Budapest, 1838 Ernennung zum Hofmaler und Rückkehr nach Wien. Porträtierte den jungen Ks. Franz Joseph in seinen ersten beiden Regierungsjahren ungefähr 30-mal. Offizieller Porträtist des Kaiserhauses mit Atelier in der Hofburg.
Literatur: G. Trnka (Sadofsky), A. E. 1801–71, Diss., Wien 1980.

EINSPRUCH, Rechtsmittel im Prozess- und Verwaltungsverfahren (Frist 4 Wochen bzw. 14 Tage), durch das eine gerichtl. oder verwaltungsbehördl. Entscheidung außer Kraft gesetzt wird und das ordentl. Verfahren eingeleitet wird.

EINVERLEIBUNG, grundbücherl. Eintragung, die Erwerb, Übertragung, Beschränkung oder Löschung bücherl. Rechte (Eigentum, Dienstbarkeit, Pfandrecht, Reallast usw.) unbedingt bewirkt; zu unterscheiden von Vormerkung und Anmerkung.
Literatur: H. Koziol u. R. Welser, Grundriß des bürgerl. Rechts, Bd. 2, ⁹1991.

EINZELHANDEL, siehe → Handel.

EINZELRICHTER: Bei den Bezirksgerichten wird die gesamte Gerichtsbarkeit durch E. ausgeübt, bei den Landesgerichten entscheidet ein E. in Zivilsachen unter einem gewissen Streitwert, bei Ehescheidungen, im außerstreitigen Verfahren bei Todeserklärungen, in Strafsachen, wenn das vereinfachte Verfahren zulässig oder eine Voruntersuchung anhängig ist. Bei Gerichtshöfen 2. Instanz und beim Obersten Gerichtshof sind E. nicht vorgesehen.

EIPELDAUER, Anton, * 25. 2. 1893 Meires b. Zlabings (Slavonice, CZ), † 17. 10. 1977 Wien, Gärtner, Chefredakteur und Hg. mehrerer Fach-Ztschr. 1945–64 Gen.-Sekr. der ö. Gartenbauges., bekannt als „Blumendoktor" in Radio und Fernsehen.
Werke: Obstbaumschnitt in Wort und Bild, 2 Bde., 1952 (³1995); Du und dein Garten, 1966; E. Gartenmagazin, 1948–88.

EIPELDAUER-BRIEFE („Briefe eines Eipeldauers an seinen Herrn Vetter in Kakran über d' Wienstadt"), 1785 von J. → Richter gegr. spätaufklärerische populäre Volkszeitschrift in stilisierter Mundart, die aktuelle Lokalereignisse kommentierte. Aus der Sicht des Bauern Eipeldauer wurde ein satir. Bild der Großstadt mit ihren Sitten und Gebräuchen entworfen. Die E.-B. wurden bis 1813 von J. Richter hg., 1813–19 von F. X. Gewey und 1819–21 von A. Bäuerle.
Ausgabe: Auswahl, hg. v. Eugen v. Paunel, 2 Bde., 1917/18.

EIS, Maria, * 22. 2. 1896 Prag (CZ), † 18. 12. 1954 Wien, Kammerschauspielerin. 1918–23 an der Neuen Wr. Bühne, der Renaissancebühne und den Kammerspielen in Wien; 1925–32 am Thaliatheater und am Dt. Schauspielhaus in Hamburg, wo sie sich zur großen Charakterschauspielerin und Tragödin entwickelte; von 1932 bis zu ihrem Tod am Wr. Burgtheater (Rollen: Elisabeth, Medea, Sappho, Iphigenie, Lady Macbeth); zahlr. Filmrollen.
Literatur: H. Rohner, M. E., Diss., Wien 1948; L. Schinnerer-Kamler, M. E., 1961.

EISBACH, Stmk., GU, Gem., 453 m, 2893 Ew., 41,47 km², Wohngem. sowie Krankenhaus- und Schulstandort im Tal des Eisbachs westl. von Gratwein. BG Rein, Landeskrankenhäuser Hörgas und Enzenbach, Bauernmuseum, Nostalgierüsthaus. – Ehem. Kohlebergbau (1844–94, 1919–23); Zisterzienserabtei → Rein; Ulrichskapelle (1453) auf dem Ulrichsberg; Kalvarienbergkapelle (1738) nahe Gratwein. Pferdemarkt am Plesch.

EISELSBERG, Anton Frh. von, * 31. 7. 1860 Schloss Steinhaus b. Wels (OÖ.), † 25. 10. 1939 bei St. Valentin (NÖ.; Eisenbahnunglück), Chirurg. Schüler von T. → Billroth, 1893 Univ.-Prof. in Utrecht, 1896 in Königsberg, 1901–31 Vorstand der I. Chirurg. Univ.-Klinik in Wien. E., einer der Begründer der Neurochirurgie, erhob sein Fach zur selbständigen Wiss. Seine Forschung erstreckte sich vorwiegend auf die Chirurgie des zentralen Nervensystems, der Schilddrüse und des Magen-Darm-Kanals. Er schuf 1909 gem. mit J. v. → Hochenegg Unfallstationen, die für ganze Welt vorbildlich wurden. E. bildete in Wien eine der größten medizin. Schulen heran und war Ehrenmitgl. der Akad. d. Wiss.
Werke: Die Hypophyse, 1930; Lebensweg eines Chirurgen, 1938.
Literatur: Almanach der Akad. d. Wiss. zu Wien, Jg. 90, 1940; Ö. Naturforscher, Ärzte und Techniker, 1957; ÖBL.

EISEN: Neben → Salz ist E. zu den ältesten und wichtigsten bergbaulich gewonnenen Produkten zu rechnen. Einen ersten durch Funde nachweisbaren Höhepunkt erreichte der Abbau während der → Eisenzeit (8. Jh. v. Chr. bis 15 v. Chr.). V. a. in der jüngeren Eisenzeit (→ La-Tène-Kultur) gewann das E. bei den von W nach O. eingewanderten → Kelten erhöhte Bedeutung für die Herstellung von Waffen und Werkzeugen. Die Rolle des von den Norikern wahrscheinlich hauptsächlich am Hüttenberger Erzberg gewonnenen „norischen E." dokumentieren eindrucksvoll die Ausgrabungen am nahen → Magdalensberg. Das in Windöfen erschmolzene und anschließend ausgeschmiedete E. schätzten auch die Römer.
Nach einer jahrhundertelangen Unterbrechung durch die Völkerwanderung ist die Wiederaufnahme der E.-Gewinnung seit dem 11./12. Jh. in → Hüttenberg und am steirischen → Erzberg nachweisbar. Als Schmelzaggregat kannte man seit der Römerzeit den schachtförmigen Rennofen. Im Lauf des MA ging man dazu über, diese Öfen in den Tälern zu errichten, wo die Blasbälge mit Wasserrädern betrieben werden konnten (Radwerke). Die für die Weiterverarbeitung notwendigen Hammerwerke wurden wegen des großen Brennstoffverbrauchs in wald- und wasserreiche Regionen weit über das Land verteilt. Ausdifferenziert in die Roheisen-, Rohstahl- und Finalerzeugung, entstanden dadurch speziell vom E. geprägte Regionen (→ Eisenwurzen), v. a. in der Stmk., in Kä. und in OÖ. Kärntnerische und steir. Frischverfahren sicherten dem erzeugten → Stahl weltweite Verbreitung.
Dieser Stahl war auch die Voraussetzung für die Qualität der stark arbeitsteilig erzeugten Fertigprodukte. Schmiede, Schlosser und Messerer waren etwa für Steyr, Leoben, Waidhofen a. d. Ybbs und Scheibbs prägend. In Innsbruck bestand ab 1504 ein Zentrum der Harnischmacher, in Thörl (Stmk.) im 16. Jh. die frühkapitalist. große Waffenschmiede des Sebald Pögl, und Ferlach (Kä.) ist seit damals Sitz der Büchsenmacher (→ Gewehre). Die Erzeugung von Sensen war weit verbreitet und erreichte in der Zunft Kirchdorf/Micheldorf ihre größte Dichte. Der Reichtum der Bürger dieser Städte basierte jedoch auf dem Handel mit die-

Anton Freiherr von Eiselsberg. Foto, 1895.

Eisenverarbeitung („Breitfeuer") im Sensenwerk Sonnleitner in der Laussa, OÖ.

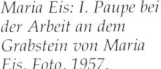

Maria Eis: I. Paupe bei der Arbeit an dem Grabstein von Maria Eis. Foto, 1957.

sen Produkten. Das Vordernberger E. ging v. a. Richtung S und O, über Salzburg aber auch nach W, das Innerberger E. im Wesentlichen nach N. Der Vertrieb des Kä. E. erfolgte über die konkurrierenden Orte Althofen und St. Veit a. d. Glan.

Während das E.-Wesen im 16. Jh. hohes Ansehen genossen hatte, geriet es als Folge der Umorientierung der großen Handelsrouten, der Ausweisung protestant. Unternehmer und des Ausbruchs des Dreißigjährigen Kriegs in eine Krise. 1625 schuf daher der Staat mit der Gründung der „Innerberger Hauptgewerkschaft" einen zentral verwalteten Großbetrieb. Es dauerte nach den Kriegs- und Religionswirren aber noch einige Jahrzehnte, bis sich das E.-Wesen unter dem Einfluss des Merkantilismus um die Mitte des 18. Jh. wieder erholte. Zu den fördernden Maßnahmen gehörte auch die Liberalisierung der Holz- und Proviantwidmung und des E.-Handels unter Ks. Joseph II. In Vordernberg reformierte Erzhg. → Johann durch die Gründung der „Vordernberger Radmeister-Communität" 1829 das E.-Wesen.

In England hatte inzw. die Industrialisierung einen Prozess der techn. Umgestaltung ausgelöst, der mit zeitl. Verzögerung auch nach Ö. übertragen wurde. Bei der Roheisenerzeugung war ab Mitte des 18. Jh. der Stuck- durch den Floß- und dieser nach 1820/30 durch den → Hochofen abgelöst worden. Die alten Frischfeuer wichen ab 1830/40 immer mehr den engl. Puddelöfen, und anstelle der vielen Hammerwerke entstanden Walzwerke. Die Umstellung erhielt ihre Dynamik auch durch die Anforderungen des Eisenbahn- und Maschinenbaus. Große Schienenwalzwerke waren in Kä., in Zeltweg, Graz und Ternitz, Lokomotivfabriken in Wien (Simmering, Floridsdorf), Wr. Neustadt und Linz; bedeutende E.- und Stahlwerke gründeten A. v. → Schoeller in Ternitz, J. H. A. → Bleckmann in Mürzzuschlag, H. Gf. → Henckel von Donnersmarck in Zeltweg, die Brüder E. und A. → Böhler in Kapfenberg und F. Mayr in Donawitz. Die 1869 von J. → Werndl in Steyr gegr. Ö. Waffenfabriksges. galt um 1900 als größtes Metall verarbeitendes Unternehmen der Monarchie.

Nach 1860 veränderten der Bessemer- und der Siemens-Martin-Prozess sowie die Umstellung von der Holzkohlen- auf die Koksfeuerung nochmals die Bedingungen der E.- und Stahlerzeugung. Ein umfassender Konzentrationsprozess vereinte 1881 die wichtigsten Werke der Stmk. und Kä. zur → Oesterreichisch-Alpine Montangesellschaft mit Donawitz als Hauptwerk. Dieses widmete sich v. a. der Massenstahlerzeugung, die Werke in Kapfenberg, Mürzzuschlag und später Judenburg, wo 1907 der erste Elektrostahlofen Ö. stand, der Erzeugung von Spezial- und Sonderstählen.

Darüber hinaus spielte das E. immer auch für das Kunstgewerbe und das Handwerk eine große Rolle. Grabkreuze, Taschenfeitel, Fenster- und Brunnengitter, Glocken und gusseiserner Schmuck zeugen u. a. vom hohen Können der Kunsthandwerker.

In der Zwischenkriegszeit war die überdimensionierte E.- und Stahlind. von der Krise mit folgender Arbeitslosigkeit bes. betroffen. Die Oesterr.-Alpine Montanges. war zudem ab 1926 in die Abhängigkeit der dt. Vereinigten Stahlwerke geraten. Mit dem 1938 begonnenen Bau des Hüttenwerks der „Reichswerke AG ‚Hermann-Göring'" in Linz war ein neues, bei Kriegsende überdimensioniertes Werk in kurzer Zeit neu entstanden. 1946 wurden alle großen E.- und Stahlwerke, allen voran die VÖEST (→ VOEST, Vereinigte Österreichische Eisen- und Stahlwerke AG), verstaatlicht (→ verstaatlichte Industrie). Zusammen mit der E.- und Stahlplanung von 1948 war das die Grundlage für den mit Marshall-Plan-Hilfe erfolgten Wiederaufbau. Auf metallurgischem Gebiet gelang 1952/53 in Linz und Donawitz mit der großtechn. Umsetzung des → LD-Verfahrens ein globaler Durchbruch.

Seit den 1970er Jahren veränderten tief greifende Umstrukturierungen die ö. E.- und Stahlindustrie. 1973 verschmolzen Oesterr.-Alpine Montanges. und VÖEST zur VOEST-Alpine AG und 1975 → Schoeller-Bleckmann, → Böhler-Werke und Steirische Gussstahlwerke AG in Judenburg zur → Vereinigten Edelstahlwerke AG (VEW). Als Folge der europ. Stahlkrise war jedoch auch die ab 1990 in der → Austrian Industries AG zusammengefasste ö. E.- und Stahlind. von weiteren Strukturveränderungen betroffen. Seit 1994 wurden über die → Österreichische Industrieholding AG die staatl. Anteile an den Betrieben stark verringert. Das in den späten 1980er Jahren von der VOEST entwickelte → Corex®-Verfahren stellt wiederum einen techn. Markstein dar. Auf die Ind.-Abteilung Metallerzeugung und -bearbeitung entfielen in Ö. 2002 94 Betriebe mit 33.048 Beschäftigten; viele Unternehmen weisen hohe Exportquoten auf.

Literatur: H. Pirchegger u. R. Töpfner, E. immerdar, 1951; M. Mitterauer (Hg.), Ö. Montanwesen, 1974; M. Wehdorn, Die Baudenkmäler des Eisenhüttenwesens in Ö., 1982; P. W. Roth (Hg.), Erz und E. in der Grünen Mark, 1984; Beiträge zur eisengeschichtl. Forschung in Ö., 1986; G. Wagenhofer, Das Eisengusswerk bei Mariazell von seiner Gründung durch bis zur Übernahme durch das Aerar (1742–1800), Diss., Graz 1991; R. Mittersteiner u. B. Keplinger (Hg.), Glühendrot – krisenbleich, Ausst.-Kat., Steyr 1998.

Eisenbahn: Ö. hat an der Entwicklung der E. bedeutenden Anteil. Der Bau von E.-Anlagen begann im Vormärz und wurde in der franzisko-josephin. Ära im Wesentlichen abgeschlossen. In der Anfangszeit war der E.-Bau privaten Unternehmern überlassen. 1832 wurde die erste Pferde-E. Linz–Budweis eröffnet (von F. A. v. → Gerstner als erste Überlandbahn auf dem Kontinent erbaut). Ihr folgte 1837 die erste Dampf-E. in Ö. auf der Strecke Floridsdorf–Deutsch-Wagram („Kaiser-Ferdinand-Nordbahn"), bis Olmütz von A. → Negrelli erweitert und 1846 bis Krakau ausgebaut. Auf der Nordbahn wurde der erste Nachtverkehr Europas eingeführt. 1839–42 entstand die Linie Wien–Gloggnitz; 1838 erhielt Baron Sina in Wien die Konzession für den E.-Bau Wien–Raab (Győr).

1841 übernahm der Staat zum größten Teil das weitere Bauprogramm. 1842 wurde die Generaldirektion der Staats-E. geschaffen. Die techn. Leitung übernahm für das nördl. Netz A. Negrelli, für das südl. K. → Ghega. In die Zeit zw. 1842 und 1859 fiel u. a. der Ausbau der Südbahn Wien–Graz–Triest mit der Über-

Eisenbahn: Festlicher Empfang des ersten Zugs der Wien–Gloggnitzer Eisenbahn in der Station Gloggnitz am 5. März 1842. Gemälde von A. Schiffer (Niederösterreichisches Landesmuseum, St. Pölten).

Eisenbahn: Sicherheitslokomotive auf der ersten Eisenbahnbrücke der Nordbahn. Kolorierte Lithographie von J. Folwarczny, 1839.

querung des Semmering, wo 1848–54 Ghega die erste Gebirgsbahn Europas schuf (→ Semmeringbahn).
Durch das 1854 erlassene E.-Konzessionsgesetz überließ der Staat (aus Geldmangel) die E. wieder privaten Ges. 1859 übernahm eine Ges. die Südbahn, die „Südbahngesellschaft" eröffnete 1867 auch die Brennerstrecke. Auch die Kaiserin-Elisabeth-Westbahn wurde von einer Privatges. erbaut (1858 Wien–Linz, 1860 Linz–Salzburg, 1861 Wels–Passau).
1873 übernahm wieder der Staat den E.-Bau, erweiterte das Streckennetz (1880–84 wurde die Strecke über den Arlberg unter J. Lott gebaut) und begann mit der Verstaatlichung privater Hauptbahnen. Die 1867–72 erbaute Franz-Josefs-Bahn (Wien–Prag–Eger) wurde auch vom Staat übernommen. Die Südbahn dagegen blieb bis 1923 in privater Hand; erst 1937 wurde die Linie Wien–Aspang mit der Schneebergbahn verstaatlicht. Nach 1900 folgte der Bau wichtiger Gebirgsbahnen: 1906 Karawanken- und Pyhrnbahn und 1909 Tauernbahn (unter der Leitung von K. → Wurmb); die ersten elektr. Lokalbahnen folgten, 1904 Stubaital-, 1906 Mariazeller (1911 elektrifiziert), 1912 Mittenwald- und 1914 Pressburger Bahn. Seit 1914 wurden in Ö. nur noch einige kurze E. neu in Betrieb genommen: 1918 Hermagor–Kötschach-Mauthen, 1919 Peggau–Deutschfeistritz–Übelbach, 1925 Friedberg–Pinkafeld, 1927 Ruprechtshofen–Wieselburg–Gresten, 1928 Felixdorf–Blumau, 1930 Birkfeld–Ratten, 1931 Feldbach–Bad Gleichenberg, 1951 Bürmoos–Trimmelkam und 1964 die → Jauntalbahn.
Durch die Friedensbedingungen 1919 verlor die ö. E. rd. 75 % ihres Streckennetzes, bes. viele aktive Flachlandstrecken; es verblieben ihr der Großteil der kostspieligen Gebirgsbahnen, nur 25 % der Betriebsmittel, aber 34 % der Bediensteten. Seit 1923 werden die staatl. E. als eig. Wirt.-Körper geführt (Ö. → Bundesbahnen). Daneben gibt es (2003) noch 11 Privat-E. (einschließl. Trägerges.), die ein Schienennetz von zusammen 589 km Länge betreiben (meist nur lokal bedeutende Stichbahnen, zum Großteil schmalspurig und eingleisig).
Der Verlust der großen Kohlenlager zwang die Republik zur Elektrifizierung ihrer Bahnen. 1919–30 wurden 620 km elektrifiziert, u. a. die Linien Salzburg–Buchs bzw. Salzburg–Bregenz und die Brennerbahn, 1933–35 die Tauernbahn, 1937–41 die Strecke Salzburg–Attnang-Puchheim. Nach 1945 wurde die Elektrifizierung im Rahmen der Ö. Bundesbahnen fortgesetzt (v. a. Westbahn bis Wien, Südbahn, Schnellbahn-Strecken bei Wien); heute werden alle wichtigen Bahnlinien elektrisch betrieben. Seit der Eröffnung der Wr. Schnellbahn 1962 hat die E. auch zunehmende Bedeutung im städt. Nah- und Lokalverkehr gewonnen, während im ländl. Raum die Nebenlinien zum Problem wurden.
Literatur: T. H. Mayer, Wie Ö. seine Bahnen baute, 1934; E. Hofbauer, Die ö. Eisenbahnen 1837–1937, 1937; E. R. Kaan, Die ö. Staatseisenbahnen, 1946; K. Feiler, Die alte Schienenstraße Budweis–Gmunden, 1952; W. Krobot u. a., Schmalspurig durch Ö., 1961; G. Zwanowetz, Die Anfänge der Ti. E.-Geschichte, 1962; F. Aschauer, OÖ. Eisenbahnen, 1964; Die Eisenbahnen in Ö. (zum 150jähr. Bestehen), 1987; K. Gutkas u. E. Bruckmüller, Verkehrswege und Eisenbahnen, 1989; G. Schmid u. a., Bewegung und Beharrung, 1994; B. Köster, Militär und E. in der Habsburgermonarchie 1825–1859, 1999.

Eisenbahn-Hochleistungsstrecken AG, HL-AG, 1989 errichtete Aktienges. des Bundes für Planung und Bau von Eisenbahn-Hochleistungsstrecken in Ö. gemäß künftigen verkehrswirt., ökonom. und ökolog. Ansprüchen. Die Aufgaben werden der HL-AG durch den BMin. für Verkehr, Innovation und Technologie im Einvernehmen mit dem BMin. für Finanzen zugewiesen; Schwerpunkte ihrer Tätigkeit sind Linienverbesserungen und Neubauten auf der Westbahn- und der Südbahnstrecke (einschließlich der Verbindung Graz–Klagenfurt durch die Koralmbahn) sowie die Verbindung von West- und Südbahn mit der Donauländebahn. Die Umfahrung Innsbruck wurde 2000 fertig gestellt; 2003 betrug die Länge der Hochleistungsstrecken über 100 km. Die Zusammenarbeit mit den Österreichischen → Bundesbahnen wird durch einen Kooperationsvertrag geregelt. Die Finanzierung der Projekte erfolgt seit 1997 über die SCHIG (Schieneninfrastrukturfinanzierungsges.), vorher über die → ASFINAG.

Eisenberg.

Eisenberg, S-Bgld., 415 m, bei Burg an der ungar. Grenze; Stätte frühgeschichtl. Schmelzhütten.

Eisenberg, Ludwig Julius, * 5. 3. 1858 Berlin (D), † 25. 1. 1910 Wien, Schriftsteller. Gab ab 1889 bis 1891 gem. mit R. → Groner das Künstler- und Schriftstellerlexikon „Das geistige Wien" (2 Bde.) sowie das „Große Biograph. Lexikon der dt. Bühne im 19. Jh." (1903) heraus.

Eisenberg, Paul Chaim, * 26. 6. 1950 Wien, Oberrabbiner der Israelit. Kultusgem. Wien (seit 1983) Stammt aus einer Rabbinerfamilie, studierte Mathematik und Statistik in Wien, dann Rabbinatsstudium in Jerusalem. Seit 1988 auch Oberrabbiner des Bundesverbandes der Kultusgemeinden Ö.
Werk: Mahnmale. Jüd. Friedhöfe in Wien, NÖ. und Bgld., 1992.

Oberrabbiner Paul Chaim Eisenberg (links) mit dem griechisch-orthodoxen Metropoliten M. Staikos und dem Wiener Erzbischof C. Schönborn. Foto, 1997.

Eisenbuch (Wiener Stadt- und Landesarchiv).

Helmut Eisendle. Foto.

EISENBUCH, Großes Stadtbuch von Wien. Der aus 356 Blättern im Großfolioformat bestehende Pergamentcodex wurde um 1350 angelegt, der Lederumschlag erhielt im 16. Jh. Messingbeschläge. Enthält die für Wien wichtigen Urkunden bis 1819.
Literatur: H. Demelius, Zur Entstehung des Wr. E., in: Jahrbuch Wien 14, 1958.

EISENDLE, Helmut, * 12. 1. 1939 Graz (Stmk.), † 20. 9. 2003 Wien, Schriftsteller und Psychologe, Mitgl. der → Grazer Autorenversammlung und des → Forum Stadtpark. In seinen teilw. essayhaften Prosatexten stand er sprachphilosophisch in der Tradition von L. → Wittgenstein und F. → Mauthner und bezog v. a. gegenüber der Naturwiss. eine krit. Position.
Werke: Romane: Walder oder Die stilisierte Entwicklung einer Neurose, 1972; Jenseits der Vernunft oder Gespräche über den menschl. Verstand, 1976; Anrufe. Der Doppelgänger. Die Verfolgung, 1985; Oh Hannah, 1988; Der Egoist, 1996; Ein Stück des blauen Himmels, 2003. – Erzählungen und Prosa: Hb. zum ordentlichen Leben, 1973; Der Narr auf dem Hügel, 1981; Block oder Die Melancholie, 1991; Lauf, Alter, die Welt ist hinter dir her, 2000; Gut und Böse sind Vorurteile der Götter. Ein Gespräch, 2002. – Essays: Das Verbot ist der Motor der Lust, 1980; Beiläufige Gedanken über Etwas, 1989; Entzauberungen, 1994. – Hörspiel: Die Gaunersprache der Intellektuellen, 1986.
Literatur: P. Laemmle u. J. Drews, Wie die Grazer auszogen, die Welt zu erobern, ²1979.

EISENERZ, Stmk., LN, Stadt (1948), 736 m, 6435 Ew. (1981: 10.068 Ew.), 124,59 km², alter Bergbauort am Erzberg, im Erzbachtal, am Fuß von Pfaffenstein (1871 m) und Kaiserschild (2084 m). – Arbeitsmarktservice, Gebietskrankenkasse, AK, Krankenhaus, Fernheizwerk, Kleinwasserkraftwerke, Stadion, Nordisches Ausbildungszentrum, Sporthalle, Jugend- und Familiengästehaus Eisenerzer Ramsau, HAK; einziger Erztagbau in Ö. (VOEST-Alpine, Verhüttung in Linz und Donawitz), Besichtigungsmöglichkeit des Erzabbaugebiets (treppenförmiger Tagbau sowie Grubenbau, jährl. Förderleistung rd. 3,5 Mio. t Spateisenstein mit ca. 33 % Eisengehalt), Schaubergwerk; Glasind. (VOEST-Alpine Glas GmbH: Flachglas, Windschutzscheiben), metallverarbeitende Ind., Herstellung von Streckmetall und landw. Maschinen, Bierdepots. – Got. Pfarrkirche St. Oswald (15.–16. Jh.) als größte Kirchenburg (Befestigungen 1532–34) der Stmk. mit markanter W-Empore (1513–17), 1890–99 regotisiert; Marktkirche, 1435 erbaut, barockisiert, Renaiss.-Schichtturm von 1581 mit Glocke. – In der Umgebung Schlösser Geyeregg (1621–22) und Leopoldstein (1680 erbaut, 1890–94 erneuert, Internat); Stadtmuseum im Kammerhof (Darstellung der Entwicklung des Erzbergbaus); nordöstlich von E. Frauenmauerhöhle (Länge 644 m, Eiskammer, Tropfsteingebilde); 4 km nördlich Leopoldsteiner See, 7 km südöstlich Passhöhe Präbichl (1232 m, Wintersportgebiet).
Literatur: O. Rainer, Eine Stadt und ihr Berg, 1984.

Eisenerz.

Eisenerz: Rathaus.

EISENERZE werden in → Eisenerz (Stmk.) und Waldenstein (Kä.) abgebaut. Spateisenstein vom → Erzberg wird in den Hochofenbetrieben von Donawitz und Linz verhüttet. Eisenglimmer von Waldenstein findet als Pigment bei der Herstellung von Rostschutzfarben Verwendung (bedeutender Exportartikel); die Fördermenge 2002 betrug 1,941.759 t.

EISENERZER ALPEN, Ober-Stmk., rohstoffreicher Schiefergebirgszug (Eisen- und Kupfererze, Magnesit, Graphit, Talk) zw. Enns- und Murtal, Präbichl und Schoberpass, im SO des → Gesäuses, ihre Süd- und Südostgrenze ist zugleich Grenze der → Ennstaler Alpen; höchste Erhebung ist das Gößeck (2214 m). Geologisch Teil der Grauwackenzone zw. den Nördl. Kalkalpen und den Zentralalpen, im O durch den → Erzberg abgeschlossen.

EISENGUSS: Technische Verfahren, Eisen in Formen zu gießen, wurden vereinzelt seit dem 16. Jh. für Grabmäler, Epitaphien, Bildplatten und Portale verwendet, doch wurde die Technik erst im 18. Jh. in England verfeinert und auch in Ö. eingeführt. 1742 erhielt das Kloster St. Lambrecht (Stmk.) das Privileg zur Errichtung eines E.-Werks bei Mariazell. Dieses ging 1786 in Staatsbesitz über und spezialisierte sich auf Festungsgeschütze und Munition. Daneben wurden auch kunsthandwerkl. Zierguss und die Herstellung von Galanteriewaren (Büsten, Bilder, Kruzifixe, Lampen, Leuchter, Schreibtischgarnituren) betrieben. Andere Betriebe, etwa in Andritz, erzeugten Zäune (noch um die Fabrik erhalten) oder Statuen (Töpperbrücke bei Lunz). Die Denkmäler von Ks. Joseph II. wurden um 1880 in der Salmschen Eißengießerei in Blansko (CZ) hergestellt.

EISENHUT, 2441 m, höchste Erhebung der → Gurktaler Alpen; auf der steir.-kä. Grenze, nordöstl. der → Turracher Höhe.

EISENKAPPEL-VELLACH, Kä., VK, Markt, 556 m, 2710 Ew., 199,12 km² (slowen.: Zelezna Kapla), Kur- und Luftkurort in den östl. Karawanken, am Zusammenfluss von Ebriach und Vellach, nahe der Grenze zu Slowenien; mit den Ortsteilen Bad Eisenkappel, Bad Vellach u. a. – Bez.-Ger., Zollamt (Seebergsattel 1215 m); Kurzentrum (bes. für die Behandlung von Durchblutungsstörungen sowie Herz-, Kreislauf- und Gefäßerkrankungen), Kohlensäure-Trockengasbehandlungen; Naturschutzgebiete Trögerner Klamm (15 km südwestlich, alpine Flora und Fauna) und Vellacher Kotschna sowie Naturwaldreservat Potok-Graben, Kupitzklamm, Obir-Tropfsteinhöhlen (Schauhöhle). Kurfremdenverkehr (80.532 Übern.) als Hauptwirtschaftsfaktor, Holzverarbeitung, Kerzenfabrik; Sport- und Freizeitzentrum, Erlebnisfreibad, zahlr. Themenwanderwege. – Bergwerksort seit dem 13. Jh.; spätgot. Pfarrkirche (Chor 14., Langhaus 15. Jh.); spätgot. Wallfahrtskirche Maria Dorn mit got. Fresken (um 1480), barocke Einrichtung (um 1760–70); nördl. des Orts Reste einer Talsperre „Türkenschanze" (15. Jh.); Schloss Hagenegg mit Renaiss.- und Barocktrakt. Volksbrauch: „Kirchlein-Tragen" am Vorabend zu Maria Lichtmess.
Literatur: G. Moro (Red.), 700 Jahre Markt E., 1968.

EISENMENGER, August, * 11. 2. 1830 Wien, † 7. 12. 1907 ebd., Historien- und Porträtmaler. Studium an der Wr. Akad., Mitarbeiter von C. → Rahl; Fresken und Deckengemälde in vielen privaten und öffentl. Gebäuden der Ringstraßenzeit (u. a. im Musikverein, Parlament, Burgtheater, Rathaus, Kunsthist. Museum); 1872–91 Akad.-Prof. in Wien.
Literatur: W. Kitlitschka, Die Malerei der Wr. Ringstraße, 1981; H. Tichy, A. E., 2 Bde., Dipl.-Arb., Wien 1998.

EISENMENGER, Rudolf Hermann, * 7. 8. 1902 Piskitelep (Simeria, RO), † 3. 11. 1994 Wien, Maler. Studierte 1921–28 an der Akad. d. bild. Künste in Wien bei H. Tichy und R. → Bacher. 1939–45 Präs. des Wr. → Künstlerhauses. Schuf monumentale Allegorien und großformatige Bildnisse.

Werke: 13 Gobelins für den Mozartsaal der Wr. Staatsoper, 1949–55; Eiserner Vorhang der Wr. Staatsoper, 1955.
Literatur: M. Missbach, R. H. E., Diss., Wien 1986.

EISENREICH, Herbert, * 7. 2. 1925 Linz (OÖ.), † 6. 6. 1986 Wien, Schriftsteller. Vielseitiger Autor von Erzählungen, Kurzgeschichten, Gedichten, Essays, Sachbüchern und Hörspielen. 1952–56 Rundfunkmitarbeiter in Hamburg. In seinem Essay „Das schöpferische Mißtrauen oder Ist Österreichs Literatur eine ö. Literatur?" (1961) befasste er sich mit der Frage nach einer ö. Nationalliteratur. F.-Kafka-Preis 1985.
Weitere Werke: Einladung, deutlich zu leben, 1952; Auch in ihrer Sünde, 1953; Böse schöne Welt, 1957; Sozusagen Liebesgeschichten, 1965; Sebastian. Die Ketzer. Zwei Dialoge, 1966; Die Freunde meiner Frau, 1966; Ein schöner Sieg und 21 andere Mißverständnisse, 1973; Die blaue Distel der Romantik, 1976; Groschenweisheiten, 1985; Memoiren des Kopfes, 1986.
Literatur: J. Köhler, Janusköpfige Welt, 1990; S. Piontek, Der Mythos von der ö. Identität, 1999.

Herbert Eisenreich. Foto.

Eisenstadt: Schloss Esterházy. Aquarellierte Federzeichnung von F. A. J. v. Wetzelsberg, um 1817.

EISENSTADT, Bgld., E, Statutarstadt, 182 m, 11.334 Ew., 42,91 km², Landeshauptstadt des Bgld., an der südl. Abdachung des Leithagebirges, seit 1648 Freistadt. – Sitz der Landesregierung, des Landtags, aller Landesbehörden (-schulrat, -gendarmeriekommando usw.), des Magistrats und der BH E.-Umgebung; Sitz des Bischofs und des Superintendenten, Konsulate; Landes- und Bez.-Gericht, Landes- und Bezirksschulrat, Landesgendarmeriekommando, Landesarbeitsmarktservice, Finanzamt, Sicherheitsdirektion, Landesgefangenenhaus, Bundespolizeidirektion, Bundessozialamt, Eich- und Vermessungsamt, Bundesamt für Weinbau, Bundeskellereiinspektion, Martinkaserne, WK, AK, Landw.-, Ärzte-, Apotheker- und Rechtsanwaltskammer, Bgld. Gebietskrankenkasse, mehrere Sozialversicherungsanstalten; Landesmuseum, Landesgalerie, Ö. Jüd. Museum (mit Synagoge) im ehem. jüd. Viertel E.-Unterberg (1671–1938), Diözesanmuseum, Bgld. Feuerwehrmuseum, Haydnhaus, Eichkundl. Smlg., Weinmuseum, Landessternwarte, Allsportzentrum, Kultur- und Kongresszentrum, Bildungshaus der Diözese, „Haus der Begegnung", Kolpinghaus; BG und BRG, Gymn. der Diözese E., HAK, HTL, HLA für wirt. Berufe, FachS für wirt. Berufe, PädAk, FachhochS, Joseph-Haydn-Konservatorium, Bundesschülerheim, Studentenheim, LandesbeR; VHS, VHS der Bgld. Kroaten, Europahaus, Religionspädagog. Inst., WIFI,

Eisenstadt.

Bgld. Haydnfestspiele; Krankenhaus der Barmherzigen Brüder und Schwesternheim. Vorwiegend Dienstleistungsunternehmen (rd. 82 % der 10.809 Beschäftigten 2001), bes. persönl., soz. und öffentl. Dienste, Bank- und Versicherungswesen, Telekommunikationsbetriebe, Handel; Gewerbe- und Handelspark; Technologiezentrum; wenige Produktionsbetriebe: Erzeugung von Laminaten (Kunststoffbeschichtungen und -federn), Stahl- und Maschinenbau, Holzverarbeitung. Bes. Bedeutung von Weinbau und Fremdenverkehr (47.201 Übern.), Obstbau in der Umgebung.
Geschichte: Hallstattzeitl. Siedlung auf dem Burgstallberg, röm. Siedlung (Gräberfeld auf dem Areal der heutigen Kaserne), urk. Nennung 1264 als „minore Mortin" (ungar. Kismarton), 1373 Nennung als „Eisenstat", 1388 Markt. 1445 Erwerb durch Hzg. Albrecht VI., dann für rd. 200 Jahre habsb., 1622 Erwerb der Burg und 1648 der ganzen Herrschaft E. durch die → Esterházy; E. erhielt 1648 den Rang einer königl.-ungar. Freistadt. Infolge der Angliederung des Bgld. seit 1921 bei Ö., 1925 Landeshauptstadt, seit 1960 Bischofssitz.
Bauten: Domkirche (1460–1522), spätgot. ehem. Wehrkirche, barock ausgestattet, 1903/04 regotisiert, 2002/03 Neugestaltung und Neuausstattung; Glasfenster von F. Deed und M. Bilger; Franziskanerkirche mit ehem. Kloster (1625–29 erbaut) und Esterházy-Gruft; Schloss Esterházy (err. wahrscheinl. 1388–92 als Burg), Ausbau 1663–72 durch C. M. Carlone, Ende des 18. Jh. teilw. klassizist. Umbau durch C. de Moreau, Fest- bzw. „Haydnsaal", Schlosspark (um 1800 in engl. Landschaftsgarten umgewandelt, davor Barockgarten), Große Orangerie mit Treibhäusern und Leopoldinentempel. In E.-Oberberg künstl. err. Kalvarienberg mit Gnaden- und Kreuzkapelle (1705), Bergkirche (1715 begonnen) mit Mausoleum J. → Haydns (1932 von Fürst Esterházy gestiftet); Kirche, Kloster und Spital der Barmherzigen Brüder (18. Jh.). In Kleinhöflein

Eisenstadt: Kirche auf dem Kalvarienberg.

Eisenstadt: Säule mit Glockenmadonna, 1696, vor einem Bürgerhaus aus dem 16. Jh. am Hauptplatz.

spätgot. Wehrkirche (1528) mit barockem W-Turm (um 1700).
Literatur: Allg. Landestopographie des Bgld., Bd. 2: Der Verwaltungsbez. E. und die Freistädte E. und Rust, 1963; Ö. Städtebuch, Bd. II, Bgld., 1970.

EISENSTÄDTER BECKEN, Bgld., auch Ödenburger Becken gen. Jungtertiäres Becken am Alpenostrand zw. Leithagebirge, Rosaliengebirge und Brennberg.

EISENWURZEN, die nördl. des steir. Erzbergs gelegene und von dort mit Eisenerz versorgte Region in den Bundesländern Stmk., NÖ., OÖ., etwa das Gebiet der Flüsse Enns, Ybbs und Erlauf (einschließlich der Nebentäler); seit dem 15. Jh., bedingt durch die Nähe des Erzbergs und den Reichtum an Wald und Wasserkraft sowie von Kohle (Grestener und Lunzer Schichten), Verarbeitungsbereich von Eisen in Hammerwerken (Werkzeugerzeugung). Verfiel im Zuge der Industrialisierung nach 1860, Nachfolger wurden das Böhlerwerk im Ybbstal, im Erlauftal erfolgte nach Zusammenbruch der Firma A. Töpper 1872 die Umstellung auf Papier- und Pappeerzeugung. Heute sind Landw., Gewerbe und Fremdenverkehr (Skigebiet Hochkar) wesentl. Wirt.-Faktoren dieser Region.
Literatur: E. Stepan, Bilder aus der E., 1925; F. Eppel, Die E., 1968; R. Sandgruber, Die E., 1997.

EISENZEIT (800/750–15 v. Chr.): Obwohl bereits in der späten → Bronzezeit vereinzelt Eisenobjekte verwendet wurden, wird der Beginn der E. in Mitteleuropa erst mit der vollen Beherrschung der Eisenmetallurgie um 800/750 v. Chr. angesetzt. Der Übergang von der Bronzezeit verlief allmählich und ohne Bruch. In Ö. endet die E. als letzte Epoche der → Urgeschichte mit der Besetzung des Landes südl. der Donau durch die Römer um 15 v. Chr. (→ Römerzeit). Charakteristisch ist die immer häufiger werdende Verwendung von → Eisen für die Herstellung von Waffen, Geräten und Gegenständen des tägl. Lebens. Große Veränderungen waren die Folge: Eisenerze konnten leicht gewonnen werden, man benötigte weder spezialisierten Bergbau noch weit reichende Handelsverbindungen wie bei Kupfer und Zinn für Bronze. Eisen war somit einfacher und billiger zu beschaffen, die landwirt. und handwerkl. Produktion nahm zu, die Bevölkerung wuchs, die Ges. wurde stärker differenziert, neue wirt. und polit. Zentren entstanden. Wegen des feuchter und kühler werdenden Klimas gewannen Schaf- und Rinderzucht an Bedeutung. Im ö. Raum kam es durch die Ausbeutung leicht zugängl. Eisenerzvorkommen und bes. durch den Abbau von Salz in → Hallstatt und am Dürrnberg bei Hallein (→ Bad Dürrnberg) zu einem beträchtl. wirt. Aufschwung, wie die prächtigen Funde beweisen. Die E. im mitteleurop. Raum wird in eine ältere Stufe, die → Hallstattkultur (benannt nach den reichen Funden des Gräberfeldes von Hallstatt), und eine jüngere Stufe, die → La-Tène-Kultur, nach dem Fundort La Tène am Neuenburger See in der Schweiz, geteilt. Funde vom Dürrnberg lassen den friedl. Übergang von der Hallstatt- zur La-Tène-Kultur erkennen, der hier eher ein Kultur- als ein Bevölkerungswandel gewesen ist.
Literatur: L. de Pauli, Die Alpen in Frühzeit und MA, ³1984.

EISERNER VORHANG, 1) von W. Churchill 1945 geprägtes polit. Schlagwort zur Bezeichnung der polit. und weltanschaul. Trennungslinie zw. Ost und West. Symbol. Bezeichnung für die mit Stacheldraht, Minenfeldern und Wachtürmen versehene Grenze des sowjet. Machtbereichs gegen Westeuropa (ca. 60 km von Wien). Der polit. Umbruch in Mittel- und Osteuropa

Eiserner Vorhang: Ehemaliger Wachturm bei Andau, Bgld.

und die Auflösung des Warschauer Pakts führten 1989/90 zum Fall des E. V.
2) Feuerschutzwand, die im Theater die Bühne vom Zuschauerraum abschließt und nach dem Ende der Vorstellung und dem Fallen des Hauptvorhangs herabgelassen wird; häufig mit zusätzlichen Brandschutzeinrichtungen versehen; nach mehreren Theaterbränden in Europa (u. a. des Wr. → Ringtheaters 1881) wurde der E. V. auch in Ö. obligatorisch eingeführt. Die künstlerisch gestalteten E. V. in Burgtheater und Staatsoper fielen den Zerstörungen des 2. Weltkriegs zum Opfer; der neue E. V. in der Staatsoper (1955) wurde von R. H. → Eisenmenger, der im „Ronacher" 1993 von W. Herzig entworfen. Seit 1998 lässt die Wr. Staatsoper den E. V. saisonweise von jungen Künstlern gestalten und kooperiert dabei mit der Kulturinitiative „museum in progress".

EISERNES BUCH, siehe → Eisenbuch.

EISERNES TOR, Name für den Hohen → Lindkogel.

EISGARN, NÖ., GD, Markt, 565 m, 694 Ew., 22,5 km², landw. Gem. mit Kleingewerbe im Waldviertel nördl. von Heidenreichstein; rege Kulturgem. (Konzerte, Orgelmeditationen, Musica sacra, Lesungen, Vorträge und Seminare, Ausstellungen zeitgenöss. Maler und Bildhauer); Museumsstube. – Urk. 1294, seit 1930 Markt, got. Pfarrkirche mit spätbarockem Turm und neugot. Altar, Propstei (kleinstes Stift Ö.), got. Kern, Umbauten 1593, 1665–80, 1760), barocke Kolomanikapelle (frühes 18. Jh.) mit Schalenstein (mystischer Rastplatz des hl. Koloman), Tabernakelbildsäule (19. Jh., ehem. Falltorsäule), Zunftbaum auf dem Marktplatz, Glockenturm (err. 2001 mit „Friedensglocke"). – Katzenstein (Granitblöcke), Höllgraben.

EISHEILIGE („Eismänner", „gestrenge Herren"), verbreitete Bezeichnung für die Heiligen Mamertus, Pankratius, Servatius und Bonifatius (Bischöfe und Märtyrer des 4. und 5. Jh.). An ihren Namensfesten (11.–14. Mai) und den darauf folgenden Tagen („kalte Sopherl", 15. Mai) ist häufig mit Kälterückfällen zu rechnen. Um diesen Maifrösten zu begegnen, war es v. a. in Weinbaugebieten üblich, durch „Reifheizen" (das Anzünden von feuchtem Holz und Laub erzeugte Rauchnebel, der sich über Blüten und Triebe legte) die Fluren vor den niedrigen Temperaturen zu schützen. Die E. gelten auch als Lostage für zukünftiges Wetter (zahlr. Wetterregeln).

EISHOCKEY, vor 1900 zunächst als „Bandy" (mit Ball) eingeführte Eissportart, ab 1922 mit Scheibe (Puck) gespielt. Ö. war in der Zwischenkriegszeit am stärksten (Europameister 1927 und 1931, 3. Platz der Weltmeisterschaft 1931) und spielt seit 1997 durchgehend in der Gruppe A. 1967, 1977, 1988 und 1996 wurden E.-Weltmeisterschaften in Ö. organisiert. Der 1912 gegr. Ö. E.-Verband (OEHV) umfasst 204 Vereine mit 8348 Mitgl. (Stand 2003).

Literatur: S. Margreiter u. a., Das große ö. E.-Buch, 1987; A. Maurer, E. Entwicklung und Bestandsaufnahme in Ö., Dipl.-Arb., Wien 1995.

Eishöhlen: Im Hochgebirgskarst der ö. Kalkalpen befinden sich zahlr. E., darunter unzählige, in deren Hallen und Gängen sich durch gleichmäßiges Klima ganzjährig unveränderte Eisfiguren befinden. Die bekanntesten E. sind die → Eisriesenwelt und die Eiskogelhöhle im Tennengebirge, die E. im Untersberg („Kolowrat-E.") – alle in Sbg. –, die E. im Tablerjoch in der Dürren Wand und im Ötscher in NÖ., die Almberg-E. und die → Dachsteinhöhlen in OÖ. sowie die Hundalm-Eis- und Tropfsteinhöhle in Ti.

Eislaufsport: Seine Entwicklung in Ö. ist v. a. ein Verdienst des Wr. → Eislaufvereins und des mit diesem 1939 vereinigten Eissportklubs → Engelmann. Seit dem 18. Jh. ist der E. in Ö. belegt (Theresian. Akad.). Entscheidender Impuls für den modernen Kunstlaufsport war das Auftreten des amerikan. Tänzers und Kunstläufers Jackson Haines 1868 in Wien; mit dem Buch „Spuren auf dem Eise" (1881) von D. Diamantidi, K. v. Korper und M. Wirth (alle Mitgl. des Wr. Eislaufvereins) wurden die theoretisch-systemat. Grundlagen für das Kunstlaufen geschaffen. 1891–1939 besaß der ö. E. Weltgeltung (4 Olympiasiege, 30 Welt- und 25 Europameistertitel). 1968 siegte Wolfgang → Schwarz bei den Olymp. Spielen, 1972 Beatrix → Schuba (auch Weltmeisterin 1972); E. → Danzer wurde 1968 Weltmeister. Den letzten Europameisterschaftssieg errang 1982 Claudia → Kristofics-Binder. Durch die Abschaffung der Pflicht bei Wettkämpfen 1991 verringerten sich die Chancen der ö. Eisläufer.

Im *Eisschnelllauf* erreichten ö. Sportler weniger Erfolge (Europameister 1892, 1925, 1935). Herausragende Sportler der letzten Jahre waren Michael → Hadschieff (Weltcupsiege 1986 und 1989 über 1500 m) und Emese → Hunyady (Gesamteuropameisterin 1993, Gesamtweltmeisterin und Olympiasiegerin über 1500 m 1994).

Der 1889 gegr. Ö. Eislaufverband (ÖEV) umfasst 81 Vereine mit 6504 Mitgl. (Stand 2003).

Literatur: H. Polednik, Sport und Spiel auf dem Eis, 1979; M. Hampe, Stilwandel im Eiskunstlauf. Eine Ästhetik- und Kulturgeschichte, 1994; A. Luftensteiner, Eiskunstlauf in Ö., Dipl.-Arb., Wien 2003.

Eislaufsport: Trixi Schuba bei der Pflicht während der Weltmeisterschaft 1967 in Wien.

Eislauf-Verein, Wiener, ältester und bedeutendster ö. Verein für den Eissport (v. a. Kunstlauf, auch Hockey und Schnelllauf), gegr. 1867; wesentlich beteiligt an den internat. Erfolgen des ö. Eislaufsports bis 1938. Der erste Vereinsplatz befand sich an der Stelle des späteren Hauptzollamts (heute Bahnhof Wien-Mitte), ab 1900 am Heumarkt (Wien III). Die seit 1912 bestehende Kunsteisbahn war 1927 die größte Europas (Winterhalbjahr Eislauf, Sommerhalbjahr Tennis u. a.). Auf einem Teil des Platzes entstand 1961–64 das Hotel Intercontinental. Präs. des W. E.-V. ist E. → Danzer.

Literatur: F. Heinlein (Red.), 100 Jahre W. E.-V., 1967.

Eisler, Georg, * 20. 4. 1928 Wien, † 15. 1. 1998 ebd., Maler; Sohn von Hanns → Eisler. Studierte als Emigrant bei O. → Kokoschka in England, 1946–48 an der Akad. d. bild. Künste in Wien. 1968–72 Präs. der Wr. → Secession. Realistisch-expressive Malweise mit soz. und polit. Themen.

Werke: Die roten Strümpfe, 1966; Phoenix-Club I– IV, 1968/69; Straße mit Laufenden I– VIII, 1968/69; Porträt von G. Lukács, 1970.

Literatur: O. Breicha, G. E., 1970; G. E., Ausst.-Kat., Wien 1979; A. Wladar-Eibl (Hg.), G. E. Bilder aus den Jahren 1943–1997, 1997.

Wiener Eislauf-Verein am Heumarkt. Foto, 1908.

Wiener Eislauf-Verein: Postkarte aus der Serie „Die Wienerin", um 1905.

Georg Eisler: Lichtermeer II. Gemälde, 1993.

Eisler, Hanns, * 6. 7. 1898 Leipzig (D), † 6. 9. 1962 Berlin (D), Komponist; Bruder von Ruth → Fischer, Vater von Georg → Eisler. Wuchs als Sohn des Wr. Philosophen Rudolf Eisler in Wien auf und studierte bei A. → Schönberg und A. v. → Webern. 1924 Musikpreis der Stadt Wien für die Klaviersonate op. 1, ab 1925 in Berlin. E. hatte sich schon in Wien der Arbeiterbewegung (Werke für Arbeitergesangvereine) zugewandt und wurde dann zum radikalen Marxisten. Befreundet mit B. Brecht, schuf er für diesen Bühnen- und Filmmusik, wobei er Elemente von ernster und Unterhaltungsmusik verwendete; 1933–48 in Emigration (Sowjetunion, Spanien, USA), wurde er in Hollywood zum anerkannten Filmkomponisten und Musiktheoretiker (Zusammenarbeit mit T. W. Adorno). Als Kommunist 1948 aus den USA ausgewiesen, lebte er bis 1950 in Wien, dann bis zu seinem Tod in der DDR, für die er auch die Hymne komponierte.

Weitere Werke: Streichquartett, 1938; 14 Arten den Regen zu be-

Hanns Eisler. Foto, 1929.

schreiben, op. 70, 1941. – Bühnenmusik (u. a. zu Dramen von F. Schiller, W. Shakespeare, J. Nestroy, K. Kraus, J. R. Becher). – Schriften: Composing for the Films, 1947 (mit T. W. Adorno; Komposition für den Film, 1949); Reden u. Aufsätze, 1959; Materialien zu einer Dialektik der Musik, 1973. – Ausgabe: H. E. Gesamtausgabe, hg. v. A. Dümling, 1998 ff.
Literatur: J. Shintani (Hg.), H. E. 1898–1962, Werkverz., 1998; F. Hennenberg, H. E., 1998; J. Schebera, H. E., 1998.

Eisriesenwelt: Höhle bei Werfen, Sbg.

Eisriesenwelt bei Werfen im Tennengebirge, Sbg., im verkarsteten Dachsteinkalk, die größte erschlossene Eishöhle der Erde (Gesamtlänge 50 km, Schauhöhle rd. 800 m lang). Der Eingang liegt in der steilen W-Wand des Hochkogels (2282 m) in 1641 m Höhe, durch Bergstraße, Seilbahn und anschließenden kurzen Fußweg von Werfen aus erreichbar. Sehenswert sind die Posselthalle, die Hymirhalle (Zone des stärksten Eiswachstums der E.) und der Odinsaal; durch das „Eistor" (1744 m) gelangt man in den „Alexander-von-Mörk-Dom" mit dem Urnengrab des Ersterforschers A. v. Mörk. Der anschließende „Eispalast" ist die letzte Halle des Eisteils. 1920 wurden die ersten Führungen durchgeführt. Seit 1929 steht die E. unter Naturschutz. Jährlich rd. 150.000 Besucher.
Literatur: Sbg. Höhlenbuch, Bd. 4, 1985.

Eisstocksport, in Ö. seit der frühen Neuzeit betriebener, beliebter Freizeit- und Wettkampfsport, heute auch ganzjährig als „Stocksport" auf Asphaltbahnen durchgeführt; als Weit- oder Zielschießen (auf die Daube) mit dem (Eis-)Stock in Einzel- und Mannschaftsbewerben; der 1935 gegr. Bund Ö. Eis- und Stockschützen (BÖE) umfasst 1830 Vereine mit 128.753 Mitgl. (Stand 2003).
Literatur: K. Jeschko, Eisschießen, 1971.

Eisstocksport: Das Eisschießen. Aquarell, 1812 (Museum der Stadt Leoben, Stmk.).

Eiszeit (geol.: Pleistozän): Abschnitt des Quartärs, jüngste geolog. Zeit, wahrscheinlich bis 2,4 Mio. Jahre vor der Gegenwart zurückreichend. In den Alpen bis 700.000 Jahre zurück nachweisbar, wird sie in Ö. traditionell in die 4 Abschnitte Günz, Mindel, Riß und Würm unterteilt, in denen die Alpen nach einer längeren kühlen Periode größtenteils durch extreme Vergletscherungen und einem Eisstromnetz bedeckt waren. Die E. war von längeren Warmzeiten (Interglazialzeiten, → Höttinger Brekzie) unterbrochen. Sie endete vor rd. 10.000 Jahren nach mehreren Abschmelz- und Vorstoßphasen, die nach Ti. Tälern (z. B. → Gschnitztal) benannt sind. Seither herrscht ein mit heute vergleichbares Klima (Nach-E., Postglazialzeit, geol. Gegenwart, geol.: Holozän).
In der E. wurde die heutige alpine ö. Landschaft geformt. Zum eiszeitl. Formenschatz zählen u. a. rundgebuckelte Höhen, Kare, Trogtäler (mit Talstufen, Wasserfällen und Klammen), Seen und Moränenlandschaften. In der Nach-E. erfolgte, wieder in mehreren Phasen, der Übergang zum heutigen Stand der Alpenvergletscherung. In die letzte Zwischen-E. (Altpaläolithikum, Ältere Altsteinzeit; etwa 180.000–20.000 v. Chr.) fällt die erste menschl. Besiedlung des ö. Raums. Am Beginn der letzten E.-Periode (vor rd. 50.000 Jahren einsetzend) herrschte in Ö. bereits die sog. Klingen- und Faustkeilkultur. Funde aus der Postglazialzeit weisen auf eine schon hoch entwickelte Kultur hin (Ausgrabungen in den Lössgebieten der Wachau – → Venus von Willendorf – und am Rand des Waldviertels).
Literatur: A. Penck u. E. Brückner, Die Alpen im Eiszeitalter, 3 Bde., 1901–08; D. van Husen, Die Ostalpen in den Eiszeiten, 1987.

Eitelberger, Rudolf, Edler von Edelberg, * 17. 4. 1817 Olmütz (Olomouc, CZ), † 18. 4. 1885 Wien, Kunsthistoriker. Erster Ordinarius für Kunstgeschichte in Wien (1852); Initiator und erster Leiter des Ö. Museums für Kunst und Ind. (gegr. 1864, heute Ö. → Museum für angewandte Kunst) sowie der Kunstgewerbeschule (gegr. 1867, heute Univ. f. angew. Kunst, → Kunstuniversitäten).
Werke: Gesammelte kunsthist. Schriften, 4 Bde., 1879–84.
Literatur: E. Nebel, Die kunstpädagog. Ideen, Theorien und Leistungen R. v. E., Diss., Wien 1980.

Eitner, Wilhelm, * 28. 1. 1843 Iglau (Jihlava, CZ), † 13. 10. 1921 St. Christophen (NÖ.), Gerbereichemiker, Pionier des ö. Gerbereiwesens. Chemiker an Wr. und Prager Lederfabriken, 1874 Gründer und Leiter der Chem.-techn. Versuchsanstalt für Lederind. in Wien. Er setzte in der Gerberei eine wiss. Betrachtungsweise durch und führte die Verwendung des Natriumsulfids ein.
Werk: Die Lederfabrikation in Nordamerika, 1876.
Literatur: ÖBL.

Eitzing, OÖ., RI, Gem., 423 m, 658 Ew., 8,61 km², landw. Gem. am Kretschbach. – Got. Pfarrkirche, Hochaltar (1637) mit got. Schutzmantelmadonna (um 1480), Heiligenstatuen auf den Seitenaltären von T. Schwanthaler (1660/61), Rokokoreliquiare und -leuchter, Kanzel (um 1780), Totenkapelle (1758) mit Rokokostuckatur und Fresken von J. J. Prinner.

Eitzing, siehe → Eyczing, Adelsgeschlecht.

Ekbert von Andechs-Meranien, * nach 1173, † 5. 6. 1237 Wien, Bischof von Bamberg (ab 1203). Wurde wegen des Verdachtes, Mitwisser der Ermordung von Kg. Philipp (1208) gewesen zu sein, geächtet, floh nach Ungarn und schloss sich 1214/15 dem Staufer Ks. Friedrich II. an. Von diesem wurde er im Februar 1237 zum Statthalter in Ö. und Stmk. bestellt.

Ekker, Ernst A., * 4. 3. 1937 Idar-Oberstein (D), † 18. 5. 1999 Ravensburg (D), Schriftsteller. Zunächst als Lektor für den ORF tätig, dann bei amerikan. Fernsehanstalten. Schrieb v. a. Kinder- und Jugendbücher, daneben Drehbücher, Hörspiele, Dramen und Prosawerke. Setzte sich mit aktuellen Fragen wie Frieden, Toleranz und Ökologie auseinander und beschäftigte sich bes. mit Kindertheater, -musical und -oper. Ö. Staatspreis 1988.

Werke: Kinderoper: Zauberbär und Wünschelstimme, 1983. – Über 50 Kinderbücher: Quirl, 1989; Garten der Wünsche, 1992; Oh, Pinocchio, 1994; Gluck, der Sternenfischer, 1994; Wenn der Teufel tanzt, 1995. – Musikal. Kinderbücher (mit CD): F. Schubert, 1996; J. Strauß, 1998; W. A. Mozart, 1998 (alle mit D. Eisenburger).

ELBEL, Herbert, * 22. 10. 1907 Villach (Kä.), † 9. 5. 1986 Bonn (D), Gerichtsmediziner. 1942 Leiter des Inst. f. Gerichtl. Medizin in Freiburg i. Breisgau, 1946–76 Univ.-Prof. f. Gerichtl. Medizin in Bonn; Fachmann auf dem Gebiet der Blutalkoholforschung.
Literatur: R. Teichl, Österreicher der Gegenwart, 1951.

ELBEMÜHL-TUSCH DRUCK GMBH, Großdruckerei mit Sitz in Neudörfl (Bgld.), 2000 hervorgegangen aus der Fusion der 1873 gegr. Papierfabrik und Verlagsges. Elbemühl mit der 1958 gegr. Tusch-Druck Ges. m. b. H.; Umsatz 2003: rd. 58 Mio. Euro, 262 Mitarbeiter, Exportanteil 37 %.

ELBIGENALP, Ti., RE, Gem., 1039 m, 836 Ew., 33,09 km², älteste Siedlung und zweisaisonaler Fremdenverkehrsort (107.145 Übern.) im Lechtal, an der Mündung des Bernhardsbachs. – FachS f. Bildhauerei und Kunsthandwerk mit Internat, priv. Schulungswerkstätten und Kurse für Schnitzerei, Falger-Museum (Maler und Lithograph A. Falger) im Gem.-Amt. Presswerk f. Compact-Discs und Schallplatten, Erzeugung und Verkauf von Holzschnitzereien (Schnitzerei-Genossenschaft Lechtal). – Um 1300 erbaute, 1674 barockisierte Pfarrkirche mit got. Taufstein (15. Jh.) und Fresken (1776) von J. J. Zeiller, Martinskapelle mit got. Fresken (1489) und Totentanzbildern von A. Falger (um 1830), Häuser mit Fassadenmalerei (18.–19. Jh.). Aus E. stammte die „Geierwally" (Anna Steiner-Knitel, 1841–1915; Schauspiel von F. → Mitterer, Kulturtage).

ELDERSCH, Matthias, * 24. 2. 1869 Brünn (Brno, CZ), † 20. 4. 1931 Wien, soz.-dem. Politiker. 1901–11 Reichsratsabg.; ab 1911 Reichskommissar der Krankenkassen, 1919/20 Staatssekr. für Inneres und Unterr., 1919–1931 Mitgl. d. Konstituierenden Nationalversammlung bzw. Abg. z. NR; 1930/31 Präs. d. NR. Maßgeblich an der Entwicklung von Krankenkassen und Sozialgesetzgebung in Ö. beteiligt.
Literatur: A. Magaziner, Die Wegbereiter, 1975.

ELEFANT: Der erste E. kam 1551/52 durch Erzhzg. Maximilian, den späteren Ks. Maximilian II., der ihn bei seiner Rückkehr aus Spanien mitbrachte, nach Ö. Bis heute erinnern Hausbezeichnungen an seinen Weg (Brixen, Lambach, Linz, Wien). Er wurde in den Tiergarten Kaiserebersdorf gebracht, wo er nur bis 1554 lebte. Aus den Knochen des rechten Vorderfußes ließ der Wr. Bürgermeister Sebastian Huetstocker einen Stuhl anfertigen, der seit 1678 im Stift Kremsmünster aufbewahrt wird.

ELEKTRA BREGENZ AG, urspr. 1893 in Bregenz (Vbg.) gegr. Unternehmen zur Erzeugung und zum Vertrieb von Haushaltsgeräten, 1985–2003 Standort in Schwaz (Ti.). 2002 wurde die E. B. AG an das türk. Unternehmen Arcalik verkauft, 2003 wurde die Produktion in Ö. eingestellt.

ELEKTRIZITÄTSWIRTSCHAFT: Die Entwicklung der ö. E. begann 1873, als erstmals eine Gleichstrommaschine den Ind.-Betrieb Krupp in Berndorf (NÖ.) mit elektr. Energie versorgte; 1878 brannten die ersten Bogenlampen über dem Wr. Eislaufvereinsplatz, 1883 nahm die Südbahnges. in Mödling den ersten 120-kW-Generator in Betrieb, und von 1886 an versorgte das erste öffentl. Elektrizitätsversorgungsunternehmen (EVU) die Stadt Scheibbs (NÖ.). Nach diesen Anfängen setzte ein rascher Ausbau örtl. Erzeugungsanlagen ein. 1914 gab es im heutigen Bundesgebiet 350 Kraftwerke (den örtl. Verhältnissen entsprechend, im O des Landes Dampf-, im W und S Wasserkraftanlagen). 1959

Elektrizitätswirtschaft: Kölnbreinsperre im Maltatal, Kä.

gab es mehr als 2050 Anlagen mit über 10 kW Einzelleistung, die im Besitz von rd. 1100 Unternehmungen waren; davon brachten rd. 500 Betriebe mit ca. 1000 Kraftwerken mit über 200 kW 99 % der gesamten elektr. Energie auf. Die Schwierigkeiten der Kohleversorgung während des 1. Weltkriegs förderten die planmäßige Nutzung der in Ö. reichlich vorhandenen Wasserkräfte. Nach dem Verlust der Kohlefelder 1918 musste der Bau von Wasserkraftanlagen rasch gefördert werden. 1918–33 stieg die Leistung der hydraul. Erzeugungsanlagen von 240 MW auf 725 MW. Zw. 1920 und 1930 entstanden die ersten 110-kV-Leitungen von der Stmk. und OÖ. nach Wien. Die 1938–45 erbauten Kraftwerke berücksichtigten v. a. die S-N-Verbindungen mit Deutschland; sie wurden zum einen zwar teilweise durch Kriegseinwirkungen zerstört, zum anderen profitierte Ö. nach 1945 aber auch von den im Nat.-Soz. begonnenen Infrastrukturbauten (Kaprun, Silvretta).

Bis zum EU-Beitritt Ö. 1995 wurde die Struktur der ö. E. durch das 2. Verstaatlichungsgesetz von 1947 bestimmt. Demgemäß war die ö. E. dafür verantwortlich, die Verbraucher ausreichend, sicher und wirt. mit Strom zu versorgen. Von der → Verstaatlichung wurden jene Unternehmen ausgenommen, deren Kraftwerksleistung unter 200 kW lag, und alle Eigenversorgungsanlagen, deren Stromabgabe an betriebsfremde Verbraucher jährl. weniger als 100.000 kWh betrug. Mit dem Inkrafttreten des Elektrizitätswirt.- u. Organisationsgesetzes (ElWOG) 1999 begann auch in Ö. die von der Europ. Union angestrebte Öffnung und Liberalisierung des Strommarkts, die es kontinuierlich immer mehr Kunden (zunächst Großverbrauchern in der Ind.) erlaubte, Strom auch von anderen Anbietern und nicht von der jeweiligen Landesges. zu beziehen; auch ausländ. Kunden können durch dieses Gesetz Strom aus Ö. beziehen. Seit 1. 10. 2001 ist der Strommarkt in Ö. vollständig liberalisiert.

Erzeugung elektrischer Energie in Österreich (in GWh)				
	1970	1980	1990	2001
Wasserkrafterzeugung				
Laufkraftwerke	13.091	19.011	21.413	29.494
Speicherkraftwerke	6.205	8.004	8.683	12.340
Summe	19.296	27.015	30.096	41.834
Wärmekrafterzeugung				
Steinkohle	304	24	3.982	5.204
Braunkohle	1.890	2.473	2.278	1.649
Heizöl	1.132	4.249	1.264	1.564
Naturgas	2.878	2.580	5.872	8.802
sonstige Brennstoffe	17	15	32	3.196
Summe	6.221	9.341	13.428	20.415
inländische Stromerzeugung (gesamt)	25.517	36.356	43.524	62.250

Größtes E.-Unternehmen in Ö. ist der → Verbundkonzern, der etwa die Hälfte des ö. Stromverbrauchs abdeckt und 80 % der in Ö. geleiteten Hochspannungsenergie transportiert. Im Zusammenhang mit der Liberalisierung des ö. Strommarktes ab 1999 gründete das Unternehmen vier Tochtergesellschaften, nämlich die Verbund Austria Hydro Power AG, die Verbund Austria Thermal Power GmbH & Co. KG, die Verbund Austrian Power Grid AG und die Verbund Austrian Power Trading AG.

Bis 1999 bzw. 2001 bezogen Ö. Bürger Strom ausschließlich von der jeweiligen Landesges. Diese sind: sind: → BEWAG (Bgld. E.-AG), → Energie AG Oberösterreich, → EVN AG (NÖ.), → KELAG (Kä. Elektrizitäts-AG), → SAFE (Sbg. AG für Energiewirt.), → STEWEAG-STEG-GmbH (Steir. Wasserkraft- und Elektrizitäts-AG, Stmk. Elektrizitäts-AG), → TIWAG (Ti. Wasserkraftwerke-AG), → VKW (Vbg. Kraftwerke-AG), Wien Energie → Wienstrom.

Daneben gibt es 5 Elektrizitätsversorgungsunternehmen von Landeshauptstädten (Stadtwerke Graz, Innsbruck, Klagenfurt, Linz, Salzburg) sowie weit über 100 kommunale, genossenschaftl. und private Unternehmen.

2002 bezog Ö. 53,8 % seiner elektr. Energie aus der Wasserkraft, aus Laufkraftwerken an den zahlreichen Flüssen, allen voran der Donau, und aus den alpinen Speicherkraftwerken (→ Tauernkraftwerke AG u. a.). 26,1 % wurdn durch Wärmekraftwerke, 19,7 % durch Importe gedeckt. Der Anteil der elektr. Energie am Gesamtenergieverbrauch in Ö. beträgt rd. 20 %. Zw. 1970 und 2002 hat sich die Stromproduktion von 27.128 GWh auf 62.700 GWh (1 GWh = 1 Mio. kWh) mehr als verdoppelt.

Große Bedeutung in der E. hat seit Ende der 1980er Jahre die Forschung erlangt. Aus diesem Grund wurde 1991 die Energieforschungsgemeinschaft (EFG) im Verband der Elektrizitätswerke Ö. gegründet. Die EFG koordiniert gemeinsame Projekte in den Bereichen Forschung, Entwicklung, Umweltschutz sowie zur rechtlichen Unterstützung, die aufgrund der Wirtschaftlichkeit oder zwecks Lobbying sinnvoll sind, stellt Kooperationen mit internationalen Gremien her und koordiniert gemeinsame internat. Aktivitäten in Forschung und Entwicklung. Ziel ist es, den aktuellen Wissensstand über technolog. Entwicklungen im Energie- und Umweltbereich der Öffentlichkeit zur Verfügung zu stellen. Forschungsschwerpunkte sind: a) umweltfreundliche treibhausgasreduzierende Energiesysteme einschließlich erneuerbarer Energiequellen; b) ökonomische, sozioökonomische und ökologische Aspekte der Energie im Hinblick auf nachhaltige Entwicklung (Auswirkungen auf Gesellschaft, Wirtschaft und Beschäftigung); c) Verfolgung der energie- und elektrizitätswirtschaftlichen Rahmenbedingungen in der nationalen und internationalen Gesetzgebung, Verfolgung des technischen Regelwerkes.

Elektrizitätswirtschaft: Donaukraftwerk Greifenstein, NÖ.

Bis 1999 erfolgte die Festsetzung der Strompreise in Ö. durch das Preisgesetz. Der Preisantrag wurde in der Regel durch den Verbundkonzern an das Wirtschaftsmin. gestellt. In das Vorprüfungsverfahren waren auch Vertreter der gesetzl. Interessenvertretungen eingebunden. Nach der weiteren Behandlung durch die Preiskommission erließ der Bundeswirtschaftsmin. einen Bescheid mit dem neu festgesetzten Strompreis (im Regelfall Höchstpreis). Durch das ElWOG erfolgte 1999 der erste Liberalisierungsschritt bei den Strompreisen, eine Entwicklung, die durch die vollständige Liberalisierung des Marktes 2001 abgeschlossen wurde.

ELEKTRONISCHE DATENVERARBEITUNG, EDV: Die Anfänge der EDV in Ö. sind eng mit der Volkszählung verbunden: Ö. war das einzige Land, das wie die USA 1890 erstmals das Hollerithsystem einsetzte. O. → Schäffler, ein Pionier der Telegraphie und des Telefons, der mit Unterstützung H. Holleriths in Wien 12 Zählgeräte baute und ihre Verwendung bei der Volkszählung technisch betreute, schuf eine Programmiereinrichtung mit Kabel und Steckern, auf die er 1896 das erste Programmierpatent der Welt erhielt.

Zur Lochkartentechnik trug G. → Tauschek bei, der zahlr. Patente erhielt und 169 davon an IBM verkaufte. Er kombinierte geschriebene und gelochte Information und fasste die Buchhaltung als System auf, in dem es auf die Optimierung der Gesamtheit ankommt, und nahm den Magnetbandspeicher vorweg.

Der erste in Ö. entwickelte elektron. Rechner war das „Mailüfterl", das unter der Leitung von H. → Zemanek als konsequent transistorisiertes Gerät mit einem bes. flexiblen Befehlscode gebaut wurde. Ab 1960 fand der Übergang zur Software statt (Compilerentwurf für nichtnumerische Aufgaben ebenfalls durch das Mailüfterl-Team). Im Wr. IBM-Laboratorium wurde der telefon. Sprachbeantworter IBM 7772 entwickelt. Auch zur Entwicklung von Syntax und Semantik der IBM-Programmiersprache wurden in Ö. durch die „Vienna Definition Language" (VDL) und die „Vienna Development Method" (VDM) wichtige Beiträge geleistet.

Literatur: H. Zemanek, Das geistige Umfeld der Informationstechnik, 1992.

ELEKTROTECHNISCHER VEREIN ÖSTERREICHS, Wien, gegr. 1883 im Jahr der ersten Elektrizitätsausstellung in Wien und der Gründung des elektrotechn. Inst. an der Techn. Hochschule in Wien. 1959 Änderung des Namens in Ö. Verband für Elektrotechnik (OVE). Heutige Tätigkeitsbereiche: Erarbeitung der ö. Vorschriften und Normen auf dem Gebiet der Elektrotechnik, Ö. Nationalkomitee der IEC (International Electrotechnical Commission) und der CENELEC (Comité Européen de Normalisation Electrotechnique), Prüfwesen und Zertifizierung von elektrotechn. Produkten, Blitzortung (→ ALDIS) und OVE-Akad.

Publikationen: E. u. M. Elektrotechnik und Maschinenbau, 1883–87 (14-tägig); e & i – Elektrotechnik und Informationstechnik, 1988 ff. (monatlich); OVE-Schriftenreihe; MOVE-Kommunikationsmagazin des OVE (4-mal jährlich).

ELEKTRO- UND ELEKTRONIKINDUSTRIE: Die ersten Anwendungsgebiete von elektr. Strom bildeten in Ö. Telegraphenverkehr und Eisenbahn. 1847 wurde die erste Telegraphenstrecke (Wien–Brünn–Prag) in Betrieb genommen. Ö. Erfinder waren maßgeblich an der internat. Entwicklung beteiligt (J. Kravogl: Radmotor 1867; L. Pfaundler: Gleichstrommaschine 1871; R. v. Lieben: Verstärkerröhre 1906 u. a. m.). 1883 fand die „Elektr. Ausstellung" in Wien statt und vermittelte Anregungen zur Errichtung von Elektrizitätswerken und der ersten elektr. Straßenbahn (Mödling). Um 1913 versorgten österreichweit 854 E-Werke rd. 2000 Gem. mit 570.000 Kilowatt Strom.

Nach dem 1. Weltkrieg mussten die Wasserkraftwerke

ausgebaut werden, um von den Kohleeinfuhren unabhängig zu werden. 1918–33 stieg die Gesamtleistung der Kraftwerke von 240 auf 725 MW. 1918 baute V. → Kaplan seine erste Turbine, die die Elektrizitätserzeugung revolutionierte. Die Elektroind. erlebte einen stürmischen Aufschwung, befand sich aber weitgehend im ausländ. Besitz; durch den 2. Weltkrieg und seine Folgen wurde die Entwicklung unterbrochen. Heute ist die E.- u. E. eine Schlüsselind., die wesentl. Einfluss auf die gesamtwirt. Entwicklung ausübt. Rd. 310 Ind.-Unternehmen fertigen in Ö. hochentwickelte elektrotechn. und elektron. Produkte und Systeme vom winzigen Mikrochip bis zum schlüsselfertigen Kraftwerk. Der Gesamtproduktionswert der Branche betrug 2002 9,26 Mrd. Euro. Die E.- u. E. ist mit rd. 58.000 Mitarbeitern einer der größten industriellen Arbeitgeber in Ö. Rd. 72 % der Produkte werden exportiert (2003: 6,71 Mrd. Euro). Diese starke Exportorientierung ist auf die innovationsorientierten Leistungen und die internat. Verflechtung im Rahmen arbeitsteilig organisierter Großkonzerne zurückzuführen. 54,1 % der Exporte werden in die EU-Länder geliefert, zweitgrößter Exportmarkt ist O-Europa mit 24,3 %. Die Hauptabnehmer elektrotechn. und elektron. Produkte im Inland finden sich neben den privaten Haushalten und der Investitionsgüterind. v. a. im Bereich der öffentl. Hand. Die gesamte Bautätigkeit von Bund, Ländern und Gem. stellt für die E.- u. E. aufgrund ihrer Bedeutung im Sektor der Haustechnik einen ebenso wichtigen Bereich dar wie einige der großen gemeinwirt. Unternehmen (z. B. Elektrizitätswirt. und ÖBB) und die Telekommunikation. Die größte Sparte der ö. E.- u. E. waren 2002 Bauelemente mit einem Anteil von 16,7 % am Gesamtproduktionswert, gefolgt von den Sparten Motoren, Generatoren, Transformatoren (14,3 %), Verteilungs- und Schalteinrichtungen (14,1 %), Kommunikationstechnik (13,4 %), Unterhaltungselektronik (9 %), Kfz-Ausrüstungen und Akkumulatoren (8,1 %), Haushaltsgeräte (6,3 %), Mess- und Prüftechnik (6,6 %), sonstige elektr. Ausrüstungen (5,7 %), Kabel, Leitungen und Drähte (2,7 %) sowie Leuchten (2,5 %). Aufgrund der weltwirt. Umstände weist die ö. E.- u. E. dzt. in vielen Bereichen rückläufige Tendenzen auf.

ELEONORE VON ÖSTERREICH, * um 1433 Dunfermline (GB), † 20. 11. 1480 Innsbruck (Ti.), Tochter Jakobs I. v. Schottland, ab 1449 Ehefrau von Hzg. → Sigmund von Tirol. Übertrug den franz. Abenteuerroman „Pontus et la belle Sidonie" ins Deutsche („Pontus und Sidonia"); die Übertragung erreichte bis Ende des 17. Jh. eine starke Verbreitung. Zentrale Motive sind die mehrmalige Trennung der Liebenden und die Rückeroberung des Reichs aus heidn. Gewalt.
Ausgabe: H. Kindermann (Hg.), Volksbücher vom sterbenden Rittertum, ²1942; R. Hahn (Hg.), E. v. Ö.: Pontus und Sidonia, 1997.
Literatur: M. Köfler, E. v. Schottland, 1982; Verf.-Lex.

ELEONORE VON PORTUGAL, * 8. 9. 1436 Torres Vedras (P), † 3. 9. 1467 Wr. Neustadt (NÖ.), Gemahlin von Ks. → Friedrich III., Mutter → Maximilians I. Ihr Epitaph in der Neuklosterkirche Wr. Neustadt wurde von N. → Gerhaert van Leyden geschaffen.
Literatur: A. Zierl, Kaiserin E. und ihr Kreis, Diss., Wien 1966.

ELEONORE MAGDALENA, * 6. 1. 1655 Düsseldorf (D), † 19. 1. 1720 Wien, dritte Gemahlin Ks. → Leopolds I., Mutter von → Joseph I. und → Karl VI. Sie nahm starken Einfluss auf die Politik und führte nach dem Tod Josephs I. 1711 die Regentschaft bis zum Eintreffen Karls VI. aus Spanien. 1688 erneuerte sie den von ihrer gleichnamigen Schwiegermutter (Witwe Ferdinands III.) 1666 gestifteten Sternkreuzorden.

ELIN, traditionsreiches ö. Elektrotechnikunternehmen, zurückgehend auf eine 1892 von F. → Pichler gegr. Firma, die ab 1922 unter dem Namen E. bekannt wurde und in den 30er Jahren mit mehreren Fabriken in Wien zu den führenden ö. Unternehmen der Elektroind. zählte; erzeugt wurden u. a. Lokomotivmotoren, Kraftwerksgeneratoren und Schaltanlagen. 1946 wurde das Unternehmen verstaatlicht (→ Verstaatlichung) und 1959 mit der ebenfalls staatl. AEG-Union Elektrizitätsges. fusioniert (Elin-Union AG). 1989 erfolgte die Teilung in Elin Energieversorgung GmbH und Elin Energieanwendung GmbH. Die Nachfolgeunternehmen bestehen heute unter den Namen → VA TECH ELIN EBG GmbH, → VA TECH HYDRO GmbH und Co und → VA TECH Transmission & Distribution GmbH & Co KEG.

Elisabeth Kaiserin von Österreich. Gemälde.

ELISABETH, * 24. 12. 1837 München (D), † 10. 9. 1898 Genf (CH; ermordet), Kaiserin von Ö. und Königin von Ungarn; Tochter von Hzg. Max in Bayern, ab 1854 Gattin von Ks. → Franz Joseph I. Am Wr. Hof nie ganz glücklich, hatte sie große Sympathien für das ungar. Volk und setzte sich 1866/67 verstärkt für den Ausgleich mit Ungarn ein. Nach dem Selbstmord ihres Sohnes Kronprinz → Rudolf 1889 dehnte sie ihre schon früher gepflegte Reisetätigkeit noch weiter aus.
Literatur: B. Hamann (Hg.), Kaiserin E. Das poetische Tagebuch, 1984; E. v. Ö., Ausst.-Kat., Wien 1986; B. Hamann, E. Kaiserin wider Willen, ¹¹1992; J. Thiele, E. Das Buch ihres Lebens, 1996; ders., E. Bilder ihres Lebens, 1998.

ELISABETHINEN nannten sich urspr. verschiedene in Armen- und Krankenpflege tätige Organisationen von Franziskaner-Tertiarinnen nach der hl. Elisabeth v. Thüringen (1207–31). 1690 kamen 3 Hospitalschwestern der hl. Elisabeth vom III. Orden des hl. Franziskus aus Düren nach Graz, wo 1694 die Grundsteinlegung des ersten Klosters und Krankenhauses der E. in Ö. erfolgte. Von Graz aus wurden 1709 das Kloster in Wien und 1710 das Kloster in Klagenfurt errichtet; 1745 folgte die Niederlassung in Linz. Die E. widmen sich heute zahlr. karitativen Aufgaben, bes. der Alten- und Krankenpflege (E.-Krankenhäuser in Graz, Linz und Klagenfurt).

ELIXHAUSEN, Sbg., SL, Gem., 545 m, 2681 Ew., 8,36 km², Wohngem. mit Ind. und Gewerbe sowie Schulstandort im Hügelland des Flachgaus nördl. der Stadt Salzburg. HBLA für alpenländ. Landw. Chem. Ind. – Nachbarocke Pfarrkirche mit got. W-Turm (urk. 1173, spätgot. Bau 1516, 1823 Neubau), spätgot., spätbarockes und klassizist. Inventar; evang. Kirche (Weihe 1961); barocke Bildstöcke; Schloss Ursprung (1707 Neubau in heutiger Gestalt, heute für Wohnzwecke genutzt); ehem. Mühle (1766), Einhöfe (19. Jh.).
Literatur: H. Bachleitner-Hofmann, Chronik der Gem. E., 1991.

Elizza, Elise (eigentl. Elisabeth Letztergroschen), * 6. 1. 1870 Wien, † 3. 6. 1926 ebd., Sängerin (Sopran). Ab 1892 berühmte Operettensoubrette am Wr. Carltheater, 1895–1919 Mitgl. der Wr. Hofoper, ab 1919 Gesangslehrerin in Wien.

Ellbögen, Ti., IL, Gem., 1070 m, 1093 Ew., 34,47 km^2, im Wipptal, südl. von Innsbruck. Etwas Fremdenverkehr. – Urspr. got. Pfarrkirche (urk. 1286) barockisiert, Kratzer-Kapelle in Inner-E. mit spätgot. Flügelaltar (um 1520).

Elle, Längenmaß für Tuche, urspr. etwa die Länge eines Unterarms, später in den einzelnen Ländern unterschiedlich festgelegt. Die (große) Wr. E. hatte 77,76 cm, es gab auch eine kleine Wr. E. Beide sind als Normmaße in Form von Eisenstangen beim Riesentor des Wr. Stephansdoms angebracht.

Ellenberger, Hugo, * 5. 2. 1903 Wien, † 18. 3. 1977 ebd., Volksbildner, Schriftsteller. Prof. an der Hochschule f. angew. Kunst, Gestalter von Radiosendungen und zu seiner Zeit populärster Wr. Volksbildner (u. a. an der Wr. Urania).
Werke: Wien – Weltstadt an der Donau, 1956; Wr. Musikergedenkstätten, 1957.

Ellenbogen, Wilhelm, * 19. 7. 1863 Lundenburg (Břeclav, CZ), † 25. 2. 1951 New York (USA), Arzt und soz.-dem. Politiker. 1901–18 Reichsratsabg., 1918–19 Mitgl. der Provisor. Nationalversammlung und 1919–34 Mitgl. der Konstituierenden Nationalversammlung bzw. Abg. z. NR; ab 1919 Präs. der Staatskommission für Sozialisierung; 1919/20 Unterstaatssekr. f. Handel und Gewerbe, Ind. und Bauten; 1938 Emigration.
Werke: Sozialisierung in Ö., 1921; Faschismus, 1923. – Ausgabe: N. Leser u. G. Rundel (Hg.), Ausgewählte Schriften, 1983.
Literatur: H. Riesinger, Leben und Werk des ö. Politikers W. E., Diss., Wien 1969.

Ellert, Gerhart (Pseud. für Gertrud Schmirger), * 26. 1. 1900 Wolfsberg (Kä.), † 7. 5. 1975 ebd., Schriftstellerin. Schrieb erfolgreiche hist. Romane (z. T. für die Jugend bearbeitet) über bed. Gestalten der Weltgeschichte; Ö. Staatspreis für Kinder- und Jugendliteratur 1959.
Werke: Romane: Attila, 1934; Karl V., 1935; Wallenstein, 1937; Richelieu, 1948; Propheten, Könige und Kalifen, 1960; Mahmud II., 1963; Gregor d. Große, 1963. – Erzählung: Die Katze der Herzogin, 1961.
Literatur: B. Urbas, Leben und Werk G. S. im Spiegel ihrer hist. Romane, Diss., Graz 1980.

Ellison von Nidlef, Otto, * 6. 4. 1868 St. Pölten (NÖ.), † 11. 11. 1947 St. Stefan ob Stainz (Stmk.), General. Spezialist für Befestigungen, 1917 Kommandant der Luftstreitkräfte, 1917 Maria-Theresien-Orden. Nach 1923 Kommandant der steir. Heimwehr.

Ellmau, Ti., KU, Gem., 804 m, 2524 Ew. (1981: 1847 Ew.), 36,40 km^2, zweisaisonales Fremdenverkehrszentrum (689.941 Übern.) bei St. Johann i. Ti., im Söllland am S-Fuß des Wilden Kaisers. – Standseilbahn auf den Hartkaser (1555 m); Holzverarbeitung (Sägewerke, Tischlereien), Schnaps- und Likörerzeugung. – Urk. um 1155, barocke Pfarrkirche (1740–46) mit Deckengemälde von J. G. Höttinger, Barockkapelle Mariä Heimsuchung.
Literatur: M. Zörner, Dorfbuch von E., 1976.

Ellmauer Halt, Ti., 2344 m, höchster Gipfel des Wilden Kaisers, 1869 Erstbesteigung durch K. Hofmann und J. Schlechter durch die „Rote Rinne".

Elmayer-Vestenbrugg, Willy, * 27. 5. 1885 Wien, † 7. 11. 1966 ebd., Anstandslehrer, urspr. Berufsoffizier und Reitlehrer. Gründete 1919 in Wien eine Tanzschule, kurz darauf ein Zweiginst. in Berlin; ab 1935 arrangierte er den „Ball der Stadt Wien" und andere Prominentenbälle, u. a. den Opernball; führender Ratgeber in Anstandsfragen.
Werk: Gutes Benehmen wieder gefragt, 1957.

Elmen, Ti., RE, Gem., 976 m, 396 Ew., 29,63 km^2, touristisch-landw. Gem. im mittl. Lechtal am Fuß der Elmer Kreuzspitze; Grenze zw. oberem und unterem Lechtal. – Urk. 1312; Barockkirche mit got. N-Turm (1687), Rokokomalerei und barocken Altarskulpturen; Barockkapelle (1708) in Martinau.
Literatur: H. Dvorak u. O. Bischof, Dorfbuch E., 1993.

Elsbeere (Sorbus torminalis), Kalk liebendes Rosengewächs, als Strauch oder Baum im nö. Voralpengebiet zu finden. Die längl., erst roten, dann lederbraunen und in der Vollreife teigigen genießbaren Früchte ergeben einen bes. kostbaren Schnaps.

Elsbethen, Sbg., SL, Gem., 439 m, 5117 Ew. (1981: 4005 Ew.), 23,93 km^2, Straßendorf am Salzachufer südöstl. von Sbg. – Militärkommando Sbg. (Erzhzg.-Rainer-Kaserne); Missionswerk der Montfortaner Patres; nahezu ausschließlich Handel (Hard- und Software, Milchprodukte, Taucherausrüstungen, Feinmechanik, Elektrotechnik usw.), einige Gewerbebetriebe. – Vorgeschichtl. bis römerzeitl. Besiedlung am Grillberg und „Zigeunerloch"; urk. 930; Pfarrkirche (15. Jh., barocker Umbau 1699) mit stuckverzierter Kanzel (um 1700), Deckenmalerei von J. Rattersperger (2. Hälfte 19. Jh.); Schloss Goldenstein (wahrscheinlich 15. Jh., seit 1878 Augustiner-Chorfrauen-Kloster, heute Mädchenhauptschule mit Internat); Kloster hl. Ursula in Glasenbach (1956–59 erbaut); nordöstl. von Schloss Goldenstein röm. Gutshof; Tennengauer Einhöfe (18./19. Jh.). Heimatmuseum in Glasenbach, geolog. Lehrweg Glasenbachklamm.

Elschnig, Anton, * 22. 8. 1863 Leibnitz (Stmk.), † 17. 11. 1939 Wien, Ophthalmologe. Ab 1900 Univ.-Prof. in Wien, 1907–34 Ordinarius an der Dt. Univ. Prag; erfolgreicher Augenchirurg, gab neue Operationsmethoden an.
Werke: Stereoskopisch-photograph. Atlas der patholog. Anatomie des Auges, 4 Tle., 1901–02; Augenärztl. Operationslehre (Hg.), in: Hb. d. ges. Augenheilkunde, hg. v. Graefe-Saemisch, ^{2}1918 (^{3}1922); Die intrakapsuläre Starextraktion, 1932.
Literatur: NDB.

Elshuber, August, * 1. 7. 1890 Heinrichsbrunn (Gem. Mauthausen, OÖ.), † 2. 11. 1956 Salzburg, Postbeamter und Heimwehrführer. 1920 Mitbegründer der Sbg. Heimwehr; 1932–34 Abg. z. NR (Heimatblock), 1936–38 u. a. Landesstabsleiter von Sbg.
Literatur: W. Wiltschegg, Die Heimwehr, 1985.

Elsner & Co. Gesellschaft m. b. H., siehe → F. J. Elsner & Co. Gesellschaft m. b. H.

Elssler, Fanny (Franziska), * 23. 6. 1810 Wien, † 27. 11. 1884 ebd., eine der berühmtesten Tänzerinnen der 1. Hälfte des 19. Jh.; Tochter von Johann → Elßler. Tanzte bereits als Kind mit ihrer Schwester Theresia → Elßler am Theater an der Wien, 1817–25 am Kärntnertortheater, zahlr. Auslandsgastspiele, trat 1851 von der

Ellmau mit Blick auf den Wilden Kaiser.

Fanny Elßler in der Cachucha im Ballett „Der hinkende Teufel" von C. Gide. Kolorierter Kupferstich von A. Geiger, 1837.

mit roman. Kern und frühgot. Fresken, evang. Bethaus (1900).

Elternvereine (-vereinigungen), bildeten sich, als seit Anfang des 20. Jh. die Unterrichtsverwaltung ein engeres Zusammenwirken von Schule und Elternhaus anstrebte („Elternabende"). Die Tätigkeit war zunächst weitgehend auf finanzielle Unterstützung von Schule und Schülern beschränkt. In der 2. Republik erreichten Zusammenschlüsse von E. zunächst Mitsprache („Elternbeirat" beim Unterrichtsministerium, 1957; Begutachtung zu Gesetzen und Verordnungen ab 1962 usw.) und schließlich Mitentscheidungsrechte für die Erziehungsberechtigten (im „Schulgemeinschaftsausschuss" ab 1974; im „Klassen- bzw. Schulforum" ab 1986). Die Förderung der E. ist gesetzl. Aufgabe der Schulleiter.
Dachverbände: Ö. Verband der E. an den öffentl. Pflichtschulen, Bundesverband der Elternvereinigungen an mittleren und höheren Schulen Ö. (ausgen. Wien), Verband der E. an höheren Schulen Wiens, Hauptverband Kath. E. – Elterninteressen vertreten weiters: Kath. Familienverband Ö., Ö. Familienbund, Bundesorganisation der Ö. Kinderfreunde.
Publikationen: „Unsere Schule", „Elternhaus und Höhere Schule", „Familien-Magazin" u. a.

Bühne ab; bekannt geworden v. a. durch ihre ausgesprochen realist. National- und Charaktertänze (Cachucha, Cracovienne, Smolenska, Russkaja), die sie in den entsprechenden Nationalkostümen ausführte (→ Ballett).
Literatur: R. Raab, F. E. Eine Weltfaszination, 1962; I. Guest, F. E., 1970; L. Denk, F. E., 1984; J. Weißenböck, F. E., 1984.

Elssler, Johann (Florian), * 3. 5. 1769 Eisenstadt (Bgld.), † 12. 1. 1843 Wien, Kopist; Sohn von Joseph → Elßler d. Ä., Bruder von Joseph → Elßler d. J., Vater von Johann Elßler (später Chordirektor an der Berliner Oper), Theresia → Elßler und Fanny → Elßler. Faktotum und persönl. Kopist von J. → Haydn von 1787 bis zu dessen Tod 1809. Arbeitete danach als Kopist in Wien. Wegen seiner zahlr. Schriften über Haydn wichtige Quelle der Haydnforschung.
Literatur: ÖBL; NDB.

Elssler, Joseph d. Ä., * Kieslingswalde (Idzików, PL), † 26. 10. 1782 Eisenstadt (Bgld.), Musiker und Kopist; Vater von Joseph → Elßler d. J. und Johann → Elßler. Schrieb ab ca. 1760 für J. → Haydn (wichtig für die Überlieferung der frühen Haydn-Werke).

Elssler, Joseph d. J., * 7. 8. 1767 Eisenstadt (Bgld.), † 6. 10. 1843 Wien, Oboist; Sohn von Joseph → Elßler d. Ä., Bruder von Johann → Elßler. Spielte in der Kapelle der Fürsten → Esterházy, arbeitete vermutlich auch als Kopist in Eisenstadt (für J. → Haydn jedoch noch nicht eindeutig identifiziert).

Elssler, Theresia, * 5. 4. 1808 Wien, † 19. 11. 1878 Meran (S-Ti.), Tänzerin; Tochter von Johann → Elßler, Schwester von Fanny → Elßler. Wie diese eine viel beachtete Tänzerin; heiratete 1850 Adalbert Heinrich Wilhelm von Preußen (durch Wilhelm IV. zur Freifrau von Barnim erhoben).
Literatur: ÖBL.

Elstner, Frank, * 19. 4. 1942 Linz (OÖ.), Fernsehmoderator, Produzent. Ab 1966 bei Radio Luxemburg, ab 1970 Programmdirektor, ab 1972 Dir. des dt.-sprach. RTL-Programms. 1974–79 Moderator der Sendung „Montagsmaler". Berühmt geworden als Erfinder und Moderator der Sendung „Wetten, dass …?" (1981–87), der erfolgreichsten Fernsehshow im dt. Sprachraum. Gründete 1982 eine eig. TV-Produktionsfirma. Zahlr. weitere Sendungen (u. a. seit 2000 „Menschen der Woche"); mehrere Auszeichnungen.
Literatur: R. Strobel u. W. Faulstich, Die dt. Fernsehstars, Bd. 3, 1998.

Eltendorf, Bgld., JE, Gem., 244 m, 1017 Ew., 20,58 km², Auspendelgem. mit Gewerbe im Lafnitztal unmittelbar an der Bundesstraße. Neue Brücke (1993), Schießplatz; Kfz-Handel. – Urk. 1427, 2 antike Hügelgräber am sog. „Kriegsfeld", einschiffige evang. Pfarrkirche (1791), in Zahling (urk. 1346) kath. Pfarrkirche

Eltz, Nikolaus, * 13. 11. 1900 Tulln (NÖ.), † 22. 2. 1984 Wien, Radiotechniker. Gründete 1924 gem. mit seinem Bruder Theodor E. (* 2. 1. 1899, † 8. 3. 1940) die Radiofabrik Radione in Wien, die bis 1977 Radio- und Fernsehgeräte herstellte. Das Radione-Kofferradio R 2 wurde 1938 erzeugt; 1957 brachte Radione das erste tragbare Fernsehgerät (Radionescop) heraus, 1960 wurden die ersten teilw. mit Transistoren arbeitenden Fernsehgeräte hergestellt.

Embel, Franz Xaver, * 10. 11. 1770 Florenz (I), † 31. 7. 1856 Mödling (NÖ.), Topograph. Begründete mit seinen volkskundlich gut beobachteten Reiseschilderungen die ö. Spezialtopographie.
Werke: Fußreise von Wien nach dem Schneeberge, 1801; Schilderung der Gebirgs-Gegenden um den Schneeberg in Ö., 1803.

Emco Maier Ges. m. b. H., 1947 gegr. Maschinenbauunternehmen mit Sitz in Hallein (Sbg.) und zahlr. Niederlassungen in Europa und den USA. Führendes Unternehmen für Werkzeugmaschinenbau in der techn. CNC-Ausbildung (computergesteuerte Werkzeugmaschinen). Umsatz 2002 83,9 Mio. Euro, 480 Beschäftigte; Exportanteil: 77 %.

Emigranten, von lat. „emigrare" = auswandern. Heute begrifflich zumeist auf jene Personen eingeschränkt, die ihre Heimat aus polit., relig. oder nationalen bzw. rassischen Gründen verlassen mussten oder müssen. Größere Ausmaße nahm (nach den Judenvertreibungen unter Albrecht V. und Maximilian I. aus den ö. Ländern) die Emigration von Protestanten (→ Exulanten) im Zuge der → Gegenreformation an, ihre Zahl soll mehr als 100.000 betragen haben. Noch 1731 erfolgte die Ausweisung von etwa 22.000 Protes-

Emigranten: Auszug der Protestanten aus Salzburg (oben) und Ansicht von St. Johannesburg oder Neu-Salzburg in Preußen. Kupferstich, 1732.

tanten aus dem Pongau und Pinzgau (meist nach Ostpreußen). Rund 1200 Protestanten aus OÖ. (Salzkammergut) wurden unter Maria Theresia nach Siebenbürgen und ins Banat verschickt („Landler"). Die Niederschlagung der Revolution von 1848 zwang viele der Führer ebenfalls in die Emigration (H. Kudlich, J. Goldmark, A. Füster, E. v. Violand u. a.). Nach dem Februaraufstand 1934 verließen viele Schutzbündler Ö., nicht wenige gingen in die Sowjetunion. Der Hauptstrom von E. aus Ö. erfolgte 1938/39 als Folge des → Anschlusses an Hitler-Deutschland. In erster Linie mussten nach den Nürnberger Gesetzen von 1935 „deklarierte Juden" Ö. verlassen (rd. 2 Drittel – ca. 136.000 – der jüd. Bevölkerung Ö.), aber auch polit. und weltanschaul. Gegner des Nat.-Soz. Ö. E. waren praktisch über die ganze Erde zerstreut (bis China), mit Schwerpunkten in der Schweiz, in Frankreich, in Großbritannien, in den USA und in Südamerika. Aufgrund der unterschiedl. polit. und nat. Anschauungen (Soz.-Dem. waren zumeist gegen das Konzept einer Wiedererrichtung des ö. Staates) gelang keine gem. polit. Organisation, trotz Bildung des „Free Austrian Movement" (1941) in England (38 Gruppen mit rd. 7000 Mitgl.) und des „Austrian National Committee" in den USA. Eig. militär. Einheiten entstanden nur im Rahmen der jugoslaw. Partisanenarmee; von den Amerikanern wurden sie nicht gestattet. Unter den E. befanden sich fast alle bed. ö. Schriftsteller, Künstler, Wissenschaftler (fast alle Nobelpreisträger) und Intellektuellen. Nach 1945 hat sich die Republik Ö. nicht bes. um die Rückkehr der E. bemüht, so dass der enorme Aderlass an geistigem und kulturellem Kapital bis heute nachwirkt.
Literatur: F. Goldner, Die ö. E., 1977; H. Maimann, Ö. im Exil 1934–45, 1977; E. Schwager, Die ö. E. in Frankreich 1938–45, 1984; E. Zöllner (Hg.), Wellen der Verfolgung in der ö. Geschichte, 1986; F. Stadler (Hg.), Vertriebene Vernunft. Emigration und Exil ö. Wiss. 1930–45, 2 Bde., 1987/88; S. Bolbecker u. K. Kaiser, Lexikon der ö. Exilliteratur, 2000.

EMISSION: a) Ausgabe von Wertpapieren durch private Unternehmer. Die E. umfasst die Unterbringung der Wertpapiere im Publikum und ihre Einführung an der Börse.
b) das Ausströmen luftverunreinigender Stoffe in die Außenluft. Dies kann durch natürl. Vorgänge (biolog. Abbauprozesse) oder durch menschl. Tätigkeit (vorwiegend Verbrennung) erfolgen. Zum großen Problem wurde die E. durch große Verkehrsdichte und zunehmende Industrialisierung vorwiegend in den Ballungsgebieten.

Luftschadstoffemissionen 1980–2001 (in 1000 t)			
	1980	1990	2001
Schwefeldioxid (SO_2)	343,5	78,7	36,7
Stickoxide (NO_x)	242,6	203,9	199,4
Kohlenmonoxid (CO)	1.794,8	1.238,0	859,7
flüchtige organische Verbindungen (NMVOC)	362,0	344,8	232,3
Kohlendioxid (CO_2)	57.390	50.900	61.500
Methan (CH_4)	501,9	508,2	432,1
Ammoniak (NH_3)	51,4	52,3	53,6

EMLING, OÖ., EF, Dorf, Gem. Alkoven. 1926 wurde westl. von E. im Emlinger Holz ein Denkmal zur Erinnerung an die Entscheidungsschlacht des oö. Bauernkriegs vom 9. 11. 1626 errichtet.

EMMAUSGEMEINSCHAFT, internat. Organisation (gegr. 1949) zur Betreuung von entlassenen Häftlingen mit dem Ziel, diesen Quartier und Arbeit zu vermitteln und die Eingliederung in die Ges. zu erleichtern. Die Diözese St. Pölten (Caritas, Kath. Aktion) gründete 1982 eine E., die heute (2004) 4 Betriebe (Tischlerei, Altwarenhandel, Sanierungsprojekt, Kunstwerkstätte), 3 Wohnheime sowie eine Notschlafstelle und ein Tageszentrum für Nichtsesshafte unterhält. Insges. werden 110 Mitarbeiter beschäftigt, in den Wohnheimen werden jährlich rd. 180 Hilfesuchende betreut.

EMMERSDORF AN DER DONAU, NÖ., ME, Markt, 240 m, 1706 Ew., 29,82 km², am nördl. Donauufer gegenüber von Melk, am Eingang in die Wachau. – Sommertourismus (33.626 Übern.). – E. besaß ab Mitte des 13. Jh. neben Stein die wichtigste ö. Wassermaut am nördl. Donauufer; spätgot. Pfarrkirche (Pfeilerbasilika, 15. Jh.) mit barockisiertem W-Turm; ehem. Schloss Rotenhof (in Hofamt, Kern 16. Jh., 1883 Umbau); Bürger- und Weinhauerhäuser (im Kern 16. Jh.); Schloss Luberegg (1780, 1795 von Ks. Franz II. erworben).
Literatur: F. Leeb, Chronik des Marktes E. und Umgebung, 1959; G. Floßmann, Ortskunde E., 2003.

EMO, Emerich Josef Wojtech (E. W.), * 11. 7. 1898 Seebarn (NÖ.), † 2. 12. 1975 Wien, Filmregisseur. Zunächst Filmstatist, arbeitete dann für den Stummfilm (Aufnahmeleiter, Schnittmeister und Regisseur) und danach für den Tonfilm. Drehte ab 1931 in Pariser Ateliers dt., span. und portugies. Versionen der europ. Paramount-Produktionen; gründete 1937 eine eig. Produktionsfirma (Emo-Film); nach 1945 in Ö. und Deutschland tätig; inszenierte zahlr. Filme mit H. → Moser.
Regie (mit H. Moser): Der Mann, von dem man spricht, 1937; Die 13 Stühle, 1938; Anton der Letzte, 1939; Meine Tochter lebt in Wien, 1940; Schwarz auf Weiß, 1943; Wien 1910, 1943; Ober, zahlen!, 1957.

EMPERGER, Friedrich Ignaz Edler von, * 11. 1. 1862 Prag (CZ), † 7. 2. 1942 Wien, Bauingenieur. Projektierte im In- und Ausland (v. a. in den USA 1890–96) zahlr. Stahlbetonbrücken, Hochhäuser und Schiffe; gründete 1901 die Ztschr. „Beton und Eisen". 1926–38 Präs. des Ingenieur- und Architekten-Vereins.
Werk: Hb. für Eisenbetonbau, 4 Bde., 1908–09 (Hg.).

EMPERSDORF, Stmk., LB, Gem., 360 m, 1216 Ew., 14,17 km², landw. Wohngem. im Tal der Stiefing südöstl. von Graz.
Literatur: H. Smonig, Vom Irempoldsdorf des MA zum E. der Gegenwart, 1286–1986, 1986.

ENDEMITEN UND SUBENDEMITEN: Die Endemiten eines bestimmten Gebiets sind jene Pflanzensippen (Unterarten, Arten, Gattungen usw.), die nur innerhalb dieses Gebiets vorkommen. Viele der in Ö. endemischen Arten und Unterarten sind auf einen bestimmten Gebirgsraum innerhalb Ö. beschränkt. In Ö. endem. Gattungen gibt es nicht. Pflanzensippen, deren Areal (Verbreitungsgebiet) Ö. nur geringfügig überschreitet, werden ö. Subendemiten genannt (in der Tabelle mit * gekennzeichnet). Die meisten Endemiten beherbergen die nordöstl. Kalkalpen (zw. Schneeberg und Salzkammergut) und die Zentralapen (Tauern und steir. Randalpen). Dies ist eine Folge der wesentl. schwächeren Vergletscherung dieser Alpenabschnitte während der letzten Eiszeit. In Ö. gibt es unter den Gefäßpflanzen 52 endem. Arten, 15 endem. Unterarten, 10 subendem. Arten und 3 subendem. Unterarten. Nicht alle E. u. S. sind selten, einige sind ziemlich häufig, wie z. B. die Ostalpen-Nelke/Dianthus alpinus (alpine Rasen der nordöstl. Kalkalpen). Andere sind akut vom Aussterben bedroht, z. B. das Dickwurzel-Löffelkraut/Cochlearia macrorrhiza (Niedermoor im Naturschutzgebiet Moosbrunn im Wr. Becken).
In der Pflanzengeographie bezieht man den Begriff Endemismus nicht auf eine willkürlich gewählte Fläche, wie das eine polit. Einheit (z. B. der Staat Ö.) ist, sondern auf geographisch definierte Naturräume wie Inseln, Halbinseln, Gebirgsgruppen (→ Vegetation, ö.

ENDEMITEN UND SUBENDEMITEN

Endemiten in Österreich (Subendemiten mit * gekennzeichnet)

lat. Name	dt. Name	Vorkommen
Achillea clusiana	Clusius-Schafgarbe	nordöstl. Kalkalpen
Alchemilla anisiaca	Enns-Frauenmantel	nordöstl. Kalkalpen
Alchemilla stiriaca	Steiermark-Frauenmantel	nordöstl. Kalkalpen: Hohe Veitsch, Gesäuse
Alchemilla longituba	Langröhren-Frauenmantel	Dachstein-Gebiet
Alchemilla antiropata	Waagrecht-Frauenmantel	Hohe Veitsch
Alchemilla platygyria	Flachkreis-Frauenmantel	Hohe Veitsch
Alchemilla maureri	Maurer-Frauenmantel	Stmk.: Fischbacher Alpen
Alchemilla philonotis	Quellmoos-Frauenmantel	Koralpe
Alchemilla eurystoma	Breitmaul-Frauenmantel	Stmk.: Fischbacher Alpen
Alchemilla curta	Kurz-Frauenmantel	Niedere Tauern
Alchemilla norica	Noricum-Frauenmantel	Niedere Tauern
Alchemilla alneti	Grünerlen-Frauenmantel	O-Ti.: Glockner-Gruppe
Alchemilla matreiensis	Matrei-Frauenmantel	O-Ti.
Alchemilla kerneri	Kerner-Frauenmantel	Ti.: Zillertal
Alchemilla saliceti	Weidengebüsch-Frauenmantel	Arlberg
*Androsace wulfeniana	Wulfen-Mannsschild*	Zentralalpen, auch S-Ti.
*Biscutella laevigata subsp. austriaca	Österreich-Brillenschötchen*	nordöstl. Kalkalpen, bayer. Kalkalpen
*Braya alpina	Alpen-Breitschote*	Zentralalpen, S-Ti.
Callianthemum anemonoides	Anemonen-Schmuckblume	nordöstl. Kalkalpen
Campanula beckiana	Beck-Glockenblume	nordöstl. Kalkalpen
Campanula praesignis	Rax-Glockenblume	nordöstl. Kalkalpen
Campanula pulla	Österreich-Glockenblume (Dunkle G.)	nordöstl. Kalkalpen
Cochlearia excelsa	Steiermark-Löffelkraut („Alpen-Löffelkraut")	Seckauer und Gurktaler Alpen
Cochlearia macrorrhiza	Dickwurzel-Löffelkraut	NÖ.: Wr. Becken
Comastoma nanum	Zwerg-Haarschlund	Zentralalpen
Delphinium elatum subsp. austriacum	Österreichischer Hoch-Rittersporn	Zentralalpen
Delphinium elatum subsp. elatum (s. str.)	Koralpen-Hoch-Rittersporn	Koralpe
Delphinium elatum subsp. tiroliense	Tiroler Hoch-Rittersporn	Lechtaler Alpen (Vbg.), Tuxer Alpen (Ti.)
Dianthus alpinus	Ostalpen-Nelke	nordöstl. Kalkalpen
Dianthus plumarius subsp. neilreichii	Neilreich-Feder-Nelke	NÖ.: Alpenostrand bei Mödling
Dianthus plumarius subsp. blandus	Zierliche Feder-Nelke	nordöstl. Kalkalpen
Doronicum cataractarum	Sturzbach-Gämswurz	Koralpe
Doronicum glaciale subsp. calcareum	Kalk-Gämswurz	nordöstl. Kalkalpen
*Draba sauteri	Sauter-Felsenblümchen*	nordöstl. Kalkalpen, auch Berchtesgadener Alpen
Draba stellata	Sternhaar-Felsenblümchen	nordöstl. Kalkalpen
Erigeron candidus	Koralpen-Berufkraut	Koralpe
Euphorbia austriaca	Österreich-Wolfsmilch	nordöstl. Kalkalpen
Euphorbia saxatilis	Felsen-Wolfsmilch	nordöstl. Kalkalpen
Euphrasia inopinata	Überraschungs-Augentrost	Ti.: Ötztal
Euphrasia sinuata	Buchten-Augentrost	N-Ti.
Festuca eggleri	Eggler-Schwingel	Serpentin im mittleren Murtal
Festuca stricta	Steif-Schwingel	Alpenostrand
Festuca varia subsp. pallidula	Bleicher Verschiedenfärbiger Bunt-Schwingel	nordöstl. Kalkalpen
Galium meliodorum	Honigduft-Labkraut	nordöstl. Kalkalpen
*Galium truniacum	Traun-Labkraut*	nordöstl. Kalkalpen
*Helictotrichon petzense	Petzen-Staudenhafer*	Kä.: Steiner Alpen; auch auf dem slowen. Teil
Knautia carinthiaca	Kärnten-Witwenblume	nordöstl. Kä.
Knautia norica	Noricum-Witwenblume	nordöstl. Kä.
Leontodon montaniforme	Nordostalpen-Leuenzahn	nordöstl. Kalkalpen
Leucanthemum atratum	Schwarz-Margerite	nordöstl. Kalkalpen
Melampyrum subalpinum	Schmalblatt-Wachtelweizen	nördl. Alpenostrand
Moehringia diversifolia	Koralpen-Nabelmiere	Koralpe
Nigritella archiducis-joannis	Erzherzog-Johann-Kohlröschen	nordöstl. Kalkalpen
Nigritella stiriaca	Steiermark-Kohlröschen	Salzkammergut und Grazer Bergland
Noccaea (Thlaspi) alpestris (Thlaspi alpinum)	Alpen-Täschelkraut	nordöstl. Kalkalpen

Endemiten: Anemonen-Schmuckblume.

Endemiten: Österreich-Glockenblume.

Endemiten: Ostalpen-Nelke.

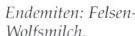

Endemiten: Felsen-Wolfsmilch.

Endemiten: Clusius-Primel.

Endemiten: Zwerg-Seifenkraut.

Endemiten: Kalk-Gämswurz.

Fortsetzung zu: **Endemiten in Österreich** (Subendemiten mit * gekennzeichnet)

*Noccaea (Thlaspi) rotundifolia subsp. cepaeifolia	Julisches Rundblatt-Täschelkraut*	S-Kä.
Onobrychis arenaria subsp. taurerica	Tauern-Sand-Esparsette	Kä.: bei Heiligenblut
Oxytropis triflora	Dreiblüten-Spitzkiel	Zentralalpen: Niedere Tauern
Papaver alpinum subsp. alpinum	Nordost-Alpen-Mohn	nordöstl. Kalkalpen
Pedicularis portenschlagiana	Portenschlag-Läusekraut	nordöstl. Kalkalpen
Potentilla crantzii subsp. serpentini	Serpentin-Alpen-Fingerkraut	S-Bgld.
*Primula clusiana	Clusius-Primel*	nordöstl. Kalkalpen, bis Berchtesgaden
Pulmonaria kerneri	Kerner-Lungenkraut	nordöstl. Kalkalpen
Pulsatilla styriaca	Steiermark-Küchenschelle	Stmk.
Rhinanthus alpinus subsp. carinthiacus	Kärntner Alpen-Klappertopf	Seetaler und Sau-Alpe
Rubus liubensis	Leoben-Brombeere	Stmk.
Rubus weizensis	Weiz-Brombeere	O-Stmk.
Rubus widderi	Widder-Brombeere	Ostfuß der Koralpe
*Saponaria pumila	Zwerg-Seifenkraut*	Zentralalpen; auch S-Ti. und Cadore
*Salix mielichhoferi	Tauern-Weide*	Zentralalpen
Saxifraga blepharophylla	Wimper-Steinbrech	Zentralalpen
*Saxifraga paradoxa	Glimmer-Steinbrech*	Koralpe, auch auf deren slowen. Südrand
Saxifraga stellaris subsp. prolifera (Micranthes stellaris subsp. prolifera)	Brut-Stern-Steinbrech	Zentralalpen
Saxifraga styriaca	Steiermark-Steinbrech	Niedere Tauern
Sempervivum montanum subsp. stiriacum	Steirische Berg-Hauswurz	Zentralalpen
Sempervivum pittonii	Pittoni-Hauswurz	Serpentinophyt; bei Knittelfeld im Murtal
*Soldanella austriaca	Österreich-Soldanelle*	nordöstl. Kalkalpen, bis Berchtesgaden
Stipa joannis subsp. styriaca	Steiermark-Federgras	oberes Murtal, NO-Kä.
*Taraxacum handelii	Handel-Löwenzahn*	Ti., S-Ti.
*Taraxacum reichenbachii	Reichenbach-Löwenzahn*	Zentralalpen (Ti., S-Ti.)
Tephroseris integrifolia subsp. serpentini (Senecio serpentini)	Serpentin-Steppen-Aschenkraut	S-Bgld.
Valeriana celtica subsp. celtica	Echt-Speik	Zentralalpen
*Wulfenia carinthiaca subsp. carinthiaca	→ Wulfenie*	Kä.: Gartnerkofel

Naturräume). Meist bezeichnet man nur Taxa mit einem auffallend (unterdurchschnittlich) kleinen Areal als Endemiten (Stenochorie). Wie schon anhand der Endemiten Ö. zu erkennen, gibt es bestimmte Naturräume mit einer Häufung von stenochoren Arten (und Gattungen). In den O-Alpen sind dies manche randl. Alpenteile, insbes. die S-Alpen, weil dort zahlr. Sippen die letzte Eiszeit überdauert haben, sich aber anschließend nicht mehr viel weiter ausbreiten konnten (Relikt- Endemiten). Da die südl. Staatsgrenze Ö. teilw. durch die S-Alpen verläuft (S-Grenze Kä.), zählen viele Endemiten der S-Alpen nicht zu den ö. Endemiten oder Subendemiten, weil der größte Teil ihres Areals außerhalb Ö. liegt.

→ Alpenflora, → Gebirgsvegetation und -flora, → pannonische Vegetation und Flora, → Pflanzenwelt.

Ender, Johann Nepomuk, * 3. 11. 1793 Wien, † 16. 3. 1854 ebd., Porträt- und Historienmaler; Zwillingsbruder von Thomas → Ender, Vater des Porträtmalers Eduard E. (1822–1883). 1820–26 als kaiserl. Pensionär in Rom. Beliebter Porträtist der vornehmen Ges., 1829–50 Prof. für Historienmalerei an der Wr. Akad.

Werke: Fresken der Liechtensteinkapelle im Wr. Stephansdom, 1853/54; Freskenzyklus in Mariazell (Vorarbeiten).
Literatur: G. Frodl, Wr. Malerei der Biedermeierzeit, 1987.

Johann Nepomuk Ender: Erzherzog Karl mit seiner Frau Henriette von Nassau-Weilburg und seinen Kinder vor der Weilburg in Baden bei Wien. Gemälde, um 1810.

Otto Ender. Foto, 1930.

Ender, Otto, * 24. 12. 1875 Altach (Vbg.), † 25. 6. 1960 Bregenz (Vbg.), Rechtsanwalt und Politiker (CS). 1918–30 Landeshauptmann von Vbg.; 1920–34 Mitgl. d. BR, 1930/31 Bundeskanzler, 1934–38 Präs. des Rechnungshofs. Vertrat 1918–20 den Anschluss von Vbg. an die Schweiz; Schöpfer der ständestaatl. Bundesverfassung von 1934.

Werk: Die neue ö. Verfassung, 1934.
Literatur: H. Huebmer, Dr. O. E., 1957.

Ender, Thomas, * 3. 11. 1793 Wien, † 28. 9. 1875 ebd., Landschaftsmaler und hervorragender Aquarellist; Zwillingsbruder von Johann Nepomuk → Ender. Wurde von Fürst C. → Metternich gefördert, begleitete 1817/18 die ö. Expedition nach Brasilien. 1823 im Auftrag Metternichs im Salzkammergut tätig, ab 1828

Thomas Ender: Das Wiener Tor in Krems. Aquarell, um 1830 (Niederösterreichisches Landesmuseum, St. Pölten).

Kammermaler von Erzhzg. → Johann (Orient- und Südrusslandreise 1837). 1837–51 Prof. an der Wr. Akad. Schöpfer mehrerer Landschaftsserien, die oft von engl. Künstlern in Stahl gestochen wurden. Seine Brillanz zeigte sich in naturgetreuen Veduten mit frischer Farb- und Lichtwirkung und v. a. in seinen flüchtigen Aquarellskizzen.
Literatur: W. Koschatzky, T. E., 1982; R. Wagner, T. E. in Brasilien, Ausst.-Kat., Wien 1994.

Enderlen, Eugen, * 21. 1. 1863 Salzburg, † 17. 6. 1940 Stuttgart (D), Chirurg. Ab 1904 Univ.-Prof. in Basel, ab 1907 in Würzburg und Heidelberg; erfand neue Operationsmethoden (u. a. die moderne Kopfoperationstechnik gem. mit G. Hotz) und schuf die Voraussetzungen zur Wiederaufnahme der Bluttransfusion. Ehrenmitgl. der Wr. medizin. Ges.
Werke: Blasenektopie, 1904; Stereoskopbilder zur Lehre von den Hernien, 1906.
Literatur: I. Fischer (Hg.), Biograph. Lexikon der hervorrag. Ärzte der letzten 50 Jahre, Bd. 1, 1932; ÖBL.

Endlicher, Stephan Ladislaus, * 24. 6. 1804 Pressburg (Bratislava, SK), † 28. 3. 1849 Wien (Selbstmord), Botaniker, Bibliothekar. Ab 1840 Univ.-Prof. und Dir. des Botan. Gartens in Wien. Ließ dort 1844 das Museum (jetzt Botan. Inst.) bauen. Hg. ungar. Geschichtsquellen; beschäftigte sich mit ahd. und klassischer Philologie sowie chines. Kultur und war an der Gründung der Akad. d. Wiss. in Wien beteiligt. 1848 Mitgl. des Frankfurter Parlaments und des Kremsierer Reichstags.
Werke: Genera plantarum, 1836–50; Anfangsgründe der chines. Grammatik, 1845.
Literatur: ÖBL.

Endörfer, Jörg, * um 1450, † zw. 28. 2. und 16. 10. 1508 Innsbruck (Ti.), ab 1479 Büchsenmeister im Dienst von Erzhzg. Sigmund und Ks. Maximilian I. mit Gusshütte in Hötting. Einer der ersten Geschützgießer in Mitteleuropa, von dem eine Büchse erhalten ist (das 1494 entstandene Stück „Die alt Kattl" im Musée de l'Armée, Paris).
Literatur: NDB.

Endres, Robert, * 8. 10. 1892 Salzburg, † 7. 4. 1964 Wien, Historiker. 1919–57 Gymn.-Lehrer; schrieb Werke zur ö. und europ. Geschichte.
Werke: Hb. der ö. Staats- u. Wirt.-Geschichte, 1922; Geschichte Europas im Altertum und MA, 1923; Geschichte Europas im 19. Jh., 1928; Geschichte Europas und des Orients, 5 Bde., 1951–56; Die Revolution in Ö. 1848, 1947.

Enenkel, Job Hartmann, * 14. 9. 1575 Heinrichschlag (Gem. Albrechtsberg a. d. Großen Krems, NÖ.), † 9. 2. 1627 Wien, Genealoge und Historiker. Stammte aus evang. Adel in NÖ., studierte in Jena und wurde Beamter der Stände in Linz und Wien. Als Gelehrter der Spätrenaiss. legte er genealog. Sammlungen an und sicherte Geschichtsquellen, die in den Landesarchiven von NÖ. und OÖ. erhalten sind.
Literatur: A. Coreth, J. H. E., in: MIÖG 55, 1944.

Energie AG Oberösterreich, führender Infrastrukturkonzern in OÖ. mit dem Verwaltungssitz in Linz, bis 1998 unter der Bezeichnung Oberösterreichische Kraftwerke AG (OKA); ging 1929 aus der Fusion des Kraftwerksbereichs der Firma Stern & Hafferl mit der Oö. Wasserkraft- und Elektrizitäts AG (gegr. 1920) hervor; wurde 1947 durch das 2. Verstaatlichungsgesetz (→ Verstaatlichung) Landesgesellschaft und ist zu 75 % im Eigentum des Landes OÖ. Im Geschäftsjahr 2002/03 betrieb die E. AG O. 34 Wasser- und 5 Wärmekraftwerke und versorgte 419.000 Kundenanlagen mit knapp 8000 GWh an elektr. Energie. Mit ihren Beteiligungsgesellschaften beschäftigt die E. AG O. rd. 2300 Mitarbeiter, die einen Umsatz von 601 Mio. Euro erwirtschaften. So engagiert sich das Unternehmen in den Geschäftsfeldern Elektrizität, Gas, Wärme, Umwelt, Telekommunikation, Entsorgung und Wohnbau. Die E. AG O. hält u. a. Anteile an der Ennskraftwerke AG (50 %), der Cogeneration Kraftwerke Management OÖ. GmbH (50 %), der Oö. Ferngas AG (50 %), der Fernwärme Kirchdorf GmbH (100 %), der ENSERV Energieservice GmbH & Co. KG (37 %), der Geothermie-Wärmegesellschaft Braunau-Simbach mbH (20 %), der AVE Beteiligungsgesellschaft mbH (100 %), der Welser Baustoff Recycling GmbH (33,3 %), der Vereinigten Telekom Ö. Beteiligungs-GmbH (13,7 %), der LIWEST Kabelmedien GmbH (44 %) sowie der Oö. Gemeinnützigen Bau- und Wohnges. mbH (100 %).

Energie Steiermark Holding AG, ESTAG, 1996 gegr. steir. Energieversorgungskonzern, dem als Tochtergesellschaften die STEWEAG-STEG GmbH, die Steirische Gas-Wärme GmbH und die AVG Steirische Abfallverwertungs-GmbH angehören. 1997 verkaufte das Land Stmk. 25 % plus 1 Aktie der ESTAG an die franz. Electricité de France.

Energiewirtschaft umfasst sämtl. im Bereich der Energieversorgung tätigen Unternehmen zur Aufbringung, Umwandlung und Verteilung von Energieträgern an die Endverbraucher. Aufgrund der hohen Bedeutung der Energieversorgung im tägl. Leben besitzt die E. eine Schlüsselrolle in der Gesamtwirt.
2001 wurden von der E. für den Gesamtenergieverbrauch in Ö. rd. 1290 Petajoule (1 PJ = ca. 35 000 t Steinkohle) bereitgestellt, wobei die einzelnen Energieträger folgende Anteile aufwiesen: → Kohle 11,7 %, → Erdöl 42,4 %, → Erdgas 22,8 %, Wasserkraft 12,1 % (→ Elektrizitätswirtschaft), sonstige Energieträger (überwiegend Biomasse) rd. 11 % (→ Alternativenergie).
Die ö. Energieversorgung ist zu rd. 2 Drittel von Importen abhängig. Einer sinkenden inländ. Förderung von fossilen Energieträgern steht die zunehmende Aufbringung aus heimischen erneuerbaren Energiequellen, insbes. aus Wasserkraft und Biomasse, gegenüber. Im internat. Vergleich liegt Ö. in Bezug auf den Anteil erneuerbarer Energieträger (einschließlich Wasserkraft) mit über 20 % am Gesamtenergieverbrauch im Spitzenfeld.

Engelbert von Admont, * um 1250 Volkersdorf (Gem. Purgstall b. Eggersdorf, Stmk.), † 10. (12.?) 5. 1331 Admont (Stmk.), Benediktiner und Gelehrter. Studierte in Prag und Padua, 1297–1327 Abt von Stift Admont, in das er 1267 eingetreten war. Verfasste 35 philosoph. und zeitgeschichtl. Werke (Krönung Rudolfs I. 1273, Lebensberichte um 1320). Bekannt wurde sein Lehr- und Methodikbuch „De musica".
Ausgabe: E. v. A., Vom Ursprung und Ende des Reiches und andere Schriften, hg. v. W. Baum, 1998.

Literatur: Musik in Geschichte und Gegenwart 3, 1954; Musik in der Stmk., Ausst.-Kat., Admont 1980; K. Ubl, E. v. A., 2000.

ENGELBRECHT, Helmut, * 13. 11. 1924 Ysper (NÖ.), Pädagoge, Historiker. Gymn.-Dir., Univ.-Prof. für Geschichte des ö. Bildungswesens in Wien, Mitgestalter der Lehrpläne an höheren Schulen (Geschichte und Sozialkunde, Psychologie und Philosophie), führender Vertreter der hist. Pädagogik in Ö.
Werke: Lehrervereine im Kampf um Status und Einfluß, 1978; J. I. Felbiger und die Vereinheitlichung des Primarschulwesens in Ö., 1979; Geschichte des ö. Bildungswesens, 6 Bde., 1982–95; Relikt oder Zukunftsmodell? Zur Geschichte der kath. Privatschulen in Ö., 2000.
Literatur: E. Lechner (Red.), Schriftenverz. H. E. (Retrospektiven in Sachen Bildung R. 1, Nr. 2), 1992.

ENGELHARDT, Victor, * 26. 10. 1866 Wien, † 9. 3. 1944 Berlin (D), Elektrochemiker. Mitarbeiter von Siemens & Halske in Wien und Berlin; 1920 Prof. an der Techn. Univ. Berlin; entwickelte die techn. Anwendung elektrochem. Verfahren und der Elektrometallurgie.
Werke: Monographie über angewandte Elektrochemie, 52 Bde., 1902–22 (Hg.); Hb. der techn. Elektrochemie, 3 Bde., 1931–35.

Engelhartszell: Stift Engelszell.

Josef Engelhart: Wiener Wäschermädel. Gemälde, 1886 (Wien Museum).

ENGELHART, Josef, * 19. 8. 1864 Wien, † 19. 12. 1941 ebd., Maler und Bildhauer. Studierte an den Akad. in Wien und München, längerer Aufenthalt in Paris, Reisen nach Spanien und Italien; Gründungsmitgl. der Wr. Secession; malte Szenen und Typen aus dem Wr. Volksleben; ab 1903 auch als Bildhauer tätig (Waldmüller-Denkmal im Wr. Rathauspark, Karl-Borromäus-Brunnen in Wien 3 u. a.).
Literatur: B. E. Werl, J. E., Diss., Innsbruck 1987; H. Benzer, Nimm diese Menschen und Bilder, wie sie kommen – J. E., Dipl.-Arb., Innsbruck 1992.

ENGELHARTSTETTEN, NÖ., GF, Markt, 143 m, 1807 Ew., 65,66 km², gewerbl.-landw. Wohngem. im südl. Marchfeld. Kunststoffwaren, Großhandel. – Urk. 1441, barocke Pfarrkirche (17. Jh.), barockes Jagdschloss → Niederweiden; Ortsteil → Groissenbrunn: barocke Wallfahrtskirche (erb. 1751–63) mit Stuckmarmoraltar (1774) und Barockluster (18. Jh.), Donaubrücke (erb. 1972, 2,3 km, längste Hängebrücke Ö.); Barockschloss → Schlosshof; in Stopfenreuth: Barockkirche (1737) mit schönem Bild Mariae Himmelfahrt (um 1700). – Nationalpark Donau-Auen.

ENGELHARTSZELL, OÖ., SD, Markt, 302 m, 1169 Ew., 18,84 km², alter Markt am re. Donauufer, gegenüber der ö.-dt. Grenze; Donauschifffahrtsstation. – 1 km nordwestl. ö.-bayer. Donaulaufkraftwerk Jochenstein (err. 1956, 132 MW), Pegelstelle des hydrograph. Dienstes, Strom- und Hafenaufsicht; Erzeugung von Schreibmaterialien und Likör. – Urk. 1194. Ehem. Zisterzienserstift Engelszell (1293–1786), seit 1925 Trappistenkloster (einziges in Ö.), Rokoko-Stiftskirche (1754–63 erbaut), prächtige Fresken im Chor von B. Altomonte (auch in der Bibl.; im Langhaus von F. Fröhlich 1957), Rokokoausstattung mit Stuckplastik (Kanzel und Altäre) von G. Übelherr, Klostergebäude mit got. Kapitelsaal (1. Hälfte 14. Jh.). Ehem. kaiserl. Mauthaus (15. Jh.) mit Kulturkeller; Hufschmiedemuseum. Naturschutzgebiet im Tal des Kleinen Kößlbaches.

Engelhartszell: Klosterkirche.

Literatur: A. Benezeder, E. 1194–1961, 1961.

ENGEL-JÁNOSI, Friedrich, * 18. 2. 1893 Wien, † 7. 3. 1978 ebd., Historiker. 1935 und 1959–69 an der Univ. Wien, 1937 in Rom, 1939 in England und 1943 in Washington.
Werke: Ö. und der Vatikan, 2 Bde., 1958/60; Geschichte auf dem Ballhausplatz, 1963; Die polit. Korrespondenz der Päpste mit den ö. Kaisern, 1963; Vom Chaos zur Katastrophe, 1973; … aber ein stolzer Bettler, 1974.
Literatur: Festschrift für F. E.-J., 1973.

ENGELMANN, Eduard sen., * 21. 1. 1833 Wien, † 6. 11. 1897 ebd., Wachstuchfabrikant; Vater von Eduard → Engelmann jun. Förderte den Eissport durch Schaffung des E.-Eislaufplatzes in Wien-Hernals (1871), begründete das Ansehen der Wr. Schule des Eiskunstlaufs.
Literatur: A. Meisel, 60 Jahre Sportplatz E., 1932.

ENGELMANN, Eduard jun., * 14. 7. 1864 Wien, † 31. 10. 1944 ebd., Techniker und Sportler. Sohn von Eduard → Engelmann sen., Vater von Helene → Engelmann. Erfolgreicher Radsportler und Eiskunstläufer; 1892 und 1894 Europameister im Eiskunstlauf, entwickelte und erbaute 1909 die erste Freiluftkunsteisbahn der Welt auf dem E.-Eislaufplatz in Wien-Hernals (heute auf dem Dachgeschoss eines Einkaufszentrums); schuf die Voraussetzung für die Elektrifizierung der Mariazeller Bahn (Kraftwerk Wienerbruck).
Literatur: A. Meisel, 60 Jahre Sportplatz E., 1932.

ENGELMANN, Helene (verh. Jaroschka), * 9. 2. 1898 Wien, † 1. 8. 1985 ebd., Eiskunstläuferin; Tochter von Eduard → Engelmann jun. 3-fache Weltmeisterin im Paarlauf 1913 (mit K. Mejstrik), 1922 und 1924 (mit Alfred Berger), Olympiasiegerin im Paarlauf 1924 (mit A. Berger).
Literatur: A. Meisel, 60 Jahre Sportplatz E., 1932.

Engel Maschinenbau GmbH, Maschinenbauunternehmen in Schwertberg (OÖ.), gegr. 1945, erzeugt Spritzgießmaschinen und -werkzeuge für die Bearbeitung von Elastomeren, Duroplasten und Thermoplasten sowie Handlinggeräte und Komplettanlagen; weitere Standorte in St. Valentin, Dietach und Steyr sowie in anderen Ländern Europas, N-Amerika und Asien. Das Unternehmen ist zu 100 % in Familienbesitz, der Umsatz im Geschäftsjahr 2002/03 in Ö. betrug 393 Mio. Euro, die Zahl der Beschäftigten 2164.

Engelsberg, E. S. (Pseud. für Eduard Schön), * 23. 1. 1825 Engelsberg (Andělská Hora, CZ), † 27. 5. 1879 Deutsch-Jasnick (Jeseník nad Odrou, CZ), Komponist und Regierungsbeamter in Wien. V. a. seine Kompositionen für Männerchöre wurden bekannt.
Weitere Werke: Orchester-, Klavier- und Kammermusikwerke.

Engelszell, siehe → Engelhartszell.

Engelwerk, Opus Angelorum, relig. Sondergemeinschaft mit Sitz in St. Petersberg (Silz, Ti.), gegr. 1961 von Gabriele Bitterlich (1896–1978); vom Vatikan nicht anerkannt.
Literatur: H. Boberski, Das E., 1990.

Engert, Erasmus von, * 4. 2. 1796 Wien, † 14. 4. 1871 ebd., Landschafts-, Genre- und Porträtmaler. Studierte an der Wr. Akad. bei H. Maurer und A. Petter, Zeichenlehrer an der Ingenieur-Akad., 1833 Italienreise; tätig als Restaurator, Kopist und Museumskustos, ab 1857 Dir. der k. k. Gemäldegalerie im Belvedere. Relativ kleines Œuvre als Maler mit einfach komponierten, ruhigen Sujets ohne Theatralik und Pose.
Werk: Sammlungskat. der Gemäldegalerie im Belvedere, 1860.
Literatur: Wr. Biedermeier – Malerei zw. Wr. Kongreß und Revolution, Ausst.-Kat., Wien 1993.

Engerth, Eduard Ritter von, * 13. 5. 1818 Pleß (Pszczyna, PL), † 28. 7. 1897 Semmering (NÖ.), Porträt- und Historienmaler; Bruder des Maschinenbau-Ingenieurs Wilhelm Frh. v. → Engerth. Ab 1854 Dir. der Prager Akad.; Mitarbeit an den Fresken in der → Altlerchenfelder Kirche, ab 1865 Prof. an der Wr. Akad., ab 1871 Dir. der k. k. Gemäldegalerie im Belvedere. Ausgehend von der Romantik und beeinflusst von den Nazarenern, tendierte E. in seinem Spätwerk zu einer realist. Malerei.
Literatur: R. Engerth, E. R. v. E., Diss., Wien 1986; ders., E. R. v. E. (1818–97), 1994; R. Engerth (Hg.), E. v. E. 1818–1897, Ausst.-Kat., Wien 1997.

Engerth, Wilhelm Frh. von, * 26. 5. 1814 Pleß (Pszczyna, PL), † 4. 9. 1884 Leesdorf (Gem. Baden, NÖ.), Eisenbahn- und Maschinenbau-Ing.; Bruder von Eduard v. → Engerth. 1844 Prof. am → Joanneum in Graz, 1855 Zentraldir. der ö.-ungar. Staatseisenbahnges.; konstruierte 1853 die erste ö.-ungar. Gebirgslokomotive (für die → Semmeringbahn), förderte die Donauregulierung bei Wien und entwarf 1872 die Absperrrichtung (Schwimmtor) des Wr. Donaukanals, leitete 1873 als Chef-Ing. den Bau der Ausstellungshallen für die Wr. → Weltausstellung und setzte sich für die Durchtunnelung des Arlbergs ein.

Engerwitzdorf, OÖ., UU, Gem., 333 m, 7516 Ew., 41,08 km^2, stark wachsende Wohn- und Auspendlergem. mit vielfältiger Wirt.-Struktur nordöstl. von Linz nahe dem Zusammenfluss von Kleiner und Großer Gusen. Bez.-Seniorenheim, Zentrum der evang. Diakonie (Behindertenheim „Martinsstift", Behindertenwerkstätten), Truppenübungsplatz Außertreffling, Freizeitanlage, Freilichtmuseum „Pferdeeisenbahn" (in Bau). Sonnenkollektorenwerk, EDV-Betriebe (Chiperzeugung u. a.), Nahrungsmittelerzeugung, Maschinenbau. – Kirche (14. Jh.) mit spätgot. Kreuzrippengewölbe, Barockaltar und -kanzel (1770), Fresko (um 1500), neugot. evang. Kirche (erb. 1900–05), St.-Ägidi-Kirchlein (um 865) auf dem Hohenstein (prä-hist. Funde), Mahnmal für die Opfer der NS-Zeit (1990).
Literatur: G. Fitzinger u. a., Gallneukirchen. Ein Heimatbuch für die Gem. Gallneukirchen, E., Unterweitersdorf u. Alberndorf, 1982.

Enghaus, Christine (eigentl. Engehausen), * 9. 2. 1817 Braunschweig (D), † 29. 6. 1910 Wien, Schauspielerin; ab 1846 Ehefrau von F. → Hebbel. Als Schauspielerin am Wr. Burgtheater (1840–75) verkörperte sie bes. eindrucksvoll die dramat. Frauengestalten Hebbels.
Literatur: C. Seeger, C. Hebbel-E., Diss., Wien 1965.

Engländer, Richard, siehe → Altenberg, Peter.

Englisch, Lucie (eigentl. Aloisia Paula), * 8. 2. 1906 Baden (NÖ.), † 12. 10. 1965 Erlangen (D), (Film-)Schauspielerin. 1923–25 von M. → Reinhardt an das Theater in der Josefstadt in Wien engagiert, ab 1925 in Frankfurt a. M. und Berlin; mit dem Aufkommen des Tonfilms volkstüml. Rollen in über 100 dt.-sprach. Filmen.

Lucie Englisch mit R. Tauber im Film „Das lockende Ziel". Foto, 1930.

Englische Fräulein, „Institut der seligen Jungfrau Maria (IBMV)"; relig. Kongregation für die Erziehung und Seelsorge der weibl. Jugend, 1609/10 von der Engländerin Mary Ward zunächst als „Jesuitinnen", in Ö. seit 1706 Niederlassungen in St. Pölten (Mutterhaus und Schule), Krems (Schule, 1724) und Wien (Institutshaus); 2004 Umbenennung in „Congregatio Jesu".

Englische Komödianten, engl. Wandertruppen, die von Anfang bis Mitte des 17. Jh. auch in Ö. auftraten und oft stark verzerrte Stücke von W. Shakespeare, C. Marlowe und deren Zeitgenossen spielten; Spuren ihres Einflusses finden sich im Altwiener → Volkstheater.

English Theatre, siehe → Vienna's English Theatre.

Enikel (Enichel, Enenkel), Jans (eigentl. Jans Jansens Enkel), * zw. 1230 und 1240, † um 1290, Dichter und Chronist. Wr. Bürger; verfasste nach dem Vorbild ma. Chroniken um 1280 eine „Weltchronik" (30.000 Verse) und ein „Fürstenbuch" (Chronik der ö. Herrscher, v. a. der Babenbergerzeit, 4258 Verse). Beide Werke enthalten neben hist. Fakten zahlr. Geschichten und Anekdoten, in denen bereits vergangene ritterl.-höf. Werte und Normen verherrlicht werden.
Ausgabe: P. Strauch, Dt. Chroniken III, 1891.
Literatur: U. Liebertz-Grün, Das andere MA, 1984; R. G. Dunphy, The Presentation of Old Testament Material in J. E. Weltchronik, 1998.

Enk von der Burg, Michael, * 29. 1. 1788 Wien, † 11. 6. 1843 Melk (NÖ.; Selbstmord), Benediktiner, Schriftsteller, Lit.-Theoretiker. Befreundet mit E. v. → Feuchtersleben, A. → Stifter, F. → Grillparzer, E. v. → Bauernfeld und N. → Lenau. Verfasste die ästhetische Studie „Melpomene oder: Über das tragische Interesse" (1827) sowie diätetische Schriften (u. a. „Über die Freundschaft", 1840).

Weitere Werke: Über den Umgang mit uns selbst, 1829; Briefe über Goethes Faust, 1834; Studien über Lope de Vega, 1839. – Romane: Don Tiburzio, 1831; Dorats Tod, 1833.

ENNEMOSER, Josef, * 15. 11. 1787 Schönau (S-Ti.), † 19. 9. 1854 Egern (D), Arzt, Schriftsteller. 1809 Schreiber A. → Hofers und Leutnant der Passeirer Schützen; 1827–36 Prof. f. Anthropologie und Psychologie in Bonn; 1837–41 Arzt in Innsbruck, dann in München.
Literatur: K. Boegner (Hg.), J. E., 1980.

ENNÖCKL, Katharina, * 10. 10. 1789 Wien, † 20. 7. 1869 ebd., Volksschauspielerin; Ehefrau von A. → Bäuerle. 1804 Schauspieldebüt, ab 1808 Vorleserin bei Fürst W. A. → Kaunitz, 1813 Fortsetzung ihrer Theaterkarriere, 1814–29 am Leopoldstädter Theater in Wien, erfolgreich in Stücken A. Bäuerles und als Partnerin F. → Raimunds, unterlag aber dem neuen weibl. Bühnenstar T. → Krones.
Literatur: E. Futter, Die bedeutendsten Schauspielerinnen des Leopoldstädter Theaters in der Zeit von 1800 bis 1830, Diss., Wien 1965.

ENNS, südl. Nebenfluss der Donau, Hauptfluss der NW-Stmk.; Name von kelt. „Anisa", 254 km lang, ein typischer Wildwasserfluss der nördl. O-Alpen mit dem fünftgrößten Einzugsgebiet Ö. (6080 km²). An der Messstelle Ortskai in Steyr betrug die Durchflussmenge im Jahr 2000 215 m³/Sek. Die E. entspringt in den Radstädter Tauern in Sbg., fließt in einem von der Eiszeit geformten, teilweise versumpften Längstal an der Grenze zw. den Nördl. Kalkalpen und den Zentralalpen bis zur Paltenmündung, erreicht am Mandlingpass die Stmk. und durchbricht zw. Admont und Hieflau in der ca. 15 km langen Schlucht des Gesäuses den Kalkalpenstock der → Ennstaler Alpen. Danach biegt die E. nach N ab, fließt ab der Einmündung des Laußabachs auf oö. Gebiet und bildet nördl. von Steyr die Grenze zw. OÖ. und NÖ., wo sie das Alpenvorland erreicht (daher die alten Namen „Ö. ob der E." und „Ö. unter der E.") und bei Mauthausen in die Donau mündet. Mitte des 19. Jh. wurde die Regulierung der rd. 70 km langen Strecke zw. Weißenbach b. Haus und dem Gesäuse begonnen, um durch die Trockenlegung der Talböden land- und forstwirt. Nutzflächen zu erhalten. Bereits bis 1939 war der Flusslauf um 19 km verkürzt worden. Im unteren E.-Tal errichtete die Ennskraftwerke AG (→ Ennskraft) 10 Laufkraftwerke (Schönau, Weyer, Großraming, Losenstein, Ternberg, Rosenau, Garsten-St. Ulrich, Staning, Mühlrading und St. Pantaleon). Die Gesamterzeugung dieser 10 Kraftwerke mit Schwellbetrieb betrug 2002 rd. 1,8 Mrd. kWh. Hauptorte des E.-Tals: in Sbg. Radstadt; in der Stmk. Schladming, Gröbming, Liezen, Selzthal und Admont; in OÖ. Großraming, Ternberg, Garsten, Steyr und Enns. Durch das obere Ennstal verläuft die Tauernautobahn A 10.

ENNS, OÖ., LL, Stadt, 281 m, 10.611 Ew., 33,29 km², südl. der Einmündung der Enns in die Donau, an der Grenze zu NÖ. – Bez.-Ger., BH, Gebietskrankenkasse, Garnison (Towarek-Kaserne), Heeresunteroffiziersakad., Krankenhaus, Kinderheim, Hafen; 2001 rd. 43 % aller Beschäftigten in Gewerbe und Ind. tätig:

Enns: Kolorierter Holzschnitt von G. Hufnagl. 1617.

Schmuckerzeugung (Gablonzer Glas- und Bijouteriewaren), Galvanowerke, Erzeugung von Maschinen und Präzisionszahnrädern, Holzverarbeitung, daneben v. a. neue Handelsbetriebe (Verteilerzentrum W-Ö. einer Drogeriekette, „Auszeichnungsanlage" einer großen Bekleidungskette). Seit Schließung der Zuckerfabrik (1988) und der chem. Ind. Phase massiver wirt. Umstrukturierung, Neuansiedlung zahlr. kleinerer Gewerbebetriebe eines breiten Branchenspektrums. In der Nähe das Donaukraftwerk Abwinden-Asten (1978).

Besiedlung des Raums von E. seit der Jungsteinzeit. In der Katastralgem. → Lorch röm. Stadt → Lauriacum und Pfarrkirche St. Laurenz (Basilika Minor); um 900 E.-Burg als Grenzfestung gegen die Magyaren am li. Ufer der Enns, ab dem 12. Jh. Handelszentrum, ältestes Stadtrecht Ö. 1212. Ma. Stadtummauerung mit Türmen weitgehend erhalten, Frauenturm mit Johanniterkapelle (Fresken 14. Jh.). 59 m hoher Stadtturm (1564–68); Bürgerhäuser im Kern got. mit Fassaden der Renaiss. (Arkadenhöfe) und des Barock; im alten Rathaus (1547) Stadtmus. (u. a. röm. und prähist. Smlg.). Pfarrkirche St. Marien (ehem. Minoritenkirche), zweischiffige Hallenkirche (1276–2. Hälfte 15. Jh., Chorfenster von M. Prachensky, 1975) mit Wallseer-Kapelle (um 1340–45) und got. Kreuzgang; Bürgerspitalskirche, roman.-got. Kern, Anbau um 1750 (heute evang. Pfarrkirche); Schloss Ennsegg (1566–69), Baugruppe mit Eckturm und Treppenturm, im 18. und 19. Jh. umgebaut und erweitert, Schlosskapelle.

Enns: Stadtturm.

Literatur: Ö. Städtebuch, Bd. I, OÖ., 1968; H. u. G. Kneifel (Hg.), Mein E., 1988; W. Katzinger u. a., Geschichte von E., 1996; A. Hudec, Kirchenführer E.-St. Marien, 1998.

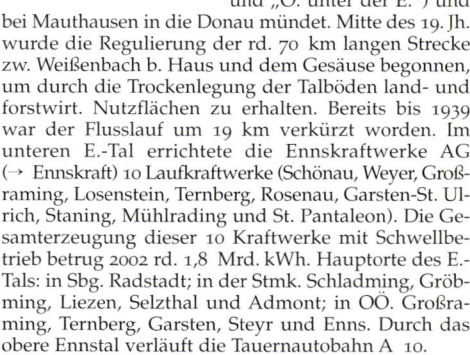

Enns zwischen Admont und Hieflau.

Enns.

Enns.

Entdeckungen und Forschungsreisen

Ennstal: Heuhütten bei Irdning.

ENNSDORF, NÖ., AM, Gem., 250 m, 2362 Ew., 7,69 km², wichtiger Wirt.-Standort (Gewerbe und Ind.) am O-Ufer der Enns gegenüber der Stadt Enns. Maschinenbau, Großhandel. – Galgenkreuz (18. Jh.), Kapellenbildstock (2. Hälfte 19. Jh.), Gasthof Stöckler mit kunstvoll geschmiedeten spätbarocken Fensterkörben und eingemauerten Kanonenkugeln des napoleonischen Heers von 1809.

ENNSKRAFT, ENNSKRAFTWERKE AG, 1947 als Sonderges. im Sinne des 2. Verstaatlichungsgesetzes (→ Verstaatlichung) gegr., je zur Hälfte im Besitz der → Energie AG Oberösterreich und der Verbundges. (→ Verbundkonzern); betreibt 10 Wasserkraftwerke an der Enns und 2 an der Steyr mit einer Engpassleistung von 412 MW und einem Regelarbeitsvermögen von 1800 GWh jährlich im Laufwerksbetrieb. Im Schwellbetrieb wird wertvolle Spitzenenergie erzeugt. Die E. betreibt auch ein Informationszentrum in Staning zum Thema „Energie und Umwelt" und das Ennsmus. Weyer. Seit 1994 werden die Trinkwassergewinnungsmöglichkeiten im Ennstal untersucht.

Ennstaler Alpen.

ENNSTALER ALPEN, Gebirgslandschaft der Nördl. Kalkalpen in der Ober-Stmk. Die E. A. umfassen das → Gesäuse und die → Eisenerzer Alpen und setzen sich in NW jenseits des tiefen Einschnitts des Buchauer Sattels in den → Haller Mauern nach OÖ. fort. Ein Paradies für geübte Bergsteiger. Die höchste Erhebung der E. A., das Hochtor (2369 m), liegt südl. der Enns. Weitere z. T. schwierige Kletterberge sind: Planspitze (2117 m), Ödstein (2335 m) mit der berühmten 800 m hohen „Ödsteinkante" (NW-Kante), Reichenstein (2251 m); nördl. der Enns: Großer Buchstein (2224 m), Tamischbachturm (2035 m). Schutzhütten: Buchsteinhaus (1571 m), Ennstaler Hütte (1544 m); Heß-Hütte (1699 m); Oberst-Klinke-Hütte (1486 m); Mödlinger Hütte (1523 m).

ENS, Faustin, * Febr. 1772 Breisach (D), † 5. 3. 1858 Bregenz (Vbg.), Schriftsteller. Ab 1844 Gymn.-Lehrer in Bregenz, gründete 1857 den Vbg. Landesmuseumsverein.

ENSEMBLETHEATER, Wr. Theatergruppe, 1968 von D. → Haspel und anderen als „Café Theater" gegr., spielte ab 1973 gem. mit H. → Gratzers Gruppe „Werkstatt" im Theater am Kärntnertor; nach einem Intermezzo im Konzerthauskeller bezog die Gruppe 1982 das Theater am Petersplatz in Wien 1. Schwergewicht ursprünglich auf Erstaufführungen und der Arbeit mit jungen ö. Autoren, heute auf Stücken der klass. Moderne und Texten aus Umbruchszeiten. Aus dem Ensemble gingen u. a. L. → Resetarits, E. → Steinhauer, M. Scheday, J. Krisch und R. Hunger-Bühler hervor; Leiter des E. ist D. → Haspel.

ENTDECKUNGEN UND FORSCHUNGSREISEN: An der Erforschung der Erde und der Erweiterung der Kenntnisse über fremde Völker und Kulturen waren viele Österreicher maßgeblich beteiligt. Zur Zeit der ö.-ungar. Monarchie wurden Forschungsreisen auch auf See durchgeführt. Von großer Bedeutung war die von der ö. Marine organisierte Weltreise der Fregatte „Novara" (1857–59; → Novara-Expedition). Ihre Untersuchungen der Meere – bes. des südl. Pazifik – und der maritimen Meteorologie gaben den Anstoß zu ozeanograph. Forschungen. Der Polarforscher J. v. → Payer entdeckte 1870 den Franz-Josef-Fjord in NO-Grönland. Gemeinsam mit K. → Weyprecht erreichte er auf einer ö.-ungar. → Nordpolexpedition das → Franz-Joseph-Land im Nördl. Eismeer. Weyprecht regte die Abhaltung internat. Polarjahre an und legte so den Grundstein zur systemat. Polarforschung. A. → Wegener schloss an diese Tradition an und führte umfangreiche Untersuchungen in Grönland durch.

Viele kleinere „weiße Flecken" verschwanden von der Landkarte nach mühe- und gefahrvollen Reisen von ö. Forschern. Um 1850 machte Ida → Pfeiffer ohne Begleitung 3 Weltreisen, auf denen sie auch in Gebiete kam, die vor ihr noch kein Europäer betreten hatte. A. → Sprenger lebte ab 1843 in Indien, wo er sich v. a. mit der islam. Kultur und der Sprache Urdu beschäftigte. In O-Afrika entdeckten 1888 S. Gf. Teleki und L. v. → Höhnel den Rudolf- und den Stephaniesee. Der Österreicher O. → Baumann fand 1892/93 – erst 28 Jahre alt – die lang gesuchte Nilquelle (als Ursprung des Kagera). In Neuseeland tragen der „Hochstetter-Dom" (F. v. → Hochstetter) und im südl. Australien das Kap Bauer (F. L. → Bauer) Namen von ö. Forschern.

Bes. groß ist die Zahl der Reisen und Entdeckungen von Österreichern in den Hochgebirgen der Welt (Himalaja, Karakorum, Kaukasus, Anden und den Gipfeln O-Afrikas). H. → Harrer verbrachte 7 Jahre in Tibet, H. → Tichy durchwanderte weite Gebiete des Himalaja. Beide Reisende machten in populären Büchern das „Dach der Welt" einem breiten Publikum bekannt. Ö. Völkerkundler (→ Völkerkunde) leisteten einen umfangreichen Beitrag in der Dokumentation und Erforschung fremder Kulturen. Schon im 17. und 18. Jh. berichteten ö. → Missionare vom Leben fremder Völker in den damaligen span. Kolonien (S-Amerika, Philippinen usw.). Sie erlernten die Sprache der Einheimischen und zeichneten deren Lebensweise auf. Im 20. Jh. sandte der Orden Societas Verbi Divini (→ Missionshaus St. Gabriel) Missionare aus, die auch als Völkerkundler ausgebildet waren. M. → Gusinde beschrieb das Leben und die Glaubensvorstellungen der Bewohner Feuerlands, P. → Schebesta lebte und forschte lange Zeit bei den Zwergvölkern in Afrika und SO-Asien.

Wiss. Forschungsinteressen führten Etta → Becker-Donner als allein reisende Frau zu unbekannten schwarzen Kulturen in Afrika und zu den Indianern im Inneren Brasiliens. R. v. → Heine-Geldern doku-

Entdeckungen: Im Packeis der Arktis. Gemälde von J. v. Payer, 1874 (Heeresgeschichtliches Museum, Wien).

mentierte als Spezialist für SO-Asien weltweite Kulturbeziehungen. René de → Nebesky-Wojkowitz leistete grundlegende Arbeiten zur Erforschung des tibet. Bergkultes im Himalaja.
Dazu kamen noch eine Vielzahl von Reisenden und Forschern, die dazu beitrugen, das Bild der Welt und deren Bewohner immer vollständiger zu zeichnen.
Literatur: H. Hassinger, Ö. Anteil an der Erforschung der Erde, 1949; O. Marschalek, Ö. Forscher, 1949.

ENTEIGNUNG, in öffentl. Interesse erfolgende teilw. oder gänzl. Entziehung des Eigentums gegen Entschädigung (allg. § 365 ABGB); seit 1867 lässt Art. 5 Staatsgrundgesetz eine E. nur nach bes. gesetzl. Bestimmungen zu. Es ergingen daher zahlr. Sondergesetze, richtungsweisend war das Eisenbahn-E.-Gesetz 1878.
Literatur: R. Walter u. H. Mayer, Grundriß des ö. BVerf.-Rechts, ²2000.

ENTNAZIFIZIERUNG: Nach der militär. Kapitulation des Dt. Reichs 1945 stand Ö. vor dem Problem, wie es mit den ehem. Nationalsozialisten (→ Nationalsozialismus) umgehen sollte. Am 8. 5. 1945 erließ die Provisor. Staatsregierung ein Gesetz, das die NSDAP und alle ihr angeschlossenen Organisationen verbot (Verbots- und Kriegsverbrechergesetz). Alle Personen, die zw. 1. 7. 1933 und 27. 4. 1945 Mitgl. der NSDAP oder eines ihrer Verbände (SS, SA, NSKK, NSFK u. a.) waren, mussten sich registrieren lassen und waren vom Wahlrecht bei den Nationalratswahlen 1945 ausgeschlossen. 1946 beschloss der Nationalrat das Nationalsozialistengesetz, das die registrierten 524.000 Nat.-Soz. in Kriegsverbrecher, Belastete und Minderbelastete („Mitläufer") einteilte. → Volksgerichte verhängten 43 Todesurteile und Freiheitsstrafen im Ausmaß von insges. 30.000 Jahren über leitende NS-Funktionäre. Die ca. 480.000 Minderbelasteten (1947) hatten u. a. Sühneabgaben zu leisten; 170.000 Personen wurden – z. T. nur vorübergehend – aus dem öffentl. Dienst und privaten Unternehmen entlassen. ÖVP und SPÖ versuchten schon früh, bei den alliierten Besatzungsmächten (→ Besatzung 1945–55) eine Lockerung der Bestimmungen für die Mitläufer zu erreichen, die oft nur aus Sorge um die Existenz oder durch polit. Verführung zu Nat.-Soz. geworden waren. Kritik richtete sich darüber hinaus insbes. gegen den Entzug von Fachkräften für den wirt. Wiederaufbau und die Verhinderung der unumgängl. polit. Reintegration der ehem. Nat.-Soz. 1948 verabschiedete der Nationalrat schließlich eine Amnestie für die Minderbelasteten, die damit bei den Nationalratswahlen 1949 wieder stimmberechtigt waren. Zugleich ermöglichte man die Kandidatur des → Verbandes der Unabhängigen (VdU), der vehement gegen das Nat.-Soz.-Gesetz auftrat und sich in der Folge zum Sammelbecken des nationalen Lagers entwickelte. Viele Belastete wurden in den Folgejahren durch den Bundespräs. begnadigt; 1957 erfolgte die generelle Amnestie.
Literatur: D. Stiefel, E. in Ö., 1981.

ENTSORGUNGSBETRIEBE SIMMERING GMBH. & CO. KG, EBS, gegr. 1976, betreibt die Wr. Hauptkläranlage; rd. 130 Beschäftigte (2003).

ENTWICKLUNGSHILFE (Entwicklungszusammenarbeit), Bezeichnung für alle privaten und öffentl. Maßnahmen zur Unterstützung und Förderung der wirt. und soz. Entwicklung der Entwicklungsländer. Rechtl. Grundlage der öffentl. E. ist das E.-Gesetz 1974. In Ö. setzt sich die öffentl. E. aus bilateralen Leistungen (Finanzierung von Projekten und Studienplätzen, Flüchtlings-, Nahrungsmittel-, und Katastrophenhilfe) und Krediten (Finanzhilfedarlehen, Weltbank-Kofinanzierung u. a.) sowie multilateralen Leistungen (Zuschüsse an multilaterale Organisationen) zusammen. 2002 betrug die Gesamtsumme der öffentl. E. 551,95 Mio. Euro bzw. 0,26 % des Bruttonationalprodukts. Es entfielen ca. 37,5 Mio. Euro an Programm- und Projekthilfe auf folgende Schwerpunkt- (Äthiopien, Burkina Faso, Kap Verde, Mosambik, Ruanda, Uganda, Nikaragua und Bhutan) und Kooperationsländer (Burundi, Kenia, Namibia, Senegal, Südafrika, Simbabwe, Tansania, Nepal, Pakistan, Guatemala, Costa Rica und El Salvador). Im internat. Vergleich liegen die öffentl. E.-Leistungen Ö. im Schnitt der 21 OECD-Länder. Es gibt in Ö. auch zahlreiche private Einrichtungen der E., die teilweise für die Durchführung ihrer Projekte von der öffentl. Hand gefördert werden (OED, OÄD, Südwind-Agentur, ÖFSE, AGEZ usw.) sowie ein großes Engagement der Kirchen (Dreikönigsaktion, Christoffel-Blindenmission usw.). Ö. beteiligt sich im Rahmen der Ostzusammenarbeit auch an der Unterstützung der Reformländer Ost- und Südosteuropas.
Literatur: Ö. Forschungsstiftung für Entwicklungshilfe, Ö. Entwicklungspolitik. Berichte, Analysen, Informationen, 2002; B. d. A. F. Gomes u. a. (Hg.), Die Praxis der Entwicklungszusammenarbeit, 2003.

ENZENBERG, Adelsfamilie, seit dem 17. Jh. in Ö. (Ti.) ansässig. Seit 1847 besitzen die E. Schloss → Tratzberg in Stans (Ti.) und ein Palais in Schwaz. Zu den bedeutendsten Mitgl. der Familie zählten u. a.: Arthur Gf. → Enzenberg, Franz Josef Gf. → Enzenberg, Sophie Amalie Gräfin → Enzenberg.

Enzenberg: Schloss Tratzberg, Ti.

ENZENBERG, Arthur Graf, * 27. 7. 1841 Innsbruck (Ti.), † 4. 1. 1925 ebd., Beamter. Zuletzt bis 1892 Sektionschef im Min. f. Cultus u. Unterr.; machte sich um den Denkmalschutz in Ti. verdient. Seine Münz-Smlg. befindet sich im Landesmuseum Ferdinandeum.

ENZENBERG, Franz Josef Graf, * 8. 5. 1747 Bozen (S-Ti.), † 24. 7. 1821 Singen (D), Jurist. 1791–1821 Präs. des Appellationsgerichts Klagenfurt (zeitw. von Venedig); Oberhofmeister von Erzherzogin Maria Anna.

ENZENBERG, Sophie Amalie Gräfin (geb. Baronin Schrack), * 1707, † 1788. Wurde 1745 Hofdame bei Maria Theresia, die ihre Vermählung mit Kassian I. Gf. E., dem späteren Präs. des Innsbrucker Guberniums, betrieb. Stand in regem Briefwechsel mit Maria Theresia.

ENZENKIRCHEN, OÖ., SD, Gem., 373 m, 1755 Ew., 23,3 km², landw.-gewerbl. Gem. am Pfudabach. Heimatmuseum; Handel. – Urk. 1130, got. Pfarrkirche hl. Nikolaus (erb. 15. Jh., barockisiert) mit Turm aus dem 17. Jh. und Spätrokokokanzel.

ENZENREITH, NÖ., NK, Gem., 450 m, 1909 Ew., 9,21 km², Wohngem. mit Gewerbe südöstl. von Gloggnitz zw. Schwarza und Raachberg. Bergbau- und Heimatmuseum; Metallerzeugnisse. – Bergfriedhof (seit 1904); Köttlach: Kirche hl. Florian (erb. 1891/93).

ENZERSDORF AN DER FISCHA, NÖ., BL, Markt, 160 m, 2663 Ew., 31,39 km², Ind.- und Gewerbegem. an der Fischa. Papierind., Metallerzeugnisse, Nahrungsmittelerzeugung. – Urk. 1556/87 Markt, Pfarrkirche (roman. Chorturmkirche mit barockem Langhaus) mit Barockeinrichtung, schöne Kreuzigungsgruppe (um 1700), Gem.-Amt (Kern 17. Jh., Fassade 18. Jh.)), „Polsterer"-Mühle (19./20. Jh.) mit schöner Gartenanlage, Dreifaltigkeitssäule (1721).

ENZERSFELD, NÖ., KO, Gem., 186 m, 1434 Ew., 9,84 km², Wohngem. mit Weinbau und Gewerbe nahe der nördl. Wr. Stadtgrenze. – Romantisierend-secessionist. Kirche (1908/09) mit secessionist. Ausstattung und barockem Marienaltar; Königsbrunn: urk. 1150, 1945 zerstörte, 1953–56 rekonstruierte roman. Saalkirche mit Wandmalereien (frühes 13. Jh.).

ENZESFELD-LINDABRUNN, NÖ., BN, Markt, 314 m, 4020 Ew., 15,78 km², Ind.- und Gewerbemarkt am Austritt der Triesting aus den Ausläufern der Alpen ins Wr. Becken, westl. von Leobersdorf. – Erholungszentrum L., Golfplatz, Sportschule (Fußball). Gewerbe, Ind. und Bauwesen (rd. 2 Drittel der Beschäftigten 2001): Metallwerk, Herstellung von Getränkedosen und Motoren für Modellflugzeuge. – Pfarrkirche aus roman., spätgot. und spätbarock-klassizistischen Bauteilen. Schloss, zweigeschossige Anlage (Bergfried 12. Jh.) im 16. und Ende des 18. Jh. umgebaut, 1882 restauriert. Bildhauersymposion.
Literatur: A. Schabes, E.-L. von der ältesten Zeit bis zur Gegenwart, 1981.

ENZIAN: In Ö. gibt es 20 wild wachsende E.-Arten (weltweit 360 Arten). Der bekannteste ist der Koch-E. (Silikat-Glocken-E.)/Gentiana acaulis (Gentiana kochiana); er wächst in bodensauren alpinen Rasen. Sein nächster Verwandter ist der Clusius-E. (Kalk-Glocken-E.)/Gentiana clusii; ihn findet man ebenfalls in alpinen Rasen, jedoch nur auf kalkreichen Böden. Er wächst aber auch – als Glazialrelikt (Überbleibsel der letzten Eiszeit) – in den Föhrenwäldern der Kalkvoralpen über Dolomitgestein. Die große Popularität dieser beiden Arten ist jungen Datums: sie ist eine Folge des Alpen-Tourismus seit dem 19. Jh. Diese beiden E. sind nämlich volksmedizin. und volkskundl. bedeutungslos, wurden daher früher kaum beachtet.
Der Name E. bezieht sich in Pharmazie und Volksbotanik (und auch in der botan. Nomenklatur) vielmehr auf eine ganz andere, im Erscheinungsbild sehr verschiedene Art, und zwar auf den Gelb-E./Gentiana lutea, eine hochwüchsige Staude mit zitrongelben Blüten (5–7, fast bis zum Grund reichenden Kronzipfeln, daher gar nicht „enzian-ähnlich"!), die als Arzneipflanze seit alter Zeit in hohem Ansehen steht. Dem Gelb-E. verdankt – nach dem Zeugnis antiker Autoren – die Gattung auch ihren Namen: Diese medizinelle Art ist dem heilkräuterkundigen illyr. König Genthios, Herrscher der Labeaten in Skodra (Albanien), gewidmet. Aus altgriech. gentiánē entstand über lat. gentiāna unser Wort E. Aus Wurzelstock und Wurzeln des Gelb-E. wird auch heute noch der – in Ö. gleichfalls populäre

– „E.-Schnaps" zubereitet, eine sehr bittere, dennoch beliebte verdauungsfördernde Medizin (offizinell: „Gentianae radix"), die am häufigsten verwendete Bitterstoffdroge.
Der Gelb-E. ist in Ö. selten, er wächst auf kalkreichen Böden, und zwar nur in Vbg., im westl. N-Ti. und im südwestl. Kä. Viel weiter verbreitet, auf sauren Böden, ist der Punkte-E./Gentiana punctata, der sich durch eine glockenförmige, blassgelbe, braun punktierte Krone unterscheidet. Weitere nah verwandte Arten sind der O-Alpen-E./Gentiana pannonica (Blumenkrone trüb purpurlila) und der Purpur-E./Gentiana purpurea (in Ö. nur in Vbg. und im westl. N-Tirol). Alle diese 4 Hochstauden-E. wurden (insbes. früher) für Kräuterschnaps und Bitterliköre verwendet.

Punkte-Enzian.

Die übrigen ö. E.-Arten haben – mit Ausnahme des cremeweiß blühenden Kälte-E./Gentiana frigida, einer Besonderheit der Niederen Tauern, die sonst nur noch in den S-Karpaten vorkommt – blaue Blüten, sind aber sonst, in Gestalt und Wuchsform, recht verschieden. Verhältnismäßig häufig ist der prächtige Schwalbenwurz-E./Gentiana asclepiadea in den Bergwäldern. V. a. auf Bergwiesen, wenn auch nicht häufig, trifft man den Kreuz-E./Gentiana cruciata (Blüten 4-zählig). Eine heute stark gefährdete Seltenheit der Feuchtwiesen ist der Lungen-E./Gentiana pneumonanthe. Einst auch in Magerwiesen niederer Lagen anzutreffen war der kleinwüchsige Frühlings-E./Gentiana verna. Mit ihm nah verwandt sind u. a. die ausgesprochenen Hochgebirgs-Arten Kurzblatt- und Rundblatt-E./Gentiana brachyphylla und Gentiana orbicularis. An Feuchtstellen im Gebirge wächst der Bayern-E./Gentiana bavarica (der auch höchste Gipfel erklimmen kann, dabei immer kleiner wird). Nur in den S-Alpen gibt es Triglav-E./Gentiana terglouensis und Karawanken-E./Gentiana froelichii, Letzterer ein Endemit der SO-Alpen (nur in den östl. Karawanken und den anschließenden Steiner Alpen/Savinjske Alpe). Übrigens gibt es auch 2 einjährige Arten, Schnee- und Schlauch-E./Gentiana nivalis und Gentiana utriculosa. Verwandte des E. (ebenfalls zur Familie der E.-Gewächse/Gentianaceae gehörend) sind u. a. Fransenenzian/Gentianopsis ciliata, Kranzenzian/Gentianella (einjährig, 8 Arten in Ö.), Haarschlund/Comastoma (2 Arten, im Hochgebirge), Tauernblümchen/ Lomatogonium carinthiacum, Tarant/Swertia perennis und Tausenguldenkraut/Centaurium (3 Arten). Alle E.-Gewächse schmecken stark bitter und werden vom Weidevieh gemieden („Almunkraut").

Ostalpen-Enzian.

EPHESOS, ehem. Metropole der röm. Provinz Asia an der Küste des Ägäischen Meeres, südl. von Izmir. Dort führt (nach brit. Vorarbeiten zw. 1863 und 1883 sowie 1904/05) das → Österreichische Archäologische Institut seit 1895, unterstützt durch die Ö. Akad. d. Wiss. und den Fonds zur Förderung d. wiss. Forschung in Ö. Ausgrabungen und Forschungen durch (1895–1913) unter der Leitung von F. A. O. → Benndorf und R.

Ephesos: Celsus-Bibliothek.

Heberdey, 1926–35 J. → Keil, 1954–58 F. → Miltner, 1960–68 F. Eichler, 1969–86 H. → Vetters, 1986–92 G. Langmann, 1993–98 S. Karwiese, seit 1999 F. Krinzinger). Es wurden v. a. Teile der römerzeitl. und spätantiken Epochen (Märkte, Straßen, Bäder, Tempel, Wohnhäuser, Bibl., Theater, Stadion, Brunnenhäuser, Grabmonumente, Friedhöfe, Kirchen), im Artemision jedoch auch Reste aus dem 9. Jh. v. Chr. freigelegt.

Literatur: W. Oberleitner u. E. Lessing, E., 1978; W. Oberleitner, Funde aus E. und Samothrake, 1978; Ö. Akad. d. Wiss. u. Ö. archäolog. Inst. (Hg.), Die Inschriften von E., 1979 ff.; A. Bammer, E., Stadt an Fluß und Meer, 1988; W. Elliger, E., 1985; S. Karwiese, Groß ist die Artemis der Ephesier, 1995; G. Wiplinger u. G. Wlach, E. 100 Jahre ö. Forschungen, ²1996; F. Krinzinger (Hg.), Das Hanghaus 2 von E., 2002; G. V. Klebinder, Bronzefunde aus dem Artemision von E., Diss., Salzburg 2002.

Epigraphik, wiss. Disziplin zur Sammlung, Erforschung und Edition von Inschriften (Bau- und Gedenkinschriften, auf Grabdenkmälern, Glasfenstern und Glocken, im Rahmen von Fresken usw.). Die Forschungsgebiete der antiken und frühchristl. Inschriften bilden relativ geschlossene Wissenschaftsdisziplinen, die E. des MA und der Neuzeit befindet sich im Aufbau. Dem vielfältigen hist. Quellenwert von Inschriften entsprechend ist der Forschungsansatz der E. interdisziplinär (Schriftkunde, Kunstgeschichte, Geschichte, Sprachwiss., Volkskunde usw.). Mit der Sammlung, dem Aufbau eines wiss. Bildarchivs („Sicherheitsverfilmung") und der Edition der ma. und frühneuzeitl. Inschriften Ö. und S-Ti. ist das Inst. f. MA-Forschung, Arbeitsstelle Inschriften, der Ö. Akad. d. Wiss. befasst. Im interakad. Zusammenwirken mit den Inschriftenkommissionen aller ö. Akademien wird an der großen Editionsreihe „Die Dt. Inschriften" gearbeitet. In deren Wr. Reihe sind bisher die Bände 1 (Bgld.), 2/1 (Kä.: Spittal a. d. Drau und Hermagor), 3/1 (NÖ.: Amstetten und Scheibbs) und 3/2 (NÖ.: Wr. Neustadt) erschienen, Bde. über Kä. (St. Veit a. d. Glan), NÖ. (Krems-Land), OÖ. (Rohrbach, Urfahr-Umgebung), Stmk. (Hartberg, Weiz), Ti. (Landeck, Imst, Reutte) und Wien (St. Stephan) sind dzt. (2004) in Bearbeitung.

Literatur: W. Koch (Hg.), Epigraphik, 1982; ders. (Hg.), Epigraphik, 1988.

Epp, Elisabeth (geb. Eschbaum), * 26. 1. 1910 Köln (D), † 29. 10. 2000 Wien, Schauspielerin; Ehefrau von Leon → Epp. 1929 von O. → Preminger nach Wien geholt, wo sie 1937/38 im Neuen Wr. Schauspielhaus (der heutigen Volksoper) und 1945–51 in dem von ihr und ihrem Mann gegr. Theater „Die Insel" spielte; 1953–89 Ensemblemitgl. des Wr. → Volkstheaters.

Werke: Leon Epp. Leben und Arbeit, 1974; Erinnerungen. Aufzeichnungen eines Theaterlebens, 2000.

Epp, Leon, * 29. 5. 1905 Wien, † 21. 12. 1968 Eisenstadt (Bgld.), Schauspieler, Regisseur und Theater-Dir.; Ehemann von Elisabeth → Epp. Nach Schauspieltätigkeit in Teplitz-Schönau und an dt. Bühnen gründete E. 1937 das Theater „Die Insel", das 1938 geschlossen werden musste. 1939–41 Leiter der „Komödie", dann bis 1944 Oberspielleiter in Bochum und Graz, 1945–51 neuerlich Leiter der „Insel". 1948/49 Dir. des Wr. Renaissancetheaters und 1952–68 Dir. des Wr. Volkstheaters. Mit seinem Leitspruch „Man muss es wagen" prägte E. den Theaterstil nach 1945, indem er insbes. moderne Dramen auf die Bühne brachte. 1954 initiierte er die Aktion → „Volkstheater in den Außenbezirken". J.-Kainz-Medaille.

Literatur: K. Breitenecker, Es muß gewagt werden, Diss., Wien 1991; A. Eder, Theater Die Insel in der Komödie, Ausst.-Kat., Wien 1998; Es muß gewagt sein, L. E., 1905–1968, hg. v. Volkstheater, 1999.

Eppan, Grafen von, Hochadelsgeschlecht, mit den Welfen verwandt. Das im 12. Jh. mächtigste Geschlecht S-Ti. nannte sich ab 1116 nach der bei Kaltern stehenden Burg. Machtzentrum war die gleichnamige Grafschaft um Bozen, am rechten Etschufer von Kaltern nordwärts bis gegen Meran mit Einschluss des Ultentals. Die Grafschaft um Bozen fiel nach dem Tod des Grafen Ulrich von E. und Ulten im Kampf gegen Gf. → Albert III. von Ti. 1248 an die Grafen von Ti.

Eppenstein, Stmk., JU, Gem., 720 m, 1371 Ew., 57,53 km², land- und forstw. Gem. im Tal des Granitzenbachs südöstl. von Judenburg. Holzverarbeitung. – Alter Eisenhammerort; Burgruine (urk. 1160, Umbauten 15. Jh., seit 16. Jh. in Verfall); Schloss Neu-E. (16. Jh., im 18. Jh. erweitert); ehem. Hammerherrenhaus (um 1790 erb.)

Eppensteiner, Hochadelsgeschlecht des 11.–12. Jh. in Kä. und der Stmk. Nannte sich nach der Burg bei Judenburg (jetzt Ruine). Die E. wanderten aus Bayern ein und ließen sich in Judenburg nieder. Markwart (vor 970–ca. 995) war erster Markgraf der Mark an der Mur (Stmk.) mit der Hengistburg als Zentrum, mit dieser waren 4 obersteir. Grafschaften verbunden. Sein Sohn → Adalbero I., der sich im Rodungsgebiet einen großen Besitz erworben hatte – ca. 995 Markgraf, 1012 Hzg. von Kä. –, wurde 1035 abgesetzt und starb 1039. Liutpold († 1090) wurde 1077 von Heinrich IV. mit dem Herzogtum Kä. und der Mark Verona belehnt. Er und sein Bruder Heinrich wollten die Macht gegen Bamberg und Sbg. sowie nach Istrien, Aquileia und Krain erweitern. Sie gründeten zw. 1096 und 1103 das Kloster St. Lambrecht. Nach Heinrichs Tod erlosch das Geschlecht 1122, der Allodialbesitz in der Ober-Stmk. fiel an seinen Schwager, den Traungauer → Otakar II. († 1122) bzw. dessen Sohn Leopold I. den Starken. Kä. gelangte an die → Sponheimer Grafen, mit denen die E. ebenfalls durch Ehen verbunden waren. Erbe war des letzten E. Patenkind Heinrich; nach dessen Tod 1123 wurde der älteste Bruder Hzg. von Kä.

Literatur: G. Pferschy (Hg.), Das Werden der Stmk., 1980.

Eppinger, Hans sen., * 17. 12. 1846 Karolinenthal b. Prag (CZ), † 12. 8. 1916 Graz (Stmk.), Pathologe; Vater von Hans → Eppinger jun. 1875 Univ.-Prof. in Prag, ab 1882 in Graz; arbeitete v. a. über Bakteriologie („Hadernkrankheit"), Schlagadergeschwülste und angeborene Krankheiten des Herzens.

Werke: Patholog. Anatomie des Larynx und der Trachea, 1880; Die Hadernkrankheit als typischer Inhalationsmilzbrand, 1894. Literatur: NDB.

Eppinger, Hans jun., * 5. 1. 1879 Prag (CZ), † 25. 9. 1946 Wien, Internist; Sohn von Hans → Eppinger sen. Univ.-Prof. in Freiburg i. Breisgau, Köln und Wien. Sein Lebenswerk galt der Erforschung von Leberkrankheiten und Kreislaufstörungen, er gründete die I. Medizin. Univ.-Klinik in Wien und schuf die Permeabilitätspathologie. 1936 wurde er anlässlich einer Erkrankung J. Stalins nach Moskau berufen und war nach 1945, obwohl seiner Stellung als Vorstand der Klinik enthoben, Vertrauensarzt des sowjet. Oberkommandos.

Werke: Versagen des Kreislaufs, 1927; Seröse Entzündung, 1936; Leberpathologie, 1937.

Literatur: I. Fischer (Hg.), Biograph. Lexikon der hervorrag. Ärzte der letzten 50 Jahre, Bd. 1, 1932; ÖBL.

Epstein, Gustav Ritter von, * 1827 Prag (CZ), † 23. 9. 1879 Wien, Bankier. Führte bis 1854 die väterl. Baumwollfabriken in Böhmen; gründete und leitete eine Privatbank in Wien; Dir. der „priviligierten Ö. Nationalbank" und Vize-Präs. der „k. k. privileg. Ö.-Oriental. Bank" in Triest; ließ 1868–71 von dem Architekten T. Frh. v. → Hansen das Palais E. als Bank- und Wohngebäude am Dr.-Karl-Renner-Ring erbauen (1922–38 und 1958–2001 Sitz des Stadtschulrates für Wien, 1945–55 Sitz der sowjet. Stadtkommandantur, ab 2005/06 von der Parlamentsdirektion genützt).

Leon Epp. Foto, 1963.

EPSTEIN, Julius, * 7. 8. 1832 Agram (Zagreb, HR), † 2. 3. 1926 Wien, Pianist. 1867–1901 Musiklehrer (u. a. von G. → Mahler) am Wr. Konservatorium; bemühte sich v. a. um den reinen Vortrag und gab dazu zahlr. klassische und vorklassische Werke neu heraus; Freund von J. → Brahms.

EQUILUZ, Kurt, * 13. 6. 1929 Wien, Kammersänger (Tenor). Altsolist der Wr. Sängerknaben, ab 1950 Mitgl. des Staatsopernchors, trat bald auch in Einzelrollen hervor, bis 1983 Ensemblemitgl. der Wr. Staatsoper; bekannt als Lied- und Oratoriensänger, v. a. als Evangelist in Bachs „Matthäuspassion". 1964–81 Leiter der Klasse für Oratoriengesang an der Musikhochschule in Graz, 1981–98 Prof. an der Wr. Musikhochschule (Lied und Oratorium). Zahlr. Schallplattenaufnahmen (u. a. sämtl. Bach-Kantaten mit N. → Harnoncourt).

ERA-BAU AG, Bauunternehmen, hervorgegangen aus der Fusion der Firmen Eberhardt, Neue Reformbau, Uniprojekt und Hinteregger/Hall. Schwerpunkt der Tätigkeit war Ost-Ö. (Branchenführer bei Wohnbau in Wien und NÖ.); Auslandsaktivitäten in Deutschland sowie im mittel- und osteurop. Reformländern. 1997 erzielte das Unternehmen mit 2227 Mitarbeitern einen Umsatz von 6 Mrd. S. Im Mai 1998 wurde die ERA-BAU AG von der Bau Holding AG, der größten ö. Baugruppe, übernommen, in die sie dann vollständig integriert wurde (→ Bau Holding STRABAG AG).

ERATH, Georg (George Bernard E.), * 1. 1. 1813 Wien, † 13. 5. 1891 Waco (USA), Landvermesser, Offizier und Politiker. Wanderte 1832 nach Amerika aus und ließ sich 1837 als erster europ. Einwanderer in Waco in Texas nieder („Vater von Waco"); als Landvermesser trug er wesentl. zur Kolonisation von Texas bei; nach der Teilnahme am Unabhängigkeitskampf von Texas gegen Mexiko und dem Anschluss an die USA wurde E. insges. 4-mal in den Senat gewählt (ab 1857 für 3 Amtsperioden, ab 1874). 1858 schuf er die Texas Rangers als Grenzschutztruppe.

ERBFOLGE: Die gesetzl. E. regelt das rechtl. Schicksal des Nachlasses für den Fall, dass der Erblasser keine letztwillige Verfügung (→ Testament, → Erbvertrag) hinterlässt. Zu den gesetzl. Erben zählen die Verwandten und der/die Ehegatte/in. Die Verwandten-E. richtet sich nach dem Parentelensystem, wobei die jeweils nähere Parentel die entferntere ausschließt. Die erste Parentel umfasst die Nachkommen des Erblassers, die zweite die Eltern und deren Nachkommen, die dritte die Großeltern und deren Nachkommen. Die Erbgrenze liegt bei den Urgroßeltern des Erblassers.
Literatur: H. Koziol u. R. Welser, Grundriss des bürgerl. Rechts, Bd. 2, ¹²2001.

ERBHULDIGUNG, Anerkennung eines neuen Landesfürsten durch die Stände. In Ö. unter der Enns erfolgte sie in feierl. Zug über den Graben zur Stephanskirche (wobei der → Erzherzogshut mitgeführt wurde), von dort in die Hofburg, wo der eigentl. Huldigungsakt stattfand und die Übergabe der Insignien an die Inhaber der Erbämter erfolgte. Von den Zeremonien wurden im 18. Jh. Prachtbände hergestellt. E. erfolgten oft lange nach dem Regierungsantritt eines Herrschers, so in der Stmk. und in Kä. für Karl VI. erst 1728. Eine E. in Klagenfurt hielt J. F. Fromiller als Deckenfresko im Landhaus und in Ossiach fest.
Literatur: G. Kugler, in: Der hl. Leopold, Ausst.-Kat., Klosterneuburg 1985.

ERBLANDE, ERBLÄNDER, seit dem MA die Bezeichnung der Stammländer der Habsburger im Unterschied zu den auch verfassungsrechtlich anders bestimmten Neuerwerbungen. Zu den „dt. Erblanden" wurden die meisten ö. Bundesländer (außer Sbg., Bgld.) sowie Krain gezählt, zu den E. im weiteren Sinn auch die Länder der böhm. Krone, nicht hingegen die Länder der Stephanskrone, Galizien und die Besitzungen in Italien bzw. die Ö. Niederlande. Im 19. Jh. wurde der Begriff durch „Kronländer" ersetzt.

ERBRECHT: E. im objektiven Sinn ist die Summe der Rechtsvorschriften, die den Übergang des Nachlasses eines Verstorbenen (Erblassers) auf andere Personen regeln; im subjektiven Sinn das Recht des Erben, einen Nachlass ganz oder zu bestimmten Teilen in Besitz zu nehmen. Hauptrechtsquelle des ö. E. ist das → Allgemeine Bürgerliche Gesetzbuch (§§ 531–824).
Der Nachlass (Verlassenschaft) umfasst die vermögenswerten Rechte und Pflichten eines Erblassers. Der Erbe wird vom Erblasser durch → Testament oder → Erbvertrag bestimmt (gewillkürte Erbfolge), ist dies nicht geschehen, tritt die gesetzl. → Erbfolge ein. Die Testierfreiheit ist durch das Recht auf den → Pflichtteil beschränkt. Der berufene Erbe kommt nach einer gerichtl. Verlassenschaftsabhandlung in den Besitz des Nachlasses. Er nimmt durch Erbserklärung (ab 2005: Erbantrittserklärung) die Erbschaft an oder lehnt sie ab. Bei unbedingter Erbserklärung übernimmt der Erbe die Erbschaft ohne Haftungsvorbehalt, bei bedingter Erbserklärung haftet der Erbe zwar auch persönlich, aber nur bis zum Wert der Verlassenschaft. Der Erbe unterliegt mit der ihm zugefallenen Erbschaft der Erbschaftssteuer.
Literatur: H. Koziol u. R. Welser, Grundriss des bürgerl. Rechts, Bd. 2, ¹²2001.

ERBSCHAFTSTEUER, siehe → Erbrecht.

ERBSE, Heimo, * 27. 2. 1924 Rudolstadt (D), Komponist. 1947–50 Opernregisseur an verschiedenen dt. Bühnen, seit 1950 freischaffender Komponist v. a. für Film- und Theaterproduktionen; lebt seit 1957 in Ö.
Werke: Opern: Fabel in C, 1952; Der Deserteur, 1983. – Orchesterwerke: Impressionen, 1955; Pavimento, 1960. – Sinfonien, Kammermusik.
Literatur: G. Brosche (Red.), Musikal. Dokumentation H. E., Ausst.-Kat., Wien 1993.

ERBSENTSCHLAGUNG, siehe → Erbrecht.

ERBSERKLÄRUNG, siehe → Erbrecht.

ERBVERTRAG, Rechtsgeschäft zw. Erblasser und Erben, durch das Letzterer zur Erbschaft berufen wird. Der E. kann nur zw. Ehegatten oder Verlobten unter der Bedingung der nachfolgenden Heirat abgeschlossen werden. Als Ehepakt ist der E. notariatsaktspflichtig. Der Erbvertrag muss dem Erblasser zumindest ein „reines Viertel" zu seiner freien Verfügung lassen.
Literatur: H. Koziol u. R. Welser, Grundriss des bürger. Rechts, Bd. 2, ¹²2001.

ERDÄPFEL (Kartoffel, Solanum tuberosum L.): Schon 1588 erhielt C. Clusius 2 Knollen als Kuriosität für den Botan. Garten in Wien; im Kloster Seitenstetten (NÖ.) wurden sie 1620 erstmals in einem Garten gezogen. Maria Theresia und Joseph II. förderten den E.-Anbau, der um 1740 in Pyhrabruck im Waldviertel nachweisbar ist. J. Jungblut († 1795), Pfarrer von Prinzendorf (NÖ.), ließ 1761 E. aus seiner Heimat Holland bringen („E.-Denkmal" an der Kirchenmauer von Prinzendorf, 1834). Der Anbau wurde durch die Hungersnot 1772/73 verbreitet. In der Not der Napoleon. Kriege wurden E. Volksnahrungsmittel, auch in den Notzeiten des 1. und 2. Weltkriegs spielten E. eine wichtige Rolle.
Die E.-Staude ist eine 1-jährige Pflanze aus der Familie der Nachtschattengewächse. Alle grünen Teile – auch die im Licht ergrünten Knollen – sind giftig. Die Knollen (Sprossknollen) enthalten bis zu 20 % Stärke und 2 % Roheiweiß und werden als Speise- und Futter-E. auch zur Herstellung von Stärkemehl und Alkohol verwendet. Ca. 2000 Sorten sind bekannt, rd. 50 werden in Ö. angebaut (z. B. Sirtema, Linzer Delikatesse, Naglerner Kipfler, Sieglinde, Sigma, Bintje). Sie unter-

scheiden sich nach Stärkegehalt, Reifezeit, Schalen- und Knollenfarbe, Knollenform und Krankheitsresistenz. Die Anbaufläche ist wegen Verringerung des jährl. Pro-Kopf-Verbrauchs (60,1 kg) und bes. wegen der Umstellung der Schweinemast auf Getreidefütterung stark rückläufig. 1937 waren es 215.562 ha, 1980 52.500 ha und 2002 22.500 ha. Die Produktion von 684.321 t (2002) deckt den Bedarf zu etwa 90 %.

Erdbeben sind in Ö. an Wirkungslinien tekton. Kräfte gebunden, die bes. im Bereich der Ostalpen ausgeprägte E.-Gebiete bedingen. Dazu gehört eine zusammenhängende Reihe von Bebenherden, die sich von der Leitha über den Alpenostrand (nahe der → Thermenlinie), den Semmering und die Mur-Mürz-Furche bis nach Kä. zieht, weiters Ti. nördl. des Inn und das Drautal. Auch die Böhm. Masse im Untergrund der Alpen enthält tekton. Bebenherde (NÖ.: Neulengbach und Scheibbs, OÖ.: Molln). Das älteste E. in Ö. wird in der „Vita Severini" (480 n. Chr.) aus der Umgebung von Tulln erwähnt. Das erste chronolog. fixierbare Starkbeben verursachte am 4. 5. 1201 Zerstörungen in Murau; das Epizentrum lag im Gebiet des Katschbergs. Als stärkstes Beben wurde bisher das so gen. „Villacher Beben" vom 25. 1. 1348 angesehen, das Zerstörungen in der Stadt anrichtete und mit dem Bergsturz am → Dobratsch (Villacher Alpe) in Zusammenhang stand; das Epizentrum lag wahrscheinlich im Friaul. In Ost-Ö. war das E. vom 15./16. 9. 1590 bes. heftig (Zentrum Neulengbach). Die stärksten E. in Ö. in den letzten Jahrzehnten ereigneten sich am 16. 4. 1972 (Epizentrum Seebenstein-Pitten, NÖ., Stärke 7) und am 11. 7. 2000 (Epizentrum Ebreichsdorf, NÖ., Stärke 6).

Zur E.-Forschung wurde am 25. 4. 1895 eine E.-Kommission der Akad. d. Wiss. mit Observatorien in Kremsmünster (1898) und Wien (1902) gegr., die 1904 durch die → Zentralanstalt für Meteorologie und Geodynamik übernommen wurde. Weitere Seismographen wurden 1904 in Graz und 1912 in Innsbruck errichtet. Seit 1945 sind öffentl. Stellen, bes. Polizei und Gendarmerie, verpflichtet, Beobachtungen zu melden. „Erdbebengerechtes Bauen" soll in Ö. durch die ÖNORM B4015 gewährleistet werden.

Literatur: E. Suess, Die E. NÖ., Denkschrift der Akad. d. Wiss., 1873; Mttlg. der E.-Komm., ab 1896 in den Sitzungsberichten der Akad. d. Wiss., seit 1901 als Neue Folge eig. Schriftenreihe; J. Drimmel, Rezente Seismizität und Seismotektonik des Ostalpenraumes, in: R. Oberhauser, Der geolog. Aufbau Ö., 1980; R. Gutdeutsch u. a., E. als hist. Ereignis. Die Rekonstruktion des Bebens von 1590 in NÖ., 1993; C. Hammerl u. W. A. Lenhardt, E. in Ö., 1997.

Erdberg, ehem. Dorf (urk. 1192 Erdpurch), 1810–50 Wr. Vorstadt, seither Teil des 3. Bez.; Pfarrkirche (urk. 1353, 1700–26 neu erbaut). In E. wurde am 21./22. 12. 1192 der engl. König → Richard Löwenherz gefangengenommen.

Erdefunkstelle, Sende- und Empfangsanlage für den Funkverkehr zw. der Erde und Weltraumflugkörpern. Als Antennen werden Parabolspiegel- oder Wendeantennen verwendet. Eine E. wurde 1980 in Graßnitz bei → Aflenz Kurort (Stmk.) errichtet (Architekt G. Peichl).

Erdgas besteht mit einer gewissen Variabilität aus leichten Kohlenwasserstoffen (Methan, Äthan, Propan, Butan, CO_2, H_2S und N_2. Erstmals wurde der heute bundeseig. Rohstoff 1844 im Gebiet des Wr. Ostbahnhofs gefunden. 1892 folgten Funde bei Wels.

E. wird im Erdölgebiet (→ Erdöl) als „Nassgas" (in Erdöl gelöst) und als „Trockengas" (aus reinen E.-Lagerstätten) gefördert, beide werden unter dem Begriff „Naturgas" zusammengefasst. Die systemat. Verwertung des E. begann aber erst mit der Übernahme der Erdölproduktion durch Ö. 1955 (→ OMV AG). Die bedeutendsten E.-Felder liegen im Wr. Becken (→ Molassezone): Matzen, Zwerndorf, Höflein, weiters Puchkirchen, Pfaffstätt, Friedburg und Atzbach in OÖ. 1999 verzeichnete die OMV 660 E.-Lagerstätten in Ö. Mit dem Feld Höflein (2700–3000 m tief) liegt ein erstes Feld mit wirt. Förderbarkeit unter den Alpen vor. Von großer Bedeutung sind die Gasvorkommen in den kalkalpinen Schichten im Untergrund („Stockwerksgas") des Wr. Beckens. Im Zuge der Erforschung der geolog. kompliziert gebauten Stockwerke des Wr. Beckens wurde bei der Bohrung Zistersdorf ÜT 1a in einer Tiefe von 7544 m ein großes Gasvorkommen entdeckt (1,3 Mio. m³/Tag), das aber nicht gefördert werden konnte. Die in unmittelbarer Nähe durchgeführte Bohrung Zistersdorf ÜT 2a, die am 31. 5. 1983 eine Tiefe von 8553 m erreichte (tiefste Kohlenwasserstoffbohrung in Europa), konnte dieses Gasvorkommen nicht wieder antreffen.

Ö. hat mit der Trans-Austria-Gasleitung (TAG, von Baumgarten a. d. March, NÖ., bis Arnoldstein, Kä.) und der West-Austria-Gasleitung (WAG, von Baumgarten a. d. March bis in der Gegend von Passau, D) Anteil am europ. Gasleitungsnetz. Diese Leitungen dienen seit 1968 nicht nur als Transitleitungen für russ. E., sondern transportieren auch Gas für die heim. Versorgung.

Als E.-Speicher werden teilw. ausgeförderte unterird. Lagerstätten in Tiefen zw. 500 und 1400 m verwendet. Die wichtigsten sind: Puchkirchen, Tallesbrunn, Schönkirchen-Reyersdorf und Thann.

Auf Basis der heutigen Reserven ist die E.-Förderung in Ö. Schätzungen zufolge bis zumindest 2025 möglich. Der E.-Verbrauch stieg in Ö. von 1980 bis 2002 von 4,4 Mrd. m³ auf 8,1 Mrd. m³ pro Jahr; 2002 konnten rd. 20–25 % des ö. E.-Bedarfs aus heim. Quellen abgedeckt werden.

Literatur: F. Brix u. O. Schultz (Hg.), Erdöl und E. in Ö., ²1993.

Erdödy, ungar. Magnatengeschlecht, erwarb 1496 Eberau und Rotenturm im Bgld. Die E. waren stets Anhänger der Habsburger und blieben auch in der Reformationszeit kath. Ab 1728 spalteten sie sich in mehrere Linien, sie stellten mehrmals den Banus von Kroatien. Thomas Gf. E. war ein Freund Ks. → Karls I. und unterstützte 1921 dessen Versuch einer Restauration.

Erdöl, schwarzbraune bis gelbl. Flüssigkeit vorwiegend aus Kohlenwasserstoffen mit einer Dichte zw. 0,8 bis 0,9 g/cm³ (Rohöl). In Ö. befassen sich → OMV AG,

Größere Erdbeben in Österreich
(ab Stärke 7 nach der Mercalli-Sieberg-Skala)

Datum	Zentrum
8. 5. 1267	Kindberg (Stmk.)
4. 1. 1572	Innsbruck (Ti.)
15. 9. 1590	Neulengbach (NÖ.)
17. 7. 1670	Hall in Ti.
22. 12. 1689	Innsbruck (Ti.)
4. 12. 1690	Villach (Kä.)
27. 2. 1768	Wr. Neustadt–Bad Fischau–Brunn am Gebirge (NÖ.)
6. 2. 1794	Leoben (Stmk.)
17. 7. 1876	Scheibbs (NÖ.)
1. 5. 1885	Kindberg (Stmk.)
28. 11. 1886	Nassereith (Ti.)
13. 7. 1910	Nassereith (Ti.)
1. 5. 1916	Judenburg (Stmk.)
25. 7. 1927	Wartberg (Stmk.)
8. 10. 1927	Schwadorf (NÖ.)
8. 10. 1930	Namlos (Ti.)
3. 10. 1936	Obdach (Stmk.)
8. 11. 1938	Ebreichsdorf (NÖ.)
16. 4. 1972	Seebenstein–Pitten (NÖ.)

Erdgas-Pipeline (Barbarabrücke) über die Donau bei Fischamend, NÖ.

RAG (Rohöl-Aufsuchungs AG) und Van Sickle Ges. m. b. H. mit der Aufsuchung und Förderung von Rohöl, das zu den bundeseig. Rohstoffen gehört. Die systemat. Aufschließen von E. begann um 1925 zunächst im Auftrag der Vacuum Oil Company. 2 andere ausländ. Ges., die Steinberg-Naphta (mit franz. Kapital) und die dt. Raky-Danubia, führten in den folgenden Jahren Probebohrungen durch. Den entscheidenden Erfolg brachte erst 1934 die Bohrung Gösting II mit einer Fördermenge von 30 t Rohöl täglich aus einer Tiefe von 926 m. Daraufhin gründeten Shell und Vacuum Oil gem. die Rohölgewinnungs-AG.

1938–45 wurde die E.-Gewinnung stark forciert, 1946 erklärte die sowjet. Besatzungsmacht aufgrund der Potsdamer Beschlüsse rd. 95 % der E.- und Erdgasgewinnung in Ö. zum → deutschen Eigentum und gründete zur weiteren E.-Nutzung die „Sowjet. Mineralöl-Verwaltung" (SMV). Erst nach dem Staatsvertrag kamen im August 1955 die E.- und Erdgasfelder (→ Erdgas) in den Besitz der Republik Ö., womit auch die Verstaatlichungsgesetze von 1946 und 1947 (→ Verstaatlichung) wirksam wurden. Nachfolgerin der SMV wurde die 1955 gegr. staatl. Ö. Mineralölverwaltung AG (ÖMV). Damit begann auch (nach Vorarbeiten seit 1947) die Erforschung des oö.-sbg. Alpenvorlands, zunächst durch die RAG, seit 1965 auch durch die ÖMV bzw. OMV.

In Ö. wurden bis Ende 2003 insges. rd. 113 Mio. t Rohöl gefördert. Das Maximum wurde 1955 mit einer Jahresförderung von 3,66 Mio. t erreicht, heute wird jährlich ca. 1 Mio. t gefördert. 2004 verzeichnete die OMV in Ö. 641 E.-Lagerstätten mit verbleibenden Reserven. Die mit Abstand wichtigsten E.-Gebiete sind das Wr. Becken mit seinem geolog. komplizierten Stockwerksbau und die oö. → Molassezone im Alpenvorland. Das größte Ölfeld ist das Feld Matzen (OMV, 1949 entdeckt), weiters sind Kemating (Gem. Lohnsburg am Kobernaußerwald), Voitsdorf und Sattledt (alle RAG, OÖ.) bedeutend. 2003 gelang der OMV im Weinviertel der größte heimische E.-Fund seit 25 Jahren. Dzt. (2004) können bis zu 60 % des im Poren- oder Kluftraum befindl. E. aus dem Untergrund gefördert werden. Zur Erhöhung der Förderraten wird Wasser in Ölfelder eingepresst („Fluten"). Rund 1 Drittel der jährl. Ölproduktion wird durch derartige Verfahren („sekundäre Ölgewinnung") gefördert. Weitere Innovationen sind die Anwendung der Richtbohr- und Horizontalbohrtechnik, die zu einer erhöhten Ausbeute der Lagerstätte führt. Im Herbst 1991 wurde diese Technik unter der Bezeichnung „Steinberg 20h" im nördl. Wr. Becken erstmals erfolgreich (45 t/Tag) in Ö. angewendet. Das geförderte Rohöl wird zur Gänze in der Raffinerie Schwechat der OMV verarbeitet, die eine Verarbeitungskapazität von knapp 10 Mio. t/Jahr hat. Die Auslastung der Raffinerie Schwechat betrug 2002 94 %, dabei wurden 8,98 Mio. t an Rohölen und 0,72 Mio. t an Halbfabrikaten verarbeitet.

Konnte bis 1958 noch der gesamte E.-Bedarf aus heim. Quellen gedeckt werden, so betrug der Selbstversorgungsgrad 1980 15,1 %, 1990 14,5 % und 2001 10 %. Für den Transport von E. ist die Transalpine Ölleitung (TAL), die von Triest (I) über Kä., Sbg. und Ti. nach Ingolstadt (D) verläuft, von Bedeutung; von der TAL zweigt in Würmlach (Kä.) die Adria-Wien-Pipeline (AWP) ab, die die Raffinerie Schwechat mit Importrohöl versorgt. Im Zuge der AWP wurde ein Tanklager in Lannach (Stmk.) angelegt. Weitere Tanklager befinden sich in St. Valentin (NÖ.), Lobau (Wien) und Krift b. Kremsmünster (OÖ.).

Auf Basis der heutigen Reserven ist die E.-Förderung in Ö. Schätzungen zufolge bis zumindest 2025 möglich.

Literatur: F. Brix u. O. Schultz (Hg.), E. und Erdgas in Ö., ²1993.

ERDWÄRME, siehe → Geothermie.

ERFINDUNGEN UND ERFINDER:

Der Beitrag Ö. zur Geschichte der Erfindungen ist bedeutend. In zahlr. Fällen ist allerdings die Priorität einer Erfindung nicht eindeutig zu klären. Vielfach wurde an einem Problem in mehreren Ländern gleichzeitig und unabhängig voneinander gearbeitet, so dass es zu Parallelerfindungen kam. Andererseits waren zwar noch im 18. und 19. Jh. Erfindungen in der Regel das Werk einzelner Personen, vielfach von Praktikern, doch wurden sie in den letzten Jahrzehnten zunehmend das Resultat wiss. Forschung in größeren Einheiten. Die wirt. Realisierung von Erfindungen spielt sich zudem in einem Zyklus von der Invention über die Innovation bis zur Diffusion (Verbreitung) ab.

Techn. Erfindungen werden mit Rücksicht auf ihre Bedeutung für die wirt. Entwicklung gesetzlich geschützt. In Ö. begann die systemat. gesetzl. Regelung unter Franz II. mit einer Verordnung vom 24. 12. 1794 über die Vergabe von Privilegien für die Erfindung nützl. Maschinen oder ganz neuer Fabrikate. Weitere Privilegiengesetze folgten 1810, 1820 sowie 1852, und schließlich trat 1897 das Patentgesetz in Kraft, gültig in der Fassung von 1970 (BGBl. 259/1970). Dieses Gesetz schützt neue Erfindungen, die eine gewerbl. Anwendung zulassen, auf die Dauer von 20 Jahren.

Ö. E. u. E. können in der Regel auf jenen Gebieten verzeichnet werden, die eine ökonom. bed. Rolle spielten. Dabei handelt es sich im Allg. um Beiträge zur techn. Entwicklung, die entweder einem speziellen ö. Know-how erwuchsen oder ein spezielles ö. Bedürfnis befriedigten. Nur wenige Erfindungen waren von internat. Bedeutung und konnten wirt. genutzt werden.

Erdöl: Raffinerie Schwechat.

Erfindungen: Erster Wagen von S. Marcus.

Erfindungen: Erste, aus Holz gefertigte Schreibmaschine, Modell „1864 Wien", von P. Mitterhofer (Technisches Museum, Wien).

Dazu gehören etwa die Erfindungen von C. Auer v. Welsbach (Gasglühstrumpf), L. Hatschek (Asbestzement), M. Thonet (Bugholzmöbel), V. Kaplan (K.-Turbine) und J. Ressel (Schiffsschraube). Dagegen blieben J. Kravogl (elektr. Kraftrad), O. Nußbaumer (Radiodetektor), J. Madersperger (Nähmaschine), P. Mitterhofer (Schreibmaschine) und S. Marcus (Automobil) wirt. Erfolge versagt.

Zu jenen Branchen, die über Jahrhunderte die ö. Volkswirt. entscheidend prägten, gehörten der Bergbau und das Hüttenwesen. Für die Erzaufbereitung entwickelte P. v. Rittinger (1811–72) ein neues Verfahren auf nassem Wege, und H. Fleissner (1881–1928) stellte die Erz- und Kohlentrocknung auf eine neue Grundlage. Bei der Einführung der Tiegelgussstahlerzeugung leisteten die Familie Rosthorn in Lippitzbach ab 1793, M. Miller (1769–1833) in St. Aegyd am Neuwalde und J. H. Bleckmann (1826–91) mit seinem Phönix-Stahlwerk in Mürzzuschlag Pionierarbeit. In Mürzzuschlag arbeitete auch Max Mauermann (1868–1929), der 1913 den rostfreien Stahl erfand. Eine Revolutionierung im Stahlbetonbau bedeutete die Erfindung des TOR-Stahls („Torsionsstahl") 1936 durch Rudolf Schmidt (1894–1955). Weitere bed. Metallurgen waren P. Schwarzkopf (1886–1970), der Begründer der Pulvermetallurgie und der Metallwerke Plansee in Reutte 1921, und H. Jüptner-Jonstorff (1853–1941). Eine internat. bedeutende Neuerung in der Stahlerzeugung stellte das in Linz entwickelte → LD-Verfahren dar.

Von zentraler Bedeutung für die Entwicklung der Industrialisierung wurde im Lauf des 19. Jh. der Maschinenbau. Für die konstruktive Weiterentwicklung der lange Zeit dominanten Dampfmaschine leisteten L. Baudiß (1861–1914) und A. Collmann (1851–1937) mit neuen Dampfsteuerungen wichtige Beiträge. H. Hörbiger (1860–1931), der Schöpfer der Welteislehre, erfand ein neues Plattenventil für Gebläse, Pumpen und Kompressoren. Zahlreicher sind die Erfindungen einzelner Produktionsmaschinen: C. G. Hornbostel (1778–1841) erzeugte erstmals Seidenstoffe auf Maschinenwebstühlen und E. Fehrer (1919–2000) erlangte seit 1948 mehrere hundert Patente für den Bau neuer Textilmaschinen. Weltweit vergleichbare Exporterfolge kann seit den 50er Jahren das Linzer Unternehmen Plasser & Theurer mit seinen Bahnbaumaschinen verzeichnen. Für die aufstrebende Zündholzind. stellte V. Czerweny (1877–1956) in Deutschlandsberg 1898 die erste automatische Zündholzmaschine her. Den ersten Personenaufzug in Wien installierte 1870 A. Freissler (1838–1916). Aus Mürzzuschlag stammte V. Kaplan (1876–1934), der Erfinder jener Niederdruckwasserturbine, die aufgrund ihrer verdrehbaren, flügelartigen Laufradschaufeln zur Ausnutzung großer, stark schwankender Wassermengen bei geringem Gefälle geeignet ist. Die Kaplanturbine kommt daher weltweit v. a. in großen Flusskraftwerken zum Einsatz. Eine Weiterentwicklung ist die seit 1936 gebaute Rohrturbine. Ein Fortschritt in der maschinellen Holzbearbeitung war die 1830 von M. Thonet (1796–1871) in Wien erfundene Methode, mittels Heißdampf Holz zu biegen.

Eng mit dem Maschinenbau verbunden war von Beginn an die Entwicklung des Verkehrswesens. Mit der Erfindung der Schmiedepresse 1862 in einer Wr. Lokomotivfabrik leistete hier J. Haswell (1812–97) einen entscheidenden Beitrag zum Großmaschinenbau. Weitere erfolgreiche ö. Lokomotivkonstrukteure waren G. Sigl (1811–87), der auch eine Buchdruckschnellpresse erfand, K. Gölsdorf (1861–1916), W. v. Engerth (1814–84), der die erste Gebirgslokomotive für den Semmering entwarf, und A. Giesl-Gieslingen (1903–92), von dem die Erfindung eines Flachschornsteins für Dampflokomotiven stammt. Der Bau der → Pferdeeisenbahn und der → Semmeringbahn sicherte Ö. eine Vorreiterstellung im Eisenbahnbau. International als Eisenbahn-, Wasser- und Straßenbauingenieur war A. Negrelli (1799–1858) engagiert, berühmt durch die Planung des später von F. Lesseps ausgeführten Suezkanals.

Für die Entwicklung der Schifffahrt leistete J. Ressel (1793–1857) mit der Erfindung der am Heck angebrachten Schiffsschraube (Privileg 1827), die das bis dahin übliche Schaufelrad ersetzte, einen entscheidenden Beitrag. Ein Jh. später erfand Ernst L. Schneider (1894–1975) den Zykloiden-Schiffspropeller, der eine unbegrenzte Manövrierfähigkeit der Schiffe am Stand gewährleistete. Neben dem Antrieb ist für die Schifffahrt die Gestaltung der Schiffskörper zur Überwindung des Wasserwiderstands wichtig: Mit der 1905 patentierten gleitenden Form schuf F. F. Maier (1844–1926) die bis heute gültige Grundlage für den Schiffsbau.

Der ö. Pionier des Automobilbaus ist S. Marcus (1831–98), der 1853 als Mechaniker nach Wien kam. 1865 konstruierte er sein erstes Versuchsfahrzeug mit Benzinmotor. Das erhaltene Marcus-Automobil wurde 1875 oder 1888 gebaut und ist mit einem liegenden Einzylinder-Viertaktmotor mit magnetelektr. Zündung und Spritzbürstenvergaser ausgestattet. Ebenfalls in Wien baute 1898 C. Gräf (1871–1939) seinen ersten Benzinwagen mit kardanischem Vorderradantrieb (Patent 1900); L. Lohner (1858–1925) konstruierte zusammen mit dem jungen F. Porsche (1875–1951) ab 1898 ein Elektroauto mit Radnabenmotoren in den Vorderrädern. Die Urform des Porsche-Wagens entstand nach dem 1. Weltkrieg in Gmünd (Kä.). In Graz produzierte J. Puch (1862–1914) ab 1891 das erste fabriksmäßig hergestellte Fahrrad in Ö. und später auch Motorräder und Automobile. Ebenfalls in Graz gründete 1948 H.

Erfindungen: Kaplan-Turbine (Technisches Museum, Wien).

List (1896–1996) die AVL, ein internat. tätiges Forschungs- und Entwicklungszentrum für Verbrennungskraftmaschinen.

Im Bereich der *Luftfahrt* experimentierte W. Kreß (1836–1913) ab 1877 mit Drachenfliegermodellen. Er erfand 1900 den Steuerknüppel, sein erster Startversuch 1901 scheiterte jedoch. Das erste Motorflugzeug in Ö. baute 1907 I. Etrich (1879–1967), der schon 1905 ein Patent für seine Flügelform und die Luftschraube erhalten hatte. Die „Etrich-Taube" wurde von E. Rumpler (1872–1940) nach 1910 zur „Rumpler-Taube" weiterentwickelt. Rumpler wurde 1921 auch durch den Bau des aerodynam. „Tropfenautos" bekannt. D. Schwarz (1850–97) baute 1895/96 das erste Ganzmetall-Lenkluftschiff aus Aluminium.

Zu den frühen Pionieren der *Elektrotechnik* zählt der Ti. J. Kravogl (1823–89), der für sein 1867 gebautes elektr. Kraftrad, den Vorläufer des Elektromotors, ein Privileg erhielt. Für die Berechnung von Dynamos und Transformatoren schuf G. Kapp (1852–1922), der Erfinder des Phasenschiebers, viele Grundlagen. Einen entscheidenden Baustein für den Bau von Radio- und Telefonapparaten lieferte R. v. Lieben (1878–1913) 1905/06 mit der Verstärkerröhre und 1910 mit der Glühkathodenröhre. O. Nußbaumer war 1904 in Graz die erste drahtlose Musikübertragung gelungen. Für die Vermittlung in Telefonzentralen erfand G. Dietl (1862–1946) ein automat. System mit dem Hebdrehwähler. Einen ersten transportablen Telegraphen konstruierte W. J. Gintl (1804–83). Der Gründer der „Elektra Bregenz", F. W. Schindler (1856–1920), zählt mit seiner erstmals 1893 bei der Weltausstellung in Chicago präsentierten elektr. Küche (Privileg 1891) zu den Vorreitern der Elektrifizierung des Haushalts.

Im *Bauwesen* sind zwar weniger ö. Erfindungen nachweisbar, doch leistete Ö. bei der Anwendung und Verbreitung des Stahlbetons grundlegende Beiträge. Zu erwähnen sind dabei F. I. Emperger (1862–1942), J. Melan (1853–1941) mit seiner Melan-Bauweise für Bogenkonstruktionen, G. A. Wayss (1851–1917) und A. Porr (1872–1915). Ein v. a. für Dachdeckungen und Fassadenverkleidungen universell verwendbares Material erfand 1901 L. Hatschek (1856–1914) mit dem Asbestzement (Eternit).

Die *chem. Ind.* war in Ö. lange Zeit von untergeordneter Bedeutung. C. Auer v. Welsbach (1858–1929), der 1895 den Gasglühstrumpf, 3 Jahre später die Osmium-Metallfadenlampe und 1904 das Cer-Eisen für Feuerzeuge erfand, ist daher eine herausragende Ausnahme. Die Zündholzerzeugung erhielt mit der Verwendung des roten, ungiftigen Phosphors durch A. Schrötter von Kristelli (1802–75) eine neue Grundlage, und A. M. Pollack v. Rudin (1817–84) erfand die Zündholzschiebeschachtel mit seitl. Reibeflächen. Wirt. Erfolg hatte J. N. Reithoffer (1781–1872) durch die Herstellung wasserdichter Stoffe (Privileg 1824) und die Verarbeitung von Kautschuk (1831). Ökonom. verwerten konnte auch J. Hardtmuth (1758–1816) seine Erfindung der keram. Bleistiftmine. Sein Enkel F. v. Hardtmuth schuf 1889 den „Koh-i-noor"-Stift mit 17 Härtegraden.

Die Geschichte der *Fotografie* und des *Films* verzeichnet zahlr. ö. Erfindungen. Bereits 1840/41 verbesserte J. Natterer (1821–1900) die Silberplatten Daguerres; kurz danach gelang ihm die Verflüssigung von Kohlensäure. In Wien baute 1840 P. W. F. v. Voigtländer (1812–78) die erste Ganzmetallkamera, für die J. Petzval (1807–91) das Porträtobjektiv berechnete. Von J. M. Eder (1855–1944) stammt eine Entwicklerlösung für verbesserte Farbwiedergabe. Zur Frühgeschichte des Films leistete S. Stampfer (1792–1864) mit der Erfindung des Laufbildes (Stroboskop) einen wichtigen Beitrag. 1904 erhielt A. Musger (1868–1929) ein Patent auf die Erfindung der Zeitlupe.

Die Erfindung des Steindrucks (Lithographie) durch A. Senefelder (1771–1834) 1799 revolutionierte die drucktechn. Wiedergabe von Abbildungen. Senefelder gründete 1803 in Wien die erste lithograph. Druckanstalt. 1878 erfand K. Klic (1841–1926) mit der Heliogravüre und dem Rakeldruck 2 neue Tiefdruckverfahren. J. Degen (1760–1848), auch ein Flugpionier, baute 1819 die erste Guillochiermaschine für den fälschungssicheren Banknotendruck. Ein Privileg auf die Erfindung eines Kopierautomaten erhielt 1883 N. Schlotterhoß (1852–92).

Im Bereich des *Instrumentenbaus* ist S. Plößl (1794–1868) zu erwähnen, der 1830 ein dialyt. Fernrohr und mehrere Mikroskope baute. Neue Objektive, die 1911 erfundene Fluoreszenzmikroskopie und die Metallmikroskopie (Metallographie) waren das innovative Ergebnis des Wr. Unternehmens von C. Reichert (1851–1922) und K. Reichert (1883–1953).

Zur Vorgeschichte des *wiss. Instrumentenbaus* gehört die Konstruktion von Automaten in der Barockzeit: F. v. Knaus (1724–89) entwickelte einen Schreibautomaten, W. v. Kempelen (1734–1804) einen Schachautomaten und eine Sprechmaschine; J. N. Mälzel (1772–1838) entwarf einen Spielzeugpuppenautomaten und erfand 1816 ein Metronom zur Tempoangabe. Zum Instrumentenbau kann man auch die Erfindung einer Schreibmaschine durch den S-Ti. P. → Mitterhofer (1822–93) rechnen. Ihm selbst jedoch blieb eine wirt. Verwertung seiner Erfindung versagt. Ein vergleichbares Schicksal erlitt etwas früher J. → Madersperger (1768–1850), der Erfinder der Nähmaschine.

Aus dem *Instrumenten- und Automatenbau* entwickelte sich der Bau von Rechenmaschinen. Ein sehr frühes Beispiel einer Sprossenradrechenmaschine (1766) stammt von A. Braun d. J. (1708–76). Für die Auswertung der Volkszählung 1890 verwendete man in Wien bereits eine von O. Schäffler (1838–1928) erfundene Lochkartenmaschine. In der Zwischenkriegszeit setzte Gustav Tauschek (1899–1945) diese Tradition fort und erlangte 168 Patente für die Konstruktion vollautomat. Buchungs- und Rechenmaschinen. In Wien baute schließlich 1954–59 H. Zemanek (* 1920) den ersten Computer in Ö., das „Mailüfterl".

Erfordernisse der *militär. Rüstung* sind oft Auslöser für techn. Erfindungen. 1865 erfanden K. Holub (1830–1903) und J. Werndl (1831–89) gem. das Hinterladergewehr. Das von Werndl in Steyr produzierte Repetiergewehr (Mehrladergewehr) ist eine Erfindung von F. Mannlicher (1848–1904) aus 1882. Auf G. Burstyn (1879–1945) geht die Konstruktion eines geländegängigen Panzerwagens mit drehbarem Geschützturm (Tank) zurück, und J. M. Boykow (1878–1935) erfand 1914 ein selbsttätiges Bombenabwurfgerät und den Autopiloten zur automat. Steuerung von Flugzeugen. F. v. Uchatius (1811–81) war Leiter der Geschützgießereien des Wr. Arsenals und wurde 1874 durch die Erfindung der Stahlbronze für den Geschützguss bekannt.

Literatur: E. Attlmayr, Ti. Pioniere der Technik, 1968; M. Habacher, Ö. Erfinder, 1964; E. Kurzel-Runtscheiner, Erfindungen aus Ö., 1950; Ö. Naturforscher und Techniker, 1950 und 1957; Triumphe der Technik, Pionierleistungen ö. Erfinder, 1963.

Erggelet, Johann Fidel (ab 1808 Frh. von), * 1751 Waldshut (D), † 19. 2. 1815 Wien, Beamter, Finanzexperte. Arbeitete beim Gubernium von Galizien und war ab 1789 Rat der 5 Moldau-Kreise; ab 1797 Hofrat des Direktoriums in Wien, danach in der Vereinigten Hofkanzlei. Er hinterließ seinem Sohn Rudolf ein Millionenvermögen.

Erhard, Johann Christoph, * 21. 2. 1795 Nürnberg (D), † 20. 1. 1822 Rom (I; Selbstmord), Maler und Ra-

dierer. Studien in Nürnberg, reiste 1816 mit J. A. → Klein nach Wien, betrieb hier Landschafts- und Pflanzenstudien, 1818 Wanderung mit Klein und anderen Künstlerfreunden ins Salzkammergut und nach Salzburg, 1819 Romreise, hielt in zahlr. Zeichnungen und Radierungen ö. Landschaften fest.
Werke: Landschaftsserien: Aus den Umgebungen des Schneebergs, 1817/18; Studien aus dem Salzburgischen, 1818.
Literatur: R. Schoch (Red.), J. C. E. (1795–1822), Ausst.-Kat., Nürnberg 1996.

ERHARD, Ludwig, * 25. 8. 1863 Schloss Aicha vorm Walde (D), † 28. 10. 1940 Baden (NÖ.), Techniker, ab 1892 Pionier der Gewerbeförderung in Ö. Wurde 1910 mit dem Aufbau des → Technischen Museums für Ind. und Gewerbe in Wien betraut, dessen Dir. er 1918–30 war. Er konzipierte die das Museum prägende entwicklungsgeschichtl. Ausstellung.
Literatur: K. Holey, L. E., in: Blätter für Technikgeschichte, 1963.

ERICSSON AUSTRIA GMBH, Telekommunikationsunternehmen mit Sitz in Wien. Hervorgegangen aus dem 1872 in Wien gegr. Elektrounternehmen Deckert & Homolka, das 1908 bereits 1000 Mitarbeiter beschäftigte und in jenem Jahr einen Kooperationsvertrag mit dem schwed. Elektrounternehmen Ericsson (gegr. 1876) schloss. Daraus ging 1911 die Ericsson Ö. Elektrizitäts AG hervor, an der E. → Schrack ab 1939 Anteile erwarb (Schrack-Ericsson); 1948–78 war dieses Unternehmen (Schrack Elektrizitäts AG) unabhängig von Ericsson; 1952 trat E. H. → Schrack in die Firma ein. Nachdem ab 1978 wieder die Zusammenarbeit mit Ericsson aufgenommen worden war, übernahm Ericsson 1991–97 zu fast 100 % das ö. Unternehmen (ab 1980 Schrack Elektronik AG, ab 1994 Ericsson Schrack AG, ab 1996 Ericsson Austria AG, seit 2002 unter dem heutigen Firmennamen). 1999 Management-Buy-out und Verkauf der Produktionsstätte in Kindberg (Stmk.). Der internat. Ericsson-Konzern zählt heute weltweit zu den 5 größten Firmen im Bereich Telekommunikation. 2002 betrug der Umsatz der E. A. GmbH 80 Mio. Euro, die Zahl der Mitarbeiter in Ö. 210.

ERISMANN, Theodor, * 16. 9. 1883 Moskau (RUS), † 2. 12. 1969 Innsbruck (Ti.), Psychologe. Ab 1912 Privatdozent in Straßburg und Bonn, ab 1926 Univ.-Prof. in Innsbruck. Präs. der Akad. Ges. f. Psychotherapie und angew. Psychologie. Seine Spezialgebiete waren angew. Psychologie, Erkenntnistheorie, Ethik und Ontologie.
Werke: Angew. Psychologie, 1916; Psychologie, 2 Bde., 1920/21; Psychologie der Berufsarbeit und Berufsberatung, 1922; Die Eigenart des Geistigen, 2 Bde., 1924; Die Wahrscheinlichkeit im Sein und Denken 1954.
Literatur: R. Teichl, Österreicher der Gegenwart, 1951.

ERL, Ti., KU, Gem., 476 m, 1415 Ew., 26,97 km^2, im Inntal, nördl. von Kufstein nahe der bayer. Grenze. – Holzverarbeitung (Sägewerk, Holzleimbau), Fremdenverkehr. – Barocke Pfarrkirche (1681/82), Ruine der Grenzbefestigung Windhausen (15. Jh.), Passionsspiele seit 1613, Passionsspielhaus (1959); gespielt wird alle 6 Jahre.
Literatur: H. Holzmann, E. in Ti., 1979.

ERLA, NÖ., AM, Katastralgem. der Gem. St. Pantaleon-Erla. Das ehem. um 1130 gegr. Benediktinerinnenstift war das älteste in NÖ., wurde 1583 mit dem Wr. Klarissinnenkloster vereinigt, 1782 aufgehoben. Die ehem. Stiftskirche, jetzt Pfarrkirche, ist eine 3-schiffige spätgot. Staffelkirche, Chor 1438–48 mit Sternrippengewölbe, viele Grabdenkmäler. Ehem. Stiftsgebäude, 4 Flügel um ehem. Kreuzgang, vorw. 16. Jh., jetzt Schloss.

ERLACH, NÖ., WB, Markt, 312 m, 2531 Ew., 9,17 km^2, südl. von Wr. Neustadt, an der unteren Pitten. – Heim der Kongregation der Salvatorianerinnen; Handel, persönl., soz. und öffentl. Dienste, Stahl- und Behälterbau, Ziegelwerk. Barockes Schloss Linsberg (1718) mit Glockenturm; Pfarrkirche 1933 von K. Holey erbaut; got. Filialkirche St. Ulrich mit Waldfriedhof; hist. Kalkbrennofen (Ind.-Denkmal); Heimatmuseum in hist. Mühle.

ERLAKOGEL, OÖ., 1575 m, Berg am Traunsee, südl. des Traunsteins im Salzkammergut, volkstümlich wegen seines Profils „Schlafende Griechin" genannt.

ERLAUF, NÖ., ME, Markt, 225 m, 1140 Ew., 9,67 km^2, gewerbl.-landw. Wohngem. am Unterlauf der Erlauf nahe der Mündung in die Donau. Groß- und Kfz-Handel. – Urk. 1357, Markt seit 1959, Pfarrkirche (Neubau 1742–45) mit Barockaltären (um 1750), Friedensgedenkstätte (1995), Eichbergkapelle (1880).

ERLAUF, Erlaf (illyr. „Erlape", kelt. „Arlape"), NÖ., südl. Nebenfluss der Donau, 67 km lang, Durchflussmenge (Niederndorf) 2000: 14,6 m^3/Sek. Die E. entspringt als Große E. am Zellerhut an der nö.-steir. Grenze, setzt sich als Abfluss des Erlaufsees fort und durchbricht die Felswände der Hinteren und Vorderen Tormäuer am Fuß des Ötschers. Die Felsschluchten in der Tormäuerklamm ähneln denen des Gesäuses; die E. fließt weiter durch den östl. Teil der Eisenwurzen, wo das Tal breiter wird, an Scheibbs (Hauptort des E.-Tals) vorbei in das nö. Alpenvorland, nimmt bei Wieselburg die Kleine E. auf und mündet bei Pöchlarn. Die E. entwässert ein Gebiet von etwa 620 km^2. Zu den Sehenswürdigkeiten des Tals bzw. dessen Umgebung gehören die Kartause Gaming, der Naturpark Ötscher/Tormäuer, die Orte Scheibbs und Purgstall.
Literatur: K. Bodi u. a., Flußstudie E., ein Gewässernutzungs- und Schutzkonzept, in: Ö. Wasserwirt. 1993, 5/6.

ERLAUFSEE, NÖ./Stmk. 827 m (1,5 km lang und 500 m breit), 4 km nordwestl. von Mariazell gelegen, vom Oberlauf der Erlauf durchflossen. Der E. bildet auch einen kleinen Teil der Grenze zw. NÖ. und Stmk.

Erlaufsee.

ERMACORA, Felix, * 13. 10. 1923 Klagenfurt (Kä.), † 24. 2. 1995 Wien, Jurist und Politiker (ÖVP). Ab 1957 Univ.-Prof. in Innsbruck, ab 1964 Univ.-Prof. für Staats- und Verwaltungsrecht der Univ. Wien; ab 1958 Mitgl. der Europ. Kommission für Menschenrechte und ab 1959 auch der UN-Menschenrechtskommission; ab 1984 Spezialberichterstatter der UNO für Afghanistan; 1971–90 Abg. z. NR; ab 1992 Dir. des L.-Boltzmann-Inst. für Menschenrechte. Das 1999 eröffnete F.-E.-Inst. in Wien widmet sich der Erforschung der Völker der Donaumonarchie.
Werke: Hb. der Grundfreiheiten und der Menschenrechte, 1963; Allg. Staatslehre, 2 Bde., 1970; Ö. Verfassungslehre, 2 Bde., 1970/80; Grundriß der Menschenrechte in Ö., 1988; Die Entstehung der Bundesverfassung, 5 Bde., 1986–93; Menschenrechte in der sich wandelnden Welt, 3 Bde., 1974–94; Menschenrechte ohne Wenn und Aber. Erlebnisse und Begegnungen, 1993.

Ernegg, siehe → Steinakirchen am Forst.

Ernst (der Eiserne), * 1377 Bruck a. d. Mur (Stmk.), † 10. 6. 1424 ebd., Hzg. von Inner-Ö.; 3. Sohn von Hzg. → Leopold III. (Leopoldin. Linie). E. stand bis 1406 unter dem Einfluss seines ältesten Bruders Wilhelm, dann in Konkurrenz zu seinem Bruder → Leopold IV., nach dessen Tod er Inner-Ö. (Stmk., Kä., Krain) allein beherrschte. Er entfaltete dort eine beträchtl. Bautätigkeit (Burgkapelle Wr. Neustadt). Am 18. 3. 1414 ließ er sich als (letzter) Hzg. von Kä. einsetzen und nannte sich fortan → Erzherzog. Aus seiner Ehe mit → Cimburgis von Masowien gingen 9 Kinder hervor, darunter der spätere Ks. → Friedrich III. Sein Grab in der Kreuzkapelle des Stiftes Rein zeigt ihn in voller Rüstung mit dem (Erz-)Herzogshut. Der Beiname kam erst nach seinem Tod auf.

Ernst (der Tapfere), * 1027, † 10. 6. 1075 bei Homburg a. d. Unstrut (D), Babenberger, 1055–75 Markgraf von Ö.; folgte seinem Vater → Adalbert, konnte die Böhm. Mark und die Ungarnmark mit der Mark Ö. vereinigen. Zu seiner Zeit begann die Kolonisation von Teilen des Waldviertels durch Ministeriale (→ Kuenringer). Am Beginn des Investiturstreits stand E. auf Seiten Heinrichs IV. und fiel als dessen Gefolgsmann im Kampf gegen die Sachsen.

Ernst, Erzhg. von Ö., * 15. 7. 1553 Wien, † 12. 2. 1595 Brüssel (B). Wurde mit seinem Bruder → Rudolf II. am span. Hof erzogen; war 1573 und 1587 Kandidat für den poln. Thron. Ab 1576 war E. Statthalter in Ö. unter und ob der Enns, wo er die Gegenreformation vorantrieb, ab 1590 Statthalter in Inner-Ö.; 1594 berief ihn Kg. Philipp II. von Spanien als Statthalter in die Niederlande. Er wurde stets an Brennpunkten des konfessionellen Kampfes eingesetzt.

Ernst, August, * 20. 2. 1924 Winden a. See (Bgld.), Historiker. 1958–88 Dir. des Bgld. Landesarchivs; Initiator des Internat. Kulturhist. Symposions Mogersdorf (seit 1969) und Förderer der wiss. und kulturellen Zusammenarbeit mit Ungarn, Slowenien und Kroatien.
Werke: Geschichte des Bgld., 1987; Am Hl. Berg. Eisenstadt-Oberberg, 1996.

Ernst, Gustav, * 23. 8. 1944 Wien, Erzähler, Dramatiker, Drehbuchautor und Lyriker. Ab 1969 Mit-Hg. der Literaturztschr. „Wespennest", von der er sich 1997 trennte und 1998 die Ztschr. „kolik" gründete (Hg. mit K. Fleischanderl). Soz. Konflikte und Probleme der Arbeitswelt stehen im Zentrum seiner ges.-polit. engagierten Werke. Hg. einer Buchreihe zum ö. Film.
Werke: Romane: Einsame Klasse, 1979; Frühling in der Via Condotti, 1987; Trennungen, 2000. – Dramen: Ein irrer Haß, 1981; Mallorca, 1986; Tausend Rosen, 1986; Herzgruft, 1988; Blutbad, 1990; Ein Volksfreund, 1994; Casino, 1998. – Zum Glück gibt's Ö. Junge ö. Literatur, 2003 (Hg.). – Hörspiele, Drehbücher, Gedichte.

Ernst, Leopold, * 14. 10. 1808 Wien, † 17. 10. 1862 ebd., Architekt. Schüler von P. v. → Nobile; ab 1853 Dombaumeister von St. Stephan in Wien.
Werke: ab 1840 Um- und Neubau von Schloss Grafenegg (NÖ.), Langhausgiebel von St. Stephan, Wien.

Ernstbrunn, NÖ., KO, Markt, 293 m, 3141 Ew., 80,71 km², südl. der Leiser Berge im S-Teil des gleichnamigen Naturparks (45 km², Wald und Weingärten). – Eisengießerei, Kalkbruch (fossilreicher „E. Kalk"), Sägewerk, Stahlbetonbau, Schlachthof (in Simonsfeld). Schüttkasten Klement (Kulturzentrum); Heimatmuseum; Kongregation der Dienerinnen des heiligsten Herzens Jesu. Barocke Pfarrkirche um 1700 mit got. Chor und O-Turm, Pestsäule (1714) auf dem Hauptplatz. Auf dem Semmelberg (391 m) Barockschloss (urk. 11. Jh., erbaut 1654, erweitert 1775), daneben Wildpark.

Ernsthofen, NÖ., AM, Gem., 284 m, 2105 Ew., 17,81 km², gewerbl.-landw. Wohngem. an der Enns, am Ennsstausee. – Römergräber (200 n. Chr.), urk. 1396, frühbarocke Pfarrkirche (urk. 1377, 1687 Weihe des Neubaus) mit neuroman.-neugot. Einrichtung, Pfarrhof (erb. 1781); in Kanning turmlose spätgot. Kirche hl. Wolfgang mit Hochaltar von 1730, Steinkanzel (frühes 16. Jh.), Barockorgel (1767), Statue hl. Wolfgang (um 1500). – Brauchtum: Maibaumsetzen, Mostkirtag, Sonnwendfeuer, Kanninger Kultursommer, Ernsthofener Karneval.

Erntedank, kirchl. Feier anlässl. der Ernteeinbringung an einem Sonntag Ende September bis Mitte Oktober, bei der die „Erntekrone" mit Ähren, Blumen und Früchten feierlich in die Kirche eingeholt wird. Meist ist der E. auch mit Gabensegnung, Pfarrfest oder Frühschoppen verbunden.
Der Ernteabschluss wurde früher oft mit einem Festmahl für Gesinde und Saisonarbeiter beim Bauern oder Gutsherrn begangen. Dabei erfolgte das Schmücken des letzten Erntewagens mit Blumen und Bändern sowie die Überreichung des „Erntekranzes" als Lohn- und Festauforderung. E. wurde in den 30er Jahren des 20. Jh. in den kath. Festkreis aufgenommen (Einfluss der volksliturg. Bewegung) und erfuhr nach dem 2. Weltkrieg allg. Verbreitung.
Literatur: H. Fielhauer, Palmesel und Erntekrone, in: ders., Volkskunde als demokrat. Kulturgeschichtsschreibung, 1987; H. M. Wolf, Das Brauchbuch, 1992; dies., Ö. Feste und Bräuche im Jahreskreis, 2003. – E. G. Lies, Valedri, 1968; H. Steininger u. L. Waltner, Hütereinzug in Perchtoldsdorf, 1988 (beides wiss. Filme des ÖWF).

Eröd, Iván, * 2. 1. 1936 Budapest (H), Komponist. Ausbildung in Budapest und ab 1956 in Wien bei K. → Schiske und H. → Jelinek, Sommerkurse in Darmstadt. 1967–89 Lehrtätigkeit in Graz, seit 1989 Prof. für Komposition und Musiktheorie an der Wr. Musikhochschule; auch als Pianist tätig, Mitgl. des Ensembles „die reihe". J.-Marx-Musikpreis des Landes Stmk. 1981.
Werke: Orchesterwerke, Kammermusik, musikdramat. Werke. – Vokalwerke: Milchzahnlieder, 1973; Krokodilslieder, 1979; Canti di Ungaretti, 1988; Über die Asche zu singen, 1994.
Literatur: G. Brosche (Red.), Musikal. Dokumentation I. E., Ausst.-Kat., Wien 1988; C. Heindl, I. E. Leben – Werke – Analysen, Diss., Wien 1997.

ERP-Fonds (ERP = European Recovery Program, „Europ. Wiederaufbau-Programm"), seit 1962 existierende Förderungseinrichtung des Bundes zur Verwaltung und Verwendung der so gen. Counterpart-Mittel aus dem → Marshall-Plan zur Realisierung wirt. Investitionsvorhaben und strukturverbessernder Maßnahmen. Der Fonds verfügt über ein Vermögen von über 2,7 Mrd. Euro (2003), aus dessen Erträgen an die 300 Mio. Euro jährlich über Treuhandbanken als Kredite mit günstigen Konditionen zur Verfügung gestellt werden.

Herzog Ernst der Eiserne mit seinen Söhnen Friedrich, Albrecht und Ernst. Glasmalerei, zwischen 1418 und 1424 (Österreichisches Museum für angewandte Kunst, Wien).

Schloss Ernstbrunn.

Erste Bank der oesterreichischen Sparkassen AG, 1997 aus der Fusion von Erste österreichische Spar-Casse – Bank AG (→ Erste österreichische Spar-Casse) und → GiroCredit Bank AG der Sparkassen entstandenes Bankunternehmen mit 4974 Mitarbeitern und 1052 Inlandsfilialen (2004); seit 1997 an der Wr. Börse notiert, Spitzeninstitut der ö. Sparkassengruppe (→ Sparkassen). Durch Akquisitionen in den Nachbarländern Tschechien, Slowakei, Kroatien und Ungarn entwickelte sich die Erste-Bank-Gruppe in den letzten Jahren zum führenden Finanzdienstleister in Zentraleuropa mit einer Bilanzsumme von 128,6 Mrd. Euro und fast 12 Mio. Kunden (v. a. Privatkunden sowie Klein- und Mittelbetriebe), denen das komplette Spektrum an Bank- und Finanzdienstleistungen geboten wird. Gen.-Dir. ist seit 1997 A. → Treichl.

Erste Donaudampfschiffahrts-Gesellschaft, siehe → Donau-Dampfschifffahrts-Gesellschaft (DDSG).

Erste österreichische Spar-Casse, auf Initiative von Johann Bapt. Weber, Pfarrer von St. Leopold in Wien, 1819 gegr. und damit das früheste Kreditinstitut Ö. Als eine der ersten → Sparkassen des Kontinents war sie an der Verbreitung und Entwicklung des Sparkassenwesens maßgeblich beteiligt. Mit der Gründung der „Allg. Versorgungsanstalt für die Unterthanen des ö. Kaiserstaats" 1825 schuf die E. ö. S.-C. das erste private Sozialversicherungsinst. in Mitteleuropa. Entscheidenden Anteil hatte sie auch an der Entwicklung des Hypothekardarlehens. Zur Finanzierung der mittelständ. Wirt. wurde 1873 ein Kreditverein ins Leben gerufen. Nach 1938 konnte die E. ö. S.-C. trotz starker Repressionen den Begriff „Österreich" in ihrem Namen behalten. In der Zeit des Wiederaufbaus Ö. nach 1945 unterstützte die E. ö. S.-C. v. a. Klein- und Mittelbetriebe sowie die Landw. mit Krediten und finanzierte viele Wohnbauprojekte.

1993 erfolgte die Umwandlung der E. ö. S.-C. in eine Aktienges. (Erste österreichische Spar-Casse – Bank AG). Als eines der bedeutendsten ö. Kreditinstitute verfügte sie 1994 österreichweit über 230 Filialen für Privat-, Gewerbe- und Ind.-Kunden; Auslandsrepräsentanzen bestanden in Brüssel, Madrid, Vicenza, London und anderen Städten Großbritanniens. 1997 mit der → GiroCredit Bank AG der Sparkassen zur → Erste Bank der oesterreichischen Sparkassen AG fusioniert.

Erste Republik:
Die Geschichte der E. R. begann mit dem 12. 11. 1918, dem Tag der Ausrufung der Republik → „Deutschösterreich" durch die → Provisorische Nationalversammlung, zu der sich alle dt.-sprach. Abgeordneten des 1911 gewählten Reichsrats am 21. 10. 1918 zusammengeschlossen hatten. Am 30. 10. verabschiedete diese die Grundzüge einer provisor. Verfassung. Am 31. 10. hatte H. → Lammasch, der letzte ö. Min.-Präs., die Regierungsgeschäfte einem aus den 3 Präs. und 20 Mitgl. (aller Parteien) der Provisor. Nationalversammlung bestehenden Staatsrat übergeben, am 11. 11. 1918 hatte Ks. Karl „auf jeden Anteil an den Staatsgeschäften" verzichtet. Der Soz.-Dem. K. → Renner bildete als Staatskanzler eine Konzentrationsregierung aus allen Parteien.

Die am 16. 2. 1919 gewählte → Konstituierende Nationalversammlung (41 % Soz.-Dem., 36 % Christl.-Soz., 18 % Dt.-Nationale, 5 % Sonstige) beschloss die erste rein parlamentar. Bundesverfassung, die am 1. 10. 1920 in Kraft trat. Rot-Weiß-Rot, die ehem. Babenbergerfarben, wurden die Staatsfarben (→ Wappen).

Der geplante Anschluss der jungen Republik an das Dt. Reich wurde von der Pariser Friedenskonferenz 1919 untersagt. Am 24. 3. 1919 musste Exkaiser Karl mit seiner Familie Ö. verlassen, da er sich weigerte, in aller Form auf den Thron zu verzichten. Die Nationalversammlung beschloss daraufhin am 3. 4. 1919 die Landesverweisung und Enteignung des Hauses Habsburg-Lothringen (→ Habsburger-Gesetz) und die Abschaffung des Adels.

Am 10. 9. 1919 musste die Nationalversammlung den Bestimmungen des Friedensvertrags von → Saint-Germain zustimmen, den Staatskanzler Renner am 25. 10. 1919 unterzeichnete. Die Bezeichnung „Deutsch-Ö." wurde verboten, das Bgld. Ö. zuerkannt, S-Kä. blieb aufgrund einer Volksabstimmung 1920 bei Ö. (→ Kärntner Abwehrkampf, → Kärntner Volksabstimmung); S-Ti. dagegen musste ohne jede Abstimmung mit 230.000 Ö. an Italien abgetreten werden. Ö. verblieben rd. 12 % des Gebiets der ehem. ö.-ungar. Monarchie. Der Binnenhandel im Raum der ehem. Monarchie wurde zum Außenhandel mit Ungarn, der Tschechoslowakei, Teilen des SHS-Staates, Rumäniens, Polens und Italiens. Da die Tschechoslowakei, Jugoslawien, Rumänien und Polen auf der Seite der Siegermächte standen, war dieser Handel bis zum Abschluss der Friedensvertrages erheblich behindert. Die starke Inflation belebte allerdings 1919 die Wirt., die Arbeitslosigkeit als Folge der Entlassung der Soldaten sank bald wieder.

Zu den Schwierigkeiten der unmittelbaren Nachkriegsjahre, gekennzeichnet durch Hungersnot, Kohlenmangel und Inflation, kamen bald innenpolit. Spannungen zw. den Parteien, als am 10. 6. 1920 die seit dem Frühjahr 1919 bestehende Koalition zwischen Soz.-Dem. und Christl.-Soz. zerbrach. Immerhin wurde die Verfassung noch gem. verabschiedet. Die Neuwahlen vom Herbst 1920 kehrten die Verhältnisse von 1919 um: 42 % Christl.-Soz., 36 % Soz.-Dem., 17 % Großdeutsche. Die Soz.-Dem. schieden am 22. 10. 1920 aus der Regierung aus und standen von nun an bis zur Auflösung ihrer Partei 1934 in Opposition. Am 16. 12. 1920 wurde Ö. in den Völkerbund aufgenommen. 1922 erreichte die Inflation ihren Höhepunkt (1 Goldkrone = 14.400 Papierkronen). Zur Stabilisierung der Währung erreichte Bundeskanzler I. → Seipel am 4. 10. 1922 eine → Völkerbundanleihe auf 20 Jahre in der Höhe von 650 Mio. Goldkronen, die mit einer internat. Finanzkontrolle Ö. (bis 1926) verbunden war. Von den rd. 250.000 Beamten mussten 100.000 entlassen bzw. vorzeitig pensioniert werden. Als Sanierer der Währung

Erste Republik: Proklamierung der Republik von der Rampe des Parlaments in Wien am 12. November 1918. Foto.

Erste Republik: Die erste Nationalversammlung der deutschen Abgeordneten Österreichs im Niederösterreichischen Landhaus in Wien am 21. Oktober 1918. Foto.

Erste Republik: Teeküchenaktion des Bundesheeres für Bedürftige in Wien. Foto, 1929.

gewann Seipel die Wahlen von 1923 – die Christl.-Soz. gewannen 81 von 165 Mandaten (CS 45 %, SD 40 %, GD 13 %, Sonstige 3 %). Mit 1. 1. 1925 wurde die neue Schilling-Währung eingeführt (1 S = 10.000 Papierkronen); sie leitete die allmähl. Sanierung der ö. Wirt. ein.
Die ersten großen Wasserkraftwerke (Partenen in Vbg., Partenstein in OÖ., Teigitsch-Kraftwerke in der Stmk.) konnten errichtet, Teilstrecken der Bundesbahnen elektrifiziert, das Straßennetz erweitert und erneuert werden (Gaisbergstraße 1929, → Großglockner-Hochalpenstraße und Wr. → Höhenstraße 1935, Packstraße 1936). In Wien wurde der soz. Wohnbau begonnen. Produktion und Produktivität der Landw. erhöhten sich dank kräftiger öffentl. Förderung beträchtlich (1937 bestritt die Landw. bereits 81 % der Nahrungsmittelversorgung; ihre Mechanisierung nahm aber nur langsam zu). Eine wesentl. Rolle begann auch der Fremdenverkehr als Devisenbringer zu spielen. 1921 wurde die Wr. Messe ins Leben gerufen. Schon 1925 wies der Staatshaushalt einen Gebarungsüberschuss von 76,5 Mio. S auf und 1927 war die Währung durch den Gold- und Devisenbestand der Nationalbank bereits zu 70 % gedeckt. Allerdings blieb die Handelsbilanz aufgrund des Mangels an Kohle, damals noch der wichtigste Energielieferant, hoch passiv. Außerdem lagen viele der traditionellen Absatzmärkte für die ö. Textil-, Bekleidungs-, Luxus- und Möbelind. jetzt in Staaten, die die eig. Ind. fördern wollten und die Importe aus Ö. mit Zöllen belasteten. Andere althergebrachte Verbindungen, wie etwa zw. Spinnereien in Vbg. und NÖ. sowie Webereien in Böhmen und Mähren, waren ebenfalls vorübergehend durchschnitten gewesen, was auch nach der Konsolidierung der Verhältnisse zu Verlusten an Marktanteilen führte.
Da nach der enormen Kapitalvernichtung durch Krieg und Inflation das für Investitionen notwendige Kapital im Land nicht aufgebracht werden konnte, musste es aus dem (westl.) Ausland hereingenommen werden, wodurch sich Ö. weitgehend fremdem polit. Einfluss aussetzte. Außerdem wurde dieses Kapital von den ö. Großbanken kaum in Ö. investiert, sondern viel eher im „Neuausland", im Gebiet der ehem. Monarchie, wo man Positionen halten bzw. wieder gewinnen wollte. Die Eisenbahnen hatten 1919 rd. 75 % ihres ehem. Streckennetzes verloren, übrig blieben v. a. die kostspieligen Gebirgsstrecken; für den Bezug der fehlenden Steinkohle mussten beträchtl. Devisen aufgewendet werden.
Beachtlich waren die Leistungen auf dem Gebiet der Sozialgesetzgebung (1918–20), womit sich Ö. an die 1. Stelle der soz. fortgeschrittenen Staaten Europas setzte: Achtstundentag, Betriebsräte, Arbeitslosenversicherung und Altersversorgung (Letztere nur bedingt, als Altersfürsorgerente) wurden eingeführt, der Mieterschutz blieb aufrecht. Der Soz.-Dem. F. → Hanusch

und der Christl.-Soz. J. → Resch kämpften erfolgreich für das Angestellten-, das Arbeiterurlaubs-, das Hausgehilfen- und das Invalidenbeschäftigungsgesetz sowie für Kollektivverträge. Fürsorge- und Gesundheitswesen wurden modern geregelt, Schulzahnkliniken, Mutterberatungsstellen und Fürsorgestellen eingerichtet, neue Sportanlagen, Bäder und moderne Kindergärten eröffnet.
In Kunst und Wiss. konnte der junge Staat mit der alten Metropole Wien seine überragende Stellung nur teilw. behaupten. Wr. Burgtheater, Oper und Operette sowie die von M. → Reinhardt, H. v. → Hofmannsthal und R. → Strauss gegr. Sbg. Festspiele trugen den Namen Ö. in alle Welt, die Werke der ö. Dichter H. v. Hofmannsthal, F. → Werfel, S. → Zweig, R. → Musil, F. → Kafka, H. → Broch und J. → Roth gingen in die Weltliteratur ein. Allerdings haben zahlr. Künstler und Wissenschaftler wie J. Roth, J. → Schumpeter, E. Schrödinger, A. → Schönberg, schon in den 20er Jahren Ö. – meist Richtung Deutschland – verlassen. Für die Leistungen der Wiss. zeugen die Nobelpreisträger K. → Landsteiner, E. → Schrödinger und J. → Wagner-Jauregg. O. → Glöckel und seine bahnbrechende Wr. Schulreform verfolgten den zeitgemäßen Umbau des Bildungswesens; die Volksbildungsarbeit ergriff durch Volkshochschulen und Volksbüchereien weite Kreise der Bevölkerung, die Tätigkeit der landw. Berufsschulen wirkte ebenso in die Breite.
Während sich die wirt. und kulturelle Lage der E. R. allmählich konsolidierte, verschärften sich die Gegensätze zw. der bürgerl. und der sozialist. Seite von Jahr zu Jahr. Aus diversen bewaffneten Gruppierungen der unmittelbaren Nachkriegszeit entwickelten sich bewaffnete Wehrverbände; die eher monarchistisch orientierte → Frontkämpfervereinigung Deutsch-Österreichs entstand 1920, die → Heimwehren 1921–23, der Republikan. → Schutzbund 1923. Der Schutzbund war der bewaffnete Arm der Sozialdemokratie, bei den antimarxist. Gruppierungen ist die Zuordnung schwieriger. Die Heimwehren pflegten eine heftige antiparlamentar. Parteienfeindschaft, von der auch Christl.-Soz. und Großdeutsche nicht ausgenommen waren. Dennoch schätzten die „bürgerl." Parteien die Heimwehren als militär. Gegengewicht gegen den Schutzbund. Einzelne Landeshauptleute (etwa der Steirer A. → Rintelen) patronisierten die Heimwehren für ihre eig. Zwecke. Es gelang niemals, eine allg. Entwaffnung der Wehrverbände durchzusetzen. Im Gegenteil: Zu Anfang der 30er Jahre entstanden noch weitere: Der „Freiheitsbund" der christl. Gewerkschafter und die „Ostmärk. Sturmscharen" des späteren Bundeskanzlers K. Schuschnigg.
Nach den turbulenten Anfangsjahren der E. R. mit ihren zahllosen Demonstrationen und Aufmärschen, v. a. der Linken, bestand in bürgerl. Kreisen eine erhebl. Angst vor einer sozialist. Revolution. Der Antiklerikalismus der Linken konzentrierte sich auf die Person des christl.-soz. Parteivorsitzenden und 2-maligen Bundeskanzlers, Ignaz Seipel, den man mit einer breiten Kirchenaustrittsbewegung bekämpfte. Das → Linzer Programm der Sozialdemokratie (1926), das für den Fall der Behinderung einer soz.-dem. Parlamentsmehrheit durch die „Bourgeoisie" eine „Diktatur des Proletariats" ankündigte, schwächte diese Befürchtungen keineswegs. Die Eigenheiten des → Austromarxismus, Verschränkung von radikaler polit. Phrase und reformist. Politik sind für die Radikalisierung der Politik ebenso verantwortlich wie der Antiparlamentarismus und militante Antimarxismus auf bürgerl. Seite. Die Neuwahlen im Frühjahr 1927 schwächten die gem. mit den Großdeutschen als „Einheitsliste" an-

Erste Republik

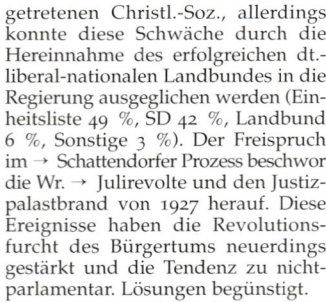

Erste Republik: "Österreich auf dem Abstellgleis der Weltgeschichte": Brückenfiguren, die von der Wiener Augarten-Brücke demontiert wurden, auf dem Gelände des Wiener Franz-Josefs-Bahnhofes. Foto, 1929.

Erste Republik: Wahlplakat der Christlichsozialen Partei anlässlich der Nationalratswahlen 1919.

Erste Republik: Wahlplakat der Sozialdemokratischen Arbeiterpartei anlässlich der Nationalratswahlen 1930.

getretenen Christl.-Soz., allerdings konnte diese Schwäche durch die Hereinnahme der erfolgreichen dt.-liberal-nationalen Landbundes in die Regierung ausgeglichen werden (Einheitsliste 49 %, SD 42 %, Landbund 6 %, Sonstige 3 %). Der Freispruch im → Schattendorfer Prozess beschwor die Wr. → Julirevolte und den Justizpalastbrand von 1927 herauf. Diese Ereignisse haben die Revolutionsfurcht des Bürgertums neuerdings gestärkt und die Tendenz zu nichtparlamentar. Lösungen begünstigt.

Aber der Verlauf dieser Ereignisse hatte die Soz.-Dem. geschwächt und die Heimwehr gestärkt, so dass unter deren außerparlamentar. Druck 1929 eine Verfassungsänderung durchgeführt werden konnte, die dem Bundespräsidenten auf Kosten des Nationalrats mehr Macht einräumte. Er sollte nun direkt vom Volk gewählt werden und nicht mehr auf bloße Repräsentationsfunktionen beschränkt sein (seither ernennt er die Mitgl. der Bundesregierung und kann das Parlament auflösen und Neuwahlen ausschreiben). Im selben Jahr legten die meisten Heimwehrführer den Korneuburger Eid ab, der als Ziel ihrer „Bewegung" eine nichtparlamentar. Regierungsform (→ Austrofaschismus) festlegte. Die letzten Nationalratswahlen in der E. R. brachten eine relative Mehrheit der Soz.-Dem. (41 %, 72 Mandate), eine neue Niederlage der Christl.-Soz. (36 %, 66 Mandate) und neben dem „Schoberblock" (12 %, Wahlgemeinschaft von Großdeutschen und Landbund, 19 Mandate) auch mehrere Heimwehrabgeordnete (6 %, 8 Mandate) ins Parlament.

Die 1929 ausgebrochene Weltwirtschaftskrise brachte auch Ö. in neue wirt. Schwierigkeiten: Fabriken mussten geschlossen werden, die Zahl der unterstützten Arbeitslosen stieg von 264.148 im Februar 1929 auf 401.321 im Februar 1933, dazu kamen jeweils rd. 100.000 nicht unterstützte Personen, sog. Ausgesteuerte. Der Versuch von J. → Schober und dem dt. Außenmin. Curtius, eine Zollunion mit Deutschland zu errichten (1931), scheiterte am Einspruch Frankreichs, Italiens und der Tschechoslowakei. Eine Erleichterung für Ö. bot die auf der Haager Konferenz 1930 ausgesprochene Befreiung von den Reparationspflichten des Friedensvertrags, den Forderungen der Nachfolgestaaten und dem Generalpfandrecht. Der Zusammenbruch der Creditanstalt 1931 verschlechterte die wirt. Lage noch mehr. 1932 musste Ö. deshalb eine neue Völkerbundanleihe in der Höhe von 306 Mio. S aufnehmen (Vertrag von Lausanne, mit neuerl. Finanzkontrolle des Völkerbundes).

Seit 1931 standen nicht nur die Soz.-Dem. in Opposition, auch die Großdeutschen waren aus der Regierung ausgetreten, so dass die „bürgerl." Regierung nur über eine Mehrheit von einem Mandat verfügte. Diese Verhältnisse begünstigten wieder das Streben nach einer nichtparlamentar. Regierungsform. Der Regierung stand dafür das aus dem Jahre 1917 stammende und in der E. R. niemals abgeschaffte Kriegswirt. Ermächtigungsgesetz zur Verfügung; auf dieser Basis wurden schon 1932 Verordnungen über die Haftung der Direktoren der Creditanstalt für das verlorene Vermögen erlassen. Als am 4. 3. 1933 alle 3 Präsidenten des Nationalrats wegen der knappen Mehrheitsverhältnisse ihr Amt nacheinander niederlegten, erklärte am 7. 3. die Regierung Dollfuß, der Nationalrat habe „sich selbst ausgeschaltet". Damit war die parlamentar. Demokratie der E. R. beendet; E. → Dollfuß verhinderte, dass der Nationalrat wieder zusammentrat, und regierte seither auf der Basis des → Kriegswirtschaftlichen Ermächtigungsgesetzes autoritär mit Hilfe von Regierungsverordnungen. Im gleichen Jahr wurden der Republikan. Schutzbund, die Kommunist. Partei und die Nat.-soz. Partei (die beide im Parlament der E. R. nie über ein Mandat verfügt hatten) sowie der Steir. Heimatschutz (er hatte sich dem Nat.-Soz. angeschlossen) verboten. Im Mai 1933 wurde die → Vaterländische Front gegr. Infolge des bewaffneten Widerstands von Schutzbündlern in Linz gegen nach Waffen suchende Exekutivorgane und Heimwehrleute kam es am 12. 2. 1934 zur vergebl. Erhebung des Republikan. Schutzbunds und damit zum Bürgerkrieg (→ Februarkämpfe), der zahlr. Opfer forderte.

Am 1. 5. 1934 rief Dollfuß mit der → Maiverfassung 1934 den „Christl. dt. Bundesstaat Ö. auf berufsständ. Grundlage" aus und machte die Vaterländ. Front zum „alleinigen Träger der polit. Willensbildung"; die gesetzgebenden Körperschaften sollten Staatsrat, Bundeskulturrat, Bundeswirtschaftsrat und Länderrat sein (→ Ständestaat). Die Christl.-soz. Partei löste sich selbst auf.

Inzw. begann die drohende Gefahr des → Nationalsozialismus für Ö. immer gefährlichere Formen anzunehmen. Am 27. 5. 1933 hatte die nat.-soz. dt. Reichsregierung die „1000-Mark-Sperre" erlassen; jeder Deutsche, der nach Ö. reisen wollte, musste 1000 Mark erlegen (1932 waren 40 % der ausländ. Touristen in Ö. Deutsche). In Ö. selbst setzte eine Welle von Terror- und Sabotageakten der NSDAP ein. Beim dem am 25. 7. 1934 misslungenen Putschversuch der Nat.-Soz. wurde Bundeskanzler Dollfuß ermordet (→ Juliputsch), die anschließenden Kämpfe forderten wieder zahlr. Opfer. 1934 wurden zw. Ö., Italien und Ungarn die sog. → Römischen Protokolle unterzeichnet, die die Aufrechterhaltung der Eigenstaatlichkeit Ö. zum Ziel hatten. Ihnen ging die Drei-Mächte-Garantie (Großbritannien, Italien, Frankreich) für Ö. Unabhängigkeit voraus. Aber im ö.-dt. Verständigungsabkommen vom 11. 7. 1936 (→ Juliabkommen) verpflichtete sich Ö. bereits, seine „Außenpolitik als 2. dt. Staat zu führen".

Am 10. 10. 1936 löste K. → Schuschnigg, der 1934 Nachfolger von Dollfuß als autoritärer Bundeskanzler geworden war, alle Wehrverbände auf, nachdem er am 1. 4. 1936 ein Gesetz über die Einführung der allg. Dienstpflicht erlassen hatte. Die weitere Politik A. → Hitlers und des faschist. Italien unter B. Mussolini („Achse Berlin– Rom") machten die Röm. Protokolle unwirksam. Bei der Begegnung Hitlers mit Schuschnigg in Berchtesgaden am 12. 2. 1938 drohte Hitler mit dem sofortigen Einmarsch dt. Truppen in Ö., falls seine Forderungen (u. a. Amnestie für die verhafteten Nat.-Soz., Aufnahme nat.-soz. Minister in die ö. Regierung) nicht sogleich erfüllt würden.

Den Aufruf Schuschniggs an das Volk zu einem Volksentscheid über die Unabhängigkeit Ö. beantwortete Hitler mit sich überstürzenden Ultimaten, denen sich Schuschnigg am Abend des 11. 3. 1938 beugte: Er verzichtete auf Widerstand, „weil wir um keinen Preis (...) dt. Blut zu vergießen gesonnen sind" und trat zu-

Erste Republik: Motorisierte nationalsozialistische Propaganda auf dem Opernring in Wien. Foto, 1932.

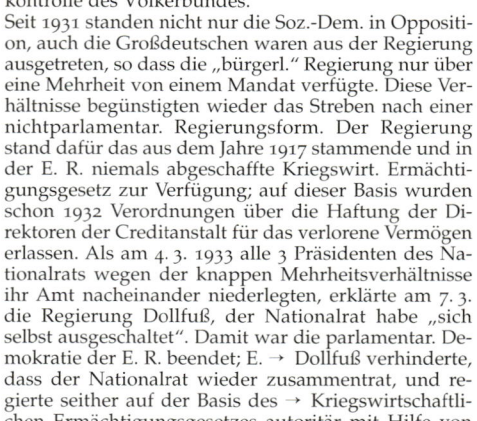

ERWACHSENENBILDUNG

Erste Republik: Die erste Regierung Schuschnigg, links der Bundeskanzler, daneben Ernst Rüdiger Starhemberg. Foto, 1934.

rück. Bundeskanzler wurde der von Deutschland namhaft gemachte Nat.-Soz. A. → Seyß-Inquart. In der Nacht vom 11. zum 12. 3. marschierte dt. Militär in Ö. ein. Am 13. 3. 1938 verkündete Hitler in Linz die „Wiedervereinigung Ö. mit dem Dt. Reich" (→ Anschluss). Der ö. Bundespräsident W. → Miklas wurde am 13. 3. 1938 zur Abdankung veranlasst. Großbritannien, Frankreich und das mit dem Ständestaat befreundete Italien Mussolinis hatten keine ihrer Garantieerklärungen erfüllt, sondern tatenlos den Gewaltakt zur Kenntnis genommen. Der Völkerbund schwieg ebenfalls. Als einziger Staat protestierte Mexiko.
Literatur: F. Tremel, Die E. R., ³1948; C. A. Gulick, Ö. von Habsburg zu Hitler, 5 Bde., 1950; K. Renner, Ö. von der 1. zur 2. Republik, 1953; H. Benedikt, Geschichte der Republik Ö., 1954; L. Jedlicka, Ein Heer im Schatten der Parteien, 1955; H. L. Mikoletzky, Ö. Zeitgeschichte, ³1957; F. Funder, Als Ö. den Sturm bestand, 1962; O. Leichter, Glanz und Ende der E. R., 1965; L. Jedlicka u. R. Neck (Hg.), Vom Justizpalast zum Heldenplatz; E. Weinzierl u. K. Skalnik, Ö. 1918–1938, 1983; F. L. Carsten, Die erste ö. Republik, 1988; W. Goldinger u. D. A. Binder, Geschichte der Republik Ö. 1918–1938, 1992; R. Neck (Hg.), Protokolle des Ministerrates der E. R. 1918–38, 1993; A. Suppan (Hg.), Außenpolit. Dokumente der Republik Ö. 1918–38, 1994; E. Hanisch, Der lange Schatten des Staates, 1994.

ERSTER MAI, Kampf- und Feiertag der internat. Arbeiterbewegung, der an die Bewegung für den Achtstundentag in den USA anschließt und den die II. Internationale in Paris 1889 als Festtag für das Proletariat bestimmte. Ab 1890 wurde der 1. Mai von der Soz.-Dem. in Wien und anderen Städten festlich begangen und 1919 als Staatsfeiertag eingeführt, dem sich auch die Kommunistische Partei Ö. anschloss. Der 1. Mai wurde im Ständestaat und unter dem Nat.-Soz. beibehalten. In den 1970er Jahren übernahmen zahlr. andere linke und alternative Gruppen den 1. Mai als Feiertag. Er hat inhaltlich nur wenig mit den → Maibräuchen gemein.
Literatur: H. Troch, Rebellensonntag, 1991.

Erster Mai: Karikatur aus der Zeitschrift „Glühlichter" von F. Kaskeline, 1893.

ERSTER WELTKRIEG, siehe → Weltkrieg, Erster

ERSTKOMMUNION, in der kath. Kirche der 1. Empfang der Eucharistie im Kindesalter. Wird meist im 2. Volksschuljahr am Weißen Sonntag oder zu Christi Himmelfahrt gefeiert.

ERTL, NÖ., AM, Gem., 440 m, 1243 Ew., 21,13 km², landw. Wohngem. westl. von Waidhofen a. d. Ybbs an der Grenze zu OÖ. im „Herzen des Mostviertels". Holzverarbeitung. – Jungsteinzeitl. Siedlungsfunde, neugot. Pfarrkirche (erb. 1901–14), Streckhof (um 1690) mit Kerbschnittbalkendecken und „Schwarzer Küche", Gehöfte aus dem 19. Jh.

ERTL, Dominik, * 12. 4. 1857 Wien, † 4. 2. 1911 ebd., Komponist, Kapellmeister des Hoch- und Deutschmeister-Regiments, dann Operettendirigent in Dresden, ab 1904 in Wien.
Werke: rund 200 Couplets, Wr. Lieder, Märsche (Hoch- und Deutschmeister-Marsch) und Tänze.

ERTL, Emil, * 11. 3. 1860 Wien, † 8. 5. 1935 ebd., Schriftsteller und Bibliothekar. 1886–1927 Bibl.-Beamter in Graz. Gilt neben P. → Rosegger, dessen Biographie („P. Rosegger. Wie ich ihn kannte und liebte", 1923) er veröffentlichte, als einer der bedeutendsten Vertreter des ö. Heimat- und Geschichtsromans. In seinem 4-bändigen Romanzyklus „Ein Volk an der Arbeit. 100 Jahre Deutsch-Ö. im Roman" (1906–26) beschreibt er anhand der Geschichte einer Wr. Seidenweberfamilie die soz. Entwicklung Ö. und des ö. Bürgertums zw. 1809 und 1918.
Weitere Werke: Liebesmärchen, 1886; Der Neuhäuselhof, 1913; Karthago, 1924; Meisternovellen, 1930; Menschenschicksale, 1948. – Gedichte, 1935. – Autobiographische Werke: Geschichten aus meiner Jugend, 1927; Lebensfrühling, 1932.
Literatur: E. Ladich, Die Auffassung der Geschichte Ö. in den Romanen E. E., Diss., Wien 1949.

ERTLER, Bruno, * 29. 1. 1889 Pernitz (NÖ.), † 10. 12. 1927 Graz (Stmk.), Schriftsteller. Arbeitete als Journalist bei Grazer Zeitungen und wurde 1924 Lektor für Zeitungswesen an der Univ. Graz. Trotz eines schweren Leberleidens ist sein Werk von einer positiven Grundeinstellung zum Leben geprägt. Als Themen seiner Novellen, Dramen und Gedichte verarbeitete er vorwiegend eig. Kindheits- und Jugenderlebnisse.
Werke: Eva Lilith, 1919 (Gedichte); Wenn zwei das Gleiche tun, 1920 (3 Einakter); Das Spiel vom Doktor Faust, 1923 (Drama); Novellen, 2 Bde., 1946; Erlebnisse des Herzens, 1948 (Erzählungen). – Ausgaben: Durch den großen Garten gehen. Gedichte, hg. v. E. Nack, 1953; Dichters Dornenstraße. Novellen und Erzählungen, hg. v. E. Nack, 1954; Dramat. Werke, hg. v. E. Nack, 1957.
Literatur: K. Kaschnitz, Die geistige und künstler. Entwicklung im Werk B. E., Diss., Graz 1949.

ERWACHSENENBILDUNG, bietet Erwachsenen außerhalb der Schule und neben der berufl. Fortbildung Möglichkeiten, ihre Bildung zu erweitern; bis in die 60er Jahre des 20. Jh. als „Volksbildung" bezeichnet. Die E. entwickelte sich unter dem Einfluss der → Aufklärung, erzielte aber erst in der 2. Hälfte des 19. Jh. mit der Einführung des Vereinsrechts eine gewisse Breitenwirkung. Zunächst kam es nur zu einer schichtspezif. Befriedigung von Weiterbildungsbedürfnissen unter polit. oder konfessionellem Einfluss (liberale, kath.-konservative oder landw. Casinos, → Arbeiterbildungsvereine, Kath. Gesellen-Vereine), seit 1870 setzten sich neutrale Einrichtungen für alle Bevölkerungskreise durch (Stmk. Volksbildungsverein, gegr. 1870; Oö. Volksbildungsverein, gegr. 1872; Allg. Nö. Volksbildungsverein, gegr. 1885, dessen Zweigverein „Wien und Umgebung" 1893 als Wr. Volksbildungsverein selbständig wurde; volkstüml. Universitätsvorträge, in Wien ab 1895, in Innsbruck ab 1897, in Graz ab 1898; Wr. → Urania, gegr. 1897; Volksheim, gegr. 1901). E. blieb aber weiterhin auch im Aufgabenbe-

Erster Mai: Titelseite der Festschrift zum 1. Mai 1894.

reich der polit. Parteien (z. B. „Zentralstelle für das Bildungswesen" der Soz.-Dem.) und der kath. Kirche (z. B. → Leo-Gesellschaft, Volkslesehalle, gegr. 1899, Kath. Volksbund, gegr. 1908). In der 1. Republik beanspruchte der Staat die Leitung und Beaufsichtigung der E. („Regulativ", 1919), hielt aber seinen finanz. Beitrag in Grenzen; es blieb bei Förderung und Beratung durch Volksbildungsreferenten. Die E. nahm sich in bes. Maße der Arbeitslosen an, auch Gewerbeförderungsinst., Gewerkschaften und Arbeiterkammern veranstalteten Kurse. Zw. 1934 und 1938 versuchte die autoritäre Regierung die E. zu vereinheitl. und nahm dafür finanz. Belastungen auf sich. 1934 wurde in Wien die 1. jüd. Volkshochschule gegr. Erst nach 1945 kam es zu der in der 1. Republik gewünschten Kooperation der durchwegs privaten Trägervereine der E. Der Verband Ö. Volkshochschulen wurde 1950 gegr.; die Arbeitsgemeinschaft der Kath. Bildungswerke Ö., die Arbeitsgemeinschaft der evang. Bildungswerke und der Verband der (nichtkirchl.) Ö. Bildungswerke schlossen sich 1955 zum „Ring ö. Bildungswerke" zusammen; 1954 wurde die Arbeitsgemeinschaft der Bildungsheime Ö. gegr. Diese Dachverbände unterstützen Planung, Finanzierung und Ausbildung der vorwiegend ehrenamtl. Funktionäre („Riefer Zertifikatskurs"). Von staatl. Seite wurde 1945/46 eine Zentralstelle für Volksbildung im Unterrichtsministerium eingerichtet. 1972 wurde die „Konferenz der E. Ö. (KEBÖ)" gegr., darauf folgte die Bildung weiterer Dachverbände (Berufsförderungsinst., Büchereiverband Ö., Forum kath. Erwachsenenbildung, Ländl. Fortbildungsinst., Ring ö. Bildungswerke, Volkswirtschaftl. Ges. Ö., Verband Ö. Gewerkschaftl. Bildung, Verband Ö. Volkshochschulen, Wirtschaftsförderungsinst. der Kammern der gewerbl. Wirt.), weil über die KEBÖ auch die staatl. Subventionen verteilt wurden. Seit 1974 sorgt das Bundesinst. für E. in Strobl (Sbg.) für die Aus- und Fortbildung von Erwachsenenbildnern und Volksbibliothekaren, an Pädagog. Akad. wird seit 1986 in Lehrgang „E." über 4 Semester geführt. Die 1981 beschlossenen „Grundsätze einer Entwicklungsplanung für ein kooperatives System der E. in Ö." zielen auf ein umfassendes und bedarfsgerechtes Bildungsangebot für alle Bevölkerungsgruppen, neue Einrichtungen und Schwerpunkte in der Programmgestaltung (z. B. Lernen im Medienverbund) brachten jedoch nicht die erstrebte Gleichwertigkeit mit Schule und Univ. Seit 2001 unterstützt und forciert das Bildungsmin. die von der EU-Kommission lancierte Strategie des „lebensbegleitenden" bzw. „lebenslangen Lernens".

Literatur: G. Bisovsky, Blockierte Bildungsreform, 1991; Erwachsenenbildung in Ö., hg. v. BMin. f. Unterr. u. Kunst, ³1991; W. Filla, Volkshochschularbeit in Ö., 1991; A. Bergauer (Hg.), Kooperation und Konkurrenz, 2002; M. Prisching u. W. Lenz (Hg.), Lebenslanges Lernen als selbstverantwortliches Berufshandeln, 2003.

Erwerbsperson, Person, die einer durch Lohn oder Einkommen bezahlten Arbeit nachgeht und eine bestimmte minimale wöchentl. Arbeitszeit überschreitet. Als E. zählen alle unselbständig beschäftigten und alle selbständig tätigen Personen sowie Arbeitslose. Die Zahl der E. beträgt in Ö. rd. 3.966.300 (2003). Das Verhältnis der E. zur Wohnbevölkerung ist die → Erwerbsquote.

Erwerbsquote, Anteil der → Erwerbspersonen an der Wohnbevölkerung. Die E. wird häufig alters- und geschlechtsspezifisch differenziert und ist ein wichtiger Indikator für die Aufnahmefähigkeit des Arbeitsmarkts und für das kulturell und sozial geprägte Erwerbsverhalten einzelner Bevölkerungsgruppen. Die E. beträgt in Ö. 49,2 % (2003), d. h., 49,2 % der Wohnbevölkerung gehen einer selbständigen oder unselbständigen Erwerbsarbeit nach (oder sind arbeitslos), 50,8 % sind erwerbslos (Hausfrauen und -männer, Kleinkinder, Schüler, Studenten und Pensionisten).

Erzberg, Name von Bergen aus erzhaltigem Gestein und mit altem Bergbau. Neben dem E. von Bleiberg (im Sattlernock 1583 m hoch) und dem E. von → Hüttenberg (beide in Kä.) bezeichnet der Name bes. den steir. E. (→ Erzberg, Ober-Stmk.).

Erzberg (Obersteiermark, in den Eisenerzer Alpen), 1466 m, auch „Steirische Pyramide" genannt, der größte Erztagbau Mitteleuropas und die größte Sideritlagerstätte ($FeCO_3$) der Welt. Durch die Verwachsung von Siderit mit dem eisenärmeren Ankerit schwankt der Eisengehalt zw. 22 % und 40 %. Geologisch gehört der E. zur → Grauwackenzone, die sich mit den Kalken und Schiefergesteinen aus dem Erdaltertum von NÖ. bis Ti. erstreckt. Abbautätigkeiten im Bereich des E. sind seit den Römern („norisches Eisen", etwa Anfang 4. Jh. n. Chr.) bekannt, aus dem Jahr 712 existiert eine weitere Nachricht vom Erzabbau, die erste urkundl. Nennung stammt aus 1171. Im 19. Jh. erlebte der E. einen großen Aufschwung unter Erzhzg. → Johann. In Teilen des 1986 aufgelassenen Untertageabbaus wurde mit 30 Erlebnisstationen, verteilt auf 4 km Stollen, in 2 Ebenen ein Schaubergwerk eingerichtet. Dzt. (2004) wird von der VOEST-ALPINE Erzberg Ges. m. b. H. auf ca. 20 Etagen mit einer Höhe von 24 m im Tagbau abgebaut. Der Lagerstätteninhalt beträgt mit 2004 rd. 130 Mio. t verwertbaren Siderit. Das Erz und Möllerzuschlagstoff, zusammen rd. 2 Mio. t pro Jahr mit durchschnittlich 33,6 % Eisengehalt, wird, nachdem es vom tauben Gestein getrennt ist, mit der Eisenbahn nach Linz und Donawitz zur Verhüttung (→ voestalpine AG) gebracht.

Literatur: G. Sperl, Montangeschichte des Erzberggebietes nach archäolog. und schriftl. Dokumenten, 1988.

Erzbistümer, siehe → Diözese.

Erzherzog, als Titel des ö. Landesfürsten von Rudolf IV. im Privilegium maius (Pfalzerzherzog) beansprucht, von Ernst dem Eisernen der Stmk. († 1424) erstmals geführt, von Ks. Friedrich III. für Angehörige seiner Linie und Sigmund von Ti. (nicht für Ladislaus Postumus) 1453 bestätigt, später von allen Mitgl. des Hauses Habsburg und Habsburg-Lothringen verwendet. Obwohl 1919 abgeschafft, wird der Titel inoffiziell weiter verwendet.

Erzherzogshut, die Krone des Landes Ö. Der E. wurde 1616 von Erzhzg. Maximilian III. gestiftet, dem Stift Klosterneuburg zur Aufbewahrung übergeben und nur zur Erbhuldigung nach Wien gebracht (erstmals 1620, zuletzt 1835). Ein weiterer E. wird in Mariastein in Ti. aufbewahrt, der 1595 für das Begräbnis von Erzhzg. Ferdinand II. angefertigt wurde und für den der ö. E. Vorbild war. In der Stmk. besaß Hzg. Ernst († 1424) eine derartige Krone. Sie befindet sich im Landesmuseum Joanneum. Ein weiterer E. wurde

Erzberg bei Eisenerz, Stmk.

Österreichischer Erzherzogshut, 1616 (Stift Klosterneuburg, NÖ.).

für die Königskrönung Josephs II. 1764 in Frankfurt a. Main angefertigt, davon ist nur die Karkasse erhalten.
Literatur: G. Kugler, Der ö. E. und die Erbhuldigung, in: Der hl. Leopold, Ausst.-Kat., Klosterneuburg 1985.

Erzieherausbildung, siehe → Lehrer- und Erzieherausbildung.

Erziehung, Vereine und Gesellschaften, siehe → Lehrervereine.

Erziehungsanstalten, siehe → Internatsschulen, → Bundeskonvikte.

Erziehung und Unterricht, Ö. Pädagog. Zeitschrift, mit Beiblatt „Heilpädagogik", erschien vor 1946 unter folgenden Titeln: Jg. 1 (1851) bis 65 „Der ö. Schulbote", Jg. 66–71 „Monatshefte für pädagog. Reform", Jg. 72–84 „Die Quelle", Jg. 85–88 (1938) „Pädagog. Führer".

Eschenau, NÖ., LF, Gem., 406 m, 1162 Ew., 24,72 km², landw.-gewerbl. Auspendelgem. am Steubach, einem Seitental des Traisentals. Pflegeheim; Biolandw. – Urk. 1230 „Eschenowe", frühgot. Pfarrkirche mit Turm von 1541, Altarbild von M. Altomonte (1737), ehem. Taverne (16./17. Jh.), Löffelmühle (16./17. Jh.); Rotheau: Schloss Klafterbrunn (Substanz 16. Jh., im 19. Jh. adaptiert); in Sonnleitgraben und Steubach: alte Gehöfte (19. Jh.), Dörrhäuser.

Eschenau im Hausruckkreis, OÖ., GR, Gem., 380 m, 1174 Ew., 16,6 km², landw. Wohngem. zw. Leiten- und Sandbach, unweit der Schlögener Schlinge.

Escherich, Gustav von, * 1. 6. 1849 Mantua (I), † 28. 1. 1935 Wien, Mathematiker. 1879 Ordinarius für Mathematik an der Univ. Czernowitz, dann an der Techn. Hochschule Graz, ab 1884 an der Univ. Wien (Rektor 1903–04). Gründete 1890 mit E. → Weyr die „Monatshefte für Mathematik und Physik", deren Redaktion er bis zu seiner Emeritierung 1920 leitete.
Werke: Beiträge zur Geometrie, Infinitesimalrechnung, Invariantentheorie, Variationsrechnung und Differentialgleichungen.
Literatur: ÖBL.

Escherich, Theodor von, * 29. 11. 1857 Ansbach (D), † 15. 2. 1911 Wien, Kinderarzt. Ab 1894 Univ.-Prof. in Graz und Vorstand der Grazer Kinderklinik, ab 1902 in Wien, leistete wes. wiss. Arbeiten und war Mitbegründer der „Ö. Ges. für Kinderforschung" sowie Begründer der „Reichsanstalt f. Mutter- und Säuglingsfürsorge". Er schuf die Grundlage für eine rationelle Säuglingsernährung. Die Kolibakterien „Escherichia coli" sind nach ihm benannt.
Werke: Die Darmbakterien des Säuglings, 1886; Diphtherie, Croup, Serumtherapie, 1895.
Literatur: I. Fischer (Hg.), Biograph. Lexikon der hervorragenden Ärzte der letzten 50 Jahre, Bd. 1, 1932; ÖBL.

Eskeles, Bernhard Frh. von, * 12. 2. 1753 Wien, † 7. 8. 1839 Hietzing b. Wien, Bankier; Sohn eines Rabbiners. In Amsterdam ausgebildet, wurde er Teilhaber und später Hauptinhaber eines Bankhauses in Wien, Finanzberater von Joseph II. und Franz II. sowie 1816 Mitbegründer der Oesterr. → Nationalbank und 1819 der → Ersten Österreichischen Spar-Casse. Sein Wr. Palais ist jetzt Jüdisches Museum der Stadt Wien (→ jüdische Museen).
Literatur: ÖBL.

Esperanto, vom Augenarzt Lazar Ludwig Zamenhof (1859–1917) initiierte Plansprache (in Projektform als 1. Lehrbuch 1887). Die 1. E.-Gruppe in der ö.-ungar. Monarchie entstand in Brünn; gesamt-ö. Kongresse fanden in Wien (1910), Prag (1911), Graz (1913) und Franzensbad (1914) statt. 1917 entstand ein Lektorat für E. an der Techn. Hochschule in Wien; seit 1924 durfte E. an öffentl. Schulen unterrichtet werden. Die ö. E.-Bewegung war bis 1934 parteilich gespalten. Die soz.-dem. Esperantisten bestanden seit 1912; 1923 hatte sich eine „neutrale" E.-Organisation mit 23 Gruppen gebildet; 1928 organisierten sich die kath. Esperantisten; 1929 entstand die Austria E.-Asocio. 1945 begann der Wiederaufbau der stark dezimierten E.-Bewegung, kurz nach Ende des 2. Weltkriegs konstituierte sich der Ö. E.-Verband.
Seit 1985 besteht die E.-Arbeitsgemeinschaft Ö., an der alle ö. E.-Gruppen beteiligt sind. Seit 1927 besteht in Wien das Internat. E.-Mus., das 1929 der Ö. Nat.-Bibl. angeschlossen wurde. 1987 wurde in Wien der Verlag „Pro E." gegründet, auch der Verlag der Ö. Nat.-Bibl. gibt Bücher in E. heraus. Der jährl. stattfindende E.-Weltkongress tagte 4-mal in Wien: 1924 (3400 Teiln.), 1936 (854 Teiln.), 1970 (1987 Teiln.) und 1992 (3033 Teiln.).
Zu den bedeutendsten Esperantisten Ö. gehören u. a.: der Friedensnobelpreisträger von 1911 A. H. Fried (1864–1921), F. Wollmann (1871–1962, Landesschulinspektor von Wien); R. Kaftan (1870–1958, Gründer des Wr. Uhrenmuseums), H. Weinhengst (1904–45, E.-Schriftsteller), Bundespräs. F. Jonas sowie E. Wüster (1898–1977, Verfasser des Enzykl. E.-Wörterbuchs).
Literatur: D. Blanke, Internat. Plansprachen, 1985; U. Lins, Die gefährl. Sprache, 1988; H. Mayer, Die Etablierung der Interlinguistik als Wiss. und ihre mögl. Auswirkungen auf den Sammlungsauftrag des Internat. E.-Museums in Wien, 1988; U. Eco, Die Suche nach der vollkommenen Sprache, 1994.

Essl, Karlheinz sen., * 16. 4. 1939 Hermagor (Kä.), Industrieller; Vater von Karlheinz → Essl jun. und Martin → Essl. Erweiterte das Bauunternehmen Schömer in Klosterneuburg (NÖ.) und gründete die → bauMax AG (Baumärkte) mit Niederlassungen in Ö. sowie in den Reformländern Mittel- und O-Europas. Ließ 1985 von H. → Tesar ein neues Verwaltungsgebäude in Klosterneuburg errichten, in dem bis 1999 auch die große Smlg. ö. Malerei seit 1945 untergebracht war (größte Privat-Smlg. der Gegenwartskunst mit über 4000 Werken, aufgebaut gem. mit seiner Ehefrau Agnes E., geb. Schömer). 1999 wurde in Klosterneuburg das neue Museumsgebäude für die Smlg. E. eröffnet (ebenfalls geplant von H. Tesar). E. übergab im selben Jahr den Vorstandsvorsitz der bauMax AG an seinen Sohn Martin E. und übernahm die Funktion des Aufsichtsratspräs.
Literatur: Smlg. bauMax, Katalog 1990; W. Schmied (Hg.), Malerei in Ö. 1945–1995. Die Smlg. E., 1995; G. Bösch (Hg.), Smlg. E. – The First View, 1999; G. Knapp, H. Tesar, Smlg. E., Klosterneuburg, 2000.

Karlheinz Essl sen.: Museum Essl in Klosterneuburg, NÖ.

Essl, Karlheinz jun., * 15. 8. 1960 Wien, Komponist; Sohn von Karlheinz → Essl sen., Bruder von Martin → Essl. Studierte an der Musikhochschule (bei A. → Uhl, D. → Kaufmann und F. → Cerha) und an der Univ. Wien (Dr. phil.), beschäftigt sich v. a. mit elektroakustischer und improvisierter Musik sowie den Möglichkeiten des Computereinsatzes in der Komposition; Musikintendant der Smlg. Essl; unterrichtet seit 1995 Computer-Aided Composition am Bruckner-Konservatorium Linz; 1997 Komponistenporträt bei den Sbg. Festspielen.

Essl, Martin, * 5. 3. 1962 Wien, Manager; Sohn von Karlheinz → Essl sen., Bruder von Karlheinz → Essl jun. Seit 1989 im Familienunternehmen → bauMax AG tätig; seit 1999 Vorstandsvorsitzender.

Essling, Ort im westl. Marchfeld, seit 1938 bei Wien (22. Bez.), 1809 Schauplatz der Schlacht von → Aspern und E.; Geburtshaus von G. R. → Donner.

Este, Adelsfamilie, deren Name von der Stadt E. in Venetien abgeleitet ist. 1771 heiratete Ferdinand Karl, Sohn Maria Theresias, die Erbtochter Maria Beatrix

Bernhard Freiherr von Eskeles. Lithographie von J. Kriehuber.

von Modena. Dessen Enkel Franz V. starb 1875 kinderlos. Sein Vermögen erbte Erzhzg. → Franz Ferdinand, der seinen Namen auf „Österreich-Este" erweiterte. Nach seiner Ermordung gingen Vermögen und Titel 1914 an den Thronfolger Karl über und 1917 nach dessen Thronbesteigung an dessen zweiten Sohn Robert (* 8. 2. 1915, † 7. 2. 1996), den den Namen „Ö.-Este" weiterhin führte und wiederum an seinen Sohn Laurent-Otton (* 16. 12. 1955) weitergab.

Esterházy, ungar. Magnatenfamilie, die ab dem 13. Jh. auf der Insel Schütt nachweisbar ist; seit Anfang des 15. Jh. unter dem Namen E.; 1527 erwarb sie Galántha (SK) und nannte sich danach, um 1600 zerfiel sie in mehrere Linien; eine davon (Nikolaus Gf. → Esterházy) ließ sich in W-Ungarn nieder, erwarb Lackenbach und nannte sich nach Frakno (Forchtenstein). Nikolaus und seine Nachkommen standen stets loyal auf Seiten der Habsburger, sie wurden 1626 Erbgrafen von Forchtenstein; 1687 wurde Paul I. → Esterházy ad personam in den Reichsfürstenstand erhoben, 1712 der jeweils erstgeborene männl. Nachkomme, 1782 alle Nachkommen. Der letzte Fürst, Paul V. → Esterházy, starb 1989, die Familie besteht weiter.

Das Geschlecht hatte die Schwerpunkte in Forchtenstein und Eisenstadt im heutigen Bgld. sowie im benachbarten Eszterháza (Fertöd) in Ungarn. In Wien besaßen sie das 1695 erbaute Majoratshaus in der Wallnerstraße und ab 1814 ein Palais in Mariahilf. Der in Ungarn liegende Besitz (128.000 ha) wurde 1946–47 enteignet, der im Bgld. nach Verkäufen zur Grundaufstockung der Bauern verbliebene (50.000 ha) wurde 1995/96 in 3 Stiftungen mit den Schwerpunkten Forchtenstein (gemeinnützige Stiftung), Eisenstadt und Lockenhaus (Familienstiftungen) eingebracht.

Inhaber des Majorats: Paul I. Fürst → Esterházy (Begründer), Michael Fürst E. (1713–21), Joseph Fürst E. (1721), Paul II. Anton Fürst → Esterházy (1721–62), Nikolaus I. Joseph Fürst → Esterházy (1762–90), Anton Fürst E. (1790–94), Nikolaus II. Fürst → Esterházy (1794–1833), Paul III. Anton Fürst E. (1833–66), Nikolaus III. Fürst E. (1866–94), Paul IV. Fürst E. (1894–98), Nikolaus IV. Fürst E. (1898–1920), Paul V. Fürst → Esterházy (1920–89).

Literatur: Die Fürsten E., Ausst.-Kat., Eisenstadt 1995.

Schloss Esterházy in Eisenstadt, Bgld.

Esterházy, Nikolaus Graf, * 1583, † 1645 Großhöflein (Bgld.), Begründer der westungar. Linie des Magnatengeschlechtes → Esterházy; Vater von Paul I. → Esterházy. Trat 1600 vom Calvinismus zum Katholizismus über und erwarb dadurch die Gunst des Kaisers in Wien. Er wurde 1618 Oberstkhofmeister, 1625 Palatin von Ungarn und 1626 Erbgraf von Forchtenstein. In diplomat. Missionen eingesetzt, kam er durch Heirat in den Besitz von Landsee und weiterer Güter im heutigen Bgld.

Literatur: Die Fürsten E., Ausst.-Kat., Eisenstadt 1995.

Esterházy, Nikolaus II. Fürst, * 12. 12. 1765 Wien, † 25. 11. 1833 Como (I), Enkel von Nikolaus I. Joseph Fürst → Esterházy, ab 1794 Inhaber des fürstl. Majorats der Magnatenfamilie → Esterházy. 1792 Krönungsbotschafter für Ks. → Franz II. Kunstsinnig wie sein Großvater, beschäftigte er ab 1795 J. → Haydn wieder als Kapellmeister seiner Hofmusikkapelle (1790–94 aufgelöst), auf den 1804–11 J. N. → Hummel folgte; er begründete die wertvolle Gemälde-Smlg., die sein Enkel Nikolaus III. Fürst E. 1874 dem Königreich Ungarn stiftete; er ließ das Schloss in Eisenstadt umgestalten und einen Landschaftsgarten anlegen. Wie seine Vorfahren bewies er seine Loyalität gegenüber dem Haus Habsburg: Er verzichtete auf die Würde eines Königs von Ungarn, die ihm Napoleon 1809 anbot. Die Schulden aufgrund seiner großzügigen Lebensführung (auch die Wr. Theater wurden von ihm unterstützt, anlässlich des → Wiener Kongresses 1814/15 war er ein splendider Gastgeber) führten zu einer jahrzehntelangen Zwangsverwaltung eines Teils der e.schen Güter.

Literatur: Die Fürsten E., Ausst.-Kat., Eisenstadt 1995.

Esterházy, Nikolaus I. Joseph Fürst, * 18. 12. 1714 Wien, † 28. 9. 1790 ebd., Feldmarschall; Enkel von Paul I. Fürst → Esterházy, Bruder von Paul II. Anton Fürst → Esterházy und Großvater von Nikolaus II. Fürst → Esterházy. Ab 1762 nach dem Tod seines Bruders Inhaber des fürstl. Majorats der Magnatenfamilie → Esterházy. Studierte in Wien und Leiden, bewährte sich wie sein Bruder Paul II. Anton im → Österreichischen Erbfolgekrieg (1747 Generalmajor) und wurde im → Siebenjährigen Krieg (ab 1753 Regimentsinhaber) zum gefeierten Helden durch seinen Einsatz in der Schlacht bei → Kolin (dafür mit dem → Maria-Theresien-Orden ausgezeichnet; 1759 Feldmarschallleutnant. 1763 begann er mit dem Ausbau von Schloss Eszterháza am S-Ufer des Neusiedler Sees zum „ungar. Versailles", 1764 wurde er Hauptmann der ungar. Leibgarde und Krönungsbotschafter für Ks. → Joseph II. 1766 machte er J. → Haydn zum 1. Kapellmeister seines Orchesters; aufgrund seines großzügigen Mäzenatentums und seiner Liebe zur Kunst erhielt er 1768 (Fertigstellung von Schloss Eszterháza) den Beinamen „der Prachtliebende", sein Hofstaat wurde als „e. Feenreich" sprichwörtlich. 1782 wurde die Fürstenwürde auf alle seine Nachkommen ausgedehnt.

Nikolaus I. Joseph Fürst Esterházy. Gemälde, um 1770.

Literatur: M. Horanyi, Das Esterházysche Feenreich, 1959; J. Haydn in seiner Zeit, Ausst.-Kat., Eisenstadt 1982; Bollwerk Forchtenstein, Ausst.-Kat., Forchtenstein 1993; Die Fürsten E., Ausst.-Kat., Eisenstadt 1995.

Esterházy, Paul I. Fürst, * 8. 9. 1635 Eisenstadt (Bgld.), † 26. 3. 1713 ebd., Feldmarschall, Begründer des fürstl. Majorats der Magnatenfamilie → Esterházy; Sohn von Nikolaus Gf. → Esterházy und Großvater von Paul II. Anton Fürst → Esterházy, in 2. Ehe verheiratet mit Eva Thököly, der Schwester von Emmerich → Thököly von Késmark. Studierte bei den Jesuiten in Tyrnau und Graz und erbte 1652 das große Vermögen der E., nachdem sein älterer Bruder Ladislaus gegen die Türken (→ Türkenkriege) gefallen war. Er selbst kämpfte ab der Schlacht bei → Mogersdorf 1664 gegen die Türken, wurde 1667 Feldmarschall und Oberbefehlshaber der Militärgrenze S-Ungarns. Er schloss sich nicht der → Magnatenverschwörung an, sondern blieb den Habsburgern treu und wurde 1681 Palatin von Ungarn. Durch den Vorstoß der Türken 1683 bis Wien waren seine Länder von schweren Verwüstungen und ihre Bevölkerung von hohen Verlusten

betroffen; an der darauf folgenden habsb. Gegenoffensive beteiligte sich E. aktiv und nahm 1686 an der Rückeroberung von Buda teil. 1687 erhielt er die Fürstenwürde zunächst ad personam, 1712 auch erblich jeweils für den ältesten Sohn. E. begann 1663 den Bau des Schlosses in Eisenstadt und stiftete den Bau und Wiederaufbau (1702) der Basilika von Frauenkirchen. Auch im Kampf gegen die → Kuruzzen-Einfälle ab 1703 stand E. loyal auf Seiten der Habsburger. Als vielseitiger Barockmensch schrieb er Bücher und beschäftigte sich mit Naturwiss. In seinem Testament fasste er für seine beiden Söhne Michael und Joseph sein Erbe in zwei Majoraten zusammen, die fortan jeweils unteilbar bestehen sollten, aber bereits 1721 bei Joseph zusammenfielen.
Literatur: Die Fürsten E., Ausst.-Kat., Eisenstadt 1995.

ESTERHÁZY, Paul V. Fürst, * 23. 3. 1901 Eisenstadt (Bgld.), † 25. 5. 1989 Zürich (CH), Jurist, Staatswissenschaftler und Gutsbesitzer. Übernahm 1920 das Majorat der Magnatenfamilie → Esterházy mit 128.000 ha Land in Ungarn und 66.000 ha in Ö. (Bgld.) sowie den Verwaltungssitzen Sopron und Eisenstadt; entschied sich 1921 für die ungar. Staatsbürgerschaft; stellte nach 1925 für den Aufbau der neuen bgld. Landeshauptstadt → Eisenstadt Gebäude und Grundstücke zur Verfügung. 1946–47 wurde der Besitz in Ungarn verstaatlicht, ab 1946 unter der Verwaltung der → USIA gestellt. E. wurde 1949 in Budapest im Mindszenty-Prozess zu 15 Jahren Haft verurteilt, wurde im Zuge des Volksaufstands im Herbst 1956 befreit, konnte nach Ö. flüchten und ließ sich dann in der Schweiz nieder. Er ermöglichte in Bgld. die Burgspiele → Forchtenstein, das Internationale → Bildhauersymposion St. Margarethen und den Nationalpark → Neusiedler See und stellte 1959–61 für bäuerliche Besitzaufstockungen ca. 9000 ha Grund zur Verfügung.
Literatur: G. Schlag, Bgld. Geschichte, Kultur, Wirt. in Biographien, 1991; Die Fürsten Esterházy, Ausst.-Kat., Eisenstadt 1995.

ESTERHÁZY, Paul II. Anton Fürst, * 22. 4. 1711 Eisenstadt (Bgld.), † 18. 3. 1762 Wien, Feldmarschall; Enkel von Paul I. Fürst → Esterházy und Bruder von Nikolaus I. Joseph Fürst → Esterházy , ab 1721 Inhaber des fürstl. Majorats der Magnatenfamilie → Esterházy. Studierte in Wien und Leyden und war kulturell stark interessiert. Unterstützte ab 1741 Maria Theresia im → Österreichischen Erbfolgekrieg (1747 Feldmarschallleutnant) und war 1750–53 kaiserl. Botschafter in Neapel. Im → Siebenjährigen Krieg war er ab 1756 General der Kavallerie, 1758 zog er sich als Feldmarschall vom Militärdienst nach Eisenstadt zurück und widmete sich fortan v. a. humanitären (Aufbau des Spitals der Barmherzigen Brüder) und kulturellen Tätigkeiten (Reorganisation des Hoforchesters und Anstellung J. → Haydns als Vizekapellmeister, Aufbau einer Musikalien-Smlg.).
Literatur: J. Haydn in seiner Zeit, Ausst.-Kat., Eisenstadt 1982; Bollwerk Forchtenstein, Ausst.-Kat., Forchtenstein 1993; Die Fürsten E., Ausst.-Kat., Eisenstadt 1995.

ESTERNBERG, OÖ., SD, Gem., 510 m, 2816 Ew., 40,26 km², landw.-gewerbl. Wohngem. südl. der Donau nahe der Grenze zu Deutschland. Nahrungsmittelerzeugung. – Urk. frühes 11. Jh. „Osternperge", got. Kirche (um 1471, im 17. Jh. barockisiert) mit schönen Grabsteinen (15.–18. Jh.); in Pyrawang got. Kirche Hll. Peter und Paul mit hochgot. Fresken (gefunden 1982), Hochaltar (1656) mit got. Muttergottesstatue (um 1360), Burg Krämpelstein (sog. „Schneiderschlössl"), erb. 15./16. Jh.) mit got. Kapelle.

ETERNIT-WERKE LUDWIG HATSCHEK AG, Hersteller von Faserzementprodukten; gegr. 1893 mit Stammwerk in Vöcklabruck (OÖ.). Das Verfahren zur Herstellung von Kunststeinplatten aus Faserstoffen und hydraul. Bindemitteln wurde 1900 von Ludwig → Hatschek unter der Bezeichnung „Eternit" patentiert und weltweit vermarktet. Die Erzeugung erfolgt heute asbestfrei. Umsatz 2003: 45 Mio. Euro, 330 Mitarbeiter.

ETHOFER, Theodor Josef, * 29. 12. 1849 Wien, † 24. 10. 1915 ebd., Landschafts-, Genre- und Porträtmaler. Studierte an der Wr. Akad., 1872–87 Aufenthalt in Italien, beeinflusst durch A. v. → Pettenkofen, Rückkehr nach Wien, ab 1898 ständig in Salzburg tätig.
Literatur: M. Fitzthum, T. J. E., Diss., Salzburg 1988; N. Schaffer, T. E., Ausst.-Kat., Salzburg 1999.

ETIENNE, Michael, * 21. 9. 1827 Wien, † 29. 4. 1879 ebd., Journalist. 1856–64 Redakteur der Tageszeitung „Die → Presse", 1864 Mitbegründer und (bis 1879) Redakteur der → „Neuen Freien Presse".

ETMISSL, Stmk., BM, Gem., 709 m, 531 Ew., 27,63 km², landw.-touristische Gem. am Lonschitzbach am S-Fuß des Hochschwabmassivs. Forstw. – Kirche hl. Anna (erb. 1862–65) mit 5 Glasmosaikfenstern (1998); Franzosenkreuz.
Literatur: F. Bayerl, Alpenregion Hochschwab – Aflenz-Kurort, Aflenz-Land, E., St. Ilgen, Thörl, Turnau-Seewiesen, 2002.

ETRICH, Igo, * 25. 12. 1879 Oberaltstadt (Hořejší Staré Město, CZ), † 4. 2. 1967 Salzburg, Pionier des Flugzeugbaus. Meldete 1905 ein Patent für Flügelform und Luftschraube bei Flugzeugen an, konstruierte 1907 das erste ö. Motorflugzeug, 1909 die „E.-Taube" (Eindecker), 1911 das erste ö. Militärflugzeug. Seinem Mitarbeiter Franz → Wels gelang 1906 der erste Flug eines Menschen in Ö. (Gleitflug).
Werk: Memoiren, 1962.

ETTI, Karl, * 26. 10. 1912 Wien, † 15. 4. 1996 Mödling (NÖ.), Kapellmeister, Dirigent, Komponist. Chormeister des Wr. Männergesang-Vereins, Prof. an der Wr. Musikhochschule.
Werke: Oper „Dagmar", Singspiele, Bühnenmusik, Oratorium „Artaban", Kammermusik, Chor- und symphon. Werke.

ETTINGSHAUSEN, Andreas Frh. von, * 25. 11. 1796 Heidelberg (D), † 25. 5. 1878 Wien, Physiker und Mathematiker. Ab 1819 Univ.-Prof. für Physik und Mathematik in Innsbruck und Wien. 1852 Prof. für Ingenieur-Wiss. am Polytechn. Inst. in Wien, 1853 Organisator des Physikal. Inst. der Univ. Wien. E. war Mitbegründer und erster Gen.-Sekr. (1847–50) der Akad. d. Wiss. in Wien.
Werke: Die kombinator. Analysis als Vorbereitungslehre zum Studium der theoret. höheren Mathematik, 1826; Vorlesungen über höhere Mathematik, 2 Bde., 1827; Die Prinzipien der heutigen Physik, 1857.
Literatur: ÖBL.

ETTINGSHAUSEN, Constantin Frh. von, * 16. 6. 1826 Wien, † 1. 2. 1897 Graz (Stmk.), Paläobotaniker. 1854–71 Prof. am Josephinum in Wien, ab 1871 in Graz; Mitbegründer der Paläobotanik in Ö. Sammelte und bearbeitete hauptsächl. Blattfloren des Tertiärs, verwendete bei der Darstellung den Naturselbstdruck.
Literatur: R. Niederl (Hg.), Faszination versunkener Pflanzenwelten. C. v. E. – ein Forscherportrait, 1997; ÖBL.

Eternit-Werke: Ludwig Hatschek. Foto.

Igo Etrich: Einband seiner Memoiren, 1962.

Igo Etrich: Ein Etrich-Monoplan und ein Farman-Doppeldecker. Foto, 1911.

ETTL, Harald, * 7. 12. 1947 Gleisdorf (Stmk.), Gewerkschafter und Politiker (SPÖ). 1973–84 Zentralsekr. und ab 1984 Vorsitzender der Gewerkschaft für Textil, Leder und Bekleidung; 1989–92 BMin. f. Gesundheit und öffentl. Dienst bzw. f. Gesundheit, Sport und Konsumentenschutz; seit 1996 Abg. z. Europ. Parlament; 1993–2001 Obmann des Vereins für Konsumenteninformation.

ETZEL: Der Hunnenkönig Attila († 453) ging als E. in die Heldensage (→ Heldenepen) ein und spielt im → Nibelungenlied und in den → Dietrich-Epen die im Gegensatz zur nordischen Tradition positive Rolle des milden Herrschers, der Dietrich von Bern Asyl gewährt, Siegfrieds Witwe Kriemhild in Wien heiratet und auf dessen Burg die Burgunden ihr tragisches Ende finden. Somit unterscheidet sich die Sagendichtung in höchstem Maße vom hist. → Attila.
Literatur: H. de Boor, Das Attilabild, 1963; J. Williams, Etzel der riche, 1981.

ETZEL, Karl von, * 6. 1. 1812 Heilbronn (D), † 2. 5. 1865 Kemmelbach (NÖ.), Eisenbahn-Ing. und Architekt. Lebte 1839–43 in Wien, wo er den Schwimmsaal des → Dianabads baute, entwarf zahlr. Eisenbahnstrecken in Württemberg, der Schweiz, in Ungarn und in Kroatien. 1859 wurde er Generalbaudir. der südl. Staatseisenbahnen. Die Fertigstellung der von ihm entworfenen Brennerbahn (1864–67) erlebte er nicht mehr.
Literatur: ÖBL; NDB.

ETZERSDORF-ROLLSDORF, Stmk., WZ, Gem., 366 m, 1188 Ew., 13,44 km², landw. Auspendlergem. am Pesenbach. Obstbau. – Alter Mesnerturm in Rollsdorf. Schloss Münichhofen (urk. 1265, Umbauten 16. und 18. Jh.) mit vier Türmen, Bildstock (1762) im Schlosspark.

EU, siehe → Europäische Union.

EUGEN, Erzhzg. von Ö., * 21. 5. 1863 Groß Seelowitz (Židlochovice, CZ), † 30. 12. 1954 Meran (S-Ti.), Feldmarschall (1916); Enkel von Erzhzg. → Karl. Als letzter (Ritter-)Hochmeister des → Deutschen Ordens (1894–1923) wandelte er diesen 1929 in einen rein geistl. Orden um. Er wurde 1914 Kommandant der 5. Armee (Balkan), 1915 und 1917/18 Kommandant der SW-Front, 1916/17 der Heeresgruppe Ti.; lebte 1919–34 in der Schweiz, dann in Gumpoldskirchen, Wien und Innsbruck.
Literatur: Z. Schildenfeld, Erzhzg. E., 1963.

EUGEN, Prinz von Savoyen, * 18. 10. 1663 Paris (F), † 21. 4. 1736 Wien, Feldherr und Staatsmann; Großneffe von Kardinal Mazarin. Als ihm der franz. Kriegsdienst verweigert wurde, trat er 1683 in das kaiserl. Heer ein, kämpfte beim Entsatz von Wien (→ Türkenbelagerungen Wiens), nahm bis 1689 an den Feldzügen in Ungarn teil, dann bis 1693 gegen die Franzosen in Italien, wurde 1697 Oberbefehlshaber des kaiserl. Heeres in den → Türkenkriegen und errang den Sieg bei → Zenta. Ab 1700 kämpfte E. im → Spanischen Erbfolgekrieg in Italien, siegte gem. mit J. Churchill Hzg. v. Marlborough 1704 bei Höchstädt in Bayern, entsetzte 1706 Turin, besiegte 1708 mit Marlborough bei → Oudenaarde und 1709 bei → Malplaquet die Franzosen, blieb aber 1712 erfolglos.
Ab 1703 Präs. des Hofkriegsrates, ließ er den → Linienwall um Wien errichten und verhandelte 1714 den Frieden von → Rastatt. 1707–16 war E. Gouverneur von Mailand, 1716–24 Generalstatthalter der Ö. Niederlande und Generalvikar der habsb. Besitzungen in Italien. In einem weiteren Türkenkrieg errang er 1716 einen Sieg bei Peterwardein und am 16. 8. 1717 bei Belgrad. Nach dieser ruhmreichen Laufbahn zog er später nur noch ungern in den Krieg. 1734/35 blieb er im → polnischen Thronfolgekrieg gegen Frankreich als kaiserl. Oberbefehlshaber erfolglos.

E. galt als wichtiger Ratgeber der Ks. → Leopold I., → Joseph I. und → Karl VI. (→ Barock) und war einer der bedeutendsten Bauherren des → Barock. Sein Winterpalais in der Himmelpfortgasse in Wien (heute Finanzministerium) schufen J. B. → Fischer von Erlach und J. L. von → Hildebrandt, das → Belvedere und → Schlosshof im Marchfeld J. L. von Hildebrandt. Prinz E. war ein großer Bücherfreund („Eugeniana" im Prunksaal der Ö. → Nationalbibliothek) und Sammler und hielt im Belvedere eine Menagerie. Er war nicht verheiratet. Sein Grabmal befindet sich im Stephansdom, das Denkmal auf dem Heldenplatz

Prinz Eugen als Sieger über die Türken. Gemälde von J. van Schuppen (Galleria Sabauda, Turin).

(A. D. v. Fernkorn, 1865) in Wien. Weitere Denkmäler in Budapest und Turin, die Apotheose von B. Permoser im Unteren Belvedere und zahlr. Gemälde, Büsten usw. dokumentieren sein Wirken.
Literatur: M. Braubach, Prinz E. v. Savoyen, 5 Bde., 1963–65; K. Gutkas (Hg.), Prinz E. und das barocke Ö., Ausst.-Kat., Schloßhof 1986; E. Trost, Prinz E., eine Biographie, 1986; F. Herre, Prinz E., Europas heiml. Herrscher, 1997.

EUGENDORF, Sbg., SL, Markt, 560 m, 6118 Ew. (1981: 3861 Ew.), 29,04 km², nordöstl. von Sbg., unweit des Wallersees. Äußerst dynam. Wirtschaftsstruktur mit zahlr. Betriebsneuansiedlungen (bes. Firmen aus der Stadt Salzburg) vorwiegend im Handel (Farben, Lacke und Lasuren, Baubeschläge, Holz- und Kunststoffplatten, Sägen, Maschinen, Möbel u. v. a.), weiters Produktionsbetriebe (Spezialbohrer- und Parkettbodenerzeugung, Karosserie- und Tankwagenbau). – Urk. um 730; spätbarocke Pfarrkirche (got. Turm, 1736/37 Neubau) mit Kreuzigungsgruppe (um 1700) aus der Werkstatt M. Guggenbichlers. Filialkirchen in Kirchberg (roman. Langhaus, spätgot. Chor, Hochaltar von M. Guggenbichler) und Mühlberg (15. Jh.).
Literatur: A. Radauer, E. Heimatbuch, 1987.

EUGIPPIUS, † nach 533 Lucullanum b. Neapel (I), Kirchenschriftsteller. Mönch und Schüler des hl. → Severin; verfasste 511 dessen Lebensbeschreibung „Vita Sancti Severini", eine einzigartige Quelle über die Zustände im Donautal am Ende des Röm. Reichs.
Literatur: R. Noll, E. Das Leben des hl. Severin, ²1981; R. Zinnhobler u. E. Widder, Der hl. Severin, 1982.

EUMIG, 1919 gegr. Elektro- und Elektronikunternehmen, ab 1931 Herstellung von Schmalfilmprojektoren und bis 1960 auch von Radio- und Fernsehgeräten. Fabriken in Wr. Neudorf, Fürstenfeld, Fohnsdorf, Kirchdorf a. d. Krems, Bad Deutsch-Altenburg, 1981 Konkurs mit 6000 Beschäftigten.

EURATSFELD, NÖ., AM, Markt, 308 m, 2319 Ew., 30,67 km², landw.-gewerbl. Wohngem. von der Ybbsebene bis zum Randegger Hochkogel südöstl. von Amstetten. Mehrzwecksaal; Elektroanlagenbau, Holzverarbeitung. – Urk. 1158 „Eyratsfelde", Markt seit 1908, barock vergrößerte (1760/64) urspr. got. Pfarrkirche (frühes 16. Jh.) mit got. figuralen Glasfenstern (um 1410/20), spätgot. Statue hl. Johannes der Täufer (um 1510), barocker Florianialtar mit Bild von M. J. Schmidt (1774), 8-eckiger spätgot. Taufstein (15. Jh.), spätbarocke Kanzel mit vergoldeten Figuren, Markterhebungsstein (1994), schöner Friedhof; in Pisching Gut Haslau (Kern 16. Jh.). – Brauchtum: Maibaumsetzen, Fronleichnamsprozession, Erntedankfest.

Euro, gemeinsame Währung der Mitgliedsländer der Wirtschafts- und Währungsunion (Belgien, Deutschland, Finnland, Frankreich, Irland, Italien, Luxemburg, Niederlande, Ö., Portugal und Spanien; seit 1. 1. 2001 auch Griechenland), eingeführt aufgrund des Vertrags von → Maastricht (1992) mit 1. 1. 1999, wenn auch zunächst nur als Buchgeld und Recheneinheit (anstelle des → Ecu); mit der Ausgabe von Euro-Münzen und -Banknoten wurde am 1. 1. 2002 begonnen (1 Euro = 100 Cent). Der Wechselkurs des → Schilling zum Euro wurde am 31. 12. 1998 mit 1 Euro = 13,7603 S festgelegt. Für die Geldpolitik der Wirtschafts- und Währungsunion ist seit 1998 die → Europäische Zentralbank zuständig, wodurch sich die Kompetenzen der Oesterreichischen → Nationalbank verändert haben.
Literatur: Duden-Redaktion (Hg.), Der E., 1998; K. Liebscher, Vom Schilling zum E., Ausst.-Kat., Wien 2002.

Europabrücke, Ti., 1959–63 als höchste Pfeilerbrücke Europas errichtet, größter Bau der Autobahn Kufstein–Innsbruck–Brenner, überquert in 180 m Höhe das Wipptal zw. Patsch und Schönberg, südl. von Innsbruck; 6 Fahrstreifen, 820 m lang. Am oberen Ende „Europa-Kapelle" mit Fresken von K. Plattner (1964).

Europäische Freihandelsassoziation (EFTA, European Free Trade Association). Als wirt. Gegengewicht zur Europ. Wirtschaftsgemeinschaft (EWG) gründeten Dänemark, Großbritannien, Norwegen, Ö., Portugal, Schweden und die Schweiz am 4. 1. 1960 die EFTA (in Kraft getreten am 3. 5. 1960). In der Folge traten noch Finnland, Liechtenstein und Island bei. 1973 wechselten Großbritannien und Dänemark zur EG, 1986 auch Portugal. Neben Ö. (17. 7. 1989) beantragten später auch Schweden, Finnland, Schweiz und Norwegen die EG-Mitgliedschaft. Mit 1. 1. 1995 wechselten Ö., Schweden und Finnland zur → Europäischen Union, der früheren EG. Ziele der EFTA sind Wirt.-Wachstum, Vollbeschäftigung, Erhöhung des Lebensstandards durch Beseitigung von Handelsbarrieren. Im Gegensatz zur EU bildet sie keine Zollunion und betreibt keine gem. Außenhandelspolitik. Starke wirt. Verflechtungen. Die EFTA und EG führten 1973 zu einem Freihandelsabkommen. Weiters gründeten die damals 12 EG-Mitgliedstaaten und die EFTA-Länder (ohne Schweiz) den → Europäischen Wirtschaftsraum (EWR), der am 1. 1. 1994 in Kraft trat. Seit 1. 1. 1995 bilden nur noch die Schweiz, Liechtenstein, Norwegen und Island die EFTA. Seit den 90er Jahren wurden mit den Staaten Mittel- und Osteuropas sowie Staaten des Nahen Ostens, S-Amerikas und Afrikas Freihandelsabkommen abgeschlossen. 2001 wurde eine revidierte EFTA-Konvention unterzeichnet; Hauptsitz der EFTA ist Genf.
Literatur: E. Ems (Hg.), E. F. T. A. 35 Years of Free Trade in Europe, 1995.

Europäische Gemeinschaft, siehe → Europäische Union.

Europäische Integration, zunehmende faktische und vertraglich abgesicherte bi- und multilaterale Verflechtung der europ. Staaten. Wichtige Institutionen im Rahmen der e. I. sind → Europäische Union, → Europarat, Organisation für Sicherheit und Zusammenarbeit in Europa, → Europäische Freihandelsassoziation, Europäischer Wirtschaftsraum u. a. m. Ö. hat mit seinem Beitritt zur EU seine Bereitschaft bekundet, am Prozess der e. I. teilzunehmen. Durch die Wirtschafts- und Währungsunion, den Ausbau der Gemeinsamen Außen- und Sicherheitspolitik (GASP) und eine europ. Verfassung soll die e. I. gestärkt und intensiviert werden.

Europäische Kommission, eines der Hauptorgane der → Europäischen Union, besteht ab Nov. 2004 aus 25 Mitgliedern (1 Kommissar je Mitgl.-Staat; vorher je 2 aus Deutschland, Frankreich, Spanien, Italien und Großbritannien sowie je einer aus den übrigen 10 Mitgliedstaaten der EU, darunter Ö.). Der Präs. der E. K. wird von den Regierungen der EU-Staaten bestimmt. Die Mitglieder der E. K. werden für eine Amtszeit von 5 Jahren vom Präs. der Kommission eingesetzt und nach Zustimmung des → Europäischen Parlaments von den betreffenden Regierungen bestätigt, sie sind für bestimmte Ressorts zuständig, die Beschlüsse werden aber vom gesamten Kollegium gefasst. Die E. K. ist unabhängig von den Regierungen und kann nur durch einen Misstrauensantrag des Europ. Parlaments abgesetzt werden; sie ist Hüterin der EU-Verträge und wacht über deren Einhaltung in den Mitgliedstaaten. Im legislativen Bereich verfügt sie über Initiativrecht und kann auch im zwischenstaatl. Bereich gleichberechtigt zu den betreffenden Regierungen Vorschläge machen. Als Exekutivorgan arbeitet sie Durchführungsbestimmungen zu Vorschriften aus, sorgt für die Umsetzung der Vertragsbestimmungen und verwaltet das Budget der EU. Die Dienststellen der E. K. befinden sich großteils in Brüssel (B), teilw. auch in Luxemburg. Die rd. 24.000 Beamten der E. K. sind 36 Abteilungen (Generaldirektionen und Dienste) zugeordnet. Ö. EU-Kommissar ist seit 1995 F. → Fischler (zuständig für Agrarangelegenheiten, seit 1999 auch für Fischerei).
Publikation: Im Dienste der Bürger Europas. So arbeitet die E. K., 2003.

Europäischer Gerichtshof, EuGH, 1952 durch die Pariser Verträge geschaffener Gerichtshof der Europ. Gemeinschaften mit Sitz in Luxemburg, sorgt für die Auslegung und Anwendung der Verträge der → Europäischen Union und die Wahrung des EU-Rechts. Der EuGH besteht aus unabhängigen Richtern (je einer aus jedem Mitgliedstaat), die von 8 Generalanwälten unterstützt werden und für eine Amtszeit von 6 Jahren von den Regierungen der Mitgliedstaaten ernannt werden. Seit 1989 besteht auch ein Gericht erster Instanz, das für Klagen von Einzelpersonen und Unternehmen zuständig ist. Der EuGH überwacht die Einhaltung der EU-Verträge in den Mitgliedstaaten und die Tätigkeit der EU-Organe (Nichtigkeits- bzw. Untätigkeitsklagen). Ein Großteil der Richtsprüche des EuGH sind sog. Vorabrechtsentscheidungen zur Auslegung oder Gültigkeit des EU-Rechts für die Jurisdiktion in den Mitgliedstaaten. Ö. Richter am EuGH ist seit 1995 Peter Jann.
Literatur: A. Wolf-Niedermaier, Der E. G. zw. Recht und Politik, 1997; C. O. Lenz (Hg.), Der E. G., 2000.

Europäischer Gerichtshof für Menschenrechte, EGMR, ein seit 1959 bestehendes Organ des → Europarats mit Sitz in Straßburg (F), dem je ein Richter jedes Mitgliedstaats angehört (für Ö. seit 2001 Elisabeth Steiner). Der EGMR war bis 1998 2. internat. Instanz für Verfahren aufgrund der Europ. Menschenrechtskonvention, in 1. Instanz entschied die Europ. Kommission für Menschenrechte; seit 1998 hat der EGMR auch die Aufgaben der Letzteren übernommen. Da Ö. als einziges Land die Europ. Menschenrechtskonvention innerstaatlich als unmittelbar anwendbares Verfassungsrecht gelten lässt, gelangen überdurchschnittl. viele Fälle aus Ö. vor den EGMR.
Literatur: R. Esser, Auf dem Weg zu einem europ. Strafverfahrensrecht. Die Grundlagen im Spiegel der Rechtsprechung des EGMR in Straßburg, 2002.

Europäischer Rat, seit 1974 bestehende Einrichtung der Europäischen Gemeinschaft bzw. → Europäischen Union. Bei mindestens zweimal jährlich stattfindenden Treffen (meist im Juni und Dezember) der Staats- bzw.

Europabrücke: Entwurf von H. Kosel zu einem Fremdenverkehrsplakat mit der Europabrücke, um 1964.

Regierungschefs und des Präsidenten der → Europäischen Kommission (zur Unterstützung können die Außenminister bzw. ein Mitgl. der Europ. Kommission teilnehmen) werden vom E. R. die grundsätzl. polit. Ziele der Europ. Union vorgegeben und die wesentl. polit. Impulse gesetzt.

Europäischer Wirtschaftsraum, EWR, mit 40 % des Welthandels der größte gem. Markt der Welt. Er trat am 1. 1. 1994 in Kraft und umfasst seit Mai 2004 die 25 EU-Staaten (→ Europäische Union) sowie die EFTA-Staaten Norwegen, Island und Liechtenstein (→ Europäische Freihandelsassoziation) mit insges. 490 Mio. Menschen; die Schweiz schloss sich als einziger EFTA-Staat nicht dem EWR an. Ziel des EWR ist die Verwirklichung des freien Waren-, Personen-, Dienstleistungs- und Kapitalverkehrs sowie die Kooperation in den Bereichen Umwelt, Bildung, Forschung, Entwicklung usw.
Literatur: Das Abkommen über den EWR. Entstehung, Kurzdarstellung, Textauswahl, 1992; A. Lernhart, EWR von A–Z, 1994; W. Hummer (Hg.), Der EWR und Ö., 1994.

Europäisches Forum Alpbach, kurz nach Ende des 2. Weltkriegs als „Internat. Hochschulwochen" von O. → Molden und Simon → Moser begründet, seit 1949 als E. F. A. alljährlich im August in Alpbach (Ti.) als internat. Kongress für Wiss., Wirt., Politik und Kultur abgehalten. Veranstalter: Ö. College; Präs. ist seit 2000 E. → Busek.
Literatur: A. Auer (Hg.), Das F. A. 1945–1994, 1994.

Europäisches Parlament, seit 1979 in den Mitgliedstaaten der Europäischen Gemeinschaft bzw. → Europäischen Union direkt von den Bürgern gewähltes Gremium mit Sitz in Straßburg (F), besteht seit 2004 aus 732 Abgeordneten (davon 18 aus Österreich). Die Kompetenzen des E. P. liegen in der Kontrolle von → Europäischen Kommission (Rücktritt der Kommission kann mit Zweidrittelmehrheit erzwungen werden) und deren Arbeitsprogramm (schriftl. Anfragen), es kann Untersuchungsausschüsse einsetzen und prüft die Petitionen von Bürgern. Gemeinsam mit dem → Europäischen Rat verabschiedet es den jährl. Gesamthaushaltsplan und kontrolliert dessen Vollzug. Die Gesetzgebungsbefugnisse des E. P. wurden mehrmals erweitert: Viele Gesetze werden von Europ. Rat und E. P. gemeinsam beschlossen; bei wichtigen Entscheidungen muss der Europ. Rat die Zustimmung des E. P. einholen (Assoziierungsabkommen mit Drittländern, internat. Übereinkommen, Beitritt neuer Mitglieder u. a.).
Die Wahl zum E. P. 2004 brachte folgende Zusammensetzung der Fraktionen: 279 Fraktion der Europäischen Volkspartei (Christdemokraten) und europ. Demokraten (PPE-DE, davon 6 ÖVP), 199 Fraktion der Soz.-dem. Partei Europas (PSE, davon 7 SPÖ), 67 Fraktion der Liberalen und Demokrat. Partei Europas (ELDR), 40 Fraktion der Grünen/Freie Europ. Allianz (Verts/ALE, davon 2 Grüne aus Ö.), 39 Konföderale Fraktion der Vereinigten Europ. Linken/Nordische Grüne Linke (GUE/NGL), 27 Fraktion Union für das Europa der Nationen (UEN), 15 Fraktion für das Europa der Demokratien und der Unterschiede (EDD), 66 fraktionslos (davon 2 Liste Dr. Hans-Peter Martin, 1 FPÖ).

Delegationsleiter der ö. Delegationen sind: H. → Swoboda (SPÖ), U. → Stenzel (ÖVP), J. → Voggenhuber (Grüne), H.-P. Martin (Liste Dr. Hans-Peter Martin – Für echte Kontrolle in Brüssel) und A. Mölzer (FPÖ).
Literatur: A. Ruff, Das E. P., 2001; A. Maurer u. W. Wessels, Das E. P. nach Amsterdam und Nizza, 2003.

Europäische Union, EU, bis 1993 Europäische Gemeinschaft, EG, wirt. und polit. Zusammenschluss von 25 europ. Staaten mit Sitz in Brüssel, B; Mitglieder (seit der Erweiterung 2004): Belgien, Dänemark, Deutschland, Estland, Finnland, Frankreich, Griechenland, Großbritannien, Irland, Italien, Lettland, Litauen, Luxemburg, Malta, Niederlande, Ö., Polen, Portugal, Schweden, Slowakei, Slowenien, Spanien, Tschechische Republik, Ungarn und Zypern. Rechtl. setzt sich die EU aus der 1952 gegr. Europ. Gemeinschaft für Kohle und Stahl (EGKS), der 1958 gegr. Europ. Wirtschaftsgemeinschaft (EWG) und der Europ. Atomgemeinschaft (EURATOM) zusammen (Röm. Verträge), die seit dem Fusionsvertrag von 1967 die EG bildeten. Die Gründungsverträge wurden erstmals 1987 durch die Einheitl. Europ. Akte (EEA) erweitert. In ihr wurden u. a. die Beschlussfassungsverfahren im Rat sowie die Schaffung des Binnenmarkts festgeschrieben, die Europ. Polit. Zusammenarbeit (EPZ) wurde auf eine rechtl. Grundlage gestellt. Weiters wurde der polit. wichtige → Europäische Rat (Rat der Staats- und Regierungschefs) institutionalisiert. Zweite grundlegende Revision der Europ. Verträge war der am 1. 11. 1993 in Kraft getretene Vertrag von → Maastricht über die EU zur Schaffung einer wirt. und polit. Union.
Ö. stellte am 17. 7. 1989 den Antrag auf Vollmitgliedschaft, am 1. 2. 1993 begannen in Brüssel die Beitrittsverhandlungen mit Ö., Finnland, Norwegen und Schweden. Schwerpunkte der ö. Verhandlungsposition waren → Neutralität, → Landwirtschaft, Grundverkehr und → Transitverkehr. Nach dem Abschluss der Verhandlungen brachte eine Volksabstimmung am 12. 6. 1994 eine 66%ige Zustimmung für den Beitritt Ö. zur EU, der mit 1. 1. 1995 vollzogen wurde. Ö. hat sich auch dem 1985 zw. Belgien, Frankreich, Deutschland, Luxemburg und den Niederlanden vereinbarten → Schengener Übereinkommen angeschlossen (weiters Italien, Spanien, Portugal und Griechenland); damit wurde der völlige Wegfall von Grenzkontrollen zw. fast allen dieser Länder erreicht. Der 1997 unterzeichnete Vertrag von → Amsterdam sieht eine engere Zusammenarbeit aller 15 EU-Staaten in Justiz-, Außen- und Sicherheitspolitik vor. In der zweiten Jahreshälfte 1998 führte Ö. erstmals den EU-Ratsvorsitz. Mit 1. 1. 1999 wurde in Ö. als Mitgliedsland der Wirtschafts- und Währungsunion der → Euro als Währung eingeführt.
Hauptorgane: Die Richtlinienkompetenz (Gesetzgebung) liegt beim → Rat der Europäischen Union (Ministerrat), der sich aus den Außenmin. bzw. den jeweils zuständigen Fachmin. der Mitgliedstaaten zusammensetzt; die → Europäische Kommission besitzt Initiativrecht, ist Hüterin der Verträge und Exekutivorgan; das → Europäische Parlament (Hauptsitz in Straßburg, F, seit 1979 in den Mitgliedstaaten direkt gewählt) hat Mitwirkungsrecht bei Gesetzgebung und Haushaltsplanung, es übt polit. Kontrolle aus; der → Europäische Gerichtshof ist das judikative Organ.
Beratende Institutionen: Wirtschafts- und Sozialausschuss, Europ. Investitionsbank, Europ. Rechnungshof, Ausschuss der Regionen, → Europäische Zentralbank.
Publikation: Wie funktioniert die EU. Ein Wegweiser für den Bürger zu den Organen und Einrichtungen der EU, 2003.
Literatur: M. Gehler u. R. Steininger, Ö. und die europ. Integration 1945–93, 1993; H. Neisser, Das polit. System der EG, 1993; F. Cede u. C. Thun-Hohenstein, Europarecht – kurz gefasst, 1995.

Österreichische Abgeordnete im Europäischen Parlament				
	1995*	1996	1999	2004
SPÖ	8	6	7	7
ÖVP	6	7	7	6
FPÖ	5	6	5	1
Grüne	1	1	2	2
LIF	1	1	–	–
Liste Dr. Hans-Peter Martin	–	–	–	2
* vom österreichischen Parlament entsandt				

EUROPÄISCHE ZENTRALBANK, EZB, seit 1. 6. 1998 tätige Einrichtung der Wirtschafts- und Währungsunion (Mitgliedstaaten: Belgien, Deutschland, Finnland, Frankreich, Irland, Italien, Luxemburg, Niederlande, Ö., Portugal, Spanien und Griechenland). Die grundlegenden Aufgaben der EZB bestehen darin, gemeinsam mit den nationalen Zentralbanken (für Ö. die Oesterreichische → Nationalbank) im Europäischen System der Zentralbanken (ESZB) die Geldpolitik (→ Euro) der Gemeinschaft festzulegen und auszuführen (wie Devisengeschäfte durchzuführen, Währungsreserven zu halten und zu verwalten und das reibungslose Funktionieren der Zahlungssysteme zu fördern). Ein Teil der Währungsreserven (maximal 50 Mrd. Euro) wird direkt von der EZB verwaltet. Seit 2003 ist G. → Tumpel-Gugurell Mitgl. des Direktoriums der EZB.
Literatur: S. Weinbörner, Die Stellung der EZB und der nationalen Zentralbanken in der Wirt.- und Währungsunion nach dem Vertrag von Maastricht, 1998; A. Heise (Hg.), Neues Geld – alte Geldpolitik? Die EZB im makroökonom. Interaktionsraum, 2002.

EUROPARAT, 1949 von 10 europ. Staaten als lose Staatenvereinigung gegr., Sitz in Straßburg (F). Ö. trat dieser Organisation am 8. 3. 1956 bei. 2003 umfasst der E. 45 Mitgl.; Ziel ist die Förderung der Grundsätze und Ideale eines gem. europ. Erbes. Der E. strebt die Stärkung der pluralist. Demokratie und der Menschenrechte an und bemüht sich um Abkommen im wirt., soz., kulturellen und wiss. Bereich. 1950 unterzeichneten die Mitgl. die Europ. Konvention der Menschenrechte und errichteten 1959 den → Europäischen Gerichtshof für Menschenrechte. Bis Nov. 2003 wurden 193 Konventionen und Vertragswerke über Menschenrechte, Umweltschutz, Minderheiten usw. verabschiedet. Organe: Ministerkomitee, Parlamentar. Versammlung, Generalsekretariat u. a.
1999 wurde der Österreicher W. → Schwimmer zum Gen.-Sekr. des E. gewählt, nachdem bereits 1969–74 L. → Tončić-Sorinj und 1979–84 F. → Karasek dieses Amt innegehabt hatten. 1975–78 war K. → Czernetz Präs. der Parlamentar. Versammlung des E.
Literatur: W. Hummer u. G. Wagner (Hg.), Ö. im E. 1956–1986, 2 Bde., 1988/90; U. Holz (Hg.), 50 Jahre E., 2000.

EUROPOL, Europ. Polizeiamt mit Sitz in Den Haag, gegr. 1999, Außenstellen in allen Mitgl.-Staaten der → Europäischen Union (in Ö. im Bundeskriminalamt). E. ist u. a. für folgende Delikte zuständig, sobald in 2 oder mehr EU-Staaten eine kriminelle Organsationsstruktur vorliegt und ein gem. Vorgehen erforderlich ist: Menschen- und Organhandel, Rassismus, Waffen- und Munitionshandel, Umwelt- und Wirt.-Kriminalität.
Literatur: T. B. Petri, E., 2001.

EUROSTAR AUTOMOBILWERK GES. M. B. H. UND CO. KG, Graz, produzierte ab Okt. 1991 in einem Jointventure des Chrysler-Konzerns mit → Steyr-Daimler-Puch Fahrzeugtechnik Minivans, ab 1999 zu 100 % Tochterges. von DaimlerChrysler, seit 2002 Teil der → Magna Steyr AG & Co KG.

EUTHANASIE, ursprünglich ein philosophischer Begriff (Stoa), nach dem ein Mensch, dessen Leben durch Krankheit oder Gebrechlichkeit „lebensunwert" geworden ist, das Recht auf Freitod habe. Der nat.-soz. Staat tarnte mit dem Begriff E. die „Vernichtung unwerten Lebens", wobei v. a. Geisteskranke, Epileptiker und senil Kranke der Mordaktion zum Opfer fielen. Eine Stätte der E. war Schloss Hartheim (Gem. Alkoven, OÖ.), wo 1898–1945 eine Anstalt für Geisteskranke untergebracht war.

EVANGELISCHE JUGEND, siehe → Evangelisches Jugendwerk.

EVANGELISCHE KIRCHE AUGSBURGISCHEN BEKENNTNISSES (A. B.): Da die traditionell gewordenen Konfessionsbezeichnungen in der Toleranzzeit unerwünscht waren, griff man zur Bezeichnung der Anhänger der lutherischen Reformation auf eine aus dem 16. Jh. bekannte Bezeichnung nach deren wichtigstem Bekenntnis (1530) zurück. Sie ist als rechtl. korrekte Bezeichnung bis zur Gegenwart geblieben, auch wenn seit 1949 das ganze Konkordienbuch von 1580 Bekenntnisgrundlage ist. Laut Volkszählung 2001 umfasste die E. K. A. B. in 192 Pfarrgem. 354.559 Gem.-Mitgl. (7 Superintendenturen: Bgld., Kä. einschl. O-Ti., NÖ., OÖ., Sbg.-Ti., Stmk., Wien).
Der Sitz der Superintendenturen ist jeweils die Landeshauptstadt, mit Ausnahme von Kä. (Villach); die Superintendentur für NÖ. wurde 1998 von Bad Vöslau nach St. Pölten verlegt. Der Sitz der Kirchenleitung (Oberkirchenrat) ist in Wien, sein Vorsitzender ist Bischof H. → Sturm. Der Präs. der Synode ist P. Krömer (St. Pölten).
Literatur: G. Reingrabner, Aus der Kraft des Evangeliums, 1986.

EVANGELISCHE KIRCHE AUGSBURGISCHEN UND HELVETISCHEN BEKENNTNISSES (A. U. H. B.): Das → Toleranzpatent Josephs II. und alle später folgenden ksl. Erlässe zur Regelung der kirchl. Angelegenheiten der Protestanten („Akatholiken") in Ö. galten Lutheranern und Reformierten. Die Kirchenverfassung von 1861 sah einen gem. Oberkirchenrat als landesherrl. Kirchenbehörde vor. Die innere Gliederung war hingegen nach Konfessionen getrennt. Erst ein aus dem liberalen Denken kommender Unionismus schuf in den „Gemeinden A. u. H. B.", denen Angehörige beider Bekenntnisse gleichberechtigt angehörten, eine Möglichkeit, der z. T. extremen Diasporasituation zu begegnen und eine Überbrückung der beiden nicht unmögl. Vereinigung der beiden Kirchen zu schaffen. Dieser Unionismus zeigte sich v. a. in dem Kirchenverfassungsentwurf von 1931, der bei Aufrechterhaltung bestimmter reformierter Eigenheiten (eig. Superintendenz) eine einheitl. Struktur vorsah.
Die Kirchenverfassung von 1949 ging andere Wege; sie sieht weitgehende Selbständigkeit der Kirchen A. B. und H. B. in den Bereichen Verwaltung, Finanzen und Bekenntnis vor, wobei der Zusammenschluss beider Kirchen als „Kirche" auch im theolog. Sinn angesehen wird. Diese hat die Vertretung nach außen, die Leitung des Religionsunterrichts sowie, durch die Generalsynode, das kirchl. Gesetzgebungsrecht. Grundlage der Verfassung ist das presbyterial-synodale Prinzip, wobei die „Gemeinde" das grundlegende Element der Gestaltung bildet, in die das „Amt" eingestiftet ist.
Staatlicherseits erkennt das Protestantengesetz von 1961 sowohl die Kirche A. u. H. B. wie auch die beiden Konfessionskirchen → Evangelische Kirche Augsburgischen Bekenntnisses (A. B.) und → Evangelische Kirche Helvetischen Bekenntnisses (H. B.) als Körperschaften öffentl. Rechts an. Die schrittweise Öffnung der kirchl. Ämter für Frauen begann bereits 1940 und führte 1980 zur völligen Gleichstellung männl. und weibl. Amtsträger.
Im Nahverhältnis zur Kirche stehen die „Werke der Kirche", die v. a. im Bereich der Diakonie („Innere Mission"), der Sammlung bestimmter Gruppen der Evangelischen (Jugend, Frauen), des Schulwesens und zur Besorgung bestimmter Aufgaben (Evangelisation) errichtet und mit Rechtspersönlichkeit ausgestattet sind.
Literatur: D. Knall (Hg.), Auf den Spuren einer Kirche, 1987.

EVANGELISCHE KIRCHE HELVETISCHEN BEKENNTNISSES (H. B.): Der Heidelberger Katechismus und das zweite H. B. gelten als die wichtigsten Bekenntnisschriften der Reformierten in Ö., deren Kirche neben rd. 8700

Anhängern dieses Bekenntnisses noch 5800 Lutheraner in 9 Gem. (4 in Vbg., 3 in Wien, je 1 in OÖ. und im Bgld.) umfasst; dazu kommen noch rd. 1700 Reformierte in den Gem. der Kirche A. B. Landessuperintendent der reformierten Kirche ist seit 2004 W. C. Neumann (davor P. Karner).
Literatur: P. Karner (Hg.), Die evang. Gemeinde H. B. in Wien, Forschungen und Beiträge zur Wr. Stadtgeschichte, 1986.

EVANGELISCHER BUND IN Ö., wurde nach dt. Vorbild 1903 „zur Wahrung dt.-protestant. Belange" gegr. und war unmittelbar mit der → Los-von-Rom-Bewegung verbunden. Der E. B. fühlte sich als Wächter gegen röm.-kath. Angriffe. Nach 1945 verlor er den antikath. Affekt und das nat. Pathos. Er bemüht sich um die Stärkung evang. Identität und um die sachl. Auseinandersetzung mit anderen Kirchen.
Literatur: Schriftenreihe E. B. in Ö., mit Ztschr. „Martin Luther", 1986 ff.

EVANGELISCHES JUGENDWERK: Die Wurzeln des E. J. reichen ins ausgehende 19. Jh. zurück, die Vereinigungen wurden vom Geist der bündischen Jugend erfasst. Wichtig waren nach 1920 die „Kreuzfahrer", (mehrheitl. Mittelschüler). Der Ständestaat nötigte zu einem direkten Verhältnis zur Kirche, der NS-Staat gestattete lediglich „Bibelarbeit". Nach 1945 wurde das E. J. als „Werk der Kirche" behalten, war bis gegen 1970 eine der größeren ö. Jugendorganisationen, bis es zu einer inneren Krise kam. Geprägt wurde das E. J. durch die Jugendpfarrer G. Traar (1936–54) und E. Gläser (1958–70). 1972 ging das Jugend- und Freizeitheim Burg Finstergrün das Eigentum des E. J. über. 1996 erhielt das E. J. eine neue Ordnung und wurde in „Evangelische Jugend" umbenannt. Die Arbeit in den Gemeinden ist offen gestaltet, sie verlagert sich v. a. auf Kinderarbeit; bei den Jugendlichen überwiegt die ges.-krit. und ökumenische Orientierung sowie die Projektarbeit; jährl. Ferienaktionen, Sportveranstaltungen, ö.-weite und ökumen. Treffen. Gründungsmitgl. des Ö. Bundesjugendringes (Nachfolgeorganisation: Ö. Bundesjugendvertretung), des Ö. Nationalkomitees für Internat. Jugendarbeit und des Ökumen. Jugendrates in Ö.

EVANGELISCHES SCHULWESEN: Nach dem → Toleranzpatent entstanden zusammen mit den Bethäusern auch Schulen, die allerdings meist nur niedrig organisiert waren. Das Reichsvolksschulgesetz bewog die Gemeinden, ihre Schulen einer öffentl. Trägerschaft zu übergeben. Die Jahre nach 1934 brachten einen Aufschwung (Gründung von Gymn. in Wien und Graz, neue Hauptschule in Wels). Dieser wurde 1938 beendet; damals ist auch das 1921 an Ö. gekommene bgld. e. S. (66 Volksschulen mit 101 Klassen, 1 Gymn., 1 Lehrerbildungsanstalt) aufgelöst worden. 1946 stimmte die Kirche einem öffentl. Schulwesen mit Religionsunterricht zu. Es kam nur in bescheidenem Maß zum Aufbau eines kirchl. Schulwesens: Volks- und Hauptschulen in Wien, Gymn. in Oberschützen sowie berufsbild. Schulen, v. a. zur Heranbildung für kirchl. und soz. Berufe.

EVANGELISCH-THEOLOGISCHE FAKULTÄT, 1821 in Wien als evang.-theolog. Lehranstalt durch den Staat gegr., 1850 als Fakultät reorganisiert und 1861 mit Promotionsrecht ausgestattet. 1922 der Univ. Wien als damals 5. Fakultät eingegliedert. Sie dient sowohl der wiss. Forschung wie der Heranbildung der evang. Theologen. Im Verlauf ihrer Geschichte kam ihr immer wieder bes. Bedeutung in Hinblick auf den Kontakt zu den evang. Minderheitskirchen SO-Europas zu. 2003 gab es an der E.-T. F. 7 Inst. und rd. 280 Studenten.

EVLIYÂ ÇELEBI, türk. Reiseschriftsteller des 17. Jh. In seinem 10-bändigen „Fahrtenbuch" erwähnte er in phantast. Beschreibung auch Wien (v. a. den Stephansdom, in dessen Turm er 1000 Mönche wohnen ließ); er zählte in Wien 360 Kirchen und Klöster mit 470 Türmen.
Ausgabe: Im Reiche des goldenen Apfels, übersetzt von R. F. Kreutel, 1957.

EVN AG (bis 1998 EVN Energie-Versorgung Niederösterreich AG), versorgt in NÖ. rd. 800.000 Kunden mit Strom, Gas und Wärme. Die EVN, hervorgegangen aus der 1986 mit der NIOGAS verschmolzenen NEWAG, wurde in 2 Schritten 1989/90 zu inges. 49 % privatisiert. Die EVN-Aktie notiert an den Börsen Wien, Frankfurt und München und wird über das elektron. Handelssystem SEAQ International in London gehandelt. Auch auf dem amerikan. Kapitalmarkt ist die EVN vertreten. Die EVN verfügt (2003) über 60 kleine Lauf-, 5 Speicher- und 3 Wärmekraftwerke sowie 3 Windparks mit einer Gesamtkapazität von 2212,8 MW. Seit einigen Jahren ist die EVN bestrebt, ihren angestammten Geschäftsbereich durch gezielte Diversifikation in die Bereiche Abfallwirt., Wasser (u. a. Übernahme der → NÖSIWAG 2001), Telekommunikation und kommunale Dienstleistungen zu erweitern. Die EVN ist mit mehr als 10 % am → Verbundkonzern beteiligt und hält die Aktienmehrheit an der Burgenland-Holding AG. In SW-Ungarn ist die EVN am Gasversorgungsunternehmen Kögáz beteiligt. Umsatz im Geschäftsjahr 2002/03 1,08 Mrd. Euro, rd. 2300 Mitarbeiter.
Literatur: A. Brusatti u. E. A. Swietly, Erbe und Auftrag. Ein Unternehmen stellt sich vor, 1990.

EVVA-WERK GES. M. B. H. & CO. KG, als „Erfindungs-Versuchs-Verwertungs-Anstalt" 1919 in Wien gegr., auf die Erzeugung von Zylinderschlössern sowie mechan. und elektron. Sicherungssystemen spezialisiert, seit den 90er Jahren auch Niederlassungen in Berlin, Leipzig und Krefeld. Die Firma hält dzt. rd. 170 gültige Patente. Über 400 Mitarbeiter.

EWR, siehe → Europäischer Wirtschaftsraum.

EXEKUTION, Zwangsvollstreckung, die Anwendung staatl. Zwangsgewalt zur Durchsetzung vollstreckbarer Ansprüche nach dem Prioritätsprinzip. Die gerichtl. E. erfolgt z. B. durch Zwangsverwaltung bzw. -versteigerung von Liegenschaften, Pfändung und Verwertung von Fahrnissen oder Forderungen. Die E. ist zum Schutz des Schuldners beschränkt (z. B. unpfändbares Existenzminimum bei der Gehaltsexekution); unpfändbar sind z. B. Gegenstände zum persönl. Gebrauch oder der Berufsausübung dienen, Haustiere bis zu einem gewissen Wert oder die Ehering.
Literatur: W. H. Rechberger u. P. Oberhammer, E.-Recht, ³2002.

EXEKUTIVORGANE, Organe der öffentl. Aufsicht. Sie werden als Hilfsorgane für eine Behörde tätig, deren Anordnungen sie auszuführen haben. Es sind folgende Wachkörper: Bundesgendarmerie, Bundessicherheitswache (steht nur den Bundespolizeibehörden zur Verfügung), Korps der Kriminalbeamten (nichtuniformierter Wachkörper, der den Bundespolizeibehörden zur Verfügung steht), städt. Sicherheitswache oder Stadtwache (z. B. Baden bei Wien, Waidhofen a. d. Ybbs) als ortspolizeil. Wachkörper, Justizwache, Grenzschutz. E. dürfen unter bestimmten Voraussetzungen, die im Waffengebrauchsgesetz 1969 festgelegt sind, die Waffe verwenden (z. B. Notwehr, Vereitlung von Fluchtversuchen gefährl. Verbrecher, wenn dies nicht anders möglich ist).

EXL, Ferdinand, * 27. 8. 1875 Innsbruck (Ti.), † 28. 10. 1942 ebd., Schauspieler und Theaterdir. Nach Auftritten beim Pradler Bauerntheater gründete er 1902 die „Erste Tiroler Bauernspiel-Ges." mit Sitz in Wilten, später in Innsbruck (→ Exl-Bühne); setzte sich für das ö. Volks- und Bauernstück ein und gab mit seinem Familienensemble sehr erfolgreiche Gastspiele im In-

und Ausland; 1919–22 leitete er die ebenfalls von ihm gegr. Innsbrucker Kammerspiele, 1915–20 das Innsbrucker Stadttheater, um 1930 das Wr. Raimundtheater. Nach seinem Tod leiteten seine Frau Anna und Tochter Ilse die E.-Bühne, bis diese 1955 aufgelöst wurde.
Literatur: E. Keppelmüller, Die künstlerische Tätigkeit der E.-Bühne in Innsbruck und Wien 1902–44, Diss., Wien 1947; E. Koch, Die Entwicklung der E.-Bühne, Diss., Innsbruck 1961.

EXL-BÜHNE, 1902 von Ferdinand → Exl gegr. Theatergruppe, die mit der Aufführung von Volks- und Bauernstücken große Erfolge erreichte; spielte zunächst in Wilten bei Innsbruck, dann in Innsbruck selbst; 1941–55 von Anna Exl (1882–1955; Ehefrau von Ferdinand Exl) und deren Tochter Ilse (1907–56) geleitet; 1955 geschlossen.

EXNER, Adolf, * 5. 2. 1841 Prag (CZ), † 10. 9. 1894 Kufstein (Ti.), Jurist; Sohn von Franz Serafin → Exner. Univ.-Prof. in Zürich, ab 1872 in Wien; Mitgl. des Herrenhauses und des Reichsgerichts.
Werke: Die Lehre vom Rechtserwerb durch Tradition nach ö. und gemeinem Recht, 1867; Das ö. Hypothekenrecht, 2 Bde., 1876/81; Über polit. Bildung (Rektoratsrede), 1891.
Literatur: ÖBL.

EXNER, Emilie (geb. Winiwarter, Pseud.: Felicie Ewart), * 7. 3. 1850 Wien, † 7. 4. 1909 Lovran (HR), Schriftstellerin; Ehefrau von Siegmund von → Exner-Ewarten. Begann erst im Alter von 45 Jahren zu schreiben, v. a. über Frauenprobleme, stand aber weiter gehenden Forderungen der → Frauenbewegung reserviert gegenüber; sie wirkte bahnbrechend für das weibl. Fortbildungswesen und war 1901–06 Präsidentin des Wr. Frauenerwerbs-Vereins.
Werke: Die Emancipation in der Ehe, 1895; Eine Mesalliance, 1896 (Novelle); Ein Flüchtling, 1898 (Novelle); Eine Abrechnung in der Frauenfrage, 1906; Zwei Frauenbildnisse, 1908 (über Josefine u. Franziska Wertheimstein).
Literatur: ÖBL.

EXNER, Ernst, * 2. 9. 1934 Wien, Musikwissenschaftler. Bis 1994 als Journalist beim ORF-Landesstudio NÖ. für Kultur- und Wiss.-Sendungen verantwortlich.

EXNER, Franz, * 24. 3. 1849 Wien, † 15. 11. 1926 ebd., Physiker; Sohn von Franz Serafin → Exner. Univ.-Prof. in Wien, experimenteller Forscher auf dem Gebiet der Spektralanalyse und Elektrochemie. 1910 Vorstand des Inst. für Radiumforschung. E. gilt als der Begründer der modernen luftelektr. Forschung.
Werke: Härtemessungen an Kristallen, 1872; Vorlesungen über Elektrizität, 1888; Die Spektren der Elemente bei normalem Druck, 3 Bde., 1911–12 (mit E. Haschek).
Literatur: ÖBL.

EXNER, Franz Serafin, * 28. 8. 1802 Wien, † 21. 6. 1853 Padua (I), Philosoph und Schulreformer; Vater von Adolf → Exner, Franz → Exner, Karl → Exner und Siegmund von → Exner-Ewarten. 1831–48 Prof. der Philosophie in Prag, 1845–47 Mitarbeit an den Reformbemühungen der Studienhofkommission, 1848 Ministerialrat im Unterrichtsministerium. Der von ihm weitgehend konzipierte „Entwurf der Grundzüge des öffentl. Unterrichtswesens in Ö." stellte die Weichen für die Entwicklung der ö. Bildungseinrichtungen bis weit in das 20. Jh. → Organisationsentwurf 1849, H. → Bonitz, L. Gf. → Thun-Hohenstein, → Gymnasium, → Philosophische Lehranstalt, → Reifeprüfung.
Literatur: J. Wenski, F. S. E. Ö. Philosoph und Schulorganisator, Diss., Wien 1974; ÖBL.

EXNER, Karl, * 26. 3. 1842 Prag (CZ), † 11. 12. 1914 Wien, Physiker; Sohn von Franz Serafin → Exner. 1871–74 Gymn.-Prof. in Troppau, 1874–94 in Wien; ab 1894 Univ.-Prof. für mathemat. Physik in Innsbruck; beschäftigte sich u. a. mit optischen und geometr. Problemen.
Werke: Über das Funkeln der Sterne, 1881; Über eine Maschine zur Auflösung höherer Gleichungen, 1881; Vorlesungen über die Wellentheorie des Lichtes, 2 Bde., 1881/87 (dt. Bearbeitung des Werkes v. E. Verdet).
Literatur: ÖBL.

EXNER, Wilhelm Franz, * 9. 4. 1840 Gänserndorf (NÖ.), † 25. 5. 1931 Wien, Techniker. 1868 Prof. an der Forstakad. in Mariabrunn, die er ab 1875 leitete und in die Wr. Hochschule f. Bodenkultur überführte; Initiator und 1879–1904 erster Dir. des Technolog. Gewerbemuseums in Wien; maßgeblich beteiligt an der Gründung des → Technischen Museums für Ind. und Gewerbe in Wien 1908, des Ö. Forschungsinst. für Geschichte der Technik 1931 und des Gewerbeförderungsamtes. 1910 Präs. des Techn. Versuchsamtes, 1925 Ehrenmitgl. der Akad. d. Wiss., 1882 Reichsratsabg., 1905 Herrenhausmitgl.
Werk: Erlebnisse, 1931 (Autobiographie).
Literatur: F. Renisch, W. F. E. 1840–1931, 1999; ÖBL; NDB.

Wilhelm Franz Exner. Foto, um 1930.

EXNER-EWARTEN, Alfred von, * 18. 5. 1875 Wien, † 8. 11. 1921 ebd., Chirurg; Sohn von Siegmund von → Exner-Ewarten. Univ.-Prof. in Wien; seine Spezialgebiete waren Gallensteinerkrankungen und die Radiumtherapie bei Karzinomen.
Literatur: ÖBL.

EXNER-EWARTEN, Felix Maria von, * 23. 8. 1876 Wien, † 7. 2. 1930 ebd., Meteorologe; Sohn von Siegmund von → Exner-Ewarten. 1904 Privatdoz. an der Univ. Wien, 1910 Univ.-Prof. für Kosmische Physik in Innsbruck, 1917 Univ.-Prof. für Physik der Erde in Wien und 1917–30 Dir. der Zentralanstalt für Meteorologie und Geodynamik in Wien; forschte v. a. über dynamische Meteorologie und Anwendung der Mechanik auf geograph. Erscheinungen.
Werke: Dynam. Meteorologie, ²1925; Gravitationswellen und Atmosphäre, 1926.
Literatur: ÖBL; NDB.

EXNER-EWARTEN, Siegmund von, * 5. 4. 1846 Wien, † 5. 2. 1926 ebd., Physiologe; Sohn von Franz Serafin → Exner, Ehemann von Emilie → Exner, Vater von Alfred von → Exner-Ewarten und Felix-Maria von → Exner-Ewarten. Ab 1874 Univ.-Prof. für Physiologie in Wien; er lokalisierte die Gehirnzentren, spielte eine führende Rolle bei der Reform der medizin. Studienordnung, schuf das neue Physiolog. Inst. in Wien (1904), regte die Gründung des Phonogrammarchivs der Akad. d. Wiss. an und wurde durch seine Tierversuche (u. a. Flug und Schweben der Vögel) berühmt. Darüber hinaus beschäftigte er sich v. a. mit Fragen der Physiologie des zentralen und peripheren Nervensystems und der experimentellen Analyse des Ablaufs psych. Reaktionen; ab 1910 Präs. der Ges. der Ärzte in Wien.
Werke: Über den Sehpurpur, 1877; Die Localisation der Functionen in der Großhirnrinde des Menschen, 1881; Entwurf zu einer physiolog. Erklärung der psych. Erscheinungen, 1894.
Literatur: ÖBL.

EXPERIMENT AM LIECHTENWERD, Wr. Theaterformation, 1956 unter dem Namen „Experiment" von E. Pateisky und E. Pikl gegr., Stammhaus in Wien 9; Programmschwerpunkt früher auf dem franz. absurden Theater, heute auf Uraufführungen ö. Autoren sowie Klassikern der Moderne.
Literatur: W. Schlögl, 35 Jahre Experiment – Kleine Bühne am Lichtenwerd, Dipl.-Arb., Wien 1991.

EXPORT, Valie (eigentl. Waltraud Höllerer), * 17. 5. 1940 Linz (OÖ.), Video-, Film- und Fotokünstlerin. Machte 1956 mit einem fotograf. Selbstporträt auf sich aufmerksam, studierte 1960–64 an der Wr. Textilschule und beschäftigt sich seit 1968 mit konzeptueller Fotografie. 1975 organisierte sie die feminist. Ausstellung „Magna". Zahlr. Aktionen und Filme. 1983–92 Gastprofessuren u. a. in München und San Francisco, 1991–95 Prof. an der Hochschule der Künste in Berlin, seit 1995 Prof. für Multimedia-Performance an der Kunsthochschule für Medien Köln. O.-Kokoschka-Preis 2000.

Franz Exner. Foto, um 1910.

Franz Serafin Exner. Lithographie von J. Zumsande, 1843.

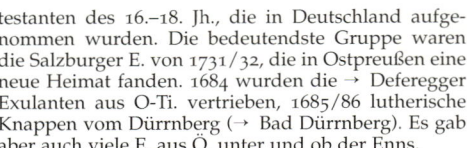

Valie Export: Geburtenbett. 1980.

Richard Eybner als Geheimer Staatsminister in "Kaiser Joseph und die Bahnwärterstochter" von F. v. Herzmanovsky-Orlando am Wiener Akademietheater. Foto, 1957.

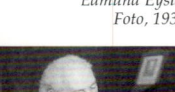

Edmund Eysler. Foto, 1934.

Werke: Extremitäten des Verhaltens – Zwangsvorstellungen, 1972 (Fotozyklus); Unsichtbare Gegner, 1976 (Film).
Literatur: A. Prammer, V. E. Eine multimediale Künstlerin, 1988; V. E., Ausst.-Kat., Linz 1992; R. Mueller, V. E., 1994; M. Faber (Hg.), Split: Reality V. E., 1997; R. Mueller, V. E. – Bild-Risse, 2002.

Exportakademie, siehe → Wirtschaftsuniversität.

Express, Wr. Boulevardzeitung, 26. 3. 1958 bis 29. 4. 1971, gegr. von F. → Molden und G. → Bacher, zunächst parteiunabhängig, ab Dez. 1960 im Besitz der SPÖ. Im Dez. 1970 von K. → Falk und H. → Dichand übernommen, am 29. 4. 1971 mit der "Neuen Kronen Zeitung" zusammengelegt.

Expressionismus: Bewegung, die in Ö. etwa 1909–20 alle Gebiete künstler. Schaffens erfasste, insbes. die Literatur und die bildende Kunst. Mit Schlagworten wie "individuelle Steigerung" und "kollektive Solidarität" wollten die Expressionisten über die Kunstauffassungen des Naturalismus und Symbolismus hinausgehen, indem sie versuchten, ästhet. und ethische Postulate miteinander zu verknüpfen. Zur zentralen Forderung wurde die Schaffung eines "neuen Menschen". Literatursoziolog. war der E. Protest gegen bürgerl. Autoritätsstrukturen und Kritik am kapitalist. Wirtschaftssystem sowie an rücksichtsloser Industrialisierung und Mechanisierung, v. a. aber auch gegen den Krieg. Die Sprache der express. Lit. richtet sich gegen traditionelle Sprachmuster und fordert eine neue Syntax. In der ö. Lit. gelten bes. Lyriker wie G. Trakl, A. Ehrenstein, H. Kaltneker sowie Autoren wie M. Brod, F. Werfel, F. T. Csokor, A. Bronnen, R. Müller, A. P. Gütersloh und – in seinen Dramen ("Mörder, Hoffnung der Frauen", 1909) – O. Kokoschka als Repräsentanten des E.
Die literar. Werke des E. wurden vielfach mit entsprechenden Buchillustrationen versehen. Auch die noch junge Tradition des "Künstlerbuches" – des von einem Künstler in Personalallianz verfassten, illustrierten und gestalteten Buches – wurde von Malerdichtern wie O. Kokoschka, A. Kubin und U. Birnbaum fortgeführt.
Zu den bedeutendsten Vertretern des E. in der ö. Malerei zählen O. Kokoschka, E. Schiele, H. Boeckl und A. Faistauer sowie R. Gerstl und A. Kolig. Thema und Mittelpunkt der Werke ist der Mensch mit seinen körperl. und seel. Schwächen sowie seiner Verletzbarkeit. Großartige Leistungen im Bereich der expressionist. Architektur brachten Anfang der 20er Jahre die gigantischen Projekte der ö. Filmindustrie, wie "Sodom und Gomorrha" (1922) und "Die Sklavenkönigin" (1924) unter der Regie von Michael Kertesz, hervor.
Literatur: E. Fischer u. W. Haefs (Hg.), Hirnwelten funkeln. Literatur des E. in Wien 1988; R. Fuchs, Interpretationsstrategien zur Malerei des ö. E. in der Kunstliteratur von 1908–1938, Diss., Graz 1989; P. Werkner, Physis und Psyche; Dt. Literatur im 20. Jh., Bd. 3, E., hg. von S. Vietta u. H. G. Kemper, ⁴1990; H. Helfer, Der Ausdruck von Bewegung in Lyrik und Malerei als Spiegel einer Lebensauffassung zur Zeit des E., Dipl.-Arb., Graz 1991; P. Raabe, Die Autoren und Bücher des literar. E., ²1992.

Externistenreifeprüfung, siehe → Reifeprüfung.

Exulanten, aus den ö. Ländern ausgewiesene Pro-

testanten des 16.–18. Jh., die in Deutschland aufgenommen wurden. Die bedeutendste Gruppe waren die Salzburger E. von 1731/32, die in Ostpreußen eine neue Heimat fanden. 1684 wurden die → Deferegger Exulanten aus O-Ti. vertrieben, 1685/86 lutherische Knappen vom Dürrnberg (→ Bad Dürrnberg). Es gab aber auch viele E. aus Ö. unter und ob der Enns.

Eybl, Franz, * 1. 4. 1806 Wien, † 29. 4. 1880 ebd., Genre-, Porträtmaler und Lithograph. Stark beeinflusst von J. P. → Krafft, 1853 Kustos an der k. k. Gemäldegalerie im Belvedere, ab 1867 Lehrer an der kaiserl. Restaurierungsanstalt in Wien. Einer der Hauptmeister der bürgerl. Genremalerei des Vormärz neben F. G. → Waldmüller.
Literatur: I. Kastel, F. E., Diss., Wien 1983.

Eybler, Joseph Leopold von, * 8. 2. 1765 Schwechat (NÖ.), † 24. 7. 1846 Wien, Komponist. Schüler von J. G. → Albrechtsberger, Freundschaft mit J. → Haydn und W. A. → Mozart (E. ist einer der Vollender des Requiems); 1801 Musiklehrer der kaiserl. Kinder, 1804 Vizehofkapellmeister, 1824–33 Hofkapellmeister (Nachfolger von A. → Salieri); 1835 in den Adelsstand erhoben.
Werke: Opern, Kirchenmusik, Instrumentalmusik (v. a. Kammermusik).
Literatur: H. Hermann, Themat. Verz. der Werke von J. E., 1976.

Eybner, Richard, * 17. 3. 1896 St. Pölten (NÖ.), † 20. 6. 1986 Wien, Kammerschauspieler. Nach dem 1. Weltkrieg zunächst im Bankfach tätig, begann 1927 seine künstlerische Karriere als Kabarettist und absolvierte 1929/30 das soeben gegr. Reinhardt-Seminar; 1931–72 Ensemblemitgl. des Burgtheaters, auch danach Gastauftritte; komische Charakterrollen in Nestroy-Stücken, in klass. Komödien der Weltliteratur, als Operettendarsteller (Frosch in der "Fledermaus") und in Filmen; Vortragskünstler (J. Weinhebers "Wien wörtlich") und Volksbildner.
Werk: Ich möchte so leben können, wie ich leb', 1986.
Literatur: J. Reitl, R. E. als Schauspieler und Künstler, Diss., Wien 1968.

Eyczing, Adelsgeschlecht aus OÖ., das im 15. Jh. in den Herrenstand aufstieg und bis 1620 Schrattenthal in NÖ. als Hauptsitz hatte. Die Familie spielten mehrmals eine Rolle im Rahmen der Stände. Michael von E. wurde 1522 hingerichtet, 1620 wurde Philipp Christoph von E. wegen der Mitwirkung am böhm. Aufstand geächtet und die Herrschaft Schrattenthal konfisziert. Mit ihm starben die E. 1620 aus, ihr Besitz ging an die → Breuner über. Die bedeutendste Persönlichkeit aus der Familie war Ulrich → Eyczing.

Eyczing, Ulrich, * vor 1398, † 20. 11. 1460 Schrattenthal (NÖ.), Hubmeister Kg. Albrechts II., brachte 1451 als Anführer der Stände den → Mailberger Bund zustande, regierte dann für Hzg. Ladislaus im Auftrag der Stände Ö.
Literatur: K. Gutkas, U. E. letzte Lebensjahre, Jb. f. Landeskunde v. NÖ. 37, 1967.

Eypeltauer, Beatrix, * 10. 7. 1929 Linz (OÖ.), Juristin und Politikerin (SPÖ); Tochter von Ernst → Koref. 1975–83 Abg. z. NR, 1979–87 Staatssekr. im BM f. Bauten und Technik.

Eysler, Edmund (eigentl. E. Eisler), * 12. 3. 1874 Wien, † 4. 10. 1949 ebd., Operettenkomponist, der die Tradition der Wr. Operette weiterführte. Aus seinen Stücken wurden viele Lieder sehr populär (z. B. "Küssen ist keine Sünd", 1903). 1949 Ehrenring der Stadt Wien.
Werke: 60 Operetten (u. a. Bruder Straubinger, 1903; Die Schützenliesl, 1905; Künstlerblut, 1906; Der unsterbliche Lump, 1910; Die goldne Meisterin, 1927; Donauweibchen, 1932; Wr. Musik, 1947), 3 Opern, 1 Ballett, Klavierstücke, Lieder und Tänze.
Literatur: R. M. Prosl, E. E., 1947.

F, siehe → Freiheitliche Partei Österreichs.

Faak am See, Kä., VL, Dorf, 566 m, Seebadeort am SW-Ende des Faaker Sees, Teil der Marktgem. → Finkenstein am Faaker See. – Sport- und Freizeitzentrum; Sommerfremdenverkehr, Kunstmühle. Got. Filialkirche (15. Jh.) mit Fresken.

Faaker See, Kä., 555 m, 2,2 km lang und 1,7 km breit, 30 m tief, erreicht im Sommer bis zu 25° C Wassertemperatur. Der am Fuß des Mittagskogels (2145 m) gelegene F. S. ist der kleinste unter den bekannten Kä. Seen; auf der F. S.-Insel befindet sich eine Hotelanlage. Der Seebach entwässert den F. S. zur Gail. Weitere Gem. am touristisch gut erschlossenen F. S. sind Drobollach und Egg.

Fabel, mhd., siehe → Kleinepik.

Fabiani, Max, * 29. 4. 1865 Kobdil (Kobdilj, SLO), † 12. 8. 1962 Görz (SLO), Architekt. Schüler O. → Wagners; baute in Wien u. a. das Geschäftshaus Portois & Fix (1897/1900), das Artaria-Haus (1901/02) und die → Urania (1909/10). Arbeitete bei der Errichtung der grazilen Stadtbahnstationen am Karlsplatz mit (jetzt Galerie und Café) und entwarf das Gutenberg-Denkmal am Lugeck (1900).

Fabier, Ges. von sozialreformerischen Intellektuellen, gegr. 1893 nach engl. Vorbild vom Nationalökonomen O. Wittelshöfer (1855–1901). Mitgl. waren u. a. E. → Pernerstorfer, Michael → Hainisch und E. → Philippovich. Tagungsort war der Ballsaal Ronacher. Die Ges. zerfiel nach 1901.
Literatur: M. Hainisch, 75 Jahre aus bewegter Zeit, 1978.

Fabri, Johannes (eigentl. Johann Heigerlein), * 1478 Leutkirch (D), † 21. 5. 1541 Baden (NÖ.), Humanist, Bischof von Wien (1530), Diplomat und Ratgeber von Ks. Ferdinand I.
Literatur: C. Radey, Dr. J. F., Bischof von Wien, Diss., Wien 1976.

Fabri, Ulrich, * Dornbirn (Vbg.), Humanist der Univ. Wien in der 1. Hälfte des 16. Jh. Gab nahezu 20 antike Klassiker heraus und schrieb lat. Hymnen.

Fabricius, Paul, * 1529 Lauban (Lubań, PL), † 20. 4. 1589 Wien, Humanist, Mathematiker, Astronom, Botaniker, Geograph, Lyriker (in latein. Sprache). Univ.-Prof. in Wien, kaiserl. Leibarzt. Bestieg am 22. 8. 1574 gem. mit J. Aichholz und C. → Clusius erstmals der → Ötscher, um geograph. Ortsbestimmungen durchzuführen; entwarf Karten von Ö. (verschollen) und Mähren.

Fabrik, gewerbl. Fabrikationsstätte. F. entstanden in Ö. seit dem 18. Jh. Im Gegensatz zu den Manufakturen waren sie mit Maschinen ausgerüstet und durch räuml. Konzentration der Arbeitskräfte gekennzeichnet. Charakteristisch für die F. waren weiters der Einsatz spezialisierter (angelernter oder ungelernter) Arbeiter, die Produktion großer Stückzahlen und der relativ hohe Kapitaleinsatz.

Fabriksschulen, im 19. Jh. von Ind.- und Gewerbebetrieben für die bei ihnen beschäftigten Kinder an der Arbeitsstätte eingerichtet (Lese-, Schreib- und Rechenunterricht in Arbeitspausen und nach Arbeitsschluss), durch das → Reichsvolksschulgesetz von 1869 geregelt, 1885 nach Verbot der Kinderarbeit bis zum 14. Lebensjahr aufgelassen.

Fabry, Joseph Peter (eigentl. J. Epstein), * 6. 11. 1909 Wien, † 7. 5. 1999 El Cerrito (USA), Schriftsteller, Übersetzer. Studierte Jus; 1931–38 Veröffentlichung von über 200 Kurzgeschichten mit M. → Knight unter dem Pseudonym Peter Fabrizius. 1938 Emigration in die USA; Mitarbeiter des Office of War Information und des Senders „Voice of America". Seine Beschäftigung mit den Arbeiten von V. → Frankl führte ihn zur Lehrtätigkeit als Psychologe und zur Gründung eines Institute for Logotherapy. In den USA neuerliche Zusammenarbeit mit M. Knight, Übersetzung zahlr. ö. Schriftsteller ins Amerikanische, Veröffentlichung einer Autobiographie (gem. mit M. Knight).
Werke: Der schwarze Teufel und andere Geschichten, 1942; Wer zuletzt lacht …, 1952; … lacht am besten, 1957; The Pursuit of Meaning, 1968 (Wege zur Selbstfindung, 1985); One and One Make Three, 1988 (Autobiographie).

Facharbeiter, Bezeichnung für Arbeiter, die nach mehrjähriger Ausbildung an einer Lehrstelle oder in einer Lehrwerkstätte eine Prüfung vor einer Kommission ablegen und dadurch den F.-Brief erwerben. Auch die Ausbildung mancher Fachschulen (z. B. Gastgewerbe) führt zur Qualifikation eines F.

Fachärzte, Ärzte, die sich durch mehrere Jahre in anerkannten Ausbildungsstätten (Krankenhäusern) eingehende Kenntnisse und Erfahrungen auf einem Gebiet der Medizin erworben haben. Die Ausbildung dauert in Ö. mindestens 6 Jahre und schließt ein Hauptfach (3–5 Jahre) und Nebenfächer bzw. Wahlnebenfächer ein. Seit 1996 ist eine Abschlussprüfung vorgesehen.

Fachbereichsarbeit, siehe → Reifeprüfung.

Fachhochschulen, 1993 eingeführt. Sie unterscheiden sich von wiss. Hochschulen durch betont praxisorientierte und stärker reglementierte mindestens 3-jährige Studiengänge in Vollzeit oder berufsbegleitender Form. Die Abschlüsse führen zur Erlangung der akad. Grade Mag. (FH) bzw. Dipl.-Ing. (FH). 1994 wurden 10 F.-Studiengänge eröffnet; ihre Zahl wurde seither kontinuierlich erhöht (siehe Tabelle S. 356). Angeboten werden u. a. Studienrichtungen folgender Bereiche: Informatik, Telekommunikation und Multimedia; Landesverteidigung und Katastrophenmanagement; Tourismus; Wirt. und Management; Wirt. und Technik; Technik und Ingenieurwissenschaften (Richtungen: Bau-, Holz- und Gebäudetechnik; Elektronik; Industrial Design; Informatik; Produktionstechnik; Umwelttechnik). Als Behörde ist für die F. der Fachhochschulrat zuständig; er setzt die akad. Grade fest und nostrifiziert ausländ. Abschlüsse an F.

Fachlehrer, nur in einem Unterrichtsfach bzw. einer Fächergruppe ausgebildete Lehrer, lösten im 19. Jh. die bis dahin in allen Fächern (u. U. ausgenommen Religi-

Fachhochschul-Studiengänge in Österreich (2004)

Studiengang	Ort
Automatisierungstechnik	Wels
Automatisierungstechnik	Graz
Bank- und Finanzwirtschaft	Wien
Baugestaltung-Holz – BGH	Kuchl
Bauingenieurwesen – Baumanagement	Wien
Bauingenieurwesen – Hochbau	Spittal a. d. Drau
Bauingenieurwesen – Projektmanagement	Spittal a. d. Drau
Bauplanung und Baumanagement	Graz
Betriebliches Prozess- und Projektmanagement	Dornbirn
Betriebswirtschaft und Informationsmanagement	Salzburg
Bio- und Umwelttechnik	Wels
Bioengineering	Wien
Bioinformatik	Hagenberg
Biomedical Engineering	Wien
Biotechnische Verfahren	Tulln
Biotechnologie	Wien
bTec – Betriebliche Anwendungsentwicklung und Informationssysteme	Wien
Computer- und Mediensicherheit	Hagenberg
Design- und Produktmanagement – DPM	Kuchl
Digitales Fernsehen und Interaktive Dienste – IDTV	Salzburg
e-business	Steyr
Elektronik	Wien
Elektronik	Villach
Elektronik/Wirtschaft	Wien
Elektronische Informationsdienste	Wien
Energie- und Umweltmanagement	Pinkafeld
Engineering für Computer-basiertes Lernen	Hagenberg
Entwicklung und Management touristischer Angebote – EMTA	Salzburg
Europäische Wirtschafts- und Unternehmensführung	Wien
Exportorientiertes Management EU-ASEAN-NAFTA	Krems
Facility Management	Kufstein
Fahrzeugtechnik	Graz
Finanz, Rechnungs- und Steuerwesen	Wien
Gebäudetechnik	Pinkafeld
Geoinformation	Villach
Geoinformationstechnologie	Wr. Neustadt
Gesundheits- und Pflegemanagement	Feldkirchen
Gesundheitsmanagement	Krems
Gesundheitsmanagement im Tourismus	Bad Gleichenberg
Gesundheitsmanagement und Gesundheitsförderung	Pinkafeld
Hardware-Software Systems Engineering	Hagenberg
Holztechnik und Holzwirtschaft – HTHW	Kuchl
Immobilienwirtschaft	Wien
Immobilienwirtschaft und Facility Management	Kufstein
Industrial Design	Graz
Industrielle Elektronik/Electronic Engineering	Kapfenberg
Industrielle Informatik	Wels
Industriewirtschaft/Industrial Management	Kapfenberg
InfoMed/Health Care Engineering	Graz
Information & Communication Solutions ICS	Eisenstadt
Informationsberufe -Information und Knowledge Management	Eisenstadt
Informations-Design	Graz
Informationsmanagement	Graz
Informationstechnologien und IT-Marketing	Graz
Informationstechnologien und Telekommunikation	Wien
Informations- und Kommunikationssysteme und -dienste	Wien
Infrastrukturwirtschaft/Urban Technologies	Kapfenberg
Innovations- und Produktmanagement	Wels
InterMedia	Dornbirn
International Marketing und Management	Wien
Internationale Unternehmensführung	Dornbirn
Internationale Wirtschaft und Management	Kufstein
Internationale Wirtschaftsbeziehungen	Eisenstadt
Internationales Logistikmanagement	Steyr
Internationales technisches Vertriebsmanagement	Steyr
Internettechnik und -management	Kapfenberg
iTec – Information and Communication Engineering	Dornbirn
Journalismus	Wien
Journalismus und Unternehmenskommunikation	Graz
Kommunikationswirtschaft	Wien
Logistik	Wr. Neustadt
Logistik und Transportmanagement	Wien
Luftfahrt/Aviation	Graz
Management und Angewandte Informatik	Innsbruck
Management ilR – Produkt- und Projektmanagement	Wieselburg
Management internationaler Geschäftsprozesse	Graz
Management und Recht	Innsbruck
Marketing	Graz
Marketing und Sales	Wien
Material- und Verarbeitungstechnik	Wels
Mechatronik/Robotik	Wien
Mechatronik/Wirtschaft	Wels
Medienmanagement	St. Pölten
Medientechnik und -design	Hagenberg
Medizinische Informationstechnik	Klagenfurt
Medizinische und pharmazeutische Biotechnologie	Krems
Medizintechnik	Linz
Mobile Computing	Hagenberg
MultiMediaArt – MMA	Salzburg
Militärische Führung	Wr. Neustadt
Öko-Energietechnik	Wels
Präzisions-, System- und Informationstechnik	Wr. Neustadt
Produktion und Management – PMT	Steyr
Produktions- und Automatisierungstechnik	Wien
Produktions- und Prozessdesign	Wr. Neustadt
Produktionstechnik und Organisation	Graz
Produkttechnologie/Wirtschaft	Wien
Projektmanagement und Informationstechnik (PIT)	Wien
Prozessmanagement Gesundheit	Steyr
Public Management	Spittal a. d. Drau
Rechnungswesen und Controlling	Graz
Schienenfahrzeugtechnik	Graz
Sensorik und Mikrosysteme	Wels
SimCom – simulationsgestützte Nachrichtentechnik	St. Pölten
Software-Engineering	Hagenberg
Software-Engineering für Business und Finanz	Hagenberg
Software-Engineering für Medizin	Hagenberg
Sozialarbeit	Dornbirn
Sozialarbeit	Feldkirchen
Sozialarbeit	Linz
Sozialarbeit	Salzburg
Sozialarbeit	St. Pölten
Sozialarbeit	Wien
Sozialarbeit/Sozialmanagement	Graz
Soziale Arbeit	Innsbruck
Soziale Dienstleistungen für Menschen mit Betreuungsbedarf	Linz
Sozialmanagement	Linz
Sport-, Kultur- und Veranstaltungsmanagement	Kufstein
Sportgerätetechnik	Wien
Medizinische und pharmazeutische Biotechnologie	Wien
Technisches Produktionsmanagement – TeProM	Dornbirn
Technisches Projekt- und Prozessmanagement	
Telekommunikation und Medien	St. Pölten
Telekommunikationstechnik und -systeme – TKS	Salzburg
Telematik/Netzwerktechnik	Klagenfurt
Tourismus-Management	
Tourismusmanagement und Freizeitwirtschaft	Krems
Unternehmensführung für die mittelständische Wirtschaft	Wien
Unternehmensführung in der Tourismus- und Freizeitwirtschaft	Innsbruck
Unternehmensführung und Electronic Business Management für kleine und mittlere Unternehmen	Krems
Verfahrens- und Umwelttechnik	Innsbruck
Verkehrstechnologien/Transportsteuerungssysteme	Wien
Wirtschaft und Management	Innsbruck
Wirtschaftsberatende Berufe/Business Consultancy	Wiener Neustadt
Wirtschaftsinformatik	Kufstein
Wissensmanagement	Wien

on) unterrichtenden Klassenlehrer zunächst an den Gymnasien (1806–18, ab 1849), dann an den Realschulen und Bürgerschulen (→ Hauptschulen) ab. Das F.-System, von Maria Theresia 1775 abgelehnt, war anfangs umstritten und erfuhr erst durch ein fachbezogenes Ausbildungssystem an den Univ. (Lehrbefähigungsprüfungen ab 1849) und Lehrerbildungsanstalten (Bürgerschullehrkurse ab 1886) ein tragfähiges Fundament.

FACHSCHULEN zählen zu den berufsbildenden mittleren Schulen (→ berufsbildende Schulen) und dienen zur Heranbildung von Fachkräften in Gewerbe und Industrie.

FACHVEREINE, siehe → Gewerkschaften.

FACKEL, DIE, am 1. 4. 1899 von K. → Kraus gegründete und bis 1936 erscheinende Ztschr., von soz.-ethischer Ausrichtung, die teilw. den Soz.-Dem. nahe stand und zu einem bed. Forum für Kultur-, Ideologie- und Sprachkritik wurde. Die Ztschr. bekämpfte die Verwilderung der Sprache durch den Journalismus und setzte sich für das Echte und Klare in allen Kunstrichtungen ein. Ab 1911 bis 1936 wurde die F. von Kraus allein verfasst, sie spiegelt in umfassender Weise die künstlerische Entwicklung des Autors; berühmt wurde etwa seine Kunst des entlarvenden Zitierens.

Ausgaben: Jg. 1–37, 922 Nrn. in 415 Heften, 1899–1936; Neudruck in 39 Bden., hg. v. H. Fischer, 1968–73; Neudruck in 12 Bden., 1977.

Literatur: K. Krolop, Sprachsatire als Zeitsatire bei K. Kraus, 1987; ders., Reflexionen der F., 1994; W. Welzig (Hg.), Wörterbuch der Redensarten zu der von K. Kraus 1899 bis 1936 hg. Ztschr. „D. F.", 1999.

Stephan Fadinger. Anonymes Gemälde (Schlossmuseum Linz, OÖ.).

FADINGER, Stephan, * um 1580 Praz (OÖ.), † 5. 7. 1626 Ebelsberg b. Linz (OÖ.; gefallen), Anführer („Oberhauptmann") des oö. Bauernkriegs 1626 (→ Bauernkriege) gegen die bayer. Pfandherrschaft; Schwager von Christoph → Zeller. Schuf kurzzeitig eine schlagkräftige Organisation der Aufständischen und bekämpfte auch die Durchführung der Gegenreformation. Nach seinem Tod konnten die Bauern keine größeren Erfolge mehr erzielen und wurden bald besiegt.

Literatur: Der oö. Bauernkrieg 1626, Ausst.-Kat., Linz 1976.

FADRUS, Viktor, * 20. 7. 1884 Wien, † 23. 6. 1968 Villach (Kä.), Pädagoge und Schulreformer. Von O. → Glöckel 1919 mit der Leitung der Schulreformabteilung (für Volks-, Bürgerschulen und Lehrerbildungsanstalten) im Staatsamt (ab 1920 Min.) für Unterricht betraut, setzte sich intensiv für die Verwirklichung der von ihm stark beeinflussten soz.-dem. Schulreformpläne ein. 1933/34 Landesschulinspektor von Wien, 1934 zwangsweise in den Ruhestand versetzt, 1945–49 mit dem Wiederaufbau des ö. Schulwesens betraut. Er veranlasste die Herausgabe zahlr. Schulbücher und Buchreihen, wirkte als Schriftleiter (Schulreform, Volkserziehung) und veröffentlichte über 100 Beiträge zu Schul- und Bildungsfragen.

Werke: Die ö. Bundeserziehungsanstalten, 1924; Beiträge zur Neugestaltung des Bildungswesens, 1956.

Literatur: W. Weinhäupl, Pädagogik vom Kinde aus. V. F., 1981.

FAGGEN, Ti., LA, Gem., 900 m, 280 Ew., 3,63 km², kleine landw. Gem. mit etwas Fremdenverkehr im Oberinntal. – Marienkapelle in Unter-F. (1975–77) mit Barockbild und -figuren. Sauerbrunnquelle.

FAHNEN: Die Farben der ö. Staats-F. sind → Rot-Weiß-Rot; sie wurden 1918 von der Republik aus der alten (um 1230 nachweisbaren) Babenberger-F. übernommen.

Nach der Erhebung Ö. zum Herzogtum (1156) findet sich auf F. der Reichsadler, der um 1230 durch den ö. → Bindenschild abgelöst wurde. Die erste bildl. Darstellung einer ö. Heeres-F. stammt aus dem Jahr 1254. In den einzelnen Ländern wurde das Landeswappen als F.-Bild verwendet, für die Gesamtheit der Länder kam aber bald der Bindenschild zu alleiniger Geltung. Zu ihm trat ab 1433 wieder der einfache Königsadler bzw. hauptsächlich der ksl. Adler, der Doppeladler (→ Wappen), als Symbol des Hl. Röm. Reichs hinzu. Ferdinand II. nahm während des 30-jähr. Kriegs auch das Bild der Jungfrau Maria in die F. auf. Von da an war für die weiße Leib-F. (bis 1915 Regiments-F. der ksl. Regimenter) auf einer Seite das Muttergottesbild vorgeschrieben. Die Entscheidung über das Aussehen der einzelnen F. hatten sonst noch die Regimentsinhaber. Die Bordüre der F. war ab 1745 schwarz-gelb, rot-weiß geflammt. Hand in Hand mit dem Übergang zu auf Seide gemalten F. ging die Herabsetzung von Umfang und Gewicht der Soldaten-F. Diese Herstellungsart (gemalte F.-Bilder) wurde fast 100 Jahre beibehalten. Die individuelle Note drückte sich seither in Standartenbändern aus; die Widmung von Bändern für F. blieb bis in die Gegenwart gebräuchlich.

Bei jedem Herrscherwechsel und allen territorialen Veränderungen wurde mit der Form des Wappens auch das F.-Bild geändert. Erst im 19. Jh. ist durch den Wegfall der Initialen des Kaisers ein Thronwechsel für das Aussehen der F. bedeutungslos geworden. 1804 übernahm der ö. Kaiserstaat mit dem Wappen auch die schwarzgelbe F. (schwarzer Doppeladler auf goldenem Grund) des Hl. Röm. Reichs. Nur als Flagge der ö. Kriegs- und Handelsmarine und in den Hausfarben der Dynastie Habsburg-Lothringen blieb Rot-Weiß-Rot erhalten.

1805 wurde die Zahl der F. für jedes Bataillon herabgesetzt, nach 1867 die Bataillons-F. und die Standarten (mit Ausnahme des Dragonerregiments Nr. 14) abgeschafft. Jedes Infanterieregiment hatte noch 2 F.: neben einer weißen als Regiments- eine gelbe Bataillons-F. für das Reserveregiment. Eig. F. hatten außerdem die Ti. Kaiserjäger, Garden, die beiden Militärakademien (die Theresianische und die Technische) und die Hauptwachen in Wien und Budapest. Die Landwehrakademie führte eine F., die heute mit den F. der beiden Heeresakademien und einer 1934 verliehenen F. der Traditionspflege in der Militärakademie in Wr. Neustadt dient. 1875 wurde ein neues F.-Blatt eingeführt: durchwegs gewebte – weiße bzw. gelbe – F. mit dem Wappenbild nach einem Entwurf des Malers L. Kupelwieser. Diese F. war die letzte der k. u. k. Armee. Im Bundesheer der 1. Republik erhielt das Wr. Hausregiment (Infanterieregiment 4) eine rotweißrote F. mit

Die Fackel: Umschlag der ersten Nummer, 1899.

dem Bundeswappen. Für die übrigen Truppenkörper der Infanterie wurde 1925 das Bundeswappen über das ganze F.-Blatt auf der einen und das betreffende Landeswappen auf der anderen Seite vorgeschrieben. 1935 lebte das Muttergottesbild wieder auf. Damals wurde auch auf die Landwehr-(Schützen-)Regiments-F. von 1915 zurückgegriffen, so weit nicht Traditions-F. verliehen wurden.

Im Bundesheer der 2. Republik führt noch das Wr. Gardebataillon die F. der einstigen Trabantenleibgarde. Nach alter Tradition beschenkt jedes Bundesland die in ihm stationierten Truppen mit F.

Auf dem Dach des Amtssitzes des Bundespräs. in der Hofburg wird eine F. (mit dem Bundeswappen) gehisst, wenn sich das Staatsoberhaupt in seinen Amtsräumen aufhält. F. vor dem Parlament zeigen eine Sitzung des Nationalrats an.

Die *F. der Bundesländer* sind aus den Farben der → Länderwappen entstanden, die des Bgld. wurde nach dessen Entstehung künstlich geschaffen; in Ti. wird neben den Landesfarben auch Grün-Weiß als F. verwendet.

Bis 1828 wurden unbrauchbare F. in den Zeughäusern und bei der „Ökonomiekommission" aufbewahrt, nachher v. a. in Kirchen, seit 1891 im damals eröffneten → Heeresgeschichtlichen Museum in Wien. Fast alle größeren Gemeinden besitzen F., wobei die Farben meist von den Wappen der Orte abgeleitet sind. Seit dem 19. Jh. sind auch bei vielen Vereinen F. verbreitet.

Literatur: A. Mell, Die F. der ö. Soldaten im Wandel der Zeiten, 1962; T. Wise u. G. Rosignoli, Flaggen und Standarten 1618–1900, 1978; D. Visser, Flaggen, Wappen, Hymnen, 1991; A. Polivka-Treuensee, Die Feldzeichen des ö. Bundesheeres, in: Truppendienst 5, 1975; P. Diem, Die Symbole Ö., 1995.

Fahneneid, Schwur des Soldaten, der durch direktes oder symbol. Berühren der Fahne seinem Vorgesetzten, seinen Kameraden und seinem Vaterland Treue und die Verteidigung mit der Waffe gelobt. Im Bundesheer der 2. Republik leisten die Soldaten im Rahmen einer Angelobungsfeier nach zumeist 5 Wochen Grundwehrdienst das „Treuegelöbnis" in folgendem Wortlaut:

„Ich gelobe, mein Vaterland, die Republik Österreich, und sein Volk zu schützen und mit der Waffe zu verteidigen; ich gelobe, den Gesetzen und den gesetzmäßigen Behörden Treue und Gehorsam zu leisten, alle Befehle meiner Vorgesetzten pünktlich und genau zu befolgen und mit allen meinen Kräften der Republik und dem ö. Volke zu dienen."

Fähnrich, militär. Rang im ö. Bundesheer, der von den Militärakademikern bis zu ihrer Ausmusterung als Leutnant getragen wird. Hist. bezieht sich F. auf „Fahnenträger", um den sich in der frühen Neuzeit die Soldaten des Regiments zu scharen hatten, damit aufgrund fehlender Uniformierung die Unterscheidung von Freund und Feind möglich war.

Fahrbach, Wr. Musiker- und Komponistenfamilie; Zeitgenossen der Familie Strauß, mit der sie auf dem Gebiet der Unterhaltungsmusik und Walzer- bzw. Marschkomposition in ernste Konkurrenz traten: Joseph → Fahrbach, Anton → Fahrbach, Friedrich → Fahrbach, Philipp → Fahrbach d. Ä., Philipp → Fahrbach d. J.

Fahrbach, Anton, * 10. 2. 1819 Wien, † 1. 12. 1887 ebd., Musiker; Bruder von Joseph → Fahrbach, Friedrich → Fahrbach und Philipp → Fahrbach d. Ä. Flötist bei J. → Strauß Vater und J. → Lanner; Walzerkomponist.

Fahrbach, Friedrich, * 1811 Wien, † 19. 3. 1867 Verona (I), Musiker; Bruder von Anton → Fahrbach, Joseph → Fahrbach und Philipp → Fahrbach d. Ä. Flötist bei J. → Strauß Vater; komponierte auch selbst Walzer und Märsche, hatte eine eig. Kapelle und war ab 1848 Militärkapellmeister.

Fahrbach, Joseph, * 25. 8. 1804 Wien, † 6. 6. 1883 ebd., Musiker; Bruder von Anton → Fahrbach, Friedrich → Fahrbach und Philipp → Fahrbach d. Ä. Flöten- und Gitarrenvirtuose am Hofoperntheater, Inhaber einer Musikschule und Militärkapellmeister.

Werke: Flötenkonzerte, Opernphantasien. – Neueste Wr. Flöten-Schule, 1835; Neueste Wr. Fagott-Schule, 1841; Neueste Wr. Clarinetten-Schule, 1841.

Fahrbach, Philipp d. Ä., * 25. 8. 1815 Wien, † 31. 3. 1885 ebd., Violinist und Komponist; Bruder von Anton → Fahrbach, Friedrich → Fahrbach und Joseph → Fahrbach, Vater von Philipp → Fahrbach d. J. Trat ab 1835 mit seiner eig. Kapelle auf. 1838–56 Leiter der Hofballmusik, 1856–65 Militärkapellmeister.

Werke: ca. 400 Tänze und Märsche, 2 Opern, Operetten. – Alt-Wr. Erinnerungen, hg. v. M. Singer, 1935.

Fahrbach, Philipp d. J., * 16. 12. 1843 Wien, † 15. 2. 1894 ebd., Violinist und Kapellmeister; Sohn von Philipp → Fahrbach d. Ä. Übernahm 1855 die Kapelle seines Vaters, mit der er 1878 bei der Weltausstellung in Paris große Triumphe feierte (als Konkurrent von J. → Strauß Sohn).

Werke: ca. 350 Tänze und Märsche.

Fahringer, Carl, * 25. 12. 1874 Wr. Neustadt (NÖ.), † 4. 2. 1952 Wien, Maler, Graphiker und Illustrator. Studierte in Wien und München; bed. ö. Tiermaler, der eine durch breiten Pinselstrich charakterisierte, nachimpressionist. Malweise entwickelte.

Werke: Holländisches Mädchen, 1920; Bali, 1929; Tiger, 1945.
Literatur: A. Graf-Bourquin, C. F. 1874–1952, 1970.

Fahringer, Josef, * 21. 12. 1876 Baden (NÖ.), † 18. 12. 1950 Wien, Parasitenforscher, Entomologe. Als bester Kenner der Braconiden (Weichwespen) verfasste er das Standardwerk „Opuscula braconologica" (4 Bde., 1925–37).

Literatur: ÖBL.

Fahrngruber, Johannes, * 27. 11. 1845 Weißenbach (Gem. Texingtal, NÖ.), † 13. 8. 1901 bei Dimaro-Campiglio (S-Ti.), Priester und Schriftsteller. 1875–79 Rektor des Pilgerhauses in Jerusalem, ab 1885 Prof. an der Theolog. Diözesanlehranstalt in St. Pölten; gründete 1888 das Diözesanmuseum St. Pölten. Wichtige Verdienste um die kirchl. Denkmalpflege.

Werke: Wanderungen durch Palästina, 1883; Aus St. Pölten, 1885; Nach Jerusalem, 2 Bde., ²1890; Hosanna in excelsis, 1894 (Glockenkunde).

Fahrrad: Werbeplakat der Oesterreichischen Waffenfabriksgesellschaft für Steyr-Swift-Fahrräder, um 1900.

Fahrrad: 1818 baute in Wien A. → Burg das Laufrad des Frh. von Drais nach und erwarb 1824 ein Privileg (Patent) auf seine verbesserte „Gesundheits- und Unterhaltungsmaschine". F. Maurer betrieb ab 1869 eine Fahrschule „Vélocipède-Gymnase" in Wien und erhielt im selben Jahr 2 Patente auf „Verbesserung der Vélocipède", ebenso der Maschinenfabrikant C. Lenz. Der erste „Bicycle Club" wurde 1881 gegr. Ein Pionier der ö. F.-Ind. war J. → Puch in Graz mit dem ab 1891 erzeugten „Styria-Rad". 1987 wurde die F.-Produktion (zuletzt 140.000 Stück) der → Steyr-Daimler-Puch AG eingestellt. Das F. war zw. 1920 und 1960 bes. als Nahverkehrsmittel verbreitet, wurde aber allmählich vom Moped abgelöst. Als Sport- und Wandergerät (F.-Wege) sowie als städt. Verkehrsmittel erlebt es dzt. einen neuen Aufschwung.

Literatur: D. Andric, Das F. vom Hochrad zum Mountainbike, 1991; F. F. Ehn, Das große Puch-Buch, 1988; Rad – gestern, heute, morgen, Ausst.-Kat., Schloss Schwarzenau (NÖ.) 1994.

FAHRZEUGINDUSTRIE, siehe → Auto- und Motorradindustrie; Schienenfahrzeuge: → Bombardier Transportation BWS, → Jenbacher AG, → SGP Verkehrstechnik GmbH; → Fahrrad.

Anton Faistauer: Junge Frau auf rotem Sofa (die Frau des Künstlers). Gemälde, 1913 (Österreichische Galerie Belvedere, Wien).

FAISTAUER, Anton, * 14. 2. 1887 St. Martin b. Lofer (Sbg.), † 13. 2. 1930 Wien, Maler. Studierte 1906–09 an der Akad. d. bild. Künste in Wien und gründete mit A. → Kolig und E. → Schiele 1909 die „Neukunstgruppe". Er war ab 1919 in Salzburg, ab 1926 in Wien tätig und schuf farbkräftige, ausdrucksstarke Stillleben und Bildnisse. F. versuchte, eine zeitgenöss. Freskomalerei zu entwickeln und moderne mit traditionellen Elementen zu verschmelzen.

Werke: Fresken: im Sbg. Festspielhaus, 1926 (1938 entfernt, heute auf Leinwand rückübertragen); in der Kirche Morzg in Salzburg, 1922; in Schloss Weidlingau, 1929. – Porträts (R. Mayr als Ochs v. Lerchenau, 1927 u. a.) – Publikation: Neue Malerei in Ö. Betrachtungen eines Malers, 1923.
Literatur: F. Fuhrmann, A. F., 1972 (mit Gemälde-Werkverz.).

FAISTENAU, Sbg., SL, Gem., 786 m, 2850 Ew., 51,25 km², zweisaisonale Fremdenverkehrsgem. (67.016 Übern.)

Faistenau.

in den Kalkvoralpen des südl. Flachgaus östl. der Stadt Salzburg. Holzverarbeitung. – Urk. 1182, spätgot. Pfarrkirche mit barock verändertem Chor und W-Turm (urk. 1324), Langhaus und Turmhalle um 1324, Wandmalereien von 1517, Hochaltar (urk. 1716), barocke Seitenaltäre (1690), Rokokokanzel (1768); viele Kapellen und Bildstöcke (19./20. Jh.), markante Einhöfe (19. Jh.). 1000-jährige Linde auf dem Dorfplatz.
Literatur: E. M. Schalk (Red.), Chronik F. Das Erholungsdorf im Sbg. Flachgau, Kultur und Geschichte, 1995.

FAISTENBERGER, Ti. Künstlerfamilie der Barockzeit: Andreas → Faistenberger, Anton → Faistenberger, Benedikt → Faistenberger, Joseph → Faistenberger, Simon Benedikt → Faistenberger.

FAISTENBERGER, Andreas, * 1647 Kitzbühel (Ti.), † 8. 12. 1736 München (D), Bildhauer; Sohn und Schüler von Benedikt → Faistenberger, Großvater von Simon Benedikt → Faistenberger. Ab 1676 als Hofbildhauer in München tätig, Lehrer von G. Giuliani und E. Q. Asam.
Werke: zahlr. Altäre und Kirchenausstattungen in München (u. a. Theatinerkirche, ab 1681) sowie Ausstattungsteile der Neuen Residenz ebd.
Literatur: NDB.

FAISTENBERGER, Anton, * 8. 11. 1663 Salzburg, † 20. 9. 1708 Wien, Maler und Radierer; Bruder vor Joseph → Faistenberger, Neffe von Benedikt → Faistenberger. Gilt als Begründer der barocken Landschaftsmalerei in Ö. Seine Landschaften wurden meist von anderen Künstlern mit Figuren ausstaffiert.
Werke: Landschaften, Jagdbilder, Stillleben, Radierungen.
Literatur: I. Strnadt, A. und Joseph F., Diss., Innsbruck 1965.

FAISTENBERGER, Benedikt, * 1621 Kitzbühel (Ti.), † 1693 ebd., Bildhauer; Vater von Andreas → Faistenberger, Onkel von Anton → Faistenberger und Joseph → Faistenberger. Führte gem. mit seinem Bruder, dem Maler Wilhelm F., in Ti. (Kitzbühel, Oberndorf) und Sbg. (Dienten, Lenzing, Schwarzenbach u. a.) zahlr. Altäre aus.
Literatur: NDB.

Joseph Faistenberger: Landschaft aus dem Faistenberger-Zimmer im Stift St. Florian, OÖ. Gemälde, 1714.

FAISTENBERGER, Joseph, * um 1675 Salzburg, † 30. 8. 1724 ebd., Maler; Schüler seines Bruders Anton → Faistenberger, Neffe von Benedikt → Faistenberger; 1712–14 im Stift St. Florian tätig.
Werke: Landschaftsbilder; F.-Zimmer im Stift St. Florian (1714).
Literatur: I. Strnadt, A. und Joseph F., Diss., Innsbruck 1965.

FAISTENBERGER, Simon Benedikt, * 27. 10. 1695 Kitzbühel (Ti.), † 22. 4. 1759 ebd., Maler; Enkel von Andreas → Faistenberger. Neben diesem und Anton → Faistenberger das bedeutendste Mitgl. der Familie; Schüler des Münchner Hofmalers J. A. Gumpp, von C. D. Asam und J. M. → Rottmayr beeinflusst, woraus seine nicht von den süddt. Zeitströmungen der 1. Hälfte des 18. Jh. berührte hochbarocke Grundhaltung zu erklären ist; hauptsächlich Freskenmaler, aber auch Porträtist.

Werke: Fresken, Altar- u. Heiligenbilder in Kirchen N-Ti.: Jochberg, St. Johann, Kitzbühel, Rattenberg u. a.; Porträts (Selbstbildnis im Ferdinandeum, Innsbruck); Zeichnungen.

Fajkmajer, Karl, * 12. 8. 1884 Wien, † 16. 5. 1916 bei Monfalcone (I; gefallen), Historiker und Politiker (CS). Verfassungs- und Wirtschaftshistoriker, Gründer der christl.-dt. Jungmannschaft.
Literatur: ÖBL.

Faksimile, die mit dem Original in Größe und Ausführung genau übereinstimmende Nachbildung bzw. Reproduktion eines Kunstwerks oder eines Buches. Auf die Herausgabe von F.-Bänden spezialisierte sich in Ö. die Akad. Druck- und Verlagsanstalt in Graz.

Fakultät, fachl. Abteilung einer Univ. nach Sachgebieten. An der Spitze jeder F. steht ein Dekan.

Falco. Foto.

Falco (eigentl. Hans Hölzel), * 19. 2. 1957 Wien, † 6. 2. 1998 Puerto Plata (Dominikan. Republik), Popmusiker. Ausbildung am W. Jazz-Konservatorium, 1977 Bassist in W-Berlin, 1979 Gründung der „Hallucination Company". Mitgl. verschiedener Rockgruppen (u. a. „Drahdiwaberl"); 1982 erste Solo-LP mit „Der Kommissar", 1985 „Rock me Amadeus". 1986 Goldenes Verdienstzeichen des Landes Wien und Auszeichnung mit dem „Bambi". Begraben auf dem Wr. Zentralfriedhof.
Literatur: M. Hölzel (Hg.), F., 1998 (mit Diskographie).

Falk, Gunter, * 26. 10. 1942 Graz (Stmk.), † 25. 12. 1983 ebd., Schriftsteller. Studierte Soziologie, Philosophie, Zoologie und Mathematik; ab 1969 Univ.-Ass. für Soziologie in Graz; 1980 Habilitation. Seine Kurzprosa und Lyrik zeigen in der Problematisierung der Wiedergabe von soz. Realität durch Sprache Parallelen zur Wr. Gruppe.
Werke: Der Pfau ist ein stolzes Tier, 1965; Die Würfel in manchen Sätzen, 1977; Die dunkle Seite des Würfels, 1983.
Literatur: H. Steinert, Für G. F., zu spät, in: Ö. Ztschr. f. Soziologie IX, 1984, Heft 1/2; D. Bartens (Hg.), G. F., 2000.

Falk, Kurt, * 23. 11. 1933 Wien, Zeitungsverleger. 1959–87 neben H. → Dichand Miteigentümer der „Neuen → Kronen Zeitung", Gründer, Eigentümer und Hg. der Ztschr. „Die → ganze Woche" (ab 1985, 2001 an seine Söhne verkauft) und der Tageszeitung → „täglich Alles" (1992–2000).

Falke, Jacob von, * 21. 6. 1825 Ratzeburg (D), † 8. 6. 1897 Lovran (HR), Kunsthistoriker. 1858 liechtensteinischer Galeriedir. in Wien, 1864 am Ö. Museum f. Kunst u. Industrie, dessen Dir. er ab 1885 war; einflussreicher Kunstschriftsteller.
Werke: Geschichte des fürstl. Hauses Liechtenstein, 3 Bde., 1868–83; Die Kunst im Hause, 1871; Kostümgeschichte der Kulturvölker, 1880; Die k. k. Porzellanfabrik, 1887.

Julius Graf von Falkenhayn. Gemälde, 1871.

Falkendorf, Stmk., MU, Gem., 910 m, 207 Ew., 10,39 km², landw. Kleingem. im Murtal.

Falkenhayn, Julius Graf von, * 20. 2. 1829 Wien, † 12. 1. 1899 ebd., konservativer, föderalist. Politiker. Mitgl. des Hohenwart-Klubs, 1871 Landeshauptmann von OÖ., 1879–95 Ackerbauminister; setzte einige für die Landw. wichtige Gesetze durch. Als Abgeordneter brachte er 1897 eine straffe Geschäftsordnung („Lex F.") ein, die aber wieder aufgehoben wurde.
Literatur: ÖBL; NDB.

Falkenstein, Kä., siehe → Obervellach.

Falkenstein, NÖ., MI, Markt, 302 m, 468 Ew., 19,17 km², im nördl. Weinviertel

Falkenstein, im Hintergrund die Ruine.

bei Poysdorf am Fuß der → Falkensteiner Berge. – Sendeanlage des ORF auf dem Galgenberg; Weinbau. – Frühbarocke Pfarrkirche mit roman.-got. Turm, barocke Kreuzwegfiguren von F. Pfaundler, Spätrenaiss.-Rathaus, Burgruine (um 1050, seit Ende des 17. Jh. in Verfall); hist. Kellergasse. Auf dem sog. Schanzboden entstand um 4500 v. Chr. eine befestigte Siedlung mit einem Durchmesser von ca. 400 m. Nach 100–200 Jahren wurde sie aufgegeben und eine neue, noch heute erkennbare Wallanlage (165 x 120 m) errichtet.
Literatur: H. Wolf, F. Seine Berge, Geschichte, Baudenkmäler, 1959.

Falkenstein, Burgruine in OÖ., siehe → Hofkirchen im Mühlkreis.

Falkensteiner Berge, NÖ., Inselberge mit markanten Klippen aus Jurakalken im nördl. Weinviertel; stellen mit den → Leiser Bergen und den Pollauer Bergen (CZ) eine wichtige geolog. Verbindung zw. O-Alpen und Karpaten dar. Höchster Punkt: Galgenberg (425 m).

Falkner, Hans Peter, * 13. 3. 1967 Linz (OÖ.), Musiker, Produzent. Schon mit zehn Jahren als Akkordeonist regelmäßige Auftritte mit den Eltern (Trio Falkner), 1989–91 Mitgl. der Gruppe „Urfahraner Durchbruch", 1991 Gründung der Gruppen „Attwenger" und „die goas" mit M. → Binder. Attwenger gelten als eine der innovativsten Bands Ö. und verschmelzen Volksmusik mit Punkrock, Hip-Hop und Drum & Bass; Zusammenarbeit u. a. mit E. → Jandl. F. ist seit 1995 Betreiber des Labels Fischrecords für traditionelle ö. Volksmusik.
Schallplatten und CDs: most, 1991; pflug, 1992; luft, 1993; song, 1997; Sun, 2002. – Schriften: 1234 gstanzln, 1996; 567 gstanzln, 1999. – Film: attwengerfilm, 1995.

Falknerei, Jagd mit Greifvögeln auf Niederwild in seinem natürl. Lebensraum, die dem artgerechten Verhalten der Greifvögel in freier Natur entspricht. In Ö. erreichte die F. im 17. und 18. Jh. als höf. Jagdform ihre Blütezeit. Als der Adel Ende des 18. Jh. durch das Jagdregal die Jagd verlor, verschwand auch die Beizjagd. Anfang des 20. Jh. wurde sie wieder entdeckt und hat einen festen Platz innerhalb der ö. Jägerschaft. Der 1950 gegr. Ö. Falknerbund vertritt die Interessen der F. in Ö. Zu seinen Zielen gehören die Erhaltung der F. als Jagdart und Kulturgut sowie der Schutz der Greifvögel; er veranstaltet jährl. Tagungen und Beizjagden und gibt die Fach-Ztschr. „Falkenblick" (vormals „Der Falkner") heraus.

Fall, Leo, * 2. 2. 1873 Olmütz (Olomouc, CZ), † 16. 9. 1925 Wien, Komponist, Meister der jüngeren Wr. Operette; Sohn des Militärkapellmeisters Moritz F. (1848–1922), Bruder von Richard → Fall. Kurze Zeit Militärmusiker unter F. Lehár sen., dann Mitgl. des Orchesters seines Vaters in Berlin. Wandte sich 1895 der Operette zu (Hamburg); 1906 Übersiedlung nach Wien, wo er sich mit großem Erfolg der Operettenkomposition

widmete. Die Kombination von schwingenden Melodien mit rhythm. Irregularitäten ließ viele seiner Melodien zum Allgemeingut werden.
Werke: Opern: Paroli, 1902; Irrlicht, 1904. – Rd. 25 Operetten, darunter: Der fidele Bauer, 1907; Die Dollarprinzessin, 1907; Die geschiedene Frau, 1908; Brüderlein fein, 1909 (Singspiel); Der liebe Augustin, 1912 (1905: Der Rebell); Die Rose von Stambul, 1916; Die span. Nachtigall, 1920; Madame Pompadour, 1922.
Literatur: W. Zimmerli, L. F., 1957.

FALL, Richard, * 3. 4. 1882 Gewitsch (Jevičko, CZ), † nach 20. 11. 1943 KZ Auschwitz (PL; ?), Komponist; Bruder von Leo → Fall. Schrieb Operetten, Schlager und Filmmusik.
Werke: Operetten: Wr. Fratz, 1912; Großstadtmärchen, 1920. – Schlager: Was machst du mit dem Knie, lieber Hans?, 1925.

FALLBACH, NÖ., MI, Gem., 248 m, 861 Ew., 30,43 km², landw. Gem. am Fallbach in den südl. Ausläufern der Laaer Ebene. Dorf- und Drechslermuseum, Kultur- und Kongresshaus Winkelau (Theatersaal), Schutzraum im Weinkeller, Zinnfigurenschau (Schloss). – F.: spätgot. Pfarrkirche hl. Lambert mit Stuckmarmoraltar (1763), got. Taufbecken und Glocken; Hagenberg: roman.-got. Pfarrkirche (nach 1760 barockisiert) mit spätbarockem Altar und Bild von F. A. Maulbertsch, Schloss (Baubestand v. a. 17. Jh.) mit Barockbrunnen, Innenräume mit prächtigen Stuckdecken und schönen Malereien (Ende 17. Jh.); Friebritz: Laurentiuskapelle; Hagendorf: got.-barocke Wolfgangkapelle; Loosdorf: spätbarocke Kirche (erb. 1748–51), Schloss (Wiederaufbau um 1680, Umgestaltung um 1820) mit großem Park, Spätrenaiss.-Denkmal des Adam Gall, Obelisk, Hanselburg (künstl. Ruine, Ende 18. Jh.), zeitgenöss. Skulpturen im Ort. – Bildeiche, künstl. Feuchtbiotop.

FALLBEIL, eine der Guillotine nachgebildete Hinrichtungsmaschine, mit der 1938–45 auch im Landesgericht in Wien Todesurteile vollstreckt wurden.

FALLMERAYER, Jakob Philipp, * 10. 12. 1790 Pairdorf b. Tschötsch (S-Ti.), † 26. 4. 1861 München (D), Historiker, Reiseschriftsteller, Publizist. 1826–34 Prof. für Universalgeschichte und Philologie in Landshut, ab 1835 Mitgl. der Bayr. Akad. d. Wiss., 1848 Abg. in der Frankfurter Nationalversammlung. Namhafter Orientkenner; seine „Fragmente aus dem Orient" (2 Bde., 1845) machten ihn weithin berühmt.
Ausgaben: Gesammelte Werke, hg. v. G. M. Thomas, 3 Bde., 1861; Schriften und Tagebücher, hg. v. H. Feigl u. E. Molden, 2 Bde., 1913.
Literatur: H. Seidler, J. P. F. geistige Entwicklung, 1947; K. Steinmair, J. P. F. hist. Kunst, Diss., Wien 1975; E. Thurnher (Hg.), J. P. F., 1993; T. Leeb, J. P. F., 1996; NDB.

FALLSCHIRMSPORT, siehe → Flugsport.

FALSCHAUSSAGE: Wer als Zeuge vor Gericht, einer Verwaltungsbehörde, einer Disziplinarbehörde des Bundes, eines Landes oder einer Gemeinde oder einem parlamentar. Untersuchungsausschuss falsch aussagt oder als Sachverständiger ein falsches Gutachten oder einen falschen Befund erstattet, macht sich nach den §§ 288 oder 289 StGB strafbar. Falsche Parteienaussagen sind nur im Falle der Beeidigung strafbar. Bei Aussagenotstand (Gefahr der Strafverfolgung, bed. Vermögensnachteile) ist eine F. straflos.

FÄLSCHUNG, im Strafrecht die Herstellung unechter Urkunden, Wertpapiere oder Banknoten, im hist. Bereich von Beweismaterial zur Stützung von Behauptungen (→ Privilegium maius), in der bild. Kunst Nachbildungen von Werken oder die Anbringung falscher Signaturen.

FALTIS, Johannes, * 4. 6. 1796 Wolfsdorf (Vlckovice, CZ), † 18. 2. 1876 Trautenau (Trutnov, CZ), Industrieller. Errichtete 1823 in Trautenau eine Leinenmanufaktur und Kottonweberei, 1835 in Pottendorf (NÖ.) und 1836 in Jungbuch b. Trautenau Flachsspinnereien; begründete damit die mechan. Flachsgarnspinnerei in Ö.
Literatur: R. Granichstaedten-Cerva, J. Mentschl u. G. Otruba, Altösterreichische Unternehmer, 1969.

FAMILIE: Die Entwicklung der F. in Ö. folgt im 20. Jh. den allg. Tendenzen der F.-Entwicklung in den reichen Dienstleistungs- und Ind.-Ges. des Westens. Mit dem radikalen Rückgang des Anteils der Agrarbevölkerung kommt es auch zu einer Reduktion traditioneller Formen der F.-Wirt., und die Produktionsfunktion der F. tritt zurück. Die Sozialisation wird zur bestimmenden F.-Funktion, zunehmend konkurrenziert von der Inst. Schule, die im Prozess der Scholarisierung auch in der Erziehung an Bedeutung gewinnt. Die Lebenswelten von Arbeit und F. werden auch für Frauen immer stärker separiert. Die F. entwickelt sich zum Ort der Freizeit.
Im Zuge des sog. „demograph. Übergangs" geht zunächst die Sterblichkeit, mit einer gewissen Phasenverschiebung dann auch die Geburtenhäufigkeit zurück. Mit steigender Lebenserwartung bildet sich die hist. gesehen neue Lebenszyklusphase der „nachalterlichen Gefährtenschaft" aus. Zweier- bzw. Einzelhaushalte alter Menschen werden, v. a. seit den 1980er Jahren, immer häufiger. Indem die Ehe den Charakter einer Institution verliert, nehmen die Stief-F., die F. mit allein erziehenden Elternteilen bzw. die nichtehel. Lebensgemeinschaften als neue F.-Formen stark zu. Die Kinderzahlen sinken auf einen historischen Tiefstand. Die durchschnittl. Personenzahl in den F.-Haushalten geht zurück. Wie in vielen anderen westl. Großstädten liegt in Wien die Zahl der F.-Haushalte unter der der Einzelhaushalte. Unter diesen erscheint das Phänomen der „Singles" als auffällige Form von Individualisierungstendenzen.
Eine Besonderheit der hist. F.-Formen im ö. Raum ist der außerordentl. hohe Anteil unehel. Geburten. Nirgendwo in Europa lassen sich in der Vergangenheit vergleichbar hohe Illegitimitätsraten feststellen wie in Kä., im Ober-Stmk., im Sbg. Lungau, Pongau, Pinzgau und im westl. Ti. Eine der Ursachen dieses Phänomens liegt in den außerordentlich hohen Gesindezahlen der bäuerl. F.-Wirtschaften. Trotz des Bedeutungverlusts ländl. Dienstboten haben sich Auswirkungen der hohen Illegitimität in Einstellungen und Verhaltensweisen in diesem Raum bis in die Gegenwart erhalten.

FAMILIENBEIHILFEN (Familienlastenausgleich), staatl. Leistungen mit dem Zweck, Eltern bei den durch Kinder entstehenden finanziellen Aufwendungen zu unterstützen. Rechtl. Grundlage des Lastenausgleiches für die Familien ist das Familienlastenausgleichsgesetz (FLAG). Im FLAG kommt der politische Wille zur horizontalen Umverteilung zum Ausdruck: Die finanziellen Belastungen, die Familien mit Kindern im Vergleich zu Personen ohne Unterhaltsverpflichtung haben, sollen ausgeglichen werden. Als Instrument zum Ausgleich der familiär bedingten Belastungen steht deshalb der Ausgleichsfonds für F. zur Verfügung, der vom BM f. soz. Sicherheit, Generationen und Konsumentenschutz verwaltet wird. Die Mittel des Fonds werden vor allem über Dienstgeberbeiträge und aus Abgeltungen der Einkommens- und Körperschaftssteuer finanziert. Sein Budget ist für Leistungen an Familien zweckgebunden.
Unabhängig von Beschäftigung oder Einkommen haben Eltern, die einen Wohnsitz oder ihren gewöhnlichen Aufenthalt in Ö. haben, Anspruch auf F. für bei

Leo Fall. Foto, um 1925.

ihnen haushaltszugehörige Kinder bzw. für Kinder, denen sie überwiegend Unterhalt leisten. Vorrangig anspruchsberechtigt ist dabei die Mutter. Für ausländ. Staatsbürger bestehen Sonderregelungen.

Aus dem Familienlastenausgleichsfonds werden u. a. finanziert: a) F., erhöhte F. für erheblich behinderte Kinder; b) Kinderbetreuungsgeld (KBG), Zuschuss zum KBG, erhöhtes KBG bei Mehrlingsgeburten; c) Mehrkindzuschlag; d) Mutterschutz; e) steuerliche Begünstigungen, z. B. Alleinverdiener- und Alleinerzieherabsetzbetrag; f) Elternbildung, Mediation; g) Leistungen für Schüler, Lehrlinge und Studierende, z. B. Schülerfreifahrt, Schulfahrtbeihilfe, Schulbeihilfe, Beistellung von Schulbüchern; h) In-Vitro-Fertilisation; i) Unterhaltsvorschuss; j) Pensionsbeiträge für Pflegepersonen von schwerstbehinderten Kindern.

Literatur: T. Tomandl, Grundriß des ö. Sozialrechts, 1989; E. Kollros, Karenz und Kindergeld, 2002; J. Berger, Einführung in das ö. Arbeits- und Sozialrecht, 2003.

FAMILIENLASTENAUSGLEICHSFONDS, siehe → Familienbeihilfen.

FAMILIENMINISTERIUM, als eig. Ministerium erstmals 1983 eingerichtet, 1983–87 BM f. Familie, Jugend und Konsumentenschutz, 1987–95 BM f. Umwelt, Jugend und Familie, 1995–96 BM f. Jugend und Familie, 1996–2000 wieder BM f. Umwelt, Jugend und Familie (→ Umweltministerium). 2000 kamen die Umweltagenden an das BM f. Land- und Forstw., Umwelt- und Wasserwirt. (→ Landwirtschaftsministerium), die Jugend- und Familienagenden an das BM f. soz. Sicherheit und Generationen (seit 2003 BM f. soz. Sicherheit, Generationen und Konsumentenschutz, → Sozialministerium).

Die Familienminister der Republik Österreich	
Elfriede Karl (SPÖ)	24. 5. 1983–10. 9. 1984
Gertrude Fröhlich-Sandner (SPÖ)	10. 9. 1984–21. 1. 1987
Marilies Flemming (ÖVP)	21. 1. 1987–5. 3. 1991
Ruth Feldgrill-Zankel (ÖVP)	5. 3. 1991–25. 11. 1992
Maria Rauch-Kallat (ÖVP)	25. 11. 1992–31. 12. 1994
Sonja Moser (ÖVP)	1. 1. 1995–12. 3. 1996
Martin Bartenstein (ÖVP)	12. 3. 1996–4. 2. 2000
Wilhelm Molterer (ÖVP)	4. 2. 2000–31. 3. 2000

FAMILIENNAME, siehe → Namensrecht.

FAMILIENSTAND, rechtl. und soz. Merkmal einer Person hinsichtlich ihrer Stellung in einer Familie. Die Formen sind: ledig, verheiratet, geschieden, verwitwet oder getrennt lebend. In Ö. sind 3,41 Mio. Menschen verheiratet, 3,53 Mio. ledig, 593.000 verwitwet und 518.000 geschieden (Volkszählung 2001). Regional differiert die Familienstandsgliederung erheblich und lässt Rückschlüsse auf die soz. Entwicklung zu.

FAMILIENVERBAND, KATHOLISCHER, 1953 in Wien gegr. Schutzverband für geistige und materielle Interessen der Familien und deren Vertretung gegenüber Staat, Parteien und Öffentlichkeit. Er umfasst die selbständigen Diözesanverbände und zählt heute ca. 60.000 Familien als Mitglieder. Der K. F. ist u. a. Mitgl. des familienpolit. Beirats des Sozialministeriums, des Elternbeirats des Bildungsministeriums und der Föderation Kath. Familienverbände Europas. Tätigkeit: Öffentlichkeits- und Bildungsarbeit, parlamentar. Beratung, Tagesmütter, Familienerholungsaktion u. a. m.

Publikationen: „Ehe und Familie" als zentrales Nachrichtenblatt (alle 2 Monate); Schriftenreihe „Brennpunkt Familie".

Literatur: R. Baumgartner (Red.), 50 Jahre K. F. Ö., 2003.

Karl Farkas. Foto, 1958.

FAMLER, Walter, * 30. 4. 1958 Bad Hall (OÖ.), Publizist. Seit Anfang der 90er Jahre als Redakteur bei der 1969 von P. → Henisch und H. → Zenker gegr. Literatur-Ztschr. → „Wespennest"; 1992 Gründer des Wespennest-Literaturverlags, seit 1996 Hg. der Ztschr.; seit 2002 Gen.-Sekr. des „Kunstvereins Wien Alte Schmiede".

FANTI, Gaetano, * 1687 Bologna (I), † 27. 9. 1759 Wien, Maler. 1715 von Prinz → Eugen nach Wien berufen; war als Maler von Scheinarchitekturen (Quadraturmalerei) zusammen mit Figurenmalern wie M. → Altomonte, J. M. → Rottmayr und P. → Troger an bed. Freskenausstattungen beteiligt, womit ihm in der Entwicklung der Deckenmalerei des ö. Barock eine bed. Rolle zukommt.

Werke: Wien: Unteres und Oberes Belvedere, Karlskirche; NÖ: Stift Melk, Klosterneuburg; Sbg.: Schloss Mirabell u. a.

Literatur: U. Knall-Brskovsky, Italienische Quadraturisten in Ö., 1984.

FARBBUCH, im diplomat. Sprachgebrauch von der Farbe des Umschlages hergeleitete Bezeichnung für amtl. Dokumentensammlungen. Ö.-Ungarn bediente sich des Rotbuches, die 2. Republik gab 1946 ein „Rotweiß-rot-Buch, Dokumente und Nachweisungen zur Vorgeschichte und Geschichte der Okkupation Ö." heraus.

FÄRBER, Heinrich, * 22. 9. 1864 Neu-Sandec (Novy Sacz, PL), † 15. 12. 1941 Lodz (PL), Nationalökonom, zunächst Goldschmied. Gründer der ergokratischen Wirtschaftslehre, in der er eine Lösung von akuten wirt.-polit. Fragen seiner Zeit suchte („Brechung der Bankherrschaft", „Automatische Steuer", Verbot von Inflation, staatl. Hoheitsrecht an der Gelderzeugung). Durch Gründung von Vereinen sowie rege Vortrags- und publizist. Tätigkeit verbreitete er seine Ideen, die auch von prominenten Fachleuten anerkannt wurden. F. wurde am 19. 10. 1941 ins Ghetto von Lodz deportiert. Nach dem 2. Weltkrieg ging das Wissen um seine Lehre unter scheinbar veränderten Bedingungen weitgehend verloren.

Werke: Wr. Theorie der Buchhaltung oder Die Buchungseinheit, 1917; Das Geldproblem als Grundlage zur Sanierung der Weltwirt., 1922; Kritik der Volkswirtschaftslehre, 1923; Das ergokrat. Manifest, 1930; Menetekel, 3 Bde., 1935–37; Das ergokrat. Evangelium, ca. 1940.

Literatur: K. Mocnik, Leben und Werk des ö. Nationalökonomen H. F. (1864–1941), 1997.

FARGA, Franz, * 10. 10. 1873 Budweis (České Budějovice, CZ), † 11. 8. 1950 Wien, Musikschriftsteller und Journalist. Arbeitete ab 1904 zuerst in Paris für mehrere dt.-sprach. Blätter, ab 1914 in Genf (Berichterstatter für den Völkerbund); ab 1923 in Wien als Journalist, Musikschriftsteller und Übersetzer.

Werke: Die Wr. Oper, 1947. – Biographien über H. Berlioz, L. van Beethoven, A. Bruckner, C. W. Gluck, J. Haydn, J. Lanner, J. Strauß, W. A. Mozart, F. Schubert, N. Paganini. – Romane: Das ewige Wunder, 1933; Salieri und Mozart, 1937.

FARKAS, Karl, * 28. 10. 1893 Wien, † 16. 5. 1971 ebd., Kabarettist, Schauspieler, Regisseur, Schriftsteller. Ab 1920 an der „Neuen Wr. Bühne", dann am Wr. Kabarett „Simplicissimus", wo er mit F. → Grünbaum die Doppelconférence entwickelte; 1926 übernahm F. gem. mit Grünbaum die Leitung des Wr. Stadttheaters, 1927 die des „Moulin Rouge" und des „Simpl", das er mit einer Unterbrechung von 1938–50 (1938–46 Emigration) bis zu seinem Tod leitete; F. prägte das → „Simpl" als Unterhaltungskabarett (Doppelconférencen mit E. → Waldbrunn). Regelmäßige Rundfunk- und Fernsehtätigkeit (1957–62 „Bilanz des Monats", „Bilanz der Saison", „Bilanz des Jahres").

Weitere Werke: Lustspiele, Operettenbücher, Revuen, Kabarettszenen, Gedichte.
Literatur: H. Veigl (Hg.), Ins eigene Nest. Sketches, Bilanzen, Doppelconférencen, ²1991; G. Markus, Das große Farkas-Buch, 1993.

FARNE, Pterophytina, erdgeschichtlich altertüml. Pflanzengruppe mit urtüml. Fortpflanzungsweise, bei der weder Blüten noch Samen hervorgebracht werden. In der Regel werden auf der Unterseite der meist gefiederten Laubblätter die mikroskopisch kleinen einzelligen Sporen gebildet, die zu kleinen Prothallien mit den Geschlechtsorganen auskeimen. Bei genügend Feuchtigkeit wandern die Spermien durch den Wasserfilm zu den Eizellen und befruchten sie. Daraus entwickeln sich die F.-Pflanzen.
In Ö. gibt es 54 Arten, die zu 18 Gattungen und 9 Familien gehören. Die bekanntesten sind Echter Wurmfarn (Männerfarn/Dryopteris filix-mas, ein ehem. Anthelminthicum (Arznei gegen Eingeweidewürmer), und Adlerfarn/Pteridium aquilinum), beide sind Waldpflanzen. Die häufigsten F. sind Frauenfarn/Athyrium filix-femina und Tüpfelfarn/Polypodium vulgare, ebenfalls in Wäldern, sowie Mauer-Streifenfarn oder Mauerraute/Asplenium ruta-muraria; zu den seltensten zählen einige Rautenfarn-Arten (Gattung Botrychium, Verwandte der Mondraute) und der nur auf Serpentingestein (→ Serpentinstandorte) wachsende Pelzfarn/Notholaena marantae; der größte ist der in Bergschluchtwäldern wachsende, über 1,5 m Höhe erreichende Straußenfarn/Matteucia struthiopteris; zu den kleinsten zählen einige Streifenfarn-/Asplenium-Arten und die 3 durchwegs seltenen, auf Felswänden der Gebirge wachsenden Wimperfarn-/Woodsia-Arten, die nur wenige Zentimeter groß werden. Unter Naturschutz steht die eigentümliche, in feuchten Schluchten vorkommende Hirschzunge/Asplenium (Phyllitis) scolopendrium, die wegen ihrer für einen F. ungewöhnlichen nicht gefiederten, zungenförmigen Blätter früher als Zauberpflanze angesehen worden ist. Zu den F.-Verwandten oder Farnpflanzen im weitesten Sinn gehören auch Schachtelhalm/Equisetum (in Ö. 9 Arten) sowie Bärlappgewächse/Lycopodiaceae und Moosfarngewächse/Selaginellaceae mit in Ö. 10 bzw. 2 Arten.
Literatur: K. U. Kramer u. a., F. und F.-Verwandte, 1995.

FARNLEITNER, Johann, * 5. 4. 1939 Weikersdorf a. Steinfeld (NÖ.), Jurist und Politiker (ÖVP). Ab 1964 für die Handels- bzw. Wirtschaftskammer tätig, ab 1978 Leiter der rechts- und gewerbepolit. Abt., ab 1982 Leiter der wirt.-polit. Abt., 1992–96 stellv. Gen.-Sekr. der Wirtschaftskammer Ö.; 1996–2000 BMin. f. wirt. Angelegenheiten; seit 2002 Mitgl. des EU-Konvents.
Werk: Reformfreude lohnt sich. Verantwortung für Ö., 2003.

FASCHINAJOCH, Vbg., 1486 m, Pass zw. Fontanella im Großen Walsertal und Damüls im Bregenzerwald; Hotelanlagen mit Sommer- und Winterbetrieb; Skilifte.

Fasching: Im Ballsaal. Farblithographie, um 1905.

FASCHING, in W-Ö. Fas(t)nacht, die Zeit zw. Dreikönig und dem Beginn der Fastenzeit am → Aschermittwoch. Musik, Tanz, Maskentreiben und -umzüge, Narrenfreiheit, Geschlechtertausch, Rügegerichte, „verkehrte Welt" und eine allg. Lebensfreude bestimmen den F., der in der letzten Woche, beginnend mit dem „foasten" oder „unsinnigen" Donnerstag, seinem Höhepunkt zustrebt, den er in den „3 hl. Faschingstagen" (Sonntag bis Dienstag vor dem Aschermittwoch) erreicht. Der F.-Brauch enthält Elemente alter bäuerl. Kultur, höfischer Kostümfeste und spät-ma. bzw. frühneuzeitl. Narrenfeste der Handwerker und Zünfte.
Trotz der Tendenz zur Vereinheitlichung in den letzten Jahren, beeinflusst durch die Formen des rhein. Karnevals (F.-Gilden, Prinzenpaare, Umzüge und Sitzungen mit kabarettartigen Darbietungen) und des „Villacher F.", finden sich in Ö. noch regionale Sonderformen, wie das → Blochziehen im südöstl. Ö., das F.-Rennen und Bärenjagen im steir. Murtal, der Ebenseer „Fetzen-F.", der Ausseer F. mit den charakterist. Maskentypen „Pless", „Trommelweiber" und „Flinserl", der F. der Vereinigten in Tamsweg oder der mit einem Tanzfest sowie scherzhaften Rügen verbundene → Rudenkirtag in Sierning bei Steyr. Populär sind die in einem Abstand von mehreren Jahren stattfindenden großen Umzüge der Ti. Fasnacht, benannt nach typischen (aber keineswegs allein auftretenden) Maskengruppen; dazu zählen → „Schleicherlaufen" in Telfs, → „Schemenlaufen" in Imst, „Schellerlaufen" in Nassereith, „Muller-" bzw. „Huttlerlaufen" in Thaur und „Wampelerreiten" in Axams. Der städtische und bes. der Wr. F. sind v. a. durch Ballveranstaltungen geprägt. Den Abschluss findet der F. fallweise mit einem spontanen oder organisierten „F.-Begraben" (eines „Stellvertreters"), einem „F.-Verbrennen" (Strohpuppe) oder einer „Geldbeutelwäsche" am Aschermittwoch. In Teilen von Ti. und Vbg. wird der F. erst am „Funkensonntag" (1. Sonntag in der Fastenzeit, auch „Holepfannsonntag" oder „Scheibensonntag" genannt) beendet, wobei Holzstöße entzündet, eine Puppe („Hex") verbrannt und brennende Holzscheiben mit Stangen talwärts geschleudert werden (→ Scheibenschlagen).
Literatur: A. Dörrer, Ti. Fasnacht, 1949; F. Grieshofer, F.-Brauchtum, in: Ö. Volkskundeatlas, 5. Lfg., 1974. – O. Bockhorn, Umzug der „Markter Trommelweiber" in Bad Aussee, 1977; H. Fielhauer, Die „Pleß", 1977 (beides wiss. Filme des ÖWF).

Fasching: Fetzenfasching in Ebensee, OÖ.

FASCHISMUS, zunächst Eigenbezeichnung der polit. Bewegung, die in Italien unter B. Mussolini ab 1922 ein diktator. Regime errichtete, später für alle antidemokrat. und antimarxist. Herrschaftssysteme und Ideolo-

Faschismus: K. Schuschnigg bei B. Mussolini. Foto, um 1935.

gien nach dem 1. Weltkrieg verwendet, auch für den Nat.-Soz. Charakterisiert wurde der F. (nach Ländern verschieden) durch nationalistische, militaristisch ausgerichtete Diktaturen, die Gewalt zur Durchsetzung ihrer Ziele anwendeten und die Demokratie mit ihren Ideen und Institutionen (Rechtsstaat, Pluralismus, Toleranz, Bürgerrechte, Mehrparteienparlament) ausschalteten. Der italien. F. beeinflusste ideologisch Teile der → Heimwehr, politisch seit April 1933 die Bestrebungen von Bundeskanzler E. Dollfuß zur Ausschaltung der Demokratie (→ Austrofaschismus) sowie die ö. Außenpolitik der darauf folgenden Jahre (Röm. Protokolle vom 17. 3. 1934, Zusatzprotokoll vom 23. 3. 1936, Nichtbeteiligung Ö. an Völkerbundsanktionen vom 9. 10. 1935 wegen des Abessinienfeldzugs).
Literatur: F. L. Carsten, F. in Ö., 1978; P. Dusek u. a. (Hg.), F.-Theorien, Fallstudien, Unterrichtsmodelle, 1980.

Fasnacht, siehe → Fasching.

Fass, altes Flüssigkeitsmaß. Das Eimer-F. (1 Eimer = 56 l), das Halbeimer-F. und das steir. „Statin" (mit 600 l) sind typische alt-ö. „Gebinde" (Fässer). Neben dem Weinmaß (1 F. = 10 Eimer = 40 Maß = 565,89 l) gibt es das Biermaß (1 F. = 2 Eimer = 113,18 l).
Die F.-Größen sind in Ö. länderweise verschieden; es gibt neben den Hektofässern (1–10 hl) größere Lagerfässer mit 15–20 hl und sehr große Lagerfässer mit 50–100 hl und mehr, die nur noch selten zu finden sind; heute ist das F. meist durch Stahl- und Kunststofftanks oder Zisternen ersetzt.

Fassbaender, Brigitte, * 3. 7. 1939 Berlin (D), Kammersängerin (Mezzosopran). Wurde durch ihren Vater ausgebildet, sang ab 1973 bei den Sbg. Festspielen und häufig an der Wr. Staatsoper, auch bed. Liedsängerin; beendete 1995 ihre Gesangskarriere und widmete sich zunehmend der Opernregie; seit 1999 Intendantin des Ti. Landestheaters in Innsbruck.
Literatur: W.-E. v. Lewinski, B. F., Interviews, Tatsachen, Meinungen, 1999.

Brigitte Fassbaender. Foto.

Fasselrutschen, siehe → Leopoldi.

Fasslabend, Werner, * 5. 3. 1944 Marchegg (NÖ.), Jurist und Politiker (ÖVP). Ab 1971 bei Henkel-Persil. 1987–90, 1994, 1996 und seit 1999 Abg. z. NR, 2000–02 Dritter Präs. des NR; 1990–2000 BMin. für Landesverteidigung. 1997–2003 Bundesobmann des ÖAAB.

Fast, Franziska, * 18. 5. 1925 Wien, † 19. 10. 2003 ebd., Emailliererin und Politikerin (SPÖ). 1979–83 Staatssekr. im BM f. soz. Verwaltung, 1983 Abg. z. NR, 1985–89 Volksanwältin, 1992–2003 Vorsitzende der Volkshilfe Wien.

Fastentücher (auch Hungertücher), Vorhänge, die in der vorösterl. Fastenzeit den Altar verhüllen (seit dem 10. Jh. nachgewiesen), als symbol. Ausdruck der Trennung der büßenden Sünder von der Kirche interpretiert. Gemalte F. fanden bes. in den ö. Alpenländern Verbreitung, in Deutschland wurden bestickte F. bevorzugt. Eines der künstlerisch wertvollsten F. in Ö. stellt das von Konrad v. Friesach geschaffene Gurker F. (1458) dar, gleichzeitig ist es das größte und älteste von 9 in Kä. vollständig erhaltenen F. Auch das im Museum für Volkskunde in Wien aufbewahrte F. (um 1640) stammt vermutlich aus Kä. Mit der Zeit der Aufklärung endete die Herstellung kunstvoller F. Im 20. Jh. wurde die Tradition durch moderne F. wieder aufgenommen (z. B. Maria Saal).
Literatur: A. Huber (Hg.), 400 Jahre Millstätter Fastentuch, 1993 (Tagungsbericht); O. Stary u. W. van der Kallen, Das F. im Dom zu Gurk, 1994.

Fastentücher: Millstätter Fastentuch am Hochaltar der Stiftskirche Millstatt, Kä.

Fastenzeit, im kath.-liturg. Leben die 40-tägige vorösterl. Zeit von Aschermittwoch bis Karsamstag. Zur F. gehören Fastenpredigten, Kreuzwegandachten, das Verhängen der Altarbilder oder Kruzifixe mit Fastentüchern sowie die Verlesung des Fastenhirtenbriefs des Diözesanbischofs. Im Volksbrauchtum ist die F. wie der Advent eine „geschlossene Zeit" ohne Tanzveranstaltungen und große Hochzeiten.

Fastnacht, siehe → Fasching.

Fastnachtsspiele, volkstüml. dramat. Schwänke zur Faschingszeit (Fastnacht), die sich ausgehend von Nürnberg im späten 15. und 16. Jh. im gesamten dt. Sprachraum verbreiteten. Die frühen F. zeichneten sich durch einen bes. derben, spöttischen Witz über Vorgänge aus dem tägl. Leben (Ehe, Gericht usw.) aus; später wurden die Stoffe allgemeiner und behandelten auch polit., relig. und literar. Themen.
Literatur: A. Dörrer, Ti. Fasnacht, 1949.

Fasultal, Ti., Tal in der Verwallgruppe, südlich des Arlbergs; zw. den Gipfeln Patteriol (3056 m) und Küchenspitze (3147 m) gelegen. Das F. wird vom Fasulbach, der im Schottensee (2472 m) entspringt, durchflossen.

Fatty George (eigentl. Franz Georg Pressler), * 24. 4. 1927 Wien, † 29. 3. 1982 ebd., Jazzmusiker. Wurde nach dem Krieg mit seiner Two-sound-Band über die Offiziersclubs der Besatzungsmächte bekannt, eröffnete 1952 das erste Jazz-Casino in Innsbruck; 1954 erste Schallplattenaufnahmen, ab 1958 eig. Lokal in Wien („Fatty's Saloon"), ab 1977 eig. TV-Sendung („Fatty live").

Fatty George (Klarinette) und Friedrich Gulda (Piano) in Fatty's Saloon. Foto, um 1960.

FAUNA (Tierwelt): Die mitteleurop. F. ist in Ö. mit 626 Wirbeltierarten (110 Säugetier-, 417 Vogel-, 16 Reptilien-, 21 Amphibien- und 60 Fischarten sowie 2 Rundmäuler), etwa 36.000 Insektenarten (darunter ca. 7500 Käfer- und 4000 Schmetterlingsarten) sowie einigen 1000 sonstigen wirbellosen Tierarten (darunter ca. 500 Krusten- und 435 Weichtiere) vertreten.
Im Hochgebirge leben Alpentiere (→ alpine Fauna). Eine Besonderheit der ö. F. ist der → Braunbär. Von den südl. Formen der F. gibt es in Ö. → Felsenschwalben, Mauer- und Smaragdeidechsen, die bis über 2 m lange Äskulapnatter und die Würfelnatter, Holzbienen, Bergzikaden und Admiralfalter. Im O findet sich die F. des pannon. Klimagebiets. → Amphibien, → Reptilien, → Fische.
Durch die fortschreitende Umwandlung der Natur- in Kulturlandschaft (Verkehrserschließung des Hochgebirges, Trockenlegung von Sümpfen, Vordringen der Ind. usw.) wächst die Zahl der → gefährdeten Tierarten. In den letzten Jahren verschwanden aus Ö. 6 Brutvogelarten: Seeadler (erfolgreiche Wiederansiedlungsversuche durch das Seeadlerprojekt des WWF seit 2000), Lach-, Zwerg-, Trauer-Seeschwalbe, Kampfläufer und → Löffler, nachdem bereits im 19. Jh. 5 Vogelarten Ö. als Brutstätte gemieden hatten (Sichler, Fischadler, Zwergtrappe, Teichwasserläufer und Stelzenläufer; einzelne Brutversuche von Sichler und Stelzenläufer in jüngster Zeit). Andererseits wandern Tierarten nach Ö. zu, so z. B.: → Reblaus (1872 aus den USA eingeschleppt), Bisamratte (1911 von N kommend), Türkentaube (1938 aus Ungarn) und Waschbär.
Literatur: Catalogus Faunae Austriae, 1947 ff.

FAUNENGEBIETE: Dank seiner geograph. Lage gehört Ö. tiergeographisch zu den abwechslungsreichsten Staaten Europas. Es hat Anteil an mehreren F.: pontische Fauna (im nördl. Bgld. mit Neusiedler See sowie Wr. Becken), → alpine Fauna, mediterrane Fauna (u. a. Mauereidechse und Felsenschwalbe als Faunenelemente), baltische Fauna (gesamtes Areal Ö. mit Ausnahme der von pontischen und alpinen Tieren besiedelten Gebiete).

FAUSTBALLSPORT: Seit der frühen Neuzeit existierte das ital. „Pallone"-Spiel als Vorläufer des F. in Ö.; die moderne, aus Bayern stammende Form wird seit den 90er Jahren des 19. Jh. in Ö. gespielt (bes. in Turnvereinen). Der F. wird von Männern und Frauen ausgeübt, hat aber nur geringe internat. Verbreitung. Seit 1993 besteht der Ö. Faustball-Bund (ÖFBB, zuvor im Rahmen des Ö. Handballbundes organisiert) mit insges. 175 Vereinen und 6372 Mitgl. (Stand 2003). Ö. ist im F. international sehr erfolgreich: seit 1968 4-mal Vizeweltmeister bei den Herren und einmal bei den Damen (1994) sowie 2002 Europameister bei den Herren.
Publikation: Faustballzeitung, 1993–2001.

FAUSTKEIL, Steinwerkzeug des Alt- und Mittelpaläolithikums.

FAUSTRECHT, in der Rechtssprache des 16. Jh. Bezeichnung für Selbsthilfe, Selbstverteidigung und die darauf gesetzte Strafe, im hist. Bereich Synonym für → Fehde.

FAVIANIS, ein in der Notitia Dignitatum erwähntes spätantikes Kastell, Standort einer Abteilung einer Legion (Liburnarii der legio I Noricorum). In der Vita Severini als Zentrum des Wirkens des hl. → Severin, der hier 482 gestorben ist, mit einer Klostergemeinschaft genannt; das heutige → Mautern an der Donau.

FAVORITA, ehem. Lustschloss in Wien 4, später verändert zum heutigen → Theresianum, 1623 erbaut, war Residenz von 3 Kaiserinnen: Maria Anna und Eleonore (1. und 2. Gemahlin von Ferdinand II.) und Eleonore (3. Gattin von Ferdinand III.), 1683 größtenteils zerstört, 1687–90 durch L. Burnacini neu erbaut; dann Schauplatz prunkvoller Hoffeste, Theateraufführungen und Tierhetzen. Nachdem darin Ks. Karl VI., der Vater von Maria Theresia, gestorben war, verlegte diese den kaiserl. Sommeraufenthalt nach Schönbrunn. 1746 richteten die Jesuiten im Schloss eine Schule ein, die Maria Theresia 1749 in die Theresian. Ritterakad. umwandelte.

Favorita. Kupferstich von S. Kleiner, 1725.

FAVORITEN, 10. Gem.-Bez. von Wien, 3C,49 km², 150.636 Ew. (2001), der mit Abstand bevölkerungsstärkste Wr. Bez., 1874 von der Wieden (4. Bez.) getrennt und zu einem eig. Bez. erhoben; 1890 durch Teile von Inzersdorf, Ober- und Unterlaa bis zur Verbindungsbahn erweitert. Umfasst den Laaer Berg und den Wienerberg, bis 1938 auch das Arsenal; 1954 kamen Rothneusiedl und die Ortskerne von Oberlaa und Unterlaa (zusammen 9,79 km²) dazu. – Name nach dem Schloss → Favorita. Die Entwicklung zum Arbeiter- und Ind.-Bez. begann in der 2. Hälfte des 19. Jh.; damals war F. stark von tschech. Zuwanderern durchsetzt, heute hoher Bevölkerungsanteil mit türk. und serbokroat. Umgangssprache im dicht bebauten Gebiet.
Süd- mit Ostbahnof (urspr. eig. Gebäude und „Raaberbahn"), Frachtenbahnhof Matzleinsdcrf, Ks.-Franz-Joseph-Spital, Arbeiterheim F. (1901/02), Starhemberg-Kaserne (1911/12 als Franz-Ferdinand-Kaserne err., später Trostkaserne), VHS (seit 1952), Päd-Ak (1968). – Amalienbad (1926), Sommerbad Laaer-

berg (1959). Großflächige Freizeit- und Erholungsgebiete: Erholungspark Laaer Berg (WIG-Gelände 1974) mit Kurzentrum Oberlaa (1974), Laaer Wald (Böhm. Prater), Wienerberg-West, Naturschutzgebiet Wienerberg-Ost, Goldberg, Heubergstätten. Siedlungen und Wohnhausanlagen der Gem. Wien: Viktor-Adler-Hof (1923), Pernerstorferhof (1925/26), Jean-Jaurès-Hof (1925/26), George-Washington-Hof (1927–30), Per-Albin-Hansson-Siedlung-West (1947–55), -Nord (1964–71) und -Ost sowie Hanssonzentrum (1966–77), Karl-Wrba-Hof (1979–83). Stadtentwicklungsgebiet Wienerberg-Ost.

Oberlaaer Pfarrkirche (1744–46), Laaerberger Kirche (1984–86), Salvatorkirche am Wienerfeld (1977–79); Waldmüllerpark mit alten Grabmälern (18.–19. Jh.) anstelle des ehem. Kath. Friedhof Matzleinsdorf; Heimatmuseum (1927 gegr.); Alter Evang. Friedhof Matzleinsdorf (mit Grab von F. Hebbel); → Spinnerin am Kreuz (1375, 1451/52). – S-Bahn, O-Bahn; Südosttangente.

Zahlr. Ind.-, Gewerbe- und Handelsbetriebe, u. a. Brotfabrik der → Ankerbrot AG, Philips-Haus, Computer-Center (Österreichische → Philips Industrie GmbH), → Wienerberger Baustoffindustrie AG, → ASEA-Brown Boveri, Ö.-Zentrale von Coca Cola; Wasserturm und Reservoirs; AUA-Verwaltung; Business Park Vienna an der Wienerbergstraße; Hochhaus der Porr AG.
Literatur: H. Tschulik, F., Wr. Bezirkskulturführer, 1985; F. Czeike, Hist. Lexikon Wien, 5 Bde., 1992–97.

FEBRONIANISMUS, 1763 durch J. Febronius ausgelöste Bewegung (bis 1806) in der kath. Kirche, in der auch ö. Bischöfe für eine selbständigere Stellung gegenüber dem Papst und für eine Nationalkirche eintraten.

Februarkämpfe: Einsatz des Bundesheeres im Schlingerhof in Wien 21 am 12. Februar 1934. Foto.

FEBRUARKÄMPFE 1934: Die Gegensätze zw. Soz.-Dem. und → Republikanischem Schutzbund (1933 verboten) einerseits und Christl.-Soz. und → Heimwehr bzw. der Regierung andererseits (→ Erste Republik) führten in den Februartagen (12.–15. 2.) 1934 zum Bürgerkrieg. Die F. brachen aus, als soz.-dem. Schutzbündler unter R. → Bernaschek einer Waffensuchaktion der Heimwehr (als Hilfspolizei) im Linzer soz.-dem. Parteiheim („Hotel Schiff") bewaffneten Widerstand leisteten. Vorangegangen waren die wiederholte Aufforderung B. Mussolinis an Bundeskanzler E. → Dollfuß, den Marxismus zu bekämpfen, die Absetzung der Leitung der Arbeiterkammer sowie die Verhaftung namhafter Schutzbündler (u. a. Major A. → Eifler und Hauptmann R. Löw).

Dem Kampf in Linz folgten Aufstände in Wien und anderen Ind.-Orten (Steyr, St. Pölten, Weiz, Eggenberg b. Graz, Kapfenberg, Bruck a. d. Mur, Wörgl usw.). Zentren des mit Artillerieeinsatz niedergekämpften Widerstands in Wien waren Arbeiterheime und Gemeindebauten (Karl-Marx-Hof, Goethe-, Sandleiten-, Reumannhof u. a.), bes. in Floridsdorf (z. B. Schlingerhof). Die unorganisierte Aufstandsbewegung scheiterte hauptsächlich daran, dass der von der Soz.-dem. Partei ausgerufene Generalstreik nicht durchgeführt wurde. Die Kämpfe forderten unter den Schutzbündlern fast 200 Tote und mehr als 300 Verwundete, die Exekutive verzeichnete 128 Tote und 409 Verwundete. Einige Führer des Aufstands wurden hingerichtet (G. Weissel, K. → Wallisch, K. → Münichreiter u. a.), einige konnten ins Ausland fliehen (J. → Deutsch, O. → Bauer, R. Bernaschek). Dem Aufstand folgte das Verbot der Soz.-dem. Partei, der Gewerkschaften, aller soz.-dem. Arbeiterorganisationen sowie der von den Soz.-Dem. geleiteten Gem.- und Landesvertretungen und die Ausrufung der → Maiverfassung 1934 bzw. des → Ständestaats.
Literatur: J. Deutsch, Der Bürgerkrieg in Ö., 1934; E. Fröschl u. H. Zoitl (Hg.), Das Jahr 1934: 12. Februar, 1975; H. Maimann u. S. Mattl (Hg.), Die Kälte des Februar. Ö. 1933–38, Ausst.-Kat., Wien 1984; H. Weninger, Die Freiheit, die WIR meinen, 1994; E. Weinzierl, Der Februar 1934 und die Folgen für Ö., 1995.

FEBRUARPATENT, eine von Staatsminister A. v. → Schmerling ausgearbeitete und am 26. 2. 1861 durch Ks. Franz Joseph erlassene Verfassung für den gesamten ö. Kaiserstaat, womit das → Oktoberdiplom vom 20. 10. 1860 abgeändert und die Grundlage für die konstitutionelle Regierungsform gelegt wurde. Das F. teilte die Legislative (1. Krone und 2 Kammern des Reichsrats. Die Wahl der Mitgl. des Abgeordnetenhauses sollte durch die Landtage erfolgen, für die Landesordnungen erlassen wurden. Das F. wurde von Ungarn und zeitw. auch von Galizien als zu zentralistisch abgelehnt, war daher nicht voll wirksam und wurde am 20. 9. 1865 sistiert. Später wurde es Grundlage für die Verfassung der westl. Reichshälfte von 1867.

Februarpatent: Samteinband mit dem Siegel Kaiser Franz Josephs I. Urkunde vom 26. Februar 1861 (Haus-, Hof- und Staatsarchiv, Wien).

FECHTSPORT: Dem modernen F. mit Florett, Degen und Säbel ging eine Entwicklung als Übung für den Ernstfall (Krieg, gerichtl. Zweikampf, Duell) bei Adel und Bürgertum voraus. Eine erste zunftmäßige Organisation der Fechter wurde 1487 unter Ks. Friedrich III. geschaffen. Die eigentl. Fechtkunst entwickelte sich erst, nachdem das Fechten seine kriegerische Bedeutung verloren hatte. In Wien erschien 1516 das erste gedruckte Fechtwerk (A. Paurnfeindt). Die Tradition des Fechtens wurde in der Folge von Adel, Offizieren, Kavallerie und Studenten (Mensurfechten) aufrechterhalten. Aus der landschaftl. Institution der Fechtmeisters entstand als erster ö. Verein 1876 der Stmk. Landesfechtklub. Wichtige Impulse kamen mehrfach aus dem militär. Bereich (ab 1852 Militär-Zentral-Fechtschule, ab 1881 k. u. k. Militär-Fecht- und Turnlehrerkurs in Wr. Neustadt). Um 1900 wurde die neue ital. Florett- und Säbeltechnik übernommen (L. Barbasetti). Die 1904 gegr. Akad. der Fechtkunst vereinigte zunächst Fechtmeister und Amateure. 1929 kam es zur Trennung in einen Fechtmeisterverband und einen Ö. Fechtverband der Amateure; dieser umfasst 51 Vereine mit 1506 Mitgl. (Stand 2003).

Seit den 80er Jahren des 19. Jh. entwickelten sich auch Ansätze zu einem weibl. F.; 1932 errang Ellen → Mül-

ler-Preis die Goldmedaille im Florett. Weitere ö. Erfolge: Josef Losert (Weltmeister 1963, Degen), Michael Ludwig (Europameister 1992, Florett), Joachim Wendt (Europameister 1993, Florett), Elisabeth Knechtl (Weltcup 1993, Degen), Christoph Marik (Weltcup 2002 und 2003, Degen).
Literatur: F. Chrudimak, Vom Duell zum Sport, Bd. 1, 1987; M. Wenusch, Geschichte des Wr. F. im 19. und 20. Jh., 1996.

FEDERHOFER, Hellmut, * 6. 8. 1911 Graz (Stmk.), Musikwissenschaftler. Ab 1951 Univ.-Prof. in Graz, 1962–79 Vorstand des musikwiss. Inst. der Univ. Mainz; widmet sich bes. dem Werk H. → Schenkers und dessen Musiktheorie sowie J. J. → Fux (Hg. der Fux-Gesamtausgabe).
Werke: Neue Musik. Ein Literaturbericht, 1977; Akkord und Stimmführung ..., 1981; H. Schenker, 1985; Musik und Geschichte, 1996.
Literatur: Festschrift H. F., 1988.

FEDERKOPFSCHMUCK, aztekischer: eines der wertvollsten Objekte des Mus. f. Völkerkunde in Wien, bestehend aus mehr als 450 langen Schwanzfedern des Quetzal sowie kleineren Federn von Cotinga, Piaya, Löffelreiher und Eisvogel. Bereits in der Smlg. des Grafen Ulrich von Montfort nachweisbar, wurde der F. um 1590 durch Erzhzg. Ferdinand II. von Tirol für die Smlg. von Schloss Ambras erworben, von der sie in das Wr. Naturhist. Museum und 1928 an das Mus. f. Völkerkunde in Wien gelangte. Häufig irrtümlich als Federkrone des Moctezuma bezeichnet, war der F. vielmehr Teil einer rituellen Priesterkleidung, die die Verwandlung des Priesters in einen Gott symbolisierte. Obwohl Dutzende ähnliche Objekte im 16. Jh. nach Europa gelangten, hat sich einzig der F. des Mus. f. Völkerkunde bis heute erhalten.

FEDERMANN, Reinhard (Pseud.: Randolph Mills), * 12. 2. 1923 Wien, † 29. 1. 1976 ebd., Schriftsteller und Journalist, Übersetzer und Hg. von Anthologien. Autor von Abenteuer- und Kriminalgeschichten (oft mit M. → Dor) sowie hist. Romanen. 1972–75 Hg. der Literatur-Ztschr. „Die Pestsäule".
Werke: Romane: Das Himmelreich der Lügner, 1959; Popen und Bojaren, 1963; Herr Felix Austria und seine Wohltäter, 1970; Barrikaden, 1973; Chronik einer Nacht, 1988. – Hörspiele, Features, Dramen.
Literatur: M. Dor (Hg.), Die Pestsäule. In memoriam R. F., 1977.

FEDERN, Joseph Salomon, * 20. 11. 1831 Prag (CZ), † 9. 11. 1920 Wien, Internist; Vater von Paul → Federn. Schüler von C. Frh. v. → Rokitansky; erkannte den Wert der Blutdruckmessung für die Innere Medizin.
Werk: Blutdruck und Darmatonie, 1894.
Literatur: E. Freund, J. S. F., Nekrolog, in: Wr. klin. Wochenschriften 33, 1920; NDB.

FEDERN, Paul, * 13. 10. 1871 Wien, † 4. 5. 1950 New York (USA; Selbstmord), Arzt, Psychoanalytiker; Sohn von Joseph Salomon → Federn. Freund und Schüler von S. → Freud; ab 1831 Mit-Hg. der Ztschr. für Psychoanalyt. Pädagogik; emigrierte 1938 nach New York, wo er großes wiss. Ansehen errang.
Werke: Zur Psychologie der Revolution, 1919; Ego Psychology and the Psychoses, 1952 (Ich-Psychologie und die Psychosen, 1956).

FEHDE, im MA Privatkrieg zw. Einzelpersonen, Sippen oder Familien zur Durchsetzung von Rechtsansprüchen. Im Spät-MA nahmen sie großes Ausmaß an, so sandten 1440 ö. Adelige Friedrich III. Fehdebriefe. Seit dem 1495 von Kg. Maximilian I. erlassenen Ewigen Landfrieden war das F.-Wesen verboten und wurde kriminalisiert. Durch das Strafrecht wurde es endgültig überwunden.

FEHRER, Ernst, * 24. 3. 1919 Linz (OÖ.), † 1. 12. 2000 ebd., Erfinder und Industrieller. Gründete 1953 die Textilmaschinenfabrik Dr. Ernst Fehrer AG in Leonding (OÖ.) zur Produktion von Hochleistungsnadelfilzmaschinen, Vliesmaschinen und Wirrvlieskarden sowie DREF-Friktionsspinnmaschinen. Über 1200 Patente.

FEHRING, Stmk., FB, Stadt, 272 m, 3169 Ew., 29,61 km², Ind.- und Gewerbeort sowie kleiner Verkehrsknoten an der Raab, östl. von Feldbach, nahe der bgld. und der slowen. Grenze. – Hadik-Kaserne, Sporthalle. Mehr als die Hälfte der Beschäftigten (2001) im Produktionssektor: Elektronik- (Leiterplatten), Baustoff- und Möbelind., Betonwerk; Wirt.-Park Grüne Lagune (Gewerbebetriebe). – Urk. 1265, 1945 stark zerstört, Stadt seit 1962; barocke Pfarrkirche (1716–23; Wiederaufbau nach 1945) mit got. Chorkapelle, rund um die Kirche ehem. Wehranlagen, Tabor (1615, um 1870 ausgestaltet) und Rundturm (15. Jh.), Schloss Stein (in Petzelsdorf, 2. Hälfte 19. Jh.) mit landw. FachS.

FEICHTLBAUER, Hubert, * 7. 2. 1932 Oberneukirchen a. Inn (OÖ.), Journalist. 1960–65 „Linzer Volksblatt", 1965–70 „Salzburger Nachrichten", 1970–72 „Wochenpresse", 1972–78 „Kurier", 1978–84 „Die Furche", 1984–92 Pressechef der Bundeswirtschaftskammer, 1993–95 Gen.-Sekr. der Ö. Liga für die Vereinten Nationen. 1979–91 Vorsitzender des Verbands der kath. Publizisten Ö.
Werke: Der Aufstand der Lämmer, 1995; Zerbricht die Kirche?, 1999; Der Fall Ö., 2000; J. Pühringer, 2002.

FEID, Joseph, * 21. 2. 1806 Wien, † 8. 4. 1870 Weidling b. Wien, Landschaftsmaler. Besuchte zunächst die Architekturschule P. Nobiles an der Wr. Akad., wandte sich bald der Landschaftsmalerei zu und war mit F. → Gauermann befreundet. Er malte mit Vorliebe Pratermotive sowie Landschaften aus der Umgebung Wiens, dem Salzkammergut und den ö. Alpen.
Literatur: G. Frodl, Wr. Malerei der Biedermeierzeit, 1987.

FEIERSINGER, Wolfgang, * 30. 1. 1965 Saalfelden (Sbg.), Fußballspieler. 1986–96 bei → Austria Salzburg, 1996–2000 bei Borussia Dortmund; 2000/01 beim LASK, 2001/02 wieder bei Austria Salzburg. 1997 mit Borussia Dortmund Sieger in der UEFA Champions League und Weltpokalsieger. 46 Länderspiele für Ö.

FEIERTAGE, gesetzliche, in Ö.: 1. Jänner (Neujahr), 6. Jänner (Hl. 3 Könige), Ostermontag, 1. Mai (→ Erster Mai, Staatsfeiertag), Christi Himmelfahrt, Pfingstmontag, Fronleichnam, 15. August (Mariä Himmelfahrt), 26. Okt. (→ Nationalfeiertag), 1. Nov. (Allerheiligen), 8. Dez. (Mariä Empfängnis), 25. Dez. (Weihnachtstag) und 26. Dez. (Stephanitag), für Protestanten, Methodisten u. Altkatholiken auch der Karfreitag, nicht das Reformationsfest (31. Okt.). In den Bundesländern sind auch die → Landesfeiertage schulfrei bzw. gelten für bestimmte Berufsgruppen.
Nach dem Arbeitsruhe-Gesetz 1983 hat die Wochenendruhe ununterbrochen 36 Stunden zu betragen und spätestens samstags 13 Uhr zu beginnen. Zahlr. Ausnahmen bestehen z. B. für Schichtarbeit, Baustellen, Zeitungen, Gastbetriebe, Bäcker, Schauspieler u. a. Zur Erfüllung relig. Pflichten ist die notwendige Freizeit zu gewähren. An F. ist kein Parteiverkehr bei Behörden und Gericht, sie sind schulfrei. Auf F. anderer Religionen (Islam, mosaisches Bekenntnis) soll im Amtsverkehr und bei Prüfungen Rücksicht genommen werden.
Literatur: H. Floretta, K. Spielbüchler u. R. Strasser, Arbeitsrecht, 1984; G. Löschnigg u. W. Schwarz, Arbeitsrecht, ¹⁰2003.

FEIGE (Feigius), Konstantin, * Löwenberg (Schlesien), † um 1699, barocker Chronist der Türkenkriege. Be-

sang in dem Heldenepos „Adlerskraft oder Europäischer Heldenkern" (hg. 1685 in Wien) die Abwehr der Türken vor Wien 1683.
Weiteres Werk: Wunderbarer Adlerschwung, 2 Bde., 1694.

FEIGL, Helmuth, * 5. 12. 1926 Wien, Historiker. Ab 1961 am Nö. Landesarchiv, 1978–92 Dir. des Nö. Landesarchivs und des Nö. Inst. für Landeskunde; ab 1983 Univ.-Prof.
Werk: Die nö. Grundherrschaft, 1964 (²1998).
Literatur: Bibliographie in: Jb. f. Landeskunde von NÖ. 53, 1987.

FEISTMANTEL, Rudolf von, * 22. 7. 1805 Ottakring b. Wien, † 7. 2. 1871 Wien, Forstwirt. 1851–69 Leiter des ö. Forstwesens, Prof. an der Bergakad. in Schemnitz; verfasste das ö. Forstgesetz von 1852 und die bis heute in Ö. teilw. gebrauchten Waldbestandstafeln (1854).
Weiteres Werk: Die Forstwiss. nach ihrem ganzen Umfange u. mit bes. Rücksicht auf die ö. Staaten systematisch dargestellt, 4 Bde., 1835–37.

FEISTMANTL, Josef, * 23. 2. 1939 Hall i. Ti., Rodler. Mit Manfred Stengl Goldmedaille im Doppelsitzer bei den Olymp. Spielen 1964 in Innsbruck, 1967 Europameister im Doppelsitzer (mit Wilhelm Bichl), 1969 in Königssee Weltmeister im Einzel.

FEISTRITZ, Fluss in der Stmk.; 115 km lang, entspringt im Wechselgebiet in der Nähe des Stuhlecks (1782 m), fließt zw. den Fischbacher Alpen und dem Joglland nach S und verengt sich zur Freienberg- und Herbersteinklamm (Schloss Herberstein). Nördlich der Herbersteinklamm liegt der kleine Stubenbergsee. Weiter südöstlich durchquert die F. das Oststeir. Hügelland, nimmt die westlich zufließende Ilz auf und mündet südöstlich von Fürstenfeld (an der steir.-bgld. Grenze) in die Lafnitz. Die Durchflussmenge der F. betrug bei Maierhofen im Jahr 2000 6,7 m³/Sek.

FEISTRITZ AM WECHSEL, NÖ., NK, Gem., 487 m, 1081 Ew., 23,76 km², kleiner Sommerfremdenverkehrsort im W der Buckligen Welt. Spätgot. Wehrkirche: barocke Mariensäule; Burg (urk. 1136), mächtige Anlage des 17. Jh. mit Hungerturm und Burgkapelle (Glasmalerei 1557), Umbau 1815 mit romant. Schlosspark.
Literatur: K. Komarek, Geschichten und Berichte rund um die Pfarrkirche F. a. W., 1983.

FEISTRITZ AN DER DRAU, Kä., siehe → Paternion.

FEISTRITZ AN DER GAIL, Kä., VL, Gem., 570 m, 661 Ew., 19,91 km², im unteren Gailtal, an der Mündung des Feistritzbachs, an der so gen. „Karnischen Dolomitenstraße". Holzverarbeitung; Zucht von Norikerpferden. – Stattliche spätgot. Kirche (15. Jh.) mit mächtigem W-Turm (ehem. Wehrturm) und got. Wandmalereien. Brauchtum: Kufenstechen am Pfingstmontag.

FEISTRITZ BEI ANGER, Stmk., WZ, Gem., 455 m, 1115 Ew., 8,05 km², landw. Gem. im Feistritztal. Maschinenbau. – Kirche hl. Ulrich (urk. 1406, Umbau 16. Jh., Turmbau 1705 und 1926) mit Glocke von 1748; Schloss Külml (urk. 1381, Umbau ab 1688).

FEISTRITZ BEI KNITTELFELD, Stmk., KF, Gem., 647 m, 617 Ew., 9,93 km², Wohngem mit Landw. und Gewerbe an der Mündung des Feistritzbachs in die Mur. Lagerhaus. – Spätroman. Kirche mit got. und barocken Bauteilen, got. W-Turm, Stuckfelderdecken (um 1700), got. Fresken und Apostelkreuze, Rokokoaltar (18. Jh.), in der N-Kapelle spätgot. Flügelaltar (um 1525), zahlr. got. Heiligenstatuen (16. Jh.); Gewerkenschlössel (Kern 16. Jh., seit 1737 heutige Form) mit Wandmalerei, Gartenpavillon (1834).

FEISTRITZ IM ROSENTAL, Kä., KL, Markt, 549 m, 2707 Ew., 71,73 km², kleiner Ind.- und Sommerfremdenverkehrsort (65.740 Übern.) am Feistritzbach, am Fuß der mittleren Karawankenkette. – Betriebsleitung „Mittlere Drau" der Ö. Draukraftwerke AG, Laufkraftwerk F.-Ludmannsdorf (err. 1968; 360.000 MWh), Naturerlebnisdorf Rosental; rd. 2 Drittel der Beschäftigten (2001) in Gewerbe und Ind.: Batterie- und Akkumulatorenerzeugung, Baustoffwerk. – Filialkirche (um 1720) mit Schnitzgruppe, Schloss (Gößnitzerhof, urk. 15. Jh., völlig modernisiert).

FEISTRITZ OB BLEIBURG (slowen. Bistrica nad Pliberkom), Kä., VK, Gem., 550 m, 2128 Ew., 54,07 km², zweisprachige Gem. im südöstl. Teil des Jauntals, an der Grenze zu Slowenien. – Filtererzeugung (Mahle Filtersysteme GmbH, mehr als 1000 Beschäftigte); etwas Fremdenverkehr. – Wegkapelle (Mitte 19. Jh.); Ski- und Wandergebiet Petzen (2114 m) mit Pirkdorfer See.

FEKTER, Maria, * 1. 2. 1956 Attnang-Puchheim (OÖ.), Unternehmerin und Politikerin (ÖVP). 1990 und seit 1994 Abg. z. NR, 1990–94 Staatssekr. im BM f. wirt. Angelegenheiten; seit 2002 Vorsitzende der Wirt.-Kommission der Europ. Frauenunion.

FELBEN, siehe → Mitt ersill.

FELBERTAL, Sbg., almreiches südl. Seitental der Salzach im Pinzgau; vom Felber Bach (ausgezeichnete Wasserqualität) durchflossen; reicht vom Hintersee nahe dem Tauernkogel (2989 m) bis Mittersill; Felbertauerntunnel. Der Name stammt vom Ort Felben (Katastralgem. der Marktgem. Mittersill; spätgot. Kirche 1479 mit barockem Hochaltar.

FELBER TAUERN, 2481 m, Pass in den Hohen Tauern, zw. Venediger- und Glocknergruppe, verbindet Sbg. mit O-Ti. bzw. das Felber- mit dem Tauerntal; nicht befahrbar. War in der Römerzeit der am stärksten begangene Tauernübergang; ist seit Mitte der 60er Jahre in 1632 m Höhe (O-Ti.) untertunnelt und stellt den kürzesten Weg zw. Sbg. und O-Ti. her.

FELBIGER, Johann Ignaz von, * 6. 1. 1724 Glogau (Glogow, PL), † 17. 5. 1788 Pressburg (Bratislava, SK), Schulreformer, Augustiner-Chorherr (ab 1758 Abt) in Sagan. Verschaffte sich durch die Reform der kath. Schulen in Schlesien und Glatz pädagog. Ansehen, wurde 1774 von Maria Theresia nach Wien berufen und ordnete mit der → „Allgemeinen Schulordnung" das ö. Elementarschulwesen (→ Deutsche Schule, → Pfarrschule) vollständig neu. Von Joseph II. entlassen, verbrachte F. seine letzten Lebensjahre in der Propstei Pressburg.
Werke: Eigenschaften, Wiss. und Bezeigen rechtschaffener Schulleute, 1768; Methodenbuch für Lehrer der dt. Schulen, 1775; Kern des Methodenbuches, 1777.
Literatur: H. Engelbrecht, J. I. F. und die Vereinheitlichung des Primarschulwesens in Ö., ²1981.

FELBINGER, Franz, * 8. 7. 1844 Hainburg (NÖ.), † 15. 7. 1906 Trebič (CZ), Techniker, Industrieller. Errichtete 1874/75 die Rohrpostanlagen in Wien.
Literatur: ÖBL.

FELD, Friedrich (eigentl. F. Rosenfeld), * 5. 12. 1902 Wien, † 27. 12. 1987 Bexhill (GB), Kinderbuchautor. Emigrierte 1934 nach Prag, später nach England. Sein Engagement für soz. Gerechtigkeit kommt auch in seinen Kinderbüchern zum Ausdruck.
Werke: Tirilin reist um die Welt, 1931; 1414 geht auf Urlaub, 1948; Der fliegende Igel, 1953; Ein Land so klein wie ein Beistrich, 1952; Der Papagei von Isfahan, 1960; Der ungeduldige Ibrahim, 1962; Der Rabe Yuan, 1962; Der Flug ins Karfunkelland, 1963; Ein großer Tag für Annabell, 1979; Ein total verrücktes Haus, 1988.

FELD AM SEE, Kä., VL, Gem., 751 m, 1188 Ew., 33,68 km², Sommerfremdenverkehrs- und Seebadeort am Brennsee, in den Nockbergen zw. Villach und Millstätter See. – Fischzuchtanstalt, Inst. f. Umweltschutz und

Energiefragen, Wildpark; Fremdenverkehr (109.990 Übern.). – Evang. Kirche (1787).

FELDBACH, Stmk., FB, Stadt, 282 m, 4680 Ew., 3,20 km², wirt. Mittelpunkt der O-Stmk. im Tal der Raab. – BH, Bez.-Ger., Finanzamt, Vermessungsamt, Arbeitsmarktservice, Baubez.-Leitung, Gebietskrankenkasse, Landeskrankenhaus, AK, WK, Bez.-Kammer für Land- und Forstw., Von-der-Groeben-Kaserne, Kunsthalle, Mehrzweckhalle, Jugendzentrum, Stadion; BORG, HAK, kaufm. BerS, FachS f. wirt. Berufe. Wirt.-Struktur durch Dienstleistungssektor bestimmt (rd. 70 % der Beschäftigten 2001, bes. Handel, persönl., soz. u. öffentl. Dienste) sowie Ind.: Backwaren- (Zwieback, Soletti), Maschinen-, Leder-, Futtermittelind., Erzeugung von Ofenkacheln, Konserven und Delikatessen. – Vor 1188 angelegt; Reste der Befestigungsanlagen (17. Jh., Grazer Tor), Reste des alten Tabor (15.–16. Jh., heute „Erlebnismuseum" mit Abteilungen über bäuerl. Lebensraum, Feuerwehr, Schneider, „Hexenkeller" u. a.), der einst die Pfarrkirche (1898–1900) umschloss. Franziskanerkloster (1642–47) heute im Besitz der Schulschwestern, Mariensäule und steinerner Metzen (altes Getreidemaß) auf dem Hauptplatz; Villa Hold (1890–92, Musikschule).
Literatur: R. Grasmug, 8 Jahrhunderte F., 100 Jahre Stadt, 1984.

FELDER, Andreas, * 6. 3. 1962 Hall i. Ti., Skispringer und Trainer. Weltrekord im Skifliegen (191 m), Weltmeister 1987, Weltcupsieger 1990/91; bei den Olymp. Spielen 1992 2. Platz im Mannschaftsspringen. Nach Beendigung seiner aktiven Laufbahn bis 1997 Trainer der ö. Skispringer-Nationalmannschaft, seit 2000 Sprungtrainer der ö. Nationalmannschaft für nord. Kombination.

FELDER, Cajetan Frh. von, * 19. 9. 1814 Wien, † 30. 11. 1894 ebd., liberaler Politiker, 1868–78 Bürgermeister von Wien. Veranlasste den Bau der ersten → Wiener Hochquellenwasserleitung und der → Rotunde (Weltausstellungsgebäude), die Grundsteinlegung zum Neuen Rathaus, die Donauregulierung sowie die Anlegung des → Zentralfriedhofs. 1880–84 Landmarschall von NÖ. Daneben war F. Naturforscher und besaß eine weltbekannte Smlg. von Käfern und Schmetterlingen, die heute den Grundstock der Smlg. des engl. Tring-Museums darstellt.
Werk: Erinnerungen eines Wr. Bürgermeisters, hg. v. F. Czeike, 1964.
Literatur: F. Czeike, Wien und seine Bürgermeister, 1974.

FELDER, Franz Michael, * 13. 5. 1839 Schoppernau (Vbg.), † 26. 4. 1869 ebd., Bauer, Dichter, Bildungs- und Sozialreformer; Großvater von Franz Michael → Willam. Vertreter des poetischen Realismus, der Dorfgeschichte und des soz.-krit. Romans in Ö.; vom ultramontanen Klerus heftig angegriffen.
Werke: Nümmamüllers und das Schwarzokaspale, 1863; Gespräche des Lehrers Magerhuber, 1866 (Hauptwerk); Sonderlinge, 2 Bde., 1867; Reich und arm, 1868; Aus meinem Leben, 1904; Liebeszeichen, 1911. – Ausgaben: Sämtl. Werke, hg. vom F.-Verein, 11 Bde., 1970–89; Ich will der Wahrheitsgeiger sein. Ein Leben in Briefen, hg. v. U. Längle, 1994.
Literatur: W. Methlagl, Der Traum des Bauern F. M. F., 1984; H. E. Pfanner, F. M. F., der Dichter der vorindustriellen Konsumges., in: Ö. in Geschichte und Literatur 35, 1991.

FELDERER, Bernhard, * 21. 3. 1941 Klagenfurt (Kä.), Nationalökonom. 1974–91 Univ.-Prof. für Volkswirtschaftslehre in Köln, 1991–95 in Bochum, seit 1995 wieder in Köln. Seit 1991 Leiter des → Instituts für Höhere Studien in Wien.
Werke: Makroökonomik und Neue Makroökonomik, 1984; Bevölkerung und Wirtschaftsentwicklung, 1988 (mit M. Sauga); Forschungsfinanzierung in Europa, 1994. – Hg.: Public Pension Economics, 1993; Hungary and Eastern Enlargement, 2002.

FELDGRILL-ZANKEL, Ruth, * 15. 9. 1942 Kapfenberg (Stmk.), Diplomkauffrau, Politikerin (ÖVP). 1987–91 Stadträtin in Graz, 1991/92 BMin. f. Umwelt, Jugend und Familie, 1992–98 Bürgermeister-Stellv. in Graz.

FELDJÄGER (Jäger), Bezeichnung der Mannschaft der ehem. 32 ö.-ungar. (leichten) Infanteriebataillone, die gem. mit den 4 Regimentern der Ti. Kaiserjäger eine Elite-Infanterie der k. u. k. Armee darstellten, waren im Schießen besser ausgebildet als die Infanteristen und mit gezogenen Büchsen bewaffnet. F-Korps gab es seit dem 7-jähr. Krieg, die ältesten stehenden F.-Bataillone wurden 1808 errichtet, nachdem schon von 1792 an verschiedene F.-Truppen als Freikorps aufgestellt worden waren. Seit 1809 trugen die F. anstelle des Infanterielederhelms den „dt. Hut" mit wehendem Hahnenfederbusch, der bis 1914 (nur verkleinert) seine Form beibehielt.

FELDKAPPE, ehem. hellblaue, heute graue militär. Kopfbedeckung mit herabklappbaren Seitenteilen, 1866 in der ö. Armee eingeführt; wird im Bundesheer der 2. Republik wieder getragen.

FELDKIRCH, Vbg., FK, Stadt, 458 m, 28.607 Ew. (1981: 23.745 Ew.), 34,36 km², Grenzstadt (Schweiz und Liechtenstein) am Ausgang des Illtals in die Rheinebene, am O-Rand des Rheintals. – BH, Bez-Ger., Landesger., Landesvermessungsamt, Finanzlandesdirektion, Einigungsamt, Zollämter, Arbeits-, Finanz- und Eichamt, Arbeitsmarktservice, AK, WK, Rechtsanwaltskammer, Kammer der Wirtschaftstreuhänder, BFI, Landeskrankenhaus, Gebietskrankenkasse, Gefangenenhaus, Konsulat (E), Jugend- und Drogenberatungsstellen, Kinderdorf, kath. Bildungswerk, Neuapostol. Kirche, Antoniushaus der Kreuzschwestern, Landeskonservatorium, Jahnturnhalle, Eissporthalle, Wildpark, BG und BRG, BRG und BORG, 3 BerS (gewerbl., kfm., hauswirt.) HAK, FachS für wirt. Berufe (Kreuzschwestern), PädAk. und Pädagog. Inst., Eildungsanstalt für Kindergartenpädagogik (priv.), Religionspädagog. Inst., Krankenpflege S, Heilstätten S Carina. Feldkircher Anzeiger, Vbg. Medienhaus („Vbg. Nachrichten", „Die Neue Vbg. Tageszeitung", „Wann & Wo"), Theater am Saumarkt, Montforthaus F. Fortgeschrittene Entwicklung des Dienstleistungssektors (rd. 3 Viertel der über 9000 Beschäftigten 2001), v. a. persönl., soz. und öffentl. Dienste sowie Handel (bes. Lebensmittel). Im Produktionsbereich dominiert das Gewerbe (zahlr. Betriebe in Bauwesen und Holzverarbeitung), einige Ind.-Betriebe: Textil-, Nahrungsmittel- (Großmolkerei), Elektronik-, Maschinen- und Stahlbauind.; Fremdenverkehr (194.426 Übern.), städt. Wasserkraftwerk.
Bereits frühgeschichtl. und römerzeitl. Besiedlung („Clunia"), heutiger Name urk. um 850 (bezog sich auf

Feldbach.

Cajetan Freiherr von Felder. Lithographie von A. Dauthage, 1861.

Feldkirch, im Hintergrund die Schattenburg.

Feldkirchen in Kärnten.

das nordöstlich nach Rankweil reichende Feld von St. Peter, heute Altenstadt), später erst auf die um 1200 von Hugo von Montfort errichtete Marktgasse sowie die um 1260 erbaute Schattenburg (im O über F., die besterhaltene Burg in Vbg., seit 1917 Museum); 1375 Erwerb der Stadt durch die Habsburger, Stadtrecht (zw. 1318 und 1333), im MA wichtigste Handelsstadt in Vbg. (Endpunkt der Salzstraße von Hall i. Ti., Handel nach S-Deutschland) im 15. und 16. Jh. Humanisten- und Kunstzentrum, ab 1820 Sitz eines bischöfl. Generalvikariats, 1925 Eingemeindungen (Altenstadt, Levis, Gisingen, Nofels, Tisis, Tosters), seit 1968 Bischofssitz; got. Domkirche (1478) mit Annenaltar (1521) und schmiedeeiserner Kanzel (1520), Frauenkirche (1473; 1872–78 neu gestaltet) am Churer Tor, Kapuzinerkirche (um 1605), Friedhofskirche (1551), Dominikanerinnenkloster (1634), Kirche hl. Magdalena in Levis (1559, Renovierungen 17. Jh. und 1982/83), Rathaus (15. Jh.), Palais Liechtenstein (um 1700), jetzt Stadtarchiv und -bibliothek. Wehrtürme und Stadttore weitgehend erhalten: Diebs-, Wasser- und Pulverturm, Katzenturm (1492–1507) mit „Großer Glocke" (7500 kg), Churer oder Salztor (um 1270), Mühle- oder Sautor (um 1270/1525), Burgruine Tosters (urk. 1271, Sanierung 1974–80), Ansitz Amberg (vor 1502).
Literatur: Ö. Städtebuch, Bd. III, Vbg., 1973; K. H. Burmeister u. K. Albrecht (Hg.), Geschichte der Stadt F., 2 Bde., 1985; R. Lins (Hg.), Tisis. Dorf- und Kirchengeschichte, 1992; C. Mähr u. N. Walter, Stadt F., 1993; Heimatkundeverein Altenstadt (Hg.), Altenstadt – eine Dorfgeschichte, 1997; K. Albrecht (Hg.), Tosters – eine Dorfgeschichte, 2002.

FELDKIRCHEN AN DER DONAU, OÖ., UU, Markt, 268 m, 5061 Ew. (1981: 4042 Ew.), 39,37 km², Mittelpunkt des nördl. der Donau gelegenen Teils des Eferdinger Beckens. – Landesgut und landw. FachS (in Bergheim), Freizeitanlage mit Golfplatz (in Weidet), Wasserskilift; Kneippkurhaus der Marienschwestern in Bad Mühllacken. Strickwaren- und Holzind. – Spätgot. Pfarrkirche (um 1510) mit Rokokoausstattung (1770–80); Filialkirche (14. Jh.) in Pesenbach, Pfeilerbasilika mit spätgot. Flügelaltar (1495). – Bad Mühllacken (Teil von F. a. d. D.) urk. 1564, Kapelle Mariahilf (um 1600, Hochaltar aus dem frühen 17. Jh.), Badehäuser (um 1830); ehem. Wasserschloss Mühldorf (Seminarhaus und Hotel), Naturschutzgebiet „Pesenbachtal" mit Kerzenstein.
Literatur: D. Assmann u. H. Schober, 100 Jahre Gem. F. a. d. D. (1875–1975), 1975; Marktgem. F. a. d. D. (Hg.), F. a. d. D. gestern und heute, 1995.

FELDKIRCHEN BEI GRAZ, Stmk., GU, Markt, 342 m, 5024 Ew., 11,54 km², am re. Murufer, südl. von Graz. – Flughafen Graz, Frachtabteilung und Verkehrspilotens der AUA, Flugsicherungsstelle des Bundesamts f. Zivilluftfahrt, Bundesgebäudeverwaltung (Flughafen), Flugeinsatzstelle des BM f. Inneres; rd. 70 % der Beschäftigten (2001) im Dienstleistungssektor: v. a. Verkehr (zahlr. internat. Transport- und Speditionsunternehmen, Silotransport usw.) und Handel (Auslieferungslager f. Eis- und Tiefkühlwaren, Pistazien, Hygieneartikel usw.), daneben produzierendes Gewerbe und Ind.: Erzeugung von Werkzeugen, Armaturen, Kunststeinen, Schotter- und Betonwerk, Kunstschlosserei. – Älteste Pfarre des Grazer Feldes; roman.-got. Pfarrkirche, Umbauten (16.–18. Jh.).

FELDKIRCHEN BEI MATTIGHOFEN, OÖ., BR, Gem., 509 m, 1829 Ew., 34,63 km², landw. Gem. südwestl. von Mattighofen. Molkerei, größte Käserei Ö. – Got.-barockisierte Pfarrkirche hl. Andreas (urk. 1025, Neubau 1696) mit Armenseelenkapelle, Barockaltäre (1694); in Aschau got.-barockisierte Bartholomäuskirche mit reichem Stuckdekor von J. M. Viertháler, Altar (1670–80)

mit schönen Statuen des Meisters von St. Florian bei Helpfau, spätgot. Kruzifix (1510–20); in Gstaig got. Wallfahrtskirche (1762 barockisiert, Stuck von J. M. Viertháler, schöne Fresken und Hochaltar von 1764). – Unweit Ibmer Moor.

FELDKIRCHEN IN KÄRNTEN, Kä., FE, Stadt, 557 m, 14.030 Ew., 77,50 km², Fremdenverkehrsort (175.679 Übern.), wirt. Zentrum und Verkehrsknotenpunkt im Tiebelbachtal, nordöstl. des Ossiacher Sees. – BH, Bez.-Ger., Bez.-Gendarmeriekommando, Arbeitsmarktservice, AK, WK, Kammer f. Land- und Forstw., BFI, Gebietskrankenkasse, evang. Diakonie Waiern mit Krankenhaus, Sozialzentrum und Beratungsstelle des Pädagog.-psycholog. Dienstes, Antoniusheim der Kreuzschwestern, WIFI, BRG, HAK, LA f. heilpädagog. Berufe, 2 Fachhochschulstudiengänge (Gesundheits- und Pflegemanagement, Sozialarbeit), Flugplatz (Rabensdorf), Karner (13. Jh.); Viehversteigerungsgelände. Rd. 5000 Beschäftigte (2001), davon mehr als die Hälfte im Dienstleistungssektor (bes. persönl., soz. und öffentl. Dienste, Handel); Schuh-, Leinen-, Wellpappe-, Verpackungsmaterialfabrik, Turbinen- und Kraftwerksanlagenbau, Stahlbau, Erzeugung von Farbbändern und Disketten, Limonaden, chem. Werk, Holzbearbeitung (Sägewerke, Holzfertigteilhäuser etc.), Transportwesen.

Maltschacher See bei Feldkirchen in Kärnten.

Urk. 888, 1176 an das Bistum Bamberg, seit dem 17. Jh. Hammerwerke, ab 1759 landesfürstl., Stadterhebung 1930; spätroman.-got. 3-schiffige Stadtpfarrkirche mit Wandmalereien (13.–14. Jh.) und got. Flügelaltar (1515), Karner (13. Jh.); Michaelskirche (14. Jh., im 18. Jh. barockisiert); Amthof (sog. bambergische Stadtburg, heute Kulturzentrum und Museum, 15./16. Jh.); Bürgerspital (18. Jh.); Biedermeierhäuser, Brunnen (17. Jh.) und Mariensäule (1760) auf dem Hauptplatz. Renaiss.-Schloss Gradisch; Kirche in Glanhofen (Fresken um 1340, 1500); Kirche in Hart ob Glanegg (Wandmalerei, 1410–20), Wehrkirche St. Nikolai (Wandmalerei 14. Jh.); Wehrkirche St. Ulrich (Wandmalerei um 1500); spätgot. Kirche St. Urban. In der Nähe liegen Schloss Dietrichstein (16. Jh., 1136 erstmals urk. erwähnt) im Glantal sowie Dietrichsteiner, Maltschacher und Flatschacher See.
Literatur: W. Putzinger, F. i. K., 1980.

FELDMANN, Else, * 25. 2. 1884 Wien, † nach dem 14. 6. 1942 KZ Sobibor (PL), Schriftstellerin. Verfasste sozialkrit. Reportagen und Romane aus den Wr. Elendsbezirken. 1921 erschien ihr erstes Buch „Löwenzahn. Eine Kindheit". 1922 gründete sie mit O. → Neurath und A. → Adler die internat. pazifist. Vereinigung „Clarté", 1933 war sie Gründungsmitgl. der „Vereinigung Sozialist. Schriftsteller". Ab Februar 1934 waren ihre Werke verboten.

Weitere Werke: Der Leib der Mutter, 1924; Das Lied vom Leben, 1927; Martha und Anton, 1933.
Literatur: H. Exenberger, Auf den Spuren von E. F., in: Jb. des Dokumentationsarchivs des ö. Widerstands, 1990; R. Wagner, E. F., in: Frauenblatt 29. 5. 1993.

FELDMARSCHALL, FM, bis 1918 höchster Rang der Generalität im ö.-ungar. Heer.

Feldmarschallleutnant und Generalmajor. Kolorierte Lithographie von A. Straßgschwandtner, um 1870.

FELDMARSCHALLEUTNANT, FML, dritthöchster Rang der Generalität im ö.-ungar. Heer.

FELDPOLIZEIGESETZGEBUNG, im allgem. Landesgesetzgebung, die Forstpolizeigesetzgebung ist hingegen Bundessache (Art. 10 BVerf.-G).

FELDPOST, militär. Posteinrichtung in Kriegszeiten. Die erste urk. nachweisbare F. in Ö. wurde 1496 unter Maximilian I. von Sondrio eingerichtet. In Ö.-Ungarn bediente sie sich eig. → Briefmarken („F.-Marken").

FELDSBERG (Valtice, CZ), bis 1920 Stadt in NÖ. (Bez. Mistelbach), gemäß Vertrag von Saint-Germain an die ČSR abgetreten und am 31. 7. 1920 übergeben. Hatte 1911 3402 Ew., 552 Häuser, Bez.-Gericht und Steueramt, bis 1945 Mittelpunkt der liechtensteinschen Guts- und Forstverwaltung; Schloss im 17./18. Jh. zu 4-flügeligem Bauwerk ausgestaltet (Span. Saal 1719 von D. Martinelli, Schlosskapelle), Reithalle mit Galerien, Schlosstheater, großer Park.
Literatur: D. Kusák, Lednice, Valtice, 1986.

FELDSCHUTZ, Angelegenheit der Landesgesetzgebung (→ Gesetzgebung); zum Schutz der landw. Produktion und Produkte bestehen F.-Gesetze (z. B. gegen Feldfrevel).

FELDSPAT fällt bei der Aufbereitung von Quarzsand an; die Fördermenge 1994 betrug 4880 t, seither werden die Fördermengen nicht mehr separat ausgewiesen.

FELDWEBEL, in der Zeit der Landsknechtsheere Mittelsmann zw. den Knechten und dem Hauptmann; vom 18. Jh. bis 1918 Unteroffiziersdienstgrad; entspricht dem heutigen Rang des Oberwachtmeisters.
Literatur: R. Baumann, Landsknechte, 1994.

FELDZEITUNGEN (auch Kriegs-, Front- oder Armeezeitungen), in Kriegszeiten meist in Frontnähe gedruckte Informationsblätter für die kämpfende Truppe.
Literatur: H. W. Eckhardt, Die Frontzeitungen des dt. Heeres 1939–1945, 1975.

FELDZEUGMEISTER, FZM, bis 1918 Rang der Generalität im ö.-ungar. Heer.

FELIX AUSTRIA, Nahrungsmittelunternehmen, 1958 von H. Felix in Mattersburg gegr., Marktführer in Ö. bei Ketchup, Spaghettisaucen und Gemüsekonserven; weitere Schwerpunkte sind Fertiggerichte und Sauergemüse. 1995 wurde F. A. von der norweg. Orkla-Gruppe übernommen. 2002 wurde mit ca. 200 Mitarbeitern ein Umsatz von 35 Mio. Euro erzielt.

FELIXDORF, NÖ., WB, Markt, 282 m, 4288 Ew., 2,48 km², im südl. Wr. Becken, zw. Wr. Neustadt und Leobersdorf. – Kulturhaus, Wasserwerk; bis vor kurzem Textilind.-Ort, gegenwärtig infolge der Krise des Textilsektors Phase der Umstrukturierung in Richtung kleinerer Gewerbebetriebe verschiedener Sparten. – Gegr. 1822/23 als „Colonis" von Wr. Neustadt, seit 1889 Gem.
Literatur: A. G. Absenger, 150 Jahre F., 1822–1972, 1972; ders., 175 Jahre F. 1822–1997, eine chronikartige Geschichtsdarstellung, 1997.

FELLERER, Max, * 15. 10. 1889 Linz (OÖ.), † 27. 3. 1957 Wien, Architekt. 1934–38 Dir. der Wr. Kunstgewerbeschule. 1946–54 Rektor der Akad. f. angew. Kunst in Wien. Zusammenarbeit mit J. → Hoffmann, C. → Holzmeister und E. → Wörle. Großer Ö. Staatspreis 1954.
Werke (alle in Wien): Doppelhaus der Werkbundsiedlung, 1930–32; Strandbad Gänsehäufel, 1949/50 (mit E. Wörle); Concordia-Hof, 1952–58 (mit E. Wörle u. F. Hasenörl); Wiederaufbau des Parlaments, 1955/56 (mit E. Wörle).
Literatur: M. Pozzetto, Die Schule O. Wagners, 1980.

FELLINGER, Johann Georg, * 3. 1. 1781 Peggau (Stmk.), † 27. 11. 1816 Adelsberg (Postojna, HR), Schriftsteller, Freiheitsdichter und -kämpfer, Offizier. Schrieb schon in seiner Jugend Gedichte und Balladen im Stil F. G. Klopstocks und F. Schillers; meldete sich 1808 zur Landwehr. Wegen seiner freiheitskämpferischen Dichtung wurde er „der steir. Theodor Körner" genannt.
Ausgabe: Poetische Schriften, hg. v. J. G. Kumpf, 2 Bde., 1819/21 (mit Biographie).
Literatur: ÖBL.

FELLINGER, Karl, * 19. 6. 1904 Linz (OÖ.), † 8. 11. 2000 Wien, Mediziner, Internist. Ab 1945 Univ.-Prof. in Wien (1964/65 Rektor); Vorstand der Poliklinik, 1946–75 Vorstand der II. Medizinischen Univ.-Klinik, Präs. des Wr. Rudolfinerhauses, Präs. des Obersten Sanitätsrats. Einer der internat. angesehensten ö. Ärzte im 20. Jh., zu dessen Patienten u. a. der Schah von Persien und der König von Saudi-Arabien zählten.

Karl Fellinger bei der Eröffnung des neuen Röntgeninstituts. Foto, 1954.

Werke: Die Fettleibigkeit, 1939; Klin. Fortschritte, 1950; Lehrbuch der Inneren Medizin, 2 Bde., 1952; Arzt zw. den Zeiten, 1984 (Autobiographie).
Literatur: J. Deszy (Hg.), Die II. Medizinische Univ.-Klinik in Wien. Klinik F., 1994.

FELLNER, Ferdinand d. J., * 19. 4. 1847 Wien, † 22. 3. 1916 ebd., Architekt der Ringstraßenzeit. Begann als Mitarbeiter im Atelier seines Vaters Ferdinand F. d. Ä. (1815–1871) und gründete 1873 mit seinem Partner H. → Helmer das Atelier „F. & Helmer", das bis 1920 bestand und in dem neben F. Krauß und E. Gotthilf-Miskolczy u. a. auch noch F. Sohn Ferdinand (1872–1911) tätig war. Bekannt wurden F. & Helmer v. a. als Spezialisten des meist als Gesamtkunstwerk präsentierten Theaterbaus; in und außerhalb der k. u. k. Monarchie errichteten sie rd. 50 Bauten dieser Gattung (darunter die Grazer Oper, das Stadttheater Klagenfurt, das Volkstheater in Wien). Außerdem setzten sie bes. Leistungen in der Wohnarchitektur (Palais Sturany, Wien, ab 1874) sowie im Hotel- und Kaufhausbau (Warenhäuser Rothberger-Kranner, Wien, zerstört 1945). Als virtuose und modern orientierte Vertreter des Späthistorismus vereinigten sie dekorative Phantasie und funktionale Struktur in neobarocken Gestaltungen ebenso wie in secessionist. Stilvarianten.

Literatur: H.-C. Hoffmann, Die Theaterbauten von F. u. Helmer, 1966; G. M. Dienes (Hg.), F. & Helmer – die Architekten der Illusion, 1999 (mit Werkverz.).

Fellner, Fritz, * 25. 12. 1922 Wien, Historiker. 1964–93 Univ.-Prof. für Allg. Neuere Geschichte in Salzburg, Hg. der „Veröffentlichungen der Kommission für Neuere Geschichte Ö.".
Werke: Das polit. Tagebuch Joseph Redlichs, 1953; Der Dreibund, 1960; Vom Dreibund zum Völkerbund, 1994; „… ein wahrhaft patriotisches Werk". Die Kommission für Neuere Geschichte Ö. 1897–2000; 2001; Geschichtsschreibung und nationale Identität, 2002.

Fellner, Helmuth, siehe → Fellner, Wolfgang.

Fellner, Koloman (Josef), * 19. 3. 1750 Pisdorf (OÖ.), † 18. 4. 1818 Lambach (OÖ.), Benediktiner, Zeichner und Kupferstecher. Schüler von M. J. → Schmidt, übernahm als Erster in Ö. Alois → Senefelders lithograph. Technik (1814), schuf Reproduktionen berühmter Vorlagen sowie Andachts- und Historienbilder, Porträts und topograph. Darstellungen. Gründer der Stiftssammlung von Lambach.
Literatur: Die Botschaft der Graphik, Ausst.-Kat., Lambach 1989.

Koloman Fellner. Gemälde (Stift Lambach, OÖ.).

Fellner, Wolfgang, * 13. 10. 1954 Wien, Journalist und Ztschr.-Hg. Gründete zusammen mit seinem Bruder Helmuth F. (* 13. 8. 1956) 1968 die Jugend-Ztschr. → „Rennbahn-Express" und später die Monatsillustrierte „Basta" (1983–94) sowie die Nachrichtenillustrierte → „News", die am 15. 10. 1992 erstmals erschien; auch die 1995 gegr. Fernsehillustrierte „tv-media", die seit 5. 10. 1998 erscheinende Zeitschrift → „Format" und das 2000 gegr. Multimediamagazin „E-Media" gehören zur Fellner Media AG, an der sich 1998 das dt. Verlagshaus Gruner & Jahr beteiligte (75 %). 2001 erfolgte der Zusammenschluss von Fellner Media AG und Zeitschriften Verlags Beteiligungs AG (ZVB).
Werk: 10 Jahre Ö. Das News-Jahrzehnt, 2002 (Hg.).

Felmayer, Rudolf, * 24. 12. 1897 Wien, † 27. 1. 1970 ebd., Schriftsteller, Lyriker, Bibliothekar. Ab 1945 Lyrikreferent im Rundfunkstudio Wien. Hg. der Lyrikanthologien „Tür an Tür" (3 Folgen: 1950, 1955, 1965) und „Neue Dichtung aus Ö." (165 Bde., 1953–70). Ö. Staatspreis für Lyrik 1956.
Weitere Werke: Lyrik: Die stillen Götter, 1936; Östliche Seele im Tode, 1945; Gesicht des Menschen, 1948; Der Spielzeughändler aus dem Osten, 1958; Eine wienerische Passion, 1963; Der Wiener und sein Tod, 1968.

Fels, Ludwig, * 27. 11. 1946 Treuchtlingen (D), Schriftsteller. Seit 1973 freier Schriftsteller, lebt seit 1983 in Wien. Verfasser von Romanen, Gedichten, Theaterstücken und Hörspielen, die sich häufig mit Außenseitern der Ges. beschäftigen.
Werke: Romane: Ein Unding der Liebe, 1981; Bleeding Heart, 1994; Mister Joe, 1997; Krums Versuchung, 2003. – Dramen: Der Affenmörder, 1985; Soliman, 1991; Sturmwarnung, 1993. – Lyrik, Hörspiele.

Fels am Wagram, NÖ., TU, Markt, 208 m, 1966 Ew., 29,52 km², Weinbaugem. mit Gewerbe südl. des Wagram; über 500 ha Weingartenfläche (eine der ältesten und bedeutendsten Weinbaugem. NÖ.). – Heimatmuseum (seit 1984 im Schloss); Handel. – Urk. 1140, Markt seit 1927, moderne Pfarrkirche (erb. 1963) mit got. Bauteilen, Hochaltarbild (1786) von M. J. Schmidt, spätbarocker Seitenaltar, Rokokokanzel, Glocke (1589), 2-flügelige Schlossanlage (frühes 17. Jh.), barocke Bürgerhäuser, hist. Kellergassen; Gösing am Wagram: prähist. Funde, frühbarocke Kirche mit got. Chor, alte Ackerbürgerhäuser; Thürntal: ehem. Renaiss.-Schloss, um 1725 barock-klassizist. umgebaut nach Plänen von J. E. Fischer von Erlach, Räume mit reicher Stuckausstattung.

Literatur: H. Pickl, Chronik von F., 1988.

Felsbilder: In Ö. gibt es rd. 20 Fundgebiete mit F., vorwiegend in den Nördl. Kalkalpen (OÖ., Stmk., Sbg., v. a. Region um Lofer); nur Einzelne davon könnten aus vorgeschichtl. Zeit stammen. Dokumentiert werden die F. mit Lichtbildern, Nachbildungen und graph. Darstellungen in einigen Heimatmuseen sowie im Ö. Felsbildermuseum in Spital am Pyhrn (OÖ.); der Verein ANISA (Haus im Ennstal, Stmk.) widmet sich der Erforschung der F. in Ö. (Ztschr.: Mttlg. d. ANISA).

Felsenreitschule, Salzburg: 1693 wurde der ehem. Steinbruch am Mönchsberg nach Plänen von J. B. Fischer von Erlach zur erzbischöfl. Sommerreitschule umgebaut, die seit 1926 für Freilichtaufführungen von Opern und Schauspielen im Rahmen der → Salzburger Festspiele genutzt wird; 1968–70 von C. Holzmeister neu gestaltet und überdacht.

Felsenreitschule in Salzburg. Kupferstich, um 1820.

Felsenschwalbe, kleine bräunliche Schwalbe, immer in der Nähe von Felswänden und nie hoch in der Luft fliegend; typisch mediterranes Faunenelement. Sie brütet unter überhängendem, frisch abgebrochenem Fels. Die Alpen bilden die N-Grenze ihres Vorkommens.

Felsenstein, Walter, * 30. 5. 1901 Wien, † 8. 10. 1975 Berlin (D), Regisseur. Zunächst als Schauspieler in Deutschland tätig, dann als Regisseur in Zürich und Berlin; ab 1947 Intendant der Komischen Oper in Ost-Berlin („realistisches Musiktheater" in engem Zusammenhang mit der musikal. Partitur); zahlr. Gastregien; 1974 scheiterte ein bereits abgeschlossener Dreijahresvertrag mit dem Wr. Burgtheater.

Felten & Guilleaume Austria AG, Elektrounternehmen für die Erzeugung von Schutzschaltgeräten und Verteileranlagen im Niederspannungsbereich mit Sitz in Schrems-Eugenia (NÖ.), seit 1998 Teil der dt. Moeller-Holding, seit 2000 Moeller Gebäudeautomation KG. Nachdem bereits die 1899 in Köln gegr. Felten & Guilleaume Carlswerk AG über Tochtergesellschaften in Wien und Budapest verfügt hatte, kam es 1944 wegen der Bombardierung von Köln zu einer teilweisen Auslagerung der Produktion von elektr. Spulen nach Kleedorf bei Schrems, aus der sich die heutige F. & G. A. AG entwickelte. 1947 übernahm das Unternehmen die Produktion von Pupinspulen für die Wiederherstellung des Telefonnetzes in Ö., 1948 erfolgte die Übersiedlung nach Schrems-Eugenia, 1949 wurde mit der Produktion von Schutzschaltern begonnen und 1957 ein eig. Entwicklungszentrum für Niederspannungsschaltgeräte in Wien-Döbling gegr. (Neubau 1992); seit den 60er Jahren konnte auch der Exportanteil stark erhöht werden (1983 erstmals über 40 %), in den 80er und 90er Jahren wurden Produktions- und Vertriebsniederlassungen in Spanien, Frankreich und Tschechien gegr.; 2002/03 erzielte das Unternehmen mit 1500 Mitarbeitern in Ö. einen Umsatz von 236,5 Mio. Euro.

Fendels, Ti., LA, Gem., 1352 m, 258 Ew., 13,48 km², zweisaisonale Fremdenverkehrsgem. (69.881 Übern.) im Inntal (Oberes Gericht) südl. von Prutz; Kulturlandschaft mit Terrassen. – Urk. 1288; altes Haufendorf durch Großbrände 1939 und 1972 vernichtet; barocke Pfarrkirche (Weihe 1778) mit Hochaltar von 1776 und got. Gnadenbild (1370–80); Dorfbrunnen mit Barockfigur (1736). „Fallender Bach" (Wasserfall, 160 m), unweit Kaunertalkraftwerk.
Literatur: F. Sint, F. Die Wiedergenesung eines sterbenden Oberinntaler Bergdorfes, 1973.

Fendi, Peter, * 4. 9. 1796 Wien, † 28. 8. 1842 ebd., Porträt- und Genremaler, Aquarellist, Lithograph und Kupferstecher. F. war Schüler von J. M. Fischer, H. Maurer und J. B. Lampi und studierte die holländ. Malerei des 17. Jh. Ab 1818 war er Zeichner und Kupferstecher im Münz- und Antikenkabinett, ab den späten 20er Jahren beschäftigte er sich intensiv mit dem Genrebild. F., einer der Hauptvertreter der Altwiener Schule, war bevorzugter Kinderporträtist und Zeichenlehrer des Hofes sowie der Wr. Aristokratie und führte die Aquarelltechnik im Wr. Biedermeier zu einem Höhepunkt. Lehrer C. → Schindlers.
Literatur: H. Adolph, P. F., Diss., Innsbruck 1951; G. Frodl, Wr. Malerei der Biedermeierzeit, 1987; W. Koschatzky, P. F., 1995.

Peter Fendi: Auf dem Friedhof. Gemälde, 1841 (Wien Museum).

Fendrich, Rainhard, * 27. 2. 1955 Wien, Schauspieler und Popsänger. Ab 1978 als Schauspieler tätig (Theater an der Wien, Schauspielhaus); begann daneben Lieder zu schreiben, mit denen er 1980 zum ersten Mal auftrat; Durchbruch im selben Jahr mit „Strada del sole", „Oben ohne" und „Es lebe der Sport". Ab 1981 Tourneen durch Ö., Deutschland und die Schweiz. Seit Beginn der 90er Jahre auch erfolgreiche Karriere als Schauspieler und Showmaster im Fernsehen („Herzblatt", 1993–97; „Geliebte Gegner", 1998). Seit 1997 Auftritte mit W. → Ambros und G. → Danzer als „Austria 3"; 2002 Uraufführung des Musicals „Wake Up" in Wien.
Weitere Werke: Schallplatten und CDs: Ich wollte nie einer von denen sein, 1980; Wien bei Nacht, 1985; Kein schöner Land, 1986; Von Zeit zu Zeit, 1989; I am from Austria, 1992; Blond, 1997; Männersache, 2001. – Publikation: R. F. Texte, Bilder, Geschichten, 1995.
Literatur: T. Hajek, R. F. Songwriter und Identifikationsfigur der ö. Musikszene, Dipl.-Arb., Wien 2002.

Fennesz, Christian, * 25. 12. 1962 Wien, Komponist, Musiker. Studierte Ethnologie und Musikwiss. in Wien; gründete 1987 die Band Blank und 1988 Maische mit Harald Adrian und Siegfried Schmidt (bis 1992). 1994/95 Produzent der Popband Play The Tracks Of, 1995 Zusammenarbeit mit Colin Newman und Scanner, seit 1996 Leiter des Orchesters 33 1/3 mit Christof Kurzmann. Spielte viele Jahre als Gitarrist, beschäftigt sich seit 1991 v. a. mit elektron. Musik und Sampling.
Werke: Land der Menschen, 1991 (Filmmusik); Tanz im Spinnennetz, 1993 (inszeniertes Oratorium); Gastspiel, 1994 (Tanzperformance, mit M. Nagl); Ars Electronica Live, 1996 (Elektronik). – Schallplatten und CDs: In Gold, 1990 (mit Maische); Instrument, 1995; Hotel Paral.lel, 1997; + 47 Degrees, 1999; Live in Melbourne, 2000; Endless Summer, 2001; Field Recordings, 2002.

Fenz, Egon, * 19. 6. 1907 Scheibbs (NÖ.), † 6. 5. 1972 Wien, Arzt, Sprachpsychologe, Schriftsteller. Univ.-Doz. in Wien.
Werke: Laut, Wort, Sprache und ihre Deutung, 1940; Von den menschl. Beziehungen, 1948; Kulturstraßen im Wienerwald, 1962 (Hg.); Die Uhr am Schottentor, 1968.

Ferch, Johann (Pseud.: J. Freiner, J. Ferron, J. Silvanus), * 3. 6. 1879 Wien, † 30. 1. 1954 ebd., Erzähler, Dramatiker, Korrektor, Staatsbeamter. Verfasste ges.-krit. Schriften mit z. T. freimaurerischen und antisemit. Tendenzen, 55 Romane, 10 Dramen, journalist. Arbeiten und Vorträge.
Werke: Romane: Die Kaserne, 1913; Mutter, 1913; Am Kreuzweg der Liebe, 1921; Mensch, nicht Jude!, 1924; Marsch auf Wien, 1932; Der Herrgott von Wien, 1933; Alle Tage Feiertag, 1946.

Ferdinand I., * 10. 3. 1503 Alcalá de Henares b. Madrid (E), † 25. 7. 1564 Wien, Kaiser; jüngerer Bruder von → Karl V., Enkel von → Maximilian I. Erhielt durch die Verträge von Worms und Brüssel 1521/22 die dt. Erbländer zugesprochen und begründete die ö. Linie der Habsburger. 1526 Kg. von Böhmen und Ungarn, 1531 röm. König, 1558 Kaiser. Er ließ 1522 zur Ausschaltung der Opposition und Durchsetzung seiner Macht Mitglieder der nö. Stände, u. a. Martin Siebenbürger, in Wr. Neustadt hinrichten und wurde wegen Ungarn in Kriege gegen die Osmanen verwickelt (1529: 1. Türkenbelagerung Wiens, 1532, 1537–47). Die größten inneren Probleme des Landes waren die Bauernkriege in Ti. und der Stmk. 1525/26 und das Vordringen der Reformation. F. berief zur Festigung der kath. Kirche die Jesuiten nach Wien, Graz und Innsbruck. Er vermittelte 1552 den Passauer Vertrag, schloss 1555 den Augsburger Religionsfrieden, konnte diesen aber in seinen Ländern nicht durchsetzen und machte den Ständen mehrmals Zugeständnisse. F. begründete zentrale Verwaltungsbehörden (Geheimer Rat, Hofrat, Hofkammer, Hofkriegsrat, Hofkanzlei) und erließ 1554 die → Ferdinandeische Hausordnung. Er teilte die Länder unter seinen 3 Söhnen auf. Begraben in Prag (Veitsdom).
Literatur: W. Hilger, Ikonographie F. I., 1969; P. Sutter-Fichtner, F. I., 1986.

Ferdinand II., * 9. 7. 1578 Graz (Stmk.), † 15. 2. 1637 Wien, Kaiser; Sohn von Erzhzg. → Karl II. von Stmk., Enkel von Ks. → Ferdinand I. Ausbildung in Graz und Ingolstadt. 1590 beim Tod des Vaters minderjährig, ab 1595 Regent von Inner-Ö. (Stmk., Kä. und Krain), setzte dort mit Härte die → Gegenreformation durch, 1617 König von Böhmen, 1618 von Ungarn, 1619 Kaiser nach dem Tod seines kinderlosen Cousins Ks. → Matthias. Auseinandersetzungen mit den Ständen von NÖ. und OÖ. (Sturmpetition am 5. 6. 1619). Nach dem Sieg am Weißen Berg 1620 setzte er den Absolutismus in Böhmen („Vernewerte Landesordnung", 1627) und

Der spätere Kaiser Ferdinand I. Gemälde von H. Maler, 1521 (Kunsthistorisches Museum, Wien).

Rainhard Fendrich. Foto, 2001.

Ö. durch, erließ am Höhepunkt seiner Macht 1629 das → Restitutionsedikt, war aber dann im → Dreißigjährigen Krieg bald Rückschlägen ausgesetzt. 1630 entließ er → Wallenstein und befahl 1634 dessen Ermordung. Er war äußerst fromm und führte ein vorbildl. Familienleben. Sein Mausoleum in Graz ist ein hervorragendes Kunstwerk.
Literatur: H. Sturmberger, F. und das Problem des Absolutismus, 1957; J. F. Franzl, F., Kaiser im Zwiespalt der Zeit, ²1988; M. Frisch, Das Restitutionsedikt Ks. F. vom 6. 3. 1629, 1993.

FERDINAND III., * 13. 7. 1608 Graz (Stmk.), † 2. 4. 1657 Wien, Kaiser; Sohn von Ks. → Ferdinand II. Wurde von Jesuiten erzogen und lernte 7 Sprachen. 1625 König von Ungarn, 1627 von Böhmen, 1636 röm. König, 1637 Kaiser. Er übernahm nach der Ermordung → Wallensteins nominell den Oberbefehl über die kaiserl. Truppen (Sieg bei Nördlingen 1634) und leitete 1645 die Verhandlungen ein, die 1648 zum Westfälischen Frieden führten. Danach beendete er die → Gegenreformation in Ö. Er galt als sehr pflichtbewusst, hatte wiss., künstlerische und literar. Interessen (1657 ital. literar. Akad. in Wien). Seine bes. Neigung galt der Musik (erster der „komponierenden Kaiser"); er schuf Messen, Hymnen und ein Musikdrama. Durch ihn wurde die Basis für die große Zeit der barocken Hofmusikkapelle geschaffen.
Literatur: B. Hamann, Die Habsburger, ⁴1993.

Kaiser Ferdinand III. Gemälde von J. van de Hoecke. 1645 (Kunsthistorisches Museum, Wien).

FERDINAND IV., * 8. 9. 1633 Wien, † 9. 7. 1654 ebd., röm. König; Sohn von Ks. → Ferdinand III. Wurde bereits 1646 zum König von Böhmen und 1647 zum König von Ungarn gekrönt; bald nach Wahl und Krönung zum röm. König 1653 starb er an den Pocken.

FERDINAND I., * 19. 4. 1793 Wien, † 29. 6. 1875 Prag (CZ), Kaiser von Ö. (1835–48); ältester Sohn und Nachfolger von Ks. → Franz II. (I.). Da er Epileptiker und behindert war, regierte für ihn die „Geheime Staatskonferenz" (sein Onkel Erzhzg. → Ludwig, sein Bruder Erzhzg. → Franz Karl, Fürst → Metternich, F. A. Gf. → Kolowrat-Liebsteinsky). Trotzdem tragen wichtige Edikte seine Unterschrift (Eisenbahnen, Sparkassen).

Kaiser Ferdinand I. von Österreich im österreichischen Kaiserornat. Gemälde, um 1840.

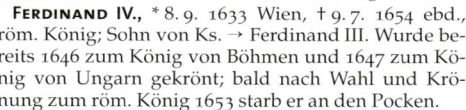

Marienkrönung mit Kaiser Ferdinand II. und Papst Urban VIII. Gemälde (Neuklosterkirche in Wiener Neustadt, NÖ.).

Bei Ausbruch der → Revolution 1848 entließ er Metternich, floh im Mai nach Innsbruck und im Oktober nach Olmütz, wo er am 2. 12. 1848 zurücktrat. Lebte dann in Prag.
Literatur: G. Holler, Gerechtigkeit für F. – Ö. gütiger Kaiser, 1986.

FERDINAND II. VON TIROL, * 14. 6. 1529 Linz (OÖ.), † 24. 1. 1595 Innsbruck (Ti.), Erzhzg. von Ö.; Sohn von Ks. → Ferdinand I. 1547–66 Statthalter in Böhmen, erhielt bei der Erbteilung 1564 Ti. und die Vorlande, wo er ab 1567 regierte. Er führte dort die → Gegenreformation durch, ging hart gegen die Wiedertäufer vor, verbesserte die Landesordnung und Behördenorganisation und baute Schloss → Ambras aus, wo er eine „Kunst- und Wunderkammer" einrichtete. Er war nicht nur gebildet, sondern auch überaus verschwenderisch und machte hohe Schulden. Da seine Kinder aus der Ehe mit Philippine → Welser (1557) nicht erbberechtigt waren, kam Ti. nach seinem Tod an die beiden anderen habsb. Linien.
Literatur: Hispania – Austria, Ausst.-Kat., Innsbruck 1992.

Erzherzog Ferdinand II. von Tirol. Gemälde von F. Terzio, um 1560 (Kunsthistorisches Museum, Ambraser Sammlung).

FERDINAND III. VON TOSKANA, * 6. 5. 1769 Florenz (I), † 16. 6. 1824 ebd., 2. Sohn von Ks. → Leopold II., Bruder von Ks. Franz II. (I.). Wurde 1791 Großherzog von Toskana, nach der Vertreibung durch Napoleon 1799 war er 1803–05 Kurfürst von Salzburg, 1807–14 Großherzog von Würzburg, kehrte 1814 in die Toskana zurück.
Literatur: F. Pesendorfer, Ein Kampf um die Toskana, Erzhzg. F. III., 1984; D. Schäfer, F. v. Ö., Großherzog zu Würzburg, 1988.

FERDINANDEISCHE HAUSORDNUNG (UND WR. TESTAMENT): Am 25. 2. 1554 ordnete → Ferdinand I. gem. mit seinen 3 Söhnen die Herrschaftsverteilung der Erbländer. → Maximilian II. sollte das Erzherzogtum Ö. unter und ob der Enns, Böh-

Großherzog Ferdinand III. von Toskana. Gemälde, um 1795.

men und Ungarn, die Kaiserwürde und die höchste Stellung erhalten, → Ferdinand II. Ti. und die Vorlande und → Karl II. die Stmk., Kä., Krain, Görz und Istrien. Jeder sollte Wappen, Banner und Titel aller Länder führen.

FERDINANDEUM, Ti. Landesmuseum, Innsbruck, 1823 gegr., im Eigentum des Vereins „Ti. Landesmuseum F."; Schwerpunkte: naturwiss. und technisch-hist. Smlg., hist. Musikinstrumente und Musikalien, Bibl. (jeweils für Ti. und seine Nachbarländer). Der nach 1850 in den Vordergrund getretenen Kunst-Smlg. kommt mit bed. Gemälden (M. Pacher, L. Cranach, Rembrandt u. a.), Plastiken und Kunstgewerbeobjekten internat. Rang zu. Mehrere Außenstellen, u. a. Museum im Zeughaus.
Publikationen: Veröffentlichungen des Ti. Landesmuseums F. (seit 1922, davor unter verschiedenen Titeln).
Literatur: G. Ammann, Ti. Landesmuseum F., 1985; E. Hastaba (Red.), Ti. Landesmuseum F., Museum im Zeughaus, 2003.

FERDINAND KARL VON TIROL, * 17. 5. 1628, † 30. 12. 1662 Kaltern (Ti.), Erzhzg.; Sohn von → Leopold V. und → Claudia von Medici. Nachdem für die Habsburger die linksrhein. Besitzungen (Sundgau, Elsass) sowie Breisach verloren gegangen waren, regierte er 1646–62 Ti. und die Vorlande. Zur Finanzierung seines aufwendigen Lebens verkaufte oder verpfändete er weitere Güter oder Rechte. Als Fürst huldigte er dem Absolutismus, berief nach 1648 keinen Landtag mehr ein, umgab sich mit Intriganten und ließ seinen Kanzler W. → Biener nach einem Geheimprozess 1651 hinrichten. Während seiner Regierungszeit trat 1655 die schwedische Königin Christine in der Innsbrucker Hofkirche zum kath. Glauben über. Seine Tochter Claudia Felicitas wurde 1673 die 2. Frau Ks. Leopolds I.
Literatur: B. Hamann (Hg.), Die Habsburger, ⁴1993.

FERDINAND KARL, Erzhzg. von Ö., * 1. 6. 1754 Wien, † 24. 12. 1806 ebd., Sohn von → Maria Theresia; 1780 Statthalter der Lombardei. Begründete durch seine Heirat mit Maria Beatrix von Modena (1771) das Haus Ö.-Este (→ Este). Wurde 1796 von Napoleon aus diesem Land vertrieben.

FERDINAND KARL, Erzhzg. von Ö.-Este, * 25. 4. 1781 Mailand (I), † 5. 11. 1850 Schloss Ebenzweier b. Gmunden (OÖ.), Feldmarschall; Sohn von Erzhzg. → Ferdinand Karl. War ab 1799 Soldat, 1816–30 Generalkommandant in Ungarn, 1830–46 Zivil- und Militärgouverneur in Galizien.

FERDINAND KARL, siehe → Burg, Ferdinand.

FERDINAND MAXIMILIAN, siehe → Maximilian, Kaiser von Mexiko.

FERG, Franz de Paula, * 2. 5. 1689 Wien, † 1740 London (GB), Maler. Bekannt für seine vorwiegend an niederländ. Werken vom Ende des 17. Jh. orientierten Landschaftsbilder mit reicher Figurenstaffage, die vielfach als Stichvorlagen Verwendung fanden.
Werke: Landschafts- und Genrebilder, Radierungen („Capricci fatti per F. F.", 1726).

FERIEN, längerzeitige Unterbrechung des Schulunterrichts. Im MA waren F. noch unbekannt; Sonntage sowie zahlr. kirchl. Feiertage und einige Schulfeste gliederten das Schuljahr. Seit der frühen Neuzeit wurden die Bedürfnisse des Agrarges. regional und nach Schulart unterschiedlich berücksichtigt (F. zur Erntezeit Sept.–Okt.). Die Anordnung Josephs II., die F. auf Juli– August zu verlegen (1786), wurde nach seinem Tod zurückgenommen, doch kehrte man schrittweise (1829 Aug.–Sept., 1928 Juli– August) dazu zurück. Seit der Staat die F. verbindlich regelt, wurden sie im Lauf des 20. Jh. schrittweise verlängert. Gegenwärtig sind für die Schulen außer den Hauptferien (Juli–August, 9 Wochen) ausgedehnte F. zu Weihnachten, am Semesterende, zu Ostern und kürzere zu Pfingsten festgesetzt, darüber hinaus verfügen Schulen über 4 bzw. 5 schulautonome F.-Tage, die beliebig eingesetzt werden können. An den Hochschulen und Univ. sind die F. noch umfangreicher.

FERK, Janko, * 11. 12. 1958 Unterburg (Gem. St. Kanzian a. Klopeiner See, Kä.), Schriftsteller. Promovierter Jurist, Lehrauftrag am Inst. für Philosophie an der Univ. Klagenfurt; schreibt Lyrik und Prosa auf Slowenisch und Deutsch; Hg. mehrerer Anthologien zur slowen. und dt.-sprach. Literatur Kä., Übersetzungen, jurist. Veröffentlichungen.
Werke: Lyrik: das selbstverständliche des sinnlosen, 1979; Aufschriften auf die Wand der Welt 1975–84, 1986; Vergraben im Sand der Zeit, 1989; Am Rand der Stille, 1991; Psalmen und Zyklen, 2001. – Prosa und Essays: Der verurteilte Kläger, 1981; Der Sand der Uhren, 1989; Mittelbare Botschaften, 1995; Landnahme und Fluchtnahme, 1997; Gutgeheißenes und Quergeschriebenes, 2003.

FERLACH, Kä., KL, Stadt, 466 m, 7602 Ew., 117,25 km², südlichste Stadt von Ö., am N-Fuß der Karawanken im Rosental. – Bez.-Ger., Truppenübungs- und Gefechtsschießplatz (in Glainach), Landesjugendheim Rosental (in Görtschach), Sportflugplatz Glainach, BerS f. Büchsenmacher, HTL (Waffentechnik, Fertigungstechnik und Ind.-Design), Laufkraftwerk Ferlach-Maria Rain (err. 1975, 330.000 Wh); Metallverarbeitung: Fräserei, Präzisionswerkzeug- und Kettenerzeugung, Pistolenerzeugung (Glocke), Büchsenmacherei (genossenschaftl. in zahlr. kleineren Produktionsstätten), Fremdenverkehr (26.400 Übern.). – Urk. 1246, alte Waffenschmiedetradition (seit dem 16. Jh.); moderne Pfarrkirche (1969/70); got. Pfarrkirche Glainach; Büchsenmacher- und Jagdmuseum. In der Nähe Tscheppaschlucht.
Literatur: E. Baumgartner, Die Geschichte der Waffenerzeugung in F., Diss., Innsbruck 1953.

FERNBERGER VON EGENBERG, Christoph Carl, * um 1596 Ybbs (NÖ.; ?), † 7. 12. 1653 Brunn a. Gebirge (NÖ.), erster ö. Weltumsegler. Beteiligte sich am Freiheitskampf der Niederlande, erlitt bei der Rückreise nach Ö. Schiffbruch und gelangte nach seiner Rettung auf einem niederländ. Segler als erster Österreicher nach S-Amerika und in den Pazifik; 1624 als Handelsreisender in Hinterindien tätig, ein weiteres Mal schiffbrüchig, wurde er als Sklave an Araber verkauft, konnte sich loskaufen und über Amsterdam und Wien zurückkehren.
Literatur: K. R. Wernhart, C. C. F., 1972.

FERNDORF, Kä., VL, Gem., 560 m, 2492 Ew., 31,41 km², im Unterdrautal zw. Spittal a. d. Drau und Villach. Großes Heraklithwerk (Wärmedämmstoffe), Fremdenverkehr (48.266 Übern.).

FERNITZ, Stmk., GU, Gem., 320 m, 2773 Ew. (1981: 1907 Ew.), 10,58 km², Wallfahrtsort südl. von Graz. – E-Werk, kleiner Tierpark; Kunststofferzeugung, Teigwarengroßhandel. Spätgot. Pfarr- und Wallfahrtskirche Mariatrost (1506–14).

FERNKORN, Anton Dominik von, * 17. 3. 1813 Erfurt (D), † 16. 11. 1878 Wien, Bildhauer. Teilw. autodidakt. Ausbildung in München in der königl. Erzgießerei und bei L. v. Schwanthaler. Vom Gießer J. → Glanz nach Wien berufen. Seine bekanntesten Werke sind die Reiterdenkmäler von Erzhzg. Karl (1853–59) und Prinz Eugen (1860–65) auf dem Wr. Heldenplatz. 1855–58 schuf er in → Aspern ein Denkmal für die 1809 in der Schlacht bei Aspern gefallenen ö. Soldaten (sog. „Löwe von Aspern"). Der auch als Porträtist täti-

Anton Dominik von Fernkorn mit einem Modell der Reiterstatue Erzherzog Karls. Foto, um 1865.

Fernmeldegeheimnis: Nach Art. 10a Staatsgrundgesetz 1867 und Art. 8 der Europ. Menschenrechtskonvention ist das Fernmeldegeheimnis geschützt, Einschränkungen (z. B. Telefonüberwachung) sind nur auf gesetzl. Grundlage unter engen Voraussetzungen zulässig.

Fernmeldewesen, siehe → Post- und Telegraphenverwaltung.

Fernpass, 1216 m, Pass in N-Ti., zw. Oberinntal (Gurgltal) und oberem Loisachtal; scheidet das Mieminger Gebirge von den Lechtaler Alpen; bildet den Scheitel riesiger Schuttmassen eines alten Bergsturzes von der Loreaspitze am Ende der letzten Eiszeit, der den früher nach S führenden Talzug versperrte; in ihnen liegen mehrere kleine, abflusslose Seen (Blind-, Weißen-, Mittersee im NO, Sameranger-, Fernsteinsee im SW). Den Pass benützten schon die Römer als N-S-Übergang („Via Claudia Augusta"); im MA verlief die Handelsstraße Augsburg–Italien über den F., erst durch den wirt. Abstieg Augsburgs verlor der Pass an Bedeutung. Heute Alpenstraße. Auf dem F. Kapelle „Zu den 14 Nothelfern" mit Altar (urk. 1661). Im F.-Bereich Klause Fernstein mit spätgot. Kapelle, Ruine des ehem. Jagdschlosses Sigmundsburg und Überreste der Römerstraße.

Fernschreiber, siehe → Post- und Telegraphenwesen.

Fernsehen: Helmut Zilk feiert im ORF-Studio die 1.000.000. Fernsehanmeldung. Foto, 1968.

Fernsehen, die seit etwa 1935 einsetzbare Technik, bewegte Bilder mittels elektr. Schwingungen von einem Sender zum Empfänger (zurzeit praktisch in alle mit Fernsehempfangsgeräten ausgestatteten Haushalte) zu übertragen. Die Übertragung kann leitungsgebunden (→ Kabelfernsehen) oder drahtlos (terrestrisch bzw. über Rundfunksatelliten) erfolgen. Erste Experimente in Ö. (→ RAVAG) gab es 1928–30, die ersten öffentl. empfangbaren Versuchssendungen 1955. Der reguläre Fernsehbetrieb begann mit dem 1. 1. 1957. F. und Rundfunk sind heute Aufgabe der öffentl. und privaten Fernseh- und Radiosender.

Fernstein, siehe → Fernpass.

Fernstudium, in Ö. seit 1979 unter Nützung der Fernuniv. Hagen (D). Für die ö. Studierenden sind Eurostudienzentren in Bregenz, Steyr und Wien sowie Agenturen in Saalfelden, Bad Goisern, Villach und Deutschlandsberg eingerichtet. Gegenwärtig (2004) werden Studiengänge in Elektrotechnik, Informatik, Mathematik, Kultur- und Sozialwissenschaften, Rechtswissenschaft und Wirtschaftswissenschaft angeboten. Bachelor- und Masterstudiengänge sind geplant.
Literatur: O. Nigsch u. F. Palank, F. in Ö., 1991; J. Pauschenwein (Hg.), Telelernen an ö. Fachhochschulen, 2001.

Ferntrauung, außerordentl. Form der → Eheschließung bei Unmöglichkeit der gleichzeitigen Anwesenheit beider Brautleute vor dem Standesbeamten infolge eines Krieges. Die Möglichkeit einer F. ist durch das Personenstandsgesetz 1983 beseitigt worden.

Fernwärme: Erste Ansätze zu einer F.-Versorgung in Ö. wurden vor dem 2. Weltkrieg geschaffen, 1949 wurde das erste kommunale Fernheizkraftwerk in Klagenfurt in Betrieb genommen, ab 1955 kam es zu einem kontinuierl., raschen Ausbau. Die Steigerungsraten in den letzten Jahrzehnten haben dazu geführt, dass im Jahr 2002 rd. 17 % des ö. Wohnungsbestandes (ca. 549.000 Wohnungen) mit F. versorgt werden. Der höchste Anteil fernwärmeversorgter Wohnungen lässt sich in Wien feststellen, hier werden bereits 1/3 der Wohnungen entsprechend beheizt. Die F-Versorgung wird von Unternehmen mit unterschiedl. Trägerschaft und Rechtsform betrieben. Der weitaus überwiegende Anteil wird von kommunalen Versorgungsunternehmen gedeckt. Der Anteil der Wärmeproduktion aus Kraft-Wärme-Kopplungsanlagen beträgt rd. 66 %.

Ferra-Mikura, Vera (eigentl. Gertrud Mikura, geb. Ferra), * 14. 2. 1923 Wien, † 9. 3. 1997 ebd., Lyrikerin, Erzählerin, Kinder- und Jugendbuchautorin. Schrieb zunächst heitere, dann zunehmend kritisch-pessimistische Gedichte. Ihre Kinder- und Jugendbücher haben oft eine skurril-phantastische, abenteuerl. Handlung. Bekannt sind bes. ihre Geschichten „Unsere drei Stanisläuse" (3 Bde., 1963).
Weitere Werke: Lyrik: Melodie am Morgen, 1948; Die 10 kleinen Negerlein, 1961; Zeit ist mit Uhren nicht meßbar, 1962. – Romane, Kinder- u. Jugendbücher: Riki, 1951; Der Teppich der schönen Träume, 1955; Willi Einhorn auf fremden Straßen, 1958; 12 Leute sind kein Dutzend, 1962; Horoskop für den Löwen, 1982; Die Oma gibt dem Meer die Hand, 1983; Das Denken überlaß nicht den Pferden!, 1986; Mein grüngestreiftes Geisterbuch, 1989; Pusselkram wird Millionär, 1990; Der Spion auf dem fliegenden Teppich, 1991; „Veronika!" „Veronika!" „Veronika!" rufen die Stanisläuse, 1995.

Ferrari-Brunnenfeld, Mario, * 23. 5. 1932 Klagenfurt (Kä.), † 28. 7. 2001 ebd., Arzt und Politiker (FPÖ). 1975–83 Landesparteiobmann in Kä., 1975–83 Kä. Landesrat, 1983–87 Staatssekr. für Gesundheit und Umweltschutz, 1988 Austritt aus der FPÖ; gründete 1992 die „Freie Demokratische Partei Ö." (ab 1996 „Die Demokraten"), deren Ehrenvorsitzender er war.

Ferrari d'Occhieppo, Konradin, * 9. 12. 1907 Leibnitz (Stmk.), Astronom. 1949 Univ.-Doz., 1954–78 Univ.-Prof. für Theoret. Astronomie in Wien.
Werke: Astronomie, 1950; Kunde vom Weltall, 1952; Der Stern der Weisen, 1969; Der Stern von Bethlehem in astronom. Sicht, 1991.

Ferrero-Waldner, Benita Maria, * 5. 9. 1948 Salzburg, Juristin und Politikerin (ÖVP). 1971–83 in der Privatwirt. tätig, ab 1984 im diplomat. Dienst bzw. im Außenmin. tätig. 1994/95 Protokollchefin der Vereinten Nationen in New York, 1995–2000 Staatssekr. im Außenmin., seit 2000 BMin. f. auswärtige Angelegenheiten.
Werke: Die Zukunft der Entwicklungszusammenarbeit, 1999 (Hg.); Kurs setzen in einer veränderten Welt, ²2002.

Ferro, Pasqual Joseph Ritter von, * 5. 6. 1753 Bonn (D), † 21. 8. 1809 Wien, Arzt. Ab 1775 in Wien, bes. bemüht um die Verbesserung der Gesundheitsbedingungen, förderte die Errichtung eines Rettungs- und geordneten Bestattungsdienstes, wandte 1780 erstmals die Kaltwasser-, später die Sauerstoffbehandlung an,

Benita Ferrero-Waldner. Foto.

führte 1799 die erste jennersche Kuhpockenimpfung in Wien durch. Auf ihn geht die Gründung des heutigen → Pathologisch-anatomischen Bundesmuseums zurück.
Werk: Smlg. aller Sanitätsverordnungen für das Erzherzogtum unter der Enns, 2 Bde., 1798/1807.
Literatur: M. Skopec, P. J. Ritter v. F., in: Arzt, Presse, Medizin 1, 1978.

FERSCHNITZ, NÖ., AM, Markt, 276 m, 1601 Ew., 15,54 km², im Ybbstal östl. von Amstetten. – Gewerbebetriebe. Pfarrkirche, mächtiger Renaiss.-Bau (1575) mit spätgot. Teilen, Renaiss.-Denkmälern und Altarbild von M. J. Schmidt (1770); got. Filialkirche in Innerochsenbach, Hallenbau aus der 2. Hälfte des 15. Jh. mit spätgot.-frühbarocker Einrichtung.

Heinrich Freiherr von Ferstel: Erste Bauphase der Wiener Votivkirche. Foto, um 1860.

FERSTEL, Heinrich Frh. von, * 7. 7. 1828 Wien, † 14. 7. 1883 ebd., Architekt. Nach Studien in Wien arbeitete F. 1851–53 im Architekturatelier seines Onkels F. Stache (1814–1895). 1855 gewann F. die Konkurrenz um die → Votivkirche in Wien, die er bis 1879 ausführte. Damit war er schlagartig unter die bedeutendsten Architekten der Ringstraßenzeit aufgerückt. In der Folge entfaltete er eine ausgedehnte, ab 1856 durch seinen Schwager K. Koechlin (1828–1894) unterstützte Bautätigkeit, bei der nach spätromant. Anfängen (Bank- und Börsengebäude, Wien, 1860) dann meist streng historist. Ideale und Neorenaiss.-Formen dominierten. Ab 1866 wirkte er als Prof. am Polytechnikum. Neben etlichen Monumentalbauten (in Wien: Ö. Museum f. Kunst u. Ind., 1871; Chem. Inst. d. Univ. Wien, 1872; Kunstgewerbeschule, 1877; Universität, 1884; Lloydgebäude in Triest, 1883) schuf er v. a. Villen (Villa Wartholz, Reichenau 1872), Wohnhäuser und Palais (Palais Wertheim, 1868; Palais Erzhg. Ludwig Viktor, 1869; beide in Wien). Als Vertreter der Wr. Baukunst kam F. nahezu modellhafter Vorbildcharakter zu. Seine künstlerische Wirkung erstreckte sich über die ganze k. u. k. Monarchie.
Literatur: N. Wibiral, H. v. F. und der Historismus in der Baukunst des 19. Jh., Diss., Wien 1952; ders. u. R. Mikula, H. v. F., 1974.

FERTIGHÄUSER werden in Ö. (mit wenigen Ausnahmen vor dem 2. Weltkrieg) seit Ende der 1940er Jahre erzeugt. Architekten wie R. Rainer, O. Niedermoser und O. Peyer entwickelten Haustypen für den Export. Seit Anfang der 1970er Jahre werden v. a. Typenhäuser für den heim. Markt produziert. Gleichzeitig ist der Marktanteil (2002) auf 33,43 % des Einfamilienhausbaues in Ö. gestiegen, das damit im europ. Spitzenfeld liegt.

Neben den traditionellen Produkten in Holzverbundbauweise entstanden in den letzten Jahren auch F. in Wohnbeton und in Ziegelbauweise. Die bes. wirt. Vorteile von F. liegen in der Möglichkeit der ganzjähr. Erzeugung und darin, dass die Produktionsstätten v. a. in wirt. benachteiligten Gebieten liegen. Zu den größten Betrieben zählen die Firmen Bien-Zenker, Elk, Haas, Hartl und Wolf.

FERTILITÄT, siehe → Geburtenentwicklung.

FERWALLGRUPPE, siehe → Verwallgruppe.

FESSLER, Ignaz Aurelius, * 18. 5. 1756 Zurndorf (Bgld.), † 15. 12. 1839 St. Petersburg (RUS), Kapuziner, Schriftsteller und Historiker. Anhänger Josephs II., Univ.-Prof. in Lemberg; wurde als Freimaurer aus dem Kapuziner-Orden entlassen und trat zum Protestantismus über, 1809 Prof. in St. Petersburg, 1820 evang. Bischof der Wolgadeutschen in Saratow.
Werke: Marc Aurel, 2 Bde., 1790/92; Schriften, 22 Bde., 1809–14; Geschichte der Ungarn und ihrer Landsassen, 10 Bde., 1815–25.
Literatur: P. F. Barton, I. A. F. Vom Barockkatholizismus zur Erweckungsbewegung, 1969; F. Maurice, Freimaurerei um 1800. I. A. F. und die Reform der Großloge Royal York in Berlin, 1997.

FESSLER, Josef, * 2. 12. 1813 Lochau (Vbg.), † 25. 4. 1872 St. Pölten (NÖ.), Bischof und Kirchenrechtler. Ab 1852 Univ.-Prof. für Kirchengeschichte und -recht in Wien; ab 1864 Bischof von St. Pölten. Gen.-Sekr. des 1. Vatikan. Konzils.
Literatur: Kirchenlexikon.

FESTENBURG, Stmk., Burg in der Gem. St. Lorenzen am Wechsel. Von der ma. Burg (urk. 1353) sind Torbau und Teile des Bergfrieds erhalten, im 16./17. Jh. wurde ein Wohntrakt erbaut. Seit 1616 ist Stift Vorau Besitzer der F.; 1707–23 erfolgte der Ausbau mit neuen Trakten; der Palas wurde Kirche, daneben Kalvarienberg mit mehreren Kapellen, wodurch eine Art Gralsburg entstand (Fresken und Gemälde von J. C. → Hackhofer). Auf der F. lebte 1889–1928 O. → Kernstock als Pfarrer und Schriftsteller (Gedächtnisräume).

FESTETICS, Antal, * 12. 6. 1937 Budapest (H), Biologe und Verhaltensforscher. Schüler von K. → Lorenz; ab 1973 Univ.-Prof. und Dir. des Inst. für Wildbiologie und Jagdkunde der Univ. Göttingen, ab 1981 Hon.-Prof. an der Univ. Wien, 1980 Präs. der K.-Lorenz-Ges. für Umwelt und Verhaltenskunde. Verdienste um die Errichtung von Nationalparks in Ö. und Ungarn. Ö. Staatspreis f. Umweltschutz 1988.
Werke: K. Lorenz, 1983; Zum Sehen geboren, 2000 (Hg.). – Zahlr. Veröffentlichungen in Fach-Ztschr., naturwiss. Filme und Fernsehdokumentationen.

FESTNAHME, VORLÄUFIGE: Organe des öffentl. Sicherheitsdienstes dürfen Personen, die einer Straftat verdächtig sind, bei Betretung auf frischer Tat bzw. bei Gefahr im Verzug oder auf richterl. Befehl höchstens 48 Stunden festnehmen, sofern ein Haftgrund (mangelnde Identifizierbarkeit, Fluchtgefahr, Verdunkelungsgefahr, Tatbegehungsgefahr) vorliegt (§ 35 Verwaltungsstrafgesetz, § 177 Strafprozessordnung). Innerhalb bestimmter Fristen ist der Festgenommene zu vernehmen. Bei gerichtlich strafbaren Handlungen ist innerhalb von 48 Stunden ab Einlieferung bei Gericht über eine allfällige Untersuchungshaft zu entscheiden.

FESTSPIELE: Die ersten F. auf ö. Boden waren die Passionsspiele des ausgehenden MA; daran schlossen sich zur Barockzeit Aufführungen der Orden und an den Fürstenhöfen sowie verschiedene aus dem Brauchtum entstandene Volksfeste an. Als Begründer des modernen F.-Gedankens in Ö. des ausgehenden 19. Jh. gilt R. v. Kralik. H. Bahr, H. v. Hofmannsthal und R. Strauss verbanden diese Idee mit dem schon lange bestehenden Plan alljährlicher Mozart-Feste in Salzburg; M.

Heinrich Freiherr von Ferstel. Lithographie von A. Schubert.

Festspiele: „Porgy and Bess" von G. Gershwin auf der Seebühne der Bregenzer Festspiele, Vbg. Foto, 1997.

Ernst Freiherr von Feuchtersleben. Stich von F. Stöber nach J. Danhauser.

Reinhardt verwirklichte sie 1920 mit F. Schalk als → Salzburger Festspiele.

Alljährl. werden eine Reihe von F. und Festwochen abgehalten: *Altenburg* (NÖ.): Sommerspiele; *Amstetten* (NÖ.): Musicalsommer; *Bad Aussee* (Stmk.): Ausseer Kultursommer, Festival der Poesie im Ausseerland; *Baden* (NÖ.): Operettensommer, Beethoventage; *Bad Ischl* (OÖ.): Operettenfestspiele; *Bregenz*: Bregenzer Frühling, → Bregenzer Festspiele; *Eisenstadt*: Haydn-Festspiele; *Friesach* (Kä.): Burghofspiele; *Gmunden*: Festwochen Gmunden; *Graz*: Styriarte, Diagonale, → steirischer herbst, La Strada (Festival für Straßen- und Figurentheater), Graz erzählt; *Grein a. d. D.* (NÖ.): Sommerspiele Grein; *Innsbruck*: Ambraser Schlosskonzerte, Festwochen der alten Musik, Internat. Filmfestival; *Kobersdorf* (Bgld.): Schlossspiele Kobersdorf; *Krems* (NÖ.): → Donaufestival NÖ., Ost-West-Musikfestival; *Laxenburg* (NÖ.): Laxenburger Kultursommer; *Linz*: → Ars Electronica, Pflasterspektakel, Linzer Sommerspiele, Internationales Brucknerfest; *Maria Enzersdorf* (NÖ.): Nestroy-Festspiele auf Burg Liechtenstein; *Melk* (NÖ.): Sommerspiele Melk; *Mörbisch* (Bgld.): Seefestspiele Mörbisch; *Ossiach/Villach* (Kä.): → Carinthischer Sommer; *Reichenau* (NÖ.): Festspiele Reichenau; *Salzburg*: Mozartwoche, Osterfestspiele, Pfingstkonzerte, Salzburger Festspiele, Fest in Hellbrunn, Salzburger Kulturtage; *Schwarzenberg* (Vbg.): Schubertiade; *Spittal a. d. D.* (Kä.): Komödienspiele Porcia; *St. Pölten*: St. Pöltner Festwochen, Musica Sacra; *Stockerau* (NÖ.): Festspiele Stockerau; *Wien*: ImPulsTanz – Festival für zeitgenöss. Tanz, → Wiener Festwochen, KlangBogen Wien, Wien modern (Festival zeitgenöss. Musik), Viennale (Filmfestival), Akkordeonfestival, Wr. Schubertiade, Szene Bunte Wähne (Kindertheater- und -tanzfestival), Literatur im März, Kinderfilmfestival. – Passionsspiele in Kirchschlag (NÖ.), Erl und Thiersee (Ti.), St. Margarethen (Bgld.). Auch zahlr. andere Orte veranstalten Kulturwochen und F., etwa Berndorf (NÖ.), Bisamberg (NÖ.), Gars am Kamp (NÖ.), Klagenfurt, Meggenhofen (OÖ.), Mistelbach (NÖ.), Perchtoldsdorf (NÖ.), Rattenberg (Ti.), Schwechat (NÖ.), Telfs (Ti.) und Wr. Neustadt.

FESTSPIELHAUS, siehe → Salzburger Festspiele.

FESTUNG: Schon in der Urzeit wurden Siedlungen durch Befestigung vor Angriffen geschützt. Im MA erfüllten ummauerte Städte und → Burgen diese Schutzfunktion; eine der mächtigsten ma. F. ist die Feste → Hohensalzburg. Den aufkommenden Feuerwaffen mussten auch die F. angepasst werden (Ausbau in Wien anlässlich der Türkenbelagerungen 1529 und 1683, Graz). Neue F. wurden im 17./18. Jh. angelegt (Theresienstadt, Kufstein, Franzensfeste in S-Ti.). Im 19. Jh. baute Ö. das F.-Viereck Mantua–Peschiera–Verona–Legnano zur Verteidigung der Lombardei aus, vor dem 1. Weltkrieg die F. Przemyśl in Galizien, doch konnten diese die Erwartungen nicht erfüllen. Die 1945 in den letzten Kriegswochen von A. Hitler propagierte „Alpen-F." blieb eine Vision.

FESTWOCHEN, siehe → Wiener Festwochen.

FETZ, Friedrich, * 2. 11. 1927 Schlins (Vbg.), Sportwissenschaftler. Zunächst Lehrer an höheren Schulen, 1954 ö. Meister im Olymp. Zwölfkampf, 1965–68 Univ.-Prof. in Frankfurt a. Main, 1968–96 Univ.-Prof. für Theorie der Leibeserziehung am Inst. f. Sportwiss. in Innsbruck (erster Lehrstuhl dieses Fachgebiets in Ö.), ab 1969 Inst.-Vorstand.

Werke: Allg. Methodik der Leibesübungen, 1961; Leibesübungen für 6- bis 15jährige, 1971; Bewegungslehre der Leibesübungen, 1972; Sensomotorisches Gleichgewicht im Sport, 1987; Sportmotorische Diagnoseverfahren, 1989; Skipionier E. Janner, 1997; Skipionier S. Kruckenhauser, 2000 (mit E. Hagen u. G. Ruedl); Skipionier G. Bilgeri, 2001 (mit G. Kirnbauer).

Literatur: E. Kornexl (Hg.), Spektrum der Sportwissenschaften, 1987.

FEUCHTERSLEBEN, Ernst (Maria Johann Karl) Frh. von, * 29. 4. 1806 Wien, † 3. 9. 1849 ebd., Arzt, Philosoph, Lyriker, Literaturkritiker. Ab 1847 Vizedir. der medizin.-chirurg. Studien an der Univ. Wien; 1848 reformierte er als Unterstaatssekr. das ö. Unterrichtswesen. Sein Gedicht „Es ist bestimmt in Gottes Rat" wurde von F. Mendelssohn-Bartholdy vertont und als Volkslied bekannt. Befreundet mit F. → Grillparzer und F. → Hebbel.

Werke: Gedichte, 1836; Zur Diätetik der Seele, 1838; Almanach der Radierungen, 1844; Lehrbuch der ärztl. Seelenheilkunde, 1845; Geist dt. Klassiker, 10 Bde., 1851 (Hg.). – Ausgaben: Sämtl. Werke, hg. v. F. Hebbel, 7 Bde., 1851–53; Sämtl. Werke und Briefe, Krit. Ausgabe, hg. v. H. Seidler u. H. Heger, 1987 ff.

Literatur: L. Eltz-Hoffmann, F., 1956; H. Seidler, E. Frh. v. F., in: Anzeiger der ö. Akad. d. Wiss. 106, 1969; K. Pisa, E. Frh. v. F. Pionier der Psychosomatik, 1998; H. H. Egglmaier, E. Frh. v. F. als Bildungspolitiker, 2000.

FEUCHTMÜLLER, Rupert, * 5. 8. 1920 Moosbrunn (NÖ.), Kunsthistoriker. Beamter im Nö. Landesmuseum, ab 1973 Dir. des Wr. Dom- und Diözesanmuseums, ab 1965 Univ.-Prof. für Allg. Kunstgeschichte in Graz; Initiator der nö. Landesausstellungen.

Werke: Das Nö. Landhaus, 1949; Die spätgot. Architektur von A. Pilgram, 1951; F. Gauermann, 1962 und 1987; L. Kupelwieser, 1970; Kunst in Ö., 2 Bde., 1972/73; Das Neugebäude, 1976; Sergius Pauser, 1977; Schöngrabern. Steinerne Bibel, 1979; Die Herrengasse, 1982; Der Kremser Schmidt, 1989; F. G. Waldmüller, 1996.

FEUDALISMUS, ein durch persönl. Abhängigkeit, Grundbesitz und Adelsherrschaft geprägtes ges., polit. und wirt. System, verbunden mit der Herrschaft von privilegierten Grundherren über bäuerl. „Untertanen". Der F. endete in Ö. mit der Aufhebung der Grunduntertänigkeit 1848. → Adel.

FEUERBESTATTUNG: Die F. wurde in Ö. 1922 eingeführt, nachdem bereits 1885 Initiativen vonseiten der Bewegung „Die Flamme" eingesetzt hatten. In Wien wurde 1923 gegenüber dem Zentralfriedhof auf den Gründen des Schlosses Neugebäude das Krematorium nach Plänen von C. → Holzmeister (mit Fresken von A. → Kolig) errichtet. Weitere Krematorien wurden u. a. 1927 in Steyr, 1929 in Linz, 1932 in Graz und Salzburg, 1953 in Villach und 1975 in Knittelfeld und St. Pölten erbaut.

Insbes. relig. Gründe verhinderten lange Zeit die allg. Anerkennung dieser Bestattungsart; erst als die röm.-

kath. Kirche 1963 die Vorschriften des Kirchenrechts änderte und 1966 die Erzdiözese Wien die F. der Erdbestattung gleichstellte, nahm die F. langsam zu. Krematorien bestehen in den Städten Graz, Hohenems, Innsbruck, Knittelfeld, Linz, Salzburg, St. Pölten, Steyr, Villach und Wien. 2002 wurden in Ö. 17.059 von insges. 75.387 Verstorbenen (22,6 %) eingeäschert.

Feuerbräuche: Sonnwendfeuer am Kitzbüheler Horn, Ti.

FEUERBRÄUCHE, Entzündung von Holzstößen zu festen Terminen im Jahreslauf. Zu den bekanntesten F. zählen: Weihnachtsfeuer (→ Weihnachtsbräuche) in Ti., Faschingsfeuer (Funkensonntag in Vbg., Holepfannfeuer in S-Ti., beide am 1. Fastensonntag), Osterfeuer (→ Osterbräuche) in Kä., der Stmk., Sbg. (speziell Lungau), Ti., NÖ. und Bgld., Sonnwend- bzw. Johannisfeuer, die in ganz Ö. verbreitet sind, Herzjesufeuer in Ti. sowie Petersfeuer in OÖ. und Sbg. Die zugeschriebene Bedeutung kann kath. Ursprungs sein (Herzjesufeuer, Petersfeuer), oft wird auch ein bes. Wachstum der Natur behauptet. F. werden oft durch Fackelschwingen (→ Scheibenschlagen), Puppenverbrennungen oder Räderrollen erweitert. Mitte August werden sog. Bergfeuer entzündet, um gegen die zunehmende ökolog. Zerstörung des Alpenraums zu protestieren.
Literatur: R. Wolfram, Die Jahresfeuer, 1972. – K. Beitl, Fastnacht und Funkensonntag in Schruns, 1970 (wiss. Film des ÖWF).

FEUERKOGEL, OÖ., 1592 m, Gipfel im Höllengebirge; Seilschwebebahn von Ebensee am Traunsee, Skigebiet, Christophoruskapelle, Wetterstation. Stützpunkte: Berggasthof Edelweiß, Haus Dachsteinblick, Feuerkogelhaus (1550 m).

FEUERSTEIN, Günther, * 21. 10. 1925, Architekt und Architekturtheoretiker. Studierte an der Techn. Hochschule in Wien und war danach Assistent von K. Schwanzer an dieser. Zusammenarbeit mit Gruppen wie → Haus-Rucker-Co, → Coop Himmelb(l)au und Zünd-up. Publikationstätigkeit für Zeitschriften („Bau", „Transparent", „Daidalos"), Architekturkritiker für Zeitungen. 1973–96 Univ.-Prof. für Umraumgestaltung an der Hochschule für Gestaltung in Linz; daneben Lehrtätigkeit an der Akad. d. bild. Künste in Wien und der Techn. Univ. Wien. Befasst sich bes. mit soz. Fragen der Architektur, Revitalisierung und Städtebau.
Werke: Wohnsiedlung Hörsching (OÖ.), 1967–79; Wohngruppe Wien-Hirschstetten, 1985–87 (mit R. Krier u. M. Stein); Revitalisierung Augarten, 1988–95 (Wien, mit E. Göth). – Publikationen: Visionäre Architektur 1958–88, 1988; Androgyne Architektur, 1999; Biomorphic Architecture, 2002.

FEUERWEHR, unter der Aufsicht der Landesregierungen stehende, einheitlich gestaltete und von geschulten Kräften geführte techn. Einrichtung der Gemeinden oder bestimmter Betriebe zur Feuerbekämpfung und Gefahrenabwehr. Das F.- und Brandschutzwesen ist in Gesetzgebung und Vollzug Landessache; die Durchführung wird von den Gem. vollzogen. Die 4557 freiwilligen F. in Ö. mit knapp 300.000 Mitgliedern (Stand 2003) sind entweder als öffentl. rechtl. Körperschaften oder als Einrichtungen der Gem. organisiert. In Gem., in denen es nicht gelingt, eine freiwillige F. zu errichten, wird eine Pflicht-F. bestellt. In den Landeshauptstädten Graz, Linz, Salzburg, Innsbruck und Klagenfurt sowie in der Bundeshauptstadt Wien bestehen Berufs-F. In Betrieben, die einen erhöhten Brandschutz brauchen, wird eine Betriebs-F. (2003: 324) aufgestellt, die auch behördlich vorgeschrieben werden kann. Die Kosten der F. tragen die Gem. bzw. die Betriebe. Alle Landesfeuerwehrverbände sind in der Dachorganisation Ö. Bundesfeuerwehrverband (ÖBFV) zusammengefasst (gegr. 1948). Die Prüfstelle für Brandschutztechnik der ÖBFV Ges. m. b. H. ist eine staatl. akkreditierte Prüf- und Überwachungsanstalt mit Außenstellen in den einzelnen Bundesländern.

Wiener Feuerwehr. Kolorierte Lithographie (Bilderbogen), um 1900.

Im MA lag der Brandschutz in den Händen der Gem., zur Bekämpfung der Brände wurden Innungen und Zünfte verpflichtet. In der ältesten bekannten Feuerordnung von 1086 war der Brandlöschdienst in Meran Aufgabe der Handwerkerzünfte. 1642 führte Innsbruck die Abhaltung einer regelmäßigen „Feuerbeschau" ein. 1685 richtete die Stadt Wien mit einer F.-Zentrale Am Hof die erste Berufs-F. Europas ein. 1780 bzw. 1782 wurden für alle ö. Länder einheitl. Feuerordnungen erlassen. Die organisierte Brandbekämpfung setzte Mitte des 19. Jh. ein; damals errichteten die Turnvereine die ersten F.-Abteilungen, aus denen sich die ersten freiwilligen F. bildeten (1857 Innsbruck, 1861 Krems, 1862 Wr. Neustadt und Hainburg, 1863 St. Pölten und Wels, 1864 Klagenfurt, Steyr und Oberndorf bei Salzburg, 1865 Enns, Bad Ischl, Wien-Pötzleinsdorf, Graz usw.). Sie schlossen sich in den folgenden Jahren zu Bezirks- und Landesfeuerwehrverbänden zusammen, die 1889 den „Ständigen ö. F.-Ausschuss" bildeten (1900 in Ö. F.-Verband, 1917 in Ö. Reichsverband für F.- und Rettungswesen und 1935 in Ö. F.-Verband umbenannt). Die ersten berufsgebundenen Betriebs-F. entstanden mit dem 1813 gegr. Feuerlöschtrupp der Tabakfabrik in Fürstenfeld und 1831 in Schwaz; die Betriebs-F. bildeten 1900–38 einen eig. Verband. Die Aufgaben der F. verlagerten sich in den letzten Jahrzehnten immer stärker auf techn. Einsätze (Verkehrsunfälle, Bergungen, Überflutungen). Auf die Produktion der techn. Ausrüstung haben sich in Ö. die Firmen → Rosenbauer in Leonding (OÖ.), Lohr-Magi-

rus in Kainbach (Stmk.) und Marte in Weiler (Vbg.) spezialisiert. → **Brände**.
Literatur: Fachschriftenreihe für die ö. F., 1848 ff.; Ö. F.-Buch, hg. v. Ö. Bundesfeuerwehrverband, 1952; F. Czeike, Das Feuerlöschwesen in Wien (13.–18. Jh.), 1962; H. Schneider u. a., Das große ö. F.-Buch, 1986; J. Würzelberger, Das Nö. F.-Mus., 1994; H. Valentinitsch u. J. M. Perschy (Red.), F. gestern und heute, Ausst.-Kat., Halbturn 1998.

Feuerwerk, das Abbrennen von pyrotechn. Körpern aus Pulversätzen bei festl. Veranstaltungen. F. waren bereits im 17. Jh. bei höfischen Opernaufführungen üblich und werden heute oft im Rahmen von Festivals und Volksfesten veranstaltet.

Feuilleton (franz. Blättchen), ursprünglich (18. Jh.) eine für die Aufnahme von Anzeigen bestimmte Beilage franz. Zeitungen. Das F. kam mit der 1848 nach franz. Vorbild („La Presse") gegr. Tageszeitung „Die Presse" nach Wien, wo aus der Pflege des leichten und zugleich unterhaltsamen Schreibstils (Feuilletonismus) das typische Wr. F. mit Vertretern wie F. → Kürnberger, L. → Speidel, D. → Spitzer, F. → Schlögl sowie im 20. Jh. bes. P. → Altenberg, V. Auburtin und A. → Polgar entstand. Das F. als Zeitungssparte wurde nach dem 2. Weltkrieg durch den (umfassenderen) Kulturteil ersetzt. In Radio und Fernsehen pflegen Magazinsendungen den feuilletonist. Stil (Feature).
Literatur: W. Haacke, Handbuch des F., 3 Bde., 1951–53.

Emil Fey. Foto, um 1932.

Fey, Emil, * 23. 3. 1886 Wien, † 16. 3. 1938 ebd. (Selbstmord), Politiker (CS), Offizier. 1931 Landesführer des „Wr. Heimatschutzes" (Rivale von E. R. → Starhemberg), 1932–33 Staatssekr. für das Sicherheitswesen; war 1933–35 abwechselnd Vizekanzler, Sicherheits- und Innenmin. der Regierungen Dollfuß und Schuschnigg; war an Auslösung und Niederwerfung der → Februarkämpfe 1934 maßgeblich beteiligt. Ungeklärt ist seine Rolle beim → Juliputsch 1934, bei dem er einige Stunden lang im Bundeskanzleramt in der Gewalt der Putschisten befand. 1935 Präs. der DDSG, im Oktober 1936 Ausschluss aus der Heimwehr.
Literatur: F. Oswald, Die Stellung von Major E. F. in der Politik der 1. Republik und des Ständestaates, 1964.

Feyerabend, Paul Karl, * 13. 1. 1924 Wien, † 11. 2. 1994 Zürich (CH), Philosoph. 1959–90 an der University of Berkeley (USA) und 1979–91 auch an der ETH Zürich. F. entwickelte eine Erkenntnistheorie, die im Gegensatz zum Rationalismus K. → Poppers alle bindenden Regelsysteme ablehnt und auf Spontaneität und Kreativität beruht.
Werke: Das Problem der Existenz theoret. Entitäten, 1960; Knowledge without Foundations, 1962; Problems of Empiricism, 1965; Against Method, 1975 (Wider den Methodenzwang, 1976); Science in a Free Society, 1978 (Erkenntnis für freie Menschen, 1979); Ausgewählte Schriften, 2 Bde., 1978/81; Realism, Rationalism, and Scientific Method, 1981; Problems of Empiricism, 1981 (Probleme des Empirismus, 1981); Farewell to Reason, 1987 (Irrwege der Vernunft, 1989); Three Dialogues on Knowledge, 1991 (Über Erkenntnis, 1992); Killing Time, 1995 (Zeitverschwendung, 1995; Autobiographie); Knowledge, Science and Relativism, 1998.
Literatur: Beyond Reason: Essays on the Philosophy of P. F., hg. v. G. Munevar, 1991; E. Döring, P. K. F. zur Einführung, 1998; M. Oberschelp (Hg.), Absolute P. F., 2002.

Fheodoroff, Nikolaus, * 15. 9. 1931 Villach (Kä.), Musiker. Komponistenausbildung an der Wr. Musikhochschule und Univ., 1964–91 Leiter der Musikabteilung des ORF-Landesstudios Kä.; 1967–91 Leiter des ORF-Kammerorchesters; wichtige Verdienste um den Aufbau des Musiklebens in Kä. (Leiter des Kä. Madrigalchors, seit 1980 Obmann des → Carinthischen Sommers) und um die Kirchenmusik. Sein kompositor. Schaffen wurde durch die Freundschaft mit J. M. → Hauer maßgeblich beeinflusst.

Werke: Orchesterwerke und Kammermusik: 3 Zwölftonspiele, 1968; Streichquartett, 1971; Rhapsodie, 1987; Konzert für Violine, Streichorchester und Pauken, 1994. – Vokalmusik: Dt. Messe, 1972; Maria Saaler Weihnachtsmesse, 1984. – Die singenden Steine, 2002 (Kinderoper). – Schriften.
Literatur: G. Brosche (Red.), Musikal. Dokumentation N. F., Ausst.-Kat., Wien 1997.

Wiener Fiaker. Kolorierte Lithographie (Bilderbogen), um 1900.

Fiaker, Wr. Bezeichnung sowohl für eine 2-spännige nummerierte Lohnkutsche (im Unterschied zu den früheren unnummerierten „Janschky-Wagen" und den einspännigen „Comfortables") als auch für deren Kutscher. Knapp 30 Jahre nach der ersten Lizenz (1693) bürgerte sich der Name „F." ein, übernommen aus Paris, wo schon ab 1662 ein Gastwirt in der Rue de Saint Fiacre solche Lohnkutschen verlieh. Um 1790 gab es in Wien etwa 700, in ihrer Glanzzeit 1860–1908 über 1000 F. Die Kutscher waren oft stadtbekannte Originale, die teilw. auch als Natursänger oder Kunstpfeifer öffentlich auftraten. Berühmt waren der alljährl. F.-Ball (am Aschermittwoch) und die Sängerin → „Fiakermilli", die R. → Strauss in der Oper „Arabella" verewigte. 2004 gab es rd. 20 F.-Unternehmen mit 143 F. (seit 1984 auch Fiakerinnen) für tourist. Stadtrundfahrten. Seit 1998 ist für das Lenken eines F. eine Fahrdienstprüfung erforderlich. F.-Museum in Wien 17.
Literatur: B. F. Sinhuber, Die F. von Wien, 1992.

Fiakermilli. Foto.

Fiakermilli (eigentl. Emilie Demel, * 30. 6. 1848 Chotěboř (CZ), † 13. 5. 1889 Wien, gefeierte Wr. Volkssängerin. Heiratete 1874 den Fiaker L. Demel; bei H. v. → Hofmannsthal als Bühnenfigur in „Arabella" (von R. → Strauss 1933 vertont).

Fiala, Ernst, * 2. 9. 1928 Wien, Automobilkonstrukteur. 1954–63 Versuchsingenieur bei Daimler Benz,

1963–70 Prof. an der Techn. Hochschule Berlin, ab 1970 Leiter des Zentralbereichs Forschung der Volkswagen AG und 1973–88 Vorstandsmitgl. von VW („Vater" des VW-Golf); Honorarprof. an der Techn. Univ. Wien.
Werk: Wachstum ohne Grenzen. Globaler Wohlstand durch nachhaltiges Wirtschaften, 2001 (mit E. Becker-Boost).

Fiala, Hans, * 26. 12. 1875 Weinern (Gem. Groß-Siegharts, NÖ.), † 19. 10. 1928 Wien, Jurist. Bei der Schaffung des Wr. Jugendgerichts und des Jugendgerichtsgesetzes 1928 führend beteiligt; Mitbegründer der Jugendgerichtshilfe.
Literatur: ÖBL.

Fian, Antonio, * 28. 3. 1956 Klagenfurt (Kä.), Schriftsteller. Mitbegründer und 1976–83 Hg. der Literatur-Ztschr. „Fettfleck"; Hörspiele mit W. → Kofler; verfasst v. a. scharfe hintergründige Parodien und Satiren („Schratt", 1992) sowie Dramolette zu aktuellen Themen aus Politik und Kultur.
Weitere Werke: Erzählungen: Einöde. Außen, Tag, 1987; Schreibtische ö. Autoren, 1987 (mit Fotos von N. Korab). – Essays: Es gibt ein Sehen nach dem Blick, 1989; Hölle, verlorenes Paradies, 1996. – Dramolette: Was bisher geschah, 1994; Was seither geschah, 1998; Alarm, 2002. – Lyrik: Üble Inhalte in niedrigen Formen, 2000.

Fibel: a) Bezeichnung für das Lesebuch des Schulanfängers;
b) eine auch als Schmuckstück dienende Nadelkonstruktion aus Metall zum Zusammenhalt der Kleidung; von vor- und frühgeschichtl. Zeit bis ins frühe MA verwendet. Die unterschiedl. F.-Formen dienen zur Datierung archäolog. Funde.

Fichte, anspruchsloser Nadelbaum der Hochebene und im Gebirge (bis 2000 m), liefert gut verarbeitbares, leichtes, tragfähiges Weichholz, daher in der Bauwirt. bevorzugt, ebenso von der Papierind. Seit dem 16. Jh. ist die F. in weiten Gebieten Ö. die wichtigste Waldbaumart, seit dem 19. Jh. wird sie zunehmend in Monokulturen in Herrschafts- und Bauernwäldern gepflanzt.

Fichtel, Leopold von, * 1770 Hermannstadt (Sibiu, RO), † 18. 3. 1810 Wien, einer der Begründer der Mikropaläontologie in Ö. Sammelte auf mehreren Reisen (Europa, Ostindien) für das „Hofnaturalien-Cabinett" Muscheln, Schnecken und Insekten, erwarb im Auftrag des Kaisers 210 Gegenstände aus der Smlg. James Cook in London.
Werk: Testacea microscopica, 1798 (mit J. P. C. von Moll).
Literatur: F. Rögl, L. v. F. und J. P. C. von Moll und ihre wiss. Bedeutung, in: Annalen des Naturhist. Museums in Wien, 1982.

Fichtenau, Heinrich, * 10. 12. 1912 Linz (OÖ.), † 15. 6. 2000 Wien, Historiker. Univ.-Prof. in Wien. 1962–83 Vorstand des → Instituts für Österreichische Geschichtsforschung.
Werke: Grundzüge der Geschichte des MA, 1948; Urkundenbuch zur Geschichte der Babenberger, 1950 (Mit-Hg.); Arenga, 1957; Von der Mark zum Herzogtum, 1958; Der junge Maximilian, 1958; Ketzer und Professoren, 1992.

Fichtner, Carl Albrecht, * 7. 6. 1805 Coburg (D), † 19. 8. 1873 Bad Gastein (Sbg.), Schauspieler. 1824 von J. → Schreyvogel ans Wr. Burgtheater geholt (Mitgl. 1824–65); bes. Erfolge im Konversationsstück und als Charakterschauspieler in klass. Rollen; ab 1841 auch Regisseur. F. und seine Frau Elisabeth F.-Koberwein (1809–1887) zählten unter H. → Laubes Direktion zu den Stützen des Burgtheater-Ensembles.
Literatur: E. Bauernfeld, Zum Abschied an C. F., 1865; G. v. Czartoryski, C. F. Eine Skizze seines Lebens und künstlerischen Wirkens, 1865.

Ficker, Heinrich von, * 22. 11. 1881 München (D), † 29. 4. 1957 Wien, Meteorologe, Geophysiker; Sohn von Julius v. → Ficker, Bruder von Ludwig v. → Ficker und Rudolf v. → Ficker. Univ.-Prof. in Graz, 1923 Prof. für Meteorologie an der Univ. Berlin, ab 1937 Univ.-Prof. in Wien und 1937–53 Dir. der → Zentralanstalt für Meteorologie und Geodynamik. 1946–51 Präs. der Ö. Akad. d. Wiss., unternahm Ballonfahrten in den Alpen und Forschungsreisen in den Kaukasus und nach Zentralasien.
Werke: Wetter und Wetterentwicklung, 1932; Föhn und Föhnwirkungen, 1943.
Literatur: NDB.

Ficker, Julius von, * 30. 4. 1826 Paderborn (D), † 10. 7. 1902 Innsbruck (Ti.), Historiker; Vater von Heinrich v. → Ficker, Ludwig v. → Ficker und Rudolf v. → Ficker. 1852–79 Univ.-Prof. in Innsbruck, dann Privatgelehrter. Lehrer mehrerer bed. Historiker (E. → Ottenthal, E. → Mühlbacher, O. → Redlich), leitete die „Regesta Imperii", wurde durch seine Kontroverse mit H. v. Sybel über die Kaiserpolitik des MA bekannt. Mitgl. mehrerer Akad. d. Wiss.
Werke: Vom Reichsfürstenstand, 2 Bde., 1861–1923 (Bd. 2 in 3 Teilen); Vom Heerschilde, 1862.
Literatur: ÖBL.

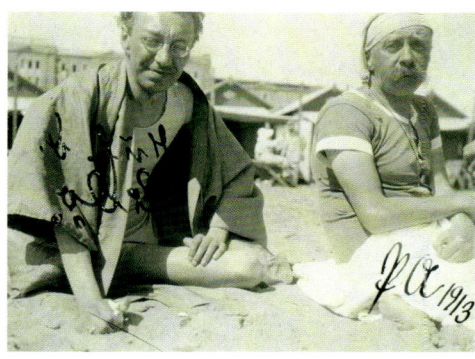

Ludwig von Ficker (links) mit P. Altenberg am Lido di Venezia. Foto, 1913.

Ficker, Ludwig von, * 13. 4. 1880 München (D), † 20. 3. 1967 Innsbruck (Ti.), Schriftsteller, Verleger, Essayist; Sohn von Julius v. → Ficker, Bruder von Heinrich v. → Ficker und Rudolf v. → Ficker. Gründete 1910 die anfänglich expressionistisch orientierte Kultur-Ztschr. „Der → Brenner", die K. Kraus als die „einzige ehrliche Revue Ö. und Deutschlands" bezeichnete. Förderte und publizierte das Werk seines Freundes G. → Trakl, stand auch L. → Wittgenstein und R. M. → Rilke nahe. Sonderpreis des Ö. Staatspreises 1959, Ö. Ehrenzeichen f. Wiss. u. Kunst 1966.
Werke: Studien über K. Kraus, 1913; Denkzettel und Danksagungen. Reden und Aufsätze, hg. v. F. Seyr, 1967; Briefwechsel 1909–67, 4 Bde., 1986–96.

Ficker, Rudolf von, * 11. 6. 1886 München (D), † 2. 8. 1954 Igls (Ti.), Musikwissenschaftler; Sohn von Julius v. → Ficker, Bruder von Heinrich v. → Ficker und Ludwig v. → Ficker. Studierte bei G. → Adler in Wien, ab 1923 Univ.-Prof. in Innsbruck, ab 1927 in Wien, ab 1931 in München. Mitarbeiter der → „Denkmäler der Tonkunst in Österreich", arbeitete v. a. an der Wiederbelebung ma. Musik (Aufführungen in der Burgkapelle in Wien); große Verdienste um die Erforschung und Edition der „Trienter Codices".
Literatur: NDB.

Fickert, Auguste, * 25. 5. 1855 Wien, † 9. 6. 1910 Maria Enzersdorf (NÖ.), Sozialreformerin und Frauenrechtlerin. Gründete 1893 den linksgerichteten „Allg. ö. Frauenverein" (→ Frauenbewegung), 1895 die 1. ö. Rechtsschutzstelle f. unbemittelte Frauen; initiierte die Bau- und Siedlungsgenossenschaft „Heimhof" zur

Auguste Fickert. Radierung von E. Hrncyrz.

Schaffung von Wohnmöglichkeiten für berufstätige Frauen und deren Familien. F. bemühte sich v. a. um das Wahlrecht für Frauen, setzte die Bildung weibl. Berufsvertretungen und die Zulassung von Frauen zum Hochschulstudium durch.
Publikationen: „Dokumente der Frauen", Halbmonatsschrift, hg. v. A. F., R. Mayreder u. M. Lang, 1899–1902.
Literatur: R. Flich, Der Fall A. F. – Eine Lehrerin macht Schlagzeilen, in: Wr. Geschichtsblätter 45, 1990.

Ficquelmont, Karl Ludwig Graf, * 23. 3. 1777 Schloss Dieuze b. Nancy (F), † 7. 4. 1857 Venedig (I), Diplomat und Politiker. Ab 1793 ö. Offizier, 1815–39 Diplomat in Stockholm und St. Petersburg, ab 1840 Minister, ab 20. 3. 1848 Außenminister, 4. 4.–4. 5. 1848 Min.-Präs. Verfasste dann mehrere polit. Werke.
Werke: Deutschland, Ö. und Preußen, 1851; Lord Palmerston, England und der Kontinent, 2 Bde., 1852; Rußlands Politik und die Donaufürstentümer, 1854.
Literatur: ÖBL; NDB.

Fideikommiss, eine auf rechtsgeschäftl. Stiftung beruhende Bindung des Familiengutes. Adeliges Familienvermögen (meist Grund und Boden) sollte ungeteilt in der Hand eines Familienmitgl. bleiben, der Inhaber des F. bei Verfügungen unter Lebenden und von Todes wegen beschränkt sein. Ziel war die Sicherung der soz. Stellung und der vermögensrechtl. Grundlage für die Familie über Generationen hinweg. Das F. wurde in Ö. 1919 abgeschafft.

Fidelis, Hl. (eigentl. Markus Roy), Fest 24. Apr., * 1577 Sigmaringen (D), † 24. 4. 1622 Seewis i. Prättigau (Graubünden, CH), 2. Landespatron von Vbg., urspr. Jurist, Kapuzinerprediger der Gegenreformation in Feldkirch 1519–21, dabei in Seewis erschlagen, 1746 heilig gesprochen. Sein Haupt ruht in der Kapuzinerkirche Feldkirch.
Literatur: R. Schell, F. von Sigmaringen 1577–1977, 1977.

Fieberbrunn, Ti., KB, Markt, 790 m, 4180 Ew., 76,33 km², zweisaisonaler Fremdenverkehrs- und Kurort (484.780 Übern.) im Tal der Fieberbrunner Ache, nahe der Grenze zu Sbg. – Moorbad Lauchsee, zahlr. Lifte und Gondelbahnen. Wirt. Mischstruktur von Dienstleistungen (bes. Beherbergungs- und Gastgewerbe, Handel) und Produktion: Erzeugung von Gesundheitsschuhen, Plüschtieren, pharmazeut. Werk, Holzverarbeitung, Schlosserei und Kunstschmiede; Zentralauslieferungslager für Gesundheitssandalen, Magnesitbergbau (Revier Bürgl 1959–72, Revier Weißenstein seit 1972; Verhüttung in Nachbargem. → Hochfilzen; → Veitsch-Radex GmbH). – Vom 16. bis zum 19. Jh. bedeutender Bergbau (Eisenerz); Pfarrkirche (1689, 1854/55 und 1954/55 vergrößert und umgestaltet, 1984 renoviert), Schlosshotel Rosenegg, bestehend aus Alt-Rosenegg (1553, ehem. Sitz adeliger Gewerken) und Neu-Rosenegg (1634); sog. „Fieberbrunnen" mit Denkmal der → Margarete Maultasch, die hier der Sage nach Heilung fand.
Literatur: G. Haberl (Hg.), 1000 Jahre F. in Ti., 1949; W. Köfler u. a., F. Geschichte einer Ti. Marktgem., 1979.

Fiebiger, Josef, * 7. 2. 1870 Odrau (Odry, CZ), † 9. 4. 1956 Wien, Tiermediziner. Univ.-Prof. an der Tierärztl. Hochschule in Wien, Spezialist auf dem Gebiet der Pathologie der Fische.
Werke: Die tierischen Parasiten der Haus- und Nutztiere sowie des Menschen, 1923; Histologie und vergleichende mikroskop. Anatomie der Haustiere, 1941 (mit A. Trautmann).

Fiedler, Franz, * 17. 3. 1944 Wien, Jurist. Nach Tätigkeit als Richter und Staatsanwalt 1980 Sekr. des ÖVP-Parlamentsklubs, 1986–92 Vizepräs. des ö. → Rechnungshofs, 1992–2004 dessen Präs.
Werk: Die staatspolit. Funktion des Rechnungshofes, 1994.

Fielhauer, Helmut Paul, * 8. 10. 1937 Wien, † 5. 2. 1987 ebd., Volkskundler, Kulturwissenschaftler und Museologe. 1977–87 Univ.-Prof. in Wien; vertrat eine krit., soz. engagierte Volkskunde. Seine Hauptarbeitsgebiete umfassen Arbeitervolkskunde, Brauch- und Großstadtforschung sowie kulturwiss. Ausstellungs- und Museumswesen.
Werke: Volkskunde als demokrat. Kulturgeschichtsschreibung, 1987; Von der Heimatkunde zur Alltagsforschung, 1988.
Literatur: D. Kramer, Lebensgeschichte und Wiss. Zum wiss. Erbe von H. P. F., in: Schweiz. Archiv f. Volkskunde 85, 1989.

Fierbich, Franz P., * 9. 5. 1879 Wien, † 24. 2. 1935 ebd., Wienerlied-Komponist. Bestimmte über 20 Jahre lang die Richtung des → Wienerlieds. Verfasste zumeist selbst die Texte zu seinen Liedern.
Werke: O du lieber, alter Steffel; Draußt in Nußdorf; Das silberne Kanderl. – Das Weanalied, 1907.

Figaro, Der, liberales, humorist. Wochenblatt in Wien (1857–1919), begründet von Karl Sitter, dem 1884–89 L. → Anzengruber als Leiter folgte.

Figdor, Albert, * 16. 5. 1843 Baden (NÖ.), † 22. 2. 1927 Wien, Bankier und Kunstsammler. Trug eine der bedeutendsten ö. Privatsammlungen vor dem 2. Weltkrieg zusammen (Schwerpunkt Kunstgewerbe); eine Schenkung an das neu eröffnete Kunsthist. Museum in Wien 1891 kam nicht zustande, später vererbte er die Bestände nach Heidelberg; nach Versteigerungen in Wien und Berlin 1930 gelangte nur ein kleiner Teil in Wr. Museen.
Literatur: Die Smlg. Dr. A. F., Auktionskatalog, 5 Bde., Wien/Berlin 1930; ÖBL; NDB.

Albert Figdor. Foto.

Figdor, Wilhelm, * 11. 3. 1866 Wien, † 27. 1. 1938 ebd., Pflanzenphysiologe. Univ.-Prof. in Wien; gründete 1906 mit L. v. Portheim und H. → Przibram die biolog. Versuchsanstalt im Prater, das sog. Vivarium (1906–45).
Literatur: ÖBL.

Figl, Leopold, * 2. 10. 1902 Rust i. Tullnerfeld (NÖ.), † 9. 5. 1965 Wien, Agraringenieur und Politiker (ÖVP). 1934–38 Dir. des Nö. Bauernbundes, 1938–43 im KZ Dachau, 1944/45 im KZ Mauthausen inhaftiert. 1945 Mitbegründer, 1945–52 Bundesparteiobmann der → Österreichischen Volkspartei, 1945 Landeshauptmann von NÖ. und Staatssekr. der Prov. Regierung Renner, 1945–53 Bundeskanzler, 1953–59 BMin. für Äußeres, 1959–62 1. Präs. des NR, 1962–65 Landeshauptmann von NÖ. Populärer, volkstüml. Politiker; machte sich nach 1945 um die staatl. Einheit, den wirt. Wiederaufbau und die Unabhängigkeit Ö. verdient. Ein Befürworter der polit. Zusammenarbeit aller Lager, musste er 1953 nach innerparteil. Kritik an zu großer Kompromissbereitschaft gegenüber dem Koalitionspartner SPÖ das Amt des Bundeskanzlers abgeben. Als BMin. für Äußeres unterzeichnete er 1955 den → Staatsvertrag.
Literatur: S. Seltenreich, L. F., Dokumentation einer Erinnerung, 3 Bde., 1985–87; E. Trost, Figl von Ö., ⁶1992; P. Pelinka, Ö. Kanzler. Von L. F. bis W. Schüssel, 2000.

Leopold Figl. Porträt von R. Fuchs, 1966.

Filek-Wittinghausen, Egid Edler von (auch E. Witting), * 18. 1. 1874 Wien, † 20. 4. 1949 ebd., Lehrer und Schriftsteller. Schrieb Romane zu aktuellen Zeitthemen sowie hist. Romane und Novellen; weite Verbreitung fanden seine Schul- und Wanderbücher; leitete 1898–1908 die Jugend-Ztschr. „Gaudeamus".
Werke: Mein Frühling, 1900; Ein Narr des Herzens, 1911; Mimis Versorgung, 1913; Wachtmeister Pummer, 1918; Stadt in Not, 1933; Novellen um Grillparzer, 1948.
Literatur: M. Reitter, E. F.-W., Diss., Wien 1949.

Fillitz, Hermann, * 20. 4. 1924 Wien, Kunsthistoriker. 1965–67 Leiter des Ö. Kulturinst. in Rom, 1967–74

Univ.-Prof. für Kunstgeschichte in Basel und 1974–94 in Wien; 1982–90 Erster Dir. des Kunsthist. Museums.
Werke: Die Insignien und Kleinodien des Hl. Röm. Reiches, 1954; Die Schatzkammer in Wien, 1964; Propyläen-Kunstgeschichte, Bd. V, MA I, 1969; Die Ö. Kaiserkrone und die Insignien des Kaisertums Ö., ²1973. – Hg.: Der Traum vom Glück. Die Kunst des Historismus in Europa, Ausst.-Kat., 2 Bde., 1996; Geschichte der bildenden Kunst in Ö., 6 Bde., 1998–2003.
Literatur: M. Pippal (Hg.), Festschrift für H. F. zum 70. Geburtstag, 1994.

Film: Wanderkino-Unternehmen L. Geni. Foto, um 1900.

FILM: Ab 27. 3. 1896 wurden Aufnahmen der Brüder Lumière in Wien vorgeführt, zunächst in der franz. Botschaft, dann öffentl. in Wien 1, Kärntner Str. 45. Die kurzen → Dokumentarfilme von ein paar Minuten Länge erweckten nicht nur Aufmerksamkeit beim zahlenden Publikum (darunter am 17. 4. 1896 auch Ks. Franz Joseph), sondern animierten auch ö. Experimentierfreudige zur Stummfilmproduktion als neuer Kunst. Zunächst wurden ausländ. F. von Wanderkinos (darunter J. Agostini, J. Bläser, L. u. A. Geni, K. Lifka) und einigen ständigen Kinos (1903 gab es 3 in Wien) präsentiert; 1908 gilt als Geburtsjahr des ö. Spielfilms, als der Fotograf A. → Kolm gem. mit dem Schauspieler H. Hanus den nicht mehr erhaltenen Streifen „Von Stufe zu Stufe" hergestellt haben soll. Die von Kolm 1910 gegr. „Erste Ö. Kinofilm-Ind." (später „Wr. Kunstfilm-Ind. Ges. m. b. H.") drehte den ersten ö. → Dokumentarfilm, die erste ö. Wochenschau sowie Spielfilme (u. a. „Die Ahnfrau", 1910; „Der Müller und sein Kind", 1911). Stars des Stummfilms waren C. Cartellieri, L. Haid, A. Milety und M. Sonja. Der bekannteste Filmpionier war der böhm. Adelige A. → Kolowrat-Krakowsky, der 1913 mit seiner → „Sascha-Film" in Wien den ersten Großfilm, „Der Millionenonkel" mit A. Girardi (Regie: H. Marischka), produzierte. 1916 ließ er in Wien-Sievering das erste Großatelier erbauen. In seiner Ära kamen u. a. F. Freisler, K. Hartl, W. Reisch und G. Ucicky zum F. Inspiriert durch C. B. de Milles Arbeiten in den USA begann Kolowrat in den 20er Jahren mit einigen Monumentalprojekten, u. a. „Sodom und Gomorrha" (1922) und „Die Sklavenkönigin" (1924), Regie führte jeweils M. Kertesz. Die Sascha-F. bemühte sich um Absatzmärkte in den USA und den Gebieten der ehem. ö.-ungar. Monarchie (Bosna in Belgrad, Radius in Budapest, Petef in Warschau, Slavia in Prag, Doria in Bukarest). Durch die Übernahme einer Vertretung der Paramount in Ö. 1918 bildeten sich die ersten Berufsvereinigungen (Regisseure, Operateure, Darsteller).

1919 wurde die Vita-Film-AG gegründet, im selben Jahr begann der Bau der Rosenhügel-Studios, 1922 entstanden neue Ateliers (Listo F.-Atelier, Schönbrunner Atelier, Astoria, Dreamland Atelier). 1923 verhinderte die Inflation den Absatz der F., die Vita-Film musste schließen. Der Überflutung des Markts mit ausländ. F. (1925 waren es 1200) wurde mit einer Kontingentierung (1926) entgegengetreten. 1925 geriet die F.-Ind. in eine schwere Krise, die durch die Etablierung des Ton-F. zunächst noch verschärft wurde. Im Juni 1928 wurden in der Wr. Urania erste Kurztonfilme dokumentarischen Inhalts vorgeführt, ein Jahr später hatte am 23. August in Graz die erste ö. Tonfilmproduktion Premiere („G'schichten aus der Stmk." von H. O. Löwenstein). Um die Produktion von Ton-F. durchzuführen, liierte sich die Sascha 1930 mit der Tobis zur Sascha-Tobis-Film. 1933 prägte W. Forst mit „Leise flehen meine Lieder" einen neuen Stil, den Wr. Musik-F., der dem Ton-F. zur Hochblüte verhalf („Maskerade", 1934; „Bel Ami", 1939; „Operette", 1940 u. v. a). 1934 wurde die Kontingentierung neu geregelt, danach mussten die Tobis-Sascha-Wochenschau und ö. Kultur-F. obligatorisch gezeigt werden. Die eigenständige ö. F.-Produktion fand im März 1938 durch den „Anschluss" ein Ende.

Film: P. Wessely und A. Wohlbrück in „Maskerade". Foto, 1934.

Von den Höhepunkten der Stummfilmära bis in die 1960er Jahre (z. T. auch danach) setzte der ö. F. immer wieder auf den Ausstattungs-F., bei dem Architekten wie A. Berger, J. v. Borsody, F. Jüptner-Jonstorff, H. Ledersteger und W. Schlichting sowie Kostümbildner wie F. Adlmüller, L. Bei, C. Flemming, Gerdago, L. Hofer und E. Kniepert in einer Mischung aus hist. Genauigkeit und phantasievoller Überzeichnung vergangene Epochen zitierten, Akzente in der zeitgenöss. Mode setzten oder deren Trends miteinbezogen.

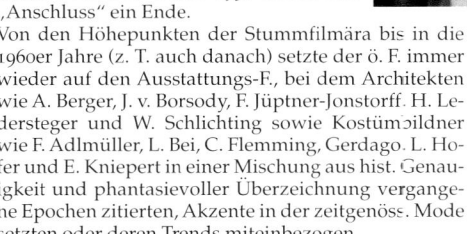

Film: G. W. Pabst, J. Schildkraut, F. Lang, P. Lorre und E. v. Stroheim in Hollywood. Foto, 1934.

Film: Szene aus „Sodom und Gomorrha". Foto, 1922.

Aufgrund politischer und rassistischer Verfolgung durch den Nat.-Soz., in geringerem Maß auch aus Karrieregründen gingen in den 1930er Jahren viele ö. Filmschaffende in die Emigration, etwa die Regisseure P. Czinner, F. Lang, O. Preminger, J. v. Sternberg, E. v. Stroheim, W. Reisch, B. Wilder und F. Zinnemann oder die Schauspieler L. Askin, O. Homolka, P. Lorre, C.

Mayer, L. Rainer und A. Wohlbrück, der Cartoonist M. Fleischer sowie die Musiker E. W. Korngold, M. Steiner und R. Stolz. Aus unterschiedl. Motiven kehrten zahlr. Emigranten nicht mehr nach Ö. zurück.

Die ö. Ateliers wurden in der neu gegr. → Wien-Film zusammengefasst, die zu einer der produktivsten F.-Firmen des Dritten Reichs wurde. Ö. Themen dominierten, die Handlung spielte, typisch für das Genre des „Durchhaltefilms", zumeist in der Vergangenheit („Unsterblicher Walzer", 1939; „Brüderlein fein"; „Wen die Götter lieben"; „Wiener Blut", 1942). Mit der alliierten Besetzung Ö. 1945 wurden die Ateliers beschlagnahmt. 1946 markierte den Neubeginn der ö. Filmindustrie. Die F. bis zum Ende des 2. Weltkriegs waren häufig von Stars wie H. Moser, A. und P. Hörbiger, P. Wessely, H. Holt u. a. getragen und thematisierten zwischenmenschl. Beziehungen und liebenswerte Exzentriker meist in heiterer Form aus dem Blickwinkel der bürgerl. Welt (nicht selten vergangener Epochen). Die Nachkriegszeit setzte diese Tradition zunächst fort. Neben einer ausgeprägten Welle von → Heimatfilmen, die vom Wald- und Berggenre („Echo der Berge – Der Förster vom Silberwald", 1954) bis zu hist. Themen in operettenhaftem Schema (E. Marischkas „Sissi-Trilogie", 1955–57 mit R. Schneider und weitere k. u. k.-Filme) reichten, behandelte man auch die aktuelle Zeitsituation, von einer Aufarbeitung der jüngsten Vergangenheit („Der Engel mit der Posaune", 1948, Regie: K. Hartl; „Der letzte Akt", 1955, Regie: G. W. Pabst) bis hin zu neuen soz. Problemen unterschiedlichster Art („Wienerinnen", 1952; „Flucht ins Schilf", 1953, beide unter der Regie von K. Steinwendner; „Moos auf den Steinen", 1968, Regie: G. Lhotsky).

Eine Reihe von F.-Preisen wurde geschaffen, u. a. der „Sascha-Pokal" für Spielfilme, der Kulturfilmpreis für Dokumentar-F., weiters Prämiierungen für Werbe-F. und die „Goldene Feder" (ab 1954, ein Kritikerpreis an den Regisseur des „F. des Jahres"). Die Interessen- und Berufsvertretungen wurden neu geordnet, der Unterrichts-F. wurde ins Leben gerufen. Die Filmkrise in den 1960er Jahren versuchte man in Ö. durch die Gründung der Stadthallen-Produktionsges. auszugleichen, der Versuch begann 1961, endete 1966 und brachte unterschiedlichste Produktionen hervor, u. a. „Unsere tollen Tanten" (1961), „Der letzte Ritt nach Santa Cruz" (1964) und „Der Kongreß amüsiert sich" (1966).

Nach 1968 setzte in der ö. F.-Geschichte eine vielseitige und uneinheitl. Entwicklung ein. Neben F. Antels kommerziellen und populären Unterhaltungs-F. (z. B. seine „Wirtinnen"-Serie in den 60er und 70er Jahren) etablierten sich zwar bis in die 90er Jahre ö. Regisseure (u. a. „Kassbach", 1979, Regie: P. Patzak; „Der 7. Kontinent", 1979, Regie: M. Haneke; „Der Schüler Gerber", 1981, Regie: W. Glück; „Müllers Büro", 1986, Regie: N. List; „Weiningers Nacht", 1990, Regie: P. Manker; „Exit II", 1995, F. Novotny), von einem spezifisch ö. F. konnte aber lange Zeit nicht gesprochen werden. In den 1990er Jahren etablierte sich der sog. Kabarett-F. als Kassenschlager. Große Erfolge verzeichneten u. a. „Indien" (1993, Regie: P. Harather) und die von H. Scheritz inszenierten F. „Muttertag" (1993), „Freispiel" (1995), „Hinterholz 8" (1998), „Wanted" (1999) oder „Poppitz" (2002), in denen bekannte ö. Kabarettisten wie A. Dorfer, L. Resetarits, J. Hader und R. Düringer die Hauptrollen spielten.

In den letzten Jahren erlebte die ö. F. einen künstlerischen und kommerziellen Aufschwung und sorgte auch auf internationalen Festivals für Aufsehen, etwa durch die Regisseure B. Albert („Nordrand", 1999; „Böse Zellen", 2003), A. M. Dusl („Blue Moon", 2002), M. Haneke („Code inconnu", 2000; „Die Klavierspielerin", 2001; „Wolfzeit", 2003), W. Murnberger („Komm, süßer Tod", 2000) und U. Seidl („Hundstage", 2001; „Jesus, du weißt", 2003) oder durch die Avantgarde-Filmemacher M. Arnold („Alone. Life Wastes Andy Hardy", 1998; „Deanimated", 2002), P. Tscherkassky („Outer Space", 1999; „Dream Work", 2002) und V. Widrich („Fast Film", 2003).

Literatur: W. Fritz, Kino in Ö. Der Stummfilm 1896–1930, 1981; ders., Kino in Ö. 1945–83, 1984; ders., Kino in Ö. Der Tonfilm 1896–1945, 1991; A. Loacker, Anschluß im 3/4-Takt, 1999; ders. (Hg.), Unerwünschtes Kino, 2000; H. Scheugl, Erweitertes Kino, 2002; P. Langl, K.-G. Straßl u. C. Zoppel, Film made in Austria, 2003.

FILMFÖRDERUNG: Wichtigstes Instrument der F. in Ö. ist das 1981 eingerichtete Ö. Filminstitut (bis 1993 „Ö. Filmförderungsfonds"). Danach kann jedem professionell konzipierten, selbst produzierten ö. Kino- oder Fernsehfilm eine F. gewährt werden. In der Novelle zum F.-Gesetz (1998) sind u. a. folgende Ziele der F. genannt: die Herstellung, Verbreitung und Verwertung ö. Filme zu unterstützen und dadurch die Wirtschaftlichkeit und Qualität des ö. Filmschaffens zu steigern; die Zusammenarbeit zw. Film und Fernsehen zu fördern, fachlich-organisator. Hilfestellung zu gewähren und an der Harmonisierung von F.-Maßnahmen von Bund und Ländern mitzuwirken.

Literatur: G. Ernst u. G. Schedl, Nahaufnahmen. Zur Situation des ö. Kinofilms, 1992; P. Pfann, F. in Ö., Dipl.-Arb., Wien 2003.

FILMINSTITUTIONEN: Seit 1929 wurden in der Ö. Nat.-Bibl. Filmbestände gesammelt, die 1931 im von J. Gregor gegr. Archiv für Filmkunde verwahrt wurden (Bestandteil der Theater-Smlg.). Die von W. Kolm-Veltée gegr. Schule für Filmgestaltung und Fernsehen und das 1960 von Winge an der Akad. d. bild. Künste in Wien errichtete Seminar für Film und Fernsehen wurden 1963 in der Schule für Film und Fernsehen an der Akad. für Musik und darst. Kunst in Wien vereinigt (seit 1970 Abteilung Film und Fernsehen an der Hochschule für Musik und darst. Kunst). 1934–38 bestand das Inst. für Filmkultur als Einrichtung des Unterrichtsministeriums.

Seit 1949 werden Vorlesungen über Filmwiss. und -theorie am Inst. für Theaterwiss. der Univ. Wien (später auch an den Univ. von Innsbruck, Salzburg und Klagenfurt) gehalten. Film als Werbemittel behandelte man an der Hochschule für Welthandel in Wien. Die Ö. Ges. für Filmwiss. und Kommunikationsforschung koordiniert alle filmwiss. Bestrebungen. 1955 wurde das Ö. Filmarchiv (Wien, Laxenburg) von L. Gesek als Sammelstätte für ö. Spiel-, Dokumentar- und Wochenschaufilme samt allen mit dem Medium Film zusammenhängenden Materialien gegr., 1964 das Ö. Filmmuseum (von P. Kubelka und P. Konlechner), das v. a. Retrospektiven von internat. Filmklassikern und → Avantgardefilmen veranstaltet. Der Medienservice des BM f. Bildung, Wiss. und Kultur (ehem. „Bundesstaatl. Hauptstelle für Lichtbild und Bildungsfilm", S.H.B.-Film, gegr. 1945) stellt audiovisuelle Medien für den Unterricht bereit. Militär. Pendant dazu ist die „Heeresbildstelle". Die Aktion „Film Ö." (früher: „Der gute Film") verfolgte ab 1956 das Ziel regelmäßiger Aufführung internat. Spitzenfilme sowie höheres Niveau bei inländ. Produktionen, wurde aber 1997 aufgelöst. Die Eigenproduktion ö. Kino- und Fernsehfilme wird seit 1981 durch den Ö. Filmförderungsfonds bzw. seit 1993 durch das Ö. Filminstitut gefördert (→ Filmförderung).

Weitere Institutionen: Ges. der Filmfreunde Ö.; Ö. Ges. für Filmwiss., Kommunikations- und Medienforschung (seit 1952); Synema (vormals: Ges. für Filmtheorie); Inst. für Audio-Visuelle Kommunikation; Fachverband d. Audiovisions- u. Filmind. in der Wirt.-Kammer Ö.; Filmfonds Wien; Austrian Film Commission; Drehbuchforum Wien; Ö. Verband Film- und Videoschnitt; Verband ö. Filmausstatter; Verband ö. Kameraleute; Drehbuchverband AUSTRIA; Verband ö. Filmschauspieler; Ö. Regie-Verband-TV; dok.at – Interessengemeinschaft ö. Dokumentarfilmschaffender; Verband der Filmregisseure Ö.; Verband der ö. Filmjournalisten; verschiedene Verwertungsgesellschaften. Filmfestivals in Ö.: Viennale in Wien; Diagonale und Bergfilmfestival in Graz; Internat. Film Festival Innsbruck; Alpinale in Nenzing (Vbg.).

FILMTECHNIK, v. a. in ihren Anfängen wesentl. von ö. Entwicklungen mitgestaltetes Anwendungsgebiet der Technik. Das von S. Stampfer 1832 erfundene Stroboskop vermittelte einen Eindruck bewegter Bilder. Der von F. Uchatius 1846 konstruierte Bildwerfer ermöglichte mehreren Personen gleichzeitig solche Bilder zu betrachten. Angeregt von seinem Vater E. Mach gelang L. Mach erstmals 1893 die kinematograph. Zeitraffung. 1904 erhielt A. Musger ein Patent auf die Erfindung der Zeitlupe (1907 vorgeführt). Von 1931 bis zum Konkurs 1981 galt die Fa. Eumig als Schrittmacher der Entwicklung von Schmalfilmkameras. In Wien produziert die Fa. Moviecam seit 1975 eine bes. geräuscharme, weltweit exportierte 35-mm-Kamera.

FILMWISSENSCHAFT: Der Film als Kunstform erfordert auch die Aufarbeitung und Auswertung in wiss. Hinsicht. Lehrveranstaltungen dazu werden an den ö. Univ. in Wien, Salzburg, Klagenfurt und Innsbruck angeboten (→ Filminstitutionen).

Dissertationen: L. Winter, Komik im Film, 1938; E. Brauner, Zur Ästhetik des Films, 1950; I. Hübl, Sascha Kolowrat, 1950; W. Fritz, Entwicklungsgeschichte des ö. Films, 1966. – Grundlegende Werke: C. Forch, Der Kinematograph und das sich bewegende Bild, 1919; V. Pordes, Das Lichtspiel, 1919; B. Balazs, Der sichtbare Mensch oder Die Kultur des Films, 1924; J. Gregor, Das Zeitalter des Films, 1932; L. Gesek, Gestalter der Filmkunst, 1948; W. Fritz, Kino in Ö., 3 Bde., 1981–91.

FILMZEITSCHRIFTEN: Das Spektrum der zahlr. F. reicht von allg. Berichterstattung bis zu fundierten wiss. Analysen. Die 1. Fachzeitschriften waren die „Kinematograph. Rundschau" (1907) und „Der Ö. Komet" (1908). „Das Lichtbild-Theater" und die „Dramagraph-Woche" wurden ab 1911 herausgegeben, ab 1912 die „Filmkunst" (Hg. Cinéma Eclair) sowie die „Kastalia" (für wiss. u. Unterrichtsfilme von Schulleuten herausgegeben). Ab 1913 folgte „Die Filmwoche", ab 1916 „Paimanns Filmlisten", eine Ztschr., in der 1965 in lexikal. Form Kritiken sämtl. in Ö. angelaufener Filme aufgelistet wurden.

Ab 1918 erschien „Der Filmbote". Als Fachblatt des Bundes und der ö. Lichtspielbühnen wurde ab 1917 „Die neue Kino-Rundschau" publiziert. Weitere F. in der 1. Republik waren „Die Filmwelt" (ab 1921, Publikums-Ztschr.), „Das Bild im Dienste der Schule und Volksbildung" (ab 1924), „Mein Film" (ab 1926) und „Tonfilm Theater Tanz" (ab 1933).

Nach dem 2. Weltkrieg erschien ab 1946 „Der Film" (Hg. W. Forst), ab 1946 die „Ö. Film- u. Kinozeitung", ab 1949 „Die Wr. Filmrevue" und die „Filmkunst" (hg. v. der Ö. Ges. f. Filmwiss. u. Filmwirt.). Zu nennen sind weiters „Funk und Film", eine ö. Film- und Radioillustrierte (ab 1945), sowie der „Filmspiegel". In den 1970er und 1980er Jahren entstanden u. a. die F. „Multimedia" (1973, bis 2001) und „Blimp" (1985), weiters existieren heute u. a. „Skip", „Austrian Film News" und „Celluloid".

FILMZENSUR: In den Anfängen des Films wurde die F. nach § 23 Statthaltereierlass von 1851 gehandhabt, wonach alle Filme vor ihrer Aufführung von der Behörde, die zur Verhängung eines Aufführungsverbots berechtigt war, geprüft wurden. 1918 hob die Provisor. Nationalversammlung jegliche F. auf; 1934 wurde sie wieder eingeführt. 1945 griff man auf die Bundesverfassung von 1929 zurück und setzte die F. außer Kraft (Ausnahme: Filmbegutachtung zur Bestimmung des Jugendschutzes).

FILZMOOS, Sbg., JO, Gem., 1056 m, 1352 Ew., 75,71 km², zweisaisonaler Fremdenverkehrs- und Wallfahrtsort (466.385 Übern.) im Dachsteingebiet am Fuß der Bischofsmütze (2458 m). – Jugendheim Aumühle, Papagenogondelbahn auf den Roßbrand (1770 m). – Urk. 1273, got. Pfarrkirche (1474) mit W-Turm (1546), Fresken (um 1515) und Gnadenbrot (Ende 15. Jh.), Kalvarienberg, alte Paarhöfe (teilw. 17. Jh.), bäuerl. Hofmuseum.

FIMBERTAL, Ti., südl. Seitental des Paznauntals, wird vom Fimberbach, der in Graubünden (Schweiz) als Aua da Fenga entspringt, durchflossen. Das F. trennt die Silvretta- von der Samnaungruppe.

FINANZAUSGLEICH, Verteilung der staatl. Einnahmen und Ausgaben zw. Bund, Ländern und Gemeinden. Grundlage für die Aufteilung der Besteuerungsrechte

Die Finanzminister der Republik Österreich

Name	Amtszeit
Otto Steinwender (dt.-nat.)	30. 10. 1918–15. 3. 1919
Josef Schumpeter (Beamter)	15. 3. 1919–17. 10. 1919
Richard Reisch (Beamter)	17. 10. 1919–20. 11. 1920
Ferdinand Grimm (Beamter)	20. 11. 1920–7. 10. 1921
Alfred Gürtler (CS)	7. 10. 1921–10. 5. 1922
Johann Schober* (Beamter)	10. 5. 1922–31. 5. 1922
August Ségur (CS)	31. 5. 1922–14. 11. 1922
Viktor Kienböck (CS)	14. 11. 1922–20. 11. 1924
Jakob Ahrer (CS)	20. 11. 1924–15. 1. 1926
Josef Kollmann (CS)	15. 1. 1926–20. 10. 1926
Viktor Kienböck (CS)	20. 10. 1926–4. 5. 1929
Johann J. Mittelberger (CS)	4. 5. 1929–26. 9. 1929
Johann Schober* (Beamter)	26. 9. 1929–16. 10. 1929
Otto Juch (Beamter)	16. 10. 1929–20. 6. 1931
Josef Redlich (parteilos)	20. 6. 1931–5. 10. 1931
Karl Buresch* (CS)	5. 10. 1931–16. 10. 1931
Emanuel Weidenhoffer (CS)	16. 10. 1931–10. 5. 1933
Karl Buresch (CS, VF)	10. 5. 1933–17. 10. 1935
Ludwig Draxler (VF)	17. 10. 1935–3. 11. 1936
Rudolf Neumayer (VF, NS)	3. 11. 1936–13. 3. 1938
—	—
Georg Zimmermann (Beamter)	27. 4. 1945–8. 11. 1949
Eugen Margarétha (ÖVP)	8. 11. 1949–23. 1. 1952
Reinhard Kamitz (ÖVP)	23. 1. 1952–17. 6. 1960
Eduard Heilingsetzer (ÖVP)	17. 6. 1960–11. 4. 1961
Josef Klaus (ÖVP)	11. 4. 1961–27. 3. 1963
Franz Korinek (ÖVP)	27. 3. 1963–2. 4. 1964
Wolfgang Schmitz (ÖVP)	2. 4. 1964–19. 1. 1968
Stephan Koren (ÖVP)	19. 1. 1968–21. 4. 1970
Hannes Androsch (SPÖ)	21. 4. 1970–20. 1. 1981
Herbert Salcher (SPÖ)	20. 1. 1981–10. 9. 1984
Franz Vranitzky (SPÖ)	10. 9. 1984–16. 6. 1986
Ferdinand Lacina (SPÖ)	16. 6. 1986–6. 4. 1995
Andreas Staribacher (SPÖ)	6. 4. 1995–3. 1. 1996
Viktor Klima (SPÖ)	3. 1. 1996–28. 1. 1997
Rudolf Edlinger (SPÖ)	28. 1. 1997–4. 2. 2000
Karl-Heinz Grasser (FPÖ, ab 2003 parteilos)	4. 2. 2000–

* als Bundeskanzler

auf die Gebietskörperschaften ist das Finanzverfassungsgesetz 1948. Charakteristisch für den ö. F. ist die verbundene Steuerwirt., die bedeutet, dass die wichtigsten Steuern zwar vom Bund festgesetzt und eingehoben werden, der Ertrag jedoch nach einem unterschiedl. Schlüssel zw. allen Gebietskörperschaften aufgeteilt wird. Die konkrete Verteilung der Besteuerungsrechte und der Einnahmen erfolgt durch das F.-Gesetz, das die Aufteilung jeweils für mehrere Jahre festsetzt.

Literatur: P. Pernthaler, Ö. Finanzverfassung, 1984.

FINANZMINISTERIUM, BM f. Finanzen, oberste Dienstbehörde der Finanzverwaltung des Bundes. Ihm unterstehen alle Behörden der Finanzverwaltung des Bundes (die Finanz- und Zollämter sowie die Steuer- und Zollkoordination). Dem F. unterstehen weiters das Bundespensionsamt, die → Finanzprokuratur sowie das Ö. Postsparkassenamt und das Amt der → Münze Österreich. Seit 1996 nimmt das F. auch die Eigentümerfunktion der Republik Ö. an der ÖIAG wahr.

Das F. hat überdies bes. folgende Aufgaben: Budgetangelegenheiten, wie insbes. Budgeterstellung (→ Bundesbudget) und → Finanzausgleich, Angelegenheiten der Wirt.-Politik und Finanzmärkte, Steuern und Zölle, automationsunterstützte Datenverarbeitung und Telekommunikation, Bundesbeteiligungen sowie Personal- und Organisationsangelegenheiten für die Finanzverwaltung. Zusätzl. Aufgaben des F. haben sich durch den EU-Beitritt Ö. ergeben (Wirt.- u. Währungsunion, EU-Haushalt, internat. Finanzinstitutionen usw.).

Das F. hat seit 1848, als es aus der → Hofkammer entstand, seinen Sitz im Winterpalais des Prinzen Eugen (Wien 1, Himmelpfortgasse), zu dem 1957–59 ein moderner Zubau kam. 1918–20 und 1945 führte das F. die Bezeichnung „Staatsamt für Finanzen".

Literatur: B. Mauhart (Hg.), Das Winterpalais des Prinzen Eugen, 1979; H. Waitzbauer (Red.), Prinz Eugen – Winterpalais, 1998.

Finanzministerium: Der Gelbe Salon des Winterpalais. Gemälde von C. Moll, um 1903/06.

FINANZPROKURATUR, dem Finanzministerium unterstellte Behörde für die rechtsanwaltl. Geschäfte des Bundesvermögens, bes. zur Vertretung vor Gericht. An sie können u. a. Entschädigungsansprüche gegen den Bund eingeklagt werden.

Literatur: M. Kremser (Hg.), Anwalt und Beamter der Republik, 1995.

FINANZ- UND HOFKAMMERARCHIV, siehe → Archive.

FINCK, Heinrich, * 1444 (oder 1445) Bamberg (D; ?), † 9. 6. 1527 Wien, Komponist. Ab ca. 1516 im Dienst von M. Lang, dem späteren Erzbischof von Salzburg; ab 1524 in Wien, übernahm die Kantorei des Schottenstifts. Ferdinand I. ernannte ihn trotz hohen Alters 1527 zum Hofkapellmeister. Sein Großneffe war der Musiktheoretiker Hermann F.

Werke: 4 Messen, 4 Motettenzyklen und 16 weitere Motetten, 35 mehrstimmige dt.-sprach. Lieder („Schöne ausserlesene Lieder", 1536).

FINDELKINDER, meist als Säuglinge ausgesetzte Kinder, deren Eltern u. Angehörige unbekannt sind. Wegen der großen Zahl von F. wurden seit dem 16. Jh. F.-Häuser von Hospitälern, seit dem 18. Jh. auch von Städten geschaffen. Unter Joseph II. wurden Pflegemütter mit der Erziehung von F. betraut und vom Staat bezahlt.

Literatur: H. Gassner, Verlassene Kinder, Dipl.-Arb., Wien 1994.

FINGER, Alfred, * 25. 2. 1855 Wien, † 9. 4. 1936 ebd., Geiger. Ab 1925 Violinpädagoge; führte als Vorstandsmitgl. des „Neuen Tonkünstlervereins" die Musik M. Regers in Wien ein.

FINGER, Eduard („Edi") sen., * 29. 1. 1924 Klagenfurt (Kä.), † 12. 4. 1989 Maria Enzersdorf (NÖ.), ab 1946 Sportjournalist und 1957 erster TV-Sportreporter. F. war bis 1987 Sportchef beim Hörfunk und wurde mit seinem Ausruf „I wear narrisch!" anlässlich des Siegestores von H. → Krankl beim Spiel Ö. gegen Deutschland (3 : 2) 1978 bei der Fußballweltmeisterschaft in Argentinien berühmt.

Werk: I wear narrisch!, 1988.

Literatur: Die Presse, 30. 11. 1987; ebd. 13. 4. und 14. 4. 1989.

FINGER, Ern(e)st, * 8. 7. 1856 Prag (CZ), † 17. 4. 1939 Wien, Dermatologe. Univ.-Prof. in Wien, 1904–27 Vorstand der II. Univ.-Klinik für Haut- und Geschlechtskrankheiten; 1906–19 Präs. der Wr. Ärztekammer, 1925–31 des Obersten Sanitätsrats; baute die Gonorrhoelehre aus und schuf eig. Behandlungsstätten für venerische Krankheiten.

Werke: Die Geschlechtskrankheiten als Staatsgefahr, 1924; Hb. d. Haut- u. Geschlechtskrankheiten, 19 Bde., 1928 f. (Hg. mit M. Sänger).

FINGER, Josef, * 1. 1. 1841 Pilsen (Plzeň, CZ), † 6. 5. 1925 St. Georgen (OÖ.), Physiker, Mathematiker. Prof. und Rektor der Techn. Hochschule in Wien, Erfinder des Kommunikationspendels.

Werke: Directe Deduction der algebraischen Operationen aus dem Größen- und Zahlenbegriffe, 1873; Elemente der reinen Mathematik, 1886.

FINGER, Julius, * 30. 6. 1826 Wien, † 19. 12. 1894 Millstatt (Kä.), Ornithologe (Autodidakt) und Sparkassenangestellter. Seine Vogelsammlung gehört seit 1876 zum Bestand des Naturhist. Museums in Wien.

Literatur: ÖBL.

FINK, Humbert, * 13. 8. 1933 Salerno (I), † 16. 5. 1992 Maria Saal (Kä.), Schriftsteller, Journalist. Nach einem Gedichtband und 2 Romanen schrieb F. zahlr. Reise- und Sachbücher, v. a. Biographien von hist. Persönlichkeiten. Er gab 1957/58 „Die ö. Blätter" und ab 1959 mit P. Kruntorad die „Hefte für Literatur und Kritik" heraus; 1977 entwickelte er mit E. Willner die Idee des I.-Bachmann-Wettbewerbs. F. gestaltete auch Sendereihen im ORF und war ein bekannter Zeitungskommentator.

Werke: Verse aus Aquafredda, 1953 (Gedichte); Die engen Mauern, 1958 (Roman); Die Absage, 1960 (Roman); Anatolische Elegien, 1977; Das Hl. Land, 1981; Machiavelli, 1988; F. Grillparzer, 1990; Auf den Spuren des Doppeladlers, 1992.

Humbert Fink. Foto, 1965.

FINK, Jodok, * 19. 2. 1853 Andelsbuch (Vbg.), † 1. 7. 1929 ebd., Bauer und Politiker (CS). Ab 1890 (für 30 Jahre) Vbg. Landtagsabgeordneter, ab 1897 im Abgeordnetenhaus, 1911 Landeshauptmann-Stellv. (Statthalter) von Vbg., Berater von K. → Lueger und A.

Jodok Fink. Foto.

Findelkinder: Im Hofe des Wiener Findelhauses. Holzstich nach Zeichnung von L. Appelrath, um 1890.

→ Geßmann, während des 1. Weltkriegs Dir. des Volksernährungsamtes, nach dem Zusammenbruch der Monarchie 1918 einer der 3 Präsidenten der Provis. Nationalversammlung und später Staatsrat, 1919/20 Vizekanzler in der Regierung Renner, 1920–29 Abg. z. NR, ab 1922 Obmann des Christl.-soz. Klubs. F. nahm eine Vermittlerrolle ein und trat in der 1. Republik für die Zusammenarbeit der beiden großen Parteien von Bauern bzw. Bürgern und Arbeitern ein, machte sich um die Einführung und Verbreitung des Wahlrechts verdient und war ein Gegner der vbg. Anschlussbewegung an die Schweiz. 1925 Ehrendoktor der Univ. Innsbruck.
Literatur: H. Deuring, J. F., 1932; L. Reichhold, J. F. und N. Hauser, 1989.

Fink, Julius, * 18. 4. 1918 Wien, † 2. 4. 1981 ebd., Geograph und Geologe. Ab 1951 Dozent, ab 1967 Prof. für Geologie an der Hochschule f. Bodenkultur, ab 1969 Prof. f. Physische Geographie an der Univ. Wien, 1970–72 Präs. der Ö. Geograph. Ges. Widmete sich bes. der Quartärgeologie, Geomorphologie und Lössforschung.
Werke: Nomenklatur und Systematik der Bodentypen Ö., 1969; Zur Morphogenese des Wr. Raumes, 1973.

Fink, Tone, * 1. 1. 1944 Schwarzenberg (Vbg.), bildender Künstler und Filmemacher. Studierte an der Akad. d. bild. Künste in Wien, 1980 erster Film „Johnny unser" für den ORF und die Viennale. Beschäftigt sich v. a. mit dem Material Papier (u. a. Sitzmöbel aus Draht und Papiermaché).
Literatur: W. Kotte, T. F. Weiss-Sagungen, 1992; T. F. Mach.Art, 1998; W. Fetz (Hg.), T. F. Zeichnungen, Malerei, Objekte, Performance, Filme 1967–2000, 2000.

Finkenberg, Ti., SZ, Gem., 839 m, 1521 Ew., 171,53 km^2, zweisaisonaler Fremdenverkehrsort (314.463 Übern.) an der Mündung des Tuxertals in das Zillertal. – Gondelbahn auf den Penken (2095 m, ausgedehntes Skigebiet), Schlegeisstausee (1782 m); Bauunternehmen, kleinere Gewerbebetriebe. – Barocke Pfarrkirche (1719–26) mit Hochaltar (1726), hölzerne Teufels- (1876) und Hochstegbrücke (19. Jh.). Neuroman. Pfarrkirche Ginzling (1854).

Finkenstein am Faaker See, Kä., VL, Markt, 662 m, 8198 Ew., 102,00 km^2, mit seinen Katastralgem. (bes. → Faak am See, 566 m) Sommertourismuszentrum (622.313 Übern.) südwestl. des Faaker Sees am Fuß der Karawanken. – Bundessportheim Faak am See, Driving Range (Golfanlage im Entstehen). Sägewerk, Erzeugung von Skiern und Sportartikeln, Eierteigwaren, Baustoffen, Betonfertigteilen; großes Transportunternehmen, Handel mit Isoliermaterialien. Die Freilichtarena ist Veranstaltungsort populärer Open-Air-Konzerte. – Got. Filialkirche mit Wandmalerei (um 1480), Burgruine (urk. 1142) mit Bergfried in Alt-F., Schloss Neu-F. (1794/95). Filialkirche Faak (15. Jh.) mit Wandmalereien, Kirche Goritschach, Kirche auf dem Kanzianiberg um 1480 (archäolog. Funde → Kanzianiberg); Pfarrkirche Latschach (1752–56); Pfarrkirche Petschnitzen mit Wandmalereien (1504); Pfarrkirche St. Stefan (1472) mit Flügelaltar (1517), Filialkirche St. Job.
Literatur: G. Urschitz, F., Strukturwandel einer Kä. Gem., Dipl.-Arb., Graz 1987.

Finsterer, Hans, * 24. 6. 1877 Weng (OÖ.), † 4. 11. 1955 Wien, Chirurg. Univ.-Prof. in Wien; Leiter der I. Chirurg. Klinik am Allg. Krankenhaus; schuf neue Operationsmethoden bes. in der Magen- und Darmchirurgie. Sein Forschungsschwerpunkt war die Magensekretion bei Magengeschwüren.
Werke: Die Methoden der Lokalanästhesie, 1923; Die Chirurgie des Dickdarmes, 1952.

Literatur: H. Steindl, Leben und Wirken Prof. Dr. H. F., 1956.

Finstermünz, Ti., 995 m, Engpass im Oberinntal (Grenze Ti.–Schweiz) zw. Samnaungruppe und Ötztaler Alpen, mit der Ruine der ehem. Zollburg Hoch-F., 1472 von Hzg. → Sigmund von Tirol errichtet und in Sigmundseck umbenannt. Erhalten blieben der 3-geschossige Brückenturm, eine 5-geschossige Straßensperre und ein Turm auf dem Felsenvorsprung (Sigmundseck). Kapelle Mariä Himmelfahrt (urk. 1605) mit Altar um 1696. 1799 erlitten hier die Franzosen im Koalitionskrieg gegen die Österreicher eine schwere Niederlage.

Finz, Alfred, * 7. 10. 1943 Wien, Jurist und Politiker (ÖVP). Ab 1966 für den ö. Rechnungshof tätig (ab 1987 Leiter einer Prüfungsabteilung, ab 1995 Leiter der Präsidialsektion). 1995–2000 Mitarbeit im Generalsekretariat für die internat. Zusammenarbeit der Obersten Finanzkontrollbehörden; seit 2000 Staatssekr. im Finanzmin., seit 2002 Obmann der Wr. ÖVP.

Firma, Handelsname eines Vollkaufmanns, entweder Personal-F. (Familienname), Sach-F. (die auf Gegenstand des Unternehmens hinweist, z. B. Versicherung), oder gemischte F. mit Hinweis auf Name und Sache (z. B. Möbelhaus …).

Firmenbuch, dient der Verzeichnung und Offenlegung von Tatsachen, die vor allem nach den handelsrechtl. Vorschriften einzutragen sind, ersetzte 1991 Handels- und Genossenschaftsregister; besteht aus Hauptbuch und Urkundensammlung, Hauptbuch als automationsunterstützte Datenbank mit zentraler Speicherung im Bundesrechenzentrum verwirklicht. Das F. ist neben dem Grundbuch die wichtigste Informationseinrichtung im öffentl. Interesse, die Daten über Gesellschaften des Handelsrechts, andere Kaufleute und auch über Privatstiftungen und deren Vermögenswerte enthält. Das F. wird in Ö. durch die Gerichtshöfe 1. Instanz geführt; die Abfrage ist für jedermann über Internet möglich.
Literatur: H. Auer u. C. Zib, Vom Handelsregister zum F., 1993.

Firmian, Adelsgeschlecht aus Ti., stellte Beamte und Kirchenfürsten. Wichtige Persönlichkeiten aus der Familie: Karl Joseph Gf. → Firmian, Leopold Anton Gf. → Firmian, Leopold Ernst Gf. → Firmian, Leopold Max Gf. → Firmian.
Literatur: ÖBL.

Firmian, Karl Joseph Graf, * 6. 8. 1712 Deutschmetz (S-Ti.), † 20. 7. 1782 Mailand (I), Diplomat und Staatsmann. Gesandter in Neapel, ab 1759 Gouverneur der Lombardei; förderte die Univ. Pavia.

Firmian, Leopold Anton Graf, * 27. 5. 1679 München (D), † 22. 10. 1744 Salzburg, Bischof. 1718 Bischof von Lavant, 1724 von Seckau, 1727 von Laibach und im selben Jahr Erzbischof von Salzburg; erließ 1731 das Emigrationspatent, durch das 23.000 Evangelische vertrieben wurden; auf dieses Ereignis nimmt J. W. v. Goethe in „Hermann und Dorothea" Bezug.

Firmian, Leopold Ernst Graf, * 22. 9. 1708 Trient (I), † 13. 3. 1783 Passau (D), Bischof. 1739 Bischof von Seckau, 1763 von Passau (verwaltete als letzter OÖ. und NÖ.), 1772 Kardinal. Gab 1769 den Anstoß zur Schulreform Maria Theresias.

Firmian, Leopold Max Graf, * 10. 10. 1766 Trient (I), † 12. 11. 1831 Wien, Erzbischof. 1800 Bischof von La-

Finstermünz: Ruine der ehemaligen Zollburg Hoch-Finstermünz.

vant, 1818 Administrator von Salzburg, 1822 Erzbischof von Wien.

Firmung, Sakrament der kath. Kirche. Für den Katholiken ist die F. Gabe des Hl. Geistes und Vollendung der Taufe. Gespendet wird die F. vom Bischof oder einem von ihm bevollmächtigten Priester. Die F. trägt in Ö. den Charakter eines Volksfests. Traditionell werden die Firmlinge von ihren Firmpaten auf einen Ausflug geführt und mit einem Geschenk (F.-Uhr) bedacht.

Firnberg, Hertha, * 18. 9. 1909 Wien, † 14. 2. 1994 ebd., Wirtschafts- und Sozialwissenschaftlerin sowie Politikerin (SPÖ). 1959–63 Mitgl. d. BR; 1959–70 Mitgl. der ö. Delegation zur Parlamentar. Versammlung des Europarates, Vizepräs. der Kommission für Flüchtlings- und Bevölkerungsfragen, 1967–81 Vorsitzende des Bundesfrauenkomitees der SPÖ, stellv. SPÖ-Bundesparteivorsitzende und Mitgl. des Parteipräsidiums; 1963 bis 24. 6. 1970 und 19. 10. 1970 bis 1983 Abg. z. NR; 1970–83 BMin. f. Wiss. u. Forschung; in ihre Amtszeit fiel insbes. die Hochschulreform 1975 (→ Universitätsorganisation).
Literatur: W. Frühauf (Hg.), Wissenschaft und Weltbild, 1975.

Hertha Firnberg. Foto, 1974.

Firngleitersport, wird mit einem bis zu 63 cm langen skiähnl. Gerät zum Befahren enger, steiler Geländeformen bei Weichschnee betrieben. Das Sportgerät wurde vom Ti. Skilehrer Emo Henrich 1946 unabhängig von älteren Vorläufern in der Stmk. (Karl Taul um 1930) entwickelt, zum Patent angemeldet und seit 1951 als „Firngleiter" („Figl") bezeichnet. Ö. Meisterschaften gibt es seit 1972, Europa- und Weltmeisterschaften seit 1984 bzw. 1987; für den F. wurde 1986 im Ö. Skiverband (→ Skisport) ein eig. Referat eingerichtet.

Firtsch, Georg, * 28. 2. 1860 Wien, † 20. 11. 1914 ebd., Mineraloge und Geologe. Untersuchte steir. Magnesitstöcke und fand das Mineral Rumpfit. Ab 1895 Lehrer an Realschulen in Triest und ab 1902 in Wien; verfasste Naturgeschichte-Lehrbücher für Mittelschulen.

Fischa, NÖ., südl. Nebenfluss der Donau. Die F. entspringt im Steinfeld, nimmt bei Gramatneusiedl die westl. zufließende → Piesting auf und mündet bei Maria Ellend. Auf der Höhe von Fischamend betrug im Jahr 2000 die mittlere Durchflussmenge 8,1 m³/Sek.

Fischamend, NÖ., WU, Stadt, 156 m, 4419 Ew., 24,92 km², an der Mündung der Fischa in die Donau südöstl. von Wien; umfasst die Katastralgem. F.-Markt und F.-Dorf. – Wasserwerk, Sportzentrum; Fenstererzeugung, chem. Ind., Aircontainer. – Das in Tabula Peutingeriana und Itinerarium Antonini genannte Aequinoctium ist in der spätantiken Notitia Dignitatum als Standort einer Reitereinheit (equites Dalmatae) eingetragen. Röm. Funde aus dem 2.–4. Jh. n. Chr. Seit dem MA zwei Siedlungen am re. und li. Ufer der Fischa. Stadterhebung 1986. Barocke Pfarrkirche (1715–30) mit Abendmahlbild von F. A. Maulbertsch (um 1765), ma. Filialkirche vor 1400 mit Rokokoeinrichtung. Frühbarocker Stadtturm mit Heimatmuseum (1927 gegr.).
Literatur: E. Molfenter, F. Ein Heimatbuch, 1964.

Fischbach, Stmk., WZ, Gem., 1000 m, 1613 Ew., 61,70 km², Sommerfremdenverkehrsort (38.767 Übern.) am W-Rand des Jogllands und höchster Ort von diesem am Fuß der Fischbacher Alpen; Höhenluftkurort. – Landw., Sägewerk, Betonwerk. – Spätbarocke Pfarrkirche (1783), Museum über bäuerl. Handwerk.

Fischbach, Johann, * 5. 4. 1797 Schloss Grafenegg (NÖ.), † 19. 6. 1871 München (D), Landschafts-, Tier- und Genremaler, Lithograph und Radierer. Befreundet mit F. → Gauermann, reiste nach Deutschland, in die Schweiz und 1837 nach Rom. Lebte 1840–60 in Salzburg und schuf mehrere graphische Zyklen, darunter die „Malerischen Ansichten aus Sbg. und OÖ." (1852). 1860 übersiedelte er nach München.
Literatur: N. Schaffer, J. F., 1989.

Fischbacher Alpen, Stmk., Ausläufer der Zentralalpen vom Mur-Durchbruch bis zum Semmering, südl. des Mürztals von SW nach NO verlaufend; kristallines Mittelgebirge, spärlich besiedelt, reich an Almen und Wäldern. Landschaft der Erzählungen von P. → Rosegger. Erhebungen: Stuhleck (1782 m, höchste Erhebung der F. A.), Pretul (1656 m), Hochlantsch (1720 m, Kletterberg der Grazer), Rennfeld (1629 m, Hausberg der Kapfenberger und Brucker), Stanglalpe (1490 m). Magnesitabbau in Breitenau am Hochlantsch im SW. Straßenübergänge: Schanz (1250 m), Alpsteig (1062 m), Pfaffensattel (1372 m).

Fische: In den ö. Seen (rd. 32.000 ha), Teichen (rd. 3000 ha) und Fließgewässern (rd. 18.500 km) kommen über 60 Arten von F. und 2 Rundmäulerarten vor. 5 F.-Arten sind bereits ausgestorben. Der Kessler-Gründling wurde erst 1988 in Ö. nachgewiesen, der Goldsteinbeißer 1989. Einige F.-Arten wurden für die Fischerei eingebürgert. Der Besatz mit standortfremden F. bedeutet für die einheim. Arten eine ernste Bedrohung, wie oftmals auch die übermäßige Förderung einer einheim. Art. Beispiele: Lachsartige F. (Forelle, See- und Bachsaibling, Huchen); Karpfenfische (Schuppen-, Spiegel- und Lederkarpfen, ferner Barbe, Schleie und weitere 29 Arten); Barsche (Zander, Flussbarsch, Schrätzer, Streber, Zingel); Welse (Waller und Zwergwels); Flussaal, Hecht, Äsche, Schmerlen (Schlammpeitzger, Schmerle, Steinbeißer).
Literatur: T. Spindler, Fischfauna in Ö., 1997.

Fischel, Alfred, * 26. 9. 1868 Tschimelitz (Čimelice, CZ), † 12. 1. 1938 Wien, experimenteller Embryologe. 1921–35 Prof. für Embryologie in Wien. Baute die Gonorrhoelehre durch richtungsweisende Forschungen und bed. Untersuchungen über die Entwicklungsmechanik der Organe und Organsysteme sowie die morpholog. und funktionellen Zusammenhänge aus.
Werke: Lehrbuch der Entwicklung des Menschen, 1929; Grundriß der Entwicklung des Menschen, 1931.

Fischer, Betty, * 9. 10. 1887 Wien, † 19. 1. 1969 ebd., Sängerin (Sopran). Trat zuerst in Varietés auf, dann Engagement am Raimundtheater und später am Theater an der Wien (über 20 Jahre Zusammenarbeit mit H. → Marischka). Berühmt wurde sie u. a. mit Rollen in Operetten wie „Die lustige Witwe", „Hoheit tanzt Walzer", „Rose von Stambul" und „Gräfin Mariza".

Fischer, Christian, * 1. 7. 1879 Linz (OÖ.), † 16. 7. 1934 Graz (Stmk.), Publizist, zuerst Schlosser. Wortführer der kath. Arbeiterbewegung in der Ober-Stmk., 1919–20 Mitgl. der Konstituierenden Nationalversammlung, 1920–23 Abg. z. NR, 1923–27 Mitgl. d. BR. War maßgeblich an der soz.-polit. Gesetzgebung der 1. Republik beteiligt.
Literatur: ÖBL.

Fischer, Cyrill (Johann), * 12. 7. 1892 Schwarzenberg (OÖ.), † 11. 5. 1945 Santa Barbara (USA), Soziologe, Franziskaner. Verfasste Schriften gegen Atheismus, Austromarxismus und Nat.-Soz., zur christl. Jugenderziehung und zur Kinderfreunde-Bewegung. 1938 Flucht nach Ungarn, dann USA; Freund und relig. Berater von F. → Werfel.
Literatur: F. Loidl, P. C. Fischer OFM, in: Beiträge zur Wr. Diözesangeschichte 14, 1973; F. Lugmayr, C. F., in: Christl.

Johann Fischbach: Vesperbrot. Gemälde, 1831.

Demokratie 1987; ders., P. Z. F., in: Oberösterreicher, Bd. 8, 1994.

Fischer, Daniel, * 12. 7. 1773 Krems (NÖ.), † 30. 6. 1833 St. Aegyd a. Neuwalde (NÖ.), Hammerherr; Vater von Anton v. → Fischer-Ankern. Begründete mit seinem Vater Jakob F. (1743–1809) die ö. Säbelfabrikation, erzeugte die berühmten Ankerfeilen, Draht, Eisenblech und Tiegelstahl. Sein Sohn Anton v. F.-Ankern brachte die Werke 1869 in eine Aktienges. ein.
Literatur: ÖBL.

Fischer, Ernst (Pseud.: Peter Wieden, Pierre Vidal), * 3. 7. 1899 Komotau (Chomutov, CZ), † 31. 7. 1972 Prenning b. Deutschfeistritz (Stmk.), Politiker (KPÖ), Schriftsteller und Journalist. 1927–34 Redakteur der soz.-dem. „Arbeiterzeitung", wandte sich 1934 der KPÖ zu, emigrierte zuerst nach Prag und 1939 nach Moskau. 1945 Rückkehr nach Ö., Staatssekr. für Volksaufklärung, Unterricht, Erziehung und Kultur; 1945–59 Abg. z. NR, 1945–69 Mitgl. des Zentralkomitees der KPÖ. 1969 nach Kritik an der Niederschlagung des „Prager Frühlings" Ausschluss aus der KPÖ; K.-Renner-Preis für Publizistik. F. schuf ein bed. schriftstellerisches Werk und galt als brillanter polit. Redner.
Werke: Krise der Jugend, 1931; Freiheit und Diktatur, 1934; Der ö. Volkscharakter, 1944; Ö. 1848, 1946; F. Grillparzer, 1948; Zeitgeist und Literatur, 1964; Kunst und Koexistenz, 1966; Erinnerungen und Reflexionen, 1969; Das Ende einer Illusion: Erinnerungen 1945–55, 1973. – Ausgabe: Werkausgabe in Einzelbänden, hg. v. K.-M. Gauß, 8 Bde., 1984–91.
Literatur: B. Fetz (Hg.), E. F. Texte und Materialien, 2000.

Fischer, Friedrich Frh. von, * 17. 6. 1826 Semlin (Zemun, YU), † 19. 4. 1907 Wien, Historiker, Feldmarschallleutnant. Gab als Vorstand des Büros f. Kriegsgeschichte in Wien „Der Krieg in Italien 1859" (3 Bde., 1872) und „Ö. Kämpfe im Jahre 1866" (5 Bde., 1867–69) heraus.
Literatur: ÖBL.

Fischer, Hans, * 2. 11. 1931 Hagenberg (OÖ.), Geograph. 1973–83 Univ.-Prof. in Köln und 1983–2000 in Wien; 1984–88 Präs. der Ö. Geograph. Ges.; betreibt v. a. geomorpholog. Studien.
Werke: Natürl. Landschaften und Probleme der Landformung am O-Rand der Alpen erklärt am Stuhleck-Panorama, 1967; Luftbildatlas Ö., 1969; Reliefgenerationen im Kristallinmassiv, Donauraum, Alpenvorland und Alpenrand im westl. NÖ., 1979.

Fischer, Heinz, * 9. 10. 1938 Graz (Stmk.), Jurist und Politiker (SPÖ). 1959/60 Obmann des VSStÖ Wien, ab 1964 Mitgl. des SPÖ-Bundesparteivorstands, ab 1975 Mitgl. des Parteipräsidiums, ab 1979 stellv. Vorsitzender der SPÖ. 1963–75 SPÖ-Klubsekr. im NR, 1971–83 und ab 1987 Abg. z. NR, 1975–83 und 1987–90 Klubobmann, 1983–87 BMin. f. Wiss. und Forschung, 1990–2002 Erster und 2002–04 Zweiter Präs. d. NR, seit 2004 ö. Bundespräsident. Ab 1978 Univ.-Doz. für Politikwiss. (Innsbruck), ab 1994 Univ.-Prof.

Heinz Fischer mit B. Kreisky. Foto, um 1975.

Werke: Zum Wort gemeldet: O. Bauer, 1968 (Hg.); Das polit. System Ö., 1974 (Hg.); Rote Markierungen, 1980; Forschungspolitik für die 90er Jahre, 1985 (Hg.); Die Kreisky-Jahre 1967–83, 1993; Entscheidung für Europa, 1995; Reflexionen, 1998; Ö. und die Währungsunion, 1998 (Hg.).

Fischer, Isidor, * 20. 9. 1868 Wien, † 13. 1. 1943 Bristol (GB), Medizinhistoriker, Privatdozent.
Werke: Die Eigennamen in der Krankheitsterminologie, 1931; Biogr. Lexikon der hervorragenden Ärzte der letzten 50 Jahre, 2 Bde., 1932 (Hg.).

Fischer, Johann Martin, * 2. 11. 1740 Bebele (D), † 27. 4. 1820 Wien, Bildhauer und Anatom. Ab 1760 in Wien, 1806 Akad.-Prof. f. Bildhauerei, 1815 Dir. der Akad. der bild. Künste in Wien; bed. Vertreter der klassizist. Bildhauerei in Ö.; zu Lebzeiten berühmt für die aus den anatom. Studien resultierende „Anatomie-Figur".
Werke: Parkfiguren (Neuwaldegg, Schönbrunn, Eisgrub); Porträtbüsten; Grabmäler (Prag, St. Pölten, Graz); Brunnen (Wien). – Schriften: Erklärung der anatom. Statue für Künstler, 1785; Darstellung des Knochenbaues von dem menschl. Körper mit Angabe der Verhältnisse desselben, 1806.
Literatur: M. Poch-Kalous, J. M. F., 1949.

Fischer, Manfred M., * 25. 2. 1947 Nürnberg (D), Wirtschaftsgeograph. Gastprofessuren in Breslau (1978/79) und Santa Barbara (1988), seit 1988 Univ.-Prof. am Inst. f. Wirtschafts- und Sozialgeographie an der Wirt.-Univ. Wien, Inst.-Vorstand; v. a. Arbeiten zur technologieorientierten Systemforschung, Regionalentwicklung und Taxonomie. Hg. der Ztschr. „Geographical Systems" und der Buchreihen „Advances in Spatial Science" und „Gesellschaft, Raum und Umwelt".
Werke: Eine Methodologie der Regionaltaxonomie, 1982; Zur Entwicklung des grenzüberschreitenden Warenverkehrs im Einzugsbereich der RMD-Wasserstraße und der Mengenpotentiale der Binnenschiffahrt, 1993 (mit C. Rammer); Innovationsaktivitäten in der ö. Ind., 1994 (mit G. Menschik); Ind.-Standort NÖ., 1995 (mit A. Grundler); Innovation, Networks and Localities, 1999 (Hg.).

Fischer, Otto Wilhelm (O. W.), * 1. 4. 1915 Klosterneuburg (NÖ.), † 29. 1. 2004 Lugano (CH), (Film-)Schauspieler und Regisseur. Begann an Wr. (Theater in der Josefstadt, Volkstheater) und Münchner Bühnen, 1946–52 Mitgl. des Wr. Burgtheaters.
Filme: Burgtheater, 1936; Erzhzg. Johanns große Liebe, 1950; Ludwig II., 1954; Hanussen, 1955; El Hakim, 1957; Es muß nicht immer Kaviar sein, 1961; Axel Munthe – Der Arzt von San Michele, 1962. – Memoiren: Meine Geheimnisse. Erinnerungen und Gedanken, 2000.
Literatur: D. Popa, O. W. F., 1989.

Fischer, Ruth (eigentl. Elfriede Eisler), * 11. 12. 1895 Leipzig (D), † 13. 3. 1961 Paris (F), Sozialarbeiterin und Politikerin (KPÖ); Schwester des Komponisten Hanns → Eisler. Gründete am 3. 11. 1918 in Wien die → Kommunistische Partei Österreichs, konnte sich aber nicht an der Spitze dieser Partei behaupten und ging nach Berlin, wo sie 1924–25 Vorsitzende der KPD wurde und als Mitgl. des dt. Reichsrats mit ihrer brillanten Redekunst hohes Ansehen erlangte. Nach ihrer Flucht aus Deutschland nach Paris 1933 und der Emigration in die USA 1941 entwickelte sie eine krit. Haltung gegenüber dem Stalinismus und unterstützte das „Komitee gegen unamerikanische Umtriebe". Nach dem Tod Stalins 1953 hoffte sie auf eine neue positivere Entwicklung des Kommunismus, kehrte 1955 nach Europa zurück und lebte bis zu ihrem Tod in Paris.
Werke: Deutsche Kinderfibel, 1933 (mit F. Heimann); Stalin and German Communism, 1948 (Stalin und der dt. Kommunismus, 2 Bde., 1949); Die Umformung der Sowjetgesellschaft, 1958.
Literatur: P. Lübbe (Hg.), R. F. und A. Maslow. Abtrünnig wider Willen, 1990; S. Hering u. K. Schilde, Kampfname R. F. Wandlungen einer dt. Kommunistin, 1995.

Ernst Fischer. Foto, um 1970.

Fischer, Wilhelm (auch W. Fischer in Graz), * 18. 4. 1846 Csakathurn (Čakovec, HR), † 30. 5. 1932 Graz (Stmk.), Heimatschriftsteller. „Grazer Stadtpoet", 1901–19 Dir. der Stmk. Landesbibl., Obmann der Steir. Schriftstellerbunds. War mit Land und Leuten der Stmk. eng verbunden. Großer Beliebtheit erfreute sich der Entwicklungsroman „Die Freude am Licht" (1902, ²⁴1925).
Weitere Werke: Versepos: Atlantis, 1880. – Erzählungen: Grazer Novellen, 1898; Murwellen, 1910. – Essays: Poetenphilosophie, 1904. – Aphorismen: Sonne und Wolke, 1907. – Dramen, Gedichte.
Literatur: A. Seiberl, W. F. in Graz, Diss., Wien 1938 (mit Werkverz.); H. Schüller, Die Erzählungen von W. F., Diss., Wien 1938.

Fischer, Wilhelm, * 19. 4. 1886 Wien, † 26. 2. 1962 Innsbruck (Ti.), Musikwissenschaftler. Schüler und Assistent von G. → Adler. 1915 Habilitation, ab 1928 Lektor an der Univ. Innsbruck, 1938 vom Dienst suspendiert und erst 1948 als Univ.-Prof. in Innsbruck eingesetzt (bis 1961); Schwerpunkt seiner Arbeiten war die Musik der Wr. Klassik und die Entwicklung des klassischen Stils.

Fischer, Wolfgang Georg, * 24. 10. 1933 Wien, Schriftsteller und Kunsthistoriker. Studierte Kunstgeschichte in Wien; 1960–63 Univ.-Lektor in den USA; ging 1963 nach London, wo er 1972 eine eig. Galerie eröffnete; 1998–2001 Präs. des Ö. → P. E. N.-Clubs.
Werke: Romane: Wohnungen, 1969; Möblierte Zimmer, 1972; Die Mauer. Monument eines Jahrhunderts, 1990. – Sachbücher: G. Klimt und E. Flöge, 1987; E. Schiele 1890–1918. Pantomimen der Lust, Visionen der Sterblichkeit, 1994.

Fischer-Ankern, Anton von, * 27. 6. 1812 St. Aegyd a. Neuwalde (NÖ.), † 7. 4. 1902 Wien, Industrieller; Sohn von Daniel → Fischer. Baute die Werke seines Vaters in St. Aegyd a. Neuwalde und Furthof aus, erwarb 1866 das Eisenwerk Aumühl bei Kindberg, brachte der Eisen- und Stahlind. Ö. einen gewaltigen Aufschwung. 1869 verkaufte er seine Betriebe an eine AG.
Literatur: ÖBL.

Fischer-Colbrie, Arthur, * 25. 7. 1895 Linz (OÖ.), † 30. 12. 1968 ebd., Schriftsteller und Beamter am Oö. Landesmuseum. Traditioneller und formstrenger Lyriker, gehörte dem Dichterkreis „Die Gruppe" um F. → Sacher an. 1961 Stifter-Preis.
Werke: Musik der Jahreszeiten, 1928; Der ewige Klang, 1945; Orgel der Seele, 1954; Gleichenberger Elegien, 1961; Farbenfuge, 1962.

Fischer-Dieskau, Dietrich, * 28. 5. 1925 Berlin, dt. Kammersänger (Bariton). Ständiger Gast der Wr. Staatsoper, regelmäßige Auftritte bei den Sbg. Festspielen; bekannt auch als Liedersänger. Breites Repertoire von der Romantik (F. Schubert) bis in das 20. Jh. (u. a. G. v. Einem, H. W. Henze); zahlr. Schallplattenaufnahmen. Beendete 1992 seine Sängerkarriere; seither als Dirigent, Lehrer und Autor tätig.
Werke: Schubert und seine Lieder, 1996; Die Welt des Gesangs, 1999; Zeit eines Lebens, 2000 (Autobiographie); H. Wolf. Leben und Werk, 2003.
Literatur: H. A. Neunzig, D. F.-D., Verz. der Tonaufnahmen 2000.

Fischerei: Als Wirt.-Faktor ist die F. in Ö. von geringer Bedeutung (v. a. Tourismus, Pachten, Lizenzen). Der Fischbestand der heimischen Teichwirtschaften setzt sich überwiegend aus Forellen und Karpfen zusammen. Karpfen werden hauptsächlich im Waldviertel und in der Stmk., Forellen in der Stmk., in Kä. und OÖ. produziert. Die Karpfenproduktion beträgt inkl. Nebenfische (Schleien, Maränen, Silberkarpfen usw.) ca. 1200 t, die Forellenproduktion ca. 3000 t. Der Selbstversorgungsgrad bei Speisekarpfen beträgt rd. 60 %, bei Forellen ca. 70 %.

Johann Bernhard Fischer von Erlach. Gemälde von A. Manyoki, 1723 (Camera Praefecti der Österreichischen Nationalbibliothek, Wien).

Fischer GmbH, Sportartikelfirma, 1924 von Josef Fischer sen. (31. 1. 1896 – 19. 2. 1959) als Wagnereibetrieb in Ried i. Innkreis (OÖ.) gegr., spezialisiert auf die Herstellung von Alpin-, Langlauf- und Sprungskiern, Ski- und Langlaufschuhen, Bindungen, Rackets und Verbundbauteilen für die Automobilind. 1989 wurden der Bereich Flugzeug-Verbundbauteile und die Firma Fischer Advanced Composite Components AG (FACC) ausgegliedert (im Geschäftsjahr 2001/02 rd. 100 Mio. Euro Umsatz und 730 Mitarbeiter), F. hält 47,5 % der Aktien. Der Jahresumsatz beträgt (2003/04) rd. 130 Mio. Euro bei 760 Mitarbeitern und einem Exportanteil von ca. 80 %. Tochterges. in Europa, Asien und Amerika.

Fischer-Karwin, Heinz, * 23. 4. 1915 Linz (OÖ.), † 27. 10. 1987 Wien, Journalist. Nach Tätigkeiten beim dt. Dienst der BBC und bei Radiodiffusion française ab 1955 Reporter beim ö. Rundfunk, wo er zuletzt (Juli 1982) als leitender Redakteur im Hörfunk und als Gestalter und Sprecher von TV-Sendungen tätig war.

Fischer-Röslerstamm, Josef Emanuel von, * 19. 2. 1787 Rumburg (Rumburk, CZ), † 17. 3. 1866 Wien, Entomologe, Industrieller. Lebte ab 1837 in Wien. Sein Tafelwerk (1834–42) stellte die Grundlage für die Systematik der Schmetterlingsforschung dar.
Literatur: ÖBL.

Fischer-Stockern, Hans (Pseud. f. Hans Fischer), * 21. 1. 1898 Wien, † 5. 3. 1947 Heckendorf (D), Schriftsteller. Verfasste Bücher über den Ski- und Bergsteigersport sowie humorist. Romane; Schriftleiter der „Dt. Alpenzeitung".
Werke: Hinze Haugh, der Schneeschuhfahrer, 1929; Keine Zeit zum Heiraten, 1938.

Fischer von Erlach, Johann Bernhard, * 20. 7. 1656 Graz (Stmk.), † 5. 4. 1723 Wien, der erste große Baumeister des ö. → Barock; nannte sich nach dem ersten Ehemann seiner Mutter (Sebastian Erlacher) „von Erlach"; Vater von Joseph Emanuel → Fischer von Erlach. F. v. E. war zuerst als Bildhauer bei seinem Vater Johann Baptist Fischer in Graz tätig, kam 1670 nach Rom, stand dort in Verbindung mit G. L. Bernini und dem Theoretiker P. Bellori und studierte die Baukunst F. Borrominis, wanderte 1684 nach Neapel und kehrte 1686 wieder in die Heimat zurück. In diese Zeit fallen die Arbeiten an der Wr. Pestsäule, an der Innenausstattung der Mausoleen in Ehrenhausen und Graz, Entwürfe zu Portalen, Vasen, Altären, Brunnen und Triumphbögen. Sein erstes Meisterwerk ist der Ahnensaal in Schloss Frain (Vranov b. Znaim, CZ) von 1688. Ab 1689 unterrichtete er den späteren Ks. Joseph I. in

Johann Bernhard Fischer von Erlach: Kollegienkirche, 1696–1707, in Salzburg.

der Baukunst. Ab 1693 arbeitete er für den Erzbischof von Salzburg. 1694 wurde er kaiserl. Hofarchitekt und -ingenieur in Wien. Da er in Ö. keine Aufträge erhielt, reiste er 1704 an den preuß. Hof, von dort weiter nach Holland und England; dabei setzte er sich mit der klassizist. Bauweise W-Europas auseinander. Nach dem Regierungsantritt Josephs I. (1705) wurde er Inspektor der kaiserl. Gebäude und damit Leiter des kaiserl. Bauwesens; 1712 wurde er nach erneutem Thronwechsel von Karl VI. in seinen Ämtern bestätigt.

F. v. E. war in erster Linie ein Meister der Raumkunst; im Gegensatz zum jüngeren J. L. v. → Hildebrandt stellte er den prunkvollen Dekor immer mehr in den Hintergrund und nahm frühklassizist. Stilelemente auf, so bes. in der kubischen Gestaltung der Baukörper und in den ruhigen, streng komponierten Fassaden. Er versuchte Lang- und Zentralbau harmonisch zu verschmelzen. Bildnerisch durchformte, körperhaft bewegt. Bauformen verband er mit einem klaren Grundriss und einer weiträumigen Aufgliederung. Diese produktive Synthese führte zu einer eig. Kunstsprache, die alle klassischen Spielarten der europ. Baukunst beherrschte, dazu trat bei ihm noch ein wegweisendes hist. Interesse, wie sein Stichwerk „Entwurf einer Hist. Architektur" (1721), eine erste universal angelegte Architekturgeschichte, zeigt. Seine Baukunst wurde durch ihre polit. Funktion zum Vorbild emporgehoben und Ausdruck für das erstarkte Bewusstsein des Habsburgerreichs.

Zu seinen Hauptwerken zählen die Salzburger Kollegienkirche und in Wien die Karlskirche, das Winterpalais des Prinzen Eugen (heute Finanzministerium), die Böhm. Hofkanzlei und das Palais Trautson. Einige seiner Wr. Bauten wurden von seinem Sohn Joseph Emanuel fertig gestellt (Karlskirche, Hofbibl.). Sein erster Plan für das Schloss Schönbrunn (1690/91) wurde nicht ausgeführt, der zweite, ausgeführte Plan entstand um 1695. – Denkmal auf dem Wr. Rathausplatz.

Weitere Werke: Stmk.: Umbau der Mausoleen in Ehrenhausen (Veränderung des Innern, 1690) und Graz (Stuck, 1687–99), Mariazell (Hochaltar, 1692–1704), Straßengel (Hochaltar, Entwurf um 1687). – Sbg.: Dreifaltigkeitskirche (1694–1702), Johannesspitalskirche (1699–1703), Kollegienkirche (1696–1707), Ursulinenkirche (1699–1705), Hochaltar der Franziskanerkirche (1708), Portal des Hofmarstalls (1694), Schloss Kleßheim (ab 1700); Wallfahrtskirche Kirchental b. Lofer (1694–1701). – Wien: Lustgebäude für den Grafen Schlick (1692), Winterpalais des Prinzen Eugen (1695–97), Böhm. Hofkanzlei (1708–14, 1750–54 von M. Gerl vergrößert), Karlskirche (1716–23, von seinem Sohn 1723–39 vollendet), Hofstallungen (ab 1723, nach seinem Entwurf 1719–21), Stadtpalais Liechtenstein (Seitenportal 1705, Attika), Palais Lobkowitz (1709–11 Veränderungen), Pläne für die Hofbibl. (Ausführung durch seinen Sohn 1723–26) und das Palais Schönborn-Batthyány (1692–93), Schloss Schönbrunn (2. Projekt um 1695, später Umgestaltung und Fertigstellung durch N. Pacassi), Palais Schwarzenberg (Fertigstellung 1720–22, Innenausgestaltung und 1723), Palais Trautson (1710–12), Pestsäule am Graben (Sockelreliefs, 1687). – Im übrigen Ö.: Niederweiden (Jagdschloss in Engelhartsstetten, NÖ., ab 1693), Perchtoldsdorf (Sockelreliefs der Pestsäule, 1713).

Literatur: H. Sedlmayr, J. B. F. v. E., 1976 (Neuausgabe bearb. v. G. Curcio, 1997); A. Kreul, Die Barockbaumeister F. v. E., 1988; H. Lorenz, J. B. F. v. E., 1992; F. Polleroß, F. v. E. und die Wr. Barocktradition, 1995.

FISCHER VON ERLACH, Joseph Emanuel, * 13. 9. 1693 Wien, † 29. 6. 1742 ebd., Architekt, Erfinder, Maschinenbauer und Bergwerksingenieur; Sohn von Johann Bernhard → Fischer von Erlach, von dem er einige begonnene Bauten – nicht ohne wesentl. Veränderungen – fertig stellte (Karlskirche, 1723–39; Hofbibl., 1723–26). Er ging 1713/14 auf Studienreisen nach Frankreich, England und Italien, wurde 1722 Hofarchitekt, erhielt gegen J. L. v. → Hildebrandts Widerstand 1725 das väterl. Amt des kaiserl. Oberbauinspektors und wurde 1729 Hofkammerrat. Stilistisch steht er in der Nachfolge seines Vaters, ist aber stark vom franz. Frühklassizismus beeinflusst. 1721/22 stellte er in Kassel das erste mit Dampf betriebene Pumpwerk auf, dem andere in Schemnitz (Banska Stiavnica, SK) und Wien folgten; erbaute die Winterreitschule (1729–35) in der Wr. Hofburg. Ab 1732 wandte er sich von der Baukunst ab und widmete sich mehr seiner techn. Begabung. Viele ihm früher zugeschriebene Bauten stammen von anderen Architekten.

Weiteres Werk: Anfang Einiger Vorstellungen der Vornehmsten Gebäude so wohl innerhalb der Stadt als in denen Vorstädten von Wien, 1719 (Kupferstichwerk mit J. A. Delsenbach).

Literatur: T. Zacharias, J. E. F. v. E., 1960; A. Kreul, Die Barockbaumeister F. v. E., 1988.

FISCHHOF, Adolf, * 18. 12. 1816 Ofen (Budapest, H), † 23. 3. 1893 Emmersdorf (Kä.), Politiker, Arzt und Schriftsteller. Seine Rede über Pressefreiheit im Hof des NÖ. Landhauses in Wien gilt als Anstoß der Wr. → Märzrevolution 1848; er wurde Präs. des Wr. Sicherheitsausschusses und Abgeordneter des Reichstags. Nach dem Scheitern der Revolution vertrat er als Schriftsteller einen revolutionären Liberalismus und sah die Lösung des ö. Nationalitätenproblems in der Gleichberechtigung aller Völker.

Werke: Ö. und die Bürgschaften seines Bestandes, 1869; Der ö. Sprachzwist, 1888.

Literatur: S. Walz, Staat, Nationalität und jüd. Identität in Ö. vom 18. Jh. bis 1914, 1996; ÖBL.

FISCHHORN, siehe → Bruck a. d. Großglocknerstraße.

FISCHL, Hans, * 16. 7. 1884 Wien, † 4. 7. 1965 ebd., Gymnasiallehrer, Schulreformer. 1919–32 Mitgl. der schulwiss. Abteilung im Unterrichtsmin., 1932–34 pädagog. Referent im Stadtschulrat für Wien. 1941 Emigration über Kuba in die USA, 1946–49 ökonom.-administrativer Referent im Stadtschulrat für Wien.

Werke: 7 Jahre Schulreform in Ö., 1926; Wesen und Werden der Schulreform in Ö., 1929; Schulreform, Demokratie und Ö. 1918–50, 1951.

FISCHL, Johann, * 7. 3. 1900 Tobaj (Bgld.), † 24. 12. 1996 Graz (Stmk.), Philosoph und Theologe. 1935–40 und 1945–70 Univ.-Prof. in Graz, 1948/49 und 1958/59 Rektor. Hg. der Reihe „Christl. Philosophie in Einzeldarstellungen".

FISCHLER, Franz, * 23. 9. 1946 Absam (Ti.), Agraringenieur und Politiker (ÖVP). 1985–89 Kammeramtsdir. der Landw.-Kammer Ti., 1989–94 BMin. für Land- und Forstw., seit 1995 in der → Europäischen Kommission Kommissar für Agrarangelegenheiten, seit 1999 auch für Fischerei.

Werk: Ins Zentrum Europas, 2000.

Literatur: H. Rauscher, F. F. – Provokationen eines ö. Europäers, 1998.

FISCHLHAM, OÖ., WL, Gem., 353 m, 1260 Ew., 15,6 km², südl. von Wels an einem Traunzufluss. Kieswerk, Formenbau. – Barockisierte got. Pfarrkirche mit Fischerkanzel (1759) von F. X. Leithner; Wasserschloss Bernau (im Kern 16. Jh), barocke Fassaden (1732). Naturschutzgebiet „F.-Au".

Literatur: R. Zinnhobler, 700 Jahre F., 1967.

FISCHMEISTER, Viktor, * 12. 8. 1878 Wien, † 27. 10. 1945 ebd., Jurist. Studium in Wien, 1902 Eintritt in die NÖ. Statthalterei, 1907 Berufung in die Handelskammer (Leiter der handelspolit. Abt.) Wesentl. Verdienste um das Zustandekommen der ersten Trauzungsverträge der Republik Ö. und um den Wiederaufbau des ö. Zolltarifs nach dem 1. Weltkrieg. F. wurde 1922 Regierungsrat, 1932 Hofrat. 1932–38 Kammeramtsdir.

Joseph Emanuel Fischer von Erlach. Gemälde.

Adolf Fischhof. Lithographie von Strixner.

Franz Fischler. Foto.

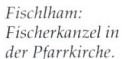

Fischlham: Fischerkanzel in der Pfarrkirche.

Zwangspensionierung durch die Nat.-Soz. Nach Kriegsende bis zu seinem Tod Rückkehr in die Handelskammer und Neuaufbau der handelspolit. Abteilung.

FISCHNALER, Konrad, * 10. 12. 1855 Sterzing (S-Ti.), † 14. 2. 1941 Innsbruck (Ti.), Geschichts- und Heimatforscher. 1885–1912 Kustos am Ferdinandeum in Innsbruck, dessen Ruf als wiss. Anstalt er begründete.
Werke: Das Eisacktal in Lied und Sage, 1883; Wappenbuch der Städte und Märkte Ti., 1894; Arbeiten in: Ztschr. des Ferdinandeums und Der Schlern.
Literatur: Festschrift zu Ehren K. F., 1927 (Schlernschriften 2).

FISKUS, auch → Ärar, Bezeichnung für verschiedene Verwaltungszweige. Einige bes. Vorrechte (iura fisci) haben sich bis heute erhalten, z. B. Erbanfall mangels Erben (Kaduzität), Anfall von Vereinsvermögen. Bei Prozessen durch die → Finanzprokuratur vertreten.

FISOLEN, ö. Ausdruck für grüne Bohnen.

FISS, Ti., LA, Gem., 1438 m, 859 Ew., 37,7 km², Wintertourismusgem. (597.772 Übern.) im Oberen Gericht auf einem Plateau über dem Oberinntal. – Urk. 1288; spätgot. Pfarrkirche mit Barockausstattung und Schnitzereien; Totenkapelle und Kalvarienberg (19. Jh.); altes Ortsbild weitgehend erhalten (einst rätoroman. Dorf, Mittelflurhäuser mit Erkern und Fresken, teilw. 16./17. Jh.). – Brauchtum: „Blochziehen".
Literatur: H. Mang, Ti. Berggem. im Wandel, Serfaus, F., Ladis, 1970; S. Hölzl, Urkunden und Akten der Gem.-Archive F. und Stanz, 1985.

FITNESS-BEWEGUNG: Die F.-B. entwickelte sich in den USA zu Beginn der 50er Jahre, um durch ein zunehmendes Körperbewusstsein („fitness" = Gesundheit und Leistungsfähigkeit) dem allg. Bewegungsmangel bei gleichzeitiger überreichl. Ernährung entgegenzuwirken. In Ö. nahm die F.-B. 1970 mit der Gründung des Fit-Ausschusses der Bundes-Sportorganisation ihren Anfang; seither werden unter dem 2002 eingeführten Motto „Join the Spirit. Fit am Feiertag" am 26. Oktober ein „Fitlauf und Fitmarsch" (erstmals 1970) sowie zu Christi Himmelfahrt ein „Radwandertag" (erstmals 1977) abgehalten. Bis Mitte der 1990er Jahre gab es darüber hinaus einen „nationalen Skiwandertag". Zusätzl. Veranstaltungen werden von öffentl. wie priv. Stellen durchgeführt.
Literatur: H. Ertl (Red.), „Sport für alle" in Ö., 1984.

FITZNER, Rudolf, * 4. 5. 1868 Ernstbrunn (NÖ.), † 2. 2. 1934 Salzburg, Geiger. Gründete 1894 das F.-Streichquartett, mit dem er zahlr. Werke zur Uraufführung brachte; ab 1911 Violinvirtuose des Königs von Bulgarien.

FIXLMÜLLER, Alexander (auch Fixlmillner), * 24. 9. 1686 Hehenberg (Gem. Bad Hall, OÖ.), † 21. 1. 1759 Kremsmünster (OÖ.), Benediktiner; Onkel von Placidus → Fixlmüller. Ab 1731 Abt von → Kremsmünster; ließ dort den → Mathematischen Turm, das Physikal. Kabinett und die Stiftsbibl. errichten.

FIXLMÜLLER, Placidus (auch Fixlmillner), * 28. 5. 1721 Schloss Achleiten (Gem. Kematen a. d. Krems, OÖ.), † 27. 8. 1791 Kremsmünster (OÖ.), Astronom; Neffe von Alexander → Fixlmüller. Ab 1759 Leiter der Sternwarte im → Mathematischen Turm des Stiftes Kremsmünster. Begründer der neueren Astronomie in Ö. (mit M. → Hell), berechnete die Bahn des Uranus, verbesserte astronom. Instrumente, erfand einfachere Formeln für astronom. Berechnungen.
Literatur: NDB.

Placidus Fixlmüller. Gemälde (Astronomisches Kabinett der Sternwarte im Stift Kremsmünster, OÖ.).

F. J. ELSNER & CO. GESELLSCHAFT M. B. H., 1946 gegr. Handelshaus für Import und Export der → Raiffeisen Zentralbank Österreich AG mit Sitz in Innsbruck und Wien sowie Tochterfirmen in New York, Riga, Moskau, Kiew und Warschau. 2001 wurde die F. J. Elsner Trading Ges. m. b. H. ausgegliedert. Umsatz 2002/03 rd. 31 Mio. Euro; Exportanteil 100 %.

FL., Abkürzung für → Gulden, nach der zuerst in Florenz geprägten Münze Floren (Florin, Fiorino).

FLACHAU, Sbg., JO, Gem., 927 m, 2625 Ew. (1981: 1892 Ew.), 117,26 km², Wintersportort (813.192 Übern.) im gleichnamigen Quelltal der Enns, im Pongau. – Ausgedehntes Skigebiet mit zahlr. Seilbahnen und Liften; Holzbearbeitung (Sägewerk, Möbel). – Vom späten MA bis 1866 Eisenabbau und -verhüttung; barocke Pfarrkirche (1719–21) von J. L. v. Hildebrandt beeinflusst, Schloss Höch (urk. 1209, um 1615 umgebaut, 1880–93 modernisiert), Schlosskapelle mit Wappenscheiben (16. Jh.); alte Gehöfte; Thurnschlössl in Feuersang (16. Jh.).
Literatur: E. Kollek, Die Gem. F. und ihre wirt. Entwicklung, Dipl.-Arb., Wien 1977; R. Weitgasser, Chronik der Gem. F., 1999.

Flachau.

FLACHAUWINKEL, Sbg., Name für den Oberlauf der Enns südl. der Radstädter Tauern. Fließt die Enns im oberen Abschnitt von S nach N, so schwenkt sie bei Altenmarkt in eine breite W-O-Längsfurche um. Namensgebender Hauptort → Flachau.

FLÄCHENMASSE, siehe → Maße und Gewichte.

FLÄCHENWIDMUNGSPLAN, Instrument der → Raumordnung. Durch Verordnung der Gemeinde wird das Gem.-Gebiet in bestimmte Bereiche eingeteilt (Bauland, Grünland, Verkehrsfläche, andere Spezifizierungen). Die Widmung eines Grundstücks ist insbes. bei der Erteilung einer Baubewilligung wesentlich.

FLACHGAU, Sbg., das nördl. Gebiet des Landes mit der Landeshauptstadt Salzburg, umfasst das sbg. Alpenvorland nördl. der Stadt und deckt sich zum großen Teil mit dem polit. Bez. Salzburg-Land. Der F. stellt ein Zungenbecken des eiszeitl. Salzachgletschers dar und ist ein waldreiches und sehr fruchtbares Siedlungsgebiet. Aus dem unregelmäßigen Hügelland mit kleinen Seen (Waller-, Trumersee), Stauseen, Mooren und Torflagern ragen bewaldete Flyschberge (Große Plaike, Kolomansberg, Haunsberg, Buchberg, Heuberg, Irrsberg). Im S schließen Gaisberg und Untersberg die Landschaft ab. Im F. überwiegt das Sbg. Einheitshaus, im nördl. Grenzgebiet gegen OÖ. treten Übergangsformen zum Innviertler Vierseithof auf. Die größten Orte im niederschlagsreichen, von der Westbahn durchquerten F. sind außer Salzburg und seinen Vororten: Seekirchen am Wallersee, Neumarkt am Wallersee,

Straßwalchen, Oberndorf bei Salzburg und Lamprechtshausen.

Flachmoore, siehe → Niedermoore.

Flachsanbau: Flachs oder Lein (Linum usitatissimum) wurde in Ö. (bes. im Bereich der Alpen sowie im Wald- und Mühlviertel) jahrhundertelang zur Produktion von Langfasern für die Herstellung von Leinwand (Spinnerei Lambach), von Kurzfasern (nachwachsender Rohstoff) und von Samen für Gebäck und Ölextraktion angebaut, ist aber seit ca. 1950 stark im Rückgang begriffen. Mit der Verarbeitung des Flachses, dem so gen. Brecheln, war ehemals ein reichhaltiges Brauchtum verbunden, heute erfolgt die Fasergewinnung nach der Tauröste in Schwunganlagen (z. B. Pausendorf, Stmk.). Die technisch einfachere Ölleinproduktion gewinnt an Bedeutung. – Die Verarbeitung von Flachs bis zum Fertigprodukt und die dafür notwendigen Geräte zeigt das Webereimusum Haslach a. d. M. (OÖ.).

Fladnitz an der Teichalm, Stmk., WZ, Gem., 694 m, 1141 Ew., 34,81 km², Fremdenverkehrsgem. (59.879 Übern., v. a. im Sommer) zw. Schremser Bach und Toberbach. – Landw. FachS St. Martin, 18-Loch-Golfanlage, Schaubergwerk, Freilichtmuseum. Holzverarbeitung, Mischfutterwerk. – Spätgot. Pfarrkirche (1486) mit got. Fresko und Rankenmalereien (frühes 16. Jh.) sowie barocken Hoch- und Seitenaltären, barocke Heiligenstatuen vor der Kirche; Bildstock (17. Jh.) bei Fladnitzberg; alte Hakenhöfe. Bärenschützklamm, Tropfsteinhöhlen, Teichalmsee, Naturschutzgebiet Latschenhochmoor Teichalm.
Literatur: I. Gollmann (Hg.), Rund um F. und die T., 1982.

Fladnitz im Raabtal, Stmk., FB, Gem., 310 m, 739 Ew., 6,32 km², landw.-gewerbl. Wohngem. im Raabtal nordwestl. von Feldbach. Dorfmuseum.

Flaggen, siehe → Fahnen.

Flaktürme, 6 große Betontürme zur Luftabwehr im Stadtgebiet von Wien, die 1943/44 von F. Tamms errichtet wurden. 2 Türme entstanden im Arenbergpark (3. Bez.), 2 im Augarten (2. Bez.) und je einer im Esterházypark (6. Bez.) und im Hof der Stiftskaserne (7. Bez.). Je 2 Türme (ein Leitturm und ein Geschützturm) bildeten eine organisatorische Einheit, wobei der jeweils kleinere Leitturm seine Beobachtungsdaten an den größeren Geschützturm, der in der Regel mit 4 schweren Zwillings-Fliegerabwehrkanonen ausgestattet war, weitergab, um anfliegende Bomberverbände zu bekämpfen. Obwohl bis zum Herbst 1944 alle F. fertig gestellt waren, stellten sie keine wirkungsvolle Abwehrmaßnahme gegen Bombenangriffe dar. Heute wird nur noch der Flakturm in der Stiftskaserne militärisch als Führungseinrichtung genutzt. Im ehem. Leitturm im Esterházypark ist heute das → Haus des Meeres untergebracht.

Flakturm im Augarten in Wien 2.

Literatur: G. Holzmann, Der Einsatz der Flak-Batterien im Wr. Raum, 1970; H. Sakkers u. E. Widmann, F. Berlin – Hamburg – Wien, 1998; E. Weber, Die Luftverteidigung im Großraum Wien unter Berücksichtigung des Aspektes der F., Dipl.-Arb., Wien 2002; U. Bauer, Die Wr. F. im Spiegel ö. Erinnerungskultur, 2003; J. Killian, Die Wr. F., Dipl.-Arb., Wien 2003.

Flatschach, Stmk., KF, Gem., 682 m, 180 Ew., 7,43 km², landw. Wohngem. im Aichfeld am Fuß des Flatschacher Schlags (1363 m) nahe Zeltweg.

Flattach, Kä., SP, Gem., 696 m, 1373 Ew., 98,69 km², zweisaisonale Fremdenverkehrsgem. (137.082 Übern.) mit Gewerbe im Mölltal am Fuß des Mölltaler Gletschers in den Hohen Tauern. Kraftwerke Außer- und Innerfragant, Gletscherbahn; Schotter- und Betonwerk, Landw. – Barocke Pfarrkirche hl. Matthias (1746, Turmbau 1794) mit Hochaltar von 1840 und Neorenaiss.-Inventar, barocke Schutzengelkapelle, spätbarocke Wegkapelle, alpine Paarhöfe. Raggaschlucht.

Flatter, Richard, * 14. 4. 1891 Wien, † 5. 11. 1960 ebd., Übersetzer, Schriftsteller, ausgebildeter Jurist. Widmete sich nach Regieunterricht bei M. Reinhardt und eig. lyrischen Versuchen der Übersetzung shakespearescher Sonette und Dramen. Emigrierte 1938 nach England, wurde nach Australien deportiert, lebte dann in den USA und kehrte 1953 nach Wien zurück.
Werke: K. Kraus als Nachdichter Shakespeares, 1933; Weg und Heimkehr, 1937; Shakespeares Dramen, 6 Bde., 1952–55; Shakespeares Sonette, 1957.
Literatur: S. M. Patsch, Ö. Schriftsteller im Exil in Großbritannien, 1985.

Flattich, Wilhelm von, * 2. 10. 1826 Stuttgart (D), † 24. 2. 1900 Wien, Architekt. Nach einschlägigen Tätigkeiten in Deutschland, Frankreich und der Schweiz kam F. 1855 nach Ö., wo er als Eisenbahnarchitekt eine führende Stellung errang (z. B. Bahnhöfe in Graz, Innsbruck, Triest, Südbahnhof in Wien). Teils in Verbindung damit schuf er Hotels, Wohnbauten (Beamtenwohnhäuser in Wien-Meidling, 1870) und Villen (Wien und Reichenau, NÖ.).
Literatur: G. Friedl, Der Architekt W. v. F., 1979.

Flattnitz, Kä., SV, Streusiedlung, 1400 m, auf der Hochfläche der Gurktaler Alpen, am Übergang von Gurk- ins Murtal; Teil der Gem. → Glödnitz. – Got. Pfarrkirche (Weihe 1173) mit roman. Kern, Rundbau, Hochaltar (17. Jh.); Amtshaus (16. Jh.) am Römersteig.

Flatz, Gebhard, * 11. 6. 1800 Wolfurt (Vbg.), † 19. 5. 1881 Bregenz (Vbg.), Porträt- und Historienmaler. Ab 1829 als Porträtmaler in Innsbruck, 1833–38 in Rom tätig, wo er sich stilistisch den Nazarenern näherte. Kehrte 1840 nach kurzem Aufenthalt in Innsbruck nach Rom zurück und lebte ab 1871 in Bregenz. Malte vornehmlich relig. Werke.
Literatur: G. F., Ausst.-Kat., Wolfurt 1982.

Flaurling, Ti., IL, Gem., 675 m, 1106 Ew., 19,64 km², an der Einmündung des Kanzingbachs im Oberinntal, südöstl. von Telfs. – Kraftwerk F. (Ober- und Unterstufe); Holzverarbeitung. – Alte Siedlung (urk. 763), spätgot.-barocke Kirche (Langhaus 1836); Risgebäude (urspr. Jagdschloss) aus dem 15. Jh., 1500/01 Umbau in Pfarrhof; spätgot. Flügelaltar (1510) in der Kapelle.

Flavia Solva, röm. Siedlung, im Gem.-Gebiet von Wagna (Stmk., LB); Stadtrecht unter Ks. Vespasian (69–79 n. Chr.). Die Stadt war völlig regelmäßig mit rechtwinkelig kreuzenden Straßen angelegt und hatte teilweise prächtig ausgestattete Wohnhäuser, Werkstätten und Geschäftslokale sowie ein aus Holz gebautes Amphitheater mit einer 80 x 35 m großen Arena. Kurz nach 400 n. Chr. wurde die Siedlung endgültig zerstört.

Flavia Solva: Bronzegeschirr.

Flavia Solva: Grabporträt eines Schreibers.

Literatur: E. Hudeczek, F. S., 1977.

FLECKH, Johann, * 16. 5. 1822 Grubberg b. Riegersburg (Stmk.), † 26. 2. 1876 Kirchbach in Stmk., Jurist, Politiker. Begründete die Bürgerschulen in der Stmk., förderte die Techn. Hochschule Graz. Hervorragender Kenner der steir. Mundart.
Werk: Idiotikon von O-Stmk. und Riegersburg, 1846.
Literatur: ÖBL; NDB.

FLECKVIEH, wichtigste Rinderrasse Ö. mit rd. 80 % des gesamten Rinderbestandes (→ Rinderrassen). Bereits im MA wurden im Berner Oberland großwüchsige gefleckte Rinder gezüchtet. Von dort wurden die „Simmentaler" ab 1830 nach Ö. importiert und mit bodenständigen Rassen (Weißkopf-, Rotscheckenvieh, Ennstaler Bergschecken, Welser, Innviertler und Pustertaler Schecken, Oberinntaler, Unterinntaler, Zillertaler) gekreuzt, was zum heutigen F. führte. Die Milchleistung dieses Zweinutzungsrindes beträgt rd. 5300 kg/Jahr bei 4,2 % Fett und 3,4 % Eiweiß. Die Widerristhöhe der Stiere beträgt 150–158 cm bei 1100–1200 kg, die der Kühe 138–142 cm bei 630–750 kg. Dieses mittelgroße bis große Rind ist hellgelb bis dunkelrotbraun gescheckt, selten gedeckt (d. h. mit nur wenigen weißen Flecken). Kopf und Unterbeine sind weiß; Klauen und Hörner wachsgelb. Das Flotzmaul ist fleischfarben. Das F. stellt ca. 80 % der Mutter- und Ammenkühe bei der → Mutterkuhhaltung.

FLEDERMAUS, DIE, Operette von J. → Strauß Sohn nach einem Libretto von Carl Haffner und Richard Genée, am 5. 4. 1874 im Theater an der Wien uraufgeführt; Inbegriff der klassischen Wr. Operette; bildet die traditionelle Silvestervorstellung der Wr. Staatsoper.

FLEISCH: Die *F.-Produktion* nimmt einen wichtigen Platz in den Betrieben der ö. → Landwirtschaft ein; jährlich gelangen rd. 600.000 Rinder und 5,2 Mio. Schweine aus Ö. in die Schlachthöfe; der Großteil der Tiere stammt aus den Bundesländern OÖ., NÖ. und Stmk. Rund 29.500 Zucht- und Nutzrinder wurden 2002 exportiert. 2002 betrug die Bruttoeigenerzeugung in Ö. 225.781 t Rind- und Kalb-F., 465.424 t Schweine-F. und 108.387 t F. von Geflügel. Die inländ. Schweinefleischproduktion deckte 2002 den Bedarf in Ö.; bei Rind- und Kalb-F. bestand ein Überschuß von 52 %. Lamm- und Geflügel-F. musste zu einem beträchtl. Teil (ca. 27 %) importiert werden.
Der *F.-Verzehr* betrug 2002 in Ö. pro Kopf 12,3 kg Rind- und Kalb-F. (1993: 12,1 kg), 40,0 kg Schweine-F. (1993: 35,7 kg) und 10,9 kg → Geflügel (1993: 8,7 kg).
In Ö. ist die Erzeugung von F. durch rechtl. Vorschriften wie das Futtermittelgesetz und das F.-Untersuchungsgesetz geregelt. Dadurch wird gewährleistet, dass das in den Handel kommende F. aus Ö. in hygienisch einwandfreier Weise gewonnen wird und praktisch keine Rückstandsbelastungen aufweist. Die amtl. Kontrolle beschränkt sich nicht nur auf Schlachtung, Zurichtung und Vertrieb von F., sondern schließt auch die Überprüfung von Lebendtieren in den Erzeuger- und Mastbetrieben ein. Als Reaktion auf die BSE-Krise des Jahres 2001 wurden die Kontrollen speziell für Rind-F. noch einmal verschärft.

FLEISCHER, Max (Maximilian), * 19. 7. 1883 Krakau (Kraków, PL), † 12. 9. 1972 Los Angeles (USA), Cartoonist, Animator; Vater des Filmregisseurs Richard F. Kam als Kind in die USA. Schuf Zeichnungen für Zeitungen, ab 1915 Trickfilmstudien für Paramount. 1916 erste Filmarbeit mit „Out of the Inkwell", ab 1919 mit seinem Bruder Dave Mitarbeit an diversen Paramount-Zeichentrickserien, u. a. „Betty Boop" (ab 1934) und „Popeye the Sailor" (ab 1936).

Literatur: L. Carbaga, The F. Story, 1976.

FLEISCH FRESSENDE PFLANZEN: In Ö. gibt es 3 Gattungen von F. F. P., die Tiere einfangen und verdauen (sie werden auch „Carnivore" genannt), und zwar zwecks Stickstoffgewinnung, weil sie in stickstoffarmen Lebensräumen wachsen: Sonnentau/Drosera (3 Arten, hauptsächl. in → Hochmooren), Fettkraut/Pinguicula (3 Arten) und Wasserschlauch/Utricularia (6 Arten, hauptsächl. in Moorgewässern lebende Wasserpflanzen). Der Sonnentau fängt Insekten mittels klebriger Tentakeln auf den Laubblättern, das Fettkraut mit klebrigen Laubblattoberflächen und der Wasserschlauch mit kleinen Fangblasen, die Wassertierchen einsaugen. Die meisten F. f. P. sind (in unterschiedl. Grad) gefährdet.

FLEISCHL-MARXOW, Ernst von, * 5. 8. 1846 Wien, † 22. 10. 1891 ebd., Physiologe. Univ.-Prof. in Wien, Prosektor bei C. v. → Rokitansky, Abbruch der Laufbahn als Pathologe nach berufsbedingter Verletzung, 1874 Habilitation für Physiologie. Erforschte bes. Kreislaufprobleme, Nerven- und Muskelphysiologie; konstruierte Apparate zur Erforschung der Muskel- und Nerventätigkeit; erfand das Hämometer und adaptierte das Kapillarelektrometer für physiolog. Versuche.
Ausgabe: Gesammelte Abhandlungen, hg. v. O. F.-M., 1893.
Literatur: ÖBL.

Trude Fleischmann: Die Schauspielerin Sibylle Binder. Foto, um 1925.

FLEISCHMANN, Trude, * 22. 12. 1895 Wien, † 21. 1. 1990 Brewster (USA), Fotografin. Ausbildung bei dem ö. Atelierfotografen H. Schieberth; eröffnete 1920 ein Atelier in Wien, musste als Jüdin 1939 emigrieren, lebte in New York und später in der Schweiz (Lugano). Als Porträt-, Gesellschafts- und Modefotografin erreichte sie internat. Bedeutung.
Literatur: H. Schreiber, T. F., Fotografin in Wien 1918–38, 1991; A. Auer u. C. Aigner, T. F., Fotografien 1918–38, Ausst.-Kat., Wien 1988.

FLEISCHWEIHE, die Segnung von Osterspeisen. Im österl. Volksbrauchtum galten das seit dem Hoch-MA an der Ostervigil gesegnete Feuer und die gesegneten Speisen als Symbole des natürl. und übernatürl. neu aufblühenden Lebens.

FLEISSNER, Hans, * 28. 8. 1881 Zwodau (Zvodava, CZ), † 15. 6. 1928 Karlsbad (Karlovy Vary, CZ), Erfinder. 1922–28 Prof. für Angewandte Chemie an der Montanuniv. Leoben. Entwickelte einen Schlagwetteranzeiger für den Kohlebergbau und ein Kohletrocknungsverfahren (Köflach 1927).

FLEISSNER, Herbert, * 2. 6. 1928 Eger (Cheb, CZ), Verleger. Kam nach Jusstudium in Innsbruck 1952 nach München, wo er einen Buchversand und Verlag gründete. Durch Zuerwerb der Verlage Amalthea, Herbig und Langen Müller entstand eine Verlagsgruppe mit

Firmensitzen in Deutschland und in Wien, die 1984 mit den Buchverlagen des Axel-Springer-Verlags in Berlin zusammengeschlossen wurde; 1996 wurden die Berliner Verlage an Springer zurückgegeben; die Verlage in München, Stuttgart, Wien und Zürich wurden zu 100 % an F. übertragen.
Literatur: H. Sarkowicz, Rechte Geschäfte. Der unaufhaltsame Aufstieg des dt. Verlegers H. F., 1994.

FLEMMING, Marilies, * 16. 12. 1933 Wr. Neustadt (NÖ.), Juristin und Politikerin (ÖVP). 1972–91 Geschäftsführerin und Gesellschafterin einer Filmproduktionsfirma; 1973–87 Abg. z. Wr. Landtag und Mitgl. d. Wr. Gemeinderats, 1977–87 Gen.-Sekr. und 1984–91 Bundesleiterin der Ö. Frauenbewegung, 1987–91 BMin. f. Umwelt, Jugend und Familie, 1987–93 Präs. der Europ. Frauen-Union, seit 1996 Abg. z. Europ. Parlament. Während ihrer Amtszeit als BMin. wurden maßgebl. Umweltgesetze (u. a. Chemikalien-, Luftreinhalte- und Smogalarmgesetz) verabschiedet.

FLESCH-BRUNNINGEN, Hans (eigentl. Johannes Flesch Edler von Brunningen; Pseud.: Johannes von Bruning, Vincent Brun), * 5. 2. 1895 Brünn (Brno, CZ), † 1. 8. 1981 Bad Ischl (OÖ.), Schriftsteller und Übersetzer. Emigrierte 1933 über die Niederlande nach London; 1940–58 Sprecher der ö. Abteilung der BBC; 1953–58 Präs. des P. E. N.-Zentrums dt. Autoren im Ausland; lebte ab 1963 wieder in Wien, ab 1972 verheiratet mit H. → Spiel. F.-B. wurde durch expressionist. Erzähltexte bekannt und wandte sich dann v. a. dem hist. Roman zu.
Werke: Das zerstörte Idyll, 1917 (Novellen). – Romane: Die Amazone, 1930; Alkibiades, 1936; Perlen und schwarze Tränen, 1948; Die Teile und das Ganze, 1969. – Die verführte Zeit, 1988 (Autobiographie).
Literatur: M. Lukasser, Die Exilerfahrung im Werk von H. F.-B., Dipl.-Arb., Wien 1989; S. Garger, H. F.-B. Eine Einführung zu Leben und Werk, Dipl.-Arb., Wien 1995.

FLEXENPASS, Flexensattel, Vbg., 1773 m, Pass am W-Ende der Lechtaler Alpen, über den die Flexenstraße mit ihren fast durchgehenden Tunnels und Galerien zum Schutz vor Lawinen und Steinschlägen führt. Die Flexenstraße zweigt oberhalb von Stuben (bei Rauz, 1621 m) von der Arlbergstraße nach N ab und führt über Zürs nach Lech und weiter nach Warth; sie verbindet das obere Klostertal mit dem oberen Lechtal. Angelegt in den Jahren 1895–1900, wurde sie in den darauf folgenden Jahren sukzessive ausgebaut und verbessert.

Flexenstraße oberhalb von Stuben.

FLIESS, Ti., LA, Gem., 1073 m, 2924 Ew. (1981: 2409 Ew.), 47,56 km², zweisaisonaler Fremdenverkehrsort (49.252 Übern.) an den Abhängen des Inntals südöstl. von Landeck. – Auslieferungslager einer Weingroßkellerei. Museum mit archäolog. Funden aus Bronze-, Hallstatt- und Römerzeit; Naturpark Kaunergrat; Fließer Sonnenhänge (mehr als 1100 Schmetterlingsarten). – Spätgot. Pfarrkirche Maria Himmelfahrt („Maaßkirche"; 1443; 1492 geweiht; 1693–96 innen umgestaltet, barockisiert) mit roman. S-Turm, Hochaltar; Barbarakirche (1794–1804; 1902 umgestaltet); Pfarrkirche Maria Opferung in Hochgallmigg (1734) mit neugot. Ausstattung; Burg Bideneck (urk. 1343) mit Palas (16. Jh. ausgestaltet).

FLIESSER, Josef Calasanz, * 28. 7. 1896 Perg (OÖ.), † 16. 6. 1960 Linz (OÖ.), geistl. Würdenträger. 1941–46 Kapitelvikar und Weihbischof von Linz, 1946–55 Diözesanbischof von Linz; Schriftleiter der „Christl. Kunstblätter".
Literatur: R. Zinnhobler (Hg.), Die Bischöfe von Linz, 1985.

FLIGELY, August von, * 26. 9. 1810 Janow (PL), † 12. 4. 1879 Wien, Kartograph, Feldmarschallleutnant. 1853–72 Dir. des Militärgeograph. Inst. in Wien. Leitete einen neuen Abschnitt in der ö. Kartographie ein und begann 1869 die (3.) Landesaufnahme für eine zusammenhängende Spezialkarte der ö.-ungar. Monarchie. F. war Begründer der Gradvermessungslehre und modernisierte die Kartenherstellungstechnik. Nach F. wurden das Kap F. auf dem Franz-Joseph-Land und der F.-Fjord in Grönland benannt.
Literatur: ÖBL; NDB.

FLINSERL, kleines Metallblättchen (mhd. „vlins" = Steinsplitter). 1) Männerohrschmuck (Ohrgesteck, -schräubchen), bes. in der Biedermeierzeit als Amulett oder Kennzeichen von Fuhrwerkern, Schiffs- und Zimmerleuten u. a. am li. Ohr getragen, um 1870 weitgehend abgekommen; seit den 70er Jahren des 20. Jh. als Modeaccessoire erneut verbreitet.
2) Umzugsgestalten des „Ausseer Faschings", ziehen am Faschingsdienstag in einem mit Silberflitter verzierten Leinenkostüm sowie mit Tuchmaske („Gugel") und Spitzhut unter Musikbegleitung („F.-Musik") paarweise („Mandl" und „Weibl") durch den Ort (insges. rd. 30 bis 40 F.). Herkunft und Alter des Brauchs sind ungewiss, der früheste Beleg stammt aus der 2. Hälfte des 18. Jh.
Literatur: L. Schmidt, Der Männerohrschmuck im Volksschmuck und Volksglauben, 1947; F. Grieshofer, Faschingsbrauchtum, in: Ö. Volkskundeatlas, 5. Lfg., 1974; O. Bockhorn, Faschingsbrauchtum in Ö., Stmk.: Die „F.", in: Wiss. Film 24, 1980; H. Nikitsch, Der Männerohrschmuck im heutigen Wien, in: Ö. Ztschr. f. Volkskunde 94/45, 1991. O. Bockhorn, Die „F.", 1978 (wiss. Film des ÖWF).

Ausseer Flinserln.

FLIR, Alois, * 7. 10. 1805 Landeck (Ti.), † 7. 3. 1859 Rom (Italien), Schriftsteller, Ästhetiker, Priester. 1835 Univ.-Prof. in Innsbruck, 1848 Mitgl. des Frankfurter Parlaments. Reorganisierte die „Anima" in Rom, wo er den Mittelpunkt eines Gelehrten- und Künstlerkreises bildete.
Werke: Bilder aus den Kriegszeiten Ti., 1846; Die Manharter, 1852; Briefe aus Rom, ²1864; Briefe aus Innsbruck, Frankfurt und Wien, 1865.
Literatur: F. Drlicek, A. F., Diss., Wien 1952.

FLIRI, Franz, * 9. 2. 1918 Baumkirchen (Ti.), Geograph und Klimatologe. Ab 1967 Univ.-Prof. in Innsbruck, 1977–79 Rektor. Sein wiss. Schwerpunkt liegt auf Quartärforschung und Klimakunde (bes. Ti.).
Werke: Wetterlagenkunde von Ti., 1962; Das Klima der Alpen im Raume von Ti., 1974; Synopt. Klimatographie der Alpen, 1984; Extreme Summen des Niederschlags in Ti., 1989; Der

Schnee in N- und O-Ti., 2 Bde., 1992; Naturchronik von Ti., 1998.

Flirsch, Ti., LA, Gem., 1154 m, 941 Ew., 31,05 km², Tourismusgem. (112.653 Übern., v. a. im Winter) auf der Ti. Seite des Arlbergs im mittleren Stanzer Tal. – Barocke Pfarrkirche (Weihe 1751), Altar mit spätgot. Madonna (um 1520); barocke Antoniuskapelle, Lourdeskapelle (1853); Gondebachbrücke (19. Jh.).

Floch, Joseph, * 5. 11. 1895 Wien, † 26. 10. 1977 New York (USA), Maler, Lithograph. Studierte 1913–18 an der Akad. d. bild. Künste in Wien bei R. Bacher und F. Rumpler, ging 1926 nach Paris und 1941 in die USA.
Werke: Die Tafelrunde, 1929; Triborough Bridge, 1944; Hund auf der Terrasse, 1964.
Literatur: H. Adolph (Hg.), J. F. Gemälde u. Graphiken, Ausst.-Kat., Wien 1972.

Flöge, Emilie Louise, * 30. 8. 1874 Wien, † 26. 5. 1952 ebd., Modeschöpferin. Eng befreundet mit G. → Klimt; im Modesalon „Schwestern F." (eingerichtet von J. Hoffmann) präsentierte sie Entwürfe (auch von Klimt), die der durch die → Wiener Werkstätte etablierten Geschmackskultur entsprachen.
Literatur: E. F. und G. Klimt, Ausst.-Kat., Wien 1988.

Flohmarkt, Altwarenmarkt. Der bekannteste Wr. F. wird seit 1977 samstags auf dem Gelände zw. Rechter und Linker Wienzeile (in der Nähe der Kettenbrückengasse) mit 124 Standplätzen abgehalten. Weiters werden in ganz Ö. kleinere und größere F. von Pfarren, Vereinen und privaten Organisationen in unregelmäßigen Abständen veranstaltet.
Literatur: M. Trifter, Der Wr. F., 1988.

Floing, Stmk., WZ, Gem., 446 m, 1213 Ew., 13,17 km², land- und forstw. Gem. mit Gewerbe und etwas Tourismus nördl. des Feistritztals. Mehrzweckraum, Sportanlage. Hühnermast, Mineralwerk, Intensivobstbau, Holzbearbeitung.

Floitental (Floitengrund), Ti., reicht von den Zillertaler Alpen bis zum Zemmtal. Das F. wird vom Floitenbach durchflossen, der zumindest teilw. aus dem Floitenkees (Gletscher) gespeist wird und bei Dornauberg (985 m) in den Zemmbach mündet.

Floningzug (auch Floning-Troiseck-Zug), Stmk., ein stark bewaldeter Höhenzug (Floning 1684 m, Troiseck 1468 m), der parallel zum Mürztal (NW) verläuft. Durch das Vorkommen von Kalk, Dolomit und Schiefern des Mesozoikums nimmt dieser Zug innerhalb der Zentralalpen eine geolog. Sonderstellung ein („Mittelostalpin").

Flora, der Bestand an Pflanzenarten in einem bestimmten Gebiet. Mit Bezug auf die Fläche Ö. (83.850 km²) ist die ö. F. sehr reich. Gründe dafür sind die Lage am südöstl. Rand Mitteleuropas und die starke vertikale Differenzierung: Ö. hat großen Anteil an den O.-Alpen, deren höchste Gipfel (Hohe Tauern) in die nivale Stufe reichen, und überdies Anteil am W-Rand des pannon. Gebiets (→ pannonische Vegetation und Flora). Daher kommt es, dass Ö. sogar etwas mehr Pflanzenarten aufweist als das mehr als 4-mal so große Deutschland. Eigenartiger- und blamablerweise hat Ö. keine Nationalblume (höchstens inoffiziell das nicht sehr passende → Edelweiß), auch nicht die Bundesländer, mit Ausnahme Kä. (→ Wulfenia); folgerichtig zeigt eine ö. Euro-Münze eine Pflanze, die es gar nicht gibt: Auf der Rückseite des 5-Cent-Stücks ist ein undefinierbares Blümlein abgebildet, das laut offizieller Auskunft die „Alpen-Primel" darstellt, die kein Botanikbuch kennt. „F." nennt man auch Bücher, die die F. eines Gebietes darstellen, meist auch mithilfe von Bestimmungsschlüsseln, Beschreibungen der Gattungen, Arten und Unterarten, Abbildungen, Angaben über Vorkommen, Verbreitung, Nutzung usw.
Eine F. lässt sich nach 1) taxonomischen Gesichtspunkten (Pflanzensystematik), nach 2) Arealtypen sowie nach 3) Höhenstufen und Lebensformen gliedern.
1) Die Pflanzensystematik (Taxonomie) gruppiert die Pflanzensippen nach den ermittelten oder mutmaßl. Verwandtschaftsbeziehungen in hierarch. Weise, d. h., sie fasst verwandte Arten (Spezies) zu einer Gattung (Genus) zusammen, miteinander verwandte Gattungen bilden eine Familie, verwandte Familien eine Ordnung usw. (Beispiele für Gattungen sind Eiche/Quercus, Weißdorn/Crataegus, Salbei/Salvia, Hahnenfuß/Ranunculus; Beispiele für Familien sind Buchengewächse/Fagaceae, Rosengewächse/Rosaceae, Lippenblütler/Lamiaceae, Hahnenfußgewächse/Ranunculaceae). Manche Arten sind in sich gegliedert, sie bestehen aus 2 oder mehreren voneinander nur unscharf getrennten Untereinheiten, man nennt sie Unterarten (Subspezies).
Nach dem taxonomischen Gesichtspunkt ergibt die Gliederung der ö. Gefäßpflanzen-F. folgendes Bild (bezügl. der Ureinheimischen und Eingebürgerten): 152 Familien, 730 Gattungen, rd. 3100 Arten (in ganz Europa gibt es rd. 200 Familien, 1550 Gattungen und 11.500 Arten; auf der ganzen Erde existieren rd. 300.000 Arten).
12 Familien sind Pteridophyten (Gefäßkryptogamen, d. h. Farne und Farnverwandte), sie umfassen rd. 70 Arten (von weltweit rd. 12.000). An Nacktsamern (Gymnospermen, Nadelhölzern) gibt es in Ö. nur 3 Familien mit insges. 11 heim. Arten (weltweit rd. 600). Alle übrigen gehören zu den Bedecktsamern (Angiospermen). Im Folgenden werden die 12 größten (artenreichsten) Familien genannt, geordnet nach der Artenzahl, und im Vergleich dazu in Klammern der Artenreichtum weltweit (Gattungen/Arten): Korbblütler/Asteraceae: 75/400 (1528/22.750); Rosengewächse/Rosaceae: 23/223 (95/2825); Süßgräser/Poaceae: 64/218 (668/9500); Kreuzblütler/Brassicaceae 55/160 (365/3250); Riedgräser/Cyperaceae: 15/140 (98/4350); Schmetterlingsblütler/Fabaceae s. str.: 34/135 (425/12.150); Nelkengewächse/Caryophyllaceae: 24/130 (87/2300); Hahnenfußgewächse/Ranunculaceae: 21/100 (62/2450); Doldenblütler/Apiaceae: 51/95 (446/3540); Lippenblütler/Lamiaceae: 30/90 (252/6700); Orchideen/Orchidaceae: 26/70 (788/18.500); Raublattgewächse/Boraginaceae: 16/46 (130/2300).
Die artenreichsten Gattungen der ö. F. sind: Löwenzahn/Taraxacum: 16 Artengruppen (wahrscheinlich mehr als 300 Arten, noch nicht genau erforscht); Habichtskraut/Hieracium: 207 Arten (weltweit mehr als 1000 Arten); Segge/Carex: 107 Arten (weltweit rd. 1500); Frauenmantel/Alchemilla: 68 (Klein-)Arten (agamospermisch, weltweit ca. 1000); Brombeere, Himbeere und Verwandte/Rubus (bisher rd. 45 untersucht, außerdem viele noch unerforscht); Schwingel/Festuca: 44 (darunter viele Kleinarten, weltweit wohl rd. 300); Hahnenfuß/Ranunculus: 39 Arten (weltweit rd. 450 Arten); Ehrenpreis/Veronica: 39 (weltweit rd. 400); Steinbrech/Saxifraga: 35 (weltweit rd. 440); Labkraut/Galium: 34; Weide/Salix: 32; Fingerkraut/Potentilla: 29 (weltweit rd. 500); Rose/Rosa: 29; Glockenblume/Campanula: 27; Simse/Juncus: 27; Veilchen/Viola: 27; Wolfsmilch/Euphorbia (s. lat.): 26 (weltweit rd. 2000); Klee/Trifolium: 23; Greiskraut/Senecio (s. str.): 22 (weltweit ca. 2000); Sommerwurz/Orobanche (s. lat.): 22; Rispe/Poa: 22; Ampfer/Rumex: 21.
Regional betrachtet sind NÖ., Stmk. und Kä. die artenreichsten Bundesländer (mit jeweils mehr als 2000 Ar-

Emilie Flöge in einem Reformkleid. Foto, um 1910.

ten), dann folgen Ti., OÖ., Bgld., Sbg., Vbg. und Wien (mit 1535 Arten hat Wien in Anbetracht der geringen Gesamtfläche mit dem großen verbauten Anteil eine sehr hohe botan. Diversität, eine Folge der Lage an der biogeograph. Grenze zw. Mittel- und O-Europa).

2) Interessant ist auch eine Gliederung der ö. F. nach Arealtypen (Gesamtverbreitung der einzelnen Arten bzw. hauptsächl. Verbreitungsgebiet). Sie veranschaulicht die biogeograph. Lage Ö. Der größte Teil Ö. liegt – in biogeograph. Betrachtung – in Mitteleuropa. Allerdings bewirkt der Anteil an den Alpen große Unterschiede gegenüber dem restl. Mitteleuropa, da die F. des Alpenraums mehr Gemeinsamkeiten mit den anderen europ. Gebirgen hat als mit den nichtgebirgigen Regionen. Im O hat Ö. Anteil an der pannon. Florenprovinz (→ pannonische Vegetation und Flora). Südl. (submediterrane) Arten gibt es sowohl in diesem östl. klimatisch warm-trockenen Gebiet wie auch am S-Rand des Landes (→ Vegetation, ö. Naturräume).

In der ö. F. lassen sich beispielsweise folgende Arealtypen unterscheiden: mitteleuropäisch: Rotbuche/Fagus sylvatica, Edel-Esche/Fraxinus excelsior, Haselnuss/Corylus avellana, Wald-Labkraut/Galium sylvaticum, Wald-Bingelkraut/Mercurialis perennis, Mehrblüten-Weißwurz/Polygonatum multiflorum – atlantisch und subatlantisch (westeurop.): Stechpalme/Ilex aquifolium, Quendel-Kreuzblume/Polygala serpyllifolia, Salbei-Gamander/Teucrium scorodonia, Purpur-Fingerhut/Digitalis purpurea (in Ö. nur stellenweise eingebürgert) – alpisch: Zyklame/Cyclamen purpurascens, Bayern-Enzian/Gentiana bavarica – alpisch-pyrenäisch: Rost-Alpenrose/Rhododendron ferrugineum – ostalpisch: Zwergalpenrose/Rhodothamnus chamaecistus, Wimper-Alpenrose/Rhododendron hirsutum – ostalpisch-karpatisch: Ostalpen-Stiefmütterchen/Viola alpina, Sudeten-Veilchen/Viola lutea – ostalpisch-illyrisch: Ö. Schwarz-Föhre/Pinus nigra subsp. nigra, Clusius-Fingerkraut/Potentilla clusiana, Scheibenschötchen/Peltaria alliacea – südalpisch: Blaues Männerle/Paederota bonarota, Riesen-Taubnessel/Lamium orvala – südostalpisch: Wulfen-Primel/Primula wulfeniana, Karawanken-Enzian/Gentiana froelichii, Kerner-Alpen-Mohn/Papaver alpinum subsp. kerneri – südalpisch-illyrisch: Karawanken-Stiefmütterchen/Viola zoysii, Krainer Kreuzdorn/Rhamnus fallax – zentralasiatisch-alpisch (-alpin): Zwerg-Haarschlund/Comastoma nanum – westalpisch: Purpur-Enzian/Gentiana purpurea, Klein-Fingerhut/Digitalis lutea – arktisch-alpin: Teilareale in der Arktis und in der alpinen Stufe in mittel- und südeurop. Gebirgen: Gämsheide/Loiseleuria procumbens, Silberwurz/Dryas octopetala, Gegenblatt-Steinbrech/Saxifraga oppposifolia – arktisch-alpisch-zentralasiatisch: Disjunktion Arktis/Alpen/Zentralasien: Alpen-Bärentraube/Arctostaphylos alpinus – (Circum) boreal (in N-Europa, reliktisch in Mitteleuropa, z. B. in den Alpen): Moosglöckchen/Linnaea borealis, Siebenstern/Trientalis europaea – südsibirisch-pontisch-pannonisch (vom pannon. Gebiet über die südosteurop. bis zu den südsibir. Steppen): Frühlings-Adonis/Adonis vernalis, Sibirien-Glockenblume/Campanula sibirica – pannonisch (pontisch-pannonisch): Waldsteppen-Beifuß/Artemisia pancicii; Neusiedlersee-Salzschwaden/Puccinellia peisonis, Ungarische Skabiosen-Flockenblume/Centaurea scabiosa subsp. sadleriana – pontisch-pannonisch (vom Wr. Becken und der Ungar. Tiefebene bis zur Ukraine und/oder dem nördl. Kaukasusvorland): Tataren-Ahorn/Acer tataricum, Steppen-Spitzkiel/Oxytropis pilosa, Wiener Gamander-Ehrenpreis/Veronica vindobonensis, Ö.-Drachenkopf/Dracocephalum aus-

triacum, Kleine Salzmelde/Suaeda prostrata – pannonisch-illyrisch: Groß-Küchenschelle/Pulsatilla grandis – aralokaspisch-südsibirisch-pontisch: Hornmelde/Krascheninnikovia ceratoides, Einjahrs-Kampfkraut/Camphorosma annua, Steppenhafer/Helictotrichon desertorum – zentralsibirisch: Schierlingssilge/Conioselinum tataricum – submediterran: Flaum-Eiche/Quercus pubescens, Diptam/Dictamnus albus, Kantabrien-Winde/Convolvulus cantabrica, Wild-Tulpe/Tulipa sylvestris, Hundszahn/Erythronium denscanis, Schachblume/Fritillaria meleagris – illyrisch (west-balkanisch-adriatisch): Hopfenbuche/Ostrya carpinifolia, Dinarischer Berg-Wundklee/Anthyllis montana subsp. jacquinii, Adria-Riemenzunge/Himantoglossum adriaticum, Illyrisch-Krokus/Crocus exiguus („Crocus vittatus").

Eine landeskundlich interessante Gruppe sind die ö. Endemiten, also jene Arten, die ausschließlich in Ö. und nirgends außerhalb des Landes vorkommen (→ Endemiten und Subendemiten).

Zu den in Ö. ureinheimischen und archäophytischen (schon in der → Jungsteinzeit als Folge der Waldrodung und des Beginns der Landw. eingewanderten) Arten kommen die Neubürger (eingebürgerte → Neophyten, seit dem Jahr 1492 eingewandert). Sie verdanken dem Menschen ihre heutige (sog. synanthrope) Verbreitung. Die meisten von ihnen stammen aus N-Amerika und O-Asien: kosmopolitisch: Einjahrs-Rispe/Poa annua, Groß-Wegerich/Plantago major – westhimalajisch-neophytisch: Drüsen-Springkraut/Impatiens glandulifera – nordamerikanisch-neophytisch: Kanada-Berufkraut/Erigeron (Conyza) canadense, Riesen-Goldrute/Solidago gigantea, Scheingreiskraut/Erechtites hieraciifolia.

3) Nicht uninteressant ist die Gliederung der Flora Ö. nach Höhenstufen (→ Vegetation) und Lebensformen: rd. 1100 Arten, also mehr als 1 Drittel, sind ausgesprochene Hochgebirgsarten, die von der subalpinen Stufe aufwärts vorkommen; nur knapp 60 Arten sind → Baumarten und nur 6 sind → Lianen; 32 sind Vollschmarotzer (Holoparasiten, → parasitische Pflanzen), 12 sind → Fleisch fressende Pflanzen.

→ Artenschutz, → Arzneipflanzen, → Aurikel, → Beerensträucher, → Enzian, → Gebirgsvegetation und -flora, → Gewürzpflanzen, → Giftpflanzen, → Gräser, → Orchideen, → Rote Listen gefährdeter Pflanzen, → Segetalflora, → Straucharten, → Wälder und Forste, → Wildgemüse und -salate.

Literatur: G. Hegi, Illustrierte F. von Mitteleuropa, 7 Bde., 1906–31 (seither in mehreren Auflagen von zahlr. Wiss. bearbeitet und erweitert, heute hg. v. H. J. Conert u. a.); T. G. Tutin u. a. (Hg.), F. Europaea, 5 Bde., 1964–80; S. Jávorka u. V. Csapody, Ikonographie der F. des südöstl. Mitteleuropa, 1975; V. H. Heywood (Hg.), Blütenpflanzen der Welt, 1982; D. Aeschimann u. a., F. alpina, 3 Bde., 2004. – F. Höpflinger u. M. Schliefsteiner, Naturführer F. Flora und Fauna, 1981; M. A. Fischer (Hg.), Exkursions-F. von Ö., 1994. – F. Leeder u. M. Reiter, Kleine F. des Landes Sbg., 1959; E. Janchen, F. von Wien, NÖ. und N-Bgld., ²1977; H. Hartl u. a., Verbreitungsatlas der Farn- und Blütenpflanzen Kä., 1992; W. Maurer, F. der Stmk., 3 Bde., 1996-2004; A. Polatschek, F. von N-Ti., O-Ti. und Vbg., 5 Bde., 1997–2001; G. Pils, Die Pflanzenwelt OÖ., 1999; M. A. Fischer u. J. Fally, Pflanzenführer Bgld., 2000; E. Dörr u. W. Lippert, F. des Allgäus und seiner Umgebung, 2001; W. Adler u. A. C. Mrkvicka, Die F. Wiens gestern und heute, 2002.

FLORA, Paul, * 29. 6. 1922 Glurns (S-Ti.), Graphiker, Karikaturist, Illustrator. Lebt seit 1928 in Innsbruck; studierte 1942–44 an der Münchner Akad. bei O. Gulbransson. 1945 erste Ausstellung in Bern, 1953 erstes Buch „Floras Fauna", Mitarbeiter zahlr. Zeitungen und Ztschr., 1966 Teilnahme an der Biennale in Vene-

Flora:
Bart-Glockenblume.

Paul Flora.
Foto, 1965.

dig. Seine ironisch-sarkastischen Zeichnungen in einem ausgeprägten individuellen Stil fanden internat. Anerkennung. Das „Werkverz. der illustrierten Bücher" (1992) umfasst 125 Bücher und 10 Mappenwerke. F. schuf auch Bühnenbilder für „Amphytrion" von H. v. Kleist (Wien 1963) und „Der König stirbt" von E. Ionesco (Hamburg 1998).
Weitere Werke: Dies und das, 1997; Nebensachen, 2000; Ein Florilegium, 2002.
Literatur: P. F. Zeichnungen 1938–2001, Ausst.-Kat., Wien 2002.

Florian, Hl., Fest 4. Mai, † 4. 5. 304 Lorch (OÖ.), Märtyrer, Landespatron von OÖ., Patron gegen Feuer. Ehemals Amtsdir. des Statthalters von Ufernoricum, kam F. unter der dioklretian. Verfolgung von Aelium Cetium (St. Pölten) nach Lauriacum (Lorch) und erlitt dort den Märtyrertod durch Ertränken in der Enns. Grablege im Augustiner-Chorherrenstift St. Florian, die Gebeine kamen nach Krakau. In vielen Kirchen, Kapellen und auf Gedenksäulen als Krieger in Rüstung, Helm, mit Wasserbottich und brennendem Haus dargestellt.
Literatur: A. Roitinger, Die Verehrung des hl. F. im heutigen Ö. während des MA, Diss., Wien 1950; K. Amon, Die Passio S. Floriani und die Translatio von Rom nach Krakau, in: OÖ. – Kulturzeitschrift 36, 1986; K. Rokoschoski, Der Schutzpatron Sankt F., ²1996.

Florian, Maximilian, * 20. 12. 1901 Klagenfurt (Kä.), † 24. 1. 1982 Klosterneuburg (NÖ.), Maler. Aus einfachen Verhältnissen stammend, konnte er erst 1922–30 durch ein Stipendium an der Akad. d. bild. Künste in Wien ein Studium absolvieren. Vertrat in der Malerei eine expressiv-realist. Richtung unter dem Einfluss von H. → Boeckl. F. schuf auch Plastiken und Gobelins mit relig. Themen; sein Monumentalwerk „Die Auserwählten des Lebens" (Abendmahl) erhielt durch Papst Paul VI. eine Auszeichnung. Ö. Staatspreis für Graphik 1935.
Literatur: R. Schmidt (Hg.), M. F. 1901–1982, Ausst.-Kat., Wien 1990.

Floridsdorf, 21. Gem.-Bez. von Wien, 46,26 km², 128.228 Ew. (2001), am li. Donauufer, im westl. Marchfeld. F. wurde 1904 mit den Orten Jedlesee, Großjedlersdorf, Donaufeld, Leopoldau, Kagran, Hirschstetten, Stadlau und Aspern zu Wien eingemeindet, wozu 1910 noch Strebersdorf kam. 1938 verlor F. Kagran, Stadlau, Hirschstetten, Aspern und die Lobau an den neu gebildeten 22. Bez. (→ Donaustadt), 1954 erfolgten eine Neuabgrenzung gegenüber dem 22. Bez. und NÖ. und die Eingemeindung von Stammersdorf. – Die Siedlung hieß zunächst „Am Spitz" und wurde dann nach dem Klosterneuburger Abt Floridus Leeb, der 1786 Klostergründe an Siedler abgegeben hatte, benannt. Ursprünglich v. a. agrarisch, entwickelte sich F. durch zahlr. Ind.-Anlagen, durch die NW-Bahn und die 1885 eingeführte Dampftramway rasch und wurde 1894 zur Stadt erhoben.
Stadtrandsiedlungen mit Schrebergärten und Bauern; Großfeldsiedlung (1966–73); Nordrandsiedlung; Siedlung Jedlesee (nach 1949); neues Siedlungsgebiet Neu-Stammersdorf zw. Brünner Straße und Jedlersdorfer Straße (76 ha, seit 1994). Gemeindebauten: Schlingerhof, 1925/26; Karl-Seitz-Hof, 1926/27; Paul-Speiser-Hof, 1931/32; Schulzentrum (1966), Nittel-Hof (1976–83); Veterinärmedizin. Univ. (1995/96); Siegfried-Marcus-BerS (1989); PädAk der Erzdiözese Wien (1971); Sozialakad. (1978); Haus der Begegnung (1968, an der Stelle des früheren Floridsdorfer Arbeiterheims von 1909); Shopping-City-Nord (1989); Van-Swieten-Kaserne (Heereskrankenanstalt). Bezirksmus. im ehem. Mautner-Schlößl (seit 1960); Paul-Hock-Park (ehem. Floridsdorfer Ortsfriedhof). Schulbrüderkirche Strebersdorf (1887), Donaufelder Kirche (1905); Floridsdorfer Kirche (1936–38).
Zahlr. Ind.- und Gewerbebetriebe; Schnellbahn- und U-Bahnanschluss (U6). W-Teil mit Alter Donau (Wasserpark, Angelibad), → Marchfeldkanal.
Literatur: F. Czeike, F., Wr. Bezirkskulturführer, 1979; ders., Hist. Lexikon Wien, 5 Bde., 1992–97; H. Hinkel u. K. Landsmann, F. von A–Z, 1997.

Flösserei: Der Transport von zu Flößen verbundenen Holzstämmen war in Ö. bis in das 19. Jh. üblich. Auf der Donau und ihren Nebenflüssen wurden damit Salz und Eisen transportiert, die Flöße wurden nach der Ankunft zerteilt und als Nutzholz verkauft. Holz-F. war auch auf kleineren Flüssen und Bächen, die zu diesem Zweck gestaut wurden (Klausen), üblich. Im 18. und 19. Jh. wurde damit die Versorgung von Wien mit Nutz- und Brennholz gesichert. Nach dem Bau der Eisenbahnen wurde die F. aufgegeben.
Literatur: E. Neweklowsky, Die Schiffahrt und F. im Raume der oberen Donau, 3 Bde., 1952–64.

Flöttl, Walter, * 13. 1. 1924 Wien, Bankmanager. 1950–95 bei der BAWAG, wurde 1959 Leiter der Kreditrevision, 1966 Dir., 1968 Mitgl. des Vorstands, 1972 Gen.-Dir. und 1981 Vorsitzender des Vorstands.

Flotzinger, Rudolf, * 22. 9. 1939 Vorchdorf (OÖ.), Musikwissenschaftler. Studierte in Wien bei E. → Schenk und W. → Graf, 1969 Habilitation, 1971–99 Univ.-Prof. an der Univ. Graz. Gab mit G. Gruber die „Musikgeschichte Ö." (2 Bde., 1977/79; 3 Bde., ²1995) heraus; Obmann der Kommission für Musikforschung der Ö. Akad. d. Wiss.
Weitere Werke: Die Lautentabulaturen des Stiftes Kremsmünster, 1964; Der Discantussatz im Magnus liber und seiner Nachfolge, 1969; Fux-Studien, 1985; Geschichte der Musik in Ö. zum Lesen und Nachschlagen, 1988; Fremdheit in der Moderne, 1999 (Hg.); Perotinus musicus, 2000; Ö. Musiklexikon, 2002 ff. (Hg.).

Flüchtlingszustrom nach Österreich			
1985	6.724	1994	5.082
1986	8.639	1995	5.920
1987	11.406	1996	6.991
1988	15.790	1997	6.719
1989	21.882	1998	13.805
1990	22.789	1999	20.129
1991	27.306	2000	18.284
1992	16.238	2001	30.127
1993	4.744	2002	36.983
(ohne Kriegsvertriebene aus dem ehem. Jugoslawien)			

Flüchtlinge: „Wer sich aus wohlbegründeter Furcht, aus Gründen der Rasse, Religion, Nationalität, Zugehörigkeit zu einer bestimmten soz. Gruppe oder der polit. Gesinnung verfolgt zu werden, außerhalb seines Heimatlandes befindet", ist nach der Genfer Flüchtlingskonvention von 1951, der Ö. 1955 beitrat, F. Im Zuge der nach dem 2. Weltkrieg stattfindenden Vertreibung der dt. Bevölkerung aus Polen, der damaligen ČSR und Ungarn integrierte Ö. nach 1945 237.932 sog. Volksdeutsche. Danach war Ö. mit 3 großen Fluchtwellen konfrontiert: 1956 mit der Flucht von 180.432 Ungarn (Niederschlagung des ungar. Volksaufstandes), 1968 mit der Flucht von rd. 162.000 Tschechen und Slowaken (im Zuge der gewaltsamen Beendigung des Prager Frühlings) und 1981 mit der Flucht von 33.142 Polen (nach der Verhängung des Kriegsrechts). Abgesehen von diesen 3 Fluchtwellen lag die

Hl. Florian. Gotisches Tafelbild aus einem Triptychon, Mitte 15. Jh. (Stiftssammlungen St. Florian, OÖ.).

Verkehrsaufkommen auf österreichischen Flughäfen (2002)								
	Flüge		Fluggäste			Fracht (inkl. Post, in t)		
	an	ab	an	ab	Transit	an	ab	Transit
Wien	93.265	93.430	5.942.797	5.969.637	55.240	58.607	65.716	5.164
Graz	8.162	8.158	385.144	387.188	22.594	609	398	3
Innsbruck	6.930	6.919	322.448	323.653	6.378	208	248	0
Klagenfurt	3.458	3.451	128.575	129.030	2.072	18	12	0
Linz	7.873	7.867	298.903	300.683	40.344	216	134	4
Salzburg	10.760	10.755	639.486	644.810	42.265	208	213	2
gesamt	130.448	130.580	7.717.353	7.755.001	168.893	59.867	66.721	5.174

Zahl der F. bis Mitte der 1980er Jahre zw. rd. 2000 und 10.000 pro Jahr. Im Zuge der polit. Öffnung Osteuropas stieg die Zahl der F. und erreichte mit 27.306 Asylanträgen 1991 einen Höchstwert. Als Reaktion auf den Fall des Eisernen Vorhangs und der darauf folgenden Wanderungswelle wurde das Asylgesetz von 1991 beschlossen. Mit dessen Inkrafttreten und durch weitere Begleitmaßnahmen (z. B. Grenzschutz) nahm die Zahl der F. rasch ab.

1994 befanden sich zusätzlich aufgrund des Krieges im ehem. Jugoslawien rd. 60.000 F. aus dieser Region in Ö. Diesen gewährt Ö. vorübergehendes Aufenthaltsrecht („De-facto-F."). Bis Ende der 1980er Jahre genoss Ö. international hohes Ansehen als Asyl gewährender Staat. Der Versuch, möglichem Asylmissbrauch vorzubeugen, hat zu einer restriktiven Asylpraxis geführt, die durch Organisationen wie amnesty international oder Asyl in Not kritisiert wird und die im Asylgesetz vom Mai 2004 einen neuen Höhepunkt erreicht hat. Die Zahl der in Ö. Asyl Suchenden sank zwischen 2002 und 2003 von 39.350 auf 32.240, dennoch weist das Land nach wie vor weltweit die – nach Einwohnerzahl gemessen – höchste Zahl der Asylanträge auf (12,55 Anträge pro 1000 Einwohner). Der Großteil der Asylwerber kam 2003 aus Russland (6715), der Türkei (2839), Indien (2823), Serbien und Montenegro (2518) sowie Afghanistan (2359). 2003 kam es zu 7035 Asylentscheidungen, davon wurde in 2084 Fällen (29,6 %) Asyl gewährt.

Literatur: K. Althaler u. A. Hohenwarter (Hg.), Torschluß. Wanderungsbewegungen und Politik in Europa, 1992; W. Englbrecht (Hg.), F.-Alltag in Ö., 1996; R. Buchegger (Hg.), Migranten und F., 1999; J. Schuster, Migration heute, Diss., Wien 2001; S. Berger (Hg.), Zerstörte Hoffnung - gerettetes Leben, 2002; S. Rolinek, Identität und Zugehörigkeit, Diss., Salzburg 2002..

FLÜGELALTAR: Der spät-ma. Typus des großen F. ist Ausdruck der in der Gotik angestrebten Einheit von Architektur, Plastik und Malerei. Dieses Bestreben verdeutlicht sich im architekton. Aufbau des F. Über der malerisch oder plastisch gestalteten Sockelzone (Predella) erhebt sich der aus einem Mittelbild und -schrein mit Seitenflügeln bestehende Altaraufsatz. Gekrönt wurde der F. häufig durch ein reiches geschnitztes Gespreng(e). Große F. besaßen oft mehrteilige Seitenflügel, so dass das Aussehen des Altars dem Anlaß entsprechend verändert werden konnte (Wandelaltar). Im Normalfall präsentierte sich der F. mit geschlossenen Flügeln (Werktagsseite); nur zu bes. kirchl. Festtagen wurde der Schrein geöffnet (Festtagsseite).

Die Blütezeit des F. fällt in die Spätgotik, zw. 1470 und 1520. Zu dieser Zeit gab es in Ö. rd. 200 F. Der berühmteste in Ö. erhaltene F. befindet sich in St. Wolfgang und wurde 1481 von M. → Pacher vollendet. Weitere bedeutende F. in OÖ. stehen in Kefermarkt (um 1490), Gampern (1490–1500) und Hallstatt (1515, aus der Werkstatt von L. → Astl). In Sbg. waren namentlich A. → Lackner (F. in Abtenau) sowie die Meister des Halleiner und des Laufener Altars tätig. NÖ. besitzt F. u. a. in Zwettl, Pöggstall, Maria Laach, Schönbach, Waidhofen a. d. Ybbs und Pulkau (der den Einfluss der → Donauschule aufweist). Der F. in Mauer bei Melk (NÖ.) und der Allerheiligenaltar von Altmünster (OÖ.) zeigen bereits den Übergang zur Renaiss.

Die bekanntesten F. in den Gebirgsländern, wo sich der got. Geist des späten 15. Jh. noch lange hielt, stehen in Landeck, Wilten, Amras, Heiligenblut (1520), Ossiach, Maria Saal, St. Lambrecht, Gröbming und Bad Aussee. In Vbg. sind v. a. in Kirchen des Walgaus mehrere F. erhalten.

Zu den bedeutendsten F. in Wien zählen der Wr. Neustädter Altar (1442) im Wr. Stephansdom und der Znaimer Altar (um 1440–50) in der Ö. Galerie.

Literatur: M. Hasse, Der F., Diss., Berlin 1941; M. Brandstetter, Zur Sonderstellung der nö. F., Diss., Wien 1950; W. Paatz, Süddt. Schnitzaltäre der Spätgotik, 1963; H. K. Ramisch, Zur Entwicklung des got. F., in: Gotik in Ö., Ausst.-Kat., Krems 1967; A. Fritz, Kä. F., 1975; H. Schindler, Der Schnitzaltar, 1978; T. Seywald, Spätgot. F. in Sbg., Diss., Innsbruck 1986.

FLÜGELKAPPEN, auch „Ungar. Hüte" genannt, bis zu mehr als 50 cm hohe, oben spitz zulaufende Mützen aus schwarzem Filz; wurden im 17. Jh. teilw. auch im ö. Heer (Grenadiere) getragen.

FLUGHÄFEN: Zivil-F. bestehen in Ö. in Wien-Schwechat, Graz-Thalerhof, Innsbruck-Kranebitten, Klagenfurt-Annabichl, Linz-Hörsching und Salzburg-Maxglan (unweit von Bregenz liegt jenseits der Grenze der Schweizer Flughafen Altenrhein); Graz und Linz werden auch für militär. Zwecke benützt, eig. Militär-F. gibt es in Langenlebarn, Wr. Neustadt, Aigen und Zeltweg. Dazu kommen mehrere Hubschrauberstützpunkte sowie Sportflugplätze. Als größter ö. F. bewältigte Wien-Schwechat (→ Flughafen Wien AG) 2002 eine Kapazität von rd. 12 Mio. Passagieren. Auf allen ö. F. gilt für lärmintensive Maschinen ein Nachtflugverbot zw. 21 Uhr und 7 Uhr.

Flügelaltar: Spätgotischer Marienaltar von L. Astl in Hallstatt, OÖ.

FLUGHAFEN WIEN AG, börsenotierte Aktienges., hervorgegangen aus der 1954 gegr. Betriebsges. des Wr. Flughafens. Dieser wurde 1938 für militär. Zwecke zw. Schwechat und Fischamend errichtet und 1945 von den Alliierten übernommen. Parallel zur steigenden Bedeutung des Flugverkehrs (→ Austrian Airlines Österreichische Luftverkehrs AG) wurde der Wr. Flughafen ausgebaut: 1959 wurde die Start- und Landebahn auf 3000 m verlängert, 1960 ein neues Abfertigungsgebäude und 1972 eine zweite, 3600 m lange Piste errichtet, 1982 erfolgte die Autobahnanbindung (A 4) an Wien. 1990 wurde das World Trade Center und 1992 der Terminal 1 eröffnet. 1996 wurde der Pier-West-Terminal fertig und 1997 die ältere Start- und Landebahn auf 3500 m verlängert. Der Flughafen Wien ist der bedeutendste unter den ö. → Flughäfen, 2003 wurden mehr als 12 Mio. Passagiere abgefertigt, der Gesamtumsatz betrug 348,4 Mio. Euro, die Zahl der Beschäftigten 2918.

Literatur: H. Lunzer, Flughafen Wien-Schwechat: eine politisch-ökonom. Analyse der Entstehungsgeschichte 1938–1960, Diss., Wien 1994.

FLUGRETTUNG, dient zu Bergung, Erstversorgung und Abtransport von Verunglückten (Gebirge, Verkehr) sowie Erkrankten. Der Einsatz ist nur bei Flugwetter und mit Hubschraubern (Landung, Tau- oder Windenbergung) möglich. In Ö. wurde die F. 1954/55 durch das BM f. Inneres eingerichtet; Trägerinstitution ist seit 2001 allein mit dem ÖAMTC (zuvor auch das BM f. Inneres und das BM f. Landesverteidigung). Die Anforderung der F. erfolgt über allg. Notrufnummern (Polizei, Gendarmerie, Ö. Bergrettungsdienst, Rotes Kreuz u. a.) oder die nächstgelegene Flugeinsatzstelle.

F.-Dienste dienen der Rückholung erkrankter oder verletzter Österreicher aus dem Ausland mit Notarztjets. Betreiber sind die Ärzteflugambulanz und die Tyrolean Air Ambulance. Die Deckung der Leistung der F.-Dienste ist im Rahmen von Reise- und Krankenversicherungen möglich.

FLUGSAURIERFUND: Ab Beginn des 19 Jh. wurde in NÖ. bei Grünbach kreidezeitl. Steinkohle abgebaut, die in einem Mündungsdelta vor etwa 75–80 Mio. Jahren gebildet worden war. Die Ablagerungen gehören der Gosau-Formation an. In einem Stollen nahe Muthmannsdorf (NÖ.) wurden neben Dinosauriern, Krokodilen, Wasserschildkröten und Eidechsen fossile Reste des Flugsauriers Ornithocheirus bunzeli gefunden (Unterkiefergelenk, Humerusfragment und Bruchstücke von Fingergliedern). Seine Flügelspannweite dürfte 1,5–1,75 m betragen haben. Er war ein mittelgroßer Kurzschwanzflugsaurier mit langen, schlanken Kiefern und starken Zähnen.

FLUGSPORT: Als älteste Disziplin (seit 1882) gilt das → Ballonfahren, begründet vom Sportpionier V. → Silberer, durch dessen Initiative ein Verband gegr. wurde. Segel- und Gleitversuche bildeten eine Vorstufe zum *Motorflug* (I. → Etrich), der heute meist mit Leicht-, Sport- und Ultraleichtflugzeugen als Navigations-, Präzisions- und Kunstflug ausgeübt wird. *Segelflug* begann in Ö. mit Gleitflugkonkurrenzen am Semmering 1910/11. Zur Weltklasse im Strecken- und Höhenflug gehörte in den 20er Jahren R. → Kronfeld; nach dem 2. Weltkrieg wurden erst 1952 wieder Staatsmeisterschaften durchgeführt; 1968 wurde H. → Wödl Weltmeister. *Fallschirmspringen* als Sport umfasst heute Ziel-, Stil- und Figuren- sowie Formationswettbewerbe; die Anfänge dieser Disziplinen fallen mit der Liberalisierung des F. in den 50er Jahren zusammen. Die Anfänge des *Modellflugs* mit 5–20 kg schweren Modellen von Segel- und Motorflugzeugen oder Hubschraubern liegen bereits in den 20er Jahren; gegenwärtig verzeichnet Ö. zahlr. Erfolge bei Weltmeisterschaften (R. Freudenthaler u. a.). Das *Hängegleiten* (auch „Drachenfliegen"), organisiert und wettkampfmäßig betrieben, bürgerte sich seit den 70er Jahren ein (erster Verein weltweit in Kössen i. Ti. 1973), etwas später auch das *Paragleiten* (Gleitschirmfliegen). Der F. untersteht organisatorisch dem Ö. → Aero-Club.

Publikationen: prop, 1976–97 (Modellflugmagazin); Flug-Informationen, 1979 ff.; Neue Flieger-Revue, 1995 ff.
Literatur: Ö. Aero-Club (Hg.), F. und allg. Luftfahrt in Ö., o. J. (1989); H. Weishaupt (Hg.), Das große Buch vom F., ³1996.

FLUGTECHNISCHER VEREIN, WIENER, 1880 gegr., einer der ältesten mit dem Flugwesen verbundenen Fachvereine, beteiligt an der Schaffung der Flugfelder Aspern und Wr. Neustadt.

FLUGVERKEHR, siehe → Luftfahrt.

FLUGZEUGPRODUKTION: Nach dem Bau eines ersten Motorflugzeugs 1907 durch I. → Etrich wurde ab 1909/10 Wr. Neustadt („Etrich-Taube", „Pischof-Autoplan") ein erstes Zentrum der F. in Ö. Für die Daimler-Werke baute hier F. → Porsche Flugzeugmotoren. In Wien erzeugten ab 1910 „Jacob Lohner & Co." und „Werner & Pfleiderer" Motorflugzeuge. 1912 entstand das Flugfeld in Wien-Aspern und 1913 das Flugzeugwerk Fischamend. Bis 1914 wurden in Ö. rd. 150 Flugzeuge gebaut. Die ö. F. nahm im 1. Weltkrieg einen gewaltigen Aufschwung: 11 Werke lieferten bis 1918 rd. 3400 Flugzeuge an das Militär. In der Zwischenkriegszeit und seit 1945 blieb die F. auf Segel- und Sportflugzeuge beschränkt. Während des 2. Weltkriegs wurde in Wr. Neustadt die Me 109 und in Schwechat bzw. später in der Seegrotte Hinterbrühl die He 162 in großer Stückzahl produziert. Seit 1989 entwickelt und fertigt die Firma Diamond Aircraft Austria in Wr. Neustadt Kunststoffflugzeuge.

Literatur: R. Keimel, Ö. Luftfahrzeuge, 1981.

FLURBEREINIGUNG, vereinfachtes Verfahren der Zusammenlegung (Kommassierung) von land- und forstwirtschaftl. Grundstücken in bestimmten Fällen (z. B. Neuordnung von kleineren Gebieten und Betrieben oder als Zwischenlösung) zur Schaffung und Erhaltung einer leistungsfähigen Landw.; geregelt durch Flurverfassungsgesetze.

Literatur: R. Walter u. H. Mayer, Grundriss des ö. Verwaltungsverfahrensrechts, ⁸2003.

FLURFORMEN, Systeme der Parzellengliederung landw. Nutzflächen („Flur", im Bgld. „Hotter") und Gestaltungsformen des bäuerl. Siedlungsraums. Abhängig von Gelände-, Wirt.-, Rechts- und Herrschaftsverhältnissen spiegeln die F. die Zeiten der Besiedelung wider. Blockfluren stehen für das Altsiedelgebiet, Streifen- und Gewannfluren für die planmäßige ma. Kolonisation ab 1000 n. Chr. (v. a. im östl. Ö.), Waldhufenfluren für die hoch- und spät-ma. Rodungsgebiete (Mühl- und westl. Waldviertel) und Einödfluren

Flugsport:
Drachenflieger über
Altaussee, Stmk.

für die Urbarmachung des gesamten Alpenraums. Grundzusammenlegungen, Flächen(um)widmungen und Änderungen der Bewirtschaftung haben zu einer Vermischung und z. T. Auflösung der F. geführt.
Literatur: E. Tomasi, Hist. F., in: Ö. Volkskundeatlas, 6. Lfg., 1977.

FLURNAMEN, Bezeichnungen für Teile der Landschaft, etwa Felder, Wälder, Hügel, kleinere Berge, Vertiefungen usw. F. sind auf älteren topograph. Aufnahmen verzeichnet, bes. in der → Josephinischen Landesaufnahme und in der Franzisceischen Landesaufnahme. Durch die agrar. Operationen der letzten Jahrzehnte verschwanden viele F.

FLÜSSE: Das Flusssystem Ö. wird von den Hauptflüssen → Donau, → Inn, → Salzach und → Drau bestimmt, wobei mit 96 % fast das gesamte ö. Staatsgebiet zur Donau hin entwässert wird. Ausnahmen bilden nur Vbg. (großteils zum Rhein), Grenzgebiete im nordwestl. NÖ. und nördl. OÖ. (über Lainsitz und andere Moldauzuflüsse zur Nordsee). Die meisten ö. F. sind Gebirgs-F. und daher hinsichtlich der Wassermenge von der Schneeschmelze in der jeweiligen Gletscherregion abhängig. Viele F. sind durch Seen aufgestaut, wodurch Abfluss- und Geschiebemenge auf natürl. Weise reguliert werden. Auch Waldreichtum regelt den Wasserabfluss und verringert die Hochwassergefahr. Generell sind die niedrigsten Wasserstände im Winter (in flacheren Landesteilen auch im Spätsommer), die höchsten nach der Schneeschmelze im Frühjahr (bei Hochgebirgs-F. im Sommer) zu verzeichnen (→ Hochwasser). Die Flussschifffahrt ist heute fast zur Gänze auf die Donau beschränkt. Vor dem Ausbau anderer Transportwege (v. a. der Eisenbahn) spielte diese auch auf anderen F. eine bedeutende Rolle. Aufgrund des häufig hohen Gefälles bieten die ö. F. günstige Voraussetzungen für die Errichtung von Wasserkraftwerken. Rd. 30 % der in Ö. hydraulisch erzeugten Energie (Wasserkraft) stammen aus Speicher- und rd. 70 % aus Laufkraftwerken. Die Wasserkraft deckt insges. etwa 70 % des ö. Strombedarfs. Seit den 70er Jahren konnte die Wasserqualität der „außergewöhnlich stark verschmutzten" Streckenabschnitte der ö. F. angehoben werden, 2001 lag ihr Anteil bei max. 1 %, dennoch stellt die Gewässerqualität noch immer ein ernstes Problem dar. Zu den häufigsten Ursachen der Wasserverunreinigung zählen v. a. die Abwässer (Emissionen) aus Unternehmen und Haushalten sowie „natürliche" Einleitungen. Die Wirtschaftsbranchen, die die F. am stärksten belasten, sind: Chemie-, Zucker- und Nahrungsmittel-, Zellstoff- und Papier- sowie Metallind. Entscheidend sind dabei v. a. der Wirkungsgrad von kommunalen und betriebseig. Kläranlagen sowie der Prozentsatz an Abwässern, der bereits durch derartige Anlagen erfasst wird („Anschlussgrad"). In der Regel sind die F. in NÖ., Wien, im Bgld. und in der O-Stmk. stärker verschmutzt als in den anderen Bundesländern. Die schlechteste 2001 in Ö. festgestellte Gewässergüteklasse III–IV wiesen nur der Golser Kanal sowie kurze Strecken des Göllersbachs und des Retzbachs auf. Beispiele für F. der Gewässerqualitätsstufen II–III und III sind: Thaya, Pulkau, March, Schwechat, Weidenbach und Donau (streckenweise östl. von Wien) sowie die Salzach zw. Hallein und Salzburg. Mit Ausnahme des Ostens Ö. gehören den besten Kategorien I und I–II grundsätzlich kleinere und mittlere Fließgewässer bzw. die Oberläufe der größeren F. Salzach, Mur, Drau, Gail und Gurk an.

FLYSCHZONE, die den Nordrand der → Ostalpen von Vbg. bis Wien bildende geolog. Zone, hauptsächl. aus

Die wichtigsten Nebenflüsse* der Donau in Österreich

Fluss	Länge (km)	Einzugsgebiet (km²)	Mittelwasser m³/Sek.	Wasserspende Lit./Sek./km²
Inn	510	25.664	731	29
Mur (Ö.)	350	9.770	139	14
March	350	25.624	109	4
Enns	320	5.915	200	34
Drau (Ö.)	260	11.052	310	28
Salzach	220	6.727	241	39
Traun	180	3.426	131	38
Leitha	180	2.375	7	4
Kamp	135	1.493	8	6
Ybbs	130	1.117	29	26

* Die Salzach fließt über den Inn zur Donau, die Mur über die Drau. Messstellen: Schärding (Inn), Muregg (Mur), Angern a.d. March (March), Steyr (Enns), Lavamünd (Drau), Oberndorf (Salzach), Wels-Lichtenegg (Traun), Nickelsdorf (Leitha), Stiefern (Kamp) und Greimpersdorf (Ybbs).

Sandstein (daher auch als „Sandsteinzone" bezeichnet), daneben Mergel und Kalkmergel der Kreide und des Alttertiärs. Im S grenzt sie an die → Nördlichen Kalkalpen, von denen sie in der späten alpinen Gebirgsbildung im Jungtertiär überschoben und auf die → Molassezone aufgeschoben wurde, die das → Alpenvorland einnimmt. Die Gesteine der F. erscheinen stellenweise in geolog. Fenstern innerhalb der Kalkalpen (→ Brettlfenster, → Windischgarstener Fenster) und sind in Tiefbohrungen (Urmannsau, Berndorf) unter diesen angetroffen worden. Die F. bildet den nördl. Teil der → Voralpen und ist in Ö. ca. 10–15 km breit. Sie erreicht ihre größte Breite im Wienerwald mit rd. 20 km. Das wellige Mittelgebirgsland mit Höhen bis knapp über 1000 m (Pernecker Kogel, OÖ., 1080 m; im O etwas niedriger: Hochpyra 762 m, Schöpfl 893 m) ist stark bewaldet und mit Streuhöfen besiedelt.

FÖDERALISMUS, Prinzip des Staatsaufbaus, nach dem die einzelnen Gliedstaaten (im Gegensatz zum Zentralismus) im Verhältnis zum Gesamtstaat über eine mehr oder weniger große Selbstverwaltung (Autonomie) verfügen. Erstmals auf ö. Boden dürfte der F. im kelt. Königreich Noricum verwirklicht worden sein. Auch der 1186 abgeschlossenen → Georgenberger Handfeste lag die Idee des F. zugrunde; durch sie kam zwar die Stmk. 1192 an die Babenberger, behielt aber ihre Landeshoheit bei. Das Konzept der habsb. Donaumonarchie ab 1526 war in gewissem Sinn ebenfalls föderalistisch, da Böhmen (bis 1627) und Ungarn ihre Staatssouveränität und -individualität aufrechterhalten konnten. Der akzentuierte Gegensatz zw. Föderalisten und Zentralisten reicht in die Zeit Maria Theresias zurück und bestimmte ab 1848 die polit. Kämpfe der Monarchie entscheidend. Der → Ausgleich mit Ungarn von 1867 verhinderte durch seinen Dualismus eine echte Lösung im Sinn des F. Am Beginn des 20. Jh. wurde vor dem Hintergrund zunehmender nationaler Spannungen die Idee von den „Vereinigten Staaten von Großösterreich" vertreten. Die Monarchie sollte bei diesem Lösungsansatz in einen Bundesstaat von sprachlich einheitl. Gliedstaaten aufgegliedert werden. Diesen Ideen standen auch Erzhg. → Franz Ferdinand und K. → Lueger nahe, während K. → Renners F. das Territorial- mit dem Personalprinzip verknüpfen wollte. Die Folgen des 1. Weltkriegs zeigten, dass das in diesem Sinn von H. → Lammasch ausgearbeitete Oktobermanifest Ks. Karls von 1918 zu spät kam; es wollte im Rahmen von Ö.-Ungarn national abgegrenzte Teilstaaten schaffen.

Die Republik Ö. verwirklichte für ihr Territorium grundsätzlich den F. Die ö. Bundesverfassung von 1920 schuf ein bundesstaatl. Gebilde, das allerdings nur schwach föderalistisch ausgeprägt war. Folgende Regelungen der Bundesverfassung charakterisieren den F. in Ö.: Die Zuständigkeiten für Gesetzgebung und Vollziehung sind zw. Bund und → Bundesländern aufgeteilt. Die meisten wichtigen Kompetenzen stehen jedoch dem Bund zu, bes. auch in finanziellen Angelegenheiten. Vollzugsaufgaben stehen den Ländern nur im Bereich der Verwaltung zu. Die Gerichtsbarkeit bleibt zur Gänze dem Bund vorbehalten. Die Länder wirken an der Gesetzgebung des Bundes durch den → Bundesrat mit. Eine große Zahl von Vollzugsaufgaben des Bundes wird von Landesorganen wahrgenommen (so gen. Vollzugs-F.). Gegen Ende des 20. Jh. bemühten sich bes. die westl. Bundesländer um eine Stärkung der Rechtsstellung der Länder und des Bundesrates; durch die fortschreitende europ. Integration steht das Prinzip des F. in Ö. vor neuen Herausforderungen.
Literatur: H. Schambeck (Hg.), F. und Parlamentarismus in Ö., 1992; A. Berndt, F. und Bundesstaat im Wandel, Diss., Wien 2002.

FÖDERL, Karl, * 13. 3. 1885 Wien, † 10. 11. 1953 ebd., Komponist, zunächst Schauspieler und Cafetier. Komponierte hauptsächl. Wienerlieder („Die Reblaus"), Schlagermusik (über 800 Nummern) und Filmmusik.

FÖDERMAYR, Franz, * 13. 9. 1933 Grieskirchen (OÖ.), Musikwissenschaftler. Schüler von W. → Graf, 1973–99 dessen Nachfolger als Univ.-Prof. für vergleichendsystemat. Musikwiss. in Wien (viele Jahre auch Inst.-Vorstand).
Werke: Zur gesangl. Stimmgebung in der außereurop. Musik, 2 Bde., 1971; W. Graf. Vergleichende Musikwiss., 1980 (Hg.); Ethnolog., hist. und systemat. Musikwiss., 1998 (Hg. mit O. Elschek).

FOERSTER, Heinz von, * 13. 11. 1911 Wien, † 2. 10. 2002 Pescadero (USA), Physiker und Philosoph. Studierte ab 1930 an der Techn. Hochschule in Wien und beschäftigte sich daneben mit der Philosophie des → Wiener Kreises. Ab 1939 in der Kurzwellen- und Plasmaforschung in Berlin tätig, nach 1945 wieder in Wien und am Aufbau des Senders Rot-Weiß-Rot beteiligt (Leiter der Wiss.-Redaktion) sowie in der Elektroind. tätig. 1949–76 an der University of Illinois (USA), ab 1951 Prof. für Electrical Engineering und intensive Beschäftigung mit Fragen der Kybernetik. H.-v.-F.-Archiv am Inst. f. Zeitgeschichte der Univ. Wien.
Werke: Observing Systems, 1982; Sicht und Einsicht, 1985; KybernEthik, 1993; Wissen und Gewissen, 1993; Konstruktivismus und Kognitionswissenschaft, 1997; Der Anfang von Himmel und Erde hat keinen Namen, 1997; Wie wir uns erfinden, 1999 (mit E. v. Glasersfeld); Teil der Welt, 2002 (mit M. Bröcker).
Literatur: G. Grössing, H. v.F. 90, 2001; B. Pörksen, Die Gewissheit der Ungewissheit, 2002.

FOHN, Emanuel, * 26. 3. 1881 Klagenfurt (Kä.), † 14. 12. 1966 Bozen (S-Ti.), Maler. Begann zunächst ein Jusstudium in Wien und erhielt anschließende Ausbildung als Maler an einer Wr. Privatschule sowie an den Akademien in München und Berlin (L. Corinth). Nach einem Lehrauftrag an der Hamburger Akad. und wechselnden Aufenthalten in Deutschland und Spanien lebte er ab 1932 in Venedig, 1933–43 in Rom und dann bis zu seinem Lebensende in S-Ti. Vor allem seine Landschaften und Veduten sind bemerkenswert.

FÖHN, absinkende Luftbewegung, die bei der Überströmung eines Gebirges oder Hochplateaurandes auf dessen Leeseite auftritt und dort zu kräftigem, böigem Wind führt. Sein Einsetzen im Tal bzw. am Gebirgsfuß ist mit einem Anstieg der Lufttemperatur und einem Rückgang der relativen Feuchte verbunden. F. braucht zum Entstehen ein Gebirge und ist kein Wind aus einer warmen Gegend. Das Absinken der Luft in der F.-Region führt zur Wolkenauflösung; dadurch kommt es im Lee des Gebirges oft zur föhnigen Aufheiterung. F.-Wind findet sich in allen Gebirgen. In den Alpen werden Süd-F. (an der Alpennordseite) und Nord-F. (an der Alpensüdseite) unterschieden. Die Häufigkeit von F. ist im unmittelbaren Lee der tiefen Alpenpässe in den Übergangsjahreszeiten Frühling und Herbst am größten. Die wichtigsten F.-Regionen Ö. sind das Rheintal und die Region um Innsbruck. Das Alpenvorland ist von F. beeinflusst, auch wenn er dort selten bis zum Boden durchgreift. Beim Menschen führt der F. häufig zu seelischen Störungen sowie psychosomat. und körperl. Beschwerden, die oft auch als Ursache sozialmedizin. Phänomene (Unfallhäufigkeit, Selbstmorde usw.) gelten.
Literatur: P. Seibert, Der F. in den Alpen, 1993; M. Spatzierer, Vergleich der F.-Struktur in 2 Alpentälern, Dipl.-Arb., Wien 2002.

FOHNSDORF, Stmk., JU, Gem., 736 m, 8523 Ew., 54,62 km^2, alter Bergwerksort am SW-Rand des Aichfelds, westlich von Knittelfeld. – Arbeitsmarktservice, Schulungszentrum, Arbeiterheim, E-Werk, Stadion Lorenzi, HBLA f. wirt. Berufe; Erzeugung von Leiterplatten, Plastikteilen (Gussverfahren) und Kinderkleidung, Kranbau (in Aichdorf), Tunnelbau; Transportunternehmen, Postverteilerzentrum. – Besuchsbergwerk und Schaustollen; Braunkohlebergbau ab dem 17. Jh., 1978 eingestellt, ehemals tiefster Braunkohlenschacht der Welt (1130 m), Förderturm (1855–1925) und Teil der Maschinenhalle erhalten. Roman. Pfarrkirche mit spätgot. Gewölbe; Reste einer Burgruine (Verfall seit dem 16. Jh.); Renaiss.-Wasserschloss Gabelhofen im Aichfeld (1548, Umbau zu Hotel).
Literatur: H. Burgstaller, F. Erlebte Geschichte, 1984; W. Pickl, Entwicklung, Gegenwart und Zukunftsaussichten der Gem. F., Diss., Graz 1978; W. Brunner, F. Rückblick in die Vergangenheit – Ausblick in die Zukunft, 1992.

FOHNSDORFER BECKEN, Ober-Stmk., Talweitung der Mur im → Aichfeld (N) und Murboden (S), im 22 km langes Tertiärbecken der → Norischen Senke, in der Vergangenheit bed. wegen der Braunkohlevorkommen (→ Fohnsdorf).

FÖHRE: Diese große, auch Kiefer genannte Gattung Pinus (Familie Föhrengewächse/Pinaceae) umfasst weltweit rd. 100 Arten und ist auf der gesamten nördl. Hemisphäre verbreitet; bes. viele Arten leben in den westl. USA und in Mexiko, in Europa gibt es nur 11 wild wachsende, 5 davon in Ö. Die Gattung F. ist dadurch gekennzeichnet, dass bei erwachsenen Bäumen die Langtriebe stets nur kleine bräunl. Schuppenblätter tragen, die grünen Blätter hingegen – die „Nadeln" – ausschließlich auf sehr stark gestauchten Kurztriebe („Nadelbüschel") beschränkt sind, und zwar in sehr geringer Zahl, wobei diese Zahl für jede Art konstant ist: Hauptsächlich gibt es 5-nadelige, 3-nadelige und 2-nadelige Arten.
Die Rot-F., auch Gewöhnliche F., Wald-F., von den Forstleuten Weiß-Kiefer genannt, Pinus sylvestris, ist weit verbreitet und wächst an Standorten, die für anspruchsvollere Laubhölzer (Laubwald) zu schlecht sind, insbes. bildet sie in der Bergstufe auf seichtgründigen, trockenen Böden bestimmte Waldgesellschaften (über Karbonatgesteinen den Schneeheide-Föhrenwald, Erico-Pinion; charakterist. Begleiter sind unter vielen anderen Schneeheide/Erica carnea (Erica herbacea), Buchs-Kreuzblume/Polygala chamaebuxus,

Flaum-Steinröserl/Daphne cneorum. Auch auf nassen, bodensauren, moorigen Standorten kann unter den → Baumarten nur noch Rot-F. existieren.
Die Leg-F. (→ Latsche)/Pinus mugo ist eine strauchig wachsende Art, die in der Subalpinstufe (→ Gebirgsvegetation und -flora) und in → Hochmooren vorkommt. Nächst mit ihr verwandt und durch Hybriden verbunden ist die Haken-F. oder Spirke/Pinus uncinata, die in Ö. selten ist und nur in Ti. und Vbg. vorkommt (sie hat ihre Hauptverbreitung von den W-Alpen bis zu den Pyrenäen).
Bes. interessant ist die mediterran-montane bzw. illyr. Ö. → Schwarz-Föhre, auch Schirm-F. oder Ö.-F. genannt, Pinus nigra, die wild in Ö. nur in den Kalkalpen des nördl. Alpenostrandes und vereinzelt in S-Kä. vorkommt, aber oft kultiviert und geforstet wird. Während alle bisher genannten ö. Arten 2-nadelige Kurztriebe haben, ist die → Zirbe/Pinus cembra eine 5-nadelige Art.

FOKOLAR-BEWEGUNG (Werk Mariens), 1943 von Chiara Lubich (* 22. 1. 1920) in Trient (I) gegr. kath.-ökumen. Gemeinschaft, 1962 gesamtkirchlich anerkannt. Weltweite Verbreitung. Umfasst auch die Bewegung „Jugend für eine geeinte Welt". Seit 1962 in Ö.; Zentren in Wien, Linz, Graz und Innsbruck, „Mariapolizentrum" in Wien-Mauer (seit 1994).
Publikationen: F.-News, 2001 ff.
Literatur: S. Veronesi u. a. (Hg.), Die F.-B., 1993.

FOLL, Ferdinand, * 15. 1. 1867 Wien, † 10. 7. 1929 ebd., Pianist. Schüler A. → Bruckners, 1897–1929 Solorepetitor an der Wr. Oper, Begleiter der bekanntesten Sänger seiner Zeit, Freund von H. → Wolf.
Literatur: ÖBL.

Folter: „Eiserne Jungfrau" in der Folterkammer von Burg Lockenhaus, Bgld.

FOLTER, Erzwingung einer Aussage durch Zufügung körperl. Schmerzen, erlangte seit Ende des 15. Jh. im Strafprozess bes. Bedeutung. Eingehend geregelt wurde ihre Anwendung in der Carolina (1532), aber auch noch in der Theresiana (1776), obwohl sie kurz darauf abgeschafft wurde. Durchgeführt wurde sie durch F.-Werkzeuge. Eine museale F.-Kammer besteht in Pöggstall (NÖ.), eine Ausstellung in Burg Sommeregg (Seeboden-Treffling, Kä.), ein F.-Museum in Wien (seit 1999).

FONDS, Vermögen, das im Unterschied zur Stiftung (→ Stiftungsrecht) nicht notwendig auf Dauer gewidmet ist. Neben privatrechtl. F., die von Privatpersonen aufgrund der einschlägigen Bundes- oder Landesgesetze errichtet werden, bestehen zahlr. Verwaltungs-F. Von diesen sind einige bloße Budgetansätze (Familienlastenausgleich), andere weisen eig. Rechtspersönlichkeit auf (z. B. Forschungsförderung, wobei in diesem Bereich aber umfangreiche Umstrukturierungen im Gange sind).
Literatur: H. Stolzlechner, Öffentl. F., 1982; T. Kostal, Öffentl. F. in Ö., 1995.

FONTANA, Oskar Maurus, * 13. 4. 1889 Wien, † 4. 5. 1969 ebd., Erzähler, Dramatiker, Lyriker, Theaterkritiker und Journalist. 1945–49 Chefredakteur des „Wiener Kurier", 1951–58 Theaterkritiker der „Presse". F. gab expressionist. Anthologien („Die Aussaat", 1915) heraus und verfasste expressionist. Stücke („Die Milchbrüder", 1913) und Zeitromane.
Weitere Werke: Romane: Die Erweckung, 1919 (Neuausgabe: Die Türme des Beg Begoja, 1946); Insel Elephantine, 1924 (Neufassung: Katastrophe am Nil, 1947); Der Weg durch den Berg, 1936; Der Sommer singt sein Lied, 1949; Der Atem des Feuers, 1955; Gefährlicher Sommer, 1962. – Das große Welttheater, Theaterkritiken 1909–67, 1976.
Literatur: A. Reininghaus, O. M. F. Das Profil eines ö. Journalisten, Diss., Salzburg 1983.

FONTANELLA, Vbg., BZ, Gem., 1145 m, 473 Ew., 31,23 km², zweisaisonaler Fremdenverkehrsort (64.984 Übern.) im Großen Walsertal. – Alte Walsersiedlung, urk. 1363; barocke, 1847 vergrößerte Kirche; ehem. Landammannhaus (16. Jh.) in Kirchberg.

FONTES RERUM AUSTRIACARUM (FRA), ö. Geschichtsquellen, hg. von der Hist. Kommission der Ö. Akad. der Wiss. in 3 Abteilungen: I. Scriptores, Bd. 1–14, 1855 ff.; II. Diplomataria et Acta, Bd. 1–92, 1849 ff.; III. Fontes iuris (Quellen zur Geschichte des ö. Rechts), hg. von der Kommission für die Savigny-Stiftung, Bd. 1–18, 1953 ff.

FORCHACH, Ti., RE, Gem., 910 m, 287 Ew., 14,42 km², landw.-gewerbl. Gem. im Lechtal südwestl. von Reutte. Maschinenbau. – Urk. 1200; Sebastianskirche (1742) mit Barockaltar und spätgot. Kruzifix (um 1510); alte Einhöfe.

FORCHERIT, arsenhaltiger Opal, von S. Aichhorn nach dem Entdecker aus dem Ingerintal b. Knittelfeld beschrieben.
Literatur: R. Exel, Die Mineralien und Erzlagerstätten Ö., 1993.

FORCHHEIMER, Philipp, * 7. 8. 1852 Wien, † 2. 10. 1933 Dürnstein (NÖ.), Techniker. Pionier auf dem Gebiet des Tiefbaus und der prakt. Hydraulik, Prof. in Istanbul, Aachen und Graz.
Werk: Lehr- und Handbuch der Hydraulik, 5 Bde., 1914–16.
Literatur: ÖBL; NDB.

FORCHTENSTEIN, Bgld., MA, Gem., 343 m, 2832 Ew., 16,59 km², an der O-Seite des Rosaliengebirges. Örtl. Gewerbe- und Handelsbetriebe, Stahl- und Portalbau, Betonwarenerzeugung. Stausee F. mit Campingplatz, Burgverwaltung, ehem. Servitenkloster mit got.-barocker Wallfahrtskirche Maria Himmelfahrt (1704) und Hl. Stiege (1719); kreuzförmige Rosalienkapelle (1666) an der höchsten Stelle des Rosaliengebirges. Die auf steilem Dolomitfelsen stehende mächtige Burg wurde Ende des 13. Jh. von den Mattersdorfer Grafen errichtet, 1445 an die Habsburger verpfändet und 1626 an Nikolaus Esterházy vergeben, der sie ab 1635 durch S. Radäck und D. Carlone ausgestalten ließ. Über alten Mauern und um den Bergfried (Anfang 14. Jh.) wurde

Burg Forchtenstein.

um einen trapezförmigen Hof eine Vierflügelanlage mit Kasematten, Zeughaus und Barockkapelle (renoviert 2000) erbaut. 1681/82 wurde die Hochburg erweitert, 1761/62 wurden die Obergeschoße erhöht. F. war Schatzkammer und Depot für Waffen und Ausrüstung der esterházyschen Truppen und beherbergt heute: Waffensammlung aus dem 16.–19. Jh., Ausrüstungen, Türkenbeute von 1686, Porträts der Familie Esterházy und mehrerer Kaiser; Sommerveranstaltungen für Kinder und Sonderausstellungen.
Literatur: Bollwerk F., Ausst.-Kat., Forchtenstein 1993.

Forchtenstein, Stmk., siehe → Neumarkt in der Steiermark.

Fördergebiete, räumliche Einheiten, die aufgrund ungünstiger regionalwirtschaftlicher Bedingungen oder Entwicklungen besonders gefördert werden. Die Abgrenzung der Fördergebiete wird mit maßgeblicher Unterstützung der → ÖROK (Österreichische Raumordnungs-Konferenz) durchgeführt, die als Koordinationsplattform fungiert. Die Förderung besteht in der Verbesserung der Infrastruktur, in finanziellen Anreizen für die Ansiedlung von Gewerbe-, Ind.- oder Tourismusunternehmen sowie generell in Anpassung und Modernisierung der Bildungs-, Ausbildungs- und Beschäftigungspolitik. Durch den EU-Strukturfonds 2000–2006 sind in Ö. Gebiete bestimmter Förderkategorien abgegrenzt: Das Bgld. gilt als entwicklungsschwaches Ziel-1-Gebiet, Ziel-2-Regionen sind etwa die Mur-Mürz-Furche, ganz Kä. mit Ausnahme des Klagenfurter Beckens, Ost-Ti. oder das nördl. NÖ. und OÖ. In Ziel-1-Gebieten leben rd. 280.000, in Ziel-2-Gebieten knapp 2 Mio. Österreicher.

Foregger, Egmont, * 21. 9. 1922 Salzburg, Jurist, Beamter und Politiker (parteilos). Während seiner Amtszeit als BMin. f. Justiz (1987–90) erfolgte die Anklageerhebung in politisch brisanten Verfahren (u. a. „Fall Lucona"); Hg. zahlr. Gesetzes-Smlg.

Formarinsee, Vbg., 17 m tief, 500 m lang und 400 m breit; sehr gute Wasserqualität. Der kleine Hochgebirgssee liegt südl. der Roten Wand (2704 m) und ist von Dalaas aus erreichbar.

Format, Normgröße für Papier oder andere Gegenstände. In Ö. waren bis in das 20. Jh. bes. F. üblich: Mauerziegel nach Schuh (29 x 14 x 7 cm), Schreibpapier 34,5 x 21 cm. Jetzt gelten allgemein die Dt. Industrienormen (DIN): Mauerziegel 24,5 x 12 x 6 cm, Papier A 4 29,7 x 21 cm.

Format, seit 1998 erscheinende Wochen-Ztschr., seit 2003 reines Wirt.-Magazin; Herausgeber ist H. Langsner, Druckauflage (2003): rd. 100.000 Exemplare.

Fornach, OÖ., VB, Gem., 565 m, 863 Ew., 17,7 km², landw. Gem. und „Erholungsdorf" am Fuß des Fachbergs (730 m), eines südl. Ausläufers des Kobernaußerwalds. Freilichtmuseum („Troadkasten", um 1870). – Josephin. Pfarrkirche (1787–92), teilweise Barockeinrichtung. – 300-jährige Linde in Hochlehen, Naturschutzgebiet „Kreuzerbauern Moos" (Hochmoor).
Literatur: F. Seine Menschen und ihre Häuser, 2003.

Forschungsinstitut für Technikgeschichte, Österreichisches, gegr. 1931 auf Anregung von Wilhelm → Exner als Abteilung des Techn. Museums für Ind. und Gewerbe (→ Technisches Museum Wien); seit 1989 Verein (ÖFIT).
Publikationen: Blätter für Technikgeschichte, 1932 ff.

Forschungsreisende, siehe → Entdeckungen und Forschungsreisen.

Forst, abgegrenzter, bewirtschafteter Wald (im Gegensatz zum Urwald). Große Waldgebiete gehörten früher den Landesfürsten (Wienerwald) oder Herrschaften. Heute sind in Ö. die Ö. → Bundesforste der größte F.-Betrieb. Für die rechtl. Belange gilt das Forstgesetz. → Wälder und Forste.

Forst, Willi (eigentl. Wilhelm Anton Frohs), * 7. 4. 1903 Wien, † 11. 8. 1980 ebd., Filmautor, -produzent, -regisseur und -schauspieler. Kam durch A. → Kolowrat-Krakowsky zum Film, entdeckte u. a. P. → Wessely und H. → Krahl, begründete und prägte das Genre des Wr. Musikfilms.
Werke: Filme: Leise flehen meine Lieder, 1933; Maskerade, 1934; Burgtheater, 1936; Bel Ami, 1939; Operette, 1940; Wr. Blut, 1942; Wr. Mädeln, 1945; Die Sünderin, 1950; Im Weißen Rößl, 1952. – Film-Ztschr. „Der Film", 1946–49 (Hg.).
Literatur: R. Dachs, W. F., 1986; K. Burghardt, Werk, Skandal, Exempel, 1996.

Willi Forst bei den Dreharbeiten zu dem Film „Die Sünderin". Foto, 1951.

Forstau, Sbg., JO, Gem., 923 m, 515 Ew., 59,47 km², zweisaisonale Fremdenverkehrsgem. (63.714 Übern.) im gleichnamigen Hochtal zw. Radstadt und Schladming. Maschinenbau. – Urk. 1299, ehem. barocke Pfarrkirche (1909 nach Brand neu err.) mit einfachem Säulenhochaltar, Barocktabernakel (18. Jh.) und Rokokokanzel (1758), barocke Kreuzwegstationen und Grabsteine; Forsthauskapelle mit Vesperbild (17. Jh.); alpine Haufen- und Paarhöfe (teilw. nach 1525 err.) und wenig verändert.
Literatur: Gemeinde F. (Hg.), F. – Festschrift hg. anläßlich der 70-Jahr-Feier und Einweihung des neuen Volksaltars der Pfarrkirche F., 1979.

Forst-Battaglia, Otto, * 21. 9. 1889 Wien, † 3. 5. 1965 ebd., Historiker, Kulturkritiker, Schriftsteller. 1937–45 zeitweilig Diplomat im poln. Dienst; Mitbegründer der modernen wiss. Genealogie.
Werke: Genealogie, 1913; J. Nestroy, 1932; Dt. Prosa der Gegenwart, 1933 (Hg.); J. Roth, 1952; F. T. Csokor, 1954; Ö. Köpfe, 1959.

Förster, August, * 3. 6. 1828 Lauchstädt (D), † 22. 12. 1889 Semmering (NÖ.), Schauspieler, Regisseur, Theaterleiter. Kam 1858 unter H. → Laube an das Wr. Burgtheater, wo er bis 1876 als Schauspieler und Regisseur wirkte. 1876–82 Dir. des Leipziger Stadttheaters, 1883 Mitbegründer des Dt. Theaters in Berlin. Am 1. 11. 1887 wurde er zum Burgtheaterdir. bestellt und erneuerte dessen Repertoire; hervorragender Schauspielerpädagoge; übersetzte zahlr. franz. Stücke ins Deutsche.
Literatur: H. A. Lier, A. F., 1904.

Förster, Emanuel Aloys, * 26. 1. 1748 Niedersteine (Ścinawka Dolna, PL), † 12. 11. 1823 Wien, Komponist und Lehrer. Autodidakt, ab 1779 in Wien; von L. van Beethoven geschätzt.
Werke: Kammermusik, Klavierwerke. – Anleitung zum Generalbaß, 1805.
Literatur: K. Weigl, E. A. F., Diss., Wien 1903.

Förster, Emil von, * 18. 10. 1838 Wien, † 14. 2. 1909 ebd., bed. Architekt des Späthistorismus; Sohn von Ludwig Christian Friedrich → Förster, dessen Atelier er weiterführte. Entfaltete eine umfangreiche Bautätigkeit auf dem privaten Sektor und wechselte erst spät in den Staatsdienst. Ab 1895 leitete er das Hochbaudepartement im Ministerium des Innern. Sein Bruder Heinrich v. F. (1832–1889) war ebenfalls als Architekt tätig.
Werke: Wien: Ringtheater, 1874 (1881 abgebrannt); Bodencreditanstalt, 1885. – Zahlr. Wohnhäuser, Amtsbauten und Hotels.

Forster, Hilde, * 3. 5. 1924 Wien, † 30. 11. 1991 ebd., Kinder- und Jugendbuchautorin, auch Autorin von Kinderhörspielen für den ORF.
Werke: Serien „Puckerl und Muckerl" (1951 ff.) und „Die Hochreiterkinder" (1953 ff.); Mädchen- und Jungenbücher.

Forster, Josef, * 10. 8. 1845 Trofaiach (Stmk.), † 23. 3. 1917 Wien, Komponist. Einziger ö. Vertreter des Verismo.

Werke: Opern: Die Wallfahrt der Königin, 1878; Die Rose von Pontevedra, 1893; Maria Tudor, 1902.
Literatur: ÖBL.

Förster, Ludwig Christian Friedrich, * 8. 10. 1797 Ansbach (D), † 16. 6. 1863 Bad Gleichenberg (Stmk.), Architekt und Unternehmer; Vater der Architekten Heinrich und Emil v. → Förster. Zentrale Persönlichkeit des ö. Historismus, Studierte in München und Wien, wo er 1820–26 als Korrektor und 1842–45 als Prof. an der Akad. d. bild. Künste wirkte; 1861–63 Gem.-Rat. Ab 1828 leitete er eine lithograph. Anstalt, gründete später eine Zinkgießerei und 1836 die „Allg. Bauzeitung", das für Jahrzehnte wichtigste Publikationsorgan des Bauwesens in der Monarchie. Ab 1839/40 freischaffender Architekt, in seinem Atelier arbeitete u. a. O. → Wagner. 1846–52 war F. in Gemeinschaft mit seinem Schwiegersohn T. Frh. v. → Hansen tätig. F. bemühte sich um den künstler. Nachwuchs und um die Durchsetzung techn. Neuerungen in Wien. Ab 1836 beschäftigte er sich mit Stadterweiterungsprojekten und hatte gewichtigen Anteil bei der Planung der Wr. Ringstraße. Unter seinen Werken sind neben Wohn- und Geschäftsbauten v. a. die Synagogen in Wien-Leopoldstadt (1858, zerstört 1938), Budapest (1859) und Miskolc (1863) hervorzuheben.
Weitere Werke: Wien: Evang. Kirche Gumpendorf, 1849; Mitarbeit am Arsenal, Elisabethbrücke, 1854 (abgebrochen 1897); Palais Todesco, 1863. – Villa Pereira, Königstetten, 1849; Augarten-Casino, Brünn 1855.

Ludwig Christian Friedrich Förster: Synagoge in Budapest. Foto, um 1890.

Forster, Rudolf, * 30. 10. 1884 Gröbming (Stmk.), † 25. 10. 1968 Bad Aussee (Stmk.), (Film-)Schauspieler. Ab 1907 Engagements an Wr. Bühnen (Jarno-Bühnen, Theater in der Josefstadt, Volksbühne Wien), am Staatstheater Berlin (1920–32), an den Reinhardt- und Barnowsky-Bühnen in Berlin und Wien. Ab 1920 auch Filmtätigkeit; 1937–40 in den USA (Hollywood, Bühnentätigkeit am Broadway); 1947–50 Ensemblemitgl. des Wr. Burgtheaters (bes. Strindberg-Rollen).
Werk: Das Spiel, mein Leben, 1967 (Autobiographie).

Forster-Brandt, Ellen, * 11. 10. 1866 Wien, † 16. 7. 1921 Baden (NÖ.), Sängerin (Sopran). 1887–1906 an der Wr. Hofoper, 1897 Kammersängerin; bekannte Wagner-Interpretin und Liedersängerin.
Literatur: ÖBL.

Forstinger, Monika, * 15. 7. 1963 Schwanenstadt (OÖ.), Politikerin (FPÖ). Studierte an der Univ. f. Bodenkultur in Wien, 1988–90 Assistentin an dieser. 1997–2000 Abg. z. Oö. Landtag, 2000–02 BMin. f. Verkehr, Innovation und Technologie, seit 2003 Unternehmensberaterin.

Forstliche Ausbildungsstätten, siehe → land- und forstwirtschaftliches Schulwesen, → Universität für Bodenkultur.

Forstner, August, * 29. 7. 1876 Wien, † 14. 2. 1941 Tulln (NÖ.), soz.-dem. Politiker. Arbeitete ab 1892 als Fuhrwerker; 1899 Begründer und Hg. der Ztschr. „Die Peitsche" (ab 1904 „Das Zeitrad"). 1907–18 Mitgl. des Reichsrats; 1918–20 Mitgl. d. Provisor. bzw. Konstituierenden Nationalversammlung, 1920–34 Abg. z. NR.
Literatur: A. Magaziner, Die Wegbereiter, 1975.

Forstner, Leopold, * 2. 11. 1878 Bad Leonfelden (OÖ.), † 5. 11. 1936 Stockerau (NÖ.), Maler und Kunstgewerbler. Schüler von K. → Moser; gründete 1908 die Wr. Mosaikwerkstätte. Nach 1918 Fortführung des Betriebs in Stockerau als Edelglas-, Mosaik- und Emailwerkstätte. Mitgl. der Wr. Werkstätte und des Ö. Werkbunds. Schuf u. a. Mosaiken für die Kirche am Steinhof von O. Wagner und für J. Hoffmann (Palais Stoclet in Brüssel und Villa Ast in Wien 19).
Literatur: E. Lässig, L. F. als christl. Künstler des Jugendstils, Diss., Wien 1989; L. F. 1878–1936. Mosaik, Graphik und Glas des Wr. Jugendstils, Ausst.-Kat., Stockerau 1989.

Forstwirtschaft: Die Gesamtfläche Ö. ist zu 47 % bewaldet, wobei die Verteilung des Waldes regional stark schwankt. Örtlich gingen in den letzten Jahrzehnten zwar Flächen für Straßen-, Kraftwerks- und Siedlungsbau sowie für Freizeitanlagen verloren, insges. vergrößert sich jedoch die Waldfläche durch Almanflug, Aufforstungen von Grenzertragsböden u. dgl. jährlich um rd. 2000 ha (bis Mitte der 1980er Jahre sogar rd. 6000 ha). Die Bedeutung der 3,96 Mio. ha Wald (Stand 2002) liegt sowohl in der Produktion von Rohstoff als auch in überwirt. Leistungen wie Boden- und Wasserschutz und Erholungswert. Rd. 3,37 Mio. ha sind Ertragswald (Wirtschaftswald, Hochwald, nutzbarer Anteil der Schutzwälder, Ausschlagswald). Fast ein Fünftel der Waldfläche wird als Schutzwald klassifiziert. Der Anteil des Schutzwalds beträgt in Ti. 46,8 %, in Vbg. 45,6 % und in Sbg. 32,6 %.

Nach Betriebsgröße sind 53 % der Waldfläche Kleinwald (mit bis zu 200 ha), 32 % sind Großwald, und rd. 15 % gehören den Ö. → Bundesforsten (ÖBF). Hinsichtlich der Eigentumsarten weist der Kataster 71,2 % als Privatwald (inkl. Kirchenwald) aus, 9,5 % als Gemeinschaftswald, und 19,2 % sind öffentl. Wald (ÖBF, Länder, Gemeinden u. a.).

Nach den seit 1961 durchgeführten permanenten Inventuren des BM f. Land- u. Forstw., Umwelt und Wasserwirt. verfügen die Ertragswälder (Stand 2002) über rd. 1,09 Mrd. fm stehenden Vorrat (vfm), das entspricht 325 vfm je ha; damit hat der Wald in Ö. nach der Schweiz die höchsten Vorräte Europas. Jährlich wachsen durchschnittlich 31,2 Mio. vfm zu (9,3 vfm je ha). Da seit Jahrzehnten deutlich weniger genutzt wird als zuwächst, steigt der Vorrat laufend an. Zw. 2000 und 2002 betrug die Nutzung nur 18,8 Mio. vfm, 80 % waren Endnutzungen, 20 % Durchforstungen und Zufallsnutzungen. Als Hinweis auf die kleinflächig strukturierte Bewirtschaftung mag gelten, dass nur 29 % der Nutzungen im Kahlschlag, also auf Flächen größer als 500 m^2, erfolgen.

Der Personalstand in der F. ist rückläufig und lag 2003 bei 4600 Forstarbeitern sowie 3200 Angestellten und Beamten. Ein Großer Teil der Waldarbeit wird darüber hinaus im Rahmen bäuerl. Betriebe geleistet. Eine Voraussetzung für die Intensität der Bewirtschaftung (einschließlich der Schutzwaldpflege) und für die Rationalisierung der Waldarbeiten bildet die fast abgeschlossene Verkehrserschließung der Wälder durch Anle-

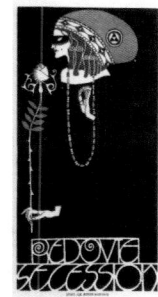

Leopold Forstner: Einladung zur „Redoute in der Secession", 1911.

gung von Zufahrtsstraßen; unter Berücksichtigung der durch Wald führenden öffentl. Straßen beträgt die Forststraßendichte durchschnittlich 45 lfm je ha.
Die gesetzl. Grundlage für die Überwachung der ö. Wälder bildet das Forstgesetz 1975, novelliert 1987 und 2002. Durch die Forstbehörde, ein Kontrollorgan des BM f. Land- u. Forstw., Umwelt und Wasserwirt., soll die Nachhaltigkeit aller materiellen und immateriellen Wirkungen gesichert werden. Das Forstgesetz regelt auch das freie Begehen des Waldes zu Erholungszwecken. Das Befahren der Forststraßen bedarf der Erlaubnis des Eigentümers. Weiters fallen alle Belange des Schutzes vor Wildbächen und Lawinen einschließlich der baul. Maßnahmen in die Kompetenz des BM f. Land- u. Forstw. Um eine fachgerechte Bewirtschaftung der Wälder zu gewährleisten, müssen Betriebe mit weniger als 3600 ha Wald von einem Förster, Betriebe mit mehr als 3600 ha Wald von einem Forstwirt geleitet werden.
Die jährlich geerntete Holzmenge beträgt durchschnittlich ca. 14 Mio. efm (Erntefestmeter ohne Rinde). 85 % davon sind Nadelholz, 15 % Laubholz. 20 % des Einschlags sind Brennholz, 80 % Nutzholz, das größtenteils durch die Sägeind. weiterverarbeitet wird. Bei unbearbeitetem Holz stehen einer niedrigen Exportquote (rd. 0,6 Mio efm) beträchtl. Importe (rd. 4,3 Mio. efm) gegenüber.
Insges. erzeugt die ö. Sägeind. 2002 10,45 Mio. m³ Schnittholz, weitere 1,3 Mio. m³ werden importiert. Der Schnittholzexport von 6,3 Mio. m³ geht zu 2 Dritteln nach Italien. Die Holzind. ist stark exportorientiert, die Exportquote liegt bei knapp 70 % (12–15 % der Gesamtexporte), woraus sich für die Handelsbilanz ein jährlicher Überschuss von ca. 1,8–2,5 Mrd. Euro ergibt. Der Beschäftigtenstand in der Holzwirt. ist einigermaßen konstant und lag 2002 bei ca. 5200 in der Sägewirt., bei 9400 in der Papier- und Zellstoffind.; in holzverarbeitenden Betrieben waren 23.500 Personen beschäftigt.

Fortbildungsschulen, ursprüngliche Bezeichnung für die → Berufsschulen.

Forum, im Jänner 1954 von F. → Torberg gegr. und hg. kulturpolit. Monatszeitschrift „für kulturelle Freiheit". Hg. 1965–86 war G. → Nenning, der das „Neue Forum" (1966–79) als „Internationale Dialogzeitschrift" für kommunistische, später radikal umweltschützerische Ideen öffnete. Unter Torberg und Nenning war das F. (ab 1986 unter Leitung von Gerhard Oberschlick in zweimonatiger Erscheinungsweise) Mittelpunkt zahlr. polit. wie ideolog. Diskussionen. 1995 wurde die Zeitschrift eingestellt.
Literatur: G. Nenning (Hg.), Forum, 1998 (Anthologie).

Forum Stadtpark, gegr. 1959 in Graz, Interessenund Aktionsgemeinschaft von Künstlern, Wissenschaftlern und Kulturschaffenden; veranstaltet Ausstellungen (Architektur, bildende Kunst, Fotografie), Konzerte, Lesungen, Theater- und Filmvorführungen. Autoren wie A. → Kolleritsch, P. → Handke, W. → Bauer, B. → Frischmuth u. a. prägten die Entwicklung des F. S.
Publikationen: manuskripte, 1960 ff.; Camera Austria, 1975 ff.; blimp, 1985–91 (danach von der Grazer Filmwerkstatt hg.); Absolut, 1994/95, 1996 unter dem Titel „Liqueur" fortgesetzt; Jb., 2000 ff.
Literatur: C. Rigler (Hg.), F. S. Die Grazer Avantgarde von 1960 bis heute, 2002.

Fossel, Viktor von, * 13. 1. 1846 Ried i. I. (OÖ.), † 18. 8. 1913 München (D), Medizinhistoriker. 1892 Dir. des Grazer Allg. Krankenhauses.
Werke: Volksmedizin und medizin. Aberglaube in der Stmk., 1886; Geschichte der Medizin und ihr Studium, 1898; Studien zur Geschichte der Medizin, 1909.
Literatur: ÖBL.

Fotografie: Die 1839 in Paris als 1. brauchbares fotograf. Verfahren vorgestellte Daguerrotypie fand noch im selben Jahr durch den von der ö. Regierung zum Studium der Daguerrotypie entsandten Mathematiker und Physiker A. v. → Ettingshausen in Ö. rasche Verbreitung. Bes. in der so gen. „Fürstenhofgruppe" um den Maler C. Schuh (1806–1863) wurde sie praktiziert und an der Verbesserung (z. B. die Verkürzung der Belichtungszeit) gearbeitet (F. Kratochwilla, J. → Petzval, P. W. → Voigtländer, A. G. Martin). 1841 stellten die Brüder Johann und Josef → Natterer in Wien die 1. „Sekundenbilder". Auch die in England entwickelte Kalo- bzw. Talbotypie stieß in Wien auf Interesse. Außer im Porträtfach, bis Ende des 19. Jh. der Schwerpunkt der Berufsfotografie, wurde sie seit 1845 auch für Landschaftsaufnahmen angewendet (F. Adler, R. Gaupmann und G. Fischer, Brüder Rospini in Graz). In Verbindung mit dem nassen Kollodiumverfahren führte der 1850 in Frankreich erfundene Albuminabzug (1869 durch den Wr. Fotografen A. Ost entscheidend verbessert) zu einer bis dahin unerreichten Verbreitung der F., da hiermit hohe Auflagen einzelner Bildmotive möglich wurden; zugleich wurden verschiedene Standardformate übernommen (Visitformat ab 1857, Cabinetformat ab 1866, Promenade-, Paneelund andere Formate ab 1875). Danach etablierten sich in Ö. zahlr. Fotoateliers, wobei die Wr. tonangebend blieben (L. Angerer, J. Bauer, C. Mahlknecht u. a.). 1861 wurde auf Anregung von J. Homolatsch die „Photographische Ges." als 1. Zusammenschluss ö. Fotografen gegr. (1864 1. fotogr. Ausstellung in Wien). 1888 er-

Fotografie: Die Photographische Gesellschaft in Wien. Foto von L. Angerer, um 1870.

folgte die Verlegung der 1879 in Salzburg eingerichteten Fotoschule nach Wien („K. k. Lehr- und Versuchsanstalt für Photographie und Reproduktionstechnik"). Mit dem Trockenverfahren (Gelatine-Trockenplatten ab 1879 in Ö. durch C. Haack industriell gefertigt), die das nasse Kollodiumverfahren völlig verdrängten, wurde auch die Amateur-F. entscheidend gefördert (1887 Gründung des Wr. „Camera-Clubs" als 1. Amateurverein). Techn. Innovationen mit dem Ziel von mehr Authentizität (ö. Beiträge waren die Phototypie von J. Berres, 1840, die Galvanographie von P. Pretsch, 1854, und die Heliogravure von K. Klietsch, 1879) und die Erschließung von Anwendungsbereichen neben der Atelierfotografie, wie Interieur-, Industrie-, Expeditions- und Reisefotografie (W. Burger, J. v. Brenner-Felsach, R. Pöch u. a.), Chromofotografie (A. Ost), Fotokeramik (J. Leth), kennzeichnen die Frühzeit der ö. F.

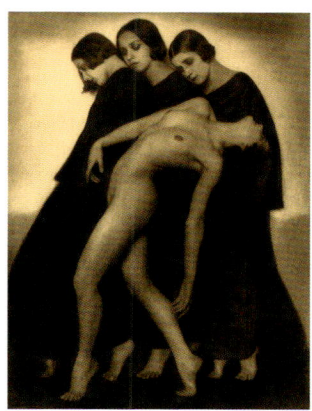

Fotografie: Bewegungsstudie. Pigmentdruck-Foto von R. Koppitz, 1925.

Von zentraler Bedeutung für die Geschichte der Fotochemie in Ö. wurde J. M. → Eder, der auf vielen Gebieten Grundlegendes leistete (Eder-Hecht-Sensitometer, Sensibilatoren, Chlor-Bromsilber-Gelatine). Die Graph. Lehr- und Versuchsanstalt in Wien wurde unter seiner Leitung eine Forschungsstätte von internat. Rang; eine vergleichbare Bedeutung der ö. Fotochemie und -physik wurde nie wieder erreicht.

Edeldruckverfahren (Platindruck, Pigmentdruck, Gummidruck und Bromöldruck), die in Ö. entscheidend verbessert wurden (G. Pizzighelli, A. v. Hübl, H. Kühn, E. Mayer), ermöglichten eine Annäherung des fotograf. Bildes an Malerei und Graphik. Das führte zw. 1890 und 1914 zu einer Hochblüte der Kunst-F., zu deren bedeutendsten Vertretern v. a. Mitgl. des Wr. „Camera-Clubs" gehörten (L. David, A. und N. v. Rothschild, F. V. Spitzer), bes. aber H. Watzek, H. Henneberg und H. Kühn („Trifolium"), die eng zusammenarbeiteten. Ähnliche Amateurvereine wurden auch in Graz, Salzburg und Linz begründet. In Bad Ischl (OÖ.) besteht das OÖ. Landesmuseum für F. (Sammlung Frank).

Die Bildsprache der Kunstfotografen blieb auch nach 1918 bestimmend (R. → Koppitz, M. v. Karnitschnigg, H. Haluschka) und wirkte auch auf die Berufs-F. (etwa in der Porträt- und Mode-F.) ein (z. B. Atelier D'Ora, A. Benda, A. Schein, J. Löwy, F. X. Setzer, H. Schieberth oder E. Barakovich). Eine Rezeption des in der Zwischenkriegszeit v. a. am Bauhaus entwickelten „Neuen Sehens", das die scharfe Wiedergabe alltägl. Gegenstände in Ausschnitten oder ungewohnte Perspektiven etablierte, erfolgte (abgesehen von Ansätzen bei H. Schwarz, A. Stern, T. → Fleischmann und E. Fürböck) v. a. durch Vertreter des Bildjournalismus, der sich ab 1918 immer stärker von der Atelier-F. absetzte. Bedeutende Vertreter (L. → Rübelt, M. Fenichel, W. Willinger, A. → Hilscher, L. Ernst, H. → Lechenperg u. a.) arbeiteten für den nationalen und internationalen Illustrierten- und Magazinmarkt (nach 1945 z. B. Ernst → Haas, H. Mayr, E. → Lessing, F. → Hubmann).

Diese Erneuerung der fotograf. Ästhetik etablierte die F. nach 1945 auch als Ausdrucksmittel der bild. Kunst unter verschiedenen Gesichtspunkten: außer zur Darstellung abstrakter Bildwelten (H. Mayr, N. Narbutt-Lieven) für Fotocollagen (W. → Verkauf, G. → Rühm), zur künstlerischen Selbstdarstellung (C. L. → Attersee, E. Plus, O. → Oberhuber, A. → Rainer), im → Wiener Aktionismus (H. → Nitsch, G. → Brus, O. → Muehl, R. → Schwarzkogler) und vielen Formen der künstlerischen Auseinandersetzung (V. → Export, B. Fritz, K. Schöffauer, H. Gappmayr, R. → Kriesche, P. → Weibel,

R. A. → X). Angesichts zahlr. Überschneidungen sind Abgrenzungen zur „reinen" F. kaum mehr möglich. Für die große Zahl freier Fotografen, die an selbst gestellten Themen arbeiten, ist die Vielfalt von Methoden und Ansatzpunkten in der F. kennzeichnend (Vertreter der so gen. „Autoren-F.": N. Walter, O. Thormann, B. Lenart jun., M. Willmann, H. Tezak, J. Pausch, W. Bernhardt, P. Dressler, R. Kratochwill, H. Cibulka u. a.). Neben einer sich am Körper orientierenden, feminist. Richtung der F. (F. Pezold, F. Kubelka-Bondy) entwickelte sich auch eine diskursive, das Medium hinterfragende Strömung (G. Bechtold, E. Caramelle). Um 1980 entstand eine eher soziolog. motivierte F., wobei das Foto innerhalb einer Installation oft nur ein Medium unter vielen war, aber seine ureigenste Funktion als zuweilen poetisch argumentierendes Dokumentationsmittel erfüllte (H. Skerbisch, M. Schuster, L. Kandl). L. Ponger war mit Fotos vom Anti-Globalisierungs-Aufmarsch in Genua Teilnehmerin an der Documenta XI in Kassel. Die medienorientierte Auseinandersetzung findet heute mittels computerunterstützter und -generierter F. ihre Fortsetzung (G. Selichar, M. Herrmann, E. Krystufek).

Die Gründung von Fotogalerien (Graz, Salzburg, Wien), von Ztschr. zur zeitgenöss. F. („Camera Austria", 1980 ff., „Eikon", 1991 ff.), und Preise (z. B. „Landesförderungspreis für F. und Medien" der Stmk., 1971–1999, seither „Förderungspreis des Landes Stmk. für zeitgenöss. bildende Kunst") trugen zur internat. Aufwertung der künstlerischen F. in Ö. bei. Auch die Amateur-F. in Vereinen mit Zentren in Wien (L. Fischer, H. Stanek, K. Piringer), Linz (M. Neumüller, K. Almesberger), Graz (E. Kees) und St. Pölten spielt eine wichtige Rolle.

Literatur: R. Zahlbrecht u. O. Helwich (Hg.), 100 Jahre Photograph. Ges. in Wien. 1861–1961, 1961; A. Baier, Die Photographie und ihre Entwicklung in Wien 1839–1911, Diss., Wien 1965; O. Breicha, Kreative F. in Ö., Ausst.-Kat., Graz 1974; H. Frank, Vom Zauber alter Licht-Bilder. Frühe Photographie in Ö. 1840–60, 1981; O. Hochreiter u. T. Starl (Hg.), Geschichte der F. in Ö., 2 Bde., Ausst.-Kat., Bad Ischl 1983; Rückblende: 150 Jahre Photographie in Ö., Ausst.-Kat., Wien 1989: Fisch & Fleisch. Photos aus Ö. 1945–95, Ausst.-Kat., Krems 1995; H. Millesi, Zur F. im Wr. Aktionismus, 1998; Ö. Ges. für Photographie, F. im 20. Jh., 2002.

FPÖ, siehe → Freiheitliche Partei Österreichs.

FRAGESTUNDE, siehe → parlamentarische Kontrolle.

FRAHAM, OÖ., EF, Gem., 270 m, 1982 Ew., 15,96 km², gewerbl.-landw. Wohngem. am Innbach südl. von Eferding. Metallerzeugnisse, Holzverarbeitung. Rosarium (größtes Rosensortiment Ö.). Wiesmühle (urk. 13. Jh.).

FRAKTION, Vereinigung gleich gesinnter Abg. (des Nationalrats, eines Landtags oder Gemeinderats), die in der Regel einer Partei angehören. F.-Zwang bedeutet, dass die Mitgl. einer F. nach vorher getroffener Vereinbarung abstimmen müssen; dies widerspricht zwar dem freien Mandat, ist aber die übliche Praxis. Im Nationalrat heißt die F. „Klub" und wird von einem Klubobmann geführt.

FRAKTUR, im 16. Jh. geschaffene Form der got. Schrift, die jahrhundertelang gegenüber der Antiqua – v. a. im dt.-sprach. Raum – den Vorrang behauptete. Seit dem 19. Jh. verlor sie in wiss. Werken an Bedeutung, 1941 wurde die Antiqua zur Normalschrift erklärt. Bis dahin war die F. (Kurrentschrift) die erstgelernte Schreibschrift in der ö. Volksschule.

Fotografie: Hutmodell von Agnès. Modefoto von d'Ora, 1938.

Fotografie: Ohne Titel. C-Print auf Acrylglas von H. Kempinger, 1991.

Johann Peter Frank. Lithographie von A. Kunike.

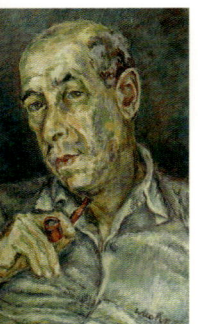

Josef Frank. Gemälde von T. Waehner, um 1935.

FRANCÉ, Raoul Heinrich (eigentl. Rudolf Franzé), * 20. 5. 1874 Wien, † 3. 10. 1943 Budapest (H), Biologe, Philosoph. Begründer einer Lebenslehre; gründete 1909 die Dt. Naturwiss. Gesellschaft, vertrat als Philosoph den Panpsychismus.
Werke: Bde. 1–4 der Reihe „Das Leben der Pflanze", 8 Bde., 1905–13; Die Alpen, 1912; Die techn. Leistungen der Pflanzen, 1919; Die Pflanzen als Erfinder, 1920; Bios. Die Gesetze der Welt, 2 Bde., 1921; Der Weg zu mir, 1927 (Autobiographie). – Hg.: Telos u. Telosbücher, 1924–28, und andere Zeitschriften.
Literatur: ÖBL; NDB.

FRANCESCONI, Hermenegild von, * 9. 10. 1795 Cordignano (I), † 8. 6. 1862 Sacile (I), Eisenbahningenieur. Leitete 1836 den Bau der → Nordbahn; 1842 Gen.-Dir. der Staatseisenbahnen; entwarf das Programm zum ö. Eisenbahnnetz (u. a. der → Semmeringbahn).
Literatur: ÖBL; NDB.

FRANCHY, Franz Karl, * 21. 9. 1896 Bistritz (Bistrita, RO), † 20. 2. 1972 Wien, Erzähler und Dramatiker. War ursprünglich Offizier und lebte seit dem Ende des 1. Weltkriegs in Wien. Bekannt wurden v. a. seine Dramen. Ö. Staatspreis für Dramatik 1955.
Werke: Romane: Maurus und sein Turm, 1941; Abel schlägt Kain, 1951; Ankläger Mitmann, 1952; Die vielen Tage der Ehe, 1955; Die Brandgasse, 1963. – Dramen: Nero, 1922; Summa cum laude, 1937; Vroni Mareiter, 1938; Zwischen den Geleisen, 1959.

FRANCIA, Domenico, * 19. 10. 1702 Bologna (I), † 1758 ebd., Dekorations- und Architekturmaler. Ab 1723 in Wien für Hof und Adel tätig (v. a. Bühnendekorationen), nach 1748 an Freskenausstattungen in Klosterneuburg, Herzogenburg und in der alten Univ. in Wien beteiligt. 1756 Rückkehr nach Bologna.
Literatur: U. Knall-Brskovsky, Italien. Quadraturisten in Ö., 1984.

FRANCISCO-CAROLINUM, Museum, 1833 als „Verein des vaterländ. Museums für Ö. ob der Enns mit Inbegriff des Herzogthums Salzburg" in Linz gegr., heute Oberösterreichisches Landesmuseum (→ Landesmuseen). Als zweite Wurzel ging in das F.-C. die 1854 gegr. Oö. Landesgalerie ein. 1895 wurde für die beiden Smlg. das Gebäude in der Museumstraße eröffnet, das 1920 vom Land OÖ. übernommen wurde. 1959–66 wurden für die volkskundl., kunst- und kulturgeschichtl. Smlg. Räume im Linzer Schloss adaptiert, während die Smlg. für moderne Kunst und die Bibl. in der Museumstraße blieben. Das 3. Zentrum des Oö. Landesmuseums ist das 1993 eröffnete Biologiezentrum in Linz-Dornach mit wiss. Einrichtungen für Botanik sowie Zoologie der Wirbel- und wirbellosen Tiere. An allen 3 Standorten werden auch Sonderausstellungen gezeigt.
Literatur: Das Museum F.-C. in Linz. Festschrift zum 100. Jahrestag der Eröffnung am 29. Mai 1895, hg. vom Oö. Landesmuseum Linz, 1995.

FRANCISCO-JOSEPHINUM, 1869 in Mödling gegr. höhere landw. Lehranstalt, 1934 nach Schloss Weinzierl bei Wieselburg (NÖ.) verlegt. Das F.-J. führt heute Höhere Lehranstalten für allg. Landw., Landtechnik sowie für Milchwirt. und Lebensmitteltechnologie.
Literatur: A. Vogel (Red.), Höhere Landw. Bundeslehranstalt F.-J., 1994.

FRANCK, 1828 in Vaihingen bei Ludwigsburg (D) gegr. Zichorienkaffeefabrik, seit 1879 Fabrik in Linz („Heinrich Franck Söhne") und mehreren Orten der ö.-ungar. Monarchie, ab 1943 „Franck und Kathreiner Ges. m. b. H.", 1973 von Nestlé übernommen.

FRANCK, Jeremias, Kä. Bildhauer der Spätrenaiss. Vermutl. bis ca. 1600 in Graz ansässig; schuf das Grabmal für Georg Schafmann († 1572) in der Friesacher Stadtpfarrkirche sowie das Racknitz-Grab (1590) in Pernegg (Stmk.). Der Entwurf des Grazer Landhausbrunnens, 1589/90 von den Rotgießern Thoman Auer und Marx Wening gegossen, dürfte ebenfalls von ihm stammen.

FRANK, Johann Peter, * 19. 3. 1745 Rodalben (D), † 24. 4. 1821 Wien, Hygieniker. 1795–1805 Gen.-Dir. des Medizinalwesens in der Lombardei, ab 1809 in Wien; reorganisierte das Wr. Allg. Krankenhaus. Begründete mit seinem „System einer vollständigen medicinischen Polizey" (6 Bde., 1779–1819) die Hygiene als Wiss., lehrte die Geisteskranken als Kranke aufzufassen und behandelte sie als Hausarzt; betätigte sich als medizin. Schriftsteller.
Weiteres Werk: Kleine Schriften praktischen Inhaltes, 1797.
Literatur: H. Breyer, J. P. F., Fürst unter den Ärzten Europas, 1983; R. Zey (Hg.), Lexikon der Forscher und Erfinder, 1997.

FRANK, Josef, * 15. 7. 1885 Baden (NÖ.), † 8. 1. 1967 Stockholm (S), Architekt. 1914 Gründungsmitgl. des Ö. → Werkbunds. 1910–38 Zusammenarbeit mit O. → Wlach (1925 Gründung des Einrichtungsgeschäfts „Haus und Garten"); 1919–25 Prof. an der Wr. Kunstgewerbeschule. 1934 Emigration nach Schweden. Vertreter einer erweiterten und krit. modernen Architektur. Rezeption in Ö. durch H. → Czech und J. → Spalt. Großer Ö. Staatspreis 1965.
Werke: Möbel- u. Stoffentwürfe, Villen, Gemeindebauten, städtebaul. Entwürfe. – Siedlungsanlage der Gem. Wien, Hoffingergasse, 1921 (mit E. Faber); Doppelwohnhaus auf der Int. Werkbundausstellung in Stuttgart, 1927; Haus Wenzgasse in Wien, 1929/30 (mit O. Wlach); Bebauungsplan und Leitung der Int. Werkbundsiedlung in Wien und Planung eines Hauses, 1930–32; mehrere Wohnbauten der Gem. Wien (1924, 1928, 1931). – Schriften: Architektur als Symbol, 1931; zahlr. Aufsätze.
Literatur: J. Spalt u. H. Czech, J. F. 1885–1967, 1981; J. Spalt, J. F., Möbel & Geräte & Theoretisches, 1981; M. Welzig, Die Internationalität des J. F., Diss., Wien 1994; M. Bergquist u. O. Michélsen, J. F., Architektur, 1995; M. Welzig, J. F. (1885–1967). Das architekton. Werk, 1998.

Josef Frank: Stehlampe für die Wiener Werkstätte, 1919.

FRANK, Marco, * 24. 4. 1881 Wien, † 29. 4. 1961 ebd., Komponist. 1939–48 in Emigration.
Werke: Opern: Eroica, 1917; Das Bildnis der Madonna, 1923; Die fremde Frau, 1937. – Symphonien, Kammermusik. – Praktische Violinschule, 1952.

FRANK, Philipp, * 20. 3. 1884 Wien, † 21. 7. 1966 Cambridge (USA), Physiker, Mathematiker und Philosoph. Nachfolger A. Einsteins als Univ.-Prof. in Prag, ab 1938 in den USA. Folgte der positivist. Philosophie des → Wiener Kreises.
Werke: Das Kausalgesetz und seine Grenzen, 1932; Das Ende der mechan. Physik, 1935; Between Physics and Philosophy, 1941; Einstein, sein Leben und seine Zeit, 1949.
Literatur: Boston Studies in the Philosophy of Science, 1965 (Festschrift).

Frank, Rudolf, * 23. 6. 1862 Linz (OÖ.), † 13. 2. 1913 Wien, Chirurg. Bekannt durch seine Methode der Gastrotomie; modernisierte die Chirurgie der Leistenbrüche; Primar am Ks.-Franz-Joseph-Spital.
Literatur: ÖBL; NDB.

Frankenau-Unterpullendorf, Bgld., OP, Gem., 209 m, 1248 Ew., 29,95 km², Thermengem. zw. Rabnitz und Stoober Bach unweit der ungar. Grenze, zu 84,4 % kroat. Bevölkerung. Sonnen- und Familientherme Lutzmannsburg-Frankenau. – Frankenau: neuroman. Pfarrkirche (1877) mit Neorenaiss.-Hochaltar, Glocke von 1727, Marienkapelle (1848), Bildstöcke (19. Jh.), Häuser mit Putzdekor; Unterpullendorf: urk. 1225, neugot. Pfarrkirche (1905) mit Barockfiguren, Glocke (1787), barocke Bildstöcke.
Literatur: C. Aladar u. F. Wanschitz, 750 ljet Dolnja Pulja, 750 Jahre Unterpullendorf, Festschrift, 1975.

Frankenburg am Hausruck, OÖ., VB, Markt, 519 m, 5094 Ew., 48,43 km², Gewerbe- und Ind.-Ort am NO-Ende des Kobernaußer Waldes. – Kulturzentrum; mehr als die Hälfte der Beschäftigten (2001) in Ind., Gewerbe und Bauwesen: Maschinen- und Apparatebau, Holz- (Großtischlerei) und Kunststoffverarbeitung, Erzeugung von Ultraschallgeräten (in Tiefenbach), Baugewerbe, Computerhandel. – Pfarrkirche hl. Martin mit spätgot. Hauptschiff und barockem 1967/68 umgebautem Chor- und Altarraum; Aufführungen zur Erinnerung an das → Frankenburger Würfelspiel alle 2 Jahre.

Frankenburger Würfelspiel: Als im Mai 1625 protestant. Bauern das Schloss Frankenburg wegen der gewaltsamen Einsetzung eines kath. Pfarrers belagerten, rief Graf → Herberstorff die Bevölkerung auf dem Haushamer Feld zusammen, ließ trotz der zugesicherten Gnade die Gemeindevorstände und -ausschussmitglieder festnehmen und je 2 um ihr Leben würfeln. 17 Bauern wurden gehenkt. Diese rechtswidrige Tat löste den großen oö. Bauernkrieg von 1625/26 aus. In Erinnerung an das F. W. wird seit 1925 alle 2 Jahre ein Festspiel aufgeführt. → Bauernkriege.

Frankenfels, NÖ, PL, Markt, 464 m, 2187 Ew., 56,12 km², Gem. mit wirt. Mischstruktur im oberen Pielachtal. Bergbauernmuseum Hausstein. – Urk. 1300, 1655 urk. Markt, barocke Pfarrkirche mit got. Chor und Turm, Barockaltäre, Renaiss.-Kanzel (um 1600), bäuerl. Gehöfte (18./19./20. Jh.), zahlr. Mühlen (meist im 20. Jh. außer Betrieb gesetzt), Burgruine Weißenburg (Kern 13. Jh., Zubauten bis 17. Jh.). Nixhöhle.
Literatur: B. Gamsjäger (Hg.), Das F. Buch, 1997.

Frankenfelser Decke, siehe → Nördliche Kalkalpen.

Frankenmarkt, OÖ., VB, Markt, 536 m, 3507 Ew., 18,48 km², Ind.- und Gewerbeort an der Vöckla südl. des Kobernaußer Walds. – Bez.-Ger., Jugendwohlfahrts-Außenstelle der BH, Freizeitzentrum, Landesforstgarten; fast 2 Drittel der Beschäftigten (2001) im Produktionssektor: Armaturenwerk, Erzeugung von Schuhen, Limonaden, Kücheneinrichtungen, Leichtbauplatten, Sieb- (Siebe für Papierind.) und Fernmeldetechnik, Sägewerk, Metallverarbeitung (Speziallager für Autoind., Spezialmaschinen für Verpackungsind.) – Spätbarock umgestaltete spätgot. Pfarrkirche (16./17. Jh. mit reichem Rokokostuck und Fresken vom Ende des 16. Jh.
Literatur: J. Aschauer, F. Ortsgeschichte zum 700jährigen Marktjubiläum 1236–1936, 1936; A. Wilhelm, F. Geschichte des Marktes, 1972.

Frankfurter, Bernhard, * 11. 1. 1946 Graz (Stmk.), † 2. 2. 1999 Wien, Regisseur, Schriftsteller. 1966 während des Studiums in Graz Gründung der Studentenbewegung „Aktion" mit G. → Sperl; ab 1970 Redakteur des Nachrichtenmagazins „profil", ab 1972 Tätigkeit für den ORF. 1974–85 zahlr. Low-Budget-Filmproduktionen, in denen er sich insbes. mit der Exilforschung und der Vertreibung von Österreichern zw. 1938 und 1945 beschäftigte; bis 1983 Vorsitzender des Verbands ö. Filmregisseure. In den 90er Jahren vorwiegend als Publizist und Dramatiker tätig. Sein „Gürtelbuch" blieb unvollendet.
Werke: Filme: On the Road to Hollywood, 1982; Liebe das Leben – lebe den Tod, 1989. – Publikationen: Am Beispiel 33/38, 1973; Die Begegnung, 1995 (Hg.); Im Spiegelkabinett des Dr. Caligari, 1997.

Frankfurter, Philipp, † 1511, aus Frankfurt a. Main oder Regensburg stammender Wr. Schwankdichter. Verarbeitete um 1470 die sich um einen histor. Pfarrer vom Kahlenbergerdorf (Gundacker von Thernberg, um 1330) rankenden, von Neidhart beeinflussten Anekdoten zu der drastisch satirischen und breit rezipierten Schwankerzählung „Des pfaffen geschicht und histori vom Kalenberg" (2180 Knittelverse), die 1473 in Augsburg gedruckt wurde.
Ausgabe: V. Dollmayr, P. F., 1906.
Literatur: Verf.-Lex.

Frankfurter Nationalversammlung (Frankfurter Parlament, Dt. Nationalversammlung), das Parlament, das nach Ausbruch der → Revolution 1848 von allen dem → Deutschen Bund angehörenden Ländern gewählt wurde; trat am 18. 5. 1848 in Frankfurt a. M., dem Sitz des Dt. Bundestags, in der Paulskirche zusammen; beriet über eine Verfassung und wählte Erzhzg. → Johann zum Reichsverweser. Anfang 1849 beschloss die F. N. die Umwandlung des Dt. Bundes in ein Erbkaisertum unter preußischer Führung, aus dem Ö. ausgeschlossen sein sollte. Nach der Wahl des Preußenkönigs zum Dt. Kaiser – die dieser allerdings ablehnte – berief Ö. am 4. 4. 1849 seine Abgeordneten ab. Damit begann praktisch die Auflösung der F. N., deren Beratungen ohne Erfolg geblieben waren. Unter den 115 ö. Vertretern waren u. a. V. v. → Andrian-Werburg, A. A. Gf. Auersperg (Pseud. A. → Grün), H. → Laube, A. v. → Schmerling, F. → Schuselka und B. → Weber.
Literatur: W. Fiedler (Hg.), Die erste dt. Nationalversammlung, 1980; G. Hildebrandt, Die Paulskirche, 1986.

Franking, OÖ., BR, Gem., 457 m, 845 Ew., 10,44 km², Sommertourismusgem. mit Gewerbe in der Oberinnviertler Seenplatte am Rande des Ibmer Moores. Golfanlage; Möbelwerk, Holzverarbeitung, Schotterwerk. – Pfarrkirche hl. Maria Magdalena (urk. 1324, got. Chor, barocke Zubauten) mit Barockhochaltar von 1755, Rokokotabernakel, got. Sebastiansstatue (Ende 15. Jh.), Wappengrabsteine (16. Jh.), alte Glocken (1519). – Holzöstersee.

Frankl, Gerhart, * 12. 5. 1901 Wien, † 24. 6. 1965 ebd., Maler und Graphiker. Geprägt durch den → Nötscher Kreis, setzte sich mit P. Cézanne und den alten Meistern (v. a. den Niederländern) auseinander. Emigrierte 1938 nach England.
Werke: Stillleben mit Zitronen, 1925; Blick auf Wien vom Belvedere aus, 1947/48; „In memoriam", Zyklus von 18 Gemälden, 1960–64.
Literatur: F. Novotny, G. F., 1973; E. Lachit, Ringen mit dem Engel, 1998.

Frankl, Viktor E(mil), * 26. 3. 1905 Wien, † 2. 9. 1997 ebd., Psychiater, Neurologe. 1936–42 Facharzt für Psychiatrie in Wien, bis 1945 in verschiedenen Konzentrationslagern inhaftiert; 1946–70 Vorstand der Neurolog. Abteilung der Allg. Poliklinik in Wien, ab 1955 Prof. f. Neurologie und Psychiatrie an der Univ.

Viktor E. Frankl. Foto.

Wien; Gastprofessuren in den USA; ab 1970 Prof. für Logotherapie an der International University San Diego. Begründer der Logotherapie und Existenzanalyse, die Patienten bei der Sinnsuche helfen sollen.
Werke: Ärztliche Seelsorge, 1946; Ein Psychologe erlebt das Konzentrationslager, 1946; Theorie und Therapie der Neurosen, 1956; Hb. für Neurosenlehre und Psychotherapie, 5 Bde., 1959–61 (Hg.); Der Mensch vor der Frage nach dem Sinn, 1979; Trotzdem ja zum Leben sagen, 1986; Der Wille zum Sein, 1991; Psychotherapie für den Alltag, 1992; Logotherapie und Existenzanalyse, 1994; Was nicht in meinen Büchern steht. Lebenserinnerungen, 1995.
Literatur: E. Lukas, Von der Tiefen- zur Höhenpsychologie, 1983; A. Längle, V. F. Ein Porträt, 1998; Journal des V.-F.-Inst. Wien, 1993 ff.

Frankl-Hochwart, Lothar Ritter von, * 12. 7. 1862 Wien, † 19. 12. 1914 ebd., Neurologe; Sohn von Ludwig August Ritter v. → Frankl-Hochwart. Univ.-Prof. in Wien; erforschte die Tetanie, veranlasste die Einführung des Pituitrins in die Gynäkologie und baute die Diagnostik der Hirngeschwülste entscheidend aus.
Literatur: J. Wagner-Jauregg, L. v. F.-H., 1916; ÖBL; NDB.

Frankl-Hochwart, Ludwig August Ritter von, * 3. 2. 1810 Chrást (CZ), † 12. 3. 1894 Wien, liberal eingestellter Schriftsteller und Arzt; Vater von Lothar Ritter v. → Frankl-Hochwart. Direktor des Wr. Musikvereins und Prof. für Ästhetik, Vorstandsmitgl. der Wr. Israelit. Kultusgem. Gab 1842–48 die von ihm gegr. „Sonntagsblätter" heraus. Beteiligte sich im Rahmen der → Akad. Legion an der Revolution 1848 und verfasste das erste zensurfreie Flugblattgedicht („Die Universität"). Befreundet mit N. → Lenau und A. → Grün.
Werke: Das Habsburglied, 1832 (Balladensammlung); Christophoro Colombo, 1836; Don Juan d'Austria, 1846 (hist. Epen). – Biograph. Notizen über A. Grün, F. Grillparzer, F. Raimund, N. Lenau, F. Hebbel und F. v. Amerling. – Ausgabe: Gesammelte poet. Werke, 3 Bde., 1880.
Literatur: S. Dollar, Die Sonntagsblätter von L. A. F., Diss., Wien 1932; ÖBL.

Frankreich – Österreich:

Ebenso wie das übrige christl. Europa wurden die Gebiete des heutigen Ö. im Hoch-MA von den aus dem franz. Sprachraum (aber nicht unbedingt aus dem Westfränk. Reich, dem eigentlichen „Frankreich") ausgehenden kirchl. Reformbewegungen massiv beeinflusst. Warum insbes. Burgund zum Ausgangspunkt für so starke religiöse Bewegungen wurde, entzieht sich einer stringenten Erklärung. Jedenfalls haben die Bewegung von Cluny (gegr. 910) und ab dem frühen 12. Jh. der ebenfalls in Burgund 1098/1108 entstandene Zisterzisenserorden Europa nachhaltig verändert. Während die Reform von Cluny die Klöster im Donau- und Ostalpenraum über die Hirsauer Reform beeinflusste und daneben die Reformrichtung des lothring. Klosters Gorze Bedeutung erlangte, strahlte der junge Zisterzienserorden zur Zeit Bernhards v. Clairvaux in kurzer Zeit über ganz Europa aus. Die Gründungen von Rein, Zwettl, Heiligenkreuz, Lilienfeld, Schlierbach, Viktring, Wilhering, Stams und Neuberg (12.–14. Jh.) belegen die große Anziehungskraft der neuen Ordensgemeinschaft, die zum Unterschied von den älteren Benediktinern auch eine überregionale Organisationsform (Generalkapitel) erhielt. Der Babenberger Otto v. Freising (1112–58) war wohl der bedeutendste Vertreter des neuen Ordens aus Ö.: Der Sohn des Markgrafen Leopold III. wurde 1133 Abt im burgund. Zisterzienserkloster Morimond, ehe er 1138 Bischof von Freising wurde.
Aus einer lothring. Bischofsstadt stammt Meister Nikolaus v. Verdun, der 1181 den → Verduner Altar für die Klosterneuburger Stiftskirche zunächst als Ambo-verkleidung schuf – nach heutigen Maßstäben ebenfalls ein „franz." Künstler, für dessen einzigartiges Werk sein lothring. Herkunftsgebiet Vorbilder lieferte. Sehr stark war der Einfluss der franz. Epik auf die gesamte mhd. Dichtung. Das gilt auch für einzelne Stücke der ö. Epik des 13. Jh. (→ Stricker, Heinrich von dem Türlin). Jedenfalls war im Hoch- und Spät-MA die Kultur des europ. Rittertums insgesamt von der Kultur des franz. Rittertums stärkstens beeinflusst, auch in der Begrifflichkeit der Bewaffnung, des Kampfes und des höf. Lebens.
Abgesehen von einigen Kirchenbauten unter Leopold VI. im frühen 13. Jh. konnte sich in den ö. Ländern die in Frankreich (ausgehend von St. Denis) entwickelte Gotik erst später durchsetzen. Der Neubau des Stephansdomes nach dem großen Brand von 1258 erfolgte noch weithin in roman. Formen. Erst in den Bauten des 14. Jh. (albertinischer Chor, ab 1304) werden franz. Einflüsse erkennbar. Dabei könnte auch eine dynast. Verbindung (Blanka v. Valois, † 1305, heiratete Hzg. Rudolf III., der kurz auch König von Böhmen war) eine Rolle gespielt haben.
Für die Gliederung nach Fakultäten und Nationen der 1365 gegr. Wr. Universität wurde das Muster der Pariser Sorbonne stilbildend, von dort kam auch Magister Albert v. Sachsen, der als Gesandter Rudolfs IV. beim Papst Urban V. die Gründung betrieb (1365). Nach der 2. Gründung (Theolog. Fakultät 1384) kam der bed. Theologe Heinrich v. Langenstein aus Paris nach Wien. Die Sorbonne blieb Vorbild für die Wr. Universität.
Ein intensiver Kontakt mit dem frankophonen Europa entstand im 15. Jh. durch die Heirat Maximilians I. mit Maria v. Burgund (1477). Der Aufstieg von Burgund bedeutete für die franz. ebenso wie für die dt. Könige ein Problem, weshalb es mehrere Anläufe zu Bündnissen zwischen Frankreich und Habsburg gab. Die Herzöge von Burgund verfügten über weite Gebiete, die Lehen des Königs von Frankreich waren, aber auch über bed. Reichslehen (die Freigrafschaft Burgund, Hennegau, Holland, Seeland, Brabant, Luxemburg). Burgund umfasste flämisch-niederländ. bzw. dt. ebenso wie franz. Sprachgebiete, ausschließliche Sprache des Hofes war jedoch das Französische. Die Kinder Maximilians und Marias, Philipp und Margarethe, galten als „Burgunder". Maximilians Enkel Karl V. (er wurde in Gent und Mecheln erzogen), Ferdinand I. und Maria korrespondierten miteinander in franz. Sprache.
Die burgund. Heirat verursachte aber auch ein durch Jahrhunderte virulentes Konfliktpotential. Da das Haus Burgund eine Seitenlinie des franz. Königshauses der Valois war, beanspruchten die franz. Könige ebenso wie die Habsburger das burgund. Erbe. Das franz. Herzogtum Burgund (Bourgogne) fiel an Frankreich, während die Freigrafschaft Burgund (Franche Comté) ebenso habsb. wurde wie die burgund. Niederlanden (das Artois, Flandern, Brabant, das Hennegau, Holland, Luxemburg u. a.). Durch die Heirat Philipps I. v. Ö. und Burgund mit Juana v. Kastilien 1496 verschärften sich die Probleme für die franz. Könige noch: Da die Habsburger ab Karl V. nicht nur die burgund. Niederlande im Norden, die Franche Comté und das Elsass im Osten und Mailand im Südosten Frankreichs beherrschten, sondern auch noch die span. Königreiche, fühlten sich die Valois und Bourbonen von den Habsburgern, der „Maison d'Autriche", geradezu eingekreist. Vordringliches Ziel franz. Politik musste es deshalb von Franz I. bis Ludwig XIV. sein, diesen Ring aufzubrechen. Das konnte auch durch das Mittel

der Heiratspolitik geschehen: Die Frau Ludwigs XIII. (1601–43), Anne d'Autriche, war ebenso eine (span.) Habsburgerin wie die erste Frau Ludwigs XIV. (1638–1715), Maria Teresa. Im Allgemeinen unterstützten die franz. Könige im 16. und 17. Jh. die Gegner der beiden Linien des Hauses Ö., nur 1664 kämpfte ein franz. Kontingent bei Mogersdorf/St. Gotthard an der Seite der Kaiserlichen gegen die Osmanen. Jene Konstellation war der Ausgangspunkt für die oft zitierte „Erbfeindschaft" zw. Frankreich und Deutschland bzw. Ö. Während in diesen Konflikten im 16. Jh. die Stellung der Habsburger trotz einiger franz. Erfolge (Herrschaft über die Reichsbistümer Toul, Metz und Verdun als Folge der Unterstützung der protestant. Reichsstände gegen Karl V., 1552) unangefochten blieb, änderte sich das grundlegend mit dem Pyrenäenfrieden von 1659, durch den die franz. Positionen im Norden und Süden (nördl. Vorland der Pyrenäen) entscheidend gestärkt wurden, was 1679 durch die Erwerbung der Franche Comté abgerundet wurde. Ludwig XIV. verfolgte nicht nur eine Politik der inneren Konsolidierung seiner Herrschaft und der ökonom. Stärkung Frankreichs, sondern auch der Expansion Richtung Norden und Osten. Das löste wieder langwierige Kriege aus („Devolutionskriege", Pfälzer Krieg, Friedensschlüsse von Nijmegen 1679 und Rijswijk 1697), bei denen sich schließlich als Konstante der Politik eine Konkurrenz Frankreichs zu England herausbildete, das auf dem Kontinent häufig mit den Holländern und den habsb. Kaisern verbündet war. Als die Frage des span. Erbes 1700 zur Entscheidung anstand, brach der → Spanische Erbfolgekrieg aus, in dem sich Frankreich (und Spanien) einer europ. Koalition, geführt von England, gegenübersahen. Schließlich wurde mit dem Friedensschlüssen von Utrecht (1711), Rastatt und Baden (1713/14) die Erbfolge der Bourbonen (Philipp V.) in Spanien anerkannt – ein großer Erfolg der franz. Politik, während die Nord- und Ostgrenze praktisch unverändert blieben und Ks. Karl VI. Belgien („Ö. Niederlande"), Mailand, Sardinien und Neapel erhielt, sich also ebenfalls als Gewinner sehen konnte.

Diese polit. Konkurrenzsituation fand keinen Niederschlag in der Bereitschaft, franz. Kulturgüter, insbes. im Bereich der Bekleidung und des Benehmens, zu übernehmen. Das „à-la-mode-Wesen" wurde zwar vielfach kritisiert, dennoch übernahm vor allem der Adel Verhaltensformen und Bekleidungsmode aus Frankreich. Das Vorbild der franz. Kongregation von St. Maure, der Mauriner, wurde für die hist. Sammlungs- und Editionstätigkeit in ö. Benediktinerklöstern wichtig, z. B. in Melk (B. und H. → Pez) und Göttweig (G. → Bessel).

In noch stärkerem Ausmaß fand franz. Kultur in Ö. als Folge der Heirat Maria Theresias mit Franz Stephan v. Lothringen Verbreitung. Lothringen war zwar Reichsfürstentum, aber dominant frankophon und kulturell mit Frankreich verbunden. Von dort kamen etwa Feldmarschall C. F. Gf. → Mercy oder J. N. → Jadot de Ville-Issey, der den franz. klassizist. Baustil des 18. Jh. nach Wien vermittelte.

Nach dem Ende der habsb. Bedrohung wurde die Szene frei für neue Allianzen. Während Frankreich im → Österreichischen Erbfolgekrieg 1741–49 noch auf der Seite der Gegner Maria Theresias stand und den kurzzeitigen Ks. Karl VII. (Kurfürst Karl Albrecht v. Bayern) unterstützte, kam es im Mai 1756 (Vertrag von Versailles) zum berühmten „renversement des alliances", das Maria Theresias Staatskanzler W. A. Gf. → Kaunitz eingeleitet hatte. Besiegelt wurde das neue Bündnis mit einer Heirat: Marie Antoinette, eine der Töchter Maria Theresias, heiratete den Dauphin, den späteren Kg. Ludwig XVI. Im → Siebenjährigen Krieg (1756–63) waren Frankreich und Ö. Verbündete gegen England und Preußen. Während der Krieg in Mitteleuropa unentschieden endete, verlor Frankreich gegen England einen großen Teil seines Kolonialreiches.

Diese Kooperationsphase konnte die in Frankreich verbreitete „Austrophobie" nicht wirklich abbauen, die in Marie Antoinette („l'Autrichienne") ihre Personifikation fand – sie endete mit der Franz. Revolution und der Hinrichtung des Königspaares. Ab 1792 stand Ö. im Krieg mit Frankreich. In 4 Friedensschlüssen (1797, 1801, 1805, 1809) verlor Ö. große Teile seines Territoriums. 1806 ging auch die Kaiserwürde des Hl. Röm. Reiches verloren. Nach der letzten Niederlage setzte der neue Außenmin. C. W. L. Gf. → Metternich auf Kooperation mit Napoleon, was wieder eine dynast. Heirat (Erzherzogin Marie Louise) nach sich zog. Das kurzzeitige Bündnis, das Ö. auch zur Teilnahme am Russlandfeldzug Napoleons 1812 verpflichtete, endete 1813. Im Sommer dieses Jahres wandte sich Ö. endgültig von Frankreich ab und trat an der Seite Russlands, Preußens, Schwedens und Englands in den Krieg ein, der mit der „Völkerschlacht" von Leipzig im Oktober 1813 Napoleon eine entscheidende Niederlage bescherte (→ napoleonische Kriege).

Obgleich diese Kriege gegen das revolutionäre und napoleon. Frankreich auch unter Aufbietung emotionaler Propagandamittel geführt wurden, kam es noch kaum zur Ablehnung franz. Kultur. Pariser Mode gab schon ab der Mitte des 18. Jh. in Wien den Ton an, das „Empire", der Stil des franz. Kaisertums, prägte nach der Jh.-Wende den ö. Klassizismus vor allem in der Inneneinrichtung. Zahlreiche franz. Lustspiele und Komödien wurden von J. → Nestroy im Vormärz auf Wr. Verhältnisse umgeschrieben. Die Verwendung einer großen Anzahl franz. Fremdwörter verweist auf deren damalige Verständlichkeit in allen soz. Schichten und damit auf ältere Schichten von Kulturtransfer.

In der Außenpolitik wurde Frankreich schon auf dem → Wiener Kongress wieder als gleichberechtigte europ. Macht anerkannt. Erst die Revolution von 1848 und das folgende Kaisertum Napoleons III. (1852–70) änderten die franz.-ö. Konstellation erneut. Obgleich Ö. im Krimkrieg 1854–56 durch seine gegen Russland unfreundl. Neutralitätshaltung (Besetzung der Donaufürstentümer) England und Frankreich de facto unterstützte, galt es im Westen als üble Vormacht der Reaktion. Frankreich stellte sich gegen Ö. an die Seite des Königreichs Sardinien und trug die Hauptlast des Krieges von 1859 in Oberitalien (Magenta und Solferino). Mit diesen Siegen begann der ital. Einigungsprozess, als dessen Preis Savoyen und Nizza von Italien an Frankreich abgetreten wurden. Dass nach der ö. Niederlage von 1866 gegen Preußen in Frankreich „Rache für Sadowa" (→ Königgrätz) gefordert wurde, dürfte dem Entschluss zum Krieg gegen Preußen 1870 in Paris erleichtert haben. Als Folge der raschen preußischen Siege im Sommer 1870 verlor die ö. Revanchepartei aber sehr schnell das Interesse an einer Beteiligung am Krieg an der Seite Frankreichs. Da sich in der Folge das außenpolit. Interesse der ö.-ungar. Monarchie auf den Balkan konzentrierte, wurden die polit. Beziehungen mit der 3. Franz. Republik nicht mehr als so zentral angesehen, wie das früher stets gewesen war. Gleichzeitig blieben die wissenschaftlichen, wirtschaftlichen und kulturellen Beziehungen eng. Franz. Kapital engagierte sich im Eisenbahn- und Bankwesen der Monarchie (Südbahngesellschaft, Länderbank

1880), die Operetten J. Offenbachs und das Pariser Opernhaus wurden für das Wr. Musiktheater der 2. Jh.-Hälfte wichtige Vorbilder. Franz. galt als die wichtigste Fremdsprache, die gleichzeitig auch die Sprache der internat. Diplomatie war.

Durch das Bündnis mit dem Dt. Reich trat Ö.-Ungarn im August 1914 auch in den Krieg mit Frankreich ein, doch gab es auf dem franz. Kriegsschauplatz kaum ö. Truppen (einige Einheiten erst 1918). Das Kriegsende sah Frankreich als Siegermacht, Ö.-Ungarn existierte nicht mehr. Frankreich hatte großes Interesse an der ö. Eigenstaatlichkeit: Die Republik Ö. sollte keinesfalls zu einem Teil Deutschlands werden, das dadurch wieder gestärkt worden wäre. Frankreich unterstützte daher die Vorstellungen einer nationalen und kulturellen Eigenständigkeit Ö. gegenüber Deutschland und entwickelte Pläne zur Verstärkung der wirt. Zusammenarbeit in Mitteleuropa (Tardieu-Plan). Doch litt die primär antiungar. „Kleine Entente" (Tschechoslowakei, Rumänien, Jugoslawien) ebenso wie die franz. Patronatsmacht unter militär. und ökonom. Schwäche: Frankreich, selbst ein nur teilindustrialisierter Agrarstaat, konnte die hauptsächlich agrar. Exportartikel seiner Verbündeten nicht aufnehmen, Deutschland hingegen schon, was in den 1930er Jahren zur Aushöhlung des franz. Bündnissystems beitrug. In Bezug auf Ö. betonten franz. Forscher (André Robert) die lange Tradition nationaler Eigenständigkeit, doch konnte Frankreich auch Ö. in seiner durch die Weltwirtschaftskrise bedrängten Lage nur wenig Unterstützung bieten. Innenpolit. Krisen in Frankreich, die Selbstisolierung Ö. ab 1936 (→ Juliabkommen mit Deutschland) und der steigende dt. Druck führten – trotz eines franz.-ö. Kulturabkommens 1936 – letztlich zu jener Situation, die Frankreich stets verhindern wollte, nun aber nicht (mehr) konnte – dem „Anschluss" an das Dt. Reich Hitlers (13. 3. 1938). Frankreich musste im Herbst 1938 auch noch die Reduzierung der Tschechoslowakei und im Frühjahr 1939 deren Teilung in ein dt. Protektorat (Böhmen und Mähren) und eine formell selbständige Slowakei hinnehmen, bevor es selbst in der ersten Phase des 2. Weltkrieges eine katastrophale Niederlage erlitt.

Dennoch gehörte Frankreich 1945 zu den Siegermächten und erhielt eine eig. Besatzungszone in Ö. zugesprochen (Vbg., Ti., einige Wr. Bezirke). In Wien und Innsbruck wurde die intensivste Begegnung mit der in der 1. Hälfte des 20. Jh. nochmals äußerst produktiven und innovativen Literatur und bildenden Kunst Frankreichs, wie sie insbes. General M. E. → Béthouart und der franz. Kulturbeauftragte Eugène Susini förderten, positiv aufgenommen. Béthouart unterstützte übrigens auch die seit 1945 stattfindenden Alpbacher Hochschulwochen. Institutionalisiert wurden diese Kontakte über das Franz. Kulturinstitut in Innsbruck (1946) und jenes in Wien (1947), das die Tradition des 1926 gegr. „Centre des Hautes études françaises à Vienne" (1931–39 Kulturinstitut) aufnahm; 1957 wurde auch in Graz ein Kulturzentrum gegründet. 1947 wurde ein Kulturabkommen abgeschlossen. Eine Serie von Ausstellungen in Wien und Innsbruck brachte dem ö. Publikum die bildende Kunst Frankreichs im 19. und frühen 20. Jh. nahe; die Kosten dieses intensiven Kulturtransfers wurden übrigens zum Teil über den von Ö. gespeisten Besatzungsfonds getragen. Für junge ö. Künstler (P. Flora, M. Weiler) eröffneten sich dadurch bisher verschlossene künstler. Welten; junge ö. Maler wie E. Fuchs oder A. Brauer gingen bald nach Paris. An ö. Bühnen wurden zahlr. Theaterstücke von Jean Anouilh (1960 „Beckett oder die Ehre Gottes" mit O. Werner am Burgtheater), Jean Cocteau, Jean Giraudoux, Jean Genet u. a. erfolgreich aufgeführt. 1955 zogen die wenigen noch verbliebenen franz. Besatzungstruppen ab.

Franz.-ö. Beziehungen entwickelten sich in der Folge innerhalb der durch die europ. Entwicklung vorgegebenen Rahmen. Da Frankreich zu den Gründerstaaten der EWG (1957) gehörte, Ö. hingegen zur → Europäischen Freihandelsassoziation, war dies einer Steigerung des Warenaustausches nicht besonders günstig. Für die Kulturbeziehungen war es wenig förderlich, dass sich auf dem internat. Parkett anstelle des Franz. immer mehr das Engl. durchsetzte – trotz der Bemühungen des Institut Français in Wien und Innsbruck und trotz des hohen Prestiges, welches das 1946 gegr. und durch ein Abkommen von 1982 normierte Lycée Français, eine Ausbildungsstätte der Republik Frankreich in Wien (→ Schulen mit ausländischem Lehrplan) genießt. Die franz. Politik, der es jahrzehntelang mehr um eine innere Staatsbildung der EWG ging als um Erweiterung, stand ö. Beitragswünschen eher skeptisch gegenüber. Dazu kam ein eigentüml. Klimawandel: Während in den 1980er Jahren im Gefolge der Ausstellung „Wien 1880–1938. Die fröhliche Apokalypse" (1986, Centre Georges Pompidou) die Wr. Kunst der Jh.-Wende große Beachtung fand und Ö.-Themen verstärkt diskutiert wurden, verschob sich in der öffentl. Meinung Frankreichs – wohl auch als Folge der zunehmenden Akzeptanz Deutschlands als Partnermacht in Europa – die Wahrnehmung Ö. von einem Opfer dt. Expansionsbestrebungen hin zu einem unverbesserl. Zentrum nat.-soz. Bestrebungen. Vermutlich sind es solche Wahrnehmungsveränderungen, die die führende Rolle Frankreichs an den gegen Ö. gerichteten Maßnahmen der EU-14 im Februar 2000 miterklären – außerdem wurde der franz. Präs. Jacques Chirac von einem ö. Landeshauptmann verbal massiv angegriffen. In der Folge wurde das Ö. Kulturinstitut in Paris (offiziell wegen finanzieller Probleme) geschlossen. Ein Arbeitsbesuch von Bundespräs. T. Klestil in Paris am 11. 2. 2004 beendete die Phase wenig intensiver Beziehungen.

Während in der Vergangenheit eine große Anzahl franz. Fremdwörter den starken Einfluss der franz. Zivilisation (nicht nur) in Ö. bezeugte, wurden im 20. Jh. viele dieser Fremdwörter durch dt. (Trottoir – Gehsteig, Perron – Bahnsteig) oder in den letzten 3 Jahrzehnten durch engl. Entsprechungen (Mannequin – Model) ersetzt bzw. werden ursprünglich franz. Worte jetzt engl. ausgesprochen (Diner, Glamour). Allerdings wurde der Rückgang der Franz.-Kenntnisse durch das Neusprachl. Gymnasium seit den 1960er Jahren sowie durch verstärkte Anstrengungen in den Bereichen Schüler- und Studentenaustausch zumindest verlangsamt.

Literatur: J. Bérenger, Die Ö.-Politik Frankreichs von 1848 bis 1918, in: Die Habsburgermonarchie 1848–1918, hg v. A. Wandruszka u. P. Urbanitsch, Bd. VI/2, 1993; F. Koja u. O. Pfersmann (Hg.), Frankreich – Ö. Wechselseitige Wahrnehmung und wechselseitiger Einfluß seit 1918, 1994; T. Angerer u. J. Le Rider (Hg.), „Ein Frühling, dem kein Sommer folgte"? Franz.-ö. Kulturtransfers seit 1945, 1999.

FRANNACH, Stmk., FB, Gem., 316 m, 525 Ew., 8,04 km², landw. Wohngem. zw. Kittenbach und Stiefing südöstl. von Graz. Holzverarbeitung, etwas Weinbau. – Urk. 1265/67; Klampferkapelle in Langleiten (1894, Marienwallfahrtsort) und andere Kapellen.

FRANTSCHACH AG, größter ö. Papierkonzern, 1881 von H. Gf. → Henckel von Donnersmarck in Frantschach (Kä.) gegr., ab 1967 im Eigentum von H. K. E. → Hartmann, die das Unternehmen zum internat. Konzern mit Produktionsstätten, Tochterges. und Verkaufsniederlassungen in vielen Ländern der Welt ausbaute. Umsatz 2002: rd. 1,9 Mrd. Euro; 8960 Mitarbeiter. Die F. AG ist in 3 Geschäftsfelder gegliedert: Verpackung, Bürokommunikationspapiere (→ Neusiedler AG) und Zellstoff (→ Zellstoff Pöls AG) sowie Papiergroßhandel (Europapier AG). 2004 wurde die F. AG zu 100 % vom Papierkonzern Mondi Europe übernommen, der wiederum zum internat. Konzern Anglo American plc gehört.

FRANTSCHACH-ST. GERTRAUD, Kä., WO, Markt, 503 m, 3148 Ew., 100,97 km², Ind.-Ort im Lavanttal nördl. von Wolfsberg, bis 1996 Teil dieser Stadtgem. – Papier- und Zellstoffind. → Frantschach AG, Zeughammerwerk, Kleinkraftwerk Frass der KELAG. – In St. Gertraud spätgot. Pfarrkirche, 1963/64 erweitert und eingerichtet, an der W-Wand got. Fresko (um 1420). Skigebiet und Almdorf auf der Weinebene, Verbindung zur Koralpe.

Kaiser Franz I. Gemälde von M. van Meytens, um 1760 (Schloss Schönbrunn, Wien).

FRANZ I., * 8. 12. 1708 Nancy (F), † 18. 8. 1765 Innsbruck (Ti.), Kaiser (ab 1745). Als Franz III. Stephan 1729 Hzg. von Lothringen und Bar, musste er 1735 auf seine Länder verzichten, wurde dafür (nach dem Aussterben der Medici) 1737 Großherzog von Toskana. Ab 1736 Gemahl von → Maria Theresia, begründete das Haus Habsburg-Lothringen, ab 21. 11. 1740 Mitregent in den ö. Erbländern; seinem geringen polit. Einfluss stand eine starke wirt. Begabung gegenüber. Aus seinem großen Vermögen wurde 1765 der habsb. Familienfonds geschaffen. Begraben in der Kapuzinergruft. Denkmäler von B. F. Moll im Burggarten, im Park von Schönbrunn (beide Wien) und in Laxenburg (NÖ).

Literatur: H. L. Mikoletzky, Ks. F. Stephan und der Ursprung des habsburg-lothring. Familienvermögens, 1961; G. Schreiber, F. Stephan. An der Seite einer großen Frau, 1986; B. Hamann, Die Habsburger, ⁴1993.

FRANZ II. (I.), * 12. 2. 1768 Florenz (I), † 2. 3. 1835 Wien, letzter Kaiser des Hl. Röm. Reichs (Franz II., 1792–1806), erster Kaiser von Ö. (Franz I., 1804–35); Sohn von Ks. → Leopold II. Er stand in den ersten beiden Jahrzehnten seiner Regierung ständig im Kampf gegen das revolutionäre Frankreich und gegen Napoleon. Am Ende der → napoleonischen Kriege lehnte er die Wiedererrichtung des alten Reichs ab, vertrat nach dem → Wiener Kongress 1814–15 im Sinne seiner legitimist. Herrschaftsauffassung ein sozialkonservatives und schließlich reaktionäres System, wie es von C. W. Fürst → Metternich entworfen und in der → Heiligen Allianz festgelegt worden war. Er hielt am → Josephinismus fest, stützte sich auf Polizei und Zensur und war gegen jede demokrat. Gesinnung (→ Vormärz). Unter seiner Herrschaft wurde das → Biedermeier zur Kultur der Zeit, in der sich auch das allg. Lebensgefühl

Kaiser Franz I. von Österreich im österreichischen Kaiserornat. Gemälde von F. v. Amerling, 1832 (Kunsthistorisches Museum, Wien).

widerspiegelte. Denkmäler in Wien (Hofburg) und Graz.

Literatur: C. Wolfsgruber, F., Ks. v. Ö., 2 Bde., 1899; V. Bibl, Ks. F., der letzte röm.-dt. Ks., 1918; M. Rauchensteiner, Kaiser F. und Erzhzg. Carl, 1972; B. Hamann, Die Habsburger, ⁴1993; ÖBL.

FRANZ, Joseph, * 23. 2. 1704 Linz (OÖ.), † 12. 4. 1776 Wien, Jesuit und Astronom. Univ.-Prof. für Experimentalphysik in Wien; errichtete 1734 die erste öffentl. Sternwarte in Wien.

FRANZ FERDINAND, Erzhzg. von Ö.-Este, * 18. 12. 1863 Graz (Stmk.), † 28. 6. 1914 Sarajewo (BIH), Sohn von Erzhzg. Karl Ludwig, Neffe von Ks. → Franz Joseph I. Wurde nach dem Tod des Kronprinzen Rudolf 1889 und seines Vaters 1896 Thronfolger, musste aber auf die Thronfolge seiner Kinder (mit Sophie Gräfin → Chotek) verzichten. 1898 Stellv. des Kaisers im Obersten Armeekommando, 1913 Generalinspekteur der gesamten bewaffneten Macht; förderte bes. die Marine. Auf das polit. Geschehen hatte er wenig Einfluss. Er wollte die bevorzugte Stellung Ungarns unter den Ländern der Monarchie beseitigen und suchte den Ausgleich mit den Slawen. Seine polit. Haltung war streng konservativ und autoritär, seine Persönlichkeit war u. a. von einer krankhaften Jagdleidenschaft geprägt. Die Ermordung von F. F. und seiner Gattin wurde Anlass für den Ausbruch des Ersten → Weltkriegs. F. F.-Mus. in Schloss Artstetten (NÖ.).

Literatur: G. Holler, F. F. v. Ö.-Este, 1982; F. Weissensteiner, F. F. Der verhinderte Herrscher, 1983; M. Polatschek, F. F., Europas verlorene Hoffnung, 1989; B. Hamann, Die Habsburger, ⁴1993; W. Aichelburg, Erzhzg. F. F. von Ö.-Este und Artstetten, 2000.

FRANZ FRIEDRICH, Prinz von Hohenzollern-Hechingen, * 31. 5. 1757 Gheule b. Maastricht (NL), † 6. 4. 1844 Wien, ö. Feldmarschall. Zunächst in niederländ. Diensten; zeichnete sich 1788 vor Belgrad aus, kämpfte 1809 bei Wagram, dann Oberkommandant von Inner-Ö.; 1825 Präs. des Hofkriegsrats.

FRANZHAUSEN, NÖ., Teil der Gem. Nußdorf ob der Traisen, größte europ. Nekropole der frühen Bronzezeit mit 2 Gräberfeldern und über 2100 Bestattungen (2300/2200–1600 v. Chr.). Reiche Grabbeigaben (Schmuck, Trachtbestandteile, Bronzewaffen). Aus der spätbronzezeitl. → Urnenfelderkultur (1250–800/750 v. Chr.) wurde ein Brandgräberfeld mit über 400 Bestattungen und mehr als 2000 Keramikgefäßen sowie Tracht- und Schmuckstücken aus Bronze freigelegt. Weiters wurde ein eisenzeitl. Gräberfeld mit über 500 Körper- und Brandbestattungen der Hallstatt- und der frühen La-Tène-Zeit (etwa 750–300 v. Chr.) mit reichen Keramik-, Schmuck- und Waffen-

Erzherzog Franz Ferdinand in Uniform mit Ordensschmuck. Gemälde von J. A. v. Koppay, um 1910.

Franzhausen: Frauen-Hockergrab, „Dame mit Kopfzierde".

beigaben ausgegraben. Trotz zeitgenöss. Grabplünderungen bezeugen die verbliebenen Bronzegegenstände den einstigen Reichtum der Bewohner. Urgeschichtsmuseum in Nußdorf ob der Traisen.
Literatur: Nö. Landesmuseum (Hg.), Mensch und Kultur der Bronzezeit. Franzhausen I, Gem. Nußdorf o. d. Traisen, NÖ., Mitteleuropas größtes frühbronzeitl. Hockergräberfeld, 1988; J.-W. Neugebauer, Archäologie in NÖ., St. Pölten und das Traisental, 1993.

FRANZISCEISCHE LANDESAUFNAHME, die 2. kartograph. Erfassung der habsb. Erblande, 1806–69, benannt nach Ks. Franz I.; ersetzte die → Josephinische Landesaufnahme; erfolgte durch Ingenieuroffiziere der Topograph. (später Topograph.-Lithograph.) Anstalt bzw. ab 1839 des k. k. → Militärgeographischen Instituts. Grundlage war eine einheitl. Vermessungstechn. Dreiecksvermessung („Triangulierung"; V. Frh. v. → Augustin). Das Kartenwerk besteht aus 2628 Kartenblättern im Maßstab 1 : 28.800, davon abgeleitet wurde das Kartenwerk des Kaisertums Ö. 1 : 144.000. Wurde durch die 3., die → Franziskojosephinische Landesaufnahme, ersetzt.
Literatur: G. Fasching u. F. Wawrik, Landesaufnahme und Militärkarten, in: Austria picta, 1989.

FRANZISKANER, verschiedene kath. Orden und Genossenschaften, die nach den Regeln des hl. Franz von Assisi (1181/82–1226) leben. Dazu gehören die → Franziskaner im engeren Sinn, die → Minoriten und die → Kapuziner. Ihre volksnahe Art der Seelsorge (bes. in Städten) und die Volksmission übten starken Einfluss auf das fromme Brauchtum aus (Kalvarienberge, Kreuzwege, Weihnachtskrippen, Wallfahrtsbetreuung).
Der sog. zweite (weibl.) Orden der Klarissen hat sich in Ö. um 1255 in Judenburg niedergelassen. Heute bestehen zahlr. nach der Drittordensregel des hl. Franziskus lebende zentral organisierte Kongregationen bzw. Einzelklöster regulierter Tertiarinnen, u. a. Arme → Schulschwestern vom 3. Orden des hl. Franziskus, Schwestern des 3. Ordens des hl. Franziskus von der christl. Liebe (Töchter der göttl. Liebe in Wien, 1868 von F. Lechner gegr.), Schwestern des 3. Ordens der Kapuziner in Salzburg (1636 gegr.) und Schwestern des 3. Ordens in Hallein (1723), Graz-Eggenberg (1843), Vöcklabruck (1850) und Wien (1854). Sie stehen meist im Dienst der Krankenpflege, Waisen- und Mädchenfürsorge, Seelsorgehilfe und Missionstätigkeit und betreuen Kindergärten und Schulen.

FRANZISKANER (OFM = Ordo Fratrum Minorum), Bettelorden nach der Regel des hl. Franz von Assisi (1181/82–1226), seit 1517 (Spaltung in → Minoriten und F.) selbständiger Orden, von dem sich 1619 wiederum die → Kapuziner abspalteten. Entwickelte sich aus den sog. Observanten, die das urspr. Armutsideal stärker betonten als die Konventualen, aus denen die Minoriten hervorgingen. Das erste F.-Observantenkloster in Ö. wurde 1451 von Johannes von → Capistran in Wien gegr., 1452 erfolgte die Gründung einer Ordensprovinz mit Klöstern in Ö., der Stmk., Böhmen und Mähren sowie Polen, aus der das heutige Provinzialat der ostösterr. F. entstand (für Wien, NÖ., Stmk., Bgld.). Die ebenfalls heute bestehende Ti. F.-Provinz wurde 1580 errichtet (heute für Ti., Sbg., OÖ., Kä.). 1930 übernahmen die Ti. F. die Jesuitenmission in Chiquitos in Bolivien, wo sie bis heute ein soz. Aufbauprogramm betreiben.

FRANZISKOJOSEPHINISCHE ÄRA:
Die Regierungszeit Ks. Franz Josephs I. (1848–1916) bzw. die Periode von der Revolution 1848 bis zum 1. Weltkrieg. Die lange Regierungszeit des Kaisers, mit 68 Jahren die längste eines Habsburgers überhaupt (sieht man von Friedrichs III. inner-ö. Herrschaft ab, die von 1424 bis 1493, also 69 Jahre dauerte), verbindet das Revolutionsjahr 1848 mit dem 1. Weltkrieg. Der ganze Zeitabschnitt ist in mehrere Abschnitte zu gliedern: 1) Neoabsolutismus 1848–60, 2) Übergangsperiode 1860–67, 3) Ausgleichsperiode (bis 1918). Im ö. Reichsteil („Cisleithanien") kann diese wieder unterteilt werden in die liberale Epoche 1867–79, die Ära Taffee (Periode des „Fortwurstelns" und des Beginns der polit. Massenbewegungen 1879–93), die Zeit der heftigen Nationalitätenkämpfe und der beginnenden Demokratisierung 1893–1914, die Zeit des 1. Weltkrieges 1914–18.
1) Der 1. Abschnitt war durch die Niederwerfung Ungarns (mit russ. Hilfe) und von Lombardo-Venetien, die Aufrechterhaltung der Führung im Dt. Bund sowie durch die Ausschaltung des 1848 gewählten Parlaments gekennzeichnet. Franz Joseph trat nach der Resignation seines Onkels, Ks. Ferdinand I., am 2. 12. 1848 die Herrschaft zu Olmütz/Olomouc an, wohin die kaiserl. Familie vor dem Wr. Oktoberaufstand geflüchtet war. Zu diesem Zeitpunkt war die Revolution in Wien, Krakau und Prag bereits niedergeschlagen, der oberital. Krieg war durch J. J. W. Gf. → Radetzky erfolgreich beendet, das ö. Parlament tagte in Kremsier/Kroměříž, unweit von Olmütz, und wurde von der neuen Regierung unter Felix Fürst zu Schwarzenberg kontrolliert. Nur in Ungarn wurde weiterhin gekämpft – hier versuchten Alfred I. Fürst zu Windisch-Graetz und der kroat. Banus J. → Jellačić, die ungar. Unabhängigkeitsbestrebungen niederzuwerfen. Der neue Premierminister Felix Fürst zu → Schwarzenberg zielte auf eine Umgestaltung der mit ihren verschiedenen Königreichen und Ländern föderal organisierten Habsburgermonarchie in einen zentralist. Einheitsstaat unter Einbeziehung Ungarns ab, was mit der Gleichberechtigung der verschiedenen Völker begründet wurde. Da der Reichstag in Kremsier auf dem Prinzip der Volkssouveränität beharrte, wurde er am 7. 3. 1849 aufgelöst und eine mit 4. 3. 1849 datierte Verfassung für einen auch Ungarn umfassenden Einheitsstaat oktroyiert. Die Ungarn wehrten aber alle ö. Angriffe erfolgreich ab und erklärten im Frühjahr 1849 das Haus Habsburg-Lothringen für abgesetzt. Erst nach der Abberufung von Windisch-Graetz und dem Einsatz russ. Truppen konnte die ungar. Revolution im Sommer 1849 niedergeschlagen werden. Vorher hatte Radetzky einen 2. Angriff aus Piemont-Sardinien auf die Lombardei abgewehrt. Im Sommer 1849 kapitulierte auch Venedig.
Nun konnte sich Franz Joseph in der Tat als Alleinherrscher sehen, allerdings stand ihm noch das große polit. Gewicht seines Min.-Präs. im Wege. Schwarzenbergs Stellung war bereits angeschlagen, als er 1852 starb. Er hatte ein Kabinett von ausgezeichneten Fachleuten zusammengestellt; gleichzeitig war es ihm gelungen, die Machtstellung der ö. Monarchie international, auch durch die Wiederherstellung des Dt. Bundes, zu festigen. Mit der Verkündigung des Silvesterpatents 1852 (Aufhebung der Verfassung 1849) wurde der Absolutismus wieder zur Grundlage kaiserl. Herrschaft, Franz Joseph nun sein eig. Premierminister. Franz Josephs Alleinherrschaft war nicht nur bei den Ungarn und Italienern verhasst, auch in Wien waren der junge Herrscher und seine Armee unbeliebt. Der Neo-Absolutismus führte allerdings die Grundentlastung der Bauern zügig durch und errichtete ein gut funktionierendes bürokrat. Institutionengerüst. Gemeinden, Be-

zirksverwaltungen und staatl. Gerichte wurden eingerichtet. Doch konnte das ungelöste Finanzproblem, ein Erbe des Revolutionsjahres und der hohen Armeebedürfnisse, nicht bewältigt werden. Dazu kam ein gravierendes außenpolit. Problem: Um die wachsende Macht Russlands einzudämmen, erklärte Ö. im Krimkrieg (1854–56) seine bewaffnete Neutralität und besetzte die Donaufürstentümer Moldau und Walachei, was Russland zu Recht als unfreundl. Akt ansah. Das leitete die dauernde Entfremdung zw. den beiden Mächten ein, die allerdings auf dem Balkan immer Konkurrenten waren. Für die Westmächte blieb Ö. dennoch der finstere Hort der Reaktion (Emigranten wie Lajos Kossuth in Paris und London). Napoleon III. unterstützte 1859 Sardinien im Kampf gegen Ö. (Verlust der Lombardei, Beginn der Einigung Italiens). Die Niederlage von 1859 verschärfte die seit 1848 andauernde Krise der Staatsfinanzen, die zuletzt nur noch durch das Versprechen einer parlamentar. Budgetkontrolle bewältigbar schien. Damit neigte sich der Neoabsolutismus Franz Josephs seinem Ende zu. Noch in diese Phase fällt das berühmte kaiserl. Patent von 1857, das die Beseitigung der Befestigungen von Wien anordnete und den Bau der Wr. Ringstraße einleitete.

2) Da der Krieg das finanzielle Problem noch gesteigert hatte und die Finanzmin. K. L. Frh. v. → Bruck und (nach dessen Tod) Ignaz Frh. v. → Plener dem Kaiser versicherten, die liberalen Finanzkreise des In- und Auslandes würden erst dann wieder Kredite flüssig machen, wenn es eine parlamentar. Budgetkontrolle gebe, musste der Kaiser widerwillig die Bahn verfassungsmäßiger Einrichtungen einschlagen. Der von der Verfassung 1849 vorgesehene Reichsrat, der 1852 als ausschließlich beratendes Organ eingerichtet wurde, wurde um Mitglieder aus den verschiedenen Regionen des Reiches erweitert („verstärkter Reichsrat"). Dieses Gremium hat 1860 erstmals ein Budget genehmigt. Hier wurde auch über eine Verfassung diskutiert. Die im Herbst 1860 verkündete konservativ-föderalist. Variante (Oktoberdiplom) stellte aber weder das zentralistisch orientierte dt.-liberale Bürgertum, dessen meinungsbildenden Kern die Zentralbürokratie, die Presse und die freien Berufe darstellten und das in engem Kontakt mit Hochfinanz und Industriellen stand, noch die Ungarn zufrieden. Es wurde zwar ein ungar. Landtag einberufen, doch verweigerte dieser die Beschickung des vorgesehenen Zentralparlamentes. Daher entließ Franz Joseph in einer der für seine Politik nicht untypischen ruckartigen Wendungen im Dezember 1860 das Kabinett und berief A. v. Schmerling als Staatsmin., den hoch angesehenen Exponenten der liberalen, zentralist. Anschauungen, der nun in kürzester Zeit eine formal das Oktoberdiplom interpretierende, in Wahrheit aber umkehrende Verfassung entwarf, die als Februarpatent 1861 wieder oktroyiert wurde. Der Kaiser behielt seine zentrale Stellung in Außenpolitik, Verwaltung und Heeresangelegenheiten; in der Gesetzgebung sollten Landtage bzw. Reichsrat und Monarch zusammenwirken – seine Sanktion war für die Wirksamkeit von Gesetzen unumgänglich. Nur die Genehmigung des Budgets war ausschließliches Parlamentsrecht. Das Abgeordnetenhaus des Reichsrates wurde aus Delegierten der Landtage zusammengesetzt, die ihrerseits aus 2 bis 4 Kurien bestanden. Neben dem Ungarn mitumfassenden „weiteren Reichsrat" sollte der „engere" jene Materien beraten, die Ungarn nicht betrafen. Da der ungar. Landtag keine Delegierten nach Wien entsandte, wurde er aufgelöst; Ungarn wurde faktisch weiterhin absolutistisch regiert. Nachdem sich in der Folge auch die Tschechen und die Ti. vom Reichsrat absentierten, war der Reichsrat daher ab 1863 ein Rumpfparlament mit fast nur noch dt.-liberalen Abgeordneten.

Inzwischen war die dt. Frage virulent geworden. Franz Joseph ließ durch seinen Außenmin. Rechberg den Plan einer Bundesreform ausarbeiten, der eine Intensivierung der Zusammenarbeit und Ansätze für eine parlamentar. Ebene gebracht hätte. Der Plan, vom Kaiser 1863 auf einer Versammlung dt. Fürsten in Frankfurt vorgelegt, wurde von den meisten Fürsten wohlwollend begrüßt, von Preußen aber abgelehnt. Dennoch war dieses dt. Engagement eine jener Initiativen des Kaisers, die ihm auch in seiner Heimat vermehrte Sympathien einbrachten. Dass sich Franz Joseph infolge der überlegenen diplomat. Kunst Bismarcks unmittelbar darauf durch die Zusage, gem. mit Preußen und ohne Mitwirkung der übrigen Mitglieder des Dt. Bundes den Kampf um Schleswig-Holstein gegen Dänemark zu führen (1864), im Bund selbst isolieren ließ und durch die gem. Verwaltung der beiden rasch eroberten Länder Bismarck die Möglichkeit gab, jederzeit einen Vorwand für einen Konflikt bei der Hand zu haben, dass Bismarck ferner 1866 ein Bündnis mit Italien schloss und damit Ö. zu einem Zweifrontenkrieg nötigte, wäre wohl nur durch eine ebenso raffinierte Politik wie die Bismarcks zu verhindern gewesen. So kam es zum Krieg, der mit 2 glänzenden, aber folgenlosen Siegen gegen Italien (Custozza und Lissa) und der Katastrophe von Königgrätz (Hradec Kralové, Sadowa) gegen Preußen endete. Die Folgen waren die Abtretung Venetiens sowie das Ende des Dt. Bundes.

3) Ab 1865 wurde über einen Ausgleich mit Ungarn verhandelt. Schon vor dem Krieg von 1866 stand eine Lösung der ungar. Krise in Aussicht. Ferenc Deák, der „Weise der Nation", hatte in seinem berühmten Osterartikel von 1865 angedeutet, in welcher Richtung sie gefunden werden konnte. Man konnte die aus der Anerkennung der Pragmat. Sanktion herrührende Gemeinsamkeit Ungarns mit den nichtungar. Ländern habsb. Ländern durch einige gem. Ministerien sicherstellen, gleichzeitig aber die ungar. Verfassung von 1848 soweit anerkennen, als sie nicht diese Materien berührte. Faktisch war der „Ausgleich" mit Ungarn vor dem Krieg von 1866 ausverhandelt. Danach musste er nur noch (mit Deák und J. G. → Andrássy d. Ä.) fertig gestellt und durch das jetzt wieder einberufene ungar. Parlament verabschiedet sowie Franz Joseph als Kg. v. Ungarn gekrönt werden – was auch den Eid auf die ungar. Verfassung miteinschloss. Andrássy wurde erster ungar. Min.-Präs.; 1867 wurde der „Ausgleich" als ungar. (GA XII 1867) und als ö. Gesetz (Staatsgrundsetz über die gem. Angelegenheiten 1867) verfassungsrechtlich verankert. Die Doppelmonarchie Ö.-Ungarn bildete eine „Realunion" unter der Herrschaft eines gem. Monarchen. Die gem. („pragmat.") Angelegenheiten besorgten 3 Reichsministerien (Außen-, Kriegs- und Finanzmin.), zu deren parlamentar. Kontrolle wurden in beiden Parlamenten je 60 Mitgl. („Delegationen") gewählt. Jede Reichshälfte (Teilstaat) hatte eine eig. Verfassung, ein aus 2 Kammern bestehendes Parlament, eine Regierung (auch je einen Finanz- und Heeresmin.) sowie eine eig. Verwaltungsstruktur. Die in der Folge „ö.-ungar. Monarchie" genannte Staatenkombination bestand nach ungar. Auffassung aus 2 Staaten mit einem gem. Staatsoberhaupt (Franz Joseph als Ks. v. Ö. und Kg. v. Ungarn), beiden Staaten gem. Ministerien (Äußeres, Krieg und gem. Finanzen) und Institutionen (Diplomatie, gem. Armee) sowie gem. Angelegenheiten, die alle 10 Jahre geregelt

werden mussten (Zoll- und Handelsbündnis, gem. Staatsschuld, gem. Währung und sog. Quote, nach der die gem. Institutionen finanziert wurden), gem. parlamentar. Kontrollkörpern (den sog. Delegationen) und 2 ansonsten getrennten Staatskörpern mit eig. Parlamenten, Regierungen, Verwaltungen, ja sogar 2 Subarmeen mit eig. Ministerien (Honvéd in Ungarn, Landwehr in Ö.). Nach ö. Auffassung gab es zwar auch 2 Parlamente, 2 Regierungen usw., doch stand darüber ein gem., 3. „Überstaat", eben „die Monarchie", zu der die gem. Institutionen und Angelegenheiten zu zählen wären. Daher nannten die Ö. das gem. Kriegsmin. auch „Reichskriegsmin.", während die Ungarn nur von „Kriegsmin." sprachen. Langfristig setzten sich die ungar. Anschauungen durch.

Unausgesprochen steht hinter dem Konzept von 1867 aber ein weiteres: das Konzept der herrschenden Nationen. Ungarn galt als ungar. Nationalstaat, in dem das Magyarische die Staatssprache war und – bei nominellem Schutz der nichtmagyar. Sprachen – polit. Rechte und soz. Aufstiegsmöglichkeiten nur durch Anerkennung dieses Sachverhaltes ermöglicht wurden. In Ö. war es bis in die 1860er Jahre analog gewesen – nur wer der dt. Sprache mächtig war, konnte sozial aufsteigen. Auch die 1861 erfolgte Bindung des Wahlrechtes an Besitz und Bildung bevorzugte die dt. Sprachgruppe, in der sich Besitz und Bildung bisher konzentriert hatten. Der Ausgleich galt daher auch als eine Übereinkunft, dass die Habsburgermonarchie von 2 Nationen, den Deutschen und den Ungarn, dominiert würde. Die Zusammensetzung der ö. Parlamente von 1861 und 1867 schien diese Überlegung zu bestätigen. Eben dieses Parlament hatte aber im Art. 19 des Staatsgrundgesetzes über die Rechte der Staatsbürger die Gleichberechtigung aller „Volksstämme" deklariert und damit gleichzeitig ausgeschlossen, dass es so etwas wie eine dt. Staatsnation Österreichs gäbe.

Die Wirt. reagierte auf die neuen Verhältnisse positiv. Nach einer langen Phase der Kapitalknappheit und der äußersten Sparsamkeit der Verwaltung, die, gem. mit dem amerikan. Bürgerkrieg, in der ersten Hälfte der 60er Jahre zu einer längeren Rezession führte, bedeutete der Krieg von 1866 stärkere öffentl. Investitionen. Die Niederlage hatte auch ihr gutes: die kostspieligen Engagements in Italien und Deutschland waren zu Ende. Der gem. Währungs- und Wirt.-Raum blieb durch den Ausgleich jedoch erhalten – das war positiv für die ö. Ind. und für die ungar. Landw., beide Sparten hatten in jeweils anderen Land große Absatzmärkte. Dazu kamen 2 „Wundererten": Ö.-Ungarn verzeichnete bei hohen Weltmarktpreisen gute Getreideernten, so dass man mit Profit exportieren konnte. Das kurbelte den Bahnbau an, daher waren die Jahre 1867 bis 1872 Jahre einer ausgesprochenen Hochkonjunktur. Der Börsenkrach von 1873 – Folge der überhitzten Spekulation – führte zu einer lang anhaltenden Depression, die in Ö. erst in den späten 1880er Jahren, in Ungarn jedoch relativ rasch überwunden wurde, wobei ö. Kapital eine nicht unwesentl. Rolle spielte. Ungarn erlebte ein rasantes Wirt.-Wachstum, in dessen Zentrum neben der Landw. die ihre Produkte verarbeitende Ind. (Mühlen), bald aber auch die Maschinen- und Textilind. stand. In Ö. dominierten geringe Wachstumsraten, erst nach der Jh.-Wende kam es wieder zu einem beschleunigten Wirt.-Wachstum.

In beiden Teilstaaten wurden die Eisenbahnnetze vervollständigt, bald folgten auf die durch die Eisenbahnen angeregte Schwerind., die chemische, aber auch die Elektroind. und zuletzt die Fahrzeugind. (Fahrräder, Automobile) sowie die Lebens- und Genussmittelind. (Zuckerfabriken, Brauereien). Im letzten Friedensjahrzehnt der Monarchie spielte die Rüstungsind. eine wesentl. Rolle, wobei nun auch der Flottenbau (wohl angeregt vom dt. Vorbild) Bedeutung erlangte. Die Textilind. blieb jedoch stets der wichtigste Ind.-Zweig. Und die Wachstumsraten der Ind. waren zu gering, auch der Urbanisierungsprozess trotz des raschen Wachstums von Wien, Budapest, Triest zu langsam, um die auf den gewerbl.-industriellen Arbeitsmarkt drängenden Schichten der Landbevölkerung aufzufangen. Ö.-Ungarn wurde zu einem Auswandererland; bes. aus den peripheren Regionen wie Galizien, Istrien oder Dalmatien wanderten viele Menschen aus. Eine polit. Geschichte der Habsburgermonarchie hat es von 1867 bis 1918 mit einer einzigen Geschichte der außenpolit. Beziehungen zu tun, mit einer Geschichte der Gestaltung der Beziehungen zw. den beiden Teilstaaten bzw. um die Gestaltung der gem. Angelegenheiten, aber mit 2 innenpolit. Entwicklungssträngen, die getrennt zu analysieren sind.

Die Außenpolitik der ö.-ungar. Monarchie: Nur kurz hegte man in Wien die Illusion, man könnte in einem franz.-preuß. Krieg die verlorenen dt. Positionen zurückerobern. Die preuß. Siege von 1870 und die dt. Reichsgründung (1871) gestalteten die Landkarte Europas grundlegend um. Im Dreikaiserbündnis Russland, Deutschland, Österreich-Ungarn (1873) wurde ein Zusammengehen der konservativen „Ostmächte" demonstriert, das aber an der russ.-ö.-ungar. Problematik nur wenig änderte. Der nach dem russ. Sieg über die Türkei (Friede von San Stefano) einberufene Berliner Kongress brachte Ö.-Ungarn 1878 den europ. Auftrag zur Besetzung Bosniens und der Herzegowina und eine erhebl. Reduktion der russ. Erwerbungen bzw. des neuen Bulgarien; die Balkan-Konfrontation mit Russland war damit verschärft. Als Reaktion schlossen das Dt. Reich und Ö.-Ungarn 1879 den Zweibund, dem sich 1884 Italien anschloss („Dreibund"). Das schwierige Verhältnis zu Russland und der Zweibund waren in der Folge die Konstanten der Außenpolitik. Die Annexion Bosniens und der Herzegowina 1908 führte zu einer schweren europ. Krise, da sich der russ. Außenmin. vom ö.-ungar. Außenmin. A. Gf. → Aehrenthal düpiert fühlte. Deutschland stellte sich massiv hinter die Doppelmonarchie. Das verstärkte das Gefühl des Angewiesenseins auf den Bündnispartner. Die Balkankriege 1912/13 führten zur Ausschaltung der Türkei und zur Ausweitung Serbiens und Griechenlands. Ö.-Ungarn erreichte die staatl. Selbständigkeit Albaniens und verhinderte damit die Festsetzung Serbiens (oder Italiens) an diesem Teil der adriat. Küste. Das verschärfte den Gegensatz zu Serbien, gleichzeitig trat bei jungen Serben und Kroaten innerhalb der Monarchie eine Radikalisierung ein. Nach der Ermordung des Thronfolgers Franz Ferdinand am 28. 6. 1914 in Sarajewo drängten militär. Kreise auf Krieg, sie setzten sich schließlich nach Rücksprache mit dem dt. Bündnispartner durch. Die Kriegserklärung an Serbien am 28. 7. 1914 markiert den Beginn des 1. Weltkrieges.

Die gemeinsamen Angelegenheiten: Gemeinsam war die Außenpolitik, die Armee und die (alte) Staatsschuld. Zur Finanzierung dieser gem. Angelegenheiten trug Ö. zunächst 70 %, Ungarn 30 % bei. Der alle 10 Jahre neu auszuhandelnde „Ausgleich" war immer wieder von der ö. Forderung nach einer Erhöhung des ungar. Anteils gekennzeichnet, während die ungar. Seite mehr Rüstungsaufträge für die ungar. Ind. und mehr Selbständigkeit in militär. und wirt. Angelegenheiten forderte. Da die Ausgleichsverlängerung von 1897 mit der Badeni-Krise in Ö. zusammenfiel, kam es jahrelang nicht zur verfassungsmäßigen Verabschiedung eines neuen Abkommens, das immer nur durch kaiserl. Verordnungen provisorisch verlängert wurde. Wirt. waren die beiden Teilstaaten durch ein gem. Zoll- und Währungsgebiet verbunden, was immer wieder intensive Verhandlungen zur Vorbereitung von Handelsverträgen mit Drittstaaten erforderte, da Ungarn dominant agrarisch, Ö. agrarisch und industriell orientiert war. Ungarn setzte immer öfter Zeichen seiner Selbständigkeit auch in diesen Belangen (internat. Postabkommen, Zuckerkonvention.) Andererseits ging nach 1900 praktisch der gesamte ungar. Agrarexport nach Ö., ebenso wie ein großer Teil des ö. Ind.-Exports nach Ungarn. Die Beibehaltung der Wirt.-Einheit war daher, trotz des Kampfes ungar. Nationalisten gegen ö. Waren (Tulpen-Bewegung), im Interesse der herrschenden Eliten auf beiden Seiten.

Die innere Entwicklung in Ö. („Zisleithanien"): Der Ausgleich hatte für die nichtungar. Länder weit reichende Folgen. Da die Ungarn wünschten, der Ausgleich solle auch von einem ö. Parlament bestätigt werden, musste der 1865 sistierte (engere) Reichsrat wieder einberufen und ihm das Ausgleichsgesetz vorgelegt werden. Dadurch erhielt das ö. Parlament die einmalige Chance, die westl. Reichshälfte („die im Reichsrat vertretenen Königreiche und Länder") zu einem Verfassungsstaat umzubauen, wozu 5 „Staatsgrundgesetze", die zusammen als „Dezemberverfassung 1867" gelten, verabschiedet wurden (je ein Staatsgrundgesetz über die Reichsvertretung, eines über die allg. Rechte der Staatsbürger mit dem ersten ö. Grundrechtskatalog, eines über die richterl. Gewalt, eines über die Schaffung eines Reichsgerichtes, eines über die Regierungs- und Vollzugsgewalt). Die westl. Reichshälfte (Zisleithanien, offizielle Bezeichnung: „die im Reichsrate vertretenen Königreiche und Länder") hatte bis 1879 liberale Regierungen, die die Aufhebung des Konkordats von 1855, das Reichsvolksschulgesetz von 1869, eine neue Strafprozessordnung 1872 und die Einrichtung des Verwaltungsgerichtshofs 1875 durchsetzten. Die Periode war durch eine stürm. Wirt.-Entwicklung („Gründerzeit") gekennzeichnet, die 1873 von einer Rezession abgelöst wurde. In der Innenpolitik stand die Sorge der dt.-liberalen Führungsschicht um den „nationalen Besitzstand" im Vordergrund. Sie lehnte die Okkupation von Bosnien und der Herzegowina 1878 wegen der damit verbundenen Vermehrung der slaw. Bevölkerungsanteile ab. Im Zeichen des Liberalismus wandelte sich Ö. zum modernen Staat mit industrieller bürgerl. Gesellschaft. In den Jahren nach der Krise von 1873 begann sich die polit. Landschaft in Ö. zu ändern. Krit. Stimmen gegenüber dem herrschenden Liberalismus wurden laut und erhielten bald eine antisemit. Schlagseite. Als die Deutschliberalen 1878 der Okkupation Bosniens durch die Monarchie mit dem Argument, man wolle nicht noch mehr Slawen, entgegentraten, verärgerte sie Franz Joseph sehr, für den die Okkupation die erste Erweiterung seines Herrschaftsgebietes seit 1848 bedeutete.

Die liberale Periode wurde 1879 abgelöst durch die Ära Taaffe. Min.-Präs. E. Gf. → Taaffe galt als „Kaiserm.". Taaffe gelang es, die Tschechen zum Wiedereintritt in den Reichsrat zu bewegen. Dadurch wurde eine nicht-dt.-liberale Mehrheit („Eiserner Ring" aus Tschechen, Polen, S-Slawen, Konservativen der Alpenländer) möglich, die den nicht-dt. Nationen einige Zugeständnisse machte, das Wahlrecht etwas erweiterte (Fünfguldenmänner) und erste Sozialgesetze verabschiedete (1887 gesetzl. Unfallversicherung, 1888 Krankenversicherung für gewerbl.-industrielle Arbeiter). Als Reaktion auf den „Eisernen Ring" radikalisierte sich der dt. Nationalismus (Linzer Programm 1882, Entstehung der Dt. Volkspartei). Als Reaktion auf die Wirt.-Krise (ab 1873) setzte die polit. Organisation von Arbeitern, Bauern und Kleinbürgern ein. Gegen Ende der 80 Jahre entstand in Wien aus der Kombination von kleingewerbl. Antisemiten, kath. Sozialreform (K. v. → Vogelsang) und dem polit. Talent K. → Luegers die neue Richtung der Christlichsozialen, die 1895 den Wr. Gemeinderat und 1896 den nö. Landtag eroberten.

1893 stürzte Taaffe über eine Wahlrechtsvorlage. Nun begann die Ära einander rasch abwechselnder Regierungen, fast stets von hohen Beamten geleitet. Der Versuch des Min.-Präs. K. F. Gf. → Badeni, 1897 das Sprachenproblem in Böhmen und Mähren administrativ zu lösen (Verpflichtung für alle staatl. Beamten in diesen Ländern, beide Landessprachen zu beherrschen), führte zu einem massiven Protest der Deutschen, die es als Zumutung empfanden, Tschechisch zu lernen. Aus dem Protest wurde eine Staatskrise, als die Deutschliberalen im Parlament mit massiver Obstruktion begannen und die Proteste in Massendemonstrationen umschlugen, v. a. in Wien. Schließlich wurden die Sprachenverordnungen zurückgenommen, was die Obstruktion der Tschechen zur Folge hatte. Im selben Jahr bestätigte Ks. Franz Joseph (wenn auch ungern) K. Lueger als Bürgermeister von Wien, womit erstmals eine der modernen Massenbewegungen einen durchschlagenden Erfolg erzielte. Die 2. Massenbewegung, die Sozialdemokratie als dominierende Form der Arbeiterbewegung, hatte sich 1888/89 unter Viktor Adler vereint und versuchte nun, über die Forderung nach dem allg. Wahlrecht polit. Gewicht zu gewinnen. Eine von Badeni durchgeführte kleine Wahlrechtsreform führte zusätzlich zu den bestehenden Kurien (Großgrundbesitz, Städte, Handelskammern, Landgemeinden) bloß eine allg. Wählerklasse mit verhältnismäßig wenigen Abgeordneten ein.

Der ö. Min.-Präs. E. v. → Koerber (1900–04) versuchte, den Nationalitätenstreit durch ein großes wirt. Investitionsprogramm (Koerber-Plan), das für alle Nationen Fortschritte bringen würde, zu bannen. Das gelang für kurze Zeit, als Folge wurden Bahnen gebaut und der Hafen von Triest erweitert, dann brach wieder der „Kampf der Nationen um den Staat" (K. Renner) aus. Als weiteres Gegenmittel wurde das allg. Wahlrecht angesehen, das schließlich 1906 Gesetz wurde. Auch die Sozialdemokratie forderte das allg. Wahlrecht und verschärfte die Agitation nach der russ. Revolution von 1905. Das 1906 tatsächlich verabschiedete allg. Wahlrecht brachte bei den ersten Reichsratswahlen 1907 einen großen Erfolg der Sozialdemokratie; Christl.-Soz. und Konservative bildeten aber gem. die stärkste Fraktion. Die Wahlen von 1911 brachten hingegen einen Sieg der nationalist. Parteien, Christl.-Soz. (insbes. in Wien) und Soz.-Dem. verloren etwas.

Das erstmals 1907 nach diesem Gesetz gewählte Parlament versank aber nach kurzer Zeit wieder im Nationalitätenstreit. Das letzte ö. Friedenskabinett von K. Gf. → Stürgkh regierte schon fast durchwegs mit Hilfe des berühmten § 14, der eine vorläufige Gesetzgebung ohne Parlament ermöglichte. Im ö. wie im ungar. Parlament wurden 1912 noch jene Gesetze durchgebracht, die man für den Kriegsfall brauchen würde: ein neues Wehrgesetz und ein Kriegsleistungsgesetz – 1914 brauchte man sie. Das nationale Problem war zum zentralen Faktor der Politik geworden. Überregionale Lösungen (Reichsreform) erschienen unmöglich. Der

Nationalismus triumphierte nicht nur bei den Wahlen 1900/01, aus denen in den meisten Sprachgruppen nationalist. Parteien als Sieger hervorgingen. Er erweist sich auch als dominantes Phänomen insofern, als das Prinzip der nationalen Segregation, wie es der mähr. Ausgleich von 1905 als Lösung bereithielt (eig. nationale Kurien im Landtag, getrennte Institutionen in der Schulverwaltung und der landw. Interessenvertretung), eine übernationale gesellschaftl. Integration immer unwahrscheinlicher werden ließ. Zu ähnl. Lösungen kam es mit dem Ausgleich in der Bukowina (1910) und jenem in Galizien (1914).

In dieser Periode wurden enorme Fortschritte auf dem Gebiet des Verkehrswesens (Ausbau des Eisenbahnnetzes), der Ind. (mit Schwerpunkten NÖ., Böhmen, Mähren), der Technik (Telegraf, Telefon, Gas, Elektrizität, Auto) und in der Bautätigkeit in Wien sowie in praktisch allen anderen Städten erzielt. Einen starken Ausbau erfuhr das Schulwesen; Höhepunkte erreichte das kulturelle Leben in Zeitungswesen, Musik, Literatur, Theater und bildender Kunst. Die wachsende außenpolit. Schwäche und die wachsenden inneren Schwierigkeiten der Monarchie kontrastieren eigentümlich mit der unleugbaren kulturellen Blüte, die nicht nur das heutige Ö., sondern das ganze habsb. beherrschte Mitteleuropa erlebte. Ebensowenig ist zu leugnen, dass insbes. die ö. Verwaltung in der Ära Franz Josephs am besten funktioniert hat. Während die Bürokratie des Vormärz als ineffizient und teilw. als korrupt galt, lief die Verwaltung unter Franz Joseph nachweislich wie am Schnürchen – was durch den enormen bürokrat. Eifer des Kaisers zu erklären ist, der fast ununterbrochen Akten studierte. Das konnte bis in die untersten Ränge der Bürokratie motivierend wirken, außerdem war man nie sicher, dass nicht ein Akt beim Kaiser landete. Die Folge war eine weder vorher noch nachher (in der Republik) erreichte Präzision und Effizienz der Verwaltung.

Damit erscheint die Frage aufgeworfen, inwiefern der Kaiser selbst die Epoche bestimmte. Nochmals ist auf die starke Prägung seiner Persönlichkeit durch die dem jungen Prinzen vermittelte absolutist. Herrschaftsideologie zu verweisen. Franz Joseph war geprägt von den Anschauungen seines Großvaters, Franz II. (I.), und durchdrungen vom Bewusstsein der hohen Stellung, die er einnahm. Er wurde soldatisch und im Sinne absolutist. Auffassungen erzogen. Das bedeutete für ihn auch ein Bewusstsein hoher Verantwortlichkeit, das in einer traditionellen Religiosität verwurzelt war. Daraus und aus dem Einfluss gewisser Ratgeber resultiert der rasche Übergang zum Neoabsolutismus und seine stete Überzeugung, Ö. könne eigentlich nicht konstitutionell bzw. parlamentarisch regiert werden. Vielleicht hat diese Auffassung seiner Herrscheraufgabe und die Überzeugung, es müsse letztlich jede Entscheidung von ihm kommen, kein bes. Verhandlungsgeschick sich entwickeln lassen. Franz Joseph verhandelte praktisch alle seine grundlegenden Entscheidungen zu kurz. Außerdem neigte er, wenn sich eine Lösung als schwierig erwies, zu raschen Positionswechseln. Das zeigte sich 1860–61, beim ungar. Ausgleich 1865–67 und wieder 1871, als er das tschech. Problem (Forderung der „Fundamentalartikel") sehr schnell lösen wollte, wobei sich die Opposition der Ungarn mit jener der Deutschliberalen vereinigte. Zw. 1860 und 1871 war Franz Joseph jedenfalls ein durchaus aktiver Herrscher: Er wollte die Frage der konstitutionellen Gestaltung der Monarchie, die dt. Frage, das ungar. und das tschech. Problem mit einer gewissen Hast lösen, wobei es ihm jedoch an Zä-

higkeit und Zielstrebigkeit gebrach. Nach dem Scheitern der böhm. Lösung 1871 zog er sich auf die Situation, wie sie 1867 entstanden war, zurück: große Reichsreformen wollte er jetzt keine mehr. Franz Joseph neigte immer mehr dazu, polit. Fragen in Fragen der Verwaltung umzuwandeln. In der Verwaltung der gem. Angelegenheiten ebenso wie der ö. Angelegenheiten (in Ungarn hat er sich ab 1867 im Detail weniger eingemischt) war er ein hervorragender Kenner. Außerhalb der offiziellen Auftritte verwendete er einen großen Teil seiner Zeit für das Aktenstudium. Diese Eigenart ist wohl verantwortlich für das erwähnte ausgezeichnete Funktionieren der Bürokratie. Schließlich hat sich Franz Joseph bei einer Volkszählung selbst als „Beamter" bezeichnet.

Literatur: J. Redlich, Ks. Franz Joseph v. Ö., 1929; Die Habsburgermonarchie 1848–1918, hg. v. d. Ö. Akad. d. Wiss., 1973 ff.; Das Zeitalter Ks. Franz Josephs. Von der Revolution zur Gründerzeit. 1848–1880, 2 Bde., Ausst.-Kat., Schloss Grafenegg 1984; Das Zeitalter Ks. Franz Josephs. Glanz und Elend. 1880–1916, 2 Bde., Ausst.-Kat., Schloss Grafenegg 1987; J.-P. Bled, Franz Joseph. „Der letzte Monarch der alten Schule", 1988; H. Rumpler, Eine Chance für Mitteleuropa. Bürgerl. Emanzipation und Staatsverfall in der Habsburgermonarchie, 1997.

Franziskojosephinische Landesaufnahme, 3. Landesaufnahme der ö. Kronländer, 1869–87, benannt nach Ks. Franz Joseph I.; ersetzte die → Franzisceische Landesaufnahme. Die Bearbeitung erfolgte im Maßstab 1 : 25.000 („Messtischblätter"); davon wurden die 752 Blätter der Spezialkarte der ö.-ungar. Monarchie 1 : 75.000 abgeleitet. Durch Generalisierung entstand ab 1889 die Generalkarte von Mitteleuropa 1 : 200.000 (265 Gradabteilungskartenblätter) und die Übersichtskarte von Mitteleuropa 1 : 750.000. Wurde durch die → Vierte Landesaufnahme ersetzt.

Literatur: G. Fasching u. F. Wawrik, Landesaufnahme und Militärkarten, in: Austria picta, 1989.

Franz-Josef-Fjord, an der O-Küste Grönlands gelegener Fjord. Der F.-J.-F. liegt zw. 2000 m hohen Bergen, wurde 1870 von J. v. → Payer entdeckt und nach Ks. Franz Joseph benannt.

Franz-Josefs-Bahn, nach dem Krieg von 1866 errichtete Eisenbahnverbindung von Böhmen nach Wien, erhielt 1872 in Wien 9 den ersten Kopfbahnhof innerhalb des Linienwalls (Gürtel); in Absdorf-Hippersdorf zweigt die Donauuferbahn über Krems nach Mauthausen– St. Valentin ab. Da die F.-J.-B. 3 Bezirkshauptstädte im Waldviertel nicht berührt (Horn, Zwettl, Waidhofen a. d. Thaya), wurden diese mit Nebenlinien angeschlossen. Der Gabelungsbahnhof Gmünd fiel 1919 an die ČSR, so dass ein neuer Grenzbahnhof bei Gmünd gebaut werden musste.

Literatur: G. Zauner (Red.), 125 Jahre Ks.-F.-J.-B., 1995.

Franz-Josefs-Höhe, 2362 m, Aussichtspunkt der → Großglockner-Hochalpenstraße, mit Ks.-Franz-Josefs-Haus (Alpenhotel, 1997 durch Brand zerstört, bei Wiedererrichtung nur Restaurantbetrieb), Gastronomie, Swarovski Aussichtswarte, Parkplätzen und Parkhaus sowie herrlichem Ausblick auf Glocknergipfel und Pasterzengletscher. Eine Seilbahn führt bis in die Nähe der Pasterze. Lehr- und Wanderwege vom Parkplatz Freiwandeck: Gamsgrubenweg und Gletscherweg.

Franz Joseph I., * 18. 8. 1830 Wien-Schönbrunn, † 21. 11. 1916 ebd., ab 2. 12. 1848 Kaiser von Ö.; ältester Sohn von Erzhg. → Franz Karl und Prinzessin Sophie v. Bayern. Nahm bei der Thronbesteigung den Doppelnamen F. J. an (ursprüngl. Name Franz). In jungen Jahren stand er stark unter dem Einfluss seiner Mutter und anderer Ratgeber, hatte großes Pflicht-, aber auch

Kaiser Franz Joseph I. Gemälde von F. X. Winterhalter, 1864 (Kunsthistorisches Museum, Wien).

Franz Karl, Erzhzg. von Ö., * 7. 12. 1802 Wien, † 8. 3. 1878 ebd., 2. Sohn von Ks. → Franz II. (I.), Bruder von Ks. → Ferdinand I., Vater von Ks. → Franz Joseph I. Mitgl. der Geheimen Staatskonferenz, die 1836–48 die Regierung für seinen Bruder Ks. Ferdinand führte. Unter dem Einfluss seiner Gattin Sophie v. Bayern verzichtete er nach der Abdankung Ks. Ferdinands 1848 zugunsten seines ältesten Sohns Franz Joseph auf die Thronfolge.
Literatur: B. Hamann, Die Habsburger, ⁴1993.

Erzherzog Franz Karl. Lithographie von J. Kriehuber, 1850.

Fränzl, Friedrich, * 13. 7. 1863 Wien, † 26. 2. 1938 ebd., Solotänzer und Mimiker; Vater von Willy → Fränzl. 35 Jahre lang an der Wr. Staatsoper tätig; leitete auch eine eig. Ballett- und Tanzschule in Wien, die nach seinem Tod noch bis 1999 bestand.

Fränzl, Willy, * 5. 6. 1898 Wien, † 24. 6. 1982 ebd., ab 1922 Solotänzer an der Wr. Staatsoper; Sohn von Friedrich → Fränzl. Ballettmeister und Lehrer an der Ballettschule der Wr. Staatsoper und an der eig. Tanzschule. War viele Jahre für die Eröffnung des Opernballs verantwortlich.

Franzobel (eigentl. Stefan Griebl), * 1. 3. 1967 Vöcklabruck (OÖ.), Schriftsteller. Studierte 1986–94 Germanistik und Geschichte in Wien, seit 1989 schriftstellerisch tätig; beschäftigt sich auch mit Performances und Mailart. I.-Bachmann-Preis 1995.
Werke: Romane und Prosa: Der Wimmerldrucker, 1990; Das öffentliche Ärgernis, 1993; Die Musenpresse, 1994; Hundshirn, 1995; Böselkraut und Ferdinand, 1998; Scala Santa, 2000; Lusthaus oder Die Schule der Gemeinheit, 2002. – Dramen: Das Beuschelgeflecht, 1996; Kafka, 1997; Nathans Dackel, 1998; Phettberg, 1999; Volksoper, 1999; Olympia, 2000; Mayerling, 2002. – Gedichte: Met ana oanders schwoarzn Tintn, 1999; Luna Park, 2003.

Franzos, Karl Emil, * 25. 10. 1848 Czortków (UA), † 28. 1. 1904 Berlin (D), Schriftsteller und Publizist. Schlug nach Jusstudium in Wien und Graz die journalist. Laufbahn ein. Verfasste Reisebeschreibungen über die östl. Kronländer („Aus Halb-Asien. Kulturbilder aus Galizien, der Bukovina, Südrußland und Rumänien", 2 Bde., 1876) sowie Novellen und Romane über das Leben der ostgalizischen Juden und der ruthen. Bauern. 1879 veröffentlichte F. erstmals die Werke sowie den handschriftl. Nachlass G. Büchners. 1884–86 gab er das Wochenblatt „Wr. Illustr. Zeitung" heraus. 1886 übersiedelte er nach Berlin und redigierte bis 1904 die Ztschr. „Dt. Dichtung". Sein wichtigstes Werk, der Entwicklungsroman „Der Pojaz", erschien postum 1905.
Weitere Werke: Die Juden von Barnow, 1877; Moschko von Parma, 1880; Ein Kampf ums Recht, 2 Bde., 1882; Dt. Dichterbuch aus Ö., 1883 (Hg.); Judith Trachtenberg, 1891; Der Wahrheitssucher, 2 Bde., 1893; Die Geschichte des Erstlingswerks, 1894 (mit Autobiographie).
Literatur: J.-D. Lim, Das Leben und Werk des Schriftstellers K. E. F., Diss., Wien 1982; S. Hubach, Galizische Träume, 1986; H. Würtz (Hg.), K. E. F., Ausst.-Kat., Wien 1998.

Kaiser Franz Joseph I. mit Erzherzog Franz Joseph Otto. Foto, 1914.

Sendungsbewusstsein. Am 24. 4. 1854 heiratete er Prinzessin → Elisabeth in Bayern. Der äußerst schwierigen Ehe entstammten 4 Kinder. Unter dem Einfluss seiner Frau stimmte er 1867 dem ö.-ungar. → Ausgleich mit Ungarn zu. Er begann als absoluter Monarch, respektierte später aber alle Verpflichtungen aus der Verfassung und regierte als konstitutioneller Herrscher. Durch viele polit. Fehlentscheidungen vorsichtig geworden und durch persönl. Schicksalsschläge (Erschießung seines Bruders → Maximilian in Mexiko 1867, Selbstmord seines Sohnes → Rudolf 1889, Ermordung seiner Gattin 1898) schwer geprüft, konzentrierte er sich auf seine Aufgaben und zog sich zurück. Er wurde zum Symbol der ö.-ungar. Monarchie schlechthin. Nach dem Scheitern seiner Ehe ging er eine enge Beziehung mit der Schauspielerin K. → Schratt ein.
In den letzten 20 Jahren seines Lebens war er die polit. Integrationsfigur des Vielvölkerstaates und wurde von vielen Zeitgenossen als einzige Stütze seines Zusammenhalts gesehen. Im Alter starrsinnig geworden, widersetzte er sich allen Reformen, unterschrieb aber 1914 doch das Ultimatum und die Kriegserklärung an Serbien. Er fühlte sich in erster Linie als Beamter und Soldat, war frommer Katholik, aber tolerant. Trotz der kulturellen Höhepunkte (→ Ringstraße), die in seine Epoche fallen, war er wenig kunstinteressiert.
Literatur: E. C. Conte Corti, Ks. F. J., 3 Bde., 1950–55; F. Herre, Ks. F. J. von Ö., 1978; Ks. F. J. und seine Zeit, Ausst.-Kat., Grafenegg 1984; Ks. F. J. in seiner Zeit, Ausst.-Kat., Grafenegg 1987; E. C. Conte Corti u. H. Sokol, Kaiser F. J., ⁶1990; B. Hamann, Die Habsburger, ⁴1993; A. Palmer, F. J., 1995.

Franz-Joseph-Land, östlich von Spitzbergen liegende Inselgruppe im Nördl. Eismeer (mehr als 60, großteils eisbedeckte Inseln, zusammen ca. 20.000 km², unbewohnt), nördlichste Inseln von Eurasien, seit 1925 unter sowjet., heute russischer Staatshoheit. 1873 von der ö. Expedition unter K. → Weyprecht und J. v. → Payer entdeckt und nach Ks. Franz Joseph I. benannt. Vorschläge zur Umbenennung in Fridtjof-Nansen- oder Lomonossov-Land haben sich nicht durchgesetzt. → Nordpolexpedition.
Literatur: H. Straub, Die Entdeckung des F.-J.-L., 1990; J. Ritter u. U. Schacht, Von Spitzbergen nach F.-J.-L., 1993.

Franz-Josephs-Orden, 1849 gestifteter, bis 1918 verliehener Verdienstorden mit 5 Klassen und einem Verdienstkreuz.

Franzosenzeit, siehe → Franz II. (I.), → napoleonische Kriege.

Französische Schule (Lycée Français) in Wien, siehe → Schulen mit ausländischem Lehrplan.

Franz von Retz, * um 1343 Retz (NÖ.), † 8. 9. 1427 Wien, Ordensreformer der Dominikaner, volkstüml. Prediger. Prof. und fünfmal Dekan der Wr. Univ., die er am Konzil von Pisa vertrat.
Werke: Comestorium vitiorum, 1470. – Handschriften in der Konventsbibl. des Wr. Dominikanerklosters.
Literatur: G. Häfele, F. v. R., 1918.

Frass, Wilhelm, * 29. 5. 1886 St. Pölten (NÖ.), † 1. 11. 1968 Wien, Bildhauer. Schüler von H. → Bitterlich und E. v. → Hellmer. 1938–45 Leiter der Hochschulklasse d.

Karl Emil Franzos. Gemälde von P. Levy, 1893.

Kunst- u. Modeschule der Stadt Wien sowie Sachberater für Bildhauerkunst im Kulturamt.
Werke: Skulpturen am Heldendenkmal im Wr. Burgtor; Auer-Welsbach-Denkmal, Wien; Grabdenkmal Schwarz, St. Pölten. – Nachlass im Stadtmuseum St. Pölten.
Literatur: W. F., Ausst.-Kat., St. Pölten 1963.

Frastanz, Vbg., FK, Markt, 509 m, 6214 Ew., 32,29 km², östl. von Feldkirch, an der Mündung des Saminatals in den Walgau. – E-Werk, Krankenhaus Stiftung Maria Ebene, Freizeitanlage, Wohnheim, geistl. Zentrum. Wirt. Dynamik bes. auf dem Produktionssektor und im Handel; wirt. Umstrukturierung und neue Betriebsansiedlungen infolge Schließung der Textilind.: Papierind., Erzeugung von Klebebändern, Gardinen, Naturbetten und Kabeln; Marmorwerk, Gemüsegroßhandel, Fremdenverkehr. – Schauplatz einer Schlacht (1499) im Schwabenkrieg; neugot. Pfarrkirche (1885–88); Kapelle Mariahilf (1826); Ind.-Baudenkmäler: Spinnerei (um 1835), Maschinenfabrik (1836).

Frattner Tobel, Engstelle bei Mauren, südöstl. von Schruns im Montafon (Vbg.), nach der die Einheimischen das Tal in eine Außer- und eine Innerfratte (Äußeres Montafon und Inneres Montafon) unterteilen.

Frauenangelegenheiten, Bundesministerin für: Bei der Regierungsbildung 1990/91 wurde die bis dahin zuständige Staatssekretärin im Bundeskanzleramt, Johanna → Dohnal (SPÖ), durch Entschließung des Bundespräs. gemäß Art. 77 Abs. 3 Bundes-Verfassungsgesetz zur Ministerin ohne Portefeuille ernannt und mit den Frauenangelegenheiten betraut. Dies wurde bei den nachfolgenden Regierungen beibehalten; 1993 wurden auch die Angelegenheiten der Gleichbehandlungskommission und der Anwältin für Gleichbehandlungsfragen sowie der Interministeriellen Arbeitsgruppe für Gleichbehandlungsfragen dieser Ministerin unterstellt. 1995–97 war Helga → Konrad (SPÖ) Frauenministerin, 1997–2000 übte Barbara → Prammer (SPÖ) das Amt aus. Danach gingen diese Agenden auf das BM f. soz. Sicherheit und Generationen (→ Sozialministerium) über; seit 2003 werden sie vom BM f. Gesundheit und Frauen (→ Gesundheitsministerium) wahrgenommen.

Frauenberg, Stmk., BM, Gem., 939 m, 171 Ew., 20,62 km², Wallfahrtsort östl. von Bruck a. d. Mur. Spätgot. Kirche Maria Rehkogel (1489–96), Umbauten im 17. und 18. Jh., Hochaltar (1773) und Gnadenbild (14. Jh.), spätbarocke Ausstattung.

Frauenberg, Stmk., LB, Dorf, 381 m, Weinbauort auf dem Höhenzug südlich von Schloss Seggau, Gem. Seggauberg. Wallfahrtskirche (urk. 1170, Bauphasen: Ende 15. Jh., 1604, 1645–46, 1766). Siedlungsspuren aus der spätbronzezeitl. Urnenfelderkultur. Ausgrabung einer röm. Isis-Noreia-Tempelanlage (1.–2. Jh. n. Chr.); Gräber des 4.–6. Jh. n. Chr. gehören vielleicht zu einem Zufluchtsort der Romanen. Tempelmuseum.

Frauenberg, Stmk., LI, Streusiedlung, 770 m, im Ennstal westl. von Admont, Teil der Gem. Ardning. – Wallfahrtskirche auf dem Kulm: Neubau der urspr. Kirche (1410) 1683–87 durch C. A. Carlone, Juwel des steir. Barock; reicher figürl. Stuck von G. B. Carlone (um 1690–95), geschnitzte Türen und mächtiger Hochaltar (um 1690), Altar (1736) und Tabernakelrelief von J. T. Stammel, von dem auch die Kalvarienbergfiguren stammen; Freskenzyklus von J. Lederwasch (1794); Pfarrhof (1653) mit „blauem Zimmer" und „Prioratssaal").

Frauenberufliche Lehranstalten: Die Anfänge der schulischen Berufsausbildung für Mädchen gehen auf Erziehungsinstitutionen weibl. kath. Orden (Ursulinen, Englische Fräulein, Schulschwestern u. a.) im 17. Jh. zurück. Von staatl. Seite wurden 1775 ein Offizierstöchter-Erziehungsinst. und 1786 ein Zivil-Mädchen-Pensionat als eig. Schulen gegr. Auch die Industrieschulen waren im Rahmen des Bildungswesens für Frauen von Bedeutung. Möglichkeiten einer breiteren schulischen Berufsausbildung für Mädchen entwickelten sich erst in den 60er Jahren des 19. Jh. parallel zu der im Staatsgrundgesetz von 1867 festgehaltenen Gleichberechtigung.

Ein Schwerpunkt der einsetzenden Mädchenbildung lag auf hausw. Tätigkeiten (Koch-, Haushaltungs- und Hauswirtschaftsschulen). Als weiteres Ziel wurde die schulische Förderung traditionell von Frauen ausgeübter Nadelarbeiten verfolgt. Auch der Staat gründete Anstalten für gewerbl. Frauenberufe (Kunststickereischule, Wien 1874; Zentral-Spitzenkurs, Wien 1879; Fachschule für Maschinenstickerei, Dornbirn 1891; Zentrallehranstalt für Frauengewerbe, Wien 1910 u. a.). Allein in Wien gab es 1910 mehr als 200 Privatlehranstalten für die Gewerbe Weißnähen, Kleidermachen, Modisterei und Miedermachen.

In der 1. Republik wurden diese Frauenberufsschulen reorganisiert. Man unterschied Höhere Lehranstalten für wirt. Frauenberufe (3-jährig), Frauengewerbeschulen (durchwegs 2-jährig) sowie Koch- und Haushaltungsschulen (1-jährig).

Seit 1945 ist das Unterrichtsmin. für die f. L. zuständig; die Schulgesetze von 1962 waren ein weiterer Schritt der Umgestaltung (5-jährige Höhere Lehranstalten, 3- bis 4-jährige Fachschulen, 2-jährige Hauswirtschaftsschulen, 1-jährige Haushaltungsschulen). Mit der Einführung der Koedukation (1975) wurden die f. L. auch den Knaben geöffnet, die von dieser Möglichkeit kaum Gebrauch machen (unter 1 %). 1987 wurden zur vollen Durchsetzung der Gleichberechtigung geschlechtsbezogene Schulbezeichnungen generell abgeschafft, die Lehrpläne hingegen kaum geändert. Der Begriff f. L. gehört damit der Vergangenheit an.

Frauenbewegung: Die Veränderung der soz. Stellung der Frau in der Geschichte wird durch Rechtskodifikationen wie den Codex Theresianus (1766) oder das Allg. Bürgerl. Gesetzbuch (1811) dokumentiert, aus denen der langfristige Abbau der Vorrangstellung des Mannes und die kontinuierl. Emanzipation der Frau ablesbar sind.

Frauenberg bei Admont: Wallfahrtskirche.

Wesentliche Bedeutung kam in diesem Prozess der Frauenbildung zu. Sie wurde durch die Allg. Schulordnung von 1774 in breiterem Rahmen ermöglicht, für höhere Bildung (v. a. adeliger Mädchen) sorgten vereinzelt Offizierstöchter-Institute, Institute der Englischen Fräulein u. a.

Durch das Reichsvolksschulgesetz von 1869 wurde der Schulbesuch für Mädchen obligatorisch, auch die Ausbildung zur Lehrerin als erstem qualifiziertem Frauenberuf wurde damit möglich. Marianne → Hainisch gründete 1869 den „Verein der Lehrerinnen und Erzieherinnen in Ö.". Erste Vereine zur Förderung anspruchsvollerer berufl. Tätigkeiten für Mädchen (Frauenberufsschulen, Kurse für Kunststickerei, Koch- oder Nähschulen) entstanden nach 1867.

1892 eröffnete ein 1888 gegr. Verein für erweiterte Frauenbildung eine Gymnasialklasse für Mädchen. Maturantinnen erhielten erst 1901 den Vermerk „Reif zum Besuch einer Univ.". An philosoph. Fakultäten konnten sich Hörerinnen seit 1897 inskribieren, die Studien der Medizin und Pharmazie standen ihnen seit 1900 offen, die übrigen Fächer seit 1919. Doktorate ausländ. Hochschulen wurden seit 1896 nostrifiziert.

In der Landw. war berufl. Arbeit der Frauen seit jeher üblich und notwendig, ebenso im Gewerbe und seit dem 18. Jh. aus Gründen wirt. Notwendigkeit (Nachbarschaft von Metall- und Textilind.) auch in der Ind., in der sich Frauenarbeit aber bis zum Ende des 19. Jh. nicht voll durchsetzte. Die nö. Gewerkschaftskonferenz von 1895 verlangte noch die Ausschließung der Frauen aus dem Berufsleben, dennoch entwickelten sich bereits ab dieser Zeit spezifisch weibl. Berufszweige wie die Betreuung von Kindergärten und die Krankenpflege (zunächst weitgehend durch Ordensschwestern). Während des 1. Weltkriegs nahm die Frauenarbeit in öffentl. Bereichen wie Post und Bahn stark zu, auch in der Rüstungsind. wurden viele Frauen beschäftigt.

Das Vereinsrecht untersagte zur Zeit der Monarchie „Ausländern, Frauenspersonen und Minderjährigen" die Mitgliedschaft in polit. Vereinen, deshalb wurden eig. Frauenvereine gegr. Der „Bund der ö. Frauenvereine", eine Vereinigung von 13 liberal-bürgerl. Frauenvereinen, wurde 1902 durch M. Hainisch geschaffen, dieser schloss sich 1904 dem „International Council of Women" an und unterhielt in den Ländern der ö.-ungar. Monarchie zahlr. Schulen für die weibl. Jugend. Neben Hainisch (Vorsitzende bis 1918) war auch B. v. → Suttner im „Bund der ö. Frauenvereine" tätig. Als er 1938 aufgelöst wurde, hatte der Bund rd. 100 Mitgliedsvereine.

Gesonderte Vereine wurden von den Soz.-Dem. errichtet. Dazu zählten der „Arbeiterinnen-Bildungsverein" (gegr. 1890) und der Diskutier- und Leseverein „Libertas" (gegr. 1893, Vorsitz A. → Popp). 1898 wurde eine soz.-dem. Frauenreichskonferenz abgehalten, die „Freie polit. Frauenorganisation" von A. Popp stand aber außerhalb der Soz.-dem. Partei. Ab 1893 erschien als Beilage der „Arbeiter-Zeitung" eine „Arbeiterinnen-Zeitung". Innerhalb der gewerkschaftl. Fachvereine spielten Frauen eine geringe Rolle (1903 nur 5580, 1908 20.047 Mitglieder).

Kath. Frauenvereine entstanden ebenfalls Ende des 19. Jh. Zusammenschlüsse erfolgten zunächst innerhalb der Diözesen, 1907 dann übergreifend zur „Kath. Reichsfrauenorganisation" (KRFO). Nach anfängl. Dominanz von Frauen aus der Aristokratie wurde 1909 auf Initiative von J. Weiß ein „Verband christl. Hausgehilfinnen" gegr. Der „Christl. Verein zur Hebung der Frauenbildung" errichtete 1910 in Wien ein Mäd-

Frauenbewegung: Erste Frauen im österreichischen Parlament. Foto, 1919.

chenrealgymn. Im Gefolge des Kath. Frauentags von 1910 erschien die Ztschr. „Die ö. Frau". 1911 gelang es H. → Burjan, eine Organisation der Heimarbeiterinnen zu schaffen. 1912 fand in Wien ein internat. kath. Frauenweltkongress statt.

Das allg. Wahlrecht erhielten Frauen erst 1919. Bis dahin waren sie mit Ausnahme von Besitzerinnen landtäfl. Güter (bis 1906) davon ausgeschlossen. In der 1. Republik gab es nur vereinzelt weibl. Abgeordnete in Gemeinderäten und im Nationalrat. Alma Motzko war 1918–34 Wr. Stadträtin. Trotz der Eingliederung der Frauenorganisationen in die Soz.-dem. Partei (etwa ein Drittel der Mitgl. waren Frauen), waren diese in der Funktionärsschicht nicht anerkannt. Noch schwächer war die Vertretung in den anderen Parteien.

Im Bildungsbereich war nach 1918 auch Mädchen der Zugang zu Gymnasien möglich, weiters entstanden höhere Mädchenschulen sowie Mädchenklassen. Während des 2. Weltkriegs wurden auch gemischte Klassen geführt. Auch die Zahl der Lehrerinnen nahm zu, obwohl für diese in einigen Ländern noch immer Heiratsverbot (Ti., Vbg., Sbg.) bzw. -beschränkung (Stmk., Kä.) bestand. Während des 2. Weltkriegs stieg die Zahl der Studentinnen an den Univ. und die der weibl. Lehrkräfte an Pflicht- und höheren Schulen beträchtlich an. Wie schon im 1. Weltkrieg wurden Frauen im öffentl. Dienst bei Eisenbahnen, Straßenbahnen usw., aber auch in der Rüstungs-Ind. und im militär. Bereich als sog. Nachrichtenhelferinnen und bes. im Sanitätsdienst eingesetzt.

Als 1945 wieder Vereinigungen und Interessenvertretungen auf demokrat. Basis entstanden, wurde auch im Bereich der F. teilw. eine personelle Kontinuität zu der Zeit vor 1934 hergestellt, so bei der SPÖ durch R. → Jochmann und Ferdinanda Floßmann, bei der ÖVP durch L. → Solar. In Gemeinderäten und Landtagen blieben aber Frauen weiterhin die Ausnahme, ebenso nahm die Zahl der weibl. Nationalratsabgeordneten nur langsam zu (1970: 8 von 165, 1971: 11 von 183, 1975: 14, 1979: 18, 1983: 17, 1994: 43, 2003: 60, davon 24 SPÖ, 21 ÖVP, 10 Grüne, 5 FPÖ). Das Bürgermeisteramt übernahmen Frauen erstmals in Gloggnitz und Groß-Siegharts. Erstes weibl. Regierungsmitgl. war 1966–70 G. → Rehor.

Eine neue Phase der F. begann um 1968. Gefordert wurden u. a. Straffreiheit bei Schwangerschaftsabbruch, Beseitigung von sexueller Repression, ökonom. Unabhängigkeit vom Mann und stärkere polit. Repräsentanz. Dem wurde insofern Rechnung getragen, als der Regierung Kreisky stets mindestens 2, manchmal auch 3, 1979–83 sogar 6 Frauen angehörten. Ein Staatssekretariat für allg. Frauenfragen wurde 1990 auf Initiative von J. → Dohnal ein Ministerium geschaffen. Auch in den Landesregierungen stieg die

Zahl von Frauen an (in Wien war G. → Fröhlich-Sandner 1969–84 Vizebürgermeisterin, die Stmk. hat seit 1996, Sbg. seit 2004 eine Landeshauptfrau). In ähnl. Weise veränderte sich die Zusammensetzung von National- und Bundesrat sowie von Landtagen und Gemeinderäten. Auch die Funktion von Vorsitzenden wurde immer häufiger von Frauen übernommen. In den Großparteien wurden Mitte der 1980er Jahre Quotenregelungen (bis zu 40 % der Mandate für Frauen) eingeführt, die tatsächl. Zusammensetzung kam an diese allerdings nicht heran. Mit H. → Schmidt (Liberales Forum) und M. → Petrovic (Grüne) fungierten 1994 bei 2 wahlwerbenden Parteien Frauen als Spitzenkandidatinnen; F. → Meissner-Blau (1986), H. Schmidt (1992, 1998) und G. Knoll (1998) sowie B. → Ferrero-Waldner (2004) kandidierten bei der Wahl zum Bundespräsidenten.

Parallel zur verstärkten polit. Repräsentanz veränderte sich die Bildungs- und Berufsstruktur. Die Zahl der Maturantinnen und Studentinnen an den Univ. nahm stark zu. Der Lehrberuf von Volksschulen bis zu höheren Schulen wird deutlich von Frauen dominiert (2003: 77 % an Volksschulen, 66 % an Hauptschulen, 58 % an allg. bildenden höheren Schulen), auch in Sozialberufen und im medizin. Bereich ist der Frauenanteil bes. hoch. Im Dienstleistungssektor nehmen Frauen rd. 53 % der Arbeitsplätze ein. Wenngleich sich somit die Teilnahme der Frauen am soz., wirt. und polit. Leben wesentlich erhöht hat, so zeigt sich doch etwa am Beispiel der Besetzung von Spitzenfunktionen ein deutliches Ungleichgewicht an Einflussnahme.

Literatur: H. Hieden, Die Frau in der Gesellschaft, 1983; Bericht über die Situation der Frau in Ö., Frauenbericht 1985; R. Pauly, Frauenemanzipation in Ö., 1986; M. L. Angerer (Hg.), Auf glattem Parkett, Feministinnen in Institutionen, 1991; Beharrlichkeit, Anpassung und Widerstand. Die soz.-dem. Frauenorganisation und ausgewählte Bereiche soz.-dem. Frauenpolitik 1945–90, hg. vom K.-Renner-Inst., 1993; Die Familie, Ausst.-Kat., Riegersburg 1993; D. F. Good (Hg.), Frauen in Ö., 1994; U. Gerhard (Hg.), Feminismus und Demokratie, 2001.

FRAUENDREISSIGER, Bezeichnung der 30 Tage zw. 15. Aug. (Mariä Himmelfahrt, „Hoher Frauentag") und 8. Sept. (Mariä Geburt) mit anschließender Oktav (15. Sept., Mariä sieben Schmerzen). In dieser Zeit sind nach traditionellem Volksglauben Kräuter dreifach wirksam sowie Tiere und Pflanzen ungiftig. Heil- und Nutzpflanzen werden zu „Frauenbuschen" gebunden und zu Mariä Geburt in der Kirche geweiht.

Literatur: L. Hörmann, Ti. Volksleben, 1909; K. Zinnburg, Sbg. Volksbräuche, 1977.

FRAUENFELD, Alfred Eduard, * 18. 5. 1898 Wien, † 10. 5. 1977 Hamburg (D), nat.-soz. Politiker. Ab 1930 Gauleiter der NSDAP in Wien, 1932–33 Mitgl. d. Wr. Gem.-Rats und Stadtrat, 1941–44 Generalkommissar der Krim.

Werk: Und trage keine Reu', 1978.

FRAUENHÄUSER, Unterkünfte für Frauen, die wegen Misshandlungen aus der Ehe oder Lebensgemeinschaft flüchten. Die ö. F. unterstützen Frauen jeder Nationalität und Religion. Neben vorübergehender Unterkunft bieten sie Frauen und deren Kindern Beratung und Unterstützung in allen Bereichen. Das erste ö. F. wurde 1978 in Wien eröffnet. Dzt. (2003) gibt es in Ö. 20 autonome F., in denen 2003 2620 Personen (1335 Frauen und 1285 Kinder) Schutz geboten wurde.

FRAUENKIRCHEN, Bgld., ND, Stadt, 124 m, 2856 Ew., 31,95 km^2, in der fruchtbaren Ebene östl. des Neusiedler Sees, im Seewinkel nahe der ungar. Grenze. – Unfallambulanz der Barmherzigen Brüder, HAK; Betonwerk, Bekleidungsind., Geflügelzuchtbetrieb, Bauge-

Frauenkirchen: Innenraum der Basilika.

werbe, Weinbau, Fremdenverkehr. – Barocke Pfarr- und Wallfahrtskirche (1695–1702 von F. Martinelli) mit 2 Türmen, Stuck und Wandmalereien, prunkvollem Hochaltar (um 1700); Franziskanerkloster (1686/87 erneuert, 1720–33 erweitert) mit silberner Marienstatue (1695); Kalvarienberg (nach 1683) mit spiralförmiger Rampe; ehem. barockes Esterházy-Schlössel (heute Schule); Speicherbau 1766.

Literatur: M. I. Bauer, Siedlungs- und Ortsgeschichte von F., Diss., Wien 1981; B. Bruck, Die Groß- und Marktgem. F., Dipl.-Arb., Wien 1977.

FRAUENLITERATUR, im Allg. die von Frauen verfasste Literatur; eine feminist. Literatur bzw. Literaturkritik im engeren Sinn formierte sich im dt.-sprach. Bereich zu Beginn der 1970er Jahre. Insbes. thematisierte man die Rolle der Frau in der „Männerges." und das Geschlechterverhältnis. Unter amerikan. und franz. Einfluss (B. Friedan, K. Millett, S. de Beauvoir) wurden Fragen der Emanzipation in Kultur und Ges. bzw. einer weibl. Gegenkultur (einer so gen. „weibl. Ästhetik") aufgeworfen, wobei auch dem autobiograph. Schreiben von Frauen eine bes. Bedeutung zukommt. Bis in das beginnende 20. Jh. traten in Ö. nur vereinzelt Frauen als Schriftstellerinnen hervor: im MA Frau Ava, in der Barockzeit C. R. v. Greiffenberg, im frühen 19. Jh. K. Pichler und F. v. Arnstein, die einen literar. Salon in Wien führte; einen ersten Höhepunkt stellen die Werke von A. Christen und M. v. Ebner-Eschenbach dar. M. Kautsky, die „rote Marlitt", plädierte in ihren Romanen für ein neues Selbstbewusstsein der Frau; Bestseller im Bereich der Unterhaltungsliteratur schrieben u. a. V. Baum und G. Kaus, eine Bestsellerautorin der Gegenwart ist etwa S. Kubelka. Im 20. Jh. erreichte I. Bachmann als Lyrikerin und Erzählerin Weltruhm. Als weitere Vertreterinnen im 20. Jh. sind u. a. I. Aichinger, C. Busta, J. Ebner, B. Frischmuth, G. Fussenegger, E. Gerstl, P. Grogger, S. Gruber, E. v. Handel-Mazzetti, M. Haushofer, E. Jelinek, M.-T. Kerschbaumer, C. Lavant, F. Mayröcker, C. Nöstlinger, E. Reichart, K. Röggla, M. Schreiner, B. Schwaiger, H. Spiel und D. Zeemann zu nennen.

Literatur: H. Blinn (Hg.), Emanzipation und Literatur, 1984; C. Gürtler (Hg.), Schreiben Frauen anders?, 1984; H. Gnüg u. R. Möhrmann (Hg.), Frauen Literatur Geschichte, 1985; G. Brinker-Gabler (Hg.), Dt. Literatur von Frauen, 2 Bde., 1988; T. Moi, Sexus Text Herrschaft. Feminist. Literaturtheorie, 1989; M. Gruber (Hg.), Frauen sehen Europa, 2000; D. Strigl (Hg.), Frauen verstehen keinen Spaß, 2002.

FRAUENNACHTARBEIT: Das dem EU-Recht widersprechende BundesG über die Nachtarbeit von Frauen

1969, BGBl. 1969/237 (FrNArbG), trat mit 31. 7. 2002 außer Kraft. Allerdings können Arbeitnehmerinnen nunmehr auch nicht generell gegen ihren Willen auf Nachtarbeitsplätze versetzt werden. Einerseits sind die Normalarbeitszeiten nach § 19c AZG zw. Arbeitgeber und Arbeitnehmerin zu vereinbaren, soweit keine zwingenden kollektivrechtl. Normen bestehen. Andererseits werden Versetzungen von einem Tages- auf einen Nachtarbeitsplatz bei Frauen mit Kinderbetreuungspflichten, aber auch wegen der Veränderung in der sozialen Situation bei Nachtarbeit, in der Regel als verschlechternde Versetzungen gewertet, die der Zustimmung des Betriebsrats bedürfen. Spezielle Schutzbestimmungen beinhalten noch das BundesG über die Beschäftigung von Kindern und Jugendlichen (KJBG), das Hausgehilfen- und Hausangestelltengesetz, das Heimarbeitsgesetz, das Bäckereiarbeiter/innengesetz, das Landarbeitsgesetz und das Mutterschutzgesetz.
Literatur: G. Löschnigg, Arbeitsrecht, ¹⁰2003.

FRAUENOBERSCHULE, siehe → Wirtschaftskundliches Realgymnasium.

FRAUENORDEN, siehe → Klöster und Orden.

FRAUENPOLITIK hat seit Ende der 1970er Jahre in den westl.-demokrat. Gesellschaften an Bedeutung gewonnen. Der Begriff F. wird allerdings unterschiedlich verwendet:
Die *autonome F.* hat ihre Wurzeln zum einen in der → Frauenbewegung des 19. Jh., zum anderen in der Frauenbewegung der 1970er Jahre. Die Autonomie gegenüber bestehenden Institutionen (z. B. Parteien) gehört zu ihrem Programm. Sie räumt den weibl. Vorstellungen und Bedürfnissen bezüglich der Gestaltung persönl. Beziehungen, der Lebens- und Arbeitswelt sowie der Politik einen selbständigen Platz ein und bevorzugt aktionistische Politikformen.
Die *institutionelle F.* ordnet Frauenfragen als Sachthemen in die staatl. Strukturen ein. Die berufl., soz. und polit. Ungleichheit der Frauen, gemessen an männl. Standards, ist ihr Thema. Institutionelle F. ist realpolitisch gleichberechtigungspolitik (v. a. auf gesetzl. Basis). Sie findet in bestehenden Institutionen (u. a. Parlament und Regierung) statt. So haben etwa die ö. Parteien eig. Frauenorganisationen geschaffen. Daneben wird F. auch in Institutionen, die Frauen vorbehalten sind, innerhalb des administrativen und polit. Systems wahrgenommen (z. B. Frauenministerium, kommunale Frauenbeauftragte).
Literatur: S. Rosenberger, F. in rot-schwarz-rot, 1992; M. Rösslhumer u. B. Appelt, Hauptsache Frauen, 2001.

FRAUENRECHTLERINNEN, siehe → Frauenbewegung.

FRAUENSCHUTZ: Der dem Arbeitsrecht immanente Schutzcharakter, der die hist. verbürgte Schwäche des einzelnen Arbeitnehmers bei der Vereinbarung von Arbeitsbedingungen ausgleicht, machte ein Einschreiten des Staates auch speziell zugunsten von Frauen notwendig. Gemäß dem ArbeitnehmerInnenschutzgesetz (AschG) hat der Arbeitgeber bei der Übertragung von Aufgaben an Arbeitnehmer deren Eignung in Bezug auf Sicherheit und Gesundheit zu berücksichtigen, das bedeutet u. a., dass Frauen mit Arbeiten, die infolge ihrer Art für Frauen eine spezif. Gefahr bewirken können, nicht oder nur unter Bedingungen oder Einschränkungen beschäftigt werden, die geeignet sind, diese bes. Gefahr zu vermeiden. Aufgrund der 2001 zum AschG ergangenen Verordnung über Beschäftigungsverbote und -beschränkungen für Arbeitnehmerinnen dürfen Frauen grundsätzlich nicht im untertägigen Bergbau oder mit Arbeiten unter Einwirkung von Blei beschäftigt werden; Einschränkungen bestehen für Arbeiten mit besonderer phys. Belastung (Heben, Tragen, Schieben, Wenden von Lasten). Ein spezielles Nachtarbeitsverbot für Frauen besteht seit der Aufhebung des Frauennachtarbeitsgesetzes mit 31. 7. 2002 nicht mehr, allerdings bieten die Arbeitszeit- und Versetzungsbestimmungen einen Schutz für Frauen (→ Frauennachtarbeit).

Das Mutterschutzgesetz 1979 enthält ein absolutes Beschäftigungsverbot innerhalb der letzten 8 Wochen vor der Entbindung und für die ersten 8 (12) Wochen nach der Entbindung bzw. wenn vom Arbeitsinspektionsarzt oder vom Amtsarzt ein Beschäftigungsverbot attestiert wurde. Darüber hinaus dürfen werdende und stillende Mütter zw. 20 und 6 Uhr sowie an Sonn- und Feiertagen beschäftigt werden und nicht zur Leistung von Überstunden herangezogen werden.

Das Gleichbehandlungsgesetz 1979 will jede Diskriminierung aufgrund des Geschlechts unterbinden, indem es jede benachteiligende Differenzierung, für die es keine sachl. Rechtfertigung gibt, verbietet. Darin ist auch ein Verbot der sexuellen Belästigung am Arbeitsplatz normiert. In der Praxis hingegen erweist sich dieses Gesetz bisher, bes. unter dem Blickwinkel der gleichen Entlohnung für Frauen, als wenig effektiv.
Literatur: G. Löschnigg, Arbeitsrecht, ¹⁰2003.

Schloss Frauenstein, Kä.

FRAUENSTEIN, Kä., SV, Gem., 630 m, 3528 Ew., 93,53 km², Wohngem. mit Landw., Tourismus und Gewerbe in den Wimitzer Bergen nördl. von St. Veit a. d. Glan. Holzverarbeitung. – Im MA Silber- und Bleibergbau am Kulmberg; spätgot. Schloss (err. 1519–21) mit roman. Kern, römerzeitl. Reliefgrabsteine (2. Jh.) und spätgot. Wappensteine in den Mauern, Renaiss.- und Barockdecken sowie Wandmalereien in den Räumen des Hauptgeschosses, Allerheiligenkapelle (1521) mit Barockaltar, barockisiertes Schloss (Pörlinghof) mit schönem Park, Siebenaicherhof (urk. 1155).

FRAUENSTEIN, OÖ., KI, Wallfahrtsort im Gem.-Gebiet Molln. 1488 vollendete, im 17. Jh. barockisierte Pfarr- und Wallfahrtskirche; im barocken Hochaltar (Ende des 17. Jh.) Gnadenbildmadonna (15. Jh.) und spätgot. Schutzmantelmadonna (um 1515, G. Erhart im Auftrag von Maximilian I. zugeschrieben).

FRAUENSTUDIUM: Erst ab dem späten 19. Jh. konnte ein den Männern gleichberechtigtes F. durchgesetzt werden. Seit 1878 durften Frauen Universitätsvorlesungen als Hospitantinnen besuchen, 1896 wurde ihnen die Nostrifikation von im Ausland erworbenen Doktordiplomen (Wiederholung sämtl. Rigorosen) gewährt, ab 1897 standen ihnen die philosoph., ab 1900 die medizin. Fakultäten offen. Erst 1919 erhielten sie Zutritt zu fast allen Fakultäten und Hochschulen. In Ö. fand die erste Promotion einer Frau 1897 (G. Possaner Freiin v. Ehrenthal, Dr. med. univ., Wien), die erste Habilitation einer Frau 1907 (Dr. phil. E. Richter, Romanistik, Wien) statt. Gegenwärtig (2003) sind rd. 53 % der Studierenden an den ö. Universitäten und Hochschulen weibl. Geschlechts, bei den Studienanfängern sogar 56,6 %.

Frauentag, Internationaler (8. März), Tag des Protests gegen Diskriminierung, Sexismus und Rassismus; das Recht der Frau auf Gleichbehandlung und Selbstbestimmung steht im Mittelpunkt. Der F., dessen Abhaltung auf Gedenkfeiern anlässlich des gewaltsamen Tods streikender Textilarbeiterinnen (New York 1857) zurückgeht, wird mit Versammlungen, Kundgebungen, Umzügen und Frauenfesten begangen. Die Internationalisierung erfolgte 1910 durch C. Zetkin auf der 2. Internat. Sozialist. Frauenkonferenz in Kopenhagen. 1911–1913 schlossen sich Frauen aus Deutschland, Ö., Dänemark, der Schweiz, USA, Frankreich, Holland, Schweden und Russland der Idee des F. an.
Literatur: R. Wurms, Wir wollen Freiheit, Friede, Recht – Zur Geschichte des 8. März, 1983; S. Scholze, Der I. F. einst und heute, 2001.

Frauental an der Lassnitz, Stmk., DL, Markt, 332 m, 2997 Ew., 15,55 km², Ind.- und Gewerbemarkt im Laßnitztal nordöstlich von Deutschlandsberg. – Mehr als 3 Viertel der Beschäftigten im Produktionssektor: Porzellan- (Isolatoren und Katalysatoren) und Fleischwarenind., Holzbearbeitung (2 Sägewerke), Behälter- und Apparatebau. Golfplatz „Schloss F." (Gem. F. und Deutschlandsberg). Schloss F. (1542) und got.-barocke Kirche auf dem Ulrichsberg (beide im Gem.-Gebiet Deutschlandsberg).

Frauentragen, siehe → Advent.

Fraxern, Vbg., FK, Gem., 817 m, 674 Ew., 8,87 km², hochgelegene Siedlung über dem Rheintal zw. den Tälern von Klaus- und Ratzbach. Urk. 1127; kam mit der Herrschaft Feldkirch 1390 an Ö.; neugot. Pfarrkirche (1900/01) mit Glasmalereien.

Frehsner, Karl, * 13. 6. 1939 Weyer (OÖ.), Trainer und Sportmanager. 17 Jahre Cheftrainer der Herrenmannschaft des Schweizer Skiverbands, dann beim Formel-1-Team Sauber. Ab 1997 beim Ö. Skiverband; 1997/98 Damen-Gruppentrainer (Abfahrt, Super-G), 1998–2002 Rennsportleiter des ö. Damenteams; 2002–04 wieder Cheftrainer der Schweizer Herrenmannschaft.

Frei, Bruno (eigentl. Benedikt Freistadt, Pseud.: Karl Franz), * 11. 6. 1897 Pressburg (Bratislava, SK), † 21. 5. 1988 Klosterneuburg (NÖ.), Journalist und Schriftsteller. Zunächst beim Wr. „Abend", ab 1929 Hg. von „Berlin am Morgen"; in der Emigration Mitbegründer der Exilzeitschrift „Freies Deutschland". Kehrte 1947 nach Wien zurück und gab mit E. → Fischer das „Ö. Tagebuch" heraus. In seinem umfangreichen publizist. Werk trat er v. a. gegen den Faschismus und für Frieden und soz. Gerechtigkeit ein.
Werke: Reportagen: Das Elend Wiens, 1921; Die roten Matrosen von Cattaro, 1927; Im Lande der roten Macht, 1929; Hanussen, 1934; Die Männer von Vernet, 1950. – Essays: Israel zw. den Fronten, 1965; Die anarchist. Utopie, 1971; Zur Kritik der Sozialutopie, 1973. – Biographien: C. v. Ossietzky, 1966; J. Popper-Lynkeus, 1971. – Der Papiersäbel, 1972 (Autobiographie).
Literatur: E. Holpfer, Die Smlg. B. F. (1897–1988), Ausst.-Kat., Wien 1996.

Freiberg, Siegfried, * 18. 5. 1901 Wien, † 5. 6. 1985 Kerkakkers (NL), Bibliothekar und Schriftsteller. 1926–64 Bibliothekar in Wien. Seine frühen Gedichte sind beeinflusst vom Spätwerk R. M. Rilkes. Bekannt wurden v. a. seine hist. Romane „Salz und Brot" (1935) und „Die harte Freude" (1938) über das Ende der Donaumonarchie.
Weitere Werke: Gedichte: Die vierte Tafel, 1928; Oden und Elegien, 1935; Sage des Herzens, 1951. – Romane: Die Liebe, die nicht brennt, 1940; Geborgenheit, 1960; Ihr werdet sehen, 1967; Fisch im Netz, 1980. – Dramen: Das kleine Weltwirtshaus, 1948; Der Grasel, 1963. – Erzählungen: Nebuk, eine Storchengeschichte, 1942; Adieu, Nicolette, 1958. – Novellen, Reisebücher, Hörspiele.
Literatur: H. Wittmann, F. S., in: ders., Gespräche mit Dichtern, 1976.

Freibord, vierteljährl. erscheinende Literaturzeitschrift, gegr. 1975 auf Initiative von H. Schürrer und G. Jaschke.

Freidenker, weltanschaul. Bewegung atheistischer bzw. areligiöser Richtung, seit 1887 in verschiedenen Vereinen organisiert, die u. a. für die Zulassung der Feuerbestattung eintraten. 1918 entstand im Rahmen der Arbeiterbewegung der „Ö. F.-Bund" (Abzeichen: Stiefmütterchen) auf marxistischer Basis, der der Soz.-Dem. nahe stand, in ca. 300 Ortsgruppen rd. 45.000 Mitglieder umfasste und Kirchenaustrittspropaganda betrieb (monatl. Organ „Der F."), die er bes. nach der Julirevolte 1927 intensivierte. Er wurde 1933 verboten. 1948 wiedergegr., ist er nun parteiungebunden und enthält sich jeder Wirksamkeit in der Öffentlichkeit. Ebenso die 1947 gegr. „Freigeistige Vereinigung Ö.", die weltanschaulich neutral ist. – 1925–33 hatte in Wien die kommunistisch beeinflusste Organisation „Internationale proletar. F." ihren Sitz.
Literatur: K. Becker, Freigeistige Bibliographie, 1974; F. Heyer u. V. Pitzer, Religion ohne Kirche, 1977; J. C. Kaiser, Arbeiterbewegung und organisierte Religionskritik, 1981.

Freie Berufe, von Arbeitgebern unabhängige nichtgewerbl. Berufe, vorwiegend im Dienstleistungsbereich. Akademische f. B. sind u. a. Ärzte, Zahnärzte, Apotheker, Architekten, Ingenieure, Rechtsanwälte, Steuerberater und Wirtschaftsprüfer; sonstige f. B. sind bildende Künstler, Musiker, Artisten, Heilpraktiker, Schriftsteller, Übersetzer, Dolmetscher, Privatlehrer usw. Die f. B. sind meist in Kammern oder Verbänden zur Wahrung ihrer Interessen organisiert.

Freie Gewerbe, Gewerbe, für deren Antritt und Ausübung kein Befähigungsnachweis erforderlich ist; z. B. Werbeagentur, EDV-Dienstleistungen, Wechselstube, Versteigerung bewegl. Sachen, Pfandleiher. → Gewerberecht.

Freie Gewerkschaften, Gewerkschaften im Rahmen der sozialist. Arbeiterbewegung, im Gegensatz zu den → christl. Gewerkschaften klassenkämpferisch ausgerichtet. In Ö. schlossen sich die freien Gewerkschaftsvereine 1892 zusammen und organisierten 1893 in Wien den 1. ö. Gewerkschaftskongress. Ihren Höchststand erreichten sie 1921 mit 1,079.777 Mitgliedern. Die f. G. wurden im Februar 1934 aufgelöst, nach 1945 wurde ihr Vermögen der Fraktion Sozialist. Gewerkschafter im Rahmen des Ö. → Gewerkschaftsbundes zurückgestellt.

Freie Gruppen, Theatergruppen ohne festen Spielort, die in Form von Vereinen für eine oder mehrere Produktionen zusammengeschlossen sind und mit ihren Aufführungen eine Alternative zu den Programmen der etablierten Repräsentationstheater bieten wollen. Die Tendenz zur Bildung von f. G. leitet sich zum einen von der Tradition des Wr. Aktionismus seit den 1950er Jahren her, zum anderen von den Studenten- oder Cafétheatergründungen im Zuge der Studentenbewegung von 1968. Die f. G. vertreten gleichermaßen künstlerische wie polit. Anliegen.
Literatur: D. Hirschbüchler, Zur Situation der f. G. in Wien, Diss., Wien 1991.

Freie Künste (artes liberales), siehe → Unterricht und Erziehung (hist. Überblick).

Freier Wirtschaftsverband Österreichs, siehe → Sozialdemokratische Partei Österreichs.

Freihafenzone, siehe → Zollfreizone.

Freihaustheater, Wien, 1787–1809 bestehendes Theatergebäude im Freihaus auf der Wieden; ab 1789 von E. Schikaneder geleitet, 1791 Uraufführung von W. A. Mozarts „Zauberflöte". 1801 übersiedelte Schikaneder in das → Theater an der Wien.
Literatur: O. E. Deutsch, Das F. auf der Wieden 1787–1801, 1937; E. Spiesberger, Das Theater im Freihaus, in: Das Freihaus, Wr. Geschichtsblätter 25, 1980.

Freiheitlichen, Die, siehe → Freiheitliche Partei Österreichs.

Freiheitliche Partei Österreichs, FPÖ, gegr. 1955; Nachfolgerin des → Verbands der Unabhängigen (1949–55) als Sammelpartei des „dritten Lagers" (antiklerikal und antisozialist. sowie liberal und dt.-nat.). Zunächst schwach organisiert und programmatisch dt.-nat. orientiert, gelang es ab Mitte der 1960er Jahre Bundesparteiobmann F. → Peter, die Partei aus ihrer Isolation („Ghettopartei") herauszuführen. 1970/71 unterstützte die FPÖ die SPÖ-Minderheitsregierung. Ab Mitte der 70er Jahre näherte sich die FPÖ unter A. → Götz der ÖVP (→ Österreichische Volkspartei) und später der SPÖ (→ Sozialdemokratische Partei Österreichs) an. Unter N. → Steger war die FPÖ erstmals an der Regierung beteiligt (SPÖ-FPÖ-Koalition 1983–87). Die parteiinterne Unzufriedenheit führte 1986 zu einem Wechsel an der Parteispitze mit der Wahl J. → Haiders zum Bundesparteiobmann, der die Strategie des Protests („Attackieren statt Akkordieren") verfolgte. Damit errang die FPÖ als Oppositionspartei bedeutende Wahlerfolge und wurde 1999 nach Stimmen zur zweitstärksten Partei. 2000 ging sie mit der ÖVP eine Regierungskoalition ein, Bundesparteiobfrau wurde S. → Riess-Passer. Als Reaktion auf die FPÖ-Regierungsbeteiligung kam es zu „Sanktionen" durch die anderen 14 EU-Länder gegen Ö. Parteiinterne Differenzen (Steuerreform) führten 2002 zu Neuwahlen, bei denen die FPÖ eine schwere Niederlage erlitt, aber trotzdem unter dem neuen Parteiobmann H. → Haupt die Koalitionsregierung mit der ÖVP fortsetzte. Nach einer neuerlichen schweren Niederlage bei den Wahlen zum Europaparlament im Juni 2004 wurde U. → Haubner Parteiobfrau.

Unter A. Götz wurde die FPÖ 1979 Mitgl. der 1947 gegr. „Liberalen Internationale", 1993 trat die FPÖ aus und kam damit einem drohenden Ausschluss zuvor. Die FPÖ ist dem Typus nach eine Wählerpartei. Der Mitgliederstand stieg von 22.000 (1959) auf 50.000 (2003). 3 Viertel der Mitglieder kommen aus den Landesgruppen Kä., OÖ., Stmk. und Sbg., die innerparteilich starkes Gewicht haben. Nach der unter Haider erfolgten Zentrierung auf den Bundesparteiobmann errang die FPÖ ab 1989 auch bei den Landtagswahlen

Freiheitliche Partei Österreichs: Klubobmann W. Gredler. Foto, um 1960.

Wahlergebnisse der Freiheitlichen Partei Österreichs (1949, 1953: WdU) in ganz Österreich				
Wahljahr	Stimmen	% aller Stimmen	National-ratssitze	Bundes-ratssitze
1949	489.273	11,7	16	–
1953	472.866	10,9	14	–
1956	283.749	6,5	6	–
1959	336.110	7,7	8	–
1962	313.895	7,0	8	–
1966	242.570	5,4	6	–
1970	253.425	5,5	6	–
1971	248.473	5,5	10	–
1975	249.444	5,4	10	–
1979	286.743	6,0	11	–
1983	241.789	5,0	12	–
1986	472.205	9,7	18	–
1990	782.648	16,6	33	5
1994	1,042.332	22,5	42	12
1995	1,060.377	21,9	41	13
1999	1,244.087	26,9	52	15
2002	491.328	10,0	18	10

Wahlergebnisse der Freiheitlichen Partei Österreichs in den Bundesländern				
Land	Jahr	% aller Stimmen	Landtags-sitze	Bundes-ratssitze
Bgld.	2000	12,63	4	–
Kä.	2004	42,47	16	2
NÖ.	2003	4,49	2	–
OÖ.	2003	8,40	4	–
Sbg.	2004	8,69	3	–
Stmk.	2000	12,41	7	1
Ti.	2003	7,97	2	–
Vbg.	1999	27,48	11	1
Wien	2001	20,16	21	2

Erfolge; in Kä. wurde 1999 die FPÖ stärkste Partei und Haider Landeshauptmann. Zu den Vorfeldorganisationen der FPÖ zählen u. a.: Ring Freiheitl. Jugend (RFJ), Ring Freiheitl. Studenten (RFS), Ring Freiheitl. Wirtschaftstreibender (RFW), Freiheitl. Bauernschaft und Freiheitl. Familienverband.

Die Partei war seit jeher von Spannungen zw. liberalen und nationalen Traditionen geprägt. Darüber hinaus profilierte sich die FPÖ als populist. Protestpartei. Das von Haider 1993 initiierte „Ausländervolksbegehren" („Ö. zuerst") war Anlass für die Abspaltung eines Teils der FPÖ unter der bisherigen Obmann-Stellv. Heide → Schmidt und die Gründung des → Liberalen Forums. Parteizeitung der FPÖ: „Neue Freie Zeitung" (vormals „Neue Front"). Seit 1995 bezeichnet sich die FPÖ auch als „Die Freiheitlichen" (F).

Freiheitsbund, christl.-soz. Wehrorganisation, 1927 in Wien zum Schutz von Versammlungen und gegen soz.-dem. Betriebsterror gegr.; bestand formell bis 1936, faktisch bis 1938. Wurde als Arbeitertruppe ohne Offiziere und für Erhaltung der Demokratie von der → Heimwehr stets angefeindet. Polit. Exponent war L. → Kunschak, Führer J. Dengler. Nach den Februarereignissen und dem nat.-soz. Putsch von 1934 traten ehem. Schutzbündler und Nat.-Soz. in großer Zahl dem F. bei, die Mitgliederzahl wuchs von 2100 (1934) auf 30.350 (1935), und die Struktur des F. änderte sich wesentlich. Während des Ständestaats arbeitete der F. eng mit der Einheitsgewerkschaft zusammen und hat-

te dadurch erhebl. Einfluss auf die Vergabe von Arbeitsplätzen (Staatssekretäre, Min. ohne Portefeuille ab 15. 2. 1938).
Literatur: J. Dengler, Der nö. F. 1927–35, 1935; ders., Berg und Tal, 1957; W. Wiltschegg, Die Heimwehr, 1985.

FREIHEITSSTRAFE: Kann nur durch ein Gericht, eng begrenzt auch durch eine Verwaltungsbehörde als schärfste staatl. Sanktion verhängt werden, eine lebenslange F. nur durch ein Geschworenengericht. Die gerichtl. F. kann für eine Probezeit von einem bis zu 3 Jahren zur Gänze oder zum Teil bedingt nachgesehen werden. Zur Vermeidung von F. bei Jugendlichen sieht das Jugendgerichtsgesetz (→ Jugendgerichtsbarkeit) Sonderbestimmungen vor. Aus einer unbedingten Freiheitsstrafe ist bei günstiger Prognose eine vorzeitige Entlassung unter Bestimmung einer Probezeit nach der Hälfte oder nach 2 Dritteln der Strafzeit möglich, bei lebenslanger F. frühestens nach 15 Jahren.

FREIHERR, Standesbezeichnung für die seit dem 15. Jh. in den Herrenstand erhobenen Ritter; standen im Rang unter den Grafen.

FREIKÖRPERKULTUR, FKK, seit der Jahrhundertwende bestehende Reformbewegung für natürl. Leben in der Natur ohne Bekleidung. Organisiert in der „Interessengemeinschaft des ö. Freikörpersportes". Heute hat die F. ihre ideolog. Ansätze großteils verloren und stellt eine Form des Badevergnügens in dafür reservierten Bädern oder Badebereichen dar.

FREILAND BEI DEUTSCHLANDSBERG, Stmk., DL, Gem., 847 m, 128 Ew., 10,29 km², landw. Gem. im Laßnitztal nordwestl. von Deutschlandsberg. – Pfarrkirche hl. Jakob (Neubau 1734 von J. Carlone) mit mächtigem got. Turm und schönem Barockhochaltar, Leonhardaltar mit Leonhardstatue (Ende 17. Jh.), barocker Hängeleuchter.

FREILICHTMUSEEN, Areale, in denen Zeugnisse hist. Bau- und Sachkultur, meist aus dem agrarwirt. Umfeld, aufgebaut bzw. ausgestellt sind. Dabei handelt es sich jeweils um Originale (Gebäude, Interieurs, Geräte), die von ihrem urspüngl. Standort unverändert transloziert wurden. Vorläufer der F. waren die „ethnograph. Dörfer" der Welt- und Landesausstellungen um die Jahrhundertwende. Das erste europ. F. war 1891 durch A. Hazelius in Skansen (Stockholm) gegr. worden; in Ö. kam es nach mehreren gescheiterten Plänen erst nach dem 2. Weltkrieg zur Gründung von F. Das Ö. F. in → Stübing bei Graz (gegr. 1962) zeigt Objekte aus allen Kulturlandschaften Ö.
Lit.: V. H. Pöttler, Geschichte u. Realisierung der Idee des F. in Ö., in: Ö. Ztschr. f. Volkskunde 94/95, 1991.
Weitere Freilichtmuseen in Ö.: Kä.: Maria Saal (1952 als erstes ö. F. am Kreuzlbergl in Klagenfurt eröffnet, seit 1959/69 in Maria Saal); Bgld.: Bad Tatzmannsdorf, 1967; OÖ.: Mondseer Rauchhaus, 1960, St. Florian-Samesleiten, 1978; Ti.: Kramsach, 1974; Sbg.: Großmain, 1978; NÖ.: Niedersulz, 1979; Stmk.: Vorau, 1979.

FREILICHTTHEATER, Theater im Freien, meist in eindrucksvoller Landschaft (Seebühne Bregenz), vor Bauwerken („Jedermann"-Aufführung auf dem Domplatz in Salzburg, Gartenpavillon Melk, Barockkirche Stockerau) oder in Ruinen (Altfinkenstein). In der Barockzeit entstanden in Salzburg das Felsentheater in Hellbrunn und das Heckentheater (1704–08) im Mirabellgarten.

FREIMAUREREI, kam aus den Ö. Niederlanden, wo 1721 in Mons die erste Loge gegr. wurde. Hzg. Franz Stephan von Lothringen, der spätere Gemahl Maria Theresias, trat der Loge in Den Haag bei und förderte später die F. in Ö., wo er die Verkündigung der Exkommunikationsbulle gegen die Freimaurer (1738)

Freimaurerei: Die Wiener Freimaurerloge „Zur gekrönten Hoffnung". Gemälde, um 1785 (Wien Museum).

verhinderte. 1742 wurde die erste Loge „Aux Trois Canons" (Zu den 3 Regeln) in Wien gegr., der 1754 eine zweite folgte. Das 1764 ausgesprochene Verbot der F. hatte zunächst nur formellen Charakter, denn schon 1780 wurden die Logen in Ö. gesetzlich anerkannt und 1781 die berühmte Loge „Zur wahren Eintracht" gegr. 1784 gründeten 45 in den habsburg. Ländern bestehende Logen (die 17 Logen in den ö. Niederlanden schlossen sich nicht an) in Wien die aus 6 Provinziallogen bestehende Große Landesloge von Ö. Ein Jahr später wurde die Zahl der Logen jedoch eingeschränkt, die restlichen unter staatl. Aufsicht gestellt.
Seit ihrem Bestehen unterstützte die F. die Ideen der Aufklärung und des Josephinismus. Ks. Joseph II. stellte sie 1785 unter staatl. Kontrolle. Die bedeutendsten Männer des kulturellen und öffentl. Lebens gehörten damals Logen an, so G. van Swieten, T. P. Gebler, K. Martini, J. V. Eybel und J. v. → Sonnenfels, der einen geistigen Mittelpunkt der Wr. F. bildete. Auch um den 2. Stuhlmeister, I. v. → Born (Vorbild des Sarastro in W. A. Mozarts „Freimaureroper" „Die Zauberflöte"), sammelte sich eine Reihe von Künstlern, u. a. J. Haydn, F. Zauner und W. A. Mozart. Die Freimaurer entwickelten in dieser Zeit eine rege journalist. Tätigkeit; A. → Blumauer redigierte das „Journal für Freymaurer" (1784) und „Die Physikal. Arbeiten der Einträchtigen Freunde in Wien"; Born gab 1784 die „Realzeitung" als Organ der Wr. Freimaurer heraus. Daneben entstand eine umfangreiche Logendichtung. Unter Leopold II. (1790–92) waren die Freimaurer bereits dem polizeil. Spitzelwesen ausgesetzt, und Franz II. verbot 1801 allen Staatsbeamten, einer Loge beizutreten. Auch Metternich verfolgte die Freimaurer im Vormärz. Erst nach dem Ausgleich mit Ungarn (1867) trat für die ö. F. wieder eine günstigere Wendung ein; allerdings konnten sie nur den nur den ungar. Logen angeschlossenen „Grenzlogen" beitreten (so der in Neudörfl im heutigen Bgld.). Nach dem Zusammenbruch der ö.-ungar. Monarchie wurde 1918 in Wien die „Großloge von Wien" gegr. Sie zählte 1934 24 Logen mit rd. 1800 Mitgliedern und bestand bis zum März 1938. 1945 wurde die „Großloge von Ö." erneuert; dzt. gibt es rd. 3000 Mitgl. in ca. 60 Logen. Ein F.-Museum besteht seit 1975 in Rosenau (NÖ).
Literatur: G. Kuess u. B. Scheichelbauer, 200 Jahre F. in Ö., 1960; A. Giese, Die Freimaurer, 1991; Freimaurer: Solange die Welt besteht, Ausst.-Kat., Wien 1992.

FREINADEMETZ, Joseph, Hl., Fest 28. Jän., * 15. 4. 1852 Abtei (Badia, S-Ti.), † 28. 1. 1908 Taikia (China), Steyler-Missionar in S-Schantung (ab 1879). Schuf mit J. B. Anzer die Basis für die nachfolgende China-Mission und die Heranbildung eines einheim. Klerus. 1975 selig, 2003 heilig gesprochen.

Literatur: J. Baur, Der Diener Gottes Pater J. F., 1956; F. Bornemann (Hg.), Erinnerungen an Pater J. F., 1974; K. Benesch, Tiroler mit Chinesenzopf, in: Alle Welt 30, 1975.

Freinberg, OÖ., SD, Gem., 455 m, 1440 Ew., 20,16 km², Wohngem. mit Ind. nahe der Mündung des Inns in die Donau östl. von Passau. Bauernmuseum im Getreidekasten (erb. 1779); Kfz-Anhängerfabrik. – Pfarrkirche (1786) mit Altarbild von J. Bergler (1804) und alter Glocke (15. Jh.), Kapelle Maria im Walde (1919). – „Freinberger Herbst".

Freinberg, OÖ., Berg am W-Rand von Linz, O-Ausläufer des Kürnberger Walds, flankiert mit dem Pöstlingberg den Austritt der Donau aus dem Durchbruchstal ins Linzer Becken; trägt Villenviertel und Grünanlagen, Reste von Befestigungen (Maximiliantürme), Jesuitenkloster (1828) mit Kirche (1837) und Gymn., Aussichtswarte, Hochreservoir der Wasserleitung und Radiosender; urgeschichtl. und kelt. Funde und Ausgrabungen (spätbronzezeitl. Wallbefestigung, im 1. Jh. v. Chr. neuerlich befestigt).

Freindaller, Franz Seraph Joseph, * 2. 2. 1753 Ybbs (NÖ.), † 29. 12. 1825 Vöcklabruck (OÖ), Augustiner-Chorherr, Schriftsteller. Gründer der „theolog.-prakt. Monatsschrift" (34 Bde., 1802–21, ab 1812 „Quartalschrift für kath. Geistliche und Pfarrer").

Freissler, Anton, * 13. 3. 1838 Klantendorf (Kujavy, CZ), † 29. 2. 1916 Wien, Techniker, Industrieller. Gründete 1868 die erste Aufzugsfabrik in Ö., die 1870 in Wien 1 (Wipplingerstr. 2) den ersten hydraul. Personenaufzug installierte.
Literatur: H. Sippl, Hist. Unternehmensanalyse der A. Freissler, Ingenieur, Maschinen- und Aufzüge-Fabrik Ges. m. b. H., Diss., Wien 2002.

Freist, Greta, * 27. 7. 1904 Weikersdorf (NÖ.), † 19. 9. 1993 Paris (F), Malerin, Grafikerin. Studierte 1924–30 an der Akad. d. bild. Künste in Wien bei R. → Jettmar und R. → Bacher, 1934–36 Ateliergemeinschaft mit Gottfried Goebel und H. v. → Doderer; 1936 Emigration nach Paris. Mitgl. der Künstlervereinigung „Der Kreis". In ihrer Frühzeit von einem magisch gefärbten Realismus geprägt; nach einer abstrakten Phase ab 1949 wieder gegenständl. Malerei, v. a. mit zeitkrit. Themen.

Freistadt, königliche, in Ungarn Bezeichnung für die mit dem Recht auf Selbstverwaltung und ab 1405 auf Teilnahme am Reichstag privilegierten Städte, im 13. Jh. aus Siedlungen mit dt. Stadtrecht hervorgegangen. Im Bgld. waren Eisenstadt (erhoben am 26. 10. 1648 von Ks. Ferdinand III.) und Rust (erhoben 1681 auf dem Reichstag zu Ödenburg) königl. F. Sie wurden 1926 als Städte mit eig. Statut anerkannt.

Freistadt, OÖ., FR, Stadt, 560 m, 7353 Ew. (1981: 6251 Ew.), 12,88 km², Hauptort des unteren Mühlviertels an der alten Salzstraße nach Böhmen. – BH, Bez.-Ger., Arbeitsmarktservice, Finanz- und Vermessungsamt, Tilly-Kaserne, Kfz-Überprüfungsstelle, Straßenmeisterei, Gebietskrankenkasse, AK, WK, Bez.-Bauernkammer, Landeskrankenhaus, Sportflugplatz (in Hirschbach), Kultur- und Veranstaltungszentrum Satzhof, Freistädter Messehalle, Tierzuchthalle, Versuchsstation der Bundesanstalt f. Pflanzenbau, Tagesheimstätte der Lebenshilfe, Schießstätte, BG und BRG, BerS f. Baugewerbe, HAK, HLA f. wirt. Berufe (priv.), landw. FachS, KrankenpflegeS. Brauerei und Limonadeerzeugung, Fleisch- und Wurstwaren-, Möbel-, Küchenmöbelfabrik, etwas Fremdenverkehr. – Spät-ma. Altstadt und gut erhaltene Befestigungsanlagen (Graben, Zwinger, Linzer und Böhmertor, Dechanthofturm, Scheiblingturm); Musterbeispiel einer gegr. Stadtanlage mit Rechteckplatz. Im Kern spätgot. Bürgerhäuser mit Arkadenhöfen und barocken Fassaden. Spätgot. Stadtpfarrkirche mit reichen Stern- und Schlingrippengewölben von M. Klayndl (1483–1501), 1520–22 zur 5-schiffigen Basilika umgebaut, 1690 von C. A. Carlone barockisiert und 1877 regotisiert. Got. Liebfrauenkirche (ehem. Spitalskirche) Mitte des 15. Jh. erbaut, mit Glasmalereien um 1500. Ehem. landesfürstl. Schloss, stark veränderte ma. Anlage (Umbauten 1801–06, 1880) mit Schlossmuseum. Bis ins 18. Jh. war F. Mittelpunkt des Eisen- und Salzhandels zw. Donauraum und Böhmen, im 19. Jh. Station der (Pferde-)Eisenbahn Linz–Budweis.

Freistadt: Stadtpfarrkirche und alter Wehrturm der Stadtmauer.

Literatur: Ö. Städtebuch, Bd. I, OÖ., 1968.

Fremdarbeiter, siehe → Ausländerbeschäftigung.

Fremdenblatt, von 1. 7. 1847 bis 23. 3. 1919 in Wien erscheinende Tageszeitung, ab 1852 der Regierung, speziell dem Außenministerium nahe stehend; in seiner Schlussphase deutschnational.

Fremdenpolizei: Zweck des F.-Rechts ist die sicherheitspolizeil. Überwachung von Fremden in Ö.; in bestimmten Fällen kann Fremden der Aufenthalt in Ö. verboten werden (Aufenthaltsverbot) und eine Abschiebung erfolgen.
Literatur: E. Wiederin, Aufenthaltsbeendende Maßnahmen im F.-Recht, 1993.

Fremdenrecht, geregelt im Fremdengesetz 1997. Danach ist Fremder, wer keine ö. Staatsbürgerschaft besitzt. Fremde benötigen für die Einreise, den Aufenthalt und die Ausreise ein gültiges Reisedokument (Pass) sowie einen Sichtvermerk (Visum). Ausnahmen bestehen z. B. aufgrund zwischenstaatl. Übereinkommen und bes. bundesgesetzl. Bestimmungen. So sind EU-Bürger zwar pass- oder identitätsausweispflichtig, aber nicht sichtvermerkspflichtig und haben unter bestimmten Bedingungen das Recht zum Aufenthalt. Erfüllen Fremde die gesetzl. Anforderungen nicht, so sind sie an der Einreise zu hindern bzw. zur Ausreise zu verhalten, falls sie sich bereits in Ö. befinden. Falls Fremde einen ordentl. Wohnsitz begründen oder einer unselbständigen Erwerbstätigkeit nachgehen wollen, benötigen sie dafür eine Bewilligung. Die Anzahl solcher Bewilligungen ist zahlenmäßig beschränkt.
Literatur: J. Bezdeka, Fremdengesetz 1997, 1998.

Fremdenverkehr, siehe → Tourismus.

Fremdenverkehrs-Akademie, Österreichische, siehe → Lehranstalten für Fremdenverkehrsberufe.

Fremdwörter, Wörter, die aus einer Fremdsprache übernommen werden. Manche (Lehnwörter) werden ohne bes. Kenntnis nicht als fremdes Wort erkannt, bei anderen ist die Herkunft deutlich. Sie wurden entweder aus Bildungssituationen (Latein), aus Nachbarschaft und Zuwanderung (tschechisch, ungarisch) oder aus kulturellen und wirt. Gründen übernommen. Im 17. Jh. kamen viele Wörter der ö. Umgangssprache aus dem Italienischen, im 18./19. Jh. aus dem Französischen, seit 1945 zumeist aus dem Englischen.

Fremuth, Walter, * 13. 4. 1932 Wien, Manager. Studierte Rechts- und Staatswiss. in Wien, 1970 Vizegouverneur der Ö. Postsparkasse, 1975–79 Gen.-Dir.-Stellv. der Girozentrale, 1979–93 Gen.-Dir. der Ö. Elektrizitätswirtschafts AG (Verbundges.) und des Bundeslastverteilers; seit 1981 Hon.-Prof. an der Wirt.-Univ. Wien; zahlr. Publikationen zu Fragen der Wirt., Politik und Energie.

Freistadt.

Frenzel, Hans, * 7. 9. 1895 Herzogenburg (NÖ.), † 25. 8. 1966 Linz, Jurist und Politiker (SPÖ). 1938 vorübergehend inhaftiert, 1945–47 BMin. f. Volksernährung, 1947–53 Vizepräs. und 1953–64 Präs. des Rechnungshofs; gründete 1947 die Ö. Arbeitsgemeinschaft f. Volksgesundheit. Als Präs. der Lebensmittelcodex-Kommission im Sozialministerium große Verdienste um die Neufassung des → Codex Alimentarius Austriacus. Ab 1948 Präs. der Ö. Esperantobewegung.

Fresach, Kä., VL, Gem., 715 m, 1316 Ew., 38,8 km², Gem. mit Landw. und Fremdenverkehr nördl. des Drautals. – Urk. 1408, roman.-got. Pfarrkirche mit neugot. Einrichtung und Biedermeierorgel, ehem. evang. Bethaus (err. 1784, barocker Kanzelaltar, seit 1961 evang. Museum), neue evang. Kirche (1949–51), alte Gehöfte mit Fassadenmalerei. – Ortsteil Mooswald: Heimat des Schirennläufers Franz Klammer.

Fresken, auf den frischen, noch feuchten Kalkbewurf einer Wand aufgetragene Malereien mittels in Kalkwasser angeriebener Farbpigmente, die sich nach dem Trocknen unlösbar mit dem Malgrund verbinden. Zur Korrektur und Detaillierung des al fresco ausgeführten Wandgemäldes kann Seccomalerei (Farbauftragung auf den trockenen Putz) hinzukommen, die jedoch weitaus weniger beständig ist.

Die frühesten Zeugnisse der F.-Malerei in Ö. stammen aus der Romanik. Höchstleistungen der Wandmalerei dieser Zeit entstanden um 1070–90 in Lambach, um 1140 im Nonnbergkloster in Salzburg und um 1210 (nach einem Brand in den Jahren 1260/70 im „Zackenstil" erneuert) in Gurk. Weitere bemerkenswerte roman. F. haben sich in der Propsteikirche Maria Wörth (Ende 11. Jh.), der Dt.-Ordenskirche in Friesach (2. Hälfte 12. Jh.) und der Johanneskapelle in Pürgg (Mitte 12. Jh.) erhalten. In der 2. Hälfte des 12. Jh. spiegeln sich in den ö. F. – wie schon 100 Jahre zuvor in Lambach – starke byzantin. Einflüsse wider. Im letzten Drittel des 13. Jh. entwickelte sich in Ö. ein sehr ausdrucksstarker, auf die Gotik vorausweisender Stil: der „Zacken-" oder „zackbrüchige Stil". Die F. der Gurker Westemporen aus den 40er Jahren des 13. Jh. zeigen den Höhepunkt dieser Entwicklung an. Werke dieses Stils findet man weiters in Seckau, Göß, Mauthausen, Michelstetten und Mödling. Um 1300 klingt er allmählich aus.

Fresken: Romanisches Fresko, um 1280, in der Stiftskirche Gurk, Kä.

Wandgemälde aus der Gotik sind bes. reich in S-Ti. erhalten, z. B. auf Schloss Runkelstein bei Bozen, in Brixen, Terlan und im Kloster Neustift, die M. Pachers F. in der Stiftskirche Innichen und in Neustift beeinflussten.

Im Verlauf des 14. Jh. wird neben dem böhm. immer mehr der ital. Einfluss in der Wandmalerei spürbar. 1339–43 wurde in Gurk die W-Vorhalle mit einem bibl. Bilderzyklus – einer aus 19 Szenen des Alten und 26 des Neuen Testaments bestehenden „Biblia pauperum" – geschmückt, der oberital. Vorbilder (Giotto) erkennen lässt.

Um 1400 konnte sich auch in der Wandmalerei der „Weiche Stil" durchsetzen. Dieser Stilphase sind die ältesten profanen Wandmalereien Wiens zuzurechnen, die auf der überlieferten literar. Vorlage des Neidhart von Reuental entstanden (um 1400).

Die meisten ma. Wandmalereien Ö. stammen aus dem 15. Jh. Aus der großen Fülle bemerkenswerter F.-Ausstattungen dieser Zeit, die z. T. von namentlich bekannten Künstlern geschaffen wurden, sind zu nennen: in Kä. die Kirchen in Thörl (Thomas von Villach, 1470), Millstatt (u. a. Passions-F. des Friedrich von Villach, 1428, und Weltgerichts-F. von Urban Görtschacher, 1518), Maria Saal, St. Paul (F. von Friedrich Pacher, um 1470, und Thomas von Villach), Metnitz, Gerlamoos, St. Peter in Holz, Zweinitz und Zwickenburg. Sbg. hat wertvolle F. in St. Leonhard bei Tamsweg, die Stmk. an der S-Seite des Grazer Doms („Landplagenbild", 1481), O-Ti. in Straßen, NÖ. im Karner von Dürnstein, in der Heiligenblutkirche von Pulkau und in St. Martin am Ybbsfeld.

In der Renaiss. gewann die F.-Malerei v. a. im profanen Bereich an Stellenwert. Zu den bedeutendsten Werken dieser Zeit zählen die malerische Gestaltung des Span. Saals (1570) im Schloss Ambras bei Innsbruck und des Rittersaals in Schloss Goldegg im Pongau (1536). Bei der Ausstattung von sakralen Bauwerken wurde zu dieser Zeit die F.-Malerei häufig zugunsten üppiger Stuckaturen zurückgedrängt.

Die angestrebte Einheit von Architektur und bildl.-plast. Schmuck brachte in der Barockzeit einen großen Aufschwung für die Deckenmalerei. F.-Ausstattungen von Kirchen und Schlössern wurden nun nahezu mit gleichem Aufwand betrieben.

Im frühen 19. Jh. bestand kaum Gelegenheit zu größeren Werken der Wandmalerei, erst die Spätromantik und die Ringstraßenzeit führten zu einer neuen Blüte der Monumentalkunst, die aber nur mehr teilw. in F.-Technik verwirklicht wurde.

Literatur: F. Reichmann, Gotische Wandmalerei in NÖ., 1925; J. Garber, Die roman. Wandgemälde Ti., 1928; W. Frodl, Die roman. Wandmalerei in Kä., 1942; Die got. Wandmalerei in Kä., 1944; W. Frodl u. J. Weingartner, Die got. Wandmalerei S-Ti., 1948; H. Hutter, Trecentoeinflüsse auf die Wandmalerei in Ö., Diss., Wien 1959; E. Weiss, Der F.-Zyklus der Johanneskapelle in Pürgg, Diss., Bonn 1964; I. Krumpöck, Studien zur Wandmalerei des 14. Jh. in Vbg., 1992; A. Besold, F. in Kä. um 1400, Dipl.-Arb., Wien 1992.

Freud, Anna, * 3. 12. 1895 Wien, † 9. 10. 1982 London (GB), Psychoanalytikerin; jüngste Tochter von Sigmund → Freud. Wurde 1922 Mitglied der Internat. psychoanalyt. Vereinigung, beschäftigte sich mit der kindl. Psyche und mit Fragen der Erziehung und Pädagogik; daraus entstand das „Kinderseminar". Ihr Buch „Das Ich und die Abwehrmechanismen" (1936) ist ein wichtiger Beitrag zur Ich-Psychologie. Zu ihrem Vater stand sie in einem sehr engen Verhältnis, vertrat diesen wiederholt bei öffentl. Anlässen, emigrierte mit ihm 1938 nach England und pflegte den Krebskranken bis zu seinem Tod. 1952 wurde sie Leiterin der Hampstead Child Therapy Clinic. Wien besuchte sie erst 1971 wieder.

Ausgabe: Die Schriften, 10 Bde., 1980.

Literatur: U. H. Peters, A. F. Ein Leben für das Kind, 1979; E. Young-Bruehl, A. F., 1995; R. Denker, A. F. zur Einführung, 1995; R. Edgcumbe, A. F., 2000.

Anna Freud. Foto, 1920.

Freud, Sigmund, * 6. 5. 1856 Freiberg (Příbor, CZ), † 23. 9. 1939 London (GB), Neurologe, Arzt, Begründer der Psychoanalyse, der Lehre vom Unbewussten; Vater von Anna → Freud. 1876–82 am Wr. Physiolog. Inst. E. W. v. → Brückes und bei T. → Meynert tätig; 1885 Privatdozent für Neuropathologie; seine Versuche mit Kokain führten zur Entwicklung der Lokalanästhesie; studierte 1885/86 bei J. M. Charcot in Paris, 1889 bei Liébault und Bernheim in Nancy die Hypnosetechnik und die Probleme der Hysterie; 1902 ao. Prof., erhielt 1930 den Goethe-Preis, emigrierte 1938 nach London. In Wien ging F. zunächst vom „kathartisch-therapeutischen" Verfahren J. → Breuers aus, ersetzte aber bald dessen hypnot. Heilsystem durch seine eig. Behand-

Sigmund Freud in seinem Arbeitszimmer in Wien 9, Berggasse 19. Foto, um 1935.

lungstechnik der „freien Assoziation" (verdrängte unangenehme Erlebniserinnerungen werden ins Bewusstsein gebracht). Dabei ging er von seiner Grundidee aus, dass die Ursache vieler seel. Krankheiten in Kindheitserlebnissen zu suchen sei.

Seine Psychoanalyse stellt die Grundlage der modernen Tiefenpsychologie und Psychotherapie dar und war Ausgangspunkt weiterer Lehren, so der Individualpsychologie A. → Adlers, C. G. Jungs komplexer Psychologie und der Lehre W. Stekels. Hervorgegangen aus einer Lehre von den Trieben, wurde die Psychoanalyse durch F. zu einer umfassenden Lehre von der Gesamtpersönlichkeit des Menschen entwickelt. Seine Gedanken und Arbeiten beeinflussten nicht nur die moderne Psychologie, v. a. die der anglo-amerikan. Welt, sondern auch andere Gebiete des Kulturlebens, wie Ästhetik, Religionswiss., Literatur und Ethnologie. F. war auch ein bed. Schriftsteller.

1971 wurde in seiner Wohnung in Wien 9, Berggasse 19, ein F.-Museum eingerichtet.

Werke: Studien zur Hysterie, 1895 (mit J. Breuer); Die Traumdeutung, 1900; Zur Psychopathologie des Alltagslebens, 1901; Der Witz und seine Beziehung zum Unbewußten, 1905; 3 Abhandlungen zur Sexualtheorie, 1905; Vorlesungen zur Einführung in die Psychoanalyse, 1917; Jenseits des Lustprinzips, 1920; Das Ich und das Es, 1923; Die Zukunft einer Illusion, 1927; Das Unbehagen in der Kultur, 1930. – Hg. der Ztschr. Imago, ab 1912; Jb. der Psychoanalyse, ab 1913; Internat. Ztschr. f. Psychoanalyse, 1913; The International Journal of Psychoanalysis, 1919. – Ausgabe: Studienausgabe, hg. v. A. Mitscherlich u. a., 12 Bde., 1969.

Literatur: E. Ludwig, Der entzauberte F., 1946; E. Jones, Leben und Werk von S. F., 3 Bde., 1960–62; P. Gay, F., 1989; H. Kätzel, S. F., ein biograph. Essay, 1992; P. Roazen, S. F. und sein Kreis, 1997; H.-M. Lohmann, S. F., 1998; O. Hejlek, S. F. für Einsteiger, 1999; P. Schneider, S. F., 1999; R. Speziale-Bagliacca, S. F. Begründer der Psychoanalyse, 2000.

Freudenau: Das zum → Prater gehörende Wiesengelände im 2. Wr. Gemeindebezirk wird seit der Errichtung einer Rennbahn durch die Wr. Pferderennen-Ges. 1839 für den Galoppsport (→ Pferdesport) genützt. Kaiserloge und gedeckte Tribünen entstanden 1870 nach Plänen von C. v. → Hasenauer. Die 2800 m lange Rundbahn wurde im 2. Weltkrieg teilweise zerstört. 1962–94 fungierte der Wr. Galopp-Rennverein, 1995–2003 der Austrian Racehorse Owners Club bzw. die Betriebsges. als Veranstalter; ab 2004 Rennen in Zusammenarbeit mit dem ö. Rennverein Wien-Freudenau sowie kulturelle und sonstige Veranstaltungen.

Der Hafen F. ist das Kernstück des → Wiener Hafens. Das Donaukraftwerk F. wurde 1992–98 errichtet und hat eine Leistung von 172 MW.

Literatur: W. Binnebös, Galoppsport in Wien, 1980.

Freudenlechner, Paulus, † 1616, Meistersinger. Mitgl. der 1549–1601 bestehenden Singschule in Wels, Verfasser einer umfangreichen Meisterliederhandschrift; verließ 1601 im Zuge der Protestantenverfolgung Wels, ging nach Breslau und kehrte um 1603 nach Eferding zurück.

Literatur: B. Nagel, Meistersang, 1962.

Freudenleere, der, sprechender Name eines ostmitteldt. Dichters (vielleicht aufgrund des Todes seines Gönners); verfasste um 1280 den gegen die aufstrebenden Wr. Patrizier gerichteten Schwank „Der Wiener Meerfahrt", eine frühe Heurigengeschichte, in der die Zecher („die tumben Wienære") ihre Trunkenheit als zunehmend stürmischere Seereise (altes satirisches Motiv) erleben.

Ausgabe: H. A. Neunzig, Pegasus pichelt, 1968.
Literatur: Verf.-Lex.

Freumbichler, Johannes, * 22. 10. 1881 Henndorf (Sbg.), † 11. 2. 1949 Salzburg, Schriftsteller; Großvater von Thomas → Bernhard. Erhielt 1937 für den hist. Bauernroman „Philomena Ellenhub", in dem er realistisch und frei von Klischees das Leben einer Magd um 1848 beschrieb, den Ö. Staatspreis.

Weitere Werke: Romane: Atahualpa oder Die Suche nach einem Verschollenen, 1938; Auszug und Heimkehr des Jodok Fink, 1942. – Erzählungen: Geschichten aus dem Salzburgischen, 1938. – Gedichte.

Literatur: C. Markolin, Die Großväter sind die Lehrer. J. F. und sein Enkel T. Bernhard, 1988; L. Huguet, Chronologie. J. F. – T. Bernhard, 1995; A. Ludewig, Grossvaterland. T. Bernhards Schriftstellergenese dargestellt anhand seiner (Auto-)Biographie, 1999.

Freund, Gerhard, * 5. 9. 1925 Wien, † 29. 5. 1979 ebd., Journalist, Schauspieler. 1957–67 erster Dir. des ö. Fernsehens, 1974 Dir. der Wr. Stadthalle, 1976 Intendant der Wr. Festwochen.

Freund, Leopold, * 4. 4. 1868 Miskowitz (Miskovice, CZ), † 7. 1. 1943 Brüssel (B), Arzt, Röntgenologe, Univ.-Prof. in Wien, emigrierte 1938 nach Belgien; begründete die Röntgentherapie; hinterließ ein umfangreiches wiss. Werk.

Werk: Grundriß der gesamten Radiotherapie für praktische Ärzte, 1903.

Freundlich, Elisabeth, * 21. 7. 1906 Wien, † 25. 1. 2001 ebd., Schriftstellerin; Ehefrau von G. → Anders. Studierte in Wien und Paris; emigrierte nach 1938 über Zürich nach Paris, wo sie u. a. Ö.-Sendungen des franz. Rundfunks verfasste. 1940 Flucht über Spanien nach New York, Arbeit als Bibliothekarin und Dozentin für Deutsch. 1950 mit G. Anders Rückkehr nach Wien, wo sie als Schriftstellerin, Übersetzerin und Journalistin wirkte.

Werke: Romane: Der eherne Reiter, 1960; Der Seelenvogel, 1986. – Erzählungen: Invasion Day, 1948; Finstere Zeiten, 1986. – Sachbücher: Sie wußten was sie wollten, 1981; Die Ermordung einer Stadt namens Stanislau, 1986. – Die fahrenden Jahre, 1992 (Erinnerungen).

Freundlich, Emmy, * 25. 6. 1878 Aussig (Ústí nad Labem, CZ), † 17. 3. 1948 New York (USA), soz.-dem. Politikerin und Schriftstellerin. Kam 1911 nach Wien, ab 1919 führend in der ö. Arbeiterinnenbewegung, 1921 Präs. der internat. genossenschaftl. Frauengilde; 1928 als ö. Delegierte die einzige Frau im Völkerbund-Komitee; 1934 vorübergehend verhaftet, wanderte sie 1939 nach England aus und übersiedelte 1947 nach New York.

Literatur: A. Magaziner, Die Wegbereiter, 1975.

Freundorf, NÖ., TU, Teil der Gem. Judenau-Baumgarten, barockisierte spätgot. Pfarrkirche mit neugot. Ausstattung; got. Filialkirche Baumgarten.

Freudenau: Publikum beim Derby-Rennen. Foto, 1900.

Frey, Dagobert, * 23. 4. 1883 Wien, † 13. 5. 1962 Stuttgart (D), Kunsthistoriker. Ab 1911 im Staatsdenkmalamt, 1918–31 Univ.-Prof. in Wien, 1931–45 in Breslau, dann in Stuttgart. Begründete „Die Kunstdenkmäler Ö." (→ „Dehio"); Hg. des „Wr. Jb. für Kunstgeschichte".

Frey, Erik, * 1. 3. 1908 Wien, † 2. 9. 1988 ebd., Kammerschauspieler. 1927 am Dt. Volkstheater in Wien; Engagements in Bremen, Hamburg, Berlin und Prag; ab 1935 bis zu seinem Tod Ensemblemitgl. des Theaters in der Josefstadt in Wien; zahlr. Auftritte bei den Sbg. Festspielen; ab 1936 auch Filmtätigkeit (über 130 Produktionen, u. a. „Burgtheater", 1936).

Frey, Konrad, * 20. 6. 1934 Wien, Architekt. Mitarbeit bei ARUP Partners London, Vertreter der „Grazer Schule", beschäftigt sich mit technisch-ökolog. Lösungen in der Architektur.
Werke: Haus Fischer, Grundlsee, 1975–77 (mit F. Beigel); Kinderhaus Strosizc, 1980; Beratungsbüro Technova, Graz, 1985; Sonnenhaus Zankel, Genf, 1977–85; Haus Rosegger, Graz, 1987; Kunsthaus Mürzzuschlag (Um- und Zubau), 1988; Bildungshaus Schloss Seggau, 1993/94 (Erweiterung); Cogenerationsanlage der SFT, Graz, 1997; Kindergarten Hart bei Graz, 1998; Gewerbehallen im Ökopark Hartberg, 2000.

Freytag, Gustav, * 23. 1. 1852 Neuhaldensleben b. Magdeburg (D), † 19. 12. 1938 Steeg (Gem. Bad Goisern, OÖ), Kartograph. Kam 1866 nach Wien, machte sich 1879 selbständig und begründete 1885 mit W. Berndt die Kartograph. Anstalt F. & Berndt (→ Freytag-Berndt und Artaria KG), u. a. bekannt durch Touristenwanderkarten, z. T. von F. selbst nach Begehung der Gebiete erneuert. F. erschloss mit Heinrich Hess die Ennstaler Alpen. Er entwarf eine noch heute angewandte Farbenskala für physische Landkarten.

Freytag-Berndt und Artaria KG, hervorgegangen aus dem von G. → Freytag und W. Berndt 1885 gegr. Unternehmen, dem 1920 der Verlag → Artaria angegliedert wurde; entwickelte sich nach 1945 zum führenden kartograph. Fachverlag Ö. Das über 400 Titel umfassende Verlagsprogramm deckt das gesamte Spektrum der Wander-, Straßen- und Organisationskarten, Stadtpläne und Schulkarten ab. Die seit 1991 eingesetzte Computerkartographie zählt zu den modernsten Europas (2003 u. a. Ö.-Atlas auf CD-ROM); Tochterunternehmen bestehen in Deutschland, Tschechien, der Slowakei und in Ungarn. Mit ca. 85 Mitarbeitern wurde 2002 ein Gesamtumsatz von 14,3 Mio. Euro erzielt.
Literatur: Festschrift 200 Jahre F.-B. u. A., 1970.

Freyung, Platz in Wien 1; Name abgeleitet von der ma. Befreiung des Schottenklosters (→ Schotten) von der städt. Gerichtsbarkeit.

Alfred Hermann Fried. Postkarte, um 1910.

Erich Fried. Foto, 1968.

Freyung in Wien. Gemälde von Canaletto, 1758–61 (Kunsthistorisches Museum, Wien).

Frieberger, Kurt (auch Karl Gustav Ger), * 4. 4. 1883 Wien, † 19. 11. 1970 ebd., Jurist, Schriftsteller und Übersetzer. 1929–38 Presse- und Kulturattaché in Rom; in der NS-Zeit Schreibverbot. 1945 mit der Errichtung des BM f. Vermögenssicherung und Wirtschaftsplanung beauftragt u. Präs. der Genossenschaft dramat. Schriftsteller und Komponisten; Vizepräs. des Ö. P. E. N.-Zentrums; 1946–53 Senatspräs. des Verwaltungsgerichtshofs, dann Univ.-Prof. für Rechtswiss. in Wien; F. übersetzte u. a. Komödien von C. Goldoni. Großer Ö. Staatspreis 1963.
Werke: Gedichte: Barocke Monologe, 1907; Sieveringer Sonette, 1919; Barocke Balladen, 1919; Spiegel eines Lebens, 1960. – Romane: Danae, 1921; Die Scherben des Glücks, 1928; Bahnbrecher, 1946; Kampf mit dem Jenseits, 1949; Montmartre triumphiert, 1950; Der Fischer Simon Petrus, 1953. – Dramen: Das Glück der Vernünftigen, 1907; Gloria, 1912; Die Braut und das scharlachrote Tier, 1924. – Dr. I. Seipel, 1923 (Biographie).
Literatur: H. Perner, K. F. zum 100. Geburtstag, in: Ö. Autorenzeitung, Heft 2, 1983.

Frieberth (Friberth), Karl, * 7. 6. 1736 Wullersdorf (NÖ.), † 6. 8. 1816 Wien, Sänger (Tenor) und Librettist. Bis 1776 in der Musikkapelle des Fürsten Esterházy. → Haydn schrieb zahlr. Rollen für ihn. F. verfasste das Libretto zur Oper „L'incontro improviso" (1775) von J. Haydn. Ab 1771 Mitgl. der Wr. Tonkünstlersozietät, 1776 Kapellmeister in Wien.
Literatur: L. Voruba, Carlo F., 1972.

Fried, Alfred Hermann, * 11. 11. 1864 Wien, † 4. 5. 1921 ebd., Pazifist, Publizist, Friedensnobelpreisträger 1911. Zunächst Buchhandlungsgehilfe in Berlin; gab mit B. v. → Suttner 1892–99 die Ztschr. „Die Waffen nieder" (ab 1899 „Die Friedens-Warte") heraus. 1892 gründete er die „Dt. Friedensgesellschaft", bemühte sich um internat. Verständigungspolitik und war aktiv in der Esperantobewegung tätig; während des 1. Weltkriegs lebte und arbeitete er in der Schweiz.
Werke: Lehrbuch der internat. Hilfssprache Esperanto, 1903; Hb. der Friedensbewegung, 2 Bde., 1905; Die Grundlagen des revolutionären Pazifismus, 1908; Die Grundlagen des ursächl. Pazifismus, 1916; Vom Weltkrieg zum Weltfrieden, 1916; Mein Kriegstagebuch, 4 Bde., 1918–20; Jugenderinnerungen, 1925.
Literatur: J. Bauer, die Ö. Friedensbewegung, Diss., Wien 1949.

Fried, Erich, * 6. 5. 1921 Wien, † 22. 11. 1988 Baden-Baden (D), Lyriker, Erzähler, Essayist, Übersetzer. Sohn eines jüd. Spediteurs, der von der Gestapo ermordet wurde. F. emigrierte 1938 nach London, wo er 1952–68 als polit. Kommentator der BBC angestellt war; bis 1944 aktive Betätigung in kommunist. Exilorganisationen, ab 1963 Mitgl. der „Gruppe 47". Grundthemen seiner Gedichte sind Heimatlosigkeit und Fremdheit („100 Gedichte ohne Vaterland", 1978). Während seine kompromisslose polit. Lyrik („und Vietnam und", 1966; „Höre, Israel!", 1974) sowie seine öffentl. Stellungnahmen („Spiegelaffäre", 1972, Kritik an der „Menschenjagd" auf die Mitglieder der Baader-Meinhof-Gruppe) heftige Kontroversen auslösten, fanden die „Liebesgedichte" (1979) breite Anerkennung. Ö. Staatspreis 1986, G.-Büchner-Preis 1987 u. a.
Weitere Werke: Lyrik: Warngedichte, 1964; Überlegungen, 1965; Anfechtungen, 1967; Unter Nebenfeinden, 1970; Die Freiheit den Mund aufzumachen, 1972; So kam ich unter die Deutschen, 1977; Es ist was es ist, 1983; Reich der Steine, 1984; Frühe Gedichte, 1986; Vorübungen für ein Wunder, 1987; Unverwunden, 1988. – Prosa: Ein Soldat und ein Mädchen, 1960 (Roman); Das Unmaß aller Dinge, 1982 (Erzählung); Mitunter sogar Lachen, 1986 (Autobiographie); Nicht verdrängen nicht gewöhnen. Texte zum Thema Ö., hg. v. M. Lewin, 1987; Gedanken in und an Deutschland, hg. v. M. Lewin, 1988. – Übersetzungen (Dramen W. Shakespeares). – Ausgabe: Gesammelte Werke, hg. v. V. Kaukoreit, 4 Bde., 1993.
Literatur: E. F., Text und Kritik, 1986; S. W. Lawrie, E. F. A Writer without a Country, 1995; C. Jessen, E. F., eine Chronik. Leben

und Werk, 1998; G. Lampe, E. F. Biographie und Werk eines „dt. Dichters", ²1998; C. Dressler, „Nach dem Landlos greift der Landlosen Hand", 1998.

Fried, Jakob, * 25. 7. 1885 Eibesthal (Gem. Mistelbach, NÖ.), † 18. 5. 1967 Wien, päpstl. Hausprälat. 1909 Priesterweihe, 1934 Domkapitular von St. Stephan in Wien, Gen.-Dir. des → Katholischen Volksbundes, Leiter des „Wr. Kirchenblatts".
Werke: Nat.-Soz. und kath. Kirche in Ö., 1948; Leben und Arbeit, 1950; Erinnerungen aus meinem Leben, 1977.

Friedberg, Stmk., HB, Stadt, 600 m, 2629 Ew., 25,87 km², am Rand des Jogllands, an der Grenze zum Bgld., alte Grenzstadt gegen Ungarn. – Bez.-Ger., Sanitätsreferat der BH, FachS für ländl. Hauswirt.; etwas Fremdenverkehr. – Die Stadt wurde 1194 von Hzg. Leopold V. angeblich aus dem Lösegeld für König → Richard Löwenherz erbaut und von Ungarn und Türken mehrfach zerstört; ab dem 17. Jh. Tuchmacherstadt; spätgot. Pfarrkirche (um 1450 erbaut, nach 1682 barockisiert) mit 2 Römersteinen (2. Jh. n. Chr.); Mariensäule (1809).
Literatur: Stadtgem. F. (Hg.), 800 Jahre Stadt F., 1994.

Friedberg-Pinkafelder Bucht, Stmk., Bgld., Talweitung im Oberlauf von Lafnitz und Pinka bei ihrem Eintritt in das südbgld. Hügelland, zw. Wechsel im W und Buckliger Welt und Günser Bergland im O. Geologisch ein nördl. Teilbecken des Steir. Beckens mit Schichten des Jungtertiär.

Friedburg, OÖ., BR, Markt, 530 m, am Kobernaußer Wald im südl. Innviertel, Katastralgem. der Gem. Lengau. – Pfarrkirche hl. Sebastian (1867–69), Rokokoaltar von 1770; barocker Pfarrhof (1676–79) von J. Vilzkotter. Spätbarocke Wallfahrtskirche in Heiligenstadt (im Kern got.) mit reichem Stuck von J. M. Vierthaler und Fresken von A. Müller (1731). Barockeinrichtung mit einzelnen spätgot. Skulpturen.
Literatur: M. Kaltenbrunner, Geschichtliches über F.-Lengau, 1929.

Friedel (Fridelli), Xaver Ernbert, * 11. 3. 1673 Linz (OÖ.), † 4. 6. 1743 Peking (China), Jesuit, Missionar. Reiste 1704 nach Tschenkiang. Vom chines. Kaiser mit der Vermessung des Chines. Reichs beauftragt, schuf er die ersten kartograph. Werke von China.
Literatur: A. Zerlik, X. E. F., Chinamissionar und Kartograph aus Linz, 1962.

Friedell, Egon (eigentl. E. Friedmann), * 21. 1. 1878 Wien, † 16. 3. 1938 ebd. (Selbstmord aus Angst vor Festnahme durch die SA), Kulturhistoriker, Schriftsteller, Feuilletonist, Kritiker, Schauspieler. Befreundet mit P. → Altenberg und A. → Polgar. Leitete 1908–10 das Kabarett „Die Fledermaus"; ab 1913 spielte er unter der Regie M. → Reinhardts in Berlin und Wien. Er verfasste zahlr. Sketches, Szenen und Parodien, überwiegend mit Polgar. Seine essayist. Hauptwerke „Kulturgeschichte der Neuzeit" (3 Bde., 1927–31) und „Kulturgeschichte des Altertums" (2 Bde., 1936 bzw. 1949) übten starken Einfluss aus.
Weitere Werke: Goethe. Eine Szene, 1908; Ecce Poeta, 1912 (Essay); Die Reise mit der Zeitmaschine, 1946; Das Altertum war nicht antik, 1950; Kleine Porträtgalerie, 1953; Abschaffung des Genies, 1982 (hg. v. H. Illig); Selbstanzeige, 1983 (hg. v. H. Illig); Goethe und die Journalisten, 1987 (hg. v. H. Illig); Ist die Erde bewohnt?, 1991.
Literatur: H. Illig, Schriftspieler – Schausteller, 1987; R. Innerhofer, Kulturgeschichte zw. den beiden Weltkriegen. E. F., 1990; W. Lorenz, E. F., 1994.

Friedensbewegung: Den Anstoß zur F. in Ö. gab der 1889 erschienene Roman von Bertha v. → Suttner „Die Waffen nieder!". Suttner gründete 1890 die „Ö. Friedensges." („Ö. Ges. der Friedensfreunde"; seit 1964 „Suttner-Ges."), der sich in den folgenden Jahren andere Vereinigungen anschlossen. Neben Suttner war A. → Fried die zweite führende Persönlichkeit der ö. und europ. F. Während des 1. Weltkriegs setzten sich trotz Verbots Mitglieder des Friedensvereins „Para Pacem" (u. a. H. Lammasch, K. Dumba, J. Ude, J. Meinl und R. Mayreder) für den Frieden ein. Nach 1918 entstanden zahlr. neue pazifist. Vereinigungen (Ges. f. Friedenserziehung, Internat. Frauenliga für Frieden und Freiheit, Internat. Bund kath. Esperantisten, Kath. Weltfriedensbund vom weißen Kreuz, Ö. Völkerbundliga); die kath. Vereinigungen schlossen sich unter dem Sammelnamen „Kath. Internationale" zusammen. Nach dem Tod Frieds wurde R. Goldscheid Präs. der wiedererrichteten Friedensges. (1923–31), danach der Soz.-Dem. B. Schönfeld; 1936 wurde die Ges. eingestellt. Die 1923 von R. → Coudenhove-Kalergi in Wien gegr. → Paneuropa-Bewegung nahm ebenfalls die Friedenspropaganda in ihr Programm auf. 1938 wurden durch die Nat.-Soz. alle Friedensvereine aufgelöst. Während des 2. Weltkriegs gab es innerhalb der ö. → Widerstandsbewegung Friedensbemühungen. 1946 wurde die „Ö. Friedensges." wiedergegr., 1949 der „Ö. Friedensrat". Seit 1973 besteht an der Univ. Wien das „Univ.-Zentrum für Friedensforschung". Weiters wurden als wiss. Einrichtungen für Friedensforschung das Inst. für Konfliktforschung, das „Ö. Studienzentrum für Frieden und Konfliktlösung" in Stadtschlaining (Bgld.), das „Europ. Univ.-Zentrum für Friedensstudien" sowie das „Inst. Umwelt – Frieden – Entwicklung" errichtet. Es bestehen auch unabhängige Friedensinitiativen (Arbeitsgemeinschaft für Wehrdienstverweigerung und Gewaltfreiheit, Friedensbüro Wien, Friedenswerkstatt Linz, Friedensbüro Salzburg, SOS Mitmensch u. a.), die z. T. im „Ö. Netzwerk für Frieden und Gewaltfreiheit" organisiert sind. Einen Höhepunkt der ö. F. stellte die Friedensdemonstration am 15. 5. 1982 in Wien dar.
Literatur: M. Rauchensteiner (Hg.), Überlegungen zum Frieden, 1987; T. Roithner (Hg.), Globe 2001, 2002; P. Hämmerle (Hg.), Dem Rad in die Speichen fallen, 2003.

Friedhöfe: Die Bestattung der Toten auf eigens dafür vorgesehenem Gelände war schon in prähist. Zeit üblich, wie Gräberfelder beweisen. Zur Römerzeit wurde in größeren Orten die Bestattung der Toten entlang der Ausfallsstraßen vorgenommen. In christl. Zeit wurden die Toten um Kirchen beerdigt, hoch gestellte Persönlichkeiten auch innerhalb der Kirchen. Das Bestattungsrecht war Pfarrkirchen vorbehalten. Im 18. Jh. begann man, Friedhöfe außerhalb der Städte anzulegen und die innerhalb der Stadt befindlichen aufzulassen. Ks. Joseph II. befahl dies 1784 grundsätzlich für alle innerhalb des verbauten Gebiets liegenden Friedhöfe, ebenso wurden Bestattungen in den Kirchen untersagt. Damals wurden die außerhalb der Ortschaften liegenden Friedhöfe angelegt, die für das Gebiet der ehem. ö.-ungar. Monarchie typisch sind. In Wien wurden neue Friedhöfe außerhalb des Linienwalls geschaffen, die nach der Errichtung des → Zentralfriedhofs 1874 teilw. wieder aufgelassen und in Parkanlagen umgestaltet wurden. Manche Friedhöfe sind Kulturdenkmäler, wie der St. Marxer Friedhof in Wien, der Petersfriedhof in Salzburg oder der so gen. Romantikerfriedhof in Maria Enzersdorf. Während des 1. Weltkriegs entstanden Friedhöfe in der Nähe der Front (etwa in O.-Ti. bei Kartitsch) oder bei Kriegsgefangenenlagern. Ein großer ö. Soldatenfriedhof ist Redipuglia im Isonzogebiet (I). Auch nach dem 2. Weltkrieg wurden in Ö. Soldatenfriedhöfe notwendig, so wurde die Betreuung der sowjet. Friedhöfe im Staatsvertrag verankert. Die Gräber der in Ö. gefalle-

Egon Friedell. Foto, um 1935.

nen Soldaten der dt. Wehrmacht wurden meist in größeren Friedhöfen konzentriert (bes. in NÖ).

Nach dem Toleranzedikt für Evangelische 1781 wurden von diesen eig. Friedhöfe angelegt. Teilw. ist die konfessionelle Trennung der Bestattungsorte noch heute üblich. Im Allg. werden die F. von den Gemeinden erhalten. Die Regelung der F.-Angelegenheiten fällt in die Landeskompetenz. Eig. F. errichteten die Israelit. Kultusgemeinden, die in mehreren Städten erhalten sind (u. a. Eisenstadt, Friedhof in der Seegasse in Wien 9). → Bestattungsmuseum.

FRIEDJUNG, Heinrich, * 18. 1. 1851 Roschtin (Roštín, CZ), † 14. 7. 1920 Wien, dt.-nat. Historiker und Publizist. Mitverfasser des → Linzer Programms 1882, gab die „Dt. Wochenschrift" heraus (1883–86), war 1886/87 Chefredakteur der „Dt. Zeitung" (Parteiorgan der Dt.-Nat.) und 1891–95 Mitgl. d. Wr. Gemeinderats. Wurde aufgrund des wachsenden Antisemitismus aus der Partei ausgeschlossen und 1904 wegen der gutgläubigen Verwendung gefälschter Quellen (F.-Prozess) bloßgestellt.

Werke: Der Ausgleich mit Ungarn, 1877; Der Kampf um die Vorherrschaft in Deutschland 1859–66, 2 Bde., 1897/98; Ö. von 1848–1860, 2 Bde., 1908/12; Das Zeitalter des Imperialismus, 1884–1914, 3 Bde., 1919–22 (beendet von A. Přibram); Geschichte in Gesprächen, 2 Bde., 1997.

Literatur: R. Eder, H. F., Dipl.-Arb., Wien, 1991.

FRIEDJUNG, Joseph, * 6. 5. 1871 Nedvedice (CZ), † 25. 3. 1946 Tel Aviv (Israel), Kinderarzt und soz.-dem. Politiker. 1920 Univ.-Doz., soz.-dem. Kommunalpolitiker in Wien, Gründer des Vereins soz.-dem. Ärzte. Wanderte 1938 nach Palästina aus.

Literatur: ÖBL.

FRIEDLÄNDER, Friedrich, Ritter von Malheim, * 14. 1. 1825 Kohljanowitz (Uhlířské Janovice, CZ), † 13. 6. 1901 Wien, Historien- und Genremaler. Studierte u. a. bei F. G. → Waldmüller. Reisen nach Italien, Düsseldorf und Paris; ab 1856 ständig in Wien tätig; einer der Hauptbegründer der Wr. Künstlergenossenschaft. Bevorzugte zunächst hist. Themen, später sozialkrit. und Genredarstellungen (nach 1866 bes. Invaliden).

Literatur: Ö. Malerei des 19. Jh. aus Privatbesitz, Ausst.-Kat., Innsbruck 1970.

FRIEDLÄNDER, Johann Georg Franz, * 5. 11. 1882 Bern (CH), † 20. 1. 1945 bei Auschwitz (Oświęcim, PL), ab 1901 ö. Offizier, kämpfte im 1. Weltkrieg auf ö. Seite, 1920 ö. Staatsbürger. Oberst, Feldmarschallleutnant, bis 1931 Sektionschef. Im Okt. 1944 nach Auschwitz deportiert und dort im Zuge der Räumung des Lagers von den Nat.-Soz. erschossen.

FRIEDLÄNDER, Max, * 18. 6. 1829 Pleß (Pszczyna, PL), † 20. 4. 1872 Nizza (F), Journalist. Ab 1856 bei der „Presse", 1864 mit M. → Etienne Begründer der → „Neuen Freien Presse", wo er u. a. den Wirtschaftsteil „Economist" betreute.

FRIEDLÄNDER, Otto, * 31. 3. 1889 Wien, † 20. 7. 1963 Waidhofen a. d. Thaya (NÖ.), Schriftsteller und Pazifist, Sekretär der Wr. Handelskammer. Experte für Transithandel, Mitbegründer der Ö. Völkerbundliga und einer der Wiederbegründer der Ö. Friedensges. und Ö. Liga für die Vereinten Nationen. Im Alter schrieb er feuilletonistisch über das Wien der Vorkriegszeit.

Werke: Letzter Glanz der Märchenstadt, 1948; Wolken drohen über Wien, 1949; Maturajahrgang 1907, 1963.

Friedrich III., * 21. 9. 1415 Innsbruck (Ti.), † 19. 8. 1493 Linz (OÖ.), Kaiser (als König F. IV., als Hzg. F. V.); Sohn von Hzg. → Ernst dem Eisernen aus der steir. Linie der Habsb. Folgte diesem 1424 in der Stmk. und in Kä., wurde 1439 Vormund des minderjährigen → Sig-

Kaiser Friedrich III. Gemälde von H. Burgkmair d. Ä. nach einem verlorenen Original von 1468 (Kunsthistorisches Museum, Wien).

mund von Tirol (bis 1446) und 1440 des → Ladislaus Postumus in Ö. 1452 zwangen ihn die Stände, Ladislaus aus der Vormundschaft zu entlassen. Nach dessen Tod 1457 stand er in Konflikt mit seinem Bruder → Albrecht VI. wegen der Erbschaft und wurde 1462 mit seiner Familie in der Wr. Burg belagert. Nach dessen Tod 1463 wurde er auch als Hzg. von Ö. anerkannt. Durch die Bestätigung des → Privilegium maius 1453 wurde von ihm der Titel Erzhzg. legalisiert. 1440 dt. König, 1452 in Rom zum Kaiser gekrönt, 1459 auch König von Ungarn. Verheiratet ab 1452 mit → Eleonore von Portugal. Aus dieser Ehe entstammte → Maximilian I. Dessen Wahl zum röm. König 1486 begrüßte F., doch war das Verhältnis zum Sohn oft gespannt. Um 1470 begannen Auseinandersetzungen mit → Matthias Corvinus von Ungarn, der ab 1482 einen Teil von NÖ. besetzte.

F. baute seine Residenzen Graz, Wr. Neustadt und Linz aus, manche Bauten sind mit seinem persönlichen Zeichen → AEIOU versehen. Er erreichte die Schaffung der Bistümer Laibach (1462), Wien und Wr. Neustadt (beide 1469) und setzte die Heiligsprechung Markgraf → Leopolds III. 1485 durch. Persönlich fromm, liebte er weder Krieg noch Jagd, hingegen Botanik, Alchemie und Astrologie. Er war zielstrebig, zäh, sparsam und von würdevoller Ausstrahlung. Seinen Erfolg verdankte er auch der Tatsache, dass er seine Gegner überlebte. Grab im Wr. Stephansdom.

Literatur: F. III., Ausst.-Kat., Wr. Neustadt 1966; B. Rill, Ks. F. III., 1987.

Friedrich I. (der Schöne), * 1289 Wien (?), † 13. 1. 1330 Gutenstein (NÖ.), dt. König; Sohn von → Albrecht I.. 1308–30 als Friedrich III. Hzg. von Ö. und Stmk. 1314 von einer Minderheit der Kurfürsten zum dt. König gewählt, unterlag er bei Mühldorf am Inn 1322 seinem Rivalen Ludwig d. Bayern und war bis 1325 gefangen. Er wurde dann von Ludwig als Mitkönig anerkannt, erhielt aber weder im Reich noch in den Erbländen Einfluss. Begraben in seiner Gründung Mauerbach, seit 1789 im Wr. Stephansdom.

Literatur: A. Lhotsky, Geschichte Ö., 1281–1358, 1967.

Friedrich I., * um 1175, † 16. 4. 1198 (auf der Heimreise aus Palästina), Sohn Hzg. → Leopolds V., Hzg. von Ö. (ab 1194), aus der Familie der Babenberger. Beteiligte sich 1197 am Kreuzzug Ks. Heinrichs VI.

Friedrich II. (der Streitbare), * 1210, † 15. 6. 1246 an der Leitha, letzter Babenberger-Hzg. von Ö. und Stmk. (ab 1230); Sohn Hzg. → Leopolds VI. und Theodoras.

Nannte sich ab 1232 Herr von Krain, charakterlich unstet, stets in Affären und Kämpfe verwickelt. Er warf 1231 einen Aufstand der Ministerialen (→ Kuenringer) nieder, kämpfte gegen Bayern, Böhmen und Ungarn, wurde 1236 von Ks. Friedrich II. wegen Willkürherrschaft geächtet, konnte sich aber in Wr. Neustadt behaupten. 1241 bekämpfte er erfolgreich die in Ungarn eingefallenen Mongolen. Der Versuch, Ö. zum Königreich zu erheben, scheiterte 1245, weil sich seine Nichte → Gertrud weigerte, den Kaiser zu heiraten. Der Bau von Burgen und Stadtbefestigungen machte unter seiner Regierungszeit große Fortschritte. Er fiel an der Leitha im Krieg gegen die Ungarn.
Literatur: K. Lechner, Die Babenberger, ⁴1994.

Friedrich IV., * 1382, † 24. 6. 1439 Innsbruck (Ti.), Herzog von Ö. aus der → leopoldinischen Linie der Habsburger; Sohn von Hzg. → Leopold III. Erhielt 1402 (1406 allein) die Verwaltung von Ti. und den Vorlanden übertragen, wurde Begründer einer kurzlebigen Ti. Linie. Er hatte zunächst mit äußeren Gegnern (Kriege mit Appenzellern, Venedig, Wittelsbachern) und innerer Opposition des Adels (Elefantenbund 1406, Falkenbund 1407) zu kämpfen. Als der mit ihm verbündete Papst Johannes XXIII. 1415 aus Konstanz floh, wurde F. von Ks. Sigismund geächtet, worauf die habsb. Kerngebiete an die Schweizer verloren gingen. F. konnte sich aber mit Hilfe der Bauern gegen den Kaiser, die Nachbarn und den Adel behaupten. Als Gegenleistung für die Bauern hielt F. in der landständischen Verfassung Ti. die Funktion der „Gerichte" fest. Er verlegte den Herrschaftssitz von Meran nach Innsbruck und festigte ab 1425 seine Stellung. Aufgrund der Silberfunde in Gossensaß und Schwaz erlebte das Land unter ihm einen starken Aufschwung. Aus seiner 2. Ehe mit Anna von Braunschweig stammte sein Sohn → Sigmund. Sein von adeligen Gegnern geprägter Name „mit der leeren Tasche" machte ihn populär.
Literatur: J. Riedmann, in: J. Fontana, Geschichte des Landes Ti., Bd. 1, 1985.

Friedrich, Erzhzg. von Ö., * 14. 5. 1821 Wien, † 6. 10. 1847 Venedig (I), Marinekommandant; 3. Sohn von Erzhzg. → Karl. Mit 14 Jahren Eintritt in die k. k. Kriegsmarine, zeichnete sich im syrischen Krieg 1840/41 durch persönl. Tapferkeit aus. 1844 zum Vizeadmiral und Marineoberkommandanten ernannt. Legte den Grundstein für zahlr. Reformen und zur Umgestaltung der damals noch vollständig venezianisch orientierten ö. Kriegsmarine.
Literatur: R. L. Dauber, Erzhzg. F. v. Ö., Admiral und Ordensritter, 1993; B. Hamann, Die Habsburger, ⁴1993.

Friedrich, Erzhzg. von Ö., * 4. 6. 1856 Groß-Seelowitz (Židlochovice, CZ), † 30. 12. 1936 Mosonmagyaróvár (H), Hzg. von Teschen. Erbe seines Onkels Erzhzg. → Albrecht; verfügte als Großgrundbesitzer und Wirtschaftskapitän über enorme Reichtümer, baute die ihm gehörige → Albertina aus. Als Offizier wurde er 1905 Generaltruppeninspektor, 1907 Oberkommandant der k. k. Landwehr, 1914 Feldmarschall und 1914–16 Oberbefehlshaber der k. u. k. Truppen. Nach dem 1. Weltkrieg verwaltete er die Reste seiner Güter.
Literatur: E. Glaise v. Horstenau, Feldmarschall Erzhzg. F., 1936.

Friedrich der Knecht, ma. Minnesänger in der 1. Hälfte des 13. Jh. aus dem bairisch-ö. Sprachraum. Stammte vielleicht aus Merkersdorf (NÖ.); seine Lyrik ist von → Neidhart von Reuental beeinflusst.
Ausgabe: C. v. Kraus, Liederdichter des 13. Jh., ²1978.
Literatur: Verf.-Lex.

Friedrich von Sonnenburg, ma. Spruchdichter in der 2. Hälfte des 13. Jh. Schuf polit., didakt. und v. a. relig. Sprüche, dürfte um 1250–75 in Bayern, Böhmen und Ti. gewirkt haben und stammte vielleicht aus einer S-Ti. Ministerialenfamilie (Kloster Sonnenburg bei Brixen). F. v. S. galt den späteren Dichtern als einer der sog. Meister.
Ausgabe: A. Masser, F. v. S. Die Sprüche, 1979.
Literatur: Verf.-Lex.

Friedrich von Villach, zw. 1415 und 1452 in Villach urk. fassbar, Maler; Vater des Malers → Johannes von Villach. Vermutlich in Brixen ausgebildet; führender Freskenmaler des späten „Weichen Stils" in Kä. Schuf liebenswürdig volkstümlich wirkende Fresken und malte einen Passionszyklus für die Stiftskirche von Millstatt (1428). Weitere Werke werden ihm u. a. in Mariapfarr im Lungau (um 1430) und St. Leonhard bei Tamsweg zugeschrieben.
Literatur: W. Frodl, Die gotische Wandmalerei in Kä., 1944.

Fries, Johann Graf, * 19. 5. 1719 Mühlhausen (Mulhouse, F), † 19. 6. 1785 Bad Vöslau (NÖ.; vermutlich Selbstmord), Bankier, Industrieller; Vater von Moritz Christian Reichsgraf → Fries. Brachte im Ö. Erbfolgekrieg die engl. Subsidien nach Wien, erhielt dafür 1751 ein Privileg zur Gründung einer Barchentfabrik in Fridau (NÖ.), gründete 1754 eine Seidenwarenfabrik in Oberdöbling (Wien) und eine Wollzeugfabrik in Böhmen. 1752–76 lieferte er Maria-Theresien-Taler in den Orient, 1759–83 leitete er den k. k. Bergwerks-Produktenverschleiß. Begründete ein Großhandels- und Bankhaus. Kaufte 1761 die Herrschaft Vöslau, ließ sich 1783/84 in Wien am Josefsplatz von P. Hetzendorf von Hohenberg ein Palais erbauen (Palais Pallavicini).
Literatur: NDB.

Herzog Friedrich IV. Stich von W. Kilian.

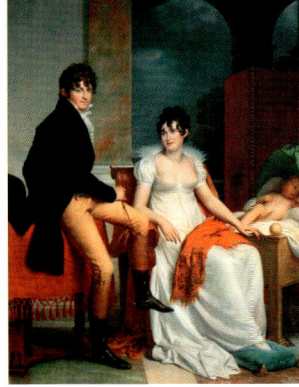

Die Familie des Moritz Christian Graf Fries. Gemälde von F. Gérard, 1804 (Österreichische Galerie Belvedere, Wien).

Fries, Moritz Christian Reichsgraf, * 6. 5. 1777 Wien, † 26. 12. 1826 Paris (F), Kunstmäzen und -sammler, Bankier; Sohn von Johann Gf. → Fries. Er vermehrte die von seinem Bruder Joseph F. (1765–1788) angelegte Kunst-Smlg. auf mehr als 300 Meisterwerke (u. a. Werke von Raffael, van Dyck, Rembrandt, Reni, Dürer); besaß eine bed. Smlg. von Handzeichnungen, Kupferstichen, Skulpturen, Münzen und Mineralien sowie eine umfangreiche Bibliothek. Widmungsträger der 7. Symphonie L. van → Beethovens, mit dem er befreundet war. Nach dem Bankrott seines Bankhauses übersiedelte er 1824 nach Paris. Vorbild für den „Verschwender" von F. → Raimund.
Literatur: A. Peysing, Das Familienbildnis der Grafen F., in: Jb. des Vereins für Geschichte der Stadt Wien 9, 1951.

Friesach, Kä., SV, Stadt, 634 m, 5462 Ew., 120,33 km², älteste Stadt in Kä., an der Metnitz nahe der steir. Grenze und an den Ausläufern der Gurktaler Alpen. – Bez.-Forstinspektion, Jugendamtaußenstelle, Stadt-

Erzherzog Friedrich in Feldmarschallsuniform. Foto, um 1900.

Friesach, im Hintergrund die Türme der Stadtpfarrkirche.

mus. (im Bergfried der Ruine Petersberg), Krankenhaus des Dt. Ordens, Dominikanerkonvent, St.-Hemma-Haus des Kä. Caritasverbandes (Dominikanerinnen), Freizeitzentrum, Friesacher Burghofspiele. Bes. stark entwickelter Dienstleistungssektor (63 % der Beschäftigten 1991, v. a. persönl., soz. und öffentl. Dienste); auf dem Produktionssektor: Metallverarbeitung (Maschinen und Sägewerkeinrichtungen, Tore und Portale), Textilind. (Sportbekleidung und Trachtenmoden, Leinenweberei), Teigwarenfabrik, etwas Fremdenverkehr. – Ortsname slaw. Ursprungs, urk. 860, bis 1803 im Besitz der Sbg. Erzbischöfe, 1215 als Stadt erwähnt. F. zählt zu den kunsthist. Kleinodien in Ö.: Stadtbefestigung (Ende 13. Jh.) mit Zinnenringmauer (großteils erhalten); roman.-got. Stadtpfarrkirche (12. und 14. Jh.) mit Glasgemälden (Kluge und Törichte Jungfrauen, um 1270/80; Szenen aus dem Leben Christi, um 1325/30); Deutschordenskirche (13. Jh., Umbau 1492) mit roman. Fresken; Dominikanerkirche (1251–55) mit Madonna (14. Jh.) und Dominikanerkloster (ältestes Dominikanerkloster auf dt. Boden, 1217, 1673 erbaut); Dominikanerinnenkloster (seit 1887, ursprünglich Deutschordensspital); Renaiss.-Stadtbrunnen (1563) auf dem Hauptplatz; Altes Rathaus mit röm. Grabstein; Burg auf dem Petersberg (11./12. Jh.), großteils Ruine, Bergfried (Stadtmus.) und Burgkapelle mit roman. Fresken; roman.-got. Peterskirche, barock verändert; got. Kirche St. Salvator mit Glasmalerei (14. Jh.) und spätbarocker Einrichtung; Burgruine Lavant (urk. 1293); Burg Geiersberg (um 1130, teilw. restauriert); Kirchenruine auf dem Virgilienberg. In Gaisberg (Dorf nördlich von Friesach am Fuß des gleichnamigen Bergs, 1153 m) got.-barocke Pfarrkirche (urk. 1283) mit roman. Resten und 18 Glasgemälden (um 1420–30), Wandmalereien (15. Jh.), Hochaltar (um 1680).
Literatur: H. Braumüller, Geschichte der Stadt F., 1926; R. Gratzer, F., 1986; J. Sacherer, St. Virgil zu F., 2000; R. Jernej, Das Kollegiatsstift St. Bartholomäus in F., 2001.

Friesinger, Herwig, * 5. 3. 1942 Klosterneuburg (NÖ.), Archäologe. Seit 1978 Prof. am Inst. f. Ur- und Frühgeschichte der Univ. Wien, 1978–92 Inst.-Vorstand, seit 1995 Sekr. der philosophisch-hist. Klasse der Ö. Akad. d. Wiss. Zahlr. Forschungsunternehmen im In- und Ausland, darunter archäolog. Untersuchungen eines befestigten Siedlungsplatzes im Weinviertel und der steinzeitl. Besiedlung auf karib. Inseln. Maßgeblich am Aufbau einer systematischen luftbildgestützten Archäologie-Prospektion für Ö. beteiligt; seit 1979 Hg. der „Archaeologia Austriaca".

Frimmel, Theodor von, * 15. 12. 1853 Amstetten (NÖ.), † 25. 12. 1928 Wien, Musik- und v. a. Beethoven-Forscher. Seine zahlr. Exzerpte und Aufzeichnungen befinden sich heute im Beethoven-Haus in Bonn.
Werke: Ludwig van Beethoven, 1901; Beethoven-Jb. (nur 1908/09); Beethoven-Briefe, 5 Bde., 1910–11 (Hg.); Beethoven im zeitgen. Bildnis, 1923; Neuausgabe des Beethoven-Werkverz. von G. Nottebohm, 1925; Beethoven-Hb., 2 Bde., 1926.

Frint, Jakob, * 4. 12. 1766 Kamnitz (Kamenice, CZ), † 11. 10. 1834 St. Pölten (NÖ.), Theologe. 1804 Univ.-Prof. in Wien, 1810 Hof- und Burgpfarrer. Theologe des Übergangs von Aufklärung und Josephinismus zur kirchl. Restauration. Gründete 1816 in Wien die Höhere Bildungsanstalt Augustin (nach ihm Frintaneum genannt) für Weltpriester; 1827 Bischof von St. Pölten.
Literatur: E. Hosp, Zw. Aufklärung und kath. Reform. J. F., 1962; ÖBL.

Frisch, Anton von, * 16. 2. 1849 Wien, † 24. 5. 1917 ebd., Urologe. Studierte am Pasteur-Inst. in Paris die Wutkrankheit, arbeitete als Demonstrator bei J. → Hyrtl; Ass. von T. → Billroth; Prof. für Anatomie an der Akad. d. bild. Künste; 1874 Univ.-Prof. in Wien; 1889 Primar der urolog. Abt. der Poliklinik; entdeckte 1882 den Rhinosklerom-Bazillus und die Identität der Hadernkrankheit mit dem Milzbrand. Durch ihn wurde die Urologie als selbständiges Fach an der Medizin. Fakultät Wien anerkannt.
Werke: Hb. der Urologie, 3 Bde., 1904–06 (mit O. Zuckerkandl).
Literatur: ÖBL.

Frisch, Karl, * 20. 11. 1886 Wien, † 12. 6. 1982 München (D), Zoologe, Tierpsychologe, Bienenforscher, Nobelpreisträger für Physiologie 1973 (mit K. → Lorenz und N. Tinbergen) für die Entschlüsselung der Sprache der Bienen. Studierte in Wien, 1921 Univ.-Prof. in Rostock, dann in Bremen, 1946 in Graz, 1950 in München. Sein bevorzugtes Studienobjekt war die Honigbiene (Apis mellifera). An ihr wies F. u. a. den Farbensinn nach (die Biene sieht kein Rot, dafür aber Ultraviolett, das der Mensch nicht wahrnehmen kann), die Orientierung an polarisiertem Licht (was den Bienen erlaubt, auch bei bedecktem Himmel den exakten Sonnenstand festzustellen) und die „Bienensprache", mit der eine Sammelbiene ihren Stockgenossinnen Lage und Entfernung einer lohnenden Nektarquelle mitteilt. Die Sammelbiene informiert mittels „Schwänzeltanz", der die Form einer gestauchten Acht hat. Die Richtung (relativ zum Lot), in der die Biene auf ihrer Schwänzelstrecke blickt, gibt die Lage der Nektarquelle relativ zur Sonne an, die Schnelligkeit des Tanzes die Entfernung.
Werke: Die Sprache der Bienen, 1923; Aus dem Leben der Bienen, 1927; Du und das Leben, 1936; Duftgelenkte Bienen, 1947; Biologie, 2 Bde., 1952/53; Erinnerungen eines Biologen, 1957 (Autobiographie); Tanzsprache und Orientierung der Bienen, 1965.

Karl Frisch. Foto, um 1946.

Frisch, Otto Robert, * 1. 10. 1904 Wien, † 22. 9. 1979 Cambridge (GB), Kernphysiker; Neffe von Lise → Meitner. Prägte mit dieser den Ausdruck „Kernspaltung". Mitarbeit an der Entwicklung der Atombombe in den USA, ab 1947 Prof. in Cambridge.
Werke: Meet the Atom, 1947; Atomic Physics Today, 1961; Working with Atoms, 1965; Profession in Nuclear Physics, 1950–65 (Hg.); What Little I Remember, 1979 (Woran ich mich erinnere, 1981; Autobiographie).

Frischauer, Paul, * 25. 5. 1898 Wien, † 7. 5. 1977 ebd., Erzähler, Kulturhistoriker, Journalist. Emigrierte 1934 nach England, später nach Brasilien und in die USA; 1955 Rückkehr nach Wien. Vertreter des biograph. Romans.
Werke: Dürer, 1925; Prinz Eugen, 1933; Garibaldi, 1934; Beaumarchais, 1935; Die Habsburger. Geschichte einer Familie, 1961; Es steht geschrieben. Die großen Dokumente, 1967; Knaurs Sittengeschichte der Welt, 3 Bde., 1968; Finale in Wien, 1978.
Literatur: U. Prutsch u. K. Zeyringer, Die Welten des P. F., 1997.

Frischenschlager, Friedhelm, * 6. 10. 1943 Salzburg, Jurist und Politiker (bis 1993 FPÖ, dann LIF). 1977–83 und 1986–96 Abg. z. NR, 1996–99 Mitgl. des Europ. Parlaments; 1983–86 BMin. für Landesverteidigung. 1985–87 Sbg. FPÖ-Landesparteiobmann, 1986–90 FPÖ-Klubobmann. Gründungsmitgl. und 1993–96 Klubobmann bzw. geschäftsführender Klubobmann des → Liberalen Forums, 2000 Bundessprecher; seit 2001 für die OSZE tätig.

Frischenschlager, Michael, * 31. 10. 1935 Salzburg, Musiker. Studierte Violine, Dirigieren, Musikpädagogik und Musikwiss. in Salzburg, Innsbruck, Wien und Rom sowie bei Yehudi Menuhin. 1960–64 Geiger bei den Wr. Solisten und bei den Wr. Philharmonikern, 1964–71 Auftritte als Solist und Kammermusiker; seit 1971 Prof. für Violine an der Wr. Musikhochschule bzw. Musikuniv., 1992–96 deren Rektor.

Frischmuth, Barbara, * 5. 7. 1941 Altaussee (Stmk.), Schriftstellerin und Übersetzerin. Zunächst eher sprachkritisch ausgerichtet („Die Klosterschule", 1968; „Amoralische Kinderklapper", 1969), setzte sie sich seit den 70er Jahren vorwiegend mit der Situation der Frau in Familie und Arbeitswelt auseinander (Feentrilogie: „Die Mystifikationen der Sophie Silber", 1976; „Amy oder Die Metamorphose", 1978; „Kai und die Liebe zu den Modellen", 1979). Zahlr. Preise.
Weitere Werke: Prosa: Tage und Jahre, 1971; Das Verschwinden des Schattens in der Sonne, 1973; Haschen nach Wind, 1974; Bindungen, 1980; Die Frau im Mond, 1982; Traumgrenze, 1983; Über die Verhältnisse, 1987; Mörderische Märchen, 1989; Einander Kind, 1990; Hexenherz, 1994; Die Schrift des Freundes, 1998. – Dramen: Mister Rosa, 1989; Anstandslos, 1994; Die Entschlüsselung, 2001. – Kinder- und Jugendbücher: Philomena Mückenschnabel, 1970; Ida, die Pferde und Ob, 1989; Biberzahn und der Khan der Minkei, 1990; Sommersee, 1991; Machtnix, 1993; Gutenachtgeschichte für Maria Carolina, 1994; Donna und Dario, 1997; Alice im Wunderland, 2000. – Gedichte, Hörspiele und Filmdrehbücher.
Literatur: C. Gürtler, Schreiben Frauen anders?, 1983; B. F., hg. v. K. Bartsch, 1992; R. S. Posthofen (Hg.), B. F. in Contemporary Context, 1999; D. Bartens (Hg.), B. F., 2001.

Frisinghelli, Christine, * 7. 12. 1949 Graz (Stmk.), Kuratorin und Kunsttheoretikerin. 1987–95 stellv. Vorsitzende des Forum Stadtpark in Graz. Seit 1980 Redakteurin der Ztschr. „Camera Austria", Konzeption von zahlr. Symposien über Fotografie. Ab 1993 Lehrauftrag für Fototheorie an der Höheren Schule f. Gestaltung Zürich. 1995/96 Programmdirektorin, 1997–99 Intendantin des → steirischen herbstes.

Fristenregelung, Straffreiheit des Schwangerschaftsabbruchs nach medizin. Beratung in den ersten 3 Monaten der Schwangerschaft. Nach jahrzehntelanger Diskussion über eine gesetzl. Neuregelung der → Abtreibung wurde die F. mit 1. 1. 1975 unter der SPÖ-Alleinregierung eingeführt. Für die Liberalisierung hatten sich v. a. Teile der sozialist. und autonomen Frauenbewegung eingesetzt. Der Widerstand von kath.-konservativer Seite kam im „Volksbegehren zum Schutz des menschl. Lebens", initiiert von der „Aktion Leben", zum Ausdruck, das von 895.665 Personen (fast 18 % der Wahlberechtigten) unterzeichnet wurde. Seit 1999 werden Schwangerschaftsabbrüche auch mit der „Abtreibungspille" Mifegyne durchgeführt.

Fritigil, markomannische Königin. Stand mit Bischof Ambrosius von Mailand (* 4. 4. 397) in Briefwechsel, um die Bekehrung ihrer Volksgruppe zum Christentum zu erreichen. Als Gegenleistung überredete sie ihren Mann, sich und sein Volk den Römern zu unterwerfen. Die einem eig. Tribunus unterstellten → Markomannen sind auch in der → Notitia Dignitatum erwähnt; sie wurden wohl knapp vor 397 in Pannonia I (Viertel unter dem Wienerwald, Bgld. und W-Ungarn) angesiedelt.

Fritsch, Anton („Toni"), * 10. 7. 1945 Petronell-Carnuntum (NÖ.), Fußballspieler. 1964–71 mit → Rapid Wien mehrfacher ö. Meister. Berühmt als „Wembley-Toni" (2 Tore beim 3 : 2-Sieg von Ö. gegen England 1965). Beendete als 26-Jähriger seine Fußballkarriere und wanderte in die USA aus, wo er als Freekicker mit den Dallas Cowboys 1972 und 1978 die Super Bowl, den höchsten Titel im American Football, gewann.

Fritsch, Gerhard, * 28. 3. 1924 Wien, † 22. 3. 1969 ebd. (Selbstmord), Erzähler, Lyriker, Bibliothekar. Hg. der Literaturzeitschriften „Literatur und Kritik" und „protokolle" sowie der Anthologien „Frage und Formel" (1963) und „Aufforderung zum Mißtrauen" (1967). F. faßte Gesellschaftskritik als Sprachkritik auf, seine Romaninhalte schwanken zw. Verzweiflung und Tröstlichkeit. In seinem Roman „Moos auf den Steinen" (1956) wendet er sich gegen die Restauration des habsb. Mythos.
Weitere Werke: Romane: Fasching, 1967; Katzenmusik, 1974. – Lyrik: Lehm und Gestalt, 1954; Der Geisterkrug, 1958; Gesammelte Gedichte, 1978. – Übersetzungen, Hörspiele.
Literatur: G. F. zum Gedenken, protokolle 89/2, 1989.

Gerhard Fritsch. Foto, 1967.

Fritsch, Karl, * 24. 2. 1864 Wien, † 17. 1. 1934 Graz (Stmk.), Botaniker. Univ.-Prof. in Wien und Graz. Seine „Exkursionsflora für Ö." (1897) ist ein noch heute verwendetes Werk.

Fritsch, Volker, * 15. 4. 1905 Brünn (Brno, CZ), † 15. 8. 1980 Wien, Elektrotechniker. Nach Ausbildung in Brünn und Prag selbständig; nach 1945 Lehrtätigkeit an der Techn. Hochschule in Wien (u. a. über Blitzschutztechnik).

Fritz, Marianne (geb. Frieß), * 14. 12. 1948 Weiz (Stmk.), Schriftstellerin. Wurde durch ihren 3-bändigen Roman „Dessen Sprache du nicht verstehst" (1985) bekannt. Beeinflusst von R. → Musil, beschreibt sie darin eigenwilliger Erzählsprache das Schicksal einer Arbeiterfamilie am Ende der Habsburgermonarchie. 1988 Literaturpreis des Landes Stmk.
Weitere Werke: Roman: Die Schwerkraft der Verhältnisse, 1978; Prosa-Großprojekt „Die Festung": Das Kind der Gewalt und die Sterne der Romani, 1980; Naturgemäß I, 5 Bde., 1996; Naturgemäß II, 5 Bde., 1998.
Literatur: H. F. Schafroth, Gelebte Lieder, in: M. F., Was soll man da machen, 1985; K. Kastberger (Hg.), Nullgeschichte, die trotzdem war. Neues Wr. Symposium über M. F., 1995.

Fritz, Samuel, * 9. 4. 1654 Trautenau (Trutnov, CZ), † 20. 3. 1725 Santiago de la Laguna (Peru), Jesuit, Indianermissionar am Amazonas, Forschungsreisender. Seine Karte über das Flussgebiet des Amazonas wurde 1893 in Paris neu veröffentlicht.
Literatur: L. Koch, Jesuitenlexikon, 1934; C. Gargia u. a., Die Entdeckung von Peru 1526–1712, 1996.

Fritzbach, Sbg.; östl. Nebenfluss der Salzach. Der F. entspringt südl. der Bischofsmütze (2018 m), fließt etwa in O-W-Richtung an Hüttau (697 m) und Pöham (610 m) vorbei und mündet nördl. von Bischofshofen (549). Die mittlere Durchflussmenge des F. betrug 2000 bei Kreuzbergmauth 3,87 m^3/Sek.

Fritzens, Ti., IL, Gem., 591 m, 2022 Ew., 6,14 km^2, am li. Innufer gegenüber von Wattens. – Betonwerk, Handel (Baumarkt, Holz usw.). – Frühgeschichtl. Funde („Melaun-F.-Gruppe", bes. Keramik), um ca. 1170. Spätgot. Ansitz Thierburg (um 1480), Kapelle mit Rokokoaltar (um 1760); Pfarrkirche (1933).

Fröbel, Julius, * 16. 7. 1805 Griesheim (D), † 6. 11. 1893 Zürich (CH), Politiker und Schriftsteller. Kam 1848 mit R. → Blum nach Wien, wurde wegen Beteiligung an der Revolution zum Tod verurteilt, aber wegen seiner ö.-freundlichen Schrift „Wien, Deutschland und Europa" (1848) begnadigt.
Weiteres Werk: Ein Lebenslauf, 2 Bde., 1890/91 (Autobiographie).
Literatur: D. Schuler, J. F., in: Innsbrucker hist. Studien 7/8, 1985.

Froberger, Johann Jakob, * 18. 5. 1616 Stuttgart (D), † 6. (oder 7.) 5. 1667 Schloss Héricourt (F), Komponist, Organist und Cembalist. Schüler von G. Frescobaldi und G. Carissimi, prägte als Hoforganist in Wien

(1637, 1641–45 und 1653–58) nachhaltig die Wr. Klavier- und Orgeltradition bis zur Mitte des 18. Jh. (G. → Muffat); bed. als Übermittler ital. (Toccaten, Ricercare) und franz. Musik (Suiten).

Werke: v. a. Werke für Tasteninstrumente: 6 Drucke mit Toccaten, Ricercare und Suiten (1639–58); zahlr. Handschriften. – Ausgabe: Denkmäler der Tonkunst in Ö., 3 Bde. (IV/1, VI/2, X/2), 1897–1903.

Literatur: H. Siedentopf, J. J. F., 1977.

FRODL, Walter, * 8. 12. 1916 Straßburg (Kä.), † 10. 4. 1994 Wien, Kunsthistoriker. 1948–59 an der Techn. Hochschule in Graz, 1960–79 an der Techn. Hochschule bzw. Univ. in Wien. 1965–70 Präs. des Bundesdenkmalamts, Vorstand des Inst. für ö. Kunstforschung.

Werke: Die roman. Wandmalereien in Kä., 1942; Die got. Wandmalereien in Kä., 1944; Glasmalerei in Kä., 1950; Kunst in S-Ti., 1960.

Literatur: Beiträge zur Kunstgeschichte und Denkmalpflege. Festschrift für W. F., 1974.

FRÖG, Kä., Teil der Marktgem. Rosegg, bedeutendster Fundort der → Hallstattkultur in Kä. mit einem Gräberfeld von ursprünglich ca. 600 Hügeln. Als Beigaben der Brandbestattungen wurden u. a. teils reich verzierte Tongefäße, Bronzegefäße, Beile, Fibeln, Bronzeschmuck sowie aus Blei gegossene ornamentale Zierelemente, halbplastische und plastische Figuren gefunden.

FRÖHLICH, Alfred, * 15. 8. 1871 Wien, † 22. 3. 1953 Cincinnati (Ohio, USA), Pharmakologe. Univ.-Prof. in Wien, emigrierte 1938. Nach ihm ist eine bes. Form der hormonellen Fettsucht benannt.

Literatur: NDB.

FRÖHLICH, Anna (Netti), * 19. 9. 1793 Wien, † 11. 3. 1880 ebd., Sängerin und Musiklehrerin; die älteste der 4 F.-Schwestern (Barbara F. 1798–1878; Katharina → Fröhlich, Josephine → Fröhlich), die mit F. → Grillparzer und F. → Schubert befreundet waren.

FRÖHLICH, Fritz, * 13. 5. 1910 Linz (OÖ.), † 19. 11. 2001 ebd., Maler. Studierte 1929–37 an der Akad. d. bild. Künste in Wien. Vom Surrealismus ausgehend, entwickelte er eine hintergründig-ironisierende, auf einfache Formen aufgebaute Bildsprache. F.-F.-Museum in Stift Wilhering (OÖ.).

Werke: Fresko in der Stiftskirche Engelszell (OÖ.), 1956; Das Präsent, 1976.

Literatur: F. F. Erinnerungen – Reflexionen, 1971; R. Bentmann, F. F. Öl-Acryl, Aquarelle, Collagen, Pastelle 1968–1978, 1979; H. Helml (Hg.), F. F. Die Kunst des Lebens, 2001.

FRÖHLICH, Georg, * 17. 7. 1872 Brünn (Brno, CZ), † 21. 9. 1939 Wien, Jurist. 1930–34 Vizepräs. des Verfassungsgerichtshofs; Mitschöpfer der ö. → Bundesverfassung, Mitverfasser von wichtigen verfassungsrechtl. Gesetzesausgaben der 1. Republik.

FRÖHLICH, Gerda, * 16. 9. 1943 Wien, Theaterwissenschaftlerin. Studierte Theaterwiss. in Wien, ab 1969 Assistentin von H. → Wobisch für den Aufbau des → Carinthischen Sommers, 1980–2003 dessen Intendantin.

FRÖHLICH, Josephine (Pepi), * 12. 12. 1803 Wien, † 7. 5. 1878 ebd., Sängerin (Alt); jüngste der 4 F.-Schwestern (Anna → Fröhlich, Barbara F., Katharina → Fröhlich). Bekannte Konzertsängerin, 1829 königlich-dän. Kammersängerin, zuletzt Gesangslehrerin in Wien.

FRÖHLICH, Katharina (Kathi), * 10. 6. 1800 Wien, † 3. 3. 1879 ebd., drittälteste der F.-Schwestern (Anna → Fröhlich, Barbara F., Josephine → Fröhlich); die „ewige Braut" F. → Grillparzers, der sich 1849 bei den F.-Schwestern (Wien 1, Spiegelgasse 21) einmietete, von diesen bis zu seinem Tod (1872) betreut wurde und ihnen seinen ganzen Besitz hinterließ. Sie stiftete den Grillparzer-Preis und 1879 die „Schwestern-F.-Stiftung" zur Förderung Not leidender Künstler und Wissenschaftler. Bereits 1872 übergab sie den Nachlass Grillparzers der Stadt Wien.

Literatur: J. A. Lux, Grillparzers Liebesroman, 1912; S. M. Prem, Grillparzers ewige Braut, 1922; ÖBL.

FRÖHLICH-SANDNER, Gertrude, * 25. 4. 1926 Wien, Lehrerin und Politikerin (SPÖ), 1959–65 Abg. z. Wr. Landtag und Mitgl. d. Wr. Gemeinderats, 1965–84 Stadträtin und Wr. Vizebürgermeisterin, 1984–87 BMin. f. Familie, Jugend und Konsumentenschutz; 1969–90 Bundesvorsitzende der Ö. Kinderfreunde, seither Ehrenvorsitzende.

Literatur: K. Stimmer, „Unsere Gerti", 1996.

Adolf Frohner. Foto, um 1980.

FROHNER, Adolf, * 12. 3. 1934 Groß-Inzersdorf (Gem. Zistersdorf, NÖ.), Maler und Graphiker. Ab 1955 als Werbegraphiker tätig, ab 1959 Kunstkritiker, als Maler Autodidakt. Zunächst Vertreter der Objekt- und Aktionskunst (3-tägige Einmauerung mit H. → Nitsch und O. → Muehl 1962, Herausgabe des Manifests „Blutorgel"). Wandte sich später dem Tafelbild zu und setzte sich bes. mit der weibl. Figur auseinander. Seit 1972 Prof. an der Hochschule f. angew. Kunst in Wien, ab 1985 Leiter einer Meisterklasse für Malerei, seit 2000 Vorstand des Inst. f. bild. Kunst. Ö. Staatspreis für Graphik 1972.

Werke: Der Großinquisitor, 1963/64; Das vulgäre Ballett, 1967/68; Künstler und Ges., Gewalt und Gleichgültigkeit, 1977 (Wandbilder im Wohnpark Wien-Alt Erlaa); Relief „Europa", 1993 (U-Bahn-Station Westbahnhof, Wien).

Literatur: D. Ronte (Hg.), Werkbuch eines unruhigen Werkes, 1980; W. Drechsler (Red.), A. F. 1961–1981, Ausst.-Kat., Wien 1981; A. F. Die Emanzipation des Fleisches, 1991; A. F., Malerei oder die gebrochene Leiter, 1993; A. F., Wieder Malerei, 1996; I. Brugger (Red.), A. F. Verteidigung der Mitte, Ausst.-Kat., Wien 2001.

FROHNLEITEN, Stmk., GU, Stadt, 438 m, 6592 Ew., 127,63 km², auf hochgelegener Flussterrasse am Murufer zw. Graz und Bruck a. d. Mur. – Bez.-Ger., Gebietskrankenkasse, Krankenhaus für Orthopädie und orthopäd. Rehabilitation (Theresienhof), Außenstelle des Inst. f. Geophysik der Montanuniv. Leoben, Volkshaus, Golfplatz, Sporthalle, Sport- und Freizeitzentrum, Laufkraftwerke Laufnitzdorf (err. 1931, 108.000 MWh) und Rabenstein (err. 1987, 63.000 MWh), Don-Bosco-Kindererholungsheim. Forstw. – Mehr als die Hälfte der Beschäftigten (2001) im Produktionssektor tätig: Holzverarbeitung (Imprägnierholzerzeugung, Papier- und Kartonfabrik), Stahl- und Portalbau, Kunststeinerzeugung, Betonwerk; etwas Fremdenverkehr. – Pfarrkirche (1679–1701) mit Rokokoausstattung (um 1764); Mariensäule (1732); ehem. Marktbefestigung (Leobner Tor, Tabor); Burgruine Pfannberg, Schloss Neupfannberg (1737) mit engl. Park, darin Karner (um 1500) des ehem. Dorfes Mauritzen. Mur-

Katharina Fröhlich. Kreidebild.

abwärts liegt Adriach, einst röm. Poststation, roman.-got. Filialkirche hl. Georg (1076–1786 Pfarrkirche) mit Fresken von J. A. Mölk und Grabmälern (15.–16. Jh.), gut erhaltene Römerbrücke (2.–3. Jh. n. Chr.); Reste eines röm. Tempels auf dem Kugelstein; südwestl. von Adriach Schloss Rabenstein (um 1670) mit mittelalterl. Burgruine. Murauswärts am Eingang zum Gamsgraben Wasserschloss Weyer (13. Jh., Umbauten 16.–18. Jh.).
Literatur: O. Pickl, Geschichte des Marktes F., 1956; A. Graschy, Stadtgeographie von F., Diss., Graz 1970.

Frojach-Katsch, Stmk., MU, Gem., 762 m, 1248 Ew., 38,89 km², im oberen Murtal. In Frojach barocke Pfarrkirche hl. Andreas (1722, umgebaut 1898) mit großem Pestvotivbild (1715). Burgruine Katsch (Kern 12. Jh.). Schmalspurbahn-Museum mit hist. Lokomotiven altö. Schmalspurbahnen.

Fromiller, Josef Ferdinand, * 1693 Oberdrauburg (Kä.; ?), † 9. 12. 1760 Klagenfurt (Kä.), Maler. Ab 1733 „landschaftl. Maler Kä."; dominierte zu seiner Zeit die gesamte barocke Malerei des Landes.
Werke: Fresken (Schloss Trabuschgen, Wappensäle im Landhaus Klagenfurt, Schloss Ebenthal, Stift Ossiach u. a.; Altarbilder, Stillleben, Porträts, Historienbilder (Serie nach Stichen aus dem Medici-Zyklus von P. P. Rubens, Schloss Trabuschgen), Kupferstiche.
Literatur: H. Thaler, J. F. F., Diss., Wien 1978; NDB.

Fromm, Karl Josef, * 4. 6. 1873 Wien, † 9. 7. 1923 ebd., Journalist, Schriftsteller und Komponist. Redakteur bei verschiedenen Zeitungen („Reichspost", „Vaterland", „Dt. Volksblatt", „Bozener Nachrichten"); daneben Autor literar. und musikal. Werke.
Werke: Bunte Novellen, 1898; Berggeschichten, Gedichte. – Opernzyklus, mehrere Operetten (Im Reiche des Sports, Die Praterfee), Orchesterwerke.

Frondsberg bei Anger, Stmk., WZ, Schloss in der Gem. Koglhof. Auf steilem, zur Feistritz abfallendem Felskegel errichtet, urk. 1265, wurde 1560–1600 von einer ma. Ringburganlage zum Renaiss.-Schloss ausgestaltet. Die ma. Bauteile wurden zu einem geschlossenen Komplex (3 Flügel um kleinen Innenhof mit 2-geschossigen Säulenarkaden) zusammengefasst und auf gleiche Höhe gebracht. Rittersaal mit Jagdszenen (1734/35) und Kassettendecke, Kapelle mit Altar (17. Jh.). Vorzüglich erhalten.

Hans Fronius. Foto.

Fronius, Hans, * 12. 9. 1903 Sarajewo (BIH), † 21. 3. 1988 Mödling (NÖ.), Graphiker, Illustrator, Maler. Studierte 1922–30 an der Akad. d. bild. Künste in Wien bei A. Delug und K. → Sterrer. Wurde v. a. durch expressionist. Holzschnitte und Illustrationen bekannt. Großer Ö. Staatspreis 1966.
Werke: 90 Bücher und Mappenwerke: Kafka-Mappe, 1946; S. Zweig, Die Schachnovelle, 1949; Imaginäre Porträts, 1957; G. Meyrink, Der Golem, 1970; J. Green, Die Nacht der Phantome, 1975.

Literatur: W. Koschatzky, H. F., Bilder und Gestalten, 1972; W. Hilger, H. F. Monographie, 1979.

Fronleichnam (mhd. „vronlicham" = Leib des Herrn), kath. Fest der Eucharistie (seit 1264) am 2. Donnerstag nach Pfingsten. F. ist in Ti. und der Stmk. schon vor 1285, in Sbg. 1352 und in Wien 1334 nachweisbar. Bei der allg. üblichen F.-Prozession („Umgang") wird das Allerheiligste in der Monstranz unter einem „Himmel" (Baldachin auf 4 Stangen) entlang des geschmückten Prozessionswegs zu 4 im Freien aufgestellten Altären getragen. In der W-Stmk. (z. B. Deutschlandsberg) säumen Blumenteppiche den Prozessionsweg; auf dem Traunsee und dem Hallstätter See (OÖ.) werden Seeprozessionen abgehalten, die an die prunkvolle Ausgestaltung der F.-Umzüge in der Zeit der Gegenreformation (in Traunkirchen etwa 1632 von den Jesuiten eingeführt) erinnern. Im Sbg. Lungau (Zederhaus, Muhr) und Pongau (Bischofshofen, Hüttau, Pfarrwerfen, Werfenweng) werden kunstvoll mit Blumengirlanden geschmückte, rd. 5 m hohe und 30 kg schwere „Prangstangen" mitgeführt, ebenso in Rohr im Gebirge (NÖ.). Auf der Salzach bei Oberndorf (Sbg.) wird das „Himmelbrotschutzen" veranstaltet, bei dem 4 gesegnete (nicht geweihte) Hostien ins Wasser geworfen werden. „Antlaßritte" („Antlaß" = Entlassung, urspr. auf den kirchl. Ablaß am Gründonnerstag bezogen, später auf das stets auf einen Donnerstag fallende F.-Fest übertragen) werden im Ti. Brixental (Brixen im Thale, Kirchberg, Westendorf) abgehalten.

Fronleichnam: Prozession auf dem Hallstätter See, OÖ.

Im MA fanden am F.-Tag auch geistl. dramat. Spiele („F.-Spiele") statt. Dabei übernahmen Einzelgruppen zu Wagen und zu Fuß die Vorführung verschiedener bibl. Szenen. Der Stoff der F.-Spiele umfasste einen größeren Zeitraum als der der österl. Passionsspiele. Sie fanden im Barock ihre größte theatral. Entfaltung und wurden bis um die Mitte des 18. Jh. vorgeführt.
Literatur: H. Fielhauer, Die F.-Stangen in Rohr im Gebirge, in: Jb. f. Landeskunde von NÖ., 1964; ders., F.-Stangen in Rohr im Gebirge, 1969 (wiss. Film des ÖWF).

Frontkämpfervereinigung Deutsch-Österreichs, 1920 von H. → Hiltl gegr. Organisation ehem. Frontsoldaten der k. u. k. Armee; relativ kleiner paramilitär. Verband der Rechten (1933: 2000–3000 Mann) mit hohem Offiziersanteil; antisemit., antimarxist. und antidemokrat. Schutztruppe bei christl.-soz., groß-dt. und nat.-soz. Versammlungen. Hist. bedeutsam wurde die Organisation durch den Zusammenstoß von Schattendorf, bei dem 1927 zwei Menschen von Frontkämpfern getötet wurden. Der Prozess gegen die Täter endete mit Freispruch, was wiederum die große Demonstration vom 15. 7. 1927 und den Justizpalastbrand auslöste. Die F. D.-Ö. wurde 1935 aufgelöst. Ein Teil der Mitgl. ging in das Lager der illegalen Nat.-Soz. über.
Literatur: I. Messerer, Die F. D.-Ö., Diss., Wien 1964.

Fronz, Emil, * 17. 9. 1860 Wien, † 30. 12. 1930 ebd., Kinderarzt; Bruder von Richard → Fronz. Erwarb sich um die Einführung der Serumbehandlung bei Diphtherie in Ö. Verdienste.

Fronz, Richard, * 28. 4. 1867 Wien, † 11. 3. 1946 ebd., Komponist; Bruder von Emil → Fronz. Schüler von A. → Bruckner, Kapellmeister an Wr. Theatern; komponierte Opern, Operetten, Singspiele, Chöre und Orchesterstücke.

Fröschel, Emil, * 24. 8. 1884 Wien, † 19. 1. 1972 New York (USA), Arzt. Begründer der Wr. Schule der Logopädie und Phoniatrie; 1927–38 Univ.-Prof. in Wien, danach in den USA; rief in Wien (mit K. C. Rothe) Heilkurse und Sonderklassen für sprachgestörte Kinder ins Leben.
Literatur: NDB.

Frueauf, Rueland d. Ä., * um 1440/45 Salzburg oder Obernberg a. Inn (OÖ.), † 1507 Passau, Maler; Vater von Rueland → Frueauf d. J. Ausbildung in Salzburg, gute Kenntnis der niederländ. Kunst, geprägt durch das Werk C. → Laibs. Ab 1470 war F. in Salzburg und für das Stift St. Peter tätig. 1480 erwarb er das Passauer Bürgerrecht und war 1484 Konkurrent M. → Pachers um einen Altar für die heutige Franziskanerkirche (ausgeführt von Pacher). Die Tafeln eines großen, 1490/91 datierten Altars (aus dem Salzburger Dom?) befinden sich jetzt in der Ö. Galerie Belvedere in Wien. Seine Fresken für das Rathaus und den Scheiblingturm in Passau sind nicht erhalten. Im Vergleich zu M. Pacher ist sein Stil flächig und undynamisch, dafür monumental und mitunter von stimmungsgeladenem Ernst im Sinn der Hochrenaiss.
Literatur: L. v. Baldass, Conrad Laib und die beiden R. F., 1946; E. Baum, Kat. des Mus. Ma. Ö. Kunst – Unteres Belvedere Wien, 1971; E. M. Zimmermann, Studien zum F.-Problem – R. F. d. Ä. und der Meister von Großgmain, Diss., Wien 1975.

Rueland Frueauf d. J.: Eberjagd. Gemälde, 1501 (Stift Klosterneuburg, NÖ.).

Frueauf, Rueland d. J., * um 1475 Salzburg oder Passau, † nach 1545 Passau (D), Maler der → Donauschule; Sohn und Schüler von R. → Frueauf d. Ä. Ab 1497 Bürger in Passau, dürfte sich um 1500 längere Zeit in Ö. aufgehalten haben. Er schuf hier seine Hauptwerke für das Stift Klosterneuburg (Johannesaltar, 1498/99; Leopoldsaltar, 1505). F. zählt zu den Wegbereitern der Donauschule in Ö., er kombinierte oft Szenen aus der Heiligenlegende mit profanen Motiven (z. B. Sauhatz) und malte als Hintergrundlandschaften vielfach die Umgebung Klosterneuburgs.
Literatur: L. v. Baldass, Conrad Laib und die beiden R. F., 1946; A. Stange, R. F. d. J., 1971; J. Gassner u. a., Spätgotik in Salzburg – Die Malerei, Ausst.-Kat., Salzburg 1972.

Frühbauer, Erwin, * 11. 4. 1926 Knittelfeld (Stmk.), Bundesbahnbediensteter und Politiker (SPÖ). 1965–73 Abg. z. NR, 1970–73 BMin. f. Verkehr, 1973/74 Landesrat und 1974–86 Landeshauptmann-Stellv. von Kä.

Frühchristentum: Bronzering aus Lauriacum mit dem Christogramm, 4./5. Jh.

Frühchristentum: Das Christentum dürfte in Ö. vom Balkanraum donauaufwärts und von N-Italien aus verbreitet worden sein. Erste Hinweise auf Christen im Heer von Ks. → Mark Aurel im ö. Raum finden sich im Zusammenhang mit dem sog. Blitz- und Regenwunder in den Markomannenkriegen am 11. 6. 172 n. Chr. Im späten 3. Jh. n. Chr. ist die Existenz kleiner christl. Gemeinden anzunehmen. Der einzige namentlich bekannte röm. Märtyrer Ö. ist der hl. → Florian. Zur Zeit der Synode von Serdica (Sofia) 343 ist zumindest ein Bischof von Noricum nachweisbar, sein Sitz lässt sich nicht ermitteln; später waren Aguntum, Lauriacum, Teurnia und Virunum Bischofssitze. Voll ausgebildet war die kirchl. Organisation zur Zeit der Abfassung der → Vita Severini (511). Frühchristl. Kirchenbauten gibt es u. a. in Aguntum, Duel, am Hemmaberg, in Imst, Lavant, Laubendorf, Lauriacum, Lienz, Nenzing, Pfaffenhofen, Teurnia und Zirl, Grabinschriften in Molzbichl, St. Stefan ob Waiern (Kä.) und Wels. Tonlampen, Silberlöffel, Fingerringe, eine Gürtelschnalle und ein Halsreif mit Christogramm wurden gefunden. Obwohl so die Ausbreitung des Christentums im 4.–6. Jh. auch archäologisch nachweisbar ist, hielt sich das Heidentum z. B. in Cucullis (Kuchl) doch bis in die Zeit des hl. Severin (2. Hälfte 5. Jh.).
Literatur: Severin zw. Römerzeit und Völkerwanderung, 1982; P. Barton, Geschichte des Christentums in Ö. und Südmitteleuropa, 1992; R. Pillinger, Frühes Christentum in Ö. Ein Überblick an Hand der Denkmäler, 1993; F. Glaser, Frühes Christentum im Alpenraum, 1997.

Frühgeschichte, siehe → Urgeschichte.

Fruhmann, Johann, * 22. 4. 1928 Weißenstein a. d. Drau (Kä.), † 27. 1. 1985 Lengenfeld (NÖ.), Maler; ab 1957 Ehemann von Christa → Hauer-Fruhmann. Studierte bei A. → Wickenburg in Graz und an der Akad. d. bild. Künste in Wien bei R. C. → Andersen und A. P. → Gütersloh. Nach einer frühen geometrischen Peri-

ode wandte er sich der informellen und schließlich einer großflächigen, fein abgestimmten Malerei zu.
Werke: Mosaik, Stadthalle Wien, 1957; Malerei, 1963–66 (Zyklus); Lichtenvironment, 1967 (Weltausstellung Montreal); Bild 1976–84 (Zyklus).
Literatur: J. F. 1928–1985, 1989; Künstler (Sammler) Mäzene. Porträt der Familie Hauer, Ausst.-Kat., Krems 1996.

FRÜHMANN, Thomas, * 23. 1. 1953 Wien, Springreiter und Sportfunktionär. Neben H. → Simon erfolgreichster ö. Springreiter; 3-mal Sieger des Audi-GP in Wien und des Derbys in Hamburg, 1990 Sieger bei CHIO in Aachen; Silbermedaille im Mannschaftsbewerb bei den Olymp. Spielen 1992 in Barcelona.

FRÜHMITTELALTER:

Bevor die letzten Römer 488 aus Ufernoricum abzogen, siedelte bereits bei Krems der german. Stamm der Rugier, deren Reich auf → Odoakers Befehl vernichtet wurde. Weiter westl. bildeten sich im 5./6. Jh. allmählich die german. Stämme der → Baiern und → Alemannen. In Pannonien kam es nach Attilas Tod 453 zu Kämpfen german. Stämme gegeneinander. Nachdem die Ostgoten nach Italien abgezogen waren (vor 493), wo sie unter Theoderich ein kurzlebiges Reich mit Einschluss alpiner Gebiete gründeten, hatten ab 509 die Langobarden für einige Jahrzehnte die Herrschaft in Pannonien inne, die sich auch über Teile NÖ. erstreckte. Sie verbündeten sich anfangs mit dem neu in Pannonien eingedrungenen asiat. Reitervolk der → Awaren, wichen aber schließlich 576 vor diesen nach Italien aus und überließen ihnen die Herrschaft im östl. Donaugebiet.

Westl. der Enns, in Sbg. und in N-Ti. hatten sich die Baiern konsolidiert und die aus röm. Zeit verbliebene Bevölkerung in ihren Stamm aufgenommen, diese hatte entweder eigene ethn. Bezeichnungen („Breonen") oder galten als „Romani tributales" (tributpflichtige Römer). Südl. von Salzburg verlief noch bis ins 9./10. Jh. die Sprachgrenze zwischen Baiern und Romanen. Roman. Inseln nördl. davon erscheinen durch „Walchen"-Namen gekennzeichnet. Wie die Alemannen gerieten auch die Baiern allmählich unter fränk. Oberhoheit. Östl. der Enns und in Karantanien behielten die Awaren die Herrschaft über die im späten 6. Jh. in das Wald- und Weinviertel sowie in das Alpenvorland und in die Alpentäler einwandernden Süd- und Westlawen. Die Grenze des Vordringens dieser → Slawen ist aus Gewässer- und Ortsnamen erkennbar: Sie breiteten sich bis ins 8. Jh. über ganz NÖ., die Stmk., O-Ti., den Lungau und Kä., den Ostteil OÖ. sowie das Mühlviertel aus. Nur unter Samo konnten sie sich 623–62 von den Awaren lösen, wobei nicht sicher ist, ob sich dessen Slawenstaat auch über Gebiete Ö. erstreckte. Im 8. Jh. gab es eine awar. Renaissance, gegen die sich die alpenslaw. Karantaner an die Baiern wandten. Damit begann bair. Einfluss und die Christianisierung der Karantaner von Salzburg aus, während im S Missionare aus Aquileja wirkten. Doch weisen Überreste wie jener des Grabsteines eines Diakons Nonnosus aus dem 6. Jh. in Molzbichl (Kä.), wo es offenbar im 8. Jh. zur Gründung eines Klosters kam, auch auf Kontinuität des spätantiken Christentum, dessen Bistums-Struktur in ehem. Binnennoricum länger erhalten blieb als in Ufernoricum.

Durch den fränk. Einfluss kam es im bair. Raum zu einem beträchtl. kulturellen Aufschwung (→ Christianisierung). Um 739 wirkte Bonifatius im bereits christl. Bayern und machte Salzburg, wo schon ab 696 der hl. Rupert gewirkt hatte, zu einem Bistum. Weitere Bischofssitze entstanden in Passau, das sich auf die antike Tradition von Lorch berief, in Regensburg, in Freising und in Säben (später Brixen) in S-Ti. Nun wurden auch Klöster gegr., etwa durch Hzg. Tassilo III. 748 Mondsee und 777 Kremsmünster (Tassilokelch und -leuchter erinnern an den Stifter), vor 784 Mattsee und Innichen im Pustertal. Diese Epoche einer weitgehenden baier. Selbständigkeit fand durch die Absetzung Tassilos III. durch Karl den Großen 788 ihr Ende. Schließlich warfen die Franken das Awarenreich 791–96 nieder. Nach der Zerstörung des Awarenreichs wurden Reste dieses Volks im nördl. Bgld. angesiedelt. Karl der Große strebte die Erneuerung des Röm. Reiches an. Die Donau war daher N- und O-Grenze des fränk. Herrschaftsgebietes. Der Raum wurde in 2 Markgebieten organisiert und von Präfekten verwaltet; darunter bildeten Grafschaften die kleineren Verwaltungseinheiten, auch slaw. Fürsten entwickelten regionale Herrschaftsbereiche innerhalb des Frankenreiches (etwa die pannon. Slawen mit ihrem Zentrum Mossburg am Plattensee unter den Fürsten Frivina und Chozil). Dagegen wurde Karantanien nach einem Aufstand des Fürsten Ljudewit in die karoling. Grafschaftsorganisation einbezogen (um 826). Die Führungspositionen wurden von einer überregional wirksamen Adelsschicht eingenommen, die wohl auch die Kolonisation einleitete. Zwar wurden einige Kirchen erbaut, etwa die Martinskirche in Linz, die Ruprechtskirche in Wien oder die Kirche in Karnburg (Kä.), unklar ist hingegen, ob es eine Pfarrorganisation gab. Weitere Klostergründungen fallen ebenfalls in diese Zeit: St. Florian (805), St. Pölten (vielleicht schon zur Zeit Tassilos). Auch die Errichtung von „Burgen" ist in einigen Fällen belegt. Der Begriff Burg bedeutete allerdings nicht eine adelige Höhenburg, sondern eine befestigte Siedlung mit Möglichkeit zum Warenaustausch – also die Vorform der Stadt (vgl. Wilhelmsburg, Salzburg, Judenburg usw.).

In diese Zeit fällt der mächtige Ausbau von Salzburg: Nachdem Bischof Virgil 767–74 einen großen Dom erbaut hatte, wurde Salzburg unter Arno 798 zum Erzbistum erhoben. Geistl. Stützpunkte waren das Stift St. Peter (urspr. das Domstift) und das Frauenkloster auf dem Nonnberg. Salzburg bemühte sich v. a. um die Christianisierung der Alpenslawen in Karantanien und gem. mit Passau auch um die der Slawen in Pannonien und in der Slowakei, doch wurden dort nur bescheidene Erfolge erzielt, da die von den Slawenaposteln Kyrill und Method getragene Christianisierung starken Rückhalt besaß, in geistl. Hinsicht beim Papst, in polit. Hinsicht im Großmähr. Reich.

An der Thaya-March-Mündung hatte sich vor der Mitte des 9. Jh. ein slaw. Herrschaftsgebiet entwickelt. In dieses Reich wurde insbes. das heutige Weinviertel einbezogen. Die letzten Jahrzehnte des 9. Jh. standen im Zeichen von Kämpfen der regionalen Machthaber (aber auch ostfränk. Könige) mit den Herrschern dieses (Groß-)Mähr. Reichs, unter denen Swatopluk (870–94) hervorragte. Der ostfränk. Kg. Ludwig der Deutsche verbündete sich 864 sogar mit dem Khan der Bulgaren gegen die Mährer. Sein Enkel Arnulf, Hzg. v. Kä., wurde 887 zum ostfränk. König erhoben (ab 896 Kaiser), aber auch er konnte die Grenze nicht dauernd sichern. Jedenfalls bildete das Ostland (östl. der Enns, theoretisch einschließlich des röm. Pannonien), gem. mit Bayern und Karantanien auch als „regnum" bezeichnet, eine wichtige Herrschaftsbasis für die letzten Karolinger, nach deren Aussterben für regionale Geschlechter.

Die zw. 903 und 905 entstandene → Raffelstettener Zollordnung zeigt die Verhältnisse im Grenzbereich

Frühmittelalter: Knauf eines der beiden Tassiloleuchter im Stift Kremsmünster, OÖ.

am Ausgang des 9. Jh. Die östlichste Handelsstation im Donaubereich war Mautern; die Franken und Baiern lieferten v. a. Salz und bezogen aus dem O Rinder und Pferde, Lebensmittel, Honig, Wachs und Sklaven. Ab 881 wurde die O-Grenze durch ein neues asiat. Reitervolk, die Magyaren, beunruhigt. Nach ihrer eig. Stammessage ließen sie sich 896 in Pannonien nieder und begannen bald mit Expansionsversuchen nach W. 904 zerstörten sie das Großmähr. Reich, am 4. 7. 907 unterlag ihnen der bair. Heerbann bei Pressburg. Diese Niederlage markiert das Ende der karoling. Epoche: Ö. östl. der Enns kam unter ungar. Vorherrschaft, westl. davon herrschten weiterhin die Baiern unter Hzg. Arnulf, der auch Karantanien beherrschte, lange praktisch ganz unabhängig vom ostfränk. Königtum Konrads I. und Heinrichs I. Erst Otto I. hat den baier.-karantan. Komplex wieder direkter Königskontrolle unterstellt. Die Entwicklung von OÖ., Sbg. und Ti. vollzog sich nun im bairischen, die von Vbg. im alemann. Stammesherzogtum.

Ohne größere Zäsur verlief in dieser Zeit die Geschichte von Sbg. Die nach 800 angelegten Güterverzeichnisse zeigen, dass das Erzbistum die reichste Diözese Baierns war. Wie stark das geistige Leben bereits entwickelt war, beweisen die überlieferten Annalen. Sbg. verfügte auch über eine Bibliothek und ein Skriptorium. 845 ist der Virgildom abgebrannt, 2 Jahre später auch die Klosterkirche von St. Peter. Beide wurden wieder aufgebaut, 860 erhielt Salzburg überdies eine reiche Schenkung von Gütern in NÖ., der Stmk. und Kä. sowie von anschließenden Gebieten in W-Ungarn. Nach der Katastrophe von 907 bestanden Kirchenprovinz und Erzbistum im Rahmen des baier.-karantan. Regionalkomplexes weiter, die pannon. Kirchen und Besitzungen gingen verloren. Erzbischof Odalbert II. (923–35) stammte aus dem Adelsgeschlecht der Aribonen, der ab 939 regierende Erzbischof Herold aus der Familie der Liutpoldinger. Er war Erzkapellan Ottos des Großen, wurde in den Konflikt um den Königssohn Liudolf verwickelt und 955 durch Hzg. Heinrich v. Baiern geblendet. Er habe die Kirchen geplündert, deren Schatz die Ungarn ausgeliefert und habe dem Kaiser die Treue gebrochen, hieß es später in einer Erklärung des Papstes, der auf der Seite Heinrichs stand. In der 1. Hälfte des 10. Jh. ging von den Ungarn eine ständige Beunruhigung aus. Allerdings hatten die bayer. Herzöge zeitweilig ganz gute Beziehungen zu ihnen, die vielfach nachweisbare Besitzkontinuität bayr. Bischofskirchen und Klöster in den Gebieten östl. der Enns spricht ebenso dafür wie der Tod des freising. Bischofs Drakulf 833 im Greiner Strudel im Zuge einer Besuchsfahrt zu seinen östl. Besitzungen. Nachdem die Ungarn 933 in Sachsen abgewiesen worden waren und die westl. Heere sich allmählich auf ihre Kriegstechnik eingestellt hatten, begann sich eine Entscheidung abzuzeichnen. Einem ungar. Feldzug nach W trat Kg. Otto I. am 10. 8. 955 bei Augsburg mit einem Aufgebot aller Stämme des Ostfrankenreiches entgegen und errang den Sieg. In den darauf folgenden Tagen wurde das gesamte ungar. Heer vernichtet, der Sage nach sollen nur 7 Ungarn in die Heimat wiedergesehen haben. Damit war für Mitteleuropa und insbes. für den ö. Raum die Möglichkeit einer Neuordnung gegeben, die in den folgenden Jahrzehnten geschaffen wurde. Allerdings war das otton. Ostland, das „ostarrichi", viel kleiner, als es das karolingische gewesen war. Die folgende Entwicklung führte zur Entstehung neuer Einheiten, der Länder, die das heutige Ö. bilden (→ Hochmittelalter).

Literatur: H. Wolfram u. a., Die Bayern und ihre Nachbarn. Denkschrift der Ö. Akad. d. Wiss. 179/180, 1985; H. Wolfram, Die Geburt Mitteleuropas. Geschichte Ö. vor seiner Entstehung, 1987; ders., Grenzen und Räume. Geschichte Ö. vor seiner Entstehung 378–907 (= Österreichische Geschichte in 10 Bden., hg. v. H. Wolfram, 1994 ff., Bd. 1), 1995.

Frühwirth, Andreas (Franz), * 21. 8. 1845 St. Anna a. Aigen (Stmk.), † 9. 2. 1933 Rom (I), Dominikaner-Ordensgeneral, Jurist und Verwaltungsfachmann. 1907–16 Nuntius in München, 1915 Kardinal, 1927–33 „Kanzler der Hl. Röm. Kirche"; Berater von K. Frh. v. → Vogelsang.
Literatur: A. Walz, A. Kardinal F., 1950.

Fruhwirh, Carl, * 31. 8. 1862 Wien, † 21. 7. 1930 Baden (NÖ.), Agrarwissenschaftler. Eine der führenden Persönlichkeiten bei der Erforschung und Züchtung landw. Nutzpflanzen. 1893–97 an der Hochschule f. Bodenkultur in Wien, 1897–1907 an der landw. Akad. in Hohenheim (Württemberg) und der Tierärztl. Hochschule in Stuttgart, ab 1907 an der Techn. Hochschule in Wien (1911 Prof. f. Landw.).
Werk: Die Züchtung der landw. Kulturpflanzen, 5 Bde., 1901–12 (⁶1922 ff.).
Literatur: ÖBL.

Frutten-Giesselsdorf, Stmk., FB, Gem., 335 m, 681 Ew., 10,88 km², landw. Gem. mit etwas Tourismus an der Weinstraße im Südoststeir. Hügelland am Fuß des Stradnerkogels. Basaltsteinbruch, Weinbau. – Kapelle in Frutten mit Barockorgel (aus der Schlosskapelle Kapfenstein).

Fruwirt, Ferdinand d. Ä., * 5. 10. 1812 Wien, † 1. 3. 1867 ebd., Industrieller; Vater von Ferdinand → Fruwirt d. J. Übernahm 1836 das Unternehmen seiner Eltern mit mehreren Waffenfabriken in NÖ. (Wr. Neustadt, Neunkirchen, Freiland, St. Aegyd a. Neuwalde). Seine Gewehre zeichneten sich durch hohe Präzision aus und wurden auch von der ö. Armee verwendet.
Literatur: ÖBL.

Fruwirt, Ferdinand d. J., * 16. 12. 1841 Wien, † 8. 6. 1892 ebd., Industrieller. Übernahm 1867 nach dem Tod seines Vaters Ferdinand → Fruwirt d. Ä. die Metall- und Waffenfabriken in NÖ., die er zunächst auf Hinterladergewehre, dann auf zivile Produkte umstellte.
Literatur: ÖBL.

Fuchs, Adalbert (Franz), * 12. 9. 1868 Landschau (Lanžov, CZ), † 15. 11. 1930 Göttweig (Gem. Furth b. Göttweig, NÖ.), Benediktiner, Historiker. Ab 1923 Abt von Stift Göttweig, dessen Urkunden er publizierte (Fontes rerum Austriacarum 51, 52, 55, 1901–02). Bearbeitete weiters den 5. Bd. der Necrologia der Monumenta Germaniae historica und die Briefe an R. Montecuccoli 1659/60.
Literatur: ÖBL.

Fuchs, Alfred, † 2. 8. 1870 Prag (CZ), † 5. 10. 1927 Wien, Neurologe. Assistent bei J. → Wagner-Jauregg, ab 1912 Univ.-Prof. in Wien; Untersuchungen über die Zerebrosinalflüssigkeit, die fuchs-rosenthalsche Zählkammer und die Messung der Pupillengröße.
Literatur: NDB.

Fuchs, Aloys, * 22. 6. 1799 Raase (Razova, CZ), † 20. 3. 1853 Wien, Musikforscher und -sammler, hauptberuflich im Staatsdienst (u. a. Assistent von R. v. → Kiesewetter). Ab 1829 im Vorstand der Ges. der Musikfreunde in Wien; seine große Musikbibl. und Autographen-Smlg. (J. S. Bach, F. Händel, C. W. Gluck, J. Haydn, W. A. Mozart, L. van Beethoven u. a.) ging nach seinem Tod großteils an die Dt. Staatsbibl. Berlin; zahlr. Schriften über Musik.

Fuchs, Charlotte Gräfin (eigentl. Maria Karoline, geb. Mollard), * 14. 1. 1681 Wien, † 27. 4. 1754 ebd., Er-

Charlotte Gräfin Fuchs. Gemälde, um 1745.

zieherin bei Kaiserin Elisabeth Christine (Gemahlin Ks. Karls VI.) und Obersthofmeisterin bei → Maria Theresia, deren Freundschaft und Vertrauen sie in hohem Maß genoss ("meine Füchsin"); auf deren Wunsch als einzige Nicht-Habsburgerin in der Kapuzinergruft beigesetzt. Ihr kleines Schloss in Rodaun bewohnte später H. v. → Hofmannsthal, dann M. → Grengg (heute Museum).

Fuchs, Ernst, * 14. 6. 1851 Kritzendorf (NÖ.), † 21. 11. 1930 Wien, bed. Augenarzt. Schuf die patholog. Anatomie des Auges, 1881–85 Univ.-Prof. in Lüttich, 1885–1915 Vorstand der II. Augenklinik in Wien. Begründete 1887 mit H. v. → Bamberger die „Wr. klinische Wochenschrift"; erforschte das patholog. veränderte Gewebe des Auges, legte eine Smlg. von Augenschnitten an, führte neue Operationsmethoden ein und begründete die histolog. Fundierung der Krankheitsbilder.
Werke: Lehrbuch der Augenheilkunde, 1889; Wie ein Augenarzt die Welt sah, hg. v. A. Fuchs, 1946 (Autobiographie).
Literatur: ÖBL; NDB.

Fuchs, Ernst, * 13. 2. 1930 Wien, Maler, Graphiker und Bildhauer. Studierte 1946–50 an der Akad. d. bild. Künste in Wien bei R. C. → Andersen und A. P. → Gütersloh, war ab 1948 Mitgl. des Art-Clubs und 1950 einer der Gründer der Künstlervereinigung „Hundsgruppe". 1959 mit F. → Hundertwasser und A. → Rainer Mitgl. des „Pintorariums". Einer der Hauptvertreter der → Wiener Schule des Phantastischen Realismus. Die Zeichen- und Malkunst von F. ist an Werken der Vergangenheit vom MA bis in das 19. Jh. geschult. Seine in meisterhafter Kleinarbeit ausgeführten Gemälde und Graphiken weisen starke relig. und mytholog. Symbolik auf. Um 1978 begann eine neue Phase seines Werks, gekennzeichnet durch die Verwendung leuchtender Farben, einfachere Bildkomposition und teilw. plakativ überzeichnete Gestalten der antiken und german. Mythologie (Lohengrin, Ikarus u. a.).
Werke: Kataklysmen, 1946 (12 Linolschnitte); Maibild, 1949 (Radierung); Einhorn-Zyklus, 1951/52 (Radierungen); Das Mysterium des Rosenkranzes, 1958–61 (Altarbilder, Wien-Hetzendorf); Samson, 1960–62 (Radierungen); Zyklus Esther, 1967 (Radierungen); Die Einkleidung der Esther, 1970–83; Große Esther, 1972 (Skulptur); Illustrationen zur Kabbala, 1978; Ikarus auf Kothurnen, 1978; Leda und der Schwan, 1979, Der Pfau, 1986. – Ausstattung von Bühnenwerken (Parsifal, Lohengrin, Zauberflöte, Hoffmanns Erzählungen); Gestaltung von Gebrauchsgegenständen (Möbel, Stoffe, Schmuck u. a.). – Schrift: Phantastisches Leben. Erinnerungen, 2001.
Literatur: R. P. Hartmann (Hg.), F. über E. F., Bilder und Zeichnungen von 1945–1976, 1977; K.-G. Pfändtner (Hg.), E. F. – Von der Phantastik zur Vision, Ausst.-Kat., Bamberg 1997; G. Habarta, E. F. Das Einhorn zw. den Brüsten der Sphinx, 2001.

Fuchs, Franz, * 12. 12. 1949 Gralla (Stmk.), † 26. 2. 2000 Graz-Karlau (Stmk., Selbstmord), Vermessungstechniker. Am 1. 10. 1997 verhaftet und am 9. 3. 1999 als Alleinverantwortlicher für insges. 25 Briefbomben und 3 Sprengfallen verurteilt, die 1993–95 in Ö. und Deutschland 4 Menschen töteten und 15 verletzten.
Literatur: H. Scheid, F. F., 2001.

Fuchs, Hans, * 7. 11. 1890 Karlsbad (Karlovy Vary, CZ), † 14. 2. 1986 Wien, Funktionär der christl. Turnbewegung. 1929–38 Verbandsdietwart (Kulturwart) der Christl.-dt. Turnerschaft Ö., 1945 Mitbegründer der Ö. Turn- und Sportunion; Bundeskulturwart 1945–67.
Literatur: J. Recla, Die Christl. Turnbewegung, 1982.

Fuchs, Johann, nachweisbar 1752–82, Baumeister. Tätig in Marburg und in der Stmk., neben J. → Hueber Hauptvertreter des steir. Barock im 3. Viertel des 18. Jh. Seine Kirchen sind vom Geist des hochbarocken Raumgefühls bestimmt, die späteren Werke weisen schon klassizistische Einflüsse auf.
Werke: Kirchen: Ehrenhausen, 1752–55; St. Johann im Seggautal, 1750–58; Wies, 1774–82; Jesuitenkirche in Marburg.
Literatur: R. List, Kunst und Künstler der Stmk., Bd. 1, 1967; NDB.

Fuchs, Johann Nepomuk, * 29. 6. 1766, † 29. 10. 1839 Eisenstadt (Bgld.), Komponist. Schüler J. → Haydns, zählte zu den bedeutendsten Kirchenkomponisten seiner Zeit; ab 1784 in der esterházyschen Kapelle, die er nach Haydns Tod 1822 übernahm.
Werke: 28 Messen, 51 Offertorien und Graduale, 31 Litaneien, 62 andere kirchl. Werke, 20 Opern, 2 Ouvertüren, 15 Männerquartette.
Literatur: ÖBL.

Fuchs, Johann Nepomuk, * 5. 5. 1842 Frauenthal (Stmk.), † 15. 10. 1899 Bad Vöslau (NÖ.), Komponist und Kapellmeister; Bruder von Robert → Fuchs (* 1847). Ab 1880 Kapellmeister der Wr. Hofoper, 1893 Dir. des Konservatoriums der Ges. der Musikfreunde in Wien, 1894 Vizehofkapellmeister. Bearbeitete Opern von C. W. → Gluck und F. → Schubert, förderte die Schubert-Gesamtausgabe.
Werke: Opern (Zingara, 1872), Lieder, Klavierstücke.

Fuchs, Konrad, * 26. 11. 1938 Salzburg, Bankmanager. Ab 1973 Vorstandsmitgl. und 1989–97 Vorstandsvorsitzender der Ersten ö. Spar-Casse; Univ.-Prof. an der Wr. Wirt.-Univ. (Schwerpunkte Bankautomation und -management), Vizepräs. der Wr. Wirtschaftskammer. Seit 1999 Vorsitzender der Übernahmekommission zur Überwachung von Übernahmen börsenotierter Unternehmen.

Fuchs, Robert, * 15. 2. 1847 Frauental a. d. Laßnitz (Stmk.), † 19. 2. 1927 Wien, Komponist; Bruder von Johann Nepomuk → Fuchs (* 1842). Mit seiner Orchesterwerken als Komponist sehr erfolgreich (gefördert

Ernst Fuchs. Foto.

Johann Nepomuk Fuchs. Foto.

von J. → Brahms), ab 1875 Dirigent der Konzerte der Ges. der Musikfreunde in Wien, 1894–1905 Hoforganist, 1875–1912 Prof. am Wr. Konservatorium (Lehrer von H. → Wolf, F. → Schreker, G. → Mahler, F. → Schmidt und J. Sibelius).

Werke: 2 Opern (Die Königsbraut, 1889; Die Teufelsglocke, 1893), 5 Symphonien, 5 Orchesterserenaden, Kammermusik, Kirchenmusik, Lieder.

Literatur: A. Mayr, Erinnerungen an R. F., 1934; A. Grote, R. F. Studien zu Person und Werk des Wr. Komponisten und Theorielehrers, 1994; M. Kreuz, R. F. (1847–1927). Der Mensch – der Lehrer – der Komponist, Diss., Wien 1994.

Fuchs, Robert, * 1. 4. 1896 Wien, † 10. 2. 1981 ebd., Maler. Studierte an der Akad. d. bild. Künste in Wien und wurde als hervorragender Porträtist bekannt. Sein bekanntestes Werk ist „Die Unterzeichnung des ö. Staatsvertrags im Oberen Belvedere 1955" (1955–57).

Friedrich Heinrich Füger: Selbstporträt (Österreichische Galerie Belvedere, Wien).

Fuchs, Theodor, * 15. 9. 1842 Eperjes (Prešov, SK), † 5. 10. 1925 Steinach a. Brenner (Ti.), Paläontologe, Geologe. Zunächst für das Hofmineralien-Cabinett tätig, nach dem Neubau des Naturhist. Museums an der Ausgestaltung und Einrichtung der geolog.-paläontolog. Abteilung und der Neuaufstellung der Sammlungen führend beteiligt. Erforschte die tertiären Ablagerungen des Mittelmeergebiets und des Wr. Beckens.

Literatur: ÖBL.

Fuchs, Werner, * 10. 12. 1937 Wien, † 24. 11. 1985 ebd., Geologe und Mikropaläontologe an der Geolog. Bundesanstalt. Neben der Erstellung zahlr. geolog. Karten erwarb er sich bes. Verdienste um die Erforschung der frühesten Planktonforaminiferen („Trias-Globigerinen").

Werk: Zur Stammesgeschichte der Planktonforaminiferen, in: Jb. der Geolog. Bundesanstalt, 1975.

Literatur: R. Oberhauser, Nachruf, in: Jb. der Geolog. Bundesanstalt, 1987.

Fuchsmagen (Fuxmagen), Johannes, * um 1450 Hall i. Ti., † 1510 Melk (NÖ.), Jurist, Humanist, Sammler. Diplomat im Dienst der Ks. Friedrich III. und Maximilian I., Präs. der → Sodalitas litteraria Danubiana in Wien. Grab in der Wr. Kirche St. Dorothea, der er einen großen, in Brüssel hergestellten Bildteppich (seit 1786 im Stift Heiligenkreuz) gestiftet hatte.

Literatur: 1000 Jahre Babenberger, Ausst.-Kat., Lilienfeld 1976; NDB.

Fuder, altes Flüssigkeitsmaß, bes. für Wein; entsprach 32 Eimern = 1810,85 l.

Fügen, Ti., SZ, Gem., 545 m, 3410 Ew., 6,64 km², Hauptort des vorderen Zillertals, am Fuß des Kellerjochs (2344 m), zweisaisonales Fremdenverkehrszentrum (437.415 Übern.) mit Skigebieten Spieljochbahn und Hochfügen. – Forsttechn. Dienst f. Wildbach- und Lawinenverbauung, Gondelbahn auf das Spieljoch; Holzbearbeitung (Platten, Möbel), Glasschleiferei, Druckerei. – Urk. 1130–40; got. Pfarrkirche, Altar um 1330, Langhaus 1447–97; Reste einer got. Gemäldefolge (14. Jh.); Hochaltar mit spätgot. Reliefs und Statuen; spätgot. Kirche Fügenberg; barocke Wallfahrtskirche Marienbergl (1715–21); Schloss F. (um 1550, Neubau um 1695–1702). In Kleinboden Hammerwerk aus dem 19. Jh. erhalten; Heimatmuseum.

Literatur: H. Mair, F. und Fügenberg, 1971.

Fügenberg, Ti., SZ, Gem., 681 m, 1166 Ew., 58,54 km², zweisaisonale Fremdenverkehrsgem. (195.080 Übern.) im vorderen Zillertal; eng verbunden mit Nachbargem. Fügen. – Urk. 1315; got. Pankrazkirche (Bauphasen 1494–97, 1520–22) mit got. Fresken, Barockaltäre mit got. Heiligenstatuen (um 1500); ganzjährig aufgestellte Weihnachtskrippe mit Figuren von F. X Nissl (um 1770–80); Ein- und Paarhöfe mit original erhaltenen Nebengebäuden.

Literatur: H. Mair, Fügen und F. Eine Häuser- und Höfegeschichte, 1971.

Füger, Friedrich Heinrich, * 8. 12. 1751 Heilbronn (D), † 5. 11. 1818 Wien, Maler. Ab 1744 in Wien, gefördert durch den kaiserl. Hof, Studienaufenthalte in Rom und Neapel. 1795 Dir. der Akademie, ab 1806 Dir. der Kaiserl. Gemäldegalerie in Wien. Bevorzugter Porträt- und Miniaturmaler der ö. Aristokratie sowie Historienmaler. Unter dem Einfluss A. R. Mengs Wegbereiter des Klassizismus in Ö. Im Kleinformat oft erstaunlich locker und farblich reizvoll, pflegte er sonst eine strenge Malerei mit deutlichem Hang zu Pathos und Dramatik.

Literatur: H. F. F., Ausst.-Kat., Heilbronn 1968; A. U. Schwarzenberg, Studien zu F. H. F., Diss., Wien 1974.

Fugger, süd-dt. Kaufmannsfamilie, ab 1514 Reichsgrafen. Die bedeutendsten Persönlichkeiten aus der Familie in Ö. waren: Jakob (II.) → Fugger und Anton → Fugger.

Literatur: G. v. Pölnitz, Die F., ⁶1999.

Fugger, Anton, * 10. 6 1493 Augsburg (D), † 14. 9. 1560 ebd., Kaufmann. Unterstützte Ferdinand I. bei der Erwerbung von Böhmen und Ungarn 1526/27 sowie bei der Königswahl 1531. Er zog sich ab 1547/48 von der polit. Finanzierung zurück.

Literatur: E. E. Unger, Die F. in Hall i. Ti., 1967.

Fugger, Eberhard Friedrich, * 3. 1. 1842 Salzburg, † 21. 8. 1919 ebd., Naturforscher. Unterrichtete an den Realschulen in Stockerau (1864–70) und Salzburg (1870–99). Ab 1902 Dir. des Sbg. Landesmuseums, Verfasser von Verzeichnissen der Pflanzen und Mineralien von Sbg. Erforschte bes. die sbg. Eishöhlen („Wintereistheorie").

Werke: Naturwiss. Studien und Beobachtungen aus Sbg., 1885; Analyt. Tabellen zur Bestimmung der Sbg. Mineralien, 1887 (beide mit C. Kastner); Eishöhlen und Windröhren, 3 Tle., 1891–94.

Jakob (II.) Fugger. Gemälde nach A. Dürer, um 1510.

Fugger, Jakob (II.), „der Reiche", * 6. 3. 1459 Augsburg (D), † 30. 12. 1525 ebd., Kaufmann. Nachfolger von Anton → Fugger, leitete ab 1485 eine Faktorei in Innsbruck, von wo aus er Produktion und Handel von Kupfer und Silber in Ti. beherrschte. Er war Geldgeber von Ks. → Maximilian I. und finanzierte 1519 die Wahl → Karls V. zum Kaiser.

Literatur: E. E. Unger, Die F. in Hall i. Ti., 1967.

FÜHRER, Robert, * 2. 6. 1807 Prag (CZ), † 28. 11. 1861 Wien, klassizist. Komponist. Bis 1845 Organist in Prag, dann Wanderleben durch verschiedene süd-dt. und ö. Städte (Salzburg, München, Braunau, Gmunden, Ried und Wien).
Werke: über 400 meist geistl. Werke und theoret. Werke (u. a. „Praktische Anleitung zur Orgelkomposition", 1850).

Josef von Führich: Der Gang Mariens über das Gebirge. Gemälde, 1841 (Österreichische Galerie Belvedere, Wien).

FÜHRICH, Josef von, * 9. 2. 1800 Kratzau (Chrastava, CZ), † 13. 3. 1876 Wien, Maler relig. Themen und Historienmaler. Studierte an der Prager Kunstschule, ging 1827 auf Wunsch Metternichs nach Rom, wo er sich den → Nazarenern anschloss. Mitarbeit an den Fresken im Casino Massimo in Rom mit F. Overbeck, J. A. → Koch und J. Schnorr v. Carolsfeld. 1829 kehrte er nach Prag zurück, war 1834 Kustos an der Wr. Akad.-Galerie und ab 1840 Prof. für Historienmalerei an der Akad. d. bild. Künste in Wien. 1851 erhielt er den Auftrag zur Ausgestaltung der → Altlerchenfelder Kirche (Hauptwerk). F. war der bedeutendste Vertreter christl. Kunst des 19. Jh. in Ö. Er schuf zahlr. relig. Zyklen (Holzschnitte und Radierungen).
Literatur: B. Rittinger, Die Kreuzwegfresken J. F. in der Pfarrkirche St. Johann Nepomuk in Wien 2, Praterstraße, Diss., Wien 1976; G. Frodl, Wr. Malerei der Biedermeierzeit, 1987.

FUHRMANN, Ernst, * 21. 10. 1918 Wien, † 6. 2. 1995 Teufenbach (Stmk.), Automobilkonstrukteur. Ab 1947 Mitarbeiter von F. → Porsche in Gmünd (Kä.), dann in Stuttgart, 1956–71 techn. Leiter der Goetze AG in Burscheid (D), 1971–80 techn. Geschäftsführer (ab 1978 Vorstandsvorsitzender) von Porsche in Stuttgart. 1977 Hon.-Prof. der Techn. Univ. Wien; 1982–88 Aufsichtsratsvorsitzender der VOEST Alpine AG.

FUHRMANN, Matthias, * um 1690 Wien, † 20. 10. 1773 ebd., Theologe, Paulaner, Provinzial und General der ö. Provinz, Historiker. Schrieb bed. Werke zur Geschichte der Stadt Wien.
Werke: Alt- und Neues Wien, 2 Bde., 1738; Hist. Beschreibung Und kurz gefaßte Nachricht Von der Residenz-Stadt Wien, Und Ihren Vorstädten, 3 Bde., 1765–1770.

FULPMES, Ti., IL, Gem., 937 m, 3895 Ew. (1981: 2973 Ew.), 16,78 km², zweisaisonaler Fremdenverkehrsort (338.984 Übern.) und Hauptort des Stubaitals, überragt von der Serles (2718 m). – Sozial- und Gesundheitssprengel Stubaital, Wasserkraftwerk, HTL, Schülerheim der Salesianer Don Boscos, VHS, Sporthalle mit Kletterwand. Alte Tradition der Eisenverarbeitung, metallverarbeitendes Gewerbe und Kleinind.: Erzeugung von Werkzeugen, Maschinenteilen, Messern, Bergsportgeräten und Kunstschmiedeprodukten, Galvanowerk; Zulieferfirmen u. a. für die Automobilind., gewerbl. Glocken- und Schellenherstellung. – Urk. 1286; Pfarrkirche (urk. 1368, Neubau 1745–47) mit Fresken von J. G. Bergmüller (1747); Barockkirche in Medraz, Zentralbau (1746/47). Am Schlickerbach techn. Denkmäler des 19. Jh.

FUNCK, Alexius, † 3. 12. 1521 Memmingen (D), Handelsherr. Um 1497 aus Memmingen nach Wr. Neustadt zugewandert, gründete dort eine der bedeutendsten Großhandelsfirmen des ö. Raums mit Verbindungen in alle Nachbarländer. War dreimal Bürgermeister von Wr. Neustadt. Epitaph im Dom von Wr. Neustadt.
Literatur: Unsere Heimat 26, 1955; O. Pickl, Das älteste Geschäftsbuch Ö., in: Forschungen zur geschichtl. Landeskunde der Stmk. 23, 1966.

FUND, das Entdecken und Ansichnehmen einer verlorenen (d. h. einer bewegl., in jemandes → Eigentum, aber niemandes Gewahrsam stehenden) Sache. Den Finder treffen – vom Wert der gefundenen Sache abhängige – Meldepflichten: F. bis 10 Euro sind nicht besonders kundzutun, F. ab 100 Euro müssen ortsüblich kundgemacht, F. über 1000 Euro von der Behörde angezeigt werden. Nach einem Jahr erhält der ehrliche Finder das Nutzungs- und Eigentumsrecht an der gefundenen Sache. Der Finder hat Anspruch auf Ersatz seiner Auslagen und Finderlohn: bei verlorenen Sachen 10 %, bei vergessenen Sachen 5 %, ab einem Wert von 2000 Euro halbieren sich die Prozentsätze. Bei Schatzfunden gelten besondere Vorschriften: Den Schatz erhält zur Hälfte der Finder, zur Hälfte der Eigentümer der Sache, in der der Schatz verborgen war. Bei Schatzfunden von hist. oder kultureller Bedeutung besteht Anzeigepflicht gemäß Denkmalschutzgesetz.
Literatur: H. Koziol u. R. Welser, Grundriss des bürgerl. Rechts, ¹²2002.

FUNDER, Friedrich, * 1. 11. 1872 Graz (Stmk.), † 19. 5. 1959 Wien, kath. Publizist. 1896 Redakteur, 1902 Chefredakteur, 1905–38 Hg. der christl.-soz. Wr. Tageszeitung → „Reichspost". Gehörte zum Kreis um Thronfolger → Franz Ferdinand, beriet Bundeskanzler I. → Seipel, 1935–38 Mitgl. des Staatsrats, Vorsitzender der Ö. Ges. für Zeitungskunde. Am 13. 3. 1938 festgenommen und bis 11. 11. 1939 im KZ Dachau, später in Flossenbürg inhaftiert; während des 2. Weltkriegs mehrfach festgenommen. 1945 Gründer (und bis 1959 Hg.) der kath. Wochenzeitung „Die → Furche".
Werke: Vom Gestern ins Heute, 1952; Aufbruch zur christl. Sozialreform, 1953; Als Ö. den Sturm bestand, 1957.
Literatur: H. Pfarrhofer, F. F., ein Mann zw. Gestern und Morgen, 1978.

Friedrich Funder. Foto, um 1955.

FUNDER INDUSTRIE GMBH, Unternehmen für die Veredelung von nachwachsenden Rohstoffen (Holzfaserplatten, beschichtete Plattenwerkstoffe, Naturfasermatten, imprägnierte Dekorpapiere, Dämmplatten). Karl Funder (* 15. 10. 1866, † 10. 10. 1943) erwarb 1890 sein erstes Sägewerk, 1911 die Papierfabrik Pöckstein und weitere Sägewerke. Sein Sohn Adolf Funder gründete 1943 das erste Holzfaserplattenwerk in St. Veit a. d. Glan (Kä.); seit Anfang der 40er Jahre Produktion von Holzfaserplatten, seit 1967 Beschichtung von Plattenwerkstoffen (Span- und Faserplatten). Seit 1981 im Besitz der Constantia Ind. Holding AG (heute → Constantia-Iso Holding AG). Betriebsstätten: 3 Werke in St. Veit a. d. Glan und je 1 Werk in Kühnsdorf (Gem. Eberndorf, Kä.) und Rudolstadt (D). Der Umsatz betrug 2002 rd. 115 Mio. Euro bei einem Exportanteil von rd. 80 %; 467 Beschäftigte.

FÜNFHAUS, 1891–1938 der 15. Wr. Bez., 1938 mit dem damaligen 14. Bez. (Rudolfsheim) vereinigt, heute Teil des 15. Bez. (→ Rudolfsheim-Fünfhaus).

FÜNFTAGEWOCHE, im öffentl. Dienst nach Verringerung der Arbeitszeit auf 40 Stunden eingeführt, ebenso in Volksschulen, ausgenommen sind die höheren Schulen. In der Privatwirt. durch Kollektivverträge, Betriebsvereinbarungen oder Einzelverträge geregelt.

FUNKENSONNTAG, siehe → Scheibenschlagen, → Fasching.

FURCHE, DIE (1946–55 „Die ö. Furche"), seit dem 1. 12. 1945 erscheinende, von F. → Funder gegr. kath. „Wochenzeitung für Kultur, Religion, Wirt., Ges. und Politik". Vertritt eine unabhängige Linie gegenüber offiziellen kirchl. Standpunkten. Erscheint in der → Styria Medien AG. Druckauflage 2003: 14.300 Exemplare.

FÜRER-HAIMENDORF, Christoph von, * 27. 7. 1909 Wien, † 11. 6. 1995 London (GB), Ethnologe, Indien- u. Himalajaforscher. 1945–50 Prof. in Haiderabad (Indien), 1950–76 Lehrstuhl an der School of Oriental and African Studies in London; unternahm, meist mit seiner Frau, ausgedehnte Feldforschungen in Assam, im Dekkan und im Himalaja (v. a. in Nepal).
Werke: The Sherpas of Nepal, 1964; Himalayan Traders, 1975; The Sherpas Transformed, 1984.

Johann Fürst. Lithographie.

FÜRNBERG, Friedel, * 16. 5. 1902 Eggenburg (NÖ.), † 27. 4. 1978 Moskau (RUS), Politiker (KPÖ). Ab 1919 Mitgl. der Kommunist. Partei, 1922–26 Sekr. des Kommunist. Jugendverbands Ö., ab 1924 bis zu seinem Tod Mitgl. des Zentralkomitees der KPÖ, 1926–32 Sekr. in der Kommunist. Jugendinternationale in Moskau, 1932–71 Sekr. des Zentralkomitees der KPÖ. 1935/36 in Wöllersdorf inhaftiert, 1936 Flucht nach Moskau. Mitbegründer des 1. ö. Freiheitsbataillons 1944 in Slowenien; 1946–77 Mitgl. des Politbüros der KPÖ.

FURRER, Beat, * 6. 12. 1954 Schaffhausen (CH), Komponist, Dirigent. Ab 1975 Ausbildung in Komposition und Dirigieren an der Wr. Musikhochschule, lebt seither in Ö. 1985 Gründung der Société de l'Art Acoustique, des späteren Klangforums Wien; seit 1992 Univ.-Prof. für Komposition und Musiktheorie in Graz. Internat. Bedeutung als Komponist und Dirigent zeitgenöss. Musik.
Werke: 1. Streichquartett, 1985; … Y una canción desesperada, 1987 (3 Gitarren); Risonanze, 1988 (Orchester in 3 Gruppen); Ultimi Cori, 1989 (Chor, 3 Schlagzeuger); Quartett, 1995 (4 Schlagzeuger); Nuun, 1996 (2 Klaviere, Orchester); Stimmen, 1996 (Chor, Orchester). – Musiktheater: Die Blinden, 1989; Narcissus, 1994; Invocation, 2003.

Fürstenfeld.

FÜRSORGE: Die Anfänge der F. in Ö. gehen auf Joseph II. zurück, der u. a. 1783 das „Pfarr-Armeninst." gründete. Seine Maßnahmen waren bis um 1870 wirksam. Die öffentl. F. setzte 1863 mit dem Heimatrechtsgesetz ein, womit den Gemeinden die Unterstützung Hilfsbedürftiger vorgeschrieben wurde. Bei nicht leistungsfähigen Gemeinden kam es dabei zum sog. Einlegesystem (nur NÖ. hat schon 1893 das Einlegesystem verboten und Bezirksaltersheime errichtet). 1938 wurde in Ö. das dt. F.-Recht eingeführt, wonach Bezirks- und Landesfürsorgeverbände die Träger der öffentl. F. wurden. Es blieb bis 1948 bestehen und wurde dann von den Ländern als Landesrecht übernommen.
Zu Beginn der 1970er Jahre wurde das ö. F.-Recht tief greifend umgestaltet. Die Länder erließen Sozialhilfegesetze (→ Sozialhilfe), die die bis dahin geltenden Vorschriften ablösten. Neben der dort geregelten allg. F. bestehen für bestimmte Gruppen Sonderregelungen, z. B. das Jugendwohlfahrtsgesetz über die Mutterschafts-, Säuglings- und Jugend-F. oder die Behinderten- und Blindenhilfegesetze der Länder.

FÜRSORGERINNENSCHULEN, siehe → Lehranstalten für Sozialberufe und -dienste, → berufsbildende Schulen.

FÜRST, Bezeichnung von Hochadeligen, die dem König bes. nahe standen. Seit dem 13. Jh. gab es den Reichsfürstenstand, der die Landesherrschaft in seinen Territorien ausübte. Reichs-F. hatten Sitz und Stimme im Reichstag. Bis 1806 erhob der Kaiser ö. Familien in den Reichsfürstenstand, um die Verbreitung des Katholizismus zu fördern (Schwarzenberg, Liechtenstein, Auersperg usw.), später verlieh er verdienten Persönlichkeiten den ö. F.-Stand (Metternich). Den Titel führte immer nur der älteste der Familie. F.-Bischöfe waren Bischöfe mit Herrschafts- und Hoheitsrechten (Salzburg, Brixen, Trient). Seit 1919 ist der Titel F. – wie alle anderen Adelstitel – in Ö. abgeschafft.

FÜRST, Johann, * 17. 4. 1825 Wien, † 19. 10. 1882 ebd., Volkssänger, Theaterdirektor und -schriftsteller. Eröffnete 1862 ein Singspieltheater im Wr. Prater, das ab 1865 als F.-Theater durch ihn und J. → Matras zur Hauptstätte des klass. Wr. Volkssängertums wurde. 1865/66 und 1871–77 Dir. des Theaters in der Josefstadt in Wien; Autor von Wienerliedern, Couplets („Na, nur ka Wasser net, na, na, das mag i net"), Volksstücken und Possen.
Literatur: M. Blau, Das alte F.-Theater im Prater, 1930; O. Wladika, Von J. F. zu J. Jarno, Diss., Wien 1961.

FÜRST, Paul Walter, * 25. 4. 1926 Wien, Bratschist und Komponist. Studierte an der Wr. Musikhochschule Violine bei W. → Boskovsky und Harmonielehre bei J. → Marx; ab 1951 Solobratschist beim Nö. Tonkünstlerorchester und ab 1954 bei den Münchner Philharmonikern; 1961–90 Mitgl. der Wr. Philharmoniker und 1986–90 deren Geschäftsführer. Im Rahmen von Interessenvertretungen und anderen Organisationen in zahlr. führenden Funktionen tätig, seit 1998 Präs. der → AKM.
Werke: Dorian Gray, 1963 (Ballett). – Orchesterwerke, Kammermusik, Chorwerke.
Literatur: G. Brosche (Red.), Musikal. Dokumentation P. W. F., Ausst.-Kat., Wien 1989.

FÜRSTENFELD, Stmk., FF, Stadt, 276 m, 5982 Ew., 15,17 km², Hauptort der O-Stmk., an der Feistritz, nahe der Grenze zum Bgld. – BH, Bez.-Ger., Arbeitsmarktservice, BFI, AK, Bez.-Kammer für Land- und Forstw., Flussbauhof, Gebietskrankenkasse, Krankenhaus, Jugendgästehaus, psychosoz. Beratungsstelle, Sozial-Gesundheitsstation, Wohnheim, Stadthalle, größtes (Frei-)Beckenbad Europas (Sport- und Naturbecken, 25 x 50 m bzw. 320 x 80 m), Sportflugplatz, Golfplatz, BG und BRG, gewerbl. BerS, HAK. Rd. 4600 Beschäftigte (2001), davon mehr als 50 % im Dienstleistungssektor (bes. persönl., soz. und öffentl. Dienste sowie Handel, Transportwesen); Produktionsbereich: Tabakfabrik (älteste in Ö., seit 1776), Zigarettenhüllenerzeugung, Elektronikind., Kunststoffverarbeitung, Herstellung von Möbeln, Leuchten und Verdichtern, Stahlbau, Ziegelind., Bierdepots, Schlachthof.

Fürstenfeld.

Als Grenzschutzort gegen O um 1170 gegr., bedeutender ma. Handelsort; Befestigung (1533 erneuert) teilw. erhalten (Stadtgraben, Mauerzug, Ungar-, Schloss- und Mühlbastei, Grazer Tor); barocke Pfarrkirche (1772–74); ehem. Kommende (nach 1200) des Johanniterordens (älteste in Ö.); ehem. Augustiner-Eremitenkirche (1365–68), -kloster (1956 abgebrochen), jetzt Saal; evang. Kirche (1908–10); ehem. landesfürstl. Burg 1776 in die Tabakfabrik umgebaut; Freihaus Pfeilburg (14. und 16. Jh., heute Stadtmuseum); Freihaus der Wilfersdorfer (Altes Rathaus, 1570); Zügner-Haus (1713, heute Fronius-Kabinett und Städt. Bücherei); Mariensäule (1664) auf dem Hauptplatz.
Literatur: H. Pirchenegger u. S. Reichl, Geschichte der Stadt und des Bez. F., 1952.

Fürstenspiegel, an Regenten gerichtete Werke, die Ermahnungen zu Amtsführung und Ethik des Herrschers geben und auf staats- u. ges.-theoret. Zusammenhänge eingehen. Im MA sehr verbreitet, in Ö. nur → Engelbert von Admont (Speculum virtutum moralium, 1298) und E. S. → Piccolomini (De liberorum educatione, 1450) von Bedeutung.

Fürstenstein, römerzeitl. ionisches Säulenfragment mit der Basis nach oben, in das im MA das Landeswappen von Kä. eingemeißelt wurde. Auf ihm wurde die → Herzogseinsetzung vorgenommen. Der F., das älteste Herrschaftszeichen, das auf heutigem ö. Boden überliefert ist, stand in der Nähe der Pfarrkirche von Karnburg am Fuß des Ulrichsbergs und befindet sich jetzt im Kä. Landesmuseum in Klagenfurt.
Literatur: H. Wolfram u. G. Langthaler, Botschaften aus dem Meer ob der Enns, 1984.

Fürsttheater, siehe J. → Fürst, H. → Jantsch, J. → Jarno.

Fürth, Otto, * 18. 11. 1867 Strakonitz (Strakonice, CZ), † 7. 6. 1938 Wien, Chemiker, Arzt. Ab 1929 Univ.-Prof. für med. Chemie in Wien; beherrschte als einer der letzten Wissenschaftler das gesamte Gebiet der Biochemie und arbeitete quantitative Messmethoden zur Bestimmung biochem. Stoffe aus; war maßgeblich an der Adrenalinsynthese beteiligt und erforschte als einer der Ersten die Hormone. Von ihm stammt eine Methode der Milchsäurebestimmung.

Furth an der Triesting, NÖ., BN, Gem., 422 m, 795 Ew., 64,24 km², landw. Gem. mit etwas Tourismus im Triestingtal am Fuße des Hochecks. – Barocke Pfarrkirche (Ende 18. Jh.) mit O-Turm (15./16. Jh.), Einrichtung teilw. 18. teilw. 19. Jh., Deckenfresken von 1795, Haufenhöfe (19. Jh., Kern frühneuzeitl.), späthistorist. Villen. Steinwandklamm („Türkenloch").

Landschaft im Gebiet von Furth bei Göttweig.

Furth bei Göttweig, NÖ., KR, Markt, 214 m, 2726 Ew., 12,39 km², Weinbauort am Unterlauf der Fladnitz. – Volksheim, Außenstelle der Strafvollzugsanstalt Stein; Gewerbebetriebe (Installationen, Bauwesen, Stahlbau). Im Gem.-Gebiet liegt das Benediktinerstift → Göttweig (mit Forstamt und Weingut).

Furtmüller, Karl, * 2. 8. 1880 Wien, † 1. 1. 1951 Mariapfarr (Sbg.), Gymnasiallehrer. 1919 in die Reformabteilung des Unterrichtsministeriums berufen, zählt neben V. → Fadrus und H. → Fischl zu den bedeutendsten Schulreformern der 1. Republik; 1938 Emigration, lebte 1941–47 in den USA; 1948–51 Dir. des Pädagog. Inst. der Stadt Wien.

Furtnerteich, Stmk., 870 m, 500 m lang und 250 m breit, nordwestlich der Gem. Neumarkt in den Gurktaler Alpen. Der F. wird als Bade- und Fischteich genutzt; er steht als Rastplatz von Zugvögeln (v. a. im Frühjahr) unter Landschaftsschutz.

Furtwängler, Philipp, * 21. 4. 1869 Elze (D), † 19. 5. 1940 Wien, Mathematiker. Ab 1912 Univ.-Prof. in Wien, bed. Zahlentheoretiker.
Werke: Allg. Theorie der algebraischen Zahlen, in: Enzyklopädie der Mathemat. Wiss. IV/7, 1904; Letzter Fermatscher Satz und Einsteinisches Reziprozitätsgesetz, 1912.
Literatur: ÖBL; NDB.

Furtwängler, Wilhelm, * 25. 1. 1886 Berlin (D), † 30. 11. 1954 Baden-Baden (D), Dirigent. 1919–24 Dirigent der Herbstkonzerte des Wr. Tonkünstlerorchesters, 1920–35 Zusammenarbeit mit H. → Schenker, 1921 Konzertdirektor der Ges. der → Musikfreunde in Wien, 1922 erstes Konzert mit den → Wiener Philharmonikern, ab 1927 deren Chefdirigent, ab 1928 auch Kapellmeister an der Wr. → Staatsoper. Dirigierte ab 1937 viele Konzerte und Aufführungen bei den → Salzburger Festspielen. F. wurde nach dem Anschluss 1938 zum Musikbevollmächtigten in Wien ernannt und übernahm 1939 auch die Leitung der Wr. Philharmoniker (bis 1945). Ab 1947 wieder Tätigkeit in Wien und Salzburg (ab 1952 künstler. Leiter der Festspiele).
Werke: Ton und Wort. Aufsätze und Vorträge 1918–54, 1954; Vermächtnis. Nachgelassene Schriften, 1956; Briefe, hg. v. F. Thiess, 1964; Aufzeichnungen 1924–1954, hg. von E. Furtwängler, 1980.
Literatur: S. H. Shirakawa, The Devil's Music Master, 1992; B. Geißmar, Taktstock & Schaftstiefel. Erinnerungen an W. F., 1996; C. Walton, W. F. in Diskussion, 1996; NDB.

Fusch an der Grossglocknerstrasse, Sbg., ZE, Gem., 813 m, 754 Ew., 158,06 km², zweisaisonaler Fremdenverkehrsort (149.912 Übern.) im Tal der Fuscher Ache, umfasst u. a. Bad Fusch (1188 m) mit Heilwasserquelle. – Informationsstelle des Nationalparks Hohe Tauern, Betriebsleitung der Großglockner-Hochalpenstraße, Speicherkraftwerk „Bärenwerk" (err. 1924, 58.000 MWh), Wildpark Ferleiten, Sonderschutzgebiet Rotmoos, Naturforschungsstation; Beherbergungs- und Gaststättengewerbe. – Neubau der Pfarrkirche (1971/72) unter Einbeziehung des got. Turms und Chors; alte Einhöfe; moderne Brunnenanlage (1999) im Zentrum; „Fuscarte-Galerie der Natur" (Skulpturen).

Fuscher Tal, Sbg., südl. Seitental der oberen Salzach (Pinzgau), in den Hohen Tauern gelegen und von der Fuscher Ache durchflossen. Der oberste Abschnitt des F. wird Käfertal genannt, über Ferleiten und Fusch a. d. Großglocknerstraße reicht das Tal bis zur Einmündung in das Salzachtal bei Bruck. Von Bruck bis Ferleiten erschließt die Großglocknerstraße das F. Im W wird das Tal durch das Große Wiesbachhorn (3564 m) und den Hohen Tenn (3368 m) vom Kaprunter Tal sowie im O durch den Schwarzkopf (2765 m) vom Rauriser Tal getrennt.

Wilhelm Furtwängler dirigiert die Wiener Philharmoniker im Goldenen Saal des Wiener Musikvereins. Foto, um 1930.

Fuscher Törl, Sbg., 2404 m, Park- und Rastplatz an der → Großglockner-Hochalpenstraße, von hier Abzweigung zur Edelweißspitze (2572 m), dem höchsten Punkt der Großglockner-Hochalpenstraße (Länge 1,6 km, Höchststeigung 14 %), Fahrverbot für Busse; seit 1993 „Alpine Naturschau" und E.-P.Tratz-Forschungsstation im W.-Haslauer-Haus.

Fuschl am See, Sbg., SL, Gem., 670 m, 1334 Ew. (1981: 955 Ew.), 21,41 km², Sommerfremdenverkehrsort (186.019 Übern.) am O-Ufer des Fuschlsees im Flachgau. – Sommerrodelbahn; Verwaltungszentrale des Getränkekonzerns Red Bull. – Schloss F. (Gem. Hof bei Sbg.), urk. 1555, ehem. erzbischöfl. Jagdhaus, seit den 50er Jahren Schlosshotel.
Literatur: L. Ziller, F. a. S., 1981; L. Ziller u. a., Heimatbuch F. a. S., 1997.

Österreichische Fußballmeister

Herren

1911/12	Rapid	1970/71	Swarovski Wacker Innsbruck
1912/13	Rapid	1971/72	Swarovski Wacker Innsbruck
1913/14	WAF	1972/73	Wacker Innsbruck
1914/15	WAC	1973/74	VOEST Linz
1915/16	Rapid	1974/75	Swarovski Wacker Innsbruck
1916/17	Rapid	1975/76	Austria WAC Elementar
1917/18	FAC	1976/77	Sparkasse Wacker Innsbruck
1918/19	Rapid	1977/78	Austria Memphis
1919/20	Rapid	1978/79	Austria Memphis
1920/21	Rapid	1979/80	Austria Memphis
1921/22	Sport-Club	1980/81	Austria Memphis
1922/23	Rapid	1981/82	Rapid
1923/24	Amateure	1982/83	Rapid
1924/25	Hakoah	1983/84	Austria Memphis
1925/26	Amateure	1984/85	Austria Memphis
1926/27	Admira	1985/86	Austria Memphis
1927/28	Admira	1986/87	Rapid
1928/29	Rapid	1987/88	Rapid
1929/30	Rapid	1988/89	Swarovski Tirol
1930/31	Vienna	1989/90	Swarovski Tirol
1931/32	Admira	1990/91	Austria Memphis
1932/33	Vienna	1991/92	Austria Memphis
1933/34	Admira	1992/93	Austria Memphis
1934/35	Rapid	1993/94	Casino Salzburg
1935/36	Admira	1994/95	Casino Salzburg
1936/37	Admira	1995/96	Rapid
1937/38	Rapid	1996/97	Casino Salzburg
1938/39	Admira	1997/98	Puntigamer Sturm Graz
1939/40	Rapid	1998/99	Puntigamer Sturm Graz
1940/41	Rapid	1999/2000	FC Tirol
1941/42	Vienna	2000/01	FC Tirol
1942/43	Vienna	2001/02	FC Tirol
1943/44	Vienna	2002/03	Austria Memphis Magna
1944/45	nicht ausgetragen	2003/04	Liebherr GAK
1945/46	Rapid		
1946/47	Wacker		
1947/48	Rapid	**Damen**	
1948/49	Austria Wien		
1949/50	Austria Wien	1983/84	SV Aspern Wien
1950/51	Rapid	1984/85	DFC ESV Ostbahn XI
1951/52	Rapid	1985/86	DFC Leoben
1952/53	Austria Wien	1986/87	DFC Leoben
1953/54	Rapid	1987/88	Union Landhaus
1954/55	Vienna	1988/89	Union Landhaus
1955/56	Rapid	1989/90	Union Kleinmünchen
1956/57	Rapid	1990/91	Union Kleinmünchen
1957/58	Sport-Club	1991/92	Union Kleinmünchen
1958/59	Sport-Club	1992/93	Union Kleinmünchen
1959/60	Rapid	1993/94	Union Kleinmünchen
1960/61	Austria Wien	1994/95	Union Landhaus
1961/62	Austria Wien	1995/96	Union Kleinmünchen
1962/63	Austria Wien	1996/97	Union Landhaus
1963/64	Rapid	1997/98	Union Kleinmünchen
1964/65	LASK	1998/99	Union Kleinmünchen
1965/66	Admira	1999/2000	Union Landhaus
1966/67	Rapid	2000/01	Union Landhaus
1967/68	Rapid	2001/02	Innsbrucker AC
1968/69	Austria Wien	2002/03	SV Neulengbach
1969/70	Austria Wien	2003/04	SV Neulengbach

Schloss Fuschl bei Fuschl am See.

Fuschlsee, Sbg., 664 m, 2,7 km², 4,1 km lang und 0,9 km breit, 66 m tief. Badesee östlich von Salzburg mit guter Wasserqualität und Sandstrand am östl. Ufer bei Fuschl am See (670 m); am westl. Ufer Schloss Fuschl (681 m). Der F. wird von der Fuschler Ache entwässert.

Fuss (auch Schuh), von der Länge des menschl. Fußes abgeleitetes altes Längenmaß von 0,316 m, geteilt in 12 Zoll zu je 2,63 cm. 6 Schuh bildeten ein Klafter von 1,894 m (nach einem im Hist. Museum der Stadt Wien befindl. Original). Die jetzt in der Luftfahrt zur Höhenangabe verwendete Einheit entspricht dem Foot (0,3048 m). → Maße und Gewichte.

Fuss, Harry, * 1. 8. 1913 Wien, † 21. 4. 1996 ebd., Schauspieler. Ab 1942 an Wr. Bühnen tätig, 1952–84 Ensemblemitgl. des Wr. Volkstheaters (Alfred der Uraufführung von Ö. v. Horváths „Geschichten aus dem Wiener Wald"); Filmtätigkeit.

Fussach, Vbg., B, Gem., 399 m, 3521 Ew. (1981: 2655 Ew.), 11,50 km², am S-Ufer des Bodensees am Rheindelta (mit Katastralgem. Fussach). Rundstahl- (z. B. Silos) und Maschinenbau, Stickereiind., Schiffswerft (Ö. Schiffswerften AG), Beschläge- und Verpackungserzeugung. Ehemals wichtigster ö. Hafen und Handelsplatz am Bodensee, seit dem Rheindurchstich (1900) Verlandung der Bucht; Natur- und Vogelschutzgebiet Rheindelta. „F." wurde zu einem polit. Schlagwort, als am 21. 11. 1964 in der Werft von F. 20.000 Vorarlberger gegen Min. O. Probst demonstrierten und als Namen für ein neues Bodenseeschiff „Vorarlberg" statt „Karl Renner" durchsetzten.

Fussballsport: Ab 1879 nahm der aus England stammende F. in Ö. im Bereich des höheren Schulwesens seinen Anfang. Das erste Vereinswettspiel („Akademisch-Techn. Radfahrverein") fand 1894 in Graz statt; im selben Jahr wurden Vereine wie der First Vienna Football-Club (→ Vienna) und der Vienna Cricket and Football Club (→ Cricketer) gegr. Eine weitere frühe

Gründung war 1898 der „Erste Arbeiter-Fußball-Klub" als Vorläufer des heutigen Vereins → Rapid Wien. 1904 entstand der Ö. Fußballverband (ÖFV), in der Folge Landesverbände; 1901 wurde ein Länderspiel gegen die Schweiz ausgetragen. In das Jahr 1911 fiel die Vereinsgründung von → Austria Wien und die Abhaltung der ersten ö. Meisterschaft. Eine umfassend anerkannte Dachorganisation und Meisterschaft konnte, bedingt durch nationale und weltanschaul. Gegensätze (dt. und slaw., bürgerl. und proletar. Vereine; Antisemitismus) sowie sportimmanente Konflikte (Amateure – Professionalisierungstendenzen, Turner – Sportler), noch nicht erreicht werden. 1907 spielten in Ö. bereits 300 Vereine (70 davon in Wien, darunter nur 30 Verbandsmitgl.); 1912 kam es erstmals zur Teilnahme an einem olymp. Turnier.

Höhepunkte erlebte der F. in der Zwischenkriegszeit: Fußball setzte sich als breiter Volkssport durch, wichtige Spiele wurden von bis zu 80.000 Zuschauern verfolgt. 1924–33 gab es das deklarierte Berufsspielertum in 2 Klassen. 1927 regte H. → Meisl die Schaffung des Mitropacups an. 1931/32 feierte das → Wunderteam sensationelle Erfolge, 1936 errang die ö. Mannschaft

Fußballsport: Kinder vor dem Karl-Marx-Hof in Wien 19 beim Fußballspiel. Foto, um 1930.

Graz. Insges. erreichte aber der ö. F. nicht mehr den Standard früherer Jahrzehnte.

Nach ersten Ansätzen eines Damen-F. 1923–37 entwickelte sich dieser erst wieder seit den 70er Jahren (Bundesliga seit 1982/83, Nationalmannschaft seit 1990); von den 423.000 Mitgl. (2003) des ÖFB, in 2223 Vereinen organisiert, sind rd. 7000 Frauen.

Ein bes. Problem des F. stellen in den letzten Jahrzehnten die Ausschreitungen und Übergriffe von gewalttätigen Fußballfans v. a. bei End- und Länderspielen dar. Mit dem durch randalierende Fans verursachten Stadtbahnunglück 1977 (44 Verletzte) in Wien erreichte das Fußballrowdytum in Ö. seinen Höhepunkt. Auch in der Sportgeschichte sind Gewalthandlungen bei Spielern und Zusehern nicht unbekannt (WAC gegen Cricket, 1901).

Publikationen: Corner; Bundesliga-Journal; Pfiff; Bundesliga-News.

Literatur: K. Langisch, Geschichte des ö. F., 1965; K. Kastler, F. in Ö., 1972; K. Langisch (Red.), ÖFB. 75 Jahre, 2 Bde., 1979; Das Fußballmuseum. Streifzug durch die Geschichte des ÖFB, 1988; W. Zöchling, Fußball, 1992; König Fußball. Beiträge zur hist. Sozialkunde 3, 1992; J. Huber, 100 Jahre Fußball – 90 Jahre ÖFB, 1993; A. Egger, Ö. Fußballländerspiele 1902–1993, 1994; K. H. Schwind, Geschichten aus einem Fußball-Jh., 1994; R. Horak u. W. Maderthaner, Mehr als ein Spiel, 1997; A. Egger, Ö. Fußballmeisterschaft 1945–1974, 1998; C. H. Binder, Ö. F. im Wandel der Zeiten, Diss., Graz 1999; M. Marschik, Frauenfußball und Maskulinität, 2003.

Fußballsport: Das „Wunderteam" des österreichischen Fußballs. Foto, 1932.

die olymp. Silbermedaille. Die erste Hörfunkübertragung wurde 1928 vom Länderspiel gegen Ungarn gesendet. Die Stärke der „Wr. Schule" (mit ausgeprägter Technik und „Spielwitz") zeigte sich noch nach dem Anschluss und der offiziellen Abschaffung des Profitums 1938 durch die Berufung ö. Spieler in die dt. Nationalmannschaft. Das „Anschlussspiel" „Ostmark" gegen „Altreich" wurde am 3. 4. 1938 mit 2 : 0 gewonnen, 1938 wurde Rapid, 1943 Vienna Sieger im dt. Pokalbewerb, 1941 wurde Rapid dt. Meister.

1945 wurde der Ö. Fußballbund (ÖFB) mit 9 Landesverbänden neu aufgebaut, und es fanden bereits wieder Länderspiele statt. In der Folge wurde der F. durch die Gründung der Ö. Fußball-Staatsliga (Gruppen A und B zu je 14 Mannschaften) 1949/50 neu strukturiert, 1974/75 wurde die Zehnerliga (1. Division) eingeführt. Ende der 50er Jahre bzw. in den 70er Jahren begann das Fernsehen mit der Übertragung von Spielen, die Besucherzahlen auf den Sportplätzen gingen daraufhin zurück. Große internat. Erfolge verzeichnete Ö. nach 1945 mit dem 3. Platz bei der Weltmeisterschaft 1954 in der Schweiz, dem 7. Platz 1978 in Argentinien und dem Erreichen der Europacup-Finale 1978 durch Austria Wien, 1985 und 1996 durch Rapid sowie 1993 durch → Austria Salzburg. In der Champions League spielten 1994/95 Austria Salzburg (damals Casino Salzburg), 1996/97 Rapid und 1998–2000 → Sturm

FÜSSEN, FRIEDEN VON, am 22. 4. 1745, beendete den → Österreichischen Erbfolgekrieg zw. Ö. und Bayern. Kurfürst Max Joseph verzichtete auf die Kaiserwürde und alle Ansprüche auf ö. Länder, anerkannte die Pragmat. Sanktion und versprach gegen Rückgabe seiner Länder Franz Stephan, dem Gemahl Maria Theresias, bei der Kaiserwahl seine Stimme.

Literatur: G. Preuß, Der F. v. F., 1894; Ks. Karl VI., Ausst.-Kat., München 1985.

FUSSENEGGER, Ernst, * 16. 3. 1874 Dornbirn (Vbg.), † 3. 1. 1915 Nisch (Niš, YU), Chemiker. Ab 1901 für die Badische Anilin- und Sodafabrik (BASF) tätig, entwickelte er zahlr. bed. Farbstoffe für die Ind. (z. B. Lithorot 3 G, Chromechtblau B).

Literatur: ÖBL.

FUSSENEGGER, Gertrud (eigentl. G. Dietz), * 8. 5. 1912 Pilsen (Plzeň, CZ), Schriftstellerin. Ihre breit angelegte realist. Erzählprosa trägt antimoderne, mythisierende Züge, die Themen kreisen um Heimat und Familie. Sie schrieb auch Gedichte und Dramen sowie Essays, Sachbücher und Literaturkritiken. Stifter-Preis 1963, Ehrenzeichen f. Wiss. u. Kunst 1981, Bayer. Literaturpreis 1993.

Werke: Romane: Trilogie der „böhm. Buddenbrooks" (Die Brüder von Lasawa, 1948; Das Haus der dunklen Krüge, 1951; Die Pulvermühle, 1968; Zeit des Raben, Zeit der Taube, 1960; Jir-

Gertrud Fussenegger. Foto, um 1975.

Johann Joseph Fux. Gemälde von N. Buck, 1717 (Gesellschaft der Musikfreunde in Wien).

schi oder Die Flucht ins Pianino, 1995; Bourdanins Kinder, 2001. – Erzählungen und Prosa: Mohrenlegende, 1937; Die Leute auf Falbeson, 1940; Der Goldschatz aus Böhmen. Erzählungen und Anekdoten, 1989; Frauen, die Geschichte machten, 1991; Ein Spiel ums andere; Shakespeares Töchter, 1999. – Autobiographie: Ein Spiegelbild mit Feuersäule, 1979. – Kinder- und Jugendbücher: Bibelgeschichten, 1991.
Literatur: C. Winkler, Die Erzählkunst G. F., 1972; F. Denk, Die Zensur der Nachgeborenen. Zur regimekrit. Literatur im 3. Reich, ³1996; F.-L. Kroll (Hg.), Grenzüberschreitungen. Festschrift für G. F., 1998; H. Salfinger, G. F. Bibliographie, 2002.

Füssl, Karl Heinz, * 21. 3. 1924 Gablonz (Jablonec, CZ) † 4. 9. 1992 Wien, Komponist und Musikwissenschaftler. Ab 1958 bei der Universal-Edition Editionstätigkeit für die Wr. Urtextausgaben, die neue Mozart-Ausgabe und die G.-Mahler-Gesamtausgabe; ab 1974 Prof. an der Wr. Musikhochschule. Als Komponist der Dodekaphonie verbunden. 1970 Ö. Staatspreis.
Werke: 1 Ballett (Die Maske, 1966), Oper, zahlr. Lieder.
Literatur: L. Theiner (Red.), Musikal. Dokumentation K. H. F., Ausst.-Kat., Wien 1996.

Fusswaschung, als Zeichen demütiger Dienst- und Liebesbereitschaft am Nächsten wurde seit dem MA bis zum Ende der Monarchie die F. am Gründonnerstag als öffentl. Hofzeremonie vom Kaiser an 12 armen Männern vorgenommen.
Literatur: K. Beitl, Die österl. F. am Kaiserhofe zu Wien, in: ders., Volkskunde. Fakten u. Analysen, Festgabe für L. Schmidt, 1972.

Füster, Anton, * 5. 1. 1808 Radmannsdorf (Radovljica, SLO), † 12. 3. 1881 Wien, Theologe, Politiker. Ab 1847 Prof. für Religion an der Univ. Wien, wo er auch Univ.-Prediger war; Feldkaplan der → Akademischen Legion; hielt an den Gräbern der in der → Märzrevolution 1848 Gefallenen seine erste polit. Rede; Reichsratsmitglied. F. floh nach Niederschlagung der Revolution nach England, wanderte später nach Nordamerika aus und kehrte 1876 nach Europa zurück.
Werk: Memoiren vom März 1848 bis Juli 1849, 2 Bde., 1850.
Literatur: R. Koch, Demokratie und Staat bei A. F., 1978; W. Brezinka, Pädagogik in Ö., Bd. 1, 2000.

Fux, Herbert, * 25. 3. 1927 Hallein (Sbg.), (Film-)Schauspieler und Politiker (Grüne). Spielte viele Jahre an Wr. Bühnen und wurde durch über 150 Kino- und Fernsehfilme im Rollenfach des Bösewichts bekannt (u. a. in Produktionen von W. Herzog, F. Antel und E. Marischka); 1977 gelang ihm mit einer Bürgerliste der Einzug in den Salzburger Gemeinderat; 1986–88 und 1989/90 Abg. z. NR der Grünen Alternative.

Fux, Johann Joseph, * um 1660 Hirtenfeld (Stmk.), † 13. 2. 1741 Wien, Komponist und Musiktheoretiker (wegen seiner theoret. Schrift „Gradus ad Parnassum", 1725, auch „ö. Palestrina" genannt). 1696–1702 Organist im Wr. Schottenstift, 1705–13 Kapellmeister am Stephansdom, ab 1713 Kapellmeister der Kaiserinwitwe Amalie Wilhelmine, ab 1711 Vizekapellmeister, 1715 Hofkapellmeister in Wien. Zu Lebzeiten v. a. als Komponist der großen Festopern des Hofs bekannt, wurde er nach seinem Tod nur noch als Musiktheoretiker rezipiert. – Seit 1955 besteht in Graz eine F.-Ges., die auch die Gesamtausgabe ediert.
Werke: 20 Opern (u. a. „Costanza e Fortezza", 1723), 14 Oratorien, ca. 80 Messen und andere kirchenmusikal. Werke, zahlr. Instrumentalmusikwerke. – Ausgabe: Sämtl. Werke, hg. v. d. J.-J.-F.-Ges., 1959 ff.
Literatur: L. v. Köchel, J. J. F., 1872 (Werkverz.); R. Flotzinger, J. J. F., 1991; A. Edler (Hg.), J. J. F. und seine Zeit, 1996.

G

GA, Grüne Alternative, siehe → grüne Parteien.

GAADEN, NÖ., MD, Gem., 323 m, 1435 Ew. (1981: 1000 Ew.), 24,78 km², Ausflugsort im südöstl. Wienerwald, am W-Fuß des Anninger. – SondererziehungsS der Stadt Wien; Steinbruch und Schotterwerk, Baugewerbe. – Die barockisierte got. Pfarrkirche mit Chor (um 1300) und das zum Pfarrhof umgebaute ehem. Schloss (1793) bilden ein Barockensemble. Ölberggruppe (1710) von G. Giuliani; Heimatmuseum.
Literatur: Gem. G. (Hg.), Festschrift zur Wappenverleihung der Gem. G., 1983.

GAADENER BECKEN, flache Beckenlandschaft im südl. Wienerwald mit Gesteinsablagerungen aus dem Jungtertiär, früher Randbucht des Wr. Beckens, umgeben von Bergen der Kalkvoralpen.

GAAL, Stmk., KF, Gem., 900 m, 1502 Ew., 197,37 km², am Südhang der Niederen Tauern gelegener Ort. Pfarrkirche mit roman. Chorturm und spätbarockem Schiff; Schloss Wasserberg (1274 erbaut, Mitte 19. Jh. verändert). Das um 1160–70 in Schwaben entstandene, 236 cm hohe „Gaaler Kreuz" (jetzt Landesmuseum Ferdinandeum Innsbruck, bis 1930 Wegkreuz in G.) bildet mit den Assistenzfiguren Maria und Johannes (in Seckau) die älteste monumentale Kruzifixgruppe des dt. Sprachraums.
Literatur: B. Roth, Seckau. Geschichte und Kultur, 1964.

GAAL, Georg von, * 21. 4. 1783 Pressburg (Bratislava, SK), † 8. 11. 1855 Wien, Schriftsteller und Übersetzer. Ab 1811 Bibliothekar der esterházyschen Bibl. und Dir. der Esterházy-Galerie in Wien; übersetzte ungar. Literatur ins Deutsche.
Werke: Gedichte, 1812; Märchen der Magyaren, 1822; Sprichwörterbuch, 1830 (in 6 Sprachen); Mytholog. Taschenbuch, 1834.
Literatur: ÖBL.

GABERL, Stmk., 1547 m, Passhöhe auf der Stubalpe mit steiler Straße von Köflach ins obere Murtal; ehem. Römerstraße.

GABERSDORF, Stmk., LB, Gem., 274 m, 1067 Ew., 19,81 km², gewerbl. Wohngem. im Leibnitzer Feld zw. Mur und Karwald. Kraftwerk. Holzverarbeitung (v. a. Fenster, Türen). – Leonhardskirche (Neubau 1693–1703) mit barockem Hochaltar (1743) und reich dekorierter Kanzel (1683), alter Beichtstuhl (um 1700), volkstüml. Kreuzwegbilder (19. Jh.); Pfarrhof (1793), ehem Mesnerhaus (18. Jh.), Bildstock (1687), Steinbildsäule (1640).

GABILLON, Ludwig, * 16. 7. 1828 Güstrow (D), † 13. 2. 1896 Wien, Schauspieler, Regisseur; Ehemann von Zerline → Gabillon. Nach Engagements in Deutschland und London 1853 von H. → Laube an das Wr. Burgtheater verpflichtet, wo er 1875–95 auch als Regisseur tätig war; Charakterdarsteller mit einem rd. 300 Rollen umfassenden Repertoire.
Werk: L. G. Tagebuchblätter, Briefe, Erinnerungen, hg. v. H. Bettelheim-Gabillon, 1900.
Literatur: A. Bettelheim, Verzeichnis der Rollen, die L. G. als Mitgl. des Hofburgtheaters in den Jahren 1853–93 gespielt hat, 1893.

GABILLON, Zerline (geb. Würzburg), * 19. 8. 1835 Güstrow (D), † 30. 4. 1892 Wien, Schauspielerin; Ehefrau von Ludwig → Gabillon. Nach Bühnenstudium und erstem Engagement in Hamburg 1853 an das Wr. Burgtheater berufen, wo sie bis zu ihrem Tod spielte.

GABL, Gertrud, * 26. 8. 1948 St. Anton a. Arlberg (Ti.), † 18. 1. 1976 ebd. (Lawinenunglück am Vorderen Rendl), Skirennläuferin. Gewann 1968/69 als erste Österreicherin den alpinen Skiweltcup; insgesamt 7 Einzelsiege. Trat 1972 vom Rennsport zurück.

GABLENZ, Ludwig, Frh. von Eskeles, * 19. 7. 1814 Jena (D), † 28. 1. 1874 Zürich (CH; Selbstmord), General, Diplomat. Ab 1833 in ö. Diensten; 1864 Befehlshaber im → Deutsch-Dänischen Krieg, 1865/66 Statthalter in Holstein, später von Kroatien und der Militärgrenze.
Literatur: R. Lorenz, L. Frh. v. G., 1936; ÖBL.

GABLITZ, NÖ., WU, Markt, 284 m, 4393 Ew. (1981: 2962 Ew.), 18,16 km², Ausflugsort und Wohnsitzgemeinde westl. von Wien im Wienerwald. – Marienheim der Kongregation der Schwestern vom göttl. Erlöser. Wirtschaft dominiert von Handel und Bauwesen. – Urk. um 1190–1200; frühbarocke Pfarrkirche (1642, 1928 erweitert).

GABLONZER BIJOUTERIEWAREN: Die weltbekannte Glas-, Bijouterie- und Gürtlerwarenerzeugung in Gablonz (Jablonec, CZ) wurde nach der Vertreibung der Sudetendeutschen 1945 zum Großteil in Enns und Kremsmünster durch neu gegr. Firmen fortgesetzt. 1994 ca. 60 Betriebe mit 1000 Beschäftigten, 2004 nur mehr 8 Betriebe. → Glasindustrie.

GABOR, Hans, * 5. 7. 1924 Budapest (H), † 4. 9. 1994 Biarritz (F), Intendant der Wr. Kammeroper. Kam 1946 nach Ö., gründete 1948 das „Wr. Opernstudio" und 1953 die → Wiener Kammeroper, die er bis zu seinem Tod leitete.

GABRIEL, Alfons, * 4. 2. 1894 Beraun (Beroun, CZ), † 28. 5. 1976 Wien, Geograph und Reiseschriftsteller, Arzt in Westindien (Insel Bonaire). Expeditionen in den Iran (1927/28, 1933, 1937) und nach Afghanistan, 1945–59 Hon.-Doz., dann Prof. an der Hochschule f. Welthandel in Wien, daneben Arzt in Leobendorf. Widmete sich bes. hist.-geogr. Arbeiten und war einer der letzten Forschungsreisenden alten Stils.
Werke: Durch Persiens Wüsten, 1935; Weites, wildes Iran, 1940; Die Wüsten der Erde und ihre Erforschung, 1961.

GABRIEL, Leo, * 11. 9. 1902 Wien, † 19. 2. 1987 ebd., Philosoph. Ab 1950 Univ.-Prof. in Wien.
Werke: Vom Brahma zur Existenz, 1949; Existenzphilosophie von Kierkegaard zu Sartre, 1950; Das neue Welt- und Menschenbild, 1952; Integrale Logik, 1953; Mensch und Welt in der Entscheidung, 1961. – Ca. 120 Aufsätze; Hg. der Ztschr. „Wiss. und Weltbild".

Zerline Gabillon. Gemälde von H. Makart, 1873 (Wien Museum).

Gaertner, Friedrich, * 1. 5. 1882 Teschen (Cieszyn, PL), † 6. 2. 1931 Wien, Nationalökonom. Leitete im 1. Weltkrieg das Ernährungswesen der Monarchie; hatte dann als enger Mitarbeiter I. → Seipels Anteil an der Einführung der Schilling-Währung; widmete sich nach 1924 dem Ausbau der DDSG.
Werke: Der Ausbau der Sozialpolitik in Ö., 1909; Vom Gold und der Geldentwertung, 1922.

Gaertner, Nikolas, * 18. 3. 1848 Dillingen (D), † 26. 2. 1913 Rapallo (I), Metallurg, Industrieller. Entwickelte die g.sche Verzinnungsmethode mit 4 Walzen; errichtete 1884 mit dem Metallschmelz- und Raffinierwerk in Thalgau b. Salzburg das größte Werk seiner Art in Europa und erzeugte das „g.sche Zinnoxyd". Förderer der Heimatforschung und des Alpenvereins.

Gaflenz, OÖ., SE, Markt, 482 m, 1797 Ew., 58,77 km², im Tal der G. in den Eisenwurzen. – Früher Eisenhämmer und Sensenind.; heute Erzeugung von Sägen, Kreissägen, Messern und Verkehrsschildern, Montage von Leitschienen. Pfarrkirche hl. Andreas (1464), im Kern frühgotisch, Fresken (1. Hälfte 14. Jh.), barocker Turm (1697); neogot. Einrichtung mit einzelnen spätgot. Holzbildwerken, barocke Orgel (17. Jh.) und Glocke (1464).
Literatur: G. Grüll, Gaflenzer Heimatbüchlein, 1929.

Gagern, Friedrich Frh. von, * 26. 6. 1882 Schloss Mokritz (Mokrice, SLO), † 15. 11. 1947 Geigenberg b. St. Leonhard am Forst (NÖ.), Schriftsteller; Enkel von Max Ludwig Frh. v. → Gagern. Studierte Philosophie, Geschichte und Literaturgeschichte in Wien, lebte dann als Zeitschriftenredakteur und ab 1914 als freier Schriftsteller. Bereiste Afrika und Amerika, brachte v. a. in Romanen und Erzählungen ein starkes Naturempfinden zum Ausdruck.
Werke: Romane: Der böse Geist, 1913; Das Geheimnis, 1919; Die Wundmale, 1919; Das nackte Leben, 1923; Ein Volk, 1924; Der tote Mann, 1927; Die Straße, 1929. – Erzählungen, Dramen.
Literatur: W. Gulda, Die Landschaft im Werk F. G., Diss., Wien 1964; U. Baur, Der Mythos von dt. und slaw. Menschen im Werk F. v. G., in: Ö. in Geschichte und Literatur 17, 1973.

Gagern, Max Ludwig Frh. von, * 26. 3. 1810 Weilburg (D), † 17. 10. 1889 Wien, Beamter; Großvater von Friedrich Frh. v. → Gagern. 1840 nassauischer, 1855 ö. Staatsbeamter, bis 1871 im Außenministerium; Verdienste um die Handelspolitik, die 1. Ostasienexpedition und die → Weltausstellung in Wien 1873. Dann Mitgl. des Herrenhauses.
Literatur: L. v. Pastor, Das Leben des Frh. M. v. G., 1912; ÖBL.

Gaheis, Alexander, * 3. 2. 1869 Hainburg (NÖ.), † 17. 11. 1942 Wien, Archäologe. Gymnasialprof. in Triest und bis 1925 in Wien; leitete 1920–33 die Ausgrabungen in Lorch (→ Lauriacum).
Werke: Inschriften aus der röm. Kaiserzeit, 1925; Lauriacum, 1937; Corpus Inscriptionum Latinarum XI/2/2, 1926 (MitHg.).
Literatur: ÖBL.

Gaheis, Franz de Paula, * 1. 4. 1763 Krems (NÖ.), † 25. 8. 1809 Wien, Pädagoge und Schriftsteller. 1780–88 Mitgl. des Piaristenordens, 1788–98 Dir. der Hauptschule in Korneuburg; richtete zwei Arbeitsschulen ein und beschritt neue Wege der Methodik. Gilt als Bahnbrecher der Heimaterziehung, verfasste lokalhist. Schriften und gab Impulse zur Erziehung blinder Kinder.
Werke: Hb. einer Methodik f. Schullehrer, Gehülfen und Schul-Candidaten, ²1797; Wanderungen und Spazierfahrten in die Gegenden um Wien, 7 Bde., 1797–1808; Hb. der Lehrkunst für den Unterricht in st. Schulen, ⁴1809.
Literatur: H. Güttenberger, F. G. (1763–1809), 1927.

Gai, Stmk., LN, Gem., 720 m, 1731 Ew., 62,24 km², landw.-gewerbl. Gem. zw. Liesing- und Vordernberg-tal westl. von Trofaiach in den Ausläufern der Eisenerzer Alpen. – Stockschloss; Dorfplatz mit alten Gehöften in Schardorf, Bildstock der 3 Heiligen. Unweit Trabocher See, Gösseck (2214 m).

Gaichtpass (Gaachtpass), Ti., 1093 m, Engpass im → Außerfern, verbindet das Lechtal mit dem Tannheimer Tal; im MA ein wichtiger Handelsweg.

Gail, Kä., westl. Nebenfluss der Drau, 125 km lang, entspringt am N-Hang der Karnischen Alpen (O-Ti.) und mündet östl. von Villach in die Drau. Die Durchflussmenge der G. betrug 2000 bei Federaun 52,5 m³/Sek. Vom Kartitscher Sattel bis Luggau wird das Tal der G. „Tilliacher Tal", von dort an „Lesachtal", ab Kötschach-Mauthen „Ober-" und ab Hermagor „Untergailtal" genannt. Das G.-Tal selbst ist etwa 90 km lang und erstreckt sich nahezu geradlinig entlang einer geolog. Bruchlinie von W nach O. Begrenzt wird das Tal (in Kä.) im N von den Gailtaler und im S von den Karnischen Alpen (bzw. Karawanken). Zw. Hermagor und Görtschach liegt nahe der G. auf 560 m Seehöhe der kleine Pressegger See. Ab Kötschach-Mauthen verbreitert sich die Talsohle des G.-Tals und ist teilw. von Sümpfen bedeckt (bes. zw. Görtschach und Gailitz). Die Siedlungen des G.-Tals liegen auf den Hangterrassen und Schwemmkegeln. Das Untergailtal (ab Hermagor) ist aber auch durch Talverengungen wie z. B. bei der Villacher Alpe geprägt. Erschlossen wird das G.-Tal von der G.-Tal-Bahn, die von Kötschach-Mauthen bis Gailitz führt. Hauptorte: Kötschach-Mauthen (705 m), Dellach (672 m), Hermagor (602 m) und Vorderberg (565 m).

Gail, Hermann, * 8. 9. 1939 Pöggstall (NÖ.), Roman- und Hörspielautor, Lyriker, Verleger. Der gelernte Schriftsetzer veröffentlichte 1971 den autobiograph. Roman „Gitter" und gründete 1975 den Verlag „David Presse". Hauptpersonen seiner Prosa sind häufig soz. Außenseiter; Umwelt, Ind. und Tourismus sind Themen seiner Lyrik.
Weitere Werke: Gedichte: Exil ohne Jahreszeiten, 1972; Styx, 1989. – Romane: Prater, 1976; Der Löwenruf, 1999. – Erzählungen und Prosa: Der Tod der Hure Corinna, 1979; Waldviertel, 1987; Vorbereitungen zum Selbstmord, 1998. – Hörspiele.
Literatur: K. Wagner, Nö. Gegenwartsliteratur, 1980.

Gailitztal, Kä., nach dem gleichnamigen Fluss benannt; südl. Seitental des Gailtals. Das G. nimmt seinen Ausgang von Fusine in Friaul–Julisch-Venetien und trennt die Karnischen Alpen (W) von den Karawanken. Über das G. führen Bahn- und Straßenverbindungen nach Italien.

Gailtaler Alpen, Kä., südl. Kalkalpenzug zw. Drau- und Gailtal, besteht geologisch zum größten Teil aus einem Kalkalpenzug („Drauzug"), der geologisch einen im S zurückgebliebenen Rest der Nördl. Kalk-

Franz de Paula Gaheis. Stich von K. R. Schindelmayer.

Gailtaler Alpen: Blick von der Verditz-Alm bei Villach auf die Gailtaler Alpen.

alpen darstellt. Die G. A. erstrecken sich in west-östl. Richtung in 5 Gruppen: 1) Lienzer Dolomiten (Gr. Sandspitze 2770 m, Hochstadel 2681 m) an der Landesgrenze zw. Kä. und O-Ti.; 2) Reißkofelgruppe (Reißkofel 2371 m) zw. Gailbergsattel und Kreuzberg; 3) Latschurgruppe (Latschur 2236 m) zw. Weißensee und Drauknie bei Sachsenburg; 4) Spitzegelgruppe (Spitzegel 2119 m) südöstl. des Weißensee; 5) das Massiv des Dobratsch (2166 m) als östl. Ausläufer. Pässe: Gailbergsattel (982 m), Kreuzbergsattel (1074 m). Schutzhäuser: Karlsbader Hütte (2261 m) am Laserzsee, Hochstadelhaus (1780 m) bei Oberdrauburg, Kerschbaumeralm-Schutzhaus (1902 m), E.-T.-Comptonhütte (1650 m), Kalserhütte (1790 m), Dolomitenhütte (1620 m), Goldeckhütte (1929 m), Ludwig-Walter-Haus (2143 m).

Gaimberg, Ti., LZ, Gem., 756 m, 767 Ew., 7,28 km^2, touristisch-landw. und (zunehmend) Wohngem. am S-Hang des Zettersfelds, einem Ausläufer der Schobergruppe nordöstl. von Lienz. – Spätgot. Pfarrkirche in Ober-G. (1834 klassizist. Umbau); Gruftkapelle (Wallfahrtsstätte); Kapellen (19. und 20. Jh.); Paar- und Einhöfe.

Gainfarn, NÖ., BN, Dorf, Weinbauort am W-Rand des Wr. Beckens, Katastralgem. der Stadtgem. Bad Vöslau. – HLA für Forstwirt. – Barocke Pfarrkirche, Hallenkirche aus der 1. Hälfte des 18. Jh.; klassizist. Schloss (1816).
Literatur: Stadtgem. Bad Vöslau und Gem. G. (Hg.), Heimatbuch für die Stadtgem. Bad Vöslau und die Gem. G., 1959.

Gaisberg, Kä., siehe → Friesach.

Gaisberg, Sbg., 1287 m, Aussichtsberg im Gem.-Gebiet von Salzburg, östl. der Stadt. Auf den G. führte 1887–1928 eine Zahnradbahn, seit 1929 eine Autostraße. Gasthof Gaisbergspitze, Hotel und Restaurant Zistelalm (1001 m), Rauchenbühelhütte (975 m), Fernseh- und Radiosender.

Gaisberger, Josef, * 6. 1. 1792 Maria Brunnenthal (OÖ.), † 5. 9. 1871 St. Florian (OÖ.), Augustiner-Chorherr, Historiker, Archäologe. 1816–18 Seelsorger, 1818–56 Lehrer am Lyzeum (später Gymn.) in Linz, Kustos der Stiftssammlungen in St. Florian. Mitbegründer des Musealvereins, legte 1845 den ersten Bibl.-Katalog an. Leitete ab 1838 u. a. Grabungen in Schlögen, Oberranna, Lauriacum, Wels und Überackern.
Literatur: G. Winkler, J. G. – Zum 100. Todestag, in: Jb. des Oö. Musealvereins 117/2, 1972; ÖBL.

Gaishorn am See, Stmk., LI, Markt, 723 m, 1088 Ew., 40,49 km^2, im Paltental im W der Eisenerzer Alpen, an der alten Salzstraße von Selzthal nach St. Michael über den Schoberpass. – Pfarrkirche (urk. 1180, Neubau 1480–1520) mit Barockinventar; Virgilkirche (Weihe 1465, Wiederaufbau 1524) auf einer Anhöhe, evang. Kirche (1872–80).
Literatur: F. Wohlgemuth, Geschichte der Pfarre G. und des Paltentales, 1955.

Gaismair, Michael, * 1490 Sterzing (S-Ti.), † 15. 4. 1532 Padua (I; ermordet), Führer des Ti. und Sbg. → Bauernkriegs 1525/26, Sohn eines Bergbauunternehmers, Schreiber des Landeshauptmanns, Sekr. des Bischofs von Brixen. G. stellte sich im Mai 1525 an die Spitze des Aufstands in S-Ti., erzwang im Juni 1525 einen Landtag in Innsbruck, wurde im August eingekerkert, konnte im Oktober entfliehen, ging nach Graubünden, wo er eine Ti. Landesordnung ausarbeitete, in der eine vollkommene polit. Umgestaltung und die Republik gefordert wurden. Im Frühjahr 1526 zog er mit einer Truppe nach Sbg., wurde aber bei Radstadt besiegt, entkam mit einer größeren Schar über die Hohen Tauern nach Lienz, fiel ins Pustertal ein und trat dann auf das Gebiet von Venedig über. Am 15. 4. 1532 wurde er in Padua von früheren Freunden ermordet. Er war der einzige Bauernführer, der strateg.-polit. Ziele verfolgte.
Literatur: J. Maček, Der Ti. Bauernkrieg und M. G., 1965; H. Benedikter, Rebell im Land Ti., 1970; A. Stella, Il Bauernführer M. G. e l'utopia di un repubblicanesimo popolare, 1999.

Gaissau, Vbg., B, Gem., 400 m, 1486 Ew., 5,32 km^2, in einer Schlinge des Alten Rheins, an der Schweizer Grenze. – Zollamt, Missionshaus des Klosters St. Josef; Herstellung von Beschichtungen. In der Nähe von G. liegt die Riedlandschaft des Rheindeltas (Natur- und Vogelschutzgebiet Rheindelta).
Literatur: G. Niederer, G. Aus der Geschichte eines Grenzdorfes, 1962; M. Lutz, G. einst und jetzt, 1994.

Gaistal: Winterlandschaft bei Leutasch.

Gaistal, Ti., zw. Wettersteingebirge und Mieminger Gebirge, in der Nähe von Telfs gelegen. Das G. wird von der Leutascher Ache durchflossen und reicht vom Igelsee bis Mittenwald in Deutschland (Einmündung der Leutascher Ache in die Isar). Gem. Leutasch (1151 m).

Gaiswinkler, Albrecht, * 29. 10. 1905 Bad Aussee (Stmk.), † 11. 5. 1979 ebd., Krankenkassenbeamter und Politiker (SPÖ), 1934 in polit. Haft, 1945 Organisator der Widerstandsbewegung im Salzkammergut; 1945–49 Abg. z. NR.

GAK, Grazer Athletik Klub, 1902 gegr. Sportverein. Ab 1921 in der steir. Landesliga, 1924–33 steir. Meister. Ö. Cupsieger 1981, 2000, 2002 und 2004; Supercup Gewinner 2000 und 2002; 2004 ö. Meister. Heutiger Name: Liebherr GAK. Neben seiner Fußballmannschaft ist der Verein auch in Tennis, Basketball und Wasserspringen aktiv.
Literatur: K. Edlinger, Bravo GAK!, 2002.

Gál, Hans, * 5. 8. 1890 Brunn a. Gebirge (NÖ.), † 3. 10. 1987 Edinburgh (GB), Komponist und Musikwissenschaftler. 1929–33 Dir. der Musikhochschule in Mainz, bis 1938 Dirigent in Wien; emigrierte nach England, unterrichtete ab 1945 an der Univ. in Edinburgh; setzte wichtige Impulse für das Musikleben dieser Stadt. Großer Ö. Staatspreis 1957, Ö. Ehrenzeichen f. Wiss. u. Kunst 1981.
Werke: Die heilige Ente, 1923 (Oper); Orchester- und Chorwerke, Kammermusik, Lieder. – Bücher: The Golden Age of Vienna, 1948; J. Brahms, 1961; R. Wagner, 1963; F. Schubert, 1970.
Literatur: W. Waldstein, H. G., 1965.

Galahad, Sir, siehe → Eckstein, Bertha.

Galgenberg bei Stratzing, NÖ., wiederholt aufgesuchter Rastplatz in der Zeit um 30.000 v. Chr. zw. Krems-Rehberg und Stratzing, seit 1985 erforscht. An mehreren Feuerstellen wurden Holzkohle und Steingeräte gefunden. Eig. Konstruktionen bildeten wahrscheinlich eine Art Abdachung gegen die Witterung.

Der wichtigste Fund ist die → Venus vom Galgenberg, die älteste Frauenplastik der Welt; sie wurde hier gefertigt, wie Schnitzabfälle belegen.
Literatur: C. Neugebauer-Maresch, Altsteinzeit im Osten Ö., 1993; dies., Zur altsteinzeitl. Besiedlungsgeschichte des Galgenberges von Stratzing/Krems-Rehberg, 1993.

Galgótzy, Anton, * 1. 2. 1837 Sepsi-Szent-György (Sf. Gheorghe, RO), † 5. 11. 1929 Wien, General. 1887–91 Stellvertreter des Chefs des Generalstabs, dann Kommandant des 10. Korps in Przemyśl, 1905–08 Generaltruppeninspektor. Gegner des Bürokratismus, durch eigenwilliges Verhalten oftmals im Zentrum von Anekdoten.
Literatur: ÖBL.

Galizien: Das Gebiet nördl. der Karpaten war bis 1918 ein Kronland der ö.-ungar. Monarchie. Mit 78.492 km^2 und 7,3 Mio. Ew. (1910, davon 54,75 % Polnischsprachige, 42,2 % Ruthenen, 2,91 % Deutschsprachige) war G. die größte Provinz der westl. Reichshälfte. Die Bevölkerung lebte v. a. von Land- und Forstw., neben Salzbergbau war noch die Erdölförderung von Bedeutung.
Das Gebiet wurde im Rahmen der 1. Teilung Polens 1772 von Ö. annektiert und zu einer eig. polit. Einheit („Königreich G. und Lodomerien") zusammengefasst. Von der ö. Verwaltung und durch die planmäßige Ansiedlung von Deutschsprachigen gingen wesentl. Modernisierungsimpulse aus: Gründung der Univ. Lemberg 1784, Volksschulwesen, relig. Toleranz. Nach der 3. Teilung Polens wurde G. 1795–1809 beträchtlich ausgeweitet, 1846 kam Krakau hinzu. Nach 1867 erhielten die Polen in der westl. Reichshälfte bedeutenden Einfluss; die ihnen zugestandene Autonomie ging auf Kosten der Ukrainer. Innerhalb des großen jüd. Bevölkerungsanteils (11 %) entwickelte sich eine deutliche Wanderungsbewegung nach Wien. G. verfügte über eine bes. starke Militärpräsenz der k. u. k. Armee (1900: 70.800 Militärpersonen). Im 1. Weltkrieg war G. ein wichtiger Kriegsschauplatz, wurde 1914 weitgehend von der russ. Armee erobert und kam 1915 wieder unter ö. Herrschaft. 1918 fiel es an den neuen poln. Staat.
Literatur: K. H. Mack (Hg.), G. um die Jahrhundertwende, 1990.

Galizien: Der Ringplatz in Lemberg. Foto, um 1910.

Galizien: Markttag in Rawa Ruska. Foto, 1910.

Gall, Franz, * 17. 8. 1926 Korneuburg (NÖ.), † 22. 7. 1982 Trient (I), Historiker, Spezialist für Wappenkunde. Ab 1963 Archivar der Univ. Wien, ab 1974 Univ.-Prof.
Werke: Alma Mater Rudolphina: 1365–1965, 1965 (Hg.); Die alte Univ., 1970; Univ. Wien: Die Matrikel der Univ. Wien, 1971; Ö. Wappenkunde, 1977.

Gall, Franz Joseph, * 9. 3. 1758 Tiefenbrunn (D), † 22. 8. 1828 Montrouge (F), Anatom. Studierte in Straßburg, hielt in Wien Privatvorlesungen über die Anatomie des Gehirns und über Phrenologie; als diese verboten wurden, setzte er seine Tätigkeit mit großem Erfolg in Paris fort. Aufgrund seiner Lehre wurde nach dem Tod J. → Haydns dessen Kopf widerrechtlich vom Körper getrennt; erst 1954 wurden alle Gebeine Haydns zusammengeführt. Die Schädel-Smlg. von G. befindet sich im Städt. Rollett-Museum in Baden (NÖ.).
Literatur: E. Lesky, F. J. G. Naturforscher und Anthropologe, 1979; L. Kordelas, Geist und caput mortuum. Hegels Kritik der Lehre G. in der „Phänomenologie des Geistes", 1998.

Gall, Joseph Anton, * 27. 3. 1748 Weilderstadt (D), † 18. 6. 1807 Linz (OÖ.), Priester und Pädagoge. 1774–79 Katechet an der Wr. Normalschule; führte als Nachfolger J. I. v. → Felbigers als Oberdir. der dt. Schulen in den 80er Jahren des 18. Jh. die „sokratische Methode" (Fragemethode, die mehr den Verstand als das Gedächtnis fördert) ein, wurde 1788 Bischof von Linz; erwies sich als treuer Anhänger der Reformen Josephs II.
Werke: Sokrates unter den Christen in der Person eines Dorfpfarrers, 1783; Anleitung zur Kenntnis und Verehrung Gottes für Kinder auf dem Lande, 1793.

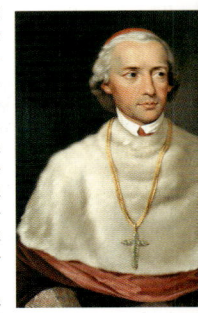
Joseph Anton Gall. Gemälde, um 1795.

Gallas, Matthias, Graf von Campo, * 16. 9. 1584 Trient (I), † 25. 4. 1647 Wien, General. Erhielt nach → Wallensteins Ermordung (an der er nicht beteiligt war) dessen Herrschaft Friedland in Böhmen und führte das kaiserl. Heer (nominell Ferdinand III.). G. siegte 1634 bei Nördlingen über die Schweden, kämpfte 1634–45 erfolglos („Heerverderber") gegen Torstenson und legte 1645 das Kommando nieder.

Matthias Gallas Graf von Campo. Gemälde, 17. Jh. (Heeresgeschichtliches Museum, Wien).

Gallenberg, Wenzel Robert Graf, * 28. 12. 1783 Wien, † 13. 3. 1839 Rom (I), Komponist und Theaterdirektor. Schüler J. G. → Albrechtsbergers, mit Gräfin G. Guicciardi vermählt, der L. van Beethoven seine Klaviersonate cis-Moll („Mondschein-Sonate") widmete; organisierte 1805 die Feiern für Joseph Bonaparte in Neapel, verlor in Wien als Leiter des Kärntnertortheaters

(1828–30) sein Vermögen. Als Komponist wurde er v. a. mit seinen Balletten bekannt.
Werke: ca. 50 Ballette, Orchester- und Klavierwerke.
Literatur: ÖBL.

GALLENSTEIN, Meinrad (Franz Xaver) von, * 24. 3. 1811 Graz (Stmk.), † 3. 8. 1872 Klagenfurt (Kä.), Benediktiner, Naturwissenschafter. Erforschte Muscheln und Schmetterlinge in Kä., trug zur Gründung des Naturhist. Landesmuseums in Klagenfurt bei.
Literatur: ÖBL.

GALLER, (Katharina) Elisabeth Freifrau von (geb. Wechsler aus Radkersburg), † 1672 Riegersburg (Stmk.), genannt „Gallerin" oder „schlimme Liesl". 1648–72 Herrin der Riegersburg, die sie ausbaute. Eine der tatkräftigsten Frauen der steir. Geschichte. J. Hammer-Purgstall schilderte 1845 ihr Leben in einem Roman.

GALLI-BIBIENA, ital. Familie von Baumeistern, Malern und Ausstattungskünstlern des 17. und 18. Jh. mit Hauptentfaltung in Wien; einige ihrer Mitglieder beeinflussten nachhaltig die barocke Theaterarchitektur und Inszenierungskunst in Süd- und Mitteleuropa: Antonio → Galli-Bibiena, Ferdinando → Galli-Bibiena, Francesco → Galli-Bibiena, Giuseppe → Galli-Bibiena.
Literatur: F. Hadamowsky, Die Familie G.-B. in Wien, 1962; A. Hyatt Mayor, The Bibiena Family, 1965; M. T. Muraro u. E. Povoledo, Disegni teatrali dei Bibiena, 1970.

GALLI-BIBIENA, Antonio, getauft 16. 1. 1697 Parma (I), † 28. 1. 1774 Mailand (I), Architekt, Maler; Sohn von Ferdinando → Galli-Bibiena und Bruder von Giuseppe → Galli-Bibiena. Ab 1721 regelmäßige Zusammenarbeit mit seinem Bruder Giuseppe als Bühnenbildner am Wr. Hof, 1723 zum „Zweiten Theatral-Ingenieur" ernannt; baute 1748 das Große Hoftheater seines Onkels Francesco in den Großen Redoutensaal um; 1735 Pläne für den Neubau des → Hetztheaters, erhielt ab 1736 ein 10-jähriges Privileg zur Abhaltung von Tierhetzen. 1751 Rückkehr nach Bologna.
Weitere Werke: Erweiterungsbau des Presbyteriums, Entwurf des Hochaltars und Deckenfresko unter der Orgelempore in der Wr. Peterskirche.

GALLI-BIBIENA, Ferdinando, * 18. 8. 1656 Bologna (I), † 3. 1. 1743 ebd., Baumeister, Maler; Bruder von Francesco → Galli-Bibiena, Vater von Antonio → Galli-Bibiena und Giuseppe → Galli-Bibiena. Nach 30-jähriger Tätigkeit als Hofkünstler der Farnese in Parma und Piacenza 1708 von Karl VI. als Architekt und Bühnenbildner zunächst nach Barcelona, dann nach Wien engagiert; führte in seinen Theater- und Festdekorationen statt der Zentral- die Diagonalachse und die Winkelperspektive ein; unterlag im Wettbewerb um den Bau der Wr. Karlskirche J. B. → Fischer von Erlach. 1716 Rückkehr nach Bologna.

GALLI-BIBIENA, Francesco, * 12. 12. 1659 Bologna (I), † 20. 1. 1737 ebd., Architekt; Bruder von Ferdinando → Galli-Bibiena. Nach Tätigkeit in verschiedenen ital. Städten von Ks. Leopold I. nach Wien berufen, wo er 1700 den Großen Komödiensaal als Hoftheater einrichtete; nach kurzer Tätigkeit in Italien und Lothringen von Ks. Joseph I. ab 1709 neuerlich als „Erster Theatral-Ingenieur" und Dekorationsmaler an den Wr. Hof engagiert. 1712 endgültige Rückkehr nach Italien.

GALLI-BIBIENA, Giuseppe, * 5. 1. 1696 Parma (I), † 12. 3. 1757 Berlin (D), Baumeister, Maler; Sohn von Ferdinando → Galli-Bibiena und Bruder von Antonio → Galli-Bibiena. Begleitete seinen Vater nach Barcelona und Wien, wo er diesen ab 1717 in seinem Amt vertrat, aber erst 1723 offiziell zum „Ersten Theatral-Ingenieur" ernannt wurde; entwarf mit seinem Bruder Antonio Theater- und Festdekorationen für Wien, Linz (erstmaliger Einsatz transparenter Dekorationen), Graz und Prag (1723 „Costanza e Fortezza" auf dem Hradschin); 1747 in Dresden, ab 1751 gelegentlich, ab 1753 fest von Friedrich dem Großen in Berlin engagiert.
Literatur: NDB.

GALLITZINBERG (auch Wilhelminenberg genannt), 388 m, Wienerwaldberg am Rand des bewohnten Stadtgebiets (Wien 16); 1905 wurde anstelle eines urspr. gallitzinschen Schlosses das Schloss Wilhelminenberg neu erbaut. Von den Bauten des ausgedehnten Parks ist noch ein Rundtempel in klassizist. Stil erhalten. Auf dem G. befinden sich auch das Forschungsinst. für Wildtierkunde und Ökologie der Veterinärmedizin. Univ. und das Konrad-Lorenz-Inst. für Vergleichende Verhaltensforschung der Ö. Akad. der Wiss. (ehem. Biolog. Station Wilhelminenberg).

GALLIZIEN, Kä., VK, Gem., 436 m, 1825 Ew., 46,80 km², im Drautal (Rosental) am Fuß des Hochobir (2139 m). – Laufkraftwerk Annabrücke (err. 1981, 202.500 MWh, ehemals Ö. Draukraftwerke AG, jetzt Verbundkonzern), Speicherkraftwerk Freibach (err. 1958, 36.000 MWh) der KELAG; Holzverarbeitung, Erzeugung von Naturholzmöbeln, Handel mit Hoteleinrichtungen, Herstellung von Bienenbeuten. – Urk. 1123 („Gestidorf"), heutiger Name (erstmals 1430) nach dem Transfer von Reliquien aus dem Wallfahrtsort Santiago de Compostela in der span. Provinz Galicia. Got. Pfarrkirche mit roman. Turm; in der Nähe Wildensteiner Wasserfall; Drauradweg.

GALLMANNSEGG, Stmk., VO, Gem., 700 m, 325 Ew., 32,88 km², land- und forstw. Kleingem. am Oberlauf der Kainach am Fuß der Roßbachalm. Marmorabbau. – Wallfahrtskirche „Zum hl. Wasser" (hl. Radegundis, Weihe 1669) in Heiligwasser mit Hochaltar aus der Werkstatt des B. Prandtstätter, spätgot. Sebastiansfigur, Barockkanzel (um 1700), Marmorrelief des Fegefeuers (17. Jh.) und Barockstatuen, Bründlkapelle (frühes 18. Jh.) vor der Kirche; Burgruine Hauenstein (13. Jh.). – Sommerweide der Lipizzaner auf der Brendlalm.

GALLMEYER, Josefine (geb. Tomaselli), * 27. 2. 1838 Leipzig (D), † 3. 2. 1884 Wien, Schauspielerin, Soubrette, Volkssängerin, Tänzerin, Schriftstellerin („weibl. Nestroy"). Nach Kinderrollen in Brünn und Auftritten mit Wandertruppen in Ungarn 1857 unter der Direktion von J. → Nestroy an das Wr. Carltheater engagiert; 1860–62 bei F. → Strampfer in Temesvár, mit dem sie 1862 an das Theater an der Wien kam; ab 1865 wieder am Carltheater, wo sie zur populärsten Sängerin und Schauspielerin der Wr. Volksbühne dieser Zeit wurde; 1872 Engagement an das von Strampfer gegr. Theater unter den Tuchlauben, dessen Leitung sie 1874 übernahm; 1882/83 Deutschland- und Amerikatournee. Obwohl zeitweise sehr vermögend, starb sie fast verarmt.
Werke: Novellen: Aus is', Die Schwestern, 1882. – Dramen: Aus purem Haß, 1883; Sarah und Bernhard, 1884 (Parodie).
Literatur: B. Glossy u. G. Berger, J. G., 1947; E. P. Danszky, Die G., 1953.

GALLNEUKIRCHEN, OÖ., UU, Markt, 337 m, 5915 Ew. (1981: 4398 Ew.), 5,18 km², am li. Ufer der Großen Gusen, im östl. Mühlviertel nordöstl. von Linz. – Landesgendarmeriekommando, Einsatzzentrum des Roten Kreuzes, evang. Diakoniewerk (karitative Einrichtungen, Behindertenwerkstätte, FachS für Sozialberufe

Elisabeth Freifrau von Galler. Gemälde, 2. Hälfte 17. Jh. (Riegersburg, Stmk.).

Josefine Gallmeyer. Foto, um 1870.

u. a.), Freizeitanlage. Je die Hälfte der 1597 Beschäftigten 1991 im Dienstleistungs- (v. a. soz. Dienste) und im Produktionssektor: Küchenmöbel-, Reifenrunderneuerungs-Werk, Metallbau, Dachdeckerei, Erzeugung von zahntechn. Geräten, Spezialspedition (Museumstransporte). – Pfarrkirche, romanisch-got. Pfeilerbasilika (13./14. Jh.) mit hervorragender Rokokoausstattung; spätgot.-barocke Kirche Hohenstein. Im Heimathaus archäolog. Funde aus dem Gallneukirchner Becken.
Literatur: Heimatverein G. und Umgebung (Hg.), G. Ein Heimatbuch für die Gemeinden G., Engerwitzdorf, Unterweitersdorf und Alberndorf, 1982.

Gallois, Moritz von, * 28. 8. 1859 Linz (OÖ.), † 2. 12. 1928 Frankfurt a. M. (D), Chemiker. 1888–1926 für die Farbwerke Hoechst in Frankfurt a. M. tätig, verbesserte die Technik des Zeugdrucks u. a. durch die Entwicklung der haltbaren Azofarbstoffe.
Literatur: ÖBL.

Gallspach, OÖ., GR, Markt, 365 m, 2571 Ew. (1981: 2014 Ew.), 6,18 km², Luftkurort in den nordöstl. Ausläufern des Hausruck, südl. von Grieskirchen. – Ambulatorium für elektrophysikal. Therapie (Inst. Zeileis seit 1912, physikal. Strahlenbehandlung und Akupunktur), Kurverwaltung, Kurfremdenverkehr („Vitalwelt Hausruck", 71.705 Übern.); Erzeugung von Mess- und elektron. Steuerungsgeräten. – Got. Pfarrkirche (urk. 1343) im 19. Jh. stark erneuert; Schloss (urk. um 1120), Vierkantanlage um 1600 erbaut; Naturpark.
Literatur: Gem. G. (Hg.), 550 Jahre Marktgem. G., 1989.

Gallspach: Zeileis-Institut. Foto, um 1935.

Gallus, Hl., Fest 16. Okt., * um 560 Irland, † 16. 10. 650 Arbon (CH), Mönch, Einsiedler, Missionar (nordöstl. Schweiz, Bodenseeraum). Lehrte und predigte mit dem hl. → Kolumban 610–612 in → Bregenz (alte Aureliakirche). G.-Patrozinien in Bregenz und St. Gallenkirch (beide Vbg.), Weer (Ti.), St. Gallen (Stmk.), Neusiedl a. S. (Bgld.).
Literatur: O. Wimmer u. H. Melzer, Lexikon der Namen und Heiligen, ⁶1988.

Gallus, Jacobus (auch Handl, Händl, Hähnel, eigentl. Petelin), * zw. 15. 4. und 31. 7. 1550 Reifnitz (Ribnica, SLO), † 18. 7. 1591 Prag (CZ), Komponist. Ab 1564 oder 1566 in Ö., zuerst in Stift Melk, dann ab ca. 1568 in Wien, 1574/75 Mitgl. der kaiserl. Hofkapelle, wirkte dann in Böhmen (u. a. im Dienst des Bischofs von Olmütz). Sein Werk, größtteils Kirchenmusik, spiegelt niederländ. wie venezian. Traditionen wider und kann als Zusammenfassung der sog. „Epoche der Niederländer" gesehen werden.
Werke: Messen (4 Bücher); Motetten (Opus Musicum, 4 Bde.); Passionen. – Weltl. Musik: Moralia, Harmoniae morales (3 Bücher). – Ausgabe: Denkmäler der Tonkunst in Ö., Bde. 30, 40, 48, 51/52 u. 78, 1959–60.
Literatur: S. Pontz, Die Motetten von J. G., 1996.

Gallus-Mederitsch, Johann, siehe → Mederitsch, Johann.

Gallzein, Ti., SZ, Gem., 801 m, 504 Ew., 10,68 km², Wohn- und Auspendelgem. auf einer Mittelgebirgsterrasse zw. Schwaz und Jenbach. – Urk. 1220; vom 15. bis 19. Jh. Knappensiedlungen (Bergbau am Falkenstein und in Schwader-Eisenstein); Kapelle Mariä Heimsuchung (1937); Marienkapelle mit Barockaltar und -pietà (um 1700); ehem. Knappenhäuser im Ort.

Galtür, Ti., LA, Gem., 1584 m, 774 Ew., 121,17 km², Wintersportzentrum (413.455 Übern.) im inneren Paznauntal, nahe der Grenze zu Vbg.; Ausgangspunkt und Mautstelle der Silvretta-Hochalpenstraße; Pumpwerk der Vbg. Illwerke-AG. Um 1300 Besiedlung

Galtür.

durch Walser, Wallfahrtskirche 1622–24 nach Brand erneuert, 1777–79 barockisiert, 1967/68 von C. Holzmeister erweitert. – Bei einem schweren Lawinenunglück in G. kamen am 23. 2. 1999 31 Menschen ums Leben.

Galvanotechnik, elektrochem. Verfahren zur Oberflächenveredelung (Verzinken, Vergolden). Wurde in Ö. 1873 von Wilhelm Pfanhauser (1843–1922) in seiner Wr. Fabrik begründet.

Gamerith, Walther, * 30. 8. 1903 Eggenburg (NÖ.), † 10. 8. 1949 Wien, Maler und Fotograf. Schuf ab 1930 auf Reisen nach Deutschland, Holland, Frankreich, Italien und Dalmatien sowie vom Gebiet des Attersees stimmungsvolle Landschaftsbilder. Nach dem 2. Weltkrieg anklagende Visionen sowie Porträts und Holzschnitte.
Werke: Gemälde: Ringelspiel, Paris, Notre-Dame, Buchberg im Winter, Buchberg im Herbst, Attersee vom Buchberg aus gesehen, Die Überlebenden.
Literatur: W. G., Ausst.-Kat., Wien 1950.

Gamillscheg, Ernst, * 28. 10. 1887 Neuhaus (Jindřichův Hradec, CZ), † 18. 3. 1971 Göttingen (D), Romanist der von T. → Gartner geprägten Innsbrucker Schule. Ab 1919 Univ.-Prof. in Innsbruck, ab 1925 in Berlin, ab 1946 in Tübingen. Erwarb sich bes. Verdienste um die Erforschung des Rumän. und der rätoroman. Dialekte.
Werke: Etymolog. Wörterbuch der franz. Sprache, 1928 (²1969); Romania Germanica, 3 Bde., 1934–36.
Literatur: Verba vocabula. E. G. zum 80. Geburtstag, hg. v. H. Stimm u. J. Wilhelm, 1968.

Gamillscheg, Felix, * 26. 9. 1921 Hall i. Ti., Journalist. Chefredakteur von „Kathpress" 1953–55, „Die → Furche" 1976–78, Informationsdienst für Bildungspolitik und Forschung 1965–76; Begründer (1978) und bis 1994 Dir. der Kath. Medienakad.
Werke: Kaiseradler über Mexiko, 1964; Der informierte Staatsbürger, 1968.

Gaming, NÖ., SB, Markt, 431 m, 3840 Ew., 244,07 km², zweisaisonaler Fremdenverkehrsort (106.579 Übern.) zw. dem Oberlauf der Ybbs (Ois, Lackenbach) und dem Erlauftal, in den Eisenwurzen, mit Skigebiet Lackenhof/Langau. – Landw. FachS, ehem. Wasserkraftwerk Pockau (err. 1923–26) heute als Wasserkraftwerk Gaming I (38.831 MWh), Kraftwerk Gaming II (6027 MWh), beide mit Wasser der Wr. Hochquellenleitung gespeist; Erzeugung von Stahlflaschen. Zw. Kienberg und G. früher Hammerwerke (Mus. „Grabner-Hammer" als einziges erhalten), aufgelassenes Steinkohlebergwerk. – Ehem. Kartause mit 24 Mönchszellen, gegr. 1332, 1782 aufgehoben, Grablege von Hzg. → Albrecht II. und dessen Gattin Johanna von Pfirt, jetzt Hotel, Kultur- und Bildungszentrum (seit 1985 Chopin-Festival, Europasemester der Franciscan University of Steubenville/Ohio, Internat. Theolog. Inst. für Ehe und Familie); um 2 Höfe gruppiert. Klosterkirche Maria Thron (1332–42) mit 3-teiligem Chor (um 1620 erneuert) und prächtigem Marmorportal (1631). Prunkvoller Bibliothekssaal mit barocken Fresken von W. L. Reiner. Im Ort spätgot. Pfarrkirche; Pranger (1643). – Naturpark Ötscher-Tormäuer mit Treffling-Wasserfall und Ötscher-Tropfsteinhöhle.

Literatur: 650 Jahre Kartause G.: Vielfalt des Heilens – Ganzheitsmedizin, Ausst.-Kat., Kartause G., 1992.

Gaming: Prälatenhof der ehemaligen Kartause.

Gamlitz, Stmk., LB, Markt, 278 m, 3076 Ew., 34,51 km², Sommerfremdenverkehrsort (70.528 Übern.) am Unterlauf des Gamlitzbachs im südsteir. Weinland, nahe der slowen. Grenze. – Wein- und Obstbau dominiert, Tankbau, Beherbergungswesen. Weinbaumuseum und Ausstellungen im Schloss Ober-G. (17./18. Jh., Ausgestaltung nach 1800); got. Kirche (urk. 1170, Umbauten im Barock und 19. Jh.), Hochaltar (1880), spätröm. Grabsteine.

Gamperdonatal, Vbg., südl. Seitental des Walgaus, wird von der Meng durchflossen. Das G. erstreckt sich vom Nenzinger Himmel (1370 m) bis zur Einmündung der Meng in die Ill in der Gem. Nenzing (530 m).

Gampern, OÖ., VB, Gem., 509 m, 2464 Ew., 26,26 km², westlich von Vöcklabruck an der Dürren Ager, im Attergau. – Holzverarbeitung (v. a. Möbelherstellung, Drechslereien), Erdgasförderung und -speicherung (Rohöl-Aufsuchungs AG), Gerätebau. – Spätgot. Pfarrkirche (1486–1515) mit berühmtem spätgot. Flügelaltar vermutlich von L. Astl (1490–1500, 22 Tafelbilder der Leidensgeschichte Christi); spätgot. Gewölbemalereien, Sakramentshäuschen und spätgot. „Pisendorfer Madonna" um 1510, spätgot. Kruzifix 1515–25.

Gams, Helmut, * 25. 9. 1893 Brünn (Brno, CZ), † 13. 12. 1976 Innsbruck (Ti.), Botaniker. Univ.-Prof. in Innsbruck; zahlr. Arbeiten zur Systematik und Geographie der Blütenpflanzen und Moose. 1920–23 Mitarbeit an der 12-bändigen „Illustrierten Flora von Mitteleuropa" von G. Hegi, Leiter der von ihm gegr. Biolog. Station Wasserburg am Bodensee.

Werke: Die Vegetation des Großglocknergebietes, 1936; Kleine Kryptogamenflora von Mitteleuropa, 1940; Flora von Osteuropa, 1950.

Gamsbart, büschelförmiger, in Ö. und Bayern gebräuchl. Hutschmuck für Männer (→ Tracht) aus den langen Haaren auf dem Hinterrücken erwachsener Gamsböcke.

Literatur: Franz C. Lipp, Das Ausseer G'wand, 1992.

Gams bei Hieflau, Stmk., LI, Gem., 539 m, 645 Ew., 46,42 km², landw. Gem. im Tal des Gamsbachs nahe der Einmündung in die Salza im Naturpark Steirische Eisenwurzen. – Geozentrum und Feuersteinbergbau. – Pfarrkirche (Weihe 1788) mit modernen Fresken (1929), Rokokokanzel. Unweit Kraushöhle, Wassermühlen.

Literatur: W. Steinhauser, Meine Heimat, Heimatbuch der Gem. G., 1998.

Gämse, zu den Paarhufern gehörende, in der Gestalt ziegenähnliche Tierart, eine der wenigen echt europ. Säugetierarten. Sie lebt in den höheren Bereichen der Gebirge (800–2500 m), wobei die Krummholzzone den Kernlebensraum bildet. Bei 110–130 cm Körperlänge sind die Weibchen stets kleiner. Beide Geschlechter tragen nach hinten unten gekrümmte hakenförmige Hörner. Im Sommer rötlich graubraunes, im Winter dunkleres Fell. Die verlängerten Haare am Widerrist werden bei Erregung gesträubt und liefern den → Gamsbart.

Gamsgrube, Kä., etwa 2500 m hoch gelegene, ca. 26 ha große, unter Sonderschutz stehende Rasenmulde (Kar) im Nationalpark Hohe Tauern am S-Hang des Fuscherkarkopfs gegenüber dem Großglockner; weist entlang der Ufermoräne der Pasterze hochalpine Blumen, Moose und Kerfe meist zentralasiat. Herkunft auf.

Literatur: Sonderheft der Ztschr. „Natur und Land", 1950; B. Griehser, Vegetationskundl., synökolog. Untersuchungen zur Vegetationsdynamik in der G. (Glockner Gruppe), 1992.

Gamsjäger, Heinz, * 30. 6. 1932 Donawitz (Stmk.), Chemiker. 1975–2000 Univ.-Prof. für Anorgan. und Physikal. Chemie in Leoben. E.-Schrödinger-Preis der Ö. Akad. d. Wiss. 1995.

Werke: Aufsätze v. a. über Thermodynamik von Jonenreaktionen und Kinetik von Sauerstoff-Austauschreaktoren.

Gamsjäger, Rudolf, * 23. 3. 1909 Wien, † 28. 1. 1985 ebd., Musikmanager, urspr. Chemiker, dann Sänger; Ehemann von Wilma → Lipp. Gen.-Sekr. der Ges. der Musikfreunde (Wien), Präs. der „Musikal. Jugend Ö." und der Internat. Föderation der „Jeunesses Musicales", 1972–76 Dir. der Wr. → Staatsoper.

Gamskarkogel, Sbg., 2467 m, Aussichtsberg im nördl. Seitenkamm der Ankogelgruppe (Hohe Tauern), östl. zw. Bad Hofgastein und Bad Gastein. Schutzhütte: G.-Hütte (Bad Gasteiner Hütte, 2465 m).

Ganahl, Textilunternehmerfamilie in Vbg. Die Familie stellte bis 1917 mit Ausnahme von 6 Jahren alle Präs. der Handelskammer. Heutiges Unternehmen → Rondo Ganahl AG. Mitgl. der Familie: Carl → Ganahl, Johann Josef → Ganahl.

Literatur: G. Wanner, Vbg. Industriegeschichte, 1990.

Ganahl, Carl, * 5. 3. 1807 Feldkirch (Vbg.), † 17. 9. 1889 ebd., Textilunternehmer. Begründete 1835 eine Baumwollspinnerei in Frastanz (jetzt Ind.-Denkmal) und wurde zum führenden Wirtschaftsfachmann in Vbg. (1850 Präs. der Vbg. Handelskammer). Im Revolutionsjahr 1848 spielte er eine wesentl. Rolle.

Ganahl, Johann von, * 27. 11. 1817 Cremona (I), † 12. 8. 1879 Mödling (NÖ.), Kartograph, Geodät, Oberst. Führte 1857 die erste Basismessung bei Wr. Neustadt durch, 1876 Präs. der ö. Gradmessungskommission, 1879 Kommandant des → Militärgeographischen Instituts; war auch Alpinist (Erstbesteigungen in den Ötztaler Alpen).

Ganahl, Johann Josef, * 12. 11. 1770 Tschagguns (Vbg.), † 26. 9. 1843 ebd., Textilunternehmer. Sohn eines Bauern, errichtete 1797 eine Handelsfirma mit Verlag von Baumwolle. 1820 vereinigte er sein Unternehmen mit den Bludenzer Firmen Getzner, Mutter & Cie und der St. Gallener Firma C. Daller & Fels.

Trachtenhut mit Gamsbart aus dem steirischen Ausseerland. Foto, um 1950.

Ganahl, Rainer, * 18. 10. 1961 Bludenz (Vbg.), Medienkünstler. Studierte in Innsbruck, Wien (bei P. → Weibel) und Düsseldorf; lebt seit Anfang der 90er Jahre in New York. Bewegt sich mit seinen Arbeiten spartenübergreifend zw. Politik, Kunst und Ges., wobei er Sprache und Text bes. Stellenwert beimisst und weltweit sog. „Leseseminare" hält; Internat. Kunstpreis des Landes Vbg. 2003.
Werk: Imported, 1998 (Hg.).
Literatur: S. Breitwieser (Hg.), Erziehungskomplex, Ausst.-Kat., Wien 1997.

Ganglbauer, Ludwig, * 1. 10. 1856 Wien, † 5. 6. 1912 Rekawinkel (NÖ.), Entomologe von internat. Bedeutung. 1906 Dir. der Zoolog. Abteilung des Naturhist. Museums in Wien.
Werk: Die Käfer von Mitteleuropa, 4 Bde., 1892–1904.

Gänsbacher, Johann Baptist, * 28. 5. 1778 Sterzing (S-Ti.), † 13. 7. 1844 Wien, Komponist; Vater von Josef → Gänsbacher. Schüler von J. G. → Albrechtsberger und Abbé Vogler, ab 1824 Domkapellmeister von St. Stephan in Wien; förderte das Innsbrucker Musikleben; kämpfte aktiv im Ti. Freiheitskampf gegen Napoleon.
Werke: 35 Messen, 7 Requien, 2 Singspiele, Kammermusik, Märsche, Lieder.
Literatur: C. Fischnaler, J. G., 1878.

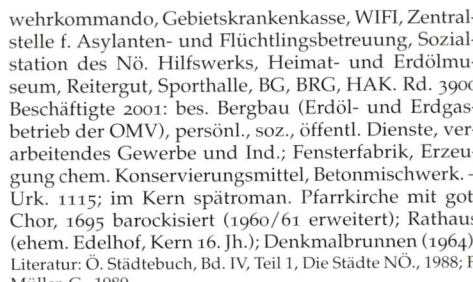
Johann Baptist Gänsbacher. Anonymes Gemälde, 1844 (Gesellschaft der Musikfreunde in Wien).

Gänsbacher, Josef, * 6. 10. 1829 Wien, † 5. 6. 1911 ebd., Musikpädagoge; Sohn von Johann Baptist → Gänsbacher. 1875–1904 Gesangslehrer am Wr. Konservatorium; einer der angesehensten und berühmtesten Stimmbildner seiner Zeit.

Gänsegeier, Greifvogel, regelmäßiger Sommergast im Bereich der Hohen Tauern. Die seit einiger Zeit aus Dalmatien einwandernden Jungtiere ernähren sich von verunglückten Almtieren. 2004 lebten 12 frei fliegende Geier im Tiergarten Hellbrunn (Salzburg).

Gänsehäufel. Foto, um 1910.

Gänsehäufel, bewaldete Sandinsel in der durch die Donauregulierung vom Strom abgetrennten Alten Donau im 22. Wr. Bez. mit städt. Strandbad (1909 als 1. Familienbad eröffnet). Der „Entdecker" und Pionier des G. war das Wr. Original F. → Berndl. Nach Kriegszerstörung 1950 von M. Fellerer als modernstes und größtes Sommerbad von Wien (und eines der größten im binnenländischen Europa) wieder aufgebaut. Name von den ehem. „Haufen" (angeschwemmten Inseln), die v. a. der Gänsezucht dienten.

Gänserndorf, NÖ., GF, Stadt, 167 m, 7928 Ew. (1981: 4916 Ew.), 30,56 km², Wirtschafts- und Verwaltungszentrum des nördl. Marchfelds. Infolge günstiger Verkehrsanbindung (S-Bahn) Entwicklung zum Wr. Wohnvorort, Berufspendelverkehr nach Wien. – BH, Bez.- und Arbeitsgericht, Finanzamt, Arbeitsmarktservice, AK, WK, Bez.-Bauernkammer, Bez.-Feuerwehrkommando, Gebietskrankenkasse, WIFI, Zentralstelle f. Asylanten- und Flüchtlingsbetreuung, Sozialstation des Nö. Hilfswerks, Heimat- und Erdölmuseum, Reitergut, Sporthalle, BG, BRG, HAK. Rd. 3900 Beschäftigte 2001: bes. Bergbau (Erdöl- und Erdgasbetrieb der OMV), persönl., soz., öffentl. Dienste, verarbeitendes Gewerbe (bes. Textilien, Fensterfabrik, Erzeugung chem. Konservierungsmittel, Betonmischwerk. – Urk. 1115; im Kern spätroman. Pfarrkirche mit got. Chor, 1695 barockisiert (1960/61 erweitert); Rathaus (ehem. Edelhof, Kern 16. Jh.); Denkmalbrunnen (1964).
Literatur: Ö. Städtebuch, Bd. IV, Teil 1, Die Städte NÖ., 1988; F. Müller, G., 1989.

Gänsesäger, ca. 70 cm großer Vogel mit rotem Pinzettenschnabel, dessen Spitze einen kräftigen Haken bildet; Weibchen und Schlichtkleid des Erpels sind grauweiß mit rotbraunem Kopf; während der Brutzeit Männchen unterseits weiß, oberseits und Kopf schwarz mit starkem Grünschiller; lebt an fischreichen Flüssen und Seen; in Mitteleuropa einziges Brutvorkommen im oö.-sbg. Voralpenraum, sonst typisch nordischer Vogel.

Gansterer, Helmut, * 20. 7. 1946 Neunkirchen (NÖ.), Journalist. Gründete 1971 das Magazin „Economy"; seit 1977 Hg. (seit 1997 mit C. Rainer) und Chefredakteur des Wirtschaftsmagazins → „trend".
Werke: Das Lernen – der Geist – die Siege. 63 Essays über Erfolg im Zeitalter der Kopfarbeit, 2001.

Ganz, Stmk., MZ, Gem., 820 m, 388 Ew., 32,12 km², land- und forstw. Kleingem. im Mürztal nahe Mürzzuschlag. Holzverarbeitung, Maschinenbau.

ganze Woche, Die, seit 14. 2. 1985 im Wr. Verlag Familiapress wöchentlich erscheinende Unterhaltungszeitschrift, hg. von K. → Falk; Druckauflage 2003: rd. 430.000 Exemplare.

Ganzheitsmethode, analyt. Verfahren im Erstleseunterricht, geht von Ganzheiten (Wort, Satz, Text) aus und führt erst über Zwischenschritte zur Laut- bzw. Buchstabenkenntnis. Schon im 16. Jh. angeregt (V. Ickelsamer, 1520), fand sie erst im 20. Jh. unter dem Einfluss der Gestalt- und Ganzheitspsychologie weite Verbreitung. In Ö. begann sie seit den späten 1940er Jahren (→ Landschulerneuerung) schrittweise die bisher üblichen synthet. Vorgehensweisen (Lautiermethode, vorher Buchstabiermethode) zurückzudrängen und vermochte für einige Jahrzehnte eine bevorzugte Stellung einzunehmen. Gegenwärtig wird im Unterricht an der Grundschule versucht, Elemente der synthet. und der analyt. Leselernmethoden (integrierte Methoden, offene Methoden) zu kombinieren.

Ganztagsschule: Unterricht vor- und nachmittags war bis in das späte 19. Jh. üblich; Halbtagsunterricht wurde zunächst an Volksschulen im ländl. Bereich eingeführt (Berücksichtigung weiter Schulwege, Benötigung der Kinder als Arbeitskräfte) und wurde im 20. Jh. an den meisten Schulen zur Regel. Infolge zunehmender Berufstätigkeit der Mütter besteht in neuerer Zeit wieder Bedarf an G. Seit 1974/75 Schulversuche mit G. und Tagesheimschulen (nachmittags nur Lern- und Freizeitbereich, kein Unterricht), 1993 in beiden Formen gesetzlich eingeführt.

Gapp, Jakob, * 26. 7. 1897 Wattens (Ti.), † 13. 8. 1943 Berlin-Plötzensee (D), Marianist und Priester. Trat öffentlich, auch im Ausland, gegen den Nat.-Soz. auf und wurde wegen „fortgesetzter Feindbegünstigung" hingerichtet. 1996 selig gesprochen.
Literatur: H. Mader, G. J., in: K. v. Vogelsang-Inst. (Hg.), Gelitten für Ö., 1988; J. Levit (Hg.), Pater J. G. SM, Dokumentation, 2 Bde., 1995.

Gänserndorf.

GARANAS, Stmk., DL, Gem., 900 m, 300 Ew., 59,86 km², landw. Gem. im oberen Sulmtal im Gebiet der Koralpe nahe der Grenze zu Kä. Buddhistisches Meditationszentrum „Kalapa" mit Kalachakra-Stupa.

GARDEBATAILLON, WIENER: Aus der provisor. Grenzschutzabteilung 1 entstand in der Aufstellungsphase des Bundesheeres am 1. 5. 1956 das Heereswachbataillon, das am 15. 5. 1957 als G. an die Tradition des G. des 1. Bundesheeres und der Garden am Kaiserhof anknüpfte. Das G. übernahm die Fahne der ehem. k. k. Trabantenleibgarde vom Heeresgeschichtl. Museum und führt diese bei Ausrückungen und Ehrengestellungen mit sich. Neben den zahlr. repräsentativen Aufgaben (Stellung von Ehrenkompanie bei ausländ. Staatsbesuchen, Übergabe der Beglaubigungsschreiben von Botschaftern an den Bundespräs. und bei Kranzniederlegungen beim Wr. Heldendenkmal am Allerseelentag) werden die Soldaten des G. als Kampfverband (Infanteriebataillon) ausgebildet.

GARELLI, Pius Nikolaus von, * 10. 9. 1675 Bologna (I), † 21. 7. 1739 Wien, Arzt und Bibliothekar. Ab ca. 1696 in Wien, Leibarzt von Ks. Karl VI., ab 1723 Präfekt der Hofbibl., die unter seiner Leitung am Josefsplatz neu aufgestellt wurde. Widmete sich auch der Smlg. antiker Funde und überließ der Hofbibl. seine eig. wertvolle Bücher-Smlg.

Gargellen.

GARGELLEN, Vbg., BZ, Dorf, 1423 m, Fremdenverkehrsort am Suggadinbach im Gargellental, im mittleren Montafon; Teil der Gem. St. Gallenkirch. Schafbergbahnen. Kirche hl. Maria Magdalena (Stiftung 1615) mit Turm von 1793, alte Montafoner Maisäße, Paar- und Einhöfe (z. T. 18. Jh.), nordwestlich von G. Wasserfall.

GARGELLENTAL, Vbg., südwestl. Seitental des Montafons (→ Ill), das vom Suggadinbach durchflossen wird. Das G. scheidet das Rätikon (im W) von der Silvrettagruppe, entsteht aus dem Zusammenfluß der Hochtäler von Vergalden und Valzifenz und erreicht das Montafon bei Galgenuel/St. Gallenkirch (878 m). Über das Schlappiner Joch (2202 m) besteht eine Verbindung (Fußweg) in die Schweiz.

GARS AM KAMP, NÖ., HO, Markt, 256 m, 3534 Ew., 50,47 km², Luftkurort am li. Kampufer, südl. von Horn. – Nö. Agrarbezirksbehörde, Kurpark, ehem. Kamptalhof (1913/14 err.), seit 1985 Dungl-Zentrum (Bio-Trainingszentrum Gars Hotel GesmbH., Moorbäder); Sport-, Tagungs- und Schulungshotel (Aktivhotel Dungl), Zentrum für traditionelle chines. Medizin (China-Zentrum Dungl); Spiegelglasfabrik, Erzeugung von Baustoffen, Leiterplatten, Fenstern, Türen und Jalousien, Mühlen, Kur- und Sommerfremdenverkehr (38.677 Übern.). – Zeitbrücke-Museum (Regional- und Handelsgeschichte, F.-v.-Suppé-Gedenkstätte); barocke Pfarrkirche (1724–27), Pfarrhof (1595), ehem.

Gars am Kamp: Burgruine und Gertrudkirche.

Redemptoristinnenkloster (17. Jh.), Renaiss.-Häuser auf dem Hauptplatz, Rathaus (1593–1603), ehem. Landsitz Franz von → Suppés. – In Thunau Funde aus der jüngeren Urnenfelderzeit (frühgeschichtl. Wehranlage „Schanzberg"); Reste einer slaw. Burg mit Wallanlage und Kirche aus dem 9./10. Jh. Babenbergische Höhenburg, Residenz von Leopold II. (1075–95), im 12.–13. Jh. ausgebaut und im 14.–16. Jh. durch Wohntrakte erweitert, verfiel im 19. Jh. nach einem Brand (1809) zur Ruine (seit 1973 renoviert, seit 1990 Freilichtopernaufführungen). Die Gertrudkirche südl. der Burg, von ehem. Karner und Friedhof umgeben, roman.-got. 3-schiffiges Langhaus mit 3 got. Apsiden, südl. angebaute Kapelle (nach 1395) und W-Turm; Glasmalereien (1330), Fresken (Mitte 14. Jh.), spätgot. Statuen und barocke Altäre; Grabdenkmäler (16.–18. Jh.); Ruine Schimmelsprung (urk. 1196) seit dem 15. Jh. im Verfall.

Literatur: H. Heppenheimer, E. Mayr u. H. Voglhuber, Festschrift 700 Jahre G. a. K. 1279–1979, 1979; J. Kienast, Chronik des Marktes G. in NÖ., 1920.

GARSTEN, OÖ., SE, Markt, 298 m, 6456 Ew., 53,21 km², im Ennstal südl. von Steyr. – Laufkraftwerke Rosenau (err. 1953, 134.400 MWh) und G.-St. Ulrich (err. 1967, 143.200 MWh), Landespflegeanstalt Christkindl; rd. 60 % der Beschäftigten (2001) im Dienstleistungssektor (persönl., soz., öffentl. Dienste, Handel), klein- und mittelbetriebl. Wirtschaftsstruktur (Baustoffwerk, Tischlereien u. a.), Milchhof und Lagerhaus als größte Betriebe. – Stiftsgebäude (gegr. 1082 als Benediktinerabtei, 1787 aufgehoben) seit 1850 Strafvollzugsanstalt. Die ehem. Klosterkirche (heute Pfarrkirche), ein prächtiger Barockbau (1677–85) von P. F. Carlone und seinen Söhnen C. A. und G. B. Carlone, wurde von J. Prandtauer vollendet und 1693 geweiht; üppige Innenaus-

Garsten: Strafvollzugsanstalt im ehemaligen Benediktinerstift.

stattung mit Stukkaturen und Fresken (Gebrüder Grabenberger), Gemälden von F. de Neve, P. Strudel, J. v. Sandrart und J. K. v. Reslfeld (in der Gruft bestattet) und Grabdenkmälern der Losensteiner (Bertholdgrab 14. Jh.); Losensteiner Kapelle (1687); Stiftsmuseum; im Juni Oö. Stiftskonzerte; Schaubetriebe einer hist. Nagelschmiede im Dambachtal und einer Wassermühle (Schattleitenmühle).

Garstenauer, Gerhard, * 22. 1. 1925 Fusch a. d. Großglocknerstraße (Sbg.), Architekt. Studierte an der Techn. Hochschule in Wien bei S. → Theiss; ab 1954 Büro in Salzburg; Lehrtätigkeit an der Univ. Wien, Innsbruck und Salzburg. Auseinandersetzung mit dem Alpintourismus im Gasteiner Tal in der Tradition der Moderne, Gesamtanalyse einer Region. Bauten mit starkem topograph. Bezug (Felsenbad Bad Gastein 1967/68, Kongresszentrum Bad Gastein 1968–74, Skiliftstationen Sportgastein 1970/71, Solarbad Dorfgastein 1976–78).

Weitere Werke: ÖFAG-Gebäude Salzburg, 1958; Mercedes-Benz-Gebäude Salzburg, 1972–74. – Schriften: Bauten und Projekte im Gasteiner Tal, Habil.-Schr., Graz 1980; Interventionen, 2002 (mit Werkverz.).

Gartenaere, Wernher der, siehe → Wernher der Gartenaere.

Gartenbauschule, siehe → Land- und forstwirtschaftliches Schulwesen.

Gärten und Grünflächen: Gärten mit Nutz- und Heilpflanzen wurden im MA bei Klöstern und Burgen angelegt. Aus den verschiedenen hist. Phasen der Gartenkunst sind in Ö. u. a. folgende bedeutende Gartenanlagen erhalten geblieben: aus der Barockzeit der Belvederegarten in Wien, geschaffen von J. L. v. Hildebrandt und D. Girard für Prinz Eugen (1700–25), aus dem Rokoko die Schönbrunner Gärten mit den unverändert erhaltenen Bosketten, konzipiert um 1750 von N. Jadot und L. Gervais, bereichert von J. F. Hetzendorf v. Hohenberg und W. Beyer um 1770, aus der so gen. „englischen" Phase der Laxenburger Park in NÖ., errichtet von I. Canevale um 1780, erweitert von M. Riedl um 1800, aus dem Zeitalter des Historismus der Kaiserpark in Bad Ischl, geschaffen von F. Rauch im 1855–60 für Ks. Franz Joseph, aus dem späten 19. Jh. der Wr. Türkenschanzpark von G. Sennholz, H. Goldemund und W. Hybler, aus der Jahrhundertwende die Wienflussüberwölbung und die Anlagen um das Kaiserin-Elisabeth-Denkmal von F. Ohmann, aus der Zwischenkriegszeit die Villengärten von A. Esch.

In Ö. gibt es kein Denkmalschutzgesetz für alte Gärten und Parks, das Bundesdenkmalamt vergibt jedoch gartendenkmalpflegerische Projekte und berät Garteneigentümer. Heute werden neu angelegte Grünflächen, Parks und Stadtgärten im Zuge der Errichtung von Kulturbauten, Verkehrsplanungen oder der Planung von Erholungsräumen einer Stadt ausgeführt (z. B. Donauinsel, Wien). Die Erneuerung des Villacher Stadtparks oder das Wienerberggelände in Wien stellen neue Aufgaben der Parkerhaltung und Flächensicherung dar. Die letzte Internat. Gartenschau fand in Wien 1974 statt. Der Berufsverband der Garten- und Landschaftsarchitekten hat seinen Sitz in Wien. In den Gemeinden werden Parkanlagen von den Stadtgartenämtern, beim Bund von der Bundesgartenverwaltung gepflegt und versorgt.

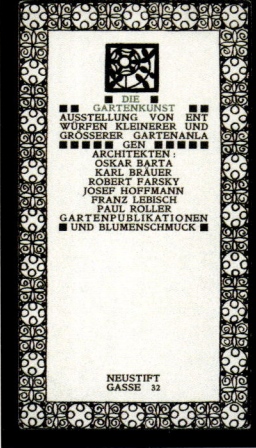

Gärten und Grünflächen: Einladungskarte zur Wiener-Werkstätte-Ausstellung „Die Gartenkunst" von F. Lebisch, 1907.

Literatur: Soziales Grün in Wien, 1963; H. Kaut, Wr. Gärten, 1964; G. Hajós, Romantische Gärten der Aufklärung, 1989; M. Auböck u. G. Ruland, Grün in Wien, 1994; G. Reichelt (Hg.), Hist. G., 2000; N. Kraft, Der hist. G. als Kulturdenkmal, 2002; E. Berger (Hg.), Hist. G. Ö., 2002 ff..

Gärtner, Gustav, * 28. 9. 1855 Pardubitz (Pardubice, CZ), † 4. 11. 1937 Wien, Pathologe. Univ.-Prof. in Wien; Untersuchungen über den Hautwiderstand; lieferte wichtige Beiträge zur Ernährungslehre (g.sche Fettmilch) und erfand zahlr. Instrumente und Apparate (Tonometer für Blutdruckmessung, Ergostat, Pneumatophor, Stethophonometer u. a.).

Werk: Diätetische Entfettungskuren, 1913.

Gartner, Theodor, * 4. 11. 1843 Wien, † 29. 4. 1925 Innsbruck (Ti.), Romanist. 1899–1913 Inhaber des neu geschaffenen Lehrstuhls für Roman. Philologie an der Univ. Innsbruck; bed. Kenner des Rätoromanischen (Ladinischen).

Werke: Die Gredner Mundart, 1879; Raetoroman. Grammatik, 1883; Hb. der rätoroman. Sprache und Literatur, 1910; Ladinische Wörter aus den Dolomitentälern, 1923.

Literatur: ÖBL.

Gartnerkofel, Kä., 2195 m, Aussichtsberg südwestl. von Hermagor in den Karnischen Alpen. Dort entdeckte F. X. v. → Wulfen 1799 die nach ihm benannte Blume → Wulfenia carinthiaca. Skigebiet → Naßfeld Sonnenalpe.

Garzarolli-Thurnlackh, Karl, * 25. 9. 1894 Prag (CZ), † 11. 9. 1964 Wien, Kunsthistoriker. 1919–46 am Joanneum in Graz; 1946/47 Dir. der Albertina; 1947–59 Dir. der → Österreichischen Galerie in Wien.

Werke: Ma. Plastik in Stmk., 1941; Ö. Barockmalerei, 1949.

Gaschurn, Vbg., BZ, Gem., 979 m, 1651 Ew., 176,78 km^2, zweisaisonale Fremdenverkehrsgem. (428.119 Übern.) im oberen Montafon nahe der Schweizer Grenze; bestehend aus Walsersiedlung G. (urk. 1423) und Dorf Partenen (urk. 1499); flächenmäßig größte Gem. von Vbg. – Mautstelle Partenen der 1954 erbauten → Silvretta-Hochalpenstraße, Landschaft Vermunt mit Stauseen und Speicherkraftwerken der Vbg. Illwerke AG (Partenen): Obervermuntwerk (err. 1943, 44.639 MWh), Kopswerk (err. 1967, 391.850 MWh), Vermuntwerk (err. 1930, 259.920 MWh). 3 Einseilumlaufbahnen: „Vermuntbahn" nach Trominier, „Tafamuntbahn" zur Alpe Tafamunt, „Versettlabahn" zum Rehsee und Burggrat. Holzverarbeitung. – Pfarrkirche (1867/68); Kapelle Maria Schnee (1637); Paarhöfe (17.–18. Jh.); Geburtshaus des Linzer Bischofs F. J. → Rudigier (1811) in Partenen; Tourismusmuseum; Lukas-Tschofen-Stube. Garneraschlucht und Skigebiet „Silvretta Nova".

Gaschurn.

Gasen, Stmk., WZ, Gem., 837 m, 1008 Ew., 33,93 km^2, landw. Gem. mit etwas Tourismus am Gasenbach an der Verbindungsstraße vom Feistritz- zum Murtal; typisches Bergbauerndorf der Stmk. Maschinenbau. – Got. Pfarrkirche hl. Oswald (Umbau 1688) mit got. Freskenresten und Barockeinrichtung, Pfarrhof und Bildstock aus dem 17. Jh.; ehem. Sensenhammer (19. Jh). Mühlen-Panoramaweg, Schreinhofer-Mühle mit größtem Mühlrad Ö.

Gaspari, Giovanni Battista de, * 2. 8. 1702 Levico (I), † 28. 10. 1768 Wien, Historiker, Schulreformer. 1758 Prof. für Geschichte an der Wr. Univ., 1759 von der Studienhofkommission mit der Oberaufsicht über die Gymnasien betraut. Die von ihm vorgenommenen Änderungen in Organisation, Lehrplan und Methode („Instructio", 1764) stellen die erste verbindl. staatl. Regelung der Gymnasialstudien dar.

Gaspoltshofen, OÖ., GR, Markt, 455 m, 3597 Ew., 40,62 km², Ind.- und Gewerbeort am O-Fuß des Hausruck. – Behindertendorf Altenhof, Bez.-Alten- und Pflegeheim; rd. die Hälfte der Beschäftigten im Produktionssektor: Dachziegelfabrik, Erzeugung von Absauggeräten (Lüftungstechnik), Spezialmaschinen (u. a. zur Betonrohrerzeugung) und Landmaschinen (Mühlen, Silos usw.); Steuerungsbau; Tiefkühllebensmittel. – Barocke Pfarrkirche (1732–35), ein Hauptwerk von J. Pawanger, barocke Ausstattung mit „Schiffs"-Kanzel (1770) von J. Ertl.
Literatur: F. Buchinger, G., 1995.

Gassel-Tropfsteinhöhle.

Gassel-Tropfsteinhöhle, OÖ., Schauhöhle östl. von Ebensee, im Gaßlkogel (1411 m); Höhleneingang und Schutzhütte in 1235 m Höhe, bedeutendste Tropfsteinhöhle in OÖ. Im Gegensatz zu vielen hochalpinen Höhlen erfolgt hier eine aktive und intensive Neubildung der Sinterformen.

Gasser, Hanns (Hans), * 2. 10. 1817 Eisentratten (Gem. Krems in Kä.), † 24. 4. 1868 Pest (Budapest, H), Bildhauer. Studierte an der Wr. Akad., 1842–47 in München tätig, kehrte nach Wien zurück, führte zahlr. bauplast. Arbeiten aus, u. a. an Carltheater (nach 1945 abgebrochen), → Arsenal, Bank- und Börsengebäude von H. Ferstel (Wien 1, Herrengasse). 1850/51 Akad.-Prof. Neben A. D. v. → Fernkorn wichtigster Plastiker der ö. Spätromantik.
Weitere Werke: Denkmäler: C. M. Wieland (Weimar), 1857; L. Gf. v. Welden (Graz), 1859; Maria Theresia (Wr. Neustadt), 1860; Kaiserin-Elisabeth-Statue (Wien), 1860. – Grabmal für W. A. Mozart (Wien, Zentralfriedhof, später leicht verändert durch F. Pönninger), 1859; Opern-Brunnen (Wien), 1868. – Porträtbüsten, Statuetten.
Literatur: Der Bildhauer H. G., Ausst.-Kat., Klagenfurt 1985; M. Hinteregger, Das Denkmal und das Grabmal bei H. G., Dipl.-Arb., Wien 1993.

Gasser, Wolfgang, * 31. 5. 1927 Wolfsberg (Kä.), Kammerschauspieler. Zunächst Auftritte in Operetten und in Wr. Kellertheatern, 1959–87 Ensemblemtgl. des Wr. Burgtheaters, nach Pensionierung 1987 weiterhin Gastauftritte am Burgtheater (u. a. ab 1988 als Prof. Schuster in „Heldenplatz" von T. Bernhard), Ehrenmitgl. des Burgtheaters; Tätigkeit für Fernsehen und Rundfunk. 1989 J.-Kainz-Medaille.

Gassl-Tropfsteinhöhle, siehe → Gassel-Tropfsteinhöhle.

Gassmann, Florian, * 3. 5. 1729 Brüx (Most, CZ), † 20. 1. 1774 Wien, Komponist an der Wende vom Barock zur Wr. Klassik. Wirkte lange in Italien, ab 1763 Ballettkomponist in Wien (Nachfolger von C. W. → Gluck), 1772 Hofkapellmeister; Lehrer von A. → Salieri, den er aus Venedig nach Wien gebracht hatte, Gründer der Tonkünstlersozietät 1772.
Werke: 22 Opern, Oratorium „La Betulia liberata" (1772, für die 1. Aufführung der Tonkünstlersozietät geschrieben), 33 Symphonien, Kantaten, Kammer- und Kirchenmusik. – Ausgabe: Denkmäler der Tonkunst in Ö., Bde. 42–44, 83, 1960.

Gasteiger, Hans von, * 1499 München (D), † 27. 12. 1577 Wien, Wasserbaumeister. Baute die großen Holzrechen in der Enns bei Hieflau, in der Salza bei Weichselboden und in der Ybbs bei Waidhofen; leitete die Ennsregulierung von Hieflau bis Steyr und die Donauregulierung von Krems bis Wien.

Gasteiger von Raabenstein und Kobach, Albert Josef Frh., * 28. 3. 1823 Innsbruck (Ti.), † 5. 7. 1890 Bozen (S-Ti.), Techniker. Erbaute das Doppelviadukt der → Semmeringbahn, Aufsehen erregende Straßenbauten in Persien (1863–88); Emir und als erster Europäer Khan von Persien („Emir Pentsch").
Literatur: ÖBL.

Gastein, Sbg., ehem. Ger.-Bez. mit den Gem. → Bad Gastein, → Bad Hofgastein, → Dorfgastein; umfaßte das ganze → Gasteiner Tal.

Gasteiner Konvention, am 14. 8. 1865 zw. Ö. und Preußen in Bad Gastein abgeschlossener Vertrag über Schleswig-Holstein; nach dem → Deutsch-Dänischen Krieg von 1864 übernahm Ö. die Verwaltung von Holstein und Preußen die von Schleswig; Lauenburg kam an Preußen. Bereits ein Jahr nach der G. K. kam es zum Bruch zw. Ö. und Preußen (→ preußisch-österreichischer Krieg 1866).

Gasteiner Tal, Sbg., 40 km langes Tal der Gasteiner Ache; wurzelt im vergletscherten Hauptkamm der Hohen Tauern (Ankogelgruppe), deren Seitenkämme es begleiten. Im G. T. laufen das Naßfelder Tal aus dem SW und das Anlauftal aus dem O zusammen. Im Naßfelder Tal liegt der in den 80er Jahren etablierte Skiort Sportgastein (eigentl. Naßfeld, 1589 m). Im obersten Talabschnitt des G. T., bei → Böckstein, liegt der Sbg. Eingang in den Tauerntunnel. Der Bahntunnel verbindet das G. T. mit dem Seebachtal (Mallnitz) in Kä. Nahe von Böckstein bildet die Gasteiner Ache Kessel-, Bären- und Schleinfall, in Bad Gastein Wasserfälle von 85 und 63 m Höhe. An der Gasteiner Ache liegen Bad Gastein (1002 m), Bad Hofgastein (858 m) und Dorfgastein (830 m), die 3 bekanntesten Fremdenverkehrsgem. des Tals. Bei Lend mündet das G. T., das vor der Tauernbahn erschlossen wird, in das Salzachtal (Pongau). Bei Bad Hofgastein betrug die Durchflussmenge der Gasteiner Ache im Jahr 2000 12,6 m³/Sek.

Gastern, NÖ., WT, Markt, 504 m, 1368 Ew., 24,98 km², gewerbl.-landw. Wohngem. nordwestl. von Waidhofen a. d. Thaya. Textilerzeugung. – Urk. 1177, 1931 Markt, neuroman. Pfarrkirche (Neubau 1904/05) mit Barockfiguren und Glocke von 1763; Weißenbach:

Florian Gassmann. Gemälde, um 1770 (Gesellschaft der Musikfreunde in Wien).

spätgot. Kirche (um 1400) mit teilweise spätgot. Einrichtung (Steinkanzel, Statuen).
Literatur: J. Keil, Geschichte von G., 1981.

Gastgeb, Hans, * 18. 4. 1897 Wien, † 4. 4. 1970 ebd., Schriftsetzer, Sportfunktionär. 1926–34 und 1945–62 Bundessekr. der → ASKÖ; maßgebl. Organisator der 2. Arbeitersportolympiade 1931 in Wien und der großen Sportveranstaltungen der ASKÖ nach 1945; Funktionär in internat. Arbeitersportgremien. Im Ständestaat und in der NS-Zeit verfolgt.
Werke: Vom Wirtshaus zum Stadion, 1952 (Red.); 50 Jahre Internat. Arbeitersport, 1963.
Literatur: sport-askö-revue, 1987.

Gasversorgung: 2001 deckte die G. rd. 17,2 % (1994: 15 %) des energetischen Gesamtverbrauchs in Ö. ab. Wie → Fernwärme ist Gas ein leitungsgebundener Energieträger. Die Erschließung eines Versorgungsgebiets ist daher mit hohen Kosten verbunden und die Errichtung eines Netzes für Gas und Fernwärme im selben Gebiet wirt. nicht sinnvoll. Durch beide Energieträger kann (insbes. bei Kraft-Wärme-Kopplungsanlagen) der CO_2-Ausstoß reduziert werden.
Fast 100 % des Gasverbrauchs in Ö. entfallen auf → Erdgas; Spalt-/Mischgas sowie Deponiegas sowie Flüssiggas machen nur einen sehr geringen Anteil aus. Die Erdgasaufbringung belief sich 2002 auf 7733 Mio. m³, davon stammten mit 1880 Mio. m³ rd. 24 % aus inländ. Förderung. Das importierte Erdgas stammt großteils aus Russland (über 80 %), der Rest aus Norwegen und Deutschland. Die Speicher der ö. G.-Betriebe waren am 31. 12. 2003 mit 1258 Mio. m³ Erdgas gefüllt. Die Investitionen der ö. G.-Unternehmen beliefen sich 2001 auf knapp 220 Mio. Euro, sie betrafen v. a. den Ausbau des Verteilnetzes.

Gatscha, Anton, * 21. 3. 1883 Langendorf (Böhmen), † 6. 10. 1922 Wien, Komponist. Ab 1897 in Wien, hauptberuflich Lehrer, musikal. Ausbildung bei R. → Fuchs und G. → Adler; Kompositionen im spätromant. und frühexpressionist. Stil.
Werke: Lieder, Chorwerke („Bauernaufstand", „Prometheus", „Stimmen der Nacht"), Kammer- und Orchestermusik.

GATT, General Agreement on Tariffs and Trade, am 30. 10. 1947 von 23 Staaten unterzeichnetes provisor. Abkommen zur Durchsetzung einer weltweiten handelspolit. Ordnung, seit 1. 1. 1948 in Kraft. Sitz in Genf; Ö. trat 1951 bei. Mit 1. 1. 1995 trat an die Stelle dieses Provisoriums die → WTO (World Trade Organization).
Literatur: W. Benedek, Hb. zur ö. GATT-Praxis, 1998.

Gattendorf, Bgld., ND, Gem., 147 m, 1120 Ew., 25,12 km², Wohngem. mit Gewerbe in den Leitha-Auen unweit der Grenze zu Ungarn am N-Rand der Parndorfer Heide. Maschinenbau, Holzverarbeitung. – Urzeitl. und antike Funde, urk. 1209, Pfarrkirche (1626 Neubau) mit roman. Bauteilen, Barockhochaltar, Altes Schloss (Kern 17. Jh.), Neues Schloss, ehem. jüdischer Tempel (profaniert), Wallfahrtskapelle hl. Anna (1705) mit Esterházy-Familiengruft, Bildstöcke, „Granarium" (18. Jh.).

Gatterer, Claus, * 27. 3. 1924 Sexten (S-Ti.), † 28. 6. 1984 Wien, Publizist und Schriftsteller. U. a. bei den „Ti. Nachrichten" und „Sbg. Nachrichten" tätig, 1961–67 bei der „Presse"; Gründungsmitgl. des „profil", ab 1972 beim ORF („teleobjektiv").
Werke: Im Kampf gegen Rom, 1965; Unter seinem Galgen stand Ö. C. Battisti, 1967 (²1997); Schöne Welt – böse Leut. Kindheit in S-Ti., 1969; Erbfeindschaft Italien – Ö., 1972; Aufsätze und Reden, 1991.

Gattermeyer, Heinrich, * 9. 7. 1923 Sierning (OÖ.), Komponist. 1964–91 Prof. an der Wr. Musikhochschule, 1963–73 Leiter des Wr. Schubertbunds, 1984–90 Präs. der → AKM, 1992–2001 Präs. des Österreichischen → Komponistenbunds; zahlr. Preise und Ehrungen.
Werke: Vokalwerke: Der Turmbau zu Babel, 3. Fassung, 1967; De Profundis, 1975; Kirbisch, 1987; Stephanus-Oratorium, 2000. – Orchesterwerke, Kammermusik.
Literatur: G. Brosche (Red.), Musikal. Dokumentation H.G., Ausst.-Kat., Wien 1987.

Gau, im MA Teil eines Stammesgebiets, oft an die Landschaftsgliederung angelehnt (in Sbg. erhalten: Flachgau, Pongau, Pinzgau usw.), in der Zeit des Nat.-Soz. als Bezeichnung für eine territoriale Einheit verwendet. Für die illegale NSDAP galt ganz Ö. seit 1926 als ein G., 1936 erfolgte eine Aufgliederung. 1938 wurde jedes Bundesland (außer Vbg. und Bgld.) zu einem G., an der Spitze stand ein G.-Leiter. Seit dem Ostmarkgesetz 1940 deckten sich diese mit den territorialen Einheiten des Staates (Reichsgaue als reichsunmittelbare Verwaltungsbezirke). Die G.-Leiter wurden auch Reichsstatthalter.

Gaubitsch, NÖ., MI, Gem., 229 m, 937 Ew., 22,48 km², landw. Wohngem. südl. von Laa a. d. Thaya. – Urk. 1055, Pfarrkirche mit roman. Kern, got. Chor und Turm, spätgot. Lichtsäulen; in Kleinbaumgarten Ortskapelle (1849).
Literatur: A. K. Fenz, Festschrift 950 Jahre G. Hist. Spuren und Impulse, 2000; A. Rohringer, G. – unser Dorf vor 80 Jahren, 2002.

Gaudenzdorf, urspr. selbständige Gem., 1812–19 als Gewerbesiedlung vom Klosterneuburger Prälaten Gaudenz Dunkler auf Stiftsgrund gegr., seit 1891 Teil des 12. Wr. Bez.

Gauderfest.

Gauderfest, Volksfest in Zell am Ziller (Ti.), das am 1. Sonntag im Mai stattfindet und mit dem Gauderschießen beginnt. Nach einem Festzug (→ Grasausläuten) finden Wettkämpfe statt, (Widderstoßen, Hahnenkämpfe und v. a. → Ranggeln). Neben dem Angebot von „Gauderwürsten" wird das eigens gebraute, 20-grädige „Gauderbier" (Gauderbock) ausgeschenkt.
Literatur: F. Haider, Ti. Brauch im Jahreslauf, ²1985; O. Koenig, G. in Zell a. Ziller, 1967 (wiss. Film des ÖWF).

Gaudriot, Charly, * 12. 3. 1895 Wien, † 16. 4. 1978 ebd., Kapellmeister. 10 Jahre lang Klarinettist der Wr. Philharmoniker, gründete ein Jazzorchester und war für 2 Jahrzehnte Kapellmeister des Kleinen Orchesters von Radio Wien. Schrieb Tanzmusik, Schlager und Wienerlieder.
Werke: Annabella; Flott und munter; Ich hab net viel, du hast net viel; Liebesgrüße; Es lebe die Musik.

Gauermann, Carl, * 21. 8. 1804 Miesenbach (NÖ.), † 23. 10. 1829 ebd., Landschaftsmaler; Sohn von Jakob

→ Gauermann, Bruder von Friedrich → Gauermann. Unternahm zahlr. Studienwanderungen mit seinem Bruder Friedrich und malte v. a. Aquarellstudien der Schneeberggegend sowie Ansichten aus dem Salzkammergut.

Friedrich Gauermann: Schiffspferde bei einem Wirtshaus an der Donau. Aquarell (Niederösterreichisches Landesmuseum, St. Pölten).

GAUERMANN, Friedrich, * 20. 9. 1807 Miesenbach (NÖ.), † 7. 7. 1862 Wien, Landschafts-, Tier-, Genre- und Porträtmaler; Sohn von Jakob → Gauermann, Bruder von Carl → Gauermann. Kurze Zeit an der Wr. Akad., autodidakt. Weiterbildung anhand der holländischen Landschafts- und Tiermalerei des 17. Jh., Studienwanderungen durch die ö. Alpen, Reisen nach München, Dresden und Venedig. Er versuchte persönl. Naturerlebnisse in wirkungsvollen Stimmungsbildern zu verarbeiten. G. gilt bes. wegen seiner koloristisch reizvollen Ölskizzen als führender Vertreter der Altwiener Schule und wurde durch Landschaftsdarstellungen mit bäuerl. Genreszenen sowie Tier- und Jagdszenen, die vielfach schon zu seinen Lebzeiten als Lithographien verbreitet waren, berühmt.
Literatur: R. Feuchtmüller, F. G., 1962; ders., F. G. 1807–1862, 1987.

GAUERMANN, Jakob, * 3. 9. 1773 Öffingen (D), † 27. 3. 1843 Wien, Landschafts- und Genremaler; Vater und Lehrer von Carl → Gauermann und Friedrich → Gauermann. Arbeitete ab 1798 in Wien und ab 1803 im Sommer in Miesenbach (NÖ.), bereiste 1802 mit M. v. → Molitor Ti. und illustrierte im Auftrag von A. L. Gf. Delaborde das 3-bändige Ansichtenwerk „Voyages pittoresques en Autriche" (1821–22). Ab 1811 erstellte er Arbeiten für Erzhzg. → Johann und wurde 1818 zum Kammermaler berufen.
Literatur: E. Marko, J. G. (1773–1843), Diss., Graz 1980; C. Steinle (Red.), J. G., Ausst.-Kat., Graz 1981.

Jakob Gauermann: Erzherzog Johann vor seinem Schloss in Ternberg. Kolorierter Stich, um 1820.

GAUERTAL, Vbg., Hochgebirgstal am N-Hang des Rätikon, durchflossen vom Rasafeibach. Das G. bzw. der Rasafeibach münden bei Tschagguns in das Montafon (→ Ill). Die Lindauer Hütte (1744 m) wird vom Drusenfluh (2827 m), von den Drei Türmen (2830 m) und dem Sulzfluh (2818 m) überragt.

GAUGL, Josef, * 15. 1. 1859 St. Pantaleon (CÖ.), † 22. 11. 1920 Meran (S-Ti.), General. Führte 1916 in Bulgarien die größte Strombezwingung (Donau) im 1. Weltkrieg durch, wobei er eine neuartige Brückenkonstruktion anwendete, die dann weltweite Verbreitung fand.

GAUL, Franz, * 27. 6. 1802 Wien, † 18. 11. 1874 ebd., Medailleur, Graveur am Hauptmünzamt; Vater der Maler Franz Xaver → Gaul und Gustav → Gaul. Schüler von J. → Klieber, 1866–74 Dir. der Graveur-Akad. in Wien. G. schnitt die Stempel zu vielen Münzen und vervollkommnete den Prägedruck durch seine Methode der Stempelvervielfältigung.
Literatur: ÖBL.

GAUL, Franz Xaver, * 27. 7. 1837 Wien, † 3. 7. 1906 ebd., Porträt-, Historien- und Genremaler; Sohn von Franz → Gaul, Bruder von Gustav → Gaul. Begann mit Schlachtenbildern, wandte sich dann dem Theaterwesen zu; 1868–79 Kostümmaler der beiden Hoftheater, 1879–1900 techn. Oberinspektor und Vorstand des Ausstattungswesens der Hofoper; schuf eine Reihe von szen. Bearbeitungen, selbständigen Ausstattungsballetten und Festspielen; legte eine umfassende Smlg. von Kostümen, Kostümwerken und -blättern an; Karikaturist (v. a. Hofschauspieler).
Literatur: ÖBL.

GAUL, Gustav, * 6. 2. 1836 Wien, † 7. 9. 1888 Hinterbrühl (NÖ.), Maler; Sohn von Franz → Gaul, Bruder von Franz Xaver → Gaul. Schüler von C. → Rahl.
Werke: Porträts von H. Anschütz, J. Lewinsky, S. Schröder, A. Sonnenthal, C. Wolter und anderen Schauspielern (z. T. für die Burgtheatergalerie in Wien); hist. und romant. Bilder.

GAULHOFER, Karl, * 13. 11. 1885 Feldbach (Stmk.), † 28. 10. 1941 Amsterdam (NL), Turnpädagoge. 1919–32 Referent für körperl. Erziehung im BM f. Unterricht; vertrat eine ganzheitl. Auffassung der Leibeserziehung und fand mit dem von ihm mit M. → Streicher entwickelten „natürlichen Turnen" internat. Beachtung. G. erreichte die Reform der Turnlehrerausbildung an den Univ. sowie des Schul- und Vereinsturnens in Ö.; ab 1932 Rektor der Akad. für körperl. Erziehung in Amsterdam.
Werke: Natürliches Turnen, 3 Bde., 1930–42 (mit M. Streicher); System des Schulturnens, hg. v. H. Groll, 1966.
Literatur: H. Andrecs (Hg.), Erbe und Auftrag, 1985; W. Rechberger, K. G. Hist.-biograph. Untersuchungen zu Leben und Werk des ö. Schulturnreformers, 1999.

GAUSE, Wilhelm, * 27. 3. 1853 Krefeld (D), † 13. 6. 1916 Stein a. d. Donau (NÖ.), Maler und Illustrator. Studierte an der Düsseldorfer Akad., ab 1879 Illustrator in Wien, ab 1904 in Stein. G. wurde durch Ereignisdarstellungen, Genrebilder aus dem Volksleben und Wachau-Ansichten bekannt und schuf viele Vorlagen für den Holzschnitt.
Literatur: H. Kühnel (Red.), W. G., Ausst.-Kat., Krems 1979.

GAUSS, Karl-Markus, * 14. 5. 1954 Salzburg, Schriftsteller und Literaturkritiker.

Friedrich Gauermann. Foto, um 1855.

Gustav Gaul. Foto, um 1860.

Wilhelm Gause: Frühling auf der Ringstraße. Grisaille, um 1895.

Wurde durch essayist. Analysen v. a. zur Kunst und Literatur Mittel- und Osteuropas sowie als Hg. vergessener Schriftsteller bekannt. Seit 1991 Chefredakteur der Ztschr. „Literatur und Kritik". Ö. Staatspreis f. Kulturpublizistik 1994.

Werke: Anthologien: Das Buch der Ränder, 1992; Das reiche Land der armen Leute, 1992 (mit M. Pollack). – Hg.: Ernst Fischer. Werkausgabe in Einzelbänden, 8 Bde., 1984–91; Der Geist der Unruhe – Rudolf Geist, 2000. – Essays: Tinte ist bitter, 1988; Der wohlwollende Despot, 1989; Die Vernichtung Mitteleuropas, 1991; Ritter, Tod und Teufel, 1994; Ins unentdeckte Ö.: Nachrufe und Attacken, 1998; Der sterbende Europäer, 2001; Mit mir, ohne mich, 2002.

Literatur: B. Vierthaler, Die Idee „Mitteleuropa" im Lichte der Arbeiten von K.-M. G., Dipl.-Arb., Wien 2001.

Gauster, Wilhelm F., * 6. 1. 1901 Wien, † 31. 5. 1993 ebd., Elektrotechniker. Studierte Maschinenbau und Elektrotechnik an der Techn. Hochschule in Wien. Ab 1924 bei der ELIN AG tätig, wo er entscheidend an mehreren bed. techn. Entwicklungen mitwirkte. Ab 1945 Prof. an der Techn. Hochschule in Wien, 1950–57 Leiter des von ihm aufgebauten Hochspannungslaboratoriums an der University of North Carolina, 1957–71 Vorstand der Abt. für Ingenieur-Probleme der Kernverschmelzung und Direktor des Magnetlaboratoriums am Oak Ridge National Laboratory in den USA. 1976 dauernde Rückkehr nach Ö. Verfügte über die Eigenschaft, prakt. Anwendungsmöglichkeiten theoret. Erkenntnisse klar zu erkennen.

Gautsch, Paul, Frh. von Frankenthurn, * 26. 2. 1851 Wien, † 20. 4. 1918 ebd., Politiker. 1879–81 Unterrichtsminister; 1881 Dir. der Theresian. Militärakad., 1895/96 neuerl. Unterrichtsmin.; 1897/98, 1905/06 und 1911 Min.-Präs. (dazw. 1899–1904 Präs. des Rechnungshofs); hob die badenischen Sprachverordnungen auf und brachte 1906 den Gesetzentwurf zum allg. Wahlrecht ein; Vertrauensmann von Ks. Franz Joseph.

Literatur: M. Weyrich, P. G. Frh. v. F., Diss., Wien 1956; ÖBL.

Gautschen, Entwässern und Pressen von Fasern in der Papiererzeugung. Im Brauchtum bedeutet G. das noch heute geübte Untertauchen des angehenden Gesellen in ein Wasserfass oder einen Brunnen. Dann erhält er den Gautschbrief und gilt als ausgelernt.

Gaweinstal, NÖ., MI, Markt, 199 m, 3485 Ew., 51,60 km², am oberen Weidenbach, an der Brünner Straße in Weinviertel. – Mineralwasserabfüllung, Metall- und Kunststoffverarbeitung (Fenster, Portale). – Barocke Pfarrkirche (1668, 1702–06), Einrichtung 18. Jh.; Pfarrhof (17. Jh.) und Dreifaltigkeitssäule (1686).

Gazelle AG, 1938 gegr. Handelsunternehmen (bis 1957 unter dem Namen „Amazone") für Wäsche und Strumpfwaren; 1998 von der → Palmers Textil AG übernommen (seither keine eigene AG mehr); 2004 rd. 300 Beschäftigte und mehr als 60 Verkaufsniederlassungen in Ö.

GCL, siehe → Gemeinschaften christlichen Lebens.

Gebauer, Franz Xaver, * 1784 Eckersdorf b. Glatz (Božków/Kłodzko, PL), † 13. 12. 1822 Wien, Komponist, Organist und Dirigent. Ab 1810 in Wien, ab 1816 Chorleiter an der Augustinerkirche; Gründungsmitglied der Ges. der Musikfreunde in Wien. Begründete und dirigierte ab 1819 die „Concerts Spirituels" (in der „Mehlgrube" am Neuen Markt), die bis zu deren Aufhebung 1848 ein wichtiger Bestandteil des Wr. Musiklebens waren (u. a. Uraufführung von Beethovens 5. und 8. Symphonie).

Literatur: M. Pfeiffer, F. X. G. Sein Leben und Wirken, unter bes. Berücksichtigung der von ihm gegr. Concerts Spirituels, Dipl.-Arb., Wien 1995.

Geberit Ges. m. b. H., 1965 gegr. ö. Tochterfirma der Schweizer Geberit AG, seit 1994 getrennte Produktions- und Vertriebsunternehmen, 1997 an die Doughty-Hanson-Gruppe verkauft. Seit 1973 Betrieb in St. Pölten-Pottenbrunn: Erzeugung von Sanitär- und Abwassersystemen aus Kunststoff. Jahresumsatz 2002: 87,7 Mio. Euro, 390 Mitarbeiter.

Gebhard, Hl., Fest 27. Aug., * 949 Bregenz (Vbg.), † 27. 8. 995 Konstanz (D), Landespatron von Vbg., 979–995 als G. II. Bischof von Konstanz; jüngster Sohn des Grafen Ulrich VI. (Uzo, Udalrich) von Bregenz, bed. Persönlichkeit der frühelement. Klosterreformbewegung. Seine Gebeine wurden 1134 und 1259 erhoben. Im 18. Jh. entwickelte sich in der Region Bregenz eine starke G.-Verehrung. Der Ort der Wallfahrtskirche → Gebhardsberg gilt als Geburtsstätte. Zum 1000-jähr. G.-Jubiläum 1949 feierte Vbg. einen Katholikentag.

Literatur: A. Benzer, Bewahrer und Bewährer, 1949; T. Humpert, Der hl. G., 1949; O. Wimmer u. H. Melzer, Lexikon der Heiligen, ⁶1988.

Gebhard, Hl., Fest 15. Juni, † 15. 6. 1088 Werfen (Sbg.), Graf von Helfenstein, Erzbischof von Salzburg (1060–88). 1057–59 Reichskanzler; gründete 1072 das sbg. Eigenbistum Gurk, 1074 das Stift Admont, dort begraben. Er organisierte die Pfarreinteilung, förderte die Missionierung, befestigte Hohensalzburg, Werfen und Friesach. 1079–86 im Exil. Kult in Admont und Salzburg.

Literatur: K. Amon, Die hl. Bischöfe und Erzbischöfe der Kirche von Salzburg, in: Sursum Corda, Festschrift für P. Harnoncourt, 1991.

Gebhardsberg, Vbg., 598 m, Aussichtsberg in → Bregenz, aus Konglomerat der Molassezone („G.-Nagelfluh"), mit Burgruine Hohenbregenz (im 11. Jh. gegr.), 1647 von den Schweden zerstört, seither Ruine). Im Palas der alten Burganlage wurde 1723 eine Wallfahrtskirche des hl. → Gebhard gebaut. Reste der inneren Burgmauer, Bergfried; Restaurant.

Gebietskörperschaften, juristische Personen des öffentl. Rechts mit Hoheitsgewalt über alle Rechtssubjekte, die in örtl. Beziehung (z. B. Wohnsitz, Aufenthalt) zu einem bestimmten Gebiet stehen. G. sind Bund, Länder und Gemeinden.

Gebietskrankenkassen, siehe → Krankenversicherung, → Sozialversicherung.

Gebirge: Ein Großteil der Staatsfläche Ö. wird von G. eingenommen; der Dauersiedlungsraum umfasst lediglich 38,8 % der Fläche Ö. Flächenmäßig sind die → Alpen das wichtigste G., sie stellen für die westl. Bundesländer Vbg., Ti. und Sbg. sowie für OÖ., NÖ., Kä. und die Stmk. das prägende Landschaftselement dar.

Gebirgsbahnen: Ö. hat im Bau von G. Pionierarbeit geleistet; die → Semmeringbahn war die erste G. der Welt. Die Entwicklung der G. ist v. a. ö. Technikern zu danken, so den Lokomotivkonstrukteuren W. Engerth, J. Haswell, G. Sigl und K. Gölsdorf, dem Eisenbahnfachmann A. Negrelli, dem Erbauer der Semmeringbahn, K. v. Ghega, dem Meister der Tunnelbaukunst, F. Rziha, und den Brückenbauern G. A. Wayß und J. Melan. G. führen entweder über den Pass selbst (Brennerbahn, 1867) oder in einem Scheiteltunnel (Semmering, 1854) durch den oberen Teil des Gebirges; sie winden sich teils durch Seitentäler entlang der Talrampe zur Höhe empor, mit dem Tunnel unweit der Passhöhe (1884 Arlbergtunnel, 10 km lang), teils durchfahren sie lange Basistunnel wie die Tauernbahn (1905, Tauerntunnel, 8,5 km lang) und die Karawankenbahn (1906, Karawankentunnel, 8 km lang). Erwähnt seien noch

GEBIRGSVEGETATION UND -FLORA

Gebirgsbahnen: Semmeringbahn.

die Mariazeller Bahn (1906, elektrifiziert 1911) und die Mittenwaldbahn (1912) bei Innsbruck. In neuerer Zeit entstanden für den steigenden Fremdenverkehr zahlr. → Bergbahnen (Zahnrad-, Standseil- und Seilschwebebahnen sowie Berglifte).
Literatur: M. Höfierer, Die Elektrifizierung der Alpenbahnen, Diss., Wien 1945; A. Schweiger-Lerchenfeld u. E. Born, Die Überschienung der Alpen (1884), 1983.

GEBIRGSVEGETATION UND -FLORA:

Rd. 2 Drittel von Ö. sind Bergland. Die Vegetationsökologie unterscheidet mehrere Höhenstufen: Die Gebirgsvegetation lässt sich vertikal grob in 5 Stufen gliedern: Untere Bergstufe (= untermontan) – Obere Bergstufe (= obermontan) – Stufe der oberen Waldgrenze (=subalpin, Krummholzstufe) – Alpine Stufe (= unteralpin und oberalpin) – Gletscherstufen (= subnival und nival). → Vegetation, Höhenstufen.
Wichtig sind die großen klimat. Unterschiede zw. den randl. und inneren Gebirgen: Die nördl. und die südl. Randberge genießen subozean. Klima („Steigungsregen": niederschlagsreich, Winter mild), die Gebirge im Alpeninneren hingegen haben subkontinentales Klima (sie liegen im Regenschatten der Randgebirge: Sommer heiß und trocken, Winter kalt und schneearm). Dementsprechend herrschen in den Randalpen in der Bergstufe (montan) von Natur aus die Buchenwälder (die Rotbuche braucht genügend Feuchtigkeit und verträgt keine große Winterkälte). In den Innenalpen fehlt die Rotbuche, Fichtenwälder nehmen ihre Stelle ein. Diese natürliche Situation ist stark überprägt von der Kulturlandschaft, einstige Buchenwälder sind zwecks Holzgewinnung in Fichtenforste umgewandelt worden, anstelle ehem. Wälder gibt es Bergwiesen und -weiden, Siedlungen und Verkehrswege, in früheren Zeiten auch Äcker. Im Folgenden werden einige wichtige Haupttypen der Gebirgsvegetation herausgegriffen und knapp charakterisiert.
Buchenwälder und *Fichten-Tannen-Buchenwälder* sind die natürlichen Waldgesellschaften in der Bergstufe der Randalpen, d. h. zw. etwa 600 und 1500 m Höhe. Die Böden sind tiefgründige, nährstoffreiche, frische Mull-Braunerden mit reichem Bodenleben und daher raschem Abbau des Bestandesabfalls. Typisch ausgebildet sind sie z. B. in den nördl. Kalkalpen in NÖ., der Ober-Stmk., in OÖ. und Sbg. In der untermontanen Stufe herrscht in der Baumschicht oft ausschließlich die Rotbuche/Fagus sylvatica, in der höheren Lagen (obermontan) kommen Berg-Ahorn/Acer pseudoplatanus, Tanne (Weißtanne)/Abies alba und Fichte (Rottanne)/Picea abies hinzu. Mit zunehmender Höhen-

lage wird das Klima feuchter und kühler, die Vegetationszeit kürzer, und die Tendenz zur Bodenversauerung nimmt zu, dies zusätzlich auch wegen der schlechter abbaubaren Nadelstreu der Tanne und Fichte. Die Moosschicht ist meist gut entwickelt, leicht erkennbar ist etwa der Dreikantige Runzelbruder/Rhytidiadelphus triquetrus.
Im Folgenden einige charakterist. und z. T. allg. bekannte Arten dieser Waldtypen. Schon im Spätwinter blüht die Schneerose/Helleborus niger, im Vorfrühling folgen u. a. Echter Seidelbast/Daphne mezereum (vor dem Laubaustrieb erscheinende, stark duftende purpurne Blüten), Neunblatt-Zahnwurz/Cardamine (Dentaria) enneaphyllos (hellgelbe, hängende Blüten), Hochstängel-Primel/Primula elatior, Echt-Lungenkraut/Pulmonaria officinalis (die Blüten verfärben sich von purpurrot nach violettblau, daher volkstümlich oft „Hänsel und Gretel" genannt). Etwas später, im Vollfrühling folgen z. B. Einbeere/Paris quadrifolia, Goldnessel/Lamiastrum montanum, Akelei-Arten/Aquilegia spp. Gegen den Sommer zu beginnen Geißbart/Aruncus dioicus (2-häusige, dekorative Hochstaude mit sehr großen, zusammengesetzten Laubblättern), Kleb-Kratzdistel/Cirsium erisithales (Körbe nickend, mit klebriger Hülle und hellgelben Blüten), Ochsenauge/Buphthalmum salicifolium, Hängefrucht-Rose/Rosa pendulina, Purpurlattich (Hasenlattich)/Prenanthes purpurea, Türkenbund-Lilie/Lilium martagon u. v. a. zu blühen; im Hochsommer schließlich blühen z. B. Echt-Goldrute/Solidago virgaurea (alte Medizinalpflanze; Korbblütler) und → Zyklame/Cyclamen purpurascens. Auch verschiedene → Farne gibt es, z. B. den berühmten Männerfarn (Echten Wurmfarn)/Dryopteris filix-mas.
In den *Buchenwäldern der S-Alpen*, z. B. in den Karawanken, gibt es einige Arten, die im N fehlen, dazu gehören die zeitig im Vorfrühling blühende Schaftdolde/Hacquetia epipactis, der Andermennig/Aremonia agrimonioides (ein gelbblühendes Rosengewächs, verwandt mit dem Odermennig) und die prächtige Krainer Lilie/Lilium carniolicum.
Der Lebensraum der *Schluchtwälder* ist ein Sonderstandort, der v. a. durch gute Wasserversorgung und hohe Luftfeuchtigkeit ausgezeichnet ist. Es herrschen Berg-Ahorn/Acer pseudoplatanus und Berg-Ulme/Ulmus glabra, in der Krautschicht leben z. B. Wild-Mondviole/Lunaria rediviva (duftende, blasslila Blüten) und Hirschzunge/Asplenium scolopendrium. An Gebirgsflüssen bildet die Grau-Erle (Weiß-Erle)/Alnus incana einen Bachauwald, in dessen Krautschicht oft der prächtige Straußenfarn/Matteucia struthiopteris anzutreffen ist (Ernährungs- und Sporenblätter getrennt). An den Bachrändern wachsen u. a. Bach-Pestwurz/Petasites hybridus, Bachkresse/Cardamine amara (wertvoller, würziger Wildsalat) und Veronica beccabunga/Bachbungen-Ehrenpreis.
Natürliche Fichtenwälder gibt es dort, wo Klima und Boden für die Rotbuche zu schlecht sind, das sind recht verschiedene Standorte: die Hochlagen, sehr saure Böden, aber auch unentwickelte, nährstoffarme Böden über Kalk sowie kontinentale Klimalagen, insbes. „Kältelöcher" (Inversionslagen), wo es die frostempfindl. Buche nicht aushält. (Die Tanne ist fast so anspruchsvoll wie die Rotbuche, steigt daher nicht so hoch hinauf und fehlt an ungünstigen Standorten.) Weit verbreitet sind die Säurezeiger Heidelbeere (Schwarzbeere)/Vaccinium myrtillus und Gewöhnlicher und (in höheren Lagen) Berg-Wachtelweizen/Melampyrum pratense und Melampyrum sylvaticum (1-jährige Halbschmarotzer mit gelben Blüten) sowie

Gebirgsvegetation: Schneerose.

463

Gebirgsvegetation: Geißbart.

Drahtschmiele/Avenella flexuosa (ein zartes, schmalblättriges Gras); Moderzeiger sind Wintergrün-Arten/Pyrola spp. und der seltene Fichtenspargel/Monotropa hypopitys (ein Vollschmarotzer ohne Laubblätter, der sich von Pilzen ernähren lässt; → parasitische Pflanzen); an nassen Stellen bildet der Wald-Schachtelhalm/Equisetum sylvaticum große Bestände. Auf bes. stark versauerten Waldböden gedeihen Rippenfarn/Blechnum spicant, Bärlapp-Arten/Lycopodium spp., Herz-Zweiblatt/Listera cordata (eine Orchidee mit sehr kleinen, recht unscheinbaren Blüten), Echt-Ehrenpreis/Veronica officinalis und Haarmützenmoos/Polytrichum commune.

Föhrenwälder sind auf ökologisch extremen Standorten entwickelt, d. h. dort, wo selbst die relativ anspruchslose Fichte nicht mehr gedeihen kann. Die weit verbreitete Rot-Föhre/Pinus sylvestris (auch Weiß-Kiefer genannt; → Föhre) bildet daher einerseits auf sehr trockenen, seichtgründigen (basischen wie sauren) Böden wie andererseits auch auf sehr nährstoffarmen sauren und nassen Standorten charakterist. Waldgesellschaften. Die kalkreichen, trockenen sind die Schneeheide-Föhrenwälder (Erico-Pinion) mit Mehlbeerbaum/Sorbus aria (Laubblätter unterseits weißfilzig, Früchte rot), Felsenbirne/Amelanchier ovalis (Strauch mit großen, weißen Blüten und blauschwarzen, süßen Früchten), Schneeheide/Erica carnea (immergrüner Zwergstrauch, Laubblätter nadelartig, Frühblüher, Blüten purpurrosa), Buchs-Kreuzblume/Polygala chamaebuxus (immergrüner Zwergstrauch, Blüten zweifärbig: hellgelb/zitronengelb oder purpurn/gelb, süß, obstartig duftend), Steinröserl/Daphne cneorum (immergrüner Zwergstrauch, Blüten purpurn, stark duftend, unter Naturschutz), Steinbeere/Rubus saxatilis (→ Wildobst) u. v. a. In bodensauren Rotföhrenwäldern kann man den seltenen immergrünen Flachbärlapp/Diphasiastrum finden; unter den Moosen ist das auffallende Weißkissenmoos/Leucobryum glaucum (im feuchten Zustand ist es grün) ein Indikator starker Bodenversauerung.

Zirbenwälder sind in der oberen Subalpinstufe, unmittelbar an der oberen Waldgrenze, hauptsächlich der Innenalpen entwickelt, in Höhenlagen zw. etwa 1900 und 2200 m Seehöhe. Von Natur aus bildet die → Zirbe/Pinus cembra eine Waldgesellschaft zusammen mit der Lärche; wobei in der Jugendphase dieser Waldgesellschaft die lichtliebende Lärche, in der Optimal- und Altersphase hingegen die schattenresistente Zirbe dominieren. Wegen ihres wertvollen Holzes wurden die Zirben in großem Ausmaß geschlägert, viele Zirbenwälder dadurch vernichtet. In neuerer Zeit werden in Ö. die Reste der Zirbenwälder geschont (die Zirbe steht unter Naturschutz), in vielen Gebieten wurden die Hochlagen mit Zirben wieder aufgeforstet. Alte Zirbenwälder gibt es nur noch in wenigen Gebieten, so z. B. in O-Ti. im obersten Defereggental, in N-Ti. auf dem Patscherkofel bei Innsbruck, auf den Tarntaler Bergen in den Tuxer Alpen und in den Ötztaler Alpen (bei Obergurgl), in Kä. im Nockgebiet (Gurktaler Alpen).

Waldschläge – auch Holzschläge, Kahlschläge, Schlagfluren und (in Deutschland) forstl. Waldlichtungen und Lichtungsfluren genannt – sind Standorte, die im Wesentlichen anthropogen sind, also vom Menschen im Zuge der Holznutzung geschaffen wurden. Kleinräumige natürliche Lichtungsfluren gab es jedoch auch in den Urwäldern, nach dem Absterben einzelner Bäume oder nach Windwurfkatastrophen. Die Entfernung des gesamten Baumbestandes auf forstl. Schlagflächen und die Verwundung und Öffnung der Bodenvegetation und des Bodens bewirken das Aufkommen lichtliebender Pioniere. Die Erwärmung und Durchlüftung des Bodens, die bessere Durchfeuchtung des Bodens infolge des Wegfalls der wasserpumpenden Bäume bewirken eine starke Förderung des Bodenlebens und damit der humusabbauenden Vorgänge, so dass mineral. Pflanzennährstoffe, insbes. Stickstoffverbindungen, freigesetzt werden, was somit eine kräftige Düngung bedeutet. Viele Schlagpflanzen sind deshalb Nährstoffzeiger. Es setzt eine charakterist. Sukzession (so nennt man die zeitliche Abfolge von Pflanzengesellschaften) ein, die mit überwiegend Kurzlebigen (Einjährigen und Zweijährigen) beginnt, z. B. Hohlzahn-/Galeopsis-Arten. Darauf folgen Ausdauernde und Sträucher wie Himbeere/Rubus idaeus, Brombeer-Arten/Rubus spp. und Trauben-Holunder/Sambucus racemosa sowie Pionierbäume wie Sal-

Gebirgsvegetation: Subalpinstufe bei Fragant, Kä.

Weide/Salix caprea, Aspe (Espe, Zitter-Pappel)/Populus tremula, Hänge-Birke/Betula pendula, Edel-Esche/Fraxinus excelsior, in Hochlagen auf sauren Böden insbes. die Eberesche/Sorbus aucuparia. Charakterart der bodensauren Waldschläge ist das Waldschlag-Weidenröschen/Epilobium angustifolium, der basenreichen Waldschläge die Tollkirsche/Atropa belladonna. Weitere typische Pioniere der Waldschläge sind Königskerzen/Verbascum spp., Lanzen-Kratzdistel/Cirsium vulgare und andere Disteln, Groß-Fingerhut/Digitalis grandiflora u. v. a. Auffallend sind die Einrichtungen zur Fernverbreitung der Früchte und Samen bei den meisten typischen Waldschlag-Arten: Ausbreitung durch Vögel (fleischige Früchte bei Tollkirsche, Holunder, Him- und Brombeeren!) oder durch den Wind (Disteln, Pappel, Weide). Sie müssen rasch zur Stelle sein, wenn irgendwo eine Waldlücke entsteht.

Forste spielen in der Kulturlandschaft Ö. eine große Rolle. Der weitaus wichtigste Forstbaum (zur Holznutzung) ist die Fichte/Picea abies. Sie ist zwar in Ö. heimisch, wuchs urspr. aber nur an ganz bestimmten Standorten im Gebirge. Sie ist wegen ihres gut verwendbaren Holzes großflächig anstelle von verschiedenen natürl. Waldgesellschaften – hauptsächl. Buchenwäldern und Eichen-Hainbuchenwäldern – aufgeforstet worden. Auch viele Fichten-Tannen-Buchenwälder wurden durch Förderung der Fichte in fast reine Fichtenforste umgewandelt. Die Tanne ist durch die Forstw. (zusätzlich durch überhöhte Wildbestände und Luftverschmutzung) stark zurückgedrängt worden, denn in der Kahlschlagwirt. kann sie sich nicht natürlich verjüngen – und aufgeforstet wird sie nicht, weil ihre Holzqualität mit der bestehenden Holznutzungstechnik nicht vereinbar ist. Reine Fichten-Monokulturen werden im modernen Waldbau wegen Anfälligkeit für tierische und pilzliche Schädlinge sowie Windwürfe gemieden; naturnaher Waldbau bemüht sich um Nachhaltigkeit (Beibehaltung oder Verbesserung der Standortqualität).

Infolge der Aufforstung (meist mit Fichte) der vielen in den letzten Jahrzehnten wirt. nicht mehr rentablen Grünlandflächen wächst die Waldfläche Ö. (eigentlich Forstfläche) – trotz der Verluste duch Siedlungs- und Verkehrsflächen – gegenwärtig sehr stark: Bereits über 47 % der Fläche Ö. sind von Wald oder Forst bestanden. Aus ökolog. und auch landschaftsästhet. Sicht ist dies eine negative Entwicklung, da die verloren gehenden Magerwiesen und Magerweiden ökologisch wesentlich wertvoller – weil im Allgemeinen biologisch vielfältiger – sind als die entstehenden Fichtenforste. Nasse Standorte werden mit Schwarz- oder Grau-Erle/Alnus glutinosa bzw. Alnus incana aufgeforstet, trockene Standorte mit Rot- oder Schwarz-Föhre/Pinus sylvestris bzw. Pinus nigra (→ Föhre, Schwarz-Föhre). An Fremdhölzern (nichtheimischen → Baumarten) wurden und werden in Ö. – in relativ geringem Ausmaß – hauptsächlich die aus N-Amerika stammende Douglasie/Pseudotsuga menziesii (eine Verwandte der Fichte) und Rot-Eiche/Quercus rubra aufgeforstet. In Auwäldern wurden früher Hybrid-Pappeln (Kreuzungen zw. der heim. Schwarz-Pappel/Populus nigra und nordamerikan. Verwandten) in größerem Ausmaß eingebracht. Im pannon. Gebiet wurde wegen ihres festen Holzes (z. B. einst für Weinstöcke statt Beton) die raschwüchsige Robinie („Akazie")/Robinia pseudacacia aufgeforstet, was sich für die Vegetation als sehr nachteilig erweist, da dieser Schmetterlingsblütler den Boden mit Stickstoff überdüngt und damit den Standort samt der heim. Flora zerstört.

Bergwiesen und -weiden: Von Natur aus waren die Gebirge Ö. fast geschlossen von Wäldern (je nach Standort verschiedenen Waldgesellschaften) bedeckt, bis hinauf zur natürlichen oberen Waldgrenze, die je nach Klimalage in etwa 1600 m (in bestimmten Randlagen) bis 2100 m (in den subkontinentalen Innenalpen) Höhe lag. Nur Fels- und Schutthänge, Lawinenrinnen, Hoch- und Flachmoore, junge Alluvionen entlang der Flüsse und die Verlandungszonen an den Rändern der Seen waren waldfrei. Das heute oder noch bis vor kurzem in den Tälern und mittleren Höhenlagen stellenweise vorherrschende Grünland – Wiesen und Weiden – ist Menschenwerk und entstand durch die landw. Aktivitäten der Siedler, ist somit genauso anthropogen wie das Ackerland. Weiden entstanden nach Rodung der Wälder und durch extensive bis mehr oder weniger intensive Beweidung mit Haustieren, hauptsächl. Ziegen, Schafen, Rindern und Pferden.

In *Weiderasen* reichern sich weideresistente Arten an, das sind Pflanzen, die vom Vieh weniger gern gefressen werden, weil sie stachelig oder dornig sind, weil sie schlecht (scharf, bitter) schmecken und/oder giftig oder sonstwie nicht bekömmlich sind oder schlecht abgeweidet werden können, weil die Blätter dem Boden anliegen (Rosettenpflanzen). An Beweidung angepasste Arten müssen auch trittresistent sein, dürfen unter dem Verlust einzelner Zweige und Blätter nicht allzu sehr leiden usw. Typische Weidezeiger sind unter den Gehölzen z. B. Wacholder/Juniperus communis (stechende Nadeln!) und Dornsträucher wie Berberitze/Berberis vulgaris, Weißdorn/Crataegus und Wildrosen-Arten/Rosa spp. Unter den Krautigen sind es beispielsweise Dorn-Hauhechel/Ononis spinosa und Disteln wie Cirsium-, Carduus- und Carlina-Arten (Kratz-, Ring- und Wetterdisteln). → Enzian-Gentiana spp. schmecken bitter, Wolfsmilch-Arten/Euphorbia spp. haben scharfen, giftigen Milchsaft, Herbstzeitlose/Colchicum autumnale, Johanniskraut-, Goldlack- und Greiskraut-Arten (Hypericum spp., Erysimum spp., Senecio spp.), Wiesenkümmel/Carum carvi, Scharf-Hahnenfuß/Ranunculus acris, Arnika/Arnica montana u. a. schmecken unangenehm und wirken giftig; auch stark aromat. Arten, wie viele Lippenblütler (z. B. Minzen/Mentha, Quendel/Thymus), und stark behaarte, wie manche Königskerzen-Arten/Verbascum spp., sind beim Weidevieh unbeliebt, und gewisse Gräser wie etwa Rasenschmiele/Deschampsia cespitosa und Bürstling/Nardus stricta werden gemieden, weil sie hart und wenig wohlschmeckend sind. Eine rosettenbildende typische Weiderasen-Art ist der Mittel-Wegerich/Plantago media. Je nach Nährstoffgehalt unterscheidet man Magerweiden und Fettweiden (pflanzensoziolog. Verband Cynosurion, Leitart: Kammgras/Cynosurus cristatus). Extensiv bewirtschaftete Magerweiden sind bunt und artenreich, ihr Verschwinden infolge Aufforstung ist ein ökolog. Verlust. Durch regelmäßige Mahd entstehen Wiesen aus den Weiderasen. Einschürige (im Jahr nur einmal gemähte), relativ nährstoffarme Wiesen waren früher häufig („Bergmähder"), sie sind reich an verschiedenen Arten und daher ihre bunte Blütenpracht, auffällig etwa der Orchideenreichtum, ist bei den vielfältigen Standorten abwechslungsreicher als die Wiesen der niederen Lagen (→ Grünland, → Alm).

Die *Subalpinstufe*, auch Krummholzstufe genannt, erstreckt sich zw. der oberen Grenze des geschlossenen Waldes und der Baumgrenze. Dieser Lebensraum ist äußerst vielfältig, je nach den Standortsverhältnissen (außer der Höhenlage vor allem Mächtigkeit, Nährstoffreichtum, Feuchtigkeit, Korngröße, Durchlüftung und pH-Wert des Bodens, Hangexposition, Sonneneinstrahlung, Schneereichtum und Windeinwirkung) umfasst er im unteren Bereich aufgelockerten Hochwald, weiter oben Strauchgesellschaften, Hochstaudenfluren und Zwergstrauchheiden, Steilrasen in Lawinenrinnen, an Sonderstandorten Block- und Schuttfluren, Felsspaltengesellschaften, natürlich auch Bachfluren und → Niedermoore.

Zu den höchststeigenden Laubbaumarten gehören Berg-Ahorn/Acer pseudoplatanus (an günstigen, gut nährstoff- und wasserversorgten Stellen) und Eberesche/Sorbus aucuparia (auf schlechteren Böden). Unter den Nadelhölzern steigen Fichte, Lärche und Zirbe bis zur Baumgrenze. Nur an sehr ozeanischen (klimafeuchten, schneereichen, wintermilden) Hängen steigt die Rotbuche bis zur Baumgrenze und darüber hinaus, indem sie Krüppelbuchenbestände bildet (z. B. auf dem Salzburger Untersberg sowie auf Ötscher und Reisalpe in NÖ.). Im aufgelockerten subalpinen Hochwald, der sich der Existenzgrenze der Bäume annähert, leben mehrere Zwergstraucharten, bes. Heidekrautgewächse wie → Alpenrosen/Rhododendron, Heidel- (= Schwarz-) und Preiselbeere/Vaccinium myrtillus, Vaccinium vitis-idaea, aber auch Heckenkirschen-Arten/Lonicera spp. und strauchige Weiden-Arten wie Bäumchen-, Glanz- und Spieß-Weide/Salix waldsteiniana, Salix glabra, Salix hastata.

Die häufigste Art der subalpinen Strauchfluren ist die *Latsche* (Leg-Föhre)/Pinus mugo, die auf trockenen Böden große, undurchdringlich dichte Bestände („Latschendickicht", „Latschenfilz") bildet, so etwa auf den Gebirgsstöcken der nordöstl. Kalkalpen (z. B. Dachstein, Totes Gebirge, Hochschwab, Schneealpe, Rax und Schneeberg), deren Plateaus zufällig in der subalpinen Höhenstufe liegen (→ Latsche). Mit der Latsche vergesellschaftet ist gelegentlich die Zwergmispel/Sorbus chamaemespilus. Auf den bodenfeuchteren Standorten, insbes. in den aus wasserundurchlässigen Silikatgesteinen bestehenden Gebirgen der Zentralalpen, dominiert die Grün-Erle/Alnus alnobetula (= Alnus viridis), eine strauchförmige Erlen-Art mit sehr biegsamen Zweigen, denen keine Lawine etwas anhaben kann. Andere → Straucharten der *Grünerlengebüsche* sind einige Strauch-Weiden wie die Großblatt-Weide/Salix appendiculata. Die scheinbare Bevorzugung der Kalkgebirge durch die Latsche erklärt sich aus der größeren Trockenheit der Kalkböden. In den Zentralalpen hingegen sind wegen der überwiegend feuchten Standorte die Grünerlengebüsche viel größerflächig entwickelt.

Auf gut durchfeuchteten und nährstoffreichen Standorten, wo jedoch (etwa infolge regelmäßigen Lawinenabgangs) keine Bäume aufkommen können, sind – oft eng verknüpft mit den Grünerlengebüschen – *Hochstaudenfluren* ausgebildet, benannt nach den hier vorherrschenden hochwüchsigen und großblättrigen Stauden. Aus deren großer Zahl seien der purpurn blühende Grau-Alpendost/Adenostyles alliariae, die gelb blühende Ö.-Gämswurz/Doronicum austriacum, die heilkräftige und als Kräuterschnaps geschätzte Meisterwurz/Peucedanum ostruthium, der violettblau blühende Alpenmilchlattich/Cicerbita alpina und der gelb blühende, giftige Wolfs-Eisenhut/Aconitum vulparia agg. genannt. Auf nicht zu trockenen Hängen entwickeln sich bunte Rostseggenrasen (Caricetum ferrugineae) mit u. a. folgenden auffallenden und häufigen Arten: weiß blühend: Narzissen-Windröschen/Anemone narcissiflora, Alpen-Küchenschelle/Pulsatilla alpina und Strauß-Glockenblume/Campanula thyrsoidea; gelb: Trollblume/Trollius europaeus und Blätter-Läusekraut/Pedicularis foliosa; purpurn: Alpen-Süßklee/Hedysarum hedysaroides; blauviolett: Gebirgs-Spitzkiel/Oxytropis montana und Berg-Kornblume/Cyanus montanus (= Centaurea montana) neben vielen anderen.

Auch die Schuttfluren der Subalpinstufen sind artenreich, hier trifft man etwa den Alpen-Mohn/Papaver alpinum, der in Ö. durch 4 geograph. Rassen, die einander gebietsmäßig ausschließen, vertreten ist. Der Schild-Ampfer/Rumex scutatus ist die Stammsippe einer Garten-Gemüsepflanze. Besonders in den Innenalpen wurzelt in Felsspalten ein kräftiger Strauch mit winzigen, schuppenförmigen Laubblättern: der Sebenstrauch (Sadebaum, Sefistrauch, Stink-Wachol-

der)/Juniperus sabina, eine scharf riechende Wacholder-Art, die früher in allen Bauerngärten kultiviert wurde und trotz ihrer gefährl. Giftigkeit als Arzneipflanze galt, hauptsächlich jedoch als heiml. Abortivum verwendet worden ist.

→ Pflanzenwelt, → Urwälder; → Hochmoore, → alpine Vegetation.

Literatur: H. Mayer, Wälder des O-Alpenraums, 1974; P. Ozenda, Die Vegetation der Alpen im europ. Gebirgsraum, 1988; H. Hartl u. T. Peer, Die Pflanzenwelt der Hohen Tauern, ³1992; H. Reisigl u. R. Keller, Alpenpflanzen im Lebensraum. Alpine Rasen, Schutt- und Felsvegetation, 1994; W. Dietl u. M. Jorquera, Wiesen- und Alpenpflanzen, 2003.

GEBIRGSVEREIN, ÖSTERREICHISCHER, ÖGV, 1890 in Wien gegr. alpiner Verein, 1930–45 dem „Dt. und Ö. Alpenverein" bzw. ab 1938 dem „Dt. Alpenverein" angeschlossen, seit 1955 eine Sektion des Ö. → Alpenvereins; rd. 19.200 Mitgl. (2003).
Publikationen: Der Gebirgsfreund, 1890 ff.
Literatur: H. Barobek (Red.), 100 Jahre ÖGV, 1990.

GEBLER, Tobias Philipp Frh. von, * 2. 11. 1726 Zeulenroda (D), † 9. 10. 1786 Wien, Staatsbeamter, Dramatiker und Übersetzer. Trat 1752 aus holländ. Diensten in den ö. Staatsdienst über. Geheimer Rat und Vizekanzler der böhm.-ö. Hofkanzlei; als Aufklärer und Freimaurer Anhänger der josephin. Reform. Briefwechsel mit F. Nicolai (hg. von R. M. Werner, 1888).
Werke: Theatralische Werke, 3 Bde., 1772–73; Übersetzungen aus dem Französischen.
Literatur: H. Mascher, T. Frh. v. G., Diss., Heidelberg 1935.

GEBOLTSKIRCHEN, OÖ., GR, Gem., 555 m, 1410 Ew., 17,24 km², Wohngem. mit Fremdenverkehr am Oberlauf der Trattnach. 18-Loch-Golfanlage, Kinderferienheim, Kneippstation, Schaustollen des ehem. Braunkohlebergbaus. – Got. Pfarrkirche (urk. um 1150, Bau um 1500) mit spätgot. Fresken und neugot. Einrichtung. – Badesee, Bachuferlehrpfad, „Energiewald".

GEBÜHR, nach einer dogmat. Definition Abgaben, die als Geldleistungen für die Inanspruchnahme der Hoheitsverwaltung zu entrichten sind. Die Bezeichnung wird jedoch – auch vom Gesetzgeber selbst – uneinheitlich verwendet (u. a. auch für Steuern und Entgelte, die keine Abgaben sind).

GEBURTENENTWICKLUNG, zeitliche Veränderung der jährlichen Anzahl der Geborenen. Übersteigt die Zahl der Geborenen jene der Gestorbenen, so spricht man von einem Geburtenüberschuss, im umgekehrten Fall von einem Geburtendefizit. Langfristig ist die G. in Ö. durch einen Rückgang gekennzeichnet, der einen Anpassungsprozess des generativen Verhaltens der Bevölkerung an die veränderten sozialen, ökonomischen und kulturellen Bedingungen darstellt (Verstädterung, Bildungsexpansion, Emanzipation der Frau). 1963 kamen in Ö. noch 135.000 Kinder zur Welt, 1990 90.000, 2002 lediglich 78.399. Die Gesamtfruchtbarkeitsrate fiel von 2,8 auf 1,40.

GEDERSDORF, NÖ., KR, Gem., 194 m, 2056 Ew., 18,87 km², landw.-gewerbl. Wohngem. nordöstl. von Krems. Wein- und Obstbau, Wärmekraftwerk der EVN, Holzverarbeitung (neues Betriebsgebiet). – Urk. 1190, spätgot. Kirche mit Rokokoeinrichtung; Brunn im Felde: josephin. Pfarrkirche mit spätgot. Chor und spätbarocker Einrichtung, Pfarrhof (Ende 18. Jh.); Theiss: Pfarrkirche (erb. 1841/42), neubarocke Altäre.
Literatur: 900 Jahre Theiß 1097–1997, 1997.

GEFÄHRDETE TIERARTEN: In Ö. gelten 186 Tierarten als ausgestorben, ausgerottet oder verschollen und 425 Arten als vom Aussterben bedroht. Insges. sind 2038 Tierarten zur Zeit gefährdet, weitere 580 Tierarten sind aufgrund ihrer Seltenheit potentiell gefährdet. Unter

den Wirbeltieren sind 34 Arten ausgestorben, ausgerottet oder verschollen. Von den Wirbeltieren sind 57,2 % aller Arten in unterschiedl. Ausmaß gefährdet (Amphibien: 100 %, Reptilien: 92 %, Fische: 58 %, Vögel: 55 %, Säugetiere: 46 %).
Hauptursachen der Artengefährdung sind technisierter Flächengewinn für Land- und Forstw., Massentourismus und der Eintrag großer Mengen Chemikalien in die Natur.
Literatur: J. Gepp, Rote Listen gefährdeter Tiere Ö., hg. vom BM f. Umwelt, Jugend u. Familie, 1994.

GEFANGENENHAUS, siehe → Strafvollzugsanstalten.

GEFLÜGEL: Die G.-Zucht ist in der ö. → Landwirtschaft von großer Bedeutung. 2001 setzte sich der G.-Bestand der ö. Bauern folgendermaßen zusammen: 11,9 Mio. Hühner, 547.000 Truthühner, 119.000 sonstiges G. (Enten und Gänse). Die gesamte G.-Fleischproduktion betrug 2002 107.000 t, der Großteil Brat- und Backhühner; der Selbstversorgungsgrad lag bei 75 %. Der Pro-Kopf-Verzehr von G. lag in Ö. 2002 bei 17,5 kg. An Wirtschaftshühnern werden gehalten: weiße Leghorn, rebhuhnfarbige Italiener, braune Rhodeländer, weiße Wyandottes sowie die bodenständigen rebhuhnfarbigen „Altsteirer" und rotbraunen „Sulmtaler". Die in der Stmk. gemästeten Poulards und Kapaune erlangten Weltruf. 1872 wurden leistungsfähige Hühnerstämme eingeführt. Später beschäftigten sich eig. Vereine mit der Züchtung reinrassiger G. Von Truthühnern sind in Ö. die bronzefarbigen und die weißen holländischen am bekanntesten.
Die Eierproduktion lag 2002 bei 1,5 Mrd. Stück. Der jährl. Pro-Kopf-Verbrauch beträgt 220 Eier, der Selbstversorgungsgrad 76 %. 2003 stammten rd. 44 % des Produktionsvolumens bei der Eierproduktion aus Legebatterien, der Rest aus tiergerechterer Haltung. Im Lebensmittelhandel nimmt der Versorgungsanteil an Eiern aus alternativen Haltungen seit 1992 zu.

GEGENBAUER, Leopold, * 2. 2. 1849 Asperhofen (NÖ.), † 3. 6. 1903 Gießhübl (NÖ.), Mathematiker. Univ.-Prof. in Czernowitz, Innsbruck und Wien; bekannt durch die „g.schen Polynome"; wichtige Arbeiten auf dem Gebiet der Zahlentheorie, Algebra und Funktionentheorie.
Werke: Einige Sätze über Determinanten hohen Ranges, 1890; Über den größten gemeinsamen Theiler, 1892.

GEGENREFORMATION:
Die meist mit staatl. Machtmitteln und mit Hilfe der neuen Orden durchgeführte Aktion, das Land nach der → Reformation zum kath. Glauben zurückzuführen. Das Konzil von Trient (1545–63) hatte die dogmat. Grundlage für eine kath. Restauration und neue Wege der Seelsorge geschaffen. Der Augsburger Religionsfriede von 1555 übertrug dem Landesherrn die Entscheidung über das Bekenntnis seiner Untertanen. Die Habsburger selbst standen dem → Protestantismus ablehnend gegenüber, doch mussten sie den meist protest. Ständen aufgrund der Türkenbedrohung wiederholt Zugeständnisse machen. Sie beorderten zunächst kath. Geistliche aus ihren kath. gebliebenen Ländern vor allem in die Städte und Märkte, die zum „Kammergut" gehörten, insbes. die von → Ferdinand I. nach Ö. berufenen → Jesuiten; diese gründeten Klöster und öffentl. Schulen (Kollegien), so in Wien (1551, 1563), Innsbruck (1562), Graz (1573), Hall i. Ti. (1573), Leoben (1585), Linz (1602), Klagenfurt (1605), Krems (1615), Judenburg (1620) und Steyr (1631). Den Jesuiten folgten Kapuziner, Franziskaner, Paulaner, Serviten und andere Orden.

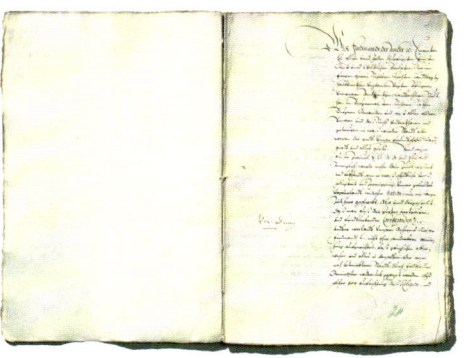

Gegenreformation: Augsburger Religionsfriede. Urkunde vom 25. September 1555 (Haus-, Hof- und Staatsarchiv, Wien).

1548 hatte Ferdinand I. († 1564) für seine Länder eine Reformationsordnung auf kath. Basis erlassen. 1567 begann in Ti. die polit. G. Auf der Münchener Konferenz 1579 beschlossen → Karl II. v. Inner-Ö., → Ferdinand II. v. Ti. und Wilhelm v. Bayern die schrittweise Zurückdrängung des Protestantismus in ihren Ländern. 1576 veranlasste Ks. → Rudolf II. die ersten gegenreformator. Maßnahmen in Wien und NÖ., die Erzhzg. Ernst als Statthalter durchzuführen hatte. 1589 übernahm der spätere Kardinal M. → Klesl die 1578 errichtete Reformationskommission. Der Streit unter den habsburg. Brüdern Rudolf II. und Matthias („Bruderzwist") hemmte die G. in NÖ. und OÖ. In OÖ. versuchte Landeshauptmann H. J. Löbl 1598 mit der Niederwerfung des luther. Bekenntnisses bzw. der durch Rekatholisierungsversuche ausgelösten Bauernaufstands 1594–97 die Wiederherstellung des kath. Glaubens; 1601/02 unterwarf er die luther. Bergknappen und Bauern des Salzkammerguts.
Entscheidend für das Schicksal auch des ö. Protestantismus war die Schlacht am Weißen Berg bei Prag (1620). Jetzt verloren die protestant. Stände das Privileg der Religionskonzession. 1627 folgte die Ausweisung der Prädikanten und Schulmeister in NÖ. Im Land ob der Enns, das 1620–28 unter bayer. Pfandherrschaft stand, führte der Statthalter A. → Herberstorff die G. mit bes. Härte durch, wobei das sog. → Frankenburger Würfelspiel den großen Bauernkrieg von 1625/26 auslöste (→ Bauernkriege). Auch hier erfolgten zahlr. Ausweisungen. Besonders streng und durchgehend wurde die G. in Inner-Ö. (Stmk., Kä., Krain) unter Erzhzg. Karl II. durchgeführt, wo die 1585 geschaffene Grazer Jesuiten-Univ. den geistigen Mittelpunkt bildete. Schon 1580 wurde die protestant. Religionsausübung in den Städten und Märkten Inner-Ö. verboten, 1598 die Stiftsschule aufgehoben, 1599 wurden die Protestanten vom späteren Ks. → Ferdinand II. ausgewiesen. 1628 wurde der protestant. Adel in Inner-Ö. entweder zum Konfessionswechsel oder zur Auswanderung verpflichtet. Im Erzstift Salzburg begann Erzbischof Michael v. Kuenburg (1554–60) mit der Ausweisung protestant. Bürger und Handwerker. Die Salzburger Provinzialsynode von 1569 wurde richtungsweisend für die weitere Rekatholisierung Salzburgs und der inner-ö. Länder. Erzbischof Gf. Lodron (1619–53) führte die G. im Land Sbg. durch. Die religiöse bzw. seelsorgl. Arbeit gegen den verbliebenen Protestantismus dauerte bis zum Toleranzpatent.
Infolge der G. verließen nach Schätzungen rund 100.000 Protestanten Ö., weitere etwa 150.000 die böhm. Länder. Der eifrigste Verfechter des kath. Glaubens war Ks. Ferdinand II. (1619–37); er beseitigte den

Gegenreformation: Restitutionsedikt Kaiser Ferdinands II. Urkunde vom 6. März 1629 (Haus-, Hof- und Staatsarchiv, Wien).

Protestantismus in Ö. bis auf einzelne Enklaven. Seine Anstrengungen setzte sein Nachfolger → Ferdinand III. fort, wenngleich nicht mehr mit der Härte seines Vaters. Noch im 18. Jh. wurden Maßnahmen gegen Geheimprotestanten, wie Zwangsumsiedlungen nach Ungarn und Siebenbürgen, durchgeführt. Erst das → Toleranzpatent Josephs II. (1781) legalisierte auch den Protestantismus in Ö.

Man darf aber nicht übersehen, dass im 17. Jh. die Faszination des Protestantismus nachließ. Das hängt mit Streitigkeiten zw. verschiedenen Strömungen der Reformation um dogmat. Fragen ebenso zusammen wie mit Fragen der Kirchenorganisation. Dagegen mochte der streng geschlossene, monolithische Katholizismus eine gewisse Anziehungskraft entwickeln, der ja immerhin auch die Konfession des Kaiserhauses war. Das hat die Konversionsüberlegungen in manchen Adelsfamilien wohl mitangeregt. Die kluge Menschenführung der Jesuiten in ihren Unterrichtsanstalten tat ein Übriges. Nach dem fast völligen Zusammenbruch der reichen mittelalterl. Klosterlandschaft kam es im 17. Jh. auch wieder zu einem Aufschwung des Säkularklerus und zu einem Wiederaufstieg vieler alter Stifte und Klöster (Schotten in Wien, Klosterneuburg, Göttweig, Melk, St. Florian, Kremsmünster u. v. a. m.). Mit der geistig-geistl. Rekonstruktion ging eine ökonomische einher, die die Basis für die reiche Bautätigkeit des Barock legte.

Im Zuge der G. setzte sich der landesfürstl. → Absolutismus gegenüber den Ständen durch und schuf die staatl. Einheit Ö. Kulturell folgte auf die G. die Epoche des ö. → Barock.

Literatur: J. Wodka, Kirche in Ö., 1959; E. W. Zeeden, G., 1973; G. Reingrabner, Die Protestanten in Ö., 1981; F. Dolinar u. a. (Hg.), Kath. Reform und G. in Inner-Ö. Katoliška prenova in protireformacija v notranje-avstrijskih deželah 1564–1628. Riforma cattolica e controriforma nell'austria interna 1564–1628, 1994; T. Winkelbauer, Ständefreiheit und Fürstenmacht. Länder und Untertanen des Hauses Habsburg im konfessionellen Zeitalter, 2 Bde., 2003.

GEHEIMDIENST: In Ö. nehmen militär. G. und Staatspolizei geheimdienstl. Aufgaben wahr. Seit Ks. Maximilian I. wurden durch Überwachung der Postlinien geheime Informationen beschafft, Staatskanzler W. A. → Kaunitz unterhielt Spione an allen wichtigen Höfen Europas, ließ aber auch in Wien (v. a. in Gasthöfen) Ausländer überwachen. Zur Zeit Josephs II. baute J. A. Gf. Pergen eine Geheimpolizei auf, die 1794 die → Jakobiner-Verschwörung aufdeckte, nach den napoleon. Kriegen durch J. Gf. → Sedlnitzky verbessert wurde und auch für die Literaturzensur zuständig war. In der 2. Hälfte des 19. Jh. wurde die Staatspolizei im Inland gegen Sozialrevolutionäre eingesetzt, später auch im Nationalitätenkampf sowie während des 1. Weltkriegs zur Bekämpfung von Staatsfeinden und Spionen im Innern, wobei sie eng mit dem militär. G. zusammenarbeitete.

Der militär. G. wurde zur Zeit des Prinzen Eugen um 1700 entwickelt, erreichte aber nie größerer Bedeutung. Noch von Ks. Franz Joseph wurde er anfangs abgelehnt, doch wurde 1850 das Evidenzbüro als ständiger militär. G. geschaffen, der in den Kriegen 1859 und 1866 mit geringem Erfolg agierte. Seit ca. 1880 setzte ein Ringen der verschiedenen G. der europ. Großmächte ein. In Ö. war v. a. die russ. Ochrana tätig, die mit Oberst A. → Redl (enttarnt am 24. 5. 1913) einen Meisterspion im ö. Generalstab besaß. Auf dem Balkan war bes. der serbische G. im Einsatz. Italien war bis 1915 für den ö. G. verbotene Zone. Zu den verstärkten Aktivitäten im 1. Weltkrieg kam die Funkaufklärungsspionage als neues Einsatzgebiet. Gegen Kriegsende beschäftigten Evidenzbüro und Staatspolizei ca. 300 Offiziere, 50 Beamte, 400 Polizeiagenten, 600 Soldaten und 600 Konfidenten.

Während der 1. Republik bestand die Staatspolizei (Polizeil. Zentralevidenzstelle) unter J. → Schober weiter. 1930 wurde eine Generaldirektion für öffentl. Sicherheit (Staatspolizeil. Bureau) gegründet, die mit zunehmender Verschärfung der innenpolit. Lage zusätzl. Kompetenzen erhielt, aber beim nat.-soz. Putschversuch am 26. 7. 1934 versagte. Schon in den 30er Jahren wurde sie stark von den Nat.-Soz. unterwandert. Nach dem Anschluss 1938 wurde die → Gestapo zu einem gefürchteten Instrument der nat.-soz. Diktatur. 1945 wurde von Innenminister F. Honner wieder eine ö. Staatspolizei aufgebaut, von O. Helmer wurde sie dem Einfluss der KPÖ entzogen. Bis 1955 unterhielten auch die Besatzungsmächte Zentren ihrer G. in Ö. In den letzten Jahrzehnten wurde die Bekämpfung von Links- und Rechtsextremismus sowie von internat. Terrororganisationen zur wichtigsten Aufgabe der Staatspolizei.

Das ö. Bundesheer baute ab 1956 die Nachrichtengruppe, ab 1972 das Heeresnachrichtenamt, ab 1985 durch die Trennung der Abwehrabteilung vom Heeresnachrichtenamt das Abwehramt mit hochwertiger techn. Ausrüstung (Funkhorchstationen, Peil- und Horchnetz) auf, das bes. 1991 in der Jugoslawienkrise zum Einsatz kam.

Literatur: M. Fuchs, Der ö. G., 1994.

GEHMACHER, Ernst, * 6. 8. 1926 Salzburg, Sozialwissenschaftler. Studierte Landw., Soziologie und Psychologie in Wien, 1957–62 Redakteur der „Arbeiterzeitung", ab 1967 Mitarbeiter und 1976–95 Geschäftsführer des Inst. f. empir. Sozialforschung (IFES). Gründete 1996 das Büro für die Organisation angew. Soz.-Forschung (BOaS). Lehraufträge an der Univ. Wien und der Techn. Univ. Wien. Beschäftigt sich bes. mit Fragen der Lebensqualität, Modellierung soz. Systeme, Policy Research und Methoden der Umfrageforschung. Seit den 80er Jahren soz.-wiss. Berater von Regierung, Sozialpartnern und Unternehmen.

Werke: Jugend in Ö., 1981; Die Stadt als Aufgabe der Politik, 1988; Mehr Glück mit Verstand, 1991; Erwarte das Schlimmste – und freue dich darauf. Vorbereitung auf das Zeitalter der Illusionslosigkeit, 1994; Reich und grün, 1998.

Gehmacher, Friedrich, * 16. 9. 1866 Frankenmarkt (OÖ.), † 24. 2. 1942 Salzburg, Jurist. Dir. der Unfallversicherung Sbg.; ermöglichte den Bau des Salzburger → Mozarteums (1914) und war maßgeblich an der Schaffung der Bibliotheca Mozartiana, der Stiftung der Mozartmedaille, der Erwerbung von Mozarts Geburtshaus, der Errichtung des Zentralinst. für Mozartforschung und der Gründung der Salzburger Festspielhaus-Gemeinde (1917) beteiligt. Die Mozartpflege wurde in der Familie G. zur Tradition.
Literatur: ÖBL.

Gehrer, Elisabeth, * 11. 5. 1942 Wien, Lehrerin und Politikerin (ÖVP). 1984–90 Abg. z. Vbg. Landtag, ab 1989 dessen Vizepräsidentin. 1990–95 als Landesrätin u. a. für die Bereiche Bildung, Familie und Entwicklungshilfe zuständig. 1995–2000 BMin. f. Unterricht und kulturelle Angelegenheiten, seit 2000 BMin. f. Bildung, Wiss. und Kultur.

Geier, siehe → Bartgeier, → Gänsegeier.

Geiersberg, OÖ., RI, Gem., 554 m, 539 Ew., 5,45 km², landw. Kleingem. im oberen Pramtal. Kieswerk. - Pfarrkirche (urk. 1450, 1653 barockisiert) mit Barockaltar (1653), Engelstatuen (1733) von F. Schwanthaler, Barockkanzel (1657).

Geige, Hohe, Ti., 3395 m, vergletscherter Gipfel der Ötztaler Alpen, höchster des gleichnamigen Kamms, zw. Ötz- und Pitztal, Schutzhütte: Rüsselsheimer Hütte (früherer Name: Neue Chemnitzer Hütte, 2328 m).

Geigenbau, in Ö. seit ca. 1500 betrieben; Zentrum der Geigen- und Lautenbauer war anfänglich Ti. durch G. Diffenprucker (1514–70), J. → Stainer (1621–83) und die Familie Klotz (Begründer der Mittenwalder Geigenind.). Im 18. und v. a. im 19. Jh. wurde Wien auf dem Gebiet des Geigen- wie Klavierbaus führend; unter den zahlr. Geigenbauern sind v. a. die Familie Thier, F. Geißenhof, J. G. Stauffer sowie die Familien Enzensperger, Feilnreiter und Zach zu nennen.
Literatur: H. Ottner, Der Wr. Instrumentenbau 1815–33, 1977; F. Prochart, Der Wr. G. im 19. u. 20. Jh., 1979.

Geigenbau: J. Lanners Geige, gebaut von F. Geißenhof, 1817.

Geiger, Carl Joseph, * 14. 12. 1822 Wien, † 19. 10. 1905 ebd., Historien- und Emailmaler, Illustrator und Radierer. Schüler J. v. → Führichs an der Wr. Akad., 1853–65 Prof. an der Wr. Akad.
Werke: Buchillustrationen; Aquarelle zu Liedern von F. Schubert, zu Mozarts „Don Juan", Webers „Der Freischütz" und J. Haydns „Die Jahreszeiten"; Fresken und Grisaillen für die Wr. Oper, das Burgtheater und die Albertina.

Geiger, Marcus, * 8. 8. 1957 Muri (CH), Objektkünstler. Lebt seit 1978 in Wien, wo er Architektur und Bühnenbild studierte. Wurde in Ö. durch seine Arbeiten mit Frottee, Karton und anderen billigen Materialien bekannt; löste 1998 einen Skandal aus, als er für seine Einzelausstellung die Wr. Secession rot streichen ließ. Ironische Auseinandersetzung mit dem Kunstbetrieb.
Literatur: K. Rhomberg (Red.), M. G., Ausst.-Kat., Wien 1998; H. Neumann (Red.), M. G.: Eugen, Ausst.-Kat., Wien 2001.

Geiger, Peter Johann Nepomuk, * 11. 1. 1805 Wien, † 29. 10. 1880 ebd., Maler, Radierer, Lithograph und Meerschaumschnitzer. Studierte an der Wr. Akad., ab 1849 Prof. an dieser; Zeichenlehrer von Ks. Franz Joseph und Erzhzg. Ferdinand Maximilian.
Werke: Lithographien für mehrere Serien zur ö. Geschichte; Illustrationen zu Werken von F. Grillparzer und A. Stifter; Bilder von der Orientreise Erzhzg. Ferdinand Maximilians.

Geiger GmbH, Textilunternehmen mit Sitz in Vomp (Ti.), führendes ö. Unternehmen im Bereich Lodermode. 1906 in Schwaz gegr., seit 1968 am heutigen Standort. Umsatz (2003): rd. 20 Mio. Euro, Exportanteil 85 %, rd. 180 Mitarbeiter in Ö., Tochterunternehmen in den USA, Frankreich und Deutschland.

Geiger, Grosser, Sbg./O-Ti., 3360 m, stark vergletscherter Gipfel der Venedigergruppe. Gletschererstbesteigung durch R. Ißler mit M. Groder 1871. Warnsdorfer Hütte (2324 m), Kürsingerhütte (2548 m).

Geinberg, OÖ., RI, Gem., 403 m, 1317 Ew., 14,04 km², im westl. Innviertel nahe der Grenze zu Bayern. - Großteils von Landw. bestimmte Wirt.-Struktur, Molkerei; Therme (97° C) mit angeschlossenem Vitalhotel. - Urk. im 12. Jh. genannt, got. Pfarrkirche hl. Michael (1358); Schloss Neuhaus, einst Sitz des Geschlechts der Ahamer, heute Landeskinderheim.

Geiringer, Karl, * 26. 4. 1899 Wien, † 10. 1. 1989 Santa Barbara (USA), Musikwissenschaftler. Schüler von G. → Adler und W. → Fischer, ab 1930 Bibliothekar der Ges. der Musikfreunde in Wien; emigrierte 1938 zunächst nach England, dann in die USA, wo er ab 1941 als Prof. an der Boston University tätig war.

Geist, Franz, * 7. 10. 1911 Prerau (Přerov, CZ), † 2. 6. 1994 Baden (NÖ.), Ind.-Manager. Studierte Montanistik in Leoben; 1971–78 Gen.-Dir. der ÖIAG; setzte in seiner Direktionszeit die branchenweise Zusammenführung der einzelnen Teilunternehmen der ÖIAG durch.

Geisteswissenschaften, seit Mitte des 19. Jh. verwendete Bezeichnung für eine Gruppe von Wiss., die nach Gegenstandsbereich und Methode von den Naturwiss. unterschieden werden. Sie bilden seit dem Universitätsorganisationsgesetz 1975 einen wesentl. Bereich in der Fakultätsgliederung der ö. Univ. Die früheren Philosoph. Fakultäten wurde in G. und Naturwiss. (in Wien Geisteswissenschaftliche, Formal- und Naturwissenschaftliche sowie Grund- und Integrativwissenschaftliche Fakultät, ab 1. 1. 2000 Geistes- und Kulturwissenschaftliche Fakultät, Fakultät für Naturwissenschaft sowie Fakultät für Human- und Sozialwissenschaften) geteilt. Mit der Implementierung des Universitätsgesetzes 2002 sind tief greifende Änderungen absehbar.

Geistinger, Marie, * 26. 7. 1833 Graz (Stmk.), † 29. 9. 1903 Klagenfurt (Kä.), Schauspielerin, Sängerin. Tochter russ. Hofschauspieler, 1844 Kinderrollen in Graz, 1850 Debüt in München, 1852 am Theater in der Josefstadt in Wien, danach in Berlin, Hamburg und Riga. 1865 von F. → Strampfer an das Theater an der Wien engagiert, das sie mit M. → Steiner 1869–75 leitete; für 3 Jahre in Leipzig; 1881–84 sieben Amerikatourneen; 1888 letzter Auftritt in Ödenburg. Vielseitig künstlerisch begabt: Operettendiva (J. Offenbach, J. Strauß), Volksschauspielerin (L. Anzengruber) und Tragödin (Maria Stuart, Medea, Iphigenie, Elisabeth, Sappho).
Literatur: E. Pirchan, M. G. Die Königin der Operette, 1947.

Elisabeth Gehrer. Foto, 2000.

Marie Geistinger als die schöne Galathee in der gleichnamigen Oper von F. v. Suppé. Foto.

GEISTLICHE DICHTUNG: Die g. D. umfasst epische, lyrische und dramat. Texte relig. Inhalts mit belehrender und erbaul. Absicht. Ihre Verfasser sind Weltgeistliche und Mönche, aber auch Laien. Die g. D. wurde hauptsächlich lat. verfasst; volkssprachige Zeugnisse sind aus dem dt. Sprachraum ab dem 9. Jh. erhalten (altgerman. Formen des Zauberspruchs und Segens). Aus ahd. Zeit ist neben Übersetzungsliteratur (Gebetstexte wie Glaubensbekenntnis, Vater unser) Otfrids „Evangelienharmonie" (Handschrift V, Ö. Nat.-Bibl., Wien) erhalten; ab der 2. Hälfte des 11. Jh. setzt die Überlieferung der dt.-sprach. Dichtung mit dem → Physiologus (1070), Bibel- und Heilsdichtungen (→ Altdeutsche Genesis, 1060; Exodus, 1120; Frau Avas „Leben Jesu") wieder ein. Überliefert sind ferner Sündenklagen und Jenseitsschilderungen sowie Bußdichtungen (→ Heinrichs von Melk „Von des todes gehugede", um 1160) und Mariendichtungen (Melker Marienlied, um 1150, Priester Wernhers „Marienleben"). Im Hoch-MA wurde die g. D. durch die Emanzipation des Rittertums von der weltl., höfisch stilisierten Dichtung weitgehend verdrängt. Zur Bibelepik zählen Konrads v. Fussesbrunnen „Kindheit Jesu" (nach 1200), Heinrichs v. Neustadt „Gotes zukunft" und Gundackers v. Judenburg „Christi hort". Dazu kommt ein reicher Fundus an Legendendichtung (→ Legende). Die Nähe der g. D. zur Geschichtsdichtung wird v. a. am Beispiel der Weltchroniken (→ Chroniken) deutlich (Rudolf von Ems, Jans Enikel, Ottokar aus der Gaal). Im späteren MA entwickelte sich die → geistlichen Spiele, → Predigten, Erbauungs- und Lehrgedichte (Hugo v. Montfort, Hans Vintler, Hermann v. Salzburg u. a). Das ma. geistl. Lied wird als Gemeindegesang für den gottesdienstl. Gebrauch im Kirchenlied kath. und protestant. Provenienz fortgeführt. Auch in der späteren Dichtung nimmt die g. D. aller Gattungen einen festen Platz ein.

Literatur: J. Janota, Studien zu Funktion und Typus des dt. geistl. Liedes im MA, 1968; G. Meißburger, Grundlagen zum Verständnis der dt. Mönchsdichtung im 11. u. 12. Jh., 1970; H. Rupp, Die dt. relig. Dichtungen des 11. u. 12. Jh., ²1971.

GEISTLICHE SPIELE entstanden aus den Wechselgesängen (Tropen) der Osterliturgie. Die Stoffe stammten zunächst aus der Leidensgeschichte Christi, bald aus den gesamten christl. Überlieferungen (Oster-, Passions-, Fronleichnams-, Weihnachts-, Marien-, Heiligen-, Weltgerichtsspiele usw.). G. S. wurden seit dem 10. Jh. in lat. Sprache, später auch in der Volkssprache in der Kirche neben dem Altar aufgeführt. Erste dt.-sprach. Dramen entstanden in Ö. um 1250. Als frühe Spielhandschriften in Ö. sind das „Innsbrucker Osterspiel" (1391) und das „Wr. Osterspiel" (1472) erhalten, Aufführungen sind erst später nachweisbar (in Ti. ab 1430, in Wien ab 1499). Durch Einfügen von drastischen volkstüml. Szenen löste sich das g. S. aus der Liturgie und dem Gottesdienst und wurde aus dem Kirchenraum verlagert. Unter geänderten Bedingungen und in mehrfach gewandelter Gestalt lebte es in Form von relig. Volksschauspielen bis in die Gegenwart weiter, v. a. im Bereich der → Weihnachtsspiele und der → Passionsspiele.

Literatur: F. Michael, Das dt. Drama des MA, 1971; R. H. Schmid, Raum, Zeit und Publikum des g. S., 1975; B. Neumann, Zeugnisse ma. Aufführungen im dt. Sprachraum, 1979; F. Hadamowsky, Ma. g. S. in Wien 1499–1781, 1981; R. Bergmann, Katalog der dt.-sprach. g. S. und Marienklagen des MA, 1986; B. Neumann, Geistl. Schauspiel im Zeugnis der Zeit, 1987.

GEISTTHAL, Stmk., VO, Gem., 582 m, 999 Ew., 36,37 km², landw. Gem. im Södingtal. – Got. Pfarrkirche (1538/39) mit Barockhochaltar (um 1720–30), Schnitzfiguren von B. Prandtstätter und Barockorgel (1727), spätgot. Kruzifix (um 1500), roman. Karner mit barocker Kreuzgruppe von Prandtstätter; ehem. „Buchhaus" (1538) des Stiftes Rein mit Renaiss.-Stube (Außenstelle des Landesmuseums Joanneum).

GEITLER, Lothar, * 18. 5. 1899 Wien, † 1. 5. 1990 ebd., Botaniker. Ab 1948 Univ.-Prof. und Dir. des Botan. Gartens in Wien. Ab 1946 Hg. der „Ö. Botan. Ztschr.".

Werke: Grundriß der Cytologie, 1934; Chromosomenbau, 1938; Schnellmethoden der Kern- und Chromosomenuntersuchung, ³1949; Morphologie der Pflanzen, ⁵1953.

GELBE GEWERKSCHAFTEN, Werkvereine, die grundsätzlich auf Kampfmaßnahmen verzichteten und meist von den Unternehmern gefördert wurden. Spielten während der 1. Republik eine gewisse Rolle: 1928 wurden in Leoben die „Unabhängigen Gewerkschaften" gegr. Sie standen den Heimwehren nahe und wurden v. a. von der Oesterr.-Alpinen Montanges. gefördert. Von Gegnern wurden auch christl. Gewerkschaften des Öfteren „gelb" genannt.

GELDLOCH, siehe → Ötscherhöhlen.

GELDSTRAFE: Darf nur aufgrund einer verwaltungsbehördl. oder gerichtl. Entscheidung verhängt werden. Für den Fall der Uneinbringlichkeit wird eine Ersatzfreiheitsstrafe festgesetzt. Gerichtl. Geldstrafen richten sich nicht nur nach der Schuld, sondern auch nach den Einkommens- und Vermögensverhältnissen des Täters (Tagessatzsystem), und können unter Bestimmung einer Probezeit von einem bis 3 Jahren zur Gänze oder zum Teil bedingt nachgesehen werden.

GELDWESEN: Der ö. Anteil an der Entwicklung des abendländ. G. beginnt im 1. Jh. v. Chr. Die ältesten auf dem Boden Ö. entstandenen Münzen stammen von den Kelten. Sie waren aus Gold und Silber, trugen z. T. die Namen von Stammesfürsten oder Königen und gingen auf griech., bes. makedon. Vorbilder zurück. Die Römer münzten kaum in Ö. selbst, sie deckten ihren Bedarf an Münzen bei ihren heim. Prägestätten. Die Anfänge der selbständigen Münzprägung in Ö. (Sbg.) sind um das Jahr 1000 anzusetzen. Die ersten Pfennige der Babenberger entstanden in Krems, dem damals führenden Handelsplatz, unter Markgraf Leopold III. (1095–1136). Sie sind die Vorläufer der späteren Wr. Pfennige. Die Pfennigzeit Ö., die von der 1. Hälfte des 12. Jh. bis in die 2. Hälfte des 15. Jh. reicht, war durch 2 dominierende Münzsorten gekennzeichnet, den Friesacher und den Wr. Pfennig, nach deren Muster in mehreren weltl. und geistl. Münzstätten geprägt wurde. Ihnen gesellte sich zeitweise der von beiden beeinflusste Grazer Pfennig zu. Der *Friesacher Pfennig* war in Inner-Ö. beheimatet und hatte seine Blütezeit um 1250. Der spätere und ihn schließlich verdrängende *Wr. Pfennig* setzte um 1200 ein und erreichte um 1350 seinen Höhepunkt; er beherrschte das Donauland und verlor erst in der beginnenden Neuzeit den Charakter einer tragenden Währungsmünze.

Die ma. Pfennige waren Silbermünzen von unterschiedl. Gewicht und Feingehalt, die bei Zahlungen gezählt oder zugewogen wurden. Rechnungseinheiten waren das Pfund (zu 240 Pfennigen) und der Schilling (zu 30 Pfennigen); geprägte Münze war nur der Pfennig.

Eine gesonderte Münzentwicklung hatte Ti., wo sich auf der Grundlage des *Veroneser* (oder *Berner*) *Pfennigs* die Kreuzerwährung ausbildete, die sich später auf ganz Ö. ausdehnte. Vom *Kreuzer*, der bis zum 1760 eine Silbermünze war, dann bis 1892 in Kupfer geprägt wurde, lässt sich eine Brücke zu den neuzeitl. Silbermünzen schlagen, die alle ein Vielfaches seines Wertes wa-

Geldwesen:
Silber-Taler
mit dem Bildnis
Ferdinands I.
aus der Münzstätte
Linz, 1543.

ren. Den tägl. Kleinverkehr beherrschte das Drei-Kreuzer-Stück oder der *Groschen*, der immer aus Silber bestand. 20 Silbergroschen bildeten einen → *Gulden* (fl.) von 60 Kreuzern, der als Münze und Rechnungseinheit bis 1857 bestand. Er wurde dann vom „Silbergulden" abgelöst, der nach dem Dezimalsystem in 100 Kreuzer (sog. Neukreuzer) unterteilt war (Wertverhältnis: 100 fl. Konventionsmünze = 105 fl. ö. Währung). An der Schwelle der Neuzeit wurde in Ö. die große Silbermünze geschaffen, eine Großtat der internat. Münzgeschichte. Von Hall in Ti. ausgehend, hat sie über Joachimsthal (Böhmen) den Namen → *Taler* erhalten und ist eine Weltmünzsorte geworden (auch der Name „Dollar" leitet sich davon her). Eine zweite über die Landesgrenzen hinaus wirkende ö. Münze war der unter Maria Theresia geschaffene Konventionstaler (→ Maria-Theresien-Taler), der einer lang lebendig gebliebenen Währung den Namen gab. Der Konventionstaler hatte 2 Konventionsgulden; 1/3 Konventionsgulden war der verkehrswichtige Konventionszwanziger oder das so gen. Kopfstück.
Vor der Einführung der Kronenwährung (1892) war die in Ö. vorherrschende Goldmünze der im 14. Jh. nach Ö. gekommene, auf ital. Vorbilder zurückgehende *Dukaten* (von venezianisch: „Ducatus" = Herzogtum). Auch nach dem Übergang zur Goldkrone hat der Dukaten als Handelsmünze weitergelebt und wird noch heute mit der Jahreszahl 1915 fortgeprägt.

Geldwesen: „Anticipations-Schein von Zehen Gulden", 1813.

Die Zeit des Siebenjähr. Kriegs (1756–63) brachte die endgültige Aufnahme des Kupfers als Münzmetall und die Einführung des Papiergelds. Von 1760 an wurden der bis dahin als Silbermünze geführte Kreuzer und seine Teilstücke in Kupfer ausgeprägt. Das *Papiergeld* bestand aus den solid fundierten Zetteln des Wr. Stadtbanco. Vermehrung während der Franzosenkriege führte zum Staatsbankrott von 1811, worauf vorübergehend die so gen. Wr. Währung eingeführt wurde. Die damalige Entwertung des Geldes in → Bancozettel überschritt schließlich 90 %, kam also fast einem totalen Vermögensverlust gleich. Nach dem Ende der Napoleon. Kriege zog die 1816 gegr. Nationalbank das Papiergeld der Krisenzeit allmählich ein. Zw. der noch bis 1857 weiterlebenden Konventionswährung und der Wr. Währung bildete sich ein festes Verhältnis von 100 Gulden C. M. („Conventionsmünze") = 250 Gulden Wr. Währung aus. Nach dem staatsrechtl. Ausgleich mit Ungarn (1867) bekam Ö. eine neue Zettelbank in der Ö.-ungar. Bank, deren Noten zunächst in Gulden ausgegeben wurden. Der Gulden, der in Ö. durch Jahrhunderte in Geltung war, wurde 1892 von der → *Krone* zu 100 Hellern (1 Gulden = 2 Kronen) abgelöst, verschwand aber nicht

Geldwesen: Banknote, 1924.

ganz aus dem Verkehr, und die populären Namen der Teilmünzen der Kronenwährung waren vom alten Kreuzer abgeleitet (Sechserl = 20 Heller, Fünferl = 10 Heller). Die Kronenwährung ging 1922 in der Geldentwertung unter (→ Inflation).
Nach der Überwindung der großen Inflation durch das Sanierungswerk I. Seipels, das die Goldkrone bei 14.400 Papierkronen stabilisierte, erschien 1924 der Silberschilling als Gegenwert von 10.000 Papierkronen. Seine Teilmünze (1/100) sollte zuerst Stüber heißen, wurde aber wegen Verwechslungsgefahr der Abkürzungen (S, s) Groschen genannt. Dieser erste ö. → *Schilling* wurde 1938 von der Reichsmark (Umwechslungsverhältnis: 1 Mark = 1,50 Schilling) abgelöst.
Nach dem 2. Weltkrieg erstand der Schilling in veränderter Form und ersetzte die dt. Geldzeichen. Mittels Währungsgesetzen sowie Lohn- und Preisabkommen konnte die wiedereingeführte Schillingwährung relativ stabil gehalten werden. Der Wert des Schillings wurde schließlich durch die Ausgabe von Silbermünzen zu 25 S (1955), zu 10 S (1957) und 5 S (1960) bes. unterstrichen. 1976 folgte eine Goldmünze zu 1000 S anlässlich des Jubiläums der Babenberger in Ö. Bei den Kleinmünzsorten wurden allmählich die minderwertigeren Metalle und Legierungen der Kriegs- und Nachkriegszeit durch bessere und beständigere ersetzt. Die ersten Schillingnoten der wiedererstandenen Nationalbank wurden ab 13. 12. 1945 in Umlauf gebracht.
Mit 1. 1. 1999 wurde in Ö. wie in allen anderen Staaten der Wirtschafts- und Währungsunion der → *Euro* als neue Währung, wenn auch zunächst nur als Buchgeld und Recheneinheit, eingeführt. Mit der Ausgabe von Euro-Banknoten und -Münzen sowie Euro-Cent-Münzen wurde am 1. 1. 2002 begonnen.

Literatur: A. Loehr, Ö. Geldgeschichte, 1946; K. Bachinger u. H. Matis, Der ö. Schilling, 1974; G. Probszt, Ö. Münz- und Geldschichte, ³1994; Geld. 800 Jahre Münzstätte Wien, Ausst.-Kat., Wien 1994; K. Liebscher, Vom Schilling zum Euro, Ausst.-Kat., Wien 2002.

Geller, Johann Nepomuk, * 21. 3. 1860 Wien, † 9. 11. 1954 Weißenkirchen i. d. Wachau (NÖ.), Maler. Studierte an der Wr. Akad. bei E. → Peithner von Lichtenfels und C. → Griepenkerl, Privatunterricht bei A. Schrödl, Gründungsmitgl. des → Hagenbunds. Reiste u. a. nach Frankreich, Italien und Osteuropa, malte mit Vorliebe Marktszenen und Motive aus der Wachau. Zahlr. Preise.
Literatur: H. Kühnel (Red.), J. N. G., Ausst.-Kat., Krems 1980; M. Suppan u. P. Weninger, Wachaumaler – Wachaumotive, 1987.

Geller, Leo, * 27. 12. 1844 Kalusz (UA), † 21. 7. 1925 Wien, Jurist. Verfaßte über 200 wiss. Arbeiten aus fast allen Rechtsgebieten, Hg. vorbildl. Gesetzesausgaben mit Erläuterungen.
Werke: Die Praxis des Obersten Gerichtshofes, 1892–1900; Theoret.-prakt. Kommentar zum ABGB, 1924.

Geltar, der, ma. fahrender Liederdichter (Mitte 13. Jh.). Wegen der Nennung von Merkersdorf vielleicht dem nö. Raum zuordenbar; seine Dichtung ist u. a. von → Neidhart von Reuental beeinflusst und wendet sich gegen die Realitätsferne des Minnesangs.
Ausgabe: C. v. Kraus, Liederdichter des 13. Jh., ²1978.
Literatur: Verf.-Lex.

Gemeinde, die kleinste sich selbst verwaltende polit. Einheit in Ö. Die Aufgaben der G. werden hinsichtlich des eig. und des übertragenen Wirkungskreises unterschieden. Erstere („Selbstverwaltungsangelegenheiten") werden in die freiwilligen und die gesetzlich vorgeschriebenen Aufgaben unterteilt (z. B.: Verwaltung des G.-Vermögens, Einhebung der G.-Steuern, Errichtung und Betrieb von wirt. Unternehmungen, Hilfs- und Rettungs-, Leichen- und Bestattungswesen, Erhaltung der G.-Straßen, Wege, Plätze und Brücken, Errichtung und Erhaltung von Schulen). Dagegen umfasst der übertragene Wirkungskreis Aufgaben des Staates, die den G. zur Erledigung übertragen werden (Nationalratswahl, Volkszählung, Wohnungsamt, Säuglingsfürsorge, Meldewesen, Standesamt).
Bis zum provisor. G.-Gesetz von 1849 erfüllten in Ö. Grundherren die Aufgaben der G. Selbständigkeit besaßen die landesfürstlichen (bedingt auch die in Grundherrschaften eingebundenen) Städte und Märkte. Die G.-Ordnungen sind Landesgesetze, die auf dem 1862 erlassenen Reichsgemeindegesetz beruhen. Dessen Bestimmungen wurden 1920 einem Bundesverfassungsgesetz gleichgestellt. Von 1. 12. 1934 bis 1945 galt die dt. G.-Ordnung. 1962 wurde ein neues G.-Recht verabschiedet.
In rechtl. Hinsicht sind große Städte und kleine Land-G. gleichgestellt (Orts-G.); eine gehobene Stellung nehmen nur → Städte mit eigenem Statut ein. Während vorher meist hist. Gründe dafür bestimmend waren, ob eine Stadt eig. Statut erhielt (z. B. Waidhofen a. d. Ybbs, Rust), sieht das G.-Recht von 1962 vor, dass alle G. mit mehr als 20.000 Ew. diesen Rang erhalten können. Die Bezeichnungen „Markt" und „Stadt" sind bloße Titel ohne rechtl. Inhalt.
Jede G. gehört mit ihrem Gebiet einem Gerichts- und einem polit. Bezirk an. – Neben der Staatsbürgerschaft hat lediglich der ordentl. Wohnsitz in der G. rechtl. Bedeutung, da sich daran das Wahlrecht zur G.-Vertretung knüpft.
Die Organe einer G.: 1) Die *G.-Vertretung* ist das beschließende und überwachende Organ und wird in geheimer Wahl gewählt. Sie berät und beschließt über alle Angelegenheiten des G.-Vermögens und -guts, genehmigt den G.-Voranschlag, prüft und genehmigt die G.-Rechnungen, beschließt die Einführung sonstiger G.-Abgaben und Zuschläge, wählt, sofern dieser nicht direkt gewählt wurde, den Bürgermeister und die übrigen Mitglieder des G.-Vorstands aus ihrer Mitte und überwacht deren Geschäftsführung. 2) Der *G.-Vorstand* besteht aus Bürgermeister, 1–3 Stellvertretern (Vizebürgermeistern) und weiteren Mitgliedern und ist das vollziehende Organ im selbständigen Wirkungsbereich der G. 3) Der → *Bürgermeister* ist das vollziehende Organ der G. im übertragenen Wirkungsbereich und führt die Angelegenheiten der mittelbaren Bundesverwaltung. In zahlreichen G. Ö. erfolgt eine Direktwahl des Bürgermeisters.

Gemeindealpe, NÖ., 1626 m, Berg der Nö. Kalkalpen, überragt den Erlaufsee und den Ötschergraben, der mit vom Ötscher trennt. Gipfelhütte „Terzer Haus"; Skigebiet mit mehreren Liften, Ausflugsziel f. Mariazell; in den Hängen Karsthöhlen (Mückenschaft, Gamsluckn). Sendeanlagen.

Gemeindearzt, siehe → Sozialmedizin.

Gemeindeberg, Ober-St. Veit (Wien 13), Randhöhe des Wienerwalds, mit Resten einer Höhensiedlung aus der Jüngeren Steinzeit.

Gemeindebund, Österreichischer, 1947 gegr.; freiwilliger Zusammenschluss der Gemeinden auf vereinsrechtl. Basis; durch die Novelle des Bundesverfassungsgesetzes 1988 (ebenso wie die Interessenvertretung der Städte, der Ö. Städtebund) als Interessenvertretung der Gemeinden verfassungsrechtl. verankert. Als solche wird er insbes. in Begutachtungsverfahren zu Gesetzes- und Verordnungsentwürfen des Bundes und der Länder als Verhandlungspartner bei Finanzausgleichsverhandlungen einbezogen. Enge Zusammenarbeit besteht weiters mit dem Österreichischen → Städtebund und mit der am Sitz der Nö. Landesregierung eingerichteten Verbindungsstelle der Bundesländer. Der G. gehört auch der Ö. Raumordnungskonferenz (→ ÖROK) an und besitzt seit 1996 ein eigenes Büro in Brüssel.

Gemeindesekretär, leitender Gemeindebeamter an der Spitze des Gemeindeamts.

Gemeindesteuern, aufgrund des Finanzausgleichsgesetzes und der entsprechenden Landesgesetze von den → Gemeinden im eig. Wirkungsbereich zu erhebende und ihnen zufließende Steuern: → Grundsteuer, → Kommunalsteuer, Zweitwohnsitzabgaben, Lustbarkeitsabgaben (Vergnügungssteuer), Ortstaxen, Abgaben für das Halten von Tieren, Abgaben von freiwilligen Feilbietungen, Abgaben für den Gebrauch von öffentl. Grund in den Gemeinden und des darüber befindlichen Luftraums, Gebühren für die Benützung von Gemeindeeinrichtungen und -anlagen sowie Gemeindeverwaltungsabgaben.

Gemeinlebarn, NÖ., PL, Dorf, 188 m, Katastralgem. der Gem. → Traismauer am S-Rand des westl. Tullner Beckens. – Agrarsiedlung, Schottergewinnung, Landmaschinenhandel. – In G. wurde die besterhaltene Bestattung Ö. der jungsteinzeitl. → Glockenbecherkultur (ab ca. 2500 v. Chr.) entdeckt. Bed. Gräberfeld der frühen → Bronzezeit (2300/2200–1600 v. Chr.); Dorfanlage der älteren Phase der spätbronzezeitl. → Urnenfelderkultur (ab 1250 v. Chr.) mit Wohnhäusern in Pfostenbautechnik. Aus den reich ausgestatteten fürstl. Hügelgräbern der → Hallstattkultur (800/750–500/400 v. Chr.) stammen prächtig rot-schwarz bemalte und plastisch oder figural verzierte Gefäße.
Literatur: J.-W. Neugebauer, Archäologie in NÖ., St. Pölten und das Traisental, 1993.

Gemeinschaften christlichen Lebens, GCL, Laienbewegung in der kath. Kirche, die aus dem Geist des Evangeliums mit Hilfe der Exerzitien des hl. Ignatius zu leben versucht; moderne Weiterführung der → Marianischen Kongregation in Kleingruppen.

Gemeinwirtschaft, im öffentl. Eigentum stehende Unternehmungen, die gemeinnützigen Aufgaben dienen. Im älteren Sprachgebrauch wurden vielfach alle Betriebe des Staates, der Länder, der Gemeinden sowie die Genossenschaften darunter zusammengefasst. In einem anderen Sinn wird mit G. eine mehr planwirt. Wirtschaftsordnung bezeichnet, in der öffentl. Eigentum an den Produktionsmitteln bes. Bedeutung hat. V. a. im Bereich der Gemeinden können wichtige öffentl. Aufgaben vielfach nur durch gemeinwirt. Betriebe bewältigt werden. In der Marktwirt. wird versucht, die Anzahl der Unternehmen der G. möglichst gering zu halten und privatwirt. Organisationsformen zu bevorzugen.

Gemeinwirt. Betriebe gab es seit dem 16. Jh., v. a. in den größeren Gemeinden: Ziegelwerke, Friedhöfe, Bäder usw. In Wien wurden die Hochquellwasserleitungen errichtet und nach 1900 u. a. Gas- und E-Werke sowie die Straßenbahn und das Bestattungswesen kommunalisiert. In der 1. Republik kam bes. dem → kommunalen Wohnbau große Bedeutung zu. Dieser wird in der 2. Republik weitgehend durch gemeinnützige Genossenschaften durchgeführt (→ Wohnbauförderung). Heute haben alle größeren Gemeinden kommunale Versorgungsbetriebe (Versorgung und Entsorgung, Beleuchtung), Bäder und Grünanlagen. In jüngster Zeit besteht eine starke Tendenz zur Privatisierung, v. a. bei Entsorgungsaufgaben. Die früher zur G. gezählte → verstaatlichte Industrie hat angesichts weitgehender Privatisierungen für die G. an Bedeutung verloren. Im Bundeseigentum stehende Unternehmungen wie Bahn (Österreichische → Bundesbahnen) und Post werden durch eig. Rechtsträger schrittweise dem marktwirt. System angepasst. Gemeindeordnungen ö. Bundesländer beschränken die erwerbswirt. Betätigung der Gemeinden auf Unternehmen, die einem Gemeinschaftsbedarf entsprechen, bzw. auf den Fall, dass die gemeinwirt. Tätigkeit im öffentl. Interesse liegt.
Literatur: R. Grünwald, Handwörterbuch der ö. G., 1984.

GEMÜSE: Die Fläche des landw. und gewerbl. G.-Baus in Ö. betrug 2002 13.234 ha, davon 542 ha im Gartenbau und 298 ha unter Glas oder Folie; insgesamt wurden 554.077 t G. geerntet, 21.000 t mehr als 2001. Rd. 430.000 t G. wurden eingeführt. Der Jahresverbrauch an G. ist steigend und betrug 2002 101,9 kg pro Kopf, der Selbstversorgungsgrad lag bei 68 %.
Traditionelle G.-Baugebiete sind: östl. Weinviertel, Marchfeld, Traun-Enns-Platte, Eferdinger Becken, nördl. Flachgau, oberes Inntal, Rheinebene, Klagenfurter Becken, Steir. Hügelland und bes. das N-Bgld., wo Neusiedl ein Zentrum des Frühgemüsebaus ist. In den größeren Städten hat sich v. a. der gärtnerische G.-Bau mit Glas- und Folienhäusern etabliert. In Wien sind die Stadtteile Simmering, Kagran, Eßling und Erlaa traditionelle Gärtnergebiete. Schwerpunkte für einige G.-Arten liegen z. B. am Wagram (Spargel), im Marchfeld (Zwiebel, Spargel), in der Stmk. (Kren, Chinakohl), im Tullner Becken (Kraut, Spinat), im Weinviertel (Knoblauch) und um Neusiedl am See (Salat). → Wildgemüse und -salate.

GENDARMERIE (Bundesgendarmerie), bewaffneter, uniformierter Wachkörper zur Aufrechterhaltung der öffentl. Ruhe, Ordnung und Sicherheit, wurde in Ö. nach franz. Vorbild 1849 gegr. und durch Johann Kempen v. Fichtenstamm im gesamten Reichsgebiet als exekutives Organ für die Gerichte, die Staatsanwaltschaften und die polit. Landes- und Bezirksbehörden eingerichtet. Die G. war zunächst ein Bestandteil der Armee und unterstand der Militärgerichtsbarkeit. Umorganisiert 1876 (Gesetz neu erlassen 1894), folgte 1895 die noch gültige G.-Dienstinstruktion (GDI), nach dem 1. Weltkrieg aber die Neuordnung des G.-Korps durch das G.-Gesetz von 1918, wonach die G.-Angehörigen Beamte und der ordentl. Gerichtsbarkeit unterstellt wurden. Die G. war stets nur exekutives Vollzugsorgan, nie Behörde, sie hat keine Entscheidungsgewalt. Die nach dem 2. Weltkrieg wieder errichtete G. war Vorbild für die Reorganisation der bulgar. und türk. Polizei, wie schon in den 30er Jahren auch für China.
Die G. untersteht dem BM für Inneres (Generaldirektion für öffentl. Sicherheit). An ihrer Spitze stand bis Ende 2002 das G.-Zentralkommando in Wien, das seither in 4 Sektionen aufgeteilt ist. Dem BM für Inneres sind 8 Landesgendarmeriekommanden (in allen Bundesländern außer Wien) nachgeordnet; als weitere Ebenen folgen die 80 Bezirksgendarmeriekommanden mit den einzelnen G.-Posten und Grenzdienststellen. Für die Besorgung übergreifender Angelegenheiten sind bei den Landesgendarmeriekommanden die Organisations- und Einsatz- sowie Kriminal- und Verkehrsabteilungen eingerichtet, dazu kommen Personal-, Wirtschafts- und Technikabteilungen. Für die Schulung der G. (Verordnung 1987) bestand in Mödling ab 1935 die G.-Zentralschule (davor ab 1930 in Graz). In der Besatzungszeit 1945-55 wurde in den westl. Bundesländern mit Duldung der Westmächte in „G.-Schulen" das Kaderpersonal für das neue Bundesheer ausgebildet („B-Gendarmerie"). Seit 2002 gibt es in jedem Bundesland ein Bildungszentrum der Sicherheitsexekutive, das der Generaldirektion für die öffentl. Sicherheit untersteht.
Nach Einführung des Funkpatrouillendiensts und des G.-Notrufs (133) 1965 wurde das Schwergewicht der Reformen auf die modernen Einrichtungen der Verbrechensverhütung und -bekämpfung gelegt. Es entstanden u. a. Spezialeinheiten zur Bekämpfung des Terrorismus und des Suchtgifthandels. Der Kriminal-, der Lichtbild-, der Verkehrs-, der See- und Stromdienst sowie das Flugwesen und Diensthundewesen wurden wesentlich ausgeweitet. Durch den zunehmenden Tourismus kommt dem Alpindienst der G. erhöhte Bedeutung zu. Neu sind die Aufgaben des Strahlenschutzes und der Umweltkriminalität. In den 90er Jahren erfolgten neben organisator. Änderungen (Zusammenlegung kleiner G.-Posten, Neuorganisation der Kommanden auf Bez.-, Landes- und Bundesebene) auch Änderungen im Bereich des Dienstvollzugs, um für die Bevölkerung ständig erreichbar zu sein. Seit dem In-Kraft-Treten des → Schengener Übereinkommens 1995 ist die G. für die Kontrolle und Überwachung der EU-Außengrenze zuständig. Seit der Eingliederung der ehem. → Zollwache in die G. werden alle Grenzkontrolllagenden von Organen der öffentl. Sicherheit wahrgenommen. Im Rahmen internat. Organisationen (UNO, OSZE, EU, WEU) nehmen laufend Beamte der ö. G. und → Polizei an unbewaffneten Auslandseinsätzen zur Überwachung der Einhaltung der Menschenrechte, zur Überwachung von freien und fairen Wahlen sowie der Ausbildung von Polizeitruppen teil.
Ab 2005 ist eine tiefgreifende Neustrukturierung von Polizei und G. in Ö. geplant: Bundessicherheitswache, Kriminalbeamtenkorps, Bundes-G., Teile der Zollwache und der exekutivdienstl. Bereich der Schifffahrtspolizei werden zu einem gem. Exekutivwachkörper zusammengeführt, die jeweiligen Landespolizeikommando unterstellt sind, das den gesamten polizeil. Exekutivdienst steuert und koordiniert. Diesen nachgeordnet werden unter der Führung von Bezirks- und Stadtpolizeikommanden die Polizeiinspektionen den unmittelbaren polizeil. Exekutivdienst versehen.
Literatur: L. Kepler (Hg.), Die G. in Ö. 1849-1974, 1974; R. Thienel, Die Aufgaben der Bundes-G., 1986; H. Hinterstoisser u. P. Jung, Geschichte der G. in Ö.-Ungarn, 2000.

GENEALOGIE: Die Beschäftigung mit der Herkunft und den Verwandtschaftsverhältnissen bestimmter Persönlichkeiten oder Gruppen spielte in den Oberschichten seit dem MA eine bedeutende Rolle. So ließ das Stift Klosterneuburg um 1492 anhand vorausgegangener Forschungen durch L. → Sunthaym einen Babenberger-Stammbaum herstellen. Für Ks. Maximilian I. war die Frage der Abkunft der habsburg. Familie von den Trojanern über die Franken oder von einer antiken röm. Familie (Pierleoni oder Colonna) von großer Bedeutung. Durch die trojan.-fränk. G. konnte er „alles edle Blut des Kontinents" in seiner Person vereinigen. Mit großem Aufwand wurde die Stammfolge bis Hektor zusammengetragen.

G. war für den Hochadel der frühen Neuzeit auch aus rechtl. Gründen notwendig, da der Nachweis von 16 Ahnen für die Aufnahme in das Domkapitel oder für das Inkolat entscheidend war. Seit dem 19. Jh. fand die G. auch in bürgerl. und bäuerl. Familien Eingang. Ein Nebenprodukt der während der NS-Zeit vorgeschriebenen Ahnentafeln war verbreitetes Interesse an G. bei einfachen Menschen.

G.-Forschung wurde in Ö. bes. in Zusammenhang mit Heraldik seit dem 17. Jh. betrieben (G. A. Hoheneck, J. W. Wurmbrand). Seit dem 19. Jh. bestehen mehrere Verzeichnisse des Personenstands und der Abkunft genealog. interessanter Geschlechter und Personengruppen. Die bekanntesten sind die „Gothaischen G.-Taschenbücher", die bis 1944 erschienen. Seit 1870 besteht die Heraldisch-Genealog. Ges. → Adler, daneben gibt es bedeutende Wissenschaftler auf dem Gebiet der G., wobei die „besitzgeschichtlich-genealog. Methode" (K. Lechner) in landeskundl. Forschungen v. a. des Hoch-MA eine bedeutende Rolle spielt. In der 2. Hälfte des 20. Jh. wurde genealog. Forschung z. T. auch kommerziell in großem Stil über Länder und Kontinente hinweg betrieben.

Literatur: O. Lorenz, Lehrbuch der ges. wiss. G., 1898; O. Forst de Battaglia, Wiss. G., 1948.

Richard Genée. Holzstich, um 1890.

GENÉE, Richard, * 7. 2. 1823 Danzig (PL), † 15. 6. 1895 Baden (NÖ.), Librettist, Komponist, Dirigent. 1868–78 Kapellmeister am Theater a. d. Wien; schrieb teilw. mit C. → Walzel zahlr. Libretti für F. v. → Suppé („Boccaccio", 1879), J. → Strauß („Die Fledermaus", 1874; „Cagliostro in Wien", 1875; „Das Spitzentuch der Königin", 1880; „Eine Nacht in Venedig", 1883) und K. → Millöcker („Der Bettelstudent", 1882).

Weitere Werke: Opern: Der Geiger von Tirol, 1857; Rosita, 1864; Operetten, Lieder, Chöre.

Literatur: F. Schwarz, R. G., 1941; A. Bauer, 150 Jahre Theater a. d. Wien, 1952; B. Hiltner-Hennenberg, R. G. Eine Bibliographie, 1998.

GENERALI HOLDING VIENNA AG, Wien, Holding einer der führenden ö. Versicherungsgruppen, hervorgegangen aus dem 1990–98 bestehenden → EA-Generali AG; mit 16 Versicherungsges. in Ö. (u. a. → Interunfall Versicherung AG), Deutschland, Tschechien, der Slowakei, Ungarn, Slowenien und Polen vertreten. Die Gruppe betreibt alle Versicherungssparten. Prämiensumme 2002: 2,55 Mrd. Euro, 11.098 Mitarbeiter.

GENERALITÄT umfasst die höchste Rangklasse der Offiziere, die verschiedene Stufen aufweist: in der k. u. k. Armee (bis 1918) Feldmarschall, Generaloberst, Feldmarschallleutnant (Divisions-General), Generalmajor (früher Generalfeldwachtmeister, Befehlshaber einer Brigade) und Feldzeugmeister (bis 1908, dann General der Infanterie, der Artillerie usw.). Im Heer der 1. Republik gab es 2 Generäle der Infanterie (den Heeresinspektor und den Leiter der Sektion I im BM f. Heerwesen), Feldmarschallleutnants und Generalmajore (davon 6 Brigadekommandanten). Im Heer der 2. Republik gehören die Generäle, Generalleutnants, Generalmajore und Brigadiere zur G.

GENERALLANDTAG: Für das Jahr 1518 berief Ks. Maximilian I. einen Ausschusslandtag nach Innsbruck ein, der von Jänner bis Mai tagte und von den Ständen der Erbländer (Ö. unter und ob der Enns, Stmk., Kä.,

Krain, Ti. und Vorlande) beschickt wurde. Nach den Ausschußlandtagen von Mürzzuschlag 1508 und Augsburg 1510 war es der 3. Versuch des Kaisers mit dem Ziel, durch eine gem. Regierung, gem. Verteidigung und gem. Finanzen für Ö. und das Reich sein Lebenswerk zu sichern. Die 70 Teilnehmer tagten unter dem Vorsitz des Landeshauptmanns von Ti. Am 18. Mai wurden die Ergebnisse über Hofordnung, Rüstung und allg. Beschwerden in 3 Libelle zusammengefasst. Der Kaiser versprach die gute Verwendung der Hilfsgelder, den Ständen wurde eine verbesserte Stellung zugesagt. Dieser G. war in erstes gesamt-ö. Parlament und ein wichtiger Schritt zur Bildung eines ö. Gesamtstaats.

Literatur: A. Nagl, Der Innsbrucker G. vom Jahre 1518, Jb. für Landeskunde von NÖ. 18/19, 1919; H. Wiesflecker, Ks. Maximilian I., Bd. 4, 1981; A. Widowitsch-Ziegerhofer, Die ö. Ausschußlandtage, Dipl.-Arb., Graz 1989; G. Burkert, Die ö. Ausschußlandtage, Bericht des 18. Historikertags Linz, 1990.

GENERALMAJOR, vierthöchster Rang der Generalität im Heer bis 1918 (Brigadegeneral).

GENERAL MOTORS AUSTRIA, siehe → Opel Austria.

GENERALOBERST, zweithöchster Rang der Generalität, im ö. Heer 1915–18 geführt.

GENERALPROKURATOR, höchster staatsanwaltschaftl. Verwaltungsbeamter beim → Obersten Gerichtshof. Er vertritt nicht die Anklage, sondern erhebt bei Gesetzesverletzungen auch zugunsten des Verurteilten Nichtigkeitsbeschwerde.

GENERALSEMINARE, 1783 anstelle der bischöfl. Priesterseminare und der Hausstudienanstalten der geistl. Orden von Joseph II. errichtete Priesterbildungsanstalten, die der unmittelbaren staatl. Leitung unterstanden. G. waren u. a. in Wien, Graz und Innsbruck. Die Proteste der Bischöfe, die hohen Verwaltungskosten und der Widerstand der Bevölkerung führten nach Josephs Tod 1790 zu ihrer Aufhebung.

Literatur: H. Ewaldt, Das Innsbrucker G., Diss., Innsbruck 1951; W. Schöffmann, Das G. in Graz, Dipl.-Arb., Graz 1974.

GENERALSTAB (bis in die 2. Hälfte des 19. Jh. „Generalquartiermeisterstab"), unter Prinz Eugen neben dem Hofkriegsrat gegr. Aus ihm gingen die Generäle und Adjutanten hervor. 1901 wurde er einheitl. für das gem. Heer, die ö. Landwehr und die ungar. Honvéd gebildet.

GENESIS, biblischer Schöpfungsbericht: 1) Wiener G., griech. G.-Handschrift (1. Buch Mose) mit wertvollen Buchmalereien, vermutlich im 6. Jh. in Antiochia entstanden; teilw. in der Ö. Nat.-Bibl. erhalten; 1997 mit den anderen griech. Handschriften dieser Bibl. als einzigartiges geistiges Kulturerbe in die UNESCO-Liste „Memory of the World" aufgenommen. 2) früh-mhd. Gedicht (11. Jh.) → Altdeutsche Genesis.

Literatur: O. Mazal, Von der „Wr. G." zur „Millstätter G.", in: Biblos 33, 1984.

GENFER KONVENTIONEN: 1) Rotkreuzkonventionen zum Schutz von Verwundeten, Kriegsgefangenen und Zivilbevölkerung bei bewaffneten Konflikten wurden am 22. 8. 1864 erstmals abgeschlossen. Am 6. 7. 1906 erhielten sie eine neue Fassung, durch die G. K. vom 27. 7. 1929 erhielt das Rote Kreuz völkerrechtl. Sicherung, am 12. 8. 1949 wurde der Schutz der Kriegsopfer einschließlich der Zivilbevölkerung in einer Konvention vereinbart.

2) Flüchtlingsabkommen vom 8. 7. 1951, definiert den Begriff Flüchtling und regelt dessen Status.

GENFER PROTOKOLLE, auf Initiative des Völkerbunds am 4. 10. 1922 geschlossener Staatsvertrag zw. Ö. einerseits und Großbritannien, Frankreich, Italien und der ČSR andererseits. Ö. erhielt eine auf 20 Jahre be-

fristete → Völkerbundanleihe (ca. 650 Mio. Goldkronen), die die Beendigung der Nachkriegsinflation durch Einführung der Schillingwährung ermöglichte (→ Sanierung) und verpflichtete sich zur Aufrechterhaltung seiner Unabhängigkeit. Die Vertragspartner garantierten die ö. Integrität. Die G. P. waren Voraussetzung für den Erfolg des Einspruchs gegen die ö.-dt. Zollunion von 1931.
Literatur: H. Strauss, Die Verträge von Genf und Lausanne in ihrem wirt., polit. und soz. Umfeld, Dipl.-Arb., Wien 1988.

GENIECORPS, alte Waffengattung der kaiserl. Armee, ging 1851 aus dem 1756 gegr. Ingenieurcorps, das sich aus Mineurcorps (1716 gegr.) und Sappeurcorps (1760) zusammensetzte, dem 1758 geschaffenen Pionierbataillon und dem 1786 gegr. Bombardiercorps hervor. Es unterstand einer eig. General-Genie-Direktion. 1893 wurden die 2 noch bestehenden Genieregimenter in selbständige Pionierbataillone mit neuen Uniformen umgewandelt.

GENOSSENSCHAFTEN SIND VEREINIGUNGEN, die im Wesentl. der Förderung des Erwerbs oder der Wirt. ihrer Mitgl. dienen (§ 1 G.-Gesetz 1873 in der Fassung 1974). Durch diesen bes. Förderauftrag unterscheiden sich G. von (bloßen) Kapitalges. Das Erfordernis einer Beschränkung auf Mitgliedergeschäfte wurde 1974 fallen gelassen. Vor dem Hintergrund der britischen „Pioniere von Rochedale" wurden ab 1851 auch in Ö. G. gegr., und zwar als Arbeitervereinigungen (→ Konsumgenossenschaften) nach dem System Schulze-Delitzsch (→ gewerbliche Genossenschaften) oder nach dem System Raiffeisen (→ landwirtschaftliche Genossenschaften). Später kamen Wohnbau-G. hinzu. Jede G. muss einer bes. Aufsicht (insbes. Revisionsverband) unterliegen. Nachdem v. a. Raiffeisen eine dominierende Funktion im Geld- und Agrarsektor entwickelt hat, sind die G. heute von einem gewaltigen, sowohl durch die allg. wirt. Entwicklung als auch durch die Schwierigkeiten großer Kapitalaufbringung mitverursachten Konzentrationsprozess geprägt.
Literatur: M. Patera (Hg.), Handbuch des ö. Genossenschaftswesens, 1986.

GENOSSENSCHAFTLICHE ZENTRALBANK AG, siehe → Raiffeisen Zentralbank Österreich AG.

GENOSSENSCHAFTSVERBAND (SCHULZE-DELITZSCH), ÖSTERREICHISCHER, ÖGV, gegr. 1872, vertritt die beiden Mitgl.-Gruppen der → gewerblichen Genossenschaften: die gewerbl. Kreditgenossenschaften (→ Volksbanken) sowie 94 Waren-, Dienstleistungs- und Produktivgenossenschaften nach dem System Schulze-Delitzsch mit 21.500 Mitgliedern (2003). Ihr Revisionsverband ist der ÖGV, der folgende Kernleistungen für seine Mitglieder erbringt: Betreuung und Beratung, Prüfung sowie Interessenvertretung und Koordination. Verbandsanwalt des ÖGV ist seit 1985 Hans → Hofinger.
Publikationen: Die Gewerbl. Genossenschaft; Schulze-Delitzsch-Schriftenreihe.

GENTECHNIK, künstliche Veränderung der Erbanlagen durch direkte Manipulation des Erbmaterials (DNA); in Ö. seit dem EU-Beitritt 1995 durch das G.-Gesetz geregelt und in verschiedenen Aspekten durch Verordnungen laufend näher behandelt. Für gentechn. Arbeiten gibt es mehrere Sicherheitsstufen. Meldepflicht gilt grundsätzlich für alle Arbeiten, in den höheren Sicherheitsstufen ist eine behördl. Genehmigung erforderlich (z. T. befristet). Bes. strenge Bestimmungen betreffen gentechn. Manipulationen an der menschl. Keimbahn, die absolut verboten sind. Die Verwendung gentechnisch veränderter Organismen (dzt. fast nur Pflanzen) außerhalb spezieller Labors

Gentechnik: Protestaktion auf einem Feld bei Absdorf, NÖ. Foto, 1996.

(„Freisetzung" bzw. „Inverkehrbringen") ist in jedem Fall genehmigungspflichtig und kann zunächst nur in geringen Mengen unter intensiver Überwachung („Monitoring") erfolgen. Produkte, die durch G. veränderte Organismen oder Teile davon enthalten, müssen in Ö. und in der EU gekennzeichnet werden, insbes. auch Lebens- und Futtermittel, die aus gentechnisch veränderten Organismen hergestellt werden. Arbeiten auf dem Gebiet der G. werden in Ö. hauptsächlich an Univ., Kliniken, außeruniversitären Forschungseinrichtungen und von der → Pharmaindustrie durchgeführt. In Ö. wurden bisher (Stand 2003) keine Freisetzungen gentechnisch veränderter Organismen genehmigt. EU-weit zugelassene G.-Produkte werden im ö. G.-Register erfasst. Für 3 gentechnisch veränderte Maislinien besteht dzt. (2004) in Ö. ein Import- bzw. Anbauverbot.
Literatur: H. Ibelgaufts, Gentechnologie von A bis Z, 1993; D. Heberle-Bors, Herausforderung G., ¹1996.

GENTZ, Friedrich von, * 2. 5. 1764 Breslau (Wrocław, PL), † 9. 6. 1832 Weinhaus b. Wien, bed. polit. Schriftsteller. 1785–1802 im preuß., ab 1802 im ö. Staatsdienst, „Auftragsschreiber" und publizist. Berater zunächst in der Außenpolitik gegen Napoleon, ab 1815 enger Mitarbeiter des Außenmin. und späteren Staatskanzlers → Metternich, mit diplomat. und publizist. Aufgaben betraut. Protokollführer auf dem → Wiener Kongress („Sekretär Europas"). Gründer der „Wr. Jahrbücher der Literatur" (1818), polit. Inspirator und regelmäßiger Mitarbeiter der urspr. von F. Schlegel geleiteten offiziösen Zeitung → „Österreichischer Beobachter" (1810–48). 1813 mit der Idee der Errichtung eines „Departements der öffentl. Meinung" gescheitert, war er wenig später Metternichs „Propagandaminister"; als solcher einer der Väter der → Karlsbader Beschlüsse von 1819, die u. a. ein Bundespressegesetz mit strenger Vorzensur enthielten. G. Werke sind wichtige Quellen zur polit. Ideengeschichte.
Werk: Fragmente aus der neuesten Geschichte des politischen Gleichgewichtes in Europa, 1806. – Ausgaben: Schriften, 5 Bde., 1838–40; Tagebücher, 4 Bde., 1873–74 und 1920; Briefe 4 Bde., 1909–13; Staatsschriften u. Briefe, hg. v. A. Eckart, 2 Bde., 1911; Gesammelte Schriften, hg. v. G. Kronenbitter, 7 Bde., 1997–98.
Literatur: G. Mann, F. v. G., 1947; G. Kronenbitter, Wort und Macht. F. G. als polit. Schriftsteller, 1994.

Friedrich von Gentz. Stich von C. F. Merckel, 1824.

GEOGRAPHIE, Wiss. von der Umwelt des Menschen und den wechselseitigen Beziehungen zw. Umwelt und Ges. Umwelt wird als natürlich vorgegeben (Naturlandschaft) oder gesellschaftlich überformt verstanden (Kulturlandschaft). Der G. kommt es auf die Erfassung einmaliger räuml. Strukturen, bes. jedoch auf die Analyse regelhafter Zusammenhänge an. Die G. versteht sich als eine empirische Integrativwiss., die sowohl naturwiss. als auch gesellschaftswiss. Aspekte berücksichtigt.

Der ö. Beitrag an der geographischen Erforschung der Erde ist beachtlich. Die G. ist an den Universitäten Ö. seit Mitte des 19. Jh. verankert. 1851 wurde an der Univ. Wien die 1. Lehrkanzel für Physische G. errichtet; Graz folgte 1867, Innsbruck 1880. 1885 erhielt Wien eine 2. Lehrkanzel (für Kultur-G.). Aus dem 1853 gegr. Geograph. Kabinett ging 1885 das Geograph. Inst., das beide Lehrkanzeln vereinigt, hervor. 1856 war die „Geograph. Ges. in Wien" (jetzt „Ö. → Geographische Gesellschaft") entstanden, die (bes. vor 1918) auch Forschungsreisen organisierte und finanzierte. Gegenwärtig sind geograph. Lehrkanzeln an den Univ. Wien, Graz, Innsbruck, Salzburg und Klagenfurt eingerichtet. Ein Kerngebiet der Physischen G. ist in Ö. die Geomorphologie. International anerkannte Arbeiten wurden auf dem Gebiet der klassischen alpinen Morphologie von J. → Sölch, H. → Spreitzer, A. → Leidlmair, T. Pippan und E. Seefeldner vorgelegt. Im Bereich der Quartärmorphologie sind die Arbeiten von L. Weinberger, H. Kohl, Hans → Fischer, Julius → Fink, K. Wiche, H. → Bobek, H. Spreitzer, E. → Lichtenberger, H. → Kinzl, H. → Paschinger, H. → Heuberger, F. → Fliri und G. Patzelt hervorzuheben. Beachtenswerte wiss. Leistungen wurden auf dem Gebiet der Gletscherkunde (H. Kinzl, H. Paschinger, H. Heuberger und H. Slupetzky), der Lössforschung (bes. A. → Penck, G. → Götzinger und J. Fink) und der Witterungsklimatologie (F. Fliri, H. Wakonigg) erbracht.

Führende Vertreter der Kultur-G. und der Länderkunde wurden neben A. Supan und N. → Krebs v. a. die Wr. Lehrkanzelinhaber E. Oberhummer, H. → Hassinger, H. Bobek und E. Lichtenberger. International anerkannte Leistungen wurden auf dem Gebiet der Sozial-G. (H. Bobek), der Stadt-G. (E. Lichtenberger), der Bevölkerungs-G. (H. Kinzl) und der Agrar-G. (E. → Arnberger, F. Fliri, A. Leidlmair) erreicht.

Literatur: E. Lichtenberger, Forschungsrichtungen der G. Das ö. Beispiel 1945–1975, in: Mttlg. der Ö. Geograph. Ges. 117, Wien 1975; dies., Ö., 2002.

GEOGRAPHISCHE GESELLSCHAFT, ÖSTERREICHISCHE, 1856 als Geograph. Ges. in Wien gegr., von Hof, Adel, Ländern, Gemeinden und Vertretern der Wirt. unterstützt; die Ö. G. G. finanzierte Forschungsreisen sowie Zweigstellen in Graz, Klagenfurt, Salzburg und Innsbruck. Bibl., Karten-Smlg., Archiv.

Publikationen: Mttlg. der Ö. G. G., 1857 ff.; Abhandlungen, 1899 ff.

GEOLOGIE: Die verhältnismäßig junge Naturwiss. der G. erfuhr in Ö. in der 2. Hälfte des 19. Jh. einen raschen Aufschwung. 1847 beauftragte die Akad. d. Wiss. in Wien W. → Haidinger und P. → Partsch mit der systemat. Erforschung der geolog. Verhältnisse der Monarchie. Von bes. Bedeutung wurde die Geolog. Reichsanstalt in Wien (gegr. 1849, heute → Geologische Bundesanstalt), der ersten auf dem europ. Festland. Daneben konzentrierten sich geolog. Forschung und Ausbildung auf die Univ. und Hochschulen mit ihren Lehrkanzeln und Inst. für G.: Techn. Hochschule Wien (1843), Univ. Wien (1863), Univ. Innsbruck (1867) und Univ. Graz (1894), Hochschule f. Bodenkultur in Wien (1872), Montanist. Hochschule in Leoben (1881), Univ. Salzburg (1967). In Ö. wirkten eine Reihe bedeutender Geologen: F. E. → Sueß, L. → Kober, O. → Ampferer, H. P. → Cornelius, R. v. → Klebelsberg und B. → Sander, die wesentl. Erkenntnisse erarbeiteten.

GEOLOGIE ÖSTERREICHS: Ö. hat mit den → Alpen (Ostalpen) Anteil am alpinen Gebirgssystem. Dieses besteht aus verschiedensten Gesteinen des ehem. Tethysmeeres des Erdmittelalters (Mesozoikum), das die Europ. Platte von der Afrikanischen Platte (Konzept der Plattentektonik) trennte. Durch langsame „Kollision" der Platten in N-S-Richtung kam es zur mehrphasigen Gebirgsbildung (hauptsächlich in der Kreide- und der Tertiärzeit) und zur Auffaltung und Übereinanderschiebung („Stockwerkbau") der Gesteinsserien. Durch Erosion treten tiefer liegende „Stockwerke" des Alpenkörpers zutage („Tauernfenster"), dies ermöglicht die Erforschung des internen Gebirgsbaus. Nach den Hauptgebirgsbildungsphasen entstanden Becken (Wiener Becken, Steirisches Becken, Mur-Mürz-Furche, Klagenfurter Becken, Lavanttaler Becken) im alpinen Gebirgskörper. Das bedeutendste davon ist das Wr. Becken mit seinen reichen Erdöl- und Erdgasvorkommen in den Sedimentgesteinen.

Geologische Übersichtskarte der Republik Österreich.

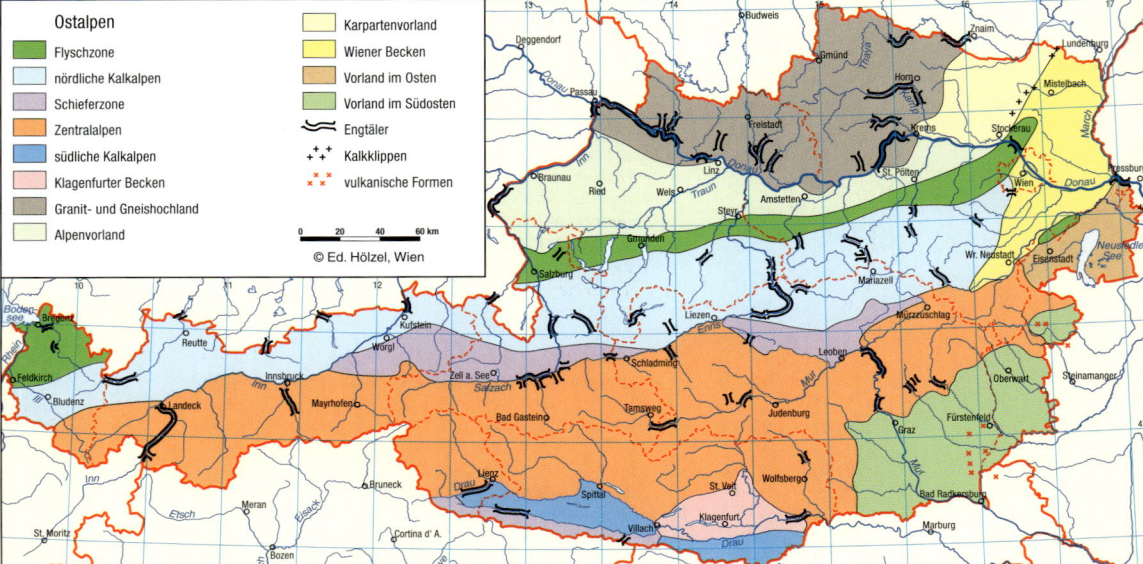

Mit dem Wald- und Mühlviertel (→ Böhmisches Massiv) hat Ö. auch Anteil am variszischen Gebirgssystem, das heute als Granitplateau die Wurzel eines paläozoischen Gebirgssystems darstellt. Hier befindet sich auch das älteste Gestein Ö., der Bittescher Gneis (1,38 Mrd. Jahre).

Zw. der Böhmischen Masse und dem Alpenkörper im S befinden sich die Ebenen der → Molassezone, diese bestehen aus deren Abtragungsprodukten (Sedimenten). Im Zuge später Gebirgsbildungsphasen (Tertiärzeit) wurden südl. Teile der Molassezone noch vom Alpenkörper überschoben. Die letzte Prägung erfuhren die Alpen und die Molassezone durch die zusammenhängende dicke Eisbedeckung während der Eiszeiten.

Literatur: A. Tollmann, Geologie von Ö., 3 Bde., 1977–89; R. Oberhauser, Der geolog. Bau Ö., 1980.

GEOLOGISCHE BUNDESANSTALT, GBA, Wien 3 (im Palais Rasumofsky), wiss. Anstalt, dem → Bildungsministerium unterstellt, 1849 auf Initiative von W. v. → Haidinger als Geolog. Reichsanstalt gegr., mit der Aufgabe einer systemat. Erforschung der geolog. Verhältnisse der Monarchie; älteste Einrichtung dieser Art auf dem europ. Kontinent; Vorläufer war das → Montanistische Museum in der k. k. → Hofkammer für das Münz- und Bergwesen. Die GBA hat als Geolog. Dienst die Aufgabe, das ö. Staatsgebiet geolog. zu erforschen und zu dokumentieren. Eine Reorganisation erfolgte aufgrund des Forschungsorganisationsgesetzes 1981. Die GBA besitzt (2003) die größte geowiss. Fachbibl. Ö. (ca. 360.000 bibliothekarische Einheiten, darunter rd. 45.000 Kartenblätter und andere Medien) und geowiss. Archive. In den Sammlungen werden Gesteine, Mineralien und Fossilien aus Ö. und der ö.-ungar. Monarchie aufbewahrt.

Publikationen: geowiss. Karten, Jahrbuch, Abhandlungen, Archiv für Lagerstättenforschung, Berichte, Jahresberichte, Bibliographie geowiss. Literatur über Ö.

Literatur: M. T. Laburda, Die ersten Jahrzehnte der Geolog. Reichsanstalt, Diss., Wien 1951; C. Bachl-Hofmann (Red.), Die G. B. in Wien, 1999.

Hl. Georg. Fresko an einem Wohnhaus in Holzgau bei Reutte, Ti.

GEORG, Hl., Fest 23. Apr., † um 305, Märtyrer, der Legende nach ein aus Kappadozien stammender Offizier. Einer der 14 Nothelfer, Patron der Bauern, Schmiede, Soldaten, Pfadfinder, des Viehs (Pferde) u. a. Zahlr. Ortsnamen bezeugen die weite Verbreitung seines Patroziniums in ö. Brauchtum: → Georgi.

Literatur: O. Wimmer u. H. Melzer, Lexikon der Namen und Heiligen, ⁶1988.

GEORGENBERG BEI MICHELDORF, siehe → Micheldorf.

GEORGENBERGER HANDFESTE, Urkunde des Erbvertrags zw. Hzg. Otakar IV. der Stmk. und Hzg. Leopold V. von Ö. vom 17. 8. 1186, ausgestellt auf dem Georgenberg bei Enns. Der unheilbar kranke Hzg. der Stmk. bestätigte, dass er im Falle seines kinderlosen

Georgenberger Handfeste. Urkunde, 1186.

Todes alle Herrschaftsrechte auf Leopold (und seinen Sohn Friedrich) übertragen werde; auch die Rechte der steir. Ministerialen, Landleute und Klöster wurden festgehalten. Damit wurden die Babenberger mit stillschweigendem Einverständnis des Kaisers zu künftigen Landesfürsten der Stmk. bestimmt. Der Erbfall trat 1192 ein, die Stmk. und der Traungau in OÖ. fielen an die ö. Herzöge.

Literatur: K. Spreitzhofer, G. H., 1986.

GEORGI, Bezeichnung für den 23. April, den Gedenktag des hl. → Georg (in einigen Diözesen auch 24. April). G. ist ein mit vielen Wetterregeln verbundener → Lostag und war somit ein wichtiges Datum im bäuerl. Jahr (Zahlungen, Gesindewechsel, Beginn der Weidezeit). Vom 15. bis in das 19. Jh. war dieser Tag ein wichtiger Zinstermin bei Grundherrschaften. Die heute z. T. abgekommenen Bräuche waren das → Grasausläuten in Ti., die Heischeumzüge der Hirten (deren Arbeitsjahr begann), die G.-Ritte in OÖ. und Sbg., die G.-Feuer in OÖ., das G.-Jagen in S-Kä. (ein Heischebrauch der Schuljugend mit Feuer und Lärm, bei dem man den in Stroh oder grünes Laub gehüllten „Georg" vertreibt) sowie die Grenzbegehungen („Hottergang" in Ostösterr.).

GEORGSBERG, Stmk., DL, Gem., 384 m, 1422 Ew., 13,44 km², gewerbl.-landw. Gem. an Stainz- und Zirknitzbach östl. von Stainz. Technologiepark (Entwicklungen im Kfz- und Elektrobereich), Holzverarbeitung. – Georgskapelle (19. Jh.) mit neugot. Inventar.

GEORG VON PEUERBACH, * 1423 Peuerbach (OÖ.), † 1461 Wien, Astronom. Humanist der Wr. Univ., Wegbereiter des kopernikan. Weltbilds; führte den Sinus in die Trigonometrie ein und schuf eine Planetentheorie, errechnete Tafeln der Finsternisse und erfand ein „quadratum geometricum" für Höhen- und Entfernungsmessung. Lehrer von → Regiomontanus. Dauerausstellung im Schloss → Peuerbach.

Literatur: F. Samhaber, Der Ks. und sein Astronom, 1999; ders., Höhepunkte ma. Astronomie, 2000.

GEORG VON PODIEBRAD UND KUNSTAT, * 6. 4. 1420 Poděbrady (CZ), † 22. 3. 1471 Prag (CZ), Führer der utraquistischen Hussiten. Wurde 1452 Reichsverweser Böhmens an der Seite von → Ladislaus Postumus; nach dessen Tod (23. 11. 1457) am 2. 3. 1458 zum König von Böhmen gewählt, wurde G. v. P. u. K. von Ks.

Georg von Podiebrad und Kunstat. Lithographie, 19. Jh.

Friedrich III. anerkannt und unterstützte diesen dafür 1462 während der Belagerung in der Wr. Burg.
Literatur: F. G. Heymann, George of Bohemia, King of Heretics, 1965.

GEOSPACE® BECKEL-SATELLITENBILDDATEN GMBH, 1987 gegr. Unternehmen in Salzburg für Auswertung und Verarbeitung von Satellitendaten und für Satellitenkartographie; veröffentliche 1996 einen Satelliten-Atlas von Ö.; Ö. Fernerkundungsdatenzentrum.

GEOTHERMIE (Erdwärme): Die Energiekrise Mitte der 1970er Jahre regte in hohem Maß die Erforschung erneuerbarer Energieformen (→ Alternativenergie) an, so auch die der G. Thermale Tiefenwässer mit Temperaturen zw. 40 und 100° C befinden sich in Ö. im oö. Alpenvorland, im Wr. Becken und im steir.-südbgld. Becken. In diesen Regionen kann die G. als umweltfreundl. Energienutzung angewendet werden. Voraussetzung für die Erschließung sind eine hohe geotherm. Tiefenstufe und entsprechende Wasserwege im Speichergestein. In Zonen mit günstiger G. werden seit den 1990er Jahren zahlr. Bohrungen durchgeführt. In vielen Fällen wird sowohl balneolog. wie auch energet. Nutzen aus Thermalquellen gezogen. Daneben stellt auch die energet. Nutzung von seichtem Grundwasser mittels → Wärmepumpen eine bedeutende Komponente der G. dar. Diese Systeme nutzen den Energieinhalt von Grundwasser im Temperaturbereich um 10° C. Von großer Bedeutung ist bei beiden Nutzungsvarianten die Rückführung des abgekühlten Wassers in den Untergrund, um die Wasserbilanz nicht nachhaltig zu verändern.

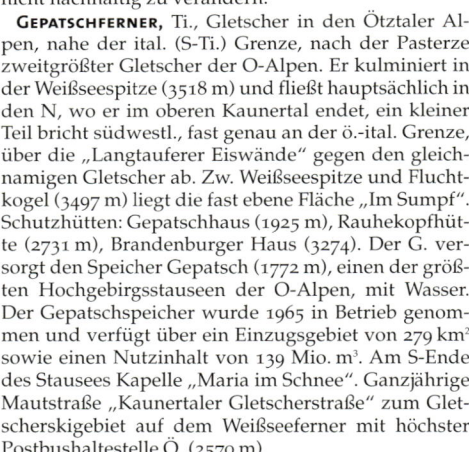

Geras: Stiftskirche.

GEPATSCHFERNER, Ti., Gletscher in den Ötztaler Alpen, nahe der ital. (S-Ti.) Grenze, nach der Pasterze zweitgrößter Gletscher der O-Alpen. Er kulminiert in der Weißseespitze (3518 m) und fließt hauptsächlich in den N, wo er im oberen Kaunertal endet, ein kleiner Teil bricht südwestl., fast genau an der ö.-ital. Grenze, über die „Langtauferer Eiswände" gegen den gleichnamigen Gletscher ab. Zw. Weißseespitze und Fluchtkogel (3497 m) liegt die fast ebene Fläche „Im Sumpf". Schutzhütten: Gepatschhaus (1925 m), Rauhekopfhütte (2731 m), Brandenburger Haus (3274). Der G. versorgt den Speicher Gepatsch (1772 m), einen der größten Hochgebirgsstauseen der O-Alpen, mit Wasser. Der Gepatschspeicher wurde 1965 in Betrieb genommen und verfügt über ein Einzugsgebiet von 279 km² sowie einen Nutzinhalt von 139 Mio. m³. Am S-Ende des Stausees Kapelle „Maria im Schnee". Ganzjährige Mautstraße „Kaunertaler Gletscherstraße" zum Gletscherskigebiet auf dem Weißseeferner mit höchster Postbushaltestelle Ö. (2570 m).

GEPPERT, Walter, * 31. 5. 1939 Wien, Jurist. Absolvierte nach einer Lehre als Dreher und Werkzeugmacher die Soz.-Akad. und ein Jusstudium in Wien; ab 1962 in der AK Wien tätig, ab 1985 Gen.-Dir.-Stellv. im Hauptverband der ö. Sozialversicherungsträger, 1989/90 Sozialmin., 1991–2001 Gen.-Dir. des Hauptverbandes der ö. Sozialversicherungsträger, ab 1992 Vorstandsmitgl. der Internationalen Vereinigung für Soziale Sicherheit (IVSS).

GERAMB, Viktor, * 24. 3. 1884 Deutschlandsberg (Stmk.), † 8. 1. 1958 Graz (Stmk.), Volkskundler. Ab 1913 Aufbau und Leitung (bis 1949) der volkskundl. Abteilung des Joanneums; 1933/34 Gründung des steir. Heimatwerks; 1931–39 und 1949–54 (1. Lehrstuhl f. Volkskunde in Ö. nach dem 2. Weltkrieg) Univ.-Prof. f. Volkskunde in Graz (1939 zwangspensioniert); Tätigkeit in der Volksbildung (Steir. Volksbildungswerk St. Martin b. Graz) und in der Heimatschutzbewegung („Dt. Schulverein Südmark").
Werke: Von ländl. Volksbildungsarbeit, 1922; Dt. Brauchtum in Ö., 1924; Volkskunde der Stmk., 1926; Steir. Trachtenbuch, 2 Bde., 1932/39 (mit K. Mautner); Kinder- und Hausmärchen der Stmk., 1942; Um Ö. Volkskultur, 1946; W. H. Riehl, Leben und Wirken, 1954.
Literatur: H. Koren, V. G. Ein Lebensbild, 1974; W. Jacobeit u. a. (Hg.), Völkische Wiss., 1994.

GERAS, NÖ., HO, Stadt, 460 m, 1433 Ew., 67,69 km², im nordöstl. Waldviertel, nahe der Grenze zu Tschechien. – Bez.-Ger. Horn (Gerichtstag), BerS für Gastgewerbe und Floristen; Gymn., Realgymn. und Oberstufenrealgymn. im Stift; Naturpark; Kultur- und Ausflugsfremdenverkehr. Stadterhebung 1928. – Prämonstratenser-Chorherrenstift (Kunst- und Bildungszentrum), um 1153 als Doppelkloster G.-Pernegg gegr., urspr. roman. Stiftskirche mit got. Chor, W-Turm und Fassade (1665–67), prachtvolle barocke Innenausstattung (1730), Deckengemälde (um 1770) von F. Zoller; Klostergebäude: Ausbau und Umbau im 17. Jh., Barockisierung 1736–40 durch J. Munggenast, Gemälde im Festsaal von P. Troger, Bibliothek. Sonderausstellungen, Kunstkurse; Meierhof von 1666; Schüttkasten (1670, jetzt Hotel); seit 1989 Priorat in Fritzlar (D).
Literatur: I. Franz, Geschichte der Waldviertler Klosterstiftung G.-Pernegg, 1947, 1976; Ö. Städtebuch, Bd. IV, Teil 1, Die Städte NÖ., 1988.

Stift Geras.

GERASCH, August, * 1. 9. 1822 Wien, † 23. 3. 1908 ebd., Landschaftsmaler und Lithograph. Studierte an der Wr. Akad. bei L. → Kupelwieser und P. J. N. → Geiger. Widmete sich bes. der Darstellung der ö. Alpenlandschaft (Illustrationen zum Bildwerk „Ö. Gebirgswelt", 1890).

GERASDORF BEI WIEN, NÖ., WU, Stadt, 165 m, 8231 Ew. (1981: 5279 Ew.), 35,23 km², Ind.-, Gewerbe- und Handelsort im N Wiens unmittelbar an der Wr. Stadtgrenze. – Volksbildungshaus und Volksheime; dynam. Wirtschaftsstruktur von Produktion (rd. 45 % der Beschäftigten 2001) und Handel bestimmt; seit den 60er Jahren Ind.-Gebiet im S des Ortes: Fertigbetonwerke, Stahlbau, Schottergewinnung, Kunststoffwerk, Wurst- und Selchwarenfabrik, Druckerei, Spezialfabrik für Durchschreibebücher, Holzverarbeitung, Computerfirmen. – Got. Pfarrkirche mit spätbarocker Einrichtung in Gerasdorf, evang. Kirche in Kapellerfeld. Siedlungen Föhrenhain, Oberlisse und Kapellerfeld, Ortschaft Seyring.

GERENGEL, Simon, zunächst kath. Pfarrer von Aspang (1531–34), später in Deutschland Anhänger der Reformation. Verfasste im Kerker (Passau, Salzburg) eine „Hystoria von der enthauptung des Heyligen Johannis des Tauffers" (1553); ferner sind 23 Meisterlieder erhalten (gedruckt 1886).

Gerer, Reinhard, * 12. 4. 1955 Zeltweg (Stmk.), Koch, Kolumnist. Kochlehre in der „Wieselburger Bierinsel", Aufenthalte in Tirol, der Schweiz und Bayern. Seit 1984 Küchenchef im Restaurant „Korso" in Wien. Zählt zu den besten Köchen Ö.; Auszeichnungen: drei Hauben, 2000 die „Goldene Kugel" u. a.
Werke: Große Küche aus Ö., 1989; Die kleinen Tricks der großen Küche, 1990; Der große Gerer, 2000.

Gerersdorf, NÖ., PL, Gem., 289 m, 884 Ew., 13,65 km², Wohngem. mit Landw. und Gewerbe westl. von St. Pölten. – Urk. 1204/12, Pfarrkirche mit got. Kern (im 17. Jh. verändert, Einrichtung 18./19. Jh.).

Gerersdorf-Sulz, Bgld., GS, Gem., 240 m, 1057 Ew., 21,63 km², Weinbau- und Wohngem. im Tal des Zickenbachs. Heilquelle („Vita-Quelle") im Ortsteil Sulz im Bgld., Mineralwasserabfüllung. – Prähist. Funde, urk. 1346, Pfarrkirche (err. 1810/11) mit W-Turm, Hochaltar (spätes 19. Jh.) mit Schnitzpietà (1800), neugot. Wegkapelle, altes Bauernhaus in Blockbauweise mit Strohdach, hist. interessante Wohn- und Wirt.-Gebäude.

Geretsberg, OÖ., BR, Gem., 491 m, 1063 Ew., 37,53 km², Gem. mit Kleinind. und Landw. im oberen Innviertel am Rande des Weilhartsforsts. Kunststoffind. – Urk. 1120 „Geroltsberg", spätgot. Kirche (um 1450) mit Barockeinrichtung und Zubau von 1909, moderner Dorfbrunnen (1982); Viperkapelle (18. Jh.) im Weilhartforst.

Gerhaert van Leyden, Niclas, * um 1430 Leiden (NL), † 28. 6. 1473 Wr. Neustadt (NÖ.), bed. Bildhauer der Spätgotik. Hauptwerke in Straßburg und verschiedenen dt. Städten, danach in Passau und Wr. Neustadt tätig; er schuf das Grabmal für Friedrich III. im Wr. Stephansdom und die Grabplatte der Kaiserin Eleonore im Neukloster in Wr. Neustadt. G. starb vor der Vollendung des Friedrichgrabs und wurde in Wr. Neustadt beerdigt. Den psychologisch frappanten Realismus seiner Figuren entwickelte er in den späten Werken zu einer mehr formalen Verlebendigung durch betontes Licht-Schatten-Modellieren und die Verwendung des malerisch gefleckten Marmors, was in der Folge auf die ö. Kunst des späten 15. Jh. großen Einfluss ausübte.
Literatur: L. Fischel, N. G. und die Bildhauer der dt. Spätgotik, 1944; R. Recht, Nicolas de Leyde et la sculpture à Strasbourg, 1987.

Gerhoh von Reichersberg, * 1093 Polling (D), † 27. 6. 1169 Reichersberg (OÖ.), kirchl. Schriftsteller. 1132 Augustiner-Chorherren-Propst in Reichersberg, musste 1167 vorübergehend ins Exil. Er verfasste Psalmenkommentare und theolog. Schriften („De investigatione Antichristi"), in denen er eine christologische Sonderlehre vertrat, und behandelte kirchenpolit. und Reformfragen im Sinn der cluniazensischen Bewegung. Seine Stiftsannalen benützte → Magnus von Reichersberg neben anderen Quellen für eine Chronik von Reichersberg.
Literatur: E. Meuthen, Kirche und Heilsgeschichte bei G. v. R., 1959; P. Classen, G. v. R., 1960; Tusculum-Lexikon, ³1982.

Gerichtsbarkeit, rechtsprechende Tätigkeit von → Richtern (im Unterschied zur Justizverwaltung). Die G. ist Ausfluss der Hoheitsgewalt und daher auf das ö. Staatsgebiet beschränkt (Territorialitätsprinzip). Alle G. geht vom Bund aus (Art. 82 BVerf.-G); Sachentscheidungen werden „im Namen der Republik" gefällt. Niemand darf seinem gesetzl. Richter entzogen werden (vgl. Art. 83 BVerf.-G, Art. 6 Europ. Menschenrechtskonvention), weshalb nur gesetzlich vorgesehene bzw. zugelassene Spruchkörper rechtsgültige Entscheidungen erlassen dürfen.

Man unterscheidet zw. der G. des öffentl. Rechts (→ Verfassungsgerichtshof und → Verwaltungsgerichtshof) und der G. in Zivil- und Strafsachen (Justiz). Die G. des öffentl. Rechts ist im BVerf.-G (Art. 129 ff.) verankert und im Verwaltungs- bzw. Verfassungsgerichtshofsgesetz konkretisiert. Die Gerichtshöfe des öffentl. Rechts haben z. B. auf Antrag („Beschwerde") über die Recht- (Verwaltungsgerichtshof) bzw. Verfassungsmäßigkeit (Verfassungsgerichtshof) nicht mehr anfechtbarer Verwaltungsakte zu entscheiden; dem Verfassungsgerichtshof obliegt außerdem die Normenkontrolle (Prüfung von Gesetzen auf ihre Verfassungs- bzw. von Verordnungen auf ihre Gesetzmäßigkeit), die allen anderen Gerichten nicht zusteht (Art. 89, 133 BVerf.-G).

Die Justiz ist von der Verwaltung in allen Instanzen getrennt (Art. 94 BVerf.-G). Damit wird eine formell-organisator. Gewaltentrennung festgelegt: Es sind also Mischbehörden von Verwaltung und G. verboten; es darf keine Instanzenzüge oder Weisungen zw. Verwaltung und G. geben und es darf keine Zuständigkeitskonkurrenzen geben.

Das Volk hat an der Rechtsprechung der ordentl. Gerichte mitzuwirken (→ Schöffen und → Geschworene im → Strafprozess, → Laienrichter im → Zivilprozess). Höchste Instanz ist der → Oberste Gerichtshof (Art. 92 BVerf.-G), dessen Entscheidungen unanfechtbar sind. Im Übrigen sind Zuständigkeit (Strafprozessordnung, Jurisdiktionsnorm) und Organisation (GerichtsorganisationsG, Verordnung über die Geschäftsordnung für die Gerichte 1. und 2. Instanz) der ordentl. Gerichte durch Bundesgesetz bzw. Verordnung geregelt. 1. Instanz sind je nach Prozessgegenstand Bezirks- oder Landesgerichte, 2. Instanz je nach Erstgericht Landes- oder Oberlandesgerichte. 2004 gab es 150 Bezirksgerichte, 20 Landesgerichte und 4 Oberlandesgerichte (ordentl. Gerichte) mit jeweils eig. örtl. Zuständigkeitsbereich (= Sprengel), deren Gesamtheit auf jeder Organisationsebene das ges. Bundesgebiet abdeckt. Die G. erfolgt an diesen Gerichten je nach Prozessgegenstand und Instanzfunktion in Strafsachen durch Einzelrichter, Richtersenate oder unter Beiziehung von Laien durch → Geschworenengerichte (Kapitalverbrechen und bestimmte polit. Delikte) oder → Schöffengerichte; in Zivilsachen durch Einzelrichter (in 1. Instanz fast immer), Richtersenate oder Kausalsenate (Einbeziehung von Laienrichtern in Handels- sowie Arbeits- und Sozialrechtssachen).

Wegen des Rechts auf den gesetzl. Richter muss eine feste Geschäftsverteilung die anfallenden Rechtssachen im Vorhinein unter den vorhandenen Entscheidungsorganen eines Gerichts aufteilen (z. B. nach Buchstaben). Befangene Entscheidungsorgane sind ausgeschlossen oder können abgelehnt werden. Alle Verhandlungen vor dem erkennenden Gericht sind mündlich und öffentlich, Ausnahmen sind gesetzl. geregelt. Gerichtssprache ist Deutsch, → Volksgruppen können zusätzl. die Sprache der Volksgruppe gebrauchen.

In Strafsachen sind ausschließlich die ordentl. Gerichte zur Entscheidung über Delikte aus dem Strafgesetzbuch (z. B. Mord, Körperverletzung, Diebstahl, Betrug, Veruntreuung) bzw. aus Sondergesetzen (z. B. Suchtmittelgesetz, Finanzstrafgesetz, Militärstrafgesetz) und deren Vollzug berufen; einzelne Berufsvertretungen haben jedoch eig. Disziplinar-G., die die staatl. G. nicht ausschließt, teilw. aber parallel dazu Maßnahmen in Bezug auf die Berufsausübung des

Einzelnen verhängt (z. B. Ärzte-, Rechtsanwalts-, Notariatskammer). Die → Todesstrafe ist seit 1950 abgeschafft, ebenso die Militär-G. in Friedenszeiten. Zuständigkeit und Verfahren vor den Strafgerichten richten sich nach der Strafprozessordnung 1975 bzw. dem Strafvollzugsgesetz. Die Verfassung legt Mindeststandards des Verfahrens fest (Art. 6 Europ. Menschenrechtskonvention; BVG zum Schutz der persönl. Freiheit, 1988). Besonderheiten gelten für das Jugendstrafverfahren, in Militär- sowie Finanzstrafsachen.

In vielen Zivilsachen (Ausnahme z. B. Ehesachen) kann einvernehmlich ein (nichtstaatl.) → Schiedsgericht zur Entscheidung berufen werden, die Vollstreckung dieser Entscheidungen obliegt aber immer den ordentl. Gerichten. Weiteres gesetzlich vorgesehenes Sondergericht ist etwa der Oberste Patent- und Markensenat. Zivilsachen sind allg. bürgerl. Rechtsstreitigkeiten (z. B. Streitigkeiten aus Kaufverträgen, Schadenersatz, Mietstreitigkeiten, Ehesachen), Arbeits- und Sozialrechtssachen (z. B. Forderungen auf Arbeitsentgelt, Kündigungsanfechtung), Handelsrechtssachen (Forderungen aus Handelsgeschäften, Streitigkeiten wegen Produkthaftung bzw. aus unlauterem Wettbewerb) sowie Außerstreitangelegenheiten (z. B. Verlassenschaftsverfahren, Verfahren hinsichtl. Anerkennung der Vaterschaft, Annahme an Kindes statt, Unterhalt, Obsorge, Sachwalterbestellungen). Der Vollzug erfolgt durch Einzel- (→ Exekution) oder Gesamtvollstreckung (→ Konkurs, → Ausgleich). Zuständigkeit und Verfahren richten sich nach der Jurisdiktionsnorm, der Zivilprozessordnung (beide 1895), dem Außerstreitgesetz (1854, ab 2005 neu), der Exekutionsordnung (1896), der Konkursordnung (1914) bzw. Ausgleichsordnung (1934); Sondervorschriften gibt es z. B. für das Verfahren in Arbeits- und Sozialrechtssachen und für das Ehe- und Abstammungsverfahren. Im MA war die Rechtsprechung Teil der Herrschaftsausübung; in Ö. erhielt der Landesfürst durch das → Privilegium minus von 1156 alle Gerichtsbefugnisse. Diese wurden später an Herrschaften übertragen und von diesen bis 1848 ausgeübt. Seit dem 16. Jh. regelten Gerichtsordnungen die Durchführung, gleichzeitig erfolgte eine Aufsicht von Seiten der Landesbehörden. Im 18. Jh. wurde der Einfluss des Staats auf die Gerichte verstärkt, 1850 wurden nach Aufhebung der Grundherrschaften staatl. Gerichte (Bezirks-, Kreis-, Landes- und Oberlandesgerichte) eingerichtet. 1868 wurde auch in den untersten Instanzen die Justiz von der Verwaltung getrennt. Aufgrund der Mitgliedschaft Ö. im → Europarat seit 1956 und in der → Europäischen Union seit 1995 sind auch der → Europäische Gerichtshof für Menschenrechte (EGMR) und der → Europäische Gerichtshof (EuGH) für Ö. zuständig.
Literatur: R. Walter, Verfassung und G., 1960; L. Adamovich u. a., Ö. Staatsrecht, Bd. 2, 1998; R. Walter u. H. Mayer, BVerf.-Recht, ⁷2000; C. Bertel u. A. Venier, Grundriss des ö. Strafprozessrechts, ⁷2002; W. H. Rechberger u. P. Oberhammer, Exekutionsrecht, ³2002; M. Dellinger u. P. Oberhammer, Insolvenzrecht, 2002; W. H. Rechberger u. D. Simotta, Grundriss des ö. Zivilprozessrechts. Erkenntnisverfahren, ⁶2003.

Gerichtsbezirk, siehe → Bezirke.

Gericke, Wilhelm, * 18. 4. 1845 Schwanberg (Stmk.), † 27. 10. 1925 Wien, Dirigent und Komponist. 1874 Kapellmeister der Wr. Hofoper (Dirigent der ersten Tannhäuser-Aufführung an diesem Haus); dirigierte ab 1880 (mit Unterbrechungen) die Wr. Gesellschaftskonzerte; 1884–89 und 1898–1906 Dirigent der Bostoner Symphoniekonzerte.
Werke: Operetten, Kammer-, Klavier- und Violinmusik; Requiem.

Gerl, Wr. Baumeisterfamilie des 18. und 19. Jh.; die bedeutendsten Mitgl. der Familie waren Josef → Gerl und Mathias → Gerl d. J.

Gerl, Franz Xaver, * 30. 11. 1764 Andorf (OÖ.), † 9. 3. 1827 Mannheim (D), Komponist und Sänger (Bass). Schüler von L. → Mozart in Salzburg, ab 1789 bei der Truppe E. → Schikaneders tätig, sang den Sarastro bei der Uraufführung der „Zauberflöte", war ab 1794 v. a. in Brünn, Mainz und Mannheim tätig. W. A. Mozart schrieb für ihn die Arie „Per questa bella mano" (KV 612).
Literatur: ÖBL.

Gerl, Josef, * 1734 Klosterneuburg (NÖ.), † 1. 2. 1798 Wien, Baumeister. Baute 1769–74 den Melker Hof, 1772–77 die Josefstädter Kavalleriekaserne, 1774 die Heumarktkaserne und 1783–87 das Invalidenhaus (alle in Wien) sowie mehrere Wohnhäuser; leitete 1782–84 den Umbau des Wr. Allg. Krankenhauses.

Gerl, Matthias d. J., * 1. 4. 1712 Klosterneuburg (NÖ.), † 13. 3. 1765 Wien, Hof- und Direktorialbaumeister. Ab 1743 Bauleiter des Piaristenklosters; baute 1744 die Pfarrkirche in Oberlaa, 1746 den Klosterneuburger Hof in Wien; 1746/47 leitete er den Umbau der Pfarrkirche in Simmering, 1752 der Wr. Neustädter Burg zur Militärakad.; 1751–54 erweiterte er die Böhmische Hofkanzlei in Wien, 1752 errichtete er den Pfarrhof in Melk. Auch die Theklakirche in Wien-Wieden (1754–56) gehört wahrscheinlich zu seinen Werken. Seine Bauweise war von J. L. v. → Hildebrandt beeinflusst.

Gerlach, Martin, * 13. 3. 1846 Hanau (D), † 9. 4. 1918 Wien, Verleger und Fotograf. Ursprünglich Juwelier in Berlin, kam 1874 nach Wien und war als Verleger und Illustrationsfotograf tätig (Schwerpunkte: Architektur, Ornamentik und Pflanzenstudien); auch sein Sohn Martin G. jun. (1879–1944) war ebenfalls Fotograf.
Literatur: O. Hochreiter u. T. Starl (Red.), Geschichte der Fotografie in Ö., 2 Bde., 1983; W. Mayer, Wien im Spiegel des Fotoarchivs G., Ausst.-Kat., Wien 1990.

Gerlamoos, Kä., SP, Kat.-Gem. der Gem. Steinfeld; wenig veränderte frühgot. Kirche mit Fresken des 14. Jh. an der Außenwand, innen bed. Fresken (Georgslegende, Leben Jesu, um 1470) von Thomas von Villach. Altar mit hl. Kümmernis am Kreuz, zu ihren Füßen kniend der Geiger (um 1700).

Gerlitzen, Kä., 1909 m, markanter Aussichts- und Skiberg nordöstl. von Villach, über dem Ossiacher See. Seilbahn von Annenheim zur Waldtratte (1463 m), von dort G.-Gipfelbahn zum Gipfel; Liftanlagen; Gipfelsternwarte der Astronom. Vereinigung Kä., Sonnenobservatorium Kanzelhöhe der Univ. Graz. Straßenzufahrten: von Arriach auf den Gipfel (Gipfelstraße), von Bodensdorf und von Treffen. Stützpunkte: Stifters-Gipfelhaus, Gasthof Pacheiner.

Gerlos, Ti., SZ, Gem., 1245 m, 820 Ew., 118,91 km², Wintertourismusgem. (448.234 Übern.), nördl. über dem Gerlosbach. – Barockkirche (1730–35) mit prächtigen Deckenfresken von J. M. Schmutzer (1747) und barocken Hoch- und Seitenaltären. – Stausee Durlaßboden mit Surf- und Segelschule.

Gerlosberg, Ti., SZ, Gem., 1050 m, 395 Ew., 16,19 km², Tourismus- und Bergbauerngem. über dem Gerlostal nahe der Einmündung in das Zillertal. – Urk. 1237; Schulkapelle (1843), alte Gehöfte in Blockbauweise.

Gerlospass (Pinzgauer Höh'), Sbg./Ti., 1509 m, Passhöhe bei Krimml im oberen Pinzgau, verbindet über das Gerlostal das Zillertal (Ti.) mit dem Salzachtal (Pinzgau, Sbg.) bzw. Zell am Ziller mit Krimml und trennt die Zillertaler von den Kitzbüheler Alpen. 1630 wurde ein erster Fahrweg ausgebaut, 1962 die Gerlosstraße über die Filzsteinalm und die Gerlosplatte. Am W-Hang Durlaßbodenspeicher der Tauernkraftwerke.

GERLOSTAL, Ti., östl. Nebental des Zillertals. Der Gerlosbach entspringt nahe der Reichenspitze (3303 m), erreicht nach dem → Gerlospass Ti. und mündet bei Zell am Ziller in den Ziller. Der obere Teil des G. heißt Wildgerlostal. Über den Gerlospass (1509 m) ist von Ti. aus das Salzachtal (Oberpinzgau) zu erreichen. Der Hauptort Gerlos liegt auf 1245 m Seehöhe, in der Nähe des Gerlospasses ist der Gerlosbach beim Speicher Durlaßboden aufgestaut.

Gerlostal: Durlaßboden-Stausee.

GERMANEN, Sammelbezeichnung für einen Teil der Völker und Stämme Mitteleuropas, die sich in der jüngeren Eisenzeit im norddt. Flachland und Mittelgebirge entwickelten, im S kelt. Einflüssen ausgesetzt waren und in Konflikt mit dem Röm. Reich gerieten. Um Christi Geburt kam es zu Stammesbündnissen unter Ariovist, Armin und Marbod, ab dem 3. Jh. zum Zusammenschluss von Großstämmen. Den ö. Raum erreichte der Vorstoß der Kimbern, Teutonen und Ambronen 113–101 v. Chr. Im 1. und 2. Jh. n. Chr. bildeten die Markomannen und Quaden ein Reich, dem auch Teile Ö. angehörten. Der ö. Raum war auch vom Einfall der Markomannen, Quaden und Langobarden in das Röm. Reich 166–180 betroffen; ebenso von der Ausdehnung der Alemannen nach 213, der W-Wanderung der Wandalen und Alanen 406 und der Flucht der Ostgoten, Heruler und Skiren im 5. Jh. vor den Hunnen. Ende des 5. Jh. siedelten sich Rugier im Waldviertel an. Auf die Herrschaft der Langobarden im 6. Jh. folgte die Bildung der bair. und alemann. Stämme.
Literatur: H. Döbler, Die G., Legende und Wirklichkeit, 2 Bde., 1979; H. Wolfram, Die Geburt Mitteleuropas, Geschichte Ö. vor seiner Entstehung, 1987.

GERMONIK, Ludwig, * 29. 11. 1823 Fiume (Rijeka, HR), † 7. 12. 1909 Wien, Journalist und Schriftsteller. Bis 1848 Beamter, dann als Publizist tätig; leitete 1874–78 „Das Inland", später „Der Patriot", gründete 1874 den Grillparzerverein; gehörte der → Iduna an.
Werke: Alpenglühen, 1877 (Gedichte); Die Weiber von Veldes, 1878 (Drama).

GERNERTH, Emmerich von, * 14. 3. 1857 Ödenburg (Sopron, H), † 3. 4. 1929 Wien, Jurist. 1919–22 Oberlandesgerichtspräs. in Wien; Verdienste um die Einführung der Zivilprozessordnung; wirkte an der Organisation des Wr. Exekutionsgerichts mit.

GERNGROSS, Alfred (Abraham), * 30. 1. 1844 Fürth (D), † 7. 1. 1908 Wien, Großhändler. Gründete 1881 mit seinem Bruder Hugo (* 11. 3. 1837, † 16. 6. 1929 Wien), ein Tuchgeschäft in der Mariahilfer Straße in Wien, das sich zu einem Warenhaus entwickelte und 1903 vergrößert wurde. Der 1905 fertig gestellte prunkvolle Bau in Jugendstilformen wurde 1964–66 und nach Brand 1979 erneuert.

GERÖ, Heinz, * 7. 9. 1922 Baden (NÖ.), † 6. 7. 1989 Wien, Rechtsanwalt, Sportfunktionär; Sohn von Josef → Gerö. Urspr. Hockeyspieler, 1980–89 Präs. des Ö. Hockeyverbands, 1970–75 Präs. des Ö. Fußballbunds, zeitweise Vizepräs. der Vereinigung europ. Fußballverbände (UEFA), Mitarbeit im Ö. Olymp. Comité und in der Ö. Bundes-Sportorganisation.
Literatur: Hockey-Nachrichten 28, 1989.

GERÖ, Josef, * 23. 9. 1896 Maria-Theresiopel (Subotica, YU), † 28. 12. 1954 Wien, Jurist und Sportfunktionär; Vater von Heinz → Gerö. 1934–38 Abteilungsleiter im Justizmin., nach 1938 mehrmals verhaftet; 1945–49 und 1952–54 als parteiloser, von der SPÖ nominierter Fachmann Staatssekr. und BMin. f. Justiz, dazw. Präs. des Oberlandesgerichts Wien; 1927–38 Präs. des Wr., 1945–54 des Ö. Fußballbunds, 1946–54 Präs. des Ö. Olymp. Comités.

GEROLD, Graf, † 1. 9. 799 Pannonien, Schwager von Ks. Karl d. Großen. Gehörte einer Adelsfamilie an, die den Aufbau der fränkischen Herrschaft in Bayern unterstützte. Vor 791 Statthalter in Bayern, dann Präfekt der Ostlande, fiel im Kampf gegen die → Awaren.
Literatur: M. Mitterauer, Karolingische Markgrafen im SO, Archiv f. ö. Geschichte 123, 1963; NDB.

GEROLD, Carl, * 12. 6. 1783 Wien, † 23. 9. 1854 ebd., Buchdrucker. Führte 1816 die Lithographie in den ö. → Buchdruck ein, bekämpfte den ungesetzl. Nachdruck dt. Werke in Ö. und die vormärzl. Zensur.
Literatur: K. Junker, Das Haus G. in Wien. 1775–1925, 1925.

GERSDORF AN DER FEISTRITZ, Stmk., WZ, Gem., 533 m, 1230 Ew., 19 km², landw. Wohngem. mit etwas Tourismus im Feistritztal. Sicherheits- und Isolierglaswerk. – Dorfkreuz (um 1750), Lichteneggkapelle (erb. 1864).

GERSTE, siehe → Getreide.

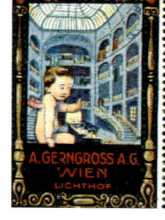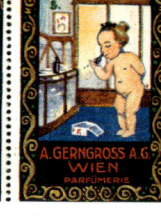

Gerngroß: Reklamemarken, um 1910.

Alfred Gerstenbrand: Der Wiener und sein Achtel. Farblithographie, 1923.

GERSTENBRAND, Alfred, * 18. 2. 1881 Wien, † 7. 1. 1977 Melk (NÖ.), Maler, Graphiker, Illustrator, Schriftsteller. Studierte an der Wr. Kunstgewerbeschule bei F. → Myrbach, K. → Moser und J. → Hoffmann; schilderte humorvoll Wr. Szenen und das Landleben.
Werke: Feuerwehrfest am Mondsee, 1923; Die Maler Roux und Hollitzer, 1939. – Eig. illustrierte Romane: Die Leut' vom 22er Haus, 1922; Verlobung in Wyoming, 1948.

GERSTENBRAND, Franz, * 6. 9. 1924 Hof (Dvorce, CZ), Neurologe. 1976–94 Vorstand des Inst. f. Neurologie an der Univ.-Klinik Innsbruck, Leitete das Neurolog.

Krankenhaus der Stadt Wien am Rosenhügel; arbeitete bes. über Gehirnverletzungen und pediatr. Neurologie.
Werke: Das traumat. apallische Syndrom, 1967; Tauchmedizin, 1980; Univ.-Klinik f. Neurologie, 1989; Rehabilitation bei Schlaganfall- und Schädel-Hirn-Verletzungen, 1991.

Gersthof, bis 1891 eig. Gem. am Abhang von Wienerwald-Ausläufern (Schafberg), seither Teil des 18. Bez.; Name 1444 urk. erw.; Gutsweilersiedlung; alte Vororthäuser und Villen; Semmelweis-Frauenklinik.

Gerstinger, Hans, * 23. 12. 1885 Großhaslau (NÖ.), † 2. 7. 1971 Graz (Stmk.), Altphilologe. Ab 1941 Univ.-Prof. in Graz, ab 1948 am Archäolog. Inst. in Wien; Fachmann für griech. und byzantin. Papyri.
Werke: Die griech. Buchmalerei, 2 Bde., 1926; Die Wr. Genesis, 1931; Das Statutenbuch des Ordens vom Goldenen Vlies, 2 Bde., 1934.
Literatur: Ö. Akad. d. Wiss., Almanach 121, 1971.

Gerstl, Elfriede, * 16. 6. 1932 Wien, Schriftstellerin, Verfasserin experimenteller Lyrik und Prosa, Hörspielautorin. Arbeitet mit Sprachspiel, Montagen und Zitaten und thematisiert häufig Fragen der weibl. Identität. 1964–66 Zusammenarbeit mit P. Bichsel, H. Fichte u. a. am Roman „Das Gästehaus". 1999 mit dem E.-Fried-Preis und dem G.-Trakl-Preis ausgezeichnet.
Weitere Werke: Spielräume, 1977 (Prosa); Wr. Mischung, 1982; Vor der Ankunft, Gedichte, 1988; Unter einem Hut. Essays und Gedichte, 1993; Kleiderflug, 1995; Die fliegende Frieda, 1998; Alle Tage Gedichte. Schaustücke und Hörstücke, 1999; Neue Wr. Mischung, 2001.
Literatur: C. Kleiber u. E. Tunner (Hg.), Frauenliteratur in Ö. von 1945 bis heute, 1986; H. J. Wimmer, In Schwebe halten, ²1998; D. Winkler Pegoraro, E. G.: „Sprache(n), Spiele, Spielräume", Diss., Wien 1999; K. Fliedl (Hg.), E. G., 2001.

Richard Gerstl: *Lachendes Selbstbildnis*. Gemälde, 1908 (Österreichische Galerie Belvedere, Wien).

Gerstl, Richard, * 14. 9. 1883 Wien, † 4. 11. 1908 ebd. (Selbstmord), Porträt- und Landschaftsmaler. Studierte an der Wr. Akad. und knüpfte Beziehungen zur Künstlerkolonie von Nagybánya. Ab 1906 freundschaftl. Kontakte zur Familie von A. → Schönberg (mehrere Porträts von Mitgliedern des Schönberg-Kreises). Seine eigentl. Schaffensperiode umfasste nur 4 Jahre, in denen er bed. Werke (v. a. Selbstbildnisse) des ö. Expressionismus schuf.
Literatur: K. A. Schröder, R. G. 1883–1908, Ausst.-Kat., Wien 1993; ders., R. G. 1883–1908, Diss., Wien 1995.

Gerstmayr, Hans, * 14. 4. 1882 St. Valentin (NÖ.), † 28. 10. 1987 Mauthausen (OÖ.), Stahlschneider. Schüler von M. → Blümelhuber; leitete bis 1950 die Fachschule f. Stahl- u. Stanzenschnitt in Steyr (OÖ.). Oftmals ausgezeichnet.
Werke: Jagdmesser, Armbänder, Stahlschmuckstücke, Siegelstöcke, Kremsmünsterer Pektorale.

Literatur: C. H. Watzinger, Ein Leben lang geliebte Kunst, 1982; F. Lugmayer, Kunst in Stahl geschnitten, 1991.

Gerstmeyer (auch Gerstmajer), Joseph, * 6. 3. 1801 Wien, † 14. 9. 1870 ebd., Landschaftsmaler. Studierte an der Wr. Akad. und schuf Bilder von oberitalienischen und ö. Landschaften sowie zahlr. Ansichten von Wien und Umgebung, die vielfach als Vorlagen zur druckgraph. Vervielfältigung dienten.
Literatur: ÖBL.

Gerstner, Anton, * 15. 5. 1823 Fischamend (NÖ.), † 1. 2. 1898 Wien, Zuckerbäcker. Gemeinsame Lehre mit F. → Raimund, gründete 1847 eine Konditorei auf dem Stock-im-Eisen-Platz (später in die Kärntner Straße verlegt), 1873 Hofzuckerbäcker. Sein Betrieb wurde bis 1954 von 3 Generationen der Familie fortgeführt und besteht bis heute. Mitbegründer der Zuckerbäckerfachschule.

Gerstner, Franz Anton von, * 19. 4. 1796 Prag (CZ), † 12. 4. 1840 Philadelphia (USA), Eisenbahnfachmann; Sohn von Franz Joseph v. → Gerstner. Prof. am Wr. Polytechnikum, übernahm den von seinem Vater angeregten Bau der Pferdeeisenbahn Gmunden–Linz–Budweis (der ersten öffentl. Eisenbahn auf dem europ. Festland) und vollendete 1828 die Strecke Budweis–Kerschbaum (62,2 km); ging nach Meinungsverschiedenheiten mit den Aktionären 1829 nach England, 1834 nach Russland und 1838 in die USA.

Gerstner, Franz Joseph von, * 23. 2. 1756 Komotau (Chomutov, CZ), † 25. 6. 1832 Wien, Techniker; Vater von Franz Anton v. → Gerstner. Prof. für Mathematik und Mechanik in Prag, 1806 erster Dir. des Prager Polytechn. Inst., legte 1808 einen Vorschlag und 1822 ein erstes Projekt für einen Schienenweg zw. Moldau und Donau vor.
Werk: Hb. der Mechanik, 2 Bde., 1831.

Gersuny, Robert, * 15. 1. 1844 Teplitz (Teplice, CZ), † 31. 10. 1924 Wien, Chirurg. Privatassistent von T. → Billroth, entwickelte chirurg. und gynäkolog. Operationsmethoden (bes. auf dem Gebiet der plast. Chirurgie); leitete ab 1894 das Rudolfinerhaus in Wien.
Werke: Arzt und Patient, 1904; Bodensatz des Lebens, 1906 (Aphorismen); T. Billroth, 1922.
Literatur: NÖB; ÖBL.

Gertrud, Hl., Fest 17. März, * 626, † 17. 3. 653 oder 659, erste Äbtissin von Nivelles (Belgien); Tochter Pippins d. Ä.; Patronin der Früchte von Feld und Garten (oft mit Spindel und Mäusen dargestellt), wird bes. in Ti. verehrt (St. G. in Haslach); an ihrem Tag beginnt die Frühjahrsarbeit in Garten und Feld. Die St.-G.-Minne war ein ab dem 11. Jh. nachweisbarer Trinkbrauch sich versöhnender oder voneinander scheidender Menschen.

Gertrud, * 1226, † 24. 4. (oder 9. 7.) 1288, Tochter Heinrichs von Mödling, Nichte des Babenberger-Hzg. → Friedrich II. (der Streitbare), heiratete 1246 Markgraf Wladislaw von Mähren († 3. 1. 1247), dann Markgraf Hermann von Baden († 4. 10. 1250) und in 3. Ehe über ungar. Vermittlung 1252 Roman Fürst von Halitsch. Dieser verließ G. und das Land 1253. Aus 2. Ehe stammten der 1268 hingerichtete Friedrich (von Ö.) und Agnes, verheiratet mit Hzg. Ulrich III. von Kä. und Ulrich von Heunburg. Aus der 3. Ehe G. stammte Maria, verheiratet mit Joachim Guthkeled. Die Weigerung der 19-jähr. G., den 55 Jahre alten Ks. Friedrich II. zu heiraten, verhinderte 1245 die Erhebung Ö. zum Königreich. Nach dem Tod ihres Onkels erhielt G. polit. Bedeutung, wurde anfangs vom Papst, später von Kg. Béla IV. von Ungarn favorisiert, hingegen von Přemysl → Ottokar II. von Böhmen bekämpft. Ihr Sitz

war die Burg Kahlenbergerdorf, dann Voitsberg (Stmk.). 1269 wurde G. von Ottokar ausgewiesen und übersiedelte nach Meißen in das St. Clarenkloster Seußlitz, dessen 1. Äbtissin sie wurde.
Literatur: H. Meier, G., Herzogin von Ö. und Stmk., in: Ztschr. des Hist. Vereins der Stmk. 23, 1927.

GESAMTSCHULE, verfolgt ähnl. Ziele wie die → Einheitsschule und die → Allgemeine Mittelschule, in Ö. ab 1971 im Schulversuch (v. a. als Integrierte G.) erprobt. 1982 wurde diese Struktur der G. (3 Leistungsgruppen auf verschieden hohem Niveau in Deutsch, Englisch und Mathematik; Stütz- u. Förderkurse) für die → Hauptschule verpflichtend eingeführt (Reform ab 1985).

Gesäuse: Kalbling.

GESÄUSE, Ober-Stmk., ca. 16 km langes Durchbruchstal der hier wild fließenden Enns durch die Kalkhochalpen zw. Admont (genaugenommen Himbeerstein und Haindlmauer) im W und Hieflau im O; von Selzthalbahn (Amstetten–Bischofshofen) und Straße erschlossen. Die Enns teilt die zerklüfteten → Ennstaler Alpen; die N-Seite bildet die Buchsteingruppe mit dem Großen Buchstein (2224 m) und dem Tamischbachturm (2035 m). Auf der S-Seite wird der Reichensteinstock (Reichenstein, 2251 m; Kalbling, 2196 m) durch das enge Johnsbachtal vom Hochtorzug (Hochtor, 2369 m; Großer Ödstein, 2335 m; Planspitze 2117 m) getrennt. In der Mitte des nahezu unbewohnten G. liegt der kleine Ort Gstatterboden. Enns-Staudamm mit E-Werk Hieflau. Straßenabzweigung nach Johnsbach. Die G.-Berge weisen schwierige Klettertouren auf. Schutzhütten: Oberst-Klinke-Hütte (1486 m), Heßhütte (1699 m), Haindlkarhütte (1121 m). 2002 wurden das G. und die angrenzenden Berge zum Nationalpark ernannt.

GESCHÄFTSFÄHIGKEIT, siehe → rechtserhebliche Altersstufen.

GESCHICHTE ÖSTERREICHS: Im Unterschied zur Geschichte der einzelnen Bundesländer Ö. ist in der Geschichte des Gesamtstaats die unterschiedliche Ausdehnung der Monarchie bes. zu berücksichtigen. Für die Zeit der Frühgeschichte und der Antike konzentriert sich die Forschung auf das Gebiet des heutigen Staates, weil in diesen Epochen kein staatl. Vorgänger bestand. Das Königreich Noricum der vorröm. Periode deckte sich nur zufällig einigermaßen mit dem jetzigen Staatsgebiet.
Im Hoch-MA erfolgte die allmähl. Loslösung vom bair. (bzw. alemann.) Stammesherzogtum und die Ausbildung eines Landrechts, dann der Zusammenschluss einzelner Länder unter einem Herrscher. Die Habsburger griffen bald über die ö. Länder hinaus, strebten durch Rudolf III. nach Böhmen und durch Albrecht I. und Friedrich III. nach der dt. Königskrone. Durch Hzg. Albrecht V. erlangten sie für Jahrhunderte die dt. Königs- und Röm. Kaiserwürde. In Folge hatten die Herrscher nicht nur die Interessen ihrer Länder, sondern auch diejenigen des Reichs zu vertreten.
Bis 1918 wurde die G. Ö. ab dem späten 15. Jh. weitgehend als Interessengeschichte des Herrscherhauses aufgefasst. Diese begann, als sich das Haus Ö. unter Maximilian I. über die Niederlande und später nach Spanien ausdehnte. Als 1526 die seit Jahrzehnten vorbereitete Erbschaft der böhm. und ungar. Länder anfiel, erhielten die Interessen des Hauses Habsburg eine weitere Dimension, nämlich Mitteleuropa und den Kampf um Ungarn gegen die Osmanen. Für diese Perioden war es bis 1918 selbstverständlich, die Entwicklung dieser Ländergruppen (auch vor 1526) als Einheit zu schildern. Ein bes. Beispiel dafür ist das „Handbuch der Geschichte Ö.-Ungarns" von K. und M. → Uhlirz, das auch in der 1963 erschienenen 2. Auflage an diesem Grundsatz festhielt.
Seit dem 30-jähr. Krieg vertrat das Haus Ö. stellvertretend das Reich, bes. gegenüber Frankreich an der Rheingrenze, und hatte dort viele Kriege zu führen. Der Antagonismus kulminierte im Kampf um das span. Erbe in Italien und in den Niederlanden, wobei am Ende dieses Konflikts sowohl die Erwerbung Ungarns und eines großen Teils der Balkanländer als auch ital. Provinzen und die Span. Niederlande in Darstellungen einbezogen werden müssen.
Maria Theresia kämpfte gegen Preußen um Schlesien, erwarb Galizien und die Bukowina, nachdem ihr Vater Karl VI. durch die Pragmatische Sanktion die ö. Monarchie als Vielfalt von Ländern unter einem Herrscher geschaffen hatte. Joseph II. wollte daraus einen Einheitsstaat gestalten, scheiterte aber an vielfacher Opposition. Die Napoleon. Kriege brachten eine Bereinigung des Gebietsumfangs, den Verlust weit entfernter Länder, dafür aber die Bindung an den Dt. Bund und an Italien mit dem lombardo-venezian. Königreich. Die meisten polit. Aktivitäten dieser Jahrhunderte ereigneten sich außerhalb des Gebiets der Republik, die betroffenen Länder und ihre damalige Bedeutung für den Gesamtstaat müssen daher entsprechend in der ö. Geschichte berücksichtigt werden.
Auch die Geschichte der 2. Hälfte des 19. Jh. ist ohne Kenntnis der Verhältnisse in den damaligen Kronländern und in Ungarn nicht zu verstehen, ebenso wenig die Geschichte des 1. Weltkriegs.
Seit 1918 erfolgte eine Beschränkung auf das Gebiet der Republik, andererseits das Hervorheben soz. und kultureller Entwicklungen bei möglichster Ausschaltung der Rolle des Hauses Habsburg. Nach 1945 versuchte die ö. Geschichtsschreibung, ein ausgewogenes Bild von Staat und Herrscherhaus zu vermitteln. Die Frage, inwieweit man auch die Darstellung früherer Zeiten auf den Raum der Republik beschränken soll, blieb aber weiterhin offen. Phänomene der Kulturgeschichte (Bauwesen, Kunst, Literatur, Musik) und auch die Sozialgeschichte lassen sich eher in diesem kleineren Rahmen begreifen als Fragen der Wirtschaftsgeschichte.
Wiss. Gesamtdarstellungen der ö. Geschichte gibt es seit dem 19. Jh. Bis dahin herrschten Landes- oder Dynastiegeschichte vor, die bis in das MA zurückreicht. In der ma. Geschichtsschreibung stellte der Wr. Augustinermönch L. → Stainreuter in der „Chronik von den 95 Herrschaften" in einer Kette von 81 legendären Herrschergenerationen eine Verbindung Osterlands

und Ö. mit antiken und biblischen Gestalten her. Die herausragende Persönlichkeit der spät-ma. Geschichtsschreibung war T. → Ebendorfer. Erste kritische Darstellungen sind dem Humanismus zu verdanken. Die „Austria" des J. → Cuspinianus bringt im 1. Teil Biographien der Babenberger und Habsburger, im 2. Teil Landeskunde. Das Werk wurde 1553 gedruckt, huldigte wohl der Dynastie, die Konzeption war aber territorial orientiert. H. J. Fuggers „Ehrenspiegel des Hauses Ö." galt der Dynastie, das Land erscheint als Schauplatz der Taten der Herrscher. Diese Art wurde während der Barockzeit weiter gepflegt, ebenso noch von E. M. Lichnowsky (1789–1845), dessen 8-bändige Darstellung (1836–44) 1490 abbricht. Eine rationale Wendung vollzog sich in der 2. Hälfte des 18. Jh., es kam aber keine Gesamtdarstellung zustande. J. F. Schneller (1777–1832) unternahm den Versuch einer „Staatsgeschichte des Kaisertums Ö. von der Geburt Christi bis zum Sturz Napoleons" (4 Bde., 1817–19), allerdings wurde der letzte Band von der Zensur verboten und erschien erst 1828 als selbständiges Werk. J. Majlaths (1786–1855) Werk, „Geschichte des ö. Kaiserstaates" (5 Bde., 1834–54) reicht bis 1850, H. G. → Meynerts „G. Ö." (6 Bde., 1842–50) ist ausführlich, aber populärwiss. Auch von tschech. Seite entstanden Darstellungen, so von W. Tomek mit der „Geschichte des ö. Kaiserstaates" (1853) und dem „Handbuch der Geschichte des ö. Kaiserstaates" (1858, reicht bis 1526); darin wurde die Stellung der slaw. Völker entsprechend hervorgehoben. Eine populärwiss. Darstellung erschien 1863 mit der „Ö. Geschichte für das Volk" (17 Bde.), die von A. v. Helfert mit 17 Mitarbeitern verfasst wurde.

In der 2. Hälfte des 19. Jh. traten 3 bedeutende Historiker mit Gesamtdarstellungen hervor: F. M. → Mayer, F. v. → Krones und A. → Huber. Mayer war Deutschböhme, wirkte als Lehrer in Graz und brachte 1874 die „G. Ö. mit bes. Berücksichtigung des Kulturlebens" heraus. Das bis zu seiner Gegenwart reichende Werk zeigt eine gemäßigte dt.-liberale Haltung. Es erschien 1900 in 2., 1909 in 3. Auflage. Eine Neuauflage von R. Kaindl und H. Pirchegger erschien 1935–37 in 3 Bänden. Nach dem 2. Weltkrieg wurde das Werk durch A. Klein neu bearbeitet (5./6. Aufl., 3 Bde., 1967–74). F. v. Krones, Prof. in Graz, veröffentlichte 1876–79 ein „Handbuch der ö. Geschichte" sowie einen „Grundriss der ö. Geschichte mit bes. Rücksicht auf Quellen und Literaturkunde" 1882. A. Huber brachte 1885–96 5 Bde. einer G. Ö. heraus, die, ohne auf das Kulturleben einzugehen, bis 1648 reichen. O. → Redlich setzte diese bis 1740 fort. K. und M. Uhlirz versuchten mit dem „Handbuch der G. Ö. und seiner Nachbarländer Böhmen und Ungarn" (1927–44) eine Darstellung der Gesamtmonarchie, allerdings wurde nur die Darstellung des 19. Jh. (1941) umfassend ausgeführt, während der 1. Teil einen Überblick bis 1790 bringt. Die Neuauflage (1963) des 1. Teils reicht bis 1526. Eine weitere Darstellung der G. Ö. schrieb H. → Hantsch 1936. Das 2-bändige Werk wurde nach 1950 neu aufgelegt (1. Bd. ⁴1959, 2. Bd. ³1962). Die bedeutendste Gesamtdarstellung schuf E. → Zöllner, der sich bewusst auf das Gebiet der Republik beschränkte (1961, ⁸1990). Eine umfassende G. Ö. (10 Bde. und 3 Ergänzungsbde.), hg. von H. → Wolfram als Gemeinschaftswerk von ca. 20 Autoren, erscheint seit 1994.

Literatur: Probleme der G. Ö. und ihrer Darstellung, Veröffentlichungen der Kommission für die G. Ö. der Akad. d. Wiss. 18, 1991.

GESCHICHTSVEREINE entstanden in der 1. Hälfte des 19. Jh. als Altertumsvereine im Rahmen der Länder, meist mit dem Ziel der Erforschung der Regionalgeschichte, der Gründung von Museen, der Herausgabe von regionalen Urkundenbüchern, wiss. Ztschr. und Publikationen. Jedes Bundesland besitzt einen G. Dieser ist entweder an das Landesarchiv (Wien, NÖ., Stmk., Kä.) oder an das Landesmuseum (Vbg., Ti., OÖ.) gebunden. Einige G. haben auch landeskundl. Inst. (NÖ.). Die Vereine sind im Verband ö. G. zusammengeschlossen, der seit 1949 Historikertage veranstaltet (2002 23. in Salzburg). Das Inst. für Österreichkunde versucht die wiss. Erkenntnisse den Lehrern höherer Schulen zu vermitteln. Darüber hinaus bestehen regionale G. und Vereine für spezielle Gebiete der Geschichte (Numismatik, Genealogie usw.).

Literatur: E. Zöllner, Probleme und Aufgaben der ö. Geschichtsforschung. Ausgew. Aufsätze, 1984; ders., Der Ö.-Begriff, Formen und Wandlungen in der Geschichte, 1988.

GESCHICHTSWISSENSCHAFT: Die Anfänge der wiss. Geschichtsforschung im heutigen Sinn können in Ö. etwa um die Mitte des 19. Jh. angesetzt werden. J. A. Frh. v. → Helfert beschäftigte sich mit Zeitgeschichte ab der Revolution 1848 („Geschichte Ö. vom Ausgang des Oktoberaufstandes 1848", 4 Bde., 1869–86; „Geschichte der ö. Revolution 1848/49", 2 Bde., 1907–09), A. v. → Arneth erforschte das Wirken des Prinzen Eugen (3 Bde., 1858/59) und beschrieb die Geschichte der Zeit Maria Theresias (10 Bde., 1863–69).

Das 1854 gegr. Inst. für ö. Geschichtsforschung erbrachte bedeutende Leistungen auf dem Gebiet der Urkundenforschung und der Erforschung vieler Detailfragen. A. → Dopsch widmete sich vorwiegend der Wirtschaftsgeschichte des MA, O. → Redlich schrieb die Biographie von Rudolf von Habsburg und setzte die Darstellung A. → Hubers bis 1740 fort („Das Werden einer Großmacht", 1939, ³1962). Sein großes Verdienst war die Rettung der ö. Archive nach 1918. H. v. → Srbik war der bedeutendste Darsteller der Geschichte der Neuzeit. Er vertrat eine gesamt-dt. Geschichtsauffassung, sein Metternich-Werk war eines der bedeutendsten Bücher der Zwischenkriegszeit. O. → Brunner vermochte in seinem Werk „Land und Herrschaft" die Ergebnisse einer landeskundl. Forschergeneration zusammenzufassen. In dieser Periode war O. → Menghin ein über die Grenzen von Ö. hinaus bekannter Prähistoriker, sein Werk setzte später R. → Pittioni fort. L. → Santifaller war v. a. Organisator wiss. Unternehmen nach 1945. Er bearbeitete das Babenberger-Urkundenbuch und begann neben anderen wiss. Unternehmungen das Ö. Biograph. Lexikon. A. → Lhotsky war ein bes. Kenner der Geschichtsquellen des MA, aber auch der Realien (in seiner Geschichte des Kunsthist. Museums verwendete er in den Jahren 1938–45 das Wort „Österreich" öfter als jeder andere Forscher). A. → Wandruszka, ein Neuzeithistoriker mit starken Verbindungen zu Italien und Deutschland, hob wieder die Bedeutung des Hauses Habsburg stärker hervor, R. → Plaschka hielt als Osteuropafachmann insbes. die Verbindung zur tschech. Wiss. aufrecht, während F. → Fellner und G. → Stourzh, Neuzeithistoriker mit den Schwerpunkten auf dem Ende der Monarchie und der Geschichte des 20. Jh., Kontakte zur amerikan. Wiss. besitzen, wo ua. am Center for Austrian Studies der University of Minnesota in Minneapolis das seit 1965 erscheinende „Austrian History Yearbook" herausgegeben wird. An der University of New Orleans besteht weiters ein Center for Austrian Culture and Commerce, das zurzeit (2004) von dem ö. Historiker G. Bischof geleitet wird und das die Reihe „Contemporary Austrian Studies" herausgibt. H. L. → Mikoletzky war in erster Linie Archivar, trat aber auch als Darsteller großer Perioden der ö. Geschichte

hervor, L. → Jedlicka, Erforscher der Geschichte der 1. Republik, verhalf der Zeitgeschichte zum Durchbruch, A. → Hoffmann prägte eine Schule der Wirtschafts- und Sozialgeschichte. M. Mitterauer setzte diese Arbeiten mit starker Betonung der Alltagsgeschichte fort, E. → Bruckmüller spezialisierte sich auf die Sozialgeschichte und lieferte eine Gesamtdarstellung aus dieser Sicht.
Zentren der hist. Wiss. sind neben Wien die anderen ö. Univ., wobei dort die jeweilige Landesgeschichte stärker erforscht wird. Daraus gingen umfangreiche regionalgeschichtl. Darstellungen hervor, etwa eine vielbändige Geschichte von Sbg., geleitet von H. → Dopsch, oder die Reihe der Landesgeschichten des Verlags für Geschichte und Politik. In Graz wirkte H. → Wiesflecker als Erforscher der Zeit Maximilians I., in Linz Karl → Stadler als Darsteller der Geschichte soz. Probleme. Die landeskundl. Forschung konzentriert sich weitgehend um die Landesarchive oder entsprechende Institutionen. Eine bes. Art der Darstellung mit der Verbindung zu Realien und der Popularisierung der Ergebnisse sind die großen hist. Ausstellungen, die seit 1930 üblich wurden (Prinz Eugen, 1933; Franz Joseph, 1935), aber nach 1960 bes. in den Bundesländern veranstaltet wurden. (Babenberger, 1976 in Lilienfeld; Friedrich III., 1965 in Wr. Neustadt; Renaissance, 1974 auf der Schallaburg; Türkenjahr 1683, 1983 in Wien; Prinz Eugen, 1986 in Schlosshof und Niederweiden; Maria Theresia, 1980 in Schönbrunn; Joseph II., 1980 in Melk; Franz Joseph, 1984 und 1987 in Grafenegg). In diesem Rahmen wurden auch landesgeschichtl. Übersichten (OÖ. 1983, Stmk. 1986) geboten, die wesentlich zum ö. Geschichtsbewusstsein beitrugen. In diesen Zusammenhang gehören aber auch die großen TV-Serien „Österreich I" (1. Republik) und „Österreich II" (2. Republik) von H. → Portisch und S. Riff, die mit großem Aufwand und unter Ausschöpfung der Realien hergestellt und als Bücher und Videokassetten verbreitet wurden.

GESCHRIEBENSTEIN (Gschriebenstein), Bgld., 884 m, höchster Berg des Bgld., nördlich von Rechnitz an der ungar. Grenze, Gipfel des Günser Gebirges, Aussichtsturm.

GESCHÜTZTE PFLANZENARTEN, siehe → Artenschutz, → Rote Listen gefährdeter Pflanzen, → Naturschutz.

GESCHÜTZTE WERKSTÄTTEN, siehe → Integrative Betriebe.

GESCHWORENENGERICHT, entscheidet über alle Verbrechen, die mit lebenslanger Freiheitsstrafe bzw. mit einem Strafrahmen von mindestens 5 Jahren bis über 10 Jahren bedroht sind, und polit. Delikte. Das G. besteht aus dem Schwurgerichtshof (3 Berufsrichter) und der Geschworenenbank (8 Laienrichter = Geschworene). Die Geschworenen entscheiden allein mit absoluter Mehrheit der Stimmen über die Schuldfrage aufgrund der vom Schwurgerichtshof gestellten Haupt-, Eventual- und Zusatzfragen. Ist diese Entscheidung (Wahrspruch) nach einstimmiger Meinung der Berufsrichter falsch, kann er vom Obersten Gerichtshof überprüft und die Strafsache allenfalls einem anderen G. zur neuerlichen Entscheidung zugewiesen werden. Das Strafausmaß bestimmen Berufs- und Laienrichter gemeinsam.

GESCHWORENER, unbesoldetes Laienamt zur Entscheidung über bestimmte schwere Straftaten. Die Ausübung ist nach dem Geschworenen- und Schöffengesetz Bürgerpflicht. Die Auswahl erfolgt durch Auslosung der in die Wählerevidenz aufgenommenen und zw. 25 und 65 Jahre alten Personen. Nicht zu berufen sind bestimmte Kranke, Vorbestrafte, Regierungsmitglieder, Geistliche, Richter usw. Im Fall von unverhältnismäßiger persönl. oder wirt. Belastung ist Befreiung möglich.

GESEK, Ludwig, * 12. 11. 1904 Wien, † 25. 1. 1994 ebd., Volksbildner, Filmwissenschaftler, Schriftsteller. 1931–38 Redakteur der Ztschr. „Der gute Film", 1934–38 Dir. des Inst. für Filmkultur, 1949 Chefredakteur von „Filmkunst", 1952 Gen.-Sekr. der Ges. für Filmwiss., 1955–79 Geschäftsführer des Ö. Filmarchivs.
Werke: Filmzauber aus Wien, 1951; Kleines Lexikon des ö. Films, 1959. – Radiosendungen: Wir sprechen über Film, 1935–38.

GESELLENBETREUUNG: Der mehrmalige Wechsel der Handwerksmeister und Beschäftigungsorte war ab dem 16. Jh. Vorbedingung für das Meisterrecht, daher gingen viele Gesellen auf Wanderschaft (Walz). Im 18. Jh. wurde diese durch Ausstellung von Pässen (Kundschaften) geregelt. Der wandernde Geselle hatte Anspruch auf Unterkunft in Zunftherbergen. Der Beginn der Industrieges. des 19. Jh. markiert das Ende der Gesellenwanderungen. Nun wurden meist konfessionell orientierte Gesellenvereine (in Ö. nach dem Vorbild des Kaplans A. Kolping) gegr. (1852 in Wien, 1855 in der Diözese St. Pölten). Ziel war die Schaffung eines christl. Milieus für Gesellen, aber auch Weiterbildung und Pflege gesellschaftl. Lebens. Eine 2. Welle der Vereinsgründungen setzte um 1890 ein, die letzte 1927.

GESELLSCHAFT DER MUSIKFREUNDE IN WIEN, siehe → Musikfreunde in Wien, Gesellschaft der.

GESELLSCHAFT MIT BESCHRÄNKTER HAFTUNG, GES. M. B. H., GMBH, Kapitalges. mit eig. Rechtspersönlichkeit (jurist. Person), deren Gesellschafter mit Einlagen auf das in Anteile zerlegte Stammkapital (mind. 35.000 Euro) beteiligt sind, ohne persönl. für die Verbindlichkeiten der Ges. zu haften. Für die Schulden der Ges. haftet ihren Gläubigern nur das Gesellschaftsvermögen. Geregelt ist sie im GmbHG 1906. Das GmbHG enthält im Gegensatz zum AktG mehr dispositives Recht, was eine personalist. Ertragsgestaltung ermöglicht (größere Flexibilität). Sie ist stets Handelsges. (Formkaufmann). Die GmbH entsteht durch die Eintragung im → Firmenbuch. Die Versammlung der Gesellschafter (Generalversammlung) bestellt den oder die Geschäftsführer. Ein verpflichtender Aufsichtsrat ist vom Gesetzgeber nur ausnahmsweise, zumeist für große GmbH, vorgesehen. Die GmbH ist nicht börsenfähige Publikumsges.; zur Übertragung ihrer Anteile bedarf es eines Notariatsakts.
Heute ist die GmbH die beliebteste Gesellschaftsform. In vielen Fällen dient sie auch nur als Komplementär (GmbH & Co KG). Rd. 1 Viertel der GmbH in Ö. sind Einmann-GmbH, rd. 2 Drittel haben 2–4 Gesellschafter, der Rest mehr als 5. Die Einmann-Gesellschafter sind größtenteils ö. oder internat. Konzerne (als jurist. Person) oder Gesellschaften als Rechtsträger.
Literatur: J. Reich-Rohrwig, Verbreitung und Gesellschafterstruktur der GmbH in Ö., in: Festschrift für W. Kastner, 1992; ders., Das ö. GmbH-Recht, 1983; M. Gellis u. E. Feil (Bearb.), Kommentar zum GmbHG, ⁴2000.

GESELLSCHAFTS- UND WIRTSCHAFTSMUSEUM, ÖSTERREICHISCHES, Wien 5, 1924/25 von O. → Neurath gegr. (Neugründung 1948); wirtschafts- u. sozialhist. Ausstellungen, Anfertigung von statist. Unterrichtsmaterialien („Wr. Methode" der Bildstatistik), Schulausstellungen, Computersoftware usw.

Gesellschafts- und Wirtschaftsmuseum: Umschlag der Zeitschrift „Kulturwille" mit Piktogramm von O. Neurath, 1927.

Albert Gessmann. Lithographie von K. Prochaska, 1908.

Gesetzgebung: Die G. ist von der Vollziehung (Rechtsprechung und Verwaltung) streng getrennt (→ Gewaltenteilung). Je nach Kompetenzverteilung werden die Gesetze vom → Nationalrat gem. mit dem → Bundesrat (Bundesgesetze) bzw. von den → Landtagen (Landesgesetze) beschlossen. Der G.-Weg ist durch die BVerf. (bzw. Landesverfassungen) und die Geschäftsordnung der gesetzgebenden Körperschaften festgelegt.

In bestimmten Angelegenheiten (z. B. Jugendfürsorge) steht dem Bund die Grundsatz-G. zu, d. h., der Bund stellt lediglich Grundsätze auf, nach denen die → Bundesländer Ausführungsgesetze zu erlassen haben.

I. Bundesgesetze

1) *Gesetzesvorschlag:* als Initiativantrag von mindestens 5 Nationalräten, einem Ausschuss des Nationalrats, als Regierungsvorlage, als Antrag des Bundesrats oder als Volksbegehren. Praktisch gehen Gesetzesanträge von den Parteien aus. Gewisse Körperschaften (z. B. Kammern) können Stellungnahmen abgeben.

2) *Behandlung im Nationalrat:* Bis zur endgültigen Beschlussfassung sind 3 Lesungen möglich. In der 1. Lesung erfolgt eine Besprechung der allg. Grundsätze der Vorlage. In der Regel wird vom Präs. des Nationalrats die Vorlage an einen Ausschuss verwiesen. In der 2. Lesung wird der Gesetzesvorschlag in einer Generaldebatte (= allg. Beratung über die Vorlage als ganzer) und in einer Spezialdebatte (= Einzelberatung über Teile der Vorlage) behandelt. Wird der Gesetzesvorschlag nicht verworfen oder nochmals an den Ausschuss verwiesen, dann erfolgt die 3. Lesung. In dieser abschließenden Behandlung wird über die ganze Vorlage abgestimmt.

3) *Mitwirkung des Bundesrats zwecks Wahrung der Länderinteressen:* Jeder Gesetzesbeschluss des Nationalrats ist dem Bundesrat vorzulegen, der innerhalb von 8 Wochen Einspruch erheben kann. Wird ein begründeter Einspruch erhoben, so kommt der Gesetzesbeschluss wieder an den Nationalrat. Dieser kann einen Beharrungsbeschluss fassen, wobei die Hälfte der Nationalräte anwesend sein muss.

4) *Besondere Verfahren:* Bei bestimmten Gesetzesbeschlüssen kann der Bundesrat keinen Einspruch erheben, z. B. Verfügungen über Bundesvermögen, Auflösung des Nationalrats, Bundesfinanzgesetze. In gewissen Fällen haben der Bundesrat bzw. die Länder ein Zustimmungsrecht.

5) *Die Beurkundung* eines Gesetzesbeschlusses erfolgt durch die Unterschrift des → Bundespräsidenten und die Gegenzeichnung durch den → Bundeskanzler.

6) *Kundmachung:* Der beurkundete Gesetzesbeschluss ist im → Bundesgesetzblatt kundzumachen. Sofern nichts anderes bestimmt ist, tritt das Bundesgesetz nach Ablauf des Tages der Herausgabe des BGBl. in Kraft.

II. Landesgesetze

Vom Landtag eines Bundeslandes erlassene Gesetze entstehen ähnlich wie Bundesgesetze. Die Gesetzesbeschlüsse sind dem → Bundeskanzleramt bekannt zu geben. Nach der Begutachtung kann die → Bundesregierung ihre Zustimmung erteilen (falls erforderlich) oder innerhalb von 8 Wochen einen Einspruch wegen Gefährdung von Bundesinteressen erheben. Gegen einen solchen Einspruch kann der Landtag einen Beharrungsbeschluss fassen. Zuletzt erfolgt die Kundmachung des Gesetzesbeschlusses durch den → Landeshauptmann im Landesgesetzblatt.

Literatur: R. W. u. H. Mayer, Grundriß des ö. BVerf.-Rechts, ⁹2000.

Hubert Gessner: Druckerei- und Verlagsgebäude „Vorwärts" in Wien 5. Foto, um 1950.

Gesetzgebungsperiode bzw. Legislaturperiode, Bezeichnung für die Funktionsdauer des Nationalrats (4 Jahre) bzw. der Landtage (in den einzelnen Bundesländern unterschiedlich geregelt).

Gessmann, Albert, * 18. 1. 1852 Wien, † 7. 7. 1920 Prein (Gem. Reichenau a. d. Rax, NÖ.), Bibliothekar und Politiker (CS). 1876–1903 Bibliothekar und Kustos an der Univ.-Bibl. Wien; 1891–1911 Reichsratsabg.; Mitbegründer und neben K. → Lueger namhafter Führer der Christl.-soz. Partei, die er 1907 mit der kath. Volkspartei vereinigte; 1908 Arbeitsmin., 1910 Obmann des christl.-soz. Verbands im Abgeordnetenhaus. G. vertrat die Idee eines Nationalitätenstaats mit weitgehender Autonomie.
Werk: Zur Mittelschulreform, 1908.
Literatur: E. Binder, Dr. A. G., Diss., Wien 1951.

Gessner, Adrienne (eigentl. A. Geiringer), * 23. 7. 1896 Maria Schutz (Gem. Schottwien, NÖ.), † 23. 6. 1987 Wien, Kammerschauspielerin; Ehefrau von Ernst → Lothar. 1919–21 am Stadttheater, 1921–23 am Raimundtheater, 1923 und 1936 am Dt. Volkstheater, 1924–37 und 1947–56 am Theater in der Josefstadt (alle Wien); 1938–46 in den USA (erfolgreich im Austrian Theater und am New Yorker Broadway tätig); 1950 bei den Sbg. Festspielen, M.-Reinhardt-Ring; 1955–81 am Wr. Burgtheater; Film- und Fernsehtätigkeit. 1966 J.-Kainz-Medaille.

Gessner, Franz, * 15. 9. 1879 Wallachisch-Klobouk (Valašské Kloboúky, CZ), † 3. 5. 1975 Wien, Architekt; Bruder von Hubert → Gessner. Schüler O. → Wagners, arbeitete 1907–12 im Atelier seines Bruders Hubert G., plante dann selbständig Wohnhäuser mit Anklängen an Wr. Gemeindebauten.
Werke: Eisenbetonhalle der Firma Warchalowski, Eissler & Co., Wien 16, 1918–20; Strandbad in Gmunden, 1927; Wohn- und Bürohaus, Wien 3, Petrusgasse 1, 1927/28; Wohnhaus, Wien 4, Opperngasse 23–25, 1936.
Literatur: M. Pozzetto, Die Schüler Otto Wagners, 1980; F. Czeike, Hist. Lexikon Wien, 5 Bde., 1992–97.

Gessner, Hubert, * 20. 10. 1871 Wallachisch-Klobouk (Valašské Kloboúky, CZ), † 24. 4. 1943 Wien, Architekt; Bruder von Franz → Gessner. Arbeitete 1898/99 im Büro von O. → Wagner; 1907–12 Zusammenarbeit mit seinem Bruder Franz G., nach 1918 einer der führenden Architekten für Wohnbauten der Gem. Wien, die er teilw. mit anderen ausführte. 1938 Berufsverbot.
Werke: Arbeiterheim Favoriten, Wien 10, 1901/02 (seit 1992 Hotel); Villa G., Wien 18, 1907; Druckerei- und Verlagsgebäude „Vorwärts", Wien 5, 1909 (jetzt großteils Hotel); Hammerbrotwerke, Wien 21, 1909; „Eisenbahnerheim", Wien 5, 1912/13; Metzleinstalerhof, Wien 5, 1919; Reumannhof, Wien 5, 1924; Lassallehof, Wien 2, 1924/25; Heizmannhof, Wien 2, 1925; Karl-Seitz-Hof, Wien 21, 1926; Augartenbrücke, 1929–31. NÖ.: Haus Herrenplatz, St. Pölten, 1914; Landhaus Renner, Gloggnitz (jetzt Museum), 1930.
Literatur: F. Czeike, Hist. Lexikon Wien, 5 Bde., 1992–97; M. Kristan, H. G., Diss., Wien 1998; ÖBL.

Gesswein, Alfred, * 6. 1. 1911 Ungarisch-Altenburg (Mosonmagyaróvár, H), † 13. 5. 1983 Wien, Lyriker, Hörspielautor, Graphiker. Seine Landschafts- und Naturlyrik umfasst ein Spektrum von phantast. Motiven (60er Jahre) bis zu aktuellen Umweltproblemen. Hg. der literar. Jahrbücher „Konfigurationen" (1965–72) und Mit-Hg. der Literatur-Ztschr. „Podium" (1971 ff.).
Werke: Lyrik: Leg in die Wind dein Herz, 1960; An den Schläfen der Hügel, 1965; Vermessenes Gebiet, 1967; Der gläserne November, 1968; Rama dama, Rama woima, Rama miasma, 1975; augfeude schtod, 1976 (Dialektgedichte); Zielpunkte, 1977; Kartenhäuser, 1981. – Hörspiel: Dreiunddreißig, 1971.

Gestapo, Kurzbezeichnung für „Geheime Staatspolizei", verwendet für die polit. Polizei der NS-Herr-

schaft. Sie nahm bereits im März 1938 ihre Tätigkeit in Ö. auf (Zentrale im Hotel Metropol am Morzinplatz in Wien, jetzt dort Denkmal für die Opfer des Faschismus) und verhaftete viele Gegner des NS-Regimes. Sie hatte das Recht, in Konzentrationslager einzuweisen, und besaß Weisungsrecht gegenüber der Ordnungspolizei. Während des 2. Weltkriegs steigerte die G. ihren Terror, den sie bis in die letzten Tage des Regimes ausübte. Im Prozess vor dem Internat. Militärtribunal in Nürnberg (1945–46) wurde die G. als „verbrecherische Organisation" eingestuft.
Literatur: E. Kogon, Der SS-Staat, 1986.

Gesundheitsamt, siehe → Sozialmedizin.

Gesundheitsministerium, BM f. Gesundheit und Frauen, erstmals 1972 als BM f. Gesundheit und Umweltschutz eingerichtet, 1987–90 wurden die Gesundheitsagenden von einem eig. Minister im Bundeskanzleramt wahrgenommen, 1991–96 BM f. Gesundheit, Sport und Konsumentenschutz, 1996–97 BM f. Gesundheit und Konsumentenschutz; 1997 wurde das G. aufgelöst, seine bisherigen Angelegenheiten übernahm größtenteils das → Sozialministerium, 2003 wurde es als BM f. Gesundheit und Frauen wieder eingerichtet und nimmt insbes. folgende Angelegenheiten wahr: Gesundheitswesen (u. a. Arzneimittel, Gesundheitsförderung und -vorsorge, Arbeits- und Umweltmedizin, Ernährung, Sportmedizin, Gesundheitsberufe, Infektionskrankheiten, Suchtmittel), Krankenanstalten, Kranken- und Unfallversicherung, Lebensmittel, Gentechnik, Veterinärwesen, Strahlenschutz, Frauenangelegenheiten, Gender Mainstreaming, Gleichbehandlung und Gleichstellung (Anwaltschaft für Gleichbehandlungsfragen und Gleichbehandlungskommission für die Privatwirt.).

Gesundheitswesen, siehe → Sozialmedizin.

Getränkeindustrie: Zu Produkten der G. zählen Mineralwasser und Limonaden (alkoholfreie Erfrischungsgetränke) mit max. 5 ml Alkohol pro Liter. Der Verbrauch an Limonaden steigt ständig an und betrug 2003 7,12 Mio. hl, das entspricht einem jährl. Pro-Kopf-Verbrauch von 88,1 l. 44,7 % der Produktion waren 2003 Cola-Limonaden.

Getränkesteuer, durch die Finanzausgleichs-Novelle 1991 von einer Verbrauchsteuer in eine Verkehrsteuer umgewandelte Steuer, die durch Landesgesetz näher geregelt und von den Gemeinden ausgeschrieben wurde. Sie betrug auf Speiseeis und alkohol. Getränke 10 %, auf alkoholfreie Getränke 5 % und war beim Verkauf an den Letztverbraucher vom Verkäufer abzuführen. Die G. wurde am 9. 3. 2000 durch den Europ. Gerichtshof aufgehoben, weil sie der Verbrauchsteuerrichtlinie der EU nicht gerecht wurde.

Die Gesundheitsminister der Republik Österreich	
Ingrid Leodolter (SPÖ)	2. 2. 1972–8. 10. 1979
Hertha Firnberg* (SPÖ)	8. 10. 1979–5. 11. 1979
Herbert Salcher (SPÖ)	5. 11. 1979–20. 1. 1981
Kurt Steyrer (SPÖ)	20. 1. 1981–17. 12. 1985
Franz Kreuzer (SPÖ)	17. 12. 1985–21. 1. 1987
Marilies Flemming* (ÖVP)	21. 1. 1987–31. 3. 1987
Franz Löschnak (SPÖ)	1. 4. 1987–2. 2. 1989
Harald Ettl (SPÖ)	2. 2. 1989–3. 4. 1992
Michael Ausserwinkler (SPÖ)	3. 4. 1992–17. 3. 1994
Christa Krammer (SPÖ)	17. 3. 1994–28. 1. 1997
Maria Rauch-Kallat (ÖVP)	1. 5. 2003–

* mit der Leitung betraut

Getreide, Sammelbezeichnung für bestimmte Kulturpflanzen; in Ö.: Roggen, Weizen, Gerste, Hafer, Mais, Dinkel. Die G.-Körner werden als Nahrungs- oder Futtermittel verwendet, die Halme dienen als Futter oder Streu.
Die ältesten Arten waren Weizen (Emmer) und Gerste, später Roggen. Sie wurden seit dem Neolithikum gezüchtet. Ein verstärkter Anbau wurde im MA nach der Verbesserung von Pflug und Sense möglich, er wurde in der Dreifelderwirt. (Winter-G., Sommer-G., Brache) geregelt. Um Hungersnöten durch G.-Mangel vorzubeugen, legten Städte G.-Speicher an. Seit dem 19. Jh. wurden durch Kunstdünger, verbesserte Sorten und techn. Geräte in der Landw. die Ernteerträge wesentlich erhöht, Missernten konnten durch Ankauf ausgeglichen werden. Seit ca. 1950 ist in Ö. der Anbau von Roggen zugunsten von Weizen rückläufig, stark zugenommen hat seit ca. 1960 der Anbau von Mais.
Zu Brot-, Futter- und Verarbeitungszwecken wurden 2002 284.300 ha Weizen (Triticum aestivum), 195.900 ha Mais, 47.150 ha Roggen (Secale cereale), 200.950 ha Gerste (Hordeum vulgare), 32.100 ha Hafer (Avena sativa) sowie 8500 ha Menggetreide (Weizen und Roggen), 4500 ha Dinkel (Triticum aestivum var. spelta) und 37.600 ha Triticale (Triticosecale sp.) angebaut; die gesamte Getreideanbaufläche umfasste 814.098 ha, das sind rd. 58 % des Ackerlands von Ö.. Die Überproduktion an Getreide konnte durch die Förderung von Alternativen (Eiweiß und Öl liefernde Pflanzen) eingedämmt werden. Die Gesamtproduktion von 4,75 Mio. t (2002) deckt die Versorgung zu 100 % (bei Weichweizen zu 151 %); pro Kopf und Jahr werden 50,2 kg Weizen- und 10,5 kg Roggenmehl konsumiert. Die Erträge liegen zw. 3,5 und 5 t/ha. Bei Weizen unterscheidet man den Weich- (Brot, Futter) und den Hartweizen (Grieß, Nudeln); zweizeilige Gerste wird in der Brauerei verwendet, mehrzeilige zur Fütterung.

Getzner, Christian, * 17. 10. 1782 Satteins (Vbg.), † 8. 8. 1848 Feldkirch (Vbg.), Pionier der Vbg. Textilind. Vertrieb ab 1813 in Heimarbeit hergestellte Baumwollwaren und gründete 1818 in Feldkirch, 1822 in Frastanz, 1832 in Nenzing und 1836 in Bürs Fabriken.
Literatur: G., Mutters & Cie. Bludenz, Festschrift, 1990.

Geusau, Anton Ferdinand Reichsritter, * 19. 12. 1746 Höchstädt (D), † 4. 2. 1811 Wien, Geschichtsschreiber. Kam 1769 nach Wien, verfasste in der josephin. Zeit Broschüren und später hist. Bücher. Ab 1787 Beamter des Wr. Magistrats.
Werke: Geschichte der Haupt- und Residenzstadt Wien, 4 Bde., 1789–93 und 6 Bde., ²1792–1810; Geschichte Ö. von den ältesten bis auf die gegenwärtigen Zeiten, 2 Bde., 1800/01; Geschichte der Stiftungen, Erziehungs- und Unterrichtsanstalten in Wien, 1803; Geschichte der Belagerung Wiens durch Kg. Matthias von Hungarn in den Jahren 1484 und 1485, 1805.
Literatur: G. Gugitz, A. F. G., in: Jb. des Hist. Vereins Wien 12, 1956.

Gewährleistung, die bei entgeltlichen Verträgen gesetzl. angeordnete Haftung des Schuldners für Mängel, welche die Leistung bei ihrer Erbringung aufweist (§§ 922 ff. ABGB). Je nach Art des Mangels kommen als Rechtsfolgen Vertragsaufhebung, Preisminderung und/oder Verbesserung in Betracht. Die Mängel müssen grundsätzlich gerichtlich geltend gemacht werden (Frist bei bewegl. Sachen 2 Jahre, bei unbewegl. 3 Jahre). Sonderregeln bestehen bei Viehmängeln (wegen Inkubationszeiten).
Literatur: H. Koziol u. R. Welser, Grundriss des bürgerl. Rechts, Bd. 2, ¹²2001.

Gewaltenteilung, Trennung der Staatsfunktionen Legislative (Gesetzgebung), Exekutive (Vollziehung) und Judikative (Rechtsprechung) und deren Wahrnehmung durch voneinander unabhängige Staatsorgane. G. soll Machtmissbrauch verhindern und so der Sicherung des Rechtsstaats dienen. Begründer der neuzeitl. Lehre von der G. war Montesquieu. In der ö. → Bundesverfassung ist die Trennung der Justiz von der Verwaltung ausdrücklich verankert (Art. 94 BVerfG).

Literatur: D. Merten (Hg.), Gewaltentrennung im Rechtsstaat, 1989.

Gewässergüte: Die biolog. Beurteilung von Fließgewässern erfolgt in Ö. mit Hilfe des Saprobiensystems, das auf dem Zusammenhang von Gewässerverunreinigung und verstärktem Vorkommen bestimmter Organismen beruht. Die Einteilung erfolgt in 4 Stufen, denen auf der G.-Karte verschiedene Farben entsprechen: Güteklasse I: kaum verunreinigt (blau), Güteklasse II: mäßig verunreinigt (grün), Güteklasse III: stark verunreinigt (gelb), Güteklasse IV: außergewöhnlich stark verunreinigt (rot). G.-Karten werden seit 1968 vom → Landwirtschaftsministerium herausgegeben. Die G. hat sich in den letzten 2 Jahrzehnten aufgrund des vermehrten Baus von Kläranlagen deutlich verbessert. V. a. schwer abbaubare und toxische Stoffe sind zurückgegangen.

Gewässerschutz: Auf der Grundlage des WasserrechtsG von 1934 (wieder verlautbart 1959, wesentlich geändert 1990) unterliegen alle nicht bloß geringfügigen Einwirkungen auf Tag- und Grundwässer einer behördl. Bewilligungspflicht. Die verschärften Anforderungen seit 1990 machten das ö. WasserrechtsG international zu einem der strengsten. Mit der Vollziehung des G.-Rechts sind der BMin. f. Land- und Forstw., Umwelt und Wasserwirt. (oberste Wasserrechtsbehörde), die Landeshauptleute und die Bezirksverwaltungsbehörden, bei denen das → Wasserbuch geführt wird, betraut.
Angesichts der gewaltigen Finanzierungserfordernisse im Bereich des G. wurde mit dem WasserbautenförderungsG 1948, das einen aus Bundes- und Landesmitteln gespeisten Fonds einrichtete, eine wesentl. Grundlage für die erfolgreiche Seensanierung geleistet. 1993 wurde diese Regelung durch das einheitl. UmweltförderungsG abgelöst, dessen Schwerpunkt in der Förderung von Reinigungsmaßnahmen für kommunale und betriebl. Abwässer liegt.
Als zentrales Aussprache- und Koordinationsgremium aller an der Nutzung von Gewässern interessierten Gebietskörperschaften, Unternehmen und Verbände fungiert der Ö. Wasser- und Abfallwirt.-Verband in Wien.
Aktuelle Problemfelder des G. sind in der in einigen Fällen noch unzureichenden kommunalen Abwasserentsorgung, in der auch durch landw. Nutzung mitbedingten Nitratbelastung immer weiterer Grundwassergebiete und nicht zuletzt im finanziell ungelösten Problem der Sanierung von Altlasten (alte Deponien, kontaminierte Ind.-Standorte) zu sehen.

Literatur: B. Raschauer, Kommentar zum Wasserrecht, 1993.

Gewehre (Büchsenmacherkunst): Die Herstellung von kunstvoll verzierten Feuerwaffen in Renaiss. und Barock ist für die ö. Technikgeschichte und das Kunstgewerbe von großer Bedeutung. Viele ö. Sammlungen besitzen kunsthandwerklich wertvolle G. alter Meister aus Ferlach, Wien, Salzburg und ländl. Orten in Ti., NÖ. und OÖ. Die Läufe waren meist tief gebläut, oft goldtauschiert, die Schlösser figürlich und ornamental geschnitten und graviert, die Schäfte häufig elegant geformt oder kunstvoll geschnitzt, einge-

Gewehre: Oesterreichische Waffenfabriks-Gesellschaft in Steyr, OÖ. Farblithographie, um 1885.

legt oder mit verzierten vergoldeten Messing- oder schweren Silberbeschlägen ausgestattet.
Den Ruhm der Sbg. Büchsenmacherkunst begründete die Dynastie der Zelner (oder Zellner), die 1595–1829 in Zell am Moos, Salzburg und Wien tätig waren; Kaspar Zelner ging 1692 nach Wien, wo er mit Markus Zelner an der Hochblüte der spätbarocken Büchsenmacherkunst teilhatte. Zu den Zelnern traten im 17. Jh. die Klett. Viele von ihren Feuerwaffen und jenen des verschwägerten Johann Krach sind auch bemerkenswerte techn. Erfindungen, Mehrlader eig. Systems, Vorgänger der modernen halbautomatischen Magazinwaffen.
1558 wurde der Grundstein zur Jagdgewehrind. in → Ferlach (Kä.) gelegt, die heute Weltruf besitzt als Herstellungsstätte feiner Jagdwaffen, welche von einzelnen Handwerksmeistern erzeugt (die Schäfte kunstvoll verschnitten, das Metall graviert) und genossenschaftlich vertrieben werden. In Ferlach besteht eine Fachschule für G.-Ind. (gegr. 1879), wo auch Graveure ausgebildet werden, und eine Höhere techn. Lehranstalt f. Waffentechnik.
Pioniere waren auch die Waffenschmiede von Steyr, deren Weltruf J. → Werndl begründete. Das in Ö. ab 1854 verwendete Vorderlade-G., System Lorenz, erfuhr 1866 seine erste Umgestaltung in das Hinterlade-G., System Wänzl. Das bereits 1865 von J. Werndl in Zusammenarbeit mit seinem Werkmeister K. → Holub konstruierte „Werndl-G." wurde in Ö. 1867 eingeführt; es wies erstmals eine Verminderung des Kalibers (auf 11 mm) auf. Steyr konnte wegen der Qualität seiner G. und der durch Werndl 1855 eingeführten maschinellen Erzeugung im Wettbewerb mit den großen Waffenfabriken in England, Belgien und Frankreich bestehen.
Der durch Forderung nach erhöhter Feuergeschwindigkeit notwendig gewordene Übergang vom Einlade-G. zum Mehrlade- oder Repetier-G. setzte in Ö. zu Beginn der 1880er Jahre durch versuchsweise Verwendung verschiedener derartiger G.-Bauarten ein, von denen die ö. Systeme Fruwirth und Kropatschek Drehkolbenverschluss und Vorderschaftsmagazin hatten. Schließlich wurde 1885 unter den vielen erprobten G.-Bauarten die von F. v. → Mannlicher gem. mit Schönauer konstruierte als die zweckmäßigste befunden. Das „Mannlicher-G." wurde von Ö. aus weltbekannt. Neben mechan. Verbesserungen wurde auch ein bedeutender ballist. Fortschritt im Werk Steyr erzielt (Verringerung des Laufkalibers und des Geschossgewichts, damit des Gesamtgewichts von 4,45 kg auf

3,65 kg). Die Produktion wurde bald auch auf Jagdwaffen, 1895 auch auf Pistolen und Maschinengewehre ausgedehnt. 1867–1922 wurden in der Ö. Waffenfabriks-AG Steyr insges. 9,065.559 G., 518.476 Pistolen und 49.739 Maschinengewehre erzeugt. Im 2. Weltkrieg erzeugten die Steyr-Werke 11 % aller dt. G. (Karabiner 98). Der G.- und Ersatzteilbedarf für das ö. Bundesheer seit 1958 wurde von der → Steyr-Daimler-Puch AG bzw. von der Steyr Mannlicher GmbH & Co KG durch die Produktion des Sturm-G. 58, des Sturm-G. 77, des Scharfschützen-G. 69 und des Maschinen-G. 74 gedeckt, wobei die G.-Lieferungen bereits Mitte der 1980er Jahre eingestellt wurden. Die Steyr-Mannlicher GmbH & Co KG erzeugt auch Pistolen sowie Sport- und Jagdwaffen. In Ferlach werden ebenfalls weiterhin Jagd-G., auch für den Export, gefertigt.

Literatur: E. Baumgartner, Die Geschichte der Waffenerzeugung in Ferlach, Diss., Innsbruck 1953; M. Pfaffenwimmer, Die wirt. und soz. Entwicklung der „Ö. Waffenfabriksges." unter der Leitung des Gen.-Dir. Josef Werndl 1869–89, Diss., Wien 1985.

Gewerbeforschung, siehe → Institut für Gewerbe- und Handwerksforschung.

Gewerbemuseum, Technologisches, siehe → Technologisches Gewerbemuseum.

Gewerbepark (Businesspark), in den USA entwickelte ganzheitl. Gestaltung von Bauflächen mit ausgewogenen Anteilen an Büro-, Ausstellungs-, Service- und Lagerflächen mit großer Flexibilität und Variationsmöglichkeiten für eine größere Anzahl von Betrieben. Vorwiegend Unternehmen mit getrennten Büro- und Lagerräumen oder der High-tech-Branche bevorzugen G. Der erste ö. G. entstand 1991 in Wien-Liesing, weitere Beispiele sind der G. Wien-West, der Business Park Vienna auf dem Wienerberg, in NÖ. der Concorde Business Park in Schwechat, die „Civitas Nova" in Wr. Neustadt oder die Idee eines grenzüberschreitenden G. in Gmünd/Česke Velenice. Wr. Neudorf und Wolkersdorf verfügen über gewerbeparkähnliche Industrieparks. Die Landes- und Stadtverwaltungen erwarten von G. wirt. Impulse.

Gewerberecht: Zentrales Gesetz für die Ausübung selbständiger gewerbl. Erwerbstätigkeiten in Ö. ist die Gewerbeordnung 1994 (GewO). Manche Branchen, wie Banken und Versicherungen, unterliegen Sondergesetzen. Zum G. zählen auch das Öffnungszeiten- und das Berufsausbildungsgesetz.
Für reglementierte Gewerbe und Teilgewerbe, nicht aber für → freie Gewerbe, ist ein Befähigungsnachweis erforderlich (z. B. Meisterprüfung, Befähigungsprüfung, Lehrabschlussprüfung plus Praxiszeiten). Gewerbe dürfen grundsätzl. aufgrund einer Anmeldung bei der Behörde ausgeübt werden; bei einzelnen „sensiblen" Gewerben (z. B. Elektrotechnik, Waffengewerbe) ist eine Zuverlässigkeitsprüfung vorgesehen. Zum Schutz von Kunden, Arbeitnehmern, Jugendlichen und der Umwelt enthält die Gewerbeordnung vielfältige Ausübungsvorschriften. Betriebsanlagen sind meist genehmigungspflichtig.

Literatur: H. Grabler u. a., Kommentar zur GewO, ²2003.

Gewerbeschulen, siehe → Staatsgewerbeschulen.

Gewerbesteuer, bis 1993 vom Steuergegenstand „inländ. Gewerbebetrieb" aufgrund der Bemessungsgrundlagen Gewerbeertrag, -kapital und Lohnsumme erhobene Objektsteuer mit dem eigentl. Zweck, die Gemeinden durch Gewerbebetriebe verursachte Mehrbelastungen abzudecken. Der Messbetrag der Gewerbeertragsteuer wurde 1988 von 5 % auf 4,5 % herabgesetzt, der Messbetrag für die Lohnsummensteuer betrug ab 1986 0,2 %, die Gewerbekapitalsteuer wurde 1986 de facto abgeschafft. Die Messbeträge waren mit dem Hebesatz zu multiplizieren, der bei der Gewerbeertragsteuer ab 1986 für den Bundesanteil 1,28, den Gemeindeanteil 1,72 und den Handelskammeranteil je nach Bundesland und Jahr zw. 0,1 und 0,43, bei der Lohnsummensteuer, die ausschließlich den Gemeinden zufloss, 10 betrug. Die G. war als Betriebssteuer Abzugsposten bei der Ermittlung des steuerpflichtigen Einkommens. Die G. wurde durch die Steuerreform 1993 abgeschafft, die Lohnsummensteuer durch die ähnlich gestaltete → Kommunalsteuer ersetzt.

Literatur: W. Doralt u. H. G. Ruppe, Grundriß des ö. Steuerrechts, 1989.

Gewerbe und Handwerk werden seit den Anfängen einer eigenständigen Gewerbewiss. nach dem 2. Weltkrieg als selbständige wirt. Erwerbstätigkeiten gesehen, vorwiegend gerichtet auf Deckung differenzierten Bedarfs durch Leistungen, die v. a. Ergebnis der Persönlichkeit des Unternehmers, seiner umfassenden berufl. Ausbildung und des üblichen Einsatzes seiner personellen Kräfte und Mittel sind. In der → Wirtschaftskammer Österreich bilden Gewerbe, Handwerk und Dienstleistungen eine gemeinsame Sparte.

2003 gab es in Ö. 138.061 Mitglieder im Bereich G. u. H. der WK Ö., das entspricht 26,5 % aller Betriebe. Die Steigerung gegenüber 1981 betrug 37 %.
Die strukturelle Veränderung des ö. Gewerbes ist schon seit Jahrzehnten gekennzeichnet durch Tendenzen zur Spezialisierung (z. B. bei Mechanikern), zur Mechanisierung und Teilautomatisierung und zum Übergang von der Fertigung zur Reparatur, wobei die Gewerbebetriebe z. T. auch Funktionen des Handels übernehmen (im Durchschnitt rd. 15 % des Umsatzes). Nach einer Periode des Ansteigens der Betriebsgrößen (bis Mitte der 1970er Jahre) von durchschnittlich 5 auf 8 Beschäftigte blieb die durchschnittl. Betriebsgröße relativ konstant auf diesem Niveau. 1902 hatten noch 84,4 % aller gewerbl. Betriebe weniger als 3 Arbeitskräfte, 1939 noch 80 %, 1954 nur 75,5 %, 1983 nur noch 61 %; seither ist dieser Anteil der Kleinstbetriebe konstant bzw. wieder leicht im Ansteigen (2003: 61,93 %). 1902 arbeiteten fast 29 % aller Arbeitskräfte in solchen Kleinbetrieben, 1954 nur noch 15,5 %. Seither ist eine stetige leichte Abnahme bemerkbar (2003: 8,5 %). Außerdem besteht seit Jahrzehnten eine Tendenz, dass sich Betriebe in benachbarte Fachgebiete ausweiten; so gliedern sich Autoreparaturwerkstätten Tankstellen und Espressos an, Schmiede weichen in den Landmaschinenbau und das Schlossergewerbe aus, Schlosser in die Installation, Sattler in die Tapeziererei. Andererseits führen auch Großunternehmungen z. T. immer mehr handwerklich-gewerbl. Tätigkeiten aus: Elektrizitätsversorgungsunternehmungen installieren selbst ihre Geräte und bilden Lehrlinge aus, die Ind. montiert und repariert in manchen Sparten selbst. Die grundsätzl. Unterschiede zw. Ind. und G. u. H. und die dadurch gebotene Aufgabenteilung – Befriedigung uniformer gegenüber differenzierter Bedürfnisse durch eher instrumental gegenüber personal geprägtes Wirtschaften – überschneiden sich durch solches Ausgreifen zwar in den Randbereichen, werden aber nicht aufgehoben. Die weitere strukturelle Veränderung von G. u. H. in Ö. ist bes. durch eine Verschiebung in Richtung Dienstleistungsgewerbe gekennzeichnet; die starke Zunahme an Betrieben in den Jahren 1990–95 war v. a. auf das Wachstum der Dienstleistungsbranchen zurückzuführen, wobei wiederum die Wirtschaftsdienstleistungen (Unternehmensberater, EDV-

Dienstleister, Immobilienmakler, Werbung u. a.) an 1. Stelle standen.
Der Anteil des Gewerbes an der Gesamtbeschäftigung in Ö. betrug 2002 ca. 23,5 %, womit es (gefolgt von der Sektion Handel mit 21,6 % und der Sektion Industrie mit 19,3 %) die meisten Arbeitsplätze bietet. Die bedeutendsten Gewerbezweige waren 2002 das Baugewerbe (74.800 Beschäftigte), das Tischlergewerbe (42.200 Beschäftigte) und das Schlossergewerbe (38.800 Beschäftigte). Frühere Domänen, wie das Nahrungs- und Genussmittel- (5400 Beschäftigte) oder das Bekleidungsgewerbe (3500 Beschäftigte), sind in ihrer tatsächlichen Bedeutung mittlerweile weit zurückgefallen. → Handwerk.

Gewerbeverein, Österreichischer, 1839 in Wien gegr. Interessenvertretung (1938 stillgelegt, 1947 neu gegr.) der mittelständischen Unternehmungen Ö. mit der Aufgabe der Unterstützung von Klein- und Mittelbetrieben in Sachfragen wie Rechts- und Förderungsberatung, Technologietransferunterstützung sowie Unternehmensberatung usw.
Publikationen: Ztschr. „Ö. Wirtschaft", 1846 ff.
Literatur: P. Müller, 110 Jahre Ö. G., 1949; J. Bittner, Festschrift 150 Jahre G., 1989; E. Engelmann, Der Ö. G., Dipl.-Arb., Wien 1989; H. Kainz, Bed. Protagonist, in: Austria innovativ 4, 1994.

Gewerbewesen (Gewerberecht, Gewerbeordnung): Das G. ist in Gesetzgebung und Vollziehung Bundessache. Gewerbebehörden sind die Bezirksverwaltungsbehörden, der Landeshauptmann und das BM f. Wirt. und Arbeit. Auch die Bundespolizeibehörden und die WK (Lehrverträge, schiedsgerichtl. Entscheidung über den Umfang von Gewerberechten) sind mit der Vollziehung in 1. Instanz betraut.
Die rechtl. Grundlage des ö. G. geht im Wesentlichen auf die Gewerbeordnung von 1859 zurück; sie sicherte die größtmögliche Gewerbefreiheit. Mit zunehmender Industrialisierung wurde aber die Gewerbefreiheit wieder mehr eingeschränkt: 1883 Befähigungsnachweis für handwerksmäßige Gewerbe, 1885 Ausgestaltung des gewerbl. Arbeitsschutzes, 1893 Baugewerbe-, 1895 Sonntagsruhegesetz, 1907 Verwendungsnachweis für bestimmte Handelsgewerbe, 1934 Einführung der gebundenen Gewerbe und der obligatorischen Meisterprüfung für die handwerksmäßigen Gewerbe, 1937 Untersagungsgesetz (hob die Gewerbefreiheit praktisch auf). 1940 wurde das dt. Handwerksrecht eingeführt, 1952 wieder das ö. Gewerberecht; das Untersagungsgesetz wurde aufgehoben, der Befähigungsnachweis für die gebundenen Gewerbe verschärft.
In der Gewerbeordnung 1994 (Novelle 2002) werden „freie Gewerbe" und „reglementierte Gewerbe" unterschieden. Für reglementierte Gewerbe ist die Beibringung eines Befähigungsnachweises vorgeschrieben, in manchen Fällen ist auch eine Überprüfung der Zuverlässigkeit (Rechtskraftgewerbe, etwa Vermögensberater) oder die Erteilung einer Betriebsanlagengenehmigung vorgesehen. Allgemeine Voraussetzungen für den Gewerbeantritt sind: ö. oder EWR-Staatsbürgerschaft, Nichtvorliegen von Ausschließungsgründen (gewisse Vorstrafen, Konkurs), Volljährigkeit.
Literatur: W. Kemmetmüller u. W. Sertl (Hg.), Klein- und Mittelbetriebe – Chancen, Probleme, Lösungen, 1981; Inst. f. Gewerbe- und Handwerksforschung, Gewerbe und Handwerk 2000, 1991; J. Mugler, Betriebswirtschaftslehre der Klein- und Mittelbetriebe, 1993; K. M. Fischer, Gewerberecht für die betriebl. Praxis, ³2002; F. Filzmoser, Gewerbl. Berufsrecht nach der Gewerbeordnungs-Novelle 2002, 2003; W. Fasching u. a., Gewerberecht, ²2003.

Gewerbliche Berufsschulen, siehe → Berufsschulen.

Gewerbliche Genossenschaften: Vereine, die der Förderung des Erwerbs oder der Wirtschaft ihrer Mitglieder dienen und sich aus Selbständigen des Gewerbes oder ähnl. Berufe zusammensetzen. Grundidee ist die Selbsthilfe: Die im vorigen Jh. von H. Schulze-Delitzsch (1808–1883) begründeten g. G. haben sich als wichtiges Instrument zur Sicherung des gewerbl. Mittelstands erwiesen. G. G. haben ihren Hauptzweck nicht in der Gewinnerzielung, sondern in der Förderung ihrer Mitglieder v. a. durch gemeinsamen Einkauf, Verkauf, Produktion, Werbung sowie andere Dienstleistungen oder Kreditgewährung. Am häufigsten ist die Form der g. G. mit beschränkter Haftung der Mitglieder. Rechtsgrundlage ist das Genossenschaftsgesetz aus 1873, zuletzt 1974 novelliert.
Die Warengenossenschaften nach dem System Schulze-Delitzsch erzielten 2003 mit 6087 Mitarbeitern einen Umsatz von knapp 2 Mrd. Euro. Zu ihren bekanntesten Mitgliedern gehören die Lebensmittelkette → ADEG, die → Austria Presse Agentur, der Sportartikelhändler Intersport und die Elektro-Großhandelsorganisationen Funkberater und Expert. Gewerbl. Kreditgenossenschaften sind die → Volksbanken. Revisionsverband aller g. G. in Ö. ist der Österreichische → Genossenschaftsverband (Schulze-Delitzsch).

Gewerbliches Sozialversicherungsgesetz, GSVG, regelt seit 1957 die Kranken- und Pensionsversicherung aller selbständig Erwerbstätigen. Das Gesetz unterscheidet bezügl. der Pflichtversicherung zwischen „alten" und „neuen" Selbständigen. Zu den alten Selbständigen gehören alle Mitgl. der Wirtschaftskammer, dies sind somit alle Personen, denen eine Gewerbeberechtigung erteilt wurde. Hinzu kommen die persönlich haftenden Gesellschafter von Personengesellschaften (OHG, KG, OEG, KEG), sofern die Personengesellschaften ihrerseits Kammermitgl. sind und die Gesellschafter-Geschäftsführer einer GmbH. Von der Pflichtversicherung ausgenommen sind Kleinstunternehmer, deren jährl. Umsätze unter 22.000 Euro und jährl. Einkünfte unter 3794,28 Euro (2004) liegen. Als neue Selbständige gelten alle übrigen selbständig erwerbstätigen Personen, die aus ihrer betriebl. Tätigkeit Einkünfte im Sinne der §§ 22, 5 und/oder 23 Einkommensteuergesetz erzielen, sofern sie nicht nach einem anderen Sozialversicherungsgesetz pflichtversichert sind. Darunter fallen v. a. Werkvertragsnehmer; freie Dienstnehmer mit eig. Betriebsmitteln, Selbständige ohne Gewerbeberechtigung und Gesellschafter von Personengesellschaften, die nicht Kammermitgl. sind. Allerdings sind die neuen Selbständigen nur pflichtversichert, wenn sie bestimmte Einkommensgrenzen überschreiten (2004: 316,19 Euro monatl. neben anderen Einkünften oder 537,78 Euro monatl. bei rein selbständiger Erwerbstätigkeit).
In der Pensionsversicherung nach GSVG sind überdies Mitgl. der Kammer der Wirtschaftstreuhänder und der ö. Dentistenkammer, freiberufl. Pflichtmitgl. der Tierärztekammer, freiberufl. Journalisten und freiberufl. bildende Künstler teilversichert. Träger ist die Sozialversicherungsanstalt der gewerbl. Wirt. mit Sitz in Wien.
Literatur: W. Brodil u. M. Windisch-Graetz, Sozialrecht in Grundzügen, ³1998; T. Tomandl, Sozialrecht in Fragen und Antworten, 1999.

Gewerke, alte Bezeichnung für den Eigentümer eines Bergwerks. Die Anteile der Gewerken wurden Kuxe genannt. Die G. oder Gewerkschaften waren nach älteren bergrechtl. Vorschriften Gesellschaften, an denen Gesamthandeigentum bestand (d. h. keine juristische Person).

GEWERKSCHAFTEN: Vorläufer waren ab dem 15. Jh. nachweisbare Bruderschaften von Handwerksgesellen. Nach einem Aufstand der Schuhknechte 1722 wurden alle Bruderschaften und Gesellenvereine aufgelöst, im Strafgesetzbuch von 1803 wurde die Vereinigung von Handwerksgesellen unter Strafe gestellt. Im Vormärz kam es dann vereinzelt zur Bildung von Kranken- und Sterbekassen. Die Staatsgrundgesetze von 1867 und das Koalitionsgesetz von 1870 ermöglichten den Zusammenschluss von Vereinigungen und die Durchsetzung verbesserter Arbeitsbedingungen durch Streiks, sodass in den Folgejahren Gewerkschaftsvereine gebildet werden konnten. 1873 gab es in den jetzigen ö. Bundesländern insges. 150 Vereine mit ca. 52.000 Mitgl., davon 70 % in Wien. Schon damals bestand eine Verbindung zur → Arbeiterbewegung, auf dem Parteitag von Hainfeld 1888/89 wurde die Gründung von Gewerkschaftsvereinen empfohlen. 1892 bildeten 194 (davon 69 Wr.) Fachvereine die „Provisor. Kommission der Gewerkschaften Ö.", die 1893 einen 1. Gewerkschaftstag abhielt. 1897 spaltete sich eine tschech. Kommission ab, deren autonome Vereine hatten 1909 40.000, die ö. Vereine 415.000 Mitglieder. Seit ca. 1890 entstanden auch christl. G.-Vereine, die 1906 eine Zentralkommission bildeten. Die nach 1900 gegr. dt.-nat. G. hielten 1906 einen Kongress ab. Die einzelnen Berufsgruppen waren verschieden stark organisiert, am besten Buchdrucker, Lithographen und Bauarbeiter.

Nach 1900 organisierten die G. große Streiks für die Verkürzung der Arbeitszeit und schlossen zunehmend Kollektivverträge (ohne gesetzl. Basis) ab, ihr Einfluss auf die Wirtschaftspolitik war aber gering. Der Ausnahmezustand während des 1. Weltkriegs erschwerte die Tätigkeit (Kriegsdienstleistungsgesetz).

Nach 1918 schlossen sich die der G.-Kommission Zugehörigen als → freie Gewerkschaften den Soz.-Dem. an und waren in der Sozialpolitik erfolgreich (F. → Hanusch, F. → Domes), kooperierten mit den 1920 geschaffenen Arbeiterkammern (→ Kammern für Arbeiter und Angestellte), errichteten Lehrlingssektionen und hatten Ende 1921 1,079.777 Mitgl. Diese Zahl ging bis 1932 auf 520.000 zurück. 1928 nannte sich die Kommission „Bund freier G.". Die Bindung an die Soz.-Dem. führte im Februar 1934 zur Auflösung. Die von der Regierung unterstützten christl. G. hatten 1920 65.000 Mitgl. und stiegen bis 1932 auf 130.000 Mitgl. 1928 kam es zur Bildung einer nominell unabhängigen, de facto von den Unternehmern geförderten und den Heimwehren nahe stehenden → gelben Gewerkschaft. Dt.-nat. G. bestanden weiterhin und hatten 1931 ca. 50.000 Mitgl. Im März 1934 wurde der „G.-Bund der öffentl. Arbeiter und Angestellten" (ohne öffentl. Bedienstete sowie Land- und Forstarbeiter) als öffentl.-rechtl. Einrichtung geschaffen, der auch das Vermögen der freien G. erhielt und ein Mitspracherecht bei der Arbeitsvermittlung bekam, aber nur über eingeschränkte Selbstverwaltung verfügte (Ende 1936: 368.000, 1937: 400.000 Mitgl.).

1938 wurde der G.-Bund aufgelöst, die Arbeiter und Angestellten der Dt. Arbeitsfront (DAF), einer gem. Organisation der Arbeitnehmer und Arbeitgeber, eingegliedert. Am 15. 4. 1945 wurde in Wien der Ö. → Gewerkschaftsbund gegr.

Literatur: F. Klenner, Geschichte der ö. G., 3 Bde., 1951–79; ders., 100 Jahre ö. G. 1981; W. Göhring, Die Gelben G. Ö. in der Zwischenkriegszeit, 1998; B. Schleicher, Heißes Eisen, 1999; W. Göhring u. B. Pellar, Anpassung und Widerstand, 2001.

GEWERKSCHAFTSBUND, ÖSTERREICHISCHER, ÖGB, im April 1945 als einheitl., überparteil. Interessensvertretung der ö. Arbeitnehmer gegründet. Die Mitgliedschaft ist freiwillig. Der ÖGB ist als Verein registriert und steht allen unselbständig Erwerbstätigen, Lehrlingen, Arbeitslosen, Schülern und Studenten sowie freischaffend und freiberufl. Tätigen offen, soweit sie von ihrer Tätigkeit her mit unselbständig Erwerbstätigen vergleichbar sind.

Der ÖGB ist Dachorganisation von 13 Einzelgewerkschaften (ursprünglich 16), in denen rd. 1,4 Mio. Mitgl. organisiert sind. Die Gewerkschaftsorganisation hat zum Ziel, die wirt., soz. und kulturellen Interessen aller Arbeitnehmer gegenüber Arbeitgebern, Staat und Parteien zu vertreten und ihre Mitgl. in allen Fragen des Arbeitslebens zu betreuen.

Im Gegensatz zur gesetzl. Interessenvertretung der Arbeitnehmer (→ Arbeiterkammern) obliegt dem ÖGB und den Gewerkschaften die betriebl. Arbeit, die Durchführung von Kollektivvertragsverhandlungen (für 95 % der unselbständig Beschäftigten) mit den Arbeitgeberverbänden und die polit. Grundsatzpositionierung.

Der ÖGB ist Mitglied der Wirtschafts- und → Sozialpartnerschaft, eines informellen Systems der freiwilligen Zusammenarbeit der Verbände und Vereinigungen der Arbeitgeber und der Arbeitnehmer.

Die Existenz polit. Fraktionen trägt der Überparteilichkeit des ÖGB Rechnung. Aufgrund der Belegschaftsvertretungswahlen hat die Fraktion Sozialdemokratischer GewerkschafterInnen (FSG) im ÖGB und den meisten Gewerkschaften die Mehrheit, in einzelnen Organisationsbereichen die Fraktion Christlicher Ge-

Gewerkschaftsmitglieder in Österreich (1963–2002)

Gewerkschaft	1963	1986	1993	2002
Metall–Textil	386.084	218.022	260.948	211.301
Privatangestellte	246.465	198.008	333.213	287.558
Bau–Holz	194.437	177.068	186.723	153.827
Eisenbahner	122.289	110.301	114.956	94.552
Öffentl. Dienst	120.815	134.699	228.815	229.225
Gem.-Bedienstete	120.303	97.003	174.927	172.603
Chemiearbeiter	65.894	46.299	51.172	34.018
Agrar–Nahrung–Genuss	113.052	46.695	54.357	38.472
Post- u. Fernmeldebedienstete	54.251	59.780	82.275	68.973
Handel, Transport, Verkehr	26.490	24.706	38.220	34.735
Druck u. Papier	25.665	17.672	20.444	19.302
Hotel, Gastgewerbe, Persönl. Dienst	39.174	13.424	53.188	50.096
Kunst, Medien, freie Berufe	16.476	12.071	16.778	11.857
gesamt	1.531.395	1.155.748	1.616.016	1.406.519

Großdemonstration des Österreichischen Gewerkschaftsbunds gegen die Pensionsreform. Foto, 2003.

werkschafter (FCG). Weitere Fraktionen: Gewerkschaftlicher Linksblock (GLB), Unabhängige GewerkschafterInnen (UG), Parteifreie Gewerkschafter (PGF) und Freiheitliche Arbeitnehmer (FA).

Höchstes Gremium des ÖGB ist der Bundeskongress, bei dem Vertreter der Gewerkschaften und von Teilorganisationen alle 4 Jahre das Präsidium und die Kontrollkommission wählen und die wesentl. Richtlinien und Forderungen der Gewerkschaftspolitik formulieren. Der Bundesvorstand, ähnlich wie der Bundeskongress zusammengesetzt, fasst alle Beschlüsse zw. den Kongressen. Das Präsidium, bestehend aus Präsident (1945–59 J. → Böhm, 1959–63 F. → Olah, 1963–87 A. → Benya, seit 1987 F. → Verzetnitsch), 6 Vizepräsidenten (davon mind. 1 Vertreterin der Frauenabteilung), 3 Leitenden Sekretären und etwaigen beratenden Personen, führt zwischen den Sitzungen des Bundesvorstandes die Geschäfte des ÖGB. Die Kontrollkommission prüft die gesamte Tätigkeit und die Finanzgebarung.

Der ÖGB verfügt neben der zentralen Organisation auf Bundesebene mit Sitz in Wien über Landes- und Bezirksorganisationen. Die einzelnen Gewerkschaften sind ähnlich organisiert. Zusätzlich gibt es bei ihnen noch eine Gliederung nach Arbeits- und Fachbereichen. Auf dem 13. Bundeskongress 1995 wurde ein Reformprojekt zur Bildung neuer Gewerkschaften bzw. neuer Allianzen und die Schaffung von Arbeitsgemeinschaften beschlossen. Auf internat. Ebene ist der ÖGB sowohl Gründungsmitglied des Internationalen Bundes Freier Gewerkschaften (IBFG) wie auch des Europ. Gewerkschaftsbundes (EGB). Die meisten Gewerkschaften des ÖGB sind an die entsprechenden Internat. Berufssekretariate sowie die Europ. Gewerkschaftsausschüsse angeschlossen. Darüber hinaus ist die Fraktion Christlicher Gewerkschafter im ÖGB Mitglied im Weltverband der Arbeitnehmer (WVA).

Literatur: F. Klenner, Die ö. Gewerkschaftsbewegung, Entstehung, Entwicklung, Zukunft, 1987; R. Streiter, Ö. kommunist. Gewerkschafter in der 2. Republik, 1989; F. Klenner, Der ÖGB 1945–55, 1991; Vom 1. bis zum 12. ÖGB-Bundeskongreß, 1992; F. J. Lackinger, Der ÖGB 1956–82, 1993.

Gewey, Franz Xaver Karl, * 14. 4. 1764 Wien, † 18. 10. 1819 ebd., Schriftsteller, volkstüml. Bühnendichter und Schauspieler. Ab 1789 im Staatsdienst; setzte 1813–19 die von J. Richter begonnenen → Eipeldauer-Briefe fort (12 Hefte pro Jahr).

Werke: Parodien, Travestien, Lokalpossen; Komische Gedichte über die Vorstädte Wiens, 1812–25 (6 Hefte).
Literatur: J. Macho, Der Wr. Volksdichter F. X. K. G., Diss., Wien 1939.

Gewichtheben: Als moderner Wettkampfsport etablierte sich G. in den späten 70er Jahren des 19. Jh.; heute umfasst dieser Sport die Disziplinen Reißen und Stoßen sowie Zweikampf. Die Einteilung erfolgt nach Gewichtsklassen. Seit 1987/88 nehmen auch Frauen am G. teil. Ö. verzeichnete v. a. in der Frühzeit und bis zum 2. Weltkrieg viele Erfolge (4 Olympiasieger, 32 Weltmeister- und 26 Europameistertitel); der 1890 gegr. Ö. Gewichtheberverband (ÖGV) umfasst 48 Vereine mit 4927 Mitgl. (Stand 2003).

Publikationen: Der Gewichtheber, 1954 ff.

Gewinn, monatl. erscheinendes Wirtschaftsmagazin, gegr. im April 1982 von G. → Wailand (Hg.) und G. Waldstein; Letzterer ist bis heute zu 100 % Eigentümer. Druckauflage 2003: 103.000.

Gewürzpflanzen: Von den in Ö. wild wachsenden G. sind v. a. zu nennen: Beifuß, Echter/Artemisia vulgaris: häufige Ruderalpflanze (→ Ruderalfluren), Knospen der Blütenkörbe im Frühsommer – Dost, Echter/Origanum vulgare: auf Waldschlägen, an Waldrändern, blühendes Kraut im Sommer – Gundelrebe, Echte/Glechoma hederacea: auch Gundermann genannt, in Auen und Fettwiesen, auch Ruderalfluren, Laubblätter im Frühling, nicht in zu großer Menge verwenden!, für Pferde giftig! – Kerbel, Echter/Anthriscus cerefolium var. longirostris: diese Wildrasse ist die Stammsippe des Küchen-Kerbels (kärntnerisch „Keferfil"), in Auwäldern und ruderalisierten Wald- und Gebüschrändern im → pannonischen Klimagebiet, Laubblätter im Vorfrühling, vor der Blütezeit – Schnittlauch/Allium schoenoprasum var. sibiricum: Stammsippe des Kultur-Schnittlauchs, in Quellfluren des Hochgebirges – Wacholder, Echter/Juniperus communis: Kranawett, Kronawit usw. Beerenzapfen („Wacholderbeeren"), 2-häusiger und widerresistenter Strauch oder Baum, in der Subalpinstufe die zwergstrauchige subsp. alpina/Zwerg-Wacholder – Wiesenknopf, Kleiner/Sanguisorba minor: in Trockenrasen, Laubblätter im Frühling, wird verwirrenderweise auch „Pimpinelle" und „Bibernelle" genannt (diese Namen sollten besser nur für die Doldenblütlergattung Pimpinella verwendet werden!) – Wiesenkümmel/Carum carvi: in Fettwiesen, bes. in montanen Fettweiden, wilde Stammsippe des kultivierten Kümmels. → Wildgemüse und -salate, → Wildobst.

Geyer, Georg, * 20. 2. 1857 Auhof (Gem. Blindenmarkt, NÖ.), † 25. 11. 1936 Wien, Alpinist, Geologe und Paläontologe. Ab 1882 an der Geolog. Reichsanstalt, 1920–23 deren Dir. Bedeutender Hochalpinist, der in den Kalkalpen hochalpine geolog. Aufnahmen von grundlegender Bedeutung erstellte.

Werke: Das Tote Gebirge, 1878; Über die liasischen Brachiopoden des Hierlatz bei Hallstatt, 1889.

Geyer, Rudolf, * 31. 1. 1891 Wien, † 19. 12. 1958 ebd., Wirtschaftshistoriker. Ab 1925 im Archiv der Stadt Wien tätig, 1945–56 dessen Dir., Univ.-Doz.

Werke: Hb. der Wr. Matriken, 1928; Münze und Geld, Maß und Gewicht in NÖ. und OÖ., in: A. F. Pribram, Geschichte der Preise und Löhne, Bd. 1, 1938; Die ma. Stadtrechte Wiens, in: MIÖG 58, 1950.
Literatur: M. Kratochwill, R. G., Nachruf, in: MIÖG 61, 1959.

Geyling, Carl, * 23. 2. 1814 Wien, † 2. 1. 1880 ebd., Landschafts- und Glasmaler; Bruder des Malers Josef G. (1799–1885), Großonkel von Remigius → Geyling. Studierte an der Wr. Akad. bei A. Petter und J. → Mössmer. Auftrag für die Glasbilder von Schloss Laxenburg (1840), beschäftigte sich ab diesem Zeitpunkt eingehend mit der Glasmalerei und begründete 1841 in Wien eine noch heute bestehende Werkstätte für Glasmalerei, die sich seit 1997 im Besitz des Stiftes → Schlierbach befindet.

Weitere Werke: Glasbilder für Stephansdom, Landhauskapelle, Votivkirche, Stift Klosterneuburg, Dome in Kaschau und Pressburg.

Geyling, Remigius, * 29. 6. 1878 Wien, † 4. 3. 1974 ebd., Maler und Bühnenbildner; Sohn des Historienmalers Rudolf G. (1839–1904), Großneffe von Carl → Geyling. 1909–11 und 1922–45 Ausstattungschef des Wr. Burgtheaters und Erfinder der Bühnenprojektion (erstmals 1925 in „Peer Gynt" am Burgtheater angewendet). Er schuf um 1920 auch Entwürfe für die familieneig. Glasmalerwerkstätte, war Gründungsmitgl. des Ö. → Werkbunds und 1926–46 Prof. an der Wr. Kunstgewerbeschule.

Literatur: G. Szyszkowitz, R. G., Diss., Wien 1960; J. Mayerhöfer, Die Bühnenbildner der Wr. Jugendstil und Expressionismus, 1971; C. Nebehay, R. G., 1974.

Geymüller, Johann Heinrich Frh. von, * 17. 5. 1754 Basel (CH), † 1. 4. 1824 Wien, Bankier. Hatte 1805 und

Remigius Geyling: Kostümentwurf.

1809 wesentl. Anteil an der Aufbringung der von Napoleon geforderten Kriegskontributionen, Mitbegründer der Oesterr. → Nationalbank. Das G.-Palais war gesellschaftl. Mittelpunkt; dort lernte F. → Grillparzer K. → Fröhlich kennen.

Gföhl, NÖ., KR, Stadt, 579 m, 3740 Ew., 80,72 km², am SW-Rand des Gföhler Walds, im südl. Waldviertel. – Geflügelfarm, Erzeugung von Kerzen und Uniformen. – Barocke Pfarrkirche (1715–20), ehem. Gruftkapelle (1761) der Fam. Sinzendorf. Der Gföhler Wald war einst landesfürstl. Forst- und Bannbezirk, der ab dem 16. Jh. gerodet wurde (Einzelhofgebiet). Zentrum war der bereits im 15. Jh. genannte „Jaidhof" (Jagdhof), der im 19. Jh. zu einem klassizistischen Schloss mit vorgelagerter Altane ausgebaut wurde.
Literatur: J. Wurzer (Red.), 800 Jahre G., 1982.

Gföllner, Hans, * 21. 10. 1877 Linz (OÖ.), † 21. 6. 1931 ebd., Entomologe. Wiss. Mitarbeiter des Oö. Landesmuseums, an dem sich heute seine Smlg. von mehr als 12.000 Hymenopteren befindet.

Gföllner, Johannes Maria, * 17. 12. 1867 Waizenkirchen (OÖ.), † 3. 6. 1941 Linz (OÖ.), Bischof von Linz (1915–41). 1893 Priesterweihe, deklarierte sich in seinem berühmten Hirtenbrief „Über wahren und falschen Nationalsozialismus" 1933 deutlich als Gegner des Nat.-Soz. (trotz antisemit. Tendenzen).
Literatur: R. Kutschera, J. M. G., Bischof dreier Zeitenwenden, 1972.

Ghega, Karl Ritter von, * 10. 1. 1802 Venedig (I), † 14. 3. 1860 Wien, Techniker, Erbauer der → Semmeringbahn. Mit 18 Jahren Doktorat in Padua, leitete 1836–40 den Bau von Teilstrecken der → Nordbahn; 1836/37 in England und 1842 in Amerika zum Studium des Eisenbahnwesens, nach seiner Rückkehr im Dienst der Staatseisenbahnen mit dem Ausbau der südl. und südöstl. Bahnlinien betraut. Für die Überwindung des Semmerings legte er 1848 einen Streckenplan unter Anwendung eines reinen Adhäsionsbetriebs vor, gleichzeitig förderte er die Konstruktion entsprechender Lokomotiven. Der schwierige Bau konnte trotz heftiger Gegnerschaft vorangetrieben und 1854 eröffnet werden. Ö. wurde damit zum Pionier beim Bau von Gebirgsbahnen mit durchgehenden, langen Steilrampen. 1850 wurde G. Vorstand der Generalbaudirektion für die Staatseisenbahnen und erhielt den Adelstitel. 1855–57 baute G. das letzte Teilstück der Südbahn Laibach–Triest.
Werk: Malerischer Atlas der Eisenbahn über den Semmering, 1854 (Nachdruck 1998).
Literatur: A. Niel, C. v. G., 1977; Die Eroberung der Landschaft, Ausst.-Kat., Gloggnitz 1992; NÖB; ÖBL.

Karl Ritter von Gegha: Viadukt der Semmeringbahn über die Kalte Rinne, NÖ. Farblithographie von A. Kaiser, um 1870.

Ghetto, abgeschlossenes jüd. Wohnviertel, ab dem 17. Jh. auch in ö. Städten. Das G. von Wien wurde 1624 am „Unteren Werd" gegr. und 1670 nach der Ausweisung der Juden in die Leopoldstadt umgewandelt. 1661 wurde ein G. in Eisenstadt errichtet, das bis 1938 als eig. Gemeinde bestand. Größere geschlossene Siedlungen von Juden bestanden in Graz, Hohenems, Wr. Neustadt und einigen Orten des Bgld. Seit dem 19. Jh. fiel für Juden der Zwang weg, im G. zu leben. Neue G. wurden unter der nat.-soz. Herrschaft in Großstädten Polens errichtet.
Literatur: H. Gold (Hg.), Geschichte der Juden in Ö., 1971; H. Andics, Die Juden in Wien, 1988.

Ghon, Anton, * 1. 1. 1866 Villach (Kä.), † 23. 4. 1936 Prag (CZ), Anatom, Pathologe. Univ.-Prof. für patholog. Anatomie in Wien und Prag, machte sich um die Tuberkulosebekämpfung verdient („g.-küßscher Tuberkuloseherd") und wies den Infektionsweg des Tuberkuloseerregers nach.
Werk: Der primäre Lungenherd bei der Tuberkulose der Kinder, 1912.
Literatur: W. B. Obers, G., But Not Forgotten, 1983.

Giebisch, Hans, * 23. 9. 1888 Brünn (Brno, CZ), † 24. 8. 1966 Wien, Schriftsteller und Mittelschullehrer, ab 1945 Verlagslektor.
Werke: Gedichte: Wenn sich der Tag will neigen, 1934; Waldviertler Sonette, 1938; Und es war schön, 1952; Kranewit und Heidekraut, 1954; Wr. Sonette, 1964. – Geschichten und Legenden, 1956. – Mit-Hg.: Kleines ö. Literaturlexikon, 1948; Biobibliographisches Literaturlexikon Ö., 1964 (mit G. Gugitz).

Gielen, Josef, * 20. 12. 1890 Köln (D), † 19. 10. 1968 Wien, Schauspieler, Regisseur. 1913 Debüt als Schauspieler, ab 1921 Regiearbeiten, nach Tätigkeit in Dresden und Berlin 1937–39 am Wr. Burgtheater engagiert; nach seiner Rückkehr aus der Emigration 1948–54 Dir. des → Burgtheaters, bereicherte den Spielplan mit modernen franz. und amerikan. Stücken; 1957–60 Oberspielleiter an der Wr. Staatsoper; Regietätigkeit auch bei den Sbg. Festspielen, an der Mailänder Scala und an der Grand Opéra Paris. 1961 J.-Kainz-Medaille; 1963 Ehrenmitgl. des Burgtheaters.
Literatur: M. Kluth, Der Regisseur J. G., Diss., Wien 1966.

Gielen, Michael, * 20. 7. 1927 Dresden (D), Dirigent und Komponist. Studierte in Buenos Aires und Wien, 1950 Korrepetitor und 1951–60 Dirigent an der Wr. Staatsoper, dann in Stockholm, London und an der Netherlands Opera tätig; 1977–87 Musikdirektor der Frankfurter Oper, 1987–95 Prof. am Mozarteum Salzburg, seit 1989 ständiger Gastdirigent des SWR Sinfonieorchesters Baden-Baden; setzt sich bes. für das zeitgenöss. Opernschaffen ein; Cannes Classical Lifetime Achievement Award 2002.
Publikationen: Beethoven im Gespräch, 1995; Mahler im Gespräch, 2002.
Literatur: P. Fiebig (Hg.), M. G. Dirigent, Komponist, Zeitgenosse, 1997.

Giencke, Volker, * 27. 6. 1947 Wolfsberg (Kä.), Architekt. Univ.-Prof. für experimentelle Architektur in Innsbruck. Zählt zur sog. „Grazer Schule". Zusammenarbeit mit G. → Domenig 1974–78, seit 1981 eig. Architekturbüro in Graz; seit 1992 Univ.-Prof. für Entwerfen und Hochbau in Innsbruck; wirkte als Gastprof. in mehreren Ländern N- und S-Amerikas sowie der EU; zahlr. Preise.
Werke: Einfamilienhäuser; Sporthalle BRG Kepler, Graz, 1987–93; Ausstellungs-, Büro- und Lagergebäude für den Sanitärgroßhandel, Klagenfurt, 1989/90; Kirche Aigen i. Ennstal, 1991/92; Glashäuser im Botanischen Garten der Univ. Graz, 1991–95; Ö.-Pavillon auf der EXPO 92, Sevilla; Wohnbau C.-Spitzweg-Gasse, Graz, 1992/93; Hotel „Speicher", Barth (D),

Johann Heinrich Freiherr von Geymüller. Lithographie von J. Kriehuber.

Johannes Maria Gföllner. Foto, um 1920.

Karl Ritter von Ghega. Lithographie von J. Kriehuber, 1851.

1995–97; Mega-bauMax, Klagenfurt, 1999; redroom, 2002 (temporäre Architektur, zuerst in Alpbach).
Literatur: Architektur-Investitionen – „Grazer Schule" – 13 Standpunkte, 1984; V. G., Bauten und Projekte. Buildings and Projects, 2001.

Giese, Alexander, * 21. 11. 1921 Wien, Lyriker, Erzähler, Film- und Hörspielautor. 1967–83 Hauptabteilungsleiter beim ORF, 1990–97 Präs. des Ö. → P. E. N.-Clubs. Popularität erlangten seine kultur- und geistesgeschichtlich fundierten hist. Romane.
Werke: Romane: Wie ein Fremder im Vaterland (Mark Aurel), 1975; Wie Schnee in der Wüste (Omar Khajjam), 1976 (Neuausgabe: Die Tigersöhne, 2003); Geduldet euch, Brüder, 1979; Lerida oder Der lange Schatten, 1983; Licht der Freiheit, 1993. – Zwischen Gräsern der Mond, 1963 (Gedichte).

Giesl-Gieslingen, Adolph, * 7. 9. 1903 Trient (I), † 11. 2. 1992 Wien, Techniker; Neffe von Wladimir → Giesl von Gieslingen. 1929–34 in den USA; Chefkonstrukteur der Floridsdorfer Lokomotivfabrik, 1946 Hon.-Prof. an der Techn. Hochschule in Wien; entwickelte den Giesl-Ejektor (Flachschornstein) für Dampflokomotiven.
Werke: Lokomotiv-Athleten. Geschichte, Leistung und Kurvenlauf der Sechs- und Siebenkuppler, 1976; Die Ära nach Gölsdorf. Die letzten 3 Jahrzehnte des ö. Dampflokomotivbaus, 1981; Anatomie der Dampflokomotive International, 1986.

Giesl von Gieslingen, Wladimir Frh., * 18. 2. 1860 Fünfkirchen (Pecs, H), † 20. 4. 1936 Salzburg, Diplomat, General der Kavallerie; Onkel von Adolph → Giesl-Gieslingen. Gesandter in der Türkei, 1909 in Montenegro, zuletzt in Belgrad. Er brach auf Instruktion von Außenmin. L. Gf. → Berchtold am 25. 7. 1914 nach Überreichung des ö. Ultimatums in Belgrad vorzeitig die diplomat. Beziehungen mit Serbien ab, worauf der Erste → Weltkrieg ausbrach.

Giesshübl, NÖ., MD, Gem., 416 m, 1597 Ew., 3,89 km², Wohngem. mit Dienstleistungsbetrieben und Gewerbe im S von Wien am Rand des Naturschutzgebiets „Föhrenberge". „Karl-Theater" (seit 1980); Großhandel, Verlagswesen. – Urk. 1592, neugot. Pfarrkirche (erb. 1899–1903), Christkönigkirche (erb. 1951/52), Perlhof (erb. vor 1817).

Giftpflanzen: Unter den in Ö. wild wachsenden Gefäßpflanzen gibt es eine kleine, aber nicht unbeträchtl. Zahl von Pflanzen, die für den Menschen mehr oder weniger stark (bis tödlich!) giftig sind. Giftigkeit (Toxizität) ist relativ, auch innerhalb der Wirbeltiere (Vögel fressen viele für den Menschen giftige Beeren), sogar innerhalb der Säuger sehr verschieden. Auf unsere Haustiere wirken manche für den Menschen harmlose Pflanzen stark giftig, z. B. ist die als Gewürzpflanze beliebte Gundelrebe/Glechoma hederacea für Pferde tödlich giftig. Viele Giftpflanzen sind zugleich wichtige Arzneipflanzen und/oder werden in der Homöopathie verwendet: „Solum dosis facit venenum", d. h. „nur die Dosis macht das Gift"! Auch manche als harmlos geltende Gewürz- und Heilpflanzen wirken in größerer Dosis giftig, z. B. Minze/Mentha, Echter Wermut/Artemisia absinthium und die bereits erwähnte Gundelrebe/Glechoma.
Viele auf den Menschen schädlich wirkende Inhaltsstoffe treten in gewissen Familien konzentriert auf, allerdings auch in solchen, die gleichzeitig wertvolle Nahrungspflanzen enthalten wie den Nachtschattengewächsen, Doldenblütlern und Schmetterlingsblütlern. Was für die → Pilze gilt, ist auch für die Gefäßpflanzen gültig: Pflanzen, die man nicht sicher und genau kennt, darf man nicht verzehren! In Zeiten wie heute, in denen Kräutersammeln und Wildgemüse populär sind, erweisen sich botan. Kenntnisse als überlebensnotwendig.

Zu den stärksten Giftpflanzen der heim. Flora gehört der Eisenhut/Aconitum (mehrere Arten; Aconitin ist eines der stärksten Pflanzengifte). Auch viele andere Hahnenfußgewächse/Ranunculaceae enthalten Giftstoffe: die nah verwandten Rittersporn/Delphinium und Feldrittersporn/Consolida, die Gattungen Hahnenfuß/Ranunculus, Windröschen/Anemone, Küchenschelle/Pulsatilla, Helleborus/Schneerose und Nieswurz, Christophskraut/Actaea spicata. Auch verschiedene Mohngewächse sind wegen der Alkaloide im Milchsaft giftig, z. B. das Schöllkraut/Chelidonium. Schwere Gifte enthalten einige Schmetterlingsblütler/Fabaceae, z. B. der Goldregen/Laburnum. Giftig sind ferner Wolfsmilch/Euphorbia (ätzender Milchsaft!), Zaunrübe/Bryonia, Seidelbast/Daphne (nicht nur die roten Beeren des Echten Seidelbast/Daphne mezereum sind tödlich giftig, auch schon der Blütenduft wirkt schädlich). Giftpflanzen unter den Doldenblütlern/Apiaceae sind der seltene Wasserschierling/Cicuta virosa und der in klimawarmen Gegenden nicht seltene Fleckenschierling/Conium maculatum. Giftige Nachtschattengewächse/Solanaceae sind insbes.: Bilsenkraut/Hyoscyamus, Stechapfel/Datura, Tollkirsche/Atropa, Schwarz- und Bitter-Nachtschatten/Solanum nigrum und Solanum dulcamara. Mehr oder wenig giftig sind auch manche Ehrenpreisgewächse/Veronicaceae, insbes. die Arten des herzwirksamen Fingerhuts/Digitalis. Giftige Korbblütler gibt es zwar wenige, jedoch z. B. in der Gattung Greiskraut/Senecio. Unter den Gehölzen ist insbes. die Eibe/Taxus recht giftig (alle Pflanzenteile mit Ausnahme des süßen roten Samenmantels), auch der Sebenstrauch/Juniperus sabina, ferner sind von Spindelstrauch/Evonymus, Liguster/Ligustrum und Heckenkische/Lonicera Vergiftungen bekannt (→ Baumarten, → Straucharten).

Unter den Einkeimblättrigen/Monokotylen ist die Herbstzeitlose/Colchicum autumnale als bes. gefährlich zu nennen (Wirkstoff: Colchicin, ein Mitosegift). Ihre im Frühling erscheinenden Laubblätter werden gelegentlich mit denen des Bärlauchs/Allium ursinum verwechselt, was meist tödlich endet (→ Wildgemüse und -salate). Diese essbare Lauch-Art kann auch mit dem gleichfalls giftigen Maiglöckchen/Convallaria majalis verwechselt werden. Auch die Einbeere/Paris quadrifolia mit ihren schwarzblauen einzeln stehenden Beeren und der seltene Europa-Knotenfuß/Streptopus amplexifolius sind giftig. Gefährlich werden kann der Weiß-Germer/Veratrum album, der als Weideunkraut in großen Mengen auf Almen wächst, wenn er mit dem gleichfalls hier wachsenden Hochstauden-Enzianen beim – durch Naturschutzgesetz ohnehin verbotenen – Enzianwurzel-Sammeln verwechselt wird.

Bei manchen Pflanzen sind nur Teile giftig, so z. B. die Samen des Schwarz-Holunders/Sambucus nigra; sie richten bloß deshalb meist keinen Schaden an, weil sie üblicherweise ungeöffnet (unzerquetscht) den Darm passieren. Auch die Samen der Prunus-Arten (Kirsche, Weichsel, Pflaume, Marille, Pfirsich, Bitter-Mandel) sind giftig, denn sie spalten Blausäure ab. Manche Pflanzenarten sind phototoxisch, d. h. sie erzeugen bei Einwirkung von Sonnenlicht (nicht bei allen Menschen) arge Verbrennungen der Haut: z. B. Riesen-Bärenklau/Heracleum mantegazzianum, Diptam/Dictamnus, in größeren Konzentrationen auch Johanniskraut/Hypericum. Schließlich müssen noch jene Pflanzen erwähnt werden, deren Pollen (Blütenstaub)

Giftpflanzen: Europa-Knotenfuß.

Giftpflanzen: Giftige Herbstzeitlose (links) und ungiftiger Bärlauch (rechts).

bei dafür Empfindlichen mehr oder weniger starke allerg. Reaktionen auslösen: verschiedene Gräser-Arten, aber auch Birke/Betula und ganz bes. der → Neophyt Traubenkraut/Ambrosia. → Arzneipflanzen.
Literatur: D. Frohne u. H. J. Pfänder, G. Ein Hb. für Apotheker, Ärzte, Toxikologen und Biologen, ³1987; G. Habermehl u. P. Ziemer, Mitteleurop. G. und ihre Wirkstoffe, 1999.

GIFTSCHLANGEN IN Ö., siehe → Schlangen.

GIGER, Anton, * 15. 3. 1963 Salzburg, Skitrainer. Seit 1989 als Trainer im Ö. Skiverband; seit 1999 Rennsportleiter Herren. Gilt gem. mit H. → Pum durch die Erfolge der von ihm gegr. Riesenslalom/Super-G-Gruppe mit H. → Maier, S. → Eberharter u. a. als maßgebl. Verantwortlicher des ö. „Skiwunders" seit 1996.

GILGENBERG AM WEILHART, OÖ., BR, Gem., 466 m, 1221 Ew., 26,55 km², landw. Gem. am O-Rand des Weilhartforsts. – Hallstattzeitl. Hügelgräber, spätgot. Pfarrkirche (1466) mit Barockturm und Altären von 1665, got. Leonhardstatue (1520/30), spätgot. Ölbergplastik (um 1490) und Marienstatue (17. Jh.), frühbarocker Pfarrhof (1637) mit Kapelle (1700), Beinhaus (um 1410). – Helmbrechtpfad (Schaupfad).

GILLESBERGER, Hans, * 29. 11. 1909 Ebensee (OÖ.), † 4. 3. 1986 Wien, Chorleiter. 1942–45 Kapellmeister der Wr. Sängerknaben, dann stellv. Chordirektor der Wr. Staatsoper; ab 1961 Prof. an der Wr. Musikhochschule, ab 1965 künstlerischer Leiter der Wr. Sängerknaben. Einer der bedeutendsten Chorleiter der Nachkriegszeit.

GILM, Hermann von, Ritter zu Rosenegg, * 1. 11. 1812 Innsbruck (Ti.), † 31. 5. 1864 Linz (OÖ.), Beamter und Lyriker. Verfasser volksliedhafter Liebeslyrik („Märzveilchen"; „Sommerfrischlieder aus Natters") und polit. Dichtung („Jesuitenlieder"); bekannt v. a. durch Vertonungen von R. Strauss.
Werke: Ti. Schützenleben, 1863; Lieder eines Verschollenen; Sophienlieder; Rosaneum, in: Gedichte, 2 Bde., 1864/65 (postum). – Ausgabe: Gedichte, hg. v. R. Greinz, 1895.
Literatur: W. Neuwirth, H. v. G., Diss., Wien 1920; A. Dörrer, H. v. G. Weg und Weisen, 1924.

GINGRICH, Andre, * 12. 9. 1952 Wien, Ethnologe. Seit 1998 Prof. in Wien. Tätig v. a. im Bereich der Gender Studies; 2000 Wittgenstein-Preisträger für Forschungen über Kulturen in Arabien und im Himalaya.
Werke: Erkundungen, 1999; Metamorphosen der Natur, 2002 (Hg.).

GINHART, Karl, * 21. 11. 1888 St. Veit a. d. Glan (Kä.), † 10. 3. 1971 Wien, Kunsthistoriker. 1926–39 Staatskonservator des Bundesdenkmalamts, ab 1930 Vorstand des Kunsthist. Inst. in Wien; 1942–60 Prof. an der Techn. Hochschule in Wien.
Werke: zahlr. wiss. Publikationen sowie Hg.-Tätigkeit zu ö. Kunstdenkmälern (bes. Kä. und Wien).

GINTL, Wilhelm Julius, * 12. 11. 1804 Prag (CZ), † 22. 12. 1883 ebd., Techniker. Prof. in Graz und Wien, konstruierte den ersten transportablen Telegraphen. Verdienste um den Ausbau des ö. Telegraphennetzes.

GINZEL, Hubert, * 17. 9. 1874 Reichenberg (Liberec, CZ), † 24. 11. 1950 Wien, Kartograph, Offizier. Mitschöpfer der Ö.-Karte 1 : 50.000; Kommandant des Kriegsvermessungswesens (1915–18), 1918 des Militärgeograph. Inst., 1919 Leiter dieser Anstalt im neuen Bundesamt f. Eich- u. Vermessungswesen in Wien.
Werke: Terraindarstellungen, Alpenkarten.

GINZKEY, Franz Karl, * 8. 9. 1871 Pola (Pula, HR), † 11. 4. 1963 Wien, Schriftsteller, bis 1897 Berufsoffizier, 1897–1914 Beamter am Militärgeograph. Inst. in Wien. 1934–38 Mitgl. des Staatsrats; war an der Gründung der Sbg. Festspiele beteiligt, deren Kuratorium er jahrzehntelang angehörte. G. gehörte zum Kreis der neuromant. Lyriker und Novellisten. Berühmt wurde er bes. durch Kinderbücher wie „Hatschi Bratschis Luftballon" (1904) und „Florians wundersame Reise über die Tapete" (1931), die bis heute in Neuauflagen erscheinen. Großer Ö. Staatspreis 1957; Ö. Ehrenzeichen f. Wiss. u. Kunst 1957.
Ausgabe: Ausgewählte Werke, 4 Bde., 1960.
Literatur: K. Heydemann, Literatur und Markt. Werdegang und Durchsetzung eines kleinmeisterl. Autors in Ö. Der Fall G. (1891–1938), 1985; R. Hangler u. a., Der Fall F. K. G. und Seewalchen, 1989.

GIPS: Die Anfänge des G.-Bergbaus reichen bis in das 17. Jh. zurück. Wurde G. ursprünglich für Stuckaturzwecke verwendet, bekam er im 19. Jh. auch Bedeutung als Düngemittel in Verbindung mit Thomasschlacke. Heute sind G. bzw. der mit ihm gem. vorkommende Anhydrit wichtige Industrierohstoffe, insbes. als Zuschlagstoffe für die Zementherstellung, und bedeutende Grundstoffe für die Bauind. (Gipsplatten, Putz usw.). G. wird in Preinsfeld b. Heiligenkreuz, Puchberg a. Schneeberg, Tragöß-Oberort, Wienern a. Grundlsee, Spital a. Pyhrn, Moosegg-Abtenau und Weißenbach a. Lech abgebaut; Verarbeitungsbetriebe bestehen in Kuchl b. Golling, Bad Aussee, Weißenbach a. d. Enns und Puchberg a. Schneeberg. Die Gesamtfördermenge (G. und Anhydrit) 2002 betrug 969.200 t.

GIRARDELLI, Marc, * 18. 7. 1963 Lustenau (Vbg.), Skirennläufer. Startete ab 1976 für Luxemburg (Staatsbürgerschaft 1987); Weltcupsiege in allen alpinen Disziplinen. Fünfmal Gesamtweltcupsieger (1985, 1986 1989, 1991, 1993). Silbermedaillen bei den Olymp. Spielen in Albertville 1992 in Riesentorlauf und Super-G; insges. 11 Medaillen bei Weltmeisterschaften (4 Gold-, 4 Silber- und 3 Bronzemedaillen); beendete 1997 seine Karriere. Seit 2001 Mitbetreiber der 640 m langen Indoor-Skihalle (640 m) in Bottrop (D).

GIRARDI, Alexander, * 5. 12. 1850 Graz (Stmk.), † 20. 4. 1918 Wien, Schauspieler. Ab 1871 am Wr. Strampfer-Theater (mit J. → Gallmeyer); 1874–96 am Theater an der Wien, wo er seine größten Erfolge als 1. Jugendlicher und Gesangskomiker feierte. 1896/97 am Carltheater, 1898–1900 Charakterdarsteller am Dt. Volkstheater; Gastspiele am Theater in der Josefstadt, am Raimund-, Johann-Strauß- und Stadttheater in Wien, aber auch in Berlin, Hamburg und Dresden; 2 Monate vor seinem Tod Debüt am Wr. Burgtheater als Fortunatus Wurzel in „Der Bauer als Millionär" von F. Raimund; Charakterdarsteller von Raimunds Gestalten (Valentin) und Komiker in Operetten von J. Strauß, K.

Alexander Girardi. Foto, 1911.

Millöcker, E. Eysler und F. Lehár; Filmtätigkeit (u. a. „Der Millionenonkel", 1913).
Werk: Ach, da muß ich sehr bitten, in: Neues Wr. Tagblatt, 4. 12. 1910.
Literatur: K. F. Nowak, A. G., 1908; H. Klang, A. G. Leben und Bühnentätigkeit, Diss., Wien 1937; R. Holzer, A. G. und das Theater an der Wien. Die Wr. Vorstadtbühnen, 1951.

GiroCredit Bank AG der Sparkassen, 1992 durch die Fusion von Girozentrale und Bank der ö. Sparkassen AG sowie Österreichisches → Credit-Institut AG entstandene Bank, mit einer Bilanzsumme von 396 Mrd. S (31. 12. 1996) eine der größten Banken Ö. 1994 wurde das Unternehmen mehrheitl. von der Anteilsverwaltung Zentralsparkasse (AVZ), die gleichzeitig die Mutter der → Bank Austria AG ist, übernommen. Einzelne Geschäftsfelder von G. B. AG d. S. und Bank Austria, wie Investment-Banking oder Vermögensverwaltung, wurden in gem. Tochterfirmen ausgelagert. 1997 wurde die G. B. AG d. S. verkauft und mit der Erste österreichische Spar-Casse – Bank AG (→ Erste österreichische Spar-Casse) zur → Erste Bank der oesterreichischen Sparkassen AG fusioniert.

Bruno Gironcoli in seinem Atelier. Foto, um 1980.

Gironcoli, Bruno, * 27. 9. 1936 Villach (Kä.), Bildhauer. Studierte nach einer Goldschmiedelehre an der Hochschule für angew. Kunst in Wien. Seit 1975 Prof. an der Akad. d. bild. Künste in Wien. Er begann als Objektkünstler mit Plastiken aus Altmaterialien und wandte sich später ausfigurierten Plastiken zu. Großer Ö. Staatspreis 1993, Ö. Ehrenzeichen f. Wiss. u. Kunst 1997.
Werke: Oberkörperformen, 1964.
Literatur: B. G., Ausst.-Kat., Wien 1990; P. Noever (Hg.), B. G. – Die Ungeborenen, Ausst.-Kat., Wien 1997; B. G. La Biennale di Venezia 2003, Ausst.-Kat., Venedig 2003.

Girozentrale und Bank der österreichischen Sparkassen AG, siehe → GiroCredit Bank AG der Sparkassen.

Giselbrecht, Ernst, * 7. 11. 1951 Dornbirn (Vbg.), Architekt. Studierte Architektur an der Techn. Univ. Graz; seit 1985 selbständiger Architekt mit Büros in Graz und Bregenz. 1996/97 Intendant der Sommerakad. in Murau („Schwerpunkt Holz"), Einzelausstellungen u. a. in Berlin, Ljubljana, Prag und Edinburgh. Gilt als einer der bedeutendsten ö. Holzbauarchitekten. 1978 K.-Scheffel-Gedächtnispreis, 1989 Piranesi Award, 1995 Ö. Staatspreis f. Industriebau.
Werke: Abbundhalle, Murau, 1987–92; Haus der Kä. Ärzte, Klagenfurt, 1990–95; Wohnanlage ESG, Straßgang b. Graz, 1992–94; Vbg. Medienhaus, Schwarzach, 1993–96; HNO-Klinik, Graz, 1995–2000 (Neubau); Roche Diagnostics, Graz, 2000–03. – Schriften: Architektur aus Graz, 1981 (Red.); Architektur-Interventionen, 1984 (Mit-Hg.); Moderner Holzbau in der Stmk., 1989 (Hg.); E. G. 1985–1995, 1996 (Hg.); E. G. Architekturen, 1997 (mit P. Zacek).

Giskra, Karl, * 29. 1. 1820 Mährisch-Trübau, (Moravská Třebová, CZ), † 1. 6. 1879 Baden (NÖ.), Politiker und Jurist. In der → Revolution 1848 Wortführer der Wr. „Sturmpetition"; 1848/49 Mitgl. der Frankfurter Nationalversammlung; ab 1861 Führer der Deutschliberalen im ö. Parlament; 1867 Präs. des Abgeordnetenhauses; 1867–70 Innenmin.; erreichte die Trennung von Verwaltung und Justiz.
Literatur: C. Haintz, C. G., Diss., Wien 1963.

Karl Giskra. Foto, um 1870.

Gisser, Richard, * 11. 7. 1939 Wien, Demograph. 1985–2001 Leiter der Abteilung 1 (Bevölkerung) im Statist. Zentralamt bzw. in der → Statistik Österreich, 2001/02 stellv. Dir. für Bevölkerungs- und Sozialstatistik. Seit 1977 am Inst. f. Demographie der Ö. Akad. d. Wiss., 1990–92 und seit 2002 dort stellv. Dir. und Leiter der Forschungsgruppe Demographie Ö., seit 1977 ö. Delegierter beim Europarat; Arbeiten zur Bevölkerungsstatistik.
Werke: Die rezente Zuwanderung nach Wien (1951–1971), 1973; Lebenswelt Familie, 1990 (Hg.); Familie und Familienpolitik in Ö., 1995.

Gitschtal, Kä., HE, Gem., 800 m, 1321 Ew., 56,48 km², zweisaisonale Fremdenverkehrsgem. (112.134 Übern.) im gleichnamigen von der Gössering durchflossenen Tal südl. des Weißensees. – Höhensiedlung aus Spätantike bzw. Früh-MA auf dem „Kappele"; in Kat.-Gem. → Weißbriach ehemals Gold- und Eisenerzbergbau; Brechelstube in Regitt; ehem. Mühle in Jadersdorf.
Literatur: G. Stabentheiner, Gailtal mit G. – Weißensee – Bleiberg. Kä., eine Landschaft in 340 Bildern, 2000.

Giuliani, Giovanni, * 1663 Venedig (I), † 5. 9. 1744 Heiligenkreuz (NÖ.), Stein- und Holzbildhauer. Etablierte oberitalienische Gestaltungsmittel in der barocken Skulptur Wiens, in NÖ. und im mährischen Raum; ab etwa 1690 in Wien ansässig, zunächst v. a. für die Familie Liechtenstein tätig; ab 1711 Laienbruder in Stift Heiligenkreuz, für das er seine bedeutendsten Arbeiten schuf. Lehrer von G. R. → Donner.
Werke: Skulpturen am Innen- und Außenbau von Stadt- und Gartenpalais Liechtenstein, Wien; Schloss Eisgrub (Lednice, CZ). – Stift Heiligenkreuz: Choraltarfiguren, Fußwaschungsgruppen, Chorgestühlskulpturen und -reliefs, Kreuzweg, Brunnen, Dreifaltigkeitssäule u. a.; Smlg. von vorbereitenden Tonmodellen ebd.
Literatur: E. Baum, G. G., 1964.

Gjaidalm, OÖ., Skigebiet im NO des Dachsteinmassivs, Bergstation einer Seilbahn.

Blick über das Glacis auf die Wiedner Hauptstraße. Radierung von J. Ziegler, 1780.

Glacis, ehem. große, unverbaute Flächen außerhalb der Wr. Stadtmauer, die als freies Schussfeld bei Belagerungen dienen sollten; ein kaiserl. Befehl von 1558 untersagte die Errichtung von Häusern auf eine Entfernung von 50 Klafter (95 m) vom Stadtgraben. 1770 wurde die Fläche gesäubert, bepflanzt und „G." genannt. Eine der meistbesuchten Promenaden war das „Wasser-G.", heute Teil des Stadtparks. Im Zuge der 1857 von Ks. Franz Joseph I. angeordneten Stadterweiterung verschwand das G. und wurde verbaut (Ringstraße). Das G. vor Burg- und Schottentor, vom Volk einst „Flegelwiese" genannt, war bis 1870 Exerzier- und Paradeplatz.
Literatur: M. Bernhard, Die Wr. Ringstraße, 1992.

Glaessner, Martin Fritz, * 25. 12. 1906 Aussig (Ústi nad Labem, CZ), † 22. 11. 1989 Adelaide (Australien), Paläontologe, Mikropaläontologe und Geologe. 1932–37 Erdölgeologe in der UdSSR, 1938–50 in Neuguinea;

1950–71 Lehrtätigkeit an der Univ. Adelaide. Er beschrieb erstmals die ältesten bisher bekannten Körperfossilien aus dem Präkambrium Australiens.
Werke: The Principles of Micropaleontology, 1944; The Dawn of Animal Life, 1984.
Literatur: H. Küpper, In memoriam M. F. G., in: Annalen des Naturhist. Museums in Wien, 1991.

Glaise-Horstenau, Edmund, * 27. 2. 1882 Braunau (OÖ.), † 20. 7. 1946 Lager Langwasser b. Nürnberg (D), Offizier, groß-dt. Historiker und Politiker. 1910 im Generalstab, leitete 1915–18 das Pressereferat des Armee-Oberkommandos (Verfasser der Kriegsberichte), dann im Kriegsarchiv (1925–38 Dir.). 1934 Mitgl. des Staatsrats, 1936–38 Minister (ohne Geschäftsbereich bzw. für Inneres) im Kabinett Schuschnigg, 11.–13. 3. 1938 Vizekanzler im Kabinett Seyß-Inquart, 1941–44 bevollmächtigter dt. General in Kroatien, wandte sich gegen die Gräuel der Ustascha.
Werke: Die Katastrophe, 1928; Franz Josephs Weggefährte, 1930; Ö.-Ungarns letzter Krieg, 7 Bde., 1931–35 (Hg.).
Literatur: P. Broucek, Ein General im Zwielicht. Die Erinnerungen E. G.-H., 3 Bde., 1980–88.

Glan, Kä., nordwestl. Nebenfluss der Gurk; im Oberlauf (bis St. Veit a. d. Glan) Durchflussmenge 2000: 10,4 m³/Sek. (Zell). Die G. entspringt nahe dem Ossiacher See, durchfließt das burgenreiche obere G.-Tal, umrundet das Zollfeld, durchfließt Klagenfurt und das gleichnamige Becken und mündet unterhalb dieser Stadt.

Glanegg, Kä., FE, Gem., 490 m, 2027 Ew., 25,17 km², im Glantal, zw. St. Veit und Feldkirchen. Erzeugung von Styroporverpackungen, Dämmplatten, Spezialmaschinen, Schmuckketten; Nahrungsmittelverarbeitung; Fremdenverkehr. – Burgruine (urk. 1121), ab 1860 in Verfall, seit 1993 Renovierung und Nutzung für Veranstaltungen.

Glanhofen, Kä, FE, Dorf, 632 m, kleiner Sommerfremdenverkehrsort im obersten Glantal, Katastralgem. der Stadtgem. Feldkirchen in Kä. Im Weiler Stocklitz got. Wehrkirche St. Leonhard (14. Jh.), von Eisenkette umspannt.

Glanz, Joseph, * 3. 1. 1795 Lemberg, (Lviv, UA), † 22. 11. 1866 Wien, Medailleur, Ziseleur, einer der bedeutendsten Kunstgießer der Biedermeierzeit. Arbeitete 1819–31 in Berlin; wurde 1831 nach Wien berufen, wo er eine Werkstätte für Kleinkunstgüsse eröffnete (später Bronze- und Eisenwarengussfabrik).
Literatur: ÖBL.

Glanz an der Weinstrasse, Stmk., LB, Gem., 440 m, 1376 Ew., 23,98 km², Sommerfremdenverkehrs- und zweitgrößte steir. Weinbaugem. (400 ha Weinbaufläche) an der Südsteir. Weinstraße nahe der Grenze zu Slowenien. Seniorenpflegeheim; 5 m hohes Objekt in Form einer Weintraube aus Edelstahl und farbigem Glas auf dem Eory-Kogel. – Urk. 1123; Poststein (1747) am Lubekogel; Statue hl. Aloisius von Gonzaga (1867).
Literatur: Rebenland-Chronik, Eichberg-Trautenburg, G. a. d. W., Leutschach, Schlossberg, 2003.

Glanzstoff Austria AG: Am 7. 6. 1906 wurde die Fabrik für Chemiefaser in St. Pölten eröffnet, 1911–13 auf Viskoseverfahren umgestellt. 1929 hatte die G. A. AG 3000 Beschäftigte, 1930–32 geschlossen, 1946–55 USIA-Betrieb, 1956–83 beim holländ. AKU- bzw. ENKA-Konzern, dann staatl. Holding (GBI), ab 1987 bei der Lenzing AG, 1994 reduziert auf Reifen-Reyon, Übernahme durch die CAG Holding GmbH von C. Grupp und Umwandlung in Glanzstoff Austria GmbH. Jahresumsatz 2002: ca. 60 Mio. Euro, 485 Mitarbeiter.

Glas: In den Gebieten, wo Quarz (als Rohstoff) und Holz (als Brennmaterial) vorhanden waren, entstanden schon seit dem 14. Jh. G.-Hütten, z. B. im Wienerwald, im Waldviertel (Altnagelberg), in OÖ. und in den Zentralalpen. Erzeugt wurde das so gen. „Wasserglas" von gelblich-grünl. Färbung. Im MA unterhielten die Grundherren häufig G.-Bläsereien.
Im 16. Jh. erfuhr die G.-Erzeugung ihren ersten Aufschwung und gewann bes. für die Wirt. von NÖ. und Ti. große Bedeutung. In der 1534 errichteten G.-Hütte in Hall i. Ti. wurde erstmals in Mitteleuropa farbloses, dem venezian. „Cristallinglas" gleichwertiges G. hergestellt. Erzhzg. Ferdinand II. errichtete in Innsbruck eine eig. Hofglashütte (1592 aufgelöst), in der dünnwandige Gläser im Stil der Hochrenaiss. entstanden; sie waren mit Diamantrissdekor gestaltet, der durch kalte Bemalung in roten und grünen Lackfarben und durch Vergoldung noch unterstrichen wurde.
Im Merkantilismus gelangte die böhm.-ö. G.-Fabrikation zu internat. Geltung. Rund 70 G.-„Handelscompagnien" in vielen Haupt- und Großstädten Europas und in Übersee handelten mit ö. G.-Waren.
Im Barock erfuhr die ö. Glasmacherkunst einen neuen Aufschwung. Der neue Stil forderte dickwandige, kantige Gläser im Hoch-, seit ca. 1700 im Tiefschnittdekor. In der 1. Hälfte des 18. Jh. wurden die Gläser auch mit Schwarzlot und Gold bemalt. Der 1777 in Schluckenau (Sluknov, CZ) geborene F. Egermann übertraf mit seinem „Achatglas", seinem erstmals mattgeschliffenen „Kristallglas", dem marmorierten G., der Silberätzung, seinem „Perlmutter-" und „Biskuitglas" jede ausländ. Konkurrenz. Er stellte auch „Rubinglas" her, ohne dazu Dukatengold zu verwenden. Erzeugnisse der Glasmacherkunst wurden damit zu einem wichtigen Exportartikel. Der Goldschmied J. Strasser begründete in Wien zur Zeit Maria Theresias eine Spezialind. zur Erzeugung von Kunstedelsteinen aus Glasfluss („Strass"). Im späten 18. Jh. unterlag die ö. G.-Erzeugung trotz ihrer qualitätvollen Produkte jedoch innerhalb der Monarchie der böhm. und venezian. Konkurrenz.

Glas: Glasservice von A. Loos für J. & L. Lobmeyr, 1931.

Zu den kostbarsten Erzeugnissen der Empirezeit gehören die von J. J. → Mildner in Gutenbrunn im Waldviertel gefertigten charakterist. Zwischengoldgläser. Das Biedermeier verfeinerte Geschmack und techn. Herstellung; die ö. Glasmacherkunst erfuhr jener Zeit größte und eigenständigste Entfaltung. Wie schon das Empire forderte auch das Biedermeier hauptsächlich geschliffene, geschnittene und farbige Gläser, v. a. mit transparenter oder opaker Malerei geschmückte Trinkgläser. Zu den großen G.-Künstlern jener Zeit zählten in Wien v. a. G. S. → Mohn und A. → Kothgasser, der Meister der Schmelzfarbenmalerei, weiters J. Haberl in Wr. Neustadt und E. Grillwitzer in Graz.
Nach Einführung der Kohlenfeuerung siedelte sich die G.-Ind. in der Nähe von Kohlengruben an (Oberdorf-Voitsberg, Köflach u. a.). Trotz großer Konkurrenz, insbes. durch die Entwicklung des wesentlich billigeren Pressglases in Amerika (um 1830), nahm Ö. in der franzisko-josephin. Epoche auf dem Weltmarkt in der G.-Erzeugung wieder eine führende Stellung ein. Die Ausfuhr von G.-Waren betrug etwa das Elffache der Einfuhr; bes. gefragt waren Hohl-, Tafel-, Spiegel-G., Glühbirnen, Lampen, Flaschen und Gablonzer Waren. L. → Lobmeyr stellte die alte Verbindung von Kunst und Gewerbe wieder her und gab der Edelarbeit aus G. die Note der typisch wienerischen Geschmackskultur („Lobmeyrstil"). Sehr beliebt waren ab 1840 auch

Glas: Glasservice von J. Hoffmann für J. & L. Lobmeyr, 1920.

die von dem G.-Fabrikanten J. → Riedel entwickelten gelben und grünen fluoreszierenden „Urangläser". R. v. → Eitelbergers Reformbewegung führte zur Errichtung von Zeichen- und Modellierfachschulen für die G.-Ind. Die Wr. Weltausstellung (1873) begründete erneut den Weltruf und die führende Stellung Ö. in der europ. G.-Ind. Für die künstlerische Gestaltung war auch die Zusammenarbeit mit dem neu gegr. Wr. Kunstgewerbemuseum von großer Wichtigkeit.

Ein Sammelpunkt der bedeutendsten G.-Künstler von Ö. (u. a. O. → Prutscher, J. → Hoffmann, D. → Peche, K. → Moser) wurde ab 1906 die Wr. Werkstätte. Während des 1. Weltkriegs schuf der Architekt O. → Strnad die einfache, rechteckige Becherform mit starkem Grund und entsprechender Schliffverzierung im Boden, die von A. → Loos weiterentwickelt und richtungsweisend für die internat. G.-Produktion wurde.

In der Erzeugung opt. Geräte nahm Ö. bis in das 20. Jh. einen wichtigen Platz ein (bes. durch Erfindungen von S. → Plößl, L. Lobmeyr, J. → Petzval, P. W. F. → Voigtländer u. a.). Firmen wie Swarovski in Ti. besitzen noch heute Weltruf.

Namhafte → Glasindustrie besteht in Ti., NÖ., OÖ., der Stmk., Sbg. und Wien. Neben den Großbetrieben traten in den letzten Jahren kleinere Betriebe, etwa in traditionsreichen Gegenden wie dem Waldviertel, durch die Produktion von Qualitätsglas in formschönem Design hervor.

Literatur: I. Schlosser, Das alte G., 1956; W. Neuwirth, Loetz Austria 1905–1918, Ausst.-Kat., Linz 1986; dies., G. 1950–1960, Ausst.-Kat., Salzburg 1987; P. W. Roth, G. und Kohle, Ausst.-Kat., Graz 1988; W. Neuwirth, Vom Biedermeier zum Art Déco, 1993; K. Tarcsay, Ma. und neuzeitl. G.-Funde aus Wien, 1999.

Glas: Glaspyramide von H. Hollein.

Glas: Glasschleifer im Waldviertel.

Glasenbach, Sbg., SL, Teil der Gem. Elsbethen. 1945–48 Inhaftierungslager der amerikan. Militärbehörde für 12.000 ehem. NS-Funktionäre („Camp Marcus W. Orr" des CIC = Counter Intelligence Corps).

Glaser, Eduard, * 15. 3. 1855 Deutsch-Rust (Podbořansky Rohozec, CZ), † 7. 5. 1908 München (D), Archäologe, Forschungsreisender (S-Arabien, Mittelmeergebiet), Pionier der Sabäistik. Seine Smlg. (Inschriftensteine u. a.) befindet sich im Kunsthist. Museum und in der Nat.-Bibl. in Wien.

Glaser, Erhard, * 8. 1. 1870 Lichtenstadt (Hroznetin, CZ), † 10. 7. 1947 Wien, Pharmakologe. Univ.-Prof. in Wien, Spezialist für Augen- und Ohrenkrankheiten. Armeehygieniker, 1915 Oberstabsarzt, 1926 Univ.-Prof. f. Pharmakognosie in Wien; machte sich um die Mineralwasserbeurteilung verdient; entwickelte mit O. → Haempel am Bitterling einen Test zur Feststellung der Schwangerschaft und zur Vorhersage des Geschlechts beim Menschen („g.-haempelscher Fischtest").

Glaser, Ernst, * 15. 4. 1912 Wien, Rundfunkintendant für Wien (1954–75). Begann seine Laufbahn als Lehrer für Deutsch und Geschichte, war Sekr. im Stadtschulrat für Wien und Mitbegründer des Inst. für Wiss. und Kunst sowie der Sozialakad.; 1949–54 Bildungssekr. der AK.
Werke: Kann Wissenschaft verständlich sein?, 1965; Im Umfeld des Austromarxismus, 1981.

Glaser, Julius, * 19. 3. 1831 Postelberg (Postoloprty, CZ), † 26. 12. 1885 Wien, Jurist. Univ.-Prof. in Wien; 1871–79 Justizminister, Schöpfer der Strafprozessordnung und der modernen Strafprozesswiss.
Werke: Abhandlungen aus dem ö. Strafrecht, 1858; Schwurgerichtl. Erörterungen, 1875; Hb. des Strafprozesses, 2 Bde, 1883/85.

Glaser, Walter, * 31. 7. 1906 Oberbaumgarten (Horni Pěna, CZ), † 3. 2. 1960 Wien, Physiker. Spezialist für Elektronenoptik, 1949 Prof. an der Techn. Hochschule in Wien, 1954–56 in den USA; verbesserte Elektronenmikroskope.
Werk: Grundlagen der Elektronenoptik, 1952.

Glasindustrie: Am Beginn des Automatisierungsprozesses in der G. um 1900 nahm Ö. eine führende Rolle in der Glaserzeugung auf dem Weltmarkt ein; es wurden etwa 11-mal so viel Waren exportiert wie importiert (→ Glas). Der 1. Weltkrieg beendete diese Vorrangstellung. Der 1895 von Gablonz nach Wattens (Ti.) übersiedelte Schmucksteinerzeuger → Swarovski konnte allerdings seine Auslandsbeziehungen aufgrund seiner technolog. Überlegenheit weiter ausbauen. In den übrigen Produktionsbereichen wurde in den Krisenjahren durch überregionale Übereinkommen die Funktionstüchtigkeit der ö. G. und ihre Anpassung an produktionstechn. Verbesserungen aufrechterhalten. Während des 2. Weltkriegs konnte sich die ö. G. eine gewisse Eigenständigkeit bewahren und im größeren Wirt.-Raum Automatisierungen – allerdings auf dt. Entwicklungen beschränkt – nachholen. Die teilw. Zerstörung der Glasfabriken führte nach Kriegsende vorerst zu einem ausgeprägten Mangel an Glaswaren, dennoch waren die neu gegr. Glaserzeugungsbetriebe meist nur kurzlebig. Ein Teil dieser Neugründungen war auch auf die Übernahme von Glasunternehmen in die USIA-Verwaltung (ehem. dt. Eigentum) zurückzuführen. Aufgrund der polit. Entwicklung kam es zur Ansiedlung von Gablonzer Betrieben in OÖ., die von Swarovski unterstützt wurde. Die nach 1918 groß gewordene Glasschmucksteinerzeugung stieg somit weiter an und wurde zur größten Glaserzeugungssparte. Auch auf dem Sektor der Erzeugung hochwertigen Wirt.-Glases brachten Neugründungen von Einwanderern aus Böhmen Impulse. So wurde die Kufsteiner Hütte durch die Familie → Riedel weitergeführt (ab 1956), die für ihr glastechn. und gestalterisches Können in den Folgejahren zahlr. internat. Preise errang und damit zur Reputation der ö. Hohlglasind. wesentlich beitrug.

Nach dem Staatsvertrag 1955 konnte eine gezielte Aufbauarbeit beginnen. Die folgenden Jahre waren für die ö. G. die erfolgreichste Zeit. Bis 1962 steigerte sich die Gesamtproduktion um 52 %, die positive Außenhandelsbilanz konnte ausgeweitet werden. Die beginnende Umstellung auf Selbstbedienung brachte einen deutl. Impuls auch für die Verpackungsglaserzeuger mit einem starken Investitionsschub. Trotz weitgehender Automatisierungen in dieser Periode nahm die Beschäftigtenzahl zu.

Durch die Ölkrise 1973 stiegen in der energieintensiven G., die in der Zwischenzeit auf Erdöl und Erdgas umgestellt worden war, die Kosten deutlich an; die Folge waren Impulse zur Energieeinsparung und entsprechende Weiterentwicklungen insbes. beim Wannenbau.

Durch Rezession, steigende internat. Verflechtung und Konkurrenz sowie verspätete Beschäftigungsanpassung geriet die ö. G. um 1980 in Schwierigkeiten. Die durch Fusion der größten Hohlglaserzeuger 1978 entstandene Stölzle-Oberglas wurde in den 80er Jahren in Teileinheiten veräußert, darunter auch die 1980 in Betrieb gegangene modernste Verpackungsglasfabrik Europas in Pöchlarn.

Die heutige Struktur der ö. G. unterscheidet sich wesentlich von der anderer Staaten. Die produktionsstärkste Sparte ist die Glasschmuckstein-, Beleuchtungsglas- und Geschenkartikelerzeugung, die auch den höchsten Exportanteil aufweist. Die Verpackungsglasind. bestreicht den gesamten Produktionsrahmen, während bei anderen Teilsparten nur Produktionsnischen besetzt sind; so wird z. B. seit 1977 Fensterglas nicht mehr erzeugt.

Aufgrund ihrer Struktur weist die ö. G. einen positiven Außenhandelssaldo auf. Der Exportanteil lag 2002 bei rd. 67,5 %, die Exporte von Glas und Glaswaren waren um 303 Mio. Euro höher als die Importe. Die Beschäftigtenzahl betrug 2002 9368, der Wert der abgesetzten Produktion belief sich auf 1,16 Mrd. Euro, davon entfielen auf Veredelung und Bearbeitung von Flachglas rd. 300 Mio. Euro, auf Herstellung von Hohlglas rd. 270 Mio. Euro und auf Herstellung, Veredelung und Bearbeitung von sonstigem Glas einschließlich technischer Glaswaren knapp 600 Mio. Euro.

Die wichtigsten Standorte der ö. G.: Ti.: Wattens, D. Swarovski & Co; Kufstein, C. J. Riedel, Ti. Glashütte GmbH. – OÖ.: Braunau, Inn-Crystal-Glass GmbH; Schneegattern, C. J. Riedel Schneegattern GmbH; Kremsmünster, Vetropack Austria GmbH. – NÖ.: Altnagelberg, Neue Stölzle Kristall GmbH; Pöchlarn, Vetropack Austria GmbH; Stockerau, Saint-Gobain Isover Austria AG; Brunn a. Geb., Pilkington Austria GmbH. – Stmk.: Voitsberg, Technoglas Produktions-GmbH; Köflach und Bärnbach, Stölzle-Oberglas AG & Co. KG.

GLASMALEREI: Die klassische musivische (Einlege-)Kunst der farbigen Glasfenster blickt in Ö. auf eine lange Überlieferung zurück. Technisch bedeutet sie die mosaikartige Kombination verschiedener in der Masse gefärbter Scheiben, die durch Bleistege miteinander verbunden werden. Die Bemalung erfolgte ausschließlich mit Schwarzlot, zu dem erst seit dem Spät-MA nach und nach andere Farben traten. Die älteste erhaltene Glasscheibe in Ö. ist die St.-Magdalenen-Scheibe aus Weitensfeld (Kä., um 1170, heute im Diözesanmuseum Klagenfurt). Ihr folgen als ein Hauptwerk der roman. G. die 14 Scheiben (um 1240) aus der Stiftskirche Ardagger (NÖ., Darstellung der Legende der hl. Margarethe). Aus der 2. Hälfte des 13. Jh. stammen u. a. die Rundscheibe im Dom zu Gurk (Kä.), die „Zehn-Jungfrauen-Scheiben" der Stadtpfarrkirche Friesach und die „Jungfrauen-Scheiben" der Walpurgiskirche bei St. Michael (Stmk.). Die Baumeister der Gotik verringerten die Zwischenwände der Kirchen, die Fenster wurden breiter und höher. Daraus erwuchs der G. ein monumentalerer Maßstab, dem die Maler nicht nur mit vergrößerten Figuren, sondern auch mit der Einführung großer Architekturkompositionen Rechnung trugen. Themen der Kirchenfenster bildeten nun Einzelheilige, Szenen aus dem Alten und Neuen Testament und allegorische Darstellungen. Dem allg. Stilwandel der europ. Malerei im ausgehenden MA entsprechend, setzte sich auch in der G. das Streben nach räuml. Darstellung und größerer Naturnähe durch.

Die Babenberger-Bildnisse (um 1295) im Brunnenhaus des Stifts Heiligenkreuz sind charakterist. Beispiele für den Übergang von der Romanik zur Gotik. Als Zentrum der G. bildete sich in dieser Zeit Klosterneuburg heraus; Zeugnis davon geben die um 1300 vermutlich für die „Capella speciosa" angefertigten Scheiben (heute Stadtpfarrkirche in Steyr) und die Reste der ehem. Kreuzgangverglasung des Stifts (um 1330). Berühmt sind auch die Glasfenster der Leechkirche (um 1320/30) in Graz. Die Verglasung der 17 Chorfenster des Stephansdoms in Wien war die bedeutendste Leistung Mitte des 14. Jh.; von ihr haben nur 3 Fenster die Zerstörungen der Barockzeit überdauert (Hist. Museum der Stadt Wien). Dieselbe Werkstatt ist auch in den ebenfalls dezimierten Chorfenstern von Maria am Gestade in Wien, in den Gaminger Stifterscheiben (heute in St. Florian, OÖ.) und in den Fenstern der Wallfahrtskirche Maria Straßengel (um 1350/60) bei Graz nachweisbar. Einer Werkstatt, die gegen Ende des 14. Jh. vielfach für den Wr. Hof tätig war (Hofwerkstatt), gelangen zahlr. technisch meisterhaft ausgeführte Schöpfungen: Neben Werken in Ebreichsdorf (NÖ.), St. Erhard in der Breitenau (Stmk.) und Viktring (Kä.) stellen die Fenster der Bartholomäuskapelle im Wr. Stephansdom (um 1390, heute im Hist. Museum

Glasmalerei: Leidensgeschichte Christi, 1380–90, in der Pfarrkirche Viktring, Kä.

499

Glasmalerei: Werkstatt für Glasmalerei im Zisterzienserstift Schlierbach, OÖ.

und im Museum für angew. Kunst in Wien) das früheste und vornehmste Beispiel dar. Bedeutende Proben alpenländ. Werkstätten besitzen die Spitalskirche in Judenburg, die Maria-Waasen-Kirche in Leoben und das Stift St. Lambrecht (um 1430/40, jetzt im Joanneum, Graz). Die kostbarsten Glasfenster in Sbg. hat die Leonhardskirche in Tamsweg (um 1430–50; u. a. das „Goldfenster"). In ihnen erscheint die Technik den neuen Stiltendenzen, wie sie in der Tafelmalerei gegen die Mitte des 15. Jh. vorherrschen, angepasst: Eine weich schattierende Malweise tritt an die Stelle von Strichzeichnung und Schraffur. Die übrigen, einst reichen sbg. Bestände gingen verloren, überliefert sind nur die Namen zahlr. Meister. Die einzige gut erhaltene G. von N-Ti. befindet sich in der Spitalskirche von St. Johann in Ti., die bedeutendste G. in Vbg. stammt aus Göfis (jetzt im Landesmuseum in Bregenz). Zahlr. Arbeiten, v. a. der z. T. namentlich überlieferten Wr. Meister, sind nicht mehr erhalten.

Bereits in der 2. Hälfte des 15. Jh. entstand eine neue Gattung der G., die so gen. Kabinettmalerei, die in der Folge der Monumental-G. den Rang streitig machte. Sie brachte die „Kabinettscheiben" hervor, die hauptsächlich für Fenster von Profanbauten (Rathäuser, Bürgerhäuser, Innungsstuben u. a.) und für Wappenscheiben verwendet wurden.

Zu den in Ö. spärlich vertretenen G. der Renaiss. gehören das Marientod-Fenster in Steyr (OÖ.), ein Fenster aus der Deutschordenskirche in Wr. Neustadt (jetzt im Museum für angew. Kunst in Wien) und schließlich die Verglasung der Georgskapelle in der Wr. Neustädter Burg mit den Stifterbildnissen Ks. Maximilians und seiner Familie.

Im Barock wurde die Kunst der G. nicht mehr gepflegt. Die großen Fensterzerstörungen durch Neubzw. Umbauten got. Kirchen zu Barockensembles setzten bereits vor der 2. Türkenbelagerung Wiens (1683) ein. Erst die Romantik und das späte 19. Jh. haben für diesen Zweig des Kunstgewerbes wieder Interesse gewonnen.

Mitte des 19. Jh. wurde von C. → Geyling in Wien eine noch heute bestehende Werkstätte für G. gegr. Das als Familienbetrieb geführte Unternehmen schuf bedeutende G. u. a. für den Wr. Stephansdom und die Votivkirche, aber auch für zahlr. Villenbauten der Jahrhundertwende. Von überregionaler Bedeutung im Historismus war auch die 1861 gegr. Ti. Glasmalereianstalt. Seit 1954 besteht die Werkstätte für G. in Stift Schlierbach.

Literatur: E. Frodl-Kraft, Got. Glasmalereien, 1963; E. Frodl-Kraft, Die G., Entwicklung, Technik, Eigenart, 1970; E. Bacher, Die ma. Glasgemälde in der Stmk., Teil 1: Graz und Straßengel, (Corpus vitrearum medii aevi 3) 1979; M. Schmucker u. M. Kristan, Jugendstilfenster im alten Ö., 1995; C. Aman, G. aus 8 Jh., 1997.

Glass, Fridolin, * 14. 12. 1910 Lemberg (Lwíw, UA), † 21. 2. 1943 Pavlochrod (RUS; gefallen), Hauptakteur des nat.-soz. Putschversuchs im Juli 1934 (→ Juliputsch 1934). 1932 Bundesleiter des Dt. Soldatenbunds; ab April 1934 Führer der illegalen SS-Standarte 89, die das Bundeskanzleramt in Wien besetzte. 1939 Angehöriger des Sicherheitsdiensts in Bulgarien, 1942 Kriegsberichterstatter der Waffen-SS an der O-Front.
Literatur: G. Jagschitz, Der Putsch, 1976.

Glave-Kolbielski, Karl, * 4. 8. 1752 Stettin (Szczecin, PL), † 14. 8. 1831 Budapest (H), Agent, Fabrikant und Finanzberater. Nach dubiosen Geschäften und Agententätigkeit brachte G.-K. Pläne und Teile von Spinnmaschinen aus England illegal nach Ö.; war u. a. als Finanzberater von Erzhzg. Karl und Gf. Stadion tätig. Während der franz. Besetzung Wiens 1809 mit Spionageaufträgen betraut, 1810–31 Staatsgefangener.
Literatur: A. Přibram, Ein polit. Abenteurer, 1937.

Glawatsch, Franz, * 16. 12. 1871 Graz (Stmk.), † 21. 6. 1928 Wien, Schauspieler, Sänger. Ab 1900 (gefördert von A. → Girardi) am Wr. Carltheater und 1904 am Theater an der Wien; 1907 Oberregisseur der Karczag-Bühnen (Theater an der Wien und Raimundtheater); Gastspiele in St. Petersburg, Deutschland, Paris und Moskau; Typ des gemütl. „Urwieners".
Literatur: G. Haberhauer, F. G. 1871–1928, in: Penzinger Museumsblätter 40; O. Fritz, F. G. und seine Zeit, ebd.

Glax, Julius, * 1. 3. 1846 Wien, † 9. 8. 1922 Abbazia (Opatija, HR), Balneologe. Univ.-Prof. in Graz; machte Abbazia zum ö. Kurort von internat. Ruf und erweiterte die wiss. Grundlagen der Balneologie um die Meeresheilkunde.
Werke: Lehrbuch der Balneotherapie, 2 Bde., 1897/99; Übersicht über die Bäder u. Kurorte Ö., 1910.

Gleich, Joseph Alois (Pseud.: Adolph Blum, Ludwig Dellarosa, Alois Kramer, H. Walden), * 14. 9. 1772 Wien, † 10. 2. 1841 ebd., Staatsbeamter, Romanautor und Theaterdichter, v. a. für das → Leopoldstädter Theater und das → Theater in der Josefstadt, dessen Vizedir. er 1814–16 war. Bed. Vertreter der Wr. Lokalposse, gehörte mit A. → Bäuerle und K. → Meisl zu den „großen Drei" des Alt-Wr. → Volkstheaters vor F. → Raimund, dessen Schwiegervater er war und dem er zum Durchbruch verhalf. Obwohl äußerst produktiv (über 100 Ritter-, Räuber- und Geisterromane; ca. 250 Theaterstücke), wurde G. rasch vergessen und endete im Elend.
Werke: Romane: Fridolin von Eichenfels, 1796; Die Todtenfackel, 1798; Der Eheteufel auf Reisen, 1822. – Ausgabe: Ausgewählte Werke, hg. v. O. Rommel, 1910.
Literatur: O. Rommel, Die Alt-Wr. Volkskomödie, 1952; V. Klotz, Bürgerl. Lachtheater, 1980; ÖBL.

Gleichenberg, siehe → Bad Gleichenberg.

Gleichenberger Abkommen, 1953 zw. Ö. und Jugoslawien zur Lösung des Problems der „Doppelbesitzer" auf ö. und jugoslaw. Boden abgeschlossen. 400 Österreichern und 50 Jugoslawen wurden die im Nachbarstaat liegenden Besitzungen zurückgegeben.

Gleichheit, am 15. 12. 1886 von V. Adler gegr. „sozdem. Wochenblatt" in Wien. Gleichnamige Vorgängerin 1870–77 in Wr. Neustadt. Mit 14. 6. 1889 zur Einstellung gezwungen, fand die G. am 12. 7. 1889 in der → „Arbeiterzeitung" ihre Nachfolgerin.

Gleichheit vor dem Gesetz (Gleichheitsgrundsatz), geregelt insbes. in Art. 7 Absatz 1 der BVerf. und Art. 2 des Staatsgrundgesetzes von 1867 sowie anderen verfassungsrechtl. Nebengesetzen. In diesen Bestimmungen ist v. a. normiert, dass vor dem Gesetz alle Staatsbürger gleich sind und Vorrechte der Geburt, des Geschlechts, des Standes, der Klasse und des Bekenntnisses ausgeschlossen sind. Der Gleichheitsgrundsatz lässt darüber hinaus nur sachl. gerechtfertigte Differenzierungen zu und verbietet willkürl. Handeln. Er bindet sowohl die Vollziehung als auch den Gesetzgeber und schützt grundsätzl. nur ö. Staatsbürger und inländ. jurist. Personen sowie auf Grund des gemeinschaftsrechtl. Diskriminierungsverbotes EWR-angehörige natürliche und jurist. Personen. Er hat von allen Grundrechten der ö. Verfassung in der Praxis die größte Bedeutung.

Literatur: R. W. u. H. Mayer, Grundriß des BVerf.-Rechts, 9 2000.

GLEINALPE, Stmk., lang gestreckter Bergrücken aus Gneis und kristallinen Schiefern der Zentralalpen, Teil des Steir. Randgebirges im NW von Graz, setzt die Stubalpe nach NO fort, begleitet das südl. Murufer bis zum Diebsweg und trennt die Ober- von der Mittel-Stmk.; im Speikkogel 1988 m hoch. Die wälder- und almenreiche G. wird im NO von der Hochalpe (Wetterkogel, 1643 m) fortgesetzt. Gleinalmhaus (1586 m). Gleinalmtunnel (804 m, Länge 8,3 km) zw. St. Michael in der Obersteiermark und Übelbach.

GLEINK, OÖ., 9. Bez. der Stadt Steyr. Ehem. Benediktinerkloster (1125 gegr., 1784 aufgehoben), Stiftsgebäude 2. Hälfte 17. Jh. und Anfang 18. Jh., Garstener Saal mit Stuckdecke (1720–30), Theatersaal, im Garten Steinfiguren. 1831–1977 von Salesianerinnen bewohnt, jetzt Internat für schwererziehbare Kinder (Teil des Sozialpädagog. Zentrums G. der Caritas). Ehem. Klosterkirche jetzt Pfarrkirche, urspr. roman., 1436 got. umgebaut, ab 1648 barockisiert, Gewölbefresken (1708/09) von G. Daller, Hochaltar (1664) im Knorpelstil, bed. Seitenaltäre.

GLEINKER SEE, OÖ., kleiner Bergsee, 806 m, südwestl. von Windischgarsten gelegen, 600 m lang und 400 m breit. Umgeben von Seespitz (1574 m) und Präwald (1227 m).

GLEINSTÄTTEN, Stmk., LB, Markt, 308 m, 1498 Ew., 8,34 km², südwestl. von Leibnitz, im Tal der Sulm, nahe der Grenze zu Slowenien. – Familienberatungsstelle, BerS (Kleidermacher, Bäcker, Fleischer); Holzind. – Barocke Pfarrkirche (1692) mit Turm von 1754–57; Schloss (16.–17. Jh.), nach Brand 1666 errichtet durch F. I. Carlone, Renovierung 1975–78, heute VolksS und Gemeindeamt.

GLEINZ, Landschaft in der W-Stmk., umfasst das Tal des G.-Bachs und die Hügel zw. diesem und dem Laßnitztal unterhalb von Deutschlandsberg.

GLEISDORF, Stmk., WZ, Stadt, 362 m, 5224 Ew., 4,77 km², Verkehrsknoten im Tal der Raab. – Bez.-Ger., Arbeitsmarktservice, Versuchsstation der BA f. Pflanzenbau, Sporthallen, Stadion, Wellenbad, Veranstaltungszentrum „forumKloster"; BG, BRG, landw. FachS f. Obstbau; rd. 63 % der 4131 Beschäftigten (2001) im Dienstleistungssektor (bes. Handel); in der Produktion: Stahlbau (Anlagenbau, Fördertechnik), Erzeugung von Bestandteilen für die Kfz.-Ind., Fruchtsäften und Atmungsgeräten; Betonwerk; Obstbau und Obstverwertung, Feistritzwerke-Steweag (Elektrizitätsversorgungsunternehmen, bes. Schwerpunkt auf Alternativenergie, „Straße der Solarenergie"). – Urk. 1229, seit 1920 Stadt; barocke Pfarrkirche (1648–72), erneuert 1891–93; ehem. Piaristenkirche (1744–47) und -kloster; Heimatmuseum, röm. Ausgrabungen (Amphitheater, Gräber).

Literatur: R. F. Hausmann u. S. Rosenberger, G. 1229–1979, 1979; H. Riedl, G. Ein Beitrag zur Sozialgeographie einer oststeir. Kleinstadt, 1971.

GLEISPACH, Johann Graf, * 29. 9. 1840 Görz (Gorizia, I), † 21. 2. 1906 Graz (Stmk.), Jurist, dt.-liberaler Politiker; Vater von Wenzeslaus → Gleispach. 1892 und 1898 Präs. des Oberlandesgerichts in Graz, 1895–97 Justizmin. Verdienste um die Anlage der stmk. Grundbücher und den Bau des Grazer Justizgebäudes.

GLEISPACH, Wenzeslaus, * 22. 8. 1876 Graz (Stmk.), † 12. 3. 1944 Wien, Jurist; Sohn von Johann Gf. → Gleispach. Univ.-Prof. in Freiburg, Prag und Wien (1916–33); gründete das Univ.-Inst. für Strafrechtswiss. und Kriminalistik.

Werke: Der ö. Strafprozeß, 1913; Das dt. Strafverfahrensrecht, 1942.

GLEISSNER, Heinrich, * 26. 1. 1893 Linz (OÖ.), † 18. 1. 1984 ebd., Jurist und Politiker (ÖVP). 1930 Dir. der oö. Landw.-Kammer, 1933/34 Staatssekr. im BM f. Land- u. Forstw., 1934–38 und 1945–71 Landeshauptmann von OÖ.; 1939–40 in den KZ Dachau und Buchenwald, 1951 Kandidat der ÖVP bei der Bundespräsidentenwahl. Er führte OÖ. aus der schwierigen Nachkriegs- und Besatzungszeit (Ausgleich zw. amerikan. und sowjet. Besatzungsmacht), trug erfolgreich zum polit., wirt. und kulturellen Wiederaufbau OÖ. bei und förderte den Strukturwandel OÖ. vom Agrar- zum Ind.-Land.

Literatur: H. Forstner u. a., Oberösterreicher. Landeshauptmann H. G. – Zeitgenossen berichten, 1985; H. Slapnicka, H. G., 1987.

GLEMMTAL, Sbg., Quelltal der Saalach in den nordöstl. Kitzbüheler Alpen. Das G. führt von der Grenze zu Ti. in W-O-Richtung bis Maishofen, danach wendet sich die Glemm mit der Einmündung in die Zeller Talfurche nach N. Aufgegliedert ist das Tal in Hinter- und Vorderglemm. Hauptorte des G. sind Hinterglemm, Saalbach (1003 m), Viehhofen (856 m) und Maishofen (768 m). Vorherrschender Erwerbszweig des G. ist der Tourismus (Wintersport).

GLEMMTALER ALPEN, Sbg., östl. Ausläufer der Kitzbüheler Alpen, zu den Pinzgauer Grasbergen gehörig; auch „Pinzgauer Spaziergang" genannt; trennt das Glemmtal vom oberen Salzachtal. Höchste Erhebung: Geißstein (2363 m); von Zell am See (Schmitten) führt eine Großkabinenbahn zur Schmittenhöhe (1965 m). Skigebiet.

GLETSCHER (in Sbg., Kä. und O-Ti. „Kees", im übrigen Ti. „Ferner"), Eisstrom aus Schneemassen, die oberhalb der Schneegrenze (in Ö. durchschnittlich bei 2900 m) nicht abtauen; fließt aus dem „Nährgebiet" talabwärts, wo er unterhalb der Schneegrenze, im „Zehrgebiet" (bis zu 2100 m herab), abschmilzt. Dem Höhenaufbau des Landes entsprechend, liegen die meisten G. Ö. in den Zentralalpen, wo ihre Zahl von O nach W ansteigt. Insges. gibt es in Ö. 925 G., deren Gesamtfläche in den 1980er Jahren rd. 540 km² betrug, seither ist die Ausdehnung stark rückläufig. Am stärksten vergletschert sind die Ötztaler Alpen (213 G., 173 km²), innerhalb der Hohen Tauern die Berge der Venedigergruppe (101 G., 90 km²). Bei den ö. G. seit 1850 ein starker Rückgang zu verzeichnen, der sich in den letzten Jahrzehnten bes. verstärkt hat. Der größte und bekannteste ö. G. ist die Pasterze in der Glocknergruppe (Kä.) mit einer Fläche von rd. 19 km²; nicht viel kleiner ist der Gepatschferner (Ti.) in den Ötztaler Alpen (17 km²). Am weitesten nach O und N vorgeschoben sind die G. des Dachsteinmassivs. Entscheidend für den Formenschatz der ö. Landschaft waren die Erosions- und Transporttätigkeit des G. in der → Eiszeit, die großen Täler, die Kare und die Wannen der Alpenseen ausgehobelt, Moränenwälle aufgeschüttet und typische Kleinformen (G.-Schliffe, G.-Töpfe usw.) gebildet

Heinrich Gleißner. Foto, um 1980.

Gleisdorf.

haben. Die Bedeutung der G. für den Menschen liegt außer in ihrem landschaftl. Reiz (Fremdenverkehr) in der Wasserspeicherung. Ein großer Teil der Gebirgsflüsse und der Kraftwerksauseen wird von den G. gespeist. Allerdings haben sie in Zeiten einer Klimaverschlechterung durch ihre Vorstöße auch Überschwemmungskatastrophen verursacht (z. B. im Ötztal) und den ma. Goldbergbau (z. B. im Sonnblickgebiet) schwer beeinträchtigt. Ö. Forscher hatten beträchtl. Anteil an der Entwicklung der Gletscherkunde (Glaziologie), einem Zweig der Physischen Geographie, und stehen auch jetzt in dieser Wiss. mit an der Spitze.
Literatur: G. Groß, Der Flächenverlust der G. in Ö., in: Ztschr. f. G.-Kunde und Glazialgeologie 23, 1987.

Glinzendorf, NÖ., GF, Gem., 152 m, 255 Ew., 10,43 km², landw. Kleingem. am Rußbach im Marchfeld. – Urk. 1380, im Kern roman. Kirche (im 17. Jh. barockisiert) mit klassizist. Altar.

Globasnitz (slowen. Globasnica), Kä., VK, Gem., 541 m, 1645 Ew., 38,43 km², zw. Jaunfeld und Karawanken. – Forstw. Auf dem heutigen Gem.-Gebiet ehem. Römersiedlung → Juenna; roman.-got. Pfarrkirche mit Wandmalerei (14./15. Jh.), 1946 erweitert, frühgot. Karner mit Fresken (16. Jh.). Auf dem → Hemmaberg spätantike Mauer, Ausgrabungen von 5 frühchristl. Kirchen (Freilichtmuseum). Spätgot. Wehrkirche unter Feuersberg, ehem. Schloss Feuersberg (17. Jh., heute Forsthaus).

Globenmuseum der Ö. Nat.-Bibl., weltweit führendes Museum für alte Erd-, Himmels-, Mond- und Planetengloben sowie für Armillarsphären und ähnl. wiss. Instrumente (rd. 260 Exponate); 1956 eröffnet, Nachfolgeinstitution eines privaten Museums, das ab 1945 vom Coronelli-Weltbund der Globusfreunde (heute: "Internat. Coronelli-Ges. für Globen- und Instrumentenkunde") betrieben worden war.
Literatur: P. E. Allmayer-Beck (Hg.), Modelle der Welt, 1997.

Globocnik, Odilo, * 24. 4. 1904 Triest (I), † 31. 5. 1945 Paternion (Kä.; Selbstmord), nat.-soz. Politiker und SS-Führer. Gaupropagandaleiter, 1933 stellv. Gauleiter von Kä. Im März 1938 als Mitgl. der einflussreichen "Kä. Gruppe" maßgeblich am Anschluss Ö. an das Dt. Reich beteiligt. 1938–39 Gauleiter von Wien, 1939–42 SS- und Polizeiführer von Lublin; spielte eine führende Rolle bei der "Aktion Reinhard", der Vernichtung und Vermögensverwertung des poln. Judentums. 1943–45 Höherer SS- und Polizeiführer für das adriat. Küstenland.
Literatur: S. J. Pucher, „… in der Bewegung führend tätig". O. G. – Kämpfer für den „Anschluß", Vollstrecker des Holocaust, 1997.

Glöckel, Otto, * 8. 2. 1874 Pottendorf (NÖ.), † 23. 7. 1935 Wien, Schulreformer, soz.-dem. Politiker. Ab 1907 Reichsratsabg., 1918–20 Mitgl. der Provisor. bzw. Konstituierenden Nationalversammlung, 1920–33 Abg. z. NR, 1919–20 Unterstaatssekr. f. Unterr., 1922–34 Geschäftsführender 2. Präs. des Wr. Stadtschulrats, 1934 vorübergehend in Haft. Führender Organisator der soz.-dem. ausgerichteten Schulreform in der 1. Republik (→ Einheitsschule). G. und seine Mitarbeiter (wie V. → Fadrus, H. → Fischl, K. → Furtmüller) wollten Chancengleichheit durch Abbau von Bildungsbarrieren, soz. Integration und Ausschaltung der kirchl. Einflusses erreichen. Leitstelle der Schulreformarbeit war zunächst die Reformabteilung (1919–23) im Unterrichtsamt, dann der Stadtschulrat für Wien. Mit seinen Maßnahmen der "inneren" Reform, wie Neuformulierung der Lehrpläne, Herausgabe kindgemäßer Lehrbücher (mit Hilfe des von der Stadt Wien gegr. Verlags → Jugend und Volk), Einübung demokrat. Verhaltensmuster in den „Schulgemeinden", Anhebung der Aus- und Fortbildung der Lehrer (1923 Errichtung des Pädagog. Inst. der Stadt Wien mit Pädagog. Zentralbibl.), setzte sich G. weitgehend durch, bei seinen organisatorischen Reformen war er bei der Umwandlung der Militärkadettenanstalten (1919) in Staats- (ab 1920 Bundes-)Erziehungsanstalten und beim Ausbau des Sonderschulwesens in Wien erfolgreich; seine Schulversuche zur → Allgemeinen Mittelschule führten nur zu einem Kompromiss bei der Schaffung der → Hauptschule (1927).
Werke: Das Tor der Zukunft, 1917; Die ö. Schulreform, 1923; Drillschule – Lernschule – Arbeitsschule, 1928; O. G., Selbstbiographie, 1939. – Ausgabe: Ausgewählte Schriften und Reden, hg. v. O. Achs, 1985.
Literatur: O. Achs u. A. Krassnigg, Drillschule – Lernschule – Arbeitsschule. O. G. und die Schulreform der 1. Republik, 1974.

Glocken: In Ö. blieben ca. 2500 hist. G. aus dem 19. oder früheren Jahrhunderten bis heute erhalten. In beiden Weltkriegen wurden zahlr. G. für die Rüstungsproduktion eingeschmolzen, über 15.000 G. wurden seit 1945 neu gegossen. Die älteste G. in Ö. (11. Jh.) läutete bis vor wenigen Jahren in der Kirche von Maria Schmerzen zu Freudenberg (Pfarre Gigring, Kä.) und befindet sich jetzt im Diözesanmuseum in Klagenfurt. Die älteste datierte G. (1200) befindet sich in St. Martin am Ybbsfeld (NÖ.). Die größte G. Ö. ist die → Pummerin (20.132 kg) im Stephansdom in Wien. Die größten G. in den anderen Bundesländern besitzen Schloss Eisenstadt (1692, 7200 kg), Maria Saal (1687, 6000 kg), Stift Melk (1739, 7840 kg), Stift St. Florian (1717, 8843 kg), der Salzburger Dom (1961, 14.256 kg), Mariazell (1950, 5702 kg), die Jesuitenkirche in Innsbruck (1959, 9050 kg), und der Dicke Turm (Katzenturm) in Feldkirch (1857, 7500 kg). Heute werden nur noch in Innsbruck und Salzburg Kirchenglocken gegossen. Das → Glockenspiel besitzt in Ö. keine große Tradition und ist eher selten. Das einzige hist. Glockenspiel befindet sich in Salzburg, nach dem 2. Weltkrieg wurden einige neue große Glockenspiele gegossen.
Literatur: J. F. Fahrngruber, Hosanna in excelsis, 1894; A. Weißenbäck u. J. Pfundner, Tönendes Erz, 1961.

Glockenbecherkultur, nach charakteristischen weitmündigen Bechern in Glockenform benannte Kultur der späten → Jungsteinzeit, in Mitteleuropa ab ca. 2500 v. Chr. Typisch sind weiters Bein- und Bernsteinknöpfe, Tierzahnanhänger, Kupferdolche, Feuersteinpfeilspitzen und Armschutzplatten aus Stein zum Schutz des Unterarms vor der zurückschnellenden Bogensehne. Entstehung und Ausbreitung der aus SW-Europa stammenden Kultur sind unklar. In Ö. gibt es Einzelfunde von Sbg. bis ins Bgld.

Glockenspiel: Das Salzburger G. am Neugebäude der Residenz wurde 1688/89 in Antwerpen vom Gießer Melchior de Haze hergestellt und 1702 aufgestellt.

Otto Glöckel bei einer Ansprache vor dem Wiener Rathaus. Foto, um 1930.

Glockenspiel in der Loggia des Rathauses von Gmunden, OÖ.

Es besteht aus 35 Glocken, umfasst 3 Oktaven mit allen Halbtönen. In den Rathausloggien in Gmunden befindet sich ein G. aus Keramik, das in der Gmundner Keramikfabrik hergestellt wurde.

GLÖCKLER, Gustav, * 7. 5. 1937 Wien, Verleger. Übernahm 1960 den elterl. Buchbindereibetrieb, ab 1975 geschäftsführender Gesellschafter des auf Schulbücher spezialisierten Verlags → Hölder–Pichler–Tempsky bzw. 1998–2001 der → öbv & hpt Verlagsges. m. b. H. & Co. KG.

GLÖCKLERLAUFEN, siehe → Dreikönig.

GLOCKNER (Großglockner), Kä./O-Ti., 3798 m, höchster Berg Ö., auf dem vom Hauptkamm der Hohen Tauern nach S abzweigenden G.-Kamm der → Glocknergruppe und damit auf der Grenze zw. Kä. und O-Ti.

Großglockner, von Kals aus gesehen.

gelegen; besteht aus Prasinit, einem metamorphen magmatischen Gestein der Tauernschieferhülle. Seine charakterist. Pyramide, die westlich der → Pasterze aufragt, besteht aus 2 Gipfeln, dem Großglockner und dem Kleinglockner (3770 m), die durch die G.-Scharte voneinander getrennt und allseits von Gletschern umgeben sind. Erstbesteigung am 28. 7. 1800 durch die Brüder Klotz, Pfarrer F. Horasch und 2 Zimmerleute unter Leitung des Gurker Fürstbischofs Salm-Reifferscheid und Siegmund Gf. Hohenwart. Zugang von SO über Heiligenblut (Kä.) im Mölltal mit der → Großglockner-Hochalpenstraße und dem Franz-Josefs-Haus (1997 durch Brand zerstört; seit Wiedererrichtung nur Restaurantbetrieb) oder vom SW über Kals (O-Ti.) durch die „Kalser Glocknerstraße" (seit 1980) und das Lucknerhaus (1918 m).

GLÖCKNER, Berta, * 26. 12. 1848 Komorn (Komarno, SK), † 10. 12. 1916 Wien, Schauspielerin. Zunächst in Linz, Brünn und Budapest tätig, 1870 Auftritt am Wr. Carltheater, 1877 am Theater an der Wien, 1878 in München, 1878–81 in St. Petersburg und 1882 in Moskau.

GLOCKNERGRUPPE, Kä./Sbg./O-Ti., stark vergletscherter Hochgebirgsstock der Hohen Tauern, zw. Granatspitzgruppe im W (getrennt durch den Kalser Tauern, 2515 m) und der Goldberggruppe im O (jenseits des Hochtors, 2576 m), bildet die Wasserscheide zw. Drau und Salzach und die S-Grenze von Sbg. gegen Kä. und O-Ti. Besteht aus Gneis („Zentralgneis" des Granatspitzkerns) und kristallinen Schiefern der Tauernschieferhülle (→ Tauernfenster) und ist stufenförmig in mehrere Ketten gegliedert. Gipfel der G.: Großglockner (3798 m), Gr. Wiesbachhorn (3564 m), Johannisberg (3453 m), Eiskögele (3426 m, Dreiländereck Sbg./Kä./O-Ti.), Fuscher-Kar-Kopf (3331 m), Hocheiser (3206 m). Am NO-Fuß des Großglockners liegen der größte Gletscher der O-Alpen, die → Pasterze, sowie die → Gamsgrube. Die Täler der G. zeigen deutlich ihre Formung durch die eiszeitl. Gletscher: in U-förmigen Trögen wechseln ebene Strecken mit Steilstufen, die von den Achen in prächtigen Wasserfällen durchbrochen werden. Diese Situation wurde zur Anlage von Stauseen (Mooserboden, Wasserfallboden, Stausee Margaritze) zur Stromgewinnung genützt. Für den Fremdenverkehr ist die G. durch die → Großglockner-Hochalpenstraße, die Kalser Glocknerstraße und die Verkehrsanlagen des Kapruner E-Werks erschlossen; Ausgangspunkte sind auf der sbg. Seite Bruck und Kaprun im Pinzgau, auf der Kä. Seite Heiligenblut im Mölltal und auf der Ti. Seite Kals. Mehrere Skigebiete (Kals, Heiligenblut, Weißsee). Dem Tourismus dienen Glocknerhaus (2136 m), Hofmannshütte (2444 m), Oberwalderhütte (2972 m), Erzhz.-Johann-Hütte (Adlersruhe, 3451 m, höchstgelegenes Schutzhaus in Ö.) in Kä., Heinrich-Schwaiger-Haus (2802 m) und Alpinzentrum Rudolfshütte am Weißsee (2311 m) in Sbg., Stüdlhütte (2802 m) in O-Ti. u. a.

Glocknergruppe, von Fusch aus gesehen.

GLOCKNERSTRASSE, siehe → Großglockner-Hochalpenstraße.

GLÖDNITZ, Kä., SV, Gem., 748 m, 1004 Ew., 74,65 km², im Tal des Glödnitzbachs in den Gurktaler Alpen. – Sommerfremdenverkehr. Urk. 898, got. Wehrkirche mit Wehrmauer und Rundkarner (15.–16. Jh.), Hochaltar 1742. → Flattnitz.

GLÖGGL, Franz sen., * 21. 2. 1764 Linz (OÖ.), † 16. 6. 1839 ebd., Musiker; Vater von Franz → Glöggl jun.; 1790 Stadt-Musikdirektor in Linz, 1790–97 Theaterdirektor in Linz und Salzburg, 1798 Domkapellmeister in Linz; gründete dort 1797 die erste Musikschule. Seine Musikalien- und Instrumenten-Smlg. wurde 1824 von der Ges. der Musikfreunde in Wien erworben.

GLÖGGL, Franz jun., * 2. 4. 1796 Linz (OÖ.), † 23. 1. 1872 Wien, Musikalienhändler; Sohn von Franz → Glöggl sen. Ab 1844 in Wien; gab 1852–62 die „Neue Wr. Musikzeitung" heraus, war mehrere Jahre Archivar der Ges. der Musikfreunde in Wien und gründete Musikschulen in Wien.

GLOGGNITZ, NÖ., NK, Stadt, 457 m, 6159 Ew., 19,55 km², Ind.- und Gewerbeort an der Schwarza, zw. Semmeringgebiet und Steinfeld. – Bez.-Ger., Außenstelle der BH, Bez.-Bauernkammer, Wasserkraftwerk Stuppach; rd. 55 % der Beschäftigten (2001) in der Produktion: Erzeugung von Textilsieben, Modelleisenbahnen, Getränken und Konfekt, Maschinen-, Stahl-, Formen- und Elektroanlagenbau, Quarzit- und Sandwerk, Spezialdruckerei, Geflügelhof (in Aue); daneben bes. Handel. – Lage an altem Semmering-Saumweg, Aufschwung im 19. Jh. durch Bau der Semmeringbahn (Industrialisierung und Sommerfrische), seit 1926

Gloggnitz.

Schloss Gloggnitz.

Christoph Willibald Gluck. Stich von S. C. Miger nach J. S. Duplessis, um 1780.

Stadt. Schloss G., ehem. Benediktiner-Propstei (1094–1803), Anlage im Kern 16. Jh., 1741 fertiggestellt, im Arkadenhof die 1741 barockisierte Kirche, jetzt Veranstaltungszentrum und Museum mit Stuckflachdecke, got. Bau, Hochaltar (1701) mit Muttergottesstatue (14. Jh.) und Wandmalereien (1597); Kardinal-Piffl-Pfarrkirche von C. Holzmeister (1933/34), erweitert 1960/61. Dr.-Karl-Renner-Museum, Mühlen-Lehr-Museum.
Literatur: Ö. Städtebuch, Bd. IV, Teil 1, Die Städte NÖ., 1988.

Glojach, Stmk., FB, Gem., 410 m, 238 Ew., 3,38 km^2, landw. Gem. im oststeir. Riedelland nordöstl. von Leibnitz. Mal- und TöpferS. Wein- und Obstbau. Fischteich.

Glopper, siehe → Hohenems.

Gloriette, „Ruhmestempel" auf der Anhöhe über dem Schönbrunner Schlosspark, Blickfang vom Schloss aus und Aussichtspunkt über den Park. Nach Plänen von J. F. Hetzendorf v. Hohenberg 1775 als letzter Bau der Schönbrunner Gartenarchitektur vollendet; Skulpturenschmuck von J. B. Hagenauer. Nach Kriegszerstörung 1947 wieder hergestellt, 1995 generalsaniert.

Gloriette.

Glossy, Blanka (verehel. Schwarz), * 6. 11. 1893 Wien, † 24. 11. 1952 ebd., Schauspielerin, Graphikerin; Tochter von Karl → Glossy. 1912–52 Ensemblemitgl. des Wr. Burgtheaters, Volksschauspielerin und Interpretin des Altwiener Lieds; Film- und Rundfunktätigkeit.
Werk: Josefine Gallmeyer, 1947 (mit G. Berger).

Glossy, Karl, * 7. 3. 1848 Wien, † 9. 9. 1937 ebd., Theater- und Literaturhistoriker; Vater von Blanka → Glossy. Dir. der Bibl. und des Museums der Stadt Wien; Pionier der Theater- und Literaturforschung (erstmals Archivforschungen).

Werke: J. Schreyvogel, 1903; Zur Geschichte der Theater Wiens, 2 Bde., 1915/20; Das Burgtheater unter seinem Gründer Joseph II., 1926; 40 Jahre Dt. Volkstheater, 1929. – Hg.: F. Raimund, Sämtl. Werke, 3 Bde., 1881; Tagebücher K. L. Costenobles, 1888; Jb. der Grillparzer-Ges., 1890 f.; Grillparzers Briefe und Tagebücher, 2 Bde., 1903; J. Schreyvogels Tagebücher, 1903; Briefe F. Dingelstedts, 1925; Ö. Rundschau, 54 Bde., 1905 ff. (mit A. Frh. v. Berger).

Glück, Anselm, * 28. 1. 1950 Linz (OÖ.), Schriftsteller, Maler und Graphiker. Experimentelle Literaturauffassung (Montage, Collage, Verfremdung, Poetik-Performance); strebt unter Einbeziehung der bild. Kunst ein Gesamtkunstwerk an, das die gewohnten Grenzen von Sprache und Wahrnehmung überschreitet.
Werke: ohne titel, 1984; ich muß immer daran denken. geschichte, 1988; die eingeborenen sind ausgestorben, 1987; melken bis blut kommt, 1993; mit der erde fliegen, 1994; die letzte jahreszeit, 2 Bde., 1995/96; ich kann mich nur an jetzt erinnern, 1998. – Bühnenwerke: wir sind ein lebendes beispiel, 1992; Inland, 2000 (Libretto); Innerhalb des Gefrierpunktes, 2003.
Literatur: I. Jetschgo, in: Parnass, Heft 4, 1989; J. Auinger, Darstellung des literar. Gesamtwerks von A. G., Dipl.-Arb., Salzburg 1994.

Gluck, Christoph Willibald, * 2. 7. 1714 Erasbach i. d. Oberpfalz (D), † 15. 11. 1787 Wien (nannte sich ab 1756 nach Verleihung des päpstl. Ordens vom goldenen Sporn „Ritter Gluck"), Komponist und Opernreformer. Studienaufenthalte in Italien (u. a. bei G. Sammartini in Mailand), 1741 Debüt als Opernkomponist in Mailand; 1745/46 Aufenthalt in London. Erste Arbeit für den Wr. Kaiserhof 1748 („Semiramide riconosciuta" zum Geburtstag Maria Theresias und zur Eröffnung des umgebauten Burgtheaters). Beendete seine „Wanderjahre" mit der Niederlassung in Wien 1750; Anstellung als Kapellmeister beim Prinzen von Sachsen-Hildburghausen (bis 1761) und 1754–64 Kapellmeister der Hoftheater.
In seinen Reformwerken („Orfeo", den beiden „Iphigenie"-Opern und „Alceste") strebte G. eine Überwindung des starren Konzepts der metastasianischen Oper (Rezitativ = Handlung, Arie = Darstellung von Affekten) an und versuchte, die Musik in den Dienst des Textes zu stellen und der Oper einen mehr fließenden Verlauf zu geben. Der Großteil von Glucks 47 großen Opern ist jedoch dem Schema Metastasios verpflichtet. Aufgrund der frankophilen Theaterpolitik von Fürst Kaunitz und G. langem Paris-Aufenthalt (1773–75) sind zahlr. Werke in franz. Sprache geschrieben, v. a. die Reformopern „Iphigénie en Aulide", „Orphée et Eurydice" und „Alceste" sowie „Armide" und zahlr. Werke der Opéra comique. Der Kontrast zw. G. franz. Reformopern und der neuen ital. Richtung, vertreten durch N. Piccini, wurde durch die jeweiligen Anhänger zum sog. Buffonistenstreit ausgeweitet.
Werke: 47 dramatische Werke, Lieder (7 klopstocksche Oden), Ballette (Don Juan, Alessandro, genaue Anzahl noch unsicher), 2 Triosonaten, Ouvertüren, De profundis. – Ausgabe: Sämtl. Werke, im Auftrag des Inst. für Musikforschung, 1951 ff.
Literatur: K. Hortschansky, Parodie und Entlehnung im Schaffen C. W. G., 1973; A. Einstein, C. W. G., 1987; N. de Palézieux, C. W. G., 1988; G. Buschmeier, Die Entwicklung von Arie und Szene in der franz. Oper von G. bis Spontini, 1991; P. Howard, G., 1995.

Glück, Harry, * 20. 2. 1925 Wien, Architekt. 12 Jahre als Bühnenbildner tätig, seit 1966 eig. Architekturbüro; beschäftigt sich mit Fragen des soz. Wohnbaus. Bautätigkeit vorwiegend in Wien.
Werke (teilw. mit Partnern): Wien: Wohnpark Alterlaa, Nittel-Hof, Vollwertwohnen Hartlgasse, Überbauung des Franz-Josefs-Bahnhofs, Hotel Marriott, Bürogebäude Wr. Allianz, Niedrigenergiehaus Handelskai. Weitere große Wohnbauten in Ö.

und Deutschland. – Publikationen: Sozialer Wohnbau, 1979; Stadt und Lebensqualität, 1985 (Mitarbeit).

GLÜCK, Wolfgang, * 25. 9. 1929 Wien, Theater- und Filmregisseur. Studierte Theaterwiss. und Germanistik in Wien und Zürich; 1949–54 Regieassistent bei B. → Viertel, F. → Kortner, J. → Gielen und O. F. → Schuh; Regiearbeiten u. a. am Wr. Burgtheater, am Schauspielhaus Zürich und in Frankfurt a. Main. 1957 erster Spielfilm, 1981 Durchbruch mit der Torberg-Verfilmung „Der Schüler Gerber"; sein Film „38 – Heim ins Reich" (1985) wurde für den Oscar nominiert. Seit 1994 Prof. für Filmregie und 1997–2002 Leiter der Filmakad. der Hochschule (bzw. Univ.) für Musik und darst. Kunst in Wien; zahlr. Arbeiten für das Fernsehen.
Weiterer Film: Es war doch Liebe …, 1997.

GLÜCKSSPIELMONOPOL: Glücksspiele sind Spiele, bei denen Gewinn und Verlust ausschließlich oder vorwiegend vom Zufall abhängen. Das Recht zur Durchführung von Glücksspielen ist dem Bund vorbehalten (Gesetz 1989). Zum Betrieb einer Spielbank ist eine Konzession des BM für Finanzen erforderlich, die nur einer Kapitalges. mit Sitz im Inland erteilt wird (dzt. → Casinos Austria AG). Einsätze in ausländische Glücksspiele dürfen in Ö. nicht geleistet werden. Nach EU-Recht wird die Regelung des Glücksspielwesens den einzelnen Mitgliedstaaten überlassen, da es sich um kein Leistungs-, sondern ein Ordnungsrecht handelt. Daher blieb das ö. G. im Unterschied zu den anderen → Monopolen vom EU-Beitritt 1995 unberührt. Nicht dem Monopol unterliegen Ausspielungen mit Glücksspielautomaten, wenn der Einsatz 0,50 Euro und der Gewinn den Betrag von 20 Euro nicht übersteigt. Durch Konzessionen des Bundes an die Ö. → Lotterien Ges. m. b. H. sind zurzeit (2004) folgende Glücksspiele vergeben: Lotto „6 aus 45" mit Joker, Toto mit Torwette, Bingo, Zahlenlotto 1–90, ToiToiToi, Rubbellos, Brieflos, Klassenlotterie. Ausnahmen gibt es für Nummernlotto, mehrstufige Ausspielungen sowie Tombolaspiele (Glückshäfen und Juxausspielungen). Seit dem 16. Jh. traten in Ö. neben die Hasardspiele die Glückshäfen, wobei meist Silber, Porzellan oder Bilder ausgespielt wurden. Im 18. Jh. wurden sie allmählich durch das Zahlenlotto verdrängt. Öffentl. Glücksspiele waren in Ö. eher selten. 1721 entstand erstmals eine Art Klassenlotterie. Das Lottopatent von 1813 regelte rechtlich das Staatslottowesen (Zahlenlotto, Tombola, Lotteriepromessen, Einsätze in ausländ. Lotterien). Von 1871 an wurde das Glücksspielwesen stark eingeschränkt, die gänzl. Abschaffung wurde im Reichsrat wiederholt gefordert. 1913 wurde die → Klassenlotterie eingeführt.
Literatur: H. Mayer, Staatsmonopole, 1976; P. Erlacher, Glücksspielgesetz, ²1997; W. Schwartz u. F. Wohlfahrt, Glücksspielgesetz mit wichtigen Spielbedingungen, 1998.

GLUNGEZER, Ti., 2677 m, markanter Berg der Tuxer Voralpen, überragt südlich von Hall i. T. das Inntal; Skiberg. Schutzhütte: Glungezerhütte (2610 m); Zirbenweg zum Patscherkofel.

GMEINER, Hermann, * 23. 6. 1919 Alberschwende (Vbg.), † 26. 4. 1986 Innsbruck (Ti.), gründete 1949 das erste → SOS-Kinderdorf. Sein Lebenswerk war der internat. Aufbau des Kinderdorf-Werks.
Werk: Die SOS-Kinderdörfer, ³¹1994.
Literatur: H. Reinprecht, H. G. Abenteuer Nächstenliebe, ³1989; J. Lehmann, H. G., 1999.

GMÜND, NÖ., GD, Stadt, 485 m, 5861 Ew., 25,11 km², Bahnknoten im nordwestl. Waldviertel an der Grenze zu Tschechien; ein Stadtteil entwickelte sich aus Flüchtlingslagern 1915–18. – BH, Bez.-Ger., Finanzamt, Vermessungsamt, Arbeitsmarktservice, Arbeits- und Sozialgericht, Zollamt, AK, Bez.-Bauernkammer. WK, Krankenhaus, Gebietskrankenkasse, WIFI, Volksheim, Palmenhaus (für Veranstaltungen), Freizeitzentrum Assangteich, BG, BRG, HAK, FachS f. wirt. Berufe, AltenpflegeS, Werkmeisterschule des WIFI, BFI. Fortgeschrittene Entwicklung des Dienstleistungssektors (rd. 2 Drittel der Beschäftigten, bes. pers., soz. und öffentl. Dienste, Handel, Transport und Verkehr); in der Produktion (Ind.-Zone): Textilind., Baustofferzeugung, bes. auch Baugewerbe; Sommerfremdenverkehr, „grenzüberschreitender Wirtschaftspark". – Planmäßige Burg- und Stadtanlage des 12./13. Jh.; urk. 1255–59; got. Pfarrkirche mit roman. Kern; Schloss (16. Jh.) in engl. Park; Reste der ma. Stadtmauer erhalten; Hauptplatz mit altem Hausbestand; Rathaus (16. Jh.) mit Stadtmuseum; Glas- und Steinmuseum. Nach dem Zerfall der Monarchie erfolgte 1920 die Abtretung der Nachbargemeinden Unter-Wielands und Böhmzeil mit dem Hauptbahnhof von G. als České Velenice an die damalige Tschechoslowakei; 1942–45 war das Gebiet mit dem Bahnhof zur Stadt G. eingemeindet, seither gehört es wieder zur Tschechoslowakei bzw. Tschechien. Nordöstlich von G. Naturpark Blockheide.
Literatur: Ö. Städtebuch, Bd. IV, Teil 1, Die Städte NÖ., 1988; I. Pilz, Stadtgeschichte von G., 1975; M. Dacho, Die Stadt G. in der Zweiten Republik, 1988.

GMUNDEN, OÖ., GM, Stadt, 440 m, 13.184 Ew., 63,51 km², Luftkur- (seit 1862) und Fremdenverkehrsort (97.381 Übern.) am N-Ufer des Traunsees, beim Ausfluss der Traun; Schiffsstation der Traunseeschifffahrt. – BH, Bez.-Ger., Agrarbez.-Behörde, Arbeitsmarktservice, Finanzamt, Eich- und Vermessungsamt, Bez.-Bauamt; Forstbetrieb der Ö. Bundesforste AG, AK, Landarbeiterkammer, Bez.-Bauernkammer, WK, Krankenhaus, Gebietskrankenkasse, Kurverwaltung, Jugendheim Theresienthal, Kongresshaus, Stadttheater, Sternwarte, Salzkammergut-Zeitung, Laufkraftwerk G. (err. 1968, 48.000 MWh), Seilbahn auf den Grünberg (984 m), älteste elektr. Straßenbahn Ö. (seit 1894), Flugplatz (Gem. Gschwandt), Bez.-Sporthalle; BG, BRG, Gymn. der Kreuzschwestern, 2 BerS, HAK, BFI, Forstl. Ausbildungsstätte Ort, Internat. SommerS

Gmünd: Naturpark Blockheide.

Gmünd.

Gmunden.

Gmunden: Stadtplatz. Aquarell von F. Runk, um 1795.

Gmunden mit dem Traunsee. Gemälde von F. G. Waldmüller, um 1835.

(Schloss Traunsee, Altmünster); Naturschutzgebiet um den Traunstein (1691 m). Rd. 7500 Beschäftigte (2001), davon mehr als 60 % im Dienstleistungssektor (bes. persönl., soz. und öffentl. Dienste sowie Handel, u. a. Großhandel mit Sportartikeln, Bank- und Versicherungswesen); Produktion: Zementwerke, Keramik- und Porzellanind. (Sanitärporzellan der → ÖSPAG und „Gmundner Keramik"), Erzeugung von Herrenbekleidung, Nahrungsmittelind., Anlagen- und Freileitungsbau (Betriebsstätte der Energie AG OÖ.), Alu- und Akustikdeckenbau, Maschinen- und Werkzeugbau, Erzeugung von Biomasse-Heizanlagen, Bauunternehmen, Druckerei. – Bis in das 19. Jh. bedeutender Handelsplatz und Salzmetropole des oö. Salzkammerguts; got. Stadtpfarrkirche, erbaut vermutlich Ende 13. Jh., 1713–18 barockisiert, Hochaltar mit Gruppe der Hl. 3 Könige von T. Schwanthaler (1678), viele Grabsteine; Kapuzinerkloster (1636–39); evang. Kirche (1871–76), neugot. eingerichtet; got. Spitalskirche (1340, neugot. Einrichtung ab 1890); Rathaus (im Kern 16. Jh.). Im ehem. Kammerhofgebäude (errichtet 1450) heute Stadtmuseum (Stadt- und Salzgeschichte, Archäologie, Brahms-Zimmer, Krippen-Smlg., Gmundner Keramik). Schloss Cumberland (Pflegeanstalt). Seeschloss Ort (Hartnidus von Ort urk. 1080), im Kern got., in den Bauernkriegen schwer beschädigt, nach 1634 erneuert, durch eine Brücke mit dem Landschloss Ort verbunden, Anlage des 17. Jh., errichtet anstelle des in den Bauernkriegen zerstörten Maierhofs. Keramikglockenspiel in der Loggia des Rathauses. Ehem. Freisitz Weyer (1596) mit Ausstellungsräumen (u. a. Meissner Porzellan). Brauchtum: Glöcklerlauf, Ankunft der Hl. 3 Könige mit dem Schiff (5. Jänner) und Dreikönigssingen, Lichterfest im August.

Literatur: F. Krackowizer, Geschichte der Stadt G., 3 Bde., 1898–1900; Ö. Städtebuch, Bd. I, OÖ., 1968; E. Operschal, Festbuch der Stadtgem. G. anlässlich des Jubiläumsjahres 1978; I. Spitzbart, Die Stadt G. im Wandel der Zeit, 1990; dies., Die Kurstadt G. am Traunsee, 1996.

Gmünd in Kärnten: *Unteres Tor der ehemaligen Stadtbefestigung.*

Gmünd in Kärnten, SP, Stadt, 741 m, 2605 Ew., 31,59 km², alte Burgstadt (1252 erstmals urk. erwähnt, Stadtrecht 1346) an der Einmündung der Malta in die Lieser, westlich des Nationalparks Nockberge (seit 1987, 184,3 km²), an der schon von den Römern benutzten Straße über den Katschberg. – Forstaufsichtsstation, Holz- und Metallverarbeitung, Gewürzwerk, Erzeugung von Verpackungsnetzen, Ziegeln und Baustoffen; Sommerfremdenverkehr (68.759 Übern.) mit Schwerpunkt „Künstlerstadt" (Ateliers, Werkstätten, Galerien, Ausstellungen), Eva-Faschauner-Heimatmuseum, Porsche-Automuseum (seit 1982). – Im 15. Jh. Handelsstadt; Stadtbefestigung (13. Jh., Pankratiustor, Unteres Tor, Maltator); Alte Burg (urk. 1292, seit 1886 Ruine, heute Galerie und kulturelle Veranstaltungen); Neues Schloss Lodron (1610–15), jetzt Schule; got. Stadtpfarrkirche (1339) mit Hochaltar von 1722; Kreuzbichlkirche (Geteilte Kirche, 1588); got. Rundkarner (1370) mit Wandmalereien; Stadtmuseum im Torturm; Kalvarienbergkapelle (1629 gestiftet); Stadtplatz mit Häusern des 16.–18. Jh.; Pranger (1576).

Literatur: H. P. Brigola, G. in Kä. Geographie einer Kleinstadt, Diss., Graz 1977; J. Schulz-Vobach, G. Gesichter einer liebenswerten Stadt, 1995.

Gnadendorf, NÖ., MI, Gem., 272 m, 1175 Ew., 48,25 km², landw. Gem. im N der Leiser Berge; Landschaftsschutzgebiet und Naturpark „Leiser Berge". – G.: Pfarrkirche mit nachgot. Chor und barockem Langhaus, Ringmauer und Wallgraben, reich ornamentierte Seitenaltäre und schöne Kanzel (2. Hälfte 17. Jh.); Eichenbrunn: Pfarrkirche (Weihe 1951), „Blau-weiße Galerie"; Pyhra: barocke Kirche und Pfarrhof; Wenzersdorf: spätgot. Kirche mit spätgot. Taufstein und Glocke (1435), Schlossruine (um 1560); Zwentendorf: schöne Kellergasse.

Gnadengesuch, Bittschrift um Erlass oder Milderung einer Freiheits- oder Geldstrafe, die seit 1993 direkt beim BM f. Justiz einzubringen ist. Zur Klärung der Voraussetzungen für die Erstattung von Gnadenvorschlägen sind entsprechende Erhebungen möglich. Das G. hat keine aufschiebende Wirkung, der Bundespräs. kann jedoch eine Hemmung des Strafvollzugs anordnen.

Literatur: P. Mann, Praktische Winke bei der Durchführung des Gnadenverfahrens, Richterzeitung 1963; J. Pröll, Gnade und Amnestie im Strafrecht, Diss., Innsbruck 2002.

Gnadenwald, Ti., IL, Gem., 879 m, 605 Ew., 11,49 km², land- und forstw. Gem. mit Tourismus am Fuß des Bettelwurfmassivs zw. Absam und Terfens; kein Ortskern. – St. Michael: got.-barockisierte Pfarrkirche mit Frührokokoaltären und -kanzel, barocke Friedhofskapelle, Pfarrhof von Franz de Paula Penz (1741); St. Martin: got.-barockisierte Kirche und Kloster mit schönen Fresken, Kanzel mit Frührokokostuckaturen, 4 Prunkschilde (um 1558); Kapellen (17./18. Jh.), Speckbacher-Kapelle (Weihe 1960, an der Stelle des Geburtshauses des Ti. Freiheitskämpfers erbaut). Maut-Höhenstraße zur Hinterhornalm; Naturschutzgebiet Karwendel.

Literatur: J. M. Metzler, G. Volkstum und Geschichte einer Ti. Berggem., 1957; F. Fliri, Familienbuch der Gem. Baumkirchen, Fritzens, G. und Terfens im Unterinntal/Ti. von 1636 bis 1946 mit Ergänzungen, 1999.

Gnas, Stmk., FB, Markt, 279 m, 1877 Ew., 15,84 km², Handels-, Gewerbe- und Ind.-Ort südlich von Feldbach, im oststeir. Hügelland. – Eiervertrieb, Baustoffhandel, Transportgewerbe, Obstbau. – Spätgot. Pfarrkirche (15. Jh.), Kalvarienberg, Mariensäule (1678), Handwerksmuseum.

Literatur: H. Pulko, 750 Jahre Markt G. 1229–1979, 1979.

Gneis, siehe → Alpen, → Böhmisches Massiv.

Gnesau, Kä., FE, Gem., 973 m, 1244 Ew., 78,68 km², gewerblich-forstw. Gem. im oberen Tal der Gurk am Fuß der Gurktaler Alpen, eine der 9 „Holzstraßengem." Kä.; hoher Anteil evang. Bevölkerung. Holzverarbeitung, Metallwarenerzeugung. – Urk. 1160, Pfarrkirche hl. Leonhard (urk. 1213, ehem. Wehrkirche) mit roman. Kern und spätgot. Chor, Barockausstattung (um 1760) und reich geschmückte Kanzel (1771), Mondsichelmadonna (um 1520), barocker Pfarrhof, neugot. evang. Kirche (1870), Paarhöfe (im Kern 17./

18. Jh.), alte Getreidespeicher. – Nationalpark Nockberge.
Literatur: Seniorenring G., Ein Dorf erzählt, 2002; L. Spanz, G. einst und heute, 1996.

Gniebing-Weissenbach, Stmk., FB, Gem., 288 m, 2054 Ew., 15,36 km², Wohngem. mit vielfältiger Wirt.-Struktur am westl. Raabtal zw. Feldbach. Gem.-Zentrum. Geflügelhof, Futtermühle, Holzverarbeitung, Erzeugung von Kachelöfen und Kernöl. – Hügelgräberfeld auf dem Auersberg (um 750 v. Chr.); urk. 1265; seit 1968 Gem; Feldbacher Kalvarienberg; mehrere Kapellen; Kornbergertor (1922 von Karl Bardeau), Raabbrücke Paurach (1983–1996), Fallschirmjägerdenkmal. Biotop Kornberg.
Literatur: J. Schleich, Heimatbuch G.-W., 1999.

Gobelinsammlung, siehe → Tapisseriensammlung.

Gobert, Boy, * 5. 6. 1925 Hamburg (D), † 30. 5. 1986 Wien, Kammerschauspieler, Regisseur, Theaterleiter. Zunächst Engagements in Deutschland und der Schweiz, 1960–69 Ensemblemitgl. des Wr. Burgtheaters; 1969–80 Dir. des Hamburger Thalia-Theaters; 1980–85 Generalintendant der Staatl. Schaubühnen Berlin; 1986 designierter Dir. des Theaters in der Josefstadt; Gastregisseur u. a. bei den Sbg. Festspielen. 14 Langspielplatten mit Lesungen und Gesang; verkörperte ab 1955 über 40 Rollen in Spielfilmen.

Godeffroy, Richard, * 26. 8. 1847 Wien, † 22. 10. 1895 ebd., Chemiker. Ab 1880 Prof. am Technolog. Gewerbemuseum in Wien; Fachmann für Holztechnologie und pharmazeut. Chemie (bes. Mineralwasser); Gründer und erster Vorstand des Laboratoriums des Allg. Ö. Apothekervereins. Pionier auf dem Gebiet der gewerbl. Fortbildung.
Werke: Studien über die mikroskopischen Reactionen der China-Alkaloide, 1878; Compendium der Pharmacie, 1880.

Gödel, Kurt, * 28. 4. 1906 Brünn (Brno, CZ), † 14. 1. 1978 Princetown (USA), Mathematiker. 1933–38 Univ.-Doz. in Wien, Mitgl. des → Wiener Kreises, nach Emigration 1939–76 am Institute for Advanced Studies in Princeton. Einer der bedeutendsten math. Logiker dieses Jahrhunderts, dessen Ergebnisse von fast revolutionärer Bedeutung für die theoret. Mathematik waren und der wesentl. Beiträge zur Mengentheorie und zur Allg. Relativitätstheorie leistete. Der g.sche Unvollständigkeitssatz besagt, dass es keine axiomatisch formulierte Theorie (Kalkül) geben kann, die sämtl. Wahrheiten der Arithmetik beschreiben kann (d. h., dass „wahr" und „beweisbar" im Allg. nicht das Gleiche sind). Weiters ist damit besagt, dass ein mathemat. Kalkül seine eig. Widerspruchsfreiheit prinzipiell nicht beweisen kann.
Werk: Über formal unentscheidbare Sätze der Principia Mathematica und verwandter Systeme, 1931. – Ausgabe: Collected Works, 3 Bde., 1990–95.
Literatur: Nachruf in: Monatshefte Mathematik, 1980. D. R. Hofstaedter, G., Escher, Bach, 1985; J. W. Dawson, K. G., Leben und Werk, 1999.

Godl, Stephan, * um 1480, † März 1534 Mühlau bei Innsbruck (Ti.), Erzgießer. Vermutlich aus Innsbruck-Hötting stammend, 1508 als Gießer von Handbüchsen aus Nürnberg nach Innsbruck berufen; zw. 1514 und 1520 führte er nach Entwürfen von J. → Kölderer und Modellen von L. Magt den Guss der 23 kleinen Statuetten der Familienheiligen des Hauses Habsburg für das → Maximiliansgrab in der Innsbrucker Hofkirche durch. Nach 1518 große Grabmalfiguren.
Literatur: V. Oberhammer, Die Bronzestandbilder des Maximiliangrabmales in der Hofkirche zu Innsbruck, 1935.

Goebel, Alexander, * 9. 10. 1953 Lünen (D), Schauspieler und Sänger. Studierte am Reinhardt-Seminar in Wien, begann als Rocksänger. Theaterrollen in Produktionen von D. Haspel und H. Gratzer. Seinen Durchbruch als Musicalsänger erzielte er in „Jesus Christ Superstar", „Evita" und „Phantom der Oper" am Theater an der Wien. Filmrollen u. a. in „Eine fast perfekte Scheidung" (1998) und „Eine fast perfekte Hochzeit" (1999). Auch als Sänger und Entertainer sowie im Rundfunk tätig.
Schallplatten und CDs: A. G., 1982; Zum G., 1992.

Goebel, Carl, * 26. 2. 1824 Wien, † 10. 2. 1899 ebd., Maler und Lithograph. Beeinflusst von P. → Fendi, J. → Danhauser, J. M. → Ranftl und J. → Kriehuber. Studienreisen nach Russland, Ungarn, Spanien, Frankreich und Italien, 1864 Afrikareise. Bekannter Vedutenmaler und Gesellschaftsporträtist.

Goess, aus den Span. Niederlanden (Belgien) stammendes Adelsgeschlecht, 1693 Reichsgrafen, verwandt mit den Familien Saurau und Mayr-Melnhof (Erbe des Besitzes 1957), v. a. in der Stmk. und in Kä. tätig. Palais Saurau-G. in Graz 1564–66 3-geschossig um Arkadenhof erbaut, Wappenportal, unter dem Dach Halbfigur eines Türken mit Schwert. Seit 1704 Besitzer des Schlosses in → Ebenthal in Kärnten; Palais G. in Klagenfurt erbaut 1734–38. Bedeutende Mitgl. der Familie: Peter Gf. → Goëss, Anton Gf. → Goess, Zeno Vinzenz Gf. → Goëss, Leopold Gf. → Goëss, Leopold → Goëss.

Goess, Anton Graf, * 6. 8. 1816 Stra b. Venedig (I), † 20. 5. 1887 Wien, Offizier und Politiker; Sohn von Peter Gf. → Goëss, Cousin von Zeno Vinzenz Gf. → Goëss und Leopold Gf. → Goëss. 1861–76 Landeshauptmann von Kä.; ab 1861 Mitgl. des Herrenhauses; trat für ein konstitutionelles Ö. ein. 1878 Orden vom Goldenen Vlies.
Literatur: ÖBL.

Goess, Leopold, * 2. 9. 1916 Graz (Stmk.), Guts- und Forstbesitzer, Politiker. Führte 1953–93 die väterl. Land- und Forstwirtschaftsgüter. 1962–74 Mitgl. d. BR, 1959–81 Präs. der Kä. Sparkasse, 1975–81 Präs. des Bundesholzwirtschaftsrates, 1975–86 Präs. des Kunstvereins für Kä.

Goess, Leopold Graf, * 28. 10. 1848 Graz (Stmk.), † 22. 7. 1922 Ebenthal i. Kä., Verwaltungsjurist und Beamter; Bruder von Zeno Vinzenz Gf. → Goëss, Cousin von Anton Gf. → Goëss. 1893–97 Landespräs. der Bukowina, 1897–1904 Statthalter in Triest und Küstenland, wo er v. a. die industrielle Entwicklung förderte, aber gegen die nationalist. Entwicklungen wenig erfolgreich agierte. 1904 Mitgl. des Herrenhauses. Machte sich nach dem 1. Weltkrieg um die → Kärntner Volksabstimmung verdient.
Literatur: ÖBL.

Goess, Peter Graf, * 8. 2. 1774 Florenz (I), † 11. 7. 1846 Wien, Jurist und Beamter; Vater von Anton Gf. → Goëss. Ab 1803 Präs. des dalmatin. Guberniums, ab 1804 ständischer Präs. in Kä., ab 1806 Landrechtspräs. des stmk.-kä. Guberniums, ab 1809 Landesgouverneur in Galizien, ab 1815 der venetian. Provinzen; ab 1819 in verschied. hohen Funktionen in Wien tätig; 1825 nö. Landmarschall, 1834 Hofmarschall; 1830 Orden vom Goldenen Vlies. Zeichnete sich durch soz. (Kampf gegen Hunger und Armut in Dalmatien), kulturelle (Präs. der Ges. der Musikfreunde in Wien) und wirt. (Mitbegründer der Ersten österreichischen Spar-Casse) Initiativkraft aus.
Literatur: ÖBL.

Goess, Zeno Vinzenz Graf, * 26. 10. 1846 Graz (Stmk.), † 14. 5. 1911 Klagenfurt (Kä.), Offizier und Politiker; Bruder von Leopold Gf. → Goëss, Cousin von

Anton Gf. → Goëss. Bis 1897 Reichsratsabg.; 1897–1909 Landeshauptmann von Kä. Förderte den Bau des Landeskrankenhauses und des Künstlerhauses in Klagenfurt.
Literatur: ÖBL.

GOETHE, Hermann, * 16. 3. 1837 Naumburg a. d. Saale (D), † 12. 5. 1911 Baden (NÖ.), Agronom. Ab 1886 Dozent an der Univ. f. Bodenkultur in Wien; gründete und leitete eine biolog. Weinbau-Versuchsanstalt. Verdienste um Bekämpfung der Reblaus und Einführung der amerikan. Reben in Ö.

GOETHE-GESELLSCHAFT, ÖSTERREICHISCHE, gegr. als erste Goethe-Ges. überhaupt 1878 unter dem Namen Wr. Goethe-Verein zur Errichtung des Goethe-Denkmals an der Wr. Ringstraße (1908) sowie zur künstler. und wiss. Auseinandersetzung mit dem Werk Goethes und der Kultur seiner Zeit durch Publikationen, Ausstellungen sowie Rezitations- und Liederabende.
Publikationen: Chronik des Wr. Goethe-Vereins, 1886 ff. (ab 1960 Jb. des Wr. Goethe-Vereins); Schriften der Ö. G.-G., 2003 ff.; Jb. der Ö. G.-G., 2004 ff.

GÖFIS, Vbg., FK, Gem., 558 m, 2862 Ew., 9,05 km^2, auf einem Plateau östl. von Feldkirch. – Holzverarbeitung, Bandweberei, Kunststeinwerk. Pfarrkirche (1972–75) mit got. Chor und Turm. Auf der seit der frühen Bronzezeit (2300/2200–1600 v. Chr.) besiedelten Heidenburg bei G. bestand seit der 2. Hälfte des 4. Jh. n. Chr. eine spätröm. Siedlung.

GOGGAUSEE, Kä., 777 m, 700 m lang und 200 m breit, nahe dem Wimitzbach, nordöstl. von Feldkirchen. Der kleine Badesee wird v. a. im Sommer von Urlaubern frequentiert; Gem. Goggau (778 m).

GOING AM WILDEN KAISER, Ti., KB, Gem., 772 m, 1730 Ew., 20,58 km^2, zweisaisonale Fremdenverkehrsgem. (335.775 Übern.) am S-Fuß des Wilden Kaisers westl. von St. Johann in Ti. – Barocke Pfarrkirche (1774/ 75) mit reichem Schnitzwerk und Stuckaturen, Seitenaltar mit spätgot. Madonnenfigur (um 1500); alte Einhöfe. Badesee.

GOLD: G.-Gewinnung erfolgte in hist. Zeit im ö. Raum im Bereich der Donau und im Zentralalpengebiet zw. Drau und Salzach sowie im Lavanttal und Zillertal. Die älteste Ausbeutung dürfte in Kä. in Döllach im Mölltal von den Kelten im 1. Jh. v. Chr. betrieben worden sein. Im Hoch-MA wurde v. a. in Sbg. (Salzach, Tauernbäche) G. durch Waschen an Flüssen und Bächen gewonnen und ist in Lichtwunder im Pongau bei der späteren Maximilianzelle in Sbg. bereits für das 8. Jh. bezeugt. Am Fritzbach stellte G.-Waschen bis in das 18. Jh. vereinzelt den Haupterwerb dar. Ende des 13. Jh. begann der G.-Bergbau im Bereich Rauris-Gastein und erreichte 1480–1560 unter der Gewerkenfamilie Weitmoser (Christoff, † 1558, Schlössl in Bad Hofgastein, dort auch Gewerkenhäuser) den Höhepunkt. 1555 wurden in diesem Gebiet 2954 Mark (= 830,07 kg), 1567 1.321 Mark, 1597 noch 443 Mark, 1615 aber nur noch 92 Mark G. gewonnen. Auch im Lungau wurde G. gefunden.
In Kä. bestand im Lavanttal in der Kliening bei Bad St. Leonhard im 14.–16. Jh. G.-Bergbau, am Klieningbach wurde noch 1757 Gold gewaschen. Weitere Stätten des G.-Bergbaus in Ober-Kä. waren in der Hintersten Fragant, im oberen Mölltal von der Pasterze über Heiligenblut bis Winklern mit Zentrum Großkirchheim-Döllach, im Zirknitztal, im Großen und Kleinen Fleißtal, 1446 auch auf der eisfreien Pasterze (wegen Vordringen des Eises im 16./17. Jh. reduziert, im 19. aufgegeben), im Guttal (mit höchstgelegener Grube in 2900 m), in der Kollnitzen bei Mörtschach und im Astental. In Kä. waren Melchior Putz († 1583), der 1561 Schloss Großkirchheim bauen ließ, und seine Söhne bis 1620 die bedeutendsten Gewerken. Seit dem 17. Jh. versiegten die Adern, der Bergbau wurde in Kliening 1589, in Großkirchheim 1640 eingestellt. In Rauris wurde der G.-Bergbau bis 1875 vom Staat, dann bis 1906 von französisch-belgischen Ges. betrieben, am Radhausberg bei Badgastein wurde der Abbau 1840 wieder aufgenommen und bestand bis 1864 bzw. bis zur Jahrhundertwende, dann wieder 1918–27. Ein Neubeginn erfolgte 1937/38 durch den Londoner Eldron Trust, 1941–44 durch die Preußag mit geringem Erfolg (der 2,5 km lange Stollen dient jetzt als Heilstollen). Dokumentiert wird der G.-Bergbau von Kä. seit 1956 im Schlossmuseum Großkirchheim.
An der Donau wurde an verschiedenen Orten (bei Enns, Melk, Zwentendorf, Säusenstein, Langenlebarn, Korneuburg, Klosterneuburg und Mannswörth) G. aus dem Kies gewaschen. Die gesamte Ausbeute dürfte bis zur Mitte des 19. Jh. nicht mehr als 20 kg betragen haben. In den Stiften Melk und Klosterneuburg gibt es Kelche aus Donau-G.
In Ö. darf nur G.-Schmuck von mindestens 14 Karat verkauft werden. Amtl. Punzierungsmarken geben Auskunft über den Feingehalt des G.-Metalls. Privatpersonen ist es seit 1991 erlaubt, G.-Barren zu kaufen. Die Oesterr. Nationalbank verfügte Ende 2003 über G.-Reserven im Buchwert von 3,4 Mrd. Euro (317 t G.).
Literatur: F. Gruber u. K. H. Ludwig, Sbg. Bergbaugeschichte, 1982; G. Ammerer, Die Entwicklung des Goldbergbaues im Rauriser Tal in Sbg., in: Der Anschnitt 34, 1982; F. Florentin, Die letzte Betriebsperiode des Gasteiner und Rauriser Goldbergbaues 1938–45, Gasteiner Badeblatt 1973; F. Gruber, Altböckstein und die jüngere Geschichte der Tauerngoldproduktion, Böcksteiner Montana 1, Leoben 1979; H. Wießner, Geschichte des Kä. Bergbaues, Bd. 1, 1950; R. Mayrhofer, Goldwäscherei in NÖ., Jahrbuch für Landeskunde von NÖ., NF 30, 1952; Die Donau, Ausst.-Kat., Engelszell 1994.

GOLD, Ernest (eigentl. Ernst Goldner), * 13. 7. 1921 Wien, † 17. 3. 1999 Los Angeles (USA), Komponist. Emigrierte 1938 in die USA, Kompositionsstudium in New York und Hollywood. Ab 1946 Arrangeur, ab 1948 Komponist von Filmmusik, u. a. langjährige Zusammenarbeit mit dem Regisseur Stanley Kramer. 1958–60 musikal. Direktor und Dirigent des Santa Barbara Symphony Orchestra, Gründer des Senior Citizens' Orchestra of Los Angeles. Schrieb auch Bühnenmusiken für Musicals und komponierte u. a. Sonaten, Konzerte und Symphonien. Oscar und 2 Grammys für Filmmusik zu „Exodus" von O. → Preminger (1960).
Weitere Werke: Filmmusik: Affair in Havanna, 1957; Witness for the Prosecution, 1957; Inherit the Wind, 1960; Judgment at Nuremberg, 1961; It's a Mad, Mad, Mad, Mad World, 1963; Cross of Iron, 1977.

GOLD, Käthe, * 11. 2. 1907 Wien, † 11. 10. 1997 ebd., Kammerschauspielerin. Bereits mit 4 Jahren als Statistin an der Hofoper und am Burgtheater in Wien, 1926 Debüt am Stadttheater Bern, danach Engagements in Mönchengladbach, Breslau, München, am Akademietheater und am Theater in der Josefstadt in Wien (1932–35), am Preuß. Staatstheater in Berlin (unter G. Gründgens) und am Schauspielhaus Zürich; ab 1947 Ensemblemitgl. des Wr. Burgtheaters. Gastspiele u. a. bei den Sbg. und Bregenzer Festspielen; 1985 Abschied von der Bühne. Film-, Fernseh- und Rundfunktätigkeit. J.-Kainz-Medaille 1965.
Literatur: E. Wurm, K. G., 1951.

GOLDBERGER, Andreas (Andi), * 29. 11. 1972 Waldzell (OÖ.), Skispringer. Gesamtsieger von Vierschanzentournee und Weltcup 1992/93; errang 2 Silber- und 2 Bronzemedaillen bei den Weltmeisterschaften 1992

Andreas Goldberger am Kulm. Foto, 2000.

und 1993 sowie 2 Bronzemedaillen bei den Olymp. Spielen 1994 (Großschanze, Mannschaftsspringen) und den Weltcupsieg 1995; Weltcupsieger und Weltmeister im Skifliegen 1996, Goldmedaille bei den Weltmeisterschaften 2001 in Lahti (Normalschanze, Mannschaftsspringen).
Werk: Absprung. Mein Leben im Höhenflug, 1996.

Goldberger, Richard von, * 22. 6. 1875 Wien, † 24. 8. 1927 Berlin (D), erfolgreicher Operettenkomponist. Mitbesitzer des J.-Strauß-Theaters in Wien, später auch in Berlin große Erfolge.
Werke: Operetten („Der Stern von Assuan"); Ballette („Mondweibchen"); Märsche.

Goldberggruppe (Sonnblickgruppe), Gebirgsmassiv der Hohen Tauern, zw. Hochtor und Niederen (Mallnitzer) Tauern; besteht aus Gneis („Zentralgneis" des Sonnblick-Kerns) und kristallinen Schiefern der Tauernschieferhülle (→ Tauernfenster); vergletscherter Hauptkamm; im Hocharn (Hochnarr) 3254 m, im Hohen Sonnblick 3106 m hoch, in der Goldbergspitze 3073 m; an der S-Abdachung viele kleine Hochgebirgsseen; Landesgrenze zw. Sbg. und Kä. – Name vom eham. Goldbergbau in der Gastein und der Rauris (alte Stollen unter den Gletschern). Schutzhütten: Hagener Hütte (2446 m), Duisburger Hütte (2573 m), Naturfreundehaus Kolm-Saigurn, Zittelhaus (3105 m, Observatorium auf dem → Sonnblick).

Goldeck, Kä., 2142 m, Ski- und Aussichtsberg südl. von Spittal a. d. Drau, Seilbahn von Spittal a. d. Drau zum G., mehrere Liftanlagen, G.-Panorama-Straße von Zlan (westl. von Ferndorf); G.-Hütte (1929 m), Sendeanlage.

Goldegg, NÖ., PL, Gem. Neidling, Schloss, aus ma. Anlage im 17. Jh. weitgehend neu gestaltet, mächtiger Bergfried, Veranstaltungsort, Heimatmuseum; Golfplatz.

Goldegg, Sbg., JO, Gem., 822 m, 2216 Ew., 33,06 km², zweisaisonaler Fremdenverkehrsort (89.392 Übern.) am Goldegger See (moorhältig) auf einer Hochfläche westl. von Schwarzach. – Golfplatz, Erholungsheim der Gebietskrankenkasse. – Got. Pfarrkirche, 1884 neoroman. umgestaltet, Kreuzigungsgruppe (1330), Hochaltar (1790); Schloss (1323/1536) mit Renaiss.-Rittersaal (bemalte Decken- und Wandvertäfelung um 1500, Fresken um 1536), heute Kulturzentrum, Malakad. und Pongauer Heimatmuseum (Smlg. Nora Watteck); Ansitz Judenhof (16. Jh.).

„**Goldemar**", siehe → Dietrich-Epen.

Goldene Bulle, nach der goldenen Kapsel des Siegels benannte Urkunde. Grundgesetz Ks. Karls IV. von 1356, in dem das Recht der Königswahl und das Zeremoniell der Repräsentanz des dt. Reichs festgelegt wird. Die ersten 7 Kapitel regeln die Stellung der 7 Kurfürsten (Primogenitur, Privilegia de non evocanda, Berg-, Juden- und Zollregal, Münzrecht, Recht zum Ländererwerb). Da Ö. kein Kurfürstentum war, ließ Hzg. Rudolf IV. 1359 das → Privilegium maius fälschen, das den Habsburgern Sonderrechte zubilligte.
Literatur: H. Mitteis, Die dt. Königswahl, 1944.

Goldene Bulle.

Goldenes Dachl, spätgot. Prunkerker in Innsbruck (Ti.), dessen Dach von 2738 feuervergoldeten Kupferschindeln gebildet wird. Erbaut 1497/98–1500 in einem Zug von Niklas Türing d. Ä. im Auftrag des nachmaligen Ks. → Maximilian I. aus Anlass der Zeitenwende (1500). Das Gebäude hatte vor Maximilian als zweite Stadtresidenz gedient. Vom ursprüngl. Reliefschmuck sind die Porträts Maximilians – en face und en profil – mit seinen 2 Frauen bzw. mit seinem Hofnarren und Erzherzog → Sigmund (bisher als Ratsherr gedeutet) sowie die Moriskentänzerdarstellungen und die Wappenreliefs erhalten (Originalreliefs im Ti. Landesmuseum). Der Freskenschmuck von J. → Kölderer zeigt die Fahnenträger des Reichs und Ti. mit der Datierung „im XV jar" und in der offenen Loggia Maximilians engere Familie und Verwandte. 1996 wurde im Gebäude das Museum → Maximilianeum eröffnet.
Literatur: J. Felmayer, Die profanen Kunstdenkmäler der Stadt Innsbruck, 1972; dies., Das G. D. in Innsbruck, 1996.

Goldenes Dachl.

Goldenes Vlies, Orden vom, einer der ältesten, vornehmsten und noch heute bestehenden ma. Ritterorden, 1430 von Philipp dem Guten von Burgund zu Ehren des hl. Andreas gestiftet. Die Würde des Souveräns ging 1477 durch die Heirat der letzten Herzogin Maria mit Maximilian I. an das Haus Habsburg und nach dem Tod Karls V. mit dem burgund. Erbe an die span. Linie des Hauses über. Nach deren Aussterben wurde er von der ö. Linie der Habsburger als Erben der Niederlande weitergeführt, aber auch von Spanien als Verdienstorden verliehen. Der Orden zählte anfangs 31, ab 1516 51 Ritter. Der Schatz des O. v. G. V. wird in Wien in der Weltl. Schatzkammer verwahrt, das Archiv im Staatsarchiv.

Literatur: Weltl. und Geistl. Schatzkammer. Bildführer, 1987.

GOLDHAUBE: 1) Urspr. aus Leinen bestehende Frauenkopfbedeckung, ab der 2. Hälfte des 18. Jh. (bis in die Mitte des 19. Jh.) von Bürgerfrauen getragen. Neben schwarzen Perl-, Tüll- und Florhauben waren die kennzeichnenden Materialien Seide und Gold (Fäden und Pailletten). Am bekanntesten ist die mit goldenen Flinserln reich verzierte „Linzer G.", die als Typ weite Verbreitung fand (von Ulm über die Wachau bis Wien, im Steyr-, Krems- und Almtal, im Ybbs- und Erlauftal bis nach Graz, Klagenfurt und Villach). Die G. steht bis heute für bürgerl. Wohlhabenheit und wird v. a. noch in OÖ. (z. T. auch in NÖ.) von Frauengruppen an Feiertagen getragen.

2) Militärisches Luftüberwachungs- und Führungssystem, das mittels moderner Radargeräte den Luftraum über dem gesamten ö. Territorium gegen Verletzungen durch ausländ. Flugzeuge schützen soll. Die größten Anlagen befinden sich auf dem Kolomannsberg (Sbg.), der Koralpe (Kä.) und dem Buschberg (NÖ.).

Literatur: F. Lipp, Frauentrachten I und II, in: Ö. Volkskundeatlas, 4. Lfg., 1971; F. Lipp, G. und Kopftuch, 1980.

Linzer Goldhaube, um 1850.

GOLDINGER, Walter, * 15. 3. 1910 Wien, † 15. 2. 1990 ebd., Historiker. Univ.-Prof., ab 1935 im Ö. Staatsarchiv, 1957 Dir. des Allg. Verwaltungsarchivs, ab 1973 Gen.-Dir. des Ö. Staatsarchivs.

Werke: Geschichte des ö. Archivwesens, 1957; Geschichte der Republik Ö., in: H. Benedikt, Geschichte der Republik Ö. 1918–38, 1962 (als eig. Bd., neu bearb. von D. A. Binder, 1992).

Literatur: E. Zöllner, W. G. Nachruf in: MIÖG 98, 1990.

Karl Goldmark. Gemälde von H. Stalzer, 1910 (Gesellschaft der Musikfreunde in Wien).

GOLDMARK, Karl, * 18. 5. 1830 Keszthely (H), † 2. 1. 1915 Wien, Komponist, Geiger und Musiklehrer. Wirkte anfangs als Geiger am Wr. Carltheater; studierte als Autodidakt 1858–60 in Budapest Musiktheorie. Einen ersten Erfolg errang er 1865 mit seiner Sakuntala-Ouvertüre, einen Welterfolg 1875 mit der Oper „Die Königin von Saba". 1866 Ehrenmitgl. der Ges. der Musikfreunde in Wien, 1896 Ritterkreuz des Leopold-Ordens. Setzte sich sehr für R. Wagner ein (Gründungsmitgl. des Akad. Wagner-Vereins in Wien).

Weitere Werke: Opern: „Merlin", 1886; „Heimchen am Herd", 1896; „Die Kriegsgefangenen", 1899; „Götz von Berlichingen", 1902; „Ein Wintermärchen", 1907); Symphonien, Kammermusik, Lieder, Chorwerke. – Erinnerungen aus meinem Leben, 1922.

Literatur: L. Koch, K. G., 1930; H. Graf, C. G. Studie zur Biographie und Rezeption, Dipl.-Arb., Wien 1994.

GOLDSCHEIDER, Ludwig, * 3. 8. 1896 Wien, † 26. 6. 1973 London (GB), Verleger, Lyriker. Studierte in Wien und gab 1921 den Lyrikband „Die Wiese" heraus. Mitbegründer des Wr. Phaidon-Verlags, der sich 1923–38 durch preiswerte Kunstbücher einen Namen machte. Emigrierte 1938 nach England, verfasste dort zahlr. kunsthist. Werke und gründete die Phaidon Press.

Literatur: D. Waibel u. F. Stadler (Hg.), Die vertriebene Vernunft, 1993.

GOLDSCHEIDER, FRIEDRICH, WIENER MANUFAKTUR, 1885 in Wien gegr. Manufaktur und Fabrik für Porzellan und Majolika, wurde ab 1880 mehrfach insbes. für bemalte historist. Jugendstil- und Art-déco-Figuren ausgezeichnet. Niederlassungen entstanden in Paris und Leipzig. Nach G. Tod wurde das Unternehmen von seiner Frau und seinen Söhnen weitergeführt. 1938 emigrierte die Familie in die USA und setzte dort die Produktion erfolgreich fort. Die 1949 wiedereröffnete Wr. Geschäftsstelle bestand nur bis 1953.

Literatur: Goldscheider Keramik, Historismus – Jugendstil – Art déco, Ausst.-Kat., Wien 1985.

GOLDSCHMIDT, Adalbert von, * 5. 5. 1848 Wien, † 21. 12. 1906 ebd., Komponist. Epigone R. Wagners; verfasste teilw. selbst die Texte zu seinen Werken und führte einen bed. musikal. Salon.

Werke: Die 7 Todsünden, 1876 (Oratorium); Opern, rd. 100 Lieder.

GOLDSCHMIEDEKUNST: Im Bereich des heutigen Ö. lässt sich eine eig. künstlerisch hochstehende Tätigkeit auf dem Gebiet der G. im frühen und hohen MA nur für das Erzbistum Sbg. nachweisen. Nach einem 1. Höhepunkt bereits im 8. und 9. Jh. (→ Tassilokelch im Stift Kremsmünster) zeigt sich ein neuerlicher Aufschwung ab Mitte des 12. Jh. bis Mitte des 13. Jh. (Kelch von St. Peter, Kunsthist. Mus., Wien; Reliquienkreuz in Stift Zwettl; Gurker Tragaltar, Klagenfurt). Für den Herrschaftsbereich der Babenberger ist keine einheimische Produktionsstätte von größerer Bedeutung fassbar. Die aus dieser Zeit in Ö. erhalten gebliebenen Kunstwerke weisen eine weitverzweigte Herkunft auf (so gen. → Verduner Altar, Klosterneuburg, maasländisch; 7-armiger Leuchter, ebd., Verona; Wiltener Kelch, Kunsthist. Mus., niedersächs.; Scheibenkreuz in Kremsmünster, niedersächs. oder engl.; Vortragekreuz in Bartholomäberg, Vbg., Limoges). Die alpenländ. Erzeugnisse zeigen bis in das 13. Jh. hinein die Tradition des sog. „langobard. Stils" (vergoldete Kupferplatten aus Vöcklabruck; Kopfreliquiar in Melk), der erst durch den Einfluss got. Gestaltungsprinzipien verdrängt wurde. Neben Salzburg (Rupertskelch, um 1300, Sbg. Dommus.) tritt im 14. Jh. Wien als wichtiges Zentrum der G. hervor. Hier stehen die Arbeiten in enger Verbindung zu oberrhein. Werken (Ergänzungstafeln zum Verduner Altar von 1331), aber auch Anregungen aus Oberitalien und Böhmen sind erkennbar (Melker Kreuz, 1362). 1366 erhielten die Wr. Goldschmiede ihre 1. Zunftordnung (1775 zum letztenmal erneuert). Unter Friedrich III. und Maximilian I. zeigen sich Ansätze zu einer Hofkunst, die ihrerseits aber starken Einflüssen aus Nürnberg und Burgund unterworfen war. Erhalten sind Kirchengeräte wie Monstranzen (St. Leonhard in Tamsweg, Hall in Ti., Wr. Domschatz), Kelche (St. Peter in Salzburg, Tamsweg, Brixlegg, St. Sigismund im Pustertal, Klosterneuburg), Reliquiare und Vortragekreuze. Von der profanen G. ist der „Corvinusbecher" in Wr. Neustadt zu nennen. Eine große Blüte erlebte die G. im 16. Jh. in den landesfürstl. Residenzen Graz und Innsbruck sowie weiterhin in Salzburg und Wien. Der erhaltene Bestand an Werken ist aber relativ gering.

Über den Einfluss süddt. und ital. Künstler wurden die Renaiss.-Formen etabliert. Die Hofwerkstätte Rudolfs II. in Prag, der Künstler aus ganz Europa angehörten, schuf 1602 die nachmalige ö. → Kaiserkrone. Erst wieder gegen Ende des 17. Jh. bildeten Graz und noch stärker Wien bedeutende Zentren der G. Verstärkt von

Goldschmiedekunst: Rupertuskreuz von Bischofshofen, Sbg.

Adel und Kirche mit Aufträgen bedacht, schufen die ö. Goldschmiede in Anlehnung an franz. und süddt. Vorbilder sakrale und profane Werke, z. T. nach Entwürfen von führenden Baumeistern wie J. B. Fischer von Erlach und M. Steinl. Unter den Wr. Meistern nahm J. B. Känischbauer (1660–1739) einen bes. Rang ein. Seine Sonnenmonstranz für Maria Loreto in Prag wurde vorbildlich für viele weitere ähnl. ö. Werke. Als bedeutendster Goldschmied der Zeit Maria Theresias kann J. Moser gelten (Kolomani-Monstranz in Melk, 1752; Monstranz am Sonntagberg, 1762). Die von A. Domanek um 1750 geschaffene goldene Frühstücks- und Toilettegarnitur für Maria Theresia zählt zu den bedeutendsten profanen Arbeiten dieser Epoche. In Graz arbeiteten neben L. Vogtner (Monstranz für St. Georgen bei Wildon) und F. Pfaffinger (Monstranz für den Grazer Dom, 1750) auch A. Römmer, der 1773 den Silberaufsatz für den Hauptaltar der Mariahilferkapelle der Minoriten schuf. Die durch die Napoleonischen Kriege veranlassten schwerwiegenden Verordnungen (1806 Repunzierungs-Verordnung und Befreiungsstempel; 1810 Taxstempel) haben nicht nur den Bestand an Werken erheblich reduziert, sondern auch dem Stand der Goldschmiede insges. schwer zugesetzt. Bei der nach 1830 wieder ansteigenden Produktivität konnten sich bes. die Wr. Erzeugnisse einen ausgezeichneten Ruf erwerben (u. a. K. und F. Wallnöfer, J. Wieser, W. J. Swoboda, J. H. Köchert), wobei auch maschinelle Produktionsverfahren in der Silberverarbeitung etabliert wurden (S. Maderhofer, A. J. Würth). Wichtige Impulse für einen „neuen Wr. Stil" gingen von der 1867 gegr. Kunstgewerbeschule am Ö. Mus. f. Kunst und Ind. aus. Eine führende Stellung bis zum 1. Weltkrieg nahmen die Produkte der Firma Klinkosch ein. Der G. wandte sich auch die dem Secessionismus verpflichtete → Wiener Werkstätte zu. Neben der geometr. Formstrenge J. → Hoffmanns und K. → Mosers schuf D. → Peche stärker dekorative Arbeiten. Das Niveau der formalen und handwerkl. Qualität auf dem Gebiet der G. wurde zw. 1918 und 1938 bis in die Zeit nach 1945 hauptsächlich von den Erzeugnissen der Wiener Werkstätten bestimmt.

Literatur: G. Sakrale und profane Kunstwerke aus der Stmk., Ausst.-Kat., Graz 1961; Renaiss. in Ö., Ausst.-Kat., Schallaburg 1974; W. Neuwirth, Lexikon Wr. Gold- und Silberschmiede und ihre Punzen 1867–1922, 2 Bde., 1976/77; B. Wild, Der Goldschmied J. Moser und die Wr. G. des 18. Jh., Diss., Wien 1982; Gold + Silber. Kostbarkeiten aus Salzburg, Ausst.-Kat., Salzburg 1984; S. Krenn, Studien zur Wr. G. des 14. Jh., Diss., Wien 1984; H. Fillitz u. M. Pippal, Schatzkunst, 1987; H. Pickl-Herk, Der Grazer Goldschmied F. Pfaffinger (1693–1763): ein Beitrag zur steir. G. in der 1. Hälfte des 18. Jh., Diss., Graz 1988; W. Neuwirth, Wr. Silber 1780–1866, 2 Bde., 1988/89.

GOLDSCHMIEDT, Guido, * 29. 5. 1850 Triest (I), † 6. 8. 1915 Gainfarn (NÖ.), Chemiker, Alkaloid-Forscher. Univ.-Prof. in Prag und Wien; lieferte Beiträge zur Kenntnis des Stuppfetts und verschiedener organ. Verbindungen, führte erstmals die Fetthärtung durch. Lieben-Preis 1892.
Werke: Über das Stuppfett, in: Monatshefte f. Chemie, 1880; Über Papaverin, ebd., 1885–91.

GOLDWÖRTH, OÖ., UU, Gem., 262 m, 870 Ew., 10,83 km², gewerbl.-landw. Gem. am Pesenbach. Miniatureisenbahn. – Spätgot. Kirche (um 1321) mit spätgot. Stabwerkportal und neugot. Einrichtung, ma. Glocke (frühes 14. Jh.).

GOLF: Die Gründung eines ersten G.-Klubs nach angelsächsischem Vorbild erfolgte in Ö. 1901 (Wien-Krieau). In den 80er Jahren kam es zu einer zunehmenden Verbreitung des bisher als exklusiv geltenden Sports; der 1931 gegr. Ö. G.-Verband umfasst 116 Vereine mit 81.572 Mitgl. (Stand 2003).
Publikationen: G.-Revue, 1994 ff.
Literatur: 50 Jahre Ö. G.-Verband, 1981; R. Eschenbach u. G. Plasonig, G. in Ö., 1989.

GÖLIS, Leopold Anton, * 19. 10. 1764 Weißenbach (Stmk.), † 20. 2. 1827 Wien, Kinderarzt. Ab 1794 medizin. Leiter des 1. öffentl. Kinderkranken-Inst. in Wien; übte seine Tätigkeit unentgeltlich aus und konzentrierte sich v. a. auf die prakt. Arbeit, weniger auf die Forschung.
Werk: Prakt. Abhandlungen über die vorzügl. Krankheiten des kindl. Alters, 2 Bde., 1818.

GOLLER, Vinzenz (Pseud.: Hans von Berchthal), * 9. 3. 1873 St. Andrä b. Brixen (S-Ti.), † 11. 9. 1953 St. Michael i. Lungau (Sbg.), Kirchenkomponist. Leiter der Abt. Kirchenmusik der Wr. Akad. f. Musik und darst. Kunst (in Klosterneuburg); wichtiger Vertreter des Cäcilianismus in Ö., schloss sich später der volkslitur. Bewegung an.
Werke: 40 Messen; Motetten, Hymnen, Lieder. – Die Orgel beim kath. Gottesdienst, 4 Bde., 1927–44; Hg. der Ztschr. „Musica Divina" und der Smlg. „Meisterwerke kirchl. Tonkunst in Ö.", 1913 ff.

GÖLLERICH, August, * 2. 7. 1859 Linz (OÖ.), † 16. 3. 1923 ebd., Dirigent und Musikschriftsteller. Schüler und Sekr. von F. → Liszt; in engem Kontakt mit A. → Bruckner, der ihn später zu seinem Biographen bestimmte; 1896 Dirigent des Musikvereins Linz, Leiter des Linzer Schubertbunds und des „Frohsinn"; verheiratet mit der Liszt-Schülerin G. Pasthory-Voigt.
Werke: Liszt-Biographie, 1887 (mit Werkverz.); Beethoven, ²1904; A. Bruckner, Bd. 1, 1922 (von M. Auer bis 1937 mit Bd. 2–4 vollendet).
Literatur: Anonym, A. G. Das Lebensbild eines tatkräftigen Idealisten, 1927.

GÖLLERSDORF, NÖ., HL, Markt, 202 m, 2939 Ew., 59,55 km², im Weinviertel südöstl. von Hollabrunn. – Justizanstalt, Golfplatz, Betonplattenwerk, Ziegelind. – Urk. um 1130, Wirkungsstätte von J. L. v. Hildebrandt; erbaute bzw. erweiterte die urspr. got. Pfarrkirche (1740/41), die Loretokirche (Gruftkirche der Grafen von Schönborn-Puchheim), Schloss Schönborn (1712–17) mit Orangerie und engl. Schlosspark und die Johann-Nepomuk-Kapelle (1729–33). Renaiss.-Schloss G. (seit 1874 Strafanstalt) mit spätgot. Kern und Kapelle.

GOLLING AN DER ERLAUF, NÖ., ME, Markt, 215 m, 1699 Ew., 2,72 km², Wohngem. mit Ind. nahe der Mündung der Erlauf in die Donau. – S.-Mayrhuber-Dokumentationszentrum; Seilwarenind. – In Neuda moderne Pfarrkirche (erb. 1962/64) mit Fresko „Christus als Pantokrator mit dem hl. Franziskus" von Sepp Mayrhuber.

GOLLING AN DER SALZACH, Sbg., HA, Markt, 480 m, 3903 Ew., 82,20 km², Sommerfremdenverkehrsort (88.046 Übern.) im Tennengau, vor dem Austritt der

Goldschmiedekunst: Corvinusbecher, 15. Jh. (Wiener Neustadt, NÖ.).

Goldschmiedekunst: Anhänger der Wiener Werkstätte von J. Hoffmann, um 1910.

Gollinger Wasserfall.

Sir Ernst Hans Gombrich. Foto, 1997.

Salzach in das Salzburger Becken; südöstl. von G. Pass Lueg (552 m) und Ofenauer Tunnel der Tauernautobahn. Kleinbetriebl. Wirtschaftsstruktur, bes. Dienstleistungssektor (rd. 60 % der Beschäftigten 2001, v. a. Handel und Beherbergungswesen); in der Produktion: Metallwarenfabrik, Kalkwerk, Sägewerke. Spätgot.-barocke Pfarrkirche, spätgot. Wallfahrtskirche, Autowallfahrtskirche Maria Brunneck am Pass Lueg. Schloss G. (Kern 13. Jh., Umbauten 15. und 16. Jh., 1846, Heimatmuseum). 2 km nordwestl. liegt bei Lacher der 100 m hohe Gollinger Wasserfall am Fuß des Hohen Göll (2522 m); Torrener Wasserfall im Bluntautal. Klammen: südöstl. von G. vor dem Pass Lueg Salzachöfen, im Lammertal zw. G. und Abtenau Lammeröfen.

Göllstock, Gebirgsstock der Sbg. Kalkalpen, Untergruppe der Berchtesgadener Alpen, nördl.des Hagengebirges, zw. Bluntau- und Weißenbachtal; im Hohen Göll, einem Grenzgipfel zw. Sbg. und Bayern, 2522 m hoch. Schutzhütten: Purtschellerhaus (1692 m), Carl-von-Stahl-Haus (1733 m).

Gols, Bgld., ND, Markt, 130 m, 3516 Ew., 42,23 km², nordöstl. des Neusiedler Sees im Seewinkel. – Weinbaugem. (rd. 450 Betriebe, davon etwa ein Drittel im Vollerwerb), Weinkulturhaus, Erlebnispark, Freiluft-Skulpturenpark, Fremdenverkehr, kleinere Gewerbebetriebe. – Urk. 1217; hoher Anteil von Protestanten (2001 75 %) an der Bevölkerung; evang. Pfarrkirche (1818, Umbau 1888); kath. Kirche (12/13. Jh.), 1683 Wehrkirche.

Gölsdorf, Karl, * 8. 6. 1861 Wien, † 18. 3. 1916 Wolfsbergkogel a. Semmering (NÖ.), Eisenbahntechniker. Konstruierte richtungsweisende 5- und 6-fach gekuppelte Gebirgs- und eine Schnellzuglokomotive mit hoch liegendem Kessel.
Literatur: ÖBL.

Goltz, Alexander Demetrius, * 25. 1. 1857 Püsköpladány (H), † 14. 5. 1944 Wien, Maler. Studien in München und Wien; unternahm danach viele Reisen (Frankreich, Großbritannien, USA, Orient, Balkan) und lebte ab 1892 in Wien. Schuf Porträts, Landschafts- und Historienbilder; 1904–07 Ausstattungschef des Burgtheaters, 1909/10 der Hofoper in Wien.
Literatur: ÖBL.

Goltz, Christel, * 8. 7. 1912 Dortmund (D), Kammersängerin (1952), Sopranistin. Debüt 1935 an der Semperoper in Dresden, gefördert von K. Böhm, ab 1951 Mitgl. der Wr. Staatsoper, häufige Mitwirkung an den Sbg. Festspielen; beendete 1969 ihre Karriere.

Goluchowski, Agenor d. Ä. Graf, * 8. 12. 1812 Lemberg (Lwíw, UA), † 3. 8. 1875 ebd., Staatsmann; Vater von Agenor Gf. → Goluchowski d. J.; 1849–59, 1866–68 und 1871–75 Statthalter von Galizien, 1859/60 Innen-, 1860 Staatsminister; schuf die Grundlage für das → Oktoberdiplom 1860, nach dessen Widerrufung er zurücktrat.
Literatur: E. Wolf, Die Beziehungen Ö.-Ungarns zu Deutschland unter G., Diss., Wien 1970.

Goluchowski, Agenor d. J. Graf, * 25. 3. 1849 Lemberg (Lwíw, UA), † 28. 3. 1921 ebd., Staatsmann; Sohn von Agenor Gf. → Goluchowski d. Ä.; ö. Gesandter in Paris und Bukarest; 1895–1906 Min. des Äußeren; trat noch 1914–18 für die austropolnische Lösung ein.
Literatur: E. Hecht, Graf G. als Außenmin., Diss., Wien 1951.

Gombrich, Ernst Hans, Sir (1972), * 30. 3. 1909 Wien, † 3. 11. 2001 London (GB), Kunsthistoriker. 1936 Emigration nach London, dort am Warburg Institute tätig (1959–76 Dir.), Lehrtätigkeit an engl. Univ.; widmete sich schwerpunktmäßig der Ikonographie und Kunsttheorie der Renaiss. sowie der Einbeziehung psychoanalyt. Ansätze in die kunsthist. Forschung (→ Kunstgeschichte). Orden Pour le Mérite 1976; Ö. Ehrenzeichen f. Wiss. u. Kunst 1984; L.-Wittgenstein-Preis 1988; Ö. Staatspreis für Verdienste um die ö. Kultur im Ausland 1993.
Werke: The Story of Art, 1950 (Die Geschichte der Kunst, 1959); Art and Illusion, 1960 (Kunst und Illusion, 1978); Studies in the Art of the Renaissance, 4 Bde., 1966–86 (Die Kunst der Renaiss., 1966–88); The Sense of Order, 1979 (Ornament und Kunst, 1982); Shadows, 1995 (Schatten, 1996); The Preference for the Primitive, 2002.
Literatur: K. Lepsky, E. H. G. Theorie und Methode, 1991; J. B. Trapp, E. H. G. A Bibliography, 2000.

Göming, Sbg., SL, Gem., 437 m, 607 Ew., 8,75 km², landw. Gem. nordöstl. von Oberndorf. Druckerei. – Urk. 1090, Filialkirche mit got. Chor und barockem Langhaus (17. Jh.), spätgot. Chor und Sakristei, Kelch und Glocke aus dem 15. Jh.; alte Mühle (heute zur Stromgewinnung) in Dreimühlen; Ein- und Gruppenhöfe.
Literatur: SIR-Strukturprofil Gem. G., 1995.

Gomperz, Heinrich, * 18. 1. 1873 Wien, † 27. 12. 1942 Los Angeles (USA), Philosoph; Sohn von Theodor → Gomperz. Univ.-Prof. in Wien; ab 1934 in den USA. Er nannte seine Weltanschauungslehre, wonach das menschl. Bewusstsein nur Vorstellungen und Gefühle enthält, „Pathempirismus".
Werke: Kritik des Hedonismus, 1898; Weltanschauungslehre, 2 Bde., 1905/08; Die indische Theosophie, 1925; Philosophical Studies, 1953.
Literatur: M. Seiler (Hg.), H. G., K. Popper und die ö. Philosophie, 1994; ÖBL.

Gomperz, Theodor, * 29. 3. 1832 Brünn (Brno, CZ), † 29. 8. 1912 Baden (NÖ.), klass. Philologe, Philosophiehistoriker; Vater von Heinrich → Gomperz. Univ.-Prof. in Wien; wollte v. a. das Weltbild und dessen Träger im Denken der Antike von den Anfängen der griech. Philosophie bis Aristoteles herausarbeiten.
Werke: Griechische Denker, 3 Bde., 1896–1902; Essays und Erinnerungen, 1905; Hellenika, 2 Bde., 1912.
Literatur: H. G., T. G., Briefe und Aufzeichnungen, 1936; ÖBL.

Gönner, Rudolf, * 17. 4. 1922 Wien, Gymnasiallehrer, 1950–57 Landesjugendreferent von NÖ., 1968–92 Univ.-Prof. für Pädagogik in Salzburg.
Werk: Die ö. Lehrerbildung von der Normalschule bis zur Pädagog. Akad., 1967.

Göpfritz an der Wild, NÖ., ZT, Markt, 580 m, 1809 Ew., 60,63 km², landw. Wohngem. mit Gewerbe in „der Wild" nordöstl. des Truppenübungsplatzes Allentsteig. – Maschinenbau, Holzverarbeitung (neues Betriebsgebiet). – Urk. 1282, 1929 Markt, josephin. Pfarrkirche (1783) mit spätbarocker Einrichtung, Schloss (Ende 18. Jh.), Bahnhof (um 1885); Kirchberg an der Wild: roman.-got. Kirche mit Zubauten des 19. Jh. und Marmorrelief (spätes 16. Jh.), Schloss (ehem. Burgkirchenanlage der Renaiss., barockisiert um 1730/40); Scheideldorf: josephin. Kirche (1784/85) mit feinem barockem Kommuniongitter und klassizist. Kanzel. – Zahlr. Teiche.
Literatur: F. Hirnschall, Geschichte des Ortes Merkenbrechts, 1993.

Gorbach, Alfons, * 2. 9. 1898 Imst (Ti.), † 31. 7.1972 Graz (Stmk.), Jurist und Politiker (ÖVP). 1933–38 Landesführer des Vaterländ. Front in der Stmk., 1938–42 und 1944–45 in KZ-Haft. 1945–70 Abg. z. NR, 1960–63 Bundesparteiobmann der ÖVP, 1961–64 Bundeskanzler. Als Mann des Ausgleichs betrieb G. nach 1945 eine Versöhnungspolitik gegenüber den ehem. Nat.-Soz. und förderte die große Koalition ÖVP-SPÖ. Von J. → Klaus 1963 als Parteiobmann und 1964 als Bundeskanzler abgelöst.

Alfons Gorbach. Foto, 1962.

Literatur: H. Bleier-Bissinger, Bundeskanzler Dr. A. G. und seine Zeit, 1988.

Gorbach, Hubert, * 27. 7. 1956 Frastanz (Vbg.), kaufmänn. Angestellter und Politiker (FPÖ). Seit 1980 Mitgl. von Bundesparteileitung bzw. -präsidium der FPÖ, seit 1992 Landesparteiobmann der FPÖ Vbg., 1999–2003 Landeshauptmann-Stellv. von Vbg. Seit 2003 BMin. f. Verkehr, Innovation und Technologie.

Görg, Bernhard, * 9. 2. 1942 Horn (NÖ.), Manager und Politiker (ÖVP). 1991 bei der Wahl des ÖVP-Bundesparteiobmanns gegen E. → Busek unterlegen, 1992–2002 Obmann der ÖVP Wien und Stadtrat, 1996–2001 Vizebürgermeister und Amtsführender Stadtrat für Planung und Zukunft; seit 2001 Klubobmann der Wr. ÖVP.
Werke: Zukunft des Managers – Manager der Zukunft, 1989; Die neue Wirklichkeit, 1996; Innovation und Verantwortung, 2001 (Hg.).

Göriach, Sbg., TA, Gem., 1180 m, 371 Ew., 44,15 km², Wintersportgem. im Göriachbachtal. – Moderne Kirche (1973); Nischenbildstöcke, alte Gehöfte (z. T. 16. Jh.) mit hist. Kornkästen. Bienenlehrpfad.
Literatur: J. Schitter, Heimat G., 1983.

Göriachtal, Sbg., nordöstl. Nebental des Murtals im obersten Lungau, Göriachbach. Das G. führt in den Radstädter Tauern in den Landawirseen nach S in das Becken von Tamsweg; Gem.: Hintergöriach, Vordergöriach und St. Andrä i. Lungau (1055 m).

Gorlice, Ort in Galizien am Fuß der Karpaten, wo am 2. 5. 1915 die große Tarnów-Gegenoffensive nach Plänen von F. Conrad v. Hötzendorf begann; sie riss die russ. Front auf 300 km Länge auf. Ein Großteil von Galizien mit Przemyśl und Lemberg wurde wiedererobert und der „Polnische Sack" zw. Galizien und O-Preußen bis zum September 1915 besetzt.

Gornik, Erich, * 4. 8. 1944 Krumau (Český Krumlov, CS), Physiker. Studierte 1968–72 Physik an der Techn. Hochschule in Wien, an der er anschließend Assistent wurde und sich habilitierte; 1979–88 Prof. für Experimentelle Physik an der Univ. Innsbruck, 1988–93 Prof. für Halbleiterphysik an der Techn. Univ. München und seit 1992 Prof. für Halbleiterelektronik und Vorstand des Mikrostrukturzentrums an der Techn. Univ. in Wien; zu seinen Forschungsschwerpunkten zählen Plasmonen und die Nanoelektronik. L.-Wittgenstein-Preis 1997.

Görtschacher, Urban, * um 1485 Villach (Kä.), nachweisbar bis gegen 1530, bed. Kä. Maler des Spät-MA. Schuf Fresken und Tafelbilder; zugeschrieben werden ihm u. a. Fresken in den Kirchen von Kaning, St. Radegund im Lesachtal, Mödendorf, Feistritz a. d. Drau, St. Sigmund i. Pustertal, St. Stefan a. d. Gail und Tiffen sowie 4 Tafelbilder (Ö. Galerie Belvedere und Diözesanmuseum in Wien). Als sein Hauptwerk gilt das 1518 in Millstatt entstandene Weltgerichtsfresko. Seine Beziehungen zur paduan. und venezian. Malerei lassen mehrere Italienaufenthalte vermuten. Als Nachfolger von Meister → Thomas von Villach steht er zw. Spätgotik und Frührenaiss.
Literatur: M. Witternigg, U. G. und seine Stellung in Kä., Carinthia I, 1941/42.

Görtschitztal, Kä., nordöstl. Seitental des Gurktals, verläuft parallel zur Saualpe. Das G. reicht vom Hörfeld (Stmk.) bis Brückl (707 m), wo die Görtschitz in die Gurk mündet. Hauptgemeinden: Hüttenberg (786 m), Klein St. Paul (633 m) und Eberstein (580 m).

Gorup, Eugen Franz, Frh. von Besánez, * 15. 1. 1817 Graz (Stmk.), † 24. 11. 1878 Erlangen (D), Chemiker. Nach Medizinstudium ab 1849 Univ.-Prof. in Erlangen; entdeckte die Proteasen in der keimenden Gerste; beschäftigte sich eingehend mit der Chemie der Galle, der Wirkung der Fermente im Pflanzenreich und Wirkung des Ozons auf organ. Stoffe; Verfasser weit verbreiteter Lehrbücher der Chemie.
Werke: Physiolog. Chemie, ⁴1878; Organ. Chemie, ⁶1881; Anorgan. Chemie, ⁷1885.
Literatur: ÖBL.

Görzer Grafen, aufgrund der Ehe Meinhards III. (→ Meinhard I., → Meinhardiner) mit Adelheid, der Tochter → Alberts III. von Ti., nach dessen Tod 1253 Grafen von Ti. Die G. G. spalteten sich 1271 in 2 Linien: Die Ti. Linie von Meinhard IV. (→ Meinhard II.) bestand bis → Margarete Maultasch (regierte bis 1363). Die jüngere Linie beherrschte Görz (Isonzotal) und O-Ti. Sitz war ab 1271 Schloss Bruck bei Lienz. Die G. G. verloren ab dem 14. Jh. an Einfluss, die Linie starb 1500 mit Leonhard aus, der Besitz (in O-Ti. die Gerichte Lienz, Virgen, Kals, Heunfels, im Pustertal Innichen usw., Görz, Gradiska) fiel laut Erbvertrag von 1394 an die → Habsburger.
Literatur: H. Wiesflecker, Die polit. Entwicklung der Grafschaft Görz und ihr Erbfall an das Haus Ö., in: MIÖG 56, 1954: Eines Fürsten Traum. Meinhard II. – Das Werden Ti., Auss.-Kat., Schloss Tirol/Stams 1995.

Bernhard Görg. Foto.

Gosau, OÖ., GM, Gem., 767 m, 1944 Ew., 113,41 km², zweisaisonales Fremdenverkehrszentrum (245.029 Übern.) am G.-Bach, am Fuß des G.-Kamms im oö. Salzkammergut (Kulturlandschaft Hallstatt-Dachstein/Salzkammergut UNESCO-Weltkulturerbe). – Evang. Pflege- und Erholungsheime, Kinderheim (Kreuzschwestern), Kulturzentrum, Jugendheim Speicherkraftwerk G. (err. 1919, 6500 MWh); Gosaukammbahn auf die Zwieselalm (1436 m), bekanntes Skigebiet Dachstein West; in den letzten Jahren Wiederbelebung der gewerbl. Naturschleifsteinerzeugung (seit den 30er Jahren fast ausgestorben, heute wieder Vereinigung der Schleifsteinhauer). G. war die 1. Gem. in Ö., die sich nach dem Toleranzpatent zum protestant. Glauben bekannte, 2001 waren rd. 80 % der Bevölkerung evangelisch (AB). – Kath. Pfarrkirche, im Kern spätgot. (1500), 1874 ausgebaut; evang. Pfarrkirche 1864–69 im neugot. Stil erbaut; barocker Kreuzweg mit Kalvarienbergkapelle (1775). – Ausgangspunkt der über den Pass Gschütt (957 m) führenden Straße nach Sbg; am G.-Bach Vorderer und Hinterer G.-See.
Literatur: P. Bauer, Das G.-Tal und seine Geschichte von den Uranfängen bis zur Gegenwart, 1971.

Gosau.

Gosaukamm, Sbg./OÖ., nordwestl. Ausläufer des Dachsteinmassivs aus Dachstein-Riffkalk, überragt als unvergletschertes, steiles Felsgebirge mit Kletterbergen, Graten und Karen die Gosauseen im W und bildet die Grenze zw. OÖ. und Sbg., zw. dem südl. Salzkammergut und dem oberen Tennengau. Im N zur Zwieselalm abfallend, im SO durch das Steigl (2018 m) vom Gosaustein des Dachsteinmassivs getrennt, erhebt sich der G. im Mandlkogel auf 2279 m, in der Großwand auf 2415 m und erreicht seine größte Höhe an seinem S-Ende auf sbg. Gebiet im Doppelgipfel der Bischofsmütze (Große Bischofsmütze, 2458 m; Kleine Bischofsmütze, 2430 m).

Gosauschichten, fossilreiche Gesteinsformation aus Sandstein, Konglomerat und Mergel, die in der Oberkreide und im Alttertiär in zahlr. Teilbecken der Ostalpen, bes. der Nördl. Kalkalpen, nach der ersten Gebirgsbildungsphase abgelagert wurde.

Gosauseen, siehe → Gosautal.

Gosautal: Vorderer Gosausee, im Hintergrund der Dachstein.

Gosautal, OÖ., Hochtal im südwestl. Salzkammergut, vom Gosaubach durchflossen. Im oberen Abschnitt des Tals liegen die Gosauseen: Vorderer Gosausee, 937 m, 1,8 km lang und 500 m breit, 82 m tief; Hinterer Gosausee, 1156 m, 800 m lang und 600 m breit, 36 m tief. Der Vordere Gosausee zählt zu den bekanntesten Gebirgsseen Ö. Am NW-Ende des Sees, wo der Gosaubach seinen Ausgang nimmt, ist der Vordere Gosausee aufgestaut und liefert Strom für die Gemeinden Gosau und Steeg (am Hallstätter See). Der Hintere Gosausee ist im O, W und N von mächtigen Steilwänden umgeben. Zw. den beiden Gosauseen liegt auf 976 m die seichte Gosaulacke. Das G. beschreibt, ausgehend von den Seen, einen Halbkreis; der Gosaubach mündet bei Gosauzwang (517 m) in den Hallstätter See.

Gosdorf, Stmk., RA, Gem., 234 m, 1223 Ew., 15,64 km², Fremdenverkehrsgem. im Murtal östl. von Mureck. Maschinenbau, Landw. – Glockenturm (erb. 1806) in barocker Form; Röcksee.
Literatur: Gem. G. (Hg.), Gem.-Buch G., 1997.

Göss, Stmk., südl. Stadtteil von → Leoben (seit 1938), ältestes Kloster der Stmk., vor 1020 gegr. und von Ks. Heinrich II. von der Reichsabtei Nonnberg in Sbg. aus besiedelt. Die einzige Reichsabtei in Ö. wurde 1782 aufgehoben. 1784–1800 Sitz des Bistums Leoben. Die ehem. Stifts- und heutige Pfarrkirche besitzt eine frühroman. Krypta (Anfang 11. Jh.) und ein spätgot. Schiff (um 1520); S-Portal mit reichem Maß- und Stabwerk; Altargemälde von M. J. Schmidt (1791); zahlr. Äbtissinnengrabsteine (15.–17. Jh.). Michaelskapelle (frühgot. solitärer Bau, 1271–83) mit Fresken dieser Zeit (Heilige, Biblisches, Hohes Lied), die ein Hauptwerk des frühgot. Zackenstils darstellen. Der roman. Gösser Ornat (1230–69) ist einer der vollständigsten und schönsten Paramentensätze der Romanik in Seidenstickerei mit großer ikonograph. Entfaltung (Symbolisches, Biblisches, Heilige und Stifter, reiche Ornamentik), im Ö. Museum für angew. Kunst in Wien. – Gösser Brauerei der → Brau Union Österreich AG, Brauereimuseum; Novopan-Werk; Sägewerk.
Literatur: G. Jontes, Stift G., Geschichte und Kunst, 1977.

Gösseberg, Kä., 1171 m, Berg nördl. des Glantals, bei St. Urban, der 3. Berg der → Vierberge-Wallfahrt. Veitskirche mit hölzernem Tonnengewölbe (1950 nach Brand neu erbaut). Funde aus der Römerzeit.

Gössenberg, Stmk., LI, Gem., 950 m, 294 Ew., 31,91 km², Tourismusgem. über dem Ennstal zw. Gumpenbach und Seewigtal am Fuß der Schladminger Tauern. – Ma. Wehrturm in der Au; alte VolksS. Naturschutzgebiet Seewigtal (Bodensee–Hüttensee–Obersee).

Gossendorf, Stmk., FB, Gem., 310 m, 950 Ew., 9,35 km², „Erholungsgem." (seit 1982) mit Landw. im Schwengenbachtal im Gebiet der Gleichenberger Kogel. Kultur- und Seminarhaus. Umwelttechnik, Zementwerk. – Kapelle Maria Hilf (1851/52) mit Marienstatue von 1885.

Gössendorf, Stmk., GU, Gem., 326 m, 3079 Ew., 7,18 km², Wohngem. mit Gewerbe im Murtal südl. von Graz. Seniorenwohnheim. Textilind.
Literatur: J. Würfel, Chronik der Gem. G., 1991.

Gössnitz, Stmk., VO, Gem., 780 m, 535 Ew., 31,04 km², landw. Kleingem. im Gößnitzbachtal. – Kleindenkmäler.

Gösting, 13. Bezirk von Graz, lang gestreckte ehem. ma. Burg, im 17. Jh. Pulvermagazin, nach Brand 1723 Ruine, Kapelle 1969 eingedeckt. Westl. davon auf Felskegel „Obere Burg". Östl. des Burgbergs Barockschloss G., erbaut 1724–28 für die Grafen Attems, Fresken (1730–35).

Göstling an der Ybbs: Hammerherrenhaus.

Göstling an der Ybbs, NÖ., SB, Markt, 532 m, 2181 Ew., 143,58 km², Fremdenverkehrsort (105.309 Übern., v. a. im Winter, Skigebiet Hochkar) am Fuß von Königsberg (Schwarzkogel 1452 m) und Göstlinger Alpen, an der Grenze zur Stmk. – Mautstelle Lassing der Hochkarstraße, Schulskiheim und Höhentrainings-

Göß: Stiftskirche.

zentrum Hochkar; gewerbl. Wirtschaftsstruktur. – Spätbarocke Pfarrkirche mit got. Bauteilen; mit der Kirche verbundener Karner und Pfarrhof mit Sgraffittidekor des 16. Jh.; Kreuzweg (1735); Erlebniswelt Mendlingtal mit der letzten Holztriftanlage Mitteleuropas. In der Nähe Hochkarhöhle.
Literatur: W. Staudinger, G. a. d. Y. einst und heute, 1987.

Gotik: Seit dem frühen 13. Jh. vollzog sich in Ö. der schrittweise Übergang von der Romanik zur G. Als Vermittler des neuen, in West- und Mitteleuropa entwickelten Stil- und Gedankenguts traten zunächst die Landesherren und die Orden hervor. In der Folge zeigten sich got. Stilelemente zunehmend auch im profanen Bereich.

Gotik: Kreuzgang des Stifts Zwettl, NÖ.

Die ersten Übergänge von der Spätromanik zur Frühgotik finden sich in den Kreuzgängen der nö. Zisterzienserklöster Zwettl, Heiligenkreuz und Lilienfeld. In Lilienfeld entstand ab 1202 der frühgot. Chor; hier bildete sich auch das für Ö. charakterist. Hallensystem mit gleich hohen Schiffen aus, das sich um 1294 in Heiligenkreuz und nach 1330 in Zwettl wiederfindet. Die nicht erhaltene Capella speciosa in Klosterneuburg wurde 1222 geweiht.
Eine Sonderform – die älteste 2-schiffige Halle Ö. – zeigt die ehem. Dominikanerinnenkirche in Imbach (NÖ., vor 1285).
Innerhalb der Bettelorden entwickelten sich auch Langchorkirchen (z. B. Minoritenkirche in Bruck a. d. Mur, Dominikanerkirchen in Krems und Friesach).
Unter dem Eindruck des Heiligenkreuzer Hallenchors und der Bettelordensarchitektur entstand im Wr. → Stephansdom 1304–40 der 3-schiffige albertin. Chor. Die Bauhütte von St. Stephan spielte für die Ausbildung und Ausbreitung der ö. G. eine bes. Rolle. Knapp 100 Jahre später, um 1439–55, propagierte H. Puchsbaum mit dem Langhaus von St. Stephan einen weiteren vorbildhaften Typus, die sog. Staffelkirche.
In der spätgot. Zeit nahm die Baukunst regional eine unterschiedl. Entwicklung. Die westl. Landesteile erhielten v. a. aus dem angrenzenden Bayern wesentl. Impulse. Wichtige Bauten in diesem Raum sind die Kirchen in Braunau, Pischelsdorf und Eggelsberg sowie die Franziskanerkirche in Salzburg. Ein Hauptbau der Spätgotik ist auch die 4-schiffige Pfarrkirche in Schwaz.
Die Gewölbeformen und Rippenstrukturen wurden um 1500 immer reicher und vielfältiger, ihre statische Bedeutung wurde dabei optisch durch den dekorativen, verspielten Charakter nach und nach verdrängt. Die bedeutendsten Beispiele dieser Entwicklung findet man in NÖ. und OÖ. (Weistrach, Krenstetten, St. Peter in der Au, St. Valentin, Königswiesen, Freistadt).

Eine Kä. Sonderform zeigt die Kötschacher Pfarrkirche (1518–27), in der das Gewölbe durch ein dichtes rankenartiges Rippengeflecht überzogen erscheint. Dieser dekorative Spätstil der got. Baukunst reichte, bes. in den Alpenländern, noch tief in das 16. Jh. hinein.
Enge Parallelen zu den Stilentwicklungen im Sakralbau sind auch im profanen Bereich zu beobachten. Künstlerisch wertvolle Profanbauten der ö. G. sind v. a. die → Gozzoburg und der Göglerker in Krems, das Bummerlhaus in Steyr, das → Goldene Dachl in Innsbruck, das → Kornmesserhaus in Bruck a. d. Mur und viele got. Laubenhöfe. Verhältnismäßig gut erhaltene got. Stadtplätze gibt es noch in Waidhofen a. d. Ybbs, Melk und Steyr, Stadtbefestigungen in Hainburg, Krems-Stein, Enns und Radstadt. Got. Burgen sind in Heidenreichstein, Strechau, Lockenhaus, Tratzberg und Hall i. Ti. sowie in Millstatt (Palast des Hochmeisters) zu finden.
Die Plastik blieb in der G. noch weitgehend an die Architektur gebunden (Portalplastik, Tympanonreliefs, Säulenstatuen). Die Reliefs am Singer- und Bischofstor (1370/80) von St. Stephan in Wien gehören zu den Hauptwerken der G. in Ö. Daneben entstanden zahlr. Einzelbildwerke von höchster künstlerischer Qualität, wie z. B. die Klosterneuburger Madonna (Ende 13. Jh.), die Dienstbotenmadonna (1320/25) im Wr. Stephansdom sowie Säulenstatuen im Chor und Stifterfiguren an den Gewänden der Seitentore von St. Stephan.
Um 1400 steigerten sich Anmut, Raffinesse, aber auch Realismus. In seine 1. Phase trat dieser sog. Weiche oder → Internationale Stil im SO. Künstlerpersönlichkeiten wie → Hans von Judenburg und der sog. → Meister von Großlobming prägten die Bildhauerei dieser Zeit.
Der bekannteste Skulpturentypus des „Weichen Stils" ist neben dem Vesperbild (Pietà) jener der → „Schönen Madonnen", der größte Eigenständigkeit in Böhmen (z. B. „Krumauer Madonna" im Kunsthist. Museum in Wien) und im Sbg. Bereich erlangte.
Um 1420/30 kam es zu einer Verhärtung in der Formensprache. Die höfisch-elegante, weiche Ausdrucksweise machte einem gezielten Einsatz von Realismen und schweren, gedrungenen, oft verblockten Formen Platz. Zentrum dieses „Schweren Stils" war u. a. der Wr. Hof.
Einen Schwerpunkt der got. Bildhauerkunst bildete die Grabmalsplastik. Hauptwerke des späten 15. Jh. sind das Grabmal Friedrichs III. im Wr. Stephansdom und die Grabplatte der Kaiserin Eleonore in Wr. Neu-

Gotik: Mondsichelmadonna. Plastik von J. Kaschauer, um 1430 (Pfarrkirche Hollenburg, NÖ.).

Gotik: Gewölbe der Pfarrkirche in Kötschach, Kä.

stadt (beide von Niclas → Gerhaert van Leyden) sowie die Grabplatte des Erzbischofs Leonhard von Keutschach auf der Feste Hohensalzburg.
Mit dem Auftreten von Niclas Gerhaert und dem Einfließen westl. Gedankenguts um 1470 kam es in Ö. zu einer wesentl. stilist. Veränderung in der Plastik. Die gedrungenen, schweren Formen der Jahrhundertmitte wichen schon bald einer lebendigen, raumausgreifenden und raumumschließenden Bewegtheit.
Durch die Aufnahme und Weiterentwicklung dieser Einflüsse kam Ö. in der letzten Phase der späten Plastik eine führende Rolle in Europa zu, insbes. in der Herstellung holzgeschnitzter → Flügelaltäre (Blütezeit 1470–1520), von denen rd. 200 entstanden.
In engem Zusammenhang mit der Architektur und der Bildhauerkunst stehen Innenausstattung und Möbel sowohl sakraler als auch profaner Anlagen (z. B. Chorgestühle, Kanzeln, Holzdecken). Nennenswert sind auch Ausstattungsgegenstände aus anderen Bereichen des Kunstgewerbes (z. B. Textil, Glas und Keramik).
Die got. Malerei entfaltete sich bes. im Tafelbild, da durch die got. Bauweise geschlossene Wandflächen für Fresken selten geworden waren. Immerhin entstanden in den Gebirgsländern noch zahlr. bedeutende got. → Fresken, u. a. in Gurk (Vorhalle des Doms), St. Paul im Lavanttal, Bruck a. d. Mur und Millstatt. Fresken profaner Widmung findet man v. a. in S-Ti. (z. B. Schloss Runkelstein). Bemerkenswert sind auch die Neidhart-Fresken in Wien (um 1400).
Eine Eigenart Kä. und mancher Teile der Stmk. sind die bemalten flachen Holzdecken kleiner Landkirchen und die → Fastentücher.
Auf dem Gebiet der → Glasmalerei sind in Ö. zahlr. Zeugnisse aus der Zeit der G. erhalten, ebenso in der → Buchmalerei, deren Tradition in den Klostermalschulen weitergeführt wurde.

Gotik: Kreuzigung mit Wien-Ansicht. Triptychon, um 1480 (Stift St. Florian, OÖ.).

Die got. Tafelmalerei brachte in Ö. zu Beginn des 14. Jh. erste Höchstleistungen hervor (z. B. Außenseiten des Verduner Altars in Klosterneuburg, 1330/31). Um 1365 entstand als erstes eigenständiges Porträtbild das Bildnis Hzg. Rudolfs IV. (Diözesanmuseum in Wien). Ihre eigentl. Blüte erreichte die ö. Tafelmalerei der G. nach 1400 unter dem Einfluss der süddt. und böhm. Zentren.
Die meisten Künstler des frühen 15. Jh. sind namentlich nicht bekannt. Bed., nach ihren Hauptwerken benannte Maler waren u. a. der → Meister der Darbringungen, der → Meister der Anbetung Christi, der → Meister des Albrechtsaltars und der → Meister der St. Lambrechter Votivtafel. Der hervorragendste Vertreter der Sbg. Malerei um die Mitte des 15. Jh., Conrad → Laib, orientierte sich bereits an der oberital. Malerei.

Das späte 15. Jh. stand unter dem Zeichen großer Künstlerpersönlichkeiten oder -werkstätten wie dem → Meister des Wiener Schottenaltars, M. → Pacher und F. → Pacher sowie R. → Frueauf d. Ä. und J. → Breu d. Ä.
Die Darstellung des Raums und der Landschaft verdrängte allmählich die bislang üblichen, meist mit Blindstempeln geprägten Goldhintergrund. Mit R. → Frueauf d. J. und W. → Huber, der die ersten selbständigen Landschaftsdarstellungen schuf, brachte Ö. 2 der bedeutendsten Maler der Zeit der → Donauschule hervor. Diese Entwicklung währte bis gegen 1510/20 und markiert somit den Übergang zur Frührenaissance.

Literatur: W. Buchowiecki, Die got. Kirchen Ö., 1952; R. Feuchtmüller u. W. Mrazek, G. in Ö., 1961; Die Kunst der Donauschule, Ausst.-Kat., St. Florian/Linz, 1965; Friedrich III., Ausst.-Kat., Wr. Neustadt 1966; H. Kühnel (Red.), G. in Ö., Ausst.-Kat., Krems 1967; Kä. Kunst des MA, Ausst.-Kat., Wien/Klagenfurt 1970/71; J. Gassner u. a., Spätgotik in Sbg. Die Malerei 1400–1530, Ausst.-Kat., Salzburg 1972; G. Amann, Spätgotik in Ti., Ausst.-Kat., Wien 1973; J. Gassner u. a., Spätgotik in Sbg.: Skulptur und Kunstgewerbe, Ausst.-Kat., Salzburg 1976; H. Bisanz u. a., Wien im MA, Ausst.-Kat., Wien 1976; E. Langer (Red.), G. in der Stmk., Ausst.-Kat., St. Lambrecht (Stmk.) 1978; F. Röhrig (Red.), Die Zeit der frühen Habsburger, Ausst.-Kat., Wr. Neustadt 1979; G. Brucher, Got. Baukunst in Ö., 1990; G. Schmidt, Got. Bildwerke und ihre Meister, 2 Bde., 1992.

GÖTSCHENBERG, ca. 1,5 km südl. von Bischofshofen. Hier wurde bereits am Beginn des 4. Jt. v. Chr. in einer Bergbausiedlung das in der Nähe abgebaute Kupfererz verarbeitet. Die Siedlung stellt den bisher ältesten Hinweis auf Kupfergewinnung im Bereich Bischofshofen-Mühlbach dar. Endprodukte waren Schmuck, Nadeln, Bleche und kleine Flachbeile aus Kupfer.

GÖTSCHL, Renate, * 6. 8. 1975 Judenburg (Stmk.), Skirennläuferin. Galt bereits mit 16 Jahren als Ausnahmetalent, bis 1997 häufige Verletzungen und zahlr. Ausfälle; 1997 Weltmeisterin in der Kombination, 1997/98, 1998/99 und 2003/04 Weltcupsiegerin im Abfahrtslauf (2003/04 auch im Super-G); 1999/2000 Gesamtweltcupsiegerin und Weltcupsiegerin im Super-G; 2000/01 Gesamtweltcupzweite und Silbermedaille im Abfahrtslauf bei den Weltmeisterschaften in St. Anton; Silbermedaille in der Kombination und Bronzemedaille in der Abfahrt bei den Olymp. Spielen in Salt Lake City 2002.

GOTTFRIED VON ADMONT, * um 1100 Schwaben, † 26. 6. 1165 Admont (Stmk.), Benediktiner. Ab 1137/38 Abt von Admont, führte die Hirsauer Reform ein, begann nach einem Brand 1152 den Wiederaufbau des Klosters. Er war als Schriftsteller tätig, vergrößerte die Bibl. und eröffnete eine eig. Mal- und Schreibschule.

GOTTHARD, Johann Peter, siehe → Pázdirek, Johann Peter Gotthard.

GÖTTLESBRUNN-ARBESTHAL, NÖ., BL, Gem., 171 m, 1311 Ew., 26,23 km², Weinbau- und Fremdenverkehrsgem. nordöstl. von Bruck a. d. Leitha. – Göttlesbrunn: urk. 1239, Pfarrkirche mit roman. Chor von 1874 und Glasmalereien von 1918/19, Volksaltar (1961), barockes „Totenhaus", Dreifaltigkeitssäule (1725), Kriegerdenkmal (um 1920); über 200 Jahre alter Weinstock im Garten eines Gasthofs. Arbesthal: urk. um 1080, barockisierte Urpfarre. Pfarrkirche mit got. Chor und Langhaus sowie Barockaltären, von ma. Mauer umgebener Friedhof mit ehem. Karner.

GOTTLIEB, Anna, * 29. 4. 1774 Wien, † 1. 2. 1856 ebd., Opernsängerin (Sopran). Barbarina der Uraufführung von „Le Nozze di Figaro" (1. 5. 1786, Hofburgtheater in Wien) und Pamina bei der Uraufführung der „Zauberflöte" (30. 9. 1791, Freihaustheater in Wien). Ab

1792 am Leopoldstädter Theater, sang in zahlr. Stücken von W. → Müller.
Literatur: U. Mauthe, „Pamina" A. G., 1986.

GOTTLIEB, Johann, * 15. 2. 1815 Brünn (Brno, CZ), † 4. 3. 1875 Graz (Stmk.), Chemiker. Ab 1846 Prof. am Joanneum in Graz. Entdeckte die Propion- und Mesaconsäure, analysierte viele Mineralquellen der Stmk. und stellte erstmals die Ölsäure rein dar.
Werk: Lehrbuch der pharmazeut. Chemie, 1857.
Literatur: Almanach d. Ö. Akad. d. Wiss., 1875; ÖBL.

GOTTSCHEER, einstige Volkstype in den ö. Ländern; Wanderhändler (mundartlich auch „Gottscheberer") aus der im 14. Jh. von den Grafen von Ortenburg besiedelten dt. Sprachinsel in Krain (Kočerje, SLO); die Männer verkauften saisonal Südfrüchte oder Galanteriewaren; in Wien boten die G. bes. in den Praterwirtshäusern ihre Waren an.
Literatur: O. Krammer, Wr. Volkstypen, 1983.

GOTTSCHLICH, Hugo, * 30. 10. 1905 Wien, † 22. 3. 1984 ebd., Kammerschauspieler. Ausbildung am Wr. Konservatorium, 1927 Debüt in Zürich; in Wien zunächst an verschiedenen Kabarettbühnen, danach am Theater in der Josefstadt und am Volkstheater, ab 1955 Ensemblemitgl. des Wr. Burgtheaters (insbes. komische Rollen); Filmtätigkeit (1940 Debüt neben A. Hörbiger in „Donauschiffer").

GOTTSDORFER SCHEIBE (Ybbser Scheibe), NÖ., Ebene am nördl. Donauufer zw. Persenbeug (222 m) und Gottsdorf (224 m), die von der Donau u-förmig umschlossen wird; am südl. Donauufer liegt die Mündung der → Ybbs. Aufgrund der früheren Gefahren für die Schifffahrt wird der Donauabschnitt um die G. S. auch „Böse Beuge" genannt.

GOTTSLEBEN, Ludwig, * 24. 11. 1836 Wien, † 26. 2. 1911 ebd., Schriftsteller, Schauspieler. Verfasste ab 1856 Bühnenstücke, debütierte 1859 am Theater an der Wien, spielte als letzter namhafter Vertreter der Hanswurstkomik an verschiedenen Vorstadtbühnen.
Werke: volkstüml. Bühnenstücke, Couplets. – Autobiographie: 50 Jahre Komiker, 1910.
Literatur: E. Walz, L. G., Diss., Wien 1947.

GOTTWALD, Felix, * 13. 1. 1976 Zell a. See (Sbg.), Zeitsoldat und Skisportler (nord. Kombination). Weltcupgesamtsieger 2000/01; bei den Weltmeisterschaften 2001 in Lahti Silber- (Mannschaft) und Bronzemedaille (Einzelbewerb); Bronzemedaillen im Sprint-, Einzel- und Mannschaftsbewerb bei den Olymp. Spielen in Salt Lake City 2002; Gold- (Mannschaft), Silber- (Einzel) und Bronzemedaille (Sprint) bei den Weltmeisterschaften in Val di Fiemme 2003.

GÖTTWEIG, NÖ., Benediktinerstift im Markt Furth bei G. Der Göttweiger Berg war bereits von der späten Jungsteinzeit bis in die röm. Kaiserzeit durchgehend besiedelt. Das Kloster wurde vor 1083 von Bischof Altmann von Passau als Augustiner-Chorherrenstift gegr., 1094 den Benediktinern übergeben und mit reichem Grundbesitz und mehreren Pfarren ausgestattet. Nach dem Brand von 1580 durch C. Biasino wieder aufgebaut, erlebte G. im 17. Jh. und 18. Jh. eine Blüte, insbes. unter Abt G. → Bessel. Nach dem Brand von 1718 ließ dieser das Kloster nach Plänen von J. L. von Hildebrandt neu erbauen, es wurde aber nicht fertiggestellt. Von der vorbarocken Anlage blieb die Eretrudiskapelle erhalten. Die Stiftskirche besitzt einen hochgot. Chor (1402–31), ein frühbarockes Langhaus (1620) und einen klassizist. Fassade (1756); aufwendige spätbarocke Raumgestaltung und Einrichtung, Krypta mit Grabdenkmal Altmanns. Das Stiegenhaus des Stifts mit Kaiserstiege (Fresko von P. Troger) gehört zu den

Stift Göttweig.

Hauptwerken barocker Architektur in Ö. Prachtvoll ausgestattete Prälatur und Fürstenzimmer; sehenswerte Kunstsammlung und graph. Kabinett (Wechselausstellungen). Mit 40 Pfarren ist G. ein wichtiges ö. Seelsorgezentrum.
Literatur: G. Lechner u. H. Fasching, Stift G., 1977; 900 Jahre G., Ausst.-Kat., 1983; Geschichte des Stiftes G., Studien und Mttlg. aus dem Benediktinerorden 94, 1983.

GÖTTWEIGER TROJANERKRIEG, mhd. Troja-Roman, benannt nach der einzigen Handschrift (Stift Göttweig, NÖ.), um 1280 (vielleicht in der Schweiz) entstanden; der anonyme Verfasser gibt sich als Wolfram v. Eschenbach aus und erzählt die Lebensgeschichte des Paris und den Trojan. Krieg nach dem Muster des Artus-Romans.
Ausgabe: A. Koppitz, Dt. Texte des MA 29, 1926.
Literatur: M. Kern, Agamemnon weint, 1995.

GÖTZ, Alexander, * 27. 2. 1928 Graz (Stmk.), Jurist, Politiker (FPÖ). 1964–74 Abg. z. Stmk. Landtag, 1964–83 FPÖ-Landesparteiobmann, 1978/79 Bundesparteiobmann, 1979 Abg. z. NR und FPÖ-Klubobmann. 1964–73 Vizebürgermeister und 1973–83 Bürgermeister von Graz.
Werk: Ergötzliches. Ein Jahrzehnt als Grazer Bürgermeister, 1996.

GÖTZENDORF AN DER LEITHA, NÖ., BL, Markt, 171 m, 1867 Ew., 25,38 km², Gewerbegem. zw. Fischa und Leitha. Maschinenbau, Kunststoffwaren. – Urk. um 1130, Markt urk. 1236, ma. Kirche (15. Jh.) mit got. Chor, barockisiertem Langhaus und Barockaltären, Dreifaltigkeitssäule (1864), ehem. Spinnfabrik (Umbau 1845) mit Turbinenhaus und Unternehmervilla, Barockkapelle mit Pietà (frühes 18. Jh.) auf dem Ölberg, Franz-Josefs-Allee (1898), Bahnhof (erb. 1846), Heidenfriedhof; Pfarrkirche St. Stefan in Pischelsdorf (erb. 1924/25) mit alten Grabsteinen (1665, 1670). – Naturschutzgebiet „Pischelsdorfer Wiesen", Naturpark „Mannersdorfer Wüste".
Literatur: J. Fabian u. A. Gehart, G. – Pischelsdorf. Hausbesitzer, Handel, Gewerbe, Ind., von den Anfängen bis heute, 2002.

GÖTZENS, Ti., IL, Gem., 868 m, 3529 Ew. (1981: 3261 Ew.), 9,72 km², zweisaisonaler Fremdenverkehrsort (86.127 Übern.) südwestl. von Innsbruck an der Mündung des Sellraintals in das Inntal. – Sportzentrum, Kuranstalt (priv.), VHS, St. Josefsheim der Franziskaner-Tertiarschwestern Hall. Wirtschaft von Handel bestimmt. – Eine der schönsten Rokoko-Pfarrkirchen (1772–75, von F. Singer) im südtl. Sprachraum, Hochaltarbild aus der Maulbertsch-Werkstatt, Fastenkrippe von G. Haller; Theresienkirche (urk. 1350); Burgruine Vellenberg (urk. 1166/77), seit 1580 verfallen; alte Inntalhäuser (18. Jh.).
Literatur: P. Baeck, G., 1988.

GÖTZINGER, Gustav, * 2. 7. 1880 Neuserowitz (Nové Syrovice, CZ), † 8. 12. 1969 Wien, Geograph, Geologe. 1938–49 Dir. der Geolog. Bundesanstalt in Wien, 1951–55 Präs., ab 1956 Ehrenpräs. der Ö. Geograph. Ges.; widmete sich bes. meereskundl. und geomorpholog. Studien sowie angewandter Geologie.

Werke: Zur Morphologie der Sbg. Flysch-Berge, 1951; Karsterscheinungen in den Voralpen, 1952; Talformen und Talgestaltung in den nö. Voralpen, 1959.

Götzis.

Götzis, Vbg., FK, Markt, 448 m, 10.097 Ew., 14,65 km², Handels-, Gewerbe- und Ind.-Ort im Rheintal. – AK-Bibl., psychosoz. Beratungsstelle, Patentarchiv der WK, Bildungshaus St. Arbogast, Beschützende Werkstätte, Kolpinghaus, Jugendhaus und -heim, Islam. Kulturzentrum, Neuapostol. Kirche, Sportanlage, Stadion, BORG, hauswirt. BerS, LA f. heilpädagog. Berufe, VHS; fast 4000 Beschäftigte (2001), davon rd. 44 % in der Produktion: v. a. Textil- und Bekleidungsind., Bauwesen, Holzverarbeitung, große Zahl von Dienstleistungs- und Produktionsbetrieben (z. B. Galvanowerk, Kunststeinwerk, Gerätebau, Druckerei usw.), Handelsbetriebe eines breiten Branchenspektrums; Vbg. Wirtschaftspark (Gewerbepark mit rd. 160 Betrieben, v. a. High-Tech- und Computerfirmen, Handel, Vertriebsbüros), etwas Fremdenverkehr. – Urk. um 830; spätgot. (alte) Pfarrkirche 1340 begonnen, 1590 vergrößert; spätgot. Chor mit Fresken, Sakramentshaus (1597); neuroman. (neue) Pfarrkirche (1862–65), Glasmalereien (1946–48); auf der Straße nach Klaus Filialkirche St. Arbogast (urk. 1473, Weihe 1721) mit Tafelmalereien (1659, Arbogastlegende) und Holzbalkendecke; Burgruine Neu-Montfort (Stammsitz der Grafen von Montfort, gegr. 1311–19), 15.–17. Jh. umgebaut, Burghof, Ringmauer teilw. erhalten; Ansitz Sonderberg (err. ab 1563); Renaiss.-Ansitz Jonas-Schlösschen (1584).
Literatur: W. Fehle, Götzner Heimatbuch, 1988.

Gozzoburg, Stadtburg in Krems a. d. Donau, mehrteiliger ma. Baukomplex am Steilabfall zur Unteren Landstraße. In der 2. Hälfte des 12. Jh. mit festem Haus und ummauertem Hof entstanden. 1267 stiftete Gozzo von Krems (zw. 1249 und 1282 mehrmals Stadtrichter, landesfürstl. Kammergraf unter Ottokar II.) eine Johanneskapelle. Ottokarische Umgestaltung zum Palazzo-comunali-Typus um 1265: Saalbau mit Loggia (1957 freigelegt), Spitzbogenarkaden, im Obergeschoss Räume mit Wandmalereien um 1470/80.

Grabensee, Sbg. (N-Ufer: OÖ.), 503 m, 2 km lang und 0,8 km breit, 13 m tief. Der G. liegt nordwestl. des Obertrumer Sees und des Mattsees; am G. liegen die Gem. Zellhof (514 m) und Gransdorf (522 m).

Grabern, NÖ., HL, Markt, 251 m, 1357 Ew., 30,94 km², Wohn- und Auspendelgem. mit Weinbau nördl. von Hollabrunn. – Bed. spätroman. Pfarrkirche in → Schöngrabern; urk. 1319, Markt 1535, Denkmal zur Erinnerung an die Franzosenkriege (auf dem Weg nach Hollabrunn); Mittergrabern: im Kern got. Pfarrkirche (Umbauten barock und um 1840), Schloss (16./17. Jh., Umbauten 19. Jh.) mit Stuckdecken, schöne Kellergassen.

Gräbern-Prebl, Kä., WO, Orte G. (923 m) und P. (918 m) am östl. Hang der Saualpe, im oberen Lavanttal, als G.-P. seit 1973 Katastralgem. der Stadtgem. Wolfsberg. – Mineralwasserabfüllung (Prebl-Brunnen, 790 m); in G. got. Filial- und Wallfahrtskirche (15. Jh.) mit röm. Grabbaurelief und Tumba von Wilhelm von Zeltschach, der Gemahlin der hl. Hemma. In P. roman.-got. Pfarrkirche, Schloss Moosheim (16. Jh.).

Grabersdorf, Stmk., FB, Gem., 267 m, 373 Ew., 6,37 km², landw. Gem. am Gnasbach im oststeir. Riedelland. Holzverarbeitung.

Grabherr, Josef, * 17. 2. 1856 Lustenau (Vbg.), † 20. 2. 1921 Satteins (Vbg.), Pfarrer, Historiker. Zu seiner Zeit einer der bedeutendsten Erforscher der Kulturgeschichte des Landes (Heimatkunde, kirchl. Kunst); schrieb Abhandlungen zur Geschichte der Walser und bemühte sich 1887 um die Errichtung einer Diözese Feldkirch.
Literatur: ÖBL.

Grabmayr-Angerheim, Karl, * 11. 2. 1848 Bozen (S-Ti.), † 24. 6. 1923 Meran (S-Ti.), konservativer Politiker, Advokat. 1914 Präs. des Reichs-, 1919 des Verwaltungsgerichtshofs; schuf das Ti. Grundbuch und das Höferecht (Anerbenrecht).
Werke: Landw. und Realexekution, 1894; Von Badeni bis Stürgkh, 1912; Südtirol, 1919.

Grabner, Hermann, * 12. 5. 1886 Graz (Stmk.), † 3. 7. 1969 Bozen (S-Ti.), Komponist, Musiktheoretiker. Schüler von M. Reger, Hochschulprof. in Leipzig und Berlin; entwickelte H. Riemanns Funktionstheorie weiter.
Werke: Oper, Orchesterwerke, Chöre, Orgelwerke. – Allg. Musiklehre, 1924; Lehrbuch der musikal. Analyse, 1925; Hb. der funktionellen Harmonielehre, 1944; Musikal. Werkbetrachtung, 1950.

Grabner, Michael, * 23. 8. 1948 Wien, Verlagsmanager. Ab 1979 Marketingleiter und Prokurist der Kurier AG sowie Geschäftsführer mehrerer Tochterges., 1984/85 Geschäftsführer für Buch und Schulbuch beim Verlag C. → Ueberreuter in Wien, 1985–91 im Vorstand der Kurier AG und der Zeitschriften Verlagsbeteiligungs AG sowie Geschäftsführer der Mediaprint, seit 1991 Geschäftsführer der Verlagsgruppe G. v. Holtzbrinck in Stuttgart.

Graden, Stmk., VO, Gem., 697 m, 536 Ew., 22,71 km², landw. Gem.mit etwas Tourismus im Tal des Gradner Bachs. – Spätgot. Pfarrkirche hl. Oswald (Chor um 1460, Langhaus 1532) mit neugot. Hochaltar (1879), Einrichtung teilw. aus dem 18. Jh.; Leonhard-Hof (16. Jh.); altes Gewerkenhaus Krennhof (Ende 17. Jh.).

Grades, Kä., SV, Markt, 870 m, im Metnitztal nahe der steir. Grenze; Katastralgem. der Marktgem. Metnitz. Sportplatz. – Roman. Pfarrkirche (12. Jh.), barock verändert; Fresken (14. Jh.), got. Glasgemälde (Mitte 14. Jh.) und Hochaltar (um 1680), Deckenfresken (1780). Westl. von G. Wallfahrtskirche St. Wolfgang (1453–74, spätgot. Wehrkirche, bis 9 m hohe Wehrmauer), eine der prächtigsten Schöpfungen der Spätgotik in Kä., großer spätgot. Flügelaltar (um 1520) mit reichem plast. Schmuck; Schloss G. (15. Jh.) über der Metnitz, 17./18. Jh. erneuert, im Saal Deckengemälde von J. Fromiller (1750–60); an der Straße nach Metnitz Wallfahrtskirche Maria Höfl (got., im 17. Jh. erweitert) mit Glasmalereien (1420–30).

Graedener, Hermann, * 29. 4. 1878 Wien, † 24. 2. 1956 Altmünster (OÖ.), Erzähler, Dramatiker und Essayist; Sohn des Musikers Hermann T. → Graedener. Verfasste hist. Romane und Dramen, die sich in den 30er Jahren der Propagierung von NS-Gedankengut verschrieben.
Werke: Dramen: Anna Weber, 1900; Neues Reich. Sickingen, 1931; Carl, der Sieger von Aspern, 1941. – Utz Urbach, 1913 (Epos); Innentum der Deutschheit, 1932; Der Esel, 1935 (Novelle); Lenau, 1938; Wien 1809, 1955.
Literatur: Das H.-G.-Buch, hg. v. W. Pollak, 1938.

Graedener, Hermann T., * 8. 5. 1844 Kiel (D), † 18. 9. 1929 Wien, Komponist und Dirigent; Vater des Schriftstellers Hermann → Graedener. Ausbildung am Wr. Konservatorium, unterrichtete 1877–1913 Musiktheorie ebd. (Prof. 1882); 1892–96 Dirigent der Singakad. Stand als Komponist unter dem Einfluss von J. Brahms, komponierte v. a. Orchesterwerke.

Graf, im fränk. Reich Amtsträger auf Königsgut mit umfassenden Vollmachten, ab dem Spät-MA landsässig. Seit dem 15. Jh. konnte der Grafentitel auch verliehen werden; Grafen gehörten dem Herrenstand an. Der Grafentitel wurde 1919 wie alle anderen Adelstitel in Ö. abgeschafft.

Graf, Antonie (geb. Machold), * 20. 4. 1845 Wien, † 23. 2. 1929 ebd., Vorkämpferin für Frauensport und -wettkämpfe. 1895–1908 Präs. der Damensektion des ältesten ö. Schwimmvereins „Austria" in Wien, aus der sich 1908 der „Ö. Damen-Schwimmclub Wien" entwickelte.

Gräf, Carl, * 11. 6. 1871 Wien, † 11. 6. 1939 ebd., Techniker, Industrieller. Baute 1898 mit seinen Brüdern Franz und Heinrich das erste Benzinautomobil mit Vorderradantrieb über Kardangelenke (Patent 1900). → Gräf & Stift.

Graf, Ferdinand, * 15. 6. 1907 Klagenfurt (Kä.), † 8. 9. 1969 Wien, Elektrotechniker, Politiker (ÖVP). 1938–40 in KZ-Haft; 1945–49 Mitgl. d. BR, 1945–56 Staatssekr. im BM f. Inneres, 1949–62 Abg. z. NR, 1956–61 erster BMin. f. Landesverteidigung der 2. Republik.

Graf, Herbert, * 10. 4. 1903 Wien, † 5. 4. 1973 Genf (CH), Opernregisseur; Sohn von Max → Graf. Musste emigrieren und wirkte ab 1936 in den USA (Opera Company of Philadelphia, Metropolitan Opera in New York), 1960–62 in Zürich und 1965–73 in Genf; als Gastregisseur in Wien und bei den Sbg. Festspielen.

Graf, Ludwig Ferdinand, * 29. 12. 1868 Wien, † 17. 11. 1932 ebd., Maler. Studierte in Wien und Paris, wandte sich nach einer impressionist. Periode einer von P. Cézanne beeinflussten, farbig ausdrucksstarken Malweise zu. Ab 1901 Mitglied des → Hagenbundes und ab 1909 dessen Präs. Erst in den 90er Jahren von der Kunstgeschichte wiederentdeckt.
Werke: Wasserfall, 1903; Die Kärntnerstraße (Leuchtreklame), 1931.
Literatur: G. T. Natter (Red.), L. F. G., Ausst.-Kat., Wien 1995.

Graf, Max, * 1. 10. 1873 Wien, † 24. 6. 1958 ebd., Musikhistoriker und -kritiker, Vater von Herbert → Graf. Schüler von E. → Hanslick, A. → Bruckner und G. → Adler; 1902 Akad.-Prof. in Wien; 1938–47 in New York; bekanntester Musikkritiker der Zwischenkriegszeit.
Werke: Moderne Musik, 1946; Legende einer Musikstadt, 1949; Geschichte und Geist der modernen Musik, 1953; Die Wr. Oper, 1955; Jede Stunde war erfüllt, 1957 (Erinnerungen).

Graf, Robert, * 17. 7. 1929 New York (USA), † 24. 1. 1996 Wien, Kaufmann und Politiker (ÖVP). 1966–86 Abg. z. NR, 1987–89 BMin. f. wirt. Angelegenheiten.

Graf, Stephanie, * 26. 4. 1973 Klagenfurt (Kä.), Leichtathletin. Zahlr. Welterfolge im 800-m-Lauf: Bronzemedaille bei der Europameisterschaft 1998 in Budapest; 2000 Halleneuropameisterin. Silbermedaillen bei den Olymp. Spielen 2000 in Sydney und den Weltmeisterschaften 2001 in Edmonton sowie bei den Hallenweltmeisterschaften 2001 und 2003; beendete 2004 ihre Karriere.

Graf, Walter, * 20. 6. 1903 St. Pölten (NÖ.), † 11. 4. 1982 Wien, Musikwissenschaftler. Schüler von G. → Adler und R. → Lach, Begründer der Wr. Schule der vergleichend-systematischen Musikwiss., 1957 Leiter des Phonogrammarchivs, 1963 Univ.-Prof., 1972–82 Obmann der Kommission f. Schallforschung der Ö. Akad. d. Wiss.

Grafe, Felix (urspr. Löwy), * 9. 7. 1888 Humpoletz (Humpolec, CZ), † 18. 12. 1942 Wien (hingerichtet), Lyriker und Übersetzer. Gehörte dem Kreis um F. Wedekind und H. Mann an; 1908 erste Gedichte in der „Fackel"; übersetzte u. a. W. Shakespeare, O. Wilde und C. Baudelaire; 1918–20 Redakteur der Ztschr. „Der Anbruch". 1941 wegen eines antifaschist. Gedichts verhaftet und 1942 hingerichtet.
Werke: Idris, 1910; Ruit Hora. Neue Gedichte, 1916. – Ausgabe: Dichtungen. Hist.-krit. Ausgabe, hg. u. eingeleitet v. J. Strelka, 1961.
Literatur: H. H. Hahnl, Vergessene Literaten. 50 ö. Lebensschicksale, 1984.

Grafenbach-Sankt Valentin, NÖ., NK, Markt, 430 m, 2303 Ew., 13,91 km², Wohngem. mit Gewerbe und Tourismus im Schwarzatal zw. Neunkirchen und Gloggnitz. – St. Valentin-Landschach: spätroman. Kirche mit got. und barocken Zubauten, 1989/90 erweitert, Barockaltäre (frühes 18. Jh.); Penk: moderne Kirche (1970), „Alter Schlossriegel" (13./14. Jh.).

Grafendorf bei Hartberg, Stmk., HB, Markt, 383 m, 2547 Ew., 25,1 km², gewerbl. Gem. mit etwas Tourismus im Safental. Landw. FachS, lebensgroße Dorfkrippe. Herstellung und Bearb. von Glas, Steinen und Erden, Kunststoffind. – Urk. um 1130; Pfarrkirche (urk. 1158, Umbau frühes 18. Jh.), Barockfiguren auf dem Hochaltar, volkstüml. Kreuzwegbilder (um 1800), Grabsteine der Familie Trautmannsdorff (17. Jh.); Kreuzkapelle mit Fresken von 1724; barocker Pfarrhof; Kirche St. Pankrazen (urk. 1544, um 1800 erneuert) mit Barockaltar; Schloss Kirchberg (um 1130, seit 1923 landw. FachS).
Literatur: Marktgem. G. b. H. (Hg.), G. b. H., seit 1. August 1964 Markt, Festschrift anläßlich der Markterhebung, 1964.

Grafendorf im Gailtal, siehe → Kirchbach.

Grafenegg, NÖ., KR, Markt, 197 m, 2830 Ew., 28,55 km², Wohngem. mit Weinbau und Gewerbe zw. der Donau im S und den Ausläufern des Manhartsbergs. Polstermöbelerzeugung, Großhandel. – Schloss G., urk. 1294, heutiger Bau 1840–73 von L. Ernst errichtet; bedeutendstes Beispiel romant. Schlossbaukunst in Ö.; 1945–55 schwer in Mitleidenschaft gezogen, später revitalisiert. Ausstellungen, Konzerte und Veranstaltungen (Grafenegger Advent). Engabrunn: spätgot. Kirche hl. Sebastian (Neubau 1501–13) mit neugot. Schnitzaltar, Pfarrhof (16./17. Jh.); Etsdorf am Kamp: 1529 Markt, Barockkirche mit got. Chor und Hochaltar von 1770, Pestsäule (1681); Haitzendorf: Pfarrkirche mit barocken und got. Bauteilen, Fresken (14. Jh.), Pfarrhof (erb. 1694–1709 von J. Prandtauer) mit Gartenanlage und Pavillon.

Grafenschachen, Bgld., OW, Gem., 402 m, 1177 Ew., 9,94 km², Wohngem. mit Gewerbe am Fuß des Wechsels westl. von Pinkafeld. Neues Betriebsgebiet. – Urk. 1358, kath. Pfarrkirche (err. 1880) mit neuroman. Hochaltar und spätbarocker Kanzel, Wegkreuze (19./20. Jh.), Haken- und Dreiseithöfe mit Fassadendekor (19. Jh.).

Grafenschlag, NÖ., ZT, Markt, 780 m, 895 Ew., 34,18 km², landw. Wohngem. mit Gewerbe südl. von Zwettl. – Urk. 1311, Markt vor 1325, spätgot. Kirche mit Langhaus von 1976 und spätgot. Madonna (15. Jh.), Kapellen in Kaltenbrunn (1837), Kleinnondorf (1904), Bromberg (1847) und anderen Katastralgem.

Grafenstein, Kä., KL, Markt, 418 m, 2602 Ew., 50,1 km², Gewerbegem. an der Gurk östl. von Klagenfurt. Metallerzeugung, Landw. – Urk. 890, 1990 Markterhebung, roman. Pfarrkirche mit got. und barocken Zubauten, prächtige Rokokostuckdekoration (1756), Hochaltar (frühes 18. Jh.) mit qualitätvollem Figurenschmuck, Schloss (seit 1629 Familie Orsini-Rosenberg) mit Rokokostuckaturen, Burgruine Lerchenau (urk.

Schloss Grafenegg.

Robert Graf. Foto, 1968.

1158), VolksS (1969–71) und Aufbahrungshalle (1965) err. nach Plänen von C. Holzmeister, barockes Smollekreuz, historist. Bahnhof (1863); in St. Peter got. Pfarrkirche mit prächtigen Fresken (Mitte 15. Jh.) und Barockaltären.
Literatur: P. Orasch (Hg.), Marktgem. G., Festschrift 1990 aus Anlaß der Markterhebung, 1990.

GRAFENWÖRTH, NÖ., TU, Markt, 190 m, 2615 Ew., 46,43 km², Wohngem. mit Landw. und Gewerbe südl. des Wagram unweit der Mündung des Kamp in die Donau. – Heimatmuseum (mit Expositur in Seebarn), kleinstes Weinbaumuseum Ö. in Feuersbrunn. – Urk. vor 1160, 1451 Markt, josephin. Pfarrkirche (nach 1791) mit klassizist. Altären und Rokokokanzel, Geburtshaus von Martin Johann → Schmidt („Kremser Schmidt"); Feuersbrunn: urgeschichtl. Funde, spätbarocke Pfarrkirche (1774) mit Rokokoaltären und Kanzel von 1761, ehem. Klosterhof (um 1700); Seebarn am Wagram: Renaiss.-Schloss (16. Jh., Umbau 17. Jh.) mit ma. Wehrturm, Pestkreuz (17./18. Jh.).
Literatur: L. Pekarek, Markt Grafenwörth, ein Heimatlesebuch, 1978; A. Stadlbauer, Heimatbuch von Feuersbrunn und Wagram, Geschichte und Geschichten, 1990; A. Stadlbauer, Heimatbuch von Jettsdorf, 1990.

GRAFF, Kasimir, * 7. 2. 1878 Próchnowo (PL), † 15. 2. 1950 Breitenfurt (NÖ.), Astronom. Univ.-Prof. und Dir. der Univ.-Sternwarte in Wien (1945–48); konstruierte astronom. Instrumente (Graukeilphotometer, Blaugelbkeilkolorimeter).
Werke: Sternatlas, 1925 (mit M. Beyer); Grundriß der Astrophysik, 1928.
Literatur: Almanach d. Ö. Akad. d. Wiss., 1950.

GRAFF, Michael, * 2. 10. 1937 Wien, Rechtsanwalt und Politiker (ÖVP). 1982–87 Gen.-Sekr. und Justizsprecher der ÖVP. 1983–94 und 1995–96 Abg. z. NR, 1987–94 Obmann des Justizausschusses.

GRÄFFER, Franz (Pseud.: Böttiger, Contée u. a.), * 6. 1. 1785 Wien, † 8. 10. 1852 ebd., Schriftsteller, Bibliothekar, Verleger. Verfasser von Wr. Skizzen und kulturgeschichtl. Schriften; gab mehrere Taschenbücher und 1819–21 das „Conversationsblatt" heraus. Zusammen mit J. J. → Czikann begründete er das erste ö. Lexikon („Ö. National-Encyclopädie", 6 Bde., 1835–37).
Weitere Werke: Kleine Wr. Memoiren und Wr. Dosenstücke, 5 Bde., 1845–46 (Auswahl in 2 Bden., 1918/22); Vermischte Wr. Skizzen, 8 Bde., 1845–49; Wienerische Kurzweil, 1846; Neue Wr. Tabletten, 1848.

GRÄF & STIFT: 1893 gründeten die Brüder Franz, Heinrich und Carl → Gräf in Wien eine Werkstätte, in der 1898 das weltweit erste Automobil mit Vorderradantrieb entstand, den sie 1900 patentieren ließen. Nach dem Eintritt von Wilhelm Stift 1901 erfolgte die Gründung von G. & S. (ab 1904 in Wien-Döbling). Die Firma baute ab 1905 v. a. große Limousinen (auch für Ks. Franz Joseph I.) und kleine Busse (ab 1908 Touristenverkehr in den Dolomiten). Nach dem 1. und 2. Weltkrieg wurden v. a. Lkws und Autobusse (produziert in Wien-Liesing) ausgeliefert. 1971 wurde G. & S. mit → Österreichischen Automobil Fabriks-AG zur → Österreichischen Automobilfabrik ÖAF–Gräf & Stift AG fusioniert.
Literatur: M. Minnich, Der Fall G. & S., Dipl.-Arb., Wien 1992.

GRALBUND, kath.-konservative Schriftstellervereinigung, 1905 von R. v. Kralik und F. X. Eichert in Wien gegr., später auch in Deutschland aktiv. Strebte eine kulturelle Erneuerung im christl. Sinn an. Zum G. gehörten u. a. K. Domanig, E. Handel-Mazzetti, E. Hlatky, A. Innerkofler. Die 1905 gegr. Monatsschrift „Gral" (bis 1937) stand in einer Kontroverse mit der fortschrittl. Ztschr. „Hochland", die an moderne Strömungen in Literatur und Kunst anknüpfte; eine Schlichtung kam 1911 durch ein päpstl. Breve zustande.
Literatur: R. Allram, Studien zum kath. Literaturstreit „Gral" – „Hochland", Diss., Wien 1956; B. Doppler, Kath. Literatur und Literaturpolitik. E. v. Handel-Mazzetti, 1980.

GRALLA, Stmk., LB, Gem., 278 m, 1777 Ew., 12,14 km², Wohngem. mit Gewerbe im Leibnitzer Feld. Kraftwerk. Holzverarbeitung. – VolksS (1868), Kapellen in Ober-, Unter- und Altgralla.
Literatur: Gem. G. (Hg.), Chronik der Gem. G., 1995.

GRALSBEWEGUNG, INTERNATIONALE, von dem aus Sachsen stammenden O. E. Bernhardt („Abd-ru-Shin", 1875–1941) gegr. Religionsgemeinschaft, die in Vomp in Ti. eine Siedlung errichtete, wo auch der Religionsgründer begraben wurde. Die Mitgl. der I. G. streben durch einen Gesamtüberblick über die Schöpfung höhere Daseinsstufen an.

GRAMAIS, Ti., RE, Gem., 1321 m, 60 Ew., 32,43 km², bevölkerungsmäßig kleinste Gem. Ö. mit etwas Tourismus im gleichnamigen Seitental des Lech am Abfall der Lechtaler Alpen im Außerfern. – Urk. 1427, neuroman. Pfarrkirche (Neubau 1833), Altar mit Barockfiguren, alte Orgel (um 1700); imposante Einhöfe in Blockbauweise.

GRAMAISER TAL, Ti., südöstl. Nebental des Lechtals in dem gleichnamigen Alpenzug. Das G. T. wird vom Otterbach durchflossen, der nahe des Mintschejochs (2264 m) entspringt, und mündet zw. Häselgehr (1006 m) und Häternach (1100 m) in das Lechtal ein.

GRAMASTETTEN, OÖ., UU, Markt, 545 m, 4525 Ew. (1981: 3663 Ew.), 40,18 km², Ausflugsort an der Großen Rodl nordwestl. von Linz. – Sport- und Freizeitzentrum; Gewerbepark; Kunstschlosserei. – Spätgot. Pfarrkirche mit Netzrippengewölbe, Unterkirche und neugot. Einrichtung (1883–98); Kalvarienberg erbaut 1831.
Literatur: L. Schiller, Zur Geschichte der Pfarre G., 1929.

GRAMATNEUSIEDL, NÖ., WU, Markt, 179 m, 2243 Ew., 6,73 km² südöstl. von Wien, an der Fischa. – Sporthalle; chem. Werk (Erzeugung von bruchsicherem Glas), Lagerhaus, Kunststoffformenbau.

GRAMBACH, Stmk., GU, Gem., 345 m, 1325 Ew., 6,94 km², Wohngem. und aufstrebender Technologiestandort südl. von Graz. Einer der größten ö. Technologieparks (gegr. 1994, 31.925 m², Hochtechnologiesektor, Gründerzentrum für Behinderte). Maschinenbau, Büromaschinenerzeugung. – Urk. 1265; Schloss Spielerhof, Dorfkapelle, alte Gehöfte.
Literatur: M. Hammerl, G. in Geschichte und Gegenwart, 1983.

GRÄN, Ti., RE, Gem., 1138 m, 597 Ew., 20,92 km², zweisaisonale Fremdenverkehrsgem. (342.414 Übern.) an der N-Seite des Tannheimer Tals im Außerfern. – Urk. 1427; klassizist. Kirche (Weihe 1793) mit Fresken von F. A. Zeiller und reich geschnitztem Rokoko-Seitenaltar; geschlossenes Ortsbild alter Mittertennhöfe; in Haldensee Kapelle hl. Jakob mit Barockaltar (1690–1700). Haldensee.

GRÄN, Christine, * 18. 4. 1952 Graz (Stmk.), Journalistin und Schriftstellerin. Lebte 1978–82 in Botswana, wo sie nach journalist. Tätigkeit ihren ersten Roman verfasste; zählt seither zu den erfolgreichsten ö. Autorinnen von Kriminalromanen (1994 Marlowe-Preis für den besten dt.-sprach. Kriminalroman). Einige ihrer Krimis wurden für das Fernsehen verfilmt.
Werke: Weiße sterben selten in Samyana, 1986; Nur eine läßliche Sünde, 1988; Ein Brand ist schnell gelegt, 1990; Die kleine Schwester der Wahrheit, 1990; Dead is beautiful, 1990; Ein mörderischer Urlaub, 1990; Hongkong 1997, 1991; Grenzfälle, 1992; Marx ist tot, 1993; Mit Mord beginnt ein schöner Sommer, 1994; Dame sticht Bube, 1997; Die Hochstaplerin, 1999; Villa Freud, 2002.

Daniel Gran: Selbstporträt (Stift Herzogenburg, NÖ.).

Gran, Daniel, * 22. 5. 1694 Wien, † 16. 4. 1757 St. Pölten (NÖ.), Maler. Neben P. → Troger der bedeutendste Vertreter der ö. Barockmalerei in der 1. Hälfte des 18. Jh. In Italien (bei S. Ricci und F. → Solimena) geschult, für seinen Förderer, den Fürsten Schwarzenberg, und den kaiserl. Hof tätig; 1744/45 Übersiedlung nach St. Pölten. In seinen Werken bald mehr vom farbigen Reichtum des Venezianers Ricci, bald mehr vom dunkel modellierenden Neapolitaner Solimena und dessen gemessenem, schwerem Figurenstil beeinflusst, tritt die Neigung zu repräsentativer Strenge und diagonal-rautenförmigen Kompositionsformen hinzu. Straffung und Vereinfachung in Komposition und Farbgebung charakterisieren das Spätwerk, womit der Klassizismus in Ö. vorbereitet wird (v. a. durch B. → Altomonte aufgegriffen).
Werke: Fresken: Gartenpalais Schwarzenberg (1945 weitgehend zerstört), Prunksaal der Nat.-Bibl. (beide Wien); Schloss Eckartsau, Wallfahrtskirche Sonntagberg, Dom in St. Pölten, Kaisersaal im Stift Klosterneuburg (alle NÖ.); Neues Rathaus und Landhaussaal in Brünn. – Altarbilder: Stiftskirchen von Herzogenburg und Lilienfeld, Dom St. Pölten (NÖ.); Annakirche (Wien). – Selbstporträt im Stift Herzogenburg.
Literatur: E. Knab, D. G., 1977.

Granatspitzgruppe, hochalpiner Gebirgszug der Hohen Tauern zw. Venediger- und Glocknergruppe, mit Muntanitz (3232 m) und Granatspitze (3086 m). Der Hauptkamm bildet die Grenze zw. Sbg. und O-Ti. Die G. ist stark vergletschert und Teil des Nationalparks Hohe Tauern. Über Felber- und Kalser Tauern führen alte Übergänge; Wintersportgebiet. Schutzhütten: Alpinzentrum Rudolfshütte (2311 m) am Weißsee im Stubachtal, erreichbar durch eine Seilbahn vom Enzingerboden; St. Pöltner-Hütte (2481 m) am Felbertauern; Sudetendt. Hütte (2666 m) auf der Steiner Alm.

Grancy, Christine de, * 18. 5. 1942 Brünn (Brno, CZ), Fotografin. Seit 1965 als Fotografin tätig. Ab 1983 zahlr. Aufenthalte in der Westsahara, wo sie das Leben der Polisario-Freiheitskämpfer fotografisch festhielt (Sammelband „Saharouis – Söhne und Töchter der Winde", 1987). Fotodokumentation über die nordafrikan. Tuareg 2000.
Weiteres Werk: Hallodris und Heilige – Engel und Lemuren, 1994.

Granichstaedten, Bruno (Bernhard), * 1. 9. 1879 Wien, † 30. 5. 1944 New York (USA), Sänger, später Operettenkomponist. Emigrierte 1938 in die USA, nahm amerikan. Tanzformen in sein Werk auf.
Werke: Operetten: Bub oder Mädel, 1908; Wein, Weib und Gesang, 1909; Walzerliebe, 1918; Glück bei den Frauen, 1923; Der Orlow, 1924; Reklame, 1930. – Filmmusik.

Granig, Anton, * 17. 9. 1901 Mitten (Gem. Großkirchheim, Kä.), † 15. 4. 1945 Stein a. d. Donau (NÖ.; hingerichtet), Priester. Dir. der St.-Josephs-Bruderschaft in Klagenfurt; am 11. 8. 1944 wegen angeblich führender Rolle in der „Antifaschistischen Freiheitsbewegung Oesterreichs" zum Tod verurteilt und im Hof der Strafanstalt Stein erschossen.
Literatur: K. v. Vogelsang-Inst. (Hg.), Gelitten für Ö., 1988.

Granit, siehe → Alpen (Zentralalpen), → Böhmisches Massiv.

Graphik: Der Begriff umfasst alle künstlerischen Ausdrucksformen, denen eine zeichnerische Gestaltung zugrunde liegt, wie die mit Stift, Feder, Kreide, Kohle usw. ausgeführte (Hand-)Zeichnung und – im engeren Sinn – die verschiedenen Verfahren der Druck-G. Ausschließlich im Bereich der Zeichnung tätige ö. Künstler gibt es bis in das 20. Jh. hinein kaum, immer wieder aber traten einzelne Künstlerpersönlichkeiten damit bes. hervor.
Die frühesten erhaltenen Werke in der ältesten druckgraph. Technik, dem *Holzschnitt*, stammen vom Anfang des 15. Jh. aus böhm., bayer. und auch alpenländ.

Graphik: „Neidhart findet das erste Veilchen". Holzschnitt aus einer Melker Handschrift, 15. Jh.

Klöstern (Lambach, Mondsee). Unter Ks. Maximilian I. gestalteten Künstler wie A. Dürer und H. Burgkmair Holzschnitte für historisch-genealog. Werke (Theuerdank, Weißkunig, Triumphzug); daneben schufen Vertreter der → Donauschule (A. Altdorfer, W. Huber, J. Breu d. Ä.) Anfang des 16. Jh. auch bedeutende Landschaftsdarstellungen. Erweiterte künstlerische Ausdrucksmöglichkeiten, die sich durch andere druckgraph. Verfahren ergaben (Kupferstich, Radierung), reduzierten bald die Bedeutung des Holzschnitts. Wiederbelebt und weiterentwickelt (Holzstich) wurde der Holzschnitt im 19. Jh. mit dem bewussten Anschluss der romant. Bewegung an die spätgot. Tradition. 1834 wurde in Wr. Neustadt durch B. Höfel eine Schule eingerichtet, der 1855 ein Xylograph. Inst. in Wien folgte. Der *Kupferstich* fand im 15. Jh. auch im süddt.-sbg. Raum (Meister des Marienlebens) und im Bodenseegebiet (Meister der Spielkarten, Meister E. S.) Verbreitung.
Nachdem sich diese Technik über vorwiegend reproduzierende Aufgaben hinaus im 16. und 17. Jh. in Ö. etabliert hatte (E. Sadeler, A. Spängler, die Ti. Künstlerfamilie Jezl), wurde 1727 an der Wr. Kunstakad. eine eig. Professur eingerichtet. Mit J. M. Schmutzer erlangte der Kupferstich zur Zeit Maria Theresias, unterstützt durch mehrere staatl. Privilegien (1748 und 1756 Einfuhrverbot von Kupferstichplatten), seine größte Entfaltung. Die 1766 von Schmutzer gegr. „Kupferstecher-Akad." wurde 1772 mit der alten Kunstakad. vereinigt, wo neben Schmutzer auch so bedeutende Landschaftszeichner wie J. C. Brand, F. E. Weirotter, M. Wutky oder F. Domanöck wirkten.

Graphik: „Wetterübermut". Holzschnitt von K. Moser für „Ver Sacrum", 1903.

Bes. Förderung seitens des Wr. Hofs fand im 18. und frühen 19. Jh. auch die Technik der dem Kupferstich nahe stehenden, im 17. Jh. entwickelten *Schabkunst*, v. a. im Bereich des Porträts (J. G. Haid, J. Jacobé, J. P. Pichler, V. G. Kininger). Auch das Ätzverfahren der *Radierung*, das gegenüber dem Kupferstich eine noch freiere Umsetzung des künstlerischen Gedankens erlaubt, fand nach einem ersten Höhepunkt Anfang des 16. Jh. im Bereich der Donauschule (A. Altdorfer, W. Huber, H. Lautensack, A. Hirschvogel), im 18. Jh. bei M. J. Schmidt, P. Troger, F. A. Maulbertsch u. a. besonderes Interesse. Bei diesen sowie allen anderen bedeutenden ö. Malern des 18. Jh. nahmen im Zusammenhang mit den großen profanen und sakralen Ausstattungsprogrammen auch Zeichnungen (Kompositions-, Detailstudien) eine wichtige Stellung ein. Die 1797/98 von A. Senefelder erfundene *Lithographie* wurde bereits kurz nach 1800 in Wien v. a. über dt. Romantiker wie J. C. Erhard, J. A. Klein oder F. Olivier etabliert. A. F. Kunike begründete 1817 die 1. Lithograph. Anstalt in Wien, I. Hofer 1828 eine solche in Graz. J. Kriehuber, J. Mössmer, F. Steinfeld und J. Alt gehören zu den bedeutenden ö. Lithographen des 19. Jh. Die Zeichnung behielt bei aller künstlerischen Vielfalt, die das 19. Jh. bestimmte, zentralen Stellenwert (F. Pforr, J. Scheffer v. Leonhardshoff, J. Führich, P. Krafft, J. A. Koch, Brüder Olivier, M. Loder, T. Ender, R. Alt).

Mit Erfindung der Fotografie im 19. Jh. verlor die G. ihre von jeher zentrale Bedeutung als vervielfältigendes Abbildungsverfahren. Die künstlerische „Original-G." begann sich von einer „Gebrauchs-G." abzusetzen. 1888 entstand mit der Graph. Lehr- und Versuchsanstalt in Wien eine eig. Ausbildungsstätte. Nach bzw. neben den als Graphikern tätigen Künstlern des Wr. Historismus (W. Unger, L. Michalek, F. Schmutzer), erhielt die G. mit der 1898 eröffneten Wr. Secession, deren Leitfigur G. Klimt seinerseits die Zeichnung als ein vollgültiges, autonomes künstlerisches Ausdrucksmittel verstand, ein bes. Gewicht im Schaffen von so verschiedenen Künstlern wie E. Schiele, O. Kokoschka, C. Moll, E. Orlik, A. Kolig, F. Wiegele, W. Thöny, H. Boeckl, A. P. Gütersloh oder L. H. Jungnickel. Mit seinem umfangreichen, fast ausschließlich graph. Werk nimmt A. Kubin allerdings auch unter diesen Künstlern eine Sonderstellung ein. Secessionismus und Wr. Werkstätte verhalfen aber auch der Gebrauchs-G. (Buchillustration, Plakat, Postkarten usw.) zu bes. Aufmerksamkeit (K. Moser, J. Hoffmann, A. Cossmann, F. Andri).

Nach 1945 etablierte sich einerseits die Richtung der „Wr. Schule des Phantast. Realismus" (E. Fuchs, A. Lehmden, W. Hutter, A. Brauer) und andererseits das „Informel" (J. Mikl, J. Fruhmann, W. Hollegha, M. Prachensky) mit wichtigen Beiträgen zur G. Entscheidend prägte F. Wotruba die Bildhauerzeichnung, die bei ihm und seinen Schülern (I. Avramidis, R. Hoflehner, A. Hrdlicka) als eigenständige graph. Arbeit aufzufassen ist. Zu den profiliertesten Graphikern der Gegenwart sind neben den bereits Genannten C. L. Attersee, G. Brus, P. Flora, A. Frohner, M. Peintner, W. Pichler, A. Rainer, H. Staudacher und T. Werkner zu rechnen. Neben diesen ausgesprochenen Spezialisten spielte die G. während der 1970er Jahre im Zusammenhang der Arbeit verschiedenster Maler- und Bildhauerpersönlichkeiten eine Rolle (M. Lassnig, F. West, B. Gironcoli). Sowohl die aktionist. Kunst als auch die in der Folge sich entwickelnde Performance und vor allem die daraus hervorgehende medienorientierte Strömung instrumentalisierten graphische Äußerungen mitunter als Vorstufen mit Entwurfscharakter.

Jene Aktionskünstler (G. Brus, H. Nitsch), die ein eigenständiges graph. Werk schufen, konzentrierten sich darauf nach Abschluss ihres performativen Oeuvres (Brus) oder, im Rahmen eines Gesamtkunstwerks (Nitsch), parallel dazu. Das gilt auch für konzeptorientierte Kunstschaffende wie O. Oberhuber und E. Caramelle. Graph. Arbeiten werden hier als Funktionsträger innerhalb eines umfassenden Gestaltungsaktes eingesetzt (W. Pichler). Neuen Aufschwung erhalten die graph. Künste im Rahmen der um 1980 aufkommenden Neuen („Wilden") Malerei mit ihren Hauptvertretern S. Anzinger, H. Schmalix, A. Mosbacher und H. Brandl. Strömungen jenseits der in den 1980er Jahren dominanten Malerei setzen graph. Elemente zumeist als Element in gattungsübergreifenden Arbeiten (Installationen) ein (B. Kowanz, F. Graf) oder überführen sie in die Gestaltungsmöglichkeiten neuer Medien (P. Kogler).

Literatur: B. Grimschitz, Die ö. Zeichnung im 19. Jh., 1928; G. Aurenhammer, Handzeichnung des 17. Jh. in Ö., 1958; C. Pack, G. in Ö., 1968; W. Koschatzky, Die Kunst der G., 1972; ders., Die Kunst der Zeichnung, 1977; Die Nazarener in Ö. (1809–1939). Zeichnungen und Druckgraphik, Ausst.-Kat., Graz 1979; Aspekte der Zeichnung in Ö. 1960 bis 1980, Ausst.-Kat., 1980/81; M. Pabst, Wr. G. um 1900, 1984; W. Schweiger, Aufbruch und Erfüllung. Gebrauchsgraphik der Wr. Moderne (1897–1918), 1988; Die Botschaft der G., Ausst.-Kat., Lambach 1989; A. Rossi (Red.), Ö. Expressionisten, Ausst.-Kat., Brüssel 1998; C. Bertsch, … wenn es um die Freiheit geht: Austria 1918–1938, Ausst.-Kat., Pisa 2000; R. Neugebauer, Zeichnen im Exil – Zeichen des Exils?, 2003.

GRAPHISCHE BUNDES- LEHR- UND VERSUCHSANSTALT, HÖHERE, Wien, 1887 als „Lehr- und Versuchsanstalt für Photographie und Reproduktionsverfahren" gegr. (J. M. → Eder), 1897 erweitert und unter heutiger Bezeichnung neu gegliedert (zusätzl. Sektionen: Buch- u. Illustrationsgewerbe, Versuchsanstalt für Photochemie und graph. Verfahren, Sammlungen). Gegenwärtig führt die G.B.-L. u. V. 4 Abteilungen (jeweils als Höhere Lehranstalt und als Kolleg: Druck- und Medientechnik, Fotografie und Audiovisuelle Medien, Multimedia, Grafik- und Kommunikationsdesign), eine Fachschule (Druck- und Medientechnik) und eine Meisterklasse (Graphik- und Kommunikationsdesign).

GRAPHIT wird in Ö. in Kaisersberg (Stmk.) im Gruben- und in Trandorf (NÖ.) im Tagbau gewonnen. Aus Ersterem werden hochwertige Mahlprodukte v. a. für die Gießerei- und Eisenind. hergestellt; der G. von Trandorf findet gebrochen im Hochofenbetrieb und bei der Sinterung von Eisenerzen Verwendung. Die Fördermenge 2001 betrug 116 t Roh-G.

Grasausläuten, Lärmumzüge mit Glocken, Schellen und Peitschenknallen (→ Gauderfest, → Georgi) in der Zeit des Viehauftriebs und Weidebeginns.

Grasel (Grasl), Johann Georg, * 4. 4. 1790 Neuserowitz (Nové Syrovice, CZ), † 31. 1. 1818 Wien (hingerichtet), „Räuberhauptmann". Desertierter Soldat, machte jahrelang das nördl. NÖ. unsicher, wurde Ende 1815 in Mörtersdorf bei Horn gefangen. Die Legendenbildung machte aus ihm einen ebenso gefährlichen wie edlen Räuber.
Literatur: H. Hitz (Hg.), J. G. G. – Räuber ohne Grenzen, ²1994; R. Bletschacher, Der G., ²1995.

Gräser: Die Botanik unterscheidet zw. den Süßgräsern (= Echten G.) (Familie Poaceae) und den „Grasartigen" oder Graminoiden (zu den anderen Familien gehörend). Gemeinsam sind ihnen bloß die schmalen Laubblätter und die unscheinbaren, vom Wind bestäubten Blüten sowie die Zugehörigkeit zur Klasse der Einkeimblättrigen (Liliopsida = Monocotyledoneae). Die Süßgräser haben 2-zeilig angeordnete Laubblätter (mit meist langen Blattscheiden, die den größten Teil des Stängels – auch „Halm" genannt – umschließen) und in der Regel Zwitterblüten ohne Blütenhülle, aus denen sich einsamige Schließfrüchte entwickeln. Die Grasartigen gehören zu den Riedgrasgewächsen (Binsengewächsen)/Cyperaceae oder zu den Simsengewächsen/Juncaceae, bei beiden stehen die Laubblätter in 3 Zeilen angeordnet, und die Blüten und Früchte sind ganz anders gebaut.

Die Süßgräser sind weltweit eine der größten Familien, verbreitet auf allen Kontinenten und in allen Klimazonen. Auch in Ö. ist diese Familie verhältnismäßig reich entwickelt, sie umfasst mit insges. 62 Gattungen mit insges. 220 wild wachsenden Arten, die in allen Lebensräumen vorkommen. Besonders in den waldfreien (lichtliebenden) Vegetationstypen spielen sie eine wichtige, oft dominierende Rolle, viele Pflanzengesellschaften sind nach für sie typischen G.-Arten benannt. Für den Menschen sind die G. nicht nur als Futterpflanzen für Haustiere, sondern auch als Nahrungspflanzen grundlegend wichtig (insbes. als Stärke-Lieferanten). Die heute verwendeten → Getreide-Arten stammen allerdings aus anderen Weltgegenden und sind seit der Jungsteinzeit die wichtigsten Kulturpflanzen der Menschheit überhaupt.

Dass G. schwierig zu unterscheiden seien, ist übrigens ein durch nichts zu begründendes Vorurteil. Jedenfalls im blühenden Zustand sind die meisten G.-Arten leichter voneinander zu unterscheiden als so manche Korbblütler, Kreuzblütler und Doldenblütler (man erkennt die G.-Arten auch an Wuchsweise, Stängel und Laubblättern). Die unscheinbaren Blüten sind einzeln oder zu mehreren in Ährchen angeordnet, diese in Rispen oder Ähren, was eine einfache grobe Orientierung über die Formenfülle ermöglicht. Alle heim. G. sind krautig (baumförmig gibt es nur in den Tropen und Subtropen), und zwar entweder ausdauernd oder 1-jährig. Im Folgenden werden – jeweils in Auswahl – einige häufige und wichtige Wildgräser Ö., nach Vegetationstypen geordnet, erwähnt.

Die meisten Waldgräser haben breite Laubblattspreiten, entsprechend dem schattigen und luftfeuchten Waldklima. In frischen Laubwäldern wachsen die hochwüchsige Wald-Trespe/Bromus ramosus agg. mit ihren elegant überhängenden Rispen und die kleinere, aber häufigere Wald-Zwenke/Brachypodium sylvaticum, deren Ähren nur leicht nicken, ferner Waldgerste/Hordelymus europaeus und Wald-Knäuelgras/Dactylis polygama; seltener ist die überaus elegante Flatterhirse/Milium effusum; in klimawarmen Gegenden häufig ist das Einblüten-Perlgras/Melica uniflora. In trockenen Wäldern wächst das unverkennbare Nick-Perlgras/Melica nutans, in mageren (nährstoffarmen) die zarte Hain-Rispe/Poa nemoralis mit den stramm abstehenden Laubblattspreiten, in feuchten der überhängenden Riesen-Schwingel/Festuca gigantea. Auf Waldschlägen zur Fruchtzeit bis in den Winter hinein wächst auffallend und dekorativ das mächtige Schilf-Reitgras (Landschilf)/Calamagrostis epigejos. In bodensauren Wäldern und Waldschlägen hingegen herrscht die feinblättrige Drahtschmiele/Avenella (Deschampsia) flexuosa, die sich im Sommer kupferrötlich verfärbt. In Föhrenwäldern häufig und unverwechselbar ist das im Vorfrühling blühende Kalk-Blaugras/Sesleria albicans (Sesleria varia).

Für Fettwiesen typisch sind Glatthafer/Arrhenatherum elatius, weiters das nach der Mahd auffallend rasch nachwachsende unverkennbare Wiesen-Knäuelgras/Dactylis glomerata und das als Futter-G. bes. wertvolle Timotheegras (Wiesen-Lieschgras)/Phleum pratense (kompakte, zylindr. Ährenrispen, Ährchen stiefelknechtförmig, bes. reichlich auf Bergwiesen der gleichfalls im „Futter" gern gesehene Goldhafer/Trisetum flavescens. Auf Magerwiesen häufig ist das allg. bekannte Zittergras („Herzerlgras")/Briza media, das getrocknet nach Waldmeister duftende Wiesen-Ruchgras/Anthoxanthum odoratum, das anspruchslose Rot-Straußgras/Agrostis capillaris (Agrostis tenuis) und der Rot-Schwingel/Festuca rubra (der, samt einiger Verwandter, wegen seiner feinen Laubblätter gern für „engl." Rasen verwendet wird). Für feuchte Fettwiesen typisch sind Samt- („Woll-")Honiggras/Holcus lanatus – ein Rispengras mit lilabraunen Ährchen – und Wiesen-Fuchsschwanz/Alopecurus pratensis mit dichten, zylindr. Ährenrispen. Die Charakterart der traditionell als Streuwiesen genutzten mageren Feuchtwiesen ist das Pfeifengras/Molinia caerulea, nach dem diese Wiesen in der Pflanzensoziologie Pfeifengraswiesen (Molinion) heißen; die Rispen sind violettblau, der Stängel hat scheinbar keine Knoten, und im Herbst färben sich die Laubblätter leuchtend gelb. Auf trockenen Wiesen hingegen gibt es Flaumhafer/Avenula (Helictotrichon) pubescens und in Halbtrockenrasen und Wiesensteppen Aufrecht-Trespe/Bromus erectus, wo beweidet wird, aber überwiegend Fieder-Zwenke/Brachypodium pinnatum mit ihren wie Blattfiedern abstehenden großen, vielblütigen Ährchen. Die Charakterart der Fettweiden ist das Kammgras/Cynosurus cristatus, bei dem neben jedem Ährchen ein verkümmertes, doppelkammförmiges steht.

Sehr hübsches und auffallendes Steppengras (→ Steppenpflanzen) sind die Arten der Gattung Federgras/Stipa. Gleichfalls dekorativ (nach der Blütezeit durch die abstehenden Haare auf den Ährchen) ist das in Kalk-Felsfluren wachsende Wimper-Perlgras/Melica ciliata. In verschiedenen pannon. Steppenrasen herrschen Arten aus der Schaf-Schwingel-Verwandtschaft/Festuca ovina agg. s. lat. Das Männerbartgras/Bothriochloa ischaemum und noch mehr das Bermuda- oder Hundszahngras/Cynodon dactylon zeigen die allertrockensten Steppenrasen an. In den ausgetrockneten Sodalacken des → pannonischen Klimagebiets trifft man im Herbst zu Tausenden das einjährige, flach dem Boden angepresste Dorngras/Crypsis aculeata. In hohem Maß salzverträglich (→ Salzvegetation) ist der Neusiedlersee-Salzschwaden/Puccinellia peisonis.

Auch auf Nass-Standorten gibt es mehrere spezifische Süßgras-Arten. Allgemein bekannt ist das Schilf/

Johann Georg Grasel. Lithographie, um 1815.

Gräser: Nick-Perlgras.

Phragmites australis, das Grundwasser anzeigt und in bestimmten Feuchtgesellschaften dominiert. Der westl. Uferbereich des Neusiedler Sees ist von einem 1 bis 2 km breiten Schilfgürtel bestanden (ca. 100 km^2). Diese Schilfbestände sind nicht nur für die reiche Tier-, insbes. Vogelwelt dieses → Nationalparks wichtig (zahlr. Wasser- und Sumpfvögel – u. a. Purpur-, Silber- und Graureiher, Löffler und Graugans – finden passende Lebensräume), sondern werden auch wirtschaftlich genutzt. Das hochwüchsige Schilf (meist 1,5–2,5 m, selten bis 4 m hoch) wächst hier im bis zu 2 m tiefen Wasser; die jungen Sprosse sind übrigens essbar. Schilfnutzungsverbot besteht nur rund um Vogelbrutstätten. Da in Ö. heute kaum noch Stuckaturmatten erzeugt werden (in Purbach und Rust), werden nur noch 10–15 % der Schilffläche im Winter geerntet. Eine stärkere Nutzung bis hin zur Verwendung als nachwachsender Rohstoff wäre jedoch auch aus biolog. Sicht wünschenswert. Heute wird nur noch von wenigen Schilfbauern auf 1,6 m abgelängtes Schilf hauptsächl. zum Dachdecken verwendet. Im Wuchs ähnlich, wenn auch deutlich kleiner, ist das Rohr-Glanzgras/Phalaris arundinacea, im Ufer- und Verlandungsröhricht recht häufig anzutreffen. Auf Nasswiesen und als Uferpionier tritt das Kriech-Straußgras/Agrostis stolonifera auf.

Im Gebirge auf frischen Weiderasen häufig, aber beim Landwirt nicht sehr beliebt, ist die kräftige Horste bildende Rasenschmiele/Deschampsia cespitosa, ihre Laubblätter sind derb (an den durchscheinenden Längsnerven leicht zu erkennen) und werden vom Vieh gemieden, was der Ausbreitung der Art sehr zustatten kommt. Auf mageren, bodensauren Weiderasen, bis hoch hinauf in die Almenstufe, wächst ein anderes vom Vieh nicht geliebtes, aber viel zarteres G.: der Bürstling (Borstgras)/Nardus stricta, an den fadenförmigen Laubblättern und dem zarten, einseitswendigen Ährchenstand leicht erkennbar. Auf nährstoffreichen fetten Almen hingegen wachsen Alpen-Rispengras/Poa alpina und Alpen-Lieschgras/Phleum alpinum agg. In naturnahen alpinen Rasen ist über Kalk das schon als Föhrenwaldart erwähnte Kalk-Blaugras häufig. Unter den vielen anderen Arten ist es bes. die schwierige Gattung Schwingel/Festuca, die durch mehrere einander recht ähnl. Arten in verschiedenen alpinen Gesellschaften vertreten ist.

Zu den unbeliebtesten Ackerbeikräutern zählt die Kriech-Quecke/Elymus (Agropyron) repens, auch „Beier" genannt. Sie ist nämlich durch ihre unterird. Ausläufer bestens angepasst an das Leben im Acker, wo der jährlich wiederkehrende Pflug die Pflanzen zu bes. „Gegenmaßnahmen" zwingt: Der Pflug zerstückelt die Ausläufer und erzeugt auf diese Weise „Stecklinge", was der Fortpflanzung der Quecke recht förderlich ist. Die Ausläufer können übrigens arzneilich verwendet werden. Die chem. Bekämpfung durch Herbizide ist wegen der nahen Verwandtschaft der Quecke mit dem Weizen schwierig. Andere häufige und schwer bekämpfbare Beigräser sind der zierliche Windhalm/Apera spica-venta, ein ausgesprochen hübsches G. (für den Naturfreund) – nur auf sauren Böden gedeihend –, und der gefürchtete Flug-Hafer/Avena fatua. Ein auffallendes Beigras in Maisäckern ist die Hühnerhirse/Echinochloa crus-galli; im Herbst orangefarbene Borsten hat die Fuchsrote Borstenhirse/Setaria pumila (Setaria glauca).

Betretene Wiesensteige zeigt der Dauer-Lolch/Lolium perenne an. Dieses leicht erkennbare Ährengras mit unterseits glänzenden Laubblattspreiten, das auch Engl. Raygras und Dt. Weidelgras genannt wird, wächst in Weiderasen, wird auch als Futtergras verwendet und auf Sportplatzrasen angesät. In noch höherem Maß trittresistent ist die Einjahrs-Rispe/Poa annua. Auch in anderen ruderalen Biotoptypen gibt es charakterist. Arten: die bekannte Mäuse-Gerste („Schliefhansel")/Hordeum murinum. Andere häufige ruderale, nährstoffzeigende G. sind Weich-Trespe/Bromus hordeaceus und die u. a. auf Bahnanlagen häufigen gleichfalls einjährigen Arten Ruderal- und Dach-Trespe/Bromus sterilis und Bromus tectorum, die beide durch elegant „dachig" überhängende Rispen ausgezeichnet sind.

Kulturhistorisch interessant sind gewisse Wildgräser, die früher als Getreide dienten: Bluthirse (Blutfennich, „Himmeltau")/Setaria sanguinalis, Roggen-Trespe/Bromus secalinus und Mannagras („Schwadengrütze")/Glyceria fluitans.

Zu den Riedgrasgewächsen/Cyperaceae, auch Zypergrasgewächse oder „Sauergras" genannt, gehören etl. Arten von Feuchtstandorten, z. B. die Wollgras-Arten/Eriophorum spp. mit ihren zur Fruchtzeit wegen der langen, schneeweißen Haare weithin leuchtenden Ährchen. Auch die Grüne Teichbinse (Echte Flechtbinse)/Schoenoplectus lacustris, aus der unsere prähist. Vorfahren Flechtwerk erzeugten und die heute in biolog. Kläranlagen eingesetzt wird, gehört zu dieser Familie. Deren größte und wichtigste Gattung aber ist die Segge/Carex, die allein in Ö. mehr als 100 Arten zählt. Fast jede Pflanzengesellschaft (Ausnahmen sind nur die Ruderal- und Segetalfluren sowie die Fettwiesen) verfügt über eine oder meistens mehrere typ. Arten, die deshalb in der Vegetationsökologie (als Standortszeiger) eine große Rolle spielen: Verschiedenste Magerrasen, von den trockensten bis zu den nässesten (bes. im Verlandungsgürtel und in Nieder- wie Hochmooren), die Waldgesellschaften (z. B. Weiß-Segge/Carex alba, Finger-Segge/Carex digitata, Wald-Segge/Carex sylvatica) aller Höhenstufen und die verschiedensten subalpinen und alpinen Biotoptypen haben jeweils bezeichnende Seggen-Arten; die bekanntesten sind Krumm-Segge/Carex curvula (Charakterart der alpinen Silikatrasen, „Curvuleten") und Polster-Segge/Carex firma (Charakterart der kalkalpinen Fels- und Windkantenrasen, „Firmeten"). → Flora, → Gebirgsvegetation und -flora, → Vegetation.

Zu den Simsengewächsen/Juncaceae schließlich gehören die beiden Gattungen Juncus/Simse (26 Arten in Ö., hauptsächl. im Gebirge und an Feuchtstandorten) und Luzula/Hainsimse (16 Arten in Ö., in verschiedenen Wald- und Rasengesellschaften; die Weißlich-Hainsimse/Luzula luzuloides ein häufiger Bodensäurezeiger).

Literatur: C. E. Hubbard, G. Beschreibung, Verwendung, Verbreitung, 1985; E. Klapp u. W. Opitz v. Boberfeld, Taschenbuch der G., ^{12}1990; J. Grau u. a., G. Süßgräser, Sauergräser, Binsengewächse und grasähnl. Familien Europas, 1990; H. J. Conert, Pareys G.-Buch, 2000; W. Dietl u. M. Jorquera, Wiesen- und Alpenpflanzen, 2003.

Graslupp (Graslab, Grazlaup), hist. Landschaft (landesfürstl. Amtssprengel) um Neumarkt (Stmk.), genannt um 1500 als „provincia" oder „iudicium". Zentrum war die Burg Forchtenstein.

Grasmayr, Johann Georg, * 13. 4. 1691 Brixen (S-Ti.), † 27. 10. 1751 Wilten (Ti.), Barockmaler. In Italien geschult, 1721–23 Hofmaler der Fürstenberg in Donaueschingen, ab 1724 in Innsbruck tätig.
Werke: Altarbilder: Innsbruck, Wilten, Schwaz, Neustift (alle Ti.); Bruneck (S-Ti.); Ebensee, Obertraun (beide OÖ.); Maria Luggau (Kä.). – Porträts, Landschaften.
Literatur: F. Kollreider, J. G. D. G., in: Ti. Heimatblätter, 1977.

Grass, Franz, * 24. 11. 1914 Innsbruck (Ti.), † 13. 11. 1993 ebd., Mediziner, Rechtshistoriker, Kirchenrechtler; Bruder von Nikolaus → Grass. Ab 1947 Univ.-Doz. in Innsbruck; ab 1960 Univ.-Prof. für Kirchenrecht, Wirtschafts- und Sozialgeschichte.
Werke: Pfarrei und Gemeinde im Spiegel der Weistümer Ti., 1950; Landesbewußtsein und Kulturpolitik Ti. in den letzten Jahrzehnten, 1956.

Grass, Nikolaus, * 28. 7. 1913 Hall i. Ti., † 5. 10. 1999 ebd., Rechts- und Staatswissenschaftler, Wirtschaftshistoriker, Volkskundler; Bruder von Franz → Grass. Ab 1959 Univ.-Prof. in Innsbruck.
Werke: Beiträge der Rechtsgeschichte zur Alpwirtschaft, 1948; Reichskleinodien. Studien aus rechtshist. Sicht, 1965; Ö. Kirchenrechtslehrer der Neuzeit, 1988; Alm und Wein, hg. v. L. Carlen u. H. Constantin, 1990; Wissenschaftsgeschichte in Lebensläufen, hg. v. denselben, 2001.

Grass Holding AG, Konzerndachgesellschaft der Grass-Gruppe, die auf einem 1947 gegr. Beschlägeunternehmen mit Sitz in Höchst (Vbg.) aufbaute. Niederlassungen in Deutschland und den USA, Vertriebsstandorte in Frankreich und Shanghai. Mit 900 Mitarbeitern wurde 2003 ein Umsatz von 125 Mio. Euro erwirtschaftet. Über 90 % der Produktion werden exportiert. 2004 wurde die Grass-Gruppe von der international tätigen Würth-Gruppe übernommen.

Grassberger, Roland, * 12. 5. 1905 Wien, † 10. 8. 1991 ebd., Jurist und Kriminologe. Ab 1937 Univ.-Prof. in Wien, Präs. der Ges. für Strafrecht und Kriminologie, Ehrenmitgl. der Ö. Akad. d. Wiss.
Werke: Die Strafzumessung, 1932; Psychologie des Strafverfahrens, 1950; Vorbeugende Verbrechensbekämpfung, 1964.

Grasser, Karl-Heinz, * 2. 1. 1969 Klagenfurt (Kä.), Betriebswirt und Politiker (bis 2003 FPÖ, seither parteilos). Ab 1992 Mitarbeiter des Parlamentsklubs der FPÖ, 1993/94 Gen.-Sekr. der FPÖ. 1994–98 2. Landeshauptmann-Stellv. von Kä. (Geschäftsbereiche: Tourismus, Gewerbe, Wirt.-Förderung, Bauwesen und Verkehr); 1998–2000 Pressesprecher der Magna Holding AG; seit 2000 BMin. f. Finanzen.

Grassi, Anton Matthias, * 26. 6. 1755 Wien, † 31. 12. 1807 ebd., Bildhauer. Wahrscheinlich Schüler von F. X. → Messerschmidt, unter W. Beyer Mitarbeit am Statuenschmuck des Schönbrunner Schlossparks, ab 1778 als Modelleur für die Wr. Porzellanmanufaktur tätig; wandte sich stilistisch einem eher strengen Klassizismus zu.

Grasskilauf, in den 70er Jahren des 20. Jh. in Deutschland entstandene Sportart; seit 1979 werden Weltmeisterschaften abgehalten, im selben Jahr wurde auch das Referat G. im Ö. Skiverband eingerichtet, 1985 wurde der G. in den internat. Skiverband FIS aufgenommen. Ähnlich wie beim alpinen Skilauf werden Wettkämpfe in Super-G, Riesentorlauf, Slalom, Parallelslalom und Mannschaftsbewerbe ausgetragen. Ö.

ist eine dominierende Nation in dieser Sportart. Die Österreicherin Ingrid Hirschhofer hat bis 2001 18 Weltmeistertitel im G. errungen, ihr Landsmann Christian Balek 1997–99 immerhin 5.

Grasslhöhle, O-Stmk., ca. 280 m lang, älteste Schauhöhle in Ö., am SO-Hang des Sattelbergs oder Gösser, im Dürntal bei Weiz; zahlr. Tropfsteine. Vermutlich 1826 entdeckt, 1952 eröffnet.

Grassmayr Johann Glockengiesserei GmbH & Co KG, seit 1599 bestehender Familienbetrieb in Innsbruck. Neben Glockenguss sind Kunstguss, Kirchturmtechnik und das zum Unternehmen gehörende priv. Glockenmuseum in Innsbruck weitere Tätigkeitsbereiche; rd. 35 Mitarbeiter, 4 Mio. Euro Umsatz (2003); Glocken der Firma gibt es in über 100 Ländern.

Gratkorn: Ritzverzierter Hirschgeweihspross, Angelhaken und Harpunenspitze aus der Zigeunerhöhle.

Gratkorn, Stmk., GU, Markt, 380 m, 6625 Ew., 34,56 km², Ind.-Ort nordwestlich von Graz, am östl. Murufer. – Hackher-Kaserne, Kloster Maria-Rast (Barmherzige Schwestern vom hl. Vinzenz von Paul), Stadion; rd. 2 Drittel der mehr als 3000 Beschäftigten (2001) in Ind. und verarbeitendem Gewerbe: Papier- und Zellstoffind., Feuerverzinkerei, holzverarbeitende Ind., Bitumenerzeugung, Verkaufsstelle für Gabelstapler der Ö. Schiffswerften AG, Ind.-Zentrum Schattleiten mit Steinbruch, Betonwerk, Kranverleih, Trachtennäherei, Druckerei, Aufzugbau. – Barocke Pfarrkirche (um 1700). Ausgangspunkt in das Tal des Dultbachs, zur Hohen Rannach (1018 m, Alpengarten) und zur Kesselfallklamm (Wasserfall von 38 m, Gem. Semriach). Aus der Zigeunerhöhle stammen kleine Stein- (Mikrolithen) und Knochenfunde sowie ein Geweihstück mit stilisierter Tierdarstellung (Schlange?) aus der Mittelsteinzeit (8000–6000/5000 v. Chr.).
Literatur: P. Cede, Die wirt., soz. und siedlungsgeograph. Wandlungserscheinungen im Marktgem. G. seit der Aufnahme des franziszeischen Katasters, Diss., Graz 1984.

Gratwein, Stmk., GU, Markt, 392 m, 3525 Ew., 4,55 km², an der Mündung des Schirningbachs in die Mur, gegenüber von Gratkorn. – Krankenhaus Hörgas-Enzenbach (Krankenhaus in Hörgas, Lungenheilanstalt in Enzenbach), Mehrzweckhalle; rd. 40 % der Beschäftigten (2001) im Produktionssektor: metall- (Gitterroste usw.) und holzverarbeitende Ind., Furnierwerk; Handel. – Eine der ältesten Pfarren der Stmk., spätgot. Pfarrkirche mit Chor (um 1400), westlich von G. Stift → Rein (Gem. Eisbach).
Literatur: C. Brandtner, Die Pfarre G., 1987; R. W. Roth. G. Ein Gang durch Jahrhunderte, 2000.

Gratz, Leopold, * 4. 11. 1929 Wien, Jurist, Politiker (SPÖ). 1963–66 Mitgl. d. BR, 1970/71 BMin. f. Unterr. u. Kunst, 1966–73 und 1986–89 Abg. z. NR, 1971–73 Klubobmann der SPÖ, 1973–84 Bürgermeister und Landeshauptmann von Wien, 1976 Landesparteivorsitzender der Wr. SPÖ, 1984–86 BMin. f. Auswärtige Angelegenheiten, 1986–89 Erster Präs. des NR. Seine Amtszeit als Wr. Bürgermeister war von der Bauring-

Leopold Gratz. Foto, um 1975.

Affäre und dem AKH-Skandal überschattet. 1989 Rücktritt wegen Verstrickung in die Causa Proksch (→ Lucona-Skandal).
Literatur: L. G. zum 70. Geburtstag, hg. v. der SPÖ Wien, 1999.

Gratzer, Hans, * 16. 10. 1941 Wr. Neustadt (NÖ.), Schauspieler, Regisseur, Theaterleiter. Gründete 1963 das „Kammertheater in der Piaristengasse"; danach als Schauspieler im Ausland, in Wien (u. a. Volkstheater, Burgtheater) und bei den Sbg. Festspielen engagiert; 1973 Gründung der Gruppe „Werkstatt" im Theater am Kärntnertor in Wien. 1978 eröffnete er das → Schauspielhaus in Wien, das er bis 1987 und dann wieder 1991–2001 leitete (Schwerpunkte: Klassiker der Moderne und zeitgenöss. Autoren). 2003/04 kurze Zeit Künstlerischer Leiter des Theaters in der Josefstadt. 1974 J.-Kainz-Medaille.
Werk: Schauspielhaus Schaufenster. Eine Dokumentation, 2001 (Hg.).

Grau, Herbert, * 22. 8. 1916 Linz (OÖ.), † 20. 9. 1973 ebd., Volksbildner. Univ.-Lektor für Erwachsenenbildung in Linz. War an der Entwicklung der ö. → Volkshochschulen maßgeblich beteiligt, leitete ab 1958 die Internat. Salzburger Gespräche.
Ausgabe: Ein Leben für die Erwachsenenbildung. Aus den Schriften von H. G., hg. v. W. Speiser, 1973.
Literatur: G. Aumayr, Wirksamkeit und Andragogik des oö. Volksbildners H. G., Diss., Salzburg 1988.

Grauer, Rudolf, * 20. 8. 1870 Hellbrunn b. Salzburg, † 17. 12. 1927 Wien, Afrikaforscher. Einer der ersten europ. Forscher bei den Mambutti-Pygmäen (1910). Seine Smlg. befindet sich im Naturhist. Museum in Wien.

Grauvieh, siehe → Rinderrassen.

Grauwackenzone (von „Grauwacke": Name für paläozoischen Sandstein), Bauelement der Ostalpen zw. den Nördl. Kalkalpen im N, deren geolog. Basis sie ist, und den Zentralalpen im S. Aus relativ weichen und leicht verwitterbaren Gesteinen aufgebaut, zeigen die Berge rundl. Formen, sind waldarm und zum großen Teil von Wiesen und Almen bedeckt („Grasberge"), wodurch sie sich bes. für Viehwirt. und für den Skisport eignen. In der G. liegen die meisten ö. Bodenschätze: Eisen- und Kupfererz, Magnesit, Graphit, Talk usw. Am Arlberg, um Landeck und im Oberinntal schmal, verbreitert sich die G. am Wipptal, umfasst den größten Teil der Tuxer Alpen, der Kitzbüheler Alpen und der Sbg. Schieferalpen (Dientener Berge), den Sockel des Dachsteins (Ramsau) und anderer Berge am oberen Ennstal sowie die Eisenerzer Alpen. Sie begleitet dann das Mürztal, quert das Semminggebiet und streicht bei Gloggnitz in das Wr. Becken aus.

Graz.

Graz, Stmk., G, Statutarstadt, 353 m, 226.244 Ew. (1981: 243.166 Ew.), 127,56 km², Landeshauptstadt der Stmk., zweitgrößte Stadt Ö., am O-Rand der Alpen, zu beiden Seiten der Mur, unterhalb von deren Durch-

Graz: Mur-Insel von Vito Acconci für die „Kulturhauptstadt Europas 2003".

bruch durch das steir. Randgebirge und das Grazer Bergland im Grazer Becken; Verwaltungs-, Verkehrs-, Ind.- und Handelszentrum. – Sitz der Landesregierung, des Landtags, aller Bezirks- und Landesbehörden (Landesschulrat, -archiv, -bibliothek, -jagdamt, -invalidenamt, -forstinspektion, -gendarmeriekommando usw.), Magistrat G., BH G.-Umgebung, Bundesdenkmalamt, Oberlandesgericht, Landesgerichtliches Gefangenenhaus, Sicherheitsdirektion, Finanzlandesdirektion, Arbeitsmarktservice, Direktion G. der Post- und Telekom Austria AG, Bundesheer (Belgier-, Gablenz-, Hummel-, Kirchner-Kaserne, Wirtschaftsanstalt, Leistungszentrum, Fliegerhorst Nittner in Thalerhof bei G., Munitionslager), Zollamt, Kammern, Produktenbörse, Zweiganstalt der Oesterr. Nationalbank. Bischofssitz (Bischöfl. Ordinariat G.-Seckau), Evang. Superintendentur, Israelit. Kultusgem., Islam. Zentrum. Karl-Franzens-Univ., Techn. Univ., Univ. für Musik und darstellende Kunst, FachhochS, Forschungsges. Joanneum, 3 L.-Boltzmann-Institute, Forschungsstelle f. Ökosystem- und Umweltstudien (Ö. Akad. d. Wiss.). Verschiedene Krankenkassen, mehrere Zeitungen, zahlr. Beratungszentren; 6 Krankenhäuser, 9 Sanatorien, Jugendheime, 2 Kinderdörfer; zahlr. Honorarkonsulate; Opern- und Schauspielhaus, Konzertsäle, Freilichtbühne, ORF-Landesstudio Stmk., Grazer Komödie, Volkstheater, Stmk. Landesmus. → Joanneum (Neue und Alte Galerie, Schloss Eggenberg, Kunstgewerbemus., Steir. Volkskundemus., Landeszeughaus), Diözesanmus., Stadtmus., Ö. Luftfahrtmus. (Flughafen), Robert-Stolz-Mus., Schlossbergmus., Forum Stadtpark (Künstlervereinigung), Künstlerhaus, Stadtarchiv, Diözesan- und Univ.-Archiv, Landesbibl. und 3 weitere große Bibl., Sternwarte Steinberg, Stadthalle, Kongresszentrum, Kulturhaus, Spielcasino, → steirischer herbst (Avantgardefestival für Kunst, Musik und Literatur), → styriarte (Festival klassischer Musik). Laufkraftwerk Weinzödl (err. 1982, 68.500 MWh), Fernheizkraftwerk (err. 1963), Messegelände mit rd. 182.000 m² (Grazer Frühjahrs- und Herbstmesse, Internat. Fachmesse „Technova International"), 3 Golfplätze, Fliegerschule, A.-Schwarzenegger-Stadion (mit Eisstadion) in G.-Liebenau; Akad. Gymn., 8 BG und BRG, 2 BORG, BG und BRG f. Berufstätige, Höhere InternatsS des Bundes in Liebenau, Bischöfl. Gymn., Gymn. und RG Sacré Cœur, Gymn. und ORG f. Mädchen der Ursulinen, ORG und HLA f. wirt. Berufe der Schulschwestern, Gymn. und RG des Vereins Modellschule G., 10 BerS, 2 HAK, HBLA f. wirt. Berufe, HTL, HTBL G.-Gösting, HBLA für Mode und Bekleidungstechnik, LA f. Chemotechniker, FachS f. wirt. Berufe (priv.), Sozialakad., 3 Konservatorien, Schule f. Sozial-

Graz: Arkadenhof des Landhauses.

dienste, FachS f. Sozialberufe der Caritas, HaushaltungsS f. Hörgeschädigte, Berufl. LA f. Sehbehinderte und Blinde, WerkmeisterS des WIFI, KrankenpflegeS, Berufspädagog. Akad. und Inst., Bildungsanstalt f. Kindergartenpädagogik, PädAk, BA f. Leibeserziehung, Religionspädagog. Inst., PädAk und ReligionsPädAk der Diözese G.-Seckau, BFI, 2 VHS. Haupt-, Ost-, G.–Köflacher Bahnhof, Straßenbahn; Schlossbergbahn; Flugplatz G.-Thalerhof (in der Gem. Feldkirchen).

Wirtschaft: G. ist wirt. Zentrum der Stmk. und regionales Arbeitsplatzzentrum: 137.022 Beschäftigte (1991), 54.600 Einpendler (1989), fortgeschrittener Dienstleistungssektor (rd. 73,4 % der Beschäftigten, bes. öffentl. Dienst, Handel, Geld- und Versicherungswesen; 1980–89 Zunahme um 11,1 %). Auf dem Produktionssektor (1980–89 Rückgang um 12,1 %): Fahrzeug- (→ Steyr-Daimler-Puch AG, → Eurostar Automobilwerk) und Fahrzeugteilbau (→ SGP Verkehrstechnik GmbH), Maschinen- und Stahlbauind., Anlagen- und Apparatebau, Bauwesen, Nahrungs- und Genussmittelind. (Brauereien, Fleisch-, Brot- und Süßwarenerzeugung, Kaffeeröstereien), chem. (bes. Farben und Lacke) und pharmazeut. Ind., elektrotechn. und Elektronikind., Papierverarbeitung, Druckereien; große Dichte an kleinen und mittleren Gewerbebetrieben, Fremdenverkehr (673.620 Übern.), Zentralbüros landeseig. Betriebe: G.–Köflacher Eisenbahn, Stmk. Elektrizitäts-AG (→ STEG), Steir. Wasserkraft- und Elektrizitäts-AG (→ STEWEAG).

Geschichte: Das Stadtbild wird von Mur, Schlossberg und den Randbergen bestimmt. Bauwerke von der Gotik bis zur Moderne sind in hervorragenden Beispielen vertreten. Das Stadtgebiet gab archäolog. Funde seit der Jungsteinzeit frei; Steindenkmäler und Bodenfunde beweisen die Anwesenheit der Römer; die alpenslawisch-karantan. Spuren des Früh-MA sind fast ausschließlich in Orts-, Fluss-, Flur- und Bergnamen fassbar, auch im Namen der Stadt selbst (slaw. gradec = kleine Burg) und in Ortsteilnamen wie Andritz, Gösting und Straßgang.

Graz: Hauptplatz gegen Norden. Aquarellierte Federzeichnung von F. Runk, 1795.

Der Ortsname G. blieb bis ins 19. Jh. auch in der Schreibung Grätz erhalten (im MA zur Unterscheidung gegenüber dem untersteir. Windischgraz auch als Bairisch-Grätz bezeichnet). Die baier. Besiedlung nach Mitte des 10. Jh. ist aus Namen wie Baierdorf, Wetzelsdorf, Algersdorf, Guntarn erkennbar. Siedlungskerne des ma. G. sind an der Straßengabelung Sporgasse–Hofgasse und in der Sackstraße zw. Mur und Schlossberg zu sehen, auf dem vielleicht in der 2. Hälfte des 10. Jh. eine Burg entstand. 1128 wird die Siedlung erstmals urk. genannt, die Burg auf dem Schlossberg war um 1130 traungauischer Herrschaftssitz (→ Otakare). Um 1147 wurde in der heutigen Sackstraße ein Straßenmarkt gegr. Das älteste urk. genannte Haus von G. ist der „Reinerhof" von 1147. Um 1164 erfolgte die Anlage eines 2. Markts (heutiger Hauptplatz und Herrengasse) unter Markgraf → Otakar III. 1172 ist G. als Markt, 1189 als „civitas", 1268 als „oppidum" genannt. Ab 1379 (→ Neuberger Teilungsvertrag) war G. Residenz der Leopoldin. Habsburger für Inner-Ö. Eine Blütezeit erlebte G. unter Ks. → Friedrich III., der die heutige Burg ab 1438 als Stadtresidenz erbauen ließ (1480 und 1532 Türkeneinfälle). Nach der Länderteilung des Erbes Ks. Ferdinands I. wurde G. 1564 wiederum Residenz von Inner-Ö. unter Erzhzg. → Karl II. (1564–90) und → Ferdinand II., der als Kaiser seinen Sitz 1619 nach Wien verlegte. G. blieb aber bis 1749 Hauptstadt der inner-ö. Länder (Stmk., Kä. und Krain, Görz und Gradiska, Triest, Inneristrien).

Stadterweiterungen erfolgten im Spät-MA („Kilbernes Viertel" und Burgviertel) und in der frühen Neuzeit (Karmeliterplatz), dazu kamen die unbefestigten alten Vorstädte Geidorf, Gries und Lend. Wegen der ab 1544 ständig drohenden Türkengefahr wurden die Stadtbefestigung und die Schlossbergfestung durch Baumeister D. dell'Allio modernisiert. 1585 wurde als Gegengewicht zur evang. Stiftsschule der protestant. Landstände, an der u. a. der Mathematiker und Astronom J. → Kepler lehrte, die Jesuiten-Univ. gegründet. Gegenreformation und Bannung der Türkenbedrohung nach 1664 brachten die Barockisierung der Stadt. Auflassung und Schleifung der meisten Stadtbefestigungen ab 1782 ermöglichten eine Ausbreitung der Stadt v. a. nach S und O. 1770 erfolgte die Nummerierung der Häuser, 1786 die Verlegung des Bischofssitzes von Seckau nach G. Die Jesuiten- bzw. frühere Stadtpfarrkirche St. Ägidius wurde Dom. 1869/72 wurde der Stadtpark („Gartenstadt" G.) angelegt, 1811 das Joanneum als techn. Lehranstalt und Museum durch die Landstände auf Anregung Erzhzg. → Johanns gegr. Ab 1840 begann sich G. zur Großstadt zu entwickeln, v. a. mit dem Anschluss an die Südbahn 1844; G. wurde zur „Pensionopolis" der Monarchie. Groß-G. entstand 1938 durch Eingemeindung von 10 heutigen Bezirken. Zu den Bez. Innere Stadt, St. Leonhard, Geidorf, Lend, Gries, Jakomini kamen noch Liebenau, St. Peter, Waltendorf, Ries, Maria Trost, Andritz, Gösting, Eggenberg, Wetzelsdorf und Straßgang sowie 1988 Puntigam. Heute besteht G. aus 17 Bezirken. Das Gemeindegebiet hatte sich 1938 von 21,6 km^2 auf 127,29 km^2 vergrößert. Im 2. Weltkrieg wurde G. v. a. 1944/45 stark in Mitleidenschaft gezogen (vollständige oder teilw. Zerstörung von 16 % aller Gebäude), 1788 Ew. wurden getötet.

In den 50er und bes. in den 60er Jahren erfolgte eine neuerl. Stadterweiterung; 1974 wurden mit dem Beschluss eines Altstadterhaltungsgesetzes die Stadterneuerungsaktivitäten forciert. Die Stadtentwicklungskonzepte von 1980 und bes. von 1990 enthalten eine Stärkung der Hauptstadtfunktionen, wirt., soz. und Umweltschutzmaßnahmen sowie verkehrspolit. Strategien. Strukturbestimmend für die Stadtentwicklung war v. a. das Zentrengefüge (Stadtkern, Stadtteil- und Bezirkszentren). Durch die polit. Umwälzungen in den Nachbarländern seit Ende der 80er Jahre entwickelt sich G. zunehmend zu einem „Tor nach SO". – 1999 wurde die Altstadt von G. in der Kategorie Kul-

Graz: Mausoleum Kaiser Ferdinands II.

Graz: Der Hauptplatz, im Hintergrund der Uhrturm auf dem Schlossberg.

turdenkmal in die → Welterbe-Liste der UNESCO aufgenommen.

Kirchliche Bauten: Dom hl. Ägidius (urk. 1174), 1438–62 Neubau als Stadtpfarrkirche, ab 1564 Hofkirche, 1577–1773 Jesuitenkirche, seit 1786 Kathedralkirche des Bistums G.-Seckau; W-Portal mit Wappen und Vokalreihe AEIOU Ks. Friedrichs III. (1456); an der S-Seite got. „Landplagenbild" (Fresko von Thomas von Villach 1485) mit Darstellung von Türken, Pest und Heuschrecken; Hochaltar (1730–33) mit Plastiken von J. J. Schoy, Altarbild von F. I. Flurer sowie ältere Statuen von F. Robba aus Venedig; zahlr. Grabsteine und Grabmäler seit der Gotik, darunter das bemerkenswerte Porträtrelief J. C. v. Cobenzls (1741) von G. R. Donner; 2 Reliquienschreine, urspr. Brauttruhen der Paola Gonzaga (vor 1477, Mantua). – Neben dem Dom das Mausoleum von Ks. Ferdinand II. als bedeutendes Bauwerk des Manierismus, 1614–37 von G. P. de → Pomis und P. Valnegro erbaut, Innenausstattung ab 1687, Hochaltar um 1695 und Stuckaturen von J. B. Fischer v. Erlach, Fresken „Apotheose des Kaiserhauses" (1688/89), in der Gruft Sarkophag von Erzhzg. Karl II. (begraben in Seckau) und Maria von Bayern von S. Carlone (um 1608); darüber Grabstätte der Bischöfe. – Leechkirche, älteste erhaltene Kirche des alten Stadtgebiets (darunter Gräber der Urnenfelderkultur 9./8. Jh. v. Chr.), 1202 als Kunigundenkapelle (Rundbau) erbaut, 1233 dem Dt. Ritterorden geschenkt; nach Zerstörung bei Ungarneinfall um 1255–93 neu errichtet, nach 1500 Umbau der 2-türmigen W-Front; die Plastik „Thronende Madonna mit Kind" am W-Portal um 1283–93 ist ein Hauptwerk des späten → Zackenstils in Ö.; figurale got. Glasscheiben (um 1333 und um 1500). – Spätgot. Stadtpfarrkirche zum Hl. Blut (um 1439/40 und nach 1480) mit Barockfassade (1742) und barockem Giebelturm (1781) von J. G. Stengg; Gemälde „Mariä Himmelfahrt" von J. Tintoretto; moderne figurale Glasgemälde (1950–53) von A. Birkle; Pfarrhof mit Resten des spätgot. Kreuzgangs des ehem. Dominikanerklosters. – Got. Franziskanerkirche (1515–19) mit -kloster; Kreuzgang mit bemerkenswerten Grabdenkmälern; got. Jakobskapelle (1320–30). – Frühbarocke Mariahilferkirche (Gruft der Fürstenfamilie → Eggenberg) von G. P. de Pomis (1607–36, Fassade von J. Hueber 1742–44) mit Minoritenkloster; Altarbild Mariahilf von G. P. de Pomis; im Kloster Diözesanmus. und Sommerrefektorium („Minoritensaal") von J. Carlone (ab 1691) mit prachtvoller Ausstattung, u. a. Riesengemälde „Speisung der 5000" von J. B. Raunacher (1732). – Barocke Barmherzigenkirche samt -kloster (1615, Neubau 1735 begonnen, 1769 geweiht) von J. G. Stengg, Hochaltar von J. Schokotnigg (1763), Konvent und Spital im 19./20. Jh. erweitert. – Got. Bürgerspitalskirche Hl. Geist 1461–63, einer der eindrucksvollsten Sakralräume der Stadt. – Stiegenkirche (urk. er-

wähnt 1343, ehem. Augustiner-Eremitenkirche), Neubau 1613–28 mit origineller Treppenanlage als Zugang; 1783 aufgehoben, Neugestaltung 1984. – Antoniuskirche (1600–02) mit ehem. Kapuzinerkloster (heute Steir. Volkskundemus., gegr. von V. → Geramb). – Herz-Jesu-Kirche, monumentalster Bau der Neugotik der Stmk., 1881–91 von G. Hauberisser d. J. erbaut, Turm 102 m hoch. – Kalvarienberg und -kirche, ausgedehnte Anlage 1654–1723 mit Stationskapellen und Golgathagruppe, Kirche 1668–1723, Hl. Stiege. – Schlosskirche St. Martin am Kehlberg (1642 vom Stift Admont erbaut); Hochaltar (um 1740 von J. T. Stammel) mit hl. Martin, Sturz des Saulus, Wunderheilung des hl. Eligius, Hauptwerk der sakralen Barockplastik der Stmk. mit lebensgroßen Pferdedarstellungen. – Spätgot. Pfarrkirche Maria Elend zu Straßgang mit Römersteinen, got. Schutzmantelmadonna (um 1519) und bemerkenswerten Grabsteinen aus Gotik und Renaiss. – Wallfahrtskirche Mariatrost 1714–24 von A. und J. G. Stengg erbaut; Fresken ab 1737, spätbarocke Einrichtung.

Weltliche Bauten: Landhaus (ab 1494, 1527–31 „Rittersaal") von D. dell'Allio 1557–65 als „Ständehaus" errichtet, Hauptwerk der Renaiss.-Architektur in der Stmk.; herrlicher Arkadenhof; Stiege und Kapelle (1630–31); Landtagssitzungssaal („Landstube", 1741). – Landeszeughaus (1642–44) mit ca. 29.000 Waffen und Rüstungen größtes hist. Arsenal der Welt; figurengeschmücktes Portal (1644). – Burg: 1438–53 von Ks. Friedrich III. erbaut; Maximiliansbau (1494–1500) mit steinerner got. Doppelwendeltreppe; im 16. Jh. erweitert, 1853/54 Teile abgebrochen, Neubauten 1950–52; im 2. Burghof Steir. Ehrengalerie mit modernen Büsten berühmter Persönlichkeiten aus Kunst und Wiss. Ehem. Jesuitenkolleg (1572–97, heute Priesterseminar) mit emblemgezierter Prunkstiege. Alte Universität (1607–09) mit Bibl.-Saal (ehem. Aula, 1776–78 umgestaltet). – Palaisbauten von Adelsfamilien: Saurau-Goëss (1564–66), Herberstein (ehemals Eggenberg,

Graz: Blick vom Schlossberg auf die Dächer der Altstadt.

17./18. Jh., heute Neue Galerie), Attems (1702–09, jetzt Landesregierung), Wildenstein (18. Jh.), Königsacker (17. Jh.), Meranpalais (1841–43), des Effans d'Avernas (17. Jh.). – Haus des Dt. Ritterordens (1690/91) mit Arkadenhof (um 1520), historist. Rathaus (1887–93), Landeskrankenhaus (1904–07), Landesmus. Joanneum (Lesliehof 1665–74, Alte Galerie 1890–94), Opernhaus (1898/99, Zubau 1985), Schauspielhaus (1824/25, 1960–64 Umbau). Schlossberg mit Uhrturm (Wehrbau des 13. Jh., 1559/69 umgestaltet); Bundeserziehungsanstalt Schloss Liebenau (1853/54); Schloss → Eggenberg (1625–56); Schloss (1724–28) und Burgruine (11. Jh.) Gösting; Karlauer Schloss (1584–90, jetzt Strafvollzugsanstalt).

Im Altstadtbereich und in den alten Vorstädten sind mehrere vollständige Bauensembles erhalten, so Hauptplatz, Franziskanerplatz und „Kälbernes Viertel" (16. Jh.), Freiheitsplatz (Klassizismus), Südtiroler Platz, Minoritenplatz, Mehlplatz, Karmeliterplatz, Straßenzüge Sporgasse, Sackstraße, Murgasse, Schmiedgasse, Stempfergasse, Bürgergasse, Burggasse. Zahlr. Parks und Gärten: Schlossberg, Stadtpark (1869–72 auf dem Glacis), Burggarten, Rosarium, Hilmteich mit Leechwald, Rosenhain, Augarten, Volksgarten, Botan. Garten.

Denkmäler: Mariensäule (1666–70), Ks. Franz I. (1841), L. Frh. v. Welden (1859, Gestalter des Schlossbergs), F. Schiller (1865), W. v. Tegetthoff (1877), Erzhzg.-Johann-Brunnen (1878), Ks. Joseph II. (1887), A. Grün (1887), M. v. Franck (1899, Schöpfer des Stadtparks), C. Morré (1907), P. Rosegger (1936), W. A. Mozart (1936), Staatsvertragsdenkmal (1955), J. Kepler (1963), J. Marx (1967/68), R. Stolz (1970), F. Nabl (1974).

Friedhöfe: Zentralfriedhof (1888–92) mit Krematorium, Steinfeldfriedhof, Leonhardfriedhof und St.-Peter-Stadtfriedhof (kath. und evang. Teil) mit zahlr. Grabstätten bedeutender Persönlichkeiten.

Literatur: F. Popelka, Geschichte der Stadt G., 2 Bde., 1928/35, 1963; W. Steinböck (Hg.), Festschrift der Stadt G., 850 Jahre, 1978; H. Schweigert (Bearb.), G., Dehio-Handbuch – Die Kunstdenkmäler Ö., 1979; W. Leitner u. P. Cede, G., der urbane Lebensbereich an der Mur, 1987; Ö. Inst. f. Raumplanung, Regionalberichte 1991, Stmk., 1991; M. Steiner, M. Gruber u. W. Schmied, Der Zentralraum G. und seine Wirt., 1993; W. Brunner (Hg.), Geschichte der Stadt G., 4 Bde., 2003.

Grazer Autorenversammlung, GAV, 1973 gegr. Verein zur Vertretung von Autoreninteressen; veranstaltet Lesungen, Diskussionen und Symposien. Rd. 580 Mitglieder (2003).

Präsidenten: H. C. → Artmann (1973–78), G. → Rühm (1978–83), E. → Jandl (1983–87), H. → Bäcker (1987–89), R. → Schwendter (1989–91), H. → Pataki (seit 1991).

Literatur: R. Innerhofer, Die G. A. Zur Organisation einer Avantgarde, 1985.

Grazer Becken, am O-Rand der Zentralalpen, am Austritt der Mur aus dem Gebirge gelegen; mit der Stadt Graz, im W von Plabutsch (763 m) und Buchkogel (657 m), im N von der Platte (651 m), im O vom Hügelland vor der Laßnitzhöhe (543 m) begrenzt. Zu beiden Seiten der Mur breitet sich eine Terrassenlandschaft aus. Geologisch wird im weiteren Sinn das gesamte → Steirische Becken als G. B. bezeichnet.

Grazer Bergland, Gebirgsland nördl. von Graz, beiderseits des engen Murtals, v. a. aus Kalk und Schiefer des Erdaltertums („Grazer Paläozoikum", höchste Erhebung: Schöckl, 1445 m) und Tertiärmulden (z. B. Passailer Becken) bestehend.

Grazer Feld, Teil des unteren Murtals südl. der Murenge, von Gösting bis zur Enge von Wildon (Wildoner Schlossberg, 450 m). Die 28 km lange, bes. am rechten Flussufer ausgedehnte fruchtbare Ebene mit Getreide- und Rübenfeldern und wildreichen, unbesiedelten Auwäldern wird nach S durch das Leibnitzer Feld fortgesetzt. Im G. F. liegen die Stadt Graz, der Grazer Flugplatz Thalerhof und der Kalsdorfer Sauerbrunn. Es wird von der Bahnlinie und Autobahn Graz–Slowenien durchzogen.

Grazer Schule, philosoph. und psycholog. Lehrrichtung an der Grazer Univ. um 1900; förderte bes. die philosoph. Propädeutik in ö. Mittelschulen und die junge experimentelle Psychologie durch A. Meinongs „Philosoph. Sozietät" sowie dessen philosoph. Seminar (seit 1897) und Laboratorium (1894) an der Univ. Graz. Die G. S. vertrat, von F. Brentano vorbereitet, die realist. Erkenntnistheorie, wollte die Philosophie zur exakten Wiss. machen und trug viel zur Entwicklung der modernen Denkpsychologie bei. Vertreter: A. → Meinong, A. → Höfler, S. Witasek, V. Benussi, E. → Mally, E. → Martinak.

Grazer Wechselseitige Versicherung AG, Graz, gegr. 1828 als „k. k. priv. Innerösterr. Wechselseitige Brandschaden-Versicherungs-Anstalt". Einige Bestandsübernahmen (z. B. 1939 „Steirer-Versicherungs-AG" und „Bgld. Versicherungsanstalt"). Tochterges. in mehreren Ländern Mittel- und O-Europas. Betreibt Lebens-, Unfall- und Sachversicherungen. Prämieneinnahmen 2002 rd. 355 Mio. Euro, über 1100 Mitarbeiter.

Grazie, Marie Eugenie delle, * 18. 8. 1864 Ungar. Weißkirchen (Bela Crkra, YU), † 18. 2. 1931 Wien, populäre, z. T. ges.-krit. Erzählerin und Dramatikerin des ö. Realismus. 1901 Bauernfeld-Preis, 1916 Ebner-Eschenbach-Preis.

Werke: Lyrik: Gedichte, 1882; Ital. Vignetten, 1892. – Epos: Robespierre, 1894. – Dramen: Schlagende Wetter, 1899; Der Schatten, 1901. – Romane: Heilige und Menschen, 1909; Vor dem Sturm, 1910; Das Buch der Liebe, 1916; O Jugend, 1917; Unsichtbare Straße, 1927; Die Empörung der Seele, 1930. – Autobiographie: Homo. Der Roman einer Zeit, 1919. – Erzählungen, Novellen. – Ausgabe: Sämtl. Werke, 9 Bde., 1903–04.

Literatur: M. Flaschberger, M. E. d. G., eine ö. Dichterin der Jahrhundertwende, Diss. Graz 1978.

Grebenzen, Stmk./Kä., 1870 m, nordöstl. Ausläufer der Gurktaler Alpen, südl. von St. Lambrecht (Stmk.). Wintersportgebiet Pabstin (1010 m); G.-Schutzhaus (1648 m) und Dreiwiesen-Hütte (1730 m). Slaw. Name (= hohler Berg).

Gredler, Vinzenz Maria, * 30. 9. 1823 Telfs (Ti.). † 4. 5. 1912 Bozen (S-Ti.), Franziskaner, Naturforscher, Gedankenlyriker. Schrieb grundlegende Arbeiten über die Ti. Fauna, poet. Naturbilder und Epigramme.

Werke: Die Käfer von Ti., 2 Bde., 1863/66; 600 Spruchformspäne, 1903.

Literatur: ÖBL.

Gredler, Willfried, * 12. 12. 1916 Wien, † 18. 11. 1994 ebd., Wirtschaftsjurist und Politiker (FPÖ). 1953–63 Abg. z. NR (VdU bzw. ab 1956 FPÖ), 1956–63 Klubobmann der FPÖ. 1963–70 Vertreter Ö. beim Europarat, 1970–80 Botschafter in Bonn und Peking. Kandidierte bei der Bundespräs.-Wahl 1980.

Greenpeace, 1971 in Vancouver (Kanada) gegr. internat. Umweltschutzorganisation. G. Ö. entstand 1983 mit Sitz in Wien. Mit einem Gesamtaufwand von rd. 7,5 Mio. Euro, 70 hauptberufl. und mehreren 100 freiwilligen Mitarbeitern (2002) setzt sich G. Ö. dzt. bes. für die Eindämmung der CO_2-Emissionen aus Ind. und Verkehr, eine ökologisch orientierte Energiepolitik, den Ausstieg der Ind. aus der Chlorchemie, eine nachhaltige Wald- und Forstwirt., die Verhinderung grenznaher Atomkraftwerke sowie gegen die Anwendung der Gentechnik in der Landw. ein.

Grefinger, Wolfgang (Wolf Graefinger, Gräfinger, Greffinger), * zw. 1470 und 1480 Krems (NÖ.; ?), † nach 1515, Komponist. Schüler von P. → Hofhaimer um 1494; übersiedelte Anfang des 16. Jh. nach Wien und wurde Organist an St. Stephan. Seine Kompositionen waren sehr beliebt und wurden bis zur Mitte des 16. Jh. mehrmals gedruckt. Seine Tenorlieder stehen stilistisch zw. den Werken von E. Lapicida und Arnold v. → Bruck.

Werke: Hymnensammlung, 1512; geistl. und weltl. mehrstimmige Lieder.

Gregor V., * 972, † 18. 2. 999 Rom (I), erster dt.-sprach. Papst (996–999), vorher als Brun(o) von Kä-

Kaplan in Maria Saal; Sohn Hzg. Ottos von Kä.; G. wurde von seinem kaiserl. Cousin Otto III. als Papst eingesetzt, mit dessen Hilfe er sich in Rom nur mühsam halten konnte.
Literatur: Kirchenlexikon.

Gregor, Joseph, * 26. 10. 1888 Czernowitz (Chernovtsy, UA), † 12. 10. 1960 Wien, Literatur- und Theaterwiss., Univ.-Prof., Bibliotheksdir., Lyriker, Erzähler und Dramatiker. Verfasser von Opernlibretti (u. a. für R. → Strauss). Gründete 1923 die Theatersammlung der Ö. Nat.-Bibl., deren Leiter er bis 1954 war und aus der später das Ö. → Theatermuseum hervorging; ab 1922/23 Übernahme von verschiedenen Theaterbibl., Aufbau einer Smlg. von Bühnenmodellen und Kostümen; 1929 Gründung des Archivs für Filmkunde.
Werke: Das Wr. Barocktheater, 1922; Wr. szenische Kunst, 2 Bde., 1924/25; Denkmäler des Theaters, 12 Mappen, 1926–30 (Hg.); Das Zeitalter des Films, 1932; Weltgeschichte des Theaters, 2 Bde., 1933; Kulturgeschichte der Oper, 1941; Shakespeare, 1942; Kulturgeschichte des Balletts, 1944; Geschichte des ö. Theaters 1948; C. Krauss, 1953; Der Schauspielführer, 6 Bde., 1953–57; Europa, 1957. – Opernlibretti für R. Strauss: Friedenstag, 1938; Daphne, 1938; Die Liebe der Danae, 1944. – R. Strauss und J. G., Briefwechsel 1934–1949, 1955.
Literatur: A. Bleier-Brody, Versuch einer J. G.-Bibliographie, 1958.

Gregor, Nora, * 3. 2. 1901 Görz (Gorizia, I), † 20. 1. 1949 Vina del Mar (Santiago de Chile; Selbstmord), Kammerschauspielerin; in 2. Ehe mit Ernst Rüdiger → Starhemberg verheiratet. 1918 Debüt am Wr. Renaissancetheater, danach am Raimundtheater, ab 1922 auch Filmtätigkeit; 1929/30 unter M. → Reinhardt am Theater in der Josefstadt und am Dt. Theater Berlin, 1933–37 Engagement am Wr. Burgtheater; 1938 Emigration nach Argentinien und Chile.

Greifenburg, Kä., SP, Markt, 644 m, 1911 Ew., 76,27 km², Sommerfremdenverkehrsort (49.477 Übern.) und Mittelpunkt des oberen Drautals, am Fuß der Kreuzeckgruppe. – Holzverarbeitung, Betonwerk, Baugewerbe, Edelkastanienbestände in der Katastralgem. Kerschbaum. – Urk. 1230; spätgot., 1521 und 1697 veränderte Pfarrkirche; spätgotisch-barocke Friedhofskirche; Schloss (urk. 1166, got. Anlage im 17. Jh. erweitert); Statue der Drau (1869) auf dem Marktplatz.

Greifenstein, NÖ., TU, Dorf, 183 m, beliebter Ausflugsort an der Donau bei deren Eintritt in die Wr. Pforte; Katastralgem. der Marktgem. St. Andrä-Wördern. – Laufkraftwerk G. (err. 1984, 293 MW), Konrad-Lorenz-Inst. f. Evolutions- und Kognitionsforschung, Jungarbeiterheim; Gastgewerbe. – Bis 1803 im Besitz des Bistums Passau; Burgruine (urk. 1135), im 15. Jh. ausgebaut, nach 1779 verfallen, 1818 romantisierend wieder aufgebaut, Schausammlungen.

Greifensteiner Decke, siehe → Wienerwald.

Greifensteiner Schichten, bed. Gesteinsformation der Flyschzone im Wienerwald aus dem Alttertiär, bes. Sandstein, früher als Baustein in zahlr. Steinbrüchen abgebaut (z. B. in Greifenstein für die Uferbefestigung der Donau).

Greiffenberg, Catharina Regina, Freiin von Seisenegg, * 7. 9. 1633 Seisenegg (Gem. Viehdorf, NÖ.), † 8. 4. 1694 Nürnberg (D), namhafte protestant. Mystikerin und Lyrikerin. Verfasste geistl. Sonette und Lieder mit myst. und humanist. Elementen, daneben auch relig. Erbauungsschriften. G. war die bedeutendste Autorin des Barock.
Werke: Geistl. Sonette, 1662 (Lieder und Gedichte); Sieges-Seule der Buße und des Glaubens, 1675 (gegen den Türkeneinfall); Andächtige Betrachtungen der Passion (1672), der Menschwerdung (1678) und Des Allerheiligsten Lebens Jesu (1693).

Literatur: P. Daly, Dichtung und Emblematik bei C. R. v. G., 1976; C. M. Pumplun, „Begriff des Unbegreiflichen", 1995; ÖBL.

Greifvögel in Ö.: als Brutvögel (1988): Mäusebussard (ca. 4000 Brutpaare), Turmfalke (ca. 3000 Paare), Sperber (ca. 2000 Paare), Habicht (ca. 1000 Paare), Wespenbussard (ca. 1000 Paare), Baumfalke (ca. 200 Paare), Schwarzmilan (ca. 20 Paare, Donau- und Marchauen), Rohrweihe (ca. 40 Paare, Neusiedler See), → Steinadler (ca. 150 Paare, Alpen), Rotmilan (vereinzelt), Wanderfalke (60–70 Paare, Alpen), Wiesenweihe (5–10 Paare), Rotfußfalke (5–10 Paare, östl. des Neusiedler Sees = westl. Grenze), Rötelfalke (0–5 Paare, um 1960 noch 280, nördl. Verbreitungsgrenze), Sakerfalke (0–3 Paare, NÖ. westl. Verbreitungsgrenze).

Greil, Alfred, * 30. 11. 1876 Innsbruck (Ti.), † 3. 5. 1964 ebd., Anatom, Embryologe. 1909–23 Univ.-Prof. in Innsbruck.
Werke: Richtlinien der Entwicklungs- und Vererbungsprobleme, 2 Bde., 1912; Das Wesen der Menschwerdung, 1953; Biolog. Prinzipien ärztl. Denkens, 1956; Medizin. Grundlagenkrise, 1957; Medizin. Synthese, 1958.
Literatur: L. Halshofer, Dr. A. G., 1965.

Alois Greil: Am Schiffsanlegeplatz. Aquarell, um 1880.

Greil, Alois, * 27. 3. 1841 Linz (OÖ.), † 12. 10. 1902 Wien, Genremaler und Illustrator. Stammte aus einer Ti. Künstlerfamilie, studierte an der Wr. Akad. bei C. Ruben. 1868/69 als Illustrator in Stuttgart, ab 1873 in Wien tätig. Berühmt für seine Darstellungen volkstüml. Typen, malte mit Vorliebe humorist. Szenen aus dem Soldatenleben.
Literatur: H. Oberleitner, Der Linzer Aquarellmaler A. G., in: W. Jenny u. F. Pfeffer, Kunst in Ö. 1851–1951, 1951; H. Commenda, A. G., ein Maler des Volkslebens, 1961.

Greillenstein, Schloss, NÖ., HO, Gem. Röhrenbach. Genannt 1371 (Geschlecht 1210), wurde 1570–90 im Renaiss.-Stil umgebaut, Kapelle 1604 mit Renaiss.-Altar und Kanzel, Außenfront 1700, Innenausstattung 1770. Ahnen- und Türkensaal, Amtsräume einer

Schloss Greillenstein.

Grundherrschaft und eines Landgerichts (16.–18. Jh.). Museum.

Grein.

GREIN, OÖ., PE, Stadt, 239 m, 3109 Ew., 18,42 km², alte Stadt an einer Krümmung der Donau am Beginn des Strudengaus („Greiner Struden"); 2 Donauschiffahrtsstationen. – 3 km östl. von G. Stillensteinklamm am Gießenbach (teils G., teils Gem. St. Nikola a. d. Donau). Bes. verarbeitendes Gewerbe und Ind.: Holzverarbeitung (Möbel, Zäune), Bauwesen, Druckerei; Maschinenhandel, Sommerfremdenverkehr (27.890 Übern.). – Urk. 1147, 1491 Stadt, im MA Salz-, Wein- und Getreidehandel; Greinburg (Oö. Schiffahrtsmuseum), spätgot. Bau (1488–93); Turm erhalten, 1621 ausgebaut; Sala terrena, Rittersaal, im S-Flügel Gewölbesäle; Torturm, Arkadenhof und Kapelle (Altar von 1625). Barockisierte spätgot. Hallenkirche mit Altargemälde von B. Altomonte (1749); Rathaus (1562) mit dem ältesten erhaltenen Stadttheater (Rokokojuwel, 1791 eingebaut) mit sog. „Sperrsitzen". Juli–August Sommerspiele.
Literatur: Ö. Städtebuch, Bd. I, OÖ., 1968; L. Riegler u. M. Lengauer (Zusammenstellung), G. 1147–1900, 1988.

GREINBACH, Stmk., HB, Gem., 420 m, 1816 Ew., 23,37 km², gewerbl.-landw. Wohngem. nahe dem Hartberger Safen nördl. von Hartberg. Maschinenbau.
Literatur: G. Allmer, G., Penzendorf, Staudach, Wolfgrub, 1992.

GREINER HOLDING AG, 1989 geschaffene Dachgesellschaft der in Besitz der Familie Greiner befindl. Unternehmen, die aus einem 1897 gegr. Werk mit Sitz in Kremsmünster (OÖ) hervorgingen. Die Umstrukturierung 1999 ermöglicht nun das selbständige Agieren der Einzelgesellschaften. An 79 Standorten in vielen Ländern der Welt wird v. a. Schaumstoff für Labor- und Verpackungstechnik sowie die Anwendung im Werkzeug-, Maschinen- und Anlagenbau erzeugt. Dazu kommen Flaschenkorken für die Wein- und Sektind., Dichtungstechnikteile für Fahrzeuge sowie Spezialprodukte für Lärmschutz und für Sterilisierung von Labortechnikteilen und Lebensmittelverpackungen. 2003 wurde mit ca. 4500 Mitarbeitern weltweit ein Umsatz von rd. 490 Mio. Euro erzielt.

GREINZ, Hugo, * 3. 6. 1873 Innsbruck (Ti.), † 24. 1. 1946 Salzburg, Journalist und Schriftsteller; Bruder von Rudolf → Greinz. 1898 Mitbegründer der Ges. „Pan" in Linz; 1901 Redakteur verschiedener Zeitungen („Ti. Tagblatt", „Zeit", „Wr. Volkszeitung"); 1899–1902 Hg. der Ztschr. „Der Kyffhäuser".
Werke: D. v. Liliencron, 1896; H. v. Gilm, 1897; In einer kleinen Stadt, 1901; Die Unvermählten, 1914; Ti. Bauern Anno 1915, 1916; Ti. Anno 1925, 1940.
Literatur: ÖBL.

GREINZ, Rudolf, * 16. 8. 1866 Pradl b. Innsbruck (Ti.), † 16. 8. 1942 ebd., Erzähler; Bruder von Hugo → Greinz. Schrieb populäre Unterhaltungsromane, Humoresken sowie Dorf- und Kleinstadtgeschichten aus dem Ti. Volksleben in der Tradition der Bauerndichtung. Sein erfolgreichster Roman „Allerseelen" (1910) wird bis heute immer wieder neu aufgelegt.
Weitere Werke: Erzählungen: Ti. Leut, 1892; Lustige Ti. Geschichten, 1906. – Romane: Das stille Nest, 1908; Das Haus Michael Senn, 1909; Die Stadt am Inn, 1917; Der Garten Gottes, 1919; Taschenbuch für Bücherfreunde, 1915 (Hg.). – Ausgabe: Werke, 3 Bde., 1946–47.
Literatur: P. Rossi, R. G., 1926; ÖBL.

GREISDORF, Stmk., DL, Gem., 580 m, 1055 Ew., 26,34 km², Weinbaugem. (Schilcher) mit Sommertourismus am Stainzbach nordwestl. von Stainz. Naturdenkmal Hochgrailkapelle.
Literatur: K. Moser, G., 1994.

GRENGG, Maria, * 26. 2. 1889 Stein (NÖ.), † 8. 10. 1963 Wien-Rodaun, Erzählerin, Jugendbuchautorin und Malerin. Durchbruch mit dem Roman „Die Flucht zum grünen Herrgott" (1930), der Darstellung einer gegenwartsfernen Naturidylle. Ihre „Heimatromane" wurden zusehends zum Sprachrohr der NS-Ideologie („Das Feuermandl", 1935), für die sie nach 1938 auch offen eintrat. Nach 1945 nur noch als bildende Künstlerin und Jugendbuchautorin tätig. Ö. Staatspreis 1936.
Weitere Werke: Romane: Peterl, 1932; Starke Herzen, 5 Bde., 1937; Das Kathrinl, 1950; Das Hanswurstenhaus, 1951.
Literatur: E. Galvan, Mütter-Reich. Erzählprosa der 30er Jahre, Diss., Wien 1986.

GRENSER, Alfred, * 15. 11. 1838 Leipzig (D), † 17. 4. 1891 Wien, Buchhändler und Genealoge. 1870 Mitbegründer der Herald.-Genealog. Ges. → Adler, der er seine Wappen- und Inschriftensammlung übergab.
Literatur: ÖBL.

GRENZE, Trennungslinie zw. verschiedenen Einheiten, insbes. polit. und geographischen. Die Länge der Staatsgrenze Ö. beträgt 2637 km: zu Deutschland 784 km, zur Schweiz 162 km, zu Liechtenstein 36 km, zu Italien 430 km, zu Slowenien 311 km, zu Ungarn 346 km sowie zur Slowakei und zu Tschechien 568 km. Der Anteil der Bundesländer beträgt: Bgld. 385 km, NÖ. 414 km, OÖ. 308 km, Sbg. 167 km, Ti. 708 km, Vbg. 259 km, Kä. 266 km und Stmk. 130 km. Wien grenzt als einziges Bundesland nicht an das Ausland.

GRENZER, Bezeichnung der im Bereich der ehem. ö. → Militärgrenze angesiedelten Bauernsoldaten und ihrer Familien.

GRENZGEBIETE: Als G. galten früher polit. Bezirke entlang der Staatsgrenze oder in unmittelbarer Nachbarschaft dazu. Heute sind die G. identisch mit den von der EU-Initiative INTERREG festgelegten INTERREG-III-A-Fördergebieten, in denen grenzüberschreitende Zusammenarbeit gefördert werden soll. Förderfähige Gebiete in Ö. sind: Außerfern, Bludenz/Bregenzerwald, Innsbruck, Innviertel, Klagenfurt/Villach, Mittelburgenland, Mühlviertel, Nordburgenland, Oberkärnten, Oststeiermark, Osttirol, Pinzgau/Pongau, Rheintal/Bodenseegebiet, Salzburg und Umgebung, Südburgenland, Tiroler Oberland, Tiroler Unterland, Unterkärnten, Waldviertel, Weinviertel, West- und Südsteiermark, Wien, Wiener Umland/Nordteil, Wiener Umland/Südteil.
Literatur: ÖROK, Die Grenzgebiete Ö., Wien 1975.

GRENZNUTZENTHEORIE, Lehre, nach der der Wert einer Ware oder Dienstleistung höher zu bewerten ist als die anfallenden Kosten (Prinzip des Liberalismus). Die G. wurde um 1870 gleichzeitig, aber unabhängig voneinander vom Engländer W. S. Jewons, vom Schweizer L. Walras und dem Wiener Karl → Menger begründet. Sie beeinflusste die Wirtschaftspolitik wesentlich und wurde in Ö. durch die → Österreichische Schule der Nationalökonomie weiterentwickelt.

Gressenberg, Stmk., DL, Gem., 1274 m, 352 Ew., 34,78 km², landw. Gem. im Tal der Schwarzen Sulm in der Region Koralpe. – Urk. 1428; 1621–1738 Glaserzeugung im Ortsteil Glashütten; barocke Pfarrkirche Maria Namen (erb. 1767–1769) mit dekorativer Rokokogewölbemalerei und Barockhochaltar (1. Hälfte 18. Jh.); moderne Kapelle Maria-Heimsuchung (1988). – G. initiierte das von der EU geförderte Wanderprojekt „Koralm Kristall Trail" (120 km), Geologie-Schaugarten.

Gresten, NÖ., SB, Markt, 407 m, 1946 Ew., 3,83 km², an der Kleinen Erlauf in den Eisenwurzen. – Kinderdorf, Umspannwerk; Profilier- und Stanzwerk, Holzverarbeitung, Sommerfremdenverkehr. – Spätgot. Pfeilerbasilika (im 19. Jh. verändert, Altarbild von M. J. Schmidt, 1801), Grabdenkmal für H. F. v. Zinzendorf (1591); im spätgot. ehem. Karner heute Heimatmuseum. Schloss Stiebar wurde 1597 erbaut (got. Kapelle des Vorgängerbaus erhalten) und 1790 erneuert; Hammerherrenhäuser (17./18. Jh.).
Literatur: O. Seefried, Geschichte des Marktes G. in NÖ., 1933, 1982.

Grestener Klippenzone, siehe → Klippenzone.

Grestener Schichten, Gesteinsformation der Nö. Kalkvoralpen (→ Klippenzone) aus dem Ältesten Jura mit früher bed. Steinkohlevorkommen (→ Eisenwurzen).

Gresten-Land, NÖ., SB, Gem., 500 m, 1544 Ew., 55,5 km², landw. Gem. mit Gewerbe zw. Schwarzer Ois und Kleiner Erlauf in den Eisenwurzen. – Meridianstein (err. 1988).

Greuter, Josef, * 1. 10. 1817 Tarrenz (Ti.), † 21. 6. 1888 Innsbruck (Ti.), Kapuziner, Priester, Gymnasiallehrer und Politiker. Vertrat als Abg. in Landtag und Reichsrat die Interessen der kath. Kirche, bekämpfte das → Protestantengesetz von 1861 und die liberale Schulgesetzgebung (ab 1868). V. a. wegen seines Widerstands erhielt Ti. erst 1892 ein Schulaufsichtsgesetz.
Literatur: G. Kretschmar, Msgr. J. G. und die Ti. Konservativen, Diss., Wien 1949; ÖBL.

Greutschach, siehe → Diex.

Griechisch-katholische Kirche, Religionsgemeinschaft, die von den in → Galizien und Lodomerien lebenden Westukrainern (in der ö.-ungar. Monarchie Ruthenen genannt) gebildet wurde, hinsichtlich des Glaubens der kath. Kirche angehörte, aber den byzantin. Ritus und die kirchenslaw. Kultsprache verwendete und über eine eig. Hierarchie verfügte. Ihre Zentralpfarre für ganz Ö. ist seit 1784 St. Barbara in Wien 1. 1819 wurde die G.-k. K. dem ukrain. Metropoliten von Lemberg unterstellt, seit 1935 gehört sie zur Wr. Diözese. Ca. 7000 Mitglieder in Ö. 2004.
Literatur: W. M. Plöchl, St. Barbara zu Wien, 2 Bde., 1975.

griechisch-orientalische Kirche, siehe → orthodoxe und altorientalische Kirchen.

Grienauer, Edwin, * 7. 3. 1893 Wien, † 21. 8. 1964 ebd., Bildhauer, Medailleur. Mehrmals ausgezeichnet, Goldmedaille bei den Olymp. Spielen 1928 (Kunstwettbewerb), Bronzemedaille 1948.
Werke: Münzstempel der 1. und 2. Republik (Doppelschillinge, Mariazeller Muttergottes, 25- und 50-Schilling-Münzen), Medaillen, Großplastiken, Bildnisse.

Grienstein, Café (Spottname „Café Größenwahn"), wurde von Heinrich G. 1846 am Michaelerplatz in Wien begründet. 1848 hieß es vorübergehend „National Café". Es wurde bald zum Treffpunkt bed. Persönlichkeiten des Wr. Kulturlebens. In den 90er Jahren des 19. Jh. erlangte das C. G. literar. Bedeutung, als sich dort neben dem älteren Schriftstellerkreis der → „Iduna" die Vertreter von → „Jung-Wien" versammelten (H. Bahr, H. v. Hofmannsthal, A. Schnitzler, K. Kraus, P. Altenberg, F. Salten). Das Café wurde 1897 wegen Demolierung des Hauses gesperrt. Seine Rolle übernahmen die Cafés „Museum", „Herrenhof" und v. a. das „Central". 1990 wurde im Nachfolgegebäude am Michaelerplatz ein neues C. G. eröffnet.
Literatur: M. Horvath u. F. Panzer (Hg.), Erweiterte Wohnzimmer, 1990.

Griepenkerl, Christian, * 17. 3. 1839 Oldenburg (D), † 21. 3. 1912 Wien, Maler. Ab 1855 in Wien, Schüler von C. → Rahl an der Wr. Akad., führte 1865–69 mit E. → Bitterlich den Vorhang und die Fresken im Zuschauerraum der Wr. Oper aus (1945 zerstört) und schuf 1882–85 den Fries im Sitzungssaal des Herrenhauses im Wr. Parlament (1945 zerstört). Als Freskenmaler war er auch für Wr. Privatpalais sowie in Venedig und Athen tätig. 1874–1910 Lehrer an der Wr. Akad., an der er ab 1877 eine Spezialschule für Historienmalerei leitete; bevorzugter Lehrer einer ganzen Generation ö. Maler.
Weitere Werke: Deckenbild im Palais Todesco (Wien 1, Kärntner Straße), 1865; Vollendung der Deckengemälde von A. v. Feuerbach in der Akad. d. bild. Künste in Wien, 1892; Wandgemälde in der Akad. d. Wiss. in Athen und in der Villa Toscana, Gmunden; Porträts von R. v. Alt, R. Eitelberger und J. v. Führich.
Literatur: ÖBL.

Christian Griepenkerl. Lithographie von F. Würbel, 1882.

Gries (Kies, Ufersand), in Ö. häufiger Ortsname, der auf die Lage am Ufer eines Flusses hinweist (z. B. G. am Brenner, G. im Sellrain, G. im Pinzgau), in Wien z. B. „Am G.", einst Riedbezeichnung für das rechte Wienflussufer zw. ehem. Hunds- und Heumühle. Auch die Gegend um die „Gänseweide" (zw. späterer Franzens- und Sophienbrücke), einst Hinrichtungsstätte, nannte man bis 1826 G.. Bis heute erhalten blieb der Straßenname „Salzgries" als Bezeichnung für das frühere Donauufer, an dem einst die Salzschiffe entladen wurden.

Gries am Brenner.

Gries am Brenner, Ti., IL, Gem., 1164 m, 1260 Ew., 55,59 km², Fremdenverkehrsort (28.974 Übern.) im Wipptal, an der Mündung des Obernbergtals, an der Brennerstraße und der Autobahn. – Anlagenbau, Holzbearbeitung (4 Sägewerke). – Spätklassizist. Pfarrkirche (1823–26); spätgot.-barocke Pfarrkirche in Vinaders; Jakobskapelle (Stiftung 1305) in Nösslach mit spätgot. Flügelaltar (um 1490, Umbau 1690); got.

Kapelle am Lueg; 1287–1809 befestigte Zollstätte. In der Nähe von G. a. B. Brennersee.

Griesbach, Karl Ludolf, * 11. 12. 1847 Wien, † 13. 4. 1907 Graz (Stmk.), Geologe. Nahm an zahlr. Expeditionen teil (Südafrika, Mosambik, Afghanistan, Himalaja), später in engl. Diensten; gilt als Pionier der geolog. Erforschung des Himalaja.
Literatur: ÖBL.

Grieser, Dietmar, * 9. 3. 1934 Hannover (D), Schriftsteller. Studierte Publizistik und Sozialwiss. in Münster, München und Wien; lebt seit 1957 in Wien und wurde 1977 ö. Staatsbürger. Beschäftigt sich in seinen Sachbüchern u. a. mit biograph. und topograph. Fragen der ö. und der Weltliteratur. Seine Arbeiten wurden auch durch Rundfunk- und Fernsehsendungen populär.
Werke: Schauplätze ö. Dichtung, 1974; Schauplätze der Weltliteratur, 1976; Irdische Götter, 1980; Musen leben länger, 1981; Glückliche Erben, 1983; In deinem Sinne, 1985; Die kleinen Helden, 1987; Eine Liebe in Wien, 1989; Wr. Adressen, 1990; Im Tiergarten der Weltliteratur, 1991; Gustl, Liliom und der Dritte Mann, 1992; Nachsommertraum, 1993; Wien – Wahlheimat der Genies, 1994; Stifters Rosenhaus und Kafkas Schloß, 1995; Im Rosengarten, 1996; Alle Wege führen nach Wien, 1997; Kein Bett wie jedes andere, 1998; Literar. Spaziergänge durch Goethes Heimat, 1999; Im Dämmerlicht, 1999; Heimat bist du großer Namen, 2000; Sie haben wirklich gelebt, 2001; Weltreise durch Wien, 2002.

Gries im Sellrain, Ti., IL, Gem., 1187 m, 570 Ew., 22,62 km², Fremdenverkehrsgem. mit Landw. im Sellraintal an der Mündung des Lüsenser Tals. – Barocke Pfarrkirche hl. Martin (1734) mit schönem Rokokohochaltar (1778); spätbarocke Totenkapelle; Pfarrhof mit barocker Fassadenmalerei.

Grieskirchen, OÖ., GR, Stadt, 335 m, 4802 Ew., 11,71 km², nordwestl. von Wels, im Trattnachtal. – BH, Bez.-Ger., Finanzamt und Arbeitsmarktservice, Gebietskrankenkasse, Krankenhaus der Schulschwestern, Arbeiter- und Bez.-Bauernkammer, WK, BFI, Veranstaltungszentrum, Trattnachtalstadion, Sportzentrum,

Grieskirchen. Foto, um 1895.

HTL, BORG; Künstlerzentrum im Schloss Parz; Dienstleistungssektor dominiert (rd. 2 Drittel der 4500 Beschäftigten 2001, v. a. persönl., soz. und öffentl. Dienste, Geld- und Versicherungswesen, Handel); in der Produktion: A. Pöttinger Maschinenfabrik (größte Landmaschinenfabrik in Ö.), Heizkessel-, Lkw-Aufbauten- und Container-, Gitter- und Spielwarenfabrik, Brauerei, Mälzerei, Herstellung von Kochkäse, Leuchten und Beschlägen (nach hist. Vorbildern), Mühle (eine der modernsten Europas), Betriebsbaugebiet mit Technik- und Innovationszentrum. – Urk. 1075, 1343 als Markt erwähnt, Stadt seit 1613. Frühgot. Pfarrkirche 1702 barockisiert, Langhaus-Pfeileraltäre (1766) von M. Götz; spätgot. Annakapelle; Renaiss.-Schloss Parz mit bed. Fresken aus der Reformationszeit, Kal-

varienbergkapelle (1734), Rokoko-Rathaus, Heimatmus. (bes. Geschichte der Weberinnung). Häuser aus der Zeit um 1600 mit Rokokofassaden, Arkadengängen und Erkern.
Literatur: Ö. Städtebuch, Bd. I, OÖ., 1968; H. Leeb, Beiträge zur Geschichte von G. und Umgebung, 1956.

Griessenpass (Sattel von Hochfilzen), 963 m, Übergang zw. Sbg. und Ti., trennt Kitzbüheler Alpen und Leoganger Steinberge; von der Westbahn (Saalfelden–Kitzbühel) befahren. Auf der versumpften Passhöhe liegt der kleine Grießensee.

Griffen, Kä., VK, Markt, 484 m, 3677 Ew., 74,74 km², alter befestigter Ort zw. Drau- und Lavanttal, nordöstl. von Völkermarkt. – Erzeugung von Fertighäusern, Unternehmen für Pulverbeschichtungen, Maschinen- und Formenbau (Rohre); auf gewerbl. Basis Erzeugung von Souvenirs aus schwarzem Porzellan. – Urk. 822; Schlossberg mit Burgruine (vor 1148–1759 im Besitz des Bistums Bamberg); Pfarrkirche (1863 erbaut), Wandmalerei (2. Hälfte des 19. Jh.), Hochaltar (1911); ehem. Prämonstratenserstift (1236–1786) mit got. Wehrkirchhofmauer und rotem Sandsteinrelief (13. Jh.) im Kreuzgang; Pfarrkirche in Haslach (ehem. Stiftskirche, urk. 1272), urspr. spätroman., teilw. barockisiert mit Hochaltar (1776) und spätgot. Steinmadonna (1520); alte roman. Pfarrkirche (vor 1250, got. Umbau) mit spätroman. Freskenresten. Wehrkirchen in Pustritz (1430–1500), Tschrietes (got.-barock), St. Leonhard (Ende des 15. Jh.), Wölfnitz (roman.-got.); spätgot. Kirche Maria Feicht mit röm. Grabrelief. In der Höhle des Schlossbergs neben zahlr. fossilen Tierknochen auch Funde steinzeitl. Steingeräte. Griffner Tropfsteinhöhle (Schauhöhle); unweit Griffner See.
Literatur: G. Körner, G. im Spiegel seiner Vergangenheit, 1969; G. Kollmann, Ländl. Kommunalpolitik am Beispiel des Gemeinderates von G. in Kä., Diss., Wien 1992.

Griffner Berg, Kä., 708 m, Pass über einen südöstl. Ausläufer der Saualpe mit alter Straße von Klagenfurt ins Lavanttal und Südautobahn (teilw. Tunnels).

Grill, Rudolf, * 18. 8. 1910 Bad Dürrnberg (Gem. Hallein, Sbg.), † 20. 9. 1987 Wien, kartierender und Erdölgeologe. Wichtige Verdienste um die mikropaläontolog. Gliederung des ö. Oligozäns und Miozäns sowie um den Aufbau des Erdölarchivs an der Geolog. Bundesanstalt.
Werke: Die Molassezone, in: Geologie von Ö., ²1951; zahlr. geolog. Karten, 1952–89.
Literatur: H. Küpper, Chefgeologe Dr. phil. R. G., in: Jb. d. Geolog. Bundesanstalt, 1988.

Grillmayr, Johann, * 17. 11. 1809 Grünburg (OÖ.), † 5. 7. 1881 Wien, Industrieller. Begründete 1838 mit einer mechan. Baumwollspinnerei die Linzer Textilind. (→ Linz-Textil AG), war der erste Großindustrielle auf dem Textilsektor in OÖ.

Grillparzer, Franz, * 15. 1. 1791 Wien, † 21. 1. 1872 ebd., Dramatiker, Erzähler und Lyriker. G. war wohl eine der künstlerisch vielseitigsten und menschlich widersprüchlichsten Dichterpersönlichkeiten Ö. Der Sohn des einflussreichen Wr. Rechtsanwalts Wenzel G. († 1809) und dessen Ehefrau Anna Franziska († 1819, Selbstmord), einer Schwester des Hoftheatersekretärs J. → Sonnleithner, schrieb in seiner „Selbstbiographie", dass in ihm „zwei völlig abgesonderte Wesen (leben). Ein Dichter von der übergreifendsten, ja sich überstürzenden Phantasie und ein Verstandesmensch der kältesten und zähesten Art."

Grieskirchen.

Franz Grillparzer. Aquarell von M. M. Daffinger, 1827 (Wien Museum).

G. besuchte 1796–99 die Normalschule St. Anna und als Privatist die der Piaristen, ab der 2. Klasse wechselte er als öffentl. Schüler in das Gymn. St. Anna. An der Wr. Univ. studierte er Philologie (1807–09) und Jus (1807–11). 1812 nahm G. eine Stelle als Hofmeister bei Gf. Seilern an. 1813 arbeitete er als unbezahlter Konzeptspraktikant in der Hofbibl. und wurde 1823 (nach verschiedenen anderen Ämtern) Hofkonzipist in der Allg. Hofkammer. 1832 bis zu seiner Pensionierung 1856 war er Dir. des Hofkammerarchivs (→ Archive). G. war 1847 Gründungsmitgl. der Ö. Akad. d. Wiss. und ab 1861 Mitgl. des Herrenhauses auf Lebenszeit.

Seine ersten Versuche als Dramatiker fallen bereits in seine Studienzeit. 1807 verfasste er das Trauerspiel „Blanka von Kastilien", das – von Sonnleithner abgelehnt – bis 1958 unaufgeführt blieb. Durch die Veröffentlichung eines Teils seiner Übersetzung des Dramas „Das Leben ein Traum" von Calderon in der „Wr. Moden-Zeitung" 1816 wurde J. → Schreyvogel, Dramaturg des Hofburgtheaters, auf ihn aufmerksam. Zunächst erbost über den vermeintlichen Angriff auf seine eig. Fassung, wurde Schreyvogel in der Folgezeit zum geistigen Mentor und bedeutendsten Förderer G. Auf seinen Rat hin überarbeitete G. das Trauerspiel „Die Ahnfrau", das bereits im Januar 1817 am Hofburgtheater uraufgeführt wurde. Anschließend verfasste G. die Künstlertragödie „Sappho" (1819), mit der er überaus erfolgreich war und einen 5-Jahres-Vertrag als k. k. Hoftheaterdichter erhielt, den er aber bereits 1821 wieder löste. Reisen führten ihn nach Italien, Griechenland, Deutschland (hier traf er 1826 mit Goethe zusammen), Frankreich und in die Türkei, wodurch G. mit verschiedenen polit. Systemen und Geistesströmungen in Berührung kam.

Seine produktivste und fruchtbarste Zeit war die zw. 1820 und 1831. Mit dem Gedicht „Die Ruinen des Campo Vaccino" (1820) löste er heftige Abwehrreaktionen von Seiten des Hofes aus; ab diesem Zeitpunkt verschärften sich G. Schwierigkeiten mit der Zensur. Für L. van Beethoven schrieb G. das Libretto zur Oper „Melusina" (1823), die Beethoven aber nicht ausführte. Werke wie die Trilogie „Das goldene Vlies" („Der Gastfreund", „Die Argonauten", „Medea", 1822), die Trauerspiele „König Ottokars Glück und Ende" (1825, darin die bekannte „Hymne auf Ö.") oder „Ein treuer Diener seines Herrn" (1830) wurden vollendet und vom Publikum zustimmend aufgenommen. In diese Zeit fallen auch seine Liebschaften mit C. v. Paumgartten, seiner „ewigen Braut" K. → Fröhlich sowie M. v. Smolk-Smolenitz, die G. Œuvre wohl am nachhaltigsten prägte. Ausdruck dessen ist etwa die zw. 1826 und 1828 verfasste Liebeslyrik, veröffentlicht 1835 unter dem Titel „Tristia ex Ponto". 1828 erschien die Erzählung „Das Kloster von Sendomir". Der 1831 am Hofburgtheater aufgeführten Liebestragödie „Des Meeres und der Liebe Wellen" blieb die Zustimmung des Publikums versagt. Seinen letzten großen Theatererfolg feierte G. 1834 mit dem dramat. Märchen „Der Traum ein Leben". Nach dem Misserfolg des 1838 uraufgeführten Lustspiels „Weh dem, der lügt!" zog sich G. vom Theater zurück.

Bis auf wenige Ausnahmen (z. B. „Esther"-Fragment, 1868) verwehrte sich G. fortan gegen weitere Aufführungen neuer Werke. In seinem Testament verfügte er sogar, die 3 Altersdramen „Ein Bruderzwist in Habsburg", „Die Jüdin von Toledo" und „Libussa", alle in den Jahren 1847–51 geschrieben, zu vernichten. Die Uraufführungen fanden erst nach seinem Tod statt.

Franz Grillparzer. Foto, um 1870.

Franz Grillparzer: Szenenbild aus „Der Traum ein Leben". Kolorierter Kupferstich von A. Geiger. 1833/34.

1847 erschien im Almanach „Iris" die Erzählung „Der arme Spielmann", eine Allegorie des eig. inneren Zwiespalts. Ein wichtiges Alterswerk ist auch die (Fragment gebliebene) „Selbstbiographie" (1872), die auf Tagebüchern basiert und 1853 für die Ö. Akad. d. Wiss. geschrieben wurde.

G. Bühnenwerke gewinnen ihre dramat. Spannung aus der Ambivalenz zw. äußerer (staatl.) Pflicht und eig. Anspruch. Sie spiegeln somit auch die polit. Unentschlossenheit G., der zwar ein Gegner → Metternichs war, aber dem „Freiheitstaumel" der → Revolution 1848 skeptisch gegenüberstand (Lobgedicht „Feldmarschall Radetzky", 1848).

Ausgaben: Sämtl. Werke, Hist.-krit. Gesamtausgabe, hg. von A. Sauer u. R. Backmann, 42 Bde., 1909–48; Ausgewählte Werke, hg. v. O. Rommel, 10 Bde., 1919; Werke, hg. v. H. Bachmaier, 6 Bde., 1986 ff.

Literatur: J. Nadler, F. G., 1948; P. v. Matt, Der Grundriß von G. Bühnenkunst, 1965; H. Politzer, F. G. oder Das abgründige Biedermeier, 1972; W. E. Yates, „Die Jugendeindrücke wird man nicht los …", 1973; F. Sengle, Biedermeierzeit, Bd. 3, 1975; D. C. G. Lorenz, G. Der Dichter des soz. Konflikts, 1986; H. Bachmaier, F. G., 1990; Zw. Weimar und Wien. G. – ein Innsbrucker Symposion, hg. v. S. Kettenhammer, 1992; H. Haider-Pregler (Hg.), Stichwort G., 1994; G. Neumann (Hg.), F. G., 1994; G. Scheit, F. G., ³1999.

GRILLPARZER-GESELLSCHAFT, 1890 in Wien von E. → Reich und R. v. → Zimmermann gegr. Vereinigung zur Grillparzer-Forschung und Pflege ö. Literatur. Publikationen: Jahrbuch, 1891 ff.

GRILLPARZER-PREIS, 1) Literaturpreis, 1872 zum 80. Geburtstag F. Grillparzers von einem Frauenkomitee gestiftet. Nach dem Tod des Dichters übergab K. → Fröhlich den Stiftungsbetrag der Ö. Akad. der Wiss. in Wien; diese verwaltete und vergab den Preis mit Unterbrechungen bis 1971 jedes 3. Jahr am 15. 1. (dem Geburtstag des Dichters) für „das relativ beste dt. dramatische Werk, das im Lauf der letzten 3 Jahre auf einer namhaften Bühne zur Aufführung gelangte und nicht schon vorher von anderer Seite durch einen Preis ausgezeichnet worden ist".

Preisträger: A. Wilbrandt (1875, 1890), E. Wildenbruch (1884), L. Anzengruber (1887), G. Hauptmann (1896, 1899, 1905), O. E. Hartleben (1902), A. Schnitzler (1908), K. Schönherr (1911, 1917, 1920), F. Unruh (1923), F. Werfel (1926), M. Mell (1929, 1941), J. Wenter (1935) F. T. Csokor (1938), R. Holzer (1947, 1950), R. Bayr (1953), F. Hochwälder (1956), R. Billinger (1962), V. Braun (1965), F. Dürrenmatt (1968), T. Bernhard (1971).

2) F.-G.-Preis, von A. C. Toepfer gestifteter Kultur- und Literaturpreis für herausragende Leistungen vor-

nehmlich auf dem Gebiet des ö. Geisteslebens; zur Verfügung gestellt von einer Hamburger Stiftung und verliehen durch die Univ. Wien; Preisträger: P. Handke (1991), H. Lebert (1992), A. Drach (1993, letzter Preisträger).

Grillparzer-Ring, 1964 vom Unterrichtsministerium unter T. Piffl-Perčević gestifteter und 1965 erstmals verliehener Ring mit dem Monogramm F. Grillparzers; Auszeichnung für Theaterdirektoren, Intendanten, Regisseure, Schauspieler, Bühnen- und Kostümbildner, Dramaturgen, Bearbeiter, Übersetzer und Wissenschaftler, die sich bes. Verdienste um das Werk F. Grillparzers erworben haben. 1992 eingestellt.

Grimm, Ferdinand, * 15. 2. 1869 Wien, † 8. 11. 1948 Bad Kreuzen (OÖ.), Finanzfachmann. 1918/19 Unterstaatssekr. für Finanzen, 1920/21 Finanzmin., ab 1921 Präs. des Kreditinstituts f. öffentl. Arbeiten u. Unternehmungen. Er hatte Anteil an I. → Seipels Sanierungswerk.

Grimm, Inge Maria, * 3. 9. 1921 Krems a. d. Donau (NÖ.), Kinderbuchautorin. Studierte Musik und darstellende Kunst, war dann jahrzehntelang Rundfunkredakteurin und -sprecherin. Verbindet in ihren Kinderbüchern märchenhafte Elemente mit Bezügen zur Gegenwart.
Werke: Serie Jörgl, Sepp und Poldl, ab 1951; Seid mucksmäuschenstill, 2 Bde., 1962/64; Kobaldsee-Serie (1976–80); Das abenteuerliche Leben des kleinen Grauen, 1981; Es war einmal, 1985; Katrins Schneemann, 1990; Geschichten aus dem Träumeland, 1991; Freue dich, Christkind kommt bald, 1992; Hexenbesen und Geisterspaß, 1994; Vier Kerzen im Advent, 1994; Schlaf, mein Kindchen, schlaf, 1994.

Grimmenstein, NÖ., NK, Markt, 405 m, 1347 Ew., 14,75 km², Luftkurort (91.597 Übern.) im Tal der Pitten, am Fuß des Kulmriegel (758 m), in der Buckligen Welt. – Nö. Landeskrankenanstalt und Lungenheilstätte Hochegg (err. 1916), Rehabilitationszentrum Hochegg (Pensionsversicherungsanstalt der Angestellten); Altersheim f. Blinde; Heilstätte und Rehabilitationszentrum als wichtigste Wirtschaftsfaktoren (soz. Dienste). – Reste einer Vor- und Hochburg des 12. Jh., seit dem 16. Jh. verfallen.
Literatur: J. Rigler, Burg G., 1970.

Grimming.

Grimming, Stmk., 2351 m, verkarsteter, isolierter Gebirgsstock östl. des Dachsteinmassivs aus Dachsteinkalk, zw. Öblarn im Ennstal und dem Ausseer Land. Grimminghütte (966 m). Am westl. Fuß des G. das Salza-Speicherkraftwerk mit einem Einzugsgebiet von 150 km², einer Stauraumlänge von 5 km und einem Stauraminhalt von 1 Mio. m³. – Straßen- und Bahnverbindung zw. Bad Mitterndorf und dem Ennstal. – Das G.-Tor ist eine Wandvertiefung am S-Hang des Gipfels, ca. 50 m hoch, gleicht bei einfallendem Licht einem Tor.

Grimschitz, Bruno, * 24. 4. 1892 Moosburg (Kä.), † 13. 6. 1964 Wien, Kunsthistoriker. Univ.-Prof., 1939–45 Dir. der Ö. Galerie in Wien. Erwarb sich große Verdienste um die Erforschung der ö. Kunst des Barock und des 19. Jh.
Werke: J. L. v. Hildebrandt, 1932; F. G. Waldmüller, 1943 und 1957; Wr. Barockpaläste, 1944; Barock in Ö., 1960.

Grins, Ti., LA, Gem., 1006 m, 1295 Ew., 21,09 km², Haufendorf über dem Tal der Sanna, am Fuß der Parseierspitze (3036 m). – Schwefelquelle nördl. des Orts (Trinkbrunnen); Fremdenverkehr. – Urk. 1288, im Nov. 1945 verheerender Großbrand; spätgot. gemauerte Steinbrücke („Römerbrücke") im Ortszentrum, spätbarocke Pfarrkirche (1775–79) mit Gewölbemalereien (1779).
Literatur: S. Hölzl, Chronik von G., 1976.

Grinzens, Ti., IL, Gem., 970 m, 1280 Ew., 28,71 km², Wohngem. zw. Sendersbach und Melach westl. von Axams. Theateraufführungen („Sendersbühne"). – Pfarrkirche hl. Antonius von Padua (erb. 1952, Weihe 1954), mehrere Kapellen (17.–20. Jh.). Unweit Skigebiete Kühtai-Sellraintal, Axams-Axamer Lizum.

Grinzing, bis 1891 selbständige Weinhauergemeinde, seither Teil des 19. Wr. Bez., seit 1114 ein großes Dorf; Name nach dem Personennamen Grinco; durch Türken und Franzosen mehrmals zerstört, im 19. Jh. Weinhauerdorf, Ausflugsort und Sommerfrische, heute bekannter Heurigenort. Ortsbild mit Dorfcharakter (unter Denkmalschutz) in einem Tal zw. rebenbestandenen Wienerwaldausläufern.

Gröbming, Stmk., LI, Markt, 770 m, 2499 Ew., 66,94 km², heilklimat. Kurort und zweisaisonaler Fremdenverkehrsort (82.415 Übern.) auf einem Hochplateau südöstl. des Dachstein, im oberen Ennstal. Wegen seiner Lage und der vielen Sonnenstunden wird G. auch als „steir. Davos" bezeichnet. – Expositur der BH Liezen (u. a. Bez.-Schulrat), Arbeitsmarktservice, Rehabilitationszentrum (Pensionsversicherungsanstalt der Arbeiter), Stoderzinken-Alpenstraße in 1800 m Höhe, dort Friedenskirchlein, Sportzentrum, Trabrennbahn, landw. FachS; Holzverarbeitung (Sägewerk, Fenstererzeugung, Zimmerei), Fertigbetonwerk, 2 Schotterwerke, Druckerei („Der Ennstaler"), Käserei, E-Werk, Kraftwerk Sölk (err. 1973–83 in Stein a. d. Enns). – Vom 10. Jh. bis 1803 Besitz der Fürsterzbischöfe von Salzburg; spätgot. Pfarrkirche (1491–1500 erbaut), einschiffig mit großem Langchor, großer got. Flügelaltar (um 1520) aus der Werkstatt von L. Astl, mächtiger Hochaltar (1725); evang. Kirche (1850–53); Renaiss.-Schloss Thanneck in Moosheim, alpine Paar- und Haufenhöfe.
Literatur: H. Pirchegger, Geschichte des Bez. G., 1951.

Grinzing. Wiener-Werkstätte-Postkarte Nr. 670 von K. Schwetz, um 1912.

Gröbming.

Grödig, Sbg., SL, Markt, 446 m, 6638 Ew. (1981: 5426 Ew.), 23,09 km², Sommerfremdenverkehrsort (50.535 Übern.) am Fuß des Untersbergs, südlich der Stadt Salzburg. – Untersbergbahn (1961, Seilbahn auf das Geiereck, 1805 m), Naturpark Untersberg, Jugendzentrum, Untersbergmuseum mit Kugelmühle, Radiomuseum, Bundesheerschießplatz Glanegg, Sportanlage; bes. verarb. Gewerbe und Ind.: Metallverarbeitung (Erzeugung von Stanzformen, Zäunen, Fahrzeugen, Stechuhren, Metallbau), digitale Systeme für Skilifte u. a. (→ SkiData AG), medizin. Analysegeräte, Nahrungs- und Genussmittelind. (Süß- und Teigwaren), daneben zahlr. Handelsbetriebe (Baukeramik, Pumpen, Hard- und Software, Schuhe usw.); Marmorsteinbrüche bei Fürstenbrunn seit kelt.-röm. Zeit, „Untersberger Marmor", Verarbeitung in Gem. Oberalm. – Urk. 790; im Kern roman. Pfarrkirche mit got. Chor (1513, im 19. Jh. umgestaltet), Hochaltar (1809), Bombenschaden 1944; röm. Weihealtar in der Friedhofsmauer; spätgot. Wallfahrtskirche St. Leonhard mit barockem Turm (1643/44); Schloss Glanegg (urk. 1350); 1620 mit der Talsperre „Pass" verbunden; alte sbg. Einhöfe; sog. „Wasserschloss" Fürstenbrunn (überbaute Trinkwasserquelle für die Stadt Salzburg).
Literatur: Marktgem. G. (Hg.), Festschrift zur Markterhebung von G., 1968.

Groer, Hans Hermann, * 13. 10. 1919 Wien, † 24. 3. 2003 St. Pölten (NÖ.), 1986–95 Erzbischof von Wien und 1989–95 Vorsitzender der Ö. Bischofskonferenz, ab 1988 Kardinal. Studierte Philosophie und Theologie, 1942 Priesterweihe; erneuerte die Wallfahrten nach Maria Roggendorf (NÖ.), 1970–86 Wallfahrtsdir.; ab 1970 Leiter der Legio Mariae in Ö.; ab 1976 Mitgl. des Benediktinerordens (Stift Göttweig). 1996–98 Prior des Benediktinerklosters Maria Roggendorf. Die „Affäre G." (Vorwürfe wegen sexueller Vergehen an Minderjährigen, zu denen G. beharrlich schwieg), führten 1995 zu einer schweren Belastung in der ö. Kirche und zu seinem Rücktritt.
Literatur: A. Coreth u. I. Fux, Servitium pietatis. Festschrift für H. H. Kardinal G., 1989; H. Czernin, Das Buch G., 1998.

Grogger, Paula, * 12. 7. 1892 Öblarn (Stmk.), † 1. 1. 1984 ebd., Erzählerin. Der kath.-bäuerl. Lebenswelt ihrer Heimat verpflichtet, als „weibl. Rosegger" bezeichnet. Der Durchbruch gelang ihr 1926 mit dem Roman „Das Grimmingtor". Nach 1945 stand ihr Schaffen im Zeichen der autobiographischen Auseinandersetzung mit der Kindheit und dem Leben als Schriftstellerin.
Weitere Werke: Die Sternsinger. Eine Legende, 1927; Die Räuberlegende, 1929; Die Hochzeit, 1937; Das Bauernjahr, 1947. – Autobiographisches: Die Reise nach Salzburg, 1958; Späte Matura oder Pegasus im Joch, 1975; Der Paradeisgarten, 1980; Die Reise nach Brixen, 1987; Selige Jugendzeit, 1989.
Literatur: F. Mayröcker, Von den Stillen im Lande, 1968; P. Umfer, P. G. „Grimmingtor". Sprache und Stilmittel, Diss., Innsbruck 1979.

Grohmann, Paul, * 12. 6. 1838 Wien, † 29. 7. 1908 ebd., Alpenerschließer, Bergsteiger. Erstbesteigung zahlr. Gipfel in den Gailtaler, Karnischen und Zillertaler Alpen sowie in den Dolomiten, auch Erstbezeihungen; nach ihm ist die G.-Spitze in der Langkofelgruppe benannt; 1862 Mitbegründer des Ö. Alpenvereins.
Werke: Karte der Dolomit-Alpen, 1875; Wanderungen in den Dolomiten, 1877.
Literatur: Ö. Alpen-Zeitung, 1909.

Grohs-Fligely, Anton von, * 10. 2. 1825 Mühlbach (Sebes, RO), † 18. 3. 1903 Wien, Apotheker. Erfinder der medizin. Gelatinepräparate.
Literatur: ÖBL.

Grois, Alois (Louis), * 1809 Szávár (H), † 8. 4. 1874 Wien, Schauspieler, Bassist, Regisseur. Zunächst als Komiker in Graz tätig, dann am Wr. Carltheater, wo er mit J. → Nestroy, K. → Treumann und W. → Scholz das berühmte Komikerquartett dieses Theaters bildete.

Groissenbrunn, NÖ., GF, Dorf in der Gem. Engelhartstetten; am 12. 7. 1260 fand hier die Entscheidungsschlacht zw. → Ottokar II. von Böhmen und Kg. Béla IV. von Ungarn um die Länder der Babenberger statt. Dabei fielen die letzten hochfreien Adeligen Ö. (Grafen von Plain-Hardegg). Die Ungarn mussten im folgenden Frieden von Wien auf die Stmk. verzichten. – Pfarre 1250, Kirche (ca. 1780) 1945 schwer beschädigt.

Groll, Hans, * 14. 1. 1909 Linz (OÖ.), † 29. 8. 1975 Wien, Sportpädagoge. Fachl. Leiter des Inst. f. Leibeserziehung in Wien 1946–75; ab 1969 Univ.-Prof. für Leibeserziehung. Trug zur Weiterentwicklung des natürl. Turnens maßgeblich bei.
Werke: Leibeserziehung, 1949 (mit E. W. Burger); Idee und Gestalt der Leibeserziehung von heute, 3 Bde., 1962–68; Die Systematiker der Leibesübungen, ⁵1970. – Schriftleiter der Ztschr. „Leibesübungen – Leibeserziehung" 1946–75 und der Schriftenreihe „Theorie und Praxis der Leibesübungen".
Literatur: Leibesübungen – Leibeserziehung, 1975; H. Andrecs u. S. Redl (Hg.), Forschen, Lehren, Handeln, 1976.

Groller-Mildensee, Maximilian, * 5. 6. 1838 Prag (CZ), † 20. 5. 1920 Wien, Archäologe, Oberst. Mappierungsunterdirektor des Militärgeograph. Inst. in Wien. Techn. Leiter der Limes-Erforschung (→ Limes); leitete Ausgrabungen in → Carnuntum und → Lauriacum.
Literatur: Der Röm. Limes in Ö., Heft 15, 1925.

Grom-Rottmayer, Hermann, * 20. 12. 1877 Wien, † 24. 1. 1953 ebd., Maler, Bühnenlichttechniker. Studierte 1903–06 an der Akad. d. bild. Künste in Wien und 1906–08 an der Münchner Akad. bei L. Herterich. Lehrer an der Kunstschule für Frauen und Mädchen in Wien; 1926 Prof. an der Techn. Hochschule Wien, errichtete das erste Seminar für Theaterinszenierung, künstl. Beleuchtung und Werbung durch Licht in Wien.
Literatur: R. Waissenberger, Die Wr. Secession, 1971.

Grond, Walter, * 25. 5. 1957 Mautern (Stmk.), Schriftsteller, daneben auch als Herausgeber von Zeitschriften und Reihen sowie für andere Medien (Film, ORF) tätig. Übernahm 1994 die Leitung des Literaturreferats des → Forum Stadtpark in Graz, 1995–97 dessen Vorsitzender.
Werke: Die Geschichte einer wahren Begegnung, 1983; Landnahme, 1984 (Roman); Labrys, 1989 (Roman); Ascona, 1991 (mit J. Schlick); Das Feld, 1991 (Roman); Stimmen, 1992; Absolut Grond, 1994 (Roman); Der Schopenhauer, 1994 (Schauspiel); Absolut Homer, 1995; Der Soldat und die Schöne, 1998 (Roman); Der Erzähler und der Cyberspace, 1999 (Essays); Old Danube House, 2000 (Roman); Vom neuen Erzählen, 2001 (Essays); Almasy, 2002 (Roman). – Theaterstücke, Hörspiele.

Gronemann, Karoline, * 3. 7. 1869 Wien, † 20. 8. 1911 ebd., Beamtin (Südbahn) und Vorkämpferin für eine bessere Berufsausbildung der Frauen. Gründete 1901 die „Vereinigung der arbeitenden Frauen" (Privatangestellte), organisierte Abendkurse, richtete Beratungsstellen ein und gab die „Frauenrundschau" heraus. Berufl. Können und Selbstbewusstsein v. a. allein stehender berufstätiger Frauen sollten gefördert werden.
Literatur: Festschrift 25 Jahre Vereinigung der arbeitenden Frauen Wien 1901–26, 1927.

Groner, Auguste (Pseud.: Olaf Björnson, A. von der Paura, M. Regora, Metis), * 16. 4. 1850 Wien, † 7. 3. 1929 ebd., Lehrerin, Volks- und Jugendschriftstellerin.
Werke: Der Brief aus dem Jenseits, 1891 (Kriminalnovellen); Geschichten aus Alt-Wien, 1891; Erzählungen und Sagen aus Ö., 1893; Die alte Spieluhr, 1916. – Jugendgeschichten, Romane.

Groner, Richard, * 3. 10. 1853 Wien, † 15. 6. 1931 ebd., Lexikograph und Journalist. Begründete 1889 mit L. J. Eisenberg das biograph. Jb. „Das geistige Wien". Verfasste u. a. das Altwiener Lexikon „Wien, wie es war" (1919).

Groppenberger von Bergenstamm, Alois, * 1. 8. 1754 Wien, † 15. 2. 1821 ebd., Historiker und Sammler. Ab 1771 Beamter der nö. ständ. Registratur, ab 1800 Sekr. des nö. Ritterstands. Seine Sammlungen und Publikationen zeichnen sich durch hohen Quellenwert und bleibende wiss. Bedeutung aus.
Werk: Versuch einer Lebensgeschichte des ersten Herzogen in Ö., Heinrich des II. Jasomirgott, 1819.
Literatur: G. Fischer u. A. Bergenstamm (Hg.), Denn die Gestalt dieser Welt vergeht, 1996.

Groppenstein, Kä., SP, Gem. Obervellach, am Ende des Mallnitztals, gut erhaltene Burg mit roman. Bergfried (13. Jh.), wurde 1470–80 zu einem mächtigen Komplex ausgebaut, umgeben mit Zinnenmauer und Wehrtürmen. Im Rittersaal Rankenmalerei aus dem 15. Jh., südlich Kapelle mit roman. Apsis.

Groschen, siehe → Geldwesen, → Schilling.

Gross, Gustav, * 12. 6. 1856 Reichenberg (Liberec, CZ), † 23. 2. 1935 Wien, Politiker, Nationalökonom. 1911–17 Führer des Dt. Nationalverbands; 1917/18 letzter Präs. des Reichsrats; langjähr. Leiter des Dt. Schulvereins; einer der Wortführer der dt.-nat. Bewegung in Ö.
Werke: Die Lehre vom Unternehmergewinn, 1884; Karl Marx, 1885.

Gross, Hans, * 26. 12. 1847 Graz (Stmk.), † 9. 12. 1915 ebd., Strafrichter, dann Univ.-Prof. in Prag und Graz, Begründer der modernen Kriminalistik. Haupt der Grazer Schule der Kriminologie; Gründer des Kriminalist. Inst. der Univ. Graz und des Kriminalmuseums in Graz. Verfasser bahnbrechender Werke für die Verbrechensbekämpfung, Gründer des „Archivs für Kriminologie".
Werke: Hb. für Untersuchungsrichter, 1893; Kriminalpsychologie, 1898; Encyklopädie für Kriminalistik, 1900.
Literatur: H. Groß u. F. Geerds, Hb. der Kriminalistik, 1978.

Gross, Wilhelm, * 24. 3. 1886 Molln (OÖ.), † 22. 10. 1918 Wien, Mathematiker. Univ.-Prof. in Wien; Arbeiten auf den Gebieten der Variationenrechnung, Mengenlehre, Geometrie und Invariantentheorie.
Werke: Zur invarianten Darstellung linearer Differentialgleichungen, in: Monatshefte f. Mathematik u. Physik, 1911; Raumkurven, deren Flächenzahl 0 ist, ebd., 1915; Minimaleigenschaft der Kugel, ebd., 1916.
Literatur: ÖBL.

Grossarl, Sbg., JO, Markt, 924 m, 3634 Ew. (1981: 3043 Ew.), 129,23 km², Wintersportort (494.772 Übern.) im → Großarltal im Pongau. – Skigebiet (Skischaukel G.-Dorfgastein); Laufkraftwerk G. (err. 1917, 34.500 MWh), E-Werke; Holzverarbeitung (Fenstererzeugung). – Vom MA bis ins 19. Jh. Schwefel- und Kupferabbau; spätbarocke Pfarrkirche (1768/69) mit Säulenhochaltar (1770); Denkmalhof „Kösslerhäusl" (um 1600); restaurierte Dorfmühle; 2 Paarhöfe (seit ca. 1700 unverändert) im Ellmautal.

Grossarltal, Sbg., Seitental der Salzach im Pongau, vom Großarlbach durchflossen. Das G. trennt die Hohen von den Niederen Tauern und erstreckt sich von der Arlscharte (2252 m) über Hüttschlag (1030 m), Großarl (924 m) und die → Liechtensteinklamm bis zur Einmündung in das Salzachtal zw. Plankenau (756 m) und Niederuntersberg (741 m). Bei der Arlscharte besteht ein Übergang in das Maltatal, beim Murtörl (2260 m) in das Murtal.

Grossberg, Mimi, * 23. 4. 1905 Wien, † 2. 6. 1997 New York (USA), Schriftstellerin. Studierte Psychologie und engl. Literatur, bis 1938 selbständige Modistin. 1938 Emigration in die USA. Neben eigenen literar. Werken gab sie u. a. eine Monografie zur literar. Emigration sowie mehrere Anthologien und 2 Ausst.-Kat. zu ö. Autoren in Amerika heraus. Zentrale Gestalt der Gruppe vertriebener ö. Autoren in den USA.
Werke: Metamorphosis, 1948; Versäume, verträume …, 1957; Ö. Autoren in Amerika, 1970 (mit V. Suchy); The Road to America, 1986.

GROSSBRITANNIEN – ÖSTERREICH:

Von den brit. Inseln enthielt das kontinentale Europa im Früh-MA entscheidende Anstöße für die Ausbreitung und Festigung des Christentums. Der Ire → Kolumban d. J. wirkte für 2 Jahre in Bregenz, bevor er nach Norditalien weiterzog, sein Gefährte → Gallus, ebenfalls Missionar, Einsiedler und Prediger, blieb hingegen im Bodenseeraum. Der Angelsachse → Bonifatius reorganisierte die Kirche bei den Baiern, worauf die Diözesen Salzburg und Passau (739) zurückgehen. In der karoling. Renaissance spielten Persönlichkeiten von den brit. Inseln wieder eine bed. Rolle. In diesem Zusammenhang ist auch der Ire → Virgil zu sehen, der 746/47–84 Bischof von Salzburg war und dort den ersten Dom erbauen ließ. Das 1155 in Wien gegr. Kloster der → Schotten wurde bis 1418 von Mönchen aus Irland beschickt. Mutterkloster war das Regensburger Schottenkloster gewesen.

Auch der bei Stockerau ermordete und in Melk als Märtyrer bestattete und verehrte → Koloman († 1012) soll aus Irland stammen. Durch den Beitritt Kg. Heinrichs VIII. v. England zur Reformation wurden die religiösen Kontakte erheblich reduziert, aus späterer Zeit ist allerdings die Kongregation der → Englischen Fräulein zu nennen, die als Schulorden für die weibl. Jugend seit 1706 in Österreich wirkt.

In polit. Hinsicht kamen die brit. Inseln bzw. England erst durch das burgund. Erbe mit den Habsburgern in Kontakt – zw. den burgund. Niederlanden und England bestanden ja schon intensive Handelsbeziehungen. Die Probleme der span. Linie des Hauses Ö. mit England (1588 Untergang der Armada) sind hier kein Thema. Die religiöse Orientierung der brit. Könige reihte sie eher unter die Gegner der Habsburger ein. Das änderte sich, als die franz. Machtstellung in Europa im letzten Drittel des 17. Jh. so stark wurde, dass sie engl. Interessen betraf. Besonders als nach der „Glorreichen Revolution" mit der Königsherrschaft Wilhelms v. Oranien die Interessen Englands und Hollands zusammengeführt wurden, kämpften die beiden bisher meist konkurrierenden Mächte nun gemeinsam gegen Frankreich, was sie auch auf die Seite der Habsburger führte. Im → Spanischen Erbfolgekrieg bezahlten Großbritannien und die Niederlande die in Belgien und N-Frankreich operierende Armee, der Hzg. v. Marlborough und der Prinz Eugen v. Savoyen errangen 1704 gemeinsam den bed. Sieg von Höchstätt (Blindheim oder Blenheim, wie die Briten sagen). Nach dem Tod Kg. Josephs I. verlor Großbritannien allerdings das Interesse an einem span. Königtum des nunmehr als Kaiser vorgesehenen Karl (VI.). Im Frieden von Utrecht (1713) akzeptierten sie das bourbon. Königtum in Spanien (Philipp V.) gegen die Zusicherung, dass Frankreich und Spanien getrennt blieben. Die Span. Niederland fielen zwar an Karl VI., doch wachten die Niederlande und England gemeinsam darüber, dass von dort aus keine bedeut. kommerziellen Aktivitäten entwickelt wurden. Entsprechende

Richard Groner. Foto.

Hans Groß. Foto.

Pläne Karls VI. stießen auf ihren entschiedenen Widerstand. Dennoch war das Bündnis mit den Seemächten noch eine Konstante in der ersten Regierungsphase Maria Theresias (→ Österreichischer Erbfolgekrieg). Erst die Umkehrung der Allianzen 1755/56 führte Großbritannien im 7-jährigen Krieg auf die Seite Preußens. Während 1763 Preußen Schlesien behalten konnte, war England gegenüber Frankreich in Übersee (Amerika, Indien) siegreich geblieben.

Erst der Kampf gegen die Franz. Revolution und Napoleon führte England und Ö. wieder zusammen. Aber während England den Krieg – abgesehen von einer kurzen Zeitspanne des Friedens, 1801–05 – durchgehend fortsetzte, erlitt Ö. in den diversen Koalitionskriegen (→ napoleonische Kriege) von 1797, 1805 und 1809 schwere Einbußen, erst 1813 trat es wieder in den Kampf ein. Beethoven komponierte in diesem Jahr ein eig. Stück aus Anlass des wichtigen Sieges Wellingtons bei Vitoria. Nach dem Sieg über Napoleon baute Großbritannien seine maritime Stellung als erste Seemacht weiter aus, in Europa wollte es sich diplomat. intensiv engagieren. Brit. und ö. Interessen erwiesen sich als nicht deckungsgleich, besonders nachdem die konservative Regierung durch eine liberale abgelöst worden war. So unterstützten die Briten den griech. Aufstand, während Metternich jede Unterstützung ablehnte. Immer mehr wurde England zum Idealbild einer liberalen Ordnung von Staat und Gesellschaft, Ö. hingegen zum „Hort der Reaktion".

Diese politischen Differenzen änderten aber nichts daran, dass England als erstes industrialisiertes Land der Welt bei den Bemühungen um eine Modernisierung der ö. Wirt. eine bed. Rolle als Vorbild, aber auch für den Import von Innovationen spielen sollte. Spinnmaschinen nach engl. Muster standen schon vor der Gründung der ersten Spinnfabrik auf heute ö. Boden in Pottendorf (1801) an mehreren Orten in Betrieb. Der Engländer J. → Thornton suchte als Kompagnon eines heim. Unternehmers um das ausschließl. Privileg zur Erzeugung von Spinnmaschinen an, das zunächst gewährt, dann aber zurückgezogen wurde. Dieses Know-how wurde aber für die von Thornton errichtete große Spinnfabrik in Pottendorf (1801) wirksam; Kapitalgeber war die Oktroyierte Leihbank, eine erste Gründungsbank für industrielle Unternehmungen. Mehrere Thorntons sind im Vormärz als Unternehmer im Viertel unter dem Wienerwald tätig gewesen. Auch in der Modernisierung der Stahlerzeugung spielten engl. Fachleute eine große Rolle, solche waren in den 1829 als erstem Puddelwerk gegr. Witkowitzer Eisenwerken in Mähren-Schlesien tätig. Bei der Verarbeitung von Nichteisenmetallen führte Matthäus Rosthorn (1721–1805), der 1765 zwecks Gründung einer Knopffabrik nach Wien kam, neue Verfahren ein. Seine Söhne errichteten ein Messingwerk in Oed (NÖ.), August Rosthorn reiste nach England, um neue Produktionsmethoden zu studieren. Die Gebrüder Rosthorn errichteten ferner in Fantschach, später in Prävali (Prevalje, SLO) ein Puddlingwerk. Aus England kamen auch die ersten Lokomotiven für die ab 1837 erbauten ö. Eisenbahnen. Die Maschinenfabrik der Wien-Gloggnitzer Eisenbahn wurde mit Werkzeugen aus England eingerichtet; der schott. Ingenieur J. → Haswell baute ab 1838 die Maschinenfabrik der ö. Staatseisenbahnges. auf, wo nicht nur Lokomotiven und Dampfhämmer, sondern auch die ersten dampfhydraul. Schmiedepressen der Welt erzeugt wurden. Die Maschinenwerkstätten der Nordbahn standen unter der Leitung eines anderen Briten, William Norris. Neben Erzhzg. → Johann besuchten auch eine Reihe anderer Persönlichkeiten England, um die fortschrittl. Techniken der industriellen, aber auch der landw. Produktion und des Eisenbahnwesens an Ort und Stelle studieren zu können (etwa K. Ritter v. → Ghega 1836/37). Für praktisch alle wirt. Bereiche galt England in der 1. Hälfte des 19. Jh. als beispielgebend.

Im ö. Adel breitete sich eine viel diskutierte Anglomanie aus, die nicht nur den adeligen Alltag zu prägen begann, sondern auch stilist. Auswirkungen auf den Schlossbau hatte (Tudorstil beim Schloss Grafenegg bei Krems bzw. in Eisgrub, Lednice, Mähren). London war das Ziel der Emigration des Fürsten Metternich nach seiner Entlassung am Abend des 13. 5. 1848. Bald vertauschten sich die Rollen: Metternich kehrte in den 50er Jahren wieder nach Wien zurück, während nun die Geschlagenen der Revolution von 1848 ihr Domizil nicht selten in England aufschlugen. Lajos Kossuth wurde in England als Held verehrt, als er 1851 nach London kam. Dagegen wurde der durch seine brutalen Maßnahmen in Italien und Ungarn bekannte General J. Frh. v. → Haynau bei einem London-Besuch 1850 von Arbeitern angepöbelt, was zu diplomat. Verwicklungen und zur Empfehlung des ö. Gesandten Koller an Haynau führte, er möge doch seinen langen Schnurrbart abschneiden, damit er nicht überall leicht erkannt werden könne. Im Krimkrieg von 1854–56 half Ö. mit seiner gegen Russland unfreundlichen bewaffneten Neutralität zwar objektiv den Westmächten England und Frankreich, blieb aber letztlich isoliert. In den nächsten Jahrzehnten berührten sich die brit. und ö. (ö.-ungar.) Interessen auf dem Feld der Außenpolitik nur insofern, als beide Staaten kein Interesse an einer erfolgr. Expansion Russlands Richtung Konstantinopel hatten, was zeitweilig auch zu einer Art von Bündnis führt (Mittelmeer-Entente, gemeinsam mit Italien, 1887–97). In den letzten Jahrzehnten der Habsburgermonarchie arbeitete der einflussreiche Journalist Henry Wickham Steed unablässig an einem düsteren Bild über Ö. in der brit. Öffentlichkeit, während der Historiker Hugh Seton-Watson die Existenz der Monarchie positiver beurteilte, ab 1912/13 aber immer kritischer wurde.

Der 1. Weltkrieg sah Großbritannien auf der Seite der Kriegsgegner Ö.-Ungarns. Nach dem Ende der Monarchie zog sich Großbritannien wieder stärker aus den kontinentaleurop. Querelen zurück. Nachdem 1934 und 1935 auch von England die Unabhängigkeit Ö. bekräftigt wurde (Stresa-Front, 13. 4. 1935), ging ab dem → Juliabkommen von 1936 die brit. Politik stark zurück, sich zugunsten der ö. Unabhängigkeit deutlicher zu engagieren. Nach dem „Anschluss" Ö. an Hitlerdeutschland war Großbritannien ein wichtiges Ziel, aber nicht nur jüd. Emigranten aus Ö.; London wurde ein wichtiges Zentrum von kulturellen Aktivitäten des ö. Exils. Allerdings war die Uneinigkeit der Exilorganisationen für die Briten eine Warnung für die Zukunft – sie dachten nicht daran, Exilfunktionäre in der Nachkriegszeit in Ö. wieder politisch aktiv werden zu lassen. Nach dem Kriegsausbruch setzten die Briten die Wiedererrichtung der Eigenstaatlichkeit Ö. auf die Liste der Kriegsziele. In der Moskauer Deklaration vom 1. 11. 1943 wurde das auch von den übrigen Alliierten anerkannt.

In der Folgezeit haben sich die Briten in der Tat am intensivsten mit der Zukunft Ö. auseinander gesetzt, wobei auch die Idee einer Donaukonföderation überlegt wurde. Sie dachten vor allem an eine gründl. Entnazifizierung durch die Besatzungstruppen und den nur langsamen Aufbau einer von Einheimischen getragenen Verwaltung bzw. Gesetzgebung. Ursprünglich waren für die Besetzung Ö. überhaupt nur Briten und Sowjets vorgesehen, doch brachten die Engländer bald auch die Amerikaner und Franzosen ins Spiel – Großbritannien war einfach wirt. und militär. zu schwach, um die Rolle des Hauptkontrahenten der Sowjetunion zu spielen. In ihre Besatzungszonen (Kä. mit O-Ti. und Stmk. sowie die Wr. Bezirke III., V., XI., XII. und XIII.) rückten die Engländer allerdings verhältnismäßig spät ein: nach Klagenfurt kamen sie erst am 8. Mai, in das von den Sowjets geräumte Graz erst im Juni, nach Wien erst im August. Aufgrund ihrer eigenen sehr detaillierten Planung betrachteten die brit. Organe die in der sowjet. Besatzungszone entstandene Regierung Renner mit besonders ausgeprägtem Misstrauen, das sie ab September 1945 nur langsam reduzierten. Anfangs erschien daher auch das brit. Besatzungsregime besonders streng, doch folgten bald Milderungen und eine erhebl. Reduktion der Truppenbestände. Nach Abschluss des Staatsvertrages, der von brit. Seite von Außenmin. Harold McMillan und Botschafter Llewelyn Thompson unterzeichnet wurde, zogen die wenigen brit. Truppen ab, der letzte englische Soldat, der am Morgen des 26. 10. 1955 eine Kaserne bei Klagenfurt verließ, dürfte auch der letzte alliierte Soldat auf ö. Boden gewesen sein.

Der Neutralität misstrauten die Briten und äußerten ihre Besorgnis, Ö. würde über kurz oder lang kommunistisch werden. In der Folge konzentrierten sich die Europäer auf die wirt. Vereinigung. Großbritannien trat der EWG 1957 nicht bei. Noch immer stark auf das Commonwealth bedacht, zog Großbritannien eine lockere Freihandelsgemeinschaft dem engen Zusammenschluss in der EWG zunächst vor. Aus ganz anderen – nämlich neutralitätspolitischen – Gründen sowie aus Vorsicht gegenüber der Sowjetunion bezog Ö. eine ähnl. Position und trat daher 1960 der von den Briten initiierten EFTA (→ Europäische Freihandelsassoziation) bei. Das führte zwar zu einer Intensivierung des Warenverkehrs mit Großbritannien, jedoch zu Verlusten im Handel mit der EWG. Allerdings verließ der Initiator selbst 1973 die EFTA, während sich Ö. schon ab 1961 um eine Assoziierung mit der EWG bemühte. Seit 1995 gehören Großbritannien und Ö. der EU an; Großbritannien ist aber der Währungsunion des Euro bisher nicht beigetreten. Auch gegen eine Ausgestaltung der EU zu einer engeren polit. Gemeinschaft bestehen auf den Inseln erhebl. Widerstände.

Literatur: G. Otruba, Die Bedeutung engl. Subsidien und Antizipationen für die Finanzen Ö. 1701–1748, in: Vierteljahrschrift für Soz.- und Wirt.-Geschichte 51, 1964; H. Pavelka, Die ö. Anleihen in England während der Franzosenkriege und ihre Begleichung, 1965; dies., engl.-ö. Wirt.-Beziehungen in der 1. Hälfte des 19. Jh., 1968; R. Knight, British Policy towards Occupied Austria 1945–1950, Diss., London 1986; E. Staudinger u. S. Beer, Die außenwirt. Beziehungen zu Großbritannien, in: Die Habsburgermonarchie 1848–1918, hg. A. Wandruszka u. P. Urbanitsch, Bd. VI/1, 1989; H. Hanak, Die Einstellung Großbritanniens und der Vereinigten Staaten zu Ö.-(Ungarn), in: Die Habsburgermonarchie 1848–1918, hg. A. Wandruszka u. P. Urbanitsch, Bd. VI/2, 1993; S. Beer (Hg.), Die „brit." Stmk. 1945–1955, 1995.

GROSSDEUTSCHE, Gruppe von vorwiegend aus Ö. und S-Deutschland stammenden Abgeordneten der → Frankfurter Nationalversammlung 1848, die für einen Dt. Bund unter der Führung Ö. eintrat (Gegensatz zu Kleindeutschen, die einen Bund ohne Ö. unter der Führung Preußens forderten). Die Bewegung gewann Anfang der 60er Jahre des 19. Jh. neuen Auftrieb (J. v. Ficker, C. Frantz, A. F. Gföhrer, O. Klopp; dt. Fürstentag 1863). Der Krieg von 1866 führte zum Sieg der klein-dt. Lösung. In Ö. vertrat später die dt.-nat. Bewegung groß-dt. Ideen. 1918/19 fand der groß-dt. Gedanke in die Weimarer Verfassung in Deutschland Aufnahme und wurde auch von vielen ö. Politikern vertreten (→ Anschluss). In nationalistischer Ausprägung wurde die groß-dt. Idee von den Nat.-Soz. vertreten; das nat.-soz. Dt. Reich mit den gewaltsam einverleibten ö., tschechischen, polnischen, jugoslawischen u. a. Gebieten nannte sich 1938–45 „Großdeutsches Reich".

Literatur: H. v. Srbik, Dt. Einheit, 4 Bde., 1935–42.

GROSSDEUTSCHE VOLKSPARTEI: 1918 gehörten gemäß den Wahlen von 1911 der „Provisor. Nationalversammlung für Dt.-Ö." 102 dt.-nat. und dt.-liberale Abgeordnete an (weiters 72 Christlichsoziale und 42 Sozialisten), 1919 nach den Wahlen zur Konstituierenden Nationalversammlung von Dt.-Ö. jedoch nur noch 26. Diese schlossen sich 1919 zur „Großdeutschen Vereinigung" zusammen, bestanden aber aus verschiedenen Gruppen. Aus diesen wurde am 7./8. 8. 1920 die G. V., eine Honoratiorenpartei mit großem Anteil an hohen Beamten und Lehrern höherer Schulen. Die G. V. strebte den Anschluss an Deutschland (Weimarer Republik) an, lehnte Materialismus und Klerikalismus ab und war weitgehend antisemitisch. 1921–32 war die G. V. Regierungspartei (meist mit den Christlichsozialen), stellte 1922–27 die Vizekanzler (F. → Dinghofer, H. → Schürff, L. → Waber, J. → Straffner), auch J. → Schober stand ihr nahe. Nach 1927 traten viele Anhänger zur Heimwehr, nach 1930 immer mehr Mitglieder zu den Nat.-Soz. über. Am 15. 5. 1933 schloss die G. V. mit den Nat.-Soz. eine Kampfgemeinschaft.

Literatur: I. Ackerl, Die G. V. 1920–34, Diss., Wien 1967.

GROSSDIETMANNS, NÖ, GD, Markt, 497 m, 2183 Ew., 39,93 km^2, landw. Gem. südwestl. von Gmünd an der Lainsitz nahe der Grenze zu Tschechien. - Dietmanns: spätgot. Pfarrkirche (2. Hälfte 15. Jh.) mit Barockturm, Barockaltäre, spätgot. Schnitzgruppe, klassizist. Kanzel; Ehrendorf: Kapelle hl. Barbara (1777), Schloss (17. Jh.); Eichberg: Kapelle (1748); Höhenberg: im Kern roman. Pfarrkirche mit got. Chor und Frühbarockaltar (1660/70); Hörmanns: Kapelle (1747); Reinpolz: Kapelle (1882); Unterlembach: Kapelle (1839); Wielands: Kapelle (1820), Gehöfte mit späthistorist. Fassaden.

GROSSE ACHE, siehe → Kitzbüheler Ache.

GROSSEBERSDORF, NÖ, MI, Gem., 193 m, 2159 Ew., 18,02 km^2, Wohngem. und Heurigenort mit Gewerbe, Weinbau und Tourismus nördl. von Wien. Verlagswesen, Großhandel. - Urk. 1168, Barockkirche mit got. Chor und Turm (um 1400); Eibesbrunn: Filialkirche (erb. 1814); Manhartsbrunn: josephin. Kirche (nach 1787); Putzing: Kirche (1761).

GROSS-ENGERSDORF, NÖ, MI, Markt, 164 m, 1430 Ew., 15,58 km^2, landw. Wohngem. am Rußbach am S-Rand des Hochleithenwalds. - Urk. 1114, Markt seit 1868, neugot. Pfarrkirche (erb. 1897–1901) mit got. Chor und neugot. Einrichtung, spätgot. Pestkreuz.

GROSS-ENZERSDORF, NÖ, GF, Stadt, 156 m, 8128 Ew. (1981: 5731 Ew.), 83,91 km^2, Ind.- und Handelsstadt im südwestl. Marchfeld, am östl. Stadtrand von Wien. - Außenstellen von BH und Arbeitsmarktservice Gänserndorf, Smola-Kaserne, Forstverwaltung der Stadt Wien (Lobau), WK, Gebietskrankenkasse (Zahlstelle), Versuchswirtschaft der Univ. f. Bodenkultur, L.-Boltzmann-Inst. für biolog. Landbau. Erzeugung von Tiefkühllebensmitteln (Gemüse usw.), Großdruckerei, daneben w. a. Handel. - Urk. 1160 „Enzinesdorf", bis 1803 im Besitz des Bistums Freising, Stadterhebung 1396, 1938–54 Wien einverleibt; urspr. got. Pfarrkirche (im 17. Jh. barockisiert) mit barockem Doppelsäulenaltar

(1. Viertel 18. Jh.); ehem. Bürgerspital mit Kirche (17. Jh.) heute Rathaus; ma. Stadtmauerring mit Graben und Resten dreier Ecktürme erhalten. An G.-E. unmittelbar angrenzend das Naturschutzgebiet → Lobau, östl. der Stadt ein Teil des projektierten → Donau-Oder-Kanals.
Literatur: Ö. Städtebuch, Bd. IV, Teil 1, Die Städte NÖ., 1988.

Grösser, Matthäus, * 21. 9. 1843 Bad St. Leonhard i. Lavanttal (Kä.), † 29. 12. 1921 Klagenfurt (Kä.), Kunstforscher, Priester. Initiator des Bischöfl. Diözesanmuseums in Klagenfurt.
Werke: St. Prinnis bei Klagenfurt, 1910; Wallfahrtsandenken an Maria Rain in Kä., 1916; Maria Saal in Kä., ⁴1923.
Literatur: ÖBL.

Grosses Walsertal, Vbg., nordöstl. Nebental des Illtals, reicht vom Schadonapass (Übergang zu Bregenzerwald und Hochtannberg) bis vor Bludenz, wo das G. W. zw. Thüringen und Ludesch in den Walgau einmündet. Das G. W. ist ein schluchtartiges Tal ohne Talboden, eine der unberührtesten Gegenden in Vbg. Durchflossen wird das G. W. von der Lutz. Es ist nach den im 13. und 14. Jh. aus den schweizerischen Wallis Eingewanderten benannt und stellt das größte zusammenhängende Siedlungsgebiet der Wal(li)ser dar. Das vordere G. W. war bereits zuvor von rätoroman. Jägern und Bauern erschlossen worden. Die N-Seite (Sonnenseite) des G. W. wird von Zitterklapfengruppe (2403 m) und Hochkünzelspitze (2397 m, jüngere Flyschzone) überragt. Besiedelt ist im G. W. v. a. die N-Seite. Die steilere S-Seite (Schattseite) umfasst mehrere Massive der Lechtaler Alpen, besteht wie der Talschluss aus ostalpinen Kalkschichtungen und ist stärker bewaldet. Die starke Rodung der N-Seite des G. W. brachte eine beträchtl. Lawinengefährdung mit sich – so wurde bereits zu Beginn des 19. Jh. die Kirche des Hauptorts Sonntag (888 m) von einer Lawine verschüttet. 1954 war das G. W. (v. a. Blons) von einem schweren Lawinenunglück betroffen. Teile des G. W. sind Naturschutzgebiet. Auf der N-Seite liegen St. Gerold (920 m), Blons (903 m) und Fontanella (1145 m), im S Raggal (1015 m) mit Marul (976 m). Der Fremdenverkehr (sanfter Tourismus ohne Großhotels) hat im G. W. die Landw. (Viehzucht, Milchwirt., speziell Bergkäse) als Erwerbszweig überholt. Eine höherrangige Straßenverbindung reicht im G. W. (in W-O-Richtung) lediglich von Unterfeld-Thüringen bis Sonntag-Fontanella.
Literatur: H. Held, Vbg. und Liechtenstein, 1988.

Grossfeldsiedlung, siehe → kommunaler Wohnbau.

Gross Gerungs, NÖ., ZT, Stadt, 675 m, 4820 Ew., 105,93 km², im Tal der Zwettl, im westl. Waldviertel. – Jugendfürsorgestelle (BH Zwettl), Herz-Kreislauf-Zentrum (Rehabilitationszentrum); breitgefächerte Wirtschaftsstruktur: Gewerbe und Ind. (Textilfabrik, Fenstererzeugung, Holzverarbeitung), Bauwesen, Handel, soz. Dienste (Kurbetrieb), zweisaisonaler Fremdenverkehr (68.899 Übern.). – Urk. 1261; roman.-got. Pfarrkirche (12.–14. Jh.), teilw. barockisiert (1760), Emporenzubau 1953; Ackerbürgerhäuser (19. Jh.) und Mariensäule (1697) auf dem Hauptplatz.
Literatur: Ö. Städtebuch, Bd. IV, Die Städte NÖ., 1988; Stadtgem. G. G. (Hg.), Heimatbuch G. G., 1999.

Grossglockner, siehe → Glockner.

Grossglockner-Hochalpenstrasse (Glocknerstraße), 1930–35 nach Plänen von F. Wallack erbaute Hochgebirgsstraße in unmittelbarer Nähe des Großglockners (→ Glockner); besteht aus 3 Teilstrecken: 1) Nationalparkstraße von Bruck im Salzachtal (Sbg.) durch das Fuscher Tal (Fusch, Ferleiten) über das Fuscher

Großglockner-Hochalpenstraße.

Törl (2404 m) und das Hochtor (2504 m, mit 311 m langem Tunnel) zum Guttal und nach Heiligenblut im Mölltal, Kä. (47,8 km lang), mit den Abzweigungen: 2) vom Fuscher Törl auf die Edelweißspitze (2572 m; 1,6 km lang) und 3) Gletscherstraße vom Guttal auf die → Franz-Josefs-Höhe (2362 m; 8 km lang). Die G.-H., eine Mautstraße, ist meist von Mai bis November befahrbar. Durchschnittl. Steigung 9 %, Höchststeigung bis zu 12 %. Jährlich ca. 1 Mio. Besucher. Naturkundl. Informationsstelle Hochmais (Edelweißspitze, Römerbogen), Alpine Naturschau, W.-Haslauer-Haus.
Literatur: G. Rigele, Die G.-H., 1998.

Grossgmain, Sbg., SL, Gem., 524 m, 2416 Ew., 22,82 km², Sommerfremdenverkehrsort (79.536 Übern.) am W-Fuß des Untersbergs, nahe der Stadt Sbg., an der bayer. Grenze. – Schulabt. des Landesgendarmeriekommandos Sbg., Rehabilitationszentrum für Herzerkrankungen (Pensionsvers.-Anstalt der Angestellten), Jugendheim. Dienstleistungssektor dominiert (bes. soz. Dienste), daneben Sägewerk und Zimmerei. – Urspr. spätgot., 1731 barockisierte Pfarrkirche mit Madonna aus Gussstein (14. Jh.) und got. Tafelbildern (1499) vom „Meister von G."; Ruine Plainburg (urk. 1140, „Salzbüchsl" genannt); alte sbg. Einhöfe (17.–19. Jh.). Sbg. Freilichtmuseum (sbg. Gehöfte, Mühlen usw., über 50 Häuser und Nebengebäude 16.–19. Jh. mit Hausrat); Naturpark Untersberg, Wildpark Wolfschwang.

Grossgöttfritz, NÖ., ZT, Markt, 714 m, 1468 Ew., 40,15 km², landw. Wohngem. mit Gewerbe südl. von Zwettl. – Nahrungsmittelerzeugung. – Urk. 1277, got. Pfarrkirche mit O-Turm, Heiligenfigur (um 1520) und spätgot. Taufstein, got. Karner (1483). – Aubergwarte (811 m), „Hoher Stein" (Granitfelszacke, Naturdenkmal) mit Gipfelkreuz, „Jahn-Felsen", „Boadwandl" (Schalensteine), Robotstein, Weißenbachklamm.
Literatur: J. Fichtinger, Marktgem. G., Werden und Wachsen unserer Heimat, 1993.

Grossharras, NÖ., MI, Markt, 206 m, 1202 Ew., 42,67 km², landw.-gewerbl. Gem. am Mostschüttelbach am S-Rand der Laaer Ebene. Dorfmuseum (seit 1990 in Zwingendorf); Weinbau. – Urk. 1156, Markt seit 1956, 1766 barockisierte Kirche mit got. Turm und Chor, Schloss (17. Jh.); Diepolz: spätgot. Lichtsäule (1499), Muttergotteskapelle (1844); Zwingendorf: spätbarocke

Pfarrkirche (Umbau nach 1796). – Naturschutzgebiet (seit 1979, Salzflora: z. B. Meerstrandmilchkraut).

Grosshart, Stmk., HB, Gem., 420 m, 652 Ew., 10,64 km², landw.-gewerbl. Gem. zw. Feistritz- und Safental. – Holzverarbeitung, Obstbau. Naturteich, Naturlehrpfad.

Grosshofen, NÖ., GF, Gem., 153 m, 92 Ew., 6,18 km², landw. Kleingem. am Rußbach im Marchfeld. – Urk. 1316, Laurentiuskapelle (2. Hälfte 18. Jh.), Zwerchhöfe (19. Jh.).

Gross-Hoffinger, Anton Johann (Pseud.: Hans Normann, A. J. Groß), * 22. 5. 1808 Wien, † nach 1873 vermutlich Breslau (Wroclaw, PL), Schriftsteller. Studium der Rechte in Wien und München. Verfasste Sittengemälde über Wien und war im Vormärz auch als polit. Journalist tätig. Gründer der Welt- und Nationalchronik „Der Adler" (1841–44 „Vindobona").
Weitere Werke: Das Reich der Finsternis, 1836 (polit. Gedichte); Das galante Wien, 2 Bde., 1846; Wien, wie es ist, 1846; Der Roman Napoleons, 3 Bde., 1848.
Literatur: G. Metzker, A. J. G.-H., Diss., Wien 1965; ÖBL.

Grosshöflein, Bgld., EU, Markt, 194 m, 1853 Ew., 14,25 km², bei Eisenstadt, an den südl. Ausläufern des Leithagebirges. – Weinbaugebiet. In der Nähe auf dem Föllig (286 m) jungsteinzeitl., bronzezeitl. und römerzeitl. Funde sowie Jagd- (18. Jh.) und Lusthaus der Esterházy (in Verfall); urspr. spätgot. Pfarrkirche, Umbau im 17. Jh., Seitenschiff 1992; Antonikapelle (1730); Rathaus (1675, „Simon-Despot-Haus"); „Pleiniger-Haus" (17. Jh.) und Radegundiskapelle; Pranger (1714). In der Nähe schwefelhältige Quelle (ungenutzt).

Grössing, Stefan, * 27. 4. 1937 Leoben (Stmk.), Sportwissenschaftler. Zunächst Lehrer an höheren Schulen, 1973–81 Univ.-Prof. für Sportpädagogik an der Techn. Univ. München, seither an der Univ. Salzburg.
Werke: Sport der Jugend, 1970; Sportmotivation, 1973 (mit I. Speiser u. H. Altenberger); Bewegungskultur und Bewegungserziehung, 1993; Einführung in die Sportdidaktik, ⁷1997; Streifzüge durch die Geschichte der Bewegungskultur, 1997; Affen-Thun oder Gymnastik auf allen vieren, 2000; Kinder brauchen Bewegung, 2002.

Grossjährigkeit, siehe → rechtserhebliche Altersstufen.

Grossjedlersdorf, 1108 erstmals erwähnte, bis 1904 selbständige Gem., seither Teil des 21. Wr. Bez. (Floridsdorf).

Grosskirchheim, Kä., SP, Gem., 1013 m, 1606 Ew., 109,78 km². Fremdenverkehrsort an der Großglockner-Hochalpenstraße (43.958 Übern.). Geschäftsstelle des Nationalparks Hohe Tauern, priv. FachS für wirt. Berufe der Grazer Schulschwestern in der Katastralgem. Döllach. Vom 15. bis zum 17. Jh. Edelmetallabbau und Berggericht (Museum Schloss G., 1561); Kirche Sagritz (1769–79); spätgot. Filialkirche Döllach, 1538 vollendet; Wallfahrtskirche Maria Dornach in Mitteldorf mit barockem Höllenfresko.

Grossklein, Stmk., LB, Markt, 321 m, 2353 Ew., 27,72 km², Schul- und Einkaufszentrum im Saggautal. – Museum mit archäolog. Funden. Weinbau. – Eine der bedeutendsten hallstattzeitl. Nekropolen Europas auf dem Burgstallkogel in → Kleinklein; Pfarrkirche hl. Georg (um 1170, Umbau 2. Hälfte 17. Jh.) mit Barockhochaltar (1770–80), Kanzel (um 1720–30), Statue hl. Franz Xaver von Veit Königer (1765); alte Streck- und Hakenhöfe.

Grosskrut, NÖ., MI, Markt, 181 m, 1643 Ew., 38,44 km², am Poybach im nordöstl. Weinviertel. Lagerhaus. – Roman.-got. Pfarrkirche mit Kreuzrippengewölbe (1486) und massivem Turm, Hochaltar (um 1730); ehem. Karner in Kirche einbezogen, Ölbergrelief (vor 1500); in Althöflein Kulturstadl (Konzerte, Theater) und Ausstellungen in ehem. Presshaus.
Literatur: J. Pich, 900 Jahre G., 1955.

Grosslobming, Stmk., KF, Gem., 641 m, 1031 Ew. (1981: 754 Ew.), 7,39 km², im oberen Murtal, südwestl. von Knittelfeld. Landw. FachS (im Schloss G.); Sägewerk. Pfarrkirche (urk. 1066) mit spätgot. Chor (um 1450) und ummauertem Kirchhof, Hochaltar von 1670; auf den Chorkonsolen Kopien got. Statuen des 15. Jh. (Originale in der Ö. Galerie Belvedere, Wien); Schloss (1777–79).

Grossloge von Österreich, siehe → Freimaurerei.

Grossmacht der Barockzeit, siehe → Barock.

Grossmährisches Reich, um 830 n. Chr. mit Zentrum im Mündungsgebiet der Thaya in die March entstandenes westslaw. Reich, dem auch ein erhebl. Teil des Weinviertels und des Waldviertels angehörte. Es stand in Gegensatz zum Frankenreich und erlebte unter Hzg. Swatopluk († 894) einen Höhepunkt. Mission durch Kyrill und Method. Das G. R. wurde 905 von den Ungarn zerstört.
Literatur: Großmähren und die christl. Mission bei den Slawen, Ausst.-Kat., Wien 1966; Der hl. Method, Salzburg und die Slawenmission, 1987.

Grossmann, Agnes, * 24. 4. 1944 Wien, Dirigentin; Tochter von Ferdinand → Großmann. Als Pianistin ausgebildet, musste aus Gesundheitsgründen ihre Karriere abbrechen, ab 1974 Dirigentstudium in Wien; leitete 1983–86 die Wr. Singakad., ging 1986/87 nach Kanada und wurde dort zur erfolgreichen Orchesterleiterin; 1996–98 künstler. Leiterin der Wr. Sängerknaben. Danach verstärkt als Gastdirigentin tätig (v. a. in Kanada); gründete 2001 das „Ensemble Montreal" (Chor und Orchester), dessen Leiterin sie auch ist.

Grossmann, Ferdinand, * 4. 7. 1887 Tulln (NÖ.), † 5. 12. 1970 Wien, berühmter Stimmbildner und Chorleiter, Komponist; Vater von Agnes → Grossmann. Akad.-Prof. in Wien; gründete 1923 das Wr. Volkskonservatorium, dann Chorleiter der Singakad., 1930 Chordirektor der Wr. Staatsoper, leitete 1939–45 und ab 1956 die Wr. Sängerknaben, gründete 1946 den Akademiekammerchor.
Werke: Chöre, Lieder, Symphonie, Klavier-, Violinmusik.

Grossmann, Rudolf (Pseud. Pierre Ramus), * 15. 4. 1882 Wien, † 20. 5. 1942 Atlantik (während der Flucht), anarchist. Schriftsteller. Emigrierte 1895 in die USA, beeinflusst von J. Most, später von L. Tolstoi; lebte ab 1907 wieder in Ö., strikter Verfechter des gewaltlosen Anarchismus.
Werke: Die Neuschöpfung der Gesellschaft durch den kommunist. Anarchismus, 1920; Militarismus, Kommunismus, Antimilitarismus, 1921; Anarchist. Manifest, ³1923; Wohlstand für alle, 1907–14 (Hg.); Erkenntnis und Befreiung, 1918–33 (Hg.).
Literatur: G. Brandstetter, R. G., in: G. Botz u. a. (Hg.), Bewegung und Klasse, 1978; C. Neubauer, R. G. („Pierre Ramus") und der ö. Anarchismus von 1907 bis 1934, 3 Bde., 1999.

Grossmann, Stefan, * 18. 5. 1875 Wien, † 13. 1. 1935 ebd., Novellen- und Romanautor, Dramatiker, Publizist und Essayist. Lebte in Paris, Berlin und Brüssel; Redakteur bei der „Wr. Rundschau" (ab 1897) und der „Arbeiterzeitung" (ab 1904). 1906 begründete er die „Freie Wr. Volksbühne" und 1920 zusammen mit Ernst Rowohlt in Berlin die Wochenschrift „Das Tage-Buch", die er bis 1927 mitleitete. Seine Autobiographie „Ich war begeistert" (1930) schildert die Situation jüd. Intellektueller.

Stefan Grossmann. Foto, 1916.

Weitere Werke: Novellensammlungen: Die Treue, 1901; Die Gasse, 1904; Herzliche Grüße, 1909. – Romane: Die Partei, 1919; Chefredakteur Roth führt Krieg, 1928.
Literatur: P. Sloterdijk, Literatur und Organisation der Lebenserfahrung, 1978.

Grossmittel, NÖ., WB, Siedlung, 253 m, im nördl. Steinfeld, nordöstl. von Felixdorf, Teil der Stadtgem. Ebenfurth. – Jansa-Kaserne (Munitionsanstalt, Amt für Rüstung und Wehrtechnik), Sprengplatz des Entminungsdiensts; westlich von G. Wr. Neustädter Kanal.

Grossmugl, NÖ., KO, Markt, 217 m, 1519 Ew., 64,50 km². – Vorwiegend Landw. und kleine Gewerbebetriebe; Lagerhausfiliale. – Namengebend für den Ort ist ein noch unerforschter Grabhügel der → Hallstattkultur (800/750–500/400 v. Chr.) mit einer Höhe von 16 m und einem Durchmesser von 55 m. Ein weiterer Hügel von 3 m Höhe und 33 m Durchmesser enthielt Reste von 30 Gefäßen. Got.-barocke Pfarrkirche.

Grossmürbisch, Bgld., GS, Gem., 293 m, 274 Ew., 7,92 km², Wohn- und Auspendelgem. am Reinersdorfer Bach südl. von Güssing. – Urk. 1336, kath. Pfarrkirche (1900) mit Hochaltarbild des hl. Königs Stephan (um 1800), Marienkapelle mit Schnitzpietà, Dreifaltigkeitskapelle (1913), strohgedecktes Blockhaus mit gemauertem Laubenhofteil.

Grosspetersdorf, Bgld., OW, Markt, 311 m, 3546 Ew., 31,36 km², Ind.-Ort zw. Tauchenbach und Zickenbach, in der Nähe der ungar. Grenze. – Therapiezentrum des Gesundheitsforums Bgld., Metallausbildungszentrum des BFI, Lehrwerkstätte für Schlosser von „Jugend am Werk", Flüchtlingsberatungsstelle. Produktionssektor dominiert (rd. 2 Drittel der Beschäftigten 2001): elektrotechn. Ind. (Kraftfahrzeugkabel, Beleuchtungsanlagen), Dentaltechnik, Betonwerk. – Pfarrkirche (1849/50 Neubau nach Großbrand), Einrichtung im Stil eines „verspäteten Barock", Wandmalerei (1949); evang. Kirche (1820–23).
Literatur: G. Reingrabner, 1273 – 1823 – 1973 G., 1973.

Grossradl, Stmk., DL, Gem., 520 m, 1505 Ew., 32 km², landw. Gem. am Lateinbach in der südlichsten Stmk. nahe der slowen. Grenze. – Bergkirche St. Pongratzen; Hausschmiede und alter Getreidekasten; in Bachholz: Antoniuskirche (Neubau 1711–15) mit Barockaltären. Waldlehrpfad.

Grossraming, OÖ., SE, Gem., 446 m, 2760 Ew., 107,68 km², ehem. Eisenind.-Ort im Ennstal, in den nördl. Ausläufern der Eisenwurzen. – Laufkraftwerk G.-Reichraming (err. 1950, 245.200 MWh), Nationalpark Kalkalpen (seit 1997) mit Informationsstelle und Nationalpark-Bildungshaus Brunnbachschule. Großbaufirma, Gartenzwergfabrik, Holzverarbeitung, Sommerfremdenverkehr (Wandern, Radfahren). – Spätgot. Pfarrkirche (1513, Chor 1691, 1969 erweitert) mit barocken Fresken aus der Schule B. Altomontes (1759), Glocke (1522); Museum für Kutschen und Schlitten, Heimatmuseum, Krippenmuseum. – Denkmal des Geologen L. v. Buch im Pechgraben (ungewöhnl. Granitvorkommen an der Grenze von Kalkalpen und Flyschzone, → Buchdenkmal).
Literatur: J. Ofner, G. Geschichte einer Bergbauerngem. im Ennstal, 1975.

Grossreifling, Stmk., LI, siehe → Landl.

Grossriedenthal, NÖ., TU, Gem., 277 m, 984 Ew., 18,83 km², Weinbau- und Auspendelgem. nördl. des Wagram. – Urk. 1110, frühklassizist. Kirche (erb. 1768–71) mit spätbarocker Einrichtung, Altarbilder von M. J. Schmidt (1769), spätbarocker Pfarrhof (1765/67), ma. Erdställe im Hausberg; Ottenthal: Barockkirche hl. Ulrich (Weihe 1726) mit neubarocker Einrichtung, alte Kellergasse. – „Neun Mauna" (Lösssäulen).

Grossrussbach, NÖ., KO, Markt, 291 m, 1939 Ew., 32,74 km², gewerbl.-landw. Wohngem. am Rußbach. – Bildungshaus der Erzdiözese Wien (im Schloss, 1987 Festsaal err.). – G.: urk. 1666 Markt, spätgot. Pfarrkirche mit neugot. (1908) und spätbarocker (1738/40) Ausstattung, Schloss (Kern 15./16. Jh., Anbauten 1948/53, 1980/81); Wallfahrtskirche und Schloss in → Karnabrunn; Kleinebersdorf: Kapelle (1738); Weinsteig: got. Kirche (1672 barockisiert) mit schöner Barockausstattung (Ende 17. Jh.); Wetzleinsdorf: Ausgrabung neolith. Siedlung.

Gross Sankt Florian, Stmk., DL, Markt, 317 m, 2973 Ew., 25,83 km², im Laßnitztal, in weststeir. Hügelland. – Erzeugung von Bekleidung und Spielautomaten, Kran- und Landmaschinenbau, Weingroßkellerei, Schlachthof, Holzverarbeitung. – Im Kern spätroman. Pfarrkirche mit got. Netzrippengewölbe und Seitenschiffen (1711/12); Mariensäule (um 1737); Steir. Feuerwehrmuseum.

Grossschönau, NÖ., GD, Markt, 681 m, 1264 Ew., 41,96 km², landw. Wohngem. mit Sommertourismus am Ursprung des Purkenbachs südöstl. von Weitra; europ. Wasserscheide (Donau/Elbe) quer über den Marktplatz, markiert von Barockbrunnen. Heimatmuseum, Bioenergetisches Trainingszentrum, Bioenergiemesse, 1. NÖ. Wünschelrutenweg. Betonwarenerzeugung; neues Gründerzentrum. – Urk. 1165, seit 1954 Markt, im Kern roman. Pfarrkirche mit got. Chor (um 1400), spätbarockem Hochaltar (1773) und Altarbild von M. J. Schmidt (1772), Pfarrhof (ehem. Wehrbau, Umbau 1697–1700, got. Schnitzfigur Maria mit Kind, um 1469), Pranger (1737), Johannes-Nepomuk-Statue (1784); in Engelstein: Kuenringerburg (um 1300, spätere Zubauten); in Harmannstein: spätgot. Kirche mit barockisiertem Langhaus auf dem Johannesberg.
Literatur: W. Pongratz u. P. Tomaschek, Heimatbuch der Marktgem. G., 2000.

Gross-Schweinbarth, NÖ., GF, Markt, 182 m, 1290 Ew., 24,95 km², am N-Rand des Marchfelds. – Weinbau, Holzverarbeitung, Dienstleistungsbetriebe. Nö. Mus. f. Volkskultur, Bauernmus. – Spätbarocke Pfarrkirche St. Martin (1734/35) mit klassizist. Altären (1814); Schloss 1792–97 durch Erweiterung einer Wasserburg entstanden.

Gross-Siegharts, NÖ., WT, Stadt, 534 m, 3089 Ew., 44,27 km², im nördl. Waldviertel. Mittelpunkt des ehem. „Bandlkramerlandls", um 1720 Beginn des Textilfabrikation, trotz Bedeutungsverlust des Textilsektors noch immer (v. a. gewerbl.) Textilbetriebe. – Internat. Interkommunales Zentrum (IIZ) im Gebäude der ehem. FachS für Textilind.; Erzeugung von Borten, Etiketten und Bändern, Teppichstickerei; Elektronikind. (Prüfgeräte für Flugzeugind.); Produktion von Berloque-Pistolen; Stahlbau. – Stadterhebung 1928. Barocke Pfarrkirche (1700–32) mit Kuppelfresken von C. Carlone (1727), Schloss (urk. 1304, Ausbauten 1532, 1570–80 und 1710–20) seit 1891 in Gem.-Besitz, heute Amtshaus; Textilmuseum.
Literatur: Ö. Städtebuch, Bd. IV, Teil 1, Die Städte NÖ., 1988; R. Schierer, G.-S. Pfarrgeschichte, 5 Hefte, 1952–59; R. Kurij, Schloß G.-S. im Wandel der Zeiten, 1993; ders., G.-S. 50 Jahre Kriegsende – 50 Jahre 2. Republik, 1995; Geschichte der Bürgermeister von G.-S., 1997.

Grossölk, Stmk., LI, Gem., 694 m, 525 Ew., 20,83 km², mit Ortsteil Stein a. d. Enns Hauptort des Sölktals. – Speicherkraftwerk Sölk (err. 1978, 221.000 MWh), Naturpark (seit 1983, 277 km², umfasst die Gem. St. Nikolai im Sölktal, Kleinsölk und G.); Holzverarbeitung, Mühle. – Pfarrkirche (um 1740, aus ehem. Pferdestall umgebaut), steht isoliert auf einem Felsen; Wehrmauer, ehem. Schloss G. (14.–16. Jh.).

Grosssteinbach, Stmk., FF, Gem., 331 m, 1357 Ew., 21,24 km², landw.-gewerbl. Wohngem. im Feistritztal. Nahrungsmittelerzeugung. – Urk. 1218, Pfarrkirche (urk. 1400, Umbau 1670) mit Hochaltar von 1776, barocke Kreuzigungsgruppe und Seitenaltäre, Orgel (18. Jh.), Hl. Grab (frühes 19. Jh.); Pfarrhof (1693); Wohnhäuser (teilw. historist., teilw. Biedermeierdekor). Badeteich.
Literatur: A. J. Falk, G., Großhartmannsdorf, Kroisbach. Gegenwart und Geschichte, 1998.

Grossstübing, Stmk., GU, Gem., 543 m, 375 Ew., 17,77 km², landw. Gem. am Stübingbach. – Pfarrkirche hl. Anna (erb. 1786–88), Hochaltar von 1810 mit Statuen von L. Zeillinger, spätgot. Kruzifix (1510–20), barocke Kirchenstühle, barocker ehem. Pfarrhof.
Literatur: C. J. Brandtner, Die Geschichte der Pfarre G., 1997.

Grosstrappe, truthahngroßer Vogel weiträumiger Kultur- und Natursteppen; die Hähne sind mit 16 kg die schwersten Vögel Europas. Die G. wanderte nach Einführung des Rapsanbaus um 1920 im Seewinkel (Neusiedler See) ein und hielt sich bis heute in Restbeständen. Frühere Vorkommen – bes. im Marchfeld – sind erloschen. Eindrucksvoll ist die Balz der Hähne, die sich durch Anheben der Schwanzfedern, Abheben und Verdrehen der Flügel und Aufblasen der großen Kehlsäcke blitzschnell in weiße Federbälle verwandeln.

Grossveitsch, Stmk., MZ, siehe → Veitsch.

Großvenediger, von Gschlöss aus gesehen.

Grossvenediger, O-Ti./Sbg., 3666 m, stark vergletscherter Hauptgipfel der → Venedigergruppe in den Hohen Tauern, vierthöchster Berg in Ö., 1841 von A. v. Ruthner und Begleitern erstmals erstiegen. Zugänge: vom O durch das Gschlöss, von S durch das Virgental, von N durch Ober- oder Untersulzbach- oder Habachtal. Schutzhütten: Neue Prager Hütte (2782 m), Defregger Haus (2963 m), Kürsingerhütte (2548 m), Thüringer Hütte (2212 m), Badener Hütte (2608 m).

Grosswarasdorf, Bgld., OP, Gem., 244 m, 1647 Ew., 42,51 km², kroatisch geprägte Wohngem. mit Landw. am Raidingbach im Oberpullendorfer Becken, starke Abwanderungstendenzen. Kulturzentrum Mittel-Bgld. (Kulturvereinigung „KUGA"); Holzverarbeitung, Metallwarenerzeugung. – G.: urk. 1194, nach 1532 Besiedlung mit Kroaten, Pfarrkirche (frühes 18. Jh.) mit Barockinventar, Kloster der Barmherzigen Schwestern, Lourdes- und Michaelskapelle, Dreifaltigkeitssäule, Pestsäule, hist. Giebelhäuser; Kleinwarasdorf: urk. 1195, im Kern ma. Pfarrkirche (1960 erweitert) mit Barockaltar, alte Kapellen und Bildstöcke.
Literatur: J. Karall, Zur Geschichte der Pfarre G., Dipl.-Arb., Wien 1989; I. Melisits, Festschrift – Eröffnung des neuen Aktions-, Bildungs- und Kulturzentrums Mittel-Bgld., 15 Jahre KUGA, 1997; G.-Nebersdorf (Hg.), 775 Jahre Nebersdorf (775 ljet Šuševo) 1225–2000, 2000.

Grossweikersdorf, NÖ, TU, Markt, 211 m, 2786 Ew., 43,36 km², alter Weinbauort im Schmidatal, im Weinviertel. – Sporthalle und -zentrum; Mühle, Gewerbebetriebe, etwas Weinbau. – Urk. 1221; Pfarrkirche (Neubau 1733–40 nach Plänen von J. E. Fischer v. Erlach) mit spätbarockem Hochaltar (1740) und Altarbildern von M. Altomonte (1734) und M. J. Schmidt (1749); Barockhäuser auf dem Marktplatz; Mariensäule (1720); Pranger. I.-Pleyel-Museum in Ruppersthal.
Literatur: J. Baumgartner, Heimatbuch G., 1968.

Grosswilfersdorf, Stmk., FF, Gem., 274 m, 1417 Ew., 20,91 km², Wohngem. mit Gewerbe im Feistritztal an der Mündung des Ilztales. BerufsS für Gärtner, Gärtnerische HandelsS. Holzverarbeitung, Betonfertigteilerzeugung. – Röm. Hügelgrab bei Radersdorf; barock Pfarrkirche (spätes 17. Jh.), O-Turm mit Fresken (18. Jh.), Grabstein von 1756; Hof Lyboch (im Kern Wehrbau des 13. Jh., im 18. Jh. Umbau).

Grosz, Paul, * 18. 7. 1925 Wien, Präs. der Israelit. Kultusgemeinde in Wien 1987–98. Ab 1948 Kürschnerlehre und Chemiestudium in Wien, seit 1957 Kürschnermeister; seit 1972 im Vorstand der Israelit. Kultusgemeinde.

Grosz, Wilhelm, * 11. 3. 1894 Wien, † 10. 12. 1939 New York (USA), Komponist, Pianist. Schüler von F. → Schreker und G. → Adler; ging 1928 nach Berlin und arbeitete im Rundfunk- und Schallplattenbereich, emigrierte 1934 in die USA; schrieb Opern, Ballette, Film- und Tanzmusik, wurde v. a. durch seine Foxtrott-Tango-Balladen bekannt.
Literatur: C. Ottner, „Was damals als unglaubliche Kühnheit erschien". F. Schrekers Wr. Kompositionsklasse, 2000.

Gruber, Augustin Josef, * 23. 6. 1763 Wien, † 28. 6. 1835 Salzburg, 1816 Bischof von Laibach, 1823 Erzbischof von Salzburg. Begründer der Wr. Katechetischen Methode.

Gruber, Franz von, * 20. 7. 1837 Wien, † 1. 11. 1918 ebd., Architekt und Offizier; Sohn von Ignaz G. (1803–1872), des ersten Ohrenheilkundespezialisten in Ö., und Bruder von Max v. → Gruber. Ab 1867 Lehrer an der Genie-Akad., führte v. a. Militärbauten aus. 1893–95 Vorstand des Ö. Ingenieur- und Architektenvereins. Verdienste um die Verbesserung des Sanitäts- und Gesundheitswesens.
Literatur: ÖBL.

Gruber, Franz Xaver, * 25. 11. 1787 Unterweitzberg (Gem. Hochburg-Ach, OÖ.), † 7. 6. 1863 Hallein (Sbg.), Volksschullehrer in Arnsdorf und Organist in Oberndorf, später in Hallein. Komponist des Liedes → „Stille Nacht! Heilige Nacht!" (1818). Denkmal in Oberndorf.
Literatur: J. Mühlmann, F. X. G., 1966.

Gruber, Franz Xaver, * 29. 9. 1801 Wien, † 12. 4. 1862 ebd., Blumen- und Genremaler. Ab 1835 Prof. an der Manufakturschule der Wr. Akad., schuf zw. 1839 und 1859 für Fürst Metternich eine Aquarellsammlung sämtl. Kamelienarten und für Ks. Ferdinand I. eine Reihe von bemerkenswerten Orchideen- und Palmenaquarellen nach den Pflanzen in den Gewächshäusern von Schloss Schönbrunn.

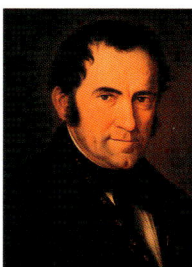

Der Komponist Franz Xaver Gruber. Gemälde von S. Stief, 1846 (Stille-Nacht-Museum, Hallein, Sbg.).

Gruber, Gernot, * 17. 11. 1939 Bruck a. d. Mur (Stmk.), Musikwissenschaftler, Mozart-Forscher. 1976–95 Prof. an der Musikhochschule München, seit 1995 an der Univ. Wien.
Werke: Mozart und die Nachwelt, 1985; W. A. Mozart, 1989; Mozart verstehen, 1990; Mozart. Leben und Werk, 1992; W. A. Mozart, 1995. – Hg.: Musikal. Hermeneutik im Entwurf, 1994; Zur Geschichte der musikal. Analyse, 1996; Mozartanalyse im 19. und frühen 20. Jh., 1999; Wr. Klassik. Ein musikgeschichtl. Begriff in Diskussion, 2002 (Hg.).

Gruber, Gregor Maximilian, * 7. 8. 1739 Horn (NÖ.), † 20. 4. 1799 Wien, Piarist, Historiker und Urkundenforscher. Lehrte an der Savoyischen Ritterakad. in Wien und an der Wr. Univ.
Werke: Das durchlauchtigste Erzhaus Ö., 1773; Lehrsystem einer allg. Diplomatik, 3 Tle., 1783–84; Programma didacticum super optima methodo scribendi docendique artem diplomaticam, 1795.
Literatur: O. Lienhart, G. M. G., 1999.

Gruber, Heinz Karl, * 3. 1. 1943 Wien, Komponist, Kontrabassist. Studierte u. a. Komposition an der Wr. Musikhochschule bei A. → Uhl, E. → Ratz, G. v. → Einem und H. → Jelinek. Ab 1961 als Kontrabassist bei dem Ensemble „Die → reihe", das er seit 1983 auch leitet. Wurde v. a. durch das Ensemble „MOB art & tone ART" (1968 mit K. → Schwertsik und O. M. → Zykan), mit dem er neue Wege im musikalisch-szen. Bereich beschritt, und mit seinen Vokalwerken „Frankenstein!!" (1978) und „Gomorra" (1972, Neufassung 1993) berühmt. Großer Ö. Staatspreis 2002.
Weitere Werke: Concerto für Orchester, 1964; Marihuana Song, 1973 (Lieder); Rauhe Töne, 1983 (Schlagzeug und Orchester); Anagramm für 6 Celli, 1987; Zeitstimmung, 1996 (Chansonnier und Orchester).
Literatur: R. Buland, Die „Neuen Wilden", Diss., Wien 1989.

Gruber, Josef, * 18. 4. 1855 Wösendorf (Gem. Weißenkirchen i. d. Wachau, NÖ.), † 2. 12. 1933 Linz (OÖ.), Komponist, Organist. Schüler von A. → Bruckner, Stiftsorganist in St. Florian (ab 1878), 1906 Musiklehrer in Linz, Cäcilianer.
Werk: Meine Erinnerungen an Dr. A. Bruckner, 1928.

Gruber, Karl, * 3. 5. 1909 Innsbruck (Ti.), † 1. 2. 1995 ebd., Diplomat und Politiker (ÖVP). Mitgl. der Ti. Widerstandsbewegung, 1945 Landeshauptmann von Ti., 1945–54 Abg. z. NR, 1945–53 BMin. f. ausw. Angelegenheiten; unterzeichnete 1946 das sog. Gruber-De-Gasperi-Abkommen zur Regelung der S-Ti.-Frage, 1966–69 Staatssekr. im Bundeskanzleramt, 1954–57 und 1969–72 Botschafter in den USA, weiters in Madrid, Bonn und Bern, Sonderbeauftragter bei der IAEO. G. wirkte maßgebl. an den Verhandlungen über den ö. Staatsvertrag 1955 mit, trug zur Lösung der S-Ti.-Frage 1945/46 bei und unterstützte Ö. Teilnahme an der wirt. W-Integration.
Werke: Die Politik der Mitte, 1946; Zw. Befreiung und Freiheit, 1953; Reden und Dokumente 1945–53, 1994.

Karl Gruber. Foto, um 1953.

Gruber, Ludwig, * 13. 7. 1874 Wien, † 17. 7. 1964 ebd., Wienerliedkomponist, Dirigent, Schriftsteller; Sohn des Altwiener Volksdichters und Gesangskomponisten Anton G.
Werke: über 2000 Lieder (Mei Muatterl war a Weanerin; Es wird ein Wein sein). – Singspiele (Die Fiakermilli), Kirchenmusik, Tänze, Märsche, Symphonie, Filmmusik.

Gruber, Marianne, * 4. 6. 1944 Wien, Schriftstellerin und Jugendbuchautorin. Studierte Klavier und mehrere Semester Medizin und Psychologie bei V. E. → Frankl. Seit 1994 Präs. der Ö. Ges. für Literatur. Setzt sich in ihren Romanen mit der Situation des Menschen zw. Isolation und Hoffnung auseinander.
Werke: Romane: Die gläserne Kugel, 1981; Zwischenstation, 1986; Windstille, 1991. – Der Tod des Regenpfeifers, 1991 (Erzählungen); Esras abenteuerliche Reise auf dem blauen Planeten, 1992 (Kinderbuch); Die Spinne und andere dunkelschwarze Geschichten, 1995; Frauen sehen Europa, 2000 (Hg.).

Gruber, Max von, * 6. 7. 1853 Wien, † 16. 9. 1927 Berchtesgaden (D), Hygieniker; Sohn von Ignaz G. (1803–1872), dem ersten Ohrenheilkundespezialisten in Ö., und Bruder von Franz v. → Gruber. Univ.-Prof. in Graz, Wien und München. Beeinflusste die Sanitätsgesetzgebung Ö., war Mitgl. des Sanitätsrats, schuf eine weltweit ausgeübte Methode („g.sche Reaktion") zur Erkennung von Infektionskrankheiten (Typhus); entdeckte die „spezif. Agglutination" der Typhusbakterien.
Werke: Hygiene des Geschlechtslebens, 1902; Fortpflanzung, Vererbung und Rassenhygiene, 1911; Hb. der Hygiene, 4 Bde., 1911–23 (mit M. Rubner u. P. M. Ficker).
Literatur: A. W. Forst, M. v. G., 1959.

Gruber, Reinhard Peter, * 20. 1. 1947 Fohnsdorf (Stmk.), Erzähler, Dramatiker und Journalist. Nach einem abgebrochenen Theologiestudium arbeitete G. 1973–77 als Journalist, seit 1977 freier Schriftsteller. In seinen „Heimatgeschichten" parodiert und entlarvt er verbreitete Klischees und Ideologien. Am erfolgreichsten wurde die Satire „Aus dem Leben Hödlmosers" (1973, [11]1990).
Weitere Werke: Romane: Im Namen des Vaters, 1979; Die grüne Madonna, 1982. – Prosa: Alles über Windmühlen, 1971; Vom Dach der Welt, 1987; Das Schilcher ABC, 1988; Einmal Amerika und zurück, 1993. – Dramen: Space Travel oder Nietzsche in Goa, 1984; Heimatlos, 1985; Die Geierwally, 1995. – Ausgabe: Werke, hg. v. M. Droschl, 1997 ff.

Gruber, Rudolf, * 28. 12. 1933 Gablitz (NÖ.), Wirtschaftsjurist, Börsensensal. Seit 1968 Gen.-Dir. von NEWAG und NIOGAS, die 1987 zur EVN Energie-Versorgung Niederösterreich AG (seit 1998 → EVN AG), der größten Landesges. der ö. → Energiewirtschaft, fusioniert wurden.

Grubhofer, Franz, * 6. 2. 1914 Dornbirn (Vbg.), † 11. 11. 1970 ebd., Angestellter und Politiker (ÖVP). 1945–62 Abg. z. NR, 1956–61 Staatssekr. im BM f. Inneres.

Gruberova, Edita, * 23. 12. 1946 Pressburg (Bratislava, SK), Kammersängerin (Koloratursopran). Debütierte 1970 an der Wr. Staatsoper als Königin der Nacht in Mozarts „Zauberflöte", seit 1972 Mitgl. dieses Hauses. Mitwirkung bei den Sbg. Festspielen sowie zahlr. internat. Gastspiele und Plattenaufnahmen. Zählt zu den weltbesten Sängerinnen ihres Fachs; Schwerpunkte: italien. Oper (Bellini, Donizetti, Rossini, Verdi), W. A. Mozart und R. Strauss.
Literatur: N. Rishoi, E. G., 1996.

Grueber, Johannes, * 28. 10. 1623 Linz (OÖ.), † 30. 9. 1680 Sárospatak (H), Jesuit, Missionar, Mathematiker. War 1659–61 am chines. Kaiserhof tätig, wo er Sternberechnungen und geograph. Ortsbestimmungen vornahm. Kehrte als erster Europäer auf dem Landweg von China nach Europa zurück, durchquerte Tibet, hielt sich in Lhasa und Katmandu auf und überschritt den Himalaja. Seine Reisebeschreibungen (die ersten über Tibet überhaupt) sind von bes. wiss. Wert. Er starb als Feldkurat der ö. Armee.
Literatur: F. Braumann, Ritt nach Barantola, [2]1960.

Gruen, Victor David (eigentl. V. D. Gruenbaum), * 18. 7. 1903 Wien, † 14. 2. 1980 ebd., Architekt. Arbeitete bis 1938 in Wien, dann Emigration in die USA, wo er 1947 eines der führenden Architekturbüros der USA gründete (V. G. Associates). Berühmt wurde er 1955/56 mit dem Southdale Center bei Minneapolis, dem weltweit ersten in einem Gebäude integrierten Einkaufszentrum, das er mit einer revolutionären

Heizanlage ausstattete. Mitte der 60er Jahre entwickelte er in den USA die ersten Konzepte für Fußgängerzonen in Fort Worth und Fresno. 1967 kehrte G. nach Wien zurück, wo er ein Architekturbüro eröffnete.
Weitere Werke: Northland Shopping Center, Detroit, 1954. – Schriften: Shopping Towns USA, 1960; The Heart of Our Cities, 1964; Centers for the Urban Environment, 1973.

Grün, Adolf, * 22. 11. 1877 Wien, † 29. 3. 1947 Basel (CH), Chemiker. Fachmann auf dem Gebiet der Fettchemie; entwickelte neben analytischen Methoden die Sulfonierung, durch die ein neuer chem. Industriezweig ins Leben gerufen wurde.
Werk: Analyse der Fette, Wachse und Erzeugnisse der Fettindustrie, 2 Bde., 1925/29.

Grün, Anastasius (eigentl. Anton Alexander Graf von Auersperg), * 11. 4. 1806 Laibach (Ljubljana, SLO), † 12. 9. 1876 Graz (Stmk.), Lyriker, Epiker und Übersetzer. Dem jurist. Studium in Wien und Graz folgten Reisen nach Italien, Deutschland (wo er mit Autoren der „Schwäbischen Schule", insbes. mit L. Uhland bekannt wurde), Frankreich und England; 1848/49 Mitgl. des Frankfurter Parlaments; 1861–76 Mitgl. des Herrenhauses; Freund von N. → Lenau, dessen Nachlass (1851) und „Sämtliche Werke" (1855) er herausgab. G. kritisierte in seinen von liberalem Gedankengut erfüllten Werken, v. a. in den Gedichtbänden „Spaziergänge eines Wr. Poeten" (1831) und „Schutt" (1835), das System Metternich und den Klerikalismus.
Weitere Werke: Romanzen: Balladen der Liebe, 1830; Der letzte Ritter, 1830; Gedichte, 1837. – Satirische Verserzählungen: Die Nibelungen im Frack, 1843; Der Pfaff vom Kahlenberg, 1850. – Übersetzungen slowen. und engl. Werke. – Ausgaben: Polit. Reden und Schriften, hg. v. S. Hock, 1906; Sämtliche Werke, hg. v. E. Castle, 6 Bde., 1909; Zeit ist eine stumme Harfe, eingel. und ausgew. v. U. Baumgarten, 1958.
Literatur: A. Schlossar, A.G. Sein Leben und Schaffen, 1907; F. Riedl, A.G., 1909; R. Wächter, A.G. polit. Dichtung, 1933; F. Sengle, Biedermeierzeit, Bd. 3, 1972; R. Wiedner, A.G. Gedichtsmlg. „Schutt", Dipl.-Arb., Innsbruck 1988; D. Scharmitzer, A.G.: Versuch einer Monographie, Diss., Wien 1996.

Grünau im Almtal, OÖ., GM, Gem., 528 m, 2111 Ew., 229,98 km², zweisaisonaler Fremdenverkehrsort (99.187 Übern., bes. im Sommer) an der Mündung des Grünaubachs in die Alm, östl. des Traunsees; flächenmäßig größte Gem. in OÖ. – Forstaufsichtsstelle der BH, Jugendheim, Marienheim (Marienschwestern vom Karmel); Skigebiet mit Gruppenumlaufseilbahn auf die Kasberalm (Kasberggipfel 1747 m), Gondelbahn zur Farrenau sowie zahlr. Liften. 6 km südl. bei Fischerau Wildpark der Hzg.-v.-Cumberland-Stiftung. Forstw., Holzverarbeitung, Konrad-Lorenz-Inst. der Univ. Wien. – Barocke Pfarrkirche (1695) mit Schnitzaltar (1616–18, 1712 aus der Stiftskirche Kremsmünster). Märchenwald in Schindelbach.

Grünbach, OÖ., FR, Gem., 721 m, 1816 Ew., 36,06 km², landw. Wohn- und Auspendlergem. nordöstl. von Freistadt. – Urk. 1270, Pfarrkirche hl. Nikolaus (14.–16. Jh.) mit weitem spätgot. Langhaus, ornamental verziertem spätgot. Sakristeiportal (um 1512) und manierist. S-Portal (1512), Taufbecken (16. Jh.); got. Wallfahrtskirche St. Michael ob Rauchenödt (frühes 16. Jh.) mit Sterngewölbe, prächtigem Flügelaltar des Donaustils (1522), frühbarocker Kanzel (1671) und Rokokoorgel (1772), Mesnerhaus (um 1800), Tabernakelpfeiler (1644).

Grünbach am Schneeberg, NÖ., NK, Markt, 557 m, 1776 Ew., 7,37 km², Ausflugsort (Wandergebiet) am S-Fuß der Hohen Wand. – Ehemals größtes Steinkohlebergwerk Ö. (Abbau ab 1827, Stilllegung 1965, Förderturm erhalten), kleines Bergbaumus. (priv.), Naturpark Hohe Wand mit Aussichtsturm (teilw. in Gem. G.); Erzeugung von Klimageräten, aber v. a. Auspendlergem. – 1744 barockisierte Pfarrkirche mit spätgot. Chor und Sternrippengewölben.
Literatur: M. Ulm, Die Marktgem. G. am Schneeberg unter bes. Berücksichtigung der wirt. Entwicklung nach 1965, Dipl.-Arb., Wien, 1981.

Fritz Grünbaum. Foto, um 1925.

Grünbaum, Fritz, * 7. 4. 1880 Brünn (Brno, CZ), † 14. 1. 1941 KZ Dachau (D), Kabarettist, Schauspieler, Tänzer, Regisseur, Schriftsteller. 1906 erster Auftritt im Wr. Kabarett „Die Hölle", ab 1907 in Berlin, ab 1914 wieder in Wien; künstlerischer Leiter des „Simpl", wo er mit K. → Farkas die Doppelconférence entwickelte, und Dir. mehrerer kleiner Wr. Bühnen; 1927 gründete er das „Boulevard-Theater"; 1938 von den Nat.-Soz. verhaftet.
Werke: Operetten-Libretti: Die Dollarprinzessin, 1907 (mit A. M. Willner); Der Liebeswalzer, 1908 (mit R. Bodanzky); Die Czikosbaronesse, 1920; Traumexpress, 1931 (mit K. Farkas). – Lustspiel: Sturmidyll, 1914. – Revuen, Feuilletons, Gedichte, Schlagertexte (Draußen in Schönbrunn, Ich hab das Fräuln Helen baden sehn). – Ausgaben: Die Schöpfung und andere Kabarettstücke, 1984; Die Hölle im Himmel und andere Kleinkunst, 1985; Der leise Weise, 1992 (alle hg. v. H. Veigl).

Grünberger, Alfred, * 15. 10. 1875 Karlsbad (Karlovy Vary, CZ), † 25. 4. 1935 Paris (F), Politiker (CS). 1920–22 Leiter des Staatsamts und des Ministeriums für Volksernährung, 1921/22 Handelsmin., 1922–24 Außenmin., 1925–32 Gesandter in Paris und Madrid.

Grünburg, OÖ., KI, Gem., 365 m, 3824 Ew., 43,25 km², kleine Ind.-Gem. im Steyrtal, Endstation der 1982 stillgelegten Steyrtalbahn, heute Museumsbahn (im Sommer Betrieb mit Dampflokomotiven). – Jugendamtsaußenstelle der BH, Jugendwohnheim (Schloss Leonstein), Naturschutzgebiet Sengsengebirge (seit 1976, 35 km²), Meteorolog. Station Feichtau, Kraftwerk Agonitz; Holzverarbeitung (Parketten, Möbel, Holzwaren, Drechslerei), Erzeugung von Kartonagen und Wellpappe. – Spätgot. Pfarrkirche mit barocker N-Kapelle und archäolog. Ausgrabungen (Reste einer ma. Burganlage und einer Siedlung aus der Hallstattzeit); Sensenschmiedeensemble Schmiedleithen mit ehem. Sensenwerk.

Grundbesitz, Innehabung einer Liegenschaft mit dem Willen, sie als die seinige zu behalten. Im allg. Sprachgebrauch findet sich häufig die Bezeichnung „G." für Grundeigentum (→ Eigentum, → Grundbuch). Abgesehen vom Eigentumsrecht sind folgende dingl. Rechte an Grund und Boden möglich: → Dienst-

Anastasius Grün. Lithographie von J. Kriehuber.

barkeit, Reallast, Pfandrecht und → Baurecht. Den Grundverkehr regeln eig. Grundverkehrsgesetze, wonach Rechtsgeschäfte über land- und forstw. genutzten Boden der Genehmigung der Grundverkehrskommission (kollegiale Landesbehörde) unterliegen. Der Grundstückserwerb durch Ausländer in Ö. unterliegt ebenfalls dieser Genehmigungspflicht. G. in Ö. unterliegt der → Grundsteuer, Grundstückserwerb der → Grunderwerbssteuer.

Grundbuch, von den Gerichten geführtes öffentliches Verzeichnis, in das Grundstücke und die an ihnen bestehenden dinglichen Rechte eingetragen sind. Das G. besteht aus dem Hauptbuch, dem Löschungsverzeichnis und der Urkundensammlung. Daneben bestehen als Hilfseinrichtungen die G.-Mappe und die Hilfsverzeichnisse. Das Hauptbuch, das Löschungsverzeichnis und die Hilfsverzeichnisse werden automationsunterstützt von derzeit 143 Bezirksgerichten in der Grundstücksdatenbank geführt.
Die Grundstücksdatenbank ist im Bundesrechenzentrum installiert und wird von Bundesamt für Eich- und Vermessungswesen (BEV) betrieben. Die G.-Mappe steht als Digitale Katastralmappe (DKM) ebenfalls automationsunterstützt zur Verfügung. Das Hauptbuch enthält für jede Liegenschaft eine eigene G.-Einlage (je Katastralgemeinde mit einer Einlagezahl bezeichnet), bestehend aus 3 Blättern: A-Blatt (Gutbestandsblatt), B-Blatt (Eigentumsblatt) und C-Blatt (Lastenblatt). Die Urkundensammlung enthält alle Urkunden, die Grundlage einer GEintragung waren.
Der Erwerb, die Übertragung, die Beschränkung und die Aufhebung von bücherlichen Rechten erfolgen (mit wenigen Ausnahmen) ausschließlich durch die Eintragung im G. (Intabulationsprinzip). Das G. genießt öffentlichen Glauben, d. h., jedermann darf sich auf die Richtigkeit und Vollständigkeit der G.-Eintragungen verlassen (materielles Publizitätsprinzip). Jedermann hat ein Einsichtsrecht in das G. (Öffentlichkeitsprinzip). Diese Einsicht kann am Bezirksgericht, beim Vermessungsamt, beim Notar oder im Internet erfolgen. Hauptquelle des G.-Rechts ist das Allgemeine GGesetz 1955; weitere Vorschriften finden sich im G.-Anlegungsgesetz 1930, im Liegenschaftsteilungsgesetz, im G.-Umstellungsgesetz 1980 und im ABGB.
Literatur: E. Feil, Ö. Grundbuchsrecht, 1972; H. Hofmeister, Die Grundsätze des Liegenschaftserwerbes, 1977; H. Auer u. H. Hofmeister, Das moderne G., 1992.

Grunderwerbssteuer, Verkehrsteuer auf den Erwerb inländischer Grundstücke in Höhe von 3,5 % (2 % unter Ehegatten, Eltern und Kindern) vom Kaufpreis, formell gemeinschaftl. Bundesabgabe, fließt jedoch zu 96 % den Gemeinden zu.

Gründerzeit: Bezeichnung der Periode nach 1850 bis 1914, für die die ö.-ungar. Monarchie in mehreren Phasen wirt. modernisiert, verschiedene Regionen (Wien und Umland, Sudetenländer, Ober-Stmk., Vbg.) industrialisiert und das Staatsgebiet durch Eisenbahnen erschlossen wurde. Einen ersten Höhepunkt stellte die Zeit von 1867 bis zum Börsenkrach 1873 dar. Im Sinne des Liberalismus setzte man auf ungebremstes Wachstum mit Banken- und Fabriksgründungen, v. a. in Form von Aktienges. Nach Erholungsphasen 1879–83 und 1886–90 begann 1896 eine neue Epoche der Hochkonjunktur mit verbesserter Technologie und neuen Produkten (Maschinenbau, Chemie, Elektrotechnik), die bis 1914 anhielt. In der G. wurden viele Bildungs- und Kulturbauten errichtet, Stadtbild und Ausdehnung der Städte (bes. Vororte Wiens) veränderten sich innerhalb kurzer Zeit. Die Epoche war aber auch durch neue soz. Probleme gekennzeichnet.

Literatur: H. Matis, Grundzüge der ö. Wirtschaftsentwicklung 1848–1914, in: Innere Staatsbildung und ges. Modernisierung, 1991.

Grundherrschaft, vom Früh-MA bis 1848 vorherrschende Besitzstruktur des ländl. Raums. Der Grundherr hatte seinen Holden „Schutz und Schirm" zu gewähren und übte Verwaltungs- und Gerichtsfunktionen aus. Die Untertanen standen in unterschiedlichen Abhängigkeitsverhältnissen zu ihm, hatten Abgaben in Geld oder Naturalien sowie Frondienste zu leisten. Die G. endete mit der Übertragung des Rustikalbesitzes gegen Entschädigung auf die Bauern, während der direkt bewirtschaftete Dominikalbesitz privates Grundeigentum und vielfach Großgrundbesitz wurde.

Grundig Austria GmbH, Wien: 1968 wurde die Grundig Minerva GmbH durch Ankauf der Wr. Firma Minerva Radio W. Wohlleber & Co gegr., 1977 Umbenennung auf Grundig Austria GmbH, 2003 wurde das Unternehmen nach Insolvenz geschlossen. G. erzeugte Produkte der Unterhaltungselektronik, v. a. TV-Geräte, Videorecorder, HiFi-Geräte und Autoradios, beschäftigte zuletzt rd. 1000 Mitarbeiter und war zu 100 % im Besitz des dt. Elektronikkonzerns Grundig AG (Fürth).

Grundlsee, Stmk., LI, Gem., 732 m, 1283 Ew., 152,23 km², Sommertourismusgem. (155.548 Übern.) am gleichnamigen See. – Urk. 1188; neugot. Pfarrkirche Herz Jesu (1888–90) mit Glasfenstern der Ti. Glasmalerei; Messkapelle in Gößl (erb. 1819/20 mit Beitrag Erzhzg. Johanns) mit Barockinventar (17./18. Jh.); alte Gehöfte (teilw. 16. Jh.); „Kaiserl. Stall" (heute Ausstellungsort); hist. Gasthöfe und Villen (19. Jh.). Unweit Toplitz- und Kammersee.
Literatur: M. Seifert, Die G. Pfarrgeschichte, 1996; N. Schönfellinger (Hg.), G., Sachln und Gschichtln. 150 Jahre Gem. G., 2000.

Grundlsee.

Grundlsee, Stmk., 708 m, 5,7 km lang und 0,9 km breit, 64 m tief; Alpensee nordöstl. von Bad Aussee im steir. Salzkammergut. Der G., der größte See der Stmk., nimmt im O den Abfluss von Toplitzsee (Toplitzbach) und Attersee auf. Aufgrund seiner Tiefe erreicht der G. nur relativ niedrige Wassertemperaturen; am See liegen die Gem. Gößl (720 m, Sommerfrische), Wienern (763 m) und Grundlsee (732 m).

Grundmann Beschlagtechnik GmbH, Fabrik für Schlösser und Schließanlagen mit Sitz in Herzogenburg (NÖ.), gegr. 1862 von Carl Grundmann; rd. 150 Beschäftigte.

Grundrechte, den einzelnen Personen im Verfassungsrecht garantierte Freiheitsrechte gegenüber dem Staat. Die G. sind in Ö. nicht zentral verankert, sondern auf mehrere Gesetze verteilt. G. enthalten die → Bundesverfassung, das Staatsgrundgesetz von 1867 („über die allg. Rechte der Staatsbürger"), die Staats-

verträge von Saint-Germain (1919) und Wien (1955), die Europ. Menschenrechtskonvention von 1958, das Zivildienstgesetz und das Datenschutzgesetz.
Folgende bes. wichtige G. enthält das ö. Verfassungsrecht: Gleichheit vor dem Gesetz (verbunden mit einem allg. Sachlichkeitsgebot für Gesetzgeber und Vollziehung); gleiche Zugänglichkeit zu öffentl. Ämtern; Recht der Freizügigkeit der Person und des Vermögens; Freiheit des Aufenthalts, der Einreise und der Auswanderung; Recht auf Unverletzlichkeit des Eigentums (eingeschränkt durch die Möglichkeit der Enteignung); Freiheit des Liegenschaftserwerbs; Aufhebung des Untertänigkeits- und Hörigkeitsverbands (seit 1848); Freiheit der Erwerbstätigkeit (aus bestimmten sachl. Gründen einschränkbar); Schutz der persönl. Freiheit (einschränkbar nur aufgrund einer richterl. Anordnung); Recht auf ein Verfahren vor dem gesetzl. (d. h. zuständigen) Richter; Unverletzlichkeit des Hausrechts; Schutz des Brief- und des Fernmeldegeheimnisses (einschränkbar jeweils aufgrund richterl. Anordnung); Petitionsrecht; Vereins- und Versammlungsfreiheit; Meinungs- und Pressefreiheit; Verbot der Vorzensur; Glaubens- und Gewissensfreiheit; Freiheit der Wiss. und ihrer Lehre sowie der Künste; Unterrichtsfreiheit; Recht auf Bildung; Freiheit der Berufswahl und der Berufsausbildung; Rechte der Minderheiten; Recht auf Leben; Recht auf Datenschutz; Recht auf Befreiung von der Wehrpflicht.
Während diese Freiheitsrechte einen staatsfreien Raum garantieren, ermöglichen die polit. G. die Teilnahme an der staatl. Willensbildung (z. B. aktives und passives Wahlrecht).
Literatur: W. Berka, Die G., 1999.

Grundsteuer, bundesgesetzlich geregelte ausschließliche → Gemeindesteuer vom → Grundbesitz (land- und forstw. Vermögen, Grundvermögen, Betriebsgrundstücke). Befreiungen bestehen für öffentl. und gemeinnützigen Grundbesitz. Die Finanzämter setzen auf Basis des → Einheitswerts den G.-Messbetrag bescheidmäßig fest, aufgrund dessen die G. von den Gemeinden unter Anwendung eines Hebesatzes festgesetzt und eingehoben wird. Die Entrichtung erfolgt in vierteljährlichen Raten.

Grund- und Integrativwissenschaftliche Fakultät, wurde an der Univ. Wien bei ihrer Neugliederung aufgrund des Universitätsorganisationsgesetzes 1975 eingerichtet und umfasste die Institute für Philosophie, Wiss.-Theorie und Wiss.-Forschung, Politikwiss., Psychologie, Erziehungwiss., Soziologie, Publizistik und Kommunikationswiss., Theater-, Film- und Medienwiss., Ethnologie, Kultur- und Sozialanthropologie, Geographie und Regionalforschung sowie Sportwiss.; 2000 umbenannt in Fakultät für Human- und Sozialwiss. Mit der Implementierung des Univ.-Gesetzes 2002 werden die ehem. human- und sozialwiss. Studienrichtungen großteils der neuen Fakultät für Sozialwiss. zugeordnet.

Grünen, Die, G, seit 1995 offizielle Bezeichnung „Die Grünen – Die Grüne Alternative (Grüne)", seit den Wahlen von 1986 im Nationalrat vertretene polit. Partei, die umwelt-, demokratie- und sozialpolit. Anliegen in den Vordergrund stellt. D. G. sind eine Medien- und Wählerpartei (2003 rd. 3000 Mitgl.). Sie haben den polit. Diskurs erweitert und den allg. Kontrollstandard erhöht; der frühere Bundessprecher P. → Pilz trat bes. als Mitgl. parlamentar. Untersuchungsausschüsse hervor. Frühere basisdemokrat. Ansätze (Rotationsprinzip) und der spontane Politikstil wurden kontinuierlich zugunsten einer professionelleren Organisation

Wahlergebnisse der Grünen in ganz Österreich

Wahljahr	Stimmen	% aller Stimmen	Nationalratssitze	Bundesratssitze
1986	234.028	4,8	8	–
1990	225.084	4,8	10	–
1994	338.538	7,3	13	–
1995	233.208	4,8	9	–
1999	342.260	7,4	14	–
2002	464.980	9,5	17	2

Wahlergebnisse der Grünen in den Bundesländern

Land	Jahr	% aller Stimmen	Landtagssitze	Bundesratssitze
Bgld.	2000	5,49	2	–
Kä.	2004	6,69	2	–
NÖ.	2003	7,22	4	1
OÖ.	2003	9,06	5	1
Sbg.	2004	7,99	2	–
Stmk.	2000	5,61	3	–
Ti.	2003	15,59	5	1
Vbg.	1999	6,00	2	–
Wien	2001	12,45	11	1

aufgegeben. Die bei den Nationalratswahlen 1994 erfolgreiche Spitzenkandidatin M. → Petrovic wurde danach auch zur Bundessprecherin ihrer Partei gewählt. Nach der Wahlniederlage 1995 übernahm C. → Chorherr die Funktion des Bundessprechers, übergab diese aber bereits 1997 an A. → Van der Bellen; mit ihm als Spitzenkandidat konnten D. G. bei den Nationalratswahlen 1999 und 2002 ihre bisher besten Ergebnisse erreichen.
Literatur: M. Petrovic, Das grüne Projekt, 1994; F. Schandl u. G. Schattauer, D. G. in Ö., 1995; M. Leuthold, Gründe politische Bildung, 2000.

Grüne Parteien: Als Folge der seit den 70er Jahren des 20. Jh. in den Industriestaaten entstandenen → neuen sozialen Bewegungen, die Inhalte und Formen etablierter Politik in Frage stellten, entwickelten sich in den 1980er Jahren polit. Parteien, die v. a. das Primat der Ökologie vor der Ökonomie, umfassende Demokratisierung und Kontrolle der polit. Entscheidungsträger, Solidarität mit den Entwicklungsländern und Abrüstung forderten. In Ö. führte die umstrittene Energiepolitik zur Entstehung grüner Initiativen. Der Geologe A. → Tollmann, durch sein Engagement gegen das Kernkraftwerk Zwentendorf bekannt geworden, gründete 1982 die erste g. P., die eher konservativ ausgerichteten „Vereinten Grünen Ö." (VGÖ). Stärker gesellschaftsverändernd orientiert war die 1983 ins Leben gerufene „Alternative Liste Ö." (ALÖ). Da keine Einigung zw. beiden Gruppen gelang, kandidierten sie bei den Nationalratswahlen 1983 auf getrennten Listen und verfehlten den Einzug ins Parlament. Erst vor der Nationalratswahl 1986 konnte man sich – gestärkt durch den erfolgreichen Widerstand gegen das Donaukraftwerk Hainburg (→ Hainburger-Au-Besetzung) – auf die Gründung einer einheitl. Partei unter dem Namen „Grüne Alternative" (GA) und die prominente Grünpolitikerin F. → Meissner-Blau als Spitzenkandidatin einigen: mit 8 Mandaten zog die GA ins Parlament ein; seit 1995 ist die offizielle Bezeichnung der Partei „Die → Grünen – Die Grüne Alternative (Grüne)". Mittlerweile sind die Grünen in allen ö. Landtagen vertreten. Grünwähler finden sich bes. unter der jüngeren Bevölkerung; zum Wählerpotential der Grünen gehören v. a. die Berufsgruppen der Akademiker, Selbständigen, freien Berufe, Beamten und Angestellten.

Grüner Bericht, jährl. Analyse der agrarwirt. Entwicklung sowie der soz. und wirt. Situation der ö. Land- und Forstw., erstellt vom Landw.-Min.

Grünerle (Alnus viridis), 3–6 m hoher strauchiger Halbbaum, stark gestreutes Vorkommen zw. 1500 und 2800 m in den Alpen und Karpaten; höchststeigender Laubbaum, bildet Buschwald und ersetzt in den Zentralalpen die Latsche an der Waldgrenze. Wichtige Pionierbaumart zur Sicherung von Rutschungen und gefährdeten Hängen, häufig Vorwaldbaumart für nachfolgende Unterwanderung durch Bergahorn, Buche oder Fichte.

Grünfeld, Alfred, * 4. 7. 1852 Prag (CZ), † 4. 1. 1924 Wien, Pianist und Komponist. Lebte zumeist in Wien, zahlr. Konzertreisen; bekannt durch den Vortrag seiner Konzertparaphrasen von Strauß-Walzern (Widmungsträger des „Frühlingsstimmenwalzers").

Alfred Grünfeld. Foto, um 1915.

Grünland: Man unterscheidet Weiden (Weiderasen) und Wiesen (Mähwiesen). Die Erfindung der Heuwirt. war ein wesentl. Fortschritt in der Viehwirt., sie setzt die Erfindung der Sichel (später der Sense) voraus. Mähwiesen sind daher viel jünger als das Weideland (→ Gebirgsvegetation und -flora), kaum älter als zwei- bis dreitausend Jahre, in den Alpen oft weniger als 1000 Jahre alt. Im Unterschied zur Weide, wo die Pflanzen selektiv abgefressen werden, werden bei der Mahd alle Pflanzen gleichzeitig und gleichmäßig bis zum Grund abgeschnitten. Ausdauernde Arten, die vom Grund aus gut nachtreiben können, werden begünstigt, Einjährige gibt es nur sehr wenige (Klappertopf/Rhinanthus- und Augentrost/Euphrasia-Arten). Mechanische und chem. Schutzeinrichtungen der Pflanzen bieten den Arten der Mähwiese keinerlei Vorteile. Viele typ. Wiesenarten Mitteleuropas sind in die Mähwiese entweder aus anderen Pflanzengesellschaften oder aus ferneren Regionen eingewandert oder (meist durch Hybridisierung) neu entstanden (z. B. Wiesen-Knäuelgras/Dactylis glomerata, Wiesen-Hornklee/Lotus corniculatus, Wiesen-Margerite/Leucanthemum ircutianum, Gamander-Ehrenpreis/Veronica chamaedrys). Wie bei den Weiderasen unterscheidet man entsprechend dem Nährstoffgehalt des Bodens Mager- und Fettwiesen. Die Magerwiesen sind mannigfacher, artenreicher und naturnäher; häufige Süßgräser sind Ruchgras/Anthoxanthum odoratum und Rot-Schwingel/Agrostis capillaris. Fettwiesen entstanden erst spät, infolge der Düngerwirtschaft. Die wichtigsten Fettwiesen-Süßgräser sind Glatthafer/Arrhenatherum elatius, Knäuelgras/Dactylis glomerata, Goldhafer/Trisetum flavescens. Das Brachfallen der Magerwiesen und -weiden ist heute ein Problem des Naturschutzes. Stärkere Düngung verringert die Artenvielfalt, augenscheinlich ist etwa das Verschwinden der Orchideen. Stark gedüngte Intensivwiesen sind sehr artenarm, einige wenige Arten herrschen, darunter auch „Problemunkräuter" wie der gefürchtete Stumpfblatt-Ampfer/Rumex obtusifolius. → Gräser, → Alm, → Vegetation.
Literatur: G. Pils, Die Wiesen OÖ. Eine Naturgeschichte des oö. Grünlandes unter bes. Berücksichtigung von Naturschutzaspekten, 1994.

Grünlandwirtschaft, seit den 1950er Jahren in den Gebieten der Alpen und Voralpen übliche landw. Wirtschaftsform ohne Getreidebau mit überwiegender Viehwirtschaft.

Grünmandl, Otto, * 4. 5. 1924 Hall i. Ti., † 3. 3. 2000 ebd., Kabarettist, Schriftsteller. Neben seiner Tätigkeit als Textilkaufmann (1948–65) schrieb er Gedichte, Erzählungen, neoexpressionist. Hörspiele (Ö. Staatspreis); bekannt durch seine „Alpenländischen Interviews" (ab 1973) im Hörfunk; ab 1976 als Kabarettist tätig. 1978 Dt. Kleinkunstpreis.
Kabarettprogramme: Ich heiße nicht Oblomow, 1979; Ich bin ein wilder Papagei, 1982; Politisch bin ich vielleicht ein Trottel, aber privat kenn' ich mich aus, 1987.

Grünne, Karl Ludwig Graf, * 25. 8. 1808 Wien, † 15. 6. 1884 Baden (NÖ.), Berufsoffizier. 1848 Obersthofmeister von Ks. Franz Joseph I., 1850–59 Vorstand der militär. Zentralkanzlei. Günstling der Erzherzogin Sophie, mit starkem Einfluss auf den jungen Franz Joseph.
Literatur: ÖBL.

Grünwald, Alfred, * 16. 1. 1884 Wien, † 24. 2. 1951 New York (USA), Operettenlibrettist. Zusammenarbeit mit F. → Lehár, E. → Kálmán, L. → Fall, E. → Eysler, L. → Ascher, O. → Straus, P. → Abraham und R. → Stolz; musste 1938 emigrieren (zuerst Paris, ab 1940 USA). Sein Sohn Henry Grunwald (* 3. 12. 1922) war 1988/89 US-Botschafter in Wien.
Werke: Rose von Stambul; Der letzte Walzer; Die Bajadere; Hoheit tanzt Walzer; Viktoria und ihr Husar; Blume von Hawaii; Gräfin Mariza; Die Zirkusprinzessin; Die Herzogin von Chikago; Die lustigen Weiber von Wien; Ball im Savoy; Venus in Seide.
Literatur: H. Grünwald u. a., Ein Walzer muß es sein. A. G. und die Wr. Operette, 1991.

Grünwald, Oskar, * 6. 7. 1937 Wien, Manager. Studierte an der Hochschule f. Welthandel in Wien, ab 1972 Vorstandsmitgl., 1978–93 Vorstandsvorsitzender der Ö. Industrieverwaltungs-AG bzw. → Österreichischen Industrieholding AG; Lehrauftrag am Inst. für Betriebswiss. an der Techn. Univ. Wien.
Werke: Die verstaatlichte ö. Metallind., 1966 (mit H. Krämer); Auslandskapital in der ö. Wirt., 1971 (mit F. Lacina); Betriebl. Altersvorsorge in Ö., 2003.

Grünzweig, Leopold, * 24. 12. 1923 Freundorf (NÖ.), † 17. 7. 2003 Tulln (NÖ.), Lehrer, Kulturpolitiker (SPÖ). Ab 1959 im Nö. Landtag, ab 1969 Landesrat (Kultur und Bildung), 1980–86 Landeshauptmann-Stellv. von NÖ.

Gruppe 80, Wr. Theaterensemble, gegr. von ehem. Mitgliedern der Theatergruppe „Die Komödianten" um C. H. Meyer. Künstlerische Leitung: Helmut Wiesner und Helga Illich; seit 1983 eig. Stammhaus in Wien-Mariahilf; bemüht sich v. a. um aktuelle Spielformen des Volkstheaters im weitesten Sinne (Stücke von F. Raimund, J. Nestroy, Ö. v. Horváth) in der Tradition der Wr. Theaterpraxis.

Gruscha, Anton Josef, * 3. 11. 1820 Wien, † 5. 8. 1911 Kranichberg (Gem. Kirchberg a. Wechsel, NÖ.), Fürsterzbischof von Wien (1890), Kardinal (1891), Apostolischer Feldvikar der k. u. k. Heere (1890–1911). Pionier der kath. → Gesellenbetreuung in Ö. („Vater G."), des kath. Vereinslebens und des Wr. Kirchenbaus. Univ.-Prof. in Wien.
Literatur: O. Posch, A. G., 1947; F. Bischof, Kardinal G. und die soziale Frage, 1959; ÖBL; NÖB.

Anton Josef Gruscha. Lithographie von R. Fenzel, 1901.

Grzywienski, Anton, * 3. 10. 1898 Tyrnau (Trnava, SK), † 9. 4. 1982 Wien, Techniker. International anerkannter Fachmann für Flussbau und Wasserbauanlagen, Prof. an der Techn. Hochschule Wien.

Gschaid bei Birkfeld, Stmk., WZ, Gem., 560 m, 970 Ew., 15,05 km², land- und forstw. Wohngem. im Feistritztal. Nahrungsmittelerzeugung, Holzverarbeitung.
Literatur: G. Allmer, G. b. B., 2000.

Gschliesser, Oswald, * 14. 3. 1885 Innsbruck (Ti.), † 29. 9. 1973 ebd., Jurist und Historiker. An Wr. Gerichtshöfen und 1945–53 bei der Ti. Landesregierung tätig, ab 1955 Univ.-Prof. in Innsbruck.
Werke: Der Reichshofrat, 1942; Humanismus und Geschichtswiss., 1947; Tirol – Österreich. Gesammelte Aufsätze, 1965.

Gschlössbach, O.-Ti., westl. Zufluss des Tauernbachs, reicht von den Gletscherenden der Venedigergruppe bis Außergschlöss (1680 m). Im Innergschlöss (1689 m) befindet sich eine Kapelle, die in einen Felsblock geschlagen ist. Inner- und Außergschlöss (mit Almhütten und Gasthäusern) gehören zur Gem. Matrei in O-Ti. Die Durchflussmenge des G. betrug im Jahr 2000 bei Innergschlöss 3,5 m^3/Sek.

Gschnaidt, Stmk., GU, Gem., 769 m, 400 Ew., 29,82 km^2, landw. Gem. zw. Lieboch- und Stübingbach. – Pfarr- und Wallfahrtskirche St. Pankrazen (urk. 1365; spätgot. und Renaiss.-Bauteile, barocke Sebastiankapelle, 1723) mit alter Sakristei (1546), Hochaltar (um 1620, urspr. aus Stift Rein) und spätgot. Madonna mit Kind, Barockorgel (1730–40); Pfarrhof mit Stuckdecken, spätgot. Annakapelle mit Annastraße (1520–30).

Gschnitz, Ti., IL, Gem., 1242 m, 455 Ew., 59,12 km^2, Fremdenverkehrsort im G.-Tal am Fuß des Kirchdachs (2840 m). Barocke Pfarrkirche (um 1730) mit Deckenfresken von A. und J. Zoller (1759); Rokoko-Altäre.

Gschnitzer, Franz, * 19. 5. 1899 Wien, † 19. 7. 1968 Innsbruck (Ti.), Jurist und Politiker (ÖVP). Ab 1928 Univ.-Prof. für Ö. Privat- und Arbeitsrecht in Innsbruck; Präs. des Obersten Gerichtshofs in Liechtenstein. 1945–62 Abg. z. NR, 1956–61 Staatssekr. f. auswärtige Angelegenheiten, 1962–65 Mitgl. d. BR.

Gschnitztal, Ti., westl. Nebental des Wipptals in den Stubaier Alpen. Das G. nimmt seinen Ausgang nahe der Bremerhütte (2411 m), verläuft dann fast parallel zum Stubaital und mündet bei Steinach. Durchflossen wird das G. vom Gschnitzbach, der auch den Simmingsee durchquert. Die Moränen des G. sind wichtige Anzeiger der alpinen Gletscherstände in der Nacheiszeit.

Gschütt, Pass, 957 m, verbindet Sbg. und OÖ. bzw. Abtenau im Tennengau mit Hallstatt im Salzkammergut; begrenzt den Gosaukamm des Dachsteinmassivs im NW. Autostraße.

Gschwandt, OÖ., GM, Gem., 523 m, 2424 Ew., 16,78 km^2, landw. Wohngem. mit wirt. Mischstruktur nahe Gmunden. Maschinenbau. – Spätgot. Pfarrkirche (um 1500) mit spätgot. Statuen und Teilen eines spätgot. Altars.

Gstettnerboden (Gstetneralm), NÖ., Kessel bei Lunz, auf der N-Seite des Dürrensteinstocks, vermutlich aus mehreren Dolinen entstanden, Naturphänomen mit den tiefsten Wintertemperaturen von Ö. (bis zu −50°C). Umkehr der Vegetationsstufen: Dem strauch- und baumlosen Dolinengrund folgen Latschen und Nadelbäume.

Gsteu, Hermann, * 1. 7. 1899 Au (Vbg.), † 28. 10. 1977 Feldkirch (Vbg.), Geograph und Historiker. Lehrte an der Lehrerbildungsanstalt Innsbruck und war bis 1965 Lehrbeauftragter für Methodik der Geographie an der Univ. Innsbruck.
Werke: Geschichte des Ti. Landtages 1816–48, 1927; Länderkunde Ö., 1936 (^{4}1971); Geschichte Ö., 1937 (^{3}1956).

Gsteu, Johann Georg, * 26. 7. 1927 Hall i. Ti., Architekt. Studierte 1950–53 an der Wr. Akad. d. bild. Künste bei C. Holzmeister, 1980–92 Prof. an der Gesamthochschule Kassel. Entwarf v. a. Sakralbauten mit rationalen und technisch innovativen Entwurfskonzepten sowie Wohnbauten nach ähnl. Prinzipien; 1968 Staatspreis für Architektur.
Bauten: Umbau Rosenkranzkirche Wien-Hetzendorf, 1956–58 (mit F. Achleitner); Seelsorgezentrum Steyr-Ennsleiten, 1958–61 (mit Arbeitsgruppe 4); Seelsorgezentrum Wien-Baumgartner Spitz, 1960–65; Bildhauerunterkunft St. Margarethe, 1962–68; Pfarrsaal und Kindergarten, Wien-Hetzendorf, 1963–71; Z-Zweigstellen Wien-Rudolfsheim, Sparkassenplatz (1970–72), Wien-Strebersdorf (1971–72) und Wien-Stadlau (1979); Bauteil in der Wohnhausanlage Wien-Aderklaaerstraße, 1973–78; Wohnhaus Matthäusgasse 3, Wien-Landstraße, 1983–85; Wohnhaus Weiglgasse 4, Wien, 1983–87; Stationsgebäude der U6, Wien, 1990–95.

Gstrein, Norbert, * 3. 6. 1961 Mils (Ti.), Schriftsteller. Mathematikstudium, 1990 „Stadtschreiber von Graz"; lebt in London und Hamburg. Befasste sich in seinem Erzählband „Einer" (1988) und seinem Roman „Register" (1992) mit den Themen Heimat und Fremde. 1989 Preis des Landes Kä. beim I.-Bachmann-Wettbewerb, 1999 A.-Döblin-Preis, 2001 Preis der K.-Adenauer-Stiftung.
Weitere Werke: Anderntags, 1989; O$_2$, 1993; Der Kommerzialrat, 1995; Die englischen Jahre, 1999; Selbstportrait mit einer Toten, 2000; Das Handwerk des Tötens, 2003.

Guarinoni(us), Hippolyt, * 18. 11. 1571 Trient (I), † 31. 5. 1654 Hall i. Ti., Polyhistor, Volksschriftsteller, Leibarzt von Ks. Ferdinand II. in Prag. Ab 1607 Stiftsarzt und Stadtphysikus in Hall, Vorkämpfer für Volksgesundheit und Pastoralmedizin, Bahnbrecher barocker Volksfrömmigkeit. Erbauer der St.-Karl-Kirche in Volders. Beschrieb die Heilquellen von Eggerdach und Volders.
Werke: Die Grewel der Verwüstung menschl. Geschlechts, 1610; Pestilentz-Guardien, 1612; Hydrooenogamia, 1640.
Literatur: G. W. Schreiber, H. G., ein Vorkämpfer moderner Hygiene und seine Beziehung zum Spitalswesen des 17. Jh., Diss., München 1946; A. Dörrer u. a. (Hg.), H. G., zur 300. Wiederkehr seines Todestages, 1954 (Schlern-Schriften 126); E. Locher (Hg.), H. G. im interkulturellen Kontext seiner Zeit, 1995.

Gubernium, ab 1763 Bezeichnung für Landesbehörde der ö. Kronländer mit Landeshauptmann oder Landmarschall an der Spitze; 1848 von der Statthalterei (bis 1918) abgelöst.

Güdemann, Moritz, * 19. 2. 1835 Hildesheim (D), † 5. 8. 1918 Baden (NÖ.), Rabbiner. Ab 1866 an der Leopoldstädter Synagoge in Wien, ab 1892 Oberrabiner von Wien. Verfasser von Werken zur jüd. Kulturgeschichte und zur Religionsgeschichte.
Werke: Jüdisches im Christentum des Reformationszeitalters, 1870; Geschichte des Erziehungswesens und der Kultur der abendländischen Juden, 3 Bde., 1880–88.

Güden, Hilde, * 15. 9. 1917 Wien, † 17. 9. 1988 Klosterneuburg (NÖ.), Kammersängerin (1950), Koloratursopranistin. 1946–73 Mitgl. der Wr. Staatsoper; wirkte u. a. bei den Sbg. Festspielen, an der Metropolitan Opera New York, in München, Zürich und London.

Gudenushöhle, Höhle unterhalb der Burg Hartenstein nordwestl. von Krems. Untere Kulturschicht aus einer Kaltzeit vor ca. 70.000 Jahren, als hier Neandertaler Jagd auf Mammut, Wollnashorn, Ren, Wildpferd, Höhlenbär und -hyäne machten. Obere Kulturschicht wird in das Magdalenien zw. 20.000 und 10.000 v. Chr. datiert. Die bedeutendsten Funde sind eine 4 cm lange Knochenpfeife (ältestes Musikinstrument in Ö) und die Ritzzeichnung eines Rentierkopfs auf einem Adlerknochen.
Literatur: C. Neugebauer-Maresch, Altsteinzeit im Osten Ö., 1993.

Gudrunlied, siehe → Kudrun.

Guggenberger, Leopold, * 8. 9. 1918 Tulbing (NÖ.), Landesbeamter und Politiker (ÖVP), 1966–70 Abg. z.

Norbert Gstrein. Foto.

Hilde Güden als Zerbinetta in „Ariadne auf Naxos" von R. Strauss. Foto.

NR, 1970–79 Abg. z. Kä. Landtag, 1973–97 Bürgermeister von Klagenfurt.
Werk: Bitte kein Denkmal!, 1998 (Erinnerungen).

Guggenberger, Siegmund, * 31. 12. 1891 Schindlau (Gem. Ulrichsberg, OÖ.), † 21. 5. 1969 Wien, Journalist und Schriftsteller. 1933–38 bei der → RAVAG (Radio-Verkehrs-AG) tätig, 1945–54 öffentl. Verwalter für das ö. Rundspruchwesen, 1955–69 Dir. der Finanzkammer der Erzdiözese Wien.
Werke: Volksstücke, Romane, Erzählungen, Schau- und Hörspiele.

Meinrad Guggenbichler: Rosenkranzaltar, 1706, in der Pfarrkirche St. Wolfgang, OÖ.

Guggenbichler, (Johann) Meinrad, * 17. 4. 1649 Einsiedeln (CH), † 10. 5. 1723 Mondsee (OÖ.), Bildhauer. Ab 1679 in Mondsee ansässig, Haupt einer bed. Werkstätte. G. verband in Typus, Form und Farbe seiner lebhaften, reich bewegten Figuren die Tradition der got. Schnitzkunst mit Anregungen der hochbarocken Kunst Italiens (G. L. Bernini) und Flanderns (P. P. Rubens); er beeinflusste die barocke Holzplastik v. a. Inner-Ö. (J. T. → Stammel).
Werke: Altäre: Straßwalchen, Mondsee, Irrsdorf, Lochen, St. Wolfgang, Oberwang, Michaelbeuern, Oberhofen am Irrsee.
Literatur: H. Decker, M. G., 1949; Das Mondseeland, Ausst.-Kat., Mondsee 1982; B. Heinzl, J. M. G. 1649–1723, 1999.

Guggenmoos, Gotthard, * 5. 5. 1775 Stötten/Auerberg (D), † 29. 1. 1838 Hallein (Sbg.), Privatlehrer. Beschäftigte sich ab 1812 mit schwerhörigen und schwer sprechenden Kindern; eröffnete 1829 in Salzburg eine „Stummen- und Kretinenschule", die erste Schule für geistig Behinderte im dt.-sprach. Raum, die trotz erstaunlicher Unterrichtserfolge 1835 aus finanziellen Gründen geschlossen werden musste.
Literatur: K. Wagner, G. G. und seine Lehranstalt in Hallein und Salzburg, in: Mttlg. der Ges. f. Sbg. Landeskunde 58–59, 1918/19.

Gugging, NÖ., Teil der Gem. Klosterneuburg, in Maria G. Kongregation der Missionare von Mariannhill, Portiunkularkirche, Rektoratskirche und Lourdesgrotte (bed. Wallfahrtsstätte) sowie Nö. Landesnervenklinik; an dieser wurde durch L. → Navratil seit den 50er Jahren bild. Kunst und Literatur als Psychotherapie eingesetzt; 1981 ging daraus das „Zentrum für Kunst und Psychotherapie" als Abt. des Krankenhauses hervor, 1986 wurde es in „Haus der Künstler" umbenannt, seit 2000 wird es als private Einrichtung durch den Verein der Freunde des Hauses der Künstler G. geführt. Im Rahmen der „Art brut" fand diese Kunst psychiatr. Patienten internat. Aufmerksamkeit (Wanderausstellung „Die Künstler aus G.", 1983–85). Werke von Künstlern wie J. Hauser, O. Tschirtner und A. Walla wurden von bed. Sammlungen moderner Kunst angekauft. In literar. Hinsicht ist v. a. das lyrische Werk von E. Herbeck bemerkenswert.
Literatur: L. Navratil, J. Hauser, Kunst aus Manie und Depression, 1978; ders., Die Künstler aus G., 1983; ders., G. 1946–1986, Bd. 1: Art brut und Psychiatrie, Bd. 2: Werke und ihre Künstler, 1997.

Gugitz, Gustav, * 10. 5. 1836 Klagenfurt (Kä.), † 17. 7. 1882 Wien, Architekt. Arbeitete im Büro von E. van der → Nüll und A. → Sicard von Sicardsburg, vollendete nach deren Tod die Wr. Staatsoper. 1875–82 Prof. und Dir. der Staatsgewerbeschule in Wien.
Werke: Bauten für die Wr. Weltausstellung, 1873; Ackerbauschule Klagenfurt, 1878; Landesmuseum für Kä. in Klagenfurt, 1879–83; Geschäftshäuser und Villen in Wien, Gmunden, Mailand.
Literatur: Carinthia I 74, 1884; ÖBL.

Gugitz, Gustav (Pseud.: G. Litschauer), * 9. 4. 1874 Wien, † 3. 3. 1964 Rekawinkel (NÖ.), Kulturhistoriker, Volkskundler, Schriftsteller. Privatgelehrter, 1938–45 Angestellter der Wr. Stadtbibl.; seine rd. 6000 Bde. umfassende Viennensia-Smlg. wurde gegen Lebensrente von der Stadt Wien übernommen.
Werke: Denkwürdigkeiten aus Alt-Ö., 21 Bde, 1912–21 (Hg.); Alt-Wienerisches, 1920 (mit E. K. Blümml); Alt-Wr. Thespiskarren, 1925 (mit E. K. Blümml); Das Wr. Kaffeehaus, 1940; Bibliographie zur Geschichte und Stadtkunde von Wien, 5 Bde., 1947–58; Das Jahr und seine Feste im Volksbrauch Ö., 2 Bde., 1949/50; Ö. Gnadenstätten in Kult und Brauch, 5 Bde., 1955–58.
Literatur: H. Dietrich, G. G. Bibliographie, 1954; W. Sturminger, G. G., in: Wr. Geschichtsblätter 9, 1954; L. Schmidt, G. G., in: Ö. Ztschr. f. Volkskunde 67/18, 1964.

Gulasch, verkürzte Form der ungar. Bezeichnung „guliás hús" (Rinderfleisch), ein urspr. ungar. Gericht, das in Ö. weit verbreitet ist.

Friedrich Gulda. Foto, um 1985.

Gulda, Friedrich, * 16. 5. 1930 Wien, † 27. 1. 2000 Weißenbach a. Attersee (Gem. Steinbach a. Attersee, OÖ.), Pianist und Komponist; Vater der Pianisten Paul → Gulda und Rico Gulda. Galt als „Wunderkind" und erlangte bereits früh Weltruhm (1946 Sieger des Internat. Musikwettbewerbs in Genf und anschließende internat. Konzerttätigkeit). Am intensivsten beschäftigte er sich mit L. van → Beethoven, dessen sämtl. Sonaten er ab 1953 einstudierte und aufnahm; auch hervorragender Interpret der Klavierwerke von W. A. → Mozart. Ab 1967 präsentierte sich G. als Exzentriker und Enfant terrible im Konzertbetrieb mit dem Ziel, das Publikum zu provozieren. Gleichzeitig begann er sich mit Jazz und anderen Formen der Unterhaltungsmusik zu beschäftigen, die er auch in seinen Kompositionen (Concerto for Ursula, Concerto for myself u. a.) mit der Ernsten Musik verband; zahlr. Auslandstourneen und Plattenaufnahmen.
Literatur: K. Geitel, Fragen an F. G., 1973; F. G., aus Gesprächen mit K. Hofmann, 1990.

Gulda, Paul, * 25. 10. 1961 Wien, Pianist; Sohn von Friedrich → Gulda. Wurde bereits als Kind von R. Batik am Klavier unterrichtet, danach von seinem Vater,

L. Brumberg und R. Serkin; Auftritte in Duos mit R. Batik. Auch als Komponist von Bühnenmusik und als Dirigent tätig. 2001–03 Gastprof. (Klavier) an der Univ. für Musik und darst. Kunst Wien.

GULDEN, abgekürzt fl. (= Florenc, weil 1252 zuerst in Florenz geprägt), Münze, in der Neuzeit Recheneinheit (60 Kreuzer = 1 G.); mit der Einführung der Conventionswährung 1753 hatte der Taler einen Wert von 120 Kreuzern, der Halbtaler dementsprechend 60 Kreuzer, wodurch der (Rechen-)G. nun auch zur ausgeprägten Münze wurde. Der G. war 1857–92 in Ö. die Silberwährung (1 fl. = 100 Kreuzer). Es gab 1870–92 8- und 4-G.-Stücke als Goldmünzen, 2- (ab 1859), 1- (ab 1857 bzw. schon früher) und ¹/₄-G.-Stücke als Silbermünzen; ab 1857 wurden aus 500 g Silber 45 G. geprägt („45-G.-Fuß"). 1892 wurde mit Einführung der Goldwährung der G. in 2 Kronen umgewechselt, aber noch weiter im Verkehr belassen. Die Bezeichnung blieb noch lange populär.

GULDIN, Paul (Habakuk), * 12. 6. 1577 St. Gallen (CH), † 3. 11. 1643 Graz (Stmk.), Mathematiker. Ursprünglich Protestant, trat zum Katholizismus über und wurde 1597 Jesuit. Studierte ab 1609 Naturwissenschaften bei Christoph Clavius in Rom, wurde 1616 Prof. für Mathematik an der Univ. Graz und wirkte für kurze Zeit auch in Wien. Streit mit Bonaventura Cavalieri über das cavalierische Prinzip, Beiträge zum Inhaltsproblem („g.sche Regel").

Werk: Centrobaryca, 4 Bde., 1635–41.
Literatur: W. Nöbauer, Geschichte der Mathematik in Ö., in: Wiss. Nachrichten 46, 1978; H. Kaiser u. W. Nöbauer, Geschichte der Mathematik, 1984; H. Kaiser, Die Rolle Ö. in der Geschichte der Mathematik, in: Didaktikhefte der Ö. Mathemat. Ges., 1990.

GUMPENDORF, bis 1850 Wr. Vorstadt, seither Teil des 6. Bez.; urk. 1136. Hatte einst große Weinrieden; gehört zu den ältesten Ansiedlungen Wiens, bis ins 16. Jh. im Besitz des oö. Frauenklosters Pulgarn. Im 18. Jh. kaufte die Gem. Wien Grund und Boden von G.

Literatur: H. Kretschmer, Mariahilf, 1992.

GUMPENSTEIN, siehe → Irdning.

GUMPOLDSKIRCHEN, NÖ., MD, Markt, 250 m, 3233 Ew., 8,11 km², Weinbauort am Fuß des Anninger (674 m) am Rand des Wr. Beckens; 1938–45 Teil von „Groß-Wien". – Bundeskellereiinspektion (Außenstelle), Aufsichtsstelle der Ersten Wr. Hochquellenleitung, Sportzentrum, landw. FachS f. Weinbau (1898–2004, danach als Ausbildungszentrum für Weinbau genutzt); rd. 2 Drittel der Beschäftigten (2001) in der Produktion: chem. Ind., Maschinen- und Automatenind.; Weinbau und -ausschank, Fremdenverkehr (24.575 Übern.). – Urk. 1120–30, bereits im MA bed. Weinbauort und Weinmarkt; heute rd. 130 Winzerbetriebe mit einer Jahresproduktion von rd. 7.000 hl, typ. Weine sind „Zierfandler", „Rotgipfler" und „Spätrot-Rotgipfler". – Pfarrkirche, ehem. Deutschordenskirche (1. Hälfte 15. Jh.), mit massigem Turm und ehem. Kommendehaus (spätbarocker Schlossbau), von Resten der Wehrmauer umgeben; Renaiss.-Rathaus (16. Jh.) mit markantem Eckturm und Laubengängen; Weinhauerhäuser (6.–18. Jh.) teilw. mit biedermeierl. Fassaden; Pranger (1563).

Literatur: K. Neumaier, Heimatbuch von G., 1948; J. Hagenauer, 850 Jahre G., 1990.

GUMPP, Ti. Künstlerfamilie des Barock, die wesentlich zum Stadtbild von Innsbruck beitrug: Christoph → Gumpp, Georg Anton → Gumpp, Johann Martin → Gumpp.

Literatur: M. Krapf, Die Baumeister G., 1979.

GUMPP, Christoph, * 28. 5. 1600 Innsbruck (Ti.) † 2. 3. 1672 ebd., Baumeister; Vater von Johann Martin → Gumpp. Ab 1633 Hofbaumeister in Innsbruck, studierte den italien. Theaterbau.

Werke: Innsbruck: ehem. Hoftheater „Dogana", 1629; Mariahilferkirche, 1647–49; Stiftskirche Wilten, 1651–65.
Literatur: M. Krapf, Die Baumeister G., 1979.

GUMPP, Georg Anton, * 12. 10. 1682 Innsbruck (Ti.), † 19. 12. 1754 ebd., Hofbaumeister und Ingenieur; Sohn von Johann Martin → Gumpp. War der bedeutendste Architekt der Familie und verarbeitete selbständig die Baukunst des italien. Hochbarock.

Werke: Innsbruck: Palais Pfeiffersberg, 1712–23; Fassade der Stiftskirche Wilten, 1716; Landhaus, 1724–28; Johanneskirche am Innrain, 1729–35. – Umbau der Stamser Stiftskirche, 1719–32.
Literatur: M. Krapf, Die Baumeister G., 1979.

GUMPP, Johann Martin, * 7. 11. 1643 Innsbruck (Ti.), † 3. 7. 1729 ebd., Hofbaumeister, Ingenieur; Sohn von Christoph → Gumpp, Vater von Georg Anton → Gumpp.

Werke: Innsbruck: Palais Fugger, ab 1679; Palais Troyer-Spaur, 1681–83; Palais Sarnthein, 1681–85; Umbau des Alten Regierungsgebäudes, 1690–92; Spitalkirche, 1700/01; Ursulinenkirche, 1700–05. – Neuplanung von Stift Stams, 1690–92.
Literatur: M. Krapf, Die Baumeister G., 1979.

GUNDACKER VON JUDENBURG, geistlicher Dichter Ende des 13. Jh. Als einziges Werk ist eine bibl. Dichtung („Christi Hort") in höfischem Stil überliefert.

Ausgabe: J. Jaschke (Hg.), Christi Hort, 1910.
Literatur: W. Fechter, G. v. J. und „Mai und Beaflor", 1974; A. Masser, Bibel- und Legendenepik des dt. MA, 1976; Verf.-Lex.

GUNDERSDORF, Stmk., DL, Gem., 492 m, 387 Ew., 5,69 km², Weinbaugem. am Lemsitzbach an der Schilcherweinstraße. Mehrzwecksaal. – Urk. 1265/67; im 19. Jh. Steinbruch der Stainzer Gneis-Plattenkohle.

GUNERT, Johann, * 9. 6. 1903 Mödritz (Modřice, CZ), † 3. 10. 1982 Wien, Lyriker und Essayist. Nach dem 2. Weltkrieg Lektor des Amts für Kultur und Volksbildung in Wien und Mitarbeiter beim ORF. Staatspreis 1956, Trakl-Preis 1962, Grillparzer-Preis 1978.

Werke: Gedichte: Irdische Litanei, 1945; Das Leben des Malers Vincent van Gogh, 1949; Überall auf unsrer Erde, 1952; Aller Gesang dient dem Leben, 1956; Kassandra lacht, 1962. – Essay: Amerika im Spiegel ö. Literatur, 1953.

GUNKEL, Joseph, * 28. 12. 1802 Wien, † 2. 6. 1878 Hütteldorf b. Wien, Schneidermeister. Erweiterte das von seinem Vater begründete Weißwarengeschäft zur tonangebenden Wr. Modeschneiderei (Erfindung der Doubleröcke, Einführung des engl. Fracks) für Adelige und wohlhabende Bürger.

GÜNSELSDORF, NÖ., BN, Markt, 243 m, 1763 Ew., 6,61 km², Gem. mit wirt. Mischstruktur am Eingang des Triestingtals im nördl. Wr. Beckens. Kabelind., Metallerzeugnisse, Weinbau. – Urk. 1137, Markt seit 1958, josephin. Pfarrkirche (erb. 1783) mit Einrichtung aus der Bauzeit (1977 verändert) und denkmalgeschützter Orgel (1834), ehem. Baumwollspinnerei (2. Hälfte 19. Jh.), Pestsäule (Ende 17. Jh.), ehem. Pferdewechselstation („Brennerei"); „Löwentor" zum Schlosspark von Schönau, „Steinernes Kreuz", „Hiatahüttn" (spätes 19. Jh.).

GÜNSER GEBIRGE, Bgld., auch Rechnitzer Schiefergebirge, zusammen mit dem Bernsteiner Gebirge auch als Günser Sporn bezeichnet, trennt das mittlere vom südl. Bgld.; erhebt sich bei Güns (Kőszeg, Ungarn) aus der Ebene, zieht in westl. Richtung über den Geschriebenstein (884 m) und den Großen Hirschenstein (862 m) bis zum Sattel von Holzschlag und Goberling; im N vom Tal der Güns begrenzt. Aus metamorphen, kristallinen Schiefern, die Ähnlichkeit mit Gesteinen in den Hohen Tauern aufweisen, aufgebaut, nimmt es

Georg Anton Gumpp: Turm der Stiftskirche Wilten in Innsbruck, Ti.

geologisch eine Sonderstellung ein („Rechnitz"-Fenster). Es ist vollständig bewaldet und wird von der Straße Lockenhaus– Rechnitz überquert. Ehemals reich an Bodenschätzen (Schwefelkies bei Glashütten, Kupferkies bei Schlaining, Asbest bei Rechnitz, Antimon bei Stadtschlaining). Am S-Hang Obst- und Weinanbau, Edelkastanien.

Gunskirchen, OÖ., WL, Markt, 352 m, 5287 Ew. (1981: 4371 Ew.), 36,20 km², Ind.- und Gewerbemarkt am Grünbach südwestl. von Wels (Autobahnknoten Wels-West). – Veranstaltungszentrum; rd. 70 % der Beschäftigten (2001) in verarbeitendem Gewerbe und Ind.: Motorenfabrik (Verbrennungs- und Flugzeugmotoren), Müllereimaschinenbau, Erzeugung von Fassadenplatten und Kunststoffteilen, 2 Fensterhersteller (Kunststoff und Holz), Betonsteinind., Asphaltmischwerk, papierverarbeitende Ind., Erzeugung von Kartonagen und Wellpappe, Druckerei, Anhängerbau, Kieswerk, Sägewerk und Holzfertigteilhäuser; daneben auch größere Handelsbetriebe (Brautkleider, Kraftfahrzeuge usw.). – Spätgot. Pfarrkirche mit Stern- und Netzrippengewölben und neugot. Einrichtung, einzelne Skulpturen aus dem 15.–18. Jh.

Guntersdorf, NÖ., HL, Markt, 246 m, 1128 Ew., 28,42 km² nördl. von Hollabrunn im nordwestl. Weinviertel. – Gewerbebetriebe. – Urk. 1108; got. Pfarrkirche (14. Jh.) mit Sakramentshäuschen (1505), Hochaltar (1725); ehem. Wasserschloss (urspr. spät-ma., Neubau 1. Hälfte des 16. Jh.) mit Gartenpavillon (1604); Schüttkasten (17. Jh.); sog. „Zigeunerkreuz" (spätgot. Lichtsäule von 1504) vor dem Schloss.

Günther, Anton, * 17. 11. 1783 Lindenau (Lindava, CZ), † 24. 2. 1863 Wien, Religionsphilosoph, Theologe von internat. Bedeutung. Studierte bei B. Bolzano, kam 1810 zum Kreis um C. M. → Hofbauer, wurde Priester, begründete eine einflussreiche theolog. Schule des 19. Jh. (Güntherianismus). G. versuchte eine Neubegründung der Theologie mit anthropolog. Ansatz, eine Begründung der übernatürl. Wahrheiten aus der Vernunft, wandte sich gegen Scholastik und Pantheismus und setzte Vernunft über Glauben sowie Philosophie über Theologie. Seine Lehre wurde 1857 von der kath. Kirche auf Betreiben von Fürsterzbischof J. O. v. → Rauscher verurteilt, er unterwarf sich. Die Schule wirkte auf den Altkatholizismus.
Ausgabe: Gesammelte Schriften, 9 Bde., 1882.
Literatur: Kirchenlexikon.

Günther, Mizzi, * 21. 3. 1879 Warnsdorf (Varnsdorf, CZ), † 18. 3. 1961 Wien, Sopranistin. Gefeierte Operettendiva an Wr. Bühnen; größte Erfolge 1905 in „Die lustige Witwe" (Uraufführung) und 1907 in „Die Dollarprinzessin". Zuletzt Ehefrau von F. → Hennings.

Guntramsdorf, NÖ., MD, Markt, 193 m, 8421 Ew. (1981: 6090 Ew.), 14,86 km², im Wr. Becken, südöstl. von Mödling. – Lehrbauhof Ost (Lehrlingsausbildungszentrum), Sporthalle, Jugendhilfszentrum, WIFI; Wirtschaft etwa gleich stark durch Gewerbe, Ind. und Handel geprägt: Autolackfabrik und -handel, Mühle, chem. Werk, Filtererzeugung, Malbetrieb für Straßenmarkierungen, ehem. Walzengravurwerk (heute Ind.-Mus. und Ansiedlung mehrerer kleinerer Gewerbebetriebe). – Gräberfeld mit Körper- und Brandbestattungen der frühen bis mittleren Stufe der La-Tène-Kultur. Pfarrkirche (1950), Marienstatue (um 1400). Im barocken Gartenpavillon des zerstörten Schlosses Fresken (ca. 1720, J. Drentwett zugeschrieben).
Literatur: J. Knoll, Chronik der Marktgem. und der Pfarre G., 1957.

Gurgler Ferner, Ti., einer der größten Gletscher der Ötztaler Alpen; dort landete am 27. 5. 1931 der Schweizer Gelehrte A. Piccard mit seinem Assistenten nach seinem berühmten Stratosphären-Ballonflug.

Gurgltal, Ti., östl. Quelltal des Ötztals, von der Gurgler Ache durchflossen, die aus dem Gurgler Ferner entspringt. Das G. vereinigt sich bei Zwieselstein (1470 m) mit dem Venter Tal zum Ötztal; Hauptort Obergurgl (1907 m, Gem. Sölden). Obergurgl ist die höchstgelegene Pfarre Ö.; im Ort wurde früher auf großer Höhe Ackerbau betrieben, heute bestehen nur noch Gärten; Skigebiete Obergurgl und Vent.

Gurina, Kä., 866 m, Vorberg des Jauken bei Dellach im Gailtal. Natürlich geschütztes Plateau, von der späten Bronzezeit bis in die Spätantike durchgehend besiedelt. Zahlr. Funde der La-Tène-Kultur; verzierte Bronzebleche und Inschriften in venetischer Schrift und Sprache (Ende 5. bis 1. Hälfte 1. Jh. v. Chr.).

Gurk, Kä., nördl. Nebenfluss der Drau; streckenweise, im oberen Flussabschnitt sehr gute Gewässerqualität. Auf der Höhe von Gumisch betrug im Jahr 2000 die Durchflussmenge der G. 35,1 m³/Sek. Der Fluss entspringt in den Gurktaler Alpen, nahe von Bretthöhe (2320 m) und Turracher Höhe (1783 m), die die W-Stmk. mit Kä. verbindet. Auf ihrem 120 km langen Weg zur Drau durchfließt die G. die Ebene Reichenau, das Krappfeld und das Klagenfurter Becken und mündet östl. von Klagenfurt. Wichtigste Nebenflüsse der G.: Metnitz (nördl.) und Glan (westl.). Hauptorte: Altenmarkt (762 m), Gurk (664 m), Straßburg (681 m) und Treibach-Althofen (660 m). Das G.-Tal ist reich an Kunstschätzen; v. a. in → Gurk (Dom) und → Straßburg.

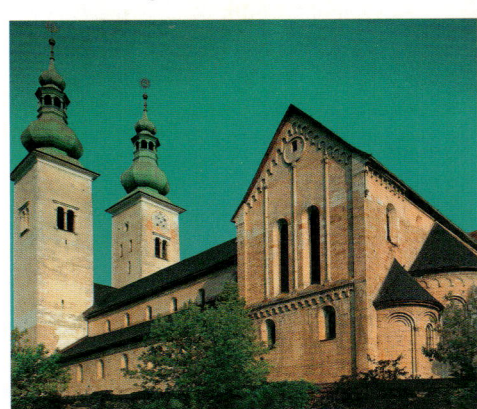

Gurk: Dom.

Gurk, Kä., SV, Markt, 664 m, 1311 Ew., 39,67 km², Wallfahrts- und Tagestourismusort (rd. 300.000 Tagesgäste jährlich) an der oberen Gurk, am Fuß der östl. Gurktaler Alpen. – Oberstufenrealgymn. im Stift; Jugendamtaußenstelle, Gästehaus St. Hemma der Salvatorianer und Salvatorianerinnen; „Zwergenpark" (seit 1993) mit 1000 Gartenzwergen und Gartenschau; Heimatvertriebenenmuseum; Waldgarten. – Gründung eines Frauenklosters durch die hl. Hemma, Gräfin von Friesach-Zeltschach, vor 1043; Bistumsgründung 1072 durch Erzbischof Gebhard von Sbg., unter Joseph II. Vergrößerung der Diözese auf fast ganz Kä. und 1787 Verlegung nach Klagenfurt. Die ehem. Dom- und heutige Pfarrkirche, der bedeutendste roman. Kirchenbau in Ö., ist eine 3-schiffige Pfeilerbasilika, begonnen um 1140, um 1200 vollendet (7-fach gestuftes W-Portal vor 1200). Der älteste Teil ist die hundertsäulige Kryp-

ta (1174 Weihe und Verlegung des Hemma-Grabs hierher) mit Hemma-Altar, Einwölbung 1450–1591. 60 m hohes Turmpaar, Apsisrelief „Löwe mit Basilisk" (um 1175), Wandmalereien (um 1340) und Glasgemälde in der äußeren Vorhalle. Die Wandmalereien in der W-Empore (um 1220, nach 1260 restauriert und ergänzt) sind das Hauptwerk des alpenländ. → Zackenstils, das Glasgemälde einer Kreuzabnahme (nach 1260) ist das früheste Denkmal des Zackenstils in der ö. → Glasmalerei. Spätgot. Galler-Altar (um 1530) mit Renaiss.-Ornamentik, Kreuzaltar (1740) von G. R. Donner, Kanzel (1740/41) nach Entwurf der Brüder Giuseppe und Antonio Galli-Bibiena. Stiftsanlage: Wehrmauer mit Rundtürmen zum Teil erhalten, Todesangst-Christi-Kapelle (ehem. Karner, urk. 1275, Umbau 1720/21), mit barocken Wand- und Deckengemälden (roman. Fresken im 15. Jh. zerstört), barocke Stiftsanlage ab 1637 von F. P. Carlone, Gurker Fastentuch von Konrad von Friesach (1458). In → Pisweg im Kern roman. Kirche und got. Karner (Fresken, um 1280).
Literatur: Festgabe zum 900-Jahr-Jubiläum des Bistums G., 1072–1972, 2 Bde., 1972.

Eduard Gurk: Hauptplatz in Baden. Aquarell, 1830 (Albertina, Wien).

Gurk, Eduard, * 17. 11. 1801 Wien, † 31. 3. 1841 Jerusalem (Israel), Landschaftsmaler, Lithograph und Kupferstecher. Erste Ausbildung bei seinem Vater; durch Fürst Metternich gefördert und zum Hofkammermaler ernannt.
Werke: Stichserien zu Wr. Themen mit J. B. und J. N. Hoechle; Guckkastenbilder mit Motiven aus der Monarchie für Erzhzg. Ferdinand, ab 1833; Darstellungen von Ereignissen aus dem offiziellen Leben Ferdinands.
Literatur: M. Loder, E. G., Ausst.-Kat., Wien 1978.

Gurktaler Alpen, geologisch Teil der Zentralalpen mit kompliziertem Bau aus kristallinen Schiefern und Kalkzügen, zw. oberer Mur und Gurk, im steir. → Eisenhut 2441 m hoch; aus alten Schiefern aufgebautes Hoch- bis Mittelgebirge an der N-Grenze von Kä. gegen die Ober-Stmk. und den sbg. Lungau; im W vom Katschberg, im O vom Neumarkter Sattel begrenzt, im östl. Teil durch das Metnitztal in 2 Gebirgszüge gegliedert. Ihre Berge sind meist an den Hängen bewaldet, in der Gipfelregion grasbewachsene breite Rücken und flache Kuppen, nur die höchsten Erhebungen haben schroffere Formen. In vereinzelten alten Karen liegen kleine Seen. Die Durchzugsstraße über die → Turracher Höhe (1783 m) verbindet Kä. (oberes Gurktal) mit der Stmk. (oberes Murtal). Im SW gehen die G. A. in das → Nockgebiet über, im NO heißen sie Metnitzer Alpen. Alm- und Forstwirt., Ski- u. Wandergebiet.

Gurlitt, Ludwig, * 31. 5. 1855 Wien, † 12. 7. 1931 Freudenstadt (D), Pädagoge und Schriftsteller. Trat in zahlr. Schriften für eine „natürl. Erziehung" ein, die von den Bedürfnissen des Kinds ausgeht. An seiner Wirkungsstätte (Gymn. Berlin-Steglitz) und unter seinen Schülern entstand die „Wandervogel"-Bewegung.
Werke: Der Deutsche und sein Vaterland, 1902 (⁵1903); Der Deutsche und seine Schule, 1905 (⁴1912); Pflege und Entwicklung der Persönlichkeit, 1905; Erziehung zur Mannhaftigkeit, 1906 (⁷1923); Schülerselbstmorde, 1908; Pflege des Heimatsinnes, 1909; Erziehungslehre, 1909.
Literatur: K. Kesseler, Pädagog. Charakterköpfe, ⁵1929. M. Simon, L. G., ein Vertreter der Reformpädagogik, Dipl.-Arb., Wien 1998.

Gurlitt, Wolfgang, * 15. 2. 1888 Berlin (D), † 26. 3. 1965 München (D), Kunsthändler in Berlin, nach 1945 in München. 80 Gemälde seiner Smlg. wurden 1947 von der Stadt Linz zunächst als Leihgaben übernommen und 1953 angekauft; sie bildeten den Grundstock der „Neuen Galerie der Stadt Linz, W.-G.-Museum".

Gürtel, Wien, breiter, baumbestandener Straßenzug, folgt im Allg. dem Verlauf der ehem. → Linienwalls, beginnt im NW des 9. Bez. und umschließt in einem 1,5–2 km von der Ringstraße entfernten konzentrischen Bogen alle alten Bezirke mit Ausnahme der Leopoldstadt; er trennt deutlich die „inneren" (3.–9. Bez.) von den „äußeren" Bezirken (10.–19.). Sein westl. Teil wird von den Anlagen der ehem. Stadtbahn (Gürtellinie, heute U 6) längsgeteilt, das östl. Ende (zw. 3. und 11. Bez.) ist unausgebaut. In den letzten Jahren fand mit EU-Hilfe ein erfolgreiches Revitalisierungsprojekt für die ehem. übel beleumundete G.-Gegend statt.

Gurten, OÖ., RI, Gem., 400 m, 1228 Ew., 16,22 km², landw. Wohngem. am Gurtenbach. Maschinenbau, Beton- und Fertigteilwerk. – Got. Pfarrkirche (urk. 763) mit Barockaltar (1680/90), Tabernakel von F. Schwanthaler, Schnitzstatuen von J. F. Schwanthaler.

Gürtler, Alfred, * 30. 10. 1875 Deutsch Gabel (Jablonné, CZ), † 16. 3. 1933 Graz (Stmk.), Jurist und führender christl.-soz. Politiker. Univ.-Prof. in Graz, 1919 Vertreter der Christl.-Soz. in der ö. Delegation zu den Friedensverhandlungen von Saint-Germain; 1919/20 Mitgl. der Konstituierenden Nat.-Versammlung, 1920–30 Abg. z. NR, 1928–30 Präs. d. NR. 1921/22 Finanzminister, 1926/27 Landeshauptmann der Stmk.

Gürtler-Mauthner, Elisabeth, * 7. 5. 1950 Wien, Unternehmerin. Studierte Handelswissenschaften in Wien, ab 1988 Gesellschafterin im väterl. Unternehmen, seit dem Ableben ihres Mannes Peter Gürtler 1990 Übernahme des Managements der den gemeinsamen minderjährigen Kindern vererbten Hotels (Hotel Sacher in Wien, Hotel Ö. Hof in Salzburg) sowie der Sachertorten AG und mehrerer Beteiligungen; seit 1996 Organisatorin des Wr. Opernballs.

Guschlbauer, Edmund, * 16. 10. 1839 Wien, † 6. 2. 1912 ebd., urspr. Vergolder, einer der bedeutendsten Wr. → Volkssänger. Stellte mit der Volkssängerin L. → Montag, später mit dem Couplesänger J. Müller den Urwiener Typ dar; wurde v. a. durch sein Lied vom „Alten Drahrer" bekannt.

Guschlbauer, Theodor, * 14. 4. 1939 Wien, Dirigent. Studierte Klavier und Violoncello, dann Dirigentenausbildung bei H. → Swarowsky. Erste Engagements an der Wr. Volksoper und am Sbg. Landestheater, ab 1969 musikal. Leiter der Oper in Lyon, 1975–83 Gen.-Musikdir. in Linz, 1983–97 Chefdirigent des Orchestre Philharmonique de Strasbourg, 1997–2001 Gen.-Musikdir. der Staatsphilharmonie Rheinland-Pfalz in Ludwigshafen. Dirigiert an allen großen Opernhäusern Europas und bei internat. Festspielen (u. a. Salzburg, Linz, Verona, Montreux, Aix-en-Provence). Ständiger Gast an der Wr. und der Hamburgischen Staatsoper.

Elisabeth Gürtler-Mauthner auf dem Wiener Opernball. Foto.

Gusen, OÖ., nördl. Nebenfluss der Donau, im mittleren Mühlviertel, östl. von Linz. Der Fluss entsteht aus der Kleinen und der Großen G., die beide südl. von Schenkenfelden (734 m) entspringen und südl. von Gallneukirchen (337 m) zur G. zusammenfließen. Die G. mündet südl. von St. Georgen a. d. G.; Schlösser und Ruinen. Entlang der Kleinen G. führte die ehem. Pferdeeisenbahn Linz–Budweis. Bei St. Georgen betrug im Jahr 2000 die mittlere Durchflussmenge 2,7 m³/Sek.

Gusenbauer, Alfred, * 8. 2. 1960 St. Pölten (NÖ.), Politikwissenschaftler und Politiker (SPÖ). 1981–90 Angestellter der SPÖ, 1990–99 der AK für NÖ.; 1984–90 Bundesvorsitzender der Sozialist. Jugend (SJ), 1991–93 Mitgl. d. BR, seit 1993 Abg. z. NR, seit 2000 auch Klubobmann; 2000 kurz Bundesgeschäftsführer der SPÖ, seit 2000 Bundesparteiobmann der → Sozialdemokratischen Partei Österreichs.

Alfred Gusenbauer. Foto, 2002.

Werk: Netzwerk Innovation. Zukunftsfähige Politikprojekte, 2002 (Hg.).
Literatur: A. Pittler, A. G. Ein Porträt, 2000.

Gusenbauer, Ilona (geb. Majdan), * 16. 9. 1947 Gummersbach (D), Leichtathletin. Stellte 1971 mit 1,92 m Hochsprungweltrekord auf und wurde mit 1,87 m Europameisterin; Bronzemedaille im Hochsprung bei den Olymp. Spielen in München 1972 (1,88 m) u. ö. Rekord (1,93 m). Seit den 90er Jahren auch Malerin.

Gusinde, Martin, * 29. 10. 1886 Breslau (Wroclaw, PL), † 10. 10. 1969 Mödling (NÖ.), Ethnologe, Anthropologe, Missionar. Univ.-Prof. in Washington und Lehrer am → Missionshaus St. Gabriel b. Mödling. Er forschte bei den Feuerland-Indianern, in deren Stamm er aufgenommen wurde, und in Zentralafrika. G. entdeckte 1956 die Ayom-Pygmäen auf Neuguinea.
Werke: Die Feuerland-Indianer, 3 Bde., 1931–39; Die Kongo-Pygmäen, 1942; Urmenschen im Feuerland, 1947; Urwaldmenschen am Ituri, 1948; Die Twa-Pygmäen in Ruanda, 1949; Die Twiden, 1956.

Gussenbauer, Carl, * 30. 10. 1842 Obervellach (Kä.), † 19. 6. 1903 Wien, Chirurg. Univ.-Prof. in Lüttich, Prag und Wien, leitete ab 1894 als Nachfolger T. Billroths die II. Chirurg. Univ.-Klinik, schuf neue Operationsmethoden (Chirurgie des Dickdarms) und -instrumente; konstruierte den ersten verwendbaren künstl. Kehlkopf. Als Bergsteiger erschloss G. u. a. Gebiete der Hohen Tauern, der Schober- und der Reichenspitzgruppe.
Literatur: K. Sablik, C. G., 1978.

Güssing, Bgld., GS, Stadt, 229 m, 3902 Ew., 49,31 km², am Strembach, im südl. Bgld., nahe der ungar. Grenze. – BH, Bez.-Ger., Amt der Bgld. Landesregierung (Wasserbauverwaltung), landw. Bez.-Referat, Montecuccoli-Kaserne, Krankenhaus, psychosoz. Beratungsstelle, Gendarmeriebez.-Kommando, Gebietskrankenkasse, AK, WK, Kulturzentrum, BORG, HBLA, FachS für wirt. Berufe, landw. FachS, BFI. Biomassekraftwerk (Strom und Fernwärme). Große Fischteiche, in der Nähe bei Urbersdorf Wildpark. Kleinbetriebl. Wirtschaftsstruktur und fortgeschrittene Entwicklung des Dienstleistungssektors (rd. 72 % der Beschäftigten 2001, bes. persönl., soz. und öffentl. Dienste). In der Produktion: Teigwaren- und Keksfabrik, Toranlagenbau, Holzverarbeitung (Erzeugung von Fertigparkett), Sägewerk, E-Werk; Quelle und Abfüllanlage für Güssinger Mineralwasser (Säuerling) bei Sulz (Gem. Gerersdorf-Sulz). – Stadterhebung 1973; Burg (urk. 1157) auf einem steilen Porphyrkegel (318 m) im Stremtal, Ende 15. Jh. erweitert. 1524 im Besitz der Batthyány, Mitte des 18. Jh. begann Demolierung; ab 1957 teilw. erneuert; teilw. roman. Bergfried, Burgkapelle (15. Jh.), Hochburg mit Burgmuseum (Ahnensaal, Kunst- und Rüstkammern); roman. Pfarrkirche (um 1200) im alten Friedhof; Franziskanerkloster (1648/49 errichtet), Klosterkirche mit Grabsteinen (16. Jh.) und Gedenkstätte für den sel. Ladislaus Batthány; in Krypta Familiengruft der Batthyány (Bleisarg K. J. Batthyánys von K. Moll 1772); Schloss Draskovich (1804); in Kapelle got. Flügelaltar (1469).
Literatur: F. Glavanits (Schriftleitung), Stadterhebung G. 1973, Festschrift, 1973.

Gusswerk, Stmk., BM, Gem., 747 m, 1544 Ew. (1981: 2142 Ew.), 285,36 km², Hauptort des Salzatals und flächenmäßig größte Gem. der Stmk. in äußerst waldreicher Gegend; das Naturschutzgebiet II „Wildalpener Salzatal" reicht ins Gem.-Gebiet von G. hinein. – Sägewerk und Forstbetrieb der Ö. Bundesforste AG, Forstaufsichtsstation; im Gem.-Gebiet liegen Quellen für die → Wiener Hochquellenleitungen (3 Viertel des Wr. Trinkwassers stammen aus G.); Forstw., Holzbearbeitung und -handel, Metallfedernerzeugung, E-Werk. – Im MA Eisenwerke in der Gegend, Name stammt von 1740 gegr. Eisengusswerk, im 19. Jh. durch Kunsteisenguss bekannt; klassizist. Pfarrkirche (1850); Montanmuseum (altes Amtshaus). In der Gem. Jagdschloss → Brandhof.
Literatur: M. Pichler, Geschichte der Gem. G., 1959.

Gutau, OÖ., FR, Markt, 589 m, 2650 Ew., 45,44 km² im östl. Mühlviertel. – Jugend- und Kulturzentrum. Gewerbl. Wirtschaftsstruktur (bes. Holzverarbeitung), E-Werk, etwas Fremdenverkehr. – Roman.-got. Pfarrkirche mit Sternrippengewölbe, Chor (um 1400) und barockisierte spätgot. Gruftkapelle (Loretokapelle). Färbermuseum, Mühlviertler Volkskundeweg.

Gutenberg an der Raabklamm, Stmk., WZ, Gem., 569 m, 1185 Ew., 14,56 km², im oberen Raabtal (Name der Gem. nach Schloss G., kein gleichnamiger Ort). – Östl. von G. Landschaftsschutzgebiet im Gebiet der Raabklamm; nahezu reine Agrargemeinde, Sägewerk, Hackschnitzelheizkraftwerk. – Schloss (12. Jh., ab 1567 Umbau und Erweiterung mit ma. und Renaiss.-Bauteilen) mit Vorburg (1490), Pfarrkirche (1788), Loretokirche (1691) mit 4 Initienkapellen an den Ecken, eine davon mit ehem. Gruft (bis 1944) der Stubenberg.
Literatur: H. Pirchegger, Die Herrschaft G., 1963 (Weiz. Geschichte und Landschaft 7).

Gutenberg-Bibel, 42-zeiliger Bibeldruck, war das technisch und ästhetisch hervorragendste Werk des Mainzer Frühdrucks, im Frühsommer 1456 vollendet. 47 Exemplare sind weltweit erhalten, 12 davon auf Pergament. Die Stifte Melk und St. Paul im Lavanttal mussten in der Zwischenkriegszeit ihre G.-B. aus wirt. Gründen verkaufen. Heute befinden sich die Stücke in der Yale University Library (New Haven, USA) und in der Library of Congress, Washington.
Die Geschichte der G.-B. der Ö. Nat.-Bibl. (Ink. 3. B. 14) führt nach Ti., wo sie im späten 15. Jh. im Besitz des Be-

Güssing.

Güssing.

nedikt Wegmacher († 1490), Kammermeister des Erzhg. Sigmund von Ti., belegt ist. 1783 gelangte das Exemplar über Innsbruck an die Hofbibl. nach Wien.

GUTENBRUNN, NÖ., ZT, Markt, 858 m, 600 Ew., 27,4 km², landw. Gem. mit Gewerbe im O des Weinsberger Walds. Nahrungsmittelerzeugung. – Urk. 1556, 1782 Markt, spätbarocke Pfarrkirche (um 1800 Neubau als Schlosskirche), frühklassizist. Schloss (erb. 1771–85, seit 1920 im Besitz der Ö. Bundesforste).
Literatur: A. Handler, Einst und heute. Heimatkundliches mit Blickpunkt auf G., Bd. 1 Rund um den Weinsberg, Bd. 2 Die Besitzer vom Weinsberg und ihre Zeit, 1990.

GUTENBRUNN, NÖ., siehe → Herzogenburg.

GUTENSTEIN, NÖ., WB, Markt, 481 m, 1402 Ew., 104,20 km², Sommerfremdenverkehrsort im Talkessel der 3 Piestingflüsse, am Fuß der Dürren Wand (1142 m). Das Gem.-Gebiet ist wegen seiner Schönheit Landschaftsschutzgebiet. – Bez.-Ger., Raimundspiele (im August); Forstw. und Holzbearbeitung, Erzeugung von Limonaden und Drahtwaren. – Spätgot. Pfarrkirche mit neugot. W-Turm (1857), spätgot. Skulpturen und Rokoko-Hochaltar; im Friedhof Grabmal F. → Raimunds (Gedenkstätte im Ort); Schloss G. 1674 erbaut, 1816–18 erneuert, mit Jagdsammlung; barocke Wallfahrtskirche (1668, 1712–24 erweitert) und Servitenkloster (2. Hälfte 17. Jh.) auf dem Mariahilfberg (705 m) mit Kapellen und Kreuzwegstationen; Burgruine (urk. 1220), seit dem 16. Jh. Verfall, Bergfried erhalten; Waldbauernmuseum in der Hofmühle; Feuerwehrmuseum.
Literatur: H. Ast, Markt G., 1986; J. Stippel, Geschichte des Marktes G., NÖ., Diss., Wien 1964.

Albert Paris Gütersloh: Selbstbildnis. Gemälde, 1913 (Wien Museum).

GÜTERSLOH, Albert Paris (eigentl. A. Conrad Kiehtreiber), * 5. 2. 1887 Wien, † 16. 5. 1973 Baden (NÖ.), Maler und Schriftsteller. 1912 Schüler von M. Denis und Korrespondent in Paris, 1917/18 im Kriegspressequartier. Bekanntschaft mit richtungsweisenden Persönlichkeiten der ö. Literatur, wie H. v. → Hofmannsthal, R. → Musil, H. → Bahr und H. v. → Doderer. 1918/19 mit F. → Blei Hg. der Ztschr. „Die Rettung". Zunächst Schauspieler und Regisseur, wurde er 1930–38 Prof. an der Wr. Kunstgewerbeschule. Berufsverbot durch die Nat.-Soz. bis 1945, 1945–62 Prof. an der Akad. der bild. Künste in Wien, 1953–55 Rektor, Präs. des → Art-Clubs über die gesamte Zeit seines Bestehens; als Lehrer von A. → Brauer, E. → Fuchs, W. → Hutter und A. → Lehmden geistiger Vater der → Wiener Schule des Phantastischen Realismus. Sein literar. Werk ist durch die Entwicklung vom expressionist. Frühwerk zu einem sinnlich-barocken Stil gekennzeichnet. Großer Ö. Staatspreis 1952 und 1961, Ö. Ehrenzeichen f. Wiss. u. Kunst 1967.
Werke: Stillleben, Porträts, Landschaften, kleinformat. Aquarelle iron. Inhalts, Entwürfe für Gobelins. – Essays: E. Schiele, 1911; Bekenntnisse eines modernen Malers, 1926. – Romane: Die tanzende Törin, 1911; Der Lügner unter Bürgern, 1922; Eine sagenhafte Figur, 1946; Sonne und Mond, 1962. – Erzählungen: Die Fabeln vom Eros, 1947. – Gedichte: Musik zu einem Lebenslauf, 1957.
Literatur: F. Thurner, A. P. G. Studien zu seinem Romanwerk, 1970; A. P. G. Beispiele, Werkkatalog, 1977; J. Adler, Allegorie und Eros, 1986; U. Storch, „Zw. den Worten liegen alle andern Künste", Diss., Wien 1989; K. Schröder, Neue Sachlichkeit, Ausst.-Kat., Wien 1995.

GUTHEIL-SCHODER, Marie, * 16. 2. 1874 Weimar (D), † 4. 10. 1935 Bad Ilmenau (D), Sängerin (Sopran). Von G. → Mahler entdeckt, 1900–26 gefeierte Sängerin an der Wr. Staatsoper, zahlr. Partien bei Uraufführungen von R. Strauss und A. Schönberg; wirkte nach 1926 als Lehrerin und Regisseurin (u. a. bei den Sbg. Festspielen).

GUTKAS, Karl, * 16. 12. 1926, Sauggern (NÖ.), † 31. 7. 1997 Lutzmannsburg (Bgld.), Historiker. Univ.-Prof. in Wien, 1950–91 Kulturamtsdir. der Stadt St. Pölten; wiss. Leiter von zahlr. hist. Großausstellungen.
Werke: Geschichte des Landes NÖ., ⁶1983; Geschichte NÖ. in Bildern, 1984; Geschichte NÖ., 1984; Prinz Eugen und das barocke Ö., 1985 (Hg.); St. Pölten, Werden und Wesen, ⁶1986; Ks. Joseph II., 1989; Kulturatlas – Ö. gestern und heute, ²1996.

Marie Gutheil-Schoder in „Salome" von R. Strauss. Foto, 1918.

GUTMANN, Viktor, * 10. 11. 1921 Wien, † 16. 7. 1998 Mödling (NÖ.), Chemiker. Nach Studium und Assistententätigkeit an der Techn. Hochschule Wien 1948–50 an der Univ. Cambridge und 1952–57 Univ.-Prof. in Bagdad; ab 1957 Univ.-Prof. f. Anorgan. Chemie an der Techn. Univ. Wien; beschäftigte sich v. a. auch mit homöopath. Arzneien. Zahlr. wiss. Auszeichnungen.
Werke: Coordination Chemistry in Non Aqueous Solutions, 1968; Chem. Funktionslehre, 1971; Allg. und Anorgan. Chemie, 1971 (mit E. Hengge); Donor-Acceptor Approach to Molecular Interactions, 1978; Die wiss. Grundlagen der Homöopathie, 1985 (mit G. Resch); Scientific Foundations of Homeopathy, 1987 (mit G. Resch).

GUTOLF VON HEILIGENKREUZ, † um 1300, Zisterzienser, Chronist, Philosoph. 1265–84 in Wien tätig, Abt von Heiligenkreuz; musste 1289 als ehem. Anhänger Přemysl Ottokars II. Heiligenkreuz verlassen, ging nach Mähren, kehrte 1293 zurück.
Werke: Historia annorum 1264–79; Translatio Sanctae Delicianae (Beschreibung der Übertragung von Reliquien von Prag nach Wien); Vita S. Bernardi.
Literatur: A. E. Schönbach, G. v. H., in: Sitzungsberichte Wr. Akad., 150, 159, 1905/08; H. Watzl, Heiligenkreuz, 1987

GUTSMANN, Oswald, * 4. 8. 1727 Grafenstein (Kä.), † 1790 Klagenfurt (Kä.), Jesuit, slowen. Sprachforscher, relig. Schriftsteller. 1748–51 in Leoben tätig, 1751–54 Lehrer in Graz, 1759–60 Präfekt des Wr. Theresianums; wirkte dann in der Slowakei und zuletzt in Kä.; Repräsentant der sprachl. Interessen der Kä. Slowenen mit starkem Einfluss auf ihre nationalkulturellen Bestrebungen.
Werke: Windische Sprachlehre, 1777; Dt.-windisches Wörterbuch, 1789 (Neuauflage, bearb. v. L. Karnicar, 1999).

GUTTARING, Kä., SV, Markt, 642 m, 1565 Ew., 54,93 km², Agrargem. am Silberbach, nordöstl. des Krappfelds. – Holzverarbeitung, Maschinenfabrik, etwas Sommerfremdenverkehr; Auspendelgem. (nach Treibach). – Lage an der alten Eisenstraße Hüttenberg–Althofen, urk. 1152; roman.-got. Pfarrkirche mit baro-

Albert Paris Gütersloh. Foto.

ckem Hochaltar (1720), nordöstl. von G. spätbarocke Wallfahrtskirche Mariahilf (1725–27, Zentralbau), Altäre vermutlich von J. Pacher; im Urtlgraben Ruine des ältesten inner-ö. Floßofens (urk. 1580). Spätgot. Wallfahrtskirche → Maria Waitschach mit „Landschaftsaltar" (1626).

Güttenbach, Bgld., GS, Markt, 263 m, 1026 Ew., 15,9 km², zweisprachige (dt.-kroat.) Wohngem. am Güttenbach nördl. von St. Michael. – Urk. 1427, im 16. Jh. mit Kroaten besiedelt, moderne Pfarrkirche mit 3 runden Türmen (1930), Kastell (Ende 19. Jh.).
Literatur: R. Hajszan u. H. Pinkovski, Kroaten in G., 1983; L. Radakovits (Red.), Markgem. G., Festschrift, 1987.

Guttenberg, Adolf von, * 18. 10. 1839 Tamsweg (Sbg.), † 23. 3. 1917 Wien, Forstwissenschaftler. Absolvierte die ungar. Forstakad. in Schemnitz (Banská Stiavnica, SK), 1867/68 Assistent an der Forstakad. Mariabrunn (heute Wien 14), 1877–1911 Prof. für Forstbetriebslehre an der Hochschule für Bodenkultur in Wien, mehrmals auch Rektor dieser Hochschule.

Guttenbrunner, Michael, * 7. 9. 1919 Althofen (Kä.), † 13. 5. 2004 Wien, Schriftsteller. Hg. der Zeitschriften „Der Alleingang" (1960–64) und „Das Ziegeneuter" (1965–80). Ö. Staatspreis 1966, Ehrendoktorat der Univ. Klagenfurt 1994.
Werke: Lyrik: Schwarze Ruten, 1947; Opferholz, 1954; Ungereimte Gedichte, 1959 (revidiert 2002); Die lange Zeit, 1965; Der Abstieg, 1975; Gesang der Schiffe, 1980; Die Lichtvergeudung, 1987; Gedichte 1980–90; 1992; Polit. Gedichte, 2001. – Prosa: Spuren und Überbleibsel, 1947; Im Machtgehege, 6 Bde., 1976–2002; Vom Tal bis an die Gletscherwand! Reden und Aufsätze, 1999. – Anthologien: Schmerz und Empörung, 1947; T. Kramer, Vom schwarzen Wein, 1956.
Literatur: K. Amann (Hg.), M. G., 1995.

Gymnasium, von den Humanisten eingeführte Bezeichnung, urspr. für Hochschulen, noch im 16. Jh. für den darauf vorbereitenden Philosophiekurs (Artistenfakultät) und mehrklassige Lateinschulen (Krems, 1579) verwendet. Seit Mitte des 17. Jh. ziemlich durchgängig für schul. Einrichtungen gebraucht, die auf die Bedürfnisse der Univ. abgestimmte Lerninhalte (bes. Latein, Griechisch, seit dem 18. Jh. Geschichte und Geographie, Arithmetik) vermittelten und in Städten mit Univ. auch mit diesen verbunden waren (→ Akademisches Gymnasium). Die G. wurden bis Mitte des 19. Jh. durchwegs von Orden, v. a. Jesuiten (bis 1773), Piaristen und Benediktinern, eingerichtet und 5- bis 6-klassig geführt; die Bemühungen des Staats, darauf Einfluss zu nehmen, führten erst nach Einsetzung der → Studienhofkommission (1760) zu Erfolgen. 1848/49 wurde mit der Übernahme der Aufgaben der beiden philosoph. Jahrgänge (→ Philosophische Lehranstalt) die Grundlage für das moderne G. gelegt (8 Klassen, je 4 in Unter- und Oberstufe; Vermittlung von Allgemeinbildung aus dem sprachl.-hist. sowie aus dem mathemat.-naturwiss. Bereich; Einsatz von universitätsgeprüften Fachlehrern; → Reifeprüfung). Diese organisator. Struktur blieb bis heute aufrecht; das Curriculum erfuhr seit 1849 in Abständen eine Anpassung an den Wissensfortschritt und die ges. Veränderungen. Als 1963 nur noch 17 % der Schüler der allg.-bild. höheren Schulen das G. wählten, wurden neben dem die Tradition fortsetzenden humanist. Zweig (mit Griechisch) ein neusprachl. und ein realist. Zweig, die realgymnasiale Züge trugen, eingeführt. Zurzeit (2004) erfolgt in der 3. Klasse Unterstufe eine Aufgliederung in 3 Ausbildungsrichtungen: Gymnasium (mit Latein, an der Oberstufe mit Griechisch oder einer 2. lebenden Fremdsprache), Realgymnasium (mit Latein oder einer 2. lebenden Fremdsprache, dazu Darstellende Geometrie, mehr Mathematik und Naturwissenschaften), Wirtschaftskundliches Realgymnasium (mit Latein oder einer 2. lebenden Fremdsprache, dazu mehr Chemie, Wirtschaftskunde, Psychologie und Philosophie).
Im Rahmen der Schulautonomie können an jeder Schule begrenzte Änderungen der Lehrplanbestimmungen und Schwerpunktsetzungen in der Stundentafel vorgenommen werden. Von der 6. bis zur 8. Klasse können die Schüler durch die Auswahl von Wahlpflichtgegenständen eig. Schwerpunkte setzen.
Literatur: Die Schulreform Maria Theresias 1747–75, 1987.

Gymnasium für Slowenen (Državna gimnazija za Slovence) in Klagenfurt, gegr. 1957. → Minderheitenschulwesen in Ö.

Gymnasium, Realgymnasium und Wirtschaftskundliches Realgymnasium für Berufstätige: Sie ermöglichen Personen, die bereits in das Berufsleben eingetreten sind bzw. ihre Lehrzeit abgeschlossen und das 17. Lebensjahr vollendet haben, das Bildungsziel einer allg. bild. höheren Schule (Hochschulreife) in 9 Semestern (→ Abendschule) zu erreichen. 1927 wurde beschlossen, „Arbeitermittelschulen" zu schaffen. 1962 erhielten diese die jetzige Bezeichnung. Standorte sind Graz, Innsbruck, Klagenfurt, Linz, Villach, Wien und Wr. Neustadt.

Gymnastik, breites Spektrum von Leibesübungen (oft mit Musikbegleitung), die in Vereinen, Schulen und kommerziellen Sportcentern betrieben werden: z. B. rhythmische G., funktionelle G., Heil-, Zweck- und Jazz-G. – „Rhythmische Sport-G." (RSG) ist ein vom Ö. Fachverband für → Turnen betreuter Wettkampfsport.

Gyrowetz, Adalbert, * 19. 2. 1763 Budweis (České Budějovice, CZ), † 18. 3. 1850 Wien, Komponist. Arbeitete zuerst als Sekretär einiger Adeliger (zahlr. Reisen), gleichzeitig höhere musikal. Ausbildung. Ab 1793 in Wien, Hoftheater-Kapellmeister und Dirigent (1804–31); wichtiger Vertreter des Wr. Singspiels zw. Klassik und Biedermeier.
Werke: 30 Opern und Singspiele („Agnes Sorel", 1806; „Der betrogene Betrüger", 1810; „Der Augenarzt", 1811; „Robert oder die Prüfung", 1813), Ballette, über 60 Symphonien, Streichquartette, Klaviersonaten, 11 Messen. – Autobiographie, 1847.
Literatur: ÖBL.

Gyulai, Franz, Graf von Maros-Németh und Nádaska, * 3. 9. 1798 Pest (Budapest, H), † 21. 9. 1868 Wien, General. 1849/50 Kriegsminister; 1850 Befehlshaber in Mailand und Feldzeugmeister; ab 1857 Generalstatthalter des Lombardo-Venezianischen Königreichs; verlor 1859 die Schlacht von → Magenta und wurde daraufhin in den Ruhestand versetzt.
Literatur: ÖBL.

Adalbert Gyrowetz. Lithographie von J. Kriehuber, 1828.

ÖSTERREICHISCHE BUNDESREGIERUNGEN BZW. STAATSREGIERUNGEN SEIT 1918

RENNER (I): 30. 10. 1918 bis 3. 3. 1919; mit d. Fortführung d. Geschäfte betraut bis 15. 3. 1919
Staatskanzlei: Leiter (Staatskanzler): Karl Renner
Staatsamt des Äußern: Staatssekr.: Victor Adler (bis 11. 11. 1918); Staatssekr.: Otto Bauer (ab 21. 11. 1918); mit d. Funktion eines Unterstaatssekr. betraut: Otto Bauer (31. 10. 1918 bis 21. 11. 1918); Unterstaatssekr.: Leopold Waber (ab 5. 11. 1918); Unterstaatssekr.: Egon Pflügl (ab 5. 11. 1918)
Staatsamt für Heereswesen: Staatssekr.: Josef Mayer; Unterstaatssekr.: Erwin Waihs (ab 5. 11. 1918); Unterstaatssekr.: Julius Deutsch (ab 5. 11. 1918)
Staatsamt des Innern: Staatssekr.: Heinrich Mataja; Unterstaatssekr.: Otto Glöckel (ab 5. 11. 1918); Unterstaatssekr.: Richard Marckhl (ab 5. 11. 1918)
Staatsamt für Unterricht: Staatssekr.: Raphael Pacher
Staatsamt für Justiz: Staatssekr.: Julius Roller
Staatsamt der Finanzen: Staatssekr.: Otto Steinwender; Unterstaatssekr.: Eugen Beck-Managetta (ab 5. 11. 1918); Unterstaatssekr.: Ferdinand Grimm (ab 4. 11. 1918)
Staatsamt für Landwirtschaft: Staatssekr.: Josef Stöckler
Staatsamt für Gewerbe, Industrie und Handel und *Staatsamt für Kriegs- und Übergangswirtschaft:* Staatssekr.: Karl Urban; Unterstaatssekr.: Richard Riedl (ab 7. 11. 1918)
Staatsamt für öffentliche Arbeiten: Staatssekr.: Johann Zerdik
Staatsamt für Verkehrswesen: Staatssekr.: Karl Jukel; Unterstaatssekr.: Bruno Enderes
Staatsamt für Volksernährung: Staatssekr.: Johann Löwenfeld-Russ; Unterstaatssekr.: Robert Wallenstorfer (ab 21. 11. 1918)
Staatsamt für soziale Fürsorge: Staatssekr.: Ferdinand Hanusch; Unterstaatssekr.: Josef Resch (ab 1. 11. 1918)
Staatsamt für Volksgesundheit: Staatssekr.: Ignaz Kaup

RENNER (II): 15. 3. 1919 bis 17. 10. 1919
Staatskanzlei: Staatskanzler: Karl Renner; Vizekanzler: Jodok Fink
Staatsamt für Inneres und Unterricht: Staatssekr.: Karl Renner, Staatskanzler (bis 9. 5. 1919); Staatssekr.: Matthias Eldersch (ab 9. 5. 1919); Unterstaatssekr. f. Unterricht: Otto Glöckel; Unterstaatssekr. f. Kultus: Wilhelm Miklas
Staatsamt für Justiz: Staatssekr.: Richard Bratusch
Staatsamt für Finanzen: Staatssekr.: Josef Schumpeter
Staatsamt für Land- und Forstwirtschaft: Staatssekr.: Josef Stöckler
Staatsamt für Handel und Gewerbe, Industrie und Bauten: Staatssekr.: Johann Zerdik; Unterstaatssekr.: Wilhelm Ellenbogen
Staatsamt für soziale Verwaltung: Staatssekr.: Ferdinand Hanusch; Unterstaatssekr.: Josef Resch (ab 4. 4. 1919); mit d. Fortführung d. Geschäfte d. Volksgesundheit betraut: Ignaz Kaup (bis 9. 5. 1919); Unterstaatssekr. f. Volksgesundheit: Julius Tandler (ab 9. 5. 1919)
Staatsamt für Äußeres: mit d. Leitung betraut: Otto Bauer, Staatssekr. (bis 26. 7. 1919); Karl Renner, Staatskanzler (ab 26. 7. 1919); Unterstaatssekr.: Egon Pflügl (ab 4. 4. 1919)
Staatsamt für Heereswesen: Staatssekr.: Julius Deutsch; Unterstaatssekr.: Erwin Waihs
Staatsamt für Volksernährung: Staatssekr.: Johann Löwenfeld-Russ
Staatsamt für Verkehrswesen: Staatssekr.: Ludwig Paul

RENNER (III): 17. 10. 1919 bis 11. 6. 1920; mit d. Fortführung d. Geschäfte betraut bis 7. 7. 1920
Staatskanzlei: Staatskanzler: Karl Renner; Vizekanzler: Jodok Fink (bis 24. 6. 1920); Staatssekr. f. Verfassungs- und Verwaltungsreform: Michael Mayr (bis 24. 6. 1920)
Staatsamt für Inneres und Unterricht: Staatssekr.: Matthias Eldersch; Unterstaatssekr. f. Unterricht Otto Glöckel; Unterstaatssekr. f. Kultus: Wilhelm Miklas (bis 24. 6. 1920)
Staatsamt für Justiz: Staatssekr.: Rudolf Ramek (bis 24. 6. 1920); mit d. einstweiligen Führung betraut: Matthias Eldersch, Staatssekr. (ab 24. 6. 1920); Unterstaatssekr.: Arnold Eisler
Staatsamt für Finanzen: Staatssekr.: Richard Reisch
Staatsamt für Land- und Forstwirtschaft: Staatssekr.: Josef Stöckler (bis 24. 6. 1920); mit d. einstweiliger Führung betraut: Karl Renner, Staatskanzler (ab 24. 6. 1920)
Staatsamt für Handel und Gewerbe, Industrie und Bauten: Staatssekr.: Johann Zerdik (bis 24. 6. 1920); Unterstaatssekr.: Wilhelm Ellenbogen (mit d. einstweiligen Führung betraut ab 24. 6. 1920)
Staatsamt für soziale Verwaltung: Staatssekr.: Ferdinand Hanusch; Unterstaatssekr.: Josef Resch (bis 24. 6. 1920); Unterstaatssekr. f. Volksgesundheit: Julius Tandler
Staatsamt für Äußeres: Staatssekr.: Karl Renner, Staatskanzler
Staatsamt für Heereswesen: Staatssekr.: Julius Deutsch; Unterstaatssekr.: Erwin Waihs (bis 24. 6. 1920)
Staatsamt für Volksernährung: Staatssekr.: Johann Löwenfeld-Russ
Staatsamt für Verkehrswesen: Staatssekr.: Ludwig Paul (bis 1. 7. 1920); mit d. einstweiligen Führung betraut: Ferdinand Hanusch, Staatssekr.

MAYR (I): 7. 7. 1920 bis 20. 11. 1920
Staatskanzlei: Vorsitzender im Kabinett: Michael Mayr, Staatssekr.; Stellv. im Vorsitz im Kabinett u. d. Leitung: Ferdinand Hanusch, Staatssekr. (bis 22. 10. 1920); Stellv. im Vorsitz im Kabinett: Eduard Heinl, Staatssekr. (ab 22. 10. 1920)
Staatsamt für Inneres und Unterricht: Staatssekr.: Walter Breisky; Unterstaatssekr. f. Unterricht: Otto Glöckel (bis 22. 10. 1920); Unterstaatssekr. f. Kultus Wilhelm Miklas
Staatsamt für Justiz: Staatssekr.: Julius Roller; Unterstaatssekr.: Arnold Eisler
Staatsamt für Finanzen: Staatssekr.: Richard Reisch
Staatsamt für Land- und Forstwirtschaft: Staatssekr.: Alois Haueis
Staatsamt für Handel und Gewerbe, Industrie und Bauten: Staatssekr.: Eduard Heinl; Unterstaatssekr.: Wilhelm Ellenbogen (bis 22. 10. 1920)
Staatsamt für soziale Verwaltung: Staatssekr.: Ferdinand Hanusch (bis 22. 10. 1920); vorübergehend mit d. Führung betraut: Eduard Heinl, Staatssekr. (ab 22. 10. 1920); Unterstaatssekr.: Josef Resch; Unterstaatssekr. f. Volksgesundheit: Julius Tandler (bis 22. 10. 1920)
Staatsamt für Äußeres: Staatssekr.: Karl Renner (bis 22. 10. 1920); vorübergehend mit d. Führung betraut: Michael Mayr, Staatssekr. (ab 22. 10. 1920)
Staatsamt für Heereswesen: Staatssekr.: Julius Deutsch (bis 22. 10. 1920); vorübergehend mit d. Führung betraut: Walter Breisky, Staatssekr. (ab 22. 10. 1920)
Staatsamt für Volksernährung: mit d. einstweiligen Leitung betraut: Alfred Grünberger (ab 9. 7. 1920)
Staatsamt für Verkehrswesen: Staatssekr.: Karl Pesta

Mayr (II): 20. 11. 1920 bis 1. 6. 1921; mit d. Fortführung d. Geschäfte betraut bis 21. 6. 1921
Bundeskanzleramt: Bundeskanzler: Michael Mayr; Vizekanzler: Walter Breisky
Bundesministerium für Inneres und Unterricht: BMin.: Egon Glanz (bis 7. 4. 1921); mit d. Leitung betraut: Walter Breisky, Vizekanzler (7. 4. 1921 bis 23. 4. 1921); BMin.: Rudolf Ramek (ab 23. 4. 1921); mit d. Leitung d. Angelegenheiten d. Unterrichts u. Kultus betraut: Walter Breisky, Vizekanzler
Bundesministerium für Justiz: BMin.: Rudolf Paltauf
Bundesministerium für Finanzen: BMin.: Ferdinand Grimm
Bundesministerium für Land- und Forstwirtschaft: BMin.: Alois Haueis
Bundesministerium für Handel und Gewerbe, Industrie und Bauten: BMin.: Eduard Heinl
Bundesministerium für soziale Verwaltung: BMin.: Josef Resch
Bundesministerium für Äußeres: mit d. Leitung betraut: Michael Mayr, Bundeskanzler
Bundesministerium für Heereswesen: mit d. Leitung betraut: Egon Glanz, BMin. (bis 7. 4. 1921); mit d. Leitung betraut: Walter Breisky, Vizekanzler (7. 4. 1921 bis 28. 4. 1921); BMin.: Carl Vaugoin (ab 28. 4. 1921)
Bundesministerium für Volksernährung: BMin.: Alfred Grünberger
Bundesministerium für Verkehrswesen: BMin.: Karl Pesta

Schober (I): 21. 6. 1921 bis 26. 1. 1922
Bundeskanzleramt: Bundeskanzler: Johann Schober; Vizekanzler: Walter Breisky
Bundesministerium für Inneres und Unterricht: BMin.: Leopold Waber (bis 16. 1. 1922); mit d. Führung d. Geschäfte betraut: Johann Schober, Bundeskanzler (ab 16. 1. 1922); mit d. Leitung d. Angelegenheiten d. Unterrichts u. Kultus betraut: Walter Breisky, Vizekanzler
Bundesministerium für Justiz: BMin.: Rudolf Paltauf
Bundesministerium für Finanzen: BMin.: Ferdinand Grimm (bis 7. 10. 1921); BMin Alfred Gürtler (ab 7. 10. 1921)
Bundesministerium für Land- und Forstwirtschaft: BMin.: Leopold Hennet
Bundesministerium für Handel und Gewerbe, Industrie und Bauten: BMin.: Alexander Angerer (bis 7. 10. 1921); BMin.: Alfred Grünberger (ab 7. 10. 1921)
Bundesministerium für soziale Verwaltung: BMin.: Franz Pauer
Bundesministerium für Äußeres: mit d. Leitung betraut: Johann Schober, Bundeskanzler
Bundesministerium für Heereswesen: BMin.: Carl Vaugoin (bis 7. 10. 1921); BMin.: Josef Wächter (ab 7. 10. 1921)
Bundesministerium für Volksernährung: mit d. Leitung betraut: Alfred Grünberger
Bundesministerium für Verkehrswesen: BMin.: Walter Rodler

Breisky: 26. 1. 1922 bis 27. 1. 1922
Bundeskanzleramt: mit d. Vorsitz in d. einstweiligen Regierung betraut: Walter Breisky, Vizekanzler
Bundesministerium für Inneres und Unterricht: mit d. Führung d. Geschäfte betraut: Walter Breisky, Vizekanzler
Bundesministerium für Justiz: BMin.: Rudolf Paltauf
Bundesministerium für Finanzen: BMin.: Alfred Gürtler
Bundesministerium für Land- und Forstwirtschaft: BMin.: Leopold Hennet
Bundesministerium für Handel und Gewerbe, Industrie und Bauten: BMin.: Alfred Grünberger
Bundesministerium für soziale Verwaltung: BMin.: Franz Pauer
Bundesministerium für Äußeres: mit d. Führung d. Geschäfte betraut: Walter Breisky, Vizekanzler
Bundesministerium für Heereswesen: BMin.: Josef Wächter
Bundesministerium für Volksernährung: mit d. Leitung betraut: Alfred Grünberger, BMin.
Bundesministerium für Verkehrswesen: BMin.: Walter Rodler

Schober (II): 27. 1. 1922 bis 24. 5. 1922: mit d. Fortführung d. Geschäfte betraut bis 31. 5. 1922
Bundeskanzleramt: Bundeskanzler: Johann Schober; Vizekanzler: Walter Breisky
Bundesministerium für Inneres und Unterricht: mit d. Leitung betraut: Johann Schober, Bundeskanzler; mit d. Leitung d. Angelegenheiten d. Unterrichts u. Kultus betraut: Walter Breisky, Vizekanzler
Bundesministerium für Justiz: BMin.: Rudolf Paltauf
Bundesministerium für Finanzen: BMin.: Alfred Gürtler (bis 10. 5. 1922); mit d. Leitung betraut: Johann Schober, Bundeskanzler (ab 10. 5. 1922)
Bundesministerium für Land- und Forstwirtschaft: BMin.: Leopold Hennet
Bundesministerium für Handel und Gewerbe, Industrie und Bauten: BMin.: Alfred Grünberger
Bundesministerium für soziale Verwaltung: BMin.: Franz Pauer
Bundesministerium für Äußeres: mit d. Leitung betraut: Leopold Hennet, BMin.
Bundesministerium für Heereswesen: BMin.: Josef Wächter
Bundesministerium für Volksernährung: mit d. Leitung betraut: Alfred Grünberger, BMin.
Bundesministerium für Verkehrswesen: BMin.: Walter Rodler

Seipel (I): 31. 5. 1922 bis 16. 4. 1923; mit d. Fortführung d. Geschäfte betraut bis 17. 4. 1923
Bundeskanzleramt: Bundeskanzler: Ignaz Seipel; Vizekanzler: Felix Frank
Bundesministerium für Inneres und Unterricht: mit d. Leitung betraut: Felix Frank, Vizekanzler; mit d. Leitung d. Angelegenheiten d. Unterrichts u. Kultus betraut: Emil Schneider, BMin.
Bundesministerium für Justiz: BMin.: Leopold Waber (bis 16. 4. 1923)
Bundesministerium für Finanzen: BMin.: August Ségur (bis 14. 11. 1922); BMin.: Viktor Kienböck (ab 14. 11. 1922)
Bundesministerium für Land- und Forstwirtschaft: BMin.: Rudolf Buchinger
Bundesministerium für Handel und Gewerbe, Industrie und Bauten: BMin.: Emil Kraft
Bundesministerium für soziale Verwaltung: BMin.: Richard Schmitz
Bundesministerium für Äußeres: BMin.: Alfred Grünberger (bis 16. 4. 1923)
Bundesministerium für Heereswesen: BMin.: Carl Vaugoin
Bundesministerium für Volksernährung: mit d. Leitung betraut: Rudolf Buchinger, BMin. (bis 17. 4. 1923)
Bundesministerium für Verkehrswesen: BMin.: Franz Odehnal (bis 16. 4. 1923)

Seipel (II und III): 17. 4. 1923 bis 20. 11. 1923; mit d. Fortführung d. Geschäfte betraut bis 20. 11. 1923; 20. 11. 1923 bis 8. 11. 1924; mit d. Fortführung d. Geschäfte betraut bis 20. 11. 1924
Bundeskanzleramt: Bundeskanzler: Ignaz Seipel; Vizekanzler (mit d. Leitung d. Justizangelegenheiten betraut): Felix Frank; mit d. Führung d. auswärtigen Angelegenheiten betraut: Alfred Grünberger, BMin.

Bundesministerium für Unterricht: BMin.: Emil Schneider
Bundesministerium für soziale Verwaltung: BMin.: Richard Schmitz
Bundesministerium für Finanzen: BMin.: Viktor Kienböck
Bundesministerium für Land- und Forstwirtschaft: BMin.: Rudolf Buchinger
Bundesministerium für Handel und Verkehr: BMin.: Hans Schürff
Bundesministerium für Heereswesen: BMin.: Carl Vaugoin

RAMEK (I): 20. 11. 1924 bis 14. 1. 1926; mit d. Fortführung d. Geschäfte betraut bis 15. 1. 1926
Bundeskanzleramt: Bundeskanzler: Rudolf Ramek; Vizekanzler (mit d. Leitung d. Justizangelegenheiten betraut): Leopold Waber; mit d. Führung d. auswärtigen Angelegenheiten betraut: Heinrich Mataja, BMin.
Bundesministerium für Unterricht: BMin.: Emil Schneider
Bundesministerium für soziale Verwaltung: BMin.: Josef Resch
Bundesministerium für Finanzen: BMin.: Jakob Ahrer
Bundesministerium für Land- und Forstwirtschaft: BMin.: Rudolf Buchinger
Bundesministerium für Handel und Verkehr: BMin.: Hans Schürff
Bundesministerium für Heereswesen: BMin.: Carl Vaugoin

RAMEK (II): 15. 1. 1926 bis 15. 10. 1926; mit der Fortführung der Geschäfte betraut bis 20. 10. 1926
Bundeskanzleramt: Bundeskanzler: Rudolf Ramek; Vizekanzler (mit d. Leitung d. Justizangelegenheiten betraut): Leopold Waber
Bundesministerium für Unterricht: BMin.: Emil Schneider (bis 16. 6. 1926); mit d. Fortführung d. Geschäfte betraut: Josef Resch, BMin. (16. 6. 1926 bis 25. 6. 1926); BMin.: Anton Rintelen (ab 25. 6. 1926)
Bundesministerium für Finanzen: BMin.: Josef Kollmann
Bundesministerium für Land- und Forstwirtschaft: BMin.: Andreas Thaler
Bundesministerium für Handel und Verkehr: BMin.: Hans Schürff
Bundesministerium für Heereswesen: BMin.: Carl Vaugoin

SEIPEL (IV): 20. 10. 1926 bis 18. 5. 1927; mit d. Fortführung d. Geschäfte betraut bis 19. 5. 1927
Bundeskanzleramt: Bundeskanzler: Ignaz Seipel; Vizekanzler (mit d. Leitung d. Justizangelegenheiten betraut): Franz Dinghofer
Bundesministerium für Unterricht: BMin.: Richard Schmitz
Bundesministerium für soziale Verwaltung: BMin.: Josef Resch
Bundesministerium für Finanzen: BMin.: Viktor Kienböck
Bundesministerium für Land- und Forstwirtschaft: BMin.: Andreas Thaler
Bundesministerium für Handel und Verkehr: BMin.: Hans Schürff
Bundesministerium für Heereswesen: BMin.: Carl Vaugoin

SEIPEL (V): 19. 5. 1927 bis 3. 4. 1929; mit d. Fortführung d. Geschäfte betraut bis 4. 5. 1929
Bundeskanzleramt: Bundeskanzler: Ignaz Seipel; Vizekanzler (mit d. Leitung d. Agenden d. Sektion II betraut): Karl Hartleb; BMin. (mit d. Leitung d. Justizangelegenheiten betraut): Franz Dinghofer (bis 30. 8. 1927)
Bundesministerium für Justiz: BMin.: Franz Dinghofer (31. 8. 1927 bis 4. 7. 1928); mit d. vorläufigen Fortführung d. Geschäfte betraut: Ignaz Seipel, Bundeskanzler (4. 7. 1928 bis 6. 7. 1928); BMin.: Franz Slama (ab 6. 7. 1928)

Bundesministerium für Unterricht: BMin.: Richard Schmitz
Bundesministerium für soziale Verwaltung: BMin. Josef Resch
Bundesministerium für Finanzen: BMin.: Viktor Kienböck
Bundesministerium für Land- und Forstwirtschaft: BMin.: Andreas Thaler
Bundesministerium für Handel und Verkehr: BMin.: Hans Schürff
Bundesministerium für Heereswesen: BMin.: Carl Vaugoin

STREERUWITZ: 4. 5. 1929 bis 25. 9. 1929; mit d. Fortführung d. Geschäfte betraut bis 26. 9. 1929
Bundeskanzleramt: Bundeskanzler: Ernst Streeruwitz; Vizekanzler: Vinzenz Schumy
Bundesministerium für Justiz: BMin.: Franz Slama
Bundesministerium für Unterricht: BMin.: Emmerich Czermak
Bundesministerium für soziale Verwaltung: BMin.: Josef Resch
Bundesministerium für Finanzen: BMin.: Johann Josef Mittelberger
Bundesministerium für Land- und Forstwirtschaft: BMin.: Florian Födermayr
Bundesministerium für Handel und Verkehr: BMin.: Hans Schürff
Bundesministerium für Heereswesen: BMin.: Carl Vaugoin

SCHOBER (III): 26. 9. 1929 bis 25. 9. 1930; mit d. Fortführung d. Geschäfte betraut bis 30. 9. 1930
Bundeskanzleramt: Bundeskanzler: Johann Schober; Vizekanzler: Carl Vaugoin; BMin. (für d. sachliche Leitung d. inneren Angelegenheiten): Vinzenz Schumy
Bundesministerium für Justiz: BMin.: Franz Slama
Bundesministerium für Unterricht: mit d. Leitung betraut: Johann Schober, Bundeskanzler (bis 15. 10. 1929); BMin.: Heinrich Srbik (ab 16. 10. 1929)
Bundesministerium für soziale Verwaltung: BMin.: Theodor Innitzer
Bundesministerium für Finanzen: mit d. Leitung betraut: Johann Schober, Bundeskanzler (bis 16. 10. 1929); BMin.: Otto Juch (ab 16. 10. 1929)
Bundesministerium für Land- und Forstwirtschaft: BMin.: Florian Födermayr
Bundesministerium für Handel und Verkehr: BMin.: Michael Hainisch (bis 17. 6. 1930); mit d. einstweiligen Führung d. Geschäfte betraut: Johann Schober, Bundeskanzler (17. 6. 1930 bis 20. 6. 1930); BMin.: Friedrich Schuster (ab 20. 6. 1930)
Bundesministerium für Heereswesen: mit d. Leitung betraut: Carl Vaugoin, Vizekanzler

VAUGOIN: 30. 9. 1930 bis 29. 11. 1930; mit d. Fortführung d. Geschäfte betraut bis 4. 12. 1930
Bundeskanzleramt: Bundeskanzler: Carl Vaugoin; Vizekanzler: Richard Schmitz; BMin. (für d. sachliche Leitung d. auswärtigen Angelegenheiten): Ignaz Seipel; BMin. (für d. sachliche Leitung d. inneren Angelegenheiten): Ernst Rüdiger Starhemberg
Bundesministerium für Justiz: BMin.: Franz Hueber
Bundesministerium für Unterricht: BMin.: Emmerich Czermak
Bundesministerium für soziale Verwaltung: mit d. Leitung betraut: Richard Schmitz, Vizekanzler
Bundesministerium für Finanzen: BMin.: Otto Juch
Bundesministerium für Land- und Forstwirtschaft: BMin.: Andreas Thaler
Bundesministerium für Handel und Verkehr: BMin.: Eduard Heinl
Bundesministerium für Heereswesen: mit d. Leitung betraut: Carl Vaugoin, Bundeskanzler

Ender: 4. 12. 1930 bis 16. 6. 1931; mit d. Fortführung d. Geschäfte betraut bis 20. 6. 1931
Bundeskanzleramt: Bundeskanzler: Otto Ender; Vizekanzler (mit d. sachlichen Leitung d. auswärtigen Angelegenheiten betraut): Johann Schober; BMin. (mit d. sachlichen Leitung d. inneren Angelegenheiten betraut): Franz Winkler (bis 16. 6. 1931)
Bundesministerium für Justiz: BMin.: Hans Schürff (bis 30. 5. 1931); mit d. vorläufigen Fortführung d. Geschäfte betraut: Johann Schober, Vizekanzler (ab 30. 5. 1931)
Bundesministerium für Unterricht: BMin.: Emmerich Czermak
Bundesministerium für soziale Verwaltung: BMin.: Josef Resch (bis 15. 4. 1931); mit d. vorläufigen Fortführung d. Geschäfte betraut: Otto Ender, Bundeskanzler (ab 15. 4. 1931)
Bundesministerium für Finanzen: BMin.: Otto Juch
Bundesministerium für Land- und Forstwirtschaft: BMin.: Andreas Thaler (bis 18. 3. 1931); BMin.: Engelbert Dollfuß (ab 18. 3. 1931)
Bundesministerium für Handel und Verkehr: BMin.: Eduard Heinl
Bundesministerium für Heereswesen: BMin.: Carl Vaugoin

Buresch (I): 20. 6. 1931 bis 27. 1. 1932; mit d. Fortführung d. Geschäfte betraut bis 29. 1. 1932
Bundeskanzleramt: Bundeskanzler: Karl Buresch; Vizekanzler (mit d. sachlichen Leitung d. auswärtigen Angelegenheiten betraut): Johann Schober; BMin. (mit d. sachlichen Leitung d. inneren Angelegenheiten betraut): Franz Winkler
Bundesministerium für Justiz: BMin.: Hans Schürff
Bundesministerium für Unterricht: BMin.: Emmerich Czermak
Bundesministerium für soziale Verwaltung: BMin.: Josef Resch
Bundesministerium für Finanzen: BMin.: Josef Redlich (bis 5. 10. 1931); mit d. vorläufigen Fortführung d. Geschäfte betraut: Karl Buresch, Bundeskanzler (5. 10. 1931 bis 16. 10. 1931); BMin.: Emanuel Weidenhoffer (ab 16. 10. 1931)
Bundesministerium für Land- und Forstwirtschaft: BMin.: Engelbert Dollfuß
Bundesministerium für Handel und Verkehr: BMin.: Eduard Heinl
Bundesministerium für Heereswesen: BMin.: Carl Vaugoin

Buresch (II): 29. 1. 1932 bis 6. 5. 1932; mit d. Fortführung d. Geschäfte betraut bis 20. 5. 1932
Bundeskanzleramt: Bundeskanzler: Karl Buresch; Vizekanzler (mit d. sachlichen Leitung d. inneren Verwaltung betraut): Franz Winkler; BMin. (mit d. sachlichen Leitung d. Angelegenheiten d. öffentlichen Sicherheit betraut): Franz Bachinger (ab 4. 2. 1932)
Bundesministerium für Justiz: BMin.: Kurt Schuschnigg
Bundesministerium für Unterricht: BMin.: Emmerich Czermak
Bundesministerium für soziale Verwaltung: BMin.: Josef Resch
Bundesministerium für Finanzen: BMin.: Emanuel Weidenhoffer
Bundesministerium für Land- und Forstwirtschaft: BMin.: Engelbert Dollfuß
Bundesministerium für Handel und Verkehr: BMin.: Eduard Heinl
Bundesministerium für Heereswesen: BMin.: Carl Vaugoin

Dollfuss (I): 20. 5. 1932 bis 21. 9. 1933
Bundeskanzleramt: Bundeskanzler: Engelbert Dollfuß; Vizekanzler (mit d. sachlichen Leitung d. wirtschaftspolitischen Angelegenheiten betraut bis 10. 5. 1933): Franz Winkler; BMin. (mit d. sachlichen Leitung d. Angelegenheiten d. inneren Verwaltung betraut): Franz Bachinger (bis 10. 5. 1933); BMin. (mit d. sachlichen Leitung d. Angelegenheiten d. inneren Verwaltung u. d. wirtschaftspolitischen Angelegenheiten betraut): Vinzenz Schumy (ab 10. 5. 1933); BMin. (mit d. sachlichen Leitung d. Angelegenheiten d. öffentlichen Sicherheit betraut): Hermann Ach (bis 28. 9. 1932); Staatssekr. (f. d. Angelegenheiten d. Sicherheitswesens): Emil Fey (17. 10. 1932 bis 10. 5. 1933); BMin. (mit d. sachlichen Leitung d. Angelegenheiten d. öffentlichen Sicherheit betraut): Emil Fey (ab 10. 5. 1933); BMin. (mit d. sachlichen Leitung d. Angelegenheiten d. Verfassungs- u. Verwaltungreform betraut ab 20. 7. 1933): Otto Ender (ab 19. 7. 1933)
Bundesministerium für Justiz: BMin.: Kurt Schuschnigg
Bundesministerium für Unterricht: BMin.: Anton Rintelen (bis 24. 5. 1933); mit d. vorläufigen Fortführung d. Geschäfte betraut: Kurt Schuschnigg, BMin. (ab 24. 5. 1933)
Bundesministerium für soziale Verwaltung: BMin.: Josef Resch (bis 11. 3. 1933); BMin.: Robert Kerber (ab 11. 3. 1933); Staatssekr. (f. d. Angelegenheiten d. Arbeitsdienstes): Odo Neustädter-Stürmer (ab 10. 5. 1933)
Bundesministerium für Finanzen: BMin.: Emanuel Weidenhoffer (bis 10. 5. 1933); BMin.: Karl Buresch (ab 10. 5. 1933)
Bundesministerium für Land- und Forstwirtschaft: mit d. Leitung betraut: Engelbert Dollfuß, Bundeskanzler; Staatssekr. (f. d. Angelegenheiten d. Forstwesens u. d. Holzbewirtschaftung): Franz Bachinger (ab 10. 5. 1933)
Bundesministerium für Handel und Verkehr: BMin.: Guido Jakoncig (bis 10. 5. 1933); BMin.: Friedrich Stockinger (ab 10. 5. 1933); Staatssekr. (f. d. Angelegenheiten d. Arbeitsbeschaffung u. d. Fremdenverkehrs sowie d. technischen Angelegenheiten d. Straßenwesens): Odo Neustädter-Stürmer (ab 10. 5. 1933); Staatssekr. (f. d. Angelegenheiten d. Holzbewirtschaftung, soweit sie in d. Wirkungsbereich d. BM fallen): Franz Bachinger (ab 10. 5. 1933)
Bundesministerium für Heereswesen: BMin.: Carl Vaugoin

Dollfuss (II) – **Schuschnigg** (I): 21. 9. 1933 bis 14. 5. 1936
Bundeskanzleramt: Bundeskanzler: Engelbert Dollfuß (bis 25. 7. 1934); Bundeskanzler: Kurt Schuschnigg (ab 29. 7. 1934); Vizekanzler: Emil Fey (bis 1. 5. 1934); Vizekanzler (mit d. sachlichen Leitung d. Angelegenheiten d. körperlichen Ertüchtigung ab 17. 5. 1934 bis 17. 10. 1935 u. ab 29. 10. 1935 u. d. Angelegenheiten d. Sicherheitswesens vom 30. 7. 1934 bis 17. 10. 1935 betraut): Ernst Rüdiger Starhemberg (1. 5. 1934 bis 17. 10. 1935 u. ab 17. 10. 1935); BMin. (mit d. sachlichen Leitung d. Angelegenheiten d. Verfassungs- u. Verwaltungsreform betraut ab 23. 9. 1933): Otto Ender (bis 10. 7. 1934); BMin. (mit d. sachlichen Leitung d. Angelegenheiten d. inneren Verwaltung ab 23. 9. 1933 u. d. administrativen Angelegenheiten d. Bundesamts f. Statistik ab 1. 5. 1934 betraut): Robert Kerber (bis 10. 7. 1934); BMin.: Richard Schmitz (16. 2. 1934 bis 10. 7. 1934); BMin. (mit d. sachlichen Leitung d. Angelegenheiten d. Sicherheitswesens u. d. zum Wirkungsbereich d. Abt. 4 gehörenden Angelegenheiten 1. 5. 1934 bis 10. 7. 1934, d. Angelegenheiten d. inneren Verwaltung ab 30. 7. 1934 u. d. Angelegenheiten d. Bekämpfung staatsgefährlicher Bestrebungen in d.

Privatwirtschaft ab 28. 9. 1935 betraut): Emil Fey (1. 5. 1934 bis 17. 10. 1935); BMin. f. d. auswärtigen Angelegenheiten (3. 8. 1934 bis 17. 10. 1935 u. ab 29. 10. 1935): Egon Berger-Waldenegg (29. 7. 1934 bis 17. 10. 1935 u. ab 17. 10. 1935); BMin. (mit d. sachlichen Leitung d. d. Gesetzgebung über d. berufsständische Neuordnung vorbereitenden Tätigkeit d. Bundesministerien betraut): Odo Neustädter-Stürmer, BMin. (10. 9. 1934 bis 17. 10. 1935); BMin.: Karl Buresch (17. 10. 1935 bis 30. 1. 1936); BMin. (mit d. sachlichen Leitung d. Angelegenheiten d. Sicherheitswesens u. d. inneren Verwaltung betraut ab 29. 10. 1935): Eduard Baar-Baarenfels (ab 17. 10. 1935); Staatssekr. (f. d. Angelegenheiten d. Sicherheitswesens bis 1. 5. 1934, f. d. vom Bundeskanzler geführten Angelegenheiten d. Bundeskanzleramts 1. 5. 1934 bis 10. 7. 1934, f. d. Angelegenheiten d. Bundeskanzleramts mit Ausnahme d. auswärtigen Angelegenheiten ab 10. 7. 1934): Carl Karwinsky (bis 29. 7. 1934); Staatssekr. (f. d. auswärtigen Angelegenheiten): Stephan Tauschitz (10. 7. 1934 bis 3. 8. 1934); Staatssekr. (f. d. Angelegenheiten d. Sicherheitswesens): Hans Hammerstein-Equord (29. 7. 1934 bis 17. 10. 1935)
Bundesministerium für Justiz: mit der Leitung betraut: Kurt Schuschnigg, BMin. (bis 10. 7. 1934); BMin.: Egon Berger-Waldenegg (10. 7. 1934 bis 29. 7. 1934); mit d. Fortführung d. Geschäfte betraut: Egon Berger-Waldenegg, BMin. (29. 7. 1934 bis 17. 10. 1935); BMin.: Robert Winterstein (ab 17. 10. 1935); Staatssekr.: Franz Glas (bis 10. 7. 1934); Staatssekr.: Carl Karwinsky (29. 7. 1934 bis 17. 10. 1935)
Bundesministerium für Unterricht: BMin.: Kurt Schuschnigg (bis 29. 7. 1934); mit d. Leitung betraut: Kurt Schuschnigg, Bundeskanzler (ab 29. 7. 1934); Staatssekr.: Hans Pernter (29. 7. 1934 bis 17. 10. 1935 u. ab 17. 10. 1935)
Bundesministerium für soziale Verwaltung: BMin.: Richard Schmitz (bis 16. 2. 1934); BMin.: Odo Neustädter-Stürmer (16. 2. 1934 bis 17. 10. 1935); BMin.: Josef Dobretsberger (ab 17. 10. 1935); Staatssekr. (f. d. Angelegenheiten d. Arbeitsdienstes): Odo Neustädter-Stürmer (bis 16. 2. 1934); Staatssekr. (f. d. Angelegenheiten d. gesetzlichen Schutzes d. Arbeiter u. Angestellten): Johann Großauer (13. 8. 1934 bis 17. 10. 1935); Staatssekr. (f. d. Angelegenheiten d. gesetzlichen Schutzes d. Arbeiter und Angestellten): Theodor Znidaric (ab 17. 10. 1935)
Bundesministerium für Finanzen: BMin.: Karl Buresch (bis 17. 10. 1935); BMin.: Ludwig Draxler (ab 17. 10. 1935)
Bundesministerium für Land- und Forstwirtschaft: mit d. Leitung betraut: Engelbert Dollfuß, Bundeskanzler (bis 25. 7. 1934); mit d. Leitung betraut: Ernst Rüdiger Starhemberg, Vizekanzler (26. 7. 1934 bis 29. 7. 1934); BMin.: Josef Reither (29. 7. 1934 bis 17. 10. 1935); BMin.: Ludwig Strobl (ab 17. 10. 1935); Staatssekr.: Heinrich Gleißner (bis 12. 3. 1934); Staatssekr.: Bartholomäus Hasenauer (12. 3. 1934 bis 10. 7. 1934); Staatssekr.: Ulrich Ilg (13. 7. 1934 bis 3. 8. 1934); Staatssekr. (f. d. Angelegenheiten d. Bergbauernhilfe): August Kraft (17. 10. 1935 bis 8. 2. 1936)
Bundesministerium für Handel und Verkehr: BMin.: Fritz Stockinger (bis 17. 10. 1935 und ab 17. 10. 1935); Staatssekr. (f. d. Angelegenheiten d. Arbeitsbeschaffung u. d. Fremdenverkehrs sowie d. technischen Angelegenheiten d. Straßenbaues): Odo Neustädter-Stürmer (bis 16. 2. 1934)
Bundesministerium für Heereswesen (Landesverteidigung): mit d. Leitung betraut: Engelbert Dollfuß, Bundeskanzler (bis 12. 3. 1934); BMin.: Alois Schönburg-Hartenstein (12. 3. 1934 bis 10. 7. 1934); mit d. Leitung betraut: Engelbert Dollfuß, Bundeskanzler (10. 7. 1934 bis 25. 7. 1934); mit d. Leitung betraut: Ernst Rüdiger Starhemberg, Vizekanzler (26. 7 1934 bis 29. 7. 1934); mit d. Leitung betraut: Kurt Schuschnigg, Bundeskanzler (ab 29. 7. 1934); Staatssekr.: Alois Schönburg-Hartenstein (bis 12. 3. 1934); Staatssekr.: Wilhelm Zehner (10. 7. 1934 bis 17. 10. 1935 u. ab 17. 10. 1935)

SCHUSCHNIGG (II): 14. 5. 1936 bis 3. 11. 1936
Bundeskanzleramt: Bundeskanzler: Kurt Schuschnigg; Vizekanzler (mit d. sachlichen Leitung d. Angelegenheiten d. inneren Verwaltung einschließlich d. Sicherheitswesens betraut vom 15. 5. 1936 bis 10. 10. 1936 u. ab 10. 10. 1936): Eduard Baar-Baarenfels; BMin.: Edmund Glaise-Horstenau (ab 11. 7. 1936); Staatssekr. (f. Angelegenheiten d. Bundeskanzleramtes): Guido Zernatto; Staatssekr. (f. d. auswärtigen Angelegenheiten): Guido Schmidt (ab 11. 7. 1936)
Bundesministerium für Justiz: BMin.: Hans Hammerstein-Equord
Bundesministerium für Unterricht: BMin.: Hans Pernter (bis 10. 10. 1936); mit d. Leitung betraut: Kurt Schuschnigg, Bundeskanzler (10. 10. 1936); Hans Pernter (ab 10. 10. 1936)
Bundesministerium für soziale Verwaltung: BMin.: Josef Resch
Bundesministerium für Finanzen: BMin.: Ludwig Draxler (bis 10. 10. 1936); mit d. Leitung betraut: Kurt Schuschnigg, Bundeskanzler (10. 10. 1936); BMin.: Ludwig Draxler (ab 10. 10. 1936)
Bundesministerium für Land- und Forstwirtschaft: mit d. Leitung betraut: Kurt Schuschnigg, Bundeskanzler (bis 15. 5. 1936); BMin.: Peter Mandorfer (ab 15. 5. 1936)
Bundesministerium für Handel und Verkehr: BMin.: Fritz Stockinger
Bundesministerium für Landesverteidigung: mit d. Leitung betraut: Kurt Schuschnigg, Bundeskanzler; Staatssekr.: Wilhelm Zehner

SCHUSCHNIGG (III): 3. 11. 1936 bis 16. 2. 1938
Bundeskanzleramt: Bundeskanzler: Kurt Schuschnigg; Vizekanzler: Ludwig Hülgerth; BMin. (mit d. sachlichen Leitung d. Angelegenheiten d. inneren Verwaltung betraut ab 6. 11. 1936): Edmund Glaise-Horstenau; BMin. (mit d. sachlichen Leitung d. Angelegenheiten d. Sicherheitswesens u. d. Vorbereitung d. Gesetzgebung über d. berufsständische Neuordnung betraut ab 6. 11. 1936): Odo Neustädter-Stürmer (bis 20. 3. 1937); Staatssekr. f. Angelegenheiten d. Sicherheit: Michael Skubl (ab 20. 3. 1937); Staatssekr. (f. Angelegenheiten d. Bundeskanzleramtes): Guido Zernatto; Staatssekr. (f. d. Auswärtigen Angelegenheiten): Guido Schmidt
Bundesministerium für Justiz: BMin.: Adolf Pilz
Bundesministerium für Unterricht: BMin.: Hans Pernter
Bundesministerium für soziale Verwaltung: BMin.: Josef Resch; Staatssekr. (f. d. Angelegenheiten d. gesetzlichen Schutzes d. Arbeiter u. Angestellten): Hans Rott
Bundesministerium für Finanzen: BMin.: Rudolf Neumayer
Bundesministerium für Land- und Forstwirtschaft: BMin.: Peter Mandorfer
Bundesministerium für Handel und Verkehr: BMin.: Wilhelm Taucher
Bundesministerium für Landesverteidigung: mit d. Leitung betraut: Kurt Schuschnigg, Bundeskanzler; Staatssekr.: Wilhelm Zehner

Schuschnigg (IV): 16. 2. 1938 bis 11. 3. 1938
Bundeskanzleramt: Bundeskanzler: Kurt Schuschnigg; Vizekanzler: Ludwig Hülgerth; BMin. (f. d. Auswärtigen Angelegenheiten): Guido Schmidt; BMin. (mit d. sachlichen Leitung d. Angelegenheiten d. inneren Verwaltung u. d. Sicherheitswesens betraut): Arthur Seyß-Inquart; BMin. (im Bundeskanzleramt): Edmund Glaise-Horstenau; BMin. (im Bundeskanzleramt): Guido Zernatto; BMin. (im Bundeskanzleramt): Hans Rott; Staatssekr. (f. Sicherheitswesen): Michael Skubl
Bundesministerium für Justiz: BMin.: Ludwig Adamovich
Bundesministerium für Unterricht: BMin.: Hans Pernter
Bundesministerium für soziale Verwaltung: BMin.: Josef Resch; Staatssekr. (f. d. Angelegenheiten d. gesetzlichen Schutzes d. Arbeiter u. Angestellten): Adolf Watzek
Bundesministerium für Finanzen: BMin.: Rudolf Neumayer
Bundesministerium für Land- und Forstwirtschaft: BMin.: Peter Mandorfer; Staatssekr. (f. d. Angelegenheiten d. Forstwirtschaft): Franz Matschnig
Bundesministerium für Handel und Verkehr: BMin.: Julius Raab; Staatssekr. (f. d. Angelegenheiten d. Industrie): Ludwig Stepski-Doliwa
Bundesministerium für Landesverteidigung: mit d. Leitung betraut: Kurt Schuschnigg, Bundeskanzler; Staatssekr.: Wilhelm Zehner

Renner (IV): Provisorische Staatsregierung, 27. 4. 1945 bis 20. 12. 1945
Staatskanzlei: Staatskanzler: Karl Renner; Staatssekr. (ohne Portefeuille): Adolf Schärf; Staatssekr. (ohne Portefeuille): Leopold Figl; Staatssekr. (ohne Portefeuille): Johann Koplenig; Unterstaatssekr. (f. Heerwesen): Franz Winterer; Unterstaatssekr.: Heinrich Herglotz (ab 4. 5. 1945); Unterstaatssekr. (f. Äußeres): Karl Gruber (ab 26. 9. 1945)
Staatsamt für Inneres: Staatssekr.: Franz Honner; Unterstaatssekr.: Oskar Helmer; Unterstaatssekr.: Raoul Bumballa; Unterstaatssekr.: Josef Sommer (ab 26. 9. 1945)
Staatsamt für Justiz: Staatssekr.: Josef Gerö; Unterstaatssekr.: Karl Altmann; Unterstaatssekr.: Max Scheffenegger; Unterstaatssekr.: Ferdinand Nagl
Staatsamt für Volksaufklärung, für Unterricht und Erziehung und für Kultusangelegenheiten: Staatssekr.: Ernst Fischer; Unterstaatssekr.: Karl Lugmayer; Unterstaatssekr.: Josef Enslein; Unterstaatssekr. (f. Kultus): Ernst Hefel
Staatsamt für soziale Verwaltung: Staatssekr.: Johann Böhm; Unterstaatssekr.: Franz David; Unterstaatssekr.: Alois Weinberger
Staatsamt für Finanzen: Staatssekr.: Georg Zimmermann; Unterstaatssekr.: Hans Rizzi (ab 4. 5. 1945)
Staatsamt für Land- und Forstwirtschaft: Staatssekr.: Rudolf Buchinger (bis 26. 9. 1945); Staatssekr.: Josef Kraus (ab 26. 9. 1945); Unterstaatssekr.: Alois Mentasti; Unterstaatssekr.: Laurenz Genner
Staatsamt für Industrie, Gewerbe, Handel und Verkehr: Staatssekr.: Eduard Heinl; Unterstaatssekr.: Karl Waldbrunner; Unterstaatssekr.: Hermann Lichtenegger (ab 4. 5. 1945)
Staatsamt für Volksernährung: Staatssekr.: Andreas Korp; Unterstaatssekr.: Helene Postranecky; Unterstaatssekr.: Josef Kraus (bis 26. 9. 1945); Unterstaatssekr.: Ernst Winsauer (ab 26. 9. 1945)
Staatsamt für öffentliche Bauten: Staatssekr.: Julius Raab; Unterstaatssekr.: Heinrich Schneidmadl; Unterstaatssekr.: Otto Mödlagl (ab 4. 5. 1945)
Staatsamt für Vermögenssicherung und Wirtschaftsplanung: Staatssekr.: Vinzenz Schumy (ab 26. 9. 1945); Unterstaatssekr.: Franz Rauscher (ab 26. 9. 1945); Unterstaatssekr.: Alfred Neumann (ab 26. 9. 1945)

Figl (I): 20. 12. 1945 bis 11. 10. 1949; m. d. Fortführung d. Geschäfte betraut bis 8. 11. 1949
Bundeskanzleramt: Bundeskanzler: Leopold Figl; Vizekanzler: Adolf Schärf; BMin. (f. d. Auswärtigen Angelegenheiten): Karl Gruber; BMin. (im Bundeskanzleramt): Alois Weinberger (bis 11. 1. 1947); BMin. (im Bundeskanzleramt): Erwin Altenburger (ab 11. 1. 1947)
Bundesministerium für Inneres: BMin.: Oskar Helmer; Staatssekr.: Ferdinand Graf
Bundesministerium für Justiz: BMin.: Josef Gerö
Bundesministerium für Unterricht: BMin.: Felix Hurdes
Bundesministerium für soziale Verwaltung: BMin.: Karl Maisel
Bundesministerium für Finanzen: BMin.: Georg Zimmermann
Bundesministerium für Land- und Forstwirtschaft: BMin.: Josef Kraus
Bundesministerium für Handel und Wiederaufbau: BMin.: Eugen Fleischacker (bis 31. 5. 1946); BMin.: Eduard Heinl (ab 31. 5. 1946 bis 18. 2. 1948); BMin.: Ernst Kolb (ab 18. 2. 1948)
Bundesministerium für Volksernährung: BMin.: Hans Frenzel (bis 11. 1. 1947); BMin.: Otto Sagmeister (ab 11. 1. 1947)
Bundesministerium für Vermögenssicherung und Wirtschaftsplanung: BMin.: Peter Krauland; Staatssekr.: Karl Waldbrunner (bis 28. 3. 1946); Staatssekr.: Franz Rauscher (ab 28. 3. 1946 bis 11. 1. 1947); Staatssekr.: Karl Mantler (ab 11. 1. 1947)
Bundesministerium für Verkehr: BMin.: Vinzenz Übeleis
Bundesministerium für Elektrifizierung und Energiewirtschaft: BMin.: Karl Altmann (bis 20. 11. 1947); mit d. Leitung betraut: Eduard Heinl, BMin. (ab 20. 11. 1947 bis 24. 11. 1947); BMin.: Alfred Migsch (ab 24. 11. 1947)

Figl (II): 8. 11. 1949 bis 28. 10. 1952
Bundeskanzleramt: Bundeskanzler: Leopold Figl; Vizekanzler: Adolf Schärf; BMin. (f. d. Auswärtigen Angelegenheiten): Karl Gruber
Bundesministerium für Inneres: BMin.: Oskar Helmer; Staatssekr.: Ferdinand Graf; Staatssekr.: Andreas Korp (ab 23. 1. 1952)
Bundesministerium für Justiz: BMin.: Otto Tschadek (bis 16. 9. 1952); BMin.: Josef Gerö (ab 16. 9. 1952)
Bundesministerium für Unterricht: BMin.: Felix Hurdes (bis 23. 1. 1952); BMin.: Ernst Kolb (ab 23. 1. 1952)
Bundesministerium für soziale Verwaltung: BMin.: Karl Maisel
Bundesministerium für Finanzen: BMin.: Eugen Margarétha (bis 23. 1. 1952); BMin.: Reinhard Kamitz (ab 23. 1. 1952)
Bundesministerium für Land- und Forstwirtschaft: BMin.: Josef Kraus (bis 23. 1. 1952); BMin.: Franz Thoma (ab 23. 1. 1952)
Bundesministerium für Handel und Wiederaufbau: BMin.: Ernst Kolb (bis 23. 1. 1952); BMin.: Josef Böck-Greissau (ab 23. 1. 1952); Staatssekr.: Fritz Bock (ab 23. 1. 1952)
Bundesministerium für Verkehr und verstaatlichte Betriebe: BMin.: Karl Waldbrunner; Staatssekr.: Vinzenz Übeleis

Figl (III): 28. 10. 1952 bis 25. 2. 1953; mit d. Fortführung d. Geschäfte betraut bis 2. 4. 1953
Bundeskanzleramt: Bundeskanzler: Leopold Figl; Vizekanzler: Adolf Schärf; BMin. (f. d. Auswärtigen Angelegenheiten): Karl Gruber

Bundesministerium für Inneres: BMin.: Oskar Helmer; Staatssekr.: Ferdinand Graf; Staatssekr.: Andreas Korp
Bundesministerium für Justiz: BMin.: Josef Gerö
Bundesministerium für Unterricht: BMin.: Ernst Kolb
Bundesministerium für soziale Verwaltung: BMin.: Karl Maisel
Bundesministerium für Finanzen: BMin.: Reinhard Kamitz
Bundesministerium für Land- und Forstwirtschaft: BMin.: Franz Thoma
Bundesministerium für Handel und Wiederaufbau: BMin.: Josef Böck-Greissau; Staatssekr.: Fritz Bock
Bundesministerium für Verkehr und verstaatlichte Betriebe: BMin.: Karl Waldbrunner; Staatssekr.: Vinzenz Übeleis

RAAB (I): 2. 4. 1953 bis 14. 5. 1956; mit der Fortführung der Geschäfte betraut bis 29. 6. 1956
Bundeskanzleramt: Bundeskanzler: Julius Raab; Vizekanzler: Adolf Schärf; BMin. (f. d. Auswärtigen Angelegenheiten): Karl Gruber (bis 26. 11. 1953); BMin. (f. d. Auswärtigen Angelegenheiten): Leopold Figl (ab 26. 11. 1953); Staatssekr. (f. d. Auswärtigen Angelegenheiten): Bruno Kreisky
Bundesministerium für Inneres: BMin.: Oskar Helmer; Staatssekr.: Ferdinand Graf
Bundesministerium für Justiz: BMin.: Josef Gerö (bis 28. 12. 1954); BMin.: Hans Kapfer (ab 17. 1. 1955)
Bundesministerium für Unterricht: BMin.: Ernst Kolb (bis 31. 10. 1954); BMin.: Heinrich Drimmel (ab 1. 11. 1954)
Bundesministerium für soziale Verwaltung: BMin.: Karl Maisel (bis 23. 1. 1956); BMin.: Anton Proksch (ab 23. 1. 1956)
Bundesministerium für Finanzen: BMin.: Reinhard Kamitz; Staatssekr.: Fritz Bock (ab 7. 7. 1955)
Bundesministerium für Land- und Forstwirtschaft: BMin.: Franz Thoma
Bundesministerium für Handel und Wiederaufbau: BMin.: Josef Böck-Greissau (bis 21. 4. 1953); mit d. einstweiligen Führung d. Geschäfte betraut: Julius Raab, Bundeskanzler (21. 4. 1953 bis 28. 4. 1953); BMin.: Udo Illig (ab 28. 4. 1953); BMin.: Fritz Bock (ab 7. 7. 1955); Staatssekr.: Raimund Gehart (bis 31. 7. 1954); Staatssekr.: Rudolf Fischer (ab 2. 8. 1954)
Bundesministerium für Verkehr und verstaatlichte Betriebe: BMin.: Karl Waldbrunner

RAAB (II): 29. 6. 1956 bis 12. 5. 1959: mit d. Fortführung d. Geschäfte betraut bis 16. 7. 1959
Bundeskanzleramt: Bundeskanzler: Julius Raab; Vizekanzler: Adolf Schärf (bis 22. 5. 1957); Vizekanzler: Bruno Pittermann (ab 22. 5. 1957); BMin. (f. d. Auswärtigen Angelegenheiten): Leopold Figl (bis 10. 6. 1959), vorübergehend mit d. Leitung d. Auswärtigen Angelegenheiten betraut: Julius Raab, Bundeskanzler (ab 10. 6. 1959); Staatssekr. (f. d. Auswärtigen Angelegenheiten): Bruno Kreisky; Staatssekr. (f. d. Auswärtigen Angelegenheiten): Franz Gschnitzer; BMin. (f. Angelegenheiten d. Landesverteidigung): Ferdinand Graf (bis 15. 7. 1956); Staatssekr. (f. Angelegenheiten d. Landesverteidigung): Karl Stephani (bis 15. 7. 1956)
Bundesministerium für Inneres: BMin.: Oskar Helmer; Staatssekr.: Franz Grubhofer
Bundesministerium für Justiz: BMin.: Otto Tschadek
Bundesministerium für Unterricht: BMin.: Heinrich Drimmel
Bundesministerium für soziale Verwaltung: BMin.: Anton Proksch
Bundesministerium für Finanzen: BMin.: Reinhard Kamitz; Staatssekr.: Fritz Bock (bis 19. 9. 1956); Staatssekr.: Hermann Withalm (ab 12. 10. 1956)
Bundesministerium für Land- und Forstwirtschaft: BMin.: Franz Thoma
Bundesministerium für Handel und Wiederaufbau: BMin.: Udo Illig (bis 19. 9. 1956); BMin.: Fritz Bock (ab 19. 9. 1956); Staatssekr.: Eduard Weikhart
Bundesministerium für Verkehr und Elektrizitätswirtschaft: BMin.: Karl Waldbrunner
Bundesministerium für Landesverteidigung: BMin.: Ferdinand Graf (ab 15. 7. 1956); Staatssekr.: Karl Stephani (ab 15. 7. 1956)

RAAB (III): 16. 7. 1959 bis 3. 11. 1960
Bundeskanzleramt: Bundeskanzler: Julius Raab; Vizekanzler: Bruno Pittermann, gemäß Art. 77, Abs. 3 d. Bundes-Verfassungsgesetzes mit d. Leitung d. Agenden d. Bundeskanzleramtes - Verstaatlichte Unternehmungen (Sekt. IV) betraut: Bruno Pittermann, Vizekanzler (ab 29. 7. 1959); BMin. (f. d. Auswärtigen Angelegenheiten): Bruno Kreisky (bis 31. 7. 1959); Staatssekr. (f. d. Auswärtigen Angelegenheiten): Franz Gschnitzer (bis 31. 7. 1959)
Bundesministerium für Inneres: BMin.: Josef Afritsch; Staatssekr.: Franz Grubhofer
Bundesministerium für Justiz: BMin.: Otto Tschadek (bis 23. 6. 1960); BMin.: Christian Broda (ab 23. 6. 1960)
Bundesministerium für Unterricht: BMin.: Heinrich Drimmel
Bundesministerium für soziale Verwaltung: BMin.: Anton Proksch
Bundesministerium für Finanzen: BMin.: Reinhard Kamitz (bis 17. 6. 1960); BMin.: Eduard Heilingsetzer (ab 17. 6. 1960)
Bundesministerium für Land- und Forstwirtschaft: BMin.: Eduard Hartmann
Bundesministerium für Handel und Wiederaufbau: BMin.: Fritz Bock; Staatssekr.: Eduard Weikhart
Bundesministerium für Verkehr und Elektrizitätswirtschaft: BMin.: Karl Waldbrunner
Bundesministerium für Landesverteidigung: BMin.: Ferdinand Graf; Staatssekr.: Max Eibegger (bis 19. 10. 1959); Staatssekr.: Otto Rösch (ab 19. 10. 1959)
Bundesministerium für Auswärtige Angelegenheiten: BMin.: Bruno Kreisky (ab 31. 7. 1959); Staatssekr.: Franz Gschnitzer (ab 31. 7. 1959)

RAAB (IV): 3. 11. 1960 bis 11. 4. 1961
Bundeskanzleramt: Bundeskanzler: Julius Raab; Vizekanzler: Bruno Pittermann, gemäß Art. 77 Abs. 3 d. Bundes-Verfassungsgesetzes mit d. Leitung d. Agenden d. Bundeskanzleramtes - Verstaatlichte Unternehmungen (Sekt. IV) betraut: Bruno Pittermann, Vizekanzler
Bundesministerium für Inneres: BMin.: Josef Afritsch; Staatssekr.: Franz Grubhofer
Bundesministerium für Justiz: BMin.: Christian Broda
Bundesministerium für Unterricht: BMin.: Heinrich Drimmel
Bundesministerium für soziale Verwaltung: BMin.: Anton Proksch
Bundesministerium für Finanzen: BMin.: Eduard Heilingsetzer
Bundesministerium für Land- und Forstwirtschaft: BMin.: Eduard Hartmann
Bundesministerium für Handel und Wiederaufbau: BMin.: Fritz Bock; Staatssekr.: Eduard Weikhart
Bundesministerium für Verkehr und Elektrizitätswirtschaft: BMin.: Karl Waldbrunner
Bundesministerium für Landesverteidigung: BMin.: Ferdinand Graf; Staatssekr.: Otto Rösch

Bundesministerium für Auswärtige Angelegenheiten: BMin.: Bruno Kreisky; Staatssekr.: Franz Gschnitzer

Gorbach (I): 11. 4. 1961 bis 20. 11. 1962; mit d. Fortführung d. Geschäfte betraut bis 27. 3. 1963
Bundeskanzleramt: Bundeskanzler: Alfons Gorbach; Vizekanzler: Bruno Pittermann, gemäß Art. 77 Abs. 3 d. Bundes-Verfassungsgesetzes mit d. Leitung d. Agenden d. Bundeskanzleramtes - Verstaatlichte Unternehmungen (Sekt. IV) betraut: Bruno Pittermann, Vizekanzler
Bundesministerium für Inneres: BMin.: Josef Afritsch; Staatssekr.: Otto Kranzlmayr
Bundesministerium für Justiz: BMin.: Christian Broda
Bundesministerium für Unterricht: BMin.: Heinrich Drimmel
Bundesministerium für soziale Verwaltung: BMin.: Anton Proksch
Bundesministerium für Finanzen: BMin.: Josef Klaus
Bundesministerium für Land- und Forstwirtschaft: BMin.: Eduard Hartmann
Bundesministerium für Handel und Wiederaufbau: BMin.: Fritz Bock; Staatssekr.: Eduard Weikhart
Bundesministerium für Verkehr und Elektrizitätswirtschaft: BMin.: Karl Waldbrunner (bis 14. 12. 1962), gemäß Art. 77 Abs. 4 d. Bundes-Verfassungsgesetzes mit d. Leitung d. BM f. Verkehr u. Elektrizitätswirtschaft betraut: Bruno Pittermann, Vizekanzler (ab 14. 12. 1962)
Bundesministerium für Landesverteidigung: BMin.: Karl Schleinzer; Staatssekr.: Otto Rösch
Bundesministerium für Auswärtige Angelegenheiten: BMin.: Bruno Kreisky; Staatssekr.: Ludwig Steiner

Gorbach (II): 27. 3. 1963 bis 2. 4. 1964
Bundeskanzleramt: Bundeskanzler: Alfons Gorbach (bis 25. 2. 1964); mit d. Weiterführung d. Geschäfte betraut bis 2. 4. 1964; Vizekanzler: Bruno Pittermann, gemäß Art. 77 Abs. 3 d. Bundes-Verfassungsgesetzes mit d. Leitung d. Agenden d. Bundeskanzleramtes - Verstaatlichte Unternehmungen (Sekt. IV) betraut: Bruno Pittermann, Vizekanzler
Bundesministerium für Inneres: BMin.: Franz Olah; Staatssekr.: Otto Kranzlmayr (bis 5. 11. 1963); Staatssekr.: Franz Soronics (ab 5. 11. 1963)
Bundesministerium für Justiz: BMin.: Christian Broda; Staatssekr.: Franz Hetzenauer
Bundesministerium für Unterricht: BMin.: Heinrich Drimmel
Bundesministerium für soziale Verwaltung: BMin.: Anton Proksch
Bundesministerium für Finanzen: BMin.: Franz Korinek
Bundesministerium für Land- und Forstwirtschaft: BMin.: Eduard Hartmann
Bundesministerium für Handel und Wiederaufbau: BMin.: Fritz Bock; Staatssekr.: Eduard Weikhart; Staatssekr.: Vinzenz Kotzina
Bundesministerium für Verkehr und Elektrizitätswirtschaft: BMin.: Otto Probst
Bundesministerium für Landesverteidigung: BMin.: Karl Schleinzer; Staatssekr.: Otto Rösch
Bundesministerium für Auswärtige Angelegenheiten: BMin.: Bruno Kreisky; Staatssekr.: Ludwig Steiner

Klaus (I): 2. 4. 1964 bis 25. 10. 1965; mit d. Fortführung d. Geschäfte betraut bis 19. 4. 1966
Bundeskanzleramt: BMin.: Josef Klaus; Vizekanzler: Bruno Pittermann, gemäß Art. 77 Abs. 3 d. Bundes-Verfassungsgesetzes mit d. Leitung d. Agenden d. Bundeskanzleramtes - Verstaatlichte Unternehmungen (Sekt. IV) betraut: Bruno Pittermann, Vizekanzler

Bundesministerium für Inneres: BMin.: Franz Olah (bis 21. 9. 1964); BMin.: Hans Czettel (ab 21. 9. 1964); Staatssekr.: Franz Soronics
Bundesministerium für Justiz: BMin.: Christian Broda; Staatssekr.: Franz Hetzenauer
Bundesministerium für Unterricht: BMin.: Theodor Piffl-Perčević
Bundesministerium für soziale Verwaltung: BMin.: Anton Proksch
Bundesministerium für Finanzen: BMin.: Wolfgang Schmitz
Bundesministerium für Land- und Forstwirtschaft: BMin.: Karl Schleinzer
Bundesministerium für Handel und Wiederaufbau: BMin.: Fritz Bock; Staatssekr.: Eduard Weikhart; Staatssekr.: Vinzenz Kotzina
Bundesministerium für Verkehr und Elektrizitätswirtschaft: BMin.: Otto Probst
Bundesministerium für Landesverteidigung: BMin.: Georg Prader; Staatssekr.: Otto Rösch
Bundesministerium für Auswärtige Angelegenheiten: BMin.: Bruno Kreisky; Staatssekr.: Carl H. Bobleter

Klaus (II): 19. 4. 1966 bis 3. 3. 1970; mit d. Fortführung d. Geschäfte betraut bis 21. 4. 1970
Bundeskanzleramt: Bundeskanzler: Josef Klaus; Vizekanzler: Fritz Bock (bis 19. 1. 1968); Vizekanzler: Hermann Withalm (ab 19. 1. 1968); BMin. (ohne Portefeuille): Vinzenz Kotzina (bis 6. 6. 1966); Staatssekr.: Karl Gruber (bis 13. 5. 1969); Staatssekr.: Stephan Koren (ab 31. 3. 1967 bis 19. 1. 1968); Staatssekr.: Karl Pisa (ab 19. 1. 1968 bis 2. 6. 1969); Staatssekr.: Heinrich Neisser (ab 2. 6. 1969)
Bundesministerium für Inneres: BMin.: Franz Hetzenauer (bis 19. 1. 1968); BMin. Franz Soronics (ab 19. 1. 1968); Staatssekr.: Johann Haider (bis 19. 1. 1968); Staatssekr.: Roland Minkowitsch (ab 19. 1. 1968)
Bundesministerium für Justiz: BMin.: Hans Klecatsky
Bundesministerium für Unterricht: BMin.: Theodor Piffl-Perčević (bis 2. 6. 1969); BMin.: Alois Mock (ab 2. 6. 1969)
Bundesministerium für soziale Verwaltung: BMin.: Grete Rehor; Staatssekr.: Franz Soronics (bis 19. 1. 1968); Staatssekr.: Johann Bürkle (ab 19. 1. 1968)
Bundesministerium für Finanzen: BMin.: Wolfgang Schmitz (bis 19. 1. 1968); BMin.: Stephan Koren (ab 19. 1. 1968)
Bundesministerium für Land- und Forstwirtschaft: BMin.: Karl Schleinzer
Bundesministerium für Handel, Gewerbe und Industrie: BMin.: Fritz Bock, Vizekanzler, gemäß Art. 77 Abs. 4 d. Bundes-Verfassungsgesetzes mit d. Leitung d. BM betraut (bis 19. 1. 1968); BMin.: Otto Mitterer (ab 19. 1. 1968)
Bundesministerium für Verkehr und verstaatlichte Unternehmungen: BMin.: Ludwig Weiß; Staatssekr.: Josef Taus (bis 30. 3. 1967)
Bundesministerium für Landesverteidigung: BMin.: Georg Prader
Bundesministerium für Auswärtige Angelegenheiten: BMin.: Lujo Tončić-Sorinj (bis 19. 1. 1968); BMin.: Kurt Waldheim (ab 19. 1. 1968); Staatssekr.: Carl H. Bobleter (bis 19. 1. 1968)
Bundesministerium für Bauten und Technik: Vinzenz Kotzina (ab 6. 6. 1966)

Kreisky (I): 21. 4. 1970 bis 19. 10. 1971; mit d. Fortführung d. Geschäfte betraut bis 4. 11. 1971
Bundeskanzleramt: Bundeskanzler: Bruno Kreisky; Vizekanzler: Rudolf Häuser; BMin. ohne Portefeuille: Hertha Firnberg (bis 26. 7. 1970); Staatssekr.: Ernst Eugen Veselsky

Bundesministerium für Inneres: BMin.: Otto Rösch
Bundesministerium für Justiz: BMin.: Christian Broda
Bundesministerium für Unterricht, ab 24. 7. 1970 *Bundesministerium für Unterricht und Kunst: BMin.:* Leopold Gratz
Bundesministerium für soziale Verwaltung: BMin.: Rudolf Häuser, Vizekanzler, gemäß Art. 77 Abs. 4 Bundes-Verfassungsgesetz mit d. Leitung d. BM betraut; Staatssekr.: Gertrude Wondrack (bis 31. 7. 1971)
Bundesministerium für Finanzen: BMin.: Hannes Androsch
Bundesministerium für Land- und Forstwirtschaft: BMin.: Johann Öllinger (bis 22. 5. 1970); BMin.: Oskar Weihs (ab 22. 5. 1970)
Bundesministerium für Handel, Gewerbe und Industrie: BMin.: Josef Staribacher
Bundesministerium für Verkehr und verstaatlichte Unternehmungen, ab 24. 7. 1970 *Bundesministerium für Verkehr:* BMin.: Erwin Frühbauer
Bundesministerium für Landesverteidigung: BMin.: Johann Freihsler (bis 4. 2. 1971); BMin.: Bruno Kreisky, Bundeskanzler, gemäß Art. 77 Abs. 4 Bundes-Verfassungsgesetz mit d. Leitung d. BM betraut (vom 4. 2. bis 8. 2. 1971); BMin.: Karl Lütgendorf (ab 8. 2. 1971)
Bundesministerium für Auswärtige Angelegenheiten: BMin.: Rudolf Kirchschläger
Bundesministerium für Bauten und Technik: BMin.: Josef Moser
Bundesministerium für Wissenschaft und Forschung (ab 24. 7. 1970): BMin.: Hertha Firnberg (ab 26. 7. 1970)

KREISKY (II): 4. 11. 1971 bis 8. 10. 1975; mit d. Fortführung d. Geschäfte betraut bis 28. 10. 1975
Bundeskanzleramt: Bundeskanzler: Bruno Kreisky; Vizekanzler: Rudolf Häuser; BMin. ohne Portefeuille: Ingrid Leodolter (bis 2. 2. 1972); Staatssekr.: Ernst Eugen Veselsky; Staatssekr.: Elfriede Karl; Staatssekr.: Karl Lausecker (ab 18. 1. 1973)
Bundesministerium für Inneres: BMin.: Otto Rösch
Bundesministerium für Justiz: BMin.: Christian Broda
Bundesministerium für Unterricht und Kunst: BMin.: Fred Sinowatz
Bundesministerium für soziale Verwaltung: BMin.: Rudolf Häuser, Vizekanzler, gemäß Art. 77 Abs. 4 Bundes-Verfassungsgesetz mit d. Leitung d. BM betraut
Bundesministerium für Finanzen: BMin.: Hannes Androsch
Bundesministerium für Land- und Forstwirtschaft: BMin.: Oskar Weihs; Staatssekr.: Günter Haiden (ab 8. 7. 1974)
Bundesministerium für Handel, Gewerbe und Industrie: BMin.: Josef Staribacher
Bundesministerium für Verkehr: BMin.: Erwin Frühbauer (bis 17. 9. 1973); BMin.: Erwin Lanc (ab 17. 9. 1973)
Bundesministerium für Landesverteidigung: BMin.: Karl Lütgendorf
Bundesministerium für Auswärtige Angelegenheiten: BMin.: Rudolf Kirchschläger (bis 23. 6. 1974); BMin.: Erich Bielka (ab 23. 6. 1974)
Bundesministerium für Bauten und Technik: BMin.: Josef Moser
Bundesministerium für Wissenschaft und Forschung: BMin.: Hertha Firnberg
Bundesministerium für Gesundheit und Umweltschutz (ab 1. 2. 1972): BMin.: Ingrid Leodolter (ab 2. 2. 1972)

KREISKY (III): 28. 10. 1975 bis 9. 5. 1979; mit d. Fortführung d. Geschäfte betraut bis 5. 6. 1979
Bundeskanzleramt: Bundeskanzler: Bruno Kreisky; Vizekanzler: Rudolf Häuser (bis 30. 9. 1976); Vizekanzler: Hannes Androsch (ab 1. 10. 1976); Staatssekr.: Ernst Eugen Veselsky (bis 5. 10. 1977); Staatssekr.: Adolf Nußbaumer (ab 5. 10. 1977); Staatssekr.: Elfriede Karl; Staatssekr.: Karl Lausecker (bis 8. 6. 1977); Staatssekr.: Franz Löschnak (ab 8. 6. 1977)
Bundesministerium für Inneres: BMin.: Otto Rösch (bis 8. 6. 1977); BMin.: Erwin Lanc (ab 8. 6. 1977)
Bundesministerium für Justiz: BMin.: Christian Broda
Bundesministerium für Unterricht und Kunst: BMin.: Fred Sinowatz
Bundesministerium für soziale Verwaltung: BMin.: Rudolf Häuser, Vizekanzler, gemäß Art. 77 Abs. 4 Bundes-Verfassungsgesetz mit d. Leitung d. BM betraut (bis 30. 9. 1976); BMin.: Ingrid Leodolter, BMin., gemäß Art. 77 Abs. 4 Bundes-Verfassungsgesetz mit d. Leitung d. BM betraut (am 1. 10. 1976 zeitweise); BMin.: Gerhard Weißenberg (ab 1. 10. 1976)
Bundesministerium für Finanzen: BMin.: Hannes Androsch (bis 30. 9. 1976); Vizekanzler und gemäß Art. 77 Abs. 4 Bundes-Verfassungsgesetz mit d. Leitung d. BM betraut (ab 1. 10. 1976)
Bundesministerium für Land- und Forstwirtschaft: BMin.: Oskar Weihs (bis 30. 9. 1976); BMin.: Josef Staribacher, BMin., gemäß Art. 77 Abs. 4 Bundes-Verfassungsgesetz mit d. Leitung d. BM betraut (am 1. 10. 1976); BMin.: Günter Haiden (ab 1. 10. 1976); Staatssekr.: Günter Haiden (bis 30. 9. 1976); Staatssekr.: Albin Schober (ab 1. 10. 1976)
Bundesministerium für Handel, Gewerbe und Industrie: BMin.: Josef Staribacher
Bundesministerium für Verkehr: BMin.: Erwin Lanc (bis 8. 6. 1977); BMin.: Karl Lausecker (ab 8. 6. 1977)
Bundesministerium für Landesverteidigung: BMin.: Karl Lütgendorf (bis 31. 5. 1977); BMin.: Bruno Kreisky, Bundeskanzler, gemäß Art. 71 Bundes-Verfassungsgesetz mit d. Fortführung d. Verwaltung d. BM betraut (vom 31. 5. bis 8. 6. 1977); BMin.: Otto Rösch (ab 8. 6. 1977)
Bundesministerium für Auswärtige Angelegenheiten: BMin.: Erich Bielka (bis 30. 9. 1976); BMin.: Bruno Kreisky, Bundeskanzler, gemäß Art. 77 Abs. 4 Bundes-Verfassungsgesetz mit d. Leitung d. BM betraut (am 1. 10. 1976 zeitweise); BMin.: Willibald Pahr (ab 1. 10. 1976)
Bundesministerium für Bauten und Technik: BMin.: Josef Moser
Bundesministerium für Wissenschaft und Forschung: BMin.: Hertha Firnberg
Bundesministerium für Gesundheit und Umweltschutz: BMin.: Ingrid Leodolter

KREISKY (IV): 5. 6. 1979 bis 26. 4. 1983; mit d. Fortführung d. Geschäfte betraut bis 24. 5. 1983
Bundeskanzleramt: Bundeskanzler: Bruno Kreisky; Vizekanzler: Hannes Androsch (bis 20. 1. 1981); Vizekanzler: Fred Sinowatz (ab 20. 1. 1981); Staatssekr.: Adolf Nußbaumer (ab 18. 10. 1982); Staatssekr.: Elfriede Karl (bis 5. 11. 1979); Staatssekr.: Franz Löschnak; Staatssekr.: Johanna Dohnal (ab 5. 11. 1979); Staatssekr.: Ferdinand Lacina (ab 29. 10. 1982)
Bundesministerium für Inneres: BMin.: Erwin Lanc
Bundesministerium für Justiz: BMin.: Christian Broda
Bundesministerium für Unterricht und Kunst: BMin.: Fred Sinowatz, Vizekanzler, gemäß Art. 77 Abs. 4 Bundes-Verfassungsgesetz mit d. Leitung d. BM betraut
Bundesministerium für soziale Verwaltung: BMin.: Gerhard Weißenberg (bis 1. 10. 1980); BMin.: Herbert Salcher, BMin., gemäß Art. 77 Abs. 4 Bundes-Verfassungsgesetz mit d. Leitung d. BM betraut (vom 1. bis 9. 10. 1980); BMin.: Alfred Dallinger (ab 9. 10. 1980); Staatssekr.: Franziska Fast (ab 5. 11. 1979)
Bundesministerium für Finanzen: BMin.: Hannes Androsch; Vizekanzler und gemäß Art. 77 Abs. 4

Bundes-Verfassungsgesetz mit d. Leitung d. BM betraut (bis 20. 1. 1981); BMin.: Herbert Salcher (ab 20. 1. 1981); Staatssekr.: Elfriede Karl (ab 5. 11. 1979); Staatssekr.: Hans Seidel (ab 20. 1. 1981)
Bundesministerium für Land- und Forstwirtschaft: BMin.: Günter Haiden; Staatssekr.: Albin Schober
Bundesministerium für Handel, Gewerbe und Industrie: BMin.: Josef Staribacher; Staatssekr.: Anneliese Albrecht (ab 5. 11. 1979)
Bundesministerium für Verkehr: BMin.: Karl Lausecker
Bundesministerium für Landesverteidigung: BMin.: Otto Rösch
Bundesministerium für Auswärtige Angelegenheiten: BMin.: Willibald Pahr
Bundesministerium für Bauten und Technik: BMin.: Josef Moser (bis 8. 10. 1979); BMin.: Karl Lausecker, BMin., gemäß Art. 77 Abs. 4 Bundes-Verfassungsgesetz mit d. Leitung d. BM betraut (vom 8. 10. 1979 bis 5. 11. 1979); BMin.: Karl Sekanina (ab 5. 11. 1979); Staatssekr.: Beatrix Eypeltauer (ab 5. 11. 1979)
Bundesministerium für Wissenschaft und Forschung: BMin.: Hertha Firnberg
Bundesministerium für Gesundheit und Umweltschutz: BMin.: Ingrid Leodolter (bis 8. 10. 1979); BMin.: Hertha Firnberg, BMin., gemäß Art. 77 Abs. 4 Bundes-Verfassungsgesetz mit d. Leitung d. BM betraut (vom 8. 10. 1979 bis 5. 11. 1979); BMin.: Herbert Salcher (vom 5. 11. 1979 bis 20. 1. 1981); BMin.: Kurt Steyrer (ab 20. 1. 1981)

SINOWATZ: 24. 5. 1983 bis 16. 6. 1986
Bundeskanzleramt: Bundeskanzler: Fred Sinowatz; Vizekanzler: Norbert Steger; Staatssekr.: Johanna Dohnal; BMin.: Franz Löschnak (ab 18. 12. 1985); Staatssekr.: Ferdinand Lacina (bis 10. 9. 1984); Staatssekr.: Franz Löschnak (bis 17. 12. 1985)
Bundesministerium für Inneres: BMin.: Karl Blecha
Bundesministerium für Justiz: BMin.: Harald Ofner
Bundesministerium für Unterricht und Kunst, ab 1. 1. 1985 *Bundesministerium für Unterricht, Kunst und Sport:* BMin.: Helmut Zilk (bis 10. 9. 1984); BMin.: Herbert Moritz (ab 10. 9. 1984)
Bundesministerium für soziale Verwaltung: BMin.: Alfred Dallinger
Bundesministerium für Finanzen: BMin.: Herbert Salcher (bis 10. 9. 1984); BMin.: Franz Vranitzky (ab 10. 9. 1984); Staatssekr.: Holger Bauer
Bundesministerium für Land- und Forstwirtschaft: BMin.: Günter Haiden; Staatssekr.: Gerulf Murer
Bundesministerium für Handel, Gewerbe und Industrie: BMin.: Norbert Steger, Vizekanzler, gemäß Art. 77 Abs. 4 Bundes-Verfassungsgesetz mit d. Leitung d. BM betraut; Staatssekr.: Erich Schmidt
Bundesministerium für Verkehr, ab 1. 1. 1985 *Bundesministerium für öffentliche Wirtschaft und Verkehr:* BMin.: Karl Lausecker (bis 10. 9. 1984); BMin.: Ferdinand Lacina (ab 10. 9. 1984)
Bundesministerium für Landesverteidigung: BMin.: Friedhelm Frischenschlager (bis 15. 5. 1986); BMin.: Helmut Krünes (ab 15. 5. 1986)
Bundesministerium für Auswärtige Angelegenheiten: BMin.: Erwin Lanc (bis 10. 9. 1984); BMin.: Leopold Gratz (ab 10. 9. 1984)
Bundesministerium für Bauten und Technik: BMin.: Karl Sekanina (bis 22. 2. 1985); BMin.: Ferdinand Lacina, BMin., gemäß Art. 77 Abs. 4 Bundes-Verfassungsgesetz mit d. Leitung d. BM betraut (vom 22. 2. bis 1. 3. 1985); BMin.: Heinrich Übleis (ab 1. 3. 1985); Staatssekr.: Beatrix Eypeltauer
Bundesministerium für Wissenschaft und Forschung: BMin.: Heinz Fischer

Bundesministerium für Gesundheit und Umweltschutz: BMin.: Kurt Steyrer (bis 17. 12. 1985); BMin.: Franz Kreuzer (ab 17. 12. 1985); Staatssekr.: Mario Ferrari-Brunnenfeld
Bundesministerium für Familie, Jugend und Konsumentenschutz: BMin.: Elfriede Karl (bis 10. 9. 1984); BMin.: Gertrude Fröhlich-Sandner (ab 10. 9. 1984)

VRANITZKY (I): 16. 6. 1986 bis 25. 11. 1986; mit d. Fortführung d. Geschäfte betraut bis 21. 1. 1987
Bundeskanzleramt: Bundeskanzler: Franz Vranitzky; Vizekanzler: Norbert Steger; BMin.: Franz Löschnak; Staatssekr.: Johanna Dohnal
Bundesministerium für Inneres: BMin.: Karl Blecha
Bundesministerium für Justiz: BMin.: Harald Ofner
Bundesministerium für Unterricht, Kunst und Sport: BMin.: Herbert Moritz
Bundesministerium für soziale Verwaltung: BMin.: Alfred Dallinger
Bundesministerium für Finanzen: BMin.: Ferdinand Lacina; Staatssekr.: Holger Bauer
Bundesministerium für Land- und Forstwirtschaft: BMin.: Erich Schmidt; Staatssekr.: Gerulf Murer
Bundesministerium für Handel, Gewerbe und Industrie: BMin.: Norbert Steger, Vizekanzler, gemäß Art. 77 Abs. 4 Bundes-Verfassungsgesetz mit d. Leitung d. BM betraut; Staatssekr.: Johann Bauer
Bundesministerium für öffentliche Wirtschaft und Verkehr: BMin.: Rudolf Streicher
Bundesministerium für Landesverteidigung: BMin.: Helmut Krünes
Bundesministerium für Auswärtige Angelegenheiten: BMin.: Peter Jankowitsch
Bundesministerium für Bauten und Technik: BMin.: Heinrich Übleis; Staatssekr.: Beatrix Eypeltauer
Bundesministerium für Wissenschaft und Forschung: BMin.: Heinz Fischer
Bundesministerium für Gesundheit und Umweltschutz: BMin.: Franz Kreuzer; Staatssekr.: Mario Ferrari-Brunnenfeld
Bundesministerium für Familie, Jugend und Konsumentenschutz: BMin.: Gertrude Fröhlich-Sandner

VRANITZKY (II): 21. 1. 1987 bis 9. 10. 1990; mit d. Fortführung d. Geschäfte betraut bis 17. 12. 1990
Bundeskanzleramt: Bundeskanzler: Franz Vranitzky; Vizekanzler: Alois Mock (bis 24. 4. 1989); Vizekanzler: Josef Riegler (ab 24. 4. 1989); BMin., ab 1. 4. 1987 BMin. für Föderalismus und Verwaltungsreform: Heinrich Neisser (bis 24. 4. 1989); BMin. für Föderalismus und Verwaltungsreform: Josef Riegler, Vizekanzler (ab 24. 4. 1989); BMin., ab 1. 4. 1987 BMin. für Gesundheit und öffentlicher Dienst: Franz Löschnak (bis 2. 2. 1989); BMin. für Gesundheit und öffentlicher Dienst: Harald Ettl (ab 2. 2. 1989); Staatssekr.: Johanna Dohnal
Bundesministerium für Inneres: BMin.: Karl Blecha (bis 2. 2. 1989); BMin.: Franz Löschnak (ab 2. 2. 1989)
Bundesministerium für Justiz: BMin.: Egmont Foregger
Bundesministerium für Unterricht, Kunst und Sport: BMin.: Hilde Hawlicek
Bundesministerium für soziale Verwaltung, ab 1. 4. 1987 *Bundesministerium für Arbeit und Soziales:* BMin.: Alfred Dallinger (bis 23. 2. 1989); BMin.: Ferdinand Lacina, BMin., gemäß Art. 77 Abs. 4 Bundes-Verfassungsgesetz mit d. Leitung d. BM betraut (vom 23. 2. bis 10. 3. 1989); BMin.: Walter Geppert (ab 10. 3. 1989)
Bundesministerium für Finanzen: BMin.: Ferdinand Lacina; Staatssekr. Johannes Ditz (bis 7. 3. 1988); Staatssekr.: Günter Stummvoll (ab 7. 3. 1988)

Bundesministerium für Land- und Forstwirtschaft: BMin.: Josef Riegler (bis 24. 4. 1989); BMin.: Franz Fischler (ab 24. 4. 1989)
Bundesministerium für Handel, Gewerbe und Industrie, ab 1. 4. 1987 *Bundesministerium für wirtschaftliche Angelegenheiten:* BMin.: Robert Graf (bis 24. 4. 1989); BMin. Wolfgang Schüssel (ab 24. 4. 1989)
Bundesministerium für öffentliche Wirtschaft und Verkehr: BMin.: Rudolf Streicher
Bundesministerium für Landesverteidigung: BMin.: Robert Lichal (bis 6. 11. 1990); BMin.: Alois Mock, BMin., gemäß Art. 71 Bundes-Verfassungsgesetz mit d. Fortführung d. Leitung d. BM betraut (vom 6. 11. 1990 bis 17. 12. 1990)
Bundesministerium für auswärtige Angelegenheiten: BMin.: Alois Mock (bis 24. 4. 1989 Vizekanzler und gemäß Art. 77 Abs. 4 Bundes-Verfassungsgesetz mit d. Leitung d. BM betraut)
Bundesministerium für Bauten und Technik, bis 31. 3. 1987, mit der vorläufigen Leitung betraut: BMin. Robert Graf
Bundesministerium für Wissenschaft und Forschung: BMin.: Hans Tuppy (bis 24. 4. 1989); BMin.: Erhard Busek (ab 24. 4. 1989)
Bundesministerium für Gesundheit und Umweltschutz, bis 31. 3. 1987, mit der vorläufigen Leitung betraut: BMin. Marilies Flemming
Bundesministerium für Familie, Jugend und Konsumentenschutz, ab 1. 4. 1987 *Bundesministerium für Umwelt, Jugend und Familie:* BMin.: Marilies Flemming

VRANITZKY (III): 17. 12. 1990 bis 11. 10. 1994; mit d. Fortführung d. Geschäfte betraut bis 29. 11. 1994
Bundeskanzleramt: Bundeskanzler: Franz Vranitzky; Vizekanzler: Josef Riegler (bis 2. 7. 1991); Vizekanzler: Erhard Busek (ab 2. 7. 1991); BMin. ohne Portefeuille, BMin. für Föderalismus und Verwaltungsreform: Josef Riegler (bis 22. 10. 1991); BMin. f. Föderalismus und Verwaltungsreform: Jürgen Weiss (ab 22. 10. bzw. 7. 11. 1991); BMin. ohne Portefeuille: Harald Ettl (bis 1. 2. 1991); BMin. ohne Portefeuille, BMin. f. Frauenangelegenheiten: Johanna Dohnal (ab 10. 1. 1991 bzw. 8. 2. 1991); Staatssekr.: Peter Jankowitsch (bis 3. 4. 1992); Staatssekr.: Brigitte Ederer (ab 3. 4. 1992); Staatssekr.: Peter Kostelka
Bundesministerium für Inneres: BMin.: Franz Löschnak
Bundesministerium für Justiz: BMin.: Nikolaus Michalek
Bundesministerium für Unterricht, Kunst und Sport, ab 1. 2. 1991 *Bundesministerium für Unterricht und Kunst:* BMin.: Rudolf Scholten
Bundesministerium für Arbeit und Soziales: BMin.: Josef Hesoun
Bundesministerium für Finanzen: BMin.: Ferdinand Lacina, Staatssekr.: Günter Stummvoll (bis 22. 10. 1991); Staatssekr.: Johannes Ditz (ab 22. 10. 1991)
Bundesministerium für Land- und Forstwirtschaft: BMin.: Franz Fischler (bis 17. 11. 1994); BMin.: Jürgen Weiss, BMin., gemäß Art. 71 Bundes-Verfassungsgesetz mit d. Fortführung d. Leitung d. BM betraut (vom 17. 11. 1994 bis 29. 11. 1994)
Bundesministerium für wirtschaftliche Angelegenheiten: BMin.: Wolfgang Schüssel; Staatssekr.: Maria Fekter
Bundesministerium für öffentliche Wirtschaft und Verkehr: BMin.: Rudolf Streicher (bis 3. 4. 1992); BMin.: Viktor Klima (ab 3. 4. 1992)
Bundesministerium für Landesverteidigung: BMin.: Werner Fasslabend
Bundesministerium für auswärtige Angelegenheiten: BMin.: Alois Mock
Bundesministerium für Wissenschaft und Forschung: BMin.: Erhard Busek, Vizekanzler (ab 2. 7. 1991, gemäß Art. 77 Abs. 4 Bundes-Verfassungsgesetz mit d. Leitung d. BM betraut)
Bundesministerium für Umwelt, Jugend und Familie: BMin.: Marilies Flemming (bis 5. 3. 1991); BMin.: Ruth Feldgrill-Zankel (5. 3. 1991 bis 25. 11. 1992); BMin.: Maria Rauch-Kallat (ab 25. 11. 1992)
Bundesministerium für Gesundheit, Sport und Konsumentenschutz: BMin.: Harald Ettl (1. 2. 1991 bis 3. 4. 1992); BMin.: Michael Ausserwinkler (3. 4. 1992 bis 17. 3. 1994); BMin.: Christa Krammer (ab 17. 3. 1994)

VRANITZKY (IV): 29. 11. 1994 bis 18. 12. 1995; mit d. Fortführung d. Geschäfte betraut bis 12. 3. 1996
Bundeskanzleramt: Bundeskanzler: Franz Vranitzky; Vizekanzler: Erhard Busek (bis 4. 5. 1995); Vizekanzler: Wolfgang Schüssel (ab 4. 5. 1995); BMin. f. Frauenangelegenheiten: Johanna Dohnal (bis 6. 4. 1995); BMin. f. Frauenangelegenheiten: Helga Konrad (ab 6. 4. 1995); Staatssekr.: Brigitte Ederer (bis 27. 10. 1995); Staatssekr.: Caspar Einem (bis 6. 4. 1995); Staatssekr.: Karl Schlögl (ab 6. 4. 1995); Staatssekr.: Gerhard Schäffer
Bundesministerium für Inneres: BMin.: Franz Löschnak (bis 6. 4. 1995); BMin.: Caspar Einem (ab 6. 4. 1995)
Bundesministerium für Jugend und Familie (ab 1. 1. 1995): BMin.: Sonja Moser (29. 11. 1994 bis 30. 12. 1994 BMin. ohne Portefeuille)
Bundesministerium für Justiz: BMin.: Nikolaus Michalek
Bundesministerium für Unterricht und Kunst, ab 1. 1. 1995 *Bundesministerium für Unterricht und kulturelle Angelegenheiten:* BMin.: Erhard Busek (bis 4. 5. 1995); BMin.: Elisabeth Gehrer (ab 4. 5. 1995)
Bundesministerium für Arbeit und Soziales: BMin.: Josef Hesoun (bis 6. 4. 1995); BMin.: Franz Hums (ab 6. 4. 1995)
Bundesministerium für Finanzen: BMin.: Ferdinand Lacina (bis 6. 4. 1995); BMin.: Andreas Staribacher (ab 6. 4. 1995 bis 3. 1. 1996); BMin.: Viktor Klima, BMin., gemäß Art. 71 Bundes-Verfassungsgesetz mit d. Fortführung d. Leitung d. BM betraut (vom 3. 1. 1996 bis 12. 3. 1996); Staatssekr.: Johannes Ditz (bis 4. 5. 1995)
Bundesministerium für Land- und Forstwirtschaft: BMin.: Wilhelm Molterer
Bundesministerium für wirtschaftliche Angelegenheiten: BMin.: Wolfgang Schüssel (bis 4. 5. 1995); BMin.: Johannes Ditz (ab 4. 5. 1995)
Bundesministerium für öffentliche Wirtschaft und Verkehr: BMin.: Viktor Klima; Staatssekr.: Martin Bartenstein (bis 4. 5. 1995)
Bundesministerium für Landesverteidigung: BMin.: Werner Fasslabend
Bundesministerium für auswärtige Angelegenheiten: BMin.: Alois Mock (bis 4. 5. 1995); BMin.: Wolfgang Schüssel, Vizekanzler (ab 4. 5. 1995); Staatssekr.: Benita Maria Ferrero-Waldner (ab 4. 5. 1995)
Bundesministerium für Wissenschaft und Forschung, ab 1. 1. 1995 *Bundesministerium für Wissenschaft, Forschung und Kunst:* BMin.: Rudolf Scholten
Bundesministerium für Umwelt, Jugend und Familie, ab 1. 1. 1995 *Bundesministerium für Umwelt:* BMin.: Maria Rauch-Kallat (bis 4. 5. 1995); BMin.: Martin Bartenstein (ab 4. 5. 1995)
Bundesministerium für Gesundheit, Sport und Konsumentenschutz: BMin.: Christa Krammer

VRANITZKY (V): 12. 3. 1996 bis 20. 1. 1997; mit d. Fortführung d. Geschäfte betraut bis 28. 1. 1997
Bundeskanzleramt: Bundeskanzler: Franz Vranitzky; Vizekanzler: Wolfgang Schüssel; BMin. f. Frauenangelegenheiten: BMin.: Helga Konrad; Staatssekr.: Karl Schlögl

Bundesministerium für Inneres: BMin.: Caspar Einem
Bundesministerium für Umwelt und *Bundesministerium für Jugend und Familie,* ab 1. 5. 1996 *Bundesministerium für Umwelt, Jugend und Familie:* BMin.: Martin Bartenstein
Bundesministerium für Justiz: BMin.: Nikolaus Michalek
Bundesministerium für Unterricht und kulturelle Angelegenheiten: BMin.: Elisabeth Gehrer
Bundesministerium für Arbeit und Soziales: BMin.: Franz Hums
Bundesministerium für Finanzen: BMin.: Viktor Klima
Bundesministerium für Land- und Forstwirtschaft: BMin.: Wilhelm Molterer
Bundesministerium für wirtschaftliche Angelegenheiten: BMin.: Johannes Ditz (bis 19. 6. 1996); BMin.: Johann Farnleitner (ab 19. 6. 1996)
Bundesministerium für öffentliche Wirtschaft und Verkehr, bis 30. 4. 1996, mit d. vorläufigen Leitung betraut: BMin.: Rudolf Scholten
Bundesministerium für Landesverteidigung: BMin.: Werner Fasslabend
Bundesministerium für auswärtige Angelegenheiten: BMin.: Wolfgang Schüssel, Vizekanzler; Staatssekr.: Benita Maria Ferrero-Waldner
Bundesministerium für Wissenschaft, Forschung und Kunst, ab 1. 5. 1996 *Bundesministerium für Wissenschaft, Verkehr und Kunst:* BMin.: Rudolf Scholten
Bundesministerium für Gesundheit und Konsumentenschutz: BMin.: Christa Krammer

KLIMA: 28. 1. 1997 bis 5. 10. 1999; mit d. Fortführung d. Geschäfte betraut bis 4. 2. 2000
Bundeskanzleramt: Bundeskanzler: Viktor Klima; Vizekanzler: Wolfgang Schüssel; BMin. f. Frauenangelegenheiten, ab 14. 2. 1997 BMin. f. Frauenangelegenheiten und Verbraucherschutz: BMin.: Barbara Prammer; Staatssekr.: Peter Wittmann
Bundesministerium für Inneres: BMin.: Karl Schlögl
Bundesministerium für Umwelt, Jugend und Familie: BMin.: Martin Bartenstein
Bundesministerium für Justiz: BMin.: Nikolaus Michalek
Bundesministerium für Unterricht und kulturelle Angelegenheiten: BMin.: Elisabeth Gehrer
Bundesministerium für Arbeit und Soziales, ab 14. 2. 1997 *Bundesministerium für Arbeit, Gesundheit und Soziales:* BMin.: Eleonora Hostasch
Bundesministerium für Finanzen: BMin.: Rudolf Edlinger; Staatssekr.: Wolfgang Ruttenstorfer (bis 31. 12. 1999)
Bundesministerium für Land- und Forstwirtschaft: BMin.: Wilhelm Molterer
Bundesministerium für wirtschaftliche Angelegenheiten: BMin.: Johann Farnleitner
Bundesministerium für Landesverteidigung: BMin.: Werner Fasslabend
Bundesministerium für auswärtige Angelegenheiten: BMin.: Wolfgang Schüssel, Vizekanzler; Staatssekr.: Benita Maria Ferrero-Waldner
Bundesministerium für Wissenschaft, Verkehr und Kunst, ab 14. 2. 1997 *Bundesministerium für Wissenschaft und Verkehr:* BMin.: Caspar Einem

SCHÜSSEL (I): 4. 2. 2000 bis 24. 11. 2002; mit d. Fortführung d. Geschäfte betraut bis 28. 2. 2003
Bundeskanzleramt: Bundeskanzler: Wolfgang Schüssel; Vizekanzlerin: Susanne Riess-Passer; Staatssekr.: Franz Morak
Bundesministerium für auswärtige Angelegenheiten: BMin.: Benita Maria Ferrero-Waldner
Bundesministerium für Unterricht und kulturelle Angelegenheiten, ab 1. 4. 2000 *Bundesministerium für Bildung, Wissenschaft und Kultur:* BMin.: Elisabeth Gehrer

Bundesministerium für Finanzen: BMin.: Karl-Heinz Grasser; Staatssekr.: Alfred Finz
Bundesministerium für Inneres: BMin.: Ernst Strasser
Bundesministerium für Justiz: BMin.: Michael Krüger (bis 2. 3. 2000); BMin.: Dieter Böhmdorfer (ab 2. 3. 2000)
Bundesministerium für Landesverteidigung: BMin.: Herbert Scheibner
Bundesministerium für Land- und Forstwirtschaft, ab 1. 4. 2000 *Bundesministerium für Land- und Forstwirtschaft, Umwelt und Wasserwirtschaft:* BMin.: Wilhelm Molterer
Bundesministerium für öffentliche Leistungen und Sport (ab 1. 4. 2000): BMin.: Susanne Riess-Passer, Vizekanzlerin
Bundesministerium für Arbeit, Gesundheit und Soziales, ab 1. 4. 2000 *Bundesministerium für soziale Sicherheit und Generationen:* BMin.: Elisabeth Sickl (bis 24. 10. 2000); BMin.: Herbert Haupt (ab 24. 10. 2000); Staatssekr.: Reinhart Waneck
Bundesministerium für Wissenschaft und Verkehr, ab 1. 4. 2000 *Bundesministerium für Verkehr, Innovation und Technologie:* BMin.: Michael Schmid (bis 14. 11. 2000); BMin.: Monika Forstinger (14. 11. 2000 bis 19. 2. 2002); BMin.: Mathias Reichhold (ab 19. 2. 2002)
Bundesministerium für wirtschaftliche Angelegenheiten, ab 1. 4. 2000 *Bundesministerium für Wirtschaft und Arbeit:* BMin.: Martin Bartenstein; Staatssekr.: Mares Rossmann
Bundesministerium für Umwelt, Jugend und Familie, bis 31. 3. 2000, mit der vorläufigen Leitung betraut: BMin.: Wilhelm Molterer

SCHÜSSEL (II): seit 28. 2. 2003
Bundeskanzleramt: Bundeskanzler: Wolfgang Schüssel; Vizekanzler: Herbert Haupt (bis 21. 10. 2003), Hubert Gorbach (seit 21. 10. 2003); Staatssekr.: Franz Morak, Staatssekr.: Karl Schweitzer
Bundesministerium für auswärtige Angelegenheiten: BMin.: Benita Maria Ferrero-Waldner
Bundesministerium für Bildung, Wissenschaft und Kultur: BMin.: Elisabeth Gehrer
Bundesministerium für Finanzen: BMin.: Karl-Heinz Grasser; Staatssekr.: Alfred Finz
Bundesministerium für Gesundheit und Frauen (ab 1. 5. 2003): BMin.: Maria Rauch-Kallat (28. 2. bis 30. 4. 2003 BMin. ohne Portefeuille); Staatssekr.: Reinhart Waneck (bis 25. 6. 2004; 28. 2. bis 30. 4. 2003 Unterstützung in der Geschäftsführung und zur parlamentarischen Vertretung der BMin. Rauch-Kallat)
Bundesministerium für Inneres: BMin.: Ernst Strasser
Bundesministerium für Justiz: BMin.: Dieter Böhmdorfer (bis 25. 6. 2004); BMin.: Karin Miklautsch (seit 25. 6. 2004)
Bundesministerium für Landesverteidigung: BMin.: Günther Platter
Bundesministerium für Land- und Forstwirtschaft, Umwelt und Wasserwirtschaft: BMin.: Josef Pröll
Bundesministerium für soziale Sicherheit und Generationen, ab 1. 5. 2003 *Bundesministerium für soziale Sicherheit, Generationen und Konsumentenschutz:* BMin.: Herbert Haupt, Vizekanzler; Staatssekr.: Ursula Haubner
Bundesministerium für Verkehr, Innovation und Technologie: BMin.: Hubert Gorbach; Staatssekr.: Michael Kukacka; Staatssekr.: Eduard Mainoni (seit 25. 6. 2004)
Bundesministerium für Wirtschaft und Arbeit: BMin.: Martin Bartenstein
Bundesministerium für öffentliche Leistungen und Sport, bis 30. 4. 2003, mit der vorläufigen Leitung betraut: Bundeskanzler Wolfgang Schüssel

Bild- und Standortnachweis

APA-Images: 41 r. M. (Robert Jäger), 45 o. (Herbert Pfarrhofer), 54 (Rubra), 97 l. (Robert Jäger), 122 l. u. (Barbara Gindl), 125 r. u. (Günter R. Artinger), 150 l. u. (Herbert Pfarrhofer), 209 r. o. (Robert Jäger), 217 r. u. (Herbert Pfarrhofer), 220 l./3. v. o. (Harald Schneider), 223 (Gerald Lechner), 245 r. u. (Barbara Gindl), 246 u. (Roland Schlager), 262 l. u. (Robert Jäger), 281 o. (Barbara Gindl), 281 u. (Hans Klaus Techt), 295 (Hans Klaus Techt), 299 o. (Doris Wild), 311 u. (Roland Schlager), 345 o. (Barbara Gindl), 469 r. o. (Hans Klaus Techt), 475 r. o. (Herbert Pfarrhofer), 491 (Roland Schlager), 509 l. (Calle Törnström), 513 o. (Hans Klaus Techt), 554 o. (Hans Klaus Techt)

Herbert Bayer © VBK (Verwertungsgesellschaft Bildender Künstler), Wien, 2004: 113 l., o. r.

Peter Behrens © VBK (Verwertungsgesellschaft Bildender Künstler), Wien, 2004: 119

Hermann Czech, Wien: 234 o.

Georg Eisler, Wien: 315 M. u.

Valie Export © VBK (Verwertungsgesellschaft Bildender Künstler), Wien, 2004: 354 o.

Manfred A. Fischer, Wien: 25 u., 26 (4), 27 r. o., 60, 67, 71, 110 (3), 267 l., 298 r. o., 323 (3), 324 l. o. (3), 331 r. (2), 396 u., 397 o., 463 r., 464 (2), 494 l., 524

Viktor-Frankl-Institut, Wien: 409

Gesellschaft der Musikfreunde in Wien: 20 l. u., 456 l., 459 r.

Domkustodie Gurk: 279 l.

Stift Heiligenkreuz: 11 l.

IMAGNO/Austrian Archives: 3 l., 6 r., 7 (2), 8 l. o., 10 o., 12 l. o., r., 14, 15, 17 o., 18 o., 19 l., 20 l., l. M., 21, 27 r., 29 l., M. r., r. M., 30 l. u., 33 l., 34 l. u., 37 r. o. r. u., 40 r., 41 l. o., 44 r. u., 46 o., 48 o., 49 (2), 50 r., 51 l., 52 r., 55 r., 58 l., 62 r., 65 l., l. M., l. u., 69 o., 72, 75 r. o., 76, 77, 79 l., 84 l. (2), 85 r., 86 l., 87 o., 88 l., 90 l.u., 91 r. (3), 92 l., 93 (3), 96 u., 105 r., 107 l., 109 M., 114, 115 o., 116 l. o., r., 117 l., 120 r., 122 l. M., 122 r., 123 r., 124 l. o., r., 127 (3), 128 u., 129 l. r., 130 l., 133 r., 135 l., 140 l., 141 l. r. o., 145 r., 147 l., 149 r. M., r. u. (Simon Moser), 151 r., 153 l., 158 o., 159 l., r. o., r. u., 161 l., 162 l., 164, 166 r., 168 M., u., 173 r./2. v. o., 174 o., 175 l., 176, 180 r., 182 (Günter Brus), 183, 184 l. o., l. u., 186 l., 187 (2), 197, 198 l., 200 r., 205, 206, 207 r. M., 208 (2), 209 r. u., 211 (3), 212 l., 213 l., r. o., 214 r., 216 l.u., 217 l., 218 (2), 220 l./2. v. o., u., 221 l., 222 l. u., 224 l., 225 M., u., 228 l. o., r., 229 l., r., 231 l., r. M., r. u., 232, 234 l. (3), 235 (4), 237 r. (2), 242 l., 243 l., r. u., 244 (2), 247 o., 248 l., 249 l., 251, 253, 254, 255, 259 l., 260 (2), 262 l. o., r., 270 (2), 271 r. o., 272 l., 279 r. o., 283 r. M., 284 r., 285 l., 286 r., 287 l., 289 o., 290 o., 299 u., 302 l., 310 l., 311 u., 312 o., 313 l. o., 315 r./2. v. o., 316 r., 321 l., M., 324 r., 326 l., 328 o., 330 l., 333, 335 r., 341 l., 343 l., r., 346 r., 347 u., 349, 353 M., 357 r., 358 r., 361, 364 l. o., 365 (2), 366 r., 371 l., 372 r., 373 l., r. o., 374 l. o., r. M., r. u., 375 l., 377 l., 379 r., 380 l. r. o., 381 o., 383 l. o., 386 l. o. r., 394, 396 o., 405 (2), 406, 407 l. o., 408 l. u., 413 l., 419 l., r. M., 421, 428 u., 429 (2), 430 l. (2), 431, 433 M. u., 441 l. o., 442 r., 445 r., 447 l., 449, 452 l. (2), r. u., 453 r., 456 l., 458 l., 461 l. r. o. (3), 481 r. o., 482, 485, 488, 493 r. u., 496 r., 497, 498 l., 502 l., 504 M., 505 u., 506 o., 509 r., 513 l., 521 l., 522, 527 l., 530, 532 r., 533, 534 l. (2), 535 r., 545 o., 548 l., 553 l.

IMAGNO/Otto Breicha: 233 l., 386 l. M., 397 u., 430 l. M., 435, 555 r. u.

IMAGNO/Dorotheum: 29 r. u., 248 o., 374 l. u., 413 r. M.

IMAGNO/Sepp Dreissinger: 59 r. o., 130 l.

IMAGNO/Franz Gangl: 233 r., 293 l., 294 o., 300 l., 306 r., 360 l. u., 501

IMAGNO/Franz Hubmann: 55 l., 80 l., 89 l. c., 92 r., 106 l. u., 113 r. u., 131, 155 r., 158 M., 227, 282 l. u., 289 u., 315 M. o., 328 r. M., 329 o., 357 l., 395 r., 455 r., 477 l., 509 r.

IMAGNO/Lois Lammerhuber: 18 r. u., 23 r., 32, 87 o., 126 l. u., 194, 230, 271 r. u., 273 l., 278 l., 387, 450 r., 526 r.

IMAGNO/Dagmar Landova: 43 r. u., 245 l.

IMAGNO/Erich Lessing: 85 r. o., 314 r., 469 l.

IMAGNO/Helmut Nemec: 107 r., 510 l. o.

IMAGNO/ÖNB: 103 r. o., 231 r. o. (Harry Weber), 343 l., 477 r. u., 523

IMAGNO/Barbara Pflaum: 4 l. u., 6 l. o., 8 l. u., 122 l. o., 142, 154 l., 156, 161 l., 269 r. u., 287 r., 296 M., 309 u., 332, 362, 388 o., 425, 436 r., 496 l. o., 512 u., 519 o.

IMAGNO/ÖNB/Lothar Rübelt: 46 u., 78, 342 l. o., 447 r. o.

IMAGNO/Schuhböck: 463 l., 493 l., 528 l.

IMAGNO/Nora Schuster: 83 u., 216 l. M., 389 l., 389 r., 525 u.

IMAGNO/Christian Skrein: 65 r. o.

IMAGNO/Gerhard Trumler: 1 u., 4 l. M., 8 r., 23 l., 30 r. o., 35 l., 36 r. (2), 45 u., 46 r. M., 59 l., r. u., 70, 74, 88 r., 99 l., r. u., 100, 104 r., 105 l., 120 l. o., 138 (2), 139 l., 143 l., 152 l., 160 o., 165 l. o., 169 l., 170 r., 174 r., 180 l., 202 l., 203 l., 204, 214 r. u., 215 l., 220 l. u., 240 r. o., 250 r., 274 l., 277 l., 278 r. u., 279 l., 286 l., 291 o., 298 r. u., 301 r. o., 305 l., 309 r., 311 M., 312 r., 314 l., 326 r. o., 328 l., 330 r., 339 r., 359 r., 364 r., 398, 403 (2), 408 r., 420, 427, 428 o., 434 o., 455 l., 478 r., 500, 502 r., 511 r. M., 514 r., 516, 519 u., 528 r., 530 u., 531, 551, 552

IMAGNO/Ullstein: 1 o., 12 l., 20 r., 37 l. r., r M., 102 l., 109 r., 125 r. u., 158 r., 177 o., 212 r., 237 l., 240 l. M., 280 l., 283 l., 297 o., 298 l., 306 l. (2), 307 r. M., 315 r. u., 327 l., 331 r. u., 360 l. o., 364 l. u., 373 r. u., 376 l., 391/3. v. o., 452 r. o., 541 l., 543 r., 549 o., 553 r.

IMAGNO/Hubert Urban: 207 r. u.

IMAGNO/Wilfried Vas: 213 r. u., 393 l.

IMAGNO/Harry Weber: 166 l., 231 r. o.

IMAGNO/Kurt-Michael Westermann: 171 l., 378 l. o.

IMAGNO/Erich Widder: 63 r., 391 u., 399, 438 r., 439, 457 r. u., 477 o.

Institut für Realienkunde der Österreichischen Akademie der Wissenschaften, Krems: 19 l. u., 104 l., 123 u., 137 M., 144, 319 u.

Stift Klosterneuburg: 82 l. o., 438 l.

Glasgalerie Michael Kovacek, Wien: 140 l. u.

Kunsthalle Krems: 3 r.

Kunsthistorisches Museum, Wien: 19 M., 413 M.

Elfriede Mejchar: 179 l., 214 r. M., 226 r. o.

Niederösterreichisches Landesmuseum, St. Pölten: 310 r., 461 l. o.

Österreichische Donaukraftwerke AG, Wien: 63 l. o., 318

Österreichische Galerie Belvedere, Wien: 63 l. o., 443 l.

Österreichische Nationalbibliothek, Wien/Bildarchiv: 36 l., 41 r. u., 51 l., 57 o., 61, 109 u., 113/2., 3. v. o., 115 u., 125 r., 135 r. (2), 149 o., 151 l., 157, 160 l., 172 l., 173 o., r., 181, 215 l., 217 l., 246 l., 282 r., 304 o., 309 l., 324 l., o., 342 l., 353 r., 354 u., 366 l., 434 u., 469 r. u., 486 u., 537 (2), 549 u.

ÖSTERREICHISCHER ALPENVEREIN, INNSBRUCK: 28 r.
ÖSTERREICHISCHER BUNDESVERLAG, WIEN: 48 u., 169 r., 209 M., 215 l. u., 304 r., 354 M.
ÖSTERREICHISCHES INSTITUT FÜR ZEITGESCHICHTE, WIEN: 44 r. o.
ÖSTERREICH WERBUNG: Archiv: 56, 73, 90 r., 104 l. o., 199 l., 201 r., 313 u., 478 l.; Ascher: 80 r., 152 l., 460; Beckel: 90 M., 328 r. u., 546; Bohnacker: 11 r., 98 u., 117 r., 173 M., 179 o., 203 o., 237 l., 282 r., 317, 395 l., 444 r., 488 r.; Carniel: 272 r., 363 l.; Diejun: 360 r.; Federer: 5, 454 r.; Fiegl: 503 l.; Frankhauser: 28 M.; Gottfried: 200 l.; Grünert: 148 l., 301 r. u., 320, 481 l., 511 r. o., 517; Herzberger: 10 u., 139 r. o., 143 r., 147 l., 390 r., 422, 554 u.; Jezierzanzky: 85 l. u., 198 r., 446, 514 l. o., 504 r. o., 543 l.; Kalmar: 138 o.; Kneidinger: 276 u., 277 l. o., 437 r.; Kutschera: 9; Lamm: 25 o., 27 r. u., 28 l., 148 r.; Liebing: 329 u., 445 l., 483; Löbl-Schreyer: 273 o., 505 o.; LVA-Vorarlberg: 154 r.; Mallaun: 24 r., 136, 137 o., 170 r., 186 r., 451; Markowitsch: 62 l., 66 r., 242 r., 271 l., 291 l., 338, 400, 498 r.; Maxum: 344 r., 346 l.; Mayer: 69 u., 535 l.; Muhr: 99 r.; Nechansky: 98 o., 305 M., 535 r.; Niederstrasser: 379 l.; Panagl: 284 l., 335 l.; Pignetter: 89 r., 457 l.; Poosch: 316 o.; Popp: 24 M. u.; Porizka: 237 r. o., 294 u.; Riha: 498 l.; Rogner-Hotels/Maxum 85 l. o.; Schwager: 300 u.; Simoner: 30 r. u., 31 l., 33 u.; Sochor: 165 l. u.; Schwager: 89 l. u., Trumler: 97 r., 99 r., 140 l. o., 259 l. 301 l. u., 432 r., 499, 515 l. M., 527 o.; Weinhäupl: 4 r., 31 r., 43 l., 65 M., 84 r., 290, 395 r. u., 370 r., 393 r., 457 r. o., 540; Wiesenhofer: 34 r., 91 l., 120 l. u., 172 r., 276 o.; Wunderer: 30 M.
PRESSEAMT DER NIEDERÖSTERREICHISCHEN LANDESREGIERUNG, ST. PÖLTEN: 39, 63 l. u., 344 l., 382 u., 413 r. u., 437 l., 515 r.
PRIVATBESITZ: 145 r. o., 319 o.
GEORG RIHA, WIEN: 13
BEATRIX SCHUBA, WIEN: 315 l.
STEYR-DAIMLER-PUCH FAHRZEUGTECHNIK, STEYR: 79 r.
STADTMUSEUM ST. PÖLTEN: 106 r., 521 l.
VEREIN FÜR GESCHICHTE DER ARBEITERBEWEGUNG, WIEN: 245 u.
VERLAG CHRISTIAN BRANDSTÄTTER, WIEN: 4 l. o., 6 l. u., 17 u., 19 l. o., 22, 24 M. o., 29 M. o., 30 r. o., 34 M., 35 r., 40 l., 43 r. o., 42 l., 45 M., 47 r., 50 l., 58 r., 66 l., 81, 83 o., 86 r., 94 (2), 96 o., 102 r., 103 u., 104 M., 106 l. o., r., 111, 113 u., 121, 129 r. o., 133 l., 137 u., 139 l. (2), r. u., 140 r., 145 l., 150 M., 155 l., 159 r. M., 161 l. o., 162 l., 165 r., 167 (Trenkwaldner), 168, 171 r., 173 l., r. u., 175 r. (5), 177 M., u., 178 M., u., 180 r., 185, 207 o., 211 M., 216 o., 217 r. o., 221 r. u., 234 M., 239 r. o., 240 l. o., l. M., 243 r. o., 245 M., 246 l. o., 261, 264 (2), 265 (2), 267 r., 269 r. o., 274 r., 277, 278 r. o., 279 r. u., 280 o., 283 M., 293 r., 296 o., 297 l. o., 301 l. o., 302 r., 304 M., 305 r., 307 u., 312 M., 313 r., 321 o., 325, 326 r. o., 336 (2), 339 r., 340, 341 o., 342 l. M., 1. u., 345 u., 347 r. (2), 348, 353 u., 369 (2), 371 r., 372 l., 374 r. o., 377 r., 378 M., 380 r. u., 381 r., 382 o., 383 l. u., 386 u., 399 o., 390 l., 391/1., 2. v. o., 393 M., r., 404, 408 l. o., 419 r. o., r. u., 423, 426, 433 r. o., 436 l., 441 l. u., 442 l., 443 r. u., 444 l., 447 r., 448, 450 l., 461 l. o., 474, 475 r., 481 M., 486 o., 492, 493 r. o., 495 r., 506 u., 510 l. u., r., 511 r. u., 514 l. u., 525 o., 526 u., 532 l., 544, 545 r., 548 u., 550 r., 553 l., 555 r. o., 556
WIEN MUSEUM: 153, 238, 533 r., 555 l.

Die Stadtwappen wurden dem Städteatlas, Verlag Ed. Hölzel, entnommen.
Die Landeswappen stammen von den jeweiligen Landesregierungen.
Die histor. Karten (Graphik: Peter Sachartschenko) wurden dem Historischen Atlas Österreich, Verlag Christian Brandstätter, Wien, entnommen.
Alle übrigen Karten stammen aus den Schulatlanten des Verlags Ed. Hölzel, Wien.

Der Verlag hat sich bemüht, bei allen Abbildungen die Rechte einzuholen bzw. die Rechtsinhaber zu eruieren. In jenen Fällen, in denen die Rechtsinhaber nicht eindeutig eruiert werden konnten, bleiben berechtigte Ansprüche gewahrt. Der Verlag erklärt sich bereit, aufgrund der Publikation angemeldete Rechte, soweit erforderlich, nachträglich in entsprechender Weise abzugelten.